KODEX

DES ÖSTERREICHISCHEN RECHTS

Herausgeber: Univ.-Prof. Dr. Werner Doralt

Redaktion: Dr. Veronika Doralt

ARBEITSRECHT

bearbeitet von

Mag. Edda Stech und Mag. Gerda Ercher-Lederer
Bundesministerium für Arbeit

Linde

Benützungsanleitung: Die Novellen sind nach dem Muster der Wiederverlautbarung in Kursivdruck jeweils am Ende eines Paragraphen, eines Absatzes oder einer Ziffer durch Angabe des Bundesgesetzblattes in Klammer ausgewiesen. Soweit nach Meinung des Bearbeiters ein Bedarf nach einem genauen Novellenausweis besteht, ist der geänderte Text zusätzlich durch Anführungszeichen und Fettstellung hervorgehoben.

KODEX

DES ÖSTERREICHISCHEN RECHTS

VERFASSUNGSRECHT
EU-VERFASSUNGSRECHT
VÖLKERRECHT
EINFÜHRUNGSGESETZE ABGB UND B-VG
PARLAMENTSRECHT
BÜRGERLICHES RECHT
FAMILIENRECHT
UNTERNEHMENSRECHT
ZIVILGERICHTLICHES VERFAHREN
INTERNATIONALES PRIVATRECHT
WIRTSCHAFTSPRIVATRECHT
SCHIEDSVERFAHREN
STRAFRECHT
IT-STRAFRECHT
LEGAL TECH
IP-/IT-RECHT
GERICHTSORGANISATION
ANWALTS- UND GERICHTSTARIFE
NOTARIATSRECHT
JUSTIZGESETZE
WOHNUNGSGESETZE
FINANZMARKTRECHT
VERSICHERUNGSRECHT
WIRTSCHAFTSGESETZE
UWG
TELEKOMMUNIKATION
KARTELLRECHT
VERGABEGESETZE
COMPLIANCE FÜR UNTERNEHMEN
GLÜCKSSPIEL- UND WETTRECHT
ARBEITSRECHT
EU-ARBEITSRECHT
ARBEITNEHMERSCHUTZ
SOZIALVERSICHERUNG
SOZIALVERSICHERUNG DURCHFÜHRUNGSVORSCHRIFTEN
PERSONALVERRECHNUNG
STEUERGESETZE
STEUER-ERLÄSSE
EStG-RICHTLINIENKOMMENTAR
LSt-RICHTLINIENKOMMENTAR
KStG-RICHTLINIENKOMMENTAR
UmgrStG-RICHTLINIENKOMMENTAR
UStG-RICHTLINIENKOMMENTAR
GebG-RICHTLINIENKOMMENTAR
DOPPELBESTEUERUNGSABKOMMEN
VERRECHNUNGSPREISE
FINANZPOLIZEI
ZOLLRECHT UND VERBRAUCHSTEUERN
RECHNUNGSLEGUNG UND PRÜFUNG
INTERNATIONALE RECHNUNGSLEGUNG
VERBRAUCHERRECHT
VERKEHRSRECHT
WEHRRECHT
ÄRZTERECHT
KRANKENANSTALTENGESETZE
VETERINÄRRECHT
GESUNDHEITSBERUFE
UMWELTRECHT
EU-UMWELTRECHT
WASSERRECHT
ABFALLRECHT UND ÖKO-AUDIT
CHEMIKALIENRECHT
EU-CHEMIKALIENRECHT
LEBENSMITTELRECHT
SCHULGESETZE
UNIVERSITÄTSRECHT
ASYL- UND FREMDENRECHT
BESONDERES VERWALTUNGSRECHT
VERWALTUNGSVERFAHRENSGESETZE
INNERE VERWALTUNG
POLIZEIRECHT
LANDESRECHT TIROL
LANDESRECHT VORARLBERG
BAURECHT TIROL

ISBN 978-3-7073-4565-0
LINDE VERLAG Ges. m. b. H., 1210 Wien, Scheydgasse 24
Telefon: 01/24 630 Serie, Telefax: 01/24 630-23 DW

Satz und Layout: psb, Rosenthaler Str. 9, 10119 Berlin

Druck und Bindung: Czech Print Center a.s., Ostrava

Vorwort

Wie in vielen Lebensbereichen wird auch das Arbeitsrecht noch immer von den Auswirkungen der Pandemie bestimmt.

So gibt es wieder Neuerungen bei der Sonderbetreuungszeit wie auch bei der Sonderfreistellung Covid-19 für Schwangere. Da während der Entstehung dieser Auflage noch eine Novelle zum MSchG in parlamentarischer Behandlung stand und der Kodex bei seinem Erscheinen doch auf dem neuesten Stand sein sollte, wurde der NR-Beschluss über diese Neuerungen in den Kodex aufgenommen.

Auch etliche Neuerungen im arbeitsmarktpolitischen Bereich, im Besonderen die KUA, sind ebenfalls stark durch Corona geprägt. Hinzuweisen ist, dass es in diesem Bereich in Kürze zu weiteren Anpassungen kommen wird. Diese stehen derzeit aber noch in parlamentarischer Behandlung und fanden daher noch keinen Eingang in den Kodex.

Wie immer haben wir uns bemüht, bis zum Druck der Auflage möglichst alle Neuerungen zu erfassen und hoffen Ihnen damit einen guten Überblick über das geltende Arbeitsrecht geben zu können.

Wien, im Februar 2022

Mag. Edda Stech und
Mag. Gerda Ercher-Lederer

Inhaltsverzeichnis

Inhaltsverzeichnis

1. Angestelltengesetz

Angestelltengesetz, BGBl 1921/292 idF

1 BGBl 1937/229, **2** BGBl 1946/174, **3** BGBl 1947/159, **4** BGBl 1958/108, **4** BGBl 1959/253, **5** BGBl 1971/292, **7** BGBl 1971/317, **6** BGBl 1975/418, **7** BGBl 1976/390, **10** BGBl 1979/107, **11** BGBl 1983/144, **12** BGBl 1983/544, **13** BGBl 1989/651, **14** BGBl 1990/299, **15** BGBl 1990/408, **16** BGBl 1991/157, **17** BGBl 1992/833, **18** BGBl 1993/335, **19** BGBl 1993/459, **20** BGBl 1993/502, **21** BGBl 1993/917, **22** BGBl I 2000/44, **23** BGBl I 2001/98, **24** BGBl I 2002/100, **25** BGBl I 2003/138, **26** BGBl I 2004/64, **27** BGBl I 2004/143, **28** BGBl I 2006/35, **29** BGBl I 2009/116, **30** BGBl I 2010/58, **31** BGBl I 2015/152, **32** BGBl I 2017/153, **33** BGBl I 2018/100, **34** BGBl I 2019/74

GLIEDERUNG

STICHWORTVERZEICHNIS

Bundesgesetz vom 11. 5. 1921, BGBl. 292, über den Dienstvertrag der Privatangestellten (Angestelltengesetz)

Der Nationalrat hat beschlossen:

Artikel I

An dem Tage, an dem dieses Gesetz in Wirksamkeit tritt, erlischt die Wirksamkeit des Gesetzes vom 16. Jänner 1910, RGBl. Nr. 20, über den Dienstvertrag der Handlungsgehilfen und anderer Dienstnehmer in ähnlicher Stellung (Handlungsgehilfengesetz) sowie die Wirksamkeit der Verordnung vom 22. März 1921, BGBl. Nr. 187, über die Beschränkung der Kündigung bestimmter Dienstverhältnisse. Gleichzeitig treten die §§ 201, 202, 203, 205 und 208 des allgemeinen Berggesetzes vom 23. Mai 1854, RGBl. Nr. 146, soweit sie sich auf Angestellte beziehen, außer Kraft.

Anwendungsgebiet des Gesetzes

§ 1. (1) Die Bestimmungen dieses Gesetzes gelten für das Dienstverhältnis von Personen, die im Geschäftsbetrieb eines Kaufmannes vorwiegend zur Leistung kaufmännischer (Handlungsgehilfen) oder höherer, nicht kaufmännischer Dienste oder zu Kanzleiarbeiten angestellt sind.

(BGBl 1975/418, BGBl 1992/833)

(2) Bei einem Kaufmann angestellte Personen, die nur ausnahmsweise zu kaufmännischen Diensten verwendet werden, sowie Personen, die vorwiegend untergeordnete Verrichtungen leisten, sind nicht als Handlungsgehilfen anzusehen.

(BGBl 1975/418)

§ 2. (1) Die Bestimmungen dieses Gesetzes finden ferner Anwendung auf das Dienstverhältnis von Personen, die vorwiegend zur Leistung kaufmännischer oder höherer, nicht kaufmännischer Dienste oder zu Kanzleiarbeiten im Geschäftsbetrieb von Unternehmungen, Anstalten oder sonstigen Dienstgebern der nachstehenden Art angestellt sind:

1. In Unternehmungen jeder Art, auf welche die Gewerbeordnung Anwendung findet, ferner in Vereinen und Stiftungen jeder Art;
2. in Kreditanstalten, Sparkassen, Vorschußkassen, Erwerbs- und Wirtschaftsgenossenschaften, Versatz-, Versorgungs- und Rentenanstalten, Krankenkassen, registrierten Hilfskassen, Versicherungsanstalten jeder Art, gleichviel, ob sie private Versicherungsgeschäfte betreiben oder den Zwecken der öffentlich-rechtlichen Versicherung dienen, sowie in Verbänden der genannten Anstalten;
3. in der Schriftleitung, Verwaltung oder dem Verschleiß einer periodischen Druckschrift;
4. in Kanzleien der Rechtsanwälte, Notare und Patentanwälte;
5. [bei Zivilingenieuren, nicht autorisierten Architekten und Zivilgeometern][a];

[a] heute Ziviltechniker i.S. des § 1 ZiviltechnikerG BGBl 1957/146

6. in Tabaktrafiken und Lottokollekturen;
7. bei Handelsmaklern, Privatgeschäftsvermittlungen und Auskunftsbureaus;
8. bei Ärzten, Zahntechnikern[a], in Privatheil- und -pflegeanstalten und in privaten Unterrichtsanstalten;

[a] nach DentistenG BGBl 1949/90, jetzt „Dentisten"

9. im Bergbau auf vorbehaltene Mineralien[a] einschließlich der auf Grund der Bergwerksverleihung (§ 131 des allgemeinen Berggesetzes vom 23. Mai 1854, R.G.Bl. Nr. 146)[b] errichteten Werksanlagen.

[a] nach BergG BGBl 1975/259, jetzt „bergfreie mineralische Rohstoffe"
[b] nach §§ 30 ff. BergG BGBl 1975/259, jetzt „Bergwerksberechtigung"

(BGBl 1975/418, BGBl 1992/833)

(2) Nach Anhörung der Körperschaften, denen die Vertretung der in Betracht kommenden Interessen obliegt, kann mit Genehmigung des Hauptausschusses durch Verordnung die Anwendung dieses Gesetzes auch auf Angestellte bei andern Dienstgebern ausgedehnt werden.

§ 3. Wird eine Unternehmung der in den §§ 1 oder 2 bezeichneten Art von einem öffentlichen Fonds, von einem Lande, von einem Bezirk oder von einer Gemeinde betrieben, so unterliegen die in diesen Unternehmungen vorwiegend zu kaufmännischen oder zu höheren, nicht kaufmännischen Diensten oder zu Kanzleiarbeiten verwendeten Personen den Bestimmungen dieses Gesetzes nur dann, wenn ihr Dienstverhältnis auf einem privatrechtlichen Vertrage beruht.

§ 4. Das Dienstverhältnis der als Beamte oder Bedienstete des Bundes, einer Bundesanstalt oder eines vom Bund verwalteten Fonds angestellten Personen wird durch die Bestimmungen dieses Gesetzes nicht berührt.

§ 5. Die Bestimmungen dieses Gesetzes finden keine Anwendung auf Lehrlinge im Sinne der Gewerbeordnung[a], ferner auf Angestellte der Seeschiffahrt sowie auf Angestellte in land- und forstwirtschaftlichen Betrieben, sofern letztere nicht Handlungsgehilfen sind.

[a] jetzt Berufsausbildungsgesetz (vgl. § 33 Abs. 10 BGBl 1969/142)

(BGBl I 2003/138)

Inhalt des Dienstvertrages

§ 6. (1) Art und Umfang der Dienstleistungen sowie das dafür gebührende Entgelt (Geld- und Naturalbezüge) werden mangels Vereinbarung durch den für die betreffende Art der Unternehmung bestehenden Ortsgebrauch bestimmt. In Ermangelung eines solchen sind die den Umständen nach angemessenen Dienste und ein ebensolches Entgelt zu leisten.

(2) Die Überlassung von Wohnräumen, die Beistellung von Beheizung und Beleuchtung an Angestellte sowie deren Verköstigung auf Rechnung des Entgeltes kann von den beteiligten Bundesministerien nach Anhörung der Körperschaften, denen die Vertretung der in Betracht kommenden Interessen obliegt, durch Verordnung für Unternehmungen bestimmter Art oder für den Bereich bestimmter Orte verboten werden.

(3) Dem Angestellten ist bei Abschluß des Dienstvertrages vom Dienstgeber eine schriftliche Aufzeichnung über die wesentlichen Rechte und Pflichten aus dem Dienstvertrag auszuhändigen, auf die die Vorschriften des § 2 des Arbeitsvertragsrechts-Anpassungsgesetzes (AVRAG), BGBl. Nr. 459/1993, in der jeweils geltenden Fassung anzuwenden sind.

(BGBl 1993/459)

Konkurrenzverbot

§ 7. (1) Die im § 1 bezeichneten Angestellten dürfen ohne Bewilligung des Dienstgebers weder ein selbständiges kaufmännisches Unternehmen betreiben noch in dem Geschäftszweige des Dienstgebers für eigene oder fremde Rechnung Handelsgeschäfte machen.

(2) Übertritt der Angestellte diese Vorschrift, so kann der Dienstgeber Ersatz des verursachten Schadens fordern oder statt dessen verlangen; daß die für Rechnung des Angestellten gemachten Geschäfte als für seine Rechnung geschlossen angesehen werden. Bezüglich der für fremde Rechnung geschlossenen Geschäfte kann er die Herausgabe der hiefür bezogenen Vergütung oder Abtretung des Anspruches auf Vergütung begehren.

(3) Die Ansprüche des Dienstgebers erlöschen in drei Monaten von dem Zeitpunkt an, in dem er Kenntnis von dem Abschlusse des Geschäftes er-

langt hat, jedenfalls aber in fünf Jahren von dem Abschlusse des Geschäftes an.

(4) Angestellten, die bei den im § 2, Z 5 bezeichneten Dienstgebern angestellt sind, ist untersagt, ohne Einwilligung des Dienstgebers Aufträge, die in das Gebiet der geschäftlichen Tätigkeit des Dienstgebers fallen, auf eigene oder fremde Rechnung zu übernehmen, sofern dadurch das geschäftliche Interesse des Dienstgebers beeinträchtigt wird; ferner ist ihnen untersagt, ohne Einwilligung des Dienstgebers gleichzeitig mit diesem an einem und demselben Wettbewerbe teilzunehmen. Übertritt der Angestellte diese Vorschrift, so kann der Dienstgeber Ersatz des verursachten Schadens fordern. Die Bestimmungen des vorhergehenden Absatzes sind sinngemäß anzuwenden.

Anspruch bei Dienstverhinderung

§ 8. (1)[a] Ist ein Angestellter nach Antritt des Dienstverhältnisses durch Krankheit oder Unglücksfall an der Leistung seiner Dienste verhindert, ohne dass er die Verhinderung vorsätzlich oder durch grobe Fahrlässigkeit herbeigeführt hat, so behält er seinen Anspruch auf das Entgelt bis zur Dauer von sechs Wochen. Der Anspruch auf das Entgelt beträgt, wenn das Dienstverhältnis ein Jahr gedauert hat, jedenfalls acht Wochen; es erhöht sich auf die Dauer von zehn Wochen, wenn es fünfzehn Jahre, und auf zwölf Wochen, wenn es fünfundzwanzig Jahre ununterbrochen gedauert hat. Durch je weitere vier Wochen behält der Angestellte den Anspruch auf das halbe Entgelt.

(BGBl I 2017/153)

[a] Tritt mit 1. Juli 2018 in Kraft; siehe Art X Abs. 2 Z 14 und 17.

(2)[a] Bei wiederholter Dienstverhinderung durch Krankheit (Unglücksfall) innerhalb eines Arbeitsjahres besteht ein Anspruch auf Fortzahlung des Entgelts nur insoweit, als die Dauer des Anspruches gemäß Abs. 1 noch nicht erschöpft ist.

(BGBl I 2017/153)

[a] Tritt mit 1. Juli 2018 in Kraft; siehe Art X Abs. 2 Z 14 und 18.

(2a)[a] Wird ein Angestellter durch Arbeitsunfall oder Berufskrankheit im Sinne der Vorschriften über die gesetzliche Unfallversicherung an der Leistung seiner Arbeit verhindert, ohne dass er die Verhinderung vorsätzlich oder durch grobe Fahrlässigkeit herbeigeführt hat, so behält er seinen Anspruch auf das Entgelt ohne Rücksicht auf andere Zeiten einer Dienstverhinderung bis zur Dauer von acht Wochen. Der Anspruch auf das Entgelt erhöht sich auf die Dauer von zehn Wochen, wenn das Dienstverhältnis 15 Jahre ununterbrochen gedauert hat. Bei wiederholten Dienstverhinderungen, die im unmittelbaren ursächlichen Zusammenhang mit einem Arbeitsunfall oder einer Berufskrankheit stehen, besteht ein Anspruch auf Fortzahlung des Entgelts innerhalb eines Arbeitsjahres nur insoweit, als die Dauer des Anspruches nach dem ersten oder zweiten Satz noch nicht erschöpft ist. Ist ein Angestellter gleichzeitig bei mehreren Dienstgebern beschäftigt, so entsteht ein Anspruch nach diesem Absatz nur gegenüber jenem Dienstgeber, bei dem die Dienstverhinderung im Sinne dieses Absatzes eingetreten ist; gegenüber den anderen Dienstgebern entstehen Ansprüche nach Abs. 1.

[a] Tritt mit 1. Juli 2018 in Kraft; siehe Art X Abs. 2 Z 14.

(BGBl I 2017/153)

(3) Der Angestellte behält ferner den Anspruch auf das Entgelt, wenn er durch andere wichtige, seine Person betreffende Gründe ohne sein Verschulden während einer verhältnismäßig kurzen Zeit an der Leistung seiner Dienste verhindert wird.

(3a) Ist ein Angestellter nach Antritt des Dienstverhältnisses wegen eines Einsatzes als freiwilliges Mitglied einer Katastrophenhilfsorganisation, eines Rettungsdienstes oder einer freiwilligen Feuerwehr bei einem Großschadensereignis nach § 3 Z 2 lit. b des Katastrophenfondsgesetzes, BGBl. Nr. 201/1996 oder als Mitglied eines Bergrettungsdienstes an der Dienstleistung verhindert, so hat er unbeschadet seiner Ansprüche nach Abs. 3 einen Anspruch auf Fortzahlung des Entgelts, wenn das Ausmaß und die Lage der Dienstfreistellung mit dem Dienstgeber vereinbart wird.

(BGBl I 2019/74)

(4) Weibliche Angestellte behalten den Anspruch auf das Entgelt während sechs Wochen nach ihrer Niederkunft. Erkranken sie, so gelten vom Zeitpunkt der Niederkunft die Bestimmungen des Abs. 1. Die Ansprüche nach dem ersten und zweiten Satz bestehen nicht für Zeiten, während derer ein Anspruch auf Wochengeld oder Krankengeld nach dem Allgemeinen Sozialversicherungsgesetz, BGBl. Nr. 189/1955 besteht. Ebenso bestehen diese Ansprüche nicht, wenn sich die Angestellte vor dem Beschäftigungsverbot nach § 3 Abs. 1 oder Abs. 3 des Mutterschutzgesetzes 1979 (MSchG), BGBl. Nr. 221/1979, in einer Karenz nach dem MSchG oder einer mit dem Dienstgeber zur Kinderbetreuung vereinbarten Karenz befindet. Ein Anspruch auf einen Zuschuss des Dienstgebers zum Krankengeld wird hierdurch nicht berührt.

(BGBl I 2015/152)

(5) Gegen Vorweisung eines ärztlichen Zeugnisses, daß ihre Niederkunft voraussichtlich innerhalb sechs Wochen stattfinden wird, können weibliche Angestellte die Arbeit einstellen. Erkrankt die Angestellte während dieser Frist, so gelten vom Tage der Erkrankung die Bestimmungen des Absatzes 1.

(6) Nach der Niederkunft haben sie, wenn sie ihre Kinder selbst stillen, während der Arbeitszeit Anspruch auf zwei halbstündige Stillpausen täglich.

(7) Beträge, die der Angestellte für die Zeit der Verhinderung auf Grund einer öffentlich-rechtlichen Versicherung bezieht, dürfen auf die Geldbezüge nicht angerechnet werden.

(8) Der Angestellte ist verpflichtet, ohne Verzug die Dienstverhinderung dem Dienstgeber anzuzeigen und auf Verlangen des Dienstgebers, das nach angemessener Zeit wiederholt werden kann, eine Bestätigung der zuständigen Krankenkasse oder eines Amts- oder Gemeindearztes über Ursache

und Dauer der Arbeitsunfähigkeit vorzulegen. Kommt der Angestellte diesen Verpflichtungen nicht nach, so verliert er für die Dauer der Säumnis den Anspruch auf das Entgelt.

(9)[a] Durch Kollektivvertrag oder durch Betriebsvereinbarung im Sinne des § 97 Abs. 1 Z 21 Arbeitsverfassungsgesetz (ArbVG) kann vereinbart werden, dass sich der Anspruch auf Entgeltfortzahlung nicht nach dem Arbeitsjahr, sondern nach dem Kalenderjahr richtet. Solche Vereinbarungen können vorsehen, dass

[a] Tritt mit 1. Juli 2018 in Kraft; siehe Art X Abs. 2 Z 14.

a) Dienstnehmer, die während des Kalenderjahres eintreten, Anspruch auf Entgeltfortzahlung nur bis zur Hälfte der in Abs. 1 und 2a genannten Dauer haben, sofern die Dauer des Arbeitsverhältnisses im Kalenderjahr des Eintritts weniger als sechs Monate beträgt;
b) der jeweils höhere Anspruch nach Abs. 1 zweiter Satz und Abs. 2a zweiter Satz erstmals in jenem Kalenderjahr gebührt, in das der überwiegende Teil des Arbeitsjahres fällt;
c) die Ansprüche der im Zeitpunkt der Umstellung im Betrieb beschäftigten Dienstnehmer für den Umstellungszeitraum (Beginn des Arbeitsjahres bis Ende des folgenden Kalenderjahres) gesondert berechnet werden. Jedenfalls muss für den Umstellungszeitraum dem Dienstnehmer ein voller Anspruch und ein zusätzlicher aliquoter Anspruch entsprechend der Dauer des Arbeitsjahres im Kalenderjahr vor der Umstellung abzüglich jener Zeiten, für die bereits Entgeltfortzahlung wegen Arbeitsverhinderung wegen Krankheit (Unglücksfall) gewährt wurde, zustehen.

(BGBl I 2017/153)

(BGBl 1975/418)

§ 9. (1) Wird der Angestellte während einer Dienstverhinderung gemäß § 8 Abs. 1 bis 2a gekündigt, ohne wichtigen Grund vorzeitig entlassen oder trifft den Dienstgeber ein Verschulden an dem vorzeitigen Austritt des Angestellten, so bleibt der Anspruch auf Fortzahlung des Entgelts für die nach diesem Bundesgesetz vorgesehene Dauer bestehen, wenngleich das Dienstverhältnis früher endet. Der Anspruch auf Entgeltfortzahlung bleibt auch bestehen, wenn das Dienstverhältnis während einer Dienstverhinderung gemäß § 8 Abs. 1 bis 2a oder im Hinblick auf eine Dienstverhinderung gemäß § 8 Abs. 1 bis 2a einvernehmlich beendet wird.

(BGBl 1975/418, BGBl I 2017/153)

(2) Weibliche Angestellte dürfen wegen der durch ihre Schwangerschaft (§ 8 Absatz 5) oder ihre Niederkunft verursachten Dienstverhinderung nicht entlassen werden. Wird das Dienstverhältnis vom Dienstgeber innerhalb sechs Wochen vor oder innerhalb sechs Wochen nach der Niederkunft gekündigt, so endigt es in keinem Falle vor Ablauf von acht Wochen nach der Niederkunft.

(3) Die Ansprüche des Angestellten auf Fortbezug des Entgeltes (§ 8) erlöschen mit der Beendigung des Dienstverhältnisses, wenn dieses infolge Ablaufes der Zeit, für die es eingegangen wurde, oder infolge einer früheren Kündigung aufgelöst wird. Das gleiche gilt, wenn der Angestellte aus einem anderen Grunde als wegen der durch Erkrankung oder Unglücksfall verursachten Dienstverhinderung entlassen wird.

Provision

§ 10. (1) Ist bedungen, daß der Angestellte für Geschäfte, die von ihm geschlossen oder vermittelt werden, Provision erhalten soll, so gebührt ihm mangels Vereinbarung die für den betreffenden Geschäftszweig am Orte der Niederlassung, für die er tätig ist, übliche Provision.

(2) Hat ein Angestellter, der nur mit der Vermittlung von Geschäften betraut ist, ein Geschäft im Namen des Dienstgebers mit dem Dritten abgeschlossen, so gilt es als vom Dienstgeber genehmigt, wenn dieser nicht ohne Verzug, nachdem er vom Abschluß des Geschäftes Kenntnis erhalten hat, dem Dritten erklärt, daß er das Geschäft ablehne.

(3) Bei Verkaufsgeschäften gilt mangels Vereinbarung der Anspruch des Angestellten auf Provision als erworben, wenn eine Zahlung eingeht, und zwar nur nach dem Verhältnis des eingegangenen Betrages, bei anderen Geschäften mit dem Abschlusse des Geschäftes.

(4) Die Abrechnung über die zu zahlenden Provisionen findet mangels Vereinbarung mit Ende jedes Kalendervierteljahres, wenn aber das Dienstverhältnis vor Ablauf eines Kalendervierteljahres gelöst wird, mit dem Dienstaustritte statt.

(5) Der Angestellte kann, unbeschadet des nach anderen gesetzlichen Vorschriften bestehenden Rechtes auf Vorlegung der Bücher, die Mitteilung eines Buchauszuges über die durch seine Tätigkeit zustande gekommenen Geschäfte verlangen.

§ 11. (1) Dem Angestellten gebührt im Zweifel die Provision auch für solche Geschäfte, die ohne seine unmittelbare Mitwirkung während der Dauer des Dienstverhältnisses zwischen der ihm zugewiesenen oder von ihm zugeführten Kundschaft und dem Dienstgeber zustande gekommen sind.

(2) Ist der Angestellte ausdrücklich für einen bestimmten Bezirk als alleiniger Vertreter des Dienstgebers bestellt, so gebührt ihm mangels Vereinbarung die Provision auch für solche Geschäfte, die ohne seine Mitwirkung während der Dauer des Dienstverhältnisses durch den Dienstgeber oder für diesen in dem Bezirke abgeschlossen worden sind.

(3) Ist die Ausführung eines vom Angestellten oder durch dessen Vermittlung abgeschlossenen Geschäftes oder die Gegenleistung des Dritten, mit dem das Geschäft abgeschlossen worden ist, infolge Verhaltens des Dienstgebers ganz oder teilweise unterblieben, ohne daß hiefür wichtige Gründe in der Person des Dritten vorlagen, so kann der Angestellte die volle Provision verlangen.

(4) Nachlässe, die der Dienstgeber dem Dritten gewährt hat, dürfen mangels Vereinbarung oder mangels eines abweichenden für den betreffenden Geschäftszweig bestehenden Gebrauches bei

Berechnung der Provision nur dann abgezogen werden, wenn sie bei Abschluß des Geschäftes vereinbart worden sind.

§ 12. Wenn der Angestellte vom Dienstgeber vertragswidrig verhindert wird, Provisionen oder Taggelder (Diäten) in dem vereinbarten oder in dem nach den getroffenen Vereinbarungen zu erwartenden Umfange zu verdienen, so gebührt ihm eine angemessene Entschädigung.

§ 13. (1) Ein mit dem Abschlusse oder der Vermittlung von Geschäften betrauter Angestellter darf vom Tage des Dienstantrittes ohne Einwilligung des Dienstgebers von dem Dritten, mit dem er für den Dienstgeber Geschäfte abschließt oder vermittelt, eine Provision oder eine sonstige Belohnung nicht annehmen.

(2) Der Dienstgeber kann, unbeschadet allfälliger weiterer Schadenersatzansprüche, vom Angestellten die Herausgabe der unrechtmäßig empfangenen Provision oder Belohnung verlangen.

(3) Dieser Anspruch des Dienstgebers erlischt innerhalb dreier Monate nach Kenntnis des pflichtwidrigen Verhaltens, jedenfalls aber in drei Jahren vom Entstehen des Anspruches an.

Gewinnbeteiligung

§ 14. (1) Ist bedungen, daß das Entgelt ganz oder zum Teil in einem Anteil an dem Gewinn aus allen oder aus bestimmten Geschäften besteht oder daß der Gewinn in anderer Art für die Höhe des Entgeltes maßgebend sein soll, so findet mangels Vereinbarung die Abrechnung für das abgelaufene Geschäftsjahr auf Grund der Bilanz statt.

(2) Der Angestellte kann die Einsicht der Bücher verlangen, soweit dies zur Prüfung der Richtigkeit der Abrechnung erforderlich ist.

Zahlungsfrist

§ 15. Die Zahlung des dem Angestellten zukommenden fortlaufenden Gehaltes hat spätestens am Fünfzehnten und am Letzten eines jeden Monats in zwei annähernd gleichen Beträgen zu erfolgen. Die Zahlung für den Schluß eines jeden Kalendermonats kann vereinbart werden.

Remuneration

§ 16. Falls der Angestellte Anspruch auf eine periodische Remuneration oder auf eine andere besondere Entlohnung hat, gebührt sie ihm, wenngleich das Dienstverhältnis vor Fälligkeit des Anspruches gelöst wird, in dem Betrage, der dem Verhältnisse zwischen der Dienstperiode, für die die Entlohnung gewährt wird, und der zurückgelegten Dienstzeit entspricht.

(BGBl 1993/335, BGBl I 2018/100)

Urlaub

§ 17. Dem Angestellten gebührt in jedem Dienstjahr ein ununterbrochener Urlaub, auf den die Vorschriften des Art. I Abschnitt 1 des Bundesgesetzes vom 7. Juli 1976 betreffend die Vereinheitlichung des Urlaubsrechtes und die Einführung einer Pflegefreistellung, BGBl. Nr. 390, anzuwenden sind.

(BGBl 1976/390)

Fürsorgepflicht

§ 18. (1) Der Dienstgeber ist verpflichtet, auf seine Kosten alle Einrichtungen bezüglich der Arbeitsräume und Gerätschaften herzustellen und zu erhalten, die mit Rücksicht auf die Beschaffenheit der Dienstleistung zum Schutze des Lebens und der Gesundheit der Angestellten erforderlich sind.

(2) Wenn dem Angestellten vom Dienstgeber Wohnräume überlassen werden, dürfen zu diesem Zwecke keine gesundheitsschädlichen Räumlichkeiten verwendet werden.

(3) Der Dienstgeber hat dafür zu sorgen, daß, soweit es die Art der Beschäftigung zuläßt, die Arbeitsräume während der Arbeitszeit licht, rein und staubfrei gehalten werden, daß sie im Winter geheizt und ausreichende Sitzplätze zur Benutzung für die Angestellten in den Arbeitspausen vorhanden sind.

(4) Der Dienstgeber hat jene Maßnahmen zur Wahrung der Sittlichkeit zu treffen, die durch das Alter und Geschlecht der Angestellten geboten sind.

Endigung des Dienstverhältnisses durch Ablauf der Zeit

§ 19. (1) Das Dienstverhältnis endet mit dem Ablaufe der Zeit, für die es eingegangen wurde.

(2) Ein Dienstverhältnis auf Probe kann nur für die Höchstdauer eines Monats vereinbart und während dieser Zeit von jedem Vertragsteil jederzeit gelöst werden.

Kündigung

§ 20. (1) Ist das Dienstverhältnis ohne Zeitbestimmung eingegangen oder fortgesetzt worden, so kann es durch Kündigung nach folgenden Bestimmungen gelöst werden.

(BGBl 1992/833, BGBl I 2017/153)

(2) Mangels einer für den Angestellten günstigeren Vereinbarung kann der Dienstgeber das Dienstverhältnis mit Ablauf eines jeden Kalendervierteljahres durch vorgängige Kündigung lösen. Die Kündigungsfrist beträgt sechs Wochen und erhöht sich nach dem vollendeten zweiten Dienstjahr auf zwei Monate, nach dem vollendeten fünften Dienstjahr auf drei, nach dem vollendeten fünfzehnten Dienstjahr auf vier und nach dem vollendeten fünfundzwanzigsten Dienstjahr auf fünf Monate.

(3) Die Kündigungsfrist kann durch Vereinbarung nicht unter die im Absatz 2 bestimmte Dauer herabgesetzt werden; jedoch kann vereinbart werden, daß die Kündigungsfrist am Fünfzehnten oder am Letzten eines Kalendermonats endigt.

(4) Mangels einer für ihn günstigeren Vereinbarung kann der Angestellte das Dienstverhältnis mit dem letzten Tage eines Kalendermonats unter Einhaltung einer einmonatigen Kündigungsfrist

lösen. Diese Kündigungsfrist kann durch Vereinbarung bis zu einem halben Jahr ausgedehnt werden; doch darf die vom Dienstgeber einzuhaltende Frist nicht kürzer sein als die mit dem Angestellten vereinbarte Kündigungsfrist.

(5) Ist das Dienstverhältnis nur für die Zeit eines vorübergehenden Bedarfes vereinbart, so kann es während des ersten Monats von beiden Teilen jederzeit unter Einhaltung einer einwöchigen Kündigungsfrist gelöst werden.

§ 21. Ein für die Lebenszeit einer Person oder für länger als fünf Jahre vereinbartes Dienstverhältnis kann von dem Angestellten nach Ablauf von fünf Jahren unter Einhaltung einer Kündigungsfrist von sechs Monaten gekündigt werden.

Freizeit während der Kündigungsfrist

§ 22. (1) Bei Kündigung durch den Dienstgeber ist dem Angestellten während der Kündigungsfrist auf sein Verlangen wöchentlich mindestens ein Fünftel der regelmäßigen wöchentlichen Arbeitszeit ohne Schmälerung des Entgelts freizugeben.

(2) Ansprüche nach Abs. 1 bestehen nicht, wenn der Angestellte einen Anspruch auf eine Pension aus der gesetzlichen Pensionsversicherung hat, sofern eine Bescheinigung über die vorläufige Krankenversicherung vom Pensionsversicherungsträger ausgestellt wurde.

(3) Durch Kollektivvertrag können abweichende Regelungen getroffen werden.

(BGBl I 2018/100)

(BGBl 1971/317, BGBl 1993/502, BGBl I 2000/44)

Abfertigung

§ 23. (1) Hat das Dienstverhältnis ununterbrochen drei Jahre gedauert, so gebührt dem Angestellten bei Auflösung des Dienstverhältnisses eine Abfertigung. Diese beträgt das Zweifache des dem Angestellten für den letzten Monat des Dienstverhältnisses gebührenden Entgeltes und erhöht sich nach fünf Dienstjahren auf das Dreifache, nach zehn Dienstjahren auf das Vierfache, nach fünfzehn Dienstjahren auf das Sechsfache, nach zwanzig Dienstjahren auf das Neunfache und nach fünfundzwanzig Dienstjahren auf das Zwölffache des monatlichen Entgeltes. Alle Zeiten, die der Angestellte in unmittelbar vorausgegangenen Dienstverhältnissen als Arbeiter oder Lehrling zum selben Dienstgeber zurückgelegt hat, sind für die Abfertigung zu berücksichtigen; Zeiten eines Lehrverhältnisses jedoch nur dann, wenn das Dienstverhältnis einschließlich der Lehrzeit mindestens sieben Jahre ununterbrochen gedauert hat. Zeiten eines Lehrverhältnisses allein begründen keinen Abfertigungsanspruch.[a]

(BGBl 1979/107)

[a] siehe auch die Übergangsbestimmungen des ArbAbfG Art. III

(1a) Bei der Berechnung der Abfertigung ist eine geringfügige Beschäftigung nach § 7b Abs. 1 Väter-Karenzgesetz (VKG), BGBl. Nr. 651/1989, § 15e Abs. 1 Mutterschutzgesetz 1989, BGBl. Nr. 221 (MSchG), oder gleichartigen österreichischen Rechtsvorschriften nicht zu berücksichtigen.

(BGBl 1990/408, BGBl I 2004/64)

(2) Im Falle der Auflösung eines Unternehmens entfällt die Verpflichtung zur Gewährung einer Abfertigung ganz oder teilweise dann, wenn sich die persönliche Wirtschaftslage des Dienstgebers derart verschlechtert hat, daß ihm die Erfüllung dieser Verpflichtung zum Teil oder zur Gänze billigerweise nicht zugemutet werden kann.

(3) Wird ein Unternehmen an einen anderen übertragen, so besteht ein Anspruch auf Abfertigung nicht, wenn der Angestellte die Fortsetzung des Dienstverhältnisses ablehnt, obwohl ihm der Erwerber die Fortsetzung des Dienstverhältnisses unter den bisherigen Bedingungen angeboten und sich verpflichtet hat, die bei seinem Vorgänger geleistete Dienstzeit als bei ihm selbst verbracht zu betrachten.

(4) Die Abfertigung wird, soweit sie den Betrag des Dreifachen des Monatsentgeltes nicht übersteigt, mit der Auflösung des Dienstverhältnisses fällig; der Rest kann vom vierten Monat an in monatlichen im voraus zahlbaren Teilbeträgen abgestattet werden.

(5) Beträge, die der Dienstnehmer auf Grund einer öffentlich-rechtlichen Versicherung bezieht, dürfen in die Abfertigung nur insoweit eingerechnet werden, als sie die gesetzlichen Mindestleistungen übersteigen.

(6) Wird das Dienstverhältnis durch den Tod des Angestellten aufgelöst, so beträgt die Abfertigung nur die Hälfte des im Absatz 1 bezeichneten Betrages und gebührt nur den gesetzlichen Erben, zu deren Erhaltung der Erblasser gesetzlich verpflichtet war.

(7) Der Anspruch auf Abfertigung besteht, vorbehaltlich des § 23a, nicht, wenn der Angestellte kündigt, wenn er ohne wichtigen Grund vorzeitig austritt oder wenn ihn ein Verschulden an der vorzeitigen Entlassung trifft.

(BGBl 1971/292)

(8) Wird das Dienstverhältnis während einer Teilzeitbeschäftigung nach MSchG oder VKG infolge Kündigung durch den Arbeitgeber, unverschuldete Entlassung, begründeten Austritt oder einvernehmlich beendet, so ist bei Ermittlung des Entgelts (Abs. 1) die frühere Normalarbeitszeit des Angestellten zugrunde zu legen.

(BGBl 1990/408, BGBl I 2004/64)

§ 23a. (1) Der Anspruch auf Abfertigung besteht auch dann, wenn das Dienstverhältnis

1. mindestens zehn Jahre ununterbrochen gedauert hat und
   a) bei Männern nach Vollendung des 65. Lebensjahres, bei Frauen nach Vollendung des 60. Lebensjahres oder
   b) wegen Inanspruchnahme der vorzeitigen Alterspension bei langer Versicherungsdauer aus einer gesetzlichen Pensionsversicherung oder

c) wegen Inanspruchnahme einer Alterspension aus der gesetzlichen Pensionsversicherung nach § 4 Abs. 2 Allgemeines Pensionsgesetz (APG), BGBl. I Nr. 143/2004, oder
d) wegen Inanspruchnahme einer Alterspension nach § 4 Abs. 3 APG oder

2. wegen Inanspruchnahme einer Pension aus einem Versicherungsfall der geminderten Arbeitsfähigkeit aus einer gesetzlichen Pensionsversicherung oder
3. wegen Feststellung einer voraussichtlich mindestens sechs Monate andauernden Berufsunfähigkeit oder Invalidität durch den Versicherungsträger gemäß § 367 Abs. 4 ASVG
4. im Fall der Arbeitsverhinderung gemäß § 8 Abs. 1, 2 und 2a oder § 2 EFZG nach Ende des Anspruchs auf Entgeltfortzahlung und nach Beendigung des Krankengeldanspruches gemäß § 138 ASVG während eines anhängigen Leistungsstreitverfahrens gemäß § 354 ASVG über Berufsunfähigkeit (§ 273 ASVG) oder Invalidität (§ 255 ASVG)

durch Kündigung seitens des Dienstnehmers endet.

(BGBl 1979/107, BGBl 1990/408, BGBl 1993/335, BGBl I 2004/143, BGBl I 2018/100)

(1a) (aufgehoben)

(BGBl 1993/335, BGBl I 2018/100)

(2) Eine nach Abs. 1 gebührende Abfertigung kann in gleichen monatlichen Teilbeträgen gezahlt werden. Die Zahlung beginnt mit dem auf das Ende des Dienstverhältnisses folgenden Monatsersten. Eine Rate darf die Hälfte des der Bemessung der Abfertigung zugrundeliegenden Monatsentgeltes nicht unterschreiten.

(BGBl 1971/292, BGBl 1993/335, BGBl I 2018/100)

(3) Weiblichen Angestellten gebührt – sofern das Dienstverhältnis ununterbrochen fünf Jahre gedauert hat – die Hälfte der nach § 23 Abs. 1 zustehenden Abfertigung, höchstens jedoch das Dreifache des monatlichen Entgelts, wenn sie

1. nach der Geburt eines lebenden Kindes innerhalb der Schutzfrist (§ 5 Abs. 1 des Mutterschutzgesetzes 1979, BGBl. Nr. 221) oder
2. nach der Annahme eines Kindes, welches das zweite Lebensjahr noch nicht vollendet hat, an Kindes Statt (§ 15c Abs. 1 Z 1 MSchG) oder nach Übernahme eines solchen Kindes in unentgeltliche Pflege (§ 15c Abs. 1 Z 2 MSchG) innerhalb von acht Wochen

ihren vorzeitigen Austritt aus dem Arbeitsverhältnis erklären. Bei Inanspruchnahme einer Karenz nach dem MSchG ist der Austritt spätestens drei Monate vor Ende der Karenz zu erklären; bei Inanspruchnahme einer Karenz von weniger als drei Monaten ist der Austritt spätestens zwei Monate vor Ende der Karenz zu erklären. Zeiten geringfügiger Beschäftigungen nach § 15e Abs. 1 MSchG bleiben für den Abfertigungsanspruch außer Betracht.

(BGBl 1990/299, BGBl 1990/408, BGBl 1991/157, BGBl I 2004/64, BGBl I 2009/116)

(4) Abs. 3 gilt auch für männliche Angestellte, sofern sie eine Karenz nach dem VKG oder gleichartigen österreichischen Rechtsvorschriften in Anspruch nehmen und ihren vorzeitigen Austritt aus dem Arbeitsverhältnis spätestens drei Monate vor Ende der Karenz erklären. Wird jedoch eine Karenz von weniger als drei Monaten in Anspruch genommen, ist der Austritt spätestens zwei Monate vor Ende der Karenz zu erklären.

(BGBl 1989/651, BGBl 1990/408, BGBl I 2004/64, BGBl I 2009/116)

(4a) Eine Abfertigung nach Abs. 3 und 4 gebührt auch dann, wenn das Dienstverhältnis während einer Teilzeitbeschäftigung gemäß MSchG oder VKG durch Kündigung seitens des Dienstnehmers endet. Bei Berechnung des für die Höhe der Abfertigung maßgeblichen Monatsentgeltes ist vom Durchschnitt der in den letzten fünf Jahren geleisteten Arbeitszeit unter Außerachtlassung der Zeiten einer Karenz gemäß VKG oder MSchG auszugehen.

(BGBl 1990/408, BGBl I 2004/64)

(5) Ein Abfertigungsanspruch gebührt nicht, wenn der männliche Arbeitnehmer seinen Austritt im Sinne des Abs. 4 erklärt, nachdem der gemeinsame Haushalt mit dem Kind aufgehoben oder die überwiegende Betreuung des Kindes beendet wurde.

(BGBl 1989/651)

(6) Im Sinne des § 23 zulässige Vereinbarungen, die eine Anrechnung der Versorgungsleistungen auf Abfertigungsansprüche oder bei Zahlung einer Versorgungsleistung den gänzlichen oder teilweisen Wegfall der Abfertigung vorsehen, gelten auch für Abfertigungsansprüche nach den Abs. 1, 3 und 4. Bei Anwendung des Abs. 2 ruhen jedoch solche Versorgungsleistungen nur für die Monate, für die die Abfertigung gebührt.

(BGBl 1989/651)

(7) Im übrigen gilt der § 23 sinngemäß.

(BGBl 1983/544, BGBl 1989/651)

Tod des Angestellten

§ 24. (1) Stirbt ein Angestellter, dem vom Dienstgeber auf Grund des Dienstvertrages Wohnräume überlassen werden, so ist die Wohnung, wenn der Angestellte einen eigenen Haushalt führte, binnen einem Monat, sonst binnen vierzehn Tagen nach dessen Tode zu räumen.

(2) Sind die Angehörigen des verstorbenen Angestellten, die mit ihm im gemeinsamen Haushalte gelebt haben, durch die Räumung binnen der Frist des Absatzes 1 der Gefahr der Obdachlosigkeit ausgesetzt, so kann das Bezirksgericht, in dessen Sprengel die Wohnung liegt, eine Verlängerung der Räumungsfrist um höchstens zwei Monate bewilligen. Nur unter besonders berücksichtigungswerten

Umständen darf eine weitere Verlängerung um höchstens einen Monat bewilligt werden.

(3) Der Dienstgeber kann jedoch die sofortige Räumung eines Teiles der Wohnung verlangen, soweit dies zur Unterbringung des Nachfolgers und seiner Einrichtung erforderlich ist.

Vorzeitige Auflösung

§ 25. Das Dienstverhältnis kann, wenn es für bestimmte Zeit eingegangen wurde, vor Ablauf dieser Zeit, sonst aber ohne Einhaltung einer Kündigungsfrist von jedem Teile aus wichtigen Gründen gelöst werden.

§ 26. Als ein wichtiger Grund, der den Angestellten zum vorzeitigen Austritte berechtigt, ist insbesondere anzusehen:

1. Wenn der Angestellte zur Fortsetzung seiner Dienstleistung unfähig wird oder diese ohne Schaden für seine Gesundheit oder Sittlichkeit nicht fortsetzen kann;
2. wenn der Dienstgeber das dem Angestellten zukommende Entgelt ungebührlich schmälert oder vorenthält, ihn bei Naturalbezügen durch Gewährung ungesunder oder unzureichender Kost oder ungesunder Wohnung benachteiligt oder andere wesentliche Vertragsbestimmungen verletzt;
3. wenn der Dienstgeber den ihm zum Schutze des Lebens, der Gesundheit oder der Sittlichkeit des Angestellten gesetzlich obliegenden Verpflichtungen nachzukommen verweigert;
4. wenn der Dienstgeber sich Tätlichkeiten, Verletzungen der Sittlichkeit oder erhebliche Ehrverletzungen gegen den Angestellten oder dessen Angehörige zuschulden kommen läßt oder es verweigert, den Angestellten gegen solche Handlungen eines Mitbediensteten oder eines Angehörigen des Dienstgebers zu schützen.

§ 27. Als ein wichtiger Grund, der den Dienstgeber zur vorzeitigen Entlassung berechtigt, ist insbesondere anzusehen:

1. Wenn der Angestellte im Dienste untreu ist, sich in seiner Tätigkeit ohne Wissen oder Willen des Dienstgebers von dritten Personen unberechtigte Vorteile zuwenden läßt, insbesondere entgegen der Bestimmung des § 13 eine Provision oder eine sonstige Belohnung annimmt, oder wenn er sich einer Handlung schuldig macht, die ihn des Vertrauens des Dienstgebers unwürdig erscheinen läßt;
2. wenn der Angestellte unfähig ist, die versprochenen oder die den Umständen nach angemessenen Dienste (§ 6) zu leisten;
3. wenn einer der im § 1 bezeichneten Angestellten ohne Einwilligung des Dienstgebers ein selbständiges kaufmännisches Unternehmen betreibt oder im Geschäftszweige des Dienstgebers für eigene oder fremde Rechnung Handelsgeschäfte macht oder wenn ein Angestellter den in § 7, Absatz 4, bezeichneten Verboten zuwiderhandelt;
4. wenn der Angestellte ohne einen rechtmäßigen Hinderungsgrund während einer den Umständen nach erheblichen Zeit die Dienstleistung unterläßt oder sich beharrlich weigert, seine Dienste zu leisten oder sich den durch den Gegenstand der Dienstleistung gerechtfertigten Anordnungen des Dienstgebers zu fügen, oder wenn er andere Bedienstete zum Ungehorsam gegen den Dienstgeber zu verleiten sucht;
5. wenn der Angestellte durch eine längere Freiheitsstrafe oder durch Abwesenheit während einer den Umständen nach erheblichen Zeit, ausgenommen wegen Krankheit oder Unglücksfalls, an der Verrichtung seiner Dienste gehindert ist;

   (BGBl 1975/418)
6. wenn der Angestellte sich Tätlichkeiten, Verletzungen der Sittlichkeit oder erhebliche Ehrverletzungen gegen den Dienstgeber, dessen Stellvertreter, deren Angehörige oder gegen Mitbedienstete zuschulden kommen läßt.

§ 28. (1) Wenn der Angestellte ohne wichtigen Grund vorzeitig austritt oder wenn ihn ein Verschulden an der vorzeitigen Entlassung trifft, steht dem Dienstgeber der Anspruch auf Ersatz des ihm verursachten Schadens zu.

(2) Für die schon bewirkten Leistungen, deren Entgelt noch nicht fällig ist, steht dem Angestellten ein Anspruch auf den entsprechenden Teil des Entgeltes nur insoweit zu, als sie nicht durch die vorzeitige Auflösung des Dienstverhältnisses für den Dienstgeber ihren Wert ganz oder zum größten Teil eingebüßt haben.

§ 29. (1) Wenn der Dienstgeber den Angestellten ohne wichtigen Grund vorzeitig entläßt oder wenn ihn ein Verschulden an dem vorzeitigen Austritte des Angestellten trifft, behält dieser, unbeschadet weitergehenden Schadenersatzes, seine vertragsmäßigen Ansprüche auf das Entgelt für den Zeitraum, der bis zur Beendigung des Dienstverhältnisses durch Ablauf der bestimmten Vertragszeit oder durch ordnungsmäßige Kündigung durch den Dienstgeber hätte verstreichen müssen, unter Einrechnung dessen, was er infolge des Unterbleibens der Dienstleistung erspart oder durch anderweitige Verwendung erworben oder zu erwerben absichtlich versäumt hat.

(2) Soweit der im Absatz 1 genannte Zeitraum drei Monate nicht übersteigt, kann der Angestellte das ganze für diese Zeit gebührende Entgelt ohne Abzug sofort, den Rest zur vereinbarten oder gesetzlichen (§ 15) Zeit fordern. Der Anspruch auf die dem Angestellten gebührende Abfertigung (§§ 23 und 23a) bleibt unberührt.

(BGBl 1971/292)

§ 30. (1) Ist der Angestellte unter der ausdrücklichen Bedingung aufgenommen, daß er den Dienst genau an einem festbestimmten Tage anzutreten hat, so kann der Dienstgeber vom Vertrage zurücktreten, wenn der Angestellte, aus welchem Grund immer, den Dienst an dem bestimmten Tage nicht antritt.

(2) Außer diesem Falle kann der Dienstgeber vor Antritt des Dienstes vom Vertrage zurücktreten, wenn der Angestellte, ohne durch ein unabwendbares Hindernis gehindert zu sein, den Dienst an dem vereinbarten Tage nicht antritt oder wenn sich infolge eines unabwendbaren Hindernisses der Dienstantritt um mehr als vierzehn Tage verzögert. Das gleiche gilt, wenn ein Grund vorliegt, der den Dienstgeber zur vorzeitigen Entlassung des Angestellten berechtigt.

(3) Der Angestellte kann vor Antritt des Dienstes vom Vertrage zurücktreten, wenn ein Grund vorliegt, der ihn zum vorzeitigen Austritt aus dem Dienstverhältnisse berechtigt. Das gleiche gilt, wenn sich der Dienstantritt infolge Verschuldens des Dienstgebers oder infolge eines diesen treffenden Zufalles um mehr als vierzehn Tage verzögert. Tritt der Angestellte im letzteren Fall ungeachtet der Verzögerung den Dienst an, so gebührt ihm das Entgelt von dem Tage, an dem der Dienst hätte angetreten werden sollen.

(4) Wird vor Antritt des Dienstes über das Vermögen des Dienstgebers das Insolvenzverfahren eröffnet, so kann sowohl der Masseverwalter, im Sanierungsverfahren mit Eigenverwaltung der Dienstgeber mit Zustimmung des Sanierungsverwalters, als auch der Angestellte vom Vertrag zurücktreten.

(BGBl I 2010/58)

§ 31. (1) Ist der Dienstgeber ohne wichtigen Grund vom Vertrage zurückgetreten oder hat er durch sein schuldbares Verhalten dem Angestellten zum Rücktritte begründeten Anlaß gegeben, so hat er dem Angestellten das Entgelt zu ersetzen, das diesem für den Zeitraum gebührt, der bei ordnungsmäßiger Kündigung durch den Dienstgeber vom Tage des Dienstantrittes bis zur Beendigung des Dienstverhältnisses hätte verstreichen müssen. Wenn das Dienstverhältnis auf bestimmte Zeit eingegangen wurde, hat der Dienstgeber dem Angestellten, falls die vereinbarte Dienstdauer drei Monate nicht übersteigt, das für die ganze Dauer entfallende Entgelt, falls die vereinbarte Dienstdauer dagegen drei Monate übersteigt, den für drei Monate entfallenden Teilbetrag des Entgeltes zu ersetzen. Allfällige weitere Schadenersatzansprüche werden durch die vorstehenden Bestimmungen nicht berührt.

(2) Die gleichen Ansprüche stehen dem Angestellten zu, wenn der Masseverwalter oder der Dienstgeber mit Zustimmung des Sanierungsverwalters vom Vertrag zurückgetreten ist.

(BGBl I 2010/58)

(3) Ist der Angestellte ohne wichtigen Grund vom Vertrage zurückgetreten oder hat er durch sein schuldbares Verhalten dem Dienstgeber zum Rücktritte begründeten Anlaß gegeben, so kann der Dienstgeber Schadenersatz verlangen.

§ 32. Trifft beide Teile ein Verschulden an dem Rücktritt oder der vorzeitigen Lösung des Dienstverhältnisses, so hat der Richter nach freiem Ermessen zu entscheiden, ob und in welcher Höhe ein Ersatz gebührt.

Rangordnung der Ansprüche im Konkurs

§ 33. (aufgehoben)

Frist zur Geltendmachung der Ansprüche

§ 34. (1) Ersatzansprüche wegen vorzeitigen Austrittes oder vorzeitiger Entlassung im Sinne der §§ 28 und 29, ferner Ersatzansprüche wegen Rücktrittes vom Vertrage im Sinne des § 31 müssen bei sonstigem Ausschlusse binnen sechs Monaten gerichtlich geltend gemacht werden.

(2) Die Frist beginnt bei Ansprüchen der erstgenannten Art mit dem Ablaufe des Tages, an dem der Austritt oder die Entlassung stattfand, bei Ansprüchen der letztgenannten Art mit dem Ablaufe des Tages, an dem der Dienstantritt hätte erfolgen sollen.

Kaution

§ 35. (aufgehoben – § 9 KautSchG)

Konkurrenzklausel

§ 36. (1) Eine Vereinbarung, durch die der Angestellte für die Zeit nach der Beendigung des Dienstverhältnisses in seiner Erwerbstätigkeit beschränkt wird (Konkurrenzklausel), ist nur insoweit wirksam, als:

1. der Angestellte im Zeitpunkt des Abschlusses der Vereinbarung nicht minderjährig ist;
2. sich die Beschränkung auf die Tätigkeit des Angestellten in dem Geschäftszweig des Dienstgebers bezieht und den Zeitraum eines Jahres nicht übersteigt; und
3. die Beschränkung nicht nach Gegenstand, Zeit oder Ort und im Verhältnis zu dem geschäftlichen Interesse, das der Dienstgeber an ihrer Einhaltung hat, eine unbillige Erschwerung des Fortkommens des Angestellten enthält.

(2) Eine Vereinbarung nach Abs. 1 ist unwirksam, wenn sie im Rahmen eines Dienstverhältnisses getroffen wird, bei dem das für den letzten Monat des Dienstverhältnisses gebührende Entgelt das Zwanzigfache der Höchstbeitragsgrundlage nach § 45 ASVG nicht übersteigt. Allfällige Sonderzahlungen sind bei der Ermittlung des Entgelts im Sinne des ersten Satzes außer Acht zu lassen.

(BGBl I 2015/152)

(BGBl I 2001/98, BGBl I 2006/35)

§ 37. (1) Hat der Dienstgeber durch schuldbares Verhalten dem Angestellten begründeten Anlaß zum vorzeitigen Austritt oder zur Kündigung des Dienstverhältnisses gegeben, so kann er die durch die Konkurrenzklausel begründeten Rechte gegen den Angestellten nicht geltend machen.

(2) Das gleiche gilt, wenn der Dienstgeber das Dienstverhältnis löst, es sei denn, daß der Angestellte durch schuldbares Verhalten hiezu begründeten Anlaß gegeben oder daß der Dienstgeber bei der Auflösung des Dienstverhältnisses erklärt hat, während der Dauer der Beschränkung dem Angestellten das ihm zuletzt zukommende Entgelt zu leisten.

(3) Eine für den Fall des Zuwiderhandelns gegen die Konkurrenzklausel vereinbarte Konventionalstrafe ist nur insoweit wirksam, als diese das Sechsfache des für den letzten Monat des Dienstverhältnisses gebührenden Nettomonatsentgelts nicht übersteigt. Allfällige Sonderzahlungen sind bei der Berechnung des Nettoentgelts im Sinne des ersten Satzes außer Acht zu lassen. Hat der/die Angestellte für den Fall des Zuwiderhandelns gegen die Konkurrenzklausel eine Konventionalstrafe versprochen, so kann der/die Dienstgeber/in nur die verwirkte Konventionalstrafe verlangen. Der Anspruch auf Erfüllung oder auf Ersatz eines weiteren Schadens ist ausgeschlossen.

(BGBl I 2015/152)

Konventionalstrafen

§ 38. Konventionalstrafen unterliegen dem richterlichen Mäßigungsrechte.

Zeugnis

§ 39. (1) Der Dienstgeber ist verpflichtet, bei Beendigung des Dienstverhältnisses dem Angestellten auf Verlangen ein schriftliches Zeugnis über die Dauer und die Art der Dienstleistung auszustellen. Eintragungen und Anmerkungen im Zeugnisse, durch die dem Angestellten die Erlangung einer neuen Stelle erschwert wird, sind unzulässig.

(2) Verlangt der Angestellte während der Dauer des Dienstverhältnisses ein Zeugnis, so ist ihm ein solches auf seine Kosten auszustellen.

(3) Zeugnisse des Angestellten, die sich in der Verwahrung des Dienstgebers befinden, sind ihm auf Verlangen jederzeit auszufolgen.

§ 40. Die Rechte, die dem Angestellten auf Grund der Bestimmungen der §§ 6 Abs. 3, 8, 9, 10 letzter Absatz, 12, 14 Abs. 2, 15, 16, 17, 17a, 18, 19 Abs. 2, 20 Abs. 2 bis 5, 21 bis 24, 29, 30 Abs. 2 bis 4, 31 Abs. 1, 34, 35, 37 bis 39 zustehen, können durch den Dienstvertrag weder aufgehoben noch beschränkt werden.

(BGBl 1993/459)

§ 41. Für Streitigkeiten aus den in diesem Gesetze geregelten Dienstverhältnissen sind die Gewerbegerichte zuständig.[a]

[a] gem. § 2 ASGG: die ordentlichen Gerichte

§ 42. (1) Insoweit dieses Gesetz nichts anderes bestimmt, finden die Vorschriften des allgemeinen bürgerlichen Rechtes über den Dienstvertrag auf die in diesem Gesetze geregelten Dienstverhältnisse Anwendung.

(2) Desgleichen bleiben, insoweit dieses Gesetz nicht etwas anderes bestimmt, die Vorschriften der Gewerbeordnung, mit Ausnahme der §§ 72, 77 und 84, für die in diesem Gesetze geregelten Dienstverhältnisse, auf welche die Gewerbeordnung Anwendung findet, aufrecht.

(3) Die §§ 23 und 23a sind auf Dienstverhältnisse, deren vertraglich vereinbarter Beginn nach dem 31. Dezember 2002 liegt, nicht mehr anzuwenden, soweit nicht durch Verordnung gemäß § 46 Abs. 1 letzter Satz des Betrieblichen Mitarbeitervorsorgegesetzes (BMVG), BGBl. I Nr. 100/2002, etwas anderes angeordnet wird. Sie sind jedoch weiterhin auf Dienstverhältnisse anzuwenden, deren vertraglich vereinbarter Beginn vor dem 1. Jänner 2003 oder dem durch Verordnung festgelegten Zeitpunkt liegt. Soweit eine Vereinbarung gemäß § 47 Abs. 1 und 3 BMVG erfolgt, sind diese Bestimmungen bis zum In-Kraft-Treten dieser Vereinbarung anzuwenden.

(BGBl I 2002/100)

(4) § 5 in der Fassung des Bundesgesetzes BGBl. I Nr. 138/2003 tritt mit 1. Jänner 2004 in Kraft und gilt für Arbeitsverhältnisse, deren vertraglich vereinbarter Beginn nach dem 31. Dezember 2003 liegt.

(BGBl I 2003/138)

Artikel II

(1) Dieses Bundesgesetz findet auch auf das Dienstverhältnis von Personen Anwendung, die vorwiegend zur Leistung kaufmännischer oder höherer, nicht kaufmännischer Dienste oder zu Kanzleiarbeiten bei Wirtschaftstreuhändern angestellt sind. § 7 Abs. 4 mit Ausnahme der Bestimmungen über die Teilnahme an einem Wettbewerb ist auf diese Dienstverhältnisse sinngemäß anzuwenden.

(2) Dieses Bundesgesetz findet ferner auf die auf einem privatrechtlichen Vertrag beruhenden Dienstverhältnisse von Personen Anwendung, die zur Leistung kaufmännischer oder höherer, nicht kaufmännischer Dienste oder zu Kanzleiarbeiten bei einem durch Bundesgesetz errichteten Fonds mit Rechtspersönlichkeit angestellt sind. Ausgenommen sind Dienstverhältnisse, auf die das Vertragsbedienstetengesetz gemäß § 1 Abs. 2 VBG sinngemäß anzuwenden ist.

(BGBl 1992/833)

Artikel III–V
(gegenstandslos)

Artikel VI
(gegenstandslos)

Artikel VII

Unberührt bleiben:

1. Die Bestimmungen des Journalistengesetzes vom 11. Februar 1920, StGBl. Nr. 88, sofern sie für die Redakteure (Schriftleiter) günstiger sind als die Bestimmungen dieses Gesetzes.
2. Die Bestimmungen des Gesetzes vom 30. Juli 1919, StGBl. Nr. 410[a] betreffend die Schaffung einer Gehaltskasse zur Sicherung von Dienstaltersbezügen der in den öffentlichen und Anstaltsapotheken angestellten Pharmazeuten.

[a] jetzt: GehaltskassenG 1959, BGBl 1959/254

Artikel VIII
(gegenstandslos)

Artikel IX
(gegenstandslos)

Artikel X

(1) Dieses Gesetz tritt am 1. Juli 1921 in Wirksamkeit. Es findet auf die an diesem Tage bestehenden Dienstverhältnisse auch dann Anwendung, wenn die Kündigung nach Kundmachung des Gesetzes erfolgt ist.

(2)

1. § 1 Abs. 1, § 2 Abs. 1, § 20 Abs. 1 und Art. II dieses Bundesgesetzes in der Fassung des Bundesgesetzes BGBl. Nr. 833/1992 treten mit 1. Jänner 1993 in Kraft.

   (BGBl 1992/833)

2. § 16 und § 23a Abs. 1, 1a und 2 in der Fassung des Bundesgesetzes BGBl. Nr. 335/1993 treten mit 1. Juli 1993 in Kraft.

   (BGBl 1993/335)

3. § 6 Abs. 3 und § 40 dieses Bundesgesetzes in der Fassung des Bundesgesetzes BGBl. Nr. 459/1993 treten gleichzeitig mit dem Abkommen über den Europäischen Wirtschaftsraum*) in Kraft.

   (BGBl 1993/459)

*) Die Kundmachung des Abkommens und seines Inkrafttretens wird zu einem späteren Zeitpunkt erfolgen. [Das Abkommen über den Europäischen Wirtschaftsraum ist seit 1.1.1994 in Kraft, vgl. BGBl 1993/917]

4. § 22 dieses Bundesgesetzes in der Fassung des Bundesgesetzes BGBl. Nr. 502/1993 tritt mit 1. August 1993 in Kraft.

   (BGBl 1993/502)

5. § 22 in der Fassung des Bundesgesetzes BGBl. I Nr. 44/2000 tritt mit 1. Jänner 2001 in Kraft.

   (BGBl I 2000/44)

6. § 36 in der Fassung des Bundesgesetzes BGBl. I Nr. 98/2001 tritt mit 1. Jänner 2002 in Kraft.

   (BGBl I 2001/98)

7. § 42 Abs. 3 in der Fassung des Bundesgesetzes BGBl. I Nr. 100/2002 tritt mit 1. Juli 2002 in Kraft.

   (BGBl I 2002/100)

8. § 23 Abs. 1a und 8 und § 23a Abs. 3, 4 und 4a in der Fassung des Bundesgesetzes BGBl. I Nr. 64/2004 treten mit 1. Juli 2004 in Kraft.

   (BGBl I 2004/64)

9. § 23a Abs. 1 in der Fassung des Bundesgesetzes BGBl. I Nr. 143/2004 tritt mit 1. Jänner 2005 in Kraft.

   (BGBl I 2004/143)

10. § 36 samt Überschrift in der Fassung des Bundesgesetzes BGBl. I Nr. 35/2006 tritt mit dem der Kundmachung folgenden Tag in Kraft und gilt für nach dem In-Kraft-Treten dieses Bundesgesetzes neu abgeschlossene Vereinbarungen über eine Konkurrenzklausel.

    (BGBl I 2006/35)

11. Die §§ 30 Abs. 4 und 31 Abs. 2 in der Fassung des Bundesgesetzes BGBl. I Nr. 58/2010 treten mit 1. August 2010 in Kraft.

    (BGBl I 2010/58)

12. Die §§ 8 Abs. 4 und 23a Abs. 1 Z 3 und 4 in der Fassung des Bundesgesetzes BGBl. I Nr. 152/2015 treten mit 1. Jänner 2016 in Kraft.

    (BGBl I 2015/152)

13. Die §§ 36 Abs. 2 und 37 Abs. 3 der Fassung des Bundesgesetzes BGBl. I Nr. 152/2015 treten mit dem der Kundmachung dieses Bundesgesetzes folgenden Tag in Kraft und gelten für nach dem Inkrafttreten neu abgeschlossene Vereinbarungen über eine Konkurrenzklausel.

    (BGBl I 2015/152)

14. § 8 Abs. 1 bis 2a und 9 in der Fassung des Bundesgesetzes BGBl. I Nr. 153/2017, treten mit 1. Juli 2018 in Kraft und sind auf Dienstverhinderungen anzuwenden, die in nach dem 30. Juni 2018 begonnenen Arbeitsjahren eingetreten sind. Für zu diesem Zeitpunkt laufende Dienstverhinderungen gilt § 8 Abs. 1 bis 2a in der Fassung des Bundesgesetzes BGBl. I Nr. 153/2017 ab Beginn dieses Arbeitsjahres.

15. § 9 Abs. 1 in der Fassung des Bundesgesetzes, BGBl. I Nr. 153/2017, tritt mit 1. Juli 2018 in Kraft und ist auf einvernehmliche Beendigungen von Dienstverhältnissen während einer Dienstverhinderung gemäß § 8 Abs. 1 bis 2a oder im Hinblick auf eine Dienstverhinderung gemäß § 8 Abs. 1 bis 2a anzuwenden, die eine Auflösung des Dienstverhältnisses nach dem 30. Juni 2018 bewirken.

16. § 20 Abs. 1 in der Fassung des Bundesgesetzes, BGBl. I Nr. 153/2017, tritt mit 1. Jänner 2018 in Kraft und ist auf Beendigungen anzuwenden, die nach dem 31. Dezember 2017 ausgesprochen werden.

17. Normen der kollektiven Rechtsgestaltung, die für Dienstnehmer günstigere Regelungen auf Entgeltfortzahlung als nach § 8 Abs. 1 in der Fassung des Bundesgesetzes BGBl. I Nr. 153/2017 vorsehen, bleiben aufrecht.

18. Sehen Normen der kollektiven Rechtsgestaltung für Dienstnehmer günstigere Regelungen zur Entgeltfortzahlung als nach § 8 Abs. 2 in der Fassung vor den Änderungen durch das BGBl. I Nr. 153/2017 vor, gilt für die erfassten Dienstnehmer § 8 Abs. 2 bis zu einer Neuregelung weiterhin in der Fassung vor den Änderungen durch das BGBl. I Nr. 153/2017.

    (BGBl I 2017/153)

19. § 8 Abs. 3a in der Fassung des Bundesgesetzes BGBl. I Nr. 74/2019 tritt mit 1. September 2019 in Kraft.

    (BGBl I 2019/74)

Artikel XI

Mit der Vollziehung dieses Bundesgesetzes ist der Bundesminister für Wirtschaft und Arbeit betraut.

(BGBl I 2000/44)

2. Gewerbeordnung 1859 (Auszug)

Gewerbeordnung 1859, RGBl 1859/227

GLIEDERUNG

STICHWORTVERZEICHNIS

Kaiserliches Patent vom 20. Dezember 1859, womit eine Gewerbeordnung für den ganzen Umfang des Reiches erlassen und vom 1. Mai 1860 angefangen in Wirksamkeit gesetzt wird

(gemäß § 376 Z 47 GewO 1994 geltendes Recht)

VI. HAUPTSTÜCK
Gewerbliches Hilfspersonal

1. Allgemeine Bestimmungen

§ 72.[*] (1) Die Festsetzung der Verhältnisse zwischen den selbständigen Gewerbetreibenden und ihren Hilfsarbeitern ist innerhalb der durch die Gesetze gezogenen Grenzen Gegenstand freier Übereinkunft. Schriftliche Ausfertigungen derartiger Vereinbarungen sind von Stempel- und Rechtsgebühren befreit.

(2) In Ermangelung einer Übereinkunft entscheiden zunächst die dafür erlassenen besonderen Vorschriften, dann das Allgemeine bürgerliche Gesetzbuch.

[*] idF RGBl 1885/22, BGBl 1933/52 und BGBl 1933/104

Hilfsarbeiter

§ 73. (1) Unter Hilfsarbeitern werden in diesem Gesetze alle Arbeitspersonen, welche bei Gewerbeunternehmungen in regelmäßiger Beschäftigung stehen, ohne Unterschied des Alters und Geschlechtes verstanden, und zwar:

a) Gehilfen (Handlungsgehilfen, Gesellen, Kellner, Kutscher bei Fuhrgewerben u. dgl.);

b) Fabriksarbeiter;

c) Lehrlinge;[a]

[a] durch § 34 Abs. 4 lit. c BAG gegenstandslos

d) jene Arbeitspersonen, welche zu untergeordneten Hilfsdiensten beim Gewerbe verwendet werden (ohne zu den im Artikel V lit. d des Einführungsgesetzes zur Gewerbeordnung bezeichneten Personen zu gehören).[a]

[a] Das EinführungsG zur GewO 1859 wurde durch die GewO 1973 aufgehoben.

(2) Zu den Hilfsarbeitern gehören auch die Arbeitspersonen, welche bei solchen Gewerbeunternehmungen regelmäßig beschäftigt sind, die von den in §§ 2 bis 4 Gewerbeordnung 1973 aufgeführten physischen oder moralischen Personen neben den der Gewerbeordnung nicht unterliegenden Beschäftigungen oder Unternehmungen dieser Personen betrieben werden.

(3) Die für höhere Dienstleistungen in der Regel mit Jahres- oder Monatsgehalt angestellten Individuen, wie Werkführer, Mechaniker, Faktoren, Buchhalter, Kassiere, Expedienten, Zeichner, Chemiker u. dgl. werden unter Hilfsarbeitern nicht begriffen.

§§ 74–75a. (aufgehoben)

Pflichten der Hilfsarbeiter

§ 76. Die Hilfsarbeiter sind verpflichtet, dem Gewerbeinhaber Treue, Folgsamkeit und Achtung zu erweisen, sich anständig zu betragen, die bedungene oder ortsübliche Arbeitszeit einzuhalten, die ihnen anvertrauten gewerblichen Verrichtungen nach besten Kräften zu besorgen, über die Betriebsverhältnisse Verschwiegenheiten zu beobachten, sich gegen die übrigen Hilfsarbeiter und Hausgenossen verträglich zu benehmen und die Lehrlinge sowie die unter der Aufsicht der Hilfsarbeiter arbeitenden Kinder gut zu behandeln. Zur Leistung von häuslichen Arbeiten, insofern diese nicht zum Gewerbebetriebe gehören, sind die Hilfsarbeiter vorbehaltlich anderweitiger Vereinbarung nicht verpflichtet.

Entlohnung, Kündigung

§ 77.[*] Wenn über die Zeit der Entlohnung des Hilfsarbeiters und über die Kündigungsfrist nichts anderes vereinbart ist, wird die Bedingung wöchentlicher Entlohnung und eine vierzehntägige Kündigungsfrist vorausgesetzt. Doch sind Hilfsarbeiter, welche nach dem Stücke entlohnt werden oder im Akkord arbeiten, erst dann auszutreten berechtigt, wenn sie die übernommene Arbeit ordnungsmäßig beendet haben.

(BGBl I 2020/131, BGBl I 2021/121)

[*] Tritt gem. § 1503 Abs. 19 ABGB in der Fassung BGBl. I Nr. 121/2021 mit 1. Oktober 2021 außer Kraft; ist aber auf Beendigungen vor dem 1. Oktober 2021 weiterhin anzuwenden.

Lohnzahlungen

§ 78. (1) Die Gewerbeinhaber sind verpflichtet, die Löhne der Hilfsarbeiter in barem Gelde auszuzahlen.

(2) Sie können jedoch den Arbeitern Wohnung, Feuerungsmaterial, Benützung von Grundstücken, Arzneien und ärztliche Hilfe sowie Werkzeuge und Stoffe zu den von ihnen anzufertigenden Erzeugnissen unter Anrechnung bei der Lohnzahlung nach vorausgegangener Vereinbarung zuwenden.

(3) Die Verabfolgung von Lebensmitteln oder der regelmäßigen Beköstigung auf Rechnung des Lohnes kann zwischen dem Gewerbeinhaber und dem Hilfsarbeiter vereinbart werden, sofern sie zu einem die Beschaffungskosten nicht übersteigenden Preise erfolgt.

(4) Dagegen darf nicht vereinbart werden, daß die Hilfsarbeiter Gegenstände ihres Bedarfes aus gewissen Verkaufsstätten beziehen müssen.

(5) Gewerbeinhaber dürfen den Arbeitern andere als die obbezeichneten Gegenstände oder Waren und insbesondere geistige Getränke auf Rechnung des Lohnes nicht kreditieren.

(6) Die Auszahlung der Löhne in den Wirtshäusern und Schanklokalitäten ist untersagt.

§ 78a.[*] Die Bestimmungen des § 78 finden auch auf diejenigen Hilfsarbeiter Anwendung, welche außerhalb der Werkstätten für Gewerbeinhaber die zu deren Gewerbebetriebe nötigen Ganz- und Halbfabrikate anfertigen oder solche an sie absetzen, ohne aus dem Verkaufe dieser Waren an Konsumenten ein Gewerbe zu machen.

[*] idF RGBl 1885/22

§ 78b.*) Die rücksichtlich der Gewerbeinhaber in den §§ 78 und 78a getroffenen Bestimmungen finden auch Anwendung auf Familienglieder, Gehilfen, Beauftragte, Geschäftsführer, Aufseher und Faktoren der Gewerbeinhaber sowie auf andere Gewerbetreibende, bei deren Geschäfte eine der hier erwähnten Personen unmittelbar oder mittelbar beteiligt ist.

*) idF RGBl 1885/22

Nichtigkeit von Verträgen

§ 78c.*) Vertragsbestimmungen und Verabredungen, welche den Anordnungen der §§ 78, 78a und 78b zuwiderlaufen, sind nichtig.

*) idF RGBl 1885/22

Folgen der Nichtbarzahlungen an Hilfsarbeiter

§ 78d.*) Hilfsarbeiter, deren Forderungen entgegen den Vorschriften der §§ 78, 78a und 78b anders als durch Barzahlung berichtigt wurden, können zu jeder Zeit die Bezahlung ihrer Forderungen in barem Gelde verlangen, ohne daß ihnen eine Einrede aus dem an Zahlungs Statt Gegebenen entgegengesetzt werden kann. Soweit das an Zahlungs Statt Gegebene bei dem Empfänger vorhanden ist, oder dieser daraus noch bereichert erscheint, fällt dasselbe oder dessen Wert der Krankenkasse zu, die zur Durchführung der Krankenversicherung der Hilfsarbeiter gesetzlich berufen ist.

*) idF RGBl 1885/22 und BGBl 1935/548

Nichtklagbarkeit der Forderungen für kreditierte Waren

§ 78e.*) (1) Forderungen für Gegenstände oder Waren, welche ungeachtet des in den §§ 78, 78a und 78b enthaltenen Verbotes den Hilfsarbeitern kreditiert wurden, können von Gewerbeinhabern und den ihnen gleichgestellten Personen weder eingeklagt, noch durch Anrechnung oder in anderer Weise geltend gemacht werden, ohne Unterschied, ob sie zwischen den Beteiligten unmittelbar entstanden sind oder mittelbar erworben wurden.

(2) Dagegen fallen dergleichen Forderungen den im § 78d bezeichneten Anstalten für ihre gesetzlichen Zwecke zu.

*) idF RGBl 1885/22

Ausweis

§ 79. (aufgehoben – in § 376 Z 47 GewO 1994 nicht angeführt)

§§ 80, 80a bis 80i und 81. (aufgehoben – StGBl 1919/42)

Auflösung des Arbeitsverhältnisses

§ 82.*) Vor Ablauf der ausdrücklich oder stillschweigend bedungenen Dauer des Arbeitsverhältnisses kann ein Hilfsarbeiter ohne Kündigung in folgenden Fällen sofort entlassen werden, wenn er:

a) bei Abschluß des Arbeitsvertrages den Gewerbeinhaber durch Vorzeigung falscher oder verfälschter Ausweiskarten oder Zeugnisse hintergangen oder ihn über das Bestehen eines anderen, den Hilfsarbeiter gleichzeitig verpflichtenden Arbeitsverhältnisses in einen Irrtum versetzt hat;

b) zu der mit ihm vereinbarten Arbeit unfähig befunden wird;

c) der Trunksucht verfällt und wiederholt fruchtlos verwarnt wurde;

d) sich eines Diebstahls, einer Veruntreuung oder einer sonstigen strafbaren Handlung schuldig macht, welche ihn des Vertrauens des Gewerbeinhabers unwürdig erscheinen läßt;

e) ein Geschäfts- oder Betriebsgeheimnis verrät oder ohne Einwilligung des Gewerbeinhabers ein der Verwendung beim Gewerbe abträgliches Nebengeschäft betreibt;

f) die Arbeit unbefugt verlassen hat oder beharrlich seine Pflichten vernachlässigt oder die übrigen Hilfsarbeiter oder die Hausgenossen zum Ungehorsam, zur Auflehnung gegen den Gewerbeinhaber, zu unordentlichem Lebenswandel oder zu unsittlichen oder gesetzwidrigen Handlungen zu verleiten sucht;

g) sich einer groben Ehrenbeleidigung, Körperverletzung oder gefährlichen Drohung gegen den Gewerbeinhaber oder dessen Hausgenossen, oder gegen die übrigen Hilfsarbeiter schuldig macht, oder ungeachtet vorausgegangener Verwarnung mit Feuer und Licht unvorsichtig umgeht;

h) mit einer abschreckenden Krankheit behaftet ist, oder durch eigenes Verschulden arbeitsunfähig wird;

i) durch länger als vierzehn Tage gefänglich angehalten wird.

*) idF RGBl 1885/22, BGBl 1925/277. In lit d sind gem. Art. VIII Abs. 1 StrafrechtsAnpG die entsprechenden Tatbestände des StGB getreten. Lit h idF Art. VIII lit. a EFZG, BGBl 1974/399

§ 82a.*) Vor Ablauf der vertragsmäßigen Zeit und ohne Kündigung kann ein Hilfsarbeiter die Arbeit verlassen:

a) wenn er ohne erweislichen Schaden für seine Gesundheit die Arbeit nicht fortsetzen kann;

b) wenn der Gewerbeinhaber sich einer tätlichen Mißhandlung oder einer groben Ehrenbeleidigung gegen ihn oder dessen Angehörige schuldig macht;

c) wenn der Gewerbeinhaber oder dessen Angehörige den Hilfsarbeiter oder dessen Angehörige zu unsittlichen oder gesetzwidrigen Handlungen zu verleiten suchen;

d) wenn der Gewerbeinhaber ihm die bedungenen Bezüge ungebührlich vorenthält oder andere wesentliche Vertragsbestimmungen verletzt;

e) wenn der Gewerbeinhaber außerstande ist oder sich weigert, dem Hilfsarbeiter Verdienst zu geben.

*) idF RGBl 1885/22

§ 83.*) (1) Durch das Aufhören des Gewerbebetriebes oder durch den Tod des Hilfsarbeiters erlischt das Arbeitsverhältnis von selbst.

(2) Doch ist im Falle der vorzeitigen Entlassung des Hilfsarbeiters, sei es infolge freiwilligen Aufgebens des Gewerbes oder infolge eines Verschuldens des Gewerbeinhabers oder eines diesen treffenden Zufalls der Hilfsarbeiter berechtigt, für den Entgang der Kündigungsfrist Schadloshaltung zu beanspruchen.

*) idF RGBl 1885/22

§ 84.*) Wenn der Gewerbeinhaber ohne einen gesetzlich zulässigen Grund (§§ 82 und 101) einen Hilfsarbeiter vorzeitig entläßt oder durch Verschulden von seiner Seite dem letzteren Grund zur vorzeitigen Auflösung des Arbeitsverhältnisses gibt (§ 82a), so ist er verpflichtet, dem Hilfsarbeiter den Lohn und die sonst vereinbarten Genüsse für die ganze Kündigungsfrist beziehungsweise für den noch übrigen Teil der Kündigungsfrist zu vergüten.

*) idF RGBl 1885/22; § 101 ist durch § 34 Abs. 4 Z 1 lit. c BAG BGBl 1969/142 aufgehoben.

Vorzeitiger Austritt

§ 85. (aufgehoben – StGBl 1919/42 Art. III)

§ 86.*) Wenn ein Hilfsarbeiter ohne gesetzlich zulässigen Grund (§§ 82 und 101) das Arbeitsverhältnis vorzeitig auflöst, so haftet für den gemäß § 1162a des Allgemeinen bürgerlichen Gesetzbuches dem Hilfsarbeiter obliegenden Schadenersatz auch jener Gewerbeinhaber, der ihn zum Vertragsbruche verleitet hat oder ihn vor rechtmäßiger Beendigung des früheren Arbeitsverhältnisses in Kenntnis der unrechtmäßigen Lösung in Verwendung nimmt oder in Arbeit behält.

*) idF StGBl 1919/42; richtig wäre ein Verweis auf § 82a, § 101 ist durch § 34 Abs. 4 Z 1 lit. c BAG aufgehoben

Streitigkeiten aus dem Arbeits-, Lehr- und Lohnverhältnisse

§§ 87 bis 87c. (aufgehoben – RGBl 1896/218)

Arbeiterverzeichnisse

§ 88.*) (1) In jeder Gewerbeunternehmung ist über alle Hilfsarbeiter ein Verzeichnis in Buchform mit Angabe des Vor- und Zunamens, des Alters, der Heimatsgemeinde, der Gemeinde, welche die Ausweiskarte ausgestellt hat, des Eintrittes in die Gewerbeunternehmung, des Namens des Gewerbeinhabers, bei dem der Hilfsarbeiter zuletzt in Arbeit stand, der Verwendungsart im Gewerbe, der Krankenkasse, welcher der Hilfsarbeiter angehört, und des Austrittes aus der Gewerbeunternehmung zu führen und den behördlichen Organen auf jedesmaliges Verlangen vorzuweisen.

(2) Die polizeilichen Meldungsvorschriften bleiben durch dieses Gesetz unberührt.

*) Die Best. über die Ausweiskarte (§ 79) sind aufgehoben.

Arbeitsordnung

§ 88a. (aufgehoben – BGBl 1947/76)

Krankenkasse

§ 89. (gegenstandslos durch SV-ÜG, BGBl 1947/142)

Konventionalgeldstrafen

§ 90.*) Die Konventionalgeldstrafen, welchen die Hilfsarbeiter bei Übertretungen der Arbeitsordnung unterworfen wurden, sowie deren Verwendung sind in ein Verzeichnis einzutragen, dessen Einsichtnahme der Behörde und den Hilfsarbeitern offen steht, und dessen Vorlage an die Gewerbebehörde zu erfolgen hat, wenn sich ein Hilfsarbeiter durch die Einhebung oder Verwendung der Konventionalgeldstrafe für beschwert erachtet.

*) idF RGBl 1885/22, statt „Arbeitsordnung" nunmehr Betriebsvereinbarung iSd ArbVG

Stellvertreter der Gewerbeinhaber

§ 91. Was in diesem Abschnitte von Gewerbeinhabern als Arbeitgebern oder Lehrherren gesagt ist, gilt auch von deren Stellvertretern, insoweit nicht einzelne Bestimmungen der Natur der Sache nach nur auf die Person des Gewerbeinhabers Anwendung finden.

Kaufmännisches Hilfspersonale

§ 92.*) Auf die Handlungsgehilfen, Handlungslehrlinge und Handlungsdiener finden die Bestimmungen dieses Hauptstückes nur insoferne Anwendung, als in dem Handelsgesetzbuche nicht etwas anderes angeordnet ist.

*) idF RGBl 1885/22, hinsichtlich „Handlungslehrlinge" gegenstandslos durch § 34 Abs. 1 Z 4 lit c BAG, BGBl 1969/142

2. Zusatzbestimmungen

§§ 93–96i. (aufgehoben – in § 376 Z 47 GewO 1994 nicht angeführt; § 96e Abs. 4 durch BGBl I 2000/9 aufgehoben)

3. Allgemeines bürgerliches Gesetzbuch (Auszug)

Allgemeines bürgerliches Gesetzbuch, JGS 1811/946 idF

1 RGBl 1916/69	**2** BGBl 1993/502	**3** BGBl I 1997/6
4 BGBl I 2000/44	**5** BGBl I 2004/77	**6** BGBl I 2009/75
7 BGBl I 2010/58	**8** BGBl I 2013/145	**9** BGBl I 2017/153
10 BGBl I 2018/100	**11** BGBl I 2019/74	**12** BGBl I 2020/16
13 BGBl I 2020/131	**14** BGBl I 2021/121	**15** BGBl I 2021/175

GLIEDERUNG

STICHWORTVERZEICHNIS

Allgemeines bürgerliches Gesetzbuch für die gesammten deutschen Erbländer der Oesterreichischen Monarchie

(Auszug)

Sechsundzwanzigstes Hauptstück
Von Verträgen über Dienstleistungen

Dienst- und Werkvertrag

§ 1151. (1) Wenn jemand sich auf eine gewisse Zeit zur Dienstleistung für einen anderen verpflichtet, so entsteht ein Dienstvertrag; wenn jemand die Herstellung eines Werkes gegen Entgelt übernimmt, ein Werkvertrag.

(2) Insoweit damit eine Geschäftsbesorgung (§ 1002) verbunden ist, müssen auch die Vorschriften über den Bevollmächtigungsvertrag beobachtet werden.

§ 1152. Ist im Vertrag kein Entgelt bestimmt und auch nicht Unentgeltlichkeit vereinbart, so gilt ein angemessenes Entgelt als bedungen.

1. Dienstvertrag

§ 1153. Wenn sich aus dem Dienstvertrage oder aus den Umständen nichts anderes ergibt, hat der Dienstnehmer die Dienste in eigener Person zu leisten und ist der Anspruch auf die Dienste nicht übertragbar. Soweit über Art und Umfang der Dienste nichts vereinbart ist, sind die den Umständen nach angemessenen Dienste zu leisten.

Anspruch auf Entgelt

§ 1154. (1) Wenn nichts anderes vereinbart oder bei Diensten der betreffenden Art üblich ist, ist das Entgelt nach Leistung der Dienste zu entrichten.

(2) Ist das Entgelt nach Monaten oder kürzeren Zeiträumen bemessen, so ist es am Schlusse des einzelnen Zeitraumes; ist es nach längeren Zeiträumen bemessen, am Schlusse eines jeden Kalendermonats zu entrichten. Ein nach Stunden, nach Stück oder Einzelleistungen bemessenes Entgelt ist für die schon vollendeten Leistungen am Schlusse einer jeden Kalenderwoche, wenn es sich jedoch um Dienste höherer Art handelt, am Schlusse eines jeden Kalendermonats zu entrichten.

(3) In jedem Falle wird das bereits verdiente Entgelt mit der Beendigung des Dienstverhältnisses fällig.

§ 1154a. Der nach Stück oder Einzelleistungen entlohnte Dienstnehmer kann einen den geleisteten Diensten und seinen Auslagen entsprechenden Vorschuß vor Fälligkeit des Entgelts verlangen.

§ 1154b. (1) Der Dienstnehmer behält seinen Anspruch auf das Entgelt, wenn er nach Antritt des Dienstes durch Krankheit oder Unglücksfall an der Dienstleistung verhindert ist, ohne dies vorsätzlich oder durch grobe Fahrlässigkeit verschuldet zu haben, bis zur Dauer von sechs Wochen. Der Anspruch auf das Entgelt erhöht sich auf die Dauer von acht Wochen, wenn das Dienstverhältnis fünf Jahre, von zehn Wochen, wenn es 15 Jahre und von zwölf Wochen, wenn es 25 Jahre ununterbrochen gedauert hat. Durch jeweils weitere vier Wochen behält der Dienstnehmer den Anspruch auf das halbe Entgelt.

(2) Bei wiederholter Dienstverhinderung durch Krankheit (Unglücksfall) innerhalb eines Arbeitsjahres besteht ein Anspruch auf Fortzahlung des Entgelts nur insoweit, als die Dauer des Anspruchs gemäß Abs. 1 noch nicht erschöpft ist.

(3) Wird ein Dienstnehmer durch Arbeitsunfall oder Berufskrankheit im Sinne der Vorschriften über die gesetzliche Unfallversicherung an der Leistung seiner Dienste verhindert, ohne dass er die Verhinderung vorsätzlich oder durch grobe Fahrlässigkeit herbeigeführt hat, so behält er seinen An-

spruch auf das Entgelt ohne Rücksicht auf andere Zeiten einer Dienstverhinderung bis zur Dauer von acht Wochen. Der Anspruch auf das Entgelt erhöht sich auf die Dauer von zehn Wochen, wenn das Dienstverhältnis 15 Jahre ununterbrochen gedauert hat. Bei wiederholten Dienstverhinderungen, die im unmittelbaren ursächlichen Zusammenhang mit einem Arbeitsunfall oder einer Berufskrankheit stehen, besteht ein Anspruch auf Fortzahlung des Entgelts innerhalb eines Dienstjahres nur insoweit, als die Dauer des Anspruchs nach dem ersten oder zweiten Satz noch nicht erschöpft ist. Ist ein Dienstnehmer gleichzeitig bei mehreren Dienstgebern beschäftigt, so entsteht ein Anspruch nach diesem Absatz nur gegenüber jenem Dienstgeber, bei dem die Dienstverhinderung im Sinne dieses Absatzes eingetreten ist; gegenüber den anderen Dienstgebern entstehen Ansprüche nach Abs. 1.

(4) Kur- und Erholungsaufenthalte, Aufenthalte in Heil- und Pflegeanstalten, Rehabilitationszentren und Rekonvaleszentenheimen, die wegen eines Arbeitsunfalles oder einer Berufskrankheit von einem Träger der Sozialversicherung, dem Bundesministerium für soziale Sicherheit und Generationen gemäß § 12 Abs. 4 Opferfürsorgegesetz, einem Bundesamt für Soziales und Behindertenwesen oder einer Landesregierung auf Grund eines Behindertengesetzes auf deren Rechnung bewilligt oder angeordnet werden, sind einer Dienstverhinderung gemäß Abs. 3 gleichzuhalten.

(5) Der Dienstnehmer behält ferner den Anspruch auf das Entgelt, wenn er durch andere wichtige, seine Person betreffende Gründe ohne sein Verschulden während einer verhältnismäßig kurzen Zeit an der Dienstleistung verhindert wird.

(6) Ist der Dienstnehmer nach Antritt des Dienstverhältnisses wegen eines Einsatzes als freiwilliges Mitglied einer Katastrophenhilfsorganisation, eines Rettungsdienstes oder einer freiwilligen Feuerwehr bei einem Großschadensereignis nach § 3 Z 2 lit. b des Katastrophenfondsgesetzes, BGBl. Nr. 201/1996 oder als Mitglied eines Bergrettungsdienstes an der Dienstleistung verhindert, so hat er unbeschadet seiner Ansprüche nach Abs. 5 einen Anspruch auf Fortzahlung des Entgelts, wenn das Ausmaß und die Lage der Dienstfreistellung mit dem Dienstgeber vereinbart wird.

(BGBl I 2013/145, BGBl I 2017/153, BGBl I 2019/74)

(BGBl I 2000/44)

§ 1155. (1) Auch für Dienstleistungen, die nicht zustande gekommen sind, gebührt dem Dienstnehmer das Entgelt, wenn er zur Leistung bereit war und durch Umstände, die auf der Seite des Dienstgebers liegen, daran verhindert worden ist; er muß sich jedoch anrechnen, was er infolge Unterbleibens der Dienstleistung erspart oder durch anderweitige Verwendung erworben oder zu erwerben absichtlich versäumt hat.

(2) Wurde er infolge solcher Umstände durch Zeitverlust bei der Dienstleistung verkürzt, so gebührt ihm angemessene Entschädigung.

(3)–(4) (aufgehoben)

(BGBl I 2020/16)

Erlöschen der Ansprüche

§ 1156. Die dem Dienstgeber nach § 1154b obliegenden Verpflichtungen erlöschen, wenn das Dienstverhältnis infolge Ablaufes der Zeit, für die es eingegangen wurde, oder infolge einer früheren Kündigung oder einer Entlassung endet, die nicht durch die Erkrankung oder sonstige die Person des Dienstnehmers betreffende wichtige Gründe im Sinne des § 1154b verursacht ist. Wird der Dienstnehmer wegen der Verhinderung entlassen oder wird ihm während der Verhinderung gekündigt, so bleibt die dadurch herbeigeführte Beendigung des Dienstverhältnisses in Ansehung der bezeichneten Ansprüche außer Betracht.

(BGBl I 2000/44)

Fürsorgepflicht des Dienstgebers

§ 1157. (1) Der Dienstgeber hat die Dienstleistungen so zu regeln und bezüglich der von ihm beizustellenden oder beigestellten Räume und Gerätschaften auf seine Kosten dafür zu sorgen, daß Leben und Gesundheit des Dienstnehmers, soweit es nach der Natur der Dienstleistung möglich ist, geschützt werden.

(2) Ist der Dienstnehmer in die Hausgemeinschaft des Dienstgebers aufgenommen, so hat dieser in Ansehung des Wohn- und Schlafraumes, der Verpflegung sowie der Arbeits- und Erholungszeit die mit Rücksicht auf Gesundheit, Sittlichkeit und Religion des Dienstnehmers erforderlichen Anordnungen zu treffen.

Endigung des Dienstverhältnisses

§ 1158. (1) Das Dienstverhältnis endet mit dem Ablaufe der Zeit, für die es eingegangen wurde.

(2) Ein auf Probe oder nur für die Zeit eines vorübergehenden Bedarfes vereinbartes Dienstverhältnis kann während des ersten Monates von beiden Teilen jederzeit gelöst werden.

(3) Ein für die Lebenszeit einer Person oder für länger als fünf Jahre vereinbartes Dienstverhältnis kann von dem Dienstnehmer nach Ablauf von fünf Jahren unter Einhaltung einer Kündigungsfrist von sechs Monaten gelöst werden.

(4) (aufgehoben)

(BGBl I 2017/153, BGBl I 2021/121)

Kündigung

§ 1159. (1) Ist das Dienstverhältnis ohne Zeitbestimmung eingegangen oder fortgesetzt worden, so kann es durch Kündigung nach folgenden Bestimmungen gelöst werden.

(2) Mangels einer für den Dienstnehmer günstigeren Vereinbarung kann der Dienstgeber das Dienstverhältnis mit Ablauf eines jeden Kalendervierteljahres durch vorgängige Kündigung lösen. Die Kündigungsfrist beträgt sechs Wochen und erhöht sich nach dem vollendeten zweiten Dienstjahr auf zwei Monate, nach dem vollendeten

fünften Dienstjahr auf drei, nach dem vollendeten fünfzehnten Dienstjahr auf vier und nach dem vollendeten fünfundzwanzigsten Dienstjahr auf fünf Monate. Durch Kollektivvertrag können für Branchen, in denen Saisonbetriebe im Sinne des § 53 Abs. 6 des Arbeitsverfassungsgesetzes, BGBl. Nr. 22/1974 überwiegen, abweichende Regelungen festgelegt werden.

(3) Die Kündigungsfrist kann durch Vereinbarung nicht unter die im Absatz 2 bestimmte Dauer herabgesetzt werden; jedoch kann vereinbart werden, dass die Kündigungsfrist am Fünfzehnten oder am Letzten des Kalendermonats endigt.

(4) Mangels einer für ihn günstigeren Vereinbarung kann der Dienstnehmer das Dienstverhältnis mit dem letzten Tage eines Kalendermonats unter Einhaltung einer einmonatigen Kündigungsfrist lösen. Diese Kündigungsfrist kann durch Vereinbarung bis zu einem halben Jahr ausgedehnt werden; doch darf die vom Dienstgeber einzuhaltende Frist nicht kürzer sein als die mit dem Dienstnehmer vereinbarte Kündigungsfrist. Durch Kollektivvertrag können für Branchen, in denen Saisonbetriebe im Sinne des § 53 Abs. 6 des Arbeitsverfassungsgesetzes, BGBl. Nr. 22/1974 überwiegen, abweichende Regelungen festgelegt werden.

(5) Ist das Dienstverhältnis nur für die Zeit eines vorübergehenden Bedarfes vereinbart, so kann es während des ersten Monats von beiden Teilen jederzeit unter Einhaltung einer einwöchigen Kündigungsfrist gelöst werden.

(BGBl I 2017/153, BGBl I 2020/131, BGBl I 2021/121)

§§ 1159a–1159c. (aufgehoben)

(BGBl I 2020/131, BGBl I 2021/121)

Freizeit während der Kündigungsfrist

§ 1160. (1) Bei Kündigung durch den Dienstgeber ist dem Dienstnehmer während der Kündigungsfrist auf sein Verlangen wöchentlich mindestens ein Fünftel der regelmäßigen wöchentlichen Arbeitszeit ohne Schmälerung des Entgelts freizugeben.

(2) Ansprüche nach Abs. 1 bestehen nicht, wenn der Dienstnehmer einen Anspruch auf eine Pension aus der gesetzlichen Pensionsversicherung hat, sofern eine Bescheinigung über die vorläufige Krankenversicherung vom Pensionsversicherungsträger ausgestellt wurde.

(3) Durch Kollektivvertrag können abweichende Regelungen getroffen werden.

(BGBl I 2018/100)

(BGBl 1993/502, BGBl I 2000/44)

Insolvenzverfahren

§ 1161. Welche Wirkungen die Eröffnung des Insolvenzverfahrens über das Vermögen des Dienstgebers auf das Dienstverhältnis hat, bestimmt die Insolvenzordnung.

(BGBl I 2010/58)

Vorzeitige Auflösung

§ 1162. Das Dienstverhältnis kann, wenn es für bestimmte Zeit eingegangen wurde, vor Ablauf dieser Zeit, sonst aber ohne Einhaltung einer Kündigungsfrist von jedem Teile aus wichtigen Gründen gelöst werden.

§ 1162a. Wenn der Dienstnehmer ohne wichtigen Grund vorzeitig austritt, kann der Dienstgeber entweder dessen Wiedereintritt zur Dienstleistung nebst Schadenersatz oder Schadenersatz wegen Nichterfüllung des Vertrages verlangen. Wird der Dienstnehmer wegen eines Verschuldens vorzeitig entlassen, so hat er Schadenersatz wegen Nichterfüllung des Vertrages zu leisten. Für die schon bewirkten Leistungen, deren Entgelt noch nicht fällig ist, steht dem Dienstnehmer ein Anspruch auf den entsprechenden Teil des Entgelts nur insoweit zu, als sie nicht durch die vorzeitige Auflösung des Dienstverhältnisses für den Dienstgeber ihren Wert ganz oder zum größten Teil eingebüßt haben.

§ 1162b. Wenn der Dienstgeber den Dienstnehmer ohne wichtigen Grund vorzeitig entläßt oder wenn ihn ein Verschulden an dem vorzeitigen Austritte des Dienstnehmers trifft, behält dieser, unbeschadet weitergehenden Schadenersatzes, seine vertragsgemäßen Ansprüche auf das Entgelt für den Zeitraum, der bis zur Beendigung des Dienstverhältnisses durch Ablauf der Vertragszeit oder durch ordnungsmäßige Kündigung hätte verstreichen müssen, unter Anrechnung dessen, was er infolge des Unterbleibens der Dienstleistung erspart oder durch anderweitige Verwendung erworben oder zu erwerben absichtlich versäumt hat. Soweit jedoch der oben genannte Zeitraum drei Monate nicht übersteigt, kann der Dienstnehmer das ganze für diese Zeit gebührende Entgelt ohne Abzug sofort fordern.

§ 1162c. Trifft beide Teile ein Verschulden an der vorzeitigen Lösung des Dienstverhältnisses, so hat der Richter nach freiem Ermessen zu entscheiden, ob und in welcher Höhe ein Ersatz gebührt.

§ 1162d. Ansprüche wegen vorzeitigen Austrittes oder vorzeitiger Entlassung im Sinne der §§ 1162a und 1162b müssen bei sonstigem Ausschlusse binnen sechs Monaten nach Ablauf des Tages, an dem sie erhoben werden konnten, gerichtlich geltend gemacht werden.

Zeugnis

§ 1163. (1) Bei Beendigung des Dienstverhältnisses ist dem Dienstnehmer auf sein Verlangen ein schriftliches Zeugnis über die Dauer und Art der Dienstleistung auszustellen. Verlangt der Dienstnehmer während der Dauer des Dienstverhältnisses ein Zeugnis, so ist ihm ein solches auf seine Kosten auszustellen. Eintragungen und Anmerkungen im Zeugnisse, durch die dem Dienstnehmer die Erlangung einer neuen Stellung erschwert wird, sind unzulässig.

(2) Zeugnisse des Dienstnehmers, die sich in Verwahrung des Dienstgebers befinden, sind dem Dienstnehmer auf Verlangen jederzeit auszufolgen.

Zwingende Vorschriften

§ 1164. (1) Die Berechtigungen des Dienstnehmers, die sich aus den Bestimmungen der §§ 1154 Abs. 3, 1154b, 1156 bis 1159b, 1160 und 1162a bis 1163 ergeben, können durch den Dienstvertrag oder durch Normen der kollektiven Rechtsgestaltung nicht aufgehoben oder beschränkt werden.

(BGBl I 2017/153, BGBl I 2019/74)

(2) Die §§ 1154b, 1156 und 1164 in der Fassung des Bundesgesetzes BGBl. I Nr. 44/2000 sind auf Dienstverhinderungen anzuwenden, die in nach dem 31. Dezember 2000 begonnenen Arbeitsjahren eingetreten sind.

(3) Die verlängerte Anspruchsdauer nach § 1154b Abs. 1 in der Fassung des Bundesgesetzes BGBl. I Nr. 44/2000 bewirkt keine Verlängerung einer in Normen der kollektiven Rechtsgestaltung oder Dienstverträgen vorgesehenen längeren Anspruchsdauer. Sehen Normen der kollektiven Rechtsgestaltung oder Dienstverträge einen zusätzlichen Anspruch im Anschluss an den Anspruch nach § 1154b Abs. 1 vor, wird die Gesamtdauer der Ansprüche nicht verlängert.

(4) Im Zeitpunkt des Inkrafttretens des Bundesgesetzes BGBl. I Nr. 44/2000 für die Dienstnehmer günstigere Regelungen in Dienstverträgen oder in Normen der kollektiven Rechtsgestaltung werden durch die Neuregelung des Bundesgesetzes BGBl. I Nr. 44/2000 nicht berührt.

(BGBl I 2000/44)

Dienstzettel für das freie Dienstverhältnis

§ 1164a. (1) Liegt ein freies Dienstverhältnis (§ 4 Abs. 4 Allgemeines Sozialversicherungsgesetz, BGBl. Nr. 189/1955, in der jeweils geltenden Fassung) vor, so hat der Dienstgeber dem freien Dienstnehmer unverzüglich nach dessen Beginn eine schriftliche Aufzeichnung über die wesentlichen Rechte und Pflichten aus dem freien Dienstvertrag (Dienstzettel) auszuhändigen. Solche Aufzeichnungen sind von Stempel- und unmittelbaren Gebühren befreit. Der Dienstzettel hat folgende Angaben zu enthalten:

1. Name und Anschrift des Dienstgebers,
2. Name und Anschrift des freien Dienstnehmers,
3. Beginn des freien Dienstverhältnisses,
4. bei freien Dienstverhältnissen auf bestimmte Zeit das Ende des freien Dienstverhältnisses,
5. Dauer der Kündigungsfrist, Kündigungstermin,
6. vorgesehene Tätigkeit,
7. Entgelt, Fälligkeit des Entgelts.

(2) Hat der freie Dienstnehmer seine Tätigkeit länger als einen Monat im Ausland zu verrichten, so hat der vor der Aufnahme der Auslandstätigkeit auszuhändigende Dienstzettel oder schriftliche freie Dienstvertrag zusätzlich folgende Angaben zu enthalten:

1. voraussichtliche Dauer der Auslandstätigkeit,
2. Währung, in der das Entgelt auszuzahlen ist, sofern es nicht in Euro auszuzahlen ist,
3. allenfalls Bedingungen für die Rückführung nach Österreich und
4. allfällige zusätzliche Vergütung für die Auslandstätigkeit.

(3) Keine Verpflichtung zur Aushändigung eines Dienstzettels besteht, wenn

1. die Dauer des freien Dienstverhältnisses höchstens einen Monat beträgt oder
2. ein schriftlicher freier Dienstvertrag ausgehändigt wurde, der alle in Abs. 1 und 2 genannten Angaben enthält, oder
3. bei Auslandstätigkeit die in Abs. 2 genannten Angaben in anderen schriftlichen Unterlagen enthalten sind.

(4) Jede Änderung der Angaben gemäß Abs. 1 und 2 ist dem freien Dienstnehmer unverzüglich, spätestens jedoch einen Monat nach ihrer Wirksamkeit schriftlich mitzuteilen, es sei denn, die Änderung erfolgte durch Änderung von Gesetzen.

(5) Hat das freie Dienstverhältnis bereits am 1. Juli 2004 bestanden, so ist dem freien Dienstnehmer auf sein Verlangen binnen zwei Monaten ein Dienstzettel gemäß Abs. 1 auszuhändigen. Eine solche Verpflichtung des Dienstgebers besteht nicht, wenn ein früher ausgestellter Dienstzettel oder ein schriftlicher Vertrag über das freie Dienstverhältnis alle nach diesem Bundesgesetz erforderlichen Angaben enthält.

(6) Die Bestimmungen der Abs. 1 bis 5 können durch den freien Dienstvertrag weder aufgehoben noch beschränkt werden.

(BGBl I 2004/77)

Anmerkung:

Zu den In- und Außerkrafttretensbestimmungen zu BGBl I 2017/153 siehe § 1503 Abs. 10 ABGB, zu BGBl I 2019/74 siehe § 1503 Abs. 12 ABGB.

(Weitere Bestimmungen)

Zweiundzwanzigstes Hauptstück.
Von der Bevollmächtigung und andern Arten der Geschäftsführung.

des Gewaltgebers;

§ 1014. Der Gewaltgeber ist verbunden, dem Gewalthaber allen zur Besorgung des Geschäftes notwendig oder nützlich gemachten Aufwand, selbst bei fehlgeschlagenem Erfolge, zu ersetzen, und ihm auf Verlangen zur Bestreitung der baren Auslagen auch einen angemessenen Vorschuß zu leisten; er muß ferner allen durch sein Verschulden entstandenen, oder mit der Erfüllung des Auftrages verbundenen Schaden vergüten.

Dreißigstes Hauptstück.
Von dem Rechte des Schadensersatzes und der Genugtuung.

Schade.

§ 1293. Schade heißt jeder Nachteil, welcher jemanden an Vermögen, Rechten oder seiner Person zugefügt worden ist. Davon unterscheidet sich der Entgang des Gewinnes, den jemand nach dem gewöhnlichen Laufe der Dinge zu erwarten hat.

Quellen der Beschädigung.

§ 1294. Der Schade entspringt entweder aus einer widerrechtlichen Handlung, oder Unterlassung eines anderen; oder aus einem Zufalle. Die widerrechtliche Beschädigung wird entweder willkürlich, oder unwillkürlich zugefügt. Die willkürliche Beschädigung aber gründet sich teils in einer bösen Absicht, wenn der Schade mit Wissen und Willen; teils in einem Versehen, wenn er aus schuldbarer Unwissenheit, oder aus Mangel der gehörigen Aufmerksamkeit, oder des gehörigen Fleißes verursacht worden ist. Beides wird ein Verschulden genannt.

Von der Verbindlichkeit zum Schadenersatze:

1) von dem Schaden aus Verschulden,

§ 1295. (1) Jedermann ist berechtigt, von dem Beschädiger den Ersatz des Schadens, welchen dieser ihm aus Verschulden zugefügt hat, zu fordern; der Schade mag durch Übertretung einer Vertragspflicht oder ohne Beziehung auf einen Vertrag verursacht worden sein.

(2) Auch wer in einer gegen die guten Sitten verstoßenden Weise absichtlich Schaden zufügt, ist dafür verantwortlich, jedoch falls dies in Ausübung eines Rechtes geschah, nur dann, wenn die Ausübung des Rechtes offenbar den Zweck hatte, den anderen zu schädigen.

§ 1296. Im Zweifel gilt die Vermutung, daß ein Schade ohne Verschulden eines andern entstanden sei.

§ 1297. Es wird aber auch vermutet, daß jeder, welcher den Verstandesgebrauch besitzt, eines solchen Grades des Fleißes und der Aufmerksamkeit fähig sei, welcher bei gewöhnlichen Fähigkeiten angewendet werden kann. Wer bei Handlungen, woraus eine Verkürzung der Rechte eines andern entsteht, diesen Grad des Fleißes oder der Aufmerksamkeit unterläßt, macht sich eines Versehens schuldig.

§ 1298. Wer vorgibt, daß er an der Erfüllung seiner vertragsmäßigen oder gesetzlichen Verbindlichkeit ohne sein Verschulden verhindert worden sei, dem liegt der Beweis ob. Soweit er auf Grund vertraglicher Vereinbarung nur für grobe Fahrlässigkeit haftet, muß er auch beweisen, daß es an dieser Voraussetzung fehlt.

insbesondere a) der Sachverständigen;

§ 1299. Wer sich zu einem Amte, zu einer Kunst, zu einem Gewerbe oder Handwerke öffentlich bekennt; oder wer ohne Not freiwillig ein Geschäft übernimmt, dessen Ausführung eigene Kunstkenntnisse, oder einen nicht gewöhnlichen Fleiß erfordert, gibt dadurch zu erkennen, daß er sich den notwendigen Fleiß und die erforderlichen, nicht gewöhnlichen Kenntnisse zutraue; er muß daher den Mangel derselben vertreten. Hat aber derjenige, welcher ihm das Geschäft überließ, die Unerfahrenheit desselben gewußt; oder, bei gewöhnlicher Aufmerksamkeit wissen können; so fällt zugleich dem letzteren ein Versehen zur Last.

§ 1300. Ein Sachverständiger ist auch dann verantwortlich, wenn er gegen Belohnung in Angelegenheiten seiner Kunst oder Wissenschaft aus Versehen einen nachteiligen Rat erteilt. Außer diesem Falle haftet ein Ratgeber nur für den Schaden, welchen er wissentlich durch Erteilung des Rates dem andern verursacht hat.

oder b) mehrere Teilnehmer;

§ 1301. Für einen widerrechtlich zugefügten Schaden können mehrere Personen verantwortlich werden, indem sie gemeinschaftlich, unmittelbarer oder mittelbarer Weise, durch Verleiten, Drohen, Befehlen, Helfen, Verhehlen u. dgl.; oder, auch nur durch Unterlassen der besonderen Verbindlichkeit, das Übel zu verhindern, dazu beigetragen haben.

§ 1302. In einem solchen Falle verantwortet, wenn die Beschädigung in einem Versehen gegründet ist, und die Anteile sich bestimmen lassen, jeder nur den durch sein Versehen verursachten Schaden. Wenn aber der Schaden vorsätzlich zugefügt worden ist; oder, wenn die Anteile der einzelnen an der Beschädigung sich nicht bestimmen lassen; so haften alle für einen und einer für alle; doch bleibt demjenigen, welcher den Schaden ersetzt hat, der Rückersatz gegen die übrigen vorbehalten.

§ 1303. Inwieweit mehrere Mitschuldner bloß aus der unterlassenen Erfüllung ihrer Verbindlichkeit zu haften haben, ist aus der Beschaffenheit des Vertrages zu beurteilen.

§ 1304. Wenn bei einer Beschädigung zugleich ein Verschulden von Seite des Beschädigten eintritt; so trägt er mit dem Beschädiger den Schaden verhältnismäßig; und, wenn sich das Verhältnis nicht bestimmen läßt, zu gleichen Teilen.

2) aus dem Gebrauche des Rechtes;

§ 1305. Wer von seinem Rechte innerhalb der rechtlichen Schranken (§ 1295, Absatz 2) Gebrauch macht, hat den für einen anderen daraus entspringenden Nachteil nicht zu verantworten.

3. aus einer schuldlosen oder unwillkührlichen Handlung;

§ 1306. Den Schaden, welchen jemand ohne Verschulden oder durch eine unwillkührliche Handlung verursachet hat, ist er in der Regel zu ersetzen nicht schuldig.

§ 1306a. Wenn jemand im Notstand einen Schaden verursacht, um eine unmittelbar drohende Gefahr von sich oder anderen abzuwenden, hat der Richter unter Erwägung, ob der Beschädigte die Abwehr aus Rücksicht auf die dem anderen drohende Gefahr unterlassen hat, sowie des Verhältnisses der Größe der Beschädigung zu dieser Gefahr oder endlich des Vermögens des Beschädigers und des Beschädigten zu erkennen, ob und in welchem Umfange der Schaden zu ersetzen ist.

§ 1307. Wenn sich jemand aus eigenem Verschulden in einen Zustand der Sinnesverwirrung oder in einen Notstand versetzt hat, so ist auch der in demselben verursachte Schade seinem Verschulden zuzuschreiben. Eben dieses gilt auch von einem Dritten, der durch sein Verschulden diese Lage bei dem Beschädiger veranlaßt hat.

§ 1308. Wenn Personen, die den Gebrauch der Vernunft nicht haben, oder Unmündige jemanden beschädigen, der durch irgendein Verschulden hierzu selbst Veranlassung gegeben hat, so kann er keinen Ersatz ansprechen.

§ 1309. Außer diesem Falle gebührt ihm der Ersatz von denjenigen Personen, denen der Schade wegen Vernachlässigung der ihnen über solche Personen anvertrauten Obsorge beygemessen werden kann.

§ 1310. Kann der Beschädigte auf solche Art den Ersatz nicht erhalten, so soll der Richter mit Erwägung des Umstandes, ob dem Beschädiger, ungeachtet er gewöhnlich seines Verstandes nicht mächtig ist, in dem bestimmten Falle nicht dennoch ein Verschulden zur Last liege; oder, ob der Beschädigte aus Schonung des Beschädigers die Vertheidigung unterlassen habe; oder endlich, mit Rücksicht auf das Vermögen des Beschädigers und des Beschädigten, auf den ganzen Ersatz, oder doch einen billigen Theil desselben erkennen.

4. durch Zufall;

§ 1311. Der bloße Zufall trifft denjenigen, in dessen Vermögen oder Person er sich ereignet. Hat aber jemand den Zufall durch ein Verschulden veranlaßt; hat er ein Gesetz, das den zufälligen Beschädigungen vorzubeugen sucht, übertreten; oder sich ohne Noth in fremde Geschäfte gemengt, so haftet er für allen Nachtheil, welcher außer dem nicht erfolgt wäre.

§ 1312. Wer in einem Nothfalle jemanden einen Dienst geleistet hat, dem wird der Schade, welchen er nicht verhüthet hat, nicht zugerechnet; es wäre denn, daß er einen Anderen, der noch mehr geleistet haben würde, durch seine Schuld daran verhindert hätte. Aber auch in diesem Falle kann er den sicher verschafften Nutzen gegen den verursachten Schaden in Rechnung bringen.

5) durch fremde Handlungen;

§ 1313. Für fremde widerrechtliche Handlungen, woran jemand keinen Teil genommen hat, ist er in der Regel auch nicht verantwortlich. Selbst in den Fällen, wo die Gesetze das Gegenteil anordnen, bleibt ihm der Rückersatz gegen den Schuldtragenden vorbehalten.

§ 1313a. Wer einem anderen zu einer Leistung verpflichtet ist, haftet ihm für das Verschulden seines gesetzlichen Vertreters sowie der Personen, deren er sich zur Erfüllung bedient, wie für sein eigenes.

§ 1314. Wer eine Dienstperson ohne Zeugnis aufnimmt oder wissentlich eine durch ihre Leibes- oder Gemütsbeschaffenheit gefährliche Person im Dienste behält oder ihr Aufenthalt gibt, haftet dem Hausherrn und den Hausgenossen für den Ersatz des durch die gefährliche Beschaffenheit dieser Personen verursachten Schadens.

§ 1315. Überhaupt haftet derjenige, welcher sich einer untüchtigen oder wissentlich einer gefährlichen Person zur Besorgung seiner Angelegenheiten bedient, für den Schaden, den sie in dieser Eigenschaft einem Dritten zufügt.

Viertes Hauptstück.
Von der Verjährung und Ersitzung.

Verjährung.

§ 1486. In drei Jahren sind verjährt: die Forderungen

1. für Lieferung von Sachen oder Ausführung von Arbeiten oder sonstige Leistungen in einem gewerblichen, kaufmännischen oder sonstigen geschäftlichen Betriebe;
2. für Lieferung land- und forstwirtschaftlicher Erzeugnisse in einem Betriebe der Land- und Forstwirtschaft;
3. für die Übernahme zur Beköstigung, Pflege, Heilung, zur Erziehung oder zum Unterricht durch Personen, die sich damit befassen, oder in Anstalten, die diesem Zwecke dienen;
4. von Miet- und Pachtzinsen;
5. der Dienstnehmer wegen des Entgelts und des Auslagenersatzes aus den Dienstverträgen von Hilfsarbeitern, Taglöhnern, Dienstboten und allen Privatbediensteten, sowie der Dienstgeber wegen der auf solche Forderungen gewährten Vorschüsse;
6. der Ärzte, Tierärzte, Hebammen, der Privatlehrer, der Rechtsanwälte, Notare, Patentanwälte und aller anderen zur Besorgung gewisser Angelegenheiten öffentlich bestellten Personen wegen Entlohnung ihrer Leistungen und Ersatzes wihrer Auslagen, sowie der Parteien wegen der Vorschüsse an diese Personen.
7. von Ausstattungen.

   (BGBl I 2009/75)

Fünftes Hauptstück

Inkrafttreten und Übergangsbestimmungen ab 1. Februar 2013

§ 1503. […]

(10) § 1164 Abs. 1 in der Fassung des Bundesgesetzes, BGBl. I Nr. 153/2017, tritt mit 1. Juli 2018 in Kraft. Mit Ablauf des 30. Juni 2018 tritt § 1154b Abs. 6 außer Kraft. § 1159 in der Fassung des Bundesgesetzes, BGBl. I Nr. 153/2017, tritt mit 1. Jänner 2021 in Kraft und ist auf Beendigungen anzuwenden, die nach dem 31. Dezember 2020 ausgesprochen werden. Mit diesem Zeitpunkt treten

auch § 1158 Abs. 4 und § 1159a bis § 1159c dieses Bundesgesetzes sowie § 77 der Gewerbeordnung 1859, RGBl. Nr. 227/1859, außer Kraft. Sie sind jedoch weiterhin auf Beendigungen anzuwenden, die vor dem 1. Jänner 2021 ausgesprochen wurden.

(BGBl I 2017/153)

„(15)" § 1155 Abs. 3 und 4 in der Fassung des Bundesgesetzes BGBl. I Nr. 16/2020, treten rückwirkend mit dem 15. März 2020 in Kraft und mit 31. Dezember 2020 außer Kraft.

(BGBl I 2020/16, BGBl I 2021/175)

„(16)" Abweichend von Abs. 10 tritt § 1159 in der Fassung des Bundesgesetzes, BGBl. I Nr. 153/2017, mit 1. Juli 2021 in Kraft und ist auf Beendigungen anzuwenden, die nach dem 30. Juni 2021 ausgesprochen werden. Mit diesem Zeitpunkt treten auch § 1158 Abs. 4 und § 1159a bis § 1159c dieses Bundesgesetzes sowie § 77 der Gewerbeordnung 1859, RGBl. Nr. 227/1859, außer Kraft. Sie sind jedoch weiterhin auf Beendigungen anzuwenden, die vor dem 1. Juli 2021 ausgesprochen wurden. Dies gilt auch für die Verlängerung der Kündigungsfristen in den Landarbeitsordnungen der Bundesländer und in Vorarlberg im Land- und Forstarbeitsgesetz, die zum Zeitpunkt des Inkrafttretens dieses Bundesgesetzes in Kraft sind, soweit in diesen die Änderung der Kündigungsfristen durch das Bundesgesetz BGBl. I Nr. 153/2017 nachvollzogen wurde.

(BGBl I 2020/131, BGBl I 2021/175)

(19) Abweichend von Abs. 15 tritt § 1159 in der Fassung des Bundesgesetzes, BGBl. I Nr. 153/2017, mit 1. Oktober 2021 in Kraft und ist auf Beendigungen anzuwenden, die nach dem 30. September 2021 ausgesprochen werden. Mit diesem Zeitpunkt treten auch § 1158 Abs. 4 und § 1159a bis § 1159c dieses Bundesgesetzes sowie § 77 der Gewerbeordnung 1859, RGBl. Nr. 227/1859, außer Kraft. Sie sind jedoch weiterhin auf Beendigungen anzuwenden, die vor dem 1. Oktober 2021 ausgesprochen wurden.

(BGBl I 2021/121)

„(20) Die §§ 932, 933 samt Überschrift, 933b samt Überschrift und 1503 in der Fassung des Bundesgesetzes BGBl. I Nr. 175/2021 treten mit 1. Jänner 2022 in Kraft und sind in dieser Fassung auf Verträge anzuwenden, die nach dem 31. Dezember 2021 geschlossen werden."

(BGBl I 2021/175)

4. ARBEITSVERFASSUNGSGESETZ

Inhaltsverzeichnis

4/1. Arbeitsverfassungsgesetz 1974

Arbeitsverfassungsgesetz, BGBl 1974/22 idF

1 BGBl 1975/360	**2** BGBl 1976/387	**3** BGBl 1978/519
4 BGBl 1979/47	**5** BGBl 1981/354	**6** BGBl 1982/48
7 BGBl 1982/199	**8** BGBl 1985/55	**9** BGBl 1986/204
10 BGBl 1986/394	**11** BGBl 1986/563	**12** BGBl 1987/321
13 BGBl 1988/196	**14** BGBl 1990/282	**15** BGBl 1990/408
16 BGBl 1990/411	**17** BGBl 1990/475	**18** BGBl 1992/473
19 BGBl 1992/833	**20** BGBl 1993/460	**21** BGBl 1993/502
22 BGBl 1993/917	**23** BGBl 1994/450	**24** BGBl 1994/624
25 BGBl 1996/417	**26** BGBl 1996/601	**27** BGBl 1996/754
28 BGBl I 1997/63	**29** BGBl I 1998/30	**30** BGBl I 1998/69
31 BGBl I 2000/14	**32** BGBl I 2001/83	**33** BGBl I 2001/98
34 BGBl I 2002/100	**35** BGBl I 2003/71	**36** BGBl I 2003/138
37 BGBl I 2004/82	**38** BGBl I 2005/8	**39** BGBl I 2006/4
40 BGBl I 2006/104	**41** BGBl I 2006/147	**42** BGBl I 2007/77
43 BGBl I 2009/74	**44** BGBl I 2009/135	**45** BGBl I 2010/58
46 BGBl I 2010/100	**47** BGBl I 2010/101	**48** BGBl I 2010/111
49 BGBl I 2012/98	**50** BGBl I 2013/67	**51** BGBl I 2013/71
52 BGBl I 2017/12	**53** BGBl I 2017/37	**54** BGBl I 2017/104
55 BGBl I 2020/16	**56** BGBl I 2020/23	**57** BGBl I 2020/170
58 BGBl I 2021/61		

GLIEDERUNG

STICHWORTVERZEICHNIS

Bundesgesetz vom 14. Dezember 1973 betreffend die Arbeitsverfassung (Arbeitsverfassungsgesetz – ArbVG)

Der Nationalrat hat beschlossen:

I. TEIL
Kollektive Rechtsgestaltung

Geltungsbereich

§ 1. (1) Die Bestimmungen des I. Teiles gelten – soweit im folgenden nicht anderes bestimmt ist – für Arbeitsverhältnisse aller Art, die auf einem privatrechtlichen Vertrag beruhen.

(2) Ausgenommen von den Bestimmungen des 1. bis 4. Hauptstückes sind

1. Arbeitsverhältnisse der land- und forstwirtschaftlichen Arbeiter, auf die Abschnitt 3 des Art. I des Landarbeitsgesetzes 1984, BGBl. Nr. 287, Anwendung findet;
   (BGBl 1975/360, BGBl 1996/601)
2. Arbeitsverhältnisse, die dem Heimarbeitsgesetz 1960, BGBl. Nr. 105/1961, unterliegen;
3. Arbeitsverhältnisse zum Bund, zu den Ländern, Gemeindeverbänden und Gemeinden sowie zu den von diesen Gebietskörperschaften verwalteten Betrieben, Unternehmungen, Anstalten, Stiftungen und Fonds, für die auf Grund eines Gesetzes Vorschriften Anwendung finden, die den wesentlichen Inhalt des Arbeitsvertrages zwingend festlegen.

(3) Die Bestimmungen des 5. Hauptstückes gelten nur für Betriebe, die den Bestimmungen des II. Teiles unterliegen.

1. HAUPTSTÜCK
Kollektivvertrag

Begriff und Inhalt

§ 2. (1) Kollektivverträge sind Vereinbarungen, die zwischen kollektivvertragsfähigen Körperschaften der Arbeitgeber einerseits und der Arbeitnehmer andererseits schriftlich abgeschlossen werden.

(2) Durch Kollektivverträge können geregelt werden:

1. Die Rechtsbeziehungen zwischen den Kollektivvertragsparteien;
2. die gegenseitigen aus dem Arbeitsverhältnis entspringenden Rechte und Pflichten der Arbeitgeber und der Arbeitnehmer;
3. die Änderung kollektivvertraglicher Rechtsansprüche gemäß Z 2 der aus dem Arbeitsverhältnis ausgeschiedenen Arbeitnehmer;
4. Maßnahmen im Sinne des § 97 Abs. 1 Z 4;
5. Art und Umfang der Mitwirkungsbefugnisse der Arbeitnehmerschaft bei Durchführung von Maßnahmen gemäß Z 4 und von Maßnahmen im Sinne des § 97 Abs. 1 Z 9;
6. gemeinsame Einrichtungen der Kollektivvertragsparteien;
7. sonstige Angelegenheiten, deren Regelung durch Gesetz dem Kollektivvertrag übertragen wird.

Verhältnis zu anderen Rechtsquellen

§ 3. (1) Die Bestimmungen in Kollektivverträgen können, soweit sie die Rechtsverhältnisse zwischen Arbeitgebern und Arbeitnehmern regeln, durch Betriebsvereinbarung oder Arbeitsvertrag weder aufgehoben noch beschränkt werden. Sondervereinbarungen sind, sofern sie der Kollektivvertrag nicht ausschließt, nur gültig, soweit sie für den Arbeitnehmer günstiger sind oder Angelegenheiten betreffen, die im Kollektivvertrag nicht geregelt sind.

(2) Bei der Prüfung, ob eine Sondervereinbarung im Sinne des Abs. 1 günstiger ist als der Kollektivvertrag, sind jene Bestimmungen zusammenzufassen und gegenüberzustellen, die in einem rechtlichen und sachlichen Zusammenhang stehen.

Kollektivvertragsfähigkeit

§ 4. (1) Kollektivvertragsfähig sind gesetzliche Interessenvertretungen der Arbeitgeber und der Arbeitnehmer, denen unmittelbar oder mittelbar die Aufgabe obliegt, auf die Regelung von Arbeitsbedingungen hinzuwirken und deren Willensbildung in der Vertretung der Arbeitgeber- oder der Arbeitnehmerinteressen gegenüber der anderen Seite unabhängig ist.

(2) Kollektivvertragsfähig sind die auf freiwilliger Mitgliedschaft beruhenden Berufsvereinigungen der Arbeitgeber und der Arbeitnehmer, welche

1. sich nach ihren Statuten zur Aufgabe stellen, die Arbeitsbedingungen innerhalb ihres Wirkungsbereiches zu regeln;
2. in ihrer auf Vertretung der Arbeitgeber- oder Arbeitnehmerinteressen gerichteten Zielsetzung in einem größeren fachlichen und räumlichen Wirkungsbereich tätig werden;
3. vermöge der Zahl der Mitglieder und des Umfanges der Tätigkeit eine maßgebende wirtschaftliche Bedeutung haben;
4. in der Vertretung der Arbeitgeber- oder der Arbeitnehmerinteressen gegenüber der anderen Seite unabhängig sind.

(3) Für Arbeitsverhältnisse zu Vereinen, die vermöge der Zahl ihrer Mitglieder, des Umfanges ihrer Tätigkeit und der Zahl ihrer Arbeitnehmer eine maßgebende Bedeutung haben, sind diese selbst kollektivvertragsfähig, soweit sie nicht für Arbeitsverhältnisse bestimmter Betriebs- oder Verwaltungsbereiche einer kollektivvertragsfähigen Körperschaft der Arbeitgeber angehören.

Zuerkennung und Aberkennung der Kollektivvertragsfähigkeit

§ 5. (1) Die Kollektivvertragsfähigkeit im Sinne des § 4 Abs. 2 und 3 ist auf Antrag nach Anhörung der zuständigen gesetzlichen Interessenvertretungen durch das Bundeseinigungsamt zuzuerkennen.

(2) Die Entscheidung über die Zuerkennung der Kollektivvertragsfähigkeit ist im „Amtsblatt zur Wiener Zeitung“ kundzumachen und dem Bundesministerium für soziale Verwaltung sowie jedem für Arbeits- und Sozialrechtssachen zuständigen Gerichtshof zur Kenntnis zu bringen. Die Kosten der Kundmachung hat die freiwillige Berufsvereinigung (der Verein), der (dem) die Kollektivvertragsfähigkeit zuerkannt wurde, zu tragen.

(3) Die Kollektivvertragsfähigkeit ist durch das Bundeseinigungsamt von Amts wegen oder auf Antrag einer kollektivvertragsfähigen Berufsvereinigung oder einer gesetzlichen Interessenvertretung abzuerkennen, wenn die Voraussetzungen des § 4 Abs. 2 oder 3 nicht mehr gegeben sind; die Bestimmungen des Abs. 2 sind sinngemäß anzuwenden.

(BGBl 1986/563)

Vorrang der freiwilligen Berufsvereinigungen

§ 6. Wird einer freiwilligen Berufsvereinigung die Kollektivvertragsfähigkeit gemäß § 5 Abs. 1 zuerkannt und schließt diese einen Kollektivvertrag ab, so verliert die in Betracht kommende gesetzliche Interessenvertretung hinsichtlich der Mitglieder der Berufsvereinigung die Kollektivvertragsfähigkeit für die Dauer der Geltung und für den Geltungsbereich des von der Berufsvereinigung abgeschlossenen Kollektivvertrages.

Kollektivvertragsfähigkeit juristischer Personen öffentlichen Rechts

§ 7. Für Arbeitsverhältnisse zu juristischen Personen öffentlichen Rechts, die den Vorschriften dieses Hauptstückes unterliegen, sind diese selbst kollektivvertragsfähig, soweit sie nicht für Arbeitsverhältnisse bestimmter Betriebs- oder Verwaltungsbereiche einer anderen kollektivvertragsfähigen Körperschaft angehören.

Kollektivvertragsangehörigkeit

§ 8. Kollektivvertragsangehörige sind, sofern der Kollektivvertrag nicht anderes bestimmt, innerhalb seines räumlichen, fachlichen und persönlichen Geltungsbereiches

1. die Arbeitgeber und die Arbeitnehmer, die zur Zeit des Abschlusses des Kollektivvertrages Mitglieder der am Kollektivvertrag beteiligten Parteien waren oder später werden;
2. die Arbeitgeber, auf die der Betrieb oder ein Teil des Betriebes eines der in Z 1 bezeichneten Arbeitgeber übergeht;
3. die Arbeitgeber, die im Rahmen eines verbundenen Gewerbes fachübergreifende Leistungen erbringen, hinsichtlich der Kollektivverträge in den ausgeübten Wirtschaftsbereichen, in denen keine Kollektivvertragsangehörigkeit nach Z 1 oder 2 besteht.

   (BGBl I 1997/63)

(BGBl 1993/460)

Fachlicher Geltungsbereich

§ 9. (1) Verfügt ein mehrfach kollektivvertragsangehöriger Arbeitgeber über zwei oder mehrere Betriebe, so findet auf die Arbeitnehmer der jeweilige dem Betrieb in fachlicher und örtlicher Beziehung entsprechende Kollektivvertrag Anwendung.

(2) Die Regelung des Abs. 1 findet sinngemäß Anwendung, wenn es sich um Haupt- und Nebenbetriebe oder um organisatorisch und fachlich abgegrenzte Betriebsabteilungen handelt.

(3) Liegt eine organisatorische Trennung in Haupt- und Nebenbetriebe oder eine organisatorische Abgrenzung in Betriebsabteilungen nicht vor, so findet jener Kollektivvertrag Anwendung, welcher für den fachlichen Wirtschaftsbereich gilt, der für den Betrieb die maßgebliche wirtschaftliche Bedeutung hat; durch Betriebsvereinbarung kann festgestellt werden, welcher fachliche Wirtschaftsbereich für den Betrieb die maßgebliche wirtschaftliche Bedeutung hat.

(4) Liegt weder eine organisatorische Trennung, eine organisatorische Abgrenzung noch die maßgebliche wirtschaftliche Bedeutung eines fachlichen Wirtschaftsbereiches im Sinne des Abs. 3 vor, so findet der Kollektivvertrag jenes fachlichen Wirtschaftsbereiches Anwendung, dessen Geltungsbereich unbeschadet der Verhältnisse im Betrieb die größere Anzahl von Arbeitnehmern erfaßt.

Persönlicher Geltungsbereich

§ 10. (1) Wird ein Arbeitnehmer in zwei oder mehreren Betrieben eines Arbeitgebers oder in organisatorisch abgegrenzten Betriebsabteilungen beschäftigt, für die verschiedene Kollektivverträge gelten, so findet auf ihn jener Kollektivvertrag Anwendung, der seiner überwiegend ausgeübten Beschäftigung entspricht.

(2) Liegt eine überwiegende Beschäftigung im Sinne des Abs. 1 nicht vor, so findet jener Kollektivvertrag Anwendung, dessen Geltungsbereich unbeschadet der Verhältnisse im Betrieb die größere Zahl von Arbeitnehmern des fachlichen Wirtschaftsbereiches erfaßt.

Normwirkung

§ 11. (1) Die Bestimmungen des Kollektivvertrags sind, soweit sie nicht die Rechtsbeziehungen zwischen den Kollektivvertragsparteien regeln, innerhalb seines fachlichen, räumlichen und persönlichen Geltungsbereiches unmittelbar rechtsverbindlich.

(2) Enthält der Kollektivvertrag keine Vorschrift über seinen Wirksamkeitsbeginn, so beginnt seine Wirkung mit dem auf die Kundmachung im „Amtsblatt zur Wiener Zeitung“ folgenden Tag.

Außenseiterwirkung

§ 12. (1) Die Rechtswirkungen des Kollektivvertrages treten auch für Arbeitnehmer eines kollektivvertragsangehörigen Arbeitgebers ein, die nicht kollektivvertragsangehörig sind (Außenseiter).

(2) Die gemäß Abs. 1 eingetretenen Rechtswirkungen werden durch einen späteren Kollektivvertrag für dessen Geltungsbereich aufgehoben.

Nachwirkung

§ 13. Die Rechtswirkungen des Kollektivvertrages bleiben nach seinem Erlöschen für Arbeitsverhältnisse, die unmittelbar vor seinem Erlöschen durch ihn erfaßt waren, so lange aufrecht, als für diese Arbeitsverhältnisse nicht ein neuer Kollektivvertrag wirksam oder mit den betroffenen Arbeitnehmern nicht eine neue Einzelvereinbarung abgeschlossen wird.

Hinterlegung und Kundmachung des Kollektivvertrages

§ 14. (1) Jeder Kollektivvertrag ist nach seinem Abschluß unverzüglich von den daran beteiligten kollektivvertragsfähigen Körperschaften der Arbeitnehmer in zwei, bei Kollektivverträgen für Arbeitnehmer in der Land- und Forstwirtschaft, soweit auf sie dieses Bundesgesetz Anwendung findet, in drei gleichlautenden Ausfertigungen, die von den vertragschließenden Parteien ordnungsgemäß gezeichnet sein müssen, beim Bundesministerium für soziale Verwaltung mit gleichzeitiger Angabe der Anschriften der vertragschließenden Parteien zu hinterlegen.

(2) Auch die im § 4 bezeichneten kollektivvertragsfähigen Körperschaften der Arbeitgeber sowie die juristischen Personen öffentlichen Rechts (§ 7) sind berechtigt, die von ihnen abgeschlossenen Kollektivverträge beim Bundesministerium für soziale Verwaltung zu hinterlegen.

(3) Das Bundesministerium für soziale Verwaltung hat innerhalb einer Woche nach der Hinterlegung die Kundmachung des Abschlusses des Kollektivvertrages durch Einschaltung im „Amtsblatt zur Wiener Zeitung“ zu veranlassen. Die Kosten der Kundmachung sind von den vertragschließenden Parteien zu gleichen Teilen zu tragen.

(4) Nach erfolgter Kundmachung im „Amtsblatt zur Wiener Zeitung“ (Abs. 3) hat das Bundesministerium für soziale Verwaltung dem Hinterleger eine Ausfertigung des Kollektivvertrages mit der Bestätigung der durchgeführten Hinterlegung und Bekanntgabe der Zahl, unter der der Kollektivvertrag im Register für Kollektivverträge eingetragen und im Kataster eingereiht wurde sowie des Tages der Kundmachung im „Amtsblatt zur Wiener Zeitung“ zurückzustellen. Bei Kollektivverträgen für Arbeitnehmer in der Land- und Forstwirtschaft, auf die dieses Bundesgesetz Anwendung findet, ist eine Ausfertigung mit Bekanntgabe des Datums der Kundmachung im „Amtsblatt zur Wiener Zeitung“ dem Bundesministerium für Land- und Forstwirtschaft vorzulegen. Eine Ausfertigung ist dem Kataster der Kollektivverträge einzuverleiben. Das Bundesministerium für soziale Verwaltung hat jedem für Arbeits- und Sozialrechtssachen zuständigen Gerichtshof eine Ausfertigung des Kollektivvertrages, mit Angabe des Datums seiner Kundmachung im „Amtsblatt zur Wiener Zeitung“ und der Zahl, unter der der Kollektivvertrag im Register eingetragen und im Kataster des Bundesministeriums für soziale Verwaltung eingereiht wurde, unverzüglich zu übermitteln.

(5) Der Hinterleger eines Kollektivvertrages hat innerhalb von zwei Wochen nach Einlangen der Bestätigung des Bundesministeriums für soziale Verwaltung über die Hinterlegung des Kollektivvertrages je eine Ausfertigung desselben dem Österreichischen Statistischen Zentralamt in Wien, den nach dem Geltungsbereich des Kollektivvertrages in Betracht kommenden gesetzlichen Interessenvertretungen der Arbeitgeber und der Arbeitnehmer, sofern diese nicht selbst vertragschließende Parteien sind, zu übermitteln. Diese Ausfertigungen sind mit der Zahl, unter der der Kollektivvertrag vom Bundesministerium für soziale Verwaltung im Register für Kollektivverträge eingetragen und im Kataster eingereiht wurde und mit dem Datum der Kundmachung im „Amtsblatt zur Wiener Zeitung“ zu versehen. Auf diesen Exemplaren kann die Zeichnung der vertragschließenden Parteien auf mechanischem Wege wiedergegeben werden.

(BGBl 1986/563)

Auflegung des Kollektivvertrages im Betrieb

§ 15. Jeder kollektivvertragsangehörige Arbeitgeber hat den Kollektivvertrag binnen drei Tagen nach dem Tage der Kundmachung (§ 14 Abs. 3) im Betrieb in einem für alle Arbeitnehmer zugänglichen Raume aufzulegen und darauf in einer Betriebskundmachung hinzuweisen.

(BGBl 1986/563)

Verlängerung und Abänderung von Kollektivverträgen

§ 16. Die Bestimmungen der §§ 14 und 15 sind auf die Verlängerung und Abänderung von Kollektivverträgen sinngemäß anzuwenden.

Geltungsdauer des Kollektivvertrages

§ 17. (1) Enthält der Kollektivvertrag keine Vorschrift über seine Geltungsdauer, so kann er nach Ablauf eines Jahres von jeder vertragschließenden Partei unter Einhaltung einer Frist von mindestens drei Monaten zum Letzten eines Kalendermonats gekündigt werden. Die Kündigung bedarf zu ihrer Rechtswirksamkeit der schriftlichen Form und hat durch eingeschriebenen Brief zu erfolgen.

(2) Eine Kündigung gemäß Abs. 1 ist von der Partei, die die Kündigung vorgenommen hat, dem Bundesministerium für soziale Verwaltung innerhalb von drei Tagen nach Ablauf der Kündigungsfrist anzuzeigen. Auch die andere Kollektivvertragspartei ist berechtigt, diese Anzeige zu erstatten. Führen andere nicht aus dem Text des Kollektivvertrages ersichtliche Gründe zu seinem Erlöschen, so sind der Zeitpunkt und der Grund des Erlöschens von den Kollektivvertragsparteien dem Bundesministerium für soziale Verwaltung unverzüglich anzuzeigen.

(3) Wird einer freiwilligen Berufsvereinigung gemäß § 5 Abs. 3 die Kollektivvertragsfähigkeit

aberkannt, so erlöschen die von dieser Berufsvereinigung abgeschlossenen Kollektivverträge mit dem Tage, an dem die gemäß § 5 Abs. 3 ergangene Entscheidung des Bundeseinigungsamtes im „Amtsblatt zur Wiener Zeitung" kundgemacht wird. Im Falle des § 6 erlischt ein von der gesetzlichen Interessenvertretung abgeschlossener Kollektivvertrag für die Mitglieder der freiwilligen Berufsvereinigung mit dem Tage, an dem ein von dieser Berufsvereinigung abgeschlossener Kollektivvertrag in Wirksamkeit tritt. Dieser Umstand ist von der freiwilligen Berufsvereinigung dem Bundesministerium für soziale Verwaltung unverzüglich anzuzeigen.

(4) Das Bundesministerium für soziale Verwaltung hat innerhalb einer Woche nach dem Einlangen der Anzeige nach Abs. 2 eine Kundmachung darüber im „Amtsblatt zur Wiener Zeitung" zu veranlassen. Die Kosten der Kundmachung sind von den Kollektivvertragsparteien zu gleichen Teilen zu tragen. Im Falle des Abs. 3 erster Satz ist diese Kundmachung innerhalb einer Woche nach dem Erlöschen des Kollektivvertrages, im Falle des Abs. 3 zweiter Satz innerhalb einer Woche nach der Anzeige, vom Bundesministerium für soziale Verwaltung zu veranlassen.

(5) Das Bundesministerium für soziale Verwaltung hat auf der im Kataster hinterlegten Ausfertigung des Kollektivvertrages den Inhalt der Kundmachung nach Abs. 4 mit Angabe des Datums der Kundmachung im „Amtsblatt zur Wiener Zeitung" zu vermerken. Wurde dem Bundesministerium für Land- und Forstwirtschaft gemäß § 14 Abs. 4 eine Ausfertigung des Kollektivvertrages übermittelt, so ist diesem der Inhalt der Kundmachung nach Abs. 4 mit Angabe des Datums der Kundmachung im „Amtsblatt zur Wiener Zeitung" mitzuteilen. Die gleiche Mitteilung ist an jeden für Arbeits- und Sozialrechtssachen zuständigen Gerichtshof zu richten.

(6) In den in Abs. 2 angeführten Fällen hat der Hinterleger den Inhalt und das Datum der Kundmachung im „Amtsblatt zur Wiener Zeitung" den in § 14 Abs. 5 bezeichneten Stellen innerhalb von zwei Wochen nach der Kundmachung mitzuteilen; in den in Abs. 3 angeführten Fällen obliegt diese Mitteilung dem Bundesministerium für soziale Verwaltung.

(BGBl 1986/563)

2. HAUPTSTÜCK
Die Erklärung von Kollektivverträgen zur Satzung

Begriff und Voraussetzungen

§ 18. (1) Das Bundeseinigungsamt hat auf Antrag einer kollektivvertragsfähigen Körperschaft, die Partei eines Kollektivvertrages ist, bei Vorliegen der in Abs. 3 angeführten Voraussetzungen diesem Kollektivvertrag durch Erklärung zur Satzung auch außerhalb seines räumlichen, fachlichen und persönlichen Wirkungsbereiches rechtsverbindliche Wirkung zuzuerkennen. Die in der Erklärung als rechtsverbindlich bezeichneten Bestimmungen des Kollektivvertrages bilden die Satzung.

(BGBl 1986/563)

(2) Gegenstand des Antrages auf Erklärung eines Kollektivvertrages zur Satzung können alle oder auch einzelne Bestimmungen des Kollektivvertrages sein, die für die ihm unterliegenden Arbeitsverhältnisse rechtsverbindlich sind, doch dürfen einzelne Bestimmungen nicht aus einem unmittelbaren rechtlichen und sachlichen Zusammenhang gelöst werden.

(3) Ein Kollektivvertrag oder ein Teil eines solchen darf nur zur Satzung erklärt werden, wenn

1. der zu satzende Kollektivvertrag gehörig kundgemacht ist und in Geltung steht;
2. der zu satzende Kollektivvertrag oder der Teil eines solchen überwiegende Bedeutung erlangt hat;
3. die von der Satzung zu erfassenden Arbeitsverhältnisse im Verhältnis zu jenen, die dem Kollektivvertrag unterliegen, im wesentlichen gleichartig sind;
4. die von der Satzung zu erfassenden Arbeitsverhältnisse unbeschadet des Abs. 4 nicht schon durch einen Kollektivvertrag erfaßt sind.

(4) Kollektivverträge, die sich auf die Regelung einzelner Arbeitsbedingungen beschränken und deren Wirkungsbereich sich fachlich auf die überwiegende Anzahl der Wirtschaftszweige und räumlich auf das ganze Bundesgebiet erstreckt, stehen der Erklärung eines Kollektivvertrages zur Satzung nicht entgegen.

(5) Kollektivverträge im Sinne des Abs. 4 können auch dann zur Satzung erklärt werden, wenn die Voraussetzungen des Abs. 3 Z 3 nicht vorliegen.

(6) Kollektivverträge, die von einem kollektivvertragsfähigen Verein (§ 4 Abs. 3) abgeschlossen wurden, können nicht zur Satzung erklärt werden.

Rechtswirkungen

§ 19. (1) Die Bestimmungen der gehörig kundgemachten Satzung sind innerhalb ihres räumlichen, fachlichen und persönlichen Geltungsbereiches unmittelbar rechtsverbindlich. § 3 und § 11 Abs. 2 sind sinngemäß anzuwenden.

(2) Kollektivverträge setzen für ihren Geltungsbereich eine bestehende Satzung außer Kraft. Dies gilt nicht für Kollektivverträge im Sinne des § 18 Abs. 4.

Verfahren

§ 20. (1) Das Verfahren auf Erklärung eines Kollektivvertrages zur Satzung wird auf Antrag eines gemäß § 18 Abs. 1 Berechtigten eingeleitet. Der Antrag ist schriftlich unter Beischluß dieses Kollektivvertrages zu stellen.

(2) Vor Erklärung eines Kollektivvertrages zur Satzung ist allen von ihr betroffenen kollektivvertragsfähigen Körperschaften der Arbeitgeber und der Arbeitnehmer Gelegenheit zu schriftli-

cher Stellungnahme sowie zur Äußerung in einer mündlichen Verhandlung zu geben.

(3) Die Erklärung eines Kollektivvertrages zur Satzung hat ohne unnötigen Aufschub zu erfolgen. In der Erklärung zur Satzung sind der Inhalt, der Geltungsbereich, der Beginn der Wirksamkeit und die Geltungsdauer der Satzung festzusetzen.

(4) Die Vorschriften der Abs. 1 bis 3 sind auch auf das Verfahren wegen Änderung oder Aufhebung einer Satzung anzuwenden.

Kundmachung und Veröffentlichung der Satzung

§ 21. (1) Die Erklärung eines Kollektivvertrages zur Satzung ist im Bundesgesetzblatt II kundzumachen. Die Satzung ist einem Kataster einzuverleiben.

(BGBl 1986/563, BGBl 1994/624, BGBl 1996/601, BGBl I 2009/74)

(2) Das Bundeseinigungsamt hat dem Bundesministerium für Arbeit, Soziales und Konsumentenschutz und jedem für Arbeits- und Sozialrechtssachen zuständigen Gerichtshof eine Ausfertigung der Satzung (Satzungserklärung und Wortlaut der Satzung) mit Angabe der Nummer und des Datums der Kundmachung im Bundesgesetzblatt II und der Katasterzahl zu übermitteln sowie das Erlöschen einer Satzung bekannt zu geben.

(BGBl I 2010/101)

3. HAUPTSTÜCK
Der Mindestlohntarif

Begriff und Voraussetzungen

§ 22. (1) Das Bundeseinigungsamt hat auf Antrag einer kollektivvertragsfähigen Körperschaft der Arbeitnehmer bei Vorliegen der im Abs. 3 angeführten Voraussetzungen Mindestentgelte und Mindestbeträge für den Ersatz von Auslagen festzusetzen. Die in der Erklärung festgesetzten Mindestentgelte und Mindestbeträge für den Ersatz von Auslagen werden als Mindestlohntarif bezeichnet.

(BGBl 1986/563)

(2) (aufgehoben)

(BGBl I 2010/111)

(3) Ein Mindestlohntarif darf nur für Gruppen von Arbeitnehmern festgesetzt werden, für die ein Kollektivvertrag nicht abgeschlossen werden kann,

1. weil kollektivvertragsfähige Körperschaften auf Arbeitgeberseite nicht bestehen und
2. sofern eine Regelung von Mindestentgelten und Mindestbeträgen für den Ersatz von Auslagen durch die Erklärung eines Kollektivvertrages zur Satzung nicht erfolgt ist.

Bemessung des Mindestentgeltes

§ 23. Bei Festsetzung von Mindestentgelten und Mindestbeträgen für den Ersatz von Auslagen ist insbesondere auf deren Angemessenheit und die Entgeltbemessung in verwandten Wirtschaftszweigen Bedacht zu nehmen. Liegen Mindestentgelte unter dem Mindestentgeltniveau in verwandten Wirtschaftszweigen, so ist bei der Neufestsetzung von Mindestentgelten überdies auf dieses Entgeltniveau Bedacht zu nehmen.

(BGBl 1992/833)

Rechtswirkungen

§ 24. (1) Die Bestimmungen des gehörig kundgemachten Mindestlohntarifes sind innerhalb seines räumlichen, fachlichen und persönlichen Geltungsbereiches unmittelbar rechtsverbindlich.

(2) Die Bestimmungen des Mindestlohntarifes können durch Betriebsvereinbarung oder Arbeitsvertrag weder aufgehoben noch beschränkt werden. Sondervereinbarungen sind nur gültig, soweit sie für den Arbeitnehmer günstiger sind oder Ansprüche betreffen, die im Mindestlohntarif nicht geregelt sind. § 3 Abs. 2 und § 11 Abs. 2 sind sinngemäß anzuwenden.

(3) Kollektivverträge und Satzungen setzen für ihren Geltungsbereich einen bestehenden Mindestlohntarif außer Kraft. Ausgenommen von dieser Rechtswirkung sind Kollektivverträge im Sinne des § 18 Abs. 4 und Satzungen auf Grund solcher Kollektivverträge.

(4) Die Rechtswirkungen des Mindestlohntarifes bleiben nach seinem Erlöschen für Arbeitsverhältnisse, die unmittelbar vor seinem Erlöschen durch ihn erfaßt waren, so lange aufrecht, als für diese Arbeitsverhältnisse nicht ein neuer Mindestlohntarif, ein Kollektivvertrag oder eine Satzung wirksam oder mit den betreffenden Arbeitnehmern eine neue Einzelvereinbarung abgeschlossen wird.

Verfahren

§ 25. (1) Das Bundeseinigungsamt darf einen Mindestlohntarif nur für den Bereich eines oder mehrerer Bundesländer oder für das gesamte Bundesgebiet festsetzen.

(BGBl 1986/563)

(2) Das Verfahren zur Festsetzung eines Mindestlohntarifes wird auf Antrag eines gemäß § 22 Abs. 1 Berechtigten eingeleitet. Der Antrag ist schriftlich zu stellen und hat die zur Beurteilung der Notwendigkeit der Festsetzung eines Mindestlohntarifes erforderlichen Angaben sowie einen Vorschlag über die Höhe der festzusetzenden Mindestentgelte und Mindestbeträge für den Ersatz von Auslagen zu enthalten.

(3) Das Bundeseinigungsamt hat vor der Festsetzung die nach dem räumlichen Geltungsbereich des beantragten Mindestlohntarifes örtlich zuständigen Landeshauptmänner zu hören.

(BGBl 1986/563)

(4) Die Festsetzung eines Mindestlohntarifes hat ohne unnötigen Aufschub zu erfolgen. Im Mindestlohntarif sind die Mindestentgelte und Mindestbeträge für den Ersatz von Auslagen, der Geltungsbereich und der Beginn der Wirksamkeit des Mindestlohntarifes festzusetzen.

(BGBl 1986/563)

(5) Die Vorschriften der Abs. 1 bis 4 sind auch auf das Verfahren wegen Abänderung oder Aufhebung eines Mindestlohntarifes anzuwenden.

(6) § 21 ist sinngemäß anzuwenden. Eine Abschrift des Mindestlohntarifes ist den örtlich zuständigen Landeshauptmännern (Abs. 3) zu übermitteln.

(BGBl 1986/563)

4. HAUPTSTÜCK
Festsetzung des Lehrlingseinkommens

(BGBl I 2020/170)

Begriff und Voraussetzungen

§ 26. (1) Das Bundeseinigungsamt hat auf Antrag einer kollektivvertragsfähigen Körperschaft das Lehrlingseinkommen festzusetzen, wenn für den betreffenden Wirtschaftszweig kein Kollektivvertrag wirksam ist.

(BGBl 1986/563, BGBl I 2020/170)

(2) Kollektivverträge im Sinne des § 18 Abs. 4 stehen der Festsetzung eines Lehrlingseinkommens nicht entgegen.

(BGBl I 2020/170)

(3) Bei Festsetzung der Höhe des Lehrlingseinkommens ist auf die für gleiche, verwandte oder ähnliche Lehrberufe geltenden Regelungen, sofern solche nicht bestehen, auf den Ortsgebrauch Bedacht zu nehmen.

(BGBl I 2020/170)

Verfahren

§ 27. (1) Das Verfahren zur Festsetzung eines Lehrlingseinkommens wird auf Antrag eines gemäß § 26 Abs. 1 Berechtigten eingeleitet. Der Antrag ist schriftlich einzubringen und hat die zur Beurteilung der Notwendigkeit der Festsetzung erforderlichen Angaben sowie einen Vorschlag über die Höhe des festzusetzenden Lehrlingseinkommens zu enthalten. § 25 Abs. 4 ist sinngemäß anzuwenden.

(BGBl 1986/563, BGBl I 2020/170)

(2) Die Festsetzung des Lehrlingseinkommens ist im Bundesgesetzblatt II kundzumachen. Die Festsetzung des Lehrlingseinkommens ist einem Kataster einzuverleiben.

(BGBl I 2009/74, BGBl I 2020/170)

(3) Abs. 1 und 2 sind auf das Verfahren wegen Abänderung oder Aufhebung des festgesetzten Lehrlingseinkommens sinngemäß anzuwenden.

(4) § 21 Abs. 2 ist sinngemäß anzuwenden.

(BGBl 1986/563)

Rechtswirkungen

§ 28. (1) Das gehörig kundgemachte Lehrlingseinkommen ist innerhalb seines räumlichen, fachlichen und persönlichen Geltungsbereiches unmittelbar rechtsverbindlich.

(BGBl I 2020/170)

(2) Das festgesetzte Lehrlingseinkommen kann durch Betriebs- oder Einzelvereinbarung weder aufgehoben noch beschränkt werden. Sondervereinbarungen über das Lehrlingseinkommen sind nur gültig, soweit sie für den Lehrling günstiger sind.

(BGBl I 2020/170)

(3) Kollektivverträge setzen für ihren Geltungsbereich ein festgesetztes Lehrlingseinkommen außer Kraft; Satzungen nur dann, wenn sie das Lehrlingseinkommen regeln. Ausgenommen von dieser Rechtswirkung sind Kollektivverträge im Sinne des § 18 Abs. 4. § 24 Abs. 4 ist sinngemäß anzuwenden.

(BGBl I 2020/170)

5. HAUPTSTÜCK
Die Betriebsvereinbarung

Begriff

§ 29. Betriebsvereinbarungen sind schriftliche Vereinbarungen, die vom Betriebsinhaber einerseits und dem Betriebsrat (Betriebsausschuß, Zentralbetriebsrat, Konzernvertretung) andererseits in Angelegenheiten abgeschlossen werden, deren Regelung durch Gesetz oder Kollektivvertrag der Betriebsvereinbarung vorbehalten ist.

(BGBl 1990/411, BGBl 1993/460)

Wirksamkeitsbeginn

§ 30. (1) Betriebsvereinbarungen sind vom Betriebsinhaber oder vom Betriebsrat im Betrieb aufzulegen oder an sichtbarer, für alle Arbeitnehmer zugänglicher Stelle anzuschlagen.

(2) Enthält die Betriebsvereinbarung keine Bestimmung über ihren Wirksamkeitsbeginn, so tritt ihre Wirkung mit dem auf den Tag der Unterzeichnung folgenden Tag ein.

(3) Nach Wirksamwerden der Betriebsvereinbarung ist vom Betriebsinhaber den für den Betrieb zuständigen gesetzlichen Interessenvertretungen der Arbeitgeber und der Arbeitnehmer je eine Ausfertigung der Betriebsvereinbarung zu übermitteln.

Rechtswirkungen

§ 31. (1) Die Bestimmungen der Betriebsvereinbarung sind, soweit sie nicht die Rechtsbeziehungen zwischen den Vertragsparteien regeln, innerhalb ihres Geltungsbereiches unmittelbar rechtsverbindlich.

(2) Betriebsvereinbarungen gelten für Heimarbeiter nur, wenn und insoweit diese ausdrücklich in den Geltungsbereich der Betriebsvereinbarung einbezogen sind.

(3) Die Bestimmungen in Betriebsvereinbarungen können durch Einzelvereinbarung weder aufgehoben noch beschränkt werden. Einzelvereinbarungen sind nur gültig, soweit sie für den Arbeitnehmer günstiger sind oder Angelegenheiten betreffen, die durch Betriebsvereinbarungen nicht geregelt sind. § 3 Abs. 2 ist sinngemäß anzuwenden.

(4) Die Geltung von Betriebsvereinbarungen wird durch den Übergang des Betriebes auf einen anderen Betriebsinhaber nicht berührt.

(5) Die Geltung von Betriebsvereinbarungen bleibt für Betriebsteile unberührt, die rechtlich verselbständigt werden.[a]

(BGBl 1990/411, BGBl 1993/460)

[a] Vgl. Art. XII, BGBl 1993/458

(6) Die Geltung von Betriebsvereinbarungen bleibt für Arbeitnehmer von Betrieben oder Betriebsteilen unberührt, die mit einem anderen Betrieb oder Betriebsteil so zusammengeschlossen werden, daß ein neuer Betrieb im Sinne des § 34 entsteht.

(BGBl 1993/460)

(7) Die Geltung von Betriebsvereinbarungen bleibt für Arbeitnehmer von Betrieben oder Betriebsteilen, die von einem anderen Betrieb aufgenommen werden, insoweit unberührt, als sie Angelegenheiten betreffen, die von den Betriebsvereinbarungen des aufnehmenden Betriebes nicht geregelt werden. Betriebsvereinbarungen im Sinne des § 97 Abs. 1 Z 18, Z 18a oder Z 18b können für die von einer solchen Maßnahme betroffenen Arbeitnehmer vom Betriebsinhaber des aufzunehmenden Betriebes oder Betriebsteiles unter Einhaltung einer einmonatigen Kündigungsfrist gekündigt werden.

(BGBl 1993/460, BGBl I 2005/8)

Geltungsdauer von Betriebsvereinbarungen

§ 32. (1) Betriebsvereinbarungen können, soweit sie keine Vorschriften über ihre Geltungsdauer enthalten und Abs. 2 nicht anderes bestimmt, von jedem der Vertragspartner unter Einhaltung einer Frist von drei Monaten zum Letzten eines Kalendermonats schriftlich gekündigt werden.

(2) In Angelegenheiten, in denen das Gesetz bei Nichtzustandekommen einer Einigung über den Abschluß, die Abänderung und Aufhebung einer Betriebsvereinbarung die Anrufung der Schlichtungsstelle zuläßt, können Betriebsvereinbarungen nicht gekündigt werden.

(3) Die Rechtswirkungen der Betriebsvereinbarung enden mit ihrem Erlöschen. Ist eine Betriebsvereinbarung durch Kündigung erloschen, so bleiben ihre Rechtswirkungen für Arbeitsverhältnisse, die unmittelbar vor ihrem Erlöschen durch sie erfaßt waren, so lange aufrecht, als für diese Arbeitsverhältnisse nicht eine neue Betriebsvereinbarung wirksam oder mit den betroffenen Arbeitnehmern nicht eine neue Einzelvereinbarung abgeschlossen wird. Eine solche Einzelvereinbarung kann zum Nachteil des Arbeitnehmers im Falle der Kündigung einer Betriebsvereinbarung nach dem Übergang, der rechtlichen Verselbständigung, dem Zusammenschluß oder der Aufnahme eines Betriebes oder Betriebsteiles (§ 31 Abs. 4 bis 7) nicht vor Ablauf eines Jahres nach dem Übergang, der Verselbständigung, dem Zusammenschluß oder der Aufnahme abgeschlossen werden.

(BGBl 1993/460)

(4) Die Beendigung der Betriebsvereinbarung ist entsprechend der Vorschrift des § 30 Abs. 1 im Betrieb kundzumachen. Der Betriebsinhaber hat die im § 30 Abs. 3 genannten Stellen vom Erlöschen der Betriebsvereinbarung zu verständigen.

II. TEIL
Betriebsverfassung

1. HAUPTSTÜCK
Allgemeine Bestimmungen

Geltungsbereich

§ 33. (1) Die Bestimmungen des II. Teiles gelten für Betriebe aller Art.

(2) Unter die Bestimmungen des II. Teiles fallen nicht

1. die Betriebe der Land- und Forstwirtschaft, sofern sie nicht Betriebe des Bundes, der Länder, der Gemeindeverbände oder der Gemeinden sind;

   (BGBl 1975/360)
2. die Behörden, Ämter und sonstigen Verwaltungsstellen des Bundes, der Länder, Gemeindeverbände und Gemeinden;
3. (aufgehoben)

   (BGBl I 2003/138)
4. die öffentlichen Unterrichts- und Erziehungsanstalten, sofern für sie die Bestimmungen des Bundes-Personalvertretungsgesetzes, BGBl. Nr. 133/1967, gelten;
5. die privaten Haushalte.

Betriebsbegriff

§ 34. (1) Als Betrieb gilt jede Arbeitsstätte, die eine organisatorische Einheit bildet, innerhalb der eine physische oder juristische Person oder eine Personengemeinschaft mit technischen oder immateriellen Mitteln die Erzielung bestimmter Arbeitsergebnisse fortgesetzt verfolgt, ohne Rücksicht darauf, ob Erwerbsabsicht besteht oder nicht.

(2) Das Gericht hat auf Grund einer Klage festzustellen, ob ein Betrieb im Sinne des Abs. 1 vorliegt. Das Urteil des Gerichts hat so lange bindende Wirkung, als sich nicht die Voraussetzungen, die für das Urteil maßgebend waren, wesentlich geändert haben und dies in einem neuerlichen Verfahren festgestellt wird.

(BGBl 1986/563)

(3) Zur Klage im Sinne des Abs. 2 sind bei Vorliegen eines rechtlichen Interesses der Betriebsinhaber, der Betriebsrat, mindestens so viele wahlberechtigte Arbeitnehmer, als Betriebsratsmitglieder zu wählen wären, sowie die zuständige freiwillige Berufsvereinigung und die gesetzliche Interessenvertretung der Arbeitnehmer berechtigt. Jeder im Betrieb bestehende Wahlvorstand ist im Verfahren parteifähig.

(BGBl 1986/563)

Gleichstellung

§ 35. (1) Das Gericht hat auf Grund einer Klage eine Arbeitsstätte, in der dauernd mehr als 50 Arbeitnehmer beschäftigt sind und die nicht alle Merkmale eines Betriebes gemäß § 34 Abs. 1 aufweist, einem selbständigen Betrieb gleichzustellen, wenn sie räumlich vom Hauptbetrieb weit entfernt ist und hinsichtlich Aufgabenbereich und Organisation eine Eigenständigkeit besitzt, die der eines Betriebes nahekommt.

(2) Das Gericht hat die Gleichstellung auf Grund einer Klage für beendet zu erklären, wenn die Voraussetzungen des Abs. 1 nicht mehr gegeben sind.

(3) Zur Klage gemäß Abs. 1 und 2 sind der Betriebsrat, mindestens so viele Arbeitnehmer, als Betriebsratsmitglieder zu wählen wären, die zuständige freiwillige Berufsvereinigung und die gesetzliche Interessenvertretung der Arbeitnehmer berechtigt; zur Klage gemäß Abs. 2 ist auch der Betriebsinhaber berechtigt.

(BGBl 1986/563)

Arbeitnehmerbegriff

§ 36. (1) Arbeitnehmer im Sinne des II. Teiles sind alle im Rahmen eines Betriebes beschäftigten Personen einschließlich der Lehrlinge und der Heimarbeiter ohne Unterschied des Alters.

(2) Als Arbeitnehmer gelten nicht:

1. In Betrieben einer juristischen Person, die Mitglieder des Organs, das zur gesetzlichen Vertretung der juristischen Person berufen ist;
2. (aufgehoben durch BGBl 1979/47)
3. leitende Angestellte, denen maßgebender Einfluß auf die Führung des Betriebes zusteht;
4. Personen, die vorwiegend zu ihrer Erziehung, Behandlung, Heilung oder Wiedereingliederung beschäftigt werden, sofern sie nicht auf Grund eines Arbeitsvertrages beschäftigt sind;
5. Personen, die im Vollzug einer verwaltungsbehördlichen oder gerichtlichen Verwahrungshaft, Untersuchungshaft, Freiheitsstrafe oder freiheitsentziehenden vorbeugenden Maßnahme beschäftigt werden;
6. Personen, deren Beschäftigung vorwiegend durch religiöse, karitative oder soziale Motive bestimmt ist, sofern sie nicht auf Grund eines Arbeitsvertrages beschäftigt sind;
7. Personen, die zu Schulungs- und Ausbildungszwecken kurzfristig beschäftigt werden.

Rechte des einzelnen Arbeitnehmers

§ 37. (1) Die Arbeitnehmer dürfen in der Ausübung ihrer betriebsverfassungsrechtlichen Befugnisse nicht beschränkt und aus diesem Grunde nicht benachteiligt werden.

(2) Die Arbeitnehmer können Anfragen, Wünsche, Beschwerden, Anzeigen oder Anregungen beim Betriebsrat, bei jedem seiner Mitglieder und beim Betriebsinhaber vorbringen.

(3) Die sich aus dem Arbeitsverhältnis ergebenden Informations-, Interventions-, Überwachungs-, Anhörungs- und Beratungsrechte des einzelnen Arbeitnehmers gegenüber dem Betriebsinhaber und die entsprechenden Pflichten des Betriebsinhabers werden durch den II. Teil dieses Bundesgesetzes nicht berührt.

Aufgaben

§ 38. Die Organe der Arbeitnehmerschaft des Betriebes haben die Aufgabe, die wirtschaftlichen, sozialen, gesundheitlichen und kulturellen Interessen der Arbeitnehmer im Betrieb wahrzunehmen und zu fördern.

Grundsätze der Interessenvertretung

§ 39. (1) Ziel der Bestimmungen über die Betriebsverfassung und deren Anwendung ist die Herbeiführung eines Interessenausgleichs zum Wohl der Arbeitnehmer und des Betriebes.

(2) Die Organe der Arbeitnehmerschaft des Betriebes sollen bei Verwirklichung ihrer Interessenvertretungsaufgabe im Einvernehmen mit den zuständigen kollektivvertragsfähigen Körperschaften der Arbeitnehmer vorgehen.

(3) Die Organe der Arbeitnehmerschaft haben ihre Tätigkeit tunlichst ohne Störung des Betriebes zu vollziehen. Sie sind nicht befugt, in die Führung und den Gang des Betriebes durch selbständige Anordnungen einzugreifen.

(4) Die Organe der Arbeitnehmerschaft können zu ihrer Beratung in allen Angelegenheiten die zuständige freiwillige Berufsvereinigung oder gesetzliche Interessenvertretung der Arbeitnehmer beiziehen. Den Vertretern der zuständigen freiwilligen Berufsvereinigung und der gesetzlichen Interessenvertretung der Arbeitnehmer ist in diesen Fällen oder soweit dies zur Ausübung der ihnen durch dieses Bundesgesetz eingeräumten Befugnisse sonst erforderlich ist, nach Unterrichtung des Betriebsinhabers oder seines Vertreters Zugang zum Betrieb zu gewähren. Abs. 3 und § 115 Abs. 4 sind sinngemäß anzuwenden.

(5) Die den zuständigen freiwilligen Berufsvereinigungen der Arbeitgeber und der Arbeitnehmer eingeräumten Befugnisse kommen nur jenen freiwilligen Berufsvereinigungen zu, denen gemäß § 5 Kollektivvertragsfähigkeit zuerkannt wurde.

2. HAUPTSTÜCK
Organisationsrecht

Organe der Arbeitnehmerschaft

§ 40. (1) In jedem Betrieb, in dem dauernd mindestens fünf stimmberechtigte (§ 49 Abs. 1) Arbeitnehmer beschäftigt werden, sind nach Maßgabe der folgenden Bestimmungen von der Arbeitnehmerschaft Organe zu bilden. Bei der Berechnung dieser Zahl haben Heimarbeiter und die gemäß § 53 Abs. 3 Z 1 vom passiven Wahlrecht zum Betriebsrat ausgeschlossenen Familienangehörigen des Betriebsinhabers außer Betracht zu bleiben.

(2) Erfüllt sowohl die Gruppe der Arbeiter als auch die Gruppe der Angestellten (§ 41 Abs. 3) die Voraussetzungen des Abs. 1, so sind folgende Organe zu bilden:

1. Die Betriebshauptversammlung;

2. die Gruppenversammlungen der Arbeiter und der Angestellten;
3. die Wahlvorstände für die Betriebsratswahl;
4. die Betriebsräte der Arbeiter und der Angestellten;
5. der Betriebsausschuß;
6. die Rechnungsprüfer.

(3) Erfüllt nur eine Gruppe die Voraussetzungen des Abs. 1, erfüllen sie beide Gruppen nur in ihrer Gesamtheit oder beschließen die Gruppenversammlungen in getrennten Abstimmungen die Bildung eines gemeinsamen Betriebsrates, so sind folgende Organe zu bilden:
1. Die Betriebsversammlung;
2. der Wahlvorstand für die Betriebsratswahl;
3. der Betriebsrat;
4. die Rechnungsprüfer.

(4) Wenn ein Unternehmen mehrere Betriebe umfaßt, die eine wirtschaftliche Einheit bilden und vom Unternehmen zentral verwaltet werden, so sind folgende Organe zu bilden:
1. Der Wahlvorstand für die Zentralbetriebsratswahl;
2. der Zentralbetriebsrat;
3. die Betriebsräteversammlung;
4. die Rechnungsprüfer.

(4a) In Konzernen im Sinne des § 15 des Aktiengesetzes 1965 oder des § 115 des Gesetzes über Gesellschaften mit beschränkter Haftung kann eine Konzernvertretung gebildet werden (§ 88a).

(BGBl 1990/411, BGBl 1993/460)

(4b) In Unternehmen bzw. Unternehmensgruppen im Sinne des V. Teiles ist nach Maßgabe des V. Teiles ein besonderes Verhandlungsgremium einzusetzen sowie ein Europäischer Betriebsrat zu errichten oder ein Verfahren zur Unterrichtung und Anhörung der Arbeitnehmer zu schaffen.

(BGBl 1996/601)

(4c) In den Unternehmen im Sinne des VI. Teiles ist nach Maßgabe des VI. Teiles ein besonderes Verhandlungsgremium einzusetzen sowie ein SE-Betriebsrat zu errichten oder ein anderes Verfahren zur Beteiligung der Arbeitnehmer zu schaffen.

(BGBl I 2004/82)

(4d) In den Unternehmen im Sinne des VII. Teiles ist nach Maßgabe des VII. Teiles ein besonderes Verhandlungsgremium einzusetzen sowie ein SCE-Betriebsrat zu errichten oder ein anderes Verfahren zur Beteiligung der Arbeitnehmer zu schaffen.

(BGBl I 2006/104)

(4e) In den Unternehmen im Sinne des VIII. Teiles ist nach Maßgabe des VIII. Teiles ein besonderes Verhandlungsgremium oder ein besonderes Entsendungsgremium einzusetzen.

(BGBl I 2007/77)

(5) Unbeschadet der Bestimmungen der Abs. 1 bis 4a sind in Betrieben, in denen dauernd mindestens fünf jugendliche Arbeitnehmer (§ 123 Abs. 3) beschäftigt sind, nach den Bestimmungen des fünften Hauptstückes Jugendvertretungen zu errichten.

(BGBl 1990/411)

Abschnitt 1
Die Betriebs(Gruppen-, Betriebshaupt)-versammlung

Zusammensetzung und Gruppenzugehörigkeit

§ 41. (1) Die Betriebs(Betriebshaupt)versammlung besteht aus der Gesamtheit der Arbeitnehmer des Betriebes.

(2) Die Gruppenversammlung der Arbeiter besteht aus den Arbeitnehmern, die der Gruppe der Arbeiter, die Gruppenversammlung der Angestellten besteht aus den Arbeitnehmern, die der Gruppe der Angestellten angehören.

(3) Für die Gruppenzugehörigkeit ist die auf Gesetz beruhende arbeitsvertragliche Stellung der Arbeitnehmer maßgebend. Zur Gruppe der Angestellten gehören ferner Arbeitnehmer, die mit dem Arbeitgeber die Anwendung des Angestelltengesetzes sowie des Angestelltenkollektivvertrages, der auf den Betrieb Anwendung findet, zuzüglich einer Einstufung in die Gehaltsordnung dieses Kollektivvertrages unwiderruflich vereinbart haben. Lehrlinge, die zu Angestelltentätigkeiten ausgebildet werden, zählen zur Gruppe der Angestellten, die übrigen Lehrlinge zur Gruppe der Arbeiter.

(4) Betriebsratsmitglieder gelten als Angehörige jener Arbeitnehmergruppe, die sie gewählt hat.

Aufgaben der Betriebs(Gruppen-, Betriebshaupt)versammlung

§ 42. (1) Der Betriebs(Gruppen)versammlung obliegt:
1. Behandlung von Berichten des Betriebsrates und der Rechnungsprüfer;
2. Wahl des Wahlvorstandes für die Betriebsratswahl;
3. Beschlußfassung über die Einhebung und die Höhe einer Betriebsratsumlage sowie über die Art und Weise der Auflösung des Betriebsratsfonds;
4. Beschlußfassung über die Enthebung des Betriebsrates;
5. Beschlußfassung über die Enthebung des Wahlvorstandes für die Betriebsratswahl;
6. Wahl der Rechnungsprüfer;
7. Beschlußfassung über die Enthebung der Rechnungsprüfer;
8. Beschlußfassung über eine Fortsetzung der Funktion des Betriebsrates nach Wiederaufnahme des Betriebes.

(2) Der Gruppenversammlung obliegt überdies die Enthebung eines Betriebsratsmitgliedes gemäß § 64 Abs. 1 Z 4 sowie die Beschlußfassung über die Errichtung eines gemeinsamen Betriebsrates gemäß § 40 Abs. 3.

(3) Der Betriebshauptversammlung obliegt die Behandlung von Berichten des Betriebsausschusses.

Ordentliche und außerordentliche Versammlungen

§ 43. (1) Die Betriebs(Gruppen)versammlung hat mindestens einmal in jedem Kalenderhalbjahr, die Betriebshauptversammlung mindestens einmal in jedem Kalenderjahr stattzufinden.

(2) Eine Betriebs(Gruppen-, Betriebshaupt) versammlung hat außerdem binnen zwei Wochen stattzufinden, wenn mehr als ein Drittel der in der betreffenden Versammlung stimmberechtigten Arbeitnehmer oder ein Drittel der Betriebsratsmitglieder, im Falle der Betriebshauptversammlung auch dann, wenn einer der beiden Betriebsräte dies verlangt.

Teilversammlungen

§ 44. (1) Wenn nach Zahl der Arbeitnehmer, Arbeitsweise oder Art des Betriebes die Abhaltung von Betriebs(Gruppen-, Betriebshaupt)versammlungen oder die Teilnahme der Arbeitnehmer an diesen nicht oder nur schwer möglich ist, können Betriebs(Gruppen-, Betriebshaupt)versammlungen in Form von Teilversammlungen durchgeführt werden. Die Entscheidung über die Abhaltung von Teilversammlungen obliegt dem Betriebsrat (Betriebsausschuß).

(2) Für die Ermittlung von Abstimmungsergebnissen in den Angelegenheiten des § 42 ist die Gesamtheit der in den einzelnen Teilversammlungen abgegebenen Stimmen maßgebend.

Einberufung

§ 45. (1) Die Betriebs(Gruppen)versammlung ist vom Betriebsrat, die Betriebshauptversammlung vom Betriebsausschuß einzuberufen.

(2) Besteht kein Betriebsrat (Betriebsausschuß) oder ist er vorübergehend funktionsunfähig, so sind zur Einberufung berechtigt:

1. Der an Lebensjahren älteste Arbeitnehmer oder mindestens so viele Arbeitnehmer, als Betriebsratsmitglieder zu wählen sind;
2. in Betrieben, in denen dauernd mindestens 20 Arbeitnehmer beschäftigt sind, eine zuständige freiwillige Berufsvereinigung oder die gesetzliche Interessenvertretung der Arbeitnehmer, wenn die nach Z 1 zur Einberufung Berechtigten trotz Aufforderung die Einberufung innerhalb von zwei Wochen nicht vornehmen.

(3) Die Einberufung der Betriebs(Gruppen-, Betriebshaupt)versammlung hat unter gleichzeitiger Bekanntgabe der Tagesordnung zu erfolgen.

Vorsitz

§ 46. Die Vorsitzführung obliegt dem Vorsitzenden[a)] des Betriebsrates (Betriebsausschusses), in den Fällen des § 45 Abs. 2 dem Einberufer; dieser kann die Vorsitzführung einem Stellvertreter aus dem Kreise der stimmberechtigten Arbeitnehmer übertragen.

[a)] bzw. „(die) Vorsitzende“ (Art. II BGBl 1986/394, siehe unten 4.2.)

Zeitpunkt und Ort der Versammlungen

§ 47. (1) Wenn es dem Betriebsinhaber unter Berücksichtigung der betrieblichen Verhältnisse zumutbar ist, können Betriebs(Gruppen-, Betriebshaupt)versammlungen während der Arbeitszeit abgehalten werden. Wird die Versammlung während der Arbeitszeit abgehalten, entsteht den Arbeitnehmern für den erforderlichen Zeitraum ein Anspruch auf Arbeitsfreistellung. Ansprüche der Arbeitnehmer auf Fortzahlung des Entgeltes für diesen Zeitraum können, soweit dies nicht im Kollektivvertrag geregelt ist, durch Betriebsvereinbarung geregelt werden. Dies gilt auch für die Vergütung von Fahrtkosten.

(2) Die Betriebs(Gruppen-, Betriebshaupt)versammlung kann im Betrieb oder außerhalb desselben stattfinden. Findet die Versammlung innerhalb des Betriebes statt, hat der Betriebsinhaber nach Tunlichkeit die erforderlichen Räumlichkeiten zur Verfügung zu stellen.

Teilnahme des Betriebsinhabers und der überbetrieblichen Interessenvertretungen

§ 48. Die Betriebs(Gruppen-, Betriebshaupt)-versammlungen sind nicht öffentlich. Jede zuständige freiwillige Berufsvereinigung und die zuständige gesetzliche Interessenvertretung der Arbeitnehmer sind berechtigt, zu allen Betriebsversammlungen Vertreter zu entsenden. Der Betriebsinhaber oder sein Vertreter im Betrieb kann auf Einladung der Einberufer an der Betriebsversammlung teilnehmen. Der Zeitpunkt und die Ta gesordnung sind rechtzeitig schriftlich mitzuteilen.

Stimmberechtigung und Beschlußfassung

§ 49. (1) In der Betriebs(Gruppen-, Betriebshaupt)versammlung ist jeder betriebs(gruppen) zugehörige Arbeitnehmer ohne Unterschied der Staatsbürgerschaft stimmberechtigt, der das 16. Lebensjahr vollendet hat und am Tage der Betriebsversammlung im Betrieb beschäftigt ist.

(BGBl 1996/601, BGBl I 2010/101, BGBl I 2020/170)

(2) Zur Beschlußfassung ist die Anwesenheit von mindestens der Hälfte der stimmberechtigten Arbeitnehmer erforderlich. Die Beschlüsse werden mit einfacher Mehrheit der abgegebenen Stimmen gefaßt. Beschlüsse über die Enthebung des Betriebsrates (§ 42 Abs. 1 Z 4) oder eines Betriebsratsmitgliedes (§ 42 Abs. 2) bedürfen der Mehrheit von zwei Drittel der abgegebenen Stimmen. Beschlüsse über die Bildung eines gemeinsamen Betriebsrates im Sinne des § 40 Abs. 3 bedürfen der Mehrheit von zwei Drittel der für die Wahl des jeweiligen Gruppenbetriebsrates aktiv Wahlberechtigten. Abstimmungen über die Bildung eines gemeinsamen Betriebsrates im Sinne des § 40 Abs. 3 und über Enthebungen haben geheim zu erfolgen.

(3) Ist bei Beginn der Betriebsversammlung weniger als die Hälfte der stimmberechtigten Arbeitnehmer anwesend, so ist eine halbe Stunde zuzuwarten; nach Ablauf dieser Zeit ist die Betriebsversammlung ohne Rücksicht auf die Zahl der anwesenden stimmberechtigten Arbeitnehmer beschlußfähig. Diese Bestimmung gilt nicht in den Fällen der §§ 40 Abs. 3 und 42 Abs. 1 Z 3, 4 und 8. Wurde eine Betriebsversammlung gemäß § 45 Abs. 2 Z 2 von einer freiwilligen Berufsvereinigung oder gesetzlichen Interessenvertretung der Arbeitnehmer einberufen, so kann die Wahl des Wahlvorstandes nur vorgenommen werden, wenn mindestens ein Drittel der stimmberechtigten Arbeitnehmer anwesend ist. Die Enthebung des Wahlvorstandes gemäß § 42 Abs. 1 Z 5 kann nur vorgenommen werden, wenn mindestens ein Drittel der stimmberechtigten Arbeitnehmer anwesend ist.

(BGBl 1990/411, BGBl I 2010/101)

Abschnitt 2
Betriebsrat

Zahl der Betriebsratsmitglieder

§ 50. (1) Der Betriebsrat besteht in Betrieben (Arbeitnehmergruppen) mit fünf bis neun Arbeitnehmern aus einer Person, mit zehn bis neunzehn Arbeitnehmern aus zwei Mitgliedern, mit zwanzig bis fünfzig Arbeitnehmern aus drei Mitgliedern, mit einundfünfzig bis hundert Arbeitnehmern aus vier Mitgliedern. In Betrieben (Arbeitnehmergruppen) mit mehr als hundert Arbeitnehmern erhöht sich für je weitere hundert Arbeitnehmer, in Betrieben mit mehr als tausend Arbeitnehmern für je weitere vierhundert Arbeitnehmer die Zahl der Mitglieder des Betriebsrates um ein Mitglied. Bruchteile von hundert bzw. vierhundert werden für voll gerechnet.

(2) Die Zahl der Mitglieder eines Betriebsrates bestimmt sich nach der Zahl der am Tage der Betriebsversammlung zur Wahl des Wahlvorstandes im Betrieb beschäftigten Arbeitnehmer. Eine spätere Änderung der Zahl der Arbeitnehmer ist auf die Zahl der Mitglieder des Betriebsrates ohne Einfluß.

(BGBl I 2010/101)

(3) Im Betriebsrat sollen Arbeitnehmerinnen und Arbeitnehmer entsprechend ihrem zahlenmäßigen Verhältnis vertreten sein.

(BGBl 1992/833)

Wahlgrundsätze

§ 51. (1) Die Mitglieder des Betriebsrates werden auf Grund des gleichen, unmittelbaren und geheimen Wahlrechtes gewählt. Die Wahl hat durch persönliche Stimmabgabe oder in den Fällen des § 56 Abs. 3 durch briefliche Stimmabgabe im Postwege zu erfolgen.

(2) Die Wahlen sind nach den Grundsätzen des Verhältniswahlrechtes durchzuführen. Die Berechnung der auf die zugelassenen Wahlvorschläge entfallenden Mitglieder des Betriebsrates hat nach dem System von d'Hondt zu erfolgen. Die Wahlzahl ist in Dezimalzahlen zu errechnen. Haben nach dieser Berechnung mehrere Wahlvorschläge den gleichen Anspruch auf eine Mitgliedsstelle, so entscheidet das Los.

(3) Wird nur ein Wahlvorschlag eingebracht, so sind die Betriebsratsmitglieder mit einfacher Mehrheit der abgegebenen Stimmen zu wählen.

Aktives Wahlrecht

§ 52. (1) Wahlberechtigt sind alle Arbeitnehmer ohne Unterschied der Staatsbürgerschaft, die am Tage der Betriebsversammlung zur Wahl des Wahlvorstandes das 16. Lebensjahr vollendet haben und an diesem Tag und am Tag der Wahl im Rahmen des Betriebes beschäftigt sind

(BGBl 1993/460, BGBl I 2010/101, BGBl I 2020/170)

(2) Werden getrennte Betriebsräte gewählt, ist für die Wahlberechtigung Gruppenzugehörigkeit (§ 41 Abs. 2 bis 4) erforderlich.

Passives Wahlrecht

§ 53. (1) Wählbar sind alle Arbeitnehmer, die

1. am Tag der Ausschreibung der Wahl das 18. Lebensjahr vollendet haben und
2. seit mindestens sechs Monaten im Rahmen des Betriebes oder des Unternehmens, dem der Betrieb angehört, beschäftigt sind.

(BGBl 1993/460, BGBl I 2006/4, BGBl I 2010/101)

(2) Bei getrennten Wahlen sind auch Angehörige der anderen Arbeitnehmergruppe wählbar.

(3) Nicht wählbar sind:

1. Der Ehegatte oder eingetragene Partner des Betriebsinhabers und Personen, die mit dem Betriebsinhaber bis zum zweiten Grad verwandt oder verschwägert sind oder zu ihm im Verhältnis von Wahl- oder Pflegekind, Wahl- oder Pflegeeltern sowie Mündel oder Vormund stehen;

   (BGBl 1979/47, BGBl I 2009/135)
2. in Betrieben einer juristischen Person die Ehegatten oder eingetragenen Partner von Mitgliedern des Organs, das zur gesetzlichen Vertretung der juristischen Person berufen ist, sowie Personen, die mit Mitgliedern eines solchen Vertretungsorgans im ersten Grad verwandt oder verschwägert sind;

   (BGBl 1979/47, BGBl I 2009/135)
3. Heimarbeiter.

(4) Sind mindestens vier Betriebsratsmitglieder zu wählen, sind auch Vorstandsmitglieder und Angestellte einer zuständigen freiwilligen Berufsvereinigung der Arbeitnehmer wählbar. Mindestens drei Viertel der Betriebsratsmitglieder müssen Arbeitnehmer des Betriebes sein. Ein Vorstandsmitglied oder Angestellter einer zuständigen freiwilligen Berufsvereinigung der Arbeitnehmer kann gleichzeitig nur einem Betriebsrat angehören.

(5) In neuerrichteten Betrieben und in Saisonbetrieben sind auch Arbeitnehmer wählbar, die noch nicht sechs Monate im Betrieb oder Unternehmen beschäftigt sind.

(6) Als Saisonbetriebe gelten Betriebe, die ihrer Art nach nur zu bestimmten Jahreszeiten arbeiten oder die regelmäßig zu gewissen Zeiten des Jahres erheblich verstärkt arbeiten.

Berufung des Wahlvorstandes

§ 54. (1) Zur Vorbereitung und Durchführung der Wahl des Betriebsrates hat die Betriebs(Gruppen)versammlung einen Wahlvorstand (Ersatzmitglieder) zu bestellen. In Betrieben, in denen ein Betriebsrat besteht, ist der Wahlvorstand so rechtzeitig zu bestellen, daß der neugewählte Betriebsrat bei Unterbleiben einer Wahlanfechtung spätestens unmittelbar nach Ablauf der Tätigkeitsdauer des abtretenden Betriebsrates seine Konstituierung vornehmen kann.

(2) Wird die Nichtigkeit einer Wahl festgestellt oder die Tätigkeitsdauer des Betriebsrates vorzeitig beendet, ist unverzüglich ein Wahlvorstand zu bestellen.

(3) Der Wahlvorstand besteht aus drei Mitgliedern. In den Wahlvorstand können als Mitglieder wahlberechtigte Arbeitnehmer, in Betrieben, in denen dauernd mindestens 20 Arbeitnehmer beschäftigt sind, auch Vorstandsmitglieder oder Angestellte einer zuständigen freiwilligen Berufsvereinigung oder gesetzlichen Interessenvertretung der Arbeitnehmer berufen werden. Mindestens zwei Mitglieder des Wahlvorstandes müssen Arbeitnehmer des Betriebes sein.

(4) Die Wahl des Wahlvorstandes erfolgt durch Handerheben der wahlberechtigten Arbeitnehmer in der Betriebs(Gruppen)versammlung. Die Betriebs(Gruppen)versammlung kann auch beschließen, die Wahl des Wahlvorstandes mittels Stimmzettels vorzunehmen. Als gewählt gelten die Kandidaten jenes Vorschlages, der die meisten Stimmen auf sich vereint. Bei Stimmengleichheit entscheidet das Los. Wird nur ein Vorschlag erstattet, so gelten ohne eine Abstimmung die Kandidaten dieses Vorschlages als gewählt.

(5) In neuerrichteten Betrieben hat zur Vorbereitung und Durchführung der erstmaligen Wahl eines Betriebsrates die Betriebs(Gruppen)versammlung die Bestellung des Wahlvorstandes binnen vier Wochen nach dem Tage der Aufnahme des Betriebes vorzunehmen.

Vorbereitung der Wahl

§ 55. (1) Der Wahlvorstand hat nach seiner Bestellung die Wahl unverzüglich vorzubereiten und innerhalb von vier Wochen durchzuführen. Für die Mitglieder des Wahlvorstandes gelten die §§ 115 und 116 sinngemäß.

(BGBl 1986/394)

(2) Der Wahlvorstand hat die Wählerliste zu verfassen und sie zur Einsicht der Wahlberechtigten im Betrieb aufzulegen. Er hat ferner die Wahl in Form einer Wahlkundmachung auszuschreiben, über die gegen die Wählerliste vorgebrachten Einwendungen und darüber zu entscheiden, welche Wahlberechtigten zur brieflichen Stimmabgabe berechtigt sind. Er hat die Wahlvorschläge entgegenzunehmen und über ihre Zulassung zu entscheiden.

(3) Der Betriebsinhaber hat dem Wahlvorstand die zur Durchführung der Wahl erforderlichen Verzeichnisse der Arbeitnehmer rechtzeitig zur Verfügung zu stellen.

(4) Die Wahlvorschläge sind schriftlich beim Wahlvorstand einzubringen. Sie sind in Betrieben (Arbeitnehmergruppen) mit weniger als 101 Arbeitnehmern nur dann gültig eingebracht, wenn sie von mindestens doppelt so vielen wahlberechtigten Arbeitnehmern durch Unterschrift unterstützt werden, wie Betriebsratsmitglieder zu wählen sind. In Betrieben (Arbeitnehmergruppen) ab 101 Arbeitnehmern ist für je weitere 100 Arbeitnehmer, in Betrieben (Arbeitnehmergruppen) ab 1001 Arbeitnehmern für je weitere 400 Arbeitnehmer je eine weitere Unterschrift erforderlich. Unterschriften von Wahlwerbern werden auf die erforderliche Zahl von Unterstützungsunterschriften nur bis zur Hälfte dieser Zahl angerechnet. Ist diese Hälftezahl keine ganze Zahl, so ist die nächstniedrigere ganze Zahl heranzuziehen. Unterschriften unter Wahlvorschlägen können nach Überreichung nicht mehr zurückgezogen werden. Der Wahlvorstand hat die zugelassenen Wahlvorschläge zur Einsicht im Betrieb aufzulegen.

(BGBl 1990/411)

(4a) Bei Erstellung der Wahlvorschläge soll auf eine angemessene Vertretung der Arbeitnehmerinnen und der Arbeitnehmer Bedacht genommen werden.

(BGBl 1992/833)

(5) Kommt der Wahlvorstand den im Abs. 1 genannten Verpflichtungen binnen acht Wochen nicht oder nur unzureichend nach, so ist er von der Betriebs(Gruppen)versammlung zu entheben. In diesem Fall kann jeder Arbeitnehmer des Betriebes, die zuständige freiwillige Berufsvereinigung oder gesetzliche Interessenvertretung der Arbeitnehmer die Betriebs(Gruppen)versammlung einberufen. Diese hat zugleich einen neuen Wahlvorstand zu bestellen.

(BGBl I 2010/101)

Durchführung der Wahl

§ 56. (1) Der Wahlvorstand hat die Wahlhandlung zu leiten und das Wahlergebnis festzustellen.

(2) Jeder Wahlberechtigte hat eine Stimme. Die Wahl hat mittels eines vom Wahlvorstand aufzulegenden einheitlichen Stimmzettels zu erfolgen. Wahlrecht ist unbeschadet der Bestimmungen des Abs. 3 persönlich auszuüben.

(BGBl 1990/411)

(3) Wahlberechtigte, die wegen Urlaubs, Karenzurlaubs, Leistung des Präsenz- oder Ausbildungs- oder Zivildienstes oder Krankheit am Wahltag an der Leistung der Dienste oder infolge Ausübung ihres Berufes oder aus anderen wichtigen, ihre Person betreffenden Gründen an der persönlichen Stimmabgabe verhindert sind, haben das Recht

auf briefliche Stimmabgabe; diese hat im Postweg zu erfolgen.

(BGBl I 1998/30)

(4) In Betrieben (Arbeitnehmergruppen), in denen erstmals ein Betriebsrat gewählt werden soll oder in denen nicht mehr als 150 Arbeitnehmer wahlberechtigt sind, kann der Wahlvorstand beschließen, keinen einheitlichen Stimmzettel aufzulegen. Eine erstmalige Betriebsratswahl liegt dann vor, wenn im selben Betrieb für dieselbe Arbeitnehmergruppe im Zeitraum von sechs Monaten vor der Wahl des Wahlvorstandes kein funktionsfähiger Betriebsrat bestanden hat.

(BGBl 1990/411)

Mitteilung des Wahlergebnisses

§ 57. Das Ergebnis der Wahl ist im Betrieb kundzumachen und dem Betriebsinhaber, dem nach dem Standort des Betriebes zuständigen Arbeitsinspektorat, den zuständigen freiwilligen Berufsvereinigungen und der zuständigen gesetzlichen Interessenvertretung der Arbeitnehmer mitzuteilen.

(BGBl 1986/563)

Vereinfachtes Wahlverfahren

§ 58. Unbeschadet der Bestimmungen des § 51 Abs. 1 gilt in Betrieben (Arbeitnehmergruppen), in denen bis zu zwei Betriebsratsmitglieder zu wählen sind, folgendes:

1. Die Betriebsratsmitglieder und die Ersatzmitglieder werden mit Mehrheit der abgegebenen Stimmen gewählt;
2. der Wahlvorstand besteht aus einem wahlberechtigten Arbeitnehmer;
3. es bedarf keiner Einreihung von Wahlvorschlägen im Sinne des § 55 Abs. 4. Wurden solche Wahlvorschläge nicht eingebracht, so ist für jedes Betriebsratsmitglied und für jedes Ersatzmitglied ein gesonderter Wahlgang durchzuführen;
4. erreicht keiner der Wahlvorschläge (Wahlwerber) die Mehrheit, so ist ein zweiter Wahlgang durchzuführen. Im zweiten Wahlgang können gültige Stimmen nur für die beiden Wahlvorschläge (Wahlwerber) abgegeben werden, die im ersten Wahlgang die meisten Stimmen erhalten haben. Bei Stimmengleichheit entscheidet das Los.

Anfechtung

§ 59. (1) Die einzelnen Wahlberechtigten und jede wahlwerbende Gruppe sind berechtigt, binnen Monatsfrist vom Tage der Mitteilung des Wahlergebnisses an gerechnet, die Wahl beim Gericht anzufechten, wenn wesentliche Bestimmungen des Wahlverfahrens oder leitende Grundsätze des Wahlrechtes verletzt wurden und hiedurch das Wahlergebnis beeinflußt werden konnte. Ein Anfechtungsgrund liegt auch dann vor, wenn einheitliche Stimmzettel nicht aufgelegt werden, obgleich der Wahlvorstand einen Beschluß im Sinne des § 56 Abs. 4 nicht gefaßt hat. Ein Anfechtungsgrund liegt jedoch nicht vor, wenn trotz eines aufgelegten einheitlichen Stimmzettels Wahlberechtigte mittels anderer Stimmzettel wählen.

(BGBl 1986/563, BGBl 1990/411)

(2) Die in Abs. 1 genannten Anfechtungsberechtigten sowie der Betriebsinhaber sind berechtigt, binnen Monatsfrist vom Tage der Mitteilung des Wahlergebnisses an gerechnet, die Wahl beim Gericht anzufechten, wenn die Wahl ihrer Art oder ihrem Umfang nach oder mangels Vorliegens eines Betriebes nicht durchzuführen gewesen wäre.

(BGBl 1986/563)

Nichtigkeit

§ 60. Die Nichtigkeit der Wahl kann bei Vorliegen eines rechtlichen Interesses jederzeit auch durch Klage auf Feststellung beim Gericht geltend gemacht werden. Das Urteil des Gerichts über die Nichtigkeit der Wahl hat bindende Wirkung.

(BGBl 1986/563)

Tätigkeitsdauer des Betriebsrates

§ 61. (1) Die Tätigkeitsdauer des Betriebsrates beträgt fünf Jahre. Sie beginnt mit dem Tage der Konstituierung oder mit Ablauf der Tätigkeitsdauer des früheren Betriebsrates, wenn die Konstituierung vor diesem Zeitpunkt erfolgte.

(BGBl 1986/394, BGBl I 2017/12)

(2) Erklärt das Gericht die Wahl eines Betriebsrates auf Grund einer Anfechtung nach § 59 Abs. 1 oder 2 für ungültig, so führt – vorbehaltlich des Abs. 2a – der frühere Betriebsrat die laufenden Geschäfte bis zur Konstituierung des neu gewählten Betriebsrates, höchstens jedoch bis zum Ablauf von drei Monaten ab dem Tag der Ungültigkeitserklärung gerechnet, weiter. Dies gilt nicht, wenn die Tätigkeitsdauer des früheren Betriebsrates gemäß § 62 vorzeitig geendet hat.

(BGBl 1986/563, BGBl 1994/624)

(2a) Erklärt ein erstes Urteil eines Gerichts erster Instanz die Wahl eines Betriebsrates auf Grund einer Anfechtung nach § 59 Abs. 1 für ungültig, so hat der Betriebsrat seine Tätigkeit bis zur rechtskräftigen Entscheidung über die Anfechtungsklage, längstens aber bis zum Ablauf der fünfjährigen Tätigkeitsdauer (Abs. 1) fortzusetzen, es sei denn, es wird ein neuer Betriebsrat gewählt. Für die Einberufung der Betriebs(Gruppen-, Betriebshaupt)versammlung zur Wahl des Wahlvorstandes gelten die Bestimmungen des § 45 Abs. 2. Wird ein neuer Betriebsrat gewählt, so endet die Fortsetzungsbefugnis des Betriebsrates, dessen Wahl angefochten worden ist, mit der Konstituierung des neu gewählten Betriebsrates.

(BGBl 1994/624, BGBl I 2017/12)

(3) Die nach Beginn der Tätigkeitsdauer (Abs. 1) gesetzten Rechtshandlungen eines Betriebsrates werden in ihrer Gültigkeit durch die zufolge einer Wahlanfechtung nachträglich erfolgte Aufhebung der Betriebsratswahl nicht berührt.

Vorzeitige Beendigung der Tätigkeitsdauer

§ 62. Vor Ablauf des im § 61 Abs. 1 bezeichneten Zeitraumes endet die Tätigkeitsdauer des Betriebsrates, wenn

1. der Betrieb dauernd eingestellt wird;
2. der Betriebsrat dauernd funktionsunfähig wird, insbesondere wenn die Zahl der Mitglieder unter die Hälfte der im § 50 Abs. 1 festgesetzten Mitgliederzahl sinkt;
3. die Betriebs(Gruppen)versammlung die Enthebung des Betriebsrates beschließt;
4. der Betriebsrat seinen Rücktritt beschließt;
5. das Gericht die Wahl für ungültig erklärt;
6. das Gericht die Gleichstellung der Arbeitsstätte gemäß § 35 Abs. 2 für beendet erklärt;
7. der Betriebsrat im Hinblick auf die durch ein erstes Urteil eines Gerichtes erster Instanz ausgesprochene Ungültigkeitserklärung der Wahl des zuvor gewählten Betriebsrates gewählt, die erhobene Anfechtungsklage schließlich aber rechtskräftig abgewiesen worden ist und die Tätigkeitsdauer des zuvor gewählten Betriebsrates noch nicht gemäß § 61 Abs. 1 beendet ist.

(BGBl 1986/563, BGBl 1990/408)

Verlängerung der Partei- und Prozeßfähigkeit

§ 62a. Endet die Tätigkeitsdauer des Betriebsrates nach den §§ 61 und 62 Z 1 und 2 während eines Verfahrens vor Gericht oder einer Verwaltungsbehörde, in dem der Betriebsrat Partei ist, so besteht seine Partei- und Prozeßfähigkeit in bezug auf dieses Verfahren bis zu dessen Abschluß, längstens jedoch bis zur Konstituierung eines neuen Betriebsrates, weiter. Dies gilt auch im Falle der Ergreifung eines außerordentlichen Rechtsmittels. Im Falle des § 62 Z 5 besteht die Partei- und Prozeßfähigkeit des Betriebsrates, dessen Wahl angefochten worden ist, in bezug auf dieses gerichtliche Verfahren bis zu dessen Abschluß weiter.

(BGBl 1986/394, BGBl 1990/408)

Beibehaltung des Zuständigkeitsbereiches

§ 62b. (1) Werden Betriebsteile rechtlich verselbständigt, so bleibt der Betriebsrat für diese verselbständigten Teile bis zur Neuwahl eines Betriebsrates in diesen Teilen, längstens aber bis zum Ablauf von vier Monaten nach der organisatorischen Verselbständigung zur Vertretung der Interessen der Arbeitnehmer im Sinne dieses Bundesgesetzes zuständig, sofern die Zuständigkeit nicht ohnehin wegen des Weiterbestehens einer organisatorischen Einheit (§ 34) im bisherigen Umfang fortdauert. Die vorübergehende Beibehaltung des Zuständigkeitsbereiches gilt nicht, wenn in einem verselbständigten Betriebsteil ein Betriebsrat nicht zu errichten ist.

(BGBl 1986/394, BGBl 1990/411, BGBl 1993/460)

(2) Der Beginn der Frist für die vorübergehende Beibehaltung des Zuständigkeitsbereiches kann durch Betriebsvereinbarung festgelegt werden. Die Frist für die vorübergehende Beibehaltung des Zuständigkeitsbereiches kann über die Dauer von vier Monaten hinaus durch Betriebsvereinbarung bis zum Ablauf der Tätigkeitsdauer des Betriebsrates (§ 61 Abs. 1) verlängert werden.

(3) Führt die rechtliche Verselbständigung von Betriebsteilen zur dauernden Einstellung des Betriebes oder zum Ausscheiden von Betriebsratsmitgliedern aus dem Betrieb, so treten für die Dauer der vorübergehenden Beibehaltung des Zuständigkeitsbereiches abweichend von § 62 Z 1 die Beendigung der Tätigkeitsdauer des Betriebsrates und abweichend von § 64 Abs. 1 Z 3 das Erlöschen der Mitgliedschaft zum Betriebsrat nicht ein.[a)]

(BGBl 1986/394, BGBl 1990/411)

[a)] Vgl. Art. XII, BGBl 1993/458

§ 62c. (1) Werden Betriebe oder Betriebsteile zu einem neuen Betrieb im Sinne des § 34 zusammengeschlossen, so bilden die Betriebsräte (Betriebsausschüsse) bis zur Neuwahl eines Betriebsrates, längstens aber bis zum Ablauf eines Jahres nach dem Zusammenschluß, ein Organ der Arbeitnehmerschaft (einheitlicher Betriebsrat). Der einheitliche Betriebsrat hat sich unter sinngemäßer Anwendung des § 66 unverzüglich zu konstituieren, wobei die Einberufung durch den Vorsitzenden eines der Betriebsräte (Betriebsausschüsse) zu erfolgen hat; im Falle mehrerer Einberufungen gilt die Einberufung des Vorsitzenden jenes Betriebsrates (Betriebsausschusses), der die größere Zahl von Arbeitnehmern vertritt. Für die Tätigkeitsdauer und die Geschäftsführung des einheitlichen Betriebsrates sowie für die Mitgliedschaft zum einheitlichen Betriebsrat und den Eintritt von Ersatzmitgliedern sind im übrigen die für den Betriebsrat geltenden Bestimmungen anzuwenden.

(BGBl 1996/601)

(2) § 62b Abs. 2 erster Satz und Abs. 3 gelten sinngemäß.

(BGBl 1993/460)

Fortsetzung der Tätigkeitsdauer

§ 63. Nach Wiederaufnahme eines eingeschränkten oder stillgelegten Betriebes kann die Betriebs(Gruppen)versammlung an Stelle von Neuwahlen die Fortsetzung der Tätigkeit des früheren Betriebsrates bis zur Beendigung seiner ursprünglichen Tätigkeitsdauer beschließen, sofern

1. die Zahl der im Betrieb verbliebenen und der wiedereingestellten ehemaligen Betriebsratmitglieder (Ersatzmitglieder) mindestens die Hälfte der Zahl der ursprünglichen Betriebsratsmandate erreicht und
2. am Tage der Beschlußfassung über die Fortsetzung der Tätigkeitsdauer des Betriebsrates mindestens halb so viele betriebs(gruppen) zugehörige Arbeitnehmer beschäftigt sind, als am Tage der Wahlausschreibung für die Wahl des Betriebsrates, dessen Tätigkeitsdauer verlängert werden soll, beschäftigt waren.

Beginn und Erlöschen der Mitgliedschaft

§ 64. (1) Die Mitgliedschaft zum Betriebsrat beginnt mit Annahme der Wahl und erlischt, wenn

1. die Tätigkeitsdauer des Betriebsrates endet;
2. das Mitglied zurücktritt;
3. das Mitglied aus dem Betrieb ausscheidet;
4. die Arbeitnehmergruppe, die das Mitglied in den Betriebsrat gewählt hat, dieses wegen Verlustes der Zugehörigkeit zu dieser Gruppe binnen vier Wochen enthebt.

(2) Die Mitgliedschaft zum Betriebsrat erlischt für Mitglieder, die gemäß § 53 Abs. 4 gewählt wurden, auch mit Beendigung einer Funktion oder Anstellung bei der zuständigen freiwilligen Berufsvereinigung der Arbeitnehmer.

(3) Die Mitgliedschaft aller Mitglieder des Betriebsrates erlischt, wenn die Konstituierung des Betriebsrates nicht innerhalb von sechs Wochen nach Ablauf der im § 66 Abs. 1 gesetzten Frist erfolgt.

(4) Die Mitgliedschaft zum Betriebsrat ist vom Gericht auf Grund einer Klage abzuerkennen, wenn das Mitglied die Wählbarkeit nicht oder nicht mehr besitzt. Zur Klage sind der Betriebsrat, jedes Betriebsratsmitglied und der Betriebsinhaber berechtigt.

(BGBl 1986/563)

Ersatzmitglieder

§ 65. (1) Im Falle des Erlöschens der Mitgliedschaft oder der Verhinderung eines Betriebsratsmitgliedes tritt ein Ersatzmitglied an dessen Stelle. Dies gilt nicht bei Erlöschen der Mitgliedschaft aller Betriebsratsmitglieder gemäß § 64 Abs. 3.

(2) Ersatzmitglieder sind die auf einem Wahlvorschlag den gewählten Mitgliedern des Betriebsrates folgenden Wahlwerber. Die Reihenfolge des Nachrückens der Ersatzmitglieder wird durch die Reihung auf dem Wahlvorschlag bestimmt. Verzichtet ein Ersatzmitglied auf das Nachrücken, so verbleibt es weiterhin als Ersatzmitglied auf dem Wahlvorschlag in der ursprünglichen Reihung.

(3) Wurde der Betriebsrat ohne Erstellung von Wahlvorschlägen mit einfacher Mehrheit der abgegebenen Stimmen gewählt (§ 58 Z 3), so tritt das Ersatzmitglied mit der höchsten Stimmenzahl an die Stelle des ausgeschiedenen oder verhinderten Mitgliedes. Bei gleicher Stimmenzahl entscheidet das Los.

Konstituierung des Betriebsrates

§ 66. (1) Das an Lebensjahren älteste Mitglied des Betriebsrates hat nach Durchführung der Betriebsratswahl die Einberufung der gewählten Mitglieder zur Wahl der Organe des Betriebsrates (konstituierende Sitzung) binnen zwei Wochen vorzunehmen. Die Einberufung hat die konstituierende Sitzung innerhalb von sechs Wochen nach Durchführung der Betriebsratswahl vorzusehen. Kommt das älteste Mitglied dieser Pflicht nicht nach, so kann jedes Mitglied des Betriebsrates, das an erster Stelle eines Wahlvorschlages zu diesem Betriebsrat gereiht war, die Einberufung vornehmen. Im Falle mehrerer Einberufungen gilt die Einberufung desjenigen Betriebsratsmitgliedes, das auf dem Wahlvorschlag mit der größeren Anzahl der gültigen Stimmen gewählt wurde.

(BGBl 1986/394)

(2) In der konstituierenden Sitzung hat der Einberufer bis zur erfolgten Wahl des Vorsitzenden[a)] den Vorsitz zu führen.

[a)] bzw. „(die) Vorsitzende" (Art. II BGBl 1986/394, siehe unten 4.2.)

(3) Die Betriebsratsmitglieder haben aus ihrer Mitte mit Mehrheit der abgegebenen Stimmen den Vorsitzenden[a)], einen oder mehrere Stellvertreter und, falls erforderlich, weitere Funktionäre zu wählen. Besteht ein Betriebsratsfonds, ist ein Kassaverwalter zu wählen. Die Wahl der Betriebsratsfunktionäre erfolgt für die Tätigkeitsdauer des Betriebsrates.

[a)] bzw. „(die) Vorsitzende" (Art. II BGBl 1986/394, siehe unten 4.2.)

(4) Vor Ablauf der Tätigkeitsdauer des Betriebsrates ist eine Neuwahl eines Funktionärs vorzunehmen, wenn

1. die Mehrheit der Betriebsratsmitglieder die Enthebung eines Funktionärs beschließt;
2. ein Funktionär seine Funktion zurücklegt;
3. die Mitgliedschaft eines Funktionärs zum Betriebsrat erlischt.

(5) Besteht der Betriebsrat aus Vertretern beider Arbeitnehmergruppen, so dürfen der Vorsitzende[a)] und sein Stellvertreter nicht der gleichen Gruppe angehören.

[a)] bzw. „(die) Vorsitzende" (Art. II BGBl 1986/394, siehe unten 4.2.)

(6) Bei Stimmengleichheit gilt jenes für die Vorsitzendenstelle vorgeschlagene Betriebsratsmitglied als gewählt, das auf jenem Wahlvorschlag kandidiert hat, der bei der Betriebsratswahl die meisten Stimmen auf sich vereinigt hat. Liegt auch hier Stimmengleichheit vor, so entscheidet das Los. In diesem Fall ist der Vorsitzende[a)] stellvertreter jener wahlwerbenden Gruppe zu entnehmen, die auf Grund des Losentscheides nicht den Vorsitzenden[a)] stellt. Im Falle der Stimmengleichheit bei der Wahl der übrigen Funktionäre findet § 68 Abs. 2 singemäß Anwendung.

[a)] bzw. „(die) Vorsitzende" (Art. II BGBl 1986/394, siehe unten 4.2.)

(7) Besteht ein Betriebsrat aus zwei Mitgliedern, so wird mangels Einigung dasjenige Vorsitzender[a)], das bei der Wahl die meisten Stimmen auf sich vereinigt hat. Bei Stimmengleichheit entscheidet das Los. Wurden die Betriebsratsmitglieder auf einem Wahlvorschlag gewählt, so wird mangels Einigung das an erster Stelle gereihte Mitglied Vorsitzender[a)] .

[a)] bzw. „(die) Vorsitzende" (Art. II BGBl 1986/394, siehe unten 4.2.)

(8) Der Vorsitzende[a)] hat unmittelbar nach Beendigung der konstituierenden Sitzung das Ergebnis der Wahl der Betriebsratsfunktionäre sowie die Reihenfolge der Ersatzmitglieder dem Betriebsinhaber, der zuständigen freiwilligen Berufsvereinigung und der zuständigen gesetzlichen Interessenvertretung der Arbeitnehmer sowie dem zuständigen Arbeitsinspektorat anzuzeigen und im Betrieb durch Anschlag kundzumachen.

(BGBl 1986/563)

[a)] bzw. „(die) Vorsitzende" (Art. II BGBl 1986/394, siehe unten 4.2.)

Sitzungen des Betriebsrates

§ 67. (1) Die Sitzungen des Betriebsrates sind vom Vorsitzenden[a)], bei dessen Verhinderung vom Stellvertreter mindestens einmal im Monat einzuberufen und zu leiten. Die Mitglieder des Betriebsrates sind rechtzeitig unter Bekanntgabe der Tagesordnung zu laden. Besteht im Betrieb ein Jugendvertrauensrat oder ist eine Behindertenvertrauensperson gewählt, so sind diese gleichzeitig einzuladen.

(BGBl I 2010/101)

[a)] bzw. „(die) Vorsitzende" (Art. II BGBl 1986/394, siehe unten 4.2.)

(2) Der Vorsitzende hat den Betriebsrat binnen zwei Wochen einzuberufen, wenn es ein Drittel der Betriebsratsmitglieder, mindestens jedoch zwei Mitglieder verlangen.

(3) Kommt der Vorsitzende[a)] seinen Verpflichtungen gemäß Abs. 1 oder 2 nicht nach, so hat das Gericht auf Antrag der gemäß Abs. 2 Berechtigten die Sitzung anzuordnen. Hiebei ist § 92 Abs. 2 des Arbeits- und Sozialgerichtsgesetzes – ASGG, BGBl. Nr. 104/1985, sinngemäß anzuwenden. Gegen den Beschluß des Gerichts erster Instanz ist ein Rechtsmittel unzulässig.

(BGBl 1986/563)

[a)] bzw. „(die) Vorsitzende" (Art. II BGBl 1986/394, siehe unten 4.2.)

(4) Die Sitzungen des Betriebsrates sind nicht öffentlich. Der Betriebsrat kann bei Erledigung bestimmter Aufgaben auch Personen, die nicht dem Betriebsrat angehören, beratend zuziehen.

Beschlußfassung

§ 68. (1) Der Betriebsrat ist beschlußfähig, wenn mindestens die Hälfte der Mitglieder anwesend ist.

(2) Die Beschlüsse werden, soweit in diesem Bundesgesetz oder in der Geschäftsordnung (§ 70) keine strengeren Erfordernisse festgesetzt sind, mit Mehrheit der abgegebenen Stimmen gefaßt. Bei Stimmengleichheit ist die Meinung angenommen, für die der Vorsitzende[a)] gestimmt hat. Beschlüsse über die Zustimmung des Betriebsrates zur Kündigung oder Entlassung eines Arbeitnehmers bedürfen der Mehrheit von zwei Drittel der abgegebenen Stimmen. Besteht ein Betriebsrat nur aus zwei Mitgliedern, kommt ein Beschluß nur bei Übereinstimmung beider Mitglieder zustande.

[a)] bzw. „(die) Vorsitzende" (Art. II BGBl 1986/394, siehe unten 4.2.)

(3) Der Beschluß über den Rücktritt des Betriebsrates bedarf der Mehrheit der Stimmen aller Betriebsratsmitglieder.

(4) Beschlüsse durch schriftliche Stimmabgabe sind nur zulässig, wenn kein Mitglied des Betriebsrates diesem Verfahren widerspricht. Dasselbe gilt für fernmündliche oder andere vergleichbare Formen der Beschlussfassung. Der Vorsitzende hat für die Dokumentierung der Beschlussfassung zu sorgen.

(BGBl I 2010/101)

Übertragung von Aufgaben

§ 69. (1) Der Betriebsrat kann im Einzelfalle die Durchführung einzelner seiner Befugnisse einem oder mehreren seiner Mitglieder übertragen.

(2) Der Betriebsrat kann im Einzelfalle die Vorbereitung und Durchführung seiner Beschlüsse einem Ausschuß übertragen. Einem Ausschuß sollen insbesondere die Vorbereitung und Durchführung von Beschlüssen in den Angelegenheiten der Gleichbehandlung, der Frauenförderung, der Wahrnehmung der Interessen von Arbeitnehmerinnen und Arbeitnehmern von Familienpflichten sowie der Maßnahmen gegen sexuelle Belästigung übertragen werden.

(BGBl 1992/833)

(3) Der Betriebsrat kann in der Geschäftsordnung einem Ausschuß in bestimmten Angelegenheiten die Vorbereitung und Durchführung seiner Beschlüsse übertragen. Im übrigen gilt Abs. 2 zweiter Satz.

(BGBl 1992/833)

(4) In Betrieben (Arbeitnehmergruppen) mit mehr als tausend Arbeitnehmern kann der Betriebsrat in der Geschäftsordnung geschäftsführende Ausschüsse zur selbständigen Beschlußfassung in bestimmten Angelegenheiten errichten. In solchen Ausschüssen muß jede wahlwerbende Gruppe, die ein Mitglied des Betriebsrates stellt, vertreten sein. Die Beschlüsse in diesen Ausschüssen haben einhellig zu erfolgen. Kommt ein Beschluß nicht zustande, entscheidet der Betriebsrat. Das Recht auf Abschluß von Betriebsvereinbarungen und die Wahrnehmung der wirtschaftlichen Mitwirkungsrechte gemäß §§ 108 bis 112 kann den geschäftsführenden Ausschüssen nicht übertragen werden.

(5) Für die Sitzungen der Ausschüsse gemäß Abs. 2 bis 4 ist § 67 Abs. 4 sinngemäß anzuwenden. Die Mitglieder des Betriebsrates haben das Recht, an allen Ausschußsitzungen als Beobachter teilzunehmen.

Autonome Geschäftsordnung

§ 70. Der Betriebsrat kann mit Mehrheit von zwei Drittel seiner Mitglieder eine Geschäftsordnung beschließen. Die Geschäftsordnung kann insbesondere regeln:

1. Die Errichtung, Zusammensetzung und Geschäftsführung von Ausschüssen im Sinne des § 69 Abs. 3 und 4;
2. die Bezeichnung der Angelegenheiten, in denen geschäftsführenden Ausschüssen das Recht auf selbständige Beschlußfassung zukommt;
3. die Festlegung von Art und Umfang der Vertretungsmacht der Vorsitzenden von geschäftsführenden Ausschüssen;
4. die Zahl der Stellvertreter des Betriebsratsvorsitzenden und die Reihenfolge der Stellvertretung.

(BGBl 1996/601)

Vertretung nach außen

§ 71. Vertreter des Betriebsrates gegenüber dem Betriebsinhaber und nach außen ist der Vorsitzende[a)], bei dessen Verhinderung der Stellvertreter. Der Betriebsrat kann in Einzelfällen auch andere seiner Mitglieder und in Angelegenheiten, zu deren Behandlung ein geschäftsführender Ausschuß (§ 69 Abs. 4) errichtet wurde, den Vorsitzenden[a)] dieses Ausschusses mit der Vertretung nach außen beauftragen. Die Reihenfolge der Stellvertretungen und eine besondere Regelung der Vertretungsbefugnisse sind dem Betriebsinhaber umgehend mitzuteilen und erlangen erst mit der Verständigung Rechtswirksamkeit.

[a)] bzw. „(die) Vorsitzende" (Art. II BGBl 1986/394, siehe unten 4.2.)

Beistellung von Sacherfordernissen

§ 72. Dem Betriebsrat und dem Wahlvorstand sind zur ordnungsgemäßen Erfüllung ihrer Aufgaben Räumlichkeiten, Kanzlei- und Geschäftserfordernisse sowie sonstige Sacherfordernisse in einem der Größe des Betriebes und den Bedürfnissen des Betriebsrates (Wahlvorstandes) angemessenen Ausmaß vom Betriebsinhaber unentgeltlich zur Verfügung zu stellen. Desgleichen hat der Betriebsinhaber unentgeltlich für die Instandhaltung der bereitgestellten Räume und Gegenstände zu sorgen.

Abschnitt 3
Betriebsratsfonds

Betriebsratsumlage

§ 73. (1) Zur Deckung der Kosten der Geschäftsführung des Betriebsrates und der Konzernvertretung sowie zur Errichtung und Erhaltung von Wohlfahrtseinrichtungen und zur Durchführung von Wohlfahrtsmaßnahmen zugunsten der Arbeitnehmerschaft und der ehemaligen Arbeitnehmer des Betriebes kann von den Arbeitnehmern eine Betriebsratsumlage eingehoben werden. Sie darf höchstens ein halbes Prozent des Bruttoarbeitsentgelts betragen.

(BGBl 1990/411, BGBl 1993/460)

(2) Die Einhebung und Höhe der Betriebsratsumlage beschließt auf Antrag des Betriebsrates die Betriebs(Gruppen)versammlung; zur Beschlußfassung ist die Anwesenheit von mindestens der Hälfte der stimmberechtigten Arbeitnehmer erforderlich.

(3) Die Umlagen sind vom Arbeitgeber vom Arbeitsentgelt einzubehalten und bei jeder Lohn-(Gehalts)auszahlung an den Betriebsratsfonds abzuführen.

Betriebsratsfonds

§ 74. (1) Die Eingänge aus der Betriebsratsumlage sowie sonstige für die im § 73 Abs. 1 bezeichneten Zwecke bestimmten Vermögenschaften bilden den mit Rechtspersönlichkeit ausgestatteten Betriebsratsfonds.

(2) Die Verwaltung des Betriebsratsfonds obliegt dem Betriebsrat. Vertreter des Betriebsratsfonds ist der Vorsitzende des Betriebsrates, bei seiner Verhinderung dessen Stellvertreter.

(3) Die Mittel des Betriebsratsfonds dürfen nur zu den in § 73 Abs. 1 bezeichneten Zwecken verwendet werden.

(4) Wird ein Betriebsratsfonds errichtet, hat die Betriebs(Gruppen)versammlung eine Regelung über die Verwaltung und Vertretung des Betriebsratsfonds bei zeitweiligem Fehlen eines ordentlichen Verwaltungs- und Vertretungsorgans zu beschließen. Ein solcher Beschluß hat die notwendige Verwaltungstätigkeit zu umschreiben, die Höchstdauer der vertretungsweisen Verwaltung und das vorgesehene Vertretungs- und Verwaltungsorgan zu bestimmen.

(5) Hat die Betriebsversammlung einen Beschluß im Sinne des Abs. 4 nicht gefaßt, so obliegt die interimistische Vertretung und Verwaltung des Betriebsratsfonds für die Dauer der Funktionsunfähigkeit des Betriebsrates dem ältesten Rechnungsprüfer, bei Fehlen funktionsfähiger Rechnungsprüfer der zuständigen gesetzlichen Interessensvertretung der Arbeitnehmer. Der älteste Rechnungsprüfer oder die zuständige gesetzliche Interessensvertretung können eine Betriebs(Gruppen)versammlung einberufen, die durch Beschluß eine andere Person (Personengruppe) mit der interimistischen Vertretung und Verwaltung beauftragen kann. Die interimistische Vertretung und Verwaltung hat sich auf die Besorgung laufender Angelegenheiten zu beschränken. Der Betriebsratsfonds ist von der zuständigen gesetzlichen Interessenvertretung der Arbeitnehmer aufzulösen, wenn sich nicht innerhalb eines Jahres ein funktionsfähiger Betriebsrat konstituiert.

(6) Die Revision der Rechtmäßigkeit der Gebarung und der Verwendung der Mittel des Betriebsratsfonds obliegt der zuständigen gesetzlichen Interessenvertretung der Arbeitnehmer.

(7) Der Betriebsratsfonds ist aufzulösen, wenn der Betrieb dauernd eingestellt wird. Die nähere Regelung ist durch Beschluß der Betriebs(Gruppen) versammlung bei Errichtung des Betriebsratsfonds zu treffen. Spätere Beschlüsse sind gültig, wenn sie mindestens ein Jahr vor der dauernden Betriebseinstellung gefaßt wurden oder in angemessener Weise bei der Verwendung des Fondsvermögens auch jene Arbeitnehmer berücksichtigen, die in-

nerhalb eines Jahres vor der Betriebseinstellung ausgeschieden sind.

(8) Wird wegen Wegfalls der Voraussetzungen für das Bestehen getrennter Betriebsräte ein gemeinsamer Betriebsrat gewählt, so verschmelzen die bestehenden Betriebsratsfonds zu einem einheitlichen Fonds. Dies gilt sinngemäß auch für den Fall des Zusammenschlusses von Betrieben. Werden infolge Wegfalls der Voraussetzungen für das Bestehen eines gemeinsamen Betriebsrates getrennte Betriebsräte gewählt, so zerfällt der Betriebsratsfonds in getrennte Fonds für jede Arbeitnehmergruppe. Das Vermögen ist nach dem Verhältnis der Zahlen der gruppenangehörigen Arbeitnehmer auf die getrennten Betriebsratsfonds aufzuteilen.

(9) Wird auf Grund von Beschlüssen der Arbeitnehmergruppen ein gemeinsamer Betriebsrat (§ 40 Abs. 3) errichtet, ist die Verwendung der bestehenden Betriebsratsfonds durch Beschluß der jeweils zuständigen Betriebs(Gruppen)versammlung zu regeln.

(10) Durch übereinstimmende Beschlüsse der Gruppenversammlungen kann beschlossen werden, daß bei getrennten Betriebsräten der Arbeiter und Angestellten ein Betriebsratsfonds für beide Gruppen errichtet wird, der vom Betriebsausschuß zu verwalten ist. Die Beschlüsse können während der Tätigkeitsdauer nicht mehr rückgängig gemacht werden. Abs. 8 und 9 sind sinngemäß anzuwenden.

(11) Werden Betriebsteile rechtlich verselbständigt, so ist das Fondsvermögen auf die Fonds jener Betriebsräte, die nach Abschluß dieser Maßnahmen in den Teilen des früher zusammengehörigen Betriebes errichtet sind, verhältnismäßig aufzuteilen, wobei das Verhältnis der Beschäftigtenzahl vor der Verselbständigung zu den Beschäftigtenzahlen am Tag der handelsrechtlichen Wirksamkeit der Maßnahmen zu beachten ist. Erfolgt die Konstituierung eines Betriebsrates nicht spätestens sechs Monate nach Ablauf der Fristen gemäß § 62b, so erlischt der Anspruch der Belegschaft in diesem Betriebsteil auf einen Anteil der Mittel des Betriebsratsfonds zugunsten der Belegschaften, die einen Betriebsrat errichtet haben.

(12) Die zuständige gesetzliche Interessenvertretung der Arbeitnehmer ist von Beschlüssen gemäß Abs. 7, 9 und 10 sowie Maßnahmen gemäß Abs. 8 und 11 zu verständigen. Sie hat die Durchführung der Auflösung, der Zusammenlegung und Trennung von Betriebsratsfonds, die interimistische Verwaltung (Abs. 5) – soweit sie nicht von der zuständigen gesetzlichen Interessenvertretung der Arbeitnehmer selbst durchgeführt wird – sowie die Vermögensteilung gemäß Abs. 11 zu überwachen.

(13) Die Durchführung der Auflösung und der Vermögensübertragung bei Zusammenlegung und Trennung obliegt der zuständigen gesetzlichen Interessenvertretung der Arbeitnehmer, wenn

1. ein Beschluß der zuständigen Betriebs-(Gruppen)versammlung fehlt;
2. der Beschluß nicht den im § 73 Abs. 1 geforderten Verwendungszweck vorsieht oder
3. der Beschluß undurchführbar geworden ist.

(14) Ein nach Durchführung der Auflösung verbleibender Vermögensüberschuß ist von der zuständigen gesetzlichen Interessenvertretung der Arbeitnehmer für Wohlfahrtsmaßnahmen oder Wohlfahrtseinrichtungen der Arbeitnehmer zu verwenden.

(BGBl 1993/460)

Rechnungsprüfer

§ 75. (1) Zur Überprüfung der Verwaltung und Gebarung des Betriebsratsfonds hat die Betriebs(Gruppen)versammlung aus ihrer Mitte mit Mehrheit der abgegebenen Stimmen einen, in Betrieben (Arbeitnehmergruppen) mit mehr als 20 Arbeitnehmern zwei Rechnungsprüfer (Stellvertreter) zu wählen. Diese dürfen dem Betriebsrat nicht angehören. § 58 Z 4 ist sinngemäß anzuwenden. Die erstmalige Wahl der Rechnungsprüfer hat anläßlich der Beschlußfassung über die Einhebung einer Betriebsratsumlage zu erfolgen.

(2) Die Tätigkeit der Rechnungsprüfer (Stellvertreter) dauert fünf Jahre, es sei denn, die Wahl gemäß Abs. 3 und 4 findet vor ihrem Ablauf statt. Die Wiederwahl ist zulässig.

(BGBl 1986/394, BGBl I 2017/12)

(3) In Betrieben (Arbeitnehmergruppen), in denen mehr als zwei Betriebsratsmitglieder zu wählen sind, kann die Betriebs(Gruppen)versammlung anläßlich der Wahl des Wahlvorstandes (§ 54) beschließen, die Wahl der Rechnungsprüfer zugleich mit der Wahl des Betriebsrates durchzuführen.

(4) Liegt ein Beschluß im Sinne des Abs. 3 vor, so hat der Wahlvorstand auch die Wahl der Rechnungsprüfer vorzubereiten und durchzuführen. Die Wahlkundmachung (§ 55 Abs. 2) hat auch die Ausschreibung der Wahl der Rechnungsprüfer zu enthalten. Auf die Vorschläge für die Wahl der Rechnungsprüfer ist § 55 Abs. 4 sinngemäß anzuwenden. Die Wahl des Betriebsrates und der Rechnungsprüfer kann mittels gemeinsamen Stimmzettels erfolgen. § 58 Z 4 ist sinngemäß anzuwenden.

(BGBl 1975/360)

Abschnitt 4
Betriebsausschuß

Voraussetzung und Errichtung

§ 76. (1) In Betrieben, in denen getrennte Betriebsräte für die Gruppen der Arbeiter und der Angestellten bestehen, bildet die Gesamtheit der Mitglieder beider Betriebsräte zur Wahrnehmung gemeinsamer Angelegenheiten den Betriebsausschuß.

(2) Die Sitzung zur Wahl des Vorsitzenden[a)] des Betriebsausschusses und dessen Stellvertreters ist von den Vorsitzenden der Betriebsräte gemeinsam einzuberufen. Kommt es innerhalb von zwei Wochen zu keiner Einigung, kann ein Vorsitzender[a)] allein die Einberufung vornehmen. Für die Wahl

ist die Anwesenheit von mindestens der Hälfte der Mitglieder jedes Betriebsrates erforderlich.

[a] bzw. „(die) Vorsitzende" (Art. II BGBl 1986/394, siehe unten 4.2.)

(3) Bis zur Wahl des Vorsitzenden[a] des Betriebsausschusses führt jener Betriebsratsvorsitzende[a] den Vorsitz, der die größere Arbeitnehmergruppe repräsentiert. Der Vorsitzendea)des Betriebsausschusses und dessen Stellvertreter werden aus der Mitte der Mitglieder beider Betriebsräte mit Mehrheit der abgegebenen Stimmen gewählt. Der Stellvertreter ist aus der Mitte der Mitglieder jenes Betriebsrates zu wählen, dem der Vorsitzende[a] als Mitglied nicht angehört. § 58 Z 4 ist sinngemäß anzuwenden.

[a] bzw. „(die) Vorsitzende" (Art. II BGBl 1986/394, siehe unten 4.2.)

(4) In Betrieben, in denen für jede Gruppe nur je ein Betriebsratsmitglied zu wählen ist, gilt mangels Einigung jener als Vorsitzender[a] des Betriebsausschusses, der die größere Arbeitnehmergruppe repräsentiert. Bei gleicher Gruppenstärke entscheidet das Los.

[a] bzw. „(die) Vorsitzende" (Art. II BGBl 1986/394, siehe unten 4.2.)

(5) Der Vorsitzende[a] des Betriebsausschusses und dessen Stellvertreter sind neu zu wählen, sobald einer der beiden Betriebsräte sich nach Neuwahl konstituiert hat.

[a] bzw. „(die) Vorsitzende" (Art. II BGBl 1986/394, siehe unten 4.2.)

Geschäftsführung

§ 77. (1) Auf die Geschäftsführung des Betriebsausschusses sind, soweit im folgenden nichts anderes bestimmt wird, die §§ 67 Abs. 1, 3 und 4, 68, 69 Abs. 1, 2 und 3, 70 Z 1 und 4, 71 und 72 sinngemäß anzuwenden.

(2) Der Vorsitzende[a] hat den Betriebsausschuß binnen zwei Wochen einzuberufen, wenn mehr als ein Drittel der Betriebsratsmitglieder des Betriebes oder ein Betriebsrat dies verlangt.

[a] bzw. „(die) Vorsitzende" (Art. II BGBl 1986/394, siehe unten 4.2.)

(3) Werden bei einer Abstimmung sämtliche anwesenden Betriebsratsmitglieder einer Gruppe überstimmt, bedarf es in einer zweiten Abstimmung der Mehrheit von zwei Drittel der abgegebenen Stimmen. Ist für jede Gruppe nur ein Betriebsratsmitglied zu wählen, bedarf es für das Zustandekommen eines Beschlusses der Übereinstimmung beider Betriebsratsmitglieder.

Abschnitt 5
Betriebsräteversammlung

Zusammensetzung und Geschäftsführung

§ 78. (1) Die Gesamtheit der Mitglieder der im Unternehmen bestellten Betriebsräte bildet die Betriebsräteversammlung. Die Betriebsräteversammlung ist mindestens einmal in jedem Kalenderjahr vom Zentralbetriebsrat einzuberufen. Den Vorsitz führt der Vorsitzende[a] des Zentralbetriebsrates, bei dessen Verhinderung sein Stellvertreter.

[a] bzw. „(die) Vorsitzende" (Art. II BGBl 1986/394, siehe unten 4.2.)

(2) Zur Beschlußfassung über die Fortsetzung der Tätigkeitsdauer (§ 82 Abs. 4) und über die Enthebung des Zentralbetriebsrates (Abs. 4) kann die Betriebsräteversammlung von jedem Betriebsrat einberufen werden. In diesem Falle führt der Vorsitzende[a] des einberufenden Betriebsrates den Vorsitz.

[a] bzw. „(die) Vorsitzende" (Art. II BGBl 1986/394, siehe unten 4.2.)

(3) Zur Beschlußfassung ist die Anwesenheit von mindestens der Hälfte aller Betriebsratsmitglieder des Unternehmens erforderlich. Die Beschlüsse werden mit einfacher Mehrheit der abgegebenen Stimmen gefaßt.

(4) Für eine Beschlußfassung über die Enthebung des Zentralbetriebsrates ist die Anwesenheit von drei Viertel aller Betriebsratsmitglieder des Unternehmens und eine Mehrheit von zwei Drittel der abgegebenen Stimmen erforderlich. Jedem Betriebsratsmitglied kommen so viele Stimmen zu, als der Zahl der bei der letzten Betriebsratswahl wahlberechtigten Arbeitnehmer, geteilt durch die Anzahl der Gewählten, entspricht. Die Abstimmung über die Enthebung hat mittels Stimmzettels und geheim zu erfolgen.

(5) Sind bei Beginn der Betriebsräteversammlung weniger als die Hälfte der Betriebsratsmitglieder des Unternehmens anwesend, so ist eine halbe Stunde zuzuwarten; nach Ablauf dieser Zeit ist die Betriebsräteversammlung ohne Rücksicht auf die Zahl der anwesenden Betriebsratsmitglieder beschlußfähig. Diese Bestimmung gilt nicht im Falle der Enthebung des Zentralbetriebsrates. Im übrigen sind die Bestimmungen der §§ 47 Abs. 2 und 48 sinngemäß anzuwenden.

Aufgaben

§ 79. Der Betriebsräteversammlung obliegt:

1. Behandlung von Berichten des Zentralbetriebsrates und der Rechnungsprüfer für den Zentralbetriebsratsfonds;
2. Beschlußfassung über die Einhebung und Höhe der Zentralbetriebsratsumlage;
3. Wahl und Enthebung der Rechnungsprüfer für den Zentralbetriebsratsfonds;
4. Beschlußfassung über die Enthebung des Zentralbetriebsrates;
5. Beschlußfassung über die Fortsetzung der Tätigkeitsdauer des Zentralbetriebsrates (§ 82 Abs. 4).

Abschnitt 6
Zentralbetriebsrat

Zusammensetzung

§ 80. (1) Der Zentralbetriebsrat besteht in Unternehmen bis zu tausend Arbeitnehmern aus vier

Mitgliedern. Die Zahl der Mitglieder erhöht sich für je weitere fünfhundert Arbeitnehmer, in Unternehmen mit mehr als fünftausend Arbeitnehmern für je weitere tausend Arbeitnehmer um jeweils ein Mitglied. Bruchteile von fünfhundert und tausend werden für voll gerechnet. § 50 Abs. 2 ist sinngemäß anzuwenden.

(BGBl 1992/833)

(2) Im Zentralbetriebsrat sollen Arbeitnehmerinnen und Arbeitnehmer entsprechend ihrem zahlenmäßigen Verhältnis vertreten sein.

(BGBl 1992/833)

Berufung

§ 81. (1) Die Mitglieder des Zentralbetriebsrates werden von der Gesamtheit der Mitglieder der im Unternehmen errichteten Betriebsräte aus ihrer Mitte nach den Grundsätzen des Verhältniswahlrechtes (§ 51 Abs. 2) geheim gewählt. Jedem wahlberechtigten Betriebsratsmitglied kommen so viele Stimmen zu, als der Zahl der bei der letzten Betriebsratswahl wahlberechtigten Arbeitnehmer, geteilt durch die Anzahl der Gewählten, entspricht.

(2) Die Wahl hat mittels Stimmzettels, und zwar durch persönliche Stimmabgabe oder durch briefliche Stimmabgabe im Postwege zu erfolgen.

(3) Bei Erstellung der Wahlvorschläge soll auf eine angemessene Vertretung der Arbeitnehmerinnen und Arbeitnehmer, der Gruppen der Arbeiter und Angestellten und der einzelnen Betriebe des Unternehmens im Zentralbetriebsrat Bedacht genommen werden.

(BGBl 1992/833)

(4) Der Wahlvorstand besteht aus mindestens drei Betriebsratsmitgliedern. Jeder im Unternehmen bestehende Betriebsrat hat eines seiner Mitglieder in den Wahlvorstand zu entsenden. Die Zahl der Mitglieder des Wahlvorstandes kann mit Zustimmung aller im Unternehmen bestellten Betriebsräte bis auf drei herabgesetzt werden. Bestehen in den Betrieben des Unternehmens nur zwei Betriebsräte, so sind zwei Mitglieder des Wahlvorstandes vom Betriebsrat des nach der Zahl der Arbeitnehmer größeren Betriebes zu entsenden. Der Wahlvorstand hat nach seiner Bestellung die Wahl unverzüglich vorzubereiten und innerhalb von vier Wochen durchzuführen.

(5) Auf die Berufung des Zentralbetriebsrates sind die Vorschriften der §§ 51 Abs. 3, 54 Abs. 2, 56 Abs. 1, 57, 59 und 60 sinngemäß anzuwenden.

Tätigkeitsdauer

§ 82. (1) Die Tätigkeitsdauer des Zentralbetriebsrates beträgt fünf Jahre. § 61 Abs. 1 zweiter Satz und Abs. 2 sind sinngemäß anzuwenden.

(BGBl 1986/394, BGBl I 2017/12)

(2) Vor Ablauf der im Abs. 1 bezeichneten Zeit endet die Tätigkeit des Zentralbetriebsrates, wenn

1. das Unternehmen aufgelöst wird;
2. dem Unternehmen nur mehr ein Betrieb angehört;
3. die Zahl der Mitglieder unter drei sinkt;
4. die Betriebsräteversammlung die Enthebung des Zentralbetriebsrates beschließt;
5. der Zentralbetriebsrat den Rücktritt beschließt;
6. das Gericht die Wahl für ungültig erklärt.

(BGBl 1986/563)

(3) Die Mitgliedschaft zum Zentralbetriebsrat erlischt, wenn

1. die Tätigkeitsdauer des Zentralbetriebsrates endet;
2. das Mitglied zurücktritt;
3. die Mitgliedschaft zum Betriebsrat erlischt.

(4) Hat in einem Unternehmen die Tätigkeit des Zentralbetriebsrates deshalb geendet, weil durch vorübergehende Stillegung von Betrieben dem Unternehmen nur mehr ein Betrieb angehört oder die Zahl der Mitglieder des Zentralbetriebsrates unter drei gesunken ist und wird in der Folge in wenigstens einem dieser stillgelegten Betriebe die Tätigkeit wiederaufgenommen, so können die Mitglieder der Betriebsräte des Unternehmens die Fortsetzung der Tätigkeit des Zentralbetriebsrates bis zur Beendigung seiner ursprünglichen Tätigkeitsdauer beschließen, wenn

1. in dem Betrieb, der seine Tätigkeit wiederaufgenommen hat, ein Beschluß zur Fortsetzung der Tätigkeitsdauer des Betriebsrates (§ 63) gefaßt wurde und
2. die Zahl der im Unternehmen verbliebenen und wiedereingestellten ehemaligen Mitglieder (Ersatzmitglieder) des Zentralbetriebsrates mindestens die Hälfte der Zahl der ursprünglichen Zentralbetriebsratsmandate erreicht.

(5) Für den Eintritt von Ersatzmitgliedern ist § 65 sinngemäß anzuwenden. Enthält der Wahlvorschlag, dem das ausgeschiedene oder verhinderte Mitglied angehört, kein für ein Nachrücken in Frage kommendes Ersatzmitglied, so entsendet die wahlwerbende Gruppe ein anderes Betriebsratsmitglied in den Zentralbetriebsrat.

(6) Die Bestimmungen über die Verlängerung der Partei- und Prozeßfähigkeit des Betriebsrates (§ 62a) und über die Beibehaltung des Zuständigkeitsbereiches (§§ 62b und 62c) sind sinngemäß anzuwenden.

(BGBl 1986/394, BGBl 1993/460)

Geschäftsführung

§ 83. Auf die Geschäftsführung des Zentralbetriebsrates sind die Vorschriften der §§ 66 Abs. 1 bis 4, 6 und 8, 67, 68, 69 Abs. 1 bis 3 und 5, 70 Z 1 und 4 und 71 sinngemäß anzuwenden. Die Errichtung geschäftsführender Ausschüsse durch Geschäftsordnung (§ 69 Abs. 4) ist nicht zulässig.

(BGBl 1975/360)

Aufwand

§ 84. (1) Räumlichkeiten, Kanzlei- und Geschäftserfordernisse sowie sonstige Sacherfordernisse für den Zentralbetriebsrat sind in sinngemäßer Anwendung des § 72 vom Betriebsinhaber zur Verfügung zu stellen.

(2) Die den einzelnen Mitgliedern des Zentralbetriebsrates in Ausübung ihrer Tätigkeit erwachsenen Barauslagen sind aus dem Zentralbetriebsratsfonds, ist ein solcher nicht errichtet, aus dem Betriebsratsfonds des Betriebes, der das Mitglied in den Zentralbetriebsrat entsendet hat, zu entrichten.

Zentralbetriebsratsumlage

§ 85. (1) Zur Deckung der Kosten der Geschäftsführung des Zentralbetriebsrates und der Konzernvertretung sowie zur Errichtung und Erhaltung von Wohlfahrtseinrichtungen zugunsten der Arbeitnehmerschaft und der ehemaligen Arbeitnehmer des Unternehmens kann eine Zentralbetriebsratsumlage eingehoben werden. Sie darf höchstens zehn Prozent der Betriebsratsumlage betragen.

(BGBl 1990/411, BGBl 1993/460)

(2) Einhebung und Höhe der Zentralbetriebsratsumlage beschließt auf Antrag des Zentralbetriebsrates oder eines Betriebsrates die Betriebsräteversammlung. Die Zentralbetriebsratsumlage ist aus den in den einzelnen Betrieben des Unternehmens eingehobenen Betriebsratsumlagen zu entrichten.

(3) Der Arbeitgeber hat die Zentralbetriebsratsumlage von der einbehaltenen Betriebsratsumlage in Abzug zu bringen und unmittelbar an den Zentralbetriebsratsfonds abzuführen.

Zentralbetriebsratsfonds

§ 86. Die Eingänge aus der Zentralbetriebsratsumlage sowie sonstige für die im § 85 Abs. 1 bezeichneten Zwecke bestimmte Vermögenschaften bilden den mit Rechtspersönlichkeit ausgestatteten Zentralbetriebsratsfonds, der vom Zentralbetriebsrat verwaltet wird. Die Mittel des Zentralbetriebsratsfonds dürfen nur zu den im § 85 Abs. 1 bezeichneten Zwecken verwendet werden.

Verwaltung und Auflösung des Zentralbetriebsratsfonds

§ 87. Der Zentralbetriebsratsfonds ist aufzulösen, wenn die Voraussetzungen für die Errichtung eines Zentralbetriebsrates dauernd weggefallen sind. In diesem Fall ist das Vermögen auf jene Betriebsratsfonds des Unternehmens, aus deren Betriebsratsumlage Beiträge zum Zentralbetriebsratsfonds geleistet wurden, aufzuteilen. Die Aufteilung erfolgt nach dem Verhältnis der Zahlen der zu den einzelnen Betriebsratsfonds beitragspflichtigen Arbeitnehmer. § 74 Abs. 2, 4 bis 6 und 12 sind sinngemäß anzuwenden.

Rechnungsprüfer für den Zentralbetriebsratsfonds

§ 88. (1) Zur Überprüfung der Verwaltung und Gebarung des Zentralbetriebsratsfonds hat die Betriebsräteversammlung aus ihrer Mitte mit Mehrheit der abgegebenen Stimmen zwei Rechnungsprüfer (Stellvertreter) zu wählen. Diese dürfen dem Zentralbetriebsrat nicht angehören. § 58 Z 4 ist sinngemäß anzuwenden. Die erstmalige Wahl der Rechnungsprüfer hat anläßlich der Beschlußfassung über die Einhebung einer Zentralbetriebsratsumlage zu erfolgen.

(BGBl 1975/360)

(2) Die Tätigkeit der Rechnungsprüfer (Stellvertreter) dauert fünf Jahre. Wiederwahl ist zulässig.

(BGBl 1986/394, BGBl I 2017/12)

Abschnitt 7
Konzernvertretung

Errichtung

§ 88a. (1) In einem Konzern im Sinne des § 15 des Aktiengesetzes 1965 oder des § 115 des Gesetzes über Gesellschaften mit beschränkter Haftung, in dem in mehr als einem Unternehmen Betriebsräte bestehen, kann eine Konzernvertretung zur Vertretung der gemeinsamen Interessen der in diesem Konzern beschäftigten Arbeitnehmer errichtet werden. Die Konzernvertretung wird mit Zustimmung von mindestens zwei Dritteln der Zentralbetriebsräte errichtet, die zusammen mehr als die Hälfte der im Konzern beschäftigten Arbeitnehmer repräsentieren. Bei der Ermittlung der Zahl der im Konzern beschäftigten Arbeitnehmer sind jeweils die Zahlen der bei den letzten Zentralbetriebsratswahlen im Unternehmen beschäftigten Arbeitnehmer (§ 80) zugrunde zu legen.

(2) Die Versammlung der Zentralbetriebsratsvorsitzenden im Konzern hat durch Beschluß festzustellen, daß die gemäß Abs. 1 erforderliche Zustimmung zur Errichtung der Konzernvertretung erteilt wurde.

(3) Die Versammlung der Zentralbetriebsratsvorsitzenden wird von einem Zentralbetriebsratsvorsitzenden einberufen. Diesem obliegt die Leitung der Versammlung.

(4) Sodann hat sie nach Maßgabe des Abs. 5 die Zahl der jeweiligen Delegierten und Ersatzdelegierten durch Beschluß festzustellen. Die Zentralbetriebsratsvorsitzenden haben bis zu einem vom Einberufer festgesetzten Termin die Delegierten (Ersatzdelegierten) bekanntzugeben.

(5) Die in Abs. 2 bis 4 vorgesehene Errichtung und Beschickung der Konzernvertretung kann auch in einem schriftlichen Verfahren durchgeführt werden.

(6) Die Konzernvertretung besteht aus je zwei Delegierten und der erforderlichen Zahl von Ersatzdelegierten jedes im Konzern errichteten Zentralbetriebsrates, sofern er nicht mehr als 500 Arbeitnehmer vertritt. Die Zahl der Delegierten erhöht sich für je weitere 500 von einem Zentralbetriebsrat vertretene Arbeitnehmer um jeweils einen Delegierten. Bruchteile von 500 werden für voll gerechnet. Für die Berechnung der Zahl der Arbeitnehmer ist Abs. 1 letzter Satz sinngemäß anzuwenden. Die Entsendungsberechtigung liegt innerhalb des Zentralbetriebsrates bei der jeweils nach dem d'Hondtschen System an die Reihe kommenden wahlwerbenden Gruppe. Auf eine angemessene Vertretung der Gruppen der Arbeiter

und Angestellten, der einzelnen Betriebe sowie der Arbeitnehmerinnen und der Arbeitnehmer soll Bedacht genommen werden.

(7) Kommen während der Tätigkeitsdauer der Konzernvertretung neue Unternehmen in den Konzern, so sind die dort errichteten Zentralbetriebsräte berechtigt, die entsprechende Zahl von Delegierten in die Konzernvertretung zu entsenden. Scheiden während der Tätigkeitsdauer Unternehmen aus dem Konzern aus, so endet die Mitgliedschaft der aus diesen Unternehmen entsendeten Delegierten. Dies gilt auch, wenn sich nachträglich herausstellt, daß bei der Errichtung Unternehmen, die nicht zum Konzern gehören, berücksichtigt worden sind oder Unternehmen, die zum Konzern gehören, nicht berücksichtigt worden sind.

(8) Ist in einem Konzernunternehmen ein Zentralbetriebsrat nicht zu errichten, so nimmt der Betriebsausschuß oder dessen Vorsitzender die Aufgaben nach Abs. 1 bis 7 wahr; besteht kein Betriebsausschuß, so nimmt der Betriebsrat oder dessen Vorsitzender die Aufgaben nach Abs. 1 bis 7 wahr.

(9) Für die Auflösung der Konzernvertretung gelten die Abs. 1 bis 3 und 5 sinngemäß.

(10) Bestehen in einem Konzern im Sinne des § 15 des Aktiengesetzes 1965 oder des § 115 des Gesetzes über Gesellschaften mit beschränkter Haftung Teilkonzerne, so nehmen aus den Teilkonzernen die in diesen errichteten Konzernvertretungen an der Errichtung der Konzernvertretung unter sinngemäßer Anwendung der Abs. 1 bis 7 und 9 teil.

(BGBl 1990/411, BGBl 1992/833, BGBl 1993/460)

Konstituierung, Geschäftsführung, Tätigkeitsdauer

§ 88b. (1) Der Einberufer der Versammlung der Zentralbetriebsratsvorsitzenden hat die gemäß § 88a Abs. 4 bekanntgegebenen Delegierten zur konstituierenden Sitzung der Konzernvertretung einzuladen und diese bis zur Wahl des Vorsitzenden der Konzernvertretung zu leiten.

(2) Die Delegierten haben aus ihrer Mitte mit einfacher Mehrheit der abgegebenen Stimmen einen Vorsitzenden und einen oder mehrere Stellvertreter zu wählen. Die Wahl ist gültig, wenn zumindest die Hälfte der Delegierten (§ 88a Abs. 6) anwesend ist.

(3) Der Vorsitzende vertritt die Konzernvertretung nach außen. Er hat mindestens einmal im Jahr die Konzernvertretung zu einer Sitzung einzuberufen; darüber hinaus auch, wenn dies von mindestens einem Viertel der Delegierten verlangt wird.

(4) Die Konzernvertretung kann mit Mehrheit von zwei Dritteln ihrer Delegierten eine Geschäftsordnung beschließen. Die Geschäftsordnung kann insbesondere regeln:

1. die Errichtung, Zusammensetzung und Geschäftsführung eines Leitungsausschusses und allenfalls – bei entsprechender Größe der Konzernvertretung oder des Leitungsausschusses – eines Präsidiums;
2. die Bezeichnung der Angelegenheiten, in denen dem Präsidium oder dem Leitungsausschuß das Recht auf selbständige Beschlußfassung, allenfalls nach Rahmenvorgaben der Konzernvertretung, zukommt;
3. die Festlegung von Art und Umfang der Vertretungsmacht der Vorsitzenden (Stellvertreter) des Präsidiums oder Leitungsausschusses;
4. die Beiziehung anderer Betriebsratsmitglieder, die nicht Mitglieder der Konzernvertretung sind, mit beratender Stimme in Angelegenheiten, die die Arbeitnehmer des betreffenden Betriebes berühren.

(5) Die Tätigkeitsdauer der Konzernvertretung beträgt fünf Jahre. § 61 Abs. 1 zweiter Satz und Abs. 2 ist sinngemäß anzuwenden. Sie wird vorzeitig beendet

1. durch die Auflösung des Konzerns,
2. durch einen Auflösungsbeschluß im Sinne des § 88a Abs. 9,
3. durch die Funktionsunfähigkeit von so vielen Zentralbetriebsräten (Betriebsausschüssen, Betriebsräten), daß nicht mehr als die Hälfte der Arbeitnehmer im Konzern repräsentiert ist,
4. wenn dies die Konzernvertretung mit einer Mehrheit von zwei Dritteln ihrer Delegierten beschließt oder
5. wenn das Gericht die Errichtung oder den Beschluß gemäß § 88a Abs. 4 für ungültig erklärt; die Klage ist spätestens einen Monat nach Konstituierung der Konzernvertretung einzubringen.

(BGBl I 2017/12)

(6) Die Mitgliedschaft zur Konzernvertretung beginnt mit der Bekanntgabe des Delegiertenbeschlusses (Abs. 7 und § 88a Abs. 6); sie erlischt, wenn

1. die Tätigkeitsdauer der Konzernvertretung endet,
2. die Mitgliedschaft zum Zentralbetriebsrat (Betriebsrat) erlischt,
3. das Mitglied zurücktritt oder abberufen wird.

(7) Spätestens drei Monate vor Ablauf der Tätigkeitsdauer hat eine vom Vorsitzenden einzuberufende Versammlung der Zentralbetriebsratsvorsitzenden die Zahl der jeweiligen Delegierten und Ersatzdelegierten (§ 88a Abs. 6) für die nächste Tätigkeitsdauer mit Beschluß zu bestimmen. § 88a Abs. 5 gilt sinngemäß. Der Vorsitzende hat die binnen festzusetzender Frist bekanntgegebenen Delegierten zur konstituierenden Sitzung der Konzernvertretung einzuberufen und diese bis zur Neuwahl des Vorsitzenden zu leiten.

(8) Die Errichtung der Konzernvertretung, die Konstituierung, die Zusammensetzung und allfällige Änderungen der Zusammensetzung, die Geschäftsordnung sowie allfällige Änderungen der Tätigkeitsdauer sind jedem im Konzern be-

stehenden Unternehmen schriftlich zur Kenntnis zu bringen.

(9) Im übrigen gelten für die Konzernvertretung die §§ 62a, 65 Abs. 1, 68 und 72 sinngemäß.

(BGBl 1993/460)

3. HAUPTSTÜCK
Befugnisse der Arbeitnehmerschaft

Abschnitt 1
Allgemeine Befugnisse

Überwachung

§ 89. Der Betriebsrat hat das Recht, die Einhaltung der die Arbeitnehmer des Betriebes betreffenden Rechtsvorschriften zu überwachen. Insbesondere stehen ihm folgende Befugnisse zu:

1. Der Betriebsrat ist berechtigt, in die vom Betrieb geführten Aufzeichnungen über die Bezüge der Arbeitnehmer und die zur Berechnung dieser Bezüge erforderlichen Unterlagen Einsicht zu nehmen, sie zu überprüfen und die Auszahlung zu kontrollieren. Dies gilt auch für andere die Arbeitnehmer betreffenden Aufzeichnungen, deren Führung durch Rechtsvorschriften vorgesehen ist;
2. der Betriebsrat hat die Einhaltung der für den Betrieb geltenden Kollektivverträge, der Betriebsvereinbarungen und sonstiger arbeitsrechtlicher Vereinbarungen zu überwachen. Er hat darauf zu achten, daß die für den Betrieb geltenden Kollektivverträge im Betrieb aufgelegt (§ 15) und die Betriebsvereinbarungen angeschlagen oder aufgelegt (§ 30 Abs. 1) werden. Das gleiche gilt für Rechtsvorschriften, deren Auflage oder Aushang im Betrieb in anderen Gesetzen vorgeschrieben ist;
3. der Betriebsrat hat die Durchführung und Einhaltung der Vorschriften über den Arbeitnehmerschutz, über die Sozialversicherung, über eine allfällige betriebliche Altersversorgung einschließlich der Wertpapierdeckung für Pensionszusagen (§ 11 Betriebspensionsgesetz, BGBl. Nr. 282/1990, in der jeweils geltenden Fassung) sowie über die Berufsausbildung zu überwachen. Zu diesem Zweck kann der Betriebsrat die betrieblichen Räumlichkeiten, Anlagen und Arbeitsplätze besichtigen. Der Betriebsinhaber hat den Betriebsrat von jedem Arbeitsunfall unverzüglich in Kenntnis zu setzen. Betriebsbesichtigun gen im Zuge behördlicher Verfahren, durch die Interessen der Arbeitnehmerschaft (§ 38) des Betriebes (Unternehmens) berührt werden sowie Betriebsbesichtigungen, die von den zur Überwachung der Arbeitnehmerschutzvorschriften berufenen Organen oder die mit deren Beteiligung durchgeführt werden, ist der Betriebsrat beizuziehen. Der Betriebsinhaber hat den Betriebsrat von einer anberaumten Verhandlung sowie von der Ankunft eines behördlichen Organs in diesen Fällen unverzüglich zu verständigen;

   (BGBl 1986/394, BGBl 1990/282, BGBl 1996/754)
4. werden im Betrieb Personalakten geführt, so ist dem Betriebsrat bei Einverständnis des Arbeitnehmers Einsicht in dessen Personalakten zu gewähren.

   (BGBl 1986/394)

Intervention

§ 90. (1) Der Betriebsrat hat das Recht, in allen Angelegenheiten, die die Interessen der Arbeitnehmer berühren, beim Betriebsinhaber und erforderlichenfalls bei den zuständigen Stellen außerhalb des Betriebes entsprechende Maßnahmen zu beantragen und die Beseitigung von Mängeln zu verlangen. Insbesondere ist der Betriebsrat berechtigt

1. Maßnahmen zur Einhaltung und Durchführung der die Arbeitnehmer des Betriebes betreffenden Rechtsvorschriften (§ 89) zu beantragen;
2. Vorschläge zur Verbesserung der Arbeitsbedingungen, der betrieblichen Ausbildung, zur Verhütung von Unfällen und Berufskrankheiten sowie zur menschengerechten Arbeitsgestaltung zu erstatten;
3. sonstige Maßnahmen zugunsten der Arbeitnehmer des Betriebes zu beantragen.

(2) Der Betriebsinhaber ist verpflichtet, den Betriebsrat auf dessen Verlangen in allen Angelegenheiten, die die Interessen der Arbeitnehmer des Betriebes berühren, anzuhören.

Allgemeine Information

§ 91. (1) Der Betriebsinhaber ist verpflichtet, dem Betriebsrat über alle Angelegenheiten, welche die wirtschaftlichen, sozialen, gesundheitlichen oder kulturellen Interessen der Arbeitnehmer des Betriebes berühren, Auskunft zu erteilen.

(BGBl 1986/394)

(2) Der Betriebsinhaber hat dem Betriebsrat Mitteilung zu machen, welche Arten von personenbezogenen Arbeitnehmerdaten er automationsunterstützt aufzeichnet und welche Verarbeitungen und Übermittlungen er vorsieht. Dem Betriebsrat ist auf Verlangen die Überprüfung der Grundlagen für die Verarbeitung und Übermittlung zu ermöglichen. Sofern sich nicht aus § 89 oder anderen Rechtsvorschriften ein unbeschränktes Einsichtsrecht des Betriebsrates ergibt, ist zur Einsicht in die Daten einzelner Arbeitnehmer deren Zustimmung erforderlich.

(BGBl 1986/394)

(3) Wurde eine Betriebsvereinbarung gemäß § 97 Abs. 1 Z 18a abgeschlossen, so hat der Betriebsinhaber dem Betriebsrat den Prüfbericht oder dessen Kurzfassung (§ 21 Abs. 6 Pensionskassengesetz) und den Rechenschaftsbericht (§ 30 Abs. 5 Pen-

sionskassengesetz) unverzüglich nach Einlangen von der Pensionskasse zu übermitteln.

(BGBl 1990/282)

Beratung

§ 92. (1) Der Betriebsinhaber ist verpflichtet, mit dem Betriebsrat mindestens vierteljährlich und auf Verlangen des Betriebsrates monatlich gemeinsame Beratungen über laufende Angelegenheiten, allgemeine Grundsätze der Betriebsführung in sozialer, personeller, wirtschaftlicher und technischer Hinsicht sowie über die Gestaltung der Arbeitsbeziehungen abzuhalten und ihn dabei über wichtige Angelegenheiten zu informieren. Dem Betriebsrat sind auf Verlangen die zur Beratung erforderlichen Unterlagen auszuhändigen.

(BGBl 1986/394)

(2) Betriebsrat und Betriebsinhaber sind berechtigt, an ihre zuständigen kollektivvertragsfähigen Körperschaften das Ersuchen zu richten, einen Vertreter zur Teilnahme an diesen Beratungen zu entsenden, sofern über Betriebsänderungen oder ähnlich wichtige Angelegenheiten, die erhebliche Auswirkung auf die Arbeitnehmer des Betriebes haben, beraten werden soll. Betriebsinhaber und Betriebsrat haben einander gegenseitig rechtzeitig Mitteilung zu machen, um dem anderen Teil die Beiziehung seiner Interessenvertretung zu ermöglichen.

Arbeitsschutz

§ 92a. (1) Der Betriebsinhaber hat den Betriebsrat in allen Angelegenheiten der Sicherheit und des Gesundheitsschutzes rechtzeitig anzuhören und mit ihm darüber zu beraten. Der Betriebsinhaber ist insbesondere verpflichtet,

1. den Betriebsrat bei der Planung und Einführung neuer Technologien zu den Auswirkungen zu hören, die die Auswahl der Arbeitsmittel oder Arbeitsstoffe, die Gestaltung der Arbeitsbedingungen und die Einwirkung der Umwelt auf den Arbeitsplatz für die Sicherheit und Gesundheit der Arbeitnehmer haben,
2. den Betriebsrat bei der Auswahl der persönlichen Schutzausrüstung zu beteiligen,
3. den Betriebsrat bei der Ermittlung und Beurteilung der Gefahren und der Festlegung der Maßnahmen sowie bei der Planung und Organisation der Unterweisung zu beteiligen.

(2) Der Betriebsinhaber ist verpflichtet,

1. dem Betriebsrat Zugang zu den Sicherheits- und Gesundheitsschutzdokumenten sowie zu den Aufzeichnungen und Berichten über Arbeitsunfälle zu gewähren,
2. dem Betriebsrat die Unterlagen betreffend die Erkenntnisse auf dem Gebiet der Arbeitsgestaltung zur Verfügung zu stellen,
3. dem Betriebsrat die Ergebnisse von Messungen und Untersuchungen betreffend gefährliche Arbeitsstoffe und Lärm sowie die Ergebnisse sonstiger Messungen und Untersuchungen, die mit dem Arbeitnehmerschutz in Zusammenhang stehen, zur Verfügung zu stellen,
4. dem Betriebsrat die Aufzeichnungen betreffend Arbeitsstoffe und Lärm zur Verfügung zu stellen,
5. den Betriebsrat über Grenzwertüberschreitungen sowie deren Ursachen und über die getroffenen Maßnahmen unverzüglich zu informieren,

   (BGBl I 2006/147)
6. den Betriebsrat über Auflagen, Vorschreibungen, Bewilligungen und behördliche Informationen auf dem Gebiet des Arbeitnehmerschutzes zu informieren und zu den Informationen, die sich aus den Schutzmaßnahmen und Maßnahmen zur Gefahrenverhütung ergeben, im Voraus anzuhören,

   (BGBl I 2006/147)
7. den Betriebsrat zu den Informationen über die Gefahren für Sicherheit und Gesundheit sowie über Schutzmaßnahmen und Maßnahmen zur Gefahrenverhütung im Allgemeinen und für die einzelnen Arten von Arbeitsplätzen bzw. Aufgabenbereichen im Voraus anzuhören,

   (BGBl I 2006/147)
8. den Betriebsrat zur Information der Arbeitgeber von betriebsfremden Arbeitnehmern über die in Z 7 genannten Punkte sowie über die für Erste Hilfe, Brandbekämpfung und Evakuierung gesetzten Maßnahmen, im Voraus anzuhören.

   (BGBl I 2006/147)

(3) Der Betriebsinhaber hat mit dem Betriebsrat über die beabsichtigte Bestellung oder Abberufung von Sicherheitsfachkräften, Arbeitsmedizinern sowie von Personen zu beraten, die für die Erste Hilfe, die Brandbekämpfung und Evakuierung zuständig sind, außer wenn die beabsichtigte Maßnahme im Arbeitsschutzausschuß behandelt wird. Der Betriebsrat hat das Recht, das Arbeitsinspektorat zu den Beratungen beizuziehen. Eine ohne Beratung mit dem Betriebsrat oder Behandlung im Arbeitsschutzausschuß vorgenommene Bestellung von Sicherheitsfachkräften und Arbeitsmedizinern ist rechtsunwirksam.

(4) Der Betriebsrat kann seine Befugnisse nach Abs. 1 Z 1 bis 3 an die im Betrieb bestellten Sicherheitsvertrauenspersonen delegieren. Für die Beschlußfassung gilt § 68. Der Beschluß ist den Sicherheitsvertrauenspersonen sowie dem Betriebsinhaber unverzüglich mitzuteilen und wird erst mit deren Verständigung rechtswirksam.

(5) Für die Beschlußfassung über die Entsendung von Arbeitnehmervertretern in den Arbeitsschutzausschuß und in den zentralen Arbeitsschutzausschuß gilt § 68.

(BGBl 1994/450)

Betriebliche Frauenförderung sowie Maßnahmen zur besseren Vereinbarkeit von Betreuungspflichten und Beruf

§ 92b. (1) Der Betriebsinhaber hat mit dem Betriebsrat im Rahmen der Beratung nach § 92 Maßnahmen der betrieblichen Frauenförderung bzw. der Vereinbarkeit von Betreuungspflichten und Beruf zu beraten. Solche Maßnahmen betreffen insbesondere die Einstellungspraxis, Maßnahmen der Aus- und Weiterbildung und den beruflichen Aufstieg, die auf den Abbau einer bestehenden Unterrepräsentation der Frauen an der Gesamtzahl der Beschäftigten bzw. an bestimmten Funktionen oder auf den Abbau einer sonst bestehenden Benachteiligung abzielen, sowie Maßnahmen, die auf eine bessere Vereinbarkeit der beruflichen Tätigkeit mit Familien- und sonstigen Betreuungspflichten der Arbeit-nehmerinnen und Arbeitnehmer abzielen.

(2) Der Betriebsrat hat das Recht, Vorschläge in diesen Angelegenheiten zu erstatten und Maßnahmen zu beantragen. Der Betriebsinhaber ist verpflichtet, mit dem Betriebsrat über dessen Vorschläge und Anträge zu beraten.

(3) Maßnahmen der betrieblichen Frauenförderung sowie Maßnahmen zur besseren Vereinbarkeit von Betreuungspflichten und Beruf können in einer Betriebsvereinbarung geregelt werden.

(BGBl I 1998/69)

Errichtung und Verwaltung von Wohlfahrtseinrichtungen der Arbeitnehmer

§ 93. Der Betriebsrat ist berechtigt, zugunsten der Arbeitnehmer und ihrer Familienangehörigen Unterstützungseinrichtungen sowie sonstige Wohlfahrtseinrichtungen zu errichten und ausschließlich zu verwalten.

Abschnitt 2
Mitwirkung in sozialen Angelegenheiten

Mitwirkung in Angelegenheiten der betrieblichen Berufsausbildung und Schulung

§ 94. (1) Der Betriebsinhaber hat den Betriebsrat über geplante Maßnahmen der betrieblichen Berufsausbildung sowie der betrieblichen Schulung und Umschulung zum ehestmöglichen Zeitpunkt in Kenntnis zu setzen.

(2) Der Betriebsrat hat das Recht, Vorschläge in Angelegenheiten der betrieblichen Berufsausbildung, Schulung und Umschulung zu erstatten und Maßnahmen zu beantragen. Der Betriebsinhaber ist verpflichtet, mit dem Betriebsrat über dessen Vorschläge und Anträge zu beraten.

(3) Der Betriebsrat hat das Recht, an der Planung und Durchführung der betrieblichen Berufsausbildung sowie betrieblicher Schulungs- und Umschulungsmaßnahmen mitzuwirken. Art und Umfang der Mitwirkung können durch Betriebsvereinbarung geregelt werden.

(4) Der Betriebsrat hat das Recht, an den Verhandlungen zwischen dem Betriebsinhaber und den Dienststellen der Arbeitsmarktverwaltung über Maßnahmen der betrieblichen Schulung, Umschulung uud Berufsausbildung teilzunehmen. Zeitpunkt und Gegenstand der Beratungen sind ihm rechtzeitig mitzuteilen. Gleiches gilt, wenn investive Förderungen nach dem Arbeitsmarktförderungsgesetz, BGBl. Nr. 31/1969, gewährt oder betriebliche Schulungsmaßnahmen in solche umgewandelt werden sollen.

(BGBl 1986/394)

(5) Der Betriebsrat ist berechtigt, sich an allen behördlichen Besichtigungen zu beteiligen, welche die Planung und Durchführung der betrieblichen Berufsausbildung berühren.

(6) Der Betriebsrat hat das Recht, an der Verwaltung von betriebs- und unternehmenseigenen Schulungs- und Bildungseinrichtungen teilzunehmen. Art und Umfang der Teilnahme sind durch Betriebsvereinbarung zu regeln. Kommt zwischen Betriebsinhaber und Betriebsrat über den Abschluß, die Abänderung oder Aufhebung einer solchen Betriebsvereinbarung eine Einigung nicht zustande, entscheidet auf Antrag eines der Streitteile die Schlichtungsstelle.

(7) Die Errichtung, Ausgestaltung und Auflösung von betriebs- und unternehmenseigenen Schulungs- und Bildungseinrichtungen können durch Betriebsvereinbarung geregelt werden.

(8) Der Betriebsrat kann die Auflösung einer betriebs- oder unternehmenseigenen Schulungs- oder Bildungseinrichtung binnen vier Wochen beim Gericht anfechten, wenn sie den in einer Betriebsvereinbarung vorgesehenen Auflösungsgründen widerspricht oder, wenn solche Regelungen nicht bestehen, unter Abwägung der Interessen der Arbeitnehmer und des Betriebes nicht gerechtfertigt ist.

(BGBl 1986/563)

Mitwirkung an betrieblichen Wohlfahrtseinrichtungen

§ 95. (1) Der Betriebsrat hat das Recht, an der Verwaltung von betriebs- und unternehmenseigenen Wohlfahrtseinrichtungen teilzunehmen. Art und Umfang der Teilnahme sind durch Betriebsvereinbarung zu regeln. Kommt zwischen Betriebsinhaber und Betriebsrat über den Abschluß, die Abänderung oder Aufhebung einer solchen Betriebsvereinbarung eine Einigung nicht zustande, entscheidet auf Antrag eines der Streitteile die Schlichtungsstelle.

(2) Die Errichtung, Ausgestaltung und Auflösung betriebs- und unternehmenseigener Wohlfahrtseinrichtungen können durch Betriebsvereinbarung geregelt werden.

(BGBl 1986/563)

(3) Der Betriebsrat kann die Auflösung einer betriebs- oder unternehmenseigenen Wohlfahrtseinrichtung binnen vier Wochen beim Gericht anfechten, wenn

1. die Auflösung der Wohlfahrtseinrichtung den in einer Betriebsvereinbarung vorgesehenen Auflösungsgründen widerspricht, oder

2. eine Betriebsvereinbarung über Gründe, die den Betriebsinhaber zur Auflösung einer Wohlfahrtseinrichtung berechtigen, nicht besteht, der Betriebsratsfonds (Zentralbetriebsratsfonds) oder die Arbeitnehmer zum Errichtungs- und Erhaltungsaufwand der Wohlfahrtseinrichtung erheblich beigetragen haben und die Auflösung unter Abwägung der Interessen der Arbeitnehmer und des Betriebes nicht gerechtfertigt ist.

Zustimmungspflichtige Maßnahmen

§ 96. (1) Folgende Maßnahmen des Betriebsinhabers bedürfen zu ihrer Rechtswirksamkeit der Zustimmung des Betriebsrates:

1. Die Einführung einer betrieblichen Disziplinarordnung;
2. die Einführung von Personalfragebögen, sofern in diesen nicht bloß die allgemeinen Angaben zur Person und Angaben über die fachlichen Voraussetzungen für die beabsichtigte Verwendung des Arbeitnehmers enthalten sind;
3. die Einführung von Kontrollmaßnahmen und technischen Systemen zur Kontrolle der Arbeitnehmer, sofern diese Maßnahmen (Systeme) die Menschenwürde berühren;
4. insoweit eine Regelung durch Kollektivvertrag oder Satzung nicht besteht, die Einführung und die Regelung von Akkord-, Stück- und Gedinglöhnen sowie akkordähnlichen Prämien und Entgelten – mit Ausnahme der Heimarbeitsentgelte –, die auf statistischen Verfahren, Datenerfassungsverfahren, Kleinstzeitverfahren oder ähnlichen Entgeltfindungsmethoden beruhen, sowie der maßgeblichen Grundsätze (Systeme und Methoden) für die Ermittlung und Berechnung dieser Löhne bzw. Entgelte.

   (BGBl I 2010/101)

(2) Betriebsvereinbarungen in den Angelegenheiten des Abs. 1 können, soweit sie keine Vorschriften über ihre Geltungsdauer enthalten, von jedem der Vertragspartner jederzeit ohne Einhaltung einer Frist schriftlich gekündigt werden. § 32 Abs. 3 zweiter Satz ist nicht anzuwenden.

Ersetzbare Zustimmung

§ 96a. (1) Folgende Maßnahmen des Betriebsinhabers bedürfen zu ihrer Rechtswirksamkeit der Zustimmung des Betriebsrates:

1. Die Einführung von Systemen zur automationsunterstützten Ermittlung, Verarbeitung und Übermittlung von personenbezogenen Daten des Arbeitnehmers, die über die Ermittlung von allgemeinen Angaben zur Person und fachlichen Voraussetzungen hinausgehen. Eine Zustimmung ist nicht erforderlich, soweit die tatsächliche oder vorgesehene Verwendung dieser Daten über die Erfüllung von Verpflichtungen nicht hinausgeht, die sich aus Gesetz, Normen der kollektiven Rechtsgestaltung oder Arbeitsvertrag ergeben;
2. die Einführung von Systemen zur Beurteilung von Arbeitnehmern des Betriebes, sofern mit diesen Daten erhoben werden, die nicht durch die betriebliche Verwendung gerechtfertigt sind.

(2) Die Zustimmung des Betriebsrates gemäß Abs. 1 kann durch Entscheidung der Schlichtungsstelle ersetzt werden. Im übrigen gelten §§ 32 Abs. 2 und 97 Abs. 2 sinngemäß.

(3) Durch die Abs. 1 und 2 werden die sich aus § 96 ergebenden Zustimmungsrechte des Betriebsrates nicht berührt.

(BGBl 1986/394)

Betriebsvereinbarungen

§ 97. (1) Betriebsvereinbarungen im Sinne des § 29 können in folgenden Angelegenheiten abgeschlossen werden:

1. Allgemeine Ordnungsvorschriften, die das Verhalten der Arbeitnehmer im Betrieb regeln;

1a. Grundsätze der betrieblichen Beschäftigung von Arbeitnehmern, die im Rahmen einer Arbeitskräfteüberlassung tätig sind;

1b. Auswahl der Mitarbeitervorsorgekasse (MV-Kasse) nach dem Betrieblichen Mitarbeitervorsorgegesetz – BMVG , BGBl. I Nr. 100/2002;

   (BGBl I 2002/100)

2. generelle Festsetzung des Beginns und Endes der täglichen Arbeitszeit, der Dauer und Lage der Arbeitspausen und der Verteilung der Arbeitszeit auf die einzelnen Wochentage;
3. Art und Weise der Abrechnung und insbesondere Zeit und Ort der Auszahlung der Bezüge;
4. Maßnahmen zur Verhinderung, Beseitigung oder Milderung der Folgen einer Betriebsänderung im Sinne des § 109 Abs. 1 Z 1 bis 6, sofern diese wesentliche Nachteile für alle oder erhebliche Teile der Arbeitnehmerschaft mit sich bringt;
5. Art und Umfang der Teilnahme des Betriebsrates an der Verwaltung von betriebs- und unternehmenseigenen Schulungs-, Bildungs- und Wohlfahrtseinrichtungen;
6. Maßnahmen zur zweckentsprechenden Benützung von Betriebseinrichtungen und Betriebsmitteln;

6a. Maßnahmen zur Verhinderung, Beseitigung, Milderung oder zum Ausgleich von Belastungen der Arbeitnehmer durch Arbeiten im Sinne des Art. VII des Nachtschwerarbeitsgesetzes (NSchG), BGBl. Nr. 354/1981, einschließlich der Verhütung von Unfällen und Berufskrankheiten;

7. Richtlinien für die Vergabe von Werkwohnungen;
8. Maßnahmen und Einrichtungen zur Verhütung von Unfällen und Berufskrankheiten sowie Maßnahmen zum Schutz der Gesundheit der Arbeitnehmer;

9. Maßnahmen zur menschengerechten Arbeitsgestaltung;
10. Grundsätze betreffend den Verbrauch des Erholungsurlaubes;
11. Entgeltfortzahlungsansprüche für den zur Teilnahme an Betriebs(Gruppen-, Betriebshaupt)versammlungen erforderlichen Zeitraum und damit im Zusammenhang stehende Fahrtkostenvergütungen;
12. Erstattung von Auslagen und Aufwendungen sowie Regelung von Aufwandsentschädigungen;
13. Anordnung der vorübergehenden Verkürzung oder Verlängerung der Arbeitszeit;
14. betriebliches Vorschlagswesen;
15. Gewährung von Zuwendungen aus besonderen betrieblichen Anlässen;
16. Systeme der Gewinnbeteiligung sowie die Einführung von leistungs- und erfolgsbezogenen Prämien und Entgelten nicht nur für einzelne Arbeitnehmer, soweit diese Prämien und Entgelte nicht unter § 96 Abs. 1 Z 4 fallen;

    (BGBl I 2010/101)
17. Maßnahmen zur Sicherung der von den Arbeitnehmern eingebrachten Gegenstände;
18. betriebliche Pensions- und Ruhegeldleistungen, ausgenommen jene nach Z 18 a;

18a. Errichtung von und Beitritt zu Pensionskassen, Verpflichtungen des Arbeitgebers und Rechte der Anwartschafts- und Leistungsberechtigten, die sich daraus ergeben, Art und Weise der Zahlung und Grundsätze über die Höhe jener Beiträge, zu deren Entrichtung sich der Arbeitnehmer verpflichtet, Mitwirkung der Anwartschafts- und Leistungsberechtigten an der Verwaltung von Pensionskassen, Auflösung von und Austritt aus Pensionskassen und die sich daraus ergebenden Rechtsfolgen;

18b. Abschluss einer betrieblichen Kollektivversicherung, Verpflichtungen des Arbeitgebers und Rechte der Versicherten, die sich daraus ergeben, Art und Weise der Zahlung und Grundsätze über die Höhe jener Prämien, zu deren Entrichtung sich der Arbeitnehmer verpflichtet, Mitwirkung der Versicherten, Beendigung des Versicherungsvertrages und die sich daraus ergebenden Rechtsfolgen;

(BGBl I 2005/8)

19. Art und Umfang der Mitwirkung des Betriebsrates an der Planung und Durchführung von Maßnahmen der betrieblichen Berufsausbildung und betrieblicher Schulungs- und Bildungseinrichtungen sowie die Errichtung, Ausgestaltung und Auflösung von betriebs- und unternehmenseigenen Schulungs-, Bildungs- und Wohlfahrtseinrichtungen;
20. betriebliches Beschwerdewesen;
21. Rechtsstellung der Arbeitnehmer bei Krankheit und Unfall;
22. Kündigungsfristen und Gründe zur vorzeitigen Beendigung des Arbeitsverhältnisses;
23. Feststellung der maßgeblichen wirtschaftlichen Bedeutung eines fachlichen Wirtschaftsbereiches für den Betrieb im Sinne des § 9 Abs. 3;

23a. Festlegung des Beginns und Verlängerung der Frist für die vorübergehende Beibehaltung des Zuständigkeitsbereiches (§ 62b);

24. Maßnahmen im Sinne der §§ 96 Abs. 1 und 96a Abs. 1;
25. Maßnahmen der betrieblichen Frauenförderung (Frauenförderpläne) sowie Maßnahmen zur besseren Vereinbarkeit von Betreuungspflichten und Beruf;

    (BGBl I 2002/100)
26. Festlegung von Rahmenbedingungen für die in § 47 Abs. 3 BMVG vorgesehene Übertrittsmöglichkeit in das Abfertigungsrecht nach dem BMVG;

    (BGBl I 2002/100, BGBl I 2021/61)
27. Festlegung von Rahmenbedingungen für Arbeit im Homeoffice.

    (BGBl I 2021/61)

(BGBl 1981/354, BGBl 1986/394, BGBl 1988/196, BGBl 1990/282, BGBl 1990/411, BGBl 1992/473, BGBl 1992/833, BGBl I 1998/69)

(2) Kommt in den in Abs. 1 Z 1 bis 6 und 6a bezeichneten Angelegenheiten zwischen Betriebsinhaber und Betriebsrat über den Abschluß, die Abänderung oder Aufhebung einer solchen Betriebsvereinbarung eine Einigung nicht zustande, so entscheidet – insoweit eine Regelung durch Kollektivvertrag oder Satzung nicht vorliegt – auf Antrag eines der Streitteile die Schlichtungsstelle.

(3) In Betrieben, in denen dauernd nicht mehr als 50 Arbeitnehmer beschäftigt werden, ist die Bestimmung des Abs. 1 Z 7, in Betrieben, in denen dauernd weniger als 20 Arbeitnehmer beschäftigt werden, auch die Bestimmung des Abs. 1 Z 4 nicht anzuwenden.

(4) Die Kündigung von Betriebsvereinbarungen gemäß Abs. 1 Z 18a oder 18b ist nur hinsichtlich jener Arbeitsverhältnisse wirksam, die nach dem Kündigungstermin begründet werden.

(BGBl 1990/282, BGBl I 2005/8)

Abschnitt 3
Mitwirkung in personellen Angelegenheiten

Personelles Informationsrecht

§ 98. Der Betriebsinhaber hat den Betriebsrat über den künftigen Bedarf an Arbeitnehmern und die im Zusammenhang damit in Aussicht genommenen personellen Maßnahmen rechtzeitig zu unterrichten.

Mitwirkung bei der Einstellung von Arbeitnehmern

§ 99. (1) Der Betriebsrat kann dem Betriebsinhaber jederzeit die Ausschreibung eines zu besetzenden Arbeitsplatzes vorschlagen.

(2) Sobald dem Betriebsinhaber die Zahl der aufzunehmenden Arbeitnehmer, deren geplante Verwendung und die in Aussicht genommenen Arbeitsplätze bekannt sind, hat er den Betriebsrat jener Gruppe, welcher die Einzustellenden angehören würden, darüber zu informieren.

(3) Hat der Betriebsrat im Zusammenhang mit der Information nach Abs. 2 eine besondere Information (Beratung) über einzelne Einstellungen verlangt, hat der Betriebsinhaber eine besondere Information (Beratung) vor der Einstellung durchzuführen. Das gleiche gilt, wenn eine Information nach Abs. 2 nicht stattgefunden hat. Wenn bei Durchführung einer Beratung die Entscheidung über die Einstellung nicht rechtzeitig erfolgen könnte, ist die Beratung nach erfolgter Einstellung durchzuführen.

(4) Jede erfolgte Einstellung eines Arbeitnehmers ist dem Betriebsrat unverzüglich mitzuteilen. Diese Mitteilung hat Angaben über die vorgesehene Verwendung und Einstufung des Arbeitnehmers, den Lohn oder Gehalt sowie eine allfällige vereinbarte Probezeit oder Befristung des Arbeitsverhältnisses zu enthalten.

(BGBl 1986/394)

(5) Der Betriebsrat ist vor der beabsichtigten Aufnahme der Beschäftigung von überlassenen Arbeitskräften zu informieren; auf Verlangen ist eine Beratung durchzuführen. Von der Aufnahme einer solchen Beschäftigung ist der Betriebsrat unverzüglich in Kenntnis zu setzen. Auf Verlangen ist ihm mitzuteilen, welche Vereinbarungen hinsichtlich des zeitlichen Arbeitseinsatzes der überlassenen Arbeitskräfte und hinsichtlich der Vergütung für die Überlassung mit dem Überlasser getroffen wurden. Die §§ 89 bis 92b sind sinngemäß anzuwenden.

(BGBl 1988/196, BGBl I 2012/98)

Mitwirkung bei der Festsetzung von Leistungsentgelten im Einzelfall

§ 100. Entgelte der in § 96 Abs. 1 Z 4 bezeichneten Art für einzelne Arbeitnehmer oder einzelne Arbeiten, die generell nicht vereinbart werden können, bedürfen, wenn zwischen Betriebsinhaber und Arbeitnehmer eine Einigung nicht zustande kommt, zu ihrer rechtswirksamen Festsetzung der Zustimmung des Betriebsrates.

Mitwirkung bei Versetzungen

§ 101. Die dauernde Einreihung eines Arbeitnehmers auf einen anderen Arbeitsplatz ist dem Betriebsrat unverzüglich mitzuteilen; auf Verlangen ist darüber zu beraten. Eine dauernde Einreihung liegt nicht vor, wenn sie für einen Zeitraum von voraussichtlich weniger als 13 Wochen erfolgt. Ist mit der Einreihung auf einen anderen Arbeitsplatz eine Verschlechterung der Entgelt- oder sonstigen Arbeitsbedingungen verbunden, so bedarf sie zu ihrer Rechtswirksamkeit der Zustimmung des Betriebsrates. Erteilt der Betriebsrat die Zustimmung nicht, so kann sie durch Urteil des Gerichts ersetzt werden. Das Gericht hat die Zustimmung zu erteilen, wenn die Versetzung sachlich gerechtfertigt ist.

(BGBl 1986/394)

Mitwirkung bei Verhängung von Disziplinarmaßnahmen

§ 102. Der Betriebsrat hat an der Aufrechterhaltung der Disziplin im Betrieb mitzuwirken. Die Verhängung von Disziplinarmaßnahmen im Einzelfall ist nur zulässig, wenn sie in einem Kollektivvertrag oder in einer Betriebsvereinbarung (§ 96 Abs. 1 Z 1) vorgesehen ist; sie bedarf, sofern darüber nicht eine mit Zustimmung des Betriebsrates eingerichtete Stelle entscheidet, der Zustimmung des Betriebsrates.

Mitwirkung bei der Vergabe von Werkwohnungen

§ 103. Der Betriebsinhaber hat die beabsichtigte Vergabe einer Werkwohnung an einen Arbeitnehmer dem Betriebsrat ehestmöglich mitzuteilen und über Verlangen des Betriebsrates mit diesem zu beraten.

Mitwirkung bei Beförderungen

§ 104. (1) Der Betriebsinhaber hat die beabsichtigte Beförderung eines Arbeitnehmers dem Betriebsrat ehestmöglich mitzuteilen und über Verlangen des Betriebsrates mit diesem zu beraten. Während dieser Beratungen ist eine ihrem Zweck angemessene Vertraulichkeit zu wahren.

(2) Unter Beförderung im Sinne des Abs. 1 ist jede Anhebung der Verwendung im Betrieb zu verstehen, die mit einer Höherreihung im Entlohnungsschema oder ansonsten mit einer Erhöhung des Entgeltes verbunden ist.

Mitwirkung bei einvernehmlichen Lösungen

§ 104a. (1) Verlangt der Arbeitnehmer vor der Vereinbarung einer einvernehmlichen Auflösung des Arbeitsverhältnisses gegenüber dem Betriebsinhaber nachweislich, sich mit dem Betriebsrat zu beraten, so kann innerhalb von zwei Arbeitstagen nach diesem Verlangen eine einvernehmliche Lösung rechtswirksam nicht vereinbart werden.

(2) Die Rechtsunwirksamkeit einer entgegen Abs. 1 getroffenen Vereinbarung ist innerhalb einer Woche nach Ablauf der Frist gemäß Abs. 1 schriftlich geltend zu machen. Eine gerichtliche Geltendmachung hat innerhalb von drei Monaten nach Ablauf der Frist gemäß Abs. 1 zu erfolgen.

(BGBl 1986/394)

Anfechtung von Kündigungen

§ 105. (1) Der Betriebsinhaber hat vor jeder Kündigung eines Arbeitnehmers den Betriebsrat zu verständigen, der innerhalb einer Woche hierzu Stellung nehmen kann.

(2) Der Betriebsinhaber hat auf Verlangen des Betriebsrates mit diesem innerhalb der Frist zur Stellungnahme über die Kündigung zu beraten. Eine vor Ablauf dieser Frist ausgesprochene Kündigung ist rechtsunwirksam, es sei denn, dass der Betriebsrat eine Stellungnahme bereits abgegeben hat.

(3) Die Kündigung kann beim Gericht angefochten werden, wenn

1. die Kündigung
   a) wegen des Beitrittes oder der Mitgliedschaft des Arbeitnehmers zu Gewerkschaften;
   b) wegen seiner Tätigkeit in Gewerkschaften;
   c) wegen Einberufung der Betriebsversammlung durch den Arbeitnehmer;
   d) wegen seiner Tätigkeit als Mitglied des Wahlvorstandes, einer Wahlkommission oder als Wahlzeuge;
   e) wegen seiner Bewerbung um eine Mitgliedschaft zum Betriebsrat oder wegen einer früheren Tätigkeit im Betriebsrat;
   f) wegen seiner Tätigkeit als Mitglied der Schlichtungsstelle;
   g) wegen seiner Tätigkeit als Sicherheitsvertrauensperson, Sicherheitsfachkraft oder Arbeitsmediziner oder als Fach- oder Hilfspersonal von Sicherheitsfachkräften oder Arbeitsmedizinern;
   h) wegen der bevorstehenden Einberufung des Arbeitnehmers zum Präsenz- oder Ausbildungsdienst oder Zuweisung zum Zivildienst (§ 12 Arbeitsplatzsicherungsgesetz 1991, BGBl. Nr. 683);
   i) wegen der offenbar nicht unberechtigten Geltendmachung vom Arbeitgeber in Frage gestellter Ansprüche aus dem Arbeitsverhältnis durch den Arbeitnehmer;
   j) wegen seiner Tätigkeit als Sprecher gemäß § 177 Abs. 1

   erfolgt ist oder
2. die Kündigung sozial ungerechtfertigt und der gekündigte Arbeitnehmer bereits sechs Monate im Betrieb oder Unternehmen, dem der Betrieb angehört, beschäftigt ist. Sozial ungerechtfertigt ist eine Kündigung, die wesentliche Interessen des Arbeitnehmers beeinträchtigt, es sei denn, der Betriebsinhaber erbringt den Nachweis, dass die Kündigung
   a) durch Umstände, die in der Person des Arbeitnehmers gelegen sind und die betrieblichen Interessen nachteilig berühren oder
   b) durch betriebliche Erfordernisse, die einer Weiterbeschäftigung des Arbeitnehmers entgegenstehen,

   begründet ist.

(3a) Umstände gemäß Abs. 3 Z 2 lit. a, die ihre Ursache in einer langjährigen Beschäftigung als Nachtschwerarbeiter (Art. VII NSchG) haben, dürfen zur Rechtfertigung der Kündigung nicht herangezogen werden, wenn der Arbeitnehmer ohne erheblichen Schaden für den Betrieb weiter beschäftigt werden kann.

(3b) Umstände gemäß Abs. 3 Z 2 lit. a, die ihre Ursache in einem höheren Lebensalter eines Arbeitnehmers haben, der im Betrieb oder Unternehmen, dem der Betrieb angehört, langjährig beschäftigt ist, dürfen zur Rechtfertigung der Kündigung des älteren Arbeitnehmers nur dann herangezogen werden, wenn durch die Weiterbeschäftigung betriebliche Interessen erheblich nachteilig berührt werden. Bei älteren Arbeitnehmern sind sowohl bei der Prüfung, ob eine Kündigung sozial ungerechtfertigt ist, als auch beim Vergleich sozialer Gesichtspunkte der Umstand einer vieljährigen ununterbrochenen Beschäftigungszeit im Betrieb oder Unternehmen, dem der Betrieb angehört, sowie die wegen des höheren Lebensalters zu erwartenden Schwierigkeiten bei der Wiedereingliederung in den Arbeitsprozess besonders zu berücksichtigen. Dies gilt nicht für Arbeitnehmer, die zum Zeitpunkt ihrer Einstellung das 50. Lebensjahr vollendet haben.

(BGBl I 2017/37)

(3c) Hat der Betriebsrat gegen eine Kündigung gemäß Abs. 3 Z 2 lit. b ausdrücklich Widerspruch erhoben, so ist die Kündigung des Arbeitnehmers sozial ungerechtfertigt, wenn ein Vergleich sozialer Gesichtspunkte für den Gekündigten eine größere soziale Härte als für andere Arbeitnehmer des gleichen Betriebes und derselben Tätigkeitssparte, deren Arbeit der Gekündigte zu leisten fähig und willens ist, ergibt.

(4) Der Betriebsinhaber hat den Betriebsrat vom Ausspruch der Kündigung zu verständigen. Der Betriebsrat kann auf Verlangen des gekündigten Arbeitnehmers binnen einer Woche nach Verständigung vom Ausspruch der Kündigung diese beim Gericht anfechten, wenn er der Kündigungsabsicht ausdrücklich widersprochen hat. Kommt der Betriebsrat dem Verlangen des Arbeitnehmers nicht nach, so kann dieser innerhalb von zwei Wochen nach Ablauf der für den Betriebsrat geltenden Frist die Kündigung selbst beim Gericht anfechten. Hat der Betriebsrat innerhalb der Frist des Abs. 1 keine Stellungnahme abgegeben, so kann der Arbeitnehmer innerhalb von zwei Wochen nach Zugang der Kündigung diese beim Gericht selbst anfechten; in diesem Fall ist ein Vergleich sozialer Gesichtspunkte im Sinne des Abs. 3c nicht vorzunehmen. Nimmt der Betriebsrat die Anfechtungsklage ohne Zustimmung des gekündigten Arbeitnehmers zurück, so tritt die Wirkung der Klagsrücknahme erst ein, wenn der vom Gericht hiervon verständigte Arbeitnehmer nicht innerhalb von 14 Tagen ab Verständigung in den Rechtsstreit eintritt. Hat der Betriebsrat der beabsichtigten Kündigung innerhalb der in Abs. 1 genannten Frist ausdrücklich zugestimmt, so kann der Arbeitnehmer innerhalb von zwei Wochen nach Zugang der Kündigung diese beim Gericht anfechten, soweit Abs. 6 nicht anderes bestimmt.

(4a) Bringt der Arbeitnehmer die Anfechtungsklage innerhalb offener Frist bei einem örtlich unzuständigen Gericht ein, so gilt die Klage damit als rechtzeitig eingebracht.

(5) Insoweit sich der Kläger im Zuge des Verfahrens auf einen Anfechtungsgrund im Sinne des Abs. 3 Z 1 beruft, hat er diesen glaubhaft zu machen. Die Anfechtungsklage ist abzuweisen, wenn bei Abwägung aller Umstände eine höhere Wahrscheinlichkeit dafür spricht, dass ein anderes vom Arbeitgeber glaubhaft gemachtes Motiv für die Kündigung ausschlaggebend war.

(6) Hat der Betriebsrat der beabsichtigten Kündigung innerhalb der in Abs. 1 genannten Frist ausdrücklich zugestimmt, so kann die Kündigung gemäß Abs. 3 Z 2 nicht angefochten werden.

(7) Gibt das Gericht der Anfechtungsklage statt, so ist die Kündigung rechtsunwirksam.

(BGBl I 2010/101)

Anfechtung von Entlassungen

§ 106. (1) Der Betriebsinhaber hat den Betriebsrat von jeder Entlassung eines Arbeitnehmers unverzüglich zu verständigen und innerhalb von drei Arbeitstagen nach erfolgter Verständigung auf Verlangen des Betriebsrates mit diesem die Entlassung zu beraten.

(2) Die Entlassung kann beim Gericht angefochten werden, wenn ein Anfechtungsgrund im Sinne des § 105 Abs. 3 vorliegt und der betreffende Arbeitnehmer keinen Entlassungsgrund gesetzt hat. Die Entlassung kann nicht angefochten werden, wenn ein Anfechtungsgrund im Sinne des § 105 Abs. 3 Z 2 vorliegt und der Betriebsrat der Entlassung innerhalb der in Abs. 1 genannten Frist ausdrücklich zugestimmt hat. § 105 Abs. 4 bis 7 ist sinngemäß anzuwenden.

(BGBl 1990/411)

Anfechtung durch den Arbeitnehmer

§ 107. In Betrieben, in denen Betriebsräte zu errichten sind, solche aber nicht bestehen, kann der betroffene Arbeitnehmer binnen zwei Wochen nach Zugang der Kündigung oder der Entlassung diese beim Gericht anfechten. § 105 Abs. 4a ist anzuwenden.

(BGBl I 2010/101)

Abschnitt 4
Mitwirkung in wirtschaftlichen Angelegenheiten

Wirtschaftliche Informations-, Interventions- und Beratungsrechte

§ 108. (1) Der Betriebsinhaber hat den Betriebsrat über die wirtschaftliche Lage einschließlich der finanziellen Lage des Betriebes sowie über deren voraussichtliche Entwicklung, über die Art und den Umfang der Erzeugung, den Auftragsstand, den mengen- und wertmäßigen Absatz, die Investitionsvorhaben sowie über sonstige geplante Maßnahmen zur Hebung der Wirtschaftlichkeit des Betriebes zu informieren; auf Verlangen des Betriebsrates ist mit ihm über diese Information zu beraten. Der Betriebsrat ist berufen, insbesondere im Zusammenhang mit der Erstellung von Wirtschaftsplänen (Erzeugungs-, Investitions-, Absatz-, Personal- und anderen Plänen) dem Betriebsinhaber Anregungen und Vorschläge zu erstatten, mit dem Ziele, zum allgemeinen wirtschaftlichen Nutzen und im Interesse des Betriebes und der Arbeitnehmer die Wirtschaftlichkeit und Leistungs fähigkeit des Betriebes zu fördern. Dem Betriebsrat sind auf Verlangen die erforderlichen Unterlagen zur Verfügung zu stellen. Der Betriebsinhaber hat den Betriebsrat von der schriftlichen Anzeige gemäß § 45a Arbeitsmarktförderungsgesetz, BGBl. Nr. 31/1969, in der jeweils geltenden Fassung, an das zuständige Arbeitsamt unverzüglich in Kenntnis zu setzen.

(BGBl 1993/460)

(2) In Konzernen im Sinne des § 15 des Aktiengesetzes 1965 bzw. des § 115 des Gesetzes über Gesellschaften mit beschränkter Haftung hat der Betriebsinhaber dem Betriebsrat auch über alle geplanten und in Durchführung begriffenen Maßnahmen seitens des herrschenden Unternehmens bzw. gegenüber den abhängigen Unternehmen, sofern es sich um Betriebsänderungen oder ähnlich wichtige Angelegenheiten, die erhebliche Auswirkungen auf die Arbeitnehmer des Betriebes haben, handelt, auf Verlangen des Betriebsrates Aufschluß zu geben und mit ihm darüber zu beraten.

(2a) Die Informations- und Beratungspflicht des Betriebsinhabers gemäß Abs. 1 und 2 gilt insbesondere auch für die Fälle des Überganges, der rechtlichen Verselbständigung, des Zusammenschlusses oder der Aufnahme von Betrieben oder Betriebsteilen. Die Information hat zu einem Zeitpunkt, in einer Weise und in einer inhaltlichen Ausgestaltung zu erfolgen, die dem Zweck angemessen sind und es dem Betriebsrat ermöglichen, die möglichen Auswirkungen der geplanten Maßnahme eingehend zu bewerten und eine Stellungnahme zu der geplanten Maßnahme abzugeben; auf Verlangen des Betriebsrates hat der Betriebsinhaber mit ihm eine Beratung über die geplante Maßnahme durchzuführen. Insbesondere hat die Information

1. den Grund für diese Maßnahme;
2. die sich daraus ergebenden rechtlichen, wirtschaftlichen und sozialen Folgen für die Arbeitnehmer;
3. die hinsichtlich der Arbeitnehmer in Aussicht genommenen Maßnahmen

zu umfassen.

(BGBl 1993/460, BGBl I 2010/101)

(3) In Handelsbetrieben, Banken und Versicherungsunternehmen, in denen dauernd mindestens 30 Arbeitnehmer beschäftigt sind, in sonstigen Betrieben, in denen dauernd mindestens 70 Arbeitnehmer beschäftigt sind, sowie in Industrie- und Bergbaubetrieben hat der Betriebsinhaber dem Betriebsrat jährlich, spätestens einen Monat nach der Erstellung eine Abschrift des Jahresabschlusses und des Anhangs mit Ausnahme der Angaben des § 239 Abs. 1 Z 2 bis 4 Unternehmensgesetzbuch

(UGB) für das vergangene Geschäftsjahr zu übermitteln. Geschieht dies nicht innerhalb von sechs Monaten nach dem Ende des Geschäftsjahres, so ist dem Betriebsrat durch Vorlage eines Zwischenabschlusses oder anderer geeigneter Unterlagen vorläufig Aufschluß über die wirtschaftliche und finanzielle Lage des Betriebes zu geben. Dem Betriebsrat sind die erforderlichen Erläuterungen und Aufklärungen zu geben.

(BGBl 1990/408, BGBl I 2006/104)

(4) Ist im Konzern nach den §§ 244 ff. UGB, ein Konzernabschluß zu erstellen, so ist der Konzernabschluß samt Konzernanhang einschließlich der erforderlichen Erläuterungen und Aufklärungen spätestens einen Monat nach der Erstellung dem Betriebsrat zu übermitteln.

(BGBl 1993/460, BGBl I 2006/104)

Mitwirkung bei Betriebsänderungen

§ 109. (1) Der Betriebsinhaber ist verpflichtet, den Betriebsrat von geplanten Betriebsänderungen zu einem Zeitpunkt, in einer Weise und in einer inhaltlichen Ausgestaltung zu informieren, die es dem Betriebsrat ermöglichen, die möglichen Auswirkungen der geplanten Maßnahme eingehend zu bewerten und eine Stellungnahme zu der geplanten Maßnahme abzugeben; auf Verlangen des Betriebsrates hat der Betriebsinhaber mit ihm eine Beratung über deren Gestaltung durchzuführen. Als Betriebsänderungen gelten insbesondere

1. die Einschränkung oder Stillegung des ganzen Betriebes oder von Betriebsteilen;

1a. die Auflösung von Arbeitsverhältnissen, die eine Meldepflicht nach § 45a Abs. 1 Z 1 bis 3 Arbeitsmarktförderungsgesetz, BGBl. Nr. 31/1969, in der jeweils geltenden Fassung, auslöst;
(BGBl 1993/460)

2. die Verlegung des ganzen Betriebes oder von Betriebsteilen;

3. der Zusammenschluß mit anderen Betrieben;

4. Änderungen des Betriebszwecks, der Betriebsanlagen, der Arbeits- und Betriebsorganisation sowie der Filialorganisation;

5. die Einführung neuer Arbeitsmethoden;

6. die Einführung von Rationalisierungs- und Automatisierungsmaßnahmen von erheblicher Bedeutung;

7. Änderungen der Rechtsform oder der Eigentumsverhältnisse an dem Betrieb.
(BGBl 1986/394)

(BGBl 1986/394, BGBl I 2010/101)

(1a) Im Falle einer geplanten Betriebsänderung nach Abs. 1 Z 1a hat die Information nach Abs. 1 erster Satz jedenfalls zu umfassen

1. die Gründe für die Maßnahme,
2. die Zahl und die Verwendung der voraussichtlich betroffenen Arbeitnehmer, deren Qualifikation und Beschäftigungsdauer sowie die Kriterien für die Auswahl dieser Arbeitnehmer,
3. die Zahl und die Verwendung der regelmäßig beschäftigten Arbeitnehmer,
4. den Zeitraum, in dem die geplante Maßnahme verwirklicht werden soll,
5. allfällige zur Vermeidung nachteiliger Folgen für die betroffenen Arbeitnehmer geplante Begleitmaßnahmen.

Die Information nach Z 1 bis 4 hat schriftlich zu erfolgen. Die Informations- und Beratungspflicht trifft den Betriebsinhaber auch dann, wenn die geplante Maßnahme von einem herrschenden Unternehmen veranlaßt wird. Unbeschadet des § 92 Abs. 2 kann der Betriebsrat der Beratung Sachverständige beiziehen.

(BGBl 1993/460)

(2) Der Betriebsrat kann Vorschläge zur Verhinderung, Beseitigung oder Milderung von für die Arbeitnehmer nachteiligen Folgen von Maßnahmen gemäß Abs. 1 erstatten; hiebei hat der Betriebsrat auch auf die wirtschaftlichen Notwendigkeiten des Betriebes Bedacht zu nehmen.

(3) Bringt eine Betriebsänderung im Sinne des Abs. 1 Z 1 bis 6 wesentliche Nachteile für alle oder erhebliche Teile der Arbeitnehmerschaft mit sich, so können in Betrieben, in denen dauernd mindestens 20 Arbeitnehmer beschäftigt sind, Maßnahmen zur Verhinderung, Beseitigung oder Milderung dieser Folgen durch Betriebsvereinbarung geregelt werden. Sind mit einer solchen Betriebsänderung Kündigungen von Arbeitnehmern verbunden, so soll die Betriebsvereinbarung auf die Interessen von älteren Arbeitnehmern besonders Bedacht nehmen. Kommt zwischen Betriebsinhaber und Betriebsrat über den Abschluß, die Abänderung oder Aufhebung einer solchen Betriebsvereinbarung eine Einigung nicht zustande, so entscheidet – insoweit eine Regelung durch Kollektivvertrag oder Satzung nicht vorliegt – auf Antrag eines der Streitteile die Schlichtungsstelle. Bei der Entscheidung der Schlichtungsstelle ist eine allfällige verspätete oder mangelhafte Information des Betriebsrates (Abs. 1) bei der Festsetzung der Maßnahmen zugunsten der Arbeitnehmer in der Weise zu berücksichtigen, daß Nachteile, die die Arbeitnehmer durch die verspätete oder mangelhafte Information erleiden, zusätzlich abzugelten sind.

(BGBl 1993/460, BGBl 1993/502)

Mitwirkung im Aufsichtsrat

§ 110. (1) In Unternehmen, die in der Rechtsform einer Aktiengesellschaft geführt werden, entsendet der Zentralbetriebsrat oder, sofern nur ein Betrieb besteht, der Betriebsrat aus dem Kreise der Betriebsratsmitglieder, denen das aktive Wahlrecht zum Betriebsrat zusteht, für je zwei nach dem Aktiengesetz 1965, BGBl. Nr. 98/1965, oder der Satzung zu bestellende Aufsichtsratsmitglieder einen Arbeitnehmervertreter in den Aufsichtsrat. Ist die Zahl der nach dem Aktiengesetz 1965 oder der Satzung zu bestellenden Aufsichtsratsmitglieder eine ungerade, ist ein weiterer Arbeitnehmervertreter zu entsenden.[a)]

(BGBl I 2017/104)

[a)] Siehe § 264 Abs. 32.

(2) Die Mitglieder des Zentralbetriebsrates (Betriebsrates), die auf dem Vorschlag einer wahlwerbenden Gruppe gewählt wurden, haben das Recht, durch Mehrheitsbeschluß Arbeitnehmervertreter für die Entsendung in den Aufsichtsrat zu nominieren, sowie ihre Abberufung zu verlangen. Dieses Recht steht für so viele Arbeitnehmervertreter zu, wie es dem Verhältnis der Zahl der vorschlagsberechtigten Personen zur Gesamtzahl der Mitglieder des Zentralbetriebsrates (Betriebsrates) entspricht. Listenkoppelung ist zulässig. Bei Erstellung der Nominierungsvorschläge soll auf eine angemessene Vertretung der Gruppe der Arbeiter und Angestellten und der einzelnen Betriebe des Unternehmens Bedacht genommen werden. Der Zentralbetriebsrat (Betriebsrat) ist bei Entsendung und Abberufung der Arbeitnehmervertreter an die Vorschläge der zur Nominierung berechtigten Mitglieder gebunden. Soweit vom Vorschlagsrecht nicht innerhalb von drei Monaten Gebrauch gemacht wird, entsendet der Zentralbetriebsrat (Betriebsrat) die restlichen Arbeitnehmervertreter durch Mehrheitsbeschluß in den Aufsichtsrat.

(2a)[a)] In börsenotierten Unternehmen sowie in Unternehmen, in denen dauernd mehr als 1 000 Arbeitnehmer beschäftigt sind, gilt Abs. 1 mit der Maßgabe, dass unter den in den Aufsichtsrat entsandten Arbeitnehmervertretern jedes der beiden Geschlechter im Ausmaß von mindestens 30 Prozent vertreten sein muss, sofern mindestens drei Arbeitnehmervertreter in den Aufsichtsrat zu entsenden sind und die Belegschaft zu mindestens 20 Prozent aus Arbeitnehmerinnen bzw. Arbeitnehmern besteht.

(2b)[a)] In Unternehmen gemäß Abs. 2a ist das Nominierungsrecht gemäß Abs. 2 in der Weise auszuüben, dass dadurch die Entsendung beider Geschlechter im Ausmaß von jeweils mindestens 30 Prozent gewährleistet ist. Wenn die wahlwerbenden Gruppen von ihrem Vorschlagsrecht nicht in dieser Weise Gebrauch machen, bleiben jene Sitze, die zunächst zu besetzen sind und aus denen die Nichterreichung des Mindestanteils von 30 Prozent Arbeitnehmerinnen bzw. Arbeitnehmern im Aufsichtsrat folgt, bis zur Erstattung eines gesetzmäßigen Vorschlages unbesetzt; es sei denn, der Mindestanteil ist gemäß § 86 Abs. 9 AktG erfüllt (Gesamtbetrachtung). Eine Nachnominierung auf die frei bleibenden Sitze zur Erfüllung des Mindestanteils ist jederzeit möglich.

(2c)[a)] Bei der Berechnung des Mindestanteilsgebots ist auf volle Personenzahlen zu runden; aufzurunden ist, wenn der errechnete Mindestanteil eine Dezimalstelle von zumindest fünf aufweist.

(2d)[a)] In Unternehmen gemäß Abs. 2a kann die Nominierung von Arbeitnehmervertretern für die Entsendung in den Aufsichtsrat abweichend von dem Verfahren gemäß Abs. 2 erfolgen, sofern der Zentralbetriebsrat (Betriebsrat) einen entsprechenden einvernehmlichen Beschluss fasst und dabei der Mindestanteil der zu entsendenden Arbeitnehmerinnen bzw. Arbeitnehmer gemäß Abs. 2a gewahrt bleibt.

[a)] Siehe § 264 Abs. 32.

(BGBl I 2017/104)

(3) Die Arbeitnehmervertreter im Aufsichtsrat üben ihre Funktion ehrenamtlich aus; sie haben Anspruch auf Ersatz der angemessenen Barauslagen. Auf sie finden die Bestimmungen der §§ 86 Abs. 1, 87, 90 Abs. 1 zweiter Satz und Abs. 2 und 98 des Aktiengesetzes 1965, BGBl. Nr. 98/1965, keine Anwendung. § 95 Abs. 2 erster Satz Aktiengesetz 1965 findet mit der Maßgabe Anwendung, daß auch zwei Arbeitnehmervertreter im Aufsichtsrat jederzeit vom Vorstand einen Bericht über die Angelegenheiten der Gesellschaft einschließlich ihrer Beziehungen zu Konzernunternehmen verlangen können. Ein Beschluß des Aufsichtsrates über die Bestellung und Abberufung von Mitgliedern des Vorstandes bedarf, abgesehen von den allgemeinen Beschlußerfordernissen des Aktiengesetzes, zu seiner Wirksamkeit der Zustimmung der Mehrheit der nach dem Aktiengesetz 1965 oder der Satzung bestellten Mitglieder. Das gleiche gilt für die Wahl des Aufsichtsratsvorsitzenden und seines ersten Stellvertreters. Im übrigen haben die Arbeitnehmervertreter im Aufsichtsrat gleiche Rechte und Pflichten wie nach dem Aktiengesetz 1965 oder der Satzung bestellte Aufsichtsratsmitglieder. Ihre Mitgliedschaft endet mit der Mitgliedschaft zum Betriebsrat oder mit der Abberufung durch die entsendende Stelle. Die Arbeitnehmervertreter im Aufsichtsrat sind vom Zentralbetriebsrat abzuberufen und neu zu entsenden, wenn sich die Zahl der von der Hauptversammlung gewählten Aufsichtsratsmitglieder ändert.

(4) Die Arbeitnehmervertreter im Aufsichtsrat haben das Recht, für Ausschüsse des Aufsichtsrates Mitglieder mit Sitz und Stimme nach dem in Abs. 1 festgelegten Verhältnis namhaft zu machen. Dies gilt nicht für Ausschüsse, die die Beziehungen zwischen der Gesellschaft und Mitgliedern des Vorstandes behandeln.

(BGBl 1986/394)

(5) Die Abs. 1 bis 4 über die Vertretung der Arbeitnehmer im Aufsichtsrat von Aktiengesellschaften sind sinngemäß anzuwenden auf:

1. Gesellschaften mit beschränkter Haftung,
2. Versicherungsvereine auf Gegenseitigkeit,
3. die Österreichische Postsparkasse,
4. Genossenschaften, die dauernd mindestens 40 Arbeitnehmer beschäftigen, sowie
5. Sparkassen im Sinne des Sparkassengesetzes, BGBl. Nr. 64/1979, in der jeweils geltenden Fassung.

(BGBl 1990/411)

(6) An der Entsendung von Arbeitnehmervertretern in den Aufsichtsrat einer Aktiengesellschaft (Gesellschaft mit beschränkter Haftung, Genossenschaft), die

1. Aktiengesellschaften,
2. aufsichtsratspflichtige Gesellschaften mit beschränkter Haftung,
3. Gesellschaften mit beschränkter Haftung im Sinne des § 29 Abs. 2 Z 1 GmbHG,
4. aufsichtsratspflichtige Genossenschaften,
5. Europäische Gesellschaften,
6. Europäische Genossenschaften

einheitlich leitet (§ 15 Abs. 1 Aktiengesetz 1965) oder auf Grund einer unmittelbaren Beteiligung von mehr als 50 Prozent beherrscht, nehmen der Zentralbetriebsrat (Betriebsrat) des herrschenden Unternehmens und die Gesamtheit der Mitglieder aller in den beherrschten Unternehmen (Z 1 bis 4) bestellten Betriebsräte teil, sofern das herrschende Unternehmen höchstens halb so viele Arbeitnehmer beschäftigt als alle beherrschten Unternehmen zusammen. Der Zentralbetriebsrat (Betriebsrat) des herrschenden Unternehmens entsendet unter sinngemäßer Anwendung der Abs. 2a bis 2d so viele Arbeitnehmervertreter, als dem Verhältnis der Zahl der im herrschenden Unternehmen beschäftigten Arbeitnehmer zur Zahl der in den beherrschten Unternehmen beschäftigten Arbeitnehmer entspricht, mindestens jedoch einen Arbeitnehmervertreter.[a] Dieses Recht des Zentralbetriebsrates (Betriebsrates) des herrschenden Unternehmens, unabhängig vom Verhältnis der Zahl der im herrschenden Unternehmen beschäftigten Arbeitnehmer zur Zahl der in den beherrschten Unternehmen beschäftigten Arbeitnehmer einen Arbeitnehmervertreter zu entsenden, entfällt, wenn sich die Tätigkeit des herrschenden Unternehmens auf die Verwaltung von Unternehmensanteilen der beherrschten Unternehmen beschränkt. Die übrigen Arbeitnehmervertreter im Aufsichtsrat sind von der Gesamtheit der in den beherrschten Unternehmen (Z 1 bis 4) bestellten Betriebsräte aus dem Kreis der Betriebsratsmitglieder, denen das aktive Wahlrecht zum Betriebsrat zusteht, nach den Grundsätzen des Verhältniswahlrechtes geheim zu wählen; auf diese Wahl sind die Bestimmungen der §§ 51 Abs. 3, 54 Abs. 2, 56 Abs. 1, 57, 59, 60, 62 Z 2 bis 5, 64 Abs. 1 Z 1 bis 3 und Abs. 4, 65 Abs. 1 erster Satz und Abs. 2, 78 Abs. 4, 81 Abs. 1 zweiter Satz, Abs. 2 und Abs. 4 sowie 82 Abs. 1 erster Satz sinngemäß anzuwenden. Dieser Absatz gilt nicht für Banken (§ 1 Bankwesengesetz, BGBl. Nr. 532/1993) und Versicherungsunternehmungen.

[a] Siehe § 264 Abs. 32.

(BGBl 1986/394, BGBl 1990/411, BGBl 1993/460, BGBl I 2004/82, BGBl I 2006/104, BGBl I 2017/104)

(6a) Abs. 6 gilt auch für herrschende Unternehmen, in denen kein Betriebsrat zu errichten ist, wenn deren Tätigkeit sich nicht nur auf die Verwaltung von Unternehmensanteilen der beherrschten Unternehmen beschränkt. Die Arbeitnehmervertreter im Aufsichtsrat sind von der Gesamtheit der in den beherrschten Unternehmen bestellten Betriebsräte nach Maßgabe der Bestimmungen des Abs. 6 vorletzter Satz zu wählen.

(BGBl 1993/460)

(6b) Ist in einem Konzern im Sinne der Abs. 6 und 6a eine Konzernvertretung (§ 88a) errichtet, so hat diese die Arbeitnehmervertreter in den Aufsichtsrat des herrschenden Unternehmens zu entsenden. Die aus dem Zentralbetriebsrat (Betriebsrat) des herrschenden Unternehmens stammenden Konzernvertretungsmitglieder haben das Recht, so viele Arbeitnehmervertreter vorzuschlagen, wie dem Verhältnis der Zahl der im herrschenden Unternehmen beschäftigten Arbeitnehmer zur Zahl der in den beherrschten Unternehmen beschäftigten Arbeitnehmer entspricht, mindestens jedoch einen Arbeitnehmervertreter. Abs. 6 dritter Satz ist sinngemäß anzuwenden. Die übrigen Arbeitnehmervertreter werden von den aus den Zentralbetriebsräten (Betriebsräten) der beherrschten Unternehmen stammenden Konzernvertretungsmitgliedern vorgeschlagen. Für die Ausübung des Vorschlagsrechts innerhalb der jeweiligen Gruppe der Konzernvertretungsmitglieder gilt Abs. 2 bis 2d sinngemäß.[a]

(BGBl 1993/460, BGBl 1996/601, BGBl I 2017/104)

[a] Siehe § 264 Abs. 32.

(7) Ist in einer Gesellschaft mit beschränkter Haftung, die persönlich haftender Gesellschafter in einer Kommanditgesellschaft ist, nach Gesetz oder Gesellschaftsvertrag ein Aufsichtsrat zu bestellen, so sind die Arbeitnehmervertreter im Aufsichtsrat der Gesellschaft mit beschränkter Haftung von der Gesamtheit der Mitglieder aller in den Unternehmen der Gesellschaft mit beschränkter Haftung und der Kommanditgesellschaft errichteten Betriebsräte aus dem Kreise der Betriebsratsmitglieder, denen das aktive Wahlrecht zum Betriebsrat zusteht, nach den Grundsätzen des Verhältniswahlrechtes geheim zu wählen. Die Bestimmungen der §§ 51 Abs. 3, 54 Abs. 2, 56 Abs. 1, 57, 59, 60, 62 Z 2 bis 5, 64 Abs. 1, Z 1 bis 3 und Abs. 4, 65 Abs. 1 erster Satz und Abs. 2, 78 Abs. 4, 81 Abs. 1 zweiter Satz, Abs. 2 und Abs. 4 sowie 82 Abs. 1 erster Satz sind sinngemäß anzuwenden.

(BGBl 1986/394)

(8) Die Mitwirkung von Arbeitnehmern im Stiftungsrat des Österreichischen Rundfunks richtet sich nach den Bestimmungen des ORF-Gesetzes.

(BGBl 1986/394, BGBl I 2001/83)

(9) (aufgehoben)

(BGBl 1987/321)

Einspruch gegen die Wirtschaftsführung

§ 111. (1) In Betrieben, in denen dauernd mehr als 200 Arbeitnehmer beschäftigt sind, kann der Betriebsrat

1. gegen Betriebsänderungen (§ 109 Abs. 1) oder
2. gegen andere wirtschaftliche Maßnahmen, sofern sie wesentliche Nachteile für die Arbeitnehmer mit sich bringen,

binnen drei Tagen ab Kenntnisnahme beim Betriebsinhaber Einspruch erheben. Diese Bestimmung gilt sinngemäß für Unternehmen der in § 40 Abs. 4 bezeichneten Art, wenn die Zahl der im Unternehmen beschäftigten Arbeitnehmer dauernd mehr als 400 beträgt, und von der wirtschaftlichen Maßnahme mehr als 200 Arbeitnehmer betroffen sind.

(2) Richtet sich der Einspruch des Betriebsrates gegen eine geplante Betriebsstilllegung, so hat er für einen Zeitraum von längstens vier Wochen, vom Tage der Mitteilung des Betriebsinhabers an den Betriebsrat gerechnet, aufschiebende Wirkung.

(3) Kommt zwischen Betriebsinhaber und Betriebsrat binnen einer Woche ab Erhebung des Einspruches eine Einigung nicht zustande, so kann über einen binnen weiterer drei Tage von einem der Streitteile zu stellenden Antrag eine von den zuständigen kollektivvertragsfähigen Körperschaften der Arbeitgeber und Arbeitnehmer paritätisch besetzte Schlichtungskommission Schlichtungsverhandlungen einleiten.

(4) Die Schlichtungskommission hat zwischen den Streitteilen zu vermitteln und auf eine Vereinbarung der Streitteile zwecks Beilegung der Streitigkeit hinzuwirken. Die Schlichtungskommission kann zur Beilegung der Streitigkeit einen Schiedsspruch nur fällen, wenn die beiden Streitteile vorher die schriftliche Erklärung abgeben, daß sie sich dem Schiedsspruch unterwerfen.

(5) Schiedssprüche sowie vor der Schlichtungskommission abgeschlossene schriftliche Vereinbarungen gelten als Betriebsvereinbarungen im Sinne des § 29.

Staatliche Wirtschaftskommission

§ 112. (1) In Betrieben, in denen dauernd mehr als 400 Arbeitnehmer beschäftigt sind, kann der Betriebsrat gegen Maßnahmen im Sinne des § 111 Abs. 1

1. binnen einer weiteren Woche einen Einspruch bei der Staatlichen Wirtschaftskommission erheben, wenn innerhalb von zwei Wochen ab Antragstellung bei der Schlichtungskommission eine Einigung oder ein Schiedsspruch nicht zustande kommt, oder
2. wenn eine Schlichtungskommission im Sinne des § 111 Abs. 3 nicht errichtet ist und zwischen Betriebsrat und Betriebsinhaber binnen einer Woche ab Erhebung des Einspruches gemäß § 111 Abs. 1 eine Einigung nicht zustande kommt, binnen einer weiteren Woche über den Österreichischen Gewerkschaftsbund einen Einspruch bei der Staatlichen Wirtschaftskommission erheben, wenn es sich um eine Angelegenheit von gesamtwirtschaftlicher Bedeutung handelt. Diese Bestimmungen gelten sinngemäß für Unternehmen der in § 40 Abs. 4 bezeichneten Art, wenn die Zahl der im Unternehmen beschäftigten Arbeitnehmer dauernd mehr als 400 beträgt und von der wirtschaftlichen Maßnahme mehr als 200 Arbeitnehmer betroffen sind.

(2) Die Staatliche Wirtschaftskommission hat zwischen Betriebsrat und Betriebsinhaber zu vermitteln und zum Zwecke des Interessenausgleichs Vorschläge zur Beilegung der Streitfragen zu erstatten.

(3) Kommt eine Einigung nicht zustande, hat der Betriebsinhaber der Staatlichen Wirtschaftskommission alle zur Behandlung des Einspruchs notwendigen und die ihm bezeichneten Unterlagen zu übermitteln. Die Staatliche Wirtschaftskommission hat in Form eines Gutachtens festzustellen, ob der Einspruch berechtigt ist.

(4) Für die in der Anlage zu § 2 des Bundesministeriengesetzes 1973, BGBl. Nr. 389, Teil 2 A Z 11[a] genannten Betriebe und Unternehmungen ist beim Bundeskanzleramt unter dem Vorsitz des Bundeskanzlers oder eines von ihm bestellten Vertreters, für die nach der Anlage zu § 2 des Bundesministeriengesetzes 1973, Teil 2 M in die Kompetenz des Bundesministeriums für Verkehr fallenden Betriebe und Unternehmungen ist beim Bundesministerium für Verkehr, für die übrigen Betriebe und Unternehmungen ist beim Bundesministerium für Handel, Gewerbe und Industrie unter dem Vorsitz des zuständigen Bundesministers oder eines von ihm bestellten Vertreters eine Staatliche Wirtschaftskommission zu errichten. Die übrigen Mitglieder der beim Bundeskanzleramt, beim Bundesministerium für Verkehr und beim Bundesministerium für Handel, Gewerbe und Industrie errichteten Wirtschaftskommissionen werden in gleicher Anzahl von der Wirtschaftskammer Österreich und von der Bundeskammer für Arbeiter und Angestellte entsendet.

(BGBl 1996/601)

[a] Die in Teil 2 A Ziff. 11 und Teil 2 M der Anlage zu § 2 des Bundesministeriengesetzes 1973, BGBl Nr. 389, genannten Betriebe und Unternehmungen ressortieren gem. dem BG BGBl 1987/78 nunmehr mit Ausnahme der Angelegenheiten des Eisenbahnmuseums sowie des Post- und Telegraphenmuseums beim Bundesministerium für Öffentliche Wirtschaft und Verkehr (Teil 2 L der Anlage zu § 2 des Bundesministeriengesetzes 1986, BGBl 1986/76 idgF).

Abschnitt 5
Organzuständigkeit

Kompetenzabgrenzung

§ 113. (1) Die der Arbeitnehmerschaft zustehenden Befugnisse werden, soweit nicht anderes bestimmt ist, durch Betriebsräte ausgeübt.

(2) In Betrieben, in denen ein Betriebsausschuß errichtet ist, werden vom Betriebsausschuß folgende Befugnisse ausgeübt:

1. Beratungsrecht (§ 92);
2. wirtschaftliche Informations- und Interventionsrechte (§ 108);
3. Mitwirkung in wirtschaftlichen Angelegenheiten gemäß §§ 109 bis 112;
4. Abschluß, Änderung und Aufhebung von Betriebsvereinbarungen, deren Geltungsbereich

alle im Betriebsausschuß vertretenen Arbeitnehmergruppen erfaßt;

5. soweit die Interessen aller im Betriebsausschuß vertretenen Arbeitnehmergruppen betroffen sind
   a) Überwachung der Einhaltung der die Arbeitnehmer betreffenden Vorschriften (§ 89);
   b) Recht auf Intervention (§ 90);
   c) allgemeines Informationsrecht (§ 91);
   d) Mitwirkung in Arbeitsschutzangelegenheiten (§ 92a);
   e) Mitwirkung an betriebs- und unternehmenseigenen Schulungs-, Bildungs- und Wohlfahrtseinrichtungen (§§ 94 und 95);
6. Entsendung von Arbeitnehmervertretern in das besondere Verhandlungsgremium (§§ 179, 180) und in den Europäischen Betriebsrat (§ 193);
   (BGBl 1996/601)
7. Mitwirkung an den Unterrichtungs- und Anhörungsverfahren gemäß den nach den §§ 189, 190 oder 206 abgeschlossenen Vereinbarungen;
   (BGBl 1996/601, BGBl I 2004/82)
8. Entsendung von Arbeitnehmervertretern in das besondere Verhandlungsgremium (§§ 217, 218), in den SE-Betriebsrat (§ 234) und in den Aufsichts- oder Verwaltungsrat der Europäischen Gesellschaft (§ 247);
   (BGBl I 2004/82)
9. Mitwirkung an den Unterrichtungs- und Anhörungsverfahren gemäß den nach den §§ 230 oder 231 abgeschlossenen Vereinbarungen;
   (BGBl I 2004/82, BGBl I 2006/104)
10. Entsendung von Arbeitnehmervertretern in das besondere Verhandlungsgremium (§ 257 iVm §§ 217, 218), in den SCE-Betriebsrat (§ 257 iVm § 234) und in den Aufsichts- oder Verwaltungsrat der Europäischen Genossenschaft (§ 257 iVm § 247);
    (BGBl I 2006/104)
11. Mitwirkung an den Unterrichtungs- und Anhörungsverfahren gemäß den nach § 257 iVm den §§ 230 oder 231 abgeschlossenen Vereinbarungen;
    (BGBl I 2006/104, BGBl I 2007/77)
12. Entsendung von Arbeitnehmervertretern in das besondere Verhandlungsgremium (§ 260 iVm §§ 217, 218) oder in das besondere Entsendungsgremium (§ 261 iVm §§ 217, 218) und in den Aufsichts- oder Verwaltungsrat der aus der grenzüberschreitenden Verschmelzung hervorgegangenen Gesellschaft (§ 260 bzw. § 261 iVm § 247).
    (BGBl I 2007/77)

Befugnisse in Angelegenheiten, die ausschließlich die Interessen einer im Betriebsausschuß nicht vertretenen Arbeitnehmergruppe betreffen, können vom Betriebsausschuß nicht ausgeübt werden.

(BGBl 1975/360, BGBl 1981/354, BGBl 1994/450)

(3) In Betrieben, in denen ein gemeinsamer Betriebsrat (§ 40 Abs. 3) errichtet ist, werden von diesem sowohl die Befugnisse gemäß Abs. 1 als auch jene gemäß Abs. 2 ausgeübt.

(4) In Unternehmen, in denen ein Zentralbetriebsrat zu errichten ist, werden folgende Befugnisse von diesem ausgeübt:

1. Mitwirkung in wirtschaftlichen Angelegenheiten gemäß §§ 110 bis 112;
2. soweit sie nicht nur die Interessen der Arbeitnehmerschaft eines Betriebes berühren
   a) Recht auf Intervention (§ 90);
   b) allgemeines Informationsrecht (§ 91);
   c) Beratungsrecht (§ 92);
   d) Mitwirkung in Arbeitsschutzangelegenheiten (§ 92a);
      (BGBl 1994/450)
   e) Mitwirkung an betriebs- und unternehmenseigenen Schulungs-, Bildungs- und Wohlfahrtseinrichtungen (§§ 94 und 95);
      (BGBl 1994/450)
   f) wirtschaftliche Informations- und Interventionsrechte (§ 108);
      (BGBl 1975/360, BGBl 1994/450)
   g) Mitwirkung bei Betriebsänderungen gemäß § 109.
      (BGBl 1994/450)
3. Wahrnehmung der Rechte gemäß § 89 Z 3 hinsichtlich geplanter und in Bau befindlicher Betriebsstätten des Unternehmens, für die noch kein Betriebsrat zuständig ist;
   (BGBl 1986/394)
4. Entsendung von Arbeitnehmervertretern in das besondere Verhandlungsgremium (§§ 179, 180) und in den Europäischen Betriebsrat (§ 193);
   (BGBl 1996/601)
5. Mitwirkung an den Unterrichtungs- und Anhörungsverfahren gemäß den nach den §§ 189, 190 oder 206 abgeschlossenen Vereinbarungen;
   (BGBl 1996/601, BGBl I 2002/100)
6. Abschluss von Betriebsvereinbarungen nach § 97 Abs. 1 Z 1b;
   (BGBl I 2002/100, BGBl I 2004/82)
7. Entsendung von Arbeitnehmervertretern in das besondere Verhandlungsgremium (§§ 217, 218), in den SE-Betriebsrat (§ 234) und in den Aufsichts- oder Verwaltungsrat der Europäischen Gesellschaft (§ 247);
   (BGBl I 2004/82)
8. Mitwirkung an den Unterrichtungs- und Anhörungsverfahren gemäß den nach den §§ 230 oder 231 abgeschlossenen Vereinbarungen.
   (BGBl I 2004/82, BGBl I 2006/104)

9. Entsendung von Arbeitnehmervertretern in das besondere Verhandlungsgremium (§ 257 iVm §§ 217, 218), in den SCE-Betriebsrat (§ 257 iVm § 234) und in den Aufsichts- oder Verwaltungsrat der Europäischen Genossenschaft (§ 257 iVm § 247);

   (BGBl I 2006/104)
10. Mitwirkung an den Unterrichtungs- und Anhörungsverfahren gemäß den nach § 257 iVm den §§ 230 oder 231 abgeschlossenen Vereinbarungen;

    (BGBl I 2006/104, BGBl I 2007/77)
11. Entsendung von Arbeitnehmervertretern in das besondere Verhandlungsgremium (§ 260 iVm §§ 217, 218) oder in das besondere Entsendungsgremium (§ 261 iVm §§ 217, 218) und in den Aufsichts- oder Verwaltungsrat der aus der grenzüberschreitenden Verschmelzung hervorgegangenen Gesellschaft (§ 260 bzw. § 261 iVm § 247).

    (BGBl I 2007/77)

(5) In Konzernen, in denen eine Konzernvertretung errichtet ist, werden folgende Befugnisse von dieser ausgeübt:

1. Entsendung von Arbeitnehmervertretern in den Aufsichtsrat gemäß § 110 Abs. 6b;
2. soweit die Interessen der Arbeitnehmerschaft von mehr als einem Unternehmen im Konzern betroffen sind:
   a) Recht auf Intervention (§ 90);
   b) allgemeines Informationsrecht (§ 91);
   c) Beratungsrecht (§ 92);
   d) Mitwirkung an konzerneigenen Maßnahmen im Zusammenhang mit Schulungs-, Bildungs- und Wohlfahrtseinrichtungen (§§ 94 und 95);
3. soweit die Interessen der Arbeitnehmer mehr als eines Unternehmens im Konzern betroffen sind und eine einheitliche Vorgangsweise, insbesondere durch Konzernrichtlinien, erfolgt:
   a) wirtschaftliche Informations- und Interventionsrechte (§ 108);
   b) Mitwirkung an Betriebsänderungen gemäß § 109, mit der Maßgabe, daß § 109 Abs. 3 nur bei Betriebsänderungen im Sinne des § 109 Abs. 1 Z 1 bis 4 anzuwenden ist;
4. Wahrnehmungen der Rechte gemäß § 89 Z 3 hinsichtlich geplanter und im Bau befindlicher Betriebsstätten eines Unternehmens im Konzern, für das noch kein anderes Organ der Arbeitnehmerschaft zuständig ist;
5. Entsendung von Arbeitnehmervertretern in das besondere Verhandlungsgremium (§§ 179, 180) und in den Europäischen Betriebsrat (§ 193);

   (BGBl 1996/601)
6. Mitwirkung an den Unterrichtungs- und Anhörungsverfahren gemäß den nach den §§ 189, 190 oder 206 abgeschlossenen Vereinbarungen;

   (BGBl 1996/601, BGBl I 2004/82)
7. Entsendung von Arbeitnehmervertretern in das besondere Verhandlungsgremium (§§ 217, 218), in den SE-Betriebsrat (§ 234) und in den Aufsichts- oder Verwaltungsrat der Europäischen Gesellschaft (§ 247);

   (BGBl I 2004/82)
8. Mitwirkung an den Unterrichtungs- und Anhörungsverfahren gemäß den nach den §§ 230 oder 231 abgeschlossenen Vereinbarungen.

   (BGBl I 2004/82, BGBl I 2006/104)
9. Entsendung von Arbeitnehmervertretern in das besondere Verhandlungsgremium (§ 257 iVm §§ 217, 218), in den SCE-Betriebsrat (§ 257 iVm § 234) und in den Aufsichts- oder Verwaltungsrat der Europäischen Genossenschaft (§ 257 iVm § 247);

   (BGBl I 2006/104)
10. Mitwirkung an den Unterrichtungs- und Anhörungsverfahren gemäß den nach § 257 iVm den §§ 230 oder 231 abgeschlossenen Vereinbarungen;

    (BGBl I 2006/104, BGBl I 2007/77)
11. Entsendung von Arbeitnehmervertretern in das besondere Verhandlungsgremium (§ 260 iVm §§ 217, 218) oder in das besondere Entsendungsgremium (§ 261 iVm §§ 217, 218) und in den Aufsichts- oder Verwaltungsrat der aus der grenzüberschreitenden Verschmelzung hervorgegangenen Gesellschaft (§ 260 bzw. § 261 iVm § 247).

    (BGBl I 2007/77)

Beratungs- und Informationsrechte der Konzernvertretung richten sich an die Konzernleitung bzw. an die Unternehmensleitung des in Österreich herrschenden Unternehmens. Von der Konzernvertretung abgeschlossene Betriebsvereinbarungen sind für jene Unternehmen verbindlich, deren Leitungen der Vereinbarung beigetreten sind.

(BGBl 1986/394, BGBl 1993/460)

Kompetenzübertragung

§ 114. (1) Der Betriebsrat und der Betriebsausschuß können dem Zentralbetriebsrat mit dessen Zustimmung die Ausübung ihrer Befugnisse für einzelne Fälle oder für bestimmte Angelegenheiten übertragen. Die Übertragung kann jederzeit, hinsichtlich in Behandlung stehender Angelegenheiten jedoch nur aus wichtigem Grund, widerrufen werden.

(BGBl I 2013/67)

(2) In Angelegenheiten nach §§ 96, 96a und 97, die die Interessen der Arbeitnehmer mehr als eines Unternehmens betreffen und in denen eine einheitliche Vorgangsweise des Konzerns, insbesondere durch Konzernrichtlinien, erfolgt, kann der Zentralbetriebsrat der Konzernvertretung mit deren Zustimmung die Ausübung seiner eigenen und ihm übertragender Befugnisse übertragen, soweit der-

artige Angelegenheiten nicht ohnedies gemäß § 113 Abs. 5 in der Zuständigkeit der Konzernvertretung fallen. Besteht kein Zentralbetriebsrat, so kann der Betriebsrat (Betriebsausschuß) eine derartige Kompetenzübertragung vornehmen. Die Übertragung kann gemäß Abs. 1 widerrufen werden.

(BGBl 1993/460, BGBl I 2013/67)

(3) Die Konzernvertretung kann übertragene Befugnisse nur ausüben, wenn eine Kompetenzübertragung durch zumindest zwei Zentralbetriebsräte (Betriebsausschüsse, Betriebsräte) erfolgt ist.

(BGBl 1993/460)

(4) Beschlüsse im Sinne der Abs. 1 und 2 sind dem Betriebsinhaber umgehend mitzuteilen und erlangen erst mit der Verständigung Rechtswirksamkeit.

(BGBl 1990/282)

4. HAUPTSTÜCK
Rechtsstellung der Mitglieder des Betriebsrates

Grundsätze der Mandatsausübung, Verschwiegenheitspflicht

§ 115. (1) Das Mandat des Betriebsratsmitgliedes ist ein Ehrenamt, das, soweit im folgenden nicht anderes bestimmt wird, neben den Berufspflichten auszuüben ist. Für erwachsene Barauslagen gebührt den Mitgliedern des Betriebsrates Ersatz aus dem Betriebsratsfonds.

(2) Die Mitglieder des Betriebsrates sind bei Ausübung ihrer Tätigkeit an keinerlei Weisungen gebunden. Sie sind nur der Betriebs(Gruppen)versammlung verantwortlich.

(3) Die Mitglieder des Betriebsrates dürfen in der Ausübung ihrer Tätigkeit nicht beschränkt und wegen dieser, insbesondere hinsichtlich des Entgelts, der Aufstiegsmöglichkeiten und betrieblicher Schulungs- und Umschulungsmaßnahmen, nicht benachteiligt werden. Das Beschränkungs- und Benachteiligungsverbot gilt auch hinsichtlich der Versetzung eines Betriebsratsmitgliedes.

(BGBl 1986/394, BGBl I 2010/101)

(4) Die Mitglieder und Ersatzmitglieder des Betriebsrates sind verpflichtet, über alle in Ausübung ihres Amtes bekanntgewordenen Geschäfts- und Betriebsgeheimnisse, insbesondere über die ihnen als geheim bezeichneten technischen Einrichtungen, Verfahren und Eigentümlichkeiten des Betriebes Verschwiegenheit zu bewahren. Werden im Zuge der Mitwirkung in personellen Angelegenheiten Mitgliedern des Betriebsrates persönliche Verhältnisse oder Angelegenheiten der Arbeitnehmer bekannt, die ihrer Bedeutung oder ihrem Inhalt nach einer vertraulichen Behandlung bedürfen, so haben sie hierüber Verschwiegenheit zu bewahren.

Freizeitgewährung

§ 116. Den Mitgliedern des Betriebsrates ist, unbeschadet einer Bildungsfreistellung nach § 118, die zur Erfüllung ihrer Obliegenheiten erforderliche Freizeit unter Fortzahlung des Entgeltes zu gewähren.

Freistellung

§ 117. (1) Auf Antrag des Betriebsrates sind in Betrieben mit mehr als 150 Arbeitnehmern ein, in Betrieben mit mehr als 700 Arbeitnehmern zwei und in Betrieben mit mehr als 3000 Arbeitnehmern drei Mitglieder des Betriebsrates und für je weitere dreitausend Arbeitnehmer ein weiteres Mitglied des Betriebsrates von der Arbeitsleistung unter Fortzahlung des Entgeltes freizustellen.

(2) In Betrieben, in denen getrennte Betriebsräte der Arbeiter und der Angestellten zu wählen sind, gelten die in Abs. 1 angeführten Zahlen für die betreffenden Arbeitnehmergruppen.

(3) Sind in Betrieben eines Unternehmens, in denen eine Freistellung von Betriebsratsmitgliedern gemäß Abs. 1 und 2 nicht möglich ist, mehr als 400 Arbeitnehmer beschäftigt, so ist auf Antrag des Zentralbetriebsrates ein Mitglied desselben unter Fortzahlung des Entgeltes von der Arbeitsleistung freizustellen.

(4) (aufgehoben)

(BGBl I 2010/101)

(5) Sind in einem Konzern im Sinne des § 15 des Aktiengesetzes 1965 oder des § 115 des Gesetzes über Gesellschaften mit beschränkter Haftung, in dem eine Freistellung von Betriebsratsmitgliedern gemäß Abs. 1 bis 3 nicht möglich ist, mehr als 400 Arbeitnehmer beschäftigt, und ist eine Konzernvertretung gemäß § 88a errichtet, so kann die Konzernvertretung beschließen, daß ein in der Konzernvertretung vertretener Betriebsrat (Zentralbetriebsrat) für eines seiner Mitglieder die Freistellung von der Arbeitsleistung unter Fortzahlung des Entgelts in Anspruch nehmen kann. Der Beschluß der Konzernvertretung und der Freistellungsantrag des Betriebsrates (Zentralbetriebsrates) sind der Konzernleitung und dem Betriebsinhaber des Betriebes, in dem das freizustellende Betriebsratsmitglied beschäftigt ist, zu übermitteln.

(BGBl 1990/411, BGBl 1993/460)

(6) Sinkt im Zuge einer rechtlichen Verselbständigung (§ 62b) die Anzahl der Arbeitnehmer unter die für den Freistellungsanspruch gemäß Abs. 1 bis 3 erforderliche Anzahl, so bleibt die Freistellung bis zum Ablauf der Tätigkeitsdauer des Betriebsrates, dem der Freigestellte angehört, aufrecht. Die Freistellung endet jedoch, wenn ein Betriebsratsmitglied gemäß Abs. 5 freigestellt wird.

(BGBl 1990/411)

Bildungsfreistellung

§ 118. (1) Jedes Mitglied des Betriebsrates hat Anspruch auf Freistellung von der Arbeitsleistung zur Teilnahme an Schulungs- und Bildungsveranstaltungen bis zum Höchstausmaß von drei Wochen und drei Arbeitstagen innerhalb einer Funktionsperiode unter Fortzahlung des Entgeltes; in Betrieben, in denen dauernd weniger als 20 Arbeitnehmer beschäftigt sind, hat jedes Mitglied des Betriebsrates Anspruch auf eine solche Freistellung gegen Entfall des Entgeltes.

(BGBl 1986/394, BGBl I 2017/12)

(2) Die Dauer der Freistellung kann in Ausnahmefällen bei Vorliegen eines Interesses an einer besonderen Ausbildung bis zu fünf Wochen ausgedehnt werden.

(BGBl 1986/394)

(3) Die Schulungs- und Bildungsveranstaltungen müssen von kollektivvertragsfähigen Körperschaften der Arbeitnehmer oder der Arbeitgeber veranstaltet sein oder von diesen übereinstimmend als geeignet anerkannt werden und vornehmlich die Vermittlung von Kenntnissen zum Gegenstand haben, die der Ausübung der Funktion als Mitglied des Betriebsrates dienen.

(4) Der Betriebsrat hat den Betriebsinhaber mindestens vier Wochen vor Beginn des Zeitraumes, für den die Freistellung beabsichtigt ist, in Kenntnis zu setzen. Der Zeitpunkt der Freistellung ist im Einvernehmen zwischen Betriebsinhaber und Betriebsrat festzusetzen, wobei die Erfordernisse des Betriebes einerseits und die Interessen des Betriebsrates und des Betriebsratsmitgliedes andererseits zu berücksichtigen sind. Im Streitfall entscheidet das Gericht.

(BGBl 1986/563)

(5) Betriebsratsmitglieder, die in der laufenden Funktionsperiode bereits nach § 119 freigestellt worden sind, haben während dieser Funktionsperiode keinen Anspruch auf Freistellung gemäß Abs. 1 und 2.

(6) Rückt ein Ersatzmitglied des Betriebsrates in das Mandat eines Mitgliedes des Betriebsrates dauernd nach, so hat es nur insoweit einen Anspruch gemäß Abs. 1 und 2, als das ausgeschiedene Mitglied noch keine Bildungsfreistellung in Anspruch genommen hat. Im Falle des Ausscheidens eines Betriebsratsmitglieds im Zuge einer Betriebsänderung hat das nachrückende Ersatzmitglied einen Anspruch jedenfalls in dem Ausmaß, als es dem Verhältnis der noch offenen zur gesamten Tätigkeitsdauer des Betriebsrats entspricht, sofern sich nicht nach dem ersten Satz ein größerer Anspruch ergibt.

(BGBl 1993/460)

Erweiterte Bildungsfreistellung

§ 119. (1) In Betrieben mit mehr als zweihundert Arbeitnehmern ist neben der Bildungsfreistellung gemäß § 118 auf Antrag des Betriebsrates ein weiteres Betriebsratsmitglied für die Teilnahme an Schulungs- und Bildungsveranstaltungen bis zum Höchstausmaß eines Jahres gegen Entfall des Entgeltes von der Arbeitsleistung freizustellen. §§ 117 Abs. 2 und 4 sowie 118 Abs. 3 und 4 sind sinngemäß anzuwenden.

(2) In Dienstjahren, in die Zeiten einer Bildungsfreistellung gemäß Abs. 1 fallen, gebühren der Urlaub im vollen Ausmaß, das Urlaubsentgelt jedoch in dem Ausmaß, das dem um die Dauer einer Bildungsfreistellung verkürzten Dienstjahr entspricht.

(3) Der Arbeitnehmer behält in Kalenderjahren, in die Zeiten einer Bildungsfreistellung gemäß Abs. 1 fallen, den Anspruch auf sonstige, insbesondere einmalige Bezüge im Sinne des § 67 Abs. 1 des Einkommensteuergesetzes 1972, BGBl. Nr. 440/1972, in dem Ausmaß, das dem um die Dauer der Bildungsfreistellung verkürzten Kalenderjahr entspricht.

(4) Soweit sich Ansprüche eines Arbeitnehmers nach der Dauer der Dienstzeit richten, sind Zeiten einer Bildungsfreistellung gemäß Abs. 1, während der das Arbeitsverhältnis bestanden hat, auf die Dauer der Dienstzeit anzurechnen.

Kündigungs- und Entlassungsschutz

§ 120. (1) Ein Mitglied des Betriebsrates darf bei sonstiger Rechtsunwirksamkeit nur nach vorheriger Zustimmung des Gerichts gekündigt oder entlassen werden. Das Gericht hat bei seiner Entscheidung den sich aus § 115 Abs. 3 ergebenden Schutz der Betriebsratsmitglieder wahrzunehmen. In den Fällen der §§ 121 Z 3 und 122 Abs. 1 Z 3 erster Satzteil, Z 4 erster Satzteil und Z 5 hat das Gericht die Klage auf Zustimmung zur Kündigung oder Entlassung eines Betriebsratsmitgliedes abzuweisen, wenn sie sich auf ein Verhalten des Betriebsratsmitgliedes stützt, das von diesem in Ausübung des Mandates gesetzt wurde und unter Abwägung aller Umstände entschuldbar war.

(2) Im Verfahren nach Abs. 1 ist das Betriebsratsmitglied Partei.

(BGBl 1986/563)

(3) Der sich aus den §§ 120 bis 122 ergebende Schutz beginnt mit dem Zeitpunkt der Annahme der Wahl durch das Betriebsratsmitglied und endet drei Monate nach Erlöschen der Mitgliedschaft zum Betriebsrat, im Falle der dauernden Einstellung des Betriebes mit Ablauf der Tätigkeitsdauer des Betriebsrates.

(4) Die §§ 120 bis 122 gelten sinngemäß für

1. Ersatzmitglieder, die an der Mandatsausübung verhinderte Betriebsratsmitglieder durch mindestens zwei Wochen ununterbrochen vertreten haben, bis zum Ablauf von drei Monaten nach Beendigung dieser Tätigkeit, sofern der Betriebsinhaber vom Beginn und Ende der Vertretung ohne unnötigen Aufschub in Kenntnis gesetzt wurde;
2. Mitglieder von Wahlvorständen und Wahlwerber vom Zeitpunkt ihrer Bestellung bzw. Bewerbung bis zum Ablauf der Frist zur Anfechtung der Wahl. Der Schutz des Wahlwerbers beginnt mit dem Zeitpunkt, in dem nach der Bestellung des Wahlvorstandes seine Absicht, auf einem Wahlvorschlag zu kandidieren, offenkundig wird. Scheint der Wahlwerber auf keinem Wahlvorschlag auf, so endet sein Kündigungs- und Entlassungsschutz bereits mit Ende der Einreichungsfrist für Wahlvorschläge.

3. Mitglieder eines Betriebsrates, der nach Beendigung seiner Tätigkeitsdauer die Geschäfte weiterführt (§ 61 Abs. 2) bis zum Ablauf von drei Monaten nach Beendigung dieser Tätigkeit.

   (BGBl 1986/394)

Kündigungsschutz

§ 121. Das Gericht darf einer Kündigung unter Bedachtnahme auf die Bestimmungen des § 120 nur zustimmen, wenn

1. der Betriebsinhaber im Falle einer dauernden Einstellung oder Einschränkung des Betriebes oder der Stillegung einzelner Betriebsabteilungen den Nachweis erbringt, daß er das betroffene Betriebsratsmitglied trotz dessen Verlangens an einem anderen Arbeitsplatz im Betrieb oder in einem anderen Betrieb des Unternehmens ohne erheblichen Schaden nicht weiterbeschäftigen kann;
2. das Betriebsratsmitglied unfähig wird, die im Arbeitsvertrag vereinbarte Arbeit zu leisten, sofern in absehbarer Zeit eine Wiederherstellung seiner Arbeitsfähigkeit nicht zu erwarten ist und dem Betriebsinhaber die Weiterbeschäftigung oder die Erbringung einer anderen Arbeitsleistung durch das Betriebsratsmitglied zu deren Verrichtung sich dieses bereit erklärt hat, nicht zugemutet werden kann;
3. das Betriebsratsmitglied die ihm auf Grund des Arbeitsverhältnisses obliegenden Pflichten beharrlich verletzt und dem Betriebsinhaber die Weiterbeschäftigung aus Gründen der Arbeitsdisziplin nicht zugemutet werden kann.

(BGBl 1986/563)

Entlassungsschutz

§ 122. (1) Das Gericht darf unter Bedachtnahme auf die Bestimmungen des § 120 einer Entlassung nur zustimmen, wenn das Betriebsratsmitglied

1. absichtlich den Betriebsinhaber über Umstände, die für den Vertragsabschluß oder den Vollzug des in Aussicht genommenen Arbeitsverhältnisses wesentlich sind, in Irrtum versetzt hat;
2. sich einer mit Vorsatz begangenen, mit mehr als einjähriger Freiheitsstrafe bedrohten oder einer mit Bereicherungsvorsatz begangenen gerichtlich strafbaren Handlung schuldig machte, sofern die Verfolgung von Amts wegen oder auf Antrag des Betriebsinhabers zu erfolgen hat;

   (BGBl 1975/360)
3. im Dienste untreu ist oder sich in seiner Tätigkeit ohne Wissen des Betriebsinhabers von dritten Personen unberechtigt Vorteile zuwenden läßt;
4. ein Geschäfts- oder Betriebsgeheimnis verrät oder ohne Einwilligung des Betriebsinhabers ein der Verwendung im Betrieb abträgliches Nebengeschäft betreibt;
5. sich Tätlichkeiten oder erhebliche Ehrverletzungen gegen den Betriebsinhaber, dessen im Betrieb tätige oder anwesende Familienangehörige oder Arbeitnehmer des Betriebes zuschulden kommen läßt, sofern durch dieses Verhalten eine sinnvolle Zusammenarbeit zwischen Betriebsratsmitglied und Betriebsinhaber nicht mehr zu erwarten ist.

(BGBl 1986/563)

(2) Das Gericht darf der Entlassung nicht zustimmen, wenn nach den besonderen Umständen des Falles dem Betriebsinhaber die Weiterbeschäftigung des Betriebsratsmitgliedes zumutbar ist.

(BGBl 1986/563)

(3) In den Fällen des Abs. 1 Z 2 und 5 kann die Entlassung des Betriebsratsmitgliedes gegen nachträgliche Einholung der Zustimmung des Gerichts ausgesprochen werden. Weist das Gericht die Klage auf Zustimmung zur Entlassung ab, so ist sie rechtsunwirksam.

(BGBl 1986/563)

5. Hauptstück
Jugendvertretung

Organe

§ 123. (1) In jedem Betrieb, in dem dauernd mindestens fünf jugendliche Arbeitnehmer beschäftigt werden, sind folgende Organe zu bilden:

1. Die Jugendversammlung;
2. der Wahlvorstand für die Wahl des Jugendvertrauensrates;
3. der Jugendvertrauensrat.

Bei der Berechnung dieser Zahl ist § 40 Abs. 1 zweiter Satz sinngemäß anzuwenden.

(2) Umfaßt ein Unternehmen mehrere Betriebe, die eine wirtschaftliche Einheit bilden und vom Unternehmen zentral verwaltet werden, so sind folgende Organe zu bilden:

1. Der Wahlvorstand für die Wahl des Zentraljugendvertrauensrates;
2. der Zentraljugendvertrauensrat;
3. die Jugendvertrauensräteversammlung.

(BGBl 1986/394)

(3) Jugendliche Arbeitnehmer im Sinne dieses Hauptstückes sind Arbeitnehmer einschließlich Heimarbeiter, die das 18. Lebensjahr noch nicht vollendet haben, sowie Lehrlinge, die das 21. Lebensjahr noch nicht vollendet haben.

(BGBl 1986/394, BGBl I 2010/101)

(4) In Konzernen im Sinne des § 15 des Aktiengesetzes 1965 oder des § 115 des Gesetzes über Gesellschaften mit beschränkter Haftung kann eine Konzernjugendvertretung gebildet werden (§ 131 f.).

(BGBl 1990/411, BGBl 1993/460)

Abschnitt 1
Jugendversammlung

§ 124. (1) Die Jugendversammlung besteht aus der Gesamtheit der jugendlichen Arbeitnehmer des Betriebes und der Mitglieder des Jugendvertrauensrates, die nicht jugendliche Arbeitnehmer sind.

(2) Der Jugendversammlung obliegt:

1. Behandlung von Berichten des Jugendvertrauensrates;
2. Wahl des Wahlvorstandes für die Wahl des Jugendvertrauensrates;
3. Beschlußfassung über die Enthebung des Jugendvertrauensrates.

(3) Die Jugendversammlung ist vom Jugendvertrauensrat mindestens einmal in jedem Kalenderhalbjahr einzuberufen.

(4) Besteht kein Jugendvertrauensrat oder ist er funktionsunfähig, so sind zur Einberufung berechtigt

1. der an Lebensjahren älteste stimmberechtigte jugendliche Arbeitnehmer;
2. sofern Betriebsräte errichtet sind, jeder Betriebsrat;
3. jede zuständige freiwillige Berufsvereinigung oder gesetzliche Interessenvertretung der Arbeitnehmer.

(5) Jeder im Betrieb bestehende Betriebsrat ist berechtigt, durch mindestens einen Vertreter mit beratender Stimme an der Jugendversammlung teilzunehmen.

(6) In der Jugendversammlung sind alle jugendlichen Arbeitnehmer (§ 123 Abs. 3), sowie die Mitglieder des Jugendvertrauensrates, die nicht jugendliche Arbeitnehmer sind, stimmberechtigt, sofern sie am Tag der Jugendversammlung im Betrieb beschäftigt sind.

(BGBl 1990/411, BGBl I 2010/101)

(7) Im übrigen sind auf die Einberufung und Durchführung der Jugendversammlung die Bestimmungen der §§ 43 Abs. 2, 45 Abs. 3, 46 bis 48 sowie 49 Abs. 2 erster und zweiter Satz, und Abs. 3 sinngemäß anzuwenden.

Abschnitt 2
Jugendvertrauensrat

Zahl der Jugendvertrauensratsmitglieder

§ 125. (1) Der Jugendvertrauensrat besteht, soweit Abs. 2 nicht anderes bestimmt, in Betrieben mit 5 bis 10 jugendlichen Arbeitnehmern aus einer Person (Jugendvertreter), in Betrieben mit 11 bis 30 jugendlichen Arbeitnehmern aus zwei Mitgliedern, in Betrieben mit 31 bis 50 jugendlichen Arbeitnehmern aus drei Mitgliedern, in Betrieben mit 51 bis 100 jugendlichen Arbeitnehmern aus vier Mitgliedern. In Betrieben mit mehr als 100 jugendlichen Arbeitnehmern erhöht sich für je weitere hundert jugendliche Arbeitnehmer die Zahl der Mitglieder um eines. In Betrieben mit mehr als 1000 jugendlichen Arbeitnehmern erhöht sich die Zahl der Mitglieder für je weitere 500 jugendliche Arbeitnehmer um eines. Bruchteile von hundert bzw. fünfhundert werden für voll gerechnet.

(2) In Betrieben, in denen sowohl der Gruppe der Arbeiter als auch der Gruppe der Angestellten dauernd mindestens fünf jugendliche Arbeitnehmer angehören, besteht der Jugendvertrauensrat aus von den jugendlichen Arbeitnehmern jeder Gruppe getrennt zu wählenden Mitgliedern. Die Zahl der zu wählenden Mitglieder ergibt sich aus der getrennten Anwendung der Zahlengrenzen des Abs. 1 auf die Zahl der jugendlichen Gruppenangehörigen (§ 41 Abs. 3).

(3) Die Zahl der zu wählenden Mitglieder des Jugendvertrauensrates richtet sich nach der Zahl der jugendlichen Arbeitnehmer am Tag der Wahlausschreibung. Eine spätere Änderung der Zahl der jugendlichen Arbeitnehmer ist auf die Anzahl der Mitglieder des Jugendvertrauensrates ohne Einfluß. § 65 ist sinngemäß anzuwenden.

(BGBl I 2010/101)

(4) Im Jugendvertrauensrat sollen jugendliche Arbeitnehmerinnen und Arbeitnehmer entsprechend ihrem zahlenmäßigen Verhältnis vertreten sein.

(BGBl 1992/833)

(BGBl 1986/394)

Vorbereitung und Durchführung der Wahl des Jugendvertrauensrates

§ 126. (1) Die Tätigkeitsdauer des Jugendvertrauensrates beträgt zwei Jahre. Sie beginnt mit dem Tage der Konstituierung oder mit Ablauf der Tätigkeitsdauer des früheren Jugendvertrauensrates, wenn die Konstituierung vor diesem Zeitpunkt erfolgte.

(2) Zur Durchführung der Wahl des Jugendvertrauensrates hat die Jugendversammlung einen Wahlvorstand zu bestellen.

(3) Der Wahlvorstand besteht aus zwei Arbeitnehmern, die wahlberechtigt (Abs. 4) oder wählbar (Abs. 5) sein müssen, und einem vom Betriebsrat – bei getrennten Betriebsräten vom Betriebsausschuß – entsandten Betriebsratsmitglied. Besteht im Betrieb kein Betriebsrat oder macht er von seinem Entsendungsrecht nicht oder nicht rechtzeitig Gebrauch, so besteht der Wahlvorstand aus drei wahlberechtigten oder wählbaren Arbeitnehmern; in diesem Falle können auch Vorstandsmitglieder oder Angestellte einer zuständigen freiwilligen Berufsvereinigung oder gesetzlichen Interessenvertretung der Arbeitnehmer in den Wahlvorstand berufen werden. Mindestens zwei Mitglieder des Wahlvorstandes müssen Arbeitnehmer des Betriebes sein. In Betrieben, in denen gemäß § 125 Abs. 2 getrennt zu wählen ist, haben dem Wahlvorstand je ein wahlberechtigter oder wählbarer Arbeitnehmer aus der Gruppe der Arbeiter und aus der Gruppe der Angestellten anzugehören.

(4) Wahlberechtigt sind alle jugendlichen Arbeitnehmer des Betriebes, die am Tag der Wahlaus-

schreibung sowie am Tag der Wahl im Betrieb beschäftigt sind.

(BGBl I 2010/101)

(5) Wählbar sind alle Arbeitnehmer, die

1. am Tag der Wahlausschreibung das 23. Lebensjahr noch nicht vollendet haben und
2. am Tag der Wahl seit mindestens sechs Monaten im Betrieb beschäftigt sind.

(BGBl 1993/460, BGBl I 2006/4, BGBl I 2010/101)

(6) Für die getrennte Wahl des Jugendvertrauensrates gemäß § 125 Abs. 2 sind nach der Gruppe der Arbeiter und der Gruppe der Angestellten getrennte Wahlvorschläge einzubringen. Die Wahl ist jedoch am selben Ort und zur gleichen Zeit durchzuführen.

(7) Auf die Durchführung und Anfechtung der Wahl des Jugendvertrauensrates sind die Bestimmungen der §§ 51, 53 Abs. 2, 3, 5 und 6, 54 Abs. 1, 2, 4 und 5, 55 bis 57, 59 und 60 sinngemäß anzuwenden. Zur Anfechtung der Wahl ist auch jeder im Betrieb bestehende Betriebsrat berechtigt.

Beendigung der Tätigkeitsdauer

§ 127. (1) Die Tätigkeit des Jugendvertrauensrates endet mit Ablauf der Zeit, für die er gewählt wurde (§ 126 Abs. 1).

(2) Für die vorzeitige Beendigung der Tätigkeitsdauer sind die Vorschriften des § 62 sinngemäß anzuwenden.

(3) Die Mitgliedschaft zum Jugendvertrauensrat erlischt, wenn das Mitglied des Jugendvertrauensrates eine Wahl zum Mitglied des Betriebsrates annimmt. Im übrigen sind für das Erlöschen der Mitgliedschaft zum Jugendvertrauensrat die Bestimmungen des § 64 Abs. 1 und 3 sinngemäß anzuwenden.

(4) Die Mitgliedschaft zum Jugendvertrauensrat ist vom Gericht abzuerkennen, wenn das Mitglied des Jugendvertrauensrates, abgesehen von der Vollendung des 21. Lebensjahres, die Wählbarkeit nicht oder nicht mehr besitzt. Zur Klage sind der Betriebsrat, der Jugendvertrauensrat, jedes Mitglied des Jugendvertrauensrates und der Betriebsinhaber berechtigt.

(BGBl 1986/563)

Geschäftsführung des Jugendvertrauensrates

§ 128. (1) Auf die Geschäftsführung des Jugendvertrauensrates sind, sofern dieser aus mindestens drei Mitgliedern besteht, die Bestimmungen der §§ 66 Abs. 1, 2, 3 erster und dritter Satz, 4 bis 6 und 8, 67 Abs. 1, 2 und 4, 68 Abs. 1, 2 erster und zweiter Satz und Abs. 3, 70 erster Satz sowie 72 sinngemäß anzuwenden.

(2) Besteht der Jugendvertrauensrat aus zwei Mitgliedern, so haben sie, soweit sie nicht die Geschäfte untereinander aufteilen, ihre Aufgaben gemeinsam durchzuführen. §§ 66 Abs. 7 und 68 Abs. 2 vierter Satz sind sinngemäß anzuwenden.

(3) Vertreter des Jugendvertrauensrates gegenüber dem Betriebsinhaber und nach außen ist der Vorsitzende[a], bei dessen Verhinderung der Stellvertreter, es sei denn, der Jugendvertrauensrat beschließt im Einzelfall etwas anderes.

[a] bzw. „(die) Vorsitzende" (Art. II BGBl 1986/394, siehe unten 4.2.)

(4) Zu den Sitzungen des Jugendvertrauensrates ist jeder im Betrieb bestehende Betriebsrat einzuladen. Der Betriebsrat ist berechtigt, an den Sitzungen des Jugendvertrauensrates durch einen Vertreter mit beratender Stimme teilzunehmen. Zu den Sitzungen jedes im Betrieb bestehenden Betriebsrates und des Betriebsausschusses ist der Jugendvertrauensrat einzuladen. Der Jugendvertrauensrat ist berechtigt, an den Sitzungen des Betriebsrates und des Betriebsausschusses durch einen Vertreter mit beratender Stimme teilzunehmen.

(5) Die Beschlüsse des Jugendvertrauensrates sind jedem im Betrieb bestehenden Betriebsrat zur Kenntnis zu bringen. Der Betriebsrat hat über Beschlüsse des Jugendvertrauensrates und über Angelegenheiten der jugendlichen Arbeitnehmer in Anwesenheit des Jugendvertrauensrates oder von diesem entsendeter Mitglieder zu beraten.

(6) In Betrieben, in denen getrennte Betriebsräte bestehen, und die Mitglieder des Jugendvertrauensrates gemäß § 125 Abs. 2 getrennt gewählt wurden, ist bei der Entsendung von Mitgliedern zu den Beratungen eines Betriebsrates gemäß Abs. 4 oder 5 auf die Gruppenzugehörigkeit dieser Mitglieder Bedacht zu nehmen.

Aufgaben und Befugnisse des Jugendvertrauensrates

§ 129. (1) Der Jugendvertrauensrat ist berufen, die wirtschaftlichen, sozialen, gesundheitlichen und kulturellen Interessen der jugendlichen Arbeitnehmer des Betriebes wahrzunehmen. Besteht im Betrieb ein Betriebsrat, so hat der Jugendvertrauensrat, sofern Abs. 3 nicht anderes bestimmt, seine Aufgaben in Einvernehmen mit dem Betriebsrat wahrzunehmen. § 39 ist sinngemäß anzuwenden.

(2) In Erfüllung dieser Aufgabe hat der Jugendvertrauensrat den Betriebsrat zu beraten und zu unterstützen, der seinerseits verpflichtet ist, dem Jugendvertrauensrat bei der Wahrnehmung der besonderen Belange der jugendlichen Arbeitnehmer beizustehen.

(3) In Wahrnehmung der Interessen der jugendlichen Arbeitnehmer ist der Jugendvertrauensrat insbesondere berufen:

1. Bei allen Angelegenheiten, die die Interessen der jugendlichen Arbeitnehmer des Betriebes betreffen, beim Betriebsrat und, sofern ein solcher nicht besteht, beim Betriebsinhaber entsprechende Maßnahmen zu beantragen und auf die Beseitigung von Mängeln hinzuwirken;
2. darüber zu wachen, daß die Vorschriften, die für das Arbeitsverhältnis jugendlicher Arbeitnehmer gelten, eingehalten werden, und über wahrgenommene Mängel dem Betriebsrat,

dem Betriebsinhaber und erforderlichenfalls den zum Schutz jugendlicher Arbeitnehmer eingerichteten Stellen Mitteilung zu machen und auf Beseitigung dieser Mängel hinzuwirken;

3. an den Unterweisungen gemäß § 24 des Bundesgesetzes über die Beschäftigung von Kindern und Jugendlichen 1987, BGBl. Nr. 599, durch ein Mitglied teilzunehmen;

(BGBl 1996/601)

4. Vorschläge in Fragen der Berufsausbildung und der beruflichen Weiterbildung jugendlicher Arbeitnehmer zu erstatten;

5. an den Beratungen zwischen Betriebsrat (Betriebsausschuß) und Betriebsinhaber (§§ 92, 94 Abs. 2 letzter Satz und Abs. 4, 109 Abs. 1) durch ein Mitglied teilzunehmen;

(BGBl 1975/360)

6. an den Sitzungen des Betriebsrates (Betriebsausschusses) mit beratender Stimme teilzunehmen (§ 128 Abs. 4 und 5).

(4) Der Betriebsrat und der Betriebsinhaber sind verpflichtet, dem Jugendvertrauensrat die zur Erfüllung seiner Aufgaben erforderlichen Auskünfte zu erteilen.

Rechtsstellung der Mitglieder des Jugendvertrauensrates

§ 130. (1) Hinsichtlich der persönlichen Rechte und Pflichten der Mitglieder des Jugendvertrauensrates sind die Bestimmungen der §§ 115 Abs. 1 erster Satz, Abs. 2 bis 4, 116, 120 Abs. 1 bis 3, 121 und 122, hinsichtlich der Ersatzmitglieder, Mitglieder des Wahlvorstandes und Wahlwerber auf jene des § 120 Abs. 4 Z 1 und 2 sinngemäß anzuwenden. Das Gericht darf der Entlassung eines Mitgliedes oder Ersatzmitgliedes des Jugendvertrauensrates, eines Mitgliedes des Wahlvorstandes oder eines Wahlwerbers, sofern diese Personen Lehrlinge im Sinne des Berufsausbildungsgesetzes sind, auch aus den im § 15 Abs. 3 lit. c und f des Berufsausbildungsgesetzes, BGBl. Nr. 142/1969, genannten Gründen zustimmen.

(BGBl 1986/563)

(2) Der Ablauf der gesetzlichen oder einer kollektivvertraglichen Frist nach § 18 des Berufsausbildungsgesetzes, BGBl. Nr. 142/1969, wird durch die Bewerbung um die Bestellung zum Mitglied des Jugendvertrauensrates, durch die Bestellung zum Mitglied des Wahlvorstandes und durch die Wahl zum Mitglied des Jugendvertrauensrates gehemmt. Die Hemmung dauert für Mitglieder des Wahlvorstandes und für Wahlwerber vom Zeitpunkt ihrer Bestellung bzw. Bewerbung bis zum Ablauf der Frist zur Anfechtung der Wahl, für Mitglieder des Jugendvertrauensrates vom Zeitpunkt der Annahme der Wahl bis zum Ablauf der jeweiligen Tätigkeitsdauer. Auf Grund einer Klage des Betriebsinhabers kann das Gericht einer vorzeitigen Auflösung des Arbeitsverhältnisses auch zustimmen, wenn ein Tatbestand im Sinne des § 121 verwirklicht wurde.

(BGBl 1986/563)

(3) Für die Teilnahme an Schulungs- und Bildungsveranstaltungen im Sinne des § 118 Abs. 3 hat jedes Mitglied des Jugendvertrauensrates Anspruch auf Freistellung von der Arbeitsleistung unter Fortzahlung des Entgeltes bis zur Dauer von zwei Wochen innerhalb einer Funktionsperiode. § 118 Abs. 4 und 6 ist sinngemäß anzuwenden.

(4) Die Kündigung eines Arbeitnehmers kann gemäß § 105 auch mit der Begründung angefochten werden, daß der Grund zur Kündigung

1. in seiner früheren Tätigkeit als Mitglied des Jugendvertrauensrates,
2. in seiner Bewerbung um die Bestellung zum Mitglied des Jugendvertrauensrates oder
3. in seiner Tätigkeit als Mitglied des Wahlvorstandes gelegen ist.

Rechtsausübung durch Minderjährige

§ 131. Die Ausübung von Rechten und die Übernahme von Pflichten nach den Bestimmungen dieses Hauptstückes bedürfen zu ihrer Rechtsgültigkeit nicht der Einwilligung des gesetzlichen Vertreters.

Abschnitt 3
Jugendvertrauensräteversammlung

Zusammensetzung, Geschäftsführung und Aufgaben

§ 131a. (1) Die Gesamtheit der Mitglieder der im Unternehmen bestellten Jugendvertrauensräte bildet die Jugendvertrauensräteversammlung. Sie ist mindestens einmal in jedem Kalenderjahr vom Zentraljugendvertrauensrat einzuberufen. Den Vorsitz führt der Vorsitzende[a] des Zentraljugendvertrauensrates, bei dessen Verhinderung sein Stellvertreter.

[a] bzw. „(die) Vorsitzende" (Art. II BGBl 1986/394, siehe unten 4.2.)

(2) Besteht kein Zentraljugendvertrauensrat oder ist er vorübergehend funktionsunfähig, so sind zur Einberufung berechtigt:

1. Das an Lebensjahren älteste Jugendvertrauensratsmitglied;
2. der Zentralbetriebsrat.

(3) Auf die Geschäftsführung ist § 78 Abs. 2 bis 5 sinngemäß anzuwenden. Jeder im Unternehmen bestehende Betriebsrat ist berechtigt, durch mindestens einen Vertreter mit beratender Stimme an der Jugendvertrauensräteversammlung teilzunehmen.

(4) Der Jugendvertrauensräteversammlung obliegt die Behandlung von Berichten des Zentraljugendvertrauensrates und die Beschlußfassung über seine Enthebung.

Abschnitt 4
Zentraljugendvertrauensrat

Zusammensetzung und Berufung

§ 131b. (1) Der Zentraljugendvertrauensrat besteht in Unternehmen bis zu 250 jugendlichen Arbeitnehmern aus vier Mitgliedern, in Unternehmen mit 251 bis 500 jugendlichen Arbeitnehmern aus fünf Mitgliedern und in Unternehmen mit mehr als 500 jugendlichen Arbeitnehmern aus sechs Mitgliedern.

(2) Die Mitglieder des Zentraljugendvertrauensrates werden von der Gesamtheit der Mitglieder der im Unternehmen errichteten Jugendvertrauensräte aus ihrer Mitte nach den Grundsätzen des Verhältniswahlrechtes (§ 51 Abs. 2) geheim gewählt. Im übrigen findet § 81 sinngemäß Anwendung mit der Maßgabe, daß der Wahlvorstand aus mindestens zwei Jugendvertrauensratsmitgliedern und einem Zentralbetriebsratsmitglied besteht.

(3) Übersteigt im Unternehmen die Zahl der Betriebe, in denen Jugendvertrauensräte errichtet sind, die Höchstzahl der Mitglieder im Zentraljugendvertrauensrat, so kann dieser für jeden nicht durch ein Mitglied im Zentraljugendvertrauensrat vertretenen Betrieb die Berufung eines weiteren Mitgliedes beschließen. Die Zahl dieser weiteren Mitglieder darf vier nicht überschreiten; sie sind von den Jugendvertrauensräten dieser im Zentraljugendvertrauensrat nicht vertretenen Betriebe zu nominieren.

(4) Im Zentraljugendvertrauensrat sollen jugendliche Arbeitnehmerinnen und Arbeitnehmer entsprechend ihrem zahlenmäßigen Verhältnis vertreten sein.

(BGBl 1992/833)

Tätigkeitsdauer

§ 131c. Die Tätigkeitsdauer des Zentraljugendvertrauensrates beträgt zwei Jahre. Im übrigen findet § 82 sinngemäß Anwendung.

Aufgaben und Befugnisse

§ 131d. (1) Der Zentraljugendvertrauensrat ist berufen, die wirtschaftlichen, sozialen, gesundheitlichen und kulturellen Interessen der jugendlichen Arbeitnehmer wahrzunehmen. Besteht im Unternehmen ein Zentralbetriebsrat, so hat der Zentraljugendvertrauensrat, sofern nicht anders bestimmt, seine Aufgaben im Einvernehmen mit dem Zentralbetriebsrat wahrzunehmen. § 39 ist sinngemäß anzuwenden.

(2) In Erfüllung der Aufgaben nach Abs. 1 hat der Zentraljugendvertrauensrat den Zentralbetriebsrat zu beraten und zu unterstützen, der seinerseits verpflichtet ist, dem Zentraljugendvertrauensrat bei der Wahrnehmung der besonderen Belange der jugendlichen Arbeitnehmer beizustehen.

(3) In Wahrnehmung der Interessen der jugendlichen Arbeitnehmer ist der Zentraljugendvertrauensrat berufen,

1. bei allen Angelegenheiten, die die gemeinsamen Interessen der jugendlichen Arbeitnehmer des Unternehmens betreffen, beim Zentralbetriebsrat und, sofern ein solcher nicht besteht, bei der Unternehmensführung entsprechende Maßnahmen zu beantragen und auf die Beseitigung von Mängeln hinzuwirken;
2. Vorschläge in Fragen der Berufsausbildung und der beruflichen Weiterbildung jugendlicher Arbeitnehmer zu erstatten, soweit solche Maßnahmen mehr als einen Betrieb betreffen;
3. an den Sitzungen des Zentralbetriebsrates mit beratender Stimme teilzunehmen.

(4) Der Zentralbetriebsrat und die Unternehmensführung sind verpflichtet, dem Zentraljugendvertrauensrat die zur Erfüllung seiner Aufgaben erforderlichen Auskünfte zu erteilen.

Geschäftsführung

§ 131e. (1) Vertreter des Zentraljugendvertrauensrates gegenüber der Unternehmensführung und nach außen ist der Vorsitzende[a], bei dessen Verhinderung dessen Stellvertreter, es sei denn, der Zentraljugendvertrauensrat beschließt im Einzelfall etwas anderes.

[a] bzw. „(die) Vorsitzende" (Art. II BGBl 1986/394, siehe unten 4.2.)

(2) Zu den Sitzungen des Zentraljugendvertrauensrates ist der Zentralbetriebsrat einzuladen. Der Zentralbetriebsrat ist berechtigt, an den Sitzungen des Zentraljugendvertrauensrates durch einen Vertreter mit beratender Stimme teilzunehmen. Zu den Sitzungen des Zentralbetriebsrates ist der Zentraljugendvertrauensrat einzuladen. Der Zentraljugendvertrauensrat ist berechtigt, an den Sitzungen des Zentralbetriebsrates durch einen Vertreter mit beratender Stimme teilzunehmen.

(3) Die Beschlüsse des Zentraljugendvertrauensrates sind dem Zentralbetriebsrat zur Kenntnis zu bringen. Der Zentralbetriebsrat hat über Beschlüsse des Zentraljugendvertrauensrates und über Angelegenheiten der jugendlichen Arbeitnehmer in Anwesenheit des Zentraljugendvertrauensrates oder von diesem entsendeter Mitglieder zu beraten.

(4) Im übrigen finden die §§ 83 und 84 sinngemäß Anwendung.

(BGBl 1986/394)

Konzernjugendvertretung

§ 131f. (1) Sind in einem Konzern im Sinne des § 15 des Aktiengesetzes 1965 oder des § 115 des Gesetzes über Gesellschaften mit beschränkter Haftung in mehr als einem Unternehmen Jugendvertrauensräte errichtet, so kann eine Konzernjugendvertretung zur Wahrnehmung der gemeinsamen wirtschaftlichen, sozialen, gesundheitlichen und kulturellen Interessen der in der Konzernjugendvertretung vertretenen jugendlichen Arbeitnehmer gebildet werden, für die §§ 88a und 88b sinngemäß gelten.

(2) Besteht im Konzern eine Konzernvertretung, so hat die Konzernjugendvertretung ihre Aufga-

ben im Einvernehmen mit dieser wahrzunehmen. § 131d Abs. 2, 3 und 4 gilt sinngemäß.

(BGBl 1990/411, BGBl 1993/460)

6. HAUPTSTÜCK
Vorschriften für einzelne Betriebsarten

Betriebe mit besonderer Zweckbestimmung und Verwaltungsstellen juristischer Personen des öffentlichen Rechts

§ 132. (1) Auf Unternehmen und Betriebe, die unmittelbar politischen, koalitionspolitischen, konfessionellen, wissenschaftlichen, erzieherischen oder karitativen Zwecken dienen, ferner auf Verwaltungsstellen von juristischen Personen öffentlichen Rechts und der Oesterreichischen Nationalbank sind die §§ 110 bis 112 nicht anzuwenden. §§ 108 und 109 Abs. 1 und 2 sind anzuwenden, soweit nicht die besondere Zweckbestimmung betroffen ist. § 109 ist jedenfalls anzuwenden, soweit es sich um Betriebsänderungen im Sinne des § 109 Abs. 1 Z 1a, 5 und 6 handelt.

(BGBl 1986/394, BGBl 1990/411, BGBl 1993/460)

(2) Auf Unternehmen und Betriebe, die unmittelbar Zwecken der Berichterstattung oder Meinungsäußerung dienen, sind die §§ 108 bis 112 insoweit nicht anzuwenden, als es sich um Angelegenheiten handelt, die die politische Richtung dieser Unternehmen und Betriebe beeinflussen. § 109 ist jedenfalls anzuwenden, soweit es sich um Betriebsänderungen im Sinne des § 109 Abs. 1 Z 1a, 5 und 6 handelt. § 99 Abs. 3 ist hinsichtlich der Einstellung von Journalisten im Sinne des Journalistengesetzes, StGBl. Nr. 88/1920, insoweit nicht anzuwenden, als diese Einstellung die politische Richtung dieses Unternehmens oder Betriebs beeinflußt.

(BGBl 1993/460)

(3) Auf den Österreichischen Rundfunk sind die §§ 111 und 112 nicht, § 110 nach Maßgabe des Rundfunkgesetzes anzuwenden.

(4) Auf Unternehmen und Betriebe, die konfessionellen Zwecken einer gesetzlich anerkannten Kirche oder Religionsgesellschaft dienen, sind die Bestimmungen des II. Teiles nicht anzuwenden, soweit die Eigenart des Unternehmens oder des Betriebes dem entgegensteht. Jedenfalls sind die Bestimmungen über Betriebsvereinbarungen in den Angelegenheiten des § 96 Abs. 1 Z 1, 2 und 4 sowie die §§ 108 bis 112 nicht anzuwenden auf Betriebe und Verwaltungsstellen, die der Ordnung der inneren Angelegenheiten der gesetzlich anerkannten Kirchen und Religionsgesellschaften dienen, ausgenommen jedoch § 109, soweit es sich um Betriebsänderungen im Sinne des § 109 Abs. 1 Z 1a, 5 und 6 handelt.

(BGBl 1993/460)

Theaterunternehmen

§ 133. (1) Auf Theaterunternehmen im Sinne des § 1 Abs. 2 des Theaterarbeitsgesetzes (TAG), BGBl. I Nr. 100/2010, sind die Bestimmungen des II. Teiles anzuwenden, soweit sich im folgenden nicht anderes ergibt.

(BGBl I 2010/100)

(2) Beschäftigt ein Theaterunternehmen mehr als 50 dem TAG unterliegende Arbeitnehmer, so sind für diese Personen getrennte Betriebsräte des darstellenden und des nichtdarstellenden Personals zu wählen, wenn jede dieser Gruppen mindestens 20 Arbeitnehmer umfaßt. Innerhalb dieser Gruppen sind die Bestimmungen über getrennte Betriebsräte der Arbeiter und Angestellten nicht anzuwenden. In Betrieben, in denen getrennte Betriebsräte des darstellenden und des nichtdarstellenden Personals bestehen, bilden diese mit den sonst im Betrieb bestehenden Betriebsräten den Betriebsausschuß; die §§ 76 und 77 sind sinngemäß anzuwenden.

(BGBl I 2010/100)

(3) In Betrieben, in denen berufsübliche Arbeitsverhältnisse mit künstlerischem Personal jeweils nur auf bestimmte Dauer abgeschlossen werden, endet das Arbeitsverhältnis eines Betriebsratsmitgliedes, wenn es dem künstlerischen Personal angehört, ohne seine Zustimmung nicht vor Ablauf der Spielzeit, innerhalb der die Tätigkeitsdauer des Betriebsrates endet. Die Bestimmungen der §§ 62, 64 sowie 120 bis 122 bleiben unberührt.

(4) Werden Bühnenarbeitsverträge im Sinne des § 27 TAG nicht verlängert, so ist der Betriebsrat hiervon bis spätestens eine Woche vor Absendung der Benachrichtigung von der Nichtverlängerung zu verständigen. Der/Die Theaterunternehmer/in hat auf Verlangen des Betriebsrates mit diesem innerhalb der Frist zur Stellungnahme über die Nichtverlängerung des Bühnenarbeitsvertrages zu beraten. Eine vor Ablauf dieser Frist ausgesprochene Nichtverlängerung ist rechtsunwirksam, es sei denn, dass der Betriebsrat eine Stellungnahme bereits abgegeben hat.

(BGBl I 2010/100)

(5) § 99 Abs. 2 und 3 sind auf die Einstellung von am Theater solistisch tätigen Mitgliedern sowie auf die Einstellung von Arbeitnehmern, die vorübergehend zu dem Zweck eingestellt werden, um den Ausfall einer Vorstellung zu verhindern, bezüglich der vorherigen Information und Beratung nicht anzuwenden.

(6) Im übrigen sind in Theaterunternehmen die Bestimmungen der §§ 40 Abs. 4, 78 bis 88 und 110 bis 112 nicht anzuwenden. § 109 Abs. 3 zweiter Satz ist nur insoweit anzuwenden, als es sich um Betriebsänderungen im Sinne des § 109 Abs. 1 Z 5 und 6 handelt und hiedurch künstlerische Belange nicht betroffen werden.

(BGBl 1986/394)

Betriebe des Österreichischen Rundfunks

§ 133a. In Betrieben des Österreichischen Rundfunks, in denen Arbeitsverhältnisse mit journalistischen und programmgestaltenden Mitarbeitern gemäß § 32 Abs. 5 des ORF-Gesetzes jeweils nur auf bestimmte Dauer abgeschlossen werden, endet ein solches Arbeitsverhältnis eines Betriebsratsmitgliedes, das diesem Personenkreis angehört, ohne seine Zustimmung nicht vor Ablauf der Tätigkeitsdauer des Betriebsrates. Die Bestimmungen der §§ 62, 64 sowie 120 bis 122 bleiben unberührt.

(BGBl 1982/48, BGBl I 2001/83)

Unternehmen und Betriebe des öffentlichen Personen-, Güter- und Nachrichtenverkehrs

§ 134. (1) Arbeitsstätten von

1. Straßenbahn- und Obusunternehmungen im Sinne des § 5 Eisenbahngesetz 1957, BGBl. Nr. 60, mit Ausnahme jener in Städten mit mehr als 500.000 Einwohnern,
2. Seilbahnunternehmen im Sinne des § 2 Seilbahngesetz 2003, BGBl. I Nr. 103,

   (BGBl I 2006/104)
3. Kraftfahrlinienunternehmen im Sinne des § 1 Abs. 1 Kraftfahrliniengesetz (KfLG), BGBl. I Nr. 203/1999,

   (BGBl I 2006/104, BGBl I 2007/77)

(2) Arbeitsstätten von Schifffahrtsunternehmen im Sinne des Schifffahrtsgesetzes, BGBl. I Nr. 62/1997 sowie im Sinne der §§ 3 und 7 ff. des Seeschifffahrtsgesetzes, BGBl. Nr. 174/1981 (Schiffe, die die österreichische Flagge führen) gelten in ihrer Gesamtheit als ein Betrieb im Sinne des § 34 Abs. 1. § 35 ist auf diese Arbeitsstätten nicht anzuwenden.

(BGBl I 2006/104)

(3) Arbeitsstätten von Luftverkehrsunternehmen im Sinne der §§ 101 ff. des Luftfahrtgesetzes, BGBl. Nr. 253/1957, gelten in ihrer Gesamtheit als ein Betrieb im Sinne des § 34 Abs. 1. § 35 ist auf diese Arbeitsstätten nicht anzuwenden.

(BGBl I 2006/104)

(4) Senderanlagen von Unternehmen des Rundfunk- und Fernsehrundfunkverkehrs gelten nicht als Betriebe im Sinne des § 34 Abs. 1. § 35 ist auf sie nicht anzuwenden.

(5) Beschäftigt ein Schiffahrts- oder Flugunternehmen dauernd mindestens fünf Arbeitnehmer ganz oder überwiegend im Schiffs- oder Flugdienst, so kann für diese Arbeitnehmergruppe ein eigener Betriebsrat gewählt werden. In diesem Falle sind innerhalb dieser Gruppe die Bestimmungen über getrennte Betriebsräte der Arbeiter und der Angestellten nicht anzuwenden. In Betrieben, in denen ein Betriebsrat für die im Schiffs- oder Flugdienst beschäftigten Arbeitnehmer besteht, bildet er mit den sonst im Betrieb bestehenden Betriebsräten den Betriebsausschuß; die §§ 76 und 77 sind sinngemäß anzuwenden.

Land- und forstwirtschaftliche Betriebe des Bundes, der Länder, der Gemeindeverbände und der Gemeinden

§ 134a. (1) Auf land- und forstwirtschaftliche Betriebe des Bundes, der Länder, der Gemeindeverbände und der Gemeinden sind die Bestimmungen des II. Teiles dieses Bundesgesetzes anzuwenden, soweit im folgenden nicht anderes bestimmt wird.

(2) § 35 Abs. 1 findet mit der Maßgabe Anwendung, daß Arbeitsstätten, in denen dauernd mehr als 10 Arbeitnehmer beschäftigt sind, einem selbständigen Betrieb gleichgestellt werden können.

(3) § 85 Abs. 1 findet mit der Maßgabe Anwendung, daß die Zentralbetriebsratsumlage höchstens 30 Prozent der Betriebsratsumlage betragen darf.

(4) § 97 Abs. 3 findet mit der Maßgabe Anwendung, daß die Bestimmung des § 97 Abs. 1 Z 7 in Betrieben, in denen dauernd nicht mehr als 35 Arbeitnehmer beschäftigt werden, nicht anzuwenden ist.

(5) Sind die Betriebe eines land- und forstwirtschaftlichen Unternehmens des Bundes auf mehrere Bundesländer verteilt, so findet § 117 Abs. 3 mit der Maßgabe Anwendung, daß für jedes Bundesland, in dem die Zahl der in den Betrieben dieses Unternehmens beschäftigten Arbeitnehmer 400 übersteigt, auf Antrag des Zentralbetriebsrates ein Mitglied desselben oder ein Betriebsratsmitglied aus einem dieser Betriebe unter Fortzahlung des Entgelts von der Arbeitsleistung freizustellen ist.

(BGBl 1975/360)

Gemeinsam verwaltete Häuser

§ 134b. (1) Werden Häuser eines Hauseigentümers gemeinsam verwaltet, so bilden diese Häuser einen Betrieb im Sinne des § 34 Abs. 1. Die vom Hauseigentümer in diesen Häusern beschäftigten Hausbesorger sowie die für diese Häuser beschäftigten Hausbetreuer sind im Sinne des § 36 Arbeitnehmer dieses Betriebes. Werden in diesem Betrieb dauernd mindestens 20 Hausbesorger und Hausbetreuer beschäftigt, so ist von diesen ein eigener Betriebsrat zu errichten. Hinsichtlich der Hausbetreuer bleibt § 40 unberührt.

(2) Die sich aus der Bestellung eines Betriebsrates ergebenden Kosten treffen alle Häuser im Sinne des Abs. 1 zu gleichen Teilen. Diese Kosten gelten als Beitrag für die Hausbesorgerarbeiten gemäß § 23 des Mietrechtsgesetzes, BGBl. Nr. 520/1981.

(BGBl 1985/55)

§§ 135 bis 140. (aufgehoben)

(BGBl 1986/563)

III. TEIL
Behörden und Verfahren

1. HAUPTSTÜCK
Bundeseinigungsamt und Schlichtungsstellen

Abschnitt 1
Bundeseinigungsamt

Errichtung und Zusammensetzung

§ 141. (1) Beim Bundesministerium für soziale Verwaltung ist ein Bundeseinigungsamt zu errichten. Sein Wirkungsbereich erstreckt sich auf das ganze Bundesgebiet. Das Bundeseinigungsamt besteht aus einem Vorsitzenden und nach Bedarf aus einem oder mehreren Stellvertretern sowie aus der erforderlichen Zahl von Mitgliedern, die aus den Gruppen der Arbeitgeber und der Arbeitnehmer bestellt werden.

(2) Der Vorsitzende und seine Stellvertreter werden vom Bundesminister für soziale Verwaltung nach Anhörung der Wirtschaftskammer Österreich und der Bundeskammer für Arbeiter und Angestellte für unbestimmte Zeit und auf Widerruf ernannt. Sie haben, wenn sie nicht schon als öffentlich Bedienstete zur unparteiischen und gewissenhaften Ausübung der Amtspflichten verpflichtet wurden, dieses Gelöbnis vor dem Bundesminister für soziale Verwaltung zu leisten.

(BGBl 1996/601)

(3) Die Mitglieder werden vom Bundesminister für soziale Verwaltung auf Grund von Vorschlägen bestellt, die von der Wirtschaftskammer Österreich für die Mitglieder aus dem Kreise der Arbeitgeber und von der Bundeskammer für Arbeiter und Angestellte für die Mitglieder aus dem Kreise der Arbeitnehmer erstattet werden; soweit es sich um Personengruppen handelt, die nicht diesen gesetzlichen Interessenvertretungen angehören, obliegt die Erstattung der Vorschläge den zuständigen Kammern oder, wenn solche nicht bestehen, den sonstigen Interessenvertretungen der Arbeitgeber einerseits und der Arbeitnehmer andererseits. Wird das Vorschlagsrecht nicht binnen zwei Monaten nach Aufforderung ausgeübt, so ist der Bundesminister für soziale Verwaltung bei der Bestellung an Vorschläge nicht gebunden.

(BGBl 1996/601)

(4) Hinsichtlich der Erfordernisse der Bestellung der Mitglieder ist § 24 ASGG sinngemäß anzuwenden.

(5) Die Mitglieder werden für eine Amtsdauer von fünf Jahren bestellt. Sie haben vor Antritt ihres Amtes dem Vorsitzenden durch Handschlag gewissenhafte und unparteiische Ausübung des Amtes zu geloben. Das Amt von Mitgliedern, die innerhalb der allgemeinen fünfjährigen Amtsdauer bestellt wurden, endet mit deren Ablauf. Die infolge des Ablaufs der Amtsdauer ausscheidenden Mitglieder haben ihr Amt bis zur Wiederbesetzung auszuüben. Wiederbestellung ist zulässig.

(6) Der Bundesminister für soziale Verwaltung hat ein Mitglied seines Amtes zu entheben, wenn ein gesetzliches Hindernis (Abs. 4) bekannt wird oder wenn es ohne genügende Entschuldigung die Pflichten seines Amtes wiederholt vernachlässigt. Ein Mitglied ist auch dann zu entheben, wenn in seiner Berufstätigkeit eine solche Änderung eintritt, daß es nicht mehr geeignet erscheint, die Interessen der Berufsgruppe wahrzunehmen, zu deren Vertretung es bestellt wurde oder wenn es selbst um seine Amtsenthebung ersucht.

(BGBl 1986/563)

Verhandlung und Beschlußfassung

§ 142. (1) Das Bundeseinigungsamt verhandelt und entscheidet in Senaten, die vom Vorsitzenden tunlichst unter Bedachtnahme auf den Verhandlungsgegenstand und erforderlichenfalls auf regionale Gesichtspunkte gebildet werden.

(2) Ein Senat des Bundeseinigungsamtes ist verhandlungs- und beschlußfähig, wenn außer dem Vorsitzenden oder dessen Stellvertreter je zwei Mitglieder aus der Gruppe der Arbeitgeber und der Arbeitnehmer anwesend sind.

(3) Sind die Mitglieder einer Gruppe in der Überzahl, so haben in dieser Gruppe die dem Alter nach jüngsten Mitglieder, soweit sie überzählig sind, kein Stimmrecht. Die Beschlüsse werden mit einfacher Mehrheit der Stimmberechtigten gefaßt; der Vorsitzende gibt seine Stimme als letzter ab. Der Vorsitzende darf sich der Stimme nicht enthalten.

(4) Das Bundeseinigungsamt kann zu den Verhandlungen Sachverständige und Auskunftspersonen beiziehen.

(BGBl 1986/563)

§ 143. (aufgehoben)

(BGBl 1986/563)

Abschnitt 2
Schlichtungsstelle

Errichtung und Zusammensetzung

§ 144. (1) Zur Entscheidung von Streitigkeiten über den Abschluß, die Änderung oder die Aufhebung von Betriebsvereinbarungen in Angelegenheiten, in welchen das Gesetz die Entscheidung durch Schlichtungsstellen vorsieht, ist auf Antrag eines der Streitteile eine Schlichtungsstelle zu errichten. Die Schlichtungsstelle ist am Sitz des mit Arbeits- und Sozialrechtssachen in erster Instanz befaßten Gerichtshofes, in dessen Sprengel der Betrieb liegt, zu errichten. Bei Streitigkeiten über den Abschluß, die Änderung oder Aufhebung von Betriebsvereinbarungen, deren Geltungsbereich Betriebe umfaßt, die in zwei oder mehreren Sprengeln liegen, ist der Sitz des Unternehmens, dem die Betriebe angehören, maßgebend. Durch Vereinbarung der Streitteile kann die Schlichtungsstelle am Sitz eines anderen mit Arbeits- und Sozialrechtssachen in erster Instanz befaßten Gerichtshofes errichtet werden. Ein Antrag auf Entscheidung einer Streitigkeit durch die Schlichtungsstelle ist an den Präsidenten des in Betracht kommenden Gerichtshofes zu richten.

(2) Die Schlichtungsstelle besteht aus einem Vorsitzenden und vier Beisitzern. Der Vorsitzende ist vom Präsidenten des Gerichtshofes auf einvernehmlichen Antrag der Streitteile zu bestellen. Kommt eine Einigung der Streitteile auf die Person des Vorsitzenden innerhalb von zwei Wochen ab Antragstellung (Abs. 1) nicht zustande, so ist er auf Antrag eines der Streitteile vom Präsidenten des Gerichtshofes zu bestellen. Die Bestellung hat aus dem Kreise der Berufsrichter zu erfolgen, die bei dem Gerichtshof mit Arbeits- und Sozialrechtssachen befaßt sind. Sie bedarf der Zustimmung des zu Bestellenden.

(2a) Der Vorsitzende und die Beisitzer der Schlichtungsstelle sind weisungsfrei. Der Bundesminister für Arbeit, Soziales und Konsumentenschutz kann die Mitglieder der Schlichtungsstelle jederzeit aus wichtigem Grund abberufen. Der Bundesminister für Arbeit, Soziales und Konsumentenschutz ist berechtigt, sich über alle Gegenstände der Geschäftsführung der Schlichtungsstelle zu unterrichten.

(BGBl I 2010/101, BGBl I 2013/71)

(3) Jeder der Streitteile hat zwei Beisitzer namhaft zu machen, davon einen aus einer Beisitzerliste; der zweite Beisitzer soll aus dem Kreise der im Betrieb Beschäftigten namhaft gemacht werden. Hat einer der Streitteile binnen zwei Wochen ab Antragstellung (Abs. 1) die Nominierung der Beisitzer nicht vorgenommen, so hat der Präsident des in Betracht kommenden Gerichtshofes sie aus der Liste der Beisitzer jener Gruppe (Arbeitgeber oder Arbeitnehmer), welcher der Säumige angehört, zu bestellen.

(4) Die Streitteile haben die Einigung auf die Person des Vorsitzenden und die Nominierung der Beisitzer dem Präsidenten des in Betracht kommenden Gerichtshofes mitzuteilen, der den Vorsitzenden der Schlichtungsstelle und die Beisitzer unverzüglich zu bestellen hat.

(BGBl 1986/563)

Beisitzerliste

§ 145. (1) Der Bundesminister für soziale Verwaltung hat auf Grund von Vorschlägen eine Liste der Beisitzer aus dem Kreise der Arbeitgeber und eine Liste der Beisitzer aus dem Kreise der Arbeitnehmer zu erstellen. Bei Erstattung der Vorschläge und Erstellung der Listen ist auf die fachliche Qualifikation der Beisitzer und auf regionale Gesichtspunkte entsprechend Bedacht zu nehmen.

(2) Die Vorschläge für die Liste der Beisitzer aus dem Kreise der Arbeitgeber sind von der Wirtschaftskammer Österreich, jene für die Liste der Beisitzer aus dem Kreise der Arbeitnehmer von der Bundeskammer für Arbeiter und Angestellte zu erstatten, wobei die Wirtschaftskammer Österreich auf Vorschläge der Landeskammern und die Bundeskammer für Arbeiter und Angestellte auf Vorschläge der Arbeiterkammern Bedacht zu nehmen haben.

(BGBl 1996/601)

(2a) Die Aufnahme von Personen in eine der im Abs. 1 genannten Listen erfolgt für eine Amtsdauer von fünf Jahren. Das Amt von Beisitzern, die innerhalb der allgemeinen fünfjährigen Amtsdauer in die Liste aufgenommen werden, endet mit deren Ablauf. Die infolge des Ablaufs der Amtsdauer ausscheidenden Beisitzer haben ihr Amt bis zur Nachbesetzung auszuüben. Eine neuerliche Aufnahme von ausgeschiedenen Beisitzern ist zulässig.

(BGBl 1990/411)

(3) Hinsichtlich der Erfordernisse zur Aufnahme von Personen in eine der in Abs. 1 genannten Listen ist § 24 ASGG sinngemäß anzuwenden. Der Bundesminister für soziale Verwaltung kann die Aufnahme einer vorgeschlagenen Person in eine Liste nur verweigern, wenn ein gesetzliches Hindernis vorliegt.

(BGBl 1986/563)

(4) Die Aufnahme von Personen in eine der im Abs. 1 genannten Listen, die Ablehnung der Aufnahme einer vorgeschlagenen Person sowie die Streichung einer Person aus einer Liste vor Ablauf der Amtsdauer hat mit Bescheid zu erfolgen. § 141 Abs. 6 ist sinngemäß anzuwenden.

(BGBl 1990/411)

(5) Ausfertigungen der Beisitzerlisten sind den mit Arbeits- und Sozialrechtssachen in erster Instanz befaßten Gerichtshöfen (§ 144 Abs. 1), der Wirtschaftskammer Österreich und der Bundeskammer für Arbeiter und Angestellte sowie binnen zwei Wochen ab Stellung eines Antrages auf Entscheidung der Schlichtungsstelle den Streitteilen zu übermitteln; dies gilt sinngemäß auch für Änderungen derselben.

(BGBl 1986/563, BGBl 1996/601)

(6) Die in Abs. 1 genannten Listen können bei den mit Arbeits- und Sozialrechtssachen in erster Instanz befaßten Gerichtshöfen (§ 144 Abs. 1) während der Amtsstunden von jedermann eingesehen werden.

(BGBl 1986/563)

Verhandlung und Beschlußfassung

§ 146. (1) Die Schlichtungsstelle ist – soweit im folgenden nichts anderes bestimmt wird – verhandlungs- und beschlußfähig, wenn sowohl der Vorsitzende als auch von jedem der Streitteile zwei Beisitzer anwesend sind. Wurde eine Verhandlung der Schlichtungsstelle bereits einmal vertagt, weil ein Beisitzer ohne rechtmäßigen Hinderungsgrund nicht erschienen ist, und ist in der fortgesetzten Verhandlung abermals derselbe oder ein anderer von der gleichen Partei namhaft gemachter Beisitzer unentschuldigt nicht erschienen, so wird die Verhandlung und Entscheidung nicht gehindert, sofern der Vorsitzende und mindestens ein Beisitzer anwesend sind. Bei der Beschlußfassung hat sich der Vorsitzende zunächst der Stimme zu enthalten; kommt eine Stimmenmehrheit nicht zustande, so nimmt der Vorsitzende nach weiterer Beratung an der erneuten Beschlußfassung teil. Er gibt seine Stimme als letzter ab. Stimmenthaltung ist unzulässig.

(2) Die Schlichtungsstelle hat die Entscheidung möglichst rasch innerhalb der durch die Anträge der Parteien bestimmten Grenzen und unter Abwägung der Interessen des Betriebes einerseits und der Belegschaft andererseits zu fällen. Sie ist dabei an das übereinstimmende Vorbringen und die übereinstimmenden Anträge der Streitteile gebunden. Die Entscheidung gilt als Betriebsvereinbarung. Gegen die Entscheidung der Schlichtungsstelle kann Beschwerde an das Bundesverwaltungsgericht erhoben werden.

(BGBl I 2013/71)

(2a) Über Angelegenheiten gemäß § 97 Abs. 1 Z 2 in Verbindung mit einer kollektivvertraglichen Ausdehnung des Durchrechnungszeitraumes gemäß § 4 Abs. 6 Arbeitszeitgesetz, BGBl. Nr. 461/1969, in der jeweils geltenden Fassung, hat die Schlichtungsstelle binnen vier Wochen zu entscheiden.

(BGBl 1996/417, BGBl I 2010/101)

(3) Auf das Verfahren vor der Schlichtungsstelle sind im übrigen die für das Verfahren vor dem Bundeseinigungsamt geltenden Vorschriften anzuwenden. § 7 Abs. 1 AVG ist nur auf die aus einer Beisitzerliste namhaft gemachten Beisitzer anzuwenden. § 40 Abs. 1 AVG ist mit der Maßgabe anzuwenden, daß auf einvernehmlichen Antrag der Streitteile die Verhandlungen im Betrieb stattzufinden haben.

(BGBl 1986/563)

Abschnitt 3
Gemeinsame Bestimmungen

Geschäftsführung

§ 147. Die Leitung des Bundeseinigungsamtes obliegt, sofern nicht die Beschlußfassung Senaten vorbehalten ist, dem Vorsitzenden. Im Verhinderungsfall leitet der Stellvertreter des Vorsitzenden das Amt. Mit der Führung der laufenden Geschäfte und der Vorbereitung der Verhandlungen unter der Leitung des Vorsitzenden können Bedienstete des Bundesministeriums für soziale Verwaltung betraut werden. Die Kanzleigeschäfte des Bundeseinigungsamtes sind von Bediensteten aus dem Personalstand des Bundesministeriums für soziale Verwaltung, die der Schlichtungsstellen von Bediensteten aus dem Personalstand des jeweils zuständigen mit Arbeits- und Sozialrechtssachen in erster Instanz befaßten Gerichtshofes (§ 144 Abs. 1) zu besorgen.

(BGBl 1986/563)

Gebühren- und Aufwandsentschädigungen

§ 148. (1) Die Mitglieder des Bundeseinigungsamtes üben ihre Tätigkeit ehrenamtlich aus.

(2) Der Vorsitzende, dessen Stellvertreter sowie die Mitglieder des Bundeseinigungsamtes, ferner die Vorsitzenden und Beisitzer der Schlichtungsstellen, die im öffentlichen Dienst stehen, erhalten Reisegebühren nach den für sie geltenden Vorschriften; die übrigen Vorsitzenden (Stellvertreter), Mitglieder und Beisitzer haben Anspruch auf Ersatz der notwendigen Reise- und Aufenthaltskosten sowie auf die Entschädigung für Zeitversäumnis nach den Bestimmungen und Tarifen, die für Schöffen nach dem Gebührenanspruchsgesetz, BGBl. Nr. 136/1975, gelten.

(3) Der Vorsitzende des Bundeseinigungsamtes, dessen Stellvertreter sowie die Vorsitzenden und Beisitzer der Schlichtungsstellen erhalten eine Aufwandsentschädigung, deren Höhe vom Bundesminister für soziale Verwaltung festgesetzt wird. Die Vorsitzenden und Beisitzer der Schlichtungsstellen erhalten Aufwandsentschädigungen nur nach Maßgabe ihrer tatsächlichen Inanspruchnahme.

(4) Die mit der Geschäftsführung des Bundeseinigungsamtes betrauten Bediensteten sowie das Kanzlei- und Schreibpersonal des Bundeseinigungsamtes und der Schlichtungsstellen erhalten für die Ausübung ihrer Funktionen eine Aufwandsentschädigung, deren Höhe vom Bundesminister für soziale Verwaltung im Einvernehmen mit dem Bundesminister für Finanzen festgesetzt wird.

(5) Hinsichtlich der Geltendmachung, der Bestimmung und Zahlung der Gebühr nach dem Gebührenanspruchsgesetz finden die Bestimmungen des Gebührenanspruchsgesetzes sinngemäß mit der Maßgabe Anwendung, daß der Vorsitzende des Bundeseinigungsamtes, bezüglich der Schlichtungsstellen der Präsident des Gerichtshofes, einen geeigneten Bediensteten dieses Amtes mit der Bestimmung der Gebühr beauftragt und daß gegen die Bestimmung der Gebühr die Beschwerde an den Vorsitzenden des Bundeseinigungsamtes (Präsidenten des Gerichtshofes) zulässig ist. Handelt es sich um eine Beschwerde des Vorsitzenden des Bundeseinigungsamtes, so entscheidet hierüber der Stellvertreter des Vorsitzenden.

(BGBl 1986/563)

Einsichtnahme

§ 149. Die vom Bundeseinigungsamt beschlossenen Mindestlohntarife, Satzungen und Lehrlingseinkommen und die beim Bundesministerium für soziale Verwaltung hinterlegten Kollektivverträge können während der Amtsstunden von jedermann eingesehen werden.

(BGBl 1986/563, BGBl I 2020/170)

Gebührenfreiheit

§ 150. (1) Die im Verfahren vor dem Bundeseinigungsamt und den Schlichtungsstellen erforderlichen Schriften und Amtshandlungen sind von den Stempelgebühren und den Bundesverwaltungsabgaben befreit.

(2) Barauslagen gemäß § 76 Abs. 1 AVG, die im Verfahren vor dem Bundeseinigungsamt und vor der Schlichtungsstelle erwachsen, sind von Amts wegen zu tragen.

(BGBl 1986/563)

§ 150a. (aufgehoben)

(BGBl 1986/563)

Amtshilfe

§ 151. Alle Behörden, die gesetzlichen Interessenvertretungen der Arbeitgeber und der Arbeitnehmer sowie die Träger der Sozialversicherung haben das Bundeseinigungsamt und die Schlichtungsstellen bei Erfüllung ihrer Aufgaben zu unterstützen.

(BGBl 1986/563)

2. HAUPTSTÜCK
Behördenzuständigkeit

§ 152. (aufgehoben)

(BGBl 1986/563)

Mitwirkung bei Verhandlungen über Kollektivverträge

§ 153. Das Bundeseinigungsamt ist berufen, bei den Verhandlungen über den Abschluß oder die

Änderung von Kollektivverträgen mitzuwirken, wenn ein Antrag von einer der beteiligten Vertragsparteien gestellt wird.

(BGBl 1986/563)

Kollektivvertragsstreitigkeiten

§ 154. (1) Bei Streitigkeiten über den Abschluß oder die Änderung eines Kollektivvertrages hat das Bundeseinigungsamt über Antrag einer der am Streit beteiligten Parteien Einigungsverhandlungen einzuleiten.

(BGBl 1986/563)

(2) Das Bundeseinigungsamt hat zwischen den Streitteilen zu vermitteln und auf eine Vereinbarung der Streitteile zwecks Beilegung der Streitigkeit hinzuwirken.

(BGBl 1986/563)

(3) Schriftliche Vereinbarungen im Sinne des Abs. 2 gelten als Kollektivverträge.

Schiedssprüche

§ 155. Das Bundeseinigungsamt kann zur Beilegung von Streitigkeiten gemäß § 154 einen Schiedsspruch nur fällen, wenn die Streitteile vorher eine schriftliche Erklärung abgeben, daß sie sich dem Schiedsspruch unterwerfen. Schiedssprüche gelten als Kollektivverträge.

(BGBl 1986/563)

§ 156 und 157. (aufgehoben)

(BGBl 1986/563)

Sonstige Zuständigkeiten des Bundeseinigungsamtes

§ 158. (1) Das Bundeseinigungsamt ist weiters berufen

1. zur Entscheidung über die Zuerkennung und Aberkennung der Kollektivvertragsfähigkeit gemäß § 5;
2. auf Ersuchen eines Gerichts oder einer Verwaltungsbehörde ein Gutachten über die Auslegung eines Kollektivvertrages abzugeben;
3. nach Maßgabe der Bestimmungen des 2. und 3. Hauptstückes des I. Teiles dieses Bundesgesetzes Kollektivverträge zur Satzung zu erklären und Mindestlohntarife festzusetzen sowie dieselben abzuändern oder aufzuheben;
4. zur Festsetzung, Abänderung und Aufhebung von Lehrlingseinkommen nach Maßgabe der Bestimmungen des 4. Hauptstückes des I. Teiles dieses Bundesgesetzes;

   (BGBl I 2020/170)
5. einen Kataster der von ihm beschlossenen Satzungen, Mindestlohntarife und Lehrlingseinkommen zu führen.

   (BGBl I 2020/170)

(2) Gegen einen Bescheid des Bundeseinigungsamtes kann Beschwerde an das Bundesverwaltungsgericht erhoben werden.

(BGBl 1986/563, BGBl I 2013/71)

Zuständigkeit der Schlichtungsstelle

§ 159. In allen Angelegenheiten, in denen das Gesetz bei Nichtzustandekommen einer Einigung über den Abschluß, die Aufhebung oder die Abänderung einer Betriebsvereinbarung die Anrufung der Schlichtungsstelle zuläßt, hat diese zwischen den Streitteilen zu vermitteln, Vorschläge zur Beilegung der Streitfragen zu erstatten und auf eine Vereinbarung der Streitteile hinzuwirken; falls erforderlich, hat sie eine Entscheidung zu fällen.

IV. TEIL
Schluß- und Übergangsbestimmungen

Strafbestimmungen

§ 160. (1) Zuwiderhandlungen gegen die Bestimmungen der §§ 15, 55 Abs. 3, 89 Z 3, 99 Abs. 3, 4 und 5, 103, 104 Abs. 1, 108 Abs. 3, 109 Abs. 1 Z 1a und Abs. 1a, 115 Abs. 4 und 117 Abs. 1 bis 4 und der hiezu erlassenen Durchführungsbestimmungen sind, sofern die Tat nach anderen Gesetzen nicht einer strengeren Strafe unterliegt, von der Bezirksverwaltungsbehörde mit einer Geldstrafe bis zu 2 180 Euro zu ahnden.

(BGBl 1988/196, BGBl 1993/460, BGBl I 2001/98)

(2) Verwaltungsübertretungen nach Abs. 1 sind nur zu verfolgen und zu bestrafen, wenn im Falle

1. des § 55 Abs. 3 der Wahlvorstand,
2. der §§ 15, 89 Z 3, 99 Abs. 3, 4 und 5, 103, 104 Abs. 1 und 117 Abs. 1 bis 4 der Betriebsrat,
3. des § 108 Abs. 3 oder des § 109 Abs. 1 Z 1a und Abs. 1a das gemäß § 113 zuständige Organ der Arbeitnehmerschaft und,

   (BGBl 1993/460)
4. des § 115 Abs. 4 der Betriebsinhaber

binnen sechs Wochen ab Kenntnis von der Übertretung und der Person des Täters, bei der zuständigen Bezirksverwaltungsbehörde einen Strafantrag stellt (Privatankläger).

(BGBl 1988/196)

(3) Auf das Strafverfahren ist § 56 Abs. 2 bis 4 des Verwaltungsstrafgesetzes 1991, BGBl. Nr. 52, anzuwenden.

(BGBl 1986/394, BGBl 1996/601)

Vorbehalt weiterer Vorschriften

§ 161. (1) Der Bundesminister für soziale Verwaltung hat durch Verordnung insbesondere näher zu regeln:

1. Die Vorbereitung und Durchführung der Wahl zum Betriebsrat, Zentralbetriebsrat und Jugendvertrauensrat;
2. die Bestellung und Tätigkeit von Wahlkommissionen und Wahlzeugen;
3. die Geschäftsführung der Betriebs(Gruppen-, Betriebshaupt)versammlung, des Betriebsrates, des Betriebsausschusses, der Betriebsräteversammlung, des Zentralbetriebsrates, der Jugendversammlung und des Jugendvertrauensrates;

4. die Errichtung, Verschmelzung, Trennung, Auflösung und Verwaltung des Betriebsrats(Zentralbetriebsrats)fonds, die Revision seiner Gebarung sowie Rechte und Pflichten der Revisionsorgane;
5. die Wahl der Rechnungsprüfer und ihre Geschäftsführung;
6. die Geschäftsführung des Bundeseinigungsamtes;

   (BGBl 1986/563)
7. im Einvernehmen mit dem Bundesminister für Justiz die Errichtung und Geschäftsführung der Schlichtungsstellen.

   (BGBl 1986/563)

(2) Der Bundeskanzler hat im Einvernehmen mit dem Bundesminister für soziale Verwaltung die Berufung der Mitglieder, die Zusammensetzung und die Geschäftsführung der Staatlichen Wirtschaftskommission beim Bundeskanzleramt durch Verordnung näher zu regeln.

(3) Der Bundesminister für Verkehr hat im Einvernehmen mit dem Bundesminister für soziale Verwaltung die Berufung der Mitglieder, die Zusammensetzung und die Geschäftsführung der Staatlichen Wirtschaftskommission beim Bundesministerium für Verkehr durch Verordnung näher zu regeln.

(4) Der Bundesminister für Handel, Gewerbe und Industrie hat im Einvernehmen mit dem Bundesminister für soziale Verwaltung die Berufung der Mitglieder, die Zusammensetzung und die Geschäftsführung der Staatlichen Wirtschaftskommission beim Bundesministerium für Handel, Gewerbe und Industrie durch Verordnung näher zu regeln.

Außerkrafttreten von Vorschriften

§ 162. (1) Mit dem Inkrafttreten dieses Bundesgesetzes verlieren
1. § 200 Allgemeines Berggesetz, RGBl. Nr. 146/1854;
2. das Kollektivvertragsgesetz, BGBl. Nr. 76/1947;
3. das Betriebsrätegesetz, BGBl. Nr. 97/1947;
4. das Mindestlohntarifgesetz, BGBl. Nr. 156/1951;
5. § 17 Abs. 2 und 3 Berufsausbildungsgesetz, BGBl. Nr. 142/1969;
6. das Jugendvertrauenrätegesetz, BGBl. Nr. 287/1972;

in der bis zum Inkrafttreten dieses Bundesgesetzes geltenden Fassung ihre Wirksamkeit.

(2) Soweit in anderen Bundesgesetzen auf die durch dieses Bundesgesetz aufgehobenen Vorschriften verwiesen wird, treten an deren Stelle die entsprechenden Bestimmungen dieses Bundesgesetzes.

Weitergelten von Gesetzen

§ 163. (1) Für Dienststellen im Sinne des Bundes-Personalvertretungsgesetzes, BGBl. Nr. 133/1967, die bis zum Zeitpunkt des Inkrafttretens dieses Bundesgesetzes unter den Geltungsbereich des Artikels III des Kollektivvertragsgesetzes, BGBl. Nr. 76/1947, fallen, bleibt dieser weiter in Kraft.

(2) Für nicht land- und forstwirtschaftliche Betriebe, die von einer Gemeinde unmittelbar geführt werden (Regiebetriebe), bleibt das Betriebsrätegesetz, BGBl. Nr. 97/1947, bis zum 30. Juni 1976 in Kraft. Bis zu diesem Zeitpunkt sind die Bestimmungen des II. Teiles auf solche Betriebe nicht anzuwenden.

(BGBl 1975/360)

Weitergelten sonstiger Vorschriften

§ 164. (1) Der Bestand und die Wirksamkeit der im Zeitpunkt des Inkrafttretens dieses Bundesgesetzes geltenden Kollektivverträge, Satzungen, Mindestlohntarife und Lehrlingseinkommen werden durch das Inkrafttreten dieses Bundesgesetzes nicht berührt.

(BGBl I 2020/170)

(2) Die innerhalb des Geltungsbereiches des II. Teiles dieses Bundesgesetzes im Zeitpunkt seines Inkrafttretens geltenden Arbeitsordnungen und Betriebsvereinbarungen bleiben in ihrem gesamten Regelungsumfang mit den bisherigen Rechtswirkungen so lange und insoweit aufrecht, als sie nicht durch Betriebsvereinbarungen im Sinne des 5. Hauptstückes des I. Teiles dieses Bundesgesetzes ersetzt oder aufgehoben werden. Dies gilt sinngemäß auch für Dienstordnungen nach § 200 Allgemeines Berggesetz, RGBl. Nr. 146/1854. Sofern zwischen Betriebsrat und Betriebsinhaber eine Einigung über die Aufhebung einer Arbeitsordnung (Dienstordnung) nicht zustande kommt, kann diese über Antrag des Betriebsinhabers oder des Betriebsrates von der Schlichtungsstelle aufgehoben werden. § 146 Abs. 2 ist sinngemäß anzuwenden.

(3) Die auf Grund des § 45 des Kollektivvertragsgesetzes in Geltung stehenden Tarifordnungen werden durch das Inkrafttreten dieses Bundesgesetzes in ihrer Rechtswirksamkeit nicht berührt.

Weiterbestehen der Kollektivvertragsfähigkeit

§ 165. Eine im Zeitpunkt des Inkrafttretens dieses Bundesgesetzes bereits zuerkannte Kollektivvertragsfähigkeit von auf freiwilliger Mitgliedschaft beruhenden Berufsvereinigungen der Arbeitgeber und der Arbeitnehmer bleibt so lange aufrecht, als nicht auf Grund der Bestimmungen des I. Teiles dieses Bundesgesetzes eine gegenteilige Entscheidung erfolgt.

Anhängige Verfahren

§ 166. (aufgehoben)

(BGBl 1996/601)

Weiterbestehen von Betriebsräten

§ 167. (aufgehoben)

(BGBl 1996/601)

Trennung gemeinsamer Betriebsratsfonds

§ 168. (aufgehoben)

(BGBl 1996/601)

Fristenberechnung

§ 169. Für die Berechnung und den Lauf der in diesem Bundesgesetz festgesetzten Fristen gelten die Bestimmungen der §§ 32 und 33 des Allgemeinen Verwaltungsverfahrensgesetzes 1991, BGBl. Nr. 51.

(BGBl 1996/601)

Bestimmungen in Zusammenhang mit COVID-19

§ 170. (1) Die Tätigkeitsdauer von Organen der betrieblichen Interessenvertretung nach diesem Gesetz sowie der Behindertenvertrauenspersonen nach § 22a BEinstG, die im Zeitraum von 16. März 2020 bis 31. Oktober 2020 endet, verlängert sich bis zur Konstituierung eines entsprechenden Organs der betrieblichen Interessenvertretung, das nach dem 31. Oktober 2020 unter Einhaltung der dafür vorgesehenen Fristen gewählt worden ist.

(BGBl I 2020/23)

(2) Der Fortlauf einer am 16. März 2020 laufenden oder nach diesem Tag zu laufen beginnenden Frist nach §§ 105 Abs. 4 oder 107 wird bis 30. April 2020 gehemmt.

(3) Betriebsvereinbarungen nach § 97 Abs. 1 Z 13 in Zusammenhang mit der Corona-Kurzarbeit können auch Regelungen zum Verbrauch des Urlaubs, ausgenommen Urlaub aus dem laufenden Urlaubsjahr, und von Zeitguthaben treffen.

(4) Die Regelungen der Abs. 1 bis 3 gelten sinngemäß für Arbeitnehmer, die den Landarbeitsordnungen der Bundesländer und in Vorarlberg dem Land- und Forstarbeitsgesetz sowie dem Land- und Forstarbeiter-Dienstrechtsgesetz BGBl. Nr. 280/1980 unterliegen, die zum Zeitpunkt des Gesetzes in Kraft sind.

(BGBl 1990/411, BGBl 1993/460, BGBl I 2020/16)

V. Teil
Europäische Betriebsverfassung

(BGBl 1996/601)

1. Hauptstück
Allgemeine Bestimmungen

Geltungsbereich

§ 171. (1) Die Bestimmungen des V. Teiles gelten für

1. Unternehmen, die
   a) unter den II. Teil fallen, deren
   b) zentrale Leitung im Inland liegt und die
   c) mindestens 1 000 Arbeitnehmer in den Mitgliedstaaten und
   d) jeweils mindestens 150 Arbeitnehmer davon in mindestens zwei Mitgliedstaaten beschäftigen;
2. Unternehmensgruppen im Sinne des § 176, die
   a) unter den II. Teil fallen, deren
   b) zentrale Leitung im Inland liegt und die
   c) mindestens 1 000 Arbeitnehmer in den Mitgliedstaaten und
   d) jeweils mindestens 150 Arbeitnehmer davon in mindestens zwei der Unternehmensgruppe angehörenden Unternehmen in verschiedenen Mitgliedstaaten beschäftigen.

(2) Mitgliedstaaten im Sinne des V. Teiles sind die Mitgliedstaaten der Europäischen Union sowie die anderen Vertragsparteien des Abkommens über den Europäischen Wirtschaftsraum.

(BGBl I 2000/14)

(3) Unter zentraler Leitung im Sinne des V. Teiles ist die zentrale Leitung des Unternehmens bzw., im Falle einer Unternehmensgruppe, die zentrale Leitung des herrschenden Unternehmens zu verstehen.

(4) Liegt die zentrale Leitung nicht in einem Mitgliedstaat, gilt

1. die Leitung des als Vertreter benannten Betriebes oder Unternehmens im Inland oder, in Ermangelung eines solchen,
2. die Leitung des Betriebes oder Unternehmens im Inland, in dem verglichen mit den anderen in den Mitgliedstaaten liegenden Betrieben des Unternehmens oder Unternehmen der Unternehmensgruppe die meisten Arbeitnehmer beschäftigt sind,

als zentrale Leitung im Sinne von Abs. 3.

(5) Für die Ermittlung der gemäß Abs. 1 maßgebenden Arbeitnehmerzahl ist jeweils die Zahl der im Durchschnitt während der letzten zwei Jahre, gerechnet ab dem Antrag der Arbeitnehmer oder ihrer Vertreter oder des Vorschlages der zentralen Leitung gemäß § 177 Abs. 1, beschäftigten Arbeitnehmer (§ 36) zu berücksichtigen. § 40 Abs. 1 letzter Satz ist anzuwenden.

(6) Die Befugnisse und Zuständigkeiten des Europäischen Betriebsrates und die Verfahren zur Unterrichtung und Anhörung der Arbeitnehmer erstrecken sich auf alle dem Unternehmen bzw. der Unternehmensgruppe im Sinne des V. Teiles angehörenden Betriebe und Unternehmen mit Sitz in den Mitgliedstaaten. In der Vereinbarung gemäß den §§ 189 oder 190 kann ein größerer Geltungsbereich vorgesehen werden.

§ 172. Für die Ermittlung der Zahl der im Inland beschäftigten Arbeitnehmer (§ 171 Abs. 5), die Pflichten der inländischen örtlichen Unternehmensleitung gemäß den §§ 177 Abs. 2 und 3 und 206 Abs. 2, die Entsendung der österreichischen Mitglieder in das besondere Verhandlungsgremium (§§ 179, 180) bzw. in den Europäischen Betriebsrat (§ 193), die Beendigung ihrer Mitgliedschaft zum besonderen Verhandlungsgremium gemäß § 185 Abs. 2 Z 2 bis 4 und 6 bzw. zum Europäischen Betriebsrat gemäß § 196 Abs. 4 Z 2 bis 4 und 6, die für sie geltende Verschwiegenheitspflicht (§ 204) und die für sie geltenden Schutzbestimmungen (§ 205 Abs. 1) sowie das Recht auf Bildungsfreistellung (§ 205 Abs. 2) gelten die Bestimmungen des V. Teiles auch dann, wenn die zentrale Leitung nicht im Inland liegt.

(BGBl I 2010/101)

Organe der Arbeitnehmerschaft

§ 173. (1) In den Unternehmen und Unternehmensgruppen, die die Voraussetzungen des § 171 Abs. 1 erfüllen, ist nach Maßgabe der Bestimmungen des V. Teiles ein besonderes Verhandlungsgremium einzusetzen sowie ein Europäischer Betriebsrat zu errichten oder ein Verfahren zur Unterrichtung und Anhörung der Arbeitnehmer zu schaffen.

(2) Unter Unterrichtung im Sinne des V. Teiles ist die Übermittlung von Informationen durch den Arbeitgeber an die Arbeitnehmervertreter, um ihnen Gelegenheit zur Kenntnisnahme und Prüfung der behandelten Frage zu geben, zu verstehen. Die Unterrichtung hat zu einem Zeitpunkt, in einer Weise und in einer inhaltlichen Ausgestaltung zu erfolgen, die dem Zweck angemessen sind und es den Arbeitnehmervertretern ermöglichen, die möglichen Auswirkungen eingehend zu bewerten und gegebenenfalls Anhörungen mit dem zuständigen Organ des Unternehmens oder der Unternehmensgruppe vorzubereiten.

(BGBl I 2010/101)

(3) Unter Anhörung im Sinne des V. Teiles ist die Einrichtung eines Dialogs und der Meinungsaustausch zwischen den Arbeitnehmervertretern und der zentralen Leitung oder einer anderen, geeigneteren Leitungsebene zu einem Zeitpunkt, in einer Weise und in einer inhaltlichen Ausgestaltung zu verstehen, die es den Arbeitnehmervertretern auf der Grundlage der erhaltenen Informationen ermöglichen, unbeschadet der Zuständigkeit der Unternehmensleitung innerhalb einer angemessenen Frist zu den vorgeschlagene Maßnahmen eine Stellungnahme abzugeben, die innerhalb des Unternehmens oder der Unternehmensgruppe berücksichtigt werden kann.

(BGBl I 2010/101)

(4) Die Unterrichtung und Anhörung der Arbeitnehmer erfolgen auf der je nach behandeltem Thema relevanten Leitungs- und Vertretungsebene. Die Zuständigkeit des Europäischen Betriebsrats und der Geltungsbereich des Verfahrens zur Unterrichtung und Anhörung beschränken sich auf länderübergreifende Angelegenheiten.

(BGBl I 2010/101)

(5) Länderübergreifende Angelegenheiten sind solche, die das gemeinschaftsweit operierende Unternehmen oder die Unternehmensgruppe insgesamt oder mindestens zwei Betriebe oder Unternehmen der Unternehmensgruppe in mindestens zwei Mitgliedstaaten betreffen. Zur Feststellung des länderübergreifenden Charakters einer Angelegenheit sind sowohl der Umfang ihrer möglichen Auswirkungen als auch die betroffene Leitungs- und Vertretungsebene zu berücksichtigen. Länderübergreifend sind ungeachtet der Zahl der betroffenen Mitgliedstaaten jedenfalls jene Angelegenheiten, die für die europäischen Arbeitnehmer hinsichtlich der Reichweite ihrer möglichen Auswirkungen von Belang sind oder die die Verlagerung von Tätigkeiten zwischen Mitgliedstaaten betreffen.

(BGBl I 2010/101)

Pflichten der zentralen Leitung

§ 174. (1) Die zentrale Leitung hat

1. die für die Einsetzung eines besonderen Verhandlungsgremiums sowie
2. die für die Errichtung eines Europäischen Betriebsrates oder die Schaffung eines Verfahrens zur Unterrichtung und Anhörung der Arbeitnehmer

notwendigen Voraussetzungen zu schaffen und die erforderlichen Mittel bereitzustellen.

(BGBl I 2010/101)

(2) Jede Leitung eines zu einer Unternehmensgruppe gehörenden Unternehmens sowie die zentrale Leitung sind dafür verantwortlich, die für die Aufnahme von Verhandlungen erforderlichen Informationen zu erheben und an die Parteien, auf die die Richtlinie Anwendung findet, sowie an die übrigen Unternehmensleitungen weiterzuleiten. Dies betrifft insbesondere die Informationen über

1. die Struktur des Unternehmens oder der Unternehmensgruppe,
2. die Zahl der in den Betrieben des Unternehmens bzw. in den Betrieben und Unternehmen der Unternehmensgruppe jeweils beschäftigten Arbeitnehmer,
3. die Zahl der in den einzelnen Mitgliedstaaten beschäftigten Arbeitnehmer,
4. die Gesamtzahl der im Unternehmen bzw. in der Unternehmensgruppe beschäftigten Arbeitnehmer,
5. die Identität der zur Vertretung der Arbeitnehmer in den Betrieben des Unternehmens bzw. in den Betrieben und Unternehmen der Unternehmensgruppe errichteten Organe und die Zahl der von diesen Organen jeweils vertretenen Arbeitnehmer.

(BGBl I 2010/101)

Grundsätze der Zusammenarbeit

§ 175. Die Organe der Arbeitnehmerschaft (§ 173 Abs. 1) und die zentrale Leitung haben mit dem Willen zur Verständigung unter Beachtung ihrer jeweiligen Rechte und gegenseitigen Verpflichtungen zusammenzuarbeiten.

Begriff der Unternehmensgruppe

§ 176. (1) Als Unternehmensgruppe im Sinne des V. Teiles gilt jede Gruppe von Unternehmen, die aus einem herrschenden und den von diesem abhängigen Unternehmen besteht.

(2) Als herrschendes Unternehmen gilt ein Unternehmen, das auf Grund von Eigentum, finanzieller Beteiligung oder sonstiger Bestimmungen, die die Tätigkeit des Unternehmens regeln, einen beherrschenden Einfluß auf ein anderes Unternehmen ausüben kann.

(3) Die Fähigkeit, einen beherrschenden Einfluß auszuüben, gilt bis zum Beweis des Gegenteils als gegeben, wenn ein Unternehmen in bezug auf ein anderes Unternehmen direkt oder indirekt

1. mehr als die Hälfte der Mitglieder des Verwaltungs-, Leitungs- oder Aufsichtsorgans des anderen Unternehmens bestellen kann oder
2. über die Mehrheit der mit den Anteilen am anderen Unternehmen verbundenen Stimmrechte verfügt oder
3. die Mehrheit des gezeichneten Kapitals dieses Unternehmens besitzt.

(4) Wenn mehrere Unternehmen einer Unternehmensgruppe die in Abs. 3 genannten Kriterien erfüllen, so gilt das Unternehmen, das das in Abs. 3 Z 1 genannte Kriterium erfüllt, als herrschendes Unternehmen. Wenn keines der Unternehmen das in Abs. 3 Z 1 genannte Kriterium erfüllt, so gilt das Unternehmen, das das in Abs. 3 Z 2 genannte Kriterium erfüllt, als herrschendes Unternehmen, wenn auch keines der Unternehmen das in Abs. 3 Z 2 genannte Kriterium erfüllt, so gilt das Unternehmen, das das in Abs. 3 Z 3 genannte Kriterium erfüllt, als herrschendes Unternehmen.

(5) Den Stimm- und Ernennungsrechten des herrschenden Unternehmens sind die Rechte aller abhängigen Unternehmen sowie aller natürlichen und juristischen Personen, die zwar in eigenem Namen, aber für Rechnung des herrschenden oder eines anderen abhängigen Unternehmens handeln, hinzuzurechnen.

(6) Ein beherrschender Einfluss liegt nicht vor, soweit Kreditinstitute, sonstige Finanzinstitute oder Versicherungs- und Beteiligungsgesellschaften im Sinne des Art. 3 Abs. 5 lit. a oder c der Verordnung (EG) Nr. 139/2004 über die Kontrolle von Unternehmenszusammenschlüssen Anteile an einem anderen Unternehmen halten.

(BGBl I 2010/101)

(7) Ein beherrschender Einfluss ist nicht allein schon aufgrund der Tatsache gegeben, dass eine beauftragte Person ihre Funktionen gemäß den für die Liquidation, das Insolvenzverfahren oder ein ähnliches Verfahren geltenden Bestimmungen ausübt.

(BGBl I 2010/58)

(8) Maßgebend für die Feststellung, ob ein Unternehmen ein herrschendes Unternehmen ist, ist das Recht des Mitgliedstaates, in dem das Unternehmen seinen Sitz hat. Wenn das herrschende Unternehmen nicht in einem Mitgliedstaat ansässig ist, so kommt das Recht jenes Mitgliedstaates zur Anwendung, in dem das als Vertreter benannte Unternehmen oder, in Ermangelung eines solchen, in dem das Unternehmen, das die höchste Anzahl von Arbeitnehmern in den Mitgliedstaaten aufweist, liegt.

(9) Abs. 2 und 3 sind nicht anzuwenden, wenn ein Unternehmen, das dem Recht eines anderen Mitgliedstaates unterliegt, nach diesem Recht als herrschendes Unternehmen gilt, weil es ein vorrangiges Kriterium im Sinne des Abs. 4 erfüllt oder den Beweis erbringt, daß es in sonstiger Weise einen beherrschenden Einfluß ausüben kann.

(10) Wenn eine Unternehmensgruppe andere Unternehmensgruppen im Sinne von § 171 Abs. 1 Z 2 umfaßt, ist der Europäische Betriebsrat auf der Ebene des die übergeordnete Unternehmensgruppe beherrschenden Unternehmens zu errichten.

2. Hauptstück
Besonderes Verhandlungsgremium

Errichtung und Zusammensetzung

§ 177. (1) Das besondere Verhandlungsgremium ist auf Grund eines schriftlichen Antrages von mindestens 100 Arbeitnehmern oder ihrer Vertreter aus mindestens zwei Betrieben oder Unternehmen in mindestens zwei verschiedenen Mitgliedstaaten oder auf Grund eines an die in den Betrieben des Unternehmens bzw. Unternehmen der Unternehmensgruppe bestehenden Organe der Arbeitnehmerschaft gerichteten Vorschlages der zentralen Leitung zu errichten. Wird der Antrag von mindestens 100 Arbeitnehmern gestellt, so gilt der Erstunterzeichnete als Sprecher, sofern nicht ausdrücklich ein Sprecher bezeichnet wird.

(2) Der Antrag gemäß Abs. 1 kann bei der zentralen Leitung oder der örtlichen Unternehmensleitung (Leitung eines Betriebes oder Unternehmens in einem Mitgliedstaat) eingebracht werden. Die örtliche Unternehmensleitung hat den Antrag unverzüglich an die zentrale Leitung weiterzuleiten.

(3) Die gemäß Abs. 1 zur Antragstellung Berechtigten haben das Recht, im Zusammenhang mit der Prüfung, ob ein solcher Antrag überhaupt gestellt werden kann (§ 171 Abs. 1), von der zentralen Leitung oder der örtlichen Unternehmensleitung die Bekanntgabe der Zahl der in den Betrieben bzw. Unternehmen Beschäftigten zu verlangen. Sie haben weiters das Recht, von der zentralen Leitung oder der örtlichen Unternehmensleitung Auskunft darüber zu verlangen, ob bereits ein Antrag auf Errichtung eines besonderen Verhandlungsgremiums vorliegt. Die örtliche Unternehmensleitung ist verpflichtet, die erforderlichen Informationen und Unterlagen bei der zentralen Leitung einzuholen.

§ 178. (1) Für jeden Anteil an in einem Mitgliedstaat beschäftigten Arbeitnehmern, der 10% der Gesamtzahl der in allen Mitgliedstaaten beschäftigten Arbeitnehmer des Unternehmens bzw. der Unternehmensgruppe oder einen Bruchteil davon beträgt, ist ein Mitglied aus diesem Mitgliedstaat in das besondere Verhandlungsgremium zu entsenden.

(2) Zusätzlich können den Verhandlungen Arbeitnehmervertreter aus Nichtmitgliedstaaten beigezogen werden, sofern zentrale Leitung und besonderes Verhandlungsgremium dies vereinbaren. *(BGBl I 2010/101)*

Entsendung der Mitglieder

§ 179. (1) Die in das besondere Verhandlungsgremium zu entsendenden österreichischen Mitglieder werden durch Beschluß des gemäß § 180 zur Entsendung berechtigten Organs der Arbeitnehmerschaft aus dem Kreis der Betriebsratsmitglieder ernannt. Anstelle eines Betriebsratsmitgliedes kann auch ein Funktionär oder Arbeitnehmer der zuständigen freiwilligen Berufsvereinigung oder gesetzlichen Interessenvertretung der Arbeitnehmer ernannt werden.

(2) Zur Beschlußfassung ist die Anwesenheit von mindestens der Hälfte der Mitglieder erforderlich. Die Beschlüsse werden mit einfacher Mehrheit gefaßt.

(3) Auf eine angemessene Vertretung der Gruppen der Arbeiter und der Angestellten, der einzelnen Betriebe und Unternehmen sowie der Arbeitnehmerinnen und der Arbeitnehmer soll Bedacht genommen werden.

§ 180. (1) In Betrieben erfolgt die Entsendung durch Beschluß des Betriebsausschusses. Besteht kein Betriebsausschuß, so nimmt diese Aufgabe der Betriebsrat wahr. Bestehen mehrere Betriebsausschüsse (Betriebsräte), die nicht zum selben Unternehmen im Inland gehören, so ist vom Vorsitzenden des Betriebsausschusses (Betriebsrates) des nach der Zahl der wahlberechtigten Arbeitnehmer größten inländischen Betriebes eine Versammlung der Mitglieder der in den Betrieben bestellten Betriebsausschüsse (Betriebsräte) einzuberufen, der die Beschlußfassung über die Entsendung obliegt.

(2) In Unternehmen sind die in das besondere Verhandlungsgremium zu entsendenden Mitglieder durch Beschluß des Zentralbetriebsrates zu benennen. Ist in einem Unternehmen ein Zentralbetriebsrat nicht errichtet, so ist Abs. 1 sinngemäß anzuwenden. Bestehen mehrere Zentralbetriebsräte, so ist vom Vorsitzenden des Zentralbetriebsrates des nach der Zahl der wahlberechtigten Arbeitnehmer größten inländischen Unternehmens eine Versammlung der Mitglieder der in den Unternehmen bestellten Zentralbetriebsräte einzuberufen, der die Beschlußfassung über die Entsendung obliegt. Besteht neben einem oder mehreren Zentralbetriebsräten noch mindestens ein in keinem Zentralbetriebsrat vertretener Betriebsausschuß (Betriebsrat), sind die Betriebsratsvorsitzenden und ihre Stellvertreter zu dieser Sitzung einzuladen; sie gelten insoweit als Zentralbetriebsratsmitglieder.

(3) In Unternehmensgruppen sind die in das besondere Verhandlungsgremium zu entsendenden Mitglieder durch Beschluß der Konzernvertretung zu ernennen. Ist eine Konzernvertretung nicht errichtet, so ist Abs. 2 anzuwenden. Ist auch kein Zentralbetriebsrat zu errichten, so ist Abs. 1 anzuwenden. Besteht neben der Konzernvertretung noch ein von ihr nicht vertretener Zentralbetriebsrat (Betriebsausschuß, Betriebsrat), sind die Zentralbetriebsrats(Betriebsrats)vorsitzenden und ihre Stellvertreter zu dieser Sitzung einzuladen; diese gelten insoweit als Mitglieder der Konzernvertretung.

(3a) Wenn in keinem österreichischen Betrieb des Unternehmens bzw. der Unternehmensgruppe ein Betriebsrat errichtet ist, erfolgt die Entsendung durch die zuständige gesetzliche Interessenvertretung der Arbeitnehmer.

(BGBl I 2010/101)

(4) Die Bekanntgabe der benannten Mitglieder des besonderen Verhandlungsgremiums an die zentrale Leitung und die örtlichen Unternehmensleitungen hat unverzüglich zu erfolgen.

Konstituierung

§ 181. (1) Die zentrale Leitung hat unverzüglich nach der Bekanntgabe der benannten Mitglieder des besonderen Verhandlungsgremiums zu dessen konstituierender Sitzung einzuladen.

(2) Die Mitglieder des besonderen Verhandlungsgremiums können aus ihrer Mitte einen Vorsitzenden und einen oder mehrere Stellvertreter wählen. Das besondere Verhandlungsgremium gibt sich eine Geschäftsordnung.

(3) Das besondere Verhandlungsgremium hat die zentrale Leitung sowie die örtlichen Unternehmensleitungen unverzüglich über das Ende der konstituierenden Sitzung sowie das Ergebnis der Wahl gemäß Abs. 2 zu unterrichten.

(4) Unverzüglich nach der Mitteilung gemäß Abs. 3 hat die zentrale Leitung eine Sitzung mit dem besonderen Verhandlungsgremium einzuberufen, um eine Vereinbarung nach § 187 abzuschließen. Sie hat die örtlichen Unternehmensleitungen hievon in Kenntnis zu setzen.

(5) Die zentrale Leitung hat die Zusammensetzung des besonderen Verhandlungsgremiums und den Beginn der Verhandlungen den zuständigen europäischen Arbeitnehmer- und Arbeitgeberverbänden sowie der zuständigen österreichischen gesetzlichen Interessenvertretung der Arbeitnehmer unverzüglich nach der Einberufung der Sitzung mit dem besonderen Verhandlungsgremium gemäß Abs. 4 mitzuteilen.

(BGBl I 2010/101)

Sitzungen

§ 182. (1) Das besondere Verhandlungsgremium hat das Recht, vor und nach jeder Verhandlung mit der zentralen Leitung zu einer Sitzung zusammenzutreten.

(2) Das besondere Verhandlungsgremium kann sich bei den Verhandlungen mit der zentralen Leitung durch Sachverständige seiner Wahl unterstützen lassen. Die Sachverständigen haben das Recht, auf Wunsch des besonderen Verhandlungsgremiums mit beratender Funktion an den Verhandlungen mit der zentralen Leitung teilzunehmen.

(3) Unter Sachverständigen im Sinn des Abs. 2 sind insbesondere auch Vertreter der zuständigen europäischen Arbeitnehmerverbände zu verstehen.

(BGBl I 2010/101)

Beschlußfassung

§ 183. (1) Das besondere Verhandlungsgremium ist beschlußfähig, wenn mindestens die Hälfte der Mitglieder anwesend ist.

(2) Die Beschlüsse werden, soweit in diesem Bundesgesetz keine strengeren Erfordernisse festgesetzt sind, mit einfacher Mehrheit der abgegebenen Stimmen gefaßt.

Tätigkeitsdauer

§ 184. (1) Die Tätigkeitsdauer des besonderen Verhandlungsgremiums beginnt mit dem Tage der Konstituierung.

(2) Die Tätigkeitsdauer des besonderen Verhandlungsgremiums endet,

1. wenn das Unternehmen bzw. die Unternehmensgruppe die Voraussetzungen des § 171 Abs. 1 nicht mehr erfüllt;
2. wenn das besondere Verhandlungsgre mium einen Beschluß gemäß § 188 Abs. 1 faßt;
3. wenn das Gericht die Errichtung (§ 177 Abs. 1) für ungültig erklärt; die Klage ist spätestens einen Monat nach Konstituierung des besonderen Verhandlungsgremiums einzubringen;
4. mit dem Abschluß einer Vereinbarung gemäß den §§ 189 oder 190, sofern in der Vereinbarung nichts anderes bestimmt wird;
5. in den Fällen des § 191 Abs. 1 Z 1 bis 3.

Beginn und Erlöschen der Mitgliedschaft

§ 185. (1) Die Mitgliedschaft zum besonderen Verhandlungsgremium beginnt mit der Bekanntgabe des Entsendungsbeschlusses (§ 180 Abs. 4).

(2) Die Mitgliedschaft zum besonderen Verhandlungsgremium endet, wenn

1. die Tätigkeitsdauer des besonderen Verhandlungsgremiums endet;
2. die Mitgliedschaft zum Betriebsrat bzw. die Tätigkeit bei der zuständigen freiwilligen Berufsvereinigung oder gesetzlichen Interessenvertretung der Arbeitnehmer endet;
3. das Mitglied zurücktritt;
4. das Organ der Arbeitnehmerschaft, das das Mitglied in das besondere Verhandlungsgremium entsendet hat, dieses abberuft;
5. der Betrieb bzw. das Unternehmen, dem das Mitglied angehört, aus dem Unternehmen bzw. der Unternehmensgruppe ausscheidet;
6. das Gericht den Entsendungsbeschluß (§ 179 Abs. 1) für ungültig erklärt; die Klage ist spätestens einen Monat nach Konstituierung des besonderen Verhandlungsgremiums einzubringen.

(3) In den Fällen des Abs. 2 Z 2 bis 6 können nach Maßgabe der §§ 179 und 180 neue Mitglieder in das besondere Verhandlungsgremium entsendet werden.

Beistellung von Sacherfordernissen, Kostentragung

§ 186. (1) Dem besonderen Verhandlungsgremium sind zur ordnungsgemäßen Erfüllung seiner Aufgaben Sacherfordernisse in einem der Größe des Unternehmens bzw. der Unternehmensgruppe und den Bedürfnissen des besonderen Verhandlungsgremiums angemessenen Ausmaß von der zentralen Leitung unentgeltlich zur Verfügung zu stellen.

(2) Die für die ordnungsgemäße Erfüllung der Aufgaben erforderlichen Verwaltungsausgaben des besonderen Verhandlungsgremiums, insbesondere die für die Veranstaltung der Sitzungen und jeweils vorbereitenden und nachbereitenden Sitzungen anfallenden Kosten einschließlich der Dolmetschkosten und der Kosten für jedenfalls einen Sachverständigen sowie die Aufenthalts- und Reisekosten für die Mitglieder des besonderen Verhandlungsgremiums und für jedenfalls einen Sachverständigen sind von der zentralen Leitung zu tragen.

(BGBl I 2010/101)

Aufgaben des besonderen Verhandlungsgremiums

§ 187. Das besondere Verhandlungsgremium hat die Aufgabe, mit der zentralen Leitung eine schriftliche Vereinbarung über die Errichtung eines Europäischen Betriebsrates oder über die Durchführungsmodalitäten eines Verfahrens zur Unterrichtung und Anhörung der Arbeitnehmer abzuschließen.

Beschluß über die Beendigung der Verhandlungen

§ 188. (1) Das besondere Verhandlungsgremium kann mit mindestens zwei Dritteln seiner Stimmen beschließen, keine Verhandlungen zum Abschluß einer Vereinbarung im Sinne von § 187 zu eröffnen oder die bereits eröffneten Verhandlungen zu beenden.

(2) Ein neuer Antrag auf Einberufung des besonderen Verhandlungsgremiums kann frühestens zwei Jahre nach dem Beschluss gemäß Abs. 1 gestellt werden, es sei denn, zentrale Leitung und besonderes Verhandlungsgremium setzen eine kürzere Frist fest.

(BGBl I 2010/101)

(3) Wenn das besondere Verhandlungsgremium einen Beschluß im Sinne von Abs. 1 faßt, finden die Bestimmungen des 3. Hauptstückes keine Anwendung.

Vereinbarung über einen Europäischen Betriebsrat

§ 189. Wenn besonderes Verhandlungsgremium und zentrale Leitung die Errichtung eines Europäischen Betriebsrates vereinbaren, haben sie in dieser Vereinbarung jedenfalls

1. die von der Vereinbarung erfaßten Betriebe und Unternehmen, einschließlich der in den Nichtmitgliedstaaten liegenden Betriebe bzw. Unternehmen, sofern diese in den Geltungsbereich einbezogen werden;
2. die Zusammensetzung des Europäischen Betriebsrates, die Anzahl der Mitglieder, die Sitzverteilung – wobei so weit wie möglich eine ausgewogene Vertretung der Arbeitnehmer nach Tätigkeit, Arbeitnehmerkategorien und Geschlecht berücksichtigt werden soll – und die Mandatsdauer einschließlich der Auswirkungen von erheblichen Änderungen der Zahl der im Unternehmen bzw. in der Unternehmensgruppe Beschäftigten;
   (BGBl I 2010/101)
3. die Befugnisse und das Unterrichtungs- und Anhörungsverfahren des Europäischen Betriebsrats sowie die Modalitäten für die Abstimmung zwischen der Unterrichtung und Anhörung des Europäischen Betriebsrats und der einzelstaatlichen Arbeitnehmervertretungen, wobei sicherzustellen ist, dass die Mitwirkungsrechte der einzelstaatlichen Arbeitnehmervertretungen nicht geschmälert werden;
   (BGBl I 2010/101)
4. den Ort, die Häufigkeit und die Dauer der Sitzungen des Europäischen Betriebsrates;
5. gegebenenfalls die Zusammensetzung, die Modalitäten für die Bestellung, die Befugnisse und die Sitzungsmodalitäten des innerhalb des Europäischen Betriebsrates eingesetzten engeren Ausschusses;
   (BGBl I 2010/101)
6. die für den Europäischen Betriebsrat bereitzustellenden finanziellen und materiellen Mittel sowie
   (BGBl I 2010/101)
7. das Datum des Inkrafttretens der Vereinbarung und ihre Laufzeit, die Modalitäten für die Änderung oder Kündigung der Vereinbarung und gegebenenfalls die Fälle, in denen eine Neuaushandlung erfolgt und das dabei anzuwendende Verfahren, insbesondere auch im Fall von Änderungen der Struktur des Unternehmens oder der Unternehmensgruppe
   (BGBl I 2010/101)

festzulegen.

Vereinbarung über ein Verfahren zur Unterrichtung und Anhörung der Arbeitnehmer

§ 190. (1) Wenn besonderes Verhandlungsgremium und zentrale Leitung die Schaffung eines oder mehrerer Verfahren zur Unterrichtung und Anhörung der Arbeitnehmer vereinbaren, haben sie in dieser Vereinbarung jedenfalls festzulegen, unter welchen Voraussetzungen die Arbeitnehmervertreter das Recht haben, zu einem Meinungsaustausch über die ihnen übermittelten Informationen zusammenzutreten.

(2) Die Vereinbarung hat außerdem die Verpflichtung der zentralen Leitung näher zu regeln, die Arbeitnehmervertreter insbesondere über alle länderübergreifenden Angelegenheiten zu informieren, die erhebliche Auswirkungen auf die Interessen der Arbeitnehmerschaft haben.

3. Hauptstück
Europäischer Betriebsrat kraft Gesetzes

Errichtung

§ 191. (1) Wenn
1. zentrale Leitung und besonderes Verhandlungsgremium einen entsprechenden Beschluß fassen oder
2. die zentrale Leitung die Aufnahme von Verhandlungen verweigert oder nicht binnen sechs Monaten nach dem ersten Antrag gemäß § 177 Abs. 1 aufnimmt oder
3. binnen drei Jahren nach diesem Antrag oder dem Vorschlag der zentralen Leitung gemäß § 177 Abs. 1 keine Vereinbarung gemäß den §§ 189 oder 190 zustande kommt und das besondere Verhandlungsgremium keinen Beschluß gemäß § 188 Abs. 1 gefaßt hat,

ist ein Europäischer Betriebsrat nach den Bestimmungen dieses Hauptstückes zu errichten.

(2) Sofern in den Vereinbarungen gemäß den §§ 189 oder 190 nichts anderes bestimmt ist, gelten die Bestimmungen dieses Hauptstückes nicht für diese Vereinbarungen.

Zusammensetzung

§ 192. Für jeden Anteil an in einem Mitgliedstaat beschäftigten Arbeitnehmern, der 10% der Gesamtzahl der in allen Mitgliedstaaten beschäftigten Arbeitnehmer des Unternehmens bzw. der Unternehmensgruppe oder einen Bruchteil davon beträgt, ist ein Mitglied aus diesem Mitgliedstaat in den Europäischen Betriebsrat zu entsenden. § 178 Abs. 2 ist sinngemäß anzuwenden.

(BGBl I 2010/101)

Entsendung der Mitglieder

§ 193. Die Entsendung der österreichischen Mitglieder des Europäischen Betriebsrates erfolgt gemäß den §§ 179 und 180; dies jedoch mit der Maßgabe, daß die Entsendung von Vertretern der zuständigen freiwilligen Berufsvereinigung oder gesetzlichen Interessenvertretung nur zulässig ist, sofern diese Betriebsratsmitglieder gemäß § 53 Abs. 4 sind.

Konstituierung, Geschäftsführung, Geschäftsordnung, Sitzungen, Beschlußfassung

§ 194. (1) Die Einladung zur konstituierenden Sitzung des Europäischen Betriebsrates erfolgt gemäß § 181 Abs. 1. Die Mitglieder des Europäischen Betriebsrates haben aus ihrer Mitte einen Vorsitzenden und einen oder mehrere Stellvertreter zu wählen. Der Vorsitzende hat die zentrale Leitung sowie die örtlichen Unternehmensleitungen unverzüglich über das Ende der konstituierenden Sitzung sowie das Ergebnis dieser Wahl zu unterrichten.

(2) Vertreter des Europäischen Betriebsrates gegenüber der zentralen Leitung und nach außen ist, sofern in der Geschäftsordnung (Abs. 3) nichts anderes bestimmt ist, der Vorsitzende, bei dessen Verhinderung der Stellvertreter. Der Europäische Betriebsrat kann in Einzelfällen auch andere seiner Mitglieder mit der Vertretung nach außen beauftragen.

(3) Der Europäische Betriebsrat beschließt mit der Mehrheit der Stimmen seiner Mitglieder eine Geschäftsordnung. Die Geschäftsordnung kann insbesondere regeln:

1. Die Zusammensetzung und Geschäftsführung des engeren Ausschusses gemäß § 195;
   (BGBl I 2010/101)
2. die Bezeichnung der Angelegenheiten, in denen dem engeren Ausschuß das Recht auf selbständige Beschlußfassung zukommt;
3. die Festlegung von Art und Umfang der Vertretungsmacht des Vorsitzenden des engeren Ausschusses.

(4) Der Europäische Betriebsrat hat das Recht, vor und nach jeder Sitzung mit der zentralen Leitung (§ 199) zu einer Sitzung zusammenzutreten. Im übrigen gilt für die Sitzungen des Europäischen Betriebsrates § 182 Abs. 2, für seine Beschlußfassung § 183.

(BGBl I 2010/101)

Engerer Ausschuss

§ 195. Der Europäische Betriebsrat hat aus seiner Mitte einen engeren Ausschuss zu wählen, der aus einem Vorsitzenden und höchstens vier weiteren Mitgliedern bestehen darf. Der engere Ausschuss führt die laufenden Geschäfte des Europäischen Betriebsrates; er hat sich eine Geschäftsordnung zu geben. Für den engeren Ausschuss gilt § 194 Abs. 4.

(BGBl I 2010/101)

Tätigkeitsdauer, Dauer der Mitgliedschaft

§ 196. (1) Die Tätigkeitsdauer des Europäischen Betriebsrates beträgt fünf Jahre. Sie beginnt mit dem Tage der Konstituierung oder mit Ablauf der Tätigkeitsdauer des früheren Europäischen Betriebsrates, wenn die Konstituierung vor diesem Zeitpunkt erfolgte.

(BGBl I 2017/12)

(2) Die Tätigkeitsdauer des Europäischen Betriebsrates endet,

1. wenn das Unternehmen bzw. die Unternehmensgruppe die Voraussetzungen des § 171 Abs. 1 nicht mehr erfüllt;
2. wenn der Europäische Betriebsrat seinen Rücktritt beschließt;
3. wenn das Gericht die Errichtung (§ 191 Abs. 1) für ungültig erklärt; die Klage ist spätestens einen Monat nach Konstituierung des Europäischen Betriebsrates einzubringen;
4. wenn der Europäische Betriebsrat und die zentrale Leitung eine Vereinbarung nach den §§ 189 oder 190 abschließen.

(3) Die Mitgliedschaft zum Europäischen Betriebsrat beginnt mit der Bekanntgabe des Entsendungsbeschlusses (§ 193).

(4) Die Mitgliedschaft zum Europäischen Betriebsrat endet, wenn

1. die Tätigkeitsdauer des Europäischen Betriebsrates endet;
2. die Mitgliedschaft zum Betriebsrat endet;
3. das Mitglied zurücktritt;
4. das Organ der Arbeitnehmerschaft, das das Mitglied in den Europäischen Betriebsrat entsendet hat, dieses abberuft;
5. der Betrieb bzw. das Unternehmen, dem das Mitglied angehört, aus dem Unternehmen bzw. der Unternehmensgruppe ausscheidet;
6. das Gericht den Entsendungsbeschluß (§ 193) für ungültig erklärt; die Klage ist spätestens einen Monat nach Konstituierung des Europäischen Betriebsrates einzubringen.

(5) In den Fällen des Abs. 4 Z 2 bis 6 ist § 185 Abs. 3 anzuwenden.

Beistellung von Sacherfordernissen, Kostentragung

§ 197. Die im Zusammenhang mit der Tätigkeit des Europäischen Betriebsrates und des engeren Ausschusses anfallenden Kosten sind gemäß § 186 von der zentralen Leitung zu tragen.

Befugnisse des Europäischen Betriebsrates

§ 198. (1) Der Europäische Betriebsrat hat das Recht, über Angelegenheiten, die die wirtschaftlichen, sozialen, gesundheitlichen und kulturellen Interessen der Arbeitnehmer mindestens zweier zum Unternehmen gehörender Betriebe oder mindestens zweier zur Unternehmensgruppe gehörender Unternehmen in verschiedenen Mitgliedstaaten betreffen, unterrichtet und angehört zu werden.

(2) Bei Unternehmen bzw. Unternehmensgruppen, deren zentrale Leitung nicht in einem Mitgliedstaat ansässig ist (§ 171 Abs. 4), beschränkt sich das Unterrichtungs- und Anhörungsrecht des Europäischen Betriebsrates auf die Angelegenheiten im Sinne des Abs. 1, die mindestens zwei zum Unternehmen gehörende Betriebe oder mindestens zwei zur Unternehmensgruppe gehörende Unternehmen in den Mitgliedstaaten betreffen.

§ 199. (1) Der Europäische Betriebsrat hat, unbeschadet der gemäß § 200 bestehenden Befugnisse sowie unbeschadet abweichender Vereinbarungen mit der zentralen Leitung, das Recht, einmal jährlich mit der zentralen Leitung, zum Zweck der Unterrichtung und Anhörung, auf der Grundlage eines von der zentralen Leitung vorgelegten Berichtes über die Entwicklung der Geschäftslage und die Perspektiven des Unternehmens bzw. der Unternehmensgruppe zusammenzutreten. Die örtlichen Unternehmensleitungen werden hievon in Kenntnis gesetzt.

(2) Die Unterrichtung bezieht sich insbesondere auf die Struktur, die wirtschaftliche und finanzielle Situation sowie die voraussichtliche Entwicklung der Geschäfts-, Produktions- und Absatzlage des Unternehmens oder der Unternehmensgruppe. Die Unterrichtung und Anhörung bezieht sich insbesondere auf die Beschäftigungslage und ihre voraussichtliche Entwicklung, auf die Investitionen, auf grundlegende Änderungen der Organisation, auf die Einführung neuer Arbeits- und Fertigungsverfahren, auf Verlagerungen der Produktion, auf Fusionen, Verkleinerungen oder Schließungen von Unternehmen, Betrieben oder wichtigen Teilen davon sowie auf Massenentlassungen.

(BGBl I 2010/101)

(3) Die Anhörung (§ 173 Abs. 3) hat zu einem Zeitpunkt, in einer Weise und in einer inhaltlichen Ausgestaltung zu erfolgen, die es den Arbeitnehmervertretern auf der Grundlage der erhaltenen Informationen ermöglicht, unbeschadet der Zuständigkeit der Unternehmensleitung innerhalb einer angemessenen Frist zu den vorgeschlagenen Maßnahmen eine Stellungnahme abzugeben und eine mit Gründen versehene Antwort auf ihre Stellungnahme zu erhalten.

(BGBl I 2010/101)

Befugnisse des engeren Ausschusses

§ 200. (1) Treten außergewöhnliche Umstände ein, die erhebliche Auswirkungen auf die Interessen der Arbeitnehmer haben, insbesondere bei Verlegung oder Schließung von Unternehmen oder Betrieben oder bei Massenentlassungen, so hat der engere Ausschuß das Recht, ehestmöglich darüber unterrichtet zu werden. Er hat das Recht, auf Antrag mit der zentralen Leitung oder anderen, geeigneteren, mit Entscheidungsbefugnissen ausgestatteten Leitungsebenen innerhalb des Unternehmens bzw. der Unternehmensgruppe zusammenzutreten, um hinsichtlich der Maßnahmen mit erheblichen Auswirkungen auf die Interessen der Arbeitnehmer unterrichtet und angehört zu werden. Falls ein engerer Ausschuß nicht errichtet ist, ist dieses Recht vom Europäischen Betriebsrat wahrzunehmen.

(2) An der Sitzung mit dem engeren Ausschuß dürfen auch die Mitglieder des Europäischen Betriebsrates teilnehmen, die von den Betrieben bzw. Unternehmen entsendet worden sind, die unmittelbar von diesen Maßnahmen betroffen sind.

(3) Die Sitzung zur Unterrichtung und Anhörung erfolgt unverzüglich auf der Grundlage eines Berichtes der zentralen Leitung oder einer anderen geeigneten Leitungsebene innerhalb des Unternehmens bzw. der Unternehmensgruppe, zu dem der Europäische Betriebsrat binnen einer angemessenen Frist seine Stellungnahme abgeben kann. Diese Sitzung läßt die Vorrechte der zentralen Leitung unberührt.

Beschluß über die Aufnahme von Verhandlungen

§ 201. (1) Der Europäische Betriebsrat hat fünf Jahre nach seiner konstituierenden Sitzung einen Beschluß darüber zu fassen, ob eine Vereinbarung gemäß den §§ 189 oder 190 ausgehandelt werden soll oder ob die Bestimmungen dieses Hauptstückes weiterhin anzuwenden sind.

(BGBl I 2017/12)

(2) Wenn der Europäische Betriebsrat den Beschluß faßt, eine solche Vereinbarung auszuhandeln, so finden die §§ 187, 189 und 190 mit der Maßgabe Anwendung, daß anstelle des besonderen Verhandlungsgremiums der Europäische Betriebsrat diese Vereinbarung aushandelt.

(BGBl I 2010/101)

4. Hauptstück
Sonstige Bestimmungen

(BGBl I 2010/101)

Unternehmen mit besonderer Zweckbestimmung

§ 202. (1) Auf Unternehmen, die unmittelbar den in § 132 Abs. 2 genannten Zwecken dienen, sind die §§ 199 und 200 insoweit nicht anzuwenden, als es sich um Angelegenheiten handelt, die die politische Richtung dieser Unternehmen beeinflussen.

(2) Die §§ 199 und 200 sind auf Unternehmen im Sinne des Abs. 1 aber jedenfalls anzuwenden, soweit sich die Unterrichtung auf grundlegende Änderungen der Organisation, auf die Einführung neuer Arbeits- und Fertigungsverfahren oder auf Massenentlassungen bezieht. § 199 Abs. 2 ist auf Unternehmen im Sinne des Abs. 1 jedenfalls anzuwenden, soweit sich die Unterrichtung auf die Struktur des Unternehmens sowie seine wirtschaftliche und finanzielle Situation bezieht.

(BGBl I 2010/101)

Unterrichtung der örtlichen Arbeitnehmervertreter

§ 203. (1) Unbeschadet des § 204 haben die Mitglieder des Europäischen Betriebsrates die Arbeitnehmervertreter der Betriebe bzw. Unternehmen oder, in Ermangelung solcher Vertreter, die Belegschaft insgesamt über Inhalt und Ergebnisse der gemäß den Bestimmungen dieses Hauptstückes durchgeführten Unterrichtung und Anhörung zu informieren.

(2) Die zur Erfüllung seiner Aufgaben gemäß Abs. 1 erforderlichen Mittel sind dem Europäischen Betriebsrat von der zentralen Leitung zur Verfügung zu stellen. Dem Europäischen Betriebsrat ist nach Unterrichtung der örtlichen Betriebs- bzw. Unternehmensleitung Zutritt zu den Betrieben bzw. Unternehmen zu gewähren.

(BGBl I 2010/101)

Wesentliche Änderungen der Struktur des Unternehmens oder der Unternehmensgruppe

§ 203a. (1) Im Fall wesentlicher Änderungen der

Struktur des Unternehmens bzw. der Unternehmensgruppe hat die zentrale Leitung von sich aus oder auf schriftlichen Antrag von mindestens 100 Arbeitnehmern oder ihrer Vertreter in mindestens zwei Betrieben oder Unternehmen in mindestens zwei verschiedenen Mitgliedstaaten Verhandlungen zum Abschluss einer Vereinbarung gemäß § 187 aufzunehmen, sofern entsprechende Bestimmungen in den geltenden Vereinbarungen fehlen oder Widersprüche zwischen zwei oder mehreren geltenden Vereinbarungen bestehen. Für die Errichtung und Zusammensetzung des besonderen Verhandlungsgremiums gelten die §§ 177 und 178, wobei dem besonderen Verhandlungsgremium zusätzlich mindestens drei Mitglieder jedes bestehenden Europäischen Betriebsrates angehören müssen. Im Übrigen gelten für die Verhandlungen die Bestimmungen des 2. Hauptstückes.

(2) Als wesentliche Änderungen gelten insbesondere der Erwerb, die Stilllegung, Einschränkung oder Verlegung von Unternehmen oder Betrieben sowie der Zusammenschluss mit anderen Unternehmensgruppen, Unternehmen oder Betrieben, sofern diese erheblichen Einfluss auf die Gesamtstruktur des Unternehmens bzw. der Unternehmensgruppe haben, sowie erhebliche Änderungen der Zahl der im Unternehmen bzw. in der Unternehmensgruppe Beschäftigten.

(3) Während der Dauer der Verhandlungen erfolgt die Wahrnehmung der Aufgaben durch den bestehenden Europäischen Betriebsrat bzw. die bestehenden Europäischen Betriebsräte entsprechend der in den Unternehmen bzw. in den Unternehmensgruppen geltenden Vereinbarungen.

(4) Wenn innerhalb des für die Verhandlungen vorgesehenen Zeitraumes (§ 191 Abs. 1 Z 3) keine Vereinbarung zustande gekommen ist, finden die Bestimmungen des 3. Hauptstückes mit der Maßgabe Anwendung, dass sich der Umfang der Beteiligungsrechte der Arbeitnehmer nach der Struktur des Unternehmens bzw. der Unternehmensgruppe im Zeitpunkt des Scheiterns der Verhandlungen bestimmt. Soweit in einer bisher geltenden Vereinbarung eine im Vergleich zu den Bestimmungen des 3. Hauptstückes günstigere Regelung bestanden hat, bestimmt sich der Umfang der Beteiligungsrechte der Arbeitnehmer nach dieser Vereinbarung.

(BGBl I 2010/101)

Verschwiegenheitspflicht

§ 204. (1) Auf die Mitglieder des besonderen Verhandlungsgremiums und des Europäischen Betriebsrates und auf die sie unterstützenden Sachverständigen sowie auf die Arbeitnehmervertreter, die bei einem Unterrichtungs- und Anhörungsverfahren gemäß § 190 mitwirken, ist § 115 Abs. 4 mit der Maßgabe anzuwenden, daß die sich aus dieser Bestimmung ergebende Verpflichtung auch nach dem Ablauf des Mandates weiterbesteht.

(2) Die Verpflichtung gemäß Abs. 1 gilt nicht gegenüber den örtlichen Arbeitnehmervertretern, wenn diese auf Grund einer Vereinbarung (§§ 189, 190) oder nach § 203 über den Inhalt der Unterrichtungen und die Ergebnisse der Anhörungen zu unterrichten sind.

(BGBl I 2010/101)

Rechte der Arbeitnehmervertreter

§ 205. (1) Hinsichtlich der persönlichen Rechte und Pflichten der österreichischen Mitglieder des besonderen Verhandlungsgremiums und des Europäischen Betriebsrates, der Arbeitnehmervertreter, die an einem Unterrichtungs- und Anhörungsverfahren gemäß § 190 mitwirken, sowie des Sprechers gemäß § 177 Abs. 1 sind die Bestimmungen der §§ 115 Abs. 1 erster Satz, Abs. 2 erster Satz und 3, 116 sowie 120 bis 122 anzuwenden.

(BGBl I 2010/101)

(2) Unbeschadet des § 118 hat jedes österreichische Mitglied des besonderen Verhandlungsgremiums sowie des Europäischen Betriebsrates Anspruch auf Freistellung von der Arbeitsleistung zur Teilnahme an den für die Wahrnehmung seiner Vertretungsaufgaben in einem internationalen Umfeld erforderlichen Schulungs- und Bildungsveranstaltungen unter Fortzahlung des Entgeltes.

(BGBl I 2010/101)

5. Hauptstück
Schluß- und Übergangsbestimmungen

Geltende Vereinbarungen

§ 206. (1) Die Bestimmungen des V. Teiles gelten nicht für Unternehmen bzw. Unternehmens gruppen, in denen vor dem 22. September 1996 eine für alle im Unternehmen bzw. in der Unternehmensgruppe in den Mitgliedstaaten beschäftigten Arbeitnehmer geltende Vereinbarung abgeschlossen wurde, die eine länderübergreifende Unterrichtung und Anhörung der Arbeitnehmer vorsieht.

(2) Die zentrale Leitung ist verpflichtet, den Abschluß sowie den vollen Wortlaut der Vereinbarung allen im Unternehmen bzw. in der Unternehmensgruppe bestehenden Arbeitnehmervertretungen bis spätestens drei Monate nach dem in Abs. 1 genannten Zeitpunkt zur Kenntnis zu bringen. Die örtlichen Unternehmensleitungen sind verpflichtet, die Vereinbarung binnen drei Tagen nach diesem Zeitpunkt im Betrieb in einem für alle Arbeitnehmer zugänglichen Raum aufzulegen oder in sonst geeigneter Form kundzumachen.

(3) Wenn eine Vereinbarung gemäß Abs. 1 nicht für alle im Unternehmen bzw. in der Unternehmensgruppe in den Mitgliedstaaten beschäftigten Arbeitnehmer gilt, können die Parteien deren Einbeziehung innerhalb einer Frist von sechs Monaten gerechnet ab dem in Abs. 1 genannten Stichtag nachholen. Für die Einbeziehung ist die Zustimmung der Mehrheit der Vertreter der betroffenen Arbeitnehmer erforderlich.

(4) Vereinbarungen gemäß Abs. 1, die unter Beteiligung von Arbeitnehmervertretern aus Drittstaaten abgeschlossen wurden, sind gültig.

(5) Wenn eine Vereinbarung gemäß Abs. 1 befristet abgeschlossen wurde, können die Parteien nach Fristablauf ihre weitere Anwendbarkeit be-

schließen. Andernfalls finden die Bestimmungen des V. Teiles Anwendung.

(6) Auf die Arbeitnehmervertreter, die an einem Unterrichtungs- und Anhörungsverfahren gemäß Abs. 1 mitwirken, ist § 205 anzuwenden.

(7) Die Bestimmungen des V. Teiles gelten nicht für Unternehmen bzw. Unternehmensgruppen,

1. die erst im Zeitpunkt des Inkrafttretens des § 171 Abs. 2 in der Fassung dieses Bundesgesetzes in den Geltungsbereich des V. Teiles fallen, und
2. in denen vor dem 15. Dezember 1999 eine für alle im Unternehmen bzw. in der Unternehmensgruppe in den Mitgliedstaaten beschäftigten Arbeitnehmer geltende Vereinbarung abgeschlossen wurde, die eine länderübergreifende Unterrichtung und Anhörung der Arbeitnehmer vorsieht.

(BGBl I 2000/14)

(8) Auf Vereinbarungen gemäß Abs. 7 sind die Abs. 2 bis 6 anzuwenden, wobei an die Stelle des in Abs. 1 genannten Stichtages der in Abs. 7 genannte Stichtag tritt.

(BGBl I 2000/14)

(9) Die Bestimmungen des V. Teiles mit Ausnahme der §§ 173 Abs. 2 bis 5 und 203a gelten nicht für Unternehmen bzw. Unternehmensgruppen,

1. in denen eine Vereinbarung gemäß den Abs. 1 oder 7 abgeschlossen wurde, oder
2. in denen zwischen dem 5. Juni 2009 und dem 5. Juni 2011 eine Vereinbarung abgeschlossen oder überarbeitet wurde, die eine länderübergreifende Unterrichtung und Anhörung der Arbeitnehmer vorsieht; auf solche Vereinbarungen sind auch nach dem 5. Juni 2011 die Bestimmungen des V. Hauptstückes in der am 5. Juni 2011 geltenden Fassung anzuwenden.

(BGBl I 2010/101)

Strafbestimmungen

§ 207. (1) Wer den Bestimmungen der §§ 174, 177 Abs. 2 und 3, 181 Abs. 1 und 4, 190 Abs. 2, 204 Abs. 1 und 206 Abs. 2 zuwiderhandelt, begeht, sofern die Tat nicht den Tatbestand einer in die Zuständigkeit der Gerichte fallenden strafbaren Handlung bildet oder nach anderen Verwaltungsstrafbestimmungen mit strengerer Strafe bedroht ist, eine Verwaltungsübertretung und ist von der Bezirksverwaltungsbehörde mit einer Geldstrafe von bis zu 20 000 Euro, im Wiederholungsfall von bis zu 40 000 Euro zu bestrafen.

(BGBl I 2001/98, BGBl I 2010/101)

(2) Verwaltungsübertretungen nach Abs. 1 sind nur zu verfolgen und zu bestrafen, wenn im Falle

1. der §§ 174 Abs. 1 Z 1 und Abs. 2, 181 Abs. 1 und 206 Abs. 2 die im Unternehmen bzw. in der Unternehmensgruppe bestehenden Arbeitnehmervertretungen,
2. des § 177 Abs. 2 und 3 die gemäß § 177 Abs. 1 zur Antragstellung berechtigten Arbeitnehmer bzw. Arbeitnehmervertreter,
3. der §§ 174 Abs. 1 Z 2 und 181 Abs. 4 das besondere Verhandlungsgremium,
4. des § 190 Abs. 2 die nach der Vereinbarung gemäß § 190 Abs. 1 zuständige Arbeitnehmervertretung,
5. des § 204 Abs. 1 die zentrale Leitung

binnen sechs Wochen ab Kenntnis von der Übertretung und der Person des Täters bei der zuständigen Bezirksverwaltungsbehörde einen Strafantrag stellt (Privatankläger).

(BGBl I 2010/101)

(3) Auf das Strafverfahren ist § 56 Abs. 2 bis 4 des Verwaltungsstrafgesetzes 1991, BGBl. Nr. 52, anzuwenden.

VI. Teil
Beteiligung der Arbeitnehmer in der Europäischen Gesellschaft

1. Hauptstück
Allgemeine Bestimmungen

Geltungsbereich

§ 208. Die Bestimmungen des VI. Teiles gelten für Unternehmen, die unter den II. Teil fallen und nach der in der Verordnung (EG) Nr. 2157/2001 vom 8. Oktober 2001 über das Statut der Europäischen Gesellschaft (SE) vorgesehenen Rechtsform gegründet oder geführt werden und ihren Sitz im Inland haben oder haben werden.

(BGBl I 2004/82)

§ 209. Für die Pflicht der beteiligten Gesellschaften im Inland zur Zusammenarbeit mit den Organen der Arbeitnehmerschaft gemäß § 214 Z 1, die Pflicht zur Bekanntgabe der Informationen gemäß § 215 Abs. 3, die Ermittlung der Zahl der im Inland beschäftigten Arbeitnehmer (§ 215 Abs. 4), die Entsendung der österreichischen Mitglieder in das besondere Verhandlungsgremium (§§ 217, 218), in den SE-Betriebsrat (§ 234) und in den Aufsichts- oder Verwaltungsrat der Europäischen Gesellschaft (§ 247), die Beendigung ihrer Mitgliedschaft zum besonderen Verhandlungsgremium (§ 223 Abs. 2), zum SE-Betriebsrat (§ 237 Abs. 5) und im Aufsichts- oder Verwaltungsrat der Europäischen Gesellschaft (§ 247 Abs. 4) sowie die für sie geltende Verschwiegenheitspflicht (§ 250) und die für sie geltenden Schutzbestimmungen (§ 251) gelten die Bestimmungen des VI. Teiles auch dann, wenn der Sitz der Europäischen Gesellschaft nicht im Inland liegt oder liegen wird.

(BGBl I 2004/82)

Begriffsbestimmungen

§ 210. (1) Unter beteiligten Gesellschaften im Sinne des VI. Teiles sind die unmittelbar an der Gründung einer Europäischen Gesellschaft beteiligten Unternehmen zu verstehen. Dies sind im Falle der

1. Verschmelzung die zu verschmelzenden Unternehmen;
2. Gründung einer Holdinggesellschaft die diese gründenden Unternehmen;

3. Gründung einer Tochtergesellschaft die diese gründenden Unternehmen;
4. Umwandlung das umzuwandelnde Unternehmen.

(2) Unter Tochtergesellschaft im Sinne des VI. Teiles ist ein Unternehmen zu verstehen, auf das ein anderes Unternehmen einen beherrschenden Einfluss im Sinne des § 176 ausübt.

(3) Unter betroffener Tochtergesellschaft ist eine Tochtergesellschaft einer beteiligten Gesellschaft zu verstehen, die bei der Gründung einer Europäischen Gesellschaft zu deren Tochtergesellschaft werden soll.

(4) Unter betroffenem Betrieb ist ein Betrieb einer beteiligten Gesellschaft zu verstehen, der bei der Gründung einer Europäischen Gesellschaft zu deren Betrieb werden soll.

(BGBl I 2004/82)

Organe der Arbeitnehmerschaft

§ 211. In den Unternehmen, die die Voraussetzungen des § 208 erfüllen, ist nach Maßgabe der Bestimmungen des VI. Teiles ein besonderes Verhandlungsgremium einzusetzen sowie ein SE-Betriebsrat zu errichten oder ein anderes Verfahren zur Beteiligung der Arbeitnehmer zu schaffen.

(BGBl I 2004/82)

Beteiligung der Arbeitnehmer

§ 212. (1) Das Recht der Arbeitnehmer auf Beteiligung in der Europäischen Gesellschaft umfasst alle Verfahren, durch die die Arbeitnehmervertreter auf die Beschlussfassung in der Europäischen Gesellschaft Einfluss nehmen können. Insbesondere beinhaltet das Recht der Arbeitnehmer auf Beteiligung das Recht auf Unterrichtung, das Recht auf Anhörung und, nach Maßgabe der Bestimmungen des VI. Teiles, das Recht auf Mitbestimmung.

(2) Unter Unterrichtung im Sinne des VI. Teiles ist die Unterrichtung des Organs zur Vertretung der Arbeitnehmer oder der Arbeitnehmervertreter durch das zuständige Organ der Europäischen Gesellschaft über alle Angelegenheiten zu verstehen, die diese selbst oder eine ihrer Tochtergesellschaften oder einen ihrer Betriebe in einem anderen Mitgliedstaat betreffen oder die über die Befugnisse der Entscheidungsorgane auf der Ebene des einzelnen Mitgliedstaates hinausgehen. Zeitpunkt, Form und Inhalt der Unterrichtung müssen den Arbeitnehmervertretern eine eingehende Prüfung der möglichen Auswirkungen und gegebenenfalls die Vorbereitung von Anhörungen mit dem zuständigen Organ der Europäischen Gesellschaft ermöglichen.

(3) Unter Anhörung im Sinn des VI. Teiles ist der Meinungsaustausch und die Einrichtung eines Dialogs zwischen dem Organ zur Vertretung der Arbeitnehmer oder den Arbeitnehmervertretern und dem zuständigen Organ der Europäischen Gesellschaft zu verstehen. Zeitpunkt, Form und Inhalt der Anhörung müssen den Arbeitnehmervertretern auf der Grundlage der erfolgten Unterrichtung eine Stellungnahme zu den geplanten Maßnahmen des zuständigen Organs ermöglichen, die im Rahmen des Entscheidungsprozesses innerhalb der Europäischen Gesellschaft berücksichtigt werden kann.

(4) Unter Mitbestimmung im Sinn des VI. Teiles ist die Einflussnahme des Organs zur Vertretung der Arbeitnehmer oder der Arbeitnehmervertreter auf alle Angelegenheiten der Europäischen Gesellschaft durch die Wahrnehmung des Rechts zu verstehen, einen Teil der Mitglieder des Aufsichts- oder des Verwaltungsrates der Europäischen Gesellschaft zu wählen oder zu bestellen oder einen Teil oder alle Mitglieder des Aufsichts- oder Verwaltungsrates der Europäischen Gesellschaft zu empfehlen oder abzulehnen.

(BGBl I 2004/82)

Pflichten der Leitungs- und Verwaltungsorgane

§ 213. Die jeweils zuständigen Leitungs- oder Verwaltungsorgane der beteiligten Gesellschaften haben

1. die für die Einsetzung eines besonderen Verhandlungsgremiums sowie
2. die für die Errichtung eines SE-Betriebsrates oder die Schaffung eines Verfahrens zur Unterrichtung und Anhörung der Arbeitnehmer

notwendigen Voraussetzungen zu schaffen und die erforderlichen Mittel bereit zu stellen.

(BGBl I 2004/82)

Grundsätze der Zusammenarbeit

§ 214. Die Organe der Arbeitnehmerschaft (§ 211) und die jeweils zuständigen Leitungs- und Verwaltungsorgane

1. der beteiligten Gesellschaften bzw.
2. der Europäischen Gesellschaft

haben mit dem Willen zur Verständigung unter Beachtung ihrer jeweiligen Rechte und gegenseitigen Verpflichtungen zusammenzuarbeiten.

(BGBl I 2004/82)

2. Hauptstück
Besonderes Verhandlungsgremium

Aufforderung zur Errichtung

§ 215. (1) Das besondere Verhandlungsgremium ist auf Grund einer schriftlichen Aufforderung der zuständigen Leitungs- oder Verwaltungsorgane der beteiligten Gesellschaften an die Vertreter der Arbeitnehmer oder an die Arbeitnehmer – nach Maßgabe des jeweils anzuwendenden Rechts – in diesen Gesellschaften sowie in den betroffenen Tochtergesellschaften und betroffenen Betrieben zu errichten.

(2) Die Aufforderung gemäß Abs. 1 hat unmittelbar nach der Offenlegung des Verschmelzungsplanes oder des Gründungsplanes für eine Holdinggesellschaft oder nach der Vereinbarung eines Planes zur Gründung einer Tochtergesell-

schaft oder zur Umwandlung in eine Europäische Gesellschaft zu erfolgen.

(3) Der Aufforderung gemäß Abs. 1 sind Informationen anzuschließen über

1. die geplante Gründung der Europäischen Gesellschaft und den Verfahrensverlauf bis zu deren Eintragung,
2. die Identität und Struktur der beteiligten Gesellschaften einschließlich deren Tochtergesellschaften und Betriebe, der betroffenen Tochtergesellschaften und der betroffenen Betriebe, jeweils einschließlich deren Verteilung auf die Mitgliedstaaten,
3. die Zahl der in diesen Gesellschaften und Betrieben jeweils beschäftigten Arbeitnehmer und die Gesamtzahl der in den beteiligten Gesellschaften, betroffenen Tochtergesellschaften und betroffenen Betriebe beschäftigten Arbeitnehmer,
4. die Identität der zur Vertretung der Arbeitnehmer in diesen Gesellschaften und Betrieben errichteten Organe sowie die Zahl der von diesen Organen jeweils vertretenen Arbeitnehmer,
5. die Identität jener beteiligten Gesellschaften, in denen ein System der Mitbestimmung existiert, und jeweils die Zahl der von einem System der Mitbestimmung erfassten Arbeitnehmer; wenn nicht alle Arbeitnehmer einer beteiligten Gesellschaft von einem System der Mitbestimmung erfasst sind, auch das Verhältnis der von einem System der Mitbestimmung erfassten Arbeitnehmer zur jeweiligen Gesamtzahl der Arbeitnehmer,
6. den Termin der konstituierenden Sitzung des besonderen Verhandlungsgremiums.

(4) Für die Ermittlung der Zahl der beschäftigten Arbeitnehmer ist der Zeitpunkt der Aufforderung gemäß Abs. 1 maßgebend.

(5) Die zuständige freiwillige Berufsvereinigung der Arbeitnehmer ist von der Aufforderung gemäß Abs. 1 durch das für die Entsendung zuständige Organ der Arbeitnehmerschaft zu verständigen.

(BGBl I 2004/82)

Zusammensetzung

§ 216. (1) Für jeden Anteil an in einem Mitgliedstaat beschäftigten Arbeitnehmern, der 10% der Gesamtzahl der in allen Mitgliedstaaten beschäftigten Arbeitnehmer der beteiligten Gesellschaften, betroffenen Tochtergesellschaften und betroffenen Betriebe oder einen Bruchteil davon beträgt, ist ein Mitglied aus diesem Mitgliedstaat in das besondere Verhandlungsgremium zu entsenden.

(2) Im Fall einer im Wege der Verschmelzung gegründeten Europäischen Gesellschaft sind aus jedem Mitgliedstaat so viele weitere zusätzliche Mitglieder in das besondere Verhandlungsgremium zu entsenden, wie erforderlich sind, um zu gewährleisten, dass jede beteiligte Gesellschaft, die Arbeitnehmer in dem betreffenden Mitgliedstaat beschäftigt und die als Folge der Eintragung der Europäischen Gesellschaft als eigene Rechtsperson erlöschen wird, in dem besonderen Verhandlungsgremium durch mindestens ein Mitglied vertreten ist.

(3) Soweit bereits durch die Anwendung des Abs. 1 in Verbindung mit dem jeweils anzuwendenden Recht die Vertretung dieser beteiligten Gesellschaften im besonderen Verhandlungsgremium durch Mitglieder gewährleistet ist, die Arbeitnehmer dieser beteiligten Gesellschaften sind oder ausschließlich von den Arbeitnehmern dieser beteiligten Gesellschaften gewählt oder sonst bestimmt worden sind, sind keine weiteren zusätzlichen Mitglieder gemäß Abs. 2 zu entsenden.

(4) Die Zahl dieser zusätzlichen Mitglieder darf 20% der sich aus Abs. 1 ergebenden Mitgliederzahl nicht überschreiten. Übersteigt die Zahl dieser beteiligten Gesellschaften die Zahl der zu entsendenden zusätzlichen Mitglieder, so werden diese zusätzlichen Mitglieder den beteiligten Gesellschaften in verschiedenen Mitgliedstaaten nach der Zahl der bei ihnen beschäftigten Arbeitnehmer in absteigender Reihenfolge zugeteilt.

(5) Treten während der Tätigkeitsdauer des besonderen Verhandlungsgremiums solche Änderungen in der Struktur oder Arbeitnehmerzahl der beteiligten Gesellschaften, der betroffenen Tochtergesellschaften und der betroffenen Betriebe ein, dass sich die Zusammensetzung des besonderen Verhandlungsgremiums gemäß Abs. 1 bis 4 ändern würde, so ist das besondere Verhandlungsgremium entsprechend neu zusammenzusetzen. Informationen über solche Änderungen haben die zuständigen Leitungs- und Verwaltungsorgane der beteiligten Gesellschaften unverzüglich an das besondere Verhandlungsgremium und an die Vertreter der Arbeitnehmer oder an die Arbeitnehmer – nach Maßgabe des jeweils anzuwendenden Rechts – in den beteiligten Gesellschaften sowie in den betroffenen Tochtergesellschaften und betroffenen Betrieben, die bisher nicht im besonderen Verhandlungsgremium vertreten waren, zu richten.

(BGBl I 2004/82)

Entsendung der Mitglieder

§ 217. (1) Die in das besondere Verhandlungsgremium zu entsendenden österreichischen Mitglieder werden durch Beschluss des gemäß § 218 zur Entsendung berechtigten Organs der Arbeitnehmerschaft aus dem Kreis der Betriebsratsmitglieder ernannt. Anstelle eines Betriebsratsmitgliedes kann auch ein Funktionär oder Arbeitnehmer der zuständigen freiwilligen Berufsvereinigung der Arbeitnehmer ernannt werden.

(2) Im Fall, dass mehrere österreichische Mitglieder in das besondere Verhandlungsgremium zu entsenden sind, hat das gemäß § 218 zur Entsendung berechtigte Organ zugleich mit dem Entsendungsbeschluss auch Beschluss darüber zu fassen, wie viele Arbeitnehmer von einem entsendeten Mitglied jeweils vertreten werden. Dabei ist darauf Bedacht zu nehmen, dass alle in Österreich

beschäftigten Arbeitnehmer von einem solchen Mitglied vertreten werden.

(3) Bei der Entsendung soll nach Maßgabe der Anzahl der den österreichischen Arbeitnehmervertretern zustehenden Sitze darauf Bedacht genommen werden, dass jede beteiligte Gesellschaft durch mindestens ein Mitglied im besonderen Verhandlungsgremium vertreten ist.

(4) Zur Beschlussfassung ist die Anwesenheit von mindestens der Hälfte der Mitglieder erforderlich. Die Beschlüsse werden mit den Stimmen jener Mitglieder gefasst, die zusammen mehr als die Hälfte der in der Unternehmensgruppe, in den Unternehmen und in den Betrieben beschäftigten Arbeitnehmer vertreten. Bei der Ermittlung der Zahl der in der Unternehmensgruppe, in den Unternehmen und in den Betrieben beschäftigten Arbeitnehmer sind die der Aufforderung zur Errichtung des besonderen Verhandlungsgremiums gemäß den §§ 215 Abs. 3 Z 3 und 4 und 216 Abs. 5 anzuschließenden Informationen zugrunde zu legen.

(5) Auf eine angemessene Vertretung der Gruppen der Arbeiter und der Angestellten sowie der Arbeitnehmerinnen und Arbeitnehmer soll Bedacht genommen werden.

(BGBl I 2004/82)

§ 218. (1) In Betrieben erfolgt die Entsendung durch Beschluss des Betriebsausschusses. Besteht kein Betriebsausschuss, so nimmt diese Aufgabe der Betriebsrat wahr. Bestehen mehrere Betriebsausschüsse (Betriebsräte), die nicht zum selben Unternehmen gehören, so ist vom Vorsitzenden des Betriebsausschusses (Betriebsrates) des nach der Zahl der wahlberechtigten Arbeitnehmer größten inländischen Betriebes eine Versammlung der in den Betrieben bestellten Betriebsausschüsse (Betriebsräte) einzuberufen, der die Beschlussfassung über die Entsendung obliegt.

(2) In Unternehmen sind die in das besondere Verhandlungsgremium zu entsendenden Mitglieder durch Beschluss des Zentralbetriebsrates zu benennen. Ist in einem Unternehmen ein Zentralbetriebsrat nicht errichtet, so ist Abs. 1 sinngemäß anzuwenden. Bestehen mehrere Zentralbetriebsräte, so ist vom Vorsitzenden des Zentralbetriebsrates des nach der Zahl der wahlberechtigten Arbeitnehmer größten inländischen Unternehmens eine Versammlung der Mitglieder der in den Unternehmen bestellten Zentralbetriebsräte einzuberufen, der die Beschlussfassung über die Entsendung obliegt. Besteht neben einem oder mehreren Zentralbetriebsräten noch mindestens ein in keinem Zentralbetriebsrat vertretener Betriebsausschuss (Betriebsrat), sind die Betriebsratsvorsitzenden und ihre Stellvertreter zu dieser Sitzung einzuladen; sie gelten insoweit als Zentralbetriebsratsmitglieder.

(3) In Unternehmensgruppen sind die in das besondere Verhandlungsgremium zu entsendenden Mitglieder durch Beschluss der Konzernvertretung zu ernennen. Ist eine Konzernvertretung nicht errichtet, so ist Abs. 2 anzuwenden. Ist auch kein Zentralbetriebsrat errichtet, so ist Abs. 1 anzuwenden. Besteht neben der Konzernvertretung noch ein von ihr nicht vertretener Zentralbetriebsrat (Betriebsausschuss, Betriebsrat), sind die Zentralbetriebsrats(Betriebsrats)vorsitzenden und ihre Stellvertreter zu dieser Sitzung einzuladen; diese gelten insoweit als Mitglieder der Konzernvertretung.

(4) Die Bekanntgabe der benannten Mitglieder des besonderen Verhandlungsgremiums an das zuständige Leitungs- oder Verwaltungsorgan der beteiligten Gesellschaften hat unverzüglich zu erfolgen.

(BGBl I 2004/82)

Konstituierung

§ 219. (1) Das zuständige Leitungs- oder Verwaltungsorgan der beteiligten Gesellschaften hat unverzüglich nach der Bekanntgabe der benannten Mitglieder des besonderen Verhandlungsgremiums zu dessen konstituierender Sitzung einzuladen.

(2) Die Mitglieder des besonderen Verhandlungsgremiums haben aus ihrer Mitte einen Vorsitzenden und einen oder mehrere Stellvertreter zu wählen. Das besondere Verhandlungsgremium gibt sich eine Geschäftsordnung.

(3) Das besondere Verhandlungsgremium hat das zuständige Leitungs- oder Verwaltungsorgan der beteiligten Gesellschaften unverzüglich über das Ende der konstituierenden Sitzung sowie das Ergebnis der Wahl zu unterrichten.

(4) Unverzüglich nach dieser Mitteilung hat das zuständige Leitungs- oder Verwaltungsorgan der beteiligten Gesellschaften eine Sitzung mit dem besonderen Verhandlungsgremium einzuberufen, um eine Vereinbarung nach § 225 abzuschließen.

(BGBl I 2004/82)

Sitzungen

§ 220. (1) Das besondere Verhandlungsgremium hat das Recht vor jeder Sitzung mit dem zuständigen Leitungs- oder Verwaltungsorgan der beteiligten Gesellschaften zu einer vorbereitenden Sitzung zusammenzutreten.

(2) Das besondere Verhandlungsgremium kann sich bei den Verhandlungen mit dem zuständigen Leitungs- oder Verwaltungsorgan der beteiligten Gesellschaften durch Sachverständige seiner Wahl unterstützen lassen. Diese Sachverständigen können auf Wunsch des besonderen Verhandlungsgremiums den Verhandlungen in beratender Funktion beigezogen werden.

(BGBl I 2004/82)

Beschlussfassung

§ 221. (1) Die Beschlüsse werden, soweit in diesem Bundesgesetz keine strengeren Erfordernisse festgesetzt sind, mit einfacher Mehrheit der Stimmen gefasst, sofern diese Mehrheit auch die einfache Mehrheit der Arbeitnehmer vertritt.

(2) Das besondere Verhandlungsgremium kann mit mindestens zwei Drittel seiner Stimmen, die mindestens zwei Drittel der Arbeitnehmer in mindestens zwei Mitgliedstaaten vertreten, den Abschluss einer Vereinbarung beschließen, die

eine Minderung der Mitbestimmungsrechte der Arbeitnehmer zur Folge hat. Eine solche Mehrheit ist jedoch nur dann erforderlich, wenn sich die Mitbestimmung im Fall einer Europäischen Gesellschaft, die

1. durch Verschmelzung gegründet werden soll, auf mindestens 25% der Gesamtzahl der Arbeitnehmer der beteiligten Gesellschaften erstreckt;
2. als Holdinggesellschaft oder als Tochtergesellschaft gegründet werden soll, auf mindestens 50% der Gesamtzahl der Arbeitnehmer der beteiligten Gesellschaften erstreckt.

(3) Im Fall einer Europäischen Gesellschaft, die durch Umwandlung gegründet werden soll, kann ein Beschluss gemäß Abs. 2 nicht gefasst werden.

(4) Unter einer Minderung der Mitbestimmungsrechte im Sinne des Abs. 2 ist jedenfalls die Verringerung des Anteils der nach einem der Verfahren gemäß § 212 Abs. 4 bestimmten Mitglieder des Aufsichts- oder Verwaltungsrats der Europäischen Gesellschaft gegenüber dem höchsten in den beteiligten Gesellschaften geltenden Anteil an Arbeitnehmervertretern in einem Aufsichts- oder Verwaltungsorgan zu verstehen.

(BGBl I 2004/82)

Tätigkeitsdauer

§ 222. (1) Die Tätigkeitsdauer des besonderen Verhandlungsgremiums beginnt mit dem Tag der Konstituierung.

(2) Die Tätigkeitsdauer des besonderen Verhandlungsgremiums endet,

1. wenn das besondere Verhandlungsgremium einen Beschluss gemäß § 227 Abs. 1 fasst;
2. wenn das Gericht die Errichtung (§ 215 Abs. 1) für ungültig erklärt; die Klage ist spätestens einen Monat nach Konstituierung des besonderen Verhandlungsgremiums einzubringen;
3. mit dem Abschluss einer Vereinbarung gemäß den §§ 230 oder 231, sofern in der Vereinbarung nichts anderes bestimmt ist;
4. im Fall des § 232 Abs. 1 Z 1;
5. wenn innerhalb des gemäß § 226 maßgeblichen Zeitraumes keine Vereinbarung gemäß den §§ 230 oder 231 zustande gekommen ist.

(BGBl I 2004/82)

Beginn und Erlöschen der Mitgliedschaft

§ 223. (1) Die Mitgliedschaft zum besonderen Verhandlungsgremium beginnt mit der Bekanntgabe des Entsendungsbeschlusses (§ 218 Abs. 4).

(2) Die Mitgliedschaft zum besonderen Verhandlungsgremium endet, wenn

1. die Tätigkeitsdauer des besonderen Verhandlungsgremiums endet;
2. das Mitglied zurücktritt;
3. das Organ der Arbeitnehmerschaft, das das Mitglied in das besondere Verhandlungsgremium entsendet hat, dieses abberuft, wobei dieses jedenfalls dann abzuberufen ist, wenn seine Mitgliedschaft zum Betriebsrat bzw. seine Tätigkeit bei der zuständigen freiwilligen Berufsvereinigung der Arbeitnehmer endet;
4. der Betrieb bzw. das Unternehmen, dem das Mitglied angehört, aus der an der Gründung der Europäischen Gesellschaft beteiligten Gesellschaft bzw. Unternehmensgruppe oder aus der betroffenen Tochtergesellschaft ausscheidet;
5. das Gericht den Entsendungsbeschluss (§ 217 Abs. 1) für ungültig erklärt; die Klage ist spätestens einen Monat nach Konstituierung des besonderen Verhandlungsgremiums einzubringen.

(3) In den Fällen des Abs. 2 Z 2 bis 5 sind nach Maßgabe der §§ 217 und 218 neue Mitglieder in das besondere Verhandlungsgremium zu entsenden.

(BGBl I 2004/82)

Kostentragung

§ 224. (1) Dem besonderen Verhandlungsgremium sind zur ordnungsgemäßen Erfüllung seiner Aufgaben Sacherfordernisse in einem der Größe der Europäischen Gesellschaft und den Bedürfnissen des besonderen Verhandlungsgremiums angemessenen Ausmaß vom zuständigen Leitungs- oder Verwaltungsorgan der beteiligten Gesellschaften unentgeltlich zur Verfügung zu stellen.

(2) Die für die ordnungsgemäße Erfüllung der Aufgaben erforderlichen Verwaltungsausgaben des besonderen Verhandlungsgremiums, insbesondere die für die Veranstaltung der Sitzungen und jeweils vorbereitenden Sitzungen anfallenden Kosten einschließlich der Dolmetschkosten und der Kosten für jedenfalls einen Sachverständigen sowie die Aufenthalts- und Reisekosten für die Mitglieder des besonderen Verhandlungsgremiums sind von den beteiligten Gesellschaften zu tragen.

(BGBl I 2004/82)

Aufgaben des besonderen Verhandlungsgremiums

§ 225. (1) Das besondere Verhandlungsgremium hat die Aufgabe, mit dem zuständigen Organ der beteiligten Gesellschaften in einer schriftlichen Vereinbarung die Beteiligung der Arbeitnehmer in der Europäischen Gesellschaft festzulegen.

(2) Zu diesem Zweck hat das zuständige Organ der beteiligten Gesellschaften das besondere Verhandlungsgremium unmittelbar nach dessen Konstituierung über das Vorhaben der Gründung einer Europäischen Gesellschaft und das geplante Verfahren bis zu deren Eintragung zu unterrichten.

(BGBl I 2004/82)

Dauer der Verhandlungen

§ 226. (1) Die Verhandlungen zum Abschluss einer Vereinbarung gemäß den §§ 230 oder 231 sind binnen sechs Monaten ab der Konstituierung des besonderen Verhandlungsgremiums abzuschließen.

(2) Das besondere Verhandlungsgremium und das zuständige Organ der beteiligten Gesellschaften können einvernehmlich beschließen, die Verhandlungen zum Abschluss einer Vereinbarung gemäß den §§ 230 oder 231 bis zur Dauer eines Jahres ab dem in Abs. 1 genannten Zeitpunkt fortzusetzen.

(BGBl I 2004/82)

Beschluss über die Beendigung der Verhandlungen

§ 227. (1) Das besondere Verhandlungsgremium kann mit mindestens zwei Dritteln seiner Stimmen, die mindestens zwei Drittel der Arbeitnehmer in mindestens zwei Mitgliedstaaten vertreten, beschließen, keine Verhandlungen zum Abschluss einer Vereinbarung im Sinne des § 226 Abs. 1 zu eröffnen oder die bereits eröffneten Verhandlungen abzubrechen.

(2) Im Fall einer Europäischen Gesellschaft, die durch Umwandlung gegründet werden soll, kann das besondere Verhandlungsgremium einen Beschluss im Sinne des Abs. 1 nicht fassen, wenn in der umzuwandelnden Gesellschaft Vorschriften über die Mitbestimmung bestehen.

(3) Das besondere Verhandlungsgremium ist auf schriftlichen Antrag von mindestens 10% der Arbeitnehmer der Europäischen Gesellschaft, ihrer Tochtergesellschaften und Betriebe oder von deren Vertretern frühestens zwei Jahre nach dem Beschluss gemäß Abs. 1 wieder einzuberufen, es sei denn, das besondere Verhandlungsgremium und das zuständige Organ der Europäischen Gesellschaft setzen eine kürzere Frist fest. Für die Verhandlungen treffen die Europäische Gesellschaft bzw. deren zuständiges Organ alle Pflichten, die bei Verhandlungen im Zusammenhang mit der Gründung einer Europäischen Gesellschaft den beteiligten Gesellschaften bzw. deren zuständigen Organen obliegen.

(4) Im Fall eines Beschlusses gemäß Abs. 1 oder wenn innerhalb des für die gemäß Abs. 3 eingeleiteten Verhandlungen vorgesehenen Zeitraumes (§ 226) keine Vereinbarung zustande gekommen ist, finden die Bestimmungen des 3. Hauptstückes keine Anwendung.

(BGBl I 2004/82)

Strukturänderungen

§ 228. (1) Das besondere Verhandlungsgremium ist

1. auf Grund einer schriftlichen Aufforderung des zuständigen Organs der Europäischen Gesellschaft oder
2. auf schriftlichen Antrag von mindestens 10% der Arbeitnehmer der Europäischen Gesellschaft, ihrer Tochtergesellschaften und Betriebe oder von deren Vertretern oder
3. auf schriftlichen Antrag des SE-Betriebsrates (§ 243 Abs. 1 Z 2)

einzuberufen, sofern wesentliche Änderungen der Struktur der Europäischen Gesellschaft stattfinden, die die Interessen der Arbeitnehmer in Bezug auf ihre Beteiligungsrechte betreffen.

(2) Als wesentliche Änderungen der Struktur der Europäischen Gesellschaft gelten insbesondere die Verlegung des Sitzes der Europäischen Gesellschaft, der Wechsel des Verwaltungssystems der Europäischen Gesellschaft, die Stilllegung, Einschränkung oder Verlegung von Unternehmen oder Betrieben der Europäischen Gesellschaft, der Zusammenschluss von Betrieben oder Unternehmen der Europäischen Gesellschaft sowie der Erwerb wesentlicher Beteiligungen an anderen Unternehmen durch die Europäische Gesellschaft, sofern diese erheblichen Einfluss auf die Gesamtstruktur der Europäischen Gesellschaft haben, sowie erhebliche Änderungen der Zahl der in der Europäischen Gesellschaft und ihren Tochtergesellschaften Beschäftigten.

(3) Für die Verhandlungen zum Abschluss einer Vereinbarung gemäß den §§ 230 oder 231 ist das besondere Verhandlungsgremium bzw. der SE-Betriebsrat entsprechend den Änderungen der Struktur oder der Arbeitnehmerzahl der Europäischen Gesellschaft, ihrer Tochtergesellschaften und Betriebe neu zusammenzusetzen (§§ 216 Abs. 5, 233 Abs. 2). Für die Verhandlungen treffen die Europäische Gesellschaft bzw. deren zuständiges Organ alle Pflichten, die bei Verhandlungen im Zusammenhang mit der Gründung einer Europäischen Gesellschaft den beteiligten Gesellschaften bzw. deren zuständigen Organen obliegen.

(4) Sofern eine geltende Vereinbarung gemäß den §§ 230 oder 231 eine Regelung über die Voraussetzungen und das Verfahren zu ihrer Neuaushandlung enthält, ist nach dieser vorzugehen, soweit sie den Anforderungen der Abs. 1 bis 3 entspricht.

(5) Wenn innerhalb des für die Verhandlungen vorgesehenen Zeitraumes (§ 226) keine Vereinbarung zustande gekommen ist, finden die Bestimmungen des 3. Hauptstückes mit der Maßgabe Anwendung, dass sich der Umfang der Beteiligungsrechte der Arbeitnehmer nach der Struktur der Europäischen Gesellschaft, ihrer Tochtergesellschaften und Betriebe im Zeitpunkt des Scheiterns der Verhandlungen bestimmt.

(BGBl I 2004/82)

Verfahrensmissbrauch

§ 229. (1) Eine Europäische Gesellschaft darf nicht dazu missbraucht werden, Arbeitnehmern Beteiligungsrechte zu entziehen oder vorzuenthalten. Missbrauch ist insbesondere dann anzunehmen, wenn Änderungen der Struktur der Europäischen Gesellschaft stattfinden, die geeignet sind, Arbeitnehmern Beteiligungsrechte zu entziehen oder vorzuenthalten. Im Fall des Vorliegens einer solchen Änderung sind Neuverhandlungen nach den Bestimmungen des § 228 durchzuführen.

(2) Als Änderungen im Sinn des Abs. 1 gelten bis zum Beweis des Gegenteils alle Änderungen der Struktur der Europäischen Gesellschaft im Sinne

des § 228, sofern diese innerhalb eines Jahres nach deren Eintragung erfolgen.

(BGBl I 2004/82)

Vereinbarung über die Beteiligung der Arbeitnehmer in der Europäischen Gesellschaft

§ 230. (1) Wenn das besondere Verhandlungsgremium und das zuständige Organ der beteiligten Gesellschaften eine Vereinbarung über die Beteiligung der Arbeitnehmer in der Europäischen Gesellschaft abschließen, haben sie in dieser Vereinbarung jedenfalls

1. die von der Vereinbarung erfasste Europäische Gesellschaft, ihre Tochtergesellschaften und Betriebe;
2. die Zusammensetzung des SE-Betriebsrates, die Anzahl der Mitglieder, die Sitzverteilung und die Mandatsdauer einschließlich der Auswirkungen von wesentlichen Änderungen der Struktur der Europäischen Gesellschaft sowie von erheblichen Änderungen der Zahl der in der Europäischen Gesellschaft und ihren Tochtergesellschaften Beschäftigten (§ 228 Abs. 2);
3. die Befugnisse und das Verfahren zur Unterrichtung und Anhörung des SE-Betriebsrates;
4. die Häufigkeit der Sitzungen des SE-Betriebsrates;
5. die für den SE-Betriebsrat bereit zu stellenden finanziellen und materiellen Mittel;
6. den Zeitpunkt des In-Kraft-Tretens der Vereinbarung und ihre Laufzeit, die Fälle, in denen diese Vereinbarung neu ausgehandelt werden sollte, und das bei ihrer Neuaushandlung anzuwendende Verfahren

festzulegen.

(2) Falls die Parteien beschließen, ein Verfahren der Mitbestimmung einzuführen, haben sie in dieser Vereinbarung jedenfalls

1. die Zahl der Mitglieder des Aufsichts- oder Verwaltungsrates, die die Arbeitnehmer wählen oder bestellen können oder deren Bestellung sie empfehlen oder ablehnen können;
2. die Verfahren, nach denen die Arbeitnehmer diese Mitglieder wählen oder bestellen oder deren Bestellung empfehlen oder ablehnen können sowie

   (BGBl I 2007/77)
3. die Rechte dieser Mitglieder

festzulegen.

(3) Im Fall einer Europäischen Gesellschaft, die durch Umwandlung gegründet werden soll, müssen in der Vereinbarung die Rechte der Arbeitnehmer auf Unterrichtung, Anhörung und Mitbestimmung zumindest in dem Ausmaß gewährleistet werden, wie sie in der umzuwandelnden Gesellschaft bestehen.

(BGBl I 2004/82)

Vereinbarung über ein Verfahren zur Unterrichtung und Anhörung der Arbeitnehmer

§ 231. (1) Wenn das besondere Verhandlungsgremium und das zuständige Organ der beteiligten Gesellschaften die Schaffung eines oder mehrerer Verfahren zur Unterrichtung und Anhörung der Arbeitnehmer vereinbaren, haben sie in dieser Vereinbarung jedenfalls

1. die von der Vereinbarung erfasste Europäische Gesellschaft, ihre Tochtergesellschaften und Betriebe;
2. die Auswirkungen von wesentlichen Änderungen der Struktur der Europäischen Gesellschaft sowie von erheblichen Änderungen der Zahl der in der Europäischen Gesellschaft und ihren Tochtergesellschaften Beschäftigten (§ 228 Abs. 2);
3. die Befugnisse und das Verfahren zur Unterrichtung und Anhörung der Arbeitnehmervertreter;
4. die Voraussetzungen, unter denen die Arbeitnehmervertreter das Recht haben, zu einem Meinungsaustausch über die ihnen übermittelten Informationen zusammenzutreten;
5. die für die Arbeitnehmervertreter bereit zu stellenden finanziellen und materiellen Mittel;
6. den Zeitpunkt des In-Kraft-Tretens der Vereinbarung und ihre Laufzeit, die Fälle, in denen diese Vereinbarung neu ausgehandelt werden sollte, und das bei ihrer Neuaushandlung anzuwendende Verfahren

festzulegen.

(2) Die Vereinbarung hat außerdem die Verpflichtung des zuständigen Organs der Europäischen Gesellschaft näher zu regeln, die Arbeitnehmervertreter insbesondere über alle Angelegenheiten zu informieren, die die Europäische Gesellschaft selbst oder ihre Tochtergesellschaften und Betriebe in einem anderen Mitgliedstaat betreffen oder die über die Befugnisse der Entscheidungsorgane auf der Ebene des einzelnen Mitgliedstaates hinausgehen.

(3) § 230 Abs. 3 ist anzuwenden.

(BGBl I 2004/82)

3. Hauptstück
Beteiligung der Arbeitnehmer in der Europäischen Gesellschaft kraft Gesetzes

1. Abschnitt
SE-Betriebsrat kraft Gesetzes

Errichtung

§ 232. (1) Wenn

1. die zuständigen Organe der beteiligten Gesellschaften und das besondere Verhandlungsgremium dies vereinbaren oder
2. innerhalb des gemäß § 226 für die Verhandlungen bestimmten Zeitraumes keine Vereinbarung gemäß den §§ 230 oder 231 zustande gekommen ist und das besondere Verhand-

lungsgremium keinen Beschluss gemäß § 227 Abs. 1 gefasst hat,

ist ein SE-Betriebsrat nach den Bestimmungen dieses Hauptstückes zu errichten.

(2) Sofern in den Vereinbarungen gemäß den §§ 230 oder 231 nichts anderes bestimmt ist, gelten die Bestimmungen dieses Hauptstückes nicht für diese Vereinbarungen.

(BGBl I 2004/82)

Zusammensetzung

§ 233. (1) Für jeden Anteil an in einem Mitgliedstaat beschäftigten Arbeitnehmern, der 10% der Gesamtzahl der in allen Mitgliedstaaten beschäftigten Arbeitnehmer der Europäischen Gesellschaft, ihrer Tochtergesellschaften und Betriebe oder einen Bruchteil davon beträgt, ist ein Mitglied aus diesem Mitgliedstaat in den SE-Betriebsrat zu entsenden. § 215 Abs. 3 bis 5 sind anzuwenden.

(2) Treten währen der Tätigkeitsdauer des SE-Betriebsrates solche Änderungen in der Struktur oder Arbeitnehmerzahl der Europäischen Gesellschaft, ihrer Tochtergesellschaften und Betriebe ein, dass sich die Zusammensetzung des SE-Betriebsrates gemäß Abs. 1 ändern würde, so ist der SE-Betriebsrat entsprechend neu zusammenzusetzen. § 216 Abs. 5 ist anzuwenden.

(BGBl I 2004/82)

Entsendung

§ 234. (1) Die Entsendung der österreichischen Mitglieder des SE-Betriebsrates erfolgt gemäß den §§ 217 und 218; dies jedoch mit der Maßgabe, dass die Entsendung von Vertretern der zuständigen freiwilligen Berufsvereinigung nur zulässig ist, sofern diese Betriebsratsmitglieder gemäß § 53 Abs. 4 sind.

(2) § 218 Abs. 4 ist mit der Maßgabe anzuwenden, dass die Bekanntgabe der benannten Mitglieder des SE-Betriebsrates an das zuständige Organ der Europäischen Gesellschaft zu erfolgen hat.

(BGBl I 2004/82)

Konstituierung, Geschäftsführung, Geschäftsordnung, Sitzungen, Beschlussfassung

§ 235. (1) Der Vorstand oder Verwaltungsrat der Europäischen Gesellschaft hat unverzüglich nach der Bekanntgabe der benannten Mitglieder des SE-Betriebsrates zu dessen konstituierender Sitzung einzuladen. Kommt der Vorstand oder Verwaltungsrat der Europäischen Gesellschaft dieser Pflicht nicht nach, so kann jedes Mitglied des SE-Betriebsrates die Einladung vornehmen. Die Mitglieder des SE-Betriebsrates haben aus ihrer Mitte einen Vorsitzenden und einen oder mehrere Stellvertreter zu wählen. Der Vorsitzende hat den Vorstand oder Verwaltungsrat der Europäischen Gesellschaft unverzüglich über das Ende der konstituierenden Sitzung sowie das Ergebnis dieser Wahl zu unterrichten.

(2) Vertreter des SE-Betriebsrates gegenüber der Europäischen Gesellschaft und nach außen ist, sofern in der Geschäftsordnung (Abs. 3) nichts anderes bestimmt ist, der Vorsitzende, bei dessen Verhinderung der Stellvertreter. Der SE-Betriebsrat kann in Einzelfällen auch andere seiner Mitglieder mit der Vertretung nach außen beauftragen.

(3) Der SE-Betriebsrat beschließt mit der Mehrheit der Stimmen seiner Mitglieder eine Geschäftsordnung. Diese kann insbesondere regeln:

1. die Errichtung, Zusammensetzung und Geschäftsführung des engeren Ausschusses gemäß § 236;
2. die Bezeichnung der Angelegenheiten, in denen dem engeren Ausschuss das Recht auf selbständige Beschlussfassung zukommt;
3. die Festlegung von Art und Umfang der Vertretungsmacht des Vorsitzenden des engeren Ausschusses.

(4) Der SE-Betriebsrat hat das Recht, vor jeder Sitzung mit dem Vorstand oder Verwaltungsrat der Europäischen Gesellschaft (§ 240) zu einer vorbereitenden Sitzung zusammenzutreten. Der SE-Betriebsrat kann sich durch Sachverständige seiner Wahl unterstützen lassen. Der SE-Betriebsrat ist beschlussfähig, wenn mindestens die Hälfte seiner Mitglieder anwesend ist. Die Beschlüsse werden mit einfacher Mehrheit der abgegebenen Stimmen gefasst.

(BGBl I 2004/82)

Engerer Ausschuss

§ 236. Sofern es die Zahl seiner Mitglieder rechtfertigt, hat der SE-Betriebsrat aus seiner Mitte einen engeren Ausschuss zu wählen, der aus einem Vorsitzenden und höchstens zwei weiteren Mitgliedern bestehen darf. Der engere Ausschuss führt die laufenden Geschäfte des SE-Betriebsrates; für ihn gilt § 235 Abs. 4 mit der Maßgabe, dass der engere Ausschuss in den Fällen des § 241 Abs. 2 das Recht hat, auch in der dort festgelegten Zusammensetzung zu der vorbereitenden Sitzung zusammenzutreten.

(BGBl I 2004/82)

Tätigkeitsdauer, Dauer der Mitgliedschaft

§ 237. (1) Die Tätigkeitsdauer des SE-Betriebsrates beträgt fünf Jahre. Sie beginnt mit dem Tag der Konstituierung oder mit Ablauf der Tätigkeitsdauer des früheren SE-Betriebsrates, wenn die Konstituierung vor diesem Zeitpunkt erfolgte.

(BGBl I 2017/12)

(2) Vor Ablauf des im Abs. 1 bezeichneten Zeitraumes endet die Tätigkeitsdauer des SE-Betriebsrates, wenn

1. die Löschung der Europäischen Gesellschaft ins Firmenbuch eingetragen wird;
2. der SE-Betriebsrat durch Mehrheitsbeschluss seinen Rücktritt beschließt;
3. das Gericht die Errichtung des SE-Betriebsrates (§ 232 Abs. 1) für ungültig erklärt; die

Klage ist spätestens einen Monat nach Konstituierung des Europäischen Betriebsrates einzubringen;

4. der SE-Betriebsrat und das zuständige Organ der Europäischen Gesellschaft eine Vereinbarung nach den §§ 230 oder 231 abschließen.

(3) In den Fällen des Abs. 2 Z 2 und 3 ist unter Anwendung der §§ 233 und 234 ein neuer SE-Betriebsrat zu bilden.

(4) Die Mitgliedschaft zum SE-Betriebsrat beginnt mit der Bekanntgabe des Entsendungsbeschlusses (§ 234).

(5) Die Mitgliedschaft zum SE-Betriebsrat endet, wenn

1. die Tätigkeitsdauer des SE-Betriebsrates endet;
2. das Mitglied zurücktritt;
3. das Organ der Arbeitnehmerschaft, das das Mitglied in den SE-Betriebsrat entsendet hat, dieses abberuft, wobei dieses jedenfalls dann abzuberufen ist, wenn seine Mitgliedschaft zum Betriebsrat endet;
4. der Betrieb bzw. das Unternehmen, dem das Mitglied angehört aus der Europäischen Gesellschaft ausscheidet;
5. das Gericht den Entsendungsbeschluss (§ 234) für ungültig erklärt; die Klage ist spätestens einen Monat nach Konstituierung des SE-Betriebsrates einzubringen.

(6) In den Fällen des Abs. 4 Z 2 bis 5 ist § 223 Abs. 3 anzuwenden.

(BGBl I 2004/82)

Beistellung von Sacherfordernissen, Kostentragung

§ 238. Die im Zusammenhang mit der Tätigkeit des SE-Betriebsrates und des engeren Ausschusses anfallenden Kosten sind gemäß § 224 von der Europäischen Gesellschaft zu tragen.

(BGBl I 2004/82)

2. Abschnitt
Befugnisse des SE-Betriebsrates und des engeren Ausschusses

Unterrichtung und Anhörung

§ 239. Der SE-Betriebsrat hat das Recht, über Angelegenheiten, die die wirtschaftlichen, sozialen, gesundheitlichen und kulturellen Interessen der Arbeitnehmer der Europäischen Gesellschaft selbst oder einer ihrer Tochtergesellschaften oder einen ihrer Betriebe in einem anderen Mitgliedstaat betreffen, oder über die Befugnisse der Entscheidungsorgane auf der Ebene des einzelnen Mitgliedstaates hinausgehen, unterrichtet und angehört zu werden.

(BGBl I 2004/82)

§ 240. (1) Der SE-Betriebsrat hat, unbeschadet der gemäß § 241 bestehenden Befugnisse sowie unbeschadet abweichender Vereinbarungen mit dem Vorstand oder Verwaltungsrat der Europäischen Gesellschaft, das Recht, einmal jährlich mit dem zuständigen Organ der Europäischen Gesellschaft, zum Zweck der Unterrichtung und Anhörung, auf der Grundlage regelmäßig vom zuständigen Organ der Europäischen Gesellschaft vorgelegter Berichte über die Entwicklung der Geschäftslage und die Perspektiven der Europäischen Gesellschaft zusammenzutreten. Die örtlichen Geschäftsleitungen werden hiervon in Kenntnis gesetzt.

(2) Die Unterrichtung und Anhörung bezieht sich insbesondere auf die Struktur der Europäischen Gesellschaft, ihre wirtschaftliche und finanzielle Situation, die voraussichtliche Entwicklung der Geschäfts-, Produktions- und Absatzlage, auf die Beschäftigungslage und ihre voraussichtliche Entwicklung, auf die Investitionen, auf grundlegende Änderungen der Organisation, auf die Einführung neuer Arbeits- und Fertigungsverfahren, auf Verlagerungen der Produktion, auf Fusionen, Verkleinerungen oder Schließungen von Unternehmen, Betrieben oder wichtigen Teilen dieser Einheiten und auf Massenentlassungen.

(3) Das zuständige Organ der Europäischen Gesellschaft übermittelt dem SE-Betriebsrat die Tagesordnung aller Sitzungen des Vorstandes und des Aufsichtsrates oder des Verwaltungsrates sowie Kopien aller Unterlagen, die der Hauptversammlung der Aktionäre unterbreitet werden.

(BGBl I 2004/82)

§ 241. (1) Treten außergewöhnliche Umstände ein, die erhebliche Auswirkungen auf die Interessen der Arbeitnehmer haben, insbesondere bei Verlegungen, Verlagerungen, Schließung von Unternehmen oder Betrieben oder bei Massenentlassungen, hat der SE-Betriebsrat das Recht, ehest möglich darüber unterrichtet zu werden. Der SE-Betriebsrat oder – wenn der SE-Betriebsrat dies, insbesondere im Hinblick auf die Dringlichkeit der Angelegenheit, beschließt – der engere Ausschuss hat das Recht, auf Antrag mit dem zuständigen Organ der Europäischen Gesellschaft oder den Vertretern einer geeigneteren mit eigenen Entscheidungsbefugnissen ausgestatteten Leitungsebene innerhalb der Europäischen Gesellschaft zusammenzutreten, um hinsichtlich der Maßnahmen mit erheblichen Auswirkungen auf die Interessen der Arbeitnehmer unterrichtet und angehört zu werden. Diese Sitzung lässt die Vorrechte des zuständigen Organs der Europäischen Gesellschaft unberührt.

(2) An einer Sitzung mit dem engeren Ausschuss dürfen auch die Mitglieder des SE-Betriebsrates teilnehmen, die von diesen Maßnahmen unmittelbar betroffene Arbeitnehmer vertreten.

(3) Wenn das zuständige Organ der Europäischen Gesellschaft beschließt, nicht im Einklang mit der vom SE-Betriebsrat abgegebenen Stellungnahme zu handeln, hat der SE-Betriebsrat das Recht, ein weiteres Mal mit dem zuständigen Organ der Europäischen Gesellschaft zusammenzutreffen, um eine Einigung herbeizuführen.

(BGBl I 2004/82)

Unterrichtung der örtlichen Arbeitnehmervertreter

§ 242. Unbeschadet des § 250 haben die Mitglieder des SE-Betriebsrates die Arbeitnehmervertreter der Europäischen Gesellschaft, ihrer Tochtergesellschaften und Betriebe über Inhalt und Ergebnisse der gemäß den Bestimmungen dieses Abschnittes durchgeführten Unterrichtung und Anhörung zu informieren.

(BGBl I 2004/82)

Beschluss über die Aufnahme von Verhandlungen

§ 243. (1) Der SE-Betriebsrat hat

1. fünf Jahre nach seiner konstituierenden Sitzung oder
   (BGBl I 2017/12)
2. im Fall wesentlicher Änderungen der Struktur der Europäischen Gesellschaft (§ 228 Abs. 2) unverzüglich

einen Beschluss darüber zu fassen, ob eine Vereinbarung nach den §§ 230 oder 231 ausgehandelt werden soll oder ob die Bestimmungen dieses Hauptstückes weiterhin anzuwenden sind.

(2) Wenn der SE-Betriebsrat den Beschluss fasst, eine solche Vereinbarung auszuhandeln, so finden die §§ 225, 230 und 231 mit der Maßgabe Anwendung, dass anstelle des besonderen Verhandlungsgremiums der SE-Betriebsrat diese Vereinbarung aushandelt. Wenn innerhalb des für die Verhandlungen vorgesehenen Zeitraumes (§ 226) keine Vereinbarung zustande gekommen ist, finden die Bestimmungen dieses Hauptstückes weiterhin Anwendung.

(BGBl I 2004/82)

3. Abschnitt
Mitbestimmung kraft Gesetzes

Anwendbarkeit

§ 244. (1) Die Bestimmungen dieses Hauptstückes über die Mitbestimmung der Arbeitnehmer kommen zur Anwendung, wenn

1. die zuständigen Organe der beteiligten Gesellschaften und das besondere Verhandlungsgremium dies vereinbaren oder
2. innerhalb des gemäß § 226 für die Verhandlungen bestimmten Zeitraumes keine Vereinbarung gemäß den §§ 230 oder 231 zustande gekommen ist und das besondere Verhandlungsgremium keinen Beschluss gemäß § 227 Abs. 1 gefasst hat.

(2) Die Bestimmungen dieses Hauptstückes über die Mitbestimmung der Arbeitnehmer kommen im Fall einer Europäischen Gesellschaft, die

1. durch Umwandlung gegründet werden soll, nur dann zur Anwendung, wenn in der umzuwandelnden Gesellschaft Vorschriften über die Mitbestimmung bestanden haben;
2. durch Verschmelzung gegründet werden soll, nur dann zur Anwendung, wenn
   a) in mindestens einer der beteiligten Gesellschaften Mitbestimmung besteht und sich auf mindestens 25% der Gesamtzahl der Arbeitnehmer aller beteiligten Gesellschaften erstreckt oder
   b) in mindestens einer der beteiligten Gesellschaften Mitbestimmung besteht und sich auf weniger als 25% der Gesamtzahl der Arbeitnehmer aller beteiligten Gesellschaften erstreckt, sofern das besondere Verhandlungsgremium einen entsprechenden Beschluss fasst;
3. durch Errichtung einer Holdinggesellschaft oder einer Tochtergesellschaft gegründet werden soll, nur dann zur Anwendung, wenn
   a) in mindestens einer der beteiligten Gesellschaften Mitbestimmung besteht und sich auf mindestens 50% der Gesamtzahl der Arbeitnehmer aller beteiligten Gesellschaften erstreckt oder
   b) in mindestens einer der beteiligten Gesellschaften Mitbestimmung besteht und sich auf weniger als 50% der Gesamtzahl der Arbeitnehmer aller beteiligten Gesellschaften erstreckt, sofern das besondere Verhandlungsgremium einen entsprechenden Beschluss fasst.

(3) Wenn in den beteiligten Gesellschaften mehr als eine Form der Mitbestimmung besteht, so hat das besondere Verhandlungsgremium zu beschließen, welche von ihnen in der Europäischen Gesellschaft eingeführt wird.

(4) Das besondere Verhandlungsgremium hat das jeweils zuständige Organ der beteiligten Gesellschaften über die von ihm gemäß den Abs. 2 und 3 gefassten Beschlüssen zu unterrichten.

(5) Wenn das besondere Verhandlungsgremium keinen Beschluss gemäß Abs. 3 fasst, findet die Form der Mitbestimmung Anwendung, die sich auf die höchste Zahl der in den beteiligten Gesellschaften beschäftigten Arbeitnehmer erstreckt.

(BGBl I 2004/82)

Recht auf Mitbestimmung

§ 245. (1) Die in der Europäischen Gesellschaft, ihren Tochtergesellschaften und Betrieben bestehenden Organe zur Vertretung der Arbeitnehmer oder die Arbeitnehmervertreter haben das Recht, einen Teil der Mitglieder des Aufsichts- oder Verwaltungsrates der Europäischen Gesellschaft zu wählen oder zu bestellen oder deren Bestellung zu empfehlen oder abzulehnen. Die Anzahl dieser Mitglieder bestimmt sich nach dem höchsten maßgeblichen Anteil der Arbeitnehmervertreter im Aufsichts- oder Verwaltungsorgan in den beteiligten Gesellschaften vor der Eintragung der Europäischen Gesellschaft.

(2) Im Fall einer Europäischen Gesellschaft, die durch Umwandlung gegründet werden soll, finden die für die umzuwandelnde Gesellschaft geltenden Bestimmungen über die Mitbestimmung

der Arbeitnehmer nach Maßgabe der §§ 246 bis 248 Anwendung.

(BGBl I 2004/82)

Verteilung der Sitze im Aufsichts- oder Verwaltungsrat

§ 246. (1) Der SE-Betriebsrat entscheidet über die Verteilung der Sitze im Aufsichts- oder Verwaltungsrat der Europäischen Gesellschaft auf die Arbeitnehmervertreter aus verschiedenen Mitgliedstaaten entsprechend den jeweiligen Anteilen der in den einzelnen Mitgliedstaaten beschäftigten Arbeitnehmer der Europäischen Gesellschaft, ihrer Tochtergesellschaften und Betriebe.

(2) Wenn auf diese Weise mehrere Sitze Arbeitnehmervertretern aus demselben Mitgliedstaat zufallen und zugleich Arbeitnehmer aus einem oder mehreren Mitgliedstaaten unberücksichtigt bleiben würden, hat der SE-Betriebsrat eine neuerliche Verteilung der Sitze gemäß Abs. 1 vorzunehmen, wobei ein Sitz nicht in die Verteilung einzubeziehen ist. Dieser Sitz ist einem Arbeitnehmervertreter aus einem der nicht repräsentierten Mitgliedstaaten zuzuweisen. Dabei ist so vorzugehen, dass dieser Sitz den Arbeitnehmervertretern aus dem Mitgliedstaat, in dem die Europäische Gesellschaft ihren Sitz haben wird, zuzuweisen ist. Kommt diesem Mitgliedstaat ein Sitz im Aufsichts- oder Verwaltungsrat bereits gemäß Abs. 1 zu, so ist dieser Sitz den Arbeitnehmervertretern aus dem bisher unberücksichtigten Mitgliedstaat zuzuweisen, in dem der höchste Anteil an Arbeitnehmern beschäftigt ist.

(3) Wenn sich die Zahl der vom zuständigen Organ der Europäischen Gesellschaft bestellten Mitglieder des Aufsichts- oder Verwaltungsrates ändert, hat der SE-Betriebsrat über die Verteilung der Sitze der Arbeitnehmervertreter unter Beachtung der in den Abs. 1 und 2 normierten Grundsätze neu zu entscheiden, indem er überzählige Arbeitnehmervertreter abberuft bzw. zusätzliche Sitze auf die Arbeitnehmervertreter aus den jeweiligen Mitgliedstaaten verteilt.

(BGBl I 2004/82)

Entsendung der Mitglieder

§ 247. (1) Die Entsendung der österreichischen Mitglieder in den Aufsichts- oder Verwaltungsrat der Europäischen Gesellschaft erfolgt nach Maßgabe des Beschlusses des SE-Betriebsrates über die Verteilung der Sitze gemäß § 234.

(1a)[a] Bei der Entsendung der österreichischen Mitglieder in den Aufsichts- oder Verwaltungsrat der Europäischen Gesellschaft ist § 110 Abs. 2a bis 2d sinngemäß anzuwenden.

(BGBl I 2017/104)

[a] Siehe § 264 Abs. 32.

(2) Die Entsendung von Mitgliedern aus Mitgliedstaaten, die eine Entsendung durch das zuständige nationale Organ der Arbeitnehmerschaft nicht vorsehen, in den Aufsichts- oder Verwaltungsrat Europäischer Gesellschaften mit Sitz im Inland hat durch den SE-Betriebsrat zu erfolgen.

(3) Die Bekanntgabe der in den Aufsichts- oder Verwaltungsrat der Europäischen Gesellschaft entsendeten Mitglieder hat an den SE-Betriebsrat sowie an das zuständige Organ der Europäischen Gesellschaft zu erfolgen.

(4) Die Mitgliedschaft der österreichischen Vertreter im Aufsichts- oder Verwaltungsrat der Europäischen Gesellschaft beginnt mit der Bekanntgabe des Entsendungsbeschlusses (Abs. 2) und endet in den Fällen des § 237 Abs. 5 Z 2 bis 5 sowie im Fall des § 246 Abs. 3.

(BGBl I 2004/82)

Rechte der Arbeitnehmervertreter im Aufsichts- oder Verwaltungsrat

§ 248. (1) Für die Beschlussfassung über die Bestellung und Abberufung von Mitgliedern des Vorstandes, die Wahl des Aufsichtsratsvorsitzenden und seines ersten Stellvertreters, über die Wahl und Abberufung des Verwaltungsratsvorsitzenden und seines ersten Stellvertreters sowie über die Bestellung und Abberufung geschäftsführender Direktoren gilt § 110 Abs. 3 vierter und fünfter Satz. Im Übrigen haben die Arbeitnehmervertreter im Aufsichts- oder Verwaltungsrat die gleichen Rechte, einschließlich des Stimmrechts, und Pflichten wie die vom zuständigen Organ oder durch die Satzung der Europäischen Gesellschaft bestellten Mitglieder.

(BGBl I 2006/104)

(2) Für das Recht der Arbeitnehmervertreter auf Sitz und Stimme in Ausschüssen des Aufsichts- oder des Verwaltungsrates gilt § 110 Abs. 4 mit der Maßgabe, dass das Recht der Arbeitnehmervertreter auf Sitz und Stimme nicht für Ausschüsse des Verwaltungsrates gilt, die die Beziehungen zwischen der Gesellschaft und den geschäftsführenden Direktoren regeln, ausgenommen Beschlüsse über die Bestellung und Abberufung von geschäftsführenden Direktoren sowie über die Einräumung von Optionen auf Aktien der Gesellschaft.

(BGBl I 2004/82)

4. Abschnitt
Europäische Gesellschaften mit besonderer Zweckbestimmung

§ 249. (1) Auf Europäische Gesellschaften, die unmittelbar den in § 132 Abs. 2 genannten Zwecken dienen, sind die §§ 240 und 241 sowie die Bestimmungen des 3. Abschnittes dieses Hauptstückes insoweit nicht anzuwenden, als es sich um Angelegenheiten handelt, die die politische Richtung dieser Unternehmen beeinflussen.

(2) Die §§ 240 und 241 sind auf Unternehmen im Sinne des Abs. 1 aber jedenfalls anzuwenden, soweit sich die Unterrichtung auf grundlegende Änderungen der Organisation, auf die Einführung neuer Arbeits- und Fertigungsverfahren oder auf Massenentlassungen bezieht. § 240 Abs. 2 ist auf Unternehmen im Sinne der Abs. 1 jedenfalls anzuwenden, soweit sich die Unterrichtung auf die

Struktur des Unternehmens sowie seine wirtschaftliche und finanzielle Situation bezieht.

(BGBl I 2004/82)

4. Hauptstück
Rechtsstellung der Arbeitnehmervertreter

Verschwiegenheitspflicht

§ 250. (1) Auf die Mitglieder des besonderen Verhandlungsgremiums und des SE-Betriebsrates und auf die sie unterstützenden Sachverständigen sowie auf die Arbeitnehmervertreter, die bei einem Unterrichtungs- und Anhörungsverfahren gemäß § 231 mitwirken, ist § 115 Abs. 4 mit der Maßgabe anzuwenden, dass die sich aus dieser Bestimmung ergebende Verpflichtung auch nach dem Ablauf des Mandates weiter besteht.

(2) Die Verpflichtung gemäß Abs. 1 gilt nicht gegenüber den örtlichen Arbeitnehmervertretern, wenn diese auf Grund einer Vereinbarung (§§ 230, 231) oder nach § 242 über den Inhalt der Unterrichtungen und Ergebnisse der Anhörungen zu unterrichten sind.

(BGBl I 2004/82)

Rechte der Arbeitnehmervertreter

§ 251. (1) Hinsichtlich der persönlichen Rechte und Pflichten der österreichischen Mitglieder des besonderen Verhandlungsgremiums und des SE-Betriebsrates, der Arbeitnehmervertreter, die an einem Unterrichtungs- und Anhörungsverfahren gemäß § 231 mitwirken, sowie der Arbeitnehmervertreter im Aufsichts- oder Verwaltungsrat der Europäischen Gesellschaft, sind, soweit diese Beschäftigte der Europäischen Gesellschaft, ihrer Tochtergesellschaften oder Betriebe oder einer der beteiligten Gesellschaften oder der betroffenen Tochtergesellschaften sind, die Bestimmungen der §§ 115 Abs. 2 erster Satz und Abs. 3, 116 sowie 120 bis 122 anzuwenden.

(2) Unbeschadet des § 118 Abs. 1 hat jedes österreichische Mitglied des SE-Betriebsrates Anspruch auf Freistellung von der Arbeitsleistung zur Teilnahme an Schulungs- und Bildungsveranstaltungen bis zum Höchstausmaß von einer Woche innerhalb einer Funktionsperiode unter Fortzahlung des Entgeltes.

(BGBl I 2004/82)

5. Hauptstück
Schluss- und Übergangsbestimmungen

Verhältnis zu anderen Bestimmungen

§ 252. (1) Europäische Gesellschaften und deren Tochtergesellschaften, die Unternehmen oder Unternehmensgruppen im Sinne von § 171 sind, unterliegen nicht den Bestimmungen des V. Teils dieses Bundesgesetzes, es sei denn,

1. die Europäischen Gesellschaften und deren Tochtergesellschaften sind nur Teil eines Unternehmens oder einer Unternehmensgruppe im Sinne von § 171 oder
2. das besondere Verhandlungsgremium fasst einen Beschluss im Sinne des § 227 Abs. 1.

(2) § 110 findet auf Europäische Gesellschaften keine Anwendung, soweit in diesem Teil nichts anderes bestimmt ist. § 110 findet jedoch auf im Inland gelegene Tochtergesellschaften der Europäischen Gesellschaft Anwendung.

(3) Im Übrigen bleiben die Bestimmungen des II. Teiles von den Bestimmungen dieses Teiles unberührt.

(4) Die Organe der Arbeitnehmerschaft in den beteiligten Gesellschaften im Inland, deren Rechtspersönlichkeit mit der Eintragung der Europäischen Gesellschaft erlischt, bestehen auch nach deren Eintragung fort. Der Vorstand oder Verwaltungsrat der Europäischen Gesellschaft hat sicherzustellen, dass diese Organe die Befugnisse der Arbeitnehmerschaft gemäß den Bestimmungen des 3. und 5. Hauptstückes des II. Teiles weiterhin wahrnehmen können.

(5) Auf die nach den Bestimmungen dieses Teiles in den Verwaltungsrat einer Europäischen Gesellschaft entsendeten Arbeitnehmervertreter finden jene Bestimmungen in Aufsichtsgesetzen keine Anwendung, die für Mitglieder des Verwaltungsrates eine besondere fachliche Eignung, besondere Qualifikationserfordernisse oder ähnliche Voraussetzungen vorschreiben, es sei denn, die Arbeitnehmervertreter werden gemäß § 59 Abs. 1 des SE-Gesetzes, BGBl. I Nr. 67/2004, zu geschäftsführenden Direktoren des Verwaltungsrates bestellt.

(BGBl I 2004/82)

Strafbestimmungen

§ 253. (1) Wer den Bestimmungen der §§ 213 Z 1 und 2, 215 Abs. 3, 216 Abs. 5, 219 Abs. 1 und 4, 225 Abs. 2, 227 Abs. 3, 228 Abs. 3, 231 Abs. 2, 235 Abs. 1, 250 Abs. 1 und 252 Abs. 4 zuwiderhandelt, begeht, sofern die Tat nicht den Tatbestand einer in die Zuständigkeit der Gerichte fallenden strafbaren Handlung bildet oder nach anderen Verwaltungsstrafbestimmungen mit strengerer Strafe bedroht ist, eine Verwaltungsübertretung und ist von der Bezirksverwaltungsbehörde mit einer Geldstrafe bis zu 2 180 Euro zu bestrafen.

(2) Verwaltungsübertretungen nach Abs. 1 sind nur zu verfolgen und zu bestrafen, wenn im Falle

1. der §§ 213 Z 1 und 2, 215 Abs. 3, 216 Abs. 5, 219 Abs. 1, 227 Abs. 3, 228 Abs. 3, 235 Abs. 1 und 252 Abs. 4 die in den beteiligten Gesellschaften, betroffenen Tochtergesellschaften, betroffenen Betrieben oder der Europäischen Gesellschaft bestehenden Arbeitnehmervertretungen;
2. der §§ 219 Abs. 4 und 225 Abs. 2 das besondere Verhandlungsgremium;
3. des § 231 Abs. 2 die nach der Vereinbarung gemäß § 231 Abs. 1 zuständige Arbeitnehmervertretung;
4. des § 250 Abs. 1 das zuständige Leitungs- oder Verwaltungsorgan der beteiligten Gesell-

schaften, betroffenen Tochtergesellschaften, betroffenen Betrieben oder der Vorstand oder Verwaltungsrat der Europäischen Gesellschaft

binnen sechs Wochen ab Kenntnis von der Übertretung und der Person des Täters bei der zuständigen Bezirksverwaltungsbehörde einen Strafantrag stellt (Privatankläger).

(3) Auf das Strafverfahren ist § 56 Abs. 2 bis 4 des Verwaltungsstrafgesetzes 1991, BGBl. Nr. 52, anzuwenden.

(BGBl I 2004/82)

VII. Teil
Beteiligung der Arbeitnehmer in der Europäischen Genossenschaft

(BGBl I 2006/104)

Geltungsbereich

§ 254. (1) Die Bestimmungen des VII. Teiles gelten für Unternehmen, die unter den II. Teil fallen und nach der in der Verordnung (EG) Nr. 1435/2003 vom 22. Juli 2003 über das Statut der Europäischen Genossenschaft (SCE) vorgesehenen Rechtsform

1. durch Neugründung, an der mindestens zwei nach dem Recht eines Mitgliedstaates gegründete juristische Personen, die dem Recht mindestens zweier verschiedener Mitgliedstaaten unterliegen sowie allenfalls eine oder mehrere natürliche Personen beteiligt sind, oder
2. durch Verschmelzung von Genossenschaften, die nach dem Recht eines Mitgliedstaates gegründet worden sind und ihren Sitz sowie ihre Hauptverwaltung in einem Mitgliedstaat haben, sofern mindestens zwei von ihnen dem Recht verschiedener Mitgliedstaaten unterliegen, oder
3. durch Umwandlung einer Genossenschaft, die nach dem Recht eines Mitgliedstaates gegründet worden ist und ihren Sitz sowie ihre Hauptverwaltung in einem Mitgliedstaat hat, sofern sie seit mindestens zwei Jahren eine dem Recht eines anderen Mitgliedstaates unterliegende Tochtergesellschaft oder Niederlassung hat,

gegründet oder geführt werden und ihren Sitz im Inland haben oder haben werden.

(2) Die Bestimmungen des VII. Teiles gelten weiters für Unternehmen, die unter den II. Teil fallen und nach der in der Verordnung (EG) Nr. 1435/2003 vom 22. Juli 2003 über das Statut der Europäischen Genossenschaft (SCE) vorgesehenen Rechtsform

1. ausschließlich von natürlichen Personen oder
2. von einer einzigen nach dem Recht eines Mitgliedstaates gegründeten juristischen Person und von natürlichen Personen

gegründet oder geführt werden und ihren Sitz im Inland haben oder haben werden, sofern diese in mindestens zwei Mitgliedstaaten insgesamt mindestens 50 Arbeitnehmer beschäftigen.

(3) Die Bestimmungen des VII. Teiles gelten weiters für Unternehmen, die unter den II. Teil fallen und nach der in der Verordnung (EG) Nr. 1435/2003 vom 22. Juli 2003 über das Statut der Europäischen Genossenschaft (SCE) vorgesehenen Rechtsform

1. ausschließlich von natürlichen Personen oder
2. von einer einzigen nach dem Recht eines Mitgliedstaates gegründeten juristischen Person und von natürlichen Personen

gegründet worden sind, ihren Sitz im Inland haben und insgesamt weniger als 50 Arbeitnehmer oder in nur einem Mitgliedstaat 50 oder mehr Arbeitnehmer beschäftigen, sofern nach deren Eintragung mindestens ein Drittel der Gesamtzahl der Arbeitnehmer der Europäischen Genossenschaft und ihrer Tochtergesellschaften und Betriebe in mindestens zwei verschiedenen Mitgliedstaaten einen entsprechenden Antrag stellt oder die Gesamtzahl von 50 Arbeitnehmern in mindestens zwei Mitgliedstaaten erreicht oder überschritten wird. In diesem Fall sind die Bestimmungen des VII. Teiles mit der Maßgabe anzuwenden, dass die Europäische Genossenschaft an Stelle der beteiligten juristischen Personen und die Tochtergesellschaften und Betriebe der Europäischen Genossenschaft an Stelle der betroffenen Tochtergesellschaften und Betriebe treten.

(4) Wenn an der Gründung einer Europäischen Genossenschaft natürliche Personen beteiligt sind, so sind die Bestimmungen des VII. Teiles mit der Maßgabe anzuwenden, dass alle für die beteiligten juristischen Personen geltenden Regelungen in gleicher Weise auch für die beteiligten natürlichen Personen gelten.

(BGBl I 2006/104)

Begriffsbestimmungen

§ 255. (1) Unter beteiligten juristischen Personen im Sinne des VII. Teiles sind die unmittelbar an der Gründung einer Europäischen Genossenschaft beteiligten Unternehmen zu verstehen. Dies sind im Falle der

1. Neugründung die daran beteiligten Unternehmen;
2. Verschmelzung die zu verschmelzenden Genossenschaften;
3. Umwandlung die umzuwandelnde Genossenschaft.

(2) Unter Tochtergesellschaft einer beteiligten juristischen Person oder einer Europäischen Genossenschaft im Sinne des VII. Teiles ist ein Unternehmen zu verstehen, auf das die betreffende juristische Person oder die betreffende Europäische Genossenschaft einen beherrschenden Einfluss im Sinne des § 176 ausübt.

(3) Unter betroffener Tochtergesellschaft ist eine Tochtergesellschaft einer beteiligten juristischen Person zu verstehen, die bei der Gründung einer Europäischen Genossenschaft zu deren Tochtergesellschaft werden soll.

(4) Unter betroffenem Betrieb ist ein Betrieb einer beteiligten juristischen Person zu verstehen,

der bei der Gründung einer Europäischen Genossenschaft zu deren Betrieb werden soll.

(BGBl I 2006/104)

Organe der Arbeitnehmerschaft

§ 256. In den Unternehmen, die die Voraussetzungen des § 254 erfüllen, ist nach Maßgabe der Bestimmungen des VII. Teiles ein besonderes Verhandlungsgremium einzusetzen sowie ein SCE-Betriebsrat zu errichten oder ein anderes Verfahren zur Beteiligung der Arbeitnehmer zu schaffen.

(BGBl I 2006/104)

Anwendbarkeit der Bestimmungen des VI. Teiles

§ 257. (1) Im Übrigen gelten die Bestimmungen des VI. Teiles mit der Maßgabe, dass an die Stelle der beteiligten Gesellschaften die beteiligten juristischen Personen, an die Stelle der Europäischen Gesellschaft die Europäische Genossenschaft und an die Stelle des SE-Betriebsrates der SCE-Betriebsrat tritt.

(2) § 215 Abs. 2 gilt mit der Maßgabe, dass die Aufforderung zur Errichtung des besonderen Verhandlungsgremiums

1. im Fall der Neugründung einer Europäischen Genossenschaft gemäß § 254 Abs. 1 Z 1 oder Abs. 2 mindestens vier Wochen vor Unterzeichnung der Satzung,
2. im Fall einer gemäß § 254 Abs. 3 gegründeten Europäischen Genossenschaft unmittelbar nachdem mindestens ein Drittel der Gesamtzahl der Arbeitnehmer der Europäischen Genossenschaft und ihrer Tochtergesellschaften und Betriebe in mindestens zwei verschiedenen Mitgliedstaaten einen entsprechenden Antrag gestellt hat oder die Gesamtzahl von 50 Arbeitnehmern in mindestens zwei Mitgliedstaaten erreicht oder überschritten wird,

zu erfolgen hat.

(3) § 221 Abs. 2 Z 2 gilt mit der Maßgabe, dass der Abschluss einer Vereinbarung, die eine Minderung der Mitbestimmungsrechte der Arbeitnehmer zur Folge hat, nur dann der Mehrheit von zwei Drittel der Stimmen des besonderen Verhandlungsgremiums, die mindestens zwei Drittel der Arbeitnehmer in mindestens zwei Mitgliedstaaten vertreten, bedarf, wenn sich die Mitbestimmung im Fall einer Europäischen Genossenschaft, die gemäß § 254 Abs. 1 Z 1, Abs. 2 oder Abs. 3 gegründet werden soll, auf mindestens 50% der Gesamtzahl der Arbeitnehmer der beteiligten juristischen Personen erstreckt.

(4) Die Bestimmungen des 3. Abschnittes des 3. Hauptstückes des VI. Teiles über die Mitbestimmung der Arbeitnehmer kommen im Fall einer Europäischen Genossenschaft, die gemäß § 254 Abs. 1 Z 1, Abs. 2 oder Abs. 3 gegründet werden soll, nur dann zur Anwendung, wenn

1. in mindestens einer der beteiligten juristischen Personen Mitbestimmung besteht und sich auf mindestens 50% der Gesamtzahl der Arbeitnehmer aller beteiligten juristischen Personen erstreckt oder
2. in mindestens einer der beteiligten juristischen Personen Mitbestimmung besteht und sich auf weniger als 50% der Gesamtzahl der Arbeitnehmer aller beteiligten juristischen Personen erstreckt, sofern das besondere Verhandlungsgremium einen entsprechenden Beschluss fasst.

(5) § 252 Abs. 2 zweiter Satz ist mit der Maßgabe anzuwenden, dass § 110 auch auf jene Europäischen Genossenschaften Anwendung findet, die gemäß § 254 den Bestimmungen des VII. Teiles nicht unterliegen.

(6) Wird der Sitz einer Europäischen Genossenschaft, in der Vorschriften über die Mitbestimmung bestehen, die aber den Bestimmungen des VII. Teiles nicht unterliegt, ins Inland verlegt, so ist den Arbeitnehmern weiterhin zumindest dasselbe Niveau an Mitbestimmungsrechten zu gewährleisten.

(7) Auf die nach den Bestimmungen dieses Teiles in den Verwaltungsrat einer Europäischen Genossenschaft entsendeten Arbeitnehmervertreter finden jene Bestimmungen in Aufsichtsgesetzen keine Anwendung, die für Mitglieder des Verwaltungsrates eine besondere fachliche Eignung, besondere Qualifikationserfordernisse oder ähnliche Voraussetzungen vorschreiben, es sei denn die Arbeitnehmervertreter werden gemäß § 25 Abs. 1 des SCE-Gesetzes, BGBl. I Nr. 104/2006, zu geschäftsführenden Direktoren des Verwaltungsrates bestimmt.

(BGBl I 2006/104)

VIII. Teil
Mitbestimmung der Arbeitnehmer bei einer grenzüberschreitenden Verschmelzung von Kapitalgesellschaften

Geltungsbereich

§ 258. (1) Die Bestimmungen dieses Teiles gelten für Unternehmen, die unter den II. Teil fallen, aus einer grenzüberschreitenden Verschmelzung von Kapitalgesellschaften hervorgehen oder hervorgehen sollen und ihren Sitz im Inland haben oder haben werden, wenn

1. in den sechs Monaten vor der Veröffentlichung des Verschmelzungsplanes mindestens eine der an der Verschmelzung beteiligten Gesellschaften durchschnittlich mehr als 500 Arbeitnehmer beschäftigt und in dieser Gesellschaft ein System der Mitbestimmung im Sinne des § 212 Abs. 4 besteht, oder
2. das österreichische Recht für die aus der grenzüberschreitenden Verschmelzung hervorgehende Gesellschaft nicht mindestens den gleichen Umfang an Mitbestimmungsrechten der Arbeitnehmer vorsieht, wie er in den jeweiligen an der Verschmelzung beteiligten Gesellschaften bestanden hat, oder
3. das österreichische Recht für die aus der grenzüberschreitenden Verschmelzung hervorgehende Gesellschaft für Arbeitnehmer

in Betrieben dieser Gesellschaft, die sich in anderen Mitgliedstaaten befinden, nicht den gleichen Anspruch auf Mitbestimmung der Arbeitnehmer vorsieht, wie er den Arbeitnehmern in Österreich gewährt wird.

(2) Der Umfang der Mitbestimmungsrechte der Arbeitnehmer im Sinne des Abs. 1 Z 2 bemisst sich nach dem Anteil der Arbeitnehmervertreter im Verwaltungs- oder Aufsichtsorgan oder in dessen Ausschüssen oder im Leitungsgremium, das für die Ergebniseinheiten einer Gesellschaft zuständig ist.

(3) Im Fall einer grenzüberschreitenden Verschmelzung durch Aufnahme gelten die Bestimmungen des VI. Teiles, sofern an der Verschmelzung eine Europäische Gesellschaft als aufnehmende Gesellschaft beteiligt ist. In allen übrigen von Abs. 1 Z 1 bis 3 nicht erfassten Fällen einer grenzüberschreitenden Verschmelzung bleibt § 110 von den Bestimmungen dieses Teiles unberührt.

(BGBl I 2007/77)

Begriffsbestimmungen

§ 259. (1) Unter beteiligten Gesellschaften im Sinne dieses Teiles sind die an einer grenzüberschreitenden Verschmelzung beteiligten Kapitalgesellschaften zu verstehen.

(2) Unter Tochtergesellschaft einer beteiligten Gesellschaft im Sinne dieses Teiles ist ein Unternehmen zu verstehen, auf das die betreffende Gesellschaft einen beherrschenden Einfluss im Sinne des § 176 ausübt.

(3) Unter betroffener Tochtergesellschaft ist eine Tochtergesellschaft einer beteiligten Gesellschaft zu verstehen, die zur Tochtergesellschaft der aus der grenzüberschreitenden Verschmelzung hervorgehenden Gesellschaft werden soll.

(4) Unter betroffenem Betrieb ist ein Betrieb einer beteiligten Gesellschaft zu verstehen, der zum Betrieb der aus der grenzüberschreitenden Verschmelzung hervorgehenden Gesellschaft werden soll.

(BGBl I 2007/77)

Anwendbarkeit der Bestimmungen über die Beteiligung der Arbeitnehmer in der Europäischen Gesellschaft

§ 260. (1) Im Übrigen gelten für Unternehmen im Sinne des § 258 die Bestimmungen des VI. Teiles über die Beteiligung der Arbeitnehmer in der Europäischen Gesellschaft, soweit sich diese auf das Recht auf Mitbestimmung beziehen, mit der Maßgabe, dass in jenen Fällen, in denen in diesen Bestimmungen nach der Art der Gründung der Europäischen Gesellschaft unterschieden wird, die für den Fall der Gründung durch Verschmelzung geltende Rechtsvorschrift anzuwenden ist.

(2) Wenn innerhalb des gemäß § 226 für die Verhandlungen bestimmten Zeitraumes keine Vereinbarung über die Mitbestimmung der Arbeitnehmer zustande gekommen ist, sind die §§ 246 und 247 mit der Maßgabe anzuwenden, dass das besondere Verhandlungsgremium an die Stelle des SE-Betriebsrates tritt.

(3) Wenn das besondere Verhandlungsgremium einen Beschluss gemäß § 227 Abs. 1 fasst, so sind auf die aus der grenzüberschreitenden Verschmelzung hervorgehende Gesellschaft die Bestimmungen des VI. Teiles anzuwenden, sofern es sich um eine Verschmelzung durch Aufnahme handelt und an der Verschmelzung eine Europäische Gesellschaft als aufnehmende Gesellschaft beteiligt ist. In allen übrigen Fällen ist auf die aus der grenzüberschreitenden Verschmelzung hervorgehende Gesellschaft § 110 anzuwenden. § 227 Abs. 3 und 4 ist nicht anzuwenden.

(4) § 244 Abs. 2 Z 2 gilt mit der Maßgabe, dass an die Stelle des in dieser Bestimmung festgelegten Anteiles von mindestens 25% der Gesamtzahl der Arbeitnehmer aller beteiligten Gesellschaften der Anteil von mindestens einem Drittel der Gesamtzahl der Arbeitnehmer aller beteiligten Gesellschaften tritt.

(5) § 251 Abs. 2 kommt für österreichische Arbeitnehmervertreter im Aufsichts- oder Verwaltungsrat der aus der grenzüberschreitenden Verschmelzung hervorgehenden Gesellschaft zur Anwendung, sofern diese Gesellschaft Betriebe in mindestens zwei Mitgliedstaaten hat und soweit die österreichischen Arbeitnehmervertreter keinen Anspruch gemäß dieser Bestimmung als Mitglieder des SE-Betriebsrates haben.

(BGBl I 2007/77)

Anwendung der Bestimmungen über die Mitbestimmung kraft Gesetzes ohne Verhandlungen

§ 261. (1) Die zuständigen Leitungs- und Verwaltungsorgane der beteiligten Gesellschaften können beschließen, keine Verhandlungen gemäß § 260 in Verbindung mit den Bestimmungen des 2. Hauptstückes des VI. Teiles zu führen. Wird ein solcher Beschluss gefasst, so gelten in der aus der grenzüberschreitenden Verschmelzung hervorgehenden Gesellschaft die Bestimmungen über die Mitbestimmung kraft Gesetzes gemäß dem 3. Abschnitt des 3. Hauptstückes des VI. Teiles mit Ausnahme des § 244.

(2) Die zuständigen Leitungs- und Verwaltungsorgane haben die Arbeitnehmervertreter oder die Arbeitnehmer – nach Maßgabe des anzuwendenden Rechtes – der beteiligten Gesellschaften von einem Beschluss nach Abs. 1 erster Satz unverzüglich zu informieren und auf das Erfordernis der Errichtung eines besonderen Entsendungsgremiums hinzuweisen. Im Übrigen gilt § 215 Abs. 3 Z 2 bis 5 sowie Abs. 4 und 5 sinngemäß mit der Maßgabe, dass an die Stelle des besonderen Verhandlungsgremiums das besondere Entsendungsgremium tritt.

(3) Das besondere Entsendungsgremium ist unter sinngemäßer Anwendung der Bestimmungen über das besondere Verhandlungsgremium (§ 216 Abs. 1) zu errichten. Die Entsendung der österreichischen Mitglieder in das besondere Entsendungsgremium erfolgt gemäß § 217.

(4) Die Einladung zur konstituierenden Sitzung des besonderen Entsendungsgremiums kann durch jedes seiner Mitglieder erfolgen. Im Fall mehrerer Einberufungen ist die Einberufung jenes Mitgliedes maßgeblich, das die größere Zahl an Arbeitnehmern vertritt.

(5) Das besondere Entsendungsgremium hat die Aufgabe, über die Verteilung der Sitze im Aufsichts- oder Verwaltungsrat der aus der grenzüberschreitenden Verschmelzung hervorgehenden Gesellschaft auf die Arbeitnehmervertreter aus verschiedenen Mitgliedstaaten der in den einzelnen Mitgliedstaaten beschäftigten Arbeitnehmer dieser Gesellschaft, ihrer Tochtergesellschaften und Betriebe gemäß § 246 zu entscheiden. Die Entsendung der österreichischen Arbeitnehmervertreter erfolgt gemäß § 247. Soweit über die Besetzung der anderen Mitgliedstaaten gemäß dem ersten Satz zugewiesenen Sitze in diesen Mitgliedstaaten keine Regelung getroffen ist, bestimmt das besondere Entsendungsgremium die Entsendung der Arbeitnehmervertreter.

(6) Tritt in der Struktur oder der Arbeitnehmerzahl der aus der grenzüberschreitenden Verschmelzung hervorgehenden Gesellschaft eine solche Änderung ein, dass diese gegenüber der ersten Beschlussfassung gemäß Abs. 4 eine andere Verteilung der Sitze im Aufsichts- oder Verwaltungsrat oder gegebenenfalls eine andere Entsendung der österreichischen Arbeitnehmervertreter bedingt hätte, so hat das besondere Entsendungsgremium über die Verteilung der Sitze im Aufsichts- oder Verwaltungsrat gemäß § 246 und gegebenenfalls über die Entsendung der österreichischen Arbeitnehmervertreter gemäß § 247 unter Berücksichtigung der eingetretenen Änderung neu zu entscheiden.

(7) Für das besondere Entsendungsgremium gelten im Übrigen die Bestimmungen der §§ 219 Abs. 2, 220 Abs. 2, 221 Abs. 1, 224, 250 und 251 Abs. 1.

(BGBl I 2007/77)

Weitere Anwendbarkeit bestehender Systeme der Mitbestimmung im Fall nachfolgender innerstaatlicher Verschmelzungen

§ 262. Wenn die aus der grenzüberschreitenden Verschmelzung hervorgehende Gesellschaft in der Folge mit einer Gesellschaft mit Sitz in Österreich verschmolzen wird, gilt, sofern es sich nicht um einen Fall des § 258 Abs. 3 erster Satz handelt, für die aus dieser Verschmelzung hervorgehende Gesellschaft § 110, es sei denn, dass dessen Anwendung zu einer Minderung der Mitbestimmungsrechte gemäß § 221 Abs. 4 führen würde. In diesem Fall gelten für diese Gesellschaft für eine Dauer von fünf Jahren nach Wirksamwerden der grenzüberschreitenden Verschmelzung jene Mitbestimmungsregelungen weiter, die bisher für die aus der grenzüberschreitenden Verschmelzung hervorgegangene Gesellschaft maßgeblich waren.

(BGBl I 2007/77)

IX. Teil

(BGBl 1996/601, BGBl I 2004/82, BGBl I 2006/104, BGBl I 2007/77)

Verweisungen

§ 263. Soweit in diesem Bundesgesetz auf andere Bundesgesetze verwiesen wird, sind diese in der jeweils geltenden Fassung anzuwenden.

(BGBl I 2006/104, BGBl I 2007/77)

Wirksamkeitsbeginn und Vollziehung

§ 264. (1) § 167 dieses Bundesgesetzes tritt mit Ablauf des Tages der Kundmachung, die übrigen Bestimmungen dieses Bundesgesetzes treten mit 1. Juli 1974 in Kraft. §§ 23, 50 Abs. 3, 55 Abs. 4a, 69 Abs. 2 und Abs. 3, 80 Abs. 2, 81 Abs. 3, 88a Abs. 2 letzter Satz, 97 Abs. 1 Z 25, 125 Abs. 4 und 131b Abs. 4 dieses Bundesgesetzes in der Fassung des Bundesgesetzes BGBl. Nr. 833/1992 treten mit 1. Jänner 1993 in Kraft.

(1a) Die §§ 97 Abs. 1 Z 6a und 105 Abs. 3 Z 2 in der Fassung des Bundesgesetzes BGBl. Nr. 473/1992 treten mit 1. Jänner 1993 in Kraft.

(BGBl 1992/473, BGBl 1992/833)

(1b) § 105 Abs. 3 Z 2 und § 109 Abs. 3 in der Fassung des Bundesgesetzes BGBl. Nr. 502/1993 treten mit 1. August 1993 in Kraft.

(BGBl 1993/502)

(2) Mit der Vollziehung dieses Bundesgesetzes sind hinsichtlich

1. § 162 Abs. 1 Z 1 und § 164 Abs. 2 zweiter Satz der Bundesminister für Handel, Gewerbe und Industrie,
2. § 136 Abs. 2 zweiter und dritter Satz der Bundesminister für Justiz,
3. § 112 Abs. 4 in Verbindung mit § 161 Abs. 2 der Bundeskanzler im Einvernehmen mit dem Bundesminister für soziale Verwaltung,
4. § 112 Abs. 4 in Verbindung mit § 161 Abs. 3 der Bundesminister für Verkehr im Einvernehmen mit dem Bundesminister für soziale Verwaltung,
5. § 112 Abs. 4 in Verbindung mit § 161 Abs. 4 der Bundesminister für Handel, Gewerbe und Industrie im Einvernehmen mit dem Bundesminister für soziale Verwaltung,
6. § 134b Abs. 2 erster Satz der Bundesminister für soziale Verwaltung im Einvernehmen mit dem Bundesminister für Justiz,
7. § 134b Abs. 2 zweiter Satz der Bundesminister für Justiz,
   (BGBl 1985/55)
8. § 136 Abs. 2 erster Satz der Bundesminister für Justiz im Einvernehmen mit dem Bundesminister für soziale Verwaltung,
9. § 148 Abs. 4 der Bundesminister für soziale Verwaltung im Einvernehmen mit dem Bundesminister für Finanzen,
10. § 144 Abs. 2, 3 und 4, § 145 Abs. 6, § 147 letzter Satz und § 148 Abs. 5 hinsichtlich der

Aufgaben des Präsidenten des Gerichtshofes und der Kanzleibediensteten, der Bundesminister für Justiz,

(BGBl 1986/563)

11. aller übrigen Bestimmungen der Bundesminister für soziale Verwaltung betraut.

(BGBl 1986/563)

(3) Verordnungen auf Grund der Bestimmungen dieses Bundesgesetzes können bereits von dem seiner Kundmachung folgenden Tag an erlassen werden. Diese Verordnungen dürfen frühestens mit dem im Abs. 1 bezeichneten Zeitpunkt in Kraft gesetzt werden.

(4) § 8 Z 2, § 29, § 31 Abs. 5, 6 und 7, § 32 Abs. 3, § 40 Abs. 4a, § 52 Abs. 1 erster Satz, § 62b Abs. 1 letzter Satz, § 62c, § 73 Abs. 1, § 74, § 82 Abs. 6, § 85 Abs. 1, §§ 88a und 88b, § 108 Abs. 2a und 4, § 109 Abs. 3, § 110 Abs. 6, 6a und 6b, § 113 Abs. 5, § 114 Abs. 2 und 3, § 117 Abs. 5, § 118 Abs. 6, § 123 Abs. 4, § 131f sowie § 170 in der Fassung des Bundesgesetzes BGBl. Nr. 460/1993 treten mit 1. Juli 1993 in Kraft. § 53 Abs. 1, § 108 Abs. 1 letzter Satz, § 109 Abs. 1 Z 1a und Abs. 1a, § 126 Abs. 5, § 132 Abs. 1 letzter Satz, Abs. 2 zweiter Satz und Abs. 4 letzter Satz sowie § 160 Abs. 1 und Abs. 2 Z 3 treten gleichzeitig mit dem Abkommen über den Europäischen Wirtschaftsraum[a)] in Kraft.

(BGBl 1993/460)

[a)] Die Kundmachung des Abkommens und seines Inkrafttretens wird zu einem späteren Zeitpunkt erfolgen.

[Das Abkommen über den Europäischen Wirtschaftsraum ist seit 1.1.1994 in Kraft, vgl. BGBl 1993/917]

(5) §§ 92a, 105 Abs. 3 Z 1 lit. g, 113 Abs. 2 Z 5 und Abs. 4 Z 2 in der Fassung des Bundesgesetzes BGBl. Nr. 450/1994 treten mit 1. Jänner 1995 in Kraft. § 99a tritt mit Ablauf des 31. Dezember 1994 außer Kraft.

(BGBl 1994/450)

(6) § 146 Abs. 2a in der Fassung des Bundesgesetzes BGBl. Nr. 417/1996 tritt mit 1. August 1996 in Kraft und ist auf Verfahren vor der Schlichtungsstelle anzuwenden, deren Errichtung nach dem 31. Juli 1996 beantragt worden ist.

(BGBl 1996/417)

(7) § 1 Abs. 2 Z 1, § 21 Abs. 1 erster Satz, § 49 Abs. 1 erster Satz, § 62c Abs. 1, § 70 Z 4, § 105 Abs. 3 Z 1 lit. h, § 110 Abs. 6b, § 112 Abs. 4, § 129 Abs. 3 Z 3, § 141 Abs. 2 und 3, § 145 Abs. 2 und 5, § 160 Abs. 3 und § 169 in der Fassung des Bundesgesetzes BGBl. Nr. 601/1996 treten mit 1. Oktober 1996 in Kraft. Die §§ 166 bis 168 treten mit Ablauf des 30. September 1996 außer Kraft. § 40 Abs. 4b, § 105 Abs. 3 Z 1 lit. j, § 113 Abs. 2 Z 6 und 7, Abs. 4 Z 4 und 5, Abs. 5 Z 5 und 6 sowie die Bestimmungen des V. Teiles in der Fassung des Bundesgesetzes BGBl. Nr. 601/1996 treten mit 22. September 1996 in Kraft.

(BGBl 1996/601)

(8) § 89 Z 3 erster Satz in der Fassung des Bundesgesetzes BGBl. Nr. 754/1996 tritt mit 1. Jänner 1997 in Kraft.

(BGBl 1996/754)

(9) Die §§ 56 Abs. 3 und 105 Abs. 3 Z 1 lit. h in der Fassung des Bundesgesetzes BGBl. I Nr. 30/1998 treten mit 1. Jänner 1998 in Kraft.

(BGBl I 1998/30)

(10) Die §§ 171 Abs. 2 und 206 Abs. 7 und 8 in der Fassung des Bundesgesetzes BGBl. I Nr. 14/2000 treten mit 15. Dezember 1999 in Kraft.

(BGBl I 2000/14)

(11) § 110 Abs. 8 und § 133a in der Fassung des Bundesgesetzes BGBl. I Nr. 83/2001 treten mit 1. Jänner 2002 in Kraft.

(BGBl I 2001/83, BGBl I 2002/100)

(12) § 160 Abs. 1 und § 207 Abs. 1 in der Fassung des Bundesgesetzes BGBl. I Nr. 98/2001 treten mit 1. Jänner 2002 in Kraft.

(BGBl I 2001/98, BGBl I 2002/100)

(13) § 97 Abs. 1 Z 1b und Z 26 sowie § 113 Abs. 4 Z 6 in der Fassung des Bundesgesetzes BGBl. I Nr. 100/2002 treten mit 1. Juli 2002 in Kraft.

(BGBl I 2002/100)

(14) § 105 Abs. 3 Z 2 in der Fassung des Bundesgesetzes BGBl. I Nr. 71/2003 tritt mit 1. Jänner 2004 in Kraft und gilt für Arbeitnehmer, die nach dem 31. Dezember 2003 eingestellt wurden.

(BGBl I 2003/71)

(15) § 33 in der Fassung des Bundesgesetzes BGBl. I Nr. 138/2003 tritt mit 1. Jänner 2004 in Kraft.

(BGBl I 2003/138)

(16) § 40 Abs. 4c, § 110 Abs. 6, § 113 Abs. 2 Z 8 und 9, Abs. 4 Z 7 und 8, Abs. 5 Z 7 und 8 sowie die Bestimmungen des VI. Teiles in der Fassung des Bundesgesetzes BGBl. I Nr. 82/2004 treten mit 8. Oktober 2004 in Kraft.

(BGBl I 2004/82)

(17) Die §§ 31 Abs. 7 und 97 Abs. 1 Z 18b und Abs. 4 in der Fassung des Bundesgesetzes BGBl. I Nr. 8/2005 treten mit 23. September 2005 in Kraft.

(BGBl I 2005/8)

(18) § 40 Abs. 4d, § 110 Abs. 6, § 113 Abs. 2 Z 10 und 11, Abs. 4 Z 9 und 10, Abs. 5 Z 9 und 10, § 134 Abs. 1 Z 2 und 4 und Abs. 2 und 3, § 248 Abs. 1 erster Satz, die Bestimmungen des VII. Teiles sowie § 258 in der Fassung des Bundesgesetzes BGBl. I Nr. 104/2006 treten mit 18. August 2006 in Kraft. § 134 Abs. 1 Z 3 tritt mit Ablauf des 17. August 2006 außer Kraft. § 108 Abs. 3 und 4 in der Fassung des Bundesgesetzes BGBl. I Nr. 104/2006 tritt mit 1. Jänner 2007 in Kraft.

(BGBl I 2006/104)

(19) § 40 Abs. 4e, § 113 Abs. 2 Z 12, Abs. 4 Z 11, Abs. 5 Z 11, § 134 Abs. 1 Z 3, § 230 Abs. 2 Z 2 sowie die Bestimmungen des VIII. Teiles in der

Fassung des Bundesgesetzes BGBl. I Nr. 77/2007 treten mit 15. Dezember 2007 in Kraft.

(BGBl I 2007/77)

(20) §§ 21 Abs. 1 und 27 Abs. 2 in der Fassung des Bundesgesetzes BGBl. I Nr. 74/2009 treten mit 1. August 2009 in Kraft.

(BGBl I 2009/74)

(21) § 53 Abs. 3 in der Fassung des Bundesgesetzes BGBl. I Nr. 135/2009 tritt mit 1. Jänner 2010 in Kraft.

(BGBl I 2009/135)

(22) § 176 Abs. 7 in der Fassung des Bundesgesetzes BGBl. I Nr. 58/2010 tritt mit 1. August 2010 in Kraft.

(BGBl I 2010/58)

(23) §§ 21 Abs. 2, 49 Abs. 3, 50 Abs. 2 erster Satz, 53 Abs. 1, 55 Abs. 5, 67 Abs. 1, 68 Abs. 4, 96 Abs. 1 Z 4, 97 Abs. 1 Z 16, 105, 107, 108 Abs. 2a zweiter und dritter Satz, 109 Abs. 1 erster Satz, 115 Abs. 3 erster Satz, 123 Abs. 3, 125 Abs. 3 erster Satz, 126 Abs. 4 und 5, 144 Abs. 2a und 146 Abs. 2a in der Fassung des Bundesgesetzes BGBl. I Nr. 101/2010 treten mit 1. Jänner 2011 in Kraft. Die §§ 49 Abs. 1 letzter Satz, 52 Abs. 1 letzter Satz, 117 Abs. 4 und 124 Abs. 6 letzter Satz treten mit Ablauf des 31. Dezember 2010 außer Kraft. §§ 172, 173 Abs. 2 bis 5, 174, 176 Abs. 6, 178, 180 Abs. 3a, 181 Abs. 5, 182, 186 Abs. 2, 188 Abs. 2, 189 Z 2 und 3 sowie Z 5 bis 7, 192, 194 Abs. 3 Z 1 und Abs. 4 erster Satz, 195, 199 Abs. 2 und 3, 201 bis 203a, 204 Abs. 2, 205, 206 Abs. 9 und 207 Abs. 1 und 2 sowie die Überschrift des 4. Hauptstückes in der Fassung des Bundesgesetzes BGBl. I Nr. 101/2010 treten mit 6. Juni 2011 in Kraft. Die Überschrift des 4. Hauptstückes tritt mit Ablauf des 5. Juni 2011 außer Kraft.

(BGBl I 2010/101)

(24) Die Verlängerung der Frist für die Anfechtung von Kündigungen gemäß § 105 Abs. 4 und § 107 in der Fassung des Bundesgesetzes BGBl. I Nr. 101/2010 gilt für Kündigungen, die nach dem 31. Dezember 2010 zugehen.

(BGBl I 2010/101)

(25) § 133 Abs. 1, Abs. 2 und 4 in der Fassung des Bundesgesetzes BGBl. I Nr. 100/2010 treten mit 1. Jänner 2011 in Kraft.

(BGBl I 2010/100)

(26) § 22 Abs. 2 tritt mit 1. Juli 2011 außer Kraft.

(BGBl I 2010/111)

(27) § 99 Abs. 5 in der Fassung des Bundesgesetzes BGBl. I Nr. 98/2012 tritt mit 1. Jänner 2013 in Kraft.

(BGBl I 2012/98)

(28) § 114 Abs. 1 und 2 in der Fassung des Bundesgesetzes BGBl. I Nr. 67/2013 tritt mit 1. Juli 2013 in Kraft.

(BGBl I 2013/67)

(29) §§ 144 Abs. 2a, 146 Abs. 2 und 158 Abs. 2 in der Fassung des Bundesgesetzes BGBl. I Nr. 71/2013 treten mit 1. Jänner 2014 in Kraft.

(BGBl I 2013/71)

(30) Die §§ 61 Abs. 1 erster Satz und Abs. 2a, 75 Abs. 2, 82 Abs. 1 erster Satz, 88 Abs. 2, 88b Abs. 5 erster Satz, 118 Abs. 1, 196 Abs. 1 erster Satz, 201 Abs. 1, 237 Abs. 1 erster Satz und 243 Abs. 1 Z 1 in der Fassung des Bundesgesetzes BGBl. I Nr. 12/2017 treten mit 1. Jänner 2017 in Kraft und gelten für Organe der Arbeitnehmerschaft, deren Konstituierung nach dem 31. Dezember 2016 erfolgt.

(BGBl I 2017/12)

(31) § 105 Abs. 3b letzter Satz in der Fassung des Bundesgesetzes BGBl. I Nr. 37/2017 gilt für Arbeitnehmer, die nach dem 30. Juni 2017 eingestellt werden.

(BGBl I 2017/37)

(32) §§ 110 Abs. 1, 2a bis 2d, 6 und 6b sowie § 247 Abs. 1a in der Fassung des Bundesgesetzes BGBl. I Nr. 104/2017 treten mit 1. Jänner 2018 in Kraft und gelten für die Entsendungen von Arbeitnehmervertretern durch Organe der Arbeitnehmerschaft, deren Wahl nach dem 31. Dezember 2017 erfolgt.

(BGBl I 2017/104)

(33) § 170 in der Fassung des Bundesgesetzes BGBl. I Nr. 16/2020 tritt mit dem der Kundmachung folgenden Tag in Kraft. Dauert die COVID-19 Krisensituation über den 30. April 2020 hinaus an, so hat die Bundesministerin für Arbeit, Familie und Jugend durch Verordnung den in § 170 Abs. 2 festgesetzten Endtermin 30. April 2020 zu verlängern, nicht jedoch über den 31. Dezember 2020 hinaus.

(BGBl I 2020/16, BGBl I 2020/23)

(34) § 170 Abs. 1 und § 264 Abs. 33 in der Fassung des Bundesgesetzes BGBl. I Nr. 23/2020 treten mit dem der Kundmachung folgenden Tag in Kraft. Dauert die COVID-19 Krisensituation über den 31. Oktober 2020 hinaus an, so hat die Bundesministerin für Arbeit, Familie und Jugend durch Verordnung den in § 170 Abs. 1 festgesetzten Endtermin 31. Oktober 2020 zu verlängern, nicht jedoch über den 31. Dezember 2020 hinaus.

(BGBl I 2020/23)

(35) §§ 26 Abs. 1 bis 3, 27 Abs. 1 bis 3, 28 Abs. 1 bis 3, 49 Abs. 1, § 52 Abs. 1, 149, 158 Abs. 1 Z 4 und 5 sowie 164 Abs. 1 in der Fassung des Bundesgesetzes BGBl. I Nr. 170/2020 treten mit 1. Jänner 2021 in Kraft.

(BGBl I 2020/170)

(36) § 97 Abs. 1 Z 27 in der Fassung des Bundesgesetzes BGBl. I Nr. 61/2021 tritt mit 1. April 2021 in Kraft.

(BGBl I 2021/61)

(BGBl 1996/601, BGBl I 2004/82, BGBl I 2006/104, BGBl I 2007/77)

4/2. ArbVG-Novelle 1986

ArbVG-Novelle 1986, BGBl 1986/394

Bundesgesetz vom 3. Juli 1986, mit dem das Arbeitsverfassungsgesetz geändert wird

Der Nationalrat hat beschlossen:

Artikel I

(im ArbVG eingearbeitet)

Artikel II
Ersetzung eines Begriffs

In den §§ 46, 66, 67, 68, 71, 74, 76, 77, 78, 128, 131a und 131e des Arbeitsverfassungsgesetzes wird der Begriff „Obmann" durch den Begriff „Vorsitzender" ersetzt. Wird eine Frau in diese Funktion gewählt, so trägt sie die Bezeichnung „Vorsitzende".

Artikel III
Schluß- und Übergangsbestimmungen

(1) Dieses Bundesgesetz tritt, soweit es nicht Beschlüsse von Betriebsräten gemäß Abs. 3 betrifft, mit 1. Jänner 1987 in Kraft.

(2) Artikel I Z 2 und 7a gilt auch für die Funktionsperiode der im Zeitpunkt des Inkrafttretens dieses Bundesgesetzes bestehenden Betriebsräte (Zentralbetriebsräte).

(3) Die Verlängerung der Funktionsperiode gemäß Abs. 2 tritt jedoch nicht ein, wenn der Betriebsrat (Zentralbetriebsrat) bis 31. Dezember 1986 beschließt, die laufende Tätigkeitsdauer im Ausmaß von drei Jahren zu belassen. Für diese Tätigkeitsdauer findet auf die Mitglieder dieses Betriebsrates § 118 ArbVG in der bis 31. Dezember 1986 geltenden Fassung Anwendung.

(4) Mit der Vollziehung dieses Bundesgesetzes ist der Bundesminister für soziale Verwaltung betraut.

4/3. Betriebsrats-Wahlordnung 1974

Betriebsrats-Wahlordnung 1974, BGBl 1974/319 idF

1 BGBl 1987/365 **2** BGBl 1990/690 **3** BGBl 1993/814
4 BGBl 1993/917 **5** BGBl II 2012/142 **6** BGBl II 2012/195
7 BGBl II 2021/230

GLIEDERUNG

STICHWORTVERZEICHNIS

Verordnung des Bundesministers für soziale Verwaltung vom 22. Mai 1974 über die Vorbereitung und Durchführung der Wahl zum Betriebsrat, Zentralbetriebsrat, Jugendvertrauensrat und Zentraljugendvertrauensrat sowie die Bestellung und Tätigkeit von Wahlkommissionen und Wahlzeugen (Betriebsrats-Wahlordnung 1974 – BRWO 1974)

Auf Grund des § 161 Abs. 1 Z 1 und 2 des Arbeitsverfassungsgesetzes (ArbVG), BGBl. Nr. 22/1974, wird verordnet:

1. ABSCHNITT
Betriebsrat

Errichtung von Betriebsräten

§ 1. (1) In jedem dem II. Teil des Arbeitsverfassungsgesetzes (ArbVG), BGBl. Nr. 22/1974, unterliegenden Betrieb (§§ 34, 35, 134 und 134a ArbVG), in dem dauernd mindestens fünf in der Betriebs(Gruppen-, Betriebshaupt)versammlung stimmberechtigte Arbeitnehmer (§ 49 Abs. 1 ArbVG) beschäftigt werden, ist ein Betriebsrat zu wählen. Bei der Berechnung dieser Zahl haben Heimarbeiter und die gemäß § 8 Abs. 3 Z 1 vom passiven Wahlrecht ausgeschlossenen Familienangehörigen des Betriebsinhabers außer Betracht zu bleiben.

(BGBl 1987/365)

(2) Erfüllt sowohl die Gruppe der Arbeiter als auch die Gruppe der Angestellten die Voraussetzungen des Abs. 1, so ist für jede Gruppe ein Betriebsrat zu wählen, doch können die Gruppenversammlungen in getrennten Abstimmungen gemäß § 49 Abs. 2 ArbVG die Errichtung eines gemeinsamen Betriebsrates beschließen. Getrennte Betriebsräte für Arbeitnehmergruppen innerhalb eines Betriebes sind auch bei Vorliegen der Voraussetzungen des § 133 Abs. 2 ArbVG zu wählen. Ein eigener Betriebsrat kann ferner bei Vorliegen der Voraussetzungen des § 134 Abs. 5 ArbVG gewählt werden.

(3) Erfüllt nur eine der beiden Gruppen (Abs. 2 erster Satz) die Voraussetzungen des Abs. 1 oder erfüllen sie beide Gruppen nur in ihrer Gesamtheit, so ist im Betrieb ein gemeinsamer Betriebsrat zu wählen.

(4) In einem Betrieb gemäß § 134b Abs. 1 erster Satz ArbVG, in dem dauernd mindestens zwanzig Hausbesorger und Hausbetreuer beschäftigt sind, ist von diesen ein eigener Betriebsrat zu errichten. Hinsichtlich der Hausbetreuer bleiben die Abs. 1 bis 3 unberührt.

(BGBl 1987/365)

(5) Die zuständige freiwillige Berufsvereinigung oder gesetzliche Interessenvertretung der Arbeitnehmer (§ 39 Abs. 4 ArbVG) kann jeden Arbeitnehmer der Arbeitnehmerschaft eines Betriebes im Sinne des Abs. 1 oder 4 durch geeignete Maßnahmen auf die Verpflichtung der Arbeitnehmerschaft zur Wahl eines Betriebsrates und das dabei einzuhaltende Verfahren hinweisen.

(BGBl II 2012/142)

Zahl der Mitglieder des Betriebsrates

§ 2. (1) In den Betriebsrat sind zu wählen in Betrieben mit

5 bis 9 Arbeitnehmern	eine Person;
10 bis 19 Arbeitnehmern	2 Mitglieder;
20 bis 50 Arbeitnehmern	3 Mitglieder;
51 bis 100 Arbeitnehmern	4 Mitglieder;
101 bis 200 Arbeitnehmern	5 Mitglieder;
201 bis 300 Arbeitnehmern	6 Mitglieder;
301 bis 400 Arbeitnehmern	7 Mitglieder;
401 bis 500 Arbeitnehmern	8 Mitglieder;
501 bis 600 Arbeitnehmern	9 Mitglieder;
601 bis 700 Arbeitnehmern	10 Mitglieder;
701 bis 800 Arbeitnehmern	11 Mitglieder;
801 bis 900 Arbeitnehmern	12 Mitglieder;
901 bis 1000 Arbeitnehmern	13 Mitglieder;
1001 bis 1400 Arbeitnehmern	14 Mitglieder;
1401 bis 1800 Arbeitnehmern	15 Mitglieder;
1801 bis 2200 Arbeitnehmern	16 Mitglieder;

für je weitere 400 Arbeitnehmer um ein Mitglied mehr. Bruchteile von 400 werden für voll gerechnet.

(2) In Betrieben, in denen für die Gruppen der Arbeiter und Angestellten und, sofern die §§ 133, 134 und 134b ArbVG zur Anwendung kommen, auch für andere Arbeitnehmergruppen getrennte Betriebsräte gewählt werden, richtet sich die Zahl der Betriebsratsmitglieder jeder Arbeitnehmergruppe nach der Zahl der Arbeitnehmer der betreffenden Gruppe.

(BGBl 1987/365)

(3) Gleichzeitig sind Ersatzmitglieder (§ 30) zu wählen.

§ 3. (1) Die Zahl der Mitglieder des Betriebsrates bestimmt sich nach der Zahl der am Tag der Betriebs(Gruppen)versammlung zur Wahl des Wahlvorstandes, bei Teilversammlungen am Tag der letzten Teilversammlung, im Betrieb beschäftigten Arbeitnehmer.

(BGBl II 2012/142)

(2) Eine Änderung der Zahl der Arbeitnehmer des Betriebes (Arbeitnehmergruppe) bis zur Wahl und während der Tätigkeitsdauer des Betriebsrates ist auf die Zahl der Betriebsratsmitglieder ohne Einfluß.

Wahlgrundsätze

§ 4. (1) Die Mitglieder des Betriebsrates sind auf Grund des gleichen, unmittelbaren und geheimen Wahlrechtes und, soweit Abs. 3 nicht anderes bestimmt, nach den Grundsätzen des Verhältniswahlrechtes zu wählen.

(2) Die Wahl hat mittels Stimmzettels durch persönliche Stimmabgabe oder in den Fällen des § 5 durch briefliche Stimmabgabe im Postwege zu erfolgen.

(3) Wird nur ein Wahlvorschlag eingebracht oder finden die Vorschriften des vereinfachten Wahlverfahrens (§ 36) Anwendung, so sind die Mitglieder des Betriebsrates mit einfacher Mehrheit der abgegebenen Stimmen zu wählen.

Recht auf briefliche Stimmabgabe

§ 5. Wahlberechtigte, die wegen Urlaubs, Karenz, Leistung des Präsenz-, Ausbildungs- oder Zivildienstes oder Krankheit am Wahltag (an den Wahltagen) an der Leistung der Dienste oder infolge Ausübung ihres Berufes oder aus anderen wichtigen, ihre Person betreffenden Gründen an der persönlichen Stimmabgabe verhindert sind, sind nach Maßgabe des § 22 zur brieflichen Stimmabgabe (§ 25) berechtigt.

(BGBl II 2012/142)

Aktives Wahlrecht

§ 6. Wahlberechtigt sind alle Arbeitnehmer ohne Unterschied der Staatsbürgerschaft, die am Tag der Betriebs(Gruppen)versammlung zur Wahl des Wahlvorstandes, bei Teilversammlungen am Tag der letzten Teilversammlung, das 16. Lebensjahr vollendet haben und an diesem Tag und am Tag der Wahl im Rahmen des Betriebes beschäftigt sind.

(BGBl 1987/365, BGBl 1993/814, BGBl II 2012/142, BGBl II 2021/230)

§ 7. Werden getrennte Betriebsräte gewählt, so ist für die Wahlberechtigung auch die Gruppenzugehörigkeit (Arbeiter, Angestellte oder sonstige Arbeitnehmergruppen) erforderlich.

Passives Wahlrecht

§ 8. (1) Wählbar sind alle Arbeitnehmer, die

1. am Tag der Ausschreibung der Wahl das 18. Lebensjahr vollendet haben und
2. seit mindestens sechs Monaten im Rahmen des Betriebes oder des Unternehmens, dem der Betrieb angehört, beschäftigt sind.

(BGBl 1993/814, BGBl II 2012/142)

(2) Bei getrennten Wahlen sind auch Angehörige der anderen Arbeitnehmergruppen wählbar.

(3) Nicht wählbar sind:

1. a) Der Ehegatte oder eingetragene Partner des Betriebsinhabers;
   b) die Kinder und Enkel des Betriebsinhabers und deren Ehegatten oder eingetragene Partner sowie die Kinder und Enkel des Ehegatten oder eingetragenen Partners des Betriebsinhabers;
   c) die Eltern und Großeltern des Betriebsinhabers sowie die Eltern und Großeltern des Ehegatten oder eingetragenen Partners des Betriebsinhabers;
   d) die Geschwister des Betriebsinhabers und deren Ehegatten oder eingetragene Partner sowie die Geschwister des Ehegatten oder eingetragenen Partners des Betriebsinhabers;
   e) Personen, die zum Betriebsinhaber im Verhältnis von Wahl- oder Pflegekind, Wahl- oder Pflegeeltern sowie Mündel oder Vormund stehen;
2. in Betrieben juristischer Personen die Ehegatten oder eingetragenen Partner von Mitgliedern des zur gesetzlichen Vertretung der juristischen Person berufenen Organs sowie Personen, die mit Mitgliedern eines solchen Vertretungsorgans im ersten Grad verwandt oder verschwägert sind;
3. Heimarbeiter.

(BGBl II 2012/142)

(4) Sind mindestens vier Betriebsratsmitglieder zu wählen, so sind auch Vorstandsmitglieder und Angestellte einer zuständigen freiwilligen Berufsvereinigung der Arbeitnehmer wählbar, sofern sie mit Ausnahme der Beschäftigung im Rahmen des Betriebes oder des Unternehmens die Voraussetzungen nach Abs. 1 erfüllen. Mindestens drei Viertel der Mitglieder des Betriebsrates müssen Arbeitnehmer des Betriebes sein. Ein Vorstandsmitglied oder Angestellter einer zuständigen freiwilligen Berufsvereinigung der Arbeitnehmer kann in dieser Eigenschaft gleichzeitig nur einem Betriebsrat angehören.

(BGBl 1987/365)

(5) In neu errichteten Betrieben und in Saisonbetrieben sind auch Arbeitnehmer wählbar, die noch nicht sechs Monate im Betrieb oder Unternehmen beschäftigt sind. Als Saisonbetriebe gelten Betriebe, die ihrer Art nach nur zu bestimmten Jahreszeiten arbeiten oder die regelmäßig zu gewissen Zeiten des Jahres erheblich verstärkt arbeiten.

(6) Die Wiederwahl ist zulässig.

Wahlvorstand

§ 9. (1) Zur Vorbereitung und Durchführung der

Wahl des Betriebsrates hat die Betriebsversammlung einen Wahlvorstand zu bestellen. Werden für Gruppen von Arbeitnehmern getrennte Betriebsräte gewählt, so hat jede Gruppenversammlung einen Wahlvorstand zu bestellen.

(2) Der Wahlvorstand besteht, sofern nicht § 36 zur Anwendung kommt, aus drei Mitgliedern und drei Ersatzmitgliedern. Diese müssen wahlberechtigte Arbeitnehmer (§§ 6 und 7) sein. In Betrieben, in denen dauernd mindestens 20 Arbeitnehmer beschäftigt sind, können auch Vorstandsmitglieder oder Angestellte einer zuständigen freiwilligen Berufsvereinigung oder gesetzlichen Interessenvertretung der Arbeitnehmer in den Wahlvorstand berufen werden; zwei Mitglieder des Wahlvorstandes müssen Arbeitnehmer des Betriebes sein. Für ein Mitglied aus dem Kreise der Vorstandsmitglieder oder Angestellten einer zuständigen freiwilligen Berufsvereinigung oder gesetzlichen Interessenvertretung der Arbeitnehmer kann ein Ersatzmitglied aus dem gleichen Personenkreis berufen werden.

§ 10. (1) In neu errichteten Betrieben hat die Betriebs(Gruppen)versammlung binnen vier Wochen nach dem Tage der Aufnahme des Betriebes den Wahlvorstand für die erstmalige Wahl eines Betriebsrates zu wählen.

(2) In Betrieben, in denen ein Betriebsrat besteht, soll der Wahlvorstand nicht früher als zwölf Wochen vor Ablauf der Tätigkeitsdauer des Betriebsrates gewählt werden. Die Wahl des Wahlvorstandes ist aber so rechtzeitig vorzunehmen, daß der neugewählte Betriebsrat bei Unterbleiben einer Wahlanfechtung spätestens unmittelbar nach Ablauf der Tätigkeitsdauer des abtretenden Betriebsrates seine Konstituierung vornehmen kann.

(3) Wird die Nichtigkeit einer Wahl festgestellt oder die Tätigkeitsdauer des Betriebsrates vorzeitig beendet, so ist unverzüglich ein Wahlvorstand zu wählen.

§ 11. (1) Der Zeitpunkt der Betriebs(Gruppen) versammlung zur Wahl des Wahlvorstandes ist vom Einberufer (§ 45 ArbVG) spätestens zwei Wochen vor dem Stattfinden der Versammlung durch Anschlag im Betrieb oder durch eine sonstige geeignete schriftliche oder elektronische Mitteilung bekannt zu machen. Der Anschlag hat derart zu erfolgen, dass die Arbeitnehmer des Betriebes (Arbeitnehmergruppe) ehestens von seinem Inhalt Kenntnis nehmen können. In größeren Betrieben ist der Anschlag, wenn es die Beschaffenheit des Betriebes erfordert, an mehreren Stellen durchzuführen. Bei örtlich getrennten Arbeitsstätten soll der Anschlag in jeder Arbeitsstätte erfolgen. In Betrieben (Arbeitnehmergruppen), in denen höchstens zwei Betriebsratsmitglieder zu wählen sind, kann die Einberufung auch durch mündliche Durchsage vorgenommen werden. Der Einberufer hat, sofern die Einberufung durch schriftliche oder elektronische Mitteilung oder Durchsage erfolgt, für die Verständigung der stimmberechtigten Arbeitnehmer zu sorgen. Nähere Bestimmungen darüber kann die Geschäftsordnung (§ 8 Betriebsrats-Geschäftsordnung 1974, BGBl. Nr. 355, in der jeweils geltenden Fassung) festlegen. Der Einberufer hat zugleich den Betriebsinhaber vom Stattfinden der Betriebsversammlung schriftlich in Kenntnis zu setzen, wobei auf die Tagesordnung der Betriebsversammlung, sowie auf die Pflicht des Betriebsinhabers zur Übermittlung des Arbeitnehmerverzeichnisses an den Wahlvorstand gemäß § 14 Abs. 1 ausdrücklich hinzuweisen ist.

(BGBl 1990/690, BGBl II 2012/142)

(2) Vorschläge für die Wahl des Wahlvorstandes sind dem Einberufer spätestens drei Tage vor der Betriebs(Gruppen)versammlung schriftlich zu übergeben. Wird die Betriebs(Gruppen)versammlung in Teilversammlungen durchgeführt, so richtet sich die Frist nach der ersten Teilversammlung.

(3) Unter Bedachtnahme auf die Reihenfolge des Einlangens der Wahlvorschläge beim Einberufer ist die Wahl durch Handerheben der wahlberechtigten Arbeitnehmer in der Betriebs(Gruppen)versammlung durchzuführen. Die Betriebs-(Gruppen)versammlung kann auch beschließen, die Wahl mittels Stimmzettels vorzunehmen. Als gewählt gelten die Kandidaten jenes Vorschlages, der die meisten Stimmen auf sich vereint. Bei Stimmengleichheit entscheidet das Los. Wird nur ein Wahlvorschlag erstattet, so gelten die Kandidaten dieses Vorschlages ohne Abstimmung als gewählt.

(4) Die ersten drei Kandidaten des gewählten Vorschlages sind die Mitglieder des Wahlvorstandes, die folgenden Kandidaten sind nach Maßgabe des § 9 Abs. 2 der Reihe nach die Ersatzmitglieder.

§ 12. (1) Unmittelbar nach seiner Wahl hat der Wahlvorstand aus seiner Mitte einen Vorsitzenden zu wählen. Bleibt die Wahl ergebnislos, so hat das an Lebensjahren älteste Mitglied des Wahlvorstandes den Vorsitz zu führen.

(2) Der Vorsitzende des Wahlvorstandes hat das Ergebnis der Wahl (§ 11 Abs. 4) und den voraussichtlichen Wahltag (Wahltage) unverzüglich dem Betriebsinhaber schriftlich mitzuteilen.

(3) Beschlüsse des Wahlvorstandes werden mit Stimmenmehrheit gefaßt. Zur Beschlußfassung ist die Anwesenheit von mindestens zwei Mitgliedern (Ersatzmitgliedern) erforderlich.

(4) Beschlüsse des Wahlvorstandes können ebenso wie seine Wahl nur mit der Anfechtung der Wahl des Betriebsrates angefochten werden.

§ 13. (1) Der Wahlvorstand hat nach seiner Bestellung die Wahl unverzüglich vorzubereiten und binnen vier Wochen durchzuführen.

(2) Der Wahlvorstand hat seine Wahlvorbereitungen tunlichst ohne Störung des Betriebes vorzunehmen.

(3) Kommt der Wahlvorstand den im Abs. 1 genannten Verpflichtungen binnen acht Wochen nicht oder nur unzureichend nach, so ist er von der Betriebs(Gruppen)versammlung zu entheben. In diesem Fall kann, abweichend von § 2 der Betriebsrats-Geschäftsordnung, jeder Arbeitnehmer des Betriebes, die zuständige freiwillige Berufsvereinigung oder gesetzliche Interessenvertretung der Arbeitnehmer die Betriebs(Gruppen)versammlung einberufen. Diese hat zugleich einen neuen Wahl-

vorstand zu bestellen. Im Fall mehrerer Einberufungen gilt die zeitlich erste.

(BGBl II 2012/142)

(4) Für die Mitglieder des Wahlvorstandes gelten die §§ 115 und 116 ArbVG, BGBl. Nr. 22/1974, in der Fassung des Budgetbegleitgesetzes BGBl. I Nr. 111/2010 sinngemäß.

(BGBl 1987/365, BGBl 1993/814, BGBl II 2012/142)

Verzeichnis der Arbeitnehmer

§ 14. (1) Der Betriebsinhaber hat dem Wahlvorstand ein Verzeichnis der am Tag der Betriebs(Gruppen)versammlung zur Wahl des Wahlvorstandes – bei Teilversammlungen am Tag der letzten Teilversammlung – im Betrieb beschäftigten Arbeitnehmer binnen zwei Tagen nach Erhalt der Verständigung gemäß § 12 Abs. 2 zur Verfügung zu stellen, wenn er vom Einberufer der Betriebsversammlung zur Wahl des Wahlvorstandes auf die Pflicht zur Übermittlung des Arbeitnehmerverzeichnisses ausdrücklich hingewiesen worden ist. Dieses Verzeichnis hat Familien- und Vornamen, Geburtsdatum, den Tag des Eintrittes in den Betrieb sowie Angaben darüber zu enthalten, welche außerhalb des Hauptbetriebes gelegene Arbeitsstätten und Einsatzorte bestehen und welche Arbeitnehmer dort beschäftigt sind. Das Verzeichnis hat weiters die Wohnadressen jener Arbeitnehmer zu enthalten, die voraussichtlich wegen Urlaubs, Karenz, Leistung des Präsenz-, Ausbildungs- oder Zivildienstes, einer noch bestehenden Krankheit oder Einsatzes außerhalb des Hauptbetriebes am Wahltag an der persönlichen Stimmabgabe verhindert sein werden. Bei getrennt zu wählenden Betriebsräten ist jedem Wahlvorstand das Verzeichnis jener Arbeitnehmer zur Verfügung zu stellen, die der betreffenden Gruppe zugehörig sind.

(BGBl 1990/690, BGBl II 2012/142, BGBl II 2021/230)

(2) Dem Wahlvorstand sind die zur Prüfung der Richtigkeit und Vollständigkeit der Angaben im Verzeichnis, insbesondere der Voraussetzungen für die Gruppenzugehörigkeit, unbedingt notwendigen Einsichtnahmen in die Lohn- und Gehaltsunterlagen beziehungsweise Arbeitsverträge zu gewähren und die erforderlichen Auskünfte zu erteilen.

Wählerliste

§ 15. (1) Der Wahlvorstand hat an Hand des Verzeichnisses (§ 14) die Wahlberechtigten festzustellen, indem er

1. jene ausscheidet, die am Tag der Betriebs-(Gruppen)versammlung zur Wahl des Wahlvorstandes noch nicht das das 16. Lebensjahr vollendet haben oder aus anderen Gründen vom Wahlrecht (§§ 6 und 7) ausgeschlossen sind;

   (BGBl II 2021/230)

2. jene einfügt, die vom Betriebsinhaber zu Unrecht nicht in das Verzeichnis aufgenommen wurden.

(2) Auf Grund der Feststellungen nach Abs. 1 hat der Wahlvorstand binnen drei Tagen nach seiner Wahl die Wählerliste zu erstellen und gleichzeitig mit dem Anschlag der Wahlkundmachung (§ 19) zur Einsicht für alle wahlberechtigten Arbeitnehmer aufzulegen.

(BGBl 1990/690)

(3) Binnen einer Woche nach dem Anschlag der Wahlkundmachung kann jeder wahlberechtigte Arbeitnehmer beim Vorsitzenden des Wahlvorstandes gegen die Aufnahme vermeintlich Nichtwahlberechtigter oder gegen die Nichtaufnahme vermeintlich Wahlberechtigter Einspruch erheben. Verspätet eingebrachte Einwendungen sind nicht zu berücksichtigen.

(4) Sind die Einwendungen begründet, so hat der Wahlvorstand die Wählerliste richtigzustellen. Offensichtliche Irrtümer, wie Schreibfehler in der Wählerliste, können auch ohne Antrag bis zum Wahltag berichtigt werden.

Wahltermin

§ 16. (1) Der Wahlvorstand hat den Termin der Wahl so festzusetzen, daß die Ermittlung des Wahlergebnisses spätestens vier Wochen nach Bestellung des Wahlvorstandes abgeschlossen ist.

(BGBl 1990/690)

(2) Der Wahlvorstand hat ferner darüber zu entscheiden, ob die Wahl an einem oder an mehreren aufeinanderfolgenden Tagen durchgeführt werden soll und die zur Stimmabgabe bestimmten Tagesstunden festzusetzen.

Wahlort

§ 17. Der vom Wahlvorstand zu bestimmende Wahlort muß für die Durchführung der Wahl geeignet sein und soll nach Tunlichkeit im Betrieb liegen.

Wahlkommission

§ 18. (1) Der Wahlvorstand kann beschließen, daß die Stimmabgabe an mehreren Orten gleichzeitig stattzufinden hat.

(2) Für jeden Wahlort, an dem er die Wahlhandlung nicht selbst leitet, hat der Wahlvorstand eine Wahlkommission zu bestellen, die aus drei Mitgliedern zu bestehen hat. Diese müssen wahlberechtigte Arbeitnehmer des Betriebes sein. Eines der Mitglieder der Wahlkommission ist vom Wahlvorstand als ihr Vorsitzender zu bezeichnen.

(3) Die Wahlkommission faßt ihre Beschlüsse mit Stimmenmehrheit. Der Wahlkommission stehen hinsichtlich der mit der Stimmabgabe zusammenhängenden Wahlhandlungen die gleichen Aufgaben und Befugnisse zu wie dem Wahlvorstand (§§ 25 und 26 Abs. 1).

Wahlkundmachung

§ 19. (1) Binnen drei Tagen nach seiner Bestellung hat der Wahlvorstand die Wahl in Form einer Wahlkundmachung auszuschreiben.

(BGBl 1990/690)

(2) Die Wahlkundmachung hat zu enthalten:

1. den Tag (die Tage) der Wahl und die für die Stimmabgabe bestimmten Tagesstunden;
2. den Ort (die Orte) der Stimmabgabe;
3. die Zahl der zu wählenden Betriebsratsmitglieder;
4. den Ort (die Orte) im Betrieb, an dem (an denen) die Wählerliste und ein Abdruck dieser Verordnung eingesehen werden können;
5. die Hinweise bezüglich der Erhebung von Einwendungen gegen die Wählerliste binnen einer Woche nach dem Anschlag der Wahlkundmachung beim Vorsitzenden des Wahlvorstandes und die Nichtberücksichtigung verspätet eingebrachter Einwendungen;
6. a) die Aufforderung, Wahlvorschläge (§ 20) ab Wahlkundmachung spätestens zwei Wochen vor dem (ersten) Wahltag schriftlich bei einem Mitglied des Wahlvorstandes einzubringen, widrigenfalls sie nicht berücksichtigt werden könnten;
   b) die Bestimmung, daß jeder Wahlvorschlag ein Verzeichnis von höchstens doppelt so vielen Bewerbern zu enthalten hat, wie Betriebsratsmitglieder zu wählen sind;
   c) die Zahl der gemäß § 20 Abs. 2 erforderlichen Unterstützungsunterschriften sowie die Zahl, bis zu welcher Unterschriften von Wahlwerbern angerechnet werden;
   (BGBl 1987/365, BGBl 1990/690)
   d) die Bestimmung, daß bei Einstellung der Wahlvorschläge auf eine angemessene Vertretung der Arbeitnehmerinnen und Arbeitnehmer Bedacht genommen werden soll;
   (BGBl 1993/814)
7. die Angabe, wo und wann die zugelassenen Wahlvorschläge zur Einsicht für die Wahlberechtigten aufliegen und die Namen der auf den zugelassenen Wahlvorschlägen kandidierenden Wahlwerber angeschlagen werden;
   (BGBl 1987/365)
8. die Vorschrift, daß Stimmen gültig nur für zugelassene Wahlvorschläge abgegeben werden können;
9. auf welche Weise die Stimmabgabe zu erfolgen hat (§ 24);
10. die Bestimmung, daß für die Wahl ein einheitlicher Stimmzettel aufgelegt wird, oder gegebenenfalls den Beschluß des Wahlvorstandes, keinen einheitlichen Stimmzettel aufzulegen (§ 35a);
    (BGBl 1990/690)
11. die Bestimmung, daß Wahlberechtigte, die wegen Urlaubs, Karenz, Leistung des Präsenz-, Ausbildungs- oder Zivildienstes oder Krankheit am Wahltag an der Leistung der Dienste oder infolge Ausübung ihres Berufes oder aus anderen wichtigen, ihre Person betreffenden Gründen an der persönlichen Stimmabgabe verhindert sind, spätestens bis zum Ablauf des achten Tages vor dem (ersten) Wahltag beim Vorsitzenden des Wahlvorstandes die Ausstellung einer Wahlkarte beantragen können und daß sie, sofern diese ausgestellt wird, den Stimmzettel in dem vom Wahlvorstand übermittelten Umschlag (Wahlkuvert), der zu schließen ist, gemeinsam mit der Wahlkarte in einem zweiten Umschlag (Briefumschlag) dem Wahlvorstand im Postwege einsenden können (§§ 22 und 25);
    (BGBl 1990/690, BGBl II 2012/142)
12. allenfalls die Festsetzung einer anderen als in Z 11 genannten Frist zur Antragstellung für bestimmte Personengruppen (§ 22 Abs. 6);
13. den Hinweis, daß der Wahlberechtigte auch nach Ausstellung einer Wahlkarte zur persönlichen Stimmabgabe berechtigt bleibt, wenn er die ihm ausgestellte Wahlkarte dem Wahlvorstand (Wahlkommission) übergibt.

(3) Die Wahlkundmachung ist vom Vorsitzenden des Wahlvorstandes zu unterschreiben und im Sinne des § 11 Abs. 1 anzuschlagen.

Wahlvorschläge

§ 20. (1) Wählergruppen, die Wahlwerber aufzustellen beabsichtigen, haben ihre Wahlvorschläge spätestens zwei Wochen vor dem (ersten) Wahltag schriftlich bei einem Mitglied des Wahlvorstandes einzureichen, das den Empfang unter Angabe des Zeitpunktes der Empfangnahme zu bestätigen hat.

(BGBl 1987/365, BGBl 1990/690)

(2) Der Wahlvorschlag muß in Betrieben mit weniger als 101 Arbeitnehmern von mindestens doppelt so vielen wahlberechtigten Arbeitnehmern unterschrieben sein, wie Betriebsratsmitglieder zu wählen sind. In Betrieben ab 101 Arbeitnehmern ist für je weitere 100 Arbeitnehmer, in Betrieben ab 1001 Arbeitnehmern für je weitere 400 Arbeitnehmer eine weitere Unterschrift erforderlich. Bruchteile von 100 und 400 werden für voll gerechnet. Unterschriften von Wahlwerbern werden nur bis zur Hälfte der Zahl der erforderlichen Unterstützungsunterschriften angerechnet. Ist diese Hälftezahl keine ganze Zahl, so werden Unterschriften von Wahlwerbern bis zur nächstniedrigeren ganzen Zahl angerechnet.

(2a) Der Wahlvorschlag muß weiters

1. ein Verzeichnis von höchstens doppelt so vielen Wahlwerbern, wie Betriebsratsmitglieder zu wählen sind, enthalten, und zwar in der beantragten Reihenfolge und unter Angabe des Familien- und Vornamens sowie des Geburtsdatums;
   (BGBl II 2012/142, BGBl II 2021/230)
2. einen der Unterzeichneten als Vertreter des Wahlvorschlages anführen, anderenfalls der Erstunterzeichnete als Vertreter gilt.

(BGBl 1990/690)

(2b) Der Wahlvorschlag soll auf eine angemessene Vertretung der Arbeitnehmerinnen und Arbeitnehmer Bedacht nehmen.

(BGBl 1993/814)

(3) Der Wahlvorschlag ist mit einer gegenüber anderen Wahlvorschlägen unterscheidbaren Bezeichnung zu versehen. Diese Bezeichnung kann insbesondere der Name einer bestimmten Organisation, einer wahlwerbenden Gruppe oder eines Wahlwerbers oder die Namen mehrerer Wahlwerber sein. Der Bezeichnung kann eine Kurzbezeichnung beigefügt werden.

(BGBl 1990/690)

(4) Die Verbindung (Koppelung) von Wahlvorschlägen ist unzulässig.

§ 21. (1) Der Wahlvorstand hat die innerhalb der Einreichungsfrist überreichten Wahlvorschläge zu prüfen und vorhandene Bedenken umgehend dem Vertreter des Wahlvorschlages mitzuteilen. Dieses Verfahren ist insbesondere auch dann einzuleiten, wenn eine in einem Wahlvorschlag genannte Person auf Grund eines Einspruches gegen die Aufnahme in den Wahlvorschlag von diesem gestrichen wird. Zur Behebung der Mängel ist eine Frist von mindestens 48 Stunden zu setzen. Änderungen im Wahlvorschlag oder dessen Zurückziehung sind dem Wahlvorstand spätestens bis zum Ablauf des zwölften Tages vor dem Beginn der Wahlhandlung vom Vertreter des Wahlvorschlages mitzuteilen. Änderungen im Wahlvorschlag sowie dessen Zurückziehung müssen von sämtlichen Arbeitnehmern, die den seinerzeitigen Wahlvorschlag unterzeichnet haben, unterschrieben sein. Im übrigen können Arbeitnehmer, die einen Wahlvorschlag unterschrieben haben, nach dessen Überreichung ihre Unterschriften nicht mehr zurückziehen.

(BGBl 1990/690)

(2) Nicht zuzulassen sind Wahlvorschläge, die verspätet überreicht wurden; ferner Wahlvorschläge, die nicht die erforderliche Anzahl von Unterschriften tragen oder keinen einzigen wählbaren Wahlwerber enthalten, sofern das Berichtigungsverfahren gemäß Abs. 1 erfolglos geblieben ist.

(3) Wahlwerber, denen die Wählbarkeit fehlt, sind vom Wahlvorstand aus dem zugelassenen Wahlvorschlag zu streichen. Ebenso sind die Namen jener Personen zu streichen, die ungeachtet des nach Abs. 1 durchgeführten Berichtigungsverfahrens so unvollständig bezeichnet sind, daß über ihre Identität Zweifel bestehen, oder die gegenüber dem Wahlvorstand schriftlich erklären, gegen ihren Willen in den Wahlvorschlag aufgenommen worden zu sein. Die Streichung stellt keine Änderung im Wahlvorschlag im Sinne des Abs. 1 dar.

(BGBl 1987/365)

(3a) Weist der Wahlvorschlag keine Bezeichnung auf, so hat der Wahlvorstand den Vertreter des Wahlvorschlages aufzufordern, eine Wahlvorschlagsbezeichnung bekanntzugeben. Kommt der Vertreter des Wahlvorschlages dieser Aufforderung nicht nach, so ist der Wahlvorschlag nach dem an erster Stelle vorgeschlagenen Bewerber zu benennen.

(BGBl 1990/690)

(4) Wird kein Wahlvorschlag überreicht oder reichen alle eingebrachten Wahlvorschläge nicht dazu aus, den Betriebsrat funktionsfähig zu besetzen, so ist das Wahlverfahren vom Wahlvorstand mittels einer neuen Wahlkundmachung unverzüglich von neuem einzuleiten.

(5) Während der letzten drei Tage vor Beginn der Wahlhandlung sind die zugelassenen Wahlvorschläge samt den Unterschriften gemäß § 20 Abs. 2 Z 1 an der in der Wahlkundmachung bezeichneten Stelle zur Einsicht für die Wahlberechtigten aufzulegen und die Namen der auf den zugelassenen Wahlvorschlägen kandidierenden Wahlwerber anzuschlagen (§ 11 Abs. 1).

(BGBl 1987/365)

Einheitlicher Stimmzettel

§ 21a. (1) Der Wahlvorstand hat unverzüglich nach Feststellung der zugelassenen Wahlvorschläge einen Stimmzettel aufzulegen, der sämtliche zugelassenen Wahlvorschläge in einer vom Wahlvorstand zu beschließenden Reihenfolge zu enthalten hat (einheitlicher Stimmzettel).

(2) Die Größe des einheitlichen Stimmzettels ist vom Wahlvorstand unter Beachtung der Anzahl der zugelassenen Wahlvorschläge festzulegen.

(3) Der einheitliche Stimmzettel hat ein einheitliches Schriftbild, ohne Unterschiede in der Farbgebung, aufzuweisen und ist insgesamt so zu gestalten, daß alle zugelassenen Wahlvorschläge in gleicher Weise aufscheinen, den gleichen Raum zur Verfügung haben und keine Bevorzugung eines Wahlvorschlages daraus hervorgeht. Der Stimmzettel hat neben jedem Wahlvorschlag in angemessenem Abstand einen Kreis aufzuweisen.

(4) Die Wahlvorschläge sind unter der Vorschlagsbezeichnung, allenfalls einschließlich einer Kurzbezeichnung, auf dem Stimmzettel anzuführen.

(BGBl 1990/690)

Wahlkarte

§ 22. (1) Über die Berechtigung zur brieflichen Stimmabgabe (§ 5) hat der Wahlvorstand auf Antrag des Wahlberechtigten oder einer der wahlwerbenden Gruppen oder, sofern ihm die maßgeblichen Umstände bekannt geworden sind (§ 14), von sich aus eine auf den Namen des Wahlberechtigten lautende Wahlkarte auszustellen. Der Antrag auf Ausstellung einer Wahlkarte hat spätestens bis zum Ablauf des achten Tages vor dem (ersten) Wahltag beim Vorsitzenden des Wahlvorstandes einzulangen. Der Wahlvorstand hat über die eingelangten Anträge spätestens am siebten Tag vor dem (ersten) Wahltag zu entscheiden.

(BGBl 1990/690)

(2) Jede Wählergruppe, deren Wahlvorschlag zugelassen wurde, hat das Recht, zu den Beratungen über die Feststellung der zur brieflichen

Stimmabgabe Berechtigten einen Beobachter zu entsenden. Der Wahlvorstand hat den Vertretern der Wahlvorschläge spätestens einen Tag vor Abhaltung dieser Beratungen Zeitpunkt und Ort derselben bekanntzugeben.

(3) Der Wahlvorstand hat ein Verzeichnis der zur brieflichen Stimmabgabe zugelassenen Wahlberechtigten anzufertigen; dieses Verzeichnis hat Familien- und Vornamen, die Anschrift am Aufenthaltsort und den Grund der Verhinderung an der persönlichen Stimmabgabe der zur brieflichen Stimmabgabe Berechtigten zu enthalten.

(BGBl II 2012/142, BGBl II 2021/230)

(4) Wahlberechtigte, denen eine Wahlkarte ausgestellt wurde, sind in der Wählerliste gesondert zu kennzeichnen.

(5) Spätestens am sechsten Tag vor dem (ersten) Wahltag hat der Wahlvorstand den zur brieflichen Stimmabgabe Berechtigten mittels eingeschriebenen Briefes die auf deren Namen lautende Wahlkarte zu übermitteln oder diesen nachweislich persönlich auszuhändigen, sofern sie zum Zeitpunkt der beabsichtigten Übermittlung im Betrieb anwesend sind. Der Wahlkarte ist ein Stimmzettel (§ 2a), ein wie für die übrigen Wähler aufliegender leerer Umschlag (Wahlkuvert, § 24 Abs. 3) sowie ein bereits frankierter und mit der Adresse des Wahlvorstandes versehener zweiter Umschlag (Briefumschlag) beizufügen.

(5a) Die Wahlkarte kann auch als verschließbarer Briefumschlag, der an den Wahlvorstand adressiert ist, hergestellt werden. Der Wahlkarte sind ein amtlicher Stimmzettel (§ 21a) und ein Wahlkuvert (§ 24 Abs. 3) anzuschließen. Die Ausmaße der Wahlkarte sind so festzulegen, dass ein Wahlkuvert eingelegt werden kann.

(BGBl II 2012/142)

(6) Ergibt sich aus der Art des Betriebes, daß für eine größere Anzahl von Arbeitnehmern bei Einhaltung der in den Abs. 1 und 5 festgelegten Fristen die Ausübung des Wahlrechtes im Hinblick auf die Länge des Postweges nicht gewährleistet erscheint, so kann der Wahlvorstand in der Wahlkundmachung für diese Arbeitnehmer die Fristen entsprechend verkürzen. In diesem Fall kann der Wahlvorstand frühestens am Tag nach der Ausschreibung der Wahl (§ 19) über die Berechtigung zur brieflichen Stimmabgabe entscheiden und die Übermittlung der Wahlkarten vornehmen. Der Wahlkarte ist anstelle eines einheitlichen Stimmzettels ein leerer Stimmzettel, der in Größe und Farbe dem einheitlichen Stimmzettel zu entsprechen hat, beizufügen, wenn der einheitliche Stimmzettel noch nicht erstellt worden ist.

(BGBl 1987/365, BGBl 1990/690)

Wahlzeugen

§ 23. Jede Wählergruppe, deren Wahlvorschlag zugelassen wurde, ist berechtigt, dem Wahlvorstand für jeden Wahlort höchstens zwei Wahlzeugen zu bezeichnen, denen das Recht zusteht, die Wahlhandlung zu beobachten; ein Einfluß auf den Gang der Wahlhandlung steht ihnen nicht zu. Als Wahlzeugen können außer wahlberechtigten Arbeitnehmern auch Vorstandsmitglieder oder Angestellte einer zuständigen freiwilligen Berufsvereinigung oder gesetzlichen Interessenvertretung der Arbeitnehmer namhaft gemacht werden.

Stimmabgabe

§ 24. (1) Der Wahlvorstand (Wahlkommission) hat vor Beginn der Wahlhandlung zu prüfen, ob die Wahlurne leer ist; er hat dafür zu sorgen, daß eine, im Bedarfsfall mehrere Wahlzellen am Wahlort vorhanden sind. Die Wahlzelle ist derart herzustellen, daß der Wähler in der Zelle unbeobachtet von allen anderen im Wahllokal anwesenden Personen den Stimmzettel ausfüllen und in das Wahlkuvert geben kann. Im übrigen gilt für die Einrichtung der Wahlzelle § 57 der Nationalrats-Wahlordnung 1992, BGBl. Nr. 471.

(BGBl 1993/814)

(2) Die Wahl wird, soweit § 25 nicht anderes bestimmt, durch persönliche Abgabe des Stimmzettels am Wahlort vorgenommen. Jeder Wähler hat eine Stimme.

(2a) Blinde oder schwer sehbehinderte Personen dürfen sich von einer Begleitperson, die sie selbst auswählen können, führen und sich bei der Wahlhandlung helfen lassen. In allen anderen Fällen darf die Wahlzelle stets nur vom Wähler allein betreten werden. Über die Zulässigkeit der Inanspruchnahme einer Begleitperson entscheidet im Zweifelsfall der Wahlvorstand. Jede Stimmabgabe mit Hilfe einer Begleitperson ist in der Niederschrift festzuhalten.

(BGBl II 2012/142)

(3) Der Wähler hat dem Wahlvorstand (Wahlkommission) seinen Namen zu nennen, worauf ihm vom Vorsitzenden ein undurchsichtiger leerer Umschlag (Wahlkuvert) und ein Stimmzettel (§ 21a) auszufolgen ist. Die Wahlkuverts müssen die gleiche Größe und Farbe haben und dürfen keinerlei Aufschriften tragen, die auf die Person des Wählers schließen lassen. In der Wahlzelle hat der Wähler den ihm vom Vorsitzenden ausgefolgten Stimmzettel auszufüllen und in das Wahlkuvert zu legen. Verwendet der Wähler zur Stimmabgabe einen anderen Stimmzettel, so soll dieser in der Größe dem einheitlichen entsprechen. Der geschlossene Umschlag ist dem Vorsitzenden zu übergeben, der ihn ungeöffnet in die Wahlurne zu legen hat. Die Abgabe der Stimme ist in der Wählerliste durch Abstreichen des Namens des Wählers kenntlich zu machen und in ein Abstimmungsverzeichnis unter Beifügung der fortlaufenden Zahl der Wählerliste einzutragen. Wurde dem Wahlberechtigten eine Wahlkarte ausgestellt, so ist er nur dann zur persönlichen Stimmabgabe zuzulassen, wenn er die ihm ausgestellte Wahlkarte dem Wahlvorstand (Wahlkommission) übergibt. Die Abgabe der Stimme ist im Abstimmungsverzeichnis mit dem Hinweis „Wahlkartenwähler" einzutragen; die Wahlkarte ist den Wahlakten beizufügen.

(BGBl 1990/690)

(4) Im Zweifel hat der Wähler seine Identität in geeigneter Weise (durch Urkunden oder Zeugen) nachzuweisen.

(5) Der Wähler kann seine Stimme gültig nur für einen der zugelassenen Wahlvorschläge abgeben.

(BGBl 1990/690)

(5a) Der Stimmzettel (§ 21a) ist gültig ausgefüllt, wenn aus ihm eindeutig zu erkennen ist, welchen Wahlvorschlag der Wähler wählen wollte. Dies ist dann der Fall, wenn der Wille des Wählers durch Ankreuzen, Unterstreichen oder andere Kennzeichnung eines Wahlvorschlages, durch Durchstreichen der übrigen Wahlvorschläge oder auf sonstige Weise eindeutig zu erkennen ist.

(5b) Bei Verwendung eines leeren Stimmzettels (§§ 22 Abs. 6, 35a) oder eines anderen Stimmzettels (Abs. 3) erfolgt eine gültige Stimmabgabe, wenn aus dem Stimmzettel eindeutig zu erkennen ist, welchen Wahlvorschlag der Wähler wählen wollte. Dies ist insbesonders der Fall, wenn auf dem Stimmzettel der Wahlvorschlag durch die Bezeichnung (§ 20 Abs. 3) oder durch Angabe eines oder mehrerer Wahlwerber eindeutig bezeichnet wird.

(6) Der Stimmzettel ist ungültig, wenn

1. kein Wahlvorschlag gekennzeichnet bzw. kein Wahlvorschlag oder Wahlwerber eindeutig bezeichnet wurde;
2. zwei oder mehrere Wahlvorschläge gekennzeichnet bzw. bezeichnet wurden;
3. der Stimmzettel so beschädigt wurde, daß nicht mehr eindeutig hervorgeht, welchen Wahlvorschlag der Wähler wählen wollte;
4. der Stimmzettel unterschrieben ist;
5. aus der vom Wähler angebrachten Kennzeichnung bzw. Bezeichnung nicht eindeutig hervorgeht, welchen Wahlvorschlag er wählen wollte.

(BGBl 1987/365, BGBl 1990/690)

(7) Enthält ein Wahlkuvert mehrere Stimmzettel, die auf verschiedene Wahlvorschläge lauten, so sind sie ungültig. Enthält ein Wahlkuvert mehrere Stimmzettel, die auf denselben Wahlvorschlag lauten, so zählen sie als eine gültige Stimme.

(8) Leere Wahlkuverts gelten als ungültige Stimmabgabe.

§ 25. (1) Wahlberechtigte, denen gemäß § 22 eine Wahlkarte ausgestellt wurde, können ihre Stimmzettel dem Wahlvorstand einsenden. Der Stimmzettel muß sich in dem vom Wahlvorstand übermittelten Wahlkuvert befinden, das keinerlei Aufschrift oder Zeichen tragen darf, die auf die Person des Wählers schließen lassen. Das Wahlkuvert ist gemeinsam mit der vom Wahlvorstand ausgestellten Wahlkarte in den vom Wahlvorstand übermittelten Briefumschlag oder in die als Briefumschlag hergestellte Wahlkarte (§ 22 Abs. 5a) zu legen und im Postwege über die Post oder einen anderen Universaldienstbetreiber gemäß § 6 Abs. 1 bis 3 des Postmarktgesetzes, BGBl. I Nr. 123/2009, in der Fassung des Budgetbegleitgesetzes BGBl. I Nr. 111/2010, dem Wahlvorstand einzusenden.

(BGBl II 2012/142)

(2) Die Übermittlung des verschlossenen Briefumschlages hat so zeitgerecht zu erfolgen, daß er spätestens bis zum Ablauf der für die Stimmabgabe festgesetzten Zeit beim Wahlvorstand einlangt.

(3) Der Vorsitzende (Stellvertreter) des Wahlvorstandes hat auf den einlangenden Briefumschlägen Datum und Uhrzeit des Einlangens zu vermerken. Die eingelangten Briefumschläge sind von ihm bis zu deren Öffnung unter Verschluß aufzubewahren.

(4) Frühestens nach Beginn der Wahlhandlung (§ 24 Abs. 1), spätestens jedoch vor der Ermittlung des Wahlergebnisses (§ 26 Abs. 2), hat der Wahlvorstand die ihm übermittelten Briefumschläge zu öffnen; er hat zu prüfen, ob ihnen eine gültige Wahlkarte beiliegt und, falls dies zutrifft, diese Tatsache in dem Verzeichnis gemäß § 22 Abs. 3 zu vermerken. Anschließend hat der Wahlvorstand jedes Wahlkuvert, dem eine gültige Wahlkarte beilag, in die Wahlurne zu legen. Die Abgabe der Stimme ist im Abstimmungsverzeichnis (§ 24 Abs. 3) mit dem Hinweis „Wahlkartenwähler" einzutragen. Die Wahlkarte ist vom Wahlvorstand zu den Wahlakten zu nehmen. Wahlkuverts, denen keine für den betreffenden Wahlberechtigten ausgestellte Wahlkarte beiliegt, sind ungeöffnet mit dem Vermerk „ohne Wahlkarte eingelangt" zu den Wahlakten zu legen. Der Vorgang ist in der Niederschrift zu vermerken. Verspätet eingelangte Briefumschläge sind gleichfalls uneröffnet vom Vorsitzenden des Wahlvorstandes mit dem Vermerk über den Zeitpunkt ihres Einlangens den Wahlakten beizufügen.

Ermittlung des Wahlergebnisses

§ 26. (1) Mit dem Ablauf der in der Wahlkundmachung festgesetzten Zeit (§ 19 Abs. 2 Z 1) hat der Wahlvorstand die Stimmabgabe für beendet zu erklären.

(2) Unmittelbar nach Beendigung der Stimmabgabe hat der Wahlvorstand die in der Wahlurne befindlichen Wahlkuverts zu mischen, anschließend die Wahlurne zu leeren, die Wahlkuverts zu zählen und das Übereinstimmen dieser Zahl mit der Zahl der im Abstimmungsverzeichnis vermerkten Wähler zu überprüfen. Danach hat der Wahlvorstand die Wahlkuverts zu öffnen, die Gültigkeit der Stimmzettel (§ 24 Abs. 5 bis 8) zu prüfen, die Zahl der ungültigen Stimmzettel festzustellen, die ungültigen Stimmzettel mit fortlaufenden Zahlen zu versehen, die gültigen Stimmzettel nach den Wahlvorschlägen zu ordnen und die Zahl der für jeden zugelassenen Wahlvorschlag gültig abgegebenen Stimmen festzustellen.

(3) Wurde die Wahlhandlung von einer Wahlkommission (§ 18) geleitet, so hat diese unmittelbar nach Beendigung der Stimmabgabe die Wahlurne zu versiegeln und diese mit den Wahlakten unverzüglich dem Wahlvorstand zur Ermittlung des Wahlergebnisses zu übergeben.

§ 27. (1) Der Wahlvorstand hat die Zahl der auf die zugelassenen Wahlvorschläge entfallenden

Mitglieder des Betriebsrates mittels der Wahlzahl zu ermitteln. Die Wahlzahl ist wie folgt zu berechnen: Die Summen der für jeden Wahlvorschlag abgegebenen gültigen Stimmen sind, nach ihrer Größe geordnet, nebeneinander zu schreiben; unter jede dieser Summen ist ihre Hälfte, unter diese ihr Drittel, Viertel und nach Bedarf auch ihr Fünftel, Sechstel usw. zu schreiben, wobei diese Zahlen (Teilzahlen) zunächst auch unter Außerachtlassung eventueller Dezimalstellen als ganze Zahlen errechnet werden können. Sind drei Betriebsratsmitglieder zu wählen, so gilt als Wahlzahl die drittgrößte, sind vier Betriebsratsmitglieder zu wählen, so gilt als Wahlzahl die viertgrößte usw. der angeschriebenen Zahlen. Jedem Wahlvorschlag sind so viele Mitgliedstellen zuzuteilen, als die Wahlzahl in der Summe der für ihn abgegebenen Stimmen enthalten ist.

(2) Ergibt sich bei einer Errechnung der Teilzahlen unter Außerachtlassung eventueller Dezimalstellen, daß zwei oder mehrere gleich große Teilzahlen die Wahlzahl bilden, so sind, sofern bei dieser Wahlzahl mehrere Wahlvorschläge den gleichen Anspruch auf eine Mitgliedstelle hätten, diese Teilzahlen auf Dezimalstellen zu errechnen und damit die Wahlzahl zu ermitteln. Haben auch nach dieser Berechnung mehrere Wahlvorschläge den gleichen Anspruch auf eine Mitgliedstelle, so entscheidet das Los.

§ 28. (1) Den in dem Wahlvorschlag angegebenen Wahlwerbern werden die auf den Wahlvorschlag entfallenden Mitgliedstellen in der Reihenfolge ihrer Nennung zugeteilt.

(2) Erscheint ein Wahlwerber, der in mehreren Wahlvorschlägen genannt ist, als mehrfach gewählt, so hat er über Aufforderung des Wahlvorstandes binnen drei Tagen zu erklären, für welche Vorschlagsliste er sich entscheidet; auf den anderen Listen wird er nach Abgabe seiner Erklärung gestrichen. Unterläßt er die fristgerechte Erklärung, so ist er auf sämtlichen Listen zu streichen.

(3) Erscheint ein Wahlwerber, der gleichzeitig auf einen Wahlvorschlag für die Wahl des Betriebsrates einer anderen Arbeitnehmergruppe des Betriebes gewählt wurde, als gewählt, so hat er über Aufforderung des Wahlvorstandes binnen drei Tagen zu erklären, für welche Arbeitnehmergruppe er sich entscheidet. Unterläßt er die fristgerechte Erklärung, so ist er auf sämtlichen Listen zu streichen.

(4) Erscheint ein Wahlwerber, der Mitglied des Betriebsrates einer anderen Arbeitnehmergruppe des Betriebes ist, auf einen Wahlvorschlag als gewählt, so hat er über Aufforderung des Wahlvorstandes binnen drei Tagen zu erklären, ob er das Mandat annimmt. Nimmt er das Mandat an, so erlischt seine Mitgliedschaft zum Betriebsrat der anderen Arbeitnehmergruppe.

§ 29. (1) Wird nur ein gültiger Wahlvorschlag eingebracht, so sind die Betriebsratsmitglieder mit einfacher Mehrheit der abgegebenen Stimmen zu wählen.

(2) Erreicht dieser Wahlvorschlag die einfache Mehrheit der abgegebenen Stimmen nicht, so hat der Wahlvorstand das Wahlverfahren mittels einer neuen Wahlkundmachung unverzüglich von neuem einzuleiten.

Ersatzmitglieder

§ 30. Die auf einem Wahlvorschlag den gewählten Mitgliedern des Betriebsrates folgenden Wahlwerber sind die Ersatzmitglieder, die im Falle des Erlöschens der Mitgliedschaft oder der Verhinderung von Betriebsratsmitgliedern an deren Stelle zu treten haben.

Wahlakten

§ 31. Über die Wahlhandlung (Stimmabgabe) und Stimmenzählung (Feststellung des Wahlergebnisses) hat der Wahlvorstand eine Niederschrift aufzunehmen, die von den Mitgliedern des Wahlvorstandes zu unterschreiben ist. Die Wahlakten [Niederschrift über die Betriebs(Gruppen)versammlung zur Wahl des Wahlvorstandes einschließlich der Wahlvorschläge gemäß § 11, Wahlkundmachung, Wählerliste, Wahlvorschläge, Verzeichnis der Wahlkartenwähler, Abstimmungsverzeichnis, Stimmzettel, Berechnung des Wahlergebnisses und Niederschrift] sind in einem Umschlag zu verwahren, der vom Wahlvorstand zu versiegeln ist. Sobald das Wahlergebnis rechtskräftig geworden ist, sind die Wahlakten dem Vorsitzenden des gewählten Betriebsrates zu übergeben, der sie bis zur Beendigung der Tätigkeitsdauer aufzubewahren hat.

(BGBl 1987/365)

§ 32. (1) Unmittelbar nach der Feststellung des Wahlergebnisses hat der Wahlvorstand die Gewählten von ihrer Wahl zu verständigen. Erklärt ein Gewählter nicht binnen drei Tagen, daß er die Wahl ablehnt, so gilt sie als angenommen.

(2) Lehnt ein Gewählter die Wahl ab, so tritt das nach § 30 berufene Ersatzmitglied an seine Stelle.

Kundmachung des Wahlergebnisses

§ 33. Der Wahlvorstand hat das Ergebnis der Wahl im Betrieb durch Anschlag oder durch eine sonstige geeignete schriftliche oder elektronische Mitteilung (§ 11 Abs. 1) kundzumachen und dem Betriebsinhaber, dem nach dem Standort des Betriebes zuständigen Arbeitsinspektorat, den zuständigen freiwilligen Berufsvereinigungen und der zuständigen gesetzlichen Interessenvertretung der Arbeitnehmer schriftlich mitzuteilen.

(BGBl II 2012/142)

Anfechtung

§ 34. (1) Die einzelnen Wahlberechtigten und jede wahlwerbende Gruppe sind berechtigt, binnen Monatsfrist vom Tage der Kundmachung des Wahlergebnisses an gerechnet die Wahl beim Gericht anzufechten, wenn wesentliche Bestimmungen des Wahlverfahrens oder leitende Grundsätze des Wahlrechtes verletzt wurden und hiedurch das Wahlergebnis beeinflußt werden konnte. Ein

Anfechtungsgrund liegt auch dann vor, wenn einheitliche Stimmzettel nicht aufgelegt werden, obgleich der Wahlvorstand einen Beschluß im Sinne des § 35a Abs. 1 nicht gefaßt hat. Ein Anfechtungsgrund liegt jedoch nicht vor, wenn trotz eines aufgelegten einheitlichen Stimmzettels Wahlberechtigte mittels anderer Stimmzettel wählen.

(BGBl 1987/365, BGBl 1990/690)

(2) Die in Abs. 1 genannten Anfechtungsberechtigten sowie der Betriebsinhaber sind berechtigt, binnen Monatsfrist vom Tage der Kundmachung, der Betriebsinhaber vom Tag der Mitteilung des Wahlergebnisses an gerechnet die Wahl beim Gericht anzufechten, wenn die Wahl

1. ihrer Art nach, wie bei einer den Bestimmungen über die Bildung der Organe der Arbeitnehmerschaft (§ 40 ArbVG) nicht entsprechenden Wahl eines Betriebsrates;
2. ihrem Umfang nach, wie bei Überschreiten der Zahl der gewählten Betriebsratsmitglieder der über die in § 2 festgesetzte Zahl hinaus;
3. mangels Vorliegens eines Betriebes (§§ 34, 134 und 134b ArbVG) oder einer gemäß § 35 ArbVG gleichgestellten Arbeitsstätte nicht durchzuführen gewesen wäre.

(BGBl 1987/365)

(BGBl 1987/365)

Nichtigkeit der Wahl

§ 35. Die Nichtigkeit der Wahl kann bei Vorliegen eines rechtlichen Interesses jederzeit auch durch Klage auf Feststellung beim Gericht geltend gemacht werden. Das Urteil des Gerichts über die Nichtigkeit der Wahl hat bindende Wirkung.

(BGBl 1987/365)

Absehen von der Verwendung eines einheitlichen Stimmzettels

§ 35a. (1) In Betrieben (Arbeitnehmergruppen), in denen erstmals ein Betriebsrat gewählt werden soll, oder in denen nicht mehr als 150 Arbeitnehmer wahlberechtigt sind, kann der Wahlvorstand beschließen, keinen einheitlichen Stimmzettel aufzulegen. Eine erstmalige Betriebsratswahl liegt dann vor, wenn im selben Betrieb für dieselbe Arbeitnehmergruppe im Zeitraum von sechs Monaten vor der Wahl des Wahlvorstandes kein funktionsfähiger Betriebsrat bestanden hat.

(2) Der Beschluß des Wahlvorstandes ist in der Wahlkundmachung anzuführen. Im Beschluß ist auch das Ausmaß des leeren Stimmzettels festzulegen.

(3) Zur Stimmabgabe ist dem Wähler vom Vorsitzenden des Wahlvorstandes (Wahlkommission) anstelle eines einheitlichen Stimmzettels ein leerer Stimmzettel auszufolgen; zur brieflichen Stimmabgabe ist dem Wähler anstelle eines einheitlichen Stimmzettels ein leerer Stimmzettel zu übermitteln oder auszuhändigen.

(BGBl 1990/690)

Vereinfachtes Wahlverfahren

§ 36. (1) In Betrieben (Arbeitnehmergruppen), in denen bis zu zwei Betriebsratsmitglieder zu wählen sind, ist die Wahl unter Bedachtnahme auf die Wahlgrundsätze (§ 4) nach Maßgabe der Abs. 2 bis 6 durchzuführen.

(2) Der Wahlvorstand besteht aus einem wahlberechtigten Arbeitnehmer. Ein weiterer wahlberechtigter Arbeitnehmer ist als Ersatzmitglied zu wählen. Im übrigen sind die §§ 9 Abs. 1, 10, 11 Abs. 1 bis 3, 12 Abs. 2 sowie 13 bis 15 sinngemäß anzuwenden. § 18 ist nicht anzuwenden.

(3) Der Wahlvorstand hat nach der Erstellung der Wählerliste den Wahlort und den Wahltag mit genauer Angabe des Beginnes der Wahlhandlung zu bestimmen und durch Anschlag einer vereinfachten Wahlkundmachung im Betrieb (§ 11 Abs. 1) die Wahl auszuschreiben. Der Wahlvorstand hat den Termin der Wahl so festzusetzen, daß der Tag der Stimmabgabe binnen zwei Wochen nach dem Tag der Ausschreibung stattfindet. Die Fristen für die Einbringung, Änderung und Zurückziehung von Wahlvorschlägen sowie für die Beantragung und Übermittlung einer Wahlkarte sind entsprechend festzusetzen.

(BGBl 1990/690)

(4) Der Einbringung von Wahlvorschlägen (§ 20) bedarf es nicht. Werden Wahlvorschläge eingebracht, so sind auf diese die Bestimmungen der §§ 20 und 21 sinngemäß anzuwenden.

(5) Wurden Wahlvorschläge eingebracht (Abs. 4), so gilt jener Wahlvorschlag als gewählt, der die Mehrheit der abgegebenen Stimmen erhalten hat. Erreicht keiner der Wahlvorschläge die Mehrheit, so ist unmittelbar anschließend ein zweiter Wahlgang durchzuführen. In diesem können Stimmen gültig nur für die beiden Wahlvorschläge abgegeben werden, die im ersten Wahlgang die meisten Stimmen erhalten haben. Als gewählt gilt jener Wahlvorschlag, der die meisten gültigen Stimmen erhalten hat; bei Stimmengleichheit entscheidet das Los. Im übrigen gelten die §§ 21a bis 25, 26 Abs. 1 und 2, 30 und 35a. Wurde nur ein Wahlvorschlag eingebracht und erreicht dieser nicht die Mehrheit der abgegebenen Stimmen, so gilt § 29 Abs. 2 sinngemäß.

(BGBl 1987/365, BGBl 1990/690)

(6) Wurden keine Wahlvorschläge eingebracht, so können Stimmen gültig für jeden wählbaren Arbeitnehmer (Wahlwerber) abgegeben werden. Für jedes Betriebsratsmitglied und für jedes Ersatzmitglied ist ein gesonderter Wahlgang durchzuführen. Als gewählt gilt jener Wahlwerber, der die Mehrheit der abgegebenen Stimmen erhalten hat. Erreicht keiner der Wahlwerber die Mehrheit, so sind unmittelbar anschließend die einzelnen Wahlgänge neu durchzuführen. In jedem Wahlgang der zweiten Wahl können Stimmen gültig nur für jene beiden Wahlwerber abgegeben werden, die in dem betreffenden Wahlgang der ersten Wahl die meisten Stimmen erhalten haben. Als gewählt gilt jeweils jener Wahlwerber, der die meisten gültigen Stimmen erhalten hat; bei Stimmengleichheit

entscheidet das Los. Zur Stimmabgabe ist dem Wähler ein leerer Stimmzettel auszufolgen. Von der Verwendung eines einheitlichen Stimmzettels kann ohne weiteres abgesehen werden, auch wenn dies in der Wahlkundmachung nicht ausdrücklich festgelegt worden ist. Im übrigen gelten die §§ 22, 24, 25 und 26 Abs. 2 sinngemäß.

(BGBl 1990/690)

(7) Auf das vereinfachte Wahlverfahren sind die §§ 31 bis 35 sinngemäß anzuwenden.

2. ABSCHNITT
Zentralbetriebsrat

Errichtung von Zentralbetriebsräten

§ 37. Umfaßt ein Unternehmen mindestens zwei Betriebe im Sinne des § 1 Abs. 1, die eine wirtschaftliche Einheit bilden und vom Unternehmen zentral verwaltet werden (§ 40 Abs. 4 ArbVG), so ist ein Zentralbetriebsrat zu wählen.

Zahl der Mitglieder des Zentralbetriebsrates

§ 38. (1) In den Zentralbetriebsrat sind zu wählen in Unternehmen

bis zu 1000 Arbeitnehmern	4 Mitglieder;
mit 1001 bis 1500 Arbeitnehmern	5 Mitglieder;
mit 1501 bis 2000 Arbeitnehmern	6 Mitglieder;
mit 2001 bis 2500 Arbeitnehmern	7 Mitglieder;
mit 2501 bis 3000 Arbeitnehmern	8 Mitglieder;
mit 3001 bis 3500 Arbeitnehmern	9 Mitglieder;
mit 3501 bis 4000 Arbeitnehmern	10 Mitglieder;
mit 4001 bis 4500 Arbeitnehmern	11 Mitglieder;
mit 4501 bis 5000 Arbeitnehmern	12 Mitglieder;
mit 5001 bis 6000 Arbeitnehmern	13 Mitglieder;
mit 6001 bis 7000 Arbeitnehmern	14 Mitglieder;

für je weitere 1000 Arbeitnehmer um ein Mitglied mehr. Bruchteile von 1000 werden für voll gerechnet.

(2) Die Zahl der Mitglieder des Zentralbetriebsrates bestimmt sich nach der Zahl der am Tag der Wahlkundmachung (§ 45) im Unternehmen beschäftigten Arbeitnehmer. Im übrigen ist § 3 sinngemäß anzuwenden.

Wahlgrundsätze

§ 39. (1) Die Mitglieder des Zentralbetriebsrates sind von der Gesamtheit der Mitglieder der im Unternehmen errichteten Betriebsräte aus ihrer Mitte geheim und, sofern in Abs. 4 nicht anderes bestimmt wird, nach den Grundsätzen des Verhältniswahlrechtes zu wählen.

(2) Jedem Betriebsratsmitglied kommen so viele Stimmen zu, als der Zahl der bei der letzten Betriebsratswahl in dem betreffenden Betrieb (Arbeitnehmergruppe) wahlberechtigten Arbeitnehmer, geteilt durch die Zahl der Gewählten, entspricht.

(3) Die Wahl hat mittels Stimmzettels, und zwar durch persönliche Stimmabgabe oder durch briefliche Stimmabgabe im Postwege zu erfolgen.

(4) Wird nur ein Wahlvorschlag eingebracht, so sind die Mitglieder des Zentralbetriebsrates mit einfacher Mehrheit der abgegebenen Stimmen zu wählen.

Aktives und passives Wahlrecht

§ 40. Wahlberechtigt und wählbar sind alle am Tag der Wahl (§ 45) in Funktion stehenden Mitglieder der im Unternehmen bestellten Betriebsräte.

Wahlvorstand

§ 41. (1) Zur Vorbereitung und Durchführung der Wahl des Zentralbetriebsrates ist ein Wahlvorstand zu bestellen.

(2) Der Wahlvorstand besteht aus mindestens drei Betriebsratsmitgliedern. Sofern im folgenden nicht anderes bestimmt wird, hat jeder im Unternehmen bestehende Betriebsrat eines seiner Mitglieder in den Wahlvorstand zu entsenden. Die Entsendung ist dem Vorsitzenden des nach der Zahl der Mitglieder stärksten Betriebsrates, bei gleicher Mitgliederzahl dem Vorsitzenden des Betriebsrates, der die meisten Arbeitnehmer repräsentiert, anzuzeigen; dieser Betriebsratsvorsitzende hat auch den Wahlvorstand zur konstituierenden Sitzung einzuberufen.

(BGBl 1987/365)

(3) Bestehen in den Betrieben des Unternehmens insgesamt nur zwei in verschiedenen Betrieben bestellte Betriebsräte, so sind zwei Mitglieder des Wahlvorstandes vom Betriebsrat des nach der Zahl der Arbeitnehmer größeren Betriebes zu entsenden. Weisen beide Betriebe die gleiche Zahl von Arbeitnehmern auf, so entscheidet das Los.

(4) Bestehen im Unternehmen mehr als drei Betriebsräte, so kann die Zahl der Mitglieder des Wahlvorstandes mit Zustimmung aller im Unternehmen bestellten Betriebsräte bis auf drei herabgesetzt werden.

§ 42. (1) In Unternehmen, in denen ein Zentralbetriebsrat besteht, soll der Wahlvorstand nicht früher als zwölf Wochen vor Ablauf der Tätigkeitsdauer des Zentralbetriebsrates bestellt werden. Die Bestellung des Wahlvorstandes hat aber so rechtzeitig zu erfolgen, daß der neugewählte Zentralbetriebsrat bei Unterbleiben einer Wahlanfechtung spätestens unmittelbar nach Ablauf der Tätigkeitsdauer des abtretenden Zentralbetriebsrates seine Konstituierung vornehmen kann. Wird die Nichtigkeit der Zentralbetriebsratswahl festgestellt oder die Tätigkeitsdauer des Zentralbetriebsrates vorzeitig beendet, so ist der Wahlvorstand unverzüglich zu bestellen.

(BGBl 1987/365)

(2) In Unternehmen, in denen noch kein Zentralbetriebsrat besteht, ist der Wahlvorstand binnen einer Woche nach dem Zeitpunkt, in dem alle im Unternehmen errichteten Betriebsräte konstituiert sind, zu bestellen.

§ 43. Der Wahlvorstand hat aus seiner Mitte mit einfacher Mehrheit der Stimmen einen Vorsitzenden zu wählen. Bleibt die Wahl ergebnislos, so hat das an Lebensjahren älteste Mitglied des Wahlvorstandes den Vorsitz zu führen. Der Wahlvorstand faßt seine Beschlüsse mit Stimmenmehrheit; bei Stimmengleichheit gilt die Meinung als angenommen, für die der Vorsitzende gestimmt hat. Zur Beschlußfassung ist die Anwesenheit von mindestens der Hälfte der Mitglieder erforderlich. § 13 ist sinngemäß anzuwenden.

Vorbereitung der Wahl

§ 44. (1) Der Vorsitzende jedes im Unternehmen bestellten Betriebsrates hat dem Wahlvorstand eine Liste der Mitglieder des Betriebsrates zu übermitteln sowie die Zahl der bei der letzten Betriebsratswahl wahlberechtigten Arbeitnehmer bekanntzugeben.

(BGBl 1987/365)

(2) Die dem Wahlvorstand gemäß Abs. 1 übermittelten Listen gelten als Wählerliste.

§ 45. Der Wahlvorstand hat die Wahl unverzüglich nach seiner Bestellung (§ 42) vorzubereiten und innerhalb von vier Wochen durchzuführen. Der Wahltag sowie der Wahlort sind den Vorsitzenden aller im Unternehmen errichteten Betriebsräte schriftlich mitzuteilen, die Wahltag und Wahlort den Mitgliedern des Betriebsrates bekanntzugeben haben.

(BGBl 1987/365)

Wahlvorschläge

§ 46. (1) Gruppen von Betriebsratsmitgliedern, die Wahlwerber aufzustellen beabsichtigen, haben ihre Wahlvorschläge spätestens eine Woche vor dem Wahltag schriftlich dem Vorsitzenden des Wahlvorstandes zu überreichen, der den Empfang unter Angabe der Zeit der Empfangnahme zu bestätigen hat.

(2) Die Wahlvorschläge müssen von mindestens drei wahlberechtigten Betriebsratsmitgliedern unterschrieben sein, die nicht dem gleichen Betriebsrat angehören müssen. Betriebsratsmitglieder mehrerer oder aller Betriebe des Unternehmens können einen gemeinsamen Wahlvorschlag überreichen. Der Erstunterzeichnete des Wahlvorschlages gilt als dessen Vertreter.

(3) Der Wahlvorschlag soll doppelt soviele Wahlwerber enthalten, als Mitglieder in den Zentralbetriebsrat zu wählen sind.

(4) Bei Erstellung der Wahlvorschläge soll auf eine angemessene Vertretung der Arbeiterinnen und Arbeiter, der Gruppen der Arbeiter und Angestellten und der einzelnen Betriebe des Unternehmens im Zentralbetriebsrat Bedacht genommen werden.

(BGBl 1993/814)

(5) Der Wahlvorschlag kann durch Aufschrift als Vorschlag einer bestimmten Organisation oder wahlwerbenden Gruppe bezeichnet werden.

(6) Auf die Zulassung der Wahlvorschläge findet § 21 Abs. 1 bis 4 sinngemäß Anwendung. Der Wahlvorstand hat die zugelassenen Wahlvorschläge unverzüglich den Vorsitzenden aller im Unternehmen errichteten Betriebsräte schriftlich zur Kenntnis zu bringen. Die Betriebsratsvorsitzenden haben diese Mitteilung des Wahlvorstandes zur Einsicht für alle Mitglieder des Betriebsrates aufzulegen.

(BGBl 1987/365)

Stimmgewichtung

§ 47. (1) Zur Ermittlung der den einzelnen Wahlberechtigten zustehenden Stimmenzahl hat der Wahlvorstand die Zahl der bei der letzten Betriebsratswahl wahlberechtigten Arbeitnehmer jedes Betriebes (Arbeitnehmergruppe) durch die Zahl der von diesen gewählten Betriebsratsmitglieder zu teilen. Jedes Betriebsratsmitglied hat so viele Stimmen wie die Zahl der gewählten Betriebsratsmitglieder in der Zahl der wahlberechtigten Arbeitnehmer enthalten ist. Bruchteile von Stimmen sind nicht zu berücksichtigen.

(2) Die Abgabe der jedem Betriebsratsmitglied zustehenden Stimmen hat in gleichgewichtigen Stimmzetteln und, soweit sich Reststimmen ergeben, in Einzelstimmen zu erfolgen. Das Stimmgewicht eines gleichgewichtigen Stimmzettels ist die um eine ganze Stimme verminderte kleinste Stimmenzahl, die ein wahlberechtigtes Betriebsratsmitglied aufweist. Die anderen wahlberechtigten Betriebsratsmitglieder können so viele gleichgewichtige Stimmzettel abgeben, wie dieses Stimmgewicht in ihrer Stimmenzahl enthalten ist. Die verbleibenden ganzen Reststimmen können nur als Einzelstimmen abgegeben werden.

(3) Die gemäß Abs. 2 ermittelten Zahlen sind vom Wahlvorstand auf den von den Vorsitzenden der Betriebsräte übermittelten Listen (§ 44) zu vermerken.

(BGBl 1987/365)

Durchführung der Wahl

§ 48. (1) Für die Stimmabgabe gilt § 24 mit der Maßgabe, daß der Wahlvorstand den Wahlberechtigten die seiner Stimmenzahl entsprechende Anzahl von Wahlkuverts und leeren Stimmzetteln ausfolgt. Jeder Stimmzettel ist in einem eigenen Wahlkuvert abzugeben, wobei sich die Wahlkuverts für gleichgewichtige Stimmzettel von den Wahlkuverts zur Abgabe der Einzelstimmen durch Größe oder Farbe zu unterscheiden haben. Enthält ein Wahlkuvert mehrere auf denselben Wahlvorschlag lautende Stimmzettel, so kommt ihnen nur die Stimmenzahl eines Stimmzettels zu.

(2) Die Stimmabgabe kann auch im Postwege erfolgen. Auf die briefliche Stimmabgabe sind die §§ 22 Abs. 1, 3 erster Halbsatz, 4 bis 6 und 25, jedoch ohne Beschränkung auf bestimmte Verhinderungsgründe, sinngemäß anzuwenden.

(3) Auf die Ermittlung des Wahlergebnisses sind die §§ 26 bis 28 mit der Maßgabe, daß der Wahlvorstand die Wahlkuverts für gleichgewichtige Stimmen von denen für Einzelstimmen zu trennen hat und die Wahlkuverts für Einzelstimmen erst nach Abschluß der Ermittlung der gleichgewichtigen Stimmen zu eröffnen hat, sinngemäß anzuwenden. Nach Öffnung jedes Wahlkuverts ist die dem Wahlkuvert entsprechende Stimmenzahl auf den in diesem befindlichen Stimmzettel zu übertragen.

(4) Im übrigen sind auf die Wahl des Zentralbetriebsrates die §§ 18, 23, 30 bis 35 sinngemäß anzuwenden.

(BGBl 1987/365)

3. ABSCHNITT
Konzernvertretung

(BGBl 1993/814)

Errichtung

§ 48a. (1) In einem Konzern im Sinne des § 15 des Aktiengesetzes 1965 oder des § 115 des Gesetzes über Gesellschaften mit beschränkter Haftung, in dem in mehr als einem Unternehmen Betriebsräte bestehen, kann eine Konzernvertretung errichtet werden.

(2) Die Errichtung der Konzernvertretung bedarf der Zustimmung von mindestens zwei Dritteln der Zentralbetriebsräte, die zusammen mehr als die Hälfte der im Konzern beschäftigten Arbeitnehmer repräsentieren.

(3) Ist in einem Unternehmen des Konzerns ein Zentralbetriebsrat nicht zu errichten, so nimmt der Betriebsausschuß an der Errichtung teil; besteht kein Betriebsausschuß, so nimmt der Betriebsrat an der Errichtung teil.

(4) Für die Ermittlung der Zahl der im Konzern beschäftigten Arbeitnehmer sind die Zahlen der bei den jeweils letzten Zentralbetriebsratswahlen im Unternehmen beschäftigten Arbeitnehmer heranzuziehen (§ 38 Abs. 2). Im Falle des Abs. 3 sind die Zahlen der bei den jeweils letzten Betriebsratswahlen am Tag der Betriebsversammlung zur Wahl des Wahlvorstandes im Betrieb beschäftigten Arbeitnehmer (§ 3 Abs. 1) heranzuziehen. Ist in einem Unternehmen trotz Vorliegens der gesetzlichen Voraussetzungen ein Zentralbetriebsrat (Betriebsausschuß, Betriebsrat) nicht errichtet, so ist die Zahl der in diesem Unternehmen am zeitlich letzten der im ersten und zweiten Satz angeführten Stichtage beschäftigten Arbeitnehmer heranzuziehen. Eine nachträgliche Änderung der Zahl der Arbeitnehmer bis zur Konstituierung und während der Tätigkeitsdauer der Konzernvertretung ist unbeachtlich.

(5) Über Vorschlag eines Vorsitzenden eines Zentralbetriebsrates oder eines gemäß Abs. 3 zuständigen Betriebsausschusses oder Betriebsrates (im folgenden: Einberufer) haben die Zentralbetriebsräte (Betriebsausschüsse, Betriebsräte) über die Errichtung der Konzernvertretung zu beschließen. Bei mehreren gleichzeitigen Vorschlägen gilt der mit dem früheren Poststempel. Der Vorschlag kann eine Frist festsetzen, innerhalb der die Beschlußfassung erfolgen soll. Für die Beschlussfassung gilt § 31 Abs. 1 in Verbindung mit § 14 Abs. 7, 7a und 8 der Betriebsrats-Geschäftsordnung 1974, BGBl. Nr. 355, in der jeweils geltenden Fassung. Die Beschlüsse sind dem Einberufer mitzuteilen. Gleichzeitig ist die Zahl der vom jeweiligen Organ vertretenen Arbeitnehmer (Abs. 4) bekanntzugeben.

(BGBl II 2012/142)

(6) Der Einberufer hat die Versammlung der Vorsitzenden der Zentralbetriebsräte (Betriebsausschüsse, Betriebsräte) im Konzern einzuberufen. Ihm obliegt die Leitung der Versammlung sowie die Sammlung der Beschlüsse nach Abs. 5 und die Ermittlung der sonstigen für die Beschlußfassung nach Abs. 7 relevanten Umstände.

(7) Die Versammlung der Vorsitzenden hat durch Beschluß festzustellen, daß die gemäß Abs. 2 erforderlichen Zustimmungsbeschlüsse vorliegen und die Konzernvertretung errichtet ist. Die für den Beschluß notwendigen Feststellungen der Zahlen der

1. Arbeitnehmer im Konzern,
2. Zentralbetriebsräte und nach Abs. 3 teilnahmeberechtigten Betriebsausschüsse oder Betriebsräte,
3. Zentralbetriebsräte (Betriebsausschüsse, Betriebsräte), die der Errichtung einer Konzernvertretung durch Beschluß zugestimmt haben und
4. von diesen jeweils vertretenen Arbeitnehmer sind vom Einberufer vorzubereiten. Die Leitungen der Konzernunternehmen sind verpflichtet, die notwendigen Auskünfte zu geben.

(8) Nach der Errichtung der Konzernvertretung hat die Versammlung der Vorsitzenden die Zahl der jeweiligen Delegierten und Ersatzdelegierten (§ 48b) durch Beschluß festzustellen. Der Einberufer hat einen Termin festzusetzen, bis zu dem ihm die Vorsitzenden der Zentralbetriebsräte (Betriebsausschüsse, Betriebsräte) die Delegierten (Ersatzdelegierten) unter Angabe des Familien- und Vornamens, des Geburtsdatums und des Zentralbetriebsrates (Betriebsausschusses, Betriebsrates), dem sie angehören, schriftlich bekanntzugeben haben.

(BGBl II 2012/142, BGBl II 2021/230)

(9) Spätestens drei Monate vor Ablauf der Tätigkeitsdauer der Konzernvertretung hat deren Vorsitzender die Versammlung der Vorsitzenden der Zentralbetriebsräte (Betriebsausschüsse, Betriebsräte) zur Beschlußfassung über die Zahl der Delegierten und Ersatzdelegierten (§ 48b) für die nächste Funktionsperiode einzuberufen. Im übrigen gilt Abs. 8.

(10) Abs. 9 gilt auch im Fall der vorzeitigen Beendigung der Tätigkeitsdauer der Konzernvertretung gemäß § 88b Abs. 5 Z 4 und 5 ArbVG mit der Maßgabe, daß die Einberufung der Versammlung unverzüglich zu erfolgen hat und auch von einem Vorsitzenden eines Zentralbetriebsrates (Betriebsausschusses, Betriebsrates) vorgenommen werden kann, wenn der Vorsitzende der Konzernvertretung seiner Verpflichtung nicht nachkommt.

(BGBl 1993/814)

Zusammensetzung

§ 48b. (1) Jeder im Konzern errichtete Zentralbetriebsrat oder nach § 48a Abs. 3 teilnahmeberechtigte Betriebsausschuß oder Betriebsrat oder jede Teilkonzernvertretung nach § 48 d hat in die Konzernvertretung zu entsenden:

für bis zu 500 vertretene Arbeitnehmer	2 Delegierte
für bis zu 1 000 vertretene Arbeitnehmer	3 Delegierte
für bis zu 1 500 vertretene Arbeitnehmer	4 Delegierte
für bis zu 2 000 vertretene Arbeitnehmer	5 Delegierte

sowie für je weitere 500 vertretene Arbeitnehmer je einen weiteren Delegierten. Bruchteile von 500 werden für voll gerechnet.

(2) Für die Ermittlung der Zahl der vertretenen Arbeitnehmer gilt § 48a Abs. 4.

(3) Für jeden Delegierten ist ein Ersatzdelegierter zu bestellen. Ist aus Gründen der Koordination oder Arbeitsaufteilung innerhalb des entsendenden Organs die Bestellung mehrerer Ersatzdelegierter zweckmäßig, so ist die nur unter gleichzeitiger Festlegung einer Reihenfolge der Vertretung zulässig.

(4) Der Zentralbetriebsrat (Betriebsausschuß, Betriebsrat) hat über die aus seiner Mitte zu entsendenden Delegierten (Ersatzdelegierten) zu beschließen, wobei er an die Nominierungsvorschläge der nach dem d'Hondtschen System jeweils vorschlagsberechtigten wahlwerbenden Gruppen gebunden ist. §§ 2 bis 8 der Verordnung über die Entsendung von Arbeitnehmervertretern in den Aufsichtsrat, BGBl. Nr. 343/1974, in der jeweils geltenden Fassung, sind für die Durchführung der Nominierung und Entsendung sinngemäß anzuwenden.

(5) Bei der Nominierung und Entsendung der Delegierten (Ersatzdelegierten) soll auf eine angemessene Vertretung der Arbeiter und Angestellten sowie der Arbeitnehmerinnen und Arbeitnehmer und – bei Entsendung durch den Zentralbetriebsrat – der einzelnen Betriebe des Unternehmens Bedacht genommen werden.

(6) Für die Abberufung gilt Abs. 4 sinngemäß. Wird ein Delegierter während der Tätigkeitsdauer der Konzernvertretung abberufen oder scheidet er aus anderen Gründen aus der Konzernvertretung aus und rückt kein Ersatzdelegierter nach, so hat der jeweilige Zentralbetriebsrat (Betriebsausschuß, Betriebsrat) unverzüglich über die Entsendung eines neuen Delegierten zu beschließen.

(7) Wird während der Tätigkeitsdauer der Konzernvertretung der Konzern um ein Unternehmen erweitert, so ist der dort errichtete Zentralbetriebsrat oder im Falle des § 48a Abs. 3 der Betriebsausschuß oder Betriebsrat berechtigt, nach Maßgabe der Abs. 1 bis 5 Delegierte (Ersatzdelegierte) in die Konzernvertretung zu entsenden. Dies gilt auch, wenn sich während der Tätigkeitsdauer der Konzernvertretung herausstellt, daß bei Errichtung der Konzernvertretung ein zum Konzern gehörendes Unternehmen nicht berücksichtigt worden ist oder der in einem zum Konzern gehörenden Unternehmen errichtete Zentralbetriebsrat (Betriebsausschuß, Betriebsrat) an die Errichtung gemäß § 48a nicht teilgenommen hat.

(BGBl 1993/814)

Errichtung und Entsendung der Delegierten im schriftlichen Verfahren

§ 48c. (1) Die Beschlußfassung über die Errichtung der Konzernvertretung und über die Zahl der Delegierten (Ersatzdelegierten) sowie die Festsetzung des Termins für die Bekanntgabe der Delegierten (Ersatzdelegierten) kann auch in einem schriftlichen Verfahren erfolgen. Dieses ist von einem Vorsitzenden eines Zentralbetriebsrates (Betriebsausschusses, Betriebsrates; im folgenden: Einberufer) einzuleiten und durchzuführen.

(2) Die Vorsitzenden der Zentralbetriebsräte (Betriebsausschüsse, Betriebsräte) haben dem Einberufer die Beschlüsse über die Errichtung der Konzernvertretung sowie die Zahl der von ihnen jeweils vertretenen Arbeitnehmer schriftlich mitzuteilen. Der Einberufer hat nach Ermittlung der Zahlen nach § 48a Abs. 7 Z 1 bis 4 festzustellen, ob die erforderliche Zustimmung zur Errichtung der Konzernvertretung vorliegt. Diese Feststellung ist auf Grund von nachprüfbaren, schriftlich niedergelegten Ermittlungen zu treffen.

(3) Sodann hat der Einberufer schriftlich und nachprüfbar die Zahl der Delegierten und Ersatzdelegierten festzustellen und einen Termin für deren Bekanntgabe festzusetzen (§ 48a Abs. 8). Diese Feststellung ist zusammen mit der nach Abs. 2 jedem im Konzern errichteten Zentralbetriebsrat, im Falle des § 48a Abs. 3 dem Betriebsausschuß oder Betriebsrat, schriftlich mitzuteilen.

(4) Die Beschlüsse gemäß § 48a Abs. 7 und 8 gelten dann als zustandegekommen, wenn nicht binnen 14 Tagen ab Zugang der Mitteilung des Einberufers von einem Zentralbetriebsrat (Betriebsausschuß, Betriebsrat) begründete Einwendungen dagegen erhoben werden. Werden solche Einwendungen nicht erhoben, so hat der Einberufer diese und seine allenfalls korrigierenden Feststellungen nach Abs. 2 und 3 jedem Zentralbetriebsrat (Betriebsausschuß, Betriebsrat) schriftlich mitzuteilen. Für diese korrigierenden Feststellungen gelten wiederum der erste und zweite Satz. Der Einberufer kann erforderlichenfalls das schriftliche Verfahren abbrechen und das Verfahren nach § 48a

einleiten. Der Einberufer hat die Zentralbetriebsräte (Betriebsausschüsse, Betriebsräte) über das endgültige Zustandekommen der Beschlüsse zu informieren. Nach diesem Zeitpunkt sind die Delegierten (Ersatzdelegierten) gemäß § 48a Abs. 8 bekanntzugeben.

(5) Abs. 3 und 4 gelten auch für die Neubeschickung der Konzernvertretung (§ 48a Abs. 9).

(BGBl 1993/814)

Teilkonzerne

§ 48d. Bestehen in einem Konzern im Sinne des § 15 des Aktiengesetzes 1965 oder des § 115 des Gesetzes über Gesellschaften mit beschränkter Haftung Teilkonzerne und sind in diesen Konzernvertretungen errichtet, so nehmen an der Errichtung der Konzernvertretung auf Ebene des Oberkonzerns die in den Teilkonzernen errichteten Konzernvertretungen und deren Vorsitzende nach Maßgabe der §§ 48a bis 48c teil.

(BGBl 1993/814)

Anfechtung der Errichtung

§ 48e. (1) Die Errichtung der Konzernvertretung sowie der Beschluß über die Zahl der Delegierten und Ersatzdelegierten (§ 48a Abs. 8) kann binnen eines Monats nach der Konstituierung der Konzernvertretung (§ 31a Betriebsrats-Geschäftsordnung 1974, BGBl. Nr. 355, in der jeweils geltenden Fassung) durch Klage bei Gericht angefochten werden.

(2) Anfechtungsberechtigt sind

1. jeder im Konzern errichtete Zentralbetriebsrat (Betriebsausschuß, Betriebsrat, Konzernvertretung eines Teilkonzerns),
2. hinsichtlich des Beschlusses nach § 48a Abs. 8 auch jede in einem Organ nach Z 1 vertretene wahlwerbende Gruppe,
3. jedes von der Errichtung betroffene Konzernunternehmen.

(3) Ein Anfechtungsgrund im Sinne des Abs. 1 ist insbesondere gegeben, wenn

1. im Zeitpunkt der Errichtung der Konzernvertretung kein Konzern nach § 48a Abs. 1 vorgelegen ist oder
2. die Errichtung nicht oder nur auf Grund unrichtiger Ermittlung der Zahl der im Konzern beschäftigten Arbeitnehmer die nach § 48a Abs. 2 erforderliche Zustimmung erreicht hat oder
3. die Zahl der jeweiligen Delegierten und Ersatzdelegierten unrichtig beschlossen worden ist.

(BGBl 1993/814)

Auflösung

§ 48f. Für die Auflösung der Konzernvertretung gelten die § 48a sowie §§ 48c und 48d sinngemäß.

(BGBl 1993/814)

4. ABSCHNITT
Jugendvertrauensrat

(BGBl 1993/814)

Errichtung von Jugendvertrauensräten

§ 49. (1) In jedem dem II. Teil des Arbeitsverfassungsgesetzes unterliegenden Betrieb (§§ 34 und 35 ArbVG), in dem dauernd mindestens fünf jugendliche Arbeitnehmer beschäftigt werden, ist ein Jugendvertrauensrat zu wählen. Bei Berechnung dieser Zahl haben die gemäß § 8 Abs. 3 Z 1 vom passiven Wahlrecht ausgeschlossenen Familienangehörigen des Betriebsinhabers außer Betracht zu bleiben.

(BGBl II 2012/142)

(2) (aufgehoben)

(BGBl II 2021/230)

(3) Umfaßt ein Unternehmen mehrere Betriebe, so ist für jeden dieser Betriebe, der die Voraussetzungen des Abs. 1 erfüllt, ein Jugendvertrauensrat zu wählen.

Jugendliche Arbeitnehmer

§ 50. (1) Jugendliche Arbeitnehmer im Sinne dieser Verordnung sind Arbeitnehmer einschließlich Heimarbeitern, die das 18. Lebensjahr noch nicht vollendet haben, sowie Lehrlinge, die das 21. Lebensjahr noch nicht vollendet haben.

(BGBl II 2012/142)

(2) Sofern Bestimmungen dieser Verordnung auf die Zugehörigkeit zur Gruppe der Angestellten abstellen, sind Lehrlinge, die in einem Lehrberuf ausgebildet werden, dessen Tätigkeiten üblicherweise von Angestellten ausgeübt werden, der Gruppe der Angestellten zuzuzählen. Die übrigen Lehrlinge zählen zur Gruppe der Arbeiter. Im Falle einer Doppellehre ist eine Zuordnung zur Gruppe der Angestellten dann vorzunehmen, wenn der Lehrling auch nur in einem Lehrberuf ausgebildet wird, dessen Tätigkeiten üblicherweise von Angestellten ausgeübt werden.

Zahl der Mitglieder des Jugendvertrauensrates

§ 51. (1) In den Jugendvertrauensrat sind, soweit Abs. 2 nicht anderes bestimmt, zu wählen in Betrieben mit

5 bis 10 jugendlichen Arbeitnehmern	ein Jugendvertreter;
11 bis 30 jugendlichen Arbeitnehmern	2 Mitglieder;
31 bis 50 jugendlichen Arbeitnehmern	3 Mitglieder;
51 bis 100 jugendlichen Arbeitnehmern	4 Mitglieder;
101 bis 200 jugendlichen Arbeitnehmern	5 Mitglieder;
201 bis 300 jugendlichen Arbeitnehmern	6 Mitglieder;

301 bis 400 jugendlichen Arbeitnehmern	7 Mitglieder;
401 bis 500 jugendlichen Arbeitnehmern	8 Mitglieder;
501 bis 600 jugendlichen Arbeitnehmern	9 Mitglieder;
601 bis 700 jugendlichen Arbeitnehmern	10 Mitglieder;
701 bis 800 jugendlichen Arbeitnehmern	11 Mitglieder;
801 bis 900 jugendlichen Arbeitnehmern	12 Mitglieder;
901 bis 1000 jugendlichen Arbeitnehmern	13 Mitglieder;
1001 bis 1500 jugendlichen Arbeitnehmern	14 Mitglieder;
1501 bis 2000 jugendlichen Arbeitnehmern	15 Mitglieder;

für je weitere 500 jugendliche Arbeitnehmer um ein Mitglied mehr, wobei Bruchteile von 500 für voll gerechnet werden.

(2) In Betrieben, in denen sowohl der Gruppe der Arbeiter als auch der Gruppe der Angestellten dauernd mindestens fünf jugendliche Arbeitnehmer angehören, sind die Mitglieder des Jugendvertrauensrates von den jugendlichen Arbeitnehmern jeder Gruppe getrennt zu wählen. Die Zahl der von jeder Gruppe zu wählenden Mitglieder ergibt sich aus der getrennten Anwendung der Zahlengrenzen des Abs. 1 auf die Wahl der jugendlichen Gruppenangehörigen. In diesem Fall setzt sich der Jugendvertrauensrat aus der Gesamtheit der von den beiden Gruppen gewählten Mitglieder zusammen.

(3) Gleichzeitig sind Ersatzmitglieder zu wählen. § 30 ist sinngemäß anzuwenden.

§ 52. Die Zahl der Mitglieder des Jugendvertrauensrates bestimmt sich nach der Zahl der am Tag der Ausschreibung der Wahl des Jugendvertrauensrates im Betrieb beschäftigten jugendlichen Arbeitnehmer. Als Tag der Wahlausschreibung gilt der Tag, an dem die Wahlkundmachung (§ 58) angeschlagen wird. § 3 Abs. 2 ist sinngemäß anzuwenden.

Wahlgrundsätze

§ 53. (1) Die Mitglieder des Jugendvertrauensrates sind auf Grund des gleichen, unmittelbaren und geheimen Wahlrechtes und, soweit Abs. 3 nicht anderes bestimmt, nach den Grundsätzen des Verhältniswahlrechtes zu wählen.

(2) Die Wahl hat mittels Stimmzettels durch persönliche Stimmabgabe oder in den Fällen des § 5 durch briefliche Stimmabgabe im Postwege zu erfolgen.

(3) Wird nur ein Wahlvorschlag eingebracht, so sind die Mitglieder des Jugendvertrauensrates mit einfacher Mehrheit der abgegebenen Stimmen zu wählen.

(4) In Betrieben, in denen der Jugendvertrauensrat nur aus einem Jugendvertreter besteht, werden dieser und der Ersatz-Jugendvertreter mit einfacher Mehrheit der abgegebenen Stimmen gewählt. Das gleiche gilt, wenn auf eine Gruppe gemäß § 51 Abs. 2 nur ein Mitglied des Jugendvertrauensrates entfällt.

(5) Für die getrennte Wahl des Jugendvertrauensrates gemäß § 51 Abs. 2 sind nach der Gruppe der Arbeiter und der Gruppe der Angestellten getrennte Wahlvorschläge einzubringen. Die Wahl ist jedoch am selben Ort und zur gleichen Zeit durchzuführen.

Aktives Wahlrecht

§ 54. Wahlberechtigt sind alle Arbeitnehmer des Betriebes, die am Tag der Wahlausschreibung (§ 52) das 18. Lebensjahr noch nicht vollendet haben, sowie Lehrlinge, die das 21. Lebensjahr noch nicht vollendet haben, und die an diesem Tag sowie am Tag der Wahl im Betrieb beschäftigt sind.

(BGBl II 2012/142)

Passives Wahlrecht

§ 55. Wählbar sind alle Arbeitnehmer des Betriebes, die

1. am Tag der Wahlausschreibung das 23. Lebensjahr noch nicht vollendet haben und
2. am Tag der Wahl seit mindestens sechs Monaten im Betrieb beschäftigt sind.

(BGBl II 2012/142)

Wahlvorstand

§ 56. (1) Zur Vorbereitung und Durchführung der Wahl des Jugendvertrauensrates hat die Jugendversammlung einen Wahlvorstand zu bestellen.

(2) Der Wahlvorstand besteht aus drei Mitgliedern. Soweit im folgenden nicht anderes bestimmt wird, sind zwei dieser Mitglieder Arbeitnehmer, die entweder die Wahlberechtigung (§ 54) oder die Wählbarkeit (§ 55) zum Jugendvertrauensrat besitzen müssen. Das dritte Mitglied ist ein vom Betriebsrat – bei Bestehen getrennter Betriebsräte vom Betriebsausschuß – entsandtes Betriebsratsmitglied.

(3) Besteht im Betrieb kein Betriebsrat oder macht er von seinem Entsendungsrecht nicht oder nicht bis zum Beginn der Jugendversammlung, in der die Bestellung des Wahlvorstandes erfolgen soll, Gebrauch, so sind drei Arbeitnehmer, die die Wahlberechtigung oder die Wählbarkeit zum Jugendvertrauensrat besitzen müssen, in den Wahlvorstand zu wählen. In diesem Falle können auch Vorstandsmitglieder oder Angestellte einer zuständigen freiwilligen Berufsvereinigung oder gesetzlichen Interessenvertretung der Arbeitnehmer in den Wahlvorstand berufen werden; zwei Mitglieder des Wahlvorstandes müssen jedoch Arbeitnehmer des Betriebes sein.

(4) In Betrieben, in denen gemäß § 51 Abs. 2 die Mitglieder des Jugendvertrauensrates getrennt zu wählen sind, haben dem Wahlvorstand je ein zum Jugendvertrauensrat wahlberechtigter oder wählba-

rer Arbeitnehmer aus der Gruppe der Arbeiter und der Angestellten anzugehören. In den Fällen des Abs. 3 hat die Jugendversammlung mit einfacher Mehrheit der abgegebenen Stimmen zu entscheiden, ob das dritte Mitglied entweder der Gruppe der Arbeiter oder der Gruppe der Angestellten zu entnehmen ist oder ob als drittes Mitglied ein Vorstandsmitglied bzw. ein Angestellter einer zuständigen freiwilligen Berufsvereinigung oder gesetzlichen Interessenvertretung berufen werden soll. Unter Berücksichtigung dieser Entscheidung der Jugendversammlung können die eingebrachten Wahlvorschläge für die Wahl des Wahlvorstandes noch vor der Abstimmung ergänzt werden.

(5) Auf die Wahl der Mitglieder des Wahlvorstandes, die Arbeitnehmer sind, ist § 11 sinngemäß anzuwenden. Sind die Mitglieder des Jugendvertrauensrates gemäß § 51 Abs. 2 getrennt zu wählen, so können Stimmen gültig nur für solche Vorschläge für die Wahl des Wahlvorstandes abgegeben werden, die Angehörige beider Gruppen enthalten. Der zweite Arbeitnehmer des Vorschlages mit der größten Stimmenzahl gilt nur dann als gewählt, wenn er einer anderen Gruppe angehört als der erste. Gehören beide Arbeitnehmer der gleichen Gruppe an, so gilt an Stelle des zweitgereihten der bestgereihte der anderen Gruppe innerhalb des gleichen Vorschlages als gewählt. Das gleiche gilt für die Wahl der Ersatzmitglieder.

(6) Besteht im Betrieb kein Betriebsrat oder macht er von seinem Entsendungsrecht nicht oder nicht rechtzeitig Gebrauch, so sind nach Maßgabe der Abs. 3 und 4 die im gewählten Vorschlag der Reihenfolge nach bezeichneten ersten drei Arbeitnehmer die Mitglieder des Wahlvorstandes, die nächsten drei Arbeitnehmer ihre Ersatzmitglieder. Im übrigen findet Abs. 5 sinngemäß Anwendung.

(7) Wird nur ein Vorschlag überreicht, so gelten, ohne daß eine Abstimmung stattfindet, die Kandidaten dieses Vorschlages nach Maßgabe der Abs. 5 und 6 als gewählt.

Verzeichnis der Arbeitnehmer und Wählerliste

§ 57. Auf die Verpflichtung des Betriebsinhabers, dem Wahlvorstand Verzeichnisse der jugendlichen Arbeitnehmer des Betriebes zur Verfügung zu stellen und auf die Erstellung der Wählerliste sind die §§ 14 und 15 sinngemäß anzuwenden. Wird gemäß § 51 Abs. 2 getrennt gewählt, so hat der Wahlvorstand zwei Wählerlisten zu verfassen.

Wahlkundmachung

§ 58. Auf die Wahlkundmachung ist § 19 sinngemäß anzuwenden. In den Fällen des § 51 Abs. 2 hat die Wahlkundmachung überdies zu enthalten:

1. die Bestimmung, daß nach der Gruppe der Arbeiter und der Angestellten getrennte Wahlvorschläge einzubringen sind, wobei die Wahlvorschläge nur von Angehörigen der eigenen Gruppe unterfertigt werden können, sowie
2. die Vorschrift, daß der Wähler seine Stimme gültig nur für einen der für seine Gruppe zugelassenen Wahlvorschläge abgeben kann.

Wahlvorschläge

§ 59. Auf die Erstellung der Wahlvorschläge sind die §§ 20 und 21 sinngemäß mit der Maßgabe anzuwenden, daß bei getrennter Wahl gemäß § 51 Abs. 2 nach der Gruppe der Arbeiter und der Angestellten getrennte Wahlvorschläge einzubringen sind.

Einheitlicher Stimmzettel

§ 59a. Auf die Erstellung des Stimmzettels ist § 21a mit der Maßgabe anzuwenden, daß bei getrennter Wahl gemäß § 51 Abs. 2 nach Gruppen gesonderte Stimmzettel aufzulegen sind.
(BGBl 1990/690)

Briefliche Stimmabgabe

§ 60. Auf die briefliche Stimmabgabe sind die §§ 5 und 22 sinngemäß anzuwenden. Wird gemäß § 51 Abs. 2 getrennt gewählt, so hat der Wahlvorstand zwei Verzeichnisse gemäß § 22 Abs. 3 anzufertigen und Wahlkuverts zu verwenden, die durch Farbe, Aufdruck oder dergleichen eindeutig die Gruppenzugehörigkeit des Wählers erkennen lassen.

Wahlkommission

§ 61. (1) Sofern im folgenden nicht anderes bestimmt wird, haben der Wahlkommission zwei vom Wahlvorstand bestellte Arbeitnehmer, die die Wahlberechtigung oder die Wählbarkeit zum Jugendvertrauensrat besitzen müssen, und ein vom Betriebsrat – bei Bestehen getrennter Betriebsräte vom Betriebsausschuß – entsandtes Betriebsratsmitglied anzugehören.

(2) Besteht im Betrieb kein Betriebsrat oder macht er von seinem Entsendungsrecht nicht spätestens bis zum Ablauf des sechsten Tages vor dem (ersten) Wahltag Gebrauch, so haben der Wahlkommission drei vom Wahlvorstand zu bestellende wahlberechtigte oder wählbare Arbeitnehmer anzugehören.

(3) In Betrieben, in denen gemäß § 51 Abs. 2 getrennt zu wählen ist, haben der Wahlkommission je ein zum Jugendvertrauensrat wahlberechtigter oder wählbarer Arbeitnehmer aus der Gruppe der Arbeiter und der Angestellten anzugehören. In den Fällen des § 56 Abs. 4 hat der Wahlvorstand zu entscheiden, welcher Gruppe das dritte Mitglied der Wahlkommission zu entnehmen ist.

(4) Im übrigen ist § 18 Abs. 1, 2 erster und letzter Satz und 3 sinngemäß anzuwenden.

Stimmabgabe

§ 62. Auf die Stimmabgabe sind die §§ 24 und 25 sinngemäß anzuwenden; wird gemäß § 51 Abs. 2 getrennt gewählt, so hat der Wahlvorstand überdies Wahlkuverts zu verwenden, die durch Farbe, Aufdruck oder dergleichen eindeutig die Gruppenzugehörigkeit des Wählers erkennen lassen.

Ermittlung des Wahlergebnisses

§ 63. (1) Auf die Ermittlung des Wahlergebnisses sind die §§ 26, 27 und 28 sinngemäß anzuwenden.

(2) Wird gemäß § 51 Abs. 2 getrennt gewählt, so hat der Wahlvorstand die Wahlkuverts nach der Gruppenzugehörigkeit des Wählers zu trennen und die Wahlkuverts der zweiten Gruppe erst nach Abschluß der Stimmenermittlung der ersten Gruppe zu öffnen. Die §§ 27 und 28 sind auf jede der beiden Gruppen getrennt anzuwenden.

§ 64. Im übrigen sind auf die Durchführung und Anfechtung der Wahl des Jugendvertrauensrates die §§ 10, 12 bis 14, 16, 17, 23 und 29 bis 35a anzuwenden. Zur Anfechtung der Wahl ist auch jeder im Betrieb bestehende Betriebsrat berechtigt.

(BGBl 1990/690)

5. ABSCHNITT
Zentraljugendvertrauensrat

(BGBl 1987/365, BGBl 1993/814)

Errichtung von Zentraljugendvertrauensräten

§ 64a. Umfaßt ein Unternehmen mindestens zwei Betriebe im Sinne des § 49 Abs. 1, die eine wirtschaftliche Einheit bilden und vom Unternehmen zentral verwaltet werden, so ist ein Zentraljugendvertrauensrat zu wählen.

Zahl der Mitglieder des Zentraljugendvertrauensrates

§ 64b. (1) In den Zentraljugendvertrauensrat sind in Unternehmen mit bis zu 250 jugendlichen Arbeitnehmern (§ 50) vier Mitglieder, in Unternehmen von 251 bis 500 jugendlichen Arbeitnehmern fünf Mitglieder und in Unternehmen mit mehr als 500 jugendlichen Arbeitnehmern sechs Mitglieder zu wählen.

(2) Die Zahl der Mitglieder des Zentraljugendvertrauensrates bestimmt sich nach der Zahl der am Tag der Wahlkundmachung (§ 64 g Abs. 3) im Unternehmen beschäftigten jugendlichen Arbeitnehmer. § 3 Abs. 2 ist sinngemäß anzuwenden.

(3) Für die Berufung weiterer Mitglieder (§ 131b Abs. 3 ArbVG, BGBl. Nr. 22/1974, i.d.F. BGBl. Nr. 502/1993) gilt § 52a Betriebsrats-Geschäftsordnung 1974, BGBl. Nr. 355, in der jeweils geltenden Fassung.

(BGBl 1993/814)

Wahlgrundsätze

§ 64c. (1) Die Mitglieder des Zentraljugendvertrauensrates sind von der Gesamtheit der im Unternehmen errichteten Jugendvertrauensräte aus ihrer Mitte geheim und nach den Grundsätzen des Verhältniswahlrechts zu wählen. Wird nur ein Wahlvorschlag eingebracht, so sind die Mitglieder des Zentraljugendvertrauensrates mit einfacher Mehrheit der abgegebenen Stimmen zu wählen.

(2) Jedem Jugendvertrauensratsmitglied kommen so viele Stimmen zu, wie es der Zahl der bei der letzten Jugendvertrauensratswahl im jeweiligen Betrieb bzw. im Falle des § 51 Abs. 2 in der Arbeitnehmergruppe wahlberechtigten jugendlichen Arbeitnehmer, geteilt durch die Zahl der Gewählten, entspricht.

(3) Die Wahl hat mittels Stimmzettel durch persönliche Stimmabgabe oder durch briefliche Stimmabgabe im Postwege zu erfolgen.

Aktives und passives Wahlrecht

§ 64d. Wahlberechtigt und wählbar sind alle am Tag der Wahl (§ 64g Abs. 3) in Funktion stehenden Mitglieder der im Unternehmen errichteten Jugendvertrauensräte.

Wahlvorstand

§ 64e. (1) Zur Vorbereitung und Durchführung der Wahl des Zentraljugendvertrauensrates ist ein Wahlvorstand zu bestellen. Der Wahlvorstand besteht aus mindestens zwei Jugendvertrauensratsmitgliedern und einem vom Zentralbetriebsrat zu entsendenden Zentralbetriebsratsmitglied.

(2) Soweit Abs. 3 nicht anderes bestimmt, hat jeder im Unternehmen bestehende Jugendvertrauensrat eines seiner Mitglieder in den Wahlvorstand zu entsenden. Die Entsendung ist dem Vorsitzenden des nach der Anzahl der Mitglieder größten Jugendvertrauensrates, bei gleicher Mitgliederzahl dem Vorsitzenden jenes Jugendvertrauensrates, der die meisten jugendlichen Arbeitnehmer repräsentiert, anzuzeigen. Dieser Jugendvertrauensratsvorsitzende hat auch den Wahlvorstand zur konstituierenden Sitzung einzuberufen.

(3) Bestehen im Unternehmen mehr als zwei Jugendvertrauensräte, so kann mit Zustimmung aller im Unternehmen errichteter Jugendvertrauensräte die Zahl der von den Jugendvertrauensräten in den Wahlvorstand zu entsendenden Mitglieder bis auf zwei herabgesetzt werden.

(4) Besteht in einem Unternehmen kein Zentralbetriebsrat oder entsendet er trotz schriftlicher Aufforderung durch den für die Entgegennahme der Entsendungsanzeigen zuständigen Jugendvertrauensratsvorsitzenden (Abs. 2) bis zur konstituierenden Sitzung kein Mitglied in den Wahlvorstand, so ist in den Fällen, in denen für den Wahlvorstand nur zwei von Jugendvertrauensräten entsandte Mitglieder vorgesehen sind (Abs. 3), ein drittes Mitglied von einem Jugendvertrauensrat des Unternehmens in den Wahlvorstand zu entsenden. Bestehen im Unternehmen nur zwei Jugendvertrauensräte, so kommt dieses Entsendungsrecht dem Jugendvertrauensrat zu, der die größere Zahl von jugendlichen Arbeitnehmern repräsentiert; bei Größengleichheit entscheidet das Los. Bestehen im Unternehmen mehr als zwei Jugendvertrauensräte, so ist die Entsendung des dritten Wahlvorstandmitglieds mit Zustimmung aller Jugendvertrauensräte einem Jugendvertrauensrat aufzutragen, der noch kein Mitglied in den Wahlvorstand entsandt hat.

§ 64f. (1) Besteht in einem Unternehmen ein Zentraljugendvertrauensrat, so soll der Wahlvorstand nicht früher als zwölf Wochen vor Ablauf der Tätigkeitsdauer des Zentraljugendvertrauensrates bestellt werden. Die Bestellung des Wahlvorstandes hat aber so rechtzeitig zu erfolgen, daß der neugewählte Zentraljugendvertrauensrat bei Unterbleiben einer Wahlanfechtung spätestens unmittelbar nach Ablauf der Tätigkeitsdauer des abtretenden Zentraljugendvertrauensrates seine Konstituierung vornehmen kann. Der Wahlvorstand ist unverzüglich zu bestellen, wenn die Nichtigkeit der Wahl vom Zentraljugendvertrauensrat festgestellt oder die Tätigkeit des Zentraljugendvertrauensrates vorzeitig beendet wird.

(2) Besteht in einem Unternehmen kein Zentraljugendvertrauensrat, so ist der Wahlvorstand binnen einer Woche nach erfolgter Konstituierung aller Jugendvertrauensräte des Unternehmens zu bestellen.

(3) In der konstituierenden Sitzung hat der Wahlvorstand aus seiner Mitte mit einfacher Mehrheit einen Vorsitzenden zu wählen. Bleibt die Wahl ergebnislos, so hat das älteste der von den Jugendvertrauensräten entsandten Mitglieder des Wahlvorstandes den Vorsitz zu führen.

Vorbereitung der Wahl

§ 64g. (1) Der Vorsitzende jedes im Unternehmen bestellten Jugendvertrauensrates hat dem Wahlvorstand eine Liste der Mitglieder des Jugendvertrauensrats zu übermitteln und die Zahl der bei der letzten Jugendvertrauensratswahl wahlberechtigten jugendlichen Arbeitnehmer bekanntzugeben.

(2) Die gemäß Abs. 1 übermittelten Listen bilden die Wählerliste.

(3) Der Wahlvorstand hat die Wahl unverzüglich nach seiner Bestellung (§ 64f) vorzubereiten und innerhalb von vier Wochen durchzuführen. Der Tag und der Ort der Wahl sind den Vorsitzenden aller im Unternehmen bestellten Jugendvertrauensräte schriftlich bekanntzugeben; diese haben den Wahltag und den Wahlort den Mitgliedern der Jugendvertrauensräte zur Kenntnis zu bringen.

Wahlvorschläge und Stimmgewichtung

§ 64h. Auf die Erstellung und Behandlung von Wahlvorschlägen sind die Bestimmungen des § 46, auf die Ermittlung der den Wahlberechtigten zustehenden Stimmenzahl nach dem Grundsatz der Stimmgewichtung die Bestimmungen des § 47 sinngemäß anzuwenden.

Durchführung der Wahl

§ 64i. Auf die Durchführung der Wahl ist § 48 sinngemäß anzuwenden. Zur Anfechtung der Wahl zum Zentraljugendvertrauensrat ist auch der Zentralbetriebsrat berechtigt.

6. ABSCHNITT
Konzernjugendvertretung

(BGBl 1993/814)

§ 64j. (1) In einem Konzern im Sinne des § 15 des Aktiengesetzes 1965 oder des § 115 des Gesetzes über Gesellschaften mit beschränkter Haftung, in dem in mehr als einem Unternehmen Jugendvertrauensräte errichtet sind, kann eine Konzernjugendvertretung gebildet werden. Dazu ist die Zustimmung von mindestens zwei Dritteln der Zentraljugendvertrauensräte erforderlich, die zusammen mehr als die Hälfte der im Konzern beschäftigten jugendlichen Arbeitnehmer (§ 50) repräsentieren.

(2) Für die Errichtung und Zusammensetzung bzw. deren Anfechtung und die Auflösung der Konzernjugendvertretung gelten die Bestimmungen des 3. Abschnittes sinngemäß.

(BGBl 1993/814)

7. ABSCHNITT
Bezeichnung weiblicher Funktionäre von Organen der Arbeitnehmerschaft

(BGBl 1993/814)

§ 64k. Wird eine Frau in die Funktion des Vorsitzenden eines in dieser Verordnung genannten Organs der Arbeitnehmerschaft gewählt, so trägt sie die Bezeichnung „Vorsitzende“.

(BGBl 1993/814)

8. ABSCHNITT
Gemeinsame Bestimmungen

(BGBl 1987/365, BGBl 1993/814)

Beistellung von Sacherfordernissen

§ 65. Dem Wahlvorstand (§§ 9, 41, 56, 64e) sind zur ordnungsgemäßen Erfüllung seiner Aufgaben Räumlichkeiten, Kanzlei- und Geschäftserfordernisse sowie sonstige Sacherfordernisse in einem der Größe des Betriebes und den Bedürfnissen des Wahlvorstandes angemessenen Ausmaß vom Betriebsinhaber unentgeltlich zur Verfügung zu stellen. Zu den Sacherfordernissen zählen insbesondere der Aufwand für Wählerlisten, Stimmzettel, Wahlkuverts, Wahlkarten sowie die Portokosten.

(BGBl 1987/365)

Fristenberechnung

§ 66. (1) Bei der Berechnung der in dieser Verordnung festgesetzten Fristen, die nach Tagen bestimmt sind, wird der Tag nicht mitgerechnet, in den der Zeitpunkt oder die Ereignung fällt, wonach sich der Anfang der Frist richten soll.

(2) Nach Wochen bestimmte Fristen beginnen mit dem Tag, in den der Zeitpunkt oder die Ereignung fällt, wonach sich der Anfang der Frist richten soll, und enden mit dem Ablauf desjenigen Tages der nach der betreffenden Fristbestimmung in Betracht kommenden Woche, der durch seine Benennung dem Tag entspricht, an dem die Frist begonnen hat.

(3) Der Beginn und der Lauf einer Frist wird durch Sonn- und Feiertage, einen Samstag oder den Karfreitag nicht behindert.

(4) Fällt das Ende einer Frist auf einen Sonn- oder Feiertag, auf einen Samstag oder den Karfreitag, so endet die Frist am nächstfolgenden Werktag. Ist der betreffende Werktag ein Samstag, so endet die Frist am folgenden Montag.

(5) Die Tage des Postenlaufes werden in die Frist nicht eingerechnet.

Wirksamkeitsbeginn

§ 67. (1) Diese Verordnung tritt, sofern Abs. 2 nicht anderes bestimmt, mit 1. Juli 1974 in Kraft. § 11 Abs. 1, § 14 Abs. 1, § 15 Abs. 2, § 16 Abs. 1, § 19 Abs. 1 und Abs. 2 Z 6, 10 und 11, § 20 Abs. 1, 2, 2a und 3, § 21 Abs. 1 und 3a, § 21a, § 22 Abs. 1, 5 und 6, § 24 Abs. 3 und Abs. 5 bis 8, § 26 Abs. 2, § 34 Abs. 1, § 35a, § 36 Abs. 3, 5 und 6, § 59a und § 64 erster Satz dieser Verordnung in der Fassung der Verordnung BGBl. Nr. 690/1990 treten mit 1. Dezember 1990 in Kraft. Die Bestimmungen über die Fristen des Wahlverfahrens in §§ 11 Abs. 1, 14 Abs. 1, 15 Abs. 2, 19 Abs. 1 und Abs. 2 Z 6 und 11, § 20 Abs. 1, § 21 Abs. 1 sowie § 22 Abs. 1 und 5 dieser Verordnung in der Fassung der Verordnung BGBl. Nr. 690/1990 gelten für Wahlen, bei denen die Betriebsversammlung zur Wahl des Wahlvorstandes nach dem 30. November 1990 stattgefunden hat.

(1a) § 8 Abs. 1 und § 55 in der Fassung der Verordnung BGBl. Nr. 814/1993 treten gleichzeitig mit dem Abkommen über den Europäischen Wirtschaftsraum in Kraft.

(BGBl 1993/814)

(2) Für Betriebe, die von einer Gemeinde unmittelbar geführt werden (Regiebetriebe), tritt diese Verordnung mit 1. Juli 1975 in Kraft.

(3) § 1 Abs. 5, § 3 Abs. 1, § 5, § 6, § 8 Abs. 1 und 3, § 11 Abs. 1, § 13 Abs. 3 und 4, § 14 Abs. 1, § 19 Abs. 2 Z 11, § 20 Abs. 2a Z 1, § 22 Abs. 3 und 5a, § 24 Abs. 2a, § 25 Abs. 1, § 33, § 48a Abs. 5 und 8, § 49 Abs. 1, § 50 Abs. 1, § 54 samt Überschrift, § 55 samt Überschrift sowie die Anlagen 1 bis 14 dieser Verordnung in der Fassung der Verordnung BGBl. II Nr. 142/2012 treten mit 1. Mai 2012 in Kraft. § 6 Abs. 2 tritt mit Ablauf des 30. April 2012 außer Kraft.

(BGBl II 2012/142)

(4) § 6, § 14 Abs. 1, § 15 Abs. 1 Z 1, § 20 Abs. 2a Z 1, § 22 Abs. 3, § 48a Abs. 8 und § 49 Abs. 2 sowie die Anlagen 1, 2, 3, 8, 9 und 10 dieser Verordnung in der Fassung der Verordnung BGBl. II Nr. 230/2021 treten mit 1. Juni 2021 in Kraft. § 49 Abs. 2 tritt mit Ablauf des 31. Mai 2021 außer Kraft.

(BGBl II 2021/230)

Aufhebung von Rechtsvorschriften

§ 68. (1) Mit Ablauf des 30. Juni 1974 verlieren, sofern Abs. 2 nicht anderes bestimmt, die Verordnung des Bundesministeriums für soziale Verwaltung vom 24. Juli 1947, BGBl. Nr. 211, über die Wahl der Betriebsräte und Vertrauensmänner (Betriebsrats-Wahlordnung – BRWO) sowie die Verordnung des Bundesministers für soziale Verwaltung vom 7. Dezember 1972, BGBl. Nr. 475, über die Wahl des Jugendvertrauensrates (Jugendvertrauensrats-Wahlordnung – JVRWO) ihre Wirksamkeit.

(2) Für Betriebe, die von einer Gemeinde unmittelbar geführt werden (Regiebetriebe), verlieren die in Abs. 1 angeführten Verordnungen mit Ablauf des 30. Juni 1975 ihre Wirksamkeit.

(Anlagen nicht abgedruckt)

4/4. Betriebsrats-Geschäftsordnung 1974

Betriebsrats-Geschäftsordnung 1974, BGBl 1974/355 idF

1 BGBl 1975/381	**2** BGBl 1987/364	**3** BGBl 1990/690
4 BGBl 1993/814	**5** BGBl II 2012/142	**6** BGBl II 2012/274
7 BGBl II 2021/230		

GLIEDERUNG

STICHWORTVERZEICHNIS

Verordnung des Bundesministers für soziale Verwaltung vom 24. Juni 1974 über die Geschäftsführung der Betriebs(Gruppen-, Betriebshaupt)versammlung, des Betriebsrates, des Betriebsausschusses, der Betriebsräteversammlung, des Zentralbetriebsrates, der Jugendversammlung, des Jugendvertrauensrates, der Jugendvertrauensräteversammlung und des Zentraljugendvertrauensrates (Betriebsrats-Geschäftsordnung 1974 – BR-GO 1974)

Gemäß § 161 Abs. 1 Z 3 des Arbeitsverfassungsgesetzes (ArbVG), BGBl. Nr. 22/1974, wird verordnet:

1. HAUPTSTÜCK
Organisationsrechtliche Bestimmungen

Abschnitt 1
Betriebs(Gruppen-, Betriebshaupt)versammlung

Einberufung

§ 1. (1) Die Einberufung der Betriebs(Gruppen-, Betriebshaupt)versammlung ist, sofern Abs. 4 nicht anderes vorsieht, durch Anschlag an der Ankündigungstafel des Betriebsrates vorzunehmen. Der Anschlag hat derart zu erfolgen, daß die Arbeitnehmer des Betriebes (Arbeitnehmergruppe) ehestens von seinem Inhalt Kenntnis nehmen können. In größeren Betrieben ist der Anschlag, wenn es die Beschaffenheit des Betriebes erfordert, an mehreren Stellen durchzuführen. Bei örtlich getrennten Arbeitsstätten soll der Anschlag in jeder Arbeitsstätte erfolgen.

(2) Die erforderlichen Ankündigungstafeln sind in ausreichender Größe vom Betriebsrat anzubringen. Besteht im Betrieb noch keine Ankündigungstafel, so kann der Einberufer den Anschlag auch an einer oder an mehreren Stellen, die den Voraussetzungen nach Abs. 1 entsprechen, vornehmen.

(3) Eine Einberufung der Betriebs(Gruppen-, Betriebshaupt)versammlung gemäß Abs. 1 hat mindestens eine Woche vor deren Stattfinden zu erfolgen, sofern nicht wichtige Gründe eine sofortige Einberufung erfordern. Jede Einberufung hat den Beginn, den Ort, die Tagesordnung und, sofern in der Betriebs(Gruppen)versammlung Beschlüsse zu fassen sind, die Beschlußerfordernisse (§ 5 Abs. 3) zu enthalten. Soll in der Betriebs-(Gruppen)versammlung die Wahl des Wahlvorstandes vorgenommen werden, so muß die Einberufung mindestens zwei Wochen vorher bekanntgegeben werden. Die Geschäftsordnung (§ 8) kann für die Behandlung weiterer Angelegenheiten eine längere Einberufungsfrist festsetzen.

(BGBl 1987/364)

(4) Die Einberufung kann auch durch eine sonstige geeignete schriftliche oder elektronische Mitteilung erfolgen. In Betrieben (Arbeitnehmergruppen), in denen höchstens zwei Betriebsratsmitglieder zu wählen sind, kann die Einberufung auch durch mündliche Durchsage vorgenommen werden. Der Einberufer hat, sofern die Einberufung durch schriftliche oder elektronische Mitteilung oder Durchsage erfolgt, für die Verständigung der stimmberechtigten Arbeitnehmer zu sorgen. Nähere Bestimmungen darüber kann die Geschäftsordnung (§ 8) festlegen.

(BGBl II 2012/142)

Berechtigung zur Einberufung

§ 2. (1) Die Betriebs(Gruppen)versammlung ist vom Betriebsrat, die Betriebshauptversammlung vom Betriebsausschuß einzuberufen.

(2) Nehmen, sofern kein Betriebsrat besteht oder der Betriebsrat vorübergehend funktionsunfähig ist, der an Lebensjahren älteste Arbeitnehmer oder mindestens so viele Arbeitnehmer des Betriebes (Arbeitnehmergruppe) wie Betriebsratsmitglieder zu wählen sind, die Berechtigung zur Einberufung der Betriebs(Gruppen)versammlung wahr, so hat zwischen der Einberufung und dem Stattfinden der Betriebs(Gruppen)versammlung eine Frist von mindestens zwei Wochen zu liegen. § 1 Abs. 3 zweiter bis vierter Satz und Abs. 4 ist sinngemäß anzuwenden. Wird die Einberufung von mehreren Personen vorgenommen, so haben alle die Einberufung zu unterfertigen. Eine von ihnen ist zur Entgegennahme von Anträgen als Bevollmächtigter zu bezeichnen, andernfalls gilt als solcher der Erstunterfertigte.

(3) Beabsichtigt in Betrieben, in denen dauernd mindestens 20 Arbeitnehmer (§ 36 Abs. 1 ArbVG) beschäftigt sind und in denen kein Betriebsrat besteht oder dieser vorübergehend funktionsunfähig ist, eine zuständige freiwillige Berufsvereinigung oder die gesetzliche Interessenvertretung der Arbeitnehmer die Betriebs(Gruppen)versammlung einzuberufen, so hat sie zunächst eine allen Arbeitnehmern des Betriebes zugängliche Aufforderung (§ 1 Abs. 1 und 4) an die in Abs. 2 genannten Berechtigten zu richten, die Einberufung innerhalb von zwei Wochen vorzunehmen. Wird von keinem dieser Berechtigten innerhalb dieser Frist die Einberufung der Betriebs(Gruppen)versammlung vorgenommen, so kann die zuständige freiwillige Berufsvereinigung oder gesetzliche Interessenvertretung die Einberufung vornehmen.

§ 3. Der Betriebsinhaber hat dem Einberufer (§ 2) die Namen, die Geburtsdaten und, falls erforderlich, die Gruppenzugehörigkeit der am Tag der Betriebs(Gruppen-, Betriebshaupt)versammlung voraussichtlich im Betrieb beschäftigten Arbeitnehmer vor Beginn der Betriebs(Gruppen-, Betriebshaupt)versammlung schriftlich mitzuteilen, sofern es der Einberufer zugleich mit der Einberufung der Betriebs(Gruppen-, Betriebshaupt)-versammlung verlangt.

Einberufung einer außerordentlichen Betriebs-(Gruppen-, Betriebshaupt)-versammlung

§ 4. Verlangen auf Abhaltung einer Betriebs-(Gruppen-, Betriebshaupt)versammlung, die von den Berechtigten gemäß § 43 Abs. 2 ArbVG an den Betriebsrat (Betriebsausschuß) gestellt werden, sind schriftlich an den Betriebsratsvorsitzenden

(Vorsitzenden des Betriebsausschusses) zu richten. Dieser oder im Falle seiner Verhinderung der Stellvertreter hat diesem Verlangen so rechtzeitig zu entsprechen, daß die Betriebs(Gruppen-, Betriebshaupt)versammlung binnen zwei Wochen nach dem Erhalt des schriftlichen Verlangens stattfinden kann.

(BGBl 1987/364)

Durchführung der Betriebs(Gruppen-, Betriebshaupt)versammlung

§ 5. (1) Den Vorsitz in der Betriebs(Gruppen-, Betriebshaupt)versammlung führt, sofern Abs. 2 nicht anderes bestimmt, der Vorsitzende des Betriebsrates (Betriebsausschusses) oder im Falle seiner Verhinderung der Stellvertreter. Besteht der Betriebsrat nur aus einer Person, so führt diese, im Falle ihrer Verhinderung das Ersatzmitglied den Vorsitz. Der Vorsitzführende hat für die ordnungsgemäße Durchführung der Betriebs(Gruppen-, Betriebshaupt)versammlung Sorge zu tragen. Er hat bei Beginn der Betriebs(Gruppen-, Betriebshaupt)-versammlung, in der Beschlüsse gefaßt werden sollen, die Beschlußfähigkeit festzustellen. Ist weniger als die Hälfte der stimmberechtigten Arbeitnehmer anwesend, so ist mit einer Beschlußfassung eine halbe Stunde zuzuwarten. Nach Ablauf dieser Zeit ist die Betriebs(Gruppen-, Betriebshaupt)versammlung auch bei Anwesenheit von weniger als der Hälfte der stimmberechtigten Arbeitnehmer beschlussfähig, sofern nicht ein Beschluss in den Angelegenheiten gemäß §§ 40 Abs. 3 und 42 Abs. 1 Z 3, 4 und 8 ArbVG zu fassen ist. Wurde die Betriebs(Gruppen-, Betriebshaupt) versammlung von der zuständigen freiwilligen Berufsvereinigung oder der gesetzlichen Interessenvertretung der Arbeitnehmer einberufen (§ 2 Abs. 3), so kann die Wahl des Wahlvorstandes (§ 42 Abs. 1 Z 2 ArbVG) nur bei Anwesenheit von mindestens einem Drittel der stimmberechtigten Arbeitnehmer vorgenommen werden. Die Enthebung des Wahlvorstandes gemäß § 42 Abs. 1 Z 5 ArbVG kann nur vorgenommen werden, wenn mindestens ein Drittel der stimmberechtigten Arbeitnehmer anwesend ist.

(BGBl 1990/690, BGBl II 2012/142)

(2) Den Vorsitz in einer Betriebs(Gruppen-, Betriebshaupt)versammlung, die gemäß § 2 Abs. 2 und 3 einberufen wird, führt der Einberufer. Dieser kann die Vorsitzführung einem Stellvertreter aus dem Kreise der stimmberechtigten Arbeitnehmer übertragen. Stimmberechtigt ist jeder betriebs-(gruppen)zugehörige Arbeitnehmer ohne Unterschied der Staatsbürgerschaft, der das 18. Lebensjahr vollendet hat und am Tage der Betriebsversammlung im Betrieb beschäftigt ist.

(BGBl 1987/364, BGBl 1993/814, BGBl II 2012/142)

(3) Die Beschlüsse werden mit einfacher Mehrheit der abgegebenen Stimmen gefaßt. Beschlüsse über die Enthebung des Betriebsrates (§ 42 Abs. 1 Z 4 ArbVG) oder eines Betriebsratsmitgliedes (§ 42 Abs. 2 ArbVG) bedürfen der Mehrheit von zwei Drittel der abgegebenen Stimmen. Beschlüsse über die Bildung eines gemeinsamen Betriebsrates im Sinne des § 40 Abs. 3 ArbVG bedürfen der Mehrheit von zwei Drittel der für die Wahl des jeweiligen Gruppenbetriebsrates aktiv Wahlberechtigten.

(4) Die Stimmabgabe in der Betriebs(Grup-pen-, Betriebshaupt)versammlung hat, sofern im folgenden nicht anders vorgesehen ist, durch Handerheben zu erfolgen. Der Vorsitzführende hat immer die Gegenprobe vorzunehmen. Abstimmungen über die Bildung eines gemeinsamen Betriebsrates und über Enthebung haben geheim mittels Stimmzettels zu erfolgen. Das gleiche gilt, wenn mindestens ein Drittel der stimmberechtigten Anwesenden eine solche Abstimmung verlangt. Der Vorsitzführende kann, sofern es ihm zweckmäßig erscheint, auch in anderen Fällen die geheime Abstimmung mittels Stimmzettels vornehmen lassen.

(BGBl 1987/364)

(5) Der Vorsitzführende hat das Stimmenverhältnis festzustellen. Er hat den ältesten der anwesenden stimmberechtigten Arbeitnehmer, der nicht dem Betriebsrat angehört, der Ermittlung des Abstimmungsergebnisses (Stimmzähler) beizuziehen. In der Geschäftsordnung (§ 8) können nähere Bestimmungen über die Heranziehung weiterer stimmberechtigter Arbeitnehmer zur Stimmzählung festgelegt werden.

(BGBl 1987/364)

(6) Bei Beschlußfassung über einen Antrag auf Enthebung des Betriebsrates ist der Zählung der Stimmzettel ein Vertreter der Antragsteller beizuziehen.

(7) Über die Betriebs(Gruppen-, Betriebshaupt) versammlung hat der vom Betriebsrat (Betriebsausschuß) gewählte Schriftführer oder falls ein solcher nicht bestellt oder anwesend ist, ein vom Vorsitzführenden zu bestellender Schriftführer eine Niederschrift zu führen, die in Kürze den Gang und die Beschlüsse der Betriebs(Gruppen-, Betriebshaupt)versammlung und die Stimmenverhältnisse der Beschlußfassung zu enthalten hat. Die Niederschrift ist vom Vorsitzführenden und vom Schriftführer zu unterschreiben und vom Betriebsrat (Betriebsausschuß, Wahlvorstand) zu verwahren.

(BGBl 1987/364)

(8) Binnen einer Woche nach der Betriebs-(Gruppen-, Betriebshaupt)versammlung hat der Vorsitzführende die Niederschrift zur Einsicht für alle Arbeitnehmer des Betriebes (Arbeitnehmergruppe) aufzulegen. Auf die Möglichkeit der Einsichtnahme ist in einer entsprechenden Bekanntmachung hinzuweisen. § 1 Abs. 1 und 4 ist sinngemäß anzuwenden. Innerhalb einer Woche, gerechnet vom Tag der Bekanntmachung, kann jeder stimmberechtigte Arbeitnehmer beim Vorsitzenden Einspruch gegen die Richtigkeit der Niederschrift erheben.

(BGBl 1987/364)

Teilversammlungen

§ 6. (1) Bei Vorliegen der Voraussetzungen des

§ 44 Abs. 1 ArbVG kann der Betriebsrat (Betriebsausschuß) die Abhaltung einer Betriebs-(Gruppen-, Betriebshaupt)versammlung in Form von Teilversammlungen beschließen. Der Beschluß hat die Termine der Teilversammlungen so festzulegen, daß diese in einem zeitlichen Zusammenhang stehen, und den Kreis der Arbeitnehmer, die zur Teilnahme an den einzelnen Teilversammlungen und zur Stimmabgabe berechtigt sind, genau abzugrenzen. Der Beschluß hat ferner geeignete Maßnahmen (wie Ausgabe von Stimmkarten, Stimmlisten) festzulegen, die sicherstellen, daß jeder stimmberechtigte Arbeitnehmer nur einmal sein Stimmrecht ausüben kann. Die Abgrenzung der Teilnahme- und Stimmberechtigung in Teilversammlungen kann auch für künftige Betriebs-(Gruppen-, Betriebshaupt)versammlungen beschlossen oder durch die autonome Geschäftsordnung des Betriebsrates (Betriebsausschusses) (§§ 19 und 24) geregelt werden. Die Einberufung hat die durch Beschluß oder Geschäftsordnung getroffene Regelung zu enthalten.

(BGBl 1987/364)

(2) Zutritt zu einer Teilversammlung haben unbeschadet des § 9 Abs. 2 und 3 nur jene Arbeitnehmer, für die nach dem Beschluß des Betriebsrates (Betriebsausschusses) oder nach der Geschäftsordnung diese Teilversammlung vorgesehen ist. Die Betriebsratsmitglieder können an jeder Teilversammlung teilnehmen. Ihr Stimmrecht können sie jedoch nur in jener Teilversammlung ausüben, die für sie vorgesehen ist. Ebenso sind sie nur auf die Zahl der Anwesenden jener Teilversammlung anzurechnen, der sie angehören.

(3) Den Vorsitz in einer Teilversammlung führt der Betriebsratsvorsitzende (Vorsitzende des Betriebsausschusses) oder ein von ihm bestimmtes Betriebsratsmitglied. Hinsichtlich der Beschlußfähigkeit gilt § 5 Abs. 1 dritter bis vorletzter Satz, hinsichtlich der Erstellung und Auflage der Niederschrift gilt § 5 Abs. 7 und 8. Die Prüfung, ob die für die Gültigkeit von Beschlüssen erforderliche Mehrheit der Stimmen in der Betriebs(Gruppen-, Betriebshaupt)versammlung gegeben ist, hat der Betriebsrat erst nach Durchführung aller Teilversammlungen und auf Grund aller Teilergebnisse vorzunehmen.

(BGBl 1987/364, BGBl 1990/690)

(4) Beginnt der Lauf einer Frist mit dem Tag der Betriebs(Gruppen)versammlung, so ist der Tag der letzten Teilversammlung maßgebend; endet der Lauf einer Frist hingegen mit dem Tag der Betriebs(Gruppen)versammlung, so ist der Tag der ersten Teilversammlung maßgebend. Für die Stimmberechtigung eines Arbeitnehmers ist seine Beschäftigung am Tag der für ihn vorgesehenen Teilversammlung maßgebend.

Tagesordnung

§ 7. (1) Anträge auf Ergänzung der vom Einberufer mit der Einberufung der Betriebsversammlung bekanntgegebenen Tagesordnung können von jedem stimmberechtigten Arbeitnehmer gestellt werden. Bis zu Beginn der Betriebs(Gruppen-, Betriebshaupt)versammlung ist ein solcher Antrag beim Einberufer, während der Betriebs-(Gruppen-, Betriebshaupt)versammlung beim Vorsitzführenden einzubringen.

(BGBl 1987/364)

(2) Wird die Betriebs(Gruppen-, Betriebshaupt) versammlung in Teilversammlungen abgehalten, so kann ein Antrag auf Ergänzung der Tagesordnung nur bis zum Ablauf der ersten Teilversammlung gestellt werden. Ein Antrag auf Ergänzung der Tagesordnung in Angelegenheiten, die nur einen Bereich betreffen, der durch die Teilversammlung repräsentiert ist und die keine Beschlußfassung erfordern, kann in jeder Teilversammlung gestellt werden.

Geschäftsordnung der Betriebs-(Gruppen-, Betriebshaupt)versammlung

§ 8. Die Betriebs(Gruppen-, Betriebshaupt) versammlung kann mit einfacher Mehrheit der abgegebenen Stimmen eine Geschäftsordnung beschließen. In diese Geschäftsordnung können alle Arbeitnehmer des Betriebes (Arbeitnehmergruppe) jederzeit Einsicht nehmen.

Teilnahme des Betriebsinhabers und der überbetrieblichen Interessenvertretungen

§ 9. (1) Die Betriebs(Gruppen-, Betriebshaupt)-versammlungen (Teilversammlungen) sind nicht öffentlich.

(2) Jede zuständige freiwillige Berufsvereinigung und die gesetzliche Interessenvertretung der Arbeitnehmer sind berechtigt, zu allen Betriebs-(Gruppen-, Betriebshaupt)versammlungen (Teilversammlungen) Vertreter zu entsenden. Sie sind von der Einberufung schriftlich unter Bekanntgabe der Tagesordnung so rechtzeitig in Kenntnis zu setzen, daß die Entsendung eines Vertreters möglich ist.

(3) Der Einberufer hat ferner den Betriebsinhaber rechtzeitig von der beabsichtigten Abhaltung einer Betriebs(Gruppen-, Betriebshaupt)versammlung im Betrieb oder während der Arbeitszeit in Kenntnis zu setzen. Wird der Betriebsinhaber zur Teilnahme an einer Betriebsversammlung eingeladen, so ist ihm auch die Tagesordnung bekanntzugeben. Soll sich seine Teilnahme nur auf einzelne Tagesordnungspunkte beziehen, so ist ausdrücklich in der Einladung darauf hinzuweisen.

Abschnitt 2
Betriebsrat

Konstituierung des Betriebsrates

§ 10. (1) Das an Lebensjahren älteste Mitglied des neugewählten Betriebsrates hat nach Durchführung der Betriebsratswahl die übrigen gewählten Mitglieder binnen zwei Wochen zur Wahl der Organe (Funktionäre) des Betriebsrates (konstituierende Sitzung) einzuberufen. Die Einberufung hat die konstituierende Sitzung so rechtzeitig vorzusehen, daß der neugewählte Betriebsrat unmittelbar nach Ablauf der Tätigkeitsdauer des abtretenden Betriebsrates seine Tätigkeit aufnehmen kann, in jedem Fall aber ist die konstituierende Sitzung innerhalb von sechs Wochen nach Durchführung der Betriebsratswahl vorzusehen. Kommt das älteste Mitglied der Pflicht zur Einberufung des Betriebsrats zur konstituierenden Sitzung binnen zwei Wochen nach Durchführung der Betriebsratswahl nicht nach, so ist jedes Mitglied des Betriebsrates, das an erster Stelle eines Wahlvorschlags zu diesem Betriebsrat gereiht war, zur Einberufung berechtigt. Im Falle mehrerer gleichzeitiger Einberufungen gilt die Einberufung des Betriebsratsmitglieds, das auf dem Wahlvorschlag mit der größeren Anzahl der gültigen Stimmen gewählt wurde. Bei Stimmengleichheit ist jene Einberufung maßgebend, die den früheren Termin für die konstituierende Sitzung vorsieht. Auf die Einberufung ist § 14 Abs. 4 bis 6 sinngemäß mit der Maßgabe anzuwenden, daß die Verständigung über die Einberufung mindestens drei Tage vor der Sitzung zu erfolgen hat.

(BGBl 1987/364, BGBl II 2021/230)

(2) Die Mitglieder des Betriebsrates haben zunächst unter dem Vorsitz des Einberufers aus ihrer Mitte mit einfacher Mehrheit der abgegebenen Stimmen den Vorsitzenden zu wählen. Bei Stimmengleichheit gilt jenes für die Funktion des Vorsitzenden vorgeschlagene Betriebsratsmitglied als gewählt, das auf jenem Wahlvorschlag kandidiert hat, der bei der Betriebsratswahl die meisten Stimmen auf sich vereinigt hat. Haben beide Wahlvorschläge die gleiche Stimmenzahl erreicht oder haben beide Kandidaten für die Funktion des Vorsitzenden auf den gleichen Wahlvorschlag kandidiert, so entscheidet das Los.

(BGBl 1987/364)

(3) Nach seiner Wahl hat der Vorsitzende den Vorsitz zu übernehmen und die Wahl der übrigen Funktionäre des Betriebsrates zu leiten. Bei Stimmengleichheit gilt, sofern Abs. 4 nicht anderes bestimmt, jener Kandidat als gewählt, für den der Vorsitzende gestimmt hat.

(BGBl 1987/364)

(4) Im Falle des Losentscheides bei der Wahl des Vorsitzenden (Abs. 2) ist der (erste) Vorsitzendenstellvertreter jener wahlwerbenden Gruppe zu entnehmen, die auf Grund des Losentscheides nicht den Vorsitzenden stellt.

(BGBl 1987/364)

(5) Der Betriebsrat kann weitere Stellvertreter des Vorsitzenden und erforderlichenfalls einen Schriftführer wählen. Er hat, sofern ein Betriebsratsfonds besteht, einen Kassaverwalter zu wählen. Sofern der Betriebsrat aus mindestens drei Mitgliedern besteht, dürfen die Funktionen des Vorsitzenden (Stellvertreters) und des Kassaverwalters nicht in einer Person vereinigt werden.

(BGBl 1987/364)

(6) Besteht ein Betriebsrat aus zwei Mitgliedern, so wird in der konstituierenden Sitzung mangels Einigung dasjenige Mitglied Vorsitzender, das bei der Betriebsratswahl die meisten Stimmen auf sich vereinigt hat. Liegt Stimmengleichheit vor, so entscheidet das Los. Wurden beide Betriebsratsmitglieder auf einem Wahlvorschlag gewählt, so wird in der konstituierenden Sitzung mangels Einigung das an erster Stelle gereihte Mitglied Vorsitzender.

(BGBl 1987/364)

§ 11. Der Vorsitzende hat unmittelbar nach Beendigung der konstituierenden Sitzung das Ergebnis der Wahl der Betriebsratsfunktionäre sowie die Reihenfolge der Ersatzmitglieder (§ 12) dem Betriebsinhaber, den zuständigen freiwilligen Berufsvereinigungen und der zuständigen gesetzlichen Interessenvertretung der Arbeitnehmer sowie dem zuständigen Arbeitsinspektorat anzuzeigen und im Betrieb durch Anschlag an der Ankündigungstafel des Betriebsrates (§ 1 Abs. 1) oder durch eine sonstige geeignete schriftliche oder elektronische Mitteilung (§ 1 Abs. 4) kundzumachen. Das gleiche gilt bei der Neuwahl einzelner Betriebsratsfunktionäre.

(BGBl 1987/364, BGBl II 2012/142)

Ersatzmitglieder

§ 12. (1) Die Reihenfolge des Nachrückens der Ersatzmitglieder im Falle des Erlöschens der Mitgliedschaft oder der Verhinderung eines Betriebsratsmitgliedes erfolgt nach der Reihung auf dem Wahlvorschlag. Wurde der Betriebsrat ohne Erstellung von Wahlvorschlägen mit einfacher Mehrheit der abgegebenen Stimmen gewählt (§ 58 Z 3 ArbVG), so tritt das Ersatzmitglied mit der höchsten Stimmenzahl an die Stelle des ausgeschiedenen oder verhinderten Mitgliedes. Bei gleicher Stimmenzahl entscheidet das Los.

(2) Verzichtet ein Ersatzmitglied oder verzichten mehrere Ersatzmitglieder zugleich zugunsten eines nachgereihten Ersatzmitgliedes auf das Nachrücken, so bleiben sie weiterhin als Ersatzmitglieder in der ursprünglichen Reihung. Eine solche Verzichtserklärung ist dem Betriebsratsvorsitzenden schriftlich bekanntzugeben. Sie kann nicht widerrufen werden.

(BGBl 1987/364)

Tätigkeitsdauer der Funktionäre des Betriebsrates

§ 13. (1) Die Betriebsratsfunktionäre werden für die Tätigkeitsdauer des Betriebsrates gewählt.

(2) Vor Ablauf der Tätigkeitsdauer des Betriebsrates ist die Neuwahl eines Funktionärs vorzunehmen, wenn

1. die Mehrheit der Betriebsratsmitglieder die Enthebung eines Funktionärs beschließt;
2. ein Funktionär seine Funktion zurücklegt;
3. die Mitgliedschaft eines Funktionärs zum Betriebsrat erlischt.

(3) Der Beschluß zur Enthebung eines Funktionärs bedarf der Stimmen von mehr als der Hälfte aller Betriebsratsmitglieder.

Sitzungen des Betriebsrates

§ 14. (1) Die Sitzungen des Betriebsrates sind vom Vorsitzenden, bei dessen Verhinderung vom Stellvertreter vorzubereiten und einzuberufen.

(BGBl 1987/364)

(2) Sitzungen des Betriebsrates sind mindestens einmal im Monat abzuhalten. Darüber hinaus kann der Vorsitzende, wenn er es für erforderlich erachtet, jederzeit den Betriebsrat zu einer Sitzung einberufen. Der Vorsitzende hat den Betriebsrat einzuberufen, wenn es von einem Drittel der Betriebsratsmitglieder, mindestens jedoch von zwei Mitgliedern verlangt wird.

(BGBl 1987/364)

(3) Kommt der Vorsitzende seinen Verpflichtungen gemäß Abs. 1 und 2 nicht nach, so hat das Gericht die Sitzung anzuordnen, wenn dies ein Drittel der Betriebsratsmitglieder, mindestens jedoch zwei Mitglieder beantragen. Den Vorsitz in dieser Sitzung führt das zur Stellvertretung berufene Mitglied, bei mehreren Stellvertretern nach der vorgesehenen Reihenfolge, sonst ein anderes Mitglied des Betriebsrates entsprechend dem Beschluß des Gerichtes.

(BGBl 1987/364)

(4) Die Betriebsratsmitglieder sind von der Abhaltung der Sitzung, wenn nicht besondere Gründe den sofortigen Zusammentritt des Betriebsrates erfordern, mindestens einen Tag vorher zu verständigen. Mit der Verständigung ist die Tagesordnung bekanntzugeben. Besteht im Betrieb ein Jugendvertrauensrat oder ist eine Behindertenvertrauensperson gewählt, so sind diese gleichzeitig zu verständigen.

(BGBl II 2012/142)

(5) Die Mitglieder des Betriebsrates sind verpflichtet, an den Sitzungen des Betriebsrates teilzunehmen. Im Verhinderungsfalle haben sie davon den Vorsitzenden in Kenntnis zu setzen, der das vorgesehene Ersatzmitglied von der Sitzung zu verständigen hat. Ist dem Vorsitzenden die Verhinderung eines Mitgliedes bereits bei der Einberufung der Sitzung bekannt, hat er von sich aus dem in Betracht kommenden Ersatzmitglied die Einberufung mitzuteilen.

(BGBl 1987/364)

(6) Der Betriebsrat kann nur dann Beschlüsse fassen oder Wahlen durchführen, wenn alle Mitglieder unter Bedachtnahme auf Abs. 5 von der Abhaltung der Sitzung nachweisbar rechtzeitig verständigt wurden. Die unterbliebene Verständigung ist jedoch kein Hindernis für die Beschlußfassung oder Wahl, wenn das nicht oder nicht rechtzeitig geladene Mitglied anwesend ist oder wenn die rechtzeitige Verständigung der fehlenden Mitglieder nicht möglich war.

(7) Der Betriebsrat ist, abgesehen vom Erfordernis der Verständigung gemäß Abs. 6 beschlußfähig, wenn mindestens die Hälfte der Mitglieder (einschließlich der Ersatzmitglieder für die verhinderten Mitglieder) anwesend ist.

(7a) Beschlüsse durch schriftliche Stimmabgabe sind nur zulässig, wenn kein Mitglied des Betriebsrates diesem Verfahren widerspricht. Der Widerspruch ist für jeden einzelnen Beschluss möglich. Dasselbe gilt für fernmündliche oder andere vergleichbare Formen der Beschlussfassung. Der Vorsitzende hat für die Dokumentierung der Beschlussfassung zu sorgen und diese Dokumentierung den übrigen Mitgliedern des Betriebsrates zur Kenntnis zu bringen.

(BGBl II 2012/142)

(8) Soweit in den §§ 68 Abs. 2 dritter Satz und Abs. 3 sowie 70 ArbVG oder in der vom Betriebsrat beschlossenen Geschäftsordnung (§ 19) keine strengeren Erfordernisse festgesetzt sind, werden Beschlüsse mit einfacher Mehrheit der abgegebenen Stimmen gefaßt. Bei Stimmengleichheit ist die Meinung angenommen, für die der Vorsitzführende gestimmt hat. Besteht ein Betriebsrat nur aus zwei Mitgliedern, kommt ein Beschluß nur bei Übereinstimmung beider Mitglieder zustande.

(BGBl 1987/364)

(9) Die Sitzungen des Betriebsrates sind nicht öffentlich. Der Betriebsrat kann außer Vertretern der im § 9 Abs. 2 genannten überbetrieblichen Interessenvertretungen bei Erledigung bestimmter Aufgaben auch Personen, die nicht dem Betriebsrat angehören, beratend zuziehen.

(10) Über die Sitzung ist vom Schriftführer eine Niederschrift zu führen, die von allen anwesenden Betriebsratsmitgliedern zu unterfertigen ist.

Übertragung von Aufgaben im Einzelfalle

§ 15. (1) Der Betriebsrat kann im Einzelfalle die Durchführung einzelner seiner Befugnisse, die keiner Beschlußfassung bedürfen, einem oder mehreren seiner Mitglieder übertragen. Der Betriebsrat kann ferner im Einzelfalle die Vorbereitung und Durchführung seiner Beschlüsse einem Ausschuß übertragen.

(2) Die Übertragung der Aufgaben gemäß Abs. 1 bedarf in jedem Einzelfall des Beschlusses des Betriebsrates. Dem Betriebsrat ist erforderlichenfalls vom Fortgang sowie vom Abschluß der übertragenen Aufgaben zu berichten.

Übertragung von Aufgaben durch Geschäftsordnung

§ 16. (1) Der Betriebsrat kann, sofern er eine Geschäftsordnung (§ 19) beschließt, in dieser einem Ausschuß in bestimmten Angelegenheiten die Vorbereitung und Durchführung seiner Beschlüsse für ständig übertragen.

(BGBl 1993/814)

(2) Einem Ausschuss sollen insbesondere

1. die Vorbereitung und Durchführung von Beschlüssen in den Angelegenheiten der Gleichbehandlung, der Frauenförderung, der Wahrnehmung der Interessen von Arbeitnehmerinnen und Arbeitnehmern mit Familienpflichten sowie der Maßnahmen gegen (sexuelle) Belästigung,

2. Angelegenheiten der Gesundheits- und Sportförderung im Betrieb und
3. Angelegenheiten der Förderung der kulturellen Integration

übertragen werden.

(BGBl 1993/814, BGBl II 2012/142)

§ 17. (1) Sind am Tag der Wahl des Wahlvorstandes im Betrieb oder, falls getrennte Betriebsräte gewählt wurden, innerhalb der Arbeitnehmergruppe mehr als 1000 Arbeitnehmer (§ 36 Abs. 1 ArbVG) beschäftigt, so kann der Betriebsrat, sofern er eine Geschäftsordnung (§ 19) beschließt, in dieser zur selbständigen Beschlußfassung in bestimmten Angelegenheiten geschäftsführende Ausschüsse errichten. In einem solchen Ausschuß muß jede wahlwerbende Gruppe, die ein Mitglied des Betriebsrates stellt, vertreten sein.

(2) Beschlüsse, die in einem geschäftsführenden Ausschuss gefasst werden, müssen einhellig erfolgen, wobei die Beschlussfassung durch Stimmabgabe gemäß § 14 Abs. 7a zulässig ist. Der Betriebsrat ist von den gefaßten Beschlüssen unverzüglich in Kenntnis zu setzen. Kommt in einer Angelegenheit ein einhelliger Beschluß des geschäftsführenden Ausschusses nicht zustande, so hat der Vorsitzende (Stellvertreter) dieses Ausschusses diese Angelegenheit unverzüglich dem Betriebsrat zur Entscheidung vorzulegen.

(BGBl II 2012/142)

(3) Das Recht auf Abschluß von Betriebsvereinbarungen und die Wahrnehmung der wirtschaftlichen Mitwirkungsrechte gemäß §§ 108 bis 112 ArbVG können nicht einem geschäftsführenden Ausschuß zur selbständigen Beschlußfassung übertragen werden.

§ 18. Die Sitzungen von Ausschüssen gemäß §§ 15 Abs. 1, 16 und 17 sind nicht öffentlich. Den Ausschüssen können außer Vertretern der im § 9 Abs. 2 genannten überbetrieblichen Interessenvertretungen auch Personen, die dem Betriebsrat nicht angehören, beratend beigezogen werden. Die Mitglieder des Betriebsrates haben das Recht, an allen Ausschußsitzungen als Beobachter teilzunehmen.

Autonome Geschäftsordnung

§ 19. (1) Der Betriebsrat kann für die Dauer seiner Tätigkeit eine Geschäftsordnung beschließen. Für einen Beschluß über die Schaffung, Änderung oder Aufhebung einer Geschäftsordnung ist die Mehrheit von zwei Drittel der Mitglieder des Betriebsrates erforderlich.

(2) In der Geschäftsordnung kann insbesondere geregelt werden:

1. Die Errichtung, Zusammensetzung und Geschäftsführung von Ausschüssen gemäß §§ 16 und 17;
2. die Bezeichnung der Angelegenheiten, in denen geschäftsführenden Ausschüssen das Recht auf selbständige Beschlußfassung zukommt;
3. die Festlegung von Art und Umfang der Vertretungsmacht der Vorsitzenden von geschäftsführenden Ausschüssen;
4. die Zahl der Stellvertreter des Betriebsratsvorsitzenden und die Reihenfolge der Stellvertretung;

   (BGBl 1987/364)
5. die Beteiligung sämtlicher Betriebsratsmitglieder bei der Ausübung bestimmter Befugnisse;
6. die Festlegung strengerer Erfordernisse für das Zustandekommen gültiger Beschlüsse des Betriebsrates;
7. zusätzliche Vorschriften über die Art der Bekanntmachungen des Betriebsrates;
8. Zeit und Ort der regelmäßigen Sitzungen des Betriebsrates;
9. die Beiziehung von nicht dem Betriebsrat angehörenden Personen zu Betriebsratssitzungen;
10. die Protokollführung.

(3) Die Beschlussfassung über die Geschäftsordnung ist durch Anschlag an der Ankündigungstafel des Betriebsrates oder durch eine sonstige geeignete schriftliche oder elektronische Mitteilung kundzumachen und die Geschäftsordnung für alle Arbeitnehmer des Betriebes (der Arbeitnehmergruppe) zur Einsicht aufzulegen.

(BGBl II 2012/142)

(4) Der Betriebsinhaber ist berechtigt, in die Geschäftsordnung Einsicht zu nehmen und sich eine Abschrift anfertigen zu lassen.

Vertretung nach außen

§ 20. Vertreter des Betriebsrates gegenüber dem Betriebsinhaber und nach außen ist der Vorsitzende, bei dessen Verhinderung der Stellvertreter. Wird die Zahl der Stellvertreter des Vorsitzenden erhöht, so vertreten sie den Betriebsrat in der Reihenfolge, die der Beschluß des Betriebsrates oder die Geschäftsordnung (§ 19) festlegt. Diese Stellvertretung, eine in der Geschäftsordnung für Vorsitzende (Stellvertreter) von geschäftsführenden Ausschüssen sowie für andere Betriebsratsmitglieder in Einzelfällen festgelegte Vertretungsbefugnis sind dem Betriebsinhaber umgehend mitzuteilen; sie erlangen erst mit dieser Verständigung Rechtswirksamkeit.

(BGBl 1987/364)

Bekanntmachungen des Betriebsrates

§ 21. (1) Bekanntmachungen des Betriebsrates an die Arbeitnehmer des Betriebes haben, soweit in dieser Verordnung nicht anderes bestimmt wird, durch Anschlag an der Ankündigungstafel des Betriebsrates (§ 1 Abs. 1), durch eine sonstige geeignete schriftliche oder elektronische Mitteilung (§ 1 Abs. 4) oder mündlich in der Betriebs(Gruppen) versammlung zu erfolgen.

(2) Alle Bekanntmachungen des Betriebsrates durch Anschlag oder durch sonstige schriftliche

oder elektronische Mitteilung sind vom Vorsitzenden (Stellvertreter) und vom Schriftführer zu zeichnen.

(3) Die Kundmachung von Betriebsvereinbarungen durch den Betriebsrat, deren Änderung sowie deren Beendigung hat durch Anschlag an der Ankündigungstafel des Betriebsrates (§ 1 Abs. 1) zu erfolgen. Daneben kann der Betriebsrat über Betriebsvereinbarungen durch schriftliche oder elektronische Mitteilung informieren.

(BGBl II 2012/142)

Beistellung von Sacherfordernissen

§ 22. Dem Betriebsrat sind zur ordnungsgemäßen Erfüllung seiner Aufgaben Räumlichkeiten samt Einrichtung, Beleuchtung und Beheizung, weiters Kanzlei- und Geschäftserfordernisse sowie sonstige Sacherfordernisse in einem der Größe des Betriebes und den Bedürfnissen des Betriebsrates angemessenen Ausmaß vom Betriebsinhaber unentgeltlich zur Verfügung zu stellen. Desgleichen hat der Betriebsinhaber unentgeltlich für die Instandhaltung der bereitgestellten Räume und Gegenstände zu sorgen. In großen Betrieben (Arbeitnehmergruppen) ist der Betriebsinhaber überdies zur zeitweisen oder dauernden Beistellung einer Schreibkraft verpflichtet, wenn der Umfang der Tätigkeit des Betriebsrates dies erforderlich macht und es dem Betriebsinhaber zumutbar ist.

Einheitlicher Betriebsrat

§ 22a. (1) Werden Betriebe oder Betriebsteile zu einem neuen Betrieb zusammengeschlossen, so bilden die Betriebsräte (Betriebsausschüsse) für diesen neuen Betrieb bis zur Neuwahl eines Betriebsrates, längstens aber bis zum Ablauf eines Jahres nach dem Zusammenschluss ein Organ der Arbeitnehmerschaft (einheitlicher Betriebsrat). Für dessen Konstituierung gilt § 10 mit der Maßgabe, dass die Einberufung zur konstituierenden Sitzung unverzüglich nach dem Zusammenschluss vorzunehmen ist und zur Einberufung jeder Vorsitzende der zum einheitlichen Betriebsrat zusammengefassten Betriebsräte (Betriebsausschüsse) berechtigt ist. Im Fall mehrerer Einberufungen gilt die Einberufung durch den Vorsitzenden jenes Betriebsrates (Betriebsausschusses), der die größere Zahl von Arbeitnehmern vertritt.

(BGBl 1993/814, BGBl II 2012/142)

(2) Im übrigen gelten die §§ 11 bis 22.

(BGBl 1993/814)

(BGBl 1993/814)

Abschnitt 3
Betriebsausschuß

Wahl der Funktionäre

§ 23. (1) In Betrieben, in denen getrennte Betriebsräte für die Gruppen der Arbeiter und der Angestellten bestehen, ist die Sitzung zur Wahl des Vorsitzenden des Betriebsausschusses und dessen Stellvertreters von den Vorsitzenden der Betriebsräte gemeinsam einzuberufen. Hat ein Vorsitzender den anderen Vorsitzenden zur Vornahme der gemeinsamen Einberufung schriftlich aufgefordert und kommt es innerhalb von zwei Wochen nach diesem Zeitpunkt zu keiner Einigung über die gemeinsame Einberufung, so kann ein Vorsitzender allein die Einberufung vornehmen. Auf die Einberufung ist § 14 Abs. 4 bis 6 sinngemäß mit der Maßgabe anzuwenden, daß die Verständigung über die Einberufung mindestens drei Tage vor der Sitzung erfolgen soll.

(BGBl 1987/364)

(2) Den Vorsitz in dieser Sitzung führt bis zur durchgeführten Wahl des Vorsitzenden des Betriebsausschusses, sofern die Einberufung einvernehmlich erfolgte, jener Betriebsratsvorsitzende, der die größere Arbeitnehmergruppe repräsentiert, sonst der einberufende Betriebsratsvorsitzende. Für die Wahl des Vorsitzenden des Betriebsausschusses und dessen Stellvertreters ist die Anwesenheit von mindestens der Hälfte der Mitglieder jedes Betriebsrates erforderlich. Der Vorsitzende wird aus der Mitte der Mitglieder beider Betriebsräte mit einfacher Mehrheit der abgegebenen Stimmen gewählt. Der Stellvertreter ist mit einfacher Mehrheit der abgegebenen Stimmen aus der Mitte der Mitglieder jenes Betriebsrates zu wählen, dem der Vorsitzende als Mitglied nicht angehört. Erreicht bei der Wahl des Vorsitzenden keiner der Wahlwerber die einfache Mehrheit der abgegebenen Stimmen, so ist ein zweiter Wahlgang durchzuführen. Im zweiten Wahlgang können Stimmen gültig nur für die beiden Wahlwerber abgegeben werden, die im ersten Wahlgang die meisten Stimmen erhalten haben. Bei Stimmengleichheit entscheidet das Los. Das gleiche gilt für die Wahl des Stellvertreters des Vorsitzenden.

(BGBl 1987/364)

(3) In Betrieben, in denen für jede Arbeitnehmergruppe nur je ein Betriebsratsmitglied zu wählen war, gilt mangels Einigung als Vorsitzender des Betriebsausschusses jenes Mitglied, das die größere Arbeitnehmergruppe repräsentiert. Bei gleicher Gruppenstärke entscheidet das Los.

(BGBl 1987/364)

(3a) Haben die Gruppenversammlungen übereinstimmend die Errichtung eines gemeinsamen Betriebsratsfonds für beide Gruppen beschlossen, so hat der Betriebsausschuß aus seiner Mitte mit einfacher Mehrheit der abgegebenen Stimmen einen Kassaverwalter zu wählen.

(BGBl 1993/814)

(4) Hat sich infolge des Ablaufes der Tätigkeitsdauer des Betriebsrates einer Arbeitnehmergruppe ein neuer Betriebsrat konstituiert, so ist nach Beginn dessen Tätigkeitsdauer die Neuwahl des Vorsitzenden des Betriebsausschusses und dessen Stellvertreter nach den Abs. 1 bis 3 vorzunehmen. Im übrigen ist § 13 sinngemäß anzuwenden.

(BGBl 1987/364)

(5) Wurden nach den Bestimmungen der §§ 133 Abs. 2, 134 Abs. 5 und 134b Abs. 1 ArbVG mehr als zwei Betriebsräte bestellt, so gilt Abs. 1 bis 4

singgemäß; werden in diesen Fällen auf Grund der Geschäftsordnung des Betriebsausschusses mehrere Vorsitzendenstellvertreter gewählt, so haben sie verschiedenen Betriebsräten anzugehören.

(BGBl 1987/364)

Geschäftsführung

§ 24. (1) Auf die Geschäftsführung des Betriebsausschusses sind, soweit im folgenden nicht anderes bestimmt wird, die §§ 14 bis 16, 18, 19 Abs. 1, 2 Z 1, 4 bis 10, Abs. 3 und 4 sowie §§ 20 bis 22 sinngemäß anzuwenden.

(2) Der Vorsitzende (Stellvertreter) hat den Betriebsausschuß binnen zwei Wochen einzuberufen, wenn mehr als ein Drittel der Betriebsratsmitglieder des Betriebes oder ein Betriebsrat dies verlangt.

(BGBl 1987/364)

(3) Werden bei einer Abstimmung sämtliche anwesende Mitglieder eines Betriebsrates überstimmt, so hat eine zweite Abstimmung zu erfolgen, in welcher ein Beschluß nur mit Mehrheit von zwei Drittel der abgegebenen Stimmen zustande kommen kann.

(4) Besteht jeder Betriebsrat nur aus einer Person, so bedarf es für das Zustandekommen eines Beschlusses der Übereinstimmung beider Mitglieder des Betriebsausschusses.

Abschnitt 4
Betriebsräteversammlung

Einberufung

§ 25. (1) Die Betriebsräteversammlung ist, sofern Abs. 2 nicht anderes bestimmt, vom Zentralbetriebsrat mindestens einmal in jedem Kalenderjahr einzuberufen. Den Vorsitz in der Betriebsräteversammlung führt der Vorsitzende des Zentralbetriebsrates, bei dessen Verhinderung sein Stellvertreter.

(BGBl 1987/364)

(2) Soll ein Beschluß über die Fortsetzung der Tätigkeitsdauer des Zentralbetriebsrates gemäß § 82 Abs. 4 ArbVG oder über die Enthebung des Zentralbetriebsrates gefaßt werden, so kann die Betriebsräteversammlung von jedem im Unternehmen bestellten Betriebsrat einberufen werden. Den Vorsitz in dieser Betriebsräteversammlung führt der Vorsitzende (Stellvertreter) des einberufenden Betriebsrates.

(BGBl 1987/364)

(3) Die Einberufung der Betriebsräteversammlung (Abs. 1 und 2) ist tunlichst zwei Wochen vor deren Stattfinden den Vorsitzenden der im Unternehmen bestellten Betriebsräte bekanntzugeben, die die Betriebsratsmitglieder nachweislich davon in Kenntnis zu setzen haben. Die Einberufung hat den Ort und den Zeitpunkt der Betriebsräteversammlung sowie die Tagesordnung und, sofern nicht über die Enthebung des Zentralbetriebsrates beschlossen werden soll, den Hinweis zu enthalten, daß nach Ablauf einer halben Stunde nach dem vorgesehenen Beginn die Betriebsräteversammlung ohne Rücksicht auf die Zahl der anwesenden Betriebsratsmitglieder beschlußfähig ist.

(BGBl 1987/364)

Beschlußfassung

§ 26. (1) Die Betriebsräteversammlung ist, soweit § 27 nicht anderes bestimmt, beschlussfähig, wenn mindestens die Hälfte aller Mitglieder der im Unternehmen bestellten Betriebsräte anwesend ist. Ist beim Beginn der Betriebsräteversammlung weniger als die Hälfte aller Betriebsratsmitglieder des Unternehmens anwesend, so ist mit einer Abstimmung eine halbe Stunde zuzuwarten; nach Ablauf dieser Zeit ist die Betriebsräteversammlung ohne Rücksicht auf die Zahl der anwesenden Betriebsratsmitglieder beschlußfähig. Die Beschlüsse werden, soweit § 27 nicht anderes bestimmt, mit einfacher Mehrheit der abgegebenen Stimmen gefasst.

(BGBl II 2012/142)

(2) Im übrigen sind auf die Betriebsräteversammlung § 5 Abs. 4, 5 und 7 sowie § 9 sinngemäß anzuwenden. § 5 Abs. 8 ist sinngemäß mit der Maßgabe anzuwenden, daß eine Ausfertigung der Niederschrift jedem Betriebsratsvorsitzenden zu übersenden ist, der sie zur Einsichtnahme für die Betriebsratsmitglieder aufzulegen hat.

(BGBl 1987/364)

Enthebung des Zentralbetriebsrates

§ 27. (1) Für eine Beschlußfassung über die Enthebung des Zentralbetriebsrates ist die Anwesenheit von drei Viertel aller Mitglieder der im Unternehmen bestellten Betriebsräte und eine Mehrheit von zwei Drittel der abgegebenen Stimmen erforderlich. § 26 Abs. 1 zweiter Satz findet keine Anwendung. Die Abstimmung hat mittels Stimmzettels und geheim zu erfolgen.

(2) Der Vorsitzende jedes im Unternehmen bestellten Betriebsrates hat dem Einberufer der Betriebsräteversammlung zur Enthebung des Zentralbetriebsrates unverzüglich nach Erhalt der Einberufung eine Liste der Mitglieder des Betriebsrates zu übermitteln sowie die Zahl der bei der letzten Betriebsratswahl wahlberechtigten Arbeitnehmer bekanntzugeben. Die dem Einberufer übermittelten Listen gelten als Abstimmungsverzeichnis.

(BGBl 1987/364)

(3) Zur Ermittlung der den einzelnen Stimmberechtigten zustehenden Stimmenzahl hat der Einberufer die Zahl der bei der letzten Betriebsratswahl wahlberechtigten Arbeitnehmer jedes Betriebes (Arbeitnehmergruppe) durch die Zahl der von diesen gewählten Betriebsratsmitglieder zu teilen. Jedes Betriebsratsmitglied hat so viele Stimmen wie die Zahl der gewählten Betriebsratsmitglieder in der Zahl der wahlberechtigten Arbeitnehmer enthalten ist. Bruchteile von Stimmen sind nicht zu berücksichtigen.

(4) Die Abgabe der jedem Betriebsratsmitglied zustehenden Stimmen hat in gleichgewichtigen Stimmzetteln und, soweit sich Reststimmen er-

geben, in Einzelstimmen zu erfolgen. Das Stimmgewicht eines gleichgewichtigen Stimmzettels ist die um eine ganze Stimme verminderte kleinste Stimmenzahl, die ein stimmberechtigtes Betriebsratsmitglied aufweist. Die anderen stimmberechtigten Betriebsratsmitglieder haben so viele gleichgewichtige Stimmzettel abzugeben, wie dieses Stimmgewicht in ihrer Stimmenzahl enthalten ist. Die verbleibenden ganzen Reststimmen sind als Einzelstimmen abzugeben.

(5) Die gemäß Abs. 3 ermittelten Zahlen sind vom Einberufer auf dem Abstimmungsverzeichnis (Abs. 2) zu vermerken.

(6) Vor der Abstimmung hat der Vorsitzführende festzustellen, ob die für die Beschlußfassung erforderliche Zahl von Betriebsratsmitgliedern anwesend ist. Ist die erforderliche Zahl anwesend, so hat der Vorsitzführende jedem Betriebsratsmitglied die seiner Stimmenzahl entsprechende Anzahl von Stimmkuverts und leeren Stimmzetteln auszufolgen. Jeder Stimmzettel ist in einem eigenen Stimmkuvert abzugeben, wobei sich die Stimmkuverts für gleichgewichtige Stimmzettel von den Stimmkuverts zur Abgabe der Einzelstimmen durch Größe oder Farbe zu unterscheiden haben. Bei der Übergabe der verschlossenen Stimmkuverts an den Vorsitzführenden hat dieser die Übereinstimmung der Zahl der abgegebenen Stimmkuverts mit der Zahl der im Abstimmungsverzeichnis vermerkten Stimmzettel zu prüfen und die Stimmabgabe zu vermerken.

(BGBl 1987/364)

(7) Nach durchgeführter Abstimmung hat der Vorsitzführende die Stimmkuverts für gleichgewichtige Stimmen von denen für Einzelstimmen zu trennen und die Stimmkuverts für Einzelstimmen erst nach Abschluß der Ermittlung der gleichgewichtigen Stimmen zu eröffnen. Nach Öffnung jedes Wahlkuverts ist die dem Wahlkuvert entsprechende Stimmenzahl auf den in diesem befindlichen Stimmzettel zu übertragen. Der Vorsitzführende hat weiters die Gültigkeit der Stimmzettel zu prüfen. Ein Stimmzettel ist insbesondere ungültig, wenn er unterschrieben ist oder eine andere Aufschrift als „ja" oder „nein" trägt, oder ein Stimmkuvert mehrere Stimmzettel mit unterschiedlichen Aufschriften enthält. Enthält ein Stimmkuvert mehrere gleichlautende Stimmzettel, so kommt ihnen nur die Stimmenzahl eines Stimmzettels zu. Der Vorsitzführende hat ferner die Zahl der ungültigen Stimmzettel festzustellen, diese mit fortlaufenden Zahlen zu versehen, die gültigen Stimmzettel zu ordnen und die Zahl der für bzw. gegen den Antrag auf Enthebung des Zentralbetriebsrates gültig abgegebenen Stimmen festzustellen. Der Vorsitzführende hat der Stimmenzählung zwei Betriebsratsmitglieder beizuziehen, davon je ein Mitglied aus dem Kreise der Zentralbetriebsratsmitglieder und aus dem Kreise der Betriebsratsmitglieder, die den Antrag auf Enthebung des Zentralbetriebsrates eingebracht hatten.

(BGBl 1987/364)

(8) Der Vorsitzführende hat das Abstimmungsergebnis unverzüglich in der Betriebsräteversammlung bekanntzugeben.

(BGBl 1987/364)

§ 28. (1) Erreicht der Antrag auf Enthebung des Zentralbetriebsrates die Zustimmung der Mehrheit von zwei Drittel der abgegebenen Stimmen nicht, so gilt er als abgelehnt. Erreicht der Antrag hingegen die erforderliche Mehrheit, so ist ab dem Zeitpunkt der Bekanntgabe des Abstimmungsergebnisses durch den Vorsitzführenden (§ 27 Abs. 8) die Tätigkeitsdauer des Zentralbetriebsrates beendet.

(BGBl 1987/364)

(2) Hat die Betriebsräteversammlung die Enthebung des Zentralbetriebsrates beschlossen, so ist in der gleichen Versammlung der Wahlvorstand für die Wahl des neuen Zentralbetriebsrates zu bestellen. Auf diesen Tagesordnungspunkt ist in der Einberufung (§ 25 Abs. 3) der Betriebsräteversammlung zu Beschlußfassung über die Enthebung des Zentralbetriebsrates hinzuweisen.

(3) Die Enthebung des Zentralbetriebsrates hat der Betriebsratsvorsitzende, der in der Betriebsräteversammlung den Vorsitz geführt hat, allen Betriebsräten, der Unternehmensleitung, den zuständigen überbetrieblichen Interessenvertretungen der Arbeitnehmer sowie dem zuständigen Arbeitsinspektorat bekanntzugeben.

(BGBl 1987/364)

Abschnitt 5
Zentralbetriebsrat

Konstituierung

§ 29. (1) Für die Konstituierung des Zentralbetriebsrates gelten § 10 Abs. 1 bis 4 und § 13 sinngemäß.

(BGBl 1987/364)

(2) Für die Bekanntgabe des Ergebnisses der konstituierenden Sitzung gilt § 11 sinngemäß mit der Maßgabe, dass der Vorsitzende des Zentralbetriebsrates das Ergebnis auch allen im Unternehmen bestellten Betriebsräten bekannt zu geben hat, die für den Anschlag oder eine sonstige geeignete schriftliche oder elektronische Mitteilung in ihrem Betrieb zu sorgen haben.

(BGBl 1987/364, BGBl II 2012/142)

Ersatzmitglieder

§ 30. Für die Reihenfolge des Nachrückens der Ersatzmitglieder ist § 12 sinngemäß anzuwenden. Enthält der Wahlvorschlag, dem das ausgeschiedene oder verhinderte Mitglied angehört, kein für ein Nachrücken in Frage kommendes Ersatzmitglied, so entsendet die wahlwerbende Gruppe ein anderes Betriebsratsmitglied in den Zentralbetriebsrat.

Geschäftsführung

§ 31. (1) Auf die Geschäftsführung des Zentralbetriebsrates sind, soweit Abs. 2 nicht anderes bestimmt, die §§ 14 bis 16, 18, 19 Abs. 1, 2 Z 1, 4 bis 10, Abs. 3 und 4 sowie §§ 20 und 22 sinngemäß anzuwenden.

(2) Die Zentralbetriebsratsmitglieder sind von der Abhaltung einer Sitzung tunlichst eine Woche vorher zu verständigen. Der Ort, an dem die Sitzungen in der Regel stattzufinden haben, kann in der Geschäftsordnung des Zentralbetriebsrates festgelegt werden.

(3) Auf Bekanntmachungen des Zentralbetriebsrates ist § 21 sinngemäß mit der Maßgabe anzuwenden, daß die Bekanntmachungen auch den Betriebsratsvorsitzenden mitzuteilen sind. Der Zentralbetriebsrat kann die Verlautbarung seiner Bekanntmachungen auch durch die Betriebsratsvorsitzenden für den Bereich ihrer Betriebe durchführen lassen.

(BGBl 1987/364)

Abschnitt 5a
Konzernvertretung

(BGBl 1990/690, BGBl 1993/814)

Konstituierung

§ 31a. (1) Der Einberufer der Versammlung der Vorsitzenden der Zentralbetriebsräte (Betriebsausschüsse, Betriebsräte) zur Beschlußfassung über die Zusammensetzung der Konzernvertretung (§ 48a Abs. 8 und 9 Betriebsrats-Wahlordnung 1974, BGBl. Nr. 319, in der jeweils geltenden Fassung) hat die ihm bekanntgegebenen Delegierten der Konzernvertretung unverzüglich zur Wahl der Organe (Funktionäre) der Konzernvertretung (konstituierende Sitzung) einzuberufen. Die konstituierende Sitzung hat so rechtzeitig zu erfolgen, daß die neubestellte Konzernvertretung unmittelbar nach Ablauf der Tätigkeitsdauer der abtretenden Konzernvertretung ihre Tätigkeit aufnehmen kann. Für die Einberufung und Beschlußfhhigkeit gilt § 14 Abs. 4 bis 7 mit der Maßgabe, daß die Verständigung über die konstituierende Sitzung mindestens drei Tage vor der Sitzung zu erfolgen hat.

(2) Die Delegierten haben zunächst unter dem Vorsitz des Einberufers aus ihrer Mitte mit einfacher Mehrheit der abgegebenen Stimmen einen Vorsitzenden zu wählen.

(3) Nach seiner Wahl hat der Vorsitzende den Vorsitz zu übernehmen und die Wahl der übrigen Organe (Funktionäre) der Konzernvertretung zu leiten. Die Konzernvertretung hat einen oder mehrere Stellvertreter des Vorsitzenden zu wählen, wobei bei der Wahl mehrerer Stellvertreter die Reihenfolge der Vertretung festzulegen ist. Die Konzernvertretung hat nach Maßgabe der Geschäftsordnung die Mitglieder des Leitungsausschusses und des Präsidiums zu wählen.

(4) Der Vorsitzende der Konzernvertretung hat unmittelbar nach Beendigung der konstituierenden Sitzung das Ergebnis der Wahl der Organe (Funktionäre) der Konzernvertretung jedem Zentralbetriebsrat oder in Unternehmen, in denen ein Zentralbetriebsrat nicht zu errichten ist, dem Betriebsausschuß oder Betriebsrat sowie allen Konzernunternehmen und der zuständigen freiwilligen gesetzlichen Interessenvertretung der Arbeitnehmer schriftlich bekanntzugeben. Die Zentralbetriebsräte (Betriebsausschüsse, Betriebsräte) haben in ihrem Bereich für die Information der von ihnen vertretenen Arbeitnehmer zu sorgen.

(5) Für die Tätigkeitsdauer der Funktionäre der Konzernvertretung gilt § 13 sinngemäß.

(BGBl 1993/814)

Geschäftsführung

§ 31b. (1) Die Sitzungen der Konzernvertretung sind vom Vorsitzenden, bei dessen Verhinderung vom Stellvertreter vorzubereiten und einzuberufen. Sitzungen der Konzernvertretung sind mindestens einmal im Jahr einzuberufen; darüber hinaus auch, wenn es der Vorsitzende für erforderlich erachtet oder wenn es von mindestens einem Viertel der Delegierten verlangt wird.

(2) Die Delegierten sind von der Abhaltung einer Sitzung mindestens eine Woche vorher unter Bekanntgabe der Tagesordnung zu verständigen.

(3) Die Delegierten sind verpflichtet, an den Sitzungen der Konzernvertretung teilzunehmen. Bei Verhinderung haben sie den Vorsitzenden zu verständigen, der unverzüglich den vorgesehenen Ersatzdelegierten zu verständigen hat.

(4) Die Konzernvertretung ist beschlußfähig, wenn

1. alle Delegierten, im Falle des Abs. 3 Ersatzdelegierten, rechtszeitig verständigt worden sind; die unterbliebene Verständigung beeinträchtigt die Beschlußfähigkeit nicht, wenn der nicht oder nicht rechtzeitig geladene Delegierte anwesend ist oder die rechtzeitige Verständigung unmöglich war; und
2. mindestens die Hälfte der Delegierten, im Falle des Abs. 3 Ersatzdelegierten, anwesend ist.

(5) Beschlüsse werden mit einfacher Mehrheit der abgegebenen Stimmen gefaßt, sofern die Geschäftsordnung (§ 31c) keine strengeren Erfordernisse festlegt. Bei Stimmengleichheit gibt die Stimme des Vorsitzenden den Ausschlag. Die Beschlüsse über die Geschäftsordnung und über die vorzeitige Beendigung der Tätigkeitsdauer bedürfen der Mehrheit von zwei Dritteln der Delegierten.

(6) Im Übrigen gelten die §§ 14 Abs. 7a, 20 und 22 sinngemäß.

(BGBl II 2012/142)

(BGBl 1993/814)

Geschäftsordnung

§ 31c. (1) Die Konzernvertretung kann mit Mehrheit von zwei Dritteln der Delegierten eine Geschäftsordnung beschließen.

(BGBl 1993/814)

(2) In der Geschäftsordnung kann insbesondere geregelt werden:

1. die Festlegung strengerer Beschlußerfordernisse;

2. Zeit und Ort der regelmäßigen Sitzungen der Konzernvertretung sowie Regelungen über die Schriftführung;
3. die Beiziehung von nicht der Konzernvertretung angehörenden Personen zu Sitzungen der Konzernvertretung;
4. die Errichtung, Zusammensetzung und Geschäftsführung eines Leitungsausschusses;
5. die Errichtung, Zusammensetzung und Geschäftsführung eines Präsidiums, wenn dies wegen der Größe des Leitungsausschusses zweckmäßig ist;
6. die Abgrenzung der Aufgabenbereiche des Leitungsausschusses und des Präsidiums einschließlich der Definition der Angelegenheiten, in denen diesen Organen eine selbständige Beschlußfassung zukommt und die Voraussetzungen für diese Beschlußfassung;
7. die Berichtspflichten dieser Organe gegenüber der Konzernvertretung und die Art und Weise der Information der Arbeitnehmerschaft im Konzern über die Tätigkeit der Konzernvertretung;
8. die Festlegung von Art und Umfang der Vertretungsbefugnis des Vorsitzenden, dessen Stellvertreter, des Leitungsausschusses und des Präsidiums.

(BGBl 1993/814)

(3) Die Geschäftsordnung ist allen im Konzern errichteten Zentralbetriebsräten (Betriebsausschüssen, Betriebsräten) und allen Konzernunternehmen schriftlich zur Kenntnis zu bringen. Dies gilt auch für allfällige Änderungen der Geschäftsordnung.

(BGBl 1993/814)

(BGBl 1993/814)

Abschnitt 6
Rechtsstellung der Mitglieder des Betriebsrates

Freizeitgewährung

§ 32. Die Voraussetzungen des § 116 ArbVG liegen vor, wenn ein Betriebsratsmitglied eine dem Betriebsrat oder einzelnen Betriebsratsmitgliedern nach dem ArbVG oder nach sonstigen Gesetzen, Verordnungen oder Normen der kollektiven Rechtsgestaltung übertragene Aufgabe wahrnimmt. Insbesondere gilt auch die Durchführung von oder Teilnahme an Veranstaltungen zur Wahrung der unmittelbar betroffenen Interessen der Arbeitnehmerschaft des Betriebes, die von einer zuständigen freiwilligen Berufsvereinigung oder gesetzlichen Interessenvertretung der Arbeitnehmer organisiert werden, als Erfüllung von Obliegenheiten im Sinne des § 116 ArbVG.

(BGBl II 2012/142)

Freistellung

§ 32a. (1) Liegen die Voraussetzungen des § 117 ArbVG vor, so ist auf Antrag des Betriebsrates (Zentralbetriebsrates) die entsprechende Anzahl von Mitgliedern von der Arbeitsleistung unter Fortzahlung des Entgeltes freizustellen. Der Antrag hat die Namen der Betriebsratsmitglieder (Zentralbetriebsratsmitglieder) zu enthalten, die auf Grund eines Beschlusses des Betriebsrates (Zentralbetriebsrates) freizustellen sind. Ein freigestelltes Betriebsratsmitglied (Zentralbetriebsratsmitglied) kann auf Beschluß des Betriebsrates (Zentralbetriebsrates) jederzeit abberufen und durch ein anderes Mitglied ersetzt werden.

(2) Der Antrag auf Freistellung eines Betriebsratsmitgliedes ist dem Betriebsinhaber schriftlich mitzuteilen. Der Antrag auf Freistellung des Zentralbetriebsratsmitgliedes ist außerdem der Unternehmensleitung bekanntzugeben. Mit der Mitteilung des Antrages an den Betriebsinhaber wird die Freistellung rechtswirksam. Das gleiche gilt im Falle des Abs. 1 letzter Satz.

(3) Ein Beschluß der Konzernvertretung nach § 117 Abs. 5 ArbVG ist dem Betriebsinhaber oder der Unternehmensleitung schriftlich mitzuteilen. Dieser Beschluß sowie der Antrag gemäß Abs. 1 sind überdies der Konzernleitung bekanntzugeben.

(BGBl 1990/690, BGBl 1993/814)

(BGBl II 2012/142)

Bildungsfreistellung

§ 33. (1) Die Freistellung gemäß § 118 ArbVG ist für die Teilnahme an Schulungs- und Bildungsveranstaltungen zu gewähren, die von einer kollektivvertragsfähigen Körperschaft der Arbeitnehmer oder der Arbeitgeber veranstaltet oder von diesen übereinstimmend als geeignet anerkannt werden und vornehmlich die Vermittlung von Kenntnissen zum Gegenstand haben, die der Ausübung der Funktion als Mitglied des Betriebsrates dienen. Hiezu zählen auch Veranstaltungen, die neben der Vermittlung solcher Kenntnisse zur Erweiterung der Ausbildung der Betriebsratsmitglieder durch Einführung in die Rechts-, Gesellschafts- und Wirtschaftsordnung oder durch die Vermittlung von Kenntnissen und Fertigkeiten in der Gesetzeshandhabung, Rhetorik und dergleichen beitragen.

(BGBl II 2012/142)

(2) Das Mitglied des Betriebsrates, das eine Bildungsfreistellung in Anspruch nimmt, hat an den Betriebsrat einen schriftlichen Antrag zu stellen, aus dem Art, Gegenstand, Beginn und Dauer der Schulungs- und Bildungsveranstaltung sowie die in Aussicht gestellte Möglichkeit der Teilnahme hervorgehen. Der Antrag ist so rechtzeitig zu stellen, daß die Einhaltung der Fristen gemäß Abs. 5 und 6 gewährleistet ist. Eine Gleichschrift des Antrags ist dem Betriebsinhaber vom Mitglied des Betriebsrates gleichzeitig zu übermitteln.

(3) Die Eignung der Veranstaltung im Sinne des Abs. 1 ist durch eine dem Antrag beizuschließende Bestätigung der zuständigen kollektivvertragsfähigen Körperschaften der Arbeitnehmer und der Arbeitgeber nachzuweisen.

(BGBl 1987/364, BGBl II 2012/142)

(4) Will das Mitglied des Betriebsrates in Ausnahmefällen bei Vorliegen eines Interesses an einer

besonderen Ausbildung eine Bildungsfreistellung in der Dauer von über drei bis zu fünf Wochen in Anspruch nehmen, so sind in dem Antrag auch die Umstände darzulegen, die dieses Interesse rechtfertigen.

(BGBl 1987/364)

(5) Der Betriebsrat hat den Betriebsinhaber ohne unnötigen Aufschub, spätestens aber vier Wochen vor der beabsichtigten Freistellung in Kenntnis zu setzen.

(6) Der Betriebsinhaber ist verpflichtet, mit dem Betriebsrat über den Zeitpunkt der Freistellung binnen zehn Tagen ab Erhalt der Verständigung im Sinne des Abs. 5 zu beraten. Hat das freizustellende Mitglied des Betriebsrates an diesen Beratungen nicht selbst teilgenommen, so ist es vom Ergebnis der Beratungen durch den Betriebsrat unverzüglich zu verständigen. Ist eine Verständigung des Betriebsinhabers im Sinne des Abs. 5 nicht erfolgt, so hat das Betriebsratsmitglied vor Anrufung des Gerichtes im Sinne des Abs. 7 selbst mit dem Betriebsinhaber zu beraten. Der Betriebsinhaber ist verpflichtet, diese Beratung unverzüglich aufzunehmen.

(BGBl 1987/364)

(7) Kommt innerhalb der Frist des Abs. 6 erster Satz zwischen Betriebsrat und Betriebsinhaber oder mangels Verständigung des Betriebsinhabers im Sinne des Abs. 5 zwischen Betriebsratsmitglied und Betriebsinhaber kein Einvernehmen zustande, so hat das Gericht auf Grund einer Klage des Betriebsrates oder des freizustellenden Betriebsratsmitgliedes unter Bedachtnahme auf die Erfordernisse des Betriebes einerseits und die Interessen des Betriebsrates und des Betriebsratsmitgliedes andererseits zu entscheiden.

(BGBl 1987/364)

Erweiterte Bildungsfreistellung

§ 34. Der Antrag auf erweiterte Bildungsfreistellung gemäß § 119 ArbVG ist vom Betriebsrat beim Betriebsinhaber zu stellen. Vor der Antragstellung hat der Betriebsrat die Zustimmung des freizustellenden Betriebsratsmitgliedes einzuholen. Im übrigen findet § 33 sinngemäß mit der Maßgabe Anwendung, daß zur Klage gemäß § 33 Abs. 7 nur der Betriebsrat berechtigt ist.

(BGBl 1987/364)

Verschwiegenheitspflicht

§ 35. Die Mitglieder und Ersatzmitglieder des Betriebsrates sind verpflichtet, über alle in Ausübung ihres Amtes bekanntgewordenen Geschäfts- und Betriebsgeheimnisse, insbesondere über die ihnen als geheim bezeichneten technischen Einrichtungen, Verfahren und Eigentümlichkeiten des Betriebes Verschwiegenheit zu bewahren. Werden im Zuge der Mitwirkung in personellen Angelegenheiten Mitgliedern des Betriebsrates persönliche Verhältnisse oder Angelegenheiten der Arbeitnehmer bekannt, die ihrer Bedeutung oder ihrem Inhalt nach einer vertraulichen Behandlung bedürfen, so haben sie hierüber Verschwiegenheit zu bewahren.

Abschnitt 7
Jugendvertretung im Betrieb

Jugendversammlung

§ 36. (1) Die Jugendversammlung ist vom Jugendvertrauensrat mindestens einmal in jedem Kalenderhalbjahr einzuberufen.

(2) Im Falle der Funktionsunfähigkeit des Jugendvertrauensrates oder falls ein solcher im Betrieb noch nicht gewählt wurde, sind der an Lebensjahren älteste stimmberechtigte jugendliche Arbeitnehmer, jeder im Betrieb bestehende Betriebsrat oder jede zuständige freiwillige Berufsvereinigung oder gesetzliche Interessenvertretung der Arbeitnehmer zur Einberufung der Jugendversammlung berechtigt. Die Einberufung ist erfolgt, wenn einer der Vorgenannten von seinem Recht auf Einberufung der Jugendversammlung Gebrauch gemacht hat. Im übrigen finden die §§ 1, 3 und 4 sinngemäß Anwendung.

§ 37. (1) Auf die Durchführung der Jugendversammlung finden, soweit die Abs. 2 und 3 nicht anderes vorsehen, die §§ 5 Abs. 1, 2 erster Satz und 4 bis 8 sowie 7 bis 9 sinngemäß Anwendung. In der Jugendversammlung sind alle jugendlichen Arbeitnehmer (§ 123 Abs. 3 ArbVG) sowie die Mitglieder des Jugendvertrauensrates, die nicht jugendliche Arbeitnehmer sind, stimmberechtigt, sofern sie am Tag der Jugendversammlung im Betrieb beschäftigt sind. Zur Beschlußfassung ist die Anwesenheit von mindestens der Hälfte der stimmberechtigten jugendlichen Arbeitnehmer erforderlich. Die Beschlüsse werden mit einfacher Mehrheit der abgegebenen Stimmen gefaßt.

(BGBl 1987/364, BGBl 1993/814, BGBl II 2012/142)

(2) In Betrieben, in denen dem Jugendvertrauensrat zwei Mitglieder angehören, führt, sofern eine allfällige Aufteilung der Geschäfte (§ 39 Abs. 3) nicht anderes ergibt, das an Lebensjahren ältere Mitglied den Vorsitz in der Jugendversammlung. Wurden die beiden Mitglieder des Jugendvertrauensrates gemäß § 125 Abs. 2 ArbVG getrennt gewählt, so führen sie abwechselnd den Vorsitz in der Jugendversammlung; den Vorsitz in der ersten Jugendversammlung nach der Wahl des Jugendvertrauensrates führt, sofern eine allfällige Aufteilung der Geschäfte (§ 39 Abs. 3) nicht anderes ergibt, das an Lebensjahren ältere Mitglied.

(3) Jeder im Betrieb bestehende Betriebsrat ist berechtigt, durch mindestens einen Vertreter mit beratender Stimme an der Jugendversammlung teilzunehmen. Er ist von der Einberufung einer Jugendversammlung unter Bekanntgabe der Verhandlungsgegenstände vom Einberufer so rechtzeitig in Kenntnis zu setzen, daß die Entsendung von Vertretern möglich ist.

Geschäftsordnung der Jugendversammlung

§ 38. (1) Die Jugendversammlung kann auf Grund der Vorschriften dieser Verordnung ihre Geschäftsordnung beschließen.

(2) Eine gemäß Abs. 1 beschlossene Geschäftsordnung ist zur jederzeitigen Einsicht für alle zur Teilnahme an der Jugendversammlung Berechtigten aufzulegen; sie kann nur durch Beschluß der Jugendversammlung geändert werden.

Jugendvertrauensrat

§ 39. (1) Die Tätigkeitsdauer des Jugendvertrauensrates beträgt zwei Jahre. Sie beginnt mit dem Tag der Konstituierung oder mit Ablauf der Tätigkeitsdauer des früheren Jugendvertrauensrates, wenn die Konstituierung vor diesem Zeitpunkt erfolgt.

(2) Auf die Geschäftsführung des Jugendvertrauensrates, der aus mindestens drei Mitgliedern besteht, sind die §§ 10 Abs. 1 bis 4 und 5 erster Satz, 11 bis 13, 14 Abs. 1, 2, 4 bis 7 und 8 bis 10, 19 Abs. 1, 2 Z 6 bis 10, 3 und 4 sowie 21 und 22 sinngemäß anzuwenden.

(BGBl II 2012/142)

(3) Besteht der Jugendvertrauensrat aus zwei Mitgliedern, so ist auf die Wahl des Vorsitzenden § 10 Abs. 6 sinngemäß anzuwenden. Ihre Aufgaben haben sie, soweit sie nicht die Geschäfte untereinander aufteilen, gemeinsam durchzuführen. Notwendige Beschlüsse kommen auch bei einer Aufteilung der Geschäfte nur bei Übereinstimmung beider Mitglieder zustande.

(BGBl 1987/364)

(4) Die Beschlüsse des Jugendvertrauensrates sind jedem im Betrieb bestehenden Betriebsrat (Betriebsausschuß) binnen drei Tagen schriftlich zur Kenntnis zu bringen.

(5) Vertreter des Jugendvertrauensrates gegenüber dem Betriebsinhaber und nach außen ist der Vorsitzende, bei dessen Verhinderung sein Stellvertreter, es sei denn, der Jugendvertrauensrat beschließt im Einzelfall etwas anderes.

(BGBl 1987/364)

(6) Auf die Mitglieder des Jugendvertrauensrates sind die §§ 33 Abs. 1 bis 3, 5 bis 7 und 35 sinngemäß anzuwenden.

Verhältnis der im Betrieb beschäftigten jugendlichen Arbeitnehmer zu den Mitgliedern des Jugendvertrauensrates

§ 40. Die jugendlichen Arbeitnehmer des Betriebes können Anfragen, Wünsche, Beschwerden, Anzeigen oder Anregungen bei jedem Mitglied des Jugendvertrauensrates vorbringen.

Verhältnis des Jugendvertrauensrates zum Betriebsrat

§ 41. (1) Besteht im Betrieb ein Betriebsrat (Betriebsausschuß), so hat der Jugendvertrauensrat seine Aufgaben, sofern im folgenden (§ 47) nicht anderes bestimmt wird, im Einvernehmen mit dem Betriebsrat (Betriebsausschuß) wahrzunehmen.

(2) Der Jugendvertrauensrat hat den Betriebsrat (Betriebsausschuß) zu beraten und zu unterstützen, der seinerseits verpflichtet ist, dem Jugendvertrauensrat bei der Wahrnehmung der besonderen Belange der jugendlichen Arbeitnehmer beizustehen.

Teilnahme des Betriebsrates an Sitzungen des Jugendvertrauensrates

§ 42. Jeder im Betrieb bestehende Betriebsrat ist berechtigt, an den Sitzungen des Jugendvertrauensrates durch einen Vertreter mit beratender Stimme teilzunehmen. Der Betriebsrat ist von der Abhaltung einer Sitzung des Jugendvertrauensrates mindestens einen Tag vorher zu verständigen, sofern nicht besondere Gründe den sofortigen Zusammentritt des Jugendvertrauensrates erforderlich machen. Mit der Verständigung ist die Tagesordnung bekanntzugeben.

Teilnahme des Jugendvertrauensrates an Sitzungen des Betriebsrates (Betriebsausschusses)

§ 43. (1) Der Jugendvertrauensrat ist berechtigt, an den Sitzungen jedes im Betrieb bestehenden Betriebsrates (des Betriebsausschusses) durch einen Vertreter mit beratender Stimme teilzunehmen. Der Jugendvertrauensrat ist von der Abhaltung einer Betriebsratssitzung (Sitzung des Betriebsausschusses) mindestens einen Tag vorher zu verständigen, sofern nicht besondere Gründe den sofortigen Zusammentritt des Betriebsrates (Betriebsausschusses) erforderlich machen. Mit der Verständigung ist nach Möglichkeit die Tagesordnung bekanntzugeben.

(2) Der Betriebsrat (Betriebsausschuß) hat über Beschlüsse des Jugendvertrauensrates und über Angelegenheiten der jugendlichen Arbeitnehmer in Anwesenheit des gesamten Jugendvertrauensrates oder von ihm entsendeter Mitglieder zu beraten; den anwesenden Mitgliedern des Jugendvertrauensrates ist auf Verlangen das Wort zu erteilen. Von der Abhaltung einer solchen Betriebsratssitzung (Sitzung des Betriebsausschusses) ist der Jugendvertrauensrat mindestens drei Tage vorher zu verständigen. Mit der Verständigung ist bekanntzugeben, welche Beschlüsse des Jugendvertrauensrates bzw. Angelegenheiten der jugendlichen Arbeitnehmer Gegenstand der Sitzung sein werden. Beschlüsse des Betriebsrates (Betriebsausschusses) über Angelegenheiten der jugendlichen Arbeitnehmer sind dem Jugendvertrauensrat bekanntzugeben.

(3) In Betrieben, in denen getrennte Betriebsräte bestehen und die Mitglieder des Jugendvertrauensrates gemäß § 125 Abs. 2 ArbVG getrennt gewählt werden, ist bei der Entsendung von Mitgliedern des Jugendvertrauensrates zu den Beratungen eines Betriebsrates (Abs. 1 und 2) auf die Gruppenzugehörigkeit dieser Mitglieder Bedacht zu nehmen.

(4) Werden von einem Betriebsrat, der aus weniger als drei Mitgliedern besteht, keine Sitzungen abgehalten, so sind die Angelegenheiten des Betriebes über Verlangen des Jugendvertrauensrates mit einem von diesem entsendeten Vertreter zu erörtern.

Ausübung der Befugnisse des Jugendvertrauensrates

§ 44. (1) Der Jugendvertrauensrat kann die Durchführung einzelner seiner Aufgaben einem oder mehreren seiner Mitglieder übertragen, so insbesondere die Überwachung der Einhaltung der für das Arbeitsverhältnis jugendlicher Arbeitnehmer geltenden Vorschriften.

(2) In Betrieben, in denen dem Jugendvertrauensrat sowohl Arbeiter als auch Angestellte angehören, soll die Durchführung von Angelegenheiten der Arbeiter einem Angehörigen der Gruppe der Arbeiter bzw. von Angelegenheiten der Angestellten einem Angehörigen der Gruppe der Angestellten übertragen werden.

Auskunftserteilung

§ 45. Der Betriebsinhaber und jeder im Betrieb bestehende Betriebsrat (der Betriebsausschuß) sind verpflichtet, dem Jugendvertrauensrat die zur Erfüllung seiner Aufgaben erforderlichen Auskünfte zu erteilen.

Allgemeine Intervention

§ 46. Der Jugendvertrauensrat ist berechtigt, bei allen Angelegenheiten, die die Interessen der jugendlichen Arbeitnehmer des Betriebes betreffen, beim Betriebsrat (Betriebsausschuß) und, sofern ein solcher nicht besteht, beim Betriebsinhaber entsprechende Maßnahmen zu beantragen und auf die Beseitigung von Mängeln hinzuwirken.

Überwachung der Einhaltung der für das Arbeitsverhältnis jugendlicher Arbeitnehmer geltenden Vorschriften

§ 47. (1) Der Jugendvertrauensrat hat darüber zu wachen, daß die Vorschriften, die für das Arbeitsverhältnis jugendlicher Arbeitnehmer gelten, eingehalten werden. Zu diesem Zweck hat sich der Jugendvertrauensrat die Kenntnis der für die Beschäftigung Jugendlicher geltenden Gesetze und Vorschriften zu verschaffen.

(2) Nimmt der Jugendvertrauensrat Mängel wahr, so hat er davon dem Betriebsrat (Betriebsausschuß) und dem Betriebsinhaber Mitteilung zu machen und auf die Beseitigung dieser Mängel hinzuwirken.

(3) Erforderlichenfalls hat der Jugendvertrauensrat der zuständigen freiwilligen Berufsvereinigung oder der zuständigen gesetzlichen Interessenvertretung der Arbeitnehmer, dem Arbeitsinspektorat oder den sonst zum Schutze jugendlicher Arbeitnehmer eingerichteten Stellen Mitteilung von den wahrgenommenen Mängeln zu machen und auf deren Beseitigung hinzuwirken.

(4) Der Jugendvertrauensrat hat sich an allen behördlichen Besichtigungen, die die Interessen jugendlicher Arbeitnehmer berühren, zu beteiligen. Der Betriebsinhaber hat den Jugendvertrauensrat von einer solchen behördlichen Besichtigung so rechtzeitig in Kenntnis zu setzen, daß die Entsendung eines Vertreters möglich ist.

Teilnahme an den Unterweisungen der jugendlichen Arbeitnehmer

§ 48. (1) Der Jugendvertrauensrat hat durch ein Mitglied an den Unterweisungen teilzunehmen, die vom Betriebsinhaber oder von dessen Beauftragten bei Dienstantritt der Jugendlichen durchzuführen sind, um diese

1. über die im Betrieb bestehenden Gefahren und über die zur Abwendung dieser Gefahren getroffenen Maßnahmen sowie Einrichtungen und deren Benutzung sowie
2. vor der erstmaligen Verwendung an Maschinen, zu Arbeiten mit Gasen, Chemikalien oder mit sonstigen gesundheitsschädlichen Arbeitsstoffen oder zu Arbeiten an gefährlichen Arbeitsstellen über das bei Verrichtung solcher Arbeiten notwendige Verhalten sowie über die bestehenden Schutzvorkehrungen und deren Handhabung

zu unterweisen (§ 24 Abs. 1 und 2 des Bundesgesetzes über die Beschäftigung von Kindern und Jugendlichen 1987, BGBl. Nr. 599, in der Fassung des Bundesgesetzes BGBl. I Nr. 93/2010).

(BGBl 1993/814, BGBl II 2012/142)

(2) Ebenso hat der Jugendvertrauensrat durch ein Mitglied teilzunehmen an den Unterweisungen der Jugendlichen, die vom Betriebsinhaber oder von dessen Beauftragten vor der erstmaligen Verwendung an Maschinen, zu Arbeiten mit Gasen, Chemikalien oder mit sonstigen gesundheitsschädlichen Arbeitsstoffen oder zu Arbeiten an gefährlichen Arbeitsstellen über das bei Verrichtung solcher Arbeiten notwendige Verhalten sowie über die bestehenden Schutzvorkehrungen und deren Handhabung durchgeführt werden (§ 24 Abs. 2 des Bundesgesetzes über die Beschäftigung von Kindern und Jugendlichen).

(3) Der Betriebsinhaber hat den Jugendvertrauensrat von der Abhaltung einer Unterweisung (Abs. 1 und 2) so rechtzeitig in Kenntnis zu setzen, daß die Entsendung eines Vertreters möglich ist.

Erstattung von Vorschlägen

§ 49. (1) Der Jugendvertrauensrat ist berufen, Vorschläge in Fragen der Berufsausbildung und der beruflichen Weiterbildung jugendlicher Arbeitnehmer zu erstatten, insbesondere für die Erstellung von Richtlinien über:

1. die Auswahl der mit der Durchführung der betrieblichen Berufsausbildung betrauten Personen (Ausbilder);
2. die Auswahl der mit der Koordination der gesamten Ausbildung betrauten Personen;
3. die Ausbildung in bestimmten Lehrberufen im Hinblick auf die gemäß § 2 Abs. 6 des Berufsausbildungsgesetzes (BAG), BGBl. Nr. 142/1969, in der Fassung des Bundesgesetzes BGBl. I Nr. 40/2010, erforderliche Einrichtung und Führung des Betriebes;

   (BGBl II 2012/142)

4. die Auswahl von jugendlichen Arbeitnehmern für betriebliche Schulungs- und Umschulungsmaßnahmen;
5. den Abschluß von besonderen Ausbildungsverträgen;
6. den Abschluß und die rechtzeitige Ausfertigung von Lehrverträgen;
7. die Beachtung der Berufsbilder bei der Lehrlingsausbildung;
8. die Einhaltung der Verhältniszahlen (§ 8 Abs. 5 BAG).

(BGBl II 2012/142)

(2) Der Betriebsinhaber hat den Jugendvertrauensrat über geplante Maßnahmen der betrieblichen Berufsausbildung sowie der betrieblichen Schulung und Umschulung jugendlicher Arbeitnehmer zum ehestmöglichen Zeitpunkt in Kenntnis zu setzen.

(3) Werden Maßnahmen betreffend die Planung und Durchführung der betrieblichen Berufsausbildung sowie der betrieblichen Schulung und Umschulung jugendlicher Arbeitnehmer vom Betriebsinhaber im Zusammenwirken mit den Dienststellen der Arbeitsmarktverwaltung durchgeführt, so hat der Betriebsinhaber den Jugendvertrauensrat von Ort, Zeit und Gegenstand der diesbezüglichen Verhandlungen vorher in Kenntnis zu setzen. Der Jugendvertrauensrat ist diesen Verhandlungen beizuziehen und zu hören.

(4) Der Jugendvertrauensrat hat sich an allen behördlichen Besichtigungen zu beteiligen, welche die Planung und Durchführung der betrieblichen Berufsausbildung berühren.

Teilnahme an Beratungen zwischen Betriebsrat (Betriebsausschuß) und Betriebsinhaber

§ 50. (1) Der Jugendvertrauensrat ist berufen, insbesondere an nachstehenden Beratungen durch ein Mitglied teilzunehmen:

1. an den gemeinsamen Beratungen über laufende Angelegenheiten, allgemeine Grundsätze der Betriebsführung in sozialer, personeller, wirtschaftlicher und technischer Hinsicht sowie über die Gestaltung der Arbeitsbeziehungen, die mindestens vierteljährlich und auf Verlangen des Betriebsrates (Betriebsausschusses) monatlich abzuhalten sind (§ 92 ArbVG);
2. an den gemeinsamen Beratungen des Betriebsinhabers mit dem Betriebsrat (Betriebsausschuß) über die Planung und Durchführung der betrieblichen Berufsausbildung sowie betrieblicher Schulungs- und Umschulungsmaßnahmen; werden solche Maßnahmen vom Betriebsinhaber im Zusammenwirken mit den Geschäftsstellen des Arbeitsmarktservice durchgeführt, auch an den diesbezüglichen Verhandlungen (§ 94 ArbVG);

   (BGBl II 2012/142)
3. an den gemeinsamen Beratungen über Vorschläge des Betriebsrates zur Verhinderung, Beseitigung oder Milderung von für die Arbeitnehmer nachteiligen Folgen von Betriebsänderungen im Sinne des § 109 Abs. 1 ArbVG.

(2) Der Betriebsinhaber und der Betriebsrat (Betriebsausschuß) haben den Jugendvertrauensrat vom Zeitpunkt einer Beratung im Sinne des Abs. 1 mindestens einen Tag vorher zu verständigen; mit der Verständigung ist nach Möglichkeit der Gegenstand der Beratung bekanntzugeben.

Abschnitt 8
Jugendvertretung im Unternehmen

(BGBl 1987/364)

Jugendvertrauensräteversammlung

§ 51. (1) Die Jugendvertrauensräteversammlung ist mindestens einmal in jedem Kalenderjahr vom Zentraljugendvertrauensrat einzuberufen. Den Vorsitz in der Jugendvertrauensräteversammlung führt der Vorsitzende des Zentraljugendvertrauensrates, bei dessen Verhinderung sein Stellvertreter.

(2) Besteht kein Zentraljugendvertrauensrat oder ist er vorübergehend funktionsunfähig, so ist zur Einberufung das an Lebensjahren älteste Jugendvertrauensratsmitglied oder der Zentralbetriebsrat berechtigt. Den Vorsitz führt das einberufende Jugendvertrauensratsmitglied oder der Vorsitzende (Stellvertreter) des Zentralbetriebsrates.

(3) Zur Beschlußfassung über die Enthebung des Zentraljugendvertrauensrates kann die Jugendvertrauensräteversammlung von jedem im Unternehmen errichteten Jugendvertrauensrat einberufen werden. Die Vorsitzführung obliegt in diesem Fall dem Vorsitzenden (Stellvertreter) des einberufenden Jugendvertrauensrates.

(4) Die Einberufung der Jugendvertrauensräteversammlung ist tunlichst zwei Wochen vor ihrem Termin den Vorsitzenden der im Unternehmen errichteten Jugendvertrauensräte und jedem im Unternehmen errichteten Betriebsrat sowie dem Zentralbetriebsrat bekanntzugeben. Die Einberufung hat den Ort, den Zeitpunkt und die Tagesordnung der Jugendvertrauensräteversammlung und, sofern nicht über die Enthebung des Zentraljugendvertrauensrates beschlossen werden soll, den Hinweis zu enthalten, daß nach Ablauf einer halben Stunde nach dem vorgesehenen Beginn die Jugendvertrauensräteversammlung ohne Rücksicht auf die Zahl der anwesenden Jugendvertrauensratsmitglieder beschlußfähig ist.

(5) Für die Beschlußfassung der Jugendvertrauensräteversammlung, insbesondere über die Enthebung des Zentraljugendvertrauensrates, gelten die §§ 26, 27 und 28 Abs. 1 und 2 sinngemäß.

(6) Die Enthebung des Zentraljugendvertrauensrates hat der Vorsitzende des Jugendvertrauensrates, der in der Jugendvertrauensräteversammlung den Vorsitz geführt hat, allen Jugendvertrauensräten, dem Zentralbetriebsrat, der Unternehmensleitung, den zuständigen überbetrieblichen Interessenvertretungen der Arbeitnehmer sowie dem zuständigen Arbeitsinspektorat bekanntzugeben.

(7) Jeder im Unternehmen bestehende Betriebsrat ist berechtigt, durch mindestens einen Vertreter

mit beratender Stimme an der Jugendvertrauensräteversammlung teilzunehmen. Die Verständigung gemäß Abs. 4 hat so rechtzeitig zu erfolgen, daß den Betriebsräten die Entsendung von Vertretern möglich ist.

Zentraljugendvertrauensrat

§ 52. (1) Die Tätigkeitsdauer des Zentraljugendvertrauensrates beträgt zwei Jahre. Sie beginnt mit dem Tage der Konstituierung oder mit Ablauf der Tätigkeitsdauer des früheren Zentraljugendvertrauensrates, wenn die Konstituierung vor diesem Zeitpunkt erfolgt.

(2) Auf die Konstituierung des Zentraljugendvertrauensrates sind § 10 Abs. 1 bis 4 und § 13 sinngemäß anzuwenden. Der Vorsitzende des Zentraljugendvertrauensrates hat das Ergebnis der Wahl der Funktionäre des Zentraljugendvertrauensrates sowie die Reihenfolge der Ersatzmitglieder unverzüglich

1. der Unternehmensleitung,
2. dem Zentralbetriebsrat oder, wenn ein solcher nicht besteht, allen im Unternehmen bestehenden Betriebsräten,
3. der zuständigen freiwilligen Berufsvereinigung und der zuständigen gesetzlichen Interessenvertretung der Arbeitnehmer,
4. dem zuständigen Arbeitsinspektorat und
5. allen Jugendvertrauensräten

anzuzeigen. Die Jugendvertrauensräte haben für die Bekanntmachung jeweils für den Bereich ihrer Betriebe zu sorgen.

(3) Für die Regelung des Nachrückens von Ersatzmitgliedern gilt § 30 in Verbindung mit § 12 sinngemäß.

Berufung weiterer Mitglieder des Zentraljugendvertrauensrates

§ 52a. (1) Der Zentraljugendvertrauensrat kann für die Dauer seiner Tätigkeit die Berufung je eines weiteren Mitgliedes für jeden Jugendvertrauensrat, der nicht durch ein gewähltes Mitglied im Zentraljugendvertrauensrat vertreten ist, beschließen. Es können jedoch nur so viele weitere Mitglieder berufen werden, wie die Zahl der Jugendvertrauensräte die Zahl der gewählten Mitglieder des Zentraljugendvertrauensrates übersteigt, höchstens aber vier.

(2) Der Zentraljugendvertrauensrat hat bei der Berufung weiterer Mitglieder alle nicht durch ein gewähltes Mitglied im Zentraljugendvertrauensrat vertretenen Jugendvertrauensräte zu berücksichtigen. Übersteigt die Zahl der nicht vertretenen Jugendvertrauensräte die Zahl der weiteren Mitglieder, so sind die weiteren Mitglieder von jenen Jugendvertrauensräten zu nominieren, die die jeweils größere Anzahl von jugendlichen Arbeitnehmern vertreten.

(3) Der Beschluß des Zentraljugendvertrauensrates über die Berufung weiterer Mitglieder ist allen im Unternehmen errichteten Jugendvertrauensräten bekanntzugeben. Die Jugendvertrauensräte, die nach dem Beschluß des Zentraljugendvertrauensrates weitere Mitglieder namhaft zu machen haben, sind zugleich zur Nominierung binnen einer vom Zentraljugendvertrauensrat festzusetzenden Frist aufzufordern.

(4) Jeder nominierungsberechtigte Jugendvertrauensrat hat durch Beschluß eines seiner Mitglieder als weiteres Mitglied des Zentraljugendvertrauensrates namhaft zu machen. Die Nominierungsbeschlüsse sind dem Vorsitzenden des Zentraljugendvertrauensrates unverzüglich mitzuteilen.

(5) Mit der vom Vorsitzenden des Zentraljugendvertrauensrates festzustellenden ordnungsgemäßen Nominierung beginnt die Mitgliedschaft der weiteren Mitglieder. Sie sind der Unternehmensleitung, dem Zentralbetriebsrat, dem nach dem Sitz des Unternehmens zuständigen Arbeitsinspektorat, der zuständigen freiwilligen Berufsvereinigung und der zuständigen gesetzlichen Interessenvertretung der Arbeitnehmer sowie allen im Unternehmen errichteten Jugendvertrauensräten bekanntzugeben. Die Jugendvertrauensräte haben für die Bekanntmachung jeweils für den Bereich ihrer Betriebe zu sorgen.

(6) Die in den Zentraljugendvertrauensrat berufenen weiteren Mitglieder haben die gleichen Rechte und Pflichten wie die gewählten Mitglieder.

Vertretung und Geschäftsführung

§ 52b. (1) Die Vertretung des Zentraljugendvertrauensrates nach außen und gegenüber der Unternehmensleitung obliegt dem Vorsitzenden, bei dessen Verhinderung seinem Stellvertreter. Im Einzelfall kann der Zentraljugendvertrauensrat durch Beschluß andere seiner Mitglieder mit der Vertretung betrauen.

(2) Auf die Geschäftsführung des Zentraljugendvertrauensrates sind, soweit im folgenden nicht anderes bestimmt wird, die §§ 14, 15, 16 und 18, 19 Abs. 1, Abs. 2 Z 1, 4 bis 10, Abs. 3 und 4 sowie §§ 22 und 31 Abs. 2 anzuwenden.

(3) Für die Bekanntmachungen des Zentraljugendvertrauensrates gilt § 21 mit der Maßgabe, daß die Bekanntmachungen auch den Vorsitzenden der Jugendvertrauensräte bekanntzugeben sind. Über Veranlassung des Zentraljugendvertrauensrates haben die Vorsitzenden der Jugendvertrauensräte jeweils für den Bereich ihrer Betriebe die Bekanntmachungen zu verlautbaren.

Verhältnis des Zentraljugendvertrauensrates zum Zentralbetriebsrat

§ 52c. (1) Besteht im Unternehmen ein Zentralbetriebsrat, so hat der Zentraljugendvertrauensrat seine Aufgaben im Einvernehmen mit dem Zentralbetriebsrat wahrzunehmen. Er hat den Zentralbetriebsrat zu beraten und zu unterstützen, um eine angemessene Berücksichtigung der wirtschaftlichen, sozialen, gesundheitlichen und kulturellen Interessen der jugendlichen Arbeitnehmer im Rahmen der Vertretung der Arbeitnehmerinteressen auf Unternehmensebene zu gewährleisten. Der Zentralbetriebsrat hat seinerseits dem Zentraljugendvertrauensrat bei der Vertretung der besonderen Interessen der jugendlichen Arbeitnehmer im Unternehmen beizustehen.

(2) Der Zentralbetriebsrat ist berechtigt, an den Sitzungen des Zentraljugendvertrauensrates durch einen Vertreter mit beratender Stimme teilzunehmen. Der Zentralbetriebsrat ist von der Anberaumung einer Sitzung des Zentraljugendvertrauensrates unter Angabe von Tagungsort, Tagungszeit und Tagesordnung so rechtzeitig zu verständigen, daß ihm die Entsendung eines Vertreters möglich ist.

(3) Der Zentraljugendvertrauensrat ist berechtigt, an den Sitzungen des Zentralbetriebsrates durch einen Vertreter mit beratender Stimme teilzunehmen. Für die Ladung gilt Abs. 2 zweiter Satz sinngemäß.

(4) Die Beschlüsse des Zentraljugendvertrauensrates sind dem Zentralbetriebsrat unverzüglich bekanntzugeben.

(5) Über Beschlüsse des Zentraljugendvertrauensrates, über Angelegenheiten der jugendlichen Arbeitnehmer oder über sonstige Angelegenheiten, die jugendliche Arbeitnehmer in besonderer Weise betreffen, hat der Zentralbetriebsrat in Anwesenheit des Zentraljugendvertrauensrates oder von diesem entsandter Mitglieder zu beraten. Im übrigen gilt § 43 Abs. 2 sinngemäß.

Auskunftserteilung

§ 52d. Der Zentralbetriebsrat und die Unternehmensleitung sind verpflichtet, dem Zentraljugendvertrauensrat alle zur Erfüllung seiner Aufgaben erforderlichen Auskünfte zu erteilen.

Befugnisse des Zentraljugendvertrauensrates

§ 52e. In Wahrnehmung seiner Aufgaben kann der Zentraljugendvertrauensrat insbesondere

1. in allen Angelegenheiten, die gemeinsame Interessen der jugendlichen Arbeitnehmer des Unternehmens betreffen, beim Zentralbetriebsrat oder, wenn ein solcher nicht besteht, unmittelbar bei der Unternehmensleitung entsprechende Maßnahmen beantragen und die Beseitigung von Mängeln verlangen;
2. Vorschläge in Fragen der Berufsausbildung und der beruflichen Weiterbildung jugendlicher Arbeitnehmer erstatten, soweit solche Maßnahmen mehr als einen Betrieb betreffen; dabei ist § 49 sinngemäß anzuwenden;
3. an den Sitzungen des Zentralbetriebsrates mit beratender Stimme teilnehmen.

Konzernjugendvertretung

§ 52f. (1) Für die Konstituierung und Geschäftsführung der Konzernjugendvertretung gelten die §§ 31a bis 31c.

(2) Die Konzernjugendvertretung hat ihre Aufgaben im Einvernehmen mit einer im Konzern bestehenden Konzernvertretung wahrzunehmen. §§ 52c bis 52e gelten sinngemäß.

(BGBl 1990/690, BGBl 1993/814)

2. HAUPTSTÜCK
Befugnisse der Arbeitnehmerschaft

Abschnitt 1
Organzuständigkeit

Betriebsrat

§ 53. (1) Die der Arbeitnehmerschaft zustehenden Befugnisse werden, soweit im folgenden nicht anderes bestimmt ist, durch Betriebsräte ausgeübt.

(2) Der Betriebsrat kann beschließen, die Ausübung seiner Befugnisse für einzelne Fälle oder für bestimmte Angelegenheiten dem Zentralbetriebsrat mit dessen Zustimmung zu übertragen. Dem Betriebsinhaber sind diese Beschlüsse umgehend schriftlich mitzuteilen. Sie erlangen erst mit der Verständigung des Betriebsinhabers Rechtswirksamkeit. Die Übertragung gilt, sofern sie nicht befristet ist oder sich aus der Natur der übertragenen Angelegenheit eine Befristung ergibt, für die Dauer der Tätigkeit des Betriebsrates.

(BGBl II 2012/274)

(3) Besteht kein Zentralbetriebsrat, so kann der Betriebsrat beschließen, der Konzernvertretung mit deren Zustimmung die Ausübung seiner Befugnisse für Angelegenheiten nach §§ 96, 96a und 97 ArbVG, die die Interessen der Arbeitnehmer mehr als eines Unternehmens betreffen und in denen eine einheitliche Vorgangsweise des Konzerns, insbesondere durch Konzernrichtlinien erfolgt, zu übertragen. Im übrigen gilt Abs. 2.

(BGBl 1990/690, BGBl 1993/814)

Betriebsausschuß

§ 54. (1) In Betrieben, in denen ein Betriebsausschuß errichtet ist, werden, sofern § 56 nicht anderes bestimmt, vom Betriebsausschuß folgende Befugnisse ausgeübt:

1. Beratungsrecht (§ 92 ArbVG);
2. wirtschaftliche Informations- und Interventionsrechte (§ 108 ArbVG);
3. Mitwirkung in wirtschaftlichen Angelegenheiten gemäß §§ 109 bis 112 ArbVG;
4. Abschluß, Änderung und Aufhebung von Betriebsvereinbarungen, deren Geltungsbereich alle im Betriebsausschuß vertretenen Arbeitnehmergruppen erfaßt;
5. soweit die Interessen aller im Betriebsausschuss vertretenen Arbeitnehmergruppen betroffen sind
   a) Überwachung der Einhaltung der die Arbeitnehmer betreffenden Vorschriften (§ 89 ArbVG);
   b) Recht auf Intervention (§ 90 ArbVG);
   c) allgemeines Informationsrecht (§ 91 ArbVG);
   d) Mitwirkung in Arbeitsschutzangelegenheiten (§ 92a ArbVG);
   e) Mitwirkung an betriebs- und unternehmenseigenen Schulungs-, Bildungs- und

Wohlfahrtseinrichtungen (§§ 94 und 95 ArbVG);

(BGBl II 2012/142)

6. Entsendung von Arbeitnehmervertretern in das besondere Verhandlungsgremium (§§ 179, 180 ArbVG) und in den Europäischen Betriebsrat (§ 193 ArbVG);

(BGBl II 2012/142)

7. Mitwirkung an den Unterrichtungs- und Anhörungsverfahren gemäß den nach den §§ 189, 190 oder 206 ArbVG abgeschlossenen Vereinbarungen;

(BGBl II 2012/142)

8. Entsendung von Arbeitnehmervertretern in das besondere Verhandlungsgremium (§§ 217, 218 ArbVG), in den SE-Betriebsrat (§ 234 ArbVG) und in den Aufsichts- oder Verwaltungsrat der Europäischen Gesellschaft (§ 247 ArbVG);

(BGBl II 2012/142)

9. Mitwirkung an den Unterrichtungs- und Anhörungsverfahren gemäß den nach den §§ 230 oder 231 ArbVG abgeschlossenen Vereinbarungen;

(BGBl II 2012/142)

10. Entsendung von Arbeitnehmervertretern in das besondere Verhandlungsgremium (§ 257 ArbVG iVm §§ 217, 218 ArbVG), in den SCE-Betriebsrat (§ 257 ArbVG iVm § 234 ArbVG) und in den Aufsichts- oder Verwaltungsrat der Europäischen Genossenschaft (§ 257 ArbVG iVm § 247 ArbVG);

(BGBl II 2012/142)

11. Mitwirkung an den Unterrichtungs- und Anhörungsverfahren gemäß den nach § 257 ArbVG iVm den §§ 230 oder 231 ArbVG abgeschlossenen Vereinbarungen;

(BGBl II 2012/142)

12. Entsendung von Arbeitnehmervertretern in das besondere Verhandlungsgremium (§ 260 ArbVG iVm §§ 217, 218 ArbVG) oder in das besondere Entsendungsgremium (§ 261 ArbVG iVm §§ 217, 218 ArbVG) und in den Aufsichts- oder Verwaltungsrat der aus der grenzüberschreitenden Verschmelzung hervorgegangenen Gesellschaft (§ 260 ArbVG bzw. § 261 ArbVG iVm § 247 ArbVG).

(BGBl II 2012/142)

(2) Befugnisse in Angelegenheiten, die ausschließlich die Interessen einer im Betriebsausschuß nicht vertretenen Arbeitnehmergruppe betreffen, können vom Betriebsausschuß nicht ausgeübt werden.

(3) Für die Übertragung von Befugnissen an den Zentralbetriebsrat oder die Konzernvertretung gilt § 53 Abs. 2 und 3.

(BGBl 1990/690, BGBl II 2012/142)

Gemeinsamer Betriebsrat

§ 55. In Betrieben, in denen ein gemeinsamer Betriebsrat (§ 40 Abs. 3 ArbVG) errichtet ist, werden, sofern § 56 nicht anderes bestimmt, von diesem sowohl die Befugnisse gemäß § 53 als auch jene gemäß § 54 ausgeübt.

Zentralbetriebsrat

§ 56. (1) In Unternehmen, in denen ein Zentralbetriebsrat zu errichten ist, werden von diesem folgende Befugnisse ausgeübt:

1. Mitwirkung in wirtschaftlichen Angelegenheiten gemäß §§ 110 bis 112 ArbVG;
2. soweit sie nicht nur die Interessen der Arbeitnehmerschaft eines Betriebes berühren
   a) Recht auf Intervention (§ 90 ArbVG);
   b) allgemeines Informationsrecht (§ 91 ArbVG);
   c) Beratungsrecht (§ 92 ArbVG);
   d) Mitwirkung in Arbeitsschutzangelegenheiten (§ 92a ArbVG);

   (BGBl II 2012/142)

   e) Mitwirkung an betriebs- und unternehmenseigenen Schulungs-, Bildungs- und Wohlfahrtseinrichtungen (§§ 94 und 95 ArbVG);

   (BGBl II 2012/142)

   f) wirtschaftliche Informations- und Interventionsrechte (§ 108 ArbVG);

   (BGBl II 2012/142)

   g) Mitwirkung bei Betriebsänderungen gemäß § 109 ArbVG;

   (BGBl II 2012/142)

3. Wahrnehmung der Rechte gemäß § 89 Z 3 ArbVG, BGBl. Nr. 22/1974, i.d.F. BGBl. Nr. 502/1993 hinsichtlich geplanter und in Bau befindlicher Betriebsstätten des Unternehmens, für die noch kein Betriebsrat zuständig ist;

   (BGBl 1987/364, BGBl II 2012/142)

4. Entsendung von Arbeitnehmervertretern in das besondere Verhandlungsgremium (§§ 179, 180 ArbVG) und in den Europäischen Betriebsrat (§ 193 ArbVG);

   (BGBl II 2012/142)

5. Mitwirkung an den Unterrichtungs- und Anhörungsverfahren gemäß den nach den §§ 189, 190 oder 206 ArbVG abgeschlossenen Vereinbarungen;

   (BGBl II 2012/142)

6. Abschluss von Betriebsvereinbarungen nach § 97 Abs. 1 Z 1b ArbVG;

   (BGBl II 2012/142)

7. Entsendung von Arbeitnehmervertretern in das besondere Verhandlungsgremium (§§ 217, 218 ArbVG), in den SE-Betriebsrat (§ 234 ArbVG) und in den Aufsichts- oder Verwaltungsrat der Europäischen Gesellschaft (§ 247 ArbVG);

   (BGBl II 2012/142)

8. Mitwirkung an den Unterrichtungs- und Anhörungsverfahren gemäß den nach den

§§ 230 oder 231 ArbVG abgeschlossenen Vereinbarungen;

(BGBl II 2012/142)

9. Entsendung von Arbeitnehmervertretern in das besondere Verhandlungsgremium (§ 257 ArbVG iVm §§ 217, 218 ArbVG), in den SCE-Betriebsrat (§ 257 ArbVG iVm § 234 ArbVG) und in den Aufsichts- oder Verwaltungsrat der Europäischen Genossenschaft (§ 257 ArbVG iVm § 247 ArbVG);

   (BGBl II 2012/142)

10. Mitwirkung an den Unterrichtungs- und Anhörungsverfahren gemäß den nach § 257 ArbVG iVm den §§ 230 oder 231 ArbVG abgeschlossenen Vereinbarungen;

11. Entsendung von Arbeitnehmervertretern in das besondere Verhandlungsgremium (§ 260 ArbVG iVm §§ 217, 218 ArbVG) oder in das besondere Entsendungsgremium (§ 261 ArbVG iVm §§ 217, 218 ArbVG) und in den Aufsichts- oder Verwaltungsrat der aus der grenzüberschreitenden Verschmelzung hervorgegangenen Gesellschaft (§ 260 ArbVG bzw. § 261 ArbVG iVm § 247 ArbVG).

   (BGBl II 2012/142)

(2) Der Zentralbetriebsrat hat vom Ergebnis der Ausübung der Befugnisse gemäß §§ 53 Abs. 2 und 54 Abs. 3, sofern es erforderlich ist, den Betriebsrat (Betriebsausschuß) in Kenntnis zu setzen.

(3) Der Zentralbetriebsrat kann beschließen, der Konzernvertretung mit deren Zustimmung die Ausübung seiner oder ihm vom Betriebsrat (Betriebsausschuß) übertragener Befugnisse für Angelegenheiten nach §§ 96, 96a und 97 ArbVG, die die Interessen der Arbeitnehmer mehr als eines Unternehmens betreffen und in denen eine einheitliche Vorgangsweise des Konzerns, insbesondere durch Konzernrichtlinien erfolgt, zu übertragen. Im übrigen gilt § 53 Abs. 2 mit der Maßgabe, daß von der Übertragung übertragener Befugnisse oder vom Widerruf der Übertragung der Betriebsinhaber jenes Betriebes zu verständigen ist, in dem der Betriebsrat (Betriebsausschuß) errichtet ist, der die Befugnis an den Zentralbetriebsrat übertragen hat.

(BGBl 1990/690, BGBl 1993/814)

Konzernvertretung

§ 56a. (1) In Konzernen, in denen eine Konzernvertretung errichtet ist, werden folgende Befugnisse von dieser ausgeübt:

1. Entsendung von Arbeitnehmervertretern in den Aufsichtsrat gemäß § 110 Abs. 6b ArbVG;
2. soweit die Interessen der Arbeitnehmerschaft von mehr als einem Unternehmen im Konzern betroffen sind:
   a) Recht auf Intervention (§ 90 ArbVG);
   b) allgemeines Informationsrecht (§ 91 ArbVG);
   c) Beratungsrecht (§ 92 ArbVG);
   d) Mitwirkung an konzerneigenen Maßnahmen in Zusammenhang mit Schulungs-, Bildungs- und Wohlfahrtseinrichtungen (§§ 94 und 95 ArbVG);
3. soweit die Interessen der Arbeitnehmer mehr als eines Unternehmens im Konzern betroffen sind und eine einheitliche Vorgangsweise des Konzerns, insbesondere durch Konzernrichtlinien, erfolgt:
   a) wirtschaftliche Informations-, Interventions- und Beratungsrechte (§ 108 ArbVG);
   b) Mitwirkung an Betriebsänderungen gemäß § 109 ArbVG, mit der Maßgabe, daß die Befugnis zum Abschluß von Betriebsvereinbarungen nach § 109 Abs. 3 ArbVG nur bei Betriebsänderungen im Sinne des § 109 Abs. 1 Z 1 bis 4 ArbVG in die Zuständigkeit der Konzernvertretung fällt;

   (BGBl II 2012/142)

4. Wahrnehmung der Rechte gemäß § 89 Z 3 ArbVG hinsichtlich geplanter und im Bau befindlicher Betriebsstätten eines Unternehmens im Konzern, für das noch kein anderes Organ der Arbeitnehmerschaft zuständig ist;

   (BGBl II 2012/142)

5. Entsendung von Arbeitnehmervertretern in das besondere Verhandlungsgremium (§§ 179, 180 ArbVG) und in den Europäischen Betriebsrat (§ 193 ArbVG);

   (BGBl II 2012/142)

6. Mitwirkung an den Unterrichtungs- und Anhörungsverfahren gemäß den nach den §§ 189, 190 oder 206 ArbVG abgeschlossenen Vereinbarungen;

   (BGBl II 2012/142)

7. Entsendung von Arbeitnehmervertretern in das besondere Verhandlungsgremium (§§ 217, 218 ArbVG), in den SE-Betriebsrat (§ 234 ArbVG) und in den Aufsichts- oder Verwaltungsrat der Europäischen Gesellschaft (§ 247 ArbVG);

   (BGBl II 2012/142)

8. Mitwirkung an den Unterrichtungs- und Anhörungsverfahren gemäß den nach den §§ 230 oder 231 ArbVG abgeschlossenen Vereinbarungen;

   (BGBl II 2012/142)

9. Entsendung von Arbeitnehmervertretern in das besondere Verhandlungsgremium (§ 257 ArbVG iVm §§ 217, 218 ArbVG), in den SCE-Betriebsrat (§ 257 ArbVG iVm § 234 ArbVG) und in den Aufsichts- oder Verwaltungsrat der Europäischen Genossenschaft (§ 257 ArbVG iVm § 247 ArbVG);

   (BGBl II 2012/142)

10. Mitwirkung an den Unterrichtungs- und Anhörungsverfahren gemäß den nach § 257 ArbVG iVm den §§ 230 oder 231 ArbVG abgeschlossenen Vereinbarungen;

   (BGBl II 2012/142)

11. Entsendung von Arbeitnehmervertretern in das besondere Verhandlungsgremium (§ 260 ArbVG iVm §§ 217, 218 ArbVG) oder in das besondere Entsendungsgremium (§ 261 ArbVG iVm §§ 217, 218 ArbVG) und in den Aufsichts- oder Verwaltungsrat der aus der grenzüberschreitenden Verschmelzung hervorgegangenen Gesellschaft (§ 260 ArbVG bzw. § 261 ArbVG iVm § 247 ArbVG).

(BGBl 1993/814, BGBl II 2012/142)

(2) Beratungs- und Informationsrechte der Konzernvertretung bestehen gegenüber der Konzernleitung bzw. der Unternehmensleitung des herrschenden Unternehmens in Österreich.

(BGBl 1987/364, BGBl 1990/690, BGBl 1993/814)

(3) Die Konzernvertretung kann Betriebsvereinbarungen wirksam nur mit den Konzernunternehmen (oder Betriebsinhabern) abschließen.

(BGBl 1993/814)

(4) Werden der Konzernvertretung vom Zentralbetriebsrat (Betriebsausschuß, Betriebsrat) Befugnisse übertragen, so kann diese die Konzernvertretung nur ausüben, wenn zumindest Organe der Arbeitnehmerschaft von zwei Unternehmen eine derartige Übertragung vorgenommen haben. Die Konzernvertretung hat die jeweiligen Organe der Arbeitnehmerschaft vom Ergebnis der Ausübung übertragener Befugnisse in Kenntnis zu setzen.

(BGBl 1993/814)

(BGBl 1987/364, BGBl 1993/814)

Abschnitt 2
Ausübung einzelner Befugnisse

Überwachung gemäß § 89 ArbVG

§ 57. Der Betriebsrat ist berechtigt, in die vom Betrieb geführten Aufzeichnungen über die Bezüge der Arbeitnehmer und die zur Berechnung dieser Bezüge erforderlichen Unterlagen Einsicht zu nehmen, sie zu überprüfen und die Auszahlung zu kontrollieren. Dies gilt auch für andere die Arbeitnehmer betreffenden Aufzeichnungen, deren Führung durch Rechtsvorschriften vorgesehen ist. Die Einsichtnahme ist in einer der Größe und technischen Ausstattung des Betriebes und den Bedürfnissen des Betriebsrates angemessenen Weise zu ermöglichen.

(BGBl 1987/364, BGBl II 2012/142)

Beratung gemäß § 92 ArbVG

§ 58. (1) Der Zeitpunkt der regelmäßigen Beratungen (§ 92 ArbVG) ist einvernehmlich zwischen Betriebsinhaber und Betriebsrat festzusetzen. Beschließt der Betriebsrat, über diese regelmäßigen Beratungen hinaus eine Beratung oder regelmäßige monatliche Beratungen zu verlangen, so hat er dies dem Betriebsinhaber rechtzeitig mitzuteilen.

(2) Der Betriebsinhaber hat dem Betriebsrat die Beratungsgegenstände vorher bekanntzugeben und ihm auf Verlangen die zur Vorbereitung auf die Beratung erforderlichen Unterlagen zur Verfügung zu stellen. Der Betriebsrat hat ebenfalls die von ihm verlangten Beratungsgegenstände vorher dem Betriebsinhaber bekanntzugeben. Darüber hinaus können jederzeit weitere Angelegenheiten, insbesondere solche im Rahmen der Überwachungs-, Interventions- und Informationsrechte des Betriebsrates zum Gegenstand der Beratung gemacht werden.

(BGBl 1987/364)

(3) Sofern Betriebsänderungen (§ 109 ArbVG) oder ähnlich wichtige Angelegenheiten, die erhebliche Auswirkungen auf die Arbeitnehmer des Betriebes haben Gegenstand der Beratung sein sollen, so sind Betriebsrat und Betriebsinhaber berechtigt, an ihre zuständigen kollektivvertragsfähigen Körperschaften das Ersuchen zu richten, einen Vertreter zur Teilnahme an der Beratung zu entsenden. Betriebsinhaber und Betriebsrat haben einander rechtzeitig von ihrem Ersuchen Mitteilung zu machen, um dem anderen Teil die Beiziehung seiner Interessenvertretung zu ermöglichen.

(4) Werden Angelegenheiten gemäß Abs. 3 erst während der Beratung zum Beratungsgegenstand gemacht, so können sowohl der Betriebsrat als auch der Betriebsinhaber die kurzfristige Vertagung der Beratung zum Zwecke der Beiziehung von Vertretern der zuständigen kollektivvertragsfähigen Körperschaften verlangen.

(5) Der Betriebsrat und der Betriebsinhaber können sich in der gemeinsamen Beratung zu einzelnen Beratungsgegenständen die Abgabe der endgültigen Stellungnahme für die nächste gemeinsame Beratung vorbehalten.

Errichtung und Verwaltung von Wohlfahrtseinrichtungen der Arbeitnehmer

§ 59. (1) Vor Errichtung von Unterstützungseinrichtungen und sonstigen Wohlfahrtseinrichtungen zugunsten der Arbeitnehmer und ihrer Familienangehörigen (§ 93 ArbVG) hat der Betriebsrat das Ausmaß der für die Errichtung und die laufenden Betriebskosten erforderlichen Mittel und die Sicherung ihrer Beschaffung festzustellen. Der Betriebsrat hat der Betriebsversammlung vor der Errichtung dieser Einrichtungen zu berichten.

(2) Die Verwaltung dieser Einrichtungen obliegt ausschließlich dem Betriebsrat. Dieser kann mit der Durchführung der laufenden Verwaltung auch Ausschüsse (§§ 16 und 17) beauftragen.

Mitwirkung in Angelegenheiten der betrieblichen Berufsausbildung und Schulung

§ 60. Die Art und der Umfang der Mitwirkung des Betriebsrates an der Durchführung der betrieblichen Berufsausbildung sowie der betrieblichen Schulung und Umschulung können zwischen Betriebsinhaber und Betriebsrat durch Betriebsvereinbarung geregelt werden. Insbesondere soll eine Mitwirkung des Betriebsrates vereinbart werden bei der Erstellung von Richtlinien über:

1. die Auswahl der mit der Durchführung der betrieblichen Berufsausbildung betrauten Personen (Ausbilder);

2. die Auswahl der mit der Koordination der gesamten Ausbildung betrauten Personen;
3. die Ausbildung in bestimmten Lehrberufen im Hinblick auf die gemäß § 2 Abs. 6 BAG erforderliche Einrichtung und Führung des Betriebes;

   (BGBl II 2012/142)
4. die Auswahl von Arbeitnehmern für betriebliche Schulungs- und Umschulungsmaßnahmen;
5. den Abschluß von besonderen Ausbildungsverträgen;
6. den Abschluß und die rechtzeitige Ausfertigung von Lehrverträgen;
7. die Beachtung der Berufsbilder bei der Lehrlingsausbildung;
8. die Einhaltung der Verhältniszahlen (§ 8 Abs. 5 BAG).

   (BGBl II 2012/142)

Mitwirkung an betrieblichen Wohlfahrtseinrichtungen

§ 61. (1) Der Betriebsrat (Zentralbetriebsrat) hat vor einer Beteiligung des Betriebsratsfonds (Zentralbetriebsratsfonds) am Errichtungs- oder Verwaltungsaufwand der Wohlfahrtseinrichtung eine genaue Prüfung des Gesamtaufwandes und der Sicherstellung aller zur Deckung dieses Aufwandes zur Verfügung stehenden Mittel vorzunehmen.

(2) Mit der Teilnahme an der Verwaltung kann der Betriebsrat auch Ausschüsse (§§ 16 und 17) betrauen.

Mitwirkung bei Verhängung von Disziplinarmaßnahmen

§ 62. (1) Besteht im Betrieb eine mit Zustimmung des Betriebsrates oder auf Grund eines Kollektivvertrages eingeführte Disziplinarordnung, so können Disziplinarmaßnahmen im Einzelfall, sofern darüber nicht eine mit Zustimmung des Betriebsrates eingerichtete Stelle (Disziplinarkommission oder dergleichen) entscheidet, nur mit Zustimmung des Betriebsrates verhängt werden. Der Betriebsrat hat vor Abgabe einer Zustimmungserklärung zur beabsichtigten Verhängung der Disziplinarmaßnahme eingehend den Sachverhalt zu prüfen und den betroffenen Arbeitnehmer zu hören.

(2) Sieht der Kollektivvertrag oder eine Betriebsvereinbarung eine Stelle vor, die über die Verhängung von Disziplinarmaßnahmen entscheidet, so kann diese Stelle Disziplinarmaßnahmen nur verhängen, wenn sie mit Zustimmung des Betriebsrates eingerichtet wurde. Der Zustimmung bedarf auch die personelle Zusammensetzung dieser Stelle.

Mitwirkung bei Kündigungen und Entlassungen

§ 63. (1) Der Betriebsinhaber hat vor jeder Kündigung eines Arbeitnehmers den Betriebsrat zu verständigen. Der Betriebsrat kann zu jeder beabsichtigten Kündigung eines Arbeitnehmers innerhalb einer Woche Stellung nehmen.

(2) Die Stellungnahme im Sinn des Abs. 1 kann, sofern sie nicht in Form einer ausdrücklichen Zustimmung erfolgt, auch von einem mit dieser Angelegenheit betrauten geschäftsführenden Ausschuss (§ 17) abgegeben werden. Die ausdrückliche Zustimmung zur beabsichtigten Kündigung kann hingegen nur auf Grund eines Beschlusses des Betriebsrates erfolgen, der der Mehrheit von zwei Drittel der abgegebenen Stimmen bedarf.

(3) Hat der Betriebsrat der Kündigungsabsicht ausdrücklich widersprochen, so kann er auf Verlangen des gekündigten Arbeitnehmers die Kündigung beim Gericht anfechten. Die einwöchige Anfechtungsfrist endet eine Woche nachdem der Betriebsinhaber den Betriebsrat vom Ausspruch der Kündigung verständigt hat. Ficht der Betriebsrat die Kündigung nicht an, obwohl dies der gekündigte Arbeitnehmer verlangt hat, so hat der Arbeitnehmer das Recht, innerhalb von zwei Wochen nach Ablauf der für den Betriebsrat geltenden Anfechtungsfrist die Kündigung selbst beim Gericht anzufechten. Dieses Anfechtungsrecht steht dem gekündigten Arbeitnehmer auch dann zu, wenn der Betriebsinhaber den Betriebsrat bis zu dem Zeitpunkt, in dem der Arbeitnehmer die Anfechtung vom Betriebsrat verlangt, von der erfolgten Kündigung nicht verständigt hat.

(4) Hat der Betriebsrat zur Verständigung über die beabsichtigte Kündigung innerhalb der Frist des Abs. 1 keine Stellungnahme abgegeben, so kann der Arbeitnehmer innerhalb von zwei Wochen nach Zugang der Kündigung diese beim Gericht selbst anfechten. Aus einem Anfechtungsgrund gemäß § 105 Abs. 3 Z 1 ArbVG kann der Arbeitnehmer die Kündigung innerhalb von zwei Wochen nach deren Zugang auch dann selbst anfechten, wenn der Betriebsrat der Kündigungsabsicht ausdrücklich zugestimmt hat.

(5) Auf die Anfechtungen von Entlassungen finden die Abs. 1 bis 4 sinngemäß mit der Maßgabe Anwendung, dass die Frist gemäß Abs. 1 drei Arbeitstage beträgt. Für die Berechnung der Frist von drei Arbeitstagen sind nur solche Tage heranzuziehen, an denen auf Grund der betrieblichen Arbeitszeiteinteilung die Mehrzahl der Arbeitnehmer im Betrieb beschäftigt ist. Die Frist gemäß Abs. 1 wird in die Anfechtungsfrist (Abs. 3 und 4) nicht eingerechnet.

(BGBl 1987/364, BGBl 1990/690, BGBl II 2012/142)

Wirtschaftliche Informations-, Interventions- und Beratungsrechte

§ 64. Die Übermittlung der Abschrift des Jahresabschlusses und des Anhangs mit Ausnahme der Angaben des § 239 Abs. 1 Z 2 bis 4 Unternehmensgesetzbuch (UGB) gemäß § 108 Abs. 3 ArbVG hat alljährlich, spätestens einen Monat nach der Erstellung auch ohne Verlangen des Betriebsrates zu erfolgen. Erfolgt die Übermittlung nicht binnen sechs Monaten nach dem Ende des Geschäftsjahres, so ist dem Betriebsrat durch Vorlage eines Zwischenabschlusses oder anderer geeigneter Unterlagen vorläufig Aufschluß über die wirtschaftliche und finanzielle Lage des Betriebes zu geben. Gleichzeitig sind dem Betriebsrat die erforderlichen Erläuterungen und Aufklärungen dazu zu erteilen. Ist im Konzern ein Konzernabschluß zu erstellen, so ist der Konzernabschluß samt Konzernanhang einschließlich der erforderlichen Erläuterungen und Aufklärungen dem Betriebsrat spätestens einen Monat nach Erstellung zu übermitteln.

(BGBl 1987/364, BGBl 1990/690, BGBl 1993/814, BGBl II 2012/142)

3. HAUPTSTÜCK
Bezeichnung weiblicher Funktionäre von Organen der Arbeitnehmerschaft

(BGBl 1987/364)

§ 64a. Wird eine Frau in die Funktion des Vorsitzenden eines in dieser Verordnung genannten Organes der Arbeitnehmerschaft gewählt, so trägt sie die Bezeichnung „Vorsitzende".

4. HAUPTSTÜCK
Gemeinsame Bestimmungen

(BGBl 1987/364)

Fristenberechnung

§ 65. (1) Bei der Berechnung der in dieser Verordnung festgesetzten Fristen, die nach Tagen bestimmt sind, wird der Tag nicht mitgerechnet, in den der Zeitpunkt oder die Ereignung fällt, wonach sich der Anfang der Frist richten soll.

(2) Nach Wochen bestimmte Fristen beginnen mit dem Tag, in den der Zeitpunkt oder die Ereignung fällt, wonach sich der Anfang der Frist richten soll, und enden mit dem Ablauf desjenigen Tages der nach der betreffenden Fristbestimmung in Betracht kommenden Woche, der durch seine Benennung dem Tag entspricht, an dem die Frist begonnen hat.

(3) Der Beginn und der Lauf einer Frist wird durch Sonn- und Feiertage, einen Samstag oder den Karfreitag nicht behindert.

(4) Fällt das Ende einer Frist auf einen Sonn- oder Feiertag, auf einen Samstag oder den Karfreitag, so endet die Frist am nächstfolgenden Werktag. Ist der betreffende Werktag ein Samstag, so endet die Frist am folgenden Montag.

(5) Die Tage des Postenlaufes werden in die Frist nicht eingerechnet.

Wirksamkeitsbeginn

§ 66. (1) Diese Verordnung tritt, sofern Abs. 2 nicht anderes bestimmt, mit 1. Juli 1974 in Kraft. §§ 5 Abs. 1 und 2, 6 Abs. 3, 31a, 31b, 32 Abs. 3, 52f, 53 Abs. 3, 54 Abs. 3, 56 Abs. 3, 56a und 63 Abs. 4 dieser Verordnung in der Fassung der Verordnung BGBl. Nr. 690/1990 treten mit 1. Dezember 1990 in Kraft. § 64 dieser Verordnung in der Fassung der Verordnung BGBl. Nr. 690/1990 ist erstmals auf Geschäftsjahre anzuwenden, die nach dem 31. Dezember 1991 beginnen.

(BGBl 1990/690)

(2) Für Betriebe, die von einer Gemeinde unmittelbar geführt werden (Regiebetriebe), tritt diese Verordnung mit 1. Juli 1975 in Kraft.

(3) § 1 Abs. 4, § 5 Abs. 1, § 11 erster Satz, § 14 Abs. 4 und 7a, § 16 Abs. 2, § 17 Abs. 2 erster Satz, § 19 Abs. 3, § 21, § 22a Abs. 1, § 26 Abs. 1, § 29 Abs. 2, § 31b Abs. 6, § 32, § 32a, § 33 Abs. 1 erster Satz, § 37 Abs. 1 erster und zweiter Satz, § 39 Abs. 2, § 48 Abs. 1, § 49 Abs. 1 Z 3 und 8, § 50 Abs. 1 Z 2, § 54 Abs. 1 und 3, § 56 Abs. 1, § 56a Abs. 1, § 57 samt Überschrift, § 60 Z 3 und 8, § 63 samt Überschrift, § 64 sowie die Anlage dieser Verordnung in der Fassung der Verordnung BGBl. II Nr. 142/2012 treten mit 1. Mai 2012 in Kraft. § 5 Abs. 2 letzter Satz, § 33 Abs. 3 zweiter Satz und § 37 Abs. 1 dritter Satz dieser Verordnung in der Fassung der Verordnung BGBl. II Nr. 142/2012 treten mit 30. April 2012 außer Kraft.

(BGBl II 2012/142)

(4) § 10 Abs. 1 dieser Verordnung in der Fassung der Verordnung BGBl. II Nr. 230/2021 tritt mit 1. Juni 2021 in Kraft.

(BGBl II 2021/230)

Aufhebung von Rechtsvorschriften

§ 67. (1) Mit Ablauf des 30. Juni 1974 verlieren, sofern Abs. 2 nicht anderes bestimmt, die Verordnung des Bundesministeriums für soziale Verwaltung vom 8. August 1947, BGBl. Nr. 221, über die Geschäftsordnung und Geschäftsführung der Betriebsvertretungen (Betriebsrats-Geschäftsordnung – BR-GO) sowie die Verordnung des Bundesministeriums für soziale Verwaltung vom 22. Dezember 1972, BGBl. Nr. 13/1973, über die Geschäftsführung der betrieblichen Jugendvertretungen (Jugendvertrauensrats-Geschäftsordnung – JVRGO) ihre Wirksamkeit.

(BGBl 1975/381)

(2) Für Betriebe, die von einer Gemeinde unmittelbar geführt werden (Regiebetriebe), verlieren die in Abs. 1 angeführten Verordnungen mit Ablauf des 30. Juni 1975 ihre Wirksamkeit.

Anlage
(Zu § 63 iVm § 65 der Verordnung)

Beispiele für die Berechnung der einwöchigen Frist ab Verständigung des Betriebsrates von einer beabsichtigten Kündigung

Beispiel I: Die Verständigung des Betriebsrates von der beabsichtigten Kündigung erfolgt am Freitag, den 28. Jänner, um 10 Uhr.

Die einwöchige Frist endet am Freitag, den 4. Februar, um 24 Uhr.

Beispiel II: Die Verständigung des Betriebsrates von der beabsichtigten Kündigung erfolgt am Freitag, den 19. Dezember, um 14 Uhr.

Die einwöchige Frist endet am Montag, den 29. Dezember, um 24 Uhr.

(BGBl II 2012/142)

4/5. Betriebsratsfonds-Verordnung 1974

Betriebsratsfonds-Verordnung 1974, BGBl 1974/524 idF

1 BGBl 1976/11 **2** BGBl 1987/366 **3** BGBl 1990/690
4 BGBl 1993/814 **5** BGBl II 2012/142 **6** BGBl II 2017/312

GLIEDERUNG

STICHWORTVERZEICHNIS

Verordnung des Bundesministers für soziale Verwaltung vom 1. August 1974 über die Einhebung der Betriebsrats(Zentralbetriebsrats) umlage, über die Errichtung, Verschmelzung, Trennung, Auflösung und Verwaltung des Betriebsrats(Zentralbetriebsrats)fonds, über die Revision seiner Gebarung und die Rechte und Pflichten der Revisionsorgane sowie über die Wahl der Rechnungsprüfer und ihre Geschäftsführung (Betriebsratsfonds-Verordnung 1974)

Auf Grund des § 161 Abs. 1 Z 3 bis 5 des Arbeitsverfassungsgesetzes (ArbVG), BGBl. Nr. 22/1974, wird verordnet:

1. ABSCHNITT
Errichtung und Verwaltung des Betriebsratsfonds

Betriebsratsumlage

§ 1. (1) Zur Deckung der Kosten der Geschäftsführung des Betriebsrates und der Konzernvertretung sowie zur Errichtung und Erhaltung von Wohlfahrtseinrichtungen und zur Durchführung von Wohlfahrtsmaßnahmen zugunsten der Arbeitnehmerschaft und der ehemaligen Arbeitnehmer des Betriebes kann die Betriebs(Gruppen)versammlung auf Antrag des Betriebsrates die Einhebung einer Betriebsratsumlage beschließen (§ 49 Abs. 3 zweiter Satz ArbVG). Sie darf höchstens ein halbes Prozent des Bruttoarbeitsentgeltes betragen.

(BGBl 1990/690, BGBl 1993/814)

(2) Zur Stellung des Antrages an die Betriebs(Gruppen)versammlung ist ein Beschluß des Betriebsrates erforderlich. Der Antrag ist spätestens eine Woche vor dem Stattfinden der Betriebs(Gruppen)versammlung durch Anschlag oder durch eine sonstige geeignete schriftliche oder elektronische Mitteilung im Betrieb kundzumachen.

(BGBl II 2012/142)

(3) Zur Vorbereitung und Erleichterung der Beschlußfassung soll der Antrag auf Einhebung der Betriebsratsumlage folgendes enthalten:

1. eine Übersicht über die zur Deckung der Kosten der Geschäftsführung des Betriebsrates und der Konzernvertretung sowie für die Errichtung und Erhaltung von Wohlfahrtseinrichtungen und die Durchführung von Wohlfahrtsmaßnahmen zugunsten der Arbeitnehmerschaft und der ehemaligen Arbeitnehmer des Betriebes voraussichtlich erforderlichen Beträge mit entsprechenden Angaben über deren Errechnung;

   (BGBl 1990/690, BGBl 1993/814)
2. einen Vorschlag über die Höhe der Umlage;
3. Vorschläge über die Regelung der vertretungsweisen Verwaltung des Betriebsratsfonds (§ 10) und über die Art und Weise der Auflösung des Betriebsratsfonds, insbesondere die Verwendung seiner Mittel (§ 12 Abs. 1).

(4) Der Vorsitzende der Betriebs(Gruppen)versammlung hat den Beschluss auf Einhebung einer Betriebsratsumlage dem Betriebsinhaber und der zuständigen Kammer für Arbeiter und Angestellte (Arbeiterkammer) unverzüglich schriftlich bekannt zu geben sowie durch Anschlag oder durch eine sonstige geeignete schriftliche oder elektronische Mitteilung im Betrieb kundzumachen.

(BGBl II 2012/142)

(5) Abs. 1, 2 und 4 gelten sinngemäß für die Änderung der Höhe der Betriebsratsumlage.

(BGBl 1993/814)

§ 2. Der Betriebsinhaber hat die Umlagen vom Arbeitsentgelt einzubehalten und die einbehaltenen Beträge bei jeder Lohn- oder Gehaltsauszahlung (Überweisung) an den Betriebsratsfonds (§ 3) abzuführen. Der Betriebsrat hat dem Betriebsinhaber die Stelle, an die die einbehaltenen Beträge zu überweisen bzw. einzuzahlen sind, schriftlich bekanntzugeben.

Betriebsratsfonds

§ 3. (1) Die Eingänge aus der Betriebsratsumlage sowie sonstige für die im § 1 Abs. 1 bezeichneten Zwecke bestimmten Vermögenschaften bilden den mit Rechtspersönlichkeit ausgestatteten Betriebsratsfonds.

(2) Die Mittel des Betriebsratsfonds dürfen nur zu den im § 1 Abs. 1 bezeichneten Zwecken verwendet werden.

(3) Jede Errichtung eines Betriebsratsfonds ist vom Betriebsrat unverzüglich schriftlich der zuständigen Arbeiterkammer bekanntzugeben.

(BGBl 1976/11)

Verwaltung und Vertretung des Betriebsratsfonds

§ 4. (1) Die Verwaltung des Betriebsratsfonds obliegt dem Betriebsrat.

(2) Vertreter des Betriebsratsfonds ist der Vorsitzende des Betriebsrates, bei seiner Verhinderung sein Stellvertreter (§ 10 Abs. 4 und 5 der Betriebsrats-Geschäftsordnung 1974, BGBl. Nr. 355).

(BGBl 1987/366)

§ 5. Soweit § 10 nicht anderes bestimmt, beschließt über Leistungen aus dem Betriebsratsfonds der Betriebsrat und sind Anweisungen zu Leistungen aus dem Betriebsratsfonds vom Vorsitzenden des Betriebsrates zu unterfertigen und vom Kassaverwalter gegenzuzeichnen.

(BGBl 1987/366)

§ 6. (1) Die Barmittel für den laufenden Bedarf sind vom Kassaverwalter in einem versperrbaren Behälter zu verwahren.

(2) Größere Geldbeträge, die nicht für den laufenden Bedarf benötigt werden, sind bei einer geeigneten Bank einzulegen.

(BGBl 1993/814)

(3) Über die Einnahmen und Ausgaben des Betriebsratsfonds, den Kassenbestand, über Guthaben bei Banken, Sachanlagevermögen und über sämtliche Verbindlichkeiten sind überprüfbare und vollständige Aufzeichnungen zu führen.

(BGBl 1993/814)

§ 7. (1) Der Vorsitzende des Betriebsrates und die Rechnungsprüfer sind berechtigt, jederzeit die Aufzeichnungen des Kassaverwalters sowie den Kassastand zu überprüfen.

(BGBl 1987/366)

(2) Auf Verlangen des Betriebsrates oder der Rechnungsprüfer sowie bei jedem Wechsel in der Person des Kassaverwalters hat der Kassaverwalter unverzüglich einen Kassaabschluß zu machen.

(3) Werden Mängel wahrgenommen, so sind unverzüglich geeignete Maßnahmen zu ihrer Beseitigung zu treffen. Erforderlichenfalls hat der Vorsitzende des Betriebsrates dem Kassaverwalter aufzutragen, sich bis zu einer Beschlußfassung durch den Betriebsrat der Fortführung der Geschäfte zu enthalten, die in der Verwahrung des Kassaverwalters befindlichen Barmittel an sich zu nehmen und den Betriebsrat, die Rechnungsprüfer (§ 21) sowie die zuständige Arbeiterkammer unverzüglich davon in Kenntnis zu setzen.

(BGBl 1987/366)

§ 8. (1) Spätestens vierzehn Tage vor Ablauf seiner Tätigkeitsdauer, bei deren vorzeitiger Beendigung binnen einer Woche, hat der Betriebsrat bzw. haben die ehemaligen Mitglieder des Betriebsrates über die Verwaltung des Betriebsratsfonds schriftlich Rechnung zu legen. Eingänge und Ausgaben sind gesondert auszuweisen.

(2) Bei den Eingängen sind gesondert auszuweisen:

1. Eingänge aus der Betriebsratsumlage;
2. sonstige Eingänge.

(3) Bei den Ausgaben sind insbesondere gesondert auszuweisen:

1. der Gesamtbetrag der für Barauslagen zur Deckung von Geschäftsführungskosten an Betriebsratsmitglieder geleisteten Zahlungen;
   (BGBl 1993/814)
2. der Gesamtbetrag der Aufwendungen, die zur Deckung der sonstigen Kosten der Geschäftsführung gemacht wurden;
3. die Beträge, die zur Errichtung und Erhaltung von Wohlfahrtseinrichtungen sowie zur Durchführung von Wohlfahrtsmaßnahmen zugunsten der Arbeitnehmerschaft aufgewendet wurden.

(4) Die Betriebsratsmitglieder haben die Barauslagen (Abs. 3 Z 1) binnen drei Monaten mit dem Betriebsratsfonds zu verrechnen.

(BGBl 1987/366)

(5) Der Rechenschaftsbericht und der Gebarungsausweis sind vom Betriebsratsvorsitzenden und dem Kassaverwalter zu unterfertigen und von den Rechnungsprüfern gegenzuzeichnen.

(BGBl 1987/366)

(6) Der Rechenschaftsbericht und der Gebarungsausweis sind zum Gegenstand eines Berichtes in der nächsten Betriebs(Gruppen)versammlung zu machen sowie zur Einsicht für alle Arbeitnehmer des Betriebes aufzulegen; Zeit und Ort der Einsichtnahme sind durch Anschlag oder durch eine sonstige geeignete schriftliche oder elektronische Mitteilung im Betrieb bekannt zu machen.

(BGBl 1987/366, BGBl II 2012/142)

§ 9. Bei Beendigung seiner Tätigkeitsdauer hat der Betriebsrat die vorhandenen Mittel sowie die Kassabücher, die Belege und sonstigen Aufzeichnungen und Urkunden dem nachfolgenden Betriebsrat zu übergeben. Darüber ist eine Niederschrift anzufertigen, die der nachfolgende Betriebsrat bis zur Beendigung seiner Tätigkeitsdauer zu verwahren hat.

Vertretungsweise Verwaltung

§ 10. (1) In der Versammlung, in der die Einhebung einer Betriebsratsumlage beschlossen wurde (§ 1), hat die Betriebs(Gruppen)versammlung auch eine Regelung über die Verwaltung und Vertretung des Betriebsratsfonds bei zeitweiligem Fehlen eines ordentlichen Verwaltungs(Vertretungs)organs (§ 4) zu beschließen. Dieser Beschluß hat die notwendige Verwaltungstätigkeit zu umschreiben, die Höchstdauer der vertretungsweisen Verwaltung und die dafür vorgesehene Person (Personenmehrheit) zu bestimmen sowie eine Regelung zu enthalten, wie die Verständigung der für die vertretungsweise Verwaltung vorgesehenen Person (Personenmehrheit) im Einzelfall zu erfolgen hat.

(2) Die vertretungsweise Verwaltung (Vertretung) des Betriebsratsfonds kann stimmberechtigten Arbeitnehmern (§ 49 Abs. 1 ArbVG) sowie anderen eigenberechtigten Personen (Personen-

mehrheiten), die in keinem Geschäfts- oder Rechtsverhältnis zum Betriebsratsfonds stehen, mit deren Zustimmung übertragen werden.

(3) Der Vorsitzende der Betriebs(Gruppen)versammlung hat den gemäß Abs. 1 gefassten Beschluss den Rechnungsprüfern, dem Betriebsinhaber, der für die Vertretung vorgesehenen Person (Personenmehrheit) sowie der zuständigen Arbeiterkammer schriftlich bekannt zu geben und im Betrieb durch Anschlag oder durch eine sonstige geeignete schriftliche oder elektronische Mitteilung kundzumachen.

(BGBl II 2012/142)

(4) Wurde kein Beschluß gemäß Abs. 1 gefaßt, so obliegt die vertretungsweise Verwaltung des Betriebsratsfonds für die Dauer der Funktionsunfähigkeit des Betriebsrates, längstens aber für ein Jahr, dem an Lebensjahren ältesten Rechnungsprüfer. Bestehen keine funktionsfähigen Rechnungsprüfer, so hat die zuständige Arbeiterkammer den Betriebsratsfonds vertretungsweise zu verwalten. In diesem Fall kann jeder Arbeitnehmer des Betriebes die zuständige Arbeiterkammer vom Fehlen eines ordentlichen Verwaltungs- und Vertretungsorgans verständigen. Die vertretungsweise Verwaltung hat sich auf die Besorgung laufender Angelegenheiten, das ist insbesondere die Gebarung von bestehenden Wohlfahrtseinrichtungen, zu beschränken.

(BGBl 1993/814)

(4a) Der zur vertretungsweisen Verwaltung nach Abs. 4 berufene Rechnungsprüfer oder die Arbeiterkammer kann eine Betriebs(Gruppen)versammlung einberufen, die durch Beschluß eine andere Person (Personenmehrheit) mit der vertretungsweisen Verwaltung für die Dauer der Funktionsunfähigkeit des Betriebsrates, längstens aber für ein Jahr, beauftragen kann. Im übrigen gilt Abs. 4 letzter Satz.

(BGBl 1993/814)

(5) Die gemäß Abs. 1 oder 4 a mit der vertretungsweisen Verwaltung Betrauten haben die zuständige Arbeiterkammer, den Betriebsinhaber sowie – außer in den Fällen des Abs. 4 – die Rechnungsprüfer unverzüglich schriftlich von der Aufnahme oder Beendigung ihrer Tätigkeit in Kenntnis zu setzen. Sie haben bei Aufnahme der Tätigkeit eine Zwischenrechnung vorzunehmen. §§ 8 und 9 gelten sinngemäß.

(BGBl 1993/814)

Vertretung und Verwaltung des Betriebsratsfonds durch den Betriebsausschuß

§ 10a. (1) Bestehen im Betrieb Betriebsräte der Arbeiter und der Angestellten, so kann durch übereinstimmende Beschlüsse der Gruppenversammlungen anstelle getrennter Fonds ein gemeinsamer Betriebsratsfonds für beide Gruppen errichtet werden.

(2) Die Verwaltung obliegt dem Betriebsausschuß. §§ 3 bis 10 gelten sinngemäß mit der Maßgabe, daß

1. Vertreter des Betriebsratsfonds der Vorsitzende des Betriebsausschusses, bei dessen Verhinderung sein Stellvertreter (§ 23 Abs. 2 Betriebsrats-Geschäftsordnung 1974, BGBl. Nr. 305, in der jeweils geltenden Fassung) ist;
2. die von den Gruppenversammlungen gemäß § 10 Abs. 1 beschlossenen Regelungen über die vertretungsweise Verwaltung im Fall des Fehlens eines ordentlichen Verwaltungs(Vertretungs)organs nur bei inhaltlicher Übereinstimmung zur Anwendung kommen.

(3) Der Beschluß nach Abs. 1 kann während der jeweiligen Tätigkeitsdauer des Betriebsrates, in der der Beschluß nach Abs. 1 gefaßt worden ist, nicht rückgängig gemacht werden.

(4) Beschließen die Gruppenversammlungen übereinstimmend oder beschließt eine Gruppenversammlung nach Ablauf der Frist nach Abs. 3 die Auflösung des gemeinsamen Betriebsratsfonds, so gilt § 18.

(BGBl 1993/814)

2. ABSCHNITT
Auflösung des Betriebsratsfonds

Voraussetzungen

§ 11. Wird der Betrieb dauernd eingestellt oder ist die durch Gesetz oder durch Beschluß der Betriebs(Gruppen)versammlung vorgesehene Höchstdauer der vertretungsweisen Verwaltung (§ 10 Abs. 1, 4 und 4a) abgelaufen, so ist der Betriebsratsfonds aufzulösen.

(BGBl 1993/814)

Art und Weise der Auflösung

§ 12. (1) Die Betriebs(Gruppen)versammlung hat in der Versammlung, in der die Einhebung einer Betriebsratsumlage beschlossen wird (§ 1), auch eine nähere Regelung über die Art und Weise der Auflösung des Betriebsratsfonds und die Verwendung seiner Mittel für den Fall der dauernden Betriebseinstellung zu beschließen. Später gefaßte Beschlüsse sind nur gültig, wenn sie mindestens ein Jahr vor der dauernden Betriebseinstellung gefaßt wurden oder in angemessener Weise bei der Verwendung des Fondsvermögens auch jene Arbeitnehmer berücksichtigen, die innerhalb des letzten Jahres vor der Betriebseinstellung ausgeschieden sind.

(BGBl 1993/814)

(2) Der Vorsitzende der Betriebs(Gruppen)versammlung hat jeden Beschluss über die Art und Weise der Auflösung des Betriebsratsfonds und die Verwendung seiner Mittel der zuständigen Arbeiterkammer unverzüglich schriftlich bekannt zu geben und durch Anschlag oder durch eine sonstige geeignete schriftliche oder elektronische Mitteilung im Betrieb kundzumachen.

(BGBl II 2012/142)

Durchführung der Auflösung

§ 13. (1) Wird der Betrieb dauernd eingestellt, so obliegt die Durchführung der Auflösung des

Betriebsratsfonds bis zur Beendigung seiner Tätigkeitsdauer dem Betriebsrat. Der Betriebsrat hat die bevorstehende Auflösung dem Betriebsinhaber, den Rechnungsprüfern sowie der zuständigen Arbeiterkammer schriftlich bekannt zu geben und durch Anschlag oder durch eine sonstige geeignete schriftliche oder elektronische Mitteilung im Betrieb kundzumachen.

(BGBl II 2012/142)

(2) Der Betriebsrat hat unverzüglich einen Rechenschaftsbericht und einen Gebarungsausweis zu erstellen; § 8 gilt sinngemäß. Ist im Zeitpunkt der Beendigung der Tätigkeitsdauer des Betriebsrates die Auflösung des Betriebsratsfonds noch nicht abgeschlossen, so hat der ehemalige Betriebsratsvorsitzende gemeinsam mit den ehemaligen Rechnungsprüfern den Betriebsratsfonds aufzulösen. Nach Durchführung der Auflösung sind sämtliche Unterlagen, die den aufgelösten Betriebsratsfonds betreffen, der zuständigen Arbeiterkammer zu übermitteln.

(BGBl 1987/366)

(3) Wird der Betriebsratsfonds infolge Ablaufs der Höchstdauer der vertretungsweisen Verwaltung (§ 10 Abs. 1, 4 und 4a) aufgelöst, so hat die zuständige Arbeiterkammer die Auflösung durchzuführen.

(BGBl 1993/814)

§ 14. Die zuständige Arbeiterkammer hat die Durchführung der Auflösung durch einen Vertreter im Wege mehrmaliger Kontrollen zu überwachen. Die §§ 30, 32 zweiter und dritter Satz, 33 und 37 gelten sinngemäß.

§ 15. Die Durchführung der Auflösung des Betriebsratsfonds obliegt der zuständigen Arbeiterkammer, wenn

1. kein Beschluß der Betriebs(Gruppen)versammlung über die Art und Weise der Auflösung des Betriebsratsfonds und die Verwendung der Mittel vorliegt;
2. der Beschluß der Betriebs(Gruppen)versammlung keine dem § 1 Abs. 1 entsprechende Verwendung der Mittel unter Berücksichtigung der Regelung des § 12 Abs. 1 zweiter Satz vorsieht;

   (BGBl 1993/814)
3. der Beschluß der Betriebs(Gruppen)versammlung undurchführbar geworden ist.

§ 16. Ein nach Durchführung der Auflösung verbleibender Vermögensüberschuß ist von der zuständigen Arbeiterkammer für Wohlfahrtsmaßnahmen oder Wohlfahrtseinrichtungen der Arbeitnehmer zu verwenden.

(BGBl 1993/814)

3. ABSCHNITT
Verschmelzung, Trennung und Aufteilung von Betriebsratsfonds; Verwendung bestehender Betriebsratsfonds bei Errichtung eines gemeinsamen Betriebsrates

(BGBl 1993/814)

Verschmelzung

§ 17. (1) Wird wegen Wegfalls der Voraussetzungen für das Bestehen getrennter Betriebsräte (§ 40 Abs. 3 ArbVG) ein gemeinsamer Betriebsrat gewählt, so verschmelzen die bestehenden Betriebsratsfonds zu einem einheitlichen Fonds. Die Durchführung der sich daraus ergebenden Vermögensübertragung obliegt dem neugewählten Betriebsrat.

(1a) Abs. 1 gilt auch für den Zusammenschluß von Betrieben zu einem Betrieb im Sinne des § 34 ArbVG. Die Durchführung der Vermögensübertragung obliegt dem einheitlichen Betriebsrat (§ 62c ArbVG) oder dem neugewählten Betriebsrat.

(BGBl 1993/814)

(2) Der Betriebsrat hat die zuständige Arbeiterkammer unverzüglich von der Verschmelzung sowie von der Durchführung der sich daraus ergebenden Vermögensübertragung zu verständigen. Die zuständige Arbeiterkammer hat die Durchführung der Vermögensübertragung durch einen Vertreter im Wege mehrmaliger Kontrollen zu überwachen; die §§ 31, 32 zweiter und dritter Satz, 33 und 37 gelten sinngemäß.

Trennung

§ 18. (1) Werden infolge Wegfalls der Voraussetzungen für das Bestehen eines gemeinsamen Betriebsrates getrennte Betriebsräte gewählt, so zerfällt der Betriebsratsfonds in getrennte Fonds für jede Arbeitnehmergruppe. Das Vermögen ist nach dem Verhältnis der Zahlen der gruppenangehörigen Arbeitnehmer auf die getrennten Betriebsratsfonds aufzuteilen.

(2) Die Durchführung der sich daraus ergebenden Vermögensübertragung obliegt den neugewählten getrennten Betriebsräten. Wurde nur ein Betriebsrat gewählt, so hat dieser die Vermögensübertragung für den Bereich seiner Arbeitnehmergruppe durchzuführen; § 17 Abs. 2 gilt sinngemäß.

Aufteilung

§ 18a. (1) Wird ein Betrieb aufgeteilt oder werden Betriebsteile ausgegliedert und werden die Betriebsteile rechtlich verselbständigt, so ist das Fondsvermögen auf die Fonds jener Betriebsräte, die nach Abschluß der Umstrukturierungsmaßnahmen in den verselbständigten Betriebsteilen errichtet sind, aufzuteilen. Getrennte Fonds für die Gruppen der Arbeiter bzw. Angestellten sind auf die Fonds der entsprechenden Betriebsräte in den verselbständigten Betriebsteilen aufzuteilen. Die Aufteilung hat nach dem Verhältnis der Zahl der (gruppenangehörigen) Beschäftigten in den Betriebsteilen am Tag der handelsrechtlichen Wirksamkeit der Verselbständigung zur Zahl der (gruppenangehörigen) Beschäftigten im Betrieb vor der Ausgliederung zu erfolgen.

(2) Bei der Aufteilung nach Abs. 1 sind nur jene Betriebsteile bzw. die in diesen Betriebsteilen Beschäftigten zu berücksichtigen, in denen sich innerhalb von sechs Monaten nach Ablauf der Frist für die vorübergehende Beibehaltung des

Zuständigkeitsbereiches des Betriebsrates des ursprünglichen Betriebes (§ 62b ArbVG) ein Betriebsrat konstituiert.

(3) § 17 Abs. 2 gilt sinngemäß mit der Maßgabe, daß der Betriebsrat des ursprünglichen Betriebes die zuständige Arbeiterkammer unverzüglich von einer Umstrukturierungsmaßnahme, die eine Aufteilung des Betriebsratsfonds bedingt, zu verständigen hat. Die Durchführung der Vermögensübertragung obliegt den in den verselbständigten Betriebsteilen errichteten Betriebsräten.

(BGBl 1993/814)

Verwendung bestehender Betriebsratsfonds bei Errichtung eines gemeinsamen Betriebsrates auf Grund von Beschlüssen der Arbeitnehmergruppen (§ 40 Abs. 3 ArbVG)

§ 19. (1) In der Versammlung, in der die Errichtung eines gemeinsamen Betriebsrates beschlossen wird, hat jede Gruppenversammlung auch über die Verwendung des bestehenden Betriebsratsfonds und seiner Mittel zu beschließen.

(2) Nach Ablauf der Tätigkeitsdauer des gemeinsamen Betriebsrates ist das Vermögen des gemeinsamen Betriebsratsfonds auf getrennte Fonds aufzuteilen, es sei denn, die Gruppenversammlungen beschließen neuerlich die Errichtung eines gemeinsamen Betriebsrates. Die Aufteilung hat unter Berücksichtigung der seinerzeitigen Beschlüsse der Gruppenversammlungen (Abs. 1) zu erfolgen; liegen solche Beschlüsse nicht vor oder sind sie undurchführbar geworden, so gilt § 18 Abs. 1 zweiter Satz sinngemäß.

(3) Auf die Durchführung der Vermögensübertragung ist § 18 Abs. 2 sinngemäß anzuwenden.

§ 20. In den Fällen des § 19 ist auf die Durchführung der Vermögensübertragung durch die zuständige Arbeiterkammer § 15 sinngemäß anzuwenden.

4. ABSCHNITT
Rechnungsprüfer

Wahl

§ 21. (1) Wurde die Einhebung einer Betriebsratsumlage beschlossen (§ 1), so hat die Betriebs(Gruppen)versammlung einen Rechnungsprüfer und einen Stellvertreter, in Betrieben (Arbeitnehmergruppen) mit mehr als zwanzig Arbeitnehmern zwei Rechnungsprüfer und zwei Stellvertreter zu wählen.

(2) Die erstmalige Wahl der Rechnungsprüfer (Stellvertreter) hat in der Versammlung, in der die Einhebung einer Betriebsratsumlage beschlossen wurde, zu erfolgen.

§ 22. Die Rechnungsprüfer (Stellvertreter) sind aus dem Kreis der stimmberechtigten Arbeitnehmer, die nicht Mitglieder (Ersatzmitglieder) des Betriebsrates sind, mit Mehrheit der abgegebenen Stimmen zu wählen. Außer in den Fällen des § 25a bedarf es nicht der Einreichung von schriftlichen Wahlvorschlägen.

(BGBl 1976/11)

§ 23. (1) Die Betriebs(Gruppen)versammlung, in der die Wahl der Rechnungsprüfer (Stellvertreter) erfolgen soll, ist so rechtzeitig einzuberufen, daß die neugewählten Rechnungsprüfer unmittelbar nach Ablauf der Tätigkeitsdauer der früheren Rechnungsprüfer (Stellvertreter) ihre Tätigkeit aufnehmen können.

(2) Die Einberufung hat den Hinweis zu enthalten, daß Wahlvorschläge, die höchstens doppelt so viele Kandidaten enthalten, als Rechnungsprüfer (ausschließlich Stellvertreter) zu wählen sind, schriftlich oder mündlich beim Vorsitzenden der Betriebs(Gruppen)versammlung erstattet werden können.

§ 24. (1) Wurden Wahlvorschläge eingebracht, so ist über sie in der Reihenfolge ihres Einlangens abzustimmen. Als gewählt gelten die Kandidaten jenes Wahlvorschlages, der die Mehrheit der abgegebenen Stimmen erhalten hat.

(2) Erreicht keiner der Wahlvorschläge die Mehrheit, so ist unmittelbar anschließend ein zweiter Wahlgang durchzuführen. In diesem Wahlgang können Stimmen gültig nur für die beiden Wahlvorschläge abgegeben werden, die im ersten Wahlgang die meisten Stimmen erhalten haben. Als gewählt gilt jener Wahlvorschlag, der die meisten gültigen Stimmen erhalten hat. Bei Stimmengleichheit entscheidet das Los.

(3) Wurden keine Wahlvorschläge eingebracht, so können Stimmen gültig für jeden in der Betriebs(Gruppen)versammlung stimmberechtigten Arbeitnehmer, der nicht Mitglied (Ersatzmitglied) des Betriebsrates ist (Wahlwerber), abgegeben werden. Für jeden Rechnungsprüfer (Stellvertreter) ist ein gesonderter Wahlgang durchzuführen. Als gewählt gilt jeweils jener Wahlwerber, der die Mehrheit der abgegebenen Stimmen erhalten hat. Im übrigen gilt Abs. 2 sinngemäß.

§ 25. (1) Unmittelbar nach der Feststellung des Wahlergebnisses hat der Vorsitzende der Betriebs(Gruppen)versammlung die Gewählten von ihrer Wahl zu verständigen. Erklärt ein Gewählter nicht binnen drei Tagen, daß er die Wahl ablehnt, so gilt sie als angenommen.

(2) Der Vorsitzende hat das Ergebnis der Wahl im Betrieb durch Anschlag an der Ankündigungstafel des Betriebsrates oder durch eine sonstige geeignete schriftliche oder elektronische Mitteilung kundzumachen und dem Betriebsinhaber, den zuständigen freiwilligen Berufsvereinigungen der Arbeitnehmer sowie der zuständigen Arbeiterkammer schriftlich mitzuteilen.

(BGBl 1987/366, BGBl II 2012/142)

§ 25a. (1) In Betrieben (Arbeitnehmergruppen), in denen mehr als zwei Betriebsratsmitglieder zu wählen sind, kann die Betriebs(Gruppen)versammlung anläßlich der Wahl des Wahlvorstandes beschließen, die Wahl der Rechnungsprüfer zugleich mit der Wahl des Betriebsrates durchzuführen.

(BGBl 1976/11)

(2) Liegt ein Beschluß nach Abs. 1 vor, so hat der Wahlvorstand auch die Wahl der Rechnungsprüfer vorzubereiten und durchzuführen.

(3) Die Wahl der Rechnungsprüfer und des Betriebsrates ist mittels gemeinsamer Wahlkundmachung auszuschreiben. Außer dem in § 19 Abs. 2 der Betriebsrats-Wahlordnung 1974 – BRWO 1974, BGBl. Nr. 319, in der jeweils geltenden Fassung vorgeschriebenen Inhalt, hat die Wahlkundmachung die Zahl der zu wählenden Rechnungsprüfer (Stellvertreter) zu enthalten.

(BGBl 1993/814)

(4) Ein Wahlvorschlag nach § 20 BRWO 1974 kann auch einen Wahlvorschlag für die Wahl der Rechnungsprüfer enthalten. Werden keine solchen gemeinsamen Wahlvorschläge eingebracht, so ist auf Wahlvorschläge für die Wahl der Rechnungsprüfer § 20 BRWO 1974 sinngemäß anzuwenden.

(4a) Für die Auflage eines einheitlichen Stimmzettels für die Wahl der Rechnungsprüfer gelten die §§ 21a und 35a BRWO 1974 sinngemäß mit der Maßgabe, daß bei Absehen von der Verwendung eines einheitlichen Stimmzettels und Verwendung eines leeren Stimmzettels dieser durch Aufdruck oder sonstige Kennzeichnung als für die Wahl der Rechnungsprüfer bestimmt erkennbar sein muß.

(BGBl 1993/814)

(5) § 22 BRWO 1974 gilt sinngemäß mit der Maßgabe, daß die für die Betriebsratswahl ausgestellte Wahlkarte auch zur brieflichen Stimmabgabe für die Wahl der Rechnungsprüfer berechtigt.

(6) § 23 BRWO 1974 gilt sinngemäß mit der Maßgabe, daß Wählergruppen, deren Wahlvorschläge für die Wahl der Rechnungsprüfer zugelassen wurden, nur dann zur Entsendung von Wahlzeugen berechtigt sind, wenn sich diese Berechtigung nicht schon auf Grund eines zugelassenen Wahlvorschlages für die Betriebsratswahl ergibt.

(7) § 24 BRWO 1974 gilt mit der Maßgabe, daß dem Wahlberechtigten neben dem Stimmzettel für die Wahl des Betriebsrates auch ein Stimmzettel für die Wahl der Rechnungsprüfer (Abs. 4a) auszuhändigen ist. Verwendet der Stimmberechtigte einen anderen als den vom Wahlvorstand aufgelegten Stimmzettel, so hat aus diesem durch Aufdruck eindeutig hervorzugehen, ob es sich um einen gemeinsamen Stimmzettel für die Wahl der Rechnungsprüfer und des Betriebsrates oder um einen Stimmzettel nur für die Wahl der Rechnungsprüfer handelt.

(BGBl 1993/814)

(8) Für die Ermittlung des Wahlergebnisses gilt § 26 BRWO 1974 mit der Maßgabe, daß die Stimmenzählung für die Wahl der Rechnungsprüfer im Anschluß an die für die Wahl des Betriebsrates vorzunehmen ist. Allenfalls verwendete gültige gemeinsame Stimmzettel (Abs. 7) sind als solche zu kennzeichnen und sowohl bei der Stimmenzählung für die Wahl des Betriebsrates als auch bei der für die Wahl der Rechnungsprüfer zu berücksichtigen.

(BGBl 1993/814)

(9) Weiters finden die §§ 21, 25, 28 Abs. 2 bis 4, 29 und 31 BRWO 1974 sinngemäß Anwendung.

(10) Als gewählt gilt jener Wahlvorschlag, der die Mehrheit der abgegebenen Stimmen erhalten hat. Erreicht keiner der Wahlvorschläge die Mehrheit, so ist unverzüglich ein zweiter Wahlgang auszuschreiben. Im zweiten Wahlgang können Stimmen gültig nur für die beiden Wahlvorschläge abgegeben werden, die im ersten Wahlgang die meisten Stimmen erhalten haben; im übrigen gilt § 24 Abs. 2 dritter und vierter Satz sinngemäß.

(11) § 25 gilt sinngemäß mit der Maßgabe, daß der Wahlvorstand die Gewählten von ihrer Wahl zu verständigen und das Ergebnis der Wahl kundzumachen hat.

(BGBl 1976/11)

Tätigkeitsdauer

§ 26. Die Tätigkeitsdauer der Rechnungsprüfer (Stellvertreter) dauert fünf Jahre. Sie beginnt mit der Feststellung des Wahlergebnisses oder mit Ablauf der Tätigkeitsdauer der früheren Rechnungsprüfer (Stellvertreter), wenn die Wahl vor diesem Zeitpunkt erfolgte. Die Wiederwahl ist zulässig.

(BGBl 1987/366, BGBl II 2017/312)

Vorzeitige Beendigung der Tätigkeitsdauer

§ 27. (1) Vor Ablauf des im § 26 bezeichneten Zeitraumes endet die Tätigkeitsdauer der Rechnungsprüfer (Stellvertreter)

1. wenn die Betriebs(Gruppen)versammlung die Enthebung der Rechnungsprüfer (Stellvertreter) beschließt (§ 28);
2. bei Auflösung, Verschmelzung, Trennung, Aufteilung und Zusammenlegung des Betriebsratsfonds;

   (BGBl 1993/814)
3. wenn das Gericht die Wahl der Rechnungsprüfer für ungültig erklärt;
4. wenn die Rechnungsprüfer (Stellvertreter) funktionsunfähig werden.

(BGBl 1976/11, BGBl 1987/366)

(2) Erfolgt eine Wahl nach § 25a vor dem Ablauf des in § 26 bezeichneten Zeitraumes, so endet die Tätigkeitsdauer der Rechnungsprüfer (Stellvertreter) mit der Feststellung des Ergebnisses dieser Wahl.

(3) Die Funktion eines Rechnungsprüfers (Stellvertreters) endet, wenn

1. der Rechnungsprüfer (Stellvertreter) die Funktion zurücklegt;
2. der Rechnungsprüfer (Stellvertreter) zum Mitglied (Ersatzmitglied) des Betriebsrates gewählt wird;
3. der Rechnungsprüfer (Stellvertreter) aus dem Betrieb ausscheidet.

(4) Der Betriebsrat hat die vorzeitige Beendigung der Tätigkeitsdauer durch Anschlag oder durch eine sonstige geeignete schriftliche oder elektronische Mitteilung im Betrieb kundzumachen und dem

Betriebsinhaber, den zuständigen freiwilligen Berufsvereinigungen der Arbeitnehmer sowie der zuständigen Arbeiterkammer schriftlich mitzuteilen.

(BGBl II 2012/142)

Enthebung der Rechnungsprüfer

§ 28. Die Betriebs(Gruppen)versammlung kann mit einfacher Mehrheit der abgegebenen Stimmen die Enthebung der Rechnungsprüfer (Stellvertreter) beschließen. Die Abstimmung ist geheim mittels Stimmzettels durchzuführen. Der Zählung der Stimmzettel ist ein Vertreter der Antragsteller beizuziehen.

Aufgaben der Rechnungsprüfer

§ 29. (1) Die Rechnungsprüfer haben die Verwaltung und Gebarung des Betriebsratsfonds regelmäßig, tunlichst einmal monatlich, zu überprüfen. Insbesondere haben sie

1. die ausschließliche Verwendung der Mittel des Betriebsratsfonds zu den im § 1 Abs. 1 bezeichneten Zwecken zu überprüfen;
2. die Übereinstimmung der Gebarung mit den die Gebarung betreffenden Beschlüssen des Betriebsrates zu überprüfen;
3. die Buchführung des Kassaverwalters auf die ziffernmäßige Richtigkeit, den Kassastand sowie gegebenenfalls auch das Inventar und den Warenstand zu überprüfen, wobei die Aufnahme des Kassa- und Warenstandes sowie des Inventars in Anwesenheit des Kassaverwalters oder des Betriebsratsvorsitzenden (Stellvertreter) zu erfolgen hat;

   (BGBl 1987/366)
4. auf Verlangen des Betriebsrates jederzeit eine Überprüfung vorzunehmen;
5. bei jedem Wechsel in der Person des Kassaverwalters den Kassaabschluß zu überprüfen und dem Kassaverwalter auf Verlangen eine Bescheinigung über die ordnungsgemäße Übergabe auszustellen;
6. bei Beendigung der Tätigkeitsdauer des Betriebsrates dessen Rechenschaftsbericht und Gebarungsausweis zu überprüfen und gegenzuzeichnen.

(BGBl 1993/814)

(2) Hat die Betriebs(Gruppen)versammlung keinen Beschluß gemäß § 10 Abs. 1 gefaßt, so obliegt die vertretungsweise Verwaltung des Betriebsratsfonds für die Dauer des Fehlens eines ordentlichen Verwaltungs- und Vertretungsorgans, höchstens aber für ein Jahr, dem an Lebensjahren ältesten Rechnungsprüfer.

(BGBl 1993/814)

§ 30. (1) Die Rechnungsprüfer haben die Ergebnisse ihrer Prüfungstätigkeit zum Gegenstand eines Berichtes an die nächste Betriebs(Gruppen) versammlung zu machen.

(2) Die Rechnungsprüfer haben überdies den Betriebsrat von festgestellten Mängeln der Buch- oder Geschäftsführung unverzüglich schriftlich in Kenntnis zu setzen und Vorschläge für deren Beseitigung zu erstatten; erforderlichenfalls sind die festgestellten Mängel auch der zuständigen Arbeiterkammer schriftlich bekanntzugeben.

(3) Festgestellte Mängel, die eine sofortige Untersuchung oder Beseitigung erfordern, sind dem Vorsitzenden des Betriebsrates (Stellvertreter) unverzüglich mündlich bekanntzugeben.

(BGBl 1987/366)

§ 31. (1) Die Rechnungsprüfer haben ihre Tätigkeit tunlichst ohne Störung des Betriebes zu vollziehen. Auf Verlangen der Rechnungsprüfer haben die Mitglieder des Betriebsrates, der Betriebsinhaber sowie jeder Arbeitnehmer des Betriebes den Rechnungsprüfern die zur Erfüllung ihrer Aufgaben erforderlichen Auskünfte zu erteilen.

(2) Sofern § 30 nicht anderes bestimmt, sind die Rechnungsprüfer zur Verschwiegenheit über alle ihnen in Ausübung ihres Amtes bekanntgewordenen Verhältnisse und Angelegenheiten des Betriebsratsfonds, des Betriebes und der Arbeitnehmer verpflichtet.

5. ABSCHNITT
Revision

§ 32. Die Revision der Rechtmäßigkeit der Gebarung und der Verwendung der Mittel des Betriebsratsfonds obliegt der zuständigen Arbeiterkammer. Diese hat mit der Durchführung der Revision Angestellte, die die fachliche Eignung hiezu besitzen (Revisoren), zu betrauen. Erforderlichenfalls kann die Revision auch fachlich geeigneten Personen, die nicht Angestellte der zuständigen Arbeiterkammer sind, übertragen werden.

§ 33. (1) Der Revisor hat sich gegenüber dem Betriebsrat mit einem von der zuständigen Arbeiterkammer ausgestellten Ausweis und einem schriftlichen Auftrag zu legitimieren, aus dem die Befugnis zur Revision des Betriebsratsfonds hervorgeht.

(2) Im übrigen gilt § 31 sinngemäß mit der Maßgabe, daß auch die Rechnungsprüfer zur Auskunftserteilung verpflichtet sind.

§ 34. (1) Der Betriebsratsfonds ist regelmäßig, tunlichst einmal jährlich, einer Revision zu unterziehen. Die Revision kann ohne vorherige Anzeige vorgenommen werden. Eine Revision ist unverzüglich und ohne vorherige Anzeige vorzunehmen, wenn der Arbeiterkammer begründete Hinweise auf Mängel in der Gebarung gegeben werden.

(BGBl 1993/814)

(2) Ersuchen der Betriebsrat oder die Rechnungsprüfer um die Vornahme einer Revision, so ist dem Ersuchen unverzüglich zu entsprechen. Eine Revision auf Ersuchen des Betriebsrates (der Rechnungsprüfer) ersetzt nicht die Vornahme einer Revision nach Abs. 1.

§ 35. (1) Die Revision hat sich auf die Gebarung mit der Betriebsratsumlage und mit den sonstigen Vermögenschaften des Betriebsratsfonds, insbesondere auf die Gebarung in den ausschließlich vom Betriebsrat verwalteten Wohlfahrtseinrichtungen der Arbeitnehmer, zu erstrecken. Der Überprüfung unterliegen die ziffernmäßige Richtigkeit der Buchführung, die Übereinstimmung der Gebarung mit den die Gebarung betreffenden Beschlüssen des Betriebsrates sowie die ausschließliche Verwendung der Mittel des Betriebsratsfonds zu den im § 1 Abs. 1 bezeichneten Zwecken.

(2) Der Revisor hat insbesondere die Richtigkeit der Aufzeichnungen gemäß § 6 Abs. 3 zu prüfen. Die Aufnahme der Vermögenschaften (insbesondere Kassa- und Kontostände der Girokonten, Sparbücher, Anleihen, des Sachanlagevermögens und allfälliger Verbindlichkeiten) hat in Anwesenheit des Kassaverwalters oder des Betriebsratsvorsitzenden (Stellvertreters) sowie erforderlichenfalls der Rechnungsprüfer zu erfolgen.

(BGBl 1987/366, BGBl 1993/814)

§ 36. (1) Der Revisor hat das Ergebnis der Revision (Revisionsbericht) unverzüglich dem Betriebsrat und den Rechnungsprüfern schriftlich mitzuteilen. Im übrigen gilt § 30 Abs. 2 und 3 sinngemäß.

(2) Der Betriebsrat hat den Revisionsbericht unverzüglich in einer Sitzung zu beraten und zum Gegenstand eines Berichtes an die nächste Betriebs(Gruppen)versammlung zu machen.

(3) Der Revisor ist berechtigt, an dieser Betriebsratssitzung und dieser Betriebs(Gruppen)versammlung mit beratender Stimme teilzunehmen. Der Termin und Ort der Betriebsratssitzung und der Betriebs(Gruppen)versammlung sind der zuständigen Arbeiterkammer rechtzeitig bekanntzugeben.

(BGBl 1987/366)

§ 37. Die Kosten der Revision sowie die Barauslagen der Revisoren sind von der zuständigen Arbeiterkammer zu tragen.

6. ABSCHNITT
Zentralbetriebsratsfonds

Zentralbetriebsratsumlage

§ 38. (1) Zur Deckung der Kosten der Geschäftsführung des Zentralbetriebsrates und der Konzernvertretung sowie zur Errichtung und Erhaltung von Wohlfahrtseinrichtungen zugunsten der Arbeitnehmerschaft und der ehemaligen Arbeitnehmer des Betriebes kann die Betriebsräteversammlung auf Antrag des Zentralbetriebsrates oder jedes im Unternehmen bestehenden Betriebsrates die Einhebung einer Zentralbetriebsratsumlage beschließen. Sie darf höchstens zehn Prozent der Betriebsratsumlage betragen.

(BGBl 1990/690, BGBl 1993/814)

(2) Zur Stellung des Antrages an die Betriebsräteversammlung ist ein Beschluß des Zentralbetriebsrates (Betriebsrates) erforderlich. Der Antrag ist spätestens eine Woche vor dem Stattfinden der Betriebsräteversammlung den Vorsitzenden der im Unternehmen bestellten Betriebsräte bekanntzugeben, die die Betriebsratsmitglieder nachweislich davon in Kenntnis zu setzen haben. § 1 Abs. 3 und 4 gilt sinngemäß.

(BGBl 1987/366)

§ 39. Der Betriebsinhaber hat die Zentralbetriebsratsumlage von der einbehaltenen Betriebsratsumlage in Abzug zu bringen und bei jeder Lohn- oder Gehaltsauszahlung (Überweisung) an den Zentralbetriebsratsfonds abzuführen. § 2 zweiter Satz gilt sinngemäß.

§ 40. (1) Die Eingänge aus der Zentralbetriebsratsumlage sowie sonstige für die im § 38 Abs. 1 bezeichneten Zwecke bestimmte Vermögenschaften bilden den mit Rechtspersönlichkeit ausgestatteten Zentralbetriebsratsfonds.

(2) Die Mittel des Zentralbetriebsratsfonds dürfen nur zu den im § 38 Abs. 1 bezeichneten Zwecken verwendet werden.

(3) Jede Errichtung eines Zentralbetriebsratsfonds ist vom Zentralbetriebsrat unverzüglich schriftlich der zuständigen Arbeiterkammer bekanntzugeben.

(BGBl 1987/366)

Verwaltung und Vertretung des Zentralbetriebsratsfonds

§ 41. (1) Die Verwaltung des Zentralbetriebsratsfonds obliegt dem Zentralbetriebsrat. Die §§ 5 bis 9 gelten sinngemäß. § 10 gilt mit der Maßgabe sinngemäß, daß mit der vertretungsweisen Verwaltung auch jeder im Unternehmen bestellte Betriebsrat betraut werden kann.

(2) Vertreter des Zentralbetriebsratsfonds ist der Vorsitzende des Zentralbetriebsrates, bei seiner Verhinderung sein Stellvertreter.

(BGBl 1987/366)

Auflösung des Zentralbetriebsratsfonds

§ 42. (1) Der Zentralbetriebsratsfonds ist aufzulösen:

1. wenn die Voraussetzungen für die Errichtung eines Zentralbetriebsrates dauernd weggefallen sind;
2. nach Ablauf der im Beschluß der Betriebsräteversammlung vorgesehenen Höchstdauer der vertretungsweisen Verwaltung;
3. bei vertretungsweiser Verwaltung durch den an Lebensjahren ältesten Rechnungsprüfer nach Ablauf eines Jahres.

(BGBl 1993/814)

(2) Auf die Durchführung der Auflösung sind die §§ 13 und 14 sinngemäß anzuwenden.

(3) Der Zentralbetriebsrat bzw. das im Beschluß der Betriebsräteversammlung vorgesehene Verwaltungs(Vertretungs)organ hat unverzüglich einen Rechenschaftsbericht und einen Gebarungsausweis zu erstellen; § 8 gilt sinngemäß. Das verbleibende Vermögen ist auf bestehende Betriebsratsfonds des Unternehmens, aus deren Betriebsratsumlage Beiträge zum Zentralbetriebsratsfonds geleistet wurden, nach dem Verhältnis der Zahlen der zu den einzelnen Betriebsratsfonds zuletzt beitragspflichtigen Arbeitnehmer aufzuteilen; § 16 gilt sinngemäß.

Rechnungsprüfer

§ 43. Zur Überprüfung der Verwaltung und Gebarung des Zentralbetriebsratsfonds hat die Betriebsräteversammlung aus ihrer Mitte mit Mehrheit der abgegebenen Stimmen zwei Rechnungsprüfer (Stellvertreter) zu wählen. Diese dürfen dem Zentralbetriebsrat nicht angehören. Im übrigen sind die §§ 21 bis 25, 26, 27 Abs. 1 Z 1 bis 4, Abs. 2 und 3 sowie 28 bis 31 sinngemäß anzuwenden.

(BGBl 1976/11)

Revision

§ 44. Auf die Revision der Gebarung des Zentralbetriebsratsfonds sind die Bestimmungen des 5. Abschnittes sinngemäß anzuwenden.

7. ABSCHNITT
Gemeinsame Bestimmungen

(BGBl 1987/366)

Bezeichnung weiblicher Funktionäre von Organen der Arbeitnehmerschaft

§ 45. Wird eine Frau in die Funktion des Vorsitzenden eines in dieser Verordnung genannten Organes der Arbeitnehmerschaft gewählt, so trägt sie die Bezeichnung „Vorsitzende“.

Betriebsratsfonds in Betrieben gemäß § 33 Abs. 2 Z 1 ArbVG

§ 46. Soweit in dieser Verordnung Aufgaben und Befugnisse der Kammern für Arbeiter und Angestellte (Arbeiterkammern) geregelt werden, kommen diese hinsichtlich der Betriebsrats(Zentralbetriebsrats)fonds in land- und forstwirtschaftlichen Betrieben des Bundes, der Länder, der Gemeindeverbände oder der Gemeinden (§ 33 Abs. 2 Z 1 ArbVG, BGBl. Nr. 22/1974, i.d.F. BGBl. Nr. 502/1993) der jeweils zuständigen gesetzlichen Interessenvertretung der Arbeitnehmer in der Land- und Forstwirtschaft zu.

(BGBl 1993/814)

§ 47. (1) § 1 Abs. 1 und 3 Z 1 und § 38 Abs. 1 dieser Verordnung in der Fassung der Verordnung BGBl. Nr. 690/1990 treten mit 1. Dezember 1990 in Kraft.

(BGBl II 2012/142)

(2) § 1 Abs. 2 und 4, § 8 Abs. 6, § 10 Abs. 3, § 12 Abs. 2, § 13 Abs. 1, § 25 Abs. 2 und § 27 Abs. 4 dieser Verordnung in der Fassung der Verordnung BGBl. II Nr. 142/2012 treten mit 1. Mai 2012 in Kraft.

(BGBl II 2012/142)

(3) § 26 dieser Verordnung in der Fassung der Verordnung BGBl. II Nr. 312/2017 tritt mit 1. Jänner 2018 in Kraft.

(BGBl II 2017/312)

(BGBl 1990/690)

4/6. Aufsichtsratsverordnung

Entsendung von Arbeitnehmervertretern in den Aufsichtsrat, BGBl 1974/343 idF

1 BGBl 1987/367 **2** BGBl 1990/690 **3** BGBl 1993/814
4 BGBl II 2012/142 **5** BGBl II 2017/312

GLIEDERUNG

STICHWORTVERZEICHNIS

Verordnung des Bundesministers für soziale Verwaltung vom 17. Juni 1974 über die Entsendung von Arbeitnehmervertretern in den Aufsichtsrat

Auf Grund des Arbeitsverfassungsgesetzes (ArbVG), BGBl. Nr. 22/1974, wird verordnet:

1. ABSCHNITT
Arbeitnehmervertreter im Aufsichtsrat von Aktiengesellschaften

Zuständigkeit zur Entsendung und Abberufung der Arbeitnehmervertreter

§ 1. (1) In Unternehmen, die in der Rechtsform einer Aktiengesellschaft geführt werden, entsendet, sofern der 3. Abschnitt nicht anderes bestimmt,

1. der Zentralbetriebsrat, wenn das Unternehmen mindestens zwei Betriebe im Sinne der §§ 34 und 35 ArbVG umfaßt, die eine wirtschaftliche Einheit bilden und vom Unternehmen zentral verwaltet werden;
2. der Betriebsausschuß, wenn das Unternehmen nur aus einem Betrieb im Sinne des § 34 ArbVG besteht und in diesem Betrieb getrennte Betriebsräte bestellt sind;
3. der Betriebsrat in allen anderen Fällen

die Arbeitnehmervertreter in den Aufsichtsrat. Das gleiche gilt auch für die Abberufung der Arbeitnehmervertreter.

(BGBl 1987/367)

(2) Ist in einem Betrieb trotz Vorliegens der Voraussetzungen für die Bildung eines Betriebsausschusses ein solcher nicht errichtet, so kommen dessen Befugnisse gem. Abs. 1 den Betriebsräten gemeinsam zu.

(BGBl 1987/367)

Vorschlagsrecht

§ 2. (1) Die Mitglieder des Zentralbetriebsrates (Betriebsrates, Betriebsausschusses), die auf dem Vorschlag einer wahlwerbenden Gruppe gewählt wurden, oder bei Listenkoppelung (§ 5) die Mitglieder der gekoppelten Listen haben das Recht, durch Mehrheitsbeschluß entsprechend der Berechnung gemäß § 3 Abs. 3 Arbeitnehmervertreter für die Entsendung in den Aufsichtsrat zu nominieren sowie deren Abberufung zu verlangen. Der Zentralbetriebsrat (Betriebsrat, Betriebsausschuß) ist bei Entsendung und Abberufung der Arbeitnehmervertreter an diese Vorschläge gebunden.

(2) Soweit vom Vorschlagsrecht nicht innerhalb von drei Monaten nach der gemäß § 3 Abs. 1 durchgeführten Feststellung Gebrauch gemacht wird, hat der Zentralbetriebsrat (Betriebsrat, Betriebsausschuß) über die Entsendung der restlichen Arbeitnehmervertreter zu beschließen.

Vorbereitung der Entsendung

§ 3. (1) Nach der Konstituierung des Zentralbetriebsrates (Betriebsrates, Betriebsausschusses) hat der Vorsitzende unverzüglich eine Sitzung zur Beschlußfassung über die Entsendung einzuberufen, in der die Zahlen der von den jeweils auf dem Vorschlag einer wahlwerbenden Gruppe gewählten Mitgliedern des Zentralbetriebsrates (Betriebsrates, Betriebsausschusses) für die Entsendung in den Aufsichtsrat zu nominierenden Arbeitnehmervertreter festzustellen sind.

(BGBl 1987/367)

(2) In dieser Sitzung hat der Zentralbetriebsrat (Betriebsrat, Betriebsausschuß) zunächst an Hand der Wahlakten die Zahl der jeweils auf dem Vorschlag einer wahlwerbenden Gruppe gewählten Mitglieder des Zentralbetriebsrates (Betriebsrates, Betriebsausschusses) festzustellen.

(3) Die Berechnung der Zahlen der von den jeweils auf einem Vorschlag gewählten Mitgliedern des Zentralbetriebsrates (Betriebsrates, Betriebsausschusses) zu nominierenden Arbeitnehmervertreter hat mittels einer Wahlzahl zu erfolgen. Diese Wahlzahl ist wie folgt zu berechnen: Die Zahlen der jeweils auf einem Wahlvorschlag gewählten Mitglieder des Zentralbetriebsrates (Betriebsrates, Betriebsausschusses) sind, nach ihrer Größe geordnet, nebeneinander zu schreiben. Unter jede dieser Zahlen ist ihre Hälfte, unter diese ihr Drittel, Viertel und nach Bedarf auch ihr Fünftel, Sechstel usw. zu schreiben, wobei diese Zahlen in Dezimalzahlen zu errechnen sind. Sind zwei Arbeitnehmervertreter in den Aufsichtsrat zu entsenden, so gilt als Wahlzahl die zweitgrößte, sind drei Arbeitnehmervertreter in den Aufsichtsrat zu entsenden, so gilt als Wahlzahl die drittgrößte usw. der angeschriebenen Zahlen. Den jeweils auf dem Vorschlag einer wahlwerbenden Gruppe gewählten Mitgliedern des Zentralbetriebsrates (Betriebsrates, Betriebsausschusses) steht das Recht zur Nominierung so vieler Arbeitnehmervertreter zu, als die Wahlzahl in der Zahl der auf diesem Vorschlag Gewählten enthalten ist. Haben nach dieser Berechnung mehrere Mitgliedergruppen des Zentralbetriebsrates (Betriebsrates, Betriebsausschusses) den gleichen Anspruch auf Nominierung eines Arbeitnehmervertreters, so entscheidet die Zahl der bei der Wahl des Zentralbetriebsrates (Betriebsrates) bei Zuteilung der Mandate an die betreffenden Wahlvorschläge verbliebenen Reststimmen. Bei gleicher Reststimmenzahl entscheidet das Los.

§ 4. (1) Die zur Nominierung berechtigten Mitgliedergruppen des Zentralbetriebsrates (Betriebsrates, Betriebsausschusses) haben ihre Vorschläge durch Mehrheitsbeschlüsse zu erstellen.

(2) Bei Erstellung der Nominierungsvorschläge soll auf eine angemessene Vertretung der Gruppen der Arbeiter und der Angestellten und der einzelnen Betriebe des Unternehmens Bedacht genommen werden.

(3) Die Nominierungsvorschläge sind binnen drei Monaten nach der gemäß § 3 Abs. 1 durchgeführten Feststellung dem Vorsitzenden des Zentralbetriebsrates (Betriebsrates, Betriebsausschusses) zu übergeben. Die Bekanntgabe des Nominierungsvorschlages hat durch das auf dem Wahlvorschlag der wahlwerbenden Gruppe an erster Stelle gereihte Mitglied oder im Falle seines Ausscheidens durch das nächstgereihte Mitglied (Listenführer) zu erfolgen. Der Zentralbetriebsrat (Betriebsrat, Betriebsausschuß) ist nur an diesen Vorschlag gebunden.

(BGBl 1987/367)

Listenkoppelung

§ 5. (1) Durch übereinstimmende Mehrheitsbeschlüsse von jeweils auf dem Vorschlag einer wahlwerbenden Gruppe gewählten Mitgliedern des Zentralbetriebsrates (Betriebsrates, Betriebsausschusses) kann vereinbart werden, gemeinsame Nominierungsvorschläge zu erstellen (Listenkoppelung).

(2) Eine gemäß Abs. 1 geschlossene Vereinbarung ist von den Listenführern der beteiligten Mitgliedergruppen des Zentralbetriebsrates (Betriebsrates, Betriebsausschusses) spätestens am Beginn der Sitzung, in der die Berechnung der Zahlen der von den vorschlagsberechtigten Mitgliedergruppen zu nominierenden Arbeitnehmervertreter erfolgen soll (§ 3), dem Vorsitzenden des Zentralbetriebsrates (Betriebsrates, Betriebsausschusses) schriftlich zur Kenntnis zu bringen. Gleichzeitig haben die Listenführer mitzuteilen, welches Mitglied als Listenführer der gekoppelten Listen allein berechtigt ist, verbindliche Erklärungen gegenüber dem Zentralbetriebsrat (Betriebsrat, Betriebsausschuß) abzugeben.

(BGBl 1987/367)

(3) Bei Vorliegen einer Vereinbarung im Sinne des Abs. 1 sind die Mitgliederzahlen und erforderlichenfalls die Zahlen der Reststimmen der beteiligten Gruppen des Zentralbetriebsrates (Betriebsrates, Betriebsausschusses) vor Durchführung der Berechnung nach § 3 Abs. 3 zusammenzuzählen.

(4) Hat der Zentralbetriebsrat (Betriebsrat, Betriebsausschuß) auf Grund einer ihm rechtzeitig bekanntgegebenen Listenkoppelung die Zahl der Arbeitnehmervertreter festgestellt, zu deren Nominierung die auf den gekoppelten Vorschlägen gewählten Mitglieder berechtigt sind, so kann die Nominierung der entsprechenden Anzahl von Arbeitnehmervertretern nur mehr durch Mehrheitsbeschluß der Mitglieder der gekoppelten Listen erfolgen. Das gleiche gilt für die Abberufung (§ 11).

(5) Die Listenkoppelung gilt für die Tätigkeitsdauer des entsendenden Zentralbetriebsrates (Betriebsrates, Betriebsausschusses). Außer in den Fällen des § 9 kann eine Trennung nur durch übereinstimmende Mehrheitsbeschlüsse der Mitglieder der gekoppelten Listen und mit Zustimmung sämtlicher im Zentralbetriebsrat (Betriebsrat, Betriebsausschuß) vertretenen Mitgliedergruppen erfolgen.

§ 6. (1) Der Zentralbetriebsrat (Betriebsrat, Betriebsausschuß) hat die innerhalb der Vorschlagsfrist (§ 4 Abs. 3) überreichten Nominierungsvorschläge zu prüfen und vorhandene Mängel dem Listenführer der betreffenden vorschlagsberechtigten Mitgliedergruppe unverzüglich schriftlich bekanntzugeben.

(2) Ein Nominierungsvorschlag ist insbesondere mangelhaft, wenn er mehr Kandidaten enthält als die betreffende vorschlagsberechtigte Mitgliedergruppe zu nominieren berechtigt ist, oder vorgeschlagene Personen nicht die Voraussetzungen für die Entsendung erfüllen.

(3) Eine vorschlagsberechtigte Mitgliedergruppe, deren Nominierungsvorschlag mangelhaft ist, kann bis zum Ablauf der Vorschlagsfrist diesen richtigstellen beziehungsweise einen neuen Vorschlag erstellen. Nach Ablauf der Vorschlagsfrist ist ein nicht richtiggestellter oder ein mangelhafter neuer Vorschlag nur hinsichtlich der entsendbaren Personen verbindlich. Enthält der Vorschlag eine größere Zahl von Personen als nach der Berechnung (§ 3 Abs. 3) vorzuschlagen sind, so ist die Entsendung nach der Reihung im Vorschlag vorzunehmen.

§ 7. Der Vorsitzende des Zentralbetriebsrates (Betriebsrates, Betriebsausschusses) hat die auf den geprüften Nominierungsvorschlägen aufscheinenden Kandidaten unverzüglich schriftlich von ihrer bevorstehenden Entsendung zu verständigen. Lehnt ein Kandidat nicht binnen drei Tagen seine Entsendung in den Aufsichtsrat ab, so gilt dies als Zustimmung.

(BGBl 1987/367)

Durchführung der Entsendung

§ 8. (1) Liegen Nominierungsvorschläge vor, die sowohl hinsichtlich der Zahl als auch der Entsendbarkeit der vorgeschlagenen Personen entsprechen, so hat der Zentralbetriebsrat (Betriebsrat, Betriebsausschuß) die vorgeschlagenen Personen als Arbeitnehmervertreter in den Aufsichtsrat zu entsenden. Der Vorsitzende des Zentralbetriebsrates (Betriebsrates, Betriebsausschusses) hat die Entsendung unverzüglich bekanntzugeben (§ 13).

(BGBl 1987/367)

(2) Soweit innerhalb der Vorschlagsfrist (§ 4 Abs. 3) vom Vorschlagsrecht nicht oder nicht zur Gänze Gebrauch gemacht wurde oder allfällige Mängel eines Nominierungsvorschlages nicht behoben wurden (§ 6 Abs. 3), hat der Zentralbetriebsrat (Betriebsrat, Betriebsausschuß) über die Entsendung der restlichen Arbeitnehmervertreter zu beschließen.

Beginn der Mitgliedschaft im Aufsichtsrat

§ 8a. Die Mitgliedschaft der Arbeitnehmervertreter im Aufsichtsrat beginnt mit der Mitteilung der Entsendung an den Vorsitzenden des Aufsichtsrates durch den Vorsitzenden des Zentralbetriebsrates (Betriebsrates, Betriebsausschusses).

(BGBl 1987/367)

Beendigung der Mitgliedschaft im Aufsichtsrat

§ 9. (1) Die Mitgliedschaft aller entsendeten Arbeitnehmervertreter endet, wenn

1. der Zentralbetriebsrat (Betriebsrat, Betriebsausschuß) auf Vorschlag aller zur Nominierung berechtigten Mitgliedergruppen die Abberufung gemäß § 11 Abs. 1 vornimmt;
2. der Zentralbetriebsrat (Betriebsrat, Betriebsausschuß) die Abberufung gemäß § 12 vornimmt;
3. der neu konstituierte Zentralbetriebsrat (Betriebsrat, Betriebsausschuß) Arbeitnehmervertreter in den Aufsichtsrat entsendet.

(2) Sind die Voraussetzungen zur Bestellung eines Zentralbetriebsrates (Betriebsausschusses) nicht mehr gegeben, so endet die Funktionsdauer der von diesem entsendeten Arbeitnehmervertreter – soweit deren Mitgliedschaft im Aufsichtsrat nicht bereits gemäß § 10 beendet ist – mit der Entsendung der Arbeitnehmervertreter durch den Betriebsrat (Betriebsausschuß).

§ 10. (1) Erfüllt ein Arbeitnehmervertreter die Voraussetzungen für die Entsendung nicht mehr, so ist seine Mitgliedschaft im Aufsichtsrat erloschen. Der Vorsitzende des Zentralbetriebsrates (Betriebsrates, Betriebsausschusses) hat dies dem Vorsitzenden des Aufsichtsrates unverzüglich schriftlich zur Kenntnis zu bringen. Gleichzeitig hat er die Mitgliedergruppe, die den betreffenden Arbeitnehmervertreter nominiert hat, schriftlich zur Vorlage eines neuen Nominierungsvorschlages aufzufordern. § 11 Abs. 2 gilt sinngemäß.

(BGBl 1987/367)

(2) Tritt ein Arbeitnehmervertreter von seiner Funktion zurück, so hat er seinen Rücktritt unverzüglich dem Vorsitzenden des Zentralbetriebsrates (Betriebsrates, Betriebsausschusses) schriftlich bekanntzugeben. Abs. 1 zweiter und dritter Satz gilt sinngemäß.

(BGBl 1987/367)

Abberufung

§ 11. (1) Jede zur Nominierung berechtigte Mitgliedergruppe (§§ 2 Abs. 1 und 5 Abs. 4) des Zentralbetriebsrates (Betriebsrates, Betriebsausschusses) kann durch Mehrheitsbeschluß jederzeit die Abberufung eines auf ihren Vorschlag entsendeten Arbeitnehmervertreters verlangen. Ein solcher Beschluß ist vom Listenführer dem Vorsitzenden des Zentralbetriebsrates (Betriebsrates, Betriebsausschusses) schriftlich zur Kenntnis zu bringen, der unverzüglich die Abberufung vorzunehmen hat.

(BGBl 1987/367)

(2) Verlangt eine Mitgliedergruppe des Zentralbetriebsrates (Betriebsrates, Betriebsausschusses) die Abberufung eines von ihr nominierten Arbeitnehmervertreters, so ist tunlichst gleichzeitig ein neuer Nominierungsvorschlag vorzulegen. Wird innerhalb von drei Monaten nach erfolgter Abberufung ein solcher Nominierungsvorschlag nicht eingebracht, so hat der Zentralbetriebsrat (Betriebsrat, Betriebsausschuß) über die Entsendung eines Arbeitnehmervertreters zu beschließen. Das gleiche gilt für dessen Abberufung.

§ 12. Wird die Zahl der von der Hauptversammlung zu bestellenden Mitglieder des Aufsichtsrates durch Beschluß der Hauptversammlung in einem die Zahl der zu entsendenden Arbeitnehmervertreter beeinflussenden Ausmaß geändert, so hat der Zentralbetriebsrat (Betriebsrat, Betriebsausschuß) die entsendeten Arbeitnehmervertreter abzuberufen. Auf die Neuentsendung sind die §§ 3 bis 8 sinngemäß anzuwenden.

Mitteilungspflicht des Zentralbetriebsrates

§ 13. Der Vorsitzende des Zentralbetriebsrates (Betriebsrates, Betriebsausschusses) hat jede Entsendung oder Abberufung von Arbeitnehmervertretern, jeden Rücktritt sowie jedes Erlöschen einer Mitgliedschaft im Aufsichtsrat unverzüglich dem Vorsitzenden des Aufsichtsrates, dem Vorstand der Gesellschaft, jedem im Unternehmen bestehenden Betriebsrat, den zuständigen freiwilligen Berufsvereinigungen und der zuständigen gesetzlichen Interessenvertretung der Arbeitnehmer schriftlich mitzuteilen. Von der Abberufung ist außerdem der abberufene Arbeitnehmervertreter unverzüglich schriftlich in Kenntnis zu setzen.

(BGBl 1987/367)

Auskunftspflicht der Gesellschaft

§ 14. Der Vorstand der Gesellschaft sowie der Vorsitzende des Aufsichtsrates sind verpflichtet, dem Zentralbetriebsrat (Betriebsrat, Betriebsausschuß) alle zur Durchführung der Entsendung oder Abberufung der Arbeitnehmervertreter erforderlichen Auskünfte zu geben. Der Vorstand hat insbesondere jede auf Beschluß der Hauptversammlung beruhende Änderung der Zahl der von der Hauptversammlung zu bestellenden Aufsichtsratsmitglieder unverzüglich dem Zentralbetriebsrat (Betriebsrat, Betriebsausschuß) schriftlich mitzuteilen.

2. ABSCHNITT

§ 15. Die §§ 1 bis 14 sind sinngemäß anzuwenden auf

1. Gesellschaften mit beschränkter Haftung,
2. Versicherungsvereine auf Gegenseitigkeit,
3. die Österreichische Postsparkasse,
4. Genossenschaften, die dauernd mindestens 40 Arbeitnehmer beschäftigen, sowie
5. Sparkassen im Sinne des Sparkassengesetzes, BGBl. Nr. 64/1979, in der jeweils geltenden Fassung.

(BGBl 1990/690)

2a. ABSCHNITT
Arbeitnehmervertreter im Aufsichtsrat von Unternehmen gemäß § 110 Abs. 2a ArbVG

(BGBl II 2017/312)

Geltungsbereich; Zuständigkeit zur Entsendung und Abberufung der Arbeitnehmervertreter

§ 15a. (1) Die Bestimmungen dieses Abschnittes gelten für börsenorientierte Unternehmen sowie Unternehmen, in denen dauernd mehr als 1 000 Arbeitnehmer beschäftigt sind, sofern mindestens drei Arbeitnehmervertreter in den Aufsichtsrat zu entsenden sind und die Belegschaft zu mindestens 20 Prozent aus Arbeitnehmerinnen bzw. Arbeitnehmern besteht.

(2) In Unternehmen gemäß Abs. 1 muss unter den in den Aufsichtsrat entsandten Arbeitnehmervertretern jedes der beiden Geschlechter mit einem Anteil von mindestens 30 Prozent vertreten sein, sofern dieser Mindestanteil nicht bereits gemäß § 86 Abs. 9 erster Satz Aktiengesetz, BGBl. Nr. 98/1965, in der jeweils geltenden Fassung erfüllt ist (Gesamtbetrachtung).

(3) Die Entsendung der Arbeitnehmervertreter in den Aufsichtsrat sowie Abberufung hat gemäß § 1 durch den Zentralbetriebsrat (Betriebsrat, Betriebsausschuss) zu erfolgen.

(BGBl II 2017/312)

Auskunftspflicht der Gesellschaft

§ 15b. Der Vorstand der Gesellschaft sowie der Vorsitzende des Aufsichtsrates sind verpflichtet, dem Zentralbetriebsrat (Betriebsrat, Betriebsausschuss) alle zur Durchführung der Entsendung oder Abberufung der Arbeitnehmervertreter erforderlichen Auskünfte zu geben. Der Vorstand sowie der Vorsitzende des Aufsichtsrates haben neben den gemäß § 14 bestehenden Auskunftspflichten insbesondere auch schriftlich mitzuteilen, wie viele Sitze im Aufsichtsrat mindestens von Arbeitnehmervertretern eines Geschlechts zu besetzen sind, um das Mindestanteilsgebot gemäß § 86 Abs. 7 Aktiengesetz zu erfüllen, sowie ob ein Widerspruch gemäß § 86 Abs. 9 Aktiengesetz erhoben wurde.

(BGBl II 2017/312)

Vorschlagsrecht; Vorbereitung der Entsendung

§ 15c. (1) Das Vorschlagsrecht für die Entsendung von Arbeitnehmervertretern in den Aufsichtsrat sowie das Verlangen auf deren Abberufung ist gemäß § 2 auszuüben.

(2) Die Vorbereitung der Entsendung in den Aufsichtsrat sowie die Berechnung der Zahl der von den auf einem Vorschlag gewählten Mitgliedern des Zentralbetriebsrates (Betriebsrates, Betriebs-

ausschusses) jeweils zu nominierenden Arbeitnehmervertreter hat gemäß § 3 zu erfolgen.

(3) Nach Berechnung der Wahlzahl gemäß § 3 Abs. 3 sind die zu besetzenden Sitze im Aufsichtsrat den zur Nominierung berechtigten einzelnen Mitgliedergruppen des Zentralbetriebsrates (Betriebsrates, Betriebsausschusses) zuzuordnen. Dazu sind die bei der Berechnung der Wahlzahl ermittelten Zahlen der jeweils auf einen Wahlvorschlag gewählten Mitglieder des Zentralbetriebsrates (Betriebsrates, Betriebsausschusses) sowie deren Hälfte, deren Drittel, deren Viertel usw. heranzuziehen. Aus diesen Zahlen, nach ihrer Größe geordnet, ergibt sich die Reihenfolge, in der die einzelnen Mitgliedergruppen des Zentralbetriebsrates (Betriebsrates, Betriebsausschusses) zur Erstattung ihrer Nominierungsvorschläge zur Entsendung von Arbeitnehmervertretern in den Aufsichtsrat berechtigt sind.

(4) Die zur Nominierung berechtigten Mitgliedergruppen des Zentralbetriebsrates (Betriebsrates, Betriebsausschusses) haben ihre Vorschläge in der gemäß Abs. 3 bestimmten Reihenfolge durch Mehrheitsbeschlüsse zu erstatten, wobei über jeden einzelnen Nominierungsvorschlag ein gesonderter Beschluss zu fassen ist.

(5) Die Bekanntgabe der Nominierungsvorschläge hat gemäß § 4 Abs. 3 zu erfolgen.

(6) Listenkoppelung gemäß § 5 ist zulässig.

(BGBl II 2017/312)

Prüfung der Nominierungsvorschläge

§ 15d. (1) Die Prüfung der Nominierungsvorschläge hat, unbeschadet der Abs. 2 und 3, gemäß § 6 zu erfolgen.

(2) Wenn die zur Nominierung der Arbeitnehmervertreter vorschlagsberechtigten Mitgliedergruppen ihr Vorschlagsrecht nicht in der Weise ausüben, dass dadurch die Entsendung von Vertretern beider Geschlechter im Ausmaß von mindestens 30 Prozent gewährleistet ist, so sind die nach der gemäß § 15c Abs. 3 bestimmten Reihenfolge zunächst zu fassenden Nominierungsbeschlüsse nichtig, sofern diese zu einer Verletzung des Mindestanteils an zu entsendenden Arbeitnehmerinnen und Arbeitnehmern gemäß § 15a Abs. 2 führen würden.

(3) Der Vorsitzende des Zentralbetriebsrates (Betriebsrates, Betriebsausschusses) hat jede gemäß Abs. 2 festgestellte Nichtigkeit eines Nominierungsbeschlusses dem Listenführer der betreffenden vorschlagsberechtigten Mitgliedergruppe unverzüglich schriftlich mitzuteilen. In diesem Fall kann die betreffende vorschlagsberechtigte Mitgliedergruppe binnen einer Woche nach Zugang dieser Mitteilung einen neuen Nominierungsbeschluss fassen.

(4) Die Sitze im Aufsichtsrat, für die kein wirksamer Nominierungsbeschluss gefasst wurde, bleiben unbesetzt. Nach Ablauf der Frist des Abs. 3 kann der Zentralbetriebsrat (Betriebsrat, Betriebsausschuss) unter Wahrung des Mindestanteils gemäß § 15a Abs. 2 jederzeit über die Entsendung von Arbeitnehmervertretern auf die unbesetzt gebliebenen Sitze im Aufsichtsrat beschließen.

(5) Die Verständigung der auf den geprüften Nominierungsvorschlägen aufscheinenden Kandidaten hat gemäß § 7 zu erfolgen.

(BGBl II 2017/312)

Durchführung der Entsendung

§ 15e. Die Durchführung der Entsendung hat gemäß § 8 Abs. 1 zu erfolgen. Die Mitteilungspflicht des Zentralbetriebsrates (Betriebsrates, Betriebsausschusses) gemäß § 13 erstreckt sich dabei auch auf gemäß § 15d Abs. 2 allenfalls unbesetzt bleibende Sitze im Aufsichtsrat.

(BGBl II 2017/312)

Abweichendes Verfahren

§ 15f. Die Entsendung kann abweichend von dem Verfahren gemäß § 15c Abs. 1 bis 4 erfolgen, sofern der Zentralbetriebsrat (Betriebsrat, Betriebsausschuss) einen entsprechenden einhelligen Beschluss fasst und dabei der Mindestanteil der entsendeten Arbeitnehmerinnen und Arbeitnehmer gemäß § 15a Abs. 2 gewahrt wird. Dies gilt auch für die Abberufung und Neuentsendung von Arbeitnehmervertretern, sofern der Zentralbetriebsrat (Betriebsrat, Betriebssausschuss) nicht einhellig einen anders lautenden Beschluss fasst oder im Beschluss anderes festgelegt ist.

(BGBl II 2017/312)

Beginn und Beendigung der Mitgliedschaft im Aufsichtsrat

§ 15g. Auf Beginn und Beendigung der Mitgliedschaft im Aufsichtsrat sind die §§ 8a bis 12 mit der Maßgabe anzuwenden, dass neu vorzulegende Nominierungsvorschläge nur dann als gesetzmäßig anzusehen sind, wenn ihre Erstattung gemäß § 15c Abs. 1 bis 4 oder § 15f erfolgt ist und dadurch der Mindestanteil der entsendeten Arbeitnehmerinnen und Arbeitnehmer gemäß § 15a Abs. 2 gewahrt bleibt. Andernfalls sind die entsprechenden Nominierungsbeschlüsse nichtig (§ 15d Abs. 2).

(BGBl II 2017/312)

Mitteilungspflicht des Zentralbetriebsrates

§ 15h. Der Vorsitzende des Zentralbetriebsrates (Betriebsrates, Betriebsausschusses) hat seine Mitteilungspflicht gemäß § 13 wahrzunehmen; diese erstreckt sich über die in dieser Bestimmung angeführten Gegenstände hinaus auch auf gemäß § 15d Abs. 2 allenfalls unbesetzt bleibende Sitze im Aufsichtsrat.

(BGBl II 2017/312)

3. ABSCHNITT
Arbeitnehmervertreter im Aufsichtsrat eines herrschenden Unternehmens gemäß § 110 Abs. 6 ArbVG

(BGBl 1987/367)

Vorbereitung der Entsendung

§ 16. (1) Unmittelbar nach seiner Konstituierung hat der gemäß § 1 zur Entsendung der Arbeitnehmervertreter in den Aufsichtsrat berufene Zentralbetriebsrat (Betriebsausschuß, Betriebsrat) eines in der Rechtsform einer Aktiengesellschaft, Gesellschaft mit beschränkter Haftung oder Genossenschaft geführten herrschenden Unternehmens die Unternehmensleitung aufzufordern, ihm die im Sinne des § 110 Abs. 6 ArbVG, BGBl. Nr. 22/1974, i.d.F. BGBl. Nr. 502/1993, beherrschten Unternehmen sowie die Zahl der im Zeitpunkt der Konstituierung in jedem dieser Unternehmen beschäftigten Arbeitnehmer schriftlich bekanntzugeben.

(BGBl 1987/367, BGBl 1993/814)

(2) Die Unternehmensleitung hat der Aufforderung des Zentralbetriebsrates (Betriebsrates, Betriebsausschusses) binnen einer Woche nachzukommen.

§ 17. (1) Ergibt sich aus der Mitteilung der Unternehmensleitung (§ 16), daß das herrschende Unternehmen höchstens halb so viele Arbeitnehmer beschäftigt als alle beherrschten Unternehmen zusammen, so hat der Vorsitzende des Zentralbetriebsrates (Betriebsrates, Betriebsausschusses) des herrschenden Unternehmens unverzüglich eine Sitzung einzuberufen, in der die Zahlen der vom Zentralbetriebsrat (Betriebsrat, Betriebsausschuß) einerseits und von der Gesamtheit der Mitglieder aller in den beherrschten Unternehmen bestellten Betriebsräte andererseits in den Aufsichtsrat des herrschenden Unternehmens zu entsendenden Arbeitnehmervertreter zu berechnen sind.

(BGBl 1987/367)

(2) Diese Berechnung hat mittels einer Wahlzahl zu erfolgen. Diese Wahlzahl ist wie folgt zu berechnen. Die Zahl der im herrschenden Unternehmen beschäftigten Arbeitnehmer und die Zahl aller in den beherrschten Unternehmen zusammen beschäftigten Arbeitnehmer sind, nach ihrer Größe geordnet, nebeneinander zu schreiben. Unter jede dieser beiden Zahlen ist ihre Hälfte, unter diese ihr Drittel, Viertel und nach Bedarf auch ihr Fünftel, Sechstel usw. zu schreiben, wobei diese Zahlen in Dezimalzahlen zu errechnen sind. Sind zwei Arbeitnehmervertreter in den Aufsichtsrat zu entsenden, so gilt als Wahlzahl die zweitgrößte, sind drei Arbeitnehmervertreter in den Aufsichtsrat zu entsenden, so gilt als Wahlzahl die drittgrößte usw. der angeschriebenen Zahlen. Dem Zentralbetriebsrat (Betriebsrat, Betriebsausschuß) des herrschenden Unternehmens beziehungsweise der Gesamtheit aller in den beherrschten Unternehmen bestellten Betriebsräte steht das Recht zur Entsendung so vieler Arbeitnehmervertreter zu, als die Wahlzahl in der Zahl der im herrschenden Unternehmen beschäftigten Arbeitnehmer beziehungsweise in der Zahl aller in den beherrschten Unternehmen beschäftigten Arbeitnehmer enthalten ist. Haben nach dieser Berechnung der Zentralbetriebsrat (Betriebsrat, Betriebsausschuß) des herrschenden Unternehmens und die Gesamtheit der Mitglieder aller in den beherrschten Unternehmen bestellten Betriebsräte den gleichen Anspruch auf Entsendung eines Arbeitnehmervertreters, so entscheidet das Los.

(3) Ergibt sich aus der Mitteilung der Unternehmensleitung (§ 16), daß die Voraussetzungen des § 17 Abs. 1 nicht gegeben sind, so hat der Vorsitzende des Zentralbetriebsrates (Betriebsrates, Betriebsausschusses) des herrschenden Unternehmens unverzüglich die Vorsitzenden aller in den beherrschten Unternehmen bestellten Betriebsräte schriftlich davon in Kenntnis zu setzen.

(BGBl 1987/367)

§ 18. (1) Der Vorsitzende des Zentralbetriebsrates (Betriebsrates, Betriebsausschusses) des herrschenden Unternehmens hat das Ergebnis der Berechnung gemäß § 17 Abs. 2 sowie die Unterlagen hiezu unverzüglich den Vorsitzenden aller in den beherrschten Unternehmen bestellten Betriebsräte schriftlich bekanntzugeben, die die Mitglieder des Betriebsrates davon in Kenntnis zu setzen haben.

(BGBl 1987/367, BGBl 1990/690)

(2) Kommt der Zentralbetriebsrat (Betriebsrat, Betriebsausschuß) des herrschenden Unternehmens oder dessen Vorsitzender seinen Aufgaben gemäß §§ 16, 17 und 18 Abs. 1 nicht nach, so ist der Zentralbetriebsrat (Betriebsrat, Betriebsausschuß), der nach der Zahl der Arbeitnehmer bei der jeweils letzten (Zentral)Betriebsratswahl die meisten Arbeitnehmer vertritt, oder dessen Vorsitzender zur Wahrnehmung dieser Aufgaben berufen.

(BGBl 1987/367, BGBl 1990/690)

Entsendung und Abberufung der Arbeitnehmervertreter durch den Zentralbetriebsrat des herrschenden Unternehmens

§ 19. (1) Auf die Entsendung und Abberufung von Arbeitnehmervertretern durch den Zentralbetriebsrat (Betriebsrat, Betriebsausschuß) des herrschenden Unternehmens sind die §§ 1 bis 15 sinngemäß anzuwenden.

(2) Der Zentralbetriebsrat (Betriebsrat, Betriebsausschuß) des herrschenden Unternehmens hat das Recht, auch dann einen Arbeitnehmervertreter in den Aufsichtsrat zu entsenden, wenn nach der Berechnung gemäß § 17 Abs. 2 kein Arbeitnehmervertreter auf die Arbeitnehmerschaft des herrschenden Unternehmens entfiele. In diesen Fällen verringert sich die Zahl der durch die Mitglieder der beherrschten Unternehmen zu wählenden Arbeitnehmervertreter (§ 20) um eins.

(3) Das Recht des Zentralbetriebsrates (Betriebsrates, Betriebsausschusses) des herrschenden Unternehmens, gemäß Abs. 2 einen Arbeitnehmervertreter zu entsenden, entfällt, wenn sich die Tätigkeit des herrschenden Unternehmens auf die Verwaltung von Unternehmensanteilen der beherrschten Unternehmen beschränkt.

(BGBl 1990/690, BGBl 1993/814)

Wahl der Arbeitnehmervertreter durch die Mitglieder der Betriebsräte der beherrschten Unternehmen

§ 20. (1) Die Entsendung der Arbeitnehmervertreter, die nach der Berechnung gemäß § 17 Abs. 2 auf die Gesamtheit der Mitglieder aller in den beherrschten Unternehmen bestellten Betriebsräte entfallen, ist von diesen durch Wahl aus dem Kreis der Betriebsratsmitglieder, denen das aktive Wahlrecht zum Betriebsrat zusteht, vorzunehmen. Die Wahl der Arbeitnehmervertreter ist, sofern die Abs. 2 bis 4 nicht anderes vorsehen, nach den Bestimmungen über die Wahl des Zentralbetriebsrates (2. Abschnitt der Betriebsrats-Wahlordnung 1974, BGBl. Nr. 319) durchzuführen.

(2) Die Entsendung der Mitglieder des Wahlvorstandes ist dem Vorsitzenden des größten Betriebsrates des nach der Zahl der Arbeitnehmer größten Betriebes anzuzeigen; dieser Betriebsratsvorsitzende hat auch den Wahlvorstand zur konstituierenden Sitzung einzuladen, in der der Vorsitzende des Wahlvorstandes zu wählen ist.

(BGBl 1987/367)

(3) Das Ergebnis der Wahl hat der Wahlvorstand den Vorsitzenden aller Betriebsräte, dem Vorstand (Geschäftsführer) und dem Vorsitzenden des Aufsichtsrates des herrschenden Unternehmens, den zuständigen freiwilligen Berufsvereinigungen und der zuständigen gesetzlichen Interessenvertretung der Arbeitnehmer schriftlich mitzuteilen.

(BGBl 1987/367)

(4) Die Wahlakten sind vom Betriebsrat, dem der Vorsitzende des Wahlvorstandes angehört, bis zur Beendigung der Tätigkeitsdauer der Arbeitnehmervertreter zu verwahren.

§ 20a. Besteht in einem herrschenden Unternehmen kein Zentralbetriebsrat (Betriebsrat, Betriebsausschuß), obwohl ein solcher zu errichten wäre, so kann die Gesamtheit der Mitglieder aller in den beherrschten Unternehmen bestellten Betriebsräte Arbeitnehmervertreter gemäß § 20 entsenden. Die Aufgaben des Zentralbetriebsrates (Betriebsausschusses, Betriebsrats) des herrschenden Unternehmens oder dessen Vorsitzenden nach §§ 16 bis 18 nimmt der Zentralbetriebsrat (Betriebsrat, Betriebsausschuß), der nach der Zahl der Arbeitnehmer bei der jeweils letzten (Zentral)Betriebsratswahl die meisten Arbeitnehmer vertritt, oder dessen Vorsitzender wahr.

(BGBl 1990/690)

Tätigkeitsdauer der gewählten Arbeitnehmervertreter

§ 21. (1) Die Arbeitnehmervertreter und die Ersatzmitglieder sind für die Dauer von fünf Jahren zu wählen. Die Wiederwahl ist zulässig.

(BGBl 1987/367, BGBl II 2017/312)

(2) Die Tätigkeitsdauer beginnt mit der Feststellung des Wahlergebnisses durch den Wahlvorstand oder mit Ablauf der Tätigkeitsdauer der früheren Arbeitnehmervertreter, wenn die Wahl vor diesem Zeitpunkt erfolgte.

Beginn und Erlöschen der Mitgliedschaft der gewählten Arbeitnehmervertreter

§ 22. (1) Die Funktion eines Arbeitnehmervertreters beginnt mit der Annahme der Wahl und erlischt, wenn

1. die Tätigkeitsdauer der Arbeitnehmervertreter endet;
2. der Arbeitnehmervertreter zurücktritt;
3. der Arbeitnehmervertreter in keinem der beherrschten Unternehmen mehr beschäftigt ist.

(2) Das Gericht hat einem Arbeitnehmervertreter auf Grund einer Klage die Funktion abzuerkennen, wenn er die Wählbarkeit nicht oder nicht mehr besitzt. Zur Klage sind jeder Arbeitnehmervertreter, jeder in den beherrschten Unternehmen bestellte Betriebsrat, die Leitung des herrschenden Unternehmens sowie die Leitung jedes beherrschten Unternehmens berechtigt.

(BGBl 1987/367)

Vorzeitige Beendigung der Tätigkeitsdauer der gewählten Arbeitnehmervertreter

§ 23. (1) Vor Ablauf des im § 21 Abs. 1 bezeichneten Zeitraumes endet die Tätigkeitsdauer der Arbeitnehmervertreter, wenn

1. die Arbeitnehmervertreter dauernd funktionsunfähig werden; dauernde Funktionsunfähigkeit liegt insbesondere dann vor, wenn ein ausgeschiedener Arbeitnehmervertreter nicht mehr durch ein Ersatzmitglied ersetzt werden kann;
2. die Gesamtheit der Mitglieder aller in den beherrschten Unternehmen bestellten Betriebsräte die Enthebung der Arbeitnehmervertreter (§ 24) beschließt;
3. die Gesamtheit der gewählten Arbeitnehmervertreter durch Mehrheitsbeschluß den Rücktritt beschließt;
4. das Gericht die Wahl für ungültig erklärt;
   (BGBl 1987/367)
5. die Zahl der von der Hauptversammlung (den Gesellschaftern) des herrschenden Unternehmens zu bestellenden Aufsichtsratsmitglieder durch Beschluß der Hauptversammlung in einem die Zahl der zu entsendenden Arbeitnehmervertreter beeinflussenden Ausmaß geändert wird.

(2) Wird die Tätigkeitsdauer der Arbeitnehmervertreter vorzeitig beendet, so hat die Gesamtheit aller in den beherrschten Unternehmen bestellten Betriebsräte binnen einer Woche einen Wahlvorstand zur Durchführung der Neuwahl zu bestellen.

Enthebung der gewählten Arbeitnehmervertreter

§ 24. (1) Die Gesamtheit der Mitglieder aller in den beherrschten Unternehmen bestellten Betriebsräte kann die Enthebung der von ihr gewählten Arbeitnehmervertreter beschließen.

(2) Das Verfahren zur Enthebung der Arbeitnehmervertreter kann von jedem in den beherrschten

Unternehmen bestellten Betriebsrat durch Aufforderung an alle anderen in den beherrschten Unternehmen bestellten Betriebsräte, einen Wahlvorstand zur Durchführung der Abstimmung zu bilden, eingeleitet werden. Jeder Betriebsrat hat ein Mitglied in den Wahlvorstand zu entsenden. Die Entsendung ist dem Vorsitzenden des Betriebsrates, der das Verfahren eingeleitet hat, binnen einer Woche anzuzeigen. Dieser Betriebsratsvorsitzende hat auch den Wahlvorstand zur konstituierenden Sitzung einzuberufen, in der der Vorsitzende des Wahlvorstandes zu wählen ist.

(BGBl 1987/367)

(3) Der Wahlvorstand hat nach der konstituierenden Sitzung die Abstimmung vorzubereiten und innerhalb von vier Wochen durchzuführen. Jeder Betriebsratsvorsitzende hat dem Wahlvorstand eine Liste der Mitglieder des Betriebsrates zu übermitteln sowie die Zahl der bei der letzten Betriebsratswahl wahlberechtigten Arbeitnehmer bekanntzugeben. Die dem Wahlvorstand übermittelten Listen gelten als Liste der Stimmberechtigten.

(BGBl 1987/367)

§ 25. (1) Die Abstimmung ist mittels Stimmzettels durch briefliche Stimmabgabe im Postwege und geheim vorzunehmen. Stimmberechtigt ist jedes zur Wahl der Arbeitnehmervertreter berechtigte Betriebsratsmitglied.

(2) Zur Ermittlung der den einzelnen Stimmberechtigten zustehenden Stimmenzahl hat der Wahlvorstand die Zahl der bei der letzten Betriebsratswahl wahlberechtigten Arbeitnehmer jedes Betriebes (Arbeitnehmergruppe) durch die Zahl der von diesen gewählten Betriebsratsmitglieder zu teilen. Jedes Betriebsratsmitglied hat so viele Stimmen, wie die Zahl der gewählten Betriebsratsmitglieder in der Zahl der wahlberechtigten Arbeitnehmer enthalten ist. Bruchteile von Stimmen sind nicht zu berücksichtigen. Der Wahlvorstand hat die Zahlen der den einzelnen stimmberechtigten Betriebsratsmitgliedern zustehenden Stimmen auf der Liste der Stimmberechtigten (§ 24 Abs. 3) zu vermerken.

(3) Die Abgabe der jedem Betriebsratsmitglied zustehenden Stimmen hat in gleichgewichtigen Stimmzetteln und, soweit sich Reststimmen ergeben, in Einzelstimmen zu erfolgen. Das Stimmgewicht eines gleichgewichtigen Stimmzettels ist die um eine ganze Stimme verminderte kleinste Stimmenzahl, die ein stimmberechtigtes Betriebsratsmitglied aufweist. Die anderen stimmberechtigten Betriebsratsmitglieder haben so viele gleichgewichtige Stimmzettel abzugeben, wie dieses Stimmgewicht in ihrer Stimmenzahl enthalten ist. Die verbleibenden ganzen Reststimmen sind als Einzelstimmen abzugeben.

(4) Der Wahlvorstand hat zur Stimmabgabe einen Termin festzusetzen, bis zu dem ihm die Briefumschläge mit den Stimmkuverts (§ 26 Abs. 2) zu übermitteln sind; später eingelangte Stimmkuverts sind nicht zu berücksichtigen. Dieser Termin ist mindestens 14 Tage vorher den Vorsitzenden aller Betriebsräte nachweislich mitzuteilen, die die Betriebsratsmitglieder davon in Kenntnis zu setzen haben.

(BGBl 1987/367)

§ 26. (1) Der Wahlvorstand hat jedem Stimmberechtigten spätestens eine Woche vor dem gemäß § 25 Abs. 4 festgesetzten Termin mittels eingeschriebenen Briefes eine auf seinen Namen lautende Stimmkarte und die seiner Stimmenzahl entsprechende Anzahl von Stimmkuverts sowie einen bereits freigemachten (frankierten) und mit der Adresse des Wahlvorstandes versehenen zweiten Umschlag (Briefumschlag) zu übermitteln. Die Stimmkuverts für gleichgewichtige Stimmzettel haben sich von den Stimmkuverts zur Abgabe der Einzelstimmen durch Größe oder Farbe zu unterscheiden.

(2) Jeder Stimmberechtigte hat die ausgefüllten Stimmzettel in die vom Wahlvorstand übermittelten Stimmkuverts zu legen, die keinerlei Aufschrift oder Zeichen tragen dürfen, die auf die Person des Stimmberechtigten schließen lassen. Die Stimmkuverts sind gemeinsam mit der vom Wahlvorstand ausgestellten Stimmkarte in den vom Wahlvorstand übermittelten Briefumschlag zu legen und im Postweg dem Wahlvorstand so rechtzeitig einzusenden, daß die Briefumschläge spätestens bis zum Ablauf des gemäß § 25 Abs. 4 festgesetzten Termines beim Wahlvorstand einlangen.

Ermittlung der Beteiligung an der Abstimmung

§ 27. Am Tag nach dem gemäß § 25 Abs. 4 festgesetzten Termin hat der Wahlvorstand die ihm übermittelten Briefumschläge zu öffnen und zu prüfen, ob ihnen eine gültige Stimmkarte beiliegt. Die Stimmkarte ist vom Wahlvorstand zu den Akten zu nehmen. Weiters hat der Wahlvorstand die Übereinstimmung der Zahl der abgegebenen mit der Zahl der im Abstimmungsverzeichnis vermerkten Stimmzettel zu prüfen und die Stimmabgabe im Abstimmungsverzeichnis zu vermerken. Zu spät eingelangte Briefumschläge und Stimmkuverts, denen keine für den betreffenden Stimmberechtigten ausgestellte Stimmkarte beiliegt, sind ungeöffnet mit dem Vermerk „zu spät eingelangt" beziehungsweise „ohne Stimmkarte eingelangt" zu den Akten zu legen. Der Vorgang ist im Protokoll zu vermerken.

§ 28. (1) Im Anschluß daran hat der Wahlvorstand an Hand des Abstimmungsverzeichnisses und der Liste der Stimmberechtigten zu prüfen, ob die erforderliche Beteiligung von drei Viertel aller stimmberechtigten Mitglieder der in den beherrschten Unternehmen bestellten Betriebsräte gegeben ist.

(2) Wurde diese Beteiligung nicht erreicht, so gilt der Antrag auf Enthebung der Arbeitnehmervertreter als abgelehnt. Der Wahlvorstand hat alle Stimmkuverts ungeöffnet zu den Akten zu nehmen und den Vorgang im Protokoll zu vermerken. § 20 Abs. 4 gilt sinngemäß.

(3) Der Wahlvorstand hat die Arbeitnehmervertreter sowie die Vorsitzenden aller in den be-

herrschten Unternehmen bestellten Betriebsräte unverzüglich von der Ablehnung des Antrages auf Enthebung der Arbeitnehmervertreter in Kenntnis zu setzen. Die Betriebsratsvorsitzenden haben dies den Mitgliedern des Betriebsrates mitzuteilen.

(BGBl 1987/367)

Ermittlung des Abstimmungsergebnisses

§ 29. Ist die erforderliche Beteiligung von drei Viertel aller stimmberechtigten Mitglieder der in den beherrschten Unternehmen bestellten Betriebsräte gegeben, so hat der Wahlvorstand die Stimmkuverts für gleichgewichtige Stimmen von denen für Einzelstimmen zu trennen und die Stimmkuverts für Einzelstimmen erst nach Abschluß der Ermittlung der gleichgewichtigen Stimmen zu öffnen. Nach Öffnung jedes Stimmkuverts ist die dem Stimmkuvert entsprechende Stimmenzahl auf den in diesem befindlichen Stimmzettel zu übertragen. Der Wahlvorstand hat weiters die Gültigkeit der Stimmzettel zu prüfen. Ein Stimmzettel ist insbesondere ungültig, wenn er unterschrieben ist oder eine andere Aufschrift als „ja" oder „nein" trägt oder ein Stimmkuvert mehrere Stimmzettel mit unterschiedlichen Aufschriften enthält. Enthält ein Stimmkuvert mehrere gleichlautende Stimmzettel, so kommt ihnen nur die Stimmenzahl eines Stimmzettels zu. Der Wahlvorstand hat ferner die Zahl der ungültigen Stimmzettel festzustellen, diese mit fortlaufenden Zahlen zu versehen, die gültigen Stimmzettel zu ordnen und die Zahl der für beziehungsweise gegen den Antrag auf Enthebung der Arbeitnehmervertreter gültig abgegebenen Stimmen festzustellen.

§ 30. Erreicht der Antrag auf Enthebung der Arbeitnehmervertreter die erforderliche Mehrheit von zwei Drittel der abgegebenen Stimmen nicht, so gilt § 28 Abs. 2 und 3 sinngemäß.

§ 31. (1) Erreicht der Antrag auf Enthebung der Arbeitnehmervertreter die Mehrheit von zwei Drittel der abgegebenen Stimmen, so ist ab dem Zeitpunkt der Feststellung des Abstimmungsergebnisses durch den Wahlvorstand die Tätigkeitsdauer der Arbeitnehmervertreter beendet.

(2) Der Wahlvorstand hat die Arbeitnehmervertreter unverzüglich von ihrer Enthebung in Kenntnis zu setzen; § 20 Abs. 3 und 4 gilt sinngemäß.

Arbeitnehmerlose Holding

§ 31a. (1) Die Arbeitnehmervertreter im Aufsichtsrat eines herrschenden Unternehmens im Sinne des § 110 Abs. 6 erster Satz ArbVG, BGBl. Nr. 22/1974, i.d.F. BGBl. Nr. 502/1993,

1. dessen Tätigkeit sich nicht auf die Verwaltung von Unternehmensanteilen der beherrschten Unternehmen beschränkt und
2. in dem kein Betriebsrat zu errichten ist,

sind von der Gesamtheit der in den beherrschten Unternehmen bestellten Betriebsräte zu wählen.

(2) Für die Wahl gelten die §§ 20 bis 31 mit der Maßgabe, daß alle Arbeitnehmervertreter zu wählen sind.

(3) Abs. 1 und 2 gelten nicht für Banken und Versicherungsunternehmen.

(BGBl 1993/814)

Arbeitnehmervertreter im Aufsichtsrat von Unternehmen gemäß § 110 Abs. 6 ArbVG

§ 31b. (1) Die Bestimmungen des 2a. Abschnittes gelten für jene Unternehmen gemäß § 110 Abs. 6 ArbVG, BGBl. Nr. 22/1974, idF BGBl. I Nr. 104/2017, die börsenorientiert sind oder in denen dauernd mehr als 1 000 Arbeitnehmer beschäftigt sind, sofern mindestens drei Arbeitnehmervertreter in den Aufsichtsrat zu entsenden sind und die Gesamtheit der Belegschaft im herrschenden sowie in allen beherrschten Unternehmen insgesamt zu mindestens 20 Prozent aus Arbeitnehmerinnen bzw. Arbeitnehmern besteht.

(2) In Unternehmen gemäß Abs. 1 haben der Zentralbetriebsrat (Betriebsrat, Betriebsausschuss) des herrschenden Unternehmens sowie die Gesamtheit der Mitglieder aller in den beherrschten Unternehmen bestellten Betriebsräte ihr Recht zur Entsendung von Arbeitnehmervertretern unter Wahrung des Mindestanteils gemäß § 15a Abs. 2 auszuüben, sofern dieser nicht bereits gemäß § 86 Abs. 9 erster Satz Aktiengesetz, BGBl. Nr. 98/1965, in der jeweils geltenden Fassung erfüllt ist (Gesamtbetrachtung).

(3) Die Vorbereitung der Entsendung in den Aufsichtsrat sowie die Berechnung der Zahlen der vom Zentralbetriebsrat (Betriebsrat, Betriebsausschuss) des herrschenden Unternehmens einerseits und von der Gesamtheit der Mitglieder aller in den beherrschten Unternehmen bestellten Betriebsräte andererseits in den Aufsichtsrat des herrschenden Unternehmens zu entsendenden Arbeitnehmervertreter hat gemäß den §§ 16 bis 18 zu erfolgen. Aus den bei der Berechnung gemäß § 17 ermittelten Zahlen, nach ihrer Größe geordnet, ergibt sich unter Anwendung des § 15c Abs. 3 die Reihenfolge, in der der Zentralbetriebsrat (Betriebsrat, Betriebsausschuss) des herrschenden Unternehmens einerseits und die Gesamtheit der Mitglieder aller in den beherrschten Unternehmen bestellten Betriebsräte andererseits zur Entsendung von Arbeitnehmervertretern in den Aufsichtsrat berechtigt sind.

(4) Unter Berücksichtigung der nach Abs. 3 ermittelten Reihenfolge und der sich daraus ergebenden Erfordernisse in Bezug auf die Wahrung des Mindestanteils gemäß § 15a Abs. 2 ist die Reihenfolge, in der die einzelnen Mitgliedergruppen des Zentralbetriebsrates (Betriebsrates, Betriebsausschusses) des herrschenden Unternehmens zur Erstattung ihrer Nominierungsvorschläge zur Entsendung von Arbeitnehmervertretern in den Aufsichtsrat berechtigt sind, sinngemäß nach § 15c Abs. 3 zu bestimmen. Die Entsendung durch den Zentralbetriebsrat (Betriebsrat, Betriebsausschuss) des herrschenden Unternehmens hat gemäß § 19 in Verbindung mit § 15d Abs. 2 bis 5 zu erfolgen.

(5) Auf die Wahl der Arbeitnehmervertreter der Betriebsräte der beherrschten Unternehmen ist § 20 mit der Maßgabe anzuwenden, dass im Fall eines

Wahlergebnisses, das zur Verletzung des Mindestanteils an zu entsendenden Arbeitnehmerinnen und Arbeitnehmern gemäß § 15a Abs. 2 führen würde, anstelle jener Arbeitnehmervertreter, die nach der gemäß Abs. 3 bestimmten Reihenfolge auf die zuletzt zu besetzenden Sitze im Aufsichtsrat gewählt wurden, Ersatzmitglieder des jeweils unterrepräsentierten Geschlechts zu entsenden sind, sofern diese auf demselben Wahlvorschlag wie die ursprünglich gewählten Arbeitnehmervertreter aufscheinen.

(6) Die Entsendung kann abweichend von dem Verfahren gemäß Abs. 3 bis 5 erfolgen, sofern der Zentralbetriebsrat (Betriebsrat) des herrschenden Unternehmens sowie die Gesamtheit der Mitglieder aller in den beherrschten Unternehmen bestellten Betriebsräte einen entsprechenden einhelligen Beschluss fassen und der Mindestanteil der entsendeten Arbeitnehmerinnen und Arbeitnehmer gemäß Abs. 2 gewahrt bleibt. Dieser Beschluss kann auch die Nominierung von Ersatzmitgliedern unter Wahrung des Mindestanteils gemäß § 15a Abs. 2 oder ein Verfahren zu deren Nominierung im Bedarfsfall umfassen.

(BGBl II 2017/312)

Entsendung der Arbeitnehmervertreter durch die Konzernvertretung

§ 31c. (1) Ist in einem Konzern, in dem nach den Bestimmungen der §§ 16 ff. oder des § 31a Arbeitnehmervertreter in den Aufsichtsrat des herrschenden Unternehmens zu entsenden sind, eine Konzernvertretung errichtet, so hat diese die Arbeitnehmervertreter in den Aufsichtsrat zu entsenden.

(2) Der Vorsitzende der Konzernvertretung hat die Zahl der im herrschenden Unternehmen beschäftigten Arbeitnehmer und die Zahl der in den beherrschten Unternehmen beschäftigten Arbeitnehmer zu ermitteln. Die Leitungen der Konzernunternehmen sind zu entsprechenden Auskünften verpflichtet.

(3) Der Vorsitzende hat eine Sitzung der Konzernvertretung zur Beschlußfassung über die Entsendung der Arbeitnehmervertreter einzuberufen.

(4) Die aus dem Zentralbetriebsrat (Betriebsausschuss, Betriebsrat) des herrschenden Unternehmens stammenden Konzernvertretungsmitglieder haben das Recht, so viele Arbeitnehmervertreter vorzuschlagen, wie dem Verhältnis der Zahl der im herrschenden Unternehmen beschäftigten Arbeitnehmer zur Zahl der in den beherrschten Unternehmen beschäftigten Arbeitnehmer entspricht, mindestens jedoch einen Arbeitnehmervertreter. § 19 Abs. 3 ist sinngemäß anzuwenden. Die übrigen Arbeitnehmervertreter werden von der Kurie der aus den Zentralbetriebsräten (Betriebsausschüssen, Betriebsräten) der beherrschten Unternehmen stammenden Konzernvertretungsmitglieder vorgeschlagen. Die Konzernvertretung ist an die Vorschläge der Kurie gebunden. Kommt die Kurie ihrem Vorschlagsrecht nicht nach, so entscheidet die Konzernvertretung mit einfacher Mehrheit. Die Konzernvertretung kann eine Frist für die Ausübung des Vorschlagsrechtes beschließen.

(BGBl II 2012/142)

(5) Die Beschlußfassung innerhalb der Kurien hat unter sinngemäßer Anwendung der Bestimmungen der §§ 2 bis 7 zu erfolgen, wobei die Sitzungen der Kurien zur Vorbereitung und Beschlußfassung über die Entsendung jeweils von dem an Lebensjahren ältesten Kurienmitglied zu leiten sind. Kommen die innerhalb der Kurie vorschlagsberechtigten wahlwerbenden Gruppen ihrem Vorschlagsrecht innerhalb einer unter Bedachtnahme auf Abs. 4 letzter Satz angemessenen Frist nicht nach, so entscheidet die Kurie.

(6) Für die Durchführung der Entsendung durch die Konzernvertretung, für die Aufsichtsratsmitgliedschaft und die Abberufung von Arbeitnehmervertretern gelten die §§ 8 bis 12 sinngemäß mit der Maßgabe, daß die Abberufung über Vorschlag der jeweils entsendungsberechtigten Kurie, die ihrerseits wiederum an ein entsprechendes Verlangen der jeweils vorschlagsberechtigten wahlwerbenden Gruppen gebunden ist, zu erfolgen hat.

(7) Im übrigen gelten die §§ 13 und 14.

(BGBl 1993/814, BGBl II 2017/312)

§ 31d. (1) Die Bestimmungen des 2a. Abschnittes gelten für jene Konzerne gemäß § 31c, die börsenorientiert sind oder in denen dauernd mehr als 1 000 Arbeitnehmer beschäftigt sind, sofern mindestens drei Arbeitnehmervertreter in den Aufsichtsrat zu entsenden sind und die Gesamtheit der Belegschaft im herrschenden sowie in allen beherrschten Unternehmen insgesamt zu mindestens 20 Prozent aus Arbeitnehmerinnen bzw. Arbeitnehmern besteht.

(2) In Konzernen gemäß Abs. 1 haben die aus dem Zentralbetriebsrat (Betriebsausschuss, Betriebsrat) des herrschenden Unternehmes stammenden Konzernvertretungsmitglieder sowie die Kurie der aus den Zentralbetriebsräten (Betriebsausschüssen, Betriebsräten) der beherrschten Unternehmen stammenden Konzernvertretungsmitglieder ihr Recht zur Entsendung von Arbeitnehmervertretern unter Wahrung des Mindestanteils gemäß § 15a Abs. 2 auszuüben, sofern dieser nicht bereits gemäß § 86 Abs. 9 erster Satz Aktiengesetz, BGBl. Nr. 98/1965, in der jeweils geltenden Fassung erfüllt ist (Gesamtbetrachtung).

(3) Die Vorbereitung der Entsendung in den Aufsichtsrat sowie die Berechnung der Zahlen der von den aus dem Zentralbetriebsrat (Betriebsrat, Betriebsausschuss) des herrschenden Unternehmens stammenden Konzernvertretungsmitglieder einerseits und von der Kurie der aus den Zentralbetriebsräten (Betriebsausschüssen, Betriebsräten) der beherrschten Unternehmen stammenden Konzernvertretungsmitglieder andererseits in den Aufsichtsrat des herrschenden Unternehmens zu entsendenden Arbeitnehmervertreter hat gemäß § 31c Abs. 4 zu erfolgen, wobei die Reihenfolge, in der die Arbeitnehmervertreter von den aus dem Zentralbetriebsrat (Betriebsrat, Betriebsausschuss) des herrschenden Unternehmens stammenden

Konzernvertretungsmitgliedern einerseits und von der Kurie der aus den Zentralbetriebsräten (Betriebssausschüssen, Betriebsräten) der beherrschten Unternehmen stammenden Konzernvertretungsmitgliedern andererseits in den Aufsichtsrat zu entsenden sind, gemäß § 15c Abs. 3 zu bestimmen ist.

(4) Die Entsendung durch die aus dem Zentralbetriebsrat (Betriebsrat, Betriebsausschuss) des herrschenden Unternehmens stammenden Konzernvertretungsmitglieder einerseits und der Kurie der aus den Zentralbetriebsräten (Betriebssausschüssen, Betriebsräten) stammenden Konzernvertretungsmitglieder andererseits hat gemäß § 31c in Verbindung mit § 15d Abs. 2 bis 5 zu erfolgen.

(5) Die Entsendung kann abweichend von dem Verfahren gemäß Abs. 4 erfolgen, sofern die aus dem Zentralbetriebsrat (Betriebsrat, Betriebsausschuss) des herrschenden Unternehmens stammenden Konzernvertretungsmitglieder sowie die Kurie der aus den Zentralbetriebsräten (Betriebssausschüssen, Betriebsräten) stammenden Konzernvertretungsmitglieder einen entsprechenden einhelligen Beschluss fassen und dabei der Mindestanteil der entsendeten Arbeitnehmerinnen und Arbeitnehmer gemäß Abs. 2 gewahrt bleibt. § 15d Abs. 2 bis 5 ist anzuwenden.

(BGBl II 2017/312)

4. ABSCHNITT
Wahl der Arbeitnehmervertreter in den Aufsichtsrat einer Gesellschaft mit beschränkter Haftung gemäß § 110 Abs. 7 ArbVG

§ 32. Auf die Wahl der Arbeitnehmervertreter durch die Mitglieder aller in den Unternehmen der Gesellschaft mit beschränkter Haftung und der Kommanditgesellschaft errichteten Betriebsräte finden die §§ 20 bis 31 sinngemäß mit der Maßgabe Anwendung, daß das Verfahren zur Bestellung des Wahlvorstandes vom Vorsitzenden des größten Betriebsrates des nach der Zahl der Arbeitnehmer größten Betriebes einzuleiten ist.

(BGBl 1987/367)

§ 32a. (1) Die Bestimmungen des 2a. Abschnittes gelten für jene Unternehmen gemäß § 110 Abs. 7 ArbVG, BGBl. Nr. 22/1974, idF BGBl. I Nr. 104/2017, die börsenorientiert sind oder in denen dauernd mehr als 1 000 Arbeitnehmer beschäftigt sind, sofern mindestens drei Arbeitnehmervertreter in den Aufsichtsrat zu entsenden sind und die Gesamtheit der Belegschaft aller Unternehmen der Gesellschaft mit beschränkter Haftung und der Kommanditgesellschaft insgesamt zu mindestens 20 Prozent aus Arbeitnehmerinnen bzw. Arbeitnehmern besteht.

(2) In Unternehmen gemäß Abs. 1 muss unter den in den Aufsichtsrat entsandten Arbeitnehmervertretern jedes der beiden Geschlechter mit einem Anteil von mindestens 30 Prozent vertreten sein, sofern dieser Mindestanteil nicht bereits gemäß § 86 Abs. 9 erster Satz Aktiengesetz, BGBl. Nr. 98/1965, in der jeweils geltenden Fassung erfüllt ist (Gesamtbetrachtung).

(3) Die Betriebsräte in den Unternehmen der Gesellschaft mit beschränkter Haftung und der Kommanditgesellschaft haben ihr Recht zur Entsendung von Arbeitnehmervertretern in der Weise auszuüben, dass aus jenen Unternehmen mit dem höchsten Anteil an Arbeitnehmern des jeweils unterepräsentierten Geschlechts Arbeitnehmer dieses Geschlechts zu entsenden sind, soweit dies zur Wahrung des Mindestanteils gemäß Abs. 2 erforderlich ist. Auf das Wahlverfahren ist § 31b Abs. 3 bis 5 anzuwenden, soweit sich diese Bestimmung auf das Wahlverfahren in den beherrschten Unternehmen bezieht.

(4) Die Entsendung kann abweichend von dem Verfahren gemäß Abs. 3 erfolgen, sofern die Betriebsräte in den Unternehmen der Gesellschaft mit beschränkter Haftung und der Kommanditgesellschaft einen entsprechenden einhelligen Beschluss fassen und dabei der Mindestanteil der entsendeten Arbeitnehmerinnen und Arbeitnehmer gemäß Abs. 2 gewahrt bleibt. Im Übrigen gilt auch § 31b Abs. 6 letzter Satz.

(BGBl II 2017/312)

5. ABSCHNITT
Arbeitnehmervertreter in Ausschüssen des Aufsichtsrats

(BGBl 1987/367)

§ 32b. (1) Die gemäß § 110 Abs. 4 ArbVG, BGBl. Nr. 22/1974, i.d.F. BGBl. Nr. 502/1993 zu bestellenden Ausschußmitglieder werden von der Gesamtheit der Arbeitnehmervertreter im Aufsichtsrat aus ihrer Mitte mit einfacher Mehrheit namhaft gemacht. Bei mehreren Ausschüssen ist zugleich festzulegen, für welchen Ausschuß die Bestellung erfolgt. Die Bestellung desselben Arbeitnehmervertreters für mehrere Ausschüsse ist zulässig.

(2) Die Bestellung der Ausschußmitglieder ist dem Vorsitzenden des Aufsichtsrats unter Angabe, für welchen Ausschuß die Bestellung erfolgt, unverzüglich bekanntzugeben.

(3) Die Abs. 1 und 2 gelten sinngemäß auch für die Abberufung eines von den Arbeitnehmervertretern namhaft gemachten Ausschußmitglieds.

(BGBl II 2017/312)

6. ABSCHNITT
Bezeichnung weiblicher Funktionäre von Organen der Arbeitnehmerschaft

(BGBl 1987/367)

§ 32c. Wird eine Frau in die Funktion des Vorsitzenden eines in dieser Verordnung genannten Organes der Arbeitnehmerschaft gewählt, so trägt sie die Bezeichnung „Vorsitzende“.

(BGBl II 2017/312)

7. ABSCHNITT
Gemeinsame Bestimmungen

(BGBl 1987/367)

§ 33. Die Tätigkeitsdauer der im Zeitpunkt des Inkrafttretens dieser Verordnung gemäß § 14 Abs. 3 Z 6 des Betriebsrätegesetzes, BGBl. Nr. 97/1947, in den Aufsichtsrat gewählten Betriebsratsmitglieder endet mit der Entsendung der Arbeitnehmervertreter nach den Bestimmungen dieser Verordnung.

§ 34. (1) Diese Verordnung tritt mit 1. Juli 1974 in Kraft. §§ 15, 18, 19 Abs. 3 und 20a dieser Verordnung in der Fassung der Verordnung BGBl. Nr. 690/1990 treten mit 1. Dezember 1990 in Kraft.

(BGBl II 2012/142)

(2) § 31b Abs. 4 dieser Verordnung in der Fassung der Verordnung BGBl. II Nr. 142/2012 tritt mit 1. Mai 2012 in Kraft.

(BGBl II 2012/142)

(3) Der 2a. Abschnitt sowie die §§ 21, 31b bis 31d, 32a bis 32c samt Überschriften dieser Verordnung in der Fassung der Verordnung BGBl. II Nr. 312/2017 treten mit 1. Jänner 2018 in Kraft und gelten für Entsendungen (Neuentsendungen) von Arbeitnehmervertretern durch Organe der Arbeitnehmerschaft, deren Wahl nach dem 31. Dezember 2017 erfolgt.

(BGBl II 2017/312)

(BGBl 1990/690)

§ 35. Die Tätigkeitsdauer der zum Zeitpunkt der Errichtung einer Konzernvertretung bestellten Arbeitnehmervertreter im Aufsichtsrat des herrschenden Unternehmens eines Konzerns gemäß § 31b endet mit der Entsendung der Arbeitnehmervertreter durch die Konzernvertretung.

(BGBl 1993/814)

4/7. VO Tätigkeitsdauer von Organen

Verordnung, mit der die Tätigkeitsdauer von Organen der betrieblichen Interessenvertretung sowie der Behindertenvertrauenspersonen verlängert werden, BGBl II 2020/460

Verordnung der Bundesministerin für Arbeit, Familie und Jugend, mit der die Tätigkeitsdauer von Organen der betrieblichen Interessenvertretung sowie der Behindertenvertrauenspersonen verlängert werden

Auf Grund des § 264 Abs. 34 Arbeitsverfassungsgesetz (ArbVG), BGBl. Nr. 22/1974, zuletzt geändert durch das Bundesgesetz BGBl. I Nr. 23/2020, wird verordnet:

§ 1. (1) Der in § 170 Abs. 1 ArbVG festgesetzte Zeitraum bis 31. Oktober 2020 wird bis zum Ablauf des 31. Dezember 2020 verlängert.

(2) Die Regelung des Abs. 1 gilt sinngemäß für Arbeitnehmer, die den Landarbeitsordnungen der Bundesländer und in Vorarlberg dem Land- und Forstarbeitsgesetz sowie dem Land- und Forstarbeiter-Dienstrechtsgesetz, BGBl. Nr. 280/1980, unterliegen, die zum Zeitpunkt des Inkrafttretens der Verordnung in Kraft sind.

§ 2. Diese Verordnung tritt mit 1. November 2020 in Kraft.

5. Arbeiter-Abfertigungsgesetz

Arbeiter-Abfertigungsgesetz, BGBl 1979/107 idF

1 BGBl 1987/618 **2** BGBl 1992/833 **3** BGBl 1993/335
4 BGBl I 2002/100 **5** BGBl I 2013/139 **6** BGBl I 2016/72
7 BGBl I 2018/100

GLIEDERUNG

STICHWORTVERZEICHNIS

Bundesgesetz vom 23. Feber 1979, mit dem Abfertigungsansprüche für Arbeiter geschaffen sowie das Angestelltengesetz, das Gutsangestelltengesetz, das Vertragsbedienstetengesetz und das Insolvenz-Entgeltsicherungsgesetz geändert werden (Arbeiter-Abfertigungsgesetz)

Der Nationalrat hat beschlossen:

ARTIKEL I
Abfertigung für Arbeiter

Geltungsbereich

§ 1. (1) Dieses Bundesgesetz gilt für alle Arbeitsverhältnisse, die auf einem privatrechtlichen Vertrag beruhen.

(BGBl 1992/833)

(2) Ausgenommen sind Arbeitsverhältnisse

1. der land- und forstwirtschaftlichen Arbeiter, auf die das Landarbeitsgesetz, BGBl. Nr. 140/1948, anzuwenden ist;
2. zu einem Land, einem Gemeindeverband oder einer Gemeinde;
3. zum Bund

sowie Beschäftigungsverhältnisse, für die das Heimarbeitsgesetz 1960, BGBl. Nr. 105/1961, gilt.

(3) Ausgenommen sind ferner Arbeitsverhältnisse, auf die

1. das Angestelltengesetz BGBl. Nr. 292/1921,
2. das Gutsangestelltengesetz, BGBl. Nr. 538/1923,
3. das Journalistengesetz, BGBl. Nr. 88/1920,
4. das Hausgehilfen- und Hausangestelltengesetz, BGBl. Nr. 235/1962,
5. das Bauarbeiter-Urlaubs- und Abfertigungsgesetz (BUAG), BGBl. Nr. 414/1972, in der jeweils geltenden Fassung[a)]

(BGBl 1987/618)

[a)] Offensichtlicher legistischer Fehler.

in der jeweils geltenden Fassung anzuwenden ist.

(4) Im Regelungsbereich des Kollektivvertrages gemäß § 13 Abs. 6 des Bundesforstegesetzes, BGBl. Nr. 793/1996, sind die Bestimmungen dieses Bundesgesetzes nicht anzuwenden.

(BGBl I 2002/100)

Abfertigung

§ 2. (1) Dem Arbeitnehmer gebührt eine Abfertigung, wenn das Arbeitsverhältnis aufgelöst wird. Auf diese Abfertigung sind die §§ 23 und 23a des Angestelltengesetzes, BGBl. Nr. 292/1921, in der jeweils geltenden Fassung, anzuwenden.

(BGBl 1993/335, BGBl I 2018/100)

(2) Arbeitnehmern und Arbeitnehmerinnen von Eisenbahnen im Sinne des § 1 Z 1 und 2 des Eisenbahngesetzes 1957, BGBl. Nr. 60, die in der zusätzlichen Pensionsversicherung des Pensionsinstitutes für Verkehr und öffentliche Einrichtungen versichert sind, werden zusätzliche Pensionsleistungen, die über die aus der gesetzlichen Pensionsversicherung gebührenden Leistungen hinausgehen, in die Abfertigung eingerechnet. Davon abweichend werden Arbeitnehmern und Arbeitnehmerinnen von Eisenbahnen im Sinne des § 1 Z 1 und 2 des Eisenbahngesetzes 1957 zusätzliche Pensionsleistungen

1. ab 1. Jänner 2014 aus Anwartschaften gemäß § 481 ASVG,
2. ab 1. Jänner 2021 aus auf Beitragsleistungen der Arbeitgeber/innen beruhenden Anwartschaften gemäß § 481 ASVG,

die über die aus der gesetzlichen Pensionsversicherung gebührenden Leistungen hinausgehen, in die Abfertigung eingerechnet.

(BGBl I 2013/139)

(3) Arbeitnehmer in Arbeitskräfteüberlassungsbetrieben (§ 2 Abs. 2 lit. h BUAG) oder in Mischbetrieben (§ 3 BUAG), die während der Dauer des Arbeitsverhältnisses zu Beschäftigungen herangezogen werden, die für den Sachbereich der Abfertigungsregelungen abwechselnd dem Geltungsbereich dieses Bundesgesetzes und dem des BUAG unterliegen, haben unbeschadet der Häufigkeit des Wechsels und der Dauer der Beschäftigungen nach ununterbrochener dreijähriger Dauer des Arbeitsverhältnisses bei dessen Auflösung Anspruch auf Abfertigung nach Maßgabe der Bestimmungen dieses Bundesgesetzes. Dem Arbeitnehmer gebührt von der unter Berücksichtigung der Gesamtdauer des Arbeitsverhältnisses zustehenden Abfertigung der Anteil, der dem Verhältnis der im Geltungsbereich dieses Bundesgesetzes zurückgelegten Beschäftigungszeiten zur Gesamtdauer des Arbeitsverhältnisses entspricht. § 13a Abs. 1a und § 13c Abs. 5 letzter Satz BUAG sind sinngemäß anzuwenden.

(BGBl 1987/618, BGBl I 2016/72)

Unabdingbarkeit

§ 3. Die Rechte, die dem Arbeitnehmer auf Grund des § 2 zustehen, können durch Arbeitsvertrag oder Normen der kollektiven Rechtsgestaltung weder aufgehoben noch beschränkt werden.

Inkrafttreten

§ 4. § 1 Abs. 1 dieses Bundesgesetzes in der Fassung des Bundesgesetzes BGBl. Nr. 833/1992 tritt mit 1. Jänner 1993 in Kraft.

(BGBl 1992/833)

ARTIKEL II

(eingearbeitet im AngG)

ARTIKEL III

(eingearbeitet im GAngG)

ARTIKEL IV

(eingearbeitet im VertragsbedienstetenG)

ARTIKEL V

(1) Arbeitgebern kann aus den Mitteln des Insolvenz-Ausfallgeld-Fonds (§ 13 des Insolvenz-Entgeltsicherungsgesetzes, BGBl. Nr. 324/1977) für die Zahlung von Abfertigungsansprüchen gemäß Art. I dieses Gesetzes, die bis 31. Dezember 1986 entstehen, eine Beihilfe in Form eines zinsenlosen Darlehens gewährt werden, wenn

1. diese Abfertigung die auf Grund einer Vereinbarung oder von Normen der kollektiven Rechtsgestaltung gebührende Abfertigung übersteigt,
2. der Arbeitgeber durch die Zahlung der Abfertigung wirtschaftlich derart belastet wird, daß ihm die Erfüllung dieser Verpflichtung vor allem im Hinblick auf die Sicherung der Arbeitsplätze in Betrieb oder seine eigene wirtschaftliche Existenz zum Teil oder zur Gänze nicht zugemutet werden kann.

Bei der Bemessung der Beihilfe ist auf die finanzielle Lage des Betriebes sowie auf das Verhältnis zwischen Abfertigungssumme und Lohnsumme Bedacht zu nehmen.

(2) Auf das Verfahren zur Gewährung von Darlehen gemäß Abs. 1 finden die Bestimmungen des § 39 Arbeitsmarktförderungsgesetz, BGBl. Nr. 31/1969, in der jeweils geltenden Fassung sinn-

gemäß Anwendung, jedoch mit der Maßgabe, daß die im § 39 Abs. 2 vorgesehene Herstellung des Einvernehmens entfällt.

ARTIKEL VI
(eingearbeitet im IESG)

ARTIKEL VII
Schluß- und Übergangsbestimmungen

(1) Dieses Bundesgesetz tritt am 1. Juli 1979 in Kraft.

(2) Die nach Art. I § 2 gebührenden Abfertigungsansprüche treten in Etappen in Kraft und betragen:

10 % wenn das Arbeitsverhältnis spätestens mit 31. Dezember 1979,

20 % wenn das Arbeitsverhältnis innerhalb des Zeitraumes vom 1. Jänner 1980 bis 31. Dezember 1980,

40 % wenn das Arbeitsverhältnis innerhalb des Zeitraumes vom 1. Jänner 1981 bis 31. Dezember 1981,

60 % wenn das Arbeitsverhältnis innerhalb des Zeitraumes vom 1. Jänner 1982 bis 31. Dezember 1982,

80 % wenn das Arbeitsverhältnis innerhalb des Zeitraumes vom 1. Jänner 1983 bis 31. Dezember 1983 und

100 % wenn das Arbeitsverhältnis ab dem 1. Jänner 1984

endet.

(2a) § 2 Abs. 1 in der Fassung des Bundesgesetzes BGBl. Nr. 335/1993 tritt mit 1. Juli 1993 in Kraft. § 2 Abs. 1 ist auf Arbeitsverhältnisse, deren vertraglich vereinbarter Beginn nach dem 31. Dezember 2002 liegt, nicht mehr anzuwenden, soweit nicht durch Verordnung gemäß § 46 Abs. 1 letzter Satz des Betrieblichen Mitarbeitervorsorgegesetzes (BMVG), BGBl. I Nr. 100/2002, etwas anderes angeordnet wird. § 2 Abs. 1 ist jedoch weiterhin auf Arbeitsverhältnisse anzuwenden, deren vertraglich vereinbarter Beginn vor dem 1. Jänner 2003 oder dem durch Verordnung festgelegten Zeitpunkt liegt. Soweit eine Vereinbarung gemäß § 47 Abs. 1 und 3 BMVG erfolgt, sind diese Bestimmungen bis zum In-Kraft-Treten dieser Vereinbarung anzuwenden.

(BGBl 1993/335, BGBl I 2002/100)

(2b) § 1 Abs. 4 und Art. VII Abs. 2a in der Fassung des Bundesgesetzes BGBl. I Nr. 100/2002 treten mit 1. Juli 2002 in Kraft.

(BGBl I 2002/100)

(2c) § 2 Abs. 2 in der Fassung des Bundesgesetzes BGBl. I Nr. 139/2013 tritt mit 1. Jänner 2014 in Kraft.

(BGBl I 2013/139)

(2d) § 2 Abs. 3 in der Fassung des Bundesgesetzes BGBl. I Nr. 72/2016 tritt mit dem der Kundmachung folgenden Tag in Kraft.

(BGBl I 2016/72)

(3) Dienstzeiten im Sinne des § 23 Abs. 1 dritter Satz Angestelltengesetz und des § 22 Abs. 1 dritter Satz Gutsangestelltengesetz sind für die Abfertigung nicht zu berücksichtigen, wenn der Angestellte für diese Zeiten eine Abfertigung bereits erhalten hat.

(4) Endet ein dem Angestelltengesetz oder Gutsangestelltengesetz unterliegendes Dienstverhältnis zwischen dem 1. Juli 1979 und dem 31. Dezember 1983 und sind bei Berechnung der Abfertigung Dienstzeiten als Arbeiter (Lehrling) zu berücksichtigen (§ 23 Abs. 1 dritter Satz Angestelltengesetz bzw. § 22 Abs. 1 dritter Satz Gutsangestelltengesetz), so gebührt die auf Grund der Angestellten(Gutsangestellten)Dienstzeit zustehende Abfertigung in vollem Ausmaß, der durch die Berücksichtigung von Dienstzeiten im Sinne des § 23 Abs. 1 dritter Satz Angestelltengesetz (§ 22 Abs. 1 dritter Satz Gutsangestelltengesetz) sich ergebende Mehranspruch nach Maßgabe des Abs. 2.

(5) Kollektivverträge, Arbeits(Dienst)Ordnungen oder Arbeitsverträge, die den Anspruch auf Abfertigung für die Arbeitnehmer günstiger regeln, bleiben insoweit unberührt.

(6) Mit der Vollziehung dieses Bundesgesetzes sind betraut:

1. Hinsichtlich des Art. IV die Bundesregierung, in Angelegenheiten jedoch, die nur ein Bundesministerium betreffen, der zuständige Bundesminister.
2. Hinsichtlich der übrigen Bestimmungen der Bundesminister für soziale Verwaltung.

6. Arbeitsplatz-Sicherungsgesetz 1991

Arbeitsplatz-Sicherungsgesetz 1991, BGBl 1991/683 idF

1 BGBl 1993/163 **2** BGBl I 1998/30 **3** BGBl I 2003/137
4 BGBl I 2005/56 **5** BGBl I 2013/71 **6** BGBl I 2016/114
7 BGBl I 2017/126 **8** BGBl I 2021/78

GLIEDERUNG

STICHWORTVERZEICHNIS

Bundesgesetz über die Sicherung des Arbeitsplatzes für zum Präsenz- oder Ausbildungsdienst einberufene oder zum Zivildienst zugewiesene Arbeitnehmer (Arbeitsplatz-Sicherungsgesetz 1991 – APSG)

Der Nationalrat hat beschlossen:

ABSCHNITT 1
Geltungsbereich

§ 1. (1) Dieses Bundesgesetz gilt für

1. Arbeitnehmer, deren Arbeitsverhältnis auf einem privatrechtlichen Vertrag beruht,
2. Bedienstete, die in einem öffentlich-rechtlichen Dienstverhältnis zum Bund stehen,
3. Bedienstete, deren Dienstrecht gemäß Art. 14 Abs. 2 oder Art. 14a Abs. 3 lit. b B-VG vom Bund gesetzlich zu regeln ist, und
4. Heimarbeiter, auf die das Heimarbeitsgesetz 1960, BGBl. Nr. 105/1961, anzuwenden ist.

(2) Ausgenommen sind Arbeitnehmer, die in einem Arbeitsverhältnis zu einem Land, einem Gemeindeverband oder einer Gemeinde stehen.

(3) **(Verfassungsbestimmung)** Dieses Bundesgesetz gilt für Arbeiter einschließlich der Lehrlinge im Sinne des Landarbeitsgesetzes 2021, BGBl. I Nr. 78/2021.

(BGBl I 2021/78)

Sonderbestimmungen

§ 2. Abschnitt II dieses Bundesgesetzes gilt

1. für Bedienstete, die in einem in § 19 genannten Dienstverhältnis stehen, sinngemäß mit den im Abschnitt III vorgesehenen Abweichungen,
2. für Arbeiter im Sinne des Landarbeitsgesetzes 2021 mit den im Abschnitt IV vorgesehenen Abweichungen.

(BGBl I 2021/78)

Begriffsbestimmungen

§ 3. (1) Präsenzdienst im Sinne dieses Bundesgesetzes ist der Präsenzdienst gemäß § 19 des Wehrgesetzes 2001 (WG 2001), BGBl. I Nr. 146.

(BGBl I 2003/137)

(2) Ausbildungsdienst im Sinne dieses Bundesgesetzes ist der Ausbildungsdienst gemäß den §§ 37 bis 38b WG 2001.

(BGBl I 2003/137, BGBl I 2005/56)

(3) Zivildienst im Sinne dieses Bundesgesetzes ist der ordentliche und der außerordentliche Zivildienst von Zivildienstpflichtigen gemäß § 6a des Zivildienstgesetzes, BGBl. Nr. 679/1986.

(BGBl I 2005/56)

(BGBl I 1998/30)

ABSCHNITT II
Aufrechterhaltung bestehender Arbeitsverhältnisse

§ 4. Das Arbeitsverhältnis bleibt durch die Einberufung (Zuweisung) zum Präsenz- oder Ausbildungs- oder Zivildienst unberührt. Während der Zeit des Präsenz- oder Ausbildungs- oder Zivildienstes ruhen die Arbeitspflicht des Arbeitnehmers und die Entgeltzahlungspflicht des Arbeitgebers, soweit nicht anderes bestimmt ist.

(BGBl I 1998/30)

Mitteilungspflichten

§ 5. (1) Der Arbeitnehmer, der zum Präsenz- oder Ausbildungs- oder Zivildienst einberufen (zugewiesen) wird, hat dem Arbeitgeber hievon unverzüglich nach Erlassung des Einberufungsbefehles, nach der allgemeinen Bekanntmachung der Einberufung oder nach Zustellung des Zuweisungsbescheides Mitteilung zu machen. Der Arbeitnehmer hat dem Arbeitgeber jede Veränderung des bei Antritt des Präsenz- oder Ausbildungs- oder Zivildienstes bekannten Zeitausmaßes des Präsenz- oder Ausbildungs- oder Zivildienstes unverzüglich bekanntzugeben. Das gleiche gilt bei Entfall des Präsenz- oder Ausbildungs- oder Zivildienstes.

(BGBl I 1998/30, BGBl I 2003/137)

(2) Ist der Arbeitnehmer aus Gründen, die nicht von ihm zu vertreten sind, an der Mitteilung gehindert, so hat er sie nach Wegfall des Hinderungsgrundes unverzüglich nachzuholen.

Fristenhemmung

§ 6. (1) Durch die Leistung des Präsenz- oder Ausbildungs- oder Zivildienstes wird der Lauf folgender Fristen gehemmt:

1. Fristen für die Geltendmachung von Ansprüchen aus dem Arbeitsverhältnis, die auf Gesetz, Normen der kollektiven Rechtsgestaltung oder Einzelvertrag beruhen,
2. die Frist für die Weiterverwendung von ausgelernten Lehrlingen gemäß § 18 des Berufsausbildungsgesetzes, BGBl. Nr. 142/1969, gemäß § 63 Abs. 4 des Land- und Forstarbeiter-Dienstrechtsgesetzes, BGBl. Nr. 280/1980, oder eine durch Kollektivvertrag festgelegte längere Frist sowie
3. die Kündigungsfrist bei Kündigung durch den Arbeitgeber, die im Zeitpunkt der Erlassung des Einberufungsbefehles, der allgemeinen Bekanntmachung der Einberufung oder der Zustellung des Zuweisungsbescheides bereits läuft, wenn der Arbeitnehmer seiner Mitteilungspflicht gemäß § 5 Abs. 1 spätestens innerhalb von 14 Tagen oder unverzüglich nach Wegfall eines über diese Frist hinaus andauernden Hinderungsgrundes nachkommt.

   (BGBl I 1998/30)

(BGBl I 1998/30, BGBl I 2003/137)

(2) Eine Hemmung der Kündigungsfrist gemäß Abs. 1 Z 3 tritt nicht ein, wenn das Gericht auf Grund einer Klage des Arbeitgebers das Vorliegen eines der in § 14 Abs. 1 Z 1 genannten Gründe feststellt.

(3) Die Hemmung beginnt mit dem Tag, für den der Arbeitnehmer zur Leistung des Präsenz- oder Ausbildungs- oder Zivildienstes einberufen (zugewiesen) ist und endet mit dem Tag der Entlassung aus dem Präsenz- oder Ausbildungs- oder Zivildienst, bei einem Präsenzdienst als Zeitsoldat gemäß § 23 WG 2001 mit dem Ende des Kündigungs- und Entlassungsschutzes gemäß § 13 Abs. 1.

(BGBl I 1998/30, BGBl I 2003/137)

Wiederantritt der Arbeit

§ 7. (1) Tritt der Arbeitnehmer aus seinem Verschulden die Arbeit nicht innerhalb von sechs Werktagen nach seiner Entlassung aus dem Präsenz- oder Ausbildungs- oder Zivildienst an, so stellt dies einen Entlassungsgrund im Sinne des § 15 Z 2 dar. Über Verlangen hat der Arbeitnehmer dem Arbeitgeber Einsicht in die Entlassungsbescheinigung zu geben.

(BGBl I 1998/30)

(2) Ist der Arbeitnehmer am rechtzeitigen Wiederantritt der Arbeit aus Gründen, die nicht von ihm zu vertreten sind, gehindert, so hat er dies dem Arbeitgeber unter Angabe des Grundes ab Kenntnis unverzüglich bekanntzugeben. Nach Wegfall des Hinderungsgrundes ist die Arbeit am nächstfolgenden Tag, an dem im Betrieb gearbeitet wird, anzutreten.

(3) Ansprüche auf Fortzahlung des Entgelts des Arbeitnehmers bei Unterbleiben der Arbeitsleistung stehen auch dann zu, wenn der Arbeitnehmer aus den Gründen des Abs. 2 nach Entlassung aus dem Präsenz- oder Ausbildungs- oder Zivildienst die Arbeit nicht antreten kann.

(BGBl I 1998/30)

Anrechnungsbestimmungen

§ 8. Soweit sich Ansprüche eines Arbeitnehmers nach der Dauer der Dienstzeit richten, sind Zeiten

1. des Präsenzdienstes gemäß § 19 Abs. 1 Z 1 bis 3 und 5 bis 7 WG 2001,

   (BGBl I 1998/30, BGBl I 2003/137, BGBl I 2016/114)
2. des Wehrdienstes als Zeitsoldat gemäß § 19 Abs. 1 Z 4 WG 2001 bis zu zwölf Monaten,

   (BGBl I 1998/30, BGBl I 2003/137, BGBl I 2017/126)
3. des Ausbildungsdienstes und

   (BGBl I 1998/30)
4. des Zivildienstes,

   (BGBl I 1998/30)

während derer das Arbeitsverhältnis bestanden hat, auf die Dauer der Dienstzeit anzurechnen.

Urlaub

§ 9. (1) Fallen in ein Urlaubsjahr Zeiten eines Präsenz- oder Ausbildungs- oder Zivildienstes, so gebührt der Urlaub – soweit Abs. 2 nicht anderes bestimmt – in dem Ausmaß, das dem um die Dauer des Präsenz(Zivil)dienstes verkürzten Urlaubsjahr entspricht. Ergeben sich bei der Berechnung des Urlaubsausmaßes Teile von Werktagen, so sind diese auf ganze Werktage aufzurunden.

(BGBl I 1998/30)

(2) Fällt in ein Urlaubsjahr eine kurzfristige Einberufung zum Präsenz- oder Ausbildungs- oder Zivildienst, so tritt eine Verkürzung des Urlaubsanspruches nur dann ein, wenn die Zeit dieser Einberufung im Urlaubsjahr 30 Tage übersteigt. Mehrere derartige Einberufungen innerhalb des Urlaubsjahres sind zusammenzurechnen. Abs. 1 zweiter Satz gilt sinngemäß.

(BGBl I 1998/30, BGBl I 2003/137)

(3) Erstreckt sich der Präsenz- oder Ausbildungs- oder Zivildienst eines Lehrers ganz oder zum Teil auf die Hauptferien, so hat er unmittelbar nach Beendigung des Präsenz- oder Ausbildungs- oder Zivildienstes Anspruch auf Erholungsurlaub bis zu dem Ausmaß, das einem vergleichbaren Arbeitnehmer gemäß Abs. 1 und 2 zusteht. Auf diesen Urlaubsanspruch sind jene Teile der Hauptferien, in denen kein Präsenz- oder Ausbildungs- oder Zivildienst geleistet wird, anzurechnen.

(BGBl I 1998/30)

Sonstige Bezüge

§ 10. Der Arbeitnehmer behält den Anspruch auf sonstige, insbesondere einmalige Bezüge im Sinne des § 67 Abs. 1 des Einkommensteuergesetzes 1988, BGBl. Nr. 400, in den Kalenderjahren, in denen er den Präsenz- oder Ausbildungs- oder Zivildienst antritt oder beendet, in dem Ausmaß, das dem um die Dauer des Präsenz- oder Ausbildungs- oder Zivildienstes verkürzten Kalenderjahr entspricht.

(BGBl I 1998/30)

Werks(Dienst)wohnung

§ 11. (1) Vereinbarungen über die Gewährung einer Werks(Dienst)wohnung, die vom Einberufenen (Zugewiesenen) oder seinen Familienangehörigen weiter benötigt wird, bleiben durch die Einberufung (Zuweisung) zum Präsenz- oder Ausbildungs- oder Zivildienst solange unberührt, als das Arbeitsverhältnis besteht, bei einem Präsenzdienst als Zeitsoldat gemäß § 23 WG 2001 bis zum Ende des Kündigungs- und Entlassungsschutzes gemäß § 13 Abs. 1.

(BGBl I 1998/30, BGBl I 2003/137)

(2) Eine abweichende Vereinbarung über die Werks(Dienst)wohnung während des aufrechten Arbeitsverhältnisses bedarf zu ihrer Gültigkeit der Schriftform. Dieser Vereinbarung muß überdies eine Bescheinigung des Gerichts (§ 92 des Arbeits- und Sozialgerichtsgesetzes [ASGG], BGBl. Nr. 104/1985) oder einer gesetzlichen Interessenvertretung der Arbeitnehmer beigeschlossen sein, aus der hervorgeht, daß der Arbeitnehmer über Abs. 1 belehrt worden ist.

Kündigungs- und Entlassungsschutz Grundsätze

§ 12. (1) Arbeitnehmer, die zum Präsenz- oder Ausbildungs- oder Zivildienst einberufen (zugewiesen) sind, dürfen vom Zeitpunkt der Mitteilung über die Erlassung des Einberufungsbefehles, der allgemeinen Bekanntmachung der Einberufung oder der Zustellung des Zuweisungsbescheides an bis zu dem in § 13 genannten Tag weder gekündigt noch entlassen werden, soweit nicht anderes bestimmt ist.

(BGBl I 1998/30, BGBl I 2003/137)

(2) Hat der Arbeitgeber in Unkenntnis über die bereits erfolgte Einberufung (Zuweisung) zum Präsenz- oder Ausbildungs- oder Zivildienst innerhalb einer Frist von 14 Tagen ab der Erlassung des Einberufungsbefehles oder der allgemeinen Bekanntmachung der Einberufung oder der Zustellung des Zuweisungsbescheides eine Kündigung oder Entlassung ausgesprochen, so ist diese rechtsunwirksam, wenn der Arbeitnehmer seiner Mitteilungspflicht (§ 5) binnen drei Arbeitstagen nach Zugang der Beendigungserklärung nachkommt. Ist der Arbeitnehmer durch einen Hinderungsgrund gemäß § 5 Abs. 2 über die Frist von 14 Tagen hinaus an der Mitteilung verhindert, so ist die Kündigung oder Entlassung rechtsunwirksam, wenn der Arbeitnehmer unverzüglich nach Wegfall dieses Hinderungsgrundes unter Vorlage des Einberufungsbefehles oder der Beurkundung eines mündlich erlassenen Einberufungsbefehles oder des Zuweisungsbescheides oder unter Hinweis auf die erfolgte allgemeine Bekanntmachung der Einberufung seiner Mitteilungspflicht nachkommt.

(BGBl I 1998/30, BGBl I 2003/137)

(3) Die Kündigung oder Entlassung ist rechtswirksam, wenn vor ihrem Ausspruch die Zustimmung des Gerichts eingeholt wurde. Die Zustimmung ist nicht erforderlich, wenn der Betrieb stillgelegt wurde und eine Weiterbeschäftigung des Arbeitnehmers in einem anderen Betrieb des Unternehmens nicht möglich ist.

(4) Der Arbeitgeber hat gleichzeitig mit der Einbringung der Klage den Betriebsrat zu verständigen.

(5) Eine entgegen den Bestimmungen der Abs. 1 bis 4 ausgesprochene Kündigung oder Entlassung ist rechtsunwirksam.

(6) Die Kündigung oder Entlassung ist nur zulässig, wenn sie unverzüglich nach der Entscheidung des Gerichts ausgesprochen wird.

(7) Für Arbeitnehmer, die unter den Kündigungs- und Entlassungsschutz nach diesem Bundesgesetz fallen, gelten die §§ 105 bis 107 des Arbeitsverfassungsgesetzes, BGBl. Nr. 22/1974, nicht. Für Arbeitnehmer, auf die die §§ 120 bis 122 des Arbeitsverfassungsgesetzes anzuwenden sind, gilt der Kündigungs- und Entlassungsschutz nach diesem Bundesgesetz nicht. Weiters gilt für Arbeitnehmer, auf die die §§ 10 und 12 des Mutterschutzgesetzes 1979, BGBl. Nr. 221, oder § 7 des Väter-Karenzgesetzes, BGBl. Nr. 651/1989, anzuwenden sind, der Kündigungs- und Entlassungsschutz nach diesem Bundesgesetz nicht.

(BGBl I 1998/30, BGBl I 2003/137)

Ende des Kündigungs- und Entlassungsschutzes

§ 13. (1) Der Kündigungs- und Entlassungsschutz endet:

1. bei einem Präsenz- oder Ausbildungs- oder Zivildienst, der kürzer als zwei Monate dauert, nach einem Zeitraum im Ausmaß der halben Dauer dieses Präsenz- oder Ausbildungs- oder Zivildienstes nach dessen Beendigung;
2. bei einem Präsenzdienst als Zeitsoldat gemäß § 23 WG 2001, der ununterbrochen länger als vier Jahre dauert, nach vier Jahren ab dessen Antritt;
3. bei einem Ausbildungsdienst, der erst nach vollständiger Leistung des Grundwehrdienstes angetreten wird, einen Monat nach Beendigung des Ausbildungsdienstes, spätestens jedoch einen Monat nach Ablauf des zwölften Monats des Ausbildungsdienstes;

4. in allen übrigen Fällen einen Monat nach Beendigung des Präsenz- oder Ausbildungs- oder Zivildienstes.

   (BGBl I 1998/30)

(BGBl I 1998/30, BGBl I 2003/137, BGBl I 2005/56)

(2) Ergeben sich bei Berechnung der Frist gemäß Abs. 1 Z 1 Teile von Tagen, so sind diese auf ganze Tage aufzurunden.

Zustimmung zur Kündigung

§ 14. (1) Das Gericht darf die Zustimmung zur Kündigung nur erteilen, wenn

1. der Arbeitgeber den Arbeitnehmer
   a) wegen der bevorstehenden Stillegung des Betriebes oder
   b) wegen der bevorstehenden oder schon durchgeführten Einschränkung des Betriebes oder
   c) wegen der bevorstehenden oder schon durchgeführten Stillegung einer Betriebsabteilung

   trotz dessen Verlangen an einem anderen Arbeitsplatz im Betrieb oder in einem anderen Betrieb des Unternehmens nicht ohne erheblichen Schaden weiterbeschäftigen kann, oder
2. der Arbeitnehmer auf Grund einer Erkrankung oder eines Unglücksfalles unfähig wird, die vereinbarte Arbeit zu leisten, sofern eine Wiederherstellung seiner Arbeitsfähigkeit nicht zu erwarten ist und dem Arbeitgeber die Weiterbeschäftigung oder die Erbringung einer anderen Arbeitsleistung durch den Arbeitnehmer, zu deren Verrichtung sich dieser bereit erklärt hat, nicht zugemutet werden kann, oder
3. sich der Arbeitnehmer in der Tagsatzung zur mündlichen Streitverhandlung nach Rechtsbelehrung durch den Vorsitzenden über den Kündigungsschutz nach diesem Bundesgesetz mit der Kündigung einverstanden erklärt.

(2) Wurde ein Arbeitnehmer wegen eines in Abs. 1 Z 1 genannten Grundes gekündigt und entfällt dieser Grund während des Zeitraumes des Kündigungsschutzes, so ist diese Kündigung rechtsunwirksam, wenn der Arbeitnehmer innerhalb von 14 Tagen nach Verständigung durch den Arbeitgeber oder 14 Tagen nach Kenntnis über den Wegfall des Kündigungsgrundes dem Arbeitgeber mitteilt, daß er das frühere Arbeitsverhältnis fortsetzen will.

Zustimmung zur Entlassung

§ 15. Das Gericht darf die Zustimmung zur Entlassung nur erteilen, wenn der Arbeitnehmer

1. den Arbeitgeber absichtlich über Umstände, die für den Vertragsabschluß oder den Vollzug des in Aussicht genommenen Arbeitsverhältnisses wesentlich sind, in Irrtum versetzt hat,
2. die Arbeitspflicht schuldhaft gröblich verletzt, insbesondere wenn er ohne einen rechtmäßigen Hinderungsgrund während einer den Umständen nach erheblichen Zeit die Arbeitsleistung unterläßt,
3. im Dienst untreu ist oder sich in seiner Tätigkeit ohne Wissen des Arbeitgebers von dritten Personen unberechtigt Vorteile zuwenden läßt,
4. ein Geschäfts- oder Betriebsgeheimnis verrät oder ohne Einwilligung des Arbeitgebers ein der Verwendung im Betrieb abträgliches Nebengeschäft betreibt,
5. sich Tätlichkeiten oder erhebliche Ehrverletzungen gegen den Arbeitgeber, dessen im Betrieb tätige oder anwesende Familienangehörige oder Arbeitnehmer des Betriebes zuschulden kommen läßt,
6. sich einer gerichtlich strafbaren Handlung, die nur vorsätzlich begangen werden kann und mit einer mehr als einjährigen Freiheitsstrafe bedroht ist, oder mit Bereicherungsvorsatz einer anderen gerichtlich strafbaren Handlung schuldig macht.

Einvernehmliche Auflösung

§ 16. Eine einvernehmliche Auflösung des Arbeitsverhältnisses während der Dauer des Kündigungs- und Entlassungsschutzes bedarf zu ihrer Gültigkeit der Schriftform. Dieser Vereinbarung muß überdies eine Bescheinigung des Gerichts (§ 92 des Arbeits- und Sozialgerichtsgesetzes) oder einer gesetzlichen Interessenvertretung der Arbeitnehmer beigeschlossen sein, aus der hervorgeht, daß der Arbeitnehmer über den Kündigungs- und Entlassungsschutz nach diesem Bundesgesetz belehrt wurde.

Verfahren

§ 17. Im Verfahren vor Gericht ist der Arbeitnehmer Partei.

Heimarbeiter

§ 18. (1) Heimarbeiter dürfen von dem im § 12 Abs. 1 genannten Zeitpunkt bis zum Antritt des Präsenz- oder Ausbildungs- oder Zivildienstes und nach dessen Beendigung während der im § 13 angeführten Zeiträume bei der Ausgabe von Heimarbeit im Vergleich zu anderen Heimarbeitern desselben Auftraggebers nicht benachteiligt werden.

(BGBl I 1998/30)

(2) Heimarbeiter, die entgegen Abs. 1 bei der Ausgabe von Heimarbeit benachteiligt worden sind, haben Anspruch auf Leistung des dadurch entgangenen Entgelts. Der Berechnung der Höhe des Entgelts ist das Entgelt zugrunde zu legen, das der Heimarbeiter im Durchschnitt der letzten 13 Wochen vor dem im § 12 Abs. 1 genannten Zeitpunkt erzielt hat oder das ihm bei Bestehen eines Heimarbeitsvertrages oder eines Heimarbeitstarifes gebührt hätte.

(3) Wird ein Heimarbeiter zum Präsenz- oder Ausbildungs- oder Zivildienst einberufen (zugewiesen), so ist das ihm gebührende Entgelt vor Antritt

des Präsenz- oder Ausbildungs- oder Zivildienstes abzurechnen und auszuzahlen.

(BGBl I 1998/30)

ABSCHNITT III
Sonderbestimmungen für Bedienstete des öffentlichen Dienstes

§ 19. Abschnitt II gilt sinngemäß mit den in den §§ 20 bis 23 enthaltenen Abweichungen für Bedienstete, die in

1. einem Dienstverhältnis zum Bund,
2. einem Dienstverhältnis gemäß Art. 14 Abs. 2 B-VG,
3. einem Dienstverhältnis gemäß Art. 14a Abs. 3 lit. b B-VG oder
4. einem Dienstverhältnis zu einer Stiftung, einer Anstalt oder einem Fonds gemäß § 1 Abs. 2 des Vertragsbedienstetengesetzes 1948

stehen.

Abweichende Regelungen

§ 20. (1) Auf Bedienstete, die nicht unter den II. Teil des Arbeitsverfassungsgesetzes fallen, sind die §§ 6 Abs. 2, 7 Abs. 2, 12 Abs. 3 bis 7 und die §§ 14 und 17 nicht anzuwenden.

(2) Tritt ein Bediensteter gemäß Abs. 1 aus seinem Verschulden den Dienst nicht innerhalb von sechs Werktagen nach seiner Entlassung aus dem Präsenz- oder Ausbildungs- oder Zivildienst an, so stellt dies einen Entlassungsgrund dar. Dies gilt nicht für Bedienstete, die einem Disziplinarrecht unterliegen.

(BGBl I 1998/30)

(3) Auf Bedienstete gemäß Abs. 1 ist § 11 Abs. 2 mit der Maßgabe anzuwenden, daß eine Belehrung auch von der Personalvertretung vorgenommen werden kann.

(4) § 16 ist auf öffentlich-rechtlich Bedienstete nicht anzuwenden. Eine einvernehmliche Auflösung des Dienstverhältnisses eines sonstigen Bediensteten während der Dauer des Kündigungsschutzes ist nur dann rechtswirksam, wenn sie schriftlich vereinbart wurde. Dieser Vereinbarung muß eine Bescheinigung eines Gerichtes (§ 92 ASGG), der Personalvertretung oder des Betriebsrates beigeschlossen sein, aus der hervorgeht, daß der Dienstnehmer über den Kündigungsschutz nach diesem Bundesgesetz belehrt wurde.

(5) Der Lauf einer Frist, innerhalb der eine Kündigung des Dienstverhältnisses ohne Angabe von Gründen möglich ist, wird während der Dauer des Kündigungs- und Entlassungsschutzes (§§ 12 und 13) gehemmt. Diese Hemmung tritt jedoch nicht ein, wenn zu Beginn des Kündigungs- und Entlassungsschutzes bereits zwei Drittel dieser Frist verstrichen sind.

(6) Die Ableistung des Präsenzdienstes als Zeitsoldat in einem vier Jahre übersteigenden Ausmaß stellt bei kündbaren Bediensteten einen Kündigungsgrund dar.

(7) Die Ableistung des Präsenzdienstes als Zeitsoldat berechtigt den Dienstgeber, abweichend von § 11, einem Bediensteten die ihm überlassene Dienstwohnung zu entziehen.

Definitivstellung

§ 21. (1) Während der Dauer des Kündigungs- und Entlassungsschutzes (§§ 12 und 13) bis zum Ablauf von vier Monaten nach dessen Ende kann ein Rechtsanspruch auf die Umwandlung eines kündbaren Dienstverhältnisses in ein unkündbares (definitives) Dienstverhältnis nicht erworben werden.

(2) Die Definitivstellung nach Ablauf der im Abs. 1 genannten Frist wirkt auf den Zeitpunkt zurück, in dem sie ohne die Aufschiebung nach Abs. 1 erfolgt wäre.

Urlaub für Lehrer

§ 22. (1) Für Lehrer gilt § 9 Abs. 3 mit der Maßgabe, daß Anspruch auf Erholungsurlaub bis zu dem Ausmaß gebührt, das einem vergleichbaren Beamten der allgemeinen Verwaltung unter Berücksichtigung des § 9 Abs. 1 und 2 zusteht.

(2) Bei der Anwendung des Abs. 1 ist für die Berechnung des Urlaubsausmaßes an Stelle des Kalenderjahres das Schuljahr heranzuziehen. Erhöht sich das gesetzlich festgelegte Urlaubsausmaß der Beamten der allgemeinen Verwaltung während des Schuljahres, so gilt diese Erhöhung auch für Lehrer.

Entlassung

§ 23. (1) § 15 ist nicht anzuwenden, wenn die Entlassung des Bediensteten durch das rechtskräftige Erkenntnis einer auf Grund gesetzlicher oder anderer dienstrechtlicher Vorschriften gebildeten Disziplinarkommission (Disziplinargericht) verfügt wird oder das Dienstverhältnis kraft Gesetzes erlischt.

(2) Unbeschadet der in § 15 angeführten Entlassungsgründe kann das Gericht die Zustimmung zur Entlassung erteilen, wenn sich nachträglich herausstellt, daß der Vertragsbedienstete die Aufnahme in das Dienstverhältnis durch unwahre Angaben, ungültige Urkunden oder durch Verschweigen von Umständen erschlichen hat, die seine Aufnahme nach den Bestimmungen des Vertragsbedienstetengesetzes 1948, BGBl. Nr. 86, ausgeschlossen hätte.

ABSCHNITT IV

Sonderbestimmungen für Arbeitnehmer im Sinne des Landarbeitsgesetzes 2021

§ 24. (1) § 12 Abs. 7 gilt mit der Maßgabe, dass an Stelle des Zitates „§§ 105 bis 107 des Arbeitsverfassungsgesetzes, BGBl. Nr. 22/1974“, das Zitat „§§ 354 bis 356 des Landarbeitsgesetzes 2021“, anstelle des Zitates „§§ 120 bis 122 des Arbeitsverfassungsgesetzes“ das Zitat „§§ 367 und 368 des Landarbeitsgesetzes 2021“, anstelle des Zitates „§§ 10 und 12 des Mutterschutzgesetzes 1979, BGBl. Nr. 221“ das Zitat „§§ 177 und 179 des Landarbeitsgesetzes 2021“ und anstelle des Zitates „§ 7 des Väter-Karenzgesetzes, BGBl. Nr. 651/1989“ das Zitat „§ 40 des Landarbeitsgesetzes 2021“ treten.

(2) § 6 Abs. 1 Z 2 gilt mit der Maßgabe, dass anstelle des Zitates „§ 18 des Berufsausbildungsgesetzes, BGBl. Nr. 142/1969“ das Zitat „§ 266 Abs. 7 des Landarbeitsgesetzes 2021“ tritt.

(BGBl I 2021/78)

ABSCHNITT V
Gemeinsame Vorschriften und Schlußbestimmungen

Unabdingbarkeit

§ 25. Die Rechte, die dem Arbeitnehmer auf Grund dieses Bundesgesetzes zustehen, können durch Arbeitsvertrag oder Normen der kollektiven Rechtsgestaltung weder aufgehoben noch beschränkt werden.

Weitergelten von Regelungen

§ 26. Im Zeitpunkt des Inkrafttretens dieses Bundesgesetzes bestehende, für den Arbeitnehmer günstigere Regelungen in Arbeitsverträgen oder Normen der kollektiven Rechtsgestaltung werden durch dieses Bundesgesetz nicht berührt.

Übergangsbestimmungen

§ 27. (1) Bis zum Zeitpunkt des Inkrafttretens dieses Bundesgesetzes bereits geleistete Zeiten gemäß § 27 Abs. 3 Z 3 und 7 des Wehrgesetzes 1990, während deren das Arbeitsverhältnis bestanden hat, sind für Ansprüche eines Arbeitnehmers, die sich nach der Dauer der Dienstzeit richten, anzurechnen.

(BGBl 1993/163)

(2) § 9 gilt erstmals für jenes Urlaubsjahr, das ab dem Inkrafttreten dieses Bundesgesetzes beginnt.

(3) Der Kündigungs- und Entlassungsschutz endet bei einem Präsenzdienst als Zeitsoldat gemäß § 32 des Wehrgesetzes 1990, der im Zeipunkt des Inkrafttretens dieses Bundesgesetzes bereits angetreten wurde, mit dem Ende des Verpflichtungszeitraumes, längstens jedoch nach vier Jahren nach Inkrafttreten dieses Bundesgesetzes.

Aufhebung von Rechtsvorschriften

§ 28. Mit Inkrafttreten dieses Bundesgesetzes treten für Arbeitnehmer, für die dieses Bundesgesetz zur Anwendung kommt, außer Kraft:

1. das Arbeitsplatz-Sicherungsgesetz, BGBl. Nr. 154/1956;
2. § 35 des Zivildienstgesetzes.

Verweisungen

§ 28a. Soweit in diesem Bundesgesetz auf andere Bundesgesetze verwiesen wird, sind diese in der jeweils geltenden Fassung anzuwenden.

(BGBl I 1998/30)

Personenbezogene Ausdrücke

§ 28b. Die in diesem Bundesgesetz verwendeten personenbezogenen Ausdrücke betreffen, soweit dies inhaltlich in Betracht kommt, Frauen und Männer gleichermaßen.

(BGBl I 1998/30)

Wirksamkeit und Vollziehung

§ 29. (1) Dieses Bundesgesetz tritt am 1. Jänner 1992 in Kraft.

(1a) Die Änderung des Titels, § 3, § 4, § 5 Abs. 1, § 6 Abs. 1 und 3, § 7 Abs. 1 und 3, § 8, § 9, § 10, § 11 Abs. 1, § 12 Abs. 1, 2 und 7, § 13 Abs. 1, § 18 Abs. 1 und 3, § 20 Abs. 2 sowie § 28a und § 28b, jeweils samt Überschrift, in der Fassung des Bundesgesetzes BGBl. I Nr. 30/1998 treten mit 1. Jänner 1998 in Kraft.

(BGBl I 1998/30)

(1b) Die §§ 3 Abs. 1 und 2, 5 Abs. 1, 6 Abs. 1 und 3, 8, 9 Abs. 2, 11 Abs. 1, 12 Abs. 1, 2 und 7, 13 Abs. 1 und 24 Abs. 3, jeweils in der Fassung des Bundesgesetzes BGBl. I Nr. 137/2003, treten mit 1. Jänner 2004 in Kraft.

(BGBl I 2003/137)

(1c) § 3 Abs. 2 und 3 sowie § 13 Abs. 1 in der Fassung des Bundesgesetzes BGBl. I Nr. 56/2005, treten mit 1. Juli 2005 in Kraft.

(BGBl I 2005/56)

(1d) § 24 Abs. 2 in der Fassung des Bundesgesetzes BGBl. I Nr. 71/2013 tritt mit 1. Jänner 2014 in Kraft.

(BGBl I 2013/71)

(1e) § 1 Abs. 3, § 2 Z 2 und § 24 in der Fassung des Bundesgesetzes BGBl. I Nr. 78/2021 treten mit 1. Juli 2021 in Kraft.

(BGBl I 2021/78)

(2) Mit der Vollziehung dieses Bundesgesetzes sind – hinsichtlich des § 28 Z 2 im Einvernehmen mit dem Bundesminister für Inneres – betraut

1. für Dienstverhältnisse zum Bund die Bundesministerin bzw. der Bundesminister für Kunst, Kultur, öffentlichen Dienst und Sport; in Angelegenheiten, die nur den Wirkungsbereich eines Bundesministers betreffen, dieser Bundesminister;

   (BGBl I 2021/78)

2. für Dienstverhältnisse der Lehrer gemäß Art. 14a Abs. 2 lit. a bis d B-VG die Bundesministerin bzw. der Bundesminister für Landwirtschaft, Regionen und Tourismus“ im Einvernehmen mit dem Bundeskanzler[a];

   (BGBl I 2021/78)

[a] Redaktionsversehen in BGBl I 2021/78 Art. 3 Z 4. Es müsste heißen: „der Bundesministerin bzw. dem Bundesminister für Kunst, Kultur, öffentlichen Dienst und Sport“.

3. a) für Dienstverhältnisse der Lehrer für öffentliche Pflichtschulen (Art. 14 Abs. 2 B-VG),
   b) für Dienstverhältnisse der Lehrer für öffentliche land- und forstwirtschaftliche Berufs- und Fachschulen und Erzieher für öffentliche Schülerheime, die ausschließlich oder vorwiegend für Schüler

der öffentlichen land- und forstwirtschaftlichen Berufs- und Fachschulen bestimmt sind (Art. 14a Abs. 3 lit. b B-VG),

c) für Arbeitsverhältnisse, die dem Landarbeitsgesetz 2021 unterliegen,

(BGBl I 2021/78)

das Land;

d) (aufgehoben)

(BGBl I 2016/114, BGBl I 2017/126)

4. im Übrigen die Bundesministerin bzw. der Bundesminister für Arbeit.

(BGBl 1991/683, BGBl I 2017/126, BGBl I 2021/78)

7. Arbeitsvertragsrechts-Anpassungsgesetz

Arbeitsvertragsrechts-Anpassungsgesetz, BGBl 1993/459 idF

1 BGBl 1993/917	**2** BGBl 1994/450	**3** BGBl 1995/895
4 BGBl 1996/754	**5** BGBl I 1997/9	**6** BGBl I 1997/139
7 BGBl I 1999/120	**8** BGBl I 1999/179	**9** BGBl I 2000/44
10 BGBl I 2001/2	**11** BGBl I 2001/98	**12** BGBl I 2002/52
13 BGBl I 2002/68	**14** BGBl I 2002/89	**15** BGBl I 2002/100
16 BGBl I 2005/8	**17** BGBl I 2005/103	**18** BGBl I 2006/36
19 BGBl I 2007/78	**20** BGBl I 2007/104	**21** BGBl I 2009/90
22 BGBl I 2009/135	**23** BGBl I 2009/150	**24** BGBl I 2010/29
25 BGBl I 2011/24	**26** BGBl I 2011/152	**27** BGBl I 2012/98
28 BGBl I 2013/67	**29** BGBl I 2013/71	**30** BGBl I 2013/107
31 BGBl I 2013/138	**32** BGBl I 2014/94	**33** BGBl I 2015/113
34 BGBl I 2015/152	**35** BGBl I 2016/44	**36** BGBl I 2017/30
37 BGBl I 2018/9 (VfGH)	**38** BGBl I 2018/54	**39** BGBl I 2018/100
40 BGBl I 2019/93	**41** BGBl I 2020/12	**42** BGBl I 2020/16
43 BGBl I 2020/23	**44** BGBl I 2020/72	**45** BGBl I 2020/107
46 BGBl I 2020/131	**47** BGBl I 2021/61	**48** BGBl I 2021/174
49 BGBl I 2021/180	**50** BGBl I 2021/213	

GLIEDERUNG

STICHWORTVERZEICHNIS

Bundesgesetz, mit dem arbeitsvertragsrechtliche Bestimmungen an das EG-Recht angepaßt (Arbeitsvertragsrechts-Anpassungsgesetz – AVRAG) und das Angestelltengesetz, das Gutsangestelltengesetz und das Haushilfen- und Hausangestelltengesetz geändert werden

Der Nationalrat hat beschlossen:

Artikel I
Arbeitsvertragsrechts-Anpassungsgesetz – AVRAG

Geltungsbereich

§ 1. (1) Dieses Bundesgesetz gilt für Arbeitsverhältnisse, die auf einem privatrechtlichen Vertrag beruhen.

(2) Ausgenommen sind Arbeitsverhältnisse

1. zu Ländern, Gemeindeverbänden und Gemeinden;
2. der land- und forstwirtschaftlichen Arbeiter im Sinne des Landarbeitsgesetzes 1984, BGBl. Nr. 287;
3. zum Bund, auf die dienstrechtliche Vorschriften anzuwenden sind, welche den Inhalt der Arbeitsverhältnisse zwingend regeln;
4. zu Stiftungen, Anstalten oder Fonds, auf die das Vertragsbedienstetengesetz 1948 (VBG), BGBl. Nr. 86, gemäß § 1 Abs. 2 VBG sinngemäß anzuwenden ist.

(3) Dieses Bundesgesetz gilt nicht für Beschäftigungsverhältnisse, auf die das Heimarbeitsgesetz 1960, BGBl. Nr. 105/1961, anzuwenden ist.

(4) Auf Arbeitsverhältnisse, für die das Hausgehilfen- und Hausangestelltengesetz (HGHAG), BGBl. Nr. 235/1962, gilt, finden die §§ 2, 2c, 2d, 11 bis 14b, für Hausgehilfen und Hausangestellte von physischen Personen finden auch die §§ 3 bis 6 keine Anwendung.

(BGBl I 1997/139, BGBl I 2006/36, BGBl I 2013/138)

Schriftliche Aufzeichnung des Inhalts des Arbeitsvertrages

§ 2. (1) Der Arbeitgeber hat dem Arbeitnehmer unverzüglich nach Beginn des Arbeitsverhältnisses eine schriftliche Aufzeichnung über die wesentlichen Rechte und Pflichten aus dem Arbeitsvertrag (Dienstzettel) auszuhändigen. Solche Aufzeichnungen sind von Stempel- und unmittelbaren Gebühren befreit.

(2) Der Dienstzettel hat folgende Angaben zu enthalten:

1. Name und Anschrift des Arbeitgebers,
2. Name und Anschrift des Arbeitnehmers,
3. Beginn des Arbeitsverhältnisses,
4. bei Arbeitsverhältnissen auf bestimmte Zeit das Ende des Arbeitsverhältnisses,
5. Dauer der Kündigungsfrist, Kündigungstermin,
6. gewöhnlicher Arbeits(Einsatz)ort, erforderlichenfalls Hinweis auf wechselnde Arbeits(Einsatz)orte,
7. allfällige Einstufung in ein generelles Schema,
8. vorgesehene Verwendung,
9. die betragsmäßige Höhe des Grundgehalts oder -lohns, weitere Entgeltbestandteile wie z. B. Sonderzahlungen, Fälligkeit des Entgelts,
   (BGBl I 2015/152)
10. Ausmaß des jährlichen Erholungsurlaubes,
11. vereinbarte tägliche oder wöchentliche Normalarbeitszeit des Arbeitnehmers, sofern es sich nicht um Arbeitsverhältnisse handelt, auf die das Hausbesorgergesetz, BGBl. Nr. 16/1970, anzuwenden ist, und
12. Bezeichnung der auf den Arbeitsvertrag allenfalls anzuwendenden Normen der kollektiven Rechtsgestaltung (Kollektivvertrag, Satzung, Mindestlohntarif, festgesetzte Lehrlingsentschädigung, Betriebsvereinbarung) und Hinweis auf den Raum im Betrieb, in dem diese zur Einsichtnahme aufliegen;
   (BGBl I 2002/100)
13. Name und Anschrift der Betrieblichen Vorsorgekasse (BV-Kasse) des Arbeitnehmers oder für Arbeitnehmer, die dem Bauarbeiter-Urlaubs- und Abfertigungsgesetz (BUAG), BGBl. Nr. 414/ 1972, unterliegen, Name und Anschrift der Bauarbeiter-Urlaubs- und Abfertigungskasse.
   (BGBl I 2002/100, BGBl I 2012/98)

(3) Hat der Arbeitnehmer seine Tätigkeit länger als einen Monat im Ausland zu verrichten, so hat der vor der Aufnahme der Auslandstätigkeit auszuhändigende Dienstzettel oder schriftliche Arbeitsvertrag zusätzlich folgende Angaben zu enthalten:

1. voraussichtliche Dauer der Auslandstätigkeit,
2. Währung, in der das Entgelt auszuzahlen ist, sofern es nicht in Euro auszuzahlen ist,
   (BGBl I 2002/52)
3. allenfalls Bedingungen für die Rückführung nach Österreich und
4. allfällige zusätzliche Vergütung für die Auslandstätigkeit.

(4) Keine Verpflichtung zur Aushändigung eines Dienstzettels besteht, wenn

1. die Dauer des Arbeitsverhältnisses höchstens einen Monat beträgt oder
2. ein schriftlicher Arbeitsvertrag ausgehändigt wurde, der alle in Abs. 2 und 3 genannten Angaben enthält, oder
3. bei Auslandstätigkeit die in Abs. 3 genannten Angaben in anderen schriftlichen Unterlagen enthalten sind.

(5) Die Angaben gemäß Abs. 2 Z 5, 6, 9 (ausgenommen die Angaben zum Grundgehalt oder -lohn), 10 und 11 und Abs. 3 Z 2 bis 4 können auch durch Verweisung auf die für das Arbeitsverhältnis geltenden Bestimmungen in Gesetzen

oder in Normen der kollektiven Rechtsgestaltung oder in betriebsüblich angewendeten Reiserichtlinien erfolgen.

(BGBl I 2015/152)

(6) Jede Änderung der Angaben gemäß Abs. 2 und 3 ist dem Arbeitnehmer unverzüglich, spätestens jedoch einen Monat nach ihrer Wirksamkeit schriftlich mitzuteilen, es sei denn, die Änderung

1. erfolgte durch Änderung von Gesetzen oder Normen der kollektiven Rechtsgestaltung, auf die gemäß Abs. 5 verwiesen wurde oder die den Grundgehalt oder -lohn betreffen oder
2. ergibt sich unmittelbar aus der dienstzeitabhängigen Vorrückung in der selben Verwendungs- oder Berufsgruppe der anzuwendenden Norm der kollektiven Rechtsgestaltung.

(BGBl I 2015/152)

(7) Hat das Arbeitsverhältnis bereits bei Inkrafttreten dieses Bundesgesetzes bestanden, so ist dem Arbeitnehmer auf sein Verlangen binnen zwei Monaten ein Dienstzettel gemäß Abs. 1 bis 3 auszuhändigen. Eine solche Verpflichtung des Arbeitgebers besteht nicht, wenn ein früher ausgestellter Dienstzettel oder ein schriftlicher Arbeitsvertrag alle nach diesem Bundesgesetz erforderlichen Angaben enthält.

(8) § 2 gilt nicht für Arbeitsverhältnisse, auf die § 11 des Arbeitskräfteüberlassungsgesetzes (AÜG), BGBl. Nr. 196/1988, anzuwenden ist.

(BGBl I 2012/98)

§ 2a. Vorteile aus Beteiligungen am Unternehmen des Arbeitgebers oder mit diesem verbundenen Konzernunternehmen und Optionen auf den Erwerb von Arbeitgeberaktien sind nicht in die Bemessungsgrundlagen für Entgeltfortzahlungsansprüche und Beendigungsansprüche einzubeziehen.

(BGBl I 2001/2)

§ 2b. (1) Arbeitnehmer mit einem auf bestimmte Zeit abgeschlossenen Arbeitsverhältnis dürfen gegenüber Arbeitnehmern mit einem auf unbestimmte Zeit abgeschlossenen Arbeitsverhältnis nicht benachteiligt werden, es sei denn, sachliche Gründe rechtfertigen eine unterschiedliche Behandlung.

(2) Der Arbeitgeber hat Arbeitnehmer mit einem auf bestimmte Zeit abgeschlossenen Arbeitsverhältnis über im Unternehmen oder Betrieb frei werdende Arbeitsverhältnisse auf unbestimmte Zeit zu informieren. Die Information kann durch allgemeine Bekanntgabe an einer geeigneten, für den Arbeitnehmer leicht zugänglichen Stelle im Unternehmen oder Betrieb erfolgen.

(BGBl I 2002/52)

Konkurrenzklausel

§ 2c. (1) Eine Vereinbarung, durch die der/die Arbeitnehmer/in, auf dessen/deren Arbeitsverhältnis das Angestelltengesetz (AngG), BGBl. Nr. 292/1921, nicht anzuwenden ist, für die Zeit nach der Beendigung des Arbeitsverhältnisses in der Erwerbstätigkeit beschränkt wird (Konkurrenzklausel), ist nur insoweit wirksam, als:

1. der/die Arbeitnehmer/in im Zeitpunkt des Abschlusses der Vereinbarung nicht minderjährig ist;
2. sich die Beschränkung auf die Tätigkeit des Arbeitnehmers oder der Arbeitnehmerin in dem Geschäftszweig des Arbeitgebers oder der Arbeitgeberin bezieht und den Zeitraum eines Jahres nicht übersteigt; und
3. die Beschränkung nicht nach Gegenstand, Zeit oder Ort und im Verhältnis zu dem geschäftlichen Interesse, das der/die Arbeitgeber/in an ihrer Einhaltung hat, eine unbillige Erschwerung des Fortkommens des Arbeitnehmers oder der Arbeitnehmerin enthält.

(2) Eine Vereinbarung nach Abs. 1 ist unwirksam, wenn sie im Rahmen eines Arbeitsverhältnisses getroffen wird, bei dem das für den letzten Monat des Arbeitsverhältnisses gebührende Entgelt das Zwanzigfache der Höchstbeitragsgrundlage nach § 45 des Allgemeinen Sozialversicherungsgesetzes (ASVG), BGBl. Nr. 189/1955, nicht übersteigt. Allfällige Sonderzahlungen sind bei der Ermittlung des Entgelts im Sinne des ersten Satzes außer Acht zu lassen.

(3) Hat der/die Arbeitgeber/in durch schuldbares Verhalten dem/der Arbeitnehmer/in begründeten Anlass zum vorzeitigen Austritt oder zur Kündigung des Arbeitsverhältnisses gegeben, so kann er/sie die durch die Konkurrenzklausel begründeten Rechte gegen den/die Arbeitnehmer/in nicht geltend machen.

(4) Das gleiche gilt, wenn der/die Arbeitgeber/in das Arbeitsverhältnis löst, es sei denn, dass der/die Arbeitnehmer/in durch schuldbares Verhalten hiezu begründeten Anlass gegeben oder dass der/die Arbeitgeber/in bei der Auflösung des Arbeitsverhältnisses erklärt hat, während der Dauer der Beschränkung dem/der Arbeitnehmer/in das ihm/ihr zuletzt zukommende Entgelt zu leisten.

(5) Eine für den Fall des Zuwiderhandelns gegen die Konkurrenzklausel vereinbarte Konventionalstrafe ist nur insoweit wirksam, als diese das Sechsfache des für den letzten Monat des Arbeitsverhältnisses gebührenden Nettomonatsentgelts nicht übersteigt. Allfällige Sonderzahlungen sind bei der Berechnung des Nettoentgelts im Sinne des ersten Satzes außer Acht zu lassen. Hat der/die Arbeitnehmer/in für den Fall des Zuwiderhandelns gegen die Konkurrenzklausel eine Konventionalstrafe versprochen, so kann der/die Arbeitgeber/in nur die verwirkte Konventionalstrafe verlangen. Der Anspruch auf Erfüllung oder auf Ersatz eines weiteren Schadens ist ausgeschlossen.

(BGBl I 2015/152)

Ausbildungskostenrückersatz

§ 2d. (1) Ausbildungskosten sind die vom Arbeitgeber tatsächlich aufgewendeten Kosten für jene erfolgreich absolvierte Ausbildung, die dem Arbeitnehmer Spezialkenntnisse theoretischer und praktischer Art vermittelt, die dieser auch bei anderen

Arbeitgebern verwerten kann. Einschulungskosten sind keine Ausbildungskosten.

(2) Eine Rückerstattung ist nur hinsichtlich von Ausbildungskosten nach Abs. 1 in einer schriftlichen Vereinbarung zwischen Arbeitgeber und Arbeitnehmer zulässig. Die Vereinbarung der Rückforderung des während einer Ausbildung nach Abs. 1 fortgezahlten Entgelts ist hingegen zulässig, sofern der Arbeitnehmer für die Dauer der Ausbildung von der Dienstleistung freigestellt ist.

(3) Eine Verpflichtung zur Rückerstattung von Ausbildungskosten besteht insbesondere dann nicht, wenn:

1. der Arbeitnehmer im Zeitpunkt des Abschlusses der Vereinbarung minderjährig ist und nicht die Zustimmung des gesetzlichen Vertreters des Minderjährigen dazu vorliegt;
2. das Arbeitsverhältnis nach mehr als vier Jahren, in besonderen Fällen nach mehr als acht Jahren nach dem Ende der Ausbildung nach Abs. 1 oder vorher durch Fristablauf (Befristung) geendet hat, und
   (BGBl I 2015/152)
3. die Höhe der Rückerstattungsverpflichtung nicht aliquot, berechnet für jedes zurückgelegte Monat vom Zeitpunkt der Beendigung der Ausbildung bis zum Ende der zulässigen Bindungsdauer, vereinbart wird.
   (BGBl I 2015/152)

(4) Der Anspruch auf Ausbildungskostenrückersatz besteht dann nicht, wenn das Arbeitsverhältnis

1. während der Probezeit im Sinne des § 19 Abs. 2 AngG oder gleichlautender sonstiger gesetzlicher Regelungen,
2. durch unbegründete Entlassung,
3. durch begründeten vorzeitigen Austritt,
4. durch Entlassung wegen dauernder Arbeitsunfähigkeit nach § 27 Z 2 AngG oder § 82 lit. b. Gewerbeordnung 1859, RGBl. Nr. 227, oder
5. durch Kündigung durch den Arbeitgeber, es sei denn, der Arbeitnehmer hat durch schuldhaftes Verhalten dazu begründeten Anlass gegeben,

endet.

(BGBl I 2006/36)

Konventionalstrafen

§ 2e. Konventionalstrafen unterliegen dem richterlichen Mäßigungsrecht.

(BGBl I 2015/152)

Abrechnung der Bezüge

§ 2f. (1) Dem/Der Arbeitnehmer/in ist bei Fälligkeit des Entgelts eine schriftliche, übersichtliche, nachvollziehbare und vollständige Abrechnung von Entgelt und Aufwandsentschädigungen zu übermitteln. Die Abrechnung kann dem/der Arbeitnehmer/in auch auf elektronischem Weg zur Verfügung gestellt werden.

(2) Der/die Arbeitgeber/in hat dem/der Arbeitnehmer/in eine Kopie der Anmeldung zur Sozialversicherung gemäß § 33 ASVG unverzüglich auszuhändigen.

(BGBl I 2015/152)

Entgelt bei Pauschalentgeltvereinbarungen

§ 2g. Enthält der Arbeitsvertrag oder der Dienstzettel das Entgelt als Gesamtsumme, die Grundgehalt oder -lohn und andere Entgeltbestandteile einschließt, ohne den Grundgehalt oder -lohn im Sinne des § 2 Abs. 2 Z 9 betragsmäßig anzuführen, hat dieser/diese Arbeitnehmer/in zwingend Anspruch auf den Grundgehalt oder -lohn einschließlich der branchen- und ortsüblichen Überzahlungen, der am Arbeitsort vergleichbaren Arbeitnehmer/innen von vergleichbaren Arbeitgeber/innen gebührt (Ist-Grundgehalt, Ist-Grundlohn). Der Ist-Grundgehalt oder Ist-Grundlohn ist der Berechnung der abzugeltenden Entgeltbestandteile zugrunde zu legen, soweit der Kollektivvertrag in Bezug auf die Berechnung von Entgeltbestandteilen nicht Abweichendes vorsieht, das zwingenden gesetzlichen Bestimmungen nicht entgegenstehen darf.

(BGBl I 2015/152)

Homeoffice

§ 2h. (1) Arbeit im Homeoffice liegt vor, wenn eine Arbeitnehmerin oder ein Arbeitnehmer regelmäßig Arbeitsleistungen in der Wohnung erbringt.

(2) Arbeit im Homeoffice ist zwischen der Arbeitnehmerin oder dem Arbeitnehmer und der Arbeitgeberin oder dem Arbeitgeber aus Beweisgründen schriftlich zu vereinbaren.

(3) Die Arbeitgeberin oder der Arbeitgeber hat die für das regelmäßige Arbeiten im Homeoffice erforderlichen digitalen Arbeitsmittel bereitzustellen. Davon kann durch Vereinbarung abgewichen werden, wenn die Arbeitgeberin oder der Arbeitgeber die angemessenen und erforderlichen Kosten für die von der Arbeitnehmerin oder dem Arbeitnehmer für die Erbringung der Arbeitsleistung zur Verfügung gestellten digitalen Arbeitsmittel trägt. Die Kosten können auch pauschaliert abgegolten werden.

(4) Die Vereinbarung nach Abs. 2 kann von einer Arbeitsvertragspartei bei Vorliegen eines wichtigen Grundes unter Einhaltung einer Frist von einem Monat zum Letzten eines Kalendermonats gelöst werden. Die Vereinbarung kann eine Befristung sowie Kündigungsregelungen beinhalten.

(BGBl I 2021/61)

Übergang von Unternehmen, Betrieben oder Betriebsteilen auf einen anderen Inhaber

§ 3. (1) Geht ein Unternehmen, Betrieb oder Betriebsteil auf einen anderen Inhaber über (Betriebsübergang), so tritt dieser als Arbeitgeber mit allen Rechten und Pflichten in die im Zeitpunkt des Überganges bestehenden Arbeitsverhältnisse ein.

(2) Abs. 1 gilt nicht im Fall eines Sanierungsverfahrens ohne Eigenverwaltung oder eines Konkursverfahrens des Veräußerers.

(BGBl I 2010/29)

(3) Bei Betriebsübergang nach Abs. 1 bleiben die Arbeitsbedingungen aufrecht, es sei denn, aus den Bestimmungen über den Wechsel der Kollektivvertragsangehörigkeit (§ 4), die betrieblichen Pensionszusagen (§ 5) und die Weitergeltung von Betriebsvereinbarungen (§§ 31 und 32 des Arbeitsverfassungsgesetzes, BGBl. Nr. 22/1974) ergibt sich anderes. Der Erwerber hat dem Arbeitnehmer jede auf Grund des Betriebsüberganges erfolgte Änderung der Arbeitsbedingungen unverzüglich mitzuteilen.

(4) Der Arbeitnehmer kann dem Übergang seines Arbeitsverhältnisses widersprechen, wenn der Erwerber den kollektivvertraglichen Bestandschutz (§ 4) oder die betrieblichen Pensionszusagen (§ 5) nicht übernimmt. Der Widerspruch hat innerhalb eines Monats ab Ablehnung der Übernahme oder bei Nichtäußerung des Erwerbers zum Zeitpunkt des Betriebsüberganges innerhalb eines Monats nach Ablauf einer vom Arbeitnehmer gesetzten angemessenen Frist zur Äußerung zu erfolgen. Widerspricht der Arbeitnehmer, so bleibt sein Arbeitsverhältnis zum Veräußerer unverändert aufrecht.

(5) Werden durch den nach Betriebsübergang anzuwendenden Kollektivvertrag oder die nach Betriebsübergang anzuwendenden Betriebsvereinbarungen Arbeitsbedingungen wesentlich verschlechtert, so kann der Arbeitnehmer innerhalb eines Monats ab dem Zeitpunkt, ab dem er die Verschlechterung erkannte oder erkennen mußte, das Arbeitsverhältnis unter Einhaltung der gesetzlichen oder kollektivvertraglichen Kündigungsfristen und -termine lösen. Dem Arbeitnehmer stehen die zum Zeitpunkt einer solchen Beendigung des Arbeitsverhältnisses gebührenden Ansprüche wie bei einer Arbeitgeberkündigung zu.

(6) Der Arbeitnehmer kann innerhalb eines Monats ab Kenntnis der Änderungen seiner Arbeitsbedingungen im Sinne des Abs. 5 auf Feststellung der wesentlichen Verschlechterung der Arbeitsbedingungen klagen. Ebenso kann ein Feststellungsverfahren nach § 54 des Arbeits- und Sozialgerichtsgesetzes, BGBl. Nr. 104/1985, innerhalb eines Monats ab Kenntnis der Änderungen der Arbeitsbedingungen eingeleitet werden. Hat das Gericht eine wesentliche Verschlechterung der Arbeitsbedingungen festgestellt, kann der Arbeitnehmer innerhalb eines Monats ab Rechtskraft des Urteils das Arbeitsverhältnis nach Abs. 5 auflösen.

Informationspflicht

§ 3a. Besteht in einem Unternehmen oder Betrieb keine Arbeitnehmervertretung, so hat der Veräußerer oder der Erwerber die vom Betriebsübergang betroffenen Arbeitnehmer im Vorhinein über

1. den Zeitpunkt bzw. den geplanten Zeitpunkt des Übergangs,
2. den Grund des Übergangs,
3. die rechtlichen, wirtschaftlichen und sozialen Folgen des Übergangs für die Arbeitnehmer sowie
4. die hinsichtlich der Arbeitnehmer in Aussicht genommenen Maßnahmen

schriftlich zu informieren. Diese Information kann auch durch Aushang an einer geeigneten, für den Arbeitnehmer leicht zugänglichen Stelle im Unternehmen oder Betrieb erfolgen.

(BGBl I 2002/52)

Betriebsübergang und Kollektivvertragsangehörigkeit

§ 4. (1) Nach Betriebsübergang hat der Erwerber die in einem Kollektivvertrag vereinbarten Arbeitsbedingungen bis zur Kündigung oder zum Ablauf des Kollektivvertrages oder bis zum Inkrafttreten oder bis zur Anwendung eines anderen Kollektivvertrages in dem gleichen Maße aufrechtzuerhalten, wie sie in dem Kollektivvertrag für den Veräußerer vorgesehen waren. Die Arbeitsbedingungen dürfen zum Nachteil des Arbeitnehmers durch Einzelarbeitsvertrag innerhalb eines Jahres nach Betriebsübergang weder aufgehoben noch beschränkt werden.

(2) Durch den Wechsel der Kollektivvertragsangehörigkeit infolge des Betriebsüberganges darf das dem Arbeitnehmer vor Betriebsübergang für die regelmäßige Arbeitsleistung in der Normalarbeitszeit gebührende kollektivvertragliche Entgelt nicht geschmälert werden. Kollektivvertragliche Regelungen über den Bestandschutz des Arbeitsverhältnisses werden Inhalt des Arbeitsvertrages zwischen Arbeitnehmer und Erwerber, wenn das Unternehmen des Veräußerers im Zusammenhang mit dem Betriebsübergang nicht weiter besteht.

Betriebsübergang und betriebliche Pensionszusage

§ 5. (1) Eine auf Einzelvereinbarung beruhende betriebliche Pensionszusage wird Inhalt des Arbeitsvertrages zwischen Arbeitnehmer und Erwerber, wenn der Erwerber Gesamtrechtsnachfolger ist. Liegt keine Gesamtrechtsnachfolge vor, kann der Erwerber durch rechtzeitigen Vorbehalt die Übernahme einer solchen betrieblichen Pensionszusage ablehnen.

(2) Hat der Betriebsübergang den Wegfall der betrieblichen Pensionszusage zur Folge und hat der Arbeitnehmer dem Übergang seines Arbeitsverhältnisses im Falle des Abs. 1 Satz 2 nicht widersprochen, so endet mit dem Zeitpunkt des Betriebsüberganges der Erwerb neuer Pensionsanwartschaften. Der Arbeitnehmer hat gegen den Veräußerer Anspruch auf Abfindung der bisher erworbenen Anwartschaften als Unverfallbarkeitsbetrag im Sinne des Betriebspensionsgesetzes (BPG), Artikel I des Bundesgesetzes BGBl. Nr. 282/1990. Bei beitragsorientierten Zusagen errechnet sich dieser Betrag nach dem BPG, bei direkten Leistungszusagen, leistungsorientierten Pensionskassenzusagen oder leistungsorientierten Versicherungsverträgen (betriebliche Kollektivversicherung, Lebensver-

sicherung) nach dem Teilwertverfahren und den bei der Bildung der Rückstellung anzuwendenden versicherungsmathematischen Grundsätzen. Für die Berechnung ist einerseits das Alter zum Zeitpunkt der Erteilung der Zusage, andererseits das Anfallsalter heranzuziehen. Der Rechnungszinssatz beträgt grundsätzlich 7%. Bei Pensionszusagen, die eine rechtsverbindliche Valorisierung vorsehen, ist jedoch der Barwert der künftigen Pensionsleistungen unter Zugrundelegung eines Rechnungszinssatzes von 3% zu berechnen. Im Fall einer leistungsorientierten Pensionskassenzusage oder eines leistungsorientierten Versicherungsvertrages wird von dem so errechneten Betrag der sich nach den Rechnungsvorschriften der Pensionskasse oder der Versicherungsunternehmung ergebende Unverfallbarkeitsbetrag nach dem BPG abgezogen.

(BGBl 1996/754, BGBl I 2005/8)

(3) Der Arbeitnehmer kann über den Betrag nach Abs. 2 im Sinne des BPG verfügen, wobei er die Auszahlung dieses Betrages unabhängig von dessen Höhe vom Veräußerer verlangen kann.

(4) Im übrigen gelten hinsichtlich der erworbenen Anwartschaften die Vorschriften des BPG mit der Maßgabe, daß an die Stelle der Beendigung des Arbeitsverhältnisses der Betriebsübergang tritt.

Haftung bei Betriebsübergang

§ 6. (1) Sofern andere gesetzliche Regelungen oder Gläubigerschutzbestimmungen für den Arbeitnehmer nicht günstigeres bestimmen, haften für Verpflichtungen aus einem Arbeitsverhältnis zum Veräußerer, die vor dem Zeitpunkt des Übergangs begründet wurden, der Veräußerer und der Erwerber zur ungeteilten Hand, wobei hinsichtlich der Haftung des Erwerbers § 1409 ABGB anzuwenden ist. Dies gilt insbesondere für Leistungen aus betrieblichen Pensionszusagen des Veräußerers, die im Zeitpunkt des Betriebsüberganges bereits erbracht werden.

(2) Für Abfertigungsansprüche, die nach dem Betriebsübergang entstehen, haftet der Veräußerer fünf Jahre nach dem Betriebsübergang und nur mit jenem Betrag, der dem fiktiven Abfertigungsanspruch im Zeitpunkt des Betriebsübergangs entspricht. Für Ansprüche auf eine Betriebspension aus einem Leistungsfall nach dem Betriebsübergang haftet der Veräußerer fünf Jahre nach dem Betriebsübergang und nur mit jenem Betrag, der den im Zeitpunkt des Betriebsübergangs bestehenden Pensionsanwartschaften entspricht. Sofern zum Zeitpunkt des Betriebsübergangs Rückstellungen gemäß § 211 Abs. 2 des Handelsgesetzbuches für Abfertigungs- oder Pensionsanwartschaften mit der dafür nach § 14 Abs. 5 EStG oder § 11 BPG im gesetzlichen Ausmaß zu bildenden Wertpapierdeckung oder gleichwertige Sicherungsmittel auf den Erwerber übertragen werden, haftet der Veräußerer für die im ersten oder zweiten Satz genannten Beträge nur für eine allfällige Differenz zwischen dem Wert der übertragenen Sicherungsmittel und dem Wert der fiktiven Ansprüche jeweils zum Zeitpunkt des Betriebsübergangs; diese Haftung endet ein Jahr nach dem Betriebsübergang. Der Veräußerer hat die betroffenen Arbeitnehmer von der Übertragung der Sicherungsmittel zu informieren. Der Erwerber hat die vom Veräußerer übertragene Wertpapierdeckung oder die Sicherungsmittel zumindest in dem in den beiden ersten Sätzen genannten Zeitraum in seinem Vermögen zu halten. Die Wertpapierdeckung oder die Sicherungsmittel dürfen während dieses Zeitraums nur zur Befriedigung von Abfertigungs- oder Betriebspensionsansprüchen der Arbeitnehmer vermindert werden. Die übertragene Wertpapierdeckung darf während dieses Zeitraums auf die Verpflichtung des Erwerbers nach § 14 Abs. 5 oder 7 EStG nicht angerechnet werden.

(BGBl I 2002/52)

(3) Bei Spaltungen im Sinne des Spaltungsgesetzes, Art. XIII des EU-Gesellschaftsrechtsänderungsgesetzes, BGBl. Nr. 304/1996, gilt als Veräußerer jene Gesellschaft, der die Verbindlichkeiten nach dem Spaltungsplan zuzuordnen sind.

(BGBl I 2002/100)

Benachteiligungsverbot

§ 7. Arbeitnehmer, die von ihrem Recht auf Freizügigkeit im Sinne des Art. 45 des Vertrages über die Arbeitsweise der Europäischen Union (AEUV) und Art. 1 bis 10 der Verordnung (EU) Nr. 492/2011 Gebrauch machen, dürfen als Reaktion auf eine Beschwerde wegen einer Verletzung der durch die Freizügigkeit gemäß Art. 45 AEUV, Art. 1 bis 10 VO 492/2011 und Art. 1 RL 2014/54 gewährten Rechte oder wegen der Einleitung eines Verfahrens zur Durchsetzung dieser Rechte weder gekündigt, noch entlassen oder auf andere Weise benachteiligt werden.

(BGBl I 2016/44)

Ansprüche von Arbeitnehmern mit gewöhnlichem Arbeitsort in Österreich gegen ausländische Arbeitgeber ohne Sitz in Österreich

§ 7.[a)] Beschäftigt ein Arbeitgeber ohne Sitz in Österreich, der nicht Mitglied einer kollektivvertragsfähigen Körperschaft in Österreich ist, einen Arbeitnehmer mit gewöhnlichem Arbeitsort in Österreich, so hat dieser Arbeitnehmer zwingend Anspruch zumindest auf jenes gesetzliche, durch Verordnung festgelegte oder kollektivvertragliche Entgelt, das am Arbeitsort vergleichbaren Arbeitnehmern von vergleichbaren Arbeitgebern gebührt.

(BGBl 1995/895, BGBl I 1999/120)

[a)] Siehe § 19 Abs. 1 Z 38.

Ansprüche gegen ausländische Arbeitgeber/innen ohne Sitz in einem EU- oder EWR-Mitgliedstaat

§ 7a.[a)] (1) § 7 gilt (ausgenommen Beiträge nach § 6 des Betrieblichen Mitarbeiter- und Selbständigenvorsorgegesetzes – BMSVG, BGBl. I Nr. 100/2002 und Beiträge oder Prämien nach dem Betriebspensionsgesetz – BPG, BGBl. Nr. 282/1990), unbeschadet des auf das Arbeitsverhältnis anzuwendenden Rechts, zwingend auch für eine/n Arbeitnehmer/in, der/die von einem/einer Arbeitgeber/in ohne Sitz in einem Mitgliedstaat der Europäischen Union oder des Europäischen Wirtschaftsraumes zur Erbringung einer Arbeitsleistung nach Österreich entsandt wird. Ein/e Beschäftiger/in ohne Sitz in einem Mitgliedstaat der Europäischen Union oder des Europäischen Wirtschaftsraumes gilt hinsichtlich der an ihn/sie überlassenen Arbeitskräfte, die zu einer Arbeitsleistung nach Österreich entsandt werden, in Bezug auf die §§ 7d Abs. 1, 7f Abs. 1 Z 3 sowie 7i Abs. 1 und Abs. 4 Z 1 als Arbeitgeber/in. Sieht das nach § 7 anzuwendende Gesetz, der Kollektivvertrag oder die Verordnung Sonderzahlungen vor, hat der/die Arbeitgeber/in diese dem/der Arbeitnehmer/in aliquot für die jeweilige Lohnzahlungsperiode zusätzlich zum laufenden Entgelt (Fälligkeit) zu leisten.

(1a) Eine Entsendung liegt nicht vor, wenn der/die Arbeitnehmer/in eines/einer Arbeitgebers/Arbeitgeberin nach Abs. 1 ausschließlich im Zusammenhang mit folgenden kurzfristigen Arbeiten von geringem Umfang in Österreich beschäftigt wird:

1. geschäftliche Besprechungen ohne Erbringung von weiteren Dienstleistungen, oder
2. Teilnahme an Seminaren ohne Erbringung von weiteren Dienstleistungen, oder
3. Messen und messeähnliche Veranstaltungen im Sinne des § 17 Abs. 3 bis 6 des Arbeitsruhegesetzes (ARG), BGBl. Nr. 144/1983, mit der Maßgabe, dass die Untergrenze des § 17 Abs. 4 ARG nicht gilt, ausgenommen Vorbereitungs- und Abschlussarbeiten für die Veranstaltung (Auf- und Abbau der Ausstellungeinrichtungen und An- und Ablieferung des Messegutes), oder
4. Besuch von und Teilnahme an Kongressen, oder
5. kulturelle Veranstaltungen, die im Rahmen einer Tournee stattfinden, bei welcher der Veranstaltung (den Veranstaltungen) in Österreich lediglich eine untergeordnete Bedeutung zukommt (zukommen), soweit der/die Arbeitnehmer/in seine/ihre Arbeitsleistung zumindest für einen Großteil der Tournee zu erbringen hat, oder
6. Teilnahme und Abwicklung von internationalen Wettkampfveranstaltungen (Internationale Meisterschaften) im Sinne des § 3 Z 6 des Bundes-Sportförderungsgesetzes 2013 (BSFG 2013), BGBl. I Nr. 100/2013, ausgenommen Vorbereitungs- und Abschlussarbeiten für die Veranstaltung (Auf- und Abbau der im Zusammenhang mit der Veranstaltung stehenden Einrichtungen) sowie Verabreichung von Speisen und Ausschank von Getränken im Rahmen der Veranstaltung.

(2) Der/Die Arbeitgeber/in nach Abs. 1 und dessen/deren Auftraggeber/in als Unternehmer/in haften als Gesamtschuldner/in für die sich nach Abs. 1 ergebenden Entgeltansprüche des Arbeitnehmers oder der Arbeitnehmerin.

(3) Ein/e entsandte/r Arbeitnehmer/in eines/einer im Abs. 1 bezeichneten Arbeitgebers oder Arbeitgeberin hat unbeschadet des auf das Arbeitsverhältnis anzuwendenden Rechts für die Dauer der Entsendung zwingend Anspruch auf

1. bezahlten Urlaub nach § 2 des Urlaubsgesetzes, BGBl. Nr. 390/1976, sofern das Urlaubsausmaß nach den Rechtsvorschriften des Heimatstaates geringer ist; nach Beendigung der Entsendung behält diese/r Arbeitnehmer/in den der Dauer der Entsendung entsprechenden aliquoten Teil der Differenz zwischen dem nach österreichischem Recht höheren Urlaubsanspruch und dem Urlaubsanspruch, der ihm/ihr nach den Rechtsvorschriften des Heimatstaates zusteht; ausgenommen von dieser Urlaubsregelung sind Arbeitnehmer/innen, für die die Urlaubsregelung des Bauarbeiter-Urlaubs- und Abfertigungsgesetzes (BUAG), BGBl. Nr. 414/1972, gilt;
2. die Einhaltung der kollektivvertraglich festgelegten Arbeitszeitregelungen.

(4) Für einen/eine entsandte/n Arbeitnehmer/in, der im Zusammenhang mit der Lieferung von Anlagen an einen Betrieb mit Montagearbeiten, der Inbetriebnahme und damit verbundenen Schulungen oder mit Reparaturen dieser Anlagen, die von inländischen Arbeitnehmer/innen nicht erbracht werden können, beschäftigt wird, gilt

1. Abs. 1 nicht, wenn es sich um kollektivvertragliches Entgelt im Sinne des § 7 in Verbindung mit Abs. 1 handelt und diese Arbeiten in Österreich insgesamt nicht länger als drei Monate dauern;
2. Abs. 3 nicht, wenn diese Arbeiten in Österreich insgesamt nicht länger als acht Kalendertage dauern.

Für Arbeitnehmer/innen, die mit Bauarbeiten, die der Errichtung, der Instandsetzung, der Instandhaltung, dem Umbau oder dem Abriss von Bauwerken dienen, insbesondere mit Aushub, Erdarbeiten, Bauarbeiten im engeren Sinne, Errichtung und Abbau von Fertigbauelementen, Einrichtung oder Ausstattung, Umbau, Renovierung, Reparatur, Abbauarbeiten, Abbrucharbeiten, Wartung, Instandhaltung (Maler- und Reinigungsarbeiten) oder Sanierung sowie mit Reparaturen und Installationen an Anlagen in Kraftwerken beschäftigt sind, gelten die Abs. 1 und 3 jedenfalls ab dem ersten Tag der Beschäftigung in Österreich.

(BGBl 1995/895, BGBl I 1999/120, BGBl I 2011/24, BGBl I 2012/98, BGBl I 2014/94)

[a] Siehe § 19 Abs. 1 Z 38.

Ansprüche gegen ausländische Arbeitgeber/innen mit Sitz in einem EU- oder EWR-Mitgliedstaat

§ 7b.[a] (1) Ein/e Arbeitnehmer/in, der/die von einem/einer Arbeitgeber/in mit Sitz in einem anderen Mitgliedstaat der Europäischen Union oder des Europäischen Wirtschaftsraumes als Österreich zur Erbringung einer Arbeitsleistung nach Österreich entsandt wird, hat unbeschadet des auf das Arbeitsverhältnis anzuwendenden Rechts für die Dauer der Entsendung zwingend Anspruch auf

1. zumindest jenes gesetzliche, durch Verordnung festgelegte oder kollektivvertragliche Entgelt, das am Arbeitsort vergleichbaren Arbeitnehmern/Arbeitnehmerinnen von vergleichbaren Arbeitgebern/Arbeitgeberinnen gebührt (ausgenommen Beiträge nach § 6 BMSVG und Beiträge oder Prämien nach dem BPG);
2. bezahlten Urlaub nach § 2 Urlaubsgesetz, sofern das Urlaubsausmaß nach den Rechtsvorschriften des Heimatstaates geringer ist; nach Beendigung der Entsendung behält dieser/diese Arbeitnehmer/in den der Dauer der Entsendung entsprechenden aliquoten Teil der Differenz zwischen dem nach österreichischem Recht höheren Urlaubsanspruch und dem Urlaubsanspruch, der ihm/ihr nach den Rechtsvorschriften des Heimatstaates zusteht; ausgenommen von dieser Urlaubsregelung sind Arbeitnehmer/innen, für die die Urlaubsregelung des BUAG gilt;
3. die Einhaltung der kollektivvertraglich festgelegten Arbeitszeitregelungen;
4. die Bereithaltung der Aufzeichnung im Sinne der Richtlinie des Rates über die Pflicht des Arbeitgebers zur Unterrichtung des Arbeitnehmers über die für seinen Arbeitsvertrag oder sein Arbeitsverhältnis geltenden Bedingungen (91/533/EWG) in Österreich durch den Arbeitgeber oder den mit der Ausübung des Weisungsrechts des Arbeitgebers gegenüber den entsandten Arbeitnehmern Beauftragten.

Ein/e Beschäftiger/in mit Sitz in einem anderen Mitgliedstaat der Europäischen Union oder des Europäischen Wirtschaftsraumes als Österreich gilt hinsichtlich der an ihn/sie überlassenen Arbeitskräfte, die zu einer Arbeitsleistung nach Österreich entsandt werden, in Bezug auf die Abs. 3 bis 5 und 8, § 7d Abs. 1, § 7f Abs. 1 Z 3 sowie § 7i Abs. 1 und Abs. 4 Z 1 als Arbeitgeber/in. Sieht das nach Abs. 1 Z 1 anzuwendende Gesetz, der Kollektivvertrag oder die Verordnung Sonderzahlungen vor, hat der/die Arbeitgeber/in diese dem/der Arbeitnehmer/in aliquot für die jeweilige Lohnzahlungsperiode zusätzlich zum laufenden Entgelt (Fälligkeit) zu leisten.

(1a) Eine Entsendung liegt nicht vor, wenn der/die Arbeitnehmer/in eines/einer Arbeitgebers/Arbeitgeberin nach Abs. 1 im Zusammenhang mit folgenden kurzfristigen Arbeiten von geringem Umfang in Österreich beschäftigt wird und kein Dienstleistungsvertrag mit einem/einer inländischen Dienstleistungsempfänger/in geschlossen wurde:

1. geschäftliche Besprechungen ohne Erbringung von weiteren Dienstleistungen, oder
2. Teilnahme an Seminaren ohne Erbringung von weiteren Dienstleistungen, oder
3. Messen und messeähnliche Veranstaltungen im Sinne des § 17 Abs. 3 bis 6 ARG, mit der Maßgabe, dass die Untergrenze des § 17 Abs. 4 ARG nicht gilt, ausgenommen Vorbereitungs- und Abschlussarbeiten für die Veranstaltung (Auf- und Abbau der Ausstellungeinrichtungen und An- und Ablieferung des Messegutes), oder
4. Besuch von und Teilnahme an Kongressen, oder
5. kulturelle Veranstaltungen, die im Rahmen einer Tournee stattfinden, bei welcher der Veranstaltung (den Veranstaltungen) in Österreich lediglich eine untergeordnete Bedeutung zukommt (zukommen), soweit der/die Arbeitnehmer/in seine/ihre Arbeitsleistung zumindest für einen Großteil der Tournee zu erbringen hat, oder
6. Teilnahme und Abwicklung von internationalen Wettkampfveranstaltungen (Internationale Meisterschaften) im Sinne des § 3 Z 6 BSFG 2013, ausgenommen Vorbereitungs- und Abschlussarbeiten für die Veranstaltung (Auf- und Abbau der im Zusammenhang mit der Veranstaltung stehenden Einrichtungen) sowie Verabreichung von Speisen und Ausschank von Getränken im Rahmen der Veranstaltung.

(1b) Wird der/die entsandte Arbeitnehmer/in mit Arbeiten im Sinne des Abs. 1a im Rahmen eines mit einem/einer inländischen Dienstleistungsempfänger/in geschlossenen Dienstleistungsvertrages in Österreich beschäftigt, gilt Abs. 1 Z 1 und Z 2 nicht.

(2) Für einen/eine entsandte/n Arbeitnehmer/in, der im Zusammenhang mit der Lieferung von Anlagen an einen Betrieb mit Montagearbeiten, der Inbetriebnahme und damit verbundenen Schulungen oder mit Reparaturen dieser Anlagen, die von inländischen Arbeitnehmer/innen nicht erbracht werden können, beschäftigt wird, gilt

1. Abs. 1 Z 1 nicht, wenn es sich um kollektivvertragliches Entgelt im Sinne des Abs. 1 Z 1 handelt und diese Arbeiten in Österreich insgesamt nicht länger als drei Monate dauern;
2. Abs. 1 Z 2 nicht, wenn diese Arbeiten in Österreich insgesamt nicht länger als acht Kalendertage dauern.

Für Arbeitnehmer/innen, die mit Bauarbeiten, die der Errichtung, der Instandsetzung, der Instandhaltung, dem Umbau oder dem Abriss von Bauwerken dienen, insbesondere mit Aushub, Erdarbeiten, Bauarbeiten im engeren Sinne, Errichtung und Abbau von Fertigbauelementen, Einrichtung oder Ausstattung, Umbau Renovierung, Reparatur, Abbauarbeiten, Abbrucharbeiten, Wartung, Instandhaltung (Maler- und Reinigungsarbeiten) oder Sanierung sowie mit Reparaturen und Installationen an Anlagen in Kraftwerken beschäftigt sind, gilt Abs. 1 jedenfalls ab dem ersten Tag der Beschäftigung in Österreich.

(3) Arbeitgeber/innen im Sinne des Abs. 1 haben die Beschäftigung von Arbeitnehmer/innen, die zur Erbringung einer Arbeitsleistung nach Österreich entsandt werden, spätestens eine Woche vor der jeweiligen Arbeitsaufnahme der Zentralen

Koordinationsstelle für die Kontrolle der illegalen Beschäftigung nach dem Ausländerbeschäftigungsgesetz und dem Arbeitsvertragsrechts-Anpassungsgesetz des Bundesministeriums für Finanzen zu melden und dem/der im Abs. 1 Z 4 bezeichneten Beauftragten, sofern nur ein/e Arbeitnehmer/in entsandt wird, diesem/dieser, die Meldung in Abschrift auszuhändigen oder in elektronischer Form zur Verfügung zu stellen. Die Meldung hat ausschließlich automationsunterstützt über die elektronischen Formulare des Bundesministeriums für Finanzen zu erfolgen. In Katastrophenfällen, bei unaufschiebbaren Arbeiten und bei kurzfristig zu erledigenden Aufträgen ist die Meldung unverzüglich vor Arbeitsaufnahme zu erstatten. Die Zentrale Koordinationsstelle für die Kontrolle der illegalen Beschäftigung nach dem Ausländerbeschäftigungsgesetz und dem Arbeitsvertragsrechts-Anpassungsgesetz des Bundesministeriums für Finanzen hat die Meldung an den zuständigen Krankenversicherungsträger (§§ 26 und 30 ASVG), und sofern es sich um Bautätigkeiten handelt, der Bauarbeiter-Urlaubs- und Abfertigungskasse elektronisch zu übermitteln.

(3a) Das Bundesministerium für Arbeit, Soziales und Konsumentenschutz ist im Rahmen der Erfüllung der ihm übertragenen Aufgaben für Zwecke der Arbeitsmarktpolitik berechtigt, auf automationsunterstütztem Weg Einsicht in die von der Zentralen Koordinationsstelle für die Kontrolle der illegalen Beschäftigung nach dem Ausländerbeschäftigungsgesetz und dem Arbeitsvertragsrechts-Anpassungsgesetz des Bundesministeriums für Finanzen hinsichtlich der Meldungen nach Abs. 3 geführte Datenbank zu nehmen, wobei die Befugnis zur Einsichtnahme folgende Daten umfasst: Betriebsdaten (Firmenname und –adresse), Arbeitnehmer/innendaten der entsandten Person (Name, Geburtsdatum, Sozialversicherungsnummer, Sozialversicherungsträger, Wohnsitz, ausgeübte Tätigkeit, Entgelthöhe, Beschäftigungsdauer, Beschäftigungsort), Daten inländischer Auftraggeber/innen (Firmenname und Adresse des Beschäftiger/innenbetriebs oder des/der Generalunternehmers/in in Österreich) sowie genehmigungspflichtige Beschäftigung.

(4) Die Meldung nach Abs. 3 hat für jede Entsendung gesondert zu erfolgen und hat folgende Angaben zu enthalten; nachträgliche Änderungen bei den Angaben sind unverzüglich zu melden:

1. Name, Anschrift und Gewerbebefugnis oder Unternehmensgegenstand des/der Arbeitgebers/in im Sinne des Abs. 1, Umsatzsteueridentifikationsnummer,
2. Name und Anschrift der zur Vertretung nach außen Berufenen des/der Arbeitgebers/Arbeitgeberin,
3. Name und Anschrift des/der im Abs. 1 Z 4 bezeichneten Beauftragten,
4. Name und Anschrift des/der inländischen Auftraggebers/Auftraggeberin (Generalunternehmers/in),
5. die Namen, Anschriften, Geburtsdaten, Sozialversicherungsnummern und zuständige Sozialversicherungsträger sowie die Staatsangehörigkeit der nach Österreich entsandten Arbeitnehmer/innen,
6. Zeitraum der Entsendung insgesamt sowie Beginn und voraussichtliche Dauer der Beschäftigung der einzelnen Arbeitnehmer/innen in Österreich, Dauer und Lage der vereinbarten Normalarbeitszeit der einzelnen Arbeitnehmer/innen,
7. die Höhe des dem/der einzelnen Arbeitnehmer/in nach den österreichischen Rechtsvorschriften gebührenden Entgelts und Beginn des Arbeitsverhältnisses bei dem/der Arbeitgeber/in,
8. Ort (genaue Anschrift) der Beschäftigung in Österreich (auch andere Einsatzorte in Österreich),
9. die Art der Tätigkeit und Verwendung des/der Arbeitnehmers/Arbeitnehmerin unter Berücksichtigung des maßgeblichen österreichischen Kollektivvertrages,
10. sofern für die Beschäftigung der entsandten Arbeitnehmer/in im Sitzstaat des/der Arbeitgebers/Arbeitgeberin eine behördliche Genehmigung erforderlich ist, jeweils die ausstellende Behörde sowie die Geschäftszahl, das Ausstellungsdatum und die Geltungsdauer oder eine Abschrift der Genehmigung,
11. sofern die entsandten Arbeitnehmer/innen im Sitzstaat des/der Arbeitgebers/Arbeitgeberin eine Aufenthaltsgenehmigung benötigen, jeweils die ausstellende Behörde sowie die Geschäftszahl, das Ausstellungsdatum und die Geltungsdauer oder eine Abschrift der Genehmigung.

(5) Arbeitgeber/innen im Sinne des Abs. 1 haben, sofern für den/die entsandten Arbeitnehmer/innen in Österreich keine Sozialversicherungspflicht besteht, Unterlagen über die Anmeldung des Arbeitnehmers oder der Arbeitnehmerin zur Sozialversicherung (Sozialversicherungsdokument E 101 nach der Verordnung (EWG) Nr. 1408/71, Sozialversicherungsdokument A 1 nach der Verordnung (EG) Nr. 883/04) sowie eine Abschrift der Meldung gemäß den Abs. 3 und 4 am Arbeits(Einsatz)ort im Inland bereitzuhalten oder diese den Organen der Abgabebehörden oder der Bauarbeiter-Urlaubs- und Abfertigungskasse unmittelbar vor Ort in elektronischer Form zugänglich zu machen. Sofern für die Beschäftigung der entsandten Arbeitnehmer/innen im Sitzstaat des/der Arbeitgebers/Arbeitgeberin eine behördliche Genehmigung erforderlich ist, ist auch die Genehmigung bereitzuhalten. Bei innerhalb eines Arbeitstages wechselnden Arbeits(Einsatz)orten sind die erforderlichen Unterlagen am ersten Arbeits(Einsatz)ort bereitzuhalten oder in elektronischer Form zugänglich zu machen. Ist die Bereithaltung oder Zugänglichmachung der Unterlagen am Arbeits(Einsatz)ort nicht zumutbar, sind die Unterlagen jedenfalls im Inland bereitzuhalten und der Abgabenbehörde auf Verlangen nachweis-

lich zu übermitteln, wobei die Unterlagen bis einschließlich des der Aufforderung zweitfolgenden Werktags abzusenden sind. Für die Übermittlung gebührt kein Ersatz der Aufwendungen.

(6) Die Behörden haben nach Maßgabe der datenschutzrechtlichen Vorschriften auch mit Behörden anderer Mitgliedstaaten des Europäischen Wirtschaftsraumes, die für die Kontrolle der Einhaltung arbeits- und sozialrechtlicher Vorschriften oder für die Bekämpfung illegaler Erwerbstätigkeit zuständig sind oder Auskünfte geben können, ob ein/e Arbeitgeber/in die Arbeitsbedingungen nach Abs. 1 einhält, zusammenzuarbeiten sowie Auskünfte bei begründeten Anfragen von Behörden anderer Mitgliedstaaten zu geben. Die Gewährung von Amtshilfe an diese Behörden ist von Stempel- und sonstigen Gebühren befreit.

(7) Die Kollektivvertragsparteien haben die von ihnen abgeschlossenen Kollektivverträge in geeigneter Form zugänglich zu machen. Sofern es sich um Bautätigkeiten handelt, wird die Informations- und Auskunftstätigkeit nach Maßgabe des BUAG von der Bauarbeiter-Urlaubs- und Abfertigungskasse wahrgenommen.

(8) Wer als Arbeitgeber/in im Sinne des Abs. 1

1. die Meldung oder die Meldung über nachträgliche Änderungen bei den Angaben (Änderungsmeldung) entgegen Abs. 3 nicht, nicht rechtzeitig oder nicht vollständig erstattet oder
2. in der Meldung oder Änderungsmeldung nach Abs. 3 wissentlich unrichtige Angaben erstattet oder
3. die erforderlichen Unterlagen entgegen Abs. 5 nicht bereithält oder den Organen der Abgabebehörden oder der Bauarbeiter-Urlaubs- und Abfertigungskasse vor Ort nicht unmittelbar zugänglich macht oder
4. die erforderlichen Unterlagen entgegen Abs. 5 oder § 7h Abs. 2 nicht übermittelt,

begeht eine Verwaltungsübertretung und ist von der Bezirksverwaltungsbehörde für jede/n Arbeitnehmer/in mit Geldstrafe von 500 Euro bis 5 000 Euro, im Wiederholungsfall von 1 000 Euro bis 10 000 Euro zu bestrafen. Bei grenzüberschreitender Entsendung gilt die Verwaltungsübertretung als in dem Sprengel der Bezirksverwaltungsbehörde begangen, in dem der Arbeits(Einsatz)ort der nach Österreich entsandten Arbeitnehmer/innen liegt, bei wechselnden Arbeits(Einsatzorten) am Ort der Kontrolle.

(9) Die Abs. 1 bis 8 gelten auch für Arbeitnehmer/innen, die von einem/einer Arbeitgeber/in mit Sitz in der Schweizerischen Eidgenossenschaft zur Erbringung einer Arbeitsleistung nach Österreich entsandt werden.

(BGBl I 1999/120, BGBl I 1999/179, BGBl I 2001/98, BGBl I 2002/68, BGBl I 2005/103, BGBl I 2007/78, BGBl I 2009/150, BGBl I 2011/24, BGBl I 2012/98, BGBl I 2014/94)

[a] Siehe § 19 Abs. 1 Z 38.

Haftung des Generalunternehmers

§ 7c.[a] (1) Generalunternehmer ist, wer im Rahmen seiner Unternehmertätigkeit die Erbringung zumindest eines Teiles einer auf Grund eines Auftrages geschuldeten Leistung an einen anderen Unternehmer (Subunternehmer), ausgenommen Arbeitgeber nach § 7a, weitergibt.

(2) Hat der Generalunternehmer einen Auftrag oder einen Teil eines Auftrages in einer nach den Bestimmungen des Bundesvergabegesetzes 1997, BGBl. I Nr. 56/1997, oder anderen gleichartigen Rechtsvorschriften unzulässigen Weise oder entgegen vertraglichen Vereinbarungen weitergegeben, so haftet er nach § 1355 ABGB als Bürge für Ansprüche auf das gesetzliche, durch Verordnung festgelegte oder kollektivvertragliche Entgelt der vom Subunternehmer zur Leistungserbringung eingesetzten Arbeitnehmer, das diesen während ihrer Tätigkeit im Rahmen der vereinbarten Leistungserbringung gebührt. Dasselbe gilt, wenn ein Subunternehmer einen Auftrag oder einen Teil eines Auftrages unzulässigerweise weitergibt.

(3) Der Generalunternehmer haftet nach § 1356 ABGB als Ausfallsbürge für Ansprüche auf das gesetzliche, durch Verordnung festgelegte oder kollektivvertragliche Entgelt der vom Subunternehmer zur Erbringung von Leistungen auf Baustellen im Sinne des § 2 Abs. 3 ASchG eingesetzten Arbeitnehmer, das diesen während ihrer Tätigkeit im Rahmen der vereinbarten Leistungserbringung gebührt. Hat der Arbeitnehmer Entgeltansprüche im Sinne des ersten Satzes gegenüber dem Arbeitgeber nicht innerhalb von sechs Monaten ab dem Ende der Leistungserbringung gerichtlich geltend gemacht, so kann der Generalunternehmer nicht mehr als Ausfallsbürge in Anspruch genommen werden.

(4) Abs. 3 gilt nicht, wenn der Generalunternehmer bereits nach Abs. 2 haftet.

(5) Bei Insolvenz des Subunternehmers entfällt die Haftung des Generalunternehmers gemäß Abs. 3.

(BGBl I 1999/120)

[a] Siehe § 19 Abs. 1 Z 38.

Verpflichtung zur Bereithaltung von Lohnunterlagen

§ 7d.[a] (1) Arbeitgeber/innen im Sinne der §§ 7, 7a Abs. 1 oder 7b Abs. 1 und 9 haben während des Zeitraums der Entsendung insgesamt (§ 7b Abs. 4 Z 6) den Arbeitsvertrag oder Dienstzettel (§ 7b Abs. 1 Z 4), Lohnzettel, Lohnzahlungsnachweise oder Banküberweisungsbelege, Lohnaufzeichnungen, Arbeitszeitaufzeichnungen und Unterlagen betreffend die Lohneinstufung zur Überprüfung des dem/der entsandten Arbeitnehmers/in für die Dauer der Beschäftigung nach den österreichischen Rechtsvorschriften gebührenden Entgelts in deutscher Sprache am Arbeits(Einsatz) ort bereitzuhalten, auch wenn die Beschäftigung des/der einzelnen Arbeitnehmers/in in Österreich früher geendet hat. Bei innerhalb eines Arbeitstages wechselnden Arbeits(Einsatz)orten sind die

Lohnunterlagen am ersten Arbeits(Einsatz)ort bereitzuhalten. Ist die Bereithaltung der Unterlagen am Arbeits(Einsatz)ort nicht zumutbar, sind die Unterlagen jedenfalls im Inland bereitzuhalten und der Abgabenbehörde auf Aufforderung nachweislich zu übermitteln, wobei die Unterlagen bis zum Ablauf des der Aufforderung zweitfolgenden Werktags abzusenden sind. Für die Übermittlung gebührt kein Ersatz der Aufwendungen.

(2) Bei einer grenzüberschreitenden Arbeitskräfteüberlassung trifft die Verpflichtung zur Bereithaltung der Lohnunterlagen den/die inländische/n Beschäftiger/in. Der/Die Überlasser/in hat dem/der Beschäftiger/in die Unterlagen nachweislich bereitzustellen.

(BGBl I 2011/24, BGBl I 2014/94)

[a] Siehe § 19 Abs. 1 Z 38.

Kompetenzzentrum LSDB

§ 7e.[a] (1) Für die Kontrolle des dem/der nicht dem ASVG unterliegenden Arbeitnehmer/in nach Gesetz, Verordnung oder Kollektivvertrag in Österreich unter Beachtung der jeweiligen Einstufungskriterien zustehenden Entgelts im Sinne des § 7i Abs. 5 wird die Wiener Gebietskrankenkasse als Kompetenzzentrum Lohn- und Sozialdumping Bekämpfung (Kompetenzzentrum LSDB) eingerichtet.

(1a) Das Kompetenzzentrum LSDB hat im übertragenen Wirkungsbereich nach den Weisungen des Bundesministers/der Bundesministerin für Arbeit, Soziales und Konsumentenschutz die folgenden Aufgaben wahrzunehmen:

1. Entgegennahme der Erhebungsergebnisse der Organe der Abgabenbehörden,
2. Ersuchen an die Organe der Abgabenbehörden, konkret zu bezeichnende weitere Erhebungen zu übermittelten Erhebungsergebnissen oder Erhebungen auf Grund von begründeten Mitteilungen durch Dritte durchzuführen,
3. Erstattung der Strafanzeige nach Abs. 3,
4. Führung der Verwaltungs(straf)evidenz und Auskunftserteilung nach § 7n,
5. Wahrnehmung der Parteistellung und der damit verbundenen Berechtigungen nach § 7i Abs. 8,
6. Information des/der Arbeitnehmers/in über eine sein/ihr Arbeitsverhältnis betreffende Anzeige nach Abs. 3 in Verfahren nach § 7i Abs. 5, soweit die Anschrift in der Meldung gemäß § 7b Abs. 4 oder § 17 Abs. 3 AÜG angeführt ist.

(BGBl I 2015/113)

(2) Die Aufwendungen des Kompetenzzentrums LSDB trägt der Bund. Der Bund hat dem Kompetenzzentrum LSDB hinsichtlich der im ersten Satz genannten Aufwendungen Zielvorgaben zu geben.

(3) Stellt das Kompetenzzentrum LSDB fest, dass der/die Arbeitgeber/in dem/der Arbeitnehmer/in im Sinne des Abs. 1 nicht zumindest das nach Abs. 1 zustehende Entgelt unter Beachtung der jeweiligen Einstufungskriterien leistet, hat es Anzeige an die zuständige Bezirksverwaltungsbehörde zu erstatten. Mit der Anzeige ist ein bestimmtes Strafausmaß zu beantragen. Die Anzeige ist der Abgabenbehörde zum Zwecke der Nachverrechnung von Abgaben elektronisch zur Kenntnis zu übermitteln. Auf Betriebsvereinbarung oder Arbeitsvertrag beruhende Überzahlungen bei den nach Gesetz, Verordnung oder Kollektivvertrag gebührenden Entgeltbestandteilen sind auf allfällige Unterentlohnungen im jeweiligen Lohnzahlungszeitraum anzurechnen.

(4) Das Kompetenzzentrum LSDB kann die Kollektivvertragspartner, die den für den/die Arbeitnehmer/in maßgeblichen Kollektivvertrag abgeschlossen haben, zur Ermittlung des dem/der Arbeitnehmer/in unter Beachtung der Einstufungskriterien nach Abs. 1 zustehenden Entgelts anhören. Erhebt ein/e Arbeitgeber/in begründete Einwendungen gegen die vom Kompetenzzentrum LSDB angenommene Einstufung, hat das Kompetenzzentrum LSDB die Kollektivvertragspartner anzuhören. Eine Stellungnahme der Kollektivvertragspartner hat eine gemeinsame zu sein. Aufwandersätze und Sachbezüge dürfen, soweit der Kollektivvertrag nicht anderes bestimmt, für die Zwecke der Bestimmung des kollektivvertraglichen Entgelts nicht angerechnet werden.

(5) Stellt das Kompetenzzentrum LSDB fest, dass

1. der/die Arbeitgeber/in dem/der Arbeitnehmer/in die Differenz zwischen dem tatsächlich geleisteten und dem dem/der Arbeitnehmer/in nach den österreichischen Rechtsvorschriften gebührenden Entgelt nach Mitteilung des Kompetenzzentrums LSDB binnen einer vom Kompetenzzentrum LSDB festzusetzenden Frist nachweislich leistet, und
2. die Unterschreitung des nach Abs. 1 maßgeblichen Entgelts unter Beachtung der jeweiligen Einstufungskriterien gering ist, oder
3. das Verschulden des/der Arbeitgebers/in oder des/der zur Vertretung nach außen Berufenen (§ 9 Abs. 1 VStG) oder des/der verantwortlichen Beauftragten (§ 9 Abs. 2 oder 3 VStG) leichte Fahrlässigkeit nicht übersteigt,

hat es von einer Anzeige an die zuständige Bezirksverwaltungsbehörde abzusehen. Ebenso ist von einer Anzeige abzusehen, wenn der/die Arbeitgeber/in das dem/der Arbeitnehmer/in nach den österreichischen Rechtsvorschriften gebührende Entgelt vor der Mitteilung durch das Kompetenzzentrum LSDB nachweislich leistet und die übrigen Voraussetzungen nach dem ersten Satz vorliegen. § 25 Abs. 3 des Verwaltungsstrafgesetzes 1991, BGBl. Nr. 52 (VStG), ist nicht anzuwenden.

(6) Das Kompetenzzentrum LSDB ist berechtigt, gegen Kostenersatz andere Gebietskrankenkassen mit der Vertretung im Namen des Kompetenzzen-

trums LSDB vor der Bezirksverwaltungsbehörde und dem Verwaltungsgericht zu beauftragen.

(BGBl I 2011/24, BGBl I 2013/71, BGBl I 2014/94)

[a]) Siehe § 19 Abs. 1 Z 38.

Erhebungen der Abgabenbehörden

§ 7f.[a]) (1) Die Organe der Abgabenbehörden sind berechtigt, das Bereithalten der Unterlagen nach §§ 7b Abs. 5 und 7d zu überwachen sowie die zur Kontrolle des dem/der nicht dem ASVG unterliegenden Arbeitnehmer/in unter Beachtung der jeweiligen Einstufungskriterien zustehenden Entgelts im Sinne des § 7i Abs. 5 erforderlichen Erhebungen durchzuführen und

1. die Betriebsstätten, Betriebsräume und auswärtigen Arbeitsstätten oder Arbeitsstellen sowie die Aufenthaltsräume der Arbeitnehmer/innen ungehindert zu betreten und Wege zu befahren, auch wenn dies sonst der Allgemeinheit untersagt ist,
2. von den dort angetroffenen Personen Auskünfte über alle für die Erhebung nach Abs. 1 maßgebenden Tatsachen zu verlangen, wenn Grund zur Annahme besteht, dass es sich bei diesen Personen um Arbeitgeber/innen oder um Arbeitnehmer/innen handelt, sowie
3. in die zur Erhebung erforderlichen Unterlagen (§§ 7b Abs. 5 und 7d) Einsicht zu nehmen, Abschriften dieser Unterlagen anzufertigen und die Übermittlung von Unterlagen zu fordern, wobei die Unterlagen bis zum Ablauf des der Aufforderung zweitfolgenden Werktags abzusenden sind. Erfolgt bei innerhalb eines Arbeitstages wechselnden Arbeits(Einsatz)orten die Kontrolle nicht am ersten Arbeits(Einsatz)ort, sind die Unterlagen der Abgabenbehörde nachweislich zu übermitteln, wobei die Unterlagen bis zum Ablauf des der Aufforderung zweitfolgenden Werktags abzusenden sind. Für die Übermittlung gebührt kein Ersatz der Aufwendungen.

(2) Die Organe der Abgabenbehörden haben die Ergebnisse der Erhebungen nach Abs. 1 dem Kompetenzzentrum LSDB zu übermitteln und auf Ersuchen des Kompetenzzentrums LSDB konkret zu bezeichnende weitere Erhebungen zu übermittelten Erhebungsergebnissen oder Erhebungen auf Grund von begründeten Mitteilungen durch Dritte durchzuführen.

(BGBl I 2011/24, BGBl I 2014/94)

[a]) Siehe § 19 Abs. 1 Z 38.

Feststellung von Übertretungen durch den Träger der Krankenversicherung

§ 7g.[a]) (1) Stellt der zuständige Träger der Krankenversicherung im Rahmen seiner Tätigkeit fest, dass der/die Arbeitgeber/in

1. dem/der dem ASVG unterliegenden Arbeitnehmer/in oder
2. dem/der Arbeitnehmer/in, der/die seinen/ihren gewöhnlichen Arbeitsort in Österreich hat ohne dem ASVG zu unterliegen,

nicht zumindest das ihm/ihr nach Gesetz, Verordnung oder Kollektivvertrag in Österreich unter Beachtung der jeweiligen Einstufungskriterien zustehende Entgelt im Sinne des § 7i Abs. 5 leistet, gilt § 7e Abs. 3 bis 5 mit der Maßgabe, dass an die Stelle des Kompetenzzentrums LSDB der zuständige Träger der Krankenversicherung tritt.

(2) Der zuständige Träger der Krankenversicherung ist berechtigt, in die für die Tätigkeit nach Abs. 1 erforderlichen Unterlagen Einsicht zu nehmen und Abschriften dieser Unterlagen anzufertigen. Auf Verlangen haben Arbeitgeber/innen die erforderlichen Unterlagen oder Ablichtungen zu übermitteln, wobei die Unterlagen oder Ablichtungen bis zum Ablauf des der Aufforderung zweitfolgenden Werktags abzusenden sind. Für die Übermittlung gebührt kein Ersatz der Aufwendungen.

(3) Der zuständige Träger der Krankenversicherung hat den/die Arbeitnehmer/in über eine sein/ihr Arbeitsverhältnis betreffende Anzeige nach § 7e Abs. 3 in Verfahren nach § 7i Abs. 5 zu informieren.

(BGBl I 2015/113)

(BGBl I 2011/24, BGBl I 2014/94)

[a]) Siehe § 19 Abs. 1 Z 38.

Feststellung von Übertretungen durch die Bauarbeiter-Urlaubs- und Abfertigungskasse

§ 7h.[a]) (1) Stellt die Bauarbeiter-Urlaubs- und Abfertigungskasse im Rahmen ihrer Tätigkeit fest, dass der/die Arbeitgeber/in dem/der Arbeitnehmer/in im Sinne des Abschnitts I BUAG oder im Sinne des § 33d BUAG nicht zumindest das ihm/ihr nach Gesetz, Verordnung oder Kollektivvertrag gebührende Entgelt im Sinne des § 7i Abs. 5 unter Beachtung der jeweiligen Einstufungskriterien leistet, gilt § 7e Abs. 3, Abs. 4 letzter Satz und Abs. 5 mit der Maßgabe, dass an die Stelle des Kompetenzzentrums LSDB die Bauarbeiter-Urlaubs- und Abfertigungskasse tritt.

(2) Die Bauarbeiter-Urlaubs- und Abfertigungskasse ist im Rahmen ihrer Tätigkeit berechtigt, die Bereithaltung der Unterlagen nach den §§ 7b Abs. 5 und 7d zu überwachen, Einsicht zu nehmen und Abschriften dieser Unterlagen anzufertigen und deren Übermittlung zu fordern, wobei die Unterlagen bis zum Ablauf des der Aufforderung zweitfolgenden Werktags abzusenden sind. Erfolgt bei innerhalb eines Arbeitstages wechselnden Arbeits(Einsatz)orten die Kontrolle nicht am ersten Arbeits(Einsatz)ort, sind die Unterlagen der Bauarbeiter-Urlaubs- und Abfertigungskasse nachweislich zu übermitteln, wobei die Unterlagen bis zum Ablauf des der Aufforderung zweitfolgenden Werktags abzusenden sind. Für die Übermittlung gebührt kein Ersatz der Aufwendungen.

(BGBl I 2011/24, BGBl I 2014/94)

[a]) Siehe § 19 Abs. 1 Z 38.

Strafbestimmungen

§ 7i.[a)] (1) Wer die erforderlichen Unterlagen entgegen § 7d Abs. 1 oder § 7f Abs. 1 Z 3 nicht übermittelt, begeht eine Verwaltungsübertretung und ist von der Bezirksverwaltungsbehörde für jede/n Arbeitnehmer/in mit Geldstrafe von 500 Euro bis 5 000 Euro, im Wiederholungsfall von 1 000 Euro bis 10 000 Euro zu bestrafen. Ebenso ist zu bestrafen, wer entgegen § 7g Abs. 2 oder § 7h Abs. 2 die Unterlagen nicht übermittelt.

(2) Wer entgegen § 7f Abs. 1 den Zutritt zu den Betriebsstätten, Betriebsräumen und auswärtigen Arbeitsstätten oder Arbeitsstellen sowie den Aufenthaltsräumen der Arbeitnehmer/innen und das damit verbundene Befahren von Wegen oder die Erteilung von Auskünften verweigert oder die Kontrolle sonst erschwert oder behindert, begeht eine Verwaltungsübertretung und ist von der Bezirksverwaltungsbehörde mit einer Geldstrafe von 1 000 Euro bis 10 000 Euro, im Wiederholungsfall von 2 000 Euro bis 20 000 Euro zu bestrafen.

(2a) Wer die Einsichtnahme in die Unterlagen nach den §§ 7b Abs. 5 und 7d verweigert, begeht eine Verwaltungsübertretung und ist für jede/n Arbeitnehmer/in von der Bezirksverwaltungsbehörde mit einer Geldstrafe von 1 000 Euro bis 10 000 Euro, im Wiederholungsfall von 2 000 Euro bis 20 000 Euro zu bestrafen.

(3) Ebenso ist nach Abs. 2a zu bestrafen, wer als Arbeitgeber/in entgegen § 7g Abs. 2 die Einsichtnahme in die Unterlagen verweigert.

(4) Wer als

1. Arbeitgeber/in im Sinne der §§ 7, 7a Abs. 1 oder 7b Abs. 1 und 9 entgegen § 7d die Lohnunterlagen nicht bereithält, oder
2. Überlasser/in im Falle einer grenzüberschreitenden Arbeitskräfteüberlassung nach Österreich entgegen § 7d Abs. 2 die Lohnunterlagen dem/der Beschäftiger/in nicht nachweislich bereitstellt, oder
3. Beschäftiger/in im Falle einer grenzüberschreitenden Arbeitskräfteüberlassung entgegen § 7d Abs. 2 die Lohnunterlagen nicht bereithält

begeht eine Verwaltungsübertretung und ist von der Bezirksverwaltungsbehörde für jede/n Arbeitnehmer/in mit einer Geldstrafe von 1 000 Euro bis 10 000 Euro, im Wiederholungsfall von 2 000 Euro bis 20 000 Euro, sind mehr als drei Arbeitnehmer/innen betroffen, für jede/n Arbeitnehmer/in von 2 000 Euro bis 20 000 Euro, im Wiederholungsfall von 4 000 Euro bis 50 000 Euro zu bestrafen.

(5) Wer als Arbeitgeber/in einen/e Arbeitnehmer/in beschäftigt oder beschäftigt hat, ohne ihm/ihr zumindest das nach Gesetz, Verordnung oder Kollektivvertrag zustehende Entgelt unter Beachtung der jeweiligen Einstufungskriterien, ausgenommen die in § 49 Abs. 3 ASVG angeführten Entgeltbestandteile, zu leisten, begeht eine Verwaltungsübertretung und ist von der Bezirksverwaltungsbehörde mit einer Geldstrafe zu bestrafen. Bei Unterentlohnungen, die durchgehend mehrere Lohnzahlungszeiträume umfassen, liegt eine einzige Verwaltungsübertretung vor. Auf Betriebsvereinbarung oder Arbeitsvertrag beruhende Überzahlungen bei den nach Gesetz, Verordnung oder Kollektivvertrag gebührenden Entgeltbestandteilen sind auf allfällige Unterentlohnungen im jeweiligen Lohnzahlungszeitraum anzurechnen. Hinsichtlich von Sonderzahlungen für die in § 7g Abs. 1 Z 1 und 2 genannten Arbeitnehmer/innen liegt eine Verwaltungsübertretung nach dem ersten Satz nur dann vor, wenn der/die Arbeitgeber/in die Sonderzahlungen nicht oder nicht vollständig bis spätestens 31. Dezember des jeweiligen Kalenderjahres leistet. Sind von der Unterentlohnung höchstens drei Arbeitnehmer/innen betroffen, beträgt die Geldstrafe für jede/n Arbeitnehmer/in 1 000 Euro bis 10 000 Euro, im Wiederholungsfall 2 000 Euro bis 20 000 Euro, sind mehr als drei Arbeitnehmer/innen betroffen, für jede/n Arbeitnehmer/in 2 000 Euro bis 20 000 Euro, im Wiederholungsfall 4 000 Euro bis 50 000 Euro.

(BGBl I 2015/113)

(5a) Die Strafbarkeit nach Abs. 5 ist nicht gegeben, wenn der/die Arbeitgeber/in vor einer Erhebung der zuständigen Einrichtung nach den §§ 7f bis 7h die Differenz zwischen dem tatsächlich geleisteten und dem/der Arbeitnehmer/in nach den österreichischen Rechtsvorschriften gebührenden Entgelt nachweislich leistet.

(6) Stellt die Bezirksverwaltungsbehörde fest, dass

1. der/die Arbeitgeber/in dem/der Arbeitnehmer/in die Differenz zwischen dem tatsächlich geleisteten und dem dem/der Arbeitnehmer/in nach den österreichischen Rechtsvorschriften gebührenden Entgelt binnen einer von der Behörde festzusetzenden Frist nachweislich leistet, und
2. die Unterschreitung des nach Abs. 5 Z 1 maßgeblichen Entgelts unter Beachtung der jeweiligen Einstufungskriterien gering ist oder
3. das Verschulden des/der Arbeitgebers/in oder des/der zur Vertretung nach außen Berufenen (§ 9 Abs. 1 VStG) oder des/der verantwortlichen Beauftragten (§ 9 Abs. 2 oder 3 VStG) leichte Fahrlässigkeit nicht übersteigt,

hat sie von der Verhängung einer Strafe abzusehen. Ebenso ist von der Verhängung einer Strafe abzusehen, wenn der/die Arbeitgeber/in dem/der Arbeitnehmer/in die Differenz zwischen dem tatsächlich geleisteten und dem dem/der Arbeitnehmer/in nach den österreichischen Rechtsvorschriften gebührende Entgelt vor der Aufforderung durch die Bezirksverwaltungsbehörde nachweislich leistet und die übrigen Voraussetzungen nach dem ersten Satz vorliegen. In Verwaltungsstrafverfahren nach Abs. 5 ist § 45 Abs. 1 Z 4 und letzter Satz VStG nicht anzuwenden. Weist der/die Arbeitgeber/in der Bezirksverwaltungsbehörde nach, dass er/sie die Differenz zwischen dem tatsächlich geleisteten und dem dem/der Arbeitnehmer/in nach den österreichischen Rechtsvorschriften gebührenden Entgelt geleistet hat, ist dies bei der Strafbemessung strafmildernd zu berücksichtigen.

(7) Die Frist für die Verfolgungsverjährung (§ 31 Abs. 1 VStG) beträgt drei Jahre ab der Fälligkeit des Entgelts. Bei Unterentlohnungen, die durchgehend mehrere Lohnzahlungszeiträume umfassen, beginnt die Frist für die Verfolgungsverjährung im Sinne des ersten Satzes ab der Fälligkeit des Entgelts für den letzten Lohnzahlungszeitraum der Unterentlohnung. Die Frist für die Strafbarkeitsverjährung (§ 31 Abs. 2 VStG) beträgt in diesen Fällen fünf Jahre. Hinsichtlich von Sonderzahlungen beginnen die Fristen nach den beiden ersten Sätzen ab dem Ende des jeweiligen Kalenderjahres (Abs. 5 dritter Satz) zu laufen.

(7a) Für den Fall, dass der/die Arbeitgeber/in das nach Gesetz, Verordnung oder Kollektivvertrag gebührende Entgelt für den betroffenen Zeitraum der Unterentlohnung nach Abs. 5 nachträglich leistet, beträgt die Dauer der Fristen nach § 31 Abs. 1 und 2 VStG ein Jahr (Verfolgungsverjährung) oder drei Jahre (Strafbarkeitsverjährung), soweit nicht aufgrund des Abs. 7 die Verjährung zu einem früheren Zeitpunkt eintritt; der Fristenlauf beginnt mit der Nachzahlung.

(8) Parteistellung in Verwaltungsstrafverfahren

1. nach Abs. 1 erster Satz, Abs. 2 und 4 und nach § 7b Abs. 8 hat die Abgabenbehörde, in den Fällen des Abs. 5 in Verbindung mit § 7e das Kompetenzzentrum LSDB,
2. nach Abs. 5 in Verbindung mit § 7g und in den Fällen des Abs. 1 zweiter Satz und Abs. 3 hat der zuständige Träger der Krankenversicherung,
3. nach Abs. 1, 2a, 4 und 5 und nach § 7b Abs. 8 in Verbindung mit § 7h hat die Bauarbeiter-Urlaubs- und Abfertigungskasse,

auch wenn die Anzeige nicht durch die in den Z 1 bis 3 genannten Einrichtungen erfolgt. Diese können gegen den Bescheid einer Verwaltungsbehörde Beschwerde beim Verwaltungsgericht und gegen das Erkenntnis oder den Beschluss eines Verwaltungsgerichts Revision beim Verwaltungsgerichtshof erheben.

(9) Bei grenzüberschreitender Entsendung oder Arbeitskräfteüberlassung gilt die Verwaltungsübertretung als in dem Sprengel der Bezirksverwaltungsbehörde begangen, in dem der Arbeits(Einsatz)ort der nach Österreich entsandten oder überlassenen Arbeitnehmer/innen liegt, bei wechselnden Arbeits(Einsatz)orten am Ort der Kontrolle.

(10) Für die Beurteilung, ob ein Arbeitsverhältnis im Sinne dieses Bundesgesetzes vorliegt, ist der wahre wirtschaftliche Gehalt und nicht die äußere Erscheinungsform des Sachverhalts maßgebend.

(BGBl I 2011/24, BGBl I 2013/71, BGBl I 2014/94)

[a] Siehe § 19 Abs. 1 Z 38.

Bestellung von verantwortlichen Beauftragten

§ 7j.[a] (1) Die Bestellung von verantwortlichen Beauftragten gemäß § 9 Abs. 2 und 3 VStG für die Einhaltung dieses Bundesgesetzes wird erst rechtswirksam, nachdem

1. bei der Zentralen Koordinationsstelle für die Kontrolle der illegalen Beschäftigung nach dem Ausländerbeschäftigungsgesetz und dem Arbeitsvertragsrechts-Anpassungsgesetz des Bundesministeriums für Finanzen durch Arbeitgeber/innen im Sinne der §§ 7, 7a oder 7b oder Überlasser/innen mit Sitz im Ausland, oder
2. beim zuständigen Träger der Krankenversicherung durch Arbeitgeber/innen oder Beschäftiger/innen mit Sitz im Inland

eine schriftliche Mitteilung über die Bestellung samt einem Nachweis der Zustimmung des/der Bestellten eingelangt ist. Dies gilt nicht für die Bestellung von verantwortlichen Beauftragten auf Verlangen der Behörde gemäß § 9 Abs. 2 VStG. Eingegangene Mitteilungen nach Z 1 sind an das Kompetenzzentrum LSDB, eingegangene Mitteilungen nach den Ziffern 1 und 2 für den Baubereich (Abschnitt I oder § 33d des BUAG) sind auch an die Bauarbeiter-Urlaubs- und Abfertigungskasse weiterzuleiten.

(2) Der/Die Arbeitgeber/in oder der/die Beschäftiger/in hat den Widerruf der Bestellung oder das Ausscheiden von verantwortlichen Beauftragten nach Abs. 1 unverzüglich schriftlich der Einrichtung mitzuteilen, bei welcher die Mitteilung der Bestellung nach Abs. 1 einzubringen war.

(3) Wer als Arbeitgeber/in oder als Beschäftiger/in den Widerruf der Bestellung oder das Ausscheiden von verantwortlichen Beauftragten entgegen Abs. 2 nicht meldet, begeht eine Verwaltungsübertretung und ist von der Bezirksverwaltungsbehörde mit Geldstrafe von 41 Euro bis 4.140 Euro, im Wiederholungsfall mit Geldstrafe von 83 Euro bis 4.140 Euro zu bestrafen.

(BGBl I 2011/24, BGBl I 2012/98, BGBl I 2014/94)

[a] Siehe § 19 Abs. 1 Z 38.

Untersagung der Dienstleistung

§ 7k.[a] (1) Die zuständige Bezirksverwaltungsbehörde hat dem/der Arbeitgeber/in im Sinne der §§ 7, 7a Abs. 1 oder 7b Abs. 1 und 9, bei einer grenzüberschreitenden Überlassung dem/der Überlasser/in die Ausübung der den Gegenstand der Dienstleistung bildenden Tätigkeit für die Dauer von mindestens einem Jahr und höchstens fünf Jahren zu untersagen, wenn der/die Arbeitgeber/in gemäß

1. § 7i Abs. 2 und 2a wiederholt oder
2. § 7i Abs. 4 oder Abs. 5 in Bezug auf mehr als drei Arbeitnehmer/inne/n oder wiederholt nach § 7i Abs. 4 oder Abs. 5

rechtskräftig bestraft wurde oder ihm/ihr eine solche Bestrafung zuzurechnen ist. Eine Bestrafung ist dem/der Arbeitgeber/in dann zuzurechnen, wenn diese Bestrafung gegen den/die Arbeitgeber/in selbst oder gegen den/die zur Vertretung nach außen Berufene/n (§ 9 Abs. 1 VStG) oder gegen den/die verantwortlich Beauftragte/n (§ 9 Abs. 2 oder 3 VStG) rechtskräftig verhängt wurde. § 19

VStG (ausgenommen § 19 Abs. 2 letzter Satz VStG) ist für die Bemessung des Zeitraums der Untersagung sinngemäß anzuwenden. Der Bescheid über die Untersagung der Dienstleistung ist dem Bundesministerium für Wissenschaft, Forschung und Wirtschaft im Hinblick auf die §§ 373a bis 373e der Gewerbeordnung 1994, BGBl. Nr. 194/1994, sowie der Zentralen Koordinationsstelle für die Kontrolle der illegalen Beschäftigung nach dem Ausländerbeschäftigungsgesetz und dem Arbeitsvertragsrechts-Anpassungsgesetz des Bundesministeriums für Finanzen elektronisch zu übermitteln.

(2) Von einer Untersagung nach Abs. 1 ist abzusehen, wenn der/die Arbeitgeber/in oder der/die Überlasser/in glaubhaft macht, dass er/sie konkrete technische, organisatorische oder personelle Maßnahmen getroffen hat, die geeignet sind, die nochmalige Begehung der Verwaltungsübertretung zu verhindern und die Einbringung der verhängten Geldstrafe erfolgt ist. Als derartige Maßnahmen gelten etwa

1. die Einführung eines qualitativ hochwertigen Berichts- und Kontrollwesens,
2. die Einschaltung eines Organs der inneren Revision zur regelmäßigen Überprüfung der Einhaltung der maßgeblichen Vorschriften,
3. die Einführung von internen Haftungs- und Schadenersatzregelungen zur Einhaltung der maßgeblichen Vorschriften.

(3) Die Bezirksverwaltungsbehörde hat bei der Beurteilung nach Abs. 2 das Vorbringen des/der Arbeitgeber/in oder des/der Überlasser/in zu prüfen und die von diesem/dieser gesetzten Maßnahmen in ein Verhältnis zur Anzahl und zur Schwere der begangenen Verwaltungsübertretungen zu setzen. Bei der Beurteilung der Schwere der Verwaltungsübertretungen ist insbesondere die Zahl der betroffenen Arbeitnehmer/innen und bei einer Verwaltungsübertretung nach § 7i Abs. Abs. 5 das Ausmaß der Unterentlohnung zu berücksichtigen.

(4) Wer trotz Untersagung nach Abs. 1 eine Tätigkeit erbringt, begeht eine Verwaltungsübertretung und ist von der Bezirksverwaltungsbehörde mit einer Geldstrafe von 2 000 Euro bis 20 000 Euro zu bestrafen. § 7i Abs. 9 findet sinngemäß Anwendung.

(BGBl I 2015/113)

(5) In Verwaltungs(straf)verfahren nach Abs. 1 und 4 haben das Kompetenzzentrum LSDB und die Bauarbeiter-Urlaubs- und Abfertigungskasse Parteistellung; diese können gegen den Bescheid einer Verwaltungsbehörde Beschwerde beim Verwaltungsgericht und gegen das Erkenntnis oder den Beschluss eines Verwaltungsgerichts Revision beim Verwaltungsgerichtshof erheben.

(BGBl I 2011/24, BGBl I 2013/71, BGBl I 2014/94)

[a] Siehe § 19 Abs. 1 Z 38.

Vorläufige Sicherheit

§ 7l.[a] Liegt der begründete Verdacht einer Verwaltungsübertretung nach den §§ 7b Abs. 8, 7i oder 7k Abs. 4 vor und ist auf Grund bestimmter Tatsachen anzunehmen, dass die Strafverfolgung oder der Strafvollzug aus Gründen, die in der Person des Arbeitgebers oder der Arbeitgeberin (Auftragnehmer/in) oder in der Person des Überlassers oder der Überlasserin liegen, unmöglich oder wesentlich erschwert sein wird, sind die Organe der Abgabenbehörden ermächtigt, eine vorläufige Sicherheit bis zum Höchstmaß der angedrohten Geldstrafe festzusetzen und einzuheben. Soweit der Tätigkeitsbereich der Bauarbeiter-Urlaubs- und Abfertigungskasse betroffen ist, ist diese über die Einhebung einer vorläufigen Sicherheit zu verständigen. Der/Die im § 7b Abs. 1 Z 4 genannte Beauftragte gilt als Vertreter/in des/der Arbeitgeber/in, falls dieser/diese oder ein von ihm/ihr bestellter Vertreter bei der Amtshandlung nicht anwesend ist. Auf nach dem ersten Satz eingehobene vorläufige Sicherheiten sind die §§ 37a Abs. 3 bis 5 und 50 Abs. 6 erster Satz und Abs. 8 VStG sinngemäß anzuwenden. Mit der Überweisung nach § 7m Abs. 3 oder der Erlegung einer Sicherheit nach § 7m Abs. 8 ist eine Beschlagnahme aufzuheben.

(BGBl I 2011/24, BGBl I 2013/71, BGBl I 2015/113, BGBl I 2014/94)

[a] Siehe § 19 Abs. 1 Z 38.

Sicherheitsleistung – Zahlungsstopp

§ 7m.[a] (1) Liegt der begründete Verdacht einer Verwaltungsübertretung nach den §§ 7b Abs. 8, 7i oder 7k Abs. 4 vor und ist auf Grund bestimmter Tatsachen anzunehmen, dass die Strafverfolgung oder der Strafvollzug aus Gründen, die in der Person des Arbeitgebers oder der Arbeitgeberin (Auftragnehmer/in) oder in der Person des Überlassers oder der Überlasserin liegen, unmöglich oder wesentlich erschwert sein wird, können die Organe der Abgabenbehörden in Verbindung mit den Erhebungen nach § 7f sowie die Bauarbeiter-Urlaubs- und Abfertigungskasse dem/der Auftraggeber/in, bei einer Überlassung dem/der Beschäftiger/in schriftlich auftragen, den noch zu leistenden Werklohn oder das noch zu leistende Überlassungsentgelt oder Teile davon nicht zu zahlen (Zahlungsstopp). § 50 Abs. 6 erster Satz VStG findet sinngemäß Anwendung. Der Zahlungsstopp ist in jenem Ausmaß nicht wirksam, in dem der von ihm genannte Betrag höher ist als der noch zu leistende Werklohn oder das noch zu leistende Überlassungsentgelt. Der Zahlungsstopp darf nicht höher sein als das Höchstmaß der angedrohten Geldstrafe. Leistet der/die Auftraggeber/in oder der/die Beschäftiger/in entgegen dem Zahlungsstopp den Werklohn oder das Überlassungsentgelt, gilt im Verfahren nach Abs. 3 der Werklohn oder das Überlassungsentgelt als nicht geleistet. Die Organe der Abgabenbehörden sowie die Bauarbeiter-Urlaubs- und Abfertigungskasse dürfen einen Zahlungsstopp nur dann auftragen, wenn eine vorläufige Sicherheit nach § 7l nicht festgesetzt oder nicht eingehoben werden konnte. Leistet der/die Auftragnehmer/in oder der/die Überlasser/in die vorläufige Sicherheit nachträglich oder eine Sicherheit, ohne dass eine solche festgesetzt wurde, aus eigenem, ist der Zahlungsstopp von der Bezirksverwaltungsbehörde durch Bescheid aufzuheben; ein allfälliges Verfahren nach Abs. 3 ist einzustellen.

(2) Die Abgabenbehörden und die Bauarbeiter-Urlaubs- und Abfertigungskasse haben nach Verhängung eines Zahlungsstopps nach Abs. 1 binnen drei Arbeitstagen bei der Bezirksverwaltungsbehörde die Erlegung einer Sicherheit nach Abs. 3 zu beantragen, widrigenfalls der Zahlungsstopp außer Kraft tritt. Die Bezirksverwaltungsbehörde hat darüber innerhalb von zehn Arbeitstagen ab Einlangen des Antrages zu entscheiden, widrigenfalls der Zahlungsstopp außer Kraft tritt. In diesen Verfahren haben die im ersten Satz genannten Einrichtungen Parteistellung, soweit diese den Antrag auf Erlegung einer Sicherheit gestellt haben. Diese können gegen den Bescheid einer Verwaltungsbehörde Beschwerde beim Verwaltungsgericht und gegen das Erkenntnis oder den Beschluss eines Verwaltungsgerichts Revision beim Verwaltungsgerichtshof erheben.

(BGBl I 2015/113)

(3) Liegt der begründete Verdacht einer Verwaltungsübertretung nach den §§ 7b Abs. 8, 7i oder 7k Abs. 4 vor und ist auf Grund bestimmter Tatsachen anzunehmen, dass die Strafverfolgung oder der Strafvollzug aus Gründen, die in der Person des Arbeitgebers oder der Arbeitgeberin (Auftragnehmer/in) oder in der Person des Überlassers oder der Überlasserin liegen, unmöglich oder wesentlich erschwert sein werde, kann die Bezirksverwaltungsbehörde dem/der Auftraggeber/in, bei einer Überlassung dem/der Beschäftiger/in durch Bescheid auftragen, den noch zu leistenden Werklohn oder das noch zu leistende Überlassungsentgelt oder einen Teil davon als Sicherheit binnen einer angemessenen Frist zu erlegen. Die §§ 37 und 37a VStG sind in diesen Fällen, sofern in dieser Bestimmung nichts anderes vorgesehen ist, nicht anzuwenden. Mit Erlassung eines Bescheides fällt der Zahlungsstopp weg.

(4) Als Werklohn oder als Überlassungsentgelt gilt das gesamte für die Erfüllung des Auftrages oder der Überlassung zu leistende Entgelt.

(5) Die Überweisung nach Abs. 3 wirkt für den/die Auftraggeber/in oder den/die Beschäftiger/in gegenüber dem/der Auftragnehmer/in oder dem/der Überlasser/in im Ausmaß der Überweisung schuldbefreiend.

(6) Die Sicherheitsleistung darf nicht höher sein als das Höchstmaß der angedrohten Geldstrafe. Der/die Auftraggeber/in oder der/die Beschäftiger/in ist verpflichtet, auf Anfrage der Bezirksverwaltungsbehörde die Höhe und Fälligkeit des Werklohnes oder des Überlassungsentgeltes bekannt zu geben. Können aus dem noch zu leistenden Werklohn oder Überlassungsentgelt die Sicherheitsleistung sowie der sich aus § 67a ASVG und § 82a EStG ergebende Haftungsbetrag nicht bedeckt werden, kann der/die Auftraggeber/in oder der/die Beschäftiger/in von seinem Recht zur Leistung des Werklohns an das Dienstleistungszentrum (§ 67c ASVG) jedenfalls Gebrauch machen.

(7)[a] Beschwerden gegen Bescheide nach Abs. 3 haben keine aufschiebende Wirkung.

(BGBl I 2018/9)

[a] Mit Ausspruch des Verfassungsgerichtshofes und Kundmachung in BGBl I 2018/9 wurde festgestellt, dass § 7m Abs. 7 des Arbeitsvertragsrechts-Anpassungsgesetzes – AVRAG, BGBl. Nr. 459/1993, in der Fassung BGBl. I Nr. 94/2014, verfassungswidrig war.

(8) Die Bezirksverwaltungsbehörde hat die Sicherheit für frei zu erklären, wenn das Verfahren eingestellt wird oder die gegen den/die Auftragnehmer/in oder den/die Überlasser/in verhängte Strafe vollzogen ist, oder nicht binnen eines Jahres der Verfall ausgesprochen wurde. In Verfahren nach § 7i Abs. 5 findet der erste Satz Anwendung mit der Maßgabe, dass die Sicherheit für frei zu erklären ist, wenn nicht binnen zwei Jahren der Verfall ausgesprochen wurde. Die Sicherheit ist auch dann für frei zu erklären, wenn sie vom/von der Auftragnehmer/in oder dem/der Überlasser/in erlegt wird. Frei gewordene Sicherheiten sind an den/die Auftraggeber/in oder den/die Beschäftiger/in auszuzahlen.

(BGBl I 2015/113)

(9) Die Bezirksverwaltungsbehörde hat die Sicherheit für verfallen zu erklären, sobald sich die Strafverfolgung des Auftragnehmers oder der Auftragnehmerin oder des Überlassers oder der Überlasserin oder der Vollzug der Strafe als unmöglich erweist. § 17 VStG ist sinngemäß anzuwenden.

(10) Für die Verwertung verfallener Sicherheiten gilt § 37 Abs. 6 VStG sinngemäß, wobei ein allfälliger Restbetrag an den/die Auftraggeber/in oder den/die Beschäftiger/in auszuzahlen ist.

(BGBl I 2011/24, BGBl I 2014/94)

[a] Siehe § 19 Abs. 1 Z 38.

Evidenz über Verwaltungs(straf)verfahren nach den §§ 7b Abs. 8, 7i, 7k und 7m

§ 7n.[a] (1) Für Zwecke der Beantragung eines Strafausmaßes, der Strafbemessung, der Untersagung der Dienstleistung nach § 7k Abs. 1 und der Feststellung der Ausübung einer Dienstleistung trotz Untersagung sowie für die Zwecke der Evaluierung der Strafverfolgung oder des Strafvollzugs sowie für die Zwecke der Beauskunftung öffentlicher Auftraggeber/innen hat das Kompetenzzentrum LSDB eine Evidenz über rechtskräftige Bescheide und Erkenntnisse in Verwaltungs(straf)verfahren nach den §§ 7b Abs. 8, 7i, 7k und 7m zu führen. Diese kann automationsunterstützt geführt werden.

(2) Die Bezirksverwaltungsbehörden und die Verwaltungsgerichte der Länder haben Ausfertigungen rechtskräftiger Bescheide und Erkenntnisse, die sie oder der Verwaltungsgerichtshof in Strafverfahren oder Verfahren gemäß den §§ 7b Abs. 8, 7i, 7k und 7m erlassen haben, in automationsunterstützter Form unverzüglich dem Kompetenzzentrum LSDB zu übermitteln. Desgleichen haben sie Ausfertigungen rechtskräftiger Bescheide und Erkenntnisse, mit denen eine Strafe gemäß

den §§ 7b Abs. 8 oder 7i gegen verantwortliche Beauftragte im Sinne von § 9 Abs. 2 letzter Satz und Abs. 3 VStG verhängt wurde, jenem Unternehmen zuzustellen, dem diese Bestrafung gemäß Abs. 4 zweiter Satz zuzurechnen ist. Im Bescheid oder im Erkenntnis ist ein Hinweis darauf aufzunehmen, dass mit der rechtskräftigen Bestrafung die Eintragung des/der Beschuldigten und jenes Unternehmens, dem die Bestrafung zuzurechnen ist, in die Evidenz verbunden ist.

(3) Das Kompetenzzentrum LSDB hat Daten eines Strafverfahrens fünf Jahre nach Eintritt der Rechtskraft des jeweiligen Bescheides oder Erkenntnisses zu löschen. Das Kompetenzzentrum hat Daten eines Verfahrens über die Untersagung einer Dienstleistung ein Jahr nach Ablauf des Zeitraums der Untersagung zu löschen.

(4) Das Kompetenzzentrum LSDB hat einer Bezirksverwaltungsbehörde, dem Verwaltungsgericht des Landes, dem Träger der Krankenversicherung, der Zentralen Koordinationsstelle für die Kontrolle der illegalen Beschäftigung nach dem Ausländerbeschäftigungsgesetz und dem Arbeitsvertragsrechts-Anpassungsgesetz des Bundesministeriums für Finanzen oder der Bauarbeiter-Urlaubs- und Abfertigungskasse auf Verlangen binnen zwei Wochen zur Beantragung des Strafausmaßes, der Strafbemessung, zur Untersagung der Dienstleistung oder zur Feststellung, dass trotz Untersagung eine Dienstleistung ausgeübt wird, Auskunft darüber zu geben, ob hinsichtlich des/der im Auskunftsersuchen genannten Arbeitgebers oder Arbeitgeberin eine rechtskräftige Bestrafung oder Entscheidung gemäß den §§ 7b Abs. 8, 7i oder 7k vorliegt oder ihm/ihr eine solche Bestrafung zuzurechnen ist. Zuzurechnen ist dem/der Arbeitgeber/in eine Bestrafung dann, wenn diese Bestrafung gegen den/die Arbeitgeber/in selbst oder gegen den/die zur Vertretung nach außen Berufene/n (§ 9 Abs. 1 VStG) oder gegen den/die verantwortliche/n Beauftragte/n (§ 9 Abs. 2 oder 3 VStG) eine Strafe rechtskräftig verhängt wurde. Weiters hat das Kompetenzzentrum LSDB dem/der öffentlichen Auftraggeber/in auf Verlangen binnen zwei Wochen Auskunft darüber zu geben, ob hinsichtlich des/der im Auskunftsersuchen genannten Arbeitgebers oder Arbeitgeberin eine rechtskräftige Bestrafung oder Entscheidung gemäß den §§ 7i Abs. 4 und 5 oder 7k Abs. 1 vorliegt oder ihm/ihr eine solche Bestrafung oder Entscheidung zuzurechnen ist. In der Auskunft sind die Anzahl der Bestrafungen und gegebenenfalls die maßgeblichen Daten der Strafbescheide und Straferkenntnisse, der Bescheide, mit denen eine Ermahnung erteilt wurde, sowie der Bescheide und Erkenntnisse in Verfahren nach § 7k Abs. 4 (Behörde, Aktenzahl, Bescheid-, Erkenntnis- und Rechtskraftdatum, Name und Geburtsdatum der Person, auf die sich der Bescheid oder das Erkenntnis bezieht und der es zuzurechnen ist, verhängte Geldstrafen, Dauer/Zeitraum der Untersagung der Dienstleistung) anzugeben oder festzustellen, dass keine Bestrafung, keine Untersagung der Dienstleistung oder Daten für eine Auskunft vorliegen. Fünf Jahre nach Eintritt der Rechtskraft des jeweiligen Strafbescheides oder Straferkenntnisses sowie ein Jahr nach Ablauf des Zeitraums der Untersagung der Dienstleistung darf in Bezug auf diesen Bescheid oder dieses Erkenntnis eine Auskunft über diese nach dem ersten Satz nicht mehr erteilt werden. Für Auskünfte an öffentliche Auftraggeber/innen nach dem dritten Satz gilt § 28b Abs. 2 zweiter und dritter Satz AuslBG mit der Maßgabe, dass an die Stelle des Begriffs „Bestrafung" der Begriff „Bestrafung oder Entscheidung" tritt. Rechtskräftige Bestrafungen oder Entscheidungen gemäß den §§ 7b Abs. 8, 7i oder 7k, deren Spruch sich auf mehrere Arbeitnehmer/innen bezieht oder verschiedene Verwaltungsübertretungen erfasst, zählen als eine Bestrafung oder Entscheidung.

(BGBl I 2015/113)

(5) Die Bezirksverwaltungsbehörden haben dem Kompetenzzentrum LSDB auf Jahresbasis über:

1. die Einbringung der in den Strafverfahren gemäß den §§ 7b Abs. 8, 7i und 7k Abs. 4 verhängten Geldstrafen und
2. die Einbringung der in Verfahren nach § 7m erlegten Sicherheiten

zu berichten.

(BGBl I 2014/94)

[a] Siehe § 19 Abs. 1 Z 38.

Zustellung

§ 7o.[a] (1) Für die Anwendung der §§ 7 bis 7m und 7o Abs. 2 gilt als Abgabestelle im Sinne des § 2 Z 4 des Zustellgesetzes (ZustG), BGBl. Nr. 200/1982, auch die im Inland gelegene Betriebsstätte, Betriebsräumlichkeit, auswärtige Arbeitsstelle oder Arbeitsstätte, an der der/die Arbeitnehmer/in tätig ist. Für eine Zustellung an dieser Abgabestelle kann sowohl die Partei des Verfahrens als auch der/die in § 7b Abs. 1 Z 4 bezeichnete Beauftragte als Empfänger/in im Sinne des § 2 Z 1 ZustG bezeichnet werden. Dem/der in § 7b Abs. 1 Z 4 bezeichnete/n Beauftragte/n darf auch dann zugestellt werden, wenn die Partei des Verfahrens als Empfänger/in im Sinne des § 2 Z 1 ZustG bezeichnet wurde oder die Partei des Verfahrens sich nicht regelmäßig an der Abgabestelle aufhält.

(2) Liegt der begründete Verdacht einer Verwaltungsübertretung nach den §§ 7b Abs. 8, 7i oder 7k Abs. 4 vor und ist auf Grund bestimmter Tatsachen anzunehmen, dass die Zustellung von Dokumenten aus Gründen, die in der Partei des Verfahrens oder in der Person des/der in § 7b Abs. 1 Z 4 bezeichneten Beauftragte/n liegen, unmöglich oder wesentlich erschwert sein wird, kann die Bezirksverwaltungsbehörde der Partei oder dem/der Beauftragten durch Bescheid auftragen, innerhalb einer Frist von mindestens zwei Wochen für das gegenständliche Verfahren eine/n Zustellungsbevollmächtigte/n namhaft zu machen. § 10 Abs. 1 zweiter bis vierter Satz und Abs. 2 ZustG ist sinnge-

mäß anzuwenden; die Abgabestelle nach Abs. 1 gilt nicht als Abgabestelle nach § 10 Abs. 2 Z 2 ZustG.

(BGBl I 2014/94)

a) Siehe § 19 Abs. 1 Z 38.

Verhalten bei Gefahr

§ 8. (1) Arbeitnehmer, die bei ernster und unmittelbarer Gefahr für Leben und Gesundheit den Gefahrenbereich verlassen, dürfen deswegen nicht benachteiligt werden, insbesondere hinsichtlich des Entgelts, der Aufstiegsmöglichkeiten und der Versetzung. Das gleiche gilt, wenn sie unter Berücksichtigung ihrer Kenntnisse und der zur Verfügung stehenden technischen Mittel selbst Maßnahmen zur Abwehr der Gefahr treffen, wenn sie die sonst zuständigen Personen nicht erreichen, es sei denn, ihre Handlungsweise war grob fahrlässig.

(2) Wird ein Arbeitnehmer wegen eines Verhaltens gemäß Abs. 1 gekündigt oder entlassen, kann er diese Kündigung oder Entlassung binnen einer Woche nach Zugang der Kündigung oder Entlassung bei Gericht anfechten. Der Kläger hat den Anfechtungsgrund glaubhaft zu machen. Die Klage ist abzuweisen, wenn bei Abwägung aller Umstände eine höhere Wahrscheinlichkeit dafür spricht, daß ein anderes vom Arbeitgeber glaubhaft gemachtes Motiv für die Kündigung ausschlaggebend war. Gibt das Gericht der Anfechtung statt, so ist die Kündigung oder Entlassung rechtsunwirksam.

Sicherheitsvertrauenspersonen, Sicherheitsfachkräfte, Arbeitsmediziner

§ 9. (1) Sicherheitsvertrauenspersonen und Arbeitnehmer, die als Sicherheitsfachkräfte, Arbeitsmediziner oder als deren Fach- oder Hilfspersonal beschäftigt sind, dürfen vom Arbeitgeber wegen der Ausübung dieser Tätigkeit, insbesondere hinsichtlich des Entgelts, der Aufstiegsmöglichkeiten und der Versetzung nicht benachteiligt werden.

(2) Wird ein in Abs. 1 genannter Arbeitnehmer, der nicht dem Kündigungsschutz nach § 105 Abs. 3 Z 1 lit. g ArbVG unterliegt, gekündigt oder entlassen, so kann er diese Kündigung oder Entlassung binnen einer Woche nach Zugang der Kündigung oder Entlassung anfechten, wenn sie wegen seiner Tätigkeit für die Sicherheit und den Gesundheitsschutz der Arbeitnehmer erfolgt ist. Der Kläger hat den Anfechtungsgrund glaubhaft zu machen. Die Klage ist abzuweisen, wenn bei Abwägung aller Umstände eine höhere Wahrscheinlichkeit dafür spricht, daß ein anderes vom Arbeitgeber glaubhaft gemachtes Motiv für die Kündigung ausschlaggebend war. Gibt das Gericht der Anfechtung statt, so ist die Kündigung oder Entlassung rechtsunwirksam.

(3) Der Arbeitgeber hat vor jeder Kündigung einer Sicherheitsvertrauensperson die zuständige gesetzliche Interessenvertretung der Arbeitnehmer nachweislich zu verständigen; bei einer Entlassung hat er diese Verständigung unverzüglich vorzunehmen. Ist keine rechtzeitige Verständigung der Interessenvertretung der Arbeitnehmer durch den Arbeitgeber erfolgt, so verlängert sich die Anfechtungsfrist nach Abs. 2 oder § 105 ArbVG für die Sicherheitsvertrauensperson um den Zeitraum der verspäteten Verständigung, längstens jedoch auf ein Monat ab Zugang der Kündigung oder Entlassung. Die Rechte des Betriebsrates nach § 105 ArbVG werden durch diese Verständigungspflicht des Arbeitgebers nicht berührt.

(BGBl I 1997/9)

Kontrollmaßnahmen

§ 10. (1) Die Einführung und Verwendung von Kontrollmaßnahmen und technischen Systemen, welche die Menschenwürde berühren, ist unzulässig, es sei denn, diese Maßnahmen werden durch eine Betriebsvereinbarung im Sinne des § 96 Abs. 1 Z 3 ArbVG geregelt oder erfolgen in Betrieben, in denen kein Betriebsrat eingerichtet ist, mit Zustimmung des Arbeitnehmers.

(2) Die Zustimmung des Arbeitnehmers kann, sofern keine schriftliche Vereinbarung mit dem Arbeitgeber über deren Dauer vorliegt, jederzeit und ohne Einhaltung einer Frist schriftlich gekündigt werden.

Bildungskarenz

§ 11. (1) Arbeitnehmer und Arbeitgeber können eine Bildungskarenz gegen Entfall des Arbeitsentgeltes für die Dauer von mindestens zwei Monaten bis zu einem Jahr vereinbaren, sofern das Arbeitsverhältnis ununterbrochen sechs Monate gedauert hat. Eine neuerliche Bildungskarenz kann frühestens nach dem Ablauf von vier Jahren ab dem Antritt der letzten Bildungskarenz (Rahmenfrist) vereinbart werden. Die Bildungskarenz kann auch in Teilen vereinbart werden, wobei die Dauer eines Teils mindestens zwei Monate zu betragen hat und die Gesamtdauer der einzelnen Teile innerhalb der Rahmenfrist, die mit Antritt des ersten Teils der Bildungskarenz zu laufen beginnt, ein Jahr nicht überschreiten darf. Bei der Vereinbarung über die Bildungskarenz ist auf die Interessen des Arbeitnehmers und auf die Erfordernisse des Betriebes Rücksicht zu nehmen. In Betrieben, in denen ein für den Arbeitnehmer zuständiger Betriebsrat errichtet ist, ist dieser auf Verlangen des Arbeitnehmers den Verhandlungen beizuziehen.

(BGBl I 1999/179, BGBl I 2007/104, BGBl I 2009/90)

(1a) Arbeitnehmer und Arbeitgeber können eine Bildungskarenz für die Dauer von mindestens zwei Monaten bis zu einem Jahr auch in einem befristeten Arbeitsverhältnis in einem Saisonbetrieb (§ 53 Abs. 6 ArbVG) vereinbaren, sofern das befristete Arbeitsverhältnis ununterbrochen drei Monate gedauert hat und jeweils vor dem Antritt einer Bildungskarenz oder einer neuerlichen Bildungskarenz eine Beschäftigung zum selben Arbeitgeber im Ausmaß von mindestens sechs Monaten vorliegt. Zeiten von befristeten Arbeitsverhältnissen zum selben Arbeitgeber, die innerhalb eines Zeitraumes von vier Jahren vor Antritt der jeweiligen Bildungskarenz und gegebenenfalls nach Rückkehr aus der mit diesem Arbeitgeber zuletzt vereinbarten Bildungskarenz liegen, sind hinsichtlich des Erfordernisses der Mindestbeschäftigungsdauer zusammenzurechnen. Abs. 1 vorletzter und letzter Satz sind anzuwenden.

(BGBl I 2007/104, BGBl I 2009/90)

(2) Für den Anspruch auf sonstige, insbesondere einmalige Bezüge (§ 67 Abs. 1 des Einkommensteuergesetzes – EStG 1988) gilt § 15 f Abs. 1 erster und zweiter Satz des Mutterschutzgesetzes (MSchG), BGBl. Nr. 221/1979 sinngemäß, für den Urlaubsanspruch gilt § 15f Abs. 2 MSchG sinngemäß. Soweit nicht anderes vereinbart ist, bleibt die Zeit der Bildungskarenz bei Rechtsansprüchen des Arbeitnehmers oder der Arbeitnehmerin, die sich nach der Dauer der Dienstzeit richten, außer Betracht.

(BGBl I 2002/89, BGBl I 2021/174)

(3) Für die Dauer eines in eine Bildungskarenz fallenden Beschäftigungsverbotes nach den §§ 3 oder 5 MSchG, einer Karenz nach dem MSchG oder Väter-Karenzgesetz (VKG), BGBl. Nr. 651/1989, oder anderen gleichartigen österreichischen Rechtsvorschriften, eines Präsenzdienstes gemäß § 19 oder eines Ausbildungsdienstes gemäß §§ 37ff des Wehrgesetzes 2001, BGBl. I Nr. 146/2001, oder eines Zivildienstes gemäß § 6a des Zivildienstgesetzes, BGBl. Nr. 679/1986, ist die Vereinbarung über die Bildungskarenz unwirksam.

(BGBl I 2002/89, BGBl I 2013/138)

(3a) Für die Dauer der Rahmenfrist nach Abs. 1 sind Vereinbarungen über eine Bildungsteilzeit nach § 11a und über eine Freistellung gegen Entfall des Arbeitsentgeltes nach § 12 unwirksam; davon abweichend ist ein einmaliger Wechsel von Bildungskarenz zu Bildungsteilzeit nach Maßgabe der folgenden Sätze zulässig. Wurde in der Vereinbarung die höchstzulässige Dauer der Bildungskarenz von einem Jahr nicht ausgeschöpft, kann an Stelle von Bildungskarenz für die weitere Dauer der Rahmenfrist Bildungsteilzeit höchstens im zweifachen Ausmaß des nichtausgeschöpften Teils vereinbart werden. Die Mindestdauer der Bildungsteilzeit muss vier Monate betragen.

(BGBl I 2013/67)

(4) Wird das Arbeitsverhältnis während einer Bildungskarenz beendet, ist bei der Berechnung einer Abfertigung nach dem Angestelltengesetz (AngG), BGBl. Nr. 292/1921, dem Arbeiter-Abfertigungsgesetz (ArbAbfG), BGBl. Nr. 107/1979, und dem Gutsangestelltengesetz (GAngG), BGBl. Nr. 538/1923, oder der Ersatzleistung gemäß § 10 des Urlaubsgesetzes (UrlG), BGBl. Nr. 390/1976, das für den letzten Monat vor Antritt der Bildungskarenz gebührende Entgelt zugrunde zu legen; bei der Berechnung einer Abfertigung nach dem Bauarbeiter-Urlaubs- und Abfertigungsgesetz (BUAG), BGBl. Nr. 414/1972, ist für die Berechnung der Monatsentgelte § 13d Abs. 2 BUAG mit der Maßgabe anzuwenden, daß das Arbeitsverhältnis mit dem Ablauf des letzten Monats vor Antritt der Bildungskarenz als beendet gilt.

(BGBl I 2000/44)

(BGBl I 1997/139)

Bildungsteilzeit

§ 11a. (1) Arbeitnehmer/innen und Arbeitgeber/innen können schriftlich eine Herabsetzung der wöchentlichen Normalarbeitszeit des Arbeitnehmers oder der Arbeitnehmerin um mindestens ein Viertel und höchstens die Hälfte (Bildungsteilzeit) für die Dauer von mindestens vier Monaten bis zu zwei Jahren vereinbaren, sofern das Arbeitsverhältnis ununterbrochen sechs Monate gedauert hat. Die in der Bildungsteilzeit vereinbarte wöchentliche Normalarbeitszeit darf zehn Stunden nicht unterschreiten. Eine neuerliche Bildungsteilzeit kann frühestens nach dem Ablauf von vier Jahren ab dem Antritt der letzten Bildungsteilzeit (Rahmenfrist) vereinbart werden. Die Bildungsteilzeit kann auch in Teilen vereinbart werden, wobei die Dauer eines Teils mindestens vier Monate zu betragen hat und die Gesamtdauer der einzelnen Teile innerhalb der Rahmenfrist, die mit Antritt des ersten Teils der Bildungsteilzeit zu laufen beginnt, zwei Jahre nicht überschreiten darf.

(2) Die Vereinbarung nach Abs. 1 hat Beginn, Dauer, Ausmaß und Lage der Teilzeitbeschäftigung zu enthalten, wobei die betrieblichen Interessen und die Interessen des Arbeitnehmers oder der Arbeitnehmerin zu berücksichtigen sind. In Betrieben, in denen ein für den/die Arbeitnehmer/in zuständiger Betriebsrat eingerichtet ist, ist dieser auf Verlangen des Arbeitnehmers oder der Arbeitnehmerin den Verhandlungen beizuziehen.

(3) Für die Dauer der Rahmenfrist nach Abs. 1 sind Vereinbarungen über eine Bildungskarenz nach § 11 und über eine Freistellung gegen Entfall des Arbeitsentgeltes nach § 12 unwirksam; davon abweichend ist ein einmaliger Wechsel von Bildungsteilzeit zu Bildungskarenz nach Maßgabe der folgenden Sätze zulässig. Wurde in der Vereinbarung die höchstzulässige Dauer der Bildungsteilzeit von zwei Jahren nicht ausgeschöpft, kann an Stelle von Bildungsteilzeit für die weitere Dauer der Rahmenfrist Bildungskarenz höchstens im halben Ausmaß des nichtausgeschöpften Teils vereinbart werden. Die Mindestdauer der Bildungskarenz muss zwei Monate betragen.

(4) Fallen in ein Kalenderjahr auch Zeiten einer Bildungsteilzeit, gebühren dem/der Arbeitnehmer/in sonstige, insbesondere einmalige Bezüge im Sinne des § 67 Abs. 1 EStG 1988 in dem der Vollzeit- und Teilzeitbeschäftigung entsprechenden Ausmaß im Kalenderjahr.

(5) Im Übrigen ist § 11 Abs. 1a, Abs. 3 und Abs. 4 sinngemäß anzuwenden.

(BGBl I 2013/67)

Freistellung gegen Entfall des Arbeitsentgeltes

§ 12. Eine Freistellung gegen Entfall des Arbeitsentgeltes für die Dauer von mindestens sechs

Monaten bis zu einem Jahr, für die eine Förderung aus Mitteln der Arbeitslosenversicherung oder des Arbeitsmarktservice in Anspruch genommen wird, ist zwischen Arbeitgeber und Arbeitnehmer zu vereinbaren. Im übrigen gilt § 11 Abs. 2, 3 und 4.

(BGBl I 1997/139, BGBl I 2013/67)

Solidaritätsprämienmodell

§ 13. (1) Die Bedingungen für eine Herabsetzung der Normalarbeitszeit für Betriebe oder Betriebsteile unter gleichzeitiger Einstellung von Ersatzarbeitskräften durch den Arbeitgeber (Solidaritätsprämienmodell) können in einem Kollektivvertrag oder, falls ein Kollektivvertrag keine Regelung trifft oder nicht zur Anwendung kommt, in einer Betriebsvereinbarung festgelegt werden. Die Herabsetzung der Normalarbeitszeit kann nur auf Grund einer Vereinbarung zwischen dem Arbeitnehmer und dem Arbeitgeber innerhalb des vom Kollektivvertrag oder der Betriebsvereinbarung vorgegebenen Rahmens erfolgen.

(2) Hat die Herabsetzung der Normalarbeitszeit nach Abs. 1 zum Zeitpunkt der Beendigung des Arbeitsverhältnisses kürzer als zwei Jahre gedauert, so ist bei der Berechnung einer nach dem AngG, dem ArbAbfG oder dem GAngG zustehenden Abfertigung die frühere Arbeitszeit des Arbeitnehmers vor dem Wirksamwerden der Vereinbarung nach Abs. 1 zugrunde zu legen. Bei der Berechnung der Abfertigung nach dem BUAG ist bei der Berechnung der Stundenzahl nach § 13d Abs. 3 BUAG vorzugehen. Hat die Herabsetzung der Normalarbeitszeit nach Abs. 1 zum Zeitpunkt der Beendigung des Arbeitsverhältnisses länger als zwei Jahre gedauert, kann der Kollektivvertrag oder die Betriebsvereinbarung eine andere Berechnung vorsehen.

(3) Im übrigen bleibt § 19d Arbeitszeitgesetz (AZG), BGBl. Nr. 461/1969, unberührt.

(BGBl I 1997/139)

Wiedereingliederungsteilzeit

§ 13a. (1) Ein Arbeitnehmer oder eine Arbeitnehmerin kann nach einer mindestens sechswöchigen ununterbrochenen Arbeitsunfähigkeit infolge Krankheit oder Unglücksfall (Anlassfall) mit dem Arbeitgeber oder der Arbeitgeberin schriftlich eine Herabsetzung der wöchentlichen Normalarbeitszeit um mindestens ein Viertel und höchstens die Hälfte (Wiedereingliederungsteilzeit) für die Dauer von mindestens einem Monat bis zu sechs Monaten vereinbaren, sofern das Arbeitsverhältnis ununterbrochen drei Monate gedauert hat. Die Wiedereingliederungsteilzeit muss spätestens einen Monat nach dem Ende der Arbeitsunfähigkeit im Sinne des ersten Satzes angetreten werden. Sofern weiterhin die arbeitsmedizinische Zweckmäßigkeit der Wiedereingliederungsteilzeit gegeben ist, kann einmalig eine Verlängerung der Wiedereingliederungsteilzeit für die Dauer von mindestens einem Monat bis zu drei Monaten schriftlich vereinbart werden. Während der Wiedereingliederungsteilzeit darf die vereinbarte wöchentliche Normalarbeitszeit zwölf Stunden nicht unterschreiten und das dem Arbeitnehmer oder der Arbeitnehmerin im Kalendermonat gebührende Entgelt muss über dem im § 5 Abs. 2 ASVG genannten Betrag liegen. Für den Abschluss einer Vereinbarung nach dem ersten Satz müssen folgende Voraussetzungen vorliegen:

1. eine Bestätigung über die Arbeitsfähigkeit des Arbeitnehmers oder der Arbeitnehmerin für die Zeit ab Beginn der Wiedereingliederungsteilzeit;
2. Beratung des Arbeitnehmers oder der Arbeitnehmerin und des Arbeitgebers oder der Arbeitgeberin über die Gestaltung der Wiedereingliederungsteilzeit im Rahmen des Case Managements nach dem Arbeit-und-Gesundheit-Gesetz (AGG), BGBl. I Nr. 111/2010; Die Beratung erstreckt sich auch auf den zwischen Arbeitnehmer oder Arbeitnehmerin und Arbeitgeber oder Arbeitgeberin zu vereinbarenden Wiedereingliederungsplan (§ 1 Abs. 2 AGG). Die Beratung kann entfallen, wenn Arbeitnehmer oder Arbeitnehmerin, Arbeitgeber oder Arbeitgeberin und der Arbeitsmediziner oder die Arbeitsmedizinerin oder das arbeitsmedizinische Zentrum nachweislich der Wiedereingliederungsvereinbarung und dem Wiedereingliederungsplan zustimmen.

Der Wiedereingliederungsplan muss bei der Gestaltung der Wiedereingliederungsteilzeit berücksichtigt werden. Der Erstellung des Wiedereingliederungsplans soll der oder die mit der arbeitsmedizinischen Betreuung nach § 79 Abs. 1 ArbeitnehmerInnenschutzgesetz, BGBl. Nr. 450/1994, betraute Arbeitsmediziner oder Arbeitsmedizinerin oder das arbeitsmedizinische Zentrum beigezogen werden. Die Wiedereingliederungsteilzeit wird frühestens mit dem auf die Zustellung der Mitteilung über die Bewilligung des Wiedereingliederungsgeldes nach § 143d ASVG folgenden Tag wirksam. Der Arbeitnehmer oder die Arbeitnehmerin kann eine vorzeitige Rückkehr zur ursprünglichen Normalarbeitszeit schriftlich verlangen, wenn die arbeitsmedizinische Zweckmäßigkeit der Wiedereingliederungsteilzeit nicht mehr gegeben ist. Die Rückkehr darf frühestens drei Wochen nach der schriftlichen Bekanntgabe des Beendigungswunsches der Wiedereingliederungsteilzeit an den Arbeitgeber oder die Arbeitgeberin erfolgen.

(BGBl I 2018/54)

(2) Die Vereinbarung nach Abs. 1 hat Beginn, Dauer, Ausmaß und Lage der Teilzeitbeschäftigung zu enthalten, wobei die betrieblichen Interessen und die Interessen des Arbeitnehmers oder der Arbeitnehmerin zu berücksichtigen sind. In Betrieben, in denen ein für den Arbeitnehmer oder die Arbeitnehmerin zuständiger Betriebsrat eingerichtet ist, ist dieser den Verhandlungen beizuziehen. In der Vereinbarung nach Abs. 1 kann die wöchentliche Normalarbeitszeit für bestimmte Monate auch abweichend von der im Abs. 1 geregelten Bandbreite der Arbeitszeitreduktion festgelegt werden. Bei der Festlegung dieser abweichenden Verteilung der Arbeitszeit darf das Stundenausmaß 30 vH der

ursprünglichen wöchentlichen Normalarbeitszeit nicht unterschreiten. Eine ungleichmäßige Verteilung der vereinbarten Arbeitszeit innerhalb des Kalendermonats ist nur dann zulässig, wenn das vereinbarte Arbeitszeitausmaß im Durchschnitt eingehalten und das vereinbarte Arbeitszeitausmaß in den einzelnen Wochen jeweils nicht um mehr als zehn vH unter- oder überschritten wird. Die Vereinbarung der Wiedereingliederungsteilzeit darf – abgesehen von der befristeten Änderung der Arbeitszeit – keine Auswirkungen auf die seitens des Arbeitnehmers oder der Arbeitnehmerin im Rahmen des Arbeitsvertrags geschuldeten Leistungen haben.

(3) Während einer Wiedereingliederungsteilzeit darf der Arbeitgeber oder die Arbeitgeberin weder eine Arbeitsleistung über das vereinbarte Arbeitszeitausmaß (Mehrarbeit) noch eine Änderung der vereinbarten Lage der Arbeitszeit anordnen.

(4) Nach Antritt der Wiedereingliederungsteilzeit darf im Einvernehmen zwischen Arbeitnehmer oder Arbeitnehmerin und Arbeitgeber oder Arbeitgeberin höchstens zweimal eine Änderung der Teilzeitbeschäftigung (Verlängerung, Änderung des Stundenausmaßes) erfolgen.

(5) Entfällt der Anspruch auf Auszahlung des Wiedereingliederungsgeldes, endet die Wiedereingliederungsteilzeit mit dem der Entziehung des Wiedereingliederungsgeldes folgenden Tag.

(6) Während der Wiedereingliederungsteilzeit hat der Arbeitnehmer oder die Arbeitnehmerin gegenüber dem Arbeitgeber oder der Arbeitgeberin Anspruch auf das entsprechend der Arbeitszeitreduktion aliquot zustehende Entgelt. Die Höhe des aliquot zustehenden Entgelts ist nach § 3 des Entgeltfortzahlungsgesetzes 1974, BGBl. Nr. 399/1974, zu berechnen. Wird eine Vereinbarung im Sinne des Abs. 2 zweiter Satz getroffen, ist das Entgelt gleichmäßig entsprechend dem, bezogen auf die Gesamtdauer der Wiedereingliederungsteilzeit, durchschnittlich vereinbarten Arbeitszeitausmaß zu leisten. Eine Rückforderung dieses Entgelts aufgrund einer vorzeitigen Beendigung der Wiedereingliederungsteilzeit ist nicht zulässig.

(7) Wird das Arbeitsverhältnis während der Wiedereingliederungsteilzeit beendet, so ist bei der Berechnung des Ersatzanspruchs im Sinne des § 29 AngG, § 29 GAngG, § 33 Abs. 2 Theaterarbeitsgesetz (TAG), BGBl. I Nr. 100/2010, oder § 1162b ABGB das ungeschmälerte Entgelt zugrunde zu legen, das zum Beendigungszeitpunkt ohne eine Vereinbarung im Sinne des Abs. 1 zugestanden wäre.

(8) Die §§ 11 Abs. 3 und 4 sowie 14c Abs. 4 sind sinngemäß anzuwenden. Im Übrigen darf für die Dauer einer Altersteilzeit gemäß § 27 des Arbeitslosenversicherungsgesetzes (AlVG), BGBl. Nr. 609/1977, sowie für die Dauer einer Teilpension gemäß § 27a AlVG (erweiterte Altersteilzeit) eine Wiedereingliederungsteilzeit nach Abs. 1 nicht vereinbart werden.

(9) Die Regelungen über die Wiedereingliederungsteilzeit in Bundesgesetzen sind nach Ablauf von zwei Jahren nach Inkrafttreten dieses Bundesgesetzes zu evaluieren.

(BGBl I 2017/30)

Herabsetzung der Normalarbeitszeit

§ 14. (1) Zwischen dem Arbeitgeber und dem Arbeitnehmer,

1. der das 50. Lebensjahr vollendet hat, oder
2. mit nicht nur vorübergehenden Betreuungspflichten von nahen Angehörigen im Sinne des § 16 Abs. 1 letzter Satz UrlG, die sich aus der familiären Beistandspflicht ergeben, auch wenn kein gemeinsamer Haushalt gegeben ist,

kann die Herabsetzung der Normalarbeitszeit vereinbart werden. In Betrieben, in denen ein für den Arbeitnehmer zuständiger Betriebsrat errichtet ist, ist dieser auf Verlangen des Arbeitnehmers den Verhandlungen beizuziehen.

(BGBl I 2018/100)

(2) Frühestens zwei Monate, längstens jedoch vier Monate nach Wegfall einer Betreuungspflicht im Sinne des Abs. 1 Z 2 kann der Arbeitnehmer die Rückkehr zu seiner ursprünglichen Normalarbeitszeit verlangen.

(BGBl I 2018/100, BGBl I 2021/174)

(3) Hat die Herabsetzung der Normalarbeitszeit nach Abs. 1 zum Zeitpunkt der Beendigung des Arbeitsverhältnisses kürzer als zwei Jahre gedauert, so ist bei der Berechnung einer nach dem AngG, dem ArbAbfG oder dem GAngG zustehenden Abfertigung die frühere Arbeitszeit des Arbeitnehmers vor dem Wirksamwerden der Vereinbarung nach Abs. 1 zugrunde zu legen. Hat die Herabsetzung der Normalarbeitszeit nach Abs. 1 zum Zeitpunkt der Beendigung des Arbeitsverhältnisses länger als zwei Jahre gedauert, so ist – sofern keine andere Vereinbarung abgeschlossen wird – bei der Berechnung einer nach dem AngG, dem ArbAbfG oder dem GAngG zustehenden Abfertigung für die Ermittlung des Monatsentgeltes vom Durchschnitt der während der für die Abfertigung maßgeblichen Dienstjahre geleisteten Arbeitszeit auszugehen. Bei der Berechnung der Abfertigung nach dem BUAG ist bei der Berechnung der Stundenzahl nach § 13d Abs. 3 BUAG vorzugehen.

(BGBl I 2018/100, BGBl I 2021/174)

(BGBl I 1997/139)

Sterbebegleitung

§ 14a. (1) Der Arbeitnehmer kann schriftlich eine Herabsetzung, eine Änderung der Lage der Normalarbeitszeit oder eine Freistellung gegen Entfall des Arbeitsentgelts zum Zwecke der Sterbebegleitung eines nahen Angehörigen im Sinne des § 16 Abs. 1 letzter Satz UrlG für einen bestimmten, drei Monate nicht übersteigenden Zeitraum unter Bekanntgabe von Beginn und Dauer verlangen, auch wenn kein gemeinsamer Haushalt mit dem nahen Angehörigen gegeben ist. Eine solche Maßnahme kann auch für die Sterbebegleitung von Geschwistern, Schwiegereltern, Schwiegerkindern, Wahl- und Pflegeeltern und von leiblichen Kindern des anderen Ehegatten oder Lebensgefährten verlangt werden. Der Arbeitnehmer kann eine Verlängerung der Maßnahme schriftlich verlangen, wobei die Gesamtdauer der Maßnahme sechs Monate nicht überschreiten darf.

(BGBl I 2006/36)

(2) Der Arbeitnehmer hat den Grund für die Maßnahme und deren Verlängerung als auch das Verwandtschaftsverhältnis glaubhaft zu machen. Auf Verlangen des Arbeitgebers ist eine schriftliche Bescheinigung über das Verwandtschaftsverhältnis vorzulegen.

(3) Der Arbeitnehmer kann die von ihm nach Abs. 1 verlangte Maßnahme frühestens fünf Arbeitstage, die Verlängerung frühestens zehn Arbeitstage nach Zugang der schriftlichen Bekanntgabe vornehmen. Die Maßnahme wird wirksam, sofern nicht der Arbeitgeber binnen fünf Arbeitstagen – bei einer Verlängerung binnen zehn Arbeitstagen – ab Zugang der schriftlichen Bekanntgabe Klage gegen die Wirksamkeit der Maßnahme sowie deren Verlängerung beim zuständigen Arbeits- und Sozialgericht erhebt. Das Arbeits- und Sozialgericht hat unter Berücksichtigung der betrieblichen Erfordernisse und der Interessen des Arbeitnehmers zu entscheiden. In solchen Rechtsstreitigkeiten steht keiner Partei ein Kostenersatzanspruch an die andere zu, ist gegen ein Urteil des Gerichtes erster Instanz eine Berufung nicht zulässig und sind – unabhängig vom Wert des Streitgegenstandes – Beschlüsse des Gerichtes erster Instanz nur aus den Gründen des § 517 Abs. 1 Z 1, 4 und 6 der Zivilprozessordnung anfechtbar. Bis zur Entscheidung des Arbeits- und Sozialgerichts kann der Arbeitnehmer die von ihm verlangte Maßnahme sowie deren Verlängerung vornehmen, es sei denn, das Arbeits- und Sozialgericht untersagt auf Antrag des Arbeitgebers dem Arbeitnehmer mit einstweiliger Verfügung nach § 381 Z 2 Exekutionsordnung, RGBl. Nr. 79/1896, die Vornahme dieser Änderung. Im Übrigen sind die für einstweilige Verfügungen geltenden gesetzlichen Bestimmungen anzuwenden.

(4) Der Arbeitnehmer hat dem Arbeitgeber den Wegfall der Sterbebegleitung unverzüglich bekannt zu geben. Er kann die vorzeitige Rückkehr zu der ursprünglichen Normalarbeitszeit nach zwei Wochen nach Wegfall der Sterbebegleitung verlangen. Ebenso kann der Arbeitgeber bei Wegfall der Sterbebegleitung die vorzeitige Rückkehr des Arbeitnehmers verlangen, sofern nicht berechtigte Interessen des Arbeitnehmers dem entgegen stehen.

(5) Fallen in das jeweilige Arbeitsjahr Zeiten einer Freistellung gegen Entfall des Arbeitsentgelts, so gebührt ein Urlaub, soweit dieser noch nicht verbraucht worden ist, in dem Ausmaß, das dem um die Dauer der Freistellung von der Arbeitsleistung verkürzten Arbeitsjahr entspricht. Ergeben sich bei der Berechnung des Urlaubsausmaßes Teile von Werktagen, so sind diese auf ganze Werktage aufzurunden.

(6) Der Arbeitnehmer behält den Anspruch auf sonstige, insbesondere einmalige Bezüge im Sinne des § 67 Abs. 1 des Einkommensteuergesetzes 1988 in den Kalenderjahren, in die Zeiten einer Freistellung gegen Entfall des Arbeitsentgelts fallen, in dem Ausmaß, das dem Teil des Kalenderjahres entspricht, in den keine derartigen Zeiten fallen. Für den Arbeitnehmer günstigere Regelungen werden dadurch nicht berührt.

(7) Wird das Arbeitsverhältnis während der Inanspruchnahme der Maßnahme oder der Verlängerung beendet, ist bei der Berechnung einer gesetzlich zustehenden Abfertigung die frühere Arbeitszeit des Arbeitnehmers vor dem Wirksamwerden der Maßnahme zugrunde zu legen. Bei der Berechnung der Abfertigung nach dem BUAG ist bei der Berechnung der Stundenzahl nach § 13d Abs. 3 BUAG vorzugehen. Erfolgt die Beendigung des Arbeitsverhältnisses während einer Freistellung von der Arbeitsleistung, ist bei der Berechnung der Ersatzleistung gemäß § 10 UrlG das für den letzten Monat vor Antritt der Freistellung von der Arbeitsleistung gebührende Entgelt zugrunde zu legen.

(8) (aufgehoben)

(BGBl I 2009/135, BGBl I 2013/107)

Begleitung von schwersterkrankten Kindern

§ 14b. § 14a ist auch bei der Begleitung von im gemeinsamen Haushalt lebenden, schwersterkrankten Kindern (Wahl-, Pflegekindern oder leiblichen Kindern des anderen Ehegatten, des eingetragenen Partners oder Lebensgefährten) des Arbeitnehmers anzuwenden. Abweichend von § 14a Abs. 1 kann die Maßnahme zunächst für einen bestimmten, fünf Monate nicht übersteigenden Zeitraum verlangt werden; bei einer Verlängerung der Maßnahme darf die Gesamtdauer der Maßnahme neun Monate nicht überschreiten. Wurde die Maßnahme bereits voll ausgeschöpft, kann diese höchstens zweimal in der Dauer von jeweils höchstens neun Monaten verlangt werden, wenn die Maßnahme anlässlich einer weiteren medizinisch notwendigen Therapie für das schwersterkrankte Kind erfolgen soll.

(BGBl I 2002/89, BGBl I 2006/36, BGBl I 2009/135, BGBl I 2017/30)

Pflegekarenz

§ 14c. (1) Arbeitnehmer/innen und Arbeitgeber/innen können, sofern das Arbeitsverhältnis ununterbrochen drei Monate gedauert hat, schriftlich eine Pflegekarenz gegen Entfall des Arbeitsentgeltes zum Zwecke der Pflege oder Betreuung eines/einer nahen Angehörigen im Sinne des § 14a, dem/der zum Zeitpunkt des Antritts der Pflegekarenz Pflegegeld ab der Stufe 3 nach § 5 des Bundespflegegeldgesetzes (BPGG), BGBl. Nr. 110/1993, gebührt, für die Dauer von mindestens einem Monat bis zu drei Monaten vereinbaren. Eine solche Vereinbarung darf grundsätzlich nur einmal pro zu betreuendem/betreuender nahen Angehörigen geschlossen werden. Im Fall einer wesentlichen Erhöhung des Pflegebedarfs zumindest um eine Pflegegeldstufe (§ 9 Abs. 4 BPGG) ist jedoch einmalig eine neuerliche Vereinbarung der Pflegekarenz zulässig. Die Vereinbarung der

Pflegekarenz ist auch für die Pflege und Betreuung von demenziell erkrankten oder minderjährigen nahen Angehörigen zulässig, sofern diesen zum Zeitpunkt des Antritts der Pflegekarenz Pflegegeld ab der Stufe 1 zusteht. Hat der/die Arbeitnehmer/in eine Pflegekarenz bereits angetreten, ist die Vereinbarung einer Pflegeteilzeit für dieselbe zu betreuende Person unzulässig.

(2) Die Vereinbarung nach Abs. 1 hat Beginn und Dauer der Pflegekarenz zu enthalten. Bei der Vereinbarung über die Pflegekarenz ist auf die Interessen des/der Arbeitnehmers/Arbeitnehmerin und auf die Erfordernisse des Betriebes Rücksicht zu nehmen. In Betrieben, in denen ein für den/die Arbeitnehmer/in zuständiger Betriebsrat errichtet ist, ist dieser auf Verlangen des/der Arbeitnehmers/Arbeitnehmerin den Verhandlungen beizuziehen.

(3) Der/die Arbeitnehmer/in darf die vorzeitige Rückkehr zu der ursprünglichen Normalarbeitszeit nach

1. der Aufnahme in stationäre Pflege oder Betreuung in Pflegeheimen und ähnlichen Einrichtungen,
2. der nicht nur vorübergehenden Übernahme der Pflege oder Betreuung durch eine andere Betreuungsperson sowie
3. dem Tod

des/der nahen Angehörigen verlangen. Die Rückkehr darf frühestens zwei Wochen nach der Meldung des Eintritts der im ersten Satz genannten Gründe erfolgen.

(4) Arbeitnehmer/innen und Arbeitgeber/innen können eine Pflegekarenz gemäß Abs. 1 für die Dauer von mindestens einem Monat bis zu drei Monaten auch in einem befristeten Arbeitsverhältnis in einem Saisonbetrieb (§ 53 Abs. 6 ArbVG) vereinbaren, sofern das befristete Arbeitsverhältnis ununterbrochen zwei Monate gedauert hat und jeweils vor dem Antritt einer Pflegekarenz eine Beschäftigung zum/zur selben Arbeitgeber/in im Ausmaß von mindestens drei Monaten vorliegt. Zeiten von befristeten Arbeitsverhältnissen zum/zur selben Arbeitgeber/in, die innerhalb eines Zeitraumes von vier Jahren vor Antritt der jeweiligen Pflegekarenz liegen, sind hinsichtlich des Erfordernisses der Mindestbeschäftigungsdauer zusammenzurechnen.

(4a) Unbeschadet der Bestimmungen des Abs. 1 hat der/die Arbeitnehmer/in einen Anspruch auf Pflegekarenz von bis zu zwei Wochen, wenn er/sie zum Zeitpunkt des Antritts der Pflegekarenz in einem Betrieb (§ 34 Arbeitsverfassungsgesetz – ArbVG, BGBl. Nr. 22/1974) mit mehr als fünf Arbeitnehmer/innen beschäftigt ist. Für die Ermittlung der Arbeitnehmer/innenzahl ist § 15h Abs. 3 MSchG sinngemäß anzuwenden. Sobald dem/der Arbeitnehmer/in der Zeitpunkt des Beginns der beabsichtigten Pflegekarenz bekannt ist, hat er/sie dies dem/der Arbeitgeber/in mitzuteilen. Auf Verlangen sind dem/der Arbeitgeber/in binnen einer Woche die Pflegebedürftigkeit der zu pflegenden Person nach Abs. 1 zu bescheinigen und das Angehörigenverhältnis glaubhaft zu machen. Kommt während dieser Pflegekarenz keine Vereinbarung zwischen dem/der Arbeitnehmer/in und dem/der Arbeitgeber/in über eine Pflegekarenz nach Abs. 1 zustande, so hat der/die Arbeitnehmer/in Anspruch auf Pflegekarenz für bis zu weitere zwei Wochen. Die auf Grund des Rechtsanspruchs verbrachten Zeiten der Pflegekarenz sind auf die gesetzlich mögliche Dauer der vereinbarten Pflegekarenz anzurechnen. Im Übrigen sind die Bestimmungen der Abs. 1 bis 4 sinngemäß anzuwenden.

(BGBl I 2019/93)

(5) Im Übrigen ist § 11 Abs. 2, 3 und 4 sinngemäß anzuwenden.

(BGBl I 2013/138)

Pflegeteilzeit

§ 14d. (1) Bei Vorliegen der Voraussetzungen nach § 14c Abs. 1 können Arbeitnehmer/innen und Arbeitgeber/innen, schriftlich eine Herabsetzung der wöchentlichen Normalarbeitszeit des/der Arbeitnehmers/Arbeitnehmerin für die Dauer von mindestens einem Monat bis zu drei Monaten vereinbaren. Die in der Pflegeteilzeit vereinbarte wöchentliche Normalarbeitszeit darf zehn Stunden nicht unterschreiten. Eine solche Vereinbarung darf grundsätzlich nur einmal pro zu betreuendem/betreuender nahen Angehörigen geschlossen werden. Im Fall einer wesentlichen Erhöhung des Pflegebedarfs zumindest um eine Pflegegeldstufe (§ 9 Abs. 4 BPGG) ist jedoch einmalig eine neuerliche Vereinbarung der Pflegeteilzeit zulässig. Hat der/die Arbeitnehmer/in eine Pflegeteilzeit bereits angetreten, ist die Vereinbarung einer Pflegekarenz für dieselbe zu betreuende Person unzulässig.

(2) Die Vereinbarung nach Abs. 1 hat Beginn, Dauer, Ausmaß und Lage der Teilzeitbeschäftigung zu enthalten, wobei die betrieblichen Interessen und die Interessen des/der Arbeitnehmers/Arbeitnehmerin zu berücksichtigen sind. In Betrieben, in denen ein für den/die Arbeitnehmer/in zuständiger Betriebsrat eingerichtet ist, ist dieser auf Verlangen des/der Arbeitnehmers/Arbeitnehmerin den Verhandlungen beizuziehen. Vereinbarungen, die Änderungen im Ausmaß der Teilzeitbeschäftigung vorsehen, sind unzulässig.

(3) Der/die Arbeitnehmer/in darf die vorzeitige Rückkehr zu der ursprünglichen Normalarbeitszeit nach

1. der Aufnahme in stationäre Pflege oder Betreuung in Pflegeheimen und ähnlichen Einrichtungen,
2. der nicht nur vorübergehenden Übernahme der Pflege oder Betreuung durch eine andere Betreuungsperson sowie
3. dem Tod

des/der nahen Angehörigen verlangen. Die Rückkehr darf frühestens zwei Wochen nach der Meldung des Eintritts der im ersten Satz genannten Gründe erfolgen.

(4) Fallen in ein Kalenderjahr auch Zeiten einer Pflegeteilzeit, gebühren dem/der Arbeitnehmer/in sonstige, insbesondere einmalige Bezüge im Sinne

des § 67 Abs. 1 EStG 1988 in dem der Vollzeit- und Teilzeitbeschäftigung entsprechenden Ausmaß im Kalenderjahr.

(4a) Unbeschadet der Bestimmungen des Abs. 1 hat der/die Arbeitnehmer/in einen Anspruch auf Pflegeteilzeit von bis zu zwei Wochen, wenn er/sie zum Zeitpunkt des Antritts der Pflegekarenz in einem Betrieb (§ 34 Arbeitsverfassungsgesetz – ArbVG, BGBl. Nr. 22/1974) mit mehr als fünf Arbeitnehmer/innen beschäftigt ist. Für die Ermittlung der Arbeitnehmer/innenzahl ist § 15h Abs. 3 MSchG sinngemäß anzuwenden. Sobald dem/der Arbeitnehmer/in der Zeitpunkt des Beginns der beabsichtigten Pflegeteilzeit bekannt ist, hat er/sie dies dem/der Arbeitgeber/in mitzuteilen. Auf Verlangen sind dem/der Arbeitgeber/in binnen einer Woche die Pflegebedürftigkeit der zu pflegenden Person nach Abs. 1 zu bescheinigen und das Angehörigenverhältnis glaubhaft zu machen. Kommt während dieser Pflegeteilzeit keine Vereinbarung zwischen dem/der Arbeitnehmer/in und dem/der Arbeitgeber/in über eine Pflegeteilzeit nach Abs. 1 zustande, so hat der/die Arbeitnehmer/in Anspruch auf Pflegeteilzeit für bis zu weitere zwei Wochen. Die auf Grund des Rechtsanspruchs verbrachten Zeiten der Pflegeteilzeit sind auf die gesetzlich mögliche Dauer der vereinbarten Pflegeteilzeit anzurechnen. Im Übrigen sind die Bestimmungen der Abs. 1 bis 4 sinngemäß anzuwenden.

(BGBl I 2019/93)

(5) Im Übrigen sind die §§ 11 Abs. 3 und Abs. 4 sowie 14c Abs. 4 sinngemäß anzuwenden.

(BGBl I 2013/138)

Kündigung

§ 15. (1) Eine Kündigung, die wegen der Ablehnung einer Vereinbarung nach § 13a oder wegen einer beabsichtigten oder tatsächlich in Anspruch genommenen Maßnahme nach den §§ 11 bis 14, 14c und 14d ausgesprochen wird, kann bei Gericht angefochten werden. § 105 Abs. 5 ArbVG gilt sinngemäß.

(BGBl I 2013/138, BGBl I 2017/30)

(2) Läßt der Arbeitnehmer eine entgegen Abs. 1 ausgesprochene Kündigung gegen sich gelten, hat er einen Ersatzanspruch im Sinne des § 29 AngG oder des § 1162b ABGB. Bei der Berechnung dieses Ersatzanspruches ist das ungeschmälerte Entgelt zugrunde zu legen, das zum Beendigungszeitpunkt ohne eine Vereinbarung im Sinne der §§ 11 bis 14, 14c und 14d zugestanden wäre.

(BGBl I 2013/138)

(3) Ein Arbeitnehmer in einem nicht betriebsratspflichtigen Betrieb, der als Arbeitnehmer den Jahrgängen 1935 bis 1942, als Arbeitnehmerin den Jahrgängen 1940 bis 1947 angehört, kann die Kündigung binnen einer Woche nach Zugang der Kündigung anfechten, wenn die Kündigung sozial ungerechtfertigt und der Arbeitnehmer bereits sechs Monate im Betrieb oder Unternehmen, dem der Betrieb angehört, beschäftigt ist. Sozial ungerechtfertigt ist eine Kündigung, die wesentliche Interessen des Arbeitnehmers beeinträchtigt, es sei denn, der Arbeitgeber erbringt den Nachweis, dass die Kündigung

1. durch Umstände, die in der Person des Arbeitnehmers gelegen sind und die betrieblichen Interessen nachteilig berühren, oder
2. durch betriebliche Erfordernisse, die einer Weiterbeschäftigung des Arbeitnehmers entgegenstehen,

begründet ist.

(BGBl I 2000/44)

(4) Bei der Prüfung, ob eine Kündigung sozial ungerechtfertigt ist, sind der Umstand einer vieljährigen ununterbrochenen Beschäftigungszeit im Betrieb oder Unternehmen, dem der Betrieb angehört, sowie die wegen des höheren Lebensalters zu erwartenden Schwierigkeiten bei der Wiedereingliederung in den Arbeitsprozess besonders zu berücksichtigen.

(BGBl I 2000/44)

(5) Gibt das Gericht der Anfechtungsklage statt, so ist die Kündigung rechtsunwirksam.

(6) In Rechtsstreitigkeiten nach Abs. 3 steht keiner Partei ein Kostenersatzanspruch an die andere Partei zu.

(BGBl I 2000/44, BGBl I 2002/52)

(BGBl I 1997/139)

Kündigungs- und Entlassungsschutz bei Sterbebegleitung und der Begleitung schwersterkrankter Kinder

§ 15a. Der Arbeitnehmer kann ab Bekanntgabe einer in § 14a Abs. 1 vorgesehenen Maßnahme und bis zum Ablauf von vier Wochen nach deren Ende rechtswirksam weder gekündigt noch entlassen werden. Abweichend vom ersten Satz kann eine Kündigung oder Entlassung rechtswirksam ausgesprochen werden, wenn vorher die Zustimmung des zuständigen Arbeits- und Sozialgerichts eingeholt wurde. Das Gericht hat über eine Kündigung unter Berücksichtigung der betrieblichen Erfordernisse und der Interessen des Arbeitnehmers zu entscheiden. Dasselbe gilt bei der Begleitung von schwersterkrankten Kindern.

(BGBl I 2002/89)

§ 15b. (1) Bei einer vom Versicherungsträger gemäß § 367 Abs. 4 ASVG festgestellten Invalidität eines Arbeitnehmers/einer Arbeitnehmerin ruhen für die Dauer des Bezuges von Rehabilitationsgeld nach § 143a ASVG oder Umschulungsgeld nach § 39b AlVG die wechselseitigen sich aus dem Arbeitsverhältnis ergebenden Hauptleistungspflichten des Arbeitnehmers/der Arbeitnehmerin und des Arbeitgebers/der Arbeitgeberin sowie die Verpflichtung des Arbeitgebers/der Arbeitgeberin zur Fortzahlung des Entgelts, es sei denn, der Arbeitnehmer/die Arbeitnehmerin wird im Sinne des § 4 Abs. 2 des Entgeltfortzahlungsgesetzes, BGBl. Nr. 399/1974, für arbeitsfähig erklärt.

(2) § 15f Abs. 1 mit Ausnahme des letzten Satzes und Abs. 2 MSchG gilt für die Dauer des Bezuges von Rehabilitationsgeld nach § 143a ASVG oder

Umschulungsgeld nach § 39b AlVG sinngemäß, es sei denn, der Arbeitnehmer/die Arbeitnehmerin wird im Sinne des § 4 Abs. 2 EFZG für arbeitsfähig erklärt.

(BGBl I 2015/152)

Unabdingbarkeit

§ 16. Die Rechte, die dem Arbeitnehmer auf Grund der §§ 2 bis 15a zustehen, können durch Arbeitsvertrag oder Normen der kollektiven Rechtsgestaltung weder aufgehoben noch beschränkt werden.

(BGBl 1994/450, BGBl I 1997/139, BGBl I 1999/120, BGBl I 2002/89)

Günstigere Regelungen

§ 17. Unberührt bleiben:

1. Das Journalistengesetz, StGBl. Nr. 88/1920, sofern es für die Redakteure (Schriftleiter) günstiger ist als dieses Bundesgesetz.
2. Das „Theaterarbeitsgesetz, BGBl. I Nr. 100/2021", sofern es für Bühnenmitglieder günstiger ist als dieses Bundesgesetz.
   (BGBl I 2021/213)

(BGBl 1994/450, BGBl I 1997/139)

Verweisungen

§ 18. Soweit in diesem Bundesgesetz auf andere Bundesgesetze verwiesen wird, sind diese in der jeweils geltenden Fassung anzuwenden.

(BGBl 1994/450, BGBl I 1997/139, BGBl I 2002/68)

Sprachliche Gleichbehandlung

§ 18a. Soweit in diesem Bundesgesetz personenbezogene Bezeichnungen noch nicht geschlechtsneutral formuliert sind, gilt die gewählte Form für beide Geschlechter.

(BGBl I 2011/24)

Bestimmungen in Zusammenhang mit COVID-19

§ 18b. „(1) Werden Einrichtungen auf Grund behördlicher Maßnahmen teilweise oder vollständig geschlossen, so hat der Arbeitnehmer für die notwendige Betreuung von Kindern bis zum vollendeten 14. Lebensjahr, für die eine Betreuungspflicht besteht, Anspruch auf eine Sonderbetreuungszeit gegen Fortzahlung des Entgelts im Ausmaß von bis zu drei Wochen ab dem Zeitpunkt der behördlichen Schließung von Lehranstalten und Kinderbetreuungseinrichtungen. Der Arbeitnehmer hat den Arbeitgeber unverzüglich nach Bekanntwerden der Schließung zu verständigen und alles Zumutbare zu unternehmen, damit die vereinbarte Arbeitsleistung zustande kommt. Dasselbe gilt,

1. wenn ein Kind bis zum vollendeten 14. Lebensjahr, für das eine Betreuungspflicht besteht, nach § 7 Epidemiegesetz 1950, BGBl. Nr. 186/1950, abgesondert wird, oder
2. wenn eine Betreuungspflicht für Menschen mit Behinderungen besteht, die in einer Einrichtung der Behindertenhilfe oder einer Lehranstalt für Menschen mit Behinderungen bzw. einer höher bildenden Schule betreut oder unterrichtet werden, und diese Einrichtung oder Lehranstalt bzw. höher bildende Schule auf Grund behördlicher Maßnahmen teilweise oder vollständig geschlossen wird, oder auf Grund freiwilliger Maßnahmen die Betreuung von Menschen mit Behinderung zu Hause erfolgt, oder
3. für Angehörige von pflegebedürftigen Personen, wenn deren Pflege oder Betreuung in Folge des Ausfalls einer Betreuungskraft nach dem Hausbetreuungsgesetz, BGBl. I Nr. 33/2007, nicht mehr sichergestellt ist oder
4. für Angehörige von Menschen mit Behinderungen, die persönliche Assistenz in Anspruch nehmen, wenn die persönliche Assistenz in Folge von COVID-19 nicht mehr sichergestellt ist.

Arbeitgeber haben Anspruch auf Vergütung des in der Sonderbetreuungszeit an die Arbeitnehmer gezahlten Entgelts durch den Bund aus Mitteln des COVID-19-Krisenbewältigungsfonds. Der Anspruch auf Vergütung ist mit der monatlichen Höchstbeitragsgrundlage nach dem ASVG gedeckelt und binnen sechs Wochen ab dem Ende der Sonderbetreuungszeit bei der Buchhaltungsagentur geltend zu machen. Die Buchhaltungsagentur entscheidet über die Zuerkennung der Vergütung mittels Mitteilung. Der Arbeitgeber hat das Recht, binnen vier Wochen nach Zustellung dieser Mitteilung darüber einen Bescheid zu verlangen, wenn dem Antrag auf Vergütung nicht vollinhaltlich stattgegeben wird. Die Regelung gilt auch für Arbeitnehmer, die dem Land- und Forstarbeiter-Dienstrechtsgesetz, BGBl. Nr. 280/1980, oder dem Landarbeitsgesetz 2021, BGBl. I Nr. 78/2021, unterliegen.

(BGBl I 2020/16, BGBl I 2020/23, BGBl I 2020/107, BGBl I 2020/131, BGBl I 2021/180, BGBl I 2021/213)

(1a) Werden Einrichtungen auf Grund behördlicher Maßnahmen teilweise oder vollständig geschlossen und hat ein Arbeitnehmer, dessen Arbeitsleistung nicht für die Aufrechterhaltung des Betriebes erforderlich ist, weder einen Anspruch auf Dienstfreistellung zur Betreuung seines Kindes noch auf Sonderbetreuungszeit nach Abs. 1, kann der Arbeitgeber dem Arbeitnehmer eine Sonderbetreuungszeit im Ausmaß von bis zu drei Wochen, ab dem Zeitpunkt der behördlichen Schließung von Lehranstalten und Kinderbetreuungseinrichtungen, für die Betreuung von Kindern bis zum vollendeten 14. Lebensjahr, für die eine Betreuungspflicht besteht, gewähren. Gleiches gilt für Zeiträume, in denen durch Verordnung des Bundesministers für Soziales, Gesundheit, Pflege und Konsumentenschutz auf Grundlage des COVID-19 Maßnahmengesetzes, BGBl. I Nr. 12/2020, gesundheitspolitische Maßnahmen zur Verhinderung eines Zusammenbruchs der medizinischen Versorgung (Lockdown) getroffen werden und die verpflichtende Teilnahme am

Präsenzunterricht oder die Verpflichtung zum Besuch der Kinderbetreuungseinrichtung durch die zuständigen Behörden ausgesetzt wird, ab dem Zeitpunkt des Fernbleibens vom Unterricht oder von der Kinderbetreuungseinrichtung. Dasselbe gilt für die in Abs. 1 Z 1 bis Z 4 genannten Personengruppen. Arbeitgeber haben Anspruch auf Vergütung des in der Sonderbetreuungszeit an die Arbeitnehmer gezahlten Entgelts durch den Bund aus Mitteln des COVID-19-Krisenbewältigungsfonds. Der Anspruch auf Vergütung ist mit der monatlichen Höchstbeitragsgrundlage nach dem ASVG gedeckelt und binnen sechs Wochen ab dem Ende der Sonderbetreuungszeit bei der Buchhaltungsagentur geltend zu machen. Die Buchhaltungsagentur entscheidet über die Zuerkennung der Vergütung mittels Mitteilung. Der Arbeitgeber hat das Recht, binnen vier Wochen nach Zustellung dieser Mitteilung darüber einen Bescheid zu verlangen, wenn dem Antrag auf Vergütung nicht vollinhaltlich stattgegeben wird. Für eine nach dieser Bestimmung vereinbarte Sonderbetreuungszeit und Sonderbetreuungszeit nach Abs. 1 gilt insgesamt ein Höchstausmaß von drei Wochen im Zeitraum zwischen 1. Jänner 2022 und 31. März 2022. Die Regelung gilt auch für Arbeitnehmer, die dem Land- und Forstarbeiter-Dienstrechtsgesetz, BGBl. Nr. 280/1980, oder dem Landarbeitsgesetz 2021, BGBl. I Nr. 78/2021, unterliegen."

(BGBl I 2020/72, BGBl I 2021/180, BGBl I 2021/213)

(1b) Dienstfreistellungen von Arbeitnehmerinnen und Arbeitnehmern nach § 8 Abs. 3 AngG, § 1154b Abs. 5 Allgemeines bürgerliches Gesetzbuch, JGS 1811/946, § 8 Abs. 4 GAngG oder § 16 Abs. 1 Z 1 und 3, Abs. 2 und Abs. 4 UrlG für die in den Abs. 1 und 1a genannten Fälle, die im Zeitraum vom 1. September 2021 bis zur Kundmachung dieses Bundesgesetzes erfolgen, gelten ab dem Zeitpunkt der Kundmachung des Bundesgesetzes als Sonderbetreuungszeiten im Sinne der Abs. 1 und 1a. Ansprüche nach § 16 UrlG bleiben in diesen Fällen unberührt. Die Regelung gilt auch für Arbeitnehmer, die dem Land- und Forstarbeiter-Dienstrechtsgesetz, BGBl. Nr. 280/1980, oder dem Landarbeitsgesetz 2021, BGBl. I Nr. 78/2021, unterliegen.

(BGBl I 2020/131, BGBl I 2021/180)

(1c) Eine zu Unrecht bezogene Vergütung ist zurückzuzahlen."

(BGBl I 2020/131, BGBl I 2021/180)

(2) Der Fortlauf von laufenden gesetzlichen, kollektivvertraglichen und vertraglichen Verjährungsund Verfallfristen betreffend Ansprüche aus dem Arbeitsverhältnis, die am 16. März 2020 läuft oder nach diesem Tag zu laufen beginnt, wird bis 30. April 2020 gehemmt. Dies gilt auch für Arbeitnehmer, die den Landarbeitsordnungen der Bundesländer und in Vorarlberg dem Land- und Forstarbeitsgesetz sowie dem Land- und Forstarbeiter-Dienstrechtsgesetz BGBl. Nr. 280/1980 unterliegen, die zum Zeitpunkt des Gesetzes in Kraft sind.

(BGBl I 2020/16)

(3) Abweichend von § 11 Abs. 1 und Abs. 1a und § 11a Abs. 1 verlängern sich Rahmenfrist und höchstmögliche Dauer der Bildungskarenz oder Bildungsteilzeit um jenen Zeitraum, um den sich die Dauer einer zu einem konkreten Ausbildungsziel führenden Ausbildung auf Grund der durch die Corona-Krise bedingten Einschränkungen verlängert. Dies gilt auch für Arbeitnehmer, die den Landarbeitsordnungen der Bundesländer und in Vorarlberg dem Land- und Forstarbeitsgesetz unterliegen, die zum Zeitpunkt des Inkrafttretens dieses Gesetzes in Kraft sind.

(BGBl I 2020/72)

(BGBl I 2020/12)

Inkrafttreten und Vollziehung

§ 19. (1) Dieses Bundesgesetz tritt mit Ausnahme des § 2 mit 1. Juli 1993 in Kraft. § 2 tritt gleichzeitig mit dem Abkommen über den Europäischen Wirtschaftsraum in Kraft.

1. Die §§ 8 bis 10 dieses Bundesgesetzes in der Fassung des Bundesgesetzes BGBl. Nr. 450/1994 treten mit 1. Jänner 1995 in Kraft.

   (BGBl 1994/450)

2. § 7 Abs. 2, 4 und 5 und § 7a dieses Bundesgesetzes, in der Fassung des Bundesgesetzes BGBl. Nr. 895/1995, treten mit 1. Jänner 1996 in Kraft.

   (BGBl 1995/895)

3. § 5 Abs. 2 dieses Bundesgesetzes in der Fassung des Bundesgesetzes BGBl. Nr. 754/1996 tritt mit 1. Jänner 1997 in Kraft.

   (BGBl 1996/754)

4. § 9 Abs. 3 dieses Bundesgesetzes in der Fassung des Bundesgesetzes BGBl. I Nr. 9/1997 tritt mit 1. Jänner 1997 in Kraft.

   (BGBl I 1997/9)

5. § 1 Abs. 4 und die §§ 11 bis 15 in der Fassung des Bundesgesetzes BGBl. I Nr. 139/1997 treten mit 1. Jänner 1998 in Kraft.

   (BGBl I 1997/139)

6. Die §§ 7 bis 7c und 16 in der Fassung des Bundesgesetzes BGBl. I Nr. 120/1999 treten mit 1. Oktober 1999 in Kraft und sind auf Sachverhalte anzuwenden, die sich nach dem 30. September 1999 ereignen.

   (BGBl I 1999/120)

7. § 7b Abs. 9 in der Fassung des Bundesgesetzes BGBl. I Nr. 179/1999 tritt mit 1. Oktober 1999 in Kraft und ist auf Sachverhalte anzuwenden, die sich nach dem 30. September 1999 ereignen. § 11 Abs. 1 in der Fassung des Bundesgesetzes BGBl. I Nr. 179/1999 tritt mit 1. Jänner 2000 in Kraft.

   (BGBl I 1999/179)

8. § 11 Abs. 4 in der Fassung des Bundesgesetzes BGBl. I Nr. 44/2000 tritt mit 1. Jänner 2001 in Kraft.

(BGBl I 2000/44)

9. § 15 Abs. 3 bis 6 in der Fassung des Bundesgesetzes BGBl. I Nr. 44/2000 tritt mit 1. Juli 2000 in Kraft und gilt für die Kündigung durch den Arbeitgeber, die nach dem 30. Juni 2000 ausgesprochen wird.

(BGBl I 2000/44)

10. § 2a in der Fassung des Bundesgesetzes BGBl. I Nr. 2/2001 tritt mit 1. Jänner 2001 in Kraft.

(BGBl I 2001/2)

11. § 7b Abs. 9 in der Fassung des Bundesgesetzes BGBl. I Nr. 98/2001 tritt mit 1. Jänner 2002 in Kraft und ist auf Sachverhalte anzuwenden, die sich nach dem 31. Dezember 2001 ereignen.

(BGBl I 2001/98)

12. § 3a und § 6 Abs. 2 in der Fassung des Bundesgesetzes BGBl. I Nr. 52/2002 treten mit 1. Juli 2002 in Kraft und gelten für Betriebsübergänge, die sich nach dem 30. Juni 2002 ereignen. § 6 Abs. 2 erster und zweiter Satz in der Fassung des Bundesgesetzes BGBl. I Nr. 52/2002 gilt auch für Betriebsübergänge vor dem 1. Juli 2002 mit der Maßgabe, dass die Fünfjahresfrist mit 1. Juli 2002 zu laufen beginnt.

(BGBl I 2002/52, BGBl I 2002/100)

13. § 7b Abs. 3 und 6, die Überschrift zu § 18 sowie § 19 Abs. 2 Z 1a in der Fassung des Bundesgesetzes BGBl. I Nr. 68/2002 tritt mit 1. Juli 2002 in Kraft.

(BGBl I 2002/68, BGBl I 2002/100)

14. Die §§ 11 Abs. 2 und 3, 14a, 14b, 15a und 16 in der Fassung des Bundesgesetzes BGBl. I Nr. 89/2002 treten mit 1. Juli 2002 in Kraft.

(BGBl I 2002/89)

15. § 2 Abs. 2 Z 12 und 13 in der Fassung des Bundesgesetzes BGBl. I Nr. 100/2002 tritt mit 1. Jänner 2003 in Kraft, soweit nicht durch Verordnung gemäß § 46 Abs. 1 letzter Satz des Betrieblichen Mitarbeitervorsorgegesetzes (BMVG), BGBl. I Nr. 100/2002, etwas anderes angeordnet wird.

(BGBl I 2002/100)

16. § 5 Abs. 2 in der Fassung des Bundesgesetzes BGBl. I Nr. 8/2005 tritt mit 23. September 2005 in Kraft.

(BGBl I 2005/8)

17. § 7b in der Fassung des Bundesgesetzes BGBl. I Nr. 103/2005 tritt mit 1. Jänner 2006 in Kraft.

(BGBl I 2005/103)

18. Die §§ 1 Abs. 4, 2c und 2d samt Überschriften in der Fassung des Bundesgesetzes BGBl. I Nr. 36/2006 treten mit dem der Kundmachung folgenden Tag in Kraft und gelten für nach dem In-Kraft-Treten dieses Bundesgesetzes neu abgeschlossene Vereinbarungen über eine Konkurrenzklausel oder den Ausbildungskostenrückersatz. Im Zeitpunkt des In-Kraft-Tretens bestehende Normen der kollektiven Rechtsgestaltung betreffend den Ausbildungskostenrückersatz werden durch die Regelungen dieses Bundesgesetzes nicht berührt.

(BGBl I 2006/36)

19. § 14a Abs. 1 und § 14b in der Fassung des Bundesgesetzes BGBl. I Nr. 36/2006 treten mit dem der Kundmachung folgenden Tag in Kraft. § 14b in der Fassung des Bundesgesetzes BGBl. I Nr. 36/2006 gilt für eine Begleitung von schwersterkrankten Kindern, die nach dem In-Kraft-Treten dieses Bundesgesetzes verlangt wird. Arbeitnehmer und Arbeitgeber können bei einer Begleitung von schwersterkrankten Kindern, die vor dem In-Kraft-Treten dieses Bundesgesetzes verlangt wurde, vereinbaren, dass die Maßnahme bei ihrem Ablauf von sechs Monaten auf insgesamt höchstens neun Monate verlängert wird.

(BGBl I 2006/36)

20. § 7b Abs. 4 Z 4, 9 und 10 und Abs. 5 und 9 in der Fassung des Bundesgesetzes BGBl. I Nr. 78/2007 tritt mit 1. Jänner 2008 in Kraft und ist auf Sachverhalte anzuwenden, die sich nach dem 31. Dezember 2007 ereignen.

(BGBl I 2007/78)

21. § 11 Abs. 1 und 1a in der Fassung des Bundesgesetzes BGBl. I Nr. 104/2007 tritt mit 1. Jänner 2008 in Kraft und gilt für nach dem 31. Dezember 2007 vereinbarte Bildungskarenzen. Arbeitnehmer und Arbeitgeber, die bereits vor dem Inkrafttreten dieses Bundesgesetzes eine Bildungskarenz vereinbart haben, können eine neuerliche Bildungskarenz frühestens drei Jahre nach der Rückkehr aus dieser Bildungskarenz vereinbaren.

(BGBl I 2007/104)

22. § 11 Abs. 1 erster und dritter Satz und Abs. 1a in der Fassung des Bundesgesetzes BGBl. I Nr. 90/2009 tritt mit 1. August 2009 in Kraft und gilt für nach dem 31. Juli 2009 vereinbarte Bildungskarenzen.

(BGBl I 2009/90, BGBl I 2011/152)

23. §§ 14a und 14b in der Fassung des Bundesgesetzes BGBl. I Nr. 135/2009 treten mit 1. Jänner 2010 in Kraft.

(BGBl I 2010/29)

24. § 7b Abs. 3 in der Fassung des Bundesgesetzes BGBl. I Nr. 150/2009 tritt mit 1. Jänner 2010 in Kraft.

(BGBl I 2010/29)

25. § 3 Abs. 2 in der Fassung des Bundesgesetzes BGBl. I Nr. 29/2010 tritt mit 1. Juli 2010 in Kraft und ist bei Sanierungs- und Konkursverfahren anzuwenden, die nach dem 30.

Juni 2010 eröffnet oder wieder aufgenommen werden.

(BGBl I 2010/29)

26. § 7a Abs. 3, § 7b Abs. 3, Abs. 4 Z 8, Abs. 5, Abs. 9 und 10 sowie die §§ 7d bis 7m samt Überschriften und § 18a samt Überschrift in der Fassung des Bundesgesetzes BGBl. I Nr. 24/2011 treten mit 1. Mai 2011 in Kraft. Die §§ 7d bis 7m sind auf Sachverhalte anzuwenden, die sich nach dem 30. April 2011 ereignen.

(BGBl I 2011/24)

27. § 2 Abs. 2 Z 13 und Abs. 8, die Überschrift zu § 7a, § 7a Abs. 1, die Überschrift zu § 7b, § 7b Abs. 1 und Abs. 9, § 7j Abs. 1 und § 19 Abs. 2 in der Fassung des Bundesgesetzes BGBl. I Nr. 98/2012 treten mit 1. Jänner 2013 in Kraft.

(BGBl I 2012/98)

28. § 11 Abs. 3a, § 11a samt Überschrift und § 12 in der Fassung des Bundesgesetzes BGBl. I Nr. 67/2013 treten mit 1. Juli 2013 in Kraft.

(BGBl I 2013/67)

29. § 7e Abs. 6, § 7i Abs. 6 bis 8, § 7k Abs. 5, § 7l Abs. 1 erster Satz, § 7l Abs. 2 und Abs. 3 sowie Abs. 4 dritter und vierter Satz in der Fassung des Bundesgesetzes BGBl. I Nr. 71/2013 treten mit 1. Jänner 2014 in Kraft.

(BGBl I 2013/71)

30. Die §§ 1 Abs. 4, 11 Abs. 3, 14c und 14d samt Überschriften sowie § 15 Abs. 1 und 2 in der Fassung des Bundesgesetzes BGBl. I Nr. 138/2013 treten mit 1. Jänner 2014 in Kraft.

(BGBl I 2013/138)

31. Die §§ 7a, 7b und 7d bis 7o samt Überschriften in der Fassung des Bundesgesetzes BGBl. I Nr. 94/2014 treten mit 1. Jänner 2015 in Kraft. In Verwaltungs(straf)verfahren nach den §§ 7b Abs. 8, 7i und 7k sind auf Sachverhalte, die sich vor dem 1. Jänner 2015 ereignet haben, die vor dem Inkrafttreten des Bundesgesetzes BGBl. I Nr. 94/2014 geltenden Bestimmungen weiterhin anzuwenden. § 7i Abs. 8 und § 7k Abs. 5 in der Fassung des Bundesgesetzes BGBl. I Nr. 94/2014 sind auf Verwaltungsstrafverfahren anzuwenden, deren zugrunde liegendes Anbringen nach dem 31. Dezember 2014 bei der Behörde einlangt.

(BGBl I 2014/94)

32. § 2 Abs. 2 Z 9, Abs. 5 und 6, § 2c, § 2d Abs. 3 Z 2 und 3 und § 2e samt Überschriften in der Fassung des Bundesgesetzes BGBl. I Nr. 152/2015 treten mit dem der Kundmachung dieses Bundesgesetzes folgenden Tag in Kraft und gelten für nach dem Inkrafttreten neu auszustellende Dienstzettel oder neu abgeschlossene Vereinbarungen über eine Konkurrenzklausel oder über den Ausbildungskostenrückersatz;

(BGBl I 2015/152, BGBl I 2016/44)

33. § 2f samt Überschrift in der Fassung des Bundesgesetzes BGBl. I Nr. 152/2015 tritt mit 1. Jänner 2016 in Kraft;

(BGBl I 2015/152)

34. § 2g samt Überschrift in der Fassung des Bundesgesetzes BGBl. I Nr. 152/2015 tritt mit 1. Jänner 2016 in Kraft und gilt für nach dem Inkrafttreten neu abgeschlossene Pauschalentgeltvereinbarungen;

(BGBl I 2015/152)

35. § 15b in der Fassung des Bundesgesetzes BGBl. I Nr. 152/2015 tritt mit 1. Jänner 2016 in Kraft;

(BGBl I 2015/152)

36. §§ 2 Abs. 2 Z 9 und 2g sind im Regelungsbereich des § 14 Bundesforste-Dienstordnung, BGBl. Nr. 298/1986, nicht anzuwenden.

(BGBl I 2015/152)

37. § 7n Abs. 4 in der Fassung des Bundesgesetzes BGBl. I Nr. 113/2015 gilt für nach dem Inkrafttreten dieses Bundesgesetzes gestellte Auskunftsverlangen öffentlicher Auftraggeber/innen. § 7m Abs. 2 und Abs. 8 in der Fassung des Bundesgesetzes BGBl. I Nr. 113/2015 gilt für nach dem Inkrafttreten dieses Bundesgesetzes beantragte Sicherheitsleistungen.

(BGBl I 2015/113)

38. Die §§ 7 bis 7o in der Fassung vor dem Bundesgesetz BGBl. I Nr. 44/2016 treten mit Ablauf des 31. Dezember 2016 mit der Maßgabe außer Kraft, dass diese Bestimmungen weiter auf Sachverhalte Anwendung finden, die sich vor dem 1. Jänner 2017 ereignet haben.

(BGBl I 2016/44)

39. § 7 in der Fassung des Bundesgesetzes BGBl. I Nr. 44/2016 tritt mit 1. Jänner 2017 in Kraft.

(BGBl I 2016/44)

40. Die § 13a samt Überschrift, § 14b sowie § 15 Abs. 1 in der Fassung des Bundesgesetzes BGBl. I Nr. 30/2017 treten mit 1. Juli 2017 in Kraft.

(BGBl I 2017/30)

41. § 13a Abs. 1 in der Fassung des Bundesgesetzes BGBl. I Nr. 54/2018 tritt mit 1. Juli 2018 in Kraft.

(BGBl I 2018/54)

42. § 14c Abs. 4a und § 14d Abs. 4a in der Fassung des Bundesgesetzes BGBl. I Nr. 93/2019, treten mit 1. Jänner 2020 in Kraft und gelten für nach dem Inkrafttreten angetretene Pflegekarenzen und Zeiten einer Pflegeteilzeit.

(BGBl I 2019/93)

43. § 18b in der Fassung des Bundesgesetzes BGBl. I Nr. 12/2020 tritt mit dem der Kundmachung folgenden Tag in Kraft und gilt bis 31.05.2020.

(BGBl I 2020/12)

44. § 18b in der Fassung des Bundesgesetzes BGBl. I Nr. 16/2020 tritt mit dem der Kundmachung folgenden Tag in Kraft. Dauert die COVID-19 Krisensituation über den 30. April 2020 hinaus an, so hat die Bundesministerin für Arbeit, Familie und Jugend durch Verordnung den in § 18b Abs. 2 festgesetzten Endtermin 30. April 2020 zu verlängern, nicht jedoch über den 31. Dezember 2020 hinaus.

(BGBl I 2020/16)

45. § 18b Abs. 1 in der Fassung des Bundesgesetzes BGBl. I Nr. 23/2020 tritt mit dem der Kundmachung folgenden Tag in Kraft und gilt bis 31. Mai 2020, hinsichtlich des Vergütungsanspruchs des Arbeitgebers und dessen Abwicklung bis 30. Juni 2021.

(BGBl I 2020/23)

46. § 18b Abs. 1a in der Fassung des Bundesgesetzes BGBl. I Nr. 72/2020 tritt mit dem der Kundmachung folgenden Tag in Kraft. § 18b Abs. 3 in der Fassung des Bundesgesetzes BGBl. I Nr. 72/2020 tritt rückwirkend mit 16. März 2020 in Kraft und mit 31. Dezember 2024 außer Kraft.

(BGBl I 2020/72)

47. § 18b Abs. 1 in der Fassung des Bundesgesetzes BGBl. I Nr. 107/2020 tritt mit dem 1. Oktober 2020 in Kraft und gilt bis 31. Oktober 2020, hinsichtlich des Vergütungsanspruchs des Arbeitgebers und dessen Abwicklung bis 30. Juni 2022.

(BGBl I 2020/107, BGBl I 2020/131)

48. § 18b Abs. 1, Abs. 1b und Abs. 1c in der Fassung des Bundesgesetzes BGBl. I Nr. 131/2020 tritt mit 1. November 2020 in Kraft und gilt bis 9. Juli 2021, hinsichtlich des Vergütungsanspruchs des Arbeitgebers und dessen Abwicklung bis 31. Dezember 2022. Dem Arbeitnehmer ab 1. November 2020 bereits gewährte Sonderbetreuungszeit ist auf einen geltend gemachten Anspruch auf Sonderbetreuungszeit oder eine vereinbarte Sonderbetreuungszeit nach diesem Bundesgesetz anzurechnen; für die Vergütung dieser Zeiten gilt § 18b Abs. 1 in der Fassung des Bundesgesetzes BGBl. I Nr. 131/2020.

(BGBl I 2020/131)

49. § 2h samt Überschrift in der Fassung des Bundesgesetzes BGBl. I Nr. 61/2021 tritt mit 1. April 2021 in Kraft.

(BGBl I 2021/61)

„50. § 18b Abs. 1, 1a. 1b und 1c in der Fassung des Bundesgesetzes BGBl. I Nr. 180/2021 treten rückwirkend mit 1. September 2021 in Kraft. § 18b Abs. 1, 1a und 1b in der Fassung des Bundesgesetzes BGBl. I Nr. 180/2021 gelten bis 31. Dezember 2021, hinsichtlich des Vergütungsanspruchs des Arbeitgebers und dessen Abwicklung bis 30. Juni 2023."

(BGBl I 2021/180, BGBl I 2021/213)

„51. § 17 Z 2 in der Fassung des Bundesgesetzes BGBl. I Nr. 213/2021 tritt mit 1. Jänner 2022 in Kraft. § 18b Abs. 1 und 1a mit Ausnahme des zweiten Satzes in der Fassung des Bundesgesetzes BGBl. I Nr. 213/2021 treten mit 1. Jänner 2022 in Kraft und gelten bis 31. März 2022, hinsichtlich des Vergütungsanspruchs des Arbeitgebers und dessen Abwicklung bis 30. September 2023. Wenn dies auf Grund der epidemiologischen Gesamtsituation erforderlich ist, hat der Bundesminister für Arbeit durch Verordnung den Endtermin 31. März 2022 zu verlängern, jedoch nicht über den 8. Juli 2022 hinaus. § 18b Abs. 1a zweiter Satz der Fassung des Bundesgesetzes BGBl. I Nr. 213/2021 tritt rückwirkend mit 22. November 2021 in Kraft."

(BGBl I 2021/213)

(2) Mit der Vollziehung dieses Bundesgesetzes sind betraut:

1. hinsichtlich des § 2 Abs. 1 letzter Satz, § 7b Abs. 3 und 6 sowie des § 7f der/die Bundesminister/in für Finanzen;
2. hinsichtlich der übrigen Bestimmungen
   a) für Dienstverhältnisse zum Bund der/die Bundeskanzler/in,
   b) für die übrigen Arbeitsverhältnisse der/die Bundesministerin für Arbeit, Soziales und Konsumentenschutz.

(BGBl I 2012/98)

(BGBl 1994/450, BGBl I 1997/139)

Artikel II
Änderung des Angestelltengesetztes
(im AngestelltenG eingearbeitet)

Artikel III
Änderung des Gutsangestelltengesetztes
(im GutsangestelltenG eingearbeitet)

Artikel IV
Änderung des Hausgehilfen- und Hausangestelltengesetzes
(im Hausgehilfen- und HausangestelltenG eingearbeitet)

8. Ausländerbeschäftigungsgesetz

INHALTSVERZEICHNIS

8/1. Ausländerbeschäftigungsgesetz

Ausländerbeschäftigungsgesetz, BGBl 1975/218 idF

1 BGBl 1988/231	**2** BGBl 1988/429	**3** BGBl 1989/253
4 BGBl 1990/450	**5** BGBl 1991/36	**6** BGBl 1991/684
7 BGBl 1992/475	**8** BGBl 1993/19	**9** BGBl 1993/463
10 BGBl 1993/501	**11** BGBl 1993/502	**12** BGBl 1993/709
13 BGBl 1993/917	**14** BGBl 1994/314	**15** BGBl 1994/450
16 BGBl 1995/257	**17** BGBl 1995/895	**18** BGBl 1996/201
19 BGBl 1996/776	**20** BGBl I 1997/78	**21** BGBl I 1998/155
22 BGBl I 1998/171	**23** BGBl I 1999/120	**24** BGBl I 2001/115
25 BGBl I 2001/136	**26** BGBl I 2002/68	**27** BGBl I 2002/126
28 BGBl I 2002/160	**29** BGBl I 2003/133	**30** BGBl I 2004/28
31 BGBl I 2004/136	**32** BGBl I 2005/101	**33** BGBl I 2005/103
34 BGBl I 2005/104	**35** BGBl I 2005/157	**36** BGBl I 2006/85
37 BGBl I 2006/99	**38** BGBl I 2007/78	**39** BGBl I 2009/91
40 BGBl I 2009/120	**41** BGBl I 2009/135	**42** BGBl I 2011/25
43 BGBl I 2012/98	**44** BGBl I 2013/72	**45** BGBl I 2015/113
46 BGBl I 2017/66	**47** BGBl I 2017/146 (VfGH)	**48** BGBl I 2018/1 (VfGH)
49 BGBl I 2018/56	**50** BGBl I 2018/94	**51** BGBl I 2018/100
52 BGBl I 2019/25	**53** BGBl I 2019/104	**54** BGBl I 2020/23
55 BGBl I 2020/98	**56** BGBl I 2021/54	**57** BGBl I 2021/217

GLIEDERUNG

STICHWORTVERZEICHNIS

Bundesgesetz vom 20. März 1975, mit dem die Beschäftigung von Ausländern geregelt wird (Ausländerbeschäftigungsgesetz – AuslBG)

Abschnitt I
Allgemeine Bestimmungen

Geltungsbereich

§ 1. (1) Dieses Bundesgesetz regelt die Beschäftigung von Ausländern (§ 2) im Bundesgebiet.

(2) Die Bestimmungen dieses Bundesgesetzes sind nicht anzuwenden auf

a) Ausländer, denen der Status eines Asylberechtigten (§ 3 des Asylgesetzes 2005 – AsylG 2005, BGBl. I Nr. 100/2005) oder der Status eines subsidiär Schutzberechtigten (§ 8 AsylG 2005) zuerkannt wurde;

(BGBl I 2002/126, BGBl I 2005/101, BGBl I 2007/78)

b) Ausländer hinsichtlich ihrer wissenschaftlichen, pädagogischen, kulturellen und sozialen Tätigkeiten an Unterrichtsanstalten oder an Instituten wissenschaftlichen, kulturellen oder sozialen Charakters, die auf Grund eines zwischenstaatlichen Kulturabkommens errichtet wurden;

c) Ausländer hinsichtlich ihrer Tätigkeiten in diplomatischen oder berufskonsularischen Vertretungen oder Vertretungen bei Internationalen Organisationen einschließlich der Bediensteten dieser Ausländer und Ausländer hinsichtlich ihrer Tätigkeiten als Angestellte Internationaler Einrichtungen oder Internationaler Nichtregierungsorganisationen einschließlich Quasi-Internationaler Organisationen im Sinne des Amtssitzgesetzes, BGBl. I Nr. 54/2021, die Vorrechte und Befreiungen genießen.

(BGBl I 2021/54)

d) Ausländer hinsichtlich ihrer seelsorgerischen Tätigkeiten im Rahmen von gesetzlich anerkannten Kirchen und Religionsgesellschaften;

e) Ausländer hinsichtlich ihrer Tätigkeit als Besatzungsmitglieder (§ 4 der Schiffsbesatzungsverordnung, BGBl. II Nr. 518/2004) in der grenzüberschreitenden See- und Binnenschifffahrt;

(BGBl 1995/895, BGBl I 2007/78)

f) besondere Führungskräfte (§ 2 Abs. 5a), ihre Ehegatten und Kinder sowie ihre ausländischen Bediensteten, die seit mindestens einem Jahr in einem direkten und rechtmäßigen Arbeitsverhältnis zur besonderen Führungskraft stehen und deren Weiterbeschäftigung unter Einhaltung der geltenden Lohn- und Arbeitsbedingungen sowie der sozialversicherungsrechtlichen Vorschriften zur Unterstützung der Führungskraft erforderlich ist;

(BGBl 1995/895, BGBl I 2003/133, BGBl I 2007/78)

g) Ausländer hinsichtlich ihrer Tätigkeiten als Berichterstatter für ausländische Medien in Wort, Ton und Bild für die Dauer ihrer Akkreditierung als Auslandskorrespondenten beim Bundeskanzleramt sowie Ausländer hinsichtlich ihrer für die Erfüllung der Aufgaben dieser Berichterstatter unbedingt erforderlichen Tätigkeiten für die Dauer ihrer Notifikation beim Bundeskanzleramt;

(BGBl 1988/231)

h) Ausländer hinsichtlich ihrer Tätigkeit als Forscher gemäß § 2 Abs. 17 sowie deren Ehegatten und Kinder;

(BGBl 1990/450, BGBl I 1997/78, BGBl I 2018/56)

i) Ausländer in öffentlichen und privaten Einrichtungen und Unternehmen hinsichtlich ihrer wissenschaftlichen Tätigkeit in der Forschung und Lehre, in der Entwicklung und der Erschließung der Künste sowie in der Lehre der Kunst und deren Ehegatten und Kinder;

(BGBl 1990/450, BGBl I 2005/101, BGBl I 2007/78)

j) Ausländer hinsichtlich ihrer Tätigkeit im Rahmen von Aus- und Weiterbildungs- oder Forschungsprogrammen der Europäischen Union;

(BGBl 1990/450, BGBl I 1997/78)

k) (aufgehoben)

(BGBl 1990/450, BGBl 1993/501, BGBl I 1997/78)

l) Ausländer, die aufgrund eines Rechtsaktes der Europäischen Union Arbeitnehmerfreizügigkeit genießen;

(BGBl 1992/475, BGBl 1993/501, BGBl 1995/895, BGBl 1996/201, BGBl I 1997/78, BGBl I 2001/115, BGBl I 2002/126, BGBl I 2005/101, BGBl I 2011/25)

m) Ehegatten und minderjährige ledige Kinder (einschließlich Adoptiv- und Stiefkinder) österreichischer Staatsbürger, die zur Niederlassung nach dem Niederlassungs- und Aufenthaltsgesetz (NAG), BGBl. I Nr. 100/2005, berechtigt sind.

(BGBl 1993/501, BGBl I 1997/78, BGBl I 2002/126, BGBl I 2005/101, BGBl I 2011/25)

(3) Zwischenstaatliche Vereinbarungen über die Beschäftigung von Ausländern werden durch die Bestimmungen dieses Bundesgesetzes nicht berührt.

(4) Der Bundesminister für Arbeit, Gesundheit und Soziales kann nach Anhörung des Ausländerausschusses (§ 22) durch Verordnung weitere Ausnahmen vom Geltungsbereich dieses Bundesgesetzes festlegen, sofern es sich um Personengruppen handelt, deren Beschäftigung die allgemeine Lage und Entwicklung des Arbeitsmarktes unter besonderer Berücksichtigung der Schutzinteressen der betroffenen inländischen Arbeitnehmer zuläßt.

(BGBl I 1997/78)

(5) (aufgehoben)

(BGBl I 2002/126, BGBl I 2005/101, BGBl I 2005/157, BGBl I 2011/25)

Begriffsbestimmungen

§ 2. (1) Als Ausländer im Sinne dieses Bundesgesetzes gilt, wer nicht die österreichische Staatsbürgerschaft besitzt.

(2) Als Beschäftigung gilt die Verwendung

a) in einem Arbeitsverhältnis,

b) in einem arbeitnehmerähnlichen Verhältnis,
(BGBl I 2005/101)

c) in einem Ausbildungsverhältnis, einschließlich der Tätigkeiten nach § 3 Abs. 5,
(BGBl 1990/450, BGBl 1995/895, BGBl I 2017/66)

d) nach den Bestimmungen des § 18 oder
(BGBl 1990/450, BGBl I 2017/66)

e) überlassener Arbeitskräfte im Sinne des § 3 Abs. 1 und 4 des Arbeitskräfteüberlassungsgesetzes, BGBl. Nr. 196/1988, und des § 5a Abs. 1 des Landarbeitsgesetzes 1984, BGBl. Nr. 287.
(BGBl 1990/450, BGBl I 2012/98)

(3) Den Arbeitgebern gleichzuhalten sind

a) in den Fällen eines arbeitnehmerähnlichen Beschäftigungsverhältnisses (Abs. 2 lit. b) der Vertragspartner,
(BGBl 1990/450, BGBl I 2011/25)

b) in den Fällen des Abs. 2 lit. c und d der Inhaber des Betriebes, in dem der Ausländer beschäftigt wird, sofern nicht lit. d gilt, oder der Veranstalter,
(BGBl 1990/450, BGBl I 1997/78)

c) in den Fällen des Abs. 2 lit. e auch der Beschäftiger im Sinne des § 3 Abs. 3 des Arbeitskräfteüberlassungsgesetzes und des § 5a Abs. 3 des Landarbeitsgesetzes 1984,
(BGBl 1990/450, BGBl I 2012/98, BGBl I 2017/66)

d) der ausländische Dienstleistungserbringer, dem eine EU-Entsendebestätigung nach Maßgabe des § 18 Abs. 12 auszustellen ist und
(BGBl I 1997/78, BGBl I 2007/78, BGBl I 2017/66)

e) der Inhaber der Niederlassung, die einen unternehmensintern transferierten Arbeitnehmer (§ 2 Abs. 13) beschäftigt.
(BGBl I 2017/66)

(4) Für die Beurteilung, ob eine Beschäftigung im Sinne des Abs. 2 vorliegt, ist der wahre wirtschaftliche Gehalt und nicht die äußere Erscheinungsform des Sachverhaltes maßgebend. Eine Beschäftigung im Sinne des Abs. 2 liegt insbesondere auch dann vor, wenn

1. ein Gesellschafter einer Personengesellschaft zur Erreichung des gemeinsamen Gesellschaftszweckes oder
2. ein Gesellschafter einer Gesellschaft mit beschränkter Haftung mit einem Geschäftsanteil von weniger als 25 %

Arbeitsleistungen für die Gesellschaft erbringt, die typischerweise in einem Arbeitsverhältnis geleistet werden, es sei denn, die regionale Geschäftsstelle des Arbeitsmarktservice stellt auf Antrag binnen drei Monaten fest, daß ein wesentlicher Einfluß auf die Geschäftsführung der Gesellschaft durch den Gesellschafter tatsächlich persönlich ausgeübt wird. Den Nachweis hiefür hat der Antragsteller zu erbringen. Nach Ablauf dieser Frist darf die Tätigkeit auch ohne den erforderlichen Feststellungsbescheid aufgenommen werden. Wird der Antrag nach Ablauf der Frist abgewiesen, ist die bereits begonnene Tätigkeit umgehend, spätestens jedoch binnen einer Woche nach Zustellung des Bescheides, zu beenden.

(BGBl 1993/502, BGBl 1994/314, BGBl I 2005/101)

(5) (aufgehoben)

(BGBl I 2002/126, BGBl I 2011/25)

(5a) Als besondere Führungskräfte gelten Ausländer, die leitende Positionen auf der Vorstands- oder Geschäftsleitungsebene in international tätigen Konzernen oder Unternehmen innehaben oder international anerkannte Forscher sind und deren Beschäftigung der Erschließung oder dem Ausbau nachhaltiger Wirtschaftsbeziehungen oder der Schaffung oder Sicherung qualifizierter Arbeitsplätze im Bundesgebiet dient und die eine monatliche Bruttoentlohnung von durchwegs mindestens 120 vH der Höchstbeitragsgrundlage gemäß § 108 Abs. 3 des Allgemeinen Sozialversicherungsgesetzes (ASVG) zuzüglich Sonderzahlungen erhalten.

(BGBl I 2003/133)

(6) EWR-Bürger sind Ausländer, die Staatsangehörige einer Vertragspartei des Abkommens über den Europäischen Wirtschaftsraum (EWR-Abkommen) sind.

(BGBl I 2002/126)

(7) Grenzgänger sind Ausländer, die ihren Wohnsitz in einem Nachbarstaat haben, in den sie täglich zurückkehren, und die sich zur Ausübung einer Erwerbstätigkeit in einem unmittelbar an diesen Staat grenzenden politischen Bezirk in Österreich oder in den Freistädten Eisenstadt oder Rust aufhalten.

(BGBl I 2002/126)

(8) (aufgehoben)

(BGBl I 2002/126, BGBl I 2013/72)

(9) Drittstaaten sind Staaten, die nicht Vertragspartei des EWR-Abkommens sind. Drittstaatsangehörige sind Ausländer, die nicht EWR-Bürger sind.

(BGBl I 2002/126)

(10) (aufgehoben)

(BGBl I 2017/66)

(11) Für Kinder sind, soweit in diesem Bundesgesetz nicht anderes bestimmt ist, die jeweiligen

Altersgrenzen gemäß § 2 Abs. 1 Z 9 und Abs. 4 NAG und § 52 Abs. 1 Z 2 NAG heranzuziehen.

(BGBl I 2007/78, BGBl I 2017/66)

(12) Die Bestimmungen dieses Bundesgesetzes, die sich auf Ehegatten beziehen, gelten für eingetragene Partner nach dem Eingetragene Partnerschaft-Gesetz – EPG, BGBl. I Nr. 135/2009, sinngemäß.

(BGBl I 2009/135)

(13) Als unternehmensintern transferierte Arbeitnehmer gelten Ausländer, die von ihrem ausländischen Arbeitgeber mit Sitz außerhalb der Europäischen Union während ihres Arbeitsverhältnisses

1. als Führungskraft, die die aufnehmende Niederlassung oder eine Abteilung oder Unterabteilung dieser Niederlassung leitet und hauptsächlich unter der allgemeinen Aufsicht des Leitungsorgans oder der Anteilseigner oder gleichwertiger Personen des transferierenden Unternehmens, der transferierenden Unternehmensgruppe oder der aufnehmenden Niederlassung steht oder von ihnen allgemeine Weisungen erhält, oder
2. als Spezialist, der über unerlässliche Spezialkenntnisse für die Tätigkeitsbereiche, die Verfahren oder die Verwaltung der aufnehmenden Niederlassung und über ein hohes Qualifikationsniveau für bestimmte Arbeiten oder Tätigkeiten mit spezifischen technischen Kenntnissen, einschließlich einer angemessenen Berufserfahrung, verfügt, oder
3. als Trainee mit einem Hochschulabschluss, der in seiner beruflichen Entwicklung gefördert wird oder sich branchenspezifisch, technisch oder methodisch fortbildet,

in eine oder mehrere Niederlassungen, die zum gleichen Unternehmen oder zur gleichen Unternehmensgruppe gehören und ihren Sitz im Bundesgebiet haben, vorübergehend abgestellt und dort entsprechend tätig werden. Ausländer, die von Arbeitsvermittlern, Arbeitskräfteüberlassern oder sonstigen Unternehmen, die Arbeitnehmer zur Arbeit unter der Aufsicht und Leitung eines anderen Unternehmens zur Verfügung stellen, abgestellt werden, gelten nicht als unternehmensintern transferierte Arbeitnehmer.

(BGBl I 2017/66)

(14) Als Volontäre gelten Ausländer, die ausschließlich zum Zwecke der Erweiterung und Anwendung von Kenntnissen zum Erwerb von Fertigkeiten für die Praxis ohne Arbeitspflicht und ohne Entgeltanspruch bis zu drei Monaten im Kalenderjahr beschäftigt werden und dabei keine Hilfsarbeiten, einfache angelernte Tätigkeiten oder Arbeiten auf Baustellen verrichten.

(BGBl I 2018/56)

(15) Als Ferial- oder Berufspraktikanten gelten Schüler, die eine im Rahmen eines geregelten Lehr- oder Studienganges an einer inländischen Bildungseinrichtung mit Öffentlichkeitsrecht vorgeschriebene Tätigkeit verrichten.

(BGBl I 2018/56)

(16) Als Praktikanten im Sinne der Richtlinie (EU) 2016/801 über die Bedingungen für die Einreise und den Aufenthalt von Drittstaatsangehörigen zu Forschungs- oder Studienzwecken, zur Absolvierung eines Praktikums, zur Teilnahme an einem Freiwilligendienst, Schüleraustauschprogrammen oder Bildungsvorhaben und zur Ausübung einer Au-pair-Tätigkeit (im Folgenden: Forscher- und Studenten- Richtlinie), ABl. Nr. L 132 vom 21.05.2016 S. 21 gelten Ausländer, die in einem Drittstaat ein Studium absolvieren, das zu einem Hochschulabschluss führt, oder vor nicht mehr als zwei Jahren einen Hochschulabschluss erlangt haben und im Rahmen einer Vereinbarung eines studienbezogenen Praktikums mit einer aufnehmenden Einrichtung auf entsprechendem Qualifikationsniveau für die Dauer von 91 bis 180 Tagen beschäftigt werden, um sich Wissen, praktische Kenntnisse und Erfahrungen in einem beruflichen Umfeld anzueignen.

(BGBl I 2018/56)

(17) Als Forscher im Sinne der Forscher- und Studenten-Richtlinie gelten Ausländer, die über einen Doktorgrad oder einen geeigneten Hochschulabschluss, der diesen den Zugang zu Doktoratsprogrammen ermöglicht, verfügen und im Rahmen einer Forschungseinrichtung eine wissenschaftliche Tätigkeit verrichten, für die normalerweise ein solcher Abschluss erforderlich ist.

(BGBl I 2018/56)

Voraussetzungen für die Beschäftigung von Ausländern

§ 3. (1) Ein Arbeitgeber darf, soweit in diesem Bundesgesetz nicht anderes bestimmt ist, einen Ausländer nur beschäftigen, wenn ihm für diesen eine Beschäftigungsbewilligung oder Entsendebewilligung erteilt oder eine Anzeigebestätigung ausgestellt wurde oder wenn der Ausländer eine für diese Beschäftigung gültige „Rot-Weiß-Rot – Karte", „Blaue Karte EU, Aufenthaltsbewilligung als unternehmensintern transferierter Arbeitnehmer („*ICT*"), Aufenthaltsbewilligung als mobiler unternehmensintern transferierter Arbeitnehmer („*mobile ICT*"), Aufenthaltsbewilligung „Familiengemeinschaft" mit Zugang zum Arbeitsmarkt (§ 20f Abs. 4) oder „Niederlassungsbewilligung – Künstler" oder eine „Rot-Weiß-Rot – Karte plus", eine „Aufenthaltsberechtigung plus", einen Befreiungsschein (§ 4c) oder einen Aufenthaltstitel „Familienangehöriger" oder „Daueraufenthalt – EU" besitzt.

(BGBl 1990/450, BGBl 1995/895, BGBl I 1997/78, BGBl I 2002/126, BGBl I 2005/101, BGBl I 2011/25, BGBl I 2013/72, BGBl I 2017/66)

(2) Ein Ausländer darf, soweit in diesem Bundesgesetz nicht anderes bestimmt ist, eine Beschäftigung nur antreten und ausüben, wenn für ihn eine Beschäftigungsbewilligung oder Entsendebewilligung erteilt oder eine Anzeigebestätigung ausgestellt wurde oder wenn er eine für diese Beschäftigung gültige „Rot-Weiß-Rot – Karte", „Blaue Karte EU, Aufenthaltsbewilligung als unterneh-

mensintern transferierter Arbeitnehmer („*ICT*“), Aufenthaltsbewilligung als mobiler unternehmensintern transferierter Arbeitnehmer („*mobile ICT*“), Aufenthaltsbewilligung „Familiengemeinschaft“ mit Zugang zum Arbeitsmarkt (§ 20f Abs. 4) oder „Niederlassungsbewilligung – Künstler“ oder eine „Rot-Weiß-Rot – Karte plus“, eine „Aufenthaltsberechtigung plus“, einen Befreiungsschein (§ 4c) oder einen Aufenthaltstitel „Familienangehöriger“ oder „Daueraufenthalt – EU“ besitzt.

(BGBl 1990/450, BGBl 1995/895, BGBl I 1997/78, BGBl I 2002/126, BGBl I 2005/101, BGBl I 2011/25, BGBl I 2013/72, BGBl I 2017/66)

(3) Bei Eintritt eines anderen Arbeitgebers in das Rechtsverhältnis nach § 2 Abs. 2 durch Übergang des Betriebes oder Änderung der Rechtsform gilt bei sonst unverändertem Fortbestand der Voraussetzungen die Beschäftigungsbewilligung als dem neuen Arbeitgeber erteilt. Auch eine für die Beschäftigung gültige „Rot-Weiß-Rot – Karte“, „Blaue Karte EU, Aufenthaltsbewilligung als unternehmensintern transferierter Arbeitnehmer („*ICT*“), Aufenthaltsbewilligung als mobiler unternehmensintern transferierter Arbeitnehmer („*mobile ICT*“), Aufenthaltsbewilligung „Familiengemeinschaft“ mit Zugang zum Arbeitsmarkt (§ 20f Abs. 4) oder „Niederlassungsbewilligung – Künstler“ berechtigt bei sonst unverändertem Fortbestand der Voraussetzungen zu einer Beschäftigung beim neuen Arbeitgeber.

(BGBl 1994/314, BGBl I 1997/78, BGBl I 2013/72, BGBl I 2017/66)

(4) Ausländer, die Konzert- oder Bühnenkünstler oder Angehörige der Berufsgruppen Artisten, Film-, Rundfunk- und Fernsehschaffende oder Musiker sind, dürfen

a) einen Tag oder
b) vier Wochen im Rahmen einer künstlerischen Gesamtproduktion zur Sicherung eines Konzerts, einer Veranstaltung, einer Vorstellung, einer laufenden Filmproduktion, einer Rundfunk- oder Fernsehlivesendung.

(BGBl 1988/429, BGBl I 2002/126)

ohne Beschäftigungsbewilligung beschäftigt werden. Die Beschäftigung ist vom Veranstalter bzw. Produzenten am Tag der Arbeitsaufnahme der zuständigen regionalen Geschäftsstelle des Arbeitsmarktservice anzuzeigen.

(BGBl 1989/253, BGBl 1994/314)

(5) Ausländer, die als Volontäre (§ 2 Abs. 14), Ferial- oder Berufspraktikanten (§ 2 Abs. 15) oder Praktikanten (§ 2 Abs. 16) beschäftigt werden, bedürfen keiner Beschäftigungsbewilligung. Die Beschäftigung ist vom Inhaber des Betriebs, in dem der/die AusländerIn beschäftigt wird, spätestens drei Wochen vor Beginn der zuständigen regionalen Geschäftsstelle des Arbeitsmarktservice und der Zentralen Koordinationsstelle für die Kontrolle der illegalen Beschäftigung nach dem Ausländerbeschäftigungsgesetz und dem Lohn- und Sozialdumping-Bekämpfungsgesetz des Amtes für Betrugsbekämpfung anzuzeigen. Die zuständige regionale Geschäftsstelle des Arbeitsmarktservice hat binnen zweier Wochen eine Anzeigebestätigung auszustellen. Nach Ablauf dieser Frist darf die Beschäftigung aber auch vor Ausstellung der Anzeigebestätigung aufgenommen werden. Bei einer allfälligen Ablehnung der Anzeigebestätigung nach Ablauf dieser Frist ist die bereits begonnene Beschäftigung umgehend, spätestens jedoch binnen einer Woche nach Zustellung der Ablehnung, zu beenden. Die Anzeigebestätigung ist nur auszustellen, wenn die Gewähr gegeben ist, dass der wahre wirtschaftliche Gehalt der beabsichtigten Beschäftigung dem eines Volontariates (§ 2 Abs. 14) oder eines Praktikums (§ 2 Abs. 15 oder 16) entspricht.

(BGBl 1994/314, BGBl 1995/895, BGBl 1996/201, BGBl I 1997/78, BGBl I 2002/68, BGBl I 2006/99, BGBl I 2018/56, BGBl I 2019/104)

(6) Der Arbeitgeber hat die ihm nach diesem Bundesgesetz erteilten Bewilligungen oder Bestätigungen im Betrieb, der Ausländer die ihm nach diesem Bundesgesetz und nach dem NAG erteilten Bewilligungen oder Bestätigungen an seiner Arbeitsstelle zur Einsichtnahme bereitzuhalten.

(BGBl 1990/450, BGBl 1995/895, BGBl I 1997/78, BGBl I 2011/25)

(7) Ein Arbeitgeber darf einen Ausländer, auf den zum Zeitpunkt der Beschäftigungsaufnahme die Bestimmungen dieses Bundesgesetzes nicht anzuwenden waren, auch nach dem Wegfall der dafür maßgeblichen persönlichen Umstände des Ausländers bis zum Ende des Beschäftigungsverhältnisses weiter beschäftigen.

(BGBl 1992/475)

(8) Die regionale Geschäftsstelle des Arbeitsmarktservice hat Ausländern, die gemäß § 1 Abs. 2 oder aufgrund einer Verordnung gemäß § 1 Abs. 4 vom Geltungsbereich dieses Bundesgesetzes ausgenommen sind, auf deren Antrag eine Bestätigung darüber auszustellen.

(BGBl 1995/895, BGBl I 2001/115, BGBl I 2002/126, BGBl I 2005/101, BGBl I 2011/25)

(9) Die Beschäftigung eines Volontärs gemäß Abs. 5 kann auf bis zu zwölf Monate verlängert werden, wenn

a) der Volontär über eine Ausbildung verfügt, die einer österreichischen Reifeprüfung entspricht, und
b) die Ausbildung in Österreich zu einer beruflichen Qualifikation führen soll, die diesem Niveau entspricht, und
c) die Beschäftigung durch ein international tätiges Unternehmen erfolgt und
d) die Beschäftigung zur Sicherung des österreichischen Betriebsstandortes im Hinblick auf die Erschließung neuer Absatzgebiete oder Wirtschaftsstandorte im Herkunftsstaat des Volontärs notwendig ist und
e) vor Aufnahme der Beschäftigung ein betriebliches Schulungsprogramm vorgelegt wird, welches die zur Erreichung der in lit. b genannten Ziele erforderlichen Maßnahmen,

die Dauer und den konkreten Einsatzort der einzelnen Programmschritte anführt, und

f) ein Nachweis des ausbildungsadäquaten Einsatzes im Herkunftsstaat nach Abschluß des Schulungsprogrammes erbracht wird und

g) eine Gefährdung der Beschäftigung und der Lohn- und Arbeitsbedingungen der übrigen im Unternehmen Beschäftigten ausgeschlossen ist und

h) eine Erklärung über die Verständigung des Betriebsrates oder der Personalvertretung von der Beschäftigung des Volontärs vorliegt.

(10) Die Anzeigebestätigung gemäß Abs. 5 ist zu widerrufen, wenn der Antragsteller anläßlich der Anzeige des Volontariates oder des Ferial- oder Berufspraktikums über wesentliche Tatsachen wissentlich falsche Angaben gemacht oder solche Tatsachen verschwiegen hat oder wenn der Ausländer Tätigkeiten verrichtet, die nicht einem Volontariat gemäß Abs. 5 oder Abs. 9 oder dem von der Bildungseinrichtung vorgeschriebenen Ferial- oder Berufspraktikum entsprechen.

(BGBl I 1997/78)

Abschnitt II
Beschäftigungsbewilligung

Voraussetzungen

§ 4. (1) Einem Arbeitgeber ist auf Antrag eine Beschäftigungsbewilligung für den im Antrag angegebenen Ausländer zu erteilen, wenn die Lage und Entwicklung des Arbeitsmarktes die Beschäftigung zulässt (Arbeitsmarktprüfung), wichtige öffentliche und gesamtwirtschaftliche Interessen nicht entgegenstehen und

1. der Ausländer über ein Aufenthaltsrecht nach dem NAG oder dem Fremdenpolizeigesetz 2005 (FPG), BGBl. I Nr. 100, verfügt, das die Ausübung einer Beschäftigung nicht ausschließt, oder seit drei Monaten zum Asylverfahren zugelassen ist und über einen faktischen Abschiebeschutz oder ein Aufenthaltsrecht gemäß den §§ 12 oder 13 AsylG 2005 verfügt oder über ein Aufenthaltsrecht gemäß § 54 Abs. 1 Z 2 oder 3 AsylG 2005 verfügt oder gemäß § 46a FPG geduldet ist und zuletzt gemäß § 1 Abs. 2 lit. a vom Anwendungsbereich dieses Bundesgesetzes ausgenommen war,

   (BGBl I 2013/72)

2. die Gewähr gegeben erscheint, dass der Arbeitgeber die Lohn- und Arbeitsbedingungen einschließlich der sozialversicherungsrechtlichen Vorschriften einhält,

3. keine wichtigen Gründe in der Person des Ausländers vorliegen, wie wiederholte Verstöße infolge Ausübung einer Beschäftigung ohne Beschäftigungsbewilligung während der letzten zwölf Monate,

4. die Beschäftigung, soweit in diesem Bundesgesetz nicht anderes bestimmt ist, nicht bereits begonnen hat,

5. der Arbeitgeber während der letzten zwölf Monate vor der Antragseinbringung nicht wiederholt Ausländer entgegen den Bestimmungen dieses Bundesgesetzes beschäftigt hat,

6. die Vereinbarung über die beabsichtigte Beschäftigung (§ 2 Abs. 2) nicht aufgrund einer gemäß dem Arbeitsmarktförderungsgesetz, BGBl. Nr. 31/1969, unerlaubten Arbeitsvermittlung zustande gekommen ist und der Arbeitgeber dies wusste oder hätte wissen müssen,

7. der Arbeitgeber den Ausländer auf einem Arbeitsplatz seines Betriebes beschäftigen wird, wobei eine Zurverfügungstellung des Ausländers an Dritte unbeschadet des § 6 Abs. 2 nicht als Beschäftigung im eigenen Betrieb gilt,

8. die Erklärung über die Verständigung des Betriebsrates oder der Personalvertretung von der beabsichtigten Einstellung des Ausländers vorliegt,

   (BGBl I 2017/66)

9. der Arbeitgeber nicht hinsichtlich des antragsgegenständlichen oder eines vergleichbaren Arbeitsplatzes innerhalb von sechs Monaten vor oder im Zuge der Antragstellung

   a) einen Arbeitnehmer, der das 50. Lebensjahr vollendet hat, gekündigt hat oder

   b) die Einstellung eines für den konkreten Arbeitsplatz geeigneten Arbeitnehmers, der das 50. Lebensjahr vollendet hat, abgelehnt hat,

   es sei denn, er macht glaubhaft, dass die Kündigung oder die Ablehnung der Einstellung nicht aufgrund des Alters des Arbeitnehmers erfolgt ist,

   (BGBl I 2017/66)

10. der Arbeitgeber im Fall der Beschäftigung eines Ausländers gemäß § 5 während der letzten zwölf Monate vor der Antragseinbringung nicht wiederholt Ausländern eine nicht ortsübliche Unterkunft zur Verfügung gestellt hat und

11. der Arbeitgeber im Fall der Beschäftigung eines Ausländers gemäß § 5 bestätigt, dass dem Ausländer für die beabsichtigte Dauer der Beschäftigung eine ortsübliche Unterkunft zur Verfügung stehen wird und, sofern die Unterkunft vom oder über den Arbeitgeber zur Verfügung gestellt wird, die Miete nicht automatisch vom Lohn abgezogen wird.

    (BGBl I 2017/66)

(2) Einem Arbeitgeber ist auf Antrag eine Beschäftigungsbewilligung für den im Antrag angegebenen ausländischen Lehrling zu erteilen, wenn die Lage auf dem Lehrstellenmarkt dies zulässt (Arbeitsmarktprüfung), keine wichtigen Gründe hinsichtlich der Lage und Entwicklung des übrigen Arbeitsmarktes entgegenstehen und die Voraussetzungen des Abs. 1 Z 1 bis 9 vorliegen.

(3)[a] Die Beschäftigungsbewilligung darf dem Arbeitgeber bei Erfüllung der allgemeinen Voraussetzungen gemäß Abs. 1 und 2 nur erteilt werden, wenn

1. der Regionalbeirat die Erteilung einhellig befürwortet oder

2.–4. (aufgehoben)

(BGBl I 2013/72)

5. der Ausländer gemäß § 5 befristet beschäftigt werden soll oder

6. der Ausländer über eine Aufenthaltsbewilligung als Schüler (§ 63 NAG) oder Student (§ 64 Abs. 1 und 4 NAG) verfügt oder Inhaber eines gültigen Aufenthaltstitels „Student" eines anderen Mitgliedstaates der Europäischen Union ist und im Rahmen eines Unions- oder multilateralen Programms mit Mobilitätsmaßnahmen oder einer Vereinbarung zwischen zwei oder mehreren Hochschuleinrichtungen einen Teil des Studiums in einer inländischen Hochschuleinrichtung absolviert oder

(BGBl I 2017/66, BGBl I 2018/56)

7. der Ausländer Betriebsentsandter ist (§ 18) oder

8. (aufgehoben)

(BGBl I 2017/66)

9. der Ausländer gemäß § 57 AsylG 2005 besonderen Schutz genießt oder

(BGBl I 2013/72)

10. für den Ausländer eine Bewilligung zur grenzüberschreitenden Überlassung gemäß § 16 Abs. 4 AÜG bzw. § 40a Abs. 2 des Landarbeitsgesetzes 1984 vorliegt oder, sofern eine solche Bewilligung gemäß § 16a AÜG bzw. § 40a Abs. 6 des Landarbeitsgesetzes 1984 nicht erforderlich ist, die Voraussetzungen des § 16 Abs. 4 Z 1 bis 3 AÜG bzw. § 40a Abs. 2 Z 1 bis 3 des Landarbeitsgesetzes 1984 sinngemäß vorliegen oder

(BGBl I 2012/98, BGBl I 2013/72)

11. der Ausländer auf Grund allgemein anerkannter Regeln des Völkerrechts oder zwischenstaatlicher Vereinbarungen zu einer Beschäftigung zuzulassen ist oder

(BGBl I 2013/72)

12. der Ausländer Anspruch auf Leistungen nach dem Arbeitslosenversicherungsgesetz 1977 (AlVG), BGBl. Nr. 609, hat oder

(BGBl I 2013/72)

13. der Ausländer nicht länger als sechs Monate als Künstler (§ 14) beschäftigt werden soll oder

(BGBl I 2013/72)

14. der Ausländer einer Personengruppe gemäß einer Verordnung nach Abs. 4 angehört.

(BGBl I 2013/72)

(BGBl I 2022/1)

[a] Tritt mit Ablauf des 30. Juni 2023 außer Kraft.

(4) Der Bundesminister für Arbeit, Soziales und Konsumentenschutz kann durch Verordnung festlegen, dass für weitere Personengruppen, an deren Beschäftigung öffentliche oder gesamtwirtschaftliche Interessen bestehen, Beschäftigungsbewilligungen erteilt werden dürfen. Die Verordnung kann eine bestimmte Geltungsdauer der Beschäftigungsbewilligungen, einen Höchstrahmen für einzelne Gruppen und – sofern es die Lage und Entwicklung des Arbeitsmarktes zulässt – den Entfall der Arbeitsmarktprüfung im Einzelfall vorsehen.

(BGBl I 2013/72)

(5) Bei Vorliegen einer Bewilligung zur grenzüberschreitenden Überlassung gemäß § 16 Abs. 4 des Arbeitskräfteüberlassungsgesetzes oder gemäß § 40a Abs. 2 des Landarbeitsgesetzes 1984 entfallen die Arbeitsmarktprüfung nach Abs. 1 und die Anhörung des Regionalbeirates.

(BGBl I 2012/98, BGBl I 2013/72)

(6) Bei der Beschäftigung eines Gesellschafters gemäß § 2 Abs. 4 gilt Abs. 1 Z 2 nur dann als erfüllt, wenn die Beschäftigung die Lohn- und Arbeitsbedingungen inländischer Arbeitnehmer nicht gefährdet. Eine Gefährdung ist anzunehmen, wenn die Einkünfte des Gesellschafters, beginnend mit der Aufnahme seiner Tätigkeit, unter dem ortsüblichen Entgelt inländischer Arbeitnehmer liegen, die eine vergleichbare Tätigkeit ausüben.

(7) Die Arbeitsmarktprüfung gemäß Abs. 1 und 2 entfällt bei

1. (aufgehoben)

(BGBl I 2017/66)

2. Schülern und Studenten (Abs. 3 Z 6) für eine Beschäftigung, die 20 Wochenstunden nicht überschreitet,

(BGBl I 2017/66, BGBl I 2018/56)

3. Studienabsolventen (§ 12b Z 2),

4. Fachkräften hinsichtlich einer Beschäftigung in einem in der Fachkräfteverordnung (§ 13) festgelegten Mangelberuf,

5. Ausländern, die besonderen Schutz genießen (Abs. 3 Z 9), und

„6. registrierten befristet beschäftigten Ausländern im Sinne des § 5 Abs. 6a und Abs. 7."

(BGBl I 2017/66, BGBl I 2021/217)

(BGBl 1988/231, BGBl 1990/450, BGBl 1991/684, BGBl 1992/475, BGBl 1993/19, BGBl 1993/502, BGBl 1994/314, BGBl 1995/257, BGBl 1996/201, BGBl I 1997/78, BGBl I 2002/126, BGBl I 2003/133, BGBl I 2004/28, BGBl I 2005/101, BGBl I 2007/78, BGBl I 2009/120, BGBl I 2011/25)

§ 4a. (aufgehoben)

(BGBl 1989/253, BGBl I 2013/72)

Prüfung der Arbeitsmarktlage

§ 4b. (1) Die Lage und Entwicklung des Arbeitsmarktes (§ 4 Abs. 1) lässt die Erteilung einer Beschäftigungsbewilligung zu, wenn für die vom beantragten Ausländer zu besetzende offene Stelle weder ein Inländer noch ein am Arbeitsmarkt verfügbarer Ausländer zur Verfügung steht, der bereit und fähig ist, die beantragte Beschäftigung zu den gesetzlich zulässigen Bedingungen auszuüben. Unter den verfügbaren Ausländern sind jene mit Anspruch auf Leistungen aus der Arbeitslosenversicherung, EWR-Bürger, Schweizer, türkische Assoziationsarbeitnehmer (§ 4c) und Ausländer mit unbeschränktem Arbeitsmarktzugang (§ 17) zu bevorzugen. Der Prüfung ist das im Antrag auf Beschäftigungsbewilligung angegebene Anforderungsprofil, das in den betrieblichen Notwendigkeiten eine Deckung finden muss, zu Grunde zu legen. Den Nachweis über die zur Ausübung der Beschäftigung erforderliche Ausbildung oder sonstige besondere Qualifikationen hat der Arbeitgeber zu erbringen.

(BGBl I 2004/28, BGBl I 2011/25, BGBl I 2013/72)

(2) Die Prüfung gemäß Abs. 1 entfällt, wenn dem Arbeitgeber eine Sicherungsbescheinigung für den beantragten Ausländer ausgestellt wurde.

(3) Bei der Zulassung von Ehegatten und minderjährigen Kindern von Ausländern gemäß § 18a zu einer Beschäftigung ist die Prüfung gemäß Abs. 1 auf die Verfügbarkeit von Inländern und EWR-Bürgern zu beschränken.

(BGBl I 2017/66)

(BGBl 1990/450, BGBl 1992/475, BGBl 1994/314, BGBl 1996/201, BGBl I 1997/78, BGBl I 1999/120, BGBl I 2002/126)

Türkische Staatsangehörige

§ 4c. (1) Für türkische Staatsangehörige ist eine Beschäftigungsbewilligung von Amts wegen zu erteilen oder zu verlängern, wenn sie die Voraussetzungen nach Art. 6 Abs. 1 erster und zweiter Unterabsatz oder nach Art. 7 erster Unterabsatz oder nach Art. 7 letzter Satz oder nach Artikel 9 des Beschlusses des Assoziationsrates EWG-Türkei – ARB – Nr. 1/1980 erfüllen.

(2) Türkischen Staatsangehörigen ist von Amts wegen ein Befreiungsschein auszustellen oder zu verlängern, wenn sie die Voraussetzungen nach Art. 6 Abs. 1 dritter Unterabsatz oder nach Art. 7 zweiter Unterabsatz des ARB Nr. 1/1980 erfüllen. Der Befreiungsschein berechtigt zur Aufnahme einer Beschäftigung im gesamten Bundesgebiet und ist jeweils für fünf Jahre auszustellen. Der Befreiungsschein ist zu widerrufen, wenn der Ausländer im Antrag über wesentliche Tatsachen wissentlich falsche Angaben gemacht oder solche Tatsachen verschwiegen hat.

(BGBl I 2013/72)

(3) Die Rechte türkischer Staatsangehöriger auf Grund der sonstigen Bestimmungen dieses Bundesgesetzes bleiben unberührt. Für die Verfahrenszuständigkeit und die Durchführung der Verfahren gemäß Abs. 1 und 2 gelten, soweit dem nicht Bestimmungen des ARB Nr. 1/1980 entgegenstehen, die Bestimmungen dieses Bundesgesetzes.

(BGBl I 1997/78)

Saisonarbeitskräfte und ErntehelferInnen

§ 5. (1) Der Bundesminister für Arbeit, Soziales und Konsumentenschutz kann im Falle eines vorübergehenden zusätzlichen Arbeitskräftebedarfs, der weder aus dem im Inland verfügbaren Arbeitskräftepotenzial noch mit EWR-BürgerInnen, SchweizerInnen und gemäß „Abs. 6a und 7" registrierten AusländerInnen abgedeckt werden kann, durch Verordnung zahlenmäßige Kontingente

1. für eine zeitlich befristete Zulassung ausländischer Saisonarbeitskräfte in einem bestimmten Wirtschaftszweig, in einer bestimmten Berufsgruppe oder Region oder
2. für die kurzfristige Zulassung ausländischer ErntehelferInnen

festlegen. „Er hat dabei die allgemeine Lage und Entwicklung des Arbeitsmarktes, insbesondere im betreffenden Teilarbeitsmarkt, zu berücksichtigen."

(BGBl I 2021/217)

(2) Die Länder und die Interessenvertretungen der ArbeitgeberInnen und der ArbeitnehmerInnen auf Landesebene sind vor der Festlegung von Kontingenten gemäß Abs. 1 anzuhören.

(3) Im Rahmen von Kontingenten gemäß Abs. 1 Z 1 werden Saisonarbeitskräfte mittels Beschäftigungsbewilligungen (§ 4) für eine befristete Saisonbeschäftigung zugelassen. Die zulässige Höchstdauer der Beschäftigungsbewilligungen wird in der jeweiligen Verordnung geregelt, darf jedoch die Dauer von sechs Monaten nicht überschreiten. Innerhalb eines Zeitraumes von 12 Monaten dürfen für ein und dieselbe Saisonarbeitskraft Beschäftigungsbewilligungen für eine Gesamtdauer von längstens neun Monaten erteilt oder verlängert werden.

(4) Für Saisonarbeitskräfte, die bereits in den vergangenen drei Jahren im Rahmen von Kontingenten für den Wirtschaftszweig Land- und Forstwirtschaft beschäftigt waren, dürfen neuerliche Beschäftigungsbewilligungen in diesem Wirtschaftszweig für eine Gesamtdauer von bis zu neun Monaten erteilt oder verlängert werden.

(BGBl I 2020/98)

(5) Im Rahmen von Kontingenten gemäß Abs. 1 Z 2 werden ErntehelferInnen mittels Beschäftigungsbewilligungen (§ 4) für eine kurzfristige, einen Zeitraum von sechs Wochen nicht überschreitende, Beschäftigung zugelassen.

(6) Im Rahmen von Kontingenten gemäß Abs. 3 bis 5 erteilte oder verlängerte Beschäftigungsbewilligungen binden für ihre jeweilige Geltungsdauer einen Kontingentplatz. Nach Ablauf der Geltungsdauer der Beschäftigungsbewilligung kann der Kontingentplatz mit einer neuen Beschäftigungsbewilligung belegt werden. Für Saisonarbeitskräfte, die bereits im Rahmen eines Kontingents bewilligt beschäftigt sind, dürfen weitere Beschäftigungsbewilligungen bis zur zulässigen Höchstdauer nach Maßgabe der Abs. 3 bis 5 ungeachtet eines freien Kontingentplatzes erteilt werden. Saisonarbeitskräfte, die bereits zum Aufenthalt im Bundesgebiet berechtigt sind oder mindestens einmal in den vo-

rangegangenen fünf Jahren als Saisonarbeitskraft oder ErntehelferIn im Rahmen eines Kontingents gemäß Abs. 1 Z 1 oder 2 beschäftigt waren, sind bevorzugt zu bewilligen.

„(6a) Beschäftigungsbewilligungen für Saisonarbeitskräfte, die in den Kalenderjahren 2017 bis 2021 in zumindest drei Kalenderjahren im selben Wirtschaftszweig jeweils mindestens drei Monate im Rahmen von Kontingenten gemäß Abs. 1 Z 1 in der Fassung des Bundesgesetzes BGBl. I Nr. 54/2021 befristet beschäftigt waren und sich bis 31. Dezember 2022 bei den regionalen Geschäftsstellen des Arbeitsmarktservice für eine weitere Beschäftigung in diesem Wirtschaftszweig registrieren lassen, können in diesem Wirtschaftszweig außerhalb von Kontingenten gemäß Abs. 1 Z 1 erteilt werden und sind nicht auf Kontingente anzurechnen. Für die zulässige Höchstdauer der Beschäftigungsbewilligungen gelten Abs. 3 und 4. Die Arbeitsmarktprüfung im Einzelfall entfällt (§ 4 Abs. 7 Z 6).“

(BGBl I 2021/217)

(7) Beschäftigungsbewilligungen für Saisonarbeitskräfte, die in den Kalenderjahren 2006 bis 2010 im selben Wirtschaftszweig jeweils mindestens vier Monate im Rahmen von Kontingenten gemäß § 5 Abs. 1 Z 1 in der Fassung des Bundesgesetzes BGBl. I Nr. 135/2009 befristet beschäftigt waren und sich bis 30. April 2012 bei den regionalen Geschäftsstellen des Arbeitsmarktservice für eine weitere Beschäftigung in diesem Wirtschaftszweig registrieren haben lassen, können außerhalb von Kontingenten gemäß Abs. 1 Z 1 nach Maßgabe des Abs. 3 erteilt werden und sind nicht auf Kontingente anzurechnen. Die Arbeitsmarktprüfung im Einzelfall entfällt (§ 4 Abs. 7 Z 6).

(8) Die Prüfung des Aufenthaltsrechts gemäß § 4 Abs. 1 Z 1 und das Verfahren gemäß § 11 entfallen, wenn die Beschäftigungsbewilligung im Rahmen von Kontingenten gemäß Abs. 1 Z 1 oder Z 2 beantragt wurde und die Saisonarbeitskraft oder der/die ErntehelferIn der Visumpflicht gemäß § 24 Abs. 1 Z 3 FPG unterliegt. Die Aufnahme der Beschäftigung ist jedoch erst nach Erteilung eines Visums nach Maßgabe des § 24 Abs. 1 Z 3 FPG erlaubt.

(9) Die zuständige regionale Geschäftsstelle des Arbeitsmarktservice hat Anträge auf Beschäftigungsbewilligungen für AusländerInnen, die über ein Visum C mit mehrjähriger Gültigkeitsdauer verfügen, der örtlich zuständigen Landespolizeidirektion vor der Entscheidung zur Kenntnis zu bringen (§ 24 Abs. 5 FPG).

„(10) Die Landesgeschäftsstellen haben ihre Landesdirektorien und die Interessenvertretungen der Land- und Forstwirtschaft auf Anfrage über die Auslastung der im Bereich der Geschäftsstelle festgelegten Kontingente und über die gemäß Abs. 6a und 7 zugelassenen Arbeitskräfte (Stammsaisoniers) zu informieren.“

(BGBl I 2021/217)

(BGBl 1990/450, BGBl 1994/314, BGBl I 1997/78, BGBl I 2002/126, BGBl I 2004/28, BGBl I 2005/101, BGBl I 2005/157, BGBl I 2007/78, BGBl I 2011/25, BGBl I 2017/66)

Geltungsbereich

§ 6. (1) Die Beschäftigungsbewilligung ist für einen Arbeitsplatz zu erteilen und gilt für das gesamte Bundesgebiet. Der Arbeitsplatz ist durch die berufliche Tätigkeit und den in der Beschäftigungsbewilligung bezeichneten Arbeitgeber bestimmt.

(BGBl 1994/314, BGBl I 2013/72)

(2) Eine Änderung der Beschäftigungsbewilligung ist nicht erforderlich, wenn der Ausländer für eine verhältnismäßig kurze, eine Woche nicht übersteigende Zeit auf einem anderen Arbeitsplatz beschäftigt wird. Für einen längeren Zeitraum ist eine neue Beschäftigungsbewilligung erforderlich.

(3) (aufgehoben)

(BGBl 1994/314, BGBl I 2013/72)

Geltungsdauer

§ 7. (1) Die Beschäftigungsbewilligung ist zu befristen; sie darf jeweils längstens für die Dauer eines Jahres erteilt werden.

(2) Für eine Beschäftigung auf Arbeitsplätzen in Betrieben, die ihrer Art nach nur zu bestimmten Jahreszeiten arbeiten oder die regelmäßig zu gewissen Zeiten des Jahres erheblich verstärkt arbeiten (Saisonbetrieb), ist die Beschäftigungsbewilligung jeweils nur für die nach der Art der Beschäftigung erforderliche Dauer zu erteilen.

(3) Beschäftigungsbewilligungen, die im Rahmen von Kontingenten gemäß § 5 erteilt werden, dürfen die in der jeweiligen Verordnung festgelegte Geltungsdauer nicht überschreiten.

(BGBl 1988/231, BGBl I 2002/126)

(4) Lehrlingen ist die Beschäftigungsbewilligung für die Dauer der Lehrzeit und der gesetzlichen oder kollektivvertraglichen Verpflichtung zur Weiterverwendung zu erteilen.

(BGBl 1990/450, BGBl I 2013/72)

(5) § 11 des Mutterschutzgesetzes 1979, BGBl. Nr. 221, und § 7 Abs. 2 des Väter-Karenzgesetzes, BGBl. Nr. 651/1989 bleiben unberührt.

(BGBl 1990/450, BGBl I 2002/126)

(6) Die Beschäftigungsbewilligung erlischt

1. mit Beendigung der Beschäftigung des Ausländers;
2. wenn binnen sechs Wochen nach Laufzeitbeginn der Beschäftigungsbewilligung eine Beschäftigung nicht aufgenommen wird.

(BGBl 1991/684)

(7) Wird ein Antrag auf Verlängerung einer Beschäftigungsbewilligung oder auf Ausstellung eines Befreiungsscheines vor Ablauf der Beschäftigungsbewilligung eingebracht, so gilt diese bis zur rechtskräftigen Entscheidung über den Antrag als verlängert.

(BGBl 1990/450, BGBl I 2013/72)

(8) Liegen die Voraussetzungen für die Verlängerung einer Beschäftigungsbewilligung nicht vor,

so treten die Wirkungen der Nichtverlängerung erst mit jenem Zeitpunkt ein, der sich aus den die Rechte des Ausländers sichernden gesetzlichen Bestimmungen und Normen der kollektiven Rechtsgestaltung ergibt.

(BGBl 1988/231)

Auflagen

§ 8. (1) Die Beschäftigungsbewilligung ist mit der Auflage zu verbinden, daß der Ausländer nicht zu schlechteren Lohn- und Arbeitsbedingungen beschäftigt wird, als sie für die Mehrzahl der bezüglich der Leistung und Qualifikation vergleichbaren inländischen Arbeitnehmer des Betriebes gelten.

(2) (aufgehoben)

(BGBl 1994/314, BGBl I 2005/101, BGBl I 2011/25)

(3) Die Beschäftigungsbewilligung kann, sofern es im Hinblick auf die Lage und Entwicklung des Arbeitsmarktes oder wichtige öffentliche oder gesamtwirtschaftliche Interessen zweckdienlich ist, mit weiteren Auflagen, insbesondere zur Durchführung und Unterstützung von Maßnahmen arbeitsmarktpolitischer oder berufsfördernder Art, verbunden werden.

Widerruf

§ 9. (1) Die Beschäftigungsbewilligung ist zu widerrufen, wenn der Antragsteller im Antrag auf Erteilung der Beschäftigungsbewilligung über wesentliche Tatsachen wissentlich falsche Angaben gemacht oder solche Tatsachen verschwiegen hat. Im Fall der Beschäftigung einer Saisonarbeitskraft oder eines Erntehelfers (§ 5) ist die Beschäftigungsbewilligung auch dann zu widerrufen, wenn die vom oder über den Arbeitgeber zur Verfügung gestellte Unterkunft entgegen § 4 Abs. 1 Z 11 nicht ortsüblich ist und der Arbeitgeber nicht binnen einer Frist von zwei Wochen eine ortsübliche Unterkunft zur Verfügung gestellt hat.

(BGBl 1990/450, BGBl I 2017/66)

(2) Die Beschäftigungsbewilligung kann widerrufen werden, wenn

a) sich die Voraussetzungen, unter denen sie erteilt wurde (§ 4 Abs. 1 bis 3), wesentlich geändert haben oder die im Sinne des § 4 Abs. 1 erklärten Umstände nicht mehr zutreffen,

   (BGBl 1990/450, BGBl I 2011/25)

b) sonstige wichtige Gründe in der Person des Ausländers vorliegen oder

c) die bei ihrer Erteilung festgesetzten Auflagen (§ 8) nicht erfüllt werden.

(3) (aufgehoben)

(BGBl I 2011/25)

(4) Bei Widerruf der Beschäftigungsbewilligung gilt § 7 Abs. 8 sinngemäß.

(BGBl 1988/231)

(5) Die Absätze 1 bis 4 gelten für den Widerruf der Entsendebewilligung (§ 18) sinngemäß.

(BGBl 1995/895)

Streik und Aussperrung

§ 10. Für die Beschäftigung auf Arbeitsplätzen in einem von Streik oder Aussperrung betroffenen Betrieb dürfen Beschäftigungsbewilligungen nicht erteilt werden.

Sicherungsbescheinigung

§ 11. (1) Beabsichtigt ein Arbeitgeber einen Ausländer zu beschäftigen, der über kein Aufenthaltsrecht gemäß § 4 Abs. 1 Z 1 verfügt, so ist ihm auf Antrag eine Sicherungsbescheinigung auszustellen, wenn alle sonstigen Voraussetzungen für die Erteilung einer Beschäftigungsbewilligung (§ 4) erfüllt sind und, sofern der Ausländer quotenpflichtig (§ 12 NAG) zugelassen werden soll, ein Quoten- bzw. Kontingentplatz vorhanden ist. Für die Zulassung von Schlüsselkräften und Fachkräften (§§ 12 bis 12c) und von länger als sechs Monate beschäftigten Künstlern (§ 14) gilt das Zulassungsverfahren gemäß § 20d.

(BGBl I 2002/126, BGBl I 2005/101, BGBl I 2011/25, BGBl I 2013/72, BGBl I 2017/66)

(2) Die Sicherungsbescheinigung dient zur Vorlage bei der Vertretungsbehörde im Ausland bzw. bei der nach dem NAG zuständigen Behörde und hat den Namen und die Anschrift des Arbeitgebers, den Namen, das Geburtsdatum, die Staatsangehörigkeit, die Wohnadresse und die vorgesehene berufliche Tätigkeit des Ausländers sowie die beabsichtigte Dauer der Beschäftigungsbewilligung zu enthalten. Die regionale Geschäftsstelle des Arbeitsmarktservice hat die zuständigen Vertretungsbehörden regelmäßig über die Ausstellung von Sicherungsbescheinigungen unter Angabe der genannten Daten in Kenntnis zu setzen.

(BGBl 1990/450, BGBl I 1999/120, BGBl I 2005/101, BGBl I 2011/25)

(3) Die Geltungsdauer der Sicherungsbescheinigung ist mit längstens 26 Wochen zu befristen. Dabei ist auf die voraussichtliche Dauer der Einreise und Aufenthaltsnahme des Ausländers Bedacht zu nehmen. Wurde die Sicherungsbescheinigung für eine kürzere Geltungsdauer ausgestellt, ist eine Verlängerung bis zur Gesamtdauer von 26 Wochen zulässig. In begründeten Fällen ist eine Verlängerung bis zu einer Gesamtdauer von 36 Wochen zulässig.

(BGBl I 1997/78)

(4) Wird dem Antrag nicht oder nicht zur Gänze stattgegeben, ist darüber mit Bescheid abzusprechen.

(5) Die Sicherungsbescheinigung kann widerrufen werden, wenn sich die Umstände, unter denen sie erteilt wurde, wesentlich geändert haben.

(BGBl 1990/450, BGBl I 2011/25)

(6) (aufgehoben)

(BGBl 1995/257, BGBl I 2002/126, BGBl I 2011/25, BGBl I 2013/72)

Abschnitt III
Zulassung von Schlüsselkräften, Künstlern und niedergelassenen Ausländern

(BGBl I 2011/25, BGBl I 2013/72)

Besonders Hochqualifizierte

§ 12. Besonders hochqualifizierte Ausländer, welche die erforderliche Mindestpunkteanzahl für die in **Anlage A** angeführten Kriterien erreichen, werden zu einer Beschäftigung als Schlüsselkraft zugelassen, wenn die beabsichtigte Beschäftigung ihrer Qualifikation und den sonstigen für die Erreichung der Mindestpunkteanzahl maßgeblichen Kriterien entspricht und sinngemäß die Voraussetzungen des § 4 Abs. 1 mit Ausnahme der Z 1 erfüllt sind. Die Arbeitsmarktprüfung im Einzelfall entfällt.

(BGBl I 2011/25, BGBl I 2013/72)

Fachkräfte in Mangelberufen

§ 12a. Ausländer werden in einem in der Fachkräfteverordnung (§ 13) festgelegten Mangelberuf zu einer Beschäftigung als Fachkraft zugelassen, wenn sie

1. eine einschlägige abgeschlossene Berufsausbildung nachweisen können,
2. die erforderliche Mindestpunkteanzahl für die in **Anlage B** angeführten Kriterien erreichen,
3. für die beabsichtigte Beschäftigung das ihnen nach Gesetz, Verordnung oder Kollektivvertrag zustehende Mindestentgelt zuzüglich einer betriebsüblichen Überzahlung erhalten und

sinngemäß die Voraussetzungen des § 4 Abs. 1 mit Ausnahme der Z 1 erfüllt sind. Die Arbeitsmarktprüfung im Einzelfall entfällt.

(BGBl I 2011/25, BGBl I 2017/146)

Sonstige Schlüsselkräfte und Studienabsolventen

§ 12b. Ausländer werden zu einer Beschäftigung als Schlüsselkraft zugelassen, wenn sie

1. die erforderliche Mindestpunkteanzahl für die in Anlage C angeführten Kriterien erreichen und für die beabsichtigte Beschäftigung ein monatliches Bruttoentgelt erhalten, das mindestens 50 vH oder, sofern sie das 30. Lebensjahr überschritten haben, mindestens 60 vH der monatlichen Höchstbeitragsgrundlage gemäß § 108 Abs. 3 des Allgemeinen Sozialversicherungsgesetzes (ASVG), BGBl. Nr. 189/1955, zuzüglich Sonderzahlungen beträgt, oder

   (BGBl I 2018/1, BGBl I 2018/94)
2. ein Diplomstudium zumindest ab dem zweiten Studienabschnitt bzw. ein Bachelorstudium, ein Masterstudium oder ein (PhD-)Doktoratsstudium an einer inländischen Universität, Fachhochschule oder akkreditierten Privatuniversität absolviert und erfolgreich abgeschlossen haben und für die beabsichtigte Beschäftigung, die ihrem Ausbildungsniveau zu entsprechen hat, ein monatliches Bruttoentgelt erhalten, das mindestens dem ortsüblichen Entgelt inländischer Studienabsolventen mit einer vergleichbaren Tätigkeit und Berufserfahrung entspricht, jedenfalls aber mindestens 45 vH der monatlichen Höchstbeitragsgrundlage gemäß § 108 Abs. 3 ASVG zuzüglich Sonderzahlungen beträgt,

   (BGBl I 2017/66)

und sinngemäß die Voraussetzungen des § 4 Abs. 1 mit Ausnahme der Z 1 erfüllt sind. Bei Studienabsolventen gemäß Z 2 entfällt die Arbeitsmarktprüfung im Einzelfall.

(BGBl I 2011/25)

Blaue Karte EU

§ 12c. Ausländer werden zu einer Beschäftigung als Schlüsselkraft zugelassen, wenn sie über einen Abschluss eines Studiums an einer tertiären Bildungseinrichtung mit dreijähriger Mindestdauer verfügen, für eine dieser Ausbildung entsprechende Beschäftigung ein Bruttojahresgehalt erhalten, das dem Eineinhalbfachen des von der Bundesanstalt „Statistik Österreich“ zuletzt veröffentlichten durchschnittlichen österreichischen Bruttojahresgehalts von Vollzeitbeschäftigten entspricht, und sinngemäß die Voraussetzungen des § 4 Abs. 1 mit Ausnahme der Z 1 erfüllt sind.

(BGBl I 2011/25)

§ 12d. (aufgehoben)

(BGBl I 2011/25, BGBl I 2013/72)

Fachkräfteverordnung

§ 13. (1) Die Bundesministerin für Arbeit, Soziales, Gesundheit und Konsumentenschutz legt im Falle eines längerfristigen Arbeitskräftebedarfs, der aus dem im Inland verfügbaren Arbeitskräftepotenzial nicht abgedeckt werden kann, zur Sicherung des Wirtschafts- und Beschäftigungsstandortes im Einvernehmen mit der Bundesministerin für Digitalisierung und Wirtschaftsstandort durch Verordnung für das nächstfolgende Kalenderjahr Mangelberufe fest, in denen Ausländer als Fachkräfte gemäß § 12a für eine Beschäftigung im gesamten Bundesgebiet oder in bestimmten Bundesländern zugelassen werden können. Als Mangelberufe kommen Berufe in Betracht, für die bundesweit oder in bestimmten Bundesländern pro gemeldeter offener Stelle höchstens 1,5 Arbeitsuchende vorgemerkt (Stellenandrangsziffer) sind. Berufe mit einer Stellenandrangsziffer bis zu 1,8 können berücksichtigt werden, wenn weitere objektivierbare Mangelindikatoren, insbesondere eine erhöhte Ausbildungsaktivität der Betriebe festgestellt werden oder der betreffende Beschäftigungszweig eine überdurchschnittlich steigende Lohnentwicklung aufweist. Die von Arbeitskräfteüberlassern gemäß § 3 Abs. 2 AÜG gemeldeten offenen Stellen sind bei der Ermittlung der Stellenandrangsziffer gesondert auszuweisen.

(BGBl I 2018/94)

(2) Ein vom Verwaltungsrat des Arbeitsmarktservice Österreich gemäß den Bestimmungen des Arbeitsmarktservicegesetzes, BGBl. I Nr. 313/1994, einzurichtender Ausschuss kann nach Maßgabe des Abs. 1 einvernehmlich Vorschläge für die Festlegung von Mangelberufen erstatten. Wird kein Einvernehmen erzielt, können die Vertreter der Arbeitnehmer und der Arbeitgeber gesonderte Vorschläge erstatten.

(3) In der Verordnung gemäß Abs. 1 können unter Bedachtnahme auf die Lage und Entwicklung des Arbeitsmarktes Höchstzahlen festgelegt werden. Diese gelten für die Zulassung von Fachkräften in Mangelberufen, die ausschließlich für bestimmte Bundesländer festgelegt wurden.

(BGBl I 2018/94)

(4) Unbeschadet der Regelungen des § 12 kann die Bundesministerin für Arbeit, Soziales, Gesundheit und Konsumentenschutz im Einvernehmen mit der Bundesministerin für Digitalisierung und Wirtschaftsstandort darüber hinaus im Falle eines anhaltend dringenden Bedarfs an Arbeitskräften in besonders hochqualifizierten Beschäftigungsbereichen durch Verordnung für das nächstfolgende Kalenderjahr festlegen, dass Ausländer mit bestimmten tertiären Ausbildungen in diesen Beschäftigungsbereichen als besonders Hochqualifizierte nach Maßgabe des § 12 und der Anlage A zugelassen werden können, wobei die erforderliche Mindestpunkteanzahl um 5 Punkte herabgesetzt wird.

(BGBl I 2018/94)

(BGBl I 2011/25)

Ausländische Künstler

§ 14. (1) Ausländer, deren unselbständige Tätigkeit überwiegend durch Aufgaben der künstlerischen Gestaltung bestimmt ist, werden zu einer Beschäftigung als Künstler zugelassen, wenn die Voraussetzungen des § 4 Abs. 1 mit Ausnahme des Abs. 1 Z 1 vorliegen. Bei Fehlen einer dieser Voraussetzungen darf die Zulassung nur versagt werden, wenn die Beeinträchtigung der durch dieses Bundesgesetz geschützten öffentlichen Interessen unverhältnismäßig schwerer wiegt als die Beeinträchtigung der Freiheit der Kunst des Ausländers.

(2) Bei der Abwägung gemäß Abs. 1 ist insbesondere darauf Bedacht zu nehmen, dass durch die Versagung der Zulassung dem Ausländer eine zumutbare Ausübung der Kunst im Ergebnis nicht unmöglich gemacht wird. Dabei darf weder ein Urteil über den Wert der künstlerischen Tätigkeit noch über die künstlerische Qualität des Künstlers maßgebend sein.

(3) Bei begründeten Zweifeln hat der Ausländer oder sein Arbeitgeber die beabsichtigte Ausübung einer künstlerischen Tätigkeit glaubhaft zu machen.

(BGBl I 2013/72)

Niedergelassene Ausländer

§ 15. (1) Ausländern, die im Besitz einer „Niederlassungsbewilligung" oder einer „Niederlassungsbewilligung – Angehöriger" sind, wird im Rahmen eines Zweckänderungsverfahrens zur Erteilung einer „Rot-Weiß-Rot – Karte plus" unbeschränkter Arbeitsmarktzugang eingeräumt (§ 17), wenn sie

1. seit zwei Jahren rechtmäßig im Bundesgebiet niedergelassen und fortgeschritten integriert sind oder
2. im Besitz einer gültigen Arbeitserlaubnis oder eines gültigen Befreiungsscheines sind oder
3. Ehegatte, eingetragener Partner oder minderjähriges lediges Kind (einschließlich Stief- und Adoptivkind) eines Ausländers gemäß Z 1 oder 2 und bereits zwölf Monate rechtmäßig im Bundesgebiet niedergelassen sind.

(2) Als fortgeschritten integriert im Sinne des Abs. 1 Z 1 gelten Personen, die bereits erlaubt im Bundesgebiet beschäftigt waren oder deren Zulassung zu einer Beschäftigung im Hinblick auf ihre besondere soziale und familiäre Verankerung in Österreich geboten ist. Dazu gehören insbesondere nachgezogene Familienangehörige, die das Modul I der Integrationsvereinbarung erfüllt haben. Bei Opfern familiärer Gewalt kann vom Erfordernis einer zweijährigen rechtmäßigen Niederlassung abgesehen werden, wenn die Aufnahme einer Beschäftigung zur Sicherung einer selbständigen Lebensführung geboten ist.

(BGBl I 2013/72)

§ 16. (aufgehoben)

(BGBl 1988/231, BGBl 1990/450, BGBl 1992/475, BGBl 1994/314, BGBl I 2013/72)

Abschnitt IIIa
Unbeschränkter Zugang zum Arbeitsmarkt

§ 17. Ausländer, die über

1. eine „Rot-Weiß-Rot – Karte plus" (§ 41a NAG) oder
2. einen Aufenthaltstitel „Familienangehöriger" (§ 47 NAG) oder „Daueraufenthalt – EU" (§ 45 NAG) oder
3. eine „Aufenthaltsberechtigung – plus" (§ 54 Abs. 1 Z 1 AsylG 2005)

verfügen, sind zur Ausübung einer Beschäftigung im gesamten Bundesgebiet berechtigt.

(BGBl 1988/231, BGBl I 2002/126, BGBl I 2005/101, BGBl I 2011/25, BGBl I 2013/72)

Abschnitt IV

(BGBl I 2017/66)

Betriebsentsendung und grenzüberschreitende Arbeitskräfteüberlassung

(BGBl I 2017/66)

§ 18. (1) Ausländer, die von einem ausländischen Arbeitgeber ohne einen im Bundesgebiet vorhandenen Betriebssitz im Inland beschäftigt werden, bedürfen, soweit im folgenden nicht anderes bestimmt ist, einer Beschäftigungsbewilligung. Dauern diese Arbeiten nicht länger als sechs Monate, bedürfen Ausländer einer Entsendebewilligung, welche längstens für die Dauer von vier Monaten erteilt werden darf.

(BGBl 1995/895)

(2) Für Ausländer nach Abs. 1, die ausschließlich im Zusammenhang mit kurzfristigen Arbeitsleistungen, für die ihrer Art nach inländische Arbeitskräfte nicht herangezogen werden, wie geschäftliche Besprechungen, Besuche von Messeveranstaltungen und Kongressen und dergleichen, beschäftigt werden, ist eine Beschäftigungsbewilligung oder Entsendebewilligung nicht erforderlich.

(BGBl 1996/201)

(3) Für Ausländer, die

1. von ihrem ausländischen Arbeitgeber im Rahmen eines Joint Venture und auf der Grundlage eines betrieblichen Schulungsprogramms nicht länger als sechs Monate zur betrieblichen Einschulung in einen Betrieb mit Betriebssitz im Bundesgebiet oder
2. im Rahmen eines international tätigen Konzerns auf Basis eines qualifizierten konzerninternen Aus- und Weiterbildungsprogramms von einem ausländischen Konzernunternehmen nicht länger als 50 Wochen in das Headquarter im Bundesgebiet oder
3. von ihrem international tätigen Dienstgeber als der Unternehmensleitung zugeteilte qualifizierte Mitarbeiter, die zur innerbetrieblichen Aus- oder Weiterbildung (Führungskräftenachwuchs) und zu Rotationen im Hinblick auf den Dienstort verpflichtet sind, nicht länger als 24 Monate in eine zum gleichen Unternehmen oder zur gleichen Unternehmensgruppe gehörende Niederlassung im Bundesgebiet

entsandt werden, ist keine Entsendebewilligung oder Beschäftigungsbewilligung erforderlich. Die Schulungs- bzw. Aus- und Weiterbildungsmaßnahme ist spätestens zwei Wochen vor Beginn vom Inhaber des inländischen Schulungsbetriebes (Z 1), vom Headquarter (Z 2) bzw. von der inländischen Niederlassung (Z 3) der zuständigen regionalen Geschäftsstelle des Arbeitsmarktservice unter Nachweis des Joint Venture-Vertrages und des Schulungsprogramms bzw. des Aus- und Weiterbildungsprogramms, in dem Zielsetzungen, Maßnahmen und Dauer der Schulung bzw. Ausbildung angegeben sind, anzuzeigen. Die regionale Geschäftsstelle hat binnen zwei Wochen eine Anzeigebestätigung auszustellen. Die Einschulung bzw. Aus- und Weiterbildung darf erst nach Vorliegen der Anzeigebestätigung begonnen werden.

(BGBl 1994/314, BGBl 1995/895, BGBl I 1997/78, BGBl I 2002/126, BGBl I 2004/136, BGBl I 2017/66)

(3a) Für Ausländer, die als Vertreter repräsentativer ausländischer Interessenvertretungen im Rahmen ihres Arbeitsverhältnisses in das Bundesgebiet abgestellt werden und deren Arbeitsvertrag Rotationen im Hinblick auf den Dienstort vorsieht, gilt Abs. 3 mit der Maßgabe, dass die aufnehmende Niederlassung der zuständigen regionalen Geschäftsstelle des Arbeitsmarktservice die Beschäftigung unter Nachweis des Arbeitsvertrags und des Abordnungsschreibens anzuzeigen hat.

(BGBl I 2017/66)

(4) Dauert die im Abs. 1 genannte Beschäftigung länger als vier Monate, so ist eine Beschäftigungsbewilligung erforderlich. Der Antrag auf Erteilung der Beschäftigungsbewilligung ist jedenfalls noch vor Ablauf des vierten Monates nach Aufnahme der Arbeitsleistung vom Inhaber des Betriebes, in dem der Ausländer beschäftigt wird, bei der zuständigen regionalen Geschäftsstelle des Arbeitsmarktservice einzubringen. Im Falle der Ablehnung der Beschäftigungsbewilligung ist die Beschäftigung spätestens zwei Wochen nach Zustellung der Entscheidung zu beenden.

(BGBl 1994/314, BGBl 1995/895, BGBl I 1997/78)

(5) Für Ausländer nach Abs. 1, die im Rahmen zwischenstaatlicher Kulturabkommen beschäftigt werden, ist eine Entsendebewilligung nicht erforderlich. Die Beschäftigung ist von der Einrichtung, in der die Arbeitsleistungen erbracht werden, bzw. vom Veranstalter spätestens am Tage der Arbeitsaufnahme der zuständigen regionalen Geschäftsstelle des Arbeitsmarktservice anzuzeigen.

(BGBl 1994/314, BGBl 1995/895)

(6) Für Ausländer nach Abs. 1, die bei Ensemblegastspielen im Theater beschäftigt werden, ist eine Entsendebewilligung nicht erforderlich, wenn die Beschäftigung nicht länger als eine Woche dauert. Die Beschäftigung ist vom Veranstalter spätestens am Tage der Arbeitsaufnahme der zuständigen regionalen Geschäftsstelle des Arbeitsmarktservice anzuzeigen.

(BGBl 1994/314, BGBl 1995/895)

(7) Dauert die Beschäftigung nach Abs. 6 länger als eine Woche, so ist der Antrag auf Erteilung der Entsendebewilligung ab Kenntnis dieses Umstandes, jedenfalls jedoch vor Ablauf einer Woche nach Aufnahme der Beschäftigung, vom Veranstalter bei der zuständigen regionalen Geschäftsstelle des Arbeitsmarktservice einzubringen.

(BGBl 1994/314, BGBl 1995/895)

(8) Bei Erteilung einer Entsendebewilligung oder einer Beschäftigungsbewilligung für einen betriebsentsandten Ausländer kann für den Fall, daß es sich um Arbeitsleistungen handelt, die von Inländern nicht erbracht werden können, von der Prüfung, ob die Lage und Entwicklung des Arbeitsmarktes die Beschäftigung zuläßt, abgesehen werden.

(BGBl 1995/895)

(9) Die Dauer der Arbeitsleistungen bzw. der Beschäftigung ist unabhängig von der Dauer des Einsatzes des einzelnen Ausländers bei diesen Arbeitsleistungen bzw. Beschäftigungen festzustellen.

(10) Die Lohn- und Arbeitsbedingungen gemäß § 4 Abs. 1 Z 2 und § 8 Abs. 1 sind als erfüllt anzusehen, wenn die Beschäftigung keine Gefährdung der

Lohn- und Arbeitsbedingungen der inländischen Arbeitnehmer mit sich bringt.

(BGBl I 2013/72)

(11) Für Arbeiten, die im Bundesgebiet üblicherweise von Betrieben der Wirtschaftsklassen Hoch- und Tiefbau, Bauinstallation, sonstiges Baugewerbe und Vermietung von Baumaschinen und Baugeräten mit Bedienungspersonal gemäß der Systematik der ÖNACE erbracht werden, kann eine Entsendebewilligung nicht erteilt werden.

(BGBl 1996/201)

(12) Für Ausländer, die von einem Unternehmen mit Betriebssitz in einem anderen Mitgliedstaat des Europäischen Wirtschaftsraumes zur Erbringung einer vorübergehenden Arbeitsleistung nach Österreich entsandt oder überlassen werden, ist keine Beschäftigungsbewilligung oder Entsendebewilligung erforderlich, wenn

1. sie ordnungsgemäß zu einer Beschäftigung im Staat des Betriebssitzes über die Dauer der Entsendung oder Überlassung nach Österreich hinaus zugelassen und beim entsendenden Unternehmen rechtmäßig beschäftigt sind,
2. die österreichischen Lohn- und Arbeitsbedingungen gemäß § 3 Abs. 3 bis 6, § 4 Abs. 2 bis 5 und § 5 des Lohn- und Sozialdumping-Bekämpfungsgesetzes (LSD-BG), BGBl. Nr. 44/2016, im Fall der Überlassung gemäß § 10 AÜG, § 3 Abs. 4, § 4 Abs. 2 und 5 und § 6 LSD-BG sowie die sozialversicherungsrechtlichen Bestimmungen eingehalten werden und
3. im Fall der Überlassung kein Untersagungsgrund gemäß § 18 Abs. 1 AÜG vorliegt.

Die Zentrale Koordinationsstelle für die Kontrolle der illegalen Beschäftigung nach dem Ausländerbeschäftigungsgesetz und dem Lohn- und Sozialdumping-Bekämpfungsgesetz des Amtes für Betrugsbekämpfung (Zentrale Koordinationsstelle) hat die Meldung über die Beschäftigung betriebsentsandter oder überlassener Ausländer gemäß § 19 Abs. 2 bis 4 LSD-BG unverzüglich der zuständigen regionalen Geschäftsstelle des Arbeitsmarktservice zu übermitteln. Die regionale Geschäftsstelle des Arbeitsmarktservice hat binnen zwei Wochen ab Einlangen der Meldung dem Unternehmen und dem Auftraggeber oder Beschäftiger, der die Arbeitsleistungen in Anspruch nimmt, das Vorliegen der Voraussetzungen zu bestätigen (EU-Entsendebestätigung bzw. EU-Überlassungsbestätigung) oder bei Nichtvorliegen die Entsendung oder Überlassung zu untersagen. Unbeschadet der Meldepflicht gemäß § 19 Abs. 2 bis 4 LSD-BG sowie sonstiger Pflichten nach dem AÜG, darf die Beschäftigung bei Vorliegen der Voraussetzungen auch ohne EU-Entsendebestätigung bzw. EU-Überlassungsbestätigung begonnen werden.

(BGBl I 1997/78, BGBl I 2004/28, BGBl I 2005/101, BGBl I 2007/78, BGBl I 2017/66, BGBl I 2019/104)

(13) Abs. 12 gilt sinngemäß für unternehmensintern transferierte Ausländer (§ 2 Abs. 13), die bereits einen gültigen Aufenthaltstitel für unternehmensintern transferierte Arbeitnehmer mit dem Vermerk „ICT“ eines anderen Mitgliedstaates der Europäischen Union innehaben und bis zu 90 Tage innerhalb eines Zeitraums von 180 Tagen in eine oder mehrere Niederlassungen des gleichen Unternehmens oder der gleichen Unternehmensgruppe mit Sitz im Bundesgebiet vorübergehend abgestellt und dort entsprechend tätig werden. Bei Vorliegen der Voraussetzungen ist eine EU-Entsendebestätigung auszustellen. Bei Nichtvorliegen der Voraussetzungen ist die Entsendung zu untersagen und die zuständige Behörde des Mitgliedstaats, der einen Aufenthaltstitel für unternehmensintern transferierte Arbeitnehmer mit dem Vermerk „ICT“ ausgestellt hat, von der Untersagung zu verständigen.

(BGBl I 2017/66)

(BGBl 1995/895)

Unternehmensintern transferierte AusländerInnen

§ 18a. (1) AusländerInnen werden zu einer Beschäftigung als unternehmensintern transferierte ArbeitnehmerInnen (§ 2 Abs. 13) zugelassen, wenn

1. sie unmittelbar vor dem Zeitpunkt des Transfers
   a) als Führungskraft oder SpezialistIn mindestens neun Monate ohne Unterbrechung oder
   b) als Trainee mindestens sechs Monate ohne Unterbrechung

   in dem gleichen Unternehmen oder der gleichen Unternehmensgruppe beschäftigt waren, im Bundesgebiet in dieser Eigenschaft beschäftigt werden und nachweislich über die erforderliche berufliche Qualifikation und Erfahrung bzw. als Trainee über einen Hochschulabschluss verfügen,
2. ein Arbeitsvertrag mit dem/der ausländischen ArbeitgeberIn und erforderlichenfalls ein Abordnungsschreiben samt dem Nachweis, dass der/die AusländerIn nach Beendigung seines/ihres unternehmensinternen Transfers in eine Niederlassung zurückkehren kann, die dem gleichen Unternehmen oder der gleichen Unternehmensgruppe angehört und in einem Drittstaat ansässig ist, vorliegt,
3. die österreichischen Lohn- und Arbeitsbedingungen gemäß § 3 Abs. 3 bis 6, § 4 Abs. 2 bis 5 und § 5 LSD-BG, sowie die sozialversicherungsrechtlichen Vorschriften eingehalten werden,
4. sie auf einem Arbeitsplatz in der Niederlassung, die nicht von Streik oder Aussperrung betroffen ist, beschäftigt werden, wobei eine Zurverfügungstellung des Ausländers/der Ausländerin an Dritte unbeschadet der Einsatzmöglichkeit bei KundInnen der aufnehmenden Niederlassung zwecks Durchführung von Werkverträgen nicht als Beschäftigung in der Niederlassung gilt,
5. im Fall der Ausübung eines reglementierten Berufs die dafür geltenden Voraussetzungen erfüllt sind,

6. das Unternehmen der aufnehmenden Niederlassung während der letzten zwölf Monate vor der Antragstellung nicht wiederholt AusländerInnen entgegen den Bestimmungen dieses Bundesgesetzes oder § 29 LSD-BG beschäftigt hat,
7. die aufnehmende Niederlassung nicht hauptsächlich zum Zwecke gegründet worden ist, die Einreise von unternehmensintern transferierten ArbeitnehmerInnen zu erleichtern und
8. das Unternehmen des Arbeitgebers/der Arbeitgeberin mit Betriebssitz im Ausland oder die aufnehmende Niederlassung eine echte Geschäftstätigkeit ausübt und sich der/die ArbeitgeberIn oder die aufnehmende Niederlassung nicht nach den für seinen bzw. ihren Betriebssitz geltenden Insolvenzgesetzen in Abwicklung befindet oder abgewickelt worden ist.

(2) Abs. 1 gilt mit Ausnahme der Z 1 auch für unternehmensintern transferierte AusländerInnen, die InhaberInnen eines gültigen Aufenthaltstitels für unternehmensintern transferierte ArbeitnehmerInnen („ICT“) eines anderen Mitgliedstaates der Europäischen Union sind und in eine Niederlassung des gleichen Unternehmens oder der gleichen Unternehmensgruppe mit Betriebssitz im Bundesgebiet vorübergehend abgestellt und dort entsprechend tätig werden.

(3) Der Bundesminister für Arbeit, Soziales und Konsumentenschutz kann durch Verordnung zahlenmäßige Kontingente für die Beschäftigung unternehmensintern transferierter ArbeitnehmerInnen festlegen. Er hat dabei auf die Aufnahmefähigkeit des inländischen Arbeitsmarktes und die Sicherung der Wettbewerbsfähigkeit inländischer Unternehmen Bedacht zu nehmen.

(BGBl I 2017/66)

Abschnitt V
Verfahren

Anträge nach Abschnitt II und IV

(BGBl I 2013/72)

§ 19. (1) Der Antrag auf Ausstellung einer Sicherungsbescheinigung oder Anzeigebestätigung bzw. Erteilung einer Beschäftigungsbewilligung oder Entsendebewilligung ist unbeschadet der Abs. 2 und 3 und des § 18 vom Arbeitgeber bei der regionalen Geschäftsstelle des Arbeitsmarktservice einzubringen, in deren Sprengel der in Aussicht genommene Beschäftigungsort liegt, bei wechselndem Beschäftigungsort bei der nach dem Sitz des Betriebes, im Falle der Entsendung bei der für den ersten Arbeitseinsatz örtlich oder fachlich zuständigen regionalen Geschäftsstelle des Arbeitsmarktservice.

(BGBl 1994/314, BGBl 1995/895, BGBl I 2013/72)

(2) Wird der Ausländer über den im § 6 Abs. 2 genannten Zeitraum hinaus im Betrieb eines anderen Arbeitgebers beschäftigt, ist die Beschäftigungsbewilligung oder Entsendebewilligung von diesem Arbeitgeber zu beantragen.

(BGBl 1995/895)

(3) Ist kein Arbeitgeber im Bundesgebiet vorhanden, ist der Antrag nach Abs. 1 für den Fall, daß eine Person im Sinne des § 2 Abs. 3 vorhanden ist, von dieser, in allen anderen Fällen vom Ausländer zu beantragen. Der Antrag ist bei der regionalen Geschäftsstelle des Arbeitsmarktservice einzubringen, in dessen Sprengel die Arbeitsleistungen bzw. Beschäftigungen erbracht werden.

(BGBl 1994/314)

(4) Der Antrag auf Ausstellung eines Befreiungsscheines ist vom Ausländer bei dem nach seinem Wohnsitz, in Ermangelung eines solchen bei der nach seinem gewöhnlichen Aufenthalt zuständigen regionalen Geschäftsstelle des Arbeitsmarktservice einzubringen.

(BGBl 1990/450, BGBl 1994/314, BGBl I 2013/72)

(5) Der Antrag auf Ausstellung einer Sicherungsbescheinigung ist vor der Einreise des Ausländers, der Antrag auf Erteilung einer Beschäftigungsbewilligung oder Entsendebewilligung vor Aufnahme der Beschäftigung einzubringen. Der Antrag auf Verlängerung einer Beschäftigungsbewilligung oder eines Befreiungsscheines ist vor Ablauf der jeweiligen Geltungsdauer einzubringen.

(BGBl 1990/450, BGBl 1995/895, BGBl I 2013/72)

(6) Wurde eine Sicherungsbescheinigung ausgestellt, sind die für die Erteilung der Beschäftigungsbewilligung erforderlichen Voraussetzungen bereits vor Einbringung des Antrages auf Erteilung der Beschäftigungsbewilligung zu prüfen.

(7) Bei einer Vermittlung durch die regionale Geschäftsstelle des Arbeitsmarktservice ist bei Vorliegen der Voraussetzungen von Amts wegen die Beschäftigungsbewilligung auszustellen oder der Befreiungsschein auszustellen.

(BGBl 1990/450, BGBl 1994/314, BGBl I 2013/72)

(8) Bei Anträgen, die auf geringfügige Änderungen des Inhaltes oder die Verlängerung einer Sicherungsbescheinigung, einer Beschäftigungsbewilligung oder eines Befreiungsscheines gerichtet sind, kann sich die Prüfung der Voraussetzungen auf jene beschränken, die sich ändern.

(BGBl 1990/450, BGBl I 2013/72)

(9) Anträge gemäß Abs. 1, 2, 3, 4, 5 und 8 sind unter Verwendung der bei den Geschäftsstellen des Arbeitsmarktservice aufliegenden Antragsformulare schriftlich einzubringen.

(BGBl I 1997/78)

(10) Die fachliche Zuständigkeit der Geschäftsstellen des Arbeitsmarktservice richtet sich nach der Arbeitsmarktsprengelverordnung, BGBl. Nr. 928/1994, in der jeweils geltenden Fassung.

(BGBl I 2002/126)

Entscheidung

§ 20. (1) Über Anträge gemäß § 19, über den Widerruf einer Sicherungsbescheinigung, Beschäftigungsbewilligung oder Entsendebewilligung oder eines Befreiungsscheines und über die Untersagung der Beschäftigung gemäß § 18 Abs. 12 entscheidet die nach § 19 Abs. 1, 3 und 4 zuständige regionale Geschäftsstelle des Arbeitsmarktservice.

(2) Soweit in diesem Bundesgesetz nicht anderes bestimmt ist, ist vor Entscheidungen und vor der Ausstellung von Bestätigungen gemäß § 18 Abs. 12 und 13 der Regionalbeirat anzuhören. Eine allfällige Äußerung im Rahmen der Anhörung ist binnen einer Woche abzugeben. Der Regionalbeirat kann festlegen, dass die Ausstellung von Sicherungsbescheinigungen und von Bestätigungen gemäß § 18 Abs. 12 und 13 sowie die Erteilung von Beschäftigungsbewilligungen und Entsendebewilligungen insbesondere bei Vorliegen einer bestimmten Arbeitsmarktlage oder bestimmter persönlicher Umstände der Ausländer als befürwortet gelten. Eine derartige Festlegung ist nur zulässig, wenn sie von einem Mitglied des Regionalbeirates oder des Landesdirektoriums angeregt wird und arbeitsmarktpolitischen Interessen nicht entgegensteht.

(BGBl I 2017/66)

(3) Eine Bescheidausfertigung über die Beschäftigungsbewilligung bzw. über den Widerruf einer solchen ist auch dem Ausländer unabhängig von seiner Stellung im Verfahren (§ 21) zuzustellen. Gleiches gilt für die Anzeigebestätigung gemäß § 3 Abs. 5 und für die Entsendebewilligung nach § 18. Die Ausfertigung der Beschäftigungsbewilligung für den Ausländer hat Angaben über die in Aussicht gestellte Entlohnung zu enthalten.

(4) Die Ausfertigungen der nach diesem Bundesgesetz vorgesehenen Bescheide und Bescheinigungen, die im Wege elektronischer Datenverarbeitungsanlagen oder in einem ähnlichen Verfahren hergestellt werden, bedürfen weder einer Unterschrift noch einer Beglaubigung.

(BGBl 1990/450, BGBl 1991/684, BGBl 1994/314, BGBl 1995/895, BGBl 1996/201, BGBl I 1997/78, BGBl I 2011/25, BGBl I 2013/72)

Verfahrensdauer

§ 20a. Über Anträge auf Beschäftigungsbewilligungen und Sicherungsbescheinigungen ist von der regionalen Geschäftsstelle des Arbeitsmarktservice binnen sechs Wochen zu entscheiden.

(BGBl 1990/450, BGBl 1994/314, BGBl I 1997/78, BGBl I 2013/72)

Vorläufige Berechtigung zur Beschäftigungsaufnahme

§ 20b. (1) Wird dem Antragsteller die Entscheidung über den Antrag auf Beschäftigungsbewilligung nicht innerhalb der im § 20a genannten Frist zugestellt, kann der Arbeitgeber den Ausländer beschäftigen und hat Anspruch auf eine diesbezügliche Bescheinigung, es sei denn, daß diese Frist durch eine Mitteilung der regionalen Geschäftsstelle des Arbeitsmarktservice an den Arbeitgeber wegen einer durch diesen verursachten Verzögerung gehemmt wird. Diese Berechtigung zur Beschäftigungsaufnahme endet mit der Zustellung der Entscheidung, frühestens jedoch vier Wochen nach diesem Zeitpunkt.

(BGBl 1994/314, BGBl I 2013/72)

(2) Die zuständige regionale Geschäftsstelle des Arbeitsmarktservice hat dem Arbeitgeber zu bescheinigen, daß die Voraussetzungen für eine Arbeitsaufnahme nach Abs. 1 gegeben sind.

(BGBl 1994/314, BGBl I 2013/72)

(3) Der Ausländer, dessen Arbeitsverhältnis wegen Ablehnung des Antrages auf Beschäftigungsbewilligung endet, hat Anspruch auf Schadenersatz wie auf Grund eines berechtigten vorzeitigen Austritts, sofern die Ablehnung aus Gründen erfolgte, die auf einem Verschulden des Arbeitgebers beruhen.

(BGBl 1990/450)

(4) Die Berechtigung gemäß Abs. 1 entsteht nur, wenn der Ausländer rechtmäßig im Bundesgebiet niedergelassen ist.

(BGBl 1992/475, BGBl I 1997/78, BGBl I 2005/101, BGBl I 2017/66)

Aufenthaltsvisum zur Arbeitsuche für besonders Hochqualifizierte

§ 20c. (1) Die Landesgeschäftsstelle des Arbeitsmarktservice Wien (Zentrale Ansprechstelle) hat vor Erteilung eines Aufenthaltsvisums zur Arbeitsuche die gemäß § 24a FPG vorgelegten Dokumente zu prüfen und der Vertretungsbehörde mitzuteilen, ob der Antragsteller die Voraussetzungen des § 12 iVm **Anlage A** erfüllt.

(BGBl I 2013/72)

Zulassungsverfahren für besonders Hochqualifizierte, Fachkräfte, sonstige Schlüsselkräfte, Studienabsolventen und Künstler

§ 20d. (1) Besonders Hochqualifizierte, Fachkräfte sowie sonstige Schlüsselkräfte und Studienabsolventen haben den Antrag auf eine „Rot-Weiß-Rot – Karte“, Schlüsselkräfte gemäß § 12c den Antrag auf eine „Blaue Karte EU“ und ausländische Künstler den Antrag auf eine Niederlassungsbewilligung – Künstler gemeinsam mit einer schriftlichen Erklärung des Arbeitgebers, die im Antrag angegebenen Beschäftigungsbedingungen einzuhalten, bei der nach dem NAG zuständigen Behörde einzubringen. Der Antrag kann auch vom Arbeitgeber für den Ausländer im Inland eingebracht werden. Die nach dem NAG zuständige Behörde hat den Antrag, sofern er nicht gemäß § 41 Abs. 3 Z 1 oder 2 NAG zurück- oder abzuweisen ist, unverzüglich an die nach dem Betriebssitz des Arbeitgebers zuständige regionale Geschäftsstelle des Arbeitsmarktservice zur Prüfung der jeweiligen Zulassungsvoraussetzungen zu übermitteln. Die regionale Geschäftsstelle hat den Regionalbeirat anzuhören und binnen vier Wochen der nach dem NAG zuständigen Behörde – je nach Antrag – schriftlich zu bestätigen, dass die Voraussetzungen für die Zulassung

1. als besonders Hochqualifizierter gemäß § 12
2. als Fachkraft gemäß § 12a,

3. als Schlüsselkraft gemäß § 12b Z 1,
4. als Schlüsselkraft gemäß § 12b Z 2 (Studienabsolvent),
5. als Schlüsselkraft gemäß § 12c (Anwärter auf eine „Blaue Karte EU“) oder
6. als Künstler gemäß § 14

erfüllt sind. Die nach dem NAG zuständige Behörde hat die regionale Geschäftsstelle über die Erteilung des jeweiligen Aufenthaltstitels unter Angabe der Geltungsdauer zu verständigen. Bei Nichtvorliegen der Voraussetzungen hat die regionale Geschäftsstelle die Zulassung zu versagen und den diesbezüglichen Bescheid unverzüglich der nach dem NAG zuständigen Behörde zur Zustellung an den Arbeitgeber und den Ausländer zu übermitteln.

(BGBl I 2017/66)

(2) Die Zulassung gemäß Abs. 1 gilt für die Beschäftigung bei dem im Antrag angegebenen Arbeitgeber im gesamten Bundesgebiet. Die regionale Geschäftsstelle des Arbeitsmarktservice hat unverzüglich nach Beginn der Beschäftigung die Anmeldung zur Sozialversicherung zu überprüfen. Entspricht diese nicht den für die Zulassung maßgeblichen Voraussetzungen, ist die nach dem NAG zuständige Behörde zu verständigen (§ 28 Abs. 6 NAG). Bei einem Arbeitgeberwechsel vor Erteilung einer „Rot-Weiß-Rot – Karte plus“ (§ 41a NAG) ist Abs. 1 sinngemäß anzuwenden.

(3) Die Zulassung für eine Beschäftigung auf Arbeitsplätzen in einem von Streik oder Aussperrung betroffenen Betrieb ist zu versagen.

(4) Für die Zulassung von selbständigen Schlüsselkräften gilt § 24.

(5) Abweichend von Abs. 2 erster Satz ist die Beschäftigung von Fachkräften gemäß § 12a, die in einem Mangelberuf für bestimmte Bundesländer zugelassen werden, auf Betriebsstätten des Arbeitgebers in diesem Bundesland beschränkt. Die Erbringung von Arbeitsleistungen auf auswärtigen Arbeitsstellen iSd § 2 Abs. 3 des Arbeitsinspektionsgesetzes 1993 (ArbIG), BGBl. 27/1993 ist zulässig.

(BGBl I 2018/94)

(BGBl I 2013/72)

Rot-Weiß-Rot – Karte plus

§ 20e. (1) Vor Erteilung einer „Rot-Weiß-Rot – Karte plus“ (§ 41a Abs. 1, 2 und 7, § 47 Abs. 4, § 56 Abs. 3 NAG) hat im Falle der Z 1 die nach dem Wohnsitz des Ausländers oder der Ausländerin, im Falle der Z 2 oder 3 die nach dem Betriebssitz des Arbeitgebers oder der Arbeitgeberin zuständige regionale Geschäftsstelle des Arbeitsmarktservice der nach dem NAG zuständigen Behörde zu bestätigen, dass der Ausländer oder die Ausländerin

1. die Voraussetzungen gemäß § 15 erfüllt oder
2. als InhaberIn einer „Rot-Weiß-Rot – Karte“ innerhalb der letzten 24 Monate 21 Monate unter den für die Zulassung maßgeblichen Voraussetzungen beschäftigt war oder
3. als InhaberIn einer „Blauen Karte – EU“ innerhalb der letzten 24 Monate 21 Monate unter den für die Zulassung maßgeblichen Voraussetzungen beschäftigt war.

Im Falle der Z 1 ist vor der Bestätigung der Regionalbeirat anzuhören.

(BGBl I 2017/66)

(2) Als Beschäftigung im Sinne des Abs. 1 Z 2 und 3 gelten auch Zeiten

1. eines Erholungsurlaubes,
2. des Wochengeldbezugs,
3. einer Karenz nach dem Mutterschutzgesetz 1979 – MSchG, BGBl. Nr. 221, dem Väter-Karenzgesetz – VKG, BGBl. Nr. 651/1989, oder dem Landarbeitsgesetz 1984,
4. einer Bildungskarenz gemäß § 11 AVRAG,
5. eines sonstigen, für eine verhältnismäßig kurze Dauer vereinbarten Karenzurlaubes und
6. einer Krankheit, für deren Dauer das Entgeltfortzahlungsgesetz – EFZG, BGBl. Nr. 399/1974, das Angestelltengesetz, BGBl. Nr. 1921, oder § 1154b des Allgemeinen bürgerlichen Gesetzbuches (ABGB), JGS Nr. 946/1811, gilt.

(3) Die zuständige regionale Geschäftsstelle hat bei Nichtvorliegen der Voraussetzungen gemäß Abs. 1 Z 1, 2 oder 3 die Bestätigung mit Bescheid zu versagen und diesen unverzüglich der nach dem NAG zuständigen Behörde zur Zustellung an den Ausländer oder die Ausländerin zu übermitteln.

(BGBl I 2017/66)

(BGBl I 2013/72)

Zulassungsverfahren für unternehmensintern transferierte ArbeitnehmerInnen und deren Familienangehörige

§ 20f. (1) Unternehmensintern transferierte AusländerInnen haben den Antrag auf eine Aufenthaltsbewilligung als unternehmensintern transferierter Arbeitnehmer (ICT) gemeinsam mit einer schriftlichen Erklärung des Inhabers/der Inhaberin der aufnehmenden Niederlassung, die im Antrag angegebenen Beschäftigungsbedingungen einzuhalten, bei der nach dem NAG zuständigen Behörde einzubringen. Der Antrag kann auch vom Inhaber/von der Inhaberin der aufnehmenden Niederlassung für den/die AusländerIn im Inland eingebracht werden. Die nach dem NAG zuständige Behörde hat den Antrag, sofern er nicht gemäß § 58 Abs. 2 Z 1 oder 2 NAG zurück- oder abzuweisen ist, unverzüglich an die nach dem Betriebssitz der aufnehmenden Niederlassung zuständige regionale Geschäftsstelle des Arbeitsmarktservice zur Prüfung der Zulassungsvoraussetzungen zu übermitteln. Die regionale Geschäftsstelle hat binnen vier Wochen der nach dem NAG zuständigen Behörde schriftlich zu bestätigen, dass die Voraussetzungen für die Zulassung als unternehmensintern transferierte/r ArbeitnehmerIn gemäß § 18a Abs. 1 erfüllt sind. Die nach dem NAG zuständige Behörde hat die regionale Geschäftsstelle über die Erteilung des jeweiligen Aufenthaltstitels unter Angabe der Geltungsdauer zu verständigen. Bei Nichtvorliegen der Voraussetzungen hat die regionale Geschäftsstelle die Zulassung mit Bescheid zu versagen und diesen unverzüglich der nach dem NAG zuständigen Behörde zur Zustellung an die aufnehmende Niederlassung und den/die AusländerIn zu übermitteln.

(2) Das Verfahren gemäß Abs. 1 ist für unternehmensintern transferierte AusländerInnen, die bereits einen gültigen Aufenthaltstitel für unternehmensintern transferierte ArbeitnehmerInnen eines anderen Mitgliedstaates der Europäischen Union innehaben und länger als 90 Tage in das Bundesgebiet vorübergehend abgestellt werden und dort tätig zu werden beabsichtigen, mit der Maßgabe anzuwenden, dass der Antrag auf eine Aufenthaltsbewilligung als mobiler unternehmensintern transferierter Arbeitnehmer („mobile ICT") samt den erforderlichen Unterlagen spätestens 20 Tage vor Beginn der beabsichtigten Beschäftigung im Bundesgebiet oder vor Ablauf der EU-Entsendebestätigung gemäß § 18 Abs. 13 bei der nach dem NAG zuständigen Behörde einzubringen ist. Bei verspäteter oder unvollständiger Antragstellung beginnt diese Frist ab dem Tag des Einlangens des Antrags samt den erforderlichen Unterlagen bei der nach dem NAG zuständigen Behörde zu laufen. Wird innerhalb dieser Frist trotz Vorliegens aller Unterlagen eine Entscheidung der regionalen Geschäftsstelle oder der nach dem NAG zuständigen Behörde nicht zugestellt, darf die Beschäftigung bei Vorliegen der Voraussetzungen gemäß § 18a Abs. 2 auch ohne Aufenthaltsbewilligung als mobiler unternehmensintern transferierter Arbeitnehmer („mobile ICT") vorläufig begonnen werden.

(3) Die Zulassung gemäß Abs. 1 und 2 gilt für die jeweils genehmigte Beschäftigung als Führungskraft, SpezialistIn oder Trainee bei der oder den im Antrag angegebenen aufnehmenden Niederlassung oder Niederlassungen. Die Tätigkeit der Arbeitskraft an Standorten von KundInnen der inländischen Niederlassung im Rahmen von Werkverträgen und innerhalb des Bundesgebiets ist von der Zulassung umfasst. Die regionale Geschäftsstelle des Arbeitsmarktservice hat unverzüglich nach Beginn der Beschäftigung die Anmeldung zur Sozialversicherung zu überprüfen. Entspricht diese nicht den für die Zulassung maßgeblichen Voraussetzungen, ist die nach dem NAG zuständige Behörde zu verständigen (§ 28 Abs. 6 NAG).

(4) Für Anträge von Familienangehörigen eines/einer unternehmensintern transferierten Ausländers/Ausländerin (§ 18a Abs. 1 oder 2) auf Erteilung einer Aufenthaltsbewilligung „Familiengemeinschaft" gemäß § 69 Abs. 3 NAG gilt das Verfahren nach § 20d sinngemäß, sofern dieser Aufenthaltstitel dem/der Familienangehörigen Zugang zum Arbeitsmarkt gewähren soll. Die in diesen Anträgen genannten Familienangehörigen erhalten mit dem Aufenthaltstitel Zugang zum Arbeitsmarkt, wenn sinngemäß die Voraussetzungen des § 4 Abs. 1 mit Ausnahme der Z 1 und 9 erfüllt sind. Für die Arbeitsmarktprüfung gilt § 4b Abs. 3. Die Anhörung des Regionalbeirats entfällt.

(BGBl I 2017/66)

Rechtsmittel

§ 20g. (1) Über Beschwerden gegen Bescheide der regionalen Geschäftsstellen des Arbeitsmarktservice entscheidet das Bundesverwaltungsgericht spätestens drei Monate nach deren Einlangen durch einen Senat, dem zwei fachkundige Laienrichter, je einer aus dem Kreis der Arbeitgeber und aus dem Kreis der Arbeitnehmer, angehören.

(2) Die fachkundigen Laienrichter und Ersatzrichter haben über besondere Kenntnisse des Arbeitsmarktes und des Ausländerbeschäftigungsrechts zu verfügen und sind von der Bundesarbeitskammer und der Wirtschaftskammer Österreich in erforderlicher Anzahl vorzuschlagen.

(3) Die zuständige regionale Geschäftsstelle kann den angefochtenen Bescheid binnen zehn Wochen nach Einlangen der Beschwerde aufheben, abändern oder die Beschwerde zurück- oder abweisen (Beschwerdevorentscheidung).

(4) Beschwerden gegen den Widerruf einer Sicherungsbescheinigung, einer Beschäftigungsbewilligung, einer Entsendebewilligung oder eines Befreiungsscheines haben keine aufschiebende Wirkung. Beschwerden gegen den Widerruf einer Beschäftigungsbewilligung kann aufschiebende Wirkung zuerkannt werden.

(5) Im Übrigen gelten die Bestimmungen des Verwaltungsgerichtsverfahrensgesetzes – VwGVG, BGBl. I Nr. 33/2013.

(6) Wird gegen ein Erkenntnis oder einen Beschluss des Bundesverwaltungsgerichtes Revision erhoben, hat die regionale Geschäftsstelle des Arbeitsmarktservice das Verfahren bis zur Entscheidung des Verwaltungsgerichtshofes auszusetzen.

(BGBl I 2017/66)

(BGBl I 2013/72)

Stellung des Ausländers im Verfahren

§ 21. Der Ausländer hat in allen Verfahren, in denen seine persönlichen Umstände maßgeblich für die Entscheidung sind, sowie in jenen Fällen, in denen keine Person im Sinne des § 2 Abs. 3 vorhanden ist, Parteistellung. In allen anderen Verfahren hat der Ausländer die Stellung eines Beteiligten.

(BGBl 1990/450)

Ausländerausschuß

§ 22. (1) Der Ausländerausschuss ist neben den in diesem Bundesgesetz vorgesehenen auch in allen sonstigen Angelegenheiten der Ausländerbeschäftigung von grundsätzlicher Bedeutung einschließlich der internationalen Angelegenheiten der Arbeitsmigration und des EU-Migrationsrechts anzuhören.

(BGBl 1994/314, BGBl I 2011/25)

(2) Der Ausländerausschuß ist ein Ausschuß des Verwaltungsrates des Arbeitsmarktservice, dem je zwei Vertreter der Bundeskammer für Arbeiter und

Angestellte, des Österreichischen Gewerkschaftsbundes und der Bundeskammer der gewerblichen Wirtschaft sowie je ein Vertreter der Vereinigung Österreichischer Industrieller und der Präsidentenkonferenz der Landwirtschaftskammern Österreichs angehören.

(BGBl 1994/314)

Ausländerausschüsse der Landesdirektorien

§ 23. (1) Die Ausländerausschüsse der Landesdirektorien haben, abgesehen von den ihnen nach anderen gesetzlichen Vorschriften übertragenen Aufgaben, bei der Erfüllung der den Landesgeschäftsstellen des Arbeitsmarktservice obliegenden Aufgaben, soweit dies in diesem Bundesgesetz vorgesehen ist, mitzuwirken.

(BGBl 1988/231, BGBl 1994/314)

(2) Dem Ausländerausschuß des Landesdirektoriums des Arbeitsmarktservice müssen aus dem Stande der Arbeitgebervertreter zwei Mitglieder auf Grund eines Vorschlages der Kammer der gewerblichen Wirtschaft und aus dem Stande der Arbeitnehmervertreter zwei Mitglieder auf Grund eines Vorschlages der Kammer für Arbeiter und Angestellte angehören.

(BGBl 1994/314)

Abschnitt VI
Gemeinsame Bestimmungen

Gutachten für selbständige Schlüsselkräfte und Start-up-GründerInnen

§ 24. (1) AusländerInnen werden als selbständige Schlüsselkräfte zugelassen, wenn ihre beabsichtigte Erwerbstätigkeit insbesondere hinsichtlich des damit verbundenen Transfers von Investitionskapital in der Höhe von mindestens € 100.000 oder der Schaffung von neuen oder Sicherung von bestehenden Arbeitsplätzen von gesamtwirtschaftlichem Nutzen ist oder zumindest eine Bedeutung für eine Region hat.

(2) AusländerInnen werden als Start-up-GründerInnen zugelassen, wenn sie

1. die erforderliche Mindestpunkteanzahl für die in Anlage D angeführten Kriterien erreichen,
2. im Rahmen eines neu zu gründenden Unternehmens innovative Produkte, Dienstleistungen, Verfahren oder Technologien entwickeln und in den Markt einführen,
3. dazu einen schlüssigen Businessplan für die Gründung und den Betrieb des Unternehmens vorlegen,
4. wesentlichen Einfluss auf die Geschäftsführung des geplanten Unternehmens tatsächlich persönlich ausüben und
5. Kapital für das zu gründende Unternehmen in der Höhe von mindestens € 50.000, davon zumindest die Hälfte Eigenkapital, nachweisen.

(3) Für AusländerInnen nach Abs. 1 oder Abs. 2 hat die nach dem beabsichtigten Betriebssitz zuständige Landesgeschäftsstelle des Arbeitsmarktservice binnen drei Wochen das im aufenthaltsrechtlichen Zulassungsverfahren gemäß § 41 NAG erforderliche Gutachten über das Vorliegen der jeweiligen Voraussetzungen nach Abs. 1 oder Abs. 2 unter Anhörung des Landesdirektoriums zu erstellen.

(4) AusländerInnen nach Abs. 2 wird im Rahmen eines Zweckänderungsverfahrens zur Erteilung einer „Rot-Weiß-Rot – Karte plus" nach Maßgabe der §§ 41 Abs. 5 und 41a Abs. 7a NAG ein unbeschränkter Arbeitsmarktzugang eingeräumt (§ 17), wenn sie im gegründeten Unternehmen

1. mindestens zwei Vollzeitarbeitskräfte beschäftigen,
2. wesentlichen Einfluss auf die Geschäftsführung des Unternehmens tatsächlich persönlich ausüben,
3. entweder einen Jahresumsatz von zumindest € 200.000 erreicht haben oder sich eine weitere Finanzierung von zumindest € 100.000 sichern konnten und
4. ein innovatives Produkt oder eine innovative Dienstleistung auch tatsächlich anbieten oder entwickeln

und die nach dem Betriebssitz des Ausländers oder der Ausländerin zuständige Landesgeschäftsstelle des Arbeitsmarktservice, nach Anhörung des Landesdirektoriums, der nach dem NAG zuständigen Behörde in Form eines schriftlichen Gutachtens bestätigt, dass der Ausländer oder die Ausländerin diese Voraussetzungen erfüllt.

(5) Liegen die Voraussetzungen gem. Abs. 4 nicht vor, teilt die zuständige Landesgeschäftsstelle des Arbeitsmarktservice, nach Anhörung des Landesdirektoriums, der nach dem NAG zuständigen Behörde in Form eines schriftlichen Gutachtens mit, dass der Ausländer oder die Ausländerin die Voraussetzungen gemäß Abs. 4 nicht erfüllt.

(BGBl I 2017/66)

Verhältnis zur Aufenthaltsberechtigung

§ 25. Die Sicherungsbescheinigung, die Beschäftigungsbewilligung oder Entsendebewilligung und eine nach diesem Bundesgesetz ausgestellte Anzeigebestätigung enthebt den Ausländer nicht der Verpflichtung, den jeweils geltenden Vorschriften über die Einreise und den Aufenthalt von Ausländern nachzukommen.

(BGBl 1990/450, BGBl 1995/895, BGBl I 2013/72)

Überwachung, Auskunfts- und Meldepflicht

§ 26. (1) Die Arbeitgeber sind verpflichtet, den Landesgeschäftsstellen des Arbeitsmarktservice und regionalen Geschäftsstellen des Arbeitsmarktservice sowie den Trägern der Krankenversicherung und dem Amt für Betrugsbekämpfung auf deren Verlangen Anzahl und Namen der im Betrieb beschäftigten Ausländer bekanntzugeben. Die Arbeitgeber und Ausländer sind verpflichtet, den vorerwähnten Behörden und Trägern der Krankenversicherung sowie dem Bundesverwaltungsgericht die zur Durchführung dieses Bundesgesetzes

AuslBG

notwendigen Auskünfte zu erteilen und in die erforderlichen Unterlagen Einsicht zu gewähren. Die Arbeitgeber haben dafür zu sorgen, daß bei ihrer Abwesenheit von der Betriebsstätte oder Arbeitsstelle eine dort anwesende Person den genannten Behörden und Rechtsträgern die erforderlichen Auskünfte erteilt und Einsicht in die erforderlichen Unterlagen gewährt.

(BGBl 1994/314, BGBl I 1999/120, BGBl I 2002/68, BGBl I 2005/103, BGBl I 2013/72, BGBl I 2019/104)

(2) Die in Abs. 1 genannten Behörden und Organe des Amtes für Betrugsbekämpfung sowie die Organe der Träger der Krankenversicherung sind zur Durchführung ihrer Aufgaben berechtigt, die Betriebsstätten, Betriebsräume und auswärtigen Arbeitsstätten sowie die Aufenthaltsräume der Arbeitnehmer zu betreten und Wege zu befahren, auch wenn dies sonst der Allgemeinheit untersagt ist.

(BGBl I 2002/68, BGBl I 2005/103, BGBl I 2019/104)

(3) Die Organe der in Abs. 1 genannten Behörden sowie der Träger der Krankenversicherung haben bei Betreten des Betriebes den Arbeitgeber, in jenen Fällen, in denen der Arbeitgeber Arbeitsleistungen bei einem Auftraggeber erbringen läßt, auch diesen, oder deren Bevollmächtigte und den Betriebsrat von ihrer Anwesenheit zu verständigen; hiedurch darf der Beginn der Betriebskontrolle nicht unnötig verzögert werden. Vor Beginn der Betriebskontrolle ist in Betrieben, die der Aufsicht der Bergbehörden unterliegen, jedenfalls der Bergbauberechtigte oder ein von ihm namhaft gemachter Vertreter zu verständigen. Auf Verlangen haben sich die einschreitenden Organe durch einen Dienstausweis auszuweisen. Dem Arbeitgeber, dessen Auftraggeber oder deren Bevollmächtigten sowie dem Betriebsrat steht es frei, die einschreitenden Organe bei der Amtshandlung im Betrieb zu begleiten; auf Verlangen der einschreitenden Organe sind der Arbeitgeber, dessen Auftraggeber oder deren Bevollmächtigte hiezu verpflichtet. Die Betriebskontrolle hat tunlichst ohne Störung des Betriebsablaufes zu erfolgen.

(BGBl I 2002/68, BGBl I 2005/103, BGBl I 2019/104)

(4) Die Organe des Amtes für Betrugsbekämpfung sind im Rahmen ihrer Kontrolltätigkeit nach diesem Bundesgesetz befugt, die Identität von Personen festzustellen sowie Fahrzeuge und sonstige Beförderungsmittel anzuhalten und zu überprüfen, wenn Grund zur Annahme besteht, dass es sich bei diesen Personen um ausländische Arbeitskräfte handelt, die beschäftigt werden oder zu Arbeitsleistungen herangezogen werden. Die Organe des Amtes für Betrugsbekämpfung sind, wenn wegen Gefahr im Verzug das Einschreiten von Organen des öffentlichen Sicherheitsdienstes nicht abgewartet werden kann, auch ermächtigt, Ausländer für die Fremdenpolizeibehörde festzunehmen, wenn Grund zur Annahme besteht, dass diese Ausländer im Bundesgebiet eine Erwerbstätigkeit ausüben oder ausüben wollen, ohne dazu berechtigt zu sein, und sich nicht rechtmäßig im Bundesgebiet aufhalten. Den Organen des Amtes für Betrugsbekämpfung kommen dabei die im § 35 VStG geregelten Befugnisse der Organe des öffentlichen Sicherheitsdienstes zu. Die Ausländer sind in geeigneter Weise über ihre Ansprüche gemäß § 29 und die Möglichkeiten der Geltendmachung zu informieren und unverzüglich der Fremdenpolizeibehörde oder der nächstgelegenen Sicherheitsdienststelle zu übergeben.

(BGBl I 1999/120, BGBl I 2002/68, BGBl I 2005/101, BGBl I 2005/103, BGBl I 2011/25, BGBl I 2019/104)

(4a) Die Feststellung der Identität ist das Erfassen der Namen, des Geburtsdatums und der Wohnanschrift eines Menschen in dessen Anwesenheit. Sie hat mit der vom Anlass gebotenen Verlässlichkeit zu erfolgen. Menschen, deren Identität festgestellt werden soll, sind hievon in Kenntnis zu setzen. Jeder Betroffene ist verpflichtet, an der Feststellung seiner Identität mitzuwirken und die unmittelbare Durchsetzung der Identitätsfeststellung zu dulden.

(BGBl I 2002/68)

(5) Der Arbeitgeber hat der zuständigen regionalen Geschäftsstelle des Arbeitsmarktservice innerhalb von drei Tagen Beginn und Ende der Beschäftigung von Ausländern, die diesem Bundesgesetz unterliegen und über keinen Aufenthaltstitel „Daueraufenthalt – EU“ verfügen, zu melden.

(BGBl 1991/684, BGBl 1993/19, BGBl 1994/314, BGBl I 2002/126, BGBl I 2007/78, BGBl I 2011/25, BGBl I 2013/72)

(6) Ein Unternehmen, welches die Erbringung einer Leistung an ein anderes Unternehmen ganz oder teilweise weitergibt, hat das beauftragte Unternehmen vor Beginn der Beschäftigung aufzufordern, binnen einer Woche die nach diesem Bundesgesetz erforderlichen Berechtigungen für die beschäftigten Ausländer nachzuweisen. Kommt das beauftragte Unternehmen dieser Aufforderung nicht fristgerecht nach, hat das Auftrag gebende Unternehmen umgehend die Zentrale Koordinationsstelle zu verständigen.

(BGBl I 2011/25, BGBl I 2019/104)

(BGBl 1990/450)

Rechtshilfe und Verständigungspflicht

§ 27. (1) Alle Behörden und Ämter, die Bauarbeiter-Urlaubs- und Abfertigungskasse, die Träger der Sozialversicherung und der Dachverband der Sozialversicherungsträger (Dachverband) haben im Rahmen ihres Wirkungsbereiches das Amt für Betrugsbekämpfung, die Geschäftsstellen des Arbeitsmarktservice und das Bundesverwaltungsgericht bei der Erfüllung ihrer Aufgaben nach diesem Bundesgesetz zu unterstützen. Die Träger der Sozialversicherung und der Dachverband sind verpflichtet, gespeicherte Daten über die Versicherungszeiten auf automationsunterstütztem Weg der zentralen Koordinationsstelle den Geschäftsstellen des Arbeitsmarktservice und dem Bundesverwaltungsgericht zu übermitteln, die für diese Stellen eine wesentliche Voraussetzung zur Durchführung ihrer Aufgaben nach diesem Bundesgesetz bilden.

(BGBl 1988/231, BGBl 1990/450, BGBl 1994/314, BGBl I 2002/68, BGBl I 2006/99, BGBl I 2013/72, BGBl I 2018/100, BGBl I 2019/104)

(2) Die Geschäftsstellen des Arbeitsmarktservice und das Amt für Betrugsbekämpfung haben die zuständigen Behörden zu verständigen, wenn sie im Rahmen ihrer Tätigkeit zu dem begründeten Verdacht gelangen, dass eine Übertretung arbeitsrechtlicher, sozialversicherungsrechtlicher, gesundheits- und umweltschutzrechtlicher, abgabenrechtlicher oder gewerberechtlicher Vorschriften vorliegt.

(BGBl 1994/314, BGBl 1995/895, BGBl I 2002/68, BGBl I 2006/99, BGBl I 2019/104)

(3) Die Organe des öffentlichen Sicherheitsdienstes haben den nach diesem Bundesgesetz zuständigen Behörden und Organen über deren Ersuchen zur Sicherung der Ausübung der Überwachungsbefugnisse im Rahmen ihres gesetzmäßigen Wirkungsbereiches Hilfe zu leisten.

(BGBl 1990/450)

(4) Die Geschäftsstellen des Arbeitsmarktservice haben den für die Erfüllung der Aufgaben nach dem NAG und dem FPG zuständigen Behörden die Erteilung von Beschäftigungsbewilligungen und hinsichtlich der im Rahmen von Kontingenten gemäß § 5 beschäftigten Ausländer zusätzlich die vom Arbeitgeber gemeldete Beendigung der Beschäftigung (§ 26 Abs. 5) sowie den Landespolizeidirektionen den rechtskräftigen Widerruf einer Beschäftigungsbewilligung (§ 9 Abs. 1) mitzuteilen.

(BGBl 1992/475, BGBl 1993/463, BGBl 1994/314, BGBl I 1997/78, BGBl I 2002/68, BGBl I 2005/101, BGBl I 2007/78, BGBl I 2017/66)

(5) Gelangen Behörden, Träger der Sozialversicherung, der Dachverband oder Geschäftsstellen des Arbeitsmarktservice im Rahmen ihrer Tätigkeit zu dem begründeten Verdacht, daß eine Übertretung nach diesem Bundesgesetz vorliegt, so sind sie verpflichtet, die zuständigen Geschäftsstellen des Arbeitsmarktservice und das Amt für Betrugsbekämpfung zu verständigen.

(BGBl 1995/895, BGBl 1996/201, BGBl I 2002/68, BGBl I 2006/99, BGBl I 2018/100, BGBl I 2019/104)

(6) Die regionalen Geschäftsstellen des Arbeitsmarktservice haben die Bauarbeiter- Urlaubs- und Abfertigungskasse über Beschäftigungsbewilligungen und EU-Entsendebestätigungen gemäß § 18, welche für die Beschäftigung von Ausländern im Bauwesen erteilt wurden, in Kenntnis zu setzen.

(BGBl I 2005/104)

(BGBl I 2002/68)

Datenübermittlung

§ 27a. (1) Die Geschäftsstellen des Arbeitsmarktservice sind verpflichtet, der zentralen Koordinationsstelle und dem Bundesverwaltungsgericht alle zur Wahrnehmung der in den §§ 26, 27 und 28a AuslBG übertragenen Aufgaben notwendigen persönlichen, auf das Arbeits- und Beschäftigungsverhältnis bezogenen Daten von ausländischen Arbeitnehmern und deren Arbeitgebern automationsunterstützt in einer für die zentrale Koordinationsstelle für die Kontrolle der illegalen Beschäftigung nach diesem Bundesgesetz und dem Arbeitsvertragsrechts-Anpassungsgesetz des Bundesministeriums für Finanzen und das Bundesverwaltungsgericht technisch geeigneten Form kostenlos zu übermitteln.

(BGBl I 2002/68, BGBl I 2013/72, BGBl I 2019/104)

(2) Die zentrale Koordinationsstelle ist verpflichtet, den Geschäftsstellen des Arbeitsmarktservice und dem Bundesverwaltungsgericht alle zur Wahrnehmung der nach diesem Bundesgesetz übertragenen Aufgaben notwendigen Daten, die sie im Rahmen von Kontrollen oder bei der Führung der zentralen Verwaltungsstrafevidenz erhoben hat, in einer für das Arbeitsmarktservice und das Bundesverwaltungsgericht technisch geeigneten Form zur Verfügung zu stellen.

(BGBl I 1997/78, BGBl I 2002/68, BGBl I 2013/72, BGBl I 2019/104)

(3) Die nach dem NAG zuständige Behörde hat der Landesgeschäftsstelle des Arbeitsmarktservice zur Erfüllung der ihr gemäß § 30 Abs. 2 des Arbeitsmarktservicegesetzes – AMSG, BGBl. Nr. 313/1994, obliegenden Aufgaben jeweils bis zum 15. eines Monats folgende Daten automationsunterstützt in einer für das Arbeitsmarktservice technisch geeigneten Form kostenlos zu übermitteln:

1. Namen, Geburtsdatum, Geschlecht und Staatsangehörigkeit aller Ausländer, die im Vormonat eine „Rot-Weiß-Rot – Karte“, eine „Blaue Karte EU“, eine „Rot-Weiß-Rot – Karte plus“ „Niederlassungsbewilligung – Künstler“ gemäß § 43a NAG, einen Aufenthaltstitel „Familienangehöriger“ oder „Daueraufenthalt – EU“ oder eine Aufenthaltskarte oder Daueraufenthaltskarte für Angehörige eines EWR-Bürgers oder eine Aufenthaltsbewilligung als unternehmensintern transferierter Arbeitnehmer (“ICT„) oder eine Aufenthaltsbewilligung als mobiler unternehmensintern transferierter Arbeitnehmer (“mobile ICT„) oder eine Aufenthaltsbewilligung „Familiengemeinschaft“ gemäß § 69 Abs. 3 NAG mit Zugang zum Arbeitsmarkt erhalten haben und

   (BGBl I 2017/66, BGBl I 2018/94)

2. die Geltungsdauer des Aufenthaltstitels.

(BGBl I 2002/126, BGBl I 2005/101, BGBl I 2011/25, BGBl I 2013/72)

(BGBl 1995/895)

Strafbestimmungen

§ 28. (1) Sofern die Tat nicht den Tatbestand einer in die Zuständigkeit der Gerichte fallenden strafbaren Handlung bildet (§ 28c), begeht eine Verwaltungsübertretung und ist von der Bezirksverwaltungsbehörde zu bestrafen,

1. wer

a) entgegen § 3 einen Ausländer beschäftigt, für den weder eine Beschäftigungsbewilligung erteilt noch eine Anzeigebestätigung ausgestellt wurde oder der keine für diese Beschäftigung gültige „Rot-Weiß-Rot – Karte“, „Blaue Karte EU, Aufenthaltsbewilligung als unternehmensintern transferierter Arbeitnehmer („ICT“), Aufenthaltsbewilligung als mobiler unternehmensintern transferierter Arbeitnehmer („mobile ICT“), Aufenthaltsbewilligung „Familiengemeinschaft“ mit Zugang zum Arbeitsmarkt (§ 20f Abs. 4)“ oder „Niederlassungsbewilligung – Künstler“ oder keine „Rot-Weiß-Rot – Karte plus“, keine „Aufenthaltsberechtigung plus“, keinen Befreiungsschein (§ 4c) oder keinen Aufenthaltstitel „Familienangehöriger“ oder „Daueraufenthalt – EU“ besitzt, oder

(BGBl I 2017/66)

b) entgegen § 18 die Arbeitsleistungen eines Ausländers, der von einem ausländischen Arbeitgeber ohne einen im Bundesgebiet vorhandenen Betriebssitz im Inland beschäftigt wird, in Anspruch nimmt, ohne dass für den Ausländer eine Beschäftigungsbewilligung oder eine Entsendebewilligung erteilt oder eine Anzeigebestätigung ausgestellt wurde,

(BGBl I 2020/98)

c) (aufgehoben)

(BGBl I 2020/98)

bei unberechtigter Beschäftigung von höchstens drei Ausländern für jeden unberechtigt beschäftigten Ausländer mit Geldstrafe von 1 000 Euro bis 10 000 Euro, im Falle der erstmaligen und weiteren Wiederholung von 2 000 Euro bis 20 000 Euro, bei unberechtigter Beschäftigung von mehr als drei Ausländern für jeden unberechtigt beschäftigten Ausländer mit Geldstrafe von 2 000 Euro bis 20 000 Euro, im Falle der erstmaligen und weiteren Wiederholung von 4 000 Euro bis 50 000 Euro;

2. wer

a) entgegen § 3 Abs. 4 einen Ausländer beschäftigt, ohne die Beschäftigung der zuständigen regionalen Geschäftsstelle des Arbeitsmarktservice anzuzeigen, oder

b) entgegen § 18 Abs. 5 oder 6 die Arbeitsleistungen eines Ausländers in Anspruch nimmt, ohne die Beschäftigung der zuständigen regionalen Geschäftsstelle des Arbeitsmarktservice rechtzeitig anzuzeigen, oder

c) seinen Verpflichtungen gemäß § 26 Abs. 1 nicht nachkommt oder

d) entgegen § 26 Abs. 2 den im § 26 Abs. 1 genannten Behörden und Rechtsträgern den Zutritt zu den Betriebsstätten, Betriebsräumen, auswärtigen Arbeitsstellen und Aufenthaltsräumen der Arbeitnehmer oder das Befahren von Privatstraßen nicht gewährt, oder

e) entgegen § 26 Abs. 3 die Durchführung der Amtshandlung beeinträchtigt oder

f) entgegen dem § 26 Abs. 4 oder 4a die Durchführung der Amtshandlungen beeinträchtigt,

mit Geldstrafe von 150 Euro bis 5 000 Euro, im Fall der lit. c bis f mit Geldstrafe von 2 500 Euro bis 8 000 Euro;

3. wer

a) entgegen § 3 Abs. 6 einen Ausländer beschäftigt, ohne die ihm nach diesem Bundesgesetz erteilten Bewilligungen oder Bestätigungen im Betrieb zur Einsichtnahme bereitzuhalten, oder

b) die im § 26 Abs. 5 vorgesehenen Meldungen nicht erstattet,

mit Geldstrafe bis 2 000 Euro;

4. wer

a) entgegen § 18 Abs. 12 oder 13 als Unternehmen mit Betriebssitz in einem anderen Mitgliedstaat des Europäischen Wirtschaftsraumes einen Ausländer im Inland beschäftigt oder

b) entgegen § 18 Abs. 12 oder 13 die Arbeitsleistungen eines Ausländers, der von einem Unternehmen mit Betriebssitz in einem anderen Mitgliedstaat des Europäischen Wirtschaftsraumes zur Arbeitsleistung nach Österreich entsandt, überlassen oder im Rahmen eines unternehmensinternen Transfers vorübergehend abgestellt wird, in Anspruch nimmt,

obwohl § 18 Abs. 12 Z 1 oder 2, im Fall der Überlassung zusätzlich Z 3, nicht erfüllt ist und – im Fall der lit. b – auch keine EU-Entsendebestätigung oder EU-Überlassungsbestätigung ausgestellt wurde, bei unberechtigter Beschäftigung von höchstens drei Ausländern für jeden unberechtigt beschäftigten Ausländer mit Geldstrafe von 1 000 Euro bis 10 000 Euro, im Falle der erstmaligen und weiteren Wiederholung von 2 000 Euro bis 20 000 Euro, bei unberechtigter Beschäftigung von mehr als drei Ausländern für jeden unberechtigt beschäftigten Ausländer mit Geldstrafe von 2 000 Euro bis 20 000 Euro, im Falle der erstmaligen und weiteren Wiederholung von 4 000 Euro bis 50 000 Euro.

(BGBl I 2017/66, BGBl I 2020/98)

5. (aufgehoben)

(BGBl I 2020/98)

(BGBl 1990/450, BGBl 1993/19, BGBl 1994/314, BGBl 1995/895, BGBl I 1997/78, BGBl I 1999/120, BGBl I 2001/136, BGBl I 2002/68, BGBl I 2002/126, BGBl I 2004/28, BGBl I 2005/101,

BGBl I 2005/103, BGBl I 2007/78, BGBl I 2009/91, BGBl I 2011/25, BGBl I 2013/72)

(2) (aufgehoben)

(BGBl I 2015/113)

(3) Die Eingänge aus den gemäß Abs. 1 verhängten Geldstrafen fließen dem Arbeitsmarktservice zu.

(BGBl 1988/231, BGBl 1994/314)

(4) Abs. 1 ist nicht anzuwenden, wenn die Zuwiderhandlung vom Organ einer Gebietskörperschaft begangen worden ist. Besteht bei einer Bezirksverwaltungsbehörde der Verdacht einer Zuwiderhandlung durch ein solches Organ, so hat sie, wenn es sich um ein Organ des Bundes oder eines Landes handelt, eine Anzeige an das oberste Organ, dem das der Zuwiderhandlung verdächtige Organ untersteht (Art. 20 Abs. 1 erster Satz B-VG), zu erstatten, in allen anderen Fällen aber an die Aufsichtsbehörde.

(BGBl 1990/450)

(5) Die Bezirksverwaltungsbehörde hat bei Übertretungen nach Abs. 1 Z 1 die unberechtigte Beschäftigung eines Ausländers zu schlechteren Lohn- und Arbeitsbedingungen als sie die jeweils anzuwendenden Normen der kollektiven Rechtsgestaltung vorsehen, bei der Strafbemessung als besonders erschwerend zu berücksichtigen.

(BGBl 1995/895)

(6) Ein Unternehmen, welches die Erbringung einer Leistung an ein anderes Unternehmen ganz oder teilweise weitergibt, ist neben dem beauftragten Unternehmen gemäß Abs. 1 Z 1 zu bestrafen, wenn es

1. die Übertretung des von ihm unmittelbar beauftragten oder – im Fall der Auftragsweitergabe – jedes weiteren beauftragten Unternehmens bei der Auftragserfüllung wissentlich geduldet hat, oder
2. seiner Verpflichtung gemäß § 26 Abs. 6 nicht nachgekommen ist.

(BGBl 1995/895, BGBl I 1997/78, BGBl I 1998/171, BGBl I 2002/160, BGBl I 2011/25)

(7) Wird ein Ausländer in Betriebsräumen, an Arbeitsplätzen oder auf auswärtigen Arbeitsstellen eines Unternehmens angetroffen, die im allgemeinen Betriebsfremden nicht zugänglich sind, ist das Vorliegen einer nach diesem Bundesgesetz unberechtigten Beschäftigung von der Bezirksverwaltungsbehörde ohne weiteres anzunehmen, wenn der Beschäftiger nicht glaubhaft macht, daß eine unberechtigte Beschäftigung nicht vorliegt.

(BGBl 1995/895)

(8) In den Fällen der Betriebsentsendung, der grenzüberschreitenden Überlassung oder des unternehmensinternen Transfers gilt die Verwaltungsübertretung als in dem Sprengel der Bezirksverwaltungsbehörde begangen, in dem der Arbeits(Einsatz)ort der nach Österreich entsandten, überlassenen oder unternehmensintern transferierten Arbeitnehmer liegt, bei wechselnden Arbeits(Einsatz)orten am Ort der Kontrolle.

(BGBl I 2015/113, BGBl I 2017/66)

Beteiligung am Verwaltungsstrafverfahren und Bestellung von verantwortlichen Beauftragten

§ 28a. (1) Das Amt für Betrugsbekämpfung hat in Verwaltungsstrafverfahren nach § 28 Abs. 1 Z 1, 4 und 5, nach § 28 Abs. 1 Z 2 lit. c bis f dann, wenn die Übertretung die Überwachung der Einhaltung der Bestimmungen dieses Bundesgesetzes durch das Amt für Betrugsbekämpfung betrifft, Parteistellung und ist berechtigt, Beschwerden gegen Bescheide sowie Einspruch gegen Strafverfügungen zu erheben. Der Bundesminister für Arbeit, Soziales und Konsumentenschutz und der Bundesminister für Finanzen sind berechtigt, gegen Entscheidungen der Verwaltungsgerichte der Länder Revision an den Verwaltungsgerichtshof zu erheben. Die Verwaltungsgerichte der Länder haben Ausfertigungen solcher Entscheidungen unverzüglich dem Bundesministerium für Arbeit, Soziales und Konsumentenschutz zu übermitteln.

(BGBl 1996/201, BGBl I 2002/68, BGBl I 2006/99, BGBl I 2013/72, BGBl I 2019/104)

(2) Stellt das Amt für Betrugsbekämpfung eine Übertretung fest, die nach

1. § 28 Abs. 1 Z 1, 4 und 5,
   (BGBl I 2006/99, BGBl I 2013/72)
2. § 28 Abs. 1 Z 2 lit. c bis f

zu bestrafen ist, hat das Amt für Betrugsbekämpfung Strafanzeige an die zuständige Verwaltungsstrafbehörde zu erstatten, im Fall der Z 2 nur dann, wenn die Übertretung die Überwachung der Einhaltung der Bestimmungen dieses Bundesgesetzes durch das Amt für Betrugsbekämpfung betrifft. Mit der Anzeige ist ein bestimmtes Strafausmaß zu beantragen.

(BGBl I 2002/68, BGBl I 2019/104)

(3) Die Bestellung von verantwortlichen Beauftragten gemäß § 9 Abs. 2 und 3 des Verwaltungsstrafgesetzes 1991 – VStG, BGBl. Nr. 52, in der jeweils geltenden Fassung, für die Einhaltung dieses Bundesgesetzes wird erst rechtswirksam, nachdem bei der Zentralen Koordinationsstelle eine schriftliche Mitteilung über die Bestellung samt einem Nachweis der Zustimmung des Bestellten eingelangt ist. Dies gilt nicht für die Bestellung von verantwortlichen Beauftragten auf Verlangen der Behörde gemäß § 9 Abs. 2 VStG.

(BGBl I 2002/68, BGBl I 2019/104)

(4) Der Arbeitgeber hat den Widerruf der Bestellung und das Ausscheiden von verantwortlichen Beauftragten nach Abs. 3 dem Amt für Betrugsbekämpfung unverzüglich schriftlich mitzuteilen.

(BGBl I 2002/68, BGBl I 2019/104)

(BGBl 1990/450, BGBl 1994/314, BGBl 1995/895, BGBl I 2005/103)

Zentrale Verwaltungsstrafevidenz

§ 28b. (1) Das Amt für Betrugsbekämpfung hat öffentlichen Auftraggebern für die Zwecke der Auftragsvergabe auf Verlangen binnen zwei Wochen Auskunft darüber zu geben, ob dem im Auskunftsersuchen genannten Unternehmen (Bewerber, Bieter, Subunternehmer) eine rechtskräftige Bestrafung gemäß § 28 Abs. 1 Z 1 zuzurechnen ist. In dieser Auskunft ist entweder die Anzahl der nach Abs. 2 zu berücksichtigenden Bestrafungen einschließlich der maßgeblichen Daten der Strafbescheide (Strafbehörde, Aktenzahl, Entscheidungs- und Rechtskraftdatum, Name und Geburtsdatum des Bestraften, Tatzeit, Zahl der beschäftigten Ausländer, verhängte Geldstrafen) anzugeben oder festzustellen, daß keine zu berücksichtigende Bestrafung vorliegt.

(BGBl I 2002/68, BGBl I 2013/72, BGBl I 2019/104)

(2) Eine Bestrafung gemäß § 28 Abs. 1 Z 1 ist dem im Auskunftsersuchen genannten Unternehmen zuzurechnen, wenn diese Bestrafung entweder gegen den Bewerber, Bieter oder Subunternehmer selbst oder gegen ein verantwortliches Organ (§ 9 Abs. 1 VStG) oder einen verantwortlichen Beauftragten (§ 9 Abs. 2 oder 3 VStG) rechtskräftig verhängt wurde. Die erste registrierte rechtskräftige Bestrafung ist dabei nicht zu berücksichtigen. Die zweite Bestrafung ist nach Ablauf eines Jahres nach Eintritt der Rechtskraft, jede weitere jeweils nach Ablauf von zwei Jahren nach Eintritt der Rechtskraft nicht mehr zu berücksichtigen. Rechtskräftige Bestrafungen wegen unberechtigter Beschäftigung mehrerer Ausländer zählen als eine Bestrafung, wenn diese Ausländer gleichzeitig oder in zeitlichem Zusammenhang am selben Ort beschäftigt wurden.

(3) Für Zwecke der Erteilung von Auskünften nach Abs. 1 und § 30 Abs. 3 sowie für Zwecke der Beurteilung der Bewilligungsvoraussetzungen nach § 4 Abs. 1 Z 4 und 5 hat das Amt für Betrugsbekämpfung eine zentrale Evidenz verwaltungsbehördlicher Strafverfahren gemäß § 28 Abs. 1 Z 1 zu führen. Diese kann automationsunterstützt geführt werden.

(BGBl I 2002/68, BGBl I 2011/25, BGBl I 2019/104)

(4) Die Verwaltungsstrafbehörden und die Verwaltungsgerichte der Länder haben Ausfertigungen rechtskräftiger Entscheidungen, die sie in Strafverfahren gemäß § 28 Abs. 1 Z 1 erlassen haben, unverzüglich dem Amt für Betrugsbekämpfung zu übermitteln. Desgleichen haben sie Ausfertigungen rechtskräftiger Entscheidungen, mit denen eine Strafe gemäß § 28 Abs. 1 Z 1 gegen verantwortliche Beauftragte im Sinne des § 9 Abs. 2 letzter Satz und 3 VStG verhängt wurde, jenem Unternehmen zuzustellen, dem diese Bestrafung gemäß Abs. 2 zuzurechnen ist. In die Entscheidung ist ein Hinweis darauf aufzunehmen, dass mit der rechtskräftigen Bestrafung die Eintragung des Beschuldigten und jenes Unternehmens, dem die Bestrafung zuzurechnen ist, in die Verwaltungsstrafevidenz verbunden ist.

(BGBl I 2002/68, BGBl I 2013/72, BGBl I 2019/104)

(5) Das Amt für Betrugsbekämpfung hat Unternehmen, die sich um öffentliche Aufträge im Ausland bewerben, auf Antrag mitzuteilen, ob ihnen rechtskräftige Bestrafungen gemäß § 28 Abs. 1 Z 1 zuzurechnen sind. In der Auskunft gemäß § 30b Abs. 3 sind die Anzahl der rechtskräftigen Bestrafungen gemäß § 28 Abs. 1 Z 1 und der jeweils betroffenen Ausländer anzugeben. Gemäß § 55 Abs. 1 VStG getilgte Bestrafungen sind nicht mehr zu berücksichtigen.

(BGBl I 2011/25, BGBl I 2019/104)

(6) Abs. 4 gilt sinngemäß auch für Bestrafungen gemäß § 28 Abs. 6.

(BGBl I 2011/25)

(BGBl 1993/463, BGBl 1995/895, BGBl 1996/776, BGBl I 1998/155, BGBl I 1999/120)

Gerichtlich strafbare Handlungen

§ 28c. (1) Wer entgegen § 3 Abs. 1 gleichzeitig eine größere Zahl von Ausländern ohne Aufenthaltsrecht im Bundesgebiet oder einen minderjährigen Ausländer ohne Aufenthaltsrecht im Bundesgebiet beschäftigt, ist vom Gericht mit Freiheitsstrafe bis zu sechs Monaten oder mit Geldstrafe bis zu 360 Tagessätzen zu bestrafen.

(2) Mit Freiheitsstrafe bis zu zwei Jahren ist zu bestrafen, wer entgegen § 3 Abs. 1

1. einen Ausländer ohne Aufenthaltsrecht im Bundesgebiet unter besonders ausbeuterischen Arbeitsbedingungen,
2. einen Ausländer ohne Aufenthaltsrecht im Bundesgebiet, von dem er weiß, dass er ein Opfer von Menschenhandel (§ 104a StGB) ist, unter Nutzung seiner unter Zwang erbrachten Arbeiten oder Leistungen oder
3. eine größere Zahl von Ausländern ohne Aufenthaltsrecht im Bundesgebiet länger als einen Monat

beschäftigt.

(3) Der unerlaubt beschäftigte Ausländer ist nicht als Beitragstäter (§ 12 dritter Fall des Strafgesetzbuches – StGB, BGBl. Nr. 60/1974) zu bestrafen.

(BGBl I 2013/72)

(4) Die Abs. 1 und 2 sind nicht anzuwenden, sofern die Tat nach anderen Bestimmungen mit gleicher oder strengerer Strafe bedroht ist.

(BGBl I 2013/72)

(BGBl I 2011/25)

Ansprüche des Ausländers

§ 29. (1) Ausländer, die entgegen den Vorschriften dieses Bundesgesetzes ohne Beschäftigungsbewilligung beschäftigt werden, haben gegenüber dem sie beschäftigenden Betriebsinhaber für die Dauer der Beschäftigung die gleichen Ansprüche wie auf Grund eines gültigen Arbeitsvertrages und Anspruch auf Ersatz der Kosten einer Auslandsüberweisung des Entgelts. Die unerlaubte Beschäftigung gilt als zumindest drei Monate ausgeübt, sofern der Arbeitgeber oder der Ausländer nicht anderes nachweisen.

(BGBl I 2011/25)

(2) Beruht das Fehlen der Beschäftigungsbewilligung jedoch auf einem Verschulden des Betriebsinhabers, dann ist der Ausländer auch bezüglich der Ansprüche aus der Beendigung des Beschäftigungsverhältnisses so zu stellen, als ob er auf Grund eines gültigen Arbeitsvertrages beschäftigt gewesen wäre. Auf die Bestimmungen des besonderen Kündigungs- und Entlassungsschutzes ist jedoch nicht Bedacht zu nehmen.

(3) Der Ausländer, dessen Arbeitsverhältnis wegen Wegfalls der Beschäftigungsbewilligung endet, hat Anspruch auf Schadenersatz wie auf Grund eines berechtigten vorzeitigen Austritts, wenn der Wegfall der Beschäftigungsbewilligung auf einem Verschulden des Arbeitgebers beruht. Bei Bemessung des Schadenersatzanspruches ist auf die Bestimmungen des besonderen Kündigungs- und Entlassungsschutzes jedoch nicht Bedacht zu nehmen.

(BGBl 1988/231)

Haftung des Auftraggebers

§ 29a. Ein Unternehmen, welches die Erbringung einer Leistung an ein anderes Unternehmen ganz oder teilweise weitergibt und Übertretungen eines mit der Erbringung dieser Leistung beauftragten Unternehmens gemäß § 28 Abs. 1 Z 1 wissentlich duldet oder seiner Verpflichtung gemäß § 26 Abs. 6 nicht nachkommt, haftet gemäß § 1356 des Allgemeinen bürgerlichen Gesetzbuches (ABGB), JGS Nr. 946/1811, als Ausfallsbürge für Ansprüche auf das Entgelt der zur Erbringung der Leistung eingesetzten Ausländer, das diesen für ihre Tätigkeit im Rahmen der vereinbarten Leistung gebührt, und auf Ersatz der Kosten für eine Auslandsüberweisung des Entgelts.

(BGBl I 2011/25)

Untersagung der Beschäftigung

§ 30. (1) Die Bezirksverwaltungsbehörde kann dem Arbeitgeber auf Antrag der nach dem Betriebssitz zuständigen Landesgeschäftsstelle des Arbeitsmarktservice, dem Amt für Betrugsbekämpfung oder der sonst zur Wahrnehmung des Arbeitnehmerschutzes berufenen Behörde die Beschäftigung von Ausländern für die Dauer von längstens einem Jahr untersagen, wenn der Arbeitgeber innerhalb der letzten zwei Jahre vom Zeitpunkt der Antragstellung zurückgerechnet mindestens dreimal gemäß § 28 Abs. 1 Z 1 rechtskräftig bestraft wurde. Vor der Untersagung sind die in Betracht kommenden gesetzlichen Interessenvertretungen der Arbeitgeber und der Arbeitnehmer anzuhören. Im Untersagungsverfahren hat das Amt für Betrugsbekämpfung Parteistellung und ist berechtigt, Beschwerden gegen Bescheide zu erheben. Der Bundesminister für Arbeit, Soziales und Konsumentenschutz ist berechtigt, gegen Entscheidungen der Verwaltungsgerichte der Länder Revision an den Verwaltungsgerichtshof zu erheben. Die zuständigen Behörden haben Ausfertigungen solcher Entscheidungen unverzüglich dem Bundesminister für Arbeit, Soziales und Konsumentenschutz zu übermitteln.

(BGBl 1988/231, BGBl 1990/450, BGBl 1993/709, BGBl 1994/314, BGBl I 2002/68, BGBl I 2013/72, BGBl I 2019/104)

(2) Die zum Zeitpunkt der Untersagung nach diesem Bundesgesetz erlaubte laufende Beschäftigung von Ausländern sowie die Beschäftigungsaufnahme von Ausländern mit einem gültigen Befreiungsschein werden von einer Untersagung nicht berührt.

(BGBl 1988/231, BGBl 1990/450, BGBl 1993/709, BGBl 1994/314)

(3) Den Bezirksverwaltungsbehörden sind die über den Arbeitgeber in der zentralen Verwaltungsstrafevidenz (§ 28b) gespeicherten und für die Untersagung relevanten Daten über rechtskräftige Bestrafungen gemäß § 28 Abs. 1 Z 1 zur Verfügung zu stellen.

(BGBl 1988/231, BGBl 1990/450, BGBl 1993/709, BGBl 1994/314)

(BGBl I 2005/103)

Einleitung des Verfahrens zur Entziehung der Gewerbeberechtigung

§ 30a. Das Amt für Betrugsbekämpfung kann die Entziehung der Gewerbeberechtigung wegen wiederholter unerlaubter Beschäftigung von Ausländern beantragen. Das Amt für Betrugsbekämpfung hat im Verfahren Parteistellung und ist berechtigt, Beschwerden gegen Bescheide zu erheben. Der Bundesminister für Arbeit, Soziales und Konsumentenschutz ist berechtigt, gegen Entscheidungen der Verwaltungsgerichte der Länder Revision an den Verwaltungsgerichtshof zu erheben. Die zuständigen Behörden haben Ausfertigungen solcher Entscheidungen unverzüglich dem Bundesminister für Arbeit, Soziales und Konsumentenschutz zu übermitteln.

(BGBl 1990/450, BGBl 1994/314, BGBl 1995/895, BGBl I 2002/68, BGBl I 2005/103, BGBl I 2013/72, BGBl I 2019/104)

Ausschluss und Rückzahlung von öffentlichen Förderungen

§ 30b. (1) Ein Unternehmen kann bis zu einer Dauer von drei Jahren von Förderungen aus Mitteln des Bundes einschließlich der vom Bund verwalteten Mittel der Europäischen Union ausgeschlossen werden, wenn die Förderung jeweils einen Betrag von 5 000 Euro übersteigt und das Unternehmen zum Zeitpunkt der Antragstellung wiederholt wegen unerlaubter Beschäftigung von mehr als drei Ausländern rechtskräftig bestraft wurde. Zudem hat es derartige in den letzten sechs Monaten bezogene Förderungen ab Rechtskraft der wiederholten Bestrafung binnen drei Monaten jener Stelle zurückzuerstatten, welche die Förderung gewährt hat.

(2) Von einem Ausschluss und einer Rückzahlung gemäß Abs. 1 ist abzusehen, wenn das

Unternehmen glaubhaft macht, dass es konkrete technische, organisatorische oder personelle Maßnahmen getroffen hat, die geeignet sind, das nochmalige Setzen einer solchen strafbaren Handlung zu verhindern. Als derartige Maßnahmen gelten insbesondere

1. die Einführung eines qualitativ hochwertigen Berichts- und Kontrollwesens,
2. die Einschaltung eines Organs der inneren Revision zur regelmäßigen Überprüfung der Einhaltung der maßgeblichen Vorschriften,
3. die Einführung von internen Haftungs- und Schadenersatzregelungen zur Einhaltung der maßgeblichen Vorschriften.

(3) Die Stelle, die über ein Förderansuchen gemäß Abs. 1 entscheidet, hat vor der Bewilligung des Ansuchens eine Auskunft aus der Zentralen Verwaltungsstrafevidenz (§ 28b Abs. 5) einzuholen.

(BGBl I 2011/25)

§ 31. (aufgehoben)

(BGBl 1988/231, BGBl I 2007/78, BGBl I 2013/72)

Abschnitt VIII
Übergangsbestimmungen

(BGBl 1990/450)

§ 32. (1) Die Nichtanrechnung von Beschäftigungszeiten gemäß dem zweiten Satz des § 14a Abs. 1 gilt nicht für Beschäftigungsverhältnisse, die vor dem 1. Juni 1996 aufgenommen wurden.

(BGBl I 1997/78)

(2) Die vom Arbeitsmarktservice in unmittelbarer Anwendung des ARB Nr. 1/1980 ausgestellten Feststellungsbescheide verlieren mit 1. Jänner 1999 ihre Gültigkeit. Sie sind bis zu diesem Zeitpunkt auf die Höchstzahlen nach diesem Bundesgesetz anzurechnen. Auf Grund eines Feststellungsbescheides vor dem 1. Jänner 1999 eingegangene Arbeitsverhältnisse bleiben unberührt.

(BGBl I 1997/78)

(3) Die Nichtanrechnung von Beschäftigungszeiten als Künstler gemäß § 14a Abs. 1 Z 5 gilt nicht für Beschäftigungsverhältnisse, die vor dem 1. Jänner 1998 eingegangen wurden.

(BGBl I 1997/78)

(4) Der Bundesminister für Wirtschaft und Arbeit hat dem Bundesminister für Finanzen die auf der Grundlage des § 28b in seinen vor dem In-Kraft-Treten des Bundesgesetzes BGBl. I Nr. 68/2002 geltenden Fassungen evident gehaltenen Daten, Bescheide und sonstige Erledigungen zum Zweck der Erteilung von Auskünften nach § 28b Abs. 1 und § 30 Abs. 3 sowie zum Zweck der Beurteilung der Bewilligungsvoraussetzungen nach § 4 Abs. 3 Z 11 und 12 spätestens mit In-Kraft-Treten dieses Bundesgesetzes in automationsunterstützter Form zur Verfügung zu stellen.

(BGBl I 2002/68)

(5) Zugleich mit der Übertragung der Aufgaben nach diesem Bundesgesetz an den Bundesminister für Finanzen gehen die für die Besorgung dieser Aufgaben vorgesehenen Planstellen aus dem Planstellenbereich des Bundesministeriums für Wirtschaft und Arbeit in den Planstellenbereich des Bundesministers für Finanzen über. Bedienstete, die ausschließlich oder überwiegend Aufgaben besorgen, die ab 1. Juli 2002 in den Wirkungsbereich des Bundesministeriums für Finanzen fallen, sind in den Planstellenbereich des Bundesministeriums für Finanzen zu übernehmen. Der Bundesminister für Wirtschaft und Arbeit hat nach Anhörung des zuständigen Zentralausschusses mit Bescheid festzustellen, welche Beamten des Bundesministeriums für Wirtschaft und Arbeit (Zentralleitung und Arbeitsinspektorate) ausschließlich oder überwiegend Aufgaben besorgen, die ab 1. Juli 2002 in den Wirkungsbereich des Bundesministeriums für Finanzen fallen. Für vertraglich Bedienstete tritt an die Stelle des Bescheides eine Dienstgebererklärung.

(BGBl I 2002/68)

(6) Befreiungsscheine, die vor dem 1. Jänner 2003 nach diesem Bundesgesetz ausgestellt wurden, bleiben bis zum Ablauf ihrer jeweiligen Geltungsdauer gültig.

(BGBl I 2002/126)

(7) Verordnungen, die vor dem 1. Jänner 2003 auf Grund des § 9 FrG erlassen wurden, gelten als Verordnungen gemäß § 5 weiter.

(BGBl I 2002/126)

(8) Beschäftigungsbewilligungen, die vor dem 1. Jänner 2003 gemäß § 9 FrG erteilt wurden, sind Beschäftigungsbewilligungen gemäß § 5 gleichzuhalten.

(BGBl I 2002/126)

(9) § 1 Abs. 2 lit. l und § 18 Abs. 12 bis 16 gelten ab dem 1. Juni 2004 sinngemäß auch für Staatsangehörige der Schweizerischen Eidgenossenschaft und für Arbeitgeber mit Betriebssitz in der Schweizerischen Eidgenossenschaft.

(BGBl I 2004/28)

(10) Verordnungen, die vor In-Kraft-Treten des Bundesgesetzes BGBl. I Nr. 25/2011 aufgrund des § 12a Abs. 2 erlassen wurden, gelten als Verordnungen gemäß § 14 Abs. 3 weiter.

(BGBl I 2011/25)

(11) Vor Inkrafttreten des Bundesgesetzes BGBl. I Nr. 72/2013 ausgestellte Arbeitserlaubnisse und Befreiungsscheine bleiben bis zum Ablauf ihrer jeweiligen Geltungsdauer gültig.

(BGBl I 2013/72)

(12) Verordnungen, die vor Inkrafttreten des Bundesgesetzes BGBl. I Nr. 72/2013 aufgrund des § 14 Abs. 3 erlassen wurden, gelten als Verordnungen gemäß § 4 Abs. 4 weiter.

(BGBl I 2013/72)

(BGBl 1990/450, BGBl 1993/19, BGBl 1993/501, BGBl 1996/201)

§ 32a. (aufgehoben)

(BGBl I 2004/28, BGBl I 2005/101, BGBl I 2006/85, BGBl I 2009/91, BGBl I 2011/25, BGBl I 2013/72, BGBl I 2017/66, BGBl I 2019/104, BGBl I 2020/98)

§ 32b. (keine Wirksamkeit erlangt)

(BGBl I 2019/25)

§ 32c. (aufgehoben)

(BGBl I 2020/23)

Schlußbestimmungen

Aufhebung von Rechtsvorschriften

§ 33. Mit dem Inkrafttreten dieses Bundesgesetzes treten die Verordnung über ausländische Arbeitnehmer vom 23. Jänner 1933, deutsches RGBl. I S. 26, und die hiezu ergangenen Durchführungsvorschriften sowie die Bestimmung des § 258 des Gesetzes über Arbeitsvermittlung und Arbeitslosenversicherung vom 16. Juli 1927, deutsches RGBl. I S. 187, außer Kraft.

Verweisungen

§ 33a. Soweit in diesem Bundesgesetz auf Bestimmungen anderer Bundesgesetze verwiesen wird, sind diese in ihrer jeweils geltenden Fassung anzuwenden.

(BGBl I 1999/120)

Sprachliche Gleichbehandlung

§ 33b. Soweit in diesem Bundesgesetz auf natürliche Personen bezogene Bezeichnungen nur in männlicher Form angeführt sind, beziehen sie sich auf Frauen und Männer in gleicher Weise. Bei der Anwendung der Bezeichnung auf bestimmte natürliche Personen ist die jeweils geschlechtsspezifische Form zu verwenden.

(BGBl I 2002/126)

Wirksamkeitsbeginn

§ 34. (1) § 32 Abs. 1 tritt mit 1. August 1990, die übrigen Bestimmungen treten mit 1. Oktober 1990 in Kraft.

(BGBl 1990/450)

(2) Verordnungen und Bescheide auf Grund dieses Bundesgesetzes können bereits von dem seiner Kundmachung folgenden Tag an erlassen werden; sie dürfen jedoch erst mit dem im Abs. 1 bezeichneten Zeitpunkt in Kraft treten.

(BGBl 1990/450)

(3) § 27 Abs. 4 in der Fassung des Bundesgesetzes BGBl. Nr. 501/1993 tritt mit 1. Juli 1993 in Kraft.

(BGBl 1990/450, BGBl 1992/475, BGBl 1993/501)

(4) § 4 Abs. 3 Z 7, § 26 Abs. 5, § 28 Abs. 1 Z 4 lit. c treten mit Ablauf des 31. Dezember 1992 außer Kraft.

(BGBl 1991/684)

(5) § 1 Abs. 2 lit. l, § 3 Abs. 7, § 14a Abs. 1 und 3, § 15 Abs. 1, 3 und 4, § 15a Abs. 3 und § 16 Abs. 1 in der Fassung des Bundesgesetzes BGBl. Nr. 475/1992 treten gleichzeitig mit dem Abkommen über den Europäischen Wirtschaftsraum in Kraft.

(6) § 4 Abs. 3 Z 7, § 4b, § 20b Abs. 4, § 27 Abs. 4 und § 31a in der Fassung des Bundesgesetzes BGBl. Nr. 475/1992 treten mit 1. Juli 1993 in Kraft.

(BGBl 1992/475)

(7) § 4 Abs. 3 Z 15, § 14d Abs. 1, § 26 Abs. 5 und § 28 Abs. 1 Z 4 lit. c in der Fassung des Bundesgesetzes BGBl. Nr. 19/1993 treten mit 1. Jänner 1993 in Kraft.

(BGBl 1993/19)

(8) (aufgehoben)

(BGBl 1993/19, BGBl 1993/501, BGBl 1993/502)

(9) § 28b in der Fassung des Bundesgesetzes BGBl. Nr. 463/1993 tritt mit 1. Juli 1993 in Kraft.

(BGBl 1993/463)

(10) § 1 Abs. 2 lit. m in der Fassung des Bundesgesetzes BGBl. Nr. 501/1993 tritt gleichzeitig mit dem EWR-Abkommen in Kraft.*)

(BGBl 1993/501)

*) Die Kundmachung des Abkommens und seines Inkrafttretens wird zu einem späteren Zeitpunkt erfolgen.

[Das Abkommen über den Europäischen Wirtschaftsraum ist seit 1.1.1994 in Kraft, vgl. BGBl. 1993/917]

(11) § 2 Abs. 4 und § 4 Abs. 10 in der Fassung des Bundesgesetzes BGBl. Nr. 502/1993 treten mit 1. August 1993 in Kraft.

(BGBl 1993/502)

(12) § 4 Abs. 3 Z 16 in der Fassung des Bundesgesetzes BGBl. Nr. 502/1993 tritt mit 1. August 1993 in Kraft und ist auf Sachverhalte anzuwenden, die sich nach dem 1. August 1993 ereignen.

(BGBl 1993/502)

(13) Die §§ 2 Abs. 4, 3 Abs. 3, 4 und 5, 4 Abs. 6 Z 1 und Abs. 9, 4b Abs. 2 Z 2, 5 Abs. 3, 6 Abs. 1 und 3, 8 Abs. 2, 14 Abs. 2, 14d Abs. 1 und 2, 14f Abs. 3, 15 Abs. 4, 16 Abs. 3, 18 Abs. 3, 4, 5, 6 und 7, 19 Abs. 1, 3, 4 und 7, 20, 20a, 20b, 22, 23, 26 Abs. 1 und 5, 27, 28 Abs. 1 Z 2 und Abs. 3, 28a, 30 und 30a in der Fassung des Bundesgesetzes BGBl. Nr. 314/1994 treten mit 1. Juli 1994 in Kraft. Bis zum Inkrafttreten einer entsprechenden Verordnung des Bundesministers für Arbeit und Soziales gemäß § 74 Abs. 1 des Arbeitsmarktservicegesetzes, BGBl. Nr. 313/1994, obliegen die Aufgaben und Befugnisse der Arbeitsinspektorate und des Bundesministers für Arbeit und Soziales gemäß §§ 28a, 30 und 30a den jeweiligen Landesgeschäftsstellen des Arbeitsmarktservice und die Aufgaben und Befugnisse der Arbeitsinspektorate gemäß §§ 26, 27 und 28 den jeweiligen regionalen Geschäftsstellen des Arbeitsmarktservice.

(BGBl 1994/314)

(14) § 18 Abs. 14 in der Fassung des Bundesgesetzes BGBl. Nr. 450/1994 tritt mit 1. Juli 1994 in Kraft.

(BGBl 1994/450)

(15) § 1 Abs. 2 lit. e und l, § 14a Abs. 2 und 3, § 27 Abs. 2 und 5, § 27a, § 28 Abs. 1 Z 1 letzter Halbsatz, § 28 Abs. 1 Z 2 lit. d und f, § 28 Abs. 1 Z 2 letzter Halbsatz, § 28 Abs. 5 bis 7, § 28a und § 28b sowie § 30a in der Fassung des Bundes-

gesetzes BGBl. Nr. 895/1995 treten mit 1. Jänner 1996 in Kraft.

(BGBl 1995/895)

(16) § 1 Abs. 2 lit. f, § 2 Abs. 2 lit. c, § 3 Abs. 1, 2, 5, 6 und 8, § 9 Abs. 5, § 13b Abs. 2, § 18 Abs. 1 und Abs. 3 bis 8 sowie 11 bis 14, § 19 Abs. 1, 2 und 5, § 20 Abs. 1 und 6, § 25, § 28 Abs. 1 Z 1 lit. a und b sowie § 28 Abs. 1 Z 2 lit. a und b in der Fassung des Bundesgesetzes BGBl. Nr. 895/1995 treten mit 1. Juni 1996 in Kraft.

(BGBl 1995/895)

(17) § 1 Abs. 2 lit. l, § 3 Abs. 5, § 4 Abs. 6 Z 4 und Abs. 11, § 4b Abs. 2, § 14a Abs. 1, § 18 Abs. 2 und 11, § 20 Abs. 5, § 27 Abs. 5, § 28a Abs. 1, § 31a und § 32 in der Fassung des Bundesgesetzes BGBl. Nr. 201/1996 treten mit 2. Juni 1996 in Kraft.

(BGBl 1996/201)

(18) § 28b in der Fassung des Bundesgesetzes BGBl. Nr. 776/1996 tritt mit 1. Jänner 1997 in Kraft.

(BGBl 1996/776)

(19) § 1 Abs. 2 und 4, § 2 Abs. 3 lit. b, c und d, § 3 Abs. 1, 2, 3, 5, 6, 9 und 10, § 4 Abs. 3, 4, 5, 6 und 11, § 4b Abs. 1, 3 und 4, § 4c, § 5, § 11 Abs. 3, § 12, § 12a Abs. 3, § 13b Abs. 1 und 2, § 14a Abs. 1 Z 3, 4 und 5, § 18 Abs. 3, 4 und 12 bis 16, § 19 Abs. 9, § 20 Abs. 2, § 20a, § 20b Abs. 4, § 24, § 27 Abs. 4, § 27a Abs. 2, § 28 Abs. 1 Z 1, 2, 4 und 5 sowie Abs. 6, § 32 und § 35 in der Fassung des Bundesgesetzes BGBl. I Nr. 78/1997 treten mit 1. Jänner 1998 in Kraft.

(BGBl I 1997/78)

(20) Die §§ 4b Abs. 1 Z 9, 11 Abs. 2, 18 Abs. 13 Z 2, 26 Abs. 1 und 4, 28 Abs. 1 Z 2 lit. c und f und 28b in der Fassung des Bundesgesetzes BGBl. I Nr. 120/1999 treten mit 1. Jänner 2000 in Kraft und sind auf Sachverhalte anzuwenden, die sich nach dem 31. Dezember 1999 ereignen.

(BGBl I 1999/120)

(21) § 28 Abs. 1 in der Fassung des Bundesgesetzes BGBl. I Nr. 136/2001 tritt mit 1. Jänner 2002 in Kraft.

(BGBl I 2001/136)

(22) Die §§ 3 Abs. 5, 14c, 26 Abs. 1 bis 4a, 27 Abs. 1, 2, 4 und 5 samt Überschrift, 27a, 28 Abs. 1, 28a Abs. 1 bis 4, 28b Abs. 1, 3 und 4, 30 Abs. 1, 30a, 32 Abs. 4 und 5 sowie § 35 in der Fassung des Bundesgesetzes BGBl. I Nr. 68/2002 treten mit 1. Juli 2002 in Kraft.

(BGBl I 2002/68)

(23) Die §§ 1 Abs. 2 lit. a, l und m und Abs. 5, 2 Abs. 5 bis 9, 3 Abs. 1, 2, 4 und 8, 4 Abs. 3 und 5 bis 8, 4b, 5, 7 Abs. 3 und 5, 11 Abs. 1 und 6, 12, 12a Abs. 3, 13, 13a, 13b, 14, 14a Abs. 1 Z 3 und 4, 15, 15a, 17, 18, 19 Abs. 10, 24, 26 Abs. 5, 27a Abs. 3, 28 Abs. 1, 32 Abs. 6 bis 8, 33b, und 35 Z 5 sowie die Abschnittsbezeichnungen IIa, IIb, IIc und IIIa in der Fassung des Bundesgesetzes BGBl. I Nr. 126/2002 treten mit 1. Jänner 2003 in Kraft und sind auf Sachverhalte anzuwenden, die sich nach dem 31. Dezember 2002 ereignen.

(BGBl I 2002/126)

(24) Die §§ 1 Abs. 2 lit. f, 2 Abs. 5a und 4 Abs. 6 Z 4a in der Fassung des Bundesgesetzes BGBl. I Nr. 133/2003 treten mit 1. Jänner 2004 in Kraft und sind auf Sachverhalte anzuwenden, die sich nach dem 31. Dezember 2003 ereignen.

(BGBl I 2003/133)

(25) Die §§ 4 Abs. 3 Z 7, 4b, 5 Abs. 3, 18 Abs. 12, 28 Abs. 1 und 32a in der Fassung des Bundesgesetzes BGBl. I Nr. 28/2004 treten mit 1. Mai 2004 in Kraft und sind auf Sachverhalte anzuwenden, die sich nach dem 30. April 2004 ereignen.

(BGBl I 2004/28)

(26) § 32 Abs. 9 in der Fassung des Bundesgesetzes BGBl. I Nr. 28/2004 tritt mit 1. Juni 2004 in Kraft.

(BGBl I 2004/28)

(27) § 18 Abs. 3 in der Fassung des Bundesgesetzes BGBl. I Nr. 136/2004 tritt mit 1. Jänner 2005 in Kraft und ist auf Sachverhalte anzuwenden, die sich nach dem 31. Dezember 2004 ereignen.

(BGBl I 2004/136)

(28) Die §§ 1 Abs. 2 lit. a, i, l und m und Abs. 5, 2 Abs. 2 lit. b, 4 und 10, 3 Abs. 1, 2 und 8, 4 Abs. 3 Z 7, Abs. 6 Z 4a und Abs. 8, 5 Abs. 1, 1a und 5a, 8 Abs. 2, 11 Abs. 1 und 2, 12 Abs. 3, 4, 5, 6, 8, 9 und 10, 12a Abs. 3, 14a Abs. 1 und 1a, 14e Abs. 1 Z 2, 15 Abs. 1, 4 und 6, 15a, 17, 18 Abs. 12 bis 16, 20b Abs. 4, 24, 26 Abs. 4, 27 Abs. 4, 27a Abs. 3, 28 Abs. 1 Z 1 lit. a und Z 5 lit. a und b und 32a Abs. 1, 6 und 7 in der Fassung des Bundesgesetzes BGBl. I Nr. 101/2005 treten mit 1. Jänner 2006 in Kraft.

(BGBl I 2005/101)

(29) § 27 Abs. 6 in der Fassung des Bundesgesetzes BGBl. I Nr. 104/2005 tritt mit 1. September 2005 in Kraft.

(BGBl I 2005/104)

(30) § 26, § 28, § 28a, § 30, § 30a und § 35 in der Fassung des Bundesgesetzes BGBl. I Nr. 103/2005 treten mit 1. Jänner 2006 in Kraft.

(BGBl I 2005/103)

(31) § 1 Abs. 5 und § 5 Abs. 1, 1a und 5a in der Fassung des Bundesgesetzes BGBl. I Nr. 157/2005 treten mit 1. Jänner 2006 in Kraft.

(BGBl I 2005/157)

(32) § 28a Abs. 1 und Abs. 2 Z 1 in der Fassung des Bundesgesetzes BGBl. I Nr. 99/2006 tritt mit 1. Jänner 2007 in Kraft.

(BGBl I 2006/99)

(33) § 32a Abs. 10 in der Fassung des Bundesgesetzes BGBl. I Nr. 85/2006 tritt gleichzeitig mit dem Wirksamwerden des Beitritts der Republik Bulgarien bzw. des Beitritts Rumäniens zur Europäischen Union auf Grund des EU-Beitrittsvertrages vom 25. April 2005 (ABl. Nr. L 157 vom 21. Juni 2005) in Kraft.

(BGBl I 2006/85, BGBl I 2007/78)

(34) Die §§ 1 Abs. 2 lit. a, e, f und i, 2 Abs. 3 lit. d und Abs. 11, 4 Abs. 3 Z 7 und Abs. 8, 5 Abs. 3, 3a, 4 und 5, 13 Abs. 2, 15 Abs. 3, 18 Abs. 12, 26 Abs. 5, 27 Abs. 4, § 28 Abs. 1 Z 5 und § 31 in der

Fassung des Bundesgesetzes BGBl. I Nr. 78/2007 treten mit 1. Jänner 2008 in Kraft und sind auf Sachverhalte anzuwenden, die sich nach dem 31. Dezember 2007 ereignen. Die §§ 4 Abs. 3 Z 15, 14d und 28 Abs. 1 Z 3 treten mit Ablauf des 31. Dezember 2007 außer Kraft.

(BGBl I 2007/78)

(35) Die §§ 28 Abs. 1 Z 1 lit. c und d, 32a Abs. 7a und 35 Z 5 und 6 in der Fassung des Bundesgesetzes BGBl. I Nr. 91/2009 treten mit 1. September 2009 in Kraft und sind auf Sachverhalte anzuwenden, die sich nach dem 31. August 2009 ereignen.

(BGBl I 2009/91)

(36) § 4 Abs. 3 Z 7 in der Fassung des Bundesgesetzes BGBl. I Nr. 120/2009 tritt mit 1. Jänner 2010 in Kraft.

(BGBl I 2009/120)

(37) § 2 Abs. 12 in der Fassung des Bundesgesetzes BGBl. I Nr. 135/2009 tritt mit 1. Jänner 2010 in Kraft.

(BGBl I 2009/135, BGBl I 2011/25)

(38) Die §§ 1 Abs. 2 lit. l und m, 2 Abs. 3 lit. a, 3 Abs. 1, 2, 6 und 8, 4, 4b Abs. 1, 9 Abs. 2 lit. a, 11 Abs. 1, 2, 5 und 6, 15 Abs. 6, 17, 20 Abs. 2, 22 Abs. 1, 26 Abs. 4 bis 6, 27a Abs. 3, 28 Abs. 1 Z 1 lit. a und d und Abs. 6, 28b Abs. 3, 5 und 6, 28c samt Überschrift, 29 Abs. 1, 29a samt Überschrift, 30b samt Überschrift und 35 sowie der Abschnitt IIa samt Überschrift und den Anlagen A, B und C in der Fassung des Bundesgesetzes BGBl. I Nr. 25/2011 treten mit 1. Juli 2011 in Kraft. Die §§ 5 samt Überschrift, 32 Abs. 10 und 32a sowie der Abschnitt IIb in der Fassung des Bundesgesetzes BGBl. I Nr. 25/2011 treten mit 1. Mai 2011 in Kraft. Die §§ 1 Abs. 5, 2 Abs. 5, 8 Abs. 2 und 9 Abs. 3 in der Fassung des Bundesgesetzes BGBl. I Nr. 135/2009 treten mit 30. Juni 2011 außer Kraft.

(BGBl I 2011/25)

(39) Verordnungen gemäß § 13 in der Fassung des Bundesgesetzes BGBl. I Nr. 25/2011 dürfen nicht vor dem 1. Jänner 2012 erlassen werden und nicht vor dem 1. Mai 2012 in Kraft treten. Unbeschadet des § 13 Abs. 1 dürfen mit der erstmalig erlassenen Verordnung Mangelberufe auch für das Kalenderjahr 2012 festgelegt werden.

(BGBl I 2011/25)

(40) Die Registrierung von befristet beschäftigten Ausländern gemäß § 5 Abs. 1 in der Fassung des Bundesgesetzes BGBl. I Nr. 25/2011 ist bereits ab dem der Kundmachung dieses Bundesgesetzes folgenden Tag zulässig.

(BGBl I 2011/25)

(41) Die §§ 2 Abs. 2 lit. e und Abs. 3 lit. c und 4 Abs. 3 Z 10 und Abs. 5 in der Fassung des Bundesgesetzes BGBl. I Nr. 98/2012 treten mit 1. Jänner 2013 in Kraft.

(BGBl I 2012/98)

(42) Die §§ 3 Abs. 1 bis 3, 4 Abs. 1 Z 1, Abs. 3 Z 9 bis 14 und Abs. 4 und 5, 4b, 4c Abs. 2, 6 Abs. 1, 7 Abs. 4 und 7, 11 Abs. 1, 12, 14 samt Überschrift, 15 samt Überschrift, 17, 18 Abs. 10, 19 Abs. 1, 4, 5, 7 und 8 samt Überschrift, 20 samt Überschrift, 20a, 20b Abs. 1 und 2, 20c samt Überschrift, 20d samt Überschrift, 20e samt Überschrift, 20f samt Überschrift, 25, 26 Abs. 1 und 5, 27a Abs. 1 bis 3, 28 Abs. 1, 28a Abs. 1 und 2, 28b Abs. 1 und 4, 28c, 30 Abs. 1, 30a, 32 Abs. 11 und 12, 32a Abs. 2, 5 und 9 und 35 Z 1 und 2 sowie Abschnitt III samt Überschrift in der Fassung des Bundesgesetzes BGBl. I Nr. 72/2013 treten mit 1. Jänner 2014 in Kraft. Die §§ 2 Abs. 8, 4 Abs. 3 Z 2, 3 und 4, 4a samt Überschrift, 6 Abs. 3 und die Abschnitte IIb, IIc, III und VII samt Überschrift in der Fassung des Bundesgesetzes BGBl. I Nr. 98/2012 sowie § 12d samt Überschrift in der Fassung des Bundesgesetzes BGBl. I Nr. 72/2013 treten mit Ablauf des 31. Dezember 2013 außer Kraft.

(BGBl I 2013/72)

(43) Eine Verordnung gemäß § 4 Abs. 4 in der Fassung dieses Bundesgesetzes kann bereits ab dem der Kundmachung des Bundesgesetzes BGBl. I Nr. 72/2013 folgenden Tag erlassen werden; sie darf jedoch frühestens mit 1. Jänner 2014 in Kraft gesetzt werden.

(BGBl I 2013/72)

(44) § 2 Abs. 3, 11 und 13, § 3 Abs. 1, 2 und 3, § 4 Abs. 1, Abs. 3 Z 6 und Abs. 7 Z 2 und Z 6, § 4b Abs. 3, § 5 samt Überschrift, § 9 Abs. 1, § 11 Abs. 1, die Anlage B, § 12b Z 2, die Überschrift des § 18, § 18 Abs. 3, 3a, 12 und 13, § 18a samt Überschrift, § 20 Abs. 2, § 20b Abs. 4, § 20d Abs. 1, § 20e Abs. 1 und 3, § 20f samt Überschrift, § 20g, § 24 samt Überschrift sowie Anlage D, § 27 Abs. 4, § 27a Abs. 3 Z 1, § 28 Abs. 1 und 8, § 32a Abs. 11a und § 35 Z 1 in der Fassung des Bundesgesetzes BGBl. I Nr. 66/2017 treten mit 1. Oktober 2017 in Kraft und sind auf Sachverhalte anzuwenden, die sich nach dem 30. September 2017 ereignen. § 2 Abs. 10 und § 4 Abs. 3 Z 8, Abs. 7 Z 1 und die Überschrift des Abschnitts IV treten mit Ablauf des 30. September 2017 außer Kraft. Verordnungen gemäß § 5 Abs. 1 können bereits ab dem auf die Kundmachung dieses Bundesgesetzes folgenden Tag erlassen werden; sie dürfen jedoch frühestens mit 1. Oktober 2017 in Kraft gesetzt werden.

(BGBl I 2017/66)

(45) § 1 Abs. 2 lit. h, § 2 Abs. 14 bis 17, § 3 Abs. 5 sowie § 4 Abs. 3 Z 6 und Abs. 7 Z 2 in der Fassung des Bundesgesetzes BGBl. I Nr. 56/2018 treten mit 1. September 2018 in Kraft und sind auf Sachverhalte anzuwenden, die sich nach dem 31. August 2018 ereignen.

(BGBl I 2018/56)

(46) § 12b Z 1, § 13 Abs. 1,3 und 4, § 20d Abs. 5, § 27a Abs. 3 Z 1 und die Anlagen A, B, C und D in der Fassung des Bundesgesetzes BGBl. I Nr. 94/2018 treten mit 1. Jänner 2019 in Kraft und sind auf Sachverhalte anzuwenden, die sich nach dem 31. Dezember 2018 ereignen.

(BGBl I 2018/94)

(47) § 27 Abs. 1 und Abs. 5 in der Fassung des Bundesgesetzes BGBl. I Nr. 100/2018 tritt mit 1. Jänner 2020 in Kraft.

(BGBl I 2018/100, BGBl I 2020/98)

(48) § 32b samt Überschrift in der Fassung des Brexit-Begleitgesetzes 2019, BGBl. I Nr. 25/2019, tritt mit dem Zeitpunkt des Wirksamwerdens des Austritts des Vereinigten Königreichs Großbritannien und Nordirland aus der Europäischen Union unter der Bedingung in Kraft, dass der Austritt ohne Austrittsabkommen gemäß Art. 50 Abs. 2 EUV erfolgt.

(BGBl I 2019/25)

(49) § 3 Abs. 5, § 18 Abs. 12, § 26, § 27 Abs. 1 und 5, § 27a Abs. 1 und 2, § 28a, § 28b, § 30 Abs. 1, § 30a, § 32a Abs. 8 und § 35 Z 3, jeweils in der Fassung des Bundesgesetzes BGBl. I Nr. 104/2019, treten mit 1. Juli 2020 in Kraft.

(BGBl I 2019/104)

(50) § 32c in der Fassung des Bundesgesetzes BGBl. I Nr. 23/2020 tritt mit dem der Kundmachung folgenden Tag in Kraft und mit Ablauf des 30. Juni 2020 außer Kraft. Dauert die COVID-19-Krisensituation über diesen Zeitpunkt hinaus an, so ist die Bundesministerin für Arbeit, Familie und Jugend ermächtigt, das Außerkrafttreten durch Verordnung um jeweils zwei Monate, nicht jedoch über den 31. Dezember 2020 hinaus, zu verschieben.

(BGBl I 2020/23)

(51) Die §§ 5 Abs. 4, 28 Abs. 1 Z 1 lit. b und Z 4 sowie 35 Z 4 in der Fassung des Bundesgesetzes BGBl. I Nr. 98/2020 treten mit 1. Juli 2020 in Kraft. Die §§ 28 Abs. 1 Z 1 lit. c und Z 5 sowie 32a samt Überschrift treten mit Ablauf des 30. Juni 2020 außer Kraft. Die für Staatsangehörige der Republik Kroatien und für Arbeitgeber mit Betriebssitz in diesem Mitgliedstaat nach diesem Bundesgesetz erteilten Berechtigungen oder Bestätigungen zur Arbeitsaufnahme verlieren mit Ablauf des 30. Juni 2020 ihre Gültigkeit.

(BGBl I 2020/98)

(52) § 1 Abs. 2 lit. c in der Fassung des Bundesgesetzes BGBl. I Nr. 54/2021 tritt mit 1. Mai 2021 in Kraft.

(BGBl I 2021/54)

„(53) § 4 Abs. 7 Z 6 und § 5 Abs. 1, 6a und 10 in der Fassung des Bundesgesetzes BGBl. I Nr. 217/2021 treten mit 1. Jänner 2022 in Kraft."

(BGBl I 2021/217)

Vollziehung

§ 35. Mit der Vollziehung dieses Bundesgesetzes sind betraut:

1. hinsichtlich des § 1 Abs. 2 lit. g und hinsichtlich des 20g, soweit das Bundesverwaltungsgericht betroffen ist, der Bundeskanzler;
   (BGBl I 2013/72, BGBl I 2017/66)
2. hinsichtlich der §§ 20d und 20e, soweit die NAG-Behörden betroffen sind, und hinsichtlich der §§ 27 Abs. 3 und 27a Abs. 3 der Bundesminister für Inneres;
   (BGBl I 2013/72)
3. hinsichtlich der §§ 3, 26, 27, 27a, 28a, 28b, 30, 30a und 30b, soweit die Abgabenbehörden oder deren Organe betroffen sind, der Bundesminister für Finanzen;
3. hinsichtlich der §§ 3, 26, 27, 27a, 28a, 28b, 30, 30a und 30b, soweit der Bundesminister für Finanzen als Abgabenbehörde, das Amt für Betrugsbekämpfung oder deren Organe betroffen sind, der Bundesminister für Finanzen;
   (BGBl I 2019/104)
4. hinsichtlich der §§ 28c und 29a die Bundesministerin für Justiz;
   (BGBl I 2020/98)
5. hinsichtlich aller übrigen Bestimmungen der Bundesminister für Arbeit, Soziales und Konsumentenschutz.

(BGBl I 2011/25)

Anlage A
Zulassungskriterien für besonders Hochqualifizierte gemäß § 12

Kriterien	Punkte
Besondere Qualifikationen bzw. Fähigkeiten	**maximal anrechenbare Punkte: 40**
Abschluss eines Studiums an einer tertiären Bildungseinrichtung mit vierjähriger Mindestdauer	20
– im Fachgebiet Mathematik, Informatik, Naturwissenschaften oder Technik (MINT-Fächer).	30
– mit Habilitation oder gleichwertiger Qualifikation (z.B. PhD)	40
Letztjähriges Bruttojahresgehalt in einer Führungsposition eines börsennotierten Unternehmens oder eines Unternehmens, für dessen Aktivitäten bzw. Geschäftsfeld eine positive Stellungnahme der zuständigen Außenhandelsstelle vorliegt: 50 000 bis 60 000 Euro 60 000 bis 70 000 Euro über 70 000 Euro	 20 25 30
Forschungs- oder Innovationstätigkeit (Patentanmeldungen, Publikationen)	20
Auszeichnungen (anerkannte Preisträgerschaft)	20
Berufserfahrung (ausbildungsadäquat oder in Führungsposition)	**maximal anrechenbare Punkte: 20**
Berufserfahrung (pro Jahr) sechsmonatige Berufserfahrung in Österreich	2 10
Sprachkenntnisse	**maximal anrechenbare Punkte: 10**
Deutsch- oder Englischkenntnisse zur elementaren Sprachverwendung auf einfachstem Niveau (A 1) oder zur vertieften elementaren Sprachverwendung (A 2)	5 10
Alter	**maximal anrechenbare Punkte: 20**
bis 35 Jahre bis 40 Jahre bis 45 Jahre	20 15 10
Studium in Österreich	**maximal anrechenbare Punkte: 10**
zweiter Studienabschnitt bzw. Hälfte der vorgeschriebenen ECTS-Anrechnungspunkte gesamtes Diplom- oder Bachelor- und Masterstudium	5 10
Summe der maximal anrechenbaren Punkte	**100**
erforderliche Mindestpunkteanzahl	**70**

(BGBl I 2011/25, BGBl I 2018/94)

Anlage B
Zulassungskriterien für Fachkräfte in Mangelberufen gemäß § 12a

Kriterien	**Punkte**
Qualifikation	**maximal anrechenbare Punkte: 30**
abgeschlossene Berufsausbildung im Mangelberuf	20
allgemeine Universitätsreife im Sinne des § 64 Abs. 1 des Universitätsgesetzes 2002, BGBl. I Nr. 120	25
Abschluss eines Studiums an einer tertiären Bildungseinrichtung mit dreijähriger Mindestdauer	30
ausbildungsadäquate Berufserfahrung	**maximal anrechenbare Punkte: 20**
Berufserfahrung (pro Jahr)	2
Berufserfahrung in Österreich (pro Jahr)	4
Sprachkenntnisse Deutsch	**maximal anrechenbare Punkte: 15**
Deutschkenntnisse zur elementaren Sprachverwendung auf einfachstem Niveau (A 1)	5
Deutschkenntnisse zur vertieften elementaren Sprachverwendung (A 2)	10
Deutschkenntnisse zur selbständigen Sprachverwendung (B 1)	15
Sprachkenntnisse Englisch	**maximal anrechenbare Punkte: 10**
Englischkenntnisse zur vertieften elementaren Sprachverwendung (A 2)	5
Englischkenntnisse zur selbständigen Sprachverwendung (B 1)	10
Alter	**maximal anrechenbare Punkte: 15**
bis 30 Jahre	15
bis 40 Jahre	10
Summe der maximal anrechenbaren Punkte	90
erforderliche Mindestpunkteanzahl	**55**

(BGBl I 2011/25, BGBl I 2017/66, BGBl I 2017/146, BGBl I 2018/94)

Anlage C
Zulassungskriterien für sonstige Schlüsselkräfte gemäß § 12b Z 1

Kriterien	Punkte
Qualifikation	**maximal anrechenbare Punkte: 30**
abgeschlossene Berufsausbildung oder spezielle Kenntnisse oder Fertigkeiten in beabsichtigter Beschäftigung	20
allgemeine Universitätsreife im Sinne des § 64 Abs. 1 des Universitätsgesetzes 2002, BGBl. I Nr. 120	25
Abschluss eines Studiums an einer tertiären Bildungseinrichtung mit dreijähriger Mindestdauer	30
ausbildungsadäquate Berufserfahrung	**maximal anrechenbare Punkte: 20**
Berufserfahrung (pro Jahr) Berufserfahrung in Österreich (pro Jahr)	2 4
Sprachkenntnisse Deutsch	**maximal anrechenbare Punkte: 15**
Deutschkenntnisse zur elementaren Sprachverwendung auf einfachstem Niveau (A 1) Deutschkenntnisse zur vertieften elementaren Sprachverwendung (A 2) Deutschkenntnisse zur selbständigen Sprachverwendung (B 1)	5 10 15
Sprachkenntnisse Englisch	**maximal anrechenbare Punkte: 10**
Englischkenntnisse zur vertieften elementaren Sprachverwendung (A 2) Englischkenntnisse zur selbständigen Sprachverwendung (B 1)	5 10
Alter	**maximal anrechenbare Punkte: 15**
bis 30 Jahre bis 40 Jahre	15 10
Summe der maximal anrechenbaren Punkte Zusatzpunkte für Profisportler/innen und Profisporttrainer/innen	**90** 20
erforderliche Mindestpunkteanzahl	**55**

(BGBl I 2011/25, BGBl I 2018/1, BGBl I 2018/94)

Anlage D
Zulassungskriterien für Start-up-GründerInnen gemäß § 24 Abs. 2

Kriterien	Punkte
Qualifikation	**maximal anrechenbare Punkte: 30**
Abgeschlossene Berufsausbildung oder spezielle Kenntnisse oder Fertigkeiten in beabsichtigter Tätigkeit	20
Abschluss eines Studiums an einer tertiären Bildungseinrichtung mit zumindest dreijähriger Mindestdauer	20
Abschluss eines Diplom-, Bachelor-, Master- oder Doktoratsstudiums oder einer Berufsausbildung in Österreich	30
Berufserfahrung	**maximal anrechenbare Punkte: 10**
Berufserfahrung (pro Jahr)	2
Sprachkenntnisse	**maximal anrechenbare Punkte: 15**
Deutschkenntnisse zur vertieften elementaren Sprachverwendung (A 2)	5
Deutschkenntnisse zur selbständigen oder zur vertieften selbständigen Sprachverwendung (B 1 oder B 2)	10
Englischkenntnisse zur vertieften selbständigen Sprachverwendung (B 2)	10
Deutschkenntnisse zur kompetenten Sprachverwendung (C 1)	15
Zusatzpunkte	**maximal anrechenbare Punkte: 30**
Zusätzliches nachgewiesenes Kapital in der Höhe von mindestens € 50.000	10
Aufnahme in einem Gründerzentrum oder Förderung durch eine Start-up-Förderstelle in Österreich	10
Alter bis 35 Jahre	10
Summe der maximal anrechenbaren Punkte:	**85**
erforderliche Mindestpunkteanzahl:	**50**

(BGBl I 2017/66, BGBl I 2018/94)

8/2. Ausländerbeschäftigungsgesetz-Novelle

AuslBG-Novelle 1988, BGBl 1988/231

Bundesgesetz vom 21. April 1988, mit dem das Ausländerbeschäftigungsgesetz geändert wird

Der Nationalrat hat beschlossen:

Artikel I

(im AuslBG eingearbeitet)

Artikel II
Übergangsbestimmungen

(1) Einem jugendlichen Ausländer bis zur Vollendung des 19. Lebensjahres ist eine Beschäftigungsbewilligung ohne Prüfung der Voraussetzungen des § 4 Abs. 1, 2 und 6 zu erteilen, wenn

1. nicht außergewöhnliche Verhältnisse auf lokalen Arbeitsmärkten entgegenstehen,
2. sich der jugendliche Ausländer zum Zeitpunkt des Inkrafttretens dieser Bestimmung seit mindestens drei Jahren rechtmäßig im Bundesgebiet aufhält und
3. sich wenigstens ein Elternteil seit mindestens fünf Jahren rechtmäßig im Bundesgebiet aufhält.

§ 15 Abs. 4 gilt sinngemäß.

(2) Nach Vollendung des 19. Lebensjahres des Ausländers ist Abs. 1 weiterhin anzuwenden, wenn der Ausländer bereits vorher die Voraussetzungen des Abs. 1 erfüllt hat und sich mit Ausnahme von jeweils höchstens drei Monaten im Kalenderjahr ununterbrochen rechtmäßig im Bundesgebiet aufhält. § 15 Abs. 5 gilt sinngemäß.

(3) Anträge auf Ausstellung eines Befreiungsscheines, die in der Zeit zwischen der Verlautbarung im Bundesgesetzblatt und dem Inkrafttreten dieses Bundesgesetzes gestellt werden, gelten als im Zeitpunkt des Inkrafttretens eingebracht, es sei denn, es besteht nach der bis dahin geltenden Rechtslage ein Anspruch auf Ausstellung eines Befreiungsscheines.

Artikel III

(1) Dieses Bundesgesetz tritt mit 1. Juli 1988 in Kraft.

(2) Alle bisher auf Grund des § 4 Abs. 3 Z 8 abgegebenen Erklärungen (Verpflichtungserklärungen) verlieren mit Inkrafttreten dieses Bundesgesetzes ihre Wirksamkeit.

Artikel IV

Mit der Vollziehung dieses Bundesgesetzes sind betraut:

1. hinsichtlich des Art. I Z. 1 (§ 1 Abs. 2 lit. g) der Bundeskanzler;
2. hinsichtlich des Art. III Abs. 2 der Bundesminister für Inneres;
3. hinsichtlich des Art. I Z. 28 der Bundesminister für Finanzen;
4. hinsichtlich der übrigen Bestimmungen der Bundesminister für Arbeit und Soziales.

9. BEHINDERTENEINSTELLUNGSGESETZ

Inhaltsverzeichnis

9/1. Behinderteneinstellungsgesetz

Behinderteneinstellungsgesetz, BGBl 1970/22 idF

1 BGBl 1973/329	**2** BGBl 1974/399	**3** BGBl 1975/96
4 BGBl 1979/111	**5** BGBl 1982/360	**6** BGBl 1985/567
7 BGBl 1987/614	**8** BGBl 1988/721	**9** BGBl 1990/285
10 BGBl 1992/104	**11** BGBl 1992/313	**12** BGBl 1993/111
13 BGBl 1993/917	**14** BGBl 1994/27	**15** BGBl 1994/314
16 BGBl 1996/201	**17** BGBl 1996/757	**18** BGBl I 1999/17
19 BGBl I 1999/106	**20** BGBl I 2001/60	**21** BGBl I 2002/150
22 BGBl I 2002/158	**23** BGBl I 2003/71	**24** BGBl I 2005/82
25 BGBl I 2008/2	**26** BGBl I 2008/67	**27** BGBl I 2010/58
28 BGBl I 2010/81	**29** BGBl I 2010/111	**30** BGBl I 2011/7
31 BGBl I 2012/51	**32** BGBl I 2013/71	**33** BGBl I 2013/72
34 BGBl I 2013/107	**35** BGBl II 2014/59	**36** BGBl I 2015/57
37 BGBl I 2016/62	**38** BGBl I 2016/120	**39** BGBl I 2017/35
40 BGBl I 2017/40	**41** BGBl I 2017/155	**42** BGBl I 2018/32
43 BGBl I 2020/135	**44** BGBl I 2021/78	

BEinstG

GLIEDERUNG

STICHWORTVERZEICHNIS

Bundesgesetz vom 11. Dezember 1969 über die Einstellung und Beschäftigung Behinderter (Behinderteneinstellungsgesetz – BEinstG)

Der Nationalrat hat beschlossen:

Artikel I
(Verfassungsbestimmung)

(überholt; vgl. Art. I BGBl. 1988/721, abgedruckt im Anhang)

Artikel II
Beschäftigungspflicht

§ 1. (1) Alle Dienstgeber, die im Bundesgebiet 25 oder mehr Dienstnehmer (§ 4 Abs. 1) beschäftigen, sind verpflichtet, auf je 25 Dienstnehmer mindestens einen begünstigten Behinderten (§ 2) einzustellen. Dieses Bundesgesetz ist nicht anzuwenden auf internationale Organisationen im Sinne des § 1 Abs. 7 des Bundesgesetzes vom 14. Dezember 1977 über die Einräumung von Privilegien und Immunitäten an internationale Organisationen, BGBl. Nr. 677/1977.

(BGBl 1979/111)

(2) Der Bundesminister für Arbeit, Gesundheit und Soziales kann die Zahl der nach Abs. 1 zu beschäftigenden Behinderten (Pflichtzahl) für bestimmte Wirtschaftszweige durch Verordnung derart abändern, daß nur auf je höchstens 40 Dienstnehmer mindestens ein begünstigter Behinderter einzustellen ist. Voraussetzung hiefür ist, daß die Beschäftigung von Behinderten auf Grund der diesen Wirtschaftszweigen eigentümlichen Strukturen in dem im Abs. 1 vorgesehenen Ausmaß auch unter Nutzung aller technischen Möglichkeiten und Unterstützungsstrukturen nicht möglich ist. Ferner kann der Bundesminister für Arbeit, Gesundheit und Soziales durch Verordnung bestimmen, daß Dienstgeber Arbeitsplätze, die sich für die Beschäftigung von Behinderten besonders eignen, diesen Behinderten oder bestimmten Gruppen von Behinderten vorzubehalten haben. Auf den Bund, die Länder und die Gemeinden findet der erste Satz keine Anwendung.

(BGBl 1982/360, BGBl I 1999/17)

(3) (aufgehoben)

(BGBl 1992/313, BGBl I 1999/17)

Begünstigte Behinderte

§ 2. (1) Begünstigte Behinderte im Sinne dieses Bundesgesetzes sind österreichische Staatsbürger mit einem Grad der Behinderung von mindestens 50 vH. Österreichischen Staatsbürgern sind folgende Personen mit einem Grad der Behinderung von mindestens 50 vH gleichgestellt:

1. Unionsbürger, Staatsbürger von Vertragsparteien des Abkommens über den Europäischen Wirtschaftsraum, Schweizer Bürger und deren Familienangehörige,
2. Flüchtlinge, denen Asyl gewährt worden ist, solange sie zum dauernden Aufenthalt im Bundesgebiet berechtigt sind,
3. Drittstaatsangehörige, die berechtigt sind, sich in Österreich aufzuhalten und einer Beschäftigung nachzugehen, soweit diese Drittstaatsangehörigen hinsichtlich der Bedingungen einer Entlassung nach dem Recht der Europäischen Union österreichischen Staatsbürgern gleichzustellen sind.

(BGBl I 2013/72)

4. (aufgehoben)

(BGBl I 2013/72)

(BGBl 1988/721, BGBl 1992/313, BGBl 1993/111, BGBl I 2010/111)

(2) Nicht als begünstigte Behinderte im Sinne des Abs. 1 gelten behinderte Personen, die

a) sich in Schul- oder Berufsausbildung befinden oder

b) das 65. Lebensjahr überschritten haben und nicht in Beschäftigung stehen oder

c) nach bundes- oder landesgesetzlichen Vorschriften Geldleistungen wegen dauernder Erwerbsunfähigkeit (dauernder Berufsunfähigkeit) bzw. Ruhegenüsse oder Pensionen aus dem Versicherungsfall des Alters beziehen und nicht in Beschäftigung stehen oder

d) nicht in einem aufrechten sozialversicherungspflichtigen Dienstverhältnis stehen und infolge des Ausmaßes ihrer Funktionsbeeinträchtigungen zur Ausübung einer Erwerbstätigkeit auch auf einem geschützten Arbeitsplatz oder in einem Integrativen Betrieb (§ 11) nicht in der Lage sind.

(BGBl I 1999/17, BGBl I 2008/67, BGBl I 2010/111)

(3) Die Ausschlussbestimmungen des Abs. 2 lit. a gelten nicht für behinderte Personen, die als Lehrlinge in Beschäftigung stehen, eine Ausbildung zum gehobenen Dienst für Gesundheits- und Krankenpflege absolvieren, an einer Hebammenakademie oder einer entsprechenden Fachhochschule ausgebildet werden oder zum Zwecke der vorgeschriebenen Ausbildung für den künftigen, eine abgeschlossene Hochschulausbildung erfordernden Beruf nach Abschluss dieser Hochschulausbildung beschäftigt werden und die Voraussetzungen des Abs. 1 erfüllen.

(BGBl I 2010/111)

(4) Auf Behinderte, auf die Abs. 1 nicht anzuwenden ist, findet dieses Bundesgesetz mit Ausnahme des § 10a Abs. 3a und der §§ 7a bis 7r und 24a bis 24f nur nach Maßgabe der mit ihren Heimatstaaten getroffenen Vereinbarungen Anwendung.

(BGBl 1979/111, BGBl 1992/313, BGBl I 2005/82)

(5) (aufgehoben)

(BGBl 1979/111)

(BGBl I 2005/82)

Behinderung

§ 3. Behinderung im Sinne dieses Bundesgesetzes ist die Auswirkung einer nicht nur vorübergehenden körperlichen, geistigen oder psychischen Funktionsbeeinträchtigung oder Beeinträchtigung der Sinnesfunktionen, die geeignet ist, die Teilhabe am Arbeitsleben zu erschweren. Als nicht nur vorübergehend gilt ein Zeitraum von mehr als voraussichtlich sechs Monaten.

(BGBl 1988/721, BGBl I 1999/17, BGBl I 2005/82)

Berechnung der Pflichtzahl

§ 4. (1) Dienstnehmer im Sinne der Berechnung der Pflichtzahl sind:

a) Personen, die in einem Verhältnis persönlicher und wirtschaftlicher Abhängigkeit gegen Entgelt beschäftigt werden (ausgenommen Lehrlinge);

b) Personen, die zum Zwecke der vorgeschriebenen Ausbildung für den künftigen, eine abgeschlossene Hochschulbildung erfordernden Beruf nach Abschluß dieser Hochschulbildung beschäftigt sind;

c) Heimarbeiter.

(BGBl I 1999/17, BGBl I 2005/82)

(2) Für die Feststellung der Gesamtzahl der Dienstnehmer (Abs. 1), von der die Pflichtzahl zu berechnen ist (§ 1), sind alle Dienstnehmer, die ein Dienstgeber im Bundesgebiet beschäftigt, zusammenzufassen.

(3) Für die Berechnung der Pflichtzahl sind von der gemäß Abs. 2 festgestellten Gesamtzahl der Dienstnehmer die beschäftigten begünstigten Behinderten (§ 2) und Inhaber von Amtsbescheinigungen oder Opferausweisen (§ 5 Abs. 3) nicht einzurechnen.

(4) (aufgehoben)

(BGBl 1992/313, BGBl I 1999/17)

(5) (aufgehoben)

(BGBl 1979/111, BGBl 1992/313)

Erfüllung der Beschäftigungspflicht

§ 5. (1) Auf die Pflichtzahl sind die beschäftigten und nach § 7 entlohnten begünstigten Behinderten, begünstigte Personen nach § 2 Abs. 3 und Dienstgeber anzurechnen, bei denen die Voraussetzungen des § 2 Abs. 1 zutreffen.

(BGBl 1979/111)

(2) Auf die Pflichtzahl werden mit dem Doppelten ihrer Zahl angerechnet:

a) Blinde;

b) die im Abs. 1 angeführten Behinderten vor Vollendung des 19. Lebensjahres;

c) die im Abs. 1 angeführten Behinderten über den in lit. b angeführten Zeitpunkt hinaus für die Dauer des Ausbildungsverhältnisses;

d) die im Abs. 1 angeführten Behinderten nach Vollendung des 50. Lebensjahres, wenn und insolange der Grad ihrer Behinderung mindestens 70 vH beträgt;

(BGBl 1988/721)

e) die im Abs. 1 angeführten Behinderten nach Vollendung des 55. Lebensjahres;

f) die im Abs. 1 angeführten Behinderten, die überwiegend auf den Gebrauch eines Krankenfahrstuhles (Rollstuhles) angewiesen sind.

(BGBl 1982/360)

(3) Inhaber einer Amtsbescheinigung oder eines Opferausweises gemäß § 4 des Opferfürsorgegesetzes, BGBl. Nr. 183/1947, sind auf die Pflicht-

zahl anzurechnen, vor Vollendung des 19. und nach Vollendung des 55. Lebensjahres mit dem Doppelten ihrer Zahl.

(4) (aufgehoben)

(BGBl 1985/567)

Angemessene Vorkehrungen und Förderungsmaßnahmen

§ 6. (1) Dienstgeber haben bei Beschäftigung von begünstigten Behinderten auf deren Gesundheitszustand jede nach Beschaffenheit der Betriebsgattung und nach Art der Betriebsstätte und der Arbeitsbedingungen mögliche Rücksicht zu nehmen. Das Bundesamt für Soziales und Behindertenwesen hat einvernehmlich mit den Dienststellen des Arbeitsmarktservice und mit den übrigen Rehabilitationsträgern dahingehend zu wirken und zu beraten, daß die Behinderten in ihrer sozialen Stellung nicht absinken, entsprechend ihren Fähigkeiten und Kenntnissen eingesetzt und durch Leistungen der Rehabilitationsträger und Maßnahmen der Dienstgeber soweit gefördert werden, daß sie sich im Wettbewerb mit Nichtbehinderten zu behaupten vermögen.

(BGBl 1979/111, BGBl 1994/314, BGBl I 2002/150)

(1a) Dienstgeber haben die geeigneten und im konkreten Fall erforderlichen Maßnahmen zu ergreifen, um Menschen mit Behinderungen den Zugang zur Beschäftigung, die Ausübung eines Berufes, den beruflichen Aufstieg und die Teilnahme an Aus- und Weiterbildungsmaßnahmen zu ermöglichen, es sei denn, diese Maßnahmen würden den Dienstgeber unverhältnismäßig belasten. Diese Belastung ist nicht unverhältnismäßig, wenn sie durch Förderungsmaßnahmen nach bundes- oder landesgesetzlichen Vorschriften ausreichend kompensiert werden kann.

(BGBl I 2005/82)

(2) Nach Maßgabe der Richtlinien (Abs. 3) können aus den Mitteln des Ausgleichstaxfonds (§ 10 Abs. 1) Zuschüsse oder Darlehen gewährt werden, und zwar insbesondere

a) zu den Kosten der durch die Behinderung bedingten technischen Arbeitshilfen;
b) zur Schaffung von Arbeits- und Ausbildungsplätzen, die sich für begünstigte Behinderte besonders eignen;
c) zu den Lohn- und Ausbildungskosten für begünstigte Behinderte (§ 2 Abs. 1 und 3), mit denen ein Dienstverhältnis neu begründet wird (Einstellungsbeihilfen), oder die infolge ihrer Behinderung entweder die volle Leistungsfähigkeit nicht zu erreichen vermögen, oder deren Arbeits- oder Ausbildungsplatz ohne die Gewährung von Leistungen aus dem Ausgleichstaxfonds gefährdet wäre;
d) zu den Kosten von Maßnahmen beruflicher Assistenz, insbesondere Jugendcoaching, Produktionsschulen, Berufsausbildungsassistenz (§ 8b des Berufsausbildungsgesetzes, BGBl. Nr. 142/1969), Arbeitsassistenz und Job Coaching sowie anderer Assistenzmaßnahmen, insbesondere Persönliche Assistenz am Arbeitsplatz und Beratungsleistungen für Unternehmen;
(BGBl I 2010/111, BGBl I 2016/62)
e) für die Ein-, Um- oder Nachschulung, zur beruflichen Weiterbildung sowie zur Arbeitserprobung;
f) zu den sonstigen Kosten, die nachweislich mit dem Antritt oder der Ausübung einer Beschäftigung verbunden sind;
g) zur Gründung einer den Lebensunterhalt sichernden selbständigen Erwerbstätigkeit sowie zur pauschalen Abgeltung eines im laufenden Betrieb entstehenden behinderungsbedingten Mehraufwandes des behinderten Unternehmers.
(BGBl I 2010/111)

(BGBl I 1999/17)

(3) Der Bundesminister für Arbeit, Gesundheit und Soziales als Vertreter des Ausgleichstaxfonds hat als Grundlage für die Gewährung von Zuschüssen oder Darlehen (Abs. 2) Richtlinien, insbesondere über die Höhe und die Dauer der Zuwendungen unter Bedachtnahme auf die Leistungs- und Eingliederungsfähigkeit des begünstigten Behinderten, die besondere Eignung eines Arbeitsplatzes für die Beschäftigung begünstigter Behinderter, auf den Nutzen, der sich für den Dienstgeber aus der Durchführung der Maßnahmen ergibt, auf die finanziellen Möglichkeiten des Unternehmens und auf gleichartige Leistungen nach anderen Bundes- oder Landesgesetzen zu erlassen. Diese Richtlinien haben im Bundesamt für Soziales und Behindertenwesen zur Einsichtnahme aufzuliegen.

(BGBl I 1999/17, BGBl I 2002/150)

(4) Die Gewährung von Zuschüssen oder Darlehen kann über die nach Abs. 3 zu erlassenden Richtlinien hinaus mit weiteren Auflagen verbunden werden, um den angestrebten Erfolg zu sichern. Die Höhe laufend gewährter Zuschüsse ist bei Änderung der Voraussetzungen, ansonsten jährlich nach Überprüfung neu festzusetzen. Für den gleichen Zweck gewährte Zuschüsse oder Darlehen nach anderen Bundes- oder Landesgesetzen sind zu berücksichtigen. Offene Forderungen des Ausgleichstaxfonds sind bei Gewährung von Zuschüssen an Dienstgeber aufzurechnen.

(BGBl I 1999/17)

(5) Vor der Gewährung von Leistungen nach Abs. 2 ist nach Klärung des Sachverhalts ein Team zu befassen, dem je ein Vertreter des Bundesamtes für Soziales und Behindertenwesen, der Landesgeschäftsstelle des Arbeitsmarktservice, des jeweiligen Bundeslandes (Behindertenhilfe), der Arbeiterkammer sowie der Wirtschaftskammer des jeweiligen Bundeslandes als ständige Mitglieder angehören. Falls die Sachlage es erfordert, sind Vertreter der Sozialversicherungsträger und Sachverständige insbesondere aus dem Bereich des ärztlichen und psychologischen Dienstes des Bundesamtes für Soziales und Behindertenwesen oder des Arbeitsmarktservice sowie aus dem Be-

reich der Arbeitsinspektion, der Landwirtschaftskammer und der Landarbeiterkammer beizuziehen.

(BGBl I 1999/17, BGBl I 2002/150)

(6) Anstelle von Zuschüssen oder Darlehen können auch Sachleistungen gewährt werden.

(BGBl 1982/360, BGBl 1988/721, BGBl 1992/313, BGBl 1994/314, BGBl I 1999/17)

(BGBl I 2005/82)

Entgelt

§ 7. Das Entgelt, das den im Sinne dieses Bundesgesetzes beschäftigten begünstigten Behinderten gebührt, darf aus dem Grunde der Behinderung nicht gemindert werden.

(BGBl 1979/111, BGBl 1988/721)

Schutz vor Diskriminierung in der Arbeitswelt – Geltungsbereich

§ 7a. (1) Die Bestimmungen der §§ 7b bis 7q gelten für den Bereich der Arbeitswelt; dazu zählen

1. Dienstverhältnisse aller Art, die auf privatrechtlichem Vertrag beruhen,
2. alle Formen und alle Ebenen der Berufsberatung, der Berufsausbildung, der beruflichen Weiterbildung und der Umschulung einschließlich der praktischen Berufserfahrung,

   (BGBl I 2013/107)
3. die Mitgliedschaft und Mitwirkung in einer Arbeitnehmer- oder Arbeitgeberorganisation oder einer Organisation, deren Mitglieder einer bestimmten Berufsgruppe angehören, einschließlich der Inanspruchnahme der Leistungen solcher Organisationen, und
4. die Gründung, Einrichtung oder Erweiterung eines Unternehmens sowie die Aufnahme oder Ausweitung jeglicher anderen Art von selbständiger Tätigkeit,

   (BGBl I 2013/107)

sofern dies in die Regelungskompetenz des Bundes fällt.

(2) Die Bestimmungen der §§ 7b bis 7q gelten weiters für

1. öffentlich-rechtliche Dienstverhältnisse zum Bund,
2. Ausbildungsverhältnisse aller Art zum Bund,
3. Beschäftigungsverhältnisse, auf die das Heimarbeitsgesetz 1960, BGBl. Nr. 105/1961, anzuwenden ist, und
4. Beschäftigungsverhältnisse von Personen, die, ohne in einem Dienstverhältnis zu stehen, im Auftrag und für Rechnung bestimmter Personen Arbeit leisten und wegen wirtschaftlicher Unselbständigkeit als arbeitnehmerähnlich anzusehen sind.

Für den Anwendungsbereich der §§ 7b bis 7q gelten die Beschäftigungsverhältnisse nach Z 2 bis 4 als Dienstverhältnisse.

(3) Ausgenommen sind Dienstverhältnisse einschließlich arbeitnehmerähnlicher Beschäftigungsverhältnisse im Sinne des Abs. 2 Z 4 zu einem Land, einem Gemeindeverband oder einer Gemeinde.

(BGBl I 2021/78)

(4) Die Bestimmungen der §§ 7b bis 7q gelten auch für die Beschäftigung von Dienstnehmern, die von einem Dienstgeber ohne Sitz in Österreich

1. im Rahmen einer Arbeitskräfteüberlassung oder
2. zur fortgesetzten Arbeitsleistung

nach Österreich entsandt werden, für die Dauer der Entsendung.

(BGBl I 2005/82)

Diskriminierungsverbot

§ 7b. (1) Auf Grund einer Behinderung darf im Zusammenhang mit einem Dienstverhältnis gemäß § 7a Abs. 1 Z 1, Abs. 2 und 4 sowie in der sonstigen Arbeitswelt im Sinne des § 7a Abs. 1 Z 2 bis 4 niemand unmittelbar oder mittelbar diskriminiert werden, insbesondere nicht

1. bei der Begründung des Dienstverhältnisses,
2. bei der Festsetzung des Entgelts,
3. bei der Gewährung freiwilliger Sozialleistungen, die kein Entgelt darstellen,
4. bei Maßnahmen der Aus- und Weiterbildung und Umschulung,
5. beim beruflichen Aufstieg, insbesondere bei Beförderungen und der Zuweisung höher entlohnter Verwendungen (Funktionen),
6. bei den sonstigen Arbeitsbedingungen,
7. bei der Beendigung des Dienstverhältnisses,
8. bei der Berufsberatung, Berufsausbildung, beruflichen Weiterbildung und Umschulung außerhalb eines Dienstverhältnisses,

   (BGBl I 2013/107)
9. bei der Mitgliedschaft und Mitwirkung in einer Arbeitnehmer- oder Arbeitgeberorganisation oder einer Organisation, deren Mitglieder einer bestimmten Berufsgruppe angehören, einschließlich der Inanspruchnahme der Leistungen solcher Organisationen,
10. bei der Gründung, Einrichtung oder Erweiterung eines Unternehmens sowie der Aufnahme oder Ausweitung jeglicher anderen Art von selbständiger Tätigkeit.

    (BGBl I 2013/107)

(2) Betriebliche Einstufungsregelungen und Normen der kollektiven Rechtsgestaltung dürfen bei der Regelung der Entlohnungskriterien keine Kriterien vorschreiben, die zu einer Diskriminierung auf Grund einer Behinderung führen.

(3) Bei der Einreihung von Verwendungen und Arbeitsplätzen der öffentlichen Verwaltung in für den Monatsbezug oder das Monatsentgelt bedeutsame Kategorien, wie Besoldungs-, Verwendungs- und Funktionsgruppen oder Dienstklassen, sind keine Kriterien für die Beurteilung der Tätigkeit zu verwenden, die zu einer Diskriminierung auf Grund einer Behinderung führen.

(4) Auf den Behinderungsbegriff der Abs. 1 bis 3 ist § 3 mit der Maßgabe anzuwenden, dass ein festgestellter Grad der Behinderung nicht erforderlich ist.

(5) Eine Diskriminierung liegt auch vor, wenn eine Person auf Grund ihres Naheverhältnisses zu einer Person wegen deren Behinderung diskriminiert wird.

(BGBl I 2011/7)

(6) Jede Verletzung des Diskriminierungsverbots des Abs. 1 durch einen Bediensteten des Bundes verletzt die Verpflichtungen, die sich aus dem Dienstverhältnis ergeben, und ist nach den dienst- und disziplinarrechtlichen Vorschriften zu verfolgen.

(BGBl I 2005/82)

Diskriminierung

§ 7c. (1) Eine unmittelbare Diskriminierung liegt vor, wenn eine Person auf Grund einer Behinderung in einer vergleichbaren Situation eine weniger günstige Behandlung erfährt, als eine andere Person erfährt, erfahren hat oder erfahren würde.

(2) Eine mittelbare Diskriminierung liegt vor, wenn dem Anschein nach neutrale Vorschriften, Kriterien oder Verfahren sowie Merkmale gestalteter Lebensbereiche Menschen mit Behinderungen gegenüber anderen Personen in besonderer Weise benachteiligen können, es sei denn, die betreffenden Vorschriften, Kriterien oder Verfahren sowie Merkmale gestalteter Lebensbereiche sind durch ein rechtmäßiges Ziel sachlich gerechtfertigt, und die Mittel sind zur Erreichung dieses Zieles angemessen und erforderlich.

(3) Bei Ungleichbehandlung wegen eines Merkmals, das im Zusammenhang mit einer Behinderung steht, liegt dann keine Diskriminierung vor, wenn das betreffende Merkmal auf Grund der Art einer bestimmten beruflichen Tätigkeit oder der Rahmenbedingungen ihrer Ausübung eine wesentliche und entscheidende berufliche Voraussetzung darstellt, und sofern es sich um einen rechtmäßigen Zweck und eine angemessene Anforderung handelt.

(4) Eine mittelbare Diskriminierung im Sinne von Abs. 2 liegt nicht vor, wenn die Beseitigung von Bedingungen, die eine Benachteiligung begründen, insbesondere von Barrieren, rechtswidrig oder wegen unverhältnismäßiger Belastungen unzumutbar wäre.

(5) Bei der Prüfung, ob Belastungen unverhältnismäßig sind, sind insbesondere zu berücksichtigen:

1. der mit der Beseitigung der die Benachteiligung begründenden Bedingungen verbundene Aufwand,
2. die wirtschaftliche Leistungsfähigkeit des Dienstgebers oder in Fällen des § 7b Abs. 1 Z 8 bis 10 des jeweiligen Rechtsträgers,
3. Förderungen aus öffentlichen Mitteln für die entsprechenden Maßnahmen,
4. die zwischen dem In-Kraft-Treten dieses Bundesgesetzes und der behaupteten Diskriminierung vergangene Zeit.

(6) Erweist sich die Beseitigung von Bedingungen, die eine Benachteiligung begründen, als unverhältnismäßige Belastung im Sinne des Abs. 4, liegt dann eine Diskriminierung vor, wenn verabsäumt wurde, durch zumutbare Maßnahmen zumindest eine maßgebliche Verbesserung der Situation des Betroffenen im Sinne einer größtmöglichen Annäherung an eine Gleichbehandlung zu bewirken. Bei der Prüfung der Zumutbarkeit ist Abs. 5 heranzuziehen.

(7) Bei der Beurteilung des Vorliegens einer mittelbaren Diskriminierung durch Barrieren ist auch zu prüfen, ob einschlägige auf den gegenständlichen Fall anwendbare Rechtsvorschriften zur Barrierefreiheit vorliegen und ob und inwieweit diese eingehalten wurden. Barrierefrei sind bauliche und sonstige Anlagen, Verkehrsmittel, technische Gebrauchsgegenstände, Systeme der Informationsverarbeitung sowie andere gestaltete Lebensbereiche, wenn sie für Menschen mit Behinderungen in der allgemein üblichen Weise, ohne besondere Erschwernis und grundsätzlich ohne fremde Hilfe zugänglich und nutzbar sind.

(8) Eine Diskriminierung liegt auch bei Anweisung einer Person zur Diskriminierung aus dem Grund einer Behinderung vor.

(9) Spezifische Maßnahmen zur Förderung der Gleichstellung im Berufsleben, mit denen Benachteiligungen wegen einer Behinderung verhindert oder ausgeglichen werden, gelten nicht als Diskriminierung im Sinne dieses Bundesgesetzes.

(BGBl I 2005/82)

Belästigung

§ 7d. (1) Eine Diskriminierung liegt auch bei Belästigung vor, wenn eine Person

1. vom Dienstgeber selbst belästigt wird,
2. durch den Dienstgeber dadurch diskriminiert wird, indem dieser es schuldhaft unterlässt, im Falle einer Belästigung durch Dritte eine auf Grund gesetzlicher Bestimmungen, Normen der kollektiven Rechtsgestaltung oder des Arbeitsvertrages angemessene Abhilfe zu schaffen,
3. durch Dritte in Zusammenhang mit seinem Dienstverhältnis belästigt wird oder
4. durch Dritte außerhalb eines Dienstverhältnisses belästigt wird.

(2) Belästigung liegt vor, wenn im Zusammenhang mit einer Behinderung eine unerwünschte Verhaltensweise gesetzt wird,

1. die die Würde der betroffenen Person verletzt oder dies bezweckt,
2. die für die betroffene Person unerwünscht, unangebracht oder anstößig ist und
3. die ein einschüchterndes, feindseliges, entwürdigendes, beleidigendes oder demütigen-

des Umfeld für die betroffene Person schafft oder dies bezweckt.

(3) Eine Diskriminierung liegt auch vor

1. bei Anweisung zur Belästigung einer Person,
2. wenn die Zurückweisung oder Duldung einer Belästigung durch die belästigte Person zur Grundlage einer diese Person berührenden Entscheidung gemacht wird,
3. wenn eine Person auf Grund ihres Naheverhältnisses zu einer Person wegen deren Behinderung belästigt wird.

(BGBl I 2013/107)

Rechtsfolgen der Diskriminierung bei der Begründung des Dienstverhältnisses und beim beruflichen Aufstieg

§ 7e. (1) Ist ein Dienstverhältnis wegen Verletzung des Diskriminierungsverbots des § 7b Abs. 1 Z 1 nicht begründet worden, so ist der Dienstgeber gegenüber dem Stellenwerber zum Ersatz des Vermögensschadens und zu einer Entschädigung für die erlittene persönliche Beeinträchtigung verpflichtet. Der Ersatzanspruch beträgt

1. mindestens zwei Monatsentgelte, wenn der Stellenwerber bei diskriminierungsfreier Auswahl die Stelle erhalten hätte, oder
   (BGBl I 2008/67)
2. bis 500 Euro, wenn der Dienstgeber nachweisen kann, dass der einem Stellenwerber durch die Diskriminierung entstandene Schaden allein darin besteht, dass die Berücksichtigung seiner Bewerbung verweigert wurde.

(2) Ist ein Dienstnehmer wegen Verletzung des Diskriminierungsverbots des § 7b Abs. 1 Z 5 nicht beruflich aufgestiegen, so ist der Dienstgeber gegenüber dem Dienstnehmer zum Ersatz des Vermögensschadens und zu einer Entschädigung für die erlittene persönliche Beeinträchtigung verpflichtet. Der Ersatzanspruch beträgt

1. wenn der Dienstnehmer bei diskriminierungsfreier Auswahl beruflich aufgestiegen wäre, die Differenz für mindestens drei Monate zwischen dem Entgelt, das der Dienstnehmer bei erfolgreichem beruflichen Aufstieg erhalten hätte, und dem tatsächlichen Entgelt, oder
2. wenn der Dienstgeber nachweisen kann, dass der dem Dienstnehmer durch die Diskriminierung entstandene Schaden allein darin besteht, dass die Berücksichtigung seiner Bewerbung verweigert wurde, bis 500 Euro.

(3) Ist ein Dienstverhältnis zum Bund wegen Verletzung des Diskriminierungsverbots des § 7b Abs. 1 Z 1 nicht begründet worden, so ist der Bund gegenüber dem Stellenwerber zum Ersatz des Vermögensschadens und zu einer Entschädigung für die erlittene persönliche Beeinträchtigung verpflichtet. Der Ersatzanspruch beträgt

1. mindestens drei Monatsbezüge des für die Gehaltsstufe 2 der Dienstklasse V der Beamten der allgemeinen Verwaltung gebührenden Betrages, wenn der Stellenwerber bei diskriminierungsfreier Auswahl die Stelle erhalten hätte, oder
2. bis zu drei Monatsbezüge des für die Gehaltsstufe 2 der Dienstklasse V der Beamten der allgemeinen Verwaltung gebührenden Betrages, wenn der Dienstgeber nachweisen kann, dass der einem Stellenwerber durch die Diskriminierung entstandene Schaden allein darin besteht, dass die Berücksichtigung seiner Bewerbung verweigert wurde.

(4) Ist ein Bundesbediensteter wegen Verletzung des Diskriminierungsverbots des § 7b Abs. 1 Z 5 nicht beruflich aufgestiegen, so ist der Bund gegenüber dem Bediensteten zum Ersatz des Vermögensschadens und zu einer Entschädigung für die erlittene persönliche Beeinträchtigung verpflichtet. Der Ersatzanspruch beträgt die Entgeltdifferenz (bei Beamten Bezugsdifferenz) zwischen dem Entgelt (bei Beamten Monatsbezug), das der Bedienstete bei erfolgreichem beruflichen Aufstieg erhalten hätte, und dem tatsächlichen Entgelt (bei Beamten Monatsbezug)

1. für mindestens drei Monate, wenn der Bedienstete bei diskriminierungsfreier Auswahl beruflich aufgestiegen wäre, oder
2. für bis zu drei Monate, wenn der Dienstgeber nachweisen kann, dass der dem Bediensteten durch die Diskriminierung entstandene Schaden allein darin besteht, dass die Berücksichtigung seiner Bewerbung verweigert wurde.

(BGBl I 2005/82)

Rechtsfolgen der Diskriminierung im Zusammenhang mit der Beendigung eines Dienstverhältnisses

§ 7f. (1) Ist das Dienstverhältnis vom Dienstgeber wegen einer Behinderung des Dienstnehmers oder wegen der offenbar nicht unberechtigten Geltendmachung von Ansprüchen nach diesem Bundesgesetz gekündigt oder vorzeitig beendigt worden oder ist das Probedienstverhältnis wegen eines solchen Grundes aufgelöst worden (§ 7b Abs. 1 Z 7), so kann die Kündigung, Entlassung oder Auflösung des Probedienstverhältnisses unter der Voraussetzung des § 7k bei Gericht angefochten werden. Ist ein befristetes, auf die Umwandlung in ein unbefristetes Dienstverhältnis angelegtes Dienstverhältnis wegen einer Behinderung des Dienstnehmers oder wegen der nicht offenbar unberechtigten Geltendmachung von Ansprüchen nach diesem Bundesgesetz durch Zeitablauf beendet worden, so kann unter der Voraussetzung des § 7k auf Feststellung des unbefristeten Bestehens des Dienstverhältnisses geklagt werden. Lässt der Dienstnehmer die Beendigung gegen sich gelten, so hat er Anspruch auf Ersatz des Vermögensschadens und auf eine Entschädigung für die erlittene persönliche Beeinträchtigung.

(BGBl I 2008/67)

(2) Ist das Dienstverhältnis eines Beamten wegen einer Behinderung oder wegen der offenbar nicht unberechtigten Geltendmachung von Ansprüchen

nach diesem Bundesgesetz gekündigt oder vorzeitig beendigt worden, oder ist der Beamte wegen einer Behinderung amtswegig in den Ruhestand versetzt worden, so ist die Kündigung, Entlassung oder Ruhestandsversetzung auf Grund eines Antrages des betroffenen Dienstnehmers für rechtsunwirksam zu erklären.

(3) Abs. 1 und 2 sind nicht anzuwenden auf Kündigungen, für die § 8 Abs. 2 gilt.

(BGBl I 2013/107)

(BGBl I 2005/82)

Sonstige Rechtsfolgen der Diskriminierung im Zusammenhang mit einem Dienstverhältnis

§ 7g. (1) Erhält ein behinderter Dienstnehmer wegen Verletzung des Diskriminierungsverbots des § 7b Abs. 1 Z 2 durch den Dienstgeber für gleiche Arbeit oder für eine Arbeit, die als gleichwertig anerkannt wird, ein geringeres Entgelt als ein anderer Dienstnehmer, so hat er gegenüber dem Dienstgeber Anspruch auf Bezahlung der Differenz und eine Entschädigung für die erlittene persönliche Beeinträchtigung.

(2) Bei Verletzung des Diskriminierungsverbots des § 7b Abs. 1 Z 3 hat der Dienstnehmer Anspruch auf Gewährung der betreffenden Sozialleistung oder auf Ersatz des Vermögensschadens sowie auf eine Entschädigung für die erlittene persönliche Beeinträchtigung.

(3) Bei Verletzung des Diskriminierungsverbots des § 7b Abs. 1 Z 4 hat der Dienstnehmer Anspruch auf Einbeziehung in die entsprechenden betrieblichen Aus- und Weiterbildungs- sowie Umschulungsmaßnahmen oder auf Ersatz des Vermögensschadens sowie auf eine Entschädigung für die erlittene persönliche Beeinträchtigung.

(BGBl I 2013/107)

(4) Bei Verletzung des Diskriminierungsverbots des § 7b Abs. 1 Z 6 hat der behinderte Dienstnehmer Anspruch auf Gewährung der gleichen Arbeitsbedingungen wie ein anderer Dienstnehmer oder auf Ersatz des Vermögensschadens sowie auf eine Entschädigung für die erlittene persönliche Beeinträchtigung.

(BGBl I 2005/82)

Rechtsfolgen der Diskriminierung in der sonstigen Arbeitswelt

§ 7h. (1) Bei Verletzung des Diskriminierungsverbots des § 7b Abs. 1 Z 8 hat die betroffene Person Anspruch auf Einbeziehung in die entsprechenden Berufsberatungs-, Berufsausbildungs-, Weiterbildungs- und Umschulungsmaßnahmen oder auf Ersatz des Vermögensschadens sowie auf eine Entschädigung für die erlittene persönliche Beeinträchtigung.

(BGBl I 2008/67)

(2) Bei Verletzung des Diskriminierungsverbots des § 7b Abs. 1 Z 9 hat die betroffene Person Anspruch auf Mitgliedschaft und Mitwirkung in der betreffenden Organisation sowie auf Inanspruchnahme der Leistungen der betreffenden Organisation oder auf Ersatz des Vermögensschadens sowie auf eine Entschädigung für die erlittene persönliche Beeinträchtigung.

(3) Bei Verletzung des Diskriminierungsverbots des § 7b Abs. 1 Z 10 hat die betroffene Person Anspruch auf Ersatz des Vermögensschadens und auf eine Entschädigung für die erlittene persönliche Beeinträchtigung.

(BGBl I 2005/82)

Rechtsfolgen einer Belästigung oder bei Benachteiligung infolge einer Beschwerde

§ 7i. (1) Bei einer Belästigung (§ 7d) hat die betroffene Person gegenüber dem Belästiger, im Falle einer schuldhaften Unterlassung des Dienstgebers (§ 7d Abs. 2) auch gegenüber diesem, Anspruch auf Ersatz des erlittenen Schadens. Neben dem Ersatz eines allfälligen Vermögensschadens hat die betroffene Person zum Ausgleich der erlittenen persönlichen Beeinträchtigung Anspruch auf angemessenen, mindestens jedoch auf 1 000 € Schadenersatz.

(BGBl I 2008/67, BGBl I 2011/7)

(2) Als Reaktion auf eine Beschwerde oder auf die Einleitung eines Verfahrens zur Durchsetzung des Diskriminierungsverbots des § 7b Abs. 1 darf der betroffene Dienstnehmer durch den Dienstgeber nicht entlassen, gekündigt oder anders benachteiligt werden. Auch ein anderer Dienstnehmer, der als Zeuge oder Auskunftsperson in einem Verfahren auftritt oder eine Beschwerde eines anderen Dienstnehmers unterstützt, darf als Reaktion auf eine Beschwerde oder auf die Einleitung eines Verfahrens zur Durchsetzung des Diskriminierungsverbots nicht entlassen, gekündigt oder anders benachteiligt werden. §§ 7e bis 7g, 7i Abs. 1, 7j bis 7m, 7o und 7p gelten sinngemäß.

(BGBl I 2008/67)

(BGBl I 2005/82)

Höhe des Schadenersatzes

§ 7j. Die Höhe der Entschädigung für die erlittene persönliche Beeinträchtigung ist so zu bemessen, dass dadurch die Beeinträchtigung tatsächlich und wirksam ausgeglichen wird und die Entschädigung der erlittenen Beeinträchtigung angemessen ist sowie Diskriminierungen verhindert. Dabei ist insbesondere auf die Dauer der Diskriminierung, die Schwere eines allfälligen Verschuldens, die Erheblichkeit der Beeinträchtigung und auf Mehrfachdiskriminierungen Bedacht zu nehmen.

(BGBl I 2005/82, BGBl I 2008/67, BGBl I 2013/107)

Geltendmachung von Ansprüchen bei den ordentlichen Gerichten

§ 7k. (1) Ansprüche gemäß §§ 7e bis 7i können bei den ordentlichen Gerichten nur geltend gemacht werden, wenn in der Sache vorher beim Bundesamt für Soziales und Behindertenwesen (Sozialministeriumservice) ein Schlichtungsverfahren gemäß §§ 14 ff Bundes-Behindertengleichstellungsgesetz (BGStG), BGBl. I Nr. 82/2005, durchgeführt wurde. Die Klage ist nur zulässig, wenn nicht längstens innerhalb von drei Monaten, im Fall einer Kündigung oder Entlassung innerhalb von einem Monat ab Einleitung des Schlichtungsverfahrens eine gütliche Einigung erzielt worden ist. Der Kläger hat der Klage eine Bestätigung des Sozialministeriumservice darüber anzuschließen, dass keine gütliche Einigung erzielt werden konnte.

(2) Für die gerichtliche Geltendmachung der Ansprüche gelten folgende Fristen:

1. in Fällen nach § 7e sechs Monate ab Zugang der Ablehnung der Bewerbung oder Beförderung;
2. in Fällen von Anfechtungen oder Feststellungsklagen gemäß § 7f Abs. 1 oder § 7i Abs. 2 14 Tage ab Zugang der Kündigung, Entlassung oder Auflösung des Probedienstverhältnisses bzw. ab Beendigung des befristeten Dienstverhältnisses durch Zeitablauf;
   (BGBl I 2008/67)
3. im Falle der Geltendmachung von Ansprüchen gem. § 7f Abs. 1 letzter Satz sechs Monate ab Zugang der Kündigung, Entlassung oder Auflösung des Probedienstverhältnisses bzw. ab Beendigung des befristeten Dienstverhältnisses durch Zeitablauf;
   (BGBl I 2008/67)
4. im Falle einer Belästigung gemäß § 7i Abs. 1 ein Jahr;
   (BGBl I 2008/67)
5. in Fällen nach § 7g gilt die dreijährige Verjährungsfrist gemäß § 1486 des Allgemeinen Bürgerlichen Gesetzbuches (ABGB), in Fällen nach § 7h die dreijährige Verjährungsfrist gemäß § 1489 ABGB.
   (BGBl I 2008/67)

(3) Klagen betreffend Ansprüche nach § 7h können jedenfalls auch bei dem Gericht eingebracht werden, in dessen Sprengel sich der Wohnsitz oder der gewöhnlichen Aufenthalt der betroffenen Person befindet.

(4) Die Einleitung des Schlichtungsverfahrens (§ 14 Abs. 2 BGStG) bewirkt die Hemmung der Fristen zur gerichtlichen Geltendmachung. Die Zustellung der Bestätigung des Sozialministeriumservice an die eine Diskriminierung behauptende Person, dass keine gütliche Einigung erzielt werden konnte (§ 14 Abs. 3 BGStG), beendet die Hemmung. Die Bestätigung ist auf Antrag oder, wenn nach Ablauf der Frist gemäß Abs. 1 eine Einigung nicht mehr zu erwarten ist, amtswegig auszustellen.

(5) Nach Zustellung der Bestätigung steht der betroffenen Person im Fall einer Kündigung oder Entlassung zur Erhebung der Klage jedenfalls noch eine Frist von 14 Tagen, in allen anderen Fällen zumindest noch eine Frist von drei Monaten offen.

(BGBl I 2005/82)

Geltendmachung von Ansprüchen von Beamten

§ 7l. (1) Ansprüche von Beamten gemäß §§ 7e bis 7g und gemäß § 7i Abs. 2 können bei der Dienstbehörde nur geltend gemacht werden, wenn in der Sache vorher beim Sozialministeriumservice ein Schlichtungsverfahren gemäß §§ 14 ff BGStG durchgeführt wurde. Die Geltendmachung durch Beamte bei der Dienstbehörde ist nur zulässig, wenn nicht längstens innerhalb von drei Monaten, im Fall einer Kündigung oder Entlassung innerhalb von einem Monat ab Einleitung des Schlichtungsverfahrens eine gütliche Einigung erzielt worden ist. Liegt es im Ermessen der Behörde, über die Rechtsfrage mittels Bescheides zu entscheiden, ist ein Antrag auf Bescheiderlassung erst nach Beendigung des Schlichtungsverfahrens zulässig. Die Dienstbehörde ist verpflichtet, an einer Schlichtung mitzuwirken und dem Sozialministeriumservice die erforderlichen Auskünfte zu erteilen.

(2) Die Dienstbehörde hat im Verfahren Abs. 1 und 3 bis 6 sowie §§ 7b bis 7g, 7i, 7j, 7m und 7o dieses Bundesgesetzes unmittelbar anzuwenden.

(3) Werden nach Beendigung eines Schlichtungsverfahrens Ansprüche geltend gemacht, die eine diskriminierende Entscheidung mittels Bescheides betreffen, und steht ein ordentliches Rechtsmittel offen, hat die Geltendmachung von Ansprüchen im Zuge des Rechtsmittels zu erfolgen. Entscheidet die Dienstbehörde in erster und letzter Instanz, kann die Geltendmachung binnen 14 Tagen ab Bescheidzustellung mittels Antrages auf Erklärung der Rechtsunwirksamkeit der diskriminierenden Entscheidung erfolgen. Die Dienstbehörde hat im Fall einer diskriminierenden Entscheidung den erlassenen Bescheid aufzuheben und die Rechtsfrage neu zu entscheiden.

(4) Außer den in Abs. 3 geregelten Fällen gelten für die Geltendmachung von Ansprüchen bei der Dienstbehörde folgende Fristen:

1. in Fällen nach § 7e sechs Monate ab der Ablehnung der Bewerbung oder Beförderung;
2. im Fall einer Kündigung, Entlassung oder amtswegigen Ruhestandsversetzung gemäß § 7f oder § 7i Abs. 2 14 Tage ab Zugang;
3. in Fällen nach § 7g gilt die dreijährige Verjährungsfrist gemäß § 1486 ABGB.

(5) Die Einleitung des Schlichtungsverfahrens (§ 14 Abs. 2 BGStG) bewirkt die Hemmung der Fristen zur Geltendmachung bei der Dienstbehörde sowie ordentlicher oder außerordentlicher Rechtsmittelfristen. Die Zustellung der Bestätigung des Sozialministeriumservice an die eine Diskriminierung behauptende Person, dass keine gütliche Einigung erzielt werden konnte (§ 14 Abs. 3 BGStG), beendet die Hemmung der Fristen zur Geltendmachung. Die Bestätigung ist auf Antrag oder, wenn nach Ablauf der Frist gemäß Abs. 1 eine Einigung nicht mehr zu erwarten ist, amtswegig auszustellen.

(6) Nach Zustellung der Bestätigung steht der betroffenen Person im Fall einer Kündigung oder Entlassung zur Geltendmachung jedenfalls noch

eine Frist von 14 Tagen offen. In Fällen, in denen eine ordentliche oder außerordentliche Rechtsmittelfrist gehemmt wurde, steht jedenfalls noch diese offen. In allen anderen Fällen steht zumindest noch eine Frist von drei Monaten offen.

(7) Kommt es im Schlichtungsverfahren zu keiner gütlichen Einigung, kann das Sozialministeriumservice nach Durchführung der entsprechenden Ermittlungen auf Ersuchen der betroffenen Person eine Stellungnahme über das Vorliegen einer Diskriminierung abgeben.

(BGBl I 2005/82)

Geltendmachung von Ansprüchen von Beamten bei Belästigung

§ 7m. (1) Unter der Voraussetzung der Durchführung des Schlichtungsverfahrens gemäß §§ 14 ff BGStG können Ansprüche von Beamten aus einer Belästigung (§ 7i Abs. 1) gegen den Belästiger bei den ordentlichen Gerichten gemäß § 7k, gegen den Dienstgeber bei der Dienstbehörde gemäß § 7l geltend gemacht werden.

(BGBl I 2013/71)

(2) Ansprüche aus einer Belästigung gegen den Belästiger sind binnen eines Jahres gerichtlich geltend zu machen.

(BGBl I 2008/67)

(3) Ansprüche aus einer Belästigung gegen den Dienstgeber sind binnen eines Jahres bei der Dienstbehörde geltend zu machen.

(BGBl I 2008/67)

(BGBl I 2005/82)

Geltendmachung von nicht dienstrechtlichen Ansprüchen bei Diskriminierung in Vollziehung der Gesetze

§ 7n. Ansprüche gemäß § 7h Abs. 3 (die Gründung, Einrichtung oder Erweiterung eines Unternehmens sowie die Aufnahme oder Ausweitung jeglicher anderen Art von selbständiger Tätigkeit) können, wenn die Diskriminierung in Vollziehung der Gesetze erfolgt ist, nach dem Amtshaftungsgesetz (AHG), BGBl. Nr. 20/1949, geltend gemacht werden. Das Schlichtungsverfahren gemäß §§ 14 ff BGStG ersetzt dabei das Aufforderungsverfahren gemäß § 8 AHG.

(BGBl I 2005/82, BGBl I 2013/107)

Zuständigkeit bei Mehrfachdiskriminierung

§ 7o. Macht eine betroffene Person sowohl eine Verletzung des Diskriminierungsverbots des § 7b Abs. 1 nach diesem Bundesgesetz als auch eine Verletzung des Gleichbehandlungsgebots von Frauen und Männern in der Arbeitswelt bzw. des Gebots der Gleichbehandlung ohne Unterschied der ethnischen Zugehörigkeit, der Religion oder Weltanschauung, des Alters oder der sexuellen Orientierung in der Arbeitswelt im Sinne des Gleichbehandlungsgesetzes, BGBl. I Nr. 66/2004, bzw. des Bundes-Gleichbehandlungsgesetzes, BGBl. Nr. 100/1993, geltend, so sind alle Diskriminierungstatbestände im Schlichtungsverfahren gemäß §§ 14 ff BGStG abzuhandeln und können bei den ordentlichen Gerichten nur gemäß § 7k oder bei Behörden nur gemäß §§ 7l oder 7n geltend gemacht werden.

(BGBl I 2005/82)

Beweislast

§ 7p. Wenn sich eine betroffene Person vor Gericht auf einen Diskriminierungstatbestand im Sinne des § 7b Abs. 1 oder eine Belästigung (§ 7d) beruft, so hat sie diesen Umstand glaubhaft zu machen. Dem Beklagten obliegt es bei Berufung auf § 7b Abs. 1 zu beweisen, dass es bei Abwägung aller Umstände wahrscheinlicher ist, dass ein anderes vom Beklagten glaubhaft gemachtes Motiv für die unterschiedliche Behandlung ausschlaggebend war. Bei Berufung auf § 7d sowie bei Berufung auf eine Diskriminierung, die durch Barrieren verursacht wird, obliegt es dem Beklagten zu beweisen, dass es bei Abwägung aller Umstände wahrscheinlicher ist, dass die vom Beklagten glaubhaft gemachten Tatsachen der Wahrheit entsprechen.

(BGBl I 2005/82)

Nebenintervention

§ 7q. Die Österreichische Arbeitsgemeinschaft für Rehabilitation kann, wenn es eine betroffene Person verlangt, einem Rechtsstreit zur Durchsetzung von Ansprüchen aus einer Verletzung des Diskriminierungsverbots des § 7b als Nebenintervenient (§§ 17 bis 19 ZPO) beitreten.

(BGBl I 2005/82)

Sonderbestimmungen für Landeslehrer, Anwendungsbereich

§ 7r. Die §§ 7b bis 7q dieses Bundesgesetzes sind auf Lehrer an öffentlichen Pflichtschulen und an land- und forstwirtschaftlichen Berufs- und Fachschulen (§ 1 des Landeslehrer-Dienstrechtsgesetzes 1984, BGBl. Nr. 302, § 1 des Land- und forstwirtschaftlichen Landeslehrer-Dienstrechtsgesetzes 1985, BGBl. Nr. 296, § 1 des Landesvertragslehrergesetzes 1966, BGBl. Nr. 172 und § 1 des Land- und forstwirtschaftlichen Landesvertragslehrergesetzes, BGBl. Nr. 244/1969) mit der Maßgabe anzuwenden, dass

1. soweit darin den Dienstbehörden des Bundes Zuständigkeiten zukommen, an deren Stelle die landesgesetzlich berufenen Organe (Dienstbehörden) treten,
2. soweit darin auf das Schlichtungsverfahren gemäß §§ 14 ff BGStG verwiesen wird, ein vergleichbares Verfahren durch landesgesetzliche Bestimmungen zu regeln ist, und
3. soweit gemäß den §§ 7e bis 7h Ersatzansprüche an den Bund eingeräumt sind, diese vom Land zu tragen sind.

(BGBl I 2005/82)

BEinstG

Sonderbestimmungen für land- und forstwirtschaftliche Arbeiter

§ 7s. (1) Die §§ 7b bis 7q dieses Bundesgesetzes sind auch auf Dienstverhältnisse der land- und forstwirtschaftlichen Arbeiter und Angestellten im Sinne des Landarbeitsgesetzes 2021, BGBl. I Nr. 78/2021, mit der Maßgabe anzuwenden, dass, soweit darin auf das Schlichtungsverfahren gemäß §§ 14ff BGStG verwiesen wird, ein vergleichbares Verfahren durch die nach den landesgesetzlichen Bestimmungen für vergleichbare Verfahren zur Geltendmachung von Ansprüchen aus einer Diskriminierung zuständigen Behörden oder Einrichtungen der Länder durchzuführen ist.

(2) Macht eine betroffene Person sowohl eine Verletzung des Diskriminierungsverbots des § 7b Abs. 1 nach diesem Bundesgesetz als auch eine Verletzung des Gebots der Gleichbehandlung von Frauen und Männern in der Arbeitswelt bzw. des Gebots der Gleichbehandlung ohne Unterschied der ethnischen Zugehörigkeit, der Religion oder Weltanschauung, des Alters oder der sexuellen Orientierung in der Arbeitswelt im Sinne des Landarbeitsgesetzes 2021, BGBl. I Nr. 78/2021, geltend, so sind alle Diskriminierungstatbestände im Verfahren gemäß Abs. 1 abzuhandeln und können bei den ordentlichen Gerichten nur gemäß § 7k mit der Maßgabe geltend gemacht werden, dass an die Stelle des Schlichtungsverfahrens gemäß §§ 14ff BGStG das Verfahren nach Abs. 1 tritt.

(BGBl I 2021/78)

Kündigung

§ 8. (1) Das Dienstverhältnis eines begünstigten Behinderten darf vom Dienstgeber, soferne keine längere Kündigungsfrist einzuhalten ist, nur unter Einhaltung einer Frist von vier Wochen gekündigt werden. Ein auf Probe vereinbartes Dienstverhältnis kann während des ersten Monates von beiden Teilen jederzeit gelöst werden.

(2) Die Kündigung eines begünstigten Behinderten (§ 2) darf von einem Dienstgeber erst dann ausgesprochen werden, wenn der Behindertenausschuss (§ 12) nach Anhörung des Betriebsrates, der Behindertenvertrauensperson (Stellvertreter) oder der Personalvertretung im Sinne des Bundes-Personalvertretungsgesetzes bzw. der entsprechenden landesgesetzlichen Vorschriften zugestimmt hat; dem Dienstnehmer kommt in diesem Verfahren Parteistellung zu. Eine Kündigung ohne vorherige Zustimmung des Behindertenausschusses ist rechtsunwirksam, wenn nicht in Ausnahmefällen nachträglich die Zustimmung erteilt wird. Diese Zustimmung ist nicht zu erteilen, wenn die Zugehörigkeit zum Personenkreis der begünstigten Behinderten die Folge eines Arbeitsunfalles gemäß § 175f des Allgemeinen Sozialversicherungsgesetzes (ASVG), BGBl. Nr. 189/1955 ist. Ein Ausnahmefall, der die Zustimmung zu einer bereits ausgesprochenen Kündigung rechtfertigt, ist dann gegeben, wenn dem Dienstgeber zum Zeitpunkt des Ausspruches der Kündigung nicht bekannt war und auch nicht bekannt sein musste, dass der Dienstnehmer dem Personenkreis der begünstigten Behinderten im Sinne des § 2 angehört. Abs. 4 und 4a sind anzuwenden.

(BGBl I 1999/17, BGBl I 2010/111)

(3) Der Behindertenausschuß hat bei seiner Entscheidung über die Zustimmung zur Kündigung eines begünstigten Behinderten die besondere Schutzbedürftigkeit des Dienstnehmers zu berücksichtigen und unter Beachtung des § 6 zu prüfen, ob dem Dienstnehmer der Verlust seines Arbeitsplatzes zugemutet werden kann.

(BGBl I 1999/17)

(4) Die Fortsetzung des Dienstverhältnisses wird dem Dienstgeber insbesondere dann nicht zugemutet werden können, wenn

a) der Tätigkeitsbereich des begünstigten Behinderten entfällt und der Dienstgeber nachweist, daß der begünstigte Behinderte trotz seiner Zustimmung an einem anderen geeigneten Arbeitsplatz ohne erheblichen Schaden nicht weiterbeschäftigt werden kann;

b) der begünstigte Behinderte unfähig wird, die im Dienstvertrag vereinbarte Arbeit zu leisten, sofern in absehbarer Zeit eine Wiederherstellung der Arbeitsfähigkeit nicht zu erwarten ist und der Dienstgeber nachweist, daß der begünstigte Behinderte trotz seiner Zustimmung an einem anderen geeigneten Arbeitsplatz ohne erheblichen Schaden nicht weiterbeschäftigt werden kann;

c) der begünstigte Behinderte die ihm auf Grund des Dienstverhältnisses obliegenden Pflichten beharrlich verletzt und der Weiterbeschäftigung Gründe der Arbeitsdisziplin entgegenstehen.

(BGBl I 1999/17)

(4a) Bei der Entscheidung über die Zustimmung zur Kündigung eines begünstigten Behinderten ist auch das Diskriminierungsverbot des § 7b Abs. 1 zu berücksichtigen.

(BGBl I 2005/82)

(5) Gesetzliche Bestimmungen, die die Beendigung des Dienstverhältnisses an zusätzliche Voraussetzungen knüpfen, bleiben unberührt. Finden auf die Kündigung eines begünstigten Behinderten die Abs. 2 bis 4 Anwendung, gelten die Bestimmungen des § 105 Abs. 2 bis 6 des Arbeitsverfassungsgesetzes, BGBl. Nr. 22/1974, bzw. die im Sinne des Landarbeitsgesetzes 2021, BGBl. I Nr. 78/2021, für land- und forstwirtschaftliche Arbeiter und Angestellte erlassenen Vorschriften nicht.

(BGBl I 1999/17, BGBl I 2021/78)

(6) Abs. 2 bis 4 finden auf das Dienstverhältnis keine Anwendung,

a) wenn dem Behinderten als Mitglied des Betriebsrates (Jugendvertrauensrates) bzw. als Personalvertreter der besondere Kündigungsschutz auf Grund der §§ 120 und 121 des Arbeitsverfassungsgesetzes bzw. der im Sinne des Landarbeitsgesetzes 2021, BGBl. I Nr. 78/2021, für land- und forstwirtschaftliche Arbeiter und Angestellte erlassenen Vorschriften oder des § 27 Abs. 2 des Bundes-Personalvertretungsgesetzes und ähnlicher landesrechtlicher Vorschriften zusteht;

(BGBl I 2021/78)

b) wenn das Dienstverhältnis zum Zeitpunkt des Ausspruches der Kündigung noch nicht länger als vier Jahre bestanden hat, es sei denn die Feststellung der Begünstigteneigenschaft erfolgt innerhalb dieses Zeitraumes, wobei während der ersten sechs Monate nur die Feststellung der Begünstigteneigenschaft infolge eines Arbeitsunfalles diese Rechtsfolge auslöst, oder es erfolgt ein Arbeitsplatzwechsel innerhalb eines Konzerns.

(BGBl I 2010/111)

(BGBl 1975/96, BGBl 1979/111, BGBl 1985/567, BGBl 1992/104, BGBl 1992/313, BGBl I 1999/17, BGBl I 2001/60)

Beendigung eines Dienstverhältnisses kraft Gesetzes

§ 8a. Soweit in dienstrechtlichen Vorschriften für Bedienstete einer Gebietskörperschaft die Beendigung des Dienstverhältnisses wegen langer Dienstverhinderung infolge Krankheit kraft Gesetzes vorgesehen ist, ist im Falle eines begünstigten Behinderten (§ 2) der Behindertenausschuß spätestens drei Monate vor Ablauf dieser Frist von Amts wegen zu verständigen. Der Behindertenausschuß hat zur Zweckmäßigkeit einer Vereinbarung über die Fortsetzung des Dienstverhältnisses Stellung zu nehmen. Die Beendigung des Dienstverhältnisses wird – ungeachtet der dienstrechtlichen Vorschriften – frühestens drei Monate nach Einlangen der Verständigung beim Behindertenausschuß wirksam.

(BGBl 1992/313, BGBl I 1999/17)

Ausgleichstaxe

§ 9. (1) Vom Bundesamt für Soziales und Behindertenwesen ist die Entrichtung einer Ausgleichstaxe alljährlich für das jeweils abgelaufene Kalenderjahr mittels Bescheides vorzuschreiben, wenn die Beschäftigungspflicht nicht erfüllt ist.

(BGBl 1985/567)

(2) Die Ausgleichstaxe beträgt für jede einzelne Person, die zu beschäftigen wäre, ab 1. Jänner 2011 monatlich 226 Euro. Abweichend davon beträgt die Ausgleichstaxe für Dienstgeber, die 100 oder mehr Dienstnehmer beschäftigen, für jede Person, die zu beschäftigen wäre, ab 1. Jänner 2011 monatlich 316 Euro und für Dienstgeber, die 400 oder mehr Dienstnehmer beschäftigen, für jede Person, die zu beschäftigen wäre, ab 1. Jänner 2011 monatlich 336 Euro. Diese Beträge sind ab 1. Jänner 2012 und in der Folge mit Wirkung vom 1. Jänner eines jeden Jahres mit dem für den Bereich des Allgemeinen Sozialversicherungsgesetzes festgesetzten Anpassungsfaktor zu vervielfachen. Die vervielfachten Beträge sind auf den nächsten vollen Eurobetrag zu runden, dabei sind Beträge unter 50 Cent zu vernachlässigen und Beträge von 50 Cent an auf einen vollen Euro zu ergänzen. Die gerundeten Beträge sind der folgenden Anpassung zugrunde zu legen. Der Bundesminister für Arbeit, Soziales und Konsumentenschutz hat die jeweilige Höhe der Ausgleichstaxe mit Verordnung festzustellen. Diese Verordnung kann auch rückwirkend in Kraft gesetzt werden.

(BGBl 1990/285, BGBl 1992/313, BGBl 1994/27, BGBl 1996/201, BGBl I 1999/17, BGBl I 2001/60, BGBl I 2010/111)

(3) Die Entrichtung der Ausgleichstaxe kann nur binnen zwei Jahren, gerechnet vom Einlangen der Abschrift des Verzeichnisses (§ 16 Abs. 2) an, falls der Dienstgeber von der Vorlage des Verzeichnisses gemäß § 16 Abs. 5 und 6 befreit war, binnen drei Jahren nach Ablauf des Jahres, für das die Ausgleichstaxe zu zahlen ist, vorgeschrieben werden. Hat der Dienstgeber der Ankunfts- und Meldepflicht (§ 16) nicht entsprochen bzw. unwahre oder unvollständige Angaben gemacht, kann die Entrichtung der Ausgleichstaxe binnen sieben Jahren, gerechnet vom Ende des Kalenderjahres an, für das keine bzw. unvollständige oder unrichtige Meldungen erstattet wurden, vorgeschrieben werden. Diese Frist beginnt durch jede Maßnahme des Bundesamtes für Soziales und Behindertenwesen, die auf die Einholung der Verzeichnisabschrift oder einer wahrheitsgetreuen Meldung gerichtet ist, neu zu laufen.

(4) Die Ausgleichstaxe wird nach Ablauf von vier Wochen, gerechnet vom Eintritt der Rechtskraft des Bescheides, mit dem die Ausgleichstaxe vorgeschrieben wurde, fällig. Sie ist spätestens bis zum Fälligkeitstag unaufgefordert an das Bundesamt für Soziales und Behindertenwesen einzuzahlen.

(5) Wird die Ausgleichstaxe nicht bis zum Fälligkeitstag (Abs. 4) eingezahlt, so sind ab dem darauffolgenden Kalendertag Zinsen in der Höhe von 4 vH über dem jeweils geltenden Basiszinssatz gemäß § 1 1. Euro-Justiz-Begleitgesetz, BGBl. I Nr. 125/1998 pro Jahr an den Ausgleichstaxfonds (§ 10) zu entrichten. Die Geltendmachung eines Zinsenanspruches hat zu unterbleiben, wenn der Zinsenbetrag 7,30 € nicht übersteigt.

(BGBl 1988/721, BGBl I 2001/60)

(6) und (7) (aufgehoben)

(BGBl 1988/721)

Prämien

§ 9a. (1) Dienstgeber erhalten aus Mitteln des Ausgleichstaxfonds (§ 10) für jeden beschäftigten, in Ausbildung stehenden begünstigten Behinderten (§ 2 Abs. 3) eine Prämie in Höhe der nach § 9 Abs. 2 1. Satz festgesetzten Ausgleichstaxe.

(BGBl 1985/567, BGBl 1992/313, BGBl 1994/27, BGBl I 1999/17, BGBl I 2010/111)

(2) Über die Zuerkennung einer Prämie hat das Bundesamt für Soziales und Behindertenwesen in Fällen, in denen die Berechnung unter Bedachtnahme auf § 16 Abs. 4 bis 7 erfolgt, von Amts wegen, in den übrigen Fällen über Antrag des Dienstgebers zu entscheiden. Der Antrag kann nur binnen

drei Jahren vom Ende des Kalenderjahres an, für das die Prämie begehrt wird, eingebracht werden.

(BGBl 1985/567, BGBl I 1999/17, BGBl I 2002/150)

(3) Die Prämie ist auf Forderungen des Ausgleichstaxfonds gegen den zum Empfang der Prämie berechtigten Dienstgeber anzurechnen.

(BGBl 1985/567, BGBl I 1999/17, BGBl I 2002/150)

Ausgleichstaxfonds

§ 10. (1) Beim Bundesministerium für Arbeit, Gesundheit und Soziales wird der Ausgleichstaxfonds gebildet. Er hat Rechtspersönlichkeit und wird vom Bundesminister für Arbeit, Gesundheit und Soziales vertreten und unter Anhörung eines Beirates gemäß Abs. 2 verwaltet. Das Vermögen des Fonds besteht aus den rechtskräftig vorgeschriebenen Ausgleichstaxen, den Zinsen und sonstigen Zuwendungen.

(1a) Aus allgemeinen Budgetmitteln sind jährlich 90 Mio. Euro für Maßnahmen der beruflichen Inklusion für Menschen mit Behinderungen zur Verfügung zu stellen. Dieser Betrag ist ausgehend vom Basisjahr 2018 jährlich ab dem Jahr 2019 nach dem für den Bereich des Allgemeinen Sozialversicherungsgesetzes festgesetzten Anpassungsfaktor zu vervielfachen. Dem Ausgleichstaxfonds fließen diese Mittel abzüglich jenes Betrages, der für Maßnahmen nach § 10a Abs. 1 lit. k zu verwenden ist, zu.

(BGBl I 2017/155)

(1b) Zusätzlich zu den gemäß Abs. 1a zur Verfügung gestellten Mitteln sind aufgrund des außerordentlichen COVID-19 Krisengeschehens in den Jahren 2021 und 2022 aus allgemeinen Budgetmitteln jeweils 40 Mio. € für Maßnahmen zur beruflichen Inklusion von Menschen mit Behinderungen zur Verfügung zu stellen.

(BGBl I 2020/135)

(2) Der Beirat besteht aus dem Vorsitzenden, zwei Vertretern der organisierten Kriegsopfer, vier Vertretern der organisierten Behinderten und drei von den Ländern entsandten Vertretern sowie je drei Vertretern der Dienstnehmer und der Dienstgeber, einem Vertreter der Integrativen Betriebe (§ 11) und einem Vertreter des Bundesministeriums für Finanzen. Den Vorsitz führt der Bundesminister für soziale Sicherheit und Generationen oder ein von ihm bestimmter rechtskundiger Bediensteter aus dem Stande des Bundesministeriums für soziale Sicherheit und Generationen. Die Funktionsperiode des Beirates beträgt vier Jahre. Nach Ablauf der Funktionsperiode hat der Beirat die Geschäfte so lange weiterzuführen, bis der neue Beirat zusammentritt. Die Zeit der Weiterführung der Geschäfte zählt auf die Funktionsperiode des neuen Beirates.

(BGBl I 2002/150)

(3) Die im Abs. 2 genannten Mitglieder des Beirates sowie die erforderliche Anzahl von Ersatzmitgliedern werden vom Bundesminister für soziale Sicherheit und Generationen berufen. Die Vorschläge für die Bestellung der Dienstgebervertreter erstatten für je ein Mitglied und die erforderliche Anzahl von Ersatzmitgliedern die Wirtschaftskammer Österreich, die Präsidentenkonferenz der Landwirtschaftskammern Österreichs und die Vereinigung der Österreichischen Industrie. Die Vorschläge für die Bestellung der Dienstnehmervertreter erstatten für je ein Mitglied und die erforderliche Anzahl von Ersatzmitgliedern die Bundesarbeitskammer, der Österreichische Landarbeiterkammertag und der Österreichische Gewerkschaftsbund. Hinsichtlich der Erstattung der Vorschläge für die Bestellung der Vertreter der organisierten Kriegsopfer und der organisierten Behinderten sind die § 10 Abs. 1 Z 6 und § 10 Abs. 2 des Bundesbehindertengesetzes (BBG), BGBl. Nr. 283/1990, anzuwenden. Den Vorschlag für die Bestellung des Vertreters der Integrativen Betriebe erstatten diese. Die Vorschläge für die Bestellung der Vertreter der Länder erstatten die Länder gemeinsam.

(BGBl I 2002/150)

(4) Der Bundesminister für Arbeit, Gesundheit und Soziales hat die Mitglieder des Beirates von ihrer Funktion zu entheben, wenn sie darum ansuchen, wenn eine der für ihre Bestellung erforderlichen Voraussetzungen nicht mehr gegeben ist oder wenn sie die Pflichten ihres Amtes gröblich vernachlässigen, im letzteren Falle nach Anhörung der Interessenvertretung, auf deren Vorschlag das Mitglied bestellt worden ist. Die Mitgliedschaft im Beirat ist ein unbesoldetes Ehrenamt. Den Mitgliedern gebührt der Ersatz der Reise- und Aufenthaltskosten sowie eine allfällige Entschädigung für Zeitversäumnis unter sinngemäßer Anwendung der für Schöffen und Geschworene geltenden Bestimmungen des Gebührenanspruchsgesetzes 1975, BGBl. Nr. 136, wenn auf Grund anderer gesetzlicher Regelungen kein gleichartiger Anspruch besteht.

(5) Der Beirat wird vom Bundesminister für Arbeit, Gesundheit und Soziales zu den Sitzungen einberufen. Die Einladungen sollen mit der Tagesordnung den Mitgliedern des Beirates spätestens acht Tage vor der Sitzung zugestellt werden. Der Beirat tagt in nichtöffentlicher Sitzung; er ist beschlußfähig, wenn mindestens die Hälfte der eingeladenen Mitglieder anwesend ist. Wurden die Mitglieder ordnungsgemäß eingeladen, so ist der Beirat auch dann beschlußfähig, wenn nach Ablauf von 30 Minuten weniger als die Hälfte der eingeladenen Mitglieder anwesend ist. Die Beschlüsse des Beirates werden mit Stimmenmehrheit gefaßt. Der Vorsitzende gibt seine Stimme zuletzt ab; bei Stimmengleichheit entscheidet seine Stimme. Über die Sitzung des Beirates ist eine Niederschrift aufzunehmen, die alle Beschlüsse im Wortlaut, die Ergebnisse der Abstimmungen und den wesentlichen Verlauf der Verhandlungen zu enthalten hat; eine Abschrift ist den Mitgliedern des Beirates zu übersenden. Der Vorsitzende ist berechtigt, dem Beirat Experten mit beratender Stimme beizuziehen.

(6) Der Beirat ist in allen wichtigen Angelegenheiten der Durchführung dieses Bundesgesetzes, insbesondere

a) vor Erlassung, Änderung oder Aufhebung von Verordnungen gemäß § 1 Abs. 2;
b) vor Erlassung, Änderung oder Aufhebung von Richtlinien über die Gewährung von Zuschüssen oder Darlehen aus den Mitteln des Ausgleichstaxfonds;
c) vor Verzicht auf die Rückzahlung eines nach § 10a Abs. 5 gewährten und fälligen Betrages sowie auf die Eintreibung einer rechtskräftig vorgeschriebenen Ausgleichstaxe

anzuhören.

(7) Dem Beirat obliegt es,

a) Empfehlungen zu grundsätzlichen Fragen der beruflichen Integration Behinderter abzugeben;
b) Vorschläge betreffend die Gewährung einer Förderung an einen Integrativen Betrieb (§ 11), die im Einzelfall den Betrag von 72 673 € übersteigt, zu erstatten.

(BGBl I 2001/60)

(8) Den Mitgliedern des Beirates sind die für die Wahrnehmung ihrer Aufgaben erforderlichen Informationen zur Verfügung zu stellen.

(9) Für die dem Bund aus der Verwaltung des Ausgleichstaxfonds entstehenden Kosten hat der Ausgleichstaxfonds dem Bund jährlich einen Pauschalbetrag von 0,75 vH der jeweils im Vorjahr eingegangenen Ausgleichstaxen zu ersetzen.

(BGBl 1988/721, BGBl 1992/313, BGBl I 1999/17)

Verwendung der Mittel des Ausgleichstaxfonds

§ 10a. (1) Die Mittel des Ausgleichstaxfonds sind insbesondere zu verwenden für

a) Zwecke der beruflichen Eingliederung für die im Sinne dieses Bundesgesetzes begünstigten Behinderten (§ 2 Abs. 1 und 3) und die in den Abs. 2 und 3 angeführten Personen; für alle diese Personen jedoch nur dann, wenn sie ihren dauernden Aufenthalt im Bundesgebiet haben oder im Bundesgebiet dauerhaft einer Erwerbstätigkeit oder Berufsausbildung nachgehen;

(BGBl 1992/313, BGBl 1993/111, BGBl I 2010/111, BGBl I 2016/62)

b) Zwecke der Fürsorge für die nach dem Kriegsopferversorgungsgesetz 1957, BGBl. Nr. 152, und dem Heeresversorgungsgesetz, BGBl. Nr. 27/1964, versorgungsberechtigten Personen und deren nicht selbsterhaltungsfähige Kinder sowie für die nach dem Opferfürsorgegesetz Versorgungsberechtigten (§ 6 Z 5 Opferfürsorgegesetz, BGBl. Nr. 183/1947);

(BGBl 1988/721)

c) die Gewährung von Zuschüssen und Darlehen zur Errichtung, zum Ausbau, zur Ausstattung und zum laufenden Betrieb von Integrativen Betrieben (§ 11) sowie zur Sicherung der Arbeitsplätze in Integrativen Betrieben und zur Erhaltung ihrer Wettbewerbsfähigkeit unter Berücksichtigung der vom jeweiligen Integrativen Betrieb erzielten Wertschöpfung;

(BGBl I 1999/17, BGBl I 2002/150)

d) die Gewährung von Zuschüssen und Darlehen für Maßnahmen nach § 6 Abs. 2;

(BGBl 1988/721, BGBl 1992/313)

e) Information und Forschung betreffend die beruflichen und sozialen Angelegenheiten von Behinderten oder von Behinderung bedrohten Personen;
f) Prämien für Dienstgeber (§ 9a);

(BGBl 1985/567)

g) den Ersatz von Reise- und Aufenthaltskosten sowie die Entschädigung für Zeitversäumnis (§§ 10 Abs. 4, 12 Abs. 8, 13d, 14 Abs. 8) und die Entschädigung für die in der Berufungskommission tätigen Richter (§ 13d) sowie den Ersatz von Barauslagen der Behindertenvertrauenspersonen (§ 22a);

(BGBl 1988/721, BGBl 1992/313, BGBl I 1999/17, BGBl I 2002/150)

h) Sonderprogramme zur Verbesserung der beruflichen Eingliederung Behinderter;
i) die Gewährung von Zuschüssen und Darlehen zur Errichtung, zum Ausbau, zur Ausstattung und zum laufenden Betrieb von sonstigen zur Vorbereitung von Behinderten auf eine berufliche Eingliederung in den offenen Arbeitsmarkt geeigneten Einrichtungen und von Ausbildungseinrichtungen (§ 11a) sowie die Gewährung von Zuschüssen für in solchen Einrichtungen tätige Behinderte;

(BGBl I 1999/17, BGBl I 2002/150, BGBl I 2002/158)

j) nach Maßgabe von für solche Zwecke zur Verfügung stehenden Mitteln die Gewährung von Zuschüssen und Darlehen für von Betrieben durchgeführte investive Maßnahmen, die der Verbesserung der Zugänglichkeit für Menschen mit Behinderungen dienen;

(BGBl I 2002/158, BGBl I 2003/71, BGBl I 2010/111, BGBl I 2017/155)

k) höchstens 10 v.H. der gemäß § 10 Abs. 1a aus allgemeinen Budgetmitteln zur Verfügung gestellten Mittel sind insbesondere für Förderungen aus dem Unterstützungsfonds für Menschen mit Behinderung gemäß §§ 24 ff Bundesbehindertengesetz (BBG), für Zuwendungen zum Erwerb eines Assistenzhundes gemäß § 39a BBG und zur Finanzierung des Monitoringausschusses gemäß § 13l Abs. 1 BBG sowie für Förderungen an gemeinnützige Wohlfahrtsträger zu verwenden.

(BGBl I 2017/155)

(1a) Anstelle von Zuschüssen oder Darlehen können auch Sachleistungen gewährt werden.

(BGBl 1992/313)

(2) Die im Abs. 1 aufgezählten Leistungen können nach Maßgabe der erlassenen Richtlinien (§ 6 Abs. 3) auch gewährt werden:

a) betreffend Abs. 1 lit. a, c, d, h und i Menschen mit Behinderung, die österreichische Staatsbürger oder diesen im Sinne des § 2 Abs. 1 gleichgestellt sind, deren Grad der Behinderung mindestens 30 vH beträgt, wenn diese ohne solche Leistungen einen Arbeits- oder Ausbildungsplatz nicht erlangen oder beibehalten können;

b) betreffend Abs. 1 lit. a, c, d, h und i Menschen mit Behinderung, die nicht österreichische Staatsbürger oder diesen im Sinne des § 2 Abs. 1 gleichgestellt sind, wenn der Grad ihrer Behinderung mindestens 50 vH beträgt, sie ihren dauernden Aufenthalt im Bundesgebiet haben oder im Bundesgebiet dauerhaft einer Erwerbstätigkeit nachgehen und sie ohne diese Leistungen einen Arbeitsplatz nicht erlangen oder beibehalten können;

c) betreffend Abs. 1 lit. a und d Menschen mit Behinderung, die österreichische Staatsbürger oder diesen im Sinne des § 2 Abs. 1 gleichgestellt sind, die das 15. Lebensjahr überschritten haben, deren Grad der Behinderung mindestens 50 vH beträgt, und die nicht dem im § 2 Abs. 3 angeführten Personenkreis angehören, wenn ohne diese Leistungen die Aufnahme oder Fortsetzung einer Schul- oder Berufsausbildung gefährdet wäre;

d) betreffend Abs. 1 lit. a, d, h und i österreichischen Staatsbürgern oder diesen im Sinne des § 2 Abs. 1 gleichgestellten Personen, wenn ihnen ohne diese Leistungen auf Grund der bisher ausgeübten beruflichen Tätigkeit oder Berufsausbildung eine Behinderung im Sinne des § 3 unmittelbar droht.

(BGBl I 2016/62)

(3) Maßnahmen beruflicher Assistenz gemäß § 6 Abs. 2 lit. d stehen nach Maßgabe der zu erlassenden Richtlinien Jugendlichen mit Assistenzbedarf auch dann offen, wenn sie nicht dem Personenkreis gemäß Abs. 1 und 2 angehören. Jugendliche mit Assistenzbedarf im Sinne dieses Bundesgesetzes sind – ungeachtet einer Zugehörigkeit zum Personenkreis gemäß Abs. 1 und 2 – Jugendliche grundsätzlich ab dem 9. Schuljahr, denen aufgrund von auf individuell-sozialen Faktoren beruhenden Beeinträchtigungen eine längerfristige oder dauerhafte Ausgrenzung aus dem Arbeitsmarkt droht. Die Richtlinien haben insbesondere Regelungen zu treffen über

1. die förderbaren Maßnahmen für Jugendliche mit Assistenzbedarf,
2. die Voraussetzungen für die Zugehörigkeit zum förderbaren Personenkreis,
3. Altersgrenzen sowie
4. sonstige Zugangsvoraussetzungen.

(BGBl I 2016/62)

(3a) Zur Bedeckung der Ausgaben für Maßnahmen im Sinne des Abs. 3 für jene Personen, die nicht dem Personenkreis gemäß Abs. 1 und 2 angehören, sind jeweils die erforderlichen Mittel aus dem Bundeshaushalt als sonstige Zuwendungen (§ 10 Abs. 1) in den Ausgleichstaxfonds einzubringen. Sie sind in der Gebarung des Fonds in einem eigenen Verrechnungskreis hinsichtlich ihrer Herkunft und ihrer Verwendung gesondert darzustellen.

(BGBl I 2016/62)

(4) Die Vergabe von Sach- oder Geldleistungen aus Mitteln des Ausgleichstaxfonds ist nur zulässig, wenn die Sparsamkeit, Wirtschaftlichkeit und Zweckmäßigkeit des Einsatzes der Mittel gewährleistet sind. Die Auszahlung einer Förderung ist nur insoweit und nicht eher vorzunehmen, als sie zur Vornahme fälliger Zahlungen benötigt wird. Die Auszahlung darf zu einem früheren Zeitpunkt vorgenommen werden, wenn dies aus Gründen, die sich aus der Eigenart der Leistung ergeben, notwendig erscheint. Auf die Gewährung von Sach- oder Geldleistungen (ausgenommen Leistungen nach § 9a), Darlehen oder sonstigen Zuwendungen aus den Mitteln des Ausgleichstaxfonds besteht kein Rechtsanspruch. Bewilligte Geldleistungen sind auf offene Forderungen des Ausgleichstaxfonds gegen den Leistungsempfänger anzurechnen.

(5) Vor Gewährung einer Zuwendung aus den Mitteln des Ausgleichstaxfonds ist vorbehaltlich sonstiger bürgerlich-rechtlicher Ansprüche des Bundes zu vereinbaren, daß ein Zuschuß vom Empfänger rückzuerstatten ist oder ein noch nicht zurückgezahltes Darlehen nach Kündigung vorzeitig fällig wird und beide vom Tage der Auszahlung an mit 4 vH über dem jeweils geltenden Basiszinssatz gemäß § 1 1. Euro-Justiz-Begleitgesetz pro Jahr zu verzinsen sind, wenn

a) der Empfänger wesentliche Umstände verschwiegen oder unwahre Angaben gemacht hat;

b) der Empfänger das geförderte Vorhaben nicht oder aus seinem Verschulden nicht zeitgerecht durchgeführt hat;

c) der Empfänger den Zuschuß (das Darlehen, die Sachleistung) widmungswidrig verwendet hat oder Bedingungen aus seinem Verschulden nicht eingehalten wurden;

d) der Empfänger die unverzügliche Meldung von Ereignissen, welche die Ausführung der geförderten Leistung verzögern oder unmöglich machen oder deren Abänderung erfordern würden, unterlassen hat oder

e) der Empfänger die Überprüfung der widmungsgemäßen Verwendung der Zuwendungen vereitelt hat.

Wenn bei der Durchführung des zu fördernden Vorhabens Einrichtungen oder Geräte, deren Wert (Preis) im Einzelfall 1 453 € übersteigt, ausschließlich aus nicht rückzahlbaren Zuwendungen aus den Mitteln des Ausgleichstaxfonds angeschafft werden sollen, kann vereinbart werden, daß der Empfänger bei Wegfall oder wesentlicher Änderung des Zuwendungszweckes entweder eine angemessene Abgeltung in Geld zu erstatten oder die Einrichtungen oder Geräte dem Ausgleichstaxfonds zwecks weiterer Verwendung zu überlassen hat. In die Vereinbarung können abweichende oder zusätzliche

Bedingungen, Auflagen und Eigentumsvorbehalte zugunsten des Ausgleichstaxfonds aufgenommen werden, sofern dies die Eigenart der Förderung geboten erscheinen läßt. Die Verpflichtung zum Ersatz trifft den gesetzlichen Vertreter, wenn er an einer der in lit. a bis e umschriebenen Handlungen mitgewirkt hat.

(BGBl I 2001/60)

(6) Ist die sofortige Rückzahlung eines entsprechend einer Vereinbarung nach Abs. 5 fällig gewordenen Betrages auf Grund der wirtschaftlichen Verhältnisse des Zahlungspflichtigen unbillig, so kann die Forderung des Ausgleichstaxfonds auf Antrag des Zahlungspflichtigen gestundet oder die Abstattung in Raten bewilligt werden. Hiebei sind Zinsen in der Höhe von 3 vH über dem jeweils geltenden Basiszinssatz gemäß § 1 1. Euro-Justiz-Begleitgesetz pro Jahr auszubedingen. Die Vorschreibung von Zinsen hat zu unterbleiben, wenn der gestundete Förderungsbetrag 1 453 € nicht übersteigt. Die Bewilligung zur Abstattung in Raten ist zu widerrufen und die sofortige Entrichtung aller aushaftenden Teilbeträge samt Zinsen zu verlangen, wenn der Rückzahlungspflichtige mit mindestens zwei Teilbeträgen in Verzug ist.

(BGBl I 2001/60)

(7) Der Bundesminister für Arbeit, Gesundheit und Soziales als Verwalter des Ausgleichstaxfonds kann ganz oder teilweise auf die Rückzahlung eines entsprechend einer Vereinbarung nach Abs. 5 fällig gewordenen Betrages verzichten, wenn

1. alle Möglichkeiten der Einziehung erfolglos versucht worden sind und auf Grund der Sachlage auch nicht angenommen werden kann, daß Einziehungsmaßnahmen zu einem späteren Zeitpunkt zu einem Erfolg führen werden oder Einziehungsmaßnahmen von vornherein offenkundig aussichtslos sind oder
2. die Einziehung der Forderung nach der Lage des Falles, insbesondere unter Berücksichtigung der wirtschaftlichen Verhältnisse des Zahlungspflichtigen und des Ausmaßes seines allfälligen Verschuldens an der Entstehung der Forderung unbillig wäre oder
3. die Einziehung mit Kosten verbunden wäre, die in keinem Verhältnis zur Höhe der Forderung stehen.

Bei einem Verzicht auf eine Forderung ist jedenfalls auszubedingen, daß ein Widerruf zulässig ist, wenn der Verzicht durch Fälschung einer Urkunde, falsches Zeugnis oder eine andere gerichtlich strafbare Handlung oder sonstwie erschlichen worden ist.

(BGBl 1988/721, BGBl I 1999/17)

(8) Zuwendungen aus den Mitteln des Ausgleichstaxfonds auf der Grundlage von § 10a Abs. 1 gelten nicht als Entgelt im Sinne des Umsatzsteuergesetzes 1994, BGBl. I Nr. 663.

(BGBl I 2017/155)

(BGBl 1982/360)

Integrativer Betrieb

§ 11. (1) Integrative Betriebe im Sinne dieses Bundesgesetzes sind die von Gebietskörperschaften, von Trägern des öffentlichen Rechtes, von Trägern der freien Wohlfahrtspflege oder sonstigen Rechtspersonen (Rechtsträgern) geführten Einrichtungen zur Beschäftigung begünstigter Behinderter, die wegen Art und Schwere der Behinderung noch nicht oder nicht wieder auf dem allgemeinen Arbeitsmarkt tätig sein können, bei denen aber eine wirtschaftlich verwertbare Mindestleistungsfähigkeit vorliegt.

(BGBl I 1999/17)

(2) Der Integrative Betrieb muß es den begünstigten Behinderten ermöglichen, ihre Leistungsfähigkeit mit dem Ziel der Eingliederung in den freien Arbeitsmarkt zu entwickeln, zu erhöhen oder wiederzugewinnen.

(BGBl I 1999/17)

(3) Der Bundesminister für Arbeit, Gesundheit und Soziales als Vertreter des Ausgleichstaxfonds hat als Grundlage für die Förderung aus den Mitteln des Fonds im Rahmen eines für Arbeitsplätze in Integrativen Betrieben im Einvernehmen mit den anderen Rehabilitationsträgern zu erstellenden Bedarfsplanes Richtlinien zu erlassen.

(BGBl 1988/721, BGBl I 1999/17)

(4) Die Förderung eines im Abs. 1 genannten Betriebes aus Mitteln des Ausgleichstaxfonds kann insbesondere erfolgen, wenn

a) die beschäftigten begünstigten Behinderten nach dem Kollektivvertrag der jeweiligen Sparte, in der sie beschäftigt sind, entlohnt werden und nach den Bestimmungen des Allgemeinen Sozialversicherungsgesetzes als Vollversicherte pflichtversichert sind;
b) der Integrative Betrieb in baulicher und personeller Hinsicht die Voraussetzungen erfüllt, die eine wirtschaftliche Führung zulassen;

   (BGBl I 1999/17)
c) durch begleitende Dienste die medizinische, soziale, heilpädagogische und psychologische Betreuung der beschäftigten Behinderten sichergestellt ist;
d) Möglichkeiten für Arbeitserprobung und Arbeitstraining vorgesehen sind;
e) sich der Rechtsträger der Integrativen Betriebe verpflichtet, diese nach den Grundsätzen der Wirtschaftlichkeit und Sparsamkeit zu führen;

   (BGBl I 1999/17)
f) sich der Rechtsträger des Integrativen Betriebes ferner verpflichtet, im Falle einer Förderung durch den Ausgleichstaxfonds die von diesem Fonds zur Verfügung gestellten einheitlichen Grundlagen für Verrechnung und Buchführung anzuwenden, dem Fonds alljährlich die Bilanz sowie die Finanzierungspläne für das Folgejahr vorzulegen und den vom Fonds namhaft gemachten Vertretern

Einsicht in alle Bücher und Unterlagen zu gewähren;

(BGBl I 1999/17)

g) der Integrative Betrieb die in den Richtlinien (Abs. 3) festzulegende Mindestwertschöpfung nicht unterschreitet.

(BGBl I 1999/17)

(BGBl 1982/360, BGBl I 1999/17)

(5) Vor Aufnahme in einen Integrativen Betrieb, der Förderungsmittel aus dem Ausgleichstaxfonds erhält oder in Anspruch zu nehmen beabsichtigt, ist ein Team zu befassen, dem als Mitglieder je ein Vertreter des Arbeitsmarktservice, des Bundesamtes für Soziales und Behindertenwesen, des Landes (Behindertenhilfe) und der Leiter jenes Integrativen Betriebes angehören, in dem der begünstigte Behinderte beschäftigt werden soll. Es tagt am Sitz jener Werkstätte, in der der begünstigte Behinderte aufgenommen werden soll und ist je nach Bedarf von jenem Teammitglied einzuberufen, von dem der Vorschlag für die Aufnahme des begünstigten Behinderten in den Integrativen Betrieb ausgeht. Für die Beiziehung von weiteren Sachverständigen gilt § 6 Abs. 5 letzter Satz sinngemäß. Auf die Aufnahme eines begünstigten Behinderten in den Integrativen Betrieb besteht kein Rechtsanspruch. Die Befassung der Teammitglieder und Sachverständigen kann auch mittels elektronischer Medien erfolgen.

(BGBl 1994/314, BGBl I 1999/17, BGBl I 2017/155)

(6) Beim Bundesminister für Arbeit, Gesundheit und Soziales ist ein Verzeichnis über die im Sinne dieses Bundesgesetzes aus dem Ausgleichstaxfonds geförderten Integrativen Betriebe zu führen.

(BGBl I 1999/17)

(7) Bei Aufträgen im Bereich der Bundesverwaltung, die von Integrativen Betrieben im Sinne dieses Bundesgesetzes ausgeführt werden können, sind diese Integrativen Betriebe in jedem Fall zur Anbotstellung einzuladen bzw. von ihnen Angebote einzuholen.

(BGBl 1982/360, BGBl 1992/313, BGBl I 1999/17, BGBl I 2002/150)

(BGBl 1979/111, BGBl I 1999/17)

Ausbildungseinrichtungen

§ 11a. (1) Ausbildungseinrichtungen im Sinne dieses Bundesgesetzes sind Einrichtungen gemäß § 30 des Berufsausbildungsgesetzes, BGBl. Nr. 142/1969, die Behinderte (§ 10a Abs. 3) in einem Lehrberuf ausbilden.

(2) Der Bundesminister für Arbeit, Gesundheit und Soziales ist ermächtigt, Richtlinien über Art und Höhe der Förderung aus den Mitteln des Ausgleichstaxfonds für die Ausbildungseinrichtungen nach Abs. 1 zu erlassen. Die Richtlinien haben insbesondere Angaben über besondere Anforderungen an das Ausbildungspersonal, die besonderen Voraussetzungen hinsichtlich des Baues und der Ausstattung der Ausbildungseinrichtung sowie Auflagen hinsichtlich der medizinischen, sozialen, heilpädagogischen und psychologischen Betreuung der in Ausbildung befindlichen Behinderten zu enthalten.

(BGBl 1982/360, BGBl I 1999/17)

Behindertenausschuß

§ 12. (1) Bei jeder Landesstelle des Bundesamtes für Soziales und Behindertenwesen wird ein Behindertenausschuss errichtet, der in den von diesem Bundesgesetz bestimmten Fällen zu entscheiden (§ 8) oder Stellung zu nehmen (§ 8a) hat. Der Dienstgeber ist verpflichtet, vor Einleitung eines Kündigungsverfahrens gemäß § 8 dieses Bundesgesetzes den Betriebsrat bzw. die Personalvertretung und die Behindertenvertrauensperson zu verständigen, der/die innerhalb einer Woche hiezu Stellung nehmen kann. Hat die Behindertenvertrauensperson dem Dienstgeber die Betrauung eines Stellvertreters mit der Wahrnehmung des Anhörungsrechts im Sinne dieser Bestimmung mitgeteilt, so hat der Dienstgeber diesen Stellvertreter zu verständigen. Das Bundesamt für Soziales und Behindertenwesen hat Vorsorge zu treffen, dass vor Durchführung eines Verfahrens gemäß § 8 BEinstG eine Krisenintervention angeboten wird.

(BGBl 1992/313, BGBl I 2002/150, BGBl I 2010/111)

(2) Der Behindertenausschuß besteht aus:

a) dem Landesstellenleiter oder einem von ihm bestimmten Bediensteten des Bundesamtes für Soziales und Behindertenwesen;

(BGBl I 2002/150)

b) einem Vertreter der örtlich zuständigen Landesgeschäftsstelle des Arbeitsmarktservice;

(BGBl 1994/314)

c) je einem Vertreter der Dienstnehmer und Dienstgeber;

d) drei Vertretern der organisierten Behinderten.

(BGBl 1982/360, BGBl 1992/313)

e) (entfällt)

(BGBl 1992/313)

(3) Der Vorsitzende hat zur Verhandlung des Behindertenausschusses jene Vertreter der Dienstnehmer und Dienstgeber beizuziehen, die von der für den Verhandlungsfall in Betracht kommenden Interessenvertretung vorgeschlagen wurden.

(BGBl I 2010/111)

(4) Die im Abs. 2 lit. c und d genannten Mitglieder des Behindertenausschusses sowie die gleiche Zahl von Ersatzmitgliedern sind vom Bundesminister für Arbeit, Gesundheit und Soziales auf Grund von Vorschlägen der hiezu berufenen Interessenvertretungen auf die Dauer von vier Jahren zu bestellen.

(BGBl 1988/721, BGBl 1992/313, BGBl I 1999/17)

(5) Je ein Vertreter der Dienstgeber ist von der Wirtschaftskammer und von der Landwirtschaftskammer, je ein Vertreter der Dienstnehmer von der Arbeiterkammer und von der Landarbeiterkammer vorzuschlagen.

(BGBl I 1999/17)

(6) Zur Erstattung von Vorschlägen bezüglich der Vertreter der Behinderten (Abs. 2 lit. d) sind diejenigen Vereinigungen berufen, die von diesen Personen nach den von der Vereinsbehörde genehmigten Statuten zum Zwecke der Förderung ihrer wirtschaftlichen und sozialen Interessen gebildet sind und die Tätigkeit im Bereich der jeweiligen Landesstelle des Bundesamtes für Soziales und Behindertenwesen ausüben. Bestehen nebeneinander mehrere Vereinigungen, auf die diese Voraussetzungen zutreffen, so ist für die Aufteilung des Vorschlagsrechtes das zwischen ihnen erzielte Übereinkommen maßgebend. Kommt eine Vereinbarung über das Vorschlagsrecht nicht zustande, so entscheidet hierüber der Bundesminister für Arbeit, Gesundheit und Soziales unter Bedachtnahme auf die Mitgliederstärke der in Betracht kommenden Vereinigungen.

(BGBl 1988/721, BGBl 1992/313, BGBl I 1999/17, BGBl I 2002/150)

(7) Der Bundesminister für Arbeit, Gesundheit und Soziales hat die Mitglieder des Behindertenausschusses von ihrer Funktion zu entheben, wenn sie darum ansuchen, wenn eine der für ihre Bestellung erforderlichen Voraussetzungen nicht mehr gegeben ist oder wenn sie die Pflichten ihres Amtes gröblich vernachlässigen, im letzteren Falle nach Anhörung der Interessenvertretung, auf deren Vorschlag das Mitglied bestellt worden ist.

(BGBl I 1999/17)

(8) Die Mitgliedschaft im Behindertenausschuß ist ein unbesoldetes Ehrenamt. Den Mitgliedern gebührt der Ersatz der Reise- und Aufenthaltskosten sowie die allfällige Entschädigung für Zeitversäumnis entsprechend der Bestimmung des § 10 Abs. 4.

(BGBl 1988/721)

(9) Mit beratender Stimme können dem Behindertenausschuß ein Arzt des öffentlichen Gesundheitsdienstes und ein Vertreter der Arbeitsinspektion beigezogen werden.

§ 13. (1) Der Behindertenausschuß wird vom Vorsitzenden einberufen. Die Einladungen sollen den Mitgliedern des Behindertenausschusses spätestens acht Tage vor der Sitzung unter Anschluß einer Tagesordnung nachweislich zugestellt werden.

(2) Der Behindertenausschuß tagt in nichtöffentlicher Sitzung; er ist beschlußfähig, wenn mindestens die Hälfte der Mitglieder anwesend ist. Die Beschlüsse des Behindertenausschusses werden mit Stimmenmehrheit gefaßt. Der Vorsitzende gibt seine Stimme zuletzt ab; bei Stimmengleichheit entscheidet seine Stimme. Alle Mitglieder haben ihr Stimmrecht persönlich auszuüben.

(3) Über jede Sitzung des Behindertenausschusses ist ein Protokoll zu führen, in dem die Namen aller anwesenden Mitglieder und die allfälligen Entschuldigungsgründe abwesender Mitglieder zu verzeichnen sind. Das Protokoll hat alle Beschlüsse im Wortlaut, die Ergebnisse der Abstimmungen und den wesentlichen Verlauf der Verhandlungen zu enthalten; es ist vom Vorsitzenden und dem Schriftführer zu unterfertigen. Eine Abschrift des Protokolls ist allen Mitgliedern des Behindertenausschusses zu übermitteln.

(BGBl 1973/329)

(4) Die laufenden Geschäfte des Behindertenausschusses hat die Landesstelle des Bundesamtes für Soziales und Behindertenwesen zu führen.

(BGBl 1994/27, BGBl I 2002/150)

§ 13a. bis 13g. (aufgehoben)

(BGBl I 2013/71)

Feststellung der Begünstigung

§ 14. (1) Als Nachweis für die Zugehörigkeit zum Kreis der begünstigten Behinderten gilt die letzte rechtskräftige Entscheidung über die Einschätzung des Grades der Minderung der Erwerbsfähigkeit mit mindestens 50 vH

a) eines Bundesamtes für Soziales und Behindertenwesen (der Schiedskommission) bzw. des Bundesamtes für Soziales und Behindertenwesen oder der Bundesberufungskommission im Sinne des Bundesberufungskommissionsgesetzes, BGBl. I Nr. 150/2002, oder des Bundesverwaltungsgerichtes;

b) eines Trägers der gesetzlichen Unfallversicherung bzw. eines nach dem Arbeits- und Sozialgerichtsgesetz, BGBl. Nr. 104/1985, zuständigen Gerichtes;

c) eines Landeshauptmannes (des Bundesministers für Arbeit, Soziales und Konsumentenschutz) oder des Bundesamtes für Soziales und Behindertenwesen in Verbindung mit der Amtsbescheinigung gemäß § 4 des Opferfürsorgegesetzes;

d) in Vollziehung der landesgesetzlichen Unfallfürsorge (§ 3 Z 2 Beamten-Kranken- und Unfallversicherungsgesetz, BGBl. Nr. 200/1967).

Die Feststellung des Grades der Minderung der Erwerbsfähigkeit im Nachweis gilt zugleich als Feststellung des Grades der Behinderung. Die Zugehörigkeit zum Personenkreis der begünstigten Behinderten (§ 2) auf Grund der in lit. a bis d genannten Nachweise erlischt mit Ablauf des dritten Monates, der dem Eintritt der Rechtskraft der Entscheidung folgt, sofern nicht der begünstigte Behinderte innerhalb dieser Frist gegenüber dem Bundesamt für Soziales und Behindertenwesen erklärt, weiterhin dem Personenkreis der nach diesem Bundesgesetz begünstigten Personen angehören zu wollen.

(BGBl I 1999/17, BGBl I 2002/150, BGBl I 2008/67, BGBl I 2015/57)

(2) Liegt ein Nachweis im Sinne des Abs. 1 nicht vor, hat auf Antrag des Menschen mit Behinderung das Bundesamt für Soziales und Behindertenwesen unter Mitwirkung von ärztlichen Sachverständigen den Grad der Behinderung nach den Bestimmungen der Einschätzungsverordnung (BGBl. II Nr. 261/2010) einzuschätzen und bei Zutreffen der im § 2 Abs. 1 angeführten sonstigen Voraussetzungen die Zugehörigkeit zum Kreis der nach diesem Bundesgesetz begünstigten Behinderten (§ 2) sowie

den Grad der Behinderung festzustellen. Hinsichtlich der ärztlichen Sachverständigen ist § 90 des Kriegsopferversorgungsgesetzes 1957, BGBl. Nr. 152, anzuwenden. Die Begünstigungen nach diesem Bundesgesetz werden mit dem Zutreffen der Voraussetzungen, frühestens mit dem Tag des Einlangens des Antrages beim Bundesamt für Soziales und Behindertenwesen wirksam. Sie werden jedoch mit dem Ersten des Monates wirksam, in dem der Antrag eingelangt ist, wenn dieser unverzüglich nach dem Eintritt der Behinderung (Abs. 3) gestellt wird. Die Begünstigungen erlöschen mit Ablauf des Monates, der auf die Zustellung der Entscheidung folgt, mit derder Wegfall der Voraussetzungen für die Zugehörigkeit zum Kreis der begünstigten Behinderten rechtskräftig ausgesprochen wird.

(BGBl 1988/721, BGBl 1992/313, BGBl I 1999/17, BGBl I 2002/150, BGBl I 2010/81, BGBl I 2015/57)

(3) Der Bundesminister für Arbeit, Gesundheit und Soziales ist ermächtigt, nach Anhörung des Bundesbehindertenbeirates gemäß § 8 BBG durch Verordnung nähere Bestimmungen über die Feststellung des Grades der Behinderung festzulegen. Diese Bestimmungen haben die Auswirkungen der Funktionsbeeinträchtigungen auf das allgemeine Erwerbsleben zu berücksichtigen und auf den Stand der medizinischen Wissenschaft Bedacht zu nehmen.

(BGBl I 1999/17)

(4) Ein Antrag, der bei einer nicht zuständigen Behörde oder einem Sozialversicherungsträger eingebracht wird, ist unverzüglich an das Bundesamt für Soziales und Behindertenwesen weiterzuleiten. Der Antrag gilt als zu dem Zeitpunkt beim Bundesamt für Soziales und Behindertenwesen eingebracht, an dem er bei der nicht zuständigen Behörde eingelangt ist.

(BGBl 1992/313, BGBl I 1999/17, BGBl I 2002/150)

(5) Anträge von begünstigten Behinderten (§ 2) auf Neufestsetzung des Grades der Behinderung wegen Änderung des Leidenszustandes sind ohne Durchführung eines Ermittlungsverfahrens zurückzuweisen, wenn seit der letzten rechtskräftigen Feststellung noch kein Jahr verstrichen ist. Dies gilt nicht, wenn eine offenkundige Änderung des Leidenszustandes glaubhaft geltend gemacht wird.

(BGBl 1988/721, BGBl 1992/313, BGBl I 1999/17)

(6) Wenn ein begünstigter Behinderter oder ein Antragswerber ohne triftigen Grund einer schriftlichen Aufforderung zum Erscheinen zu einer zumutbaren ärztlichen Untersuchung nicht entspricht oder sich weigert, die zur Durchführung des Verfahrens unerläßlichen Angaben zu machen, ist das Verfahren einzustellen oder das Erlöschen der Zugehörigkeit zum Kreis der nach diesem Bundesgesetz begünstigten Behinderten (§ 2 Abs. 1 und 3) auszusprechen. Er ist nachweislich auf die Folgen seines Verhaltens hinzuweisen.

(BGBl 1988/721, BGBl I 1999/17)

(7) Vor der Gewährung von Leistungen aus den Mitteln des Ausgleichstaxfonds an die im § 10a Abs. 2, 2a, 3 und 3a genannten Behinderten hat sich das Bundesamt für Soziales und Behindertenwesen von Amts wegen über Art und Ausmaß der Behinderung Kenntnis zu verschaffen. Bescheide sind hierüber nicht zu erteilen.

(BGBl 1988/721, BGBl I 1999/17)

(8) Reisekosten, die einem begünstigten Behinderten (§ 2) oder Antragwerber auf Feststellung (Abs. 2) oder auf Gewährung von Leistungen aus dem Ausgleichstaxfonds (§ 10a Abs. 1 bis 3a) dadurch erwachsen, daß er einer Ladung des Bundesamtes für Soziales und Behindertenwesen in Durchführung dieses Bundesgesetzes Folge leistet, sind in dem im § 49 des Kriegsopferversorgungsgesetzes 1957, BGBl. Nr. 152, angeführten Umfang aus den Mitteln des Ausgleichstaxfonds zu ersetzen. Die Reisekostenvergütung gebührt in gleicher Höhe auch Zeugen im Verfahren gemäß § 8 Abs. 2 und § 8a, wenn kein gleichartiger Anspruch nach einem anderen Bundesgesetz besteht. Der Ersatz der Reisekosten entfällt, wenn die Fahrtstrecke (Straßenkilometer) zwischen Wohnort und dem Ort der Untersuchung 50 km (einfache Strecke) nicht übersteigt.

(BGBl 1988/721, BGBl 1992/313, BGBl I 1999/17, BGBl I 2002/150, BGBl I 2010/111, BGBl I 2013/71)

(BGBl 1979/111, BGBl 1982/360, BGBl I 1999/17)

Ausweise

§ 14a. (entfällt)

(BGBl 1988/721, BGBl 1992/313)

Arbeitsvermittlung

§ 15. (1) Die Durchführung der Arbeitsvermittlung für Menschen mit Behinderungen (§ 2) obliegt den in § 4 des Arbeitsmarktförderungsgesetzes (AMFG), BGBl. Nr. 31/1969, genannten Organisationen. Diese haben im Einvernehmen mit dem Bundesamt für Soziales und Behindertenwesen dahin zu wirken, dass Menschen mit Behinderungen auf solchen Arbeitsplätzen eingestellt werden, auf denen sie trotz ihrer Behinderungen vollwertige Arbeit zu leisten vermögen. Maßnahmen der beruflichen Assistenz (insbesondere Arbeitsassistenzprojekte), die im Rahmen dieses Bundesgesetzes aus öffentlichen Mitteln gefördert werden, unterliegen nicht den Bestimmungen des § 4 AMFG.

(BGBl 1994/314, BGBl I 1999/17, BGBl I 2002/150, BGBl I 2017/155)

(2) Endet das Dienstverhältnis eines begünstigten Behinderten, für den Sach- oder Geldleistungen zur Gänze oder anteilig aus den Mitteln des Ausgleichstaxfonds an den Dienstgeber erbracht wurden, ist dieser verpflichtet, die Beendigung dieses Dienstverhältnisses – ungeachtet der Vorschriften des § 8 – binnen zwei Wochen dem Bundesamt für Soziales und Behindertenwesen anzuzeigen, das unverzüglich mit der örtlich zuständigen regionalen Geschäftsstelle des Arbeitsmarktservice wegen der Vermittlung eines Behinderten nach Abs. 1 das Einvernehmen herzustellen hat.

(BGBl 1994/314)

Auskunfts- und Meldepflicht

§ 16. (1) Die Dienstgeber haben den zur Durchführung dieses Bundesgesetzes berufenen amtlichen Organen alle erforderlichen Auskünfte zu erteilen und Einblick in ihre Betriebsstätten oder Dienststellen zu gewähren, soweit dies im Interesse der begünstigten Behinderten (§ 2) erforderlich ist.

(BGBl 1975/96)

(2) Über die Beschäftigung der begünstigten Behinderten (§ 2) und Inhaber von Amtsbescheinigungen oder Opferausweisen (§ 5 Abs. 3) ist von jedem Dienstgeber ein Verzeichnis zu führen, in dem Name und Anschrift dieser Dienstnehmer, Beginn und Ende jedes solchen Dienstverhältnisses, die Versicherungsnummer dieser Dienstnehmer sowie die wesentlichen personenbezogenen Daten des Nachweises über die Zugehörigkeit zum Kreis der begünstigten Behinderten (§ 14) bzw. zum Kreis der politischen Opfer (§ 4 des Opferfürsorgegesetzes, BGBl. Nr. 183/1947) anzugeben sind. Dieses Verzeichnis ist über Verlangen den amtlichen Organen der regionalen Geschäftsstellen des Arbeitsmarktservice und des Bundesamtes für Soziales und Behindertenwesen vorzuweisen. Einstellungspflichtige Dienstgeber (§ 1 Abs. 1) haben eine Abschrift dieses Verzeichnisses samt den für die Berechnung der Pflichtzahl (§ 4) maßgeblichen Daten über die Zahl der innerhalb eines Kalenderjahres jeweils am Ersten eines jeden Monates beschäftigten Dienstnehmer bis zum 1. Feber des darauffolgenden Jahres dem Bundesamt für Soziales und Behindertenwesen einzusenden, das die Angaben zu prüfen und bei Nichterfüllung der Beschäftigungspflicht die Ausgleichstaxe (§ 9) vorzuschreiben bzw. bei Zutreffen der Voraussetzungen Prämien (§ 9a) zu gewähren hat.

(BGBl 1979/111, BGBl 1985/567, BGBl 1994/314, BGBl I 2002/150, BGBl I 2018/32)

(3) Die Auskunfts- und Meldepflicht für den Bereich des Bundes obliegt dem Bundeskanzleramt, für den Bereich eines Landes dem Amt der Landesregierung und für den Bereich einer Gemeinde dem nach der Gemeindeordnung zuständigen Organ.

(4) Die im Abs. 3 genannten Gebietskörperschaften können die Meldung gemäß Abs. 2 auf maschinell verwertbaren Datenträgern erstatten.

(BGBl 1975/96)

(5) Wenn die für die Überprüfung der Erfüllung der Beschaffungspflicht und für die Berechnung und Vorschreibung der Ausgleichstaxen bzw. für die Berechnung von Prämien erforderlichen personenbezogenen Daten von den Trägern der Sozialversicherung auf maschinell verwertbaren Datenträgern dem Bundesamt für Soziales und Behindertenwesen zur Verfügung gestellt werden (§ 22 Abs. 2), ist der Dienstgeber von der alljährlichen Vorlage der Verzeichnisse und vom Erfordernis der Antragstellung auf Gewährung von Prämien gemäß § 9a Abs. 1 zu befreien.

(BGBl 1985/567, BGBl 1992/313, BGBl I 1999/17, BGBl I 2002/150, BGBl I 2018/32)

(6) Über die Befreiung gemäß Abs. 5 hat das Bundesamt für Soziales und Behindertenwesen dem Dienstgeber nachweislich eine Benachrichtigung zuzustellen, in der die Art und der Umfang der von den Sozialversicherungsträgern übermittelten personenbezogenen Daten und die Dauer, für die die Befreiung gilt, anzuführen sind. Die Befreiung von der Vorlage des Verzeichnisses bzw. vom Erfordernis der Antragstellung auf Prämien gemäß § 9a Abs. 1 erlischt, wenn der Dienstgeber in drei aufeinanderfolgenden Jahren nicht der Beschäftigungspflicht unterliegt.

(BGBl I 1999/17, BGBl I 2002/150, BGBl I 2018/32)

(7) Wenn die für die Berechnung von Prämien gemäß § 9a Abs. 1 erforderlichen personenbezogenen Daten für nicht der Einstellungspflicht unterliegende Dienstgeber von den Trägern der Sozialversicherung auf maschinell verwertbaren Datenträgern dem Bundesamt für Soziales und Behindertenwesen zur Verfügung gestellt werden (§ 22 Abs. 2), kann das Bundesamt für Soziales und Behindertenwesen den Dienstgeber vom Erfordernis der jährlichen Antragstellung befreien. Diese Befreiung erlischt, wenn in drei aufeinanderfolgenden Jahren die Voraussetzungen für die Gewährung einer Prämie gemäß § 9a Abs. 1 nicht mehr vorliegen. Für die Ausstellung der Benachrichtigung über diese Befreiung gilt Abs. 6 erster Satz sinngemäß.

(BGBl 1985/567, BGBl I 1999/17, BGBl I 2002/150, BGBl I 2018/32)

(8) Die Übermittlung von personenbezogenen Daten aus dem Verzeichnis gemäß Abs. 2, die den Gesundheitszustand einer Person betreffen, an andere als die im Abs. 2 genannten Empfänger ist unzulässig.

(BGBl 1979/111, BGBl I 2018/32)

Überwachung der Beschäftigung

§ 17. Das Bundesamt für Soziales und Behindertenwesen hat die Einhaltung der Beschäftigungspflicht nach § 1 Abs. 1 zu überwachen. Soweit sich die Überwachung auf die Wahrung der Rücksicht auf Leben und Gesundheit (§ 6) der im Sinne dieses Bundesgesetzes beschäftigten Personen erstreckt, hat das Bundesamt für Soziales und Behindertenwesen das Arbeitsinspektorat oder die nach Art des Betriebes sonst zuständige Aufsichtsbehörde heranzuziehen.

Stundung der Ausgleichstaxe

§ 17a. (1) Die Befugnis zum Abschluß einer Vereinbarung mit einem Schuldner über die Stundung einer rechtskräftig vorgeschriebenen und fälligen Ausgleichstaxe wird dem Bundesamt für Soziales und Behindertenwesen übertragen. Wenn der Schuldner zum Zeitpunkt der Fälligkeit der Forderung nicht in der Lage war, diese zu erfüllen, kann auf seinen Antrag die Stundung der Ausgleichstaxe bis zur Höchstdauer von zwei Jahren unter Berechnung von Zinsen in der Höhe von 3 vH über dem jeweils geltenden Basiszinssatz gemäß § 1 1. Euro-Justiz-Begleitgesetz pro Jahr ab dem Beginn des Monates, in dem der Antrag eingebracht worden ist, vereinbart oder die Abstattung in Raten bewilligt werden. Im Falle der Nichtzahlung von mindestens zwei Teilraten ist die bewilligte Abstattung in Raten zu widerrufen und die sofortige Entrichtung aller aushaftenden Teilbeträge samt Zinsen zu verlangen.

(BGBl I 2002/150, BGBl I 2003/71)

(2) Der Bundesminister für Arbeit, Gesundheit und Soziales kann ganz oder teilweise auf die Eintreibung einer rechtskräftig vorgeschriebenen Ausgleichstaxe (zuzüglich Zinsen) verzichten, wenn

1. gegen den Schuldner ein Sanierungsverfahren eröffnet worden ist oder

   (BGBl I 2010/58)

2. ein Sanierungsplan gemäß § 140 der Insolvenzordnung, RGBl. Nr. 337/1914, abgeschlossen worden ist oder

   (BGBl I 2010/58)

3. alle Möglichkeiten der Eintreibung erfolglos versucht worden sind und auf Grund der Sachlage auch nicht angenommen werden kann, daß Eintreibungsmaßnahmen zu einem späteren Zeitpunkt zu einem Erfolg führen werden oder Eintreibungsmaßnahmen von vornherein offenkundig aussichtslos sind oder
4. die Eintreibung mit Kosten verbunden wäre, die in keinem Verhältnis zur Höhe der Forderung stehen.

Der Verzicht auf eine Forderung ist zu widerrufen, wenn er durch Fälschung einer Urkunde, falsches Zeugnis oder eine andere gerichtlich strafbare Handlung herbeigeführt oder sonstwie erschlichen worden ist.

(BGBl 1992/313, BGBl I 1999/17)

Eintreibung der Ausgleichstaxe

§ 18. (1) Das Bundesamt für Soziales und Behindertenwesen hat die rechtskräftig vorgeschriebene und fällige Ausgleichstaxe einzutreiben. Auf die Eintreibung finden die Bestimmungen des Verwaltungsvollstreckungsgesetzes 1991 Anwendung.

(BGBl 1992/313)

(2) Eine mit Bescheid vorgeschriebene Ausgleichstaxe (zuzüglich der Zinsen gemäß § 9 Abs. 5) kann nur binnen zwei Jahren, gerechnet von dem Zeitpunkt an, in dem diese Vorschreibung keinem die Vollstreckbarkeit hemmenden Rechtszug mehr unterliegt, eingetrieben werden. Diese Frist beginnt durch jede auf Eintreibung gerichtete Maßnahme des Bundesamtes für Soziales und Behindertenwesen und durch die Gewährung von Zahlungserleichterungen jeder Art neu zu laufen.

(BGBl 1985/567, BGBl 1988/721)

(3) Die Eintreibung im Verwaltungsweg oder im gerichtlichen Verfahren (§ 3 des Verwaltungsvollstreckungsgesetzes 1991) darf erst nach nachweisbarer Mahnung des Schuldners erfolgen. Der Verpflichtete hat die notwendigen, durch die jeweilige Mahnung und Exekutionsführung verursachten Barauslagen und Gerichtsgebühren zu ersetzen. Diese Kosten sind zugleich mit der vorgeschriebenen Ausgleichstaxe einzutreiben; die Barauslagen fließen dem Bund zu, die Gerichtsgebühren dem Ausgleichstaxfonds.

(BGBl 1973/329, BGBl 1992/313, BGBl I 1999/106)

(4) In Insolvenzverfahren ist die Ausgleichstaxe den sonstigen öffentlichen Abgaben gleichzuhalten und nach den Vorschriften der Insolvenzordnung zu behandeln.

(BGBl I 2010/58)

Verfahren und Verwaltungsgerichtsbarkeit

§ 19. (1) Die Beschwerdefrist bei Verfahren gemäß §§ 8, 9, 9a und 14 Abs. 2 beträgt abweichend von den Vorschriften des Verwaltungsgerichtsverfahrensgesetzes, BGBl. I Nr. 33/2013, sechs Wochen. Die Frist zur Erlassung einer Beschwerdevorentscheidung beträgt bei Verfahren gemäß § 14 Abs. 2 zwölf Wochen. In Beschwerdeverfahren vor dem Bundesverwaltungsgericht dürfen bei Verfahren gemäß § 14 Abs. 2 neue Tatsachen und Beweismittel nicht vorgebracht werden.

(BGBl I 2005/82, BGBl I 2013/71, BGBl I 2015/57)

(1a) Auf die Verfahren zur Geltendmachung von Ansprüchen durch Beamte bei den Dienstbehörden gemäß §§ 7l und 7m sind, soweit dieses Bundesgesetz nicht Anderes bestimmt, das Dienstrechtsverfahrensgesetz 1984, BGBl. Nr. 29, und die dazu ergangenen Verordnungen anzuwenden.

(BGBl I 2005/82)

(2) Bescheidausfertigungen, die unter Verwendung elektronischer Datenverarbeitungsanlagen hergestellt werden, bedürfen weder einer Unterschrift noch einer Beglaubigung.

(3) Unrichtigkeiten in Bescheiden, welche ihre Ursache in der fehlerhaften Anwendung elektronischer Datenverarbeitungsanlagen haben, gelten als Schreib- oder Rechenfehler im Sinne des § 62 Abs. 4 des Allgemeinen Verwaltungsverfahrensgesetzes 1950.

(BGBl 1973/329)

(4) (aufgehoben)

(BGBl I 1999/17, BGBl I 2002/150)

(5) (aufgehoben)

(BGBl 1992/313, BGBl I 2002/150)

Rechtsmittel

§ 19a. (1) Gegen Bescheide gemäß § 19 Abs. 2, die ohne Durchführung eines Ermittlungsverfahrens

1. auf Grund gespeicherter personenbezogener Daten oder

   (BGBl I 2018/32)

2. auf Grund von den Trägern der Sozialversicherung oder von sonstigen Institutionen auf maschinell verwertbaren Datenträgern übermittelten personenbezogenen Daten

   (BGBl I 2018/32)

im Wege der automationsunterstützten Datenverarbeitung erlassen worden sind, kann bei der

Behörde, die den Bescheid erlassen hat, innerhalb von zwei Wochen nach Zustellung des Bescheides schriftlich Vorstellung erhoben werden. Die Behörde hat nach Prüfung der Sach- und Rechtslage die Angelegenheit neuerlich zu entscheiden. Der Vorstellung kommt aufschiebende Wirkung zu. Die Beschwerde an das Bundesverwaltungsgericht kann erst nach Entscheidung über die Vorstellung erhoben werden.

(2) Dem Ausgleichstaxfonds (§ 10 Abs. 1) kommt im Beschwerdeverfahren über Ausgleichstaxen oder Prämien Parteistellung zu.

(BGBl 1973/329, BGBl 1985/567, BGBl 1992/313, BGBl I 1999/17, BGBl I 2002/150, BGBl I 2013/71)

§ 19b. (1) In Verfahren über Beschwerden in Rechtssachen in den Angelegenheiten der §§ 8, 9, 9a und 14 Abs. 2 entscheidet das Bundesverwaltungsgericht durch den Senat.

(2) Bei Senatsentscheidungen in Kündigungsverfahren (§ 8) haben zwei Vertreterinnen oder Vertreter der Arbeitgeber, eine Vertreterin oder ein Vertreter der Arbeitnehmer und eine Vertreterin oder ein Vertreter der Interessenvertretung der Menschen mit Behinderung als fachkundige Laienrichterinnen oder Laienrichter mitzuwirken.

(3) Die Vertreterinnen oder Vertreter der Arbeitgeber sind bei Senatsentscheidungen nach Abs. 2 von der Wirtschaftskammer Österreich zu entsenden. Die Vertreterin oder der Vertreter der Arbeitnehmer wird von der Bundesarbeitskammer entsandt. Die im § 10 Abs. 1 Z 6 des Bundesbehindertengesetzes genannte Vereinigung entsendet die Vertreterin oder den Vertreter der Interessenvertretung der Menschen mit Behinderung. Hinsichtlich der Aufteilung des Nominierungsrechtes auf gleichartige Vereinigungen ist § 10 Abs. 2 des Bundesbehindertengesetzes anzuwenden. Für jede Vertreterin und jeden Vertreter ist jeweils auch die erforderliche Anzahl von Ersatzmitgliedern zu entsenden.

(4) Bei Senatsentscheidungen in Verfahren gemäß §§ 9 und 9a haben je eine Vertreterin oder ein Vertreter der Arbeitgeber und der Arbeitnehmer als fachkundige Laienrichterinnen oder Laienrichter mitzuwirken.

(5) Die Vertreterin oder der Vertreter der Arbeitgeber ist bei Senatsentscheidungen nach Abs. 4 von der Wirtschaftskammer Österreich zu entsenden. Die Vertreterin oder der Vertreter der Arbeitnehmer wird von der Bundesarbeitskammer entsandt. Für jede Vertreterin und jeden Vertreter ist jeweils auch die erforderliche Anzahl von Ersatzmitgliedern zu entsenden.

(6) Bei Senatsentscheidungen in Verfahren gemäß § 14 Abs. 2 hat eine Vertreterin oder ein Vertreter der Interessenvertretung der Menschen mit Behinderung als fachkundige Laienrichterin oder fachkundiger Laienrichter mitzuwirken. Abs. 3 dritter und vierter Satz sind anzuwenden. Für die Vertreterin oder den Vertreter ist jeweils auch die erforderliche Anzahl von Ersatzmitgliedern zu entsenden.

(7) Die fachkundigen Laienrichterinnen oder Laienrichter (Ersatzmitglieder) in Verfahren nach Abs. 2, 4 und 6 haben für die jeweiligen Agenden die erforderliche Qualifikation (insbesondere Fachkunde im Bereich des Sozial- und Arbeitsrechts) aufzuweisen.

(BGBl I 2013/71)

BEinstG

Verschwiegenheitspflicht

§ 20. Die zur Einholung von Auskünften (§ 16) befugten oder mit der Überwachung (§ 17) betrauten oder sonst an der Durchführung dieses Bundesgesetzes beteiligten Organe sind zur Geheimhaltung der zu ihrer Kenntnis gelangenden Geschäfts- und Betriebsverhältnisse verpflichtet.

Strafbestimmungen

§ 21. Wer trotz nachweislicher Aufforderung durch das Bundesamt für Soziales und Behindertenwesen die Abschrift des Verzeichnisses über die Beschäftigung von begünstigten Behinderten (§ 2) bzw. von Inhabern einer Amtsbescheinigung oder eines Opferausweises (§ 5 Abs. 3) gemäß § 16 Abs. 2 nicht vorlegt, wer in die Verzeichnisabschrift vorsätzlich unwahre Angaben aufnimmt oder wer die Anzeigeverpflichtung nach § 15 Abs. 2 verletzt, begeht, wenn die Tat nicht nach einer anderen Bestimmung mit strengerer Strafe bedroht ist, eine Verwaltungsübertretung und ist von der Bezirksverwaltungsbehörde mit einer Geldstrafe bis zu 727 € zu bestrafen. Die Geldstrafen fließen dem Ausgleichstaxfonds zu.

(BGBl 1979/111, BGBl 1982/360, BGBl I 2001/60)

Mitwirkung bei der Durchführung des Gesetzes

§ 22. (1) Alle Behörden, Ämter, Anstalten und Körperschaften des öffentlichen Rechtes sind verpflichtet, im Ermittlungsverfahren zur Durchführung dieses Bundesgesetzes mitzuwirken.

(BGBl 1975/96)

(2) Die Mitwirkung gemäß Abs. 1 erstreckt sich bei den Trägern der Sozialversicherung auch auf die Übermittlung der gespeicherten personenbezogenen Daten über Dienstgeber und Versicherte auf maschinell verwertbaren Datenträgern, soweit diese personenbezogenen Daten für die Beurteilung der Einstellungspflicht und deren Erfüllung, die Berechnung und Vorschreibung der Ausgleichstaxen und Prämien sowie die Erfassung der begünstigten Personen (§§ 2 und 5 Abs. 3) und der Förderungswerber (§ 10a Abs. 2, 3 und 3a) eine wesentliche Voraussetzung bilden.

(BGBl 1985/567, BGBl 1992/313, BGBl I 2018/32)

(3) Die Mitwirkung an der Berechnung und Vorschreibung der Ausgleichstaxen und Prämien (§§ 9 und 9a) sowie am Verfahren nach diesem Bundesgesetz obliegt nach Maßgabe des § 2 Abs. 1 bis 4 des Bundesgesetzes über die Bundesrechenzentrum GmbH, BGBl. Nr. 757/1996, der Bundesrechenzentrum GmbH.

(BGBl 1996/757)

(4) Das Bundesministerium für Arbeit, Soziales und Konsumentenschutz und das Bundesamt für Soziales und Behindertenwesen sind insoweit zur Verarbeitung von personenbezogenen Daten betreffend Dienstgeber, einschließlich deren Dienstnehmer, begünstigte Personen (§§ 2 und 5 Abs. 3), Förderungswerber (§ 10a), Integrative Betriebe (§ 11) sowie Ausbildungseinrichtungen (§ 11a) ermächtigt, als dies zur Erfüllung der ihnen gesetzlich übertragenen Aufgaben (§§ 1, 6, 7k, 7l, 7m, 7n, 8, 8a, 9, 9a, 10, 10a, 11, 11a, 12, 14, 15, 17, 17a, 18 und 26) eine wesentliche Voraussetzung ist. Personenbezogene Daten betreffend eine Behinderung im Sinne der Z 3 dürfen vom Bundesministerium für Arbeit, Soziales und Konsumentenschutz und dem Bundesamt für Soziales und Behindertenwesen nur für Zwecke der Angelegenheiten der Feststellung des Grades der Behinderung und der Zugehörigkeit zum Kreis der begünstigten Behinderten (§§ 2 und 14), der Schlichtungsverfahren (§§ 7k, 7l, 7m, 7n), der Zustimmung zur Kündigung (§ 8) sowie der Gewährung von Fördermaßnahmen und Unterstützungsmaßnahmen (§§ 6, 10a, 11, 11a und 15) verarbeitet werden. Für Zwecke der Angelegenheiten der Überprüfung der Beschäftigungspflicht (§§ 1, 9, 9a, 16 bis 18) dürfen vom Bundesministerium für Arbeit, Soziales und Konsumentenschutz und dem Bundesamt für Soziales und Behindertenwesen die personenbezogenen Daten im Sinne der Z 3 betreffend die Zugehörigkeit zum Kreis der begünstigten Behinderten verarbeitet werden. Verpflichtungen, die sich auf Grund anderer Rechtsvorschriften ergeben, bleiben unberührt.

Die in Frage kommenden Datenarten sind:

1. Stammdaten der begünstigten Personen, einschließlich antragstellender Personen (§§ 2 und 5 Abs. 3) und Förderungswerber (§ 10a):
   a) Namen (Vornamen, Familiennamen),
   b) Sozialversicherungsnummer und Geburtsdatum,
   c) Geschlecht,
   d) Staatsangehörigkeit, Aufenthalts- und Arbeitsberechtigungen,
   e) Adresse des Wohnsitzes oder Aufenthaltsortes,
   f) Telefon- und Faxnummer,
   g) E-Mail-Adresse,
   h) Bankverbindung und Kontonummer,

   (BGBl I 2016/120)
2. personenbezogene Daten über wirtschaftliche und soziale Rahmenbedingungen:
   a) Familienstand (einschließlich Lebensgemeinschaft),
   b) unterhaltsberechtigte Familienangehörige,
   c) Ausbildung, Erwerbstätigkeit und Status der Person (erwerbstätig, arbeitslos, Pensionist, in Schul- oder Berufsausbildung, selbstversichert, Zugehörigkeit zum Kreis der begünstigten Behinderten, Inhaber einer Amtsbescheinigung oder eines Opferausweises),
   d) Einkommen (eigenes Einkommen, Partnereinkommen, Haushaltseinkommen),

   (BGBl I 2018/32)
3. personenbezogene Daten betreffend eine Behinderung:
   a) Funktionseinschränkungen,
   b) Grad der Behinderung,

   (BGBl I 2018/32)
4. personenbezogene Daten über Betreuungsverläufe:
   a) Daten und Angaben zu Verfahren gemäß den §§ 7k, 7l, 7m und 8,
   b) Art, Inhalt, Dauer und Höhe gewährter Förder- und Unterstützungsmaßnahmen,

   (BGBl I 2018/32)
5. Stammdaten der Arbeitgeber:
   a) Namen, Firmennamen und Betriebsnamen,
   b) Firmensitz und Betriebssitz sowie Gerichtsstand,
   c) Betriebsgröße,
   d) Branchenzugehörigkeit,
   e) Sozialversicherungsdaten, Angaben zum Status, Zahl, Struktur und Stammdaten (Z 1 lit. a und b) der Beschäftigten, einschließlich der beschäftigten begünstigten Behinderten,
   f) Betriebsinhaber und verantwortliche Mitglieder der Geschäftsführung,
   g) Ansprechpartner,
   h) Dienstgeberkontonummer und Unternehmenskennzahlen,
   i) Telefon- und Faxnummer,
   j) E-Mail-Adresse,
   k) Bankverbindung und Kontonummer,
6. personenbezogene Daten über Pflichtstellen:
   a) Gesamtzahl, Höhe der Ausgleichstaxen,
   b) offene Pflichtstellen,
   c) besetzte Pflichtstellen,
   d) Arbeitszeit (Lage und Ausmaß),
   e) Entlohnung.

   (BGBl I 2018/32)

(BGBl I 2002/150, BGBl I 2005/82, BGBl I 2013/71, BGBl I 2018/32)

(4a) (aufgehoben)

(BGBl I 2013/71, BGBl I 2018/32)

(5) Die regionalen Geschäftsstellen des Arbeitsmarktservice haben das Bundesamt für Soziales und Behindertenwesen zu benachrichtigen, wenn ein im § 5 Abs. 2 genannter Mensch mit Behinderung auf einen Ausbildungs- oder Arbeitsplatz vermittelt wird.

(BGBl 1982/360, BGBl 1985/567, BGBl 1994/314, BGBl I 2002/150, BGBl I 2018/32)

Behindertenvertrauenspersonen

§ 22a. (1) Sind in einem Betrieb dauernd mindestens fünf begünstigte Behinderte (§ 2 Abs. 1 und 3) beschäftigt, so sind von diesen nach Maßgabe der nachfolgenden Bestimmungen Behindertenvertrauenspersonen (Stellvertreter) als Organ zu wählen. Sind in einem Betrieb dauernd mindestens 15 begünstigte Behinderte beschäftigt, so sind für die Behindertenvertrauensperson zwei Stellvertreter zu wählen. Sind in einem Betrieb dauernd mindestens 40 begünstigte Behinderte beschäftigt, so sind für die Behindertenvertrauensperson drei Stellvertreter zu wählen. Die Stellvertreter können im Auftrag der Behindertenvertrauensperson Aufgaben im Sinne der Abs. 7 und 8 auch im Falle der Anwesenheit der Behindertenvertrauensperson wahrnehmen. Erforderlichenfalls kann eine Geschäftsordnung erlassen werden.

(BGBl 1982/360, BGBl 1992/313, BGBl I 2010/111)

(2) Die Wahl der Behindertenvertrauensperson und der Stellvertreter ist tunlichst gemeinsam mit der Betriebsratswahl durchzuführen. Gehören jeder Gruppe der Arbeitnehmer mehr als fünf begünstigte Behinderte an, so ist bei jeder Gruppe auch die Behindertenvertrauensperson (Stellvertreter) mitzuwählen. Sind mehr als fünf begünstigte Behinderte beschäftigt, die unterschiedlichen Gruppen zuzurechnen sind, und nur eine Gruppe umfaßt mehr als fünf begünstigte Behinderte, so ist bei dieser Gruppe mitzuwählen. Gehören keiner Gruppe mehr als fünf begünstigte Behinderte an, so ist die Wahl mit der Gruppe der Arbeitnehmer durchzuführen, der die größere Zahl der begünstigten Behinderten angehört, bei gleicher Zahl bei der Arbeitnehmergruppe, die mehr Betriebsratsmitglieder zu wählen hat. Wird nur ein Betriebsrat gewählt, so ist die Behindertenvertrauensperson (Stellvertreter) bei diesem mitzuwählen.

(BGBl 1982/360, BGBl 1992/313)

(3) Wahlberechtigt sind alle begünstigten Behinderten des Betriebes, die am Tag der Wahlausschreibung und am Tag der Wahl im Betrieb beschäftigt sind.

(BGBl I 2010/111)

(4) Wählbar sind alle begünstigten Behinderten des Betriebes, die am Tag der Wahl seit mindestens sechs Monaten im Betrieb beschäftigt sind und das 18. Lebensjahr vollendet haben.

(BGBl I 2010/111)

(5) Auf die Durchführung und Anfechtung der Wahl der Behindertenvertrauenspersonen (Stellvertreter) sind die Bestimmungen der §§ 51 Abs. 1, 53 Abs. 3, 5 und 6 sowie 55 bis 60 des Arbeitsverfassungsgesetzes, BGBl. Nr. 22/1974, sinngemäß anzuwenden. Zur Anfechtung der Wahl ist auch jeder im Betrieb bestehende Betriebsrat berechtigt. Das Ergebnis der Wahl der Behindertenvertrauenspersonen ist auch dem Bundesamt für Soziales und Behindertenwesen bekanntzugeben.

(BGBl 1992/313, BGBl I 2002/150)

(6) Die Tätigkeitsdauer der Behindertenvertrauensperson (Stellvertreter) beträgt fünf Jahre. Sie beginnt mit dem im § 61 Abs. 1 des Arbeitsverfassungsgesetzes genannten Zeitpunkt und endet mit Ablauf der Funktionsperiode. Im übrigen sind für die vorzeitige Beendigung und das Erlöschen der Funktion §§ 62 und 64 Abs. 1 und 4 des Arbeitsverfassungsgesetzes sinngemäß anzuwenden. Die Tätigkeitsdauer endet ferner, wenn in einer Versammlung aller begünstigten Behinderten des Betriebes die Mehrheit die Enthebung ihrer Behindertenvertrauensperson beschließt. Die Versammlung kann von dem an Lebensjahren ältesten begünstigten Behinderten einberufen werden.

(BGBl 1987/614, BGBl I 2017/35)

(7) Die Behindertenvertrauensperson (Stellvertreter) ist berufen, die wirtschaftlichen, sozialen, gesundheitlichen und kulturellen Interessen der begünstigten Behinderten im Einvernehmen mit dem Betriebsrat wahrzunehmen. Die Behindertenvertrauensperson ist befugt, einmal jährlich eine Versammlung aller begünstigten Behinderten des Betriebes einzuberufen. Hat die Behindertenvertrauensperson einen Stellvertreter mit dieser Aufgabe betraut, so hat dieser die Einberufung vorzunehmen. Der Betriebsrat ist verpflichtet, der Behindertenvertrauensperson bei der Wahrnehmung der besonderen Belange der begünstigten Behinderten beizustehen und die erforderlichen Auskünfte zu erteilen.

(BGBl I 2010/111)

(8) Die Behindertenvertrauensperson (Stellvertreter) ist insbesondere berufen,

a) auf die Anwendung der Bestimmungen dieses Bundesgesetzes hinzuwirken und darüber zu wachen, dass die Vorschriften, die für das Arbeitsverhältnis begünstigter Behinderter gelten, eingehalten werden;

b) über wahrgenommene Mängel dem Betriebsrat, dem Betriebsinhaber und erforderlichenfalls den zum Schutz der Arbeitnehmer geschaffenen Stellen Mitteilung zu machen und auf die Beseitigung dieser Mängel hinzuwirken;

c) Vorschläge in Fragen der Beschäftigung, der Aus- und Weiterbildung, beruflicher und medizinischer Rehabilitationsmaßnahmen zu erstatten und auf die besonderen Bedürfnisse von behinderten Arbeitnehmern hinzuweisen;

d) an allen Sitzungen des Betriebsrates und des Betriebsausschusses sowie von Ausschüssen des Betriebsrates nach § 69 Abs. 4 ArbVG mit beratender Stimme teilzunehmen, es sei denn ein Stellvertreter wurde mit der Wahrnehmung dieser Aufgabe betraut.

(BGBl I 2010/111)

(9) Der Betriebsinhaber ist verpflichtet, mit der Behindertenvertrauensperson (Stellvertreter) zu beraten und die zur Erfüllung ihrer Aufgaben erforderlichen Auskünfte zu erteilen, insbesondere hat er die Behindertenvertrauensperson über substanzielle, das Arbeitsverhältnis betreffende Angelegenheiten wie Beginn, Ende und Veränderung von Arbeitsverhältnissen behinderter

Arbeitnehmer, über Arbeitsunfälle sowie über Krankmeldungen von mehr als sechs Wochen pro Kalenderjahr zu informieren.

(BGBl I 2010/111)

(10) Auf die persönlichen Rechte und Pflichten der Behindertenvertrauensperson (Stellvertreter) sind die Bestimmungen des 4. Hauptstückes des II. Teiles des Arbeitsverfassungsgesetzes bzw. die im Sinne des Landarbeitsgesetzes 2021, BGBl. I Nr. 78/2021, für land- und forstwirtschaftliche Arbeiter und Angestellte erlassenen Vorschriften sinngemäß anzuwenden.

(BGBl 1985/567, BGBl I 2010/111, BGBl I 2021/78)

(11) Besteht in einem Unternehmen ein Zentralbetriebsrat nach § 80 des Arbeitsverfassungsgesetzes, so sind von den Behindertenvertrauenspersonen und den Stellvertretern aus ihrer Mitte mit einfacher Mehrheit der abgegebenen Stimmen eine Zentralbehindertenvertrauensperson und ein Stellvertreter zu wählen. Die Wahl ist gültig, wenn zumindest die Hälfte der Wahlberechtigten anwesend ist. Wurde im Unternehmen nur eine Behindertenvertrauensperson und ein Stellvertreter gewählt, so üben diese auch die Funktion der Zentralbehindertenvertrauensperson und des Stellvertreters aus. § 57 des Arbeitsverfassungsgesetzes ist mit der Maßgabe anzuwenden, daß das Ergebnis der Wahl der Zentralbehindertenvertrauensperson und des Stellvertreters auch dem Bundesamt für Soziales und Behindertenwesen bekanntzugeben ist. Die Zentralbehindertenvertrauensperson (Stellvertreter) ist berufen, im Zentralbetriebsrat unter Beachtung der Abs. 7 und 8 die Interessen der begünstigten Behinderten wahrzunehmen. Der Zentralbetriebsrat ist verpflichtet, der Zentralbehindertenvertrauensperson (Stellvertreter) bei der Wahrnehmung der besonderen Belange der begünstigten Behinderten beizustehen und die erforderlichen Auskünfte zu erteilen. Die Zentralbehindertenvertrauensperson (Stellvertreter) ist befugt, höchstens zweimal jährlich eine Versammlung aller Behindertenvertrauenspersonen des Unternehmens einzuberufen, um über ihre Tätigkeit zu berichten und Angelegenheiten, die für die begünstigten Behinderten des Unternehmens von Bedeutung sind, zu erörtern.

(BGBl 1994/27, BGBl I 1999/17, BGBl I 2002/150, BGBl I 2010/111)

(12) Die Tätigkeitsdauer der Zentralbehindertenvertrauensperson (ihres Stellvertreters) beträgt fünf Jahre; sie beginnt mit der Annahme der Wahl und endet vor Ablauf dieser Zeit, wenn

1. im Unternehmen kein Zentralbetriebsrat mehr besteht;
2. die Funktion als Behindertenvertrauensperson endet (Abs. 6);
3. die Zentralbehindertenvertrauensperson zurücktritt.

(BGBl 1992/313, BGBl I 2017/35)

(13) Besteht in einem Konzern eine Konzernvertretung nach § 88a des Arbeitsverfassungsgesetzes, so sind von den Zentralbehindertenvertrauenspersonen und deren Stellvertretern aus ihrer Mitte mit einfacher Mehrheit der abgegebenen Stimmen eine Konzernbehindertenvertrauensperson und ein Stellvertreter zu wählen. Ist in einem Konzernunternehmen eine Zentralbehindertenvertrauensperson nicht zu wählen, so nehmen an der Wahl der Konzernbehindertenvertrauensperson die Behindertenvertrauenspersonen und deren Stellvertreter teil. Die Wahl ist gültig, wenn zumindest die Hälfte der Wahlberechtigten anwesend ist. Wurde im Konzern nur eine Zentralbehindertenvertrauensperson und ein Stellvertreter gewählt, so üben diese auch die Funktion der Konzernbehindertenvertrauensperson und des Stellvertreters aus. § 57 des Arbeitsverfassungsgesetzes ist mit der Maßgabe anzuwenden, daß das Ergebnis der Wahl der Konzernbehindertenvertrauensperson und des Stellvertreters auch dem Bundesamt für Soziales und Behindertenwesen bekanntzugeben ist. Die Konzernbehindertenvertrauensperson (Stellvertreter) ist berufen, in der Konzernvertretung unter Beachtung der Abs. 7 und 8 die Interessen der begünstigten Behinderten wahrzunehmen. Die Konzernvertretung ist verpflichtet, der Konzernbehindertenvertrauensperson (Stellvertreter) bei der Wahrnehmung der besonderen Belange der begünstigten Behinderten beizustehen und die erforderlichen Auskünfte zu erteilen. Die Konzernbehindertenvertrauensperson (Stellvertreter) ist befugt, höchstens zweimal jährlich eine Versammlung aller Zentralbehindertenvertrauenspersonen des Konzerns einzuberufen, um über ihre Tätigkeit zu berichten und Angelegenheiten, die für die begünstigten Behinderten des Konzerns von Bedeutung sind, zu erörtern.

(BGBl 1994/27, BGBl I 1999/17, BGBl I 2002/150, BGBl I 2010/111)

(14) Die Tätigkeitsdauer der Konzernbehindertenvertrauensperson (ihres Stellvertreters) beträgt fünf Jahre; sie beginnt mit der Annahme der Wahl und endet vor Ablauf dieser Zeit, wenn

1. im Konzern keine Konzernvertretung mehr besteht;
2. die Funktion als Zentralbehindertenvertrauensperson endet (Abs. 12);
3. die Konzernbehindertenvertrauensperson zurücktritt.

(BGBl 1994/27, BGBl I 2017/35)

(15) Der Behindertenvertrauensperson (Stellvertreter) sind zur ordnungsgemäßen Erfüllung ihrer Aufgaben Räumlichkeiten, Kanzlei- und Geschäftserfordernisse sowie sonstige Sacherfordernisse in einem der Größe des Betriebes und den Bedürfnissen der Behindertenvertrauensperson (Stellvertreter) angemessenen Ausmaß vom Betriebsinhaber unentgeltlich zur Verfügung zu stellen. Desgleichen hat der Betriebsinhaber unentgeltlich für die Instandhaltung der bereitgestellten Räumlichkeiten und Gegenstände zu sorgen. Die den Behindertenvertrauenspersonen (Abs. 1, 11 und 13) in Ausübung ihrer Tätigkeit erwachsenen Barauslagen sind, sofern kein Ersatz auf Grund anderer Rechtsvorschriften geleistet werden kann, aus

Mitteln des Ausgleichstaxfonds zu ersetzen. Das Bundesamt für Soziales und Behindertenwesen hat die Barauslagen nach Maßgabe der vom Bundesminister für Arbeit, Gesundheit und Soziales zu erlassenden Richtlinien zu erstatten.

(BGBl I 1999/17, BGBl I 2002/150, BGBl I 2010/111)

(BGBl 1982/360)

Behindertenvertretung im öffentlichen Dienst

§ 22b. Für die Dienststellen des Bundes, der Länder und Gemeinden, die nicht unter die Bestimmungen des Arbeitsverfassungsgesetzes fallen, gelten unter Zugrundelegung der gesetzlichen Vorschriften über die Personalvertretung die Bestimmungen des § 22a mit der Maßgabe, dass die Tätigkeitsdauer fünf Jahre beträgt.

(BGBl 1985/567, BGBl I 2010/111)

Gebührenfreiheit

§ 23. Alle zur Durchführung dieses Bundesgesetzes erforderlichen Amtshandlungen, Eingaben, Vollmachten, Zeugnisse, Urkunden über Rechtsgeschäfte zum Zwecke der Fürsorge oder Förderung gemäß § 10a sowie Vermögensübertragungen sind von bundesgesetzlich geregelten Gebühren, Verkehrsteuern und Verwaltungsabgaben befreit. Die Befreiung gilt auch im Verfahren vor dem Bundesverwaltungsgericht, dem Verwaltungsgerichtshof und dem Verfassungsgerichtshof.

(BGBl 1982/360, BGBl I 2002/150, BGBl I 2013/71)

§ 23a. (aufgehoben)

(BGBl 1982/360, BGBl 1988/721, BGBl I 2017/40)

Artikel III

Sprachliche Gleichbehandlung und Verweis auf andere Bundesgesetze

§ 24. (1) Soweit in diesem Bundesgesetz personenbezogene Bezeichnungen nur in männlicher Form angeführt sind, beziehen sie sich auf Frauen und Männer in gleicher Weise. Bei der Anwendung auf bestimmte Personen ist die jeweils geschlechtsspezifische Form zu verwenden.

(2) Soweit in diesem Bundesgesetz auf Bestimmungen anderer Bundesgesetze verwiesen wird, sind diese in ihrer jeweils geltenden Fassung anzuwenden.

(BGBl 1992/313, BGBl I 2005/82)

Grundsatzbestimmungen für die Regelung der Gleichbehandlung im Arbeitsleben in der Land- und Forstwirtschaft – Geltungsbereich

§ 24a. Für die Regelung der Gleichbehandlung im Arbeitsleben in der Land- und Forstwirtschaft werden gemäß Art. 12 Abs. 1 Z 6 B-VG die in §§ 24b bis 24f folgenden Grundsätze aufgestellt. Die Bestimmungen der §§ 24b bis 24f gelten für Dienstverhältnisse der land- und forstwirtschaftlichen Arbeiter im Sinne des Landarbeitsgesetzes 1984, BGBl. Nr. 287.

(BGBl I 2005/82)

Diskriminierungsverbot

§ 24b. Auf Grund einer Behinderung darf im Zusammenhang mit einem Dienstverhältnis niemand unmittelbar oder mittelbar diskriminiert werden, insbesondere nicht

1. bei der Begründung des Dienstverhältnisses,
2. bei der Festsetzung des Entgelts,
3. bei der Gewährung freiwilliger Sozialleistungen, die kein Entgelt darstellen,
4. bei Maßnahmen der Aus- und Weiterbildung und Umschulung,
5. beim beruflichen Aufstieg, insbesondere bei Beförderungen,
6. bei den sonstigen Arbeitsbedingungen,
7. bei der Beendigung des Dienstverhältnisses.

(BGBl I 2005/82)

Begriffsbestimmungen

§ 24c. Für die Beurteilung des Vorliegens einer Behinderung im Sinne des Diskriminierungsverbots und des Vorliegens einer Diskriminierung sind die §§ 3, 7b Abs. 4 und 5, 7c und 7d heranzuziehen.

(BGBl I 2005/82)

Entlohnungskriterien

§ 24d. Betriebliche Einstufungsregelungen und Normen der kollektiven Rechtsgestaltung dürfen bei der Regelung der Entlohnungskriterien keine Kriterien vorschreiben, die zu einer Diskriminierung wegen einer Behinderung führen.

(BGBl I 2005/82)

Rechtsfolgen der Diskriminierung

§ 24e. (1) Wirksame, verhältnismäßige und abschreckende Rechtsfolgen für die Verletzung des Diskriminierungsverbots sind vorzusehen.

(2) Für Personen, die als Reaktion auf eine Beschwerde oder auf die Einleitung eines Verfahrens zur Durchsetzung des Diskriminierungsverbots benachteiligt werden, sind angemessene Schutzbestimmungen vorzusehen.

(3) Im gerichtlichen Verfahren sind Regelungen über die Beweislast zugunsten diskriminierter Personen vorzusehen.

(4) Bei Vorliegen mehrerer Diskriminierungsgründe in Bezug auf einen Sachverhalt (Mehrfachdiskriminierung) ist zu gewährleisten, dass über den Anspruch wegen Diskriminierung in einem einzigen Verfahren entschieden wird.

(BGBl I 2005/82)

Außergerichtliche Streitbeilegung

§ 24f. Regelungen über außergerichtliche Streitbeilegung, insbesondere unter Einsatz von Mediation, sind vorzusehen.

(BGBl I 2005/82)

Inkrafttreten

§ 25. (1) Die §§ 6 Abs. 1 und 5, 11 Abs. 5, 12 Abs. 2 lit. b, 15 Abs. 1 und 2, 16 Abs. 2 und 22

Abs. 5 in der Fassung des Bundesgesetzes BGBl. Nr. 314/1994 treten mit 1. Juli 1994 in Kraft.

(BGBl 1975/96, BGBl 1994/314, BGBl 1996/201)

(2) § 9 Abs. 2 in der Fassung des Bundesgesetzes BGBl. Nr. 201/1996 tritt mit 1. Jänner 1997 in Kraft.

(BGBl 1996/201)

(3) § 1 Abs. 3, § 2 Abs. 2 lit. d, § 3, § 4, § 6, § 8, § 8a, § 9a, § 10, § 10a Abs. 1 lit. c, g, h und i, § 10a Abs. 2, 2a, 3a und 7, § 11, § 12 Abs. 5, § 13b Abs. 1, § 13f Abs. 4, § 14, § 15 Abs. 1, § 16, § 17a Abs. 2, § 19 Abs. 4, § 22a Abs. 11, 13 und 15, § 27, § 28 und § 29 in der Fassung des Bundesgesetzes BGBl. I Nr. 17/1999 treten mit 1. Jänner 1999 in Kraft.

(BGBl I 1999/17)

(4) § 1 Abs. 2 in der Fassung des Bundesgesetzes BGBl. I Nr. 17/1999 tritt mit 1. Jänner 2000 in Kraft.

(BGBl I 1999/17)

(5) § 18 Abs. 3 in der Fassung des Bundesgesetzes BGBl. I Nr. 106/1999 tritt mit 1. Oktober 1999 in Kraft.

(BGBl I 1999/106)

(6) § 8 Abs. 6 lit. b und § 9 Abs. 2 treten mit 1. Juli 2001 in Kraft; § 9 Abs. 5, § 9a Abs. 2, § 10 Abs. 7, § 10a Abs. 5 und 6 und § 21 in der Fassung des Bundesgesetzes BGBl. I Nr. 60/2001 treten mit 1. Jänner 2002 in Kraft.

(BGBl I 2001/60)

(7)

1. (Anm.: Durch Art. 2 § 2 Abs. 2 Z 9, BGBl I Nr. 2/2008, als nicht mehr geltend festgestellt)
2. Artikel 7 Z 1, § 6 Abs. 3 und 5, § 9a, § 10 Abs. 2, § 10 Abs. 3, § 10a Abs. 1 lit. c, § 10a Abs. 1 lit. g, § 10a Abs. 1 lit. i, § 11 Abs. 7, § 12 Abs. 1, § 12 Abs. 2 lit. a, § 12 Abs. 6, § 13 Abs. 4, § 13b Abs. 1, § 13f Abs. 2, § 14 Abs. 1 lit. a, § 14 Abs. 8, § 16 Abs. 2, § 17a Abs. 1, § 19 Abs. 4 und 5, § 19a Abs. 2, § 22a, § 23, § 26 lit. a, § 27 Abs. 6 und 7 in der Fassung des Bundesgesetzes BGBl. I Nr. 150/2002, sowie die Aufhebung des § 19 Abs. 4 und 5 treten mit 1. Jänner 2003 in Kraft.

(BGBl I 2002/150)

(8) § 10a Abs. 1 lit. j in der Fassung des Bundesgesetzes BGBl. I Nr. 158/2002 tritt mit 1. Oktober 2002 in Kraft.

(BGBl I 2002/158)

(9) § 10a Abs. 1 lit. j, § 13f Abs. 2 und § 17a Abs. 1 in der Fassung des Bundesgesetzes BGBl. I Nr. 71/2003 treten mit dem der Kundmachung des genannten Bundesgesetzes folgenden Tag in Kraft.

(BGBl I 2003/71)

(10) § 2 samt Überschrift, § 3, § 4 Abs. 1, § 6 samt Überschrift, §§ 7a bis 7r, § 8 Abs. 4a, § 19, § 22 Abs. 4, §§ 24 bis 24f, § 25a und § 26 samt Überschrift in der Fassung des Bundesgesetzes BGBl. I Nr. 82/2005 treten mit 1. Jänner 2006 in Kraft. Die Ausführungsgesetze der Bundesländer zu den in §§ 24a bis 24f geregelten Grundsätzen sind binnen sechs Monaten ab dem der Kundmachung folgenden Tag zu erlassen.

(BGBl I 2005/82)

(11) § 2 Abs. 2 lit. d, § 7d Abs. 1, § 7e Abs. 1 Z 1, § 7f Abs. 1, § 7h Abs. 1 § 7i, § 7j, § 7k Abs. 2 Z 2 bis 5, § 7m Abs. 2 und 3 sowie § 14 Abs. 1 lit. d in der Fassung des Bundesgesetzes BGBl. I Nr. 67/2008 treten mit 1. Mai 2008 in Kraft.

(BGBl I 2008/67)

(12) § 13a, § 14 Abs. 2, § 26 und § 27 Abs. 1 und 1a in der Fassung des Bundesgesetzes BGBl. I Nr. 81/2010 treten mit 1. September 2010 in Kraft.

(BGBl I 2010/81)

(13) § 17a Abs. 2 Z 1 und 2 sowie § 18 Abs. 4 in der Fassung des Bundesgesetzes BGBl. I Nr. 58/2010 treten mit 1. August 2010 in Kraft.

(BGBl I 2010/58)

(14) § 7b Abs. 5 und § 7i Abs. 1 in der Fassung des Bundesgesetzes BGBl. I Nr. 7/2011 treten mit 1. März 2011 in Kraft.

(BGBl I 2011/7)

(15) § 2 Abs. 1 bis 3, § 6 Abs. 2 lit. d und g, § 8 Abs. 2 und Abs. 6 lit. b, § 9 Abs. 2, § 9a Abs. 1, § 10a Abs. 1 lit. a und j, § 10a Abs. 3a, § 12 Abs. 1 und 3, § 13b Abs. 2, § 14 Abs. 8, § 22a Abs. 1, 3, 4, 7, 8, 9, 10, 11, 13 und 15, § 22b, § 25a sowie § 27 Abs. 8 in der Fassung des Budgetbegleitgesetzes 2011, BGBl. I Nr. 111/2010, treten mit 1. Jänner 2011 in Kraft.

(BGBl I 2010/111)

(16) Die Überschrift des § 7k, § 7m Abs. 1, § 14 Abs. 8, die Überschrift des § 19, § 19 Abs. 1, § 19a, § 19b, § 22 Abs. 4 und 4a sowie § 23 in der Fassung des Bundesgesetzes BGBl. I Nr. 71/2013 treten mit 1. Jänner 2014 in Kraft; gleichzeitig treten die §§ 13a bis 13g außer Kraft.

(BGBl I 2013/71)

(17) § 2 Abs. 1 Z 3 in der Fassung des Bundesgesetzes BGBl. I Nr. 72/2013 tritt mit 1. Jänner 2014 in Kraft; gleichzeitig tritt § 2 Abs. 1 Z 4 außer Kraft.

(BGBl I 2013/72)

(18) §§ 7a Abs. 1, Z 2 und 4, 7b Abs. 1 Z 8 und 10, 7d, 7f Abs. 3, 7g Abs. 3, 7j und 7n in der Fassung des Bundesgesetzes BGBl. I Nr. 107/2013 treten mit 1. August 2013 in Kraft.

(BGBl I 2013/107)

(19) §§ 14 Abs. 1 und 2 sowie 19 Abs. 1 in der Fassung des Bundesgesetzes BGBl. I Nr. 57/2015 treten mit 1. Juli 2015 in Kraft.

(BGBl I 2015/57)

(20) § 6 Abs. 2 lit. d und § 10 Abs. 2 bis 3a in der Fassung des Bundesgesetzes BGBl. I Nr. 62/2016 treten mit 1. August 2016 in Kraft.

(BGBl I 2016/62)

(21) § 22a in der Fassung des Bundesgesetzes BGBl. I Nr. 35/2017 tritt mit 1. Jänner 2017 in Kraft und gilt für Behindertenvertrauenspersonen, deren Konstituierung nach dem 31. Dezember 2016 erfolgt, sowie für Zentralbehindertenvertrauens-

personen und Konzernbehindertenvertrauenspersonen, die ihre Wahl nach dem 31. Dezember 2016 annehmen.

(BGBl I 2017/35, BGBl I 2017/40)

(22) § 23a samt Überschrift tritt mit Ablauf des 30. Juni 2017 außer Kraft.

(23) § 10 Abs. 1a, § 10a Abs. 1 lit. k, § 10a Abs. 8, § 11 Abs. 5, § 15 Abs. 1 sowie § 25 Abs. 21 bis 23 treten mit 1. Jänner 2018 in Kraft.

(BGBl I 2017/155)

(24) § 16 Abs. 2, 5, 6, 7 und 8, § 19a Abs. 1 Z 1 und 2, § 22 Abs. 2, 4 und 5 in der Fassung des Materien-Datenschutz-Anpassungsgesetzes 2018, BGBl. I Nr. 32/2018, treten mit 25. Mai 2018 in Kraft. § 22 Abs. 4a tritt mit Ablauf des 24. Mai 2018 außer Kraft.

(BGBl I 2018/32)

(25) § 10 Abs. 1b in der Fassung des Bundesgesetzes BGBl. I Nr. 135/2020 tritt mit 1. Jänner 2021 in Kraft.

(BGBl I 2020/135)

(25)[a] § 7a Abs. 3, § 7s, § 8 Abs. 5 zweiter Satz, § 8 Abs. 6 lit. a, § 22a Abs. 10 und § 26 lit. d in der Fassung des Bundesgesetzes BGBl. I Nr. 78/2021 treten mit 1. Juli 2021 in Kraft.

(BGBl I 2021/78)

[a] Absatznummerierung doppelt vergeben.

Umsetzungshinweis

§ 25a. (1) Durch die Bestimmungen der §§ 6 Abs. 1a, 7a bis 7r sowie 24a bis 24f dieses Bundesgesetzes wird die Richtlinie 2000/78/EG des Rates vom 27. November 2000 zur Festlegung eines allgemeinen Rahmens für die Verwirklichung der Gleichbehandlung in Beschäftigung und Beruf, ABl. Nr. L 303, für den Bereich der Menschen mit Behinderungen im Rahmen der Gesetzgebungskompetenz des Bundes umgesetzt.

(BGBl I 2010/111)

(2) Durch die Bestimmungen des § 2 Abs. 1 Z 1 und 3 wird die Richtlinie 2003/109/EG des Rates vom 25. November 2003 betreffend die Rechtsstellung der langfristig aufenthaltsberechtigten Drittstaatsangehörigen, die Richtlinie 2004/38/EG des Europäischen Parlaments und des Rates vom 29. April 2004 über das Recht der Unionsbürger und ihrer Familienangehörigen, sich im Hoheitsgebiet der Mitgliedstaaten frei zu bewegen und aufzuhalten, und die Richtlinie 2011/98/EU des Europäischen Parlaments und des Rates vom 13. Dezember 2011 über ein einheitliches Verfahren zur Beantragung einer kombinierten Erlaubnis für Drittstaatsangehörige, sich im Hoheitsgebiet eines Mitgliedstaats aufzuhalten und zu arbeiten, sowie über ein gemeinsames Bündel von Rechten für Drittstaatsarbeitnehmer, die sich rechtmäßig in einem Mitgliedstaat aufhalten, umgesetzt.

(BGBl I 2010/111, BGBl I 2013/72)

(BGBl I 2005/82)

Vollziehung

§ 26. Mit der Vollziehung dieses Bundesgesetzes sind betraut:

a) hinsichtlich der Bestimmungen des Art. I des Bundesgesetzes vom 27. September 1988, BGBl. Nr. 721 und des § 19a Abs. 1 **(Verfassungsbestimmungen)** die Bundesregierung;
(BGBl I 2002/150)

b) hinsichtlich der Bestimmungen der §§ 7b bis 7k und 7o, soweit es Angelegenheiten des Bundesdienstes betrifft, die Bundesregierung;
(BGBl I 2005/82, BGBl I 2010/81)

c) hinsichtlich der Bestimmungen der §§ 7l bis 7n die Bundesregierung;
(BGBl I 2005/82, BGBl I 2010/81)

d) hinsichtlich des § 7r und des § 7s die Länder;
(BGBl I 1999/17, BGBl I 2005/82, BGBl I 2010/81, BGBl I 2021/78)

e) hinsichtlich der Bestimmungen des § 16 Abs. 3 und des § 23, soweit sie Verwaltungsabgaben betreffen, der Bundeskanzler;
(BGBl I 2005/82, BGBl I 2010/81)

f) hinsichtlich der Bestimmungen des § 18 Abs. 2 bis 4 der Bundesminister für Justiz;
(BGBl I 2005/82, BGBl I 2010/81)

g) hinsichtlich der Bestimmungen des § 23, soweit sie bundesgesetzlich geregelte Gebühren und Verkehrsteuern betreffen, der Bundesminister für Finanzen und
(BGBl I 2005/82, BGBl I 2010/81)

h) hinsichtlich aller übrigen Bestimmungen der Bundesminister für soziale Sicherheit, Generationen und Konsumentenschutz.
(BGBl I 2010/81)

Übergangsbestimmungen

§ 27. (1) In am 1. September 2010 noch nicht rechtskräftig abgeschlossenen Verfahren sind für die Einschätzung des Grades der Behinderung die Vorschriften der §§ 7 und 9 Abs. 1 des Kriegsopferversorgungsgesetzes 1957, BGBl. Nr. 152, mit der Maßgabe anzuwenden, dass Gesundheitsschädigungen mit einem Ausmaß von weniger als 20 vH außer Betracht zu lassen sind, sofern eine solche Gesundheitsschädigung im Zusammenwirken mit einer anderen Gesundheitsschädigung keine wesentliche Funktionsbeeinträchtigung verursacht. Dies gilt bis 31. August 2013 auch für Verfahren nach § 14, sofern zum Zeitpunkt des Inkrafttretens dieses Bundesgesetzes ein rechtskräftiger Bescheid, mit dem über die Zugehörigkeit zum Personenkreis der begünstigten Behinderten abgesprochen wurde oder ein rechtskräftiger Bescheid nach den Bestimmungen der §§ 40ff des Bundesbehindertengesetzes vorliegt.

(BGBl I 2010/81)

(1a) Im Falle eines Antrages auf Neufestsetzung des Grades der Behinderung nach Ablauf des 31. August 2013 hat die Einschätzung unter Zugrundelegung der Bestimmungen der Einschätzungsverordnung (BGBl. II Nr. 261/2010) zu erfolgen. Im Falle einer von Amts wegen durchgeführten Nachuntersuchung bleibt – bei objektiv unverändertem Gesundheitszustand – der festgestellte Grad der Behinderung unberührt.

(BGBl I 2010/81)

(2) Nachweise der Begünstigung im Sinne des § 14 Abs. 1 in der bis zum Inkrafttreten dieses Bundesgesetzes geltenden Fassung, die bis zum 31. Dezember 1998 in Rechtskraft erwachsen sind, werden durch das Inkrafttreten des Bundesgesetzes BGBl. I Nr. 17/1999 nicht berührt.

(3) § 8 Abs. 4 ist auf Anträge auf Zustimmung zur Kündigung anzuwenden, die ab dem Inkrafttreten des Bundesgesetzes BGBl. I Nr. 17/1999 eingebracht werden.

(4) Die Bestimmung des § 8 Abs. 6 lit. b findet auf jene Dienstverhältnisse Anwendung, die nach dem Inkrafttreten des Bundesgesetzes BGBl. I Nr. 17/1999 neu begründet werden.

(5) § 8 Abs. 6 lit. b in der Fassung des Bundesgesetzes BGBl. I Nr. 60/2001 findet auf jene Dienstverhältnisse Anwendung, die nach dem Inkrafttreten dieses Bundesgesetzes neu begründet werden.

(BGBl I 2001/60)

(6) Die Bestimmung des § 19a Abs. 1 in der Fassung des Bundesgesetzes BGBl. I Nr. 150/2002 ist auf zum Zeitpunkt des In-Kraft-Tretens dieses Bundesgesetzes anhängige Berufungsverfahren nicht anzuwenden. Diese Verfahren sind vom zuständigen Landeshauptmann unter Zugrundelegung der bis zum 31. Dezember 2002 geltenden Vorschriften zu Ende zu führen.

(BGBl I 2002/150)

(7) Die Bestimmung des § 9a Abs. 2 in der bis zum In-Kraft-Treten des Bundesgesetzes BGBl. I Nr. 150/2002 geltenden Fassung findet auf jene Aufträge Anwendung, die bis zum 31. Dezember 2002 erteilt werden.

(BGBl I 2002/150)

(8) § 8 Abs. 6 lit. b in der Fassung dieses Bundesgesetzes findet auf jene Dienstverhältnisse Anwendung, die nach dem 31. Dezember 2010 neu begründet werden.

(BGBl I 2010/111)

(BGBl I 1999/17)

§ 28. (1) Die in auf Grund des § 1 Abs. 2 in der bis zum Inkrafttreten des Bundesgesetzes BGBl. I Nr. 17/1999 geltenden Fassung erlassenen Verordnungen, mit denen die Pflichtzahl geändert wird (BGBl. Nr. 546/1976, 547/1976, 548/1976, 549/1976, 550/1976, 551/1976, 552/1976, 553/1976, 554/1976, 555/1976, 556/1976, 557/1976, 558/1976, 559/1976, 560/1976, 561/1976, 562/1976, 563/1976, 564/1976, 565/1976, 566/1976, 567/1976, 568/1976, 569/1976, 570/1976), abweichend von § 1 Abs. 1 festgesetzten Pflichtzahlen sind mit der Maßgabe anzuwenden, daß

1. für das Kalenderjahr 1999
   a) statt einer Pflichtzahl von 45 eine solche von 41,
   b) statt einer Pflichtzahl von 40 eine solche von 37,
   c) statt einer Pflichtzahl von 35 eine solche von 33 und
   d) statt einer Pflichtzahl von 30 eine solche von 29;
2. für das Kalenderjahr 2000
   a) statt einer Pflichtzahl von 45 eine solche von 37,
   b) statt einer Pflichtzahl von 40 eine solche von 34,
   c) statt einer Pflichtzahl von 35 eine solche von 31 und
   d) statt einer Pflichtzahl von 30 eine solche von 28;
3. für das Kalenderjahr 2001
   a) statt einer Pflichtzahl von 45 eine solche von 33,
   b) statt einer Pflichtzahl von 40 eine solche von 31,
   c) statt einer Pflichtzahl von 35 eine solche von 29 und
   d) statt einer Pflichtzahl von 30 eine solche von 27;
4. für das Kalenderjahr 2002
   a) statt einer Pflichtzahl von 45 eine solche von 29,
   b) statt einer Pflichtzahl von 40 eine solche von 28,
   c) statt einer Pflichtzahl von 35 eine solche von 27 und
   d) statt einer Pflichtzahl von 30 eine solche von 26;
5. für das Kalenderjahr 2003
   a) statt einer Pflichtzahl von 45 eine solche von 25,
   b) statt einer Pflichtzahl von 40 eine solche von 25,
   c) statt einer Pflichtzahl von 35 eine solche von 25 und
   d) statt einer Pflichtzahl von 30 eine solche von 25

gilt. Diese Verordnungen treten mit Ablauf des 31. Dezember 2003 außer Kraft. Sie sind in der bis zum Inkrafttreten des Bundesgesetzes BGBl. I Nr. 17/1999 geltenden Fassung zuletzt für den Monat Dezember 1998, in der im ersten Satz unter Z 1 angeführten Fassung zuletzt für den Monat Dezember 1999, in der im ersten Satz unter Z 2 angeführten Fassung zuletzt für den Monat Dezember 2000, in der im ersten Satz unter Z 3 angeführten Fassung zuletzt für den Monat Dezember 2001, in der im ersten Satz unter Z 4 angeführten Fassung zuletzt für den Monat Dezember 2002 und in der im ersten Satz unter Z 5 angeführten Fassung zuletzt für den Monat Dezember 2003 anzuwenden.

(2) Die Vorschriften der §§ 1, 4 Abs. 4, 9a Abs. 1 in der bis zum Inkrafttreten des Bundesgesetzes

BGBl. I Nr. 17/1999 geltenden Fassung sind zuletzt für den Monat Dezember 1998 anzuwenden.

(BGBl I 1999/17)

§ 29. Soweit in anderen Gesetzen auf geschützte Werkstätten verwiesen wird, gelten diese Verweisungen als Verweisungen auf Integrative Betriebe im Sinne des § 11.

(BGBl I 1999/17)

9/2. BEinstG-Novelle 1985

BEinstG-Novelle 1985, BGBl 1985/567

Bundesgesetz vom 12. Dezember 1985, mit dem das Behinderteneinstellungsgesetz 1969 geändert wird

Der Nationalrat hat beschlossen:

Artikel I

(im Behinderteneinstellungsgesetz eingearbeitet)

Artikel II
Übergangsbestimmungen

(1) Befreiungen von der Vorlage der jährlichen Verzeichnisse gemäß § 16 Abs. 5, die vor Inkrafttreten dieses Bundesgesetzes erteilt worden sind, bleiben bei Fortdauer der Voraussetzungen weiterhin mit der Maßgabe in Kraft, daß diese Befreiungen auch die Befreiung vom Erfordernis der Antragstellung auf Gewährung von Prämien (§ 9a Abs. 1 und 2) mit umfassen.

(2) Die Verpflichtung zur Zahlung von Verzugs- bzw. Stundungszisen erstreckt sich auch auf jene Forderungen de Ausgleichstaxfonds, die vor dem Inkrafttreten dieses Bundesgesetzes entstanden aber noch unbeglichen sind. Der Zinsenlauf beginnt mit 1. Jänner 1986.

Artikel III
Inkrafttreten und Vollziehung

(1) Dieses Bundesgesetz tritt mit 1. Jänner 1986 in Kraft.

(2) Mit der Vollziehung dieses Bundesgesetzes ist der Bundesminister für soziale Verwaltung betraut.

9/3. BEinstG-Novelle 1988

BEinstG-Novelle 1988, BGBl 1988/721 idF

1 BGBl 1992/313 **2** BGBl I 2008/2 **3** BGBl I 2012/51

Bundesgesetz vom 27. September 1988, mit dem das Invalideneinstellungsgesetz 1969 geändert wird

Der Nationalrat hat beschlossen:

Artikel I

(1) Das Invalideneinstellungsgesetz 1969, BGBl. Nr. 22/1970, in der Fassung BGBl. Nr. 329/1973, BGBl. Nr. 399/1974, BGBl. Nr. 96/1975, BGBl. Nr. 111/1979, BGBl. Nr. 360/1982, BGBl. Nr. 567/1985 und BGBl. Nr. 614/1987 ist als „Behinderteneinstellungsgesetz (BEinstG)" zu bezeichnen.

(2) **(Verfassungsbestimmung)** Die Erlassung, Änderung und Aufhebung von Vorschriften, wie sie im Art. II des Behinderteneinstellungsgesetzes und im Art. II des vorliegenden Bundesgesetzes enthalten sind, sowie deren Vollziehung sind auch in den Belangen Bundessache, hinsichtlich derer das Bundes-Verfassungsgesetz etwas anderes vorsieht.

(BGBl 1992/313, BGBl I 2012/51)

Artikel II

(im Behinderteneinstellungsgesetz eingearbeitet)

Artikel III
Übergangsbestimmungen

(1) Rechtskräftige Bescheide gemäß § 14 Abs. 2, die vor Inkrafttreten dieses Bundesgesetzes erlassen worden sind, werden, falls im Sachverhalt keine maßgebende Änderung eintritt, von der ab 1. Jänner 1989 geltenden Vorschrift betreffend die Einschätzung des Grades der Behinderung (§ 3 Abs. 2) nicht berührt.

(2) In den am 1. Jänner 1989 noch nicht rechtskräftig abgeschlossenen Verfahren gemäß § 14 Abs. 2 ist die Einschätzung des Grades der Behinderung nach den bis zum 31. Dezember 1988 geltenden Vorschriften für die Einschätzung des Grades der Minderung der Erwerbsfähigkeit vorzunehmen.

Artikel IV
Schlußbestimmungen

(1) (aufgehoben)

(BGBl 2008/2)

(2) Die Art. I Abs. I, II und III dieses Bundesgesetzes treten mit 1. Jänner 1989 in Kraft.

(3) (aufgehoben)

(BGBl 2008/2)

(4) § 24 tritt mit Ablauf des 31. Dezember 1988 außer Kraft.

(4a) **(Verfassungsbestimmung)** Art. I Abs. 2 in der Fassung des Bundesgesetzes BGBl. I Nr. 51/2012 tritt mit 1. Jänner 2014 in Kraft.

(BGBl I 2012/51)

(5) Mit der Vollziehung dieses Bundesgesetzes sind betraut:

a) hinsichtlich des Art. I Abs. 2 die Bundesregierung,

b) hinsichtlich der übrigen Bestimmungen der Bundesminister für Arbeit und Soziales.

10. BETRIEBLICHE ALTERSVORSORGE

Inhaltsverzeichnis

10/1. Betriebspensionsgesetz

Betriebspensionsgesetz, BGBl 1990/282 idF

1 BGBl 1993/335	**2** BGBl 1996/754	**3** BGBl I 1997/139
4 BGBl I 2002/51	**5** BGBl I 2005/8	**6** BGBl I 2008/82
7 BGBl I 2009/22	**8** BGBl I 2010/58	**9** BGBl I 2012/54
10 BGBl I 2013/67	**11** BGBl I 2013/138	**12** BGBl I 2015/34
13 BGBl I 2015/152	**14** BGBl I 2016/44	**15** BGBl I 2018/54
16 BGBl I 2018/100		

GLIEDERUNG

STICHWORTVERZEICHNIS

Bundesgesetz vom 17. Mai 1990, mit dem betriebliche Leistungszusagen gesichert (Betriebspensionsgesetz – BPG), das Arbeitsverfassungsgesetz, das Allgemeine Sozialversicherungsgesetz und das Insolvenz Entgeltsicherungsgesetz geändert werden

Der Nationalrat hat beschlossen:

Artikel I
Betriebspensionsgesetz – BPG

Abschnitt 1

Geltungsbereich

§ 1. (1) Dieses Bundesgesetz regelt die Sicherung von Leistungen und Anwartschaften aus Zusagen zur die gesetzliche Pensionsversicherung ergänzenden Alters-, Invaliditäts- und Hinterbliebenenversorgung (Leistungszusagen), die dem Arbeitnehmer im Rahmen eines privatrechtlichen Arbeitsverhältnisses vom Arbeitgeber gemacht werden.

(2) Dieses Bundesgesetz gilt auch für Zusagen gemäß Abschnitt 2 oder 2a an Mitglieder von Vertretungsorganen juristischer Personen des Privatrechts, sofern

1. sie aus dieser Tätigkeit Einkünfte aus nichtselbständiger Arbeit (§ 25 EStG 1988) beziehen und
2. der Arbeitgeber Träger einer betrieblichen Pensionskasse ist oder zugunsten seiner Arbeitnehmer einer überbetrieblichen Pensionskasse beigetreten ist oder für seine Arbeitnehmer eine betriebliche Kollektivversicherung abgeschlossen hat.

(BGBl I 2009/22)

(3) Dieses Bundesgesetz gilt nicht für Leistungszusagen und Leistungen

1. im Rahmen von Arbeitsverhältnissen der land- und forstwirtschaftlichen Arbeiter, im

Sinne des Landarbeitsgesetzes 1984, BGBl. Nr. 287;
2. auf Grund der Bundesforste-Dienstordnung 1986, BGBl. Nr. 298;
3. die vom Arbeitgeber unmittelbar zu erfüllen, jederzeit ohne Angabe von Gründen widerruflich sind und keinen Rechtsanspruch auf Leistungen vorsehen.

(BGBl 1996/754)

(4) Für Ansprüche im Sinne des Abs. 1 aus Unterstützungs- und sonstigen Hilfskassen gelten nur die Abschnitte 5 und 6.

(5) Für Leistungen und Anwartschaften von Arbeitnehmern, die gemäß § 5 Abs. 1 Z 3 des Allgemeinen Sozialversicherungsgesetzes (ASVG), BGBl. Nr. 189/1955, oder gemäß § 38 Abs. 3 des Nationalbankgesetzes 1984, BGBl. Nr. 50, oder nach anderen vergleichbaren gesetzlichen Bestimmungen von der gesetzlichen Pensionsversicherungspflicht ausgenommen und bei natürlichen Personen oder juristischen Personen des Privatrechts beschäftigt sind, gilt dieses Bundesgesetz für jene Leistungen und Anwartschaften, welche die auf Grund von Versicherungszeiten und Bemessungsgrundlagen vergleichbaren Ansprüche nach dem ASVG übersteigen.

(BGBl I 2012/54)

Arten der Leistungszusagen

§ 2. Leistungszusagen im Sinne des § 1 Abs. 1 sind Verpflichtungen des Arbeitgebers aus einseitigen Erklärungen, Einzelvereinbarungen oder aus Normen der kollektiven Rechtsgestaltung,

(BGBl I 2005/8, BGBl I 2012/54)

1. Beiträge an eine Pensionskasse oder an eine Einrichtung im Sinne des § 5 Z 4 Pensionskassengesetz (PKG), BGBl. Nr. 281/1990, zugunsten des Arbeitnehmers und seiner Hinterbliebenen zu zahlen; Prämien für eine betriebliche Kollektivversicherung an ein zum Betrieb der Lebensversicherung im Inland berechtigtes Versicherungsunternehmen (§ 93 des Versicherungsaufsichtsgesetzes 2016 – VAG 2016, BGBl. I Nr. 34/2015) zugunsten des Arbeitnehmers und seiner Hinterbliebenen zu zahlen; Pensionskassenzusagen oder betriebliche Kollektivversicherungen haben jedenfalls eine Altersversorgung und Hinterbliebenenversorgung zu enthalten; Alterspensionen sind lebenslang, Hinterbliebenenpensionen entsprechend der im Pensionskassenvertrag oder Versicherungsvertrag festgelegten Dauer zu leisten;

   (BGBl I 2005/8, BGBl I 2012/54, BGBl I 2015/34)
2. Leistungen dem Arbeitnehmer und seinen Hinterbliebenen unmittelbar zu erbringen (direkte Leistungszusage);
3. Prämien für eine zugunsten des Arbeitnehmers und seiner Hinterbliebenen abgeschlossenen Lebensversicherung zu zahlen.

Abschnitt 2
Pensionskasse

Voraussetzungen für Errichtung, Beitritt und Auflösung

§ 3. (1) Die Errichtung einer betrieblichen Pensionskasse oder der Beitritt zu einer betrieblichen oder überbetrieblichen Pensionskasse bedarf mit Ausnahme der in Abs. 2 genannten Fälle nach Maßgabe des § 15 Abs. 4 PKG, zur Rechtswirksamkeit des Abschlusses einer Betriebsvereinbarung oder in den Fällen des Abs. 1a eines Kollektivvertrages. Kollektivvertrag oder Betriebsvereinbarung haben jedenfalls zu regeln:

1. Die Mitwirkung der Anwartschafts- und Leistungsberechtigten an der Verwaltung der Pensionskasse oder Einrichtung im Sinne des § 5 Z 4 PKG;

   (BGBl I 2005/8)
2. das Leistungsrecht, dazu gehören insbesondere die Ansprüche der Anwartschafts- und Leistungsberechtigten; die Höhe der vom/von der Arbeitgeber/in zu entrichtenden Beiträge, die im Falle beitragsorientierter Vereinbarungen mit der Pensionskasse betragsmäßig oder in fester Relation zu laufenden Entgelten oder Entgeltbestandteilen festzulegen sind; zusätzlich können bei beitragsorientierten Vereinbarungen variable Beiträge bis zur Höhe der vom/von der Arbeitgeber/in verpflichtend zu entrichtenden Beiträge oder, sofern sich der/die Arbeitgeber/in zur Leistung eines Beitrages für Arbeitnehmer/innen von mindestens 2 vH des laufenden Entgelts verpflichtet, variable Beiträge in fester Relation zu einer oder mehreren betrieblichen Kennzahlen im Sinne des Abs. 1 Z 2a bis zur Höhe des sich aus § 4 Abs. 4 Z 2 lit. a EStG 1988 ergebenden Betrages vorgesehen werden; die allfällige Verpflichtung des/der Arbeitgebers/in zur Beitragsanpassung bei Auftreten von zusätzlichen Deckungserfordernissen; die allfällige Vereinbarung von Wahlrechten gemäß § 12 Abs. 7 PKG;

   (BGBl I 2012/54)

2a. die der variablen Beitragsleistung zu Grunde liegende betriebliche Kennzahl: Eine betriebliche Kennzahl ist eine nachvollziehbare und allgemein zugängliche, nach objektiven Kriterien ermittelte betriebswirtschaftliche, steuerrechtliche oder unternehmensrechtliche Kennzahl, die der jeweiligen Branche des Betriebs, dem konkreten Gegenstand, der Größe und dem Umfang des Betriebs sowie dem allgemeinen Betriebsrisiko dieses Betriebs Rechnung trägt; die Vereinbarung mehrerer Kennzahlen pro Betrieb oder die Vereinbarung einer Kennzahl, die sich anteilsmäßig aus mehreren Kennzahlen zusammensetzt, ist zulässig;

   (BGBl I 2012/54)

3. die Voraussetzungen und die Rechtswirkungen der Auflösung einer betrieblichen Pensi-

onskasse, wobei der Sicherung der Ansprüche der Anwartschafts- und Leistungsberechtigten der Vorrang vor anderen Leistungen der Kasse zu geben ist; die Voraussetzungen für die Arbeitgeberkündigung des Pensionskassenvertrages gemäß § 17 PKG und die Rechtswirkungen dieser Kündigung hinsichtlich der Ansprüche der Anwartschafts- und Leistungsberechtigten.

(BGBl I 2012/54)

(1a) Eine Pensionskassenregelung kann in einem Kollektivvertrag vorgesehen werden, wenn

1. ein Kollektivvertrag zum Stichtag 1. Jänner 1997 eine betriebliche Alters(Hinterbliebenen)versorgung vorsieht, oder
2. eine solche für einen nicht dem II. Teil des Arbeitsverfassungsgesetzes, BGBl. Nr. 22/1974, unterliegenden Betrieb (oder ein Unternehmen) getroffen werden soll.

(1b) Bei

1. Wegfall der kollektivvertraglichen Pensionskassenzusage durch Wechsel der Kollektivvertragsangehörigkeit oder
2. Erlöschen des Kollektivvertrages durch Kündigung

werden die Regelungen des Kollektivvertrages über eine Pensionskassenzusage Inhalt des Arbeitsvertrages des Anwartschaftsberechtigten.

(1c) Bei sonstigem Erlöschen des Kollektivvertrages bleibt dem Anwartschaftsberechtigten die bis zur Beendigung seiner Nachwirkung (§ 13 ArbVG) erworbene Anwartschaft aus der Pensionskassenzusage erhalten, wobei der Anwartschaftsberechtigte zum Zeitpunkt der Beendigung der Nachwirkung dieselben Rechte (§ 6 Abs. 3) wie bei Widerruf der Beitragsleistung durch den Arbeitgeber hat.

(2) Für Arbeitnehmer, die von keinem Betriebsrat vertreten sind oder für die kein Kollektivvertrag (im Sinne der Abs. 1 und 1a) gilt, bedarf der Beitritt zu einer Pensionskasse des vorherigen Abschlusses einer Vereinbarung mit dem Arbeitgeber, die nach einem Vertragsmuster unter Berücksichtigung des § 18 zu gestalten ist. Dieses Vertragsmuster hat die in Abs. 1 genannten Angelegenheiten zu regeln.

(3) Werden Ansprüche ehemaliger Arbeitnehmer aus direkten Leistungszusagen auf eine Pensionskasse übertragen, ist Abs. 2 anzuwenden.

(4) Hat sich der Arbeitnehmer verpflichtet, eigene Beiträge zu leisten, kann er seine Beitragsleistung jederzeit einstellen oder für einen Zeitraum von mindestens zwei Jahren aussetzen oder einschränken. Der Arbeitnehmer kann seine Beitragsleistung auch dann einstellen, aussetzen oder einschränken, wenn der Arbeitgeber eine entsprechende Änderung seiner Beitragsleistung zulässigerweise vornimmt (§ 6). Die Beiträge des Arbeitnehmers dürfen die Summe der jährlichen Beiträge des Arbeitgebers nicht übersteigen, ausgenommen

1. in den in § 6 genannten Fällen oder
2. in den Fällen, in denen der Arbeitnehmer zusätzlich zu einer leistungsorientierten Zusage des Arbeitgebers eigene Beiträge (beitragsorientiert) leistet und die Beiträge des Arbeitgebers sich zulässigerweise vermindern, ohne dass die Zusage verändert wird, oder
3. der Arbeitnehmer eigene Beiträge bis zu der in § 108a des Einkommensteuergesetzes, BGBl. Nr. 400/1988, genannten Höhe leistet, wobei der Erstattungsbetrag nach § 108a EStG, der dem Konto für Arbeitnehmerbeiträge gutgeschrieben werden kann, auf diesen Betrag nicht anzurechnen ist.

Für die Dauer einer Karenz im Sinne des Mutterschutzgesetzes 1979 (MSchG), BGBl. Nr. 221, oder des Väter-Karenzgesetzes (VKG), BGBl. Nr. 651/1989, einer Bildungskarenz nach § 11 des Arbeitsvertragsrechts-Anpassungsgesetzes (AVRAG), BGBl. Nr. 459/1993, sowie einer Freistellung gegen Entfall des Entgelts nach den §§ 12, 14a oder 14b, 14c AVRAG kann der/die Arbeitnehmer/in seine/ihre Beiträge in der bisherigen Höhe weiterzahlen oder auch die Beiträge des/der Arbeitgebers/in übernehmen. Werden infolge einer Herabsetzung der Normalarbeitszeit gemäß den §§ 11a, 13, 14, 14a oder 14b, 14d AVRAG oder einer Teilzeitbeschäftigung im Sinne des MSchG oder VKG die Beiträge des/der Arbeitgebers/in vermindert, kann der/die Arbeitnehmer/in seine/ihre Beiträge in der bisherigen Höhe weiterzahlen oder für die Dauer der Arbeitszeitreduktion auch die entfallenden Beiträge des/der Arbeitgebers/in übernehmen.

(BGBl I 1997/139, BGBl I 2002/51, BGBl I 2012/54, BGBl I 2013/67, BGBl I 2013/138)

(BGBl 1996/754)

Verfügungs- und Exekutionsbeschränkungen

§ 4. Die Abtretung oder Verpfändung von Anwartschaften im Sinne der §§ 5 und 6 ist rechtsunwirksam. Für die Pfändung gilt die Exekutionsordnung, RGBl. Nr. 79/1896.

(BGBl 1996/754)

Unverfallbarkeit

§ 5. (1) Bei Beendigung des Arbeitsverhältnisses vor Eintritt des Leistungsfalles wird die aus eigenen Beiträgen des Arbeitnehmers und Beiträgen des Arbeitgebers an eine Pensionskasse bisher erworbene Anwartschaft auf Alters- und Hinterbliebenenversorgung unverfallbar. In der Vereinbarung nach § 3 kann vorgesehen werden, daß die aus Arbeitgeberbeiträgen erworbene Anwartschaft erst nach Ablauf eines Zeitraumes von höchstens drei Jahren nach Beginn der Beitragszahlung des Arbeitgebers an die Pensionskasse unverfallbar wird. Diese Frist gilt nicht, wenn im Zeitpunkt einer allfälligen Übertragung einer Anwartschaft in die Pensionskasse bereits ein Rechtsanspruch auf diese Anwartschaft besteht oder die Beendigung des Arbeitsverhältnisses infolge der Insolvenz des Arbeitgebers oder infolge einer Betriebsstillegung erfolgt oder wenn im Zuge der Übertragung eines

Unternehmens, Betriebes oder Betriebsteiles der neue Arbeitgeber eine Fortzahlung der Beiträge verweigert.

(BGBl I 2012/54)

(1a) Aus der unverfallbaren Anwartschaft (Abs. 1) ist ein Unverfallbarkeitsbetrag zu errechnen. Dieser entspricht der auf Grund des Risikos des Alters und des Todes geschäftsplanmäßig zu bildenden Deckungsrückstellung (die dieser Berechnung zugrunde zu legende Deckungsrückstellung hat nur Veränderungen des Entgelts bis zum Zeitpunkt der Beendigung des Arbeitsverhältnisses zu berücksichtigen) und darf ab dem Inkrafttreten des Bundesgesetzes BGBl. Nr. 754/1996 nicht geringer sein

1. bei individueller Führung der Schwankungsrückstellung (§§ 24 und 24a PKG) als das Maximum aus der Deckungsrückstellung abzüglich der Verwaltungskosten für die Leistung des Unverfallbarkeitsbetrages und 95% der dem Anwartschaftsberechtigten zugeordneten Deckungsrückstellung zuzüglich 95% des Anteils an der Schwankungsrückstellung, oder
2. bei globaler Führung der Schwankungsrückstellung (§§ 24 und 24a PKG) als
   a) 100% der dem/der Anwartschaftsberechtigten zugeordneten Deckungsrückstellung oder
   b) das Maximum aus der Deckungsrückstellung abzüglich der Verwaltungskosten für die Leistung des Unverfallbarkeitsbetrages und 95 vH der dem/der Anwartschaftsberechtigten zugeordneten Deckungsrückstellung zuzüglich 95 vH des Anteils an der Schwankungsrückstellung.

(BGBl I 2012/54)

(1b) Eine Änderung der Berechnung des Unverfallbarkeitsbetrages bedarf jedenfalls einer Änderung des Kollektivvertrages, der Betriebsvereinbarung oder der Vereinbarung laut Vertragsmuster.

(2) Der Arbeitnehmer kann nach Beendigung des Arbeitsverhältnisses

1. die Umwandlung des Unverfallbarkeitsbetrages gemäß Abs. 1a in eine beitragsfrei gestellte Anwartschaft verlangen; bei Eintritt des Leistungsfalles hat der Leistungsberechtigte gegen die Pensionskasse einen Anspruch aus der beitragsfrei gestellten Anwartschaft; im Falle einer beitragsorientierten Zusage sind zusätzlich die anteiligen Veranlagungserträge und anteiligen versicherungstechnischen Gewinne oder Verluste bis zum Leistungsfall zu berücksichtigen;
2. die Übertragung des Unverfallbarkeitsbetrages gemäß Abs. 1a in die Pensionskasse oder in eine Einrichtung im Sinne des § 5 Z 4 PKG oder in eine betriebliche Kollektivversicherung oder in eine Gruppenrentenversicherung eines/einer neuen Arbeitgebers/in oder in eine Rentenversicherung ohne Rückkaufsrecht, in eine Einrichtung der zusätzlichen Pensionsversicherung nach § 479 ASVG oder in eine nach dem Kapitaldeckungsverfahren gestaltete Altersversorgungseinrichtung nach § 173 Abs. 2 des Wirtschaftstreuhandberufsgesetzes (WTBG), BGBl. I Nr. 58/1999, nach § 50 Abs. 3 der Rechtsanwaltsordnung (RAO), RGBl. Nr. 96/1868, oder nach § 41 Abs. 4 des Gehaltskassengesetzes 2002, BGBl. I Nr. 154/2001, verlangen, wenn der/die Arbeitnehmer/in bei der Übertragung Anwartschafts- oder Leistungsberechtigter ist;

   (BGBl I 2005/8, BGBl I 2012/54)

2a. die Übertragung des Unverfallbarkeitsbetrages gemäß Abs. 1a in eine Pensionskasse oder in eine Einrichtung im Sinne des § 5 Z 4 PKG oder in eine betriebliche Kollektivversicherung, in der für den/die Arbeitnehmer/in bereits eine unverfallbare Anwartschaft oder eine prämienfreie Versicherung veranlagt wird, verlangen, wenn der/die neue Arbeitgeber/in nicht beabsichtigt, für den/die Arbeitnehmer/in eine Pensionskassenzusage oder eine betriebliche Kollektivversicherung abzuschließen;

   (BGBl I 2012/54)

3. die Übertragung des Unverfallbarkeitsbetrages gemäß Abs. 1a in eine direkte Leistungszusage eines neuen Arbeitgebers verlangen, wenn ein Arbeitgeberwechsel unter Wahrung der Pensionsansprüche aus dem bisherigen Arbeitsverhältnis innerhalb eines Konzerns stattfindet;
4. die Übertragung des Unverfallbarkeitsbetrages gemäß Abs. 1a in eine ausländische Altersversorgungseinrichtung verlangen, wenn der Arbeitnehmer seinen Arbeitsort dauernd ins Ausland verlegt;
5. die Fortsetzung nur mit eigenen Beiträgen verlangen, wenn auf Grund einer Leistungszusage mindestens fünf Jahre Beiträge geleistet wurden, oder wenn ein Arbeitgeberwechsel innerhalb eines Konzerns stattfindet.

(3) Gibt der/die Arbeitnehmer/in binnen sechs Monaten keine Erklärung über die Verwendung seines/ihres Unverfallbarkeitsbetrages gemäß Abs. 1a ab, ist dieser in eine beitragsfrei gestellte Anwartschaft (Abs. 2 Z 1) umzuwandeln. Verlangt der/die Arbeitnehmer/in zu einem späteren Zeitpunkt die Übertragung dieser Anwartschaft in die Pensionskasse oder in eine Einrichtung im Sinne des § 5 Z 4 PKG oder in eine betriebliche Kollektivversicherung oder in eine Gruppenrentenversicherung eines/einer neuen Arbeitgebers/in oder in eine Rentenversicherung ohne Rückkaufsrecht, in eine Einrichtung der zusätzlichen Pensionsversicherung nach § 479 ASVG oder in eine nach dem Kapitaldeckungsverfahren gestaltete Altersversorgungseinrichtung nach § 173 Abs. 2 WTBG, nach § 50 Abs. 3 RAO, nach § 41 Abs. 4 des Gehaltskassengesetzes 2002 oder in eine ausländische Altersversorgungseinrichtung (Abs. 2 Z 4), ist die Anwartschaft neuerlich in einen Unverfallbarkeits-

betrag umzuwandeln. Dieser berechnet sich bei einer beitragsorientierten Zusage unter Berücksichtigung der anteiligen Veranlagungserträge und anteiligen versicherungstechnischen Gewinne oder Verluste bis zum Zeitpunkt der Übertragung nach denselben Rechenregeln, die bei der Berechnung des Unverfallbarkeitsbetrages bei Beendigung des Arbeitsverhältnisses zugrunde zu legen waren.

(BGBl I 2012/54)

(4) Sofern der Unverfallbarkeitsbetrag gemäß Abs. 1a im Zeitpunkt der Beendigung des Arbeitsverhältnisses den sich aus § 1 Abs. 2 und 2a PKG jeweils ergebenden Betrag nicht übersteigt, kann der Arbeitnehmer abgefunden werden; über sein Verlangen ist er abzufinden. Unterbleibt eine Abfindung nach dem ersten Satz, kann bis zum Ablauf von zwölf Monaten nach dem Ende des Arbeitsverhältnisses zwischen der Pensionskasse und dem/der Arbeitnehmer/in vereinbart werden, dass die nach § 5 Abs. 3 erster Satz beitragsfrei gestellte Anwartschaft neuerlich in einen Unverfallbarkeitsbetrag umzuwandeln und abzufinden ist. Für die Berechnung des Unverfallbarkeitsbetrages gilt § 5 Abs. 3 letzter Satz sinngemäß.

(BGBl I 2012/54)

(5) Der/Die Arbeitnehmer/in kann nach nachweislicher Information gemäß § 19b PKG und § 98 VAG 2016 bei Eintritt des Leistungsfalles die Übertragung des Unverfallbarkeitsbetrages gemäß Abs. 1a von der Pensionskasse in eine betriebliche Kollektivversicherung verlangen, sofern der/die Arbeitgeber/in bereits eine betriebliche Kollektivversicherung gemäß § 6a abgeschlossen hat.

(BGBl I 2005/8, BGBl I 2012/54, BGBl I 2015/34)

(BGBl 1996/754)

Wechsel in die betriebliche Kollektivversicherung im aufrechten Arbeitsverhältnis

§ 5a. (1) Der/Die Arbeitnehmer/in kann, sofern dies im Kollektivvertrag, in der Betriebsvereinbarung oder im Vertragsmuster vorgesehen ist und der/die Arbeitgeber/in bereits eine betriebliche Kollektivversicherung gemäß § 6a abgeschlossen hat, nach nachweislicher Information gemäß § 19b PKG und § 98 VAG 2016 ab dem Jahr, in dem er/sie das 55. Lebensjahr vollendet, gegenüber der Pensionskasse und dem/der Arbeitgeber/in schriftlich erklären, dass vom/von der Arbeitgeber/in zum 1. Jänner des folgenden Kalenderjahres an Stelle der Beitragsleistung an die Pensionskasse künftig die Zahlung von Prämien in derselben Höhe in die betriebliche Kollektivversicherung zu erfolgen hat. Die Pensionskasse hat zum 1. Jänner des auf die Erklärung des/der Arbeitnehmers/in folgenden Kalenderjahres den zu diesem Zeitpunkt gebührenden fiktiven Unverfallbarkeitsbetrag in die betriebliche Kollektivversicherung zu übertragen. Der fiktive Unverfallbarkeitsbetrag berechnet sich nach denselben Rechenregeln, die der Berechnung des Unverfallbarkeitsbetrages bei Beendigung des Arbeitsverhältnisses zugrunde zu legen sind.

(BGBl I 2015/34)

(2) Die Erklärung des/der Arbeitnehmers/in nach Abs. 1 erster Satz muss bis 31. Oktober eines Kalenderjahres beim/bei der Arbeitgeber/in und der Pensionskasse eingehen, damit die Prämienzahlung in die betriebliche Kollektivversicherung und die Übertragung des Unverfallbarkeitsbetrages zum 1. Jänner des folgenden Kalenderjahres wirksam wird.

(3) Hat der/die Arbeitnehmer/in eigene Beiträge geleistet, hat er/sie im Fall einer Verfügung nach Abs. 1 ab dem 1. Jänner des folgenden Kalenderjahres Prämien in derselben Höhe in die betriebliche Kollektivversicherung zu leisten.

(4) Der/Die Arbeitnehmer/in kann einen Wechsel in die betriebliche Kollektivversicherung nach Abs. 1 als auch einen Wechsel in die Pensionskasse nach § 6e Abs. 1 jeweils nur einmal verlangen. Mit Eintritt des Leistungsfalls ist der Wechsel in die betriebliche Kollektivversicherung jedenfalls unwiderruflich.

(BGBl I 2012/54)

Einstellen, Aussetzen oder Einschränken der Beitragsleistung

§ 6. (1) Der Arbeitgeber kann die laufenden Beitragsleistungen nur dann einstellen (Widerruf), wenn

1. dies im Kollektivvertrag, in der Betriebsvereinbarung oder im Vertragsmuster vorgesehen ist,
2. sich die wirtschaftliche Lage des Unternehmens nachhaltig so wesentlich verschlechtert, daß die Aufrechterhaltung der zugesagten Leistung eine Gefährdung des Weiterbestandes des Unternehmens zur Folge hätte und
3. in Betrieben, in denen ein zuständiger Betriebsrat besteht, mindestens drei Monate vor dem Einstellen der Beitragsleistung eine Beratung mit diesem Betriebsrat erfolgt ist. Zu dieser Beratung kann der Betriebsrat eine fachkundige Person beiziehen, die über alle ihr bekannt gewordenen Geschäfts- und Betriebsgeheimnisse Verschwiegenheit zu bewahren hat.

(2) Widerruft der Arbeitgeber, so bleibt dem Arbeitnehmer die bisher erworbene Anwartschaft erhalten. Im Zeitpunkt des Widerrufs ist ein Unverfallbarkeitsbetrag nach denselben Rechenregeln wie nach § 5 Abs. 1a zu errechnen, wobei jedoch eine allfällige Unverfallbarkeitsfrist unbeachtlich ist.

(3) Der Arbeitnehmer kann nach Widerruf

1. die Umwandlung des Unverfallbarkeitsbetrages gemäß Abs. 2 in eine beitragsfrei gestellte Anwartschaft verlangen; bei Eintritt des Leistungsfalles hat der Leistungsberechtigte gegen die Pensionskasse einen Anspruch, der sich aus der beitragsfrei gestellten Anwartschaft, im Falle einer beitragsorientierten Zusage unter Berücksichtigung der anteiligen Veranlagungserträge und anteiligen versiche-

rungstechnischen Gewinne oder Verluste bis zum Leistungsfall ergibt;

2. die Übertragung des Unverfallbarkeitsbetrages gemäß Abs. 2 in eine Rentenversicherung ohne Rückkaufsrecht verlangen;
3. die Fortsetzung nur mit eigenen Beiträgen verlangen.

(4) Gibt der Arbeitnehmer binnen sechs Monaten keine Erklärung über die Verwendung seines Unverfallbarkeitsbetrages gemäß Abs. 2 ab, gilt § 5 Abs. 3.

(5) Sofern der Unverfallbarkeitsbetrag gemäß Abs. 2 im Zeitpunkt des Widerrufs den sich aus § 1 Abs. 2 und 2a PKG jeweils ergebenden Betrag nicht übersteigt, kann der Arbeitnehmer abgefunden werden; über sein Verlangen ist er abzufinden.

(6) Der Arbeitgeber kann die laufenden Beitragsleistungen nur dann und so lange aussetzen oder einschränken, als

1. dies im Kollektivvertrag, in der Betriebsvereinbarung oder im Vertragsmuster vorgesehen ist,
2. zwingende wirtschaftliche Gründe vorliegen und
3. in Betrieben, in denen ein zuständiger Betriebsrat besteht, mindestens drei Monate vor dem Aussetzen oder Einschränken der Beitragsleistung eine Beratung mit diesem Betriebsrat erfolgt ist. Zu dieser Beratung kann der Betriebsrat eine fachkundige Person beiziehen, die über alle ihr bekannt gewordenen Geschäfts- und Betriebsgeheimnisse Verschwiegenheit zu bewahren hat.

(7) Werden Beiträge des Arbeitgebers ausgesetzt oder eingeschränkt, so kann der Arbeitnehmer für denselben Zeitraum

1. seine Beiträge aussetzen oder im selben Ausmaß einschränken,
2. seine Beiträge in der bisherigen Höhe weiterzahlen oder
3. auch die Beiträge des Arbeitgebers übernehmen.

(8) Durch Aussetzen oder Einschränken der Beiträge des Arbeitgebers oder Arbeitnehmers wird der Ablauf der Unverfallbarkeitsfrist (§ 5 Abs. 1 Satz 2) nicht berührt.

(BGBl 1996/754)

Abschnitt 2a
Betriebliche Kollektivversicherung

(BGBl I 2005/8)

Voraussetzungen für den Abschluss einer betrieblichen Kollektivversicherung

§ 6a. (1) Der Abschluss einer betrieblichen Kollektivversicherung bedarf mit Ausnahme der in Abs. 2 genannten Fälle nach Maßgabe des § 93 VAG 2016 zur Rechtswirksamkeit des Abschlusses einer Betriebsvereinbarung oder in den Fällen des Abs. 1a eines Kollektivvertrages. Kollektivvertrag oder Betriebsvereinbarung haben jedenfalls zu regeln:

1. Die Mitwirkung der Versicherten nach § 97 VAG 2016;

   (BGBl I 2015/34)
2. das Leistungsrecht, dazu gehören insbesondere die Ansprüche der Versicherten; die Höhe der vom/von der Arbeitgeber/in zu entrichtenden Prämien, die im Falle beitragsorientierter Vereinbarungen mit dem Versicherungsunternehmen betragsmäßig oder in fester Relation zu laufenden Entgelten oder Entgeltbestandteilen festzulegen sind; zusätzlich können bei beitragsorientierten Vereinbarungen variable Prämien bis zur Höhe der vom/von der Arbeitgeber/in verpflichtend zu entrichtenden Prämien oder, sofern sich der/die Arbeitgeber/in zur Leistung einer Prämie für Arbeitnehmer/innen von mindestens 2 vH des laufenden Entgelts verpflichtet, variable Prämien in fester Relation zu einer oder mehreren betrieblichen Kennzahlen im Sinne des Abs. 1 Z 2a bis zur Höhe des sich aus § 4 Abs. 4 Z 2 lit. a EStG 1988 ergebenden Betrages vorgesehen werden; die allfällige Verpflichtung des/der Arbeitgebers/in zur Prämienanpassung bei Auftreten von zusätzlichen Deckungserfordernissen;

   (BGBl I 2012/54)

2a. die der variablen Prämienleistung zu Grunde liegende betriebliche Kennzahl: Eine betriebliche Kennzahl ist eine nachvollziehbare und allgemein zugängliche, nach objektiven Kriterien ermittelte betriebswirtschaftliche, steuerrechtliche oder unternehmensrechtliche Kennzahl, die der jeweiligen Branche des Betriebs, dem konkreten Gegenstand, der Größe und dem Umfang des Betriebs sowie dem allgemeinen Betriebsrisiko dieses Betriebs Rechnung trägt; die Vereinbarung mehrerer Kennzahlen pro Betrieb oder die Vereinbarung einer Kennzahl, die sich anteilsmäßig aus mehreren Kennzahlen zusammensetzt, ist zulässig;

   (BGBl I 2012/54)

3. die Voraussetzungen für die Arbeitgeberkündigung des Versicherungsvertrages gemäß § 93 VAG 2016 und die Rechtswirkungen dieser Kündigung hinsichtlich der Ansprüche der Anwartschafts- und Leistungsberechtigten.

   (BGBl I 2015/34)

(BGBl I 2015/34)

(1a) Eine Regelung über eine betriebliche Kollektivversicherung kann in einem Kollektivvertrag vorgesehen werden, wenn

1. ein Kollektivvertrag zum Stichtag 1. Jänner 1997 eine betriebliche Alters(Hinterbliebenen)versorgung vorsieht, oder
2. eine solche für einen nicht dem II. Teil des Arbeitsverfassungsgesetzes, BGBl. Nr. 22/1974,

BPG/BMSVG

unterliegenden Betrieb (oder ein Unternehmen) getroffen werden soll.

(1b) Bei

1. Wegfall der kollektivvertraglichen betrieblichen Kollektivversicherung durch Wechsel der Kollektivvertragsangehörigkeit oder
2. Erlöschen des Kollektivvertrages durch Kündigung

werden die Regelungen des Kollektivvertrages über eine betriebliche Kollektivversicherung Inhalt des Arbeitsvertrages des Anwartschaftsberechtigten.

(1c) Bei sonstigem Erlöschen des Kollektivvertrages bleibt dem Versicherten die bis zur Beendigung seiner Nachwirkung (§ 13 ArbVG) erworbene Anwartschaft aus der betrieblichen Kollektivversicherung erhalten, wobei der Versicherte zum Zeitpunkt der Beendigung der Nachwirkung dieselben Rechte (§ 6d Abs. 3) wie bei Widerruf der Beitragsleistung durch den Arbeitgeber hat.

(2) Für Arbeitnehmer, die von keinem Betriebsrat vertreten sind oder für die kein Kollektivvertrag (im Sinne der Abs. 1) gilt, bedarf der Beitritt zu einer betrieblichen Kollektivversicherung des vorherigen Abschlusses einer Vereinbarung mit dem Arbeitgeber, die nach einem Vertragsmuster unter Berücksichtigung des § 18 zu gestalten ist. Dieses Vertragsmuster hat die in Abs. 1 genannten Angelegenheiten zu regeln.

(3) Werden Ansprüche ehemaliger Arbeitnehmer aus direkten Leistungszusagen auf ein Versicherungsunternehmen übertragen, ist Abs. 2 anzuwenden.

(BGBl I 2005/8)

(4) Hat sich der Arbeitnehmer verpflichtet, eigene Prämien zu leisten, kann er seine Prämienleistung jederzeit einstellen oder für einen Zeitraum von mindestens zwei Jahren aussetzen oder einschränken. Der Arbeitnehmer kann seine Prämienleistung auch dann einstellen, aussetzen oder einschränken, wenn der Arbeitgeber eine entsprechende Änderung seiner Prämienleistung zulässigerweise vornimmt (§ 6d). Die Prämien des Arbeitnehmers dürfen die Summe der jährlichen Prämien des Arbeitgebers nicht übersteigen, ausgenommen

1. in den in § 6d genannten Fällen, oder
2. in den Fällen, in denen der Arbeitnehmer zusätzlich zu einer leistungsorientierten Zusage des Arbeitgebers eigene Prämien (beitragsorientiert) leistet und die Prämien des Arbeitgebers sich zulässigerweise vermindern, ohne dass die Zusage verändert wird, oder
3. der Arbeitnehmer eigene Prämien bis zu der in § 108a des Einkommensteuergesetzes, BGBl. Nr. 400/1988, genannten Höhe leistet, wobei der Erstattungsbetrag nach § 108a EStG, der dem Konto für Arbeitnehmer Prämien gutgeschrieben werden kann, auf diesen Betrag nicht anzurechnen ist.

Für die Dauer einer Karenz im Sinne des MSchG oder des VKG, einer Bildungskarenz nach § 11 AVRAG, sowie einer Freistellung gegen Entfall des Entgelts nach den §§ 12, 14a oder 14b, 14c AVRAG kann der/die Arbeitnehmer/in seine/ihre Prämien in der bisherigen Höhe weiterzahlen oder auch die Prämien des/der Arbeitgebers/in übernehmen. Werden infolge einer Herabsetzung der Normalarbeitszeit gemäß den §§ 11a, 13, 14, 14a oder 14b, 14d AVRAG oder einer Teilzeitbeschäftigung im Sinne des MSchG oder VKG die Prämien des/der Arbeitgebers/in vermindert, kann der/die Arbeitnehmer/in seine/ihre Prämien in der bisherigen Höhe weiterzahlen oder für die Dauer der Arbeitszeitreduktion auch die entfallenden Prämien des/der Arbeitgebers/in übernehmen.

(BGBl I 2012/54, BGBl I 2013/67, BGBl I 2013/138)

(BGBl I 2005/8)

Verfügungs- und Exekutionsbeschränkungen

§ 6b. Die Abtretung oder Verpfändung von Anwartschaften im Sinne der §§ 6c und 6d ist rechtsunwirksam. Für die Pfändung gilt die Exekutionsordnung, RGBl. Nr. 79/1896.

(BGBl I 2005/8)

Unverfallbarkeit

§ 6c. (1) Bei Beendigung des Arbeitsverhältnisses vor Eintritt des Leistungsfalles wird der aus eigenen Beiträgen des Arbeitnehmers und Beiträgen des Arbeitgebers an ein Versicherungsunternehmen bisher erworbene Versicherungsanspruch aus dem Versicherungsvertrag (Alters- und Hinterbliebenenversorgung) unverfallbar. Der Unverfallbarkeitsbetrag entspricht der auf den einzelnen Versicherten entfallenden Deckungsrückstellung. Die Deckungsrückstellung ist nach den versicherungsmathematischen Grundlagen des Versicherungsunternehmens zu errechnen.

(2) Der Arbeitnehmer kann nach Beendigung des Arbeitsverhältnisses

1. die Umwandlung der Versicherung in eine prämienfreie Versicherung verlangen; bei Eintritt des Leistungsfalles hat der Versicherte gegenüber der Versicherung einen Anspruch, der sich aus den auf Grund des Versicherungsvertrages bis zur Beendigung des Arbeitsverhältnisses zu leistenden Prämien unter Berücksichtigung der bis zum Eintritt des Leistungsfalles auflaufenden Zinsengutschriften und Gewinnanteile ergibt;
2. die Übertragung des Unverfallbarkeitsbetrages gemäß Abs. 1 in die Pensionskasse oder in eine Einrichtung im Sinne des § 5 Z 4 PKG oder in eine betriebliche Kollektivversicherung oder in eine Gruppenrentenversicherung eines/einer neuen Arbeitgebers/in oder in eine Rentenversicherung ohne Rückkaufsrecht, in eine Einrichtung der zusätzlichen Pensionsversicherung nach § 479 ASVG oder in eine nach dem Kapitaldeckungsverfahren gestaltete Altersversorgungseinrichtung nach § 173 Abs. 2 WTBG, nach § 50 Abs. 3 RAO oder nach § 41 Abs. 4 des Gehaltskassengesetzes 2002 verlangen, wenn der/die Arbeitnehmer/

in bei der Übertragung Anwartschafts- oder Leistungsberechtigter ist;

(BGBl I 2012/54)

2a. die Übertragung des Unverfallbarkeitsbetrages gemäß Abs. 1 in eine betriebliche Kollektivversicherung oder in eine Pensionskasse oder in eine Einrichtung im Sinne des § 5 Z 4 PKG, in der für den/die Arbeitnehmer/in bereits eine prämienfreie Versicherung oder eine unverfallbare Anwartschaft veranlagt wird, verlangen, wenn der/die neue Arbeitgeber/in nicht beabsichtigt, für den/die Arbeitnehmer/in eine betriebliche Kollektivversicherung oder eine Pensionskassenzusage abzuschließen;

(BGBl I 2012/54)

3. die Übertragung des Unverfallbarkeitsbetrages gemäß Abs. 1 in eine direkte Leistungszusage eines neuen Arbeitgebers verlangen, wenn ein Arbeitgeberwechsel unter Wahrung der Pensionsansprüche aus dem bisherigen Arbeitsverhältnis innerhalb eines Konzerns stattfindet;
4. die Übertragung des Unverfallbarkeitsbetrages gemäß Abs. 1 in eine ausländische Altersversorgungseinrichtung verlangen, wenn der Arbeitnehmer seinen Arbeitsort dauernd ins Ausland verlegt;
5. die Fortsetzung nur mit eigenen Beiträgen verlangen, wenn auf Grund einer Leistungszusage mindestens fünf Jahre Beiträge geleistet wurden, oder wenn ein Arbeitgeberwechsel innerhalb eines Konzerns stattfindet.

(3) Gibt der/die Arbeitnehmer/in binnen sechs Monaten keine Erklärung über die Verwendung seines/ihres Anspruches ab, so ist die Versicherung in eine prämienfreie Versicherung (Abs. 2 Z 1) umzuwandeln. Verlangt der/die Arbeitnehmer/in zu einem späteren Zeitpunkt die Übertragung seines/ihres Anspruches in die Pensionskasse oder in eine Einrichtung im Sinne des § 5 Z 4 PKG, in eine betriebliche Kollektivversicherung oder in eine Gruppenrentenversicherung eines/einer neuen Arbeitgebers/in oder in eine Rentenversicherung ohne Rückkaufsrecht, in eine Einrichtung der zusätzlichen Pensionsversicherung nach § 479 ASVG oder in eine nach dem Kapitaldeckungsverfahren gestaltete Altersversorgungseinrichtung nach § 173 Abs. 2 WTBG, nach § 50 Abs. 3 RAO oder nach § 41 Abs. 4 des Gehaltskassengesetzes 2002 oder in eine ausländische Altersversorgungseinrichtung (Abs. 2 Z 4), ist die Deckungsrückstellung zu übertragen.

(BGBl I 2012/54)

(4) Sofern der Unverfallbarkeitsbetrag gemäß Abs. 1 im Zeitpunkt der Beendigung des Arbeitsverhältnisses den sich aus § 1 Abs. 2 und 2a PKG jeweils ergebenden Betrag nicht übersteigt, kann der Arbeitnehmer abgefunden werden; über sein Verlangen ist er abzufinden. Unterbleibt eine Abfindung nach dem ersten Satz, kann bis zum Ablauf von zwölf Monaten nach dem Ende des Arbeitsverhältnisses zwischen dem Versicherungsunternehmen und dem/der Arbeitnehmer/in vereinbart werden, dass die nach § 6c Abs. 3 erster Satz prämienfreie Versicherung neuerlich in einen Unverfallbarkeitsbetrag gemäß § 6c Abs. 1 umzuwandeln und abzufinden ist.

(BGBl I 2012/54)

(5) Der/Die Arbeitnehmer/in kann nach nachweislicher Information gemäß § 19b PKG und § 98 VAG 2016 bei Eintritt des Leistungsfalles die Übertragung des Unverfallbarkeitsbetrages gemäß Abs. 1 von der betrieblichen Kollektivversicherung in eine Pensionskasse, bei der er bereits Berechtigter im Sinne des § 5 PKG ist, verlangen.

(BGBl I 2012/54, BGBl I 2015/34)

(BGBl I 2005/8)

Einstellen, Aussetzen oder Einschränken der Prämienleistung

§ 6d. (1) Der Arbeitgeber kann die laufenden Prämienleistungen nur dann einstellen (Widerruf), wenn
1. dies im Kollektivvertrag, in der Betriebsvereinbarung oder im Vertragsmuster vorgesehen ist,
2. sich die wirtschaftliche Lage des Unternehmens nachhaltig so wesentlich verschlechtert, dass die Aufrechterhaltung der zugesagten Leistung eine Gefährdung des Weiterbestandes des Unternehmens zur Folge hätte und
3. in Betrieben, in denen ein zuständiger Betriebsrat besteht, mindestens drei Monate vor dem Einstellen der Beitragsleistung eine Beratung mit diesem Betriebsrat erfolgt ist. Zu dieser Beratung kann der Betriebsrat eine fachkundige Person beiziehen, die über alle ihr bekannt gewordenen Geschäfts- und Betriebsgeheimnisse Verschwiegenheit zu bewahren hat.

(2) Widerruft der Arbeitgeber, so bleibt dem Arbeitnehmer der Anspruch auf die Versicherungsleistung auf Grund allfälliger eigener Prämien und der bis zum Widerruf fälligen Prämien des Arbeitgebers erhalten.

(3) Der Arbeitnehmer kann nach Widerruf
1. die Umwandlung des Unverfallbarkeitsbetrages gemäß Abs. 2 in eine prämienfreie Versicherung verlangen; bei Eintritt des Leistungsfalles hat der Leistungsberechtigte gegenüber der Versicherung einen Anspruch, der sich aus den auf Grund des Versicherungsvertrages bis zur Beendigung des Arbeitsverhältnisses zu leistenden Prämien unter Berücksichtigung der bis zum Eintritt des Leistungsfalles auflaufenden Zinsengutschriften und Gewinnanteile ergibt;
2. die Übertragung des Unverfallbarkeitsbetrages gemäß Abs. 2 in eine Rentenversicherung ohne Rückkaufsrecht verlangen;
3. die Fortsetzung nur mit eigenen Beiträgen verlangen.

(4) Gibt der Arbeitnehmer binnen sechs Monaten keine Erklärung über die Verwendung seines Unverfallbarkeitsbetrages gemäß Abs. 2 ab, gilt § 6c Abs. 3.

(5) Sofern der Unverfallbarkeitsbetrag gemäß Abs. 2 im Zeitpunkt des Widerrufs den sich aus § 1 Abs. 2 und 2a PKG jeweils ergebenden Betrag nicht übersteigt, kann der Arbeitnehmer abgefunden werden; über sein Verlangen ist er abzufinden.

(6) Der Arbeitgeber kann die laufenden Prämienleistungen nur dann und so lange aussetzen oder einschränken, als

1. dies im Kollektivvertrag, in der Betriebsvereinbarung oder im Vertragsmuster vorgesehen ist,
2. zwingende wirtschaftliche Gründe vorliegen und
3. in Betrieben, in denen ein zuständiger Betriebsrat besteht, mindestens drei Monate vor dem Aussetzen oder Einschränken der Beitragsleistung eine Beratung mit diesem Betriebsrat erfolgt ist. Zu dieser Beratung kann der Betriebsrat eine fachkundige Person beiziehen, die über alle ihr bekannt gewordenen Geschäfts- und Betriebsgeheimnisse Verschwiegenheit zu bewahren hat.

(7) Werden Prämien des Arbeitgebers ausgesetzt oder eingeschränkt, so kann der Arbeitnehmer für denselben Zeitraum

1. seine Prämien aussetzen oder im selben Ausmaß einschränken,
2. seine Prämien in der bisherigen Höhe weiterzahlen oder
3. auch die Prämien des Arbeitgebers übernehmen.

(BGBl I 2005/8)

Wechsel in die Pensionskasse im aufrechten Arbeitsverhältnis

§ 6e. (1) Der/Die Arbeitnehmer/in kann, sofern dies im Kollektivvertrag, in der Betriebsvereinbarung oder im Vertragsmuster vorgesehen ist und der/die Arbeitgeber/in bereits einen Pensionskassenvertrag gemäß § 15 PKG abgeschlossen hat, nach nachweislicher Information gemäß § 98 VAG 2016 und § 19b PKG ab dem Jahr in dem er/sie das 55. Lebensjahr vollendet, gegenüber dem Versicherungsunternehmen und dem/der Arbeitgeber/in schriftlich erklären, dass vom/von der Arbeitgeber/in zum 1. Jänner des folgenden Kalenderjahres an Stelle der Prämienleistung in die betriebliche Kollektivversicherung die Zahlung von Beiträgen in derselben Höhe an die Pensionskasse zu erfolgen hat. Das Versicherungsunternehmen hat zum 1. Jänner des auf die Erklärung des/der Arbeitnehmers/in folgenden Kalenderjahres den Unverfallbarkeitsbetrag gemäß § 6c Abs. 1 in die Pensionskasse zu übertragen.

(BGBl I 2015/34)

(2) Die Erklärung des/der Arbeitnehmers/in nach Abs. 1 erster Satz muss bis 31. Oktober eines Kalenderjahres beim/bei der Arbeitgeber/in und dem Versicherungsunternehmen eingehen, damit die Beitragszahlung in die Pensionskasse und die Übertragung des Unverfallbarkeitsbetrages zum 1. Jänner des folgenden Kalenderjahres wirksam wird.

(3) Hat der/die Arbeitnehmer/in eigene Prämien geleistet, hat er/sie im Fall einer Verfügung nach Abs. 1 ab dem 1. Jänner des folgenden Kalenderjahres Beiträge in derselben Höhe in die Pensionskasse zu leisten.

(4) Der/Die Arbeitnehmer/in kann einen Wechsel in die Pensionskasse nach Abs. 1 als auch einen Wechsel in die betriebliche Kollektivversicherung nach § 5a Abs. 1 jeweils nur einmal verlangen. Mit Eintritt des Leistungsfalls ist der Wechsel in die Pensionskasse jedenfalls unwiderruflich.

(BGBl I 2012/54)

Abschnitt 3
Direkte Leistungszusage

Unverfallbarkeit

§ 7. (1) Mangels einer für den Arbeitnehmer günstigeren Vereinbarung wird bei Beendigung des Arbeitsverhältnisses vor Eintritt des Leistungsfalles die bisher aus einer direkten Leistungszusage erworbene Anwartschaft auf eine Alters- und Hinterbliebenenversorgung unverfallbar, wenn seit Erteilung der Leistungszusage drei Jahre vergangen sind.

(BGBl I 2018/54)

(2) (aufgehoben)

(BGBl I 2018/54)

(2a) Der Unverfallbarkeitsbetrag errechnet sich, sofern im folgenden nicht anderes bestimmt ist, nach dem Teilwertverfahren und den bei der Bildung der Rückstellung anzuwendenden versicherungsmathematischen Grundsätzen; für die Berechnung ist einerseits das Alter zum Zeitpunkt der Erteilung der Zusage, andererseits das Anfallsalter heranzuziehen; der Rechnungszinssatz beträgt 7%; bei dieser Berechnung sind Veränderungen des Entgelts nur bis zum Zeitpunkt der Beendigung des Arbeitsverhältnisses zu berücksichtigen. Auch wenn in der Leistungszusage eine Berufsunfähigkeitspension (Invaliditätspension) vorgesehen ist, ist bei der Berechnung des Unverfallbarkeitsbetrages nur die Anwartschaft auf Alterspension bzw. vorzeitige Alterspension (unabhängig davon, ob der Anspruchsberechtigte das Anfallsalter als Aktiver, Invalider oder Alterspensionist erreicht) und die Anwartschaft auf Hinterbliebenenpension (unabhängig davon, ob der Anspruchsberechtigte als Aktiver, Invalider oder Alterspensionist verstirbt) zu berücksichtigen.

(2b) Bis 1. Juli 2000 ist für Arbeitnehmer, deren Arbeitsverhältnis frühestens fünf Jahre vor Erreichen des in der Leistungszusage festgelegten Pensionsanfallsalters endet, eine Vergleichsrechnung zwischen den Berechnungsvorschriften des § 7 Abs. 3 Z 1 BPG, in der Fassung des Artikels I des Bundesgesetzes BGBl. Nr. 282/1990, und dem Teilwertverfahren nach Abs. 2a anzustellen. Diese

Arbeitnehmer haben Anspruch auf den sich aus der Vergleichsrechnung ergebenden höheren Betrag.

(3) Nach Beendigung des Arbeitsverhältnisses kann der Arbeitnehmer

1. die Übertragung des Unverfallbarkeitsbetrages (gemäß Abs. 2a und 2b) in die Pensionskasse, in eine betriebliche Kollektivversicherung oder in eine Gruppenrentenversicherung eines neuen Arbeitgebers oder in eine Rentenversicherung ohne Rückkaufsrecht verlangen; ist der Arbeitnehmer noch Anwartschaftsberechtigter in der Pensionskasse, betrieblichen Kollektivversicherung oder Gruppenrentenversicherung eines früheren Arbeitgebers, kann er die Übertragung des Unverfallbarkeitsbetrages in diese Pensionskasse, betriebliche Kollektivversicherung oder Gruppenrentenversicherung verlangen;
(BGBl I 2005/8)
2. die Übertragung des Unverfallbarkeitsbetrages (gemäß Abs. 2a und 2b) in die direkte Leistungszusage eines neuen Arbeitgebers verlangen, wenn ein Arbeitgeberwechsel unter Wahrung der Pensionsansprüche aus dem bisherigen Arbeitsverhältnis stattfindet;
3. die Übertragung des Unverfallbarkeitsbetrages (gemäß Abs. 2a und 2b) in eine ausländische Altersversorgungseinrichtung verlangen, wenn der Arbeitnehmer seinen Arbeitsort dauernd ins Ausland verlegt;
4. die Erfüllung der Leistungszusage im Leistungsfall verlangen, wobei der Unverfallbarkeitsbetrag (gemäß Abs. 2a und 2b) in eine beitragsfrei gestellte Anwartschaft (Rechnungszinsfuß 6%) umzuwandeln ist; bei Eintritt des Leistungsfalles hat der Leistungsberechtigte einen Anspruch aus der beitragsfrei gestellten Anwartschaft, wobei eine allfällig vertraglich vereinbarte Valorisierung erst ab Eintritt des Leistungsfalles erfolgt.

(3a) Ist in der Leistungszusage eine Berufsunfähigkeitspension (Invaliditätspension) vorgesehen, kann der ehemalige Arbeitnehmer bei Eintritt der Berufsunfähigkeit (Invalidität) eine Leistung aus der beitragsfrei gestellten Anwartschaft (Abs. 3 Z 4) verlangen. Diese Leistung ergibt sich aus der versicherungsmathematischen Umwandlung der Rückstellung für die beitragsfrei gestellte Anwartschaft in eine sofort beginnende Berufsunfähigkeitspension (Invaliditätspension) unter Berücksichtigung der Hinterbliebenenansprüche.

(4) Hat der Arbeitnehmer für den Erwerb einer Anwartschaft eigene Zahlungen geleistet, so werden diese Zahlungen einschließlich der darauf entfallenden Verzinsung durch den Rechnungszinsfuß in der Höhe von 6% jedenfalls unverfallbar und sind ihm auf Verlangen nach Beendigung des Arbeitsverhältnisses zurückzuzahlen.

(5) Gibt der Arbeitnehmer binnen sechs Monaten keine Erklärung über die Verwendung seines Unverfallbarkeitsbetrages ab, ist die Leistungszusage bei Eintritt des Leistungsfalles zu erfüllen (Abs. 3 Z 4).

(6) Sofern der Unverfallbarkeitsbetrag ungeachtet allfälliger Anteile aus eigenen Zahlungen des Arbeitnehmers im Zeitpunkt der Beendigung des Arbeitsverhältnisses den sich aus § 1 Abs. 2 und 2a PKG jeweils ergebenden Betrag nicht übersteigt, kann der Arbeitnehmer abgefunden werden; über sein Verlangen ist er abzufinden.

(6a) Als Forderung im Insolvenzverfahren kann der Unverfallbarkeitsbetrag ohne betragliche Beschränkung ausbezahlt werden.

(BGBl I 2010/58)

(7) Die Abtretung oder Verpfändung von Anwartschaften im Sinne der §§ 7 und 8 ist rechtsunwirksam. Für die Pfändung gilt die Exekutionsordnung.

(BGBl 1996/754)

Einstellen, Aussetzen oder Einschränken des Erwerbs künftiger Anwartschaften

§ 8. (1) Sofern Normen der kollektiven Rechtsgestaltung oder Einzelvereinbarungen, die vor Inkrafttreten dieses Bundesgesetzes abgeschlossen wurden, nicht anderes bestimmen, kann der Arbeitgeber den Erwerb künftiger Anwartschaften nur dann einstellen (Widerruf), wenn

1. dies in Normen der kollektiven Rechtsgestaltung vorgesehen ist oder schriftlich vereinbart wurde,
2. sich die wirtschaftliche Lage des Unternehmens nachhaltig so wesentlich verschlechtert, daß die Aufrechterhaltung der zugesagten Leistung eine Gefährdung des Weiterbestandes des Unternehmens zur Folge hätte und
3. in Betrieben, in denen ein zuständiger Betriebsrat besteht, mindestens drei Monate vor dem Einstellen des Erwerbs künftiger Anwartschaften eine Beratung mit diesem Betriebsrat erfolgt ist. Zu dieser Beratung kann der Betriebsrat eine fachkundige Person beiziehen, die über alle ihr bekannt gewordenen Geschäfts- und Betriebsgeheimnisse Verschwiegenheit zu bewahren hat.

(2) Dem Arbeitnehmer bleibt die seit Erteilung der Leistungszusage bis zum Widerruf erworbene Anwartschaft erhalten, wenn seit der Erteilung der Leistungszusage drei Jahre vergangen sind.

(BGBl I 2018/54)

(3) Bei Eintritt des Leistungsfalles hat der Leistungsberechtigte einen Anspruch aus der im Zeitpunkt des Widerrufs beitragsfrei gestellten Anwartschaft (gemäß § 7 Abs. 2a und 2b), wobei eine allfällig vertraglich vereinbarte Valorisierung erst ab Eintritt des Leistungsfalles erfolgt.

(BGBl 1996/754)

(4) Hat der Arbeitnehmer für den Erwerb einer Anwartschaft eigene Zahlungen geleistet, so werden diese Zahlungen einschließlich der darauf entfallenden Verzinsung durch den Rechnungszinsfuß in der Höhe von 6% jedenfalls unverfallbar und sind ihm auf Verlangen nach Widerruf zurückzuzahlen.

(BGBl 1996/754)

(5) Sofern der Unverfallbarkeitsbetrag ungeachtet allfälliger Anteile aus eigenen Zahlungen des Arbeitnehmers im Zeitpunkt des Widerrufs den sich aus § 1 Abs. 2 und 2a PKG jeweils ergebenden Betrag nicht übersteigt, kann der Arbeitnehmer abgefunden werden; über sein Verlangen ist er abzufinden.

(BGBl 1996/754)

(6) Sofern Normen der kollektiven Rechtsgestaltung oder Einzelvereinbarungen, die vor Inkrafttreten dieses Bundesgesetzes abgeschlossen wurden, nicht anderes bestimmen, kann der Arbeitgeber den Erwerb künftiger Anwartschaften nur dann und so lange aussetzen oder einschränken, als

1. dies in Normen der kollektiven Rechtsgestaltung vorgesehen ist oder schriftlich vereinbart wurde,
2. zwingende wirtschaftliche Gründe vorliegen und
3. in Betrieben, in denen ein zuständiger Betriebsrat besteht, mindestens drei Monate vor dem Aussetzen oder Einschränken des Erwerbs künftiger Anwartschaften eine Beratung mit diesem Betriebsrat erfolgt ist. Zu dieser Beratung kann der Betriebsrat eine fachkundige Person beiziehen, die über alle ihr bekannt gewordenen Geschäfts- und Betriebsgeheimnisse Verschwiegenheit zu bewahren hat.

(7) Setzt der Arbeitgeber den künftigen Erwerb von Anwartschaften aus oder schränkt er ihn ein, so kann der Arbeitnehmer für denselben Zeitraum seine Beiträge aussetzen oder im selben Ausmaß einschränken.

(8) Durch das Aussetzen oder Einschränken des Erwerbs künftiger Anwartschaften wird der Ablauf der Unverfallbarkeitsfrist (Abs. 2) nicht berührt.

(BGBl 1996/754, BGBl I 2018/54)

Aussetzen oder Einschränken von Leistungen

§ 9. Sofern Normen der kollektiven Rechtsgestaltung oder Einzelvereinbarungen, die vor Inkrafttreten dieses Bundesgesetzes abgeschlossen wurden, nicht anderes bestimmen, können Leistungen nur dann und so lange ausgesetzt oder eingeschränkt werden, als die Voraussetzungen des § 8 Abs. 6 Z 1 und 2 vorliegen und wenn der Arbeitgeber von dem ihm eingeräumten Recht Gebrauch gemacht hat, den Erwerb künftiger Anwartschaften einzustellen, auszusetzen oder einzuschränken; soweit Leistungen durch Wertpapiere (§ 11) gedeckt sind, dürfen sie nicht ausgesetzt oder eingeschränkt werden; diese Wertpapiere dürfen weder verpfändet noch veräußert werden.

(BGBl 1996/754)

Wertanpassung

§ 10. Wurde die Wertanpassung weder ausgeschlossen noch etwas anderes vereinbart, so sind Leistungen aus direkten Leistungszusagen vom Arbeitgeber jährlich mit dem Anpassungsfaktor gemäß § 108 f. des Allgemeinen Sozialversicherungsgesetzes, BGBl. Nr. 189/1955, aufzuwerten. Diese Anpassung kann unterbleiben, wenn die wirtschaftliche Lage des Unternehmens eine Wertanpassung nicht erlaubt und in Betrieben, in denen ein zuständiger Betriebsrat besteht, eine Beratung mit diesem Betriebsrat erfolgt ist.

Wertpapierdeckung und Insolvenz

§ 11. (1) Sofern für direkte Leistungszusagen Pensionsrückstellungen nach § 211 Abs. 2 des Unternehmensgesetzbuches (UGB), dRGBl. Nr. 219/1897, zu bilden sind, sind diese in dem sich nach den Vorschriften des § 14 Abs. 7 Einkommensteuergesetz 1988 (EStG 1988), BGBl. Nr. 400, unter Berücksichtigung des § 116 Abs. 4 EStG 1988 ergebenden Ausmaß mit Wertpapieren zu decken. Die Wertpapiere bilden im Insolvenzverfahren des Arbeitgebers eine Sondermasse (§ 48 Abs. 1 der Insolvenzordnung – IO –, RGBl. Nr. 337/1914) für die Ansprüche der Anwartschafts- und Leistungsberechtigten aus einer direkten Leistungszusage.

(BGBl I 2010/58)

(1a) Auf die nach Abs. 1 geforderte Wertpapierdeckung können Ansprüche aus einer vom/von der Arbeitgeber/in geschlossenen und dem § 14 Abs. 7 EStG 1988 entsprechenden Rückdeckungsversicherung in dem sich aus dieser Bestimmung ergebenden Ausmaß angerechnet werden.

(BGBl I 2012/54)

(2) Die Wertpapierdeckung darf nur zur Befriedigung der Ansprüche der Anwartschafts- und Leistungsberechtigten aus der direkten Leistungszusage vermindert werden, wobei das in Abs. 1 geforderte Ausmaß nicht unterschritten werden darf. Die Wertpapiere im Sinne des Abs. 1 sind außer zur Befriedigung der Ansprüche der Anwartschafts- und Leistungsberechtigten der Exekution entzogen.

(3) Im Falle einer Insolvenz des Arbeitgebers gebührt der Erlös aus der Veräußerung der Wertpapiere insoweit dem Insolvenz-Entgelt-Fonds, als die Ansprüche gegen den Arbeitgeber gemäß § 11 Insolvenz-Entgeltsicherungsgesetz (IESG), BGBl. Nr. 324/1977, auf den Insolvenz-Entgelt-Fonds übergehen. Der übrige Verkaufserlös steht den Anwartschafts- und Leistungsberechtigten, insoweit ihre Ansprüche nicht nach § 11 IESG auf den Insolvenz-Entgelt-Fonds übergehen, entsprechend der Höhe ihrer Unverfallbarkeitsbeträge oder Leistungsansprüche zu.

(BGBl I 2008/82)

(4) Die Wertpapiere im Sinne des Abs. 1 sind zum Zweck der Deckung der Pensionsrückstellungen für direkte Leistungszusagen bei einem Kreditinstitut, das gemäß der Richtlinie 2006/48/EG zur Ausübung dieser Tätigkeit ordnungsgemäß zugelassen ist, zu verwahren. Die Wertpapiere im Sinne des Abs. 1 sind jedenfalls getrennt von allfälligen weiteren Wertpapierdepots, die der/die Arbeitgeber/in bei demselben Kreditinstitut hält, zu führen.

(BGBl I 2012/54)

(BGBl 1996/754)

Abschnitt 4
Lebensversicherung

Allgemeine Bestimmungen

§ 12. (1) Besteht die Leistungszusage im Abschluß eines Versicherungsvertrages, dessen Begünstigte der Arbeitnehmer und seine Hinterbliebenen sind, so ist eine Änderung der Bezugsberechtigung ohne Zustimmung des Arbeitnehmers rechtsunwirksam. Das Recht des Arbeitnehmers zur Benennung der bezugsberechtigten Hinterbliebenen bleibt unberührt.

(2) Die Abtretung oder Verpfändung von Ansprüchen auf Versicherungsleistungen ist rechtsunwirksam. Für die Pfändung gilt die Exekutionsordnung.

(BGBl 1996/754)

Unverfallbarkeit

§ 13. (1) Bei Beendigung des Arbeitsverhältnisses vor Eintritt des Leistungsfalles bleibt dem Arbeitnehmer der Anspruch auf die Versicherungsleistung aus dem Versicherungsvertrag erhalten. Der Arbeitnehmer kann nach Beendigung des Arbeitsverhältnisses

1. die Umwandlung der Versicherung in eine prämienfreie Versicherung verlangen; bei Eintritt des Leistungsfalles hat der Leistungsberechtigte gegenüber der Versicherung einen Anspruch, der sich aus den auf Grund des Versicherungsvertrages bis zur Beendigung des Arbeitsverhältnisses zu leistenden Prämien unter Berücksichtigung der bis zum Eintritt des Leistungsfalles auflaufenden Zinsengutschriften und Gewinnanteile ergibt;
2. die Übertragung des Rückkaufswertes im Zeitpunkt der Beendigung des Arbeitsverhältnisses in die Pensionskasse, in eine betriebliche Kollektivversicherung oder in eine Gruppenrentenversicherung eines neuen Arbeitgebers verlangen;

   (BGBl I 2005/8)
3. die Übertragung des Rückkaufswertes im Zeitpunkt der Beendigung des Arbeitsverhältnisses in eine ausländische Altersversorgungseinrichtung verlangen, wenn der Arbeitnehmer seinen Arbeitsort dauernd ins Ausland verlegt;
4. die Fortsetzung der Versicherung mit eigenen Prämien verlangen.

(2) Gibt der Arbeitnehmer binnen sechs Monaten keine Erklärung über die Verwendung seines Anspruches ab, so ist die Versicherung in eine prämienfreie Versicherung (Abs. 1 Z 1) umzuwandeln.

(3) Sofern der Rückkaufswert im Zeitpunkt der Beendigung des Arbeitsverhältnisses den sich aus § 1 Abs. 2 und 2a PKG jeweils ergebenden Betrag nicht übersteigt, ist dem Arbeitnehmer auf sein Verlangen der Rückkaufswert auszuzahlen.

(BGBl 1996/754)

Einstellen, Aussetzen oder Einschränken der Prämienleistung

§ 14. (1) Der Arbeitgeber kann seine Prämienleistung nur unter den im § 8 Abs. 1 Z 1 bis 3 genannten Voraussetzungen einstellen (Widerruf). Widerruft der Arbeitgeber, so bleibt dem Arbeitnehmer der Anspruch auf die Versicherungsleistung auf Grund allfälliger eigener Prämien und der bis zum Widerruf fälligen Prämien des Arbeitgebers erhalten. Der Arbeitnehmer kann nach Widerruf

1. die Umwandlung der Versicherung in eine prämienfreie Versicherung verlangen; bei Eintritt des Leistungsfalles hat der Leistungsberechtigte gegenüber der Versicherung einen Anspruch, der sich aus den auf Grund des Versicherungsvertrages bis zum Zeitpunkt des Widerrufs zu leistenden Prämien unter Berücksichtigung der bis zum Eintritt des Leistungsfalles auflaufenden Zinsengutschriften und Gewinnanteile ergibt;
2. die Fortsetzung der Versicherung mit eigenen Prämien verlangen.

(2) Gibt der Arbeitnehmer binnen sechs Monaten keine Erklärung über die Verwendung seines Anspruches ab, so ist die Versicherung in eine prämienfreie Versicherung (Abs. 1 Z 1) umzuwandeln.

(3) Sofern der Rückkaufswert im Zeitpunkt des Widerrufs den sich aus § 1 Abs. 2 und 2a PKG jeweils ergebenden Betrag nicht übersteigt, ist dem Arbeitnehmer auf sein Verlangen der Rückkaufswert auszuzahlen.

(BGBl 1996/754)

(4) Der Arbeitgeber kann seine Prämienleistung nur unter den im § 8 Abs. 6 Z 1 bis 3 genannten Voraussetzungen aussetzen oder einschränken.

(5) Werden Prämienleistungen des Arbeitgebers ausgesetzt oder eingeschränkt, so kann der Arbeitnehmer für denselben Zeitraum

1. seine Prämien in der bisherigen Höhe weiterzahlen;
2. seine Prämienleistung aussetzen oder im selben Ausmaß einschränken oder
3. auch die Prämien des Arbeitgebers übernehmen.

(6) Hat sich der Arbeitnehmer verpflichtet, eigene Prämien zu leisten, kann er seine Prämienleistung jederzeit einstellen oder für einen Zeitraum von mindestens zwei Jahren aussetzen oder einschränken.

Abschnitt 5
Unterstützungs- oder sonstige Hilfskassen

§ 15. Hat der Arbeitnehmer bei Beendigung des Arbeitsverhältnisses bereits mindestens fünf Jahre zum Kreis der Begünstigten einer Unterstützungs- oder sonstigen Hilfskasse gehört, so ist er bei Eintritt des Leistungsfalles den im Unternehmen verbliebenen Arbeitnehmern gleichzustellen, wobei sich sein Anspruch aus dem Verhältnis der im Unternehmen zugebrachten Dienstzeit zum

Zeitraum zwischen Eintritt in das Unternehmen und Eintritt des Leistungsfalles ergibt.

Abschnitt 6
Allgemeine Bestimmungen

Anrechnungs- und Auszehrungsverbot

§ 16. (1) Die in diesem Bundesgesetz geregelten Versorgungsleistungen dürfen durch Versorgungsleistungen, die auf Beiträgen der Leistungsberechtigten beruhen, nicht gemindert werden. Dies gilt nicht für Leistungen aus der gesetzlichen Pensionsversicherung, soweit sie auf Pflichtbeiträgen beruhen, sowie für Versorgungsleistungen, die zumindest zur Hälfte auf Beiträgen oder Zuschüssen des Arbeitgebers beruhen.

(2) Der Wert des vom Arbeitgeber zu erbringenden Teils der Gesamtversorgung, der sich im Zeitpunkt des Leistungsfalls ergibt, darf durch eine spätere Erhöhung von anrechenbaren Versorgungsleistungen nicht gemindert werden.

§ 16a. (1) Sofern betriebliche Pensionszusagen einen Leistungsanspruch für den Fall des Bezugs einer befristeten Invaliditäts- oder Berufsunfähigkeitspension vorsehen, gebührt dieser Anspruch auch bei Feststellung einer mindestens sechsmonatigen Invalidität oder Berufsunfähigkeit durch den Versicherungsträger gemäß § 367 Abs. 4 ASVG für die Dauer des Bezuges von Rehabilitationsgeld nach § 143a ASVG oder Umschulungsgeld nach § 39b des Arbeitslosenversicherungsgesetzes 1977, BGBl. Nr. 609/1977.

(2) Abs. 1 gilt auch für Leistungszusagen und Leistungen im Sinne des § 1 Abs. 3 Z 2.

(BGBl I 2018/100)

Auskunftspflicht

§ 17. (1) Der Arbeitgeber hat dem Anwartschaftsberechtigten, ehemaligen Arbeitnehmer oder Hinterbliebenen mit einem Leistungsanspruch auf Verlangen jährlich Auskunft über das Ausmaß der Anwartschaft zum Bilanzstichtag zu erteilen sowie darüber, in welcher Höhe er Leistungen bei Eintritt des Leistungsfalles beanspruchen kann.

(BGBl I 2018/54)

(2) Die Verpflichtung zur Auskunftserteilung im Sinne des Abs. 1 trifft bei zugesagten Pensionskassenleistungen die Pensionskasse, bei Lebensversicherungen oder betrieblichen Kollektivversicherungen das Versicherungsunternehmen.

(BGBl I 2005/8)

Gleichbehandlungsgebot

§ 18. (1) Der Arbeitgeber hat den arbeitsrechtlichen Gleichbehandlungsgrundsatz einzuhalten und ist verpflichtet, bei Einschränkung oder Widerruf von Rechten nach diesem Bundesgesetz Leistungs- und Anwartschaftsberechtigte nach ausgewogenen, willkürliche oder sachfremde Differenzierungen zwischen Arbeitnehmern oder Arbeitnehmergruppen ausschließenden Grundsätzen zu behandeln.

(2) Bei Leistungszusagen gemäß Abschnitt 2 oder 2a muss den Arbeitnehmern oder Arbeitnehmergruppen des Betriebes eine ausgewogene, willkürliche und sachfremde Differenzierungen ausschließende Beteiligung am Pensionskassensystem oder System der betrieblichen Kollektivversicherung ermöglicht werden.

(BGBl I 2005/8)

(3) Verstöße gegen das Gleichbehandlungsgebot gemäß Abs. 1 und 2 bewirken einen Angleichungsanspruch des in seinen Rechten Geschmälerten.

Unabdingbarkeit

§ 19. Die Rechte, die dem Arbeitnehmer auf Grund der §§ 2 bis 18 zustehen, dürfen – soweit sich aus diesem Bundesgesetz nicht anderes ergibt – durch Arbeitsvertrag oder Normen der kollektiven Rechtsgestaltung weder aufgehoben noch beschränkt werden.

§ 20. (1) Zum Zeitpunkt des Inkrafttretens dieses Bundesgesetzes anhängige Verwaltungsverfahren nach § 3 Abs. 2 oder 3 in der Fassung des Artikels I des Bundesgesetzes BGBl. Nr. 282/1990 sind nach der bisherigen Rechtslage weiterzuführen.

(2) Die in diesem Bundesgesetz enthaltenen Verweise auf andere Bundesgesetze gelten als Verweis auf die jeweils geltende Fassung, soweit in den einzelnen Verweisen nicht auf eine bestimmte Fassung verwiesen wird.

(3) Soweit in diesem Bundesgesetz personenbezogene Bezeichnungen noch nicht geschlechtsneutral formuliert sind, gilt die gewählte Form für beide Geschlechter.

(BGBl I 2012/54)

(4) Im Zeitpunkt des Inkrafttretens des Bundesgesetzes BGBl. Nr. 754/1996 bestehende, für die Arbeitnehmer günstigere Regelungen in Betriebsvereinbarungen oder Einzelvereinbarungen für die Übertragung eines Unverfallbarkeitsbetrages gemäß § 5 Abs. 2 werden durch die Bestimmungen des Bundesgesetzes BGBl. Nr. 754/1996 nicht berührt, sofern diese Betriebsvereinbarungen (Einzelvereinbarung) im Zeitpunkt des Inkrafttretens des Bundesgesetzes BGBl. Nr. 754/1996 für den Arbeitnehmer gegolten haben (hat).

(BGBl 1996/754)

Artikel V
Übergangs- und Schlußbestimmungen

(1) Dieses Bundesgesetz ist auf Leistungszusagen nicht anzuwenden, die vor dem 1. Jänner 1989 gemacht wurden und von Pensionskassen zu erfüllen sind, die zu diesem Zeitpunkt bereits errichtet waren.

(2) Vereinbarungen nach § 3 des Betriebspensionsgesetzes (Artikel I) können den Stichtag für Übertragung von Anwartschaften und Leistungen auf Pensionskassen rückwirkend, längstens aber auf den Beginn des laufenden Wirtschaftsjahres des Arbeitgebers festlegen.

(3) Auf Leistungszusagen, die vor Inkrafttreten dieses Bundesgesetzes gemacht wurden, ist dieses Bundesgesetz nur hinsichtlich der nach seinem Inkrafttreten erworbenen Anwartschaften anzu-

wenden. Für die Erfüllung der Wartezeit und des Fünfjahreszeitraums gemäß Artikel I § 7 Abs. 1 Z 2 und § 8 Abs. 2 zählen auch Anwartschaftszeiten, die vor Inkrafttreten dieses Bundesgesetzes liegen. In Unterstützungs- und sonstigen Hilfskassen, die bereits vor Inkrafttreten dieses Bundesgesetzes bestanden haben, bleiben von Artikel I § 15 abweichende Regelungen hinsichtlich der im Zeitpunkt des Inkrafttretens bereits erworbenen Anwartschaften unberührt.

(4) Vor dem 1. Jänner 1990 bestehende Regelungen in direkten Leistungszusagen, die abweichend von Artikel I dieses Bundesgesetzes

1. eine längere Wartezeit,
2. den Verlust der erworbenen Anwartschaften bei einvernehmlicher Auflösung des Arbeitsverhältnisses oder bei Arbeitgeberkündigung auf Grund eines in einem Disziplinarverfahren festgestellten schuldhaften Verhaltens des Arbeitnehmers,
3. den Widerruf von Leistungen wegen eines Verhaltens des Leistungsberechtigten, das ihn des Vertrauens seines früheren Arbeitgebers unwürdig erscheinen läßt (insbesondere wegen Verstoßes gegen bestehende Konkurrenzklauseln),

vorsehen, bleiben unberührt.

(5) Der Unverfallbarkeitsbetrag im Sinne des Artikels I § 7 ist bei direkten Leistungszusagen, die vor Inkrafttreten des Bundesgesetzes BGBl. Nr. 282/1990 (1. Juli 1990) erteilt wurden, nach den Vorschriften des § 7 Abs. 2a und 2b Betriebspensionsgesetz, in der Fassung des Bundesgesetzes BGBl. Nr. 754/1996, für den Zeitraum ab 1. Juli 1990 bis zur Beendigung des Arbeitsverhältnisses zu berechnen.

(BGBl 1996/754)

(6) Artikel I § 10 ist auf Leistungen aus direkten Leistungszusagen, die vor Inkrafttreten dieses Bundesgesetzes gemacht wurden, nicht anzuwenden.

(7) Artikel IV dieses Bundesgesetzes ist auf Insolvenzen im Sinne des § 1 Abs. 1 des Insolvenz-Entgeltsicherungsgesetzes, die vor Inkrafttreten dieses Bundesgesetzes eingetreten sind, nicht anzuwenden. Die Frist nach § 6 Abs. 1 des Insolvenz-Entgeltsicherungsgesetzes für Ansprüche nach Artikel IV Z 2 lit. a endet frühestens vier Monate nach Kundmachung dieses Bundesgesetzes.

(8) Soweit in diesem Bundesgesetz auf andere Bundesgesetze verwiesen wird, sind diese in der jeweils geltenden Fassung anzuwenden.

(9) Artikel V Abs. 5 in der Fassung des Bundesgesetzes BGBl. Nr. 754/1996 tritt mit 1. Jänner 1997 in Kraft.

(BGBl 1996/754)

(10) Ehemalige Arbeitnehmer/innen, für die zum Stichtag 31. Dezember 2012 eine beitragsfrei gestellte Anwartschaften geführt wird, können bis 30. Juni 2013 schriftlich die neuerliche Umwandlung der Anwartschaft in einen Unverfallbarkeitsbetrag und dessen Abfindung verlangen wenn:

1. der in eine beitragsfrei gestellte Anwartschaft umgewandelte Unverfallbarkeitsbetrag gemäß § 5 Abs. 1a im Zeitpunkt der Beendigung des Arbeitsverhältnisses den sich aus § 1 Abs. 2 und 2a PKG in der zum Zeitpunkt der Beendigung des Arbeitsverhältnisses geltenden Fassung jeweils ergebenden Betrag nicht überschritten hat,
2. der nach Umwandlung dieser Anwartschaft neuerlich ermittelte Unverfallbarkeitsbetrag nicht den zum 31. Dezember 2012 maßgeblichen Betrag nach § 1 Abs. 2 und 2a PKG übersteigt, und
3. der/die Arbeitnehmer/in nicht die Übertragung dieser Anwartschaft gemäß § 5 Abs. 3 zweiter Satz verlangen kann.

(BGBl I 2012/54)

(11) Ehemalige Arbeitnehmer/innen, für die zum Stichtag 31. Dezember 2012 eine prämienfreie Versicherung geführt wird, können bis 30. Juni 2013 schriftlich die neuerliche Umwandlung der Anwartschaft in einen Unverfallbarkeitsbetrag und dessen Abfindung verlangen wenn:

1. der in eine prämienfreie Versicherung umgewandelte Unverfallbarkeitsbetrag gemäß § 6c Abs. 1 im Zeitpunkt der Beendigung des Arbeitsverhältnisses den sich aus § 1 Abs. 2 und 2a PKG in der zum Zeitpunkt der Beendigung des Arbeitsverhältnisses geltenden Fassung jeweils ergebenden Betrag nicht überschritten hat,
2. der nach Umwandlung dieser Anwartschaft neuerlich ermittelte Unverfallbarkeitsbetrag nicht den zum 31. Dezember 2012 maßgeblichen Betrag nach § 1 Abs. 2 und 2a PKG übersteigt, und
3. der/die Arbeitnehmer/in nicht die Übertragung dieser Versicherung gemäß § 6c Abs. 3 zweiter Satz verlangen kann.

(BGBl I 2012/54)

Artikel VI
Inkrafttreten und Vollziehung

(1)

1. Dieses Bundesgesetz tritt mit 1. Juli 1990 in Kraft.
2. § 16a in der Fassung des Bundesgesetzes BGBl. Nr. 335/1993 tritt mit 1. Juli 1993 in Kraft.

   (BGBl 1993/335)
3. § 1 Abs. 3, § 3, § 4, § 5, § 6, § 7, § 8 Abs. 2 bis 5, § 9 letzter Halbsatz, § 11, § 12 Abs. 2, § 13 Abs. 3, § 14 Abs. 3 und § 20 in der Fassung des Bundesgesetzes BGBl. Nr. 754/1996 treten mit 1. Jänner 1997 in Kraft.

   (BGBl 1996/754)
4. Für Übertragungen gemäß § 48 PKG von Anwartschaften und Leistungsverpflichtungen aus direkten Leistungszusagen in Kollektivverträgen tritt § 3 in der Fassung des Bundesgesetzes BGBl. Nr. 754/1996 rückwirkend mit

1. Juli 1996 in Kraft, wobei für bis zum 31. Dezember 1996 begonnene Übertragungen anstelle des Stichtages 1. Jänner 1997 im § 3 Abs. 1a der 1. Jänner 1996 zu treten hat.

(BGBl 1996/754)

5. § 3 Abs. 4 vorletzter und letzter Satz in der Fassung des Bundesgesetzes BGBl. I Nr. 139/1997 treten mit 1. Jänner 1998 in Kraft.

(BGBl I 1997/139)

6. § 3 Abs. 4 in der Fassung des Bundesgesetzes BGBl. I Nr. 51/2002 tritt mit 1. Jänner 2002 in Kraft.

(BGBl I 2002/51)

7. Die §§ 2 Z 1, 3 Abs. 1 Z 1, 5 Abs. 2 Z 2 und Abs. 5, Abschnitt 2a, 7 Abs. 3 Z 1, 13 Abs. 1 Z 2, 17 Abs. 2 und 18 Abs. 2 in der Fassung des Bundesgesetzes BGBl. I Nr. 8/2005 treten mit 23. September 2005 in Kraft.

(BGBl I 2005/8)

8. § 11 Abs. 3 in der Fassung des Bundesgesetzes BGBl. I Nr. 82/2008 tritt mit 1. Juli 2008 in Kraft.

(BGBl I 2008/82)

9. § 1 Abs. 2 in der Fassung des Bundesgesetzes BGBl. I Nr. 22/2009 tritt mit 1. April 2009 in Kraft.

(BGBl I 2009/22)

10. Die §§ 7 Abs. 6a und 11 Abs. 1 in der Fassung des Bundesgesetzes BGBl. I Nr. 58/2010 treten mit 1. August 2010 in Kraft. § 11 Abs. 1 in der Fassung des Bundesgesetzes BGBl. I Nr. 58/2010 gilt für Insolvenzverfahren, die nach dem 31. Juli 2010 eröffnet oder wieder aufgenommen werden.

(BGBl I 2010/58)

11. § 1 Abs. 5, § 2 Z 1, § 3 Abs. 1 erster Satz und Z 2 und Z 2a und Abs. 4 vorletzter und letzter Satz, § 5 Abs. 1 zweiter Satz und Abs. 1a Z 2 und Abs. 2 Z 2 und Z 2a und Abs. 3 und Abs. 4 vorletzter und letzter Satz und Abs. 5, § 5a samt Überschrift, § 6a Abs. 1 Z 2 und Z 2a und Abs. 4 vorletzter und letzter Satz, § 6c Abs. 2 Z 2 und Z 2a und Abs. 3 bis Abs. 5, § 6e samt Überschrift, § 11 Abs. 1a und Abs. 4, § 20 Abs. 3, Artikel V Abs. 10 und 11 sowie Artikel VI Abs. 2 Z 3 in der Fassung des Bundesgesetzes BGBl. I Nr. 54/2012 treten mit 1. Jänner 2013 in Kraft. § 5 Abs. 1 zweiter Satz gilt nur für Arbeitsverhältnisse, deren vertraglich vereinbarter Beginn nach dem 31. Dezember 2012 liegt.

(BGBl I 2012/54)

12. § 3 Abs. 4 und § 6a Abs. 4 in der Fassung des Bundesgesetzes BGBl. I Nr. 67/2013 treten mit 1. Juli 2013 in Kraft.

(BGBl I 2013/67)

13. Die §§ 3 Abs. 4 und 6a Abs. 4 in der Fassung des Bundesgesetzes BGBl. I Nr. 138/2013 treten mit 1. Jänner 2014 in Kraft.

(BGBl I 2013/138)

14. § 2 Z 1, § 5 Abs. 5, § 5a Abs. 1, § 6a Abs. 1, § 6c Abs. 5 und § 6e Abs. 1 in der Fassung des Bundesgesetzes BGBl. I Nr. 34/2015 treten mit 1. Jänner 2016 in Kraft.

(BGBl I 2015/34)

15. § 16a Abs. 3a in der Fassung des Bundesgesetzes BGBl. I Nr. 152/2015 tritt mit 1. Jänner 2016 in Kraft.

(BGBl I 2015/152, BGBl I 2016/44)

16. Die §§ 7, 8 und 17 Abs. 1 in der Fassung des BGBl. I Nr. 54/2018 treten mit 21. Mai 2018 in Kraft und gelten für Beschäftigungszeiten aus direkten Leistungszusagen, die nach dem Inkrafttreten dieses Gesetzes entstehen. Für Beschäftigungszeiten aus direkten Leistungszusagen, die vor dem Inkrafttreten dieses Bundesgesetzes liegen, gelten weiterhin die Regelungen der §§ 7, 8 und 17 in der Fassung vor dem Bundesgesetz BGBl. I Nr. 54/2018.

(BGBl I 2018/54)

(2) Mit der Vollziehung sind betraut:

1. hinsichtlich Artikel I § 4, § 11 Abs. 1 Satz 1 und 2 sowie Abs. 2 und § 12 Abs. 2 der Bundesminister für Justiz;
2. hinsichtlich Artikel I § 11 Abs. 3 der Bundesminister für Finanzen;
3. hinsichtlich aller übrigen Bestimmungen dieses Bundesgesetzes der Bundesminister für Arbeit, Soziales und Konsumentenschutz.

(BGBl I 2012/54)

10/2. Betriebliches Mitarbeiter- und Selbständigenvorsorgegesetz

Betriebliches Mitarbeiter- und Selbständigenvorsorgegesetz, BGBl I 2002/100 idF

1 BGBl I 2002/158	**2** BGBl I 2003/80	**3** BGBl I 2003/135
4 BGBl I 2004/143	**5** BGBl I 2004/161	**6** BGBl I 2005/8
7 BGBl I 2005/36	**8** BGBl I 2005/37	**9** BGBl I 2006/48
10 BGBl I 2006/134	**11** BGBl I 2006/141	**12** BGBl I 2007/102
13 BGBl I 2009/12	**14** BGBl I 2009/116	**15** BGBl I 2009/135
16 BGBl I 2009/147	**17** BGBl I 2009/152	**18** BGBl I 2010/72
19 BGBl I 2010/92	**20** BGBl I 2011/77	**21** BGBl I 2012/35
22 BGBl I 2013/4	**23** BGBl I 2013/67	**24** BGBl I 2013/135
25 BGBl I 2013/138	**26** BGBl I 2013/184	**27** BGBl I 2014/42
28 BGBl I 2015/34	**29** BGBl I 2015/79	**30** BGBl I 2016/44
31 BGBl I 2016/73	**32** BGBl I 2016/118	**33** BGBl I 2017/30
34 BGBl I 2017/36	**35** BGBl I 2017/107	**36** BGBl I 2018/100
37 BGBl I 2019/25	**38** BGBl I 2019/62	**39** BGBl I 2020/135
40 BGBl I 2021/71	**41** BGBl I 2021/78	**42** BGBl I 2021/199

BPG/BMSVG

GLIEDERUNG

STICHWORTVERZEICHNIS

Betriebliches Mitarbeiter- und Selbständigenvorsorgegesetz – BMSVG

(BGBl I 2007/102)

Der Nationalrat hat beschlossen:

1. Teil
Mitarbeitervorsorge

(BGBl I 2007/102)

1. Abschnitt
Allgemeine Bestimmungen

Geltungsbereich

§ 1. (1) Die Bestimmungen des 1., 2. und 3. Teiles gelten für Arbeitsverhältnisse, die auf einem privatrechtlichen Vertrag beruhen.

(1a) Die Bestimmungen des 1. und 2. Teiles und § 48 Abs. 1 gelten für freie Dienstverhältnisse im Sinne des § 4 Abs. 4 des Allgemeinen Sozialversicherungsgesetzes (ASVG), BGBl. Nr. 189/1955, für freie Dienstverhältnisse von geringfügig beschäftigten Personen (§ 5 Abs. 2 ASVG) sowie für freie Dienstverhältnisse von Vorstandsmitgliedern im Sinne des § 4 Abs. 1 Z 6 ASVG, die auf einem privatrechtlichen Vertrag beruhen mit der Maßgabe, dass

1. an die Stelle der Begriffe „Arbeitgeber“, „Arbeitnehmer“ und „Arbeitsverhältnis“ die Begriffe „Dienstgeber“, „freier Dienstnehmer“ und „freies Dienstverhältnis“ in der richtigen grammatikalischen Form treten,

2. die §§ 6 Abs. 4, 7 Abs. 6 und 6a, 9 Abs. 2 4. bis 6. Satz, Abs. 3 und 4, 10 Abs. 2 und 3, 14 Abs. 2 Z 4 letzter Satz nicht anzuwenden sind,
3. für freie Dienstnehmer, welchen das Entgelt für längere Zeiträume als einen Monat gebührt, das monatliche Entgelt im Hinblick auf die Berechnung der fiktiven Bemessungsgrundlage nach § 7 Abs. 3 oder 4 nach § 44 Abs. 8 ASVG zu berechnen ist.

(2) Ausgenommen sind Arbeitsverhältnisse und freie Dienstverhältnisse
1. zu Ländern, Gemeinden und Gemeindeverbänden;
2. der land- und forstwirtschaftlichen Arbeiter im Sinne des Landarbeitsgesetzes 2021, BGBl. I Nr. 78/2021; für diese ist der 2. Teil anzuwenden;

   (BGBl I 2021/78)
3. zum Bund, auf die dienstrechtliche Vorschriften anzuwenden sind, die den Inhalt der Arbeitsverhältnisse zwingend regeln;
4. zu Stiftungen, Anstalten, Fonds oder sonstigen Einrichtungen, auf die das Vertragsbedienstetengesetz 1948 (VBG), BGBl. Nr. 86, gemäß § 1 Abs. 2 VBG oder auf Grund sonstiger gesetzlicher Bestimmungen anzuwenden ist;
5. die dem Kollektivvertrag gemäß § 13 Abs. 6 des Bundesforstegesetzes 1996, BGBl. Nr. 793, unterliegen.

(BGBl I 2007/102)

§ 2. Für Arbeitsverhältnisse, die dem Bauarbeiter-Urlaubs- und Abfertigungsgesetz (BUAG), BGBl. Nr. 414/1972, unterliegen, gelten die Bestimmungen des 1. Teiles sowie §§ 46, 48 und 49 dieses Bundesgesetzes nach Maßgabe der Bestimmungen des BUAG.

Begriffsbestimmungen

§ 3. Im Sinne dieses Bundesgesetzes sind:
1. Altabfertigungsanwartschaft:

   fiktive Abfertigung nach dem Angestelltengesetz, BGBl. Nr. 292/1921, dem Arbeiter-Abfertigungsgesetz, BGBl. Nr. 107/1979, und dem Gutsangestelltengesetz, BGBl. Nr. 538/1923, dem § 32 Abs. 5 und 6 ORF-Gesetz, BGBl. I Nr. 83/2001, fiktive Abfertigungen der Angestellten der Österreichischen Bundesbahnen, auf deren Dienstverhältnisse die allgemeinen Vertragsbedingungen für Dienstverträge bei den Österreichischen Bundesbahnen (AVB) zur Anwendung kommen, sowie fiktives außerordentliches Entgelt nach dem Hausgehilfen- und Hausangestelltengesetz, BGBl. Nr. 235/1962, zum Zeitpunkt des Übertritts nach § 47;
2. Anwartschaftsberechtigter:

   der Arbeitnehmer, für den Beiträge nach §§ 6 oder 7 an die Betriebliche Vorsorgekasse (BV-Kasse) zu leisten sind oder waren oder für den Übertragungsbeträge nach § 47 gezahlt wurden;

   (BGBl I 2007/102)
3. Abfertigungsanwartschaft:

   die in einer BV-Kasse verwalteten Ansprüche eines Anwartschaftsberechtigten; diese setzen sich zusammen aus
   – den in diese BV-Kasse eingezahlten Abfertigungsbeiträgen abzüglich der einbehaltenen Verwaltungskosten und/oder einer allenfalls in diese BV-Kasse übertragenen Altabfertigungsanwartschaft abzüglich der jeweils einbehaltenen Verwaltungskosten zuzüglich
   – allfälliger der BV-Kasse zugeflossener Verzugszinsen für Abfertigungsbeiträge und/oder für eine Altabfertigungsanwartschaft zuzüglich
   – der allenfalls aus einer anderen BV-Kasse in diese BV-Kasse übertragenen Abfertigungsanwartschaft zuzüglich
   – der zugewiesenen Veranlagungsergebnisse.

(BGBl I 2007/102)

Sprachliche Gleichbehandlung

§ 4. Bei allen personenbezogenen Bezeichnungen gilt die gewählte Form für beide Geschlechter.

Verweisungen

§ 5. Soweit in diesem Bundesgesetz auf andere Bundesgesetze verwiesen wird, sind diese in der jeweils geltenden Fassung anzuwenden.

2. Abschnitt
Beitragsrecht

Beginn und Höhe der Beitragszahlung

§ 6. (1) Der Arbeitgeber hat für den Arbeitnehmer ab dem Beginn des Arbeitsverhältnisses einen laufenden Beitrag in Höhe von 1,53 vH des monatlichen Entgelts sowie allfälliger Sonderzahlungen an den für den Arbeitnehmer zuständigen Träger der Krankenversicherung nach Maßgabe des § 58 Abs. 1 bis 6 des Allgemeinen Sozialversicherungsgesetzes (ASVG), BGBl. Nr. 189/1955, zur Weiterleitung an die BV-Kasse zu überweisen, sofern das Arbeitsverhältnis länger als einen Monat dauert. Der erste Monat ist jedenfalls beitragsfrei. Wird innerhalb eines Zeitraumes von zwölf Monaten ab dem Ende eines Arbeitsverhältnisses mit dem selben Arbeitgeber erneut ein Arbeitsverhältnis geschlossen, setzt die Beitragspflicht mit dem ersten Tag dieses Arbeitsverhältnisses ein.

(1a) Der Arbeitnehmer hat für die Dauer einer mit einem Rechtsträger nach § 8 Abs. 1 des Zivildienstgesetzes 1986 (ZDG), BGBl. Nr. 679/1986, abgeschlossenen Vereinbarung nach § 7a ZDG gegen diesen als Arbeitgeber, allenfalls nach § 7 Abs. 5 und 6 gegen den Familienlastenausgleichsfonds (FLAF) Anspruch auf eine Beitragsleistung nach diesem Bundesgesetz an die vom Rechtsträger ausgewählte BV-Kasse.

(BGBl I 2007/102)

(1b) Die monatliche Bemessungsgrundlage ist mit der monatlichen Beitragsgrundlagenmeldung gemäß § 34 Abs. 2 ASVG vom/von der Arbeitgeber/in an den zuständigen Träger der Krankenversicherung zu melden. Der Beginn der Beitragszahlung ist vom/von der Arbeitgeber/in mit der Anmeldung zur Sozialversicherung gemäß § 33 Abs. 1a ASVG bekanntzugeben, das Ende der Beitragszahlung mit der Abmeldung des Arbeitnehmers/der Arbeitnehmerin von der Sozialversicherung. Für die Meldungen zur Betrieblichen Vorsorge sind die Bestimmungen der §§ 33 und 34 ASVG sinngemäß anzuwenden.

(BGBl I 2015/79)

(2) Für die Eintreibung nicht rechtzeitig entrichteter Beiträge und allfälliger Verzugszinsen sind die §§ 59, 62, 64 und 409 bis 417a ASVG anzuwenden. Weiters sind die §§ 65 bis 68 und 69 ASVG anzuwenden. Der zuständige Träger der Krankenversicherung hat die Einhaltung der Melde- und Beitragspflichten durch den Arbeitgeber im Zuge der Sozialversicherungsprüfung gemäß § 41a ASVG zu prüfen.

(BGBl I 2005/36, BGBl I 2010/92)

(2a) Der/Die Arbeitgeber/in hat abweichend von Abs. 1 die Wahlmöglichkeit, die Abfertigungsbeiträge aus geringfügigen Beschäftigungsverhältnissen gemäß § 5 Abs. 2 ASVG entweder monatlich oder jährlich zu überweisen. Eine Vereinbarung nach § 58 Abs. 8 ASVG gilt automatisch auch als Vereinbarung für die Beiträge zur Betrieblichen Vorsorge. Bei einer jährlichen Zahlungsweise sind zusätzlich 2,5 vH. vom zu leistenden Beitrag gleichzeitig mit diesem Betrag an den zuständigen Träger der Krankenversicherung zu überweisen. Die Fälligkeit der Beiträge ergibt sich aus § 58 ASVG. Abweichend davon sind bei einer jährlichen Zahlungsweise die Abfertigungsbeiträge bei einer Beendigung des Arbeitsverhältnisses bis zum des Folgemonats zu entrichten, in den die Beendigung des Arbeitsverhältnisses fällt. Eine Änderung der Zahlungsweise ist nur zum Ende des Kalenderjahres zulässig. Der/Die Arbeitgeber/in hat eine Änderung der Zahlungsweise dem zuständigen Träger der Krankenversicherung vor dem Beitragszeitraum, für den die Änderung der Zahlungsweise vorgenommen wird, zu melden.

(BGBl I 2005/36, BGBl I 2007/102, BGBl I 2015/79)

(3) Sind nach einer Sozialversicherungsprüfung gemäß § 41a ASVG vom Arbeitgeber noch Beiträge zu leisten, sind diese Beiträge samt Verzugszinsen an die BV-Kasse weiterzuleiten, wobei § 63 ASVG mit der Maßgabe anzuwenden ist, dass an Stelle der Wortfolge „Träger der Unfall- und Pensionsversicherung" der Begriff „BV-Kasse" tritt. Sind vom Arbeitgeber (Bund) noch Beiträge nach dem BMSVG für bereits vergangene Beitragszeiträume samt Verzugszinsen aus einem bereits beendeten Arbeitsverhältnis aufgrund eines rechtskräftigen Gerichtsurteils oder eines gerichtlichen Vergleiches (§ 204 der Zivilprozessordnung, RGBl. Nr. 113/1895) zu leisten, sind diese Beiträge samt Verzugszinsen als Abfertigung direkt an den Arbeitnehmer auszuzahlen.

(BGBl I 2002/158, BGBl I 2007/102)

(4) Für die Dauer der Inanspruchnahme der Altersteilzeit nach § 27 des Arbeitslosenversicherungsgesetzes (AlVG), BGBl. Nr. 609/1977, der Teilpension nach § 27a AlVG, der Bildungsteilzeit nach § 11a des Arbeitsvertragsrechts-Anpassungsgesetzes (AVRAG), BGBl. Nr. 459/1993, des Solidaritätsprämienmodells nach § 13 AVRAG, der Wiedereingliederungsteilzeit nach § 13a AVRAG, der Herabsetzung der Normalarbeitszeit nach den §§ 14a, 14b oder 14d AVRAG, sowie die Dauer einer Kurzarbeit oder einer Qualifizierungsmaßnahme nach den §§ 37b oder 37c des Arbeitsmarktservicegesetzes (AMSG), BGBl. Nr. 313/1994, ist als Bemessungsgrundlage für den Beitrag des Arbeitgebers das monatliche Entgelt auf Grundlage der Arbeitszeit vor der Herabsetzung der Normalarbeitszeit heranzuziehen. Wenn und solange das monatliche Entgelt – einschließlich Kurzarbeitsunterstützung – während der Kurzarbeit höher ist als das monatliche Entgelt im Sinne des ersten Satzes, ist das monatliche Entgelt – einschließlich Kurzarbeitsunterstützung – während der Kurzarbeit als Bemessungsgrundlage für den Beitrag heranzuziehen.

(BGBl I 2009/12, BGBl I 2013/67, BGBl I 2013/138, BGBl I 2016/44, BGBl I 2017/30, BGBl I 2020/135, BGBl I 2021/78)

(5) Welche Leistungen als Entgelt im Sinne der Abs. 1 bis 4 anzusehen sind, bestimmt sich nach § 49 ASVG unter Außerachtlassung der Geringfügigkeitsgrenze nach § 5 Abs. 2 ASVG und der Höchstbeitragsgrundlage nach § 108 Abs. 3 ASVG.

Beitragsleistung in besonderen Fällen

§ 7. (1) Der Arbeitnehmer hat für die Dauer des jeweiligen Präsenz- oder Ausbildungsdienstes nach den §§ 19, 37 bis 39 des Wehrgesetzes 2001 – WG 2001, BGBl. I Nr. 146, bei weiterhin aufrechtem Arbeitsverhältnis Anspruch auf eine Beitragsleistung durch den Arbeitgeber in Höhe von 1,53 vH der fiktiven Bemessungsgrundlage in Höhe des Kinderbetreuungsgeldes gemäß § 3 Abs. 1 des Kinderbetreuungsgeldgesetzes (KBGG), BGBl. I Nr. 103/2001 in der Fassung vor dem BGBl. I Nr. 53/2016. Dies gilt nicht für den zwölf Monate übersteigenden Teil eines Wehrdienstes als Zeitsoldat gemäß § 19 Abs. 1 Z 5 WG 2001, eines Auslandseinsatzpräsenzdienstes gemäß § 19 Abs. 1 Z 9 WG 2001 oder eines Ausbildungsdienstes. In den Fällen des § 19 Abs. 1 Z 6, 8 und 9 WG 2001 hat der Arbeitnehmer für einen zwölf Monate übersteigenden Teil Anspruch auf eine Beitragsleistung durch den Bund in derselben Höhe; die Beiträge sind vom Bund im Wege der Versicherungsanstalt öffentlich Bediensteter, Eisenbahnen und Bergbau in die BV-Kasse seines bisherigen Arbeitgebers zu leisten.

(BGBl I 2017/36, BGBl I 2018/100)

(2) Der Arbeitnehmer hat für die Dauer des jeweiligen Zivildienstes nach § 6a sowie für die Dauer des Auslandsdienstes nach § 12b ZDG bei weiterhin aufrechtem Arbeitsverhältnis Anspruch auf eine Beitragsleistung durch den Arbeitgeber in Höhe von 1,53 vH der fiktiven Bemessungsgrundlage nach Abs. 1 erster Satz.

(3) Für die Dauer eines Anspruchs auf Krankengeld nach dem ASVG hat der Arbeitnehmer bei weiterhin aufrechtem Arbeitsverhältnis Anspruch auf eine Beitragsleistung durch den Arbeitgeber in Höhe von 1,53 vH einer fiktiven Bemessungsgrundlage. Diese richtet sich nach der Hälfte des für den Kalendermonat vor Eintritt des Versicherungsfalles gebührenden Entgelts. Sonderzahlungen sind bei der Festlegung der fiktiven Bemessungsgrundlage außer Acht zu lassen.

(4) Für die Dauer eines Anspruchs auf Wochengeld nach dem ASVG hat die Arbeitnehmerin bei weiterhin aufrechtem Arbeitsverhältnis Anspruch auf eine Beitragsleistung durch den Arbeitgeber in Höhe von 1,53 vH einer fiktiven Bemessungsgrundlage in Höhe eines Monatsentgeltes, berechnet nach dem in den letzten drei Kalendermonaten vor dem Versicherungsfall der Mutterschaft (§ 120 Abs. 1 Z 3 ASVG) gebührenden Entgelt, einschließlich anteiliger Sonderzahlungen, es sei denn, diese sind für die Dauer des Wochengeldbezuges fortzuzahlen. Bei einem neuerlichen Eintritt eines Beschäftigungsverbotes nach § 3 des Mutterschutzgesetzes 1979 (MSchG), BGBl. Nr. 221,

1. unmittelbar im Anschluss an eine vorherige Karenz nach dem MSchG im selben Arbeitsverhältnis oder
2. nach einer Beschäftigung im selben Arbeitsverhältnis zwischen einer Karenz und dem neuerlichen Beschäftigungsverbot nach dem MSchG, die kürzer als drei Kalendermonate dauert,
3. nach einer Beschäftigung in einem Arbeitsverhältnis, das nach der Beendigung des karenzierten Arbeitsverhältnisses und vor dem neuerlichen Beschäftigungsverbot begründet worden ist, die kürzer als drei Kalendermonate dauert,

ist als Bemessungsgrundlage das für den Kalendermonat vor dem Beschäftigungsverbot, das dieser Karenz unmittelbar vorangegangen ist, gebührende Monatsentgelt (berechnet nach dem ersten Satz), im Fall der Z 3 das für den letzten Kalendermonat vor dem Eintritt des neuerlichen Beschäftigungsverbotes gebührende volle Monatsentgelt heranzuziehen.

(5)[a] Für Zeiten des Kinderbetreuungsgeldbezuges hat der Arbeitnehmer oder der ehemalige Arbeitnehmer, wenn der Zeitraum zwischen dem Beginn des Kinderbetreuungsgeldbezuges und dem Ende des letzten diesem Bundesgesetz (oder gleichartigen österreichischen bundesgesetzlichen Rechtsvorschriften) unterliegenden Arbeitsverhältnis nicht mehr als drei Jahre beträgt, Anspruch auf eine Beitragsleistung zu Lasten des FLAF in Höhe von 1,53 vH des jeweils nach dem KBGG bezogenen Tagesbetrages an Kinderbetreuungsgeld.

(BGBl I 2009/116, BGBl I 2017/36)

[a] Gilt für Geburten nach dem 28.2.2017.

(6) Für die Dauer einer Freistellung gegen Entfall des Entgelts nach den §§ 14a oder 14b AVRAG oder einer Pflegekarenz nach § 14c AVRAG hat der/die Arbeitnehmer/in Anspruch auf eine Beitragsleistung zu Lasten des Bundes in Höhe von 1,53 vH der fiktiven Bemessungsgrundlage in Höhe des Kinderbetreuungsgeldes gemäß § 5b Abs. 1 KBGG in der Fassung vor dem BGBl. I Nr. 53/2016.

(BGBl I 2013/138, BGBl I 2017/36)

(6a) Für die Dauer einer Bildungskarenz nach § 11 AVRAG hat der Arbeitnehmer Anspruch auf eine Beitragsleistung zu Lasten der Mittel aus der Gebarung Arbeitsmarktpolitik (§ 1 des Arbeitsmarktpolitik-Finanzierungsgesetzes – AMPFG, BGBl. Nr. 315/1994) in Höhe von 1,53 vH der Bemessungsgrundlage in Höhe des vom Arbeitnehmer bezogenen Weiterbildungsgeldes gemäß § 26 Abs. 1 des Arbeitslosenversicherungsgesetzes 1977, BGBl. Nr. 609/1977. Das Arbeitsmarktservice (AMS) hat dem zuständigen Träger der Krankenversicherung und der Urlaubs- und Abfertigungskasse die für die Beitragsleistung nach dem ersten Satz notwendigen Daten in automationsunterstützter Form zur Verfügung zu stellen.

(BGBl I 2021/71)

(7) Der jeweils zuständige Träger der Krankenversicherung hat die Beiträge nach Abs. 5, 6 und 6a ohne gesonderten Antrag des Arbeitnehmers oder des ehemaligen Arbeitnehmers an die BV-Kasse, bei einem ehemaligen Arbeitnehmer an die BV-Kasse seines letzten Arbeitgebers, die Urlaubs- und Abfertigungskasse hat die Beiträge nach Abs. 5, 6 und 6a ohne gesonderten Antrag des Arbeitnehmers oder des ehemaligen Arbeitnehmers in ihrem Zuständigkeitsbereich an die Betriebliche Vorsorgekasse nach § 33b BUAG zu leisten. Bei einer Rückforderung von Kinderbetreuungsgeld nach dem KBGG sind für denselben Zeitraum auch die nach Abs. 5 geleisteten Beiträge vom Arbeitnehmer oder vom ehemaligen Arbeitnehmer zurückzufordern und an den FLAF zu überweisen.

(BGBl I 2021/71)

(8) Für die Einhebung der Beiträge nach Abs. 1 bis 6a ist § 6 Abs. 1 bis 3 anzuwenden.

(BGBl I 2007/102)

Verfügungs- und Exekutionsbeschränkungen

§ 8. Die Abtretung oder Verpfändung von Abfertigungsanwartschaften im Sinne des § 3 Z 3 ist rechtsunwirksam, soweit der Anwartschaftsberechtigte darüber nicht als Abfertigungsanspruch verfügen kann. Für die Pfändung gilt die Exekutionsordnung (EO), RGBl. Nr. 79/1896.

3. Abschnitt
Auswahl und Wechsel der BV-Kasse

(BGBl I 2007/102)

Auswahl der BV-Kasse

§ 9. (1) Die Auswahl der BV-Kasse hat durch eine Betriebsvereinbarung nach § 97 Abs. 1 Z 1b ArbVG oder gleichartigen österreichischen Rechtsvorschriften rechtzeitig zu erfolgen, es sei denn, der Arbeitgeber war bereits zu einer Auswahl einer BV-Kasse nach § 53 Abs. 1 verpflichtet oder hat bereits eine BV-Kasse nach § 65 Abs. 1 ausgewählt und einen Beitrittsvertrag abgeschlossen.

(BGBl I 2007/102)

(2) Für Arbeitnehmer, die von keinem Betriebsrat vertreten sind, hat die Auswahl der BV-Kasse durch den Arbeitgeber rechtzeitig zu erfolgen, es sei denn, der Arbeitgeber war bereits zu einer Auswahl einer BV-Kasse nach § 53 Abs. 1 verpflichtet oder hat bereits eine BV-Kasse nach § 65 Abs. 1 ausgewählt und einen Beitrittsvertrag abgeschlossen. Über die beabsichtigte Auswahl der BV-Kasse sind alle Arbeitnehmer binnen einer Woche schriftlich zu informieren. Wenn mindestens ein Drittel der Arbeitnehmer binnen zwei Wochen gegen die beabsichtigte Auswahl schriftlich Einwände erhebt, muss der Arbeitgeber eine andere BV-Kasse vorschlagen. Auf Verlangen dieser Arbeitnehmer ist eine kollektivvertragsfähige freiwillige Interessenvertretung der Arbeitnehmer zu den weiteren Beratungen über diesen Vorschlag bei zu ziehen. Wird trotz Einbeziehung einer kollektivvertragsfähigen freiwilligen Interessenvertretung der Arbeitnehmer binnen zwei Wochen kein Einvernehmen über die Auswahl der BV-Kasse erzielt, hat über Antrag eines der beiden Streitteile die Schlichtungsstelle gemäß § 144 ArbVG oder gleichartigen österreichischen Rechtsvorschriften über die Auswahl der BV-Kasse zu entscheiden. Streitteile im Sinne des § 144 ArbVG oder gleichartiger österreichischer Rechtsvorschriften in einem solchen Verfahren sind der Arbeitgeber einerseits und die kollektivvertragsfähige freiwillige Interessenvertretung der Arbeitnehmer andererseits.

(BGBl I 2007/102)

(3) Der Arbeitgeber hat die Einleitung eines Verfahrens bei der Schlichtungsstelle innerhalb der Frist nach § 10 Abs. 1 dem zuständigen Träger der Krankenversicherung unverzüglich zu melden.

(4) Die Schlichtungsstelle hat die BV-Kasse und den zuständigen Träger der Krankenversicherung über die Entscheidung schriftlich zu informieren.

(BGBl I 2007/102)

(5) Sind bei Beendigung des Arbeitsverhältnisses noch Beiträge nach den §§ 6 und 7 samt Verzugszinsen nach einer Sozialversicherungsprüfung gemäß § 41a ASVG zu leisten, sind diese Beiträge samt Verzugszinsen vom jeweiligen Träger der Krankenversicherung an die BV-Kasse des bisherigen Arbeitgebers weiterzuleiten.

(BGBl I 2007/102)

(6) Beiträge, die mangels Auswahl einer BV-Kasse noch nicht weitergeleitet werden können, sind bis zur Weiterleitung an die BV-Kasse entsprechend § 446 ASVG zu veranlagen.

(BGBl I 2007/102)

(BGBl I 2002/158, BGBl I 2005/36, BGBl I 2007/102)

§ 10. (1) Hat der Arbeitgeber nicht spätestens nach sechs Monaten ab dem Beginn des Arbeitsverhältnisses des Arbeitnehmers, für den der Arbeitgeber erstmalig Beiträge nach den §§ 6 oder 7 zu leisten hat, mit einer BV-Kasse einen Beitrittsvertrag nach § 11 abgeschlossen, ist das Zuweisungsverfahren nach § 27a einzuleiten.

(BGBl I 2007/102)

(2) Wird binnen der Frist nach Abs. 1 ein Antrag nach § 97 Abs. 2 ArbVG, § 9 Abs. 2 oder gleichartigen österreichischen Rechtsvorschriften über die Auswahl der BV-Kasse bei der Schlichtungsstelle nach § 144 ArbVG oder gleichartigen österreichischen Rechtsvorschriften eingebracht, wird der Ablauf dieser Frist für die Dauer des Verfahrens bei der Schlichtungsstelle gehemmt. Die Hemmung beginnt mit dem Tag der Antragstellung.

(BGBl I 2007/102)

(3) Schließt der Arbeitgeber nicht binnen 14 Tagen nach Zugang des Beschlusses der Schlichtungsstelle oder, sofern die verbliebene Frist nach Abs. 1 länger ist, nicht innerhalb dieser Frist einen Beitrittsvertrag mit der ausgewählten BV-Kasse ab, findet § 27a Abs. 6 und 7 Anwendung.

(BGBl I 2007/102)

(BGBl I 2002/158, BGBl I 2005/36)

Beitrittsvertrag und Kontrahierungszwang

§ 11. (1) Der Beitrittsvertrag ist zwischen der BV-Kasse und dem beitretenden Arbeitgeber abzuschließen.

(BGBl I 2007/102)

(2) Der Beitrittsvertrag hat insbesondere zu enthalten:

1. die ausgewählte BV-Kasse;
   (BGBl I 2007/102)
2. Grundsätze der Veranlagungspolitik;
3. die näheren Voraussetzungen für die Kündigung des Beitrittsvertrages;
4. die Höhe der Verwaltungskosten gemäß § 29 Abs. 2 Z 5;
5. die Meldepflichten des Arbeitgebers gegenüber der BV-Kasse;
   (BGBl I 2007/102)
6. eine allfällige Zinsgarantie gemäß § 24 Abs. 2;
7. alle Dienstgeberkontonummern des beitretenden Arbeitgebers;
8. Art und Berechnungsweise der Barauslagen, die die BV-Kasse gemäß § 26 Abs. 3 Z 1 verrechnen darf.
   (BGBl I 2007/102)

(3) Lehnt die BV-Kasse ein gesetzesgemäßes Anbot eines Arbeitgebers zum Abschluss eines Beitrittvertrages ab, hat sie trotzdem, sofern der Arbeitgeber schriftlich auf einem Vertragsabschluss

besteht, das Anbot anzunehmen (Kontrahierungszwang), und zwar zu den gleichen Bedingungen wie für ihre sonst üblicherweise abgeschlossenen Beitrittsverträge mit anderen Arbeitgebern, insbesondere zu den gleichen Verwaltungskosten gemäß § 29 Abs. 2 Z 5.

(BGBl I 2007/102)

(4) Ist die BV-Kasse in einem Fall der Inanspruchnahme des Kontrahierungszwangs durch einen Arbeitgeber gemäß Abs. 3 der Ansicht, dass die Verwaltungskosten gemäß § 29 Abs. 2 Z 5 und/oder sonstige Vertragsbedingungen aus kaufmännischen Gründen bei diesem Arbeitgeber nicht angemessen sind, kann sie innerhalb eines halben Jahres nach erfolgtem Vertragsabschluss die Angemessenheit der Verwaltungskosten oder die sonstigen Vertragsbedingungen im Einzelfall beim örtlich zuständigen Gerichtshof in Arbeits- und Sozialrechtssachen überprüfen lassen. Der Gerichtshof hat im Einzelfall die Verwaltungskosten auf einen von der BV-Kasse nachzuweisenden angemessenen Prozentsatz und/oder angemessene Vertragsbedingungen festzusetzen. Die Differenz zwischen den vom Gerichtshof festgesetzten höheren Verwaltungskosten zu den Verwaltungskosten der BV-Kasse gemäß § 29 Abs. 2 Z 5 ist vom Arbeitgeber zu tragen.

(BGBl I 2007/102)

Beendigung des Beitrittsvertrages und Wechsel der BV-Kasse

§ 12. (1) Eine Kündigung des Beitrittsvertrages durch den Arbeitgeber oder durch die BV-Kasse oder einvernehmliche Beendigung des Beitrittsvertrages ist nur rechtswirksam, wenn die Übertragung der Abfertigungsanwartschaften auf eine andere BV-Kasse sichergestellt ist. Die Kündigung oder einvernehmliche Beendigung des Beitrittsvertrages kann rechtswirksam nur für alle von diesem Beitrittsvertrag erfassten Anwartschaftsberechtigten gemeinsam erfolgen.

(BGBl I 2007/102)

(2) Die Kündigung oder einvernehmliche Beendigung des Beitrittsvertrages darf nur mit Wirksamkeit zum Bilanzstichtag der BV-Kasse ausgesprochen werden. Die Frist für die Kündigung des Beitrittsvertrages beträgt sechs Monate. Die einvernehmliche Beendigung des Beitrittsvertrages wird frühestens zu dem Bilanzstichtag der BV-Kasse wirksam, der zumindest drei Monate nach der Vereinbarung der einvernehmlichen Beendigung des Beitrittsvertrages liegt.

(BGBl I 2007/102)

(3) Die Übertragung der Abfertigungsanwartschaften auf die neue BV-Kasse hat binnen fünf Bankarbeitstagen nach Ende des zweiten Monats nach dem Bilanzstichtag der BV-Kasse zu erfolgen, wobei zu diesem Monatsende eine Ergebniszuweisung unter Berücksichtigung einer allfälligen Garantieleistung gemäß § 24 vorzunehmen ist. Nach Übertragung hervorkommende, noch zu diesen Abfertigungsanwartschaften gehörige Beträge sind als Nachtragsüberweisung unverzüglich auf die neue BV-Kasse zu übertragen. Ab dem Bilanzstichtag sind die Abfertigungsbeiträge unabhängig davon, ob sie noch vor dem Bilanzstichtag gelegene Monate betreffen, an die neue BV-Kasse zu überweisen.

(BGBl I 2007/102, BGBl I 2020/135)

(4) § 9 Abs. 1 und 2 ist auf einen Wechsel der BV-Kasse (Abs. 1), der auf Verlangen des Arbeitgebers, des Betriebsrates oder in Betrieben ohne Betriebsrat eines Drittels der Arbeitnehmer erfolgt, anzuwenden.

(BGBl I 2005/36, BGBl I 2007/102)

Mitwirkungsverpflichtung

§ 13. Die Arbeitgeber sowie die Anwartschaftsberechtigten sind verpflichtet, den BV-Kassen über alle für das Vertragsverhältnis und für die Verwaltung der Anwartschaft sowie für die Prüfung von Auszahlungsansprüchen maßgebenden Umstände unverzüglich wahrheitsgemäß Auskunft zu erteilen.

(BGBl I 2007/102)

4. Abschnitt
Leistungsrecht

Anspruch auf Abfertigung

§ 14. (1) Der Anwartschaftsberechtigte hat bei Beendigung des Arbeitsverhältnisses gegen die BV-Kasse Anspruch auf eine Abfertigung.

(2) Der Anspruch auf eine Verfügung nach § 17 Abs. 1 über die Abfertigung besteht nicht bei Beendigung des Arbeitsverhältnisses

1. durch Kündigung durch den Anwartschaftsberechtigten, ausgenommen bei Kündigung während einer Teilzeitbeschäftigung nach dem MSchG oder dem Väter-Karenzgesetz (VKG), BGBl. Nr. 651/1989,
2. durch verschuldete Entlassung,
3. durch unberechtigten vorzeitigen Austritt, oder
4. sofern noch keine drei Einzahlungsjahre (36 Beitragsmonate) seit der ersten Beitragszahlung gemäß § 6 oder § 7 nach der erstmaligen Aufnahme der Erwerbstätigkeit im Rahmen eines Arbeitsverhältnisses oder der letztmaligen Verfügung (ausgenommen Verfügungen nach § 17 Abs. 1 Z 2 oder Z 3 oder Abs. 2a) über eine Abfertigung vergangen sind. Beitragszeiten nach § 6 oder § 7 sind zusammenzurechnen, unabhängig davon, ob sie bei einem oder mehreren Arbeitgebern zurückgelegt worden sind. Beitragszeiten nach § 6 oder § 7 aus zum Zeitpunkt der Geltendmachung des Anspruchs weiterhin aufrechten Arbeitsverhältnissen sind nicht einzurechnen. Für Abfertigungsbeiträge auf Grund einer Kündigungsentschädigung, einer Ersatzleistung nach dem Urlaubsgesetz, BGBl. Nr. 390/1976, oder auf Grund eines nach § 9 Abs. 1 AngG oder § 5 des Entgeltfortzahlungsgesetzes, BGBl. Nr. 399/1974 fortgezahlten Entgelts sind als Beitragszeiten auch Zeiten nach der Beendigung des Arbeitsverhältnisses in dem

sich aus § 11 Abs. 1 oder Abs. 2 ASVG ergebenden Ausmaß anzurechnen.

(3) Die Verfügung über diese Abfertigung (Abs. 2) kann vom Anwartschaftsberechtigten erst bei Anspruch auf Verfügung über eine Abfertigung bei Beendigung eines oder mehrerer darauf folgender Arbeitsverhältnisse verlangt werden.

(4) Die Verfügung über die Abfertigung kann, sofern der Arbeitnehmer in keinem Arbeitsverhältnis steht, jedenfalls verlangt werden

1. ab der Inanspruchnahme einer Eigenpension aus der gesetzlichen Pensionsversicherung oder gleichartigen Rechtsvorschriften der Mitgliedstaaten des Europäischen Wirtschaftsraumes (Zeitpunkt der Zustellung des rechtskräftigen Bescheides), oder
2. nach Vollendung des Anfallsalters für die vorzeitige Alterspension aus der gesetzlichen Pensionsversicherung oder nach Vollendung des 62. Lebensjahres (Korridorpension nach § 4 Abs. 2 des Allgemeinen Pensionsgesetzes – APG, BGBl. I Nr. 142/2004), wenn dieses Anfallsalter zum Zeitpunkt der Beendigung des Arbeitsverhältnisses niedriger ist als das Anfallsalter für die vorzeitige Alterspension aus der gesetzlichen Pensionsversicherung oder gleichartigen Rechtsvorschriften der Mitgliedstaaten des Europäischen Wirtschaftsraumes oder
3. wenn für den Arbeitnehmer seit mindestens fünf Jahren keine Beiträge nach diesem Bundesgesetz oder gleichartigen österreichischen Rechtsvorschriften zu leisten sind.

(4a) Besteht bei Beendigung eines Arbeitsverhältnisses, das nach Inanspruchnahme einer Eigenpension aus einer gesetzlichen Pensionsversicherung oder gleichartigen Rechtsvorschriften der Mitgliedstaaten des Europäischen Wirtschaftsraumes begründet wurde, Anspruch auf eine Abfertigung, kann nur noch eine Verfügung nach § 17 Abs. 1 Z 1 oder 4 über die Abfertigung verlangt werden, ohne dass die in Abs. 2 festgelegten Voraussetzungen für die Verfügung über die Abfertigung vorliegen müssen. Gleiches gilt bei Beendigung eines geringfügigen Beschäftigungsverhältnisses gemäß § 5 Abs. 2 ASVG nach der Inanspruchnahme einer Eigenpension aus einer gesetzlichen Pensionsversicherung oder gleichartigen Rechtsvorschriften der Mitgliedstaaten des Europäischen Wirtschaftsraumes, das vor diesem Zeitpunkt begründet wurde.

(5) Bei Beendigung des Arbeitsverhältnisses durch den Tod des Anwartschaftsberechtigten gebührt die Abfertigung unabhängig vom Vorliegen der Voraussetzungen nach Abs. 2 dem Ehegatten oder dem eingetragenen Partner sowie den Kindern (Wahl-, Pflege- und Stiefkinder) des Anwartschaftsberechtigten zu gleichen Teilen, sofern für diese Kinder zum Zeitpunkt des Todes des Anwartschaftsberechtigten Familienbeihilfe gemäß § 2 des Familienlastenausgleichsgesetzes (FLAG), BGBl. Nr. 376/1967 bezogen wird. Die anspruchsberechtigten Personen können nur die Auszahlung der Abfertigung verlangen. Diese haben den Auszahlungsanspruch innerhalb von drei Monaten ab dem Zeitpunkt des Todes des Anwartschaftsberechtigten gegenüber der BV-Kasse schriftlich geltend zu machen. Die Abfertigung ist binnen fünf Bankarbeitstagen nach dem nächstfolgenden Monatsletzten nach Ablauf dieser Frist an die von der BV-Kasse festgestellten anspruchsberechtigten Personen mit schuldbefreiender Wirkung für die BV-Kasse auszuzahlen. Anspruchsberechtigte Personen, die ihren Anspruch innerhalb der Frist von drei Monaten gegenüber der BV-Kasse nicht geltend gemacht haben, können diesen Anspruch gegenüber dem Ehegatten oder dem eingetragenen Partner oder den Kindern im Sinne des 1. Satzes, an die eine Abfertigung im Sinne des 3. Satzes bereits ausgezahlt wurde, anteilig geltend machen. Melden sich keine anspruchsberechtigten Personen binnen der dreimonatigen Frist, fällt die Abfertigung in die Verlassenschaft gemäß § 531 des Allgemeinen Bürgerlichen Gesetzbuches, JGS. Nr. 946/1811.

(BGBl I 2009/135, BGBl I 2020/135)

(6) Der Anwartschaftsberechtigte hat die von ihm beabsichtigte Verfügung über die Abfertigung der BV-Kasse schriftlich bekannt zu geben. Darin kann der Anwartschaftsberechtigte die BV-Kasse weiters beauftragen, auch die Verfügungen im Sinne des § 17 Abs. 1 über Abfertigungen aus anderen BV-Kassen zu veranlassen.

(7) Die BV-Kasse ist verpflichtet, begründete Einwendungen eines Arbeitnehmers im Zusammenhang mit der Beitragsleistung oder dem Abfertigungsanspruch und Urgenzen hinsichtlich von Kontonachrichten zu prüfen und, sofern die Ursache dafür nicht im eigenen Bereich liegt, unverzüglich dem jeweils zuständigen Träger der Krankenversicherung zur Klärung zu übermitteln.

(8) Hat der/die Anwartschaftsberechtigte insgesamt (bei einem oder mehreren Arbeitgeber/innen) weniger als 36 Beitragsmonate erworben und wurden für diesen/diese seit mindestens zehn Jahren, gerechnet vom Zeitpunkt der letzten Einzahlung eines Beitrages nach diesem Bundesgesetz oder gleichartigen österreichischen Rechtsvorschriften, keine solchen Beiträge geleistet (Zehn-Jahres-Frist) und übersteigen die Anwartschaften zum Zeitpunkt des Ablaufs der Zehn-Jahres-Frist 2,5 vH. der 30-fachen Höchstbeitragsgrundlage gemäß § 108 Abs. 3 ASVG nicht, sind die daraus entstandenen Anwartschaften den Veranlagungserträgen in der jeweiligen BV-Kasse zum letzten Tag des auf den Ablauf der Zehn-Jahres-Frist sechstfolgenden Monats zuzuweisen, falls der/die Anwartschaftsberechtigte nicht vorher eine Auszahlung der Abfertigung als Kapitalbetrag verlangt hat.

(BGBl I 2015/79)

(9) Die Zuweisung der Anwartschaften nach Maßgabe des Abs. 8 setzt voraus, dass der/die Anwartschaftsberechtigte durch die BV-Kasse, bei der die letzte Einzahlung geleistet wurde, nach Ablauf der in § 14 Abs. 4 Z 3 genannten Frist und neuerlich nach Ablauf der in Abs. 8 genannten Zehn-Jahres-Frist in dokumentierbarer Form zur Auszahlung

der daraus entstandenen Abfertigungsanwartschaft aufgefordert und zugleich über die in Abs. 8 genannte Rechtsfolge (Zuweisung der betroffenen Anwartschaften nach Ablauf des der 10-Jahres-Frist sechstfolgenden Monats) informiert wurde.

(BGBl I 2015/79)

(BGBl I 2007/102)

Höhe der Abfertigung

§ 15. Die Höhe der Abfertigung ergibt sich aus der Abfertigungsanwartschaft zum Ende jenes Monats, zu dem ein Anspruch gemäß § 16 ermittelt wurde, einschließlich einer allfälligen Garantieleistung gemäß § 17 Abs. 1 Z 1, 3 und 4, Abs. 2a oder Abs. 3.

(BGBl I 2007/102, BGBl I 2020/135)

Fälligkeit der Abfertigung

§ 16. (1) Die Abfertigung ist am Ende des zweitfolgenden Kalendermonats nach der Geltendmachung des Anspruchs gemäß § 14 Abs. 6 fällig und binnen fünf Bankarbeitstagen entsprechend der Verfügung des Arbeitnehmers/der Arbeitnehmerin nach § 17 Abs. 1 Z 1, 3 oder 4 zu leisten, wobei die Frist für die Fälligkeit frühestens mit dem Ende des Tages der Beendigung des Arbeitsverhältnisses oder dem sich aus § 14 Abs. 4 oder § 17 Abs. 2a erster Satz ergebenden Zeitpunkt zu laufen beginnt. Abweichend vom ersten Satz kann die Frist für die Fälligkeit verkürzt werden, wenn die Beiträge gemäß § 27 Abs. 8 abgeführt wurden. Nach einer Auszahlung auf Grund einer Verfügung gemäß § 17 Abs. 1 Z 1, 3 oder 4 oder einer Auszahlung nach § 17 Abs. 3 hervorkommende, noch zu dieser Abfertigungsanwartschaft gehörige Beträge sind als Nachtragszahlung unverzüglich fällig. Änderungen der monatlichen Bemessungsgrundlage innerhalb von zwölf Monaten nach Beendigung des Arbeitsverhältnisses begründen bei einer Verfügung gemäß § 17 Abs. 1 Z 1, 3 oder 4 oder nach Auszahlungen nach § 17 Abs. 3 eine Rückzahlungsverpflichtung des/der Anwartschaftsberechtigten, sofern § 69 ASVG nicht zur Anwendung kommt. Rückzahlungen des/der Anwartschaftsberechtigten, die gemäß § 69 ASVG nicht mehr an den/die Arbeitgeber/in zurückzuzahlen sind, sind den Veranlagungserträgen nach § 14 Abs. 8 zuzuweisen.

(BGBl I 2015/79)

(2) Der Anwartschaftsberechtigte kann die BV-Kasse einmalig anweisen, die Durchführung von Verfügungen nach § 17 Abs. 1 Z 1, 3 oder 4 oder Abs. 2a ein bis sechs ganze Monate nach Fälligkeit gemäß Abs. 1 erster Satz vorzunehmen. An eine solche Anweisung ist die BV-Kasse nur dann gebunden, wenn sie spätestens 14 Tage vor der Auszahlung gemäß Abs. 1 bei ihr einlangt. Im Aufschubzeitraum ist die Abfertigung im Rahmen der Veranlagungsgemeinschaft weiter zu veranlagen. Mit dem Ende des letzten vollen Monats des Aufschubzeitraumes ist eine ergänzende Ergebniszuweisung vorzunehmen.

(BGBl I 2007/102, BGBl I 2020/135)

Verfügungsmöglichkeiten des Anwartschaftsberechtigten über die Abfertigung

§ 17. (1) Nach Beendigung des Arbeitsverhältnisses kann der Anwartschaftsberechtigte, ausgenommen in den in § 14 Abs. 2 genannten Fällen,

1. die Auszahlung der gesamten Abfertigung als Kapitalbetrag verlangen;
2. die Weiterveranlagung der gesamten Abfertigung bis zum Vorliegen der Voraussetzungen des Abs. 3 weiterhin in der BV-Kasse verlangen;
3. die Übertragung der gesamten Abfertigung in die BV-Kasse des neuen Arbeitgebers oder in eine für die Selbständigenvorsorge ausgewählte BV-Kasse verlangen;
4. die Überweisung der gesamten Abfertigung
   a) an ein Versicherungsunternehmen, bei dem der Arbeitnehmer bereits Versicherter im Rahmen einer betrieblichen Kollektivversicherung (§ 93 des Versicherungsaufsichtsgesetzes 2016 – VAG 2016, BGBl. I Nr. 34/2015) ist oder an ein Versicherungsunternehmen seiner Wahl als Einmalprämie für eine vom Anwartschaftsberechtigten nachweislich abgeschlossene Pensionszusatzversicherung (§ 108b des Einkommensteuergesetzes 1988 – EStG 1988, BGBl. Nr. 400) oder

      (BGBl I 2015/34)
   b) an eine Pensionskasse oder an eine Einrichtung im Sinne des § 5 Z 4 des Pensionskassengesetzes (PKG), BGBl. Nr. 281/1990, bei der der Anwartschaftsberechtigte bereits Berechtigter im Sinne des § 5 PKG ist, als Beitrag gemäß § 15 Abs. 3 Z 10 PKG oder an eine Einrichtung der zusätzlichen Pensionsversicherung nach § 479 ASVG, in der der Anwartschaftsberechtige versichert ist,

      (BGBl I 2014/42)

   verlangen.

(2) Gibt der Anwartschaftsberechtigte die Erklärung über die Verwendung des Abfertigungsbetrages nicht binnen sechs Monaten nach Beendigung des Arbeitsverhältnisses oder nach den sich aus § 14 Abs. 4 Z 2 oder 3 ergebenden Zeitpunkten ab, ist der Abfertigungsbetrag weiter zu veranlagen. Im Falle eines innerhalb der Verfügungsfrist eingeleiteten arbeitsgerichtlichen Verfahrens über abfertigungsrelevante Umstände (etwa Entgeltansprüche oder die Art der Beendigung des Arbeitsverhältnisses) kann der Arbeitnehmer entweder innerhalb der Frist nach dem ersten Satz oder innerhalb von sechs Monaten nach dem Eintritt der Rechtskraft des Gerichtsurteils verfügen.

(2a) Der Anwartschaftsberechtigte kann, auch wenn die Voraussetzungen des § 14 Abs. 2 für eine Verfügung über die Abfertigung nicht vorliegen, sowie nach einer Verfügung im Sinne des Abs. 1 Z 2 (abweichend von Abs. 2) eine Verfügung über die gesamte Abfertigung in der jeweiligen BV-Kasse im Sinne des Abs. 1 Z 3 verlangen, wenn die Abfertigungsanwartschaft seit der Beendigung des Arbeitsverhältnisses mindestens drei Jahre beitragsfrei gestellt ist. Die Verfügung kann frühestens nach dem Ablauf der Dreijahresfrist vorgenommen werden.

(3) Die BV-Kasse hat nach dem Ablauf von drei Monaten ab dem Zeitpunkt der Verständigung nach § 27 Abs. 4 über die Inanspruchnahme einer Eigenpension aus der gesetzlichen Pensionsversicherung oder gleichartigen Rechtsvorschriften der Mitgliedstaaten des Europäischen Wirtschaftsraumes durch den Anwartschaftsberechtigten die Abfertigung als Kapitalbetrag zum Ende des Folgemonats (Fälligkeit der Abfertigung) auszuzahlen, sofern der Anwartschaftsberechtigte nicht vorher über die Abfertigung verfügt hat.

(BGBl I 2007/102)

2. Teil
Betriebliches Vorsorgekassenrecht

(BGBl I 2007/102)

1. Abschnitt
Organisation der Betrieblichen Vorsorgekasse

(BGBl I 2007/102)

Betriebliche Vorsorgekassen

§ 18. (1) Wer berechtigt ist, Abfertigungsbeiträge und Selbstständigenvorsorgebeiträge hereinzunehmen und zu veranlagen (§ 1 Abs. 1 Z 21 Bankwesengesetz – BWG, BGBl. Nr. 532/1993; Betriebliches Vorsorgekassengeschäft) ist eine Betriebliche Vorsorgekasse (BV-Kasse) und unterliegt den Vorschriften dieses Bundesgesetzes.

(BGBl I 2007/102)

(2) Die der BV-Kasse überwiesenen Abfertigungsbeiträge stehen im Eigentum der BV-Kasse, die diese treuhändig für die Anwartschaftsberechtigten hält und verwaltet (offene Verwaltungstreuhand).

(BGBl I 2007/102)

(3) Die gesetzliche Interessenvertretung der BV-Kassen hat für jede BV-Kasse eine MVK-Leitzahl zu vergeben und diese sowie die Firma der BV-Kasse und allfällige Änderungen dieser Daten dem Dachverband bekannt zu geben.

(BGBl I 2007/102, BGBl I 2018/100)

(BGBl I 2007/102)

Rechtsform und Geschäftsbeschränkungen

§ 19. (1) Das Betriebliche Vorsorgekassengeschäft darf nur von Aktiengesellschaften oder von Gesellschaften mit beschränkter Haftung betrieben werden.

(BGBl I 2007/102)

(2) BV-Kassen dürfen nur die in § 1 Abs. 1 Z 21 BWG angeführten Geschäftstätigkeiten ausüben.

(BGBl I 2007/102)

(3) BV-Kassen dürfen keine Beteiligungen an anderen Unternehmen halten, sofern diese Unternehmen nicht operative oder sonstige mit dem Betrieblichen Vorsorgekassengeschäft verbundene Aufgaben wahrnehmen.

(BGBl I 2007/102)

Eigenmittel

§ 20. (1) Eine BV-Kasse muss jederzeit über anrechenbare Eigenmittel gemäß Teil 2 der Verordnung (EU) Nr. 575/2013 in Höhe von 0,25 vH der Gesamtsumme der Abfertigungsanwartschaften verfügen.

(BGBl I 2007/102, BGBl I 2013/184)

(2) Zusätzlich zu Abs. 1 ist ein Betrag in Höhe von mindestens 0,1 vH der Gesamtsumme der Abfertigungsanwartschaften einer besonderen Rücklage zuzuführen, bis 1 vH der Gesamtsumme der Abfertigungsanwartschaften erreicht sind. Diese Rücklage darf nur zur Erfüllung der Kapitalgarantie (§ 24 Abs. 1) herangezogen werden.

(BGBl I 2007/102, BGBl I 2013/4)

(3) Gewährt die BV-Kasse eine zusätzliche Zinsgarantie (§ 24 Abs. 2), so muss die BV-Kasse eine zusätzliche Rücklage in Höhe der mit dem Garantiefaktor multiplizierten Gesamtsumme der Abfertigungsanwartschaften bilden. Der Garantiefaktor wird mit der Hälfte des Garantiezinssatzes festgesetzt.

(BGBl I 2007/102)

(4) Sichert die BV-Kasse die Erfüllung der Kapitalgarantie (§ 24 Abs. 1) und/oder der Zinsgarantie (§ 24 Abs. 2) vollständig durch ein Kreditinstitut gemäß § 1 Abs. 1 oder § 9 Abs. 1 BWG ab, entfällt die Pflicht zur Bildung von Rücklagen gemäß Abs. 2 und/oder Abs. 3. Die Kosten dieser Absicherung dürfen nicht dem einer Veranlagungsgemeinschaft zugeordneten Vermögen angelastet werden. Bei befristeten Absicherungen hat die Absicherung auch sicherzustellen, dass die BV-Kasse zeitgleich mit dem Auslaufen der Absicherung über Rücklagen gemäß Abs. 2 und/oder Abs. 3 verfügt, die nicht geringer sein dürfen, als diese Rücklagen zu diesem Zeitpunkt bei einer gesetzeskonformen Dotierung ohne Inanspruchnahme der Absicherungsmöglichkeit dieses Absatzes wären. Die Vollständigkeit der Absicherung ist vom Bankprüfer der BV-Kasse zu prüfen und im bankaufsichtlichen Prüfungsbericht zu erläutern.

(BGBl I 2005/37, BGBl I 2007/102)

(5) Sofern in der Bilanz der BV-Kasse ein Forderungsbetrag gemäß § 26 Abs. 3 Z 2 ausgewiesen wird, ist eine Ausschüttung nur in jenem Ausmaß zulässig, in dem die Summe aus freier Gewinnrücklage und Bilanzgewinn diesen Forderungsbetrag übersteigt.

(BGBl I 2013/4)

Aufsichtsrat

§ 21. (1) Der Aufsichtsrat einer BV-Kasse besteht aus vier von der General-/Hauptversammlung gewählten Vertretern des Nennkapitals und aus zwei von einer kollektivvertragsfähigen freiwilligen Interessenvertretung der Arbeitnehmer nominierten Arbeitnehmervertreter.

(BGBl I 2007/102)

(2) § 110 ArbVG gilt mit der Maßgabe, dass der Betriebsrat (Betriebsausschuss, Zentralbetriebsrat) der BV-Kasse berechtigt ist, zusätzlich zu den in Abs. 1 festgelegten Aufsichtsratssitzen einen Vertreter in den Aufsichtsrat zu entsenden.

(BGBl I 2007/102)

(3) Neben den in § 95 Abs. 5 AktG geregelten Geschäften bedürfen folgende weitere Geschäfte der Zustimmung des Aufsichtsrates:

1. die Veranlagungsbestimmungen,
2. die Gewährung einer Zinsgarantie (§ 24 Abs. 2),
3. der Abschluss eines Dienstleistungsvertrages (§ 27 Abs. 1).

Die Satzung/Der Gesellschaftsvertrag kann darüber hinaus weitere Geschäfte der Zustimmung des Aufsichtsrates vorbehalten.

(4) Die Arbeitnehmervertreter im Aufsichtsrat der BV-Kassen üben ihre Funktion ehrenamtlich aus. Es darf ihnen daher nur Ersatz ihrer Barauslagen gewährt werden. Den von der General-/Hauptversammlung gewählten Aufsichtsratsmitgliedern in BV-Kassen darf neben dem Ersatz der Barauslagen ein angemessenes Entgelt für ihre Tätigkeit gewährt werden. Die Höhe dieses Entgeltes ist in der General-/Hauptversammlung festzulegen.

(BGBl I 2007/102)

(5) Der Aufsichtsrat hat sich regelmäßig hinsichtlich der die Veranlagungsgemeinschaften betreffenden Geschäfte zu informieren und sich gemeinsam mit dem Vorstand über die Veranlagungspolitik zu beraten.

Schutz von Bezeichnungen

§ 22. (1) Die Bezeichnungen „Betriebliche Vorsorgekasse", „BV-Kasse" oder Wortverbindungen, die diese Bezeichnungen enthalten, dürfen im Firmenwortlaut, im Geschäftsverkehr und in der Werbung nur von BV-Kassen oder von an diesen mittelbar oder unmittelbar beteiligten Unternehmen zum Zweck der Vermittlung von Betriebliches Vorsorgekassengeschäft verwendet werden.

(BGBl I 2007/102)

(2) Die Werbung, die in irreführender Weise den Anschein erweckt, dass eine BV-Kasse betrieben wird, ist verboten.

(BGBl I 2007/102)

Erwerbsverbote

§ 23. Geschäftsleiter oder Mitglieder des Aufsichtsrates einer BV-Kasse dürfen weder Vermögenswerte aus dem einer Veranlagungsgemeinschaft zugeordneten Vermögen erwerben, noch der BV-Kasse Vermögenswerte, die dem Vermögen einer Veranlagungsgemeinschaft zugeordnet werden sollen, verkaufen. Gleiches gilt für die Depotbank sowie deren Geschäftsleiter oder Mitglieder des Aufsichtsrates.

(BGBl I 2007/102)

2. Abschnitt
Organisatorische Rahmenbedingungen

Garantie

§ 24. (1) In den Fällen des § 14 Abs. 5 und § 17 Abs. 1 Z 1, 3 und 4, Abs. 2a sowie Abs. 3 beträgt der Mindestanspruch des Anwartschaftsberechtigten gegenüber der BV-Kasse

1. die Summe der dieser BV-Kasse zugeflossenen Abfertigungsbeiträge zuzüglich
2. einer allenfalls übertragenen Altabfertigungsanwartschaft sowie
3. der allenfalls aus einer anderen BV-Kasse übertragenen Abfertigungsanwartschaft.

Bei Übertragung einer Abfertigungsanwartschaft gemäß § 12 Abs. 3 erhöht sich der Mindestanspruch gegenüber der neuen BV-Kasse im Ausmaß der der übertragenden BV-Kasse zugeflossenen Abfertigungsbeiträge.

(BGBl I 2007/102)

(2) Die BV-Kasse kann eine über das Mindestausmaß gemäß Abs. 1 hinausgehende Zinsgarantie gewähren. Dieser Garantiezinssatz muss für alle Anwartschaftsberechtigten gleich sein und darf nur für ein folgendes Geschäftsjahr geändert werden.

(BGBl I 2007/102)

Konten

§ 25. (1) Die BV-Kasse hat für jeden Anwartschaftsberechtigten ein Konto zu führen. Dieses Konto muss alle wesentlichen Daten enthalten und dient der Berechnung des Abfertigungsanspruches.

(2) Der/Die Anwartschaftsberechtigte ist jährlich spätestens bis zum 31. Juli zum Stand 31. Dezember des vorangegangenen Geschäftsjahres schriftlich über

1. die zum letzten Bilanzstichtag erworbene Abfertigungsanwartschaft,
2. die im Geschäftsjahr auf Grund der bis zum Bilanzstichtag bei der BV-Kasse eingelangten monatlichen Beitragsgrundlagenmeldungen für den Zeitraum 1. November des vorangegangenen Geschäftsjahres bis 31. Oktober des Geschäftsjahres verbuchten Beiträge sowie gegen welchen/welche Arbeitgeber/in Anspruch auf Zahlung dieser Beiträge bestanden hat,
   (BGBl I 2017/107)
3. die vom/von der Anwartschaftsberechtigten zu tragenden Barauslagen und Verwaltungskosten,
4. die zugewiesenen Veranlagungsergebnisse sowie
5. die insgesamt erworbene Abfertigungsanwartschaft

zu informieren. Wesentliche Daten sind neben Namen und Sozialversicherungsnummer des/der

Anwartschaftsberechtigten die für die Erfüllung der in den Z 1 bis 5 angeführten Verpflichtungen erforderlichen Daten. Weiters hat die Information die Grundzüge der Veranlagungspolitik sowie die zum Abschlussstichtag gehaltenen Veranlagungen zu enthalten.

(BGBl I 2015/79)

(3) Der/Die Anwartschaftsberechtigte ist nach Beendigung eines Arbeitsverhältnisses, die eine Verfügung nach § 17 Abs. 1 begründet, binnen eines Monats nach der Verständigung über die Beendigungsart des Arbeitsverhältnisses durch den Dachverband der Sozialversicherungsträger von der BV-Kasse schriftlich über die Verfügungsmöglichkeiten gemäß den §§ 14 Abs. 6 und 17 Abs. 1 zu informieren. Die Information hat auch einen Hinweis darauf zu enthalten, dass die Höhe der Abfertigung erst nach Vorliegen sämtlicher Bemessungsgrundlagen bei der BV-Kasse und nach der Gewinnzuweisung ermittelt werden kann. Bei Verfügungen gemäß § 17 Abs. 1 Z 1, 3 und 4 oder Auszahlungen gemäß § 17 Abs. 3 ist dem/der Anwartschaftsberechtigten zeitgleich mit der Auszahlung der Abfertigung eine schriftliche Information mit den Angaben gemäß Abs. 2 Z 1 bis 5 zu übermitteln.

(BGBl I 2015/79, BGBl I 2018/100)

(4) Nach Maßgabe der vorhandenen technischen Möglichkeiten kann nach Zustimmung des Anwartschaftsberechtigten anstelle der schriftlichen Information gemäß Abs. 2 und Abs. 3 letzter Satz auch eine gesicherte elektronische Zugriffsmöglichkeit auf diese Information bei der BV-Kasse ermöglicht werden. Die Information gemäß Abs. 3 erster und zweiter Satz kann nach Zustimmung des Anwartschaftsberechtigten und Bekanntgabe einer elektronischen Zustelladresse anstelle der schriftlichen Information auch elektronisch zugestellt werden.

(5) Die BV-Kasse haftet für die Richtigkeit der Kontonachrichten auf der Grundlage der von den Sozialversicherungsträgern im Wege des Dachverbandes zu Verfügung gestellten Beitragsgrundlagenmeldungen im Ausmaß der gemäß § 27 Abs. 8 vom jeweils zuständigen Sozialversicherungsträger überwiesenen Beiträge.

(BGBl I 2015/79, BGBl I 2017/107, BGBl I 2018/100)

(6) Werden für eine Abfertigungsanwartschaft nach Beendigung des Arbeitsverhältnisses für einen ununterbrochenen Zeitraum von mindestens zwölf Monaten ab dem Bilanzstichtag, zu dem die letzte Kontonachricht erstellt wurde, keine Beiträge geleistet, ist dem Anwartschaftsberechtigten abweichend von Abs. 2 jeweils nach jedem dritten Bilanzstichtag, gerechnet ab jenem Bilanzstichtag, zu dem die letzte Kontonachricht erstellt wurde, eine Kontonachricht zu übermitteln. Verändert sich die Abfertigungsanwartschaft seit jenem Bilanzstichtag, zu dem die letzte Kontonachricht erstellt wurde, um mehr als 30 €, ist dem Anwartschaftsberechtigten zu diesem Bilanzstichtag eine Kontonachricht zu übermitteln. Im Falle der gesicherten elektronischen Zugriffsmöglichkeit durch den Anwartschaftsberechtigten (Abs. 4) ist jährlich ein Kontoauszug zu erstellen.

(7) Uneinbringliche Forderungen aus unterdeckten Konten in der BV-Kasse sind den Veranlagungserträgen gegenzurechnen.

(BGBl I 2015/79)

(BGBl I 2007/102)

Verwaltungskosten

BPG/BMSVG

§ 26. (1) Die BV-Kassen sind berechtigt, von den hereingenommenen Abfertigungsbeiträgen Verwaltungskosten abzuziehen. Diese Verwaltungskosten müssen prozentmäßig für sämtliche Beitragszahler einer BV-Kasse gleich sein und in einer Bandbreite zwischen 1 vH und 3,5 vH der Abfertigungsbeiträge festgesetzt werden.

(BGBl I 2007/102)

(2) Wird eine Altabfertigungsanwartschaft auf eine BV-Kasse übertragen (§ 47 oder gleichartige österreichische Rechtsvorschriften), so ist die BV-Kasse berechtigt, einen einmaligen Kostenbeitrag in Höhe von höchstens 1,5 vH des Übertragungswertes einzubehalten, wobei der Prozentsatz von der BV-Kasse einheitlich festgesetzt werden muss und der Kostenbeitrag den Betrag von 500 Euro je Altabfertigungsanwartschaft nicht übersteigen darf.

(BGBl I 2007/102)

(3) Für die Veranlagung des Abfertigungsvermögens sind BV-Kassen berechtigt,

1. Barauslagen, wie Depotgebühren, Bankspesen usw., weiter zu verrechnen, sofern diese im Beitrittsvertrag (§ 11 Abs. 2 Z 8 oder vergleichbare österreichische Rechtsvorschriften) genannt sind, sowie
2. von den Veranlagungserträgen eine Vergütung für die Vermögensverwaltung einzubehalten, die 1 vH pro Geschäftsjahr und ab 1. Jänner 2005 0,8 vH pro Geschäftsjahr des veranlagten Abfertigungsvermögens nicht übersteigen darf. Soweit die Veranlagungserträge eines Geschäftsjahres für die Vergütung nicht ausreichen, ist im Jahresabschluss der BV-Kasse eine entsprechende Forderung ertragswirksam zu erfassen. Im Rechenschaftsbericht der Veranlagungsgemeinschaft ist in Höhe dieser Forderung unter den sonstigen Aktiva ein Unterschiedsbetrag gemäß § 26 Abs. 3 Z 2 BMSVG und eine Verbindlichkeit auszuweisen und im Formblatt C zu erläutern; eine Belastung des Abfertigungsvermögens ist nicht zulässig.

   (BGBl I 2013/4)

(BGBl I 2007/102)

(4) Die Übertragung der Abfertigungsanwartschaft von einer BV-Kasse auf eine andere BV-Kasse sowie die Auszahlung der Abfertigungsanwartschaft hat durch die übertragende und übernehmende oder auszahlende BV-Kasse verwaltungskostenfrei zu erfolgen. Im Zuge der Überweisung oder Auszahlung anfallende Barauslagen wie Bankspesen, Kosten einer Postanweisung oder

Ähnliches dürfen jedoch verrechnet und einbehalten werden.

(BGBl I 2007/102)

(5) Der jeweils zuständige Träger der Krankenversicherung kann für die Einhebung und Weiterleitung der Beiträge eine Vergütung von höchstens 0,3 vH der eingehobenen Beiträge von der jeweiligen BV-Kasse einheben. Die BV-Kasse kann diese Vergütung als Barauslagen gemäß Abs. 3 Z 1 verrechnen.

(BGBl I 2007/102)

(6) Die Sozialversicherungsträger sowie der Dachverband sind berechtigt, Investitionskosten sowie die laufenden Kosten für anfallende Investitionen für die Erstellung und Adaptierung der Software für die Verwaltung der Daten für die einzelnen BV-Kassen den BV-Kassen in Rechnung zu stellen, sofern vor der Erstellung oder Adaptierung im Einvernehmen mit den BV-Kassen die Notwendigkeit gemäß BMSVG, die Zweckmäßigkeit sowie die Kosten festgestellt und festgelegt wurden. Die BV-Kassen sind verpflichtet, diese festgestellten Kosten im Verhältnis ihrer Marktanteile ab Rechnungslegung binnen einem Monat zu ersetzen. Die einzelnen BV-Kassen können für diese Investitionskosten im Innenverhältnis im Wege der von ihnen gebildeten Plattform oder sonstiger gemeinsamer Einrichtungen die Modalitäten der Aufteilung nach den jeweiligen Marktanteilen festlegen, getrennt für Berechtigte nach dem 1. und 4. Teil sowie nach den Berechtigtengruppen gemäß § 62 Abs. 1 Z 1 bis 6 gesondert festlegen. Die Sozialversicherungsträger haben die notwendigen Daten der Plattform der Betrieblichen Vorsorgekassen zur Verfügung zu stellen.

(BGBl I 2007/102, BGBl I 2018/100)

Kooperation

§ 27. (1) Die BV-Kasse ist verpflichtet, mit zumindest einem Versicherungsunternehmen, das zum Betrieb der Lebensversicherung berechtigt ist, einen Dienstleistungsvertrag abzuschließen. Zweck dieses Dienstleistungsvertrages ist es, die Anwartschaftsberechtigten im Wege der BV-Kasse über die Möglichkeit der Überweisung der Abfertigung an ein Versicherungsunternehmen gemäß § 17 Abs. 1 Z 4 oder gleichartigen österreichischen Rechtsvorschriften zu informieren. Weiters sind die BV-Kassen verpflichtet, auf die Möglichkeit der Überweisung der Abfertigung auf eine Pensionskasse in den Fällen einer bestehenden Anwartschaft im Rahmen eines Pensionskassenvertrages hinzuweisen.

(BGBl I 2007/102)

(2) Wenn ein Leistungsfall gemäß § 17 Abs. 1 Z 4 zu erwarten ist, ist die BV-Kasse berechtigt, dem Versicherungsunternehmen gemäß Abs. 1 jene Daten in indirekt personenbezogener Form zur Verfügung zu stellen, die für eine ausreichend konkrete Information erforderlich sind. Die vom Versicherungsunternehmen gemäß Abs. 1 erstellte Information ist von der BV-Kasse an den Anwartschaftsberechtigten rechtzeitig vor Auszahlung der Abfertigung zu übermitteln, wobei auch das die Information erstellende Unternehmen zu bezeichnen ist.

(BGBl I 2007/102)

(3) Der Anwartschaftsberechtigte ist hinsichtlich der Verwendung der Information gemäß Abs. 2 völlig frei.

(4) Die Sozialversicherungsträger sind verpflichtet, die Fälle der Inanspruchnahme einer Pension aus der gesetzlichen Pensionsversicherung durch Anwartschaftsberechtigte sowie die Todesmeldungen, Stammdaten der Anwartschaftsberechtigten (Sozialversicherungsnummer, Name, Anschrift, Geburtsdatum, Geschlecht), Stammdaten des Arbeitgebers (DGNR, Firma, Anschrift), Beginn, Ende und Beendigungsgrund jedes Arbeitsverhältnisses eines Anwartschaftsberechtigten, MVK-Leitzahl pro Arbeitgeber (DGNR) in automationsunterstützter Form im Wege des Dachverbandes gegen Ersatz der Kosten den jeweils betroffenen BV-Kassen zur Verfügung zu stellen.

(BGBl I 2003/135, BGBl I 2007/102, BGBl I 2016/118, BGBl I 2018/100)

(5) Die Sozialversicherungsträger sind verpflichtet, die monatlichen Bemessungsgrundlagen gemäß § 34 Abs. 2 ASVG in automationsunterstützter Form im Wege des Dachverbandes gegen Ersatz der Kosten den jeweils betroffenen BV-Kassen zur Verfügung zu stellen.

(BGBl I 2007/102, BGBl I 2015/79, BGBl I 2018/100)

(6) BV-Kassen dürfen die in Abs. 4 und 5 genannten Daten auch aus eigenem ausschließlich für Zwecke der Verwaltung der Anwartschaften sowie der Klärung und Abwicklung von Auszahlungstatbeständen von den Sozialversicherungsträgern im Wege des Dachverbandes ermitteln. Für diese Zwecke darf von den Sozialversicherungsträgern ein Online-Zugriff eingeräumt werden.

(BGBl I 2007/102, BGBl I 2018/100)

(6a) Die Sozialversicherungsträger sind verpflichtet, die BV-Kasse des Präsenzdienstleistenden, für den der Bund Beiträge nach § 7 Abs. 1 leistet, im Wege des Dachverbandes dem Bundesministerium für Landesverteidigung in automationsunterstützter Form samt den Angaben, die zur Übermittlung der Beiträge an die BV-Kasse des bisherigen Arbeitgebers notwendig sind, mitzuteilen.

(BGBl I 2007/102, BGBl I 2018/100)

(7) Die BV-Kassen sind verpflichtet, dem Dachverband auf automationsunterstütztem Wege unverzüglich den beitretenden Arbeitgeber und seine dazugehörenden Dienstgeberkontonummern sowie die Übertragung oder Auszahlung der Abfertigung für einen Arbeitnehmer zu melden.

(BGBl I 2007/102, BGBl I 2018/100)

(8) Die jeweils zuständigen Träger der Krankenversicherung sind verpflichtet, die Beiträge nach den §§ 6 und 7 jeweils am Zehnten des zweitfolgenden Kalendermonats nach deren Fälligkeit (§ 6 Abs. 1 und 2) an die BV-Kasse unabhängig davon, ob der/die Arbeitgeber/in die Beiträge ordnungs-

gemäß geleistet hat, zur Gänze entsprechend den monatlichen Beitragsgrundlagen gemäß § 34 Abs. 2 ASVG abzuführen.

(BGBl I 2002/158, BGBl I 2007/102, BGBl I 2015/79)

Zuweisungsverfahren bei Nichtauswahl der BV-Kasse durch den Arbeitgeber

§ 27a. (1) Das Zuweisungsverfahren ist hinsichtlich jener Arbeitgeber unverzüglich einzuleiten, die binnen der Frist nach § 10 Abs. 1 oder gleichartigen österreichischen Rechtsvorschriften noch keinen Beitrittsvertrag mit einer BV-Kasse abgeschlossen haben oder für die noch kein Verfahren nach § 97 Abs. 2 ArbVG, § 9 Abs. 2 oder gleichartigen österreichischen Rechtsvorschriften bei der Schlichtungsstelle eingeleitet worden ist. Der zuständige Träger der Krankenversicherung hat den Arbeitgeber schriftlich oder auf elektronischem Weg nach Maßgabe der vorhandenen technischen Möglichkeiten zur Auswahl einer BV-Kasse binnen drei Monaten nach der Zusendung des Schreibens beim Arbeitgeber unter gleichzeitigem Hinweis aufzufordern, dass im Fall der Nichtauswahl einer BV-Kasse binnen dieser Frist der Arbeitgeber einer BV-Kasse zugewiesen wird.

(BGBl I 2007/102)

(2) Wird binnen drei Monaten nach Zusendung des Schreibens nach Abs. 1 durch den Arbeitgeber ein Beitrittsvertrag mit der BV-Kasse abgeschlossen, endet das Zuweisungsverfahren. Wird binnen dieser Frist bei der Schlichtungsstelle ein Antrag über die Auswahl der BV-Kasse eingebracht, wird der Ablauf dieser Frist gehemmt. Der Arbeitgeber hat die Einleitung eines Verfahrens bei der Schlichtungsstelle dem Dachverband unverzüglich zu melden.

(BGBl I 2007/102, BGBl I 2018/100)

(3) Hat der Arbeitgeber binnen der Frist nach Abs. 1 noch keinen Beitrittsvertrag mit einer BV-Kasse abgeschlossen, hat der Dachverband eine Zuweisung des Arbeitgebers zu einer BV-Kasse nach dem Zuweisungsmodus nach Abs. 4 und 5 vorzunehmen.

(BGBl I 2007/102, BGBl I 2018/100)

(4) Am Zuweisungsverfahren haben alle konzessionierten BV-Kassen (§ 18 Abs. 1) teilzunehmen, es sei denn, seitens der Wirtschaftskammer Österreich werden dem Dachverband jährlich bis spätestens 30. November (Meldezeitpunkt) für das darauf folgende Jahr die am Zuweisungsverfahren teilnehmenden BV-Kassen bekannt gegeben, wobei die Anzahl der für die Teilnahme am Zuweisungsverfahren bekannt gegebenen BV-Kassen mindestens mehr als die Hälfte der konzessionierten BV-Kassen betragen muss. Die BV-Kassen können ihre Teilnahme am Zuweisungsverfahren schriftlich bei der Wirtschaftskammer Österreich jährlich bis spätestens November beantragen, wobei die fristgerecht beantragte Teilnahme von der Wirtschaftskammer Österreich nicht abgelehnt werden darf. Der Antrag auf Teilnahme gilt unwiderruflich für das darauf folgende Jahr. Der Wegfall der Konzession einer BV-Kasse ist hinsichtlich des Erfordernisses der Anzahl der teilnehmenden BV-Kassen nach dem zweiten Satz unbeachtlich.

(BGBl I 2007/102, BGBl I 2018/100)

(5) Die Zuweisung der einzelnen Arbeitgeber hat nach dem folgenden Zuweisungsmodus entsprechend den zum Bilanzstichtag des vorangegangenen Geschäftsjahres bestehenden Marktanteilen der am Zuweisungsverfahren teilnehmenden BV-Kassen zu erfolgen, die nach der vom Dachverband festgestellten Anzahl der einer BV-Kasse zugeordneten Dienstgeberkontonummern zu bemessen sind: Der Dachverband hat eine Reihung aller zuzuweisenden Arbeitgeber nach dem Tag des jeweiligen Beginns des Arbeitsverhältnisses jenes Arbeitnehmers, für den der Arbeitgeber erstmalig Beiträge nach den §§ 6 oder 7 zu leisten hat, zu erstellen. Innerhalb der Gruppe der Arbeitgeber mit demselben Datum des Beginns des Arbeitsverhältnisses ist zusätzlich eine Reihung nach den Dienstgeberkontonummern der Arbeitgeber vorzunehmen. Die Zuweisung dieser Arbeitgeber zu den am Zuweisungsverfahren teilnehmenden BV-Kassen hat laufend nach der Reihung der Arbeitgeber auf die alphabetisch gereihten BV-Kassen prozentuell nach deren Marktanteilen in fiktiven Schritten zu jeweils 100 Arbeitgebern zu erfolgen. Der Dachverband hat die BV-Kasse über die Zuweisung des Arbeitgebers zu informieren.

(BGBl I 2007/102, BGBl I 2018/100)

(6) Dem Arbeitgeber ist im Fall der Zuweisung das Anbot der BV-Kasse zu einem Beitrittsvertrag nach § 11 oder gleichartigen österreichischen Rechtsvorschriften zu übermitteln. Der Beitrittsvertrag kommt mit dem Zugang des Anbots der BV-Kasse beim Arbeitgeber zu Stande. Das Anbot der BV-Kasse hat zu den gleichen Bedingungen wie für ihre sonst üblicherweise abgeschlossenen Beitrittsverträge mit anderen Arbeitgebern, insbesondere zu den gleichen Verwaltungskosten gemäß § 29 Abs. 2 Z 5, zu erfolgen.

(BGBl I 2007/102)

(7) (aufgehoben)

(BGBl I 2007/102, BGBl I 2016/118)

(8) Für den Beitrittsvertrag nach Abs. 6 gelten § 12 Abs. 2 oder gleichartige österreichische Rechtsvorschriften mit der Maßgabe, dass die Frist für die Kündigung des Beitrittsvertrags drei Monate beträgt. Dies gilt nur für die Kündigung des Beitrittsvertrags zum nächsten oder übernächsten Bilanzstichtag nach dem zu Stande kommen des Beitrittsvertrags.

(BGBl I 2005/36)

(BGBl I 2005/36, BGBl I 2007/102)

3. Abschnitt
Veranlagung

Veranlagungsgemeinschaft

§ 28. (1) Die BV-Kasse hat für die Veranlagung

der Abfertigungsbeiträge eine Veranlagungsgemeinschaft einzurichten.

(BGBl I 2007/102)

(2) Die Finanzmarktaufsichtsbehörde (FMA) kann frühestens drei Jahre nach In-Kraft-Treten dieses Bundesgesetzes und nach Anhörung der Oesterreichischen Nationalbank eine Verordnung erlassen, mit der

1. die Bildung mehrerer Veranlagungsgemeinschaften durch jede BV-Kasse ermöglicht wird, wobei die zulässige Anzahl innerhalb einer Bandbreite von zwei bis vier Veranlagungsgemeinschaften festzusetzen ist, und

   (BGBl I 2007/102)

2. Vorschriften hinsichtlich
   a) der Mindestgröße der Veranlagungsgemeinschaften,
   b) der Auswahl einer Veranlagungsgemeinschaft sowie
   c) des Wechsels zwischen den Veranlagungsgemeinschaften innerhalb einer BV-Kasse

      (BGBl I 2007/102)

   erlassen werden.

Verordnungen der FMA nach diesem Absatz bedürfen der Zustimmung des Bundesministers für Finanzen.

(3) Für jede Veranlagungsgemeinschaft sind Veranlagungsbestimmungen (§ 29) zu erstellen.

Veranlagungsbestimmungen

§ 29. (1) Die BV-Kasse hat Veranlagungsbestimmungen aufzustellen, die das Rechtsverhältnis der Anwartschaftsberechtigten zur BV-Kasse sowie zur Depotbank regeln. Die Veranlagungsbestimmungen sowie deren Änderungen sind nach Zustimmung des Aufsichtsrates der BV-Kasse der Depotbank zur Zustimmung vorzulegen. Die Veranlagungsbestimmungen sowie deren Änderungen bedürfen der Bewilligung der FMA. Diese Bewilligung ist zu erteilen, wenn die Veranlagungsbestimmungen den berechtigten Interessen der Anwartschaftsberechtigten nicht widersprechen.

(BGBl I 2007/102, BGBl I 2011/77)

(2) Die Veranlagungsbestimmungen haben außer den sonst in diesem Bundesgesetz vorgeschriebenen Angaben Bestimmungen darüber zu enthalten:

1. nach welchen Grundsätzen die Wertpapiere ausgewählt werden, die für das der Veranlagungsgemeinschaft zugeordnete Vermögen erworben werden;
2. welcher Anteil des der Veranlagungsgemeinschaft zugeordneten Vermögens höchstens in Bankguthaben gehalten werden darf;
3. ob und bejahendenfalls in welcher Höhe ein Mindestanteil des der Veranlagungsgemeinschaft zugeordneten Vermögens in Bankguthaben zu halten ist;
4. welche Vergütung die Depotbank bei Abwicklung des der Veranlagungsgemeinschaft zugeordneten Vermögens erhält;
5. die Höhe der Verwaltungskosten (§§ 26 und 70),

   (BGBl I 2003/80, BGBl I 2007/102)

(3) Legt die BV-Kasse Bedingungen für eine genauere Zuweisung der Erträgnisse fest (§ 33 Abs. 2), so sind diese Bedingungen in die Veranlagungsbestimmungen aufzunehmen.

(BGBl I 2003/135, BGBl I 2007/102)

Veranlagungsvorschriften

§ 30. (1) Die BV-Kasse hat die Betrieblichen Vorsorgekassengeschäfte im Interesse der Anwartschaftsberechtigten zu führen und hiebei insbesondere auf die Sicherheit, Rentabilität und auf den Bedarf an flüssigen Mitteln sowie auf eine angemessene Mischung und Streuung der Vermögenswerte Bedacht zu nehmen.

(BGBl I 2007/102, BGBl I 2013/135)

(2) Die Veranlagung des einer Veranlagungsgemeinschaft zugeordneten Vermögens darf nur in folgenden Vermögensgegenständen erfolgen:

1. Guthaben bei Kreditinstituten und Kassenbestände,
2. Darlehen und Kredite, die bei Anwendung der Bestimmung des Art. 400 Abs. 1 der Verordnung (EU) Nr. 575/2013 einer Nullgewichtung unterliegen würden,

   (BGBl I 2010/72, BGBl I 2013/184, BGBl I 2019/62)

3. Forderungswertpapiere, für die kein Tilgungsbetrag geschuldet wird, der um mehr als 2 vH niedriger ist, als der Ausgabekurs,
4. sonstige Forderungswertpapiere sowie Beteiligungswertpapiere,
5. Anteilscheine von Investmentfonds gemäß § 3 Abs. 2 Z 30 Investmentfondsgesetz 2011 – InvFG 2011 (BGBl. I Nr. 77/2011);

   (BGBl I 2011/77)

5a. Anteilscheine von AIF, die materiell einem Spezialfonds gemäß § 163 InvFG 2011 gleichwertig sind und von einem EU-AIFM verwaltet werden, der nicht als Kapitalanlagegesellschaft gemäß § 1 Abs. 1 Z 13 BWG in Verbindung mit § 6 Abs. 2 InvFG 2011 konzessioniert ist;

   (BGBl I 2013/4, BGBl I 2013/135)

6. Immobilienfonds gemäß § 1 Immobilien-Investmentfondsgesetz, BGBl. I Nr. 80/2003 (ImmoInvFG) sowie offene Immobilienfonds, die von einem EU-AIFM verwaltet werden, sofern die Fondsbestimmungen des Fonds ausschließlich die Veranlagung des Fondsvermögens in einem EWR-Mitgliedstaat oder OECD-Mitgliedstaat gelegene ertragbringende Grundstücke und Gebäude als auch

Grundstücks-Gesellschaften gemäß § 23 ImmoInvFG vorsehen.

(BGBl I 2003/80, BGBl I 2006/134, BGBl I 2007/102, BGBl I 2013/135)

7. AIF, die gemäß §§ 29, 30, 31, 38 oder 47 Alternative Investmentfonds Manager-Gesetz – AIFMG, BGBl. I Nr. 135/2013, in Österreich zum Vertrieb an professionelle Anleger oder gemäß Art. 31, 32, 36 oder 42 der Richtlinie 2011/61/EU über die Verwalter alternativer Investmentfonds und zur Änderung der Richtlinien 2003/41/EG und 2009/65/EG und der Verordnungen (EG) Nr. 1060/2009 und (EU) Nr. 1095/2010 ABl. Nr. L 174 vom 01.07.2011 S. 1, in der Fassung der Berichtigung ABl. Nr. L 155 vom 27.04.2012 S. 35, zum Vertrieb in einem anderen Mitgliedstaat zugelassen sind und nicht zusätzlich unter Abs. 2 Z 5a oder 6 fallen;

(BGBl I 2013/135)

8. sonstige AIF.

(BGBl I 2013/135)

(3) Die Veranlagungen des Abs. 2 dürfen nur unter den folgenden Voraussetzungen und Beschränkungen erfolgen:

1. Vermögensgegenstände gemäß Abs. 2 Z 1 dürfen nur bis zu einer Höhe von 25 vH des der Veranlagungsgemeinschaft zugeordneten Vermögens bei der gleichen Kreditinstitutsgruppe (§ 30 BWG) gehalten werden;
2. Wertpapiere gemäß Abs. 2 Z 3 und 4, ausgenommen Wertpapiere des Bundes, eines Bundeslandes, eines anderen EWR-Mitgliedstaates oder einer sonstigen Regionalregierung eines anderen EWR-Mitgliedstaates,
   a) müssen an einer Wertpapierbörse im Inland, in einem Mitgliedstaat oder sonstigen Vollmitgliedstaat der OECD amtlich notiert oder an einem anderen anerkannten, geregelten, für das Publikum offenen und ordnungsgemäß funktionierenden Wertpapiermarkt in einem dieser Staaten gehandelt werden und
   b) dürfen im ersten Jahr seit Beginn ihrer Ausgabe erworben werden, wenn die Ausgabebedingungen die Verpflichtung enthalten, dass die Zulassung zur amtlichen Notierung oder zum Handel an einem der unter lit. a angeführten Märkte beantragt wird;
3. abweichend von Z 2 dürfen Wertpapiere gemäß Abs. 2 Z 3 und 4, die von Unternehmen mit Sitz im Inland, in einem Mitgliedstaat oder sonstigen Vollmitgliedstaat der OECD begeben werden und deren Wert jederzeit oder zumindest in den in § 57 Abs. 3 InvFG 2011 vorgesehenen Zeitabständen genau bestimmt werden kann, bis höchstens 10 vH des der Veranlagungsgemeinschaft zugeordneten Vermögens erworben werden;

   (BGBl I 2011/77)
4. Veranlagungen gemäß Abs. 2 Z 5 und 5a
   a) müssen von einer Verwaltungsgesellschaft begeben werden, die ihren Sitz in einem EWR-Mitgliedstaat oder OECD-Mitgliedstaat hat,
   b) sind entsprechend der tatsächlichen Gestionierung auf die Veranlagungen gemäß Abs. 2 Z 1 bis 8 aufzuteilen,
   c) dürfen derivative Produkte gemäß § 73 InvFG 2011, die nicht zur Absicherung von Kursrisiken erworben wurden, bis zu 5 vH des der Veranlagungsgemeinschaft zugeordneten Vermögens enthalten;
   d) dürfen Anteile an Organismen für gemeinsame Anlagen (OGA) gemäß § 71 Abs. 2 und 3 InvFG 2011 bis zu 30 vH des der Veranlagungsgemeinschaft zugeordneten Vermögens enthalten;
   e) dürfen Veranlagungen gemäß § 166 Abs. 1 Z 3 InvFG 2011 bis zu 5 vH des der Veranlagungsgemeinschaft zugeordneten Vermögens enthalten;

   (BGBl I 2006/134, BGBl I 2011/77, BGBl I 2013/4, BGBl I 2013/135)
5. Veranlagungen in Vermögenswerten gemäß Abs. 2 Z 4 sind mit höchstens 40 vH des der Veranlagungsgemeinschaft zugeordneten Vermögens begrenzt;
6. Veranlagungen in auf ausländische Währung lautenden Vermögenswerten gemäß Abs. 2 Z 1 bis 5 sind mit insgesamt höchstens 50 vH des der Veranlagungsgemeinschaft zugeordneten Vermögens begrenzt; unbeschadet dieser Grenze sowie der Grenze gemäß Z 4 sind Veranlagungen in auf ausländische Währung lautenden Vermögenswerten gemäß Abs. 2 Z 4 mit höchstens 25 vH des der Veranlagungsgemeinschaft zugeordneten Vermögens begrenzt;
7. Veranlagungen gemäß Abs. 2 Z 7 sind mit höchstens 5 vH des der Veranlagungsgemeinschaft zugeordneten Vermögens begrenzt;

   (BGBl I 2006/134, BGBl I 2011/77, BGBl I 2013/4, BGBl I 2013/135)

7a. Veranlagungen gemäß Abs. 2 Z 8 sind mit höchstens 1 vH des der Veranlagungsgemeinschaft zugeordneten Vermögens begrenzt;

(BGBl I 2013/135)

7b. Veranlagungen gemäß Abs. 2 Z 7 und 8 dürfen gemeinsam nicht mehr als 5 vH des der Veranlagungsgemeinschaft zugeordneten Vermögens betragen;

(BGBl I 2013/135)

8. für Veranlagungen gemäß Abs. 2 Z 3 und 4 sind folgende Beschränkungen anzuwenden:
   a) Wertpapiere desselben Ausstellers dürfen nur bis zu 10 vH des der Veranlagungsgemeinschaft zugeordneten Vermögens erworben werden, wobei der Gesamtwert der Wertpapiere von Emit-

tenten, in deren Wertpapieren mehr als 5 vH des der Veranlagungsgemeinschaft zugeordneten Vermögens angelegt sind, 40 vH des der Veranlagungsgemeinschaft zugeordneten Vermögens nicht übersteigen darf. Wertpapiere von zwei Wertpapierausstellern, von denen der eine am Grundkapital des anderen unmittelbar oder mittelbar mit mehr als 50 vH beteiligt ist, gelten als Wertpapiere desselben Ausstellers. Optionsscheine sind dem Aussteller des Wertpapieres zuzurechnen, auf das die Option ausgeübt werden kann. Wertpapiere eines EWR-Mitgliedstaates müssen nicht mit Wertpapieren von Emittenten, an deren Gesellschaftskapital der betreffende EWR-Mitgliedstaat mittelbar oder unmittelbar zu mehr als 50 vH beteiligt ist, zusammengerechnet werden;

(BGBl I 2006/141)

b) Wertpapiere, die von demselben Zentralstaat, der gemäß Teil 3 Titel II Kapitel 2 der Verordnung (EU) Nr. 575/2013 mit einem Risikogewicht von höchstens 20 vH zu versehen wäre, oder die vom Bund oder den Ländern oder von internationalen Organisationen öffentlich-rechtlichen Charakters, denen ein oder mehrere EWR-Mitgliedstaaten angehören, begeben oder garantiert werden, dürfen bis zu 35 vH des der Veranlagungsgemeinschaft zugeordneten Vermögens erworben werden;

(BGBl I 2006/141, BGBl I 2013/184)

c) Schuldverschreibungen, die von einem Kreditinstitut ausgegeben werden, das seinen Sitz in einem EWR-Mitgliedstaat hat und auf Grund gesetzlicher Vorschriften zum Schutz der Inhaber dieser Schuldverschreibungen einer besonderen öffentlichen Aufsicht unterliegt, dürfen bis zu 25 vH des der Veranlagungsgemeinschaft zugeordneten Vermögens erworben werden. Die Erlöse aus der Emission dieser Schuldverschreibungen sind in Vermögenswerten anzulegen, die während der gesamten Laufzeit der Schuldverschreibungen die sich daraus ergebenden Verbindlichkeiten ausreichend decken und vorrangig für die beim Ausfall des Emittenten fällig werdende Rückzahlung des Kapitals und der Zinsen bestimmt sind. Übersteigt die Veranlagung in solchen Schuldverschreibungen desselben Emittenten 5 vH des der Veranlagungsgemeinschaft zugeordneten Vermögens, so darf der Gesamtwert solcher Anlagen 80 vH des der Veranlagungsgemeinschaft zugeordneten Vermögens nicht übersteigen;

„c)[a] Schuldverschreibungen, die von einem Kreditinstitut, das seinen Sitz in einem EWRVertragsstaat hat und auf Grund gesetzlicher Vorschriften zum Schutz der Inhaber dieser Schuldverschreibungen einer besonderen öffentlichen Aufsicht unterliegt, vor dem 8. Juli 2022 ausgegeben wurden, wobei die Erlöse aus der Emission dieser Schuldverschreibungen in Vermögenswerten anzulegen sind, die während der gesamten Laufzeit der Schuldverschreibungen die sich daraus ergebenden Verbindlichkeiten ausreichend decken und vorrangig für die beim Ausfall des Emittenten fällig werdende Rückzahlung des Kapitals und der Zinsen bestimmt sind, und Schuldverschreibungen gemäß Art. 3 Nummer 1 der Richtlinie (EU) 2019/2162 über die Emission gedeckter Schuldverschreibungen und die öffentliche Aufsicht über gedeckte Schuldverschreibungen und zur Änderung der Richtlinien 2009/65/EG und 2014/59/EG, ABl. Nr. L 328 vom 18.12.2019, S. 29, dürfen bis zu 25 vH des Fondsvermögens erworben werden. Übersteigt die Veranlagung in solchen Schuldverschreibungen desselben Emittenten 5 vH des Fondsvermögens, so darf der Gesamtwert solcher Schuldverschreibungen insgesamt 80 vH des Fondsvermögens nicht übersteigen.“

(BGBl I 2021/199)

[a] Tritt mit 8. Juli 2022 in Kraft.

d) die in lit. b und c genannten Wertpapiere bleiben bei der Anwendung der in lit. a vorgesehenen Grenze von 40 vH unberücksichtigt. Die Grenzen der lit. a bis c dürfen nicht kumuliert werden;

e) Stammaktien desselben Ausstellers dürfen nur bis zu 7,5 vH des Grundkapitals der ausstellenden Aktiengesellschaft erworben werden; Aktien desselben Ausstellers dürfen nur bis zu 10 vH des Grundkapitals der ausstellenden Aktiengesellschaft erworben werden; Schuldverschreibungen desselben Emittenten dürfen nur bis zu 10 vH des Gesamtemissionsvolumens des Emittenten erworben werden;

f) der Erwerb von nicht voll eingezahlten Aktien und von Bezugsrechten auf solche ist bis zu 10 vH des der Veranlagungsgemeinschaft zugeordneten Vermögens zulässig, wenn die Veranlagungsbestimmungen dies ausdrücklich für zulässig erklären;

(BGBl I 2003/80)

9. Veranlagungen in Vermögenswerten gemäß Abs. 2 Z 6 sind mit höchstens 10 vH des der Veranlagungsgemeinschaft zugeordneten Vermögens begrenzt.

(BGBl I 2003/80)

(4) Mit Ausnahme von Veranlagungen in Vermögenswerten des Bundes und der Länder, Guthaben

bei Kreditinstituten mit Sitz in EWR-Mitgliedstaaten sowie in Schuldverschreibungen, die von einem Kreditinstitut mit Sitz in einem EWR-Mitgliedstaat ausgegeben wurden, das in Bezug auf diese Schuldverschreibungen einer besonderen staatlichen Aufsicht unterliegt, ist die Rückveranlagung bei Arbeitgebern, die Beiträge zur Veranlagungsgemeinschaft leisten, nur bei Veranlagungen gemäß Abs. 2 Z 5 zulässig.

(BGBl I 2002/158)

(5) Wird bei Veranlagungen gemäß Abs. 2 Z 3 und 4, die auf ausländische Währung lauten, durch Kurssicherungsgeschäfte das Währungsrisiko beseitigt, so können diese Veranlagungen den auf Euro lautenden Veranlagungen zugeordnet werden.

(6) Die Höchstsätze des Abs. 3 Z 1 dürfen während des ersten Jahres ab Bildung einer Veranlagungsgemeinschaft und nach Beginn der Abwicklung des der Veranlagungsgemeinschaft zugeordneten Vermögens vorübergehend überschritten werden.

(BGBl I 2002/158)

Bewertungsregeln

§ 31. (1) Die der Veranlagungsgemeinschaft zugeordneten Vermögenswerte sind mit folgenden Werten anzusetzen:

1. auf einen festen Geldbetrag lautende Forderungen dürfen, soweit in Z 3 nichts anderes bestimmt ist, höchstens zum Nennwert angesetzt werden;
2. Aktiva in fremder Währung sind mit dem Devisen-Mittelkurs anzusetzen;
3. Forderungswertpapiere und Beteiligungswertpapiere sind
   a) mit dem jeweiligen Börsenkurs oder dem jeweiligen Preis am anerkannten Wertpapiermarkt anzusetzen oder
   b) mit dem Marktwert zu bewerten; existiert für einen Vermögenswert kein liquider Markt, so kann als Marktwert jener rechnerische Wert herangezogen werden, der sich aus der Zugrundelegung von Marktbedingungen ergibt;

3a. Abweichend von Z 3 sind direkt oder über Spezialfonds gemäß § 163 InvFG 2011 oder vergleichbare ausländische Spezialfonds im Sinne des § 30 Abs. 2 Z 5a, bei denen die BV-Kasse einziger Anteilinhaber ist, veranlagte
   a) Schuldverschreibungen des Bundes, eines Bundeslandes oder eines anderen Staates, der Vertragspartei des Abkommens über den Europäischen Wirtschaftsraum ist (Vertragsstaat), eines Gliedstaates eines anderen Vertragsstaates oder eines sonstigen Vollmitgliedstaates der Organisation für wirtschaftliche Zusammenarbeit und Entwicklung (OECD) und Wertpapiere, für deren Rückzahlung und Verzinsung der Bund, ein Bundesland, ein anderer Vertragsstaat, ein Gliedstaat eines anderen Vertragsstaates oder ein sonstiger Vollmitgliedstaat der OECD haftet, und die Veranlagung gemäß Teil 3 Titel II Kapitel 2 der Verordnung (EU) Nr. 575/2013 mit einem Risikogewicht von höchstens 20 vH zu versehen wäre,
   (BGBl I 2013/184)
   b) Schuldverschreibungen von Kreditinstituten, die gemäß Teil 3 Titel II Kapitel 2 der Verordnung (EU) Nr. 575/2013 mit einem Risikogewicht von höchstens 20 vH zu versehen wären, und Wertpapiere, für deren Rückzahlung und Verzinsung ein Kreditinstitut, das gemäß Teil 3 Titel II Kapitel 2 der Verordnung (EU) Nr. 575/2013 mit einem Risikogewicht von höchstens 20 vH zu versehen wäre, haftet,
   (BGBl I 2013/184)
   c) investment grade corporate bonds,

mit einer festen Laufzeit, wenn sie auf Grund einer gesonderten Widmung dazu bestimmt sind bis zur Endfälligkeit gehalten zu werden, mit ihren fortgeführten Anschaffungskosten oder ihrem fortgeführten Tageswert zum Zeitpunkt der Widmung unter Verwendung der Effektivzinsmethode zu bewerten, wenn dies in den Veranlagungsbestimmungen für zulässig erklärt wurde. „Die Möglichkeit einer Fälligkeitsverschiebung nach § 22 Pfandbriefgesetz – PfandBG, BGBl. I Nr. 199/2021, steht dem Vorliegen einer festen Laufzeit nicht entgegen.“[a] Für die direkt oder indirekt über Spezialfonds gewidmeten Wertpapiere ist anhand eines vorsichtigen Liquiditätsplans die Fähigkeit als Daueranlage darzulegen; es dürfen aber höchstens 25 vH gemäß lit. c und insgesamt höchstens 60 vH des einer Veranlagungsgemeinschaft zugeordneten Vermögens gewidmet werden. Die Fondsbestimmungen von Spezialfonds haben Regelungen über die gesonderte Widmung von bestimmten Schuldverschreibungen und über den laufenden Ausweis eines weiteren Rechenwertes unter Berücksichtigung der besonderen Bewertung zu enthalten. Diese Fondsbestimmungen sind der FMA bei Widmung vorzulegen. Über ein von der BV-Kasse als Daueranlage gewidmetes Wertpapier darf vor Endfälligkeit nur bei Vorliegen besonderer Umstände und mit Bewilligung der FMA verfügt werden. Verliert ein corporate bond den Status investment grade, so ist seine Widmung als Daueranlage aufzuheben und gemäß Z 3 zu bewerten. Eine Veräußerung von über Spezialfonds gesondert gewidmeten Schuldverschreibungen ist nur bei Rückgabe von Anteilscheinen durch die BV-Kasse, die nur bei Vorliegen besonderer Umstände und mit Bewilligung der FMA erfolgen darf, zulässig. Die FMA hat in der Verordnung gemäß § 39 Abs. 3 den Ausweis der durch die HTM-Bewertung entstehenden

BPG/BMSVG

stillen Lasten und stillen Reserven vorzuschreiben;

(BGBl I 2009/152, BGBl I 2011/77, BGBl I 2013/135, BGBl I 2021/199)

a) Der Satz tritt mit 8. Juli 2022 in Kraft.

4. Anteilscheine von Investmentfonds sind mit dem Rückgabepreis im Sinne des § 55 Abs. 2 InvFG 2011 oder vergleichbarer Regelungen in den OECD-Mitgliedstaaten anzusetzen;

(BGBl I 2003/80, BGBl I 2011/77)

5. Anteilscheine von Immobilienfonds gemäß § 1 Abs. 1 und Immobilienspezialfonds gemäß § 1 Abs. 3 ImmoInvFG sowie von Immobilienfonds, die von einer Kapitalanlagegesellschaft mit Sitz im EWR verwaltet werden, sind mit dem Rückgabepreis im Sinne des § 11 Abs. 1 ImmoInvFG anzusetzen.

(BGBl I 2003/80)

(2) Bei Ermittlung des Gesamtwertes der den Veranlagungsgemeinschaften zugeordneten Vermögenswerte zum Abschlussstichtag sind erkennbare Risiken und drohende Verluste, die in dem Geschäftsjahr oder in einem früheren Geschäftsjahr entstanden sind, zu berücksichtigen, selbst wenn diese Umstände erst zwischen dem Abschlussstichtag und dem Tag der Aufstellung des Jahresabschlusses bekannt geworden sind. Notwendige Wertberichtigungen sind bei der Bewertung der einzelnen Vermögensgegenstände selbst zu berücksichtigen.

Depotbank

§ 32. (1) Die BV-Kasse hat mit der Verwahrung der zu der Veranlagungsgemeinschaft gehörigen Wertpapiere und mit der Führung der zur Veranlagungsgemeinschaft gehörigen Konten eine Depotbank zu beauftragen. Als Depotbank kann nur ein Kreditinstitut, das zum Betrieb des Depotgeschäftes (§ 1 Abs. 1 Z 5 BWG) berechtigt ist oder eine gemäß § 9 Abs. 4 BWG errichtete inländische Zweigstelle eines EWR-Kreditinstitutes bestellt werden. Die Bestellung und der Wechsel der Depotbank bedarf der Bewilligung der FMA. Sie darf nur erteilt werden, wenn anzunehmen ist, dass das Kreditinstitut die Erfüllung der Aufgaben einer Depotbank gewährleistet. Die Bestellung und der Wechsel der Depotbank ist zu veröffentlichen, die Veröffentlichung hat den Bewilligungsbescheid anzuführen.

(BGBl I 2007/102)

(2) Der Depotbank ist bei allen für ein Beitragsvermögen abgeschlossenen Geschäften unverzüglich der Gegenwert für die von ihr geführten Depots und Konten der Veranlagungsgemeinschaft zur Verfügung zu stellen. Die Depotbank zahlt die Ansprüche an die Begünstigten aus. Die der BV-Kasse nach den Veranlagungsbestimmungen für die Verwaltung zustehende Vergütung und der Ersatz für die mit der Verwaltung zusammenhängenden Aufwendungen sind von der Depotbank zu Lasten der für die Veranlagungsgemeinschaft geführten Konten zu bezahlen. Die Depotbank darf die ihr für die Verwahrung der Wertpapiere des Beitragsvermögens und für die Kontenführung zustehende Vergütung dem Beitragsvermögen anlasten. Bei diesen Maßnahmen kann die Depotbank nur auf Grund eines Auftrages der BV-Kasse handeln.

(BGBl I 2007/102)

(3) Die Depotbank ist berechtigt und verpflichtet, im eigenen Namen gemäß § 37 EO durch Klage Widerspruch zu erheben, wenn auf einen zu einer Veranlagungsgemeinschaft gehörigen Vermögenswert Exekution geführt wird, sofern es sich nicht um eine gemäß § 34 begründete Forderung gegen die Veranlagungsgemeinschaft handelt.

(4) Die Depotbank hat bei der Wahrnehmung ihrer Aufgaben die Bestimmungen dieses Bundesgesetzes und die Veranlagungsbestimmungen und die Interessen der Begünstigten zu beachten. Die Depotbank haftet gegenüber der BV-Kasse und den Begünstigten für jede Schädigung, die durch ihre schuldhafte Pflichtverletzung verursacht worden ist.

(BGBl I 2007/102)

Ergebniszuweisung

§ 33. (1) Die Zuweisung der Veranlagungsergebnisse auf die Konten der Anwartschaftsberechtigten hat mindestens einmal jährlich zum Bilanzstichtag zu erfolgen. Bei Auszahlung auf Grund einer Verfügung nach § 17 Abs. 1 Z 1, 3 und 4, Abs. 2a oder bei einer Auszahlung nach § 17 Abs. 3 hat eine gesonderte Zuweisung der Veranlagungsergebnisse zum Ende jenes Monats zu erfolgen, zu dem ein Anspruch nach den §§ 14 Abs. 5, 16 oder 17 Abs. 3 oder gleichartiger österreichischer Rechtsvorschriften fällig geworden ist.

(BGBl I 2007/102)

(2) Die Veranlagungsergebnisse sind auf die Anwartschaftsberechtigten in jenem Ausmaß zuzuteilen, das sich aus dem Verhältnis der Abfertigungsanwartschaft zum Jahresanfang zuzüglich der Abfertigungsbeiträge bis zum Stichtag der Ergebniszuweisung jedes Anwartschaftsberechtigten zur Gesamtsumme der so ermittelten Abfertigungsanwartschaften aller Anwartschaftsberechtigten ergibt. Die BV-Kasse kann Bedingungen für eine genauere Zuweisung der Erträgnisse, insbesondere für eine monatliche Zuweisung, in den Veranlagungsbestimmungen (§ 29 Abs. 3) festlegen. Dabei ist insbesondere auf den Zeitpunkt des Zahlungseinganges sowie auf die Höhe der Abfertigungsbeiträge, der übertragenen Abfertigungsanwartschaften und der übertragenen Altabfertigungsanwartschaften abzustellen.

(BGBl I 2003/135, BGBl I 2007/102)

(BGBl I 2020/135)

4. Abschnitt
Schutzbestimmungen

Haftungsverhältnisse

§ 34. (1) Zur Sicherstellung oder zur Hereinbringung von Verbindlichkeiten, die von der BV-Kasse für das der von ihr verwalteten Veranlagungsgemeinschaft zugeordnete Vermögen wirksam begründet wurden, kann nur auf dieses Exekution geführt werden.

(BGBl I 2007/102)

(2) Zur Sicherstellung oder Hereinbringung von Verbindlichkeiten, die von der BV-Kasse nicht für das der von ihr verwalteten Veranlagungsgemeinschaft zugeordnete Vermögen begründet wurden, kann auf dieses nicht Exekution geführt werden.

(BGBl I 2007/102)

Verfügungsbeschränkungen

§ 35. (1) Die in der Veranlagungsgemeinschaft zusammengefassten Vermögenswerte können rechtswirksam weder verpfändet oder sonst belastet noch zur Sicherung übereignet oder abgetreten werden.

(2) Kurssicherungsgeschäfte sind nur zulässig, wenn sie als Nebengeschäfte im Zusammenhang mit Veranlagungen gemäß § 30 zu deren Absicherung dienen.

(3) Forderungen gegen die BV-Kasse und Forderungen, die zu der Veranlagungsgemeinschaft gehören, können rechtswirksam nicht gegeneinander aufgerechnet werden.

(BGBl I 2007/102)

Insolvenz

§ 36. (1) Die einer Veranlagungsgemeinschaft zugeordneten Vermögenswerte bilden im Konkurs eine Sondermasse (§ 48 Abs. 1 IO).

(2) Durch die Konkurseröffnung enden die Vertragsverhältnisse aus den Beitrittsverträgen.

Kurator

§ 37. (1) Das Konkursgericht hat bei Konkurseröffnung einen Kurator zur Geltendmachung der Ansprüche aus den Beitrittsverträgen gegen die BV-Kasse zu bestellen. Ansprüche aus den Beitrittsverträgen gegen die BV-Kasse können nur vom Kurator geltend gemacht werden. Der Kurator ist verpflichtet, die Begünstigten auf ihr Verlangen vor Anmeldung des Anspruches zu hören. Die aus den Büchern der BV-Kasse feststellbaren Ansprüche gelten als angemeldet.

(BGBl I 2007/102)

(2) Der Masseverwalter hat dem Kurator auf Verlangen der Anwartschaftsberechtigten Einsicht in die Bücher und Aufzeichnungen des Unternehmens zu gewähren.

(3) Der Kurator hat gegen die Konkursmasse Anspruch auf Ersatz seiner Barauslagen und auf eine angemessene Vergütung seiner Mühewaltung. § 125 IO gilt sinngemäß.

Befriedigung der Ansprüche

§ 38. (1) Das Konkursgericht hat eine abschließende Aufstellung der Konten (§ 25) für den Zeitpunkt der Konkurseröffnung zu veranlassen.

(2) Die Anwartschaftsberechtigten haben auf die ihrer Veranlagungsgemeinschaft zugeordneten Vermögenswerte entsprechend dem gemäß Abs. 1 ermittelten Stand ihres Kontos Anspruch.

(3) Soweit die den Anwartschaftsberechtigten aus dem Beitrittsvertrag zustehenden Ansprüche gemäß Abs. 2 nicht zur Gänze befriedigt wurden, gehen sie den übrigen Konkursforderungen vor.

5. Abschnitt
Aufsichtsrechtliche Vorschriften

Meldungen

BPG/BMSVG

§ 39. (1) Ergänzend zu den in § 74 BWG vorgesehenen Meldungen haben die BV-Kassen binnen vier Wochen nach Ablauf eines jeden Kalendervierteljahres der FMA und der Oesterreichischen Nationalbank Quartalsausweise, mit denen die Einhaltung der §§ 20, 30 und 31 Abs. 1 Z 3a nachgewiesen wird, entsprechend der in der Verordnung gemäß Abs. 3 vorgesehenen Gliederung zu übermitteln.

(BGBl I 2007/102, BGBl I 2009/152)

(2) Die Oesterreichische Nationalbank hat auf Grund der Quartalsausweise zur Einhaltung der Bestimmungen des § 20 der FMA gutachtliche Äußerungen zu erstatten.

(3) Die FMA hat die Gliederung der Quartalsausweise durch Verordnung festzusetzen; bei Erlassung dieser Verordnung hat sie auf das volkswirtschaftliche Interesse an einem funktionsfähigen BV-Kassenwesen Bedacht zu nehmen. Sie ist ermächtigt, durch Verordnung auf die Übermittlung nach Abs. 1 an sie zu verzichten. Verordnungen der FMA nach diesem Absatz erfordern die Zustimmung des Bundesministers für Finanzen.

(BGBl I 2007/102)

(4) Die Meldungen nach Abs. 1 sind in standardisierter Form mittels elektronischer Übermittlung oder elektronischer Datenträger zu erstatten. Die Übermittlung muss bestimmten, von der FMA nach Anhörung der Oesterreichischen Nationalbank bekannt zu gebenden Mindestanforderungen entsprechen.

(5) Vor Erlassung von Verordnungen gemäß Abs. 3 ist die Oesterreichische Nationalbank anzuhören.

Jahresabschluss und Rechenschaftsbericht

§ 40. (1) Das Geschäftsjahr der BV-Kasse und der Veranlagungsgemeinschaften ist das Kalenderjahr.

(BGBl I 2007/102)

(2) Neben der Bilanz und der Gewinn- und Verlustrechnung der BV-Kasse, in der die Vermögensgegenstände, Schulden, Erträge und Aufwendungen der Veranlagungsgemeinschaft in zusammengefasster Form enthalten sind, ist für jede Veranlagungsgemeinschaft ein Rechenschaftsbericht aufzustellen. Der Rechenschaftsbericht ist vom Bankprüfer der BV-Kasse zu prüfen.

(BGBl I 2007/102)

(3) Die Bilanz sowie die Gewinn- und Verlustrechnung der BV-Kasse sind entsprechend

der Gliederung der in der **Anlage 1** enthaltenen Formblätter aufzustellen. Der Rechenschaftsbericht jeder Veranlagungsgemeinschaft ist entsprechend der Gliederung der in der **Anlage 2** enthaltenen Formblätter aufzustellen. Die FMA kann durch Verordnung die Formblätter ändern, sofern geänderte Rechnungslegungsvorschriften dies erfordern.

(BGBl I 2007/102)

(4) Der Bankprüfer hat diejenigen Teile des Prüfungsberichtes über den Jahresabschluss, die sich auf die Posten Aktiva, Pos. D. und Passiva, Pos. F. der Anlage 1, Formblatt A, sowie auf Pos. A. der Anlage 1, Formblatt B, beziehen, gesondert bei den jeweiligen Veranlagungsgemeinschaften zu erläutern. Eine gesonderte Erläuterung der die Veranlagungsgemeinschaften betreffenden Posten hat im Prüfungsbericht über die Bilanz und die Gewinn- und Verlustrechnung zu unterbleiben.

(5) Sind nach dem abschließenden Ergebnis der Prüfung des Rechenschaftsberichtes der Veranlagungsgemeinschaft keine Einwendungen zu erheben, so hat der Bankprüfer dies durch folgenden Vermerk zu bestätigen: Die Buchführung und der Abschluss entsprechen nach meiner/unserer pflichtgemäßen Prüfung den gesetzlichen Vorschriften. Der Rechenschaftsbericht vermittelt unter Beachtung der Grundsätze ordnungsgemäßer Buchführung ein möglichst getreues Bild der Lage der Veranlagungsgemeinschaft.

(BGBl I 2005/36)

(6) Die geprüften Rechenschaftsberichte der Veranlagungsgemeinschaften und der Prüfungsbericht über die Rechenschaftsberichte der Veranlagungsgemeinschaften sind längstens innerhalb von sechs Monaten nach Abschluss des Geschäftsjahres der FMA vorzulegen.

(BGBl I 2013/135)

(7) Die Rechenschaftsberichte der Veranlagungsgemeinschaften sind den Mitgliedern des Aufsichtsrates der BV-Kasse sowie für die jeweilige Veranlagungsgemeinschaft auf Verlangen den beitragsleistenden Arbeitgebern und den zuständigen Betriebsräten unverzüglich zu übermitteln. Darüber hinaus bestehen keine Verpflichtungen zur Offenlegung oder Veröffentlichung des Rechenschaftsberichtes.

(BGBl I 2007/102)

Übertragung des einer Veranlagungsgemeinschaft zugeordneten Vermögens

§ 41. (1) Die FMA hat das einer Veranlagungsgemeinschaft zugeordnete Vermögen mittels Bescheid auf eine andere BV-Kasse nach Einholung von deren Zustimmung zu übertragen, wenn

1. die Konzession der die Veranlagungsgemeinschaft verwaltenden BV-Kasse zurückgenommen wird oder erlischt;
   (BGBl I 2007/102)
2. der Antrag auf Eröffnung des Konkurses der die Veranlagungsgemeinschaft verwaltenden BV-Kasse gestellt wird;
   (BGBl I 2007/102)
3. von der BV-Kasse die Konzession zurückgelegt wird oder
   (BGBl I 2007/102)
4. ein Antrag auf Auflösung der BV-Kasse bewilligt wird.
   (BGBl I 2007/102)

(BGBl I 2007/102)

(2) Die Zurücklegung der Konzession ist nur dann rechtswirksam möglich, wenn die BV-Kasse hinsichtlich der Übertragung des einer Veranlagungsgemeinschaft zugeordneten Vermögens eine andere BV-Kasse namhaft gemacht hat und deren Zustimmung der FMA nachgewiesen wurde.

(BGBl I 2007/102)

(3) Die Auflösung der BV-Kasse und die Übertragung des der Veranlagungsgemeinschaft zugeordneten Vermögens sind im Amtsblatt zur Wiener Zeitung zu verlautbaren.

(BGBl I 2007/102)

(4) Die Übertragung des einer Veranlagungsgemeinschaft zugeordneten Vermögens auf eine andere BV-Kasse bewirkt deren Eintritt in alle von der früheren BV-Kasse für die Veranlagungsgemeinschaft abgeschlossenen Verträge im Wege der Gesamtrechtsnachfolge. Das einer Veranlagungsgemeinschaft zugeordnete Vermögen kann von der anderen BV-Kasse abweichend von § 28 Abs. 1 und 2 in einer eigenen Veranlagungsgemeinschaft verwaltet werden. Für diese Veranlagungsgemeinschaft ist der Abschluss neuer Beitrittsverträge gemäß § 11 Abs. 1 nicht zulässig; für zum Zeitpunkt der Übertragung bereits abgeschlossene Beitrittsverträge ist die Einbeziehung neuer Anwartschaftsberechtigter jedoch weiterhin zulässig.

(BGBl I 2007/102, BGBl I 2014/42)

(5) Die FMA hat bis zur Durchführung der Übertragung des einer Veranlagungsgemeinschaft zugeordneten Vermögens dessen provisorische Verwaltung durch eine andere BV-Kasse nach Einholung deren Zustimmung anzuordnen.

(BGBl I 2007/102)

Staatskommissär

§ 42. Der Bundesminister für Finanzen hat einen Staatskommissär und dessen Stellvertreter für eine Funktionsperiode von längstens fünf Jahren zu bestellen; die Wiederbestellung ist zulässig. Der Staatskommissär und dessen Stellvertreter handeln als Organe der FMA und sind in dieser Funktion ausschließlich deren Weisungen unterworfen. § 76 Abs. 2 bis 9 BWG ist anzuwenden.

(BGBl I 2005/36)

§ 42a. Der FMA stehen zur Durchsetzung der Einhaltung der Vorschriften der Verordnung (EU) 2015/2365 über die Transparenz von Wertpapierfinanzierungsgeschäften und der Weiterverwendung sowie zur Änderung der Verordnung (EU)

Nr. 648/2012, ABl. Nr. L 337 vom 23.12.2015 S. 1, durch Betriebliche Vorsorgekassen die Aufsichtsbefugnisse und –mittel aus dem BWG zur Verfügung.

(BGBl I 2016/73)

Verfahrens- und Strafbestimmungen

§ 43. (1) Die FMA hat den BV-Kassen, ausgenommen bei Aufsichtsmaßnahmen nach § 70 Abs. 2 BWG oder bei Überschuldung der BV-Kasse, für folgende Beträge Zinsen vorzuschreiben:

1. 2 vH der Unterschreitung der erforderlichen Eigenmittel gemäß § 20, gerechnet pro Jahr, für 30 Tage;
2. 5 vH der Überschreitung einer Veranlagungsgrenze gemäß § 30, gerechnet pro Jahr, für 30 Tage.

(BGBl I 2007/102)

(2) Die nach Abs. 1 zu zahlenden Zinsen sind an den Bund abzuführen und dürfen nicht dem der Veranlagungsgemeinschaft zugeordneten Vermögen angelastet werden.

(3) Die BV-Kassen haben der FMA

1. Unterschreitungen der erforderlichen Eigenmittel gemäß § 20 sowie
2. Überschreitungen einer Veranlagungsgrenze gemäß § 30

unverzüglich bekannt zu geben.

(BGBl I 2007/102)

§ 44. (1) Wer als Verantwortlicher (§ 9 Verwaltungsstrafgesetz 1991 – VStG, BGBl. Nr. 52) einer BV-Kasse seinen Meldepflichten gegenüber der FMA und der Oesterreichischen Nationalbank gemäß § 39 nicht nachkommt oder die in § 31 Abs. 1 Z 3a festgelegten Grenzen verletzt, begeht eine Verwaltungsübertretung und ist von der FMA mit Geldstrafe bis zu 60 000 Euro zu bestrafen.

(BGBl I 2006/48, BGBl I 2007/102, BGBl I 2011/77, BGBl I 2012/35, BGBl I 2017/107)

(2) (aufgehoben)

(BGBl I 2013/135, BGBl I 2017/107)

§ 45. (1) Wer den Bestimmungen der §§ 22 und 23 zuwiderhandelt, begeht eine Verwaltungsübertretung und ist von der FMA bei vorsätzlicher Begehung mit einer Geldstrafe bis zu 60 000 Euro, bei fahrlässiger Begehung mit einer Geldstrafe bis zu 30 000 Euro zu bestrafen.

(BGBl I 2006/48, BGBl I 2012/35, BGBl I 2017/107)

(2) Dem Zuwiderhandelnden ist aufzutragen, seine gesetzwidrige Handlung unverzüglich einzustellen.

(3) (aufgehoben)

(BGBl I 2013/135, BGBl I 2017/107)

Kosten

§ 45a. (1) Die Kosten der FMA aus dem Rechnungskreis Wertpapieraufsicht (§ 19 Abs. 1 Z 3 und Abs. 4 FMABG) sind von BV-Kassen gemäß § 18 zu tragen. Die FMA hat zu diesem Zweck einen zusätzlichen gemeinsamen Subrechnungskreis für BV-Kassen, Verwaltungsgesellschaften (InvFG 2011), Kapitalanlagegesellschaften für Immobilien (ImmoInvFG) und AIFM (AIFMG) zu bilden.

(2) Die auf Kostenpflichtige gemäß Abs. 1 entfallenden Beträge sind von der FMA mit Bescheid vorzuschreiben; die Festsetzung von Pauschalbeträgen ist zulässig. Die FMA hat nähere Regelungen über diese Kostenaufteilung und ihre Vorschreibung mit Verordnung festzusetzen. Hierbei sind insbesondere zu regeln:

1. Die Bemessungsgrundlagen der einzelnen Arten von Kostenvorschreibungen;
2. die Termine für die Kostenbescheide und die Fristen für die Zahlungen der Kostenpflichtigen.

Die BV-Kassen haben der FMA alle erforderlichen Auskünfte über die Grundlagen der Kostenbemessung zu erteilen.

(BGBl I 2013/135)

3. Teil
Übergangsrecht

(BGBl I 2007/102)

Zeitlicher Geltungsbereich

§ 46. (1) Dieses Bundesgesetz tritt mit 1. Juli 2002 in Kraft und ist auf Arbeitsverhältnisse anzuwenden, deren vertraglich vereinbarter Beginn nach dem 31. Dezember 2002 liegt. Durch Verordnung des Bundesministers für Wirtschaft und Arbeit und des Bundesministers für Finanzen kann bei Vorliegen der organisatorischen Voraussetzungen bei den BV-Kassen und den Sozialversicherungsträgern die Einbeziehung von Arbeitsverhältnissen in den Anwendungsbereich dieses Bundesgesetzes auch hinsichtlich Abs. 2 bis 4 sowie der §§ 47 und 48 vorverlegt werden.

(BGBl I 2007/102)

(2) Abweichend von Abs. 1 ist dieses Bundesgesetz auf journalistische oder programmgestaltende Arbeitnehmer im Sinne des § 32 Abs. 4 des ORF-Gesetzes, BGBl. I Nr. 83/2001, die bereits vor dem 1. Jänner 2003 erstmalig ein befristetes Arbeitsverhältnis im Sinne des § 32 Abs. 5 ORF-Gesetz mit dem ORF begonnen haben, nicht anzuwenden.

(3) Die Abfertigungsregelungen nach dem Angestelltengesetz, dem Arbeiter-Abfertigungsgesetz, dem Gutsangestelltengesetz, dem Hausgehilfen- und Hausangestelltengesetz, den allgemeinen Vertragsbedingungen für Dienstverträge bei den Österreichischen Bundesbahnen (AVB) sowie kollektivvertragliche Abfertigungsbestimmungen gelten weiter, wenn nach dem 31. Dezember 2002

1. auf Grund von Wiedereinstellungszusagen oder Wiedereinstellungsvereinbarungen unterbrochene Arbeitsverhältnisse unter Anrechnung von Vordienstzeiten bei dem selben Arbeitgeber fortgesetzt werden oder
2. Arbeitnehmer innerhalb eines Konzerns im Sinne des § 15 des Aktiengesetzes 1965, BGBl. Nr. 98, oder des § 115 des Gesetzes über Gesellschaften mit beschränkter Haf-

tung, RGBl. Nr. 58/1906, in ein neues Arbeitsverhältnis wechseln oder

3. unterbrochene Arbeitsverhältnisse unter Anrechnung von Vordienstzeiten bei dem selben Arbeitgeber fortgesetzt werden und durch eine am 1. Juli 2002 anwendbare Bestimmung in einem Kollektivvertrag die Anrechnung von Vordienstzeiten für die Abfertigung festgesetzt wird,

es sei denn, es liegt eine Vereinbarung im Sinne des § 47 Abs. 1 vor.

(4) Wird das Dienstverhältnis eines Dienstnehmers nach dem Parlamentsmitarbeitergesetz, BGBl. Nr. 288/1992, nach dem 31. Dezember 2002 mit dem Ende der Gesetzgebungsperiode beendet und schließt dieser Dienstnehmer in den unmittelbar folgenden Gesetzgebungsperioden neuerlich ein solches Dienstverhältnis zum selben Mitglied des Nationalrates ab, gelten die Abfertigungsregelungen nach dem Angestelltengesetz weiter, es sei denn, es liegt eine Vereinbarung im Sinne des § 47 Abs. 1 vor.

(BGBl I 2007/102)

Übergangsbestimmungen

§ 47. (1) Für zum 31. Dezember 2002 bestehende Arbeitsverhältnisse kann ab 1. Jänner 2003 in einer schriftlichen Vereinbarung zwischen Arbeitgeber und Arbeitnehmer ab einem zu vereinbarenden Stichtag für die weitere Dauer des Arbeitsverhältnisses die Geltung dieses Bundesgesetzes anstelle der Abfertigungsregelungen nach dem Angestelltengesetz, dem Arbeiter-Abfertigungsgesetz, dem Gutsangestelltengesetz, dem ORF-Gesetz, den allgemeinen Vertragsbedingungen für Dienstverträge bei den Österreichischen Bundesbahnen (AVB) und dem Hausgehilfen- und Hausangestelltengesetz festgelegt werden.

(2) Falls in der Vereinbarung nach Abs. 1 keine Übertragung der Altabfertigungsanwartschaft nach Abs. 3 festgelegt wird, finden auf die Altabfertigungsanwartschaft bis zum Stichtag weiterhin die Abfertigungsbestimmungen nach dem Angestelltengesetz, dem Arbeiter-Abfertigungsgesetz und dem Gutsangestelltengesetz, dem ORF-Gesetz, den allgemeinen Vertragsbedingungen für Dienstverträge bei den Österreichischen Bundesbahnen (AVB), die Bestimmungen über das außerordentliche Entgelt nach dem Hausgehilfen- und Hausangestelltengesetz sowie nach Kollektivverträgen mit der Maßgabe Anwendung, dass sich das Ausmaß der Abfertigung aus der Anzahl der zum Zeitpunkt des Stichtags fiktiv erworbenen Monatsentgelte ergibt. Der Berechnung der Abfertigung ist das für den letzten Monat des Arbeitsverhältnisses gebührende Entgelt zu Grunde zu legen.

(3) Die Übertragung von Altabfertigungsanwartschaften auf Grund von zum 31. Dezember 2002 bestehenden Arbeitsverhältnissen auf eine BV-Kasse im Sinne dieses Bundesgesetzes ist unter folgenden Voraussetzungen zulässig:

1. Die Übertragung von Altabfertigungsanwartschaften bedarf einer schriftlichen Einzelvereinbarung zwischen Arbeitgeber und Arbeitnehmer, die von den Abfertigungsbestimmungen nach dem Angestelltengesetz, dem Arbeiter-Abfertigungsgesetz, dem Gutsangestelltengesetz, dem ORF-Gesetz, den allgemeinen Vertragsbedingungen für Dienstverträge bei den Österreichischen Bundesbahnen (AVB), dem Hausgehilfen- und Hausangestelltengesetz sowie nach Kollektivverträgen abweichen kann.
2. Die Überweisung des vereinbarten Übertragungsbetrages an die BV-Kasse hat ab dem Zeitpunkt der Übertragung binnen längstens fünf Jahren zu erfolgen.

   (BGBl I 2007/102)
3. Die Überweisung des vereinbarten Übertragungsbetrages hat jährlich mindestens mit je einem Fünftel zuzüglich der Rechnungszinsen von 6 vH per anno des noch aushaftenden Übertragungsbetrages zu erfolgen, vorzeitige Überweisungen sind zulässig.

   (BGBl I 2007/102)
4. Im Falle der Beendigung des Arbeitsverhältnisses, ausgenommen die in § 14 Abs. 2 genannten Fälle, hat der Arbeitgeber den aushaftenden Teil des vereinbarten Übertragungsbetrages vorzeitig an die BV-Kasse zu überweisen.

   (BGBl I 2007/102)

(4) Auf in die BV-Kasse übertragene Altabfertigungsanwartschaften finden die Bestimmungen des 1. Teiles, 4. Abschnitt (Leistungsrecht), Anwendung.

(BGBl I 2007/102)

(5) Soweit die in Abs. 1 genannten gesetzlichen Abfertigungsregelungen für den Anspruch auf Abfertigung das Erfordernis einer mindestens zehnjährigen ununterbrochenen Dienstzeit vorsehen, sind auch Dienstzeiten im selben Arbeitsverhältnis nach dem Übertritt nach Abs. 1 auf dieses Erfordernis anzurechnen.

(BGBl I 2013/4)

(6) Im Falle eines Übertritts nach Abs. 1 und 3 sind bei der Berechnung der Einzahlungsjahre nach § 14 Abs. 2 Z 4 die bisher in diesem Arbeitsverhältnis zurückgelegten Dienstzeiten zu berücksichtigen.

(BGBl I 2013/4)

§ 47a. § 30 Abs. 3 Z 7a ist auf im Zeitpunkt des Wirksamwerdens des Austritts des Vereinigten Königreichs Großbritannien und Nordirland aus der Europäischen Union einer Veranlagungsgemeinschaft zugeordnete Vermögenswerte gemäß § 30 Abs. 2 Z 5, die von der Kapitalanlagegesellschaft mit Sitz im Vereinigten Königreich begeben wurden, bis 1. Jänner 2021 nicht anzuwenden.

(BGBl I 2019/25)

Unabdingbarkeit

§ 48. (1) Die Rechte, die dem Arbeitnehmer auf Grund dieses Bundesgesetzes zustehen, können durch Arbeitsvertrag oder Normen der kollektiven Rechtsgestaltung weder aufgehoben noch beschränkt werden. Regelungen im Sinne des Abs. 2 werden dadurch nicht berührt.

(2) Im Zeitpunkt des In-Kraft-Tretens dieses Bundesgesetzes bestehende Normen der kollektiven Rechtsgestaltung oder Einzelvereinbarungen, die Abfertigungsansprüche über dem gesetzlich festgelegten Ausmaß vorsehen, werden durch die Regelungen dieses Bundesgesetzes nicht berührt. Solche Regelungen treten für Arbeitsverhältnisse, deren vertraglich vereinbarter Beginn nach dem 31. Dezember 2002, unbeschadet § 46, liegt, oder für Arbeitsverhältnisse, bei denen eine Vereinbarung gemäß § 47 Abs. 1 geschlossen wird, ab dem Zeitpunkt der Wirksamkeit dieser Vereinbarung insoweit außer Kraft, als sie nicht einen die Höhe des gesetzlichen Abfertigungsanspruches unter Anwendung der bis zu diesem Zeitpunkt geltenden gesetzlichen Abfertigungsbestimmungen übersteigenden Anspruch bezogen auf die Anzahl der zustehenden Monatsentgelte vorsehen. Wird bei einer Vereinbarung gemäß § 47 Abs. 1 und 2 dieser übersteigende Anspruch in ausdrücklicher Form berücksichtigt, treten insoweit die vorangeführten Regelungen außer Kraft. Bei Beendigung von Arbeitsverhältnissen, in denen eine Übertrittsvereinbarung gemäß § 47 Abs. 1 abgeschlossen wurde, gebührt ein solcher Mehranspruch nur in jenem Anteil, der über das zum Übertrittszeitpunkt (Stichtag) zu berücksichtigende Ausmaß (§ 47 Abs. 3) hinausgeht.

4. Teil
Selbständigenvorsorge für Personen, die der Pflichtversicherung in der Krankenversicherung nach dem GSVG unterliegen

1. Abschnitt
Allgemeine Bestimmungen

Geltungsbereich

§ 49. (Verfassungsbestimmung) (1) Die Erlassung, Änderung und Aufhebung von Vorschriften, wie sie im 4. Teil dieses Bundesgesetzes enthalten sind, sowie die Vollziehung dieser Vorschriften sind auch in jenen Belangen Bundessache, hinsichtlich deren das B-VG etwas anderes vorsieht. Die in diesen Bestimmungen geregelten Angelegenheiten können unmittelbar von Bundesbehörden vollzogen werden.

(2) Für die Vorsorge von Personen, die der Pflichtversicherung in der Krankenversicherung nach § 2 GSVG (mit Ausnahme der in der Pflichtversicherung in der Krankenversicherung nach den §§ 3 Abs. 1 Z 2, 14a oder 14b GSVG erfassten Personen) unterliegen, gelten die Bestimmungen des 2. Teiles (mit Ausnahme der §§ 18 Abs. 3, 25, 27 Abs. 1 bis 3 und 8) und des 4. Teiles, aufgrund dessen diese Personen zur Beitragsleistung im Rahmen der Selbständigenvorsorge verpflichtet sind.

(BGBl I 2007/102)

§ 50. (1) Auf die Selbständigenvorsorge sind die Bestimmungen des 1. (ausgenommen die §§ 4, 5 und 11 Abs. 3 und 4), 3. und 5. Teiles nicht anzuwenden.

(2) Die Bestimmungen des 2. Teiles sind mit der Maßgabe anzuwenden, dass an die Stelle der Begriffe „Arbeitnehmer", „Abfertigungsbeiträge", „Abfertigungsanwartschaft" und „Abfertigung" die Begriffe „Selbständiger", „Selbstständigenvorsorgebeiträge", „Anwartschaft auf eine Selbständigenvorsorge" und „Kapitalbetrag" in der richtigen grammatikalischen Form treten.

(3) § 27 Abs. 4 und 5 ist mit der Maßgabe anzuwenden, dass die Sozialversicherungsanstalt der gewerblichen Wirtschaft die für Anwartschaftsberechtigte im Sinne des § 51 Z 1 nach diesen Bestimmungen relevanten Daten, wie sie nach § 27 Abs. 4 und 5 für Anwartschaftsberechtigte nach § 3 Z 2 vorgesehen sind, den jeweils betroffenen BV-Kassen in automationsunterstützter Form im Wege des Dachverbandes gegen Ersatz der Kosten zur Verfügung zu stellen hat, wobei an die Stelle des jährlichen Beitragsgrundlagennachweises der monatliche Beitragsgrundlagennachweis tritt.

(BGBl I 2018/100)

(4) § 27a ist mit der Maßgabe anzuwenden, dass jene Bestimmungen, die auf die Schlichtungsstelle verweisen, nicht gelten.

(BGBl I 2007/102)

Begriffsbestimmungen

§ 51. Im Sinne des 4. Teiles ist

1. ein Anwartschaftsberechtigter:
   jene Person im Sinne des § 49 Abs. 2, die Beiträge nach § 52 an die BV-Kasse zu leisten hat;
2. eine Anwartschaft auf eine Selbständigenvorsorge:
   die in einer BV-Kasse verwalteten Ansprüche eines Anwartschaftsberechtigten; diese setzen sich aus den in diese BV-Kasse eingezahlten Beiträgen abzüglich der einbehaltenen Verwaltungskosten, der allenfalls aus einer anderen BV-Kasse in diese BV-Kasse übertragenen Anwartschaft und den zugewiesenen Veranlagungsergebnissen zusammen.

(BGBl I 2007/102)

2. Abschnitt
Beitragsrecht

Beitragsleistung

§ 52. (1) Der Anwartschaftsberechtigte hat für die Dauer der Pflichtversicherung in der Krankenversicherung nach dem GSVG (§§ 6 und 7 GSVG) einen monatlichen Beitrag in der Höhe von 1,53 vH der Beitragsgrundlage (Abs. 3) zu leisten.

(1a) Die Beitragspflicht nach Abs. 1 endet mit dem Tag vor der Inanspruchnahme einer Eigenpension aus einer gesetzlichen Pensionsversicherung, es sei denn, der Anwartschaftsberechtigte verpflichtet sich innerhalb eines Monats ab Verständigung über das Ende der Beitragspflicht schriftlich gegenüber der Sozialversicherungsanstalt der

Selbständigen, weiterhin Beiträge nach Abs. 1 zu leisten. Endet die Beitragspflicht mit Inanspruchnahme der Eigenpension und fällt die Eigenpension in weiterer Folge weg, tritt die Beitragspflicht für die entsprechenden Zeiträume wieder ein.

(BGBl I 2013/138, BGBl I 2018/100)

(2) Die Sozialversicherungsanstalt der Selbständigen hat die Beiträge (Abs. 1) im übertragenen Wirkungsbereich nach § 35 GSVG vorzuschreiben und an die vom Anwartschaftsberechtigten ausgewählte BV-Kasse (oder BV-Kasse nach § 27a) zu überweisen. Die eingelangten Beiträge nach Abs. 1 sind von der Sozialversicherungsanstalt der Selbständigen jeweils bis zum Zehnten des zweitfolgenden Kalendermonates nach deren Zahlung, mit der die gesamte Beitragsschuld nach § 35 GSVG für die jeweiligen Monate der Pflichtversicherung beglichen worden ist, an die BV-Kasse abzuführen. Bereits an die BV-Kasse weitergeleitete Beiträge sind insbesondere bei einem rückwirkenden Wegfall der Pflichtversicherung im Sinne des § 49 Abs. 2 oder der Beitragspflicht gemäß Abs. 1a nicht zurückzuerstatten. Hinsichtlich der Meldepflichten des Anwartschaftsberechtigten sind die §§ 18 bis 23 GSVG anzuwenden. Für die Einziehung und Eintreibung dieser Beiträge, gelten die diesbezüglichen Regelungen nach dem GSVG. Die Feststellung der Beitragsverpflichtung dem Grunde und der Höhe nach ist Verwaltungssache nach den §§ 409 bis 417a ASVG in Verbindung mit § 194 GSVG. Weiters hat der Anwartschaftsberechtigte der Sozialversicherungsanstalt der Selbständigen, falls für die bei ihm beschäftigten Arbeitnehmer bereits eine BV-Kasse ausgewählt wurde (§ 53 Abs. 1), alle ihm zugeordneten Dienstgeberkontonummern zu melden.

(BGBl I 2013/138, BGBl I 2018/100)

(3) Als Beitragsgrundlage im Sinne des Abs. 1 ist die in der gesetzlichen Pflichtversicherung in der Krankenversicherung dieser Personen nach den §§ 25, 26 und 35b GSVG geltende Beitragsgrundlage heranzuziehen, wobei für die nach dem GSVG Pflichtversicherten im Falle der Anwendung einer vorläufigen Beitragsgrundlage gemäß § 25a GSVG diese Beitragsgrundlage ohne Nachbemessung maßgeblich ist.

(4) Die Abtretung oder Verpfändung von Anwartschaften im Sinne des § 51 Z 2 ist rechtsunwirksam, soweit der Anwartschaftsberechtigte darüber nicht verfügen kann. Für die Pfändung gilt die EO.

(BGBl I 2007/102)

Beitrittsvertrag

§ 53. (1) Hat der Anwartschaftsberechtigte für die bei ihm beschäftigten Arbeitnehmer oder freien Dienstnehmer bereits eine BV-Kasse ausgewählt und einen Beitrittsvertrag abgeschlossen oder wurde ihm bereits eine BV-Kasse nach § 27a zugewiesen, hat er die Beiträge im Sinne des § 52 Abs. 1 im Wege der Sozialversicherungsanstalt der Selbständigen an diese BV-Kasse zu leisten. Hat für den Anwartschaftsberechtigten noch keine Verpflichtung zur Auswahl einer BV-Kasse nach § 9 bestanden, hat der Anwartschaftsberechtigte mit einer von ihm ausgewählten BV-Kasse einen Beitrittsvertrag abzuschließen. Kommt er der Verpflichtung zur Auswahl der BV-Kasse (2. Satz) nicht spätestens nach sechs Monaten ab dem Beginn seiner Pflichtversicherung (§ 49 Abs. 2) nach, ist das Zuweisungsverfahren nach § 27a einzuleiten.

(BGBl I 2018/100)

(2) Hat eine Schlichtungsstelle gemäß § 9 Abs. 2 über die Auswahl der BV-Kasse entschieden, hat der Anwartschaftsberechtigte eine BV-Kasse nach Abs. 1 2. Satz auszuwählen.

(3) Der Beitrittsvertrag hat insbesondere zu enthalten:

1. die ausgewählte BV-Kasse;
2. Grundsätze der Veranlagungspolitik;
3. die näheren Voraussetzungen für die Kündigung des Beitrittsvertrages;
4. die Höhe der Verwaltungskosten gemäß § 29 Abs. 2 Z 5;
5. die Meldepflichten des Selbständigen gegenüber der BV-Kasse;
6. eine allfällige Zinsgarantie gemäß § 24 Abs. 2;
7. alle Dienstgeberkontonummern des beitretenden Selbständigen;
8. Art und Berechnungsweise der Barauslagen, die die BV-Kasse gemäß § 26 Abs. 3 Z 1 verrechnen darf.

(4) Für die Kündigung des Beitrittsvertrages durch den Anwartschaftsberechtigten oder die BVKasse oder die einvernehmliche Beendigung des Beitrittsvertrages gilt § 12 Abs. 1 bis 3.

(BGBl I 2007/102, BGBl I 2018/100)

Mitwirkungsverpflichtung

§ 54. Der Anwartschaftsberechtigte ist verpflichtet, der BV-Kasse über alle für das Vertragsverhältnis und für die Verwaltung der Anwartschaft maßgebenden Umstände unverzüglich wahrheitsgemäß Auskunft zu erteilen.

(BGBl I 2007/102)

3. Abschnitt
Leistungsrecht

Anspruch auf eine Leistung aus der Selbständigenvorsorge

§ 55. (1) Der Anwartschaftsberechtigte hat nach mindestens zwei Jahren

1. des Ruhens seiner Gewerbeausübung im Sinne des § 93 der Gewerbeordnung 1994, BGBl. Nr. 194, des Ruhens seiner selbständigen künstlerischen Erwerbstätigkeit nach § 22a des Künstler-Sozialversicherungsfondsgesetzes, BGBl. I Nr. 131/2000, oder nach dem Erlöschen der die Pflichtversicherung in der Krankenversicherung nach dem GSVG begründenden Berechtigung oder

   (BGBl I 2010/92)

2. nach der Beendigung der betrieblichen Tätigkeit im Falle eines nach § 2 Abs. 1 Z 4 GSVG Pflichtversicherten und

bei Vorliegen von drei Einzahlungsjahren (36 Beitragsmonate) seit der ersten Beitragszahlung gemäß § 52 Abs. 1 oder der letztmaligen Verfügung (ausgenommen Verfügungen nach § 58 Abs. 1 Z 2 oder 3 oder Abs. 3) bei einer oder mehreren BV-Kassen Anspruch auf einen Kapitalbetrag aus der Anwartschaft auf eine Selbständigenvorsorge.

(2) Die Verfügung über die Selbständigenvorsorge kann verlangt werden

1. jedenfalls ab der Inanspruchnahme einer Eigenpension aus der gesetzlichen Pensionsversicherung (Zeitpunkt der Zustellung des rechtskräftigen Bescheides) oder gleichartigen Rechtsvorschriften der Mitgliedstaaten des Europäischen Wirtschaftsraumes, oder
2. wenn der Anwartschaftsberechtigte seit mindestens fünf Jahren keine Beiträge nach diesem Bundesgesetz oder gleichartigen österreichischen Rechtsvorschriften zu leisten hat und der Anwartschaftsberechtigte die Voraussetzung nach der Z 1 oder Z 2 des Abs. 1 erfüllt.

(BGBl I 2013/138)

(3) Bei Tod des Anwartschaftsberechtigten gebührt der Kapitalbetrag unabhängig vom Vorliegen der Voraussetzungen nach Abs. 1 dem Ehegatten oder dem eingetragenen Partner sowie den Kindern (Wahl-, Pflege- und Stiefkinder) des Anwartschaftsberechtigten zu gleichen Teilen, sofern für diese Kinder zum Zeitpunkt des Todes des Anwartschaftsberechtigten Familienbeihilfe gemäß § 2 FLAG bezogen wird. Die anspruchsberechtigten Personen können nur die Auszahlung des Kapitalbetrages verlangen. Diese haben den Auszahlungsanspruch innerhalb von drei Monaten ab dem Zeitpunkt des Todes des Anwartschaftsberechtigten gegenüber der BV-Kasse schriftlich geltend zu machen. Der Kapitalbetrag ist binnen fünf Bankarbeitstagen nach dem nächstfolgenden Monatsletzten nach Ablauf dieser Frist an die von der BV-Kasse festgestellten anspruchsberechtigten Personen mit schuldbefreiender Wirkung für die BV-Kasse auszuzahlen. Anspruchsberechtigte Personen, die ihren Anspruch innerhalb der Frist von drei Monaten gegenüber der BV-Kasse nicht geltend gemacht haben, können diesen Anspruch gegenüber dem Ehegatten oder dem eingetragenen Partner oder den Kindern im Sinne des 1. Satzes, an die ein Kapitalbetrag im Sinne des 3. Satzes bereits ausgezahlt wurde, anteilig geltend machen. Melden sich keine anspruchsberechtigten Personen binnen der dreimonatigen Frist, fällt der Kapitalbetrag in die Verlassenschaft gemäß § 531 des Allgemeinen Bürgerlichen Gesetzbuches, JGS. Nr. 946/1811.

(BGBl I 2009/135, BGBl I 2020/135)

(4) Der Anwartschaftsberechtigte hat die von ihm beabsichtigte Verfügung über den Kapitalbetrag der BV-Kasse schriftlich bekannt zu geben. Darin kann der Anwartschaftsberechtigte die BV-Kasse weiters beauftragen, auch die Verfügungen im Sinne des § 58 Abs. 1 über Kapitalbeträge aus anderen BV-Kassen zu veranlassen.

(5) Die BV-Kasse ist verpflichtet, begründete Einwendungen eines Anwartschaftsberechtigten im Zusammenhang mit der Beitragsleistung oder dem Anspruch auf den Kapitalbetrag und Urgenzen hinsichtlich von Kontonachrichten zu prüfen und, sofern die Ursache dafür nicht im eigenen Bereich liegt, unverzüglich dem jeweils zuständigen Träger der Sozialversicherung zur Klärung zu übermitteln.

(BGBl I 2007/102)

Höhe des Kapitalbetrages

§ 56. Die Höhe des Kapitalbetrages ergibt sich aus der Anwartschaft zum Ende jenes Monats, zu dem ein Anspruch gemäß § 57 ermittelt wurde, einschließlich einer allfälligen Garantieleistung bei einer Verfügung gemäß § 58 Abs. 1 Z 1, 3 und 4 oder Abs. 4.

(BGBl I 2007/102, BGBl I 2020/135)

Fälligkeit des Kapitalbetrages

§ 57. (1) Der Kapitalbetrag ist am Ende des zweitfolgenden Kalendermonates nach der Geltendmachung des Anspruchs gemäß § 55 Abs. 4 fällig und binnen fünf Bankarbeitstagen entsprechend der Verfügung des Anwartschaftsberechtigten nach § 58 zu leisten, wobei die Frist für die Fälligkeit frühestens mit dem Ablauf des Zeitraums nach § 55 Abs. 1 Z 1 oder 2 oder Inanspruchnahme einer Eigenpension aus der gesetzlichen Pensionsversicherung zu laufen beginnt. Abweichend vom ersten Satz kann die Frist für die Fälligkeit verkürzt werden, wenn die Beiträge gemäß § 52 Abs. 2 abgeführt wurden.

(2) Der Anwartschaftsberechtigte kann die BV-Kasse einmalig anweisen, die Durchführung von Verfügungen nach § 58 um ein bis sechs ganze Monate nach Fälligkeit gemäß Abs. 1 erster Satz vorzunehmen. An eine solche Anweisung ist die BV-Kasse nur dann gebunden, wenn sie spätestens 14 Tage vor der Auszahlung gemäß Abs. 1 bei ihr einlangt. Im Aufschubzeitraum ist der Kapitalbetrag im Rahmen der Veranlagungsgemeinschaft weiter zu veranlagen. Mit dem Ende des letzten vollen Monats des Aufschubzeitraumes ist eine ergänzende Ergebniszuweisung vorzunehmen.

(BGBl I 2007/102, BGBl I 2020/135)

Verfügungsmöglichkeiten des Anwartschaftsberechtigten über den Kapitalbetrag

§ 58. (1) Der Anwartschaftsberechtigte kann bei Vorliegen der Anspruchsvoraussetzungen nach § 55 zu den in § 55 Abs. 1 und 2 genannten Zeitpunkten

1. die Auszahlung des gesamten Kapitalbetrages verlangen,
2. die Weiterveranlagung des gesamten Kapitalbetrages bis zum Vorliegen der Voraussetzungen des Abs. 4 in der BV-Kasse verlangen,
3. die Übertragung des gesamten Kapitalbetrages in eine neue BV-Kasse nach der Wiederaufnahme der Gewerbeausübung oder der

betrieblichen Tätigkeit oder eine BV-Kasse seines neuen Arbeitgebers verlangen,

4. die Überweisung des gesamten Kapitalbetrages
   a) an ein Versicherungsunternehmen seiner Wahl als Einmalprämie für eine vom Anwartschaftsberechtigten nachweislich abgeschlossene Pensionszusatzversicherung (§ 108b des Einkommensteuergesetzes 1988 – EStG 1988, BGBl. Nr. 400) oder
   b) an eine Pensionskasse, bei der der Anwartschaftsberechtigte bereits Berechtigter im Sinne des § 5 des Pensionskassengesetzes – PKG, BGBl. Nr. 281/1990, ist,

verlangen.

(2) Gibt der Anwartschaftsberechtigte die Erklärung über die Verwendung der Selbständigenvorsorge nicht binnen sechs Monaten nach den sich aus § 55 Abs. 1 und Abs. 2 Z 2 ergebenden Zeitpunkten ab, ist die Selbständigenvorsorge weiter zu veranlagen.

(3) Der Anwartschaftsberechtigte kann, auch wenn die Voraussetzungen des § 55 Abs. 2 für eine Verfügung über den Kapitalbetrag nicht vorliegen, sowie nach einer Verfügung im Sinne des Abs. 1 Z 2 (abweichend von Abs. 2) eine Verfügung über die gesamte Selbständigenvorsorge in der jeweiligen BV-Kasse im Sinne des Abs. 1 Z 3 verlangen, wenn die Selbständigenanwartschaft seit dem Ruhen der Gewerbeausübung oder Beendigung der betrieblichen Tätigkeit mindestens drei Jahre beitragsfrei gestellt ist. Die Verfügung kann frühestens nach dem Ablauf der Dreijahresfrist vorgenommen werden.

(4) Die BV-Kasse hat nach dem Ablauf von drei Monaten ab dem Zeitpunkt der Verständigung nach § 27 Abs. 4 über die Inanspruchnahme einer Eigenpension aus der gesetzlichen Pensionsversicherung oder gleichartigen Rechtsvorschriften der Mitgliedstaaten des Europäischen Wirtschaftsraumes durch den Anwartschaftsberechtigten den Kapitalbetrag zum Ende des Folgemonats (Fälligkeit der Abfertigung) auszuzahlen, sofern der Anwartschaftsberechtigte nicht vorher über den Kapitalbetrag verfügt hat.

(BGBl I 2007/102)

4. Abschnitt
Verwaltung der Beiträge in der BV-Kasse

BV-Kassen

§ 59. Die BV-Kassen sind auch berechtigt, Beiträge im Sinne des 4. Teiles hereinzunehmen und zu veranlagen.

(BGBl I 2007/102)

Konten

§ 60. (1) Die BV-Kasse hat für jeden Anwartschaftsberechtigten ein Konto zu führen. Dieses Konto muss alle wesentlichen Daten enthalten und dient der Berechnung des Kapitalbetrages aus der Selbständigenvorsorge.

(2) Der Anwartschaftsberechtigte ist jährlich zum Stand 31. Dezember des vorangegangenen Geschäftsjahres binnen drei Monaten, nachdem die Daten der BV-Kasse vom Dachverband zur Verfügung gestellt wurden, schriftlich über

(BGBl I 2018/100)

1. die zum letzten Bilanzstichtag erworbene Anwartschaft aus der Selbständigenvorsorge,
2. die im Geschäftsjahr veranlagten Beiträge,
   (BGBl I 2015/79)
3. die vom Anwartschaftsberechtigten zu tragenden Barauslagen und Verwaltungskosten,
4. die zugewiesenen Veranlagungsergebnisse sowie
5. die insgesamt erworbene Anwartschaft aus der Selbständigenvorsorge

zu informieren. Wesentliche Daten sind neben Namen und Sozialversicherungsnummer des Anwartschaftsberechtigten die für die Erfüllung der in Z 1 bis 5 angeführten Verpflichtungen erforderlichen Daten. Weiters hat die Information die Grundzüge der Veranlagungspolitik sowie die zum Abschlussstichtag gehaltenen Veranlagungen zu enthalten.

(3) Der Anwartschaftsberechtigte ist zwei Jahre nach der Ruhendstellung der Gewerbeausübung, nach dem Erlöschen der die Pflichtversicherung in der Krankenversicherung nach dem GSVG begründenden Berechtigung oder der Beendigung der betrieblichen Tätigkeit, die eine Verfügung nach § 58 Abs. 1 begründet, binnen eines Monats nach der Verständigung über die Ruhendstellung oder Beendigung durch den Dachverband von der BV-Kasse schriftlich über die Verfügungsmöglichkeiten gemäß den §§ 55 Abs. 4 und 58 Abs. 1 zu informieren. Bei Verfügungen gemäß § 58 Abs. 1 oder Auszahlungen gemäß § 58 Abs. 4 ist dem Anwartschaftsberechtigten zeitgleich mit der Auszahlung des Kapitalbetrages eine schriftliche Information mit den Angaben gemäß Abs. 2 Z 1 bis 5 zu übermitteln.

(BGBl I 2018/100)

(4) Nach Maßgabe der vorhandenen technischen Möglichkeiten kann nach Zustimmung des Anwartschaftsberechtigten anstelle der schriftlichen Information gemäß Abs. 2 und Abs. 3 letzter Satz auch eine gesicherte elektronische Zugriffsmöglichkeit auf diese Information bei der BV-Kasse ermöglicht werden. Die Information gemäß Abs. 3 erster und zweiter Satz kann nach Zustimmung des Anwartschaftsberechtigten und Bekanntgabe einer elektronischen Zustelladresse anstelle der schriftlichen Information auch elektronisch zugestellt werden.

(5) Die BV-Kasse haftet für die Richtigkeit der Kontonachrichten auf der Grundlage der von den Sozialversicherungsträgern im Wege des Dachverbandes zu Verfügung gestellten Daten.

(BGBl I 2018/100)

(6) Werden für eine Anwartschaft nach der Ruhendstellung der Gewerbeausübung, nach dem Erlöschen der die Pflichtversicherung in der Krankenversicherung nach dem GSVG begründenden Berechtigung oder der Beendigung der betrieblichen Tätigkeit für einen ununterbrochenen Zeitraum von mindestens zwölf Monaten ab dem Bilanzstichtag, zu dem die letzte Kontonachricht erstellt wurde, keine Beiträge geleistet, ist dem Anwartschaftsberechtigten abweichend von Abs. 2 jeweils nach jedem dritten Bilanzstichtag, gerechnet ab jenem Bilanzstichtag, zu dem die letzte Kontonachricht erstellt wurde, eine Kontonachricht zu übermitteln. Verändert sich die Anwartschaft seit jenem Bilanzstichtag, zu dem die letzte Kontonachricht erstellt wurde, um mehr als 30 €, ist dem Anwartschaftsberechtigten zu diesem Bilanzstichtag eine Kontonachricht zu übermitteln. Im Falle der gesicherten elektronischen Zugriffsmöglichkeit durch den Anwartschaftsberechtigten (Abs. 4) ist jährlich ein Kontoauszug zu erstellen.

(BGBl I 2007/102)

Veranlagungsgemeinschaft

§ 61. Die BV-Kasse hat die Veranlagung der Beiträge nach dem 4. Teil im Rahmen der nach § 28 bereits eingerichteten Veranlagungsgemeinschaft vorzunehmen.

(BGBl I 2007/102)

5. Teil
Selbständigenvorsorge für freiberuflich Selbständige und Land- und Forstwirte

1. Abschnitt
Allgemeine Bestimmungen

Geltungsbereich

§ 62. (1) **(Verfassungsbestimmung)** Die Bestimmungen des 5. Teiles gelten für die Selbständigenvorsorge,

1. von Personen, die in der Pensionsversicherung nach § 2 GSVG pflichtversichert sind, aufgrund einer Ausnahme gemäß § 5 GSVG oder einer Pflichtversicherung in der Krankenversicherung nach dem ASVG aber nicht der Pflichtversicherung in der Krankenversicherung nach § 2 GSVG unterliegen, oder
2. von Personen, die der Pflichtversicherung in der Pensionsversicherung nach § 2 Abs. 1 des Bauern-Sozialversicherungsgesetzes (BSVG), BGBl. Nr. 559/1978, oder
3. von Personen, die der Pflichtversicherung in der Pensionsversicherung nach § 2 des Freiberuflich Selbständigen-Sozialversicherungsgesetzes (FSVG), BGBl. Nr. 624/1978, oder
4. von Notaren, die in die Vorsorge nach § 1 des Notarversorgungsgesetzes, BGBl. I Nr. 100/2018, einbezogen sind, oder

   (BGBl I 2018/100)
5. von Personen, die in die Liste der Rechtsanwälte (§ 5 der Rechtsanwaltsordnung – RAO, RGBl. Nr. 96/1868) oder in die Liste der niedergelassenen europäischen Rechtsanwälte (§ 9 des EIRAG, BGBl. I Nr. 27/2000) eingetragen sind, oder
6. von Ziviltechnikern (§ 1 des Ziviltechnikergesetzes 1993 - ZTG, BGBl. Nr. 156/1994).

Der Selbständige kann sich im Rahmen der Selbständigenvorsorge nach diesem Teil durch Abschluss eines Beitrittsvertrages zur Beitragsleistung an eine BV-Kasse verpflichten.

(2) Auf die Selbständigenvorsorge sind die Bestimmungen des 2. Teiles mit Ausnahme folgender Regelungen anzuwenden: §§ 18 Abs. 3, 25, 27 Abs. 1 bis 3 und 8, 27a. § 27 Abs. 4 bis 6 und 7 ist mit der sich aus § 50 Abs. 3 ergebenden Maßgabe anzuwenden, wenn die Beitragseinhebung durch einen Sozialversicherungsträger erfolgt.

(3) Auf die Selbständigenvorsorge sind die Bestimmungen des 1. (ausgenommen die §§ 4 und 5), 3. und 4. Teiles, falls nicht anderes bestimmt ist, nicht anzuwenden.

(4) Die Bestimmungen des 2. Teiles sind mit der Maßgabe anzuwenden, dass an die Stelle der Begriffe „Arbeitnehmer“, „Abfertigungsbeiträge“, „Abfertigungsanwartschaft“ und „Abfertigung“ die Begriffe „Selbständiger“, „Selbstständigenvorsorgebeiträge“, „Anwartschaft auf eine Selbständigenvorsorge“ und „Kapitalbetrag“ in der richtigen grammatikalischen Form treten.

(5) **(Verfassungsbestimmung)** Die Erlassung, Änderung und Aufhebung von Vorschriften, wie sie im 5. Teil dieses Bundesgesetzes enthalten sind, sowie die Vollziehung dieser Vorschriften sind auch in jenen Belangen Bundessache, hinsichtlich deren das B-VG etwas anderes vorsieht. Die in diesen Bestimmungen geregelten Angelegenheiten können unmittelbar von Bundesbehörden vollzogen werden.

(BGBl I 2007/102)

Begriffsbestimmungen

§ 63. Im Sinne des 5. Teiles ist

1. ein Anwartschaftsberechtigter:

   jene Person nach § 62 Abs. 1, die Beiträge nach § 64 an die BV-Kasse leistet;
2. eine Anwartschaft auf eine Selbständigenvorsorge:

   die in einer BV-Kasse verwalteten Ansprüche eines Anwartschaftsberechtigten; diese setzen sich aus den in diese BV-Kasse eingezahlten Beiträgen abzüglich der einbehaltenen Verwaltungskosten, der allenfalls aus einer anderen BV-Kasse in diese BV-Kasse übertragenen Anwartschaft und den zugewiesenen Veranlagungsergebnissen zusammen.

(BGBl I 2007/102)

2. Abschnitt
Beitragsrecht

Beitragsleistung

§ 64. (1) Der Selbständige (§ 62) kann sich bis zum 31. Dezember 2008 durch Abschluss eines

Beitrittsvertrages (§ 65) zu einer monatlichen Beitragsleistung für die Dauer der Pflichtversicherung (§ 62 Abs. 1 Z 1, 2, 3 oder 6) oder der Berufsausübung (§ 62 Abs. 1 Z 4 oder 5) in Höhe von 1,53 vH der Beitragsgrundlage nach Abs. 3 an eine von ihm ausgewählte BV-Kasse verpflichten. Ein Selbständiger, dessen Pflichtversicherung oder Berufsausübung nach dem 31. Dezember 2007 beginnt, kann sich innerhalb eines Jahres nach dem erstmaligen Beginn der Pflichtversicherung oder der Berufsausübung zur Beitragsleistung im Sinne des 1. Satzes verpflichten.

(BGBl I 2013/4)

(2) Ein Einstellen, Aussetzen oder Einschränken der Beitragsleistung für die Dauer der Pflichtversicherung oder der Berufsausübung bis zur Inanspruchnahme einer Eigenpension aus der gesetzlichen Pensionsversicherung oder einer Wohlfahrtseinrichtung einer Kammer der freien Berufe ist nicht zulässig.

(3) Beitragsgrundlage im Sinne des Abs. 1 ist:

1. für Selbständige im Sinne des § 62 Abs. 1 Z 1 und 3 die nach den §§ 25, 25a, 26 und 35a GSVG maßgebliche Beitragsgrundlage ohne Nachbemessung;
2. für Selbständige im Sinne des § 62 Abs. 1 Z 2 die nach den §§ 23, 23a und 33a BSVG zum Zeitpunkt der Vorschreibung in der Pensionsversicherung maßgebliche Beitragsgrundlage ohne Nachbemessung;
3. für Selbständige im Sinne des § 62 Abs. 1 Z 4 und Z 5 der sich aus § 48 GSVG ergebende Betrag;
4. für Selbständige im Sinne des § 62 Abs. 1 Z 6 die für die Pflichtversicherung in der gesetzlichen Pensionsversicherung nach dem FSVG maßgebliche Beitragsgrundlage ohne Nachbemessung.

(BGBl I 2013/4)

(4) Für die Beitragseinhebung, Übermittlung der relevanten Daten und Weiterleitung der Beiträge hinsichtlich der in § 62 Abs. 1 Z 1, 3 und 6 genannten Selbständigen gilt § 52 Abs. 2.

(BGBl I 2013/4)

(5) Die Sozialversicherungsanstalt der Selbständigen hat die Beiträge (Abs. 1) im übertragenen Wirkungsbereich nach § 33 BSVG vorzuschreiben und an die vom Anwartschaftsberechtigten ausgewählte BV-Kasse zu überweisen. Für die Einziehung dieser Beiträge gelten die Regelungen über die Einziehung der Beiträge nach dem BSVG. Hinsichtlich der Meldepflichten des Anwartschaftsberechtigten sind die §§ 16 bis 21 BSVG anzuwenden. Die eingelangten Beiträge nach Abs. 1 sind von der Sozialversicherungsanstalt der Selbständigen jeweils bis zum 10. des zweitfolgenden Kalendermonates nach vollständiger Bezahlung eines Beitragsmonates an die BV-Kasse abzuführen. Die Feststellung der Leistungsverpflichtung dem Grunde und der Höhe nach ist Verwaltungssache nach den §§ 409 bis 417a ASVG in Verbindung mit § 182 BSVG.

(BGBl I 2018/100)

(6) Die Versorgungsanstalt des österreichischen Notariates hat die Beiträge (Abs. 1) im übertragenen Wirkungsbereich vorzuschreiben und an die vom Anwartschaftsberechtigten ausgewählte BV-Kasse zu überweisen. Für diese Beiträge gelten die nach dem Notarversorgungsgesetz anzuwendenden Vorschriften über die Fälligkeit, Einzahlung und Eintreibung der Pflichtbeiträge sowie über die Melde- und Auskunftspflichten mit der Maßgabe, dass an die Stelle der Beiträge zur Versorgung die Beiträge an die BV-Kassen treten.

(BGBl I 2018/100)

(7) Die Einhebung der Beiträge (Abs. 1) von Rechtsanwälten (§ 62 Abs. 1 Z 5) erfolgt durch die jeweils ausgewählte BV-Kasse, wobei die Überweisung der Beiträge einmal jährlich erfolgen kann.

(8) (aufgehoben)

(BGBl I 2013/4)

(9) Die Abtretung oder Verpfändung von Anwartschaften im Sinne des § 63 Z 2 ist rechtsunwirksam, soweit der Anwartschaftsberechtigte darüber nicht verfügen kann. Für die Pfändung gilt die EO.

(BGBl I 2007/102)

Beitrittsvertrag

§ 65. (1) Der Anwartschaftsberechtigte hat mit einer von ihm ausgewählten BV-Kasse einen Beitrittsvertrag abzuschließen.

(2) Der Beitrittsvertrag hat insbesondere zu enthalten:

1. die ausgewählte BV-Kasse;
2. Grundsätze der Veranlagungspolitik;
3. die näheren Voraussetzungen für die Kündigung des Beitrittsvertrages;
4. die Höhe der Verwaltungskosten gemäß § 29 Abs. 2 Z 5;
5. die Meldepflichten des Selbständigen gegenüber der BV-Kasse;
6. eine allfällige Zinsgarantie gemäß § 24 Abs. 2;
7. Art und Berechnungsweise der Barauslagen, die die BV-Kasse gemäß § 26 Abs. 3 Z 1 oder § 70 verrechnen darf.

(3) Für die Kündigung des Beitrittsvertrages durch den Anwartschaftsberechtigten oder die BVKasse oder die einvernehmliche Beendigung des Beitrittsvertrages gilt § 12 Abs. 1 bis 3.

(BGBl I 2007/102)

Mitwirkungsverpflichtung

§ 66. Der Anwartschaftsberechtigte ist verpflichtet, der BV-Kasse über alle für das Vertragsverhältnis und für die Verwaltung der Anwartschaft maßgebenden Umstände unverzüglich wahrheitsgemäß Auskunft zu erteilen.

3. Abschnitt
Leistungsrecht

Anspruch auf eine Leistung aus der Selbständigenvorsorge

§ 67. (1) Der Anwartschaftsberechtigte hat nach mindestens zwei Jahren

1. nach dem Ende seiner Pflichtversicherung (§ 62 Abs. 1 Z 1, 3 oder 6) infolge Einstellung der betrieblichen Tätigkeit oder dem Wegfall der berufsrechtlichen Berechtigung oder

   (BGBl I 2013/4)
2. nach dem Ende seiner Pflichtversicherung (§ 62 Abs. 1 Z 2) infolge Einstellung der für die Pensionsversicherung nach § 2 BSVG wesentlichen betrieblichen Tätigkeit oder
3. nach der Beendigung der Berufsausübung (§ 62 Abs. 1 Z 4 oder 5) nach den jeweiligen berufsrechtlichen Regelungen

   (BGBl I 2013/4)

bei Vorliegen von drei Einzahlungsjahren (36 Beitragsmonate) seit der ersten Beitragszahlung gemäß § 64 Abs. 1 oder der letztmaligen Verfügung (ausgenommen Verfügungen im Sinne des § 58 Abs. 1 Z 2 oder 3 oder Abs. 3) bei einer oder mehreren BV-Kassen, Anspruch auf einen Kapitalbetrag aus der Anwartschaft auf eine Selbständigenvorsorge.

(2) Das Leistungsrecht hinsichtlich der Selbständigenvorsorge nach diesem Teil ergibt sich aus den §§ 55 Abs. 2 bis 4, 56, 57 und 58.

(BGBl I 2007/102)

4. Abschnitt
Verwaltung der Beiträge in der BV-Kasse

BV-Kassen

§ 68. Die BV-Kassen sind auch berechtigt, Beiträge im Sinne des 5. Teiles hereinzunehmen und zu veranlagen.

(BGBl I 2007/102)

Konten

§ 69. (1) Die BV-Kasse hat für jeden Anwartschaftsberechtigten ein Konto zu führen. Dieses Konto muss alle wesentlichen Daten enthalten und dient der Berechnung des Kapitalbetrages aus der Selbständigenvorsorge.

(2) Der Anwartschaftsberechtigte ist jährlich zum Stand 31. Dezember des vorangegangenen Geschäftsjahres binnen drei Monaten, nachdem die Daten der BV-Kasse vom Dachverband oder einer Kammer der freien Berufe, wenn eine Zustimmung des Anwartschaftsberechtigten eingeholt wurde, oder durch den Anwartschaftsberechtigten, zur Verfügung gestellt wurden, schriftlich über

(BGBl I 2018/100)

1. die zum letzten Bilanzstichtag erworbene Anwartschaft aus der Selbständigenvorsorge,
2. die im Geschäftsjahr veranlagten Beiträge,

   (BGBl I 2015/79)
3. die vom Anwartschaftsberechtigten zu tragenden Barauslagen und Verwaltungskosten,
4. die zugewiesenen Veranlagungsergebnisse sowie
5. die insgesamt erworbene Anwartschaft aus der Selbständigenvorsorge

zu informieren. Wesentliche Daten sind neben Namen und Sozialversicherungsnummer des Anwartschaftsberechtigten die für die Erfüllung der in Z 1 bis 5 angeführten Verpflichtungen erforderlichen Daten. Weiters hat die Information die Grundzüge der Veranlagungspolitik sowie die zum Abschlussstichtag gehaltenen Veranlagungen zu enthalten.

BPG/BMSVG

(3) Der Anwartschaftsberechtigte ist zwei Jahre nach der Ruhendstellung der Gewerbeausübung, dem Ende seiner Pflichtversicherung infolge Einstellung der für die Pensionsversicherung nach § 2 BSVG wesentlichen betrieblichen Tätigkeit oder der Beendigung der Berufsausübung, die eine Verfügung nach § 67 begründet, binnen eines Monats nach der Verständigung über die Ruhendstellung oder Beendigung der Pflichtversicherung oder Berufsausübung durch den Dachverband von der BV-Kasse schriftlich über die Verfügungsmöglichkeiten gemäß § 67 zu informieren. Bei Verfügungen gemäß § 67 oder Auszahlungen gemäß § 67 ist dem Anwartschaftsberechtigten zeitgleich mit der Auszahlung des Kapitalbetrages eine schriftliche Information mit den Angaben gemäß Abs. 2 Z 1 bis 5 zu übermitteln.

(BGBl I 2018/100)

(4) Nach Maßgabe der vorhandenen technischen Möglichkeiten kann nach Zustimmung des Anwartschaftsberechtigten anstelle der schriftlichen Information gemäß Abs. 2 und Abs. 3 letzter Satz auch eine gesicherte elektronische Zugriffsmöglichkeit auf diese Information bei der BV-Kasse ermöglicht werden. Die Information gemäß Abs. 3 erster und zweiter Satz kann nach Zustimmung des Anwartschaftsberechtigten und Bekanntgabe einer elektronischen Zustelladresse anstelle der schriftlichen Information auch elektronisch zugestellt werden.

(5) Die BV-Kasse haftet für die Richtigkeit der Kontonachrichten auf der Grundlage der von der Sozialversicherungsträgern im Wege des Dachverbandes, einer Kammer der freien Berufe oder dem Anwartschaftsberechtigten zu Verfügung gestellten Daten.

(BGBl I 2018/100)

(6) Werden für eine Anwartschaft nach der Ruhendstellung der Gewerbeausübung oder der Beendigung der betrieblichen Tätigkeit für einen ununterbrochenen Zeitraum von mindestens zwölf Monaten ab dem Bilanzstichtag, zu dem die letzte Kontonachricht erstellt wurde, keine Beiträge geleistet, ist dem Anwartschaftsberechtigten abweichend von Abs. 2 jeweils nach jedem dritten Bilanzstichtag, gerechnet ab jenem Bilanzstichtag, zu dem die letzte Kontonachricht erstellt wurde, eine Kontonachricht zu übermitteln. Verändert sich die Anwartschaft seit jenem Bilanzstichtag, zu dem die letzte Kontonachricht erstellt wurde, um mehr als

30 €, ist dem Anwartschaftsberechtigten zu diesem Bilanzstichtag eine Kontonachricht zu übermitteln. Im Falle der gesicherten elektronischen Zugriffsmöglichkeit durch den Anwartschaftsberechtigten (Abs. 4) ist jährlich ein Kontoauszug zu erstellen.

(BGBl I 2007/102)

Verwaltungskosten

§ 70. Werden die Beiträge durch einen Sozialversicherungsträger eingehoben (§ 64 Abs. 4 bis 6), so ist § 26 anzuwenden, wobei der in § 26 Abs. 5 geregelte Kostenersatz dem jeweiligen Sozialversicherungsträger (§ 64) zusteht. Abweichend vom ersten Satz sind die Verwaltungskosten hinsichtlich der Beitragseinhebung, Veranlagung und Verwaltung der Beiträge von Rechtsanwälten in einem Rahmenvertrag zwischen dem Österreichischen Rechtsanwaltskammertag und der jeweiligen BV-Kasse festzulegen, wobei die Verwaltungskosten für alle Rechtsanwälte, die vom Rahmenvertrag erfasst werden, prozentmäßig gleich sein müssen.

(BGBl I 2007/102, BGBl I 2013/4)

Veranlagungsgemeinschaft

§ 71. Die BV-Kasse hat die Veranlagung der Beiträge nach dem 5. Teil im Rahmen der nach § 28 bereits eingerichteten Veranlagungsgemeinschaft vorzunehmen.

(BGBl I 2007/102)

6. Teil
Schlussbestimmungen

Weisungsbindung

§ 71a. Die Versicherungsträger und der Dachverband haben die Aufgaben nach diesem Bundesgesetz im übertragenen Wirkungsbereich nach den Weisungen des Bundesministers für Arbeit, Soziales und Konsumentenschutz zu vollziehen. In den Angelegenheiten des § 27 Abs. 4 bis 6 haben der Bundesminister für Arbeit, Soziales und Konsumentenschutz und der Bundesminister für Finanzen hinsichtlich der Weisung das Einvernehmen herzustellen.

(BGBl I 2009/147, BGBl I 2018/100)

Vollziehung

§ 72. Mit der Vollziehung dieses Bundesgesetzes sind hinsichtlich

1. des 1. sowie des 3. Teiles (Übergangsrecht) der Bundesminister für Wirtschaft und Arbeit,
2. des § 11 Abs. 3 und 4, des 2. Teiles sowie des § 47a der Bundesminister für Finanzen,

   (BGBl I 2019/25)
3. des § 6 Abs. 2, 2a und 3 und § 27a der Bundesminister für Wirtschaft und Arbeit und der Bundesminister für Soziales und Konsumentenschutz im Rahmen ihres Wirkungsbereiches,
4. der §§ 7 Abs. 3 bis 8 und 27 Abs. 8 die Bundesministerin für Gesundheit, Frauen und Jugend im Einvernehmen mit dem Bundesminister für Wirtschaft und Arbeit,
5. des § 8 der Bundesminister für Justiz,
6. des § 27 Abs. 4 bis 6 der Bundesminister für Soziales und Konsumentenschutz im Einvernehmen mit dem Bundesminister für Finanzen,
7. des § 27 Abs. 7 der Bundesminister für Soziales und Konsumentenschutz,
8. des 4. und 5. Teiles der Bundesminister für Wirtschaft und Arbeit und der Bundesminister für Finanzen im Rahmen ihres Wirkungsbereiches

betraut.

(BGBl I 2007/102)

Inkrafttreten

§ 73. (1) § 30 Abs. 2 Z 6, § 30 Abs. 3 Z 9, § 31 Abs. 1 Z 5 und die Anlagen 1 und 2 zu § 40 in der Fassung des Bundesgesetzes BGBl. I Nr. 80/2003 treten mit 1. September 2003 in Kraft.

(BGBl I 2003/80)

(2) § 14 Abs. 4 Z 1 und 1a in der Fassung des Bundesgesetzes BGBl. I Nr. 143/2004 tritt mit 1. Jänner 2005 in Kraft.

(BGBl I 2004/143)

(3) § 17 Abs. 1 Z 4 lit. a in der Fassung des Bundesgesetzes BGBl. I Nr. 8/2005 tritt mit 23. September 2005 in Kraft.

(BGBl I 2005/8)

(4) Die §§ 6 Abs. 2 und 2a, 9 samt Überschrift, 10, 12 Abs. 4, 27a samt Überschrift, 42 erster Satz und 49 Z 3 in der Fassung des Bundesgesetzes BGBl. I Nr. 36/2005 treten mit 1. Juli 2005 in Kraft. Eine Änderung der Zahlungsweise nach § 6 Abs. 2a kann erst für Beitragszeiträume nach dem 31. Dezember 2005 wirksam werden. Die §§ 10 und 27a sind auch auf Beitragszeiträume nach den §§ 6 und 7 anzuwenden, die vor dem In-Kraft-Treten dieses Bundesgesetzes begonnen haben. An jene Arbeitgeber, für die der Beginn des Arbeitsverhältnisses des Arbeitnehmers, für den der Arbeitgeber erstmalig Beiträge nach den §§ 6 oder 7 zu leisten hatte, vor dem 1. Jänner 2005 liegt, sind die Aufforderungsschreiben nach § 27a Abs. 1 bis spätestens 31. August 2005 zu versenden. Die Zuweisungen dieser Arbeitgeber zu einer MV-Kasse haben nach Verstreichen der Frist von drei Monaten nach § 27a Abs. 1, spätestens aber beginnend mit 1. Dezember 2005 zu erfolgen. Für das Jahr 2005 ist eine Meldung der Wirtschaftskammer Österreich im Sinne des § 27a Abs. 4 bis spätestens 31. Juli 2005, ein Antrag der MV-Kasse im Sinne des § 27a Abs. 4 bis spätestens Juli 2005, zu übermitteln.

(BGBl I 2005/36)

(5) § 20 Abs. 4 letzter Satz in der Fassung des Bundesgesetzes BGBl. I Nr. 37/2005 tritt mit 1. Juli 2005 in Kraft.

(BGBl I 2005/37)

(6) § 30 Abs. 3 Z 8 lit. b in der Fassung des Bundesgesetzes BGBl. I Nr. 141/2006 tritt mit 1. Jänner 2007 in Kraft.

(BGBl I 2006/141)

(7) Der Titel dieses Bundesgesetzes, die Umbenennung der Mitarbeitervorsorgekasse (MV-Kasse) in Betriebliche Vorsorgekasse (BV-Kasse), das Inhaltsverzeichnis, die §§ 1 samt Überschrift, 6 Abs. 1a und 3, 7 samt Überschrift, § 9 Abs. 1 und Abs. 2 1. Satz, 14 samt Überschrift, 15, 16 samt Überschrift, 17 samt Überschrift, die Überschrift zum 2. Teil, 20 Abs. 2, 22 Abs. 1, 24 Abs. 1, 25 samt Überschrift, 26 Abs. 6, 27 Abs. 1, 2, 5 und 6a, 29 Abs. 2 Z 5, 30 Abs. 2 Z 6, 33 Abs. 1, die Überschrift zum 3. Teil, 46, 47 Abs. 3 Z 3, sowie die Anlage 2 zu § 40 in der Fassung des Bundesgesetzes BGBl. I Nr. 102/2007 treten mit 1. Jänner 2008 in Kraft. § 7 Abs. 1 gilt nur für Auslandseinsatzpräsenzdienste gemäß § 19 Abs. 1 Z 9 WG 2001, die nach dem 31. Dezember 2007 angetreten werden. § 7 Abs. 6a gilt auch für zum Zeitpunkt des Inkrafttretens dieses Bundesgesetzes laufende Bildungskarenzen. § 47 Abs. 3 Z 3 in der Fassung des Bundesgesetzes BGBl. I Nr. 102/2007 findet nur auf nach dem 31. Dezember 2007 abgeschlossene Vereinbarungen gemäß § 47 Abs. 3 Anwendung. Für zum 31. Dezember 2007 bestehende freie Dienstverhältnisse von Personen im Sinne des § 1 Abs. 1a findet § 6 Abs. 1 2. Satz keine Anwendung. § 1 Abs. 1a findet auf zum 31. Dezember 2007 bestehende freie Dienstverhältnisse mit vertraglich festgelegten Abfertigungsansprüchen sowie auf unmittelbar nachfolgende mit demselben Dienstgeber oder einem Dienstgeber im Konzern (§ 46 Abs. 3 Z 2) abgeschlossene freie Dienstverhältnisse mit solchen Abfertigungsansprüchen keine Anwendung. Die Anlage 2 zu § 40 in der Fassung des Bundesgesetzes BGBl. I Nr. 102/2007 ist auf Geschäftsjahre anzuwenden, die nach dem 31. Dezember 2007 beginnen.

(BGBl I 2007/102)

(8) Der 4., 5. und 6. Teil dieses Bundesgesetzes (ausgenommen die §§ 49 und 62 Abs. 1 und 5) in der Fassung des Bundesgesetzes BGBl. I Nr. 102/2007 treten mit 1. Jänner 2008 in Kraft. Der 4. und 5. Teil gelten für Beitragszeiträume ab dem Inkrafttreten dieses Bundesgesetzes. Abweichend von § 52 Abs. 2 sind die Beiträge für die Monate Jänner bis einschließlich September 2008 gemeinsam mit den Beiträgen zur Pflichtversicherung in der Krankenversicherung nach dem GSVG gemäß § 35 GSVG vorzuschreiben. Abweichend von § 64 Abs. 4 bis 6 sind für Selbständige im Sinne des § 62 Abs. 1 Z 1 bis 4 die Beiträge für die Monate Jänner bis einschließlich September 2008 zusammen mit den Beiträgen für das 4. Quartal 2008 vorzuschreiben. Die auf Grund dieser Vorschreibungen eingelangten Beiträge für die Monate Jänner bis einschließlich Dezember 2008 samt Zinsen sind bis längstens 10. Februar 2009 an die BV-Kassen zu überweisen. Vorzeitige Überweisungen der eingezahlten Beiträge an die BV-Kassen durch die Sozialversicherungsträger sind zulässig. Abweichend von den §§ 50 Abs. 3 und 62 Abs. 2 haben die jeweiligen Sozialversicherungsträger die in diesen Bestimmungen und im § 27 Abs. 4 und 5 genannten Daten der bei ihr pensions- oder krankenversicherten Personen bis längstens 30. November 2008 den jeweils betroffenen BV-Kassen in automationsunterstützter Form im Wege des Hauptverbandes der österreichischen Sozialversicherungsträger gegen Ersatz der Kosten zur Verfügung zu stellen. Diese Beiträge sind bis zur Weiterleitung an die BV-Kasse entsprechend § 218 GSVG, § 206 BSVG oder § 78 NVG zu veranlagen.

(BGBl I 2007/102)

(9) **(Verfassungsbestimmung)** Die §§ 49 und 62 Abs. 1 und 5 in der Fassung des Bundesgesetzes BGBl. I Nr. 102/2007 treten mit 1. Jänner 2008 in Kraft.

(BGBl I 2007/102)

(10) § 6 Abs. 4 in der Fassung des Bundesgesetzes BGBl. I Nr. 12/2009 tritt mit 1. Februar 2009 in Kraft. Auf eine vor dem Zeitpunkt des In-Kraft-Tretens dieses Bundesgesetzes vereinbarte Kurzarbeit nach § 27 Abs. 1 lit. b des Arbeitsmarktförderungsgesetzes, BGBl. Nr. 31/1969, findet § 6 Abs. 4 in der Fassung vor dem Bundesgesetz BGBl. I Nr. 12/2009 weiter Anwendung.

(BGBl I 2009/12)

(11) § 7 Abs. 5 in der Fassung des Bundesgesetzes BGBl. I Nr. 116/2009 tritt mit 1. Jänner 2010 in Kraft.

(BGBl I 2009/116)

(12) Das Inhaltsverzeichnis sowie § 71a samt Überschrift in der Fassung des Bundesgesetzes BGBl. I Nr. 147/2009 treten mit 1. Jänner 2010 in Kraft.

(BGBl I 2009/147)

(13) § 14 Abs. 5 und § 55 Abs. 3 in der Fassung des Bundesgesetzes BGBl. I Nr. 135/2009 treten mit 1. Jänner 2010 in Kraft.

(BGBl I 2009/135)

(14) § 30 Abs. 2 Z 2 in der Fassung des Bundesgesetzes BGBl. I Nr. 72/2010 tritt mit 31. Dezember 2010 in Kraft.

(BGBl I 2010/72)

(15) Die §§ 6 Abs. 2 zweiter Satz und 55 Abs. 1 Z 1 in der Fassung des Bundesgesetzes BGBl. I Nr. 92/2010 treten mit 1. Jänner 2011 in Kraft.

(BGBl I 2010/92)

(16) § 29 Abs. 1, § 30 Abs. 2 Z 5 und Abs. 3 Z 3, 4 und 7 sowie § 31 Abs. 1 Z 3a und 4 und § 44 Abs. 1 in der Fassung des Bundesgesetzes BGBl. I Nr. 77/2011 treten mit 1. September 2011 in Kraft.

(BGBl I 2011/77)

(17) § 44 Abs. 1 und § 45 Abs. 1 in der Fassung des 2. Stabilitätsgesetzes 2012, BGBl. I Nr. 35/2012, treten mit 1. Mai 2012 in Kraft.

(BGBl I 2012/35)

(18) § 20 Abs. 2 erster Satz und Abs. 5, § 26 Abs. 3 Z 2 letzter Satz, § 30 Abs. 2 Z 5a, § 30 Abs. 3 Z 4 und 7 sowie § 47 Abs. 5 und 6 in der Fassung des Bundesgesetzes BGBl. I Nr. 4/2013 treten mit

1. Jänner 2013 in Kraft. § 47 Abs. 5 in der Fassung vor dem Bundesgesetz BGBl. I Nr. 4/2013 tritt mit Ablauf des 31. Dezember 2012 außer Kraft, auf Grundlage dieser Bestimmung abgeschlossene Übertrittsverträge behalten ihre Gültigkeit.

(BGBl I 2013/4)

(19) § 64 Abs. 1 erster Satz, Abs. 3 Z 4 und Abs. 4, § 67 Abs. 1 Z 1 und Z 3 sowie § 70 in der Fassung des Bundesgesetzes BGBl. I Nr. 4/2013 treten mit 1. Jänner 2013 in Kraft. Die §§ 64 Abs. 4 und 70 gelten für Zeiträume der Beitragspflicht ab 1. Jänner 2013 auch für jene Selbständigen gemäß § 62 Abs. 1 Z 6, deren Beitragspflicht gemäß § 64 Abs. 1 in der Fassung vor dem Bundesgesetz BGBl. I Nr. 4/2013 vor dem 1. Jänner 2013 begonnen hat. § 64 Abs. 8 in der Fassung vor dem Bundesgesetz BGBl. I Nr. 4/2013 tritt mit Ablauf des 31. Dezember 2012 außer Kraft; auf Grundlage dieser Bestimmung abgeschlossene Beitrittsverträge behalten ihre Gültigkeit.

(BGBl I 2013/4)

(20) § 6 Abs. 4 in der Fassung des Bundesgesetzes BGBl. I Nr. 67/2013 tritt mit 1. Juli 2013 in Kraft.

(BGBl I 2013/67)

(21) § 30 Abs. 1, § 30 Abs. 2 Z 5a, 6, 7 und 8, § 30 Abs. 3 Z 4, 7, 7a und 7b, § 31Abs. 1 Z 3a, § 44 Abs. 2 und § 45 Abs. 3 in der Fassung des Bundesgesetzes BGBl. I Nr. 135/2013 treten mit dem der Kundmachung folgenden Tag in Kraft. § 40 Abs. 6 und § 45a samt Überschrift in der Fassung des Bundesgesetzes BGBl. I Nr. 135/2013 treten mit 1. Jänner 2014 in Kraft.

(BGBl I 2013/135)

(22) § 20 Abs. 1, § 30 Abs. 2 Z 2 und Abs. 3 Z 8 lit. b sowie § 31 Abs. 1 Z 3a in der Fassung des Bundesgesetzes BGBl. I Nr. 184/2013 treten mit 1. Jänner 2014 in Kraft.

(BGBl I 2013/184)

(23) Die §§ 6 Abs. 4, 7 Abs. 6, 52 Abs. 1a, 52 Abs. 2 dritter Satz und 55 Abs. 2 in der Fassung des Bundesgesetzes BGBl. I Nr. 138/2013 treten mit 1. Jänner 2014 in Kraft. Diese Bestimmungen finden auf Freistellungen gegen Entfall des Entgelts oder Herabsetzungen der Normalarbeitszeit nach den §§ 14a oder 14b AVRAG Anwendung, soweit diese nach dem 31. Dezember 2013 beginnen. Auf zum Zeitpunkt des Inkrafttretens dieses Bundesgesetzes laufende Freistellungen gegen Entfall des Entgelts oder Herabsetzungen der Normalarbeitszeit nach den §§ 14a oder 14b AVRAG kommt § 7 Abs. 6 in der Fassung vor dem In-Kraft-Treten dieses Bundesgesetzes zur Anwendung. Personen, die zum Zeitpunkt des Inkrafttretens dieses Bundesgesetzes eine Eigenpension aus der gesetzlichen Pensionsversicherung beziehen und der Selbständigenvorsorge nach dem 4. Teil unterliegen, können bis zum 31. Dezember 2014 schriftlich gegenüber der Sozialversicherungsanstalt der Gewerblichen Wirtschaft erklären, keine Beiträge nach dem 4. Teil mehr zu leisten. Die Beitragspflicht endet mit Ende des Kalendermonats, in dem diese Erklärung bei der Sozialversicherungsanstalt der Gewerblichen Wirtschaft einlangt. Der Verfügungsanspruch entsteht mit dem auf das Ende der Beitragspflicht folgenden Monatsersten.

(BGBl I 2013/138)

(24) § 41 Abs. 4 in der Fassung des Bundesgesetzes BGBl. I Nr. 42/2014 ist auf Geschäftsjahre anzuwenden, die nach dem 31. Dezember 2013 beginnen.

(BGBl I 2014/42)

(25) § 17 Abs. 1 Z 4 lit. a in der Fassung des Bundesgesetzes BGBl. I Nr. 34/2015 tritt mit 1. Jänner 2016 in Kraft.

(BGBl I 2015/34)

(26) Die §§ 6 Abs. 1b und 2a, 16 Abs. 1, 25 Abs. 2, 3 und 5, 27 Abs. 5 und 8, 60 Abs. 2 Z 2 und 69 Abs. 2 Z 2 in der Fassung des Bundesgesetzes BGBl. I Nr. 79/2015 treten mit 1. Jänner 2019 in Kraft und gelten für Beitragszeiträume nach 31. Dezember 2018. Die §§ 14 Abs. 8 und 9 und 25 Abs. 7 in der Fassung des Bundesgesetzes BGBl. I Nr. 79/2015 treten mit 1. Jänner 2019 in Kraft.

(BGBl I 2015/79, BGBl I 2016/44, BGBl I 2017/107, BGBl I 2018/100)

(27) Das Inhaltsverzeichnis hinsichtlich der §§ 42a bis 45 und § 42a in der Fassung des Bundesgesetzes BGBl. I Nr. 73/2016 treten mit dem der Kundmachung folgenden Tag in Kraft.

(BGBl I 2016/73)

(28) § 6 Abs. 4 in der Fassung des Bundesgesetzes BGBl. I Nr. 44/2016 tritt mit 1. Jänner 2017 in Kraft.

(BGBl I 2016/44, BGBl I 2017/30)

(29) § 27 Abs. 4 in der Fassung des Bundesgesetzes BGBl. I Nr. 118/2016 tritt mit 1. Jänner 2017 in Kraft. § 27a Abs. 7 tritt mit Ablauf des 31. Dezember 2016 außer Kraft.

(BGBl I 2016/118)

(30) § 6 Abs. 4 in der Fassung des Bundesgesetzes BGBl. I Nr. 30/2017 tritt mit 1. Juli 2017 in Kraft.

(BGBl I 2017/30)

(31) § 7 Abs. 1 erster Satz, Abs. 5 und 6 in der Fassung des Bundesgesetzes BGBl. I Nr. 36/2017 tritt mit 1. März 2017 in Kraft. § 7 Abs. 5 in der Fassung vor dem Bundesgesetz BGBl. I Nr. 36/2017 gilt weiter für Beiträge aufgrund von Kinderbetreuungsgeldbezug für Geburten vor dem 1. März 2017. § 7 Abs. 5 in der Fassung des Bundesgesetzes BGBl. I Nr. 36/2017 gilt für Beiträge aufgrund von Kinderbetreuungsgeldbezug für Geburten nach dem 28. Februar 2017.

(BGBl I 2017/36)

(32) § 44 Abs. 1 und § 45 Abs. 1 in der Fassung des Bundesgesetzes BGBl. I Nr. 107/2017 treten mit 3. Jänner 2018 in Kraft. § 25 Abs. 2 Z 2 und Abs. 5 in der Fassung des Bundesgesetzes BGBl. I Nr. 107/2017 tritt mit 1. Jänner 2019 in Kraft und gilt für Beitragszeiträume nach 31. Dezember 2018.

§ 44 Abs. 2 und § 45 Abs. 3 treten mit Ablauf des 2. Jänner 2018 außer Kraft.

(BGBl I 2017/107)

(33) Die §§ 7 Abs. 1, 18 Abs. 3, 25 Abs. 3 und 5, 26 Abs. 6, 27 Abs. 4, 5, 6, 6a und 7, 27a Abs. 2, 3, 4 und 5, 50 Abs. 3, 52 Abs. 1a, 2 und 3, 53 Abs. 1, 60 Abs. 2, 3 und 5, 62 Abs. 1 Z 4, 64 Abs. 5 und 6, 69 Abs. 2, 3 und 5 sowie § 71a in der Fassung des Bundesgesetzes BGBl. I Nr. 100/2018 treten mit 1. Jänner 2020 in Kraft.

(BGBl I 2018/100)

(34) § 47a und § 72 Z 2 in der Fassung des Brexit-Begleitgesetzes 2019, BGBl. I Nr. 25/2019, treten mit dem Zeitpunkt des Wirksamwerdens des Austritts des Vereinigten Königreichs Großbritannien und Nordirland aus der Europäischen Union unter der Bedingung in Kraft, dass der Austritt ohne Austrittsabkommen gemäß Art. 50 Abs. 2 EUV erfolgt.

(BGBl I 2019/25)

(35) § 6 Abs. 4 in der Fassung des Bundesgesetzes BGBl. I Nr. 135/2020 tritt rückwirkend mit 1. Oktober 2020 in Kraft.

(BGBl I 2020/135)

(36) § 7 in der Fassung des Bundesgesetzes BGBl. I Nr. 71/2021 tritt rückwirkend mit 1. Jänner 2020 in Kraft.

(BGBl I 2021/71)

(37) § 1 Abs. 2 Z 2 in der Fassung des Bundesgesetzes BGBl. I Nr. 78/2021 tritt mit 1. Juli 2021 in Kraft. Mit diesem Tag entfällt auch § 6 Abs. 4 letzter Satz.

(BGBl I 2021/78)

„(38) § 30 Abs. 3 Z 8 lit. c und § 31 Abs. 1 Z 3a in der Fassung des Bundesgesetzes BGBl. I Nr. 199/2021 treten mit 8. Juli 2022 in Kraft."

(BGBl I 2021/199)

(BGBl I 2007/102)

Anlage 1 zu § 40

Formblatt A – Bilanz der Betrieblichen Vorsorgekasse

AKTIVA

A. Anlagevermögen[1)]
- I. Immaterielle Vermögensgegenstände
- II. Sachanlagen
- III. Finanzanlagen

B. Umlaufvermögen[1)]
- I. Vorräte
- II. Forderungen
- III. Wertpapiere und Anteile
- IV. Kassenbestand, Schecks, Guthaben bei Banken

C. Rechnungsabgrenzungsposten

D. Aktiva der Veranlagungsgemeinschaft
- I. Bargeld und Guthaben auf Euro lautend
- II. Bargeld und Guthaben auf ausländische Währungen lautend
- III. Darlehen und Kredite auf Euro lautend
- IV. Ausleihungen auf ausländische Währungen lautend
- V. Forderungswertpapiere auf Euro lautend
- VI. Forderungswertpapiere auf ausländische Währungen lautend
- VII. Sonstige Forderungswertpapiere und Beteiligungswertpapiere auf Euro lautend
- VIII. Sonstige Forderungswertpapiere und Beteiligungswertpapiere auf ausländische Währungen lautend
- IX. Anteilscheine von Immobilienfonds auf Euro lautend
  (BGBl I 2003/80)
- X. Anteilscheine von Immobilienfonds auf ausländische Währung lautend
  (BGBl I 2003/80)
- XI. Forderungen
  (BGBl I 2003/80)
- XII. Aktive Rechnungsabgrenzungsposten
  (BGBl I 2003/80)
- XIII. Sonstige Aktiva
  (BGBl I 2003/80)

PASSIVA

A. Eigenkapital
- I. Grundkapital
- II. Kapitalrücklagen[1)]
- III. Gewinnrücklagen[1)]
- IV. Rücklage für die Erfüllung der Kapitalgarantie
- V. Rücklage für die Erfüllung der Zinsgarantie
- VI. Bilanzgewinn/Bilanzverlust

B. Unversteuerte Rücklagen[1)]

C. Rückstellungen
(BGBl I 2003/135)

D. Verbindlichkeiten[1)]

E. Rechnungsabgrenzungsposten

F. Passiva der Veranlagungsgemeinschaften
- I. Abfertigungsanwartschaft
- II. Verbindlichkeiten
- III. Passive Rechnungsabgrenzungsposten
- IV. Sonstige Passiva

(BGBl I 2007/102)

[1)] Die mit Fußnote „1)" gekennzeichneten, mit Buchstaben oder römischen Zahlen bezeichneten Hauptposten sind in die im HGB mit arabischen Zahlen bezeichneten Einzelposten zu untergliedern.

Formblatt B – Gewinn- und Verlustrechnung der Betrieblichen Vorsorgekasse

A. Ergebnis der Veranlagungsgemeinschaft
- I. Veranlagungserträge
- II. Garantie
- III. Beiträge

IV. Kosten
V. Auszahlungen von Abfertigungsleistungen
VI. Ergebnis der Veranlagungsgemeinschaft
VII. Verwendung des Ergebnisses der Veranlagungsgemeinschaft

B. Erträge und Aufwendungen der BV-Kasse
1. Verwaltungskosten
2. Betriebsaufwendungen
a) Personalaufwand
– Löhne
– Gehälter
– Aufwendungen für Abfertigungen und Leistungen an betriebliche Vorsorgekassen
(BGBl I 2004/161, BGBl I 2007/102)
– Aufwendungen für Altersversorgung
– Aufwendungen für gesetzlich vorgeschriebene Sozialabgaben sowie vom Entgelt abhängige Abgaben und Pflichtbeiträge
– Sonstige Sozialaufwendungen
b) Abschreibungen auf das Anlagevermögen
c) Sonstige Betriebs-, Verwaltungs- und Vertriebsaufwendungen
3. Finanzerträge
a) Erträge aus Beteiligungen
b) Zinsenerträge und sonstige laufende Erträge aus der Veranlagung der Eigenmittel und der nicht zu Veranlagungsgemeinschaften zugeordneten Fremdmittel
c) Erträge aus dem Abgang von und der Zuschreibung zu Finanzanlagen, die nicht den Veranlagungsgemeinschaften zugeordnet sind
4. Finanzaufwendungen
a) Aufwendungen aus Beteiligungen
b) Abschreibungen auf sonstige Finanzanlagen, die nicht den Veranlagungsgemeinschaften zugeordnet sind
c) Zinsen und ähnliche Aufwendungen
5. Sonstige Erträge und Aufwendungen
a) Erträge
b) Aufwendungen
6. Ergebnis der gewöhnlichen Geschäftstätigkeit
7. Außerordentliches Ergebnis
a) außerordentliche Erträge
b) außerordentliche Aufwendungen
8. Steuern vom Einkommen und vom Ertrag
9. Jahresüberschuss/Jahresfehlbetrag
10. Veränderung von Rücklagen
a) Zuweisungen
– zu unversteuerten Rücklagen
– zu Gewinnrücklagen
– zur Kapitalgarantierücklage
– zur Zinsgarantierücklage
b) Auflösungen
– unversteuerter Rücklagen
– von Kapitalrücklagen
– von Gewinnrücklagen
– der Kapitalgarantierücklage
– der Zinsgarantierücklage
11. Gewinn-/Verlustvortrag
12. Bilanzgewinn/-verlust
(BGBl I 2007/102)

(BGBl I 2007/102)

Anlage 2
zu § 40

Formblatt A – Vermögensaufstellung der Veranlagungsgemeinschaft

AKTIVA

I. Bargeld und Guthaben auf Euro lautend
1. Bargeld
2. Guthaben bei Kreditinstituten

II. Bargeld und Guthaben auf ausländische Währungen lautend
1. Bargeld
2. Guthaben bei Kreditinstituten

III. Darlehen und Kredite auf Euro lautend
1. Darlehen und Kredite mit Haftung der öffentlichen Hand
2. Darlehen und Kredite mit Haftung eines Kreditinstitutes
3. Hypothekardarlehen

IV. Ausleihungen auf ausländische Währungen lautend
1. Darlehen und Kredite mit Haftung der öffentlichen Hand
2. Darlehen und Kredite mit Haftung eines Kreditinstitutes
3. Hypothekardarlehen

V. Forderungswertpapiere auf Euro lautend
1. börsenotierte Forderungswertpapiere
2. nicht börsenotierte Forderungswertpapiere
3. Anteilscheine von Kapitalanlagefonds

VI. Forderungswertpapiere auf ausländische Währungen lautend
1. börsenotierte Forderungswertpapiere
2. nicht börsenotierte Forderungswertpapiere
3. Anteilscheine von Kapitalanlagefonds

VII. sonstige Forderungswertpapiere und Beteiligungswertpapiere auf Euro lautend

1. börsenotierte Wertpapiere
2. nicht börsenotierte Wertpapiere
3. Anteilscheine von Kapitalanlagefonds

VIII. sonstige Forderungswertpapiere und Beteiligungswertpapiere auf ausländische Währungen lautend
1. börsenotierte Wertpapiere
2. nicht börsenotierte Wertpapiere
3. Anteilscheine von Kapitalanlagefonds

IX. Anteilscheine von Immobilienfonds auf Euro lautend
(BGBl I 2003/80)

X. Anteilscheine von Immobilienfonds auf ausländische Währung lautend
(BGBl I 2003/80)

XI. Forderungen
1. für ausstehende Beiträge
   a) laufende Beiträge
   b) Beiträge aus einer Übertragung gemäß § 47
2. für Zinsen
   a) abgegrenzte Zinsen
   b) Zinsforderungen aus einer Übertragung gemäß § 47
3. gegenüber einer anderen Veranlagungsgemeinschaft
4. gegenüber der BV-Kasse AG
5. Sonstige

(BGBl I 2003/80)

XII. Aktive Rechnungsabgrenzungsposten
(BGBl I 2003/80)

XIII. Sonstige Aktiva
(BGBl I 2003/80)

PASSIVA

I. Abfertigungsanwartschaft (§ 3 Z 3)
1. mit laufenden Beiträgen
2. beitragfreigestellt

II. Anwartschaft auf eine Selbstständigenvorsorge (§ 51 Z 2)
1. mit laufenden Beiträgen
2. beitragfreigestellt

III. Anwartschaft auf eine Selbstständigenvorsorge (§ 63 Z 2)
1. mit laufenden Beiträgen
2. beitragfreigestellt

IV. Verbindlichkeiten
1. aus dem Ankauf von Vermögenswerten
2. gegenüber Anwartschaftsberechtigten
3. gegenüber Arbeitgebern
4. gegenüber Kreditinstituten
5. gegenüber einer anderen Veranlagungsgemeinschaft
6. gegenüber der BV-Kasse AG
7. sonstige

V. Passive Rechnungsabgrenzungsposten

VI. Sonstige Passiva

(BGBl I 2007/102)

Formblatt B – Gewinn- und Verlustrechnung der Veranlagungsgemeinschaft

I. Veranlagungserträge
– Zinsenerträge aus Guthaben und Ausleihungen
– Zinsenerträge aus der Übertragung einer Altabfertigungsanwartschaft
– Erträge aus Forderungswertpapieren
– Erträge aus unbesicherten Forderungswertpapieren
– Erträge aus Beteiligungspapieren
– Erträge aus Kapitalanlagefonds
– sonstige laufende Veranlagungserträge
– Zinsenaufwendungen

II. Garantie
– Erfüllung einer Kapitalgarantie
– Erfüllung einer Zinsgarantie

III. Beiträge
– laufende Abfertigungsbeiträge gemäß §§ 6 und 7
– laufende Beiträge gemäß § 52
– laufende Beiträge gemäß § 64
– Übertragung einer Abfertigungsanwartschaft aus einer anderen BV-Kasse
– Übertragung einer Altabfertigungsanwartschaft

(BGBl I 2007/102)

(BGBl I 2007/102)

IV. Kosten
– laufende Verwaltungskosten
– Kostenbeitrag für die Übertragung einer Altabfertigungsanwartschaft
– Verwaltungskosten der Veranlagung

V. Auszahlungen von Abfertigungsleistungen
– Auszahlung als Kapitalbetrag
– Übertragung in eine andere BV-Kasse
– Überweisung an ein Versicherungsunternehmen
– Überweisung an ein Kreditinstitut zum Erwerb von Anteilen an Pensionsinvestmentfonds
– Überweisung an eine Pensionskasse

(BGBl I 2002/158)

(BGBl I 2007/102)

VI. Ergebnis der Veranlagungsgemeinschaft

VII. Verwendung des Ergebnisses der Veranlagungsgemeinschaft
– Einstellung in die Abfertigungsanwartschaft
– Entnahme aus der Abfertigungsanwartschaft

Formblatt C – Anhang zur Vermögensaufstellung und Ertragsrechnung einer Veranlagungsgemeinschaft

I. Eckdaten der Veranlagungsgemeinschaft
II. Erläuterungen zur Vermögensaufstellung der Veranlagungsgemeinschaft nach Formblatt A
III. Erläuterungen zur Ertragsrechnung der Veranlagungsgemeinschaft nach Formblatt B
IV. Erläuterungen zur Bewertung
    1. Allgemeines
    2. Berücksichtigung erkennbarer Risken und drohender Verluste sowie Vornahme notwendiger Wertberichtigungen (§ 31 Abs. 2)
V. Erläuterungen zur Führung der Konten
VI. Erläuterungen zur Internen Kontrolle
VII. Anzahl der
    – Anwartschaftsberechtigten mit Beitragsleistung
    – beitragsfrei gestellten Anwartschaftsberechtigten
VIII. Bestätigung des Bankprüfers

Artikel 1
Umsetzung von Richtlinien der Europäischen Union

Durch dieses Bundesgesetz werden

1. die Richtlinie (EU) 2015/849 zur Verhinderung der Nutzung des Finanzsystems zum Zwecke der Geldwäsche und der Terrorismusfinanzierung, zur Änderung der Verordnung (EU) Nr. 648/2012 und zur Aufhebung der Richtlinie 2005/60/EG und der Richtlinie 2006/70/EG, ABl. Nr. L 141 vom 05.06.2015 S. 73, umgesetzt und
2. die erforderlichen Maßnahmen zur Durchsetzung der Verordnung (EU) 2015/847 über die Übermittlung von Angaben bei Geldtransfers und zur Aufhebung der Verordnung (EU) Nr. 1781/2006, ABl. Nr. L 141 vom 05.06.2015 S. 1, geschaffen.

Artikel 1
Umsetzungshinweis

Mit diesem Bundesgesetz werden folgende Rechtsakte der Europäischen Union umgesetzt:

1. die Richtlinie 2014/65/EU über Märkte für Finanzinstrumente sowie zur Änderung der Richtlinien 2002/92/EG und 2011/61/EU, ABl. Nr. L 173 vom 12.06.2014 S. 349, zuletzt geändert durch die Richtlinie (EU) 2016/1034, ABl. Nr. L 175 vom 23.06.2016 S. 8, in der Fassung der Berichtigung, ABl. Nr. L 64 vom 10.03.2017 S. 116 und
2. die delegierte Richtlinie (EU) 2017/593 zur Ergänzung der Richtlinie 2014/65/EU im Hinblick auf den Schutz der Finanzinstrumente und Gelder von Kunden, Produktüberwachungspflichten und Vorschriften für die Entrichtung beziehungsweise Gewährung oder Entgegennahme von Gebühren, Provisionen oder anderen monetären oder nicht-monetären Vorteilen, ABl. Nr. L 87 S. 500.

Weiters dient dieses Bundesgesetz dem wirksamen Vollzug folgender Rechtsakte der Europäischen Union:

1. der Verordnung (EU) Nr. 600/2014 über Märkte für Finanzinstrumente und zur Änderung der Verordnung (EU) Nr. 648/2012, ABl. Nr. L 173 vom 12.06.2014 S. 84, zuletzt geändert durch die Verordnung (EU) 2016/1033, ABl. Nr. L 175 vom 23.06.2016 S. 1,
2. der delegierten Verordnung (EU) 2017/565 zur Ergänzung der Richtlinie 2014/65/EU in Bezug auf die organisatorischen Anforderungen an Wertpapierfirmen und die Bedingungen für die Ausübung ihrer Tätigkeit sowie in Bezug auf die Definition bestimmter Begriffe für die Zwecke der genannten Richtlinie, ABl. Nr. L 87 S. 1, und
3. der delegierten Verordnung (EU) 2017/567 zur Ergänzung der Verordnung (EU) Nr. 600/2014 im Hinblick auf Begriffsbestimmungen, Transparenz, Portfoliokomprimierung und Aufsichtsmaßnahmen zur Produktintervention und zu den Positionen, ABl. Nr. L 87 S. 90.

11. Dienstnehmerhaftpflichtgesetz

Dienstnehmerhaftpflichtgesetz, BGBl 1965/80 idF
1 BGBl 1983/169 **2** BGBl I 2021/61

STICHWORTVERZEICHNIS

Bundesgesetz vom 31. März 1965 über die Beschränkung der Schadenersatzpflicht der Dienstnehmer (Dienstnehmerhaftpflichtgesetz)

Der Nationalrat hat beschlossen:

Artikel I

§ 1. (1) Die Vorschriften dieses Bundesgesetzes gelten für Dienstnehmer (Lehrlinge) in einem privatrechtlichen oder in einem öffentlich-rechtlichen Dienst(Lehr)verhältnis (im folgenden als Dienstnehmer bezeichnet). Sie sind auf Heimarbeiter und Personen, die gemäß § 3 des Heimarbeitsgesetzes 1960 den Entgeltschutz für Heimarbeit genießen, ferner auf sonstige Personen, die, ohne in einem Dienstverhältnis zu stehen, im Auftrag und für Rechnung bestimmter anderer Personen Arbeit leisten und wegen wirtschaftlicher Unselbständigkeit als arbeitnehmerähnlich anzusehen sind, im Verhältnis zu ihren Auftraggebern sinngemäß anzuwenden.

(2) Ausgenommen vom Geltungsbereich dieses Bundesgesetzes sind Dienstnehmer, soweit sie als Organe der im Artikel 23 Abs. 1 des Bundes-Verfassungsgesetzes in der Fassung von 1929 genannten Rechtsträger in Vollziehung der Gesetze dem Rechtsträger oder einem Dritten einen Schaden zugefügt haben.

§ 2. (1) Hat ein Dienstnehmer bei Erbringung seiner Dienstleistungen dem Dienstgeber durch ein Versehen einen Schaden zugefügt, so kann das Gericht aus Gründen der Billigkeit den Ersatz mäßigen oder, sofern der Schaden durch einen minderen Grad des Versehens zugefügt worden ist, auch ganz erlassen.

(2) Bei der Entscheidung über die Ersatzpflicht im Sinn des Abs. 1 hat das Gericht vor allem auf das Ausmaß des Verschuldens des Dienstnehmers und außerdem insbesondere auf folgende Umstände Bedacht zu nehmen:

1. auf das Ausmaß der mit der ausgeübten Tätigkeit verbundenen Verantwortung,
2. inwieweit bei der Bemessung des Entgelts ein mit der ausgeübten Tätigkeit verbundenes Wagnis berücksichtigt worden ist,
3. auf den Grad der Ausbildung des Dienstnehmers,
4. auf die Bedingungen, unter denen die Dienstleistung zu erbringen war und
5. ob mit der vom Dienstnehmer erbrachten Dienstleistung erfahrungsgemäß die nur schwer vermeidbare Möglichkeit oder Wahrscheinlichkeit des Eintritts eines Schadens verbunden ist.

(BGBl 1983/169)

(3) Für eine entschuldbare Fehlleistung haftet der Dienstnehmer nicht.

(BGBl 1983/169)

(4) Wird der Dienstgeberin oder dem Dienstgeber durch im gemeinsamen Haushalt mit der Dienstnehmerin oder dem Dienstnehmer lebende Personen im Zusammenhang mit Arbeiten im Homeoffice ein Schaden zugefügt, so sind die Bestimmungen dieses Gesetzes sinngemäß anzuwenden.

(BGBl I 2021/61)

§ 3. (1) Wird ein Dienstnehmer zum Ersatz des Schadens herangezogen, den er bei Erbringung seiner Dienstleistungen einem Dritten zugefügt hat, so hat er dies dem Dienstgeber unverzüglich mitzuteilen und ihm im Falle der Klage den Streit zu verkündigen.

(2) Hat der Dienstnehmer im Einverständnis mit dem Dienstgeber oder auf Grund eines rechtskräftigen Urteils dem Dritten den durch ein Versehen zugefügten Schaden ersetzt, so kann er die Vergütung des solcherart Geleisteten und der ihm erwachsenen notwendigen Prozeß- und Exekutionskosten zum Teil oder, sofern der Schaden durch einen minderen Grad des Versehens zugefügt worden ist, zur Gänze vom Dienstgeber verlangen, wenn der Dienstgeber auf Grund der § 1313a bis 1316 des allgemeinen bürgerlichen Gesetzbuches oder auf Grund einer anderen gesetzlichen Verpflichtung vom Dritten zum Ersatz des Schadens in Anspruch hätte genommen werden können und das Verlangen des Dienstnehmers der Billigkeit entspricht. § 2 Abs. 2 ist anzuwenden.

(BGBl 1983/169)

(3) Hat der Dienstnehmer im Einverständnis mit dem Dienstgeber oder auf Grund eines rechtskräftigen Urteils dem Dritten den durch eine entschuldbare Fehlleistung zugefügten Schaden ersetzt, so kann er jedoch die Vergütung des solcherart Geleisteten und der ihm erwachsenen notwendigen Prozeß- und Exekutionskosten zur Gänze vom Dienstgeber verlangen, wenn dieser auf Grund der §§ 1313a bis 1316 des allgemeinen bürgerlichen Gesetzbuches oder auf Grund einer anderen gesetzlichen Verpflichtung vom Dritten zum Ersatz des Schadens in Anspruch hätte genommen werden können.

(4) Unterläßt es der Dienstnehmer, dem Dienstgeber den Streit zu verkündigen, so verliert er zwar nicht das Recht auf Vergütung gegenüber dem Dienstgeber, doch kann ihm dieser alle wider den Dritten unausgeführt gebliebenen Einwendungen entgegensetzen und sich dadurch von der Vergütung in dem Maße befreien, als erkannt wird, daß diese Einwendungen, wenn von ihnen der gehörige Gebrauch gemacht worden wäre, eine andere Entscheidung gegen den Dritten veranlaßt hätten.

§ 4. (1) Wird ein Dienstgeber auf Grund der §§ 1313a bis 1316 des allgemeinen bürgerlichen Gesetzbuches oder auf Grund einer anderen gesetzlichen Verpflichtung vom Dritten zum Ersatz des Schadens herangezogen, den sein Dienstnehmer bei Erbringung seiner Dienstleistungen einem Dritten zugefügt hat, so hat er dies dem Dienstnehmer unverzüglich mitzuteilen und ihm im Falle der Klage den Streit zu verkündigen.

(2) Hat der Dienstgeber im Einverständnis mit dem Dienstnehmer oder auf Grund eines rechtskräftigen Urteils dem Dritten den Schaden ersetzt, so hat er einen die Vergütung des solcherart Geleisteten und der ihm erwachsenen notwendigen Prozeß- und Exekutionskosten umfassenden Rückgriffsanspruch gegen den Dienstnehmer, es sei denn, daß der Dienstnehmer den Schaden durch ein Versehen zugefügt hat und das Gericht aus Gründen der Billigkeit den Rückersatz mäßigt oder, sofern der Schaden durch einen minderen Grad des Versehens zugefügt worden ist, ganz erläßt. § 2 Abs. 2 ist anzuwenden.

(BGBl 1983/169)

(3) Hat der Dienstgeber dem Dritten den Schaden ersetzt, den der Dienstnehmer dem Dritten durch eine entschuldbare Fehlleistung zugefügt hat, so hat der Dienstgeber jedoch gegen den Dienstnehmer keinen Rückgriffsanspruch.

(4) Unterläßt es der Dienstgeber, dem Dienstnehmer den Streit zu verkündigen, so verliert er zwar nicht das Recht auf Vergütung gegenüber dem Dienstnehmer, doch kann ihm dieser wider den Dritten unausgeführt gebliebenen Einwendungen entgegensetzen und sich dadurch von der Vergütung in dem Maße befreien, als erkannt wird, daß diese Einwendungen, wenn von ihnen der gehörige Gebrauch gemacht worden wäre, eine andere Entscheidung gegen den Dritten veranlaßt hätten.

§ 5. Die Rechte des Dienstnehmers, die sich aus den §§ 2 bis 4 ergeben, können nur durch Kollektivvertrag aufgehoben oder beschränkt werden.

§ 6. Auf einem minderen Grad des Versehens beruhende Schadenersatz- oder Rückgriffsansprüche zwischen Dienstgeber und Dienstnehmer (§ 2 Abs. 1, § 3 Abs. 2 bis 4, § 4 Abs. 2 und 4) erlöschen, wenn sie nicht binnen sechs Monaten nach Ablauf des Tages, an dem sie erhoben werden können, gerichtlich geltend gemacht werden.

§ 7. (1) Während des aufrechten Bestandes des Dienstverhältnisses ist eine Aufrechnung von Ansprüchen gegen den Dienstnehmer nach diesem Bundesgesetz nur zulässig, wenn der Dienstnehmer nicht innerhalb von 14 Tagen ab Zugehen der Aufrechnungserklärung dieser widerspricht.

(2) Abs. 1 gilt nicht für eine Aufrechnung auf Grund eines rechtskräftigen Urteils.

(BGBl I 2021/61)

§ 8. § 2 Abs. 4 in der Fassung des Bundesgesetzes BGBl. I Nr. 61/2021 tritt mit 1. April 2021 in Kraft.

(BGBl I 2021/61)

Artikel II

(1) Auf Schadensfälle, die vor dem Inkrafttreten dieses Bundesgesetzes eingetreten sind, sind die bisherigen Bestimmungen anzuwenden.

(2) Die Rechte des Dienstnehmers, die sich aus den §§ 2 bis 4 ergeben, können nur durch einen Kollektivvertrag aufgehoben oder beschränkt werden, der nach dem Inkrafttreten dieses Bundesgesetzes abgeschlossen worden ist.

Artikel III

Mit der Vollziehung dieses Bundesgesetzes ist das Bundesministerium für Justiz betraut.

12. Entgeltfortzahlungsgesetz

Entgeltfortzahlungsgesetz, BGBl 1974/399 idF

1 BGBl 1974/775	**2** BGBl 1977/621	**3** BGBl 1978/664
4 BGBl 1980/581	**5** BGBl 1981/596	**6** BGBl 1982/647
7 BGBl 1983/590	**8** BGBl 1984/484	**9** BGBl 1988/283
10 BGBl 1990/300	**11** BGBl 1990/408	**12** BGBl 1992/833
13 BGBl 1996/411	**14** BGBl 1996/600	**15** BGBl I 1997/139
16 BGBl I 1998/112	**17** BGBl I 2000/44	**18** BGBl I 2000/142
19 BGBl I 2002/158	**20** BGBl I 2010/100	**21** BGBl I 2017/153
22 BGBl I 2018/100		

GLIEDERUNG

STICHWORTVERZEICHNIS

Bundesgesetz vom 26. Juni 1974 über die Fortzahlung des Entgelts bei Arbeitsverhinderung durch Krankheit (Unglücksfall), Arbeitsunfall oder Berufskrankheit (Entgeltfortzahlungsgesetz – EFZG)

Der Nationalrat hat beschlossen:

Artikel I

Abschnitt 1
Entgeltfortzahlung

Geltungsbereich

§ 1. (1) Die Vorschriften dieses Bundesgesetzes gelten, soweit im folgenden nicht anderes bestimmt ist, für Arbeitnehmer, deren Arbeitsverhältnis auf einem privatrechtlichen Vertrag beruht.

(2) Ausgenommen vom Geltungsbereich dieses Bundesgesetzes sind Arbeitnehmer, deren Arbeitsverhältnis dem

1. Angestelltengesetz, BGBl. Nr. 292/1921,
2. Gutsangestelltengesetz, BGBl. Nr. 538/1923,
3. Journalistengesetz, StGBl. Nr. 88/1920,
4. Theaterarbeitsgesetz (TAG), BGBl. I Nr. 100/2010,
   (BGBl I 2010/100)
5. Landarbeitsgesetz, BGBl. Nr. 140/1948, oder
6. Heimarbeitsgesetz 1960, BGBl. Nr. 105/1961,

in der jeweils geltenden Fassung unterliegt.

(3) Ausgenommen vom Geltungsbereich dieses Bundesgesetzes sind ferner Arbeitnehmer, die in einem der nachstehend angeführten Arbeitsverhältnisse stehen:

1. Arbeitsverhältnisse zum Bund mit Ausnahme derer, die auf kollektivvertraglichen Vereinbarungen oder ausschließlich auf dem ABGB beruhen;
2. Arbeitsverhältnisse zu einem Land, zu einem Gemeindeverband oder zu einer Gemeinde, sofern die Arbeitnehmer behördliche Aufgaben zu besorgen haben;
3. Arbeitsverhältnisse
   a) zu einem Land, zu einem Gemeindeverband oder zu einer Gemeinde, sofern die Arbeitnehmer keine behördlichen Aufgaben zu besorgen haben,
   b) zu einer Stiftung, Anstalt oder zu einem Fonds, sofern diese Einrichtungen von Organen einer Gebietskörperschaft oder von Personen (Personengemeinschaften) verwaltet werden, die hiezu von Organen einer Gebietskörperschaft bestellt sind,
   c) zu einer juristischen Person öffentlichen Rechts, soweit sie nicht bereits in lit. b erfaßt sind,

sofern auf diese Arbeitsverhältnisse gesetzliche oder dienst- und besoldungsrechtliche Vorschriften Anwendung finden, die den Anspruch auf Entgeltfortzahlung zwingend zumindest genauso günstig regeln wie dieses Bundesgesetz.

(4) Ausgenommen vom Geltungsbereich dieses Bundesgesetzes sind auch Arbeitnehmer, deren Arbeitsverhältnis dem

1. Hausgehilfen- und Hausangestelltengesetz, BGBl. Nr. 235/1962,
2. Hausbesorgergesetz, BGBl. Nr. 16/1970, oder
3. Berufsausbildungsgesetz, BGBl. Nr. 142/1969,

in der jeweils geltenden Fassung, unterliegt, sofern die Artikel II, III und IV nicht anderes bestimmen.

Anspruch auf Entgeltfortzahlung

§ 2. (1)[a)] Ist ein Arbeitnehmer nach Antritt des Dienstes durch Krankheit (Unglücksfall) an der Leistung seiner Arbeit verhindert, ohne dass er die Verhinderung vorsätzlich oder durch grobe Fahrlässigkeit herbeigeführt hat, so behält er seinen Anspruch auf das Entgelt bis zur Dauer von sechs Wochen. Der Anspruch auf das Entgelt erhöht sich auf die Dauer von acht Wochen, wenn das Arbeitsverhältnis ein Jahr, von zehn Wochen, wenn es 15 Jahre und von zwölf Wochen, wenn es 25 Jahre ununterbrochen gedauert hat. Durch jeweils weitere vier Wochen behält der Arbeitnehmer den Anspruch auf das halbe Entgelt.

(BGBl I 2000/44, BGBl I 2017/153)

[a)] Siehe dazu § 20 Abs. 10.

(1) Ist ein Arbeitnehmer nach Antritt des Dienstes durch Krankheit (Unglücksfall) an der Leistung seiner Arbeit verhindert, ohne dass er die Verhinderung vorsätzlich oder durch grobe Fahrlässigkeit herbeigeführt hat, so behält er seinen Anspruch auf das Entgelt bis zur Dauer von sechs Wochen. Der Anspruch auf das Entgelt erhöht sich auf die Dauer von acht Wochen, wenn das Arbeitsverhältnis fünf Jahre, von zehn Wochen, wenn es 15 Jahre und von zwölf Wochen, wenn es 25 Jahre ununterbrochen gedauert hat. Durch jeweils weitere vier Wochen behält der Arbeitnehmer den Anspruch auf das halbe Entgelt.

(BGBl I 2000/44)

(2) Kur- und Erholungsaufenthalte, Aufenthalte in Heil- und Pflegeanstalten, Rehabilitationszentren und Rekonvaleszentenheimen, die aus Gründen der Erhaltung, Besserung oder Wiederherstellung der Arbeitsfähigkeit von einem Träger der Sozialversicherung, dem Bundesministerium für soziale Verwaltung gemäß § 12 Abs. 4 Opferfürsorgegesetz, einem Landesinvalidenamt oder einer Landesregierung auf Grund eines Behindertengesetzes auf deren Rechnung bewilligt oder angeordnet wurden, sind unbeschadet allfälliger Zuzahlungen durch den Versicherten (Beschädigten) der Arbeitsverhinderung gemäß Abs. 1 gleichzuhalten.

(3) Für die Bemessung der Dauer des Anspruches gemäß Abs. 1 und 5 sind Dienstzeiten bei demselben Arbeitgeber, die keine längeren Unterbrechungen als jeweils 60 Tage aufweisen, zusammenzurechnen. Diese Zusammenrechnung unterbleibt jedoch, wenn die Unterbrechung durch eine Kündigung des Arbeitsverhältnisses seitens des Arbeitnehmers oder einen Austritt ohne wichtigen Grund oder eine vom Arbeitnehmer verschuldete Entlassung eingetreten ist.

(BGBl 1990/300)

(3a) Dienstzeiten aus einem vorausgegangenen Arbeitsverhältnis zu einem anderen Arbeitgeber sind für die Bemessung der Dauer des Anspruches gemäß Abs. 1 und 5 anzurechnen, wenn

1. der Arbeitgeberwechsel durch den Übergang des Unternehmens, Betriebes oder Betriebsteiles, in dem der Arbeitnehmer beschäftigt ist, erfolgte,
2. die Anrechnung der im vorausgegangenen Arbeitsverhältnis zurückgelegten Dienstzeit für die Bemessung der Dauer des Urlaubes, der Kündigungsfrist sowie der Entgeltfortzahlung vereinbart wurde,
3. die Dienstzeiten keine längere Unterbrechung als 60 Tage aufweisen und
4. das vorausgegangene Arbeitsverhältnis nicht durch eine Kündigung seitens des Arbeitnehmers, einen Austritt ohne wichtigen Grund oder eine vom Arbeitnehmer verschuldete Entlassung beendet worden ist.

(BGBl 1990/300, BGBl I 2000/44)

(4) Bei wiederholter Arbeitsverhinderung durch Krankheit (Unglücksfall) innerhalb eines Arbeitsjahres besteht ein Anspruch auf Fortzahlung des Entgelts nur insoweit, als die Dauer des Anspruches gemäß Abs. 1 noch nicht erschöpft ist.

(5) Wird ein Arbeitnehmer durch Arbeitsunfall oder Berufskrankheit im Sinne der Vorschriften über die gesetzliche Unfallversicherung an der Leistung seiner Arbeit verhindert, ohne daß er die Verhinderung vorsätzlich oder durch grobe Fahrlässigkeit herbeigeführt hat, so behält er seinen Anspruch auf das Entgelt ohne Rücksicht auf andere Zeiten einer Arbeitsverhinderung bis zur Dauer von acht Wochen. Der Anspruch auf das Entgelt erhöht sich auf die Dauer von zehn Wochen, wenn das Arbeitsverhältnis 15 Jahre ununterbrochen gedauert hat. Bei wiederholten Arbeitsverhinderungen, die im unmittelbaren ursächlichen Zusammenhang mit einem Arbeitsunfall oder einer Berufskrankheit stehen, besteht ein Anspruch auf Fortzahlung des Entgelts innerhalb eines Arbeitsjahres nur insoweit, als die Dauer des Anspruches nach dem ersten oder zweiten Satz noch nicht erschöpft ist. Ist ein Arbeitnehmer gleichzeitig bei mehreren Arbeitgebern beschäftigt, so entsteht ein Anspruch nach diesem Absatz nur gegenüber jenem Arbeitgeber, bei dem die Arbeitsverhinderung im Sinne dieses Absatzes eingetreten ist; gegenüber den anderen Arbeitgebern entstehen Ansprüche nach Abs. 1.

(6) In Abs. 2 genannte Aufenthalte, die wegen eines Arbeitsunfalles oder einer Berufskrankheit bewilligt oder angeordnet werden, sind einer Arbeitsverhinderung gemäß Abs. 5 gleichzuhalten.

(7) Die Leistungen für die in Abs. 2 genannten Aufenthalte gelten auch dann als auf Rechnung einer in Abs. 2 genannten Stelle erbracht, wenn hiezu ein Kostenzuschuß mindestens in der halben Höhe der gemäß § 45 Abs. 1 des ASVG geltenden Höchstbeitragsgrundlage für jeden Tag des Aufenthaltes gewährt wird.

(BGBl 1988/283)

(8) Durch Kollektivvertrag oder durch Betriebsvereinbarung im Sinne des § 97 Abs. 1 Z 21 Arbeitsverfassungsgesetz (ArbVG) kann vereinbart werden, daß sich der Anspruch auf Entgeltfortzahlung nicht nach dem Arbeitsjahr, sondern nach dem Kalenderjahr richtet. Solche Vereinbarungen können vorsehen, daß

a) Arbeitnehmer, die während des Kalenderjahres eintreten, Anspruch auf Entgeltfortzahlung nur bis zur Hälfte der in Abs. 1 und 5 genannten Dauer haben, sofern die Dauer des Arbeitsverhältnisses im Kalenderjahr des Eintritts weniger als sechs Monate beträgt;

b)[a] der jeweils höhere Anspruch nach Abs. 1 zweiter Satz und Abs. 5 zweiter Satz erstmals in jenem Kalenderjahr gebührt, in das der überwiegende Teil des Arbeitsjahres fällt;
(BGBl I 2017/153)

[a] Siehe dazu § 20 Abs. 10.

b) der jeweils höhere Anspruch nach Abs. 1 letzter Satz und Abs. 5 zweiter Satz erstmals in jenem Kalenderjahr gebührt, in das der überwiegende Teil des Arbeitsjahres fällt;

c) die Ansprüche der im Zeitpunkt der Umstellung im Betrieb beschäftigten Arbeitnehmer für den Umstellungszeitraum (Beginn des Arbeitsjahres bis Ende des folgenden Kalenderjahres) gesondert berechnet werden. Jedenfalls muß für den Umstellungszeitraum dem Arbeitnehmer ein voller Anspruch und ein zusätzlicher aliquoter Anspruch entsprechend der Dauer des Arbeitsjahres im Kalenderjahr vor der Umstellung abzüglich jener Zeiten, für die bereits Entgeltfortzahlung wegen Arbeitsverhinderung wegen Krankheit (Unglücksfall) gewährt wurde, zustehen.

Höhe des fortzuzahlenden Entgelts

§ 3. (1) Ein nach Wochen, Monaten oder längeren Zeiträumen bemessenes Entgelt darf wegen einer Arbeitsverhinderung für die Anspruchsdauer gemäß § 2 nicht gemindert werden.

(2) In allen anderen Fällen bemißt sich der Anspruch gemäß § 2 nach dem regelmäßigen Entgelt.

(3) Als regelmäßiges Entgelt im Sinne des Abs. 2 gilt das Entgelt, das dem Arbeitnehmer gebührt hätte, wenn keine Arbeitsverhinderung eingetreten wäre.

(4) Bei Akkord-, Stück- oder Gedinglöhnen, akkordähnlichen oder sonstigen leistungsbezogenen Prämien oder Entgelten bemißt sich das fortzuzahlende Entgelt nach dem Durchschnitt der letzten 13 voll gearbeiteten Wochen unter Ausscheidung nur ausnahmsweise geleisteter Arbeiten.

(5) Durch Kollektivvertrag im Sinne des § 18 Abs. 4 Arbeitsverfassungsgesetz, BGBl. Nr. 22/1974, kann geregelt werden, welche Leistungen des Arbeitgebers als Entgelt nach diesem Gesetz anzusehen sind. Die Berechnungsart für die Ermittlung der Höhe des Entgelts kann durch Kollektivvertrag abweichend von Abs. 3 und 4 geregelt werden.

Mitteilungs- und Nachweispflicht

§ 4. (1) Der Arbeitnehmer ist verpflichtet, ohne Verzug die Arbeitsverhinderung dem Arbeitgeber bekanntzugeben und auf Verlangen des Arbeitgebers, das nach angemessener Zeit wiederholt werden kann, eine Bestätigung des zuständigen Krankenversicherungsträgers oder eines Gemeindearztes über Beginn, voraussichtliche Dauer und Ursache der Arbeitsunfähigkeit vorzulegen. Diese Bestätigung hat einen Vermerk darüber zu enthalten, daß dem zuständigen Krankenversicherungsträger eine Arbeitsunfähigkeitsanzeige mit Angabe über Beginn, voraussichtliche Dauer und Ursache der Arbeitsunfähigkeit übermittelt wurde.

(2) Wird der Arbeitnehmer durch den Kontrollarzt des zuständigen Krankenversicherungsträgers für arbeitsfähig erklärt, so ist der Arbeitgeber von diesem Krankenversicherungsträger über die Gesundschreibung sofort zu verständigen. Diese Pflicht zur Verständigung besteht auch, wenn sich der Arbeitnehmer ohne Vorliegen eines wichtigen Grundes der für ihn vorgesehenen ärztlichen Untersuchung beim zuständigen Krankenversicherungsträger nicht unterzieht.

(3) In den Fällen des § 2 Abs. 2 und 6 hat der Arbeitnehmer eine Bescheinigung über die Bewilligung oder Anordnung sowie über den Zeitpunkt des in Aussicht genommenen Antrittes und die Dauer des die Arbeitsverhinderung begründenden Aufenthaltes vor dessen Antritt vorzulegen.

(4) Kommt der Arbeitnehmer einer seiner Verpflichtungen nach Abs. 1 oder Abs. 3 nicht nach, so verliert er für die Dauer der Säumnis den Anspruch auf Entgelt. Das gleiche gilt, wenn sich der Arbeitnehmer ohne Vorliegen eines wichtigen Grundes der für ihn vorgesehenen ärztlichen Untersuchung beim zuständigen Krankenversicherungsträger nicht unterzieht.

§ 5. Wird der Arbeitnehmer während einer Arbeitsverhinderung gemäß § 2 gekündigt, ohne wichtigen Grund vorzeitig entlassen oder trifft den Arbeitgeber ein Verschulden an dem vorzeitigen Austritt des Arbeitnehmers, so bleibt der Anspruch auf Fortzahlung des Entgelts für die nach diesem Bundesgesetz vorgesehene Dauer bestehen, wenngleich das Arbeitsverhältnis früher endet. Der Anspruch auf Entgeltfortzahlung bleibt auch bestehen, wenn das Arbeitsverhältnis während einer Arbeitsverhinderung gemäß § 2 oder im Hinblick auf eine Arbeitsverhinderung gemäß § 2 einvernehmlich beendet wird.

(BGBl I 2017/153)

Unabdingbarkeit

§ 6. Die Rechte, die dem Arbeitnehmer auf Grund dieses Bundesgesetzes zustehen, können durch Arbeitsvertrag, Arbeits(Dienst)ordnung, Betriebsvereinbarung oder, soweit in diesem Bundesgesetz nicht anderes bestimmt ist, durch Kollektivvertrag weder aufgehoben noch beschränkt werden.

Günstigere Regelungen

§ 7. Gesetzliche Vorschriften, Kollektivverträge, Arbeits(Dienst)ordnungen, Betriebsvereinbarungen, Arbeitsverträge, die den Anspruch auf Fortzahlung des Entgelts bei Arbeitsverhinderung durch Krankheit (Unglücksfall) sowie Arbeitsunfall oder Berufskrankheit hinsichtlich Verschuldensgrad (§ 2 Abs. 1 und 5) oder Anspruchsdauer (§ 2 Abs. 1, 4 und 5) günstiger regeln, bleiben insoweit unberührt. Jedoch gelten für die Anspruchsdauer nach diesem Bundesgesetz dessen Bestimmungen an Stelle anderer Regelungen.

(BGBl I 2000/44)

Abschnitt 2

§§ 8–19a. (aufgehoben)

(BGBl I 2018/100)

Inkrafttreten

§ 20. (1) § 8 Abs. 7 und § 19 dieses Bundesgesetzes in der Fassung des Bundesgesetzes BGBl. Nr. 833/1992 tritt mit 1. Jänner 1993 in Kraft.

(BGBl 1992/833, BGBl 1996/411)

(2) § 17 Abs. 1 erster bis dritter Satz, Abs. 1 Z 3 und Abs. 3 in der Fassung des Bundesgesetzes SRÄG 1996 tritt rückwirkend mit 1. Jänner 1996 in Kraft.

(BGBl 1996/411)

(3) Die §§ 8 Abs. 1 lit. a und 13 Abs. 2 in der Fassung des Bundesgesetzes BGBl. Nr. 600/1996 treten mit 1. Jänner 1997 in Kraft.

(BGBl 1996/600)

(4) Die §§ 8 Abs. 1 lit. a und 13 Abs. 2 in der Fassung des Bundesgesetzes BGBl. I Nr. 139/1997 treten mit 1. Jänner 1998 in Kraft.

(BGBl I 1997/139)

(5) § 15 Abs. 5 in der Fassung des Bundesgesetzes BGBl. I Nr. 112/1998 tritt mit 1. Juli 1998 in Kraft und mit Ablauf des 31. Dezember 1999 außer Kraft.

(BGBl I 1998/112)

(6) § 19a in der Fassung des Bundesgesetzes BGBl. I Nr. 44/2000 tritt mit 1. Juli 2000 in Kraft.

(7) § 2 Abs. 1 und 3a und § 7 in der Fassung des Bundesgesetzes BGBl. I Nr. 44/2000 treten mit 1. Jänner 2001 in Kraft und sind auf Arbeitsverhinderungen anzuwenden, die in nach dem 31. Dezember 2000 begonnenen Arbeitsjahren eingetreten sind. Die verlängerte Anspruchsdauer nach § 2 Abs. 1 in der Fassung des Bundesgesetzes BGBl. I Nr. 44/2000 bewirkt keine Verlängerung einer in Kollektivverträgen, Betriebsvereinbarungen oder Arbeitsverträgen vorgesehenen längeren Anspruchsdauer. Sehen Kollektivverträge, Betriebsvereinbarungen oder Arbeitsverträge einen zusätzlichen Anspruch im Anschluss an den Anspruch nach § 2 Abs. 1 vor, wird die Gesamtdauer der Ansprüche nicht verlängert.

(BGBl I 2000/44)

(8) § 19a Abs. 5 bis 9 in der Fassung des Bundesgesetzes BGBl. I Nr. 142/2000 tritt mit 1. Jänner 2001 in Kraft.

(BGBl I 2000/142)

(9) § 1 Abs. 2 Z 4 in der Fassung des Bundesgesetzes BGBl. I Nr. 100/2010 tritt mit 1. Jänner 2011 in Kraft.

(BGBl I 2010/100)

(10) § 2 Abs. 1 in der Fassung des Bundesgesetzes BGBl. I Nr. 153/2017 tritt mit 1. Juli 2018 in Kraft und ist auf Arbeitsverhinderungen anzuwenden, die in nach dem 30. Juni 2018 begonnenen Arbeitsjahren, im Falle des § 2 Abs. 8 nach dem 31. Dezember 2018 eingetreten sind. Für zu diesem Zeitpunkt laufende Arbeitsverhinderungen gilt § 2 Abs. 1 in der Fassung des Bundesgesetzes BGBl. I Nr. 153/2017 ab Beginn dieses Arbeitsjahres bzw. Kalenderjahres.

(11) § 5 in der Fassung des Bundesgesetzes BGBl. I Nr. 153/2017 tritt mit 1. Juli 2018 in Kraft und ist auf einvernehmliche Beendigungen von Arbeitsverhältnissen während einer Arbeitsverhinderung gemäß § 2 oder im Hinblick auf eine Arbeitsverhinderung gemäß § 2 anzuwenden, die eine Auflösung des Arbeitsverhältnisses nach dem 30. Juni 2018 bewirken.

(BGBl I 2017/153)

Artikel VIII
Außerkrafttreten von Vorschriften

Mit dem Wirksamwerden dieses Bundesgesetzes tritt

a) § 82 lit. h letzter Satzteil der Gewerbeordnung, BGBl. Nr. 227/1859, in der bis zum Inkrafttreten dieses Bundesgesetzes geltenden Fassung,
b) Art. II Abs. 2 des Bundesgesetzes vom 9. Juli 1953, womit das Bundesgesetz über die Beschäftigung von Kindern und Jugendlichen abgeändert wird, BGBl. Nr. 141,

außer Kraft.

Artikel IX
Inkrafttreten und Vollziehung

(1) Dieses Bundesgesetz tritt hinsichtlich des Art. I § 13 und des Art. VI Z 1 und 2 mit dem Beginn des Beitragszeitraumes (§ 44 Abs. 2 ASVG) September 1974, im übrigen mit 1. September 1974 in Kraft.

(2) Im Arbeits(Kalender)jahr, in das der Geltungsbeginn dieses Bundesgesetzes fällt, sind auf die Anspruchsdauer gemäß § 2 Zeiten, für die vor dem Inkrafttreten dieses Bundesgesetzes volles oder Teilentgelt für Arbeitsverhinderungen wegen Krankheit (Unglücksfall), Arbeitsunfall oder Berufskrankheit bezogen wurde, zur Hälfte anzurechnen.

(3) Mit der Vollziehung dieses Bundesgesetzes sind betraut:

1. der Bundesminister für Wirtschaft und Arbeit hinsichtlich der §§ 1 bis 7;
2. die Bundesministerin für soziale Sicherheit und Generationen hinsichtlich der §§ 8 bis 19;
3. der Bundesminister für Wirtschaft und Arbeit im Einvernehmen mit der Bundesministerin für soziale Sicherheit und Generationen hinsichtlich des § 19a.

(BGBl I 2000/44)

13. GLEICHBEHANDLUNGSGESETZ

Inhaltsverzeichnis

13/1. Gleichbehandlungsgesetz

Gleichbehandlungsgesetz, BGBl I 2004/66 idF

1 BGBl I 2005/82	**2** BGBl I 2008/98	**3** BGBl I 2011/7
4 BGBl I 2013/71	**5** BGBl I 2013/107	**6** BGBl I 2015/34
7 BGBl I 2017/40	**8** BGBl I 2019/14	**9** BGBl I 2020/16

GLIEDERUNG

Bundesgesetz über die Gleichbehandlung (Gleichbehandlungsgesetz – GlBG)

Der Nationalrat hat beschlossen:

I. Teil
Gleichbehandlung von Frauen und Männern in der Arbeitswelt

Geltungsbereich

§ 1. (1) Die Bestimmungen des I. Teiles gelten für den Bereich der Arbeitswelt, dazu zählen

1. Arbeitsverhältnisse aller Art, die auf privatrechtlichem Vertrag beruhen;
2. alle Formen und alle Ebenen der Berufsberatung, der Berufsausbildung, der beruflichen Weiterbildung und der Umschulung einschließlich der praktischen Berufserfahrung;
   (BGBl I 2013/107)
3. die Mitgliedschaft und Mitwirkung in einer Arbeitnehmer/innen/- oder Arbeitgeber/innen/organisation oder einer Organisation, deren Mitglieder einer bestimmten Berufsgruppe angehören, einschließlich der Inanspruchnahme der Leistungen solcher Organisationen;
4. die Gründung, Einrichtung oder Erweiterung eines Unternehmens sowie die Aufnahme oder Ausweitung jeglicher anderen Art von selbständiger Tätigkeit,
   (BGBl I 2013/107)

sofern dies in die Regelungskompetenz des Bundes fällt.

(2) Ausgenommen sind Arbeitsverhältnisse

1. der land- und forstwirtschaftlichen Arbeiter/innen im Sinne des Landarbeitsgesetzes 1984, BGBl. Nr. 287;
2. zu einem Land, einem Gemeindeverband oder einer Gemeinde;
3. zum Bund.

(3) Die Bestimmungen des I. Teiles gelten auch

1. für Beschäftigungsverhältnisse, auf die das Heimarbeitsgesetz 1960, BGBl. Nr. 105/1961, anzuwenden ist, und
2. für Beschäftigungsverhältnisse von Personen, die, ohne in einem Arbeitsverhältnis zu stehen, im Auftrag und für Rechnung bestimmter Personen Arbeit leisten und wegen wirtschaftlicher Unselbständigkeit als arbeitnehmerähnlich anzusehen sind.

Für den Anwendungsbereich dieses Gesetzes gelten die Beschäftigungsverhältnisse nach Z 1 und 2 als Arbeitsverhältnisse.

(4) Die Bestimmungen des I. Teiles gelten auch für die Beschäftigung von Arbeitnehmer/inne/n, die von einem/einer Arbeitgeber/in ohne Sitz in Österreich

1. im Rahmen einer Arbeitskräfteüberlassung oder
2. zur fortgesetzten Arbeitsleistung

nach Österreich entsandt werden, für die Dauer der Entsendung.

Gleichstellung

§ 2. Ziel dieses Abschnittes ist die Gleichstellung von Frauen und Männern.

Gleichbehandlungsgebot im Zusammenhang mit einem Arbeitsverhältnis

§ 3. Auf Grund des Geschlechtes, insbesondere unter Bezugnahme auf den Familienstand oder den Umstand, ob jemand Kinder hat,,[a)] darf im Zusammenhang mit einem Arbeitsverhältnis niemand unmittelbar oder mittelbar diskriminiert werden, insbesondere nicht

[a)] Redaktionsversehen in BGBl I 2013/107.

1. bei der Begründung des Arbeitsverhältnisses,
2. bei der Festsetzung des Entgelts,
3. bei der Gewährung freiwilliger Sozialleistungen, die kein Entgelt darstellen,
4. bei Maßnahmen der Aus- und Weiterbildung und Umschulung,
5. beim beruflichen Aufstieg, insbesondere bei Beförderungen,
6. bei den sonstigen Arbeitsbedingungen,
7. bei der Beendigung des Arbeitsverhältnisses.

(BGBl I 2013/107)

Gleichbehandlungsgebot in der sonstigen Arbeitswelt

§ 4. Auf Grund des Geschlechtes, insbesondere unter Bezugnahme auf den Familienstand oder den Umstand, ob jemand Kinder hat,,[a] darf niemand unmittelbar oder mittelbar diskriminiert werden

[a] Redaktionsversehen in BGBl I 2013/107.

1. bei der Berufsberatung, Berufsausbildung, beruflichen Weiterbildung und Umschulung außerhalb eines Arbeitsverhältnisses,
   (BGBl I 2013/107)
2. bei der Mitgliedschaft und Mitwirkung in einer Arbeitnehmer/innen/- oder Arbeitgeber/innen/organisation oder einer Organisation, deren Mitglieder einer bestimmten Berufsgruppe angehören, einschließlich der Inanspruchnahme der Leistungen solcher Organisationen,
3. bei der Gründung, Einrichtung oder Erweiterung eines Unternehmens sowie der Aufnahme oder Ausweitung jeglicher anderen Art von selbständiger Tätigkeit.
   (BGBl I 2013/107)

(BGBl I 2013/107)

Begriffsbestimmungen

§ 5. (1) Eine unmittelbare Diskriminierung liegt vor, wenn eine Person auf Grund ihres Geschlechtes in einer vergleichbaren Situation eine weniger günstige Behandlung erfährt, als eine andere Person erfährt, erfahren hat oder erfahren würde.

(2) Eine mittelbare Diskriminierung liegt vor, wenn dem Anschein nach neutrale Vorschriften, Kriterien oder Verfahren Personen, die einem Geschlecht angehören, in besonderer Weise gegenüber Personen des anderen Geschlechtes benachteiligen können, es sei denn, die betreffenden Vorschriften, Kriterien oder Verfahren sind durch ein rechtmäßiges Ziel sachlich gerechtfertigt und die Mittel sind zur Erreichung dieses Zieles angemessen und erforderlich.

(3) Eine Diskriminierung liegt auch bei Anweisung einer Person zur Diskriminierung vor.

(4) Eine Diskriminierung liegt auch vor, wenn eine Person auf Grund ihres Naheverhältnisses zu einer Person wegen deren Geschlechts diskriminiert wird.

(BGBl I 2011/7)

Sexuelle Belästigung

§ 6. (1) Eine Diskriminierung auf Grund des Geschlechtes liegt auch vor, wenn eine Person

1. vom/von der Arbeitgeber/in selbst sexuell belästigt wird,
2. durch den/die Arbeitgeber/in dadurch diskriminiert wird, indem er/sie es schuldhaft unterlässt, im Falle einer sexuellen Belästigung durch Dritte (Z 3) eine auf Grund gesetzlicher Bestimmungen, Normen der kollektiven Rechtsgestaltung oder des Arbeitsvertrages angemessene Abhilfe zu schaffen,
3. durch Dritte in Zusammenhang mit seinem/ihrem Arbeitsverhältnis belästigt wird oder
4. durch Dritte außerhalb eines Arbeitsverhältnisses (§ 4) belästigt wird.

(2) Sexuelle Belästigung liegt vor, wenn ein der sexuellen Sphäre zugehöriges Verhalten gesetzt wird, das die Würde einer Person beeinträchtigt oder dies bezweckt, für die betroffene Person unerwünscht, unangebracht oder anstößig ist und

1. eine einschüchternde, feindselige oder demütigende Arbeitsumwelt für die betroffene Person schafft oder dies bezweckt oder
2. der Umstand, dass die betroffene Person ein der sexuellen Sphäre zugehöriges Verhalten seitens des/der Arbeitgebers/Arbeitgeberin oder von Vorgesetzten oder Kolleg/inn/en zurückweist oder duldet, ausdrücklich oder stillschweigend zur Grundlage einer Entscheidung mit Auswirkungen auf den Zugang dieser Person zur Berufsausbildung, Beschäftigung, Weiterbeschäftigung, Beförderung oder Entlohnung oder zur Grundlage einer anderen Entscheidung in der Arbeitswelt gemacht wird.

(BGBl I 2008/98)

(3) Eine Diskriminierung liegt auch bei Anweisung zur sexuellen Belästigung einer Person vor.

(4) Eine Diskriminierung liegt auch vor, wenn eine Person auf Grund ihres Naheverhältnisses zu einer Person wegen deren Geschlechts sexuell belästigt wird.

(BGBl I 2011/7)

Belästigung

§ 7. (1) Eine Diskriminierung auf Grund des Geschlechtes liegt auch vor, wenn eine Person durch geschlechtsbezogene Verhaltensweisen

1. vom/von der Arbeitgeber/in selbst belästigt wird,
2. durch den/die Arbeitgeber/in dadurch diskriminiert wird, indem er/sie es schuldhaft unterlässt, im Falle einer Belästigung durch Dritte (Z 3) eine auf Grund gesetzlicher Bestimmungen, Normen der kollektiven Rechtsgestaltung oder des Arbeitsvertrages angemessene Abhilfe zu schaffen,
3. durch Dritte in Zusammenhang mit seinem/ihrem Arbeitsverhältnis belästigt wird oder
4. durch Dritte außerhalb eines Arbeitsverhältnisses (§ 4) belästigt wird.

(2) Geschlechtsbezogene Belästigung liegt vor, wenn ein geschlechtsbezogenes Verhalten gesetzt wird, das die Würde einer Person beeinträchtigt oder dies bezweckt, für die betroffene Person unerwünscht ist und

1. eine einschüchternde, feindselige oder demütigende Arbeitsumwelt für die betroffene Person schafft oder dies bezweckt oder
2. der Umstand, dass die betroffene Person eine geschlechtsbezogene Verhaltensweise seitens des/der Arbeitgebers/Arbeitgeberin oder Vor-

gesetzten oder Kolleg/inn/en zurückweist oder duldet, ausdrücklich oder stillschweigend zur Grundlage einer Entscheidung mit Auswirkungen auf den Zugang dieser Person zur Berufsausbildung, Beschäftigung, Weiterbeschäftigung, Beförderung und Entlohnung oder zur Grundlage einer anderen Entscheidung in der Arbeitswelt gemacht wird.

(BGBl I 2008/98)

(3) Eine Diskriminierung liegt auch bei Anweisung zur Belästigung einer Person vor.

(4) Eine Diskriminierung liegt auch vor, wenn eine Person auf Grund ihres Naheverhältnisses zu einer Person wegen deren Geschlechts belästigt wird.

(BGBl I 2011/7)

Positive Maßnahmen

§ 8. Die in Gesetzen, in Verordnungen, in Instrumenten der kollektiven Rechtsgestaltung oder in generellen mehrere Arbeitnehmer/innen umfassende Verfügungen des/der Arbeitgebers/Arbeitgeberin getroffenen Maßnahmen zur Förderung der Gleichstellung von Frauen und Männern, insbesondere durch Beseitigung tatsächlich bestehender Ungleichheiten im Sinne des Art. 7 Abs. 2 B-VG, gelten nicht als Diskriminierungen im Sinne dieses Gesetzes. Dies gilt auch für Maßnahmen zur Förderung der Gleichstellung von Frauen und Männern in den in § 4 genannten Bereichen. Der Bund kann für besondere Aufwendungen, die Arbeitgeber/inne/n bei der Durchführung solcher Maßnahmen entstehen, Förderungen gewähren.

(BGBl I 2008/98)

Gebot der geschlechtsneutralen Stellenausschreibung

§ 9. (1) Der/die Arbeitgeber/in oder private/r Arbeitsvermittler/in gemäß den §§ 2 ff des Arbeitsmarktförderungsgesetzes, BGBl. Nr. 31/1969, oder eine mit der Arbeitsvermittlung betraute juristische Person öffentlichen Rechts darf einen Arbeitsplatz weder öffentlich noch innerhalb des Betriebes (Unternehmens) nur für Männer oder nur für Frauen ausschreiben oder durch Dritte ausschreiben lassen, es sei denn, ein bestimmtes Geschlecht ist unverzichtbare Voraussetzung für die Ausübung der vorgesehenen Tätigkeit. Die Ausschreibung darf auch keine zusätzlichen Anmerkungen enthalten, die auf ein bestimmtes Geschlecht schließen lassen.

(BGBl I 2011/7)

(2) Der/die Arbeitgeber/in oder private Arbeitsvermittler/in gemäß den §§ 2 ff des Arbeitsmarktförderungsgesetzes oder eine mit der Arbeitsvermittlung betraute juristische Person öffentlichen Rechts ist verpflichtet, in der Ausschreibung das für den ausgeschriebenen Arbeitsplatz geltende kollektivvertragliche oder das durch Gesetz oder andere Normen der kollektiven Rechtsgestaltung geltende Mindestentgelt anzugeben und auf die Bereitschaft zur Überzahlung hinzuweisen, wenn eine solche besteht. Dies gilt sinngemäß für Arbeitsverträge in Wirtschaftsbereichen, in denen es kein kollektivvertraglich oder durch Gesetz oder andere Normen der kollektiven Rechtsgestaltung geregeltes Mindestentgelt gibt, ausgenommen Arbeitnehmer/innen gemäß § 10 Abs. 2 Z 2 Arbeiterkammergesetz 1992, BGBl. Nr. 626/1991. In der Stellenausschreibung ist jenes Entgelt anzugeben, das als Mindestgrundlage für die Arbeitsvertragsverhandlungen zur Vereinbarung des Entgelts dienen soll.

(BGBl I 2011/7, BGBl I 2013/107)

Strafbestimmungen

§ 10. (1) Wer als Arbeitsvermittler/in entgegen den Bestimmungen des § 9 Abs. 1 einen Arbeitsplatz nur für Männer oder Frauen ausschreibt, ist auf Antrag eines/einer Stellenwerbers/Stellenwerberin, des/der Anwalts/Anwältin für die Gleichbehandlung von Frauen und Männern in der Arbeitswelt oder des/der Regionalanwalts/Regionalanwältin von der Bezirksverwaltungsbehörde mit Geldstrafe bis 360 Euro zu bestrafen.

(BGBl I 2013/107)

(2) Wer als Arbeitsvermittler/in entgegen den Bestimmungen des § 9 Abs. 2 in die Stellenausschreibung die in Abs. 2 angeführten Angaben nicht aufnimmt, ist auf Antrag eines/einer Stellenwerbers/Stellenwerberin, des/der Anwalts/Anwältin für die Gleichbehandlung von Frauen und Männern in der Arbeitswelt oder des/der Regionalanwalts/Regionalanwältin beim ersten Verstoß von der Bezirksverwaltungsbehörde zu ermahnen und bei weiteren Verstößen mit Geldstrafe bis 360 Euro zu bestrafen.

(BGBl I 2013/107)

(3) Wer als Arbeitgeber/in

1. entgegen den Bestimmungen des § 9 Abs. 1 einen Arbeitsplatz nur für Männer oder Frauen ausschreibt oder
2. entgegen den Bestimmungen des § 9 Abs. 2 in die Stellenausschreibung die in darin angeführten Angaben nicht aufnimmt,

ist auf Antrag eines/einer Stellenwerbers/Stellenwerberin, des/der Anwalts/Anwältin für die Gleichbehandlung von Frauen und Männern in der Arbeitswelt oder des/der Regionalanwalts/Regionalanwältin beim ersten Verstoß von der Bezirksverwaltungsbehörde zu ermahnen und bei weiteren Verstößen mit Geldstrafe bis 360 Euro zu bestrafen.

(BGBl I 2013/107)

(4) In einem auf Antrag des/der Anwalts/Anwältin für die Gleichbehandlung von Frauen und Männern in der Arbeitswelt oder des/der Regionalanwalts/Regionalanwältin eingeleiteten Verwaltungsstrafverfahren wegen Verletzung des § 9 ist diese/r Partei. Dem/der Anwalt/Anwältin oder dem/der Regionalanwalt/Regionalanwältin steht das Recht auf Beschwerde gegen Bescheide und Einspruch gegen Strafverfügungen zu.

(BGBl I 2013/71, BGBl I 2013/107)

(BGBl I 2011/7)

Entlohnungskriterien

§ 11. Betriebliche Einstufungsregelungen und Normen der kollektiven Rechtsgestaltung haben bei der Regelung der Entlohnungskriterien den Grundsatz des gleichen Entgelts für gleiche Arbeit oder eine Arbeit, die als gleichwertig anerkannt wird, zu beachten und dürfen weder Kriterien für die Beurteilung der Arbeit der Frauen einerseits und der Arbeit der Männer andererseits vorschreiben, die zu einer Diskriminierung führen.

Einkommensbericht

§ 11a. (1) Jede/r Arbeitgeber/in, der/die dauernd die in § 63 Abs. 6 festgelegte Zahl von Arbeitnehmern/Arbeitnehmerinnen beschäftigt, ist verpflichtet, alle zwei Jahre einen Bericht zur Entgeltanalyse zu erstellen. Dieser Bericht hat Angaben über

1. die Anzahl der Frauen und die Anzahl der Männer in den jeweiligen kollektivvertraglichen oder – wenn verfügbar – betrieblichen Verwendungsgruppen;
2. die Anzahl der Frauen und die Anzahl der Männer in den – wenn verfügbar – einzelnen Verwendungsgruppenjahren der anzuwendenden Verwendungsgruppen;
3. das Durchschnitts- oder Medianarbeitsentgelt von Frauen und von Männern im Kalenderjahr in den jeweiligen kollektivvertraglichen oder – wenn verfügbar – betrieblichen Verwendungsgruppen und – wenn verfügbar – Verwendungsgruppenjahren

zu enthalten. Das Arbeitsentgelt von Teilzeitbeschäftigten ist auf Vollzeitbeschäftigung und das von unterjährig Beschäftigten auf Jahresbeschäftigung hochzurechnen. Gibt es kein anzuwendendes kollektivvertragliches oder betriebliches Verwendungsgruppenschema, so sind anstelle von Verwendungsgruppen Funktionsgruppen entsprechend der betrieblichen Tätigkeitsstruktur zu bilden.

(2) Der Bericht ist in anonymisierter Form zu erstellen. Der Bericht darf keine Rückschlüsse auf Einzelpersonen zulassen.

(3) Der Bericht ist dem Zentralbetriebsrat oder – wenn kein Zentralbetriebsrat besteht – den Betriebsausschüssen oder – soweit kein Betriebsausschuss errichtet ist – den Betriebsräten im ersten Quartal des auf das Berichtsjahr folgenden Kalenderjahres zu übermitteln. Der (Zentral-) Betriebsrat bzw. Betriebsausschuss kann eine Beratung darüber verlangen. In Unternehmen, die dem Post-Betriebsverfassungsgesetz, BGBl. Nr. 326/1996, unterliegen, kommen diese Befugnisse dem Zentralausschuss, wenn ein solcher nicht besteht, den Personalausschüssen, soweit solche nicht bestehen, den Vertrauenspersonenausschüssen zu. Die Organe der Arbeitnehmerschaft können im Rahmen ihrer Tätigkeit Auskunft an die Arbeitnehmer/innen über die für sie relevanten Informationen erteilen. Besteht in einem Betrieb kein Organ der Arbeitnehmerschaft oder besteht ein solches Organ für eine Gruppe von Arbeitnehmer/inne/n nicht, ist der Bericht im Betrieb in einem allen Arbeitnehmer/inne/n oder allen gruppenzugehörigen Arbeitnehmer/innen zugänglichen Raum aufzulegen und darauf in einer Betriebskundmachung hinzuweisen. § 13 gilt sinngemäß.

(4) Über den Inhalt des Einkommensberichtes ist der/die Arbeitnehmer/in zur Verschwiegenheit verpflichtet. Dem stehen die Einholung von Rechtsauskünften oder Rechtsberatung durch Interessenvertretungen und sonstige Personen oder Einrichtungen, die ihrerseits einer Verschwiegenheitspflicht unterliegen, sowie die Einleitung eines Verfahrens zur Durchsetzung von Ansprüchen nach diesem Bundesgesetz oder eines Verfahrens vor der Gleichbehandlungskommission nicht entgegen.

(5) Bei Verstößen gegen die Verschwiegenheitspflicht gemäß Abs. 4 ist der/die Arbeitnehmer/in, sofern die Tat nach anderen Gesetzen nicht einer strengeren Strafe unterliegt, von der Bezirksverwaltungsbehörde mit einer Geldstrafe bis zu 360 Euro zu bestrafen, wenn der/die Arbeitgeber/in binnen sechs Wochen ab Kenntnis von dem Verstoß und der Person des/der Täters/Täterin bei der zuständigen Bezirksverwaltungsbehörde einen Strafantrag stellt (Privatankläger/in). Auf das Strafverfahren ist § 56 Abs. 2 bis 4 des Verwaltungsstrafgesetzes 1991, BGBl. Nr. 52, anzuwenden. Die Behörde kann ohne weiteres Verfahren von der Verhängung einer Strafe absehen, wenn das Verschulden des/der Arbeitnehmers/Arbeitnehmerin geringfügig ist und die Folgen der Verletzung der Verschwiegenheitspflicht unbedeutend sind. Sie kann den/die Arbeitnehmer/in jedoch gleichzeitig unter Hinweis auf die Rechtswidrigkeit des Verhaltens mit Bescheid ermahnen, sofern dies erforderlich ist, um den/die Arbeitnehmer/in von weiteren Verletzungen der Verschwiegenheitspflicht nach Abs. 5 abzuhalten.

(6) Die in Abs. 3 genannten Organe der Arbeitnehmerschaft haben oder – soweit diese nicht bestehen – der/die Arbeitnehmer/in hat nach Maßgabe des Abs. 3 Anspruch auf Erstellung und Übermittlung bzw. Information über den Einkommensbericht. Der Anspruch ist gerichtlich geltend zu machen. Es gilt die dreijährige Verjährungsfrist gemäß § 1486 des Allgemeinen Bürgerlichen Gesetzbuches, wobei die Frist mit dem Ablauf des ersten Quartals des auf das Berichtsjahr folgenden Kalenderjahres zu laufen beginnt.

(BGBl I 2011/7)

Rechtsfolgen der Verletzung des Gleichbehandlungsgebotes

§ 12. (1) Ist das Arbeitsverhältnis wegen Verletzung des Gleichbehandlungsgebotes des § 3 Z 1 nicht begründet worden, so ist der/die Arbeitgeber/in gegenüber dem/der Stellenwerber/in zum Ersatz des Vermögensschadens und zu einer Entschädigung für die erlittene persönliche Beeinträchtigung verpflichtet. Der Ersatzanspruch beträgt

1. mindestens zwei Monatsentgelte, wenn der/die Stellenwerber/in bei diskriminierungsfreier Auswahl die Stelle erhalten hätte, oder *(BGBl I 2008/98)*

GlBG

2. bis 500 Euro, wenn der/die Arbeitgeber/in nachweisen kann, dass der einem/einer Stellenwerber/in durch die Diskriminierung entstandene Schaden nur darin besteht, dass die Berücksichtigung seiner/ihrer Bewerbung verweigert wird.

(2) Erhält ein/e Arbeitnehmer/in wegen Verletzung des Gleichbehandlungsgebotes des § 3 Z 2 durch den/die Arbeitgeber/in für gleiche Arbeit oder für eine Arbeit, die als gleichwertig anerkannt wird, ein geringeres Entgelt als ein/e Arbeitnehmer/in des anderen Geschlechtes, so hat er/sie gegenüber dem/der Arbeitgeber/in Anspruch auf Bezahlung der Differenz und eine Entschädigung für die erlittene persönliche Beeinträchtigung.

(3) Bei Verletzung des Gleichbehandlungsgebotes des § 3 Z 3 hat der/die Arbeitnehmer/in Anspruch auf Gewährung der betreffenden Sozialleistung oder Ersatz des Vermögensschadens und auf eine Entschädigung für die erlittene persönliche Beeinträchtigung.

(4) Bei Verletzung des Gleichbehandlungsgebotes des § 3 Z 4 hat der/die Arbeitnehmer/in Anspruch auf Einbeziehung in die entsprechenden betrieblichen Aus- und Weiterbildungsmaßnahmen oder auf Ersatz des Vermögensschadens und auf eine Entschädigung für die erlittene persönliche Beeinträchtigung.

(5) Ist ein/e Arbeitnehmer/in wegen Verletzung des Gleichbehandlungsgebotes des § 3 Z 5 nicht beruflich aufgestiegen, so ist der/die Arbeitgeber/in gegenüber dem/der Arbeitnehmer/in zum Ersatz des Vermögensschadens und zu einer Entschädigung für die erlittene persönliche Beeinträchtigung verpflichtet. Der Ersatzanspruch beträgt,

1. die Entgeltdifferenz für mindestens drei Monate, wenn der/die Arbeitnehmer/in bei diskriminierungsfreier Auswahl beruflich aufgestiegen wäre, oder
2. bis 500 Euro, wenn der/die Arbeitgeber/in nachweisen kann, dass der einem/einer Arbeitnehmer/in durch die Diskriminierung entstandene Schaden nur darin besteht, dass die Berücksichtigung seiner/ihrer Bewerbung verweigert wird.

(6) Bei Verletzung des Gleichbehandlungsgebotes des § 3 Z 6 hat der/die Arbeitnehmer/in Anspruch auf Gewährung der gleichen Arbeitsbedingungen wie ein/e Arbeitnehmer/in des anderen Geschlechtes oder auf Ersatz des Vermögensschadens und auf eine Entschädigung für die erlittene persönliche Beeinträchtigung.

(7) Ist das Arbeitsverhältnis vom/von der Arbeitgeber/in wegen des Geschlechtes des/der Arbeitnehmers/Arbeitnehmerin oder wegen der nicht offenbar unberechtigten Geltendmachung von Ansprüchen nach diesem Gesetz gekündigt oder vorzeitig beendigt worden oder ist das Probearbeitsverhältnis wegen eines solchen Grundes aufgelöst worden (§ 3 Z 7), so kann die Kündigung, Entlassung oder Auflösung des Probearbeitsverhältnisses bei Gericht angefochten werden. Ist ein befristetes, auf die Umwandlung in ein unbefristetes Arbeitsverhältnis angelegtes Arbeitsverhältnis wegen des Geschlechtes des/der Arbeitnehmers/in oder wegen der nicht offenbar unberechtigten Geltendmachung von Ansprüchen nach diesem Gesetz durch Zeitablauf beendet worden, so kann auf Feststellung des unbefristeten Bestehens des Arbeitsverhältnisses geklagt werden. Lässt der/die Arbeitnehmer/in die Beendigung gegen sich gelten, so hat er/sie Anspruch auf Ersatz des Vermögensschadens und auf eine Entschädigung für die erlittene persönliche Beeinträchtigung.

(BGBl I 2008/98)

(8) Bei Verletzung des Gleichbehandlungsgebotes des § 4 Z 1 hat die betroffene Person Anspruch auf Einbeziehung in die entsprechenden Berufsberatungs-, Berufsausbildungs-, Weiterbildungs- und Umschulungsmaßnahmen oder auf Ersatz des Vermögensschadens und auf eine Entschädigung für die erlittene persönliche Beeinträchtigung.

(BGBl I 2008/98)

(9) Bei Verletzung des Gleichbehandlungsgebotes des § 4 Z 2 hat die betroffene Person Anspruch auf Mitgliedschaft und Mitwirkung in der betroffenen Organisation sowie auf Inanspruchnahme der Leistungen der betreffenden Organisation oder Ersatz des Vermögensschadens und auf eine Entschädigung für die erlittene persönliche Beeinträchtigung.

(10) Bei Verletzung des Gleichbehandlungsgebotes des § 4 Z 3 hat die betroffene Person Anspruch auf Ersatz des Vermögensschadens und eine Entschädigung für die erlittene persönliche Beeinträchtigung.

(11) Bei einer sexuellen Belästigung nach § 6 oder einer geschlechtsbezogenen Belästigung nach § 7 hat die betroffene Person gegenüber dem/der Belästiger/in und im Fall des § 6 Abs. 1 Z 2 oder § 7 Abs. 1 Z 2 auch gegenüber dem/der Arbeitgeber/in Anspruch auf Ersatz des erlittenen Schadens. Soweit der Nachteil nicht nur in einer Vermögenseinbuße besteht, hat die betroffene Person zum Ausgleich der erlittenen persönlichen Beeinträchtigung Anspruch auf angemessenen, mindestens jedoch auf 1 000 Euro Schadenersatz.

(BGBl I 2008/98, BGBl I 2011/7)

(12) Insoweit sich im Streitfall die betroffene Person auf einen Diskriminierungstatbestand im Sinne der §§ 3, 4, 6 oder 7 beruft, hat er/sie diesen glaubhaft zu machen. Dem/der Beklagten obliegt es bei Berufung auf §§ 3 oder 4 zu beweisen, dass es bei Abwägung aller Umstände wahrscheinlicher ist, dass ein anderes vom/von der Beklagten glaubhaft gemachtes Motiv für die unterschiedliche Behandlung ausschlaggebend war oder das andere Geschlecht unverzichtbare Voraussetzung für die auszuübende Tätigkeit ist oder ein Rechtfertigungsgrund im Sinne des § 5 Abs. 2 vorliegt. Bei Berufung auf §§ 6 oder 7 obliegt es dem/der Beklagten zu beweisen, dass es bei Abwägung aller Umstände wahrscheinlich ist, dass die vom/von der Beklagten glaubhaft gemachten Tatsachen der Wahrheit entsprechen.

(BGBl I 2005/82)

(13) Liegt eine Mehrfachdiskriminierung vor, so ist darauf bei der Bemessung der Höhe der Entschädigung für die erlittene persönliche Beeinträchtigung Bedacht zu nehmen.

(BGBl I 2008/98)

(14) Die Höhe der Entschädigung für die erlittene persönliche Beeinträchtigung ist so zu bemessen, dass dadurch die Beeinträchtigung tatsächlich und wirksam ausgeglichen wird und die Entschädigung der erlittenen Beeinträchtigung angemessen ist sowie Diskriminierungen verhindert.

(BGBl I 2013/107)

Benachteiligungsverbot

§ 13. Als Reaktion auf eine Beschwerde darf ein/e Arbeitnehmer/in durch den/die Arbeitgeber/in innerhalb des betreffenden Unternehmens (Betriebes) oder auf die Einleitung eines Verfahrens zur Durchsetzung des Gleichbehandlungsgebotes nicht entlassen, gekündigt oder anders benachteiligt werden. Auch ein/e andere/r Arbeitnehmer/in, der/die als Zeuge/Zeugin oder Auskunftsperson in einem Verfahren auftritt oder eine Beschwerde eines/einer anderen Arbeitnehmers/Arbeitnehmerin unterstützt, darf als Reaktion auf eine solche Beschwerde oder auf die Einleitung eines solchen Verfahrens zur Durchsetzung des Gleichbehandlungsgebotes nicht entlassen, gekündigt oder anders benachteiligt werden. § 12 gilt sinngemäß.

(BGBl I 2008/98)

Förderungsmaßnahmen

§ 14. Die Richtlinien über die Vergabe von Förderungen des Bundes an Unternehmen haben Förderungen nur für Unternehmen vorzusehen, die die Bestimmungen des I. Teiles beachten.

Fristen für die Geltendmachung von Ansprüchen

§ 15. (1) Ansprüche nach § 12 Abs. 1 und 5 sind binnen sechs Monaten gerichtlich geltend zu machen. Die Frist zur Geltendmachung der Ansprüche nach § 12 Abs. 1 und 5 beginnt mit der Ablehnung der Bewerbung oder Beförderung. Ansprüche nach § 12 Abs. 11 wegen geschlechtsbezogener Belästigung sind binnen eines Jahres, Ansprüche nach § 12 Abs. 11 wegen sexueller Belästigung sind binnen drei Jahren gerichtlich geltend zu machen. Für Ansprüche nach § 12 Abs. 2, 3, 4, 6, 8, 9 und 10 gilt die dreijährige Verjährungsfrist gemäß § 1486 des Allgemeinen Bürgerlichen Gesetzbuches.

(BGBl I 2008/98, BGBl I 2013/107)

(1a) Eine Kündigung, Entlassung oder Auflösung des Probearbeitsverhältnisses gemäß § 12 Abs. 7 ist binnen 14 Tagen ab ihrem Zugang bei Gericht anzufechten; eine Feststellungsklage nach § 12 Abs. 7 zweiter Satz ist binnen 14 Tagen ab Beendigung des Arbeitsverhältnisses durch Zeitablauf bei Gericht einzubringen. Ansprüche nach § 12 Abs. 7 letzter Satz sind binnen 6 Monaten ab Zugang der Kündigung, Entlassung oder Auflösung des Probearbeitsverhältnisses oder Beendigung des Arbeitsverhältnisses durch Zeitablauf gerichtlich geltend zu machen.

(BGBl I 2008/98)

(2) Die Einbringung eines Antrages auf Prüfung der Verletzung des Gleichbehandlungsgebotes oder ein amtswegiges Tätigwerden der Kommission zur Prüfung der Verletzung des Gleichbehandlungsgebotes bewirken die Hemmung der Fristen zur gerichtlichen Geltendmachung.

(BGBl I 2013/107)

(3) Wird dem/der Arbeitnehmer/in nachweislich

1. ein Prüfungsergebnis der Kommission im Einzelfall oder
2. ein Schreiben der Geschäftsführung der Kommission, aus dem hervorgeht, dass die Voraussetzungen für die Prüfung einer Verletzung des Gleichbehandlungsgebotes im Einzelfall nicht bzw. nicht mehr vorliegen,

zugestellt, beendet die Zustellung die Hemmung der Fristen zur gerichtlichen Geltendmachung. Nach der Zustellung steht dem/der Arbeitnehmer/in zur Erhebung der Klage zumindest noch eine Frist von drei Monaten offen. War die ursprüngliche Frist kürzer, so steht dem/der Arbeitnehmer/in nur diese offen.

(4) Ansprüche nach § 12, die neben einem in diesem Bundesgesetz erfassten Diskriminierungsgrund auch auf den Diskriminierungsgrund der Behinderung gestützt werden, können nur nach vorheriger Durchführung eines Schlichtungsverfahrens beim Bundesamt für Soziales und Behindertenwesen gerichtlich geltend gemacht werden. Für die Geltendmachung dieser Ansprüche gelten die §§ 7k, 7n und 7o Behinderteneinstellungsgesetz, BGBl. Nr. 22/1970.

(BGBl I 2005/82)

GlBG

II. Teil
Gleichbehandlung in der Arbeitswelt ohne Unterschied der ethnischen Zugehörigkeit, der Religion oder Weltanschauung, des Alters oder der sexuellen Orientierung (Antidiskriminierung)

Geltungsbereich

§ 16. (1) Die Bestimmungen des II. Teiles gelten für den Bereich der Arbeitswelt, dazu zählen

1. Arbeitsverhältnisse aller Art, die auf privatrechtlichem Vertrag beruhen;
2. alle Formen und alle Ebenen der Berufsberatung, der Berufsausbildung, der beruflichen Weiterbildung und der Umschulung einschließlich der praktischen Berufserfahrung;

   (BGBl I 2013/107)
3. die Mitgliedschaft und Mitwirkung in einer Arbeitnehmer/innen/- oder Arbeitgeber/innen/organisation oder einer Organisation, deren Mitglieder einer bestimmten Berufsgruppe angehören, einschließlich der Inanspruchnahme der Leistungen solcher Organisationen;

4. die Gründung, Einrichtung oder Erweiterung eines Unternehmens sowie die Aufnahme oder Ausweitung jeglicher anderen Art von selbständiger Tätigkeit,
(BGBl I 2013/107)

sofern dies in die Regelungskompetenz des Bundes fällt.

(2) Ausgenommen sind Arbeitsverhältnisse
1. der land- und forstwirtschaftlichen Arbeiter/innen im Sinne des Landarbeitsgesetzes 1984, BGBl. Nr. 287;
2. zu einem Land, einem Gemeindeverband oder einer Gemeinde;
3. zum Bund.

(3) Die Bestimmungen des II. Teiles gelten auch
1. für Beschäftigungsverhältnisse, auf die das Heimarbeitsgesetz 1960, BGBl. Nr. 105/1961, anzuwenden ist, und
2. für Beschäftigungsverhältnisse von Personen, die, ohne in einem Arbeitsverhältnis zu stehen, im Auftrag und für Rechnung bestimmter Personen Arbeit leisten und wegen wirtschaftlicher Unselbständigkeit als arbeitnehmerähnlich anzusehen sind.

Für den Anwendungsbereich dieses Gesetzes gelten die Beschäftigungsverhältnisse nach Z 1 und 2 als Arbeitsverhältnisse.

(4) Die Bestimmungen des II. Teiles gelten auch für die Beschäftigung von Arbeitnehmer/inne/n, die von einem/einer Arbeitgeber/in ohne Sitz in Österreich
1. im Rahmen einer Arbeitskräfteüberlassung oder
2. zur fortgesetzten Arbeitsleistung

nach Österreich entsandt werden, für die Dauer der Entsendung.

Gleichbehandlungsgebot im Zusammenhang mit einem Arbeitsverhältnis

§ 17. (1) Auf Grund der ethnischen Zugehörigkeit, der Religion oder Weltanschauung, des Alters oder der sexuellen Orientierung darf im Zusammenhang mit einem Arbeitsverhältnis niemand unmittelbar oder mittelbar diskriminiert werden, insbesondere nicht
1. bei der Begründung des Arbeitsverhältnisses,
2. bei der Festsetzung des Entgelts,
3. bei der Gewährung freiwilliger Sozialleistungen, die kein Entgelt darstellen,
4. bei Maßnahmen der Aus- und Weiterbildung und Umschulung,
5. beim beruflichen Aufstieg, insbesondere bei Beförderungen,
6. bei den sonstigen Arbeitsbedingungen,
7. bei der Beendigung des Arbeitsverhältnisses.

(2) Abs. 1 berührt nicht die Vorschriften und die Bedingungen für die Einreise von Staatsangehörigen dritter Staaten oder staatenloser Personen oder deren Aufenthalt sowie eine Behandlung, die sich aus der Rechtsstellung von Staatsangehörigen dritter Staaten oder staatenloser Personen ergibt.
(BGBl I 2008/98)

Gleichbehandlungsgebot in der sonstigen Arbeitswelt

§ 18. Aus den im § 17 genannten Gründen darf niemand unmittelbar oder mittelbar diskriminiert werden
1. bei der Berufsberatung, Berufsausbildung, beruflichen Weiterbildung und Umschulung außerhalb eines Arbeitsverhältnisses,
(BGBl I 2013/107)
2. bei der Mitgliedschaft und Mitwirkung in einer Arbeitnehmer/innen/- oder Arbeitgeber/innen/organisation oder einer Organisation, deren Mitglieder einer bestimmten Berufsgruppe angehören, einschließlich der Inanspruchnahme der Leistungen solcher Organisationen,
3. bei der Gründung, Einrichtung oder Erweiterung eines Unternehmens sowie der Aufnahme oder Ausweitung jeglicher anderen Art von selbständiger Tätigkeit.
(BGBl I 2013/107)

Begriffsbestimmungen

§ 19. (1) Eine unmittelbare Diskriminierung liegt vor, wenn eine Person auf Grund eines in § 17 genannten Grundes in einer vergleichbaren Situation eine weniger günstige Behandlung erfährt, als eine andere Person erfährt, erfahren hat oder erfahren würde.

(2) Eine mittelbare Diskriminierung liegt vor, wenn dem Anschein nach neutrale Vorschriften, Kriterien oder Verfahren Personen, die einer ethnischen Gruppe angehören, oder Personen mit einer bestimmten Religion oder Weltanschauung, eines bestimmten Alters oder mit einer bestimmten sexuellen Orientierung gegenüber anderen Personen in besonderer Weise benachteiligen können, es sei denn, die betreffenden Vorschriften, Kriterien oder Verfahren sind durch ein rechtmäßiges Ziel sachlich gerechtfertigt und die Mittel sind zur Erreichung dieses Zieles angemessen und erforderlich.

(3) Eine Diskriminierung liegt auch bei Anweisung einer Person zur Diskriminierung vor.

(4) Eine Diskriminierung liegt auch vor, wenn eine Person auf Grund ihres Naheverhältnisses zu einer Person wegen deren ethnischer Zugehörigkeit, deren Religion oder Weltanschauung, deren Alters oder deren sexueller Orientierung diskriminiert wird.
(BGBl I 2011/7)

Ausnahmebestimmungen

§ 20. (1) Bei Ungleichbehandlung wegen eines Merkmals, das im Zusammenhang mit einem der in § 17 genannten Diskriminierungsgründe steht, liegt keine Diskriminierung vor, wenn das betreffende Merkmal auf Grund der Art einer bestimmten beruflichen Tätigkeit oder der Rahmenbedingungen ihrer Ausübung eine wesentliche und entscheidende berufliche Voraussetzung darstellt und sofern es sich um einen rechtmäßigen Zweck und eine angemessene Anforderung handelt.

(2) Eine Diskriminierung auf Grund der Religion oder Weltanschauung liegt in Bezug auf berufliche Tätigkeiten innerhalb von Kirchen oder anderen öffentlichen oder privaten Organisationen, deren Ethos auf religiösen Grundsätzen oder Weltanschauungen beruht, nicht vor, wenn die Religion oder die Weltanschauung dieser Person nach der Art dieser Tätigkeiten oder der Umstände ihrer Ausübung eine wesentliche, rechtmäßige und gerechtfertigte berufliche Anforderung angesichts des Ethos der Organisation darstellt.

(3) Eine Diskriminierung auf Grund des Alters liegt nicht vor, wenn die Ungleichbehandlung

1. objektiv und angemessen ist,
2. durch ein legitimes Ziel, insbesondere rechtmäßige Ziele aus den Bereichen Beschäftigungspolitik, Arbeitsmarkt und berufliche Bildung, gerechtfertigt ist und
3. die Mittel zur Erreichung dieses Zieles angemessen und erforderlich sind.

(4) Ungleichbehandlungen nach Abs. 3 können insbesondere einschließen

1. die Festlegung besonderer Bedingungen für den Zugang zur Beschäftigung und zur beruflichen Bildung sowie besonderer Beschäftigungs- und Arbeitsbedingungen, einschließlich der Bedingungen für Entlassung und Entlohnung, um die berufliche Eingliederung von Jugendlichen, älteren Arbeitnehmer/inne/n und Personen mit Fürsorgepflichten zu fördern oder ihren Schutz sicherzustellen,
2. die Festlegung von Mindestanforderungen an das Alter, die Berufserfahrung oder des Dienstalters für den Zugang zur Beschäftigung oder für bestimmte mit der Beschäftigung verbundenen Vorteile,
3. die Festsetzung eines Höchstalters für die Einstellung auf Grund der spezifischen Ausbildungsanforderungen eines bestimmten Arbeitsplatzes oder auf Grund der Notwendigkeit einer angemessenen Beschäftigungszeit vor dem Eintritt in den Ruhestand.

(5) Eine Diskriminierung auf Grund des Alters liegt auch nicht vor bei den betrieblichen Systemen der sozialen Sicherheit durch Festsetzung von Altersgrenzen als Voraussetzung für die Mitgliedschaft oder den Bezug von Altersrente oder von Leistungen bei Invalidität einschließlich der Festsetzung unterschiedlicher Altersgrenzen im Rahmen dieser Systeme für bestimmte Beschäftigte oder Gruppen oder Kategorien von Beschäftigten und die Verwendung im Rahmen dieser Systeme von Alterskriterien für versicherungsmathematische Berechnungen, sofern dies nicht zu Diskriminierungen auf Grund des Geschlechtes führt.

Belästigung

§ 21. (1) Eine Diskriminierung nach § 17 liegt auch vor, wenn eine Person

1. vom/von der Arbeitgeber/in selbst belästigt wird,
2. durch den/die Arbeitgeber/in dadurch diskriminiert wird, indem er/sie es schuldhaft unterlässt, im Falle einer Belästigung durch Dritte (Z 3) eine auf Grund gesetzlicher Bestimmungen, Normen der kollektiven Rechtsgestaltung oder des Arbeitsvertrages angemessene Abhilfe zu schaffen,
3. durch Dritte in Zusammenhang mit seinem/ihrem Arbeitsverhältnis belästigt wird oder
4. durch Dritte außerhalb eines Arbeitsverhältnisses (§ 18) belästigt wird.

(2) Belästigung liegt vor, wenn eine unerwünschte Verhaltensweise, die mit einem der Gründe nach § 17 im Zusammenhang steht, gesetzt wird,

1. die die Würde der betroffenen Person verletzt oder dies bezweckt,
2. die für die betroffene Person unerwünscht, unangebracht oder anstößig ist und
3. die ein einschüchterndes, feindseliges, entwürdigendes, beleidigendes oder demütigendes Umfeld für die betroffene Person schafft oder dies bezweckt.

(BGBl I 2008/98)

(3) Eine Diskriminierung liegt auch bei Anweisung zur Belästigung einer Person vor.

(4) Eine Diskriminierung liegt auch vor, wenn eine Person auf Grund ihres Naheverhältnisses zu einer Person wegen deren ethnischer Zugehörigkeit, deren Religion oder Weltanschauung, deren Alters oder deren sexueller Orientierung belästigt wird.

(BGBl I 2011/7)

Positive Maßnahmen

§ 22. Die in Gesetzen, in Verordnungen, in Instrumenten der kollektiven Rechtsgestaltung oder in generellen mehrere Arbeitnehmer/innen umfassende Verfügungen des/der Arbeitgebers/Arbeitgeberin getroffenen spezifischen Maßnahmen zur Förderung der Gleichstellung im Berufsleben, mit denen Benachteiligungen wegen eines Diskriminierungsgrundes nach § 17 verhindert oder ausgeglichen werden, gelten nicht als Diskriminierung im Sinne dieses Gesetzes. Dies gilt auch für Maßnahmen zur Förderung der Gleichstellung im Berufsleben in den in § 18 genannten Bereichen.

(BGBl I 2005/82, BGBl I 2008/98)

Gebot der diskriminierungsfreien Stellenausschreibung

§ 23. (1) Der/die Arbeitgeber/in oder private/r Arbeitsvermittler/in gemäß den §§ 2 ff des Arbeitsmarktförderungsgesetzes, BGBl. Nr. 31/1969, oder eine mit der Arbeitsvermittlung betraute juristische Person öffentlichen Rechts darf einen Arbeitsplatz weder öffentlich noch innerhalb des Betriebes (Unternehmens) in diskriminierender Weise ausschreiben oder durch Dritte ausschreiben lassen, es sei denn, das betreffende Merkmal stellt auf Grund der Art einer bestimmten beruflichen Tätigkeit oder der Bedingungen ihrer Ausübung eine wesentliche und entscheidende berufliche Anforderung dar, sofern es sich um einen rechtmäßigen Zweck und eine angemessene Anforderung handelt.

(BGBl I 2011/7)

(2) Der/die Arbeitgeber/in oder private Arbeitsvermittler/in gemäß den §§ 2 ff des Arbeitsmarktförderungsgesetzes oder eine mit der Arbeitsvermittlung betraute juristische Person öffentlichen Rechts ist verpflichtet, in der Ausschreibung das für den ausgeschriebenen Arbeitsplatz geltende kollektivvertragliche oder das durch Gesetz oder andere Normen der kollektiven Rechtsgestaltung geltende Mindestentgelt anzugeben und auf die Bereitschaft zur Überzahlung hinzuweisen, wenn eine solche besteht. Dies gilt sinngemäß für Arbeitsverträge in Wirtschaftsbereichen, in denen es kein kollektivvertraglich oder durch Gesetz oder andere Normen der kollektiven Rechtsgestaltung geregeltes Mindestentgelt gibt, ausgenommen Arbeitnehmer/innen gemäß § 10 Abs. 2 Z 2 Arbeiterkammergesetz 1992, BGBl. Nr. 626/1991. In der Stellenausschreibung ist jenes Entgelt anzugeben, das als Mindestgrundlage für die Arbeitsvertragsverhandlungen zur Vereinbarung des Entgelts dienen soll.

(BGBl I 2011/7, BGBl I 2013/107)

Strafbestimmungen

§ 24. (1) Wer als Arbeitsvermittler/in entgegen den Bestimmungen des § 23 Abs. 1 einen Arbeitsplatz in diskriminierender Weise ausschreibt, ist auf Antrag eines/einer Stellenwerbers/Stellenwerberin, des/der Anwalts/Anwältin für die Gleichbehandlung ohne Unterschied der ethnischen Zugehörigkeit, der Religion oder der Weltanschauung, des Alters oder der sexuellen Orientierung in der Arbeitswelt oder des/der Regionalanwalts/Regionalanwältin von der Bezirksverwaltungsbehörde mit Geldstrafe bis 360 Euro zu bestrafen.

(BGBl I 2013/107)

(2) Wer als Arbeitsvermittler/in entgegen den Bestimmungen des § 23 Abs. 2 in die Stellenausschreibung die in Abs. 2 angeführten Angaben nicht aufnimmt, ist auf Antrag eines/einer Stellenwerbers/Stellenwerberin, des/der Anwalts/Anwältin für die Gleichbehandlung ohne Unterschied der ethnischen Zugehörigkeit, der Religion oder der Weltanschauung, des Alters oder der sexuellen Orientierung in der Arbeitswelt oder des/der Regionalanwalts/Regionalanwältin beim ersten Verstoß von der Bezirksverwaltungsbehörde zu ermahnen und bei weiteren Verstößen mit Geldstrafe bis 360 Euro zu bestrafen.

(BGBl I 2013/107)

(3) Wer als Arbeitgeber/in

1. entgegen den Bestimmungen des § 23 Abs. 1 einen Arbeitsplatz in diskriminierender Weise ausschreibt oder
2. entgegen den Bestimmungen des § 23 Abs. 2 in die Stellenausschreibung die darin angeführten Angaben nicht aufnimmt,

ist auf Antrag eines/einer Stellenwerbers/Stellenwerberin, des/der Anwalts/Anwältin für die Gleichbehandlung ohne Unterschied der ethnischen Zugehörigkeit, der Religion oder der Weltanschauung, des Alters oder der sexuellen Orientierung in der Arbeitswelt oder des/der Regionalanwalts/Regionalanwältin beim ersten Verstoß von der Bezirksverwaltungsbehörde zu ermahnen und bei weiteren Verstößen mit Geldstrafe bis 360 Euro zu bestrafen.

(BGBl I 2013/107)

(4) In einem auf Antrag des/der Anwalts/Anwältin für die Gleichbehandlung ohne Unterschied der ethnischen Zugehörigkeit, der Religion oder der Weltanschauung, des Alters oder der sexuellen Orientierung in der Arbeitswelt oder des/der Regionalanwalts/Regionalanwältin eingeleiteten Verwaltungsstrafverfahren ist diese/r Partei. Dem/der Anwalt/Anwältin oder dem/der Regionalanwalt/Regionalanwältin steht das Recht auf Beschwerde gegen Bescheide und Einspruch gegen Strafverfügungen zu.

(BGBl I 2013/71, BGBl I 2013/107)

(BGBl I 2011/7)

Entlohnungskriterien

§ 25. Betriebliche Einstufungsregelungen und Normen der kollektiven Rechtsgestaltung haben bei der Regelung der Entlohnungskriterien den Grundsatz des gleichen Entgelts für gleiche Arbeit oder eine Arbeit, die als gleichwertig anerkannt wird, zu beachten und dürfen keine Kriterien vorschreiben, die zu einer Diskriminierung wegen eines in § 17 genannten Grundes führen.

Rechtsfolgen der Verletzung des Gleichbehandlungsgebotes

§ 26. (1) Ist das Arbeitsverhältnis wegen Verletzung des Gleichbehandlungsgebotes des § 17 Abs. 1 Z 1 nicht begründet worden, so ist der/die Arbeitgeber/in gegenüber dem/der Stellenwerber/in zum Ersatz des Vermögensschadens und zu einer Entschädigung für die erlittene persönliche Beeinträchtigung verpflichtet. Der Ersatzanspruch beträgt

1. mindestens zwei Monatsentgelte, wenn der/die Stellenwerber/in bei diskriminierungsfreier Auswahl die Stelle erhalten hätte, oder

   (BGBl I 2008/98)
2. bis 500 Euro, wenn der/die Arbeitgeber/in nachweisen kann, dass der einem/einer Stellenwerber/in durch die Diskriminierung entstandene Schaden nur darin besteht, dass die Berücksichtigung seiner/ihrer Bewerbung verweigert wird.

(2) Erhält ein/e Arbeitnehmer/in wegen Verletzung des Gleichbehandlungsgebotes des § 17 Abs. 1 Z 2 durch den/die Arbeitgeber/in für gleiche Arbeit oder für eine Arbeit, die als gleichwertig anerkannt wird, ein geringeres Entgelt als ein/e Arbeitnehmer/

in, bei dem/der eine Diskriminierung wegen eines in § 17 genannten Grundes nicht erfolgt, so hat er/sie gegenüber dem/der Arbeitgeber/in Anspruch auf Bezahlung der Differenz und eine Entschädigung für die erlittene persönliche Beeinträchtigung.

(3) Bei Verletzung des Gleichbehandlungsgebotes des § 17 Abs. 1 Z 3 hat der/die Arbeitnehmer/in Anspruch auf Gewährung der betreffenden Sozialleistung oder Ersatz des Vermögensschadens und auf eine Entschädigung für die erlittene persönliche Beeinträchtigung.

(4) Bei Verletzung des Gleichbehandlungsgebotes des § 17 Abs. 1 Z 4 hat der/die Arbeitnehmer/in Anspruch auf Einbeziehung in die entsprechenden betrieblichen Aus- und Weiterbildungsmaßnahmen oder auf Ersatz des Vermögensschadens und auf eine Entschädigung für die erlittene persönliche Beeinträchtigung.

(5) Ist ein/e Arbeitnehmer/in wegen Verletzung des Gleichbehandlungsgebotes des § 17 Abs. 1 Z 5 nicht beruflich aufgestiegen, so ist der/die Arbeitgeber/in gegenüber dem/der Arbeitnehmer/in zum Ersatz des Vermögensschadens und zu einer Entschädigung für die erlittene persönliche Beeinträchtigung verpflichtet. Der Ersatzanspruch beträgt,

1. die Entgeltdifferenz für mindestens drei Monate, wenn der/die Arbeitnehmer/in bei diskriminierungsfreier Auswahl beruflich aufgestiegen wäre, oder
2. bis 500 Euro, wenn der/die Arbeitgeber/in nachweisen kann, dass der einem/einer Arbeitnehmer/in durch die Diskriminierung entstandene Schaden nur darin besteht, dass die Berücksichtigung seiner/ihrer Bewerbung verweigert wird.

(6) Bei Verletzung des Gleichbehandlungsgebotes des § 17 Abs. 1 Z 6 hat der/die Arbeitnehmer/in Anspruch auf Gewährung der gleichen Arbeitsbedingungen wie ein/e Arbeitnehmer/in, bei dem/der eine Diskriminierung wegen eines in § 17 genannten Grundes nicht erfolgt, oder auf Ersatz des Vermögensschadens und auf eine Entschädigung für die erlittene persönliche Beeinträchtigung.

(7) Ist das Arbeitsverhältnis vom/von der Arbeitgeber/in wegen eines in § 17 genannten Grundes oder wegen der nicht offenbar unberechtigten Geltendmachung von Ansprüchen nach diesem Gesetz gekündigt oder vorzeitig beendigt worden oder ist das Probearbeitsverhältnis wegen eines solchen Grundes aufgelöst worden (§ 17 Abs. 1 Z 7), so kann die Kündigung, Entlassung oder Auflösung des Probearbeitsverhältnisses bei Gericht angefochten werden. Ist ein befristetes, auf die Umwandlung in ein unbefristetes Arbeitsverhältnis angelegtes Arbeitsverhältnis wegen eines in § 17 genannten Grundes oder wegen der nicht offenbar unberechtigten Geltendmachung von Ansprüchen nach diesem Gesetz durch Zeitablauf beendet worden, so kann auf Feststellung des unbefristeten Bestehens des Arbeitsverhältnisses geklagt werden. Lässt der/die Arbeitnehmer/in die Beendigung gegen sich gelten, so hat er/sie Anspruch auf Ersatz des Vermögensschadens und auf eine Entschädigung für die erlittene persönliche Beeinträchtigung.

(BGBl I 2008/98)

(8) Bei Verletzung des Gleichbehandlungsgebotes des § 18 Z 1 hat die betroffene Person Anspruch auf Einbeziehung in die entsprechenden Berufsberatungs-, Berufsausbildungs-, Weiterbildungs- und Umschulungsmaßnahmen oder auf Ersatz des Vermögensschadens und auf eine Entschädigung für die erlittene persönliche Beeinträchtigung.

(BGBl I 2008/98)

(9) Bei Verletzung des Gleichbehandlungsgebotes des § 18 Z 2 hat die betroffene Person Anspruch auf Mitgliedschaft und Mitwirkung in der betroffenen Organisation sowie auf Inanspruchnahme der Leistungen der betreffenden Organisation oder Ersatz des Vermögensschadens und auf eine Entschädigung für die erlittene persönliche Beeinträchtigung.

(10) Bei Verletzung des Gleichbehandlungsgebotes des § 18 Z 3 hat die betroffene Person Anspruch auf Ersatz des Vermögensschadens und eine Entschädigung für die erlittene persönliche Beeinträchtigung.

(11) Bei einer Belästigung nach § 21 hat die betroffene Person gegenüber dem/der Belästiger/in und im Fall des § 21 Abs. 1 Z 2 auch gegenüber dem/der Arbeitgeber/in Anspruch auf Ersatz des erlittenen Schadens. Soweit der Nachteil nicht nur in einer Vermögenseinbuße besteht, hat die betroffene Person zum Ausgleich der erlittenen persönlichen Beeinträchtigung Anspruch auf angemessenen, mindestens jedoch auf 1 000 Euro Schadenersatz.

(BGBl I 2008/98, BGBl I 2011/7)

(12) Insoweit sich im Streitfall die betroffene Person auf einen Diskriminierungstatbestand im Sinne der §§ 17, 18, oder 21 beruft, hat er/sie diesen glaubhaft zu machen. Dem/der Beklagten obliegt es bei Berufung auf §§ 17 oder 18 zu beweisen, dass es bei Abwägung aller Umstände wahrscheinlicher ist, dass ein anderes vom/von der Beklagten glaubhaft gemachtes Motiv für die unterschiedliche Behandlung ausschlaggebend war oder ein Rechtfertigungsgrund im Sinne der §§ 19 Abs. 2 oder 20 vorliegt. Bei Berufung auf § 21 obliegt es dem/der Beklagten zu beweisen, dass es bei Abwägung aller Umstände wahrscheinlich ist, dass die vom/von der Beklagten glaubhaft gemachten Tatsachen der Wahrheit entsprechen.

(BGBl I 2005/82)

(13) Liegt eine Mehrfachdiskriminierung vor, so ist darauf bei der Bemessung der Höhe der Entschädigung für die erlittene persönliche Beeinträchtigung Bedacht zu nehmen.

(BGBl I 2008/98)

(14) Die Höhe der Entschädigung für die erlittene persönliche Beeinträchtigung ist so zu bemessen, dass dadurch die Beeinträchtigung tatsächlich und wirksam ausgeglichen wird und die Entschädigung der erlittenen Beeinträchtigung angemessen ist sowie Diskriminierungen verhindert.

(BGBl I 2013/107)

Benachteiligungsverbot

§ 27. Als Reaktion auf eine Beschwerde darf ein/e Arbeitnehmer/in durch den/die Arbeitgeber/in innerhalb des betreffenden Unternehmens (Betriebes) oder auf die Einleitung eines Verfahrens zur Durchsetzung des Gleichbehandlungsgebotes nicht entlassen, gekündigt oder anders benachteiligt werden. Auch ein/e andere/r Arbeitnehmer/in, der/die als Zeuge/Zeugin oder Auskunftsperson in einem Verfahren auftritt oder eine Beschwerde eines/einer anderen Arbeitnehmers/Arbeitnehmerin unterstützt, darf als Reaktion auf eine solche Beschwerde oder auf die Einleitung eines solchen Verfahrens zur Durchsetzung des Gleichbehandlungsgebotes nicht entlassen, gekündigt oder anders benachteiligt werden. § 26 gilt sinngemäß.

(BGBl I 2008/98)

Förderungsmaßnahmen

§ 28. Die Richtlinien über die Vergabe von Förderungen des Bundes an Unternehmen haben Förderungen nur für Unternehmen vorzusehen, die die Bestimmungen des II. Teils beachten.

Fristen für die Geltendmachung von Ansprüchen

§ 29. (1) Ansprüche nach § 26 Abs. 1 und 5 sind binnen sechs Monaten gerichtlich geltend zu machen. Die Frist zur Geltendmachung der Ansprüche nach § 26 Abs. 1 und 5 beginnt mit der Ablehnung der Bewerbung oder Beförderung. Ansprüche nach § 26 Abs. 11 sind binnen eines Jahres gerichtlich geltend zu machen. Für Ansprüche nach § 26 Abs. 2, 3, 4, 6, 8, 9 und 10 gilt die dreijährige Verjährungsfrist gemäß § 1486 des Allgemeinen Bürgerlichen Gesetzbuches.

(BGBl I 2008/98)

(1a) Eine Kündigung, Entlassung oder Auflösung des Probearbeitsverhältnisses gemäß § 26 Abs. 7 ist binnen 14 Tagen ab ihrem Zugang bei Gericht anzufechten; eine Feststellungsklage nach § 26 Abs. 7 zweiter Satz ist binnen 14 Tagen ab Beendigung des Arbeitsverhältnisses durch Zeitablauf bei Gericht einzubringen. Ansprüche nach § 26 Abs. 7 letzter Satz sind binnen 6 Monaten ab Zugang der Kündigung, Entlassung oder Auflösung des Probearbeitsverhältnisses oder Beendigung des Arbeitsverhältnisses durch Zeitablauf gerichtlich geltend zu machen.

(BGBl I 2008/98)

(2) Die Einbringung des Antrages oder das Einlangen eines Verlangens eines Organs der Gleichbehandlungsanwaltschaft auf Prüfung der Verletzung des Gleichbehandlungsgebotes oder ein amtswegiges Tätigwerden der Kommission zur Prüfung der Verletzung des Gleichbehandlungsgebotes bewirken die Hemmung der Fristen zur gerichtlichen Geltendmachung.

(3) Wird dem/der Arbeitnehmer/in nachweislich

1. ein Prüfungsergebnis der Kommission im Einzelfall oder
2. ein Schreiben der Geschäftsführung der Kommission, aus dem hervorgeht, dass die Voraussetzungen für die Prüfung einer Verletzung des Gleichbehandlungsgebotes im Einzelfall nicht bzw. nicht mehr vorliegen,

zugestellt, beendet die Zustellung die Hemmung der Fristen zur gerichtlichen Geltendmachung. Nach der Zustellung steht dem/der Arbeitnehmer/in zur Erhebung der Klage zumindest noch eine Frist von drei Monaten offen. War die ursprüngliche Frist kürzer, so steht dem/der Arbeitnehmer/in nur diese offen.

(4) Ansprüche nach § 26, die neben einem in diesem Bundesgesetz erfassten Diskriminierungsgrund auch auf den Diskriminierungsgrund der Behinderung gestützt werden, können nur nach vorheriger Durchführung eines Schlichtungsverfahrens beim Bundesamt für Soziales und Behindertenwesen gerichtlich geltend gemacht werden. Für die Geltendmachung dieser Ansprüche gelten die §§ 7k, 7n und 7o Behinderteneinstellungsgesetz, BGBl. Nr. 22/1970.

(BGBl I 2005/82)

III. Teil
Gleichbehandlung ohne Unterschied des Geschlechts oder der ethnischen Zugehörigkeit in sonstigen Bereichen

(BGBl I 2011/7)

1. Abschnitt

Geltungsbereich

§ 30. (1) Für das Merkmal des Geschlechts gelten die Bestimmungen dieses Abschnittes für Rechtsverhältnisse einschließlich deren Anbahnung und Begründung und für die Inanspruchnahme oder Geltendmachung von Leistungen außerhalb eines Rechtsverhältnisses beim Zugang zu und bei der Versorgung mit Gütern und Dienstleistungen, die der Öffentlichkeit zur Verfügung stehen, einschließlich Wohnraum, sofern dies in die unmittelbare Regelungskompetenz des Bundes fällt.

(2) Für das Merkmal der ethnischen Zugehörigkeit gelten die Bestimmungen dieses Abschnittes für Rechtsverhältnisse einschließlich deren Anbahnung und Begründung und für die Inanspruchnahme oder Geltendmachung von Leistungen außerhalb eines Rechtsverhältnisses beim Zugang zu und bei der Versorgung mit Gütern und Dienstleistungen, die der Öffentlichkeit zur Verfügung stehen, einschließlich Wohnraum, sowie für Rechtsverhältnisse einschließlich deren Anbahnung und Begründung und für die Inanspruchnahme oder Geltendmachung von Leistungen außerhalb eines Rechtsverhältnisses

1. beim Sozialschutz, einschließlich der sozialen Sicherheit und der Gesundheitsdienste,
2. bei sozialen Vergünstigungen,
3. bei der Bildung,

sofern dies in die unmittelbare Regelungskompetenz des Bundes fällt.

(3) Die Bestimmungen dieses Abschnittes gelten nicht für Rechtsverhältnisse einschließlich deren Anbahnung und Begründung oder für die Inanspruchnahme oder Geltendmachung von Leistungen im Sinne des Abs. 1, die

1. in den Bereich des Privat- und Familienlebens fallen,
2. den Inhalt von Medien und Werbung betreffen.

(4) Soweit für Versicherungsverträge das Versicherungsvertragsgesetz, BGBl. Nr. 2/1959, und das Versicherungsaufsichtsgesetz 2016, BGBl. I Nr. 34/2015, besondere Regelungen enthalten, sind diese anzuwenden.

(BGBl I 2015/34)

(BGBl I 2011/7)

Gleichbehandlungsgebot

§ 31. (1) Auf Grund des Geschlechts, insbesondere unter Bezugnahme auf den Familienstand oder den Umstand, ob jemand Kinder hat, oder der ethnischen Zugehörigkeit darf niemand unmittelbar oder mittelbar beim Zugang zu und bei der Versorgung mit Gütern und Dienstleistungen, die der Öffentlichkeit zur Verfügung stehen, einschließlich Wohnraum, diskriminiert werden. Diskriminierungen von Frauen auf Grund von Schwangerschaft oder Mutterschaft sind unmittelbare Diskriminierungen auf Grund des Geschlechts.

(BGBl I 2013/107)

(2) Ziel ist die Gleichstellung von Frauen und Männern sowie der Abbau von sonstigen Diskriminierungen.

(3) Auf Grund der ethnischen Zugehörigkeit darf darüber hinaus niemand unmittelbar oder mittelbar diskriminiert werden

1. beim Sozialschutz, einschließlich der sozialen Sicherheit und der Gesundheitsdienste,
2. bei sozialen Vergünstigungen,
3. bei der Bildung.

(4) Abs. 1 und 3 berühren nicht die Vorschriften und die Bedingungen für die Einreise von Staatsangehörigen dritter Staaten oder staatenloser Personen oder deren Aufenthalt sowie eine Behandlung, die sich aus der Rechtsstellung von Staatsangehörigen dritter Staaten oder staatenloser Personen ergibt.

(BGBl I 2011/7)

Begriffsbestimmungen

§ 32. (1) Eine unmittelbare Diskriminierung liegt vor, wenn eine Person auf Grund eines in § 31 genannten Grundes in einer vergleichbaren Situation eine weniger günstige Behandlung erfährt, als eine andere Person erfährt, erfahren hat oder erfahren würde.

(2) Eine mittelbare Diskriminierung liegt vor, wenn dem Anschein nach neutrale Vorschriften, Kriterien oder Verfahren Personen eines Geschlechts oder Personen, die einer ethnischen Gruppe angehören, in besonderer Weise benachteiligen können, es sei denn, die betreffenden Vorschriften, Kriterien oder Verfahren sind durch ein rechtmäßiges Ziel sachlich gerechtfertigt und die Mittel sind zur Erreichung dieses Zieles angemessen und erforderlich.

(3) Eine Diskriminierung liegt auch bei Anweisung einer Person zur Diskriminierung vor.

(4) Eine Diskriminierung liegt auch vor, wenn eine Person auf Grund ihres Naheverhältnisses zu einer Person wegen deren Geschlechts oder deren ethnischer Zugehörigkeit diskriminiert wird.

(BGBl I 2011/7)

Ausnahmebestimmungen

§ 33. Die Bereitstellung von Gütern oder Dienstleistungen, einschließlich Wohnraum, ausschließlich oder überwiegend für Personen eines Geschlechts ist keine Diskriminierung, wenn dies dem Grundsatz der Verhältnismäßigkeit entspricht, also durch ein rechtmäßiges Ziel gerechtfertigt ist und die Mittel zur Erreichung dieses Ziels angemessen und erforderlich sind.

(BGBl I 2011/7)

Positive Maßnahmen

§ 34. Die in Gesetzen, in Verordnungen oder auf andere Weise getroffenen Maßnahmen zur Förderung der Gleichstellung, mit denen Benachteiligungen auf Grund eines in § 31 genannten Grundes verhindert oder ausgeglichen werden, gelten nicht als Diskriminierung im Sinne dieses Gesetzes.

(BGBl I 2011/7)

Belästigung und sexuelle Belästigung

§ 35. (1) Unerwünschte, unangebrachte oder anstößige Verhaltensweisen, die im Zusammenhang mit einem der Gründe nach § 31 oder der sexuellen Sphäre stehen, und bezwecken oder bewirken,

1. dass die Würde der betroffenen Person verletzt wird und
2. ein einschüchterndes, feindseliges, entwürdigendes, beleidigendes oder demütigendes Umfeld für die betroffene Person geschaffen wird,

gelten als Diskriminierung.

(2) Eine Diskriminierung liegt auch vor

1. bei Anweisung zur Belästigung oder sexuellen Belästigung oder
2. wenn die Zurückweisung oder Duldung einer Belästigung oder sexuellen Belästigung durch die belästigte Person zur Grundlage einer diese Person berührenden Entscheidung gemacht wird.

(3) Eine Diskriminierung liegt auch vor, wenn eine Person auf Grund ihres Naheverhältnisses zu einer Person wegen deren Geschlechts oder wegen deren ethnischer Zugehörigkeit belästigt oder sexuell belästigt wird.

(BGBl I 2011/7)

Gebot des diskriminierungsfreien Inserierens von Wohnraum

§ 36. Niemand darf Wohnraum in diskriminierender Weise inserieren oder durch Dritte inserieren lassen. Eine Diskriminierung liegt nicht vor, wenn die Anforderung an das betreffende Merkmal durch ein legitimes Ziel gerechtfertigt ist und die Mittel zur Erreichung dieses Ziels angemessen und erforderlich sind. Eine Diskriminierung liegt insbesondere dann nicht vor, wenn durch die Bereitstellung von Wohnraum ein besonderes Nahe- oder Vertrauensverhältnis der Parteien oder ihrer Angehörigen begründet wird.

(BGBl I 2011/7)

Strafbestimmungen

§ 37. (1) Wer Wohnraum entgegen den Bestimmungen des § 36 in diskriminierender Weise inseriert, ist auf Antrag eines/einer Interessenten/Interessentin, des/der Anwalts/Anwältin für die Gleichbehandlung ohne Unterschied des Geschlechts oder der ethnischen Zugehörigkeit in sonstigen Bereichen oder des/der Regionalanwaltes/Regionalanwältin beim ersten Verstoß von der Bezirksverwaltungsbehörde zu ermahnen und bei weiteren Verstößen mit Geldstrafe bis 360 Euro zu bestrafen.

(BGBl I 2013/107)

(2) In einem auf Antrag des/der Anwalts/Anwältin für die Gleichbehandlung ohne Unterschied des Geschlechts oder der ethnischen Zugehörigkeit in sonstigen Bereichen oder des/der Regionalanwaltes/Regionalanwältin eingeleiteten Verwaltungsstrafverfahren wegen Verletzung des § 36 ist dieser/diese Anwalt/Anwältin oder dieser/diese Regionalanwalt/Regionalanwältin Partei. Diesem/dieser Anwalt/Anwältin oder diesem/dieser Regionalanwalt/Regionalanwältin steht das Recht auf Beschwerde gegen Bescheide und Einspruch gegen Strafverfügungen zu.

(BGBl I 2013/71, BGBl I 2013/107)

(BGBl I 2011/7)

Rechtsfolgen der Verletzung des Gleichbehandlungsgebotes

§ 38. (1) Bei Verletzung des Gleichbehandlungsgebotes des § 31 hat die betroffene Person Anspruch auf Ersatz des Vermögensschadens und eine Entschädigung für die erlittene persönliche Beeinträchtigung.

(2) Bei einer Belästigung oder sexuellen Belästigung nach § 35 hat die betroffene Person gegenüber dem/der Belästiger/in Anspruch auf Ersatz des erlittenen Schadens. Soweit der Nachteil nicht nur in einer Vermögenseinbuße besteht, hat die betroffene Person zum Ausgleich der erlittenen persönlichen Beeinträchtigung Anspruch auf angemessenen, mindestens jedoch auf 1 000 Euro Schadenersatz.

(3) Insoweit sich im Streitfall die betroffene Person auf einen Diskriminierungstatbestand im Sinne der §§ 31 oder 35 beruft, hat er/sie diesen glaubhaft zu machen. Dem/der Beklagten obliegt es bei Berufung auf § 31 zu beweisen, dass es bei Abwägung aller Umstände wahrscheinlicher ist, dass ein anderes vom/von der Beklagten glaubhaft gemachtes Motiv für die unterschiedliche Behandlung ausschlaggebend war oder ein Rechtfertigungsgrund im Sinne des § 32 Abs. 2 oder des § 33 vorliegt. Bei Berufung auf § 35 obliegt es dem/der Beklagten zu beweisen, dass es bei Abwägung aller Umstände wahrscheinlicher ist, dass die vom/von der Beklagten glaubhaft gemachten Tatsachen der Wahrheit entsprechen.

(4) Die Einbringung eines Antrages auf Prüfung der Verletzung des Gleichbehandlungsgebotes oder ein amtswegiges Tätigwerden der Kommission zur Prüfung der Verletzung des Gleichbehandlungsgebotes bewirken die Hemmung der Fristen zur gerichtlichen Geltendmachung.

(BGBl I 2013/107)

(5) Wird dem/der von der Diskriminierung Betroffenen nachweislich

1. ein Prüfungsergebnis der Kommission im Einzelfall oder
2. ein Schreiben der Geschäftsführung der Kommission, aus dem hervorgeht, dass die Voraussetzungen für die Prüfung einer Verletzung des Gleichbehandlungsgebotes im Einzelfall nicht bzw. nicht mehr vorliegen,

zugestellt, beendet die Zustellung die Hemmung der Fristen zur gerichtlichen Geltendmachung. Nach der Zustellung steht dem/der Betroffenen zur Erhebung der Klage zumindest noch eine Frist von drei Monaten offen. War die ursprüngliche Frist kürzer, so steht dem/der Betroffenen nur diese offen.

(6) Ansprüche nach Abs. 1 und 2, die auch auf den Diskriminierungsgrund der Behinderung gestützt werden, können nur nach vorheriger Durchführung eines Schlichtungsverfahrens beim Bundesamt für Soziales und Behindertenwesen gerichtlich geltend gemacht werden. Für die Geltendmachung dieser Ansprüche gelten die §§ 10 und 11 des Bundes-Behindertengleichstellungsgesetzes, BGBl. I Nr. 82/2005.

(BGBl I 2013/107)

(7) Die Höhe der Entschädigung für die erlittene persönliche Beeinträchtigung ist so zu bemessen, dass dadurch die Beeinträchtigung tatsächlich und wirksam ausgeglichen wird und die Entschädigung der erlittenen Beeinträchtigung angemessen ist sowie Diskriminierungen verhindert.

(BGBl I 2013/107)

(BGBl I 2011/7)

Benachteiligungsverbot

§ 39. Als Reaktion auf eine Beschwerde oder auf die Einleitung eines Verfahrens zur Durchsetzung des Gleichbehandlungsgebotes darf der/die Einzelne nicht benachteiligt werden. Auch eine andere Person, die als Zeuge/Zeugin oder Auskunftsperson in einem Verfahren auftritt oder die Beschwerde unterstützt, darf als Reaktion auf eine solche Beschwerde oder die Einleitung eines solchen Verfahrens zur Durchsetzung des Gleichbehandlungsgebotes nicht benachteiligt werden. § 38 gilt sinngemäß.

(BGBl I 2011/7)

Förderungsmaßnahmen

§ 40. Die Richtlinien über die Vergabe von Förderungen des Bundes an natürliche oder juristische Personen haben Förderungen nur für natürliche oder juristische Personen vorzusehen, die die Bestimmungen des III. Teiles beachten.

(BGBl I 2011/7)

2. Abschnitt
Grundsätze für die Regelung der Gleichbehandlung ohne Unterschied der ethnischen Zugehörigkeit in sonstigen Bereichen

(BGBl I 2011/7)

Für die Regelung der Gleichbehandlung ohne Unterschied der ethnischen Zugehörigkeit in sonstigen Bereichen, soweit dies in die Grundsatzgesetzgebungskompetenz des Bundes fällt, werden die folgenden Grundsätze aufgestellt:

Geltungsbereich

§ 40a. Die Bestimmungen dieses Abschnittes gelten für Rechtsverhältnisse einschließlich deren Anbahnung und Begründung und für die Inanspruchnahme oder Geltendmachung von Leistungen außerhalb eines Rechtsverhältnisses

1. beim Sozialschutz, einschließlich der sozialen Sicherheit und der Gesundheitsdienste,
2. bei sozialen Vergünstigungen,
3. bei der Bildung,
4. beim Zugang zu und Versorgung mit Gütern und Dienstleistungen, die der Öffentlichkeit zur Verfügung stehen, einschließlich von Wohnraum,

sofern dies in die Grundsatzgesetzgebungskompetenz des Bundes fällt.

(BGBl I 2011/7)

Gleichbehandlungsgebot, Begriffsbestimmungen, Rechtsfolgen

§ 40b. §§ 31 bis 35 und 38 bis 39 sind anzuwenden.

(BGBl I 2011/7)

Verpflichtung zur Schaffung oder Benennung einer unabhängigen Stelle

§ 40c. (1) Zur Förderung, Analyse, Beobachtung und Unterstützung der Verwirklichung des Grundsatzes der Gleichbehandlung aller Personen ohne Diskriminierung auf Grund der ethnischen Zugehörigkeit in sonstigen Bereichen sind durch Landesgesetzgebung unabhängige Stellen zu schaffen oder zu benennen.

(2) Durch Landesgesetzgebung ist sicherzustellen, dass es zu den Zuständigkeiten der in Abs. 1 genannten Stellen gehört

1. jene Personen, die sich im Sinne des Abs. 1 diskriminiert fühlen, zu beraten und zu unterstützen,
2. unabhängige Untersuchungen zum Thema Diskriminierung durchzuführen,
3. unabhängige Berichte zu veröffentlichen und Empfehlungen zu allen die Diskriminierung berührenden Fragen abzugeben.

(BGBl I 2011/7)

~~IV. Teil~~[a)]
~~Grundsätze für die Regelung der Gleichbehandlung im Arbeitsleben in der Land- und Forstwirtschaft~~

[a)] Siehe BGBl I 2019/14.

~~Für die Regelung der Gleichbehandlung im Arbeitsleben in der Land- und Forstwirtschaft werden gemäß Art. 12 Abs. 1 Z 6 des Bundesverfassungsgesetzes die folgenden Grundsätze aufgestellt:~~

~~Geltungsbereich~~

~~**§ 41.** Die Bestimmungen des IV. Teiles gelten für Arbeitsverhältnisse der land- und forstwirtschaftlichen Arbeiter/innen im Sinne des Landarbeitsgesetzes 1984, BGBl. Nr. 287.~~

~~Gleichstellung~~

~~**§ 42.** Ziel ist die Gleichstellung zwischen Frauen und Männern sowie der Abbau von sonstigen Diskriminierungen.~~

~~Gleichbehandlungsgebot~~

~~**§ 43.** (1) Auf Grund des Geschlechtes, insbesondere unter Bezugnahme auf den Familienstand oder den Umstand, ob jemand Kinder hat,,[a)] darf im Zusammenhang mit einem Arbeitsverhältnis niemand unmittelbar oder mittelbar diskriminiert werden, insbesondere nicht~~

~~[a)] Redaktionsversehen in BGBl I 2013/107.~~

1. ~~bei der Begründung des Arbeitsverhältnisses,~~
2. ~~bei der Festsetzung des Entgelts,~~
3. ~~bei der Gewährung freiwilliger Sozialleistungen, die kein Entgelt darstellen,~~
4. ~~bei Maßnahmen der Aus- und Weiterbildung und Umschulung,~~
5. ~~beim beruflichen Aufstieg, insbesondere bei Beförderungen,~~
6. ~~bei den sonstigen Arbeitsbedingungen,~~
7. ~~bei der Beendigung des Arbeitsverhältnisses.~~

~~*(BGBl I 2013/107)*~~

~~(2) Auf Grund der ethnischen Zugehörigkeit, der Religion oder Weltanschauung, des Alters oder der sexuellen Orientierung darf im Zusammenhang mit einem Arbeitsverhältnis niemand unmittelbar oder mittelbar diskriminiert werden, insbesondere nicht.~~

1. ~~bei der Begründung des Arbeitsverhältnisses,~~
2. ~~bei der Festsetzung des Entgelts,~~
3. ~~bei der Gewährung freiwilliger Sozialleistungen, die kein Entgelt darstellen,~~

4. bei Maßnahmen der Aus- und Weiterbildung und Umschulung,
5. beim beruflichen Aufstieg, insbesondere bei Beförderungen,
6. bei den sonstigen Arbeitsbedingungen,
7. bei der Beendigung des Arbeitsverhältnisses.

(3) Abs. 2 gilt nicht für unterschiedliche Behandlungen aus Gründen der Staatsangehörigkeit sowie eine Behandlung, die sich aus der Rechtsstellung von Staatsangehörigen dritter Staaten oder staatenloser Personen ergibt.

Begriffsbestimmungen

§ 44. (1) Eine unmittelbare Diskriminierung liegt vor, wenn eine Person auf Grund ihres Geschlechtes oder auf Grund eines in § 43 Abs. 2 genannten Grundes in einer vergleichbaren Situation eine weniger günstige Behandlung erfährt, als eine andere Person erfährt, erfahren hat oder erfahren würde.

(BGBl I 2005/82)

(2) Eine mittelbare Diskriminierung liegt vor, wenn dem Anschein nach neutrale Vorschriften, Kriterien oder Verfahren Personen eines bestimmten Geschlechtes, oder Personen, die einer ethnischen Gruppe angehören, oder Personen mit einer bestimmten Religion oder Weltanschauung, einem bestimmten Alter oder mit einer bestimmten sexuellen Orientierung gegenüber anderen Personen in besonderer Weise benachteiligen können, es sei denn, die betreffenden Vorschriften, Kriterien oder Verfahren sind durch ein rechtmäßiges Ziel sachlich gerechtfertigt und die Mittel sind zur Erreichung dieses Zieles angemessen und erforderlich.

(BGBl I 2005/82)

(3) Eine Diskriminierung liegt auch bei Anweisung einer Person zur Diskriminierung vor.

(4) Eine Diskriminierung liegt auch vor, wenn eine Person auf Grund ihres Naheverhältnisses zu einer Person wegen deren Geschlechts, deren ethnischer Zugehörigkeit, deren Religion oder Weltanschauung, deren Alters oder deren sexuellen Orientierung diskriminiert wird.

(BGBl I 2011/7)

Ausnahmebestimmungen

§ 45. (1) Bei Ungleichbehandlung wegen eines Merkmals, das im Zusammenhang mit einem der in § 43 Abs. 2 genannten Diskriminierungsgründe steht, liegt keine Diskriminierung vor, wenn das betreffende Merkmal auf Grund der Art einer bestimmten beruflichen Tätigkeit oder der Rahmenbedingungen ihrer Ausübung eine wesentliche und entscheidende berufliche Voraussetzung darstellt und sofern es sich um einen rechtmäßigen Zweck und eine angemessene Anforderung handelt.

(2) Eine Diskriminierung auf Grund der Religion oder Weltanschauung liegt in Bezug auf berufliche Tätigkeiten innerhalb von Kirchen oder anderen öffentlichen oder privaten Organisationen, deren Ethos auf religiösen Grundsätzen oder Weltanschauungen beruht, nicht vor, wenn die Religion oder die Weltanschauung dieser Person nach der Art dieser Tätigkeiten oder der Umstände ihrer Ausübung eine wesentliche, rechtmäßige und gerechtfertigte berufliche Anforderung angesichts des Ethos der Organisation darstellt.

(3) Eine Diskriminierung auf Grund des Alters liegt nicht vor, wenn die Ungleichbehandlung
1. objektiv und angemessen ist,
2. durch ein legitimes Ziel, insbesondere rechtmäßige Ziele aus den Bereichen Beschäftigungspolitik, Arbeitsmarkt und berufliche Bildung gerechtfertigt ist und
3. die Mittel zur Erreichung dieses Zieles angemessen und erforderlich sind.

(4) Ungleichbehandlungen nach Abs. 3 können insbesondere einschließen
1. die Festlegung besonderer Bedingungen für den Zugang zur Beschäftigung und zur beruflichen Bildung sowie besonderer Beschäftigungs- und Arbeitsbedingungen, einschließlich der Bedingungen für Entlassung und Entlohnung, um die berufliche Eingliederung von Jugendlichen, älteren Arbeitnehmer/inne/n und Personen mit Fürsorgepflichten zu fördern oder ihren Schutz sicherzustellen,
2. die Festlegung von Mindestanforderungen an das Alter, die Berufserfahrung oder des Dienstalters für den Zugang zur Beschäftigung oder für bestimmte mit der Beschäftigung verbundenen Vorteile,
3. die Festsetzung eines Höchstalters für die Einstellung auf Grund der spezifischen Ausbildungsanforderungen eines bestimmten Arbeitsplatzes oder auf Grund der Notwendigkeit einer angemessenen Beschäftigungszeit vor dem Eintritt in den Ruhestand.

(5) Eine Diskriminierung auf Grund des Alters liegt auch nicht vor bei den betrieblichen Systemen der sozialen Sicherheit durch Festsetzung von Altersgrenzen als Voraussetzung für die Mitgliedschaft oder den Bezug von Altersrente oder von Leistungen bei Invalidität einschließlich der Festsetzung unterschiedlicher Altersgrenzen im Rahmen dieser Systeme für bestimmte Beschäftigte oder Gruppen oder Kategorien von Beschäftigten und die Verwendung im Rahmen dieser Systeme von Alterskriterien für versicherungsmathematische Berechnungen, sofern dies nicht zu Diskriminierungen wegen des Geschlechtes führt.

Sexuelle Belästigung

§ 46. (1) Eine Diskriminierung auf Grund des Geschlechtes liegt auch vor, wenn eine Person
1. vom/von der Arbeitgeber/in selbst sexuell belästigt wird,
2. durch den/die Arbeitgeber/in dadurch diskriminiert wird, indem er/sie es schuldhaft unterlässt, im Falle einer sexuellen Belästigung durch Dritte (Z 3) eine auf Grund gesetzlicher Bestimmungen, Normen der kollektiven Rechtsgestaltung oder des Arbeitsvertrages angemessene Abhilfe zu schaffen oder

3. durch Dritte in Zusammenhang mit seinem/ihrem Arbeitsverhältnis belästigt wird.

(2) Sexuelle Belästigung liegt vor, wenn ein der sexuellen Sphäre zugehöriges Verhalten gesetzt wird, das die Würde einer Person beeinträchtigt oder dies bezweckt, für die betroffene Person unerwünscht, unangebracht oder anstößig ist und

1. eine einschüchternde, feindselige oder demütigende Arbeitsumwelt für die betroffene Person schafft oder dies bezweckt oder
2. der Umstand, dass die betroffene Person ein der sexuellen Sphäre zugehöriges Verhalten seitens des/der Arbeitgebers/Arbeitgeberin oder Vorgesetzten oder Kolleg/inn/en zurückweist oder duldet, ausdrücklich oder stillschweigend zur Grundlage einer Entscheidung mit Auswirkungen auf den Zugang dieser Person zur Berufsausbildung, Beschäftigung, Weiterbeschäftigung, Beförderung oder Entlohnung oder zur Grundlage einer anderen Entscheidung in der Arbeitswelt gemacht wird.

(BGBl I 2008/98)

(3) Eine Diskriminierung liegt auch bei Anweisung zur sexuellen Belästigung einer Person vor.

(4) Eine Diskriminierung liegt auch vor, wenn eine Person auf Grund ihres Naheverhältnisses zu einer Person wegen deren Geschlechts sexuell belästigt wird.

(BGBl I 2011/7)

Belästigung

§ 47. (1) Eine Diskriminierung liegt auch vor, wenn eine Person in der Arbeitswelt durch geschlechtsbezogene oder mit einem der Gründe nach § 43 Abs. 2 in Zusammenhang stehende Verhaltensweisen

1. vom/von der Arbeitgeber/in selbst belästigt wird,
2. durch den/die Arbeitgeber/in dadurch diskriminiert wird, indem er/sie es schuldhaft unterlässt, im Falle einer Belästigung durch Dritte eine auf Grund gesetzlicher Bestimmungen, Normen der kollektiven Rechtsgestaltung oder des Arbeitsvertrages angemessene Abhilfe zu schaffen oder
3. durch Dritte in Zusammenhang mit seinem/ihrem Arbeitsverhältnis belästig wird.

(2) Belästigung liegt vor, wenn ein geschlechtsbezogenes oder mit einem der Gründe nach § 43 Abs. 2 in Zusammenhang stehendes Verhalten gesetzt wird, das die Würde einer Person beeinträchtigt oder dies bezweckt, für die betroffene Person unerwünscht ist und

1. eine einschüchternde, feindselige oder demütigende Arbeitsumwelt für die betroffene Person schafft oder dies bezweckt oder
2. der Umstand, dass die betroffene Person eine solche Verhaltensweise seitens des/der Arbeitgebers/Arbeitgeberin oder Vorgesetzten oder Kolleg/inn/en zurückweist oder duldet, ausdrücklich oder stillschweigend zur Grundlage einer Entscheidung mit Auswirkungen auf den Zugang dieser Person zur Berufsausbildung, Beschäftigung, Weiterbeschäftigung, Beförderung und Entlohnung oder zur Grundlage einer anderen Entscheidung in der Arbeitswelt gemacht wird.

(BGBl I 2008/98)

(3) Eine Diskriminierung liegt auch bei Anweisung zur Belästigung einer Person vor.

(4) Eine Diskriminierung liegt auch vor, wenn eine Person auf Grund ihres Naheverhältnisses zu einer Person wegen deren Geschlechts, deren ethnischer Zugehörigkeit, deren Religion oder Weltanschauung, deren Alters oder deren sexueller Orientierung belästigt wird.

(BGBl I 2011/7)

Positive Maßnahmen

§ 48. Die in Gesetzen, in Verordnungen, in Instrumenten der kollektiven Rechtsgestaltung oder in generellen mehrere Arbeitnehmer/innen umfassende Verfügungen des/der Arbeitgebers/Arbeitgeberin getroffenen spezifischen Maßnahmen zur Förderung der Gleichstellung im Berufsleben, mit denen Benachteiligungen wegen des Geschlechtes oder eines Diskriminierungsgrundes nach § 43 Abs. 2 verhindert oder ausgeglichen werden, gelten nicht als Diskriminierung im Sinne dieses Gesetzes.

(BGBl I 2005/82)

Gebot der geschlechtsneutralen und diskriminierungsfreien Stellenausschreibung

§ 49. (1) Der/die Arbeitgeber/in darf einen Arbeitsplatz weder öffentlich noch innerhalb des Betriebes (Unternehmens) nur für Männer oder nur für Frauen ausschreiben oder durch Dritte ausschreiben lassen, es sei denn, ein bestimmtes Geschlecht ist unverzichtbare Voraussetzung für die Ausübung der vorgesehenen Tätigkeit. Die Ausschreibung darf auch keine zusätzlichen Anmerkungen enthalten, die auf ein bestimmtes Geschlecht schließen lassen.

(2) Der/die Arbeitgeber/in darf einen Arbeitsplatz weder öffentlich noch innerhalb des Betriebes (Unternehmens) in sonst diskriminierender Weise ausschreiben oder durch Dritte ausschreiben lassen, es sei denn, das betreffende Merkmal stellt auf Grund der Art einer bestimmten beruflichen Tätigkeit oder der Bedingungen ihrer Ausübung eine wesentliche und entscheidende berufliche Anforderung dar, sofern es sich um einen rechtmäßigen Zweck und eine angemessene Anforderung handelt.

(3) Das Gebot der geschlechtsneutralen und diskriminierungsfreien Stellenausschreibung richtet sich in gleicher Weise an private Arbeitsvermittler/innen gemäß §§ 2 ff des Arbeitsmarktförderungsgesetzes und an mit der Arbeitsvermittlung betraute juristische Personen öffentlichen Rechts.

(BGBl I 2005/82, BGBl I 2011/7)

GlBG

(4) Der/die Arbeitgeber/in oder private Arbeitsvermittler/in gemäß den §§ 2 ff des Arbeitsmarktförderungsgesetzes oder eine mit der Arbeitsvermittlung betraute juristische Person öffentlichen Rechts ist verpflichtet, in der Ausschreibung das für den ausgeschriebenen Arbeitsplatz geltende kollektivvertragliche oder das durch Gesetz oder andere Normen der kollektiven Rechtsgestaltung geltende Mindestentgelt anzugeben und auf die Bereitschaft zur Überzahlung hinzuweisen, wenn eine solche besteht. § 9 Abs. 2 vorletzter und letzter Satz gelten sinngemäß.

(BGBl I 2011/7, BGBl I 2013/107)

Entlohnungskriterien

§ 50. Betriebliche Einstufungsregelungen und Normen der kollektiven Rechtsgestaltung haben bei der Regelung der Entlohnungskriterien den Grundsatz des gleichen Entgelts für gleiche Arbeit oder eine Arbeit, die als gleichwertig anerkannt wird, zu beachten und dürfen weder Kriterien für die Beurteilung der Arbeit der Frauen einerseits und der Arbeit der Männer andererseits vorschreiben, die zu einer Diskriminierung führen, noch Kriterien vorschreiben, die zu einer Diskriminierung wegen eines in § 43 Abs. 2 genannten Grundes führen.

Rechtsfolgen der Verletzung des Gleichbehandlungsgebotes

§ 51. (1) Ist das Arbeitsverhältnis wegen Verletzung des Gleichbehandlungsgebotes des § 43 Abs. 1 Z 1 oder des § 43 Abs. 2 Z 1 nicht begründet worden, so ist der/die Arbeitgeber/in gegenüber dem/der Stellenwerber/in zum Ersatz des Vermögensschadens und zu einer Entschädigung für die erlittene persönliche Beeinträchtigung verpflichtet. Der Ersatzanspruch beträgt

1. mindestens zwei Monatsentgelte, wenn der/die Stellenwerber/in bei diskriminierungsfreier Auswahl die Stelle erhalten hätte, oder
(BGBl I 2008/98)
2. bis 500 Euro, wenn der/die Arbeitgeber/in nachweisen kann, dass der einem/einer Stellenwerber/in durch die Diskriminierung entstandene Schaden nur darin besteht, dass die Berücksichtigung seiner/ihrer Bewerbung verweigert wird.

(2) Erhält ein/e Arbeitnehmer/in wegen Verletzung des Gleichbehandlungsgebotes des § 43 Abs. 1 Z 2 oder des § 43 Abs. 2 Z 2 durch den/die Arbeitgeber/in für gleiche Arbeit oder für eine Arbeit, die als gleichwertig anerkannt wird, ein geringeres Entgelt als ein/e Arbeitnehmer/in des anderen Geschlechtes oder ein geringeres Entgelt als ein/e Arbeitnehmer/in, bei dem/der eine Diskriminierung wegen eines in § 43 Abs. 2 genannten Grundes nicht erfolgt, so hat er/sie gegenüber dem/der Arbeitgeber/in Anspruch auf Bezahlung der Differenz und eine Entschädigung für die erlittene persönliche Beeinträchtigung.

(3) Bei Verletzung des Gleichbehandlungsgebotes des § 43 Abs. 1 Z 3 oder des § 43 Abs. 2 Z 3 hat der/die Arbeitnehmer/in Anspruch auf Gewährung der betreffenden Sozialleistung oder Ersatz des Vermögensschadens und auf eine Entschädigung für die erlittene persönliche Beeinträchtigung.

(4) Bei Verletzung des Gleichbehandlungsgebotes des § 43 Abs. 1 Z 4 oder des § 43 Abs. 2 Z 4 hat der/die Arbeitnehmer/in Anspruch auf Einbeziehung in die entsprechenden betrieblichen Aus- und Weiterbildungsmaßnahmen oder auf Ersatz des Vermögensschadens und auf eine Entschädigung für die erlittene persönliche Beeinträchtigung.

(5) Ist ein/e Arbeitnehmer/in wegen Verletzung des Gleichbehandlungsgebotes des § 43 Abs. 1 Z 5 oder des § 43 Abs. 2 Z 5 nicht beruflich aufgestiegen, so ist der/die Arbeitgeber/in gegenüber dem/der Arbeitnehmer/in zum Ersatz des Vermögensschadens und zu einer Entschädigung für die erlittene persönliche Beeinträchtigung verpflichtet. Der Ersatzanspruch beträgt,

1. die Entgeltdifferenz für mindestens drei Monate, wenn der/die Arbeitnehmer/in bei diskriminierungsfreier Auswahl beruflich aufgestiegen wäre, oder
2. bis 500 Euro, wenn der/die Arbeitgeber/in nachweisen kann, dass der einem/einer Arbeitnehmer/in durch die Diskriminierung entstandene Schaden nur darin besteht, dass die Berücksichtigung seiner/ihrer Bewerbung verweigert wird.

(6) Bei Verletzung des Gleichbehandlungsgebotes des § 43 Abs. 1 Z 6 oder des § 43 Abs. 2 Z 6 hat der/die Arbeitnehmer/in Anspruch auf Gewährung der gleichen Arbeitsbedingungen wie ein/e Arbeitnehmer/in des anderen Geschlechtes oder wie ein/e Arbeitnehmer/in, bei dem/der eine Diskriminierung wegen eines in § 43 Abs. 2 genannten Grundes nicht erfolgt, oder auf Ersatz des Vermögensschadens und auf eine Entschädigung für die erlittene persönliche Beeinträchtigung.

(7) Ist das Arbeitsverhältnis vom/von der Arbeitgeber/in wegen des Geschlechtes des/der Arbeitnehmers/Arbeitnehmerin oder wegen eines in § 43 Abs. 2 genannten Grundes oder wegen der nicht offenbar unberechtigten Geltendmachung von Ansprüchen nach diesem Gesetz gekündigt oder vorzeitig beendigt worden oder ist das Probearbeitsverhältnis wegen eines solchen Grundes aufgelöst worden (§ 43 Abs. 1 Z 7 oder § 43 Abs. 2 Z 7), so kann die Kündigung, Entlassung oder Auflösung des Probearbeitsverhältnisses bei Gericht angefochten werden. Ist ein befristetes, auf die Umwandlung in ein unbefristetes Arbeitsverhältnis angelegtes Arbeitsverhältnis wegen des Geschlechtes des/der Arbeitnehmers/Arbeitnehmerin oder wegen eines in § 43 Abs. 2 genannten Grundes oder wegen der nicht offenbar unberechtigten Geltendmachung von Ansprüchen nach diesem Gesetz durch Zeitablauf beendet worden, so kann auf Feststellung des unbefristeten Bestehens des Arbeitsverhältnisses geklagt werden. Lässt der/die Arbeitnehmer/in die Beendigung gegen sich gelten, so hat er/sie Anspruch auf Ersatz des Vermögensschadens und

auf eine Entschädigung für die erlittene persönliche Beeinträchtigung.

(BGBl I 2008/98)

(8) Bei einer sexuellen Belästigung nach § 46 oder einer Belästigung nach § 47 hat der/die Arbeitnehmer/in gegenüber dem/der Belästiger/in und im Fall des § 46 Abs. 1 Z 2 oder 47 Abs. 1 Z 2 auch gegenüber dem/der Arbeitgeber/in Anspruch auf Ersatz des erlittenen Schadens. Soweit der Nachteil nicht nur in einer Vermögenseinbuße besteht, hat die betroffene Person zum Ausgleich der erlittenen persönlichen Beeinträchtigung Anspruch auf angemessenen, mindestens jedoch auf 1 000 Euro Schadenersatz.

(BGBl I 2008/98, BGBl I 2011/7)

(9) Insoweit sich im Streitfall die betroffene Person auf einen Diskriminierungstatbestand im Sinne der §§ 43, 46, oder 47 beruft, hat er/sie diesen glaubhaft zu machen. Dem/der Beklagten obliegt es bei Berufung auf § 43 zu beweisen, dass es bei Abwägung aller Umstände wahrscheinlicher ist, dass ein anderes vom/von der Beklagten glaubhaft gemachtes Motiv für die unterschiedliche Behandlung ausschlaggebend war oder das andere Geschlecht unverzichtbare Voraussetzung für die auszuübende Tätigkeit ist oder ein Rechtfertigungsgrund im Sinne der §§ 44 Abs. 2 oder 45 vorliegt. Bei Berufung auf §§ 46 oder 47 obliegt es dem/der Beklagten zu beweisen, dass es bei Abwägung aller Umstände wahrscheinlich ist, dass die vom/von der Beklagten glaubhaft gemachten Tatsachen der Wahrheit entsprechen.

(BGBl I 2005/82)

(10) Liegt eine Mehrfachdiskriminierung vor, so ist darauf bei der Bemessung der Höhe der Entschädigung für die erlittene persönliche Beeinträchtigung Bedacht zu nehmen.

(BGBl I 2008/98)

(11) Die Höhe der Entschädigung für die erlittene persönliche Beeinträchtigung ist so zu bemessen, dass dadurch die Beeinträchtigung tatsächlich und wirksam ausgeglichen wird und die Entschädigung der erlittenen Beeinträchtigung angemessen ist sowie Diskriminierungen verhindert.

(BGBl I 2013/107)

Benachteiligungsverbot

§ 52. Als Reaktion auf eine Beschwerde darf ein/e Arbeitnehmer/in durch den/die Arbeitgeber/in innerhalb des betreffenden Unternehmens (Betriebes) oder auf die Einleitung eines Verfahrens zur Durchsetzung des Gleichbehandlungsgebotes nicht entlassen, gekündigt oder anders benachteiligt werden. Auch ein/e andere/r Arbeitnehmer/in, der/die als Zeuge/Zeugin oder Auskunftsperson in einem Verfahren auftritt oder eine Beschwerde eines/einer anderen Arbeitnehmers/Arbeitnehmerin unterstützt, darf als Reaktion auf eine Beschwerde oder auf die Einleitung eines Verfahrens zur Durchsetzung des Gleichbehandlungsgebotes nicht entlassen, gekündigt oder anders benachteiligt werden. § 51 gilt sinngemäß.

(BGBl I 2008/98)

Aufgaben einer Gleichbehandlungskommission

§ 53. (1) Soweit die Landesgesetzgebung eine Gleichbehandlungskommission vorsieht, hat sich diese mit allen die Diskriminierung im Sinne der §§ 43 bis 47 berührenden Fragen zu befassen.

(2) Die Kommission kann Gutachten über Fragen der Diskriminierung im Sinne der §§ 43 bis 47 erstatten. Gutachten sind insbesondere bei Verletzung des Gleichbehandlungsgebotes durch Regelungen der kollektiven Rechtsgestaltung zu erstatten.

§ 54. (1) Die Kommission kann im Einzelfall prüfen, ob eine Verletzung des Gleichbehandlungsgebotes vorliegt. Stellt die Kommission eine Verletzung des Gleichbehandlungsgebotes fest, so kann sie den/die Arbeitgeber/in davon benachrichtigen und ihn/sie zur Beendigung der Diskriminierung auffordern.

(2) Die Landesgesetzgebung hat vorzusehen, dass der/die Arbeitnehmer/in das Recht hat, sich im Verfahren vor der Kommission durch eine Person seines/ihres Vertrauens, insbesondere eine/n Vertreter/in einer Interessenvertretung oder einer Nichtregierungsorganisation, vertreten zu lassen; weiters, dass die Kommission auf Antrag des/der Arbeitnehmers/Arbeitnehmerin eine/n Vertreter/in einer von dieser Person namhaft gemachten Nichtregierungsorganisation als Auskunftsperson beizuziehen hat und die Kommission den/die Arbeitnehmer/in zugleich mit der Einleitung der jeweiligen Einzelfallprüfung über dieses Antragsrecht ausdrücklich zu belehren hat.

(3) Kommt der/die Arbeitgeber/in der Aufforderung der Kommission nach Abs. 1 nicht nach, so können die zuständigen kollektivvertragsfähigen Körperschaften oder die Anwältin für Gleichbehandlung oder ein/e Gleichbehandlungsbeauftragte/r die gerichtliche Feststellung der Verletzung des Gleichbehandlungsgebotes begehren.

(4) Die Kommission kann im Falle einer Vermutung der Verletzung des Gleichbehandlungsgebotes den/die Arbeitgeber/in zur Erstattung eines schriftlichen Berichtes auffordern. Der Bericht hat alle zur Beurteilung der Einhaltung des Gleichbehandlungsgebotes notwendigen Angaben zu enthalten.

Anwältin für Gleichbehandlung; Gleichbehandlungsbeauftragte/r

§ 55. (1) Wenn die Landesgesetzgebung vorsieht, dass der Gleichbehandlungskommission als unabhängige Stelle eine Anwältin für Gleichbehandlung oder ein/e Gleichbehandlungsbeauftragte/r angehört, ist diese zuständig für die Beratung und Unterstützung von Personen, die sich im Sinne dieses Gesetzes diskriminiert fühlen. Die Landesgesetzgebung kann diese Institutionen auch anders benennen.

(2) Der/die Arbeitgeber/in, der Betriebsrat und alle Beschäftigten des betroffenen Betriebes sind

GlBG

~~durch die Landesgesetzgebung zu verpflichten, einer Anwältin für Gleichbehandlung oder einem/einer Gleichbehandlungsbeauftragten die für die Durchführung ihrer Aufgaben erforderlichen Auskünfte zu erteilen.~~

~~(3) Wenn eine Anwältin für Gleichbehandlung oder ein/e Gleichbehandlungsbeauftragte/r die Vermutung der Nichteinhaltung des Gleichbehandlungsgebotes hat und der Kommission die behaupteten Umstände glaubhaft macht, hat die Kommission von Amts wegen ein Verfahren einzuleiten.~~

~~(4) Die Landesgesetzgebung hat vorzusehen, dass eine Anwältin für Gleichbehandlung oder eine/e Gleichbehandlungsbeauftragte im Auftrag der Kommission berechtigt ist, die betrieblichen Räume zu betreten, in die Unterlagen der Betriebe Einsicht zu nehmen und Abschriften oder Ablichtungen der Unterlagen anzufertigen.~~

~~(5) Die Landesgesetzgebung hat vorzusehen, dass eine Anwältin für Gleichbehandlung oder ein/e Gleichbehandlungsbeauftragte/r bei der Ermittlungstätigkeit den Betriebsrat zur Mitwirkung heranzuziehen hat.~~

~~Veröffentlichung~~

~~§ 56. Die Landesgesetzgebung kann vorsehen, dass die Kommission ihre Gutachten sowie rechtskräftige Urteile, die Verletzungen des Gleichbehandlungsgebotes feststellen, in einem Publikationsorgan des Landes zu veröffentlichen hat. Diese Veröffentlichung kann auch im Falle der Nichtbeachtung der Aufforderung gemäß § 54 Abs. 3 durch den Arbeitgeber vorgesehen werden.~~

~~Auskunftspflicht~~

~~§ 57. Die Arbeitgeber/innen und alle Beschäftigten der betroffenen Betriebe sind durch die Landesgesetzgebung zu verpflichten, einer Gleichbehandlungskommission die für die Durchführung ihrer Aufgaben erforderlichen Auskünfte zu erteilen.~~

~~Strafbestimmungen~~

~~§ 58. Die Ausführungsgesetzgebung hat zu bestimmen, dass Stellenausschreibungen entgegen den in Ausführung des § 49 ergangenen landesgesetzlichen Bestimmungen durch private Arbeitsvermittler/innen gemäß den §§ 2 ff des Arbeitsmarktförderungsgesetzes oder durch mit der Arbeitsvermittlung betraute juristische Personen öffentlichen Rechts oder durch eine/n Arbeitgeber/in von der Bezirksverwaltungsbehörde auf Antrag des/der Stellenwerbers/Stellenwerberin oder der Anwältin für Gleichbehandlung oder eines/einer Gleichbehandlungsbeauftragten, sofern eine solche durch die Landesgesetzgebung vorgesehen ist, mit Geldstrafe zu bestrafen sind. Deren Höhe ist von der Ausführungsgesetzgebung festzusetzen.~~

~~*(BGBl I 2005/82, BGBl I 2011/7)*~~

V. Teil
Schlussbestimmungen

Verweisungen

§ 59. Soweit in diesem Bundesgesetz auf andere Bundesgesetze verwiesen wird, sind diese in der jeweils geltenden Fassung anzuwenden.

Bestimmungen in Zusammenhang mit COVID-19

§ 60. Der Fortlauf einer am 16. März 2020 laufenden oder nach diesem Tag zu laufen beginnenden 14-tägigen Frist nach §§ 15 Abs. 1a oder 29 Abs. 1a wird bis 30. April 2020 gehemmt. Dies gilt sinngemäß auch für Arbeitnehmer, die den Landarbeitsordnungen der Bundesländer und in Vorarlberg dem Land- und Forstarbeitsgesetz sowie dem Land- und Forstarbeiter-Dienstrechtsgesetz BGBl. Nr. 280/1980 unterliegen, die zum Zeitpunkt des Gesetzes in Kraft sind.

(BGBl I 2017/40, BGBl I 2020/16)

Begründungspflicht des Gerichtes

§ 61. In einem gerichtlichen Verfahren wegen Verletzung des Gleichbehandlungsgebotes hat sich das Gericht mit einem Gutachten oder einem Prüfungsergebnis der Gleichbehandlungskommission im Einzelfall zu befassen und ein davon abweichendes Urteil zu begründen.

Nebenintervention

§ 62. Der Klagsverband zur Durchsetzung der Rechte von Diskriminierungsopfern kann, wenn es ein/e Betroffene/r verlangt, einem Rechtsstreit zur Durchsetzung von Ansprüchen nach diesem Bundesgesetz als Nebenintervenient (§§ 17 bis 19 ZPO) beitreten.

(BGBl I 2013/107)

Dialog mit Nichtregierungsorganisationen

§ 62a. Der Bundeskanzler/die Bundeskanzlerin führt mindestens ein Mal pro Jahr einen Dialog mit Nichtregierungsorganisationen, deren Zielsetzung es ist, Diskriminierungen im Sinne dieses Gesetzes zu bekämpfen und die Einhaltung des Gleichbehandlungsgrundsatzes zu fördern.

(BGBl I 2013/107)

Inkrafttreten

§ 63. (1) Dieses Bundesgesetz tritt mit 1. Juli 2004 in Kraft.

(2) Die Ausführungsgesetze der Bundesländer zu den im III. Teil, 2. Abschnitt und im IV. Teil geregelten Grundsätzen sind binnen sechs Monaten ab dem der Kundmachung folgenden Tag zu erlassen.

(3) §§ 12 Abs. 12, 22, 26 Abs. 12, 35 Abs. 3, 41, 44 Abs. 1 und 2, 48, 49 Abs. 3, 51 Abs. 9 sowie 58 in der Fassung des Bundesgesetzes BGBl. I Nr. 82/2005 treten mit 1. Juli 2004 in Kraft, §§ 15 Abs. 4, 29 Abs. 4 sowie 35 Abs. 4 in der Fassung des Bundesgesetzes BGBl. I Nr. 82/2005 treten mit 1. Jänner 2006 in Kraft. Die Ausführungsgesetze zu §§ 41, 44 Abs. 1 und 2, 48, 49 Abs. 3, 51 Abs. 9

und 58 sind binnen sechs Monaten ab dem der Kundmachung folgenden Tag zu erlassen.

(BGBl I 2005/82)

(4) §§ 6 Abs. 2, 7 Abs. 2, 8, 12 Abs. 1 Z 1, 7, 8, 11 und 13, 13 letzter Satz, 15 Abs. 1 und 1a, 17 Abs. 2, 21 Abs. 2, 22, 26 Abs. 1 Z 1, 7, 8, 11 und 13, 27, 29 Abs. 1 und 1a, 31 Abs. 2, 35 Abs. 2, 5 und 6, 36, der IIIa. Teil sowie §§ 46 Abs. 2, 47 Abs. 2, 51 Abs. 1 Z 1, 7, 8 und 10 sowie § 52 letzter Satz in der Fassung des Bundesgesetzes BGBl. I Nr. 98/2008 treten mit 1. August 2008 in Kraft. Die Ausführungsgesetze zu §§ 46 Abs. 2, 47 Abs. 2, 51 Abs. 1 Z 1, 7, 8 und 10 sowie § 52 letzter Satz sind binnen sechs Monaten ab dem der Kundmachung folgenden Tag zu erlassen.

(BGBl I 2008/98)

(5) Das Inhaltsverzeichnis, § 5 Abs. 4, § 6 Abs. 4, § 7 Abs. 4, § 9, § 10 Abs. 1, Abs. 3 Z 1 und Abs. 4, § 11a, § 12 Abs. 11 letzter Satz, § 19 Abs. 4, § 21 Abs. 4, § 23, § 24 Abs. 1, Abs. 3 Z 1 und Abs. 4, § 26 Abs. 11 letzter Satz, der III. Teil sowie § 44 Abs. 4, § 46 Abs. 4, § 47 Abs. 4, § 49 Abs. 3 und 4, § 51 Abs. 8 letzter Satz, § 58, die Überschrift zu § 63 und § 64, in der Fassung des Bundesgesetzes BGBl. I Nr. 7/2011 treten mit 1. März 2011 in Kraft. § 10 Abs. 2 und Abs. 3 Z 2 sowie § 24 Abs. 2 und Abs. 3 Z 2 treten mit 1. Jänner 2012 in Kraft. Der IIIa. Teil tritt mit Ablauf des 28. Februar 2011 außer Kraft. Die Ausführungsgesetze zu § 44 Abs. 4, § 46 Abs. 4, § 47 Abs. 4, § 49 Abs. 3 und 4, § 51 Abs. 8 letzter Satz und § 58 sind binnen sechs Monaten ab dem der Kundmachung folgenden Tag zu erlassen.

(BGBl I 2011/7)

(6) Für Arbeitgeber/innen, die dauernd mehr als 1 000 Arbeitnehmer/innen beschäftigen, tritt die Verpflichtung zur Erstellung eines Einkommensberichts nach § 11a in der Fassung des Bundesgesetzes BGBl. I Nr. 7/2011 mit 1. März 2011 in Kraft; der Bericht ist für das Jahr 2010 zu erstellen. Der Bericht für das Berichtsjahr 2010 ist bis spätestens 31. Juli 2011 in der in § 11a Abs. 3 geregelten Weise zu übermitteln bzw. aufzulegen. Für Arbeitgeber/innen, die dauernd weniger als 1 001, aber mehr als 500 Arbeitnehmer/innen beschäftigen, tritt die Verpflichtung zur Erstellung eines Einkommensberichts nach § 11a in der Fassung des Bundesgesetzes BGBl. I Nr. 7/2011 mit 1. Jänner 2012 in Kraft; der Bericht ist für das Jahr 2011 zu erstellen. Für Arbeitgeber/innen, die dauernd weniger als 501, aber mehr als 250 Arbeitnehmer/innen beschäftigen, tritt die Verpflichtung zur Erstellung eines Einkommensberichts nach § 11a in der Fassung des Bundesgesetzes BGBl. I Nr. 7/2011 mit 1. Jänner 2013 in Kraft; der Bericht ist für das Jahr 2012 zu erstellen. Für Arbeitgeber/innen, die dauernd weniger als 251, aber mehr als 150 Arbeitnehmer/innen beschäftigen, tritt die Verpflichtung zur Erstellung eines Einkommensberichts nach § 11a in der Fassung des Bundesgesetzes BGBl. I Nr. 7/2011 mit 1. Jänner 2014 in Kraft; der Bericht ist für das Jahr 2013 zu erstellen.

(BGBl I 2011/7)

(7) § 10 Abs. 4, § 24 Abs. 4 und § 37 Abs. 2 in der Fassung des Bundesgesetzes BGBl. I Nr. 71/2013 treten mit 1. Jänner 2014 in Kraft.

(BGBl I 2013/71)

(8) Das Inhaltsverzeichnis, § 1 Abs. 1 Z 2 und 4, § 3, § 4, § 9 Abs. 2, § 10, § 12 Abs. 14, § 15 Abs. 1 und 2, § 16 Abs. 1 Z 2 und 4, § 18 Z 1 und 3, § 23 Abs. 2, § 24 Abs. 1 bis 4, § 26 Abs. 14, § 31 Abs. 1, § 37, § 38 Abs. 4, 6 und 7, § 43 Abs. 1, § 49 Abs. 4 letzter Satz, § 51 Abs. 11, § 62, § 62a sowie § 64 Abs. 1 Z 1 und 2a in der Fassung des Bundesgesetzes BGBl. I Nr. 107/2013 treten mit 1. August 2013 in Kraft. Die Ausführungsgesetze zu § 43 Abs. 1, § 49 Abs. 4 letzter Satz und § 51 Abs. 11 sind binnen sechs Monaten ab dem der Kundmachung folgenden Tag zu erlassen.

(BGBl I 2013/107)

(9) § 30 Abs. 4 in der Fassung des Bundesgesetzes BGBl. I Nr. 34/2015 tritt mit 1. Jänner 2016 in Kraft.

(BGBl I 2015/34)

(10) Das Inhaltsverzeichnis in der Fassung des Deregulierungsgesetzes 2017, BGBl. I Nr. 40/2017, tritt mit 1. Juli 2017 in Kraft. § 60 samt Überschrift tritt mit Ablauf des 30. Juni 2017 außer Kraft.

(BGBl I 2017/40)

(11) § 60 in der Fassung des Bundesgesetzes BGBl. I Nr. 16/2020 tritt mit dem der Kundmachung folgenden Tag in Kraft. Dauert die COVID-19 Krisensituation über den 30. April 2020 hinaus an, so hat die Bundesministerin für Arbeit, Familie und Jugend durch Verordnung den in § 60 festgesetzten Endtermin 30. April 2020 zu verlängern, nicht jedoch über den 31. Dezember 2020 hinaus.

(BGBl I 2020/16)

(BGBl I 2011/7)

Vollziehung

§ 64. (1) Mit der Vollziehung dieses Bundesgesetzes sind betraut

1. hinsichtlich der §§ 14, 28 und 40 der/die jeweils für die Förderungen zuständige Bundesminister/in,

   (BGBl I 2013/107)

2. hinsichtlich der §§ 61 und 62 der/die Bundesminister/in für Justiz,

2a. hinsichtlich des § 62a der/die Bundeskanzler/in,

   (BGBl I 2013/107)

3. im Übrigen der/die Bundesminister/in für Arbeit, Soziales und Konsumentenschutz.

   (BGBl I 2011/7)

(2) Mit der Wahrnehmung der dem Bund nach Art. 15 Abs. 8 B-VG hinsichtlich des III. Teiles, 2. Abschnitt, zustehenden Rechte ist der/die Bundesminister/in für Arbeit, Soziales und Konsumentenschutz betraut. Mit der Wahrnehmung der dem Bund nach Art. 15 Abs. 8 B-VG hinsichtlich des IV. Teiles zustehenden Rechte ist hinsichtlich des

§ 54 Abs. 3 der/die Bundesminister/in für Justiz, im Übrigen der/die Bundesminister/in für Arbeit, Soziales und Konsumentenschutz betraut.

(BGBl I 2011/7)

13/2. GBK/GAW-Gesetz

Bundesgesetz über die Gleichbehandlungskommission und die Gleichbehandlungsanwaltschaft, BGBl 1979/108 idF

1 BGBl 1985/290	**2** BGBl 1990/410	**3** BGBl 1992/833
4 BGBl 1994/370	**5** BGBl I 1998/44	**6** BGBl I 2001/98
7 BGBl I 2001/129	**8** BGBl I 2004/66	**9** BGBl I 2005/82
10 BGBl I 2008/2	**11** BGBl I 2008/98	**12** BGBl I 2011/7
13 BGBl I 2013/107		

GLIEDERUNG

GlBG

Bundesgesetz über die Gleichbehandlungskommission und die Gleichbehandlungsanwaltschaft – GBK/GAW-Gesetz

Der Nationalrat hat beschlossen:

Gleichbehandlungskommission

§ 1. (1) Beim Bundeskanzleramt ist eine Gleichbehandlungskommission (GBK) einzurichten.

(BGBl I 2008/98)

(2) Die Gleichbehandlungskommission besteht aus drei Senaten. Die Senate sind für folgende Bereiche zuständig:

1. Senat I für die Gleichbehandlung von Frauen und Männern in der Arbeitswelt (Teil I des Gleichbehandlungsgesetzes – GlBG, BGBl. I Nr. 66/2004);
2. Senat II für die Gleichbehandlung ohne Unterschied der ethnischen Zugehörigkeit, der Religion oder der Weltanschauung, des Alters oder der sexuellen Orientierung in der Arbeitswelt (Teil II GlBG);
3. Senat III für die Gleichbehandlung ohne Unterschied des Geschlechts oder der ethnischen Zugehörigkeit in sonstigen Bereichen (Teil III, 1. Abschnitt GlBG).

(BGBl I 2008/98, BGBl I 2011/7)

(3) Betrifft ein von der Gleichbehandlungskommission zu behandelnder Fall sowohl die Gleichbehandlung von Frauen und Männern in der Arbeitswelt als auch die Gleichbehandlung ohne Unterschied der ethnischen Zugehörigkeit, der Religion oder Weltanschauung, des Alters oder der sexuellen Orientierung in der Arbeitswelt, so ist Senat I zuständig. Er hat dabei auch die Bestimmungen über die Gleichbehandlung ohne Unterschied der ethnischen Zugehörigkeit, der Religion oder Weltanschauung, des Alters oder der sexuellen Orientierung in der Arbeitswelt (Teil II GlBG) anzuwenden.

(4) Der/die Vorsitzende des Senates I hat die Tätigkeit der Gleichbehandlungskommission zu koordinieren.

(5) Wird in einem an die Gleichbehandlungskommission gerichteten Antrag oder Verlangen eine Verletzung des Gleichbehandlungsgebotes ausschließlich oder auch wegen einer Diskriminierung auf Grund einer Behinderung geltend gemacht, so ist die Gleichbehandlungskommission nicht zuständig und hat die Behandlung dieses Antrags oder dieses Verlangens mangels Zuständigkeit abzulehnen. In der Ablehnung ist auf die Zuständigkeit des Bundesamtes für Soziales und Behindertenwesen für die Durchführung eines Schlichtungsverfahrens nach den Bestimmungen des Bundes-Behindertengleichstellungsgesetzes, BGBl. I Nr. 82/2005, oder des Behinderteneinstellungsgesetzes, BGBl. Nr.

22/1970, und die damit verbundene Klagshemmung ausdrücklich hinzuweisen.

(BGBl I 2005/82)

(BGBl I 2004/66)

Zusammensetzung der Senate

§ 2. (1) Jeder Senat hat aus dem/der Vorsitzenden und weiteren Mitgliedern zu bestehen.

(2) Dem Senat I haben als weitere Mitglieder anzugehören:

1. ein Mitglied, das von der Wirtschaftskammer Österreich entsendet wird;
2. ein Mitglied, das von der Bundeskammer für Arbeiter und Angestellte entsendet wird;
3. ein Mitglied, das von der Vereinigung der Österreichischen Industrie entsendet wird;
4. ein Mitglied, das vom Österreichischen Gewerkschaftsbund entsendet wird;
5. ein Mitglied, das vom/von der Bundeskanzler/in bestellt wird;
6. ein Mitglied, das vom/von der Bundesminister/in für Arbeit, Soziales und Konsumentenschutz bestellt wird.

(BGBl I 2013/107)

(3) Dem Senat II haben als weitere Mitglieder anzugehören:

1. ein Mitglied, das von der Wirtschaftskammer Österreich entsendet wird;
2. ein Mitglied, das von der Bundeskammer für Arbeiter und Angestellte entsendet wird;
3. ein Mitglied, das von der Vereinigung der Österreichischen Industrie entsendet wird;
4. ein Mitglied, das vom Österreichischen Gewerkschaftsbund entsendet wird;
5. ein Mitglied, das vom/von der Bundeskanzler/in bestellt wird;
6. ein Mitglied, das vom/von der Bundesminister/in für Arbeit, Soziales und Konsumentenschutz bestellt wird.

(BGBl I 2013/107)

(4) Dem Senat III haben als weitere Mitglieder anzugehören:

1. ein Mitglied, das von der Wirtschaftskammer Österreich entsendet wird;
2. ein Mitglied, das von der Bundeskammer für Arbeiter und Angestellte entsendet wird;
3. ein Mitglied, das vom/von der Bundeskanzler/in bestellt wird,
4. ein Mitglied, das vom/von der Bundesminister/in für Wirtschaft, Familie und Jugend bestellt wird,
5. ein Mitglied, das vom/von der Bundesminister/in für Justiz bestellt wird,
6. ein Mitglied, das vom/von der Bundesminister/in für Arbeit, Soziales und Konsumentenschutz bestellt wird.

(BGBl I 2008/98, BGBl I 2013/107)

(5) (aufgehoben)

(BGBl I 2008/98)

(6) Den Vorsitz hat jeweils ein/e vom/von der Bundeskanzler/in betraute/r Bedienstete/r des Bundes zu führen. Eines der weiteren Mitglieder, das Bedienstete/r des Bundes ist, ist vom/von der Bundeskanzler/in mit der Stellvertretung des/der Vorsitzenden zu betrauen. Vor der Betrauung der Vorsitzenden der Senate und deren Stellvertreter/innen sind die jeweils entsendungsberechtigten Interessenvertretungen zu hören.

(BGBl I 2008/98)

(7) Für jedes weitere Senatsmitglied ist mindestens ein Ersatzmitglied zu entsenden bzw. zu bestellen. Die Funktionsdauer der Mitglieder und deren Ersatzmitglieder beträgt vier Jahre. Wiederentsendung bzw. Wiederbestellung sind zulässig. Bei Verzicht, Widerruf der Entsendung oder Bestellung, grober Verletzung oder dauernder Vernachlässigung der Pflichten sind die Mitglieder bzw. Ersatzmitglieder vom/von der Bundeskanzler/in vor Ablauf der Funktionsdauer von ihrer Funktion zu entheben. Im Bedarfsfall ist ein Senat durch Neuentsendungen bzw. Neubestellungen für den Rest der Funktionsdauer zu ergänzen. Wird das Entsendungsrecht bzw. das Bestellungsrecht nicht binnen zwei Monaten nach Aufforderung ausgeübt, so hat der/die Bundeskanzler/in die betreffenden Mitglieder bzw. Ersatzmitglieder zu bestellen.

(BGBl I 2008/98)

(8) Die von einer Interessenvertretung entsendeten Mitglieder und deren Ersatzmitglieder haben vor Antritt ihrer Funktion dem/der Vorsitzenden die gewissenhafte und unparteiische Ausübung ihrer Tätigkeit zu geloben.

(9) Bei der Entsendung von Mitgliedern und Ersatzmitgliedern sollen mindestens 50% Frauen berücksichtigt werden. Jedes der Bundesministerien, die ein Mitglied bestellen, soll zumindest eine Frau als Mitglied oder Ersatzmitglied bestellen.

(BGBl I 2013/107)

(BGBl I 2004/66)

Anwaltschaft für Gleichbehandlung

§ 3. (1) Beim Bundeskanzleramt ist eine Anwaltschaft für Gleichbehandlung (Gleichbehandlungsanwaltschaft – GAW) einzurichten.

(2) Die Anwaltschaft für Gleichbehandlung besteht aus:

1. dem/der Anwalt/Anwältin
   a. für die Gleichbehandlung von Frauen und Männern in der Arbeitswelt (Teil I GlBG);
   b. für die Gleichbehandlung ohne Unterschied der ethnischen Zugehörigkeit, der Religion oder der Weltanschauung, des Alters oder der sexuellen Orientierung in der Arbeitswelt (Teil II GlBG);
   c. für die Gleichbehandlung ohne Unterschied des Geschlechts oder der ethni-

schen Zugehörigkeit in sonstigen Bereichen (Teil III, 1. Abschnitt GlBG);
2. der erforderlichen Zahl von weiteren Anwälten/Anwältinnen gemäß Z 1;
3. den Regionalanwälten/Regionalanwältinnen (§ 4);
4. der erforderlichen Zahl von Mitarbeiter/innen.

(3) Die Mitglieder der Anwaltschaft für Gleichbehandlung (Abs. 2 Z 1 bis 3) sind in Ausübung ihrer Tätigkeit weisungsfrei, selbständig und unabhängig.

(4) Die Mitglieder der Anwaltschaft für Gleichbehandlung sind nach Anhörung der für die Gleichbehandlungskommission entsendungsberechtigten Interessenvertretungen vom/von der Bundeskanzler/in zu bestellen. Der/die Bundeskanzler/in hat Bedienstete des Bundes mit diesen Funktionen zu betrauen. Der/die Bundeskanzler/in hat jeweils eine/n der für die in Abs. 2 Z 1 genannten Bereiche bestellten Anwälten/Anwältinnen mit der Koordination dieses Bereichs zu betrauen. Der/die mit der Koordination des Bereichs Gleichbehandlung von Frauen und Männern in der Arbeitswelt betraute Anwalt/Anwältin hat die Gesamttätigkeit der Anwaltschaft für Gleichbehandlung zu koordinieren.

(5) Die Funktionen nach Abs. 2 Z 1 bis 3 ruhen
1. ab der Einleitung eines Disziplinarverfahrens bis zu dessen rechtskräftigen Abschluss und
2. während der Zeit
   a) der Ausübung einer anderen Funktion in der Anwaltschaft für Gleichbehandlung, wobei sich das Ruhen auf die vorher ausgeübte Funktion bezieht,
   b) der Suspendierung,
   c) der Außerdienststellung,
   d) einer Karenzierung oder eines Urlaubs von mehr als drei Monaten und
   e) der Leistung des Präsenz- oder Ausbildungs- oder Zivildienstes.

(6) Die Funktionen nach Abs. 2 Z 1 bis 3 enden
1. mit der rechtskräftigen Verhängung einer Disziplinarstrafe,
2. mit der Versetzung ins Ausland,
3. mit der Versetzung in eine andere Dienststelle,
4. mit dem Ausscheiden aus dem Bundesdienst,
5. durch Verzicht,
6. mit einer 36 Monate überschreitenden Karenzierung.

(7) Der/die Bundeskanzler/in hat ein Mitglied der Anwaltschaft für Gleichbehandlung von seiner Funktion zu entheben, wenn es
1. aus gesundheitlichen Gründen das Amt nicht mehr ausüben kann oder
2. die ihm obliegenden Amtspflichten grob verletzt oder dauernd vernachlässigt hat.

(8) Der/die Bundeskanzler/in ist berechtigt, sich über alle Gegenstände der Geschäftsführung der Anwaltschaft für Gleichbehandlung zu unterrichten. Die Anwaltschaft für Gleichbehandlung ist verpflichtet, die vom/von der Bundeskanzler/in verlangten Auskünfte zu erteilen.

(BGBl I 2004/66, BGBl I 2008/98, BGBl I 2011/7, BGBl I 2013/107)

Regionalbüros

§ 4. (1) Wenn es zur Verbesserung der Beratung und Unterstützung von Personen in Fragen der Gleichbehandlung im Sinne des GlBG erforderlich ist, kann der/die Bundeskanzler/in durch Verordnung in den Ländern Regionalbüros der Anwaltschaft für Gleichbehandlung einrichten und Regionalanwälte/Regionalanwältinnen für die in § 3 Abs. 2 Z 1 lit. a bis c genannten Bereiche bestellen. In der Verordnung ist der örtliche und sachliche Wirkungsbereich eines Regionalbüros festzulegen. Sind für ein Regionalbüro mehrere Regionalanwälte/Regionalanwältinnen bestellt, so ist eine/r von ihnen mit der Koordination des Regionalbüros zu betrauen.

(2) Soweit in diesem Gesetz oder im GlBG Aufgaben sowie Rechte und Pflichten der Anwälte/Anwältinnen geregelt werden, gelten diese Bestimmungen auch für Regionalanwälte/Regionalanwältinnen in ihrem Wirkungsbereich.

(BGBl I 2004/66, BGBl I 2008/98, BGBl I 2011/7, BGBl I 2013/107)

Aufgaben der Anwaltschaft für Gleichbehandlung

§ 5. (1) Die Mitglieder der Anwaltschaft für Gleichbehandlung sind in ihrem gesetzlichen Wirkungsbereich zuständig für die Beratung und Unterstützung von Personen, die sich im Sinne des GlBG diskriminiert fühlen. Die Anwälte/Anwältinnen können zu diesem Zweck Sprechstunden und Sprechtage abhalten.

(2) Die Anwaltschaft für Gleichbehandlung kann unabhängige Untersuchungen zum Thema der Diskriminierung durchführen sowie unabhängige Berichte veröffentlichen und Empfehlungen zu allen die Diskriminierung berührenden Fragen abgeben.

(3) Ein Anwalt oder eine Anwältin ist berechtigt, an den Sitzungen der Senate der Gleichbehandlungskommission und ihrer Arbeitsausschüsse teilzunehmen. Ihm/ihr ist auf Verlangen das Wort zu erteilen.

(4) Der/die Anwalt/Anwältin kann, falls erforderlich, auf Grund einer behaupteten Verletzung des Gleichbehandlungsgebotes den/die Arbeitgeber/in oder den sonst Verantwortlichen zur Abgabe einer schriftlichen Stellungnahme auffordern. Sie kann auch weitere Auskünfte vom/von der Arbeitgeber/in, vom Betriebsrat oder von den Beschäftigten des betroffenen Betriebes oder von sonst Verantwortlichen oder von weiteren Auskunftspersonen einholen. Diese sind verpflichtet, dem/der Anwalt/Anwältin die für die Durchführung seiner/ihrer Aufgaben erforderlichen Auskünfte zu erteilen.

(5) Vermutet ein/e für Teil I GlBG oder für Teil II zuständige/r Anwalt/Anwältin die Nichteinhaltung des Gleichbehandlungsgebotes gemäß § 3 Z 2 oder

GlBG

§ 17 Abs. 1 Z 2 GlBG, kann er/sie die in Betracht kommenden Träger der Sozialversicherung um Auskunft über die sozialversicherungsrechtliche Beitragsgrundlage sowie über die Beitragsgrundlage nach dem Betrieblichen Mitarbeiter- und Selbständigenvorsorgegesetz – BMSVG, BGBl. I Nr. 100/2002, von Personen ersuchen, deren Einkommen für die Entscheidung über die vermutete Verletzung des Gleichbehandlungsgebotes unbedingt erforderlich sind. Der/die Anwalt/Anwältin hat hiezu Namen, Geburtsdatum und Versicherungsnummer der betroffenen Personen sowie Namen der Arbeitgeber/innen der betroffenen Personen bekannt zu geben. Die in Betracht kommenden Träger der Sozialversicherung sind verpflichtet, dem/der Anwalt/Anwältin die für die Durchführung seiner/ihrer Aufgaben erforderlichen Auskünfte zu erteilen. Die in Betracht kommenden Träger der Sozialversicherung haften nicht für Nachteile, die bei der Erfüllung ihrer Auskunftspflichten auf Grund von Unvollständigkeiten oder Unrichtigkeiten der in ihren Anlagen enthaltenen Daten entstehen. Der/die Anwalt/Anwältin ist verpflichtet, über diese ihm/ihr im Rahmen der Auskunftserteilung bekannt gewordenen Daten Verschwiegenheit zu bewahren. Als Ausnahme davon darf der/die Anwalt/Anwältin diese ihm/ihr im Rahmen der Auskunftserteilung bekannt gewordenen Daten in anonymisierter Form an die von der vermuteten Diskriminierung betroffene Person weitergeben, wenn damit die von der Diskriminierung betroffene Person die Diskriminierung verfolgen kann.

(6) Wenn der/die Anwalt/Anwältin die Nichteinhaltung des Gleichbehandlungsgebotes vermutet und dem Senat die behaupteten Umstände glaubhaft macht, hat der Senat ein Verfahren gemäß § 11 oder § 12 einzuleiten. Der Senat hat sich mit einem solchen vorgelegten Fall in seiner nächsten Sitzung, jedoch bis spätestens innerhalb eines Monats, zu befassen. Wenn sich die Entscheidung des Senates in einem vom/von der Anwalt/Anwältin vorgelegten Fall nicht mit deren Auffassung deckt, so findet § 12 Abs. 5 Anwendung.

(7) Der Senat kann den/die Anwalt/Anwältin mit der Durchführung der Ermittlungstätigkeit beauftragen. Der/die Anwalt/Anwältin kann im Auftrag des Senates die betrieblichen Räume betreten und in die Unterlagen der Betriebe Einsicht nehmen. Auf Verlangen sind ihm/ihr Abschriften oder Ablichtungen dieser Unterlagen oder Auszüge davon zur Verfügung zu stellen. Der/die Anwalt/Anwältin gemäß § 3 Abs. 2 Z 1 lit. a und b hat bei seiner/ihrer Ermittlungstätigkeit den Betriebsrat zur Mitwirkung heranzuziehen. Vor Besichtigung hat er/sie den/die Arbeitgeber/in so rechtzeitig zu verständigen, dass diese/r oder eine von ihm/ihr namhaft gemachte Person an der Besichtigung teilnehmen kann.

(BGBl I 2004/66, BGBl I 2005/82, BGBl I 2011/7, BGBl I 2013/107)

§ 6. (aufgehoben)

(BGBl I 2004/66, BGBl I 2005/82, BGBl I 2008/98, BGBl I 2011/7, BGBl I 2013/107)

§ 7. (aufgehoben)

(BGBl I 2004/66, BGBl I 2008/98, BGBl I 2013/107)

Aufgaben der Senate der Gleichbehandlungskommission

§ 8. Die Senate der Gleichbehandlungskommission haben sich in ihrem Zuständigkeitsbereich (§ 1) mit allen die Diskriminierung berührenden Fragen und mit Verstößen gegen die Beachtung des Gleichbehandlungsgebotes regelnde Förderungsrichtlinien zu befassen.

(BGBl I 2004/66)

Geschäftsordnung

§ 9. Die Geschäftsordnung der Senate und ihrer Ausschüsse ist durch Verordnung des/der Bundeskanzler/in näher zu regeln.

(BGBl I 2004/66, BGBl I 2011/7)

Rechtsstellung der Mitglieder (Ersatzmitglieder) der Kommission

§ 10. (1) Die Mitglieder (Ersatzmitglieder) der Kommission mit Ausnahme der/des mit dem Vorsitz betrauten Bediensteten des Bundes und seiner/seines Stellvertreterin/Stellvertreters haben ihre Tätigkeit ehrenamtlich auszuüben. Sie haben Anspruch auf Ersatz der notwendigen Reise- und Aufenthaltskosten; gleiches gilt für die Vertreter/innen der Kollektivvertragsparteien und für die sonstigen Fachleute (§§ 11 Abs. 2 und 14 Abs. 4a) mit Ausnahme jener Fachleute, die schriftliche Fachgutachten im Auftrag der Kommission erstellen. Die Höhe des Kostenersatzes bestimmt sich nach den für Zeugen/Zeuginnen geltenden Bestimmungen des Gebührenanspruchgesetzes 1975. Die Geltendmachung des Kostenersatzes ist von Gebühren und Bundesverwaltungsabgaben befreit.

(BGBl 1992/833, BGBl I 2001/129, BGBl I 2004/66, BGBl I 2005/82, BGBl I 2013/107)

(1a) Die/der Vorsitzende und ihr/e bzw. sein/e Stellvertreter/in sowie die Mitglieder (Ersatzmitglieder) der Kommission sind in Ausübung ihrer Tätigkeit weisungsfrei, selbständig und unabhängig. Der/dem Vorsitzenden und deren/dessen Stellvertreter/in stehen unter Fortzahlung ihrer/seiner Dienstbezüge die zur Erfüllung ihrer/seiner Aufgaben notwendige freie Zeit zu; die Inanspruchnahme ist der/dem Dienstvorgesetzten mitzuteilen.

(BGBl I 2001/129, BGBl I 2008/2, BGBl I 2011/7)

(1b) Die Leiter/innen der Dienststellen dürfen der/den Vorsitzenden und ihre/seinen Stellvertreter/in in der Ausübung ihrer/seiner Tätigkeit nicht beschränken und sie/ihn aus diesem Grund auch nicht benachteiligen. Aus dieser Tätigkeit darf ihnen bei der Leistungsfeststellung und in der dienstlichen Laufbahn kein Nachteil erwachsen. Soweit es die dienstlichen Erfordernisse gestatten, hat die Dienststellenleitung der/dem Vorsitzenden und ihrer/seinem Stellvertreter/in die Teilnahme an Fortbildungsveranstaltungen auf den Gebieten des Gleichbehandlungsrechts zu ermöglichen.

(BGBl I 2001/129, BGBl I 2008/2)

(1c) Der/die Bundeskanzler/in ist berechtigt, sich über alle Gegenstände der Geschäftsführung der Kommission zu unterrichten. Die Kommission ist verpflichtet, die vom/von der Bundeskanzler/in verlangten Auskünfte zu erteilen. Er/sie hat ein Mitglied (Ersatzmitglied) der Kommission abzuberufen, wenn es

1. aus gesundheitlichen Gründen die mit seiner/ihrer Funktion verbundenen Aufgaben dauernd nicht mehr erfüllen kann oder
2. die mit seiner/ihrer Funktion verbundenen Pflichten grob verletzt oder dauernd vernachlässigt.

(BGBl I 2011/7)

(2) Die Arbeitgeber/innen und alle Beschäftigten der betroffenen Betriebe sind verpflichtet, der Kommission und den Ausschüssen (§ 15) die für die Durchführung ihrer Aufgaben erforderlichen Auskünfte zu erteilen.

(BGBl I 2004/66)

(2a) Vermutet der Senat die Nichteinhaltung des Gleichbehandlungsgebotes gemäß § 3 Z 2 oder § 17 Abs. 1 Z 2 GlBG, kann er die in Betracht kommenden Träger der Sozialversicherung um Auskunft über die sozialversicherungsrechtliche Beitragsgrundlage sowie über die Beitragsgrundlage nach dem BMSVG von Personen ersuchen, deren Einkommen für die Entscheidung über die vermutete Verletzung des Gleichbehandlungsgebotes unbedingt erforderlich sind. Der Senat hat hiezu Namen, Geburtsdatum und Versicherungsnummer der betroffenen Personen sowie Namen der Arbeitgeber/innen der betroffenen Personen bekannt zu geben. Die in Betracht kommenden Träger der Sozialversicherung sind verpflichtet, dem Senat diese Auskünfte zu erteilen. Die in Betracht kommenden Träger der Sozialversicherung haften nicht für Nachteile, die bei der Erfüllung ihrer Auskunftspflichten auf Grund von Unvollständigkeiten oder Unrichtigkeiten der in ihren Anlagen enthaltenen Daten entstehen. Die Mitglieder (Ersatzmitglieder) des Senates sind verpflichtet, über diese ihr im Rahmen der Auskunftserteilung bekannt gewordenen Daten Verschwiegenheit zu bewahren.

(BGBl I 2011/7)

(3) Die Mitglieder (Ersatzmitglieder) der Kommission sind verpflichtet, über alle ihnen bei der Ausübung ihrer Tätigkeit bekanntgewordenen Geschäfts- und Betriebsgeheimnisse Verschwiegenheit zu bewahren; dies gilt sinngemäß auch für die Vertreter/innen der Kollektivvertragsparteien und für die sonstigen Fachleute.

(BGBl I 2004/66)

Gutachten

§ 11. (1) Auf Antrag einer der der im jeweiligen Senat der Kommission vertretenen Interessenvertretungen, auf Antrag des/der Anwalts/Anwältin (§ 3 Abs. 2) oder von Amts wegen hat der damit befasste Senat insbesondere Gutachten über Fragen der Verletzung des Gleichbehandlungsgebotes zu erstatten.

(BGBl I 2013/107)

(2) Betrifft ein gemäß Abs. 1 zu erstellendes Gutachten Diskriminierungen in Regelungen der kollektiven Rechtsgestaltung, so kann der befasste Senat zur Vorbereitung der Beschlussfassung einen Arbeitsausschuss bilden, dem neben dem/der Vorsitzenden je ein Mitglied der im jeweiligen Senat vertretenen Interessenvertretungen anzugehören hat. Den Beratungen sind Vertreter/innen der jeweiligen Kollektivvertragsparteien beizuziehen. § 14 Abs. 2 bis 5 gilt sinngemäß.

(3) Gutachten des Senates sind binnen drei Monaten nach der Beschlussfassung auszufertigen und in vollem Wortlaut, jedoch in anonymisierter Form auf der Website des Bundeskanzleramtes kostenlos zur Verfügung zu stellen, sofern keine Rückschlüsse auf Einzelfälle gezogen werden können.

(BGBl I 2008/98)

(BGBl I 2004/66)

GlBG

Einzelfallprüfung

§ 12. (1) Auf Antrag eines/einer Arbeitnehmers/Arbeitnehmerin, eines/einer Arbeitgebers/Arbeitgeberin, eines Betriebsrates, einer der im jeweiligen Senat der Kommission vertretenen Interessenvertretungen, einer/eines von Diskriminierung im Sinne des III. Teiles, 1. Abschnitt GlBG Betroffenen, auf Antrag des/der Anwalts/Anwältin (§ 3 Abs. 2) oder von Amts wegen hat der damit befasste Senat im Einzelfall zu prüfen, ob eine Verletzung des Gleichbehandlungsgebotes vorliegt.

(BGBl I 2008/98, BGBl I 2011/7, BGBl I 2013/107)

(2) Der/die Arbeitnehmer/in oder die von Diskriminierung im Sinne des III. Teiles, 1. Abschnitt GlBG betroffene Person hat das Recht, sich durch eine Person ihres Vertrauens, insbesondere eine/n Vertreter/in einer Interessenvertretung oder einer Nichtregierungsorganisation, im Verfahren vor der Kommission vertreten zu lassen. Der Senat hat auf Antrag des/der Arbeitnehmers/Arbeitnehmerin oder der von Diskriminierung im Sinne des III. Teiles, 1. Abschnitt GlBG betroffenen Person eine/n Vertreter/in einer von dieser Person namhaft gemachten Nichtregierungsorganisation gemäß § 14 Abs. 4a beizuziehen. Der Senat hat den/die Arbeitnehmer/in oder die betroffene Person zugleich mit der Einleitung der jeweiligen Einzelfallprüfung über dieses Antragsrecht ausdrücklich zu belehren.

(BGBl I 2008/98, BGBl I 2011/7, BGBl I 2013/107)

(3) Ist der Senat der Auffassung, dass eine Verletzung des Gleichbehandlungsgebotes vorliegt, so hat er dem/der Arbeitgeber/in oder in Fällen in Zusammenhang mit einer sonstigen Diskriminierung in der Arbeitswelt dem/der für die Diskriminierung Verantwortlichen oder dem/der für eine Diskriminierung im Sinne des III. Teiles, 1. Abschnitt des GlBG Verantwortlichen schriftlich einen Vorschlag zur Verwirklichung der Gleichbehandlung zu übermitteln und ihn/sie aufzufordern, die Diskriminierung zu beenden. Für die

Umsetzung des Vorschlags ist eine Frist von zwei Monaten zu setzen.

(BGBl I 2008/98, BGBl I 2011/7)

(4) Wird einem Auftrag nach Abs. 3 nicht entsprochen, so kann jede der im jeweiligen Senat vertretenen Interessenvertretungen beim zuständigen Arbeitsgericht oder Zivilgericht auf Feststellung der Verletzung des Gleichbehandlungsgebotes klagen. Der Ablauf der gesetzlichen Verjährungsfrist sowie kollektivvertraglicher Verfallfristen wird bis zum Ende des Monats nach Eintritt der Rechtskraft solcher Urteile gehemmt.

(5) In einem auf Antrag des/der Anwalts/Anwältin eingeleiteten Verfahren steht das Klagerecht gemäß Abs. 4 auch diesem Anwalt/dieser Anwältin zu, wobei die Klage nur mit Zustimmung des/der Arbeitnehmers/Arbeitnehmerin oder der betroffenen Person eingebracht werden darf.

(BGBl I 2013/107)

(6) Der Senat hat rechtskräftige Gerichtsurteile im Sinne des Abs. 4 und 5, die Verletzungen des Gleichbehandlungsgebotes feststellen, im vollen Wortlaut, jedoch in anonymisierter Form auf der Website des Bundeskanzleramtes kostenlos zu veröffentlichen.

(BGBl I 2008/98)

(7) Einzelfallprüfungsergebnisse des Senates sind binnen drei Monaten nach der Beschlussfassung auszufertigen und zuzustellen. Eine der Ausfertigung vorangehende Information durch die Geschäftsführung (§ 14 Abs. 5) über den Verfahrensausgang beendet die Hemmung der Fristen zur gerichtlichen Geltendmachung (§§ 15 Abs. 3, 29 Abs. 3 und 38 Abs. 5 GlBG) nicht. Die Einzelfallprüfungsergebnisse sind in anonymisierter Form in vollem Wortlaut auf der Website des Bundeskanzleramtes kostenlos zu veröffentlichen, sofern keine Rückschlüsse auf Einzelfälle gezogen werden können.

(BGBl I 2008/98, BGBl I 2013/107)

(BGBl I 2004/66)

Verpflichtung zur Berichtslegung

§ 13. (1) Ergibt sich auf Grund einer Mitteilung eines/einer Antragsberechtigten gemäß § 12 Abs. 1, in der die behaupteten Umstände glaubhaft zu machen sind, die Vermutung der Nichteinhaltung des Gleichbehandlungsgebotes, so hat

1. in Fällen der Gleichbehandlung im Zusammenhang mit einem Arbeitsverhältnis der/die Arbeitgeber/in oder in Fällen in Zusammenhang mit einer sonstigen Diskriminierung in der Arbeitswelt der/die für die vermutete Diskriminierung vermutlich Verantwortliche,
2. in Fällen im Sinne des III. Teiles 1. Abschnitt GlBG der/die für die vermutete Diskriminierung vermutlich Verantwortliche,

der Kommission auf Verlangen einen schriftlichen Bericht zu erstatten. Wird ein solcher Bericht vom/von der Arbeitgeber/in verlangt, hat er/sie für die von der Vermutung betroffenen Betriebsbereiche unter Bedachtnahme auf die vermutete Nichteinhaltung des Gleichbehandlungsgebotes durch zahlenmäßige Aufgliederung einen Vergleich der Beschäftigungsbedingungen, der Aus- und Weiterbildungsmaßnahmen, der Aufstiegsmöglichkeiten sowie der Beschäftigungsdauer und der Art der Beendigung der Arbeitsverhältnisse von Frauen und Männern oder in Bezug auf ein anderes behauptetes diskriminierendes Merkmal zu ermöglichen. Erforderlichenfalls hat der Bericht auch Aufschluss zu geben über den Zusammenhang zwischen den Aus- und Weiterbildungsmaßnahmen und den Aufstiegsmöglichkeiten. Wird ein solcher Bericht im Fall von Diskriminierungen nach Teil III 1. Abschnitt GlBG von der/dem dafür vermutlich Verantwortlichen verlangt, hat er/sie alle Umstände des Falles aus seiner/ihrer Sicht umfassend und detailliert darzulegen.

(BGBl I 2008/98, BGBl I 2011/7, BGBl I 2013/107)

(2) Ein solcher Bericht kann im Falle einer vom Senat festgestellten Verletzung des Gleichbehandlungsgebotes für ein oder mehrere Folgejahre verlangt werden.

(3) Die Kommission kann auf Grund der Berichte Gutachten (§ 11) über die Erfüllung des Gleichbehandlungsgebotes im Betrieb erstellen.

(4) Kommt der/die Arbeitgeber/in oder der/die für eine Diskriminierung vermutlich Verantwortliche der Verpflichtung nach Abs. 1 und 2 nicht oder nicht ausreichend nach und kommt der/die Arbeitgeber/in der Aufforderung zur Verbesserung des Berichts nicht nach, so hat die Kommission diesen Umstand auf der Homepage des Bundeskanzleramts zu veröffentlichen. In der Aufforderung zur Verbesserung ist der/die Arbeitgeber/in darauf hinzuweisen, dass bei Nichterfüllung oder nicht ausreichender Erfüllung der Verpflichtung zur Berichtslegung dieser Umstand auf der Homepage des Bundeskanzleramtes veröffentlicht wird.

(BGBl I 2011/7, BGBl I 2013/107)

(BGBl I 2004/66)

Geschäftsführung der Kommission

§ 14. (1) Der/die Vorsitzende hat den Senat nach Bedarf einzuberufen. Eine Einberufung des Senates hat auch dann zu erfolgen, wenn dies mehr als ein Drittel der Mitglieder oder der/die Anwalt/Anwältin verlangt.

(BGBl I 2013/107)

(2) Die Mitglieder (Ersatzmitglieder) sind rechtzeitig und nachweislich unter Bekanntgabe der Tagesordnung zu laden.

(3) Der Senat ist beschlussfähig, wenn mehr als die Hälfte der Mitglieder (Ersatzmitglieder) anwesend ist. Für Beschlüsse des Senates ist die Mehrheit der abgegebenen Stimmen erforderlich. Bei Stimmengleichheit gilt die Meinung als angenommen, für die der/die Vorsitzende gestimmt hat.

(3a) Der/die Vorsitzende hat den/die von einer Diskriminierung Betroffene/n sowie die Person, gegen die sich der Antrag richtet, vor der Befragung zu fragen, ob Bereitschaft zu einer einvernehmlichen Lösung des Konflikts besteht, und gegebenenfalls auf diese hinzuwirken.

(BGBl I 2013/107)

(4) Die Sitzungen des Senates sind nicht öffentlich. Bildet Gegenstand des Verfahrens eine behauptete (sexuelle) Belästigung, so haben die Befragungen des/der von der (sexuellen) Belästigung Betroffenen und der Person, gegen die sich der Antrag richtet, abgesondert zu erfolgen, sofern diese nicht einer von einer der beiden Seiten beantragten gemeinsamen Befragung zustimmen. Diese Personen sind über dieses Antragsrecht zu informieren.

(BGBl I 2011/7, BGBl I 2013/107)

(4a) Der/die Vorsitzende kann den Sitzungen des Senates auch sonstige Fachleute mit beratender Stimme beiziehen. Dem Verlangen von mehr als einem Drittel der Mitglieder oder des/der Anwalts/Anwältin hat der/die Vorsitzende zu entsprechen.

(BGBl I 2011/7, BGBl I 2013/107)

(5) Die Führung der laufenden Geschäfte, die Vorbereitung der Sitzungen und die Besorgung der Kanzleigeschäfte des Senates kann unter der Leitung des/der Vorsitzenden einem/einer, falls erforderlich, mehreren Bediensteten des Bundes übertragen werden.

(6) Personen, die der Ladung zur Auskunftserteilung vor dem Senat nachkommen, haben auf Antrag Anspruch auf Ersatz der notwendigen Kosten, die durch die Reise an den Ort der Befragung, durch den Aufenthalt an diesem Ort und durch die Rückreise verursacht werden. Die Höhe des Kostenersatzes bestimmt sich nach den für Zeugen/Zeuginnen geltenden Bestimmungen des Gebührenanspruchsgesetzes 1975. Die Geltendmachung des Kostenersatzes ist von Gebühren und Bundesverwaltungsabgaben befreit.

(BGBl I 2004/66)

Ausschüsse des Senates

§ 15. (1) Der Senat kann die Behandlung von Verletzungen des Gleichbehandlungsgebotes im Einzelfall einem Ausschuss übertragen; falls erforderlich, können mehrere Ausschüsse errichtet werden.

(2) Jeder Ausschuss hat aus drei Mitgliedern zu bestehen. Den Vorsitz hat der/die Vorsitzende des Senates oder ein von dem/der Vorsitzenden betrautes Mitglied (Ersatzmitglied), das Bedienstete/r des Bundes ist, zu führen. Die übrigen Mitglieder sind vom/von der Vorsitzenden des Senates aus dem Kreise der Mitglieder oder Ersatzmitglieder der im jeweiligen Senat vertretenen Interessenvertretungen zu entnehmen.

(BGBl I 2013/107)

(3) Für die Geschäftsführung der Ausschüsse gilt § 14 sinngemäß.

(BGBl I 2013/107)

(BGBl I 2004/66)

Anwendung des AVG

§ 16. Auf das Verfahren vor den Senaten der Gleichbehandlungskommission sind die §§ 6 Abs. 1, 7, 13, 14 bis 16 sowie 17 bis 22, 32 und 33 sowie – nach Maßgabe der §§ 12 Abs. 12, 26 Abs. 12 und 38 Abs. 3 des Gleichbehandlungsgesetzes – §§ 45 und 46 AVG, BGBl. Nr. 51/1991, anzuwenden. Soweit darin hoheitliche Befugnisse geregelt sind, kommen diese der Gleichbehandlungskommission nicht zu. Für die Beiziehung von Dolmetschern und Übersetzern gelten die Bestimmungen der §§ 39a, 52 Abs. 2 bis 4, 53 sowie 53b AVG, wobei die Kosten von Amts wegen zu tragen sind.

(BGBl I 2011/7)

§§ 17–20. (entfallen)

§ 21. (1) Dieses Bundesgesetz tritt mit 1. Juli 1979 in Kraft. § 2 Abs. 1, 1a, 1b und 2, § 2a Abs. 1, 1a, 2, 5, 5a, 7, 8 und 9, § 3 Abs. 5, § 5 Abs. 3, § 6 Abs. 4, § 6a Abs. 4, § 10 Abs. 1, §§ 10b, 10c und 10d in der Fassung des Bundesgesetzes BGBl. Nr. 833/1992 treten mit 1. Jänner 1993 in Kraft.

(BGBl 1992/833)

(2) Verordnungen auf Grund des I. Teiles können bereits von dem seiner Kundmachung folgenden Tag an erlassen werden. Diese Verordnungen dürfen frühestens mit 1. Juli 1979 in Kraft gesetzt werden.

(3) § 12 Abs. 1, 1a, 1b und 2, § 13 Abs. 1, 1a, 2, 5, 5a, 7, 8 und 9 und § 18 in der Fassung des Bundesgesetzes BGBl. Nr. 833/1992 treten gegenüber den Ländern mit dem Tag der Kundmachung dieses Bundesgesetzes[a)] in Kraft. Die Ausführungsgesetze sind binnen sechs Monaten ab dem der Kundmachung folgenden Tag zu erlassen.

[a)] Das ist der 29. Dezember 1992.

(4) § 2 Abs. 1a, § 2a Abs. 7, § 3, § 3a Abs. 1, 2a, 3a und 7 sowie § 7 Abs. 4 und 6 sowie § 10b in der Fassung des Bundesgesetzes BGBl. I Nr. 44/1998 treten mit 1. Mai 1998 in Kraft. Die zu diesem Zeitpunkt bestellten Mitglieder der Gleichbehandlungskommission und deren Ersatzmitglieder gelten gemäß § 3 dieser Fassung bis zum Ablauf des 30. Juni 1999 bestellt.

(BGBl I 1998/44)

(5) § 12 Abs. 1a und § 13 Abs. 7 in der Fassung des Bundesgesetzes BGBl. I Nr. 44/1998 treten gegenüber den Ländern mit 1. Mai 1998 in Kraft. Die Ausführungsgesetze sind binnen sechs Monaten nach diesem Tag zu erlassen.

(BGBl I 1998/44)

(6) § 2a Abs. 7 und § 10d in der Fassung des Bundesgesetzes BGBl. I Nr. 98/2001 treten mit 1. Jänner 2002 in Kraft.

(BGBl I 2001/98)

(7) § 13 Abs. 7 in der Fassung des Bundesgesetzes BGBl. I Nr. 98/2001 tritt gegenüber den Ländern mit 1. Juli 2001 in Kraft. Die Ausführungs-

gesetze sind binnen sechs Monaten nach diesem Tag zu erlassen und haben ein In-Kraft-Treten mit 1. Jänner 2002 vorzusehen.

(BGBl I 2001/98)

(8) §§ 1 bis 16 sowie 22 bis 24 in der Fassung des Bundesgesetzes BGBl. I Nr. 66/2004 sowie der Entfall der Überschriften „I. Teil“, „III. Teil“ und „Schlussbestimmungen“ treten mit 1. Juli 2004 in Kraft. §§ 10a bis 10d sowie der bisherige II. Teil treten mit 30. Juni 2004 außer Kraft.

(BGBl I 2004/66)

(9) §§ 5 Abs. 1, 6 Abs. 1, 10 Abs. 1 und § 16 in der Fassung des Bundesgesetzes BGBl. I Nr. 82/2005 treten mit 1. Juli 2004 in Kraft, § 1 Abs. 5 in der Fassung des Bundesgesetzes BGBl. I Nr. 82/2005 tritt mit 1. Jänner 2006 in Kraft.

(BGBl I 2005/82)

(10) § 1 Abs. 1 und 2, 2 Abs. 2, 4, 6 und 7, § 3 Abs. 1 und 2, 6 und 9, § 4 Abs. 2, § 6, § 7 Abs. 1, § 11 Abs. 3, § 12 Abs. 1 bis 3, 6 und 7, § 13 Abs. 1, sowie §§ 22 und 24 in der Fassung des Bundesgesetzes BGBl. I Nr. 98/2008 treten mit 1. August 2008 in Kraft. § 2 Abs. 5 in der Fassung des Bundesgesetzes BGBl. I Nr. 98/2008 tritt mit Ablauf des 31. Juli 2008 außer Kraft. Die auf Grund der Änderung des § 2 Abs. 4 in der Fassung des Bundesgesetzes BGBl. I Nr. 98/2008 erstmals zu bestellenden Mitglieder des Senats III sind mit 1. Oktober 2008 zu bestellen; bis dahin hat der Senat III in der am 1. Juli 2008 bestehenden Zusammensetzung seine Tätigkeit wahrzunehmen.

(BGBl I 2008/98)

(11) § 1 Abs. 2 Z 3, § 3 Abs. 2 Z 3, Abs. 5a und Abs. 8 Z 4 und 5, § 4 Abs. 1 letzter Satz und Abs. 2a, § 5 Abs. 1 letzter Satz und Abs. 2a, § 6 Abs. 1 sowie die Überschrift zu § 6, § 9, § 10 Abs. 1a erster Satz, Abs. 1c und Abs. 2a, § 12 Abs. 1, 2 und 3, § 13 Abs. 1 und Abs. 4, § 14 Abs. 4 und 4a, § 16, § 22 und § 24 in der Fassung des Bundesgesetzes BGBl. I Nr. 7/2011 treten mit 1. März 2011 in Kraft. § 14 Abs. 4 und § 16 in der Fassung des Bundesgesetzes BGBl. I Nr. 7/2011 gelten für Verfahren vor der Gleichbehandlungskommission, bei denen der Antrag bzw. das Verlangen nach dem 28. Februar 2011 gestellt wird. Für Verfahren vor der Gleichbehandlungskommission, bei denen der Antrag bzw. das Verlangen vor dem 1. März 2011 gestellt wird bzw. worden ist und die noch in keiner Senatssitzung behandelt worden sind, gelten § 14 Abs. 4 und § 16 in der Fassung des Bundesgesetzes BGBl. I Nr. 7/2011, wenn dies entweder die von einer Diskriminierung im Sinne des GlBG betroffene Person oder die Person, gegen die sich der Antrag bzw. das Verlangen richtet, beantragt und die jeweils gegenbeteiligte Person dem zustimmt.

(BGBl I 2011/7)

(12) § 3 bis § 5 samt Überschriften, § 10 Abs. 1, § 11 Abs. 1, § 12 Abs. 1, 2, 5 und 7, § 13 Abs. 1 und 4, § 14 Abs. 1 zweiter Satz, Abs. 3a, 4 und 4a zweiter Satz, § 15 Abs. 2 und 3 sowie § 22 in der Fassung des Bundesgesetzes BGBl. I Nr. 107/2013 treten mit 1. August 2013 in Kraft. §§ 6 und 7 samt Überschriften treten mit Ablauf des 31. Juli 2013 außer Kraft. Unter Regionalvertreter/innen gemäß § 3 Abs. 1 Z 4, in der Fassung des Bundesgesetzes BGBl. I Nr. 7/2011 sind ab 1. August 2013 die Regionalanwälte/Regionalanwältinnen gemäß § 3 Abs. 2 Z 3 in der Fassung des Bundesgesetzes BGBl. I Nr. 107/2013, zu verstehen. Unter Stellvertreter/innen gemäß § 3 Abs. 1 Z 5 in der Fassung des Bundesgesetzes BGBl. I Nr. 7/2011 sind ab 1. August 2013 die weiteren Anwälte/Anwältinnen gemäß § 3 Abs. 2 Z 2 in der Fassung des Bundesgesetzes BGBl. I Nr. 107/2013, zu verstehen. § 14 Abs. 3 und Abs. 4 in der Fassung des Bundesgesetzes BGBl. I Nr. 107/2013 gelten für Verfahren vor der Gleichbehandlungskommission, bei denen der Antrag nach dem 31. Juli 2013 gestellt wird. Für Verfahren vor der Gleichbehandlungskommission, bei denen der Antrag vor dem 1. August 2013 gestellt wird, gelten § 14 Abs. 3 und Abs. 4 in der bis dahin geltenden Fassung.

(BGBl I 2013/107)

(13) § 2 Abs. 2 bis 4 und Abs. 9 treten mit 1. Jänner 2014 in Kraft. Mit diesem Zeitpunkt sind die Mitglieder der Gleichbehandlungskommission für den Rest der laufenden Funktionsperiode bis 30. Juni 2016 neu zu bestellen.

(BGBl I 2013/107)

§ 22. Mit der Vollziehung dieses Bundesgesetzes sind hinsichtlich der §§ 5 Abs. 6 letzter Satz und 12 Abs. 4 und 5 der/die Bundesminister/in für Justiz, hinsichtlich des § 24 der/die Bundeskanzler/in im Einvernehmen mit dem/der Bundesminister/in für Arbeit, Soziales und Konsumentenschutz, im Übrigen der/die Bundeskanzler/in betraut.

(BGBl I 2004/66, BGBl I 2008/98, BGBl I 2011/7, BGBl I 2013/107)

Verweisungen

§ 23. Soweit in diesem Bundesgesetz auf andere Bundesgesetze verwiesen wird, sind diese in der jeweils geltenden Fassung anzuwenden.

(BGBl I 2004/66)

Berichte an den Nationalrat

§ 24. Der/die Bundeskanzler/in und der/die Bundesminister/in für Arbeit, Soziales und Konsumentenschutz haben dem Nationalrat alle zwei Jahre einen Bericht über die Vollziehung des Gleichbehandlungsgesetzes vorzulegen. Dieser Bericht hat insbesondere Angaben über die Tätigkeit und Wahrnehmungen der Gleichbehandlungsanwaltschaft, die Verfahren vor der Kommission und die sonstige Tätigkeit der Kommission zu enthalten. Jedes zweite Mal ist dieser zweijährige Bericht durch Beiträge der Interessenvertretungen der Arbeitgeber/innen und Arbeitnehmer/innen zu ergänzen und dem Nationalrat vorzulegen.

(BGBl I 2004/66, BGBl I 2008/98, BGBl I 2011/7)

Artikel II
Schlußbestimmungen[a)]

[a)] idF BGBl 1985/290

(1) Mit der Vollziehung des Art. I Z 1 bis 3, 6 bis 8 und 10 dieses Bundesgesetzes ist der Bundesminister für soziale Verwaltung, hinsichtlich der Z 4 der Bundesminister für Justiz und der Bundesminister für soziale Verwaltung, hinsichtlich der Z 5 der jeweils für die Förderungen zuständige Bundesminister und hinsichtlich der Z 9 der Bundesminister für Justiz betraut.

(2) Die Ausführungsgesetze der Bundesländer zu den Grundsätzen in Art. I Z 11 sind bis längstens 1. April 1986 zu erlassen.

(3) Mit der Wahrnehmung der dem Bund nach Art. 15 Abs. 8 des Bundes-Verfassungsgesetzes hinsichtlich des Art. I Z 11 zustehenden Rechte ist der Bundesminister für soziale Verwaltung, hinsichtlich des Art. I Z 11 (§§ 13 und 15 Abs. 2) der Bundesminister für Justiz, betraut.

14. Insolvenz-Entgeltsicherungsgesetz

Insolvenz-Entgeltsicherungsgesetz, BGBl 1977/324 idF

1 BGBl 1979/107	**2** BGBl 1980/580	**3** BGBl 1981/209
4 BGBl 1982/647	**5** BGBl 1983/613	**6** BGBl 1985/104
7 BGBl 1986/69	**8** BGBl 1986/395	**9** BGBl 1987/618
10 BGBl 1990/282	**11** BGBl 1991/628	**12** BGBl 1992/835
13 BGBl 1993/799	**14** BGBl 1993/817	**15** BGBl 1994/153
16 BGBl 1994/314	**17** BGBl 1995/297	**18** BGBl 1996/754
19 BGBl I 1997/107	**20** BGBl I 1998/30	**21** BGBl I 1999/73
22 BGBl I 2000/26	**23** BGBl I 2000/44	**24** BGBl I 2000/142
25 BGBl I 2001/88	**26** BGBl I 2002/100	**27** BGBl I 2002/158
28 BGBl I 2003/71	**29** BGBl I 2003/128	**30** BGBl I 2004/77
31 BGBl I 2005/8	**32** BGBl I 2005/36	**33** BGBl I 2005/102
34 BGBl I 2005/114	**35** BGBl I 2005/139	**36** BGBl I 2006/86
37 BGBl I 2007/104	**38** BGBl I 2008/82	**39** BGBl I 2009/70
40 BGBl I 2009/90	**41** BGBl I 2009/148	**42** BGBl I 2010/29
43 BGBl I 2010/111	**44** BGBl I 2011/24	**45** BGBl I 2011/39
46 BGBl I 2012/35	**47** BGBl I 2014/30	**48** BGBl I 2015/34
49 BGBl I 2015/113	**50** BGBl I 2017/122	**51** BGBl I 2017/123
52 BGBl I 2017/154	**53** BGBl I 2018/30	**54** BGBl I 2018/32
55 BGBl I 2018/100	**56** BGBl I 2019/16	**57** BGBl I 2019/104
58 BGBl I 2020/98	**59** BGBl I 2021/86	**60** BGBl I 2021/218

GLIEDERUNG

STICHWORTVERZEICHNIS

Bundesgesetz vom 2. Juni 1977 über die Sicherung von Arbeitnehmeransprüchen im Falle der Insolvenz des Arbeitgebers (Insolvenz-Entgeltsicherungsgesetz – IESG)

Der Nationalrat hat beschlossen:

Voraussetzungen des Anspruches

§ 1. (1) Anspruch auf Insolvenz-Entgelt haben Arbeitnehmer, freie Dienstnehmer im Sinne des § 4 Abs. 4 des Allgemeinen Sozialversicherungsgesetzes (ASVG), BGBl. Nr. 189/1955, Heimarbeiter und ihre Hinterbliebenen sowie ihre Rechtsnachfolger von Todes wegen (Anspruchsberechtigte) für die nach Abs. 2 gesicherten Ansprüche, wenn sie in einem Arbeitsverhältnis (freien Dienstverhältnis, Auftragsverhältnis) stehen oder gestanden sind und gemäß § 3 Abs. 1 oder Abs. 2 lit. a bis d ASVG als im Inland beschäftigt gelten (galten) und über das Vermögen des Arbeitgebers (Auftraggebers) im Inland ein Verfahren nach der Insolvenzordnung (IO), RGBl. Nr. 337/1914 eröffnet wird. Den Verfahren nach der IO (im folgenden „Insolvenzverfahren“) stehen gleich:

1. die Anordnung der Geschäftsaufsicht,
2. die Nichteröffnung des Insolvenzverfahrens mangels kostendeckenden Vermögens,
3. die Ablehnung der Eröffnung des Insolvenzverfahrens gemäß § 68 IO wegen Vermögenslosigkeit,
4. die Löschung gemäß § 40 oder § 42 des Firmenbuchgesetzes (FBG), BGBl. Nr. 10/1991, wegen Vermögenslosigkeit,
5. die Zurückweisung des Antrags auf Eröffnung des Insolvenzverfahrens gemäß § 63 IO,
6. der Beschluss gemäß § 153 Abs. 1 oder § 154 Abs. 1 des Außerstreitgesetzes (AußStrG), BGBl. I Nr. 111/2003.

Hat ein ausländisches Gericht eine Entscheidung getroffen, die

– nach der Verordnung (EU) Nr. 848/2015 vom 20. Mai 2015 über Insolvenzverfahren (Neufassung), ABl. Nr. L 141 vom 5.6.2015 S. 19, oder
– gemäß § 240 IO oder
– nach den §§ 243 bis 251 IO (betreffend Kreditinstitute und Versicherungsunternehmen)

im Inland anerkannt wird, besteht nach Maßgabe dieses Bundesgesetzes gleichfalls Anspruch auf Insolvenz-Entgelt, wenn die Voraussetzungen

– des ersten Satzes mit Ausnahme der Eröffnung des Insolvenzverfahrens im Inland und
– des Art. 2 Abs. 1 der Richtlinie 2008/94/EG vom 22. Oktober 2008 über den Schutz der Arbeitnehmer bei Zahlungsunfähigkeit des Arbeitgebers, ABl. Nr. L 283 vom 28.10.2008 S. 36, erfüllt sind.

(BGBl 1980/580, BGBl 1986/395, BGBl 1992/835, BGBl I 1997/107, BGBl I 2005/102, BGBl I 2008/82, BGBl I 2010/29, BGBl I 2017/122)

(2) Gesichert sind aufrechte, nicht verjährte und nicht ausgeschlossene Ansprüche (Abs. 3) aus dem Arbeitsverhältnis, auch wenn sie gepfändet, verpfändet oder übertragen worden sind, und zwar:

1. Entgeltansprüche, insbesondere auf laufendes Entgelt und aus der Beendigung des Arbeitsverhältnisses,
2. Schadenersatzansprüche,
3. sonstige Ansprüche gegen den Arbeitgeber und

4. die zur zweckentsprechenden Rechtsverfolgung notwendigen Kosten. Dies sind insbesondere:
   a) Prozesskosten, die dem Arbeitnehmer zur Durchsetzung der Ansprüche nach Z 1 bis 3 rechtskräftig zugesprochen oder im Fall eines Insolvenzverfahrens gemäß § 109 IO festgestellt wurden;
   b) rechtskräftig zugesprochene Kosten der gemäß § 110 IO geführten Prüfungsprozesse;
   c) rechtskräftig zugesprochene Exekutionskosten zur Hereinbringung der Ansprüche des Arbeitnehmers gegen den Arbeitgeber;
   d) tarifmäßige Prozesskosten, die dem Arbeitnehmer in einem Verfahren zur Durchsetzung seiner Ansprüche nach Abs. 2 Z 1 bis 3 entstanden sind und deren Ersatz ihm auf Grund eines rechtswirksamen gerichtlichen oder außergerichtlichen Vergleiches oder Anerkenntnisses zusteht, sowie Prozesskosten, die dem Arbeitnehmer in einem derartigen Gerichtsverfahren entstanden sind, das gemäß § 7 Abs. 1 IO unterbrochen worden ist;
   e) Barauslagen und Kosten für den Rechtsvertreter, die dem Arbeitnehmer anlässlich eines außergerichtlichen Vergleiches oder Anerkenntnisses über Ansprüche nach Abs. 2 Z 1 bis 3 entstanden sind, Kosten für den Rechtsvertreter jedoch nur bis zu der in der Tarifpost 2 des Rechtsanwaltstarifsgesetzes, BGBl. Nr. 189/1969, festgesetzten Höhe;
   f) tarifmäßige Verfahrenskosten und Barauslagen, die dem Arbeitnehmer im Zuge der Beantragung und der Teilnahme an einem Verfahren nach Abs. 1 erwachsen sind;
   g) tarifmäßige Verfahrenskosten und Barauslagen für eine nachträgliche Prüfungstagsatzung hinsichtlich von Forderungen, die nach der allgemeinen Prüfungstagsatzung entstanden oder fällig geworden sind;
   h) die dem Arbeitnehmer zugesprochenen Kosten, wenn dieser vom Arbeitgeber die Ausstellung eines Dienstzeugnisses begehrt hat;
   i) Prozesskosten, die der Arbeitgeber als Kläger dem Arbeitnehmer als Beklagten in einem Verfahren über Forderungen, die im Zusammenhang mit dem Arbeitsverhältnis stehen, zu ersetzen hat, soweit der Arbeitgeber diese wegen der Eröffnung eines Insolvenzverfahrens oder Vorliegens eines anderen Insolvenztatbestandes nach Abs. 1 nicht mehr zahlen kann. Dies gilt nicht für Kosten in einem Verfahren nach § 7 Abs. 7.

(BGBl 1986/395, BGBl 1994/153, BGBl I 2010/29)

(3) Insolvenz-Entgelt gebührt nicht (ausgeschlossener Anspruch):

1. für Ansprüche nach Abs. 2, die durch eine im Sinn der §§ 438 ff EO bzw. der Insolvenzordnung anfechtbare Rechtshandlung erworben wurden;

   (BGBl I 2010/29, BGBl I 2021/86)

1a. für Ansprüche nach Abs. 2, wenn der Anspruchsberechtigte im Zusammenhang mit der Insolvenz nach Abs. 1 wegen einer im § 11 Abs. 3 angeführten Straftat verurteilt wird;

   (BGBl I 2005/102)

2. Für Ansprüche, die auf einer Einzelvereinbarung beruhen, die
   a) nach dem Antrag auf Eröffnung des Insolvenzverfahrens oder auf Anordnung der Geschäftsaufsicht oder

      (BGBl I 2010/29)

   b) in den letzten sechs Monaten vor der Eröffnung des Insolvenzverfahrens oder der Anordnung der Geschäftsaufsicht bzw. vor der Kenntnis vom Beschluss nach Abs. 1 Z 2 bis 6

      (BGBl I 2010/29)

   abgeschlossen wurde, soweit die Ansprüche über den durch Gesetz, Kollektivvertrag oder Betriebsvereinbarung (§ 97 Abs. 1 des Arbeitsverfassungsgesetzes (ArbVG), BGBl. Nr. 22/1974) zustehenden Anspruch oder die betriebsübliche Entlohnung hinausgehen oder auf sonstigen Besserstellungen beruhen, wenn die höhere Entlohnung sachlich nicht gerechtfertigt ist;

   (BGBl 1981/209, BGBl 1994/153, BGBl I 1997/107)

3. für Ansprüche auf Kündigungsentschädigung, sofern dieser Anspruch das Entgelt für den Zeitraum von drei Monaten übersteigt, hinsichtlich jenes Betrages, den der Arbeitnehmer infolge des Unterbleibens der Arbeitsleistung erspart oder durch anderweitige Verwendung erworben oder zu erwerben absichtlich versäumt hat;

3a. für Ansprüche auf laufendes Entgelt, wenn für denselben Zeitraum Anspruch auf Kündigungsentschädigung nach Z 3 besteht, es sei denn, dass im Insolvenzverfahren die Insolvenzmasse, ansonsten der Arbeitgeber nicht in der Lage ist, das laufende Entgelt zum Teil oder zur Gänze dem Anspruchsberechtigten zu zahlen, höchstens jedoch bis zum Zeitpunkt des arbeitsrechtlich frühestmöglichen Austritts wegen Vorenthaltung des gebührenden Entgeltes;

   (BGBl 1994/153, BGBl I 2010/29)

4. für Entgeltansprüche – ausgenommen solche nach Abs. 4a –, wenn der als Insolvenz-Entgelt begehrte Bruttobetrag im Zeitpunkt der bedungenen Zahlung den Grenzbetrag nach Maßgabe des Abs. 4 übersteigt;

   (BGBl 1986/69, BGBl 1986/395, BGBl 1993/817)
5. für Ansprüche nach Abs. 2, sofern auf Grund gesetzlicher Anordnung ein anderer als der Arbeitgeber (ehemaliger Arbeitgeber) zur Zahlung verpflichtet ist;

   (BGBl 1987/618, BGBl 1990/282)
6. für Ansprüche nach dem Betriebspensionsgesetz (BPG), BGBl. Nr. 282/1990, gegenüber einer Pensionskasse im Sinne des Pensionskassengesetzes (PKG), BGBl. Nr. 281/1990 oder einem Unternehmen gemäß § 1 Abs. 1 Z 1, 2, 4 oder 5 des Versicherungsaufsichtsgesetzes 2016, BGBl. I Nr. 34/2015.

   (BGBl 1990/282, BGBl I 2005/8, BGBl I 2015/34)

(BGBl I 2008/82)

(4) Als Grenzbetrag gemäß Abs. 3 Z 4 gilt der zweifache Betrag der Höchstbeitragsgrundlage gemäß § 45 Abs. 1 des Allgemeinen Sozialversicherungsgesetzes (ASVG), BGBl. Nr. 189/1955, der

1. bei Entgeltansprüchen, die nach Zeiträumen bemessen werden, mit der Anzahl der Tage des jeweiligen Entlohnungszeitraumes zu vervielfachen ist;
2. bei Entgeltansprüchen, die nicht nach Zeiträumen bemessen werden, mit der Anzahl der Tage des jeweiligen Kalendervierteljahres zu vervielfachen ist, in welchem der Anspruch abzurechnen gewesen wäre.
3. Abweichend von Z 1 und Z 2 gilt für Ansprüche auf Auszahlung von fällig gewordenem Entgelt aus Überstunden- oder Mehrarbeit, für die Zeitausgleich vereinbart war, aus Zeitguthaben oder Zeitzuschlägen als Grenzbetrag für jede abzugeltende Stunde ein Viertel der täglichen Höchstbeitragsgrundlage gemäß § 45 Abs. 1 ASVG zum Zeitpunkt der Fälligkeit. Diese Ansprüche gelten abweichend von § 44 Abs. 7 ASVG für jenen Kalendermonat als erworben, in dem sie fällig geworden sind; als monatliche Höchstbeitragsgrundlage gilt für diese Ansprüche der 30-fache Betrag der täglichen Höchstbeitragsgrundlage gemäß § 45 Abs. 1 ASVG zum Zeitpunkt der Fälligkeit.

   (BGBl I 2017/123)

Der jeweilige Grenzbetrag ist um die, vom Arbeitgeber bzw. der Masse auf den Einzelanspruch geleisteten Zahlungen zu vermindern.

(BGBl 1986/395, BGBl 1994/153)

(4a) Besteht Anspruch auf Abfertigung nach den §§ 23 und 23a AngG oder einer anderen gleichartigen österreichischen Rechtsvorschrift, gebührt Insolvenz-Entgelt hiefür

a) bis zum Ausmaß der einfachen Höchstbeitragsgrundlage nach Abs. 4 pro Monatsbetrag Abfertigung in voller Höhe
b) und, soweit ein höherer Anspruch zusteht, bis zum Ausmaß der zweifachen Höchstbeitragsgrundlage nach Abs. 4 pro Monatsbetrag Abfertigung in halber Höhe.

   (BGBl 1993/817)

(BGBl I 2008/82)

(5) Sofern der gesicherte Anspruch auf Grund der insolvenzrechtlichen Vorschriften angemeldet werden kann, besteht Anspruch auf Insolvenz-Entgelt nur dann, wenn der gesicherte Anspruch als Forderung in einem solchen Insolvenzverfahren angemeldet worden ist, es sei denn, daß dem Anspruchsberechtigten die Anmeldung nicht möglich war. Wird Insolvenz-Entgelt auf Grund einer ausländischen Entscheidung beantragt, hat der Antragsteller eine nach dem jeweiligen ausländischen Recht erforderliche Forderungsanmeldung ~~der zuständigen Geschäftsstelle~~[a] der Insolvenz-Entgelt-Fonds-Service GmbH (IEF-Service GmbH) zur Kenntnis zu bringen.

(BGBl 1986/395, BGBl I 1997/107, BGBl I 2005/102, BGBl I 2008/82, BGBl I 2010/29, BGBl I 2021/218)

[a] Die Streichung tritt mit 1. Juli 2022 in Kraft.

(6) Keinen Anspruch auf Insolvenz-Entgelt haben:

1. Arbeitnehmer, die in einem Dienstverhältnis zum Bund, zu einem Bundesland, zu einer Gemeinde, zu einem Gemeindeverband oder zu einem Arbeitgeber stehen, der entweder nach den allgemein anerkannten Regeln des Völkerrechtes oder gemäß völkerrechtlichen Verträgen oder auf Grund des Bundesgesetzes über die Einräumung von Privilegien und Immunitäten an internationale Organisationen, BGBl. Nr. 677/1977, Immunität genießt, aus diesem Dienstverhältnis;
2. Gesellschafter, denen ein beherrschender Einfluß auf die Gesellschaft zusteht, auch wenn dieser Einfluß ausschließlich oder teilweise auf der treuhändigen Verfügung von Gesellschaftsanteilen Dritter beruht oder durch treuhändige Weitergabe von Gesellschaftsanteilen ausgeübt wird;
3. Personen, die nach § 66a des Arbeitslosenversicherungsgesetzes 1977, BGBl. Nr. 609 der Arbeitslosenversicherungspflicht unterliegen.

(BGBl I 2005/102, BGBl I 2008/82)

Insolvenz-Entgelt für Abfertigung wegen Verschlechterung der Wirtschaftslage und bei überschuldetem Nachlass

§ 1a. (1) Insolvenz-Entgelt gebührt auch für eine Abfertigung, wenn der Arbeitgeber auf Grund eines Urteiles, in dem die Prüfung ergab, daß sich seine persönliche Wirtschaftslage derart verschlechtert hat, daß ihm die Erfüllung der Zahlung der Abfertigung zum Teil oder zur Gänze billigerweise nicht zugemutet werden kann, gemäß § 23 Abs. 2 des

Angestelltengesetzes (AngG), BGBl. Nr. 292/1921, oder des § 22 Abs. 2 des Gutsangestelltengesetzes, BGBl. Nr. 538/1923, oder einer anderen gleichartigen österreichischen Rechtsvorschrift von der Zahlung einer Abfertigung zum Teil oder zur Gänze befreit wurde.

(BGBl I 1997/107, BGBl I 2008/82)

(2) Der Anspruch auf Insolvenz-Entgelt umfaßt den Teil der Abfertigung, den der Arbeitgeber im Sinne des Abs. 1 dem Anspruchsberechtigten nicht ausbezahlen muß, und die dem Arbeitnehmer diesbezüglich erwachsenen tarifmäßigen Verfahrenskosten und Barauslagen sowie die von ihm zu ersetzenden Prozeßkosten.

(BGBl I 2008/82)

(3) Insolvenz-Entgelt gebührt für gesicherte Ansprüche nach § 1 Abs. 2 hinsichtlich jenes Teils, für den der Anspruchsberechtigte vom bedingt erbserklärten Erben wegen der auf Grund eines Urteils feststehenden nicht ausreichenden Nachlassaktiva keine Zahlung erhalten kann. In diesem Fall gebührt dem Arbeitnehmer Insolvenz-Entgelt auch für die ihm erwachsenen tarifmäßigen Verfahrenskosten und Barauslagen sowie die von ihm an diesen Erben zu ersetzenden Prozesskosten.

(BGBl I 2010/29)

(4) Im übrigen gelten die Bestimmungen dieses Bundesgesetzes mit der Maßgabe, daß

1. das Vorliegen eines Insolvenztatbestandes im Sinne des § 1 Abs. 1 nicht erforderlich ist,

2.[a] für das Verfahren die Geschäftsstelle der IEF-Service GmbH (im folgenden „Geschäftsstelle“) zuständig ist, in deren Sprengel sich gemäß § 5 Abs. 1 das Gericht befindet, das die Entscheidung erster Instanz erlassen hat,

(BGBl I 2001/88, BGBl I 2008/82, BGBl I 2021/218)

[a] Tritt mit 1. Juli 2022 außer Kraft.

3.[a] die Antragsfrist gemäß § 6 Abs. 1 mit der Zustellung des dem Anspruchsberechtigten gegenüber rechtskräftig gewordenen Urteiles zu laufen beginnt und

(BGBl I 2021/218)

[a] Ab 1. Juli 2022: Z 2.

4.[a] ein Übergang des Anspruches (§ 11) nicht stattfindet.

(BGBl I 2021/218)

[a] Ab 1. Juli 2022: Z 3.

(BGBl 1992/835, BGBl 1994/314, BGBl I 2010/29)
(BGBl I 2010/29)

Insolvenz-Entgelt für Übertragungsbeträge

§ 1b. (1) Insolvenz-Entgelt gebührt auch für Übertragungsbeträge nach § 47 Abs. 3 des Betrieblichen Mitarbeiter- und Selbständigenvorsorgegesetzes (BMSVG), BGBl. I Nr. 100/2002, bei Vorliegen eines Insolvenztatbestandes nach § 1 Abs. 1.

(BGBl I 2007/104, BGBl I 2008/82)

(2) Der Anspruch auf Insolvenz-Entgelt umfasst die zum Stichtag (§ 3 Abs. 1) noch aushaftenden Übertragungsbeträge, soweit diese die zum Stichtag fiktiv bei Anwendung der im § 47 Abs. 1 BMSVG angeführten Rechtsvorschriften oder Vertragsbedingungen gebührenden Monatsentgelte an Abfertigung unter Beachtung der Grenzbeträge gemäß § 1 Abs. 4a nicht übersteigen.

(BGBl I 2007/104, BGBl I 2008/82)

(3) Die BV-Kasse hat dem Arbeitnehmer auf sein Verlangen eine schriftliche Bestätigung über die vom Arbeitgeber bis zum Stichtag (§ 3 Abs. 1) einbezahlten Übertragungsbeträge auszufolgen. Wird die BV-Kasse innerhalb von sechs Monaten nach dem Stichtag um die Ausfolgung einer solchen schriftlichen Bestätigung ersucht, beginnt die Frist zur Beantragung von Insolvenz-Entgelt für aushaftende Übertragungsbeträge mit der Zustellung dieser Bestätigung zu laufen. Der Arbeitnehmer hat diese Bestätigung und die Vereinbarung gemäß § 47 Abs. 1 BMSVG der „zuständigen Geschäftsstelle“[a] vorzulegen.

(BGBl I 2007/104, BGBl I 2008/82, BGBl I 2021/218)

[a] Ab 1. Juli 2022: „IEF-Service GmbH“.

(4) Das für Übertragungsbeträge zuerkannte Insolvenz-Entgelt ist an die BV-Kasse zu zahlen; der BV-Kasse ist auch eine Abschrift des Zuerkennungsbescheides zu übermitteln.

(BGBl I 2007/104, BGBl I 2008/82)
(BGBl I 2005/36, BGBl I 2008/82)

Sprachliche Gleichbehandlung und Verweisungen

§ 2. (1) Soweit in diesem Bundesgesetz personenbezogene Bezeichnungen nur in männlicher Form angeführt sind, beziehen sie sich auf Frauen und Männer in gleicher Weise, es sei denn, daß ausdrücklich anderes angeordnet ist.

(2) Soweit in diesem Bundesgesetz auf andere Bundesgesetze verwiesen wird, sind diese in ihrer jeweils geltenden Fassung anzuwenden.

(BGBl 1986/395)

Ausmaß des Insolvenz-Entgelts

§ 3. (1) Das Insolvenz-Entgelt gebührt, vorbehaltlich § 3d, in inländischer Währung in der Höhe des gesicherten Anspruches, vermindert um die Dienstnehmerbeitragsanteile zur gesetzlichen Sozialversicherung, unbeschadet § 13a Abs. 1, und vermindert um jene gesetzlichen Abzüge, die von anderen öffentlich-rechtlichen Körperschaften im Insolvenzverfahren geltend zu machen sind. Ist dieser Anspruch nicht auf eine Geldleistung gerichtet oder ist sein Geldbetrag unbestimmt oder nicht in inländischer Währung festgesetzt, so ist der Schätzwert zum Zeitpunkt der Eröffnung des Insolvenzverfahrens oder der Anordnung der Geschäftsaufsicht bzw. zum Zeitpunkt eines Beschlusses nach § 1 Abs. 1 Z 2 bis 6 (Stichtag) maßgebend. Betagte Forderungen gelten als fällig. Betagte unverzinsliche Forderungen können nur in dem Betrag geltend gemacht werden, der mit Hinzurechnung der gesetzlichen Zinsen von dem im zweiten Satz genannten Zeitpunkt bis zur Fälligkeit dem vollen Betrag der Forderung gleichkommt.

(BGBl I 2008/82, BGBl I 2010/29)

(2) Insolvenz-Entgelt für Zinsen gebührt für die gemäß § 1 Abs. 2 Z 1 bis 3 gesicherten Ansprüche ab der Fälligkeit dieser Ansprüche bis zum Stichtag (§ 3 Abs. 1).

(BGBl I 2000/142, BGBl I 2008/82)

(3) Der Berechnung des Insolvenz-Entgelts für gesicherte Ansprüche sind unbeschadet des zweiten Satzes nur die gesetzlichen oder kollektivvertraglichen Kündigungsfristen unter Bedachtnahme auf die Kündigungstermine und die gesetzlichen Kündigungsbeschränkungen zugrunde zu legen. Eine einzelvertragliche Anrechnung von Vordienstzeiten ist unter Bedachtnahme auf § 1 Abs. 3 Z 2 der Berechnung des Insolvenz-Entgelts nur insoweit zugrunde zu legen, als es sich um die Anrechnung von tatsächlich geleisteten Beschäftigungszeiten handelt oder solche Zeiten nicht bereits bei früheren Beendigungsansprüchen berücksichtigt wurden. Der erste und zweite Satz finden auch auf befristete Arbeitsverhältnisse Anwendung; der erste Satz jedoch nur dann, wenn das Arbeitsverhältnis nicht vorher durch Fristablauf endet.

(BGBl I 2008/82)

(BGBl 1982/647, BGBl 1986/395, BGBl 1990/282, BGBl 1992/835, BGBl 1996/754, BGBl I 1997/107, BGBl I 2008/82)

für Entgelt und Ansprüche aus nicht ausgeglichenen Zeitguthaben vor der Insolvenz

§ 3a. (1) Insolvenz-Entgelt gebührt für das dem Arbeitnehmer gebührende Entgelt einschließlich der gebührenden Sonderzahlungen, das in den letzten sechs Monaten vor dem Stichtag (§ 3 Abs. 1) oder, wenn das Arbeitsverhältnis vor dem Stichtag geendet hat, in den letzten sechs Monaten vor dessen arbeitsrechtlichem Ende fällig geworden ist. Die Frist von sechs Monaten gilt nicht, soweit Ansprüche auf Entgelt binnen sechs Monaten nach ihrer Fälligkeit gerichtlich oder im Rahmen eines gesetzlich oder in Normen der kollektiven Rechtsgestaltung vorgesehenen Schlichtungsverfahrens oder eines Verfahrens vor der Gleichbehandlungskommission zulässigerweise geltend gemacht wurden und das diesbezügliche Verfahren gehörig fortgesetzt wird oder soweit eine Differenz zwischen unterkollektivvertraglicher und kollektivvertraglicher Entlohnung beantragt wird.

(BGBl I 2017/123)

bei Eröffnung des Insolvenzverfahrens im Inland

(2) Insolvenz-Entgelt gebührt im Fall der Eröffnung des Insolvenzverfahrens für Ansprüche auf Entgelt einschließlich der gebührenden Sonderzahlungen

1. bis zur jeweiligen Berichtstagsatzung;
2. bis zum rechtlichen Ende des Arbeitsverhältnisses, wenn dieses vor der Berichtstagsatzung gelöst wird;
3. bis zum Ende des Zeitraumes nach Abs. 5, wenn keine Berichtstagsatzung stattfindet;
4. bis zum rechtlichen Ende des Arbeitsverhältnisses, wenn es innerhalb eines Monates nach der Berichtstagsatzung, auf der kein Beschluss über die Fortführung des Unternehmens gefasst wurde, nach § 25 IO gelöst wird;
5. bis zum rechtlichen Ende des Arbeitsverhältnisses als Ausfallshaftung (Abs. 4), wenn nach der Berichtstagsatzung oder – findet keine solche statt – nach Ablauf des Zeitraums nach Abs. 5 oder Abs. 6 bis zur Aufhebung des Insolvenzverfahrens der Arbeitnehmer infolge der ersten nicht vollständigen Zahlung des ihm zukommenden Entgelts wegen der ungebührlichen Schmälerung oder Vorenthaltung des gebührenden Entgelts seinen berechtigten vorzeitigen Austritt erklärt oder das Arbeitsverhältnis aus anderen Gründen gelöst wird. Diese Austrittsobliegenheit gilt nicht für Sonderzahlungen und bestrittene Ansprüche. Abs. 4 findet jedoch keine Anwendung für jenes Entgelt, wegen dessen ungebührlicher Schmälerung oder Vorenthaltung der Austritt erklärt wurde.

   (BGBl I 2017/123)

(BGBl I 2017/123)

bei Anordnung der Geschäftsaufsicht

(3) Insolvenz-Entgelt gebührt im Fall der Anordnung der Geschäftsaufsicht für Ansprüche auf Entgelt einschließlich der gebührenden Sonderzahlungen, die bis zum Ende des Monats, in dem die Anordnung der Geschäftsaufsicht erfolgt, entstehen. Ab diesem Zeitpunkt besteht Anspruch auf Insolvenz-Entgelt für Entgelt einschließlich der anteiligen Sonderzahlungen gemäß § 3 Abs. 1 nur dann, wenn der Arbeitnehmer infolge der ersten nicht vollständigen Zahlung des ihm zukommenden Entgelts wegen ungebührlicher Schmälerung oder Vorenthaltung des gebührenden Entgelts seinen berechtigten vorzeitigen Austritt erklärt. Auf Abs. 2 Z 5 vorletzter Satz ist hierbei Bedacht zu nehmen. Insolvenz-Entgelt gebührt längstens bis zum Ablauf der Frist nach Abs. 5.

(BGBl I 2017/123)

als Ausfallshaftung bei Eröffnung des Insolvenzverfahrens

(4) Anspruch auf Insolvenz-Entgelt in den Fällen des Abs. 2 Z 5 und des Abs. 3 gebührt nur dann und insoweit, als der zuständige Verwalter entweder schriftlich erklärt, dass die Insolvenzmasse bzw. der Arbeitgeber zur Zahlung nicht oder nicht vollständig in der Lage ist oder die Masseunzulänglichkeit nach § 124a IO dem Insolvenzgericht angezeigt hat.

in den übrigen Fällen und bei Insolvenzfällen im Ausland

(5) Insolvenz-Entgelt gebührt im Fall eines Beschlusses nach § 1 Abs. 1 Z 2 bis 6, soweit nicht anderes bestimmt ist, für Entgelt einschließlich der gebührenden Sonderzahlungen, die bis zum Ende des dritten Monats entstanden sind, der auf den Stichtag (§ 3 Abs. 1) folgt.

(BGBl I 2017/123)

(6) Abs. 5 gilt auch bei Vorliegen eines ausländischen Insolvenztitels nach § 1 Abs. 1 letzter Satz, sofern nicht hinsichtlich desselben Arbeitgebers (Auftraggebers) im Inland ein Sekundärinsolvenzverfahren nach Art. 3 Abs. 3 der EU-Insolvenzverordnung oder ein Partikularverfahren nach Art. 3 Abs. 2 und 4 der EU-Insolvenzverordnung anhängig ist; dies mit der Maßgabe, dass für die in Abs. 5 erster Satz genannten Ansprüche Insolvenz-Entgelt bis zum Ende des vierten Monats, der auf den Stichtag folgt, gebührt. Wird auf Antrag des ausländischen Insolvenzverwalters die Fortführung des Unternehmens in der Insolvenzdatei schon vor Ablauf dieser Frist bekannt gemacht, gebührt Insolvenz-Entgelt einschließlich der gebührenden Sonderzahlungen nur bis zum Ende des Monats, in dem die Bekanntmachung in der Insolvenzdatei erfolgt ist.

(BGBl I 1997/107, BGBl I 1999/73, BGBl I 2000/142, BGBl I 2008/82, BGBl I 2010/29)

Für weitere Ansprüche

§ 3b. Insolvenz-Entgelt gebührt – mit Ausnahme der Ansprüche gemäß § 3a – für folgende gesicherte Ansprüche:

1. für Ansprüche, sofern diese spätestens bis zum Ablauf der jeweiligen Frist nach § 3a Abs. 2 Z 1 bis 4, Abs. 3, 5 oder 6 entstanden sind;

   (BGBl I 2010/29)
2. für Ansprüche, sofern spätestens bis zum Ablauf der jeweiligen Frist nach § 3a Abs. 2 Z 1 bis 4, Abs. 3, 5 oder 6
   a) die Kündigung des Arbeitsverhältnisses ausgesprochen,
   b) die einvernehmliche Lösung des Arbeitsverhältnisses vereinbart,
   c) die vorzeitige Auflösung des Arbeitsverhältnisses ausgesprochen oder
   d) bei einem, einen besonderen Kündigungs- und Entlassungsschutz genießenden Arbeitnehmer die Klage auf Zustimmung zur Kündigung oder vorzeitigen Auflösung beim zuständigen Gericht erhoben bzw. die Zustimmung zur Kündigung oder vorzeitigen Auflösung des Arbeitsverhältnisses bei der zuständigen Behörde beantragt wurde;

   (BGBl I 2010/29)
3. für Ansprüche aus der Beendigung des Arbeitsverhältnisses bei Fortführung des Unternehmens nach der Berichtstagsatzung bis zur Aufhebung des Insolvenzverfahrens, wenn der Arbeitnehmer wegen der ungebührlichen Schmälerung oder Vorenthaltung des ihm zukommenden Entgelts seinen berechtigten vorzeitigen Austritt erklärt, sofern die Voraussetzungen für die Ausfallshaftung nach § 3a Abs. 4 vorliegen;

   (BGBl I 2010/29)
4. für Ansprüche aus der Beendigung des Arbeitsverhältnisses, die bis zur Aufhebung des Insolvenzverfahrens entstehen, sofern das Arbeitsverhältnis aus anderen Gründen als gemäß Z 3 gelöst wird und die Voraussetzungen für die Ausfallshaftung nach § 3a Abs. 4 vorliegen;

   (BGBl I 2010/29)
5. für Kosten gemäß § 1 Abs. 2 Z 4.

(BGBl I 1997/107, BGBl I 2008/82, BGBl I 2017/123)

Bei besonderem Kündigungs- und Entlassungsschutz

§ 3c. Arbeitnehmern mit besonderem Kündigungs- und Entlassungsschutz nach dem Mutterschutzgesetz, BGBl. Nr. 221/1979, dem Eltern-Karenzurlaubsgesetz, BGBl. Nr. 651/1989, oder dem Arbeitsplatzsicherungsgesetz, BGBl. Nr. 683/1991, oder gleichartigen österreichischen Rechtsvorschriften, gebührt Insolvenz-Entgelt für gesicherte Ansprüche (§ 1 Abs. 2), wenn

1. der Arbeitnehmer den berechtigten vorzeitigen Austritt nach § 23a Abs. 3 und 4 AngG oder nach § 22a Abs. 3 und 4 des Gutsangestelltengesetzes oder gleichartigen österreichischen Rechtsvorschriften erklärt hat oder
2. das Arbeitsverhältnis bis unmittelbar nach Ablauf des jeweiligen besonderen Kündigungsschutzes gelöst wurde oder
3. infolge Betriebsstillegung der Arbeitnehmer zum Zeitpunkt des Wiederantritts nach Beendigung des Karenzurlaubs oder Präsenz- oder Ausbildungs- oder Zivildienstes nicht beschäftigt wird,

   (BGBl I 1998/30)

auch nach dem Stichtag (§ 3 Abs. 1). Insolvenz-Entgelt gebührt im Fall des aufrechten Insolvenzverfahrens nur unter den Voraussetzungen für die Ausfallshaftung nach § 3a Abs. 4.

(BGBl I 1997/107, BGBl I 2008/82, BGBl I 2010/29)

Für Betriebspensionen

§ 3d. (1) Besteht zum Stichtag

1. bereits ein Anspruch auf Zahlung einer Pension aus einer Leistungszusage gemäß § 2 Z 2 BPG in Verbindung mit Art. V Abs. 3 des Bundesgesetzes BGBl. Nr. 282/1990, so gebührt als Insolvenz-Entgelt für die nach dem Stichtag gebührenden Leistungen ausschließlich eine Zahlung in der Höhe von 24 Monatsbeträgen;

   (BGBl I 2008/82)

2. noch kein Anspruch auf Leistungen aus einer Leistungszusage gemäß § 2 Z 2 BPG in Verbindung mit Art. V Abs. 3 des Bundesgesetzes BGBl. Nr. 282/1990, so gebührt für den Unverfallbarkeitsbetrag gemäß § 7 Abs. 1 bis 2b BPG als Insolvenz-Entgelt eine Zahlung in der Höhe von 24 Monatsbeträgen, wobei sich die Höhe des Monatsbetrages aus dem Unverfallbarkeitsbetrag entsprechend den Berechnungsvorschriften des § 7 Abs. 3 Z 4 BPG ergibt; unbeachtlich ist, ob eine Verfügung gemäß § 7 Abs. 3 Z 1 bis 3 BPG erfolgt oder die unverfallbare Anwartschaft gemäß § 7 Abs. 6 BPG abgefunden wird;

   (BGBl I 2008/82, BGBl I 2018/100)

3. ein Anspruch auf Leistung eines Abfindungsbetrages nach § 5 Abs. 2 des Arbeitsvertragsrechtsanpassungsgesetzes, BGBl. Nr. 459/1993, so gebührt für den Abfindungsbetrag eine Zahlung von 24 Monatsbeträgen, wobei sich die Höhe des Monatsbetrages aus dem Abfindungsbetrag unter sinngemäßer Anwendung der Berechnungsvorschriften des § 7 Abs. 3 Z 4 BPG ergibt; dasselbe gilt, wenn in einem Insolvenzverfahren der Anspruch auf Abfindung wegen eines Betriebsüberganges entsteht.

(2) Besteht am Stichtag Anspruch auf Zahlung einer Pension aus einer Leistungszusage, die nicht dem Betriebspensionsgesetz unterliegt, gebührt als Insolvenz-Entgelt für nach dem Stichtag gebührende Leistungen ausschließlich eine einmalige Zahlung von zwölf Monatsbeträgen.

(BGBl I 2008/82)

(3) Soweit durch die Obergrenzen gemäß Abs. 1 und Abs. 2 die auf Grund der Richtlinie 2008/94/EG über den Schutz der Arbeitnehmer bei Zahlungsunfähigkeit des Arbeitgebers zwingend gebotene Mindestabsicherung nicht gewährleistet ist, gebührt als Insolvenz-Entgelt zumindest

1. die Hälfte des Barwerts des Anspruches auf eine Pension aus einer direkten Leistungszusage nach § 2 Z 2 BPG in Verbindung mit Art. V Abs. 3 des Bundesgesetzes BGBl. Nr. 282/1990 oder des Anspruchs aus einer Leistungszusage, die nicht dem BPG unterliegt, oder
2. die Hälfte des Unverfallbarkeitsbetrages gemäß § 7 Abs. 1 bis 2b BPG oder des Abfindungsbetrages gemäß § 5 Abs. 2 AVRAG.

(BGBl I 2015/113)

(BGBl I 1997/107)

Gewährung von Insolvenz-Entgelt bei Vorliegen berücksichtigungswürdiger Gründe

§ 4. Bei Vorliegen berücksichtigungswürdiger Gründe hat die „Geschäftsstelle“[a] über den Antrag auf Insolvenz-Entgelt des Anspruchsberechtigten besonders rasch zu entscheiden. Berücksichtigungswürdige Gründe liegen insbesondere vor, wenn der Anspruchsberechtigte glaubhaft macht, dass er sich in einer die Existenz gefährdenden Situation befindet und die Deckung des Lebensunterhaltes in anderer zumutbarer Weise nicht gewährleistet ist.

(BGBl 1980/580, BGBl 1994/314, BGBl I 2001/88, BGBl I 2008/82, BGBl I 2010/29, BGBl I 2021/218)

[a] Ab 1. Juli 2022: „IEF-Service GmbH“.

Zuständigkeit

§ 5. (1) Für das Verfahren nach diesem Bundesgesetz ist jene Geschäftsstelle zuständig, in deren Sprengel sich das Gericht befindet, das das Insolvenzverfahren eröffnet oder den Beschluss nach § 1 Abs. 1 Z 1 bis 6 gefasst hat.

(BGBl I 2010/29, BGBl I 2015/113)

(2) Die Geschäftsstellen werden durch Verordnung des Bundesministers für Arbeit, Soziales und Konsumentenschutz festgelegt. Dabei ist auf die Gewährleistung einer effizienten Vollziehung und die betriebswirtschaftlichen Erfordernisse der IEF-Service GmbH Bedacht zu nehmen.

(BGBl I 2008/82, BGBl I 2011/39, BGBl I 2015/113)

(3) Hat ein ausländisches Gericht eine Entscheidung im Sinne des § 1 Abs. 1 getroffen, die im Inland anerkannt wird, oder wurde ein Sekundärinsolvenzverfahren nach Art. 3 Abs. 3 der EU-Insolvenzverordnung eröffnet, so ist die Geschäftsstelle Wien zuständig. Ist jedoch im Inland ein Partikularverfahren nach Art. 3 Abs. 2 und 4 der EU-Insolvenzverordnung anhängig, so bleibt die nach Abs. 1 oder Abs. 2 zuständige Geschäftsstelle auch nach Eröffnung des Hauptinsolvenzverfahrens im Ausland weiterhin zuständig.

(BGBl I 2005/102)

(4) Der Antrag auf Insolvenz-Entgelt kann bei jeder Geschäftsstelle eingebracht werden. Sofern es sich nicht um eine Geschäftsstelle nach Abs. 1 bis 3 handelt, ist der Antrag der zur Entscheidung zuständigen Geschäftsstelle unverzüglich zu übersenden. Wird der Antrag beim Insolvenzgericht (§ 104 Abs. 1 IO) eingebracht, so ist der Antrag als an die zuständige Geschäftsstelle gerichtet anzusehen.

(BGBl I 2008/82, BGBl I 2010/29)

(5) (aufgehoben)

(BGBl I 2018/32)

„**§ 5.**[a] (1) Für das Verfahren nach diesem Bundesgesetz ist die IEF-Service GmbH zuständig.

(2) Der Antrag auf Insolvenz-Entgelt kann bei der IEF-Service GmbH in einem ihrer Standorte eingebracht werden. Wird der Antrag beim Insolvenzgericht (§ 104 Abs. 1 IO) eingebracht, so ist der Antrag als an die IEF-Service GmbH gerichtet anzusehen und an diese weiterzuleiten.“

(BGBl I 2021/218)

[a] Tritt mit 1. Juli 2022 in Kraft.

Antrag

§ 6. (1) Der Antrag auf Insolvenz-Entgelt ist bei sonstigem Ausschluss jeweils binnen sechs Monaten ab Eröffnung eines Insolvenzverfahrens nach

IESG

§ 1 Abs. 1 oder eines Sekundärinsolvenzverfahrens nach Art. 3 Abs. 3 der EU-Insolvenzverordnung im Inland oder binnen sechs Monaten ab Kenntnis von einem Beschluss nach § 1 Abs. 1 Z 2 bis 6 zu stellen. Diese Frist beginnt neuerlich zu laufen, wenn

1. das Arbeitsverhältnis nach dem im ersten Satz maßgeblichen Zeitpunkt endet, mit dessen Ende;

   (BGBl I 2010/29)

2. der Anspruchsberechtigte vor Ablauf der Frist nach dem ersten Satz stirbt;

   (BGBl I 2010/29)

3. hinsichtlich von Ansprüchen nach § 1 Abs. 2 ein Gerichtsverfahren bis längstens zum Ablauf der Frist nach dem ersten Satz anhängig gemacht wird, mit der rechtskräftigen Beendigung dieses Verfahrens bzw. hinsichtlich von Ansprüchen im Sinne des § 7 Abs. 7 mit der Zustellung der Klage bzw. der Übermittlung der schriftlichen Aufforderung ohne nachfolgende Klage an den Arbeitnehmer;

   (BGBl I 1999/73, BGBl I 2010/29)

4. Kosten nach Ablauf der Frist nach dem ersten Satz entstehen bzw. festgestellt werden, hinsichtlich des Antrages auf diese Kosten.

   (BGBl I 2010/29)

Ist der Antrag auf Insolvenz-Entgelt nach Ablauf der in Frage kommenden vorstehenden Frist gestellt worden, so sind von Amts wegen die Rechtsfolgen der Fristversäumung bei Vorliegen von berücksichtigungswürdigen Gründen nachzusehen. Berücksichtigungswürdige Gründe liegen insbesondere vor, wenn dem Arbeitnehmer billigerweise die Kenntnis von der Eröffnung des Insolvenzverfahrens nach § 1 Abs. 1 nicht zugemutet werden konnte oder ihm die betragsmäßige Angabe seiner Ansprüche nicht rechtzeitig möglich war. Eine solche Nachsicht ist nicht mehr möglich, wenn seit der Eröffnung des Insolvenzverfahrens bzw. seit dem Beschluß nach § 1 Abs. 1 Z 2 bis 6 mehr als drei Jahre verstrichen sind.

(BGBl 1980/580, BGBl 1986/395, BGBl 1992/835, BGBl 1994/153, BGBl 1994/314, BGBl I 1997/107, BGBl I 2005/102, BGBl I 2008/82, BGBl I 2010/29)

(2) Der Antrag ist mit einem bundeseinheitlich aufgelegten Formular zu stellen; nach Maßgabe der technischen Möglichkeiten kann dieses oder ein inhaltlich übereinstimmendes Formular auch telegrafisch, fernschriftlich, mit Telefax, im Wege automationsunterstützter Datenübertragung oder in jeder anderen technisch möglichen Weise übermittelt werden. In ihm sind der Betrag der Forderung (Höhe des Bruttoanspruches, der Dienstnehmerbeitragsanteile zur gesetzlichen Sozialversicherung und der gesetzlichen Abzüge, die von anderen öffentlich-rechtlichen Körperschaften im Insolvenzverfahren geltend zu machen sind) und die Tatsachen, auf die sie sich gründet, anzugeben, die Beweismittel, die zum Nachweis der behaupteten Forderung beigebracht werden, zu bezeichnen und bei Forderungen, über die ein Rechtsstreit anhängig war oder ist, auch das Prozessgericht und das Aktenzeichen anzugeben und ein allenfalls vorhandener Exekutionstitel anzuschließen. Wenn das Insolvenzverfahren eröffnet wurde und der gesicherte Anspruch Gegenstand der Anmeldung ist, sind ein Stück der Forderungsanmeldung (§ 103 IO) und Abschriften der ihr angeschlossenen Urkunden beizufügen; der zweite Halbsatz des ersten Satzes gilt entsprechend.

(BGBl 1980/580, BGBl I 1999/73, BGBl I 2000/142, BGBl I 2008/82, BGBl I 2010/29)

(3) Die „Geschäftsstelle“[a] hat die Forderungen in ein Verzeichnis einzutragen (Forderungsverzeichnis). Die Forderungen sind nur dann gruppenweise entsprechend den Vorschriften der Insolvenzordnung zu verzeichnen, wenn ein Insolvenzverfahren anhängig ist. Das Forderungsverzeichnis ist dem Arbeitgeber, bei Anhängigkeit eines Insolvenzverfahrens dem Sanierungsverwalter bzw. Insolvenzverwalter (im folgenden „zuständiger Verwalter“), in zweifacher Ausfertigung zuzustellen. Dem zuständigen Verwalter sind überdies auf sein Verlangen die Anträge und ihre Beilagen zu übersenden, soweit sie sich auf Forderungen beziehen, die nicht Gegenstand der Anmeldung (§ 103 IO) sind. Die Übermittlung des Forderungsverzeichnisses an den zuständigen Verwalter kann auch telegrafisch, fernschriftlich, mit Telefax, im Wege automationsunterstützter Datenübertragung oder in jeder anderen technisch möglichen Weise erfolgen. Dies gilt in der Folge auch für dessen Stellungnahme an die „Geschäftsstelle“[a].

(BGBl 1994/314, BGBl I 2001/88, BGBl I 2010/29, BGBl I 2021/218)

[a] Ab 1. Juli 2022: „IEF-Service GmbH“.

(4) Ist ein Insolvenzverfahren nicht anhängig, so hat der Arbeitgeber binnen 14 Tagen ab eigenhändiger Zustellung einer Aufforderung der „Geschäftsstelle“[a] oder des Gerichts zu jeder Forderung eine bestimmte Erklärung über ihre Richtigkeit und Höhe nach Maßgabe des § 3 Abs. 1 erster Satz abzugeben; Vorbehalte sind unzulässig. Dem Arbeitgeber ist hiezu auf sein Verlangen Einsicht in die Anträge und ihre Beilagen zu gewähren.

(BGBl 1980/580, BGBl 1985/104, BGBl 1986/395, BGBl 1994/314, BGBl I 1997/107, BGBl I 2001/88, BGBl I 2010/29, BGBl I 2021/218)

[a] Ab 1. Juli 2022: „IEF-Service GmbH“.

(5) Ist ein Insolvenzverfahren anhängig, so hat der zuständige Verwalter die Erklärung nach Abs. 4 abzugeben. Die Erklärungsfrist kann auf Antrag des zuständigen Verwalters verlängert werden, wenn die zur Überprüfung notwendigen Aufzeichnungen des Schuldners nicht vorhanden oder mangelhaft sind oder sonst die Abgabe der Erklärung binnen 14 Tagen unzumutbar ist. Soweit die Forderung Gegenstand der Anmeldung ist, tritt an die Stelle der Erklärung nach Abs. 4 die unverzügliche Übersendung eines Auszugs (einer Abschrift) aus dem Anmeldeverzeichnis (§ 108 IO) durch den zuständigen Verwalter.

(BGBl I 2010/29)

(6) Die Abs. 2 bis 5 sind bei Anordnung der Geschäftsaufsicht sinngemäß anzuwenden; an die Stelle des zuständigen Verwalters tritt die Aufsichtsperson.

(BGBl I 2010/29)

(7) Wird Insolvenz-Entgelt auf Grund eines Beschlusses gemäß § 1 Abs. 1 Z 3, 4, 5 oder 6 begehrt, so sind die Abs. 3 und 4 nicht anzuwenden.

(BGBl 1986/395, BGBl I 1997/107, BGBl I 2008/82, BGBl I 2010/29)

(8) Die Berechtigung zur Antragstellung kommt nur dem Anspruchsberechtigten zu. Werden der Anspruch auf Insolvenz-Entgelt oder die nach § 1 Abs. 2 gesicherten Ansprüche gepfändet, verpfändet oder übertragen, ist der Anspruchsberechtigte zur Antragstellung hinsichtlich des pfändbaren Teils der gesicherten Ansprüche verpflichtet. Kommt der Anspruchsberechtigte der Verpflichtung zur Antragstellung nicht innerhalb der Antragsfrist nach Abs. 1 nach, so ist der Gläubiger zur Antragstellung hinsichtlich des pfändbaren Teils der gesicherten Ansprüche berechtigt, wenn er gegen den Anspruchsberechtigten einen rechtskräftigen Exekutionstitel betreffend die Verpflichtung zur Antragstellung erwirkt hat und diesen gemeinsam mit einem den Erfordernissen des Abs. 2 entsprechenden Antrag binnen sechs Monaten nach dem Ende der Antragsfrist nach Abs. 1 vorlegt. Die Verfahrensrechte und -pflichten eines antragsberechtigten Gläubigers entsprechen jener des Anspruchsberechtigten. Der Ablauf der Antragsfrist des Gläubigers ist während des Verfahrens zur Erlangung des Exekutionstitels betreffend die Verpflichtung des Anspruchsberechtigten zur Antragstellung gehemmt. Eine durch Nachsicht ermöglichte verspätete Antragstellung des betroffenen Anspruchsberechtigten ist auf jenen Teil der gesicherten Ansprüche beschränkt, der nicht bereits anderen Personen zuerkannt wurde.

(BGBl I 2009/90)

Entscheidung und Auszahlung

§ 7. (1) Die „Geschäftsstelle"[a] ist bei der Beurteilung des Vorliegens eines gesicherten Anspruches an die hierüber ergangenen gerichtlichen Entscheidungen gebunden, die gegenüber dem Antragsteller rechtskräftig geworden sind. Diese Bindung tritt nicht ein, wenn der gerichtlichen Entscheidung kein streitiges Verfahren vorangegangen ist oder ein Anerkenntnisurteil gefällt wurde, sofern diese Gerichtsentscheidung vor weniger als sechs Monaten vor Eröffnung des Insolvenzverfahrens oder vor Erlassung eines nach § 1 Abs. 1 gleichzuhaltenden Gerichtsbeschlusses rechtskräftig geworden ist. Soweit der dritte Satz des § 6 Abs. 5 anzuwenden ist, hat die „Geschäftsstelle"[a] dem Antrag ohne weitere Prüfung insoweit stattzugeben, als nach dem übersendeten Auszug (Abschrift) des Anmeldungsverzeichnisses der gesicherte Anspruch im Insolvenzverfahren festgestellt ist, es sei denn, daß die gerichtliche Feststellung auf einer nicht bindenden gerichtlichen Entscheidung im Sinne des zweiten Satzes beruht. Im übrigen sind die §§ 45 bis 55 AVG anzuwenden. Zur Ermittlung des Nettoanspruches nach § 3 Abs. 1 erster Satz ist die „Geschäftsstelle"[a] berechtigt, einen Steuerberater heranzuziehen, wenn hiezu der Arbeitgeber nach § 6 Abs. 4 nicht in der Lage ist. Durch den fristgerechten Antrag (§ 6 Abs. 1) werden Verjährungs- und Verfallsfristen unterbrochen.

(BGBl 1992/835, BGBl 1994/153, BGBl 1994/314, BGBl 1996/754, BGBl I 1997/107, BGBl I 2001/88, BGBl I 2010/29, BGBl I 2021/218)

[a] Ab 1. Juli 2022: „IEF-Service GmbH".

(1a) Durch die Übermittlung einer Scheinunternehmerverdachtsmeldung nach § 8 Abs. 4 des Sozialbetrugsbekämpfungsgesetzes (SBBG), BGBl. I Nr. 113/2015, an die IEF-Service GmbH wird das Verfahren über die Zuerkennung von Insolvenz-Entgelt gegenüber den in dieser Verdachtsmeldung namentlich angeführten Antragstellerinnen und Antragstellern bis zur Klärung des Sachverhaltes ausgesetzt.

(BGBl I 2015/113)

(2) Die Geschäftsstelle hat für die IEF-Service GmbH über Anträge auf Insolvenz-Entgelt mit schriftlichem Bescheid abzusprechen. Sie hat über die abzuweisenden und die zuzuerkennenden Ansprüche gesonderte Bescheide zu erlassen. Hiebei sind die zuzuerkennenden Einzelbeträge kaufmännisch auf volle Eurobeträge zu runden.

(BGBl 1980/580, BGBl 1985/104, BGBl 1994/314, BGBl I 2001/88, BGBl I 2008/82)

(2)[a] „Die IEF-Service GmbH hat über Anträge auf Insolvenz-Entgelt mit schriftlichem Bescheid abzusprechen." Sie hat über die abzuweisenden und die zuzuerkennenden Ansprüche gesonderte Bescheide zu erlassen. Hiebei sind die zuzuerkennenden Einzelbeträge kaufmännisch auf volle Eurobeträge zu runden.

(BGBl 1980/580, BGBl 1985/104, BGBl 1994/314, BGBl I 2001/88, BGBl I 2008/82, BGBl I 2021/218)

[a] Tritt mit 1. Juli 2022 in Kraft.

(3) Ausfertigungen, die im Wege elektronischer Datenverarbeitungsanlagen oder in einem ähnlichen Verfahren hergestellt werden, bedürfen weder einer Unterschrift noch einer Beglaubigung.

(4) Die „Geschäftsstelle"[a] hat Ausfertigungen der Bescheide, tunlichst gesammelt, dem Arbeitgeber (ehemaligen Arbeitgeber), im Fall der Anhängigkeit eines Insolvenzverfahrens jedoch dem zuständigen Verwalter zuzustellen. Nach Maßgabe der technischen Möglichkeiten können die Bescheide auch telegrafisch, fernschriftlich, mit Telefax, im Weg automationsunterstützter Datenübertragung oder in jeder anderen technisch möglichen Weise zugestellt werden.

(BGBl 1983/613, BGBl 1994/314, BGBl I 1999/73, BGBl I 2001/88, BGBl I 2010/29, BGBl I 2021/218)

[a] Ab 1. Juli 2022: „IEF-Service GmbH".

(5) Zahlungen sind dem Anspruchsberechtigten, sofern er handlungsunfähig ist, seinem gesetzlichen Vertreter, auf postalischem Weg zu leisten. Auf Antrag des Anspruchsberechtigten sind Zahlun-

gen auf ein von ihm oder seinem ausgewiesenen bevollmächtigten Vertreter im Antrag angegebenes Scheckkonto der Österreichischen Postsparkasse oder auf ein Girokonto bei einer anderen inländischen Kreditunternehmung oder einer Postsparkasse oder eines Kreditinstitutes eines anderen Staates, in dem der Euro gesetzliches Zahlungsmittel ist, zu überweisen.

(BGBl 1980/580, BGBl I 2001/88)

(6) Im Falle der Pfändung, Verpfändung oder Übertragung der gesicherten Ansprüche sind die entsprechenden Teilbeträge des Insolvenz-Entgelts dem Berechtigten zu zahlen, sofern die diesbezüglichen Urkunden oder gerichtlichen Entscheidungen der „Geschäftsstelle“[a] vor der Erlassung des Bescheides vorgelegt werden. § 8 Abs. 1 ist sinngemäß anzuwenden.

(BGBl 1980/580, BGBl 1983/613, BGBl 1986/395, BGBl 1992/835, BGBl 1994/314, BGBl I 2001/88, BGBl I 2008/82, BGBl I 2010/29, BGBl I 2021/218)

[a] Ab 1. Juli 2022: „IEF-Service GmbH“.

(6a) Trotz der Voraussetzungen des Abs. 6 ist die Pfändung, Verpfändung oder Übertragung gegenüber dem Insolvenz-Entgelt-Fonds rechtsunwirksam und daher die Auszahlung an den Anspruchsberechtigten vorzunehmen, wenn gesicherte Ansprüche (§ 1 Abs. 2) für den Gläubiger oder Zessionar erkennbar zur Vorfinanzierung des Entgelts für vor dem Stichtag (§ 3 Abs. 1) liegende Ansprüche gepfändet, verpfändet oder übertragen worden sind, es sei denn, daß diese Vorfinanzierung nach einem Reorganisationsplan oder mit Zustimmung des Reorganisationsprüfers im Sinne des Unternehmensreorganisationsgesetzes, BGBl. I Nr. 106/1997, erfolgt. Stellt das Gericht das Reorganisationsverfahren wegen Zahlungsunfähigkeit oder Überschuldung ein, so sind nach dem Einstellungsbeschluß fällig werdende Ansprüche an den Anspruchsberechtigten auszuzahlen.

(BGBl 1994/153, BGBl I 1997/107, BGBl I 2008/82)

(7) Ist unter Bedachtnahme auf § 1 Abs. 3 Z 1 der Anspruchsberechtigte aufgrund eines Urteiles nach der Insolvenzordnung oder der §§ 438 ff EO verpflichtet, erhaltene Zahlungen für Ansprüche aus dem Arbeitsverhältnis (freien Dienstverhältnis, Auftragsverhältnis) zurückzuerstatten, so geht diese Verpflichtung mit der rechtzeitigen Beantragung (§ 6 Abs. 1) auf den Insolvenz-Entgelt-Fonds über. Diese Verpflichtung besteht auch dann, wenn der Anspruchsberechtigte aufgrund einer nachweislich ihm zugegangenen schriftlichen Aufforderung solche Zahlungen für Ansprüche aus dem Arbeitsverhältnis (freien Dienstverhältnis, Auftragsverhältnis) zurückzuerstatten hat.

(BGBl 1992/835, BGBl I 1997/107, BGBl I 1999/73, BGBl I 2008/82, BGBl I 2010/29, BGBl I 2021/86)

(8) Insolvenz-Entgelt für Pensionskassenbeiträge oder für Prämien in eine betriebliche Kollektivversicherung, die den Arbeitnehmern als Teil des laufenden Entgelts bis zur Beendigung des Arbeitsverhältnisses oder im Rahmen der Kündigungsentschädigung, Ersatzleistung für Urlaubsentgelt (Urlaubsabfindung, Urlaubsentschädigung) oder der Sonderzahlungen gebühren, ist in die Pensionskasse oder das Versicherungsunternehmen einzuzahlen.

(BGBl 1996/754, BGBl I 2000/44, BGBl I 2005/8, BGBl I 2008/82)

Pfändung, Verpfändung und Übertragung

§ 8. (1) Die Exekutionsordnung, RGBl. Nr. 79/1896, regelt, inwieweit Ansprüche auf Insolvenz-Entgelt übertragen, verpfändet und gepfändet werden können.

(BGBl 1980/580, BGBl 1986/395, BGBl 1991/628, BGBl I 2008/82)

(2) Im Falle der Pfändung, Verpfändung bzw. Übertragung gemäß Abs. 1, bei denen der Insolvenz-Entgelt-Fonds Drittschuldner ist, sind die diesbezüglichen Urkunden oder gerichtlichen Entscheidungen der „nach § 5 Abs. 1 bis 3 zuständigen Geschäftsstelle“[a] als anweisende Stelle im Sinne des § 297 der Exekutionsordnung zuzustellen.

(BGBl 1986/395, BGBl 1994/314, BGBl I 2001/88, BGBl I 2008/82, BGBl I 2021/86, BGBl I 2021/218)

[a] Ab 1. Juli 2022: „IEF-Service GmbH“.

Widerruf und Rückforderung

§ 9. (1) Sofern der Bezug von Insolvenz-Entgelt durch unwahre Angaben oder durch Verschweigung maßgebender Tatsachen herbeigeführt wurde oder der Empfänger erkennen mußte, daß die Zahlung nicht oder nicht in dieser Höhe gebührte, ist die zu Unrecht bezogene Leistung mit Bescheid zu widerrufen und rückzufordern. Gleiches gilt, wenn eine Verurteilung gemäß § 1 Abs. 3 Z 1a vorliegt. Die Erlassung eines Rückforderungsbescheides ist nicht mehr zulässig, wenn seit der Kenntnis des maßgeblichen Sachverhaltes durch die „Geschäftsstelle“[a] mehr als fünf Jahre vergangen sind.

(BGBl I 2005/102, BGBl I 2008/82, BGBl I 2010/29, BGBl I 2021/218)

[a] Ab 1. Juli 2022: „IEF-Service GmbH“.

(2) Ausfertigungen der Bescheide nach Abs. 1 sind auch dem Arbeitgeber (ehemaligen Arbeitgeber), im Fall eines Insolvenzverfahrens jedoch dem zuständigen Verwalter zuzustellen.

(BGBl 1983/613, BGBl I 2001/88, BGBl I 2010/29)

Streit über den Anspruch auf Insolvenz-Entgelt

§ 10. Bei Streit über den Anspruch auf Insolvenz-Entgelt sind die Bestimmungen des Arbeits- und Sozialgerichtsgesetzes sinngemäß anzuwenden. „Dabei tritt an die Stelle des Versicherungsträgers die Geschäftsstelle der IEF-Service GmbH, die den Bescheid erlassen hat oder zu erlassen gehabt hätte.“[a] Die Gerichte erster Instanz haben den § 7 Abs. 4 sinngemäß anzuwenden.

(BGBl 1985/104, BGBl 1994/314, BGBl I 2001/88, BGBl I 2008/82, BGBl I 2010/29, BGBl I 2021/218)

[a] Ab 1. Juli 2022: „Dabei tritt an die Stelle des Versicherungsträgers die IEF-Service GmbH.“.

Übergang der Ansprüche

§ 11. (1) Die diesem Bundesgesetz unterliegenden gesicherten Ansprüche gegen den Arbeitgeber (gegen die Insolvenzmasse) gehen, soweit sie nicht bestritten sind, auf den Insolvenz-Entgelt-Fonds mit der Antragstellung (§ 6 Abs. 1), sind die gesicherten Ansprüche nach § 1 Abs. 5 anzumelden, mit dieser Anmeldung über. Bestrittene Ansprüche gehen mit der Zahlung zuerkannten Insolvenz-Entgeltes auf den Insolvenz-Entgelt-Fonds über. Mit dem Forderungsübergang gehen auch sämtliche vertragliche Rechte des Anspruchsberechtigten gegenüber Dritten hinsichtlich der gesicherten Ansprüche unter Bedachtnahme auf Abs. 3 über, soweit für sie Insolvenz-Entgelt gewährt wurde. Mit dem Übergang ist unbeschadet § 47 Abs. 2 IO keine Änderung des Rechtsgrundes, des Ranges oder der Bevorrechtung der Forderung verbunden. Die gleichen Rechtsfolgen treten mit der Zustellung des rechtskräftigen Urteils (§ 10) ein.

(BGBl 1980/580, BGBl 1985/104, BGBl 1986/395, BGBl I 2008/82, BGBl I 2010/29)

(2) Im Falle eines Widerrufes (§ 9 Abs. 1) tritt der Forderungsübergang in der Höhe des Widerrufsbetrages außer Kraft. Zahlungen, die der Arbeitgeber (der zuständige Verwalter) bis zur Zustellung dieses Bescheides (§ 9 Abs. 2) an den Insolvenz-Entgelt-Fonds geleistet hat, wirken schuldbefreiend; diese Zahlungen sind einem Rückzahlungspflichtigen anzurechnen.

(BGBl 1980/580, BGBl I 2008/82, BGBl I 2010/29)

(3) Ist jedoch der Anspruch nach Abs. 1 auf den Insolvenz-Entgelt-Fonds übergegangen, so ist ein Zugriff auf künftiges Vermögen, das der Arbeitgeber nach der Aufhebung des Insolvenzverfahrens erworben hat, insoweit ausgeschlossen. Das gleiche gilt sinngemäß in den im § 1 Abs. 1 Z 1 bis 6 angeführten Fällen, jedoch nicht, wenn die nach dem Sanierungsplan, Zahlungsplan oder Abschöpfungsverfahren dem Insolvenz-Entgelt-Fonds zustehenden Zahlungen (Quotenzahlungen, Abschöpfungserträge), einschließlich solcher allenfalls noch aushaftender Masseforderungen, noch nicht erfolgt sind. Wird der Arbeitgeber bzw. dessen Organ im Zusammenhang mit der Insolvenz nach § 1 allerdings wegen schweren Betruges (§ 147 StGB), wegen gewerbsmäßigen Betruges (§ 148 StGB), wegen Vorenthaltens von Dienstnehmerbeiträgen zur Sozialversicherung (§ 153c StGB), wegen betrügerischen Vorenthaltens von Sozialversicherungsbeiträgen und Zuschlägen nach dem Bauarbeiter-Urlaubs- und Abfertigungsgesetz (§ 153d StGB), wegen organisierter Schwarzarbeit (§ 153e StGB), wegen Sachwuchers (§ 155 StGB), wegen betrügerischer Krida (§ 156 StGB), wegen Schädigung fremder Gläubiger (§ 157 StGB) oder wegen Begünstigung eines Gläubigers (§ 158 StGB) verurteilt, so ist der Insolvenz-Entgelt-Fonds berechtigt, zur Hereinbringung der auf ihn übergegangenen und nicht hereingebrachten Forderungen auf das Vermögen des Verurteilten zu greifen.

(BGBl 1986/395, BGBl 1994/153, BGBl I 1997/107, BGBl I 2003/71, BGBl I 2005/102, BGBl I 2008/82, BGBl I 2010/29, BGBl I 2011/24)

Aufbringung der Mittel und Deckung des Aufwandes

§ 12. (1) Die Ausgaben des Insolvenz-Entgelt-Fonds werden bestritten aus:

1. Mitteln, die dem Insolvenz-Entgelt-Fonds auf Grund übergegangener Ansprüche (§ 11) zufließen,
2. Eingänge der gemäß § 16 Abs. 1 verhängten Geldstrafen,
3. Zinsen aus dem Geldverkehr,
4. einem vom Arbeitgeber zu tragenden Zuschlag zu dem vom Dienstgeber zu leistenden Anteil des Arbeitslosenversicherungsbeitrages gemäß § 2 des Arbeitsmarktpolitik-Finanzierungsgesetzes (AMPFG), BGBl. Nr. 315/1994[a]),

[a]) Der Zuschlag beträgt gem VO BGBl II 2021/580 ab dem 1. Jänner 2022 0,1 vH.

5. Mitteln aus der Gebarung Arbeitsmarktpolitik nach Maßgabe des § 14 AMPFG und
6. sonstigen dem Insolvenz-Entgelt-Fonds zufließenden Mitteln.

(2) Die Arbeitgeber von Personen im Sinne des § 1 Abs. 6 haben für diese Personen keinen Zuschlag gemäß Abs. 1 Z 4 zu entrichten. Für Lehrlinge ist für die gesamte Lehrzeit kein Zuschlag zu entrichten. Für Personen, die das 63. Lebensjahr vollendet haben, ist ab Beginn des folgenden Kalendermonates kein Zuschlag zu entrichten.

(BGBl I 2012/35)

(3) Der Zuschlag gemäß Abs. 1 Z 4 beträgt ab dem Beitragsjahr 2015 0,45 vH. Der Bundesminister für Arbeit, Soziales und Konsumentenschutz hat darauf zu achten, dass eine ausgeglichene Gebarung des Insolvenz-Entgelt-Fonds gewährleistet ist und den Zuschlag

1. zu erhöhen, wenn der voraussichtliche Leistungsaufwand des laufenden Jahres oder des Folgejahres unter Berücksichtigung allfälliger Reserven und der Kreditmöglichkeiten gemäß § 13 Abs. 3 nicht gedeckt ist,
2. zu senken, wenn sich unter Berücksichtigung des Ergebnisses der Bilanz des Vorjahres sowie des voraussichtlichen Gebarungsabschlusses des laufenden Jahres und des Folgejahres laut Voranschlag ein Überschuss ergibt, der 20 vH des durchschnittlichen Leistungsaufwandes dieser Jahre übersteigt.

(BGBl I 2014/30)

(4) Die Erhöhung des Zuschlages gemäß Abs. 3 Z 1 ist so zu bemessen, dass nach Abdeckung allfälliger Kredite (§ 13 Abs. 3) die voraussichtliche Gebarung des laufenden Jahres und des Folgejahres laut Voranschlag ausgeglichen ist. Allfällige Kredite sind dabei jeweils nur insoweit anteilig zu berücksichtigen, als sie in den betreffenden Jahren abzudecken sind.

(5) Für die Einhebung und Abfuhr des Zuschlages gemäß Abs. 1 Z 4 findet § 5 AMPFG Anwendung. Der Zuschlag ist auf ein Konto des Insolvenz-Entgelt-Fonds (§ 13 Abs. 6) abzuführen.

(6) Die Geschäftsführung der IEF-Service GmbH hat den Bundesminister für Arbeit, Soziales und Konsumentenschutz regelmäßig über die Entwicklung der Einnahmen und Ausgaben des Insolvenz-Entgelt-Fonds zu informieren. Der Bundesminister für Arbeit, Soziales und Konsumentenschutz hat unter Berücksichtigung der Erfahrungen über die Einnahmen- und Ausgabenentwicklung des Fonds und der Prognosen über die zu erwartende wirtschaftliche Entwicklung zu prüfen, ob die Voraussetzungen für eine Veränderung der Höhe des Zuschlages gemäß Abs. 3 vorliegen.

(BGBl I 2014/30)

(7) Die Mittel des Insolvenz-Entgelt-Fonds sind für die gesetzlich übertragenen Aufgaben zweckgebunden.

(BGBl 1979/107, BGBl 1980/580, BGBl 1983/613, BGBl 1987/618, BGBl 1995/297, BGBl 1996/754, BGBl I 1997/107, BGBl I 2001/88, BGBl I 2002/158, BGBl I 2003/71, BGBl I 2005/102, BGBl I 2008/82, BGBl I 2009/90, BGBl I 2010/111, BGBl I 2011/39)

Insolvenz-Entgelt-Fonds

§ 13. (1) Die Mittel gemäß § 12 Abs. 1 sind dem Insolvenz-Entgelt-Fonds (im folgenden „Fonds“) zuzuführen. Dieser Fonds besitzt Rechtspersönlichkeit. Sein Sitz ist in Wien. Der Fonds wird durch den Bundesminister für Arbeit, Soziales und Konsumentenschutz vertreten.

(BGBl 1986/395, BGBl I 1997/107, BGBl I 2000/142, BGBl I 2001/88, BGBl I 2008/82, BGBl I 2011/39)

(2) Der Fonds hat für jedes Geschäftsjahr (Kalenderjahr) einen Voranschlag und eine Bilanz zu erstellen sowie einen Geschäftsbericht zu verfassen. Dem Voranschlag ist jeweils eine Vorschau über das folgende Jahr anzuschließen. Der Voranschlag ist bis Mitte Oktober des dem Geschäftsjahr vorangehenden Kalenderjahres, die Bilanz und der Geschäftsbericht bis Mitte Oktober des dem Geschäftsjahr folgenden Kalenderjahres vorzulegen. Die Bilanz ist zu veröffentlichen.

(BGBl 1983/613, BGBl 1995/297, BGBl I 1997/107, BGBl I 2001/88, BGBl I 2008/82, BGBl I 2014/30)

(3) Der Fonds ist ermächtigt, zur Überbrückung finanzieller Bedeckungsschwierigkeiten Kredite aufzunehmen.

(4) Unbeschadet der Vertretung durch die Finanzprokuratur sind der Fonds und im hoheitlichen Bereich die IEF-Service GmbH ermächtigt, insbesondere für die Geltendmachung und weitere Verfolgung ihrer Ansprüche im Sinne des § 11 Abs. 1 geeignete physische oder juristische Personen zu beauftragen. Die diesbezüglichen Kosten trägt der Fonds. Die Vereinbarung zur Pauschalabgeltung der Vertretungskosten mit dem jeweiligen Rechtsvertreter ist zulässig.

(BGBl 1992/835, BGBl I 2001/88, BGBl I 2008/82)

(4a) Die Bundesrechenzentrum GmbH hat IT-Aufgaben im Sinne des § 2 Abs. 2 des Bundesgesetzes über die Bundesrechenzentrum GmbH (BRZ GmbH), BGBl. Nr.757/1996, für die IEF-Service GmbH, soweit dies für die Vollziehung der ihr nach diesem Bundesgesetz und nach dem IEF-Service-GmbH-Gesetz (IEFG), BGBl. I Nr. 88/2001, übertragenen Aufgaben eine wesentliche Voraussetzung bildet, auf deren Verlangen gegen Entgelt zu erbringen.

(BGBl I 2004/77, BGBl I 2008/82)

(5) Der Fonds kann seine Forderungen (§§ 9 und 11) stunden, deren Abstattung in Raten bewilligen und auf seine Forderungen ganz oder teilweise verzichten, wobei die einschlägigen haushaltsrechtlichen Vorschriften des Bundes unter Bedachtnahme auf die §§ 222 Abs. 3, 235 und 236 der Bundesabgabenordnung, BGBl. Nr. 194/1961, sinngemäß anzuwenden sind; der Fonds ist berechtigt, Stundungszinsen zu verrechnen, es sei denn, es handelt sich um nach § 58 Z 1 IO ausgeschlossene Ansprüche.

(BGBl 1979/107, BGBl 1982/647, BGBl 1986/395, BGBl 1994/153, BGBl 1994/314, BGBl 1996/754, BGBl I 1997/107, BGBl I 2010/29)

(6) Die Mittel des Fonds sind derart anzulegen, daß sie zur Deckung des Aufwandes jederzeit herangezogen werden können.

(7) Der Fonds ist von den Stempel- und Rechtsgebühren sowie den Gerichts- und Justizverwaltungsgebühren befreit.

(BGBl 1982/647)

(8) Hinsichtlich der nachstehenden Angelegenheiten von grundsätzlicher Bedeutung sind die gesetzlichen Interessenvertretungen der Arbeitgeber und der Arbeitnehmer zu hören:

1. zum Voranschlag und zur Vorschau sowie zur Bilanz und zum Geschäftsbericht gemäß Abs. 2;

   (BGBl 1996/754, BGBl I 2010/29, BGBl I 2014/30)

2. vor jeder Veränderung der Zuschlagshöhe durch Verordnung gemäß § 12 Abs. 3;

   (BGBl I 2008/82, BGBl I 2010/29, BGBl I 2014/30)

3.[a] vor Erlassung einer Verordnung über die örtliche Zuständigkeit der Geschäftsstellen gemäß § 5 Abs. 2;

   (BGBl I 1997/107, BGBl I 2001/88, BGBl I 2021/218)

[a] Tritt mit 1. Juli 2022 außer Kraft.

4. vor Erlassung von Durchführungsrichtlinien grundsätzlicher Art, insbesondere hinsichtlich der gesicherten Ansprüche im Sinne des § 1 Abs. 2 Z 4;

   (BGBl I 1997/107)

5. vor Erlassung von Richtlinien des Insolvenz-Entgelt-Fonds über die Verrechnung von

Stundungszinsen für auf diesen nach § 11 übergegangene Forderungen.

(BGBl I 1997/107, BGBl I 2008/82)

(BGBl 1980/580)

(BGBl I 2008/82)

Dienstnehmer-Beitragsanteile zur gesetzlichen Sozialversicherung

§ 13a. (1) Der Anspruch des Anspruchsberechtigten umfasst auch die auf den Dienstnehmer entfallenden Beitragsanteile zur gesetzlichen Sozialversicherung (im folgenden „Dienstnehmerbeitragsanteile").

(BGBl I 2008/82, BGBl I 2009/90, BGBl I 2010/29)

(2) Dienstnehmerbeitragsanteile zur gesetzlichen Sozialversicherung, die für gesicherte Ansprüche fällig werden und Dienstnehmerbeitragsanteile, soweit diese bis längstens zwei Jahre vor der Eröffnung des Insolvenzverfahrens bzw. vor jenen Zeitpunkten, welche dieser gemäß § 1 Abs. 1 gleichgestellt sind, rückständig sind, schuldet der Insolvenz-Entgelt-Fonds dem zur Beitragseinhebung zuständigen Sozialversicherungsträger. „Im Fall des § 1 Abs. 1 Z 6 bezieht sich der Zeitpunkt für den abrechenbaren Rückstandszeitraum auf den Todestag des Einzelunternehmers."[a)] Die Verrechnung hat zwischen diesem Sozialversicherungsträger und dem Fonds nach Maßgabe der folgenden Bestimmungen im direkten Wege zu erfolgen.

(BGBl 1986/395, BGBl I 2008/82, BGBl I 2010/29, BGBl I 2021/218)

[a)] Tritt mit 1. Juli 2022 in Kraft.

(3) „Die von den Sozialversicherungsträgern im beantragten oder durchgeführten Insolvenzverfahren oder durch die Verwertung von Absonderungs- und diesen gleichgestellten Rechten sowie von Aussonderungsrechten nicht hereinbringbaren Dienstnehmerbeitragsanteile für die in Abs. 2 genannten Zeiträume sind vom zuständigen Sozialversicherungsträger für alle im laufenden Kalenderjahr im nachstehenden Sinne beendeten Insolvenzfälle dem Fonds bis Ende April des Folgejahres bekanntzugeben."[a)] Auch hinsichtlich der Dienstnehmerbeitragsanteile, die nach § 67a Abs. 2 und Abs. 13 ASVG nicht einbringlich gemacht werden konnten, hat der zur Beitragseinhebung zuständige Sozialversicherungsträger zuerst nach dem ersten Satz vorzugehen. Als Beendigung der Insolvenz gelten:

1. die Aufhebung des Insolvenzverfahrens, im Fall eines Sanierungsplans dessen Erfüllung;

   (BGBl I 2010/29)

„1.[b)] die Aufhebung des Insolvenzverfahrens, im Fall eines Entschuldungsverfahrens (Sanierungsplan, Zahlungsplan oder Abschöpfungsverfahren) dessen Erfüllung oder Erteilung der Restschuldbefreiung;"

[b)] Tritt mit 1. Juli 2022 in Kraft.

(BGBl I 2021/218)

2. das Erlöschen bzw. die Aufhebung der Geschäftsaufsicht;

   (BGBl I 2010/29)

3. die Nichteröffnung des Insolvenzverfahrens mangels kostendeckenden Vermögens,

   (BGBl I 2010/29)

4. die Ablehnung der Eröffnung des Insolvenzverfahrens gemäß § 68 IO wegen Vermögenslosigkeit,

   (BGBl I 2010/29)

5. die Löschung gemäß § 40 oder § 42 des Firmenbuchgesetzes (FBG), BGBl. Nr. 10/1991, wegen Vermögenslosigkeit,

   (BGBl I 2010/29)

6. die Zurückweisung des Antrags auf Eröffnung des Insolvenzverfahrens gemäß § 63 IO,

   (BGBl I 2010/29)

7. der Beschluss gemäß § 153 Abs. 1 oder § 154 Abs. 1 des Außerstreitgesetzes (AußStrG), BGBl. I Nr. 111/2003.

   (BGBl I 2010/29)

(BGBl 1986/395, BGBl I 2005/102, BGBl I 2010/29, BGBl I 2021/218)

[a)] Ab 1. Juli 2022: „Die von den Sozialversicherungsträgern im beantragten oder durchgeführten Insolvenzverfahren oder durch die Verwertung von Absonderungs- und diesen gleichgestellten Rechten sowie von Aussonderungsrechten nicht einbringbaren Dienstnehmerbeitragsanteile für die in Abs. 2 genannten Zeiträume sind vom zuständigen Sozialversicherungsträger gesammelt für alle im laufenden Kalenderjahr beendeten Insolvenzfälle dem Fonds längstens bis Ende April des Folgejahres bekanntzugeben, wobei sich später ergebende Nachverrechnungen längstens bis Ende April des zweitfolgenden Jahres zulässig sind.".

(4) Wird „ein Sanierungsplan"[a)] nicht erfüllt, so hat die Verrechnung nach den Abs. 2 und 3 erst mit der Beendigung des Insolvenzverfahrens nach Abs. 3 Z 1 und bei der Ablehnung des Antrages auf Eröffnung des Insolvenzverfahrens mangels hinreichenden Vermögens nach Abs. 3 Z 3 zu erfolgen. Erlischt die Geschäftsaufsicht durch Eröffnung des Insolvenzverfahrens, so hat die Verrechnung erst mit der Beendigung des Insolvenzverfahrens nach Abs. 3 Z 1 zu erfolgen. Wird ein Sekundärinsolvenzverfahren (§ 6 Abs. 1) eröffnet, beziehen sich die im Abs. 3 Z 1 bis 7 genannten Zeitpunkte auf dieses Sekundärinsolvenzverfahren.

(BGBl I 2005/102, BGBl I 2010/29, BGBl I 2021/218)

[a)] Ab 1. Juli 2022: „eine festgelegte Entschuldungsquote".

(5) Auf die Jahresabrechnung nach Abs. 3 hat der Fonds dem Sozialversicherungsträger monatlich Abschlagszahlungen im Ausmaß von je einem Zwölftel der Summe der Vorjahresabrechnungen zu gewähren.

(BGBl 1982/647)

Zuschläge nach dem Bauarbeiter-Urlaubs- und Abfertigungsgesetz

§ 13b. (1) Vom Arbeitgeber zu leistende Zuschlä-

IESG

ge nach dem BUAG schuldet der Insolvenz-Entgelt-Fonds der Bauarbeiter-Urlaubs- und Abfertigungskasse, soweit diese längstens zwei Jahre vor der Eröffnung des Insolvenzverfahrens oder einem gemäß § 1 Abs. 1 gleichgestellten Beschluss rückständig sind und nicht Beschäftigungszeiten betreffen, für die der Arbeitnehmer keinen Anspruch gegenüber der Bauarbeiter-Urlaubs- und Abfertigungskasse (§§ 4a und 8 sowie §§ 13c Abs. 1 und 13j Abs. 1 Z 5 BUAG) erwirbt. Die Verrechnung hat zwischen der Bauarbeiter-Urlaubs- und Abfertigungskasse und dem Fonds nach Maßgabe der folgenden Bestimmungen im direkten Wege zu erfolgen.

(BGBl I 2008/82, BGBl I 2009/70, BGBl I 2010/29)

(2) § 13a Abs. 3 und 4 gelten mit der Maßgabe, dass an die Stelle der Sozialversicherungsträger und der Dienstnehmerbeitragsanteile die Bauarbeiter-Urlaubs- und Abfertigungskasse und die Zuschläge treten. Auf die Jahresabrechnungen nach § 13a Abs. 3 hat der Fonds der Bauarbeiter-Urlaubs- und Abfertigungskasse vierteljährliche Abschlagszahlungen im Ausmaß von je einem Viertel der Summe der Vorjahresabrechnungen zu gewähren.

(BGBl 1996/754, BGBl I 1997/107, BGBl I 2000/44)

Ansprüche eines bevorrechteten Gläubigerschutzverbandes bei Vertretung von Anspruchsberechtigten

§ 13c. (1) Wird der Anspruchsberechtigte (§ 1 Abs. 1) im Verfahren nach diesem Bundesgesetz vor „einer Geschäftsstelle“[a)] durch einen bevorrechteten Gläubigerschutzverband vertreten, der statutengemäß in einem solchen Verfahren Anspruchsberechtigten ausnahmslos unentgeltlichen Rechtsschutz gewährt, schuldet der Fonds einem solchen Rechtsvertreter insbesondere für die im Zusammenhang mit der Ermittlung des Anspruches auf Insolvenz-Entgelt nach § 3 Abs. 1 erster Satz aufgelaufenen Unkosten je vertretenem Anspruchsberechtigten eine pauschalierte Abgeltung von 59 Euro zuzüglich Umsatzsteuer; daran ändert nichts, dass ein solcher Gläubigerschutzverband sich diesbezüglich auf eigene Kosten eines Rechtsvertreters bzw. eines Steuerberaters bedient.

(BGBl I 2008/82, BGBl I 2021/218)

[a)] Ab 1. Juli 2022: „der IEF-Service GmbH“.

(2) Der im Abs. 1 genannte Pauschalbetrag ist mit Wirkung ab 1. Jänner des Jahres 2003 und jedes darauffolgenden Jahres mit der Aufwertungszahl (§ 108a ASVG) des jeweiligen Kalenderjahres zu vervielfachen und kaufmännisch auf einen vollen Eurobetrag zu runden. Der neue Pauschalbetrag gilt hinsichtlich der in diesem Kalenderjahr vertretenen Anspruchsberechtigten.

(BGBl I 1999/73, BGBl I 2001/88)

Beiträge nach dem Betrieblichen Mitarbeiter- und Selbständigenvorsorgegesetz

§ 13d. (1) Für die vom Arbeitgeber zu leistenden Beiträge gemäß § 6 Abs. 1 BMSVG oder nach gleichartigen österreichischen Rechtsvorschriften gilt § 13a mit der Maßgabe, dass an die Stelle der Dienstnehmerbeitragsanteile zur gesetzlichen Sozialversicherung die BV-Kassenbeiträge treten.

(BGBl I 2003/128, BGBl I 2007/104)

(2) Abs. 1 gilt für die dem Sachbereich der Abfertigungsregelung nach dem Bauarbeiter-Urlaubs- und Abfertigungsgesetz unterliegenden Arbeitnehmer (Lehrlinge) und die diese beschäftigenden Betriebe (Unternehmungen) mit der Maßgabe, dass an die Stelle des Sozialversicherungsträgers die Bauarbeiter-Urlaubs- und Abfertigungskasse tritt.

(BGBl I 2003/128, BGBl I 2005/36)

(BGBl I 2002/100, BGBl I 2003/128, BGBl I 2007/104)

Beiträge zur Förderung der Ausbildung und Beschäftigung Jugendlicher

§ 13e.[a)] (1) Der Insolvenz-Entgelt-Fonds hat dem Bund jährlich zum Zweck der besonderen Förderung der Ausbildung und Beschäftigung Jugendlicher Mittel im Ausmaß der bei einem Zuschlag in der Höhe von 0,2 vH erzielten jährlichen Einnahmen aus den Zuschlägen zur Verfügung zu stellen. Diese Mittel können zur Gewährung von Beihilfen gemäß § 19c des Berufsausbildungsgesetzes (BAG), BGBl. Nr. 142/1969, durch die Lehrlingsstellen (§ 19 BAG) und nach Maßgabe des Abs. 4 auch zur Finanzierung von Maßnahmen in einer Einrichtung gemäß § 18 Abs. 7 Z 3 AlVG verwendet werden. Werden diese Mittel in einem Kalenderjahr nicht zur Gänze ausgeschöpft, so sind die nicht benötigten Mittel dem Insolvenz-Entgelt-Fonds zur Bestreitung der Ausgaben für Insolvenz-Entgelt zur Verfügung zu stellen; in diesem Fall sind die im Folgejahr dem Bund zum Zweck der besonderen Förderung der Ausbildung und Beschäftigung Jugendlicher zur Verfügung zu stellenden Mittel um den entsprechenden Betrag zu erhöhen. Darüber hinaus kann der Bundesminister für Arbeit, Soziales und Konsumentenschutz den Insolvenz-Entgelt-Fonds anweisen, für diesen Zweck weitere Mittel aus vorhandenem Finanzvermögen zur Verfügung zu stellen.

(BGBl I 2009/90, BGBl I 2009/148)

(2) Der Insolvenz-Entgelt-Fonds hat dem Bund zur anteiligen Bedeckung der zum Zwecke der besonderen Förderung der Beschäftigung von Lehrlingen gewährten Lehrlingsausbildungsprämie gemäß § 108f EStG 1988 in den Jahren 2008 bis 2010 Mittel in folgender Höhe zur Verfügung zu stellen:

1. im Jahr 2008 113,75 Mio. €;
2. im Jahr 2009 62,75 Mio. €;
3. im Jahr 2010 29,75 Mio. €.

Diese Mittel sind auf die gemäß Abs. 1 erster Satz zur Verfügung zu stellenden Mittel betragsmindernd anzurechnen.

(3) Akontierungen der gemäß Abs. 1 und 2 zu gewährenden Mittel auf der Grundlage des Voranschlages gemäß § 13 Abs. 2 sind zulässig.

(4) In den Jahren 2009 und 2010 sind Mittel in Höhe von insgesamt 3 Mio. € zur Finanzierung

von Maßnahmen in einer Einrichtung gemäß § 18 Abs. 7 Z 3 AlVG zur Verfügung zu stellen.

(BGBl I 2009/90)

(5) Der Insolvenz-Entgelt-Fonds hat dem Bund die zur Bedeckung der Aufwendungen der Lehrberechtigten für die Tragung von Internatskosten für Lehrlinge während des Besuches der Berufsschule gemäß § 9 Abs. 5 BAG und § 130 Abs. 4a des Landarbeitsgesetzes 1984 (LAG), BGBl. Nr. 287/1984 durch die Lehrlingsstellen erforderlichen Mittel zur Verfügung zu stellen. Dies gilt nicht für Lehrberechtigte beim Bund, bei einem Land, einer Gemeinde oder einem Gemeindeverband.

(BGBl I 2017/154, BGBl I 2019/16)

(6) (aufgehoben)

(BGBl I 2018/30)

(BGBl I 2008/82, BGBl I 2020/98)

[a] Tritt mit Ablauf des 31. Dezember 2022 außer Kraft.

„Gehaltskassenumlagen nach dem Gehaltskassengesetz 2002

§ 13f. (1) Der Insolvenz-Entgelt-Fonds schuldet der Pharmazeutischen Gehaltskasse für Österreich (§ 1 des Gehaltskassengesetzes 2002, BGBl. I Nr. 154/2001, in der Fassung des Bundesgesetzes BGBl. I Nr. 128/2021) die vom Arbeitgeber gemäß § 9 des Gehaltskassengesetzes 2002 zu leistenden Gehaltskassenumlagen, soweit diese längstens zwei Jahre vor der Eröffnung des Insolvenzverfahrens rückständig sowie uneinbringbar sind und nach dem IESG gesicherte Ansprüche der angestellten Aspiranten oder Apotheker betreffen.

(2) Die Verrechnung hat zwischen der Gehaltskasse und dem Fonds direkt zu erfolgen. Die Bestimmungen des § 13a Abs. 3 und 4 sind sinngemäß anzuwenden.“

[a] Tritt mit 1. Juli 2022 in Kraft.

(BGBl I 2021/218)

Rechtshilfe und Auskunftspflicht

§ 14. (1) Die Verwaltungsbehörden, die Träger der Sozialversicherung, die Bauarbeiter-Urlaubs- und Abfertigungskasse sowie die gesetzlichen Interessenvertretungen der Arbeitgeber und der Arbeitnehmer sind verpflichtet, die IEF-Service GmbH und deren Geschäftsstellen sowie die Gerichte bei der Erfüllung ihrer Aufgaben nach diesem Bundesgesetz zu unterstützen. Ebenso haben die IEF-Service GmbH samt deren Geschäftsstellen und die Gerichte einander zu unterstützen.

(BGBl 1985/104, BGBl 1987/618, BGBl 1994/314, BGBl I 2001/88, BGBl I 2008/82, BGBl I 2017/123)

(1)[a] Die Verwaltungsbehörden, die Träger der Sozialversicherung, die Bauarbeiter-Urlaubs- und Abfertigungskasse, die Pharmazeutische Gehaltskasse für Österreich sowie die gesetzlichen Interessenvertretungen der Arbeitgeber und der Arbeitnehmer sind verpflichtet, die IEF-Service GmbH sowie die Gerichte bei der Erfüllung ihrer Aufgaben nach diesem Bundesgesetz zu unterstützen. Ebenso haben die IEF-Service GmbH und die Gerichte einander zu unterstützen.

(BGBl 1985/104, BGBl 1987/618, BGBl 1994/314, BGBl I 2001/88, BGBl I 2008/82, BGBl I 2017/123, BGBl I 2021/218)

[a] Tritt mit 1. Juli 2022 in Kraft.

(2) Der Arbeitgeber, der Arbeitnehmer und die Personen, die Einblick in die Arbeitsentgeltunterlagen haben oder hatten, sowie alle Behörden, Ämter, Träger der Sozialversicherung und die Bauarbeiter-Urlaubs- und Abfertigungskasse sind verpflichtet, dem zuständigen Verwalter unverzüglich alle Auskünfte zu erteilen, die er für Erklärungen nach § 6 Abs. 5 benötigt.

(BGBl 1987/618, BGBl I 2010/29)

(2)[a] Der Arbeitgeber, der Arbeitnehmer und die Personen, die Einblick in die Arbeitsentgeltunterlagen haben oder hatten, sowie alle Behörden, Ämter, Träger der Sozialversicherung, die Bauarbeiter-Urlaubs- und Abfertigungskasse und die Pharmazeutische Gehaltskasse für Österreich sind verpflichtet, dem zuständigen Verwalter unverzüglich alle Auskünfte zu erteilen, die er für Erklärungen nach § 6 Abs. 5 benötigt.

(BGBl 1987/618, BGBl I 2010/29, BGBl I 2021/218)

[a] Tritt mit 1. Juli 2022 in Kraft.

IESG

(3) Der Arbeitgeber, der zuständige Verwalter, die Arbeitnehmer sowie die Personen, die Einblick in die Arbeitsentgeltunterlagen haben oder hatten, sind verpflichtet, der IEF-Service GmbH, deren Geschäftsstellen und Beauftragten sowie den Gerichten alle Auskünfte zu erteilen, die zur Durchführung dieses Bundesgesetzes erforderlich sind.

(BGBl 1985/104, BGBl 1994/314, BGBl I 2001/88, BGBl I 2008/82, BGBl I 2010/29)

(3)[a] Der Arbeitgeber, der zuständige Verwalter, die Arbeitnehmer sowie die Personen, die Einblick in die Arbeitsentgeltunterlagen haben oder hatten, sind verpflichtet, der IEF-Service GmbH und deren Beauftragten sowie den Gerichten alle Auskünfte zu erteilen, die zur Durchführung dieses Bundesgesetzes erforderlich sind.

(BGBl 1985/104, BGBl 1994/314, BGBl I 2001/88, BGBl I 2008/82, BGBl I 2010/29, BGBl I 2021/218)

[a] Tritt mit 1. Juli 2022 in Kraft.

(4) Der Dachverband der Sozialversicherungsträger (Dachverband) ist verpflichtet, auf automationsunterstütztem Wege gespeicherte Daten (§ 31 Abs. 4 Z 3 ASVG) über die Versicherungszeiten, Beitragsgrundlagen, Qualifikationen und Dienstgeber von natürlichen Personen der IEF-Service GmbH ~~und deren Geschäftsstellen~~[a], den Gerichten und dem Bundesministerium für Arbeit, Soziales, Gesundheit und Konsumentenschutz offen zu legen, soweit dies für die Vollziehung der diesen Stellen jeweils gesetzlich übertragenen Aufgaben erforderlich ist. Für Zwecke der Prüfung des Vorliegens von Betriebsübergängen (§ 3 AVRAG) und des Verdachts auf Sozialbetrug sind vom Dachverband auf automationsunterstütztem Wege auch die

zu bestimmten Stichtagen jeweils beschäftigten Personen je Dienstgeber offen zu legen.

(BGBl 1986/395, BGBl 1994/314, BGBl 1996/754, BGBl I 2001/88, BGBl I 2008/82, BGBl I 2011/39, BGBl I 2017/123, BGBl I 2018/32, BGBl I 2018/100, BGBl I 2021/218)

[a] Die Streichung tritt mit 1. Juli 2022 in Kraft.

(5) Der Bundesminister für Inneres hat der IEF-Service GmbH ~~und deren Geschäftsstellen~~[a] die Meldedaten, die für diese zur Wahrnehmung der ihnen gesetzlich, insbesondere nach diesem Bundesgesetz und nach dem IEFG übertragenen Aufgaben eine wesentliche Voraussetzung bilden, im Wege automationsunterstützter Datenübermittlung aus dem Zentralen Melderegister (ZMR) gemäß § 16a Abs. 4 des Meldegesetzes 1991, BGBl. Nr. 9/1992, in der Weise zur Verfügung zu stellen, dass diese den Gesamtdatensatz bestimmter Personen im Datenfernverkehr ermitteln können.

(BGBl I 2004/77, BGBl I 2008/82, BGBl I 2021/218)

[a] Die Streichung tritt mit 1. Juli 2022 in Kraft.

(6) Die zentrale Koordinationsstelle für die Kontrolle der illegalen Beschäftigung des Amtes für Betrugsbekämpfung ist verpflichtet, der IEF-Service GmbH ~~und deren Geschäftsstellen~~[a] alle zur Wahrnehmung der gesetzlich übertragenen Aufgaben notwendigen Daten, die sie im Rahmen von Kontrollen oder bei der Führung der zentralen Verwaltungsstrafevidenz erhoben hat, in einer für die IEFService GmbH technisch geeigneten Form zur Verfügung zu stellen.

(BGBl I 2008/82, BGBl I 2019/104, BGBl I 2021/218)

[a] Die Streichung tritt mit 1. Juli 2022 in Kraft.

(7) Hat das Insolvenzgericht der Staatsanwaltschaft eine Anzeige gemäß § 261 IO erstattet, so hat dieses Gericht auch die IEF-Service GmbH in Wien darüber in Kenntnis zu setzen.

(BGBl I 2010/29)

„(7)[a] Wurde ein (vorerst) Anspruchsberechtigter, der Arbeitgeber oder ein Organ des Arbeitgebers wegen einer der in § 11 Abs. 3 letzter Satz genannten Straftaten im Zusammenhang mit der Insolvenz verurteilt, so haben die Strafgerichte die IEF-Service GmbH unter Anführung der gegenständlichen Insolvenz zu informieren."

(BGBl I 2021/218)

[a] Tritt mit 1. Juli 2022 in Kraft.

Zusammenarbeit mit ausländischen Einrichtungen

§ 14a. (1) Ist der insolvente Arbeitgeber auch in einem anderen EWR-Staat tätig, so hat die IEF-Service GmbH der zuständigen ausländischen öffentlichen Verwaltung oder Garantieeinrichtung (im Folgenden ausländische Einrichtung) den allenfalls vorhandenen inländischen Gerichtsbeschluss im Sinne des § 1 Abs. 1 und die im Zusammenhang mit Anträgen auf Insolvenz-Entgelt ergangenen Entscheidungen mitzuteilen, soweit diese zur Aufgabenerfüllung der ausländischen Einrichtung unbedingt erforderlich sind. Nach Maßgabe der technischen Möglichkeiten können entsprechende Daten gemäß § 5 Abs. 5 auch telegrafisch, fernschriftlich, mit Telefax, im Wege automationsunterstützter Datenübertragung oder in jeder anderen technisch möglichen Weise übermittelt werden. Näheres kann durch eine Vereinbarung zwischen der IEF-Service GmbH und der jeweiligen ausländischen Einrichtung bestimmt werden. In der Vereinbarung kann auch geregelt werden, dass die jeweilige ausländische Einrichtung die IEF-Service GmbH und den Insolvenz-Entgelt-Fonds insbesondere zur Wahrnehmung der sich nach § 11 ergebenden Rechte vertritt oder auch die IEF-Service GmbH eine solche ausländische Einrichtung im Inland vertritt. Eine derartige Vereinbarung bedarf der Zustimmung des Bundesministers für Arbeit, Soziales und Konsumentenschutz.

(BGBl I 2008/82, BGBl I 2011/39)

(2) Abs. 1 gilt auch dann, wenn die IEF-Service GmbH bei Anträgen auf Insolvenz-Entgelt, die sich auf § 1 Abs. 1 letzter Satz stützen, die erforderlichen Informationen von der ausländischen Einrichtung benötigt.

(BGBl I 2008/82)

(3) Abs. 1 und 2 gelten auch für Vereinbarungen zwischen der IEF-Service GmbH und ausländischen Einrichtungen in Staaten außerhalb des EWR, wenn diese Staaten das Übereinkommen betreffend den Schutz der Forderungen der Arbeitnehmer bei Zahlungsunfähigkeit ihres Arbeitgebers, BGBl. III Nr. 49/1997, ratifiziert haben. In einer solchen Vereinbarung ist auch festzulegen, dass die Übermittlung und Überlassung von Daten gemäß § 5 Abs. 5 nur erfolgen kann, wenn die im § 13 Abs. 2 des Datenschutzgesetzes 2000 genannten Voraussetzungen vorliegen.

(BGBl I 2008/82)

(BGBl I 2005/102)

Stempel- und Gebührenfreiheit

§ 15. (1) Die im Verfahren nach diesem Bundesgesetz erforderlichen Eingaben und deren Beilagen, Ausfertigungen, Niederschriften, Entscheidungen, Vollmachten und Zeugnisse sind von den Stempel- und Rechtsgebühren befreit.

(2) Die §§ 76 bis 78 AVG 1950 und die auf Grund dieser Bestimmungen erlassenen Verordnungen sind im Verfahren nach diesem Bundesgesetz nicht anzuwenden.

Strafbestimmungen

§ 16. (1) Arbeitgeber, die wissentlich unwahre Angaben machen oder vorsätzlich die Erklärung nach § 6 Abs. 4 grundlos verweigern oder ihrer Auskunftspflicht nach § 14 Abs. 3 vorsätzlich nicht nachkommen, begehen, sofern die Tat nicht mit strengerer Strafe bedroht ist, eine Verwaltungsübertretung und sind von der Bezirksverwaltungsbehörde mit Geldstrafe von 365 € bis 1 455 € zu bestrafen.

(BGBl I 2001/88)

(2) Für mehrere danach strafbare Handlungen ist nur auf eine einzige Strafe zu erkennen.

(3) Die Eingänge aus den gemäß Abs. 1 verhängten Geldstrafen fließen dem Insolvenz-Entgelt-Fonds zu.

(BGBl I 2008/82)

Übergangsbestimmungen

§ 17. (1) Dieses Bundesgesetz ist erstmals anzuwenden, wenn das Insolvenzverfahren über das Vermögen des Arbeitgebers (ehemaligen Arbeitgebers) nach dem 31. Dezember 1975 eröffnet und am 31. Dezember 1977 noch nicht abgeschlossen worden ist. § 1 Abs. 1 Z 1 bis 3 gelten entsprechend.

(BGBl I 2010/29)

(2) Ansprüche im Sinne des § 1 Abs. 2 aus der Zeit vor dem Inkrafttreten dieses Bundesgesetzes sind so weit gesichert, als die Fälligkeit nach dem 31. Dezember 1974 eingetreten ist.

(3) Die Frist nach § 6 Abs. 1 endet frühestens 90 Tage nach dem Inkrafttreten dieses Bundesgesetzes. Anträge nach diesem Bundesgesetz können jedoch bereits ab dem 1. Oktober 1977 gestellt werden.

(4) Ist ein Insolvenzverfahren vor dem Inkrafttreten dieses Bundesgesetzes eröffnet worden, so hat das Bundesamt für Soziales und Behindertenwesen die zur Beurteilung des Anspruches notwendigen Unterlagen von Amts wegen zu beschaffen, sofern deren Beibringung dem Antragsteller unzumutbar ist.

(BGBl 1994/314)

(5) Der vom Arbeitgeber zu tragende Zuschlag gemäß § 12 Abs. 1 Z 4 wird bis zum Inkrafttreten der gemäß § 12 Abs. 1 Z 4 erstmals zu erlassenden Verordnung mit 0,1 vH festgesetzt.

(BGBl 1979/107, BGBl 1996/754)

(6) Der Reservefonds der Arbeitslosenversicherung (§ 64 AlVG 1958) hat bis zu 200 Millionen Schilling je nach Bedarf auf das Konto des Insolvenz-Ausfallgeld-Fonds im Jahre 1978 zu überweisen. Bei dieser Überweisung handelt es sich um ein verzinsliches Darlehen, das bis spätestens 31. Dezember 1981 zurückzuzahlen ist. Die Zinsen sind in der Höhe des jeweiligen Eckzinssatzes bei zweijähriger Bindung zu leisten. Bei der Festsetzung des Beitragszuschlages ist auf die Rückzahlung des Darlehens entsprechend Bedarf zu nehmen.

Novellen; Inkrafttreten und Übergangsbestimmungen

§ 17a. (1) § 1 Abs. 1 Z 3, § 1a, § 3 Abs. 2 Z 1 und Abs. 3a, § 6 Abs. 1 Z 3 und Z 4, der an § 7 Abs. 1 angefügte Satz, § 7 Abs. 6 letzter Satz, § 7 Abs. 7 und die im § 13 Abs. 4 anstelle des letzten Satzes tretenden Sätze in der Fassung des Bundesgesetzes BGBl. Nr. 835/1992 treten mit 1. Jänner 1993 in Kraft.

(BGBl 1992/835, BGBl 1993/799)

(2) Der mit Bundesgesetz BGBl. Nr. 799/1993 eingefügte § 1 Abs. 6 Z 4 tritt mit 1. Jänner 1994 in Kraft.

(BGBl 1993/799)

(3) § 1 Abs. 3 Z 4 und § 1 Abs. 4a in der Fassung des Bundesgesetzes BGBl. Nr. 817/1993 treten mit 1. Jänner 1994 in Kraft. Sie sind auf Beschlüsse über die Eröffnung eines Insolvenzverfahrens nach § 1 Abs. 1 Z 3 bis 7, die vor dem 1. Jänner 1994 gefaßt wurden, nicht anzuwenden.

(BGBl 1993/817)

(4) § 1 Abs. 2 Z 4 lit. g, § 1 Abs. 3 Z 2, § 1 Abs. 3 Z 3a, § 1 Abs. 4, § 5 Abs. 4, § 6 Abs. 1, § 7 Abs. 1, § 7 Abs. 6a, § 11 Abs. 3 und § 13 Abs. 5 in der Fassung des Bundesgesetzes BGBl. Nr. 153/1994 treten mit 1. März 1994 in Kraft. Sie sind, mit Ausnahme des § 5 Abs. 4, nicht anzuwenden, wenn der Beschluß über die Eröffnung oder der sonst nach § 1 Abs. 1 Z 1 bis 7 maßgebliche Beschluß vor dem genannten Zeitpunkt gefaßt worden ist. § 7 Abs. 6a in der Fassung des Bundesgesetzes BGBl. Nr. 153/1994 ist überdies nur für Vorfinanzierungen, die für Zeiträume nach dem 28. Februar 1994 gewährt wurden, anzuwenden.

(BGBl 1994/153)

(5) Die §§ 1a Abs. 3, 4, 5, 6 Abs. 1, 3 und 4, 7 Abs. 1, 2, 4 und 6, 8 Abs. 2, 10, 13 Abs. 5, 14 Abs. 1, 3 und 4 und 17 Abs. 4 in der Fassung des Bundesgesetzes BGBl. Nr. 314/1994 treten mit 1. Juli 1994 in Kraft. Bis zum Inkrafttreten des § 5 Z 2 lit. a des Bundessozialämtergesetzes (Art. 33 des Arbeitsmarktservice-Begleitgesetzes, BGBl. Nr. 314/1994) obliegen die Aufgaben und Befugnisse der Bundesämter für Soziales und Behindertenwesen den jeweiligen regionalen Geschäftsstellen und Landesgeschäftsstellen des Arbeitsmarktservice.

(BGBl 1994/314)

(6) § 1 Abs. 6 Z 3, 4 und 5, § 12 Abs. 1 Z 5 und Abs. 4 sowie § 13 Abs. 2 in der Fassung des Bundesgesetzes BGBl. Nr. 297/1995 treten mit 1. Mai 1995 in Kraft. Sie sind, mit Ausnahme des § 12 Abs. 1 Z 5 und Abs. 4 sowie § 13 Abs. 2 nicht anzuwenden, wenn der Beschluß über die Eröffnung eines Insolvenzverfahrens nach § 1 Abs. 1 bzw. über einen anderen Insolvenztatbestand nach § 1 Abs. 1 Z 3 bis 7 vor dem 1. Mai 1995 gefaßt wurde.

(BGBl 1995/297)

(7) § 3 Abs. 5 und 6 und § 7 Abs. 8 in der Fassung des Bundesgesetzes BGBl. Nr. 754/1996 treten mit 1. Jänner 1997 in Kraft. Sie sind auf Beschlüsse über die Eröffnung eines Insolvenzverfahrens nach § 1 Abs. 1 oder über einen anderen Insolvenztatbestand nach § 1 Abs. 1 Z 3 bis 7 nicht anzuwenden, die vor dem 1. Jänner 1997 gefaßt wurden.

(BGBl 1996/754)

(8) § 12 Abs. 1, § 12 Abs. 2, § 12 Abs. 4, § 12 Abs. 5, § 13 Abs. 5, § 13 Abs. 8 Z 1, § 13b und § 14 Abs. 4 in der Fassung des Bundesgesetzes BGBl.

Nr. 754/1996 treten mit Beginn der Beitragsperiode 1997 in Kraft. Gewährte Darlehen nach § 12 Abs. 1 Z 4 in Verbindung mit § 13 Abs. 5 in der Fassung vor dem Bundesgesetz BGBl. Nr. 754/1996 sind nach den bisherigen Bestimmungen abzuwickeln.

(BGBl 1996/754)

(9) Der vom Arbeitgeber zu tragende Zuschlag gemäß § 12 Abs. 1 Z 4 in der Fassung des Bundesgesetzes BGBl. Nr. 754/1996 wird für das Beitragsjahr 1997 mit 0,7 vH festgesetzt.

(BGBl 1996/754)

(10) § 1 Abs. 1, 3 und 5, § 2, § 3, § 3a Abs. 2 bis 4, § 3b, § 3c, § 3d, § 5 Abs. 1, § 6 Abs. 1, 4 und 7, § 7 Abs. 1, 6a und 7, § 11 Abs. 3 und § 13a Abs. 3 in der Fassung des Bundesgesetzes BGBl. I. Nr. 107/1997 treten mit 1. Oktober 1997 in Kraft und sind anzuwenden, wenn der Beschluß über die Eröffnung eines Insolvenzverfahrens nach § 1 Abs. 1 bzw. der sonst nach § 1 Abs. 1 maßgebende Beschluß nach dem 30. September 1997 gefaßt wurde. § 1 Abs. 1, 3 und 5, § 2, § 3, § 5 Abs. 1, § 6 Abs. 1, 4 und 7, § 7 Abs. 1, 6a und 7, § 11 Abs. 3 und § 13a Abs. 3 in der Fassung vor dem Bundesgesetz BGBl. I Nr. 107/1997 sind weiterhin anzuwenden, wenn der Beschluß über die Eröffnung eines Insolvenzverfahrens nach § 1 Abs. 1 bzw. der sonst nach § 1 Abs. 1 maßgebende Beschluß vor dem 1. Oktober 1997 gefaßt wurde. § 1 Abs. 1 Z 5, § 1 Abs. 3 Z 2 lit. a und § 13a Abs. 3 Z 6 in der Fassung vor dem Bundesgesetz BGBl. I Nr. 107/1997 sind weiterhin anzuwenden, sofern die Eröffnung des Vorverfahrens vor dem 1. Oktober 1997 erfolgt ist.

(BGBl I 1997/107)

(11) § 3a Abs. 1 in der Fassung des Bundesgesetzes BGBl. I Nr. 107/1997 tritt mit 1. April 1998 in Kraft und ist nicht anzuwenden, wenn der Beschluß über die Eröffnung eines Insolvenzverfahrens nach § 1 Abs. 1 bzw. der sonst nach § 1 Abs. 1 maßgebende Beschluß vor dem 1. April 1998 gefaßt wurde.

(BGBl I 1997/107)

(12) § 1 Abs. 6 Z 5, § 1a Abs. 1, § 2, § 3 Abs. 2, § 5 Abs. 4, § 12 Abs. 1 Z 4 und § 13b in der Fassung des Bundesgesetzes BGBl. I Nr. 107/1997 treten mit 1. Oktober 1997 in Kraft. Bis zur Erlassung der Verordnung gemäß Abs. 13 ist § 3 Abs. 2 mit der Maßgabe anzuwenden, daß Insolvenz-Ausfallgeld für Zinsen für Zeiträume ab dem nach § 6 Abs. 1 in Frage kommenden Zeitpunkt im Ausmaß von sechs Monaten gebührt.

(BGBl I 1997/107)

(13) § 13 Abs. 5 und Abs. 8 Z 5 in der Fassung des Bundesgesetzes BGBl. I Nr. 107/1997 treten mit 1. Jänner 2004 in Kraft.

(BGBl I 1997/107, BGBl I 2003/71)

(14) § 13 Abs. 1 fünfter bis achter Satz, § 13 Abs. 2 und § 13 Abs. 8 Z 3 in der Fassung des Bundesgesetzes BGBl. I Nr. 107/1997 treten mit 1. September 1997 mit der Maßgabe in Kraft, daß abweichend von § 13 Abs. 1 letzter Satz in den Geschäftsjahren des Insolvenz-Ausfallgeld-Fonds 1998 bis einschließlich 2002 der gesamte Gegenwert der gemäß § 13 Abs. 1 fünfter Satz zulässigen finanziellen Mittel den 175fachen Jahresbezug nach dem fünften Satz nicht überschreiten darf. Der Plan gemäß § 13 Abs. 1 fünfter Satz in der Fassung des Bundesgesetzes BGBl. I Nr. 107/1997 für das Geschäftsjahr 1998 ist bis spätestens 1. Jänner 1998 zu erstellen.

(BGBl I 1997/107)

(15) § 3c Z 3 in der Fassung des Bundesgesetzes BGBl. I Nr. 30/1998 tritt mit 1. Jänner 1998 in Kraft.

(BGBl I 1998/30)

(16) § 3a Abs. 1 erster Satz, § 6 Abs. 1 Z 5, § 6 Abs. 2 erster Satz, § 7 Abs. 4 zweiter Satz und § 7 Abs. 7 in der Fassung des Bundesgesetzes BGBl. I Nr. 73/1999 treten mit 1. Mai 1999 in Kraft. Sie sind, mit Ausnahme des § 6 Abs. 2 erster Satz und § 7 Abs. 4 zweiter Satz, nicht anzuwenden, wenn der Beschluß über die Eröffnung eines Insolvenzverfahrens nach § 1 Abs. 1 bzw. über einen anderen Insolvenztatbestand nach § 1 Abs. 1 Z 3 bis 6 vor dem 1. Mai 1999 gefaßt wurde.

(BGBl I 1999/73)

(17) § 13c samt Überschrift in der Fassung des Bundesgesetzes BGBl. I Nr. 73/1999 tritt mit 1. Mai 1999 in Kraft und ist auch auf zu diesem Zeitpunkt anhängige Rechtsvertretungen im Sinne des § 13c Abs. 1 anzuwenden. Die erstmalige Anpassung nach § 13c Abs. 2 hat für das Kalenderjahr 2000 zu erfolgen.

(BGBl I 1999/73)

(18) § 12 Abs. 6 in der Fassung des Bundesgesetzes BGBl. I Nr. 26/2000 tritt mit 1. Juni 2000 in Kraft.

(BGBl I 2000/26)

(19) § 7 Abs. 8 in der Fassung des Bundesgesetzes BGBl. I Nr. 44/2000 tritt mit 1. Jänner 2001 in Kraft.

(BGBl I 2000/44)

(20) § 13b in der Fassung des Bundesgesetzes BGBl. I Nr. 44/2000 tritt mit 1. Jänner 2001 in Kraft und ist anzuwenden, wenn der Beschluss über die Eröffnung eines Insolvenzverfahrens nach § 1 Abs. 1 bzw. über einen anderen Insolvenztatbestand nach § 1 Abs. 1 Z 3 bis 6 nach dem 31. Dezember 2000 gefasst wurde.

(BGBl I 2000/44)

(21) Der Insolvenz-Ausfallgeld-Fonds hat der Bauarbeiter-Urlaubs- und Abfertigungskasse die Abfertigungszahlungen gemäß § 13b in der Fassung vor dem Bundesgesetz BGBl. I Nr. 44/2000 auch nach dem 31. Dezember 2000 zu ersetzen, wenn der Beschluss über die Eröffnung eines Insolvenzverfahrens nach § 1 Abs. 1 bzw. über einen anderen Insolvenztatbestand nach § 1 Abs. 1 Z 3 bis 6 vor dem 1. Jänner 2001 gefasst wurde.

(BGBl I 2000/44)

(22) Im Zeitraum bis 31. Dezember 2002 sind die vierteljährlichen Abschlagszahlungen gemäß § 13b Abs. 2 zweiter Satz in der Fassung des Bundesgesetzes BGBl. I Nr. 44/2000 in der Höhe von

80 vH der von der Bauarbeiter-Urlaubs- und Abfertigungskasse im vorhergehenden Quartal in Insolvenzverfahren nach § 1 Abs. 1 angemeldeten Zuschläge zu gewähren.

(BGBl I 2000/44)

(23) § 3 Abs. 2, die Überschrift zu § 3a und § 3a Abs. 1 in der Fassung des Bundesgesetzes BGBl. I Nr. 142/2000 treten mit 1. Jänner 2001 in Kraft und sind auf Insolvenzverfahren anzuwenden, wenn der Beschluss über die Eröffnung eines Insolvenzverfahrens nach § 1 Abs. 1 oder der sonst nach § 1 maßgebende Beschluss nach dem 31. Dezember 2000 gefasst wird.

(BGBl I 2000/142)

(24) § 6 Abs. 2, § 12 Abs. 7 und § 13 Abs. 1 in der Fassung des Bundesgesetzes BGBl. I Nr. 142/2000 treten mit 1. Jänner 2001 in Kraft.

(BGBl I 2000/142)

(25) § 1a Abs. 3 Z 2, § 4, § 6 Abs. 3 und 4, § 7 Abs. 1, 4 und 6, § 8 Abs. 2, § 13 Abs. 8 Z 3 und § 14 Abs. 1, 3 und 4 in der Fassung des Bundesgesetzes BGBl. I Nr. 88/2001 treten mit 1. August 2001 in Kraft.

(BGBl I 2001/88)

(26) § 5 und § 7 Abs. 2 erster und zweiter Satz treten mit 1. August 2001 in Kraft und gelten mit der Maßgabe, dass die am 31. Juli 2001 bei den Bundesämtern für Soziales und Behindertenwesen anhängigen Geschäftsfälle mit 1. August 2001 auf die jeweils gemäß § 5 Abs. 1 bis 3 in der Fassung des Bundesgesetzes BGBl. I Nr. 88/2001 zuständigen Geschäftsstellen übergehen.

(BGBl I 2001/88)

(27) § 7 Abs. 2 dritter Satz und Abs. 5, § 13c und § 16 Abs. 1 in der Fassung des Bundesgesetzes BGBl. I Nr. 88/2001, treten mit 1. Jänner 2002 in Kraft und sind auf Sachverhalte anzuwenden, die sich nach Ablauf des 31. Dezember 2001 ereignen.

(BGBl I 2001/88)

(28) § 9 Abs. 2 in der Fassung des Bundesgesetzes BGBl. I Nr. 88/2001 tritt mit 1. Jänner 2003 in Kraft.

(BGBl I 2001/88)

(29) § 10 in der Fassung des Bundesgesetzes BGBl. I Nr. 88/2001 tritt mit 1. August 2001 mit der Maßgabe in Kraft, dass Klagen im Sinne des § 67 des Arbeits- und Sozialgerichtsgesetzes, die vor dem 1. August 2001 gegen ein Bundesamt für Soziales und Behindertenwesen erhoben wurden, ab dem 1. August 2001 als gegen jene Geschäftsstelle der Insolvenz-Ausfallgeld-Fonds GmbH gerichtet gelten, in deren Sprengel das bisher zuständige Bundesamt für Soziales und Behindertenwesen seinen Sitz hat. Die örtliche Zuständigkeit der Landesgerichte, des Arbeits- und Sozialgerichtes Wien und der Oberlandesgerichte richtet sich in solchen Fällen nach der des ursprünglich beklagten Bundesamtes für Soziales und Behindertenwesen. Klagen gegen Bescheide, die vor dem 1. August 2001 erlassen werden oder zu erlassen gewesen wären, sind gegen jene Geschäftsstelle zu richten, in deren Sprengel das bisher zuständige Bundesamt für Soziales und Behindertenwesen seinen Sitz hat.

(BGBl I 2001/88)

(30) § 12 Abs. 1 und 5 sowie § 13 Abs. 4 gelten ab dem Finanzjahr 2001, das mit 1. August 2001 beginnt und mit 31. Dezember 2001 endet. § 13 Abs. 4 letzter Satz in der Fassung vor dem Bundesgesetz BGBl. I Nr. 88/2001 ist bis zum Ablauf des 31. Juli 2001 mit der Maßgabe anzuwenden, dass sieben Zwölftel der festgesetzten Jahresvergütung zu entrichten sind; sie ist spätestens am 1. September 2001 an die Finanzprokuratur zu überweisen.

(BGBl I 2001/88)

(31) § 13 Abs. 1 und 2 in der Fassung des Bundesgesetzes BGBl. I Nr. 88/2001 tritt mit 1. August 2001 in Kraft. In die gemäß § 13 Abs. 1 sechster Satz in der Fassung vor dem Bundesgesetz BGBl. I Nr. 88/2001 vom Insolvenz-Ausfallgeld-Fonds abgeschlossenen Rechtsgeschäfte tritt die Insolvenz-Ausfallgeld-Fonds-Service GmbH ein. § 13 Abs. 1 siebenter Satz in der Fassung vor dem Bundesgesetz BGBl. I Nr. 88/2001 ist bis Ablauf des 31. Juli 2001 mit der Maßgabe anzuwenden, dass sieben Zwölftel der festgesetzten Jahresvergütung zu entrichten sind; sie ist spätestens am 1. September 2001 an den Bund zu überweisen.

(BGBl I 2001/88)

(32) § 12 Abs. 1 Z 4 und Abs. 8 in der Fassung des Bundesgesetzes BGBl. I Nr. 158/2002 und § 13d in der Fassung der Bundesgesetze BGBl. I Nr. 100/2002 und BGBl. I Nr. 158/2002 treten mit 1. Jänner 2003 in Kraft.

(BGBl I 2002/158)

(33) § 12 Abs. 1 Z 4 in der Fassung des Bundesgesetzes BGBl. I Nr. 71/2003 tritt mit Beginn des Beitragszeitraumes 2004 in Kraft.

(BGBl I 2003/71)

(34) § 13d in der Fassung des Bundesgesetzes BGBl. I Nr. 128/2003 tritt rückwirkend mit 1. Jänner 2003 in Kraft.

(BGBl I 2003/128)

(35) § 12 Abs. 8 in der Fassung des Bundesgesetzes BGBl. I Nr. 128/2003 tritt mit 1. Jänner 2004 in Kraft.

(BGBl I 2003/128)

(36) § 13 Abs. 4a und § 14 Abs. 5 in der Fassung des Bundesgesetzes BGBl. I Nr. 77/2004 treten mit 1. August 2004 in Kraft.

(BGBl I 2004/77)

(37) § 1 Abs. 1 Z 6 und § 13a Abs. 3 Z 7 in der Fassung des Bundesgesetzes BGBl. I Nr. 77/2004 treten mit 1. Jänner 2005 in Kraft und sind auf Verlassenschaftsverfahren anzuwenden, die nach dem 31. Dezember 2004 erstmals bei Gericht oder beim Gerichtskommissär anhängig gemacht wurden, sofern sie nicht schon früher eingeleitet hätten werden können. Sonst sind § 1 Abs. 1 Z 6 und § 13a Abs. 3 Z 7 in der Fassung vor dem Bundesgesetz BGBl. I Nr. 77/2004 weiter anzuwenden.

(BGBl I 2004/77)

(38) Die §§ 1 Abs. 3 Z 6 und 7 Abs. 8 in der Fassung des Bundesgesetzes BGBl. I Nr. 8/2005 treten mit 23. September 2005 in Kraft.

(BGBl I 2005/8)

(39) § 1b und § 13d in der Fassung des Bundesgesetzes BGBl. I Nr. 36/2005 treten mit 1. Juli 2005 in Kraft und sind auf Beschlüsse über die Eröffnung eines Insolvenzverfahrens nach § 1 Abs. 1 oder über einen anderen Insolvenztatbestand nach § 1 Abs. 1 Z 3 bis 6 anzuwenden, die nach dem 30. Juni 2005 gefasst wurden. Die Geltendmachung der ausstehenden Übertragungsbeträge gemäß § 13d Abs. 2 in der Fassung vor dem Bundesgesetz BGBl. I Nr. 36/2005 gegenüber dem Insolvenz-Ausfallgeld-Fonds endet in den im § 13a Abs. 2 und 3 angeführten Insolvenzfällen mit Ablauf des 31. Dezember 2005.

(BGBl I 2005/36)

(40) Der Entfall des § 1 Abs. 6 Z 3 in der Fassung vor dem Bundesgesetz BGBl. I Nr. 102/2005 tritt rückwirkend mit 1. Mai 1995 in Kraft und ist auf Anträge auf Insolvenz-Ausfallgeld anzuwenden, die mit Ablauf des 30. September 2005 noch nicht rechtskräftig entschieden sind.

(BGBl I 2005/102)

(41) § 1 Abs. 1 Z 4 und § 12 in der Fassung des Bundesgesetzes BGBl. I Nr. 102/2005 treten mit 1. August 2005 in Kraft.

(BGBl I 2005/102)

(42) § 1 Abs. 1, 5 und 6, § 5 Abs. 3, § 6 Abs. 1, § 9 Abs. 1 dritter Satz und § 13a Abs. 3 und 4 in der Fassung des Bundesgesetzes BGBl. I Nr. 102/2005 treten mit 1. Oktober 2005 in Kraft und sind auf inländische Beschlüsse über die Eröffnung eines Insolvenzverfahrens nach § 1 Abs. 1 oder über einen anderen Insolvenztatbestand nach § 1 Abs. 1 Z 3 bis 6 und auf ausländische Entscheidungen nach § 1 Abs. 1 letzter Satz anzuwenden, die nach dem 30. September 2005 gefasst wurden.

(BGBl I 2005/102)

(43) Für Personen, die gemäß § 1 Abs. 6 in der Fassung des Bundesgesetzes BGBl. I Nr. 102/2005 nicht mehr vom Anspruch auf Insolvenz-Ausfallgeld ausgeschlossen sind, haben deren Arbeitgeber den Zuschlag nach Maßgabe des § 12 Abs. 1 Z 4 ab dem Beginn der Beitragsperiode 2006 zu entrichten.

(BGBl I 2005/102)

(44) § 14a in der Fassung des Bundesgesetzes BGBl. I Nr. 102/2005 tritt mit 1. Oktober 2005 in Kraft.

(BGBl I 2005/102)

(45) § 1 Abs. 3 Z 1a, § 9 Abs. 1 zweiter Satz und § 11 Abs. 3 in der Fassung des Bundesgesetzes BGBl. I Nr. 102/2005 treten mit 1. Oktober 2005 in Kraft und sind auf Tatbestände anzuwenden, die nach dem 30. September 2005 verwirklicht wurden.

(BGBl I 2005/102)

(BGBl 1994/153)

Wirksamkeitsbeginn und Vollziehung

§ 18. (1) Dieses Bundesgesetz tritt mit 1. Jänner 1978 in Kraft.

(2) Die Verordnungen auf Grund dieses Bundesgesetzes können vor dem Inkrafttreten der entsprechenden Bestimmungen erlassen werden, jedoch frühestens mit diesen in Kraft treten.

(3) Mit der Vollziehung dieses Bundesgesetzes sind betraut:

1. Hinsichtlich der Bestimmungen des § 6 Abs. 4 bis 6, des § 11 Abs. 1 bis 3 und des § 14 Abs. 1 und 3 der Bundesminister für Arbeit, Soziales und Konsumentenschutz im Einvernehmen mit dem Bundesminister für Justiz;

   (BGBl 1986/395, BGBl I 2011/39)

2. hinsichtlich der Bestimmungen des § 17 Abs. 6 der Bundesminister für Arbeit, Soziales und Konsumentenschutz im Einvernehmen mit dem Bundesminister für Finanzen;

   (BGBl I 2011/39)

3. hinsichtlich der Bestimmungen des § 8 und des § 10 der Bundesminister für Justiz;

   (BGBl 1986/395)

4. hinsichtlich der Bestimmung des § 13 Abs. 7 und des § 15 Abs. 1 der Bundesminister für Finanzen sowie der Bundesminister für Justiz im Einvernehmen mit dem Bundesminister für Finanzen;

   (BGBl 1982/647)

5. hinsichtlich der Bestimmungen des § 15 Abs. 2 der Bundeskanzler;
6. hinsichtlich der übrigen Bestimmungen der Bundesminister für Arbeit, Soziales und Konsumentenschutz.

   (BGBl I 2011/39)

Sonderbestimmungen

§ 19. (1) Die Höhe der Zuschläge gemäß § 12 Abs. 1 Z 4 für jene Anlassfälle, auf die gemäß Art. 139 Abs. 6 B-VG die auf Grund des Erkenntnisses des Verfassungsgerichtshofes vom 13. Oktober 2005, G 39/05, V 25-31/05-12, G 40/05, V 32-37/05-10, G 82/05, V 56-63/05-9, BGBl. II Nr. 380/2005, aufgehobenen Verordnungen nicht mehr anzuwenden sind, wird wie folgt festgesetzt:

1. für das Jahr 2000 ab Beginn der Beitragsperiode 2000 mit 0,4 vH,
2. für das Jahr 2001 ab Beginn der Beitragsperiode 2001 mit 0,4 vH,
3. für das Jahr 2002 ab Beginn der Beitragsperiode 2002 mit 0,4 vH,
4. für das Jahr 2003 ab Beginn der Beitragsperiode 2003 mit 0,6 vH,
5. für das Jahr 2004 ab Beginn der Beitragsperiode 2004 mit 0,7 vH,
6. für das Jahr 2005 ab Beginn der Beitragsperiode 2005 mit 0,7 vH.

(2) Die Differenz zwischen den auf Grund der Verordnungen BGBl. II Nr. 511/1999, BGBl. II

Nr. 410/2000, BGBl. II Nr. 452/2001, BGBl. II Nr. 454/2002, BGBl. II Nr. 560/2003 und BGBl. II Nr. 503/2004 eingehobenen Zuschlägen von jeweils 0,7 vH und den für die jeweilige Beitragsperiode gemäß Abs. 1 für die Anlassfälle festgesetzten Zuschlägen zuzüglich gesetzlicher Zinsen in der Höhe von 4 vH ist den betroffenen Dienstgebern für die jeweils betroffenen Teile dieser Beitragsperioden rückzuerstatten.

(3) Die Träger der Krankenversicherung haben die Rückerstattungen nach Abs. 2 innerhalb von drei Monaten, nachdem ihnen der neu erlassene Bescheid zugestellt wurde, zu leisten.

(4) Die Träger der Krankenversicherung sind berechtigt, die rückerstatteten Zuschläge einschließlich der gesetzlichen Zinsen von der Summe der an den Insolvenz-Entgelt-Fonds abzuführenden Zuschläge abzuziehen.

(BGBl I 2009/90)

(5) Abweichend von § 12 Abs. 3 und 4 ist die Höhe des mit 0,55 vH festgesetzten Zuschlages in den Jahren 2011 und 2012 nicht zu verändern. Eine Überprüfung gemäß § 12 Abs. 6 hat dennoch stattzufinden; eine Veränderung der Höhe des Zuschlages ist frühestens mit Wirksamkeit ab 2013 festzulegen.

(BGBl I 2011/39)

(BGBl I 2006/86)

Inkrafttreten

§ 20. (1) § 1b, die Überschrift vor § 13d und § 13d Abs. 1 in der Fassung des Bundesgesetzes BGBl. I Nr. 104/2007 treten mit 1. Jänner 2008 in Kraft.

(2) § 2a in der Fassung des Bundesgesetzes BGBl. I Nr. 104/2007 tritt mit 1. Jänner 2008 in Kraft und ist auf Beschlüsse über die Eröffnung eines Insolvenzverfahrens nach § 1 Abs. 1 oder einen anderen Insolvenztatbestand nach § 1 Abs. 1 Z 3 bis 6 anzuwenden, die nach dem 31. Dezember 2007 gefasst werden.

(3) Der Zuschlag gemäß § 12 Abs. 1 Z 4 ist für freie Dienstnehmer ab dem Beitragsjahr 2008 zu entrichten.

(BGBl I 2007/104)

Inkrafttreten und Übergangsbestimmungen zur Novelle BGBl. I Nr. 82/2008

§ 21. (1) § 6 Abs. 2 und § 13e in der Fassung des Bundesgesetzes BGBl. I Nr. 82/2008 treten mit 28. Juni 2008 in Kraft.

(2) § 12, § 13 Abs. 2 und Abs. 8 Z 2 in der Fassung des Bundesgesetzes BGBl. I Nr. 82/2008 treten mit 28. Juni 2008 in Kraft und sind erstmalig im Zusammenhang mit der Festsetzung des Zuschlages gemäß § 12 Abs. 1 Z 4 ab 2009 anzuwenden.

(3) Die Ersetzung der Bezeichnungen in § 1 Abs. 1, 3, 4a, 5 und 6, § 1a Abs. 1, Abs. 2 und Abs. 3 Z 2, in der Überschrift vor § 1b, im § 1b Abs. 1 bis 4, in der Überschrift vor § 3, § 3 Abs. 1 bis 3, § 3a Abs. 1 bis 5, § 3b, § 3c, § 3d Abs. 1 Z 1 und 2 und Abs. 2, § 4, § 5 Abs. 4 und 5, § 6 Abs. 1 und 7, § 7 Abs. 2, 6, 6a, 7 und 8, § 8 Abs. 1 und 2, § 9 Abs. 1, § 10, § 11, § 12 Abs. 1 Einleitungssatz, Z 1 und Z 4, Abs. 2 und Abs. 4, in der Überschrift vor § 13, im § 13 Abs. 1, Abs. 4, Abs. 4a und Abs. 8 Z 5, § 13a Abs. 2, § 13b Abs. 1, § 13c Abs. 1, § 14 Abs. 1, 3, 4 und 5, § 14a, § 16 Abs. 3 und § 19 Abs. 4 sowie die Anfügung des § 14 Abs. 6 durch das Bundesgesetz BGBl. I Nr. 82/2008 treten mit 1. Juli 2008 in Kraft.

(BGBl I 2009/90)

(BGBl I 2008/82)

Inkrafttreten der Novelle BGBl. I Nr. 90/2009

§ 22. (1) § 13e Abs. 1 und 4 in der Fassung des Bundesgesetzes BGBl. I Nr. 90/2009 tritt rückwirkend mit 1. Juni 2009 in Kraft.

(2) § 6 Abs. 8 in der Fassung des Bundesgesetzes BGBl. I Nr. 90/2009 tritt mit 1. August 2009 in Kraft.

(3) Die Bezeichnungsänderungen im § 12 Abs. 5, § 13a Abs. 1 und § 19 Abs. 4 in der Fassung des Bundesgesetzes BGBl. I Nr. 90/2009 treten mit 1. Juli 2008 in Kraft.

(BGBl I 2009/90)

Inkrafttreten und Übergangsbestimmungen zur Novelle BGBl. I Nr. 70/2009

§ 23. § 13b Abs. 1 in der Fassung des Bundesgesetzes BGBl. I Nr. 70/2009 tritt mit 1. Oktober 2010 in Kraft.

(BGBl I 2009/70)

Inkrafttreten und Übergangsbestimmungen zur Novelle BGBl. I Nr. 148/2009

§ 24. § 13e Abs. 1 dritter Satz in der Fassung des Bundesgesetzes BGBl. I Nr. 148/2009 tritt rückwirkend mit 15. Dezember 2009 in Kraft.

(BGBl I 2009/148)

Inkrafttreten und Übergangsbestimmungen zur Novelle BGBl. I Nr. 29/2010

§ 25. (1) § 1, § 3 Abs. 1, § 3a samt Überschriften, § 3c, § 4 samt Überschrift, § 5, § 6 Abs. 1, Abs. 2, Abs. 3 erster und zweiter Satz und Abs. 4 bis Abs. 7, § 7, § 9, § 10, § 11, § 13 Abs. 5, § 13a Abs. 2 und Abs. 4, § 13b, § 14 Abs. 2 und § 17 Abs. 1 in der Fassung des Bundesgesetzes BGBl. I Nr. 29/2010 treten mit 1. Juli 2010 in Kraft und sind auf Insolvenzverfahren und auf gleichzuhaltende andere Beschlüsse nach § 1 Abs. 1 Z 1 bis 6 anzuwenden, die nach dem 30. Juni 2010 gefasst werden.

(2) § 1a Abs. 3 und Abs. 4 in der Fassung des Bundesgesetzes BGBl. I Nr. 29/2010 tritt mit 1. Juli 2010 mit der Maßgabe in Kraft, dass diese Bestimmungen auf Klagen von Anspruchsberechtigten gegen Erben anzuwenden sind, die nach dem 30. Juni 2010 bei Gericht eingebracht werden.

(3) § 13a Abs. 3 zweiter Satz in der Fassung des Bundesgesetzes BGBl. I Nr. 29/2010 tritt nach Maßgabe des § 635 Abs. 1 ASVG (BGBl. I Nr. 91/2008) in Kraft.

(4) Die Überschriften vor § 1a und § 10, § 6 Abs. 2, Abs. 3 dritter und vierter Satz sowie § 13 Abs. 8 und § 14 Abs. 7 in der Fassung des Bundesgesetzes BGBl. I Nr. 29/2010 treten mit 1. Juli 2010 in Kraft.

(5) § 2a samt Überschrift in der Fassung vor dem Bundesgesetz BGBl. I Nr. 29/2010 tritt mit Ablauf des 30. Juni 2010 mit der Maßgabe außer Kraft, dass diese Bestimmung weiterhin auf Insolvenzverfahren und auf gleichzuhaltende andere Beschlüsse nach § 1 Abs. 1 Z 1 bis 6 anzuwenden ist, die vor dem 1. Juli 2010 gefasst werden.

(BGBl I 2010/29)

Inkrafttreten der Novelle BGBl. I Nr. 111/2010

§ 26. § 12 Abs. 3 in der Fassung des Budgetbegleitgesetzes 2011, BGBl. I Nr. 111/2010, tritt mit 1. Jänner 2011 in Kraft.

(BGBl I 2010/111, BGBl I 2011/39)

Inkrafttreten der Novelle BGBl. I Nr. 24/2011

§ 27. § 11 Abs. 3 in der Fassung des Lohn- und Sozialdumping-Bekämpfungsgesetzes, BGBl. I Nr. 24/2011, tritt mit 1. Mai 2011 in Kraft und ist auf Tatbestände anzuwenden, die nach dem 30. April 2011 verwirklicht werden.

(BGBl I 2010/111, BGBl I 2011/39)

Inkrafttreten der Novelle BGBl. I Nr. 39/2011

§ 28. § 5 Abs. 2, § 12, § 13 Abs. 1, § 14 Abs. 4, § 14a Abs. 1, § 18 Abs. 3 Z 1, 2 und 6 sowie § 19 Abs. 5 in der Fassung des Bundesgesetzes BGBl. I Nr. 39/2011 treten mit 1. Juli 2011 in Kraft.

(BGBl I 2011/24, BGBl I 2011/39)

Inkrafttreten der Novelle BGBl. I Nr. 35/2012

§ 29. § 12 Abs. 2 in der Fassung des 2. Stabilitätsgesetzes 2012, BGBl. I Nr. 35/2012, tritt mit 1. Jänner 2013 in Kraft und gilt für Personen, die nach dem 31. Dezember 1952 geboren sind.

(BGBl I 2012/35)

Inkrafttreten der Novelle BGBl. I Nr. 30/2014

§ 30. § 12 Abs. 3 und Abs. 6 sowie § 13 Abs. 2 und Abs. 8 Z 1 und 2 in der Fassung des Bundesgesetzes BGBl. I Nr. 30/2014 treten mit 1. Mai 2014 in Kraft.

(BGBl I 2014/30)

Inkrafttreten der Novelle BGBl. I Nr. 34/2015

§ 31. § 1 Abs. 3 Z 6 in der Fassung des Bundesgesetzes BGBl. I Nr. 34/2015 tritt mit 1. Jänner 2016 in Kraft.

(BGBl I 2015/34)

Inkrafttreten der Novelle BGBl. I Nr. 113/2015

§ 32. § 3d Abs. 3, § 5 Abs. 1 und 2 sowie § 7 Abs. 1a in der Fassung des Bundesgesetzes BGBl. I Nr. 113/2015 treten mit 1. Jänner 2016 in Kraft. Eine Verordnung gemäß § 5 Abs. 2 kann bereits ab dem Tag nach der Kundmachung dieses Bundesgesetzes erlassen werden, aber frühestens mit 1. Jänner 2016 in Kraft treten. Bis zum Inkrafttreten dieser Verordnung gelten § 5 Abs. 1 und 2 in der Fassung vor diesem Bundesgesetz weiter.

(BGBl I 2015/113)

Inkrafttreten der Novelle BGBl. I Nr. 122/2017

§ 33. § 1 Abs. 1 letzter Satz in der Fassung des Bundesgesetzes BGBl. I Nr. 122/2017 tritt mit 26. Juni 2017 in Kraft und ist auf Insolvenzverfahren (Konkursverfahren, Sanierungsverfahren) anzuwenden, die nach dem 25. Juni 2017 eröffnet oder wieder aufgenommen (§ 158 Abs. 2 IO) werden. Auf Insolvenzverfahren (Konkursverfahren, Sanierungsverfahren), die vor dem 26. Juni 2017 eröffnet oder wieder aufgenommen (§ 158 Abs. 2 IO) wurden, sind die vor diesem Zeitpunkt geltenden Bestimmungen weiterhin anzuwenden.

(BGBl I 2017/122)

Inkrafttreten der Novelle BGBl. I Nr. 123/2017

§ 34. § 1 Abs. 4 Z 3, die Überschrift vor § 3a, § 3a Abs. 1, 2, 3 und 5 sowie § 3b in der Fassung des Bundesgesetzes BGBl. I Nr. 123/2017 treten mit 1. August 2017 in Kraft und sind auf Beschlüsse über die Eröffnung eines Insolvenzverfahrens nach § 1 Abs. 1 oder einen anderen Insolvenztatbestand nach § 1 Abs. 1 Z 1 bis 6, die nach dem 31. Juli 2017 gefasst werden, anzuwenden. § 14 Abs. 1 und 4 in der Fassung des Bundesgesetzes BGBl. I Nr. 123/2017 tritt mit 1. August 2017 in Kraft.

(BGBl I 2017/123)

Inkrafttreten der Novelle BGBl. I Nr. 154/2017

§ 35. § 13e Abs. 5 in der Fassung des Bundesgesetzes BGBl. I Nr. 154/2017 tritt mit 1. Jänner 2018 in Kraft.

(BGBl I 2017/154, BGBl I 2018/30)

Inkrafttreten der Novelle BGBl. I Nr. 32/2018

§ 36. § 14 Abs. 4 in der Fassung des Materien-Datenschutz-Anpassungsgesetzes 2018, BGBl. I Nr. 32/2018, tritt mit 25. Mai 2018 in Kraft. § 5 Abs. 5 tritt mit Ablauf des 24. Mai 2018 außer Kraft.

(BGBl I 2018/32)

Inkrafttreten der Novelle BGBl. I Nr. 16/2019

§ 37. § 13e Abs. 5 in der Fassung des Bundesgesetzes BGBl. I Nr. 16/2019 tritt rückwirkend mit 1. Jänner 2018 in Kraft.

(BGBl I 2019/16)

Inkrafttreten der Novelle BGBl. I Nr. 100/2018

§ 38. § 3d Abs. 1 Z 2 und § 14 Abs. 4 in der Fassung des Bundesgesetzes BGBl. I Nr. 100/2018 treten mit 1. Jänner 2020 in Kraft.

(BGBl I 2018/100)

Inkrafttreten der Novelle BGBl. I Nr. 104/2019

§ 39. § 14 Abs. 6 in der Fassung des Bundesgesetzes BGBl. I Nr. 104/2019 tritt mit 1. Juli 2020 in Kraft.

(BGBl I 2019/104)

Inkrafttreten der Novelle BGBl. I Nr. 98/2020

§ 40. § 13e tritt mit Ablauf des 31. Dezember 2022 außer Kraft.

(BGBl I 2020/98)

Inkrafttreten der Novelle BGBl. I Nr. 86/2021

§ 41. § 1 Abs. 3 Z 1, § 7 Abs. 7 und § 8 Abs. 2 in der Fassung des Bundesgesetzes Gesamtreform des Exekutionsrechts – GREx, BGBl. I Nr. 86/2021, treten mit 1. Juli 2021 in Kraft.

(BGBl I 2021/86)

„Inkrafttreten der Novelle BGBl. I Nr. 218/2021

§ 42. § 1 Abs. 5, § 1a Abs. 4, § 1b Abs. 3, § 4, § 5, § 6 Abs. 3 und 4, § 7 Abs. 1, 2, 4 und 6, § 8 Abs. 2, § 9 Abs. 1, § 10, § 13 Abs. 8, § 13a Abs. 2, 3 und 4, § 13c Abs. 1, § 13f samt Überschrift sowie § 14 in der Fassung des Bundesgesetzes BGBl. I Nr. 218/2021 treten mit 1. Juli 2022 in Kraft.“

(BGBl I 2021/218)

15. Kautionsschutzgesetz

Kautionsschutzgesetz, BGBl 1937/229 idF

1 BGBl 1948/50 **2** BGBl I 2001/98

STICHWORTVERZEICHNIS

Bundesgesetz, betreffend Kautionen, Darlehen und Geschäftseinlagen von Dienstnehmern (Kautionsschutzgesetz)

Der Bundestag hat beschlossen:

§ 1. (1) Ein Dienstgeber darf sich von seinem Dienstnehmer oder für diesen von einem Dritten eine Kaution nur zur Sicherung von Schadenersatzansprüchen bestellen lassen, die ihm gegen den Dienstnehmer aus dem Dienstverhältnis erwachsen können. Als Kaution können nur bestellt werden:

a) Einlagebücher, bei denen Rückzahlungen nur gegen Abgabe der Unterschrift und Erbringung des Nämlichkeitsnachweises des Kautionsbestellers erfolgen dürfen;
b) Bargeld, Pretiosen, Effekten oder andere Vermögenswerte, die derart bei einem Kreditinstitut hinterlegt werden, daß über allfällige Zinsen oder Gewinnanteile der Kautionsbesteller, im übrigen aber über das Depot der Kautionsbesteller nur im Einvernehmen mit dem Kautionsberechtigten verfügen kann;
c) Bürgschaften;
d) Kautionshypotheken;
e) Kautions(Veruntreuungs)versicherungspolizzen.

(2) Die Bestellung einer Kaution bedarf der Schriftform.

§ 2. (1) Der Kautionsberechtigte ist – vorbehaltlich für den Kautionsbesteller günstigerer vertragsmäßiger Bestimmungen – verpflichtet, die Kaution binnen vier Wochen nach Auflösung des Dienstverhältnisses, wenn der Dienstnehmer aber zur Rechnungslegung verpflichtet ist, binnen vier Wochen nach gelegter Rechnung freizugeben.

(2) Die Bestimmung des Absatzes 1 gilt nicht, soweit die Kaution mit Einverständnis des Kautionsbestellers zur Deckung eines entstandenen Schadens verwendet wird oder der Dienstgeber innerhalb der im Absatz 1 bezeichneten oder der vereinbarten kürzeren Frist Schadenersatzansprüche gerichtlich geltend macht.

§ 3. Der Abschluß oder die Aufrechterhaltung eines Dienstvertrages darf vom Dienstgeber nicht davon abhängig gemacht werden, daß dem Dienstgeber vom Dienstnehmer oder einem Dritten ein Darlehen gewährt wird oder daß der Dienstnehmer oder ein Dritter sich mit einer Geldeinlage an dem Unternehmen des Dienstgebers als stiller Gesellschafter beteiligt.

§ 4. Rechtsgeschäfte, die den Bestimmungen des § 1, sowie Verträge über Darlehen oder Geschäftsbeteiligungen, die den Bestimmungen des § 3 widersprechen, sind nichtig. Das auf Grund solcher Rechtsgeschäfte und Verträge Geleistete kann jederzeit zurückgefordert werden.

§ 5. (1) Es ist verboten, in Druckwerken oder auf andere Art eine Ankündigung über eine offene Stelle zu veröffentlichen, worin der Abschluß eines Dienstvertrages von der Leistung einer Kaution in einer nach diesem Gesetze nicht zulässigen Art oder von der Gewährung eines Darlehens oder von einer Beteiligung an dem Unternehmen des Dienstgebers mit einer Geldeinlage als stiller Gesellschafter abhängig gemacht wird.

(2) Es ist ferner verboten, eine Ankündigung über eine offene Stelle, worin der Abschluß eines Dienstvertrages von dem Besitz von Vermögen oder von der Leistung einer nach diesem Gesetze zulässigen Kaution abhängig gemacht wird, ohne Angabe des Vor- und Zunamens (der Firma) und der Anschrift des Dienstgebers, insbesondere bloß unter Chiffreanschrift oder unter Anschrift von Vermittlungsstellen (Anzeigenbureaus, Stellenvermittlungen und dergleichen), in Druckwerken oder auf andere Art zu veröffentlichen.

§ 6. (aufgehoben)

(BGBl I 2001/98)

§ 7. (1) Wer sich entgegen den Bestimmungen des § 1 eine Kaution bestellen lässt oder den Bestimmungen der §§ 2, 3 und 5 zuwiderhandelt, begeht eine Verwaltungsübertretung und ist unbeschadet einer allfälligen strafgerichtlichen Verfolgung von der Bezirksverwaltungsbehörde mit einer Geldstrafe bis zu 290 Euro zu bestrafen.

(BGBl 1948/50, BGBl I 2001/98)

(2) Der Versuch ist strafbar.

§ 8. (1) Unter Dienstverträgen versteht dieses Gesetz auch Lehr-, Praktikanten- und Volontärverträge.

(2) Dieses Gesetz findet auf die Arbeitsverhältnisse der Heimarbeiter und der Zwischen(Stück)-meister (§ 1, lit. a und b, des Gesetzes über die Regelung der Arbeits- und Lohnverhältnisse in der Heimarbeit[a]), StGBl. Nr. 140/1918) sinngemäße Anwendung.

[a]) Nunmehr: HeimAG

§ 9. Die Vorschriften des § 35 des Angestelltengesetzes, BGBl. Nr. 292/1921, des § 36 und des § 37, Absatz 1, des Gutsangestelltengesetzes, BGBl. Nr. 538/1923, werden aufgehoben; die Vorschriften des § 19 der Hausbesorgerordnung[a]), BGBl. Nr. 878/1922, bleiben unberührt.

[a]) Nunmehr: § 26 HausbG

§ 10. Mit der Vollziehung dieses Bundesgesetzes sind je nach dem Gegenstande der Bundesminister für soziale Verwaltung und der Bundesminister für Justiz, ersterer im Einvernehmen mit dem Bundeskanzler (dem gemäß Artikel 91, Absatz 4, der Verfassung 1934 zuständigen Bundesminister) [a]), betraut.

[a]) Nunmehr: Art. 77 Abs. 3 zweiter Satz B-VG

§ 11. § 7 Abs. 1 in der Fassung des Bundesgesetzes BGBl. I Nr. 98/2001 tritt mit 1. Jänner 2002 in Kraft und ist auf Sachverhalte anzuwenden, die sich nach dem 31. Dezember 2001 ereignen.

(BGBl I 2001/98)

Das verfassungsmäßige Zustandekommen dieses Bundesgesetzes wird beurkundet.

16. BG ÜBER DIE BESCHÄFTIGUNG VON KINDERN UND JUGENDLICHEN

Inhaltsverzeichnis

16/1. BG über die Beschäftigung von Kindern und Jugendlichen

Kinder- und Jugendlichen-Beschäftigungsgesetz 1987, BGBl 1987/599 idF

1 BGBl 1992/175	**2** BGBl 1993/257	**3** BGBl 1996/410
4 BGBl I 1997/79	**5** BGBl I 1997/126	**6** BGBl I 2000/83
7 BGBl I 2001/98	**8** BGBl I 2003/79	**9** BGBl I 2008/88
10 BGBl I 2010/93	**11** BGBl I 2012/35	**12** BGBl I 2013/71
13 BGBl I 2013/138	**14** BGBl I 2015/152	**15** BGBl I 2017/40

GLIEDERUNG

KJBG

STICHWORTVERZEICHNIS

Bundesgesetz über die Beschäftigung von Kindern und Jugendlichen 1987 (Kinder- und Jugendlichen-Beschäftigungsgesetz 1987 – KJBG)

Abschnitt 1

Geltungsbereich

§ 1. (1) Dieses Bundesgesetz gilt für die Beschäftigung von

1. Kindern mit Arbeiten jeder Art und
2. Jugendlichen bis zur Vollendung des 18. Lebensjahres, die in einem Dienstverhältnis, einem Lehr- oder sonstigen Ausbildungsverhältnis stehen.

(BGBl I 1997/79)

(1a) Abweichend von Abs. 1 Z 2 gelten für Lehrlinge, die das 18. Lebensjahr vollendet haben,

1. § 14 Abs. 2 mit der Maßgabe, daß für die Berechnung des Grundlohnes und des Überstundenzuschlages der niedrigste im Betrieb vereinbarte Facharbeiterlohn bzw. Angestelltengehalt heranzuziehen ist;
2. § 11 Abs. 4, 5, 6 Z 1 und 3, Abs. 7 und 8, § 21 und § 25 Abs. 1 und 2 sinngemäß.

(BGBl I 1997/79)

(2) Dieses Bundesgesetz ist, unbeschadet des Abs. 3 Z 1, nicht anzuwenden auf vereinzelte, geringfügige, aus Gefälligkeit erwiesene leichte Hilfeleistungen von Kindern, sofern eine solche Hilfeleistung nur von kurzer Dauer ist, ihrer Art nach nicht einer Dienstleistung von Dienstnehmern, Lehrlingen oder Heimarbeitern entspricht, die Kinder hiebei keinen Unfallgefahren ausgesetzt und weder in ihrer körperlichen und geistigen Gesundheit und Entwicklung noch in ihrer Sittlichkeit gefährdet sind.

(3) Dieses Bundesgesetz ist nicht anzuwenden auf die Beschäftigung von

1. Kindern und Jugendlichen, für die das Landarbeitsgesetz 1984, BGBl. Nr. 287, gilt; (Art. VI Abs. 1 der Kundmachung)
2. Jugendlichen in privaten Haushalten.

(4) Auf die Beschäftigung von Jugendlichen, für die das Bäckereiarbeiter/innengesetz 1996 (BäckAG 1996), BGBl. Nr. 410/1996, gilt, sind die §§ 11 Abs. 1 bis 3a, 15, 17 Abs. 2 und 27 Abs. 1 nicht anzuwenden.

(BGBl 1996/410, BGBl I 2015/152, BGBl I 2017/40)

(5) Soweit in diesem Bundesgesetz personen- oder funktionsbezogene Bezeichnungen noch nicht geschlechtsneutral formuliert sind, gilt die gewählte Form für beide Geschlechter.

(BGBl I 2010/93)

Begriffsbestimmungen

§ 2. (1) Kinder im Sinne dieses Bundesgesetzes sind Minderjährige

1. bis zur Vollendung des 15. Lebensjahres oder
2. bis zur späteren Beendigung der Schulpflicht.

(BGBl I 1997/79)

(1a) Für Minderjährige (Abs. 1 Z 1), die die Schulpflicht vollendet haben und

1. in einem Lehrverhältnis oder
2. im Rahmen eines Ferialpraktikums (§ 20 Abs. 4 des Schulunterrichtsgesetzes, BGBl. Nr. 472/1986) oder

3. im Rahmen eines Pflichtpraktikums nach dem Schulorganisationsgesetz, BGBl. Nr. 242/1962 oder

(BGBl I 2003/79)

4. im Rahmen eines Ausbildungsverhältnisses gemäß § 8b Abs. 2 Berufsausbildungsgesetz, BGBl. Nr. 142/1969,

(BGBl I 2003/79)

beschäftigt werden, gelten die Bestimmungen der Abschnitte 3 bis 5 für Jugendliche.

(BGBl I 1997/79)

(2) Als eigene Kinder im Sinne dieses Bundesgesetzes gelten Kinder (Abs. 1), die mit jenem, der sie beschäftigt, im gemeinsamen Haushalt leben und mit ihm bis zum dritten Grad verwandt oder verschwägert sind oder zu ihm im Verhältnis von Stiefkindern oder Wahlkindern stehen. Alle übrigen Kinder gelten als fremde Kinder.

§ 3. Jugendliche im Sinne dieses Bundesgesetzes sind Personen bis zur Vollendung des 18. Lebensjahres, die nicht als Kinder im Sinne des § 2 Abs. 1 gelten.

(BGBl I 1997/79)

Abschnitt 2

Begriff der Kinderarbeit

§ 4. (1) Als Kinderarbeit im Sinne dieses Bundesgesetzes gilt die Beschäftigung von Kindern mit Arbeiten jeder Art.

(2) Als Kinderarbeit gilt nicht die Beschäftigung von Kindern, die ausschließlich zu Zwecken des Unterrichts oder der Erziehung erfolgt, und die Beschäftigung eigener Kinder mit leichten Leistungen von geringer Dauer im Haushalt.

Beschränkung der Beschäftigung von Kindern

§ 5. Kinder dürfen, soweit in diesem Bundesgesetz nicht anderes bestimmt ist, zu Arbeiten irgendwelcher Art nicht herangezogen werden.

Beschäftigung von Kindern, die das 13. Lebensjahr vollendet haben

§ 5a. (1) Kinder, die das 13. Lebensjahr vollendet haben, dürfen außerhalb der für den Schulbesuch vorgesehenen Stunden beschäftigt werden

1. mit Arbeiten in Betrieben, in denen ausschließlich Mitglieder der Familie des Betriebsinhabers beschäftigt sind, sofern es sich hiebei um Kinder handelt, die mit dem Betriebsinhaber bis zum dritten Grad verwandt sind oder zu ihm im Verhältnis eines Stief- oder Wahlkindes stehen sowie mit ihm im gemeinsamen Haushalt leben; Kinder, die mit dem Betriebsinhaber im dritten Grad verwandt sind, dürfen nur dann beschäftigt werden, wenn ihr gesetzlicher Vertreter mit der Beschäftigung einverstanden ist,
2. mit Arbeiten in einem Privathaushalt,
3. mit Botengängen, mit Handreichungen auf Sport- und Spielplätzen, mit dem Sammeln von Blumen, Kräutern, Pilzen und Früchten sowie mit den diesen Arbeiten im einzelnen jeweils gleichwertigen Tätigkeiten,

sofern es sich hiebei um leichte und vereinzelte Arbeiten handelt und die unter Z 3 angeführten Arbeiten weder in einem Betrieb gewerblicher Art geleistet werden noch ein Dienstverhältnis vorliegt.

(BGBl I 1997/79, BGBl I 2010/93)

(2) Vereinzelte Arbeiten gelten dann nicht als leichte Arbeiten im Sinne des Abs. 1, wenn bei deren Ausführung das dem Kind zumutbare Leistungsausmaß unter Berücksichtigung des durch das Alter und die persönliche Veranlagung bedingten unterschiedlichen Leistungsvermögens überschritten wird; dies wird beispielsweise und im Sinne von Durchschnittswerten der Fall sein, wenn Lasten ohne mechanische Hilfsmittel bewegt oder befördert werden, die mehr als ein Fünftel des Körpergewichtes des Kindes betragen.

(3) Kinder dürfen mit vereinzelten leichten Arbeiten im Sinne des Abs. 1 nur insoweit beschäftigt werden, als sie dadurch

1. weder in ihrer körperlichen und geistigen Gesundheit und Entwicklung noch in ihrer Sittlichkeit gefährdet, keinen Unfallgefahren und keinen schädlichen Einwirkungen von Hitze, Kälte oder Nässe und im Falle des Abs. 1 Z 1 außerdem auch keinen schädlichen Einwirkungen von gesundheitsgefährlichen Stoffen oder Strahlen, von Staub, Gasen oder Dämpfen ausgesetzt,
2. im Besuch der Schule und in der Möglichkeit, dem Schulunterricht mit Nutzen zu folgen, nicht behindert und in der Erfüllung ihrer religiösen Pflichten nicht beeinträchtigt werden sowie
3. sowohl an Schultagen wie an schulfreien Tagen nicht mehr als zwei Stunden in Anspruch genommen sind, wobei die Gesamtzahl der dem Schulunterricht und den leichten Arbeiten gewidmeten Stunden keinesfalls mehr als sieben betragen darf; nach Schluß des Unterrichts und bei geteiltem Unterricht nach Schluß jedes Unterrichtsabschnittes ist ohne Anrechnung auf die für den Schulweg aufgewendete Zeit eine Stunde arbeitsfrei zu halten, es sei denn, daß es sich ausschließlich um eine Beschäftigung mit einem Botengang handelt.

(4) Die Beschäftigung von Kindern mit vereinzelten leichten Arbeiten im Sinne des Abs. 1 ist verboten

1. an Sonntagen und gesetzlichen Feiertagen,
2. in der Zeit zwischen 20 Uhr und acht Uhr, wobei auch der Zeitaufwand für den Weg zur und von der Arbeitsstätte nicht in diesen Zeitraum fallen darf.

(5) Die Beschäftigung eines Kindes mit Arbeiten nach Abs. 1 ist nur mit Zustimmung des gesetzlichen Vertreters des Kindes zulässig; dieser darf die Zustimmung nur erteilen, wenn er sich darüber vergewissert hat, daß gegen die Beschäftigung des

Kindes weder vom gesundheitlichen noch vom schulischen Standpunkt aus Bedenken bestehen. Die Zustimmung des gesetzlichen Vertreters gilt als erteilt, wenn der das Kind Beschäftigende nach den gegebenen Umständen eindeutig annehmen muß, daß der gesetzliche Vertreter des Kindes über die Beschäftigung unterrichtet wurde und dieser zugestimmt hat.

(BGBl I 2010/93)

Verwendung und Beschäftigung von Kindern bei öffentlichen Schaustellungen

§ 6. (1) Der Landeshauptmann kann die Verwendung von Kindern bei Musikaufführungen, Theatervorstellungen und sonstigen Aufführungen sowie bei Foto-, Film-, Fernseh- und Tonaufnahmen bewilligen. Die Bewilligung darf nur erteilt werden, wenn

1. ein besonderes Interesse der Kunst, der Wissenschaft oder des Unterrichts vorliegt oder es sich um Werbeaufnahmen handelt und
2. die Beschaffenheit und Eigenart der betreffenden Beschäftigung es rechtfertigen.

Die Verwendung von Kindern in Varietés, Kabaretts, Bars, Sexshops, Tanzlokalen, Diskotheken und ähnlichen Betrieben darf nicht bewilligt werden.

(BGBl I 1997/79)

(2) Der Landeshauptmann kann die Bezirksverwaltungsbehörden ermächtigen, die Bewilligung zur Verwendung von Kindern nach Abs. 1 zu erteilen, wenn es sich nicht um erwerbsmäßige Aufführungen handelt.

(3) Handelt es sich um erwerbsmäßige Aufführungen, so hat der Landeshauptmann das nach dem Standort des Betriebes zuständige Arbeitsinspektorat zu hören.

(BGBl I 2013/138)

(4) Die Bewilligung darf nur erteilt werden, wenn der gesetzliche Vertreter des Kindes schriftlich zustimmt. Bei erwerbsmäßigen Aufführungen muss die körperliche Eignung des Kindes für die Beschäftigung amtsärztlich oder durch Ärztinnen/Ärzte für Allgemeinmedizin oder Fachärztinnen/Fachärzten für Kinder- und Jugendheilkunde festgestellt sein. Im Falle der Beschäftigung bei Film- und Fernsehaufnahmen oder vergleichbaren Aufnahmen darf die Bewilligung nur erteilt werden, wenn das Gutachten eines Facharztes für Augenheilkunde bescheinigt, dass gegen eine solche Beschäftigung keine Bedenken bestehen.

(BGBl I 2013/138)

(5) Die Bewilligung kann für eine bestimmte Aufführung oder jeweils für einen begrenzten Zeitraum erteilt werden. Handelt es sich um erwerbsmäßige Aufführungen, so sind in den Bewilligungsbescheid Bestimmungen über Dauer und Lage der Arbeitszeit und der Ruhepausen und über etwaige Sonn- und Feiertagsarbeit aufzunehmen. Diese Bedingungen hat das zuständige Arbeitsinspektorat dem Landeshauptmann in der gutächtlichen Äußerung (Abs. 3) bekanntzugeben.

(6) Der Landeshauptmann hat Abschriften seiner Bewilligungsbescheide der nach dem Beschäftigungsort des Kindes zuständigen Bezirksverwaltungsbehörde zu übermitteln. Bei erwerbsmäßigen Aufführungen hat der Landeshauptmann eine weitere Bescheidabschrift dem örtlich zuständigen Arbeitsinspektorat zu übermitteln.

(7) Die Verwendung von Kindern bei Musikaufführungen, Theatervorstellungen und sonstigen Aufführungen, die von der Schule oder einer Schulbehörde veranstaltet werden, bedarf der Bewilligung im Sinne der Abs. 1 bis 6 nicht. In diesen Fällen ist die schriftliche Zustimmung des gesetzlichen Vertreters des Kindes erforderlich.

(8) (aufgehoben)

(BGBl 1993/257, BGBl I 2013/71)

§ 7. (1) Kinder dürfen nur insoweit verwendet werden, als sie dadurch in ihrer Gesundheit, in ihrer körperlichen und geistigen Entwicklung oder in der Sittlichkeit nicht gefährdet, im Besuch der Schule und in der Möglichkeit, dem Schulunterricht mit Nutzen zu folgen, nicht behindert und in der Erfüllung ihrer religiösen Pflichten nicht beeinträchtigt werden.

(2) Für die Beschäftigung von Kindern nach § 6 gelten folgende weitere Beschränkungen:

1. Kinder dürfen nur in der Zeit zwischen acht und 23 Uhr und nicht vor dem Vormittagsunterricht beschäftigt werden; in diesen Grenzen muß auch die für den Weg zur und von der Arbeitsstätte aufzuwendende Zeit liegen.
2. Nach dem Vormittagsunterricht ist eine mindestens zweistündige, nach dem Nachmittagsunterricht eine mindestens einstündige ununterbrochene arbeitsfreie Zeit zu gewähren; in diese Freizeiten sind die Zeiten, die zur Zurücklegung des Weges zur und von der Schule erforderlich sind, nicht einzurechnen.
3. Die Beschäftigung von Kindern während der Schulferien ist nach Maßgabe des § 6 zulässig, wenn durch die Bewilligung sichergestellt ist, daß die Kinder höchstens während eines Drittels der Schulferien und nur im unbedingt erforderlichen Ausmaß beschäftigt werden, die Aufführungen oder Foto-, Film-, Fernseh- und Tonaufnahmen von besonderem kulturellem oder volksbildnerischem Wert sind und nicht außerhalb der Schulferien durchgeführt werden können. Im Falle von Auslandstourneen kann in begründeten Fällen von der Beschränkung der Beschäftigung auf ein Drittel der Schulferien abgesehen werden.

   (BGBl I 1997/79)
4. Die Bewilligung darf nur erteilt werden, wenn der Veranstalter einen guten Leumund aufweist und von der Gemeinde, in der die Aufführung oder Aufnahme stattfindet, eine Unbedenklichkeitserklärung vorliegt. Eine Abschrift des Bewilligungsbescheides ist dem örtlich zuständigen Arbeitsinspektorat zu übermitteln.

   (BGBl I 2010/93)

Lohnschutz

§ 8. (1) Insoweit das Entgelt für die Arbeit fremder Kinder in Geldlohn besteht, dürfen in Anrechnung auf diesen Geldlohn nur Wohnung, Kleidung und Lebensmittel zugewendet werden. Der hiebei angerechnete Preis darf die Beschaffungskosten nicht übersteigen.

(2) Die Verabreichung von Alkohol und von Tabak an Kinder als Entgelt für ihre Arbeit ist untersagt. Alkoholische Getränke aller Art und Tabak dürfen Kindern während oder anläßlich der Arbeit nicht verabreicht werden.

(BGBl I 2010/93)

Aufsicht

§ 9. (1) Die Überwachung der Einhaltung der Vorschriften dieses Bundesgesetzes über die Verwendung von Kindern obliegt den Bezirksverwaltungsbehörden im Zusammenwirken mit den Arbeitsinspektoraten (Arbeitsinspektoren für Kinderarbeit, Jugend- und Lehrlingsschutz), den Gemeindebehörden und den Schulleitungen.

(2) Die Lehrer an öffentlichen Schulen, an Schulen mit Öffentlichkeitsrecht und an Privatschulen, die Ärzte und die Organe der privaten Jugendfürsorge sowie aller Körperschaften, in deren Aufgabengebiet Angelegenheiten der Jugendfürsorge fallen, sind verpflichtet, Wahrnehmungen über die Verletzung von Vorschriften über die Kinderarbeit der zuständigen Bezirksverwaltungsbehörde mitzuteilen; auf Verlangen der Bezirksverwaltungsbehörde sind sie verpflichtet, Auskünfte über die Kinderarbeit im allgemeinen und über besondere Fälle der Verwendung von Kindern zu erteilen.

(3) Gelangt die Bezirksverwaltungsbehörde zur Kenntnis von Mißständen, so hat sie entsprechende Abhilfe zu treffen. Unbeschadet des § 30 ist einem Dienstgeber, dem eine Bewilligung zur Verwendung von Kindern gemäß § 6 erteilt wurde, durch die bewilligende Behörde die weitere Verwendung der Kinder zu verbieten, wenn der Dienstgeber keine Gewähr bietet, daß die Bedingungen des Bewilligungsbescheides und § 7 eingehalten werden.

Abschnitt 3
Schutzvorschriften für Jugendliche

Arbeitszeit

§ 10. (1) Tägliche Arbeitszeit ist die Zeit vom Beginn bis zum Ende der Arbeit ohne Einrechnung der Ruhepausen (§ 15). Wochenarbeitszeit ist die Arbeitszeit innerhalb des Zeitraumes von Montag bis einschließlich Sonntag.

(2) Werden Jugendliche von mehreren Dienstgebern beschäftigt, so darf die Gesamtdauer der einzelnen Beschäftigungen zusammengerechnet die in den folgenden Bestimmungen vorgesehene Höchstgrenze der Arbeitszeit nicht überschreiten.

(3) Im Falle des Abs. 2 ist der Jugendliche verpflichtet, jedem seiner Dienstgeber mitzuteilen, in welchem Ausmaß er jeweils in den einzelnen Betrieben beschäftigt ist.

§ 11. (1) Die tägliche Arbeitszeit der Jugendlichen darf acht Stunden, ihre Wochenarbeitszeit 40 Stunden nicht überschreiten, soweit im folgenden nicht anderes bestimmt wird.

(2) Die nach Abs. 1 zulässige Wochenarbeitszeit kann zur Erreichung einer längeren Freizeit, die mit der Wochenfreizeit zusammenhängen muß, abweichend von der nach Abs. 1 zulässigen täglichen Arbeitszeit verteilt werden. Der Kollektivvertrag kann zulassen, daß die nach Abs. 1 zulässige Wochenarbeitszeit auf die Werktage abweichend von der nach Abs. 1 zulässigen täglichen Arbeitszeit aufgeteilt wird.

(BGBl I 1997/79)

(2a) Die Arbeitszeit kann in den einzelnen Wochen eines mehrwöchigen Durchrechnungszeitraumes ausgedehnt werden, wenn innerhalb dieses Durchrechnungszeitraumes die Wochenarbeitszeit im Durchschnitt 40 Stunden nicht übersteigt und

1. der Kollektivvertrag dies zuläßt,
2. für vergleichbare erwachsene Arbeitnehmer des Betriebes eine solche Arbeitszeiteinteilung besteht und
3. eine abweichende Arbeitszeiteinteilung für Jugendliche dem Arbeitgeber nicht zugemutet werden kann.

(2b) Fällt in Verbindung mit Feiertagen die Arbeitszeit an Werktagen aus, um den Jugendlichen eine längere zusammenhängende Freizeit zu ermöglichen, so kann die ausfallende Normalarbeitszeit auf die übrigen Werktage von höchstens sieben, die Ausfallstage einschließenden Wochen verteilt werden. Der Einarbeitungszeitraum kann durch Betriebsvereinbarung auf höchstens 13 Wochen verlängert werden.

(BGBl I 1997/79)

(3) Bei einer Verteilung der Arbeitszeit nach Abs. 2 bis 2b darf die Tagesarbeitszeit neun Stunden und die Arbeitszeit in den einzelnen Wochen des Durchrechnungs- bzw. Einarbeitungszeitraumes 45 Stunden nicht überschreiten.

(BGBl I 1997/79)

(3a) Reisezeit liegt vor, wenn die/der Jugendliche über Auftrag der Arbeitgeberin/des Arbeitgebers vorübergehend ihren/seinen Dienstort (Arbeitsstätte) verlässt, um an anderen Orten ihre/seine Arbeitsleistung zu erbringen, sofern während der Reisebewegung keine Arbeitsleistung erbracht wird. Durch Reisezeiten kann die Tagesarbeitszeit auf bis zu zehn Stunden ausgedehnt werden, wenn die/der Jugendliche in einem Lehr- oder sonstigen Ausbildungsverhältnis steht und das 16. Lebensjahr vollendet hat.

(BGBl I 2015/152)

(4) Den Jugendlichen ist die zur Erfüllung der gesetzlichen Berufsschulpflicht erforderliche Zeit freizugeben. Für die Unterrichtszeit ist der Lohn (Lehrlingsentschädigung) weiterzuzahlen.

(5) Die Unterrichtszeit in der Berufsschule, zu deren Besuch der Jugendliche gesetzlich ver-

pflichtet ist, ist auf die Dauer der wöchentlichen Arbeitszeit anzurechnen.

(6) In die Unterrichtszeit im Sinne der Abs. 4 und 5 sind einzurechnen:

1. die Pausen in der Berufsschule, mit Ausnahme der Mittagspause;
2. der Besuch von Freigegenständen und unverbindlichen Übungen im Ausmaß von höchstens zwei Unterrichtsstunden, Förderunterricht und Schulveranstaltungen in der Berufsschule im Sinne der §§ 12 und 13 des Schulunterrichtsgesetzes, BGBl. Nr. 472/1986;
3. an ganzjährigen und saisonmäßigen Berufsschulen einzelne an einem Schultag entfallene Unterrichtsstunden oder an lehrgangsmäßigen Berufsschulen der bis zu zwei aufeinanderfolgenden Werktagen entfallene Unterricht, wenn es in jedem dieser Fälle wegen des Verhältnisses zwischen der im Betrieb zu verbringenden Zeit und der Wegzeit nicht zumutbar ist, daß der Jugendliche während dieser unterrichtsfreien Zeit den Betrieb aufsucht;
4. Förderkurse im Sinne des Art. II § 2 der 5. Schulorganisationsgesetz-Novelle, BGBl. Nr. 323/1975.

(7) Beträgt die Unterrichtszeit an einem Schultag mindestens acht Stunden, so ist eine Beschäftigung im Betrieb nicht mehr zulässig. Beträgt die Unterrichtszeit weniger als acht Stunden, so ist eine Beschäftigung nur insoweit zulässig, als die Unterrichtszeit, die notwendige Wegzeit zwischen Betrieb und Schule und die im Betrieb zu verbringende Zeit die gesetzliche Arbeitszeit nicht überschreitet.

(8) Besucht ein Jugendlicher eine lehrgangsmäßige oder saisonmäßige Berufsschule, darf er während des tatsächlichen Besuchs des Lehrganges bzw. der saisonmäßigen Berufsschule nicht im Betrieb beschäftigt werden.

(BGBl I 1997/79)

(9) Die Lenkzeit Jugendlicher, die auf Grund des Berufsausbildungsgesetzes, BGBl. Nr. 142/1969, zu Berufskraftfahrern ausgebildet werden, darf vier Stunden täglich und 20 Stunden wöchentlich nicht überschreiten. Fahrten, die im Rahmen der Berufsausbildung in einer Fahrschule absolviert werden, sind in die Lenkzeit einzurechnen.

§ 11a. Den Schülervertretern (§ 59 des Schulunterrichtsgesetzes, BGBl. Nr. 472/1986) und den Mitgliedern der Landes- und Bundesschülervertretung (§§ 6 und 21 des Schülervertretungengesetzes, BGBl. Nr. 284/1990) ist während der Unterrichtszeit die zur Erfüllung ihrer gesetzlichen Obliegenheiten, darüber hinaus die für die in die Arbeitszeit fallende Teilnahme an Landes- und Bundesschülervertretungssitzungen erforderliche Freizeit unter Fortzahlung des Entgelts zu gewähren.

(BGBl I 1997/79)

§ 12. (1) Werden Jugendliche zu Vor- und Abschlußarbeiten herangezogen, so ist die auf diese Arbeiten entfallende Zeit grundsätzlich durch frühere Beendigung, beziehungsweise späteren Beginn der eigentlichen Betriebsarbeit entsprechend auszugleichen; der Ausgleich ist tunlichst in der gleichen, spätestens jedoch in der folgenden Kalenderwoche durchzuführen.

(2) Wenn zwingende betriebliche Gründe es erfordern, darf zwecks Durchführung von Vor- und Abschlußarbeiten die nach § 11 zulässige Dauer der Arbeitszeit für Jugendliche über 16 Jahre um eine halbe Stunde täglich in folgenden Fällen ausgedehnt werden:

1. bei Arbeiten zur Reinigung und Instandhaltung, soweit sich diese Arbeiten während des regelmäßigen Betriebes nicht ohne Unterbrechung oder erhebliche Störung ausführen lassen;
2. bei Arbeiten, von denen die Wiederaufnahme oder Aufrechterhaltung des vollen Betriebes arbeitstechnisch abhängt;
3. bei Arbeiten zur abschließenden Kundenbedienung einschließlich der damit zusammenhängenden notwendigen Aufräumungsarbeiten.

(3) Die Dauer der Mehrarbeitsleistungen nach Abs. 2 darf insgesamt drei Stunden in der Woche nicht überschreiten. Die sich aus Abs. 2 und § 11 ergebende tägliche Arbeitszeit darf keinesfalls neuneinhalb Stunden überschreiten.

(BGBl I 1997/79)

(4) Das Arbeitsinspektorat bestimmt in Zweifelsfällen, welche Arbeiten als Vor- und Abschlußarbeiten gelten und ob die Voraussetzungen des Abs. 2 vorliegen. Der Beschwerde gegen den Bescheid des Arbeitsinspektorates kommt keine aufschiebende Wirkung zu.

(BGBl I 2013/71)

§ 13. (1) Für Personen unter 15 Jahren, die im Rahmen eines Ferialpraktikums oder eines Pflichtpraktikums beschäftigt werden (§ 2 Abs. 1a Z 2 und 3), gelten die §§ 11 und 12 mit folgenden Abweichungen.

(2) Während unterrichtsfreier Zeiten von mindestens einer Woche darf die tägliche Arbeitszeit sieben Stunden und die Wochenarbeitszeit 35 Stunden nicht überschreiten. In dieser Zeit sind eine abweichende Verteilung der Arbeitszeit (§ 11 Abs. 2 bis 3) und eine Arbeitszeitverlängerung durch Vor- und Abschlußarbeiten (§ 12 Abs. 2 und 3) nicht zulässig.

(3) Beträgt die Unterrichtszeit an einem Schultag mindestens sieben Stunden oder in einer Schulwoche mindestens 35 Stunden, so ist eine Beschäftigung im Betrieb nicht mehr zulässig. Beträgt die Unterrichtszeit weniger als sieben Stunden, so ist eine Beschäftigung nur im folgenden Ausmaß zulässig:

1. Die Unterrichtszeit, die notwendige Wegzeit zwischen Betrieb und Schule und die im Betrieb zu verbringende Zeit darf sieben Stunden nicht überschreiten.

2. Die im Betrieb zu verbringende Zeit darf zwei Stunden nicht überschreiten.

(BGBl I 1997/79)

§ 14. (1) Als Überstunde gilt jede Arbeitsleistung, die über die nach § 11 Abs. 1 und 3 festgelegte Wochenarbeitszeit hinausgeht.

(2) Für Überstunden gebührt den Jugendlichen ein Zuschlag. Er beträgt 50 vH des auf die Zeit der Überstundenleistung entfallenden Normallohnes (Lehrlingsentschädigung).

Ruhepausen und Ruhezeiten

§ 15. (1) Beträgt die Gesamtdauer der Tagesarbeitszeit mehr als viereinhalb Stunden, so ist die Arbeitszeit durch eine Ruhepause von mindestens einer halben Stunde zu unterbrechen.

(BGBl I 1997/79)

(2) Die Ruhepause ist spätestens nach sechs Stunden zu gewähren.

(BGBl I 1997/79)

(3) Das Arbeitsinspektorat kann für Betriebe oder Betriebsteile oder für bestimmte Arbeiten über Abs. 1 hinausgehende Ruhepausen anordnen, wenn die Schwere der Arbeit oder der sonstige Einfluß der Arbeit auf die Gesundheit der Jugendlichen dies erfordert.

(4) Während der Ruhepausen darf den Jugendlichen keinerlei Arbeit gestattet werden, sie dürfen auch nicht zur Arbeitsbereitschaft verpflichtet werden. Für den Aufenthalt während der Ruhepausen sind nach Möglichkeit besondere Aufenthaltsräume oder freie Plätze bereitzustellen. Der Aufenthalt in den Arbeitsräumen darf nur gestattet werden, wenn dadurch die notwendige Erholung nicht beeinträchtigt wird.

(5) Jugendlichen, die zu Berufskraftfahrern ausgebildet werden, muß bei Lehrfahrten nach einer ununterbrochenen Lenkzeit (§ 11 Abs. 9) von höchstens zwei Stunden eine Lenkpause von einer halben Stunde gewährt werden.

(6) Die Lenkpause (Abs. 5) ist auf die Arbeitszeit anzurechnen. Fällt die Lenkpause mit der für den Jugendlichen geltenden Mittagspause zusammen, so ist sie nicht zusätzlich zu gewähren.

§ 16. (1) Nach Beendigung der täglichen Arbeitszeit ist

1. Personen unter 15 Jahren (§ 2 Abs. 1a) eine ununterbrochene Ruhezeit von mindestens 14 Stunden zu gewähren;
2. den Jugendlichen eine ununterbrochene Ruhezeit von mindestens zwölf Stunden zu gewähren.

(2) Diese Ruhezeit ist innerhalb von 24 Stunden nach Arbeitsbeginn zu gewähren. Für die Beschäftigung von Jugendlichen (Abs. 1 Z 2) im Gastgewerbe ist Satz 1 nicht anzuwenden.

(BGBl I 1997/79)

Nachtruhe

§ 17. (1) Jugendliche dürfen in der Nachtzeit von 20 bis sechs Uhr nicht beschäftigt werden.

(2) Im Gastgewerbe dürfen Jugendliche über 16 Jahre bis 23.00 Uhr beschäftigt werden.

(BGBl I 2000/83)

(3) In mehrschichtigen Betrieben dürfen Jugendliche über 16 Jahre im wöchentlichen Wechsel bis 22 Uhr beschäftigt werden.

(3a) In mehrschichtigen Betrieben dürfen Jugendliche ab 5 Uhr beschäftigt werden, wenn bei einem späteren Arbeitsbeginn keine zumutbare Möglichkeit zur Erreichung des Betriebes gegeben ist. Dies gilt nicht für Personen unter 15 Jahren (§ 2 Abs. 1a).

(BGBl I 1997/79, BGBl I 2003/79)

(4) Bei Musikaufführungen, Theatervorstellungen, sonstigen Aufführungen und bei Foto-, Film-, Fernseh- und Tonaufnahmen dürfen Jugendliche bis 23 Uhr beschäftigt werden.

(BGBl I 1997/79)

(5) In Backwaren-Erzeugungsbetrieben, die nicht unter das Bäckereiarbeiter/innengesetz 1996 fallen, dürfen Lehrlinge im Lehrberuf „Bäcker“, die das 15. Lebensjahr vollendet haben, ab 4 Uhr mit Arbeiten, die der Berufsausbildung dienen, beschäftigt werden.

(BGBl 1996/410, BGBl I 1997/79)

(6) Jugendliche, die im gehobenen Dienst für Gesundheits- und Krankenpflege nach dem Gesundheits- und Krankenpflegegesetz, BGBl. I Nr. 108/1997, ausgebildet werden, dürfen im letzten Jahr ihrer Ausbildung, soweit dies für die Erreichung des Ausbildungszweckes erforderlich ist, unter folgenden Voraussetzungen während der Nachtzeit beschäftigt werden (Nachtdienst):

1. die Höchstzahl der Nachtdienste darf im Ausbildungsjahr nicht mehr als 30 betragen;
2. die Höchstzahl der Nachtdienste darf pro Monat nicht mehr als fünf betragen;
3. die Leistung aufeinanderfolgender Nachtdienste ist nicht zulässig;
4. Nachtdienst darf nur unter Aufsicht einer diplomierten Gesundheits- und Krankenschwester oder eines diplomierten Gesundheits- und Krankenpflegers geleistet werden;
5. nach dem Nachtdienst ist eine Ruhezeit von mindestens zwölf Stunden zu gewähren.

(BGBl I 1997/79, BGBl I 1997/126)

(7) Soweit die Abs. 2 und 3a bis 6 eine Beschäftigung zwischen 22 und 6 Uhr zulassen, dürfen Jugendliche in dieser Zeit regelmäßig nur beschäftigt werden, wenn vor Aufnahme dieser Arbeiten und danach in jährlichen Abständen eine Jugendlichenuntersuchung gemäß § 132a ASVG oder eine dieser Untersuchung vergleichbare ärztliche Untersuchung, vorzugsweise durch Ärzte mit arbeitsmedizinischer Ausbildung, durchgeführt wurde.

(BGBl I 1997/79, BGBl I 2000/83, BGBl I 2003/79)

Sonn- und Feiertagsruhe

§ 18. (1) An Sonntagen und an den gesetzlichen Feiertagen (§ 1 des Feiertagsruhegesetzes 1957,

BGBl. Nr. 153, in der jeweils geltenden Fassung) dürfen Jugendliche nicht beschäftigt werden.

(2) Das Verbot des Abs. 1 gilt nicht im Gastgewerbe, in Krankenpflegeanstalten und Pflegeheimen, bei Musikaufführungen, Theatervorstellungen, sonstigen Aufführungen und für Arbeiten auf Sport- und Spielplätzen.

(3) In den Fällen des Abs. 2 muß jeder zweite Sonntag arbeitsfrei bleiben.

(3a) Durch Kollektivvertrag kann für das Gastgewerbe abweichend von Abs. 3 die Beschäftigung Jugendlicher an aufeinanderfolgenden Sonntagen innerhalb eines vom Kollektivvertrag festzulegenden Zeitraumes von höchstens 23 Wochen pro Kalenderjahr zugelassen werden. Innerhalb eines Kalenderjahres dürfen die Jugendlichen jedoch höchstens an 23 Sonntagen beschäftigt werden. In diese Zahl ist die Hälfte der Sonntage einzurechnen, die in die Zeit des Besuchs einer ehrgangs- oder saisonmäßigen Berufsschule fallen.

(BGBl 1992/175)

(4) In Betrieben, auf die das Feiertagsruhegesetz Anwendung findet, gilt für die Bezahlung der Feiertage und der an Feiertagen geleisteten Arbeit soweit sie nach diesem Bundesgesetz oder den hiezu erlassenen Durchführungsvorschriften zugelassen ist, das Feiertagsruhegesetz.

Sonderregelung für den 8. Dezember

§ 18a. Die Beschäftigung von Jugendlichen am 8. Dezember in Verkaufsstellen gemäß § 1 Abs. 1 und 3 des Öffnungszeitengesetzes 2003, BGBl. I Nr. 48, kann durch Kollektivvertrag zugelassen werden, wenn der 8. Dezember auf einen Werktag fällt. Der Jugendliche hat das Recht, die Beschäftigung am 8. Dezember auch ohne Angabe von Gründen abzulehnen. Kein Jugendlicher darf wegen der Weigerung, am 8. Dezember der Beschäftigung nachzugehen, benachteiligt werden.

(BGBl I 1997/126, BGBl I 2010/93)

Wochenfreizeit

§ 19. (1) Den Jugendlichen ist wöchentlich eine ununterbrochene Freizeit von zwei Kalendertagen zu gewähren. Diese Wochenfreizeit hat den Sonntag zu umfassen, soweit an diesem Sonntag nicht die Beschäftigung gemäß § 18 zulässig ist, und – mit Ausnahme von Tätigkeiten gemäß § 18 Abs. 2 – spätestens um 13 Uhr am Samstag, für Jugendliche, die mit unbedingt notwendigen Abschlußarbeiten gemäß § 12 Abs. 2 beschäftigt sind, spätestens um 15 Uhr am Samstag zu beginnen.

(BGBl I 1997/126)

(1a) Wenn dies aus organisatorischen Gründen notwendig oder im Interesse der Jugendlichen gelegen ist, müssen die beiden Kalendertage der Wochenfreizeit nicht aufeinanderfolgen. Soweit der Kollektivvertrag nicht anderes bestimmt, muß jener Teil der Wochenfreizeit, in den der Sonntag fällt, mindestens 43 Stunden betragen. Die Teilung von Wochenfreizeiten gemäß Abs. 3 ist unzulässig.

(BGBl I 1997/126)

(2) Werden Jugendliche – abgesehen von den Fällen des Abs. 1a – am Samstag beschäftigt, so dürfen diese Jugendlichen am Montag in der darauffolgenden Kalenderwoche nicht beschäftigt werden. Ist der Montag Berufsschultag, dürfen Jugendliche an einem anderen Arbeitstag (Dienstag bis Freitag) der auf die Samstagsarbeit folgenden Kalenderwoche nicht beschäftigt werden. Jugendliche, die in der auf die Samstagsarbeit folgenden Woche zur Gänze die Berufsschule besuchen, dürfen in der Kalenderwoche vor oder nach dem Ende des Berufsschulbesuchs an einem anderen Arbeitstag (Montag bis Freitag) dieser Kalenderwoche nicht beschäftigt werden.

(BGBl I 1997/126)

(3) Jugendliche, die am Samstag und gemäß § 18 Abs. 2 unmittelbar darauf auch am Sonntag beschäftigt werden, haben Anspruch auf eine ununterbrochene Freizeit in der der Sonntagsarbeit folgenden Woche von zwei zusammenhängenden Kalendertagen. Jugendliche, die gemäß § 18 Abs. 2 nur am Sonntag beschäftigt werden, haben Anspruch auf eine ununterbrochene Freizeit in der der Sonntagsarbeit folgenden Woche von 43 Stunden.

(4) Jugendliche im Gastgewerbe haben Anspruch auf eine ununterbrochene wöchentliche Freizeit von zwei zusammenhängenden Kalendertagen. Dies gilt nicht, wenn eine Wochenfreizeit von mindestens 43 Stunden, in die der Sonntag fällt, eingehalten wird und in die folgende Arbeitswoche ein betrieblicher Sperrtag fällt, an dem der Jugendliche nicht beschäftigt wird.

(5) Für Jugendliche, die in den Lehrberufen Bäcker, Konditor, Fleischer oder Molkereifachmann ausgebildet und überwiegend mit der Be- oder Verarbeitung von frischen Lebensmitteln beschäftigt werden, kann der Kollektivvertrag eine Verkürzung der Wochenfreizeit gemäß Abs. 1 und 2 zulassen, wenn durch andere Maßnahmen die Erholungsbedürfnisse der Jugendlichen sichergestellt sind. Dabei darf in den einzelnen Wochen die zusammenhängende Ruhezeit 43 Stunden nicht unterschreiten. Abs. 1 zweiter Satz ist anzuwenden.

(BGBl I 1997/126)

(6) Kommt ein Kollektivvertrag gemäß Abs. 5 für Jugendliche zur Anwendung, die in Betrieben ausgebildet werden, in denen auch Tätigkeiten des Gastgewerbes im Sinne des § 94 Z 27 der Gewerbeordnung 1994, BGBl. Nr. 194, ausgeübt werden, ist zu vereinbaren, ob für den jeweiligen Jugendlichen entweder

1. die Sonderregelung des Kollektivvertrags nach Abs. 5 oder
2. die Sonderregelungen für das Gastgewerbe des § 18 Abs. 2 und 3a sowie § 19 Abs. 4

zur Anwendung kommt. Die Vereinbarung ist im Verzeichnis der Jugendlichen (§ 26) festzuhalten.

(BGBl I 1997/126, BGBl I 2003/79)

(7) Für Jugendliche, die nicht unter Abs. 4 oder 5 fallen, kann der Kollektivvertrag abweichend von Abs. 1 bis 2 zulassen, daß bei Vorliegen organisatorischer Gründe oder im Interesse der Jugend-

lichen das Ausmaß der Wochenfreizeit in einzelnen Wochen auf 43 zusammenhängende Stunden verkürzt werden kann, wenn die durchschnittliche Wochenfreizeit in einem durch Kollektivvertrag festzulegenden Durchrechnungszeitraum mindestens 48 Stunden beträgt. Abs. 1 zweiter Satz ist anzuwenden.

(BGBl I 1997/126)

(BGBl 1992/175, BGBl I 1997/79)

Sonderregelungen für Verkaufsstellen

§ 19a. (1) Abweichend von § 19 Abs. 1 dürfen Jugendliche am Samstag nach 13 Uhr in Verkaufsstellen im Sinne des § 1 Abs. 1 bis 3 des Öffnungszeitengesetzes 2003, BGBl. I Nr. 48, beschäftigt werden, soweit die jeweils geltenden Öffnungszeitenvorschriften ein Offenhalten dieser Verkaufsstellen vorsehen.

(BGBl I 2010/93)

(2) Wird ein Jugendlicher gemäß Abs. 1 an einem Samstag nach 13 Uhr beschäftigt, hat der folgende Samstag zur Gänze arbeitsfrei zu bleiben, soweit die Abs. 3 bis 5 nicht anderes bestimmen.

(3) Ein Jugendlicher darf am folgenden Samstag beschäftigt werden, wenn er nach 13 Uhr beschäftigt wurde mit

1. Verkaufstätigkeiten an den letzten vier Samstagen vor dem 24. Dezember,
2. der Kundenbedienung nach § 12 Abs. 2 Z 3 bis 15 Uhr,
3. Abschlußarbeiten gemäß § 12 Abs. 2 Z 1 und 2 bis 15 Uhr.

(4) Die Betriebsvereinbarung, in Betrieben, in denen kein Betriebsrat errichtet ist, die schriftliche Einzelvereinbarung mit Zustimmung der Erziehungsberechtigten, kann zulassen, daß innerhalb eines Zeitraumes von vier Wochen die Beschäftigung an zwei Samstagen zulässig ist. In diesem Fall haben die übrigen Samstage dieses Zeitraumes arbeitsfrei zu bleiben.

(5) Der Kollektivvertrag kann weitere Abweichungen zulassen.

(BGBl I 1997/79)

Ausnahmen

§ 20. (1) Bei vorübergehenden Arbeiten, die bei Notstand sofort vorgenommen werden müssen und für die keine erwachsenen Arbeitnehmer zur Verfügung stehen, findet für Jugendliche über 16 Jahre die Bestimmung des § 17 keine Anwendung. In diesen Fällen können für Jugendliche über 16 Jahre

1. die Grenzen der regelmäßigen Arbeitszeit gemäß § 11 überschritten werden. Innerhalb von drei Wochen hat ein entsprechender Ausgleich zu erfolgen;
2. Ruhepausen (§ 15) und Ruhezeiten (§ 16) verkürzt werden. Innerhalb von drei Wochen ist eine Ruhezeit entsprechend zu verlängern.

(2) Der Dienstgeber hat die Vornahme solcher Arbeiten dem Arbeitsinspektorat unverzüglich anzuzeigen.

(BGBl I 1997/79)

Verbot der Akkordarbeit

§ 21. Jugendliche, die das 16. Lebensjahr noch nicht vollendet haben oder in einem Lehr- oder sonstigen, mindestens einjährigen Ausbildungsverhältnis stehen, dürfen nicht zu Akkordarbeiten, akkordähnlichen Arbeiten, leistungsbezogenen Prämienarbeiten und sonstigen Arbeiten, bei denen durch ein gesteigertes Arbeitstempo ein höheres Entgelt erzielt werden kann, wie beispielsweise Arbeiten, für die Entgelt gebührt, das auf Arbeits(Persönlichkeits)bewertungsverfahren, statistischen Verfahren, Datenerfassungsverfahren, Kleinstzeitverfahren oder ähnlichen Entgeltfindungsmethoden beruht, sowie zu Fließarbeiten mit vorgeschriebenem Arbeitstempo herangezogen werden. Dieses Verbot gilt nicht für Jugendliche, die als Heimarbeiter beschäftigt werden.

KJBG

Beförderung höherer Geld- oder Sachwerte

§ 21a. Außerhalb des Betriebes dürfen Jugendliche nicht zur Beförderung höherer Geld- oder Sachwerte unter eigener Verantwortung herangezogen werden.

Maßregelungsverbot

§ 22. (1) Körperliche Züchtigung oder erhebliche wörtliche Beleidigung sind verboten.

(2) Disziplinarmaßnahmen dürfen über Jugendliche nur verhängt werden, wenn dies in einem Kollektivvertrag oder in einer Betriebsvereinbarung im Sinne des § 97 Abs. 1 Z 24 des Arbeitsverfassungsgesetzes, BGBl. Nr. 22/1974, vorgesehen ist. Geldstrafen dürfen als Disziplinarmaßnahmen nicht verhängt werden.

Gesundheits- und Sittlichkeitsschutz

§ 23. (1) Der Dienstgeber hat vor Beginn der Beschäftigung und bei jeder bedeutenden Änderung der Arbeitsbedingungen die für die Sicherheit und Gesundheit des Jugendlichen sowie für die Sittlichkeit bestehenden Gefahren zu ermitteln. Dabei sind insbesondere zu berücksichtigen:

1. Die Einrichtung und Gestaltung der Arbeitsstätte und des Arbeitsplatzes;
2. die Gestaltung, die Auswahl und der Einsatz von Arbeitsmitteln;
3. die Verwendung von Arbeitsstoffen;
4. die Gestaltung der Arbeitsverfahren und der Arbeitsvorgänge und deren Zusammenwirken und
5. Körperkraft, Alter und Stand der Ausbildung und der Unterweisung der Jugendlichen.

(BGBl I 1997/79)

(1a) Der Dienstgeber hat alle erforderlichen Maßnahmen zum Schutz der Sicherheit, der Gesundheit und der Sittlichkeit zu treffen.

(BGBl I 1997/79)

(1b) Der Dienstgeber hat die Präventivdienste (7. Abschnitt ASchG oder vergleichbare österreichische Rechtsvorschriften) bei der Ermittlung der Gefährdung und der Festsetzung von Schutzmaßnahmen heranzuziehen.

(BGBl I 1997/79)

(2) Durch Verordnung kann die Beschäftigung von Jugendlichen in bestimmten Betrieben, mit bestimmten Arbeiten oder unter bestimmten Einwirkungen, die mit besonderen Gefahren für die Sicherheit, Gesundheit oder Sittlichkeit verbunden sind, untersagt oder von Bedingungen abhängig gemacht werden.

(BGBl I 1997/79)

(3) Unabhängig von Abs. 2 kann das Arbeitsinspektorat in einzelnen Fällen die Beschäftigung Jugendlicher mit gefährlichen Arbeiten untersagen oder von Bedingungen abhängig machen.

(4) (aufgehoben)

(BGBl I 2003/79)

§ 24. (1) Jugendliche sind vor der Arbeitsaufnahme unter Verantwortung des Dienstgebers über die im Betrieb bestehenden Gefahren und über die zur Abwendung dieser Gefahren getroffenen Maßnahmen sowie Einrichtungen und deren Benützung zu unterweisen. Bei Personen unter 15 Jahren (§ 2 Abs. 1a) sind auch die gesetzlichen Vertreter zu unterrichten.

(2) Jugendliche sind unter Verantwortung des Dienstgebers vor der erstmaligen Verwendung an Maschinen, zu Arbeiten mit Gasen, Chemikalien oder mit sonstigen gesundheitsschädlichen Arbeitsstoffen oder zu Arbeiten an gefährlichen Arbeitsstellen über das bei Verrichtung solcher Arbeiten notwendige Verhalten sowie über die bestehenden Schutzvorkehrungen und deren Handhabung zu unterweisen.

(3) Die Unterweisungen nach Abs. 1 und 2, denen ein Mitglied des Betriebsrates (Jugendvertrauensrates) beizuziehen ist, sind in nach den Verhältnissen des Betriebes entsprechend angemessenen Zeiträumen, mindestens jedoch in jährlichen Abständen zu wiederholen.

(BGBl I 1997/79)

§ 25. (1) Der Dienstgeber hat die Jugendlichen über die Durchführung von Jugendlichenuntersuchungen gemäß § 132a ASVG rechtzeitig zu informieren, sie über den Sinn dieser Untersuchungen zu belehren und sie zur Teilnahme anzuhalten. Den Jugendlichen ist die für die Durchführung der Jugendlichenuntersuchungen erforderliche Freizeit unter Fortzahlung des Entgelts zu gewähren.

(BGBl I 1997/79)

(1a) Ergibt die Beurteilung gemäß § 23 Abs. 1 eine Gefahr für die Sicherheit oder Gesundheit des Jugendlichen, so hat der Dienstgeber dafür Sorge zu tragen, daß in jährlichen Abständen eine Untersuchung gemäß § 132a ASVG stattfindet.

(BGBl I 1997/79)

(2) Die Jugendlichenuntersuchungen gemäß § 132a ASVG sind bei Jugendlichen, die erstmalig eine Beschäftigung angetreten haben, tunlichst binnen zwei Monaten durchzuführen. Wenn dies der Wahrnehmung der Belange des Arbeitnehmerschutzes dient, kann durch Verordnung bestimmt werden, daß die Ergebnisse dieser erstmaligen Jugendlichenuntersuchungen noch vor ihrer Auswertung im Sinne des § 132a Abs. 6 ASVG der für die Durchführung des Arbeitnehmerschutzes jeweils zuständigen Behörde zuzuleiten sind.

(3) Durch Verordnung können für Jugendliche, die in Betrieben beschäftigt sind, für die das ArbeitnehmerInnenschutzgesetz, BGBl. Nr. 450/1994, nicht gilt, unter sinngemäßer Anwendung des 5. Abschnittes des ArbeitnehmerInnenschutzgesetzes Vorschriften über gesundheitsgefährdende Tätigkeiten, Eignungsuntersuchungen und die Überwachung des Gesundheitszustandes erlassen werden.

(BGBl I 2003/79)

Abschnitt 4

Verzeichnis der Jugendlichen

§ 26. (1) In jedem Betrieb, in dem Jugendliche beschäftigt werden, ist ein Verzeichnis der Jugendlichen zu führen. Das Verzeichnis hat zu enthalten:

1. Familiennamen und Vornamen sowie Wohnort der Jugendlichen,
2. Tag und Jahr der Geburt,
3. Tag des Eintrittes in den Betrieb,
4. Art der Beschäftigung,
5. Aufzeichnungen über die geleisteten Arbeitsstunden und deren Entlohnung (§ 26 Abs. 1 des Arbeitszeitgesetzes, BGBl. Nr. 461/1969),
6. die Zeit, während der den Jugendlichen Urlaub gewährt wurde,
7. Namen und Wohnort der gesetzlichen Vertreter der Jugendlichen.

(2) Das Verzeichnis ist jeweils richtigzustellen. Bei Neuanlage des Verzeichnisses sind die vorher geführten Verzeichnisse bis zum Ablauf von zwei Jahren nach der letzten Eintragung aufzubewahren.

(3) Den Organen der Arbeitnehmerschaft des Betriebes ist auf Verlangen Einsicht in das Verzeichnis zu gewähren.

Wochenberichtsblatt

§ 26a. (1) Werden in einem Betrieb Jugendliche zu Berufskraftfahrern ausgebildet, so ist für jeden Jugendlichen über seine Lenkzeiten ein Wochenberichtsblatt in zweifacher Ausführung zu führen.

(2) Während der Fahrten ist das Wochenberichtsblatt mitzuführen und den Kontrollorganen auf Verlangen vorzuweisen.

(3) Nähere Bestimmungen über die Form, den Inhalt und die Vorschriften über die Führung des

Wochenberichtsblattes sind durch Verordnung zu treffen.

Aushänge

§ 27. (1) In Betrieben, in denen keine Betriebsvereinbarungen im Sinne des § 97 Abs. 1 Z 2 des Arbeitsverfassungsgesetzes bestehen, muß vom Dienstgeber an einer für die Arbeitnehmer des Betriebes leicht zugänglichen Stelle ein Aushang über den Beginn und das Ende der Normalarbeitszeit und der Ruhepausen sowie über die Dauer der Wochenruhezeit der Jugendlichen gut sichtbar angebracht werden.

(BGBl I 2017/40)

(2) Die Aushangpflicht nach Abs. 1 wird auch dann erfüllt, wenn die Arbeitszeiteinteilung den Jugendlichen mittels eines sonstigen Datenträgers samt Ablesevorrichtung, durch geeignete elektronische Datenverarbeitung oder durch geeignete Telekommunikationsmittel zugänglich gemacht wird.

(BGBl I 2003/79, BGBl I 2017/40)

Anzeigepflicht

§ 27a. (1) Der Dienstgeber hat die Beschäftigung von Jugendlichen an aufeinanderfolgenden Sonntagen gemäß § 18 Abs. 3a dem Arbeitsinspektorat anzuzeigen. Diese Anzeige hat zu enthalten:

1. Den Zeitraum, für den die Beschäftigung an aufeinanderfolgenden Sonntagen vorgesehen ist sowie jenen Zeitraum, in dem die Jugendlichen an Sonntagen und an betrieblichen Sperrtagen im Sinne des § 19 Abs. 4 nicht beschäftigt werden,

   (BGBl I 2010/93)
2. Zeiten des Besuches einer lehrgangs- oder saisonmäßigen Berufsschule, soweit diese in den Zeitraum gemäß § 18 Abs. 3a fallen,
3. Familien- und Vornamen der Jugendlichen sowie das Geburtsdatum.

(2) Die Anzeige gemäß Abs. 1 hat spätestens zwei Wochen vor Beginn der Beschäftigung Jugendlicher gemäß § 18 Abs. 3a zu erfolgen.

(3) Das Arbeitsinspektorat hat Anzeigen gemäß Abs. 1 auf Verlangen den gesetzlichen Interessenvertretungen der Arbeitgeber und Arbeitnehmer zugänglich zu machen.

(BGBl 1992/175)

Gebührenfreiheit

§ 27b. Anzeigen gemäß § 20 Abs. 2 und § 27a sind von Stempel- und Rechtsgebühren des Bundes befreit.

(BGBl I 1997/79)

Abschnitt 5

Anhörung der Jugendschutzstellen

§ 28. Die Arbeitsinspektorate sowie die Landeshauptmänner und die Bezirksverwaltungsbehörden haben vor Bewilligung von Ausnahmen und vor Erlassung von Verfügungen nach diesem Bundesgesetz die Jugendschutzstellen der zuständigen Arbeiterkammer und der zuständigen gesetzlichen Interessenvertretung der Dienstgeber zu hören.

Behördenzuständigkeit

§ 29. Die Aufgaben und Befugnisse, die nach diesem Bundesgesetz den Arbeitsinspektoraten zukommen, haben in Betrieben, die vom Wirkungsbereich der Arbeitsinspektion nach dem Arbeitsinspektionsgesetz 1993, BGBl. Nr. 27, ausgenommen sind, die zur Wahrnehmung des Dienstnehmerschutzes sonst berufenen Behörden auszuüben.

(BGBl I 1997/79)

Strafbestimmungen

§ 30. (1) Wer den Bestimmungen des Ab-schnittes 2 dieses Bundesgesetzes zuwiderhandelt, ist, sofern die Tat nicht nach anderen Gesetzen einer strengeren Strafe unterliegt, von der Bezirksverwaltungsbehörde mit einer Geldstrafe von 72 Euro bis 1 090 Euro, im Wiederholungsfall von 218 Euro bis 2 180 Euro zu bestrafen.

KJBG

(2) Ebenso sind Dienstgeber und deren Bevollmächtigte zu bestrafen, die den Bestimmungen der Abschnitte 3 und 4 dieses Bundesgesetzes oder einer auf Grund einer Bestimmung dieser Abschnitte erlassenen Verordnung zuwiderhandeln.

(BGBl I 2003/79, BGBl I 2017/40)

(3) Wurden Verwaltungsübertretungen nach den Abs. 1 bis 2 nicht im Inland begangen, gelten sie als an jenem Ort begangen, an dem sie festgestellt wurden.

(BGBl I 2010/93)

(BGBl I 2001/98)

Verbot der Beschäftigung Jugendlicher

§ 31. (1) Dienstgebern und deren Bevollmächtigten, die wiederholt wegen Übertretungen nach § 30 bestraft wurden, kann die Bezirksverwaltungsbehörde auf Antrag des Arbeitsinspektorates oder der zur Wahrnehmung des Dienstnehmerschutzes sonst berufenen Behörde die Beschäftigung von Jugendlichen auf bestimmte Zeit oder dauernd untersagen.

(BGBl I 2001/98)

(2) Außer in den im Abs. 1 bezeichneten Fällen kann die Bezirksverwaltungsbehörde, nach Anhörung der gesetzlichen Interessenvertretungen der Dienstgeber und der Dienstnehmer, Dienstgebern und deren Bevollmächtigten die Beschäftigung von Jugendlichen auf bestimmte Zeit oder dauernd verbieten, wenn sie sich grober Pflichtverletzungen gegen die bei ihnen beschäftigten Jugendlichen schuldig gemacht haben oder gegen sie Tatsachen vorliegen, die sie in sittlicher Beziehung zur Beschäftigung Jugendlicher ungeeignet erscheinen lassen.

(BGBl I 2001/98)

Urlaub der Jugendlichen

§ 32. (1) Der Anspruch der Jugendlichen auf Urlaub richtet sich nach den für sie jeweils geltenden Urlaubsvorschriften.

(2) Auf Verlangen des Jugendlichen ist der Verbrauch des Urlaubes im Ausmaß von mindestens zwölf Werktagen für die Zeit zwischen 15. Juni und 15. September zu vereinbaren.

Abschnitt 6

(BGBl I 2003/79)

Verweisungen

§ 33. Soweit in diesem Bundesgesetz auf andere Bundesgesetze verwiesen wird, sind diese in ihrer jeweils geltenden Fassung anzuwenden.

(BGBl I 1997/79)

Vollziehung

§ 34. (1) Mit der Vollziehung dieses Bundesgesetzes sind betraut:

1. hinsichtlich der §§ 11 Abs. 6 und 11a der Bundesminister für Unterricht, Kunst und Kultur im Einvernehmen mit dem Bundesminister für Arbeit, Soziales und Konsumentenschutz;
   (BGBl I 2001/98, BGBl I 2010/93)
2. hinsichtlich des § 17 Abs. 6 und 7 der Bundesminister für Arbeit, Soziales und Konsumentenschutz im Einvernehmen mit dem Bundeskanzler;
   (BGBl I 2010/93)
3. hinsichtlich des § 27b der Bundesminister für Finanzen;
   (BGBl I1997/79, BGBl I 2001/98, BGBl I 2010/93)
4. (aufgehoben)
   (BGBl I 2010/93, BGBl I 2012/35)
5. hinsichtlich aller anderen Bestimmungen der Bundesminister für Arbeit, Soziales und Konsumentenschutz.
   (BGBl I 2010/93)

(BGBl 1992/175)

(2) Die §§ 18 Abs. 3a, 19 Abs. 2 und 3 sowie § 27a, in der Fassung des Bundesgesetzes BGBl. Nr. 175/1992, treten mit 1. Mai 1992 in Kraft.

(BGBl 1992/175)

(3) § 6 Abs. 8 in der Fassung des Bundesgesetzes BGBl. Nr. 257/1993 tritt mit 1. Juli 1993 in Kraft. Auf zu diesem Zeitpunkt anhängige Verfahren ist er jedoch noch nicht anzuwenden.

(BGBl 1993/257)

(4) § 1 Abs. 4 in der Fassung des Bundesgesetzes BGBl. Nr. 410/1996 tritt mit 1. Juli 1996 in Kraft. Mit diesem Zeitpunkt tritt § 17 Abs. 5 außer Kraft.

(BGBl 1996/410)

(5) § 1 Abs. 1 und 1a, § 2 Abs. 1 und 1a, § 3, § 5a Abs. 1, § 6 Abs. 1, § 7 Abs. 2 Z 3, § 11 Abs. 2, 2a, 2b, 3 und 8, § 11a, § 12 Abs. 3, § 13, § 15 Abs. 1 und 2, § 16, § 17 Abs. 3a bis 7, § 19, § 19a, § 20, § 23 Abs. 1, 1a, 1b und 2, § 24, § 25 Abs. 1 und 1a, § 27b, § 29 und § 33 und § 34 Abs. 1 Z 2a in der Fassung des Bundesgesetzes BGBl. I Nr. 79/1997 treten mit 1. Juli 1997 in Kraft.

(BGBl I 1997/79)

(6) § 30 in der Fassung des Bundesgesetzes BGBl. I Nr. 98/2001 tritt mit 1. Jänner 2002 in Kraft.

(BGBl I 2001/98)

(7) Die §§ 2 Abs. 1a Z 4, 17 Abs. 3a und 7, 19 Abs. 6, 25 Abs. 3 und 27 Abs. 3 in der Fassung des Bundesgesetzes BGBl. I Nr. 79/2003 treten mit 1. Juli 2003 in Kraft. Gleichzeitig tritt § 23 Abs. 4 außer Kraft.

(BGBl I 2003/79, BGBl I 2008/88)

(8) Die Überschrift zu § 5a, § 5a Abs. 1 und § 30 Abs. 3 in der Fassung des Bundesgesetzes BGBl. I Nr. 93/2010 treten mit 1. November 2010 in Kraft.

(BGBl I 2010/93)

(9) § 34 Abs. 1 Z 4 in der Fassung vor dem 2. Stabilitätsgesetz 2012, BGBl. I Nr. 35/2012, tritt mit Ablauf des 30. Juni 2012 außer Kraft.

(BGBl I 2012/35)

(10) § 6 und § 12 Abs. 4 in der Fassung des Bundesgesetzes BGBl. I Nr. 71/2013 treten mit 1. Jänner 2014 in Kraft.

(BGBl I 2013/71)

(11) § 6 Abs. 3 und 4 in der Fassung des Bundesgesetzes BGBl. I Nr. 138/2013 tritt mit 1. August 2013 in Kraft, ist aber auf zu diesem Zeitpunkt bereits anhängige Verfahren nicht anzuwenden.

(BGBl I 2013/138)

(12) § 1 Abs. 4 und § 11 Abs. 3a in der Fassung des Bundesgesetzes BGBl. I Nr. 152/2015 treten mit 1. Jänner 2016 in Kraft.

(BGBl I 2015/152)

(13) § 1 Abs. 4, § 27 sowie § 30 Abs. 2 in der Fassung des Deregulierungsgesetzes 2017, BGBl. I Nr. 40/2017, treten mit 1. Juli 2017 in Kraft.

(BGBl I 2017/40)

Anmerkung des Bearbeiters: Gem. Art. I Z 4 BGBl I 1997/126 treten die §§ 17 Abs 6, 18a sowie 19 Abs 1, 1a, 2 und 5 bis 7 in der Fassung des Bundesgesetzes BGBl. I 1997/126 mit 1. Oktober 1997 in Kraft.

16/2. KJBG-VO

Beschäftigungsverbote und -beschränkungen für Jugendliche, BGBl II 1998/436 idF

1 BGBl II 2010/221 **2** BGBl II 2015/185 **3** BGBl II 2016/179
4 BGBl II 2017/241 **5** BGBl II 2018/221

GLIEDERUNG

STICHWORTVERZEICHNIS

Verordnung der Bundesministerin für Arbeit, Gesundheit und Soziales, des Bundesministers für wirtschaftliche Angelegenheiten und des Bundesministers für Wissenschaft und Verkehr über Beschäftigungsverbote und -beschränkungen für Jugendliche (KJBG-VO)

Auf Grund des § 23 Abs. 2 des Kinder- und Jugendlichen-Beschäftigungsgesetztes 1987 (KJBG), BGBl Nr. 599/1987, zuletzt geändert durch das Bundesgesetz BGBl I Nr. 40/2017, wird verordnet

Allgemeine Bestimmungen

§ 1. (1) Diese Verordnung gilt für die Beschäftigung von Jugendlichen. Als Jugendliche im Sinne dieser Verordnung gelten Jugendliche im Sinne des § 3 KJBG und Minderjährige im Sinne des § 2 Abs. 1a KJBG.

(2) Ausbildung im Sinne dieser Verordnung ist jede Ausbildung im Rahmen eines Lehrverhältnisses oder eines sonstigen gesetzlich oder kollektivvertraglich geregelten Ausbildungsverhältnisses.

(3) Die in dieser Verordnung für die Ausbildung vorgesehenen Ausnahmen von Beschäftigungsverboten gelten nur, soweit diese Ausnahmen für die Vermittlung der wesentlichen Fertigkeiten und Kenntnisse nach den Ausbildungsvorschriften unbedingt erforderlich sind.

(4) Aufsicht im Sinne dieser Verordnung ist die Überwachung durch eine geeignete fachkundige Person, die jederzeit unverzüglich zum Eingreifen bereitstehen muß.

(5) Gefahrenunterweisung im Rahmen des Berufsschulunterrichts im Sinne dieser Verordnung ist eine spezielle theoretische und praktische Unterweisung zur Unfallverhütung nach Richtlinien

der Allgemeinen Unfallversicherungsanstalt im Ausmaß von mindestens 24 Unterrichtseinheiten im Rahmen des Berufsschulunterrichts, die nachweislich absolviert wurde.

(6) Vor Beginn der Beschäftigung Jugendlicher und bei jeder bedeutenden Änderung der Arbeitsbedingungen sind gemäß § 23 KJBG die für Sicherheit und Gesundheit der Jugendlichen bestehenden Gefahren zu ermitteln und hat der Arbeitgeber alle erforderlichen Maßnahmen zum Schutz der Sicherheit, der Gesundheit und der Sittlichkeit der Jugendlichen unter Beachtung der Grundsätze der Gefahrenverhütung (§ 7 ASchG, BGBl. Nr. 450/1994) zu treffen.

(7) Strengere Vorschriften nach dem ASchG und den dazu erlassenen Verordnungen bleiben unberührt.

(8) Folgende Begriffsbestimmungen des ArbeitnehmerInnenschutzgesetzes (ASchG), BGBl. Nr. 450/1994, in der Fassung des Bundesgesetzes BGBl. I Nr. 60/2015, gelten auch für diese Verordnung:

1. betreffend Arbeitsstoffe § 2 Abs. 6 und § 40 ASchG;
2. betreffend persönliche Schutzausrüstung § 69 Abs. 1 ASchG.

(BGBl II 2015/185)

(9) Erfolgt die Beendigung der Ausbildung vor der Vollendung des 18. Lebensjahres, gelten die in dieser Verordnung für die Ausbildung vorgesehenen Regelungen für Ausnahmen von Beschäftigungsverboten bis zur Vollendung des 18. Lebensjahres.

Verbotene Betriebe

§ 2. Die Beschäftigung Jugendlicher ist verboten:

1. in Sexshops, Sexkinos, Striptease-Lokalen, Table-Dance-Lokalen, Go-Go-Lokalen, Peep-Shows und Lokalen mit Peep-Shows;
2. bei der Herstellung, beim Vertrieb und bei der Vorführung pornographischer Produkte, unabhängig vom verwendeten Medium (Datenträger);
3. in Wettbüros und bei allen Tätigkeiten betreffend die gewerbsmäßige Vermittlung und den gewerbsmäßigen Abschluß von Wetten;
4. an der Kasse in Glücksspielhallen mit Automaten mit Geld- oder Sachwertgewinnen.

Arbeiten mit gefährlichen Arbeitsstoffen

§ 3. (1) Verboten sind die in Z 1 bis 4 genannten Arbeiten, sofern die gefährlichen Arbeitsstoffe nicht in nur so geringem Ausmaß zur Einwirkung gelangen können, daß nach arbeitsmedizinischen Erfahrungen eine Schädigung der Gesundheit nicht zu erwarten ist, oder so verwendet werden, beispielsweise in einer Apparatur, daß ein Entweichen in den Arbeitsraum während des normalen Arbeitsvorganges nicht möglich ist.

1. Arbeiten unter Einwirkung folgender, gesundheitsgefährdender Arbeitsstoffe:
   a. Akute Toxizität (Gefahrenklasse 3.1) Kategorie 1 bis 3,
   b. Ätz-/Reizwirkung auf die Haut (Gefahrenklasse 3.2),
   c. Schwere Augenschädigung/Augenreizung (Gefahrenklasse 3.3),
   d. Sensibilisierung der Atemwege oder der Haut (Gefahrenklasse 3.4),
   e. Keimzellmutagenität (Gefahrenklasse 3.5),
   f. Karzinogenität (Gefahrenklasse 3.6),
   g. Reproduktionstoxizität (Gefahrenklasse 3.7),
   h. Spezifische Zielorgan-Toxizität, einmalige Exposition (Gefahrenklasse 3.8) Kategorie 1 und 2,
   i. Spezifische Zielorgan-Toxizität, wiederholte Exposition (Gefahrenklasse 3.9) Kategorie 1 und 2,
   j. Aspirationsgefahr (Gefahrenklasse 3.10),
   k. Akute Toxizität (Gefahrenklasse 3.1) Kategorie 4, Spezifische Zielorgan-Toxizität, einmalige Exposition (Gefahrenklasse 3.8) Kategorie 3, die auf Grund ihrer irreversiblen nicht letalen oder nach längerer Exposition sich ergebenden chronischen Giftwirkung als solche eingestuft sind,
   l. Arbeitsstoffe, die fibrogene oder biologisch inerte Eigenschaften aufweisen;

   (BGBl II 2015/185)
2. Arbeiten mit oder an Behältern, Becken, Speicherbecken, Ballons oder Korbflaschen, die in der Z 1 angeführte Arbeitsstoffe oder explosionsgefährliche Arbeitsstoffe enthalten, sofern damit eine Gefährdung verbunden ist;
3. Arbeiten unter Verwendung gasförmiger Arbeitsstoffe, sofern die Gefahr einer Verdrängung der Atemluft unter Erstickungsgefahr gegeben ist;
4. Arbeiten mit biologischen Arbeitsstoffen der Risikogruppe 3 oder 4.

   (BGBl II 2015/185)

(BGBl II 2015/185)

(2) Jugendliche in Ausbildung dürfen mit nach Abs. 1 Z 1 bis 3 verbotenen Arbeiten unter Aufsicht beschäftigt werden.

(BGBl II 2015/185)

(3) Verboten sind Arbeiten mit explosionsgefährlichen Arbeitsstoffen im Sinne des § 40 Abs. 2 ASchG. Erlaubt ist die Bereitstellung für Verkauf, Transport und Verwendung pyrotechnischer Gegenstände der Kategorie F1 und F2 gemäß §§ 11 und 47 des Pyrotechnikgesetzes 2010, BGBl. I Nr. 131/2009.

(BGBl II 2015/185)

(4) Verboten sind Arbeiten mit brandgefährlichen Arbeitsstoffen im Sinne des § 40 Abs. 3 ASchG:

1. Arbeiten unter Verwendung von
   a. entzündbaren Gasen (Gefahrenklasse 2.2),
   b. entzündbaren Aerosolen (Gefahrenklasse 2.3) Kategorie 1,
   c. entzündbaren Flüssigkeiten (Gefahrenklasse 2.6) Kategorie 1,
   d. Stoffen oder Gemischen, die in Berührung mit Wasser entzündbare Gase entwickeln (Gefahrenklasse 2.12),

   wenn dabei auf Grund der beim Arbeitsvorgang auftretenden Menge und Konzentration dieser Arbeitsstoffe Gefahren für Sicherheit und Gesundheit auftreten können;
2. Arbeiten unter Verwendung von
   a. entzündbaren Aerosolen (Gefahrenklasse 2.3) Kategorie 2,
   b. oxidierenden Gasen (Gefahrenklasse 2.4),
   c. entzündbaren Feststoffen (Gefahrenklasse 2.7),
   d. entzündbaren Flüssigkeiten (Gefahrenklasse 2.6) Kategorie 2,
   e. selbstzersetzlichen Stoffen oder Gemischen (Gefahrenklasse 2.8) außer Typ A und B,
   f. pyrophoren Flüssigkeiten (Gefahrenklasse 2.9),
   g. pyrophoren Feststoffen (Gefahrenklasse 2.10),
   h. selbsterhitzungsfähigen Stoffen oder Gemischen (Gefahrenklasse 2.11),
   i. oxidierenden Flüssigkeiten (Gefahrenklasse 2.13),
   j. oxidierenden Feststoffen (Gefahrenklasse 2.14),
   k. organischen Peroxiden (Gefahrenklasse 2.15) außer Typ A und B,

   wenn dabei auf Grund der beim Arbeitsvorgang auftretenden Menge und Konzentration dieser Arbeitsstoffe Gefahren für Sicherheit und Gesundheit auftreten können; erlaubt nach 18 Monaten Ausbildung und unter Aufsicht.

(BGBl II 2015/185)

Arbeiten unter physikalischen Einwirkungen

§ 4. (1) Für Jugendliche verboten sind Arbeiten, bei denen der Auslösegrenzwert für Vibrationen bei beruflicher Exposition gemäß § 4 der Verordnung über den Schutz der Arbeitnehmer/innen vor der Gefährdung durch Lärm und Vibrationen (VOLV), BGBl. II Nr. 22/2006, zuletzt geändert durch BGBl. II Nr. 302/2009, überschritten wird.

(2) Verboten sind Arbeiten

1. in Bereichen, in denen die Auslösewerte für elektromagnetische Felder im Sinn der Verordnung elektromagnetische Felder – VEMF, BGBl. II Nr. 179/2016, überschritten sind;
   (BGBl II 2016/179)
2. mit Lasereinrichtungen der Klassen 3R, 3B und 4;
3. unter Verwendung von Lampen der Risikogruppe 3 oder Leuchten (Gehäuse) mit vergleichbarem Risiko im Hinblick auf künstliche inkohärente optische Strahlung.

(3) Abs. 2 gilt nicht für Jugendliche nach 18 Monaten Ausbildung und bei Durchführung der Arbeiten unter Aufsicht.

(4) Verboten sind Arbeiten in Strahlenbereichen ionisierender Strahlung im Sinn des Strahlenschutzgesetzes, BGBl. Nr. 227/1969 in der geltenden Fassung.

(BGBl II 2010/221)

Arbeiten unter psychischen und physischen Belastungen

§ 5. Verboten sind Arbeiten, die die psychische oder physische Leistungsfähigkeit Jugendlicher übersteigen. Zu letzteren zählen insbesondere:

1. das Heben, Abstützen, Absetzen, Schieben, Ziehen, Tragen, Wenden und sonstige Befördern von Lasten mit oder ohne Hilfsmittel, soweit damit eine für Jugendliche unzuträgliche Beanspruchung des Organismus verbunden ist;
2. Stemmarbeiten mit nicht kraftbetriebenen Arbeitsmitteln, die nach § 4 Abs. 1 zulässig sind, soweit damit eine für Jugendliche unzuträgliche Beanspruchung des Organismus verbunden ist;
3. Arbeiten, bei denen eine den Organismus besonders belastende Hitze im Sinne des Art. VII Abs. 2 Z 2 des Nachtschwerarbeitsgesetzes (NSchG), BGBl. Nr. 354/1981, in der jeweils geltenden Fassung, vorliegt; erlaubt für Jugendliche in Ausbildung, unter Aufsicht;
4. Arbeiten in Räumen mit Temperaturen unter –10 °C; erlaubt sind Arbeiten in Räumen mit Temperaturen von –10 °C bis –25 °C, wenn diese Tätigkeiten zwei Stunden täglich und zehn Stunden wöchentlich nicht überschreiten.

Arbeiten mit gefährlichen Arbeitsmitteln

§ 6. (1) Verboten sind Arbeiten mit Arbeitsmitteln, an denen durch bewegte Werkzeuge und Werkstücke, die Quetsch-, Scher-, Schneid-, Stich-, Fang-, Einzugsstellen bilden, oder durch andere Gefahrstellen eine besondere Gefahr von Verletzungen gegeben ist, sofern an den Arbeitsmitteln bestehende Unfallgefahren nicht durch geeignete Maßnahmen beseitigt sind, etwa durch Zweihandschaltung, Lichtschranken oder andere trennende Schutzeinrichtungen oder Schutzvorrichtungen. Verbotene Arbeitsmittel und Arbeiten sind insbesondere:

1. Sägemaschinen mit Handbeschickung, Handentnahme oder Handvorschub des Sägegutes

bzw. Handvorschub bei Maschinen mit beweglichem Sägetisch, sowie handgeführte Sägemaschinen mit einer Nennleistung von mehr als 1 200 Watt, ausgenommen Bandsägen für die Metallbearbeitung, Bügelsägen, Fuchsschwanzsägen und Furniersägen; erlaubt nach 18 Monaten Ausbildung, mit Gefahrenunterweisung im Rahmen des Berufsschulunterrichts nach zwölf Monaten, unter Aufsicht; Kettensägen ungeachtet der Nennleistung; erlaubt nach 18 Monaten Ausbildung, mit Gefahrenunterweisung im Rahmen des Berufsschulunterrichts nach zwölf Monaten, unter Aufsicht; diese Ausnahmen gelten für Kettensägen nur mit einer Ausstattung mit Antivibrationsgriffen und bei Verwendung von Antivibrationshandschuhen;

2. Hobelmaschinen mit rotierenden Messerwellen mit Handbeschickung, Handentnahme oder Handvorschub des Werkstückes oder der Maschine, ausgenommen handgeführte Hobelmaschinen mit einer Nennleistung von nicht mehr als 1 200 Watt sowie Dickenhobelmaschinen; erlaubt nach 18 Monaten Ausbildung, mit Gefahrenunterweisung im Rahmen des Berufsschulunterrichts nach zwölf Monaten, unter Aufsicht;
3. Fräsmaschinen mit Handbeschickung, Handentnahme oder Handvorschub des Werkstückes sowie handgeführte Fräsmaschinen mit einer Nennleistung von mehr als 1 200 Watt, ausgenommen Fräsmaschinen für die Metallbearbeitung; erlaubt nach 18 Monaten Ausbildung, mit Gefahrenunterweisung im Rahmen des Berufsschulunterrichts nach zwölf Monaten, unter Aufsicht;
4. Schneidemaschinen mit Handbeschickung, Handentnahme oder Handvorschub des Schneidegutes, ausgenommen Brot- und Wurstschneidemaschinen; erlaubt nach 18 Monaten Ausbildung, mit Gefahrenunterweisung im Rahmen des Berufsschulunterrichts nach zwölf Monaten, unter Aufsicht;
5. Handgeführte Trennmaschinen und Winkelschleifer mit einer Nennleistung von mehr als 1 200 Watt; erlaubt nach 18 Monaten Ausbildung, mit Gefahrenunterweisung im Rahmen des Berufsschulunterrichts nach zwölf Monaten, unter Aufsicht;
6. Bandschleifmaschinen, ausgenommen handgeführte Bandschleifmaschinen mit einer Nennleistung von nicht mehr als 1 200 Watt sowie Bandschleifmaschinen mit einer Funktion ähnlich der von Schleifböcken; erlaubt ab Beginn der Ausbildung; ausgenommen Kantenschleifmaschinen; diese erst nach 18 Monaten Ausbildung, mit Gefahrenunterweisung im Rahmen des Berufsschulunterrichts nach zwölf Monaten, unter Aufsicht;
7. Stanzen und Pressen mit Handbeschickung oder Handentnahme, deren im Fertigungsvorgang bewegliche Teile einen Hub von mehr als 6 mm haben können; erlaubt nach 18 Monaten Ausbildung, mit Gefahrenunterweisung im Rahmen des Berufsschulunterrichts nach zwölf Monaten, unter Aufsicht;
8. Zerkleinerungs-, Knet-, Rühr- und Mischmaschinen, bei denen die Beschickung während des Betriebs von Hand erfolgen muß und dadurch eine Gefährdung gegeben ist, ausgenommen Mischmaschinen für Bauarbeiten; erlaubt nach zwölf Monaten Ausbildung, unter Aufsicht; diese Ausnahme gilt nicht für Zerkleinerungsmaschinen;
9. Arbeitsmittel mit Fang- und Einzugsstellen durch rotierende Teile, Walzen, Bänder oder dergleichen, ausgenommen Bogendruckmaschinen und Drehmaschinen; erlaubt nach 18 Monaten Ausbildung, mit Gefahrenunterweisung im Rahmen des Berufsschulunterrichts nach zwölf Monaten, unter Aufsicht; Rollen-Rotationsdruckmaschinen erlaubt für alle Jugendliche ab dem vollendeten 17. Lebensjahr;
10. Furnierschälmaschinen, Holzschälmaschinen und Furniermessermaschinen;
11. Hebebühnen und Hubtische, ausgenommen stationäre Hebebühnen und Hubtische; erlaubt nach zwölf Monaten Ausbildung, unter Aufsicht; erlaubt für alle Jugendliche ab dem vollendeten 17. Lebensjahr;
12. Bolzensetzgeräte;
13. Schlachtschußapparate und Betäubungszangen;
14. Dampfkessel und Druckbehälter für Dämpfe sowie Wärmekraftmaschinen, soweit diese in den Geltungsbereich des § 3 Abs. 1 Z 1 und § 3 Abs. 1 Z 2 lit. a und b des Kesselgesetzes, BGBl. Nr. 211/1992, in der jeweils geltenden Fassung, fallen;
15. Bedienung von bühnentechnischen Einrichtungen; erlaubt für alle Jugendliche ab dem vollendeten 17. Lebensjahr;
16. Bedienung von Schleppliften; erlaubt das Zureichen von Bügeln für alle Jugendliche ab dem vollendeten 16. Lebensjahr;
17. Führen von Bauaufzügen;
18. Führen von selbstfahrenden Arbeitsmitteln und Lenken von Kraftfahrzeugen auf dem Betriebsgelände; erlaubt ist das Lenken von Kraftfahrzeugen für Jugendliche, die einen Lernfahrausweis oder eine Lenkerberechtigung auf Grund kraftfahrrechtlicher Vorschriften besitzen;
19. Einschießen von Waffen; erlaubt nach 18 Monaten Ausbildung, unter Aufsicht;
20. Wartung und Montage von Aufzügen; erlaubt nach 18 Monaten Ausbildung, mit Gefahrenunterweisung im Rahmen des Berufsschulunterrichts nach zwölf Monaten, unter Aufsicht;
21. Bedienen von Hebezeugen; erlaubt ist die Bedienung von Ladehilfen (Ladebagger, Ladekranen mit einer Tragfähigkeit von nicht mehr

als 5 t und einem Lastmoment von nicht mehr als 10 t, Ladebordwände, Kippeinrichtungen usw.) die mit einem Kraftfahrzeug fest verbunden sind, durch Jugendliche, die zu Berufskraftfahrern ausgebildet werden, nach 24 Monaten Ausbildung unter Aufsicht; für alle sonstigen Jugendlichen nach 24 Monaten Ausbildung unter Aufsicht, wenn die zu bewegende Last 1,5 t nicht überschreitet;

22. Bedienen von Plasma-, Autogen- und Laserschneideanlagen; erlaubt nach 18 Monaten Ausbildung, unter Aufsicht, sofern § 7 Z 12 nicht anderes bestimmt;
23. Schweißarbeiten; erlaubt ab Beginn der Ausbildung, unter Aufsicht, sofern § 7 Z 12 nichts anderes bestimmt; erlaubt für alle Jugendliche ab dem vollendeten 17. Lebensjahr.

(2) Ausgenommen von den Verboten nach Abs. 1 Z 1 bis 11 und 21 sind Arbeiten mit Arbeitsmitteln, die ausschließlich durch menschliche Arbeitskraft angetrieben werden.

(3) Jugendliche dürfen mit Störungsbeseitigung, Einstell-, Wartungs-, Programmier-, Instandhaltungs- und Reinigungsarbeiten an in Betrieb befindlichen Arbeitsmitteln, sonstigen Anlagen und Einrichtungen nach Abs. 1 beschäftigt werden, soweit dies gefahrlos möglich ist.

Sonstige gefährliche sowie belastende Arbeiten und Arbeitsvorgänge

§ 7. Verboten sind folgende Arbeiten:

1. Arbeiten auf Bau- und Montagestellen, wie Arbeiten auf Dächern und Mauern über die Hand auf Stockwerksdecken, Montagearbeiten des Stahl- und des konstruktiven Holzbaues, Arbeiten auf Hochspannungsmasten, an denen Absturzgefahr besteht, sofern nach der Art der Arbeit keine technischen Schutzmaßnahmen gegen Absturz getroffen werden müssen und auch nicht getroffen sind; erlaubt nach zwölf Monaten Ausbildung, unter Aufsicht;
2. Arbeiten, die von Dachdeckerfahrstühlen aus durchgeführt werden und Arbeiten auf Dächern mit einer Neigung von mehr als 60 Grad;
3. Arbeiten auf Anlegeleitern, wenn der Standplatz höher als 5 m und Arbeiten auf Stehleitern, wenn der Standplatz höher als 3 m über der Aufstandsfläche liegt; erlaubt nach 18 Monaten Ausbildung, unter Aufsicht durch unterwiesene, erfahrene und körperlich geeignete Jugendliche bei günstigen Witterungsverhältnissen;
4. Arbeiten beim Aufstellen und Abtragen von Gerüsten sowie bei der Instandhaltung von aufgestellten Gerüsten aller Art, ausgenommen einfache Bockgerüste; erlaubt ab Beginn der Ausbildung ist die Mithilfe beim Aufstellen und Abtragen von Gerüsten sowie bei der Instandhaltung von aufgestellten Gerüsten bis zu einer Gerüstlage von 4 m Höhe unter Aufsicht;
5. Arbeiten auf Gerüsten; erlaubt ab Beginn der Ausbildung auf Gerüstlagen bis zu einer Höhe von 4 m; erlaubt nach zwölf Monaten Ausbildung unter Aufsicht auf Gerüstlagen über 4 m Höhe, wenn sich die Aufsichtsperson (§ 4 Abs. 1 BauV, BGBl. Nr. 340/1994, in der jeweils geltenden Fassung) oder in deren Abwesenheit der gemäß § 4 Abs. 4 BauV bestellte Arbeitnehmer vor Beschäftigung des Jugendlichen durch Einsichtnahme in die gemäß § 61 Abs. 5 BauV geführten Vermerke vergewissert hat, daß das Gerüst ordnungsgemäß überprüft wurde und keine Mängel aufweist;
6. Abbrucharbeiten im Hoch- und Tiefbau, bei denen eine Gefährdung durch ab- oder einstürzendes Material besteht;
7. Arbeiten im Bergbau unter Tag; erlaubt ab Beginn der Ausbildung ist das Vermitteln der Kenntnis des Lenkens einschlägiger Fahrzeuge, die eine Fahrgeschwindigkeit von 25 km/h nicht überschreiten können, auf Fahrstrecken, die für den übrigen Verkehr gesperrt sind; erlaubt für alle Jugendliche ab dem vollendeten 17. Lebensjahr; diese Ausnahme gilt nicht für Sicherungsarbeiten;
8. Untertagebauarbeiten; erlaubt für alle Jugendliche ab dem vollendeten 17. Lebensjahr; diese Ausnahme gilt nicht für Sicherungsarbeiten;
9. Arbeiten an unter Spannung stehenden Teilen elektrischer Anlagen, wenn die Nennspannung über 25 V Wechsel- oder 60 V Gleichspannung beträgt, ausgenommen ist das Messen elektrischer Größen, sofern die elektrische Anlage mit einer Fehlerstromschutzschaltung mit einem Nennwert des Auslösefehlerstromes von nicht mehr als 30 mA ausgerüstet ist; erlaubt nach 18 Monaten Ausbildung, unter Aufsicht;
10. das Kröseln, Arbeiten am Absprengrad sowie das Auffangen und Mundblasen vor dem Schmelzofen und Fertigblasen von Glasgegenständen an Halb- oder Dreiviertelautomaten bei der Bearbeitung oder Veredelung von Glas oder Glaswaren für alle Jugendliche bis zum vollendeten 17. Lebensjahr;
11. das Abfangen und der Transport flüssigen Metalls beim Metallgießen für alle Jugendliche bis zum vollendeten 17. Lebensjahr; erlaubt nach zwölf Monaten Ausbildung, unter Aufsicht; erlaubt ist weiters das Abfangen und der Transport von Schmelze in Zinngießereien bis zu einem Gewicht von 2 kg;
12. Schweiß- und Schneidearbeiten unter erschwerten Arbeitsbedingungen, etwa in engen Räumen oder Behältern, an beengten Arbeitsplätzen oder unter belastenden raumklimatischen Bedingungen; erlaubt nach 18 Monaten Ausbildung, unter Aufsicht;
13. Arbeiten im Eisenbahnbetrieb; die selbständige, eigenverantwortliche Beschäftigung bei Eisenbahnen und deren Anlagen im Sinne des Eisenbahngesetzes, BGBl. Nr. 60/1957, in der

jeweils geltenden Fassung, und sonstigen Bahnen, wie Materialbahnen, Materialseilbahnen oder Feldbahnen und deren Anlagen; erlaubt für Jugendliche, sofern sie in Ausübung ihrer Tätigkeit den durch den Eisenbahnbetrieb bedingten besonderen Gefahren nicht unmittelbar ausgesetzt sind; erlaubt weiters ab Beginn der Ausbildung unter Aufsicht;

14. die Beschäftigung auf Fahrzeugen und Schwimmkörpern im Sinne des Schifffahrtsgesetzes, BGBl. I Nr. 62/1997, in der jeweils geltenden Fassung, und auf Seeschiffen im Sinne des Seeschiffahrtsgesetzes, BGBl. Nr. 174/1981, in der jeweils geltenden Fassung; erlaubt ab Beginn der Ausbildung unter Aufsicht oder für Jugendliche, die ein Befähigungszeugnis entsprechend dem internationalen Übereinkommen von 1978 über Normen für die Ausbildung, die Erteilung von Befähigungszeugnissen und den Wachdienst von Seeleuten (STCW) besitzen, oder Dienstleistungen ausüben, die nicht mit dem Schiffsbetrieb im Zusammenhang stehen;
15. Arbeiten im Rahmen der Einsätze und Übungen von Gasrettungsdiensten und Betriebsfeuerwehren;
16. die Beschäftigung als Beifahrer von Kraftfahrzeugen;
17. das Feilbieten im Umherziehen;
18. Arbeiten beim gewerbsmäßigen Vertrieb und bei der Verteilung von Druckerzeugnissen auf der Straße und an öffentlichen Orten;
19. die Beschäftigung von Jugendlichen an Verkaufsstellen vor Geschäften im Freien; erlaubt ab Beginn der Ausbildung die Beschäftigung bis zu zwei Stunden täglich;
20. Masseurarbeiten am menschlichen Körper; erlaubt für alle Jugendliche ab dem vollendeten 17. Lebensjahr;
21. Arbeiten mit wilden oder giftigen Tieren in Tierschauen; erlaubt nach 18 Monaten Ausbildung unter Aufsicht ist die Betreuung solcher Tiere;
22. die industrielle Schlachtung von Tieren.

Arbeiten unter Einwirkung von Tabakrauch in der Gastronomie

§ 7a. (1) Die Beschäftigung Jugendlicher in Räumen von Gastronomiebetrieben, in denen gemäß § 13a des Tabak- und Nichtraucherinnen- bzw. Nichtraucherschutzgesetzes (TNRSG), BGBl. Nr. 431/1995 in der Fassung BGBl. I Nr. 37/2018, das Rauchen gestattet ist und Jugendliche Einwirkungen von Tabakrauch unmittelbar ausgesetzt sind, ist höchstens bis zu einer Stunde täglich zulässig.

(2) Im Rahmen der Arbeitsplatzevaluierung nach § 23 KJBG sind geeignete Maßnahmen festzulegen, die gewährleisten, dass der in Abs. 1 genannte Zeitraum eingehalten wird.

(3) Abs. 1 gilt nicht für Jugendliche, deren Ausbildung im Gastronomiebetrieb vor dem 1. September 2018 begonnen hat, sofern zwingende räumliche oder organisatorische Gründe der Umsetzung von Abs. 1 entgegenstehen.

(4) Wird ein Lehrling in einem Gastronomiebetrieb ausgebildet, in dem er in Räumen beschäftigt wird, in denen das Rauchen gestattet ist, und strebt er einen Wechsel in einen Lehrbetrieb an, in dem Rauchen verboten ist, so hat die Lehrlingsstelle der Wirtschaftskammer den Lehrling dabei zu beraten und zu unterstützen.

(BGBl II 2018/221)

Abweichungen und weitergehende Schutzmaßnahmen

§ 8. (1) Das Arbeitsinspektorat oder die sonst zuständige Behörde kann mit Bescheid die Beschäftigung Jugendlicher trotz Vorliegens eines Verbots nach den §§ 2 bis 7 unter Bedingungen, jedenfalls unter Aufsicht, zulassen, wenn dies für die Ausbildung unbedingt erforderlich ist und nach den besonderen Umständen des Einzelfalles dadurch der Schutz der Sicherheit, der Gesundheit und der Sittlichkeit Jugendlicher nicht beeinträchtigt werden.

(2) Das Arbeitsinspektorat oder die sonst zuständige Behörde kann über die Verbote nach den §§ 2 bis 7 hinaus durch Bescheid die Beschäftigung Jugendlicher mit Arbeiten, die mit besonderen Gefahren für Sicherheit, Gesundheit und Sittlichkeit Jugendlicher verbunden sind, untersagen oder von Bedingungen abhängig machen.

(3) Das Arbeitsinspektorat oder die sonst zuständige Behörde hat vor Bewilligung von Ausnahmen die zuständige Lehrlings- und Jugendschutzstelle der zuständigen Arbeiterkammer und der zuständigen gesetzlichen Interessenvertretung der Arbeitgeber zu hören.

Auflegen der Bescheide

§ 9. Arbeitgeber, die Jugendliche beschäftigen, haben eine Ablichtung von Bescheiden nach § 8 an geeigneter, für die Arbeitnehmer leicht zugänglicher Stelle aufzulegen.

(BGBl II 2017/241)

Umsetzung von Rechtsakten der Europäischen Union

§ 10. Durch diese Verordnung wird die Richtlinie 94/33/EG über den Jugendarbeitsschutz, ABl. Nr. L 216/12 vom 20.8.1994, S. 12, in der Fassung der Änderungsrichtlinie 2014/27/EU zwecks ihrer Anpassung an die Verordnung (EG) Nr. 1272/2008 über die Einstufung, Kennzeichnung und Verpackung von Stoffen und Gemischen, ABl. Nr. L 65 vom 5.3.2014, S. 1, umgesetzt.

(BGBl II 2015/185)

Schluss- und Übergangsbestimmungen

§ 11. (1) Diese Verordnung tritt mit 1. Jänner 1999 in Kraft.

(2) Die Verordnung über die Beschäftigungsverbote und -beschränkungen für Jugendliche, BGBl. Nr. 527/1981, zuletzt geändert durch die

Verordnung BGBl. II Nr. 173/1997, tritt mit Ablauf des 31. Dezember 1998 außer Kraft.

(3) Soweit Arbeitsstoffe noch entsprechend ihren Eigenschaften im Sinne des § 3 des Chemikaliengesetzes 1996, BGBl. I Nr. 53/1997 in der Fassung BGBl. I Nr. 14/2015, eingestuft oder gekennzeichnet sind, gilt § 3 dieser Verordnung unter sinngemäßer Anwendung von § 40 Abs. 8 ASchG.

(BGBl II 2015/185)

(4) Die §§ 1 Abs. 8, § 3, § 10 samt Überschrift und § 11 Abs. 3 und Abs. 4 samt Überschrift zu § 11, jeweils in der Fassung des BGBl. II Nr. 185/2015, treten mit dem ihrer Kundmachung folgenden Tag in Kraft; gleichzeitig tritt der bisherige § 3 Abs. 1 Z 4 bis 6 außer Kraft.

(BGBl II 2015/185)

(5) § 4 Abs. 2 Z 1 in der Fassung der Verordnung BGBl. II Nr. 179/2016 tritt mit dem der Kundmachung folgenden Monatsersten in Kraft.

(BGBl II 2016/179)

(6) § 9 samt Überschrift in der Fassung der Verordnung BGBl. II Nr. 241/2017 tritt am 1. Juli 2017 in Kraft.

(BGBl II 2017/241)

(7) § 7a samt Überschrift in der Fassung der Verordnung BGBl. II Nr. 221/2018 tritt mit 1. September 2018 in Kraft.

(BGBl II 2018/221)

(BGBl II 2015/185)

17. KOALITIONSGESETZ/ANTITERRORGESETZ

Inhaltsverzeichnis

17/1. Koalitionsgesetz

Koalitionsgesetz, RGBl 1870/43 idF

1 BGBl 1974/422

STICHWORTVERZEICHNIS

Gesetz vom 7. April 1870, wodurch unter Aufhebung der §§ 479, 480 und 481 des allgemeinen Strafgesetzes in Betreff der Verabredungen von Arbeitgebern oder Arbeitnehmern zur Erzwingung von Arbeitsbedingungen, und von Gewerbsleuten zur Erhöhung des Preises einer Waare zum Nachtheile des Publikums besondere Bestimmungen erlassen werden.

Mit Zustimmung beider Häuser des Reichsrathes finde Ich zu verordnen, wie folgt:

§ 1. Die Bestimmungen der §§ 479, 480 und 481 des allgemeinen Strafgesetzes vom 27. Mai 1852, R. G. Bl. Nr. 117, treten außer Wirksamkeit.

§ 2. Verabredungen von Arbeitgebern (Gewerbsleuten, Dienstgebern, Leitern von Fabriks-, Bergbau-, Hüttenwerks-, landwirthschaftlichen oder anderen Arbeitsunternehmungen), welche bezwecken, mittelst Einstellung des Betriebes oder Entlassung von Arbeitern diesen eine Lohnverringerung oder überhaupt ungünstigere Arbeitsbedingungen aufzuerlegen; – sowie Verabredungen von Arbeitnehmern (Gesellen, Gehilfen, Bediensteten oder sonstigen Arbeitern um Lohn), welche bezwecken, mittelst gemeinschaftlicher Einstellung der Arbeit von den Arbeitgebern höheren Lohn oder überhaupt günstigere Arbeitsbedingungen zu erzwingen; – endlich alle Vereinbarungen zur Unterstützung derjenigen, welche bei den erwähnten Verabredungen ausharren, oder zur Benachtheiligung derjenigen, welche sich davon lossagten, haben keine rechtliche Wirkung.

§ 3. Wer, um das Zustandekommen, die Verbreitung oder die zwangsweise Durchführung einer der in dem § 2 bezeichneten Verabredungen zu bewirken, Arbeitgeber oder Arbeitnehmer an der Ausführung ihres freien Entschlusses, Arbeit zu geben oder zu nehmen, durch Mittel der Einschüchterung oder Gewalt hindert oder zu hindern versucht, ist, sofern seine Handlung nicht unter eine strengere Bestimmung des Strafgesetzes fällt, einer Übertretung schuldig und von dem Gerichte mit Arrest von acht Tagen bis zu drei Monaten zu bestrafen.[a]

[a] Gem. BGBl 1974/422 tritt an die Stelle dieser Strafdrohung die Strafdrohung „Freiheitsstrafe bis zu drei Monaten oder Geldstrafe bis zu 180 Tagessätze".

§ 4. Die in den §§ 2 und 3 enthaltenen Bestimmungen finden auch auf Verabredungen von Gewerbsleuten zu dem Zwecke um den Preis einer Waare zum Nachtheile des Publikums zu erhöhen, Anwendung.

§ 5. Dieses Gesetz tritt mit dem Tage seiner Kundmachung in Wirksamkeit.[a] Mit dem Vollzuge desselben sind die Minister der Justiz, des Handels und des Innern beauftragt.

[a] Das ist der 9. April 1870.

17/2. Antiterrorgesetz

Gesetz zum Schutz der Arbeits- und Versammlungsfreiheit – Antiterrorgesetz, BGBl 1930/113 idF

1 BGBl 1954/196 **2** BGBl 1974/422

STICHWORTVERZEICHNIS

Bundesgesetz vom 5. April 1930 zum Schutz der Arbeits- und der Versammlungsfreiheit

Der Nationalrat hat beschlossen:

§ 1. (1) Bestimmungen in kollektiven Arbeitsverträgen und anderen Gesamtvereinbarungen zwischen Arbeitgebern und Arbeitnehmern sind nichtig, wenn sie unmittelbar oder mittelbar

a) bewirken sollen, daß in einem Betrieb nur Angehörige einer bestimmten Berufsvereinigung oder anderen freiwilligen Vereinigung beschäftigt werden;

b) verhindern sollen, daß in einem Betrieb Personen beschäftigt werden, die keiner Berufsvereinigung oder die einer bestimmten Berufsvereinigung oder anderen freiwilligen Vereinigung angehören.

(2) Die Bestimmung des Absatzes 1 findet auf Vereinbarungen, die sich auf land- und forstwirtschaftliche Arbeiter beziehen, nicht unmittelbar Anwendung, gilt aber als grundsätzliche Vorschrift, deren Ausführung der Landesgesetzgebung obliegt (Artikel 12, Absatz 1, Z 4, des Bundesverfassungsgesetzes in der Fassung von 1929)[a], auch für solche Vereinbarungen.

[a] Nunmehr: Art. 12 Abs. 1 Ziff. 6 B-VG

§ 2. (1) Dem Arbeitgeber ist es untersagt, Vereins- oder Parteibeiträge von dem dem Arbeitnehmer gebührenden Entgelt abzuziehen oder bei der Auszahlung des Entgeltes in Empfang zu nehmen. Diesem Verbot unterliegen nicht Beiträge für kollektivvertragsfähige Berufsvereinigungen, Beiträge und Spenden für Wohlfahrtseinrichtungen in einem Betrieb, die Zwecken der Versorgung, der Hilfeleistung in Notfällen und Notständen, der Beihilfe für Urlaub und der Entschädigung für den Verdienstentgang an arbeitsfreien Tagen gewidmet und ausschließlich für Personen, die dem Betrieb angehören oder angehört haben oder für deren Familienmitglieder bestimmt sind, sofern die Leistungen dieser Wohlfahrtseinrichtungen den angeführten Personen ohne Unterschied ihrer Zugehörigkeit zu einer bestimmten politischen Partei oder Berufsvereinigung nach gleichen Grundsätzen gewährt werden. Sofern es sich nicht um satzungsgemäß geregelte Wohlfahrtseinrichtungen oder um Beiträge an kollektivvertragsfähige Berufsvereinigungen handelt, hat jeder Betriebsangehörige das Recht, in die Verwaltung oder Verrechnung dieser Abzüge und Spenden Einsicht zu nehmen.

(BGBl 1954/196)

(2) Beiträge zu kollektivvertragsfähigen Berufsvereinigungen dürfen vom Arbeitgeber nur insoweit vom Entgelt des Arbeitnehmers abgezogen oder in Empfang genommen werden, als dies ausdrücklich zwischen dem Arbeitgeber und dem Arbeitnehmer vereinbart wird. Diese Vereinbarung kann vierteljährlich schriftlich gekündigt werden.

(3) Vereinbarungen, die den Bestimmungen der Abs. 1 oder 2 widersprechen oder eine über die in den Abs. 1 und 2 hinausgehende Mitwirkung des Arbeitgebers bei der Entrichtung der im ersten Satz des Abs. 1 dieses Paragraphen genannten Leistungen bezwecken, sind nichtig. Der Arbeitnehmer kann Beiträge, die entgegen den Bestimmungen der Abs. 1 und 2 abgezogen oder in Empfang genommen worden sind, vom Arbeitgeber binnen drei Jahren zurückfordern.

(4) Die in den Abs. 1 und 2 genannten, vom Arbeitgeber abgezogenen oder in Empfang genommenen Beiträge und Spenden stellen ein ihm anvertrautes Gut dar.

(5) Als Arbeitnehmer im Sinne des Abs. 1 sind auch die Angestellten des Bundes sowie die im § 2 lit. b des Lehrerdienstrechts-Kompetenzgesetzes, BGBl. Nr. 88/1948, genannten Lehrer anzusehen, selbst wenn sie mit behördlichen Aufgaben betraut sind.

(6) Gemäß Artikel 12 Absatz 1 Ziffer 4 und Artikel 12 Absatz 1 Ziffer 9 des Bundes-Verfassungsgesetzes in der Fassung von 1929[a)] gelten die Bestimmungen der Abs. 1, 2 und 3 als grundsätzliche Vorschriften, deren Ausführung der Landesgesetzgebung obliegt, für land- und forstwirtschaftliche Arbeiter und für Angestellte der Länder, die behördliche Aufgaben zu besorgen haben.

[a)] Nunmehr: Art. 12 Abs. 1 Ziff. 6 und Art. 21 B-VG

§ 3. (überholt - betrifft StGBl Nr. 16/1920)

§ 4. (1) Wer in der Absicht, zu bewirken, daß in einem Betrieb nur Angehörige einer bestimmten Berufsvereinigung oder anderen freiwilligen Vereinigung oder nur Arbeitnehmer, die keiner Berufsvereinigung angehören, beschäftigt werden, oder in der Absicht zu verhindern, daß in einem Betrieb Personen beschäftigt werden, die keiner Berufsvereinigung oder die einer bestimmten Berufsvereinigung oder anderen freiwilligen Vereinigung angehören, Arbeitgeber oder Arbeitnehmer an der Ausführung ihres freien Entschlusses, Arbeit zu geben oder zu nehmen, durch Mittel der Einschüchterung oder Gewalt hindert, wird, sofern die Handlung nicht nach einer anderen Bestimmung strenger strafbar ist, wegen gerichtlich strafbarer Handlung mit Freiheitsstrafe bis zu sechs Monaten oder mit Geldstrafe bis zu 360 Tagessätzen bestraft.

(BGBl 1974/422)

(2) Ebenso wird bestraft, wer einen Arbeitnehmer durch Mittel der Einschüchterung oder Gewalt nötigt, einer Berufsvereinigung oder anderen freiwilligen Vereinigung beizutreten oder aus einer solchen auszutreten.

§ 5. (aufgehoben durch Art. XI StRAnpG)

§ 6. (betrifft Versammlungsfreiheit)

§ 7. (1) Die Bestimmungen des § 2, Absatz 1 und 2, treten, soweit sie unmittelbar anwendbar sind, am 1. August 1930, die übrigen unmittelbar anwendbaren Vorschriften dieses Gesetzes am achten der Kundmachung des Gesetzes folgenden Tage in Kraft.

(2) Die Frist für die Erlassung der Ausführungsgesetze der Länder zu § 1, Absatz 2, und § 2, Absatz 3 und 4, dieses Gesetzes wird mit sechs Monaten festgesetzt. Der Beginn der Wirksamkeit der Ausführungsgesetze ist in allen Bundesländern mit 1. Jänner 1931 festzusetzen.

(3) Die Bestimmungen des § 1 und des § 2, Absatz 2, sind auch auf Vereinbarungen anzuwenden, die vor Beginn der Wirksamkeit der angeführten Bestimmungen oder – soweit sie nur als grundsätzliche Vorschriften gelten – vor Beginn der Wirksamkeit der Ausführungsgesetze abgeschlossen worden sind.

(4) (überholt - betrifft StGB Nr. 16/1920)

§ 8. Mit der Vollziehung der unmittelbar anwendbaren Vorschriften dieses Bundesgesetzes und mit der Wahrnehmung der Rechte des Bundes (Artikel 15 Absatz 8 des Bundes-Verfassungsgesetzes in der Fassung von 1929) in den Angelegenheiten des § 1 Abs. 2 und des § 2 Abs. 6 dieses Bundesgesetzes ist die Bundesregierung betraut.

(BGBl 1954/196)

18. MUTTERSCHUTZ

Inhaltsverzeichnis

18/1. Mutterschutzgesetz

Mutterschutzgesetz 1979, BGBl 1979/221 idF

1 BGBl 1980/409	**2** BGBl 1980/577	**3** BGBl 1984/213
4 BGBl 1986/563	**5** BGBl 1989/651	**6** BGBl 1990/408
7 BGBl 1990/450	**8** BGBl 1991/277	**9** BGBl 1991/628
10 BGBl 1992/315	**11** BGBl 1992/833	**12** BGBl 1993/257
13 BGBl 1995/434	**14** BGBl I 1997/9	**15** BGBl I 1997/61
16 BGBl I 1998/123	**17** BGBl I 1999/70	**18** BGBl I 1999/153
19 BGBl I 2001/98	**20** BGBl I 2001/103	**21** BGBl I 2002/87
22 BGBl I 2002/100	**23** BGBl I 2003/130	**24** BGBl I 2004/64
25 BGBl I 2004/123	**26** BGBl I 2007/53	**27** BGBl I 2009/116
28 BGBl I 2010/58	**29** BGBl I 2012/35	**30** BGBl I 2012/120
31 BGBl I 2013/71	**32** BGBl I 2013/138	**33** BGBl I 2015/60
34 BGBl I 2015/65	**35** BGBl I 2015/149	**36** BGBl I 2015/162
37 BGBl I 2017/40	**38** BGBl I 2017/126	**39** BGBl I 2019/68
40 BGBl I 2019/112	**41** BGBl I 2020/153	**42** BGBl I 2020/160
43 BGBl I 2021/44	**44** BGBl I 2021/119	**45** BGBl I 2021/184
46 BGBl I 2021/212	**47** BGBl I 2022/486/BNR	

GLIEDERUNG

STICHWORTVERZEICHNIS

Mutterschutzgesetz 1979 – MSchG (Wiederverlautbarung)

Abschnitt 1
Geltungsbereich

(BGBl I 2004/64)

§ 1. (1) Dieses Bundesgesetz gilt für
1. Dienstnehmerinnen,
2. Heimarbeiterinnen.

(2) Dieses Bundesgesetz ist nicht anzuwenden auf
1. Dienstnehmerinnen, für deren Dienstverhältnis das Landarbeitsgesetz 1984, BGBl. Nr. 287, gilt,

   (BGBl 1995/434)
2. Dienstnehmerinnen, die in einem Dienstverhältnis zu einem Land, einer Gemeinde oder einem Gemeindeverband stehen, sofern sie nicht in Betrieben tätig sind.

(3) Abweichend von Abs. 2 Z 2 ist dieses Bundesgesetz auf Dienstnehmerinnen anzuwenden, deren Dienstrecht gemäß Art. 14 Abs. 2 oder Art. 14a Abs. 3 lit. b B-VG gesetzlich vom Bund zu regeln ist.

(BGBl 1980/409)

(4) Die in diesem Bundesgesetz für Dienstnehmerinnen getroffenen Regelungen gelten auch für weibliche Lehrlinge, die für Dienstgeber getroffenen Regelungen auch für Auftraggeber im Sinne des Heimarbeitsgesetzes 1960, BGBl. Nr. 105/1961.

(5) Auf freie Dienstnehmerinnen im Sinne des § 4 Abs. 4 des Allgemeinen Sozialversicherungsgesetzes (ASVG), BGBl. Nr. 189/1955 sind § 3 sowie § 5 Abs. 1 und 3 anzuwenden.

(BGBl I 2015/149)

§ 2. Abschnitte 2 bis 7 dieses Bundesgesetzes gelten
1. für Dienstnehmerinnen, die in einem der in § 18 genannten Dienstverhältnisse stehen, mit den in Abschnitt 8 vorgesehenen Abweichungen;
2. für die in privaten Haushalten beschäftigten Dienstnehmerinnen mit den in Abschnitt 9 vorgesehenen Abweichungen;

3. für Heimarbeiterinnen mit den in Abschnitt 10 vorgesehenen Abweichungen.

(BGBl I 2004/64)

Abschnitt 2
Evaluierung

(BGBl I 2004/64)

Ermittlung, Beurteilung und Verhütung von Gefahren, Pflichten des Dienstgebers

§ 2a. (1) Der Dienstgeber hat bei der Beschäftigung von Dienstnehmerinnen über die nach dem ArbeitnehmerInnenschutzgesetz – ASchG, BGBl. Nr. 450/1994, vorgesehenen Pflichten hinaus für Arbeitsplätze, an denen Frauen beschäftigt werden, die Gefahren für die Sicherheit und Gesundheit von werdenden und stillenden Müttern und ihre Auswirkungen auf die Schwangerschaft oder das Stillen zu ermitteln und zu beurteilen.

(2) Bei dieser Ermittlung und Beurteilung sind insbesondere Art, Ausmaß und Dauer der Einwirkung auf und Belastung für werdende bzw. stillende Mütter durch

1. Stöße, Erschütterungen oder Bewegungen;
2. Bewegen schwerer Lasten von Hand, gefahrenträchtig insbesondere für den Rücken- und Lendenwirbelbereich;
3. Lärm;
4. ionisierende und nicht ionisierende Strahlungen;
5. extreme Kälte und Hitze;
6. Bewegungen und Körperhaltungen, geistige und körperliche Ermüdung und sonstige mit der Tätigkeit der Dienstnehmerin verbundene körperliche Belastung;
7. biologische Arbeitsstoffe im Sinne des § 40 Abs. 5 Z 2 bis 4 ASchG, soweit bekannt ist, daß diese Stoffe oder die im Falle einer durch sie hervorgerufenen Schädigung anzuwendenden therapeutischen Maßnahmen die Gesundheit der werdenden Mutter oder des werdenden Kindes gefährden;
   (BGBl I 2015/60)
8. gesundheitsgefährdende Arbeitsstoffe;
   (BGBl I 2001/98)
9. (aufgehoben)
   (BGBl I 2015/60)
10. Bergbauarbeiten unter Tage;
   (BGBl I 2001/98, BGBl I 2004/123)
11. Arbeiten in Druckluft (Luft mit einem Überdruck von mehr als 0,1 bar), insbesondere in Druckkammern und beim Tauchen.
   (BGBl I 2004/123, BGBl I 2022/486/BNR)

zu berücksichtigen.

(3) Die Ermittlung und Beurteilung der Gefahren ist den sich ändernden Gegebenheiten anzupassen. Eine Überprüfung und erforderlichenfalls eine Anpassung hat insbesondere

1. bei Einführung neuer Arbeitsmittel, Arbeitsstoffe oder Arbeitsverfahren,
2. bei neuen Erkenntnissen über den Stand der Technik und auf dem Gebiet der Arbeitsgestaltung oder
3. auf begründetes Verlangen des Arbeitsinspektorates

zu erfolgen.

(4) Bei der Ermittlung und Beurteilung der Gefahren und der Festlegung der Maßnahmen sind erforderlichenfalls Sicherheitsfachkräfte und Arbeitsmediziner heranzuziehen. Diese können auch mit der Ermittlung und Beurteilung der Gefahren beauftragt werden.

(5) Der Dienstgeber ist verpflichtet, die Ergebnisse der Ermittlung und Beurteilung der Gefahren sowie die zu ergreifenden Maßnahmen nach § 2b schriftlich festzuhalten (Sicherheits- und Gesundheitsschutzdokumente) und alle Dienstnehmerinnen oder den Betriebsrat und die Sicherheitsvertrauenspersonen über die Ergebnisse und Maßnahmen zu unterrichten.

(BGBl 1995/434)

Maßnahmen bei Gefährdung

§ 2b. (1) Ergibt die Beurteilung Gefahren für die Sicherheit oder Gesundheit von werdenden oder stillenden Müttern oder mögliche nachteilige Auswirkungen auf die Schwangerschaft oder das Stillen, so hat der Dienstgeber diese Gefahren und Auswirkungen durch Änderung der Beschäftigung auszuschließen.

(2) Ist eine Änderung der Arbeitsbedingungen aus objektiven Gründen nicht möglich oder dem Dienstgeber oder der Dienstnehmerin nicht zumutbar, so ist die Dienstnehmerin auf einem anderen Arbeitsplatz zu beschäftigen. Besteht kein geeigneter Arbeitsplatz, so ist die Dienstnehmerin von der Arbeit freizustellen.

(BGBl 1995/434)

Abschnitt 3
Beschäftigungsverbote

(BGBl I 2004/64)

Beschäftigungsverbote für werdende Mütter

§ 3. (1) Werdende Mütter dürfen in den letzten acht Wochen vor der voraussichtlichen Entbindung (Achtwochenfrist) nicht beschäftigt werden.

(2) Die Achtwochenfrist (Abs. 1) ist auf Grund eines ärztlichen Zeugnisses zu berechnen. Erfolgt die Entbindung früher oder später als im Zeugnis angegeben, so verkürzt oder verlängert sich diese Frist entsprechend.

(3) Über die Achtwochenfrist (Abs. 1) hinaus darf eine werdende Mutter auch dann nicht beschäftigt werden, wenn nach einem von ihr vorgelegten fachärztlichen Zeugnis Leben oder Gesundheit von Mutter oder Kind bei Fortdauer der Beschäftigung gefährdet wäre. Der Bundesminister für Arbeit hat durch Verordnung festzulegen,

1. bei welchen medizinischen Indikationen ein Freistellungszeugnis auszustellen ist,

2. welche Fachärzte ein Freistellungszeugnis ausstellen können,
3. nähere Bestimmungen über Ausstellung, Form und Inhalt des Freistellungszeugnisses.

Eine Freistellung wegen anderer als der in dieser Verordnung genannter medizinischer Indikationen ist im Einzelfall auf Grund eines Zeugnisses eines Arbeitsinspektionsarztes oder eines Amtsarztes vorzunehmen.

(BGBl I 2017/126, BGBl I 2021/119)

(4) Werdende Mütter haben, sobald ihnen ihre Schwangerschaft bekannt ist, dem Dienstgeber hievon unter Bekanntgabe des voraussichtlichen Geburtstermines Mitteilung zu machen. Darüber hinaus sind sie verpflichtet, innerhalb der vierten Woche vor dem Beginn der Achtwochenfrist (Abs. 1) den Dienstgeber auf deren Beginn aufmerksam zu machen. Auf Verlangen des Dienstgebers haben werdende Mütter eine ärztliche Bescheinigung über das Bestehen der Schwangerschaft und den voraussichtlichen Zeitpunkt ihrer Entbindung vorzulegen. Bei einem vorzeitigen Ende der Schwangerschaft ist der Dienstgeber zu verständigen.

(BGBl 1992/833)

(5) Allfällige Kosten für einen weiteren Nachweis der Schwangerschaft und des voraussichtlichen Zeitpunktes der Entbindung, der vom Dienstgeber verlangt wird, hat der Dienstgeber zu tragen.

(6) Der Dienstgeber ist verpflichtet, unverzüglich nach Kenntnis von der Schwangerschaft einer Dienstnehmerin (Heimarbeiterin) oder, wenn er eine ärztliche Bescheinigung darüber verlangt hat (Abs. 4), unverzüglich nach Vorlage dieser Bescheinigung dem zuständigen Arbeitsinspektorat schriftlich Mitteilung zu machen. Hierbei sind Name, Alter, Tätigkeit und der Arbeitsplatz der werdenden Mutter sowie der voraussichtliche Geburtstermin anzugeben. Ist der Betrieb vom Wirkungsbereich der Arbeitsinspektion ausgenommen, so hat der Dienstgeber die Mitteilung über die Schwangerschaft einer Dienstnehmerin an die gemäß § 35 Abs. 1 berufene Behörde zu richten. Eine Abschrift der Meldung an die Arbeitsinspektion oder die sonst zuständige Behörde ist der Dienstnehmerin (Heimarbeiterin) vom Dienstgeber zu übergeben. Ist in einem Betrieb eine eigene arbeitsmedizinische Betreuung eingerichtet, so hat der Dienstgeber auch den Leiter der arbeitsmedizinischen Betreuung über die Schwangerschaft einer Dienstnehmerin zu informieren.

(BGBl 1992/833, BGBl I 2015/60)

(7) Dienstgeber gemäß § 3 Abs. 2 des Arbeitskräfteüberlassungsgesetzes, BGBl. Nr. 196/1988, sind darüber hinaus verpflichtet, dem zuständigen Arbeitsinspektorat den Wechsel des Beschäftigers einer schwangeren Dienstnehmerin oder die Tatsache des häufigen, kurzfristigen Wechsels anzuzeigen.

(BGBl 1992/833, BGBl 1995/434)

(8) Ist die werdende Mutter durch notwendige schwangerschaftsbedingte Vorsorgeuntersuchungen, insbesondere solche nach der Mutter-Kind-Paß-Verordnung, BGBl. II Nr. 470/2001, die außerhalb der Arbeitszeit nicht möglich oder nicht zumutbar sind, an der Dienstleistung verhindert, hat sie Anspruch auf Fortzahlung des Entgelts.

(BGBl 1995/434, BGBl I 1999/153, BGBl I 2004/64)

„Sonderfreistellung COVID-19

§ 3a. (1) Werdende Mütter dürfen bis „30. Juni 2022“ ab Beginn der 14. Schwangerschaftswoche bis zum Beginn eines Beschäftigungsverbotes nach § 3 mit Arbeiten, bei denen ein physischer Körperkontakt mit anderen Personen erforderlich ist, nicht beschäftigt werden.

(BGBl I 2021/212, BGBl I 2022/486/BNR)

(2) Wird eine werdende Mutter mit solchen Arbeiten beschäftigt, hat die Dienstgeberin bzw. der Dienstgeber die Arbeitsbedingungen so zu ändern, dass kein physischer Körperkontakt erfolgt und der Mindestabstand eingehalten wird. Ist dies nicht möglich, ist die Dienstnehmerin auf einem anderen Arbeitsplatz zu beschäftigen, an dem kein physischer Körperkontakt erforderlich ist und der Mindestabstand eingehalten werden kann. Dabei ist auch zu prüfen, ob die Dienstnehmerin ihre Tätigkeit in ihrer Wohnung ausüben kann (Homeoffice). In beiden Fällen hat die Dienstnehmerin Anspruch auf das bisherige Entgelt.

(3) Ist eine Änderung der Arbeitsbedingungen oder die Beschäftigung an einem anderen Arbeitsplatz aus objektiven Gründen nicht möglich, hat die Dienstnehmerin Anspruch auf Freistellung und Fortzahlung des bisherigen Entgelts. Beschäftigungsverbote nach § 3 gehen jedoch der Sonderfreistellung vor.

~~(4) Abs. 1 bis 3 sind nicht anzuwenden, wenn die werdende Mutter gegen SARS-CoV-2 geimpft ist und ein vollständiger Impfschutz vorliegt. Freigestellte werdende Mütter haben der Dienstgeberin bzw. dem Dienstgeber 14 Kalendertage im Vorhinein mitzuteilen, wann der vollständige Impfschutz eintritt.~~

(BGBl I 2022/486/BNR)

(5) Dienstgeberinnen und Dienstgeber mit Ausnahme des Bundes als Dienstgeber haben Anspruch auf Ersatz des Entgelts, bis zur monatlichen Höchstbeitragsgrundlage nach dem Allgemeinen Sozialversicherungsgesetz, BGBl. Nr. 189/1955, nach Abs. 3, der für diesen Zeitraum abzuführenden Steuern und Abgaben sowie der zu entrichtenden Sozialversicherungsbeiträge, Arbeitslosenversicherungsbeiträge und sonstigen Beiträge durch den Krankenversicherungsträger, unabhängig davon, von welcher Stelle diese einzuheben bzw. an welche Stelle diese abzuführen sind. Von diesem Erstattungsanspruch sind politische Parteien und sonstige juristische Personen öffentlichen Rechts, ausgenommen jene, die wesentliche Teile ihrer Kosten über Leistungsentgelte finanzieren und am Wirtschaftsleben teilnehmen, ausgeschlossen. Der Antrag auf Ersatz ist spätestens sechs Wochen nach dem Ende der Freistellung beim Krankenversicherungsträger einzubringen. Da-

bei hat die Dienstgeberin bzw. der Dienstgeber schriftlich zu bestätigen, dass ~~die Dienstnehmerin noch keinen vollständigen Impfschutz aufweist und~~ eine Änderung der Arbeitsbedingungen oder die Beschäftigung an einem anderen Arbeitsplatz aus objektiven Gründen nicht möglich war. § 107 ASVG ist sinngemäß anzuwenden. Der Bund hat dem Krankenversicherungsträger die daraus resultierenden Aufwendungen aus dem COVID-19 Krisenbewältigungsfonds zu ersetzen. Eine Kostentragung des Bundes über den 31. Dezember 2022 hinaus ist ausgeschlossen.

(BGBl I 2021/212, BGBl I 2022/486/BNR)

(6) „Abs. 1 bis 3 und 5" gelten für

1. Dienstnehmerinnen nach § 1 Abs. 1 mit Ausnahme von Dienstnehmerinnen, die in einem Dienstverhältnis zu einem Land, einer Gemeinde oder einem Gemeindeverband stehen,
2. Dienstnehmerinnen nach § 1 Abs. 3,
3. Dienstnehmerinnen, auf die das Landarbeitsgesetz 2021, BGBl. I Nr. 78/2021 anzuwenden ist.
4. freie Dienstnehmerinnen im Sinne des § 4 Abs. 4 ASVG.

Für Dienstnehmerinnen nach Z 3 ist Abs. 5 so anzuwenden, dass an die Stelle des Krankenversicherungsträgers das Land tritt.

(BGBl I 2022/486/BNR)

(7) Abweichend von § 39 Abs. 1 ist mit der Vollziehung der „Abs. 1 bis 3" für Dienstnehmerinnen nach Abs. 6 Z 2 und 3 die Landesregierung betraut.

(BGBl I 2022/486/BNR)

(8) Die Krankenversicherungsträger sind im übertragenen Wirkungsbereich unter Bindung an die Weisungen des Bundesministers für Arbeit tätig.

(9) „Abs. 1 bis 3, 5 bis 8 und 10" in der Fassung des Bundesgesetzes BGBl. I Nr. 184/2021 treten mit dem Tag nach Kundmachung im Bundesgesetzblatt in Kraft. „Abs. 1 bis 3, 5 und 6" treten mit Ablauf des „30. Juni 2022" außer Kraft. Die Abs. 5, 6, 7, 8 und 10 sind jedoch weiterhin auf erfolgte Freistellungen gemäß Abs. 1 anzuwenden.

(BGBl I 2021/212, BGBl I 2022/486/BNR)

(10) Dienstgeberinnen und Dienstgeber, die zwischen 1. Oktober 2021 und dem Inkrafttreten des Bundesgesetzes BGBl. I Nr. 184/2021 Schwangere unter den Voraussetzungen der Abs. 1 bis 6 unter Fortzahlung des Entgelts freigestellt haben, haben Anspruch auf Ersatz des Entgelts nach Abs. 5. Freistellungen einer Schwangeren

1. nach § 3a in der bis zum Ablauf des 30. September 2021 geltenden Fassung,
2. nach diesem Absatz und
3. Freistellungen ab dem Inkrafttreten des Bundesgesetzes BGBl. I Nr. 184/2021

gelten als eine zusammenhängende Freistellung. Der Antrag auf Ersatz der Kosten ist spätestens sechs Wochen nach dem Ende der gesamten Freistellung beim Krankenversicherungsträger einzubringen."

(BGBl I 2021/184)

§ 4. (1) Werdende Mütter dürfen keinesfalls mit schweren körperlichen Arbeiten oder mit Arbeiten oder in Arbeitsverfahren beschäftigt werden, die nach der Art des Arbeitsvorganges oder der verwendeten Arbeitsstoffe oder -geräte für ihren Organismus oder für das werdende Kind schädlich sind.

(BGBl 1995/434)

(2) Als Arbeiten im Sinne des Abs. 1 sind insbesondere anzusehen:

1. Arbeiten, bei denen regelmäßig Lasten von mehr als 5 kg Gewicht oder gelegentlich Lasten von mehr als 10 kg Gewicht ohne mechanische Hilfsmittel von Hand gehoben oder regelmäßig Lasten von mehr als 8 kg Gewicht oder gelegentlich Lasten von mehr als 15 kg Gewicht ohne mechanische Hilfsmittel von Hand bewegt oder befördert werden; wenn größere Lasten mit mechanischen Hilfsmitteln gehoben, bewegt oder befördert werden, darf die körperliche Beanspruchung nicht größer sein als bei vorstehend angeführten Arbeiten;
2. Arbeiten, die von werdenden Müttern überwiegend im Stehen verrichtet werden müssen, sowie Arbeiten, die diesen in ihrer statischen Belastung gleichkommen, es sei denn, daß Sitzgelegenheiten zum kurzen Ausruhen benutzt werden können; nach Ablauf der 20. Schwangerschaftswoche alle derartigen Arbeiten, soferne sie länger als vier Stunden verrichtet werden, auch dann, wenn Sitzgelegenheiten zum kurzen Ausruhen benützt werden können;

   (BGBl 1992/833)
3. Arbeiten, bei denen die Gefahr einer Berufserkrankung im Sinne der einschlägigen Vorschriften des Allgemeinen Sozialversicherungsgesetzes, BGBl. Nr. 189/1955, gegeben ist;

   (BGBl 1995/434)
4. Arbeiten, bei denen werdende Mütter Einwirkungen von gesundheitsgefährdenden Stoffen, gleich ob in festem, flüssigem, staub-, gas- oder dampfförmigem Zustand, gesundheitsgefährdenden Strahlen, gesundheitsgefährdenden elektromagnetischen Feldern oder schädlichen Einwirkungen von Hitze, Kälte oder Nässe ausgesetzt sind, bei denen eine Schädigung nicht ausgeschlossen werden kann;

   (BGBl 1992/833, BGBl I 2017/126)
5. die Bedienung von Geräten und Maschinen aller Art, sofern damit eine hohe Fußbeanspruchung verbunden ist;
6. die Bedienung von Geräten und Maschinen mit Fußantrieb, sofern damit eine hohe Fußbeanspruchung verbunden ist;
7. die Beschäftigung auf Beförderungsmitteln;

8. das Schälen von Holz mit Handmessern;
9. Akkordarbeiten, akkordähnliche Arbeiten, Fließarbeiten mit vorgeschriebenem Arbeitstempo, leistungsbezogene Prämienarbeiten und sonstige Arbeiten, bei denen durch gesteigertes Arbeitstempo ein höheres Entgelt erzielt werden kann, wie beispielsweise Arbeiten, für die Entgelt gebührt, das auf Arbeits(Persönlichkeits) bewertungsverfahren, statistischen Verfahren, Datenerfassungsverfahren, Kleinstzeitverfahren oder ähnlichen Entgeltfindungsmethoden beruht, wenn die damit verbundene durchschnittliche Arbeitsleistung die Kräfte der werdenden Mutter übersteigt. Nach Ablauf der 20. Schwangerschaftswoche sind Akkordarbeiten, akkordähnliche Arbeiten, leistungsbezogene Prämienarbeiten sowie Fließarbeiten mit vorgeschriebenem Arbeitstempo jedenfalls untersagt; Arbeiten, für die Entgelt gebührt, das auf Arbeits(Persönlichkeits)bewertungsverfahren, statistischen Verfahren, Datenerfassungsverfahren, Kleinstzeitverfahren oder ähnlichen Entgeltfindungsmethoden beruht, können im Einzelfall vom zuständigen Arbeitsinspektor untersagt werden;

   (BGBl 1992/833)
10. Arbeiten, die von werdenden Müttern ständig im Sitzen verrichtet werden müssen, es sei denn, daß ihnen Gelegenheit zu kurzen Unterbrechungen ihrer Arbeit gegeben wird;

   (BGBl 1992/833, BGBl 1995/434)
11. Arbeiten mit biologischen Arbeitsstoffen im Sinne des § 40 Abs. 5 Z 2 bis 4 ASchG, soweit bekannt ist, daß diese Stoffe oder die im Falle einer durch sie hervorgerufenen Schädigung anzuwendenden therapeutischen Maßnahmen die Gesundheit der werdenden Mutter oder des werdenden Kindes gefährden;

   (BGBl 1995/434, BGBl I 2001/98, BGBl I 2015/60)
12. Bergbauarbeiten unter Tage;

   (BGBl I 2001/98, BGBl I 2004/123)
13. Arbeiten in Druckluft (Luft mit einem Überdruck von mehr als 0,1 bar), insbesondere in Druckkammern und beim Tauchen.

   (BGBl I 2004/123)

(3) Werdende Mütter dürfen nicht mit Arbeiten beschäftigt werden, bei denen sie mit Rücksicht auf ihre Schwangerschaft besonderen Unfallsgefahren ausgesetzt sind.

(4) Im Zweifelsfall entscheidet das Arbeitsinspektorat, ob eine Arbeit unter ein Verbot gemäß den Abs. 1 bis 3 fällt.

(5) Werdende Mütter dürfen mit Arbeiten,

1. bei denen sie sich häufig übermäßig strecken oder beugen oder bei denen sie häufig hocken oder sich gebückt halten müssen, sowie
2. bei denen der Körper übermäßigen Erschütterungen oder
3. bei denen die Dienstnehmerin ~~sie~~ besonders belästigenden Gerüchen oder besonderen psychischen Belastungen ausgesetzt ist,

   (BGBl I 2021/212)

nicht beschäftigt werden, wenn das Arbeitsinspektorat auf Antrag der Dienstnehmerin oder von Amts wegen entscheidet, daß diese Arbeiten für den Organismus der werdenden Mutter oder für das werdende Kind schädlich sind und im Falle der Z 3 dies auch von einem Gutachten eines Arbeitsinspektions- oder Amtsarztes bestätigt wird.

(BGBl 1992/833)

(6) Werdende Mütter, die selbst nicht rauchen, dürfen, soweit es die Art des Betriebes gestattet, nicht an Arbeitsplätzen beschäftigt werden, bei denen sie der Einwirkung von Tabakrauch ausgesetzt werden. Wenn eine räumliche Trennung nicht möglich ist, hat der Dienstgeber durch geeignete Maßnahmen dafür Sorge zu tragen, daß andere Dienstnehmer, die im selben Raum wie die werdende Mutter beschäftigt sind, diese nicht der Einwirkung von Tabakrauch aussetzen.

(BGBl 1992/833)

Beschäftigungsverbote für stillende Mütter

§ 4a. (1) Stillende Mütter haben bei Wiederantritt des Dienstes dem Dienstgeber Mitteilung zu machen, daß sie stillen und auf Verlangen des Dienstgebers eine Bestätigung eines Arztes oder einer Mutterberatungsstelle vorzulegen.

(2) Stillende Mütter dürfen keinesfalls mit Arbeiten oder Arbeitsverfahren gemäß § 4 Abs. 2 Z 1, 3, 4, 9, 12 und 13 beschäftigt werden.

(BGBl I 2001/98, BGBl I 2004/123)

(3) Im Zweifelsfall entscheidet das Arbeitsinspektorat, ob eine Arbeit unter ein Verbot gemäß Abs. 2 fällt.

(4) Die Dienstnehmerin hat dem Dienstgeber mitzuteilen, wenn sie nicht mehr stillt.

(BGBl 1995/434)

Beschäftigungsverbote nach der Entbindung

§ 5. (1) Dienstnehmerinnen dürfen bis zum Ablauf von acht Wochen nach ihrer Entbindung nicht beschäftigt werden. Bei Frühgeburten, Mehrlingsgeburten oder Kaiserschnittentbindungen beträgt diese Frist mindestens zwölf Wochen. Ist eine Verkürzung der Achtwochenfrist (§ 3 Abs. 1) vor der Entbindung eingetreten, so verlängert sich die Schutzfrist nach der Entbindung im Ausmaß dieser Verkürzung, höchstens jedoch auf 16 Wochen.

(BGBl 1992/833)

(2) Dienstnehmerinnen dürfen nach ihrer Entbindung über die in Abs. 1 festgelegten Fristen hinaus zu Arbeiten nicht zugelassen werden, solange sie arbeitsunfähig sind. Die Dienstnehmerinnen sind verpflichtet, ihre Arbeitsunfähigkeit ohne Verzug dem Dienstgeber anzuzeigen und auf Verlangen des Dienstgebers eine ärztliche Bestätigung über die voraussichtliche Dauer der Arbeitsunfähigkeit vorzulegen. Kommt eine Dienstnehmerin diesen

Verpflichtungen nicht nach, so verliert sie für die Dauer der Säumnis den Anspruch auf das Entgelt.

(3) Dienstnehmerinnen dürfen bis zum Ablauf von zwölf Wochen nach ihrer Entbindung nicht mit den in § 4 Abs. 2 Z 1, 2, 3, 4, 8, 9, 12 und 13 genannten Arbeiten beschäftigt werden.

(BGBl 1980/409, BGBl I 2001/98, BGBl I 2004/123)

(4) Über die Bestimmungen der Abs. 1 bis 3 hinaus kann die gemäß § 36 zuständige Verwaltungsbehörde für eine Dienstnehmerin, die nach dem Zeugnis eines Arbeitsinspektionsarztes oder eines Amtsarztes in den ersten Monaten nach ihrer Entbindung nicht voll leistungsfähig ist, dem Dienstgeber die zum Schutz der Gesundheit der Dienstnehmerin notwendigen Maßnahmen auftragen.

(BGBl 1995/434)

(5) (aufgehoben)

(BGBl 1992/833, BGBl 1995/434)

Verbot der Nachtarbeit

§ 6. (1) Werdende und stillende Mütter dürfen – abgesehen von den durch die Abs. 2 und 3 zugelassenen Ausnahmen – von zwanzig bis sechs Uhr nicht beschäftigt werden.

(2) Werdende und stillende Mütter, die im Verkehrswesen, bei Musikaufführungen, Theatervorstellungen, öffentlichen Schaustellungen, Darbietungen, Lustbarkeiten, Filmaufnahmen und in Lichtspieltheatern oder als Krankenpflegepersonal in Kranken-, Heil-, Pflege- oder Wohlfahrtsanstalten oder in mehrschichtigen Betrieben beschäftigt sind, dürfen bis zweiundzwanzig Uhr, Dienstnehmerinnen im Sinne des § 1 Abs. 1 und 2 des Theaterarbeitsgesetzes (TAG), BGBl. I Nr. 100/2010, bis vierundzwanzig Uhr beschäftigt werden, sofern im Anschluß an die Nachtarbeit eine ununterbrochene Ruhezeit von mindestens elf Stunden gewährt wird.

(BGBl I 2017/126)

(3) Auf Antrag des Dienstgebers kann das Arbeitsinspektorat im Einzelfall die Beschäftigung werdender und stillender Mütter im Gastgewerbe bis zweiundzwanzig Uhr, bei Musikaufführungen, Theatervorstellungen, öffentlichen Schaustellungen, Darbietungen, Lustbarkeiten und in Lichtspieltheatern bis dreiundzwanzig Uhr, soweit nicht nach Abs. 2 eine längere Beschäftigung zulässig ist, bewilligen, wenn dies aus betrieblichen Gründen notwendig ist und es der Gesundheitszustand der Dienstnehmerin erlaubt. Diese Bewilligung darf nur erteilt werden, wenn der Dienstnehmerin im Anschluß an die Nachtarbeit eine ununterbrochene Ruhezeit von mindestens elf Stunden gesichert ist.

(BGBl 1984/213, BGBl I 2017/126)

(4) Die Ausnahmen der Abs. 2 und 3 gelten nur insoweit, als Nachtarbeit für Dienstnehmerinnen nicht auf Grund anderer Vorschriften verboten ist.

Verbot der Sonn- und Feiertagsarbeit

§ 7. (1) Werdende und stillende Mütter dürfen – abgesehen von den durch die Abs. 2 und 3 zugelassenen Ausnahmen – an Sonn- und gesetzlichen Feiertagen nicht beschäftigt werden.

(2) Das Verbot nach Abs. 1 gilt nicht

1. für die Beschäftigung bei Musikaufführungen, Theatervorstellungen, öffentlichen Schaustellungen, Darbietungen, Lustbarkeiten, Filmaufnahmen, im Gastgewerbe und in Betrieben, in denen ununterbrochen mit Schichtwechsel gearbeitet wird, im Rahmen der sonst zulässigen Sonn- und Feiertagsarbeit;
2. für die Beschäftigung in Betrieben, für die Sonn- und Feiertagsarbeit zugelassen ist, wenn die wöchentliche Ruhezeit für die gesamte Belegschaft auf einen bestimmten Werktag fällt;
3. für die Beschäftigung in Betrieben, für die Sonn- und Feiertagsarbeit zugelassen ist, wenn im Betrieb insgesamt nicht mehr als fünf Dienstnehmer regelmäßig beschäftigt sind und außer der werdenden oder stillenden Mutter nur noch ein Dienstnehmer beschäftigt ist, der eine gleichartige Beschäftigung ausüben kann;
   (BGBl I 2017/126)
4. für die Beschäftigung von Dienstnehmerinnen, die vor der Meldung der Schwangerschaft ausschließlich an Samstagen, Sonntagen oder Feiertagen beschäftigt wurden, im bisherigen Ausmaß.
   (BGBl I 2017/126)

(BGBl 1984/213)

(3) Auf Antrag des Dienstgebers kann das Arbeitsinspektorat im Einzelfall weitere Ausnahmen bewilligen, wenn dies aus betrieblichen Gründen unerläßlich ist.

(BGBl 1984/213)

(4) Die Dienstnehmerin hat in der auf die Sonntagsarbeit folgenden Kalenderwoche Anspruch auf eine ununterbrochene Ruhezeit von mindestens 36 Stunden (Wochenruhe), in der auf die Feiertagsarbeit folgenden Woche Anspruch auf eine ununterbrochene Ruhezeit von mindestens 24 Stunden im Anschluß an eine Nachtruhe. Die Ruhezeit hat einen ganzen Wochentag einzuschließen. Während dieser Ruhezeit darf die Dienstnehmerin nicht beschäftigt werden.

(BGBl 1984/213)

(5) Die Ausnahmen der Abs. 2 und 3 gelten nur, soweit Sonn- und Feiertagsarbeit für Dienstnehmerinnen nicht auf Grund anderer Vorschriften verboten ist.

Verbot der Leistung von Überstunden

§ 8. Werdende und stillende Mütter dürfen über die gesetzlich oder in einem Kollektivvertrag festgesetzte tägliche Normalarbeitszeit hinaus nicht beschäftigt werden. Keinesfalls darf die tägliche Arbeitszeit neun Stunden, die wöchentliche Arbeitszeit 40 Stunden übersteigen.

(BGBl 1992/833)

Ruhemöglichkeit

§ 8a. Werdenden und stillenden Müttern, die in Arbeitsstätten sowie auf Baustellen beschäftigt sind, ist es zu ermöglichen, sich unter geeigneten Bedingungen hinzulegen und auszuruhen.

(BGBl 1995/434)

Stillzeit

§ 9. (1) Stillenden Müttern ist auf Verlangen die zum Stillen ihrer Kinder erforderliche Zeit freizugeben. Diese Freizeit hat an Tagen, an denen die Dienstnehmerin mehr als viereinhalb Stunden arbeitet, fünfundvierzig Minuten zu betragen; bei einer Arbeitszeit von acht oder mehr Stunden ist auf Verlangen zweimal eine Stillzeit von je fünfundvierzig Minuten oder, wenn in der Nähe der Arbeitsstätte keine Stillgelegenheit vorhanden ist, einmal eine Stillzeit von neunzig Minuten zu gewähren.

(2) Durch die Gewährung der Stillzeit darf kein Verdienstausfall eintreten. Die Stillzeit darf von stillenden Müttern nicht vor- oder nachgearbeitet und nicht auf die in anderen gesetzlichen Vorschriften oder kollektivvertraglichen Bestimmungen vorgesehenen Ruhepausen angerechnet werden.

(3) Die gemäß § 36 zuständige Verwaltungsbehörde kann dem Dienstgeber im Rahmen der Abs. 1 und 2 eine bestimmte Verteilung der Stillzeiten auftragen, wenn es die besonderen Verhältnisse des Einzelfalls erfordern.

(BGBl 1995/434)

(4) Weiters kann die gemäß § 36 zuständige Verwaltungsbehörde die Einrichtung von Stillräumen vorschreiben, wenn es die Verhältnisse des Einzelfalls erfordern.

(BGBl 1995/434)

Abschnitt 4
Kündigungs- und Entlassungsschutz, Entgelt

(BGBl I 2004/64)

Kündigungsschutz

§ 10. (1) Dienstnehmerinnen kann während der Schwangerschaft und bis zum Ablauf von vier Monaten nach der Entbindung rechtswirksam nicht gekündigt werden, es sei denn, daß dem Dienstgeber die Schwangerschaft beziehungsweise Entbindung nicht bekannt ist.

(1a) Eine Kündigung ist bis zum Ablauf von vier Wochen nach einer erfolgten Fehlgeburt rechtsunwirksam. Auf Verlangen des Dienstgebers hat die Dienstnehmerin eine ärztliche Bescheinigung über die Fehlgeburt vorzulegen.

(BGBl I 2015/149)

(2) Eine Kündigung ist auch rechtsunwirksam, wenn die Schwangerschaft beziehungsweise Entbindung dem Dienstgeber binnen fünf Arbeitstagen nach Ausspruch der Kündigung, bei schriftlicher Kündigung binnen fünf Arbeitstagen nach deren Zustellung, bekanntgegeben wird. Die schriftliche Bekanntgabe der Schwangerschaft beziehungsweise Entbindung ist rechtzeitig, wenn sie innerhalb der Fünftagefrist zur Post gegeben wird. Wendet die Dienstnehmerin die Schwangerschaft beziehungsweise Entbindung innerhalb der Fünftagefrist ein, so hat sie gleichzeitig durch eine Bestätigung des Arztes die Schwangerschaft oder die Vermutung der Schwangerschaft nachzuweisen oder die Geburtsurkunde des Kindes vorzuweisen. Kann die Dienstnehmerin aus Gründen, die nicht von ihr zu vertreten sind, dem Dienstgeber die Schwangerschaft beziehungsweise Entbindung nicht innerhalb der Fünftagefrist bekanntgeben, so ist die Bekanntgabe rechtzeitig, wenn sie unmittelbar nach Wegfall des Hinderungsgrundes nachgeholt wird.

(3) Abweichend von den Abs. 1 und 2 kann eine Kündigung rechtswirksam ausgesprochen werden, wenn vorher die Zustimmung des Gerichts eingeholt wurde. Der Dienstgeber hat gleichzeitig mit der Einbringung der Klage dem Betriebsrat hierüber Mitteilung zu machen. Die Zustimmung zur Kündigung ist nur dann zu erteilen, wenn der Dienstgeber das Dienstverhältnis wegen einer Einschränkung oder Stillegung des Betriebes oder der Stillegung einzelner Betriebsabteilungen nicht ohne Schaden für den Betrieb weiter aufrechterhalten kann oder wenn sich die Dienstnehmerin in der Tagsatzung zur mündlichen Streitverhandlung nach Rechtsbelehrung der Parteien durch den Vorsitzenden über den Kündigungsschutz nach diesem Bundesgesetz mit der Kündigung einverstanden erklärt. Nach Stillegung des Betriebes ist eine Zustimmung des Gerichts zur Kündigung nicht erforderlich.

(BGBl 1986/563)

(4) Bei Inanspruchnahme einer Karenz im zweiten Lebensjahr des Kindes oder bei Teilzeitbeschäftigung im zweiten, dritten und vierten Lebensjahr des Kindes kann das Gericht die Zustimmung zur Kündigung, wenn die Klage auf Zustimmung zur Kündigung nach Ablauf des ersten Lebensjahres des Kindes gestellt wurde, auch dann erteilen, wenn der Dienstgeber den Nachweis erbringt, dass die Kündigung durch Umstände, die in der Person der Dienstnehmerin gelegen sind und die betrieblichen Interessen nachteilig berühren oder durch betriebliche Erfordernisse, die einer Weiterbeschäftigung der Dienstnehmerin entgegenstehen, begründet ist und die Aufrechterhaltung des Dienstverhältnisses dem Dienstgeber unzumutbar ist.

(BGBl 1990/408, BGBl 1992/833, BGBl I 2001/103, BGBl I 2004/64)

(5) Wurde einer Dienstnehmerin wegen Stilllegung des Betriebes gekündigt (Abs. 3) und nimmt dieser Betrieb bis zum Ablauf von vier Monaten nach der Entbindung der Dienstnehmerin seine Tätigkeit wieder auf, so ist die seinerzeitige Kündigung als rechtsunwirksam anzusehen, wenn die Dienstnehmerin dies beim Dienstgeber beantragt. Ein solcher Antrag muss innerhalb von zwei Monaten nach Wiederaufnahme der Tätigkeit des Betriebes gestellt werden. Mit der Antragstellung

hat sich die Dienstnehmerin beim Dienstgeber zur Wiederaufnahme der Arbeit zu melden. Besteht zur Zeit der Antragstellung für die Dienstnehmerin ein Beschäftigungsverbot nach diesem Bundesgesetz (§ 3 Abs. 1 bis 3 und § 5 Abs. 1 und 2) oder nimmt die Dienstnehmerin eine Karenz (§ 15) in Anspruch, so hat sie dies dem Dienstgeber bei der Antragstellung mitzuteilen und nach Wegfall des Beschäftigungsverbotes beziehungsweise nach Beendigung der Karenz die Arbeit aufzunehmen.

(BGBl 1990/408, BGBl I 2001/103)

(6) Eine entgegen den Abs. 1 bis 4 ausgesprochene Kündigung ist rechtsunwirksam.

(BGBl 1990/408, BGBl 1992/833)

(7) Eine einvernehmliche Auflösung des Dienstverhältnisses ist nur dann rechtswirksam, wenn sie schriftlich vereinbart wurde. Bei minderjährigen Dienstnehmerinnen muß dieser Vereinbarung überdies eine Bescheinigung eines Gerichts (§ 92 ASGG) oder einer gesetzlichen Interessenvertretung der Dienstnehmer beigeschlossen sein, aus der hervorgeht, daß die Dienstnehmerin über den Kündigungsschutz nach diesem Bundesgesetz belehrt wurde.

(BGBl 1986/563, BGBl 1990/408)

(8) Die Kündigung einer freien Dienstnehmerin im Sinne des § 4 Abs. 4 ASVG, die wegen ihrer Schwangerschaft oder eines Beschäftigungsverbots bis vier Monate nach der Geburt ausgesprochen wird, kann bei Gericht binnen zwei Wochen nach Ausspruch der Kündigung angefochten werden. Die freie Dienstnehmerin hat den Anfechtungsgrund glaubhaft zu machen. Die Klage ist abzuweisen, wenn bei Abwägung aller Umstände eine höhere Wahrscheinlichkeit dafür spricht, dass ein anderes vom Dienstgeber glaubhaft gemachtes Motiv für die Kündigung ausschlaggebend war. Lässt die freie Dienstnehmerin die Kündigung gegen sich gelten, so ist § 1162b erster Satz ABGB anzuwenden. In einem Anfechtungsverfahren steht keiner Partei ein Kostenersatzanspruch zu. Ansprüche auf Grund des Gleichbehandlungsgesetzes, BGBl. I Nr. 66/2004 bleiben unberührt.

(BGBl I 2015/149)

(BGBl I 2004/64)

Befristete Dienstverhältnisse

§ 10a. (1) Der Ablauf eines auf bestimmte Zeit abgeschlossenen Dienstverhältnisses wird von der Meldung der Schwangerschaft bis zu dem Beginn des Beschäftigungsverbots nach § 3 Abs. 1 oder dem Beginn eines auf Dauer ausgesprochenen Beschäftigungsverbots nach § 3 Abs. 3 gehemmt, es sei denn, daß die Befristung aus sachlich gerechtfertigten Gründen erfolgt oder gesetzlich vorgesehen ist.

(2) Eine sachliche Rechtfertigung der Befristung liegt vor, wenn diese im Interesse der Dienstnehmerin liegt, oder wenn das Dienstverhältnis für die Dauer der Vertretung an der Arbeitsleistung verhinderter Dienstnehmer, zu Ausbildungszwecken, für die Zeit der Saison oder zur Erprobung abgeschlossen wurde, wenn aufgrund der in der vorgesehenen Verwendung erforderlichen Qualifikation eine längere Erprobung als die gesetzliche oder kollektivvertragliche Probezeit notwendig ist.

(3) Wird der Ablauf des Arbeitsverhältnisses gemäß Abs. 1 gehemmt, so besteht bei einem Beschäftigungsverbot gemäß den §§ 4 oder 6 Anspruch auf Wochengeld gemäß den Bestimmungen des ASVG.

(BGBl 1992/833)

§ 11. Der Ablauf der Beschäftigungsbewilligung, der Arbeitserlaubnis oder des Befreiungsscheines (nach dem Ausländerbeschäftigungsgesetz, BGBl. Nr. 218/1975) einer Ausländerin wird im Falle der Schwangerschaft und der Entbindung bis zu dem Zeitpunkt gehemmt, in dem ihr Dienstverhältnis nach den §§ 10 Abs. 1, 3 und 4, 10a Abs. 1, 15 Abs. 4, 15a Abs. 5, 15d Abs. 1 erster Satz in Verbindung mit Abs. 5 und § 15n Abs. 1 und den dafür sonst geltenden gesetzlichen oder vertraglichen Bestimmungen rechtsgültig beendet werden kann.

(BGBl 1990/450, BGBl 1992/315, BGBl 1995/434, BGBl I 1999/153, BGBl I 2001/103, BGBl I 2004/64)

Entlassungsschutz

§ 12. (1) Dienstnehmerinnen können während der Schwangerschaft und bis zum Ablauf von vier Monaten nach der Entbindung rechtswirksam nur nach vorheriger Zustimmung des Gerichts entlassen werden. Ebenso darf eine Entlassung bis zum Ablauf von vier Wochen nach einer erfolgten Fehlgeburt nur nach vorheriger Zustimmung des Gerichts erfolgen.

(BGBl I 2015/149)

(2) Das Gericht darf die Zustimmung zur Entlassung nur erteilen, wenn die Dienstnehmerin

1. die ihr auf Grund des Arbeitsverhältnisses obliegenden Pflichten schuldhaft gröblich verletzt, insbesondere wenn sie ohne einen rechtmäßigen Hinderungsgrund während einer den Umständen nach erheblichen Zeit die Arbeitsleistung unterläßt;
2. im Dienst untreu ist oder sich in ihrer Tätigkeit ohne Wissen des Dienstgebers von dritten Personen unberechtigt Vorteile zuwenden läßt;
3. ein Geschäfts- oder Betriebsgeheimnis verrät oder ohne Einwilligung des Dienstgebers ein der Verwendung im Betrieb (Haushalt) abträgliches Nebengeschäft betreibt;
4. sich Tätlichkeiten oder erhebliche Ehrverletzungen gegen den Dienstgeber, dessen im Betrieb (Haushalt) tätige oder anwesende Familienangehörige oder Dienstnehmer des Betriebes (Haushalts) zuschulden kommen läßt;
5. sich einer gerichtlich strafbaren Handlung, die nur vorsätzlich begangen werden kann und mit einer mehr als einjährigen Freiheitsstrafe bedroht ist, oder einer mit Bereicherungsvorsatz begangenen gerichtlich strafbaren Handlung schuldig macht.

(3) In den Fällen des Abs. 2 Z 1 und 4 ist der durch die Schwangerschaft bzw. durch die Entbindung oder Fehlgeburt der Dienstnehmerin bedingte außerordentliche Gemütszustand zu berücksichtigen.

(BGBl 1980/409, BGBl I 2015/149)

(4) In den Fällen des Abs. 2 Z 4 und 5 kann die Entlassung der Dienstnehmerin gegen nachträgliche Einholung der Zustimmung des Gerichts ausgesprochen werden. Weist das Gericht die Klage auf Zustimmung zur Entlassung ab, so ist die Entlassung rechtsunwirksam.

(BGBl 1980/409, BGBl 1992/833)

(BGBl I 2004/64)

§ 13. Im gerichtlichen Verfahren nach den §§ 10 Abs. 3 und 4, 12 und 22 sowie im Verwaltungsverfahren nach § 4 Abs. 2 Z 9, Abs. 4 und 5, § 4a Abs. 3, § 5 Abs. 4, § 6 Abs. 3, § 7 Abs. 3 und § 9 Abs. 3 ist die Dienstnehmerin Partei.

(BGBl 1990/408, BGBl 1995/434, BGBl I 1999/153)

Weiterzahlung des Arbeitsentgelts

§ 14. (1) Macht die Anwendung des § 2b, des § 4, des § 4a, des § 5 Abs. 3 und 4 oder des § 6, soweit § 10a Abs. 3 nicht anderes bestimmt, eine Änderung der Beschäftigung im Betrieb erforderlich, so hat die Dienstnehmerin Anspruch auf das Entgelt, das dem Durchschnittsverdienst gleichkommt, den sie während der letzten 13 Wochen des Dienstverhältnisses vor dieser Änderung bezogen hat. Fallen in diesen Zeitraum Zeiten, während derer die Dienstnehmerin infolge Erkrankung oder Kurzarbeit nicht das volle Entgelt bezogen hat, so verlängert sich der Zeitraum von dreizehn Wochen um diese Zeiten; diese Zeiten bleiben bei der Berechnung des Durchschnittsverdienstes außer Betracht. Die vorstehende Regelung gilt auch, wenn sich durch die Änderung der Beschäftigung der Dienstnehmerin eine Verkürzung der Arbeitszeit ergibt, mit der Maßgabe, daß der Berechnung des Entgelts die Arbeitszeit zugrunde zu legen ist, die für die Dienstnehmerin ohne Änderung der Beschäftigung gelten würde. Bei Saisonarbeit in einer im § 4 Abs. 2 Z 9 bezeichneten Art ist der Durchschnittsverdienst der letzten dreizehn Wochen nur für die Zeit weiterzugewähren, während der solche Arbeiten im Betrieb verrichtet werden; für die übrige Zeit ist das Entgelt weiterzugewähren, das die Dienstnehmerin ohne Vorliegen der Schwangerschaft erhalten hätte.

(BGBl 1980/409, BGBl 1992/833, BGBl 1995/434)

(2) Dienstnehmerinnen, die gemäß § 3 Abs. 3 nicht beschäftigt werden dürfen, und Dienstnehmerinnen, für die auf Grund des § 2b, des § 4, des § 4a, des § 5 Abs. 3 und 4 oder des § 6 keine Beschäftigungsmöglichkeit im Betrieb besteht, haben Anspruch auf ein Entgelt, für dessen Berechnung Abs. 1 mit der Maßgabe anzuwenden ist, dass im Falle des § 3 Abs. 3 der Durchschnittsverdienst nach den letzten 13 Wochen vor Eintritt des Beschäftigungsverbotes zu berechnen ist.

(BGBl 1995/434, BGBl I 2015/149)

(3) Der Anspruch nach Abs. 1 und 2 besteht nicht für Zeiten, während derer Wochengeld oder Krankengeld nach dem Allgemeinen Sozialversicherungsgesetz bezogen werden kann, ein Anspruch auf einen Zuschuß des Dienstgebers zum Krankengeld wird hiedurch nicht berührt.

(4) Die Dienstnehmerin behält den Anspruch auf sonstige, insbesondere einmalige Bezüge im Sinne des § 67 Abs. 1 des Einkommensteuergesetzes 1988, BGBl. Nr. 400, in den Kalenderjahren, in die Zeiten des Bezuges von Wochengeld nach dem Allgemeinen Sozialversicherungsgesetz fallen, in dem Ausmaß, das dem Teil des Kalenderjahres entspricht, in den keine derartigen Zeiten fallen.

(BGBl 1992/833)

Abschnitt 5
Karenz

(BGBl I 2004/64)

Anspruch auf Karenz

(BGBl I 2004/64)

§ 15. (1) Der Dienstnehmerin ist auf ihr Verlangen im Anschluss an die Frist des § 5 Abs. 1 und 2 Karenz gegen Entfall des Arbeitsentgelts bis zum Ablauf des zweiten Lebensjahres des Kindes, soweit im Folgenden nicht anderes bestimmt ist, zu gewähren, wenn sie mit dem Kind im gemeinsamen Haushalt lebt. Das gleiche gilt, wenn anschließend an die Frist nach § 5 Abs. 1 und 2 ein Gebührenurlaub verbraucht wurde oder die Dienstnehmerin durch Krankheit oder Unglücksfall an der Dienstleistung verhindert war.

(1a) Eine gleichzeitige Inanspruchnahme von Karenz durch beide Elternteile ist ausgenommen im Falle des § 15a Abs. 2 nicht zulässig.

(BGBl I 2004/123)

(2) Die Karenz muss mindestens zwei Monate betragen.

(BGBl I 2009/116)

(3) Die Dienstnehmerin hat Beginn und Dauer der Karenz dem Dienstgeber bis zum Ende der Frist des § 5 Abs. 1 bekannt zu geben. Die Dienstnehmerin kann ihrem Dienstgeber spätestens drei Monate, dauert die Karenz jedoch weniger als drei Monate, spätestens zwei Monate vor dem Ende ihrer Karenz bekannt geben, dass sie die Karenz verlängert und bis wann. Hat der andere Elternteil keinen Anspruch auf Karenz, kann die Dienstnehmerin Karenz auch zu einem späteren Zeitpunkt in Anspruch nehmen. In diesem Fall hat sie ihrem Dienstgeber Beginn und Dauer der Karenz spätestens drei Monate vor dem Antritt der Karenz bekannt zu geben. Unbeschadet des Ablaufs dieser Fristen kann Karenz nach Abs. 1 vereinbart werden.

(BGBl I 2009/116, BGBl I 2015/149)

(4) Wird Karenz nach Abs. 1 und 3 in Anspruch genommen, so erstreckt sich der Kündigungs- und Entlassungsschutz nach den §§ 10 und 12 bis zum Ablauf von vier Wochen nach Beendigung der Karenz. Hat der andere Elternteil keinen Anspruch auf

Karenz und nimmt die Dienstnehmerin Karenz zu einem späteren Zeitpunkt in Anspruch, so beginnt der Kündigungs- und Entlassungsschutz mit der Bekanntgabe, frühestens jedoch vier Monate vor Antritt der Karenz.

(BGBl I 2015/149)

(BGBl I 2001/103, BGBl I 2004/64)

Teilung der Karenz zwischen Mutter und Vater

§ 15a. (1) Die Karenz kann zweimal mit dem Vater geteilt werden. Jeder Teil der Karenz der Dienstnehmerin muss mindestens zwei Monate betragen. Er ist in dem in § 15 Abs. 1 festgelegten Zeitpunkt oder im unmittelbaren Anschluss an eine Karenz des Vaters anzutreten.

(BGBl I 2009/116)

(2) Aus Anlass des erstmaligen Wechsels der Betreuungsperson kann die Mutter gleichzeitig mit dem Vater Karenz in der Dauer von einem Monat in Anspruch nehmen, wobei der Anspruch auf Karenz ein Monat vor dem in § 15 Abs. 1 bzw. § 15b Abs. 1 genannten Zeitpunkt endet.

(3) Nimmt die Dienstnehmerin ihre Karenz im Anschluss an eine Karenz des Vaters, hat sie spätestens drei Monate vor Ende der Karenz des Vaters ihrem Dienstgeber Beginn und Dauer der Karenz bekannt zu geben. Beträgt die Karenz des Vaters im Anschluss an das Beschäftigungsverbot gemäß § 5 Abs. 1 jedoch weniger als drei Monate, so hat die Dienstnehmerin Beginn und Dauer ihrer Karenz spätestens zum Ende der Frist gemäß § 5 Abs. 1 zu melden. Unbeschadet des Ablaufs dieser Fristen kann Karenz nach Abs. 1 vereinbart werden.

(BGBl I 2009/116)

(4) Der Kündigungs- und Entlassungsschutz gemäß den §§ 10 und 12 beginnt im Falle des Abs. 3 mit der Bekanntgabe, frühestens jedoch vier Monate vor Antritt des Karenzteiles.

(5) Der Kündigungs- und Entlassungsschutz gemäß den §§ 10 und 12 endet vier Wochen nach dem Ende ihres jeweiligen Karenzteiles.

(BGBl I 2001/103)

Aufgeschobene Karenz

§ 15b. (1) Die Dienstnehmerin kann mit dem Dienstgeber vereinbaren, dass sie drei Monate ihrer Karenz aufschiebt und bis zum Ablauf des siebenten Lebensjahres des Kindes verbraucht, sofern im Folgenden nicht anderes bestimmt ist. Dabei sind die Erfordernisse des Betriebes und des Anlasses der Inanspruchnahme zu berücksichtigen. Aufgeschobene Karenz kann jedoch nur dann genommen werden, wenn die Karenz nach den §§ 15 oder 15a spätestens

1. mit Ablauf des 21. Lebensmonates des Kindes,
2. wenn auch der Vater aufgeschobene Karenz in Anspruch nimmt, mit Ablauf des 18. Lebensmonates des Kindes

geendet hat.

(2) Ist die noch nicht verbrauchte aufgeschobene Karenz länger als der Zeitraum zwischen dem Schuleintritt und dem Ablauf des siebenten Lebensjahres des Kindes oder erfolgt der Schuleintritt erst nach Ablauf des siebenten Lebensjahres des Kindes, kann aus Anlass des Schuleintritts der Verbrauch der aufgeschobenen Karenz vereinbart werden. Die Geburt eines weiteren Kindes hindert nicht die Vereinbarung über den Verbrauch der aufgeschobenen Karenz.

(3) Die Absicht, aufgeschobene Karenz in Anspruch zu nehmen, ist dem Dienstgeber zu den in §§ 15 Abs. 3 oder 15a Abs. 3 genannten Zeitpunkten bekannt zu geben. Kommt innerhalb von zwei Wochen ab Bekanntgabe keine Einigung zustande, kann der Dienstgeber binnen weiterer zwei Wochen wegen der Inanspruchnahme der aufgeschobenen Karenz Klage beim zuständigen Gericht einbringen, widrigenfalls die Zustimmung als erteilt gilt. Die Dienstnehmerin kann bei Nichteinigung oder im Fall der Klage bekannt geben, dass sie anstelle der aufgeschobenen Karenz Karenz bis zum Ablauf des zweiten Lebensjahres des Kindes in Anspruch nimmt. Gleiches gilt, wenn der Klage des Dienstgebers stattgegeben wird.

(BGBl I 2020/160)

(4) Der Beginn des aufgeschobenen Teiles der Karenz ist dem Dienstgeber spätestens drei Monate vor dem gewünschten Zeitpunkt bekannt zu geben. Kommt innerhalb von zwei Wochen ab Bekanntgabe keine Einigung zustande, kann die Dienstnehmerin die aufgeschobene Karenz zum gewünschten Zeitpunkt antreten, es sei denn, der Dienstgeber hat binnen weiterer zwei Wochen wegen des Zeitpunktes des Antritts der aufgeschobenen Karenz die Klage beim zuständigen Gericht eingebracht.

(5) In Rechtsstreitigkeiten nach Abs. 3 und 4 steht keiner Partei ein Kostenersatzanspruch an die andere zu, ist gegen ein Urteil des Gerichtes erster Instanz eine Berufung nicht zulässig und sind – unabhängig vom Wert des Streitgegenstandes – Beschlüsse des Gerichtes erster Instanz nur aus den Gründen des § 517 ZPO sowie wegen Nichtzulassung einer Klagsänderung anfechtbar.

(6) Wird die aufgeschobene Karenz im Rahmen eines anderen Dienstverhältnisses als jenem, das zur Zeit der Geburt des Kindes bestanden hat, in Anspruch genommen, bedarf es vor Antritt der aufgeschobenen Karenz jedenfalls einer Vereinbarung mit dem neuen Dienstgeber.

(BGBl I 2001/103)

Karenz der Adoptiv- oder Pflegemutter

§ 15c. (1) Eine Dienstnehmerin, die ein Kind, welches das zweite Lebensjahr noch nicht vollendet hat,

1. an Kindes Statt angenommen hat (Adoptivmutter) oder
2. ein Kind in unentgeltliche Pflege genommen hat (Pflegemutter)

und die mit dem Kind im selben Haushalt lebt, hat Anspruch auf Karenz.

(BGBl I 2015/162)

(2) Die §§ 15 bis 15b sind mit folgenden Abweichungen anzuwenden:

1. Die Karenz nach den §§ 15 und 15a beginnt mit dem Tag der Annahme an Kindes Statt oder der Übernahme in unentgeltliche Pflege oder im Anschluss an eine Karenz des anderen Elternteils, Adoptiv- oder Pflegeelternteils, im Falle des § 15 Abs. 3 dritter Satz auch zu einem späteren Zeitpunkt;

   (BGBl I 2015/149)
2. nimmt die Dienstnehmerin ihre Karenz nach den §§ 15 und 15a unmittelbar ab dem Tag der Annahme an Kindes Statt oder der Übernahme in unentgeltliche Pflege in Anspruch, hat sie Beginn und Dauer der Karenz dem Dienstgeber unverzüglich bekannt zu geben;
3. nimmt eine Dienstnehmerin ein Kind nach Ablauf des 18. Lebensmonates, jedoch vor Vollendung des zweiten Lebensjahres an Kindes Statt an oder in unentgeltliche Pflege, kann sie Karenz bis zu sechs Monaten auch über das zweite Lebensjahr hinaus in Anspruch nehmen;
4. an die Stelle des Begriffes „Vater" in der jeweils verwendeten grammatikalischen Form tritt der Begriff „anderer Elternteil" in der jeweils richtigen grammatikalischen Form.

(3) Nimmt die Dienstnehmerin ein Kind nach Ablauf des zweiten Lebensjahres, jedoch vor Ablauf des siebenten Lebensjahres des Kindes an Kindes Statt an oder in unentgeltliche Pflege, hat die Dienstnehmerin Anspruch auf Karenz in der Dauer von sechs Monaten. Die Karenz beginnt mit dem Tag der Annahme an Kindes Statt oder der Übernahme in unentgeltliche Pflege oder im Anschluss an eine Karenz des anderen Elternteils, Adoptiv- oder Pflegeelternteils, im Falle des § 15 Abs. 3 dritter Satz auch zu einem späteren Zeitpunkt.

(BGBl I 2015/162)

(4) Die §§ 10, 11, 12 Abs. 1, 2 und 4, 13 und 16 sind auf Karenz nach Abs. 1 und 3 mit der Maßgabe anzuwenden, dass anstelle der Bekanntgabe der Schwangerschaft (§ 10 Abs. 2) die Mitteilung von der Annahme an Kindes Statt oder von der Übernahme in Pflege tritt; in beiden Fällen muss mit der Mitteilung das Verlangen auf Gewährung einer Karenz verbunden sein.

(BGBl I 2001/103, BGBl I 2013/138)

Karenz bei Verhinderung des anderen Elternteils

§ 15d. (1) Ist der andere Elternteil, Adoptiv- oder Pflegeelternteil durch ein unvorhersehbares und unabwendbares Ereignis für eine nicht bloß verhältnismäßig kurze Zeit verhindert, das Kind selbst zu betreuen, so ist der Dienstnehmerin auf ihr Verlangen für die Dauer der Verhinderung, längstens jedoch bis zum Ablauf des zweiten Lebensjahres des Kindes eine Karenz zu gewähren. Dasselbe gilt bei Verhinderung eines anderen Elternteils, Adoptiv- oder Pflegeelternteils, der zulässigerweise nach Ablauf des zweiten Lebensjahres des Kindes Karenz in Anspruch nimmt.

(2) Ein unvorhersehbares und unabwendbares Ereignis liegt nur vor bei:

1. Tod,
2. Aufenthalt in einer Heil- und Pflegeanstalt,
3. Verbüßung einer Freiheitsstrafe sowie bei einer anderweitigen auf behördlicher Anordnung beruhenden Anhaltung,
4. schwerer Erkrankung,
5. Wegfall des gemeinsamen Haushaltes des anderen Elternteils, Adoptiv- oder Pflegeelternteils mit dem Kind oder der Betreuung des Kindes.

(3) Die Dienstnehmerin hat Beginn und voraussichtliche Dauer der Karenz unverzüglich bekannt zu geben und die anspruchsbegründenden Umstände nachzuweisen.

(4) Der Anspruch auf Karenz steht auch dann zu, wenn die Dienstnehmerin bereits Karenz verbraucht, eine vereinbarte Teilzeitbeschäftigung angetreten oder beendet oder für einen späteren Zeitpunkt Karenz oder Teilzeitbeschäftigung angemeldet hat.

(5) Besteht Kündigungs- und Entlassungsschutz gemäß den §§ 10 und 12 nicht bereits auf Grund anderer Bestimmungen dieses Bundesgesetzes, so beginnt der Kündigungs- und Entlassungsschutz bei Inanspruchnahme einer Karenz oder einer Teilzeitbeschäftigung wegen Verhinderung des anderen Elternteils, Adoptiv- oder Pflegeelternteils mit der Meldung und endet vier Wochen nach Beendigung der Karenz oder der Teilzeitbeschäftigung.

(BGBl I 2001/103, BGBl I 2004/64, BGBl I 2013/138)

Beschäftigung während der Karenz

§ 15e. (1) Die Dienstnehmerin kann neben ihrem karenzierten Dienstverhältnis eine geringfügige Beschäftigung ausüben, bei der das gebührende Entgelt im Kalendermonat den im § 5 Abs. 2 Z 2 des Allgemeinen Sozialversicherungsgesetzes genannten Betrag nicht übersteigt. Eine Verletzung der Arbeitspflicht bei solchen Beschäftigungen hat keine Auswirkungen auf das karenzierte Dienstverhältnis. Der Zeitpunkt der Arbeitsleistung im Rahmen solcher Beschäftigungen ist zwischen Dienstnehmerin und Dienstgeber vor jedem Arbeitseinsatz zu vereinbaren.

(2) Weiters kann die Dienstnehmerin neben ihrem karenzierten Dienstverhältnis mit ihrem Dienstgeber für höchstens 13 Wochen im Kalenderjahr eine Beschäftigung über die Geringfügigkeitsgrenze hinaus vereinbaren. Wird Karenz nicht während des gesamten Kalenderjahres in Anspruch genommen, kann eine solche Beschäftigung nur im aliquoten Ausmaß vereinbart werden.

(3) Mit Zustimmung des Dienstgebers kann eine Beschäftigung im Sinne des Abs. 2 auch mit einem anderen Dienstgeber vereinbart werden.

(BGBl I 2001/103)

Sonstige gemeinsame Vorschriften zur Karenz

§ 15f. (1) Die Dienstnehmerin behält den Anspruch auf sonstige, insbesondere einmalige Bezüge im Sinne des § 67 Abs. 1 des Einkommensteuergesetzes 1988 in den Kalenderjahren, in die Zeiten einer Karenz fallen, in dem Ausmaß, das dem Teil des Kalenderjahres entspricht, in den keine derartigen Zeiten fallen. Für die Dienstnehmerin günstigere Regelungen werden dadurch nicht berührt. Zeiten der Karenz werden bei Rechtsansprüchen, die sich nach der Dauer der Dienstzeit richten, für jedes Kind in vollem in Anspruch genommenen Umfang bis zur maximalen Dauer gemäß den §§ 15 Abs. 1 und 15c Abs. 2 Z 3 und Abs. 3 angerechnet.

(BGBl I 2019/68)

(2) Fallen in das jeweilige Dienstjahr Zeiten einer Karenz, so gebührt ein Urlaub, soweit dieser noch nicht verbraucht worden ist, in dem Ausmaß, das dem um die Dauer der Karenz verkürzten Dienstjahr entspricht. Ergeben sich bei der Berechnung des Urlaubsausmaßes Teile von Werktagen, so sind diese auf ganze Werktage aufzurunden.

(3) Der Dienstgeber hat der Dienstnehmerin auf Verlangen eine von der Dienstnehmerin mit zu unterfertigende Bestätigung auszustellen,

1. dass sie keine Karenz in Anspruch nimmt, oder
2. über Beginn und Dauer der Karenz.

(4) Die Karenz endet vorzeitig, wenn der gemeinsame Haushalt mit dem Kind aufgehoben wird und der Dienstgeber den vorzeitigen Antritt des Dienstes begehrt.

(5) Die Dienstnehmerin hat ihrem Dienstgeber den Wegfall des gemeinsamen Haushaltes mit dem Kind unverzüglich bekannt zu geben und über Verlangen des Dienstgebers ihren Dienst wieder anzutreten.

(BGBl I 2001/103)

Recht auf Information

§ 15g. Während einer Karenz hat der Dienstgeber die Dienstnehmerin über wichtige Betriebsgeschehnisse, die die Interessen der karenzierten Dienstnehmerin berühren, insbesondere Insolvenzverfahren, betriebliche Umstrukturierungen und Weiterbildungsmaßnahmen zu informieren.

(BGBl I 2001/103, BGBl I 2010/58)

Abschnitt 6
Teilzeitbeschäftigung und Änderung der Lage der Arbeitszeit

(BGBl I 2004/64)

Anspruch auf Teilzeitbeschäftigung

§ 15h. (1) Die Dienstnehmerin hat einen Anspruch auf Teilzeitbeschäftigung längstens bis zum Ablauf des siebenten Lebensjahres oder einem späteren Schuleintritt des Kindes, wenn

1. das Dienstverhältnis zum Zeitpunkt des Antritts der Teilzeitbeschäftigung ununterbrochen drei Jahre gedauert hat,
2. die Dienstnehmerin zu diesem Zeitpunkt in einem Betrieb (§ 34 Arbeitsverfassungsgesetz – ArbVG, BGBl. Nr. 22/1974) mit mehr als 20 Dienstnehmern und Dienstnehmerinnen beschäftigt ist und
3. die wöchentliche Normalarbeitszeit um mindestens 20 vH reduziert wird und zwölf Stunden nicht unterschreitet (Bandbreite).

Beginn, Dauer, Ausmaß und Lage der Teilzeitbeschäftigung sind mit dem Dienstgeber zu vereinbaren, wobei die betrieblichen Interessen und die Interessen der Dienstnehmerin zu berücksichtigen sind. Dienstnehmerinnen haben während eines Lehrverhältnisses keinen Anspruch auf Teilzeitbeschäftigung.

(BGBl I 2015/149)

(2) Alle Zeiten, die die Dienstnehmerin in unmittelbar vorausgegangenen Dienstverhältnissen zum selben Dienstgeber zurückgelegt hat, sind bei der Berechnung der Mindestdauer des Dienstverhältnisses nach Abs. 1 Z 1 zu berücksichtigen. Ebenso zählen Zeiten von unterbrochenen Dienstverhältnissen, die auf Grund von Wiedereinstellungszusagen oder Wiedereinstellungsvereinbarungen beim selben Dienstgeber fortgesetzt werden, für die Mindestdauer des Dienstverhältnisses. Zeiten einer Karenz nach diesem Bundesgesetz werden abweichend von § 15f Abs. 1 dritter Satz auf die Mindestdauer des Dienstverhältnisses angerechnet.

(3) Für die Ermittlung der Dienstnehmerzahl nach Abs. 1 Z 2 ist maßgeblich, wie viele Dienstnehmer und Dienstnehmerinnen regelmäßig im Betrieb beschäftigt werden. In Betrieben mit saisonal schwankender Dienstnehmerzahl gilt das Erfordernis der Mindestanzahl der Dienstnehmer und Dienstnehmerinnen als erfüllt, wenn die Dienstnehmerzahl im Jahr vor dem Antritt der Teilzeitbeschäftigung durchschnittlich mehr als 20 Dienstnehmer und Dienstnehmerinnen betragen hat.

(4) In Betrieben mit bis zu 20 Dienstnehmern und Dienstnehmerinnen kann in einer Betriebsvereinbarung im Sinne des § 97 Abs. 1 Z 25 ArbVG insbesondere festgelegt werden, dass die Dienstnehmerinnen einen Anspruch auf Teilzeitbeschäftigung nach Abs. 1 haben. Auf diese Teilzeitbeschäftigung sind sämtliche Bestimmungen anzuwenden, die für eine Teilzeitbeschäftigung nach Abs. 1 gelten. Die Kündigung einer solchen Betriebsvereinbarung ist nur hinsichtlich der Dienstverhältnisse jener Dienstnehmerinnen wirksam, die zum Kündigungstermin keine Teilzeitbeschäftigung nach der Betriebsvereinbarung schriftlich bekannt gegeben oder angetreten haben.

(BGBl I 2004/64)

Vereinbarte Teilzeitbeschäftigung

§ 15i. Die Dienstnehmerin, die keinen Anspruch auf Teilzeitbeschäftigung nach § 15h Abs. 1 oder 4 hat, kann mit dem Dienstgeber eine Teilzeitbeschäftigung einschließlich Beginn, Dauer, Ausmaß und Lage längstens bis zum Ablauf des vierten Lebensjahres des Kindes vereinbaren, bei der die wöchentliche Normalarbeitszeit um mindestens 20 vH reduziert wird und zwölf Stunden nicht unterschreitet (Bandbreite).

(BGBl I 2004/64, BGBl I 2015/149)

Gemeinsame Bestimmungen zur Teilzeitbeschäftigung

§ 15j. (1) Voraussetzung für die Inanspruchnahme einer Teilzeitbeschäftigung nach den §§ 15h und 15i ist, dass die Dienstnehmerin mit dem Kind im gemeinsamen Haushalt lebt oder eine Obsorge nach den §§ 177 Abs. 4 oder 179 des Allgemeinen bürgerlichen Gesetzbuchs, JGS Nr. 946/1811, gegeben ist und sich der Vater nicht gleichzeitig in Karenz befindet.

(BGBl I 2013/138)

(2) Die Dienstnehmerin kann die Teilzeitbeschäftigung für jedes Kind nur einmal in Anspruch nehmen. Dieses Recht wird durch das Zurückziehen eines Teilzeitantrages nach § 15h Abs. 1 oder § 15i nicht verwirkt. Die Teilzeitbeschäftigung muss mindestens zwei Monate dauern.

(BGBl I 2009/116, BGBl I 2015/149)

(3) Die Teilzeitbeschäftigung kann frühestens im Anschluss an die Frist gemäß § 5 Abs. 1 und 2, einen daran anschließenden Gebührenurlaub oder eine Dienstverhinderung wegen Krankheit (Unglücksfall) angetreten werden. In diesem Fall hat die Dienstnehmerin dies dem Dienstgeber einschließlich Dauer, Ausmaß und Lage der Teilzeitbeschäftigung schriftlich bis zum Ende der Frist nach § 5 Abs. 1 bekannt zu geben.

(4) Beabsichtigt die Dienstnehmerin die Teilzeitbeschäftigung zu einem späteren Zeitpunkt anzutreten, hat sie dies dem Dienstgeber einschließlich Beginn, Dauer, Ausmaß und Lage der Teilzeitbeschäftigung schriftlich spätestens drei Monate vor dem beabsichtigten Beginn bekannt zu geben. Beträgt jedoch der Zeitraum zwischen dem Ende der Frist gemäß § 5 Abs. 1 und dem Beginn der beabsichtigten Teilzeitbeschäftigung weniger als drei Monate, so hat die Dienstnehmerin die Teilzeitbeschäftigung schriftlich bis zum Ende der Frist nach § 5 Abs. 1 bekannt zu geben.

(5) Die Dienstnehmerin kann sowohl eine Änderung der Teilzeitbeschäftigung (Verlängerung, Änderung des Ausmaßes oder der Lage) innerhalb der Bandbreite nach § 15h Abs. 1 Z 3 oder § 15i als auch eine vorzeitige Beendigung jeweils nur einmal verlangen. Sie hat dies dem Dienstgeber schriftlich spätestens drei Monate, dauert die Teilzeitbeschäftigung jedoch weniger als drei Monate, spätestens zwei Monate vor der beabsichtigten Änderung oder Beendigung bekannt zu geben.

(BGBl I 2009/116, BGBl I 2015/149)

(6) Der Dienstgeber kann sowohl eine Änderung der Teilzeitbeschäftigung (Änderung des Ausmaßes oder der Lage) innerhalb der Bandbreite nach § 15h Abs. 1 Z 3 oder § 15i als auch eine vorzeitige Beendigung jeweils nur einmal verlangen. Er hat dies der Dienstnehmerin schriftlich spätestens drei Monate, dauert die Teilzeitbeschäftigung jedoch weniger als drei Monate, spätestens zwei Monate vor der beabsichtigten Änderung oder Beendigung bekannt zu geben.

(BGBl I 2009/116, BGBl I 2015/149)

(7) Fallen in ein Kalenderjahr auch Zeiten einer Teilzeitbeschäftigung, gebühren der Dienstnehmerin sonstige, insbesondere einmalige Bezüge im Sinne des § 67 Abs. 1 EStG 1988 in dem der Vollzeit- und Teilzeitbeschäftigung entsprechenden Ausmaß im Kalenderjahr.

(8) Der Dienstgeber ist verpflichtet, der Dienstnehmerin auf deren Verlangen eine Bestätigung über Beginn und Dauer der Teilzeitbeschäftigung oder die Nichtinanspruchnahme der Teilzeitbeschäftigung auszustellen. Die Dienstnehmerin hat diese Bestätigung mit zu unterfertigen.

(9) Die Teilzeitbeschäftigung der Dienstnehmerin endet vorzeitig mit der Inanspruchnahme einer Karenz oder Teilzeitbeschäftigung nach diesem Bundesgesetz für ein weiteres Kind.

(10) Kommt es zu einer Vereinbarung über ein Teilzeitmodell außerhalb der Bandbreite, liegt dennoch eine Teilzeitbeschäftigung im Sinne des § 15h oder § 15i vor.

(BGBl I 2015/149)

(BGBl I 2004/64)

Verfahren beim Anspruch auf Teilzeitbeschäftigung

§ 15k. (1) In Betrieben, in denen ein für die Dienstnehmerin zuständiger Betriebsrat errichtet ist, ist dieser auf Verlangen der Dienstnehmerin den Verhandlungen über Beginn, Dauer, Ausmaß oder Lage der Teilzeitbeschäftigung nach § 15h Abs. 1 beizuziehen. Kommt binnen zwei Wochen ab Bekanntgabe keine Einigung zu Stande, können im Einvernehmen zwischen Dienstnehmerin und Dienstgeber Vertreter der gesetzlichen Interessenvertretungen der Dienstnehmer und der Dienstgeber den Verhandlungen beigezogen werden. Der Dienstgeber hat das Ergebnis der Verhandlungen schriftlich aufzuzeichnen. Diese Ausfertigung ist sowohl vom Dienstgeber als auch von der Dienstnehmerin zu unterzeichnen; eine Ablichtung ist der Dienstnehmerin auszuhändigen.

(BGBl I 2015/149)

(2) Kommt binnen vier Wochen ab Bekanntgabe keine Einigung über Beginn, Dauer, Ausmaß oder Lage der Teilzeitbeschäftigung zu Stande, kann die Dienstnehmerin die Teilzeitbeschäftigung zu den von ihr bekannt gegebenen Bedingungen antreten, sofern der Dienstgeber nicht binnen weiterer zwei Wochen beim zuständigen Arbeits- und Sozialgericht einen Antrag nach § 433 Abs. 1 ZPO zur gütlichen Einigung gegebenenfalls im Rahmen eines

Gerichtstages stellt. Dem Antrag ist das Ergebnis der Verhandlungen nach Abs. 1 anzuschließen.

(3) Kommt binnen vier Wochen ab Einlangen des Antrags beim Arbeits- und Sozialgericht keine gütliche Einigung zu Stande, hat der Dienstgeber binnen einer weiteren Woche die Dienstnehmerin auf Einwilligung in die von ihm vorgeschlagenen Bedingungen der Teilzeitbeschäftigung beim zuständigen Arbeits- und Sozialgericht zu klagen, andernfalls kann die Dienstnehmerin die Teilzeitbeschäftigung zu den von ihr bekannt gegebenen Bedingungen antreten. Findet der Vergleichsversuch erst nach Ablauf von vier Wochen statt, beginnt die Frist für die Klagseinbringung mit dem auf den Vergleichsversuch folgenden Tag. Das Arbeits- und Sozialgericht hat der Klage des Dienstgebers dann stattzugeben, wenn die betrieblichen Erfordernisse die Interessen der Dienstnehmerin überwiegen. Gibt das Arbeits- und Sozialgericht der Klage des Dienstgebers nicht statt, wird die von der Dienstnehmerin beabsichtigte Teilzeitbeschäftigung mit der Rechtskraft des Urteils wirksam.

(4) Beabsichtigt die Dienstnehmerin eine Änderung oder vorzeitige Beendigung der Teilzeitbeschäftigung, ist Abs. 1 anzuwenden. Kommt binnen vier Wochen ab Bekanntgabe keine Einigung zu Stande, kann der Dienstgeber binnen einer weiteren Woche dagegen Klage beim zuständigen Arbeits- und Sozialgericht erheben. Bringt der Dienstgeber keine Klage ein, wird die von der Dienstnehmerin bekannt gegebene Änderung oder vorzeitige Beendigung der Teilzeitbeschäftigung wirksam. Das Arbeits- und Sozialgericht hat der Klage dann stattzugeben, wenn die betrieblichen Erfordernisse gegenüber den Interessen der Dienstnehmerin im Hinblick auf die beabsichtigte Änderung oder vorzeitige Beendigung überwiegen.

(5) Beabsichtigt der Dienstgeber eine Änderung der Teilzeitbeschäftigung oder eine vorzeitige Beendigung, ist Abs. 1 anzuwenden. Kommt binnen vier Wochen ab Bekanntgabe keine Einigung zu Stande, kann der Dienstgeber binnen einer weiteren Woche Klage auf die Änderung oder vorzeitige Beendigung beim Arbeits- und Sozialgericht erheben, andernfalls die Teilzeitbeschäftigung unverändert bleibt. Das Arbeits- und Sozialgericht hat der Klage dann stattzugeben, wenn die betrieblichen Erfordernisse gegenüber den Interessen der Dienstnehmerin im Hinblick auf die beabsichtigte Änderung oder vorzeitige Beendigung überwiegen.

(6) In Rechtsstreitigkeiten nach Abs. 3 bis 5 steht keiner Partei ein Kostenersatzanspruch an die andere zu. Gegen ein Urteil des Gerichtes erster Instanz ist eine Berufung nicht zulässig und sind – unabhängig vom Wert des Streitgegenstandes – Beschlüsse des Gerichtes erster Instanz nur aus den Gründen des § 517 Abs. 1 Z 1, 4 und 6 ZPO anfechtbar.

(BGBl I 2004/64)

Verfahren bei der vereinbarten Teilzeitbeschäftigung

§ 15l. (1) In Betrieben, in denen ein für die Dienstnehmerin zuständiger Betriebsrat errichtet ist, ist dieser auf Verlangen der Dienstnehmerin den Verhandlungen über die Teilzeitbeschäftigung nach § 15i, deren Beginn, Dauer, Lage und Ausmaß beizuziehen.

(BGBl I 2015/149)

(2) Kommt binnen zwei Wochen ab Bekanntgabe keine Einigung zu Stande, so kann die Dienstnehmerin den Dienstgeber auf Einwilligung in eine Teilzeitbeschäftigung einschließlich deren Beginn, Dauer, Lage und Ausmaß klagen. Das Arbeits- und Sozialgericht hat die Klage insoweit abzuweisen, als der Dienstgeber aus sachlichen Gründen die Einwilligung in die begehrte Teilzeitbeschäftigung verweigert hat.

(3) Beabsichtigt die Dienstnehmerin eine Änderung oder vorzeitige Beendigung der Teilzeitbeschäftigung, ist Abs. 1 anzuwenden. Kommt binnen zwei Wochen ab Bekanntgabe keine Einigung zu Stande, kann die Dienstnehmerin binnen einer weiteren Woche Klage auf eine Änderung oder vorzeitige Beendigung der Teilzeitbeschäftigung beim zuständigen Arbeits- und Sozialgericht erheben. Das Arbeits- und Sozialgericht hat die Klage dann abzuweisen, wenn die betrieblichen Erfordernisse gegenüber den Interessen der Dienstnehmerin im Hinblick auf die beabsichtigte Änderung oder vorzeitige Beendigung überwiegen.

(4) Beabsichtigt der Dienstgeber eine Änderung der Teilzeitbeschäftigung oder eine vorzeitige Beendigung, ist Abs. 1 anzuwenden. Kommt binnen zwei Wochen ab Bekanntgabe keine Einigung zu Stande, kann der Dienstgeber binnen einer weiteren Woche Klage auf eine Änderung oder vorzeitige Beendigung beim zuständigen Arbeits- und Sozialgericht erheben, andernfalls die Teilzeitbeschäftigung unverändert bleibt. Das Arbeits- und Sozialgericht hat der Klage dann stattzugeben, wenn die betrieblichen Erfordernisse gegenüber den Interessen der Dienstnehmerin im Hinblick auf die beabsichtigte Änderung oder vorzeitige Beendigung überwiegen.

(5) § 15k Abs. 6 ist anzuwenden.

(BGBl I 2004/64)

Karenz an Stelle von Teilzeitbeschäftigung

§ 15m. (1) Kommt zwischen der Dienstnehmerin und dem Dienstgeber keine Einigung über eine Teilzeitbeschäftigung nach den §§ 15h und 15i zu Stande, kann die Dienstnehmerin dem Dienstgeber binnen einer Woche bekannt geben, dass sie

1. an Stelle der Teilzeitbeschäftigung oder
2. bis zur Entscheidung des Arbeits- und Sozialgerichtes

Karenz, längstens jedoch bis zum Ablauf des zweiten Lebensjahres des Kindes, in Anspruch nimmt.

(2) Gibt das Gericht der Klage des Dienstgebers in einem Rechtsstreit nach § 15k Abs. 3 statt oder der Klage der Dienstnehmerin nach § 15l Abs. 2

nicht statt, kann die Dienstnehmerin binnen einer Woche nach Zugang des Urteils dem Dienstgeber bekannt geben, dass sie Karenz längstens bis zum Ablauf des zweiten Lebensjahres des Kindes in Anspruch nimmt.

(BGBl I 2004/64)

Kündigungs- und Entlassungsschutz bei einer Teilzeitbeschäftigung

§ 15n. (1) Der Kündigungs- und Entlassungsschutz gemäß den §§ 10 und 12 beginnt grundsätzlich mit der Bekanntgabe, frühestens jedoch vier Monate vor dem beabsichtigten Antritt der Teilzeitbeschäftigung. Er dauert bis vier Wochen nach dem Ende der Teilzeitbeschäftigung, längstens jedoch bis vier Wochen nach dem Ablauf des vierten Lebensjahres des Kindes. Die Bestimmungen über den Kündigungs- und Entlassungsschutz gelten auch während eines Verfahrens nach den §§ 15k und 15l.

(2) Dauert die Teilzeitbeschäftigung länger als bis zum Ablauf des vierten Lebensjahres des Kindes oder beginnt sie nach dem Ablauf des vierten Lebensjahres des Kindes, kann eine Kündigung wegen einer beabsichtigten oder tatsächlich in Anspruch genommenen Teilzeitbeschäftigung bei Gericht angefochten werden. § 105 Abs. 5 ArbVG ist anzuwenden.

(3) Wird während der Teilzeitbeschäftigung ohne Zustimmung des Dienstgebers eine weitere Erwerbstätigkeit aufgenommen, kann der Dienstgeber binnen acht Wochen ab Kenntnis entgegen Abs. 1 und 2 eine Kündigung wegen dieser Erwerbstätigkeit aussprechen.

(BGBl I 2004/64)

Teilzeitbeschäftigung der Adoptiv- oder Pflegemutter

§ 15o. Die §§ 15h bis 15n gelten auch für eine Adoptiv- oder Pflegemutter mit der Maßgabe, dass die Teilzeitbeschäftigung frühestens mit der Annahme oder der Übernahme des Kindes beginnen kann. Beabsichtigt die Dienstnehmerin die Teilzeitbeschäftigung zum frühest möglichen Zeitpunkt, hat sie dies dem Dienstgeber einschließlich Beginn, Dauer, Ausmaß und Lage unverzüglich bekannt zu geben. § 15j Abs. 1 ist weiters mit der Maßgabe anzuwenden, dass an Stelle des Ausdrucks „der Vater“ der Ausdruck „der andere Elternteil“ tritt.

(BGBl I 2004/64, BGBl I 2013/138)

Änderung der Lage der Arbeitszeit

§ 15p. Die §§ 15h bis 15o sind auch für eine von der Dienstnehmerin beabsichtigte Änderung der Lage der Arbeitszeit mit der Maßgabe anzuwenden, dass das Ausmaß der Arbeitszeit außer Betracht bleibt.

(BGBl I 2004/64)

Spätere Geltendmachung der Karenz

§ 15q. (1) Lehnt der Dienstgeber des anderen Elternteils eine Teilzeitbeschäftigung ab und nimmt der andere Elternteil keine Karenz für diese Zeit in Anspruch, so kann die Dienstnehmerin für diese Zeit, längstens bis zum Ablauf des zweiten Lebensjahres des Kindes Karenz in Anspruch nehmen.

(2) Die Dienstnehmerin hat Beginn und Dauer der Karenz unverzüglich nach der Ablehnung der Teilzeitbeschäftigung durch den Dienstgeber des anderen Elternteils bekannt zu geben und die anspruchsbegründenden Umstände nachzuweisen.

(BGBl I 2001/103, BGBl I 2004/64, BGBl I 2013/138)

Abschnitt 7
Sonstige Bestimmungen

(BGBl I 2004/64)

Austritt aus Anlass der Geburt eines Kindes

§ 15r. Die Dienstnehmerin kann

1. nach der Geburt eines lebenden Kindes während der Schutzfrist nach § 5 Abs. 1,
2. nach der Annahme eines Kindes, welches das zweite Lebensjahr noch nicht vollendet hat, an Kindes Statt (§ 15c Abs. 1 Z 1) oder nach Übernahme eines solchen Kindes in unentgeltliche Pflege (§ 15c Abs. 1 Z 2) innerhalb von acht Wochen,
3. bei Inanspruchnahme einer Karenz nach §§ 15, 15a, 15c, 15d oder 15q bis spätestens drei Monate vor Ende der Karenz,
   (BGBl I 2009/116)
4. bei Inanspruchnahme einer Karenz von weniger als drei Monaten bis spätestens zwei Monate vor dem Ende der Karenz
   (BGBl I 2009/116)

ihren vorzeitigen Austritt aus dem Dienstverhältnis erklären.

(BGBl I 2002/100, BGBl I 2004/64)

Dienst(Werks)wohnung

§ 16. Vereinbarungen, durch die der Anspruch der Dienstnehmerin auf eine beigestellte Dienst-(Werks)wohnung oder sonstige Unterkunft berührt wird, müssen während der Dauer des Kündigungs- und Entlassungsschutzes gemäß §§ 10, 12, 15 Abs. 4, 15a Abs. 4 und 5, 15c Abs. 4, 15d Abs. 5, 15n Abs. 1, um rechtswirksam zu sein, vor Gericht (§ 92 ASGG) nach Rechtsbelehrung der Dienstnehmerin getroffen werden.

(BGBl 1986/563, BGBl I 1999/153, BGBl I 2004/64)

Auflegen des Gesetzes

§ 17. (aufgehoben)

(BGBl I 2017/40)

Abschnitt 8
Sonderbestimmungen für Bedienstete in bestimmten Zweigen des öffentlichen Dienstes

(BGBl I 2004/64)

§ 18. Die Abschnitte 2 bis 7 gelten mit den in den §§ 18a bis 23 enthaltenen Abweichungen für Dienstnehmerinnen, die in einem Dienstverhältnis

1. zum Bund,

2. zu einem Land, einer Gemeinde oder einem Gemeindeverband, sofern die Dienstnehmerin in einem Betrieb tätig ist,
3. gemäß Art. 14 Abs. 2 B-VG,
4. gemäß Art. 14a Abs. 3 B-VG

stehen, weiters für Dienstnehmerinnen in einem Dienstverhältnis zu einer Stiftung, einer Anstalt oder einem Fonds, auf das nach dem Vertragsbedienstetengesetz 1948, BGBl. Nr. 86, dessen § 1 Abs. 2 sinngemäß anzuwenden ist.

(BGBl 1995/434, BGBl I 2004/64)

§ 18a. (1) §§ 2a Abs. 5, 15k Abs. 1 und 15l Abs. 1 ist für Dienststellen, die nicht unter den II. Teil des Arbeitsverfassungsgesetzes, BGBl. Nr. 22/1974, fallen, mit der Maßgabe anzuwenden, daß an die Stelle des Betriebsrates die Personalvertretung tritt.

(BGBl I 2004/64)

(2) § 2b Abs. 1 und Abs. 2 Satz 1 ist für öffentlich-rechtliche Dienstnehmerinnen mit der Maßgabe anzuwenden, daß die Dienstnehmerin an einem ihrer bisherigen dienstrechtlichen Stellung zumindest entsprechenden Arbeitsplatz zu verwenden ist.

(BGBl 1995/434)

§ 19. (1) § 3 Abs. 6 ist mit der Maßgabe anzuwenden, daß die Meldung über die Schwangerschaft einer Dienstnehmerin in Dienststellen des Bundes, auf die das Bundes-Bedienstetenschutzgesetz, BGBl. I Nr. 70/1999, anzuwenden ist, dem Arbeitsinspektorat zu übermitteln ist.

(BGBl 1980/409, BGBl 1992/833, BGBl I 1999/70)

(2) Das Arbeitsinspektorat hat dem Dienststellenleiter in den Angelegenheiten der §§ 4, 4a, 5 Abs. 4 und 9 Abs. 3 und 4 Empfehlungen zu erteilen. § 89 des Bundes-Bedienstetenschutzgesetzes ist anzuwenden.

(BGBl 1980/409, BGBl 1992/833, BGBl 1995/434, BGBl I 1999/70)

§ 20. (1) § 10 Abs. 3 bis 7 ist nicht anzuwenden.

(BGBl 1990/408)

(2) Während der Dauer des in den §§ 10, 15, 15a, 15c und 15d geregelten Kündigungsschutzes und bis zum Ablauf von vier Monaten nach dem Aufhören dieses Schutzes kann ein Rechtsanspruch auf die Umwandlung eines kündbaren Dienstverhältnisses in ein unkündbares (definitives) Dienstverhältnis nicht erworben werden.

(BGBl I 1999/153)

(2a) Abweichend von Abs. 2 kann die Beamtin während der Inanspruchnahme einer Karenz gemäß § 15a durch den anderen Elternteil einen Rechtsanspruch auf Umwandlung eines kündbaren in ein unkündbares (definitives) Dienstverhältnis erwerben.

(BGBl I 1999/153, BGBl I 2001/103)

(2b) Während der Dauer einer aufgeschobenen Karenz kann ein Rechtsanspruch auf Umwandlung eines kündbaren in ein unkündbares (definitives) Dienstverhältnis nicht erworben werden.

(BGBl I 1999/153, BGBl I 2001/103)

(3) Die Definitivstellung nach Ablauf der im Abs. 2 genannten Frist wirkt auf den Zeitpunkt zurück, in dem sie ohne die Aufschiebung im Sinne des Abs. 2 erfolgt wäre.

(4) § 10 Abs. 8 ist mit der Maßgabe anzuwenden, dass Ansprüche auf Grund des Bundes-Gleichbehandlungsgesetzes (B-GlBG), BGBl. Nr. 100/1993, unberührt bleiben.

(BGBl I 2015/149)

§ 21. Eine einvernehmliche Auflösung des Dienstverhältnisses während der Dauer des Kündigungsschutzes ist nur dann rechtswirksam, wenn sie schriftlich vereinbart wurde. Bei Minderjährigen muß dieser Vereinbarung eine Bescheinigung eines Gerichtes (§ 92 ASGG), der Personalvertretung oder des Betriebsrates beigeschlossen sein, aus der hervorgeht, daß die Dienstnehmerin über den Kündigungsschutz nach diesem Bundesgesetz belehrt wurde.

(BGBl 1980/577, BGBl 1992/833)

§ 22. (1) § 12 ist nicht anzuwenden, wenn die Entlassung der Bediensteten durch das rechtskräftige Erkenntnis einer auf Grund gesetzlicher oder anderer dienstrechtlicher Vorschriften gebildeten Disziplinarkommission (Disziplinargericht) verfügt wird oder das Dienstverhältnis kraft Gesetzes erlischt.

(2) Unbeschadet der im § 12 Abs. 2 angeführten Entlassungsgründe kann das Gericht die Zustimmung zur Entlassung erteilen, wenn sich nachträglich herausstellt, daß die Vertragsbedienstete die Aufnahme in das Dienstverhältnis durch unwahre Angaben, ungültige Urkunden oder durch Verschweigen von Umständen erschlichen hat, die ihre Aufnahme nach den Bestimmungen des Vertragsbedienstetengesetzes oder anderer österreichischer Rechtsvorschriften ausgeschlossen hätten.

(BGBl 1992/833)

§ 22a. Beamtinnen und Vertragsbedienstete, die gemäß § 3 Abs. 3 nicht beschäftigt werden dürfen, haben keinen Anspruch nach § 14 Abs. 2 für Zeiten, während derer ein Anspruch nach § 13d Gehaltsgesetz 1956 (GehG), BGBl Nr. 54 oder § 24b VBG besteht.

(BGBl I 2012/120)

§ 23. (1) § 15 Abs. 3 letzter Satz und § 15a Abs. 3 letzter Satz sind mit der Maßgabe anzuwenden, dass Karenz gewährt werden kann, sofern nicht zwingende dienstliche Gründe entgegenstehen.

(2) § 15b ist mit der Maßgabe anzuwenden, dass die Beamtin aufgeschobene Karenz zu dem von ihr gewünschten Zeitpunkt in Anspruch nehmen kann.

(3) § 15b Abs. 3 zweiter bis letzter Satz und Abs. 4 zweiter Satz ist auf Bundesbeamtinnen, Landeslehrerinnen (§ 1 Abs. 1 LDG 1984), Land- und forstwirtschaftliche Landeslehrerinnen (§ 1 Abs. 1 LLDG 1985), Klassenlehrerinnen, Richteramtsanwärterinnen und Richterinnen nicht anzuwenden.

(BGBl I 2015/65)

(4) Lehrerinnen können aufgeschobene Karenz nicht in den letzten vier Monaten des Schuljahres in Anspruch nehmen.

(5) § 15f Abs. 1 letzter Satz ist anzuwenden, soweit dienst- und besoldungsrechtliche Vorschriften nicht anderes bestimmen.

(BGBl I 2020/153)

(6) § 15e Abs. 2 ist auf Lehrerinnen, die eine im § 8 Abs. 1 BDG 1979, BGBl. Nr. 333, im § 55 Abs. 4 oder 5 LDG 1984, BGBl. Nr. 302, oder im § 56 LLDG 1985, BGBl. Nr. 296, angeführte Leitungsfunktion ausüben oder mit einer Schulaufsichtsfunktion betraut sind, auf Beamtinnen des Schulaufsichtsdienstes, auf Bedienstete des Schulqualitätsmanagements und auf Bedienstete in der Schulevaluation nicht anzuwenden.

(BGBl I 2012/120, BGBl I 2019/112)

(7) Eine Beschäftigung im Sinne des § 15e Abs. 3 bedarf der Genehmigung durch die Dienstbehörde (Personalstelle). § 56 Abs. 4 BDG 1979 ist anzuwenden.

(BGBl I 2003/130)

(8) § 15h Abs. 1 ist auf Bundesbeamtinnen, Landeslehrerinnen (§ 1 Abs. 1 LDG 1984), Land- und forstwirtschaftliche Landeslehrerinnen (§ 1 Abs. 1 LLDG 1985) und Klassenlehrerinnen mit der Maßgabe anzuwenden, dass diese Beamtinnen einen Anspruch auf Teilzeitbeschäftigung längstens bis zum Ablauf des siebenten Lebensjahres oder einem späteren Schuleintritt des Kindes haben. Die Bestimmungen des § 15h Abs. 1 betreffend Ausmaß und Lage der Teilzeitbeschäftigung und § 15j Abs. 5 und 6 sind mit folgenden Abweichungen anzuwenden:

1. Eine Teilzeitbeschäftigung ist im Ausmaß einer Herabsetzung
   a) bis auf die Hälfte der für eine Vollbeschäftigung vorgesehenen Wochendienstzeit (Lehrverpflichtung bzw. Jahresnorm) oder
   b) unter die Hälfte der für eine Vollbeschäftigung vorgesehenen Wochendienstzeit (Lehrverpflichtung bzw. Jahresnorm) für die beantragte Dauer, während der die Mutter Anspruch auf Kinderbetreuungsgeld hat,

   zu gewähren.

   (BGBl I 2003/130)
2. Das Ausmaß der Herabsetzung ist so festzulegen, dass die verbleibende regelmäßige Wochendienstzeit (Lehrverpflichtung bzw. Jahresnorm) ein ganzzahliges Stundenausmaß (bei Lehrerinnen ganze Unterrichtsstunden) umfasst. Die verbleibende regelmäßige Wochendienstzeit (Lehrverpflichtung bzw. Jahresnorm) gemäß Z 1 lit. a
   a) darf nicht unter der Hälfte der für eine Vollbeschäftigung erforderlichen regelmäßigen Wochendienstzeit (Lehrverpflichtung bzw. Jahresnorm) und
   b) muss unter der für eine Vollbeschäftigung erforderlichen regelmäßigen Wochendienstzeit (Lehrverpflichtung bzw. Jahresnorm)

   liegen.

   (BGBl I 2003/130)
3. Eine Teilzeitbeschäftigung darf von der Dienstbehörde nur dann abgelehnt werden, wenn die Beamtin infolge der Teilzeitbeschäftigung aus wichtigen dienstlichen Gründen weder im Rahmen ihres bisherigen Arbeitsplatzes noch auf einem anderen ihrer dienstrechtlichen Stellung zumindest entsprechenden Arbeitsplatz verwendet werden könnte.
4. Die Bestimmungen über den Kündigungs- und Entlassungsschutz gelten auch während eines Rechtsmittelverfahrens betreffend die Ablehnung der Teilzeitbeschäftigung.
5. Im § 15n Abs. 1 ist die Verweisung auf die §§ 10 und 12 mit den Änderungen anzuwenden, die sich aus den §§ 20 bis 22 ergeben.

   (BGBl I 2004/64)
6. Bei der stundenmäßigen Festlegung der Zeiträume, in denen die Beamtin Dienst zu versehen hat, ist auf die persönlichen Verhältnisse der Beamtin, insbesondere auf die Gründe, die zur Teilzeitbeschäftigung geführt haben, so weit Rücksicht zu nehmen, als nicht wichtige dienstliche Interessen entgegenstehen.
7. Die Dienstbehörde kann auf Antrag der Beamtin eine Änderung des Ausmaßes oder die vorzeitige Beendigung der Teilzeitbeschäftigung verfügen, wenn keine wichtigen dienstlichen Interessen entgegenstehen.

   (BGBl I 2007/53)
8. Auf Landeslehrerinnen, die Teilzeitbeschäftigung in Anspruch nehmen, ist § 47 Abs. 3 und 3a LDG 1984 anzuwenden.

(BGBl I 2004/64, BGBl I 2015/65)

(9) Lassen bei den in Abs. 8 angeführten Beamtinnen die besonderen Umstände des Dienstes eine genaue Einhaltung eines ganzzahligen Ausmaßes an Stunden (bei Lehrerinnen an Unterrichtsstunden) nicht zu, so ist es so weit zu überschreiten, als es nötig ist, um seine Unterschreitung zu vermeiden.

(9a) Die Bestimmungen über die Bandbreite bei der Teilzeitbeschäftigung sind auf Vertragslehrpersonen nach dem VBG, Landesvertragslehrpersonen nach dem Landesvertragslehrpersonengesetz 1966 – LVG, BGBl. Nr. 172/1966, und dem Land- und forstwirtschaftlichen Landesvertragslehrpersonengesetz – LLVG, BGBl. Nr. 244/1969, mit der Maßgabe anzuwenden, dass die für eine Vollbeschäftigung vorgesehene Lehrverpflichtung bzw. Jahresnorm um mindestens 20 vH reduziert wird und 30 vH nicht unterschreitet.

(BGBl I 2015/149)

(10) Eine im Abs. 8 angeführte Beamtin kann über die für sie maßgebende Wochendienstzeit hinaus zur Dienstleistung nur herangezogen wer-

den, wenn die Dienstleistung zur Vermeidung eines Schadens unverzüglich notwendig ist und ein Bediensteter, dessen Wochendienstzeit (Lehrverpflichtung bzw. Jahresnorm) nicht herabgesetzt ist, nicht zur Verfügung steht. Die Zeit einer solchen zusätzlichen Dienstleistung ist entweder durch Freizeit auszugleichen oder nach den besoldungsrechtlichen Vorschriften abzugelten. Bei Lehrerinnen ist ein solcher Freizeitausgleich unzulässig. Der erste Satz ist auf Lehrerinnen nicht anzuwenden, deren Lehrverpflichtung um höchstens 25% herabgesetzt ist.

(10a) Abs. 10 ist auf Vertragsbedienstete und auf Landesvertragslehrpersonen nach dem Landesvertragslehrpersonengesetz 1966 (LVG), BGBl. Nr. 172 und dem Land- und forstwirtschaftlichen Landesvertragslehrpersonengesetz (LLVG), BGBl. Nr. 244/1969 sinngemäß anzuwenden.

(BGBl I 2012/120)

(11) § 15h Abs. 1 ist auf Richteramtsanwärterinnen und Richterinnen mit der Maßgabe anzuwenden, dass sie Anspruch auf Teilzeitbeschäftigung längstens bis zum Ablauf des siebenten Lebensjahres oder einem späteren Schuleintritt des Kindes haben. Die Bestimmungen des § 15h Abs. 1 betreffend Ausmaß der Teilzeitbeschäftigung und des § 15j Abs. 5 und 6 sind auf Richteramtsanwärterinnen und Richterinnen mit folgenden Abweichungen anzuwenden:

1. An die Stelle der Teilzeitbeschäftigung tritt die Teilauslastung. Unter Teilauslastung ist eine Ermäßigung des regelmäßigen Dienstes bis auf die Hälfte zu verstehen.

   (BGBl I 2012/120)
2. Für die vorzeitige Beendigung einer Teilauslastung gilt § 76c RStDG.

   (BGBl I 2012/120)

(BGBl I 2004/64)

(12) Auf die übrigen von den Abs. 6, 8 und 11 nicht erfassten Bediensteten ist § 15n Abs. 2 letzter Satz nicht und §§ 15h, 15i und 15j Abs. 10 mit der Maßgabe anzuwenden, dass

1. eine Teilzeitbeschäftigung jedenfalls nicht zulässig ist, wenn die Bedienstete infolge der Teilzeitbeschäftigung aus wichtigen dienstlichen Gründen weder im Rahmen ihres bisherigen Arbeitsplatzes noch auf einem anderen ihrer dienstrechtlichen Stellung zumindest entsprechenden Arbeitsplatz verwendet werden könnte, und
2. im § 15n Abs. 1 die Verweisung auf die §§ 10 und 12 mit den Änderungen anzuwenden ist, die sich aus den §§ 20 bis 22 ergeben.

   (BGBl I 2004/64)

(BGBl I 2004/64, BGBl I 2015/149)

(13) § 15f Abs. 4 ist nicht anzuwenden. Wird der gemeinsame Haushalt der Mutter mit dem Kind aufgehoben, so endet die Karenz nach diesem Bundesgesetz. Die Bedienstete gilt ab diesem Zeitpunkt bis zum Ende der ursprünglich nach diesem Bundesgesetz gewährten Karenz als gegen Entfall der Bezüge im Sinne der dienstrechtlichen Vorschriften beurlaubt. Wenn es der Dienstgeber jedoch begehrt, hat die Bedienstete vorzeitig den Dienst anzutreten.

(14) § 15e Abs. 2 ist auf Richterinnen nicht anzuwenden.

(15) § 15r ist nicht anzuwenden auf

1. öffentlich-rechtliche Dienstnehmerinnen und
2. Vertragsbedienstete, deren Dienstverhältnis vor dem 1. Jänner 2003 begonnen hat, soweit nicht durch Verordnung gemäß § 46 Abs. 1 letzter Satz des Betrieblichen Mitarbeiter- und Selbständigenvorsorgegesetzes (BMSVG), BGBl. I Nr. 100/2002, etwas anderes angeordnet wird.

   (BGBl I 2012/120)

(BGBl I 2002/100, BGBl I 2004/64)

(16) §§ 15i, 15j Abs. 10, 15k, 15n Abs. 2 letzter Satz und 15p sind auf öffentlich-rechtliche Dienstnehmerinnen nicht anzuwenden.

(BGBl I 2004/64, BGBl I 2015/149)

(17) § 15m ist auf Beamtinnen mit der Maßgabe anzuwenden, dass bei Ablehnung der Teilzeitbeschäftigung durch die Dienstbehörde gemäß Abs. 8 Z 3 die Dienstnehmerin an Stelle der Teilzeitbeschäftigung oder bis zur rechtskräftigen Bescheiderlassung Karenz beanspruchen kann. Wurde die Teilzeitbeschäftigung rechtskräftig abgelehnt, kann die Beamtin binnen einer Woche nach Rechtskraft bekannt geben, dass sie Karenz längstens bis zum Ablauf des zweiten Lebensjahres des Kindes in Anspruch nimmt.

(BGBl I 2004/64, BGBl I 2012/120)

(BGBl 1990/408, BGBl 1991/277, BGBl 1992/315, BGBl 1992/833, BGBl I 1997/61, BGBl I 1998/123, BGBl I 1999/153, BGBl I 2001/103)

Abschnitt 9
Sonderbestimmungen für die in privaten Haushalten beschäftigten Dienstnehmerinnen, die in die Hausgemeinschaft aufgenommen sind

(BGBl 1992/833, BGBl I 2004/64)

Personenkreis

§ 24. Die Abschnitte 2 bis 7 gelten mit den in den §§ 25 und 27 enthaltenen Abweichungen für Dienstnehmerinnen, die unter das Hausgehilfen- und Hausangestelltengesetz, BGBl. Nr. 235/1962, fallen, in privaten Haushalten beschäftigt und in die Hausgemeinschaft des Dienstgebers aufgenommen sind.

(BGBl 1992/833, BGBl 1995/434, BGBl I 2004/64)

§ 25. Die §§ 7 (Verbot der Sonn- und Feiertagsarbeit) und 16 (Dienst/Werkswohnung) sind nicht anzuwenden. Die §§ 15 bis 15d, 15m und § 15q (Karenz) gelten unter der Voraussetzung, dass für die Dauer der Karenz die Hausgemeinschaft aufgelöst wird.

(BGBl 1992/833, BGBl I 2017/40)

Ruhezeiten

§ 26. (aufgehoben)

(BGBl 1992/833)

Kündigungsschutz

§ 27. Die Zustimmung zur Kündigung ist abweichend von § 10 Abs. 3 nur dann zu erteilen, wenn der Dienstgeber wegen Änderung seiner wirtschaftlichen Verhältnisse nicht in der Lage ist, eine Arbeitskraft im Haushalt zu beschäftigen, oder der Grund, der für ihre Beschäftigung maßgebend war, weggefallen ist, oder wenn sich die Dienstnehmerin in der Tagsatzung zur mündlichen Streitverhandlung nach Rechtsbelehrung der Parteien durch den Vorsitzenden über den Kündigungsschutz nach diesem Bundesgesetz mit der Kündigung einverstanden erklärt. Eine entgegen diesen Vorschriften ausgesprochene Kündigung ist rechtsunwirksam.

(BGBl 1986/563, BGBl 1992/833, BGBl 1995/434)

§ 28. (aufgehoben)

(BGBl 1992/833)

§ 29. (aufgehoben)

(BGBl 1986/563, BGBl 1992/833, BGBl 1995/434)

§ 30. (aufgehoben)

(BGBl 1995/434)

Abschnitt 10
Sonderbestimmungen für Heimarbeiterinnen

(BGBl I 2004/64)

§ 31. (1) Die Abschnitte 2 bis 7 gelten für Heimarbeiterinnen mit den in den Abs. 2 und 3 enthaltenen Abweichungen hinsichtlich ihrer Beschäftigung mit Heimarbeit.

(BGBl I 2004/64)

(2) Die §§ 6 bis 8 gelten mit der Maßgabe, daß auf einen Ausgaben- und Abrechnungsnachweis keine größere Arbeitsmenge ausgegeben werden darf, als durch eine vollwertige Arbeitskraft ohne Hilfskräfte bei Einhaltung einer achtstündigen täglichen Arbeitszeit bewältigt werden kann. Die Lieferfristen sind so zu bemessen, daß Aufträge ohne Nachtarbeit, das heißt ohne Arbeit in der Zeit zwischen zwanzig Uhr und sechs Uhr, und ohne Sonn-und Feiertagsarbeit ausgeführt werden können. Ist eine Heimarbeiterin für mehrere Auftraggeber tätig, so darf die gesamte Arbeitsmenge das angeführte Ausmaß nicht überschreiten. Die Heimarbeiterin hat, falls sie für mehrere Auftraggeber tätig ist, dies jedem ihrer Auftraggeber mitzuteilen. Auf Antrag des Auftraggebers, der Mittelsperson oder der Heimarbeiterin hat das Arbeitsinspektorat darüber zu entscheiden, welche Arbeitsmenge ausgegeben werden darf.

(3) Die §§ 10 und 12 gelten sinngemäß mit der Maßgabe, daß der Ausschluß von der Ausgabe von Heimarbeit einer Kündigung oder Entlassung gleichzuhalten ist.

(4) Über den Abs. 3 hinaus dürfen Heimarbeiterinnen während der Schwangerschaft und bis zum Ablauf von vier Monaten nach der Entbindung mit Ausnahme jener Zeiträume, während deren die Ausgabe von Heimarbeit auf Grund der Beschäftigungsverbote nach diesem Bundesgesetz untersagt ist, bei der Ausgabe von Heimarbeit im Vergleich zu den anderen Heimarbeiterinnen des gleichen Auftraggebers nicht benachteiligt werden. § 10 Abs. 7 ist sinngemäß anzuwenden.

(BGBl 1995/434)

(5) Heimarbeiterinnen, die entgegen Abs. 4 bei der Ausgabe von Heimarbeit benachteiligt worden sind, können auf Leistung des dadurch entgangenen Entgelts klagen. Der Berechnung des entgangenen Entgelts ist das Entgelt zugrunde zu legen, das die Heimarbeiterin in den letzten dreizehn Wochen vor Eintritt der Benachteiligung erzielt hat oder das ihr bei Bestehen eines Heimarbeitsgesamtvertrages oder eines Heimarbeitstarifes gebührt hätte.

§ 32. (aufgehoben)

(BGBl I 2017/40)

Abschnitt 11
Gemeinsame Vorschriften und Schlußbestimmungen

(BGBl I 2004/64)

§ 33. (aufgehoben)

(BGBl 1991/628, BGBl 1995/434)

§ 34. (aufgehoben)

(BGBl 1995/434)

Behördenzuständigkeit und Verfahrensvorschriften

§ 35. (1) Die nach diesem Bundesgesetz den Arbeitsinspektoraten zustehenden Aufgaben und Befugnisse sind in den vom Wirkungsbereich der Arbeitsinspektion ausgenommenen Betrieben von den zur Wahrnehmung des Dienstnehmerschutzes sonst berufenen Behörden wahrzunehmen.

(BGBl 1995/434, BGBl I 2012/35)

(2) Bescheide gemäß § 6 Abs. 3 und § 7 Abs. 3 sind zu befristen. Bescheide gemäß § 6 Abs. 3 und § 7 Abs. 3 sind zu widerrufen oder abzuändern, wenn die Voraussetzungen nicht mehr vorliegen. Beschwerden gegen Bescheide gemäß § 4 Abs. 2 Z 9, Abs. 4 und 5, § 5 Abs. 4 und § 9 Abs. 3 kommt keine aufschiebende Wirkung zu.

(BGBl 1992/833, BGBl I 2013/71)

(3) Zeugnisse gemäß § 3 Abs. 3, Bestätigungen gemäß den §§ 4a Abs. 1, 15f Abs. 3, 15j Abs. 8 sowie Amtshandlungen gemäß § 3 Abs. 3 und § 31 Abs. 2 letzter Satz sind von Stempelgebühren und Bundesverwaltungsabgaben befreit.

(BGBl 1989/651, BGBl 1990/408, BGBl 1992/833, BGBl 1995/434, BGBl I 1999/153, BGBl I 2004/64)

§ 36. Zuständige Verwaltungsbehörde im Sinne des § 5 Abs. 4 und § 9 Abs. 3 und 4 ist für die dem Arbeitsinspektionsgesetz 1993 unterliegenden Betriebe und für Privathaushalte die Bezirksverwaltungsbehörde.

(BGBl 1992/833, BGBl 1993/257, BGBl 1995/434, BGBl I 2001/98, BGBl I 2012/35)

Strafbestimmungen

§ 37. (1) Dienstgeber oder deren Bevollmächtigte, die den § 2a, § 2b, § 3 Abs. 1, 3, 6 und 7, § 4 Abs. 1 bis 3, 5 und 6, § 4a, § 5 Abs. 1 bis 3, §§ 6 bis 8a, § 9 Abs. 1 und 2, § 31 Abs. 2, § 32 oder einem Bescheid nach § 4 Abs. 2 Z 9 und Abs. 5, § 5 Abs. 4, § 9 Abs. 3 und 4 zuwiderhandeln, sind, wenn die Tat nicht nach anderen Vorschriften mit strengerer Strafe bedroht ist, von der Bezirksverwaltungsbehörde mit einer Geldstrafe von 70 Euro bis 1 820 Euro, im Wiederholungsfalle von 220 Euro bis 3 630 Euro zu bestrafen.

(BGBl 1992/833, BGBl 1995/434, BGBl I 2001/98, BGBl I 2004/64)

(2) Abs. 1 ist nicht anzuwenden, wenn die Zuwiderhandlung vom Organ einer Gebietskörperschaft begangen worden ist. Besteht bei einer Bezirksverwaltungsbehörde der Verdacht einer Zuwiderhandlung durch ein solches Organ, so hat sie, wenn es sich um ein Organ des Bundes oder eines Landes handelt, eine Anzeige an das oberste Organ, dem das der Zuwiderhandlung verdächtige Organ untersteht (Art. 20 Abs. 1 erster Satz B-VG), zu erstatten, in allen anderen Fällen aber an die Aufsichtsbehörde.

Weitergeltung von Vorschriften

§ 38. Bestimmungen in Kollektivverträgen, Betriebsvereinbarungen und Arbeitsordnungen, die den Dienstnehmerinnen vor und nach ihrer Entbindung einen weitergehenden Schutz als dieses Bundesgesetz gewähren, werden durch dieses Bundesgesetz nicht berührt.

Verweisungen

§ 38a. Soweit in diesem Bundesgesetz auf andere Bundesgesetze verwiesen wird, sind diese in ihrer jeweils geltenden Fassung anzuwenden.

(BGBl 1995/434)

Übergangsbestimmungen

§ 38b. (1) Ansprüche, die durch das Bundesgesetz BGBl. Nr. 833/1992 neu geschaffen wurden, haben nur Eltern, Adoptiv- oder Pflegeeltern, wenn das Kind nach dem 31. Dezember 1992 geboren wurde. Die Meldefristen für die Inanspruchnahme von Karenzurlauben oder von zu vereinbarenden Teilzeitbeschäftigungen verlängern sich nach Geburten, die zwischen dem 1. Jänner 1993 und der Kundmachung des Bundesgesetzes BGBl. Nr. 833/1992 erfolgen, um vier Wochen nach der Kundmachung dieses Bundesgesetzes. Ansprüche von Eltern, Adoptiv- oder Pflegeeltern, deren Kind vor dem 1. Jänner 1993 geboren wurde, richten sich nach den gesetzlichen Bestimmungen, die unmittelbar vor ihrer Änderung durch dieses Bundesgesetz gegolten haben.

(2) Bestehende Regelungen in Normen der kollektiven Rechtsgestaltung oder in Einzelvereinbarungen über die Anrechnung von Zeiten eines Karenzurlaubes für Ansprüche, die sich nach der Dauer der Dienstzeit richten, werden auf den Anspruch nach § 15e Abs. 2 letzter Satz angerechnet.

(BGBl 1992/833, BGBl I 1999/153)

(3) Ansprüche, die durch das Bundesgesetz BGBl. I Nr. 153/1999 neu geschaffen wurden, haben nur Mütter (Adoptiv- oder Pflegemütter), wenn das Kind nach dem 31. Dezember 1999 geboren wurde. Ansprüche von Eltern (Adoptiv- oder Pflegeeltern), deren Kind vor dem 1. Jänner 2000 geboren wurde, richten sich nach den gesetzlichen Bestimmungen, die unmittelbar vor ihrer Änderung durch dieses Bundesgesetz gegolten haben.

(BGBl I 1999/153)

(BGBl 1995/434)

§ 38c. In Arbeitsstätten, die vor Inkrafttreten dieses Bundesgesetzes errichtet wurden und die über keine Ruhemöglichkeiten im Sinne des § 8a verfügen, sind solche Ruhemöglichkeiten bis spätestens 1. Jänner 1996 herzustellen.

(BGBl 1995/434)

Übergangsbestimmungen (Option) für Geburten nach dem 30. Juni 2000, jedoch vor dem 1. Jänner 2002

§ 38d. (1) Mütter, deren Kinder nach dem 30. Juni 2000, jedoch vor dem Tag der Kundmachung des Bundesgesetzes BGBl. I Nr. 103/2001 geboren wurden, können, wenn sich entweder Mutter oder Vater am Tag der Kundmachung in Karenz befindet oder einen Teil der Karenz aufgeschoben haben, binnen drei Monaten ab Kundmachung ihrem Dienstgeber bekannt geben, ob sie Karenz bis zum Ablauf des zweiten Lebensjahres des Kindes nach den Bestimmungen dieses Bundesgesetzes in der Fassung BGBl. I Nr. 103/2001 in Anspruch nehmen.

(2) Mütter, deren Kinder nach dem 30. Juni 2000, jedoch vor dem 1. Jänner 2002 geboren wurden, können ab 1. Jänner 2002 eine Beschäftigung im Sinne des § 15e Abs. 2 und 3 dieses Bundesgesetzes in der Fassung BGBl. I Nr. 103/2001 vereinbaren.

(3) Vor dem 1. Jänner 2002 vereinbarte Teilzeitbeschäftigungen nach den Bestimmungen dieses Bundesgesetzes in der Fassung BGBl. I Nr. 153/1999 bleiben aufrecht, soweit Dienstgeber und Dienstnehmerin nicht anderes vereinbaren.

(4) Vor dem 1. Jänner 2002 bescheidmäßig festgelegte Teilzeitbeschäftigungen nach den Bestimmungen dieses Bundesgesetzes in der Fassung des Bundesgesetzes BGBl. I Nr. 153/1999 bleiben aufrecht, soweit nicht auf Antrag der Beamtin durch Bescheid eine Abänderung verfügt wird.

(BGBl I 2001/103)

Inkrafttreten und Vollziehung

§ 39. (1) Mit der Vollziehung dieses Bundesgesetzes sind betraut:

1. für Dienstverhältnisse zum Bund der Bundeskanzler, soweit jedoch der Wirkungsbereich der Arbeitsinspektion betroffen ist, im Einvernehmen mit dem Bundesminister für Arbeit; in Angelegenheiten, die nur den Wirkungsbereich eines Bundesministers betreffen, dieser

Bundesminister, soweit jedoch der Wirkungsbereich der Arbeitsinspektion betroffen ist, im Einvernehmen mit dem Bundesminister für Arbeit; soweit finanzielle Angelegenheiten betroffen sind, ist im Einvernehmen mit dem Bundesminister für Finanzen vorzugehen;

(BGBl I 2012/35, BGBl I 2021/119)

2. für Dienstverhältnisse zu den Ländern, Gemeinden und Gemeindeverbänden, soweit es sich um Bedienstete handelt, die in Betrieben tätig sind, der Bundesminister für Arbeit; soweit finanzielle Angelegenheiten betroffen sind, ist im Einvernehmen mit dem Bundesminister für Finanzen vorzugehen;

   (BGBl I 2012/35, BGBl I 2021/119)

3. für Dienstverhältnisse der Lehrer und Erzieher für die in Art. 14a Abs. 2 lit. a bis d B-VG genannten Einrichtungen der Bundesminister für Landwirtschaft, Regionen und Tourismus im Einvernehmen mit dem Bundeskanzler; soweit finanzielle Angelegenheiten betroffen sind, ist im Einvernehmen mit dem Bundesminister für Finanzen vorzugehen;

   (BGBl I 2021/119)

4. für sonstige Dienstverhältnisse der Bundesminister für Arbeit.

   (BGBl 1992/833, BGBl I 2001/98, BGBl I 2012/35, BGBl I 2021/119)

(2) Für Dienstverhältnisse der Lehrer für öffentliche Pflichtschulen (Art. 14 Abs. 2 B-VG) sowie der Lehrer für öffentliche land- und forstwirtschaftliche Berufs- und Fachschulen und der Erzieher für öffentliche Schülerheime, die ausschließlich oder vorwiegend für Schüler der öffentlichen land- und forstwirtschaftlichen Berufs- und Fachschulen bestimmt sind (Art. 14a Abs. 3 B-VG), obliegt die Vollziehung dieses Bundesgesetzes, soweit nicht die Erlassung von Durchführungsverordnungen dem Bund vorbehalten ist, den Ländern.

(3) Verordnungen auf Grund dieses Bundesgesetzes sind für die Dienstverhältnisse der Lehrer für öffentliche Pflichtschulen (Art. 14 Abs. 2 B-VG) vom Bundesminister für Bildung, Wissenschaft und Forschung im Einvernehmen mit dem Bundeskanzler, für die Dienstverhältnisse der Lehrer für öffentliche land- und forstwirtschaftliche Berufs- und Fachschulen und der Erzieher für öffentliche Schülerheime, die ausschließlich oder vorwiegend für Schüler der öffentlichen land- und forstwirtschaftlichen Berufs- und Fachschulen bestimmt sind (Art. 14a Abs. 3 B-VG), vom Bundesminister für Landwirtschaft, Regionen und Tourismus im Einvernehmen mit dem Bundeskanzler zu erlassen; soweit finanzielle Angelegenheiten betroffen sind, ist im Einvernehmen mit dem Bundesminister für Finanzen vorzugehen.

(BGBl I 2021/119)

(4) Mit der Wahrnehmung der dem Bund gemäß Art. 14 Abs. 8 B-VG zustehenden Rechte ist der Bundesminister für Bildung, Wissenschaft und Forschung im Einvernehmen mit dem Bundeskanzler betraut. Mit der Wahrnehmung der dem Bund gemäß Art. 14a Abs. 6 B-VG zustehenden Rechte ist für die im Art. 14a Abs. 3 lit. b B-VG genannten Personen der Bundesminister für Landwirtschaft, Regionen und Tourismus betraut.

(BGBl I 2021/119)

(5) Soweit § 35 Abs. 3 eine Befreiung von den Stempelgebühren vorsieht, ist der Bundesminister für Finanzen und soweit diese Bestimmung eine Befreiung von den Bundesverwaltungsabgaben vorsieht, der Bundesminister für Arbeit im Einvernehmen mit dem Bundesminister für Finanzen mit der Vollziehung betraut.

(BGBl 1995/434, BGBl I 2012/35, BGBl I 2021/119)

§ 40. (1) Die §§ 3 Abs. 4, 6 und 7, 4 Abs. 2 Z 2, 4, 9 und 10, 4 Abs. 5 und 6, 5 Abs. 1 und 5, 8, 10 Abs. 4 und 6, 10a, 11, 12, 14 Abs. 1 und 4, 15 Abs. 2, 15c Abs. 2 bis 6, 15d Abs. 1, 19, 21, 22, 23 Abs. 2, 24, 25, 27, 29 Abs. 1, 35, 36, 37 Abs. 1, 39 Abs. 1 Z 4 lit. c und 38a sowie der Entfall der §§ 26 und 28, in der Fassung des Bundesgesetzes BGBl. Nr. 833/1992 treten mit 1. Jänner 1993 in Kraft.

(BGBl 1992/833, BGBl 1993/257)

(2) § 36 und die Bezeichnung des früheren § 39 Abs. 6 als § 40 Abs. 1 in der Fassung des Bundesgesetzes BGBl. Nr. 257/1993 treten mit 1. Juli 1993 in Kraft. Auf zu diesem Zeitpunkt anhängige Verfahren sind sie jedoch noch nicht anzuwenden.

(BGBl 1993/257)

(3) Die §§ 1 Abs. 2 Z 1, § 3 Abs. 7 und 8, § 4 Abs. 1, Abs. 2 Z 3, 10 und 11 und Abs. 5 Z 2, § 4a, § 8a, § 9 Abs. 3 und 4, § 11, § 13, § 14 Abs. 1 und 2, § 15 Abs. 6 erster Halbsatz, § 15c Abs. 6 Satz 2, § 18, § 18a, § 19 Abs. 2, § 24, § 27, § 31 Abs. 4, § 35 Abs. 3, § 36, § 37 Abs. 1, § 38a, § 38b, § 38c und § 39 Abs. 5 in der Fassung des Bundesgesetzes, BGBl. Nr. 434/1995, treten mit 1. Juli 1995 in Kraft.

(BGBl 1995/434)

(4) Die §§ 2a und 2b treten für Arbeitsstätten, in denen regelmäßig mehr als 250 Dienstnehmer beschäftigt werden, mit 1. Juli 1995, im übrigen mit 1. Jänner 1997 in Kraft. § 102 Abs. 3 ASchG ist anzuwenden.

(BGBl 1995/434, BGBl I 1997/9)

(4a) Die Umsetzung der in den §§ 2a und 2b festgelegten Pflichten des Dienstgebers muß spätestens fertiggestellt sein:

1. für Arbeitsstätten, in denen regelmäßig mehr als 100 Dienstnehmer beschäftigt werden, mit 1. Juli 1997,
2. für Arbeitsstätten, in denen regelmäßig 51 bis 100 Dienstnehmer beschäftigt werden, mit 1. Juli 1998,
3. für Arbeitsstätten, in denen regelmäßig elf bis 50 Dienstnehmer beschäftigt werden, mit 1. Juli 1999,
4. für Arbeitsstätten, in denen regelmäßig bis zu zehn Dienstnehmer beschäftigt werden, mit 1. Juli 2000.

§ 102 Abs. 3 ASchG ist anzuwenden.

(BGBl I 1997/9)

(5) Abweichend von Abs. 4 muß die Umsetzung der in den §§ 2a und 2b festgelegten Pflichten für Dienststellen des Bundes, die dem Bundes-Bedienstetenschutzgesetz unterliegen, spätestens fertiggestellt sein:

1. für Dienststellen (Dienststellenteile) mit einem hohen und mittleren Gefährdungspotential mit 31. Dezember 2000,
2. für Dienststellen (Dienststellenteile) mit einem geringen Gefährdungspotential mit 30. Juni 2001.

(BGBl 1995/434, BGBl I 1999/70)

(6) Mit Ablauf des 30. Juni 1995 treten die §§ 5 Abs. 5, 29, 30, 33 und 34 außer Kraft.

(BGBl 1995/434)

(7) § 23 Abs. 3 bis 8 in der Fassung des Bundesgesetzes BGBl. I Nr. 61/1997 tritt mit 1. Juli 1997 in Kraft.

(BGBl I 1997/61)

(8) § 23 Abs. 3 in der Fassung des Bundesgesetzes BGBl. I Nr. 123/1998 tritt mit 1. Juli 1998 in Kraft.

(BGBl I 1998/123)

(9) § 19 Abs. 1 und 2 zweiter Satz und § 40 Abs. 5 in der Fassung des Bundesgesetzes BGBl. I Nr. 70/1999 tritt mit 1. Juni 1999 in Kraft.

(BGBl I 1999/70)

(10) § 3 Abs. 8, § 11, §13, §§15 bis 15i, § 16, § 20 Abs. 2 bis 2b, § 23 Abs. 1 bis 2d, 3, 4, 7 bis 9, § 25, § 35 Abs. 3 und § 38b Abs. 2 und 3 in der Fassung des Bundesgesetzes BGBl. I Nr. 153/1999 treten mit 1. Jänner 2000 in Kraft.

(BGBl I 1999/153)

(11) § 2a Abs. 2, § 4 Abs. 2, § 4a Abs. 2, § 5 Abs. 3, § 36 und § 39 Abs. 1 Z 4 in der Fassung des Bundesgesetzes BGBl. I Nr. 98/2001 treten mit 1. August 2001 in Kraft. Gleichzeitig treten außer Kraft: 1. das Gesetz vom 28. Juli 1919, StGBl. Nr. 406, über die Beschäftigung von jugendlichen und weiblichen Arbeitern, dann über die Arbeitszeit und die Sonntagsruhe beim Bergbau (Bergarbeitergesetz); 2. das Bundesgesetz über das Verbot der Verwendung von Frauen zu Untertagearbeiten beim Bergbau, BGBl. Nr. 70/1937.

(BGBl I 2001/98)

(12) § 37 Abs. 1 in der Fassung des Bundesgesetzes BGBl. I Nr. 98/2001 tritt mit 1. Jänner 2002 in Kraft.

(BGBl I 2001/98)

(13) § 10, §§ 15 bis 15j, 20 Abs. 2a und 2b, 23 und § 25 in der Fassung des Bundesgesetzes BGBl. I Nr. 103/2001 treten mit 1. Jänner 2002 in Kraft und gelten, soweit § 38d nicht anderes bestimmt, für Mütter, deren Kinder nach dem 31. Dezember 2001 geboren werden.

(BGBl I 2001/103, BGBl I 2002/87)

(14) § 15k und § 23 Abs. 15 in der Fassung des Bundesgesetzes BGBl. I Nr. 100/2002 treten mit 1. Jänner 2003 in Kraft, soweit nicht durch Verordnung gemäß § 46 Abs. 1 letzter Satz BMVG etwas anderes angeordnet wird.

(BGBl I 2002/100)

(15) § 23 Abs. 7 und 8 Z 1 und 2 in der Fassung des Bundesgesetzes BGBl. I Nr. 130/2003 treten mit 1. Jänner 2004 in Kraft und sind auf Mütter anzuwenden, deren Kinder nach dem 31. Dezember 2001 geboren sind.

(BGBl I 2003/130)

(16) Die §§ 11, 15d Abs. 5, 15h bis 15r, 16, 18a und 23 Abs. 8, 11, 12, 15 bis 17 in der Fassung des Bundesgesetzes BGBl. I Nr. 64/2004 treten mit 1. Juli 2004 in Kraft und gelten für Mütter (Adoptiv- oder Pflegemütter), deren Kinder nach dem 30. Juni 2004 geboren werden. Für Mütter (Adoptiv- oder Pflegemütter), deren Kinder vor dem 1. Juli 2004 geboren wurden, gelten weiterhin die Bestimmungen der §§ 11, 15d Abs. 5, 15h bis 15k, 16, 18a und 23 in der Fassung vor dem Bundesgesetz BGBl. I Nr. 64/2004. Abweichend davon kann eine Teilzeitbeschäftigung oder eine Änderung der Lage der Arbeitszeit nach den §§ 15h bis 15r und 23 Abs. 8, 11, 12, 15 bis 17 in der Fassung des Bundesgesetzes BGBl. I Nr. 64/2004 verlangt werden von einer

1. Mutter (Adoptiv- oder Pflegemutter), wenn sie oder der Vater (Adoptiv- oder Pflegevater) des Kindes sich am 1. Juli 2004 in Karenz nach diesem Bundesgesetz, dem VKG, gleichartigen österreichischen Rechtsvorschriften oder einer gleichartigen Rechtsvorschrift eines Mitgliedstaates des Europäischen Wirtschaftsraumes befindet, wobei eine Teilzeitbeschäftigung oder eine Änderung der Lage der Arbeitszeit nach dem Bundesgesetz BGBl. I Nr. 64/2004 frühestens nach Ablauf der Karenz angetreten werden kann;
2. Mutter (Adoptiv- oder Pflegemutter), wenn sie oder der Vater (Adoptiv- oder Pflegevater) des Kindes sich am 1. Juli 2004 in Teilzeitbeschäftigung nach diesem Bundesgesetz, dem VKG, gleichartigen österreichischen Rechtsvorschriften oder einer gleichartigen Rechtsvorschrift eines Mitgliedstaates des Europäischen Wirtschaftsraumes befindet, wobei eine Teilzeitbeschäftigung oder eine Änderung der Lage der Arbeitszeit nach dem Bundesgesetz BGBl. I Nr. 64/2004 frühestens nach Ablauf der ursprünglich vereinbarten Teilzeitbeschäftigung angetreten werden kann;
3. Mutter, die sich am 1. Juli 2004 in einem Beschäftigungsverbot nach § 5 Abs. 1 und 2 befindet;
4. Mutter, die am 1. Juli 2004 im Anschluss an die Frist nach § 5 Abs. 1 und 2 einen Gebührenurlaub verbraucht oder durch Krankheit oder Unglücksfall an der Dienstleistung verhindert ist und Karenz oder Teilzeitbeschäftigung nach diesem Bundesgesetz bereits geltend gemacht hat, wobei eine Teilzeitbeschäftigung oder eine Änderung der Lage der Arbeitszeit nach dem Bundesgesetz BGBl. I Nr. 64/2004 frühestens nach Ablauf der Ka-

renz bzw. der ursprünglich vereinbarten Teilzeitbeschäftigung angetreten werden kann.

(BGBl I 2004/64)

(17) § 15g in der Fassung des Bundesgesetzes BGBl. I Nr. 58/2010 tritt mit 1. August 2010 in Kraft.

(BGBl I 2010/58)

(18) § 35 Abs. 1, § 36 sowie § 39 Abs. 1 Z 1, 2 und 4 und Abs. 5 in der Fassung des 2. Stabilitätsgesetzes 2012, BGBl. I Nr. 35/2012, treten mit 1. Juli 2012 in Kraft.

(BGBl I 2012/35)

(19) In der Fassung des Bundesgesetzes BGBl. I Nr. 120/2012 treten in Kraft:

1. § 23 Abs. 11 Z 1 mit 1. Jänner 2013,
2. § 23 Abs. 6 mit 1. September 2013,
3. § 22a, § 23 Abs. 10a, § 23 Abs. 11 Z 2, § 23 Abs. 15 und17 mit dem der Kundmachung des Bundesgesetzes BGBl. I Nr. 120/2012 folgenden Tag.

(BGBl I 2012/120)

(20) § 35 Abs. 2 in der Fassung des Bundesgesetzes BGBl. I Nr. 71/2013 tritt mit 1. Jänner 2014 in Kraft.

(BGBl I 2013/71)

(21) § 15c, § 15d, § 15o sowie § 15q in der Fassung des Bundesgesetzes BGBl. I Nr. 138/2013 treten mit 1. August 2013 in Kraft und gelten für Mütter, deren Kinder nach dem 31. Juli 2013 adoptiert oder in unentgeltliche Pflege genommen werden.

(BGBl I 2013/138)

(22) § 2a Abs. 2 Z 7, § 3 Abs. 6 und § 4 Abs. 2 Z 11 in der Fassung des Bundesgesetzes BGBl. I Nr. 60/2015 treten mit 1. Juni 2015 in Kraft. § 2a Abs. 2 Z 9 in der Fassung des Bundesgesetzes BGBl. I Nr. 60/2015 tritt mit Ablauf des 31. Mai 2015 außer Kraft.

(BGBl I 2015/60)

(23) § 23 Abs. 3 und 8 in der Fassung des Bundesgesetzes BGBl I Nr. 65/2015 tritt mit 1. September 2015 in Kraft.

(BGBl I 2015/65)

(24) § 15c Abs. 1 und 3 in der Fassung des Bundesgesetzes BGBl. I Nr. 162/2015 tritt mit 1. Jänner 2016 in Kraft.

(BGBl I 2015/162)

(25) § 1 Abs. 5, § 10 Abs. 1a und 8, § 12 Abs. 1 und 3, § 14 Abs. 2, § 15 Abs. 3 und 4, § 15c Abs. 2 sowie § 20 Abs. 4 in der Fassung des Bundesgesetzes BGBl. I Nr. 149/2015 treten mit 1. Jänner 2016 in Kraft.

(26) § 15h Abs. 1, § 15i, § 15j Abs. 2, 5, 6 und 10, § 15k Abs. 1, § 15l Abs. 1 sowie § 23 Abs. 9a, 12 und 16 in der Fassung des Bundesgesetzes BGBl. I Nr. 149/2015 treten mit 1. Jänner 2016 in Kraft und gelten für Mütter (Adoptiv- oder Pflegemütter), deren Kinder ab diesem Zeitpunkt geboren (adoptiert oder in unentgeltliche Pflege genommen) werden.

(BGBl I 2015/149)

(27) § 17 samt Überschrift und § 32 treten mit Ablauf des 30. Juni 2017 außer Kraft. § 25 in der Fassung des Deregulierungsgesetzes 2017, BGBl. I Nr. 40/2017, tritt mit 1. Juli 2017 in Kraft.

(BGBl I 2017/40)

(28) § 4 Abs. 2 Z 4, § 6 Abs. 2 und 3 sowie § 7 Abs. 2 Z 3 und 4 in der Fassung des Bundesgesetzes BGBl. I Nr. 126/2017 treten mit 1. August 2017 in Kraft. § 3 Abs. 3 in der Fassung des Bundesgesetzes BGBl. I Nr. 126/2017 tritt mit 1. Jänner 2018 in Kraft. Verordnungen auf Grund des § 3 Abs. 3 können bereits von dem seiner Kundmachung folgenden Tag an erlassen werden, dürfen jedoch frühestens mit 1. Jänner 2018 in Kraft gesetzt werden.

(BGBl I 2017/126)

(29) § 15f Abs. 1 in der Fassung des Bundesgesetzes BGBl. I Nr. 68/2019 ritt[a)] mit 1. August 2019 in Kraft und gilt für Mütter (Adoptiv- oder Pflegemütter), deren Kind ab diesem Zeitpunkt geboren (adoptiert oder in unentgeltliche Pflege genommen) wird.

(BGBl I 2019/68)

[a)] Müsste „tritt" heißen.

(30) § 23 Abs. 6 in der Fassung der 3. Dienstrechts-Novelle 2019, BGBl. I Nr. 112/2019, tritt mit dem der Kundmachung folgenden Tag in Kraft.

(BGBl I 2019/112)

(31) § 23 Abs. 5 in der Fassung der Dienstrechts-Novelle 2020, BGBl. I Nr. 153/2020, tritt mit 1. August 2019 in Kraft und gilt für Mütter (Adoptiv- oder Pflegemütter), deren Kinder ab diesem Zeitpunkt geboren (adoptiert oder in unentgeltliche Pflege genommen) werden.

(BGBl I 2020/153)

18/2. Mutterschutzverordnung

Mutterschutzverordnung, BGBl II 2017/310 idF
1 BGBl II 2019/83

GLIEDERUNG

Verordnung des Bundesministers für Arbeit, Soziales und Konsumentenschutz über die vorzeitige Freistellung werdender Mütter (Mutterschutzverordnung – MSchV)

Auf Grund des § 3 Abs. 3 des Mutterschutzgesetzes 1979 (MSchG), BGBl. Nr. 221/1979, zuletzt geändert durch das Bundesgesetz BGBl. I Nr. 126/2017, wird verordnet:

Allgemeines

§ 1. (1) Diese Verordnung regelt die Ausstellung von Freistellungszeugnissen durch Fachärzte/Fachärztinnen gemäß § 3 Abs. 3 MSchG. Sie ist nicht auf Freistellungen auf Grund eines Zeugnisses eines/einer Arbeitsinspektionsarztes/Arbeitsinspektionsärztin oder eines/einer Amtsarztes/Amtsärztin anwendbar.

(2) Fachärztliche Zeugnisse (Freistellungszeugnisse) gemäß § 3 Abs. 3 MSchG dürfen nur auf Grund von in dieser Verordnung geregelten medizinischen Indikationen ausgestellt werden.

Medizinische Indikationen

§ 2. (1) Medizinische Indikationen gemäß § 3 Abs. 3 Z 1 MSchG sind:

1. Anämie mit Hämoglobin im Blut < 8,5 g/dl mit zusätzlicher kardiopulmonaler Symptomatik;
2. Auffälligkeiten im pränatalen Ultraschall mit drohendem Risiko einer Frühgeburt unter laufender Therapie (zB Polyhydramnion);
3. belastete Anamnese mit Status post spontanem Spätabort oder Frühgeburt eines Einlings (16. bis 36. Schwangerschaftswoche);
4. insulinpflichtiger Diabetes Mellitus (IDDM) mit rezidivierenden Hyper- oder Hypoglykämien;
5. kongenitale Fehlbildungen;
6. Mehrlingsschwangerschaften;
7. eine oder mehrere Organtransplantationen, denen die werdende Mutter unterzogen wurde;
8. Plazenta praevia totalis bzw. partialis ab der 20. Schwangerschaftswoche;
9. Präeklampsie, E-P-H-Gestose;
10. sonographisch bewiesene subamniale oder subplazentare Einblutungszonen (Hämatome) mit klinischer Symptomatik;
11. Status post Konisation;
12. thromboembolische Geschehen in der laufenden Schwangerschaft;
13. Fehlbildungen des Uterus;
14. Verdacht auf Plazenta increta/percreta inklusive Narbeninvasion ab der 20. Schwangerschaftswoche;
15. vorzeitige Wehen bei Zustand nach Tokolyse im Krankenhaus;
16. Wachstumsretardierung mit nachgewiesener Mangelversorgung des Feten;
17. Zervixinsuffizienz: Zervixlänge unter 25 mm Länge und/oder Cerclage in laufender Schwangerschaft.

(2) Auch bei Vorliegen von in Abs. 1 genannten medizinischen Indikationen ist die Ausstellung eines Freistellungszeugnisses vor Ablauf der 15. Schwangerschaftswoche nur zulässig, wenn besondere Umstände vorliegen, die eine frühere Freistellung zwingend erforderlich machen. Dies ist von dem/der das Freistellungszeugnis ausstellenden Facharzt/Fachärztin im Freistellungszeugnis zu begründen.

Berechtigung zur Ausstellung fachärztlicher Freistellungszeugnisse

§ 3. Nur Fachärzte/Fachärztinnen für Frauenheilkunde und Fachärzte/Fachärztinnen für Innere Medizin dürfen fachärztliche Freistellungszeugnisse ausstellen.

Ausstellung, Form und Inhalt des Freistellungszeugnisses

§ 4. (1) Der/Die das Freistellungszeugnis ausstellende Facharzt/Fachärztin hat die werdende

Mutter, für die das Zeugnis ausgestellt werden soll, persönlich ärztlich zu untersuchen.

(2) Für das Freistellungszeugnis sind die in der Anlage enthaltenen Formulare 1 (zur Vorlage beim Sozialversicherungsträger) und 2 (zur Vorlage bei dem/der Dienstgeber/in) zu verwenden.

(3) Aus der zur Vorlage beim Sozialversicherungsträger bestimmten Fassung des Freistellungszeugnisses (Formular 1) hat sich eindeutig und nachvollziehbar das Vorliegen einer oder mehrerer der in dieser Verordnung genannten medizinischen Indikationen zu ergeben, im Fall einer Ausstellung vor Ablauf der 15. Schwangerschaftswoche auch die Begründung der besonderen Umstände gemäß § 2 Abs. 2.

Übergangsbestimmung

§ 5. Diese Verordnung berührt nicht die Gültigkeit von vor dem 1. Jänner 2018 auf Grund des § 3 Abs. 3 MSchG in der vor Inkrafttreten des Bundesgesetzes BGBl. I Nr. 126/2017 geltenden Fassung ausgestellten Zeugnissen.

Inkrafttreten

§ 6. Diese Verordnung tritt am 1. Jänner 2018 in Kraft.

Anlage
Formular 1

FACHÄRZTLICHES ZEUGNIS gemäß § 3 Abs. 3 des Mutterschutzgesetzes 1979 (MSchG), BGBl. Nr. 221/1979, zur Vorlage beim Sozialversicherungsträger	
Vor- und Familienname der Dienstnehmerin	Geburtsdatum der Dienstnehmerin
Sozialversicherungsnummer der Dienstnehmerin	Voraussichtlicher Geburtstermin des Kindes
Wohnanschrift der Dienstnehmerin	
Name und Anschrift des/der Dienstgebers/Dienstgeberin	
Name und Anschrift des/der Facharztes/Fachärztin für	
Folgende medizinische/n Indikation/en gemäß § 2 der Mutterschutzverordnung (MSchV), BGBl. II Nr. 310/2017, wurde/n festgestellt:	
(Falls zutreffend): Aus folgendem/folgenden Grund/Gründen ist eine Freistellung bereits vor Ablauf der 15. Schwangerschaftswoche erforderlich:	
Gemäß § 3 Abs. 3 des Mutterschutzgesetzes 1979 (MSchG) wird bescheinigt, dass Leben oder Gesundheit von Mutter oder Kind bei Fortdauer der Beschäftigung gefährdet wäre. Daher ist jede weitere Beschäftigung der Dienstnehmerin in dem angeführten Zeitraum unzulässig. O* Dieses Zeugnis gilt bis zum Ablauf von …….. Wochen ab Ausstellung. O* Dieses Zeugnis gilt bis zum Beginn der Schutzfrist gemäß § 3 Abs. 1 MSchG. * Zutreffendes bitte ankreuzen Ort, Datum Unterschrift Facharzt/Fachärztin	

(BGBl II 2019/83)

Anlage
Formular 2

Zur Vorlage bei dem/der Dienstgeber/in gemäß § 3 Abs. 3 des Mutterschutzgesetzes 1979 (MSchG), BGBl. Nr. 221/1979	
Vor- und Familienname der Dienstnehmerin	Geburtsdatum der Dienstnehmerin
Wohnanschrift der Dienstnehmerin	
Gemäß § 3 Abs. 3 des Mutterschutzgesetzes 1979 (MSchG) wird bescheinigt, dass Leben oder Gesundheit von Mutter oder Kind bei Fortdauer der Beschäftigung gefährdet wäre. Daher ist ab der Vorlage dieses Zeugnisses jede weitere Beschäftigung der Dienstnehmerin in dem angeführten Zeitraum unzulässig.	
O* Dieses Zeugnis gilt bis zum Ablauf von …….. Wochen ab Ausstellung.	
O* Dieses Zeugnis gilt bis zum Beginn der Schutzfrist gemäß § 3 Abs. 1 MSchG.	
* Zutreffendes bitte ankreuzen	
Ort, Datum	Unterschrift Facharzt/Fachärztin

18/3. Väter-Karenzgesetz

Väter-Karenzgesetz, BGBl 1989/651 idF

1 BGBl 1990/299	**2** BGBl 1990/408	**3** BGBl 1990/450
4 BGBl 1991/277	**5** BGBl 1992/315	**6** BGBl 1992/833
7 BGBl 1994/665	**8** BGBl 1995/434	**9** BGBl I 1997/61
10 BGBl I 1998/70	**11** BGBl I 1998/123	**12** BGBl I 1999/153
13 BGBl I 2000/6	**14** BGBl I 2001/103	**15** BGBl I 2002/100
16 BGBl I 2003/130	**17** BGBl I 2004/64	**18** BGBl I 2004/124
19 BGBl I 2007/53	**20** BGBl I 2009/116	**21** BGBl I 2010/58
22 BGBl I 2012/120	**23** BGBl I 2013/138	**24** BGBl I 2015/65
25 BGBl I 2015/149	**26** BGBl I 2015/162	**27** BGBl I 2019/73
28 BGBl I 2019/112	**29** BGBl I 2020/153	

GLIEDERUNG

STICHWORTVERZEICHNIS

Bundesgesetz, mit dem Karenz für Väter geschaffen wird (Väter-Karenzgesetz – VKG)

Der Nationalrat hat beschlossen:

Artikel I

Abschnitt 1

(BGBl I 2004/64)

Geltungsbereich

§ 1. (1) Dieses Bundesgesetz gilt für

1. alle Arbeitsverhältnisse und Dienstverhältnisse, die auf einem privatrechtlichen Vertrag beruhen,
2. Beschäftigungsverhältnisse, auf die das Heimarbeitsgesetz 1960, BGBl. Nr. 105/1961, anzuwenden ist,
3. öffentlich-rechtliche Dienstverhältnisse zum Bund,
4. Dienstverhältnisse gem. Art. 14 Abs. 2 und Art. 14a Abs. 3 B-VG, die gesetzlich vom Bund zu regeln sind.

(1a) Dieses Bundesgesetz gilt sinngemäß auch für das Arbeitsverhältnis einer Frau, die gemäß § 144 Abs. 2 und 3 des Allgemeinen bürgerlichen Gesetzbuches, JGS Nr. 946/1811, Elternteil ist.

(BGBl I 2015/149)

(2) Ausgenommen sind

1. Arbeitsverhältnisse der land- und forstwirtschaftlichen Arbeiter im Sinne des Landarbeitsgesetzes 1984, BGBl. Nr. 287,
2. Dienstverhältnisse zu einem Land, einem Gemeindeverband oder einer Gemeinde, soweit sie nicht gesetzlich vom Bund zu regeln sind.

Abschnitt 1a

Anspruch auf Freistellung anlässlich der Geburt eines Kindes

§ 1a. (1) Unbeschadet des Anspruchs auf Karenz nach den §§ 2ff ist dem Arbeitnehmer auf sein Verlangen für den Zeitraum von der Geburt seines Kindes bis zum Ablauf des Beschäftigungsverbotes der Mutter nach der Geburt des Kindes (§ 5 Abs. 1 des Mutterschutzgesetzes 1979, BGBl. Nr. 221, gleichartige österreichische Rechtsvorschriften oder gleichartige Rechtsvorschriften der Mitgliedsstaaten des Europäischen Wirtschaftsraumes) Freistellung in der Dauer von einem Monat zu gewähren, wenn er mit dem Kind im gemeinsamen Haushalt lebt.

(2) Hat die Mutter keinen Anspruch auf Karenz, endet der in Abs. 1 vorgesehene Zeitraum für die Inanspruchnahme der Freistellung anlässlich der Geburt eines Kindes spätestens mit dem Ablauf von acht bzw. bei Früh-, Mehrlings- oder Kaiserschnittgeburten zwölf Wochen nach der Geburt; bezieht die Mutter Betriebshilfe (Wochengeld) nach § 102a Gewerbliches Sozialversicherungsgesetz (GSVG), BGBl. Nr. 560/1978, oder nach § 98 Bauern-Sozialversicherungsgesetz (BSVG), BGBl. Nr. 559/1978, und verkürzt sich die Achtwochenfrist vor der Entbindung, endet der Zeitraum für die Inanspruchnahme mit dem in den §§ 102a Abs. 1 Satz 4 GSVG und 98 Abs. 1 Satz 4 BSVG genannten Zeitpunkt.

(3) Beabsichtigt der Arbeitnehmer, eine Freistellung nach Abs. 1 in Anspruch zu nehmen, hat er spätestens drei Monate vor dem errechneten Geburtstermin seinem Arbeitgeber unter Bekanntgabe des Geburtstermins den voraussichtlichen Beginn der Freistellung anzukündigen (Vorankündigung). Der Arbeitnehmer hat den Arbeitgeber unverzüglich von der Geburt seines Kindes zu verständigen und spätestens eine Woche nach der Geburt den Antrittszeitpunkt der Freistellung bekannt zu geben. Kann die Vorankündigung der Freistellungsabsicht auf Grund einer Frühgeburt nicht erfolgen, hat er dem Arbeitgeber die Geburt unverzüglich anzuzeigen und den Antrittszeitpunkt der Freistellung nach Abs. 1 spätestens eine Woche nach der Geburt bekannt zu geben. Unbeschadet des Ablaufs dieser Fristen kann eine Freistellung nach Abs. 1 vereinbart werden.

(4) Die Freistellung nach Abs. 1 beginnt frühestens mit dem auf die Geburt des Kindes folgenden Kalendertag. Ein gesetzlicher, kollektivvertraglicher oder einzelvertraglicher Anspruch auf Dienstfreistellung anlässlich der Geburt eines Kindes ist auf die Freistellung nach Abs. 1 nicht anzurechnen.

(5) Tritt während der Freistellung nach Abs. 1 die Verhinderung der Mutter im Sinne von § 6 ein, kann der Arbeitnehmer im unmittelbaren Anschluss an die Freistellung Karenz nach § 6 verlangen, sofern die Verhinderung über das Ende der Freistellung andauert. Er hat die voraussichtliche Dauer unverzüglich bekannt zu geben und die anspruchsbegründenden Umstände nachzuweisen.

(6) Der Arbeitnehmer, der die Freistellung nach Abs. 1 in Anspruch nimmt, darf weder gekündigt noch entlassen werden. Der Kündigungs- und Entlassungsschutz beginnt mit der Vorankündigung oder einer späteren Vereinbarung gemäß Abs. 3, frühestens jedoch vier Monate vor dem errechneten Geburtstermin. Bei Entfall der Vorankündigung auf Grund einer Frühgeburt beginnt er mit der Meldung des Antrittszeitpunktes. Der Kündigungs- und Entlassungsschutz endet vier Wochen nach dem Ende der Freistellung. § 10 Abs. 3, 5 und 7 MSchG, § 13 MSchG sowie für Heimarbeiter § 31 Abs. 3 MSchG sowie § 7 Abs. 2 sind anzuwenden. Eine Entlassung kann nur nach Zustimmung des Gerichtes ausgesprochen werden. § 12 Abs. 2 und 4 MSchG ist anzuwenden.

(7) Bei Wegfall des gemeinsamen Haushalts mit dem Kind ist § 2 Abs. 7 und 8 sinngemäß anzuwenden. Für das Recht auf Information gilt § 7a und für den Anspruch auf eine Dienstwohnung während der Dauer des Kündigungs- und Entlassungsschutzes § 16 MSchG. Ferner sind für eine Freistellung gemäß Abs. 1 die Bestimmungen des § 15f Abs. 1 und 2 MSchG sinngemäß anzuwenden.

(BGBl I 2019/73)

Abschnitt 2
Karenz

(BGBl I 2004/64)

Anspruch auf Karenz

§ 2. (1) Dem Arbeitnehmer ist auf sein Verlangen Karenz gegen Entfall des Arbeitsentgelts bis zum Ablauf des zweiten Lebensjahres seines Kindes, sofern im Folgenden nicht anderes bestimmt ist, zu gewähren, wenn er mit dem Kind im gemeinsamen Haushalt lebt; eine gleichzeitige Inanspruchnahme von Karenz durch beide Elternteile ist ausgenommen im Falle des § 3 Abs. 2 nicht zulässig.

(BGBl I 2004/124)

(2) Hat die Mutter einen Anspruch auf Karenz, beginnt die Karenz des Arbeitnehmers frühestens mit dem Ablauf eines Beschäftigungsverbotes der Mutter nach Geburt eines Kindes (§ 5 Abs. 1 des Mutterschutzgesetzes 1979, BGBl. Nr. 221, gleichartige österreichische Rechtsvorschriften oder gleichartige Rechtsvorschriften der Mitgliedstaaten des Europäischen Wirtschaftsraumes).

(BGBl I 2004/124)

(3) Hat die Mutter keinen Anspruch auf Karenz, beginnt die Karenz des Arbeitnehmers frühestens mit dem Ablauf von acht bzw. bei Früh-, Mehrlings- oder Kaiserschnittgeburten zwölf Wochen nach der Geburt. Bezieht die Mutter Betriebshilfe (Wochengeld) nach § 102a Gewerbliches Sozialversicherungsgesetz (GSVG), BGBl. Nr. 560/1978, oder nach § 98 Bauern-Sozialversicherungsgesetz (BSVG), BGBl. Nr. 559/1978, und verkürzt sich die Achtwochenfrist vor der Entbindung, so beginnt die Karenz frühestens mit dem in den §§ 102a Abs. 1 Satz 4 GSVG und 98 Abs. 1 Satz 4 BSVG genannten Zeitpunkt.

(BGBl I 2004/124)

(4) Die Karenz muss mindestens zwei Monate betragen.

(BGBl I 2009/116)

(5) Nimmt der Arbeitnehmer Karenz zum frühestmöglichen Zeitpunkt (Abs. 2 oder 3) in Anspruch, hat er seinem Arbeitgeber spätestens acht Wochen nach der Geburt des Kindes Beginn und Dauer der Karenz bekannt zu geben. Der Arbeitnehmer kann seinem Arbeitgeber spätestens drei Monate, dauert die Karenz jedoch weniger als drei Monate, spätestens zwei Monate vor dem Ende

seiner Karenz, bekannt geben, dass er die Karenz verlängert und bis wann. Hat die Mutter keinen Anspruch auf Karenz, kann der Arbeitnehmer Karenz auch zu einem späteren Zeitpunkt in Anspruch nehmen. In diesem Fall hat er seinem Arbeitgeber Beginn und Dauer der Karenz spätestens drei Monate vor dem Antritt der Karenz bekannt zu geben. Unbeschadet des Ablaufs dieser Fristen kann Karenz nach Abs. 1 vereinbart werden.

(BGBl I 2009/116, BGBl I 2015/149)

(6) Der Arbeitgeber ist verpflichtet, seinem Arbeitnehmer auf dessen Verlangen jeweils eine Bestätigung über Beginn und Dauer der Karenz auszustellen. Die Bestätigung ist vom Arbeitnehmer mit zu unterfertigen. Derartige Bestätigungen sind von Stempelgebühren und Bundesverwaltungsabgaben befreit.

(7) Der Arbeitnehmer hat seinem Arbeitgeber den Wegfall des gemeinsamen Haushaltes mit dem Kind unverzüglich bekannt zu geben und über Verlangen des Arbeitgebers seinen Dienst wieder anzutreten.

(8) Die Karenz endet vorzeitig, wenn der gemeinsame Haushalt mit dem Kind aufgehoben wird und der Arbeitgeber den vorzeitigen Antritt des Dienstes begehrt.

(BGBl I 2001/103)

Teilung der Karenz zwischen Vater und Mutter

§ 3. (1) Die Karenz nach § 2 kann zweimal geteilt und abwechselnd mit der Mutter in Anspruch genommen werden. Ein Karenzteil muss mindestens zwei Monate betragen und beginnt zu dem in § 2 Abs. 2 oder 3 vorgesehenen Zeitpunkt oder im unmittelbaren Anschluss an eine Karenz der Mutter.

(BGBl I 2009/116)

(2) Aus Anlass des erstmaligen Wechsels der Betreuungsperson kann der Arbeitnehmer gleichzeitig mit der Mutter Karenz in der Dauer von einem Monat in Anspruch nehmen, wobei der Anspruch auf Karenz ein Monat vor dem im § 2 Abs. 1 oder § 4 Abs. 1 dritter Satz vorgesehenen Zeitpunkt endet.

(BGBl I 2004/64)

(3) Nimmt der Arbeitnehmer Karenz im Anschluss an eine Karenz der Mutter in Anspruch, hat er spätestens drei Monate vor Ende der Karenz der Mutter seinem Arbeitgeber Beginn und Dauer seiner Karenz bekannt zu geben. Beträgt die Karenz der Mutter im Anschluss an das Beschäftigungsverbot gemäß § 5 Abs. 1 des Mutterschutzgesetzes 1979, BGBl. Nr. 221, gleichartiger österreichischer Rechtsvorschriften oder gleichartiger Rechtvorschriften der Mitgliedstaaten des Europäischen Wirtschaftsraumes jedoch weniger als drei Monate, so hat der Arbeitnehmer Beginn und Dauer seiner Karenz spätestens zum Ende der Frist gemäß § 2 Abs. 2 zu melden. Unbeschadet des Ablaufs dieser Fristen kann Karenz nach Abs. 1 vereinbart werden.

(BGBl I 2009/116)

(4) Im Übrigen gilt § 2 Abs. 6 bis 8.

(BGBl I 2001/103)

Aufgeschobene Karenz

§ 4. (1) Der Arbeitnehmer kann mit dem Arbeitgeber vereinbaren, dass er drei Monate seiner Karenz aufschiebt und bis zum Ablauf des siebenten Lebensjahres des Kindes verbraucht, sofern im Folgenden nicht anderes bestimmt ist. Dabei sind die Erfordernisse des Betriebes und des Anlasses der Inanspruchnahme zu berücksichtigen. Aufgeschobene Karenz kann jedoch nur dann genommen werden, wenn die Karenz nach den §§ 2 oder 3 spätestens mit Ablauf des 21. Lebensmonates des Kindes, wenn auch die Mutter aufgeschobene Karenz in Anspruch nimmt, spätestens mit Ablauf des 18. Lebensmonates des Kindes geendet hat.

(2) Ist die noch nicht verbrauchte aufgeschobene Karenz länger als der Zeitraum zwischen dem Schuleintritt und dem Ablauf des siebenten Lebensjahres des Kindes oder erfolgt der Schuleintritt erst nach Ablauf des siebenten Lebensjahres des Kindes, kann aus Anlass des Schuleintritts der Verbrauch der aufgeschobenen Karenz vereinbart werden. Die Geburt eines weiteren Kindes hindert nicht die Vereinbarung über den Verbrauch der aufgeschobenen Karenz.

(3) Die Absicht, aufgeschobene Karenz in Anspruch zu nehmen, ist dem Arbeitgeber zu den in §§ 2 Abs. 5 oder 3 Abs. 3 genannten Zeitpunkten bekannt zu geben. Kommt innerhalb von zwei Wochen ab Bekanntgabe keine Einigung zustande, kann der Arbeitgeber binnen weiterer zwei Wochen wegen der Inanspruchnahme der aufgeschobenen Karenz Klage beim zuständigen Gericht einbringen, widrigenfalls die Zustimmung als erteilt gilt. Der Arbeitnehmer kann bei Nichteinigung oder im Fall der Klage bekannt geben, dass er anstelle der aufgeschobenen Karenz Karenz bis zum zweiten Lebensjahr des Kindes in Anspruch nimmt. Gleiches gilt, wenn der Klage des Arbeitgebers stattgegeben wird.

(4) Der Beginn des aufgeschobenen Teiles der Karenz ist dem Arbeitgeber spätestens drei Monate vor dem gewünschten Zeitpunkt bekannt zu geben. Kommt innerhalb von zwei Wochen ab Bekanntgabe keine Einigung zustande, kann der Arbeitnehmer die aufgeschobene Karenz zum gewünschten Zeitpunkt antreten, es sei denn, der Arbeitgeber hat binnen weiterer zwei Wochen wegen des Zeitpunktes des Antritts der aufgeschobenen Karenz die Klage beim zuständigen Gericht eingebracht.

(5) In Rechtsstreitigkeiten nach Abs. 3 und 4 steht keiner Partei ein Kostenersatzanspruch an die andere zu, ist gegen ein Urteil des Gerichtes erster Instanz eine Berufung nicht zulässig und sind – unabhängig vom Wert des Streitgegenstandes – Beschlüsse des Gerichtes erster Instanz nur aus den Gründen des § 517 ZPO sowie wegen Nichtzulassung einer Klagsänderung anfechtbar.

(6) Wird die aufgeschobene Karenz im Rahmen eines anderen Arbeitsverhältnisses als jenem, das zur Zeit der Geburt des Kindes bestanden hat, in

Anspruch genommen, bedarf es vor Antritt der aufgeschobenen Karenz jedenfalls einer Vereinbarung mit dem neuen Arbeitgeber.

(7) Im Übrigen gilt § 2 Abs. 6 bis 8.

(BGBl I 2001/103)

Karenz des Adoptiv- oder Pflegevaters

§ 5. (1) Anspruch auf Karenz unter den in den §§ 2, 3 und 4 genannten Voraussetzungen und Bedingungen hat, sofern im Folgenden nicht anderes bestimmt ist, auch ein Arbeitnehmer, der ein Kind, welches das zweite Lebensjahr noch nicht vollendet hat,

1. an Kindes Statt angenommen hat (Adoptivvater);
2. in unentgeltliche Pflege genommen hat (Pflegevater).

(BGBl I 2015/162)

(2) Bei Annahme an Kindes Statt oder der Übernahme in unentgeltliche Pflege beginnt die Karenz mit dem Tag der Annahme, der Übernahme oder im Anschluss an eine Karenz des anderen Elternteils, Adoptiv- oder Pflegeelternteils, im Falle des § 2 Abs. 5 dritter Satz auch zu einem späteren Zeitpunkt.

(BGBl I 2015/149)

(3) Nimmt der Arbeitnehmer Karenz zum frühest möglichen Zeitpunkt in Anspruch, hat er seinem Arbeitgeber unverzüglich Beginn und Dauer der Karenz nach §§ 2 oder 3 bekannt zu geben. Unbeschadet des Ablaufs dieser Frist kann Karenz nach den §§ 2 oder 3 vereinbart werden.

(4) Nimmt ein Arbeitnehmer ein Kind nach Ablauf des 18. Lebensmonates, jedoch vor Vollendung des zweiten Lebensjahres an Kindes Statt an oder in unentgeltliche Pflege, kann er Karenz im Ausmaß bis zu sechs Monaten auch über das zweite Lebensjahr des Kindes in Anspruch nehmen.

(BGBl I 2015/162)

(5) Nimmt ein Arbeitnehmer ein Kind nach Ablauf des zweiten Lebensjahres, jedoch vor Vollendung des siebenten Lebensjahres an Kindes Statt an oder in unentgeltliche Pflege, hat er aus Anlass der Adoption oder Übernahme in unentgeltliche Pflege Anspruch auf Karenz im Ausmaß von sechs Monaten. Im Übrigen gelten die §§ 2 und 3.

(BGBl I 2015/162)

(6) Die §§ 3 und 4 sind mit der Maßgabe anzuwenden, dass an die Stelle des Begriffs „die Mutter" in der jeweils verwendeten grammatikalischen Form der Begriff „der andere Elternteil" in der jeweils richtigen grammatikalischen Form tritt.

(BGBl I 2001/103, BGBl I 2004/124, BGBl I 2013/138)

Karenz bei Verhinderung des anderen Elternteils

§ 6. (1) Ist der andere Elternteil, Adoptiv- oder Pflegeelternteil durch ein unvorhersehbares und unabwendbares Ereignis für eine nicht bloß verhältnismäßig kurze Zeit verhindert, das Kind selbst zu betreuen, ist dem Arbeitnehmer (Vater, Adoptiv- oder Pflegevater im Sinne des § 5 Abs. 1) auf sein Verlangen für die Dauer der Verhinderung, längstens jedoch bis zum Ablauf des zweiten Lebensjahres des Kindes, jedenfalls Karenz zu gewähren, wenn er mit dem Kind im gemeinsamen Haushalt lebt. Dasselbe gilt bei Verhinderung eines anderen Elternteils, Adoptiv- oder Pflegeelternteils, der zulässigerweise nach Ablauf des zweiten Lebensjahres des Kindes Karenz in Anspruch nimmt.

(2) Ein unvorhersehbares und unabwendbares Ereignis liegt nur vor bei:

1. Tod,
2. Aufenthalt in einer Heil- und Pflegeanstalt,
3. Verbüßung einer Freiheitsstrafe sowie bei einer anderweitigen auf behördlicher Anordnung beruhenden Anhaltung,
4. schwerer Erkrankung,
5. Wegfall des gemeinsamen Haushaltes des anderen Elternteils, Adoptiv- oder Pflegeelternteils mit dem Kind oder der Betreuung des Kindes.

(3) Der Anspruch auf Karenz steht auch dann zu, wenn der Arbeitnehmer bereits Karenz verbraucht, eine vereinbarte Teilzeitbeschäftigung angetreten oder beendet oder für einen späteren Zeitpunkt Karenz oder Teilzeitbeschäftigung angemeldet hat.

(4) Der Arbeitnehmer hat Beginn und voraussichtliche Dauer der Karenz seinem Arbeitgeber unverzüglich bekannt zu geben und die anspruchsbegründenden Umstände nachzuweisen.

(5) Die §§ 7 bis 7c sind mit der Maßgabe anzuwenden, dass an die Stelle des Begriffs „ die Mutter" in der jeweils verwendeten grammatikalischen Form der Begriff „ der andere Elternteil" in der jeweils richtigen grammatikalischen Form tritt.

(BGBl I 2001/103, BGBl I 2013/138)

Kündigungs- und Entlassungsschutz bei Karenz

§ 7. (1) Der Arbeitnehmer, der Karenz nach den §§ 2, 3 oder 5 in Anspruch nimmt, darf weder gekündigt noch entlassen werden, sofern Abs. 3 nicht anderes bestimmt. Der Kündigungs- und Entlassungsschutz beginnt mit der Bekanntgabe, frühestens jedoch vier Monate vor Antritt einer Karenz, nicht jedoch vor Geburt des Kindes. Der Kündigungs- und Entlassungsschutz endet vier Wochen

1. nach dem Ende einer Karenz oder eines Karenzteiles,
2. nach dem Ende einer Karenz oder einer Teilzeitbeschäftigung, die infolge der Verhinderung der Mutter, Adoptiv- oder Pflegemutter in Anspruch genommen wird.

(BGBl I 2004/64)

(2) Der Ablauf der Beschäftigungsbewilligung, der Arbeitserlaubnis oder des Befreiungsscheines nach dem Ausländerbeschäftigungsgesetz, BGBl. Nr. 218/1975, eines Ausländers wird bis zu dem Tag gehemmt, zu dem das Arbeitsverhältnis unter

Bedachtnahme auf den Kündigungs- und Entlassungsschutz rechtsgültig beendet werden kann.

(3) Die §§ 10 Abs. 3 bis 7 und 13 MSchG, sowie für Heimarbeiter § 31 Abs. 3 MSchG sind anzuwenden. Eine Entlassung kann nur nach Zustimmung des Gerichts ausgesprochen werden. § 12 Abs. 2 und 4 MSchG ist anzuwenden.

(BGBl I 2001/103)

Recht auf Information

§ 7a. Während einer Karenz hat der Arbeitgeber den Arbeitnehmer über wichtige Betriebsgeschehnisse, die die Interessen des karenzierten Arbeitnehmers berühren, insbesondere Insolvenzverfahren, betriebliche Umstrukturierungen und Weiterbildungsmaßnahmen zu informieren.

(BGBl I 2001/103, BGBl I 2010/58)

Beschäftigung während der Karenz

§ 7b. (1) Der Arbeitnehmer (Vater, Adoptiv- oder Pflegevater) kann neben seinem karenzierten Arbeitsverhältnis eine geringfügige Beschäftigung ausüben, bei der das gebührende Entgelt im Kalendermonat den im § 5 Abs. 2 Z 2 des Allgemeinen Sozialversicherungsgesetzes, BGBl. Nr. 189/1955 (ASVG) genannten Betrag nicht übersteigt. Eine Verletzung der Arbeitspflicht bei solchen Beschäftigungen hat keine Auswirkungen auf das karenzierte Arbeitsverhältnis. Die Arbeitsleistung im Rahmen solcher Beschäftigungen ist zwischen Arbeitnehmer und Arbeitgeber vor jedem Arbeitseinsatz zu vereinbaren.

(2) Weiters kann der Arbeitnehmer neben seinem karenzierten Arbeitsverhältnis mit seinem Arbeitgeber für höchstens 13 Wochen im Kalenderjahr eine Beschäftigung über die Geringfügigkeitsgrenze hinaus vereinbaren. Wird Karenz nicht während des gesamten Kalenderjahres in Anspruch genommen, kann eine solche Beschäftigung nur im aliquoten Ausmaß vereinbart werden.

(3) Mit Zustimmung des Arbeitgebers kann eine Beschäftigung im Sinne des Abs. 2 auch mit einem anderen Arbeitgeber vereinbart werden.

(BGBl I 2001/103)

Anwendung sonstiger Bestimmungen des Mutterschutzgesetzes

§ 7c. Für den Anspruch auf sonstige, insbesondere einmalige Bezüge (§ 67 Abs. 1 des Einkommensteuergesetzes 1988) und für Rechtsansprüche des Arbeitnehmers, die sich nach der Dauer der Dienstzeit richten, gilt § 15f Abs. 1 MSchG, für den Urlaubsanspruch § 15f Abs. 2 MSchG und für den Anspruch auf eine Dienstwohnung gilt während der Dauer seines Kündigungs- und Entlassungsschutzes § 16 MSchG.

(BGBl I 2001/103)

Abschnitt 3
Teilzeitbeschäftigung und Änderung der Lage der Arbeitszeit

(BGBl I 2004/64)

Anspruch auf Teilzeitbeschäftigung

§ 8. (1) Der Arbeitnehmer hat einen Anspruch auf Teilzeitbeschäftigung längstens bis zum Ablauf des siebenten Lebensjahres oder einem späteren Schuleintritt des Kindes, wenn

1. das Arbeitsverhältnis zum Zeitpunkt des Antritts der Teilzeitbeschäftigung ununterbrochen drei Jahre gedauert hat,
2. der Arbeitnehmer zu diesem Zeitpunkt in einem Betrieb (§ 34 Arbeitsverfassungsgesetz – ArbVG, BGBl. Nr. 22/1974, oder § 139 Landarbeitsgesetz 1984 – LAG) mit mehr als 20 Arbeitnehmern und Arbeitnehmerinnen beschäftigt ist und
3. die wöchentliche Normalarbeitszeit um mindestens 20 vH reduziert wird und zwölf Stunden nicht unterschreitet (Bandbreite).

Beginn, Dauer, Ausmaß und Lage der Teilzeitbeschäftigung sind mit dem Arbeitgeber zu vereinbaren, wobei die betrieblichen Interessen und die Interessen des Arbeitnehmers zu berücksichtigen sind. Arbeit-nehmer haben während eines Lehrverhältnisses keinen Anspruch auf Teilzeitbeschäftigung.

(BGBl I 2015/149)

MSchG/VKG

(2) Alle Zeiten, die der Arbeitnehmer in unmittelbar vorausgegangenen Arbeitsverhältnissen zum selben Arbeitgeber zurückgelegt hat, sind bei der Berechnung der Mindestdauer des Arbeitsverhältnisses nach Abs. 1 Z 1 zu berücksichtigen. Ebenso zählen Zeiten von unterbrochenen Arbeitsverhältnissen, die auf Grund von Wiedereinstellungszusagen oder Wiedereinstellungsvereinbarungen beim selben Arbeitgeber fortgesetzt werden, für die Mindestdauer des Arbeitsverhältnisses. Zeiten einer Karenz nach diesem Bundesgesetz werden abweichend von § 7c iVm § 15f Abs. 1 dritter Satz auf die Mindestdauer des Arbeitsverhältnisses angerechnet.

(3) Für die Ermittlung der Arbeitnehmerzahl nach Abs. 1 Z 2 ist maßgeblich, wie viele Arbeitnehmer und Arbeitnehmerinnen regelmäßig im Betrieb beschäftigt werden. In Betrieben mit saisonal schwankender Arbeitnehmerzahl gilt das Erfordernis der Mindestanzahl der Arbeitnehmer und der Arbeitnehmerinnen als erfüllt, wenn die Arbeitnehmerzahl im Jahr vor dem Antritt der Teilzeitbeschäftigung durchschnittlich mehr als 20 Arbeitnehmer und Arbeitnehmerinnen betragen hat.

(4) In Betrieben mit bis zu 20 Arbeitnehmern und Arbeitnehmerinnen kann in einer Betriebsvereinbarung im Sinne des § 97 Abs. 1 Z 25 ArbVG oder § 202 Abs. 1 Z 24 LAG insbesondere festgelegt werden, dass die Arbeitnehmer einen Anspruch auf Teilzeitbeschäftigung nach Abs. 1 haben. Auf diese Teilzeitbeschäftigung sind sämtliche Bestimmungen anzuwenden, die für eine Teilzeitbeschäftigung nach Abs. 1 gelten. Die Kündigung einer solchen Betriebsvereinbarung ist nur hinsichtlich der Arbeitsverhältnisse jener Arbeitnehmer wirksam, die zum Kündigungstermin keine Teilzeitbeschäfti-

gung nach der Betriebsvereinbarung schriftlich bekannt gegeben oder angetreten haben.

(BGBl I 2004/64)

Vereinbarte Teilzeitbeschäftigung

§ 8a. Der Arbeitnehmer, der keinen Anspruch auf Teilzeitbeschäftigung nach § 8 Abs. 1 oder 4 hat, kann mit dem Arbeitgeber eine Teilzeitbeschäftigung einschließlich Beginn, Dauer, Ausmaß und Lage längstens bis zum Ablauf des vierten Lebensjahres des Kindes vereinbaren, bei der die wöchentliche Normalarbeitszeit um mindestens 20 vH reduziert wird und zwölf Stunden nicht unterschreitet (Bandbreite).

(BGBl I 2004/64, BGBl I 2015/149)

Gemeinsame Bestimmungen zur Teilzeitbeschäftigung

§ 8b. (1) Voraussetzung für die Inanspruchnahme einer Teilzeitbeschäftigung nach den §§ 8 und 8a ist, dass der Arbeitnehmer mit dem Kind im gemeinsamen Haushalt lebt oder eine Obsorge nach den §§ 177 Abs. 4 oder 179 des Allgemeinen bürgerlichen Gesetzbuchs, JGS Nr. 946/1811, gegeben ist und sich die Mutter nicht gleichzeitig in Karenz befindet.

(BGBl I 2013/138)

(2) Der Arbeitnehmer kann die Teilzeitbeschäftigung für jedes Kind nur einmal in Anspruch nehmen. Dieses Recht wird durch das Zurückziehen eines Teilzeitantrages nach § 8 Abs. 1 oder § 8a nicht verwirkt. Die Teilzeitbeschäftigung muss mindestens zwei Monate dauern.

(BGBl I 2009/116, BGBl I 2015/149)

(3) Die Teilzeitbeschäftigung kann frühestens

1. mit dem Ablauf eines Beschäftigungsverbotes der Mutter nach der Geburt eines Kindes (§ 5 Abs. 1 MSchG oder gleichartige österreichische Rechtsvorschriften, gleichartige Rechtsvorschriften der Mitgliedstaaten des Europäischen Wirtschaftsraumes) oder
2. mit dem Ablauf von acht bzw. bei Früh-, Mehrlings- oder Kaiserschnittgeburten zwölf Wochen nach der Geburt, wenn die Mutter nicht Arbeitnehmerin ist (Fälle des § 2 Abs. 1 Z 2),

angetreten werden. In diesem Fall hat der Arbeitnehmer dies dem Arbeitgeber einschließlich Dauer, Ausmaß und Lage der Teilzeitbeschäftigung schriftlich spätestens acht Wochen nach der Geburt des Kindes bekannt zu geben. § 2 Abs. 3 zweiter Satz ist anzuwenden.

(4) Beabsichtigt der Arbeitnehmer den Antritt der Teilzeitbeschäftigung zu einem späteren Zeitpunkt, hat er dies dem Arbeitgeber einschließlich Beginn, Dauer, Ausmaß und Lage der Teilzeitbeschäftigung schriftlich spätestens drei Monate vor dem beabsichtigten Beginn bekannt zu geben. Beträgt jedoch der Zeitraum zwischen dem Ende der Frist gemäß Abs. 3 und dem Beginn der beabsichtigten Teilzeitbeschäftigung weniger als drei Monate, so hat der Arbeitnehmer die Teilzeitbeschäftigung schriftlich spätestens acht Wochen nach der Geburt des Kindes bekannt zu geben.

(5) Der Arbeitnehmer kann sowohl eine Änderung der Teilzeitbeschäftigung (Verlängerung, Änderung des Ausmaßes oder der Lage) innerhalb der Bandbreite nach § 8 Abs. 1 Z 3 oder § 8a als auch eine vorzeitige Beendigung jeweils nur einmal verlangen. Er hat dies dem Arbeitgeber schriftlich spätestens drei Monate, dauert die Teilzeitbeschäftigung jedoch weniger als drei Monate, spätestens zwei Monate vor der beabsichtigten Änderung oder Beendigung bekannt zu geben.

(BGBl I 2009/116, BGBl I 2015/149)

(6) Der Arbeitgeber kann sowohl eine Änderung der Teilzeitbeschäftigung (Änderung des Ausmaßes oder der Lage) innerhalb der Bandbreite nach § 8 Abs. 1 Z 3 oder § 8a als auch eine vorzeitige Beendigung jeweils nur einmal verlangen. Er hat dies dem Arbeitnehmer schriftlich spätestens drei Monate, dauert die Teilzeitbeschäftigung jedoch weniger als drei Monate, spätestens zwei Monate vor der beabsichtigten Änderung oder Beendigung bekannt zu geben.

(BGBl I 2009/116, BGBl I 2015/149)

(7) Fallen in ein Kalenderjahr auch Zeiten einer Teilzeitbeschäftigung, gebühren dem Arbeitnehmer sonstige, insbesondere einmalige Bezüge im Sinne des § 67 Abs. 1 EStG 1988 in dem der Vollzeit- und Teilzeitbeschäftigung entsprechenden Ausmaß im Kalenderjahr.

(8) Der Arbeitgeber ist verpflichtet, seinem Arbeitnehmer auf dessen Verlangen eine Bestätigung über Beginn und Dauer der Teilzeitbeschäftigung oder die Nichtinanspruchnahme der Teilzeitbeschäftigung auszustellen. Diese Bestätigung ist vom Arbeitnehmer mit zu unterfertigen. Derartige Bestätigungen sind von Stempelgebühren und Bundesverwaltungsabgaben befreit.

(9) Die Teilzeitbeschäftigung des Arbeitnehmers endet vorzeitig mit der Inanspruchnahme einer Karenz oder Teilzeitbeschäftigung nach diesem Bundesgesetz für ein weiteres Kind.

(10) Kommt es zu einer Vereinbarung über ein Teilzeitmodell außerhalb der Bandbreite, liegt dennoch eine Teilzeitbeschäftigung im Sinne des § 8 oder § 8a vor.

(BGBl I 2015/149)

(BGBl I 2004/64)

Verfahren beim Anspruch auf Teilzeitbeschäftigung

§ 8c. (1) In Betrieben, in denen ein für den Arbeitnehmer zuständiger Betriebsrat errichtet ist, ist dieser auf Verlangen des Arbeitnehmers den Verhandlungen über Beginn, Dauer, Ausmaß oder Lage der Teilzeitbeschäftigung nach § 8 Abs. 1 beizuziehen. Kommt binnen zwei Wochen ab Bekanntgabe keine Einigung zu Stande, können im Einvernehmen zwischen Arbeitnehmer und Arbeitgeber Vertreter der gesetzlichen Interessenvertretungen der Arbeitnehmer und der Arbeitgeber den Verhandlungen beigezogen werden. Der

Arbeitgeber hat das Ergebnis der Verhandlungen schriftlich aufzuzeichnen. Diese Ausfertigung ist sowohl vom Arbeitgeber als auch vom Arbeitnehmer zu unterzeichnen; eine Ablichtung ist dem Arbeitnehmer auszuhändigen.

(BGBl I 2015/149)

(2) Kommt binnen vier Wochen ab Bekanntgabe keine Einigung über Beginn, Dauer, Ausmaß oder Lage der Teilzeitbeschäftigung zu Stande, kann der Arbeitnehmer die Teilzeitbeschäftigung zu den von ihm bekannt gegebenen Bedingungen antreten, sofern der Arbeitgeber nicht binnen zwei Wochen beim zuständigen Arbeits- und Sozialgericht einen Antrag nach § 433 Abs. 1 ZPO zur gütlichen Einigung gegebenenfalls im Rahmen eines Gerichtstages stellt. Dem Antrag ist das Ergebnis der Verhandlungen nach Abs. 1 anzuschließen.

(3) Kommt binnen vier Wochen ab Einlangen des Antrags beim Arbeits- und Sozialgericht keine gütliche Einigung zu Stande, hat der Arbeitgeber binnen einer weiteren Woche dem Arbeitnehmer auf Einwilligung in die von ihm vorgeschlagenen Bedingungen der Teilzeitbeschäftigung beim zuständigen Arbeits- und Sozialgericht zu klagen, andernfalls kann der Arbeitnehmer die Teilzeitbeschäftigung zu den von ihm bekannt gegebenen Bedingungen antreten. Findet der Vergleichsversuch erst nach Ablauf von vier Wochen statt, beginnt die Frist für die Klagseinbringung mit dem auf den Vergleichsversuch folgenden Tag. Das Arbeits- und Sozialgericht hat der Klage des Arbeitgebers dann stattzugeben, wenn die betrieblichen Erfordernisse die Interessen des Arbeitnehmers überwiegen. Gibt das Arbeits- und Sozialgericht der Klage des Arbeitgebers nicht statt, wird die vom Arbeitnehmer beabsichtigte Teilzeitbeschäftigung mit der Rechtskraft des Urteils wirksam.

(4) Beabsichtigt der Arbeitnehmer eine Änderung oder vorzeitige Beendigung der Teilzeitbeschäftigung, ist Abs. 1 anzuwenden. Kommt binnen vier Wochen ab Bekanntgabe keine Einigung zu Stande, kann der Arbeitgeber binnen einer weiteren Woche dagegen Klage beim zuständigen Arbeits- und Sozialgericht erheben. Bringt der Arbeitgeber keine Klage ein, wird die vom Arbeitnehmer bekannt gegebene Änderung oder vorzeitige Beendigung der Teilzeitbeschäftigung wirksam. Das Arbeits- und Sozialgericht hat der Klage dann stattzugeben, wenn die betrieblichen Erfordernisse gegenüber den Interessen des Arbeitnehmers im Hinblick auf die beabsichtigte Änderung oder vorzeitige Beendigung überwiegen.

(5) Beabsichtigt der Arbeitgeber eine Änderung der Teilzeitbeschäftigung oder eine vorzeitige Beendigung, ist Abs. 1 anzuwenden. Kommt binnen vier Wochen ab Bekanntgabe keine Einigung zu Stande, kann der Arbeitgeber binnen einer weiteren Woche Klage auf die Änderung oder vorzeitige Beendigung beim Arbeits- und Sozialgericht erheben, andernfalls die Teilzeitbeschäftigung unverändert bleibt. Das Arbeits- und Sozialgericht hat der Klage dann stattzugeben, wenn die betrieblichen Erfordernisse gegenüber den Interessen des Arbeitnehmers im Hinblick auf die beabsichtigte Änderung oder vorzeitige Beendigung überwiegen.

(6) In Rechtsstreitigkeiten nach Abs. 3 bis 5 steht keiner Partei ein Kostenersatzanspruch an die andere zu. Gegen ein Urteil des Gerichtes erster Instanz ist eine Berufung nicht zulässig und sind – unabhängig vom Wert des Streitgegenstandes – Beschlüsse des Gerichtes erster Instanz nur aus den Gründen des § 517 Abs. 1 Z 1, 4 und 6 ZPO anfechtbar.

(BGBl I 2004/64)

Verfahren bei der vereinbarten Teilzeitbeschäftigung

§ 8d. (1) In Betrieben, in denen ein für den Arbeitnehmer zuständiger Betriebsrat errichtet ist, ist dieser auf Verlangen des Arbeitnehmers den Verhandlungen über die Teilzeitbeschäftigung nach § 8a, deren Beginn, Dauer, Lage und Ausmaß beizuziehen.

(BGBl I 2015/149)

(2) Kommt binnen zwei Wochen ab Bekanntgabe keine Einigung zu Stande, so kann der Arbeitnehmer den Arbeitgeber auf Einwilligung in eine Teilzeitbeschäftigung einschließlich deren Beginn, Dauer, Lage und Ausmaß klagen. Das Gericht hat die Klage insoweit abzuweisen, als der Arbeitgeber aus sachlichen Gründen die Einwilligung in die begehrte Teilzeitbeschäftigung verweigert hat.

(3) Beabsichtigt der Arbeitnehmer eine Änderung oder vorzeitige Beendigung der Teilzeitbeschäftigung, ist Abs. 1 anzuwenden. Kommt binnen zwei Wochen ab Bekanntgabe keine Einigung zu Stande, kann der Arbeitnehmer binnen einer weiteren Woche Klage auf eine Änderung oder vorzeitige Beendigung der Teilzeitbeschäftigung beim zuständigen Arbeits- und Sozialgericht erheben. Das Arbeits- und Sozialgericht hat die Klage dann abzuweisen, wenn die betrieblichen Erfordernisse gegenüber den Interessen des Arbeitnehmers im Hinblick auf die beabsichtigte Änderung oder vorzeitige Beendigung überwiegen.

(4) Beabsichtigt der Arbeitgeber eine Änderung der Teilzeitbeschäftigung oder eine vorzeitige Beendigung, ist Abs. 1 anzuwenden. Kommt binnen zwei Wochen ab Bekanntgabe keine Einigung zu Stande, kann der Arbeitgeber binnen einer weiteren Woche Klage auf eine Änderung oder vorzeitige Beendigung beim zuständigen Arbeits- und Sozialgericht erheben, andernfalls die Teilzeitbeschäftigung unverändert bleibt. Das Arbeits- und Sozialgericht hat der Klage dann stattzugeben, wenn die betrieblichen Erfordernisse gegenüber den Interessen des Arbeitnehmers im Hinblick auf die beabsichtigte Änderung oder vorzeitige Beendigung überwiegen.

(5) § 8c Abs. 6 ist anzuwenden.

(BGBl I 2004/64)

Karenz an Stelle von Teilzeitbeschäftigung

§ 8e. (1) Kommt zwischen dem Arbeitnehmer und dem Arbeitgeber keine Einigung über eine Teilzeitbeschäftigung nach den §§ 8 und 8a zu Stande, kann der Arbeitnehmer dem Arbeitgeber binnen einer Woche bekannt geben, dass er

1. an Stelle der Teilzeitbeschäftigung oder
2. bis zur Entscheidung des Arbeits- und Sozialgerichtes

Karenz, längstens jedoch bis zum Ablauf des zweiten Lebensjahres des Kindes, in Anspruch nimmt.

(2) Gibt das Gericht der Klage des Arbeitgebers in einem Rechtsstreit nach § 8c Abs. 3 oder der Klage des Arbeitnehmers nach § 8d Abs. 2 nicht statt, kann der Arbeitnehmer binnen einer Woche nach Zugang des Urteils dem Arbeitgeber bekannt geben, dass er Karenz längstens bis zum Ablauf des zweiten Lebensjahres des Kindes in Anspruch nimmt.

(BGBl I 2004/64)

Kündigungs- und Entlassungsschutz bei einer Teilzeitbeschäftigung

§ 8f. (1) Der Kündigungs- und Entlassungsschutz beginnt grundsätzlich mit der Bekanntgabe der Teilzeitbeschäftigung, frühestens jedoch vier Monate vor dem beabsichtigten Antritt der Teilzeitbeschäftigung, nicht jedoch vor der Geburt des Kindes. Er dauert bis vier Wochen nach dem Ende der Teilzeitbeschäftigung, längstens jedoch bis vier Wochen nach dem Ablauf des vierten Lebensjahres des Kindes. § 7 Abs. 3 ist anzuwenden. Die Bestimmungen über den Kündigungs- und Entlassungsschutz gelten auch während eines Verfahrens nach den §§ 8c und 8d dieses Bundesgesetzes.

(2) Dauert die Teilzeitbeschäftigung länger als bis zum Ablauf des vierten Lebensjahres des Kindes oder beginnt sie nach dem Ablauf des vierten Lebensjahres des Kindes, kann eine Kündigung wegen einer beabsichtigten oder tatsächlich in Anspruch genommenen Teilzeitbeschäftigung bei Gericht angefochten werden. § 105 Abs. 5 ArbVG ist anzuwenden.

(3) Wird während der Teilzeitbeschäftigung ohne Zustimmung des Arbeitgebers eine weitere Erwerbstätigkeit aufgenommen, kann der Arbeitgeber binnen acht Wochen ab Kenntnis entgegen Abs. 1 und 2 eine Kündigung wegen dieser Erwerbstätigkeit aussprechen.

(BGBl I 2004/64)

Teilzeitbeschäftigung des Adoptiv- oder Pflegevaters

§ 8g. Die §§ 8 bis 8f gelten auch für einen Adoptiv- oder Pflegevater mit der Maßgabe, dass die Teilzeitbeschäftigung frühestens mit der Annahme oder der Übernahme des Kindes beginnen kann. Beabsichtigt der Arbeitnehmer die Teilzeitbeschäftigung zum frühest möglichen Zeitpunkt, hat er dies dem Arbeitgeber einschließlich Beginn, Dauer, Ausmaß und Lage unverzüglich bekannt zu geben. § 8b Abs. 1 ist weiters mit der Maßgabe anzuwenden, dass an Stelle des Ausdrucks „die Mutter" der Ausdruck „der andere Elternteil" tritt.

(BGBl I 2004/64, BGBl I 2013/138)

Änderung der Lage der Arbeitszeit

§ 8h. Die §§ 8 bis 8g sind auch für eine vom Arbeitnehmer beabsichtigte Änderung der Lage der Arbeitszeit mit der Maßgabe anzuwenden, dass das Ausmaß der Arbeitszeit außer Betracht bleibt.

(BGBl I 2004/64)

Abschnitt 4
Sonstige Bestimmungen

Spätere Geltendmachung der Karenz

§ 9. (1) Lehnt der Arbeitgeber des anderen Elternteils, Adoptiv- oder Pflegeelternteils eine Teilzeitbeschäftigung ab und nimmt der andere Elternteil keine Karenz für diese Zeit in Anspruch, so kann der Arbeitnehmer für diese Zeit, längstens bis zum Ablauf des zweiten Lebensjahres des Kindes, Karenz in Anspruch nehmen.

(2) Der Arbeitnehmer hat Beginn und Dauer der Karenz unverzüglich nach Ablehnung der Teilzeitbeschäftigung durch den Arbeitgeber des anderen Elternteils bekannt zu geben und die anspruchsbegründenden Umstände nachzuweisen.

(BGBl I 2001/103, BGBl I 2013/138)

Austritt aus Anlass der Geburt eines Kindes

§ 9a. Der Arbeitnehmer kann bei Inanspruchnahme einer Karenz nach §§ 2, 3, 5, 6 oder 9 bis spätestens drei Monate vor Ende der Karenz seinen vorzeitigen Austritt aus dem Arbeitsverhältnis erklären. Dauert die Karenz weniger als drei Monate hat der Arbeitnehmer seinen vorzeitigen Austritt spätestens zwei Monate vor dem Ende der Karenz zu erklären.

(BGBl I 2002/100, BGBl I 2009/116)

Abschnitt 5
Sonderbestimmungen für Bedienstete des öffentlichen Dienstes

(BGBl I 2004/64)

§ 10. (1) Für Bedienstete, die in einem

1. Dienstverhältnis zum Bund,
2. in § 1 Abs. 1 Z 4 angeführten Dienstverhältnis,
3. Dienstverhältnis gemäß § 1 Abs. 2 des Vertragsbedienstetengesetzes 1948, BGBl. Nr. 86,

stehen, gelten die Abweichungen der folgenden Absätze.

(1a) Abschnitt 1a ist nicht anzuwenden.

(BGBl I 2019/112)

(2) § 2 Abs. 5 letzter Satz und § 5 Abs. 3 letzter Satz ist mit der Maßgabe anzuwenden, dass Karenz gewährt werden kann, sofern nicht zwingende dienstliche Gründe entgegenstehen.

(3) Lehrer können aufgeschobene Karenz nicht in den letzten vier Monaten des Schuljahres in Anspruch nehmen.

(4) § 2 Abs. 8 ist nicht anzuwenden. Wird der gemeinsame Haushalt des Vaters mit dem Kind aufgehoben, so endet die Karenz nach diesem

Bundesgesetz. Der Bedienstete gilt ab diesem Zeitpunkt bis zum Ende der ursprünglich nach diesem Bundesgesetz gewährten Karenz als gegen Entfall der Bezüge im Sinne der dienstrechtlichen Vorschriften beurlaubt. Wenn es der Dienstgeber jedoch begehrt, hat der Bedienstete vorzeitig den Dienst anzutreten.

(5) § 4 ist mit der Maßgabe anzuwenden, dass der Beamte aufgeschobene Karenz zu dem von ihm gewünschten Zeitpunkt in Anspruch nehmen kann.

(6) § 4 Abs. 3 zweiter bis letzter Satz und Abs. 4 zweiter Satz ist auf Bundesbeamte, Landeslehrer (§ 1 Abs. 1 LDG 1984), Land- und forstwirtschaftliche Landeslehrer (§ 1 Abs. 1 LLDG 1985), Klassenlehrer, Richteramtsanwärter und Richter nicht anzuwenden.

(BGBl I 2015/65)

(7) Statt § 7 Abs. 3 sind die §§ 20 bis 22 MSchG anzuwenden.

(8) § 7b Abs. 2 ist auf Lehrer, die eine im § 8 Abs. 1 BDG 1979, BGBl. Nr. 333, im § 55 Abs. 4 oder 5 LDG 1984, BGBl. Nr. 302, oder im § 56 LLDG 1985, BGBl. Nr. 296, angeführte Leitungsfunktion ausüben oder mit einer Schulaufsichtsfunktion betraut sind, auf Beamte des Schulaufsichtsdienstes, auf Bedienstete des Schulqualitätsmanagements und auf Bedienstete in der Schulevaluation nicht anzuwenden.

(BGBl I 2012/120, BGBl I 2019/112)

(9) Eine Beschäftigung im Sinne des § 7b Abs. 3 bedarf der Genehmigung durch die Dienstbehörde (Personalstelle). § 56 Abs. 4 BDG 1979 ist anzuwenden.

(BGBl I 2003/130)

(9a) § 7c ist mit den Änderungen anzuwenden, die sich aus § 23 Abs. 5 MSchG ergeben.

(BGBl I 2020/153)

(10) § 8 Abs. 1 ist auf Bundesbeamte, Landeslehrer (§ 1 Abs. 1 LDG 1984), Land- und forstwirtschaftliche Landeslehrer (§ 1 Abs. 1 LLDG 1985) und Klassenlehrer mit der Maßgabe anzuwenden, dass diese Beamten einen Anspruch auf Teilzeitbeschäftigung längstens bis zum Ablauf des siebenten Lebensjahres oder einem späteren Schuleintritt des Kindes haben. Die Bestimmungen des § 8 Abs. 1 betreffend Ausmaß und Lage der Teilzeitbeschäftigung und § 8b Abs. 5 und 6 sind mit folgenden Abweichungen anzuwenden:

1. Eine Teilzeitbeschäftigung ist im Ausmaß einer Herabsetzung
   a) bis auf die Hälfte der für eine Vollbeschäftigung vorgesehenen Wochendienstzeit (Lehrverpflichtung bzw. Jahresnorm) oder
   b) unter die Hälfte der für eine Vollbeschäftigung vorgesehenen Wochendienstzeit (Lehrverpflichtung bzw. Jahresnorm) für die beantragte Dauer, während der der Vater Anspruch auf Kinderbetreuungsgeld hat,

   zu gewähren.

   (BGBl I 2003/130)
2. Das Ausmaß der Herabsetzung ist so festzulegen, dass die verbleibende regelmäßige Wochendienstzeit (Lehrverpflichtung bzw. Jahresnorm) ein ganzzahliges Stundenausmaß (bei Lehrerinnen ganze Unterrichtsstunden) umfasst. Die verbleibende regelmäßige Wochendienstzeit (Lehrverpflichtung bzw. Jahresnorm) gemäß Z 1 lit. a
   a) darf nicht unter der Hälfte der für eine Vollbeschäftigung erforderlichen regelmäßigen Wochendienstzeit (Lehrverpflichtung bzw. Jahresnorm) und
   b) muss unter der für eine Vollbeschäftigung erforderlichen regelmäßigen Wochendienstzeit (Lehrverpflichtung bzw. Jahresnorm)

   liegen.

   (BGBl I 2003/130)
3. Eine Teilzeitbeschäftigung darf von der Dienstbehörde nur dann abgelehnt werden, wenn der Beamte infolge der Teilzeitbeschäftigung aus wichtigen dienstlichen Gründen weder im Rahmen seines bisherigen Arbeitsplatzes noch auf einem anderen seiner dienstrechtlichen Stellung zumindest entsprechenden Arbeitsplatz verwendet werden könnte.
4. Die Bestimmungen über den Kündigungs- und Entlassungsschutz gelten auch während eines Rechtsmittelverfahrens betreffend die Ablehnung der Teilzeitbeschäftigung.
5. § 8f ist mit den Änderungen anzuwenden, die sich aus den §§ 20 bis 22 MSchG ergeben.

   (BGBl I 2004/64)
6. Bei der stundenmäßigen Festlegung der Zeiträume, in denen der Beamte Dienst zu versehen hat, ist auf die persönlichen Verhältnisse des Beamten, insbesondere auf die Gründe, die zur Teilzeitbeschäftigung geführt haben, so weit Rücksicht zu nehmen, als nicht wichtige dienstliche Interessen entgegenstehen.
7. Die Dienstbehörde kann auf Antrag des Beamten eine Änderung des Ausmaßes oder die vorzeitige Beendigung der Teilzeitbeschäftigung verfügen, wenn keine wichtigen dienstlichen Interessen entgegenstehen.

   (BGBl I 2007/53)
8. Auf Landeslehrer, die Teilzeitbeschäftigung in Anspruch nehmen, ist § 47 Abs. 3 und 3a LDG 1984 anzuwenden.

(BGBl I 2004/64, BGBl I 2015/65)

(11) Lassen bei den in Abs. 10 angeführten Beamten die besonderen Umstände des Dienstes eine genaue Einhaltung eines ganzzahligen Ausmaßes an Stunden (bei Lehrern an Unterrichtsstunden) nicht zu, so ist es so weit zu überschreiten, als es nötig ist, um seine Unterschreitung zu vermeiden.

(11a) Die Bestimmungen über die Bandbreite bei der Teilzeitbeschäftigung sind auf Vertragslehrpersonen nach dem VBG, Landesvertragslehrpersonen nach dem Landesvertragslehrpersonengesetz 1966 – LVG, BGBl. Nr. 172/1966, und dem Land- und forstwirtschaftlichen Landesvertragslehrpersonengesetz – LLVG, BGBl. Nr. 244/1969, mit der Maßgabe anzuwenden, dass die für eine Vollbeschäftigung vorgesehene Lehrverpflichtung bzw. Jahresnorm um mindestens 20 vH reduziert wird und 30 vH nicht unterschreitet.

(BGBl I 2015/149)

(12) Ein im Abs. 10 angeführter Beamter kann über die für ihn maßgebende Wochendienstzeit hinaus zur Dienstleistung nur herangezogen werden, wenn die Dienstleistung zur Vermeidung eines Schadens unverzüglich notwendig ist und ein Bediensteter, dessen Wochendienstzeit (Lehrverpflichtung bzw. Jahresnorm) nicht herabgesetzt ist, nicht zur Verfügung steht. Die Zeit einer solchen zusätzlichen Dienstleistung ist entweder durch Freizeit auszugleichen oder nach den besoldungsrechtlichen Vorschriften abzugelten. Bei Lehrern ist ein solcher Freizeitausgleich unzulässig. Der erste Satz ist auf Lehrer nicht anzuwenden, deren Lehrverpflichtung um höchstens 25% herabgesetzt ist.

(12a) Abs. 12 ist auf Vertragsbedienstete und auf Landesvertragslehrpersonen nach dem Landesvertragslehrpersonengesetz 1966 (LVG), BGBl. Nr. 172 und dem Land- und forstwirtschaftlichen Landesvertragslehrpersonengesetz (LLVG), BGBl. Nr. 244/1969 sinngemäß anzuwenden.

(BGBl I 2012/120)

(13) § 8 Abs. 1 ist auf Richteramtsanwärter und Richter mit der Maßgabe anzuwenden, dass sie Anspruch auf Teilzeitbeschäftigung längstens bis zum Ablauf des siebenten Lebensjahres oder einem späteren Schuleintritt des Kindes haben. Die Bestimmungen des § 8 Abs. 1 betreffend Ausmaß der Teilzeitbeschäftigung und des § 8b Abs. 5 und 6 sind auf Richteramtsanwärter und Richter mit folgenden Abweichungen anzuwenden:

1. An die Stelle der Teilzeitbeschäftigung tritt die Teilauslastung. Unter Teilauslastung ist eine Ermäßigung des regelmäßigen Dienstes bis auf die Hälfte zu verstehen.
   (BGBl I 2012/120)
2. Für die vorzeitige Beendigung einer Teilauslastung gilt § 76c RStDG.
   (BGBl I 2012/120)

(BGBl I 2004/64)

(14) Auf die übrigen von Abs. 8, 10 und 13 nicht erfassten Bediensteten ist § 8f Abs. 2 letzter Satz nicht und §§ 8, 8a und 8b Abs. 10 mit der Maßgabe anzuwenden, dass

1. eine Teilzeitbeschäftigung jedenfalls nicht zulässig ist, wenn der Bedienstete infolge der Teilzeitbeschäftigung aus wichtigen dienstlichen Gründen weder im Rahmen seines bisherigen Arbeitsplatzes noch auf einem anderen seiner dienstrechtlichen Stellung zumindest entsprechenden Arbeitsplatz verwendet werden könnte, und
2. § 8f mit den Änderungen anzuwenden ist, die sich aus den §§ 20 bis 22 MSchG ergeben.
   (BGBl I 2004/64)

(BGBl I 2004/64, BGBl I 2015/149)

(15) § 7b Abs. 2 ist auf Richter nicht anzuwenden.

(16) § 9a ist nicht anzuwenden auf

1. öffentlich-rechtliche Dienstnehmer und
2. Vertragsbedienstete, deren Dienstverhältnis vor dem 1. Jänner 2003 begonnen hat, soweit nicht durch Verordnung gemäß § 46 Abs. 1 letzter Satz des Betrieblichen Mitarbeiter- und Selbständigenvorsorgegesetzes (BMSVG), BGBl. I Nr. 100/2002, etwas anderes angeordnet wird.
   (BGBl I 2012/120)

(BGBl I 2002/100)

(17) §§ 8a, 8b Abs. 10, 8c, 8f Abs. 2 letzter Satz und 8h sind auf öffentlich-rechtliche Dienstnehmer nicht anzuwenden.

(BGBl I 2004/64, BGBl I 2015/149)

(18) §§ 8c Abs. 1 und 8d Abs. 1 sind für Dienststellen, die nicht unter den II. Teil des Arbeitsverfassungsgesetzes, BGBl. Nr. 22/1974, fallen, mit der Maßgabe anzuwenden, dass an die Stelle des Betriebsrates die Personalvertretung tritt.

(BGBl I 2004/64)

(19) § 8e ist auf Beamte mit der Maßgabe anzuwenden, dass bei Ablehnung der Teilzeitbeschäftigung durch die Dienstbehörde gemäß Abs. 10 Z 3 der Dienstnehmer an Stelle der Teilzeitbeschäftigung oder bis zur rechtskräftigen Bescheiderlassung Karenz beanspruchen kann. Wurde die Teilzeitbeschäftigung rechtskräftig abgelehnt, kann der Beamte binnen einer Woche nach Rechtskraft bekannt geben, dass er Karenz längstens bis zum Ablauf des zweiten Lebensjahres des Kindes in Anspruch nimmt.

(BGBl I 2004/64, BGBl I 2012/120)

(BGBl 1990/408, BGBl 1991/277, BGBl 1992/315, BGBl 1994/665, BGBl 1995/434, BGBl I 1997/61, BGBl I 1998/123, BGBl I 1999/153, BGBl I 2000/6, BGBl I 2001/103)

Abschnitt 6
Schlussbestimmungen

(BGBl I 2004/64)

Verweisungen

§ 11. Soweit in diesem Bundesgesetz auf andere Bundesgesetze verwiesen wird, sind diese in der jeweils geltenden Fassung anzuwenden.

(BGBl 1990/408)

Unabdingbarkeit

§ 11a. Die Rechte, die dem Arbeitnehmer auf Grund der §§ 2 bis 11 sowie § 12 Abs. 2 zustehen, dürfen – soweit sich aus diesem Bundesgesetz nicht anderes ergibt – durch Arbeitsvertrag oder

Normen der kollektiven Rechtsgestaltung weder aufgehoben noch beschränkt werden.

(BGBl 1995/434)

Übergangsbestimmungen

§ 12. (1) Ansprüche, die durch das Bundesgesetz BGBl. Nr. 833/1992 neu geschaffen wurden, haben nur Eltern, Adoptiv- oder Pflegeeltern, wenn das Kind nach dem 31. Dezember 1992 geboren wurde. Die Meldefristen für die Inanspruchnahme von Karenzurlauben oder von zu vereinbarenden Teilzeitbeschäftigungen verlängern sich nach Geburten, die zwischen dem 1. Jänner 1993 und der Kundmachung des Bundesgesetzes BGBl. Nr. 833/1992 erfolgen, um vier Wochen nach der Kundmachung dieses Bundesgesetzes. Ansprüche von Eltern, Adoptiv- oder Pflegeeltern, deren Kind vor dem 1. Jänner 1993 geboren wurde, richten sich nach den gesetzlichen Bestimmungen, die unmittelbar vor ihrer Änderung durch dieses Bundesgesetz gegolten haben.

(2) Bestehende Regelungen in Normen der kollektiven Rechtsgestaltung oder in Einzelvereinbarungen über die Anrechnung von Zeiten eines Karenzurlaubes für Ansprüche, die sich nach der Dauer der Dienstzeit richten, werden auf den Anspruch nach § 7 (§ 15 Abs. 2 letzter Satz MSchG) angerechnet.

(BGBl 1992/833)

(3) Ansprüche, die durch das Bundesgesetz BGBl. I Nr. 153/1999, neu geschaffen werden, haben nur Arbeitnehmer (Väter, Adoptiv- und Pflegeväter), wenn das Kind nach dem 31. Dezember 1999 geboren wurde. Ansprüche von Arbeitnehmern (Vätern, Adoptiv- und Pflegevätern), deren Kind vor dem 1. Jänner 2000 geboren wurde, richten sich nach den gesetzlichen Bestimmungen, die unmittelbar vor ihrer Änderung durch dieses Bundesgesetz gegolten haben.

(BGBl I 1999/153)

Übergangsbestimmungen (Option) für Geburten nach dem 30. Juni 2000, jedoch vor dem 1. Jänner 2002

§ 12a. (1) Arbeitnehmer (Väter, Adoptiv- und Pflegeväter), deren Kinder nach dem 30. Juni 2000, jedoch vor dem Tag der Kundmachung des Bundesgesetzes BGBl. I Nr. 103/2001 geboren wurden, können, wenn sich entweder Mutter oder Vater am Tag der Kundmachung in Karenz befindet oder einen Teil der Karenz aufgeschoben haben, binnen drei Monaten ab Kundmachung ihrem Arbeitgeber bekannt geben, ob sie Karenz bis zum Ablauf des zweiten Lebensjahres des Kindes nach den Bestimmungen dieses Bundesgesetzes in der Fassung BGBl I Nr. 103/2001 in Anspruch nehmen.

(2) Arbeitnehmer, deren Kinder nach dem 30. Juni 2000, jedoch vor dem 1. Jänner 2002 geboren wurden, können ab 1. Jänner 2002 eine Beschäftigung im Sinne des § 7b Abs. 2 und 3 dieses Bundesgesetzes in der Fassung BGBl. I Nr. 103/2001 vereinbaren.

(3) Vor dem 1. Jänner 2002 vereinbarte Teilzeitbeschäftigungen nach den Bestimmungen dieses Bundesgesetzes in der Fassung BGBl. I Nr. 153/1999 bleiben aufrecht, soweit Arbeitgeber und Arbeitnehmer nicht anderes vereinbaren.

(4) Vor dem 1. Jänner 2002 bescheidmäßig festgelegte Teilzeitbeschäftigungen nach den Bestimmungen dieses Bundesgesetzes in der Fassung des Bundesgesetzes BGBl. I Nr. 153/1999 bleiben aufrecht, soweit nicht auf Antrag des Beamten durch Bescheid eine Abänderung verfügt wird.

(BGBl I 2001/103)

Vollziehung

§ 13. Mit der Vollziehung dieses Bundesgesetzes sind betraut:

1. für Dienstverhältnisse zum Bund die Bundesregierung, in Angelegenheiten jedoch, die nur den Wirkungsbereich eines Bundesministers betreffen, dieser Bundesminister;
2. a) für Dienstverhältnisse der Lehrer für öffentliche Pflichtschulen (Art. 14 Abs. 2 B-VG) und
   b) für Dienstverhältnisse der Lehrer für öffentliche Land- und forstwirtschaftliche Berufs- und Fachschulen und Erzieher für öffentliche Schülerheime, die ausschließlich oder vorwiegend für Schüler der öffentlichen Land- und forstwirtschaftlichen Berufs- und Fachschulen bestimmt sind (Art. 14a Abs. 3 B-VG), das Land;
3. hinsichtlich der Befreiung von Stempelgebühren (§ 4 Abs. 2) der Bundesminister für Finanzen,
4. im übrigen der Bundesminister für Arbeit und Soziales, hinsichtlich der Befreiung von Bundesverwaltungsabgaben im Einvernehmen mit dem Bundesminister für Finanzen.

(BGBl 1992/833)

Inkrafttreten

§ 14. (1) § 8 Abs. 2 bis 5, § 8 Abs. 6 zweiter Satz, § 9 Abs. 1, §§ 12 und 13 dieses Bundesgesetzes in der Fassung des Bundesgesetzes BGBl. Nr. 833/1992 treten mit 1. Jänner 1993 in Kraft.

(BGBl 1992/833, BGBl 1994/665)

(2) § 10 Abs. 10 in der Fassung des Bundesgesetzes BGBl. Nr. 665/1994 tritt mit 1. Juli 1992 in Kraft.

(BGBl 1994/665)

(3) § 6 Abs. 4, § 8 Abs. 10, § 10 Abs. 7 Z 4 und Abs. 9 Z 2 sowie § 11a, in der Fassung des Bundesgesetzes BGBl. Nr. 434/1995, treten mit 1. Juli 1995 in Kraft.

(BGBl 1995/434)

(4) § 10 Abs. 6 bis 11 in der Fassung des Bundesgesetzes BGBl. I Nr. 61/1997 tritt mit 1. Juli 1997 in Kraft.

(BGBl I 1997/61)

(5) § 10 Abs. 6 in der Fassung des Bundesgesetzes BGBl. I Nr. 123/1998 tritt mit 1. Juli 1998 in Kraft.

(BGBl I 1998/123)

(6) Die §§ 2 bis 8a, § 10 Abs. 2 bis 6, 10 und 11 sowie § 12 Abs. 3 dieses Bundesgesetzes in der Fassung des Bundesgesetzes BGBl. I Nr. 153/1999 treten mit 1. Jänner 2000 in Kraft.

(BGBl I 1999/153)

(7) § 10 Abs. 5 und 7 in der Fassung des Bundesgesetzes BGBl. I Nr. 6/2000 tritt mit 1. Jänner 2000 in Kraft.

(BGBl I 2000/6)

(8) §§ 2 bis 10 in der Fassung des Bundesgesetzes BGBl. I Nr. 103/2001 treten mit 1. Jänner 2002 in Kraft und gelten, soweit § 12a nicht anderes bestimmt, für Arbeitnehmer, deren Kinder nach dem 31. Dezember 2001 geboren werden.

(BGBl I 2001/103)

(9) § 9a und § 10 Abs. 16 in der Fassung des Bundesgesetzes BGBl. I Nr. 100/2002 treten mit 1. Jänner 2003 in Kraft, soweit nicht durch Verordnung gemäß § 46 Abs. 1 letzter Satz BMVG etwas anderes angeordnet wird.

(BGBl I 2002/100)

(10) § 10 Abs. 9 und 10 Z 1 und 2 in der Fassung des Bundesgesetzes BGBl. I Nr. 130/2003 treten mit 1. Jänner 2004 in Kraft und sind auf Väter anzuwenden, deren Kinder nach dem 31. Dezember 2001 geboren sind.

(BGBl I 2003/130)

(11) Die §§ 7 Abs. 1 Z 2, 8 bis 8h und 10 Abs. 10, 13, 14, 17 bis 19 in der Fassung des Bundesgesetzes BGBl. I Nr. 64/2004 treten mit 1. Juli 2004 in Kraft und gelten für Väter (Adoptiv- oder Pflegeväter), deren Kinder nach dem 30. Juni 2004 geboren werden. Für Väter (Adoptiv- oder Pflegeväter), deren Kinder vor dem 1. Juli 2004 geboren wurden, gelten weiterhin die Bestimmungen der §§ 7 Abs. 1 Z 2, 8, 8a und 10 in der Fassung vor dem Bundesgesetz BGBl. I Nr. 64/2004. Abweichend davon kann eine Teilzeitbeschäftigung oder eine Änderung der Lage der Arbeitszeit nach den §§ 8 bis 8h und 10 Abs. 10, 13, 14, 17 bis 19 in der Fassung des Bundesgesetzes BGBl. I Nr. 64/2004 verlangt werden von einem

1. Vater (Adoptiv- oder Pflegevater), wenn er oder die Mutter (Adoptiv- oder Pflegemutter) des Kindes sich am 1. Juli 2004 in Karenz nach diesem Bundesgesetz, dem MSchG, gleichartigen österreichischen Rechtsvorschriften oder einer gleichartigen Rechtsvorschrift eines Mitgliedstaates des Europäischen Wirtschaftsraumes befindet, wobei eine Teilzeitbeschäftigung oder eine Änderung der Lage der Arbeitszeit nach dem Bundesgesetz BGBl. I Nr. 64/2004 frühestens nach Ablauf der Karenz angetreten werden kann;
2. Vater (Adoptiv- oder Pflegevater), wenn er oder die Mutter (Adoptiv- oder Pflegemutter) des Kindes sich am 1. Juli 2004 in Teilzeitbeschäftigung nach diesem Bundesgesetz, dem MSchG, gleichartigen österreichischen Rechtsvorschriften oder einer gleichartigen Rechtsvorschrift eines Mitgliedstaates des Europäischen Wirtschaftsraumes befindet, wobei eine Teilzeitbeschäftigung oder eine Änderung der Lage der Arbeitszeit nach dem Bundesgesetz BGBl. I Nr. 64/2004 frühestens nach Ablauf der ursprünglich vereinbarten Teilzeitbeschäftigung angetreten werden kann;
3. Vater, wenn sich die Mutter des Kindes am 1. Juli 2004 in einem Beschäftigungsverbot nach § 5 Abs. 1 und 2 MSchG, gleichartigen österreichischen Rechtsvorschriften oder einer gleichartigen Rechtsvorschrift eines Mitgliedstaates des Europäischen Wirtschaftsraumes befindet;
4. Vater, wenn sich die Mutter des Kindes am 1. Juli 2004 im Anschluss an die Frist nach § 5 Abs. 1 und 2 MSchG, gleichartigen österreichischen Rechtsvorschriften oder einer gleichartigen Rechtsvorschrift eines Mitgliedstaates des Europäischen Wirtschaftsraumes einen Gebührenurlaub verbraucht oder durch Krankheit oder Unglücksfall an der Dienstleistung verhindert ist und Karenz oder Teilzeitbeschäftigung nach dem MSchG, gleichartigen österreichischen Rechtsvorschriften oder einer gleichartigen Rechtsvorschrift eines Mitgliedstaates des Europäischen Wirtschaftsraumes bereits geltend gemacht hat, wobei eine Teilzeitbeschäftigung oder eine Änderung der Lage der Arbeitszeit nach dem Bundesgesetz BGBl. I Nr. 64/2004 frühestens nach Ablauf der Karenz bzw. der ursprünglich vereinbarten Teilzeitbeschäftigung angetreten werden kann.

(BGBl I 2004/64)

(12) § 7a in der Fassung des Bundesgesetzes BGBl. I Nr. 58/2010 tritt mit 1. August 2010 in Kraft.

(BGBl I 2010/58)

(13) In der Fassung des Bundesgesetzes BGBl. I Nr. 120/2012 treten in Kraft:

1. § 10 Abs. 13 Z 1 mit 1. Jänner 2013,
2. § 10 Abs. 8 mit 1. September 2013,
3. § 10 Abs. 12a, § 10 Abs. 13 Z 2 sowie § 10 Abs. 16 und 19 mit dem der Kundmachung des Bundesgesetzes BGBl. I Nr. 120/2012 folgenden Tag.

(BGBl I 2012/120)

(14) § 5, § 6, § 8g sowie § 9 in der Fassung des Bundesgesetzes BGBl. I Nr. 138/2013 treten mit 1. August 2013 in Kraft und gelten für Väter, deren Kinder nach dem 31. Juli 2013 adoptiert oder in unentgeltliche Pflege genommen werden.

(BGBl I 2013/138)

(15) § 10 Abs. 6 und 10 in der Fassung des Bundesgesetzes BGBl I Nr. 65/2015 tritt mit 1. September 2015 in Kraft.

(BGBl I 2015/65)

(16) § 5 Abs. 1, 4 und 5 in der Fassung des Bundesgesetzes BGBl. I Nr. 162/2015 tritt mit 1. Jänner 2016 in Kraft.

(BGBl I 2015/162)

(17) § 1 Abs. 1a, § 2 Abs. 5 und § 5 Abs. 2 in der Fassung des Bundesgesetzes BGBl. I Nr. 149/2015 treten mit 1. Jänner 2016 in Kraft.

(BGBl I 2015/149)

(18) § 8 Abs. 1, § 8a, § 8b Abs. 2, 5, 6 und 10, § 8c Abs. 1, § 8d Abs. 1 sowie § 10 Abs. 11a, 14 und 17 in der Fassung des Bundesgesetzes BGBl. I Nr. 149/2015 treten mit 1. Jänner 2016 in Kraft und gelten für Väter (Adoptiv- oder Pflegeväter), deren Kinder ab diesem Zeitpunkt geboren (adoptiert oder in unentgeltliche Pflege genommen) werden.

(BGBl I 2015/149)

(19) § 1a samt Überschrift in der Fassung des Bundesgesetzes BGBl. I Nr. 73/2019 tritt mit 1. September 2019 in Kraft und gilt für Geburten, deren errechneter Geburtstermin frühestens drei Monate nach dem Inkrafttreten liegt. § 1a gilt auch für Geburten, deren errechneter Geburtstermin zwischen dem Inkrafttreten dieses Bundesgesetzes und drei Monate nach dessen Inkrafttreten liegt, mit der Maßgabe, dass die drei Monatsfrist des § 1a Abs. 3 unterschritten werden darf.

(BGBl I 2019/73)

(20) § 10 Abs. 1a und 8 in der Fassung der 3. Dienstrechts-Novelle 2019, BGBl. I Nr. 112/2019, tritt mit dem der Kundmachung folgenden Tag in Kraft. Bei Verlangen nach Freistellungen nach Abschnitt 1a, die vor diesem Zeitpunkt gestellt wurden, ist Abschnitt 1a weiter anzuwenden.

(BGBl I 2019/112)

(21) § 10 Abs. 9a in der Fassung der Dienstrechts-Novelle 2020, BGBl. I Nr. 153/2020, tritt mit 1. August 2019 in Kraft und gilt für Väter (Adoptiv- oder Pflegeväter), deren Kinder ab diesem Zeitpunkt geboren (adoptiert oder in unentgeltliche Pflege genommen) werden.

(BGBl I 2020/153)

Artikel XVIII
Inkrafttreten

(1) Die Art. I bis IV, VI bis XVI dieses Bundesgesetzes treten am 1. Jänner 1990 in Kraft.

(2) Art. V dieses Bundesgesetzes tritt gegenüber den Ländern für die Ausführungsgesetzgebung mit dem Tag der Kundmachung in Kraft. Die Ausführungsgesetze der Länder sind binnen sechs Monaten ab dem der Kundmachung folgenden Tag zu erlassen.

(3) Väter, Adoptiv- oder Pflegeväter haben nur dann Anspruch auf Karenzurlaub nach Art. I, wenn das Kind, zu dessen Betreuung Karenzurlaub genommen wird, nach dem 31. Dezember 1989 geboren wurde.

(4) Väter, Adoptiv- oder Pflegeväter haben nur dann Anspruch auf Karenzurlaubsgeld nach Art. VI oder VIII, wenn das Kind, das Anlaß für die Gewährung des Karenzurlaubsgeldes ist, nach dem 31. Dezember 1989 geboren wurde.

Artikel XIX
Vollziehung

(1) Mit der Vollziehung des Art. I dieses Bundesgesetzes sind betraut:

1. für Dienstverhältnisse zum Bund die Bundesregierung; in Angelegenheiten jedoch, die nur den Wirkungsbereich eines Bundesministers betreffen, dieser Bundesminister;
2. a) für Dienstverhältnisse der Lehrer für öffentliche Pflichtschulen (Art. 14 Abs. 2 B-VG) und
   b) für Dienstverhältnisse der Lehrer für öffentliche land- und forstwirtschaftliche Berufs- und Fachschulen und Erzieher für öffentliche Schülerheime, die ausschließlich oder vorwiegend für Schüler der öffentlichen land- und forstwirtschaftlichen Berufs- und Fachschulen bestimmt sind (Art. 14a Abs. 3 B-VG), das Land;
3. hinsichtlich der Befreiung von Stempelgebühren (§ 4 Abs. 2) der Bundesminister für Finanzen,
4. im übrigen der Bundesminister für Arbeit und Soziales, hinsichtlich der Befreiung von Bundesverwaltungsabgaben im Einvernehmen mit dem Bundesminister für Finanzen.

(2) Mit der Vollziehung des Art. XVII (Übergangsbestimmung zum ASVG) ist der Bundesminister für Arbeit und Soziales betraut.

(3) Mit der Wahrnehmung der dem Bund gemäß Art. 15 Abs. 8 B-VG zustehenden Rechte hinsichtlich des Art. V dieses Bundesgesetzes ist der Bundesminister für Arbeit und Soziales betraut.

18/4. Karenzurlaubserweiterungsgesetz

Karenzurlaubserweiterungsgesetz, BGBl 1990/408 idF

1 BGBl 1990/558 (DFB) **2** BGBl 1994/314 **3** BGBl 1996/201
4 BGBl I 1997/47

Bundesgesetz vom 27. Juni 1990 ist, mit dem das Eltern-Karenzurlaubsgesetz, das Mutterschutzgesetz 1979, das Landarbeitsgesetz 1984, das Angestelltengesetz, das Gutsangestelltengesetz, das Urlaubsgesetz, das Bauarbeiter-Urlaubs- und Abfertigungsgesetz, das Arbeitslosenversicherungsgesetz 1977, das Arbeits- und Sozialgerichtsgesetz, das Arbeitsverfassungsgesetz, das Allgemeine Sozialversicherungsgesetz, das Familienlastenausgleichsgesetz 1967, das Betriebshilfegesetz, das Karenzurlaubsgeldgesetz, das Beamten-Dienstrechtsgesetz 1979, das Gehaltsgesetz 1956, das Pensionsgesetz 1965, das Vertragsbedienstetengesetz 1948, die Bundesforste-Dienstordnung 1986, das Land- und Forstarbeiter-Dienstrechtsgesetz, das Arbeitsmarktförderungsgesetz und das Bundesgesetz, BGBl. Nr. 300/1990, mit dem das Entgeltfortzahlungsgesetz geändert wird, geändert werden sowie eine Regelung über die Wiedereinstellungsbeihilfe geschaffen wird (Karenzurlaubserweiterungsgesetz)

Der Nationalrat hat beschlossen:

Artikel I–XX

(in diese Ausgabe eingearbeitet bzw. nicht in diese Ausgabe aufgenommen)

Artikel XXI
Wiedereinstellungsbeihilfe

(aufgehoben)

(BGBl I 1997/47)

Artikel XXII

(im AMFG eingearbeitet)

Artikel XXIII

(im EFZG eingearbeitet)

Artikel XXIV
Inkrafttreten und Vollziehung

(Abs. 1–11 nicht aufgenommen)

(12) Art. XXI Abs. 1 in der Fassung des Bundesgesetzes BGBl. Nr. 201/1996 tritt mit 1. Juli 1996 in Kraft.

(BGBl 1994/314, BGBl I 1997/47)

(13) Art. XXI tritt mit Ablauf des 31. Dezember 1997 außer Kraft.

(BGBl 1994/314, BGBl I 1997/47)

(14) Für die bis 31. Dezember 1997 eingebrachten Anträge ist Art. XXI in der Fassung der Bundesgesetze BGBl. Nr. 408/1990 und 201/1996 mit der Maßgabe weiterhin anzuwenden, daß Anträge auf Beihilfen spätestens innerhalb von fünf Monaten nach der erfolgten Wiedereinstellung bei der nach dem Standort des Betriebes zuständigen regionalen Geschäftsstelle des Arbeitsmarktservice einzubringen sind.

(BGBl 1996/201, BGBl I 1997/47)

19. Patentgesetz 1970 (Auszug)

Patentgesetz 1970, BGBl 1970/259 idF

1 BGBl 1977/349 **2** BGBl 1984/234 **3** BGBl 1985/104
4 BGBl I 2004/149

STICHWORTVERZEICHNIS

Erfindungen von Dienstnehmern

§ 6. (1) Dienstnehmer haben auch für die von ihnen während des Bestandes des Dienstverhältnisses gemachten Erfindungen den Anspruch auf die Erteilung des Patentes (§ 4), wenn nicht durch Vertrag (§ 7 Abs. 1) oder auf Grund des § 7 Abs. 2 etwas anderes bestimmt ist.

(2) Als Dienstnehmer gelten Angestellte und Arbeiter jeder Art.

§ 7. (1) Vereinbarungen zwischen Dienstgebern und Dienstnehmern, nach denen künftige Erfindungen des Dienstnehmers dem Dienstgeber gehören sollen oder dem Dienstgeber ein Benützungsrecht an solchen Erfindungen eingeräumt werden soll, haben nur dann rechtliche Wirkung, wenn die Erfindung eine Diensterfindung (Abs. 3) ist. Die Vereinbarung bedarf zu ihrer Gültigkeit der schriftlichen Form, der auch Genüge geleistet ist, wenn darüber ein Kollektivvertrag (§ 2 Abs. 1 des Arbeitsverfassungsgesetzes, BGBl. Nr. 22/1974) vorliegt.

(BGBl 1977/349, BGBl I 2004/149)

(2) Ist das Dienstverhältnis ein öffentlich-rechtliches, so kann der Dienstgeber, ohne daß es einer Vereinbarung mit dem Dienstnehmer bedarf, dessen Diensterfindungen zur Gänze oder ein Benützungsrecht an solchen Erfindungen für sich in Anspruch nehmen; das Benützungsrecht ist auch gegen Dritte wirksam. In diesen Fällen finden die Bestimmungen des folgenden Absatzes und der §§ 8 bis 17 und des § 19 sinngemäß Anwendung.

(3) Eine Diensterfindung ist die Erfindung eines Dienstnehmers, wenn sie ihrem Gegenstande nach in das Arbeitsgebiet des Unternehmens, in dem der Dienstnehmer tätig ist, fällt und wenn

a) entweder die Tätigkeit, die zu der Erfindung geführt hat, zu den dienstlichen Obliegenheiten des Dienstnehmers gehört oder
b) wenn der Dienstnehmer die Anregung zu der Erfindung durch seine Tätigkeit in dem Unternehmen erhalten hat oder
c) das Zustandekommen der Erfindung durch die Benützung der Erfahrungen oder der Hilfsmittel des Unternehmens wesentlich erleichtert worden ist.

§ 8. (1) Dem Dienstnehmer gebührt in jedem Falle für die Überlassung einer von ihm gemachten Erfindung an den Dienstgeber sowie für die Einräumung eines Benützungsrechtes hinsichtlich einer solchen Erfindung eine angemessene besondere Vergütung.

(2) Wenn der Dienstnehmer jedoch ausdrücklich zur Erfindertätigkeit im Unternehmen des Dienstgebers angestellt und auch tatsächlich damit vorwiegend beschäftigt ist und wenn die ihm obliegende Erfindertätigkeit zu der Erfindung geführt hat, so gebührt ihm eine besondere Vergütung nur insoweit, als nicht schon in dem ihm auf Grund des Dienstverhältnisses im Hinblick auf seine Erfindertätigkeit zukommenden höheren Entgelt eine angemessene Vergütung für die Erfindung gelegen ist.

§ 9. Bei der Bemessung der Vergütung (§ 8) ist nach den Umständen des Falles insbesondere Bedacht zu nehmen

a) auf die wirtschaftliche Bedeutung der Erfindung für das Unternehmen;

b) auf eine sonst etwa erfolgte Verwertung der Erfindung im Inland oder Ausland;
c) auf den Anteil, den Anregungen, Erfahrungen, Vorarbeiten oder Hilfsmittel des Unternehmens des Dienstgebers oder dienstliche Weisungen an dem Zustandekommen der Erfindung gehabt haben.

§ 10. (1) Die Vergütung kann nachträglich auf Antrag eines der Beteiligten nach billigem Ermessen geändert werden, wenn eine wesentliche Änderung der für die Angemessenheit der Vergütung maßgebenden Verhältnisse eingetreten ist. Keinesfalls sind jedoch Leistungen zurückzuerstatten, die der Dienstnehmer auf Grund der früheren Festsetzung empfangen hat. Ebensowenig sind Leistungen, die auf Grund der früheren Festsetzung bereits bewirkt oder fällig geworden sind, nachträglich zu ergänzen, es sei denn, daß die Vergütung in einer einmaligen Leistung besteht.

(2) Der Anspruch auf Änderung der Vergütung steht dem Dienstnehmer auch im Fall der Übertragung der Erfindung durch den Dienstgeber auf einen Dritten dann zu, wenn der vom Dienstgeber bei dieser Übertragung erzielte Erlös in auffälligem Mißverhältnis zu der dem Dienstnehmer gewährten Vergütung steht oder wenn der Dienstgeber an der Ausnützung der Erfindung beteiligt bleibt und hiebei ein Erträgnis erzielt, das in auffälligem Mißverhältnis zu der dem Dienstnehmer gewährten Vergütung steht.

(3) Der Antrag (Abs. 1 und 2) kann erst nach Ablauf eines Jahres nach der letzten Festsetzung der Vergütung gestellt werden.

§ 11. (1) Wenn das Ausmaß der Vergütung (§§ 8 bis 10) von der Benützung der Erfindung durch den Dienstgeber abhängig gemacht ist und dieser es unterläßt, die Erfindung in einem ihrer wirtschaftlichen Bedeutung für das Unternehmen angemessenen Umfang zu benützen, so ist die Vergütung so zu bemessen, als hätte der Dienstgeber die Erfindung in dem ihrer wirtschaftlichen Bedeutung für das Unternehmen angemessenen Umfang benützt.

(2) In gleicher Weise ist die Vergütung zu bemessen, wenn der Dienstgeber die Erfindung auf einen Dritten übertragen oder in anderer Weise über sie verfügt hat, es sei denn, daß der Dienstnehmer einer solchen Übertragung oder Verfügung zugestimmt hat und der Dienstnehmer nicht beweist, daß diese Übertragung oder Verfügung nur zum Schein geschehen ist.

(3) Der Dienstgeber wird von der im Abs. 1 festgesetzten Verbindlichkeit zur Leistung der Vergütung befreit, wenn er sich verpflichtet, einem vom Dienstnehmer zu bezeichnenden Dritten das Recht zur Benützung der Erfindung einzuräumen. Der Dritte, dem das Benützungsrecht eingeräumt wird, hat dem Dienstgeber für dessen unter Berücksichtigung der Vorschriften des § 9 lit. c zu ermittelnden Anteil an der Erfindung eine Vergütung zu leisten. In Ansehung dieser Vergütung kann gemäß § 10 nachträglich Abänderung gefordert werden.

(4) Der Anspruch (Abs. 1 und 2) ist ausgeschlossen, wenn dem Dienstgeber unter billiger Berücksichtigung der Umstände des Falles eine Benützung der Erfindung überhaupt nicht oder nicht in einem größeren Umfang, als sie stattgefunden hat, zugemutet werden kann oder, falls eine Übertragung oder eine andere Verfügung unterblieben wäre, zugemutet werden könnte. Wenn jedoch der Dienstgeber aus der Erfindung Nutzen zieht, ohne sie auszuüben, so gebührt dem Dienstnehmer eine angemessene Vergütung.

§ 12. (1) Wenn eine Vereinbarung besteht, nach der künftige Erfindungen des Dienstnehmers dem Dienstgeber gehören sollen (§ 7), so hat der Dienstnehmer jede Erfindung, die er macht, ausgenommen solche, die offenbar nicht unter die Vereinbarung fallen, dem Dienstgeber unverzüglich mitzuteilen. Der Dienstgeber hat binnen vier Monaten nach dem Tag, an dem er diese Mitteilung erhalten hat, dem Dienstnehmer zu erklären, ob er die Erfindung auf Grund der bestehenden Vereinbarung als Diensterfindung für sich in Anspruch nimmt.

(2) Versäumt der Dienstnehmer diese Mitteilung, so haftet er dem Dienstgeber, unbeschadet des diesem zustehenden Anspruches auf die Erfindung, für den Ersatz des Schadens, der auch den entgangenen Gewinn umfaßt. Versäumt der Dienstgeber die Erklärung oder gibt er eine verneinende Erklärung ab, so verbleibt die Erfindung dem Dienstnehmer.

§ 13. (1) Der Dienstgeber und der Dienstnehmer sind zur Geheimhaltung der Erfindungen verpflichtet, die den Gegenstand der im § 12 Abs. 1 vorgesehenen Mitteilung und Erklärung bilden.

(2) Die Geheimhaltungspflicht des Dienstnehmers erlischt

a) wenn der Dienstgeber die im § 12 Abs. 1 vorgesehene Erklärung versäumt hat oder wenn er innerhalb der Frist eine verneinende Erklärung abgegeben hat;
b) wenn der Dienstgeber die Erfindung rechtzeitig für sich in Anspruch genommen (§ 12 Abs. 1) und die Geheimhaltung aufgegeben hat.

(3) Durch das Erlöschen der Geheimhaltungspflicht nach der vorstehenden Bestimmung wird die Geheimhaltungspflicht, soweit sie sonst dem Dienstnehmer obliegt, nicht berührt.

(4) Die Geheimhaltungspflicht des Dienstgebers erlischt, wenn er die Erfindung rechtzeitig für sich in Anspruch genommen (§ 12 Abs. 1) und der Dienstnehmer dagegen keinen Widerspruch erhoben hat.

(5) Die Geheimhaltungspflicht hindert den Dienstgeber und den Dienstnehmer nicht, zur Wahrung ihrer Rechte hinsichtlich der Erfindung die Patentanmeldung zu bewirken sowie die sonst erforderlichen Schritte zu unternehmen.

(6) Der Dienstgeber oder der Dienstnehmer, der die Geheimhaltungspflicht verletzt, ist zum Ersatz

des Schadens, der auch den entgangenen Gewinn umfaßt, an den anderen Teil verpflichtet.

§ 14. Wenn der Dienstgeber dem Dienstnehmer für eine Diensterfindung eine Vergütung geleistet hat und dann hervorkommt, daß nicht dieser Dienstnehmer, sondern ein anderer Dienstnehmer desselben Dienstgebers die Erfindung gemacht hat oder daß ein anderer Dienstnehmer desselben Dienstgebers an der Erfindung mitgewirkt hat, so kann der Dienstgeber dem Berechtigten gegenüber die dem Nichtberechtigten geleistete Vergütung ganz oder in dem dem Anteil des Berechtigten an der Erfindung entsprechenden Verhältnis aufrechnen, wenn er im guten Glauben geleistet hat und die Erfindung auch nach dem mit dem Berechtigten bestehenden Rechtsverhältnis dem Dienstgeber gehört.

§ 15. (1) Wenn der Dienstgeber mit dem Dienstnehmer Vereinbarungen wegen einer Diensterfindung getroffen hat, so kann er dennoch jederzeit erklären, auf seine Rechte an der Erfindung ganz oder zum Teil zu verzichten. Der Dienstnehmer kann in einem solchen Fall verlangen, daß die Rechte des Dienstgebers an der Erfindung, soweit der Verzicht reicht, auf ihn übertragen werden.

(2) Wenn der Dienstgeber auf seine Rechte an der Erfindung ganz verzichtet, so hört die Verpflichtung zur Leistung der Vergütung mit dem Zeitpunkt der Abgabe der Verzichtserklärung auf. Im Fall eines Teilverzichtes kann der Dienstgeber eine entsprechende Herabsetzung der Vergütung verlangen, sofern eine gesonderte Verwertung der auf den Dienstnehmer übertragenen Rechte möglich ist.

(3) Die Verpflichtung zur Leistung einer auf die Zeit bis zur Abgabe der Verzichtserklärung entfallenden Vergütung bleibt unberührt.

§ 16. Die nach den Bestimmungen der §§ 6 bis 15 begründeten Rechte des Dienstgebers und des Dienstnehmers werden durch die Auflösung des Dienstverhältnisses nicht berührt.

§ 17. Die Rechte, die dem Dienstnehmer auf Grund der Bestimmungen der §§ 6 bis 16 zustehen, können durch Vereinbarung weder aufgehoben noch beschränkt werden.

§ 18. (entfällt)

(BGBl 1985/104)

§ 19. Ansprüche von Dienstgebern und Dienstnehmern nach den Bestimmungen der §§ 7 bis 15 verjähren in drei Jahren.

Anspruch auf Erfindernennung

§ 20. (1) Der Erfinder hat Anspruch auf Nennung als Erfinder.

(BGBl 1984/234)

(2) Der Anspruch kann nicht übertragen werden und geht nicht auf die Erben über. Ein Verzicht auf den Anspruch ist ohne rechtliche Wirkung.

(3) Die Nennung als Erfinder geschieht auf Antrag durch Anführung in der Veröffentlichung der Anmeldung, in der Bekanntmachung der Veröffentlichung, in der Bekanntmachung der Patenterteilung, in der Patentschrift, in der Patenturkunde und durch Eintragung in das Patentregister. Ist die Bekanntmachung der Patenterteilung schon erfolgt und ist die Patenturkunde bereits ausgefertigt, so ist auf Antrag eine besondere Bescheinigung über die Nennung als Erfinder auszufertigen und eine besondere Bekanntmachung im Patentblatt zu veröffentlichen. Die Nennung als Erfinder ist auch in die vom Patentamt auszustellenden Prioritätsbelege aufzunehmen.

(BGBl I 2004/149)

(4) Der Antrag kann sowohl vom Erfinder als auch vom Anmelder oder vom Patentinhaber gestellt werden. Sind zur Stellung des Antrages mehrere Personen berechtigt, so hat, wenn der Antrag nicht von allen Berechtigten gemeinsam gestellt wird, der Antragsteller die Zustimmung der übrigen Berechtigten nachzuweisen. Soll ein anderer als der bereits als Erfinder Genannte neben diesem oder an seiner Stelle als Erfinder genannt werden, so ist auch die Zustimmung des bisher als Erfinder Genannten nachzuweisen.

(BGBl 1984/234)

(5) Verweigert der Anmelder, der Patentinhaber oder der bereits als Erfinder Genannte die Zustimmung, so hat das Patentamt auf Antrag über den Anspruch auf Nennung als Erfinder zu entscheiden.

(BGBl I 2004/149)

(6) Über den Antrag (Abs. 5) wird nach den Verfahrensvorschriften für den Anfechtungsstreit verhandelt. Die Erteilung des Patentes wird durch die Anhängigkeit des Verfahrens über einen solchen Antrag nicht aufgeschoben. Auf Grund der dem Antrag stattgebenden rechtskräftigen Entscheidung ist auf Antrag des Berechtigten nach Abs. 3 vorzugehen.

20. URLAUBSGESETZ

Inhaltsverzeichnis

20/1. Urlaubsgesetz

Urlaubsgesetz, BGBl 1976/390 idF

1 BGBl 1981/354	**2** BGBl 1983/81	**3** BGBl 1990/408
4 BGBl 1991/628	**5** BGBl 1992/473	**6** BGBl 1992/833
7 BGBl 1993/502	**8** BGBl 1995/832	**9** BGBl I 1999/181
10 BGBl I 2000/44	**11** BGBl I 2001/7	**12** BGBl I 2001/98
13 BGBl I 2002/49	**14** BGBl I 2002/89	**15** BGBl I 2009/135
16 BGBl I 2010/100	**17** BGBl I 2012/19	**18** BGBl I 2013/3

GLIEDERUNG

STICHWORTVERZEICHNIS

Bundesgesetz vom 7. Juli 1976 betreffend die Vereinheitlichung des Urlaubsrechtes und die Einführung einer Pflegefreistellung

Der Nationalrat hat beschlossen:

Artikel I
Erholungsurlaub und Pflegefreistellung

Abschnitt 1
Erholungsurlaub

Geltungsbereich

§ 1. (1) Die Bestimmungen dieses Abschnittes gelten für Arbeitnehmer aller Art, deren Arbeitsverhältnis auf einem privatrechtlichen Vertrag beruht.

(2) Ausgenommen sind

1. Arbeitsverhältnisse der land- und forstwirtschaftlichen Arbeiter, auf die das Landarbeitsgesetz, BGBl. Nr. 140/1948, anzuwenden ist;
2. Heimarbeiter, auf die das Heimarbeitsgesetz 1960, BGBl. Nr. 105/1961, anzuwenden ist;
3. Arbeitsverhältnisse zu einem Land, einem Gemeindeverband oder einer Gemeinde;
4. Arbeitsverhältnisse zum Bund, auf die dienstrechtliche Vorschriften anzuwenden sind, die den Urlaubsanspruch zwingend regeln;
5. Arbeitsverhältnisse zu Stiftungen, Anstalten oder Fonds, auf die das Vertragsbedienstetengesetz 1948, BGBl. Nr. 86, gemäß § 1 Abs. 2 VBG sinngemäß anzuwenden ist;
6. Arbeitsverhältnisse, auf die das Bauarbeiter-Urlaubsgesetz 1972, BGBl. Nr. 414/1972, anzuwenden ist;
7. Arbeitnehmer im Sinne des § 1 Abs. 1 des Theaterarbeitsgesetzes (TAG), BGBl. I Nr. 100/2010.

(BGBl I 2010/100)

(3) Die §§ 5 und 12 sind auch auf Arbeitsverhältnisse im Sinne des Abs. 2 Z 7 anzuwenden.

Urlaub

§ 2. (1) Dem Arbeitnehmer gebührt für jedes Arbeitsjahr ein ununterbrochener bezahlter Urlaub. Das Urlaubsausmaß beträgt bei einer Dienstzeit von weniger als 25 Jahren 30 Werktage und erhöht sich nach Vollendung des 25. Jahres auf 36 Werktage.

(BGBl 1983/81)

(2) Der Anspruch auf Urlaub entsteht in den ersten sechs Monaten des ersten Arbeitsjahres im Verhältnis zu der im Arbeitsjahr zurückgelegten Dienstzeit, nach sechs Monaten in voller Höhe. Ab dem zweiten Arbeitsjahr entsteht der gesamte Urlaubsanspruch mit Beginn des Arbeitsjahres. Der Urlaubsanspruch wird durch Zeiten, in denen kein Anspruch auf Entgelt besteht, nicht verkürzt, sofern gesetzlich nicht ausdrücklich anderes bestimmt wird.

(BGBl 1993/502, BGBl 1995/832)

(3) Alle Zeiten, die der Arbeitnehmer in unmittelbar vorangegangenen Arbeits(Lehr)verhältnissen zum selben Arbeitgeber zurückgelegt hat, gelten für die Erfüllung der Wartezeit, die Bemessung des Urlaubsausmaßes und die Berechnung des Urlaubsjahres als Dienstzeiten.

(4) Durch Kollektivvertrag, Betriebsvereinbarung oder in Betrieben ohne Betriebsrat durch schriftliche Einzelvereinbarung kann anstelle des

Arbeitsjahres das Kalenderjahr oder ein anderer Jahreszeitraum als Urlaubsjahr vereinbart werden. Solche Vereinbarungen können abweichend von § 12 vorsehen, daß

1. Arbeitnehmer, deren Arbeitsvertrag im laufenden Urlaubsjahr begründet wurde und welche die Wartezeit zu Beginn des neuen Urlaubsjahres noch nicht erfüllt haben, für jeden begonnenen Monat ein Zwölftel des Jahresurlaubes erhalten; ist die Wartezeit erfüllt, gebührt der volle Urlaub;
2. ein höheres Urlaubsausmaß erstmals in jenem Kalenderjahr (Jahreszeitraum) gebührt, in das (in den) der überwiegende Teil des Arbeitsjahres fällt;
3. die Ansprüche der zu Beginn des neuen Urlaubsjahres mindestens ein Jahr beim selben Arbeitgeber beschäftigten Arbeitnehmer für den Umstellungszeitraum gesondert berechnet werden. Umstellungszeitraum ist der Zeitraum vom Beginn des Arbeitsjahres bis zum Ende des folgenden Kalenderjahres oder des sonstigen vereinbarten Jahreszeitraumes. Jedenfalls muß für den Umstellungszeitraum dem Arbeitnehmer ein voller Urlaubsanspruch und ein zusätzlicher aliquoter Anspruch für den Zeitraum vom Beginn des Arbeitsjahres bis zum Beginn des neuen Urlaubsjahres zustehen. Auf den Urlaubsanspruch im Umstellungszeitraum ist ein für das Arbeitsjahr vor der Umstellung gebührender und bereits verbrauchter Urlaub anzurechnen.

(BGBl I 2013/3)

Anrechnungsbestimmungen

§ 3. (1) Für die Bemessung des Urlaubsausmaßes sind Dienstzeiten bei demselben Arbeitgeber, die keine längeren Unterbrechungen als jeweils drei Monate aufweisen, zusammenzurechnen. Diese Zusammenrechnung unterbleibt jedoch, wenn die Unterbrechung durch eine Kündigung des Arbeitsverhältnisses seitens des Arbeitnehmers, durch einen vorzeitigen Austritt ohne wichtigen Grund oder eine vom Arbeitnehmer verschuldete Entlassung eingetreten ist.

(2) Für die Bemessung des Urlaubsausmaßes sind anzurechnen:

1. die in einem anderen Arbeitsverhältnis oder einem Beschäftigungsverhältnis im Sinne des Heimarbeitsgesetzes 1960, BGBl. Nr. 105/61, im Inland zugebrachte Dienstzeit, sofern sie mindestens je sechs Monate gedauert hat;
2. die über die Erfüllung der allgemeinen Schulpflicht hinausgehende Zeit eines Studiums an einer inländischen allgemeinbildenden höheren oder einer berufsbildenden mittleren oder höheren Schule oder einer Akademie im Sinne des Schulorganisationsgesetzes 1962, BGBl. Nr. 242, oder an einer diesen gesetzlich geregelten Schularten vergleichbaren Schule, in dem für dieses Studium nach den schulrechtlichen Vorschriften geltenden Mindestausmaß, höchstens jedoch im Ausmaß von vier Jahren. Als Zeitpunkt des möglichen Studienabschlusses ist bei Studien, die mit dem Schuljahr enden, der 30. Juni und bei Studien, die mit dem Kalenderjahr enden, der 31. Dezember anzusehen. Zeiten des Studiums an einer vergleichbaren auslän dischen Schule sind wie inländische Schulzeiten anzurechnen, wenn das Zeugnis einer solchen ausländischen Schule im Sinne der Europäischen Konvention über die Gleichwertigkeit von Reifezeugnissen (BGBl. Nr. 44/1957) oder eines entsprechenden internationalen Abkommens für die Zulassung zu den Universitäten als einem inländischen Reifezeugnis gleichwertig anzusehen ist oder wenn es nach den Bestimmungen des Schulunterrichtsgesetzes (Bundesgesetz vom 6. Feber 1974, BGBl. Nr. 139) über die Nostrifikation ausländischer Zeugnisse nostrifiziert werden kann;
3. die gewöhnliche Dauer eines mit Erfolg abgeschlossenen Hochschulstudiums bis zum Höchstausmaß von fünf Jahren;
4. Zeiten, für welche eine Haftentschädigung gemäß § 13a Abs. 1 oder § 13c Abs. 1 des Opferfürsorgegesetzes 1947, BGBl. Nr. 183, gebührt. Diese Anrechnung findet nicht statt, soweit ein Arbeitsverhältnis während der Haft aufrecht geblieben und aus diesem Grunde für die Urlaubsdauer zu berücksichtigen ist;
5. Zeiten der Tätigkeit als Entwicklungshelfer für eine Organisation im Sinne des § 1 Abs. 2 des Entwicklungshilfegesetzes 1974, BGBl. Nr. 474, in der Fassung BGBl. Nr. 579/1989, oder im Sinne des § 3 Abs. 2 des Entwicklungszusammenarbeitsgesetzes, BGBl. I Nr. 49/2002;

   (BGBl I 2002/49)
6. Zeiten einer im Inlande zugebrachten selbständigen Erwerbstätigkeit, sofern sie mindestens je sechs Monate gedauert hat.

(3) Zeiten nach Abs. 2 Z 1, 5 und 6 sind insgesamt nur bis zum Höchstausmaß von fünf Jahren anzurechnen. Zeiten nach Z 2 sind darüber hinaus bis zu einem Höchstausmaß von weiteren zwei Jahren anzurechnen.

(4) Fallen anrechenbare Zeiten zusammen, so sind sie für die Bemessung der Urlaubsdauer nur einmal zu berücksichtigen.

UrlG

Verbrauch des Urlaubes

§ 4. (1) Der Zeitpunkt des Urlaubsantrittes ist zwischen dem Arbeitgeber und dem Arbeitnehmer unter Rücksichtnahme auf die Erfordernisse des Betriebes und die Erholungsmöglichkeiten des Arbeitnehmers zu vereinbaren. Diese Vereinbarung hat so zu erfolgen, daß der Urlaub möglichst bis zum Ende des Urlaubsjahres, in dem der Anspruch entstanden ist, verbraucht werden kann.

(2) Für Zeiträume, während deren ein Arbeitnehmer aus einem der im § 2 Entgeltfortzahlungsgesetz 1974, BGBl. Nr. 399, genannten Gründe an der Arbeitsleistung verhindert ist, während deren er Anspruch auf Pflegefreistellung oder während

deren er sonst Anspruch auf Entgeltfortzahlung bei Entfall der Arbeitsleistung hat, darf der Urlaubsantritt nicht vereinbart werden, wenn diese Umstände bereits bei Abschluß der Vereinbarung bekannt waren. Geschieht dies dennoch, gilt der Zeitraum der Arbeitsverhinderung nicht als Urlaub.

(3) Der Urlaub kann in zwei Teilen verbraucht werden, doch muß ein Teil mindestens sechs Werktage betragen.

(4) Hat der Arbeitnehmer in Betrieben, in denen ein für ihn zuständiger Betriebsrat errichtet ist, den von ihm gewünschten Zeitpunkt für den Antritt seines Urlaubes oder eines Urlaubsteiles in der Dauer von mindestens zwölf Werktagen dem Arbeitgeber mindestens drei Monate vorher bekanntgegeben und kommt eine Einigung zwischen dem Arbeitgeber und dem Arbeitnehmer nicht zustande, so sind die Verhandlungen unter Beiziehung des Betriebsrates fortzusetzen. Kommt auch dann keine Einigung zustande, so kann der Arbeitnehmer den Urlaub zu dem von ihm vorgeschlagenen Zeitpunkt antreten, es sei denn, der Arbeitgeber hat während eines Zeitraumes, der nicht mehr als acht und nicht weniger als sechs Wochen vor dem vom Arbeitnehmer vorgeschlagenen Zeitpunkt des Urlaubsantrittes liegen darf, wegen des Zeitpunktes des Urlaubsantrittes die Klage beim zuständigen Arbeitsgericht eingebracht.

(5) Der Urlaubsanspruch verjährt nach Ablauf von zwei Jahren ab dem Ende des Urlaubsjahres, in dem er entstanden ist. Diese Frist verlängert sich bei Inanspruchnahme einer Karenz gemäß dem Väter-Karenzgesetz (VKG), BGBl. Nr. 651/1989, oder gemäß dem Mutterschutzgesetz 1979 (MSchG), BGBl. Nr. 221/1979, um den Zeitraum der Karenz.

(BGBl 1990/408, BGBl I 2002/89, BGBl I 2012/19)

Erkrankung während des Urlaubes

§ 5. (1) Erkrankt (verunglückt) ein Arbeitnehmer während des Urlaubes, ohne dies vorsätzlich oder grob fahrlässig herbeigeführt zu haben, so werden auf Werktage fallende Tage der Erkrankung, an denen der Arbeitnehmer durch die Erkrankung arbeitsunfähig war, auf das Urlaubsausmaß nicht angerechnet, wenn die Erkrankung länger als drei Kalendertage gedauert hat.

(2) Übt ein Arbeitnehmer während seines Urlaubes eine dem Erholungszweck widersprechende Erwerbstätigkeit aus, so findet Abs. 1 keine Anwendung, wenn die Erkrankung (der Unglücksfall) mit dieser Erwerbstätigkeit in ursächlichem Zusammenhang steht.

(3) Der Arbeitnehmer hat dem Arbeitgeber nach dreitägiger Krankheitsdauer die Erkrankung unverzüglich mitzuteilen. Ist dies aus Gründen, die nicht vom Arbeitnehmer zu vertreten sind, nicht möglich, so gilt die Mitteilung als rechtzeitig erfolgt, wenn sie unmittelbar nach Wegfall des Hinderungsgrundes nachgeholt wird. Bei Wiederantritt des Dienstes hat der Arbeitnehmer ohne schuldhafte Verzögerung ein ärztliches Zeugnis oder eine Bestätigung des zuständigen Krankenversicherungsträgers über Beginn, Dauer und Ursache der Arbeitsunfähigkeit vorzulegen. Erkrankt der Arbeitnehmer während eines Urlaubes im Ausland, so muß dem ärztlichen Zeugnis eine behördliche Bestätigung darüber beigefügt sein, daß es von einem zur Ausübung des Arztberufes zugelassenen Arzt ausgestellt wurde. Eine solche behördliche Bestätigung ist nicht erforderlich, wenn die ärztliche Behandlung stationär oder ambulant in einer Krankenanstalt erfolgte und hierüber eine Bestätigung dieser Anstalt vorgelegt wird. Kommt der Arbeitnehmer diesen Verpflichtungen nicht nach, so ist Abs. 1 nicht anzuwenden.

Urlaubsentgelt

§ 6. (1) Während des Urlaubes behält der Arbeitnehmer den Anspruch auf das Entgelt nach Maßgabe der folgenden Bestimmungen.

(2) Ein nach Wochen, Monaten oder längeren Zeiträumen bemessenes Entgelt darf für die Urlaubsdauer nicht gemindert werden.

(3) In allen anderen Fällen ist für die Urlaubsdauer das regelmäßige Entgelt zu zahlen. Regelmäßiges Entgelt ist jenes Entgelt, das dem Arbeitnehmer gebührt hätte, wenn der Urlaub nicht angetreten worden wäre.

(4) Bei Akkord-, Stück- oder Gedinglöhnen, akkordähnlichen oder sonstigen leistungsbezogenen Prämien oder Entgelten ist das Urlaubsentgelt nach dem Durchschnitt der letzten dreizehn voll gearbeiteten Wochen unter Ausscheidung nur ausnahmsweise geleisteter Arbeiten zu berechnen.

(5) Durch Kollektivvertrag im Sinne des § 18 Abs. 4 Arbeitsverfassungsgesetz, BGBl. Nr. 22/1974, kann geregelt werden, welche Leistungen des Arbeitgebers als Urlaubsentgelt anzusehen sind. Die Berechnungsart für die Regelung der Höhe des Urlaubsentgeltes kann durch Kollektivvertrag abweichend von Abs. 3 und 4 geregelt werden.

(6) Das Urlaubsentgelt ist bei Antritt des Urlaubes für die ganze Urlaubsdauer im voraus zu zahlen.

Ablöseverbot

§ 7. Vereinbarungen zwischen Arbeitgeber und Arbeitnehmer, die für den Nichtverbrauch des Urlaubes Geld oder sonstige vermögenswerte Leistungen des Arbeitgebers vorsehen, sind rechtsunwirksam.

Aufzeichnungen

§ 8. (1) Der Arbeitgeber hat Aufzeichnungen zu führen, aus denen hervorgeht

1. der Zeitpunkt des Dienstantrittes des Arbeitnehmers, die angerechneten Dienstzeiten und die Dauer des dem Arbeitnehmer zustehenden bezahlten Urlaubes;
2. die Zeit, in welcher der Arbeitnehmer seinen bezahlten Urlaub genommen hat;
3. das Entgelt, das der Arbeitnehmer für die Dauer des bezahlten Urlaubes erhalten hat, und der Zeitpunkt der Auszahlung;
4. wenn das Urlaubsjahr nicht nach dem Arbeitsjahr berechnet wird, der Zeitpunkt, ab dem die

Umstellung gilt, und die Norm, auf Grund der die Umstellung erfolgt ist, sowie das Ausmaß der dem Arbeitnehmer für den Umstellungszeitraum gebührenden Urlaubsansprüche und der Zeitraum, in dem dieser Urlaub verbraucht wurde.

(2) Die Verpflichtung nach Abs. 1 ist auch dann erfüllt, wenn diese Angaben aus Aufzeichnungen hervorgehen, die der Arbeitgeber zum Nachweis der Erfüllung anderer Verpflichtungen führt.

Urlaubsentschädigung

§ 9. (aufgehoben)

(BGBl 1993/502, BGBl 1995/832, BGBl I 2000/44)

Ansprüche bei Beendigung des Arbeitsverhältnisses

§ 10. (1) Dem Arbeitnehmer gebührt für das Urlaubsjahr, in dem das Arbeitsverhältnis endet, zum Zeitpunkt der Beendigung des Arbeitsverhältnisses eine Ersatzleistung als Abgeltung für den der Dauer der Dienstzeit in diesem Urlaubsjahr im Verhältnis zum gesamten Urlaubsjahr entsprechenden Urlaub. Bereits verbrauchter Jahresurlaub ist auf das aliquote Urlaubsausmaß anzurechnen. Urlaubsentgelt für einen über das aliquote Ausmaß hinaus verbrauchten Jahresurlaub ist nicht rückzuerstatten, außer bei Beendigung des Arbeitsverhältnisses durch

1. unberechtigten vorzeitigen Austritt oder
2. verschuldete Entlassung.

Der Erstattungsbetrag hat dem für den zu viel verbrauchten Urlaub zum Zeitpunkt des Urlaubsverbrauchs erhaltenen Urlaubsentgelt zu entsprechen.

(2) Eine Ersatzleistung gebührt nicht, wenn der Arbeitnehmer ohne wichtigen Grund vorzeitig austritt.

(3) Für nicht verbrauchten Urlaub aus vorangegangenen Urlaubsjahren gebührt anstelle des noch ausständigen Urlaubsentgelts eine Ersatzleistung in vollem Ausmaß des noch ausständigen Urlaubsentgelts, soweit der Urlaubsanspruch noch nicht verjährt ist.

(4) Endet das Arbeitsverhältnis während einer Teilzeitbeschäftigung gemäß VKG oder MSchG oder Herabsetzung der Normalarbeitszeit nach den §§ 14a und 14b Arbeitsvertragsrechts-Anpassungsgesetz, BGBl. Nr. 459/1993, durch

1. Entlassung ohne Verschulden des Arbeitnehmers,
2. begründeten vorzeitigen Austritt des Arbeitnehmers,
3. Kündigung seitens des Arbeitgebers oder
4. einvernehmliche Auflösung,

ist der Berechnung der Ersatzleistung im Sinne des Abs. 1 jene Arbeitszeit zugrunde zu legen, die in dem Urlaubsjahr, in dem der Urlaubsanspruch entstanden ist, vom Arbeitnehmer überwiegend zu leisten war.

(BGBl I 2002/89)

(5) Die Ersatzleistung im Sinne der Abs. 1, 3 und 4 gebührt den Erben, wenn das Arbeitsverhältnis durch Tod des Arbeitnehmers endet.

(6) Für den Zusatzurlaub bei Nachtschwerarbeit gilt § 10a.

(BGBl 1995/832, BGBl I 2000/44, BGBl I 2002/89)

Zusatzurlaub bei Nachtschwerarbeit

§ 10a. (1) Arbeitnehmer haben für jedes Arbeitsjahr, in dem sie mindestens 50mal in der Zeit zwischen 22.00 Uhr und 6.00 Uhr mindestens sechs Stunden Schwerarbeit im Sinne des Art. VII Abs. 2 oder 4, einer Verordnung gemäß Art. VII Abs. 3 oder eines Kollektivvertrages gemäß Art. VII Abs. 6 des Nachtschwerarbeitsgesetzes (NSchG), BGBl. Nr. 354/1981, geleistet haben, Anspruch auf Zusatzurlaub im Ausmaß von zwei Werktagen. Der Anspruch auf Zusatzurlaub erhöht sich auf vier Werktage, wenn sie fünf Jahre, und auf sechs Werktage, wenn sie 15 Jahre solche Arbeiten geleistet haben.

(BGBl 1992/473, BGBl I 2013/3)

(1a) Hat ein Arbeitnehmer in einem Urlaubsjahr weniger als 50mal, mindestens jedoch 40mal Nachtschwerarbeit geleistet, hat er für dieses Urlaubsjahr Anspruch auf einen Zusatzurlaub in dem sich nach Abs. 1 ergebenden Ausmaß, wenn er in diesem und im unmittelbar vorangegangenen Urlaubsjahr insgesamt mindestens 100mal Nachtschwerarbeit geleistet hat.

(BGBl I 1999/181)

(1b) Hat ein Arbeitnehmer zusätzlich zu Nachtschwerarbeit, die zu einem Zusatzurlaub nach Abs. 1 oder Abs. 1a geführt hat, mindestens 50mal Nachtschwerarbeit geleistet, gebührt ihm ein zusätzlicher Urlaubstag.

(BGBl I 1999/181)

(1c) In jedem Urlaubsjahr gebührt jedoch nur ein zusätzlicher Urlaubstag nach Abs. 1b. Nachtschwerarbeit darf für die Berechnung eines Zusatzurlaubs nur einmal herangezogen werden. Drei Jahre nach Ablauf des Urlaubsjahres, in dem Nachtschwerarbeit geleistet wurde, ist diese Nachtschwerarbeit bei der Berechnung eines Zusatzurlaubs nach Abs. 1b nicht mehr heranzuziehen.

(BGBl I 1999/181)

(2) § 3 Abs. 2 bis 4, §§ 9, 10 und 14 finden auf den Zusatzurlaub keine Anwendung.

(3) § 3 Abs. 1 ist mit der Maßgabe anzuwenden, daß für die Bemessung des Urlaubsausmaßes Dienstzeiten bei demselben Arbeitgeber, die unter den Voraussetzungen des Abs. 1 geleistet wurden, zusammenzurechnen sind.

(4) Für die Entstehung des Anspruches auf Zusatzurlaub werden nicht abgefundene Nachtschwerarbeiten, die in dem der Unterbrechung unmittelbar vorangegangenen Arbeitsverhältnis bei demselben Arbeitgeber geleistet wurden, angerechnet, sofern es sich um eine Unterbrechung

gemäß § 3 Abs. 1 handelt und die Voraussetzung des § 2 Abs. 2 erfüllt ist.

(BGBl 1992/473, BGBl I 1999/181)

(5) Für die Bemessung des Urlaubsausmaßes ist weiters die in einem anderen Arbeitsverhältnis im Inland zugebrachte Dienstzeit, sofern sie unter den Voraussetzungen des Abs. 1 geleistet wurde und mindestens sechs Monate gedauert hat, bis zum Höchstausmaß von fünf Jahren anzurechnen.

(6) Für die Bemessung des Urlaubsausmaßes werden nur volle Arbeitsjahre berücksichtigt. Nicht volle Arbeitsjahre werden voll berücksichtigt, wenn die Voraussetzungen der Abs. 1 und 5 erfüllt sind.

(7) Dem Arbeitnehmer gebührt eine Entschädigung in der Höhe des noch ausstehenden Urlaubsentgeltes, wenn das Arbeitsverhältnis nach Entstehung des Anspruches auf Zusatzurlaub, jedoch vor dessen Verbrauch endet. Die Entschädigung gebührt nicht, wenn der Arbeitnehmer ohne wichtigen Grund vorzeitig austritt.

(8) Dem Arbeitnehmer gebührt eine Abfindung in der Höhe des halben Urlaubsentgelts, wenn er im Arbeitsjahr mindestens 25mal Nachtschwerarbeit geleistet hat und das Arbeitsverhältnis durch Kündigung seitens des Arbeitgebers, einvernehmliche Lösung oder durch den Tod des Arbeitnehmers endet, sofern die Voraussetzung des § 2 Abs. 2 erfüllt ist.

(BGBl 1981/354, BGBl 1992/473, BGBl I 1999/181)

(9) Der Arbeitnehmer, der in insgesamt 20 Arbeitsjahren Anspruch auf Zusatzurlaub im Sinne des Abs. 1 hatte, behält – wenn er wegen Berufskrankheit oder Arbeitsunfall nicht mehr Nachtschwerarbeit leisten kann – den Anspruch auf Zusatzurlaub in dem vor der Erkrankung oder dem Unfall zuletzt zustehenden Ausmaß.

(BGBl 1992/473)

(BGBl I 1999/181)

Pfändungsschutz

§ 11. (aufgehoben)

(BGBl 1991/628)

Unabdingbarkeit

§ 12. Die Rechte, die dem Arbeitnehmer auf Grund der §§ 2 bis 10 zustehen, können durch Arbeitsvertrag, Arbeits(Dienst)ordnung oder, soweit in diesem Bundesgesetz nicht anderes bestimmt ist, durch Kollektivvertrag oder Betriebsvereinbarung weder aufgehoben noch beschränkt werden.

(BGBl 1991/628)

Strafbestimmungen

§ 13. Arbeitgeber oder deren gesetzliche Vertreter, die den Bestimmungen des § 8 zuwiderhandeln, sind, sofern die Tat nicht nach anderen Vorschriften einer strengeren Strafe unterliegt, von der Bezirksverwaltungsbehörde mit einer Geldstrafe bis 218 Euro zu bestrafen.

(BGBl I 2001/98)

Weitergelten von Regelungen

§ 14. (1) Im Zeitpunkt des Inkrafttretens dieses Abschnittes bestehende, für die Arbeitnehmer günstigere Regelungen in Kollektivverträgen, Arbeits(Dienst)ordnungen, Betriebsvereinbarungen oder Arbeitsverträgen werden durch die Bestimmungen dieses Bundesgesetzes nicht berührt.

(2) Im Zeitpunkt des Inkrafttretens dieses Abschnittes bestehende Vereinbarungen durch Kollektivvertrag oder Betriebsvereinbarung in Angelegenheiten, in denen nach den Bestimmungen der §§ 2 Abs. 4 oder 6 Abs. 5 abweichende Regelungen durch Kollektivvertrag oder Betriebsvereinbarung zulässig sind, gelten als solche Regelungen, soweit sie den vorgenannten Bestimmungen entsprechen.

Abschnitt 2
Pflegefreistellung

Geltungsbereich

§ 15. (1) Die Bestimmungen dieses Abschnittes gelten für Arbeitnehmer aller Art, deren Arbeitsverhältnis auf einem privatrechtlichen Vertrag beruht.

(2) Ausgenommen sind

1. Arbeitsverhältnisse der land- und forstwirtschaftlichen Arbeiter, auf die das Landarbeitsgesetz 1948, BGBl. Nr. 140, anzuwenden ist;
2. Heimarbeiter, auf die das Heimarbeitsgesetz 1960, BGBl. Nr. 105/1961, anzuwenden ist;
3. Arbeitsverhältnisse zu einem Land, einem Gemeindeverband oder einer Gemeinde;
4. Arbeitsverhältnisse zum Bund, auf die dienstrechtliche Vorschriften anzuwenden sind, welche den wesentlichen Inhalt des Arbeitsverhältnisses zwingend regeln;
5. Arbeitsverhältnisse zu Stiftungen, Anstalten oder Fonds, auf die das Vertragsbedienstetengesetz 1948, BGBl. Nr. 86, gemäß § 1 Abs. 2 VBG sinngemäß anzuwenden ist.

Pflegefreistellung

§ 16. (1) Ist der Arbeitnehmer nach Antritt des Arbeitsverhältnisses an der Arbeitsleistung

1. wegen der notwendigen Pflege eines im gemeinsamen Haushalt lebenden erkrankten nahen Angehörigen oder
2. wegen der notwendigen Betreuung seines Kindes (Wahl- oder Pflegekindes) oder eines im gemeinsamen Haushalt lebenden leiblichen Kindes des anderen Ehegatten, des eingetragenen Partners oder Lebensgefährten infolge eines Ausfalls einer Person, die das Kind ständig betreut hat, aus den Gründen des § 15d Abs. 2 Z 1 bis 5 des Mutterschutzgesetzes 1979, BGBl. Nr. 221, in der jeweils geltenden Fassung, oder
3. wegen der Begleitung seines erkrankten Kindes (Wahl- oder Pflegekindes) oder eines im gemeinsamen Haushalt lebenden leiblichen Kindes des anderen Ehegatten, des eingetragenen Partners oder Lebensgefährten bei

einem stationären Aufenthalt in einer Heil- und Pflegeanstalt, sofern das Kind das zehnte Lebensjahr noch nicht vollendet hat,

nachweislich verhindert, so hat er Anspruch auf Fortzahlung des Entgelts bis zum Höchstausmaß seiner regelmäßigen wöchentlichen Arbeitszeit innerhalb eines Arbeitsjahres. Als nahe Angehörige im Sinne dieses Bundesgesetzes sind der Ehegatte, der eingetragene Partner und Personen anzusehen, die mit dem Arbeitnehmer in gerader Linie verwandt sind, ferner Wahl- und Pflegekinder, im gemeinsamen Haushalt lebende leibliche Kinder des anderen Ehegatten oder des eingetragenen Partners oder Lebensgefährten sowie die Person, mit der der Arbeitnehmer in Lebensgemeinschaft lebt.

(BGBl I 1999/181, BGBl I 2002/89, BGBl I 2009/135, BGBl I 2013/3)

(2) Darüber hinaus besteht Anspruch auf Freistellung von der Arbeitsleistung bis zum Höchstausmaß einer weiteren regelmäßigen wöchentlichen Arbeitszeit innerhalb eines Arbeitsjahres, wenn der Arbeitnehmer den Freistellungsanspruch gemäß Abs. 1 verbraucht hat, wegen der notwendigen Pflege seines im gemeinsamen Haushalt lebenden erkrankten Kindes (Wahl- oder Pflegekindes)oder im gemeinsamen Haushalt lebenden leiblichen Kindes des anderen Ehegatten oder eingetragenen Partners oder Lebensgefährten, welches das zwölfte Lebensjahr noch nicht überschritten hat, an der Arbeitsleistung neuerlich verhindert ist und ihm für diesen Zeitraum der Dienstverhinderung kein Anspruch auf Entgeltfortzahlung wegen Dienstverhinderung aus wichtigen in seiner Person gelegenen Gründen auf Grund anderer gesetzlicher Bestimmungen, Normen der kollektiven Rechtsgestaltung oder des Arbeitsvertrages zusteht.

(BGBl I 2000/44, BGBl I 2013/3)

(3) Ist der Anspruch auf Entgeltfortzahlung bei Entfall der Arbeitsleistung aus einem der in Abs. 1 und 2 genannten Dienstverhinderungsgründe erschöpft, kann zu einem in Abs. 2 genannten Zweck Urlaub ohne vorherige Vereinbarung mit dem Arbeitgeber angetreten werden.

(BGBl 1992/833)

(4) Im Fall der notwendigen Pflege seines erkrankten Kindes (Wahl- oder Pflegekindes) hat auch jener Arbeitnehmer Anspruch auf Freistellung von der Arbeitsleistung nach Abs. 1 Z 1, Abs. 2 und 3, der nicht mit seinem erkrankten Kind (Wahl- oder Pflegekind) im gemeinsamen Haushalt lebt.

(BGBl I 2013/3)

Unabdingbarkeit

§ 17. Die Rechte, die dem Arbeitnehmer auf Grund des § 16 zustehen, können durch Arbeitsvertrag, Arbeits(Dienst)ordnung, Betriebsvereinbarung oder Kollektivvertrag weder aufgehoben noch beschränkt werden.

Günstigere Regelungen

§ 18. Gesetzliche Vorschriften, Kollektivverträge, Arbeits(Dienst)ordnungen, Betriebsvereinbarungen oder Arbeitsverträge, die den Anspruch auf Pflegefreistellung im Sinne des § 16 günstiger regeln, bleiben insoweit unberührt.

Inkrafttreten

§ 19. (1) § 16 dieses Bundesgesetzes in der Fassung des Bundesgesetzes, BGBl. Nr. 833/1992, tritt mit 1. Jänner 1993 in Kraft.

(BGBl 1992/833)

(2) § 2 Abs. 2 und § 9 Abs. 1 Z 5 und 6 dieses Bundesgesetzes in der Fassung des Bundesgesetzes, BGBl. Nr. 502/1993, treten mit 1. August 1993 in Kraft.

(BGBl 1993/502)

(3) § 2 Abs. 2, § 9 Abs. 1 und § 10 Abs. 1 dieses Bundesgesetzes in der Fassung des Bundesgesetzes BGBl. Nr. 832/1995 treten mit 1. Dezember 1995 in Kraft und gelten ab dem Urlaubsjahr, das im Jahr 1994 begonnen hat.

(BGBl 1995/832)

(4) Die §§ 10a und 16 Abs. 1 Z 2 in der Fassung des Bundesgesetzes BGBl. I Nr. 181/1999 treten mit 1. Jänner 2000 in Kraft. § 10a ist erstmals auf jenes Urlaubsjahr anzuwenden, das nach dem 1. Jänner 2000 beginnt, wobei im Falle der Berechnung nach § 10a Abs. 1a Nachtschwerarbeit, die im 1999 begonnenen Urlaubsjahr geleistet wurde, heranzuziehen ist.

(BGBl I 1999/181)

(5) § 10 samt Überschrift in der Fassung des Bundesgesetzes BGBl. I Nr. 44/2000 tritt mit 1. Jänner 2001 in Kraft und gilt ab dem Urlaubsjahr, das nach dem 31. Dezember 2000 beginnt.

(BGBl I 2000/44)

(6) § 9 samt Überschrift tritt mit Ablauf des 31. Dezember 2000 außer Kraft, ausgenommen für jenes Urlaubsjahr, das vor dem 1. Jänner 2001 begonnen hat.

(BGBl I 2000/44)

(7) § 16 Abs. 2 in der Fassung des Bundesgesetzes BGBl. I Nr. 44/2000 tritt mit 1. Oktober 2000 in Kraft. Bis zum 30. September 2000 entstandene Erstattungsansprüche nach § 16 Abs. 2 letzter Satz richten sich nach den Bestimmungen des Abschnittes 2 des Entgeltfortzahlungsgesetzes, BGBl. Nr. 399/1974, in der Fassung BGBl. I Nr. 44/2000.

(BGBl I 2000/44)

(8) § 13 in der Fassung des Bundesgesetzes BGBl. I Nr. 98/2001 tritt mit 1. Jänner 2002 in Kraft und ist auf Sachverhalte anzuwenden, die sich nach dem 31. Dezember 2001 ereignen.

(BGBl I 2001/98)

(9) Die §§ 4 Abs. 5 letzter Satz, 10 Abs. 4 und 16 Abs. 1 Z 2 in der Fassung des Bundesgesetzes BGBl. I Nr. 89/2002 treten mit 1. Juli 2002 in Kraft.

(BGBl I 2002/89)

(10) § 16 Abs. 1 letzter Satz in der Fassung des Bundesgesetzes BGBl. I Nr. 135/2009 tritt mit 1. Jänner 2010 in Kraft.

(BGBl I 2009/135)

(11) § 1 Abs. 2 Z 7 in der Fassung des Bundesgesetzes BGBl. I Nr. 100/2010 tritt mit 1. Jänner 2011 in Kraft.

(BGBl I 2010/100)

(12) § 2 Abs. 4 erster Satz, § 10a Abs. 1 sowie § 16 Abs. 1, 2 und 4 in der Fassung des Bundesgesetzes BGBl. I Nr. 3/2013 treten mit 1. Jänner 2013 in Kraft.

(BGBl I 2013/3)

Artikel II

(Beim JournG berücksichtigt.)

Artikel III

(Beim PrivatkraftwagenführerG berücksichtigt.)

Artikel IV

(Beim HausbG berücksichtigt.)

Artikel V

(Beim HausgG berücksichtigt.)

Artikel VI

(Beim AngG berücksichtigt.)

Artikel VII

(Beim GAngG berücksichtigt.)

Artikel VIII
Außerkrafttreten von Vorschriften

(1) Mit dem Wirksamwerden des Art. I Abschnitt 1 dieses Bundesgesetzes treten außer Kraft:

1. Die §§ 17a, 17b und 17c Angestelltengesetz, BGBl. Nr. 292/1921,
2. die §§ 15a, 15b und 15c Gutsangestelltengesetz, BGBl. Nr. 538/1923,
3. § 32 Abs. 2 Kinder- und Jugendlichen-Beschäftigungsgesetz, BGBl. Nr. 146/1948;

ferner, insoweit nicht die Länder gemäß Art. 21 B-VG zur Regelung zuständig sind:

4. das Arbeiterurlaubsgesetz 1959, BGBl. Nr. 24,
5. das Bundesgesetz vom 13. Mai 1964, BGBl. Nr. 108, betreffend Erkrankung während des Urlaubes.

(2) Soweit in anderen Bundesgesetzen auf die durch dieses Bundesgesetz aufgehobenen Vorschriften verwiesen wird, treten an deren Stelle die entsprechenden Bestimmungen dieses Bundesgesetzes.

(3) § 1 Abs. 3 tritt mit Ablauf des 31. Dezember 2010 außer Kraft.

(BGBl I 2010/100)

Artikel IX
Kollektivvertragsermächtigung für die Hotellerie und Gastronomie

Durch Kollektivvertrag kann vorgesehen werden, dass ein Arbeitsverhältnis, welches dem Kollektivvertrag für Arbeiter im Gastgewerbe oder dem Kollektivvertrag für Angestellte im Gastgewerbe unterliegt, durch einen am Ende des Arbeitsverhältnisses zu verbrauchenden Teil des im laufenden Urlaubsjahr erworbenen Urlaubsanspruchs zu verlängern ist. Dieser Teil hat die Hälfte dieses Urlaubsanspruchs, höchstens jedoch sieben Werktage zu betragen.

(BGBl I 2001/7)

Artikel X
Wirksamkeitsbeginn und Vollziehung

(1) Es treten in Kraft: § 6 des Artikels I mit 1. Jänner 1978; die übrigen Bestimmungen mit 1. Jänner 1977.

(1a) § 10a des Art. I in der Fassung des Bundesgesetzes BGBl. Nr. 473/1992 tritt mit 1. Jänner 1993 in Kraft. Ansprüche auf Zusatzurlaub können ab Beginn des Urlaubsjahres erworben werden, in das der 1. Jänner 1993 fällt.

(BGBl 1992/473)

(1b) Artikel IX in der Fassung des Bundesgesetzes BGBl. I Nr. 7/2001 tritt mit 1. Jänner 2001 in Kraft.

(BGBl I 2001/7)

(2) Mit der Vollziehung dieses Bundesgesetzes ist der Bundesminister für Wirtschaft und Arbeit betraut.

(BGBl I 2001/98)

(3) Verordnungen auf Grund der Bestimmungen dieses Bundesgesetzes können bereits von dem seiner Kundmachung folgenden Tag an erlassen werden. Diese Verordnungen dürfen frühestens mit dem in Abs. 1 bezeichneten Zeitpunkt in Kraft gesetzt werden.

20/2. Urlaubsgesetz-Novelle 1983

UrlG-Novelle 1983, BGBl 1983/81

Bundesgesetz vom 3. Feber 1983, mit dem urlaubsrechtliche Bestimmungen im Urlaubsgesetz, Journalistengesetz, Hausbesorgergesetz und im Bundesgesetz über die Beschäftigung von Kindern und Jugendlichen sowie das Hausgehilfen- und Hausangestelltengesetz geändert werden

Der Nationalrat hat beschlossen:

Artikel I

(im UrlG eingearbeitet)

Artikel II

(im JournG eingearbeitet)

Artikel III

(im HbG eingearbeitet)

Artikel IV

(im KJBG eingearbeitet)

Artikel V

(im HausgehilfenG eingearbeitet)

Artikel VI
Übergangsbestimmungen

(1) Das durch Artikel I bis IV vorgesehene Urlaubsausmaß gebührt erstmals für jenes Urlaubsjahr, das im Jahre 1986 beginnt.

(2) Für das Urlaubsjahr, das im Jahre 1984 beginnt, beträgt das Urlaubsausmaß

1. für Arbeitnehmer, deren Urlaubsausmaß durch das Urlaubsgesetz geregelt ist, bei einer Dienstdauer von weniger als 20 Jahren 26 Werktage, bei einer Dienstzeit von 20 jedoch weniger als 25 Jahren 30 Werktage, nach Vollendung des 25. Jahres 32 Werktage;
2. für Arbeitnehmer, deren Urlaubsausmaß durch das Journalistengesetz geregelt ist, bei einer Dienstzeit von weniger als 10 Jahren 26 Werktage, nach Vollendung des 10. Jahres 39 Werktage;
3. für Arbeitnehmer, deren Urlaubsausmaß durch das Hausbesorgergesetz geregelt ist, bei einer Dienstzeit von weniger als 20 Jahren 30 Kalendertage, bei einer Dienstzeit von 20 jedoch weniger als 25 Jahren 35 Kalendertage, nach Vollendung des 25. Jahres 37 Kalendertage.

Für das Urlaubsjahr, das im Jahre 1985 beginnt, beträgt das Urlaubsausmaß

1. für Arbeitnehmer, deren Urlaubsausmaß durch das Urlaubsgesetz geregelt ist, bei einer Dienstzeit von weniger als 20 Jahren 28 Werktage, bei einer Dienstzeit von 20 aber weniger als 25 Jahren 30 Werktage, nach Vollendung des 25. Jahres 34 Werktage;
2. für Arbeitnehmer, deren Urlaubsausmaß durch das Journalistengesetz geregelt ist, bei einer Dienstzeit von weniger als 10 Jahren 28 Werktage, nach Vollendung des 10. Jahres 39 Werktage;
3. für Arbeitnehmer, deren Urlaubsausmaß durch das Hausbesorgergesetz geregelt ist, bei einer Dienstzeit von weniger als 20 Jahren 33 Kalendertage, bei einer Dienstzeit von 20 aber weniger als 25 Jahren 35 Kalendertage, nach Vollendung des 25. Jahres 40 Kalendertage.

Artikel VII
Anrechnung von höheren Urlaubsansprüchen

Ein das bisherige gesetzliche Urlaubsausmaß übersteigender Anspruch, der in Normen der kollektiven Rechtsgestaltung oder Einzelvereinbarungen vorgesehen ist, ist auf die durch dieses Bundesgesetz vorgesehene Erhöhung des Urlaubsanspruches anrechenbar, sofern der Anspruch nicht als Abgeltung für erschwerende Arbeitsbedingungen, besondere Gefährlichkeit der Arbeit oder wegen Behinderung gewährt wurde. Durch die Anrechnung darf jedoch der dem Arbeitnehmer bisher gebührende Urlaubsanspruch nicht verkürzt werden.

Artikel VIII
Wirksamkeitsbeginn und Vollziehung

(1) Die Bestimmungen dieses Bundesgesetzes treten am 1. Jänner 1984 in Kraft.

(2) Mit der Vollziehung ist der Bundesminister für soziale Verwaltung betraut.

21. Berufsausbildungsgesetz

Berufsausbildungsgesetz, BGBl 1969/142 idF

1 BGBl 1974/22	**2** BGBl 1974/399	**3** BGBl 1974/475
4 BGBl 1978/232	**5** BGBl 1986/381	**6** BGBl 1986/563
7 BGBl 1993/23	**8** BGBl 1993/256	**9** BGBl I 1997/67
10 BGBl I 1998/100	**11** BGBl I 2000/83	**12** BGBl I 2001/136
13 BGBl I 2002/111	**14** BGBl I 2003/79	**15** BGBl I 2006/5
16 BGBl I 2008/82	**17** BGBl I 2010/40	**18** BGBl I 2011/148
19 BGBl I 2012/35	**20** BGBl I 2012/38	**21** BGBl I 2013/74
22 BGBl I 2013/129	**23** BGBl II 2014/59	**24** BGBl I 2015/78
25 BGBl I 2017/153	**26** BGBl I 2017/154	**27** BGBl I 2018/32
28 BGBl I 2018/100	**29** BGBl I 2020/18	**30** BGBl I 2020/112
31 BGBl I 2021/60	**32** BGBl I 2021/118	

GLIEDERUNG

STICHWORTVERZEICHNIS

Bundesgesetz vom 26. März 1969 über die Berufsausbildung von Lehrlingen (Berufsausbildungsgesetz – BAG)

Der Nationalrat hat beschlossen:

Der Lehrling

§ 1. Lehrlinge im Sinne dieses Bundesgesetzes sind Personen, die auf Grund eines Lehrvertrages (§ 12) zur Erlernung eines in der Lehrberufsliste (§ 7) angeführten Lehrberufes bei einem Lehrberechtigten (§ 2) fachlich ausgebildet und im Rahmen dieser Ausbildung tätig (§ 9) werden.

(BGBl 1978/232, BGBl I 2020/18)

Ziele der Berufsausbildung – Qualitätsmanagement

§ 1a. (1) Die aufgrund dieses Bundesgesetzes festgelegten Berufsausbildungen sollen auf qualifizierte berufliche Tätigkeiten vorbereiten und dazu die erforderlichen Kompetenzen (Kenntnisse, Fertigkeiten und Schlüsselqualifikationen) vermitteln. Absolventen und Absolventinnen einer Berufsausbildung gemäß diesem Bundesgesetz sollen insbesondere zur Übernahme von Verantwortung und Selbstständigkeit in Arbeits- und Lernsituationen befähigt werden (berufliche Handlungskompetenz gemäß § 21 Abs. 1). Weiters soll die Berufsausbildung zur Wettbewerbsfähigkeit der Unternehmen beitragen. Dabei ist insbesondere auf die Aktualität und Arbeitsmarktrelevanz der Berufsbilder der einzelnen Lehrberufe hinzuwirken.

(2) Um die Attraktivität der Berufsausbildung zu fördern, ist bei den Maßnahmen im Rahmen der Vollziehung dieses Bundesgesetzes auf die Durchlässigkeit zwischen den verschiedenen Bildungswegen und die internationale Dimension der Berufsausbildung zu achten.

(3) Um die Erreichung der in Abs. 1 und Abs. 2 genannten Ziele der Berufsausbildung zu unterstützen, koordiniert und fördert der Bundesminister für Wissenschaft, Forschung und Wirtschaft die Zusammenarbeit zwischen den mit Angelegenheiten der Berufsausbildung befassten Behörden und Institutionen bei der Erstellung von Strategien und der Konzeption von Maßnahmen zu Qualitätssicherung und Qualitätsentwicklung in der Berufsausbildung.

(4) Zur Erprobung von innovativen Weiterentwicklungen im Zusammenhang mit der dualen Ausbildung kann der Bundesminister für Wissenschaft, Forschung und Wirtschaft Modellprojekte genehmigen.

(5) Die Bundesministerin für Digitalisierung und Wirtschaftsstandort ist zur Durchführung von systematischen Lehrberufsanalysen im Zeitabstand von längstens fünf Jahren verpflichtet, um inländische, europäische und internationale Entwicklungen sowie veränderte wirtschaftliche, gesellschaftliche und technische Erfordernisse in der Berufsausbildung zu berücksichtigen und neue Berufsbilder zu entwickeln.

(BGBl I 2020/18)

(6) Bei der Entwicklung neuer Berufsbilder sowie sonstiger Rahmenbedingungen und Unterstützungsleistungen für die Ausbildung sind die Ergebnisse aktueller Forschung und Entwicklung zu berücksichtigen. Erforderlichenfalls kann die Bundesministerin für Digitalisierung und Wirtschaftsstandort im Rahmen der Privatwirtschaftsverwaltung des Bundes (Art. 17 B-VG) entsprechende Einrichtungen beauftragen oder weitere Maßnahmen zur Förderung von Qualität und Innovation in der Ausbildung setzen, sofern dies der Qualitäts- und Effizienzsteigerung in der dualen Ausbildung dient.

(BGBl I 2020/18)

(BGBl I 2015/78)

Der Lehrberechtigte

§ 2. (1) Lehrberechtigte im Sinne dieses Bundesgesetzes sind nach Maßgabe der Abs. 2 bis 5 natürliche und juristische Personen sowie offene Gesellschaften und Kommanditgesellschaften, bei denen Lehrlinge (§ 1) auf Grund eines Lehrvertrages (§ 12) zur Erlernung eines in der Lehrberufsliste (§ 7) angeführten Lehrberufes fachlich ausgebildet und im Rahmen dieser Ausbildung tätig (§ 9) werden.

(BGBl I 2010/40, BGBl I 2020/18)

(2) Inhaber eines Gewerbes dürfen Lehrlinge in einem in der Lehrberufsliste angeführten Lehrberuf nur ausbilden, wenn

a) sie nach den Bestimmungen der Gewerbeordnung 1994, BGBl. Nr. 194/1994, zur Ausübung der Tätigkeit befugt sind, in der der Lehrling ausgebildet werden soll,

(BGBl I 2015/78)

b) sie nicht nach den Bestimmungen des § 4 dieses Bundesgesetzes vom Recht zur Ausbildung von Lehrlingen ausgeschlossen sind,

c) sie, oder in den Fällen des § 3 der Ausbilder, die erforderlichen Fachkenntnisse besitzen und, sofern Abs. 8 und 9 nicht anders bestimmen, die Ausbilderprüfung erfolgreich abgelegt oder einen Ausbilderkurs erfolgreich absolviert haben und

(BGBl 1978/232, BGBl I 1997/67)

d) die im Abs. 6 festgelegten Voraussetzungen gegeben sind.

(3) Inhaber eines Gewerbes, dessen Ausübung die Erbringung des Befähigungsnachweises voraussetzt (§ 16 Abs. 1 der Gewerbeordnung 1994), dürfen Lehrlinge in den ihrem Gewerbe entsprechenden Lehrberufen nur ausbilden, wenn sie – ausgenommen die Fälle des § 17 Abs. 1 der Gewerbeordnung 1994 – die erforderlichen Fachkenntnisse durch die Erfüllung der im § 16 Abs. 2 der Gewerbeordnung 1994 angeführten Voraussetzungen nachweisen. Dieser Nachweis ist nicht erforderlich, wenn ein Ausbilder (§ 3) mit der Ausbildung von Lehrlingen betraut ist.

(BGBl I 1997/67)

(4) Die für den Gewerbeinhaber einschließlich des Fortbetriebsberechtigten (§ 41 der Gewerbeordnung 1994) geltenden Bestimmungen dieses Bundesgesetzes finden auf den gewerberechtlichen Geschäftsführer (§ 39 der Gewerbeordnung 1994) und den Filialgeschäftsführer (§ 47 der Gewerbeordnung 1994) sinngemäß Anwendung.

(BGBl 1978/232, BGBl I 1997/67, BGBl I 2010/40)

(5) Das Ausbilden von Lehrlingen in einem in der Lehrberufsliste angeführten Lehrberuf ist ferner zulässig

a) durch die Inhaber von Betrieben, die nicht den Bestimmungen der Gewerbeordnung 1994 unterliegen, deren Inhaber aber Mitglied einer Landeskammer der gewerblichen Wirtschaft sind,

(BGBl 1978/232, BGBl I 1997/67)

b) in von land- und forstwirtschaftlichen Erwerbs- und Wirtschaftsgenossenschaften betriebenen Sägen, Harzverarbeitungsstätten, Mühlen und Molkereien, sofern in diesen Betrieben dauernd eine größere Anzahl von Dienstnehmern beschäftigt wird, als gemäß § 2 des Landarbeitsgesetzes, BGBl. Nr. 140/1948, in der jeweils geltenden Fassung, bestimmt ist, auch wenn diese Genossenschaft nicht Mitglied einer Landeskammer der gewerblichen Wirtschaft ist,

c) durch die Elektrizitätsversorgungsunternehmen, die gemeinnützigen Wohnungsunternehmen, die Sozialversicherungsträger, die Bauarbeiter-Urlaubs- und Abfertigungskasse und die gesetzlichen beruflichen Interessenvertretungen von Arbeitgebern und Arbeitnehmern,

(BGBl 1978/232, BGBl I 2010/40)

d) durch die Inhaber von Betrieben, die der Herausgabe periodischer Druckschriften durch deren Herausgeber dienen,

e) durch Gebietskörperschaften, Universitäten, Hochschulen und die Österreichische Akademie der Wissenschaften,

(BGBl 1978/232, BGBl I 2010/40)

f) durch Ausübende der freien Berufe,

(BGBl 1978/232, BGBl 1993/23)

g) durch Vereine und sonstige juristische Personen, die nicht unter Abs. 2 fallen, sofern die Ausbildung von Lehrlingen im Rahmen ihres Wirkungsbereiches nicht den Hauptzweck bildet,

(BGBl 1993/23)

wenn für die erforderliche Anzahl von Personen, die die persönlichen Voraussetzungen für das Ausbilden von Lehrlingen besitzen (Abs. 2 lit. b und c) vorgesorgt ist und die Voraussetzungen des Abs. 6 gegeben sind.

(6) Die Ausbildung von Lehrlingen ist nur zulässig, wenn der Betrieb oder die Werkstätte, allenfalls unter Berücksichtigung einer ergänzenden Ausbildung im Rahmen eines Ausbildungsverbundes, so eingerichtet ist und so geführt wird, dass den Lehrlingen die für die praktische Erlernung im betreffenden Lehrberuf notwendigen Fertigkeiten und Kenntnisse vermittelt werden können.

(BGBl I 2003/79)

(6a) Bei Vorliegen begründeter Hinweise, dass in einem Lehrbetrieb die Ausbildungsvoraussetzungen gemäß Abs. 6 gänzlich oder teilweise nicht mehr vorliegen, kann der Landes-Berufsausbildungsbeirat im Rahmen seiner Aufgaben zu Qualitätssicherung und Qualitätsmanagement in der betrieblichen Ausbildung bei der Lehrlingsstelle eine Prüfung über das weitere Vorliegen der Voraussetzungen beantragen. Wenn im Zuge der Überprüfung festgestellt wird, dass die Ausbildungsvoraussetzungen nicht mehr oder nur mehr eingeschränkt vorliegen, ist über das Ergebnis ein Bescheid auszustellen. Vor der Erlassung dieses Bescheides ist der Kammer für Arbeiter und Angestellte bei sonstiger Nichtigkeit (§ 68 Abs. 4 Z 4 AVG) hievon Mitteilung zu machen und ihr Gelegenheit zur Abgabe einer schriftlichen Stellungnahme innerhalb einer Frist von drei Wochen zu geben. Auf begründetes Ersuchen hat die Lehrlingsstelle diese Frist angemessen zu erstrecken. Der Kammer für Arbeiter und Angestellte ist eine Ausfertigung des Bescheides zu übermitteln. Wenn die Entscheidung ihrer fristgerecht abgegebenen Stellungnahme widerspricht, steht ihr gegen den Bescheid das Recht der Beschwerde gemäß Art. 130 B-VG und gegen das Erkenntnis des Verwaltungsgerichtes die Revision gemäß Art. 133 B-VG wegen Rechtswidrigkeit zu. Die Lehrlingsstelle hat eine weitere Ausfertigung ihres Bescheides der zur Wahrnehmung des Arbeitnehmerschutzes zuständigen Behörde zu übermitteln.

(BGBl I 2015/78)

(7) In Teilgewerben (§ 31 GewO 1994) ist die Ausbildung von Lehrlingen bei Vorliegen der sonst nach diesem Bundesgesetz bestimmten Voraussetzungen zulässig.

(BGBl 1993/23, BGBl I 1997/67, BGBl I 2002/111)

(8) Lehrberechtigte, die erstmals Lehrlinge aufnehmen und die die Fachkenntnisse für die Ausbildung von Lehrlingen gemäß Abs. 2 lit. c noch nicht nachweisen können, dürfen selbst oder durch eine sonst geeignete und im Betrieb tätige Person, die zumindest die beruflichen Qualifikationen gemäß § 29c Abs. 1 besitzt, Lehrlinge ausbilden, müssen jedoch spätestens 18 Monate nach bescheidmäßiger Feststellung, daß die im § 3a Abs. 1 festgelegten Voraussetzungen vorliegen, den Nachweis der Fachkenntnisse für die Ausbildung von Lehrlingen gemäß Abs. 2 lit. c erbringen oder die Bestellung eines Ausbilders anzeigen. Wird innerhalb dieser Frist der Nachweis nicht erbracht oder die Bestellung eines Ausbilders nicht angezeigt, dürfen die bereits aufgenommenen Lehrlinge zwar weiter ausgebildet, neue Lehrlinge jedoch nicht aufgenommen werden. Dies gilt sinngemäß auch in Fällen, in denen vom Lehrberechtigten gemäß § 3 Abs. 1 ein Ausbilder bestellt werden muß.

(BGBl 1993/23, BGBl I 1997/67)

(9) Scheidet während des Ausbildens von Lehrlingen ein Ausbilder unvorhergesehen aus und hat der Lehrberechtigte gemäß § 3 Abs. 1 unverzüglich einen anderen Ausbilder zu bestellen, so darf der Lehrberechtigte auch eine sonst geeignete und im Betrieb tätige Person, die zumindest die beruflichen Qualifikationen gemäß § 29c Abs. 1 besitzt, jedoch die Fachkenntnisse für die Ausbildung von Lehrlingen gemäß Abs. 2 lit. c noch nicht nachweisen kann, mit der weiteren Ausbildung von Lehrlingen betrauen. Innerhalb von 18 Monaten nach dem unvorhergesehenen Ausscheiden eines Ausbilders hat der Lehrberechtigte die Bestellung eines Ausbilders anzuzeigen. Ist dies nicht der Fall, so dürfen die bereits aufgenommenen Lehrlinge zwar weiter ausgebildet, neue Lehrlinge jedoch nicht aufgenommen werden.

(BGBl I 1997/67)

(BGBl 1978/232)

Ausbildungsverbund

§ 2a. (1) Wenn in einem Lehrbetrieb (einer Ausbildungsstätte) die nach den Ausbildungsvorschriften festgelegten Fertigkeiten und Kenntnisse nicht in vollem Umfang vermittelt werden können, so ist die Ausbildung von Lehrlingen dann zulässig, wenn eine ergänzende Ausbildung durch Ausbildungsmaßnahmen in einem anderen hiefür geeigneten Betrieb oder einer anderen hiefür geeigneten Einrichtung erfolgt. Eine solche ergänzende Ausbildung ist nur dann zulässig, wenn im Lehrbetrieb die für den Lehrberuf wesentlichen Fertigkeiten und Kenntnisse überwiegend selbst ausgebildet werden können.

(2) Die ergänzende Ausbildung ist im Bescheid nach § 3a bezogen auf die Fertigkeiten und Kenntnisse gemäß dem Berufsbild sowie bezogen auf das Lehrjahr festzulegen. Eine die ergänzende Ausbildung betreffende Vereinbarung ist Bestandteil des Lehrvertrages gemäß § 12 Abs. 3 und 4; sie ist entweder im Lehrvertrag zu treffen oder dem Lehrvertrag als Anhang anzuschließen und bei Anmeldung des Lehrvertrages zur Eintragung vorzulegen.

(3) Wurde in einem Verfahren gemäß § 3a festgestellt, daß die Ausbildung von Lehrlingen nur dann zulässig ist, wenn eine ergänzende Ausbildung durch Ausbildungsmaßnahmen in einem anderen hiefür geeigneten Betrieb oder einer anderen hiefür geeigneten Einrichtung erfolgt, und wird ein Lehrvertrag bei der Lehrlingsstelle angemeldet, der keine solche ergänzende Ausbildung vorsieht, so hat die Lehrlingsstelle, wenn der Lehrvertrag nicht innerhalb angemessener Frist ergänzt wird, unter Anwendung des § 3a Abs. 3 mit Bescheid festzustellen, ob und inwieweit diese ergänzende Ausbildung noch erforderlich ist.

(BGBl 1993/23)

(4) Von den Bestimmungen der Abs. 1 und 2 kann im Rahmen von Modellprojekten, in welchen sich mehrere Unternehmen zum Zweck der Ausbildung zusammenschließen, abgewichen werden. Solche Projekte können vom Qualitätsausschuss gemäß § 31d Abs. 1 Z 2 vorgeschlagen werden und bedürfen einer wissenschaftlichen Begleitung und entsprechenden Qualitätssicherung. Dabei ist ein Lehrberechtigter mit allen Rechten und Pflichten festzulegen.

(BGBl I 2015/78)

Der Ausbilder

§ 3. (1) Der Lehrberechtigte hat mit der Ausbildung von Lehrlingen andere Personen (Ausbilder) zu betrauen, die die Anforderungen des § 2 Abs. 2 lit. b und c erfüllen und in der Lage sind, sich im Lehrbetrieb (in der Ausbildungsstätte) entsprechend zu betätigen, sofern

1. der Lehrberechtigte eine juristische Person, eine offene Gesellschaft, eine Kommanditgesellschaft oder eine natürliche Person, die zur Gewerbeausübung einen Geschäftsführer zu bestellen hat (§ 16 GewO 1994) und selbst nicht die Fachkenntnisse für die Ausbildung von Lehrlingen gemäß § 2 Abs. 2 lit. c nachweisen kann, ist,

   (BGBl I 2010/40)

2. die Art oder der Umfang des Unternehmens die fachliche Ausbildung des Lehrlings in dem betreffenden Lehrberuf unter der alleinigen Aufsicht der Lehrberechtigten nicht zuläßt oder
3. der Lehrberechtigte ein Fortbetriebsberechtigter im Sinne des § 41 der Gewerbeordnung 1994 ist.

(BGBl 1978/232, BGBl I 1997/67)

(2) Ein Lehrberechtigter, der gemäß Abs. 1 nicht verpflichtet ist, einen Ausbilder mit der Ausbildung von Lehrlingen zu betrauen, ist dazu berechtigt; dies gilt insbesondere, wenn es sich um ein durch Abs. 1 Z 2 nicht erfaßtes, in der Form eines Industriebetriebes ausgeübtes Gewerbe oder um die Ausübung von Rechten handelt, die dem Gewerbeinhaber im Rahmen seiner Gewerbeberechtigung zustehen, wie die Durchführung von Instandsetzungs- und Vollendungsarbeiten oder die Führung eines Nebenbetriebes.

(BGBl I 1997/67)

(3) Ein gewerberechtlicher Geschäftsführer oder ein Filialgeschäftsführer darf als Ausbilder herangezogen werden, wenn er den Anforderungen des Abs. 1 entspricht.

(4) Der Ausbilder hat sich im Betrieb entsprechend zu betätigen.

(5) Sofern in einem Unternehmen mehrere Ausbilder mit der Ausbildung von Lehrlingen betraut wurden, hat der Lehrberechtigte eine Person mit der Koordination der gesamten Ausbildung zu betrauen (Ausbildungsleiter), wenn es zur sachgemäßen Ausbildung der Lehrlinge erforderlich ist.

(BGBl 1978/232)

Erstmaliges Ausbilden von Lehrlingen

§ 3a. (1) Bevor in einem Betrieb erstmalig Lehrlinge in einem bestimmten Lehrberuf ausgebildet werden sollen, hat die Lehrlingsstelle festzustellen, ob die im § 2 Abs. 6 angeführten Voraussetzungen für diesen Lehrberuf, allenfalls nach Maßgabe des § 2a, vorliegen. Diese Feststellung ist nicht erforderlich, wenn in diesem Betrieb bereits in nach diesem Bundesgesetz zulässiger Weise Lehrlinge in einem Lehrberuf ausgebildet wurden, der mit dem neuen Lehrberuf so weit verwandt ist, daß die Lehrzeit zumindest zur Hälfte auf die Lehrzeit des neuen Lehrberufs anzurechnen ist. Ist eine solche Feststellung für einen Lehrberuf jedoch notwendig, so bleibt das Ausbilden von Lehrlingen in diesem Lehrberuf bis zur Rechtskraft eines das Zutreffen der Voraussetzungen festzustellenden Bescheides unzulässig. Mit dem Bescheid, der die Zulässigkeit der Ausbildung feststellt, hat die Lehrlingsstelle auch Lehrverträge in dem betreffenden Lehrberuf, die davor begründet wurden, für aufrecht zu erklären und mit der gesamten Lehrzeit einzutragen. Die Feststellung, daß die im § 2 Abs. 6 angeführten Voraussetzungen für die Ausbildung in einem bestimmten Lehrberuf vorliegen, gilt nur für den örtlichen Wirkungsbereich der Lehrlingsstelle.

(BGBl 1993/23)

(2) Das Ausbilden von Lehrlingen in einem Betrieb, der unter Wahrung der Betriebsidentität auf einen Betriebsnachfolger übergegangen ist, gilt nicht als erstmaliges Ausbilden im Sinne des Abs. 1, wenn bereits vor dem Betriebsübergang in diesem Betrieb Lehrlinge ausgebildet worden sind. Der Betriebsnachfolger muß die Voraussetzungen des § 2 Abs. 2 erfüllen. Der Feststellungsbescheid wirkt nach Maßgabe des § 20 Abs. 3 lit. f auch für den Betriebsnachfolger.

(BGBl 1993/23)

(3) Wer ein unter Abs. 1 fallendes Ausbilden von Lehrlingen beabsichtigt, hat bei der Lehrlingsstelle die Erlassung eines Feststellungsbescheides zu beantragen. Vor der Erlassung dieses Bescheides ist der Kammer für Arbeiter und Angestellte bei sonstiger Nichtigkeit (§ 68 Abs. 4 Z 4 AVG) hievon Mitteilung zu machen und ihr Gelegenheit zur Abgabe einer schriftlichen Stellungnahme innerhalb einer Frist von drei Wochen zu geben. Auf begründetes Ersuchen hat die Lehrlingsstelle diese Frist angemessen zu erstrecken. Der Kammer für Arbeiter und Angestellte ist eine Ausfertigung des Bescheides zu übermitteln. Wenn die Entscheidung ihrer fristgerecht abgegebenen Stellungnahme widerspricht, steht ihr gegen den Bescheid das Recht der Beschwerde gemäß Art. 130 B-VG und gegen das Erkenntnis des Verwaltungsgerichtes die Revision gemäß Art. 133 B-VG wegen Rechtswidrigkeit zu. Die Lehrlingsstelle hat eine weitere Ausfertigung ihres Bescheides der zur Wahrnehmung des Arbeitnehmerschutzes zuständigen Behörde zu übermitteln.

(BGBl I 2013/129, BGBl I 2015/78)

(4) Ein Feststellungsverfahren gemäß Abs. 3 ist auch durchzuführen, wenn ein Lehrbetrieb die Ausbildung eines Lehrlings beabsichtigt und seit Beginn des Lehrverhältnisses des letzten Lehrvertrags gemäß § 20 Abs. 2 mehr als zehn Jahre vergangen sind.

(BGBl I 2015/78)

(BGBl 1978/232)

Verbot des Ausbildens von Lehrlingen

§ 4. (1) Lehrberechtigte, die wegen einer vorsätzlichen, mit mehr als einjähriger Freiheitsstrafe bedrohten Handlung, wegen einer mit Bereicherungsvorsatz begangenen oder einer strafbaren Handlung gegen die Sittlichkeit oder wegen der Finanzvergehen des Schmuggels, der Hinterziehung von Eingangs- oder Ausgangsabgaben oder der Abgabenhehlerei nach § 37 Abs. 1 lit. a des Finanzstrafgesetzes, BGBl. Nr. 129/1958, rechtskräftig von einem Gericht verurteilt worden sind, ohne daß die Strafe bedingt nachgesehen worden ist, dürfen Lehrlinge weder aufnehmen noch die bereits aufgenommenen Lehrlinge weiter ausbilden.

(BGBl 1974/475, BGBl 1978/232)

(2) Lehrberechtige, gegen die wegen einer der im Abs. 1 angeführten strafbaren Handlungen ein Ermittlungsverfahren nach der Strafprozeßordnung 1975 (StPO), BGBl. Nr. 631/1975, in der Fassung des Bundesgesetzes BGBl. I Nr. 34/2015, eingeleitet wurde, dürfen keine Lehrlinge aufnehmen.

(BGBl 1974/475, BGBl 1978/232, BGBl I 2015/78)

(3) Die Bezirksverwaltungsbehörde hat auf Antrag des Lehrberechtigten oder des Lehrlings, für minderjährige Lehrlinge auf Antrag des gesetzlichen Vertreters, nach Anhörung der für den Lehrberechtigten zuständigen Fachgruppe (Fachvertretung, Kammer der gewerblichen Wirtschaft – Sektion Handel) und der Kammer für Arbeiter und Angestellte Ausnahmen von den Bestimmungen des Abs. 1 und 2 zu bewilligen, wenn kein Nachteil für die Lehrlinge zu befürchten ist.

(BGBl 1978/232)

(4) Die Bezirksverwaltungsbehörde hat einem Lehrberechtigten nach Anhörung der für ihn zuständigen Fachgruppe (Fachvertretung, Kammer der gewerblichen Wirtschaft) und der Kammer für Arbeiter und Angestellte die Ausbildung von Lehrlingen zu untersagen,

a) wenn gegen den Lehrberechtigten oder den Ausbilder wegen einer der im Abs. 1 angeführten strafbaren Handlungen ein Ermittlungsverfahren nach der Strafprozessordnung 1975 (StPO), BGBl. Nr. 631/1975, in der Fassung des Bundesgesetzes BGBl. I Nr. 34/2015, eingeleitet wurde, sofern durch diesen Umstand ein Nachteil für die Lehrlinge zu befürchten ist,

   (BGBl 1978/232, BGBl I 2015/78)

b) wenn der Ausbilder wegen einer der im Abs. 1 angeführten strafbaren Handlungen vom Gericht rechtskräftig verurteilt worden ist, ohne daß die Strafe bedingt nachgesehen worden ist,

   (BGBl 1974/475, BGBl 1978/232)

BAG

c) wenn der Lehrberechtigte oder der Ausbilder einer Sucht, insbesondere der Trunksucht, verfallen ist,

(BGBl 1978/232)

d) wenn der Lehrberechtigte oder der Ausbilder die Pflichten gegenüber seinem Lehrling gröblich verletzt, insbesondere wenn eine dieser Personen an dem nicht entsprechenden Ergebnis einer Lehrabschlussprüfung Schuld trägt, Vereinbarungen betreffend eine Ausbildung im Rahmen eines Ausbildungsverbundes nicht einhält oder diese Personen bzw. die verwaltungsstrafrechtlich verantwortlichen Personen wiederholt gemäß § 32 Abs. 1 bestraft wurden und dennoch diesen Pflichten nicht nachgekommen sind. Bei der Beurteilung ist insbesondere auch darauf abzustellen, ob aufgrund einer in der Vergangenheit gesetzten Pflichtverletzung die Setzung eines vergleichbaren oder eines anderen von dieser Litera erfassten Verhaltens auch in Zukunft im selben Lehrbetrieb nicht ausgeschlossen werden kann; oder

(BGBl 1993/23, BGBl I 2015/78)

e) wenn der Betrieb oder die Werkstätte nicht den Anforderungen des § 2 Abs. 6 entspricht; in entsprechend begründeten Fällen kann die Untersagung auch nur für einzelne Lehrberufe ausgesprochen werden.

(BGBl 1993/23)

(BGBl 1978/232, BGBl I 2015/78)

(5) Die Ausbildung von Lehrlingen kann für immer oder auch, je nach der Art des Grundes, aus dem die Nichteignung des Lehrberechtigten oder des Ausbilders anzunehmen ist, für eine angemessene Zeit untersagt werden. Ist ein Ermittlungsverfahren nach der Strafprozessordnung 1975 (StPO), BGBl. Nr. 631/1975, in der Fassung des Bundesgesetzes BGBl. I Nr. 34/2015, der Grund der Maßnahme, so ist auszusprechen, dass das Verbot mit der Einstellung des Strafverfahrens, dem Rücktritt von der Verfolgung (Diversion) oder dem rechtskräftigen Freispruch endet. Ist die Nichteignung des Ausbilders (Abs. 4 lit. a bis d) oder des Betriebes oder der Werkstätte (Abs. 4 lit. e) der Grund der Maßnahme, so hat die Bezirksverwaltungsbehörde von dem Verbot abzusehen oder ein bereits erlassenes Verbot aufzuheben, wenn ein geeigneter Ausbilder mit der Ausbildung betraut wurde oder der Lehrberechtigte selbst die Ausbildung übernimmt bzw. wenn der Betrieb oder die Werkstätte nunmehr den Anforderungen des § 2 Abs. 6 entspricht.

(BGBl 1978/232, BGBl I 2015/78)

(6) Bescheide gemäß Abs. 4 und 5, die ohne Anhörung der Landeskammer der gewerblichen Wirtschaft und der Kammer für Arbeiter und Angestellte erlassen worden sind, sind mit Nichtigkeit (§ 68 Abs. 4 Z 4 AVG) bedroht. Wenn die Entscheidung der Bezirksverwaltungsbehörde einem Antrag gemäß Abs. 10 oder der fristgerecht abgegebenen Stellungnahme der Landeskammer der gewerblichen Wirtschaft oder der Kammer für Arbeiter und Angestellte widerspricht, steht der Landeskammer der gewerblichen Wirtschaft oder der Kammer für Arbeiter und Angestellte gegen diesen Bescheid das Recht der Beschwerde gemäß Art. 130 B-VG und gegen das Erkenntnis des Verwaltungsgerichtes die Revision gemäß Art. 133 B-VG wegen Rechtswidrigkeit zu.

(BGBl 1978/232, BGBl 1993/23, BGBl I 2013/129, BGBl I 2015/78)

(7) Offene Gesellschaften und Kommanditgesellschaften dürfen nicht ihre persönlich haftenden Gesellschafter, Gesellschaften mit beschränkter Haftung ihre Gesellschafter und Geschäftsführer sowie Erwerbs- und Wirtschaftsgenossenschaften und Aktiengesellschaften ihre Vorstandsmitglieder als Lehrling ausbilden.

(BGBl I 2010/40)

(8) Die Bezirksverwaltungsbehörden haben die Lehrlingsstellen und die örtlich zuständigen Kammern für Arbeiter und Angestellte von rechtskräftigen Bescheiden, mit denen die Ausbildung von Lehrlingen untersagt wird, zu verständigen.

(9) Die Staatsanwaltschaft hat von der Einleitung eines Ermittlungsverfahrens nach der Strafprozessordnung 1975 (StPO), BGBl. Nr. 631/1975, in der Fassung des Bundesgesetzes BGBl. I Nr. 34/2015, gegen einen Lehrberechtigten wegen einer der im Abs. 1 angeführten strafbaren Handlungen die Bezirksverwaltungsbehörden, die Arbeitsinspektorate und die Lehrlingsstellen und von der Einleitung eines derartigen Ermittlungsverfahrens gegen einen Ausbilder die Bezirksverwaltungsbehörden und die Arbeitsinspektorate zu verständigen; weiters haben die Gerichte die Arbeitsinspektorate und die Lehrlingsstellen von der rechtskräftigen Verurteilung eines Lehrberechtigten wegen einer der im Abs. 1 angeführten strafbaren Handlungen sowie die Bezirksverwaltungsbehörden und die Arbeitsinspektorate von einer derartigen Verurteilung eines Ausbilders zu verständigen.

(BGBl 1974/475, BGBl 1978/232, BGBl I 2015/78)

(10) Das Verfahren zur Untersagung der Ausbildung von Lehrlingen gemäß Abs. 4 ist von Amts wegen oder auf Antrag der Lehrlingsstelle, der Landeskammer der gewerblichen Wirtschaft oder der Kammer für Arbeiter und Angestellte einzuleiten. Anträge auf Untersagung der Ausbildung sind schriftlich zu stellen und zu begründen.

(BGBl 1993/23)

Lehrberufe

§ 5. (1) Lehrberufe sind Tätigkeiten,

a) die alle oder einzelne Teile einer den Bestimmungen der Gewerbeordnung 1994 unterliegenden Beschäftigung oder mehrerer solcher Beschäftigungen zum Gegenstand haben,

(BGBl 1978/232, BGBl I 1997/67)

b) die geeignet sind, im Wirtschaftsleben den Gegenstand eines Berufes zu bilden, und

c) deren sachgemäße Erlernung mindestens zwei Jahre erfordert.

(2) Die in § 94 der Gewerbeordnung 1994 angeführten Handwerke sind nach Maßgabe des Berufsausbildungsgesetzes Lehrberufe. Lehrberufe sind für solche Handwerke einzurichten, für welche die fachliche Ausbildung nicht bereits durch einen bestehenden Lehrberuf in einem auf Grund der Gewerbeordnung 1994 verwandten Handwerk oder verwandten gebundenen Gewerbe sichergestellt ist.

(BGBl 1978/232, BGBl 1993/23, BGBl I 1997/67)

(3) Lehrberufe sind ferner Tätigkeiten,

a) die hinsichtlich der Berufsausbildung der Gesetzgebung und der Vollziehung des Bundes, nicht jedoch der Gewerbeordnung 1994 unterliegende Beschäftigungen zum Gegenstand haben,

(BGBl 1978/232, BGBl I 1997/67)

b) bei denen die Ausbildung in dieser Beschäftigung als Lehrling im Sinne dieses Bundesgesetzes im Hinblick auf die für diese Tätigkeiten erforderlichen Fertigkeiten und Kenntnisse zweckmäßig ist, und

c) bei denen die Voraussetzungen des Abs. 1 lit. b und c vorliegen.

(3a) Lehrberufe gemäß Abs. 1 bis 3, die als modulare Lehrberufe gemäß § 8 Abs. 4 eingerichtet werden, müssen aus einem Grundmodul und zumindest einem Hauptmodul sowie zumindest einem Spezialmodul bestehen.

(BGBl I 2006/5)

(4) Lehrberufe, die auf Grund dieses Bundesgesetzes oder auf Grund anderer Rechtsvorschriften des Bundes oder der Länder eingerichtet sind, können in der Lehrberufsliste zueinander verwandt gestellt werden, wenn gleiche oder ähnliche Roh- oder Hilfsstoffe und Werkzeuge verwendet werden oder Tätigkeiten zu verrichten sind, die gleiche oder ähnliche Arbeitsgänge erfordern. Lehrberufe, die auf Grund anderer Rechtsvorschriften des Bundes oder der Länder eingerichtet sind, können jedoch nur dann zu Lehrberufen, die auf Grund dieses Bundesgesetzes eingerichtet sind, verwandt gestellt werden, wenn darüber hinaus in diesen anderen Rechtsvorschriften eine Verwandtschaft zu den entsprechenden auf Grund dieses Bundesgesetzes eingerichteten Lehrberufen festgelegt ist. Hinsichtlich der Zusatzprüfung gilt § 27. Lehrberufe, die Gewerben entsprechen, die zu einem verbundenen Gewerbe zusammengefaßt sind, sowie Lehrberufe, die verwandten Gewerben entsprechen, sind jedenfalls verwandt zu stellen.

(BGBl I 1997/67)

(5) Verwandte Lehrberufe im Sinne des Abs. 4 können zu einem Lehrberuf zusammengefaßt werden. Eine solche Zusammenfassung darf nur erfolgen, wenn zumindest der Ersatz der Lehrabschlußprüfung für einen dieser von diesem neuen Lehrberuf erfaßten einzelnen Lehrberufe vorgesehen werden kann. Wenn das Zeugnis über die erfolgreiche Ablegung der Lehrabschlußprüfung in einem solchen neuen Lehrberuf das Zeugnis über die erfolgreiche Ablegung der Lehrabschlußprüfung in den von diesem neuen Lehrberuf erfaßten einzelnen Lehrberufen ersetzt, dürfen die von einem solchen neuen Lehrberuf erfaßten einzelnen Lehrberufe nicht im Rahmen einer Doppellehre ausgebildet werden. Werden einzelne Lehrberufe zu einem neuen Lehrberuf zusammengefaßt, so ist gleichzeitig zu überprüfen, ob einer oder mehrere von diesen einzelnen Lehrberufen noch den Voraussetzungen des Abs. 1 entsprechen. Gegebenenfalls ist die Lehrberufsliste entsprechend zu ändern.

(6) Außer in den im Abs. 5 dritter Satz und im Abs. 7 angeführten Fällen ist die gleichzeitige Ausbildung eines Lehrlings in zwei Lehrberufen zulässig.

(7) Die gleichzeitige Ausbildung ist nicht zulässig:

a) bei verschiedenen Lehrberechtigten,

b) in Lehrberufen, die verwandt sind und deren Lehrzeit gegenseitig ohnedies in vollem Ausmaß anzurechnen ist (§ 6 Abs. 3), oder

c) in mehr als zwei Lehrberufen überhaupt.

(8) Die Ausbildung eines Lehrlings durch einen Lehrberechtigten, dessen Betrieb nur saisonmäßig geführt wird, ist nur dann zulässig, wenn für die Erfüllung der Berufsschulpflicht und für die Erreichung des Ausbildungsziels, beispielsweise im Rahmen eines Ausbildungsverbundes, vorgesorgt ist. Dies ist im Lehrvertrag unter sinngemäßer Anwendung des § 12 Abs. 4 darzulegen.

(BGBl 1978/232, BGBl 1993/23)

BAG

Dauer der Lehrzeit

§ 6. (1) Die Dauer der Lehrzeit in einem Lehrberuf hat in der Regel drei Jahre zu betragen; sie darf innerhalb eines Zeitraumes von zwei bis höchstens vier Jahren nur in ganzen oder halben Jahren festgesetzt werden. Für die Festsetzung der Dauer der Lehrzeit eines Lehrberufes sind die in diesem zu erlernenden Fertigkeiten und Kenntnisse, der Schwierigkeitsgrad der Ausbildung in dem betreffenden Lehrberuf sowie die Anforderungen, die die Berufsausübung stellt, maßgebend.

(2) Bei gleichzeitiger Ausbildung in zwei Lehrberufen beträgt die Dauer der Gesamtlehrzeit die Hälfte der Gesamtdauer der beiden festgesetzten Lehrzeiten, vermehrt um ein Jahr; die gesamte Lehrzeit darf höchstens vier Jahre betragen.

(2a) Die Ausbildung eines Lehrlings in einem Lehrberuf, der als modularer Lehrberuf gemäß §§ 5 Abs. 3a und 8 Abs. 4 eingerichtet ist, hat jedenfalls ein Grundmodul und ein Hauptmodul in der Dauer von insgesamt mindestens drei Jahren zu umfassen. Innerhalb einer Gesamtausbildungsdauer von bis zu vier Jahren können dem Lehrling ein weiteres Hauptmodul oder zusätzlich ein oder zwei Spezialmodule vermittelt werden. Dies ist im Lehrvertrag festzulegen (§ 12 Abs. 3 Z 3). Bei der Ausschöpfung der Gesamtausbildungsdauer von vier Jahren dürfen höchstens so viele Hauptmodule und Spezialmodule vermittelt werden, dass die Summe der zeitlichen Dauer des Grundmoduls und der einzelnen Hauptmodule sowie der einzelnen Spezialmodule vier Jahre nicht überschreitet.

(BGBl I 2006/5)

(3) Die Dauer der Lehrzeit verwandter Lehrberufe ist gegenseitig anrechenbar.

(4) Für die Festsetzung des Ausmaßes der Anrechnung von Lehrzeiten verwandter Lehrberufe in den einzelnen Lehrjahren ist maßgebend, ob und in welchem Umfang in den verwandten Lehrberufen während der einzelnen Lehrjahre gleiche oder ähnliche Roh- und Hilfsstoffe und Werkzeuge verwendet werden oder Tätigkeiten zu verrichten sind, die gleiche oder ähnliche Arbeitsvorgänge erfordern; hiebei ist auf die Berufsbilder (§ 8 Abs. 2) dieser Lehrberufe Bedacht zu nehmen.

(BGBl 1978/232)

(5) Das Ausmaß der Anrechnung von Lehrzeiten in nach § 5 Abs. 4 letzter Satz verwandten Lehrberufen beträgt zumindest die Hälfte der Lehrzeit.

(BGBl I 1997/67)

(6) Der Bundesminister für Wirtschaft, Familie und Jugend hat mit Verordnung die Lehrberufe, die in einer verkürzten Lehrzeit erlernt werden können sowie das Ausmaß der Verkürzung, die allenfalls notwendige Vorbildung und die Grundzüge, wie diese verkürzte Ausbildung gestaltet werden muß, festzulegen.

(BGBl I 1997/67, BGBl I 2010/40)

Lehrberufsliste

§ 7. (1) Der Bundesminister für Wirtschaft, Familie und Jugend hat mit Verordnung in einer Lehrberufsliste festzusetzen:

a) die Lehrberufe im Sinne des § 5 Abs. 1 und des § 5 Abs. 3,

b) die Dauer der Lehrzeit im Sinne des § 6 Abs. 1,

c) die verwandten Lehrberufe im Sinne des § 5 Abs. 4,

d) das Ausmaß der Anrechnung von Lehrzeiten verwandter Lehrberufe im Sinne des § 6 Abs. 4, und

e) den Ersatz der Lehrabschlußprüfung durch erfolgreiche Ablegung der Lehrabschlußprüfung in einem anderen Lehrberuf.

(BGBl 1993/23)

(BGBl I 2010/40)

(2) Durch Änderungen der Lehrberufsliste darf in bestehende Lehrverhältnisse nicht eingegriffen werden.

(3) In den Lehrverträgen, Lehrzeugnissen, Lehrabschlußprüfungszeugnissen und Lehrbriefen ist der Lehrberuf in der dem Geschlecht des Lehrlings entsprechenden Form zu bezeichnen.

(BGBl 1978/232, BGBl 1993/23)

Ausbildungsvorschriften

§ 8. (1) Der Bundesminister für Wirtschaft, Familie und Jugend hat für die einzelnen Lehrberufe nach Maßgabe der Abs. 2 bis 4, 12, 15 und 16 durch Verordnung Ausbildungsvorschriften festzulegen.

(BGBl I 2010/40)

(2) Die Ausbildungsvorschriften haben Berufsbilder zu enthalten; diese sind entsprechend den dem Lehrberuf eigentümlichen Arbeiten und den zur Ausübung dieser Tätigkeiten erforderlichen Hilfsverrichtungen, jedoch ohne Rücksicht auf sonstige Nebentätigkeiten des Lehrberufes unter Berücksichtigung der Anforderungen, die die Berufsausbildung stellt, festzulegen und haben hierbei nach Lehrjahren gegliedert die wesentlichen Fertigkeiten und Kenntnisse, die während der Ausbildung zu vermitteln sind, anzuführen.

(3) Die Ausbildungsvorschriften können für bestimmte Lehrberufe auch zusätzlich schwerpunktmäßig auszubildende Kenntnisse und Fertigkeiten beinhalten, die entsprechend der Ausbildungsberechtigung im Bescheid gemäß § 3a durch den Lehrbetrieb auszubilden sind. Die Lehrzeitdauer in der Ausbildung in unterschiedlichen Schwerpunkten eines Lehrberufes ist gleich. Die schwerpunktmäßige Ausbildung ist in die Bescheide gemäß § 3a und in die Lehrverträge aufzunehmen. Die Aufnahme der Bezeichnung des Schwerpunktes in die Lehrabschlussprüfungszeugnisse ist nur zulässig, wenn dies in der Ausbildungsordnung vorgesehen ist.

(4) Der Bundesminister für Wirtschaft, Familie und Jugend kann in den Ausbildungsvorschriften für einen Lehrberuf auch eine modulare Ausbildung festlegen. Ein modularer Lehrberuf besteht aus einem Grundmodul und zumindest einem Hauptmodul sowie zumindest einem Spezialmodul. Das Grundmodul hat die Fertigkeiten und Kenntnisse zu enthalten, die den grundlegenden Tätigkeiten eines oder mehrerer Lehrberufe entsprechen. Das Hauptmodul hat jene Fertigkeiten und Kenntnisse zu enthalten, die den dem Lehrberuf eigentümlichen Tätigkeiten und Arbeiten entsprechen. Die Mindestdauer eines Grundmoduls beträgt zwei Jahre, die Mindestdauer eines Hauptmoduls beträgt ein Jahr. Wenn dies auf Grund der besonderen Anforderungen des Lehrberufes für eine sachgemäße Ausbildung zweckmäßig ist, kann das Grundmodul mit einer Dauer von zumindest einem Jahr festgelegt werden; auch in diesem Fall ist in der Ausbildungsordnung die Gesamtdauer eines modularen Lehrberufes als Summe der Dauer von Grundmodul und Hauptmodul zumindest mit drei Jahren festzulegen. Die Ausbildungsinhalte des Grundmoduls und des Hauptmoduls haben zusammen die Beruflichkeit im Sinne des § 5 Abs. 1 bis 3 sicher zu stellen. Das Spezialmodul enthält weitere Fertigkeiten und Kenntnisse eines Lehrberufes im Sinne des § 5 Abs. 1 bis 3, die dem Qualifikationsbedarf eines Berufszweiges im Rahmen der Erstausbildung im Hinblick auf seine speziellen Produktionsweisen und Dienstleistungen entsprechen und die der Ausschöpfung der in § 6 Abs. 1 eingeräumten Möglichkeit zur Festlegung einer gesamten Lehrzeitdauer von höchstens vier Jahren dienen. Die Dauer eines Spezialmoduls beträgt ein halbes Jahr oder ein Jahr. In der Aus-

bildungsordnung ist auch festzulegen, inwiefern ein Grundmodul eines Lehrberufes mit einem Hauptmodul oder Spezialmodul eines anderen Lehrberufes kombiniert werden kann.

(BGBl I 2010/40)

(5) Zur Sicherung einer sachgemäßen Ausbildung sind folgende Verhältniszahlen betreffend das Verhältnis der Anzahl der Lehrlinge zur Anzahl der im Betrieb beschäftigten, fachlich einschlägig ausgebildeten Personen einzuhalten:

1. eine fachlich einschlägig ausgebildete Person .... zwei Lehrlinge,
2. für jede weitere fachlich einschlägig ausgebildete Person .... je ein weiterer Lehrling.

(6) Auf die Verhältniszahlen von zweijährigen und dreijährigen Lehrberufen sind Lehrlinge in den letzten vier Monaten ihrer Lehrzeit nicht anzurechnen. Bei Lehrberufen mit einer Lehrzeitdauer von zweieinhalb und dreieinhalb Jahren sind Lehrlinge in den letzten sieben Monaten ihrer Lehrzeit nicht auf die Verhältniszahlen anzurechnen. Bei vierjährigen Lehrberufen sind Lehrlinge im letzten Jahr ihrer Lehrzeit nicht auf die Verhältniszahlen anzurechnen.

(7) Lehrlinge, denen mindestens zwei Lehrjahre ersetzt wurden, sowie fachlich einschlägig ausgebildete Personen, die nur vorübergehend oder aushilfsweise im Betrieb beschäftigt werden, sind nicht auf die Verhältniszahlen anzurechnen.

(8) Werden in einem Betrieb in mehr als einem Lehrberuf Lehrlinge ausgebildet, dann sind Personen, die für mehr als einen dieser Lehrberufe fachlich einschlägig ausgebildet sind, nur auf die Verhältniszahl eines dieser Lehrberufe anzurechnen.

(9) Ein Ausbilder ist bei der Ermittlung der Verhältniszahl gemäß Abs. 5 als eine fachlich einschlägig ausgebildete Person zu zählen. Wenn er jedoch mit Ausbildungsaufgaben in mehr als einem Lehrberuf betraut ist, ist er als eine fachlich einschlägig ausgebildete Person bei den Verhältniszahlen aller Lehrberufe zu zählen, in denen er Lehrlinge ausbildet.

(10) Zur Sicherung einer sachgemäßen Ausbildung sind folgende Verhältniszahlen betreffend das Verhältnis der Anzahl der Lehrlinge zur Anzahl der im Betrieb beschäftigten Ausbilder einzuhalten:

1. auf je fünf Lehrlinge zumindest ein Ausbilder, der nicht ausschließlich mit Ausbildungsaufgaben betraut ist,
2. auf je 15 Lehrlinge zumindest ein Ausbilder, der ausschließlich mit Ausbildungsaufgaben betraut ist.

Die Verhältniszahl gemäß Abs. 5 darf jedoch nicht überschritten werden.

(11) Ein Ausbilder, der mit Ausbildungsaufgaben in mehr als einem Lehrberuf betraut ist, darf – unter Beachtung der Verhältniszahlen gemäß Abs. 5 oder der entsprechenden durch Verordnung gemäß Abs. 12 festgelegten Verhältniszahlen – insgesamt höchstens so viele Lehrlinge ausbilden, wie es den Verhältniszahlen gemäß Abs. 10 oder den entsprechenden durch Verordnung gemäß Abs. 12 festgelegten höchsten Verhältniszahlen der in Betracht kommenden Lehrberufe entspricht.

(12) Der Bundesminister für Wirtschaft, Familie und Jugend hat in den Ausbildungsvorschriften von den Absätzen 5 bis 11 abweichende Regelungen über die Verhältniszahlen festzulegen, wenn dies auf Grund der besonderen Anforderungen des Lehrberufes für eine sachgemäße Ausbildung zweckmäßig ist.

(BGBl I 2010/40)

(13) Die Lehrlingsstelle hat auf Antrag des Lehrberechtigten die Lehrlingshöchstzahl gemäß Abs. 5 oder die entsprechende gemäß Abs. 12 in einer Ausbildungsordnung festgesetzte Lehrlingshöchstzahl bis zu 30 Prozent, mindestens jedoch um einen Lehrling durch Bescheid zu erhöhen, wenn nach den gegebenen Verhältnissen des betreffenden Einzelfalles eine sachgemäße Ausbildung bei der erhöhten Lehrlingszahl zu erwarten ist, dies in einer Stellungnahme des Landes-Berufsausbildungsbeirates festgestellt wird und ansonsten die Ausbildung von Lehrstellenbewerbern in dem betreffenden Lehrberuf nicht gewährleistet ist. Die Lehrlingsstelle hat unverzüglich eine Stellungnahme des Landes-Berufsausbildungsbeirates einzuholen; dieser hat die Stellungnahme innerhalb von drei Wochen zu erstatten. Die Lehrlingsstelle hat innerhalb von vier Wochen nach Einlangen des Antrages zu entscheiden. Der Antrag ist jedenfalls abzuweisen, wenn unter Nichtbeachtung der Verhältniszahl gemäß Abs. 5 oder der gemäß Abs. 12 festgesetzten Lehrlingshöchstzahl ein Lehrling bereits aufgenommen wurde. Bei Wegfall einer der im ersten Satz angeführten Voraussetzungen ist die Erhöhung der Lehrlingshöchstzahl zu widerrufen.

(BGBl I 2010/40, BGBl I 2013/129)

(14) Wenn der Lehrlingsstelle Umstände bekannt werden, die die sachgemäße Ausbildung bei einem Lehrberechtigten in Frage stellen, hat sie eine entsprechende Überprüfung einzuleiten, ob durch eine Herabsetzung der gemäß Abs. 5 oder der entsprechenden gemäß Abs. 12 in einer Ausbildungsordnung festgesetzten Lehrlingshöchstzahl eine sachgemäße Ausbildung aufrechterhalten werden kann. Die Lehrlingsstelle hat hiezu eine Stellungnahme des Landes-Berufsausbildungsbeirates einzuholen; dieser hat die Stellungnahme innerhalb von vier Wochen zu erstatten. Wird auf Grund der Stellungnahme des Landes-Berufsausbildungsbeirates festgestellt, dass durch eine solche Maßnahme eine sachgemäße Ausbildung bei dem Lehrberechtigten aufrechterhalten werden kann, so hat die Lehrlingsstelle durch Bescheid die Lehrlingshöchstzahl gemäß Abs. 5 oder die gemäß Abs. 12 in einer Ausbildungsordnung festgesetzte Lehrlingshöchstzahl entsprechend zu verringern. Durch diese Verringerung der Lehrlingshöchstzahl werden bestehende Lehrverhältnisse nicht berührt. Sind die Voraussetzungen für die Verringerungen weggefallen, so hat die Lehrlingsstelle diese Maßnahme zu widerrufen.

(BGBl I 2010/40, BGBl I 2013/129)

(15) In den Ausbildungsvorschriften ist ferner vorzusehen, dass den Lehrlingen, insbesondere auch solchen, die bei einem Lehrberechtigten, dessen Betrieb nur saisonmäßig geführt wird, ausgebildet werden, die Möglichkeit gegeben wird, vor einer von der Lehrlingsstelle in sinngemäßer Anwendung des § 22 gebildeten Kommission Teilprüfungen zur Feststellung des jeweiligen Ausbildungsstandes abzulegen, wenn eine solche Maßnahme im Hinblick auf die besonderen Anforderungen des Lehrberufes zweckmäßig ist und die Lehrlingsstellen in der Lage sind, die erforderliche Anzahl von Prüfungskommissionen einzurichten.

(16) Wenn im Rahmen der gemäß Abs. 15 vorgesehenen Teilprüfungen die Fertigkeiten und Kenntnisse, die Gegenstand der Lehrabschlussprüfung sind, geprüft werden, ist in den Ausbildungsvorschriften festzulegen, dass durch die erfolgreiche Ablegung der Teilprüfungen und die Erreichung des Lehrzieles der letzten Klasse der Berufsschule die Ablegung der Lehrabschlussprüfung ersetzt wird.

(17) In den Ausbildungsvorschriften für einen Lehrberuf kann, insbesondere bei Überschneidungen von wesentlichen Teilen des Berufsbilds, die gleichzeitige Ausbildung in einem bestimmten anderen Lehrberuf (Doppellehre) ausgeschlossen werden.

(BGBl I 2015/78)

(BGBl 1978/232, BGBl I 2003/79, BGBl I 2006/5)

Ausbildungsversuche

§ 8a. (1) Wenn es im Interesse der Verbesserung der Ausbildung von Lehrlingen gelegen ist, kann der Bundesminister für Wirtschaft, Familie und Jugend zur Erprobung, ob bestimmte berufliche Tätigkeiten, deren fachgemäße Erlernung mindestens zwei Jahre dauert, geeignet sind, den Gegenstand eines neuen Lehrberufes im Sinne dieses Bundesgesetzes zu bilden, durch Verordnung die Durchführung eines Ausbildungsversuches vorsehen. In dieser Verordnung sind die betreffenden beruflichen Tätigkeiten, die Dauer der Ausbildung, die Ausbildungsvorschriften und die Gegenstände der Abschlußprüfung festzulegen.

(BGBl I 2010/40)

(2) Wenn es im Interesse der Verbesserung der Ausbildung von Lehrlingen gelegen ist, kann der Bundesminister für Wirtschaft, Familie und Jugend zur Erprobung, ob bei einem in der Lehrberufsliste festgesetzten Lehrberuf eine Verkürzung oder Verlängerung der Dauer der Lehrzeit auf Grund des in den Ausbildungsvorschriften festgesetzten Berufsbildes zweckmäßig ist, durch Verordnung die Durchführung eines Ausbildungsversuches vorsehen. In dieser Verordnung ist der Lehrberuf anzugeben sowie die Dauer der Lehrzeit für den Ausbildungsversuch und unter Berücksichtigung der Zahl der in diesem Lehrberuf in Ausbildung stehenden Lehrlinge die Höchstzahl der Lehrlinge festzusetzen, die in den Ausbildungsversuch einbezogen werden dürfen.

(BGBl I 2010/40)

(3) Der Ausbildungsversuch ist auf den Bereich eines Bundeslandes zu beschränken, wenn dies im Hinblick auf das örtlich beschränkte Vorkommen der betreffenden beruflichen Tätigkeiten erforderlich oder zur Erprobung ausreichend ist.

(4) Für die Dauer eines solchen Ausbildungsversuches sind die seinen Gegenstand bildenden Tätigkeiten einem Lehrberuf im Sinne dieses Bundesgesetzes gleichzuhalten.

(5) Der Lehrberechtigte hat auf Verlangen des Landes-Berufsausbildungsbeirates diesem Auskunft über die nähere Gestaltung und die Ergebnisse der Maßnahmen, die er im Rahmen des betreffenden Ausbildungsversuches durchführt, zu erteilen. Der Landes-Berufsausbildungsbeirat hat dieses Verlangen zu stellen, wenn dies mindestens zwei seiner Mitglieder beantragen. Der Lehrberechtigte hat ferner die Beobachtung dieser Maßnahmen durch die Lehrlingsstelle, durch die im § 19 Abs. 8 angeführten Behörden oder durch Mitglieder (Ersatzmitglieder) des Landes-Berufsausbildungsbeirates (§ 31a) oder des Bundes-Berufsausbildungsbeirates (§ 31) sowie die Befragung von Ausbildern und Lehrlingen bei dieser Beobachtung zuzulassen.

(6) Nach Beendigung eines Ausbildungsversuches gemäß Abs. 1 hat der Bundesminister für Wirtschaft, Familie und Jugend unter Berücksichtigung der beim Ausbildungsversuch und bei den einschlägigen Prüfungen gemachten Erfahrungen zu prüfen, ob den den Gegenstand des Ausbildungsversuches bildenden beruflichen Tätigkeiten die Eignung als Lehrberuf zukommt, und – falls dies zutrifft – diese Tätigkeiten unter Bedachtnahme auf § 7 als Lehrberuf in die Lehrberufsliste aufzunehmen. In diesem Falle gilt die erfolgreich abgelegte Abschlußprüfung als Lehrabschlußprüfung im Sinne dieses Bundesgesetzes.

(BGBl I 2010/40)

(7) Werden die den Gegenstand eines Ausbildungsversuches gemäß Abs. 1 bildenden beruflichen Tätigkeiten nicht als Lehrberuf in die Lehrberufsliste aufgenommen, so hat der Bundesminister für Wirtschaft, Familie und Jugend durch Verordnung zu bestimmen, auf welche Art und Weise die im Ausbildungsversuch ausgebildeten Lehrlinge mit Lehrlingen in bestehenden Lehrberufen gleichgestellt werden können; hiebei können insbesondere auch zusätzliche Ausbildungsmaßnahmen vorgeschrieben und kann die Möglichkeit der Anrechnung der Ausbildung im Ausbildungsversuch auf die Lehrzeit in fachlich in Betracht kommenden Lehrberufen festgelegt werden. Weiters sind in dieser Verordnung nähere Bestimmungen über die auszustellenden Zeugnisse unter Bedachtnahme auf die auf Grund des ersten Satzes sonst zu treffenden Maßnahmen zu erlassen.

(BGBl I 2010/40)

(8) Nach Beendigung eines Ausbildungsversuches gemäß Abs. 2 hat der Bundesminister für Wirtschaft, Familie und Jugend unter Berücksichtigung der beim Ausbildungsversuch und bei den einschlägigen Prüfungen gemachten Erfahrungen zu

prüfen, ob die in der Lehrberufsliste für den Lehrberuf festgesetzte Dauer der Lehrzeit zu ändern ist und – falls dies zutrifft – die Dauer der Lehrzeit für diesen Lehrberuf neu festzusetzen (§ 7).

(BGBl 1978/232, BGBl I 2010/40)

§ 8b. (1) Zur Verbesserung der Eingliederung von benachteiligten Personen mit persönlichen Vermittlungshindernissen in das Berufsleben kann am Beginn oder im Laufe des Lehrverhältnisses im Lehrvertrag eine gegenüber der für den Lehrberuf festgesetzten Dauer der Lehrzeit (§ 7 Abs. 1 lit. b) längere Lehrzeit vereinbart werden. Die sich auf Grund der Lehrberufsliste ergebende Lehrzeit kann um höchstens ein Jahr, in Ausnahmefällen um bis zu zwei Jahre, verlängert werden, sofern dies für die Erreichung der Lehrabschlussprüfung notwendig ist.

(2) Zur Verbesserung der Eingliederung von benachteiligten Personen mit persönlichen Vermittlungshindernissen in das Berufsleben kann in einem Ausbildungsvertrag die Festlegung einer Teilqualifikation durch Einschränkung auf bestimmte Teile des Berufsbildes eines Lehrberufes, allenfalls unter Ergänzung von Fertigkeiten und Kenntnissen aus Berufsbildern weiterer Lehrberufe, vereinbart werden. In der Vereinbarung sind jedenfalls die zu vermittelnden Fertigkeiten und Kenntnisse und die Dauer der Ausbildung festzulegen. Die Dauer dieser Ausbildung kann zwischen einem und drei Jahren betragen. Ein Ausbildungsvertrag über eine Teilqualifizierung hat Fertigkeiten und Kenntnisse zu umfassen, die im Wirtschaftsleben verwertbar sind.

(3) Die Ausbildung gemäß Abs. 1 oder Abs. 2 soll vorrangig in Lehrbetrieben durchgeführt werden.

(BGBl I 2015/78)

(4) Für die Ausbildung gemäß Abs. 1 oder Abs. 2 kommen Personen in Betracht, die das Arbeitsmarktservice nicht in ein Lehrverhältnis als Lehrling gemäß § 1 vermitteln konnte und auf die eine der folgenden Voraussetzungen zutrifft:

1. Personen, die am Ende der Pflichtschule sonderpädagogischen Förderbedarf hatten und zumindest teilweise nach dem Lehrplan einer Sonderschule unterrichtet wurden, oder
2. Personen ohne Abschluss der Hauptschule oder der Neuen Mittelschule bzw. mit negativem Abschluss einer dieser Schulen, oder *(BGBl I 2015/78)*
3. Behinderte im Sinne des Behinderteneinstellungsgesetzes bzw. des jeweiligen Landesbehindertengesetzes, oder
4. Personen, von denen aufgrund des Ergebnisses einer vom Arbeitsmarktservice oder Sozialministeriumsservice beauftragten Beratungs-, Betreuungs- oder Orientierungsmaßnahme angenommen werden muss, dass für sie aus ausschließlich in der Person gelegenen Gründen, die durch eine fachliche Beurteilung nach einem in den entsprechenden Richtlinien des Arbeitsmarktservices oder des Sozialministeriumservices zu konkretisierenden Vier-Augen-Prinzip festgestellt wurden, der Abschluss eines Lehrvertrages gemäß § 1 nicht möglich ist. *(BGBl I 2015/78)*

(BGBl I 2015/78)

(5) Die Lehrlingsstelle darf einen Lehrvertrag gemäß Abs. 1 oder einen Ausbildungsvertrag gemäß Abs. 2 nur eintragen, wenn auf die betreffende Person eine der Voraussetzungen gemäß Abs. 4 Z 1 bis 4 zutrifft und wenn das Arbeitsmarktservice diese Person nicht in ein Lehrverhältnis als Lehrling gemäß § 1 vermitteln konnte. Bei einem Wechsel in eine andere Ausbildungsform gemäß Abs. 11 ist kein Vermittlungsversuch durch das Arbeitsmarktservice erforderlich.

(BGBl I 2010/40)

(6) Das Ausbildungsverhältnis gemäß Abs. 1 oder Abs. 2 ist durch die Berufsausbildungsassistenz zu begleiten und zu unterstützen. Die Berufsausbildungsassistenz hat im Zuge ihrer Unterstützungstätigkeit sozialpädagogische, psychologische und didaktische Probleme von Personen, die ihnen im Rahmen der Ausbildung anvertraut sind, mit Vertretern von Lehrbetrieben, besonderen selbständigen Ausbildungseinrichtungen und Berufsschulen zu erörtern, um zur Lösung dieser Probleme beizutragen. Die Berufsausbildungsassistenz hat zu Beginn der Ausbildung gemeinsam mit den dafür in Frage kommenden Personen bzw. den Erziehungsberechtigten und den Lehrberechtigten bzw. Ausbildungsverantwortlichen oder den Ausbildungseinrichtungen und unter Einbeziehung der Schulbehörde erster Instanz und des Schulerhalters die Ziele der Ausbildung festzulegen und bei der Abschlussprüfung gemäß Abs. 10 mitzuwirken. Sie hat zusammen mit einem Experten des betreffenden Berufsbereiches die Abschlussprüfung zum Abschluss der Ausbildung gemäß Abs. 2 durchzuführen. Die Berufsausbildungsassistenz hat bei einem Ausbildungswechsel das Einvernehmen mit den genannten, an der Ausbildung Beteiligten herzustellen und diesbezüglich besondere Beratungen durchzuführen.

(BGBl I 2010/40, BGBl I 2015/78)

(7) Die Lehrlingsstelle darf einen Lehrvertrag gemäß Abs. 1 oder einen Ausbildungsvertrag gemäß Abs. 2 nur eintragen, wenn eine verbindliche Erklärung des Arbeitsmarktservice, des Sozialministeriumservice oder einer Gebietskörperschaft bzw. einer Einrichtung einer Gebietskörperschaft über die Durchführung der Berufsausbildungsassistenz vorliegt. Diese können eine bewährte Einrichtung auf dem Gebiet der sozialpädagogischen Betreuung und Begleitung mit der Durchführung der Berufsausbildungsassistenz betrauen.

(8) Die Festlegung der Ausbildungsinhalte, des Ausbildungszieles und der Zeitdauer im Rahmen der Ausbildung hat durch die Vertragsparteien gemeinsam mit der Berufsausbildungsassistenz unter Einbeziehung der Schulbehörde erster Instanz und des Schulerhalters zu erfolgen. Dabei sind auch pädagogische Begleitmaßnahmen bzw. die Form der Einbindung in den Berufsschulunterricht unter

Berücksichtigung der persönlichen Fähigkeiten und Bedürfnisse der die Berufsausbildung anstrebenden Person festzulegen.

(BGBl I 2010/40, BGBl I 2015/78, BGBl I 2020/18)

(9) Vor Beginn einer Berufsausbildung kann vom Arbeitsmarktservice der Besuch einer beruflichen Orientierungsmaßnahme empfohlen werden. Die berufliche Orientierungsmaßnahme gründet weder auf einem Ausbildungsvertrag noch auf einem Lehrvertrag.

(BGBl I 2015/78)

(10) Die Feststellung der in einer Ausbildung gemäß Abs. 2 erworbenen Qualifikationen erfolgt durch eine Abschlussprüfung am Ende der Ausbildungszeit, frühestens zwölf Wochen vor dem regulären Ende der Ausbildung. Die Abschlussprüfung findet im Lehrbetrieb oder in einer sonst geeigneten Einrichtung statt und ist durch einen von der Lehrlingsstelle im Einvernehmen mit dem Landes-Berufsausbildungsbeirat zu nominierenden Experten des betreffenden Berufsbereiches und ein Mitglied der Berufsausbildungsassistenz durchzuführen. Dabei ist anhand der vereinbarten Ausbildungsinhalte und Ausbildungsziele festzustellen, welcher Ausbildungsstand erreicht und welche Fertigkeiten und Kenntnisse erworben wurden. Die Lehrlingsstelle hat im Einvernehmen mit dem Landes-Berufsausbildungsbeirat den Ablauf der Abschlussprüfungen und die Gestaltung der jeweiligen Abschlusszeugnisse entsprechend den Erfordernissen des jeweiligen Berufsbereiches festzulegen. Im Abschlusszeugnis sind die festgestellten Fertigkeiten und Kenntnisse zu dokumentieren. Die für die Lehrabschlussprüfung geltenden Bestimmungen betreffend Prüfungstaxe und Prüferentschädigung sind anzuwenden.

(BGBl I 2010/40)

(11) Bei einer Ausbildung in einem Lehrberuf gemäß § 1, bei einer Ausbildung in einem Lehrberuf gemäß Abs. 1 oder bei einer Ausbildung gemäß Abs. 2 ist ein Wechsel in eine jeweils andere dieser Ausbildungen im Zusammenhang mit einer Vereinbarung zwischen dem Lehrberechtigten und dem Lehrling und im Einvernehmen mit der Berufsausbildungsassistenz sowie unter Einbeziehung der Schulbehörde erster Instanz möglich. Der Wechsel der Ausbildung hat durch den Abschluss eines neuen Lehrvertrages bzw. eines neuen Ausbildungsvertrages zu erfolgen. Der Wechsel von einer Ausbildung in einem Lehrberuf gemäß § 1 zu einer Ausbildung in einem Lehrberuf gemäß Abs. 1 und umgekehrt kann auch durch Änderung des Lehrvertrages erfolgen. Bei einem Wechsel der Ausbildung sind im Einvernehmen mit der Berufsausbildungsassistenz die in der Folge noch erforderlichen Ausbildungsinhalte und die noch erforderliche Ausbildungsdauer festzulegen. Die Probezeit beginnt bei einem Wechsel der Ausbildung im selben Ausbildungsbetrieb bzw. derselben Ausbildungseinrichtung nicht von neuem zu laufen. Bei einem Wechsel von einer Ausbildung in einem Lehrberuf gemäß § 1 in eine Ausbildung in einem Lehrberuf gemäß Abs. 1 oder in eine Ausbildung gemäß Abs. 2 wird das Zutreffen der Voraussetzung gemäß Abs. 4 Z 4 durch die Berufsausbildungsassistenz mit der Maßgabe, dass die von der betreffenden Person begonnene Lehre in der regulären Form voraussichtlich nicht erfolgreich abgeschlossen werden kann, bestätigt.

(BGBl I 2010/40)

(12) Wurde im Rahmen einer Ausbildung gemäß Abs. 2 sowohl das Ausbildungsziel des Abs. 10 im Sinne einer erfolgreichen Ablegung der Abschlussprüfung als auch das berufsfachliche Bildungsziel der ersten Schulstufe der Berufsschule erreicht, so ist bei einer anschließenden Ausbildung in einem Lehrberuf gemäß § 1 oder in einem Lehrberuf gemäß Abs. 1 zumindest das erste Lehrjahr auf die Dauer der Lehrzeit des betreffenden Lehrberufes anzurechnen, sofern nicht eine Vereinbarung zwischen dem Lehrberechtigten und dem Lehrling über eine weitergehende Anrechnung vorliegt.

(13) Personen, die eine Berufsausbildung gemäß § 8b oder § 8c absolvieren, gelten als Lehrlinge im Sinne des Allgemeinen Sozialversicherungsgesetzes, im Sinne des Familienlastenausgleichsgesetzes, BGBl. Nr. 376/1967, im Sinne des Arbeitslosenversicherungsgesetzes 1977, im Sinne des Insolvenz-Entgeltsicherungsgesetzes (IESG), BGBl. Nr. 324/1977 und im Sinne des Einkommensteuergesetzes. Dies gilt weiters für Personen, die sich in einer diesen Ausbildungen vorgelagerten Berufsorientierungsmaßnahme befinden, bis zum Ausmaß von sechs Monaten einer solchen Berufsorientierungsmaßnahme. Personen, die im Rahmen Berufsausbildung gemäß Abs. 1 ausgebildet werden, sind hinsichtlich der Berufsschulpflicht Lehrlingen gleichgestellt. Für Personen, die im Rahmen einer Berufsausbildung gemäß Abs. 2 ausgebildet werden, besteht nach Maßgabe der Festlegungen gemäß Abs. 8 die Pflicht bzw. das Recht zum Besuch der Berufsschule. Personen, die in einer Ausbildungseinrichtung gemäß § 8c ausgebildet werden, haben Anspruch auf eine Ausbildungsbeihilfe, die die Beitragsgrundlage für die Bemessung der Sozialversicherungsbeiträge bildet. Auf Personen, die in einer Ausbildungseinrichtung gemäß § 8c ausgebildet werden, sind weiters die Bestimmungen der §§ 2a, 2b, 3, 4, 4a, 5 Abs. 1 und 3, 6, 7, 8, 8a, 9 und 14 des Mutterschutzgesetzes 1979 (MSchG), BGBl. Nr. 221/1979, in der Fassung des Bundesgesetzes BGBl. I Nr. 138/2013, anzuwenden; § 14 des Mutterschutzgesetzes 1979 gilt mit der Maßgabe, dass an die Stelle des Entgelts die Ausbildungsbeihilfe tritt.

(BGBl I 2008/82, BGBl I 2010/40, BGBl I 2015/78)

(14) Der Bundesminister für Wissenschaft, Forschung und Wirtschaft kann für Teilqualifikationen gemäß Abs. 2 in Richtlinien standardisierte Ausbildungsprogramme festlegen, um die Transparenz der erworbenen Abschlüsse zu erhöhen und die Eingliederung der Absolventen und Absolventinnen in den Arbeitsmarkt zu erleichtern. Das Ausbildungsprogramm kann eine Dauer der Ausbildung von einem bis zu drei Jahren vorsehen. Die Richtlinien haben nach Lehrjahren gegliedert die wesentlichen Fertigkeiten und Kenntnisse,

die während der Ausbildung zu vermitteln sind, anzuführen. Vor Erlassung von Richtlinien hat der Bundesminister für Wissenschaft, Forschung und Wirtschaft den Entwurf dem Bundes-Berufsausbildungsbeirat zu übermitteln und ihm eine mindestens zweimonatige Frist zur Stellungnahme einzuräumen. Unternehmen, die Personen in einer standardisierten Teilqualifikation ausbilden wollen, müssen über einen Bescheid gemäß § 3a, allenfalls in Verbindung mit § 2a (Ausbildungsverbund), verfügen.

(BGBl I 2015/78)

(15) Im Übrigen gelten die Bestimmungen dieses Bundesgesetzes sinngemäß.

(BGBl I 2010/40, BGBl I 2015/78)

(BGBl I 1998/100, BGBl I 2000/83, BGBl I 2003/79, BGBl I 2015/78)

§ 8c. (1) Die überbetriebliche Lehrausbildung ergänzt und unterstützt die betriebliche Ausbildung in Lehrbetrieben gemäß § 2 für Personen, die keine Ausbildung gemäß § 8b Abs. 1 oder § 8b Abs. 2 in einem Lehrbetrieb beginnen können und die das Arbeitsmarktservice nicht erfolgreich auf eine Lehrstelle oder betriebliche Ausbildungsstelle vermitteln konnte. Die Ausbildung in überbetrieblichen Ausbildungseinrichtungen soll daher auch die Einbeziehung von Unternehmen, bevorzugt von solchen, die auch zur Ausbildung von Lehrlingen gemäß § 3a berechtigt sind, beinhalten mit dem Ziel, den auszubildenden Personen den Beginn eines Lehrverhältnisses gemäß § 8b Abs. 1 oder eines betrieblichen Ausbildungsverhältnisses gemäß § 8b Abs. 2 zu ermöglichen, sofern dies mit der individuellen Zielsetzung der Ausbildung und den persönlichen Anforderungen und Bedürfnissen des Lehrlings oder des bzw. der Auszubildenden vereinbar ist.

(BGBl I 2015/78, BGBl I 2020/18)

(2) Voraussetzung zur Führung und zum Betrieb einer überbetrieblichen Ausbildungseinrichtung ist eine Bewilligung der Bundesministerin für Digitalisierung und Wirtschaftsstandort. Für das Bewilligungsverfahren gelten die Bestimmungen des § 30 Abs. 2 bis 6 nach Maßgabe des Abs. 1 sowie, dass im Falle einer Ausbildung gemäß § 8b Abs. 2 die Organisation und Ausstattung der Ausbildungseinrichtung die Vermittlung der betreffenden Teilqualifikationen ermöglichen muss.

(BGBl I 2020/18)

(3) Bewilligungen für Ausbildungseinrichtungen gemäß § 30 können als Bewilligungen für Ausbildungseinrichtungen gemäß § 8c beansprucht werden.

(BGBl I 2020/18)

(4) Soweit § 8c keine besondere Regelung enthält, sind die Bestimmungen des § 8b anzuwenden.

(BGBl I 2020/18)

(5) Auf die Inhaber einer Bewilligung gemäß Abs. 1, auf die dort in Ausbildung Stehenden und die Ausbildungsverhältnisse überhaupt, finden die Bestimmungen dieses Bundesgesetzes mit Ausnahme der §§ 15a, 17, 17a und 18 mit der Maßgabe Anwendung, dass im Falle der Ausbildung gemäß § 8b Abs. 1 kein Lehrvertrag abzuschließen ist und die Ausbildungsverhältnisse in Ausbildungen gemäß § 8b Abs. 1 und 2 bei der Lehrlingsstelle in Form einer Liste, die sämtliche im § 12 Abs. 3 geforderten Angaben enthalten muss, anzumelden sind.

(BGBl I 2020/18)

(BGBl I 2010/40, BGBl I 2015/78)

Pflichten des Lehrberechtigten

§ 9. (1) Der Lehrberechtigte hat für die Ausbildung des Lehrlings zu sorgen und ihn unter Bedachtnahme auf die Ausbildungsvorschriften des Lehrberufes selbst zu unterweisen oder durch geeignete Personen unterweisen zu lassen.

(BGBl 1978/232)

(2) Der Lehrberechtigte hat den Lehrling nur zu solchen Tätigkeiten heranzuziehen, die mit dem Wesen der Ausbildung vereinbar sind. Dem Lehrling dürfen keine Aufgaben zugewiesen werden, die seine Kräfte übersteigen.

(BGBl 1978/232)

(3) Der Lehrberechtigte hat den Lehrling zur ordnungsgemäßen Erfüllung seiner Aufgaben und zu verantwortungsbewußtem Verhalten anzuleiten und ihm diesbezüglich ein gutes Beispiel zu geben; er darf den Lehrling weder mißhandeln noch körperlich züchtigen und hat ihn vor Mißhandlungen oder körperlichen Züchtigungen durch andere Personen, insbesondere durch Betriebs- und Haushaltsangehörige, zu schützen.

(BGBl 1978/232)

(4) Der Lehrberechtigte hat die Eltern oder sonstige Erziehungsberechtigte des Lehrlings von wichtigen Vorkommnissen, die die Ausbildung eines minderjährigen Lehrlings betreffen, und, sofern ein minderjähriger Lehrling in die Hausgemeinschaft des Lehrberechtigten aufgenommen wurde, auch von einer Erkrankung des Lehrlings ehestens zu verständigen. Die Verständigung vom Eintritt der Endigung des Lehrverhältnisses gemäß § 14 Abs. 2 lit. b und d hat schriftlich und auch an den Lehrling zu erfolgen.

(BGBl 1978/232)

(5) Der Lehrberechtigte hat dem Lehrling, der zum Besuch der Berufsschule verpflichtet ist, die zum Schulbesuch erforderliche Zeit freizugeben und ihn zum regelmäßigen Schulbesuch anzuhalten sowie auf den Stand der Ausbildung in der Berufsschule nach Möglichkeit Bedacht zu nehmen. Die Lehrberechtigten haben die Kosten der Unterbringung und Verpflegung, die durch den Aufenthalt der Lehrlinge in einem für die Schüler der Berufsschule bestimmten Schülerheim zur Erfüllung der Berufsschulpflicht entstehen (Internatskosten), zu tragen. Bei Unterbringung in einem anderen Quartier sind ebenso die bei Unterbringung in einem Schülerheim entstehenden Kosten zu tragen. Der Lehrberechtigte kann einen Ersatz dieser Kosten bei der für ihn zuständigen Lehrlingsstelle beantragen. Der Kostenersatz gilt nicht für Lehrberechtigte

beim Bund, bei einem Land, einer Gemeinde oder einem Gemeindeverband.

(BGBl 1978/232, BGBl I 2017/154)

(6) Wenn an ganzjährigen und saisonmäßigen Berufsschulen einzelne Unterrichtsstunden an einem Schultag entfallen oder wenn an lehrgangsmäßigen Berufsschulen während des Lehrganges der Unterricht an bis zu zwei aufeinanderfolgenden Werktagen entfällt und es in jedem dieser Fälle wegen des Verhältnisses zwischen der im Betrieb zu verbringenden Zeit und der Wegzeit nicht zumutbar ist, daß der Lehrling während dieser unterrichtsfreien Zeit den Betrieb aufsucht, hat der Lehrberechtigte dem Lehrling diese Zeit unter Fortzahlung des Lehrlingseinkommens freizugeben.

(BGBl 1978/232, BGBl I 2020/18)

(7) Der Lehrberechtigte hat dem Lehrling die zur Ablegung der Lehrabschlußprüfung und der in den Ausbildungsvorschriften vorgesehenen Teilprüfungen erforderliche Zeit freizugeben. Wenn der Lehrling während der Lehrzeit oder während der Zeit seiner Weiterbeschäftigung gemäß § 18 dieses Bundesgesetzes erstmals zur Lehrabschlußprüfung antritt, hat der Lehrberechtigte dem Lehrling die Kosten der Prüfungstaxe zu ersetzen.

(BGBl 1978/232, BGBl I 2020/18)

(8) Die Abs. 2 bis 7 gelten für den Ausbilder sinngemäß. Der Lehrberechtigte hat dafür Sorge zu tragen, daß dem Ausbilder die zur Erfüllung seiner Ausbildungsaufgaben erforderliche Zeit sowie eine angemessene Zeit zur beruflichen Weiterbildung im Interesse der Verbesserung der Ausbildung von Lehrlingen zur Verfügung steht.

(BGBl 1978/232)

(9) Der Lehrberechtigte hat der Lehrlingsstelle ohne unnötigen Aufschub, spätestens jedoch binnen vier Wochen anzuzeigen:

a) die Dauer des Lehrverhältnisses gemäß § 13 Abs. 3 berührende Umstände,

b) eine Endigung des Lehrverhältnisses gemäß § 14 Abs. 2 lit. a oder d,

   (BGBl I 2015/78)

c) eine Fortsetzung des Lehrverhältnisses gemäß § 14 Abs. 3,

d) eine vorzeitige Auflösung des Lehrverhältnisses (§ 15) und

e) die Betrauung und den Wechsel des Ausbilders, sofern jedoch ein Ausbildungsleiter betraut wurde (§ 3 Abs. 5), dessen Betrauung und Wechsel.

(BGBl 1978/232)

(9a) Der Gerichtskommissär im Verlassenschaftsverfahren bzw., wenn kein Gerichtskommissär bestellt wurde, das Verlassenschaftsgericht hat der Lehrlingsstelle ohne unnötigen Aufschub, spätestens jedoch binnen vier Wochen eine Endigung des Lehrverhältnisses durch Ableben des Lehrberechtigten gemäß § 14 Abs. 2 lit. b anzuzeigen.

(BGBl I 2015/78)

(10) Die Lehrlingsstellen haben die zuständige Kammer für Arbeiter und Angestellte vom Inhalt der auf Grund des Abs. 9 erstatteten Anzeigen in Kenntnis zu setzen.

(BGBl 1978/232)

Pflichten des Lehrlings

§ 10. (1) Der Lehrling hat sich zu bemühen, die für die Erlernung des Lehrberufes erforderlichen Fertigkeiten und Kenntnisse zu erwerben; er hat die ihm im Rahmen der Ausbildung übertragenen Aufgaben ordnungsgemäß zu erfüllen und durch sein Verhalten im Betrieb der Eigenart des Betriebes Rechnung zu tragen. Er hat Geschäfts- und Betriebsgeheimnisse zu wahren und mit den ihm anvertrauten Werkstoffen, Werkzeugen und Geräten sorgsam umzugehen.

(2) Der Lehrling hat im Falle einer Erkrankung oder sonstiger Verhinderung den Lehrberechtigten oder den Ausbilder ohne Verzug zu verständigen oder verständigen zu lassen.

(3) Der Lehrling hat dem Lehrberechtigten unverzüglich nach Erhalt das Zeugnis der Berufsschule und auf Verlangen des Lehrberechtigten die Hefte und sonstigen Unterlagen der Berufsschule, insbesondere auch die Schularbeiten, vorzulegen.

(BGBl 1978/232)

Pflichten der Eltern oder der sonstigen Erziehungsberechtigten eines minderjährigen Lehrlings

§ 11. Die Eltern oder die sonstigen Erziehungsberechtigten eines minderjährigen Lehrlings haben im Zusammenwirken mit dem Lehrberechtigten den Lehrling dazu anzuhalten, seine Pflichten auf Grund der Vorschriften über die Berufsausbildung und auf Grund des Lehrvertrages zu erfüllen.

(BGBl 1978/232)

Lehrverhältnis und Lehrvertrag

§ 12. (1) Das Lehrverhältnis wird durch den Eintritt des Lehrlings in die fachliche Ausbildung und Tätigkeit begründet und durch den Lehrvertrag geregelt. Der Lehrvertrag ist unter Bedachtnahme auf den Zweck der Ausbildung in einem in der Lehrberufsliste angeführten Lehrberuf zwischen dem Lehrberechtigten und dem Lehrling schriftlich abzuschließen. Der Abschluß des Lehrvertrages eines minderjährigen Lehrlings bedarf der Zustimmung des gesetzlichen Vertreters des Lehrlings.

(BGBl 1978/232, BGBl I 2020/18)

(2) Verträge, deren Gegenstand die Erlernung von Tätigkeiten ist, die nicht in der Lehrberufsliste als Lehrberufe festgesetzt sind, begründen kein Lehrverhältnis im Sinne dieses Bundesgesetzes.

(3) Der Lehrvertrag hat zu enthalten:

1. Bei physischen Personen den Vornamen, den Familiennamen und den Wohnort des Lehrberechtigten, bei juristischen Personen oder offenen Gesellschaften oder Kommanditgesellschaften die Firma und den Sitz des Lehrberechtigten; weiters den Gegenstand

des Betriebes und den Standort der festen Betriebsstätten, in denen der Lehrling ausgebildet werden soll, gegebenenfalls den Vornamen, den Familiennamen und den Wohnort des gewerberechtlichen Geschäftsführers oder den Vornamen und den Familiennamen des Ausbilders; sofern jedoch ein Ausbildungsleiter (§ 3 Abs. 5) betraut wurde, dessen Vornamen und Familiennamen;

(BGBl 1978/232, BGBl I 1997/67, BGBl I 2015/78)

2. den Vornamen und den Familiennamen des Lehrlings, sein Geburtsdatum und seinen Geburtsort, seine Sozialversicherungsnummer, seinen Wohnort, bei minderjährigen ehelichen Lehrlingen den Vornamen, Familiennamen und den Wohnort beider Elternteile, ansonsten bei minderjährigen Lehrlingen den Vornamen, Familiennamen und den Wohnort der gesetzlichen Vertreter;

   (BGBl 1978/232, BGBl I 2003/79, BGBl I 2010/40)
3. die Bezeichnung des Lehrberufes, den der Lehrling erlernen soll und die für diesen Lehrberuf festgesetzte Dauer der Lehrzeit; im Falle eines Lehrberufes, der gemäß § 5 Abs. 3a und § 8 Abs. 4 als modularer Lehrberuf eingerichtet ist, die Bezeichnung des Grundmoduls, des Hauptmoduls (der Hauptmodule) und gegebenenfalls des Spezialmoduls (der Spezialmodule), die der Lehrling erlernen soll und die dafür festgesetzte Dauer der Lehrzeit;

   (BGBl I 2006/5)
4. das Eintrittsdatum als den kalendermäßigen Beginn und das kalendermäßige Ende des Lehrverhältnisses;
5. die Erklärung des Lehrlings, für den minderjährigen Lehrling die des gesetzlichen Vertreters, mit der Aufnahme in ein für die Schüler der Berufsschule bestimmtes Schülerheim einverstanden zu sein, wenn der Lehrling die Berufsschulpflicht nur auf diese Weise erfüllen kann;
6. den Hinweis
   a) auf die Pflicht zum Besuch der Berufsschule,
   b) auf die allenfalls bestehende kollektivvertragliche Verpflichtung zur Ausbildung in einem Ausbildungsverbund,

      (BGBl 1993/23)
   c) auf die Bestimmungen über die Endigung und Auflösung des Lehrverhältnisses,
   d) auf die Höhe des Lehrlingseinkommens (§ 17);

      (BGBl I 2020/18)

   (BGBl 1978/232)
7. Name und Anschrift der betrieblichen Vorsorgekasse;

   (BGBl I 2015/78)
8. den Tag des Vertragsabschlusses.

   (BGBl I 2015/78, BGBl I 2020/18)

(4) Sofern die Ausbildung auch im Rahmen eines Ausbildungsverbundes erfolgt, ist eine Vereinbarung (§ 2a Abs. 2 zweiter Satz) abzuschließen, die eine Zusammenstellung jener Fertigkeiten und Kenntnisse enthält, die von einem anderen hiefür geeigneten und entsprechend Abs. 3 Z 1 näher bezeichneten Betrieb oder von einer anderen hiefür geeigneten Einrichtung vermittelt werden. Hiebei ist auch – zumindest nach Lehrjahren – anzugeben, wann diese Ausbildung im Rahmen des Ausbildungsverbundes durchgeführt wird und weiters deren voraussehbare Dauer. Wenn hiebei nicht auf öffentlich ausgeschriebene und regelmäßig angebotene Kursmaßnahmen geeigneter Einrichtungen Bezug genommen wird, ist diese Vereinbarung zusätzlich von dem zu unterfertigen, der die Verpflichtung zur Durchführung der Ausbildungsmaßnahme übernimmt; diese Vereinbarung ist dem Lehrvertrag anzuschließen.

(BGBl 1978/232, BGBl 1993/23)

(5) In die Lehrverträge können weitere Vereinbarungen aufgenommen werden, insbesondere
1. über die Bedingungen, unter denen der Lehrberechtigte dem Lehrling Verköstigung, Bekleidung und Wohnung gewährt;
2. über eine besondere Gestaltung der Ausbildung;
3. über die Tragung der Kosten für das Berufsschulinternat durch den Lehrberechtigten.

   (BGBl 1993/23)

(6) Der Lehrvertrag unterliegt keiner Gebührenpflicht im Sinne des Gebührengesetzes 1957, BGBl. Nr. 267.

(BGBl 1993/23)

(7) Durch die Nichteinhaltung der Schriftform und der Bestimmungen des Abs. 3 und 4 wird keine Nichtigkeit des Lehrvertrages bewirkt.

(BGBl 1993/23)

(8) (aufgehoben)

(BGBl I 2015/78)

BAG

Dauer des Lehrverhältnisses

§ 13. (1) Der Lehrvertrag ist für die für den Lehrberuf festgesetzte Dauer der Lehrzeit (§ 7 Abs. 1 lit. b), bei gleichzeitiger Ausbildung in zwei Lehrberufen für die sich aus § 6 Abs. 2 ergebende Zeit, abzuschließen. Eine kürzere als diese Zeit darf nur vereinbart werden, wenn

a) der Lehrling bereits eine gemäß Abs. 2 für den Lehrberuf anrechenbare Lehrzeit oder sonstige berufsorientierte Ausbildungszeiten in einem Lehrgang gemäß § 3 des Jugendausbildungs-Sicherungsgesetzes oder in einer Ausbildung gemäß §§ 8b oder 8c, oder eine gemäß § 28 dieses Bundesgesetzes anrechenbare schulmäßige Ausbildung oder eine gemäß § 29 dieses Bundesgesetzes anrechenbare Zeit zurückgelegt hat, jedoch höchstens für die auf die festgesetzte Lehrzeitdauer fehlende Zeit,

(BGBl I 1998/100, BGBl I 2010/40, BGBl I 2020/18)

b) (entfällt)

(BGBl 1993/23)

c) die Ausbildung in mehreren Betrieben in dem betreffenden Lehrberuf zur Erreichung des Ausbildungszieles zweckmäßig und sichergestellt ist oder

d) der Lehrling die Lehrabschlußprüfung nicht bestanden hat, jedoch höchstens für die Dauer von sechs Monaten.

(1a) Wird ein Lehrberuf in Zusammenhang mit einer anderen Ausbildung, deren gleichzeitige oder dazwischen erfolgende Absolvierung mit der Erreichung des Lehrzieles vereinbar ist, erlernt, so kann auf Antrag, der in Verbindung mit der Anmeldung oder der Abänderung des Lehrvertrages zu stellen ist, und nach Einholung einer binnen vier Wochen zu erstattenden Stellungnahme des Landes-Berufsausbildungsbeirates im Lehrvertrag eine gegenüber der für den Lehrberuf festgesetzten Dauer der Lehrzeit (§ 7 Abs. 1 lit. b) jeweils um bis zu 18 Monate längere Dauer des Lehrverhältnisses vereinbart werden.

(BGBl I 2003/79, BGBl I 2010/40)

(2) Auf Grund einer im Zusammenhang mit der Eintragung eines späteren Lehrvertrages gemachten Mitteilung des Lehrberechtigten oder des Lehrlings, für minderjährige Lehrlinge auch dessen gesetzlichen Vertreters, sind von der Lehrlingsstelle auf die für den Lehrberuf festgesetzte Dauer der Lehrzeit anzurechnen:

a) die Teile der Lehrzeit, die in demselben Lehrberuf bereits zurückgelegt worden sind, in vollem Ausmaß,

b) die in einem verwandten Lehrberuf zurückgelegte, in der Lehrberufsliste festgesetzte Lehrzeit, in dem gemäß § 7 Abs. 1 lit. d bezeichneten Ausmaß,

c) die in einem verwandten Lehrberuf zurückgelegten Teile einer Lehrzeit – sofern sie nicht ohnehin im vollen Ausmaß anzurechnen sind – im Verhältnis des Anteiles der zurückgelegten Lehrzeit zu dem in der Lehrberufsliste gemäß § 7 Abs. 1 lit. d bezeichneten Ausmaß der Anrechnung; gegebenenfalls jedoch eine weitergehende Anrechnung entsprechend einer Vereinbarung des Lehrberechtigten und des Lehrlings, für minderjährige Lehrlinge auch dessen gesetzlichen Vertreters, über die in einem verwandten Lehrberuf zurückgelegten Teile der Lehrzeit, bis zu einem Höchstausmaß der tatsächlich zurückgelegten Lehrzeit,

(BGBl 1978/232, BGBl I 2003/79)

d) die in einem Ausbildungszweig der Land- und Forstwirtschaft zurückgelegte Lehrzeit unter Bedachtnahme auf das in einer fachlich nahestehenden Beschäftigung Gelernte und dessen Verwertbarkeit für den Lehrberuf im Höchstausmaß von zwei Dritteln der für den Lehrberuf festgesetzten Dauer der Lehrzeit, es sei denn, daß für diesen Ausbildungszweig eine Verwandtschaftsregelung in der Lehrberufsliste festgelegt ist,

(BGBl I 1997/67)

e) nach Einholung einer binnen vier Wochen zu erstattenden Stellungnahme des Landes-Berufsausbildungsbeirates im Ausland zurückgelegte Lehrzeiten oder vergleichbare berufsorientierte Ausbildungszeiten, wenn ein Vergleich der ausländischen Rechtsvorschriften mit den Bestimmungen des österreichischen Rechtes, insbesondere auch mit den gemäß § 8 erlassenen Ausbildungsvorschriften und den schulrechtlichen Vorschriften betreffend die Berufsschule ergibt, daß die im Ausland zurückgelegte Ausbildung mit einer in Österreich zurückgelegten Lehrzeit in dem in Betracht kommenden Lehrberuf gleichgesetzt werden kann,

(BGBl 1993/23, BGBl I 2010/40)

f) die Zeiten des Weiterbesuches der Berufsschule gemäß § 21 Abs. 2 des Schulpflichtgesetzes, BGBl. Nr. 241/1962,

(BGBl 1978/232)

g) im Ausland zurückgelegte Ausbildungszeiten, wenn sie gemäß § 27b gleichgehalten sind,

(BGBl 1993/23)

h) sofern keine Vereinbarung gemäß lit. i über eine weitergehende Anrechnung vorliegt, die in einem Lehrgang gemäß § 3 des Jugendausbildungs-Sicherungsgesetzes in dem sich aus § 3 Abs. 6 dieses Gesetzes ergebenden Ausmaß oder die in einer Ausbildung gemäß §§ 8b oder 8c für diesen Lehrberuf oder für einen mit diesem Lehrberuf verwandten Lehrberuf zurückgelegte Ausbildungszeit in dem sich aus § 8b ergebenden Ausmaß,

(BGBl I 1998/100, BGBl I 2010/40, BGBl I 2020/18)

i) entsprechend einer Vereinbarung des Lehrberechtigten und des Lehrlings, für minderjährige Lehrlinge auch dessen gesetzlichen Vertreters, die in einem Lehrgang gemäß § 3 des Jugendausbildungs-Sicherungsgesetzes oder die in einer Ausbildung gemäß §§ 8b oder 8c zurückgelegten Ausbildungszeiten;

(BGBl I 1998/100, BGBl I 2000/83, BGBl I 2010/40, BGBl I 2020/18)

j) die Zeit der Teilnahme an einem Lehrgang, der zur Verbesserung der Eingliederung von benachteiligten Jugendlichen mit persönlichen Vermittlungshindernissen in das Berufsleben eingerichtet wurde, um den Bildungsinhalt des ersten Lehrjahres eines Lehrberufes zu vermitteln, entsprechend einer Vereinbarung des Lehrberechtigten und des Lehrlings, für minderjährige Lehrlinge auch dessen gesetzlichen Vertreters, in dem vereinbarten Ausmaß, höchstens jedoch im Ausmaß der tatsächlich absolvierten Zeit,

(BGBl I 2000/83, BGBl I 2003/79)

k) entsprechend einer Vereinbarung des Lehrberechtigten und des Lehrlings und nach Einholung einer Stellungnahme des Landes-Berufsausbildungsbeirates im Inland oder im Ausland zurückgelegte Zeiten beruflicher Praxis, von Anlerntätigkeiten, von Kursbesuch oder sonstige Zeiten des Erwerbs von beruflichen Fertigkeiten und Kenntnissen unter Bedachtnahme auf das in einer fachlich nahestehenden Beschäftigung Gelernte und dessen Verwertbarkeit für den Lehrberuf im Höchstausmaß von zwei Dritteln der für den Lehrberuf festgesetzten Dauer der Lehrzeit.

(BGBl I 2003/79, BGBl I 2010/40)

(3) Wenn der Lehrling in einem zusammenhängenden Zeitraum von über vier Monaten aus in seiner Person gelegenen Gründen verhindert ist, den Lehrberuf zu erlernen, so ist die vier Monate überschreitende Zeit nicht auf die für den Lehrberuf festgesetzte Lehrzeit anzurechnen. Das gleiche gilt, wenn die Dauer mehrerer solcher Verhinderungen in einem Lehrjahr insgesamt vier Monate übersteigt.

(4) In einem Lehrvertrag darf nicht vereinbart werden, daß sich die Dauer des Lehrverhältnisses verlängert oder daß ein neuer Lehrvertrag abzuschließen ist, sofern die Voraussetzung des Abs. 1 lit. d gegeben sein sollte.

(5) Aus sachlich gerechtfertigten Gründen kann im Einzelfall durch Vereinbarung zwischen dem Lehrberechtigten und dem Lehrling, bei minderjährigen Lehrlingen auch dessen gesetzlichen Vertreter, die bei der Anmeldung des Lehrvertrages der Lehrlingsstelle vorzulegen ist, der gemäß § 28 Abs. 2 festgelegte Lehrzeitersatz um nicht mehr als ein Jahr vermindert werden. Die Lehrlingsstelle hat vor der Eintragung eines derartigen Lehrvertrages eine binnen vier Wochen zu erstattende Stellungnahme des Landes-Berufsausbildungsbeirates einzuholen. In dieser Stellungnahme hat der Landes-Berufsausbildungsbeirat die Interessen des Lehrlings, insbesondere im Hinblick auf die Erreichung des Lehrzieles, zu berücksichtigen. Eine Eintragung des Lehrvertrages unter Bedachtnahme auf eine derartige Vereinbarung kann nur dann erfolgen, wenn die Stellungnahme des Landes-Berufsausbildungsbeirates die sachliche Rechtfertigung der Vereinbarung sowie das Ausmaß der Lehrzeitverkürzung feststellt.

(BGBl 1993/23, BGBl I 2010/40)

(6) Teilnehmer an einem Lehrgang gemäß Abs. 2 lit. j sind hinsichtlich der Berufsschulpflicht und der sozialrechtlichen Bestimmungen, insbesondere hinsichtlich § 4 Abs. 2 Z 2 ASVG und des Familienlastenausgleichsgesetzes, BGBl. Nr. 376/1967, Lehrlingen gleichgestellt.

(BGBl I 2000/83, BGBl I 2006/5)

(7) In folgenden Fällen können die Vertragspartner bei Lehrverträgen gemäß § 1 und § 8b Abs. 1 sowie bei Ausbildungsverträgen gemäß § 8b Abs. 2 eine Reduktion der täglichen oder wöchentlichen Ausbildungszeit bis auf die Hälfte der gesetzlichen oder kollektivvertraglichen Normalarbeitszeit vereinbaren, wenn zu erwarten ist, dass das Ausbildungsziel auch im Rahmen der reduzierten Ausbildungszeit erreicht wird:

1. wenn sich der Lehrling bzw. die Auszubildende/der Auszubildende der Betreuung ihres/seines Kindes widmet, bis zum 31. Dezember des Jahres des Eintritts in die Schulausbildung,
2. bei Vorliegen gesundheitlicher Gründe des Lehrlings bzw. der Auszubildenden/des Auszubildenden sowie
3. wenn dies zur Ermöglichung von Kurzarbeit im Lehrbetrieb gemäß § 37b des Arbeitsmarktservicegesetzes erforderlich ist.

Bei der Erlernung eines Lehrberufes gemäß § 1 darf, mit Ausnahme bei Kurzarbeit (Ziffer 3), die für den Lehrberuf festgesetzte Dauer der Lehrzeit (§ 7 Abs. 1 lit. b) um bis zu zwei Jahre verlängert werden. Bei der Erlernung eines Lehrberufes gemäß § 8b Abs. 1 darf die in dieser Bestimmung festgelegte zulässige Gesamtdauer der verlängerten Lehrzeit zusätzlich um ein Jahr verlängert werden. Bei einer Ausbildung gemäß § 8b Abs. 2 darf die gesamte Ausbildungszeit vier Jahre nicht übersteigen. Im Falle gesundheitlicher Gründe (Ziffer 2) ist eine ärztliche Bestätigung beizubringen. Im Fall der Ziffer 3 kann die tägliche oder wöchentliche Ausbildungszeit für die Dauer der Beihilfengewährung bis zur Gänze, jedoch längstens bis zum 30. Juni 2022, reduziert werden.

(BGBl I 2020/18, BGBl I 2020/112, BGBl I 2021/60, BGBl I 2021/118)

(8) Abs. 7 ist im Falle der Z 3 auch auf Lehrverträge bzw. Ausbildungsverträge anzuwenden, die unter die land- und forstwirtschaftlichen Berufsausbildungsordnungen bzw. land- und forstwirtschaftlichen Berufsausbildungsgesetze der Länder fallen. Abs. 7 letzter Satz ist anzuwenden.

(BGBl I 2020/18)

Lehre mit Matura

§ 13a. Werden im Rahmen eines kombinierten Bildungsweges „Lehre mit Matura" Vorbereitungsmaßnahmen zur Absolvierung der Berufsreifeprüfung in zeitlichem Zusammenhang mit der Ausbildung in einem Lehrberuf absolviert, so kann auf Antrag, der in Verbindung mit der Anmeldung oder Abänderung des Lehrvertrags zu stellen ist, im Lehrvertrag bzw. in einer Zusatzvereinbarung eine gegenüber der für den Lehrberuf festgesetzten Dauer der Lehrzeit (§ 7 Abs. 1 lit. b) verlängerte Dauer des Lehrverhältnisses vereinbart werden. Für die Verlängerung steht ein Rahmenzeitraum im Ausmaß der Gesamtanzahl der Arbeitstage, die die betreffenden Vorbereitungsmaßnahmen während der Lehrzeit umfassen, zur Verfügung. Die Verlängerung bezieht sich auf jene Lehrjahre, in welchen die Vorbereitungsmaßnahmen stattfinden. Unterschreitet eine Vorbereitungsmaßnahme das Ausmaß der Tagesarbeitszeit, so erfolgt dafür ebenfalls eine Verlängerung der Dauer des Lehrverhältnisses um einen gesamten Tag, sofern der Tag der Vorbereitungsmaßnahme zur Gänze arbeitsfrei gestellt wird. Im Fall des Abbruches von Vorbereitungsmaßnahmen ist die verlängerte Dauer des Lehrverhältnisses im Lehrvertrag anzupassen.

(BGBl I 2015/78)

Nachholen des Pflichtschulabschlusses

§ 13b. Werden Vorbereitungsmaßnahmen zum Nachholen des Pflichtschulabschlusses in zeitlichem Zusammenhang mit der Ausbildung in einem Lehrberuf absolviert, so kann auf Antrag, der in Verbindung mit der Anmeldung oder Abänderung des Lehrvertrags zu stellen ist, im Lehrvertrag bzw. in einer Zusatzvereinbarung eine gegenüber der für den Lehrberuf festgesetzten Dauer der Lehrzeit (§ 7 Abs. 1 lit. b) verlängerte Dauer des Lehrverhältnisses vereinbart werden. Für die Verlängerung steht ein Rahmenzeitraum im Ausmaß der Gesamtanzahl der Arbeitstage, die die betreffenden Vorbereitungsmaßnahmen während der Lehrzeit umfassen, zur Verfügung. Die Verlängerung bezieht sich auf jene Lehrjahre, in welchen die Vorbereitungsmaßnahmen stattfinden. Unterschreitet eine Vorbereitungsmaßnahme das Ausmaß der Tagearbeitszeit, so erfolgt dafür ebenfalls eine Verlängerung der Dauer des Lehrverhältnisses um einen gesamten Tag, sofern der Tag der Vorbereitungsmaßnahme zur Gänze arbeitsfrei gestellt wird. Im Fall des Abbruches von Vorbereitungsmaßnahmen ist die verlängerte Dauer des Lehrverhältnisses im Lehrvertrag anzupassen.

(BGBl I 2015/78)

Endigung des Lehrverhältnisses

§ 14. (1) Das Lehrverhältnis endet mit Ablauf der im Lehrvertrag vereinbarten Dauer der Lehrzeit.

(2) Vor Ablauf der vereinbarten Lehrzeit endet das Lehrverhältnis, wenn

a) der Lehrling stirbt;

b) der Lehrberechtigte stirbt und kein Ausbilder vorhanden ist, es sei denn, daß er ohne unnötigen Aufschub bestellt wird;
(BGBl 1978/232)

c) die Eintragung des Lehrvertrages rechtskräftig verweigert oder die Löschung der Eintragung des Lehrvertrages rechtskräftig verfügt wurde;

d) der Lehrberechtigte nicht mehr zur Ausübung der Tätigkeit befugt ist, in deren Rahmen der Lehrling ausgebildet wird oder der Lehrberechtigte auf Grund des § 4 von der Ausbildung von Lehrlingen ausgeschlossen ist;

e) der Lehrling die Lehrabschlußprüfung erfolgreich ablegt, wobei die Endigung des Lehrverhältnisses mit Ablauf der Woche, in der die Prüfung abgelegt wird, eintritt,
(BGBl 1978/232, BGBl I 2015/78)

f) ein Asylverfahren des Lehrlings mit einem rechtskräftigen negativen Bescheid beendet wurde.
(BGBl I 2015/78)

(3) Wenn ein Lehrverhältnis gemäß Abs. 2 lit. d endet und der Lehrberechtigte innerhalb von sechs Monaten nach Endigung des Lehrverhältnisses seine Tätigkeit wieder aufnimmt, ist das Lehrverhältnis fortzusetzen, wenn der Lehrling innerhalb von zwei Wochen nach Verständigung von der Wiederaufnahme der Tätigkeit durch den Lehrberechtigten oder sonst innerhalb von zwei Monaten nach Wiederaufnahme der Tätigkeit eine diesbezügliche schriftliche Erklärung abgibt. Die vier Monate übersteigende Zeit zwischen der Endigung des Lehrverhältnisses und seiner Fortsetzung ist auf die für den Lehrberuf festgesetzte Lehrzeit nicht anzurechnen.

(BGBl 1978/232)

(4) Wird ein Lehrling vom Lehrberechtigten vom Eintritt eines Endigungsgrundes gemäß Abs. 2 lit. d nicht unverzüglich informiert, hat dieser gegenüber dem Lehrberechtigten für die Dauer der fortgesetzten Beschäftigung die gleichen arbeits- und sozialrechtlichen Ansprüche wie aufgrund eines aufrechten Lehrverhältnisses (Arbeitsverhältnis). Bei Kenntnis des Lehrlings von der eingetretenen Endigung des Lehrverhältnisses endet dieses Arbeitsverhältnis ex lege. Dem Lehrling steht ein Entschädigungsanspruch entsprechend den auf das Arbeitsverhältnis anzuwendenden Bestimmungen für berechtigten vorzeitigen Austritt zu.

(BGBl I 2015/78)

Vorzeitige Auflösung des Lehrverhältnisses

§ 15. (1) Während der ersten drei Monate kann sowohl der Lehrberechtigte als auch der Lehrling das Lehrverhältnis jederzeit einseitig auflösen; erfüllt der Lehrling seine Schulpflicht in einer lehrgangsmäßigen Berufsschule während der ersten drei Monate, kann sowohl der Lehrberechtigte als auch der Lehrling das Lehrverhältnis während der ersten sechs Wochen der Ausbildung im Lehrbetrieb (in der Ausbildungsstätte) jederzeit einseitig auflösen. Darüber hinaus ist die vorzeitige Auflösung des Lehrverhältnisses einvernehmlich oder bei Vorliegen eines der in Abs. 3 und 4 angeführten Gründe einseitig durch den Lehrberechtigten oder durch den Lehrling sowie die außerordentliche Auflösung gemäß § 15a zulässig.

(BGBl 1978/232, BGBl I 2000/83, BGBl I 2008/82)

(2) Die Auflösung bedarf zur Rechtswirksamkeit der Schriftform. Die Auflösung durch einen minderjährigen Lehrling in den Fällen der Abs. 1 und 4 sowie des § 15a bedarf überdies der Zustimmung des gesetzlichen Vertreters, jedoch keiner pflegschaftsgerichtlichen Zustimmung.

(BGBl 1978/232, BGBl I 1997/67, BGBl I 2000/83, BGBl I 2008/82)

(3) Gründe, die den Lehrberechtigten zur vorzeitigen Auflösung des Lehrverhältnisses berechtigen, liegen vor, wenn

a) der Lehrling sich eines Diebstahls, einer Veruntreuung oder einer sonstigen strafbaren Handlung schuldig macht, die ihn des Vertrauens des Lehrberechtigten unwürdig macht oder der Lehrling länger als einen Monat in Haft, ausgenommen Untersuchungshaft, gehalten wird;

(BGBl 1978/232)

b) der Lehrling den Lehrberechtigten, dessen Betriebs- oder Haushaltsangehörige tätlich oder erheblich wörtlich beleidigt oder gefährlich bedroht hat oder der Lehrling die Betriebsangehörigen zur Nichtbefolgung von betrieblichen Anordnungen, zu unordentlichem Lebenswandel oder zu unsittlichen oder gesetzwidrigen Handlungen zu verleiten sucht;

(BGBl 1978/232)

c) der Lehrling trotz wiederholter Ermahnungen die ihm auf Grund dieses Bundesgesetzes, des Schulpflichtgesetzes, BGBl. Nr. 242/1962, oder des Lehrvertrages obliegenden Pflichten verletzt oder vernachlässigt;

d) der Lehrling ein Geschäfts- oder Betriebsgeheimnis anderen Personen verrät oder es ohne Zustimmung des Lehrberechtigten verwertet oder einen seiner Ausbildung abträglichen Nebenerwerb betreibt oder ohne Einwilligung des Lehrberechtigten Arbeiten seines Lehrberufes für Dritte verrichtet und dafür ein Entgelt verlangt;

(BGBl 1978/232)

e) der Lehrling seinen Lehrplatz unbefugt verläßt;

(BGBl 1993/23)

f) der Lehrling unfähig wird, den Lehrberuf zu erlernen, sofern innerhalb der vereinbarten Lehrzeit die Wiedererlangung dieser Fähigkeit nicht zu erwarten ist; oder

(BGBl 1978/232, BGBl 1993/23)

g) der Lehrling einer vereinbarten Ausbildung im Rahmen eines Ausbildungsverbundes infolge erheblicher Pflichtverletzung nicht nachkommt.

(BGBl 1993/23)

(4) Gründe, die den Lehrling zur vorzeitigen Auflösung des Lehrverhältnisses berechtigen, liegen vor, wenn

a) der Lehrling ohne Schaden für seine Gesundheit das Lehrverhältnis nicht fortsetzen kann;

b) der Lehrberechtigte oder der Ausbilder die ihm obliegenden Pflichten gröblich vernachlässigt, den Lehrling zu unsittlichen oder gesetzwidrigen Handlungen zu verleiten sucht, ihn mißhandelt, körperlich züchtigt oder erheblich wörtlich beleidigt oder den Lehrling gegen Mißhandlungen, körperliche Züchtigungen oder unsittliche Handlungen von seiten der Betriebsangehörigen und der Haushaltsangehörigen des Lehrberechtigten zu schützen unterläßt;

(BGBl 1978/232)

c) der Lehrberechtigte länger als einen Monat in Haft gehalten wird, es sei denn, daß ein gewerberechtlicher Stellvertreter (Geschäftsführer) oder ein Ausbilder bestellt ist;

(BGBl 1978/232)

d) der Lehrberechtigte unfähig wird, seine Verpflichtungen auf Grund der Bestimmungen dieses Bundesgesetzes oder des Lehrvertrages zu erfüllen;

e) der Betrieb oder die Werkstätte auf Dauer in eine andere Gemeinde verlegt wird und dem Lehrling die Zurücklegung eines längeren Weges zur Ausbildungsstätte nicht zugemutet werden kann, während der ersten zwei Monate nach der Verlegung; das gleiche gilt bei einer Übersiedlung des Lehrlings in eine andere Gemeinde;

(BGBl 1978/232)

f) der Lehrling von seinen Eltern oder sonstigen Erziehungsberechtigten wegen wesentlicher Änderung ihrer Verhältnisse zu ihrer Unterstützung oder zur vorwiegenden Tätigkeit in ihrem Betrieb benötigt wird;

(BGBl 1978/232, BGBl 1993/23, BGBl I 2020/18)

g) der Lehrling seinen Lehrberuf aufgibt; oder

(BGBl 1978/232, BGBl 1993/23)

h) dem Lehrling eine vereinbarte Ausbildung im Rahmen eines Ausbildungsverbundes ohne gerechtfertigte Gründe nicht im hiefür vorgesehenen Lehrjahr vermittelt wird.

(BGBl 1993/23)

(5) Bei einvernehmlicher Auflösung des Lehrverhältnisses nach Ablauf der gemäß Abs. 1 zutreffenden Frist muß eine Amtsbestätigung eines Gerichts (§ 92 ASGG) oder eine Bescheinigung einer Kammer für Arbeiter und Angestellte vorliegen, aus der hervorgeht, daß der Lehrling über die Bestimmungen betreffend die Endigung und die vorzeitige Auflösung des Lehrverhältnisses belehrt wurde.

(BGBl 1986/563, BGBl I 2008/82)

Ausbildungsübertritt

§ 15a. (1) Sowohl der Lehrberechtigte als auch der Lehrling können das Lehrverhältnis zum Ablauf des letzten Tages des zwölften Monats der Lehrzeit und bei Lehrberufen mit einer festgelegten Dauer der Lehrzeit von drei, dreieinhalb oder vier Jahren überdies zum Ablauf des letzten Tages des 24. Monats der Lehrzeit unter Einhaltung einer Frist von einem Monat einseitig außerordentlich auflösen.

(2) Abs. 1 ist auf Ausbildungsverträge gemäß § 8b Abs. 2 nicht anwendbar.

(3) Die außerordentliche Auflösung des Lehrverhältnisses durch den Lehrberechtigten ist nur dann wirksam, wenn der Lehrberechtigte die beabsichtigte außerordentliche Auflösung und die geplante

Aufnahme eines Mediationsverfahrens spätestens am Ende des neunten bzw. 21. Lehrmonats dem Lehrling, der Lehrlingsstelle und gegebenenfalls dem Betriebsrat sowie dem Jugendvertrauensrat mitgeteilt hat und vor der Erklärung der außerordentlichen Auflösung ein Mediationsverfahren durchgeführt wurde und gemäß Abs. 6 beendet ist. Die Voraussetzung der Durchführung und Beendigung eines Mediationsverfahrens entfällt, wenn der Lehrling die Teilnahme am Mediationsverfahren schriftlich ablehnt. Diese Ablehnung kann vom Lehrling innerhalb einer Frist von 14 Tagen schriftlich widerrufen werden. Die Mitteilung hat den Namen des Lehrlings, seine Adresse, seinen Lehrberuf sowie den Beginn und das Ende der Lehrzeit zu enthalten. Die Lehrlingsstelle hat die Arbeiterkammer binnen angemessener Frist über die Mitteilung zu informieren.

(4) Auf das Mediationsverfahren ist das Zivilrechts-Mediations-Gesetz (ZivMediatG), BGBl. I Nr. 29/2003, anzuwenden.

(5) Der Lehrberechtigte hat dem Lehrling eine in der Liste gemäß § 8 ZivMediatG eingetragene Person für die Durchführung des Mediationsverfahrens vorzuschlagen. Der Lehrling kann die genannte Person unverzüglich ablehnen. In diesem Fall hat der Lehrberechtigte zwei weitere in der Liste gemäß § 8 ZivMediatG eingetragene Personen vorzuschlagen, von denen der Lehrling unverzüglich eine Person auszuwählen hat. Wählt der Lehrling keine Person aus, ist der Erstvorschlag angenommen. Der Lehrberechtigte hat den Mediator spätestens am Ende des zehnten Lehrmonats bzw. am Ende des 22. Lehrmonats zu beauftragen. In die Mediation sind der Lehrberechtigte, der Lehrling, bei dessen Minderjährigkeit auch der gesetzliche Vertreter und auf Verlangen des Lehrlings auch eine Person seines Vertrauens einzubeziehen. Zweck der Mediation ist es, die Problemlage für die Beteiligten nachvollziehbar darzustellen und zu erörtern, ob und unter welchen Vorraussetzungen eine Fortsetzung des Lehrverhältnisses möglich ist. Die Kosten des Mediationsverfahrens hat der Lehrberechtigte zu tragen.

(6) Das Mediationsverfahren ist beendet, wenn ein Ergebnis erzielt wurde. Als Ergebnis gilt die Bereitschaft des Lehrberechtigten zur Fortsetzung des Lehrverhältnisses oder die Erklärung des Lehrlings, nicht weiter auf der Fortsetzung des Lehrverhältnisses zu bestehen. Das Mediationsverfahren ist auch beendet, wenn der Mediator die Mediation für beendet erklärt. Das Mediationsverfahren endet jedenfalls mit Beginn des fünften Werktages vor Ablauf des elften bzw. 23. Lehrmonats, sofern zumindest ein Mediationsgespräch unter Beteiligung des Lehrberechtigten oder in dessen Vertretung einer mit der Ausbildung des Lehrlings betrauten Person stattgefunden hat.

(7) Im Falle der Auflösung hat der Lehrberechtigte der Lehrlingsstelle die Erklärung der außerordentlichen Auflösung des Lehrverhältnisses unverzüglich mitzuteilen. Die Lehrlingsstelle hat die regionale Geschäftstelle des Arbeitsmarktsservice von der Erklärung der außerordentlichen Auflösung eines Lehrverhältnisses unverzüglich in Kenntnis zu setzen, um einen reibungslosen Ausbildungsübertritt zu gewährleisten.

(8) Auf die außerordentliche Auflösung durch den Lehrberechtigten ist der besondere Kündigungsschutz nach dem Mutterschutzgesetz 1979, BGBl. Nr. 221, dem Väter-Karenzgesetz, BGBl. Nr. 651/1989, dem Arbeitsplatz-Sicherungsgesetz 1991, BGBl. Nr. 683, dem Behinderteneinstellungsgesetz, BGBl. Nr. 22/1979, und für Mitglieder des Jugendvertrauensrates oder Betriebsrates nach dem Arbeitsverfassungsgesetz, BGBl. Nr. 22/1974, anzuwenden. Maßgeblich ist der Zeitpunkt der Erklärung der Auflösung.

(BGBl I 2010/40)

(BGBl I 2008/82)

Bericht

§ 15b. (1) Der Bundesminister für Wirtschaft, Familie und Jugend hat dem Nationalrat alle zwei Jahre, beginnend mit 2010, bis längstens zum 30. Juni des jeweiligen Berichtsjahres, einen Bericht zur Situation der Jugendbeschäftigung vorzulegen. In diesem Bericht ist darzustellen, wie sich die gesetzlichen Grundlagen und die im Berichtszeitraum ergriffenen Maßnahmen auf die duale Berufsausbildung auswirken, insbesondere ob und inwieweit es zu einer Erhöhung der Zahl der in Ausbildung befindlichen Jugendlichen und der verfügbaren Lehrstellen, einer quantitativen und qualitativen Erweiterung der beruflichen Erstausbildung sowie einer Verbesserung der beruflichen Perspektiven der Jugendlichen gekommen ist und wie sich der Fachkräftebedarf der österreichischen Unternehmen entwickelt hat. Weiters ist die Anzahl der nach einem Mediationsverfahren außerordentlich aufgelösten Lehrverhältnisse anzugeben.

(BGBl I 2010/40)

(2) Der Bericht gemäß Abs. 1 ist im Internet zu veröffentlichen.

(BGBl I 2008/82)

Lehrzeugnis

§ 16. (1) Nach Endigung oder vorzeitiger Auflösung oder außerordentlicher Auflösung gemäß § 15a Abs. 7 hat der Lehrberechtigte auf eigene Kosten dem Lehrling ein Zeugnis (Lehrzeugnis) auszustellen. Dieses Zeugnis muß Angaben über den Lehrberuf und kalendermäßige Angaben über die Dauer des Lehrverhältnisses enthalten; es können auch Angaben über die erworbenen Fertigkeiten und Kenntnisse aufgenommen werden. Angaben, die dem Lehrling das Fortkommen erschweren könnten, sind nicht zulässig.

(BGBl 1978/232, BGBl I 2015/78)

(2) Das Lehrzeugnis unterliegt nicht der Gebührenpflicht im Sinne des Gebührengesetzes 1957, BGBl. Nr. 267.

(3) Die Lehrlingsstelle hat die Richtigkeit der Angaben über den Lehrberuf und die Dauer des Lehrverhältnisses in Lehrzeugnissen auf Antrag des Zeugnisinhabers zu bestätigen, wenn und inso-

weit der dem Antrag zu Grunde liegende Lehrvertrag bei der Lehrlingsstelle eingetragen ist. Bestätigte Lehrzeugnisse begründen für die Zulassung zur Lehrabschlußprüfung, zu einer Zusatzprüfung und für einen Befähigungsnachweis im Sinne der Gewerbeordnung 1994 vollen Beweis über die so beurkundete Lehrzeit.

(BGBl 1978/232, BGBl I 1997/67)

Lehrlingseinkommen

§ 17. (1) Dem Lehrling gebührt ein Lehrlingseinkommen, zu dessen Bezahlung der Lehrberechtigte verpflichtet ist.

(BGBl 1978/232, BGBl I 2020/18)

(2) Liegt keine Regelung des Lehrlingseinkommens durch kollektive Rechtsgestaltung vor, so richtet sich die Höhe des Lehrlingseinkommens nach der Vereinbarung im Lehrvertrag. Bei Fehlen einer kollektiven Regelung gebührt jedenfalls das für gleiche, verwandte oder ähnliche Lehrberufe geltende Lehrlingseinkommen, im Zweifelsfalle ist auf den Ortsgebrauch Bedacht zu nehmen.

(BGBl 1978/232, BGBl I 2020/18)

(3) Das Lehrlingseinkommen ist für die Dauer der Unterrichtszeit in der Berufsschule unter Ausschluß der Mittagspause sowie für die Dauer der Lehrabschlußprüfung und der in den Ausbildungsvorschriften vorgesehenen Teilprüfungen weiterzuzahlen.

(BGBl 1978/232, BGBl I 2020/18)

(4) Wird der Lehrling vom Lehrberechtigten zu einer ausländischen berufsorientierten Ausbildung im Sinne des § 27c Berufsausbildungsgesetz entsandt, dann ist der Lehrberechtigte für die Zeit der Teilnahme an dieser Ausbildung zur Bezahlung des Lehrlingseinkommens verpflichtet.

(BGBl I 2003/79, BGBl I 2020/18)

(BGBl I 2020/18)

Arbeitsverhinderung

§ 17a. (1) Im Falle der Arbeitsverhinderung durch Krankheit (Unglücksfall) hat der Lehrberechtigte bis zur Dauer von acht Wochen das volle Lehrlingseinkommen und bis zur Dauer von weiteren vier Wochen ein Teilentgelt in der Höhe des Unterschiedsbetrages zwischen dem vollen Lehrlingseinkommen und dem aus der gesetzlichen Krankenversicherung gebührenden Krankengeld zu gewähren.

(BGBl 1978/232, BGBl I 2017/153, BGBl I 2020/18)

(2) Kur- und Erholungsaufenthalte, Aufenthalte in Heil- und Pflegeanstalten, Rehabilitationszentren und Rekonvaleszentenheimen, die aus Gründen der Erhaltung, Besserung oder Wiederherstellung der Arbeitsfähigkeit von einem Träger der Sozialversicherung, dem Bundesministerium für Arbeit, Soziales und Konsumentenschutz gemäß § 12 Abs. 4 Opferfürsorgegesetz, einem Landesinvalidenamt oder einer Landesregierung aufgrund eines Behindertengesetzes auf deren Rechnung bewilligt oder angeordnet wurden, sind unbeschadet allfälliger Zuzahlungen durch den Versicherten (Beschädigten) der Arbeitsverhinderung gemäß Abs. 1 gleichzuhalten.

(BGBl I 2010/40)

(3) Ist dieser Entgeltanspruch nach Abs. 1 und 2 innerhalb eines Lehrjahres ausgeschöpft, so gebührt bei einer weiteren Arbeitsverhinderung infolge Krankheit (Unglücksfall) innerhalb desselben Lehrjahres das volle Lehrlingseinkommen für die ersten drei Tage, für die übrige Zeit der Arbeitsunfähigkeit, längstens jedoch bis zur Dauer von weiteren sechs Wochen, ein Teilentgelt in der Höhe des Unterschiedsbetrages zwischen dem vollen Lehrlingseinkommen und dem aus der gesetzlichen Krankenversicherung gebührenden Krankengeld.

(BGBl I 2020/18)

(4) Im Falle der Arbeitsverhinderung durch Arbeitsunfall oder Berufskrankheit im Sinne der Vorschriften über die gesetzliche Unfallversicherung, ist das volle Lehrlingseinkommen ohne Rücksicht auf andere Zeiten einer Arbeitsverhinderung bis zur Dauer von acht Wochen und ein Teilentgelt in der Höhe des Unterschiedsbetrages zwischen dem vollen Lehrlingseinkommen und dem aus der gesetzlichen Krankenversicherung gebührenden Krankengeld bis zur Dauer von weiteren vier Wochen zu gewähren.

(BGBl I 2020/18)

(5) Wird ein in Abs. 2 genannter Aufenthalt nach einem Arbeitsunfall oder einer Berufskrankheit bewilligt oder angeordnet, so richtet sich der Anspruch nach Abs. 4.

(6) Die Verpflichtung des Lehrberechtigten zur Gewährung eines Teilentgelts besteht auch dann, wenn der Lehrling aus der gesetzlichen Krankenversicherung kein Krankengeld erhält.

(BGBl 1978/232)

(7) Die Bestimmungen des Artikels I, Abschnitt 1, § 2 Abs. 7, der §§ 3, 4, 6 und 7 sowie Abschnitt 2 Entgeltfortzahlungsgesetz (EFZG), sind anzuwenden.

(8) Wird das Lehrverhältnis während einer Arbeitsverhinderung wegen Erkrankung, Unfall, Arbeitsunfall oder Berufskrankheit durch den Lehrberechtigten gemäß § 15a aufgelöst, besteht Anspruch auf Fortzahlung des Entgelts für die nach Abs. 1 und Abs. 4 vorgesehene Dauer, wenngleich das Lehrverhältnis vorher endet.

(BGBl I 2008/82)

(BGBl 1974/399)

Weiterbeschäftigung von ausgelernten Lehrlingen

§ 18. (1) Der Lehrberechtigte ist verpflichtet, den Lehrling, dessen Lehrverhältnis mit ihm gemäß § 14 Abs. 1 oder § 14 Abs. 2 lit. e endet, im Betrieb drei Monate im erlernten Beruf weiter zu beschäftigen.

(BGBl 1978/232, BGBl I 2000/83, BGBl I 2020/18)

(2) Hat der Lehrling bei dem Lehrberechtigten die für den Lehrberuf festgesetzte Lehrzeit bis zur Hälfte zurückgelegt, so trifft diesen Lehrberechtig-

ten die im Abs. 1 festgelegte Verpflichtung nur im halben Ausmaß. Darüber hinaus trifft den Lehrberechtigten diese Verpflichtung in vollem Ausmaß.

(BGBl 1978/232, BGBl 1993/23)

(3) Die Landeskammer der gewerblichen Wirtschaft hat im Einvernehmen mit der Kammer für Arbeiter und Angestellte binnen 14 Tagen auf Antrag dem Lehrberechtigten die im Abs. 1 festgesetzte Verpflichtung zu erlassen oder die Bewilligung zur Kündigung vor Ablauf der im Abs. 1 vorgeschriebenen Beschäftigungsdauer zu erteilen, wenn diese Verpflichtung aus wirtschaftlichen Gründen, insbesondere bei Saisongewerben, nicht erfüllt werden kann. Wird die Entscheidung nicht innerhalb dieser Frist getroffen, so hat die Bezirksverwaltungsbehörde über diesen Antrag nach Anhörung der Landeskammer der gewerblichen Wirtschaft und der Kammer für Arbeiter und Angestellte endgültig zu entscheiden. Wird dem Antrag entsprochen, darf der Lehrberechtigte vor Ablauf der bezeichneten Beschäftigungsdauer keinen neuen Lehrling aufnehmen.

(BGBl 1978/232)

(4) Bestimmungen über eine allfällige vorzeitige Beendigung des Dienstverhältnisses bleiben unberührt.

(BGBl I 2020/18)

Lehrlingsstellen

§ 19. (1) Im übertragenen Wirkungsbereich der Landeskammern der gewerblichen Wirtschaft ist je eine Lehrlingsstelle errichtet.

(2) Die Landeskammer der gewerblichen Wirtschaft hat den Leiter der Lehrlingsstelle zu bestellen. Dieser muß mit den einschlägigen Rechtsvorschriften vertraut sein und über die für diese Tätigkeit erforderlichen Erfahrungen verfügen. Die Bestellung bedarf für ihre Gültigkeit der Bestätigung durch den Landeshauptmann. Die Bestätigung ist zu erteilen, wenn der Leiter der Lehrlingsstelle den in diesem Absatz aufgestellten Voraussetzungen entspricht.

(3) Den Lehrlingsstellen obliegt in erster Instanz die Durchführung der ihnen durch dieses Bundesgesetz übertragenen Aufgaben. Sie haben im Rahmen der Überwachung der Lehrlingsausbildung festzustellen, ob die Voraussetzungen für die Ausbildung von Lehrlingen gegeben sind. Die Lehrlingsstelle hat die betriebliche Ausbildung zu überwachen und dabei insbesondere auch auf die Einhaltung der nach diesem Bundesgesetz bestehenden Rechtsvorschriften sowie der im Rahmen eines Ausbildungsverbundes vorgeschriebenen ergänzenden Ausbildungsmaßnahmen hinzuwirken. Ihre Organe können zu diesem Zwecke die Betriebe besichtigen und im erforderlichen Umfang in die Aufzeichnungen der Betriebe Einsicht nehmen. Im Falle der Durchführung eines Ausbildungsversuches haben sie diesen zu überwachen.

(BGBl 1978/232, BGBl 1993/23)

(4) Die Lehrlingsstellen haben Ausbildungen im Rahmen eines Ausbildungsverbundes, insbesondere die Heranziehung von hiefür geeigneten Betrieben oder hiefür geeigneten Einrichtungen, zu fördern und nötigenfalls deren Einrichtung anzuregen. Die Lehrlingsstellen haben Kursmaßnahmen zur Aus- und Weiterbildung der Ausbilder anzuregen und zu unterstützen. Sie haben die Lehrlinge, die Ausbilder und die Lehrberechtigten in Angelegenheiten der Berufsausbildung zu betreuen und die Lehrlinge bei der Wahl eines geeigneten Lehrplatzes im Einvernehmen mit den zuständigen Stellen des Arbeitsmarktservice zu unterstützen. Ferner haben sie für die weitere Unterbringung des Lehrlings tunlichst Sorge zu tragen, wenn er den Lehrplatz infolge der vorzeitigen Endigung oder der vorzeitigen Auflösung des Lehrverhältnisses verlassen muss.

(BGBl 1978/232, BGBl 1993/23, BGBl I 2003/79)

(4a) Hinsichtlich der Aufgaben gemäß Abs. 3 und Abs. 4 haben die Lehrlingsstellen einhelligen Anregungen, Stellungnahmen und Vorschlägen des Landes-Berufsausbildungsbeirates nach Möglichkeit Rechnung zu tragen.

(BGBl I 2003/79, BGBl I 2010/40)

(5) Die Lehrlingsstellen haben jedermann in die Lehrberufsliste, die Ausbildungsvorschriften sowie in die Prüfungsordnungen Einsicht zu gewähren und den Lehrlingen die genannten Verordnungen, soweit sie sich auf den gewählten Lehrberuf beziehen, anläßlich der Eintragung des Lehrvertrages in geeigneter Weise zur Kenntnis zu bringen.

(BGBl 1978/232)

(6) Die Lehrlingsstellen haben in Verfahren, in denen sie voraussichtlich eine Entscheidung zu treffen haben werden, die dem Antrag des Lehrlings, für einen minderjährigen Lehrling auch dessen gesetzlicher Vertreter, nicht Rechnung trägt, der zuständigen Kammer für Arbeiter und Angestellte bei sonstiger Nichtigkeit (§ 68 Abs. 4 Z 4 AVG) hievon Mitteilung zu machen und ihr Gelegenheit zur Abgabe einer schriftlichen Stellungnahme innerhalb einer Frist von drei Wochen zu geben. Auf begründetes Ersuchen hat die Lehrlingsstelle diese Frist angemessen zu erstrecken. Der Kammer für Arbeiter und Angestellte ist eine Ausfertigung des Bescheides zu übermitteln. Wenn die Entscheidung ihrer fristgerecht abgegebenen Stellungnahme widerspricht, steht ihr gegen diesen Bescheid das Recht der Beschwerde gemäß Art. 130 B-VG und gegen das Erkenntnis des Verwaltungsgerichtes die Revision gemäß Art. 133 B-VG wegen Rechtswidrigkeit zu.

(BGBl 1978/232, BGBl I 2013/129, BGBl I 2015/78)

(7) Jede Lehrlingsstelle hat den bei ihr errichteten Landes-Berufsausbildungsbeirat über die Situation der Berufsausbildung im Sinne dieses Bundesgesetzes sowie über die durchgeführten Maßnahmen durch einen Jahresbericht in Kenntnis zu setzen, der in der ersten Hälfte des dem Berichtsjahr folgenden Jahres zu erstatten ist; weiters hat sie den Landes-Berufsausbildungsbeirat auf dessen Verlangen von den im Bundesland festgesetzten Terminen für Lehrabschlußprüfungen und allfällige Teilprüfungen zu verständigen.

(8) Sachlich in Betracht kommende Oberbehörden sind die Landeshauptleute und über diesen der Bundesminister für Wirtschaft, Familie und Jugend. Die Landeskammern der gewerblichen Wirtschaft und die Lehrlingsstellen sind bei Besorgung der diesen obliegenden Aufgaben gemäß Art. 120b Abs. 2 B-VG an Weisungen des Bundesministers für Wirtschaft, Familie und Jugend gebunden.

(BGBl 1978/232, BGBl I 2010/40, BGBl I 2013/129)

(9) Schriften und Amtshandlungen im Verfahren vor den Lehrlingsstellen unterliegen nicht der Gebührenpflicht im Sinne des Gebührengesetzes 1957, BGBl. Nr. 267.

(BGBl 1978/232)

(10) Die Amtshandlungen der Lehrlingsstellen sowie der im Instanzenzug gemäß Art. 130 B-VG übergeordneten Verwaltungsgerichte sind von Bundesverwaltungsabgaben befreit.

(BGBl 1978/232, BGBl I 2010/40, BGBl I 2013/129)

Ausbildungsberatung und Schiedsstelle

§ 19a. Die kollektivvertragsfähigen Körperschaften der Arbeitgeber und der Arbeitnehmer sollen im Rahmen ihres Wirkungsbereiches eine qualifizierte betriebliche Ausbildung fördern, Betriebe zur Lehrlingsausbildung motivieren, die Einrichtung von Ausbildungsverbundmaßnahmen (§ 2a) anregen, in besonderen Konfliktfällen aus dem Lehrverhältnis Hilfestellung anbieten und bei Nichteinigung paritätisch besetzte Schiedsstellen einrichten.

(BGBl I 1998/100, BGBl I 2003/79)

Festlegung von Beihilfen für die betriebliche Ausbildung von Lehrlingen

§ 19b. (Verfassungsbestimmung) Die Erlassung, Aufhebung und Vollziehung von Vorschriften hinsichtlich der Vergabe von Beihilfen für die betriebliche Ausbildung von Lehrlingen, wie sie in diesem Bundesgesetz enthalten sind, sind auch in den Belangen Bundessache, hinsichtlich derer das B-VG etwas anderes bestimmt. Die in diesen Vorschriften geregelten Angelegenheiten können unmittelbar von den in diesem Bundesgesetz vorgesehenen Einrichtungen versehen werden.

(BGBl I 2008/82)

Beihilfen für die betriebliche Ausbildung von Lehrlingen

§ 19c. (1) Zur Förderung der betrieblichen Ausbildung von Lehrlingen können Beihilfen an Lehrberechtigte gemäß § 2 und an Lehrberechtigte gemäß § 2 Abs. 1 des Land- und forstwirtschaftlichen Berufsausbildungsgesetzes, BGBl. Nr. 298/1990, gewährt sowie ergänzende Unterstützungsstrukturen, auch unter Einbeziehung von dazu geeigneten Einrichtungen, zur Verfügung gestellt werden. Die Beihilfen und ergänzenden Unterstützungsstrukturen dienen insbesondere folgenden Zwecken:

1. Förderung des Anreizes zur Ausbildung von Lehrlingen, insbesondere durch Abgeltung eines Teiles des Lehrlingseinkommens,
   (BGBl I 2020/18)
2. Steigerung der Qualität in der Lehrlingsausbildung,
3. Förderung von Ausbildungsverbünden,
4. Aus- und Weiterbildung von Ausbilder/innen,
5. Zusatzausbildungen von Lehrlingen,
6. Förderung der Ausbildung in Lehrberufen entsprechend dem regionalen Fachkräftebedarf,
7. Förderung des gleichmäßigen Zugangs von jungen Frauen und jungen Männern zu den verschiedenen Lehrberufen,
8. Förderung von Beratungs-, Betreuungs- und Unterstützungsleistungen zur Erhöhung der Chancen auf eine erfolgreiche Berufsausbildung und auch zur Anhebung der Ausbildungsbeteiligung insbesondere in Bereichen mit wenigen Ausbildungsbetrieben oder Lehrlingen.

(BGBl I 2011/148)

(2) Die näheren Bestimmungen über Art, Höhe, Dauer, Gewährung und Rückforderbarkeit der Beihilfen gemäß Abs. 1, ausgenommen für Zwecke gemäß Z 8, werden durch Richtlinien des Förderausschusses (§ 31b), die der Bestätigung des Bundesministers für Wirtschaft, Familie und Jugend bedürfen, festgelegt. Die näheren Bestimmungen über Art, Höhe, Dauer, Gewährung und Rückforderbarkeit der Beihilfen sowie für die ergänzenden Unterstützungsstrukturen für Zwecke gemäß Abs. 1 Z 8 werden durch Richtlinien des Bundesministers für Wirtschaft, Familie und Jugend im Einvernehmen mit dem Bundesminister für Arbeit, Soziales und Konsumentenschutz (§ 31c) festgelegt. Bei der Gestaltung der einzelnen in den Richtlinien festgelegten Maßnahmen gemäß Abs. 1 ist auf Transparenz und Anwendungsfreundlichkeit des Beihilfen- und Fördersystems gemäß diesem Bundesgesetz zu achten.

(BGBl I 2010/40, BGBl I 2011/148, BGBl I 2020/18)

(3) Die Vergabe der Beihilfen an Lehrberechtigte hat im übertragenen Wirkungsbereich der Landeskammern der gewerblichen Wirtschaft durch die Lehrlingsstellen im Namen und auf Rechnung des Bundes zu erfolgen. Die Vergabe der Beihilfen und die Administration und Organisation der ergänzenden Unterstützungsstrukturen, u.a. die Beauftragung geeigneter Einrichtungen, gemäß Abs. 1 Z 8 hat, soweit nicht ausnahmsweise in den Richtlinien gemäß § 31c anderes vorgesehen ist, im übertragenen Wirkungsbereich der Landeskammern der gewerblichen Wirtschaft durch die Lehrlingsstellen im Namen und auf Rechnung des Bundes zu erfolgen.

(BGBl I 2011/148)

(4) Die Gewährung der Beihilfen erfolgt auf Antrag des Lehrberechtigten. Auf Beihilfen besteht kein Rechtsanspruch. Der Lehrberechtigte hat der Lehrlingsstelle die zur Beurteilung der

BAG

Voraussetzungen für die Gewährung der Beihilfe erforderlichen Unterlagen und Dokumente vorzulegen. Der Lehrberechtigte hat der Lehrlingsstelle Einsicht in die betriebsbezogenen Unterlagen und Zugang zu den betrieblichen Einrichtungen zu gewähren, soweit dies für die Beurteilung der Voraussetzungen erforderlich ist.

(5) Die Lehrlingsstellen haben der jeweils zuständigen Arbeiterkammer vor der Gewährung von in den Richtlinien bestimmten Beihilfen, bei denen ein Ermessensspielraum zur Beurteilung des Vorliegens der Voraussetzungen besteht, Gelegenheit zur Stellungnahme zu geben. Zu diesem Zweck hat die Lehrlingsstelle der Arbeiterkammer die für die Entscheidung maßgeblichen Angaben zu übermitteln. Spricht sich die Arbeiterkammer binnen vierzehn Tagen gegen die Gewährung der Beihilfe aus, ist der Landes-Berufsausbildungsbeirat anzuhören. Der Landes-Berufsausbildungsbeirat entscheidet über seine Stellungnahme mit einfacher Mehrheit.

(6) Die Lehrlingsstellen haben die Vergabe der Beihilfen zu dokumentieren und den Landes-Berufsausbildungsbeiräten mindestens halbjährlich über die wichtigsten Umstände zu berichten. Den Kammern für Arbeiter und Angestellte sowie dem Bundesminister für Wirtschaft, Familie und Jugend ist die stichprobenartige und anlassfallbezogene Einsichtnahme in die Dokumentation zum Zwecke der Kontrolle der rechtmäßigen und zweckmäßigen Mittelverwendung bzw. der Wahrnehmung der Aufsicht nach § 19d zu gewähren. Die Dokumentation hat die für jeden Beihilfenfall maßgeblichen Sachverhaltsangaben samt den zugehörigen Nachweisen zu enthalten.

(BGBl I 2010/40)

(7) Die Wirtschaftskammern können sich zur Vorbereitung und Durchführung der Entscheidungen der Lehrlingsstellen einer eigenen Gesellschaft oder sonstiger geeigneter Einrichtungen als Dienstleister und Auftragsverarbeiter bedienen, soweit dem die Grundsätze der Sparsamkeit, Wirtschaftlichkeit und Zweckmäßigkeit nicht entgegenstehen. Dadurch dürfen schutzwürdige Interessen Dritter im Sinne des § 1 Abs. 1 des Datenschutzgesetzes 2000 (DSG 2000), BGBl. I Nr. 165/1999, nicht verletzt werden.

(BGBl I 2018/32)

(8) Den Wirtschaftskammern ist der durch die Schaffung und Aufrechterhaltung der Voraussetzungen für die Vergabe der Beihilfen sowie der ergänzenden Unterstützungsstrukturen, durch die Vergabe der Beihilfen und durch die Erfüllung der Informations- und Dokumentationspflichten entstehende unvermeidliche Personal- und Sachaufwand vom Bund aus den vom Insolvenz-Entgelt-Fonds gemäß § 13e IESG zur Verfügung gestellten Mitteln zu ersetzen. Der Einsatz dieser Mittel unterliegt der nachprüfenden Kontrolle durch den Bundesminister für Wirtschaft, Familie und Jugend, hinsichtlich der Mittel für Zwecke gemäß Abs. 1 Z 8 im Einvernehmen mit dem Bundesminister für Arbeit, Soziales und Konsumentenschutz.

(BGBl I 2010/40, BGBl I 2011/148)

(BGBl I 2008/82)

Aufsicht

§ 19d. (1) Soweit die Lehrlingsstellen Beihilfen gemäß § 19c vergeben, unterstehen sie der Aufsicht des Bundesministers für Wirtschaft, Familie und Jugend und, soweit dies für die gesetzes- und richtlinienkonforme Erfüllung der Aufgaben erforderlich ist, auch dem Weisungsrecht des Bundesministers für Wirtschaft, Familie und Jugend.

(BGBl I 2010/40)

(2) Die Lehrlingsstellen sind verpflichtet, dem Bundesminister für Wirtschaft, Familie und Jugend sowie dem gemäß § 31b eingerichteten Förderausschuss auf Verlangen alle für die Wahrnehmung der Aufsicht erforderlichen Auskünfte zu geben und die erforderlichen Unterlagen zur Verfügung zu stellen.

(BGBl I 2010/40)

(3) Bei der Ausübung der Aufsicht sind die Gesetzmäßigkeit und die Einhaltung der nach diesem Gesetz ergangenen Vorschriften zu prüfen.

(4) Soweit Beihilfen oder ergänzende Unterstützungsstrukturen gemäß § 19c Abs. 1 Z 8 betroffen sind, stehen die Befugnisse gemäß Abs. 1 dem Bundesminister für Wirtschaft, Familie und Jugend im Einvernehmen mit dem Bundesminister für Arbeit, Soziales und Konsumentenschutz zu; die Verpflichtungen der Lehrlingsstellen gemäß Abs. 2 bestehen in diesen Fällen auch gegenüber dem Bundesminister für Arbeit, Soziales und Konsumentenschutz.

(BGBl I 2011/148)

(BGBl I 2008/82, BGBl I 2011/148)

Prüfung der Zweckmäßigkeit und Wirkung der Beihilfen

§ 19e. (1) Der Bundesminister für Wirtschaft, Familie und Jugend hat die Zweckmäßigkeit und Wirkung der vom Förderausschuss gemäß § 19c festgelegten Beihilfen zu prüfen. Er kann sich dabei erforderlichenfalls geeigneter externer Einrichtungen als Dienstleister und Auftragsverarbeiter bedienen. Dadurch dürfen schutzwürdige Interessen Dritter im Sinne des § 1 Abs. 1 DSG 2000 nicht verletzt werden.

(BGBl I 2011/148, BGBl I 2018/32)

(2) Die Prüfung der Zweckmäßigkeit und Wirkung von Beihilfen oder ergänzenden Unterstützungsstrukturen gemäß § 19c Abs. 1 Z 8 obliegt dem Bundesminister für Wirtschaft, Familie und Jugend im Einvernehmen mit dem Bundesminister für Arbeit, Soziales und Konsumentenschutz.

(BGBl I 2011/148)

(BGBl I 2008/82, BGBl I 2010/40)

Informationspflicht

§ 19f. Alle Behörden und Ämter, die Träger der Sozialversicherung sowie die gesetzlichen

Interessenvertretungen der Arbeitgeber und der Arbeitnehmer sind verpflichtet, die Lehrlingsstellen in der Erfüllung ihrer Aufgaben zu unterstützen. Die Träger der Sozialversicherung und der Dachverband der Sozialversicherungsträger sind verpflichtet, zum Zweck der Beurteilung der Voraussetzungen für die Vergabe von Beihilfen gemäß § 19c auf automationsunterstütztem Weg gespeicherte personenbezogene Daten (§ 31 Abs. 4 Z 3 lit. b ASVG) über die Versicherungszeiten der Lehrlinge und die Beiträge, mit denen sie versichert waren, an die Lehrlingsstellen zu übermitteln, soweit diese personenbezogenen Daten eine wesentliche Voraussetzung zur Durchführung ihrer Aufgaben nach diesem Bundesgesetz bilden.

(BGBl I 2008/82, BGBl I 2018/32, BGBl I 2018/100)

Datenverarbeitung

§ 19g. (1) Die Lehrlingsstellen und das Bundesministerium für Digitalisierung und Wirtschaftsstandort sind zur Verarbeitung nachstehender personenbezogener Daten ermächtigt, soweit deren Verwendung für die Erfüllung der Aufgaben eine wesentliche Voraussetzung ist. Die in Frage kommenden Arten von personenbezogenen Daten sind:

1. personenbezogene Daten der Lehrlinge:
   a) Namen (Vornamen, Familiennamen),
   b) Sozialversicherungsnummer und Geburtsdatum,
   c) Geschlecht,
   d) Staatsangehörigkeit, Aufenthalts- und Arbeitsberechtigungen,
   e) Adresse des Wohnsitzes oder Aufenthaltsortes,
   f) gesetzliche Vertreter minderjähriger Lehrlinge,
   g) Telefonnummer,
   h) E-Mail-Adresse,
   i) Lehrberuf,
   j) Beginn, Ende und Dauer des Lehrverhältnisses,
   k) Ergebnis der Lehrabschlussprüfung und allfälliger Teilprüfungen,
   l) Vorbildung und Zusatzausbildungen,
   m) anzuwendender Kollektivvertrag oder sonstige anzuwendende Rechtsquelle (Satzung, Mindestlohntarif, festgesetzte Lehrlingsentschädigung),
   n) Höhe des Lehrlingseinkommens.

   (BGBl I 2020/18)

(BGBl I 2010/40)

(2) Die von den Lehrlingsstellen oder vom Bundesministerium für Digitalisierung und Wirtschaftsstandort verarbeiteten personenbezogenen Daten gemäß Abs. 1 dürfen an Behörden, Gerichte, Träger der Sozialversicherung, die Arbeiterkammern, die Wirtschaftskammern, das Arbeitsmarktservice und die Bundesanstalt Statistik Österreich im Wege der automationsunterstützten Datenverarbeitung übermittelt werden, soweit die entsprechenden personenbezogenen Daten für die Vollziehung der jeweiligen gesetzlich übertragenen Aufgaben eine wesentliche Voraussetzung bilden. Die Behörden, Gerichte, Träger der Sozialversicherung, die Arbeiterkammern, die Wirtschaftskammern und das Arbeitsmarktservice dürfen von ihnen verarbeitete personenbezogene Daten gemäß Abs. 1 an die Lehrlingsstellen und an das Bundesministerium für Digitalisierung und Wirtschaftsstandort im Wege der automationsunterstützten Datenverarbeitung übermitteln, soweit diese personenbezogenen Daten für die Vollziehung der den Lehrlingsstellen und dem Bundesministerium für Digitalisierung und Wirtschaftsstandort gesetzlich übertragenen Aufgaben eine wesentliche Voraussetzung bilden.

(BGBl I 2018/32)

(3) Die Lehrlingsstellen und das Bundesministerium für Digitalisierung und Wirtschaftsstandort dürfen die von ihnen verarbeiteten personenbezogenen Daten gemäß Abs. 1 an Auftragsverarbeiter im Wege der automationsunterstützten Datenverarbeitung übermitteln, soweit die entsprechenden personenbezogenen Daten eine unabdingbare Voraussetzung für die Erfüllung der übertragenen Aufgaben bilden. Eine derartige Aufgabe kann auch die Erfüllung eines vergebenen Forschungsauftrages zur Beurteilung der Zweckmäßigkeit und Wirkung der Beihilfen an Lehrberechtigte sein.

(BGBl I 2010/40, BGBl I 2018/32)

(4) Die dem Bundesministerium für Wirtschaft, Familie und Jugend gemäß Abs. 1 bis 3 eingeräumten Ermächtigungen gelten auch für das Bundesministerium für Arbeit, Soziales und Konsumentenschutz, soweit Aufgaben nach diesem Bundesgesetz dem Bundesminister für Wirtschaft, Familie und Jugend im Einvernehmen mit dem Bundesminister für Arbeit, Soziales und Konsumentenschutz zukommen.

(BGBl I 2011/148)

(BGBl I 2008/82)

Eintragung des Lehrvertrages

§ 20. (1) Der Lehrberechtigte hat ohne unnötigen Aufschub, jedenfalls binnen drei Wochen nach Beginn des Lehrverhältnisses, den Lehrvertrag bei der zuständigen Lehrlingsstelle zur Eintragung anzumelden und den Lehrling davon zu informieren. Die Anmeldung hat mindestens die im § 12 Abs. 3 Z 1 bis 3 verlangten Angaben sowie das Eintrittsdatum und allenfalls anrechenbare Vorlehr- bzw. Schulzeiten zu enthalten. Der Lehrvertrag ist in vier Ausfertigungen vorzulegen, die Lehrlingsstelle kann die Anzahl der erforderlichen Ausfertigungen herabsetzen. Hat der Lehrberechtigte den Lehrvertrag nicht fristgerecht angemeldet, so kann der Lehrling, für minderjährige Lehrlinge auch deren gesetzlicher Vertreter, der Lehrlingsstelle den Abschluss des Lehrvertrages bekannt geben.

(BGBl 1978/232, BGBl I 2003/79)

(2) Die Lehrlingsstelle hat ohne unnötigen Aufschub nach Einlangen der Anmeldung des Lehrvertrages die Eintragung des Lehrvertrages vorzunehmen oder einen Bescheid gemäß Abs. 3 zu

erlassen. Leidet der Lehrvertrag an Formgebrechen oder leidet der Lehrvertrag bzw. die Anmeldung an behebbaren sachlichen Mängeln, so hat die Lehrlingsstelle je nach der Sachlage einen der Vertragspartner oder beide aufzufordern, die Formgebrechen zu beheben oder den Vertrag zu ändern und hiefür eine angemessene Frist zu setzen. Wenn im Zuge der Überwachung der betrieblichen Ausbildung gemäß § 19 Abs. 3 durch die Lehrlingsstellen festgestellt wird, dass der entsprechende Betrieb nicht mehr den Anforderungen des § 2 Abs. 6 entspricht, da die für die Ausbildung im entsprechenden Lehrberuf erforderlichen Fertigkeiten und Kenntnisse nicht mehr zur Gänze vermittelt werden können, dann hat die Lehrlingsstelle vor der Eintragung der entsprechenden Lehrverträge den Lehrberechtigten aufzufordern, mit dem Lehrling Ausbildungsverbundmaßnahmen gemäß § 2a im Sinne des § 12 Abs. 4 zu vereinbaren.

(BGBl I 2003/79)

(3) Die Lehrlingsstelle hat die Eintragung mit Bescheid zu verweigern,

a) wenn der Aufnahme des Lehrlings ein in diesem Bundesgesetz begründetes Hindernis entgegensteht,

b) wenn es sich um ein Scheinlehrverhältnis handelt,

c) wenn der Lehrling im Zeitpunkt des Beginnes des Lehrverhältnisses nicht die allgemeine Schulpflicht erfüllt hat,

d) wenn es sich im Falle eines jugendlichen Lehrlings um einen verbotenen Betrieb im Sinne des Kinder- und Jugendbeschäftigungsgesetzes, BGBl. Nr. 146/1948, handelt, oder dem Lehrberechtigten die Beschäftigung Jugendlicher rechtskräftig untersagt ist,

(BGBl 1978/232)

e) wenn der Aufnahme des Lehrlings ein sonstiges gesetzliches Hindernis entgegensteht,

f) solange in den Fällen des § 3a Abs. 1 nicht ein rechtskräftiger Feststellungsbescheid über das Vorliegen der dort festgelegten Voraussetzungen für den betreffenden Lehrberuf innerhalb der letzten 15 Monate vor der Anmeldung des Lehrvertrages erlassen wurde,

(BGBl 1978/232, BGBl I 2003/79)

g) wenn der Lehrvertrag nicht innerhalb der gemäß Abs. 2 gesetzten Frist der Lehrlingsstelle wiederum vorgelegt wird,

(BGBl 1978/232, BGBl 1993/23)

h) wenn der Lehrvertrag erst nach Ablauf der für den Lehrberuf festgesetzten Lehrzeit zur Eintragung angemeldet wird, oder

(BGBl 1978/232, BGBl 1993/23)

i) wenn die Bestimmungen betreffend den Ausbildungsverbund nicht eingehalten werden.

(BGBl 1993/23)

(4) Der Landeshauptmann hat im Falle der Ausübung des Aufsichtsrechtes die Löschung der Eintragung zu verfügen, wenn diese aus einem der im Abs. 3 angegebenen Gründe zu verweigern gewesen wäre. Eine solche Verfügung ist nicht mehr zulässig, wenn der Lehrling inzwischen die Lehrabschlußprüfung erfolgreich abgelegt hat.

(5) In dem Bescheid, mit dem die Eintragung eines Lehrvertrages verweigert oder die Löschung der Eintragung gemäß Abs. 4 verfügt wird, ist unter Bedachtnahme auf den Grund dieser Maßnahme und den Stand der Ausbildung des Lehrlings auszusprechen, ob und inwieweit die bereits tatsächlich zurückgelegte Zeit auf die in dem betreffenden Lehrberuf festgesetzte Lehrzeit anzurechnen ist.

(6) Gegen den Bescheid über die Verweigerung der Eintragung steht dem Lehrberechtigten und dem Lehrling, für minderjährige Lehrlinge auch dem gesetzlichen Vertreter, das Recht der Beschwerde gemäß Art. 130 B-VG und gegen das Erkenntnis des Verwaltungsgerichtes die Revision gemäß Art. 133 B-VG wegen Rechtswidrigkeit zu.

(BGBl 1978/232, BGBl I 2013/129)

(7) Die vollzogene Eintragung sowie eine etwaige Anrechnung früherer Lehrzeiten oder eine etwaige auf die Lehrzeit anrechenbare schulmäßige Ausbildung oder sonst gemäß diesem Bundesgesetz anrechenbare Zeiten sind auf allen Ausfertigungen des Lehrvertrages zu beurkunden. Je eine Ausfertigung ist ohne unnötigen Aufschub dem Lehrberechtigten und dem Lehrling, für minderjährige Lehrlinge dem gesetzlichen Vertreter, zuzustellen. Je eine Ausfertigung oder Abschrift ist der zuständigen Kammer für Arbeiter und Angestellte zu übermitteln bzw. in der Lehrlingsstelle aufzubewahren. Bei vorhandenen kommunikationstechnischen Möglichkeiten kann anstelle der Übermittlung der Ausfertigung oder der Abschrift des Lehrvertrages eine Übermittlung der entsprechenden personenbezogenen Daten an den Lehrberechtigten und auf Grund einer Stellungnahme des Landes-Berufsausbildungsbeirates an den Lehrling sowie auf Grund einer entsprechenden Vereinbarung an die Kammer für Arbeiter und Angestellte auch in einer anderen geeigneten Form, insbesondere in elektronischer Form, erfolgen.

(BGBl 1978/232, BGBl I 2003/79, BGBl I 2010/40, BGBl I 2018/32)

(8) Die Absätze 1 bis 7 gelten für die Abänderung bereits eingetragener Lehrverträge sinngemäß.

(9) Die Bezirksverwaltungsbehörden haben die Lehrlingsstellen und die örtlich zuständigen Kammern für Arbeiter und Angestellte von rechtskräftigen Bescheiden, mit denen Lehrberechtigten die Beschäftigung Jugendlicher untersagt wird, zu verständigen.

(BGBl 1978/232)

Lehrabschlußprüfung

§ 21. (1) Zweck der Lehrabschlußprüfung ist es festzustellen, ob sich der Lehrling die im betreffenden Lehrberuf erforderlichen Fertigkeiten und Kenntnisse angeeignet hat und in der Lage ist, die dem erlernten Lehrberuf eigentümlichen Tätigkeiten selbst fachgerecht auszuführen. Die Lehrabschlußprüfung gliedert sich in eine praktische und eine theoretische Prüfung und besteht aus einem schriftlichen und einem mündlichen Teil.

(2) Die Lehrlingsstellen haben dafür zu sorgen, daß sich alle Lehrlinge am Ende der Lehrzeit (§ 23 Abs. 2) der Lehrabschlußprüfung unterziehen können. Dem Prüfungswerber sind, wenn er erstmals zur Lehrabschlußprüfung antritt, die bei der praktischen Prüfung benötigten Materialien kostenlos zur Verfügung zu stellen, sofern er nicht erklärt, das Eigentum an dem in der praktischen Prüfung Hergestellten erwerben zu wollen. In der Prüfungsordnung (§ 24) ist unter Bedachtnahme auf die Besonderheiten des jeweiligen Lehrberufes festzulegen, wer diese Materialien zur Verfügung zu stellen hat. Weiters sind dem Prüfungswerber auf dessen begründetes Verlangen die zur Durchführung der praktischen Prüfung erforderlichen Werkzeuge und Personen (Modelle) kostenlos zur Verfügung zu stellen.

(BGBl 1978/232)

(3) Personen, die eine Lehrabschlußprüfung erfolgreich abgelegt haben, sind berechtigt sich zu bezeichnen:

a) bei Lehrberufen, die einem Handelsgewerbe entsprechen, als Kaufmannsgehilfen oder mit der Berufsbezeichnung des Lehrberufes,

b) bei den übrigen Lehrberufen als Facharbeiter oder als Gesellen oder mit der Berufsbezeichnung des Lehrberufes.

(BGBl 1978/232)

(4) Für die Ablegung der Lehrabschlußprüfung sind Prüfungstaxen zu entrichten. Die Höhe der Prüfungstaxe ist in der Prüfungsordnung (§ 24) so zu bestimmen, dass zur Tragung des durch die Abhaltung der Prüfungen entstehenden besonderen Verwaltungsaufwandes einschließlich einer angemessenen Entschädigung der Mitglieder der Prüfungskommission und sonstiger Hilfspersonen, die durch die Lehrlingsstelle bestellt werden, beigetragen wird. Die Prüfungstaxen fließen der Landeskammer der gewerblichen Wirtschaft zu, in deren Bereich die Prüfungskommission errichtet wurde, und sind für den Verwaltungsaufwand der Lehrlingsstellen zu verwenden.

(BGBl 1974/475, BGBl I 2003/79)

Prüfungskommissionen für die Lehrabschlußprüfungen

§ 22. (1) Die Lehrabschlussprüfungen sind vor Prüfungskommissionen abzulegen, die die Lehrlingsstelle zu errichten hat. Jede Prüfungskommission besteht aus einem Vorsitzenden und zwei Beisitzern. Die Mitglieder der Prüfungskommission haben über eine fachliche Qualifikation zu verfügen, die zumindest dem Niveau einer Lehrabschlussprüfung aus dem Berufsbereich der Ausbildung, insbesondere im selben oder in einem verwandten Lehrberuf, entspricht.

(BGBl I 2015/78)

(2) Die Vorsitzenden der Prüfungskommissionen sind vom Leiter/von der Leiterin der Lehrlingsstelle auf Grund eines vom Landes-Berufsausbildungsbeirat einzuholenden Vorschlages auf die Dauer von fünf Jahren zu bestellen. Der Leiter/die Leiterin der Lehrlingsstelle ist an einstimmige Vorschläge des Landes-Berufsausbildungsbeirates gebunden. Wenn innerhalb von zwei Monaten nach Einholung eines Vorschlages durch die Lehrlingsstelle seitens des Landes-Berufsausbildungsbeirates kein solcher Vorschlag erstattet wird, hat der Leiter/die Leiterin der Lehrlingsstelle die Bestellung der Vorsitzenden nach Anhörung der Arbeiterkammer und der Landeskammer der gewerblichen Wirtschaft vorzunehmen.

(BGBl I 2015/78)

(3) Die Beisitzer der Prüfungskommission sind von der Lehrlingsstelle für jeden Prüfungstermin gesondert auf Grund von Listen zu bestimmen, die für die einzelnen Lehrberufe von der Lehrlingsstelle hinsichtlich des einen Beisitzers nach Anhörung der fachlich zuständigen gesetzlichen beruflichen Interessenvertretungen der Arbeitgeber und hinsichtlich des anderen Beisitzers der Arbeiterkammer des jeweiligen Bundeslandes auf die Dauer von fünf Jahren aufzustellen sind. Je ein Mitglied der Prüfungskommission ist dabei aus einer der beiden Listen zu nominieren. Bei der Erstellung der Listen ist darauf zu achten, dass, sofern entsprechende Personen zur Verfügung stehen, die Prüferinnen und Prüfer über didaktische und pädagogische Kompetenz verfügen. Zur Beurteilung können zB absolvierte, zu diesem Zweck eingerichtete Kursmaßnahmen herangezogen werden.

(BGBl I 2015/78)

(4) Liegen der Lehrlingsstelle keine für die ordnungsgemäße Heranziehung der erforderlichen Mitglieder der Prüfungskommission ausreichende Listen vor, so hat die Lehrlingsstelle die Mitglieder unter Bedachtnahme auf Abs. 1 ad hoc heranzuziehen.

(BGBl I 2015/78)

(5) Personen, die wegen einer vorsätzlichen, mit mehr als einjähriger Freiheitsstrafe bedrohten Handlung, wegen einer mit Bereicherungsvorsatz begangenen oder einer strafbaren Handlung gegen die Sittlichkeit oder wegen der Finanzvergehen des Schmuggels, der Hinterziehung von Eingangs- oder Ausgangsabgaben oder der Abgabenhehlerei nach § 37 Abs. 1 lit. a des Finanzstrafgesetzes, BGBl. Nr. 129/1958, rechtskräftig von einem Gericht verurteilt worden sind, dürfen nicht zu Mitgliedern der Prüfungskommission bestellt werden.

(BGBl I 2015/78)

(6) Die Lehrlingsstelle hat Mitglieder, die die Voraussetzungen für ihre Bestellung nicht oder nicht mehr erfüllen oder durch deren wiederholte unentschuldigte Abwesenheit die Prüfungskommission nicht beschlussfähig war, nach Anhörung der entsendenden Stelle nicht mehr mit der Prüfungstätigkeit zu betrauen und dies der entsendenden Stelle bekanntzugeben sowie diese um Änderung bzw. Ergänzung der Liste zu ersuchen.

(BGBl I 2015/78)

(7) Der Leiter der Lehrlingsstelle hat einen Vorsitzenden der Prüfungskommission vor Ablauf seiner Amtsdauer zu entheben, wenn er seine Pflichten wiederholt vernachlässigt oder andere wichtige Gründe für seine Abberufung sprechen.

(BGBl I 2015/78)

(8) Die im § 19 Abs. 8 angeführten Behörden können zur Überwachung der Ordnungsmäßigkeit des Prüfungsvorganges einen Vertreter zur Prüfung entsenden.

(BGBl 1978/232, BGBl I 2015/78)

(9) Von der Errichtung von Prüfungskommissionen für einzelne Lehrberufe ist von der Lehrlingsstelle abzusehen, in deren örtlichen Bereich keine hinreichende Zahl von Prüfungswerbern in dem betreffenden Lehrberuf zu erwarten ist oder eine hinreichende Zahl von Prüfern nicht zur Verfügung steht. In einem solchen Fall hat die Lehrlingsstelle eine andere Lehrlingsstelle, von der eine Prüfungskommission für den betreffenden Lehrberuf errichtet wurde, zu ersuchen, daß die Prüfungen vor dieser Prüfungskommission abgelegt werden können; die andere Lehrlingsstelle hat diesem Ersuchen zu entsprechen.

(BGBl I 2015/78)

(10) Die Lehrlingsstellen haben die Mitglieder der von ihnen errichteten Prüfungskommission bei der Durchführung der Prüfungen, insbesondere auch hinsichtlich einer einheitlichen Handhabung der Prüfungsbestimmungen, zu unterstützen.

(BGBl I 2015/78)

Prüfungskommission für die Teilprüfung über den Fachbereich der Berufsreifeprüfung im Rahmen von Lehrabschlussprüfungen über vierjährige Lehrberufe

§ 22a. (1) Die Prüfungskommission für die Teilprüfung über den Fachbereich der Berufsreifeprüfung anlässlich der Lehrabschlussprüfung gemäß § 4 Abs. 3 letzter Satz des Berufsreifeprüfungsgesetzes, BGBl. I Nr. 68/1997 in der Fassung des Bundesgesetzes BGBl. I Nr. 91/2005, welche bei vierjährigen Lehrberufen und bei modularen Lehrberufen mit vierjähriger Ausbildungszeit möglich ist, besteht aus den beiden Beisitzern der Kommission gemäß § 22 Abs. 1 und einem fachkundigen Experten gemäß § 8a des Berufsreifeprüfungsgesetzes als Vorsitzenden.

(2) Die Anmeldung zur Teilprüfung über den Fachbereich hat im Zuge der Anmeldung zur Lehrabschlussprüfung zu erfolgen.

(3) Der Prüfungskandidat hat vor Antritt zur Prüfung eine Prüfungsgebühr für die Mitglieder der Kommission in der Höhe der gemäß § 11 Abs. 1 des Berufsreifeprüfungsgesetzes vorgesehenen Prüfungstaxe zu entrichten. Diese Prüfungsgebühr ersetzt nicht die Prüfungsgebühr gemäß § 21 Abs. 4.

(BGBl I 2006/5)

Zulassung zur Lehrabschlußprüfung

§ 23. (1) Zur Lehrabschlußprüfung im erlernten oder in einem verwandten Lehrberuf sind unter der Voraussetzung, daß die im Abs. 3 geforderten Nachweise erbracht werden, zuzulassen:

a) Lehrlinge;

b) Personen, die die festgesetzte Lehrzeit allenfalls unter Anrechnung einer schulmäßigen Ausbildung gemäß § 28 dieses Bundesgesetzes oder von Zeiten gemäß § 29 dieses Bundesgesetzes beendet haben; und

c) Personen, die auf Grund einer schulmäßigen Ausbildung keine Lehrzeit zurücklegen müssen.

(BGBl 1993/23)

(2) Die Zulassung zur Lehrabschlußprüfung ist im Fall des Abs. 1 lit. a bei der für den Lehrbetrieb (die Ausbildungsstätte) des Lehrlings örtlich zuständigen Lehrlingsstelle frühestens sechs Monate vor Beendigung der festgesetzten Lehrzeit, sonst nach Wahl des Prüfungswerbers entweder bei der nach dem Arbeitsort oder bei der nach dem Wohnort des Prüfungswerbers örtlich zuständigen Lehrlingsstelle zu beantragen. Diese Lehrlingsstelle hat über den Antrag zu entscheiden und den Prüfungstermin festzusetzen, der bei Lehrlingen auch in den letzten zehn Wochen der festgesetzten Lehrzeit, jedoch bei ganzjährigen oder saisonmäßigen Berufsschulen nicht früher als sechs Wochen vor dem Ende des Unterrichtsjahres, bei Lehrberufen mit zweieinhalb- oder dreieinhalbjähriger Dauer der Lehrzeit sechs Wochen vor Beendigung der Berufsschulpflicht und bei lehrgangsmäßigen Berufsschulen nicht vor dem Ende des letzten Lehrgangs liegen darf. Wenn der Prüfungswerber eine Berufsschule in einem anderen Bundesland besucht, dort am Ende dieses Berufsschulbesuches die Möglichkeit der Ablegung der Lehrabschlußprüfung hat, von dieser Möglichkeit Gebrauch machen will und dies der nach dem ersten Satz zuständigen Lehrlingsstelle bekanntgibt, hat diese Lehrlingsstelle die andere Lehrlingsstelle davon zu verständigen, daß der Lehrling die Prüfung im anderen Bundesland ablegen darf. Will ein Lehrling auch die Wiederholungsprüfung bei der Lehrlingsstelle, in dessen Wirkungsbereich sich die von ihm besuchte lehrgangsmäßige Berufsschule befindet, ablegen, so kann er seinen Antrag auf Zulassung zur Wiederholungsprüfung direkt an diese Lehrlingsstelle richten. Wenn das Zusammentreten der Prüfungskommission nicht rechtzeitig möglich ist, so hat die nach dem ersten Satz zuständige Lehrlingsstelle auf Antrag des Prüfungswerbers eine andere Lehrlingsstelle, bei der die Ablegung der Lehrabschlußprüfung rechtzeitig möglich ist, darum zu ersuchen, daß die Prüfung von der Prüfungskommission dieser Lehrlingsstelle abgelegt werden kann. Die ersuchte Lehrlingsstelle hat diesem Ersuchen zu entsprechen.

(BGBl 1978/232, BGBl I 1997/67)

(2a) Lehrlinge, die die Berufsschule erfolgreich abgeschlossen haben, können bereits ab Beginn ihres letzten Lehrjahres die Zulassung zur Lehrabschlußprüfung beantragen und zur Lehrabschlußprüfung antreten, wenn der Lehrberechtigte in dem

Antrag auf Zulassung zur Lehrabschlußprüfung der vorzeitigen Ablegung der Lehrabschlußprüfung zugestimmt hat oder das Lehrverhältnis einvernehmlich oder ohne Verschulden des Lehrlings vorzeitig aufgelöst wurde oder vor Ablauf der vereinbarten Lehrzeit geendet hat.

(BGBl I 1997/67, BGBl I 2003/79)

(3) Dem Antrag des Prüfungswerbers um Zulassung zur Lehrabschlussprüfung sind grundsätzlich anzuschließen:

a) Nachweise über die Dauer der zurückgelegten Lehrzeit oder der gemäß § 13 Abs. 2 anzurechnenden Lehrzeit oder das Zeugnis einer Schule, deren erfolgreicher Besuch die Lehrzeit ganz oder teilweise ersetzt;
b) der Nachweis über den Besuch der Berufsschule oder über die Befreiung von der Berufsschulpflicht und
c) der Nachweis über die Entrichtung der Prüfungstaxe.

Die Lehrlingsstelle kann aus organisatorischen Gründen auf die Vorlage dieser Beilagen verzichten bzw. festlegen, dass die Prüfungstaxe zu einem späteren Zeitpunkt eingehoben wird.

(BGBl 1993/23, BGBl I 2003/79)

(4) Die Prüfung ist vor einer Prüfungskommission abzulegen, die bei der Lehrlingsstelle, die über die Zulassung entschieden hat, errichtet worden ist. Ist im örtlichen Bereich dieser Lehrlingsstelle keine Prüfungskommission für diesen Lehrberuf errichtet worden (§ 22 Abs. 9) oder liegt ein Fall des § 23 Abs. 2 vorletzter oder letzter Satz vor, so kann die Prüfung vor einer entsprechenden Prüfungskommission einer anderen Lehrlingsstelle abgelegt werden.

(BGBl 1978/232, BGBl I 2015/78)

(5) Nach Wahl des Antragstellers hat die nach dem Arbeitsort oder dem Wohnort örtlich zuständige Lehrlingsstelle ausnahmsweise einen Prüfungswerber auch ohne Nachweis der Voraussetzungen gemäß Abs. 1 und Abs. 3 lit. a und b zur Lehrabschlussprüfung zuzulassen,

a) wenn dieser das 18. Lebensjahr vollendet hat und glaubhaft macht, dass er auf eine andere Weise die im betreffenden Lehrberuf erforderlichen Fertigkeiten und Kenntnisse, beispielsweise durch eine entsprechend lange und einschlägige Anlerntätigkeit oder sonstige praktische Tätigkeit oder durch den Besuch entsprechender Kursveranstaltungen erworben hat; oder
b) wenn dieser die Zurücklegung von mindestens der Hälfte der für den Lehrberuf festgesetzten Lehrzeit, allenfalls unter Berücksichtigung eines Lehrzeitersatzes, nachweist und für ihn keine Möglichkeit besteht, einen Lehrvertrag für die auf die im Lehrberuf festgesetzte Dauer der Lehrzeit fehlende Zeit abzuschließen.

Der von der Lehrlingsstelle festzusetzende Prüfungstermin darf nicht vor dem Zeitpunkt liegen, zu dem der Prüfungswerber unter der Annahme eines mit 1. Juli des Jahres, in dem er die Schulpflicht beendet hat, begonnenen Lehrverhältnisses frühestens die Prüfung hätte ablegen dürfen. Sofern die Lehrlingsstelle eine dem Antrag des Prüfungswerbers nicht stattgebende Entscheidung beabsichtigt, ist die Kammer für Arbeiter und Angestellte anzuhören. Der Kammer für Arbeiter und Angestellte ist eine Ausfertigung des Bescheides zu übermitteln. Gegen diesen Bescheid steht ihr das Recht der Beschwerde gemäß Art. 130 B-VG und gegen das Erkenntnis des Verwaltungsgerichtes die Revision gemäß Art. 133 B-VG wegen Rechtswidrigkeit zu.

(BGBl 1978/232, BGBl 1993/23, BGBl I 1997/67, BGBl I 2003/79, BGBl I 2013/129)

(6) Personen, die die im betreffenden Lehrberuf erforderlichen Fertigkeiten und Kenntnisse oder einen Teil davon im Wege von Maßnahmen zu ihrer Rehabilitation erworben haben, sind ohne Rücksicht auf das im Abs. 5 lit. a verlangte Mindestalter bei Vorliegen der in dieser Bestimmung sonst geforderten Voraussetzung zur Lehrabschlußprüfung zuzulassen.

(BGBl 1978/232, BGBl I 1997/67, BGBl I 2003/79)

(7) Wenn es im Interesse der Verbesserung der Vorbereitung auf die Lehrabschlußprüfung der unter Abs. 5 lit. a fallenden Prüfungswerber gelegen ist, hat der Bundesminister für Wirtschaft, Familie und Jugend durch Verordnung die Mindestdauer für Kurse festzusetzen, die dieser Vorbereitung dienen; er hat hiebei die in den Berufsbildern der in Betracht kommenden Lehrberufe angeführten Fertigkeiten und Kenntnisse, die erforderliche Gestaltung der Kurse sowie die in Betracht kommenden Altersgruppen der Kursteilnehmer zu berücksichtigen. Die im Abs. 5 lit. a verlangte Glaubhaftmachung wird jedenfalls durch die Vorlage einer Bestätigung über die Teilnahme an einem solchen Kurs erbracht.

(BGBl 1978/232, BGBl I 2010/40)

(8) Bei der Lehrabschlußprüfung entfällt die theoretische Prüfung, wenn der Prüfungswerber die Erreichung des Lehrzieles der letzten Klasse der fachlichen Berufsschule oder den erfolgreichen Abschluß einer die Lehrzeit ersetzenden berufsbildenden mittleren oder höheren Schule, deren Sonderformen einschließlich der Schulversuche nachweist.

(BGBl 1993/23)

(9) Die Lehrlingsstelle hat Prüfungswerber, die eine Schule mit einer zusätzlichen systematischen Ausbildung in einem Lehrberuf besuchen, am Ende der 12. Schulstufe zur Lehrabschlussprüfung zuzulassen, wenn auf Grund der vermittelten fachlichen Ausbildung eine erfolgreiche Ablegung der Lehrabschlussprüfung erwartet werden kann. Der Antrag auf Zulassung zur Lehrabschlussprüfung kann bereits ein halbes Jahr vor dem Ende dieser Schulstufe beantragt werden und ist nach Wahl des Prüfungswerbers entweder bei der nach dem Schulstandort oder der nach seinem Wohnort örtlich zuständigen Lehrlingsstelle zu stellen. Bei erfolgreicher Absolvierung der 12. Schulstufe der betreffenden Schule entfällt bei der Lehrabschluss-

prüfung die theoretische Prüfung. Davon unberührt bleibt die Bestimmung des § 27 Abs. 4.

(BGBl I 2003/79)

(10) Hinsichtlich Prüfungswerbern gemäß Abs. 5 und 6 kann die Lehrlingsstelle auf Antrag festlegen, dass bei der Lehrabschlussprüfung die theoretische Prüfung teilweise oder zur Gänze entfällt, wenn dies aufgrund des vom Prüfungswerber glaubhaft gemachten Qualifikationserwerbs – allenfalls auch im Zusammenhang mit der erfolgreichen Absolvierung eines Vorbereitungskurses gemäß § 23 Abs. 7 – und im Hinblick auf den im § 21 Abs. 1 festgelegten Zweck der Lehrabschlussprüfung sachlich vertretbar ist.

(BGBl I 2006/5)

(11) Bei Absolvierung von Bildungsmaßnahmen im Rahmen von Projekten zur Höherqualifizierung, die vom Landes-Berufsausbildungsbeirat hinsichtlich ihrer Eignung zur Heranführung der Teilnehmerinnen und Teilnehmer an die Lehrabschlussprüfung positiv beschlossen wurden, kann die Lehrlingsstelle festlegen, dass die praktische Prüfung der Lehrabschlussprüfung gemäß Abs. 5 lit. a in zwei Teilen abgelegt werden kann. In diesem Fall besteht der erste Teil aus einer Feststellung der erworbenen Qualifikationen durch die Lehrlingsstelle unter Beiziehung eines gemäß § 22 nominierten Kommissionsmitglieds. Im zweiten Teil hat der Prüfungskandidat vor der Prüfungskommission die noch fehlenden Qualifikationen nachzuweisen. Insgesamt sind alle Teile der praktischen Prüfung abzudecken. Für den Antritt zur praktischen Prüfung in dieser Form ist die Vollendung des 22. Lebensjahres des Prüfungskandidaten Voraussetzung. Sofern in einem Bundesland die Ablegung der Lehrabschlussprüfung gemäß dieser Bestimmung nicht möglich ist, weil keine entsprechende Bildungsmaßnahme für den betreffenden Lehrberuf und keine entsprechenden Prüfungskommissionen eingerichtet sind, können Anträge auf Zulassung zur Lehrabschlussprüfung auch bei der Lehrlingsstelle der Wirtschaftskammer eines anderen Bundeslandes, bei der entsprechende Prüfungskommissionen eingerichtet sind, gestellt werden.

(BGBl I 2011/148, BGBl I 2015/78, BGBl I 2020/18)

Prüfungsordnungen

§ 24. (1) Die Prüfungsordnungen für die Lehrabschlußprüfungen in den einzelnen Lehrberufen sind vom Bundesminister für Wirtschaft, Familie und Jugend durch Verordnung zu erlassen. Sie haben auf Grund der Bestimmungen dieses Bundesgesetzes den Prüfungsvorgang einschließlich der Prüfungsniederschrift näher zu regeln, Bestimmungen über die Gegenstände der praktischen und der theoretischen Prüfung sowie über den schriftlichen und mündlichen Teil der Lehrabschlußprüfung und über die Höhe der Prüfungstaxe und der Entschädigung der Mitglieder der Prüfungskommissionen zu enthalten.

(BGBl 1978/232, BGBl I 2010/40)

(2) Im Fall des Nichtbestehens der Lehrabschlussprüfung sind bei der Wiederholung der Prüfung nur die mit „nicht genügend" bewerteten Prüfungsgegenstände zu prüfen.

(BGBl 1993/23, BGBl I 2010/40)

(3) Die Prüfungsordnung hat ferner nach Maßgabe der Bestimmungen des § 27 Abs. 2 festzusetzen, welche Gegenstände im Rahmen einer Zusatzprüfung zu prüfen sind.

(4) Sofern durch die Änderung einer Prüfungsordnung die Ablegung der Lehrabschlußprüfung wesentlich erschwert wird, ist unter Berücksichtigung des im § 21 Abs. 1 vorgesehenen Zweckes der Lehrabschlußprüfung auch zu bestimmen, ob und in welchem Ausmaß die geänderten Bestimmungen auf die im Zeitpunkt deren Inkrafttretens bereits in Ausbildung stehenden Personen anzuwenden sind.

(5) In der Prüfungsordnung kann der Bundesminister für Wirtschaft, Familie und Jugend auch bestimmen, unter welchen Voraussetzungen Personen, die eine Lehrabschlussprüfung in einem Lehrberuf abgelegt haben, jedenfalls unmittelbar zur Führung der Bezeichnung des Nachfolgelehrberufes berechtigt sind.

(BGBl I 2003/79, BGBl I 2010/40)

(6) Der Bundesminister für Wirtschaft, Familie und Jugend hat in der Prüfungsordnung eines vierjährigen Lehrberufs und eines modularen Lehrberufs mit vierjähriger Ausbildungszeit die Teilprüfung über den Fachbereich der Berufsreifeprüfung vorzusehen. Die Ausgestaltung dieser Teilprüfung über den Fachbereich hat dem § 3 Abs. 1 Z 4 des Berufsreifeprüfungsgesetzes sowie dem Lehrplan einer diesem Lehrberuf entsprechenden öffentlichen oder mit Öffentlichkeitsrecht ausgestatteten höheren Schule zu entsprechen.

(BGBl I 2006/5, BGBl I 2010/40)

Befangenheit der Mitglieder der Prüfungskommission und Prüfungsvorgang

§ 25. (1) Vom Amt als Mitglied der Prüfungskommission sind im einzelnen Fall der Lehrberechtigte, der Ausbilder, der Ausbildungsleiter, der gewerberechtliche Geschäftsführer, der Filialgeschäftsführer und, sofern die Prüfung nach Zurücklegung der Lehrzeit abgelegt wird, die Arbeitgeber des Prüflings sowie Personen ausgeschlossen, bei denen sonstige wichtige Gründe, insbesondere Verwandtschaft, Schwägerschaft oder eingetragene Partnerschaft gemäß Eingetragene Partnerschaft-Gesetz, BGBl. I Nr. 135/2009, vorliegen, die geeignet sind, ihre volle Unbefangenheit in Zweifel zu ziehen. Ob Ausschließungsgründe vorliegen, ist nach Tunlichkeit schon von der Lehrlingsstelle, in jedem Falle aber auch vom Vorsitzenden der Prüfungskommission, zu prüfen.

(BGBl 1978/232, BGBl I 2010/40)

(2) Die Prüfung ist nicht öffentlich; ausnahmsweise hat jedoch der Vorsitzende der Prüfungskommission einzelne Zuhörer zuzulassen, sofern diese ein berufliches Interesse glaubhaft machen und die räumlichen Verhältnisse die Anwesenheit

der Zuhörer ohne Beeinträchtigung des Prüfungsablaufes gestatten. Ein vom Landesschulrat namhaft gemachter Berufsschullehrer ist jedenfalls zur Lehrabschlußprüfung als Zuhörer zuzulassen.

(BGBl 1978/232)

(3) Umfang und Niveau der Prüfungsaufgaben und -fragen haben dem im § 21 Abs. 1 festgelegten Zweck der Lehrabschlußprüfung und den Anforderungen der Berufspraxis zu entsprechen. Der mündliche Teil der Prüfung ist vor der gesamten Prüfungskommission abzulegen.

(4) Die Prüfungskommission hat die Leistungen des Prüflings in den einzelnen Prüfungsgegenständen mit folgenden Noten zu bewerten:

a) „sehr gut“ (1), wenn die Leistungen erheblich über dem Durchschnitt liegen und alle gestellten Aufgaben einwandfrei gelöst wurden;

b) „gut“ (2), wenn die Leistungen über dem Durchschnitt liegen und die gestellten Aufgaben in den wichtigeren Punkten gelöst wurden;

c) „befriedigend“ (3), wenn die Leistungen dem Durchschnitt entsprechen und die gestellten Aufgaben im wesentlichen gelöst wurden;

d) „genügend“ (4), wenn die Leistungen unter dem Durchschnitt liegen, die gestellten Aufgaben aber wenigstens teilweise gelöst wurden und erwartet werden kann, daß der Prüfling trotz der aufgetretenen Mängel den im erlernten Beruf gestellten Anforderungen entsprechen wird;

e) „nichtgenügend“ (5), wenn die gestellten Aufgaben nicht gelöst wurden und nicht erwartet werden kann, daß der Prüfling den im erlernten Beruf gestellten Anforderungen entsprechen wird.

Wenn in einem Prüfungsgegenstand die Prüfung aus einem schriftlichen und einem mündlichen Teil besteht, so hat die Prüfungskommission die Leistungen in beiden Teilen mit einer gemeinsamen Note zu bewerten.

(5) Auf Grund der gemäß Abs. 4 ermittelten Noten hat die Prüfungskommission festzustellen, ob die Lehrabschlussprüfung mit Auszeichnung bestanden, mit gutem Erfolg bestanden, bestanden oder nicht bestanden wurde. Die Lehrabschlußprüfung ist

a) mit Auszeichnung bestanden, wenn wenigstens die Hälfte der Prüfungsgegenstände, worunter auch die der praktischen Prüfung zu fallen haben, mit „sehr gut“ bewertet wurden und in den übrigen Prüfungsgegenständen keine schlechtere Bewertung als „gut“ erfolgte;

b) mit gutem Erfolg bestanden, wenn wenigstens die Hälfte der Prüfungsgegenstände, worunter auch die Gegenstände der praktischen Prüfung zu fallen haben, mit gut oder sehr gut bewertet wurden und in den übrigen Prüfungsgegenständen keine schlechtere Bewertung als befriedigend erfolgte;

(BGBl I 2003/79)

c) bestanden, wenn kein Prüfungsgegenstand mit „nichtgenügend“ bewertet wurde;

d) nicht bestanden, wenn ein oder mehrere Prüfungsgegenstände mit „nichtgenügend“ bewertet wurden.

(BGBl I 2010/40)

(6) Die Lehrabschlussprüfung kann wiederholt werden.

(BGBl I 2003/79)

(7) Für die Beschlüsse der Prüfungskommission ist Stimmenmehrheit erforderlich. Bei der Abstimmung hat der Vorsitzende sein Stimmrecht zuletzt auszuüben. Der Beschluß der Prüfungskommission gemäß Abs. 5 und 6 ist dem Prüfling vom Vorsitzenden nach Abschluß der Prüfung mündlich zu verkünden.

(8) Die Bestimmungen des § 9 Abs. 7 zweiter Satz und der §§ 21 bis 26 finden auf Teilprüfungen sinngemäß Anwendung.

(BGBl 1978/232)

Prüfungszeugnis und Lehrbrief

§ 26. (1) Die Lehrlingsstelle hat dem Prüfling nach Ablegung der Lehrabschlußprüfung ein Prüfungszeugnis auszustellen, das die Beurteilung des Prüfungsergebnisses der Lehrabschlußprüfung zu enthalten hat. Bei der Ablegung der Lehrabschlussprüfung in einem modularen Lehrberuf hat sich das Prüfungszeugnis auf die betreffenden Hauptmodule und Spezialmodule zu beziehen.

(BGBl I 2006/5)

(2) Das Prüfungszeugnis ist zumindest vom Vorsitzenden der Prüfungskommission zu unterzeichnen und mit dem Siegel der Lehrlingsstelle zu versehen.

(3) Im Falle des § 8 Abs. 16 hat die Lehrlingsstelle dem Prüfling, der ihr nach Zurücklegung der für den Lehrberuf festgesetzten Lehrzeit die Zeugnisse über die erfolgreiche Ablegung der für den Lehrberuf festgelegten Teilprüfungen und über den erfolgreichen Besuch der Berufsschule vorgelegt hat, ein Zeugnis auszustellen, das die Feststellung über den Ersatz der Lehrabschlußprüfung im Sinn des § 8 Abs. 16 enthält. Dieses Zeugnis gilt als Prüfungszeugnis über die Lehrabschlußprüfung.

(BGBl I 2006/5)

(4) Das Prüfungszeugnis und das Zeugnis gemäß Abs. 3 unterliegen nicht der Gebührenpflicht im Sinne des Gebührengesetzes 1957, BGBl. Nr. 267.

(BGBl 1978/232)

(5) Auf Antrag des Prüflings hat die Lehrlingsstelle einen Lehrbrief in Form einer entsprechend gestalteten Urkunde auszustellen. Darin sind die Beendigung des Lehrverhältnisses und die erfolgreiche Ablegung der Lehrabschlussprüfung in dem betreffenden Lehrberuf, im Falle der Bewertung der Prüfung mit Auszeichnung oder mit gutem Erfolg, auch dies zu beurkunden.

(BGBl 1978/232, BGBl I 2010/40)

Zusatzprüfung

§ 27. (1) Personen, die eine Lehrabschlussprüfung in einem diesem Bundesgesetz unterliegenden Lehrberuf, eine Facharbeiterprüfung in einem land- und forstwirtschaftlichen Lehrberuf, eine Reifeprüfung an einer allgemein bildenden höheren Schule mit einschlägigen berufsbildenden Inhalten, eine Reife- und Diplomprüfung an einer berufsbildenden höheren Schule einschließlich der höheren land- und forstwirtschaftlichen Lehranstalten gemäß dem land- und forstwirtschaftlichen Bundesschulgesetz oder deren Sonderformen erfolgreich abgelegt haben oder eine mindestens zweijährige berufsbildende mittlere Schule einschließlich einer land- und forstwirtschaftlichen Fachschule oder deren Sonderformen erfolgreich abgeschlossen haben, können eine Zusatzprüfung in Lehrberufen aus dem Berufsbereich ihrer Ausbildung oder aus einem ihrer Ausbildung fachlich nahe stehenden Berufsbereich – insbesondere in verwandten Lehrberufen – ablegen. Bei modularen Lehrberufen bezieht sich die Möglichkeit zur Ablegung einer Zusatzprüfung auf die jeweiligen Hauptmodule bzw. Spezialmodule. Der von der Lehrlingsstelle für die Zusatzprüfung festzusetzende Prüfungstermin darf nicht vor dem Zeitpunkt liegen, zu dem der Prüfungswerber unter der Annahme eines mit 1. Juli des Jahres der Beendigung seiner Schulpflicht in dem betreffenden Lehrberuf begonnenen Lehrverhältnisses frühestens die Lehrabschlussprüfung hätte ablegen dürfen. Die Zusatzprüfung erstreckt sich auf die Gegenstände der praktischen Prüfung.

(2) Für Personen, die eine diesem Bundesgesetz unterliegende Lehrabschlussprüfung im Sinne des Abs. 1 erfolgreich abgelegt haben, kann der Bundesminister für Wirtschaft, Familie und Jugend in der Prüfungsordnung des betreffenden Lehrberufes festlegen, dass Teile der praktischen Prüfung nicht zu prüfen sind, wenn dies auf Grund der fachlich nahe stehenden Ausbildungsinhalte im Hinblick auf den im § 21 Abs. 1 festgelegten Zweck sachlich vertretbar ist.

(BGBl I 2010/40)

(3) Für Personen, die eine berufliche Ausbildung gemäß Abs. 1 und in weiterer Folge einen Kurs gemäß § 23 Abs. 7 erfolgreich absolviert haben, kann der Bundesminister für Wirtschaft, Familie und Jugend in der Prüfungsordnung des betreffenden Lehrberufes festlegen, dass Teile der praktischen Prüfung nicht zu prüfen sind, wenn dies auf Grund der fachlich nahe stehenden Ausbildungsinhalte im Hinblick auf den in § 21 Abs. 1 festgelegten Zweck der Lehrabschlussprüfung sachlich vertretbar ist.

(BGBl I 2010/40)

(4) Für Personen, die eine Reifeprüfung an einer allgemein bildenden höheren Schule mit einschlägigen berufsbildenden Inhalten, eine Reife- und Diplomprüfung an einer berufsbildenden höheren Schule einschließlich der höheren land- und forstwirtschaftlichen Lehranstalten gemäß dem land- und forstwirtschaftlichen Bundesschulgesetz oder deren Sonderformen erfolgreich abgelegt haben oder eine vierjährige berufsbildende mittlere Schule oder eine ihrer Sonderformen erfolgreich abgeschlossen haben, kann die Lehrlingsstelle auf Antrag des Prüfungswerbers festlegen, dass Teile der praktischen Prüfung nicht zu prüfen sind, wenn dies auf Grund der fachlich nahe stehenden Ausbildungsinhalte im Hinblick auf den im § 21 Abs. 1 festgelegten Zweck der Lehrabschlussprüfung sachlich vertretbar ist.

(5) Die Zusatzprüfung gilt als Lehrabschlussprüfung im betreffenden Lehrberuf; §§ 21 bis 23, 25 und 26 haben sinngemäß Anwendung zu finden.

(BGBl 1993/23, BGBl I 1997/67, BGBl I 2000/83, BGBl I 2006/5)

Gleichhaltung von ausländischen Prüfungszeugnissen

§ 27a. (1) Ausländische Prüfungszeugnisse sind den entsprechenden österreichischen Prüfungszeugnissen, die von diesem Bundesgesetz erfaßt sind, gleichgehalten, wenn dies in Staatsverträgen oder durch Verordnung des Bundesministers für Wirtschaft, Familie und Jugend, mit der die Gleichwertigkeit im Sinne des Abs. 2 festgestellt wurde, festgelegt worden ist. Hierüber ist über Antrag eine Bestätigung durch die Lehrlingsstelle auszustellen.

(BGBl I 2010/40)

(2) Eine im Ausland erfolgreich abgelegte Prüfung, die durch Abs. 1 nicht erfasst ist, ist auf Antrag desjenigen, der diese Prüfung abgelegt hat, vom Bundesminister für Wirtschaft, Familie und Jugend der entsprechenden Prüfung, die von diesem Bundesgesetz erfasst ist, gleichzuhalten, wenn nachgewiesen wird, dass die Berufsausbildung und die in der Prüfung nachgewiesenen Fertigkeiten und Kenntnisse in Zusammenhalt mit allenfalls bereits zurückgelegten facheinschlägigen Tätigkeiten in der Hinsicht gleichwertig sind, dass der Antragsteller in der Lage ist, die dem entsprechenden Lehrberuf eigentümlichen Tätigkeiten selbst fachgerecht auszuführen (Gleichwertigkeit).

(BGBl I 2010/40)

(3) Wenn die Gleichwertigkeit nicht nachgewiesen werden kann, jedoch glaubhaft gemacht wird, daß die im Ausland zurückgelegte Berufsausbildung in weiten Bereichen einer Ausbildung in einem Lehrverhältnis und die bei der Prüfung im Ausland nachgewiesenen Fertigkeiten und Kenntnisse in weiten Bereichen dem im § 21 Abs. 1 festgelegten Zweck einer Lehrabschlußprüfung nahekommen, ist vom Bundesminister für Wirtschaft, Familie und Jugend statt der Gleichhaltung die Zulassung zur Lehrabschlußprüfung auszusprechen und unter Bedachtnahme auf die berufspraktischen Erfordernisse gleichzeitig festzulegen, welche Gegenstände des praktischen Teils der Lehrabschlußprüfung abzulegen sind.

(BGBl 1978/232, BGBl 1993/23, BGBl I 2010/40)

Gleichhaltung von ausländischen Ausbildungszeiten

§ 27b. (1) Ausländische berufsorientierte Ausbildungszeiten sind der Lehrzeit oder Teilen der Lehrzeit in den entsprechenden Lehrberufen gleichgehalten, wenn dies in Staatsverträgen festgelegt worden ist.

(2) Ausländische berufsorientierte Ausbildungszeiten im Rahmen internationaler Ausbildungsprogramme, die durch Abs. 1 nicht erfaßt sind, können durch Verordnung des Bundesministers für Wirtschaft, Familie und Jugend der Lehrzeit oder Teilen der Lehrzeit in den entsprechenden Lehrberufen gleichgehalten werden, wenn ein Vergleich der ausländischen Rechtsvorschriften mit den Ausbildungsvorschriften des betreffenden Lehrberufes ergibt, daß die ausländische Ausbildung, insbesondere hinsichtlich der vermittelten berufspraktischen Fertigkeiten und Kenntnisse, in weiten Bereichen der Lehrausbildung nahekommt.

(BGBl 1993/23, BGBl I 2010/40)

Teilnahme an internationalen Ausbildungsprogrammen

§ 27c. (1) Die Zeit der Teilnahme an internationalen Ausbildungsprogrammen ist von der Lehrlingsstelle bis zu vier Monate pro Lehrjahr auf die Lehrzeit anzurechnen. Dieser Zeitraum verringert sich um gemäß § 13 Abs. 3 bereits angerechnete Zeit. Gemäß diesem Absatz angerechnete Zeiten der Teilnahme an internationalen Ausbildungsprogrammen verringern die gemäß § 13 Abs. 3 anzurechnende Zeit.

(2) Die Zeit der Teilnahme an internationalen Ausbildungsprogrammen, bei welchen eine dem Berufsbild des jeweiligen Lehrberufs für die Ausbildung im entsprechenden Lehrjahr entsprechende Ausbildung absolviert wird, ist von der Lehrlingsstelle bis zu sechs Monate pro Lehrjahr auf die Lehrzeit anzurechnen. Dieser Zeitraum verringert sich nicht um bereits gemäß Abs. 1 oder § 13 Abs. 3 angerechnete Zeit. Gemäß diesem Absatz angerechnete Zeiten der Teilnahme an internationalen Ausbildungsprogrammen verringern die gemäß Abs. 1 oder § 13 Abs. 3 anzurechnende Zeit nicht.

(3) Der Lehrberechtigte hat der Lehrlingsstelle ohne unnötigen Aufschub, spätestens jedoch binnen vier Wochen nach dem Abschluss die Teilnahme an einem internationalen Ausbildungsprogramm gemäß Abs. 1 oder 2 anzuzeigen.

(4) Teilnehmer an internationalen Ausbildungsprogrammen gemäß Abs. 1 oder 2 gelten als Lehrlinge im Sinne des Allgemeinen Sozialversicherungsgesetzes, im Sinne des Familienlastenausgleichsgesetzes, BGBl. Nr. 376/1967, im Sinne des Arbeitslosenversicherungsgesetzes 1977, im Sinne des Insolvenz-Entgeltsicherungsgesetzes (IESG), BGBl. Nr. 324/1977 und im Sinne des Einkommensteuergesetzes.

(BGBl I 2003/79, BGBl I 2010/40)

Ersatz von Lehrzeiten auf Grund schulmäßiger Berufsausbildung

§ 28. (1) Zeugnisse (Jahrgangszeugnisse, Abschlußzeugnisse, Abschlußprüfungszeugnisse, Reifeprüfungszeugnisse), mit denen der erfolgreiche Abschluß allgemeinbildender höherer oder berufsbildender mittlerer oder höherer Schulen einschließlich deren Sonderformen und der Schulversuche oder einzelner Klassen dieser Schulen nachgewiesen wird, ersetzen Lehrzeiten in den der schwerpunktmäßigen berufsbildenden Ausbildung der Schule entsprechenden Lehrberufen, wenn die Schüler während des Besuches der Schule oder der einzelnen Klassen der Schule in den dem betreffenden Lehrberuf eigentümlichen Fertigkeiten und Kenntnissen derart fachgemäß ausgebildet und praktisch unterwiesen werden, daß sie in der Lage sind, die Ausbildung in einer Lehre unter entsprechender Verkürzung der Lehrzeit zweckentsprechend fortzusetzen oder befähigt sind, zur Lehrabschlußprüfung anzutreten.

(2) Der Bundesminister für Wirtschaft, Familie und Jugend hat mit Verordnung festzulegen, in welchem Ausmaß Lehrzeiten in bestimmten Lehrberufen durch die schwerpunktmäßige berufsbildende Ausbildung in einer Schule gemäß Abs. 1 ersetzt werden. Bei der erstmaligen Festlegung der Lehrzeitersätze ist von den in Geltung stehenden Lehrplänen für die betreffende Schultype auszugehen. Lehrplanänderungen, die zu einer Veränderung der schwerpunktmäßigen berufsbildenden Ausbildung der Schultype führen, sind bei der Regelung des Lehrzeitersatzes zu berücksichtigen. Lehrzeitersätze dürfen nur für Klassen festgelegt werden, die mindestens der zehnten Schulstufe entsprechen. Bei der Festlegung von Lehrzeitersätzen haben jene Gegenstände, deren Kenntnis für die Ausübung des Lehrberufes nicht erforderlich ist, außer Betracht zu bleiben.

(BGBl I 2010/40)

(3) Einer Person, die das 16. Lebensjahr vollendet hat und

a) die eine von einer Verordnung gemäß Abs. 2 nicht oder hinsichtlich des Lehrberufes nicht erfaßte Schule besucht hat oder
b) auf die wegen des Schulerfolges die Bestimmungen einer solchen Verordnung nicht Anwendung finden,

ist auf Antrag, der in Verbindung mit der Anmeldung des Lehrvertrages oder einer Abänderung desselben zu stellen ist, die schulmäßige berufsorientierte Ausbildung auf die festgesetzte Lehrzeit anzurechnen. Im Falle der lit. a ist die Schulzeit auf die festgesetzte Lehrzeit eines facheinschlägigen Lehrberufes mit bis zu drei Jahren Lehrzeit im Ausmaß bis zu eineinhalb Jahren, mit über drei Jahren Lehrzeit im Ausmaß bis zu zwei Jahren von der Lehrlingsstelle anzurechnen, wenn das Erlernte für die Anrechnung dieser Zeit ausreicht. Bei der Festlegung des Ausmaßes der Anrechnung ist das Berufsbild des Lehrberufes und die Verwertbarkeit des Erlernten für die weitere Ausbildung zu berücksichtigen und auf eine zweckentsprechende Eingliederung zum Berufsschulbesuch Bedacht zu nehmen. Es darf gemäß lit. b keine Anrechnung vorgenommen werden, die über die in einer Verordnung gemäß Abs. 2 festgelegte Anrechnung hinausgeht. Es darf auch keine Anrechnung für Klassen vorgenommen werden, die nicht mindestens der zehnten Schulstufe entsprechen. Weiters hat die

Lehrlingsstelle vor Eintragung des Lehrvertrages eine binnen vier Wochen abzugebende Stellungnahme des Landes-Berufsausbildungsbeirates zur sachlichen Rechtfertigung und zum Ausmaß der Anrechnung einzuholen und zu berücksichtigen.

(BGBl 1978/232, BGBl 1993/23, BGBl I 2010/40)

Dauer der Lehrzeit im Falle der Ausbildung oder Beschäftigung in Justizanstalten, in denen der Strafvollzug nach den Bestimmungen des § 55 des Jugendgerichtsgesetzes 1988 erfolgt, in Sozialpädagogischen Einrichtungen oder in Einrichtungen für Menschen mit einer Körper- oder Sinnesbehinderung

§ 29. (1) Die Lehrlingsstelle hat die Zeit, in der Personen in einer Justizanstalt, in der der Strafvollzug nach den Bestimmungen des § 55 des Jugendgerichtsgesetzes 1988 erfolgt, in einer auf Grund des § 17 des Bundes-Kinder- und Jugendhilfegesetzes 2013 errichteten Sozialpädagogischen Einrichtung oder in einer anderen Einrichtung, die zur Durchführung öffentlicher Jugendhilfe berechtigt ist, in einem Lehrberuf ausgebildet werden, auf die Lehrzeit in diesem Lehrberuf in vollem Ausmaß anzurechnen, wenn die Werkstätte so eingerichtet und so geführt wird, dass die für die praktische Erlernung im betreffenden Lehrberuf nötigen Fertigkeiten und Kenntnisse vermittelt werden können und wenn die Anleitung durch eine Person, die die persönlichen Voraussetzungen für das Ausbilden von Lehrlingen (§ 2 Abs. 2 lit. b und c) besitzt, erfolgte.

(2) Die Lehrlingsstelle hat die Zeit, in der Personen in einer der im Abs. 1 angeführten Einrichtungen mit Tätigkeiten beschäftigt werden, die den Gegenstand eines Lehrberufes ausmachen, auf die Lehrzeit in diesem Lehrberuf anzurechnen, wenn die im Abs. 1 angeführten Voraussetzungen gegeben sind. Im Rahmen des Ermittlungsverfahrens hat die Lehrlingsstelle eine Stellungnahme des Leiters der Einrichtung einzuholen und bei der Entscheidung über das Ausmaß der Anrechnung auf den Ausbildungsstand des Bewohners Bedacht zu nehmen.

(3) Der Aufenthalt in einer der im Abs. 1 angeführten Einrichtungen darf im Lehrzeugnis, in Prüfungszeugnissen und im Zeugnis gemäß § 26 Abs. 3 nicht erwähnt werden.

(4) Die Lehrlingsstelle hat die Zeit, in der Personen in einer Einrichtung für blinde Menschen oder gehörlose Menschen oder für Menschen mit einer Körper- oder Sinnesbehinderung in einem Lehrberuf ausgebildet werden, auf die Lehrzeit in diesem Lehrberuf anzurechnen, wenn es sich nicht um eine Schule handelt und wenn die im Abs. 1 angeführten Voraussetzungen gegeben sind. Im Rahmen des Ermittlungsverfahrens hat die Lehrlingsstelle eine Stellungnahme des Leiters der Einrichtung einzuholen und bei der Entscheidung über das Ausmaß der Anrechnung auf den Ausbildungsstand und das Ausmaß der Behinderung des Antragstellers Bedacht zu nehmen.

(BGBl 1978/232, BGBl I 2010/40, BGBl I 2013/129, BGBl I 2015/78)

Ausbilderprüfung

§ 29a. (1) Zweck der Ausbilderprüfung ist es, festzustellen, ob die Lehrberechtigten und die Ausbilder die für die Ausbildung von Lehrlingen im Sinne des Abs. 2 erforderlichen Kenntnisse besitzen und praktisch anwenden können.

(2) Die Ausbilderprüfung ist mündlich anhand von Beispielen aus der Ausbildungspraxis nach einer dem Prüfling eingeräumten angemessenen Vorbereitungszeit durchzuführen, wobei sämtliche nachstehend angeführten Aufgabenbereiche zu berücksichtigen sind:

a) Festlegen von Ausbildungszielen auf Grund des Berufsbildes,

b) Ausbildungsplanung im Betrieb,

c) Vorbereitung, Durchführung und Kontrolle der Ausbildung,

d) Verhaltensweisen des Ausbilders gegenüber dem Lehrling,

e) Fragen betreffend das Berufsausbildungsgesetz, das Kinder- und Jugendbeschäftigungsgesetz, BGBl. Nr. 146/1948, den Arbeitnehmerschutz sowie betreffend die Stellung des dualen Berufsausbildungssystems im österreichischen Bildungssystem.

(3) Die Meisterprüfungsstelle hat in jedem Jahr mindestens einen Termin für die Abhaltung der Ausbilderprüfung festzulegen und zu veranlassen, dass diese Termine rechtzeitig vor Beginn der Ausbilderprüfung in geeigneter Weise verlautbart werden. Gleichzeitig hat die Meisterprüfungsstelle die Lehrlingsstelle und die Kammer für Arbeiter und Angestellte von diesen Terminen in Kenntnis zu setzen.

(BGBl I 2003/79)

(4) Für die Ablegung der Ausbilderprüfung ist eine Prüfungstaxe zu entrichten. Die Höhe der Prüfungstaxe ist in der Prüfungsordnung (§ 29d) entsprechend dem besonderen Verwaltungsaufwand einschließlich einer angemessenen Entschädigung der Mitglieder der Prüfungskommission zu bestimmen.

(5) Die Meisterprüfungsstelle hat der Lehrlingsstelle sowie der Kammer für Arbeiter und Angestellte jene Personen bekannt zu geben, die die Ausbilderprüfung erfolgreich abgelegt haben.

(BGBl 1993/23, BGBl I 2003/79)

(BGBl 1978/232)

Prüfungskommissionen für die Ausbilderprüfung

§ 29b. (1) Die Ausbilderprüfungen sind, sofern §§ 20 Abs. 8 und 22 Abs. 2 der Gewerbeordnung 1994 nicht anderes bestimmen, vor Prüfungskommissionen abzulegen, die die Meisterprüfungsstelle zu errichten hat. Jede Prüfungskommission besteht aus einem Vorsitzenden und zwei Beisitzern.

(BGBl I 1997/67, BGBl I 2003/79, BGBl I 2015/78)

(2) Die Mitglieder der Prüfungskommission müssen die für die Lehrlingsausbildung erforderlichen Kenntnisse sowie entweder

a) eine mindestens dreijährige Ausbildungspraxis besitzen und die Lehrabschlußprüfung erfolgreich abgelegt haben bzw. eine diese Prüfung gemäß § 8 Abs. 7 oder § 28 ersetzende Ausbildung oder

b) eine mindestens sechsjährige Ausbildungspraxis

aufweisen.

(3) Die Vorsitzenden der Prüfungskommissionen sind vom Leiter der Meisterprüfungsstelle auf Grund eines beim Landes-Berufsausbildungsbeirat einzuholenden Vorschlages auf die Dauer von fünf Jahren zu bestellen. Der Leiter der Meisterprüfungsstelle ist an den Vorschlag des Landes-Berufsausbildungsbeirates gebunden. Wird ein solcher Vorschlag nicht fristgerecht erstattet, so hat der Leiter der Meisterprüfungsstelle die Bestellung der Vorsitzenden nach Anhörung der Kammer für Arbeiter und Angestellte und der Landeskammer der gewerblichen Wirtschaft vorzunehmen. Die Beisitzer sind vom Leiter der Meisterprüfungsstelle für jeden Prüfungstermin gesondert auf Grund von Listen zu bestimmen, die hinsichtlich des einen Beisitzers von der Landeskammer der gewerblichen Wirtschaft und hinsichtlich des anderen Beisitzers von der Kammer für Arbeiter und Angestellte auf die Dauer von fünf Jahren aufzustellen sind. Bei der Zusammensetzung der Prüfungskommission ist nach Möglichkeit auf das berufliche Herkommen des Prüfungswerbers Bedacht zu nehmen.

(BGBl I 2003/79)

(4) Die Bestimmungen des § 22 Abs. 4, 5 dritter bis fünfter Satz, 6, 7 und 9 gelten für die Ausbilderprüfung sinngemäß.

(BGBl 1978/232)

Zulassung zur Ausbilderprüfung

§ 29c. Zur Ausbilderprüfung ist zuzulassen, wer eigenberechtigt ist. Die Zulassung zur Ausbilderprüfung ist bei einer Meisterprüfungsstelle nach Wahl des Prüfungswerbers unter Anschluss der dem Nachweis des Vor- und Familiennamens und der Eigenberechtigung dienenden Unterlagen und des Nachweises über die Entrichtung der Prüfungstaxe zu beantragen. Die Meisterprüfungsstelle hat über den Antrag zu entscheiden und den Prüfungstermin festzusetzen.

(BGBl 1978/232, BGBl I 2003/79)

Prüfungsordnung

§ 29d. Die Prüfungsordnung für die Ausbilderprüfung ist vom Bundesminister für Wirtschaft, Familie und Jugend durch Verordnung zu erlassen. Sie hat auf Grund der Bestimmungen dieses Bundesgesetzes die Prüfung einschließlich der Prüfungsniederschrift näher zu regeln sowie Bestimmungen über die Höhe der Prüfungstaxe und der Entschädigung der Mitglieder der Prüfungskommission zu enthalten.

(BGBl 1978/232, BGBl I 2010/40)

Befangenheit der Mitglieder der Prüfungskommission und Prüfungsvorgang

§ 29e. (1) Vom Amt als Mitglied der Prüfungskommission für die Ausbilderprüfung sind im einzelnen Fall der Arbeitgeber des Prüflings sowie Personen ausgeschlossen, bei denen sonstige wichtige Gründe, insbesondere Verwandtschaft, Schwägerschaft oder eingetragene Partnerschaft gemäß Eingetragene Partnerschaft-Gesetz, BGBl. I Nr. 135/2009, vorliegen, die geeignet sind, ihre volle Unbefangenheit in Zweifel zu ziehen. Ob Ausschließungsgründe vorliegen, ist nach Tunlichkeit schon von der Meisterprüfungsstelle, in jedem Falle aber auch vom Vorsitzenden der Prüfungskommission zu prüfen.

(BGBl I 2003/79, BGBl I 2010/40)

(2) Die Prüfung ist nicht öffentlich; ausnahmsweise hat jedoch der Vorsitzende der Prüfungskommission einzelne Zuhörer zuzulassen, sofern diese ein berufliches Interesse glaubhaft machen und die räumlichen Verhältnisse die Anwesenheit der Zuhörer ohne Beeinträchtigung des Prüfungsablaufes gestatten.

(3) Die Prüfung ist vor der gesamten Prüfungskommission abzulegen. Umfang und Niveau der dem Prüfling zu stellenden Aufgaben und Fragen haben dem im § 29a Abs. 1 festgelegten Zweck der Ausbilderprüfung und den Anforderungen der Ausbildungspraxis zu entsprechen.

(4) Die Prüfungskommission hat auf Grund der Leistungen des Prüflings festzustellen, ob die Ausbilderprüfung bestanden oder nicht bestanden wurde. Für die Beschlüsse der Prüfungskommission ist Stimmenmehrheit erforderlich. Bei der Abstimmung hat der Vorsitzende sein Stimmrecht zuletzt auszuüben. Der Beschluß der Prüfungskommission über das Prüfungsergebnis ist dem Prüfling vom Vorsitzenden nach Abschluß der Prüfung mündlich zu verkünden.

(5) Die Ausbilderprüfung kann wiederholt werden.

(BGBl I 2003/79)

(BGBl 1978/232)

Prüfungszeugnis

§ 29f. (1) Die Meisterprüfungsstelle hat dem Prüfling nach erfolgreicher Ablegung der Ausbilderprüfung ein Prüfungszeugnis auszustellen, das die Beurteilung des Prüfungsergebnisses zu enthalten hat.

(2) Das Prüfungszeugnis sowie das Zeugnis über das bestandene Modul Ausbilderprüfung gemäß § 352 Abs. 10 der Gewerbeordnung 1994 unterliegen nicht der Gebührenpflicht im Sinne des Gebührengesetzes 1957.

(BGBl 1978/232, BGBl I 1997/67, BGBl I 2003/79)

Ausbilderkurs

§ 29g. (1) Zweck des Ausbilderkurses ist es, Lehrberechtigten oder Ausbildern die für die Ausbildung von Lehrlingen erforderlichen Fachkenntnisse in den im § 29a Abs. 2 lit. a bis e angeführten Bereichen und die Befähigung zu deren praktischer Anwendung zu vermitteln. Der Ausbilderkurs hat zumindest 40 Unterrichtseinheiten zu umfassen und ist mit einem Fachgespräch abzuschließen.

(2) Wer Ausbilderkurse durchführen will, hat einen diesbezüglichen Antrag an die Lehrlingsstelle zu stellen und die die Kursveranstaltung betreffenden Unterlagen anzuschließen. Ergibt sich auf Grund der Prüfung durch die Lehrlingsstelle, daß durch den Kurs die für die Ausbildung von Lehrlingen erforderlichen pädagogisch-psychologischen, ausbildungsplanerischen und ausbildungsmethodischen sowie rechtlichen Kenntnisse und Fertigkeiten vermittelt werden, so hat die Lehrlingsstelle dem Antragsteller die Berechtigung zu erteilen, solche Kurse als Ausbilderkurse zu bezeichnen.

(3) Die von den Wirtschaftskammern und Arbeiterkammern sowie von Bildungseinrichtungen, die von diesen Interessenvertretungen getragen werden, durchgeführten Ausbilderkurse dürfen ohne eine Berechtigung gemäß Abs. 2 als Ausbilderkurse bezeichnet werden.

(4) Wenn die in Abs. 2 genannten Voraussetzungen nicht mehr gegeben sind, ist dem Inhaber der Berechtigung eine angemessene, höchstens sechs Wochen dauernde Frist zur Behebung der Mängel zu setzen. Werden die Mängel innerhalb der gesetzten Frist nicht behoben, so hat die Lehrlingsstelle die Berechtigung zu entziehen. Das Verfahren zur Behebung von Mängel sowie zum Entzug der Berechtigung ist von Amts wegen oder über begründeten schriftlichen Antrag einer Landeskammer der gewerblichen Wirtschaft oder der Kammer für Arbeiter und Angestellte von der Lehrlingsstelle einzuleiten.

(5) Der Inhaber der Berechtigung hat hinsichtlich der Zulassung zu Ausbilderkursen § 29c und hinsichtlich des Zeugnisses § 29f sinngemäß anzuwenden.

(BGBl 1978/232, BGBl 1993/23, BGBl I 1997/67)

Gleichhaltung der Ausbilderprüfung oder des Ausbilderkurses

§ 29h. (1) Eine Prüfung oder eine Ausbildung, die sich auch auf die Aufgabenbereiche gemäß § 29a Abs. 2 bezieht, kann durch Verordnung des Bundesministers für Wirtschaft, Familie und Jugend der Ausbilderprüfung oder einem Ausbilderkurs gleichgehalten werden.

(BGBl I 2010/40)

(2) Der Bundesminister für Wirtschaft, Familie und Jugend kann eine im Inland erfolgreich abgelegte, durch Abs. 1 nicht erfaßte Prüfung oder eine im Inland erfolgreich absolvierte, durch Abs. 1 nicht erfaßte Ausbildung, die sich weitgehend auf die Aufgabenbereiche gemäß § 29a Abs. 2 bezieht und daher im wesentlichen gleichwertig ist, auf Antrag desjenigen, der diese Prüfung abgelegt oder diese Ausbildung absolviert hat, der Ausbilderprüfung oder einem Ausbilderkurs gleichhalten.

(BGBl I 2010/40)

(3) Eine im Ausland erfolgreich abgelegte Prüfung oder erfolgreich absolvierte Ausbildung, die sich weitgehend auf die Aufgabenbereiche gemäß § 29a Abs. 2 bezieht und daher im wesentlichen gleichwertig ist, ist der Ausbilderprüfung oder einem Ausbilderkurs gleichgehalten, wenn dies in Staatsverträgen festgelegt worden ist. Hierüber ist über Antrag eine Bestätigung durch die Lehrlingsstelle auszustellen.

(4) Der Bundesminister für Wirtschaft, Familie und Jugend hat eine im Ausland erfolgreich abgelegte Prüfung oder erfolgreich absolvierte Ausbildung, die sich weitgehend auf die Aufgabenbereiche gemäß § 29a Abs. 2 bezieht und daher im wesentlichen gleichwertig ist, der Ausbilderprüfung oder einem Ausbilderkurs gleichzuhalten, wenn der Antragsteller die Kenntnis der einschlägigen österreichischen Rechtsvorschriften glaubhaft macht.

(BGBl I 2010/40)

(5) Der Bundesminister für Wirtschaft, Familie und Jugend kann durch Verordnung Berufe bezeichnen, die Lehrlinge ausbilden dürfen, ohne den Anforderungen des § 2 Abs. 2 lit. c zu entsprechen, wenn in den für die jeweiligen Berufe geltenden Berufszugangsregelungen ein Fachgespräch betreffend ausreichende Kenntnisse über die Aufgabenbereiche gemäß § 29a Abs. 2 integriert ist oder zusätzlich absolviert wird.

(BGBl I 2010/40)

(BGBl 1978/232, BGBl 1993/23, BGBl I 1997/67)

Überbetriebliche Lehrausbildung

§ 30. (1) Die überbetriebliche Lehrausbildung ergänzt und unterstützt die betriebliche Ausbildung in Lehrbetrieben gemäß § 2 für Personen, die kein Lehrverhältnis gemäß § 12 beginnen können und die das Arbeitsmarktservice nicht erfolgreich auf eine Lehrstelle vermitteln konnte. Die Ausbildung in überbetrieblichen Ausbildungseinrichtungen hat daher auch die Einbeziehung von Unternehmen, bevorzugt von solchen, die auch zur Ausbildung von Lehrlingen berechtigt sind, zu beinhalten mit dem Ziel, den auszubildenden Personen den Beginn eines Lehrverhältnisses gemäß § 12 zu ermöglichen (Vermittlungsauftrag).

(BGBl I 2010/40, BGBl I 2020/18)

(2) Voraussetzung zur Führung und zum Betrieb einer überbetrieblichen Ausbildungseinrichtung ist eine Bewilligung der Bundesministerin für Digitalisierung und Wirtschaftsstandort. Die Bewilligung ist zu erteilen, wenn

1. die Organisation und Ausstattung der Ausbildungseinrichtung unter Berücksichtigung einer allfälligen ergänzenden Ausbildung die Vermittlung aller für die praktische Erlernung des betreffenden Lehrberufes nötigen Kenntnisse, Fertigkeiten und Kompetenzen ermöglicht, wobei die Gestaltung der Ausbildung im Wesentlichen dem Berufsbild des betreffen-

den Lehrberufes und das Ausbildungsziel den in der Prüfungsordnung dieses Lehrberufes gestellten Anforderungen entspricht und die Ausbildung mit der Ablegung der Lehrabschlussprüfung abgeschlossen werden kann,

2. für die erforderliche Anzahl von Personen, die die persönlichen Voraussetzungen für das Ausbilden von Lehrlingen besitzen, vorgesorgt ist,
3. Praktika in Unternehmen, bevorzugt von solchen, die auch zur Ausbildung von Lehrlingen berechtigt sind, einbezogen werden,
4. ein Konzept zur Unterstützung und Förderung der proaktiven Vermittlung in Lehrverhältnisse gemäß § 12 vorgelegt wird,
5. glaubhaft gemacht wird, dass die Führung der Ausbildungseinrichtung für die geplante Betriebsdauer mit einem hohen Grad der Wahrscheinlichkeit sichergestellt ist, und
6. für die Wirtschaft sowie die Lehrstellenbewerberinnen und Lehrstellenbewerber ein Bedarf nach einer Ausbildungseinrichtung besteht und die Ausbildung im betreffenden Lehrberuf bzw. Berufsfeld in betrieblichen Lehrverhältnissen nicht gewährleistet ist.

Praktika gemäß Z 3 gelten nicht als Überlassung gemäß § 9 ArbeitnehmerInnenschutzgesetz, BGBl. Nr. 450/1994, in der jeweils geltenden Fassung, und unterliegen nicht den Bestimmungen des Arbeitskräfteüberlassungsgesetzes, BGBl. Nr. 196/1988, in der jeweils geltenden Fassung.

(BGBl I 2020/18)

(3) Die Bewilligung ist auf die erforderliche Dauer des Betriebs der Ausbildungseinrichtung zu befristen.

(BGBl I 2020/18)

(4) Der Bewilligungswerber hat alle für die Prüfung des Vorliegens der im Abs. 2 genannten Voraussetzungen notwendigen Angaben zu machen und die erforderlichen Unterlagen vorzulegen.

(BGBl I 2020/18)

(5) Wenn die im Abs. 2 Z 1 bis 6 genannten Voraussetzungen nicht mehr gegeben sind, ist dem Inhaber oder der Inhaberin der Bewilligung unter Androhung des Entzuges oder der Nichtverlängerung der Bewilligung eine angemessene, höchstens ein halbes Jahr dauernde Frist zur Behebung der Mängel zu setzen. Werden die Mängel innerhalb der gesetzten Frist nicht behoben, so hat die Bundesministerin für Digitalisierung und Wirtschaftsstandort die Bewilligung zu entziehen.

(BGBl I 2020/18)

(6) Ausbildungsverhältnisse in der überbetrieblichen Lehrausbildung enden ex lege mit Beginn eines Lehrvertrages gemäß § 12.

(BGBl I 2020/18)

(7) Auf die Inhaber einer Bewilligung gemäß Abs. 1, auf die dort in Ausbildung Stehenden und die Ausbildungsverhältnisse finden die Bestimmungen dieses Bundesgesetzes mit Ausnahme der §§ 15a, 17, 17a und 18 mit der Maßgabe sinngemäß Anwendung, dass

1. kein Lehrvertrag abzuschließen ist und die Ausbildungsverhältnisse bei der Lehrlingsstelle in Form einer Liste, die sämtliche im § 12 Abs. 3 geforderten Angaben enthalten muss, anzumelden sind und
2. die in einer Ausbildungseinrichtung zurückgelegte Zeit der Ausbildung der Lehrzeit im betreffenden Lehrberuf gleichgestellt ist.

(8) Personen, die in einer Ausbildungseinrichtung gemäß Abs. 1 ausgebildet werden, sind in einem Lehrverhältnis stehenden Personen (Lehrlingen) im Sinne des § 4 Abs. 1 Z 2 des Allgemeinen Sozialversicherungsgesetzes sowie hinsichtlich der Berufsschulpflicht gleichgestellt. Sie gelten als Lehrlinge im Sinne des Arbeitslosenversicherungsgesetzes 1977, des Insolvenz-Entgeltsicherungsgesetzes sowie des Familienlastenausgleichsgesetzes und haben Anspruch auf eine Ausbildungsbeihilfe, die die Beitragsgrundlage für die Bemessung der Sozialversicherungsbeiträge bildet. Weiters sind auf sie die Bestimmungen der §§ 2a, 2b, 3, 4, 4a, 5 Abs. 1 und 3, 6, 7, 8, 8a, 9 und 14 des Mutterschutzgesetzes 1979 (MSchG), BGBl. Nr. 221/1979, in der Fassung des Bundesgesetzes BGBl. I Nr. 138/2013 anzuwenden; § 14 MSchG gilt mit der Maßgabe, dass an die Stelle des Entgelts die Ausbildungsbeihilfe tritt.

(BGBl I 2015/78)

(BGBl 1978/232, BGBl I 1997/67, BGBl I 2008/82)

Auszeichnung

§ 30a. (1) Der Bundesminister für Wirtschaft, Familie und Jugend kann auf einstimmigen Antrag des Landes-Berufsausbildungsbeirates einem Ausbildungsbetrieb die Auszeichnung verleihen, im geschäftlichen Verkehr das Wappen der Republik Österreich (Bundeswappen) mit dem Hinweis „Staatlich ausgezeichneter Ausbildungsbetrieb“ als Kopfaufdruck auf Geschäftspapieren, auf Druckschriften und Verlautbarungen sowie in der äußeren Geschäftsbezeichnung und in sonstigen Ankündigungen führen zu dürfen. Dieses Recht wird durch eine Änderung der Rechtsform nicht berührt. Auszeichnungen unterliegen nicht der Gebührenpflicht im Sinne des Gebührengesetzes 1957, BGBl. Nr. 267, und keinen Bundesverwaltungsabgaben.

(BGBl I 1997/67, BGBl I 2003/79, BGBl I 2010/40)

(2) Die Auszeichnung darf nur verliehen werden, wenn der Ausbildungsbetrieb sich durch außergewöhnliche Leistungen in der Ausbildung von Lehrlingen und im Lehrlingswesen Verdienste um die österreichische Wirtschaft erworben hat und eine allgemein geachtete Stellung einnimmt.

(3) Der Bundesminister für Wirtschaft, Familie und Jugend hat die Auszeichnung zu widerrufen, wenn diese trotz Abmahnung nicht der Vorschrift des Abs. 1 entsprechend geführt wird oder wenn die Voraussetzungen für die Verleihung der Auszeichnung nach Abs. 2 nicht mehr gegeben sind. Der Landes-Berufsausbildungsbeirat, die Landeskammer der gewerblichen Wirtschaft oder die

Kammer für Arbeiter und Angestellte können den Widerruf der Auszeichnung beantragen.

(BGBl I 2003/79, BGBl I 2010/40)

(4) Ausbildungsbetriebe (Ausbildungsstätten), denen die Auszeichnung nicht verliehen oder diese widerrufen worden ist, dürfen diese nicht führen.

(BGBl 1993/23)

Überbetriebliche Lehrausbildung im Auftrag des Arbeitsmarktservice

§ 30b. (1) Hat das Arbeitsmarktservice entsprechend den Richtlinien des Verwaltungsrates für die überbetriebliche Lehrausbildung, die den Bestimmungen des § 30 oder des § 8c vergleichbare Qualitätsstandards enthalten, eine Ausbildungseinrichtung mit der überbetrieblichen Lehrausbildung beauftragt, so ist für den Zeitraum der Beauftragung keine Bewilligung der Bundesministerin für Digitalisierung und Wirtschaftsstandort gemäß § 30 Abs. 2 bzw. gemäß § 8c Abs. 2 erforderlich. Die Zuweisung zu einer Maßnahme gemäß dieser Bestimmung darf erst erfolgen, wenn die Vermittlung in ein Lehrverhältnis gemäß § 12 Abs. 1 nicht zustande gekommen ist.

(BGBl I 2010/40, BGBl I 2020/18)

(2) Abs. 1 gilt auch, wenn im Auftrag des Arbeitsmarktservice einzelne Personen zusätzlich auf einem Ausbildungsplatz in einer Ausbildungseinrichtung in einem bestimmten Lehrberuf ausgebildet werden und dadurch die Anzahl der für diesen Lehrberuf gemäß § 30 bzw. § 8c bewilligten oder ursprünglich vertraglich vereinbarten Ausbildungsplätze überschritten wird.

(BGBl I 2010/40)

(3) § 30 Abs. 7 und 8 gelten auch für die überbetriebliche Lehrausbildung im Auftrag des Arbeitsmarktservice.

(4) Das Arbeitsmarktservice hat auch Ausbildungsplätze bei Nichtverfügbarkeit von betrieblichen Praktika gemäß § 30 Abs. 2 Z 3 zur Verfügung zu stellen, wobei für die betroffenen Jugendlichen ein individueller Ausbildungsplan im Rahmen der überbetrieblichen Lehrausbildung zu vereinbaren ist.

(BGBl I 2010/40, BGBl I 2020/18)

(5) Weiters sind Personen, die in einer vom Arbeitsmarktservice beauftragten (sonstigen) Maßnahme mit einer Mindestdauer von einem Jahr, in die ab Vollendung des 20. Lebensjahres eingetreten werden kann, mit dem Ziel der Ablegung der Lehrabschlussprüfung ausgebildet werden, hinsichtlich der Berufsschulpflicht den in einem Ausbildungsverhältnis gemäß § 30 befindlichen Personen gleichgestellt, sofern die Ausbildungen in sinngemäßer Anwendung des § 30 Abs. 7 Z 1 in Form einer Liste bei der Lehrlingsstelle gemeldet werden. Die Meldung darf nur dann unterbleiben, wenn der daraus resultierende Besuch der Berufsschule zur Erreichung des Ausbildungszieles nicht zweckmäßig ist. Die Festlegung der Dauer der Ausbildung hat aufgrund bereits bestehender facheinschlägiger (Teil)Qualifikationen zu erfolgen.

(BGBl I 2013/74)

(BGBl I 2008/82)

Vertrauensrat

§ 30c. (1) Personen, die in einer Ausbildungseinrichtung gemäß § 8c, § 30 oder gemäß § 30b ausgebildet werden, haben für jeden Standort einen Vertrauensrat zu wählen. Dieser hat die wirtschaftlichen, sozialen, gesundheitlichen und kulturellen Interessen der Auszubildenden wahrzunehmen. Er hat den Inhaber der Ausbildungseinrichtung auf allfällige Mängel aufmerksam zu machen und entsprechende Maßnahmen anzuregen. Weiters kann der Vertrauensrat Vorschläge zu allen die Ausbildung betreffenden Fragen machen und ist in die Planung der Ausbildung einzubeziehen. Der Inhaber der Ausbildungseinrichtung hat dem Vertrauensrat für seine Aufgaben die erforderliche Zeit zu gewähren und die notwendigen Mittel und Sacherfordernisse unentgeltlich zur Verfügung zu stellen. Er ist verpflichtet, mit dem Vertrauensrat vierteljährlich, auf dessen Verlangen auch monatlich, gemeinsame Beratungen über laufende Angelegenheiten der Ausbildung zu führen, ihn über alle wichtigen Angelegenheiten zu informieren und ihm die zur Erfüllung seiner Aufgaben erforderlichen Auskünfte zu erteilen. Die Mitglieder des Vertrauensrates dürfen in der Ausübung ihrer Tätigkeit nicht beschränkt und nicht benachteiligt werden. Werden den Mitgliedern des Vertrauensrates persönliche Verhältnisse oder Angelegenheiten der von ihnen vertretenen Jugendlichen bekannt, die ihrer Bedeutung oder ihrem Inhalt nach einer vertraulichen Behandlung bedürfen, so haben sie hierüber Verschwiegenheit zu bewahren. Der Bundesminister für Wirtschaft, Familie und Jugend hat mittels Verordnung weitere Regelungen für die Rechte und Pflichten der Mitglieder des Vertrauensrates festlegen.

(2) Der Vertrauensrat besteht für jeden Standort der Ausbildungseinrichtung mit bis zu dreißig Auszubildenden aus einem Mitglied, das aus dem Kreis der Auszubildenden kommen muss. Bei 31 bis 50 Auszubildenden an einem Standort besteht der Vertrauensrat aus zwei Mitgliedern, bei 51 bis 100 Auszubildenden an einem Standort aus drei Mitgliedern. Für je weitere bis zu 100 Auszubildende an einem Standort erhöht sich die Zahl der Mitglieder um je ein weiteres Mitglied. Die Tätigkeitsdauer der Mitglieder des Vertrauensrates beginnt mit dem Zeitpunkt ihrer Wahl und endet mit dem Zeitpunkt der Wahl einer Nachfolgerin oder eines Nachfolgers oder des Ausscheidens aus der Ausbildungseinrichtung sowie bei Rücktritt von der Funktion. Im Fall des Ausscheidens oder bei Rücktritt von der Funktion übernimmt die auf Grund des Wahlergebnisses nächstgereihte Person die Funktion.

(3) Die Wahl der Mitglieder des Vertrauensrates erfolgt jährlich in freier, gleicher und geheimer Wahl durch alle am Standort der Ausbildungseinrichtung zum Zeitpunkt der Wahl in einem Ausbil-

dungsverhältnis befindlichen Personen im vierten Quartal jeden Jahres in einer Versammlung der Auszubildenden. Der Inhaber der Ausbildungseinrichtung ist verpflichtet, die für die Durchführung der Wahl erforderliche Infrastruktur zur Verfügung zu stellen. Der Bundesminister für Wirtschaft, Familie und Jugend hat mittels Verordnung die Bestimmungen zur Einberufung der Wahl, zur Erstellung der Wahllisten, zur Leitung der Wahl, zu den erforderlichen Quoren für die Wahl sowie zum Wahlvorgang festzulegen (Wahlordnung). Die Wahl kann binnen eines Monats beim Gericht durch jeden Wahlberechtigten angefochten werden, wenn wesentliche Bestimmungen des Wahlverfahrens oder leitende Grundsätze des Wahlrechts, insbesondere des freien, gleichen und geheimen Wahlrechts, verletzt werden und dadurch das Wahlergebnis beeinflusst werden konnte.

(BGBl I 2010/40)

Bundes-Berufsausbildungsbeirat

§ 31. (1) Bei der Bundeskammer der gewerblichen Wirtschaft ist ein Bundes-Berufsausbildungsbeirat zu errichten, der aus zwölf Mitgliedern mit beschließender Stimme und aus zwei Mitgliedern mit beratender Stimme besteht. Niemand kann gleichzeitig dem Bundes-Berufsausbildungsbeirat und einem Landes-Berufsausbildungsbeirat als Mitglied oder Ersatzmitglied angehören.

(BGBl 1978/232)

(2) Der Beirat hat folgende Aufgaben:

1. die Erstattung von begründeten Vorschlägen zur Erlassung oder Abänderung von Verordnungen auf Grund dieses Bundesgesetzes an den Bundesminister für Wirtschaft, Familie und Jugend,
2. die Erstattung von begründeten Vorschlägen zu Fragen der durch dieses Bundesgesetz geregelten Berufsausbildung an den Bundesminister für Wirtschaft, Familie und Jugend,
3. die Erstattung von Vorschlägen zu Fragen der durch dieses Bundesgesetz geregelten Berufsausbildung an die Bundesschulbehörden und
4. die Abgabe von Stellungnahmen in Verfahren über die Gleichhaltung von ausländischen Prüfungszeugnissen gemäß § 27a und von in- und ausländischen Prüfungen und Ausbildungen mit der Ausbilderprüfung bzw. dem Ausbilderkurs gemäß § 29h Abs. 2 und 4 sowie zur Erteilung und Entziehung einer Bewilligung zur Ausbildung von Personen in Ausbildungseinrichtungen gemäß § 30.

Bei der Erstattung von Vorschlägen und der Abgabe von Stellungnahmen hat der Beirat auf die Ergebnisse der Berufsbildungsforschung Bedacht zu nehmen.

(BGBl 1978/232, BGBl 1993/23, BGBl I 1997/67, BGBl I 2003/79, BGBl I 2008/82, BGBl I 2010/40)

(3) Wenn der Bundesminister für Wirtschaft, Familie und Jugend die Erlassung oder Abänderung einer der im Abs. 2 Z 1 angeführten Verordnungen beabsichtigt, hat er unter Setzung einer angemessenen, mindestens zweimonatigen Frist eine Stellungnahme des Beirates einzuholen und auf eine fristgerecht erstattete Stellungnahme bei Erlassung der entsprechenden Verordnung Bedacht zu nehmen.

(BGBl I 2010/40)

(4) Der Bundesminister für Wirtschaft, Familie und Jugend hat die Mitglieder mit beschließender Stimme sowie für jedes dieser Mitglieder ein Ersatzmitglied auf Grund von Vorschlägen zu bestellen, welche die Bundeskammer der gewerblichen Wirtschaft und die Bundeskammer für Arbeiter und Angestellte für je sechs Mitglieder und Ersatzmitglieder zu erstatten haben. Die zwei Mitglieder mit beratender Stimme sowie für jedes dieser Mitglieder ein Ersatzmitglied hat der Bundesminister für Wirtschaft, Familie und Jugend auf Grund von Vorschlägen des Bundesministers für Unterricht, Kunst und Kultur aus dem Kreise der Berufsschullehrer zu bestellen. Ferner hat der Bundesminister für Wirtschaft, Familie und Jugend aus dem Kreis der Mitglieder auf Vorschlag der Bundeskammer der gewerblichen Wirtschaft nach Anhörung der Bundeskammer für Arbeiter und Angestellte einen Vorsitzenden und auf Vorschlag der Bundeskammer für Arbeiter und Angestellte nach Anhörung der Bundeskammer der gewerblichen Wirtschaft einen weiteren Vorsitzenden zu bestellen. Die Vorsitzenden haben einander in der Vorsitzführung zu Beginn jeder Sitzung abzuwechseln.

(BGBl 1978/232, BGBl I 2008/82, BGBl I 2010/40)

BAG

(5) Der Bundesminister für Wirtschaft, Familie und Jugend hat ein Mitglied (Ersatzmitglied) abzuberufen, wenn das Mitglied (Ersatzmitglied) selbst oder die Stelle, welche es vorgeschlagen hat, dies beantragt, wenn es zum Mitglied (Ersatzmitglied) eines Landes-Berufsausbildungsbeirates bestellt wird oder wenn es nicht die Gewähr bietet, daß es seine Aufgaben zu erfüllen vermag; gleichzeitig ist ein anderes Mitglied (Ersatzmitglied) zu bestellen.

(BGBl 1978/232, BGBl I 2010/40)

(6) In Abwesenheit des Vorsitzenden, der bei dieser Sitzung die Vorsitzführung innehaben sollte, führt das an Lebensjahren älteste stimmberechtigte Mitglied (Ersatzmitglied), das anwesend ist und auf Grund eines Vorschlages derselben Stelle wie der abwesende Vorsitzende bestellt wurde, den Vorsitz im Beirat. Der Beirat ist beschlußfähig, wenn alle Mitglieder ordnungsgemäß eingeladen worden und mindestens sieben Mitglieder (Ersatzmitglieder) mit beschließender Stimme anwesend sind. Ist ein Mitglied an der Teilnahme an einer Sitzung des Beirates verhindert, so hat es für die entsprechende Verständigung und Information eines Ersatzmitgliedes zu sorgen.

(BGBl 1978/232)

(7) Für das Zustandekommen von Beschlüssen des Beirates ist Stimmeneinhelligkeit erforderlich; kommt keine Stimmeneinhelligkeit zustande, so hat der Vorsitzende dies dem Bundesminister für Wirtschaft, Familie und Jugend mitzuteilen und dieser Mitteilung die übereinstimmende Ansicht von mindestens vier bei der Beschlußfassung an-

wesenden Mitgliedern (Ersatzmitgliedern) mit beschließender Stimme als deren Stellungnahme anzuschließen.

(BGBl 1978/232, BGBl I 2010/40)

(8) Der Vorsitzende hat aus eigenem oder auf Antrag von mindestens drei Mitgliedern des Beirates für die einzelnen Beratungsgegenstände Sachverständige den Sitzungen des Beirates beizuziehen. Die Sachverständigen werden durch Beschluß des Beirates bestellt; es dürfen für einen Beratungsgegenstand nicht mehr als sechs Sachverständige bestellt werden. Die Sachverständigen besitzen kein Stimmrecht.

(BGBl 1978/232)

(9) Die Bürogeschäfte des Beirates sind von der Bundeskammer der gewerblichen Wirtschaft zu führen. Der Beirat hat eine Geschäftsordnung zu beschließen, in welcher der Geschäftsgang auf Grund der gesetzlichen Vorschriften so geordnet wird, daß die Erfüllung der dem Beirat übertragenen Aufgaben sichergestellt ist.

(BGBl 1978/232)

(10) Die Mitglieder (Ersatzmitglieder) des Beirates versehen ihr Amt auf Grund einer öffentlichen Verpflichtung als ein Ehrenamt; sie und die sonst bei den Sitzungen des Beirates Anwesenden sind verpflichtet, über den Verlauf der Beratungen des Beirates Verschwiegenheit zu bewahren. Die Mitglieder und die Ersatzmitglieder des Beirates haben das Recht, der Durchführung von Lehrabschlußprüfungen, Ausbilderprüfungen und allfälligen Teilprüfungen jederzeit beizuwohnen.

(BGBl 1978/232)

Landes-Berufsausbildungsbeiräte

§ 31a. (1) Bei jeder Lehrlingsstelle ist ein Landes-Berufsausbildungsbeirat zu errichten, der aus vier Mitgliedern mit beschließender Stimme besteht.

(2) Dem Beirat obliegt

1. die Erstattung von Stellungnahmen, Vorschlägen und Anregungen
   a) über die Vorgangsweise bei der Durchführung der den Lehrlingsstellen übertragenen Aufgaben,
   b) zur Durchführung der Lehrabschlußprüfungen, allfälliger Teilprüfungen und der Ausbilderprüfungen sowie Ausbilderkurse,
      (BGBl I 1997/67)
   c) im Zusammenhang mit den unterstützenden Maßnahmen der Lehrlingsstelle gemäß § 22 Abs. 9,
   d) zu Ausbildungsmaßnahmen im Rahmen eines Ausbildungsverbundes, insbesondere zu dessen Förderung auf Landesebene,
      (BGBl 1993/23)
   e) über finanzielle Förderungsmaßnahmen in Ausbildungsangelegenheiten,
   f) über die Durchführung von Ausbildungsversuchen im Bundesland;
2. die Übermittlung von Anträgen und die Erstattung von Stellungnahmen an den Bundes-Berufsausbildungsbeirat in Angelegenheiten, für die dieser Beirat zuständig ist, insbesondere in Verfahren gemäß § 30 und in Fragen der Durchführung eines Ausbildungsversuches;
3. die Erstattung eines Vorschlages für die Bestellung der Vorsitzenden der Prüfungskommissionen für die Lehrabschlußprüfung und für die Ausbilderprüfung;
4. die Erstattung von Vorschlägen und Anregungen an die Landesschulbehörden in Berufsausbildungsangelegenheiten;
5. die Erstattung von Stellungnahmen gemäß § 8 Abs. 13 und 14, § 13 Abs. 1a, § 13 Abs. 2 lit. e und j, § 13 Abs. 5 und § 28 Abs. 3, die Einholung von Auskünften gemäß § 8a Abs. 5 sowie in begründeten Fällen die Einholung von Auskünften über den Stand des Eintragungsverfahrens gemäß § 20 Abs. 2 betreffend bestimmte Lehrverträge und die Erstattung von Vorschlägen zur Erledigung;
   (BGBl 1993/23, BGBl I 2003/79, BGBl I 2008/82)
6. die Erstattung von Stellungnahmen, Vorschlägen und Anregungen in sonstigen Berufsausbildungsangelegenheiten im Bundesland;
7. die Erstattung von Vorschlägen und Anregungen im Zusammenhang mit Beschwerden bezüglich der dem Lehrberechtigten im § 9 Abs. 8 auferlegten Pflichten;
8. die Erstattung von Stellungnahmen an die Lehrlingsstelle über die Erteilung und Entziehung einer Berechtigung, Ausbilderkurse zu führen;
   (BGBl I 1997/67, BGBl I 2003/79)
9. Anregung und Förderung der Zusammenarbeit zwischen den kollektivvertragsfähigen Körperschaften der Arbeitgeber und der Arbeitnehmer sowie den Vertretern der Lehrbetriebe, der zuständigen Schulbehörde, des Bundeslandes, der Lehrlingsstellen der Wirtschaftskammer und des Arbeitsmarktservice für die Förderung der betrieblichen Ausbildung und für die Einrichtung von Ausbildungsverbundmaßnahmen (§ 2a) im Sinne des § 19a;
   (BGBl I 2003/79)
10. das Stellen von Anträgen, mit denen die Verleihung einer öffentlichen Auszeichnung an Ausbildungsbetriebe mit außergewöhnlichen Leistungen in der Ausbildung von Lehrlingen und im Lehrlingswesen empfohlen wird.
    (BGBl I 2003/79)

(BGBl I 2010/40)

(3) Bei Einholung einer Stellungnahme oder Vorschlages ist dem Beirat, soweit in diesem Bundesgesetz nicht anderes bestimmt ist, eine angemessene, mindestens zweimonatige Frist zu setzen

und auf fristgerecht erstattete Stellungnahmen und Vorschläge des Beirates bei der Entscheidung Bedacht zu nehmen.

(BGBl I 2010/40)

(4) Der Landeshauptmann hat die Mitglieder des Landes-Berufsausbildungsbeirates sowie für jedes Mitglied ein Ersatzmitglied auf Grund von Vorschlägen zu bestellen, welche die Landeskammer der gewerblichen Wirtschaft und die Kammer für Arbeiter und Angestellte für je zwei Mitglieder und Ersatzmitglieder zu erstatten haben. Ferner hat der Landeshauptmann aus dem Kreis der Mitglieder auf Vorschlag der Landeskammer der gewerblichen Wirtschaft nach Anhörung der Kammer für Arbeiter und Angestellte einen Vorsitzenden und auf Vorschlag der Kammer für Arbeiter und Angestellte nach Anhörung der Landeskammer der gewerblichen Wirtschaft einen weiteren Vorsitzenden zu bestellen. Die Vorsitzenden haben einander in der Vorsitzführung zu Beginn jeder Sitzung abzuwechseln.

(5) Der Landeshauptmann hat ein Mitglied (Ersatzmitglied) abzuberufen, wenn das Mitglied (Ersatzmitglied) selbst oder die Stelle, welche es vorgeschlagen hat, dies beantragt, wenn es zum Mitglied (Ersatzmitglied) des Bundes-Berufsausbildungbeirates bestellt wird oder wenn es nicht die Gewähr bietet, daß es seine Aufgaben zu erfüllen vermag; gleichzeitig ist ein anderes Mitglied (Ersatzmitglied) zu bestellen.

(6) In Abwesenheit des Vorsitzenden, der bei dieser Sitzung die Vorsitzführung innehaben sollte, führt das an Lebensjahren älteste stimmberechtigte Mitglied (Ersatzmitglied), das anwesend ist und auf Grund eines Vorschlages derselben Stelle wie der abwesende Vorsitzende bestellt wurde, den Vorsitz im Beirat. Der Beirat ist beschlußfähig, wenn alle Mitglieder ordnungsgemäß eingeladen worden und mindestens drei Mitglieder (Ersatzmitglieder) anwesend sind. Ist ein Mitglied an der Teilnahme einer Sitzung des Beirates verhindert, so hat es für die entsprechende Verständigung und Information eines Ersatzmitgliedes zu sorgen. Der Leiter der Lehrlingsstelle oder ein von ihm als Vertreter bestellter Bediensteter der Lehrlingsstelle hat an den Sitzungen des Beirates teilzunehmen und auf Verlangen der Mitglieder (Ersatzmitglieder) im Zusammenhang mit dem Beratungsgegenstand stehende Auskünfte aus seinem Aufgabenbereich zu erteilen.

(7) Für das Zustandekommen von Beschlüssen des Landes-Berufsausbildungsbeirates ist Stimmeneinhelligkeit erforderlich; kommt keine Stimmeneinhelligkeit zustande, so hat der Vorsitzende dies der für die in Beratung stehende Angelegenheit zuständigen Stelle mitzuteilen, die übereinstimmende Ansicht von mindestens zwei bei der Beschlußfassung anwesenden Mitgliedern (Ersatzmitgliedern) aber nur dann als deren Stellungnahme anzuschließen, wenn der Beirat um eine Stellungnahme ersucht worden ist oder wenn die Mitglieder (Ersatzmitglieder) die Weiterleitung ihrer Stellungnahme verlangen.

(BGBl I 2010/40)

(8) Der Vorsitzende hat erforderlichenfalls für einzelne Beratungsgegenstände Sachverständige den Sitzungen des Beirates beizuziehen. Die Sachverständigen werden durch Beschluß des Beirates bestellt; es dürfen für einen Beratungsgegenstand nicht mehr als drei Sachverständige bestellt werden. Die Sachverständigen besitzen kein Stimmrecht.

(9) Die Bürogeschäfte des Landes-Berufsausbildungsbeirates sind von der Lehrlingsstelle zu führen. Der Beirat hat eine Geschäftsordnung zu beschließen, in welcher der Geschäftsgang auf Grund der gesetzlichen Vorschriften so geordnet wird, daß die Erfüllung der dem Beirat übertragenen Aufgaben sichergestellt ist.

(10) Die Mitglieder (Ersatzmitglieder) des Landes-Berufsausbildungsbeirates versehen ihr Amt auf Grund einer öffentlichen Verpflichtung als ein Ehrenamt; sie und die sonst bei den Sitzungen des Beirates Anwesenden sind verpflichtet, über den Verlauf der Beratungen des Beirates Verschwiegenheit zu bewahren. Die Mitglieder und die Ersatzmitglieder des Beirates haben das Recht, der Durchführung von Lehrabschlußprüfungen, Ausbilderprüfungen und Ausbilderkursen und allfälligen Teilprüfungen jederzeit beizuwohnen.

(BGBl I 1997/67)

(BGBl 1978/232)

Förderausschuss

§ 31b. (1) Beim Bundes-Berufsausbildungsbeirat wird ein Ausschuss eingerichtet. Dieser hat Richtlinien betreffend Beihilfen für die betriebliche Ausbildung von Lehrlingen gemäß § 19c Abs. 1, ausgenommen für Zwecke gemäß Z 8, festzulegen.

(BGBl I 2011/148)

(2) Der Ausschuss setzt sich aus insgesamt neun Mitgliedern zusammen. Die Mitglieder werden vom Bundesminister für Wirtschaft, Familie und Jugend bestellt, davon drei Mitglieder auf Vorschlag der Wirtschaftskammer Österreich und drei Mitglieder auf Vorschlag der Bundesarbeitskammer. Für jedes Mitglied ist ein Ersatzmitglied zu bestellen.

(BGBl I 2010/40)

(3) Der Ausschuss wählt einen Vorsitzenden sowie zwei Stellvertreter. Die Funktionen des Vorsitzenden und der beiden Stellvertreter sind auf die vom Bundesminister für Wirtschaft, Familie und Jugend ohne Vorschlag bestellten sowie auf die von der Wirtschaftskammer Österreich und von der Bundesarbeitskammer vorgeschlagenen Mitglieder so aufzuteilen, dass je eine Funktion auf eine der drei genannten Gruppen von Mitgliedern entfällt.

(BGBl I 2010/40)

(4) Die Funktionsperiode der Mitglieder (Ersatzmitglieder) beträgt vier Jahre. Die Wiederbestellung ist zulässig.

(5) Die Mitglieder (Ersatzmitglieder) können jederzeit gegenüber dem Bundesminister für Wirtschaft, Familie und Jugend ihren Rücktritt erklären. Der Rücktritt wird mit Zugang der schriftlichen Erklärung wirksam.

(BGBl I 2010/40)

(6) Scheidet ein Mitglied (Ersatzmitglied) vor Ablauf der Zeit, für die es bestellt ist, aus, so ist für den Rest der Funktionsperiode ein neues Mitglied (Ersatzmitglied) zu bestellen.

(7) Die Mitglieder (Ersatzmitglieder) sind zur gewissenhaften und unparteiischen Ausübung ihrer Funktion und zur Verschwiegenheit über ihnen in Ausübung ihrer Funktion bekannt gewordene personenbezogene Daten verpflichtet. Der Bundesminister für Wirtschaft, Familie und Jugend hat die Bestellung eines Mitgliedes (Ersatzmitgliedes) zu widerrufen, wenn ein wichtiger Grund, insbesondere bei grober Pflichtverletzung oder dauernder Unfähigkeit zur Ausübung der Funktion, vorliegt.

(BGBl I 2010/40)

(8) Die näheren Bestimmungen über das einzuhaltende Verfahren sind in einer vom Ausschuss zu erlassenden Geschäftsordnung zu regeln. Die Geschäftsordnung bedarf der Bestätigung des Bundesministers für Wirtschaft, Familie und Jugend. Soweit die Geschäftsordnung nicht anderes vorsieht, obliegt die Einberufung und Leitung der Sitzungen des Ausschusses dem Vorsitzenden, ist die Beschlussfähigkeit des Ausschusses bei Anwesenheit von mindestens sieben Mitgliedern gegeben und bedürfen Beschlüsse einer qualifizierten Mehrheit der abgegebenen Stimmen von zwei Dritteln und einer Stimme. Bis zur Wahl des Vorsitzenden obliegt die Einberufung und Leitung der Sitzungen des Ausschusses einem vom Bundesminister für Wirtschaft, Familie und Jugend bestimmten Mitglied. Die Geschäftsordnung kann die Beiziehung von Experten mit beratender Stimme vorsehen.

(BGBl I 2010/40)

(BGBl I 2008/82)

Richtlinien des Bundesministers für Wirtschaft, Familie und Jugend

§ 31c. (1) Der Bundesminister für Wirtschaft, Familie und Jugend hat im Einvernehmen mit dem Bundesminister für Arbeit, Soziales und Konsumentenschutz Richtlinien für Beihilfen und ergänzende Unterstützungsstrukturen zum Zweck der Förderung von Beratungs,- Betreuungs- und Unterstützungsleistungen zur Erhöhung der Chancen auf eine erfolgreiche Berufsausbildung und auch zur Anhebung der Ausbildungsbeteiligung insbesondere in Bereichen mit wenigen Ausbildungsbetrieben oder Lehrlingen (§ 19c Abs. 1 Z 8) zu erlassen. Der Förderausschuss gemäß § 31b sowie die Wirtschaftskammer Österreich und die Bundesarbeitskammer sind berechtigt, Vorschläge für entsprechende Richtlinien zu erstatten.

(2) Die Richtlinien gemäß Abs. 1 sollen insbesondere auch die Bereitstellung von Mitteln für den Auf- und Ausbau geeigneter Beratungs,- Betreuungs- und Unterstützungsstrukturen vorsehen. Die Richtlinien können auch die unmittelbare Vergabe von Aufträgen an geeignete Einrichtungen vorsehen, soweit diese zur Zielerreichung zweckmäßiger ist. Die Richtlinien haben darauf zu achten, dass eine entsprechende Bedeckung aus den vom Insolvenz-Entgelt-Fonds gemäß § 13e IESG zur Verfügung gestellten Mitteln gegeben ist.

(BGBl I 2011/148)

Qualitätsausschuss des Bundes-Berufsausbildungsbeirates

§ 31d. (1) Beim Bundes-Berufsausbildungsbeirat wird ein Qualitätsausschuss eingerichtet. Dieser hat die Aufgabe, Instrumente und Maßnahmen zu Qualitätssicherung und Qualitätsentwicklung in der Berufsausbildung zu beraten und zu entwickeln. Dazu zählen insbesondere

1. Ausarbeitung systematischer Konzepte für die Lehrlingsausbildung,
2. Beratung und Erstattung von Vorschlägen zu innovativen Projekten an den Förderausschuss (§ 31b) und zu Modellprojekten an das Bundesministerium für Wissenschaft, Forschung und Wirtschaft
3. Monitoring der Erfolgs- und Antrittsquoten im Zusammenhang mit der Lehrabschlussprüfung unter Einbeziehung von statistischen Daten über Erfolgsquoten in den Berufsschulen
4. Erarbeitung von Angeboten, Programmen und Projekten, um Lehrlinge und Lehrbetriebe und sonstige Ausbildungsträger bei einer erfolgreichen Ausbildung zu unterstützen,
5. Abstimmung mit den Landes-Berufsausbildungsbeiräten zur Konzeption und Vorbereitung regionaler und branchenbezogener Angebote, Programme und Projekte.

(2) Der Ausschuss setzt sich aus sechs Mitgliedern zusammen. Jeweils drei Mitglieder werden vom Bundesminister für Wissenschaft, Forschung und Wirtschaft auf Vorschlag der Wirtschaftskammer Österreich und auf Vorschlag der Bundesarbeitskammer bestellt. Für jede Kurie ist ein Ersatzmitglied zu bestellen.

(3) Der Ausschuss wählt zwei Vorsitzende. Die Funktionen der Vorsitzenden sind auf die von der Wirtschaftskammer Österreich und von der Bundesarbeitskammer vorgeschlagenen Mitglieder so aufzuteilen, dass je ein Vorsitzender auf eine der genannten Gruppen von Mitgliedern entfällt. Die Vorsitzenden wechseln einander in der Vorsitzführung zu Beginn jeder Sitzung ab. Die Beiziehung von Experten mit beratender Stimme ist jederzeit zulässig. Bei der Erarbeitung von Branchenangeboten sind die Interessenvertretungen der betroffenen Branche einzubeziehen.

(4) Weiters sind die Bestimmungen des § 31b Abs. 4 bis 7 anzuwenden. Die Beschlussfähigkeit des Ausschusses ist bei Anwesenheit von mindestens vier Mitgliedern gegeben, wenn alle Mitglieder ordnungsgemäß eingeladen wurden.

Für das Zustandekommen von Beschlüssen ist Stimmeinhelligkeit erforderlich.

(5) Die Lehrlingsstellen haben dem Qualitätsausschuss auf Antrag von mindestens drei seiner Mitglieder personenbezogene Daten gemäß § 19g Abs. 1, soweit diese bei der Lehrlingsstelle verfügbar sind, insbesondere zu Ausbildungsabbruchs- und Prüfungserfolgsquoten einzelner Branchen und Regionen, sowie bei Vorliegen besonderer Gründe wie zB bei der Lehrlingsstelle, der Wirtschaftskammer oder der Arbeiterkammer eingelangter Informationen auch einzelner Lehrbetriebe auf Anforderung zur Verfügung zu stellen bzw. zu übermitteln. Gleichzeitig ist bei Betroffenheit einzelner Bundesländer der zuständige Landes-Berufsausbildungsbeirat zu informieren. Die Mitglieder des Qualitätsausschusses und die beigezogenen Experten und Expertinnen haben diese Informationen vertraulich zu behandeln und sind darüber zur Verschwiegenheit verpflichtet.

(BGBl I 2018/32)

(BGBl I 2015/78)

Strafbestimmungen

§ 32. (1) Wer zwar befugt ist, einen Lehrling im Sinne dieses Bundesgesetzes auszubilden, aber seiner Verpflichtung nicht nachgekommen ist,

a) einen Lehrvertrag rechtzeitig zur Eintragung anzumelden, oder

b) dem Lehrling die zum Besuch der Berufsschule erforderliche Zeit freizugeben, oder

c) den Lehrling zum regelmäßigen Schulbesuch anzuhalten, oder

d) dem Lehrling keine berufsfremden Tätigkeiten zu übertragen, oder

(BGBl I 2020/18)

e) bei der Aufnahme von Lehrlingen die auf Grund des § 8 Abs. 3, 4 und 5 festgesetzte Verhältniszahl zu beachten,

f) einen geeigneten Ausbilder mit der Ausbildung zu betrauen, oder

(BGBl 1993/23)

g) eine Anzeige gemäß § 9 Abs. 9 rechtzeitig zu erstatten, oder

(BGBl 1978/232, BGBl 1993/23)

h) die in einem Bescheid gemäß § 3a vorgeschriebenen ergänzenden Ausbildungsmaßnahmen im Rahmen eines Ausbildungsverbundes in erheblichem Ausmaß zu vermitteln oder die zur ordnungsgemäßen Durchführung der ergänzenden Ausbildung erforderlichen Maßnahmen zu treffen,

(BGBl 1993/23)

begeht eine Verwaltungsübertretung und ist von der Bezirksverwaltungsbehörde mit einer Geldstrafe bis zu 1 090 €, in den Fällen der lit. b, d und f jedoch mit einer Geldstrafe von mindestens 145 €, und nach wiederholter Bestrafung mit einer Geldstrafe von mindestens 327 € bis 2 180 € zu bestrafen.

(BGBl 1978/232, BGBl 1993/23, BGBl I 2001/136)

(2) a) Wer unter Vortäuschung, Lehrberechtigter zu sein, eine Person in einem Lehrberuf ausbildet, sofern nicht der Tatbestand der lit. c vorliegt, oder

b) wer einen Lehrling im Sinne dieses Bundesgesetzes ausbildet, obwohl dies gemäß § 3a Abs. 1 unzulässig ist, im Falle der Unterlassung der Antragstellung zur Feststellung der Ausbildungseignung in weiteren Lehrberufen gemäß § 3a Abs. 1 jedoch nur dann, wenn der Antrag gemäß § 3a trotz Aufforderung durch die Lehrlingsstelle nicht binnen drei Wochen gestellt wird oder der Lehrvertrag durch die Lehrlingsstelle nicht für aufrecht erklärt wird oder

(BGBl 1978/232, BGBl 1993/23)

c) wer einen Lehrling im Sinne dieses Bundesgesetzes ausbildet, obwohl ihm die Ausbildung von Lehrlingen gemäß § 4 verboten ist, oder

(BGBl 1978/232)

d) wer die Ausbildung im Sinne dieses Bundesgesetzes fortsetzt, obwohl die Eintragung des Lehrvertrages gemäß § 20 rechtskräftig verweigert oder gelöscht wurde, oder

(BGBl 1978/232)

e) wer einen Ausbilderkurs führt, ohne im Besitz einer Berechtigung gemäß § 29g zu sein, oder

(BGBl 1978/232, BGBl I 1997/67)

f) wer Personen in einem Lehrberuf in einer besonderen selbständigen Ausbildungseinrichtung ausbildet, ohne im Besitz einer Bewilligung gemäß § 30 Abs. 1 zu sein, oder

g) wer als Lehrberechtigter entgegen einer Verpflichtung gemäß § 2a eine Ausbildung im Rahmen eines Ausbildungsverbundes nicht durchführt,

(BGBl 1993/23)

begeht eine Verwaltungsübertretung und ist von der Bezirksverwaltungsbehörde mit einer Geldstrafe bis zu 3 270 € zu bestrafen.

(BGBl I 2001/136)

(3) Eine Verwaltungsübertretung, die von der Bezirksverwaltungsbehörde mit Geldstrafe bis zu 2 180 € zu bestrafen ist, begeht, wer die Bestimmungen des § 30a über die Führung der Aufzeichnung nicht einhält.

(BGBl 1993/23, BGBl I 2001/136)

(4) Wenn

a) die Bestellung eines gewerberechtlichen Geschäftsführers angezeigt oder genehmigt wurde,

b) die Übertragung der Ausübung des Gewerbes an einen gewerberechtlichen Pächter angezeigt oder genehmigt wurde oder

c) die Bestellung eines Filialgeschäftsführers für eine bestimmte Betriebsstätte angezeigt oder genehmigt wurde,

sind Geld- und Ersatzfreiheitsstrafen gegen diese Personen zu verhängen. Der Gewerbetreibende ist neben dem gewerberechtlichen Geschäftsführer oder Filialgeschäftsführer strafbar, wenn er die Verwaltungsübertretung wissentlich duldet oder wenn er bei der Auswahl des gewerberechtlichen Geschäftsführers oder Filialgeschäftsführers es an der erforderlichen Sorgfalt hat fehlen lassen.

(BGBl 1978/232, BGBl 1993/23)

Übergangsbestimmungen

§ 33. (1) Die Verordnung des Bundesministers für wirtschaftliche Angelegenheiten über den Ersatz der Lehrabschlußprüfung und der Lehrzeit auf Grund schulmäßiger Ausbildung, BGBl. Nr. 356/1985, in der Fassung der Verordnungen BGBl. Nr. 101/1988, BGBl. Nr. 95/1989, BGBl. Nr. 214/1989, BGBl. Nr. 535/1990, BGBl. Nr. 88/1991, BGBl. Nr. 154/1992 und BGBl. Nr. 533/1992 sowie die Verordnung des Bundesministers für wirtschaftliche Angelegenheiten über den Ersatz der Lehrabschlußprüfung und der Lehrzeit auf Grund schulmäßiger Ausbildung in land- und forstwirtschaftlichen Fachschulen, BGBl. Nr. 462/1986, in der Fassung der Verordnungen BGBl. Nr. 448/1988, BGBl. Nr. 89/1991, BGBl. Nr. 526/1991, BGBl. Nr. 574/1991 und BGBl. Nr. 281/1992 bleiben hinsichtlich des Ersatzes der Lehrzeit solange als Bundesgesetz aufrecht, bis sie durch eine Verordnung auf Grund des § 28 Abs. 2 ersetzt werden.

(BGBl 1993/23)

(1a) Die Bestimmungen über den Ersatz von Lehrabschlußprüfungen auf Grund schulmäßiger Ausbildung bleiben für Schüler aufrecht, die spätestens im Schuljahr 1992/93 mit dem Besuch einer Schule begonnen haben, deren erfolgreicher Abschluß auf Grund der im Abs. 1 angeführten Verordnungen die Lehrabschlußprüfung ersetzt.

(BGBl 1993/23)

(2) Die Bestimmungen des § 2 Abs. 3 dieses Bundesgesetzes finden keine Anwendung

a) auf Personen, die im Zeitpunkt des Inkrafttretens dieses Bundesgesetzes auf Grund ihrer Gewerbeberechtigung zur Ausbildung von Lehrlingen berechtigt waren, ohne die im § 2 Abs. 3 angeführten Voraussetzungen nachgewiesen zu haben,
b) auf Personen, die auf Grund ihrer Gewerbeberechtigung zur Ausbildung von Lehrlingen berechtigt sind, wenn dieses Gewerbe später unter die handwerksmäßigen Gewerbe eingereiht oder bei konzessionierten Gewerben die Erbringung eines Befähigungsnachweises eingeführt wird.

(BGBl I 2010/40)

(3) Vor dem Inkrafttreten dieses Bundesgesetzes erfolgreich abgelegte Facharbeiterprüfungen werden hinsichtlich ihrer Rechtswirkungen den vor dem Inkrafttreten dieses Bundesgesetzes erfolgreich abgelegten Gesellenprüfungen gleichgestellt. Vor dem Inkrafttreten dieses Bundesgesetzes erfolgreich abgelegte Gesellenprüfungen, Facharbeiterprüfungen, Gehilfenprüfungen, Lehrlingsprüfungen und Kaufmannsgehilfenprüfungen gelten als erfolgreich abgelegte Lehrabschlußprüfungen im Sinne dieses Bundesgesetzes.

(BGBl I 2010/40)

(4) Sofern hinsichtlich neu anerkannter Lehrberufe nicht genügend Personen die Voraussetzungen gemäß § 22 Abs. 2 oder 3 erfüllen, sind solche Personen als Vorsitzende der Prüfungskommissionen zu bestellen oder als Beisitzer zu bestimmen, die den fachlichen Anforderungen am ehesten entsprechen.

(BGBl I 2010/40)

(5) Soweit in bundesgesetzlichen Vorschriften auf Bestimmungen verwiesen wird, die gemäß § 34 dieses Bundesgesetzes außer Kraft treten, gilt nunmehr die Verweisung auf die entsprechenden Bestimmungen dieses Bundesgesetzes und der hiezu ergangenen Verordnungen.

(BGBl I 2010/40)

Schlußbestimmungen

§ 34. (1) (überholt)

(2) Soweit in diesem Bundesgesetz hinsichtlich des Lehrverhältnisses nicht ausdrücklich anderes bestimmt ist, bleiben die Vorschriften des Arbeitsrechtes unberührt.

(3) Durch dieses Bundesgesetz bleiben insbesondere unberührt:

1. Das Arbeitsinspektionsgesetz, 1993, BGBl. Nr. 27/1993, zuletzt geändert durch das Bundesgesetz BGBl. I Nr. 51/2011,
   (BGBl I 2012/35)
2. (aufgehoben)
   (BGBl I 2012/35)
3. §§ 10, 19, 31 und 43 des Wirtschaftskammergesetzes, BGBl. I Nr. 103/1998, zuletzt geändert durch das Bundesgesetz BGBl. I Nr. 2/2008,
4. §§ 4, 5, 9 und 93 Abs. 2 des Arbeiterkammergesetzes 1992, BGBl. Nr. 626/1991.
   (BGBl I 2015/78)

(BGBl I 2010/40)

(4) Mit Inkrafttreten dieses Bundesgesetzes verlieren die Wirksamkeit:

1. a) § 14 vierter und fünfter Absatz der Gewerbeordnung, letzterer jedoch nur insoweit, als er sich nicht auf die Zulassung zur Meisterprüfung bezieht,
   b) § 13a Abs. 6 und 14a der Gewerbeordnung, soweit sie den Ersatz der ordnungsmäßigen Beendigung des Lehrverhältnisses durch Schulbesuch vorsehen und
   c) § 14b Abs. 2 bis 6, Abs. 2 jedoch nur insoweit, als er sich auf die Gleichhaltung der Tätigkeit als Lehrling bezieht, §§ 97

bis 105a, § 132 lit. f, soweit er sich auf Lehrlinge bezieht, und § 133a lit. d der Gewerbeordnung;

(BGBl I 2020/18)

2. das Gesetz GBl. f. d. L. Ö. Nr. 302/1939, mit dem einige das Lehrlingswesen betreffende gewerberechtliche Vorschriften abgeändert und ergänzt werden;
3. Art. XXXIII der Gewerberechtsnovelle 1952, BGBl. Nr. 179;
4. die ehemals deutschen Vorschriften, soweit sie Angelegenheiten regeln, die Gegenstand dieses Bundesgesetzes sind, insbesondere
   a) der Erlaß des Reichswirtschaftsministers vom 2. Dezember 1938, Zl. III/SW 18585, zum Aufbau des industriellen und kaufmännischen Ausbildungs- und Prüfungswesens;
   b) die Verordnung vom 15. Dezember 1939, Deutsches RGBl. I S. 2425, über die Ausbildung von Fachkräften;
   c) die Verordnung vom 6. Jänner 1940, Deutsches RGBl. I S. 32, über Maßnahmen auf dem Gebiete der Berufsausbildung im Handwerk;
   d) die Satzungen der Prüfungsämter für die Industrie-, Facharbeiter- und Gehilfenprüfungen der Industrie- und Handelskammer;
5. für den Geltungsbereich dieses Bundesgesetzes Art. II und III des Bundesgesetzes vom 9. Juli 1953, BGBl. Nr. 141.

(5) Die Bestimmungen des § 8b betreffend integrative Berufsausbildung in der Fassung des Bundesgesetzes BGBl. I Nr. 79/2003 treten mit 1. September 2003 in Kraft.

(BGBl I 2003/79, BGBl I 2008/82, BGBl I 2010/40)

(6) Beihilfen gemäß § 19c Abs. 1 Z 1 können nur auf Grund von Lehrverhältnissen gewährt werden, die nach dem 27. Juni 2008 beginnen. Die übrigen Beihilfen gemäß § 19c können auf Grund von Lehrverhältnissen gewährt werden, die nach dem 27. Juni 2008 bestehen.

(BGBl I 2003/79, BGBl I 2008/82, BGBl I 2010/40)

(7) Der in diesem Gesetz verwendete Begriff Lehrlingseinkommen vermittelt, insbesondere auch für die Bereiche des Arbeitsrechtes einschließlich der Kollektivverträge und des Sozialrechtes, dieselben Rechte und Pflichten wie der in diesem Gesetz, in der Fassung des Bundesgesetzes BGBl. I Nr. 32/2018, verwendete Begriff Lehrlingsentschädigung.

(BGBl I 2003/79, BGBl I 2008/82, BGBl I 2010/40, BGBl I 2020/18)

§ 34a. (1) Für den Bereich der beruflichen Qualifikationen, des Arbeitsrechtes einschließlich der Kollektivverträge sowie des Sozialversicherungsrechtes gilt das Prüfungszeugnis, mit dem der erfolgreiche Abschluß einer mindestens dreijährigen berufsbildenden mittleren Schule, einer mindestens dreijährigen land- und forstwirtschaftlichen Fachschule, einer berufsbildenden höheren Schule oder deren Sonderformen einschließlich der Schulversuche nachgewiesen wird, zumindest als Nachweis einer mit einer facheinschlägigen Lehrabschlußprüfung abgeschlossenen beruflichen Ausbildung.

(BGBl I 2020/18)

(2) Zur Unterstützung der Erreichung des Ausbildungszieles können der Lehrberechtigte und der Inhaber oder die Inhaberin eines Prüfungszeugnisses gemäß Abs. 1 bei zu den gleichgestellten Lehrberufen verwandten Lehrberufen (§ 7 Abs. 1 lit.d) eine Reduktion des Lehrzeitersatzes gemäß Lehrberufsliste um bis zu einem Jahr vereinbaren. Die Lehrlingsstelle hat vor Eintragung des Lehrvertrages den Landes-Berufsausbildungsbeirat zu informieren und zu einer binnen zwei Wochen zu erstattenden Stellungnahme einzuladen. In einer bezugnehmenden Stellungnahme hat der Landes-Berufsausbildungsbeirat die Interessen der Lehrvertragspartner, insbesondere im Hinblick auf die Erreichung des Ausbildungszieles, zu berücksichtigen.

(BGBl I 2020/18)

(BGBl 1993/23, BGBl I 2003/79)

Vollziehung

§ 35. Mit der Vollziehung dieses Bundesgesetzes ist der Bundesminister für Wirtschaft, Familie und Jugend, hinsichtlich der §§ 19c Abs. 1 Z 8, Abs. 2 und Abs. 8, 19d Abs. 4, 19e Abs. 2, 19g Abs. 4 und 31c im Einvernehmen mit dem Bundesminister für Arbeit, Soziales und Konsumentenschutz, betraut.

(BGBl 1978/232, BGBl 1993/23, BGBl I 1997/67, BGBl I 2000/83, BGBl I 2010/40, BGBl I 2011/148)

Lehrberuf in der Zahnärztliche Fachassistenz

§ 35a. (1) Hinsichtlich eines Lehrberufs in der Zahnärztlichen Fachassistenz sind

1. die Verordnungen gemäß § 6 Abs. 6 und §§ 7, 8, 8a, 24 und 27b im Einvernehmen mit dem Bundesminister für Gesundheit zu erlassen und
2. die §§ 8b, 8c, 27, 27a, 28, 29, 30 und 30b nicht anzuwenden.

(2) Für einen Lehrberuf gemäß Abs. 1 gelten folgende Sonderbestimmungen:

1. Die Lehrlingsstelle hat die Eintragung des Lehrvertrags gemäß § 20 Abs. 3 auch zu verweigern, wenn der Lehrling nicht die Voraussetzungen der für die Berufsausübung erforderlichen gesundheitlichen Eignung und Vertrauenswürdigkeit erfüllt.
2. Der Vorsitzende der Prüfungskommission für die Lehrabschlussprüfung gemäß § 22 ist ein vom Landeshauptmann entsandter Angehöriger des zahnärztlichen Berufs.
3. Voraussetzung für die Zulassung zur Lehrabschlussprüfung gemäß § 23 Abs. 5 ist der Nachweis der für die Ausübung der Zahnärztlichen Assistenz erforderlichen Qualifikation; § 23 Abs. 7 und 9 ist nicht anzuwenden.

4. Dem Bundes-Berufsausbildungsbeirat gemäß § 31 gehören zwei vom Bundesminister für Gesundheit zu bestellende Mitglieder mit beratender Stimme an.

(BGBl I 2012/38)

Inkrafttreten

§ 36. (1) Dieses Bundesgesetz tritt hinsichtlich seiner Stammfassung, BGBl. Nr. 142/1969, und der Fassungen durch die Novellen durch die Bundesgesetze BGBl. Nr. 22/1974 (§ 162 Abs. 1 Z 5), 399/1974 (Art. IV), 475/1974, 232/1978, 381/1986, 536/1986 (Art. VII), 617/1987 (Art. I), 23/1993, 256/1993 (Art. 17), BGBl. I Nr. 67/1997 und BGBl. I Nr. 100/1998 zu den sich aus diesen Bundesgesetzen ergebenden Zeitpunkten in Kraft. § 8b, § 13 Abs. 2 lit. j und Abs. 6, § 15 Abs. 1 und 2, § 18 Abs. 1, § 27 Abs. 4 und § 35 in der Fassung des Bundesgesetzes BGBl. I Nr. 83/2000 treten mit 1. September 2000 in Kraft. § 32 in der Fassung des Bundesgesetzes BGBl. I Nr. 136/2001 tritt mit 1. Jänner 2002 in Kraft. § 2 Abs. 7 in der Fassung des Bundesgesetzes BGBl. I Nr. 111/2002 tritt mit dem auf die Kundmachung dieses Gesetzes folgenden Monatsersten in Kraft.

(BGBl I 2003/79)

(2) § 2 Abs. 6, § 8 Abs. 1, 2a und 3 bis 13, § 12 Abs. 3 Z 2, § 13 Abs. 1a, Abs. 2 lit. c und lit. k, § 17 Abs. 4, § 19 Abs. 4 und 4a, § 19a, § 20 Abs. 1, 2, 3 lit. f und 7, § 21 Abs. 4, § 22 Abs. 5 und 6, § 23 Abs. 2a und 3, § 24 Abs. 5, § 27 c, § 29a Abs. 3 und 5, § 29b Abs. 1 und 3, § 29c, § 29e Abs. 1 und 5, § 29f, § 30a Abs. 1 und 3, § 31 Abs. 2, § 31a Abs. 2 Z 5, 9 und 10, § 33 Abs. 11 und 13 sowie § 34a in der Fassung des Bundesgesetzes BGBl. I Nr. 79/2003 treten mit dem der Kundmachung dieses Bundesgesetzes folgenden Tag[a] in Kraft.

(BGBl I 2003/79)

[a] Dies ist der 27. August 2003.

(3) § 23 Abs. 5, 6 und 9, § 25 Abs. 5 lit. b und Abs. 6 sowie § 33 Abs. 12 in der Fassung des Bundesgesetzes BGBl. I Nr. 79/2003 treten mit 1. Jänner 2004 in Kraft.

(BGBl I 2003/79)

(4) § 5 Abs. 3a, § 6 Abs. 2a, § 8, § 12 Abs. 3 Z 3, § 13 Abs. 6, § 22a samt Überschrift, § 23 Abs. 10, § 24 Abs. 6, § 26 Abs. 1 sowie § 27 in der Fassung des Bundesgesetzes BGBl. I Nr. 5/2006 treten mit dem auf die Kundmachung dieses Gesetzes folgenden Monatsersten in Kraft.

(BGBl I 2006/5)

(5) § 19c Abs. 2 und § 31b in der Fassung des BGBl. I Nr. 82/2008 treten mit dem auf die Kundmachung dieses Bundesgesetzes folgenden Tag in Kraft.

(BGBl I 2008/82)

(6) § 8b Abs. 14 und 22, § 15 Abs. 1 und 2, § 15a, § 15b, § 19c Abs. 1 und 3 bis 8, § 19d, § 19e, § 19f, § 19g, § 30, § 30b, § 31 Abs. 2 lit. d und Abs. 4 sowie § 31a Abs. 2 Z 5 in der Fassung des Bundesgesetzes BGBl. I Nr. 82/2008 treten mit 28. Juni 2008 in Kraft.

(BGBl I 2008/82)

(7) Die § 2 Abs. 1, 4, 5 lit. c und e, § 3 Abs. 1 Z 1, § 8 Abs. 13 und 14, § 8b Abs. 5, 6, 8, 10, 11, 13 und 14, § 8c, § 12 Abs. 3 Z 2, § 13 Abs. 1, 1a und 2 lit. e, i und h, § 15a Abs. 8, § 19 Abs. 4a, § 20 Abs. 7, § 24 Abs. 2, § 25 Abs. 1 und 5, § 26 Abs. 5, § 27a, § 27c, § 28 Abs. 3, § 29 Abs. 2 und 4, § 29e Abs. 1 § 30b Abs. 1 und 2, § 30c, § 31 Abs. 2 und 3 sowie § 31a Abs. 2, 3 und 7 in der Fassung des Bundesgesetzes BGBl. I Nr. 40/2010 treten mit 1. Juli 2010 in Kraft.

(BGBl I 2010/40)

(8) § 19c Abs. 1 bis 4 und 8, die Überschrift vor § 19d, § 19d Abs. 4, § 19e, § 19g Abs. 4, § 23 Abs. 11, § 31b Abs. 1, § 31c samt Überschrift und § 35 in der Fassung des BGBl. I Nr. 148/2011 treten mit 1. Jänner 2012 in Kraft.

(BGBl I 2011/148)

(9) § 34 Abs. 3 Z 1 in der Fassung des 2. Stabilitätsgesetzes 2012, BGBl. I Nr. 35/2012, tritt mit 1. Juli 2012 in Kraft; gleichzeitig tritt § 34 Abs. 3 Z 2 außer Kraft.

(BGBl I 2012/35)

(9) § 3 Abs. 3, § 4 Abs. 6, § 8 Abs. 13 und 14, § 19 Abs. 6, 8 und 10, § 20 Abs. 6, § 23 Abs. 5 sowie § 29 Abs. 5 in der Fassung des Bundesgesetzes BGBl. I Nr. 129/2013 treten mit 1. Jänner 2014 in Kraft.

(BGBl I 2013/129)

(10) § 30b Abs. 5 in der Fassung des Bundesgesetzes BGBl. I Nr. 74/2013 tritt mit 1. September 2013 in Kraft.

(BGBl I 2013/74)

(11) § 17a Abs. 1 in der Fassung des Bundesgesetzes BGBl. I Nr. 153/2017 tritt mit 1. Juli 2018 in Kraft und ist auf Arbeitsverhinderungen anzuwenden, die in nach dem 30. Juni 2018 begonnenen Lehrjahren eingetreten sind.

(BGBl I 2017/153)

(11) § 9 Abs. 5 in der Fassung des Bundesgesetzes BGBl. I Nr. 154/2017 tritt mit 1. Jänner 2018 in Kraft.

(BGBl I 2017/154)

(12) § 19c Abs. 7, § 19e Abs. 1, § 19f, § 19g Abs. 1, 2 und 3, § 20 Abs. 7 sowie § 31d Abs. 5 in der Fassung des Materien-Datenschutz-Anpassungsgesetzes 2018, BGBl. I Nr. 32/2018, treten mit 25. Mai 2018 in Kraft.

(BGBl I 2018/32)

(13) § 13 Abs. 7 in der Fassung des Bundesgesetzes BGBl. I Nr. 112/2020 tritt rückwirkend mit 1. September 2020 in Kraft.

(BGBl I 2020/112)

(14) § 13 Abs. 7 in der Fassung des Bundesgesetzes BGBl. I Nr. 60/2021 tritt mit 1. April 2021 in Kraft.

(BGBl I 2021/60)

(15) § 13 Abs. 7 in der Fassung des Bundesgesetzes BGBl. I Nr. 118/2021 tritt mit 1. Juli 2021 in Kraft.

(BGBl I 2021/118)

(BGBl 1993/23, BGBl 1993/256, BGBl I 1997/67, BGBl I 1998/100, BGBl I 2000/83, BGBl I 2001/136, BGBl I 2002/111, BGBl I 2003/79)

22. BAUARBEITER

Inhaltsverzeichnis

22/1. Bauarbeiter-Urlaubs- und Abfertigungsgesetz

Bauarbeiter-Urlaubs- und Abfertigungsgesetz, BGBl 1972/414 idF

1 BGBl 1976/393	**2** BGBl 1983/83	**3** BGBl 1985/104
4 BGBl 1987/618	**5** BGBl 1989/363	**6** BGBl 1990/299
7 BGBl 1990/408	**8** BGBl 1991/157	**9** BGBl 1991/628
10 BGBl 1991/682	**11** BGBl 1992/835	**12** BGBl 1993/256
13 BGBl 1993/335	**14** BGBl 1995/832	**15** BGBl 1996/417
16 BGBl 1996/754	**17** BGBl I 1998/30	**18** BGBl I 1998/113
19 BGBl I 2000/44	**20** BGBl I 2001/98	**21** BGBl I 2002/100
22 BGBl I 2004/64	**23** BGBl I 2004/143	**24** BGBl I 2005/104
25 BGBl I 2007/35	**26** BGBl I 2009/70	**27** BGBl I 2009/135
28 BGBl I 2010/58	**29** BGBl I 2010/59	**30** BGBl I 2011/51
31 BGBl I 2012/35	**32** BGBl I 2012/98	**33** BGBl I 2012/117
34 BGBl I 2013/71	**35** BGBl I 2013/137	**36** BGBl I 2014/46
37 BGBl I 2014/68	**38** BGBl I 2014/94	**39** BGBl I 2015/113
40 BGBl I 2015/152	**41** BGBl I 2016/72	**42** BGBl I 2017/32
43 BGBl I 2017/114	**44** BGBl I 2018/32	**45** BGBl I 2018/59
46 BGBl I 2018/100	**47** BGBl I 2019/27	**48** BGBl I 2019/104
49 BGBl I 2020/16	**50** BGBl I 2020/54	**51** BGBl I 2020/74
52 BGBl I 2020/98	**53** BGBl I 2020/99	**54** BGBl I 2020/135
55 BGBl I 2021/71	**56** BGBl I 2021/157	

GLIEDERUNG

STICHWORTVERZEICHNIS

Bundesgesetz betreffend den Urlaub und die Abfertigung für Arbeitnehmer in der Bauwirtschaft (Bauarbeiter-Urlaubs- und Abfertigungsgesetz – BUAG)

Der Nationalrat hat beschlossen:

ABSCHNITT I
Geltungsbereich und allgemeine Grundsätze

(BGBl I 2011/51)

Geltungsbereich

§ 1. (1) Die Bestimmungen dieses Bundesgesetzes gelten, soweit im folgenden nichts anderes bestimmt ist, für Arbeitnehmer (Lehrlinge), deren Arbeitsverhältnisse auf einem privatrechtlichen Vertrag beruhen und die in Betrieben (Unternehmungen) gemäß § 2 beschäftigt werden. Für die Beurteilung, ob ein Arbeitsverhältnis im Sinne dieses Bundesgesetzes vorliegt, ist der wahre wirtschaftliche Gehalt und nicht die äußere Erscheinungsform des Sachverhalts maßgebend.

(BGBl I 2016/72)

(2) Die Bestimmungen dieses Bundesgesetzes finden keine Anwendung auf Personen,

a) die vorwiegend Angestelltentätigkeit im Sinne des Angestelltengesetzes, BGBl. Nr. 292/1921, verrichten;

b) deren Arbeitsverhältnis durch das Vertragsbedienstetengesetz 1948, BGBl. Nr. 86/1948, geregelt ist;

c) deren Arbeitsverhältnis durch das Landarbeitsgesetz, BGBl. Nr. 140/1948, geregelt ist;

d) die bis zur Höchstdauer von drei Monaten zu Ausbildungszwecken beschäftigt werden.

(3) Die Bestimmungen dieses Bundesgesetzes gelten ferner für Arbeitnehmer (Lehrlinge) im Sinne des Abs. 1, die bei Arbeiten beschäftigt werden, die von öffentlich-rechtlichen Körperschaften sowie den von diesen verwalteten Anstalten, Stiftungen und Fonds in Betrieben, Unternehmungen oder in Eigenregie durchgeführt werden, soweit diese Arbeiten ihrer Art nach unter die Bestimmungen des § 2 fallen.

(4) Die Bestimmungen dieses Bundesgesetzes gelten auch für Arbeitnehmer, die von einem Arbeitgeber, dessen Betriebssitz sich im Bundesgebiet befindet, ins Ausland entsendet werden.

(BGBl I 2011/51)

§ 2. (1) Für die Sachbereiche Urlaub und Überbrückungsgeld sind Betriebe (Unternehmungen) im Sinne des § 1:

a) Baumeisterbetriebe, Maurermeisterbetriebe, Bauunternehmungen, Baueisenbieger- und -verlegerbetriebe, Demolierungsbetriebe, Betriebe der Inhaber von Konzessionen des Maurergewerbes nach § 6 des Baugewerbegesetzes, RGBl. Nr. 193/1893, Erdbewegungsbetriebe (Deichgräberbetriebe), Erdbaubetriebe, Betonbohr- und -schneidebetriebe, Gewässerregulierungsbetriebe, Wildbach- und Lawinenverbauungsbetriebe, Betriebe für Meliorationsarbeiten, Straßenbaubetriebe, Güterwegebaubetriebe, Kaminausschleiferbetriebe, Betriebe für die Beschichtung von Fassaden zum Zwecke der Wärmeisolierung;

b) Steinmetzmeisterbetriebe, Betriebe der Inhaber von Konzessionen des Steinmetzgewerbes nach § 6 des Baugewerbegesetzes, RGBl. Nr. 193/1893, Kunststeinerzeugerbetriebe, Terrazzomacherbetriebe;

c) Dachdeckerbetriebe, Pflastererbetriebe;

d) Hafnerbetriebe (ausgenommen die reinen Erzeugungsbetriebe), Platten- und Fliesenlegerbetriebe;

e) Brunnenmeisterbetriebe, Betriebe der Inhaber von Konzessionen für das Brunnenmachergewerbe nach § 6 des Baugewerbegesetzes, RGBl. Nr. 193/1893, Tiefbohrbetriebe, Gerüstverleiherbetriebe, Betriebe der Verleiher von Baumaschinen mit Bedienungspersonal, Wärme-, Kälte-, Schall- und Branddämmungsbetriebe, Asphaltiererbetriebe, Schwarzdeckerbetriebe, Betriebe der Abdichter gegen Feuchtigkeit und Druckwasser, Stuckateur- und Trockenausbauerbetriebe, Gipserbetriebe, Steinholzlegerbetriebe, Estrichherstellerbetriebe;

f) Zimmererbetriebe und Betriebe der Inhaber von Konzessionen des Zimmermannsgewerbes nach § 6 des Baugewerbegesetzes, RGBl. Nr. 193/1893, Parkettlegerbetriebe;

g) Spezialbetriebe, die Tätigkeiten verrichten, die ihrer Art nach in den Tätigkeitsbereich der Betriebe nach lit. a bis f fallen; dabei schadet es nicht, wenn die Tätigkeit auch von Betrieben ausgeübt wird, die nicht in den Geltungsbereich nach lit. a bis f fallen;

(BGBl I 2011/51)

h) Arbeitskräfteüberlassungsbetriebe bezüglich jener Arbeitnehmer, die zur Überlassung für Tätigkeiten, die ihrer Art nach in den Tätigkeitsbereich der Betriebe nach lit. a bis g fallen, aufgenommen werden oder tatsächlich überwiegend zu solchen Tätigkeiten überlassen werden.

(BGBl 1976/393, BGBl 1987/618, BGBl I 1998/113, BGBl I 2000/44, BGBl I 2014/68)

(1a) Den Bestimmungen über den Zusatzurlaub für Schichtarbeit (§ 4b) unterliegen:

a) Baumeisterbetriebe, Maurermeisterbetriebe, Bauunternehmungen, Baueisenbieger- und -verlegerbetriebe, Demolierungsbetriebe, Betriebe der Inhaber von Konzessionen des Maurergewerbes nach § 6 des Baugewerbegesetzes, RGBl. Nr. 193/1893, Erdbewegungsbetriebe (Deichgräberbetriebe), Erdbaubetriebe, Betonbohr- und -schneidebetriebe, Gewässerregulierungsbetriebe, Wildbach- und Lawinenverbauungsbetriebe, Betriebe für Meliorationsarbeiten, Straßenbaubetriebe, Güterwegebaubetriebe, Kaminausschleiferbetriebe, Betriebe für die Beschichtung von Fassaden zum Zwecke der Wärmeisolierung (ausgenommen Betriebe der Maler und Anstreicher);

(BGBl I 2016/72)

b) Spezialbetriebe, die Tätigkeiten verrichten, die ihrer Art nach in den Tätigkeitsbereich der Betriebe nach lit. a fallen; dabei schadet es nicht, wenn die Tätigkeit auch von Betrieben ausgeübt wird, die nicht in den Geltungsbereich nach lit. a fallen;

c) Arbeitskräfteüberlassungsbetriebe bezüglich jener Arbeitnehmer, die zur Überlassung für Tätigkeiten, die ihrer Art nach in den Tätigkeitsbereich der Betriebe nach lit. a oder b fallen, aufgenommen werden oder tatsächlich überwiegend zu solchen Tätigkeiten überlassen werden.

(BGBl I 2012/117)

(2) Für den Sachbereich der Abfertigungsregelung sind Betriebe (Unternehmungen) im Sinne des § 1:

a) Baumeisterbetriebe, Maurermeisterbetriebe, Bauunternehmungen, Baueisenbieger- und -verlegerbetriebe, Demolierungsbetriebe, Betriebe der Inhaber von Konzessionen des Maurergewerbes nach § 6 des Baugewerbegesetzes, RGBl. Nr. 193/1893, Erdbewegungsbetriebe (Deichgräberbetriebe), Erdbaubetriebe, Betonbohr- und -schneidebetriebe, Gewässerregulierungsbetriebe, Wildbach- und Lawinenverbauungsbetriebe, Betriebe für Meliorationsarbeiten, Straßenbaubetriebe, Güterwegebaubetriebe, Kaminausschleiferbetriebe, Betriebe für die Beschichtung von Fassaden zum Zwecke der Wärmeisolierung;

b) Steinmetzmeisterbetriebe, Betriebe der Inhaber von Konzessionen des Steinmetzgewerbes nach § 6 des Baugewerbegesetzes, RGBl. Nr. 193/1893, Kunststeinerzeugerbetriebe, Terrazzomacherbetriebe;

c) Dachdeckerbetriebe, Pflastererbetriebe;

d) Hafnerbetriebe (ausgenommen die reinen Erzeugungsbetriebe), Platten- und Fliesenlegerbetriebe;

e) Brunnenmeisterbetriebe, Betriebe der Inhaber von Konzessionen für das Brunnenmachergewerbe nach § 6 des Baugewerbegesetzes, RGBl. Nr. 193/1893, Tiefbohrbetriebe, Gerüstverleiherbetriebe, Betriebe der Verleiher von Baumaschinen mit Bedienungspersonal, Wärme-, Kälte-, Schall- und Branddämmungsbetriebe, Asphaltiererbetriebe, Schwarzdeckerbetriebe, Betriebe der Abdichter gegen Feuchtigkeit und Druckwasser, Stuckateur- und Trockenausbauerbetriebe, Gipserbetriebe, Steinholzlegerbetriebe, Estrichherstellerbetriebe;

f) Zimmererbetriebe und Betriebe der Inhaber von Konzessionen des Zimmermannsgewerbes nach § 6 des Baugewerbegesetzes, RGBl. Nr. 193/1893, soweit sie nicht fabriksmäßig betrieben werden; Parkettlegerbetriebe;

g) Spezialbetriebe, die Tätigkeiten verrichten, die ihrer Art nach in den Tätigkeitsbereich der Betriebe nach lit. a bis f fallen; dabei schadet es nicht, wenn die Tätigkeit auch von Betrieben ausgeübt wird, die nicht in den Geltungsbereich nach lit. a bis f fallen;

(BGBl I 2016/72)

h) Arbeitskräfteüberlassungsbetriebe bezüglich jener Arbeitnehmer, die zur Überlassung für Tätigkeiten, die ihrer Art nach in den Tätigkeitsbereich der Betriebe nach lit. a bis g fallen, aufgenommen werden oder tatsächlich überwiegend zu solchen Tätigkeiten überlassen werden.

(BGBl 1989/363, BGBl I 1998/113, BGBl I 2000/44)

(2a) Für den Sachbereich der Winterfeiertagsregelung sind Betriebe (Unternehmungen) im Sinne des § 1:

a) Baumeisterbetriebe, Maurermeisterbetriebe, Bauunternehmungen, Baueisenbieger- und -verlegerbetriebe, Demolierungsbetriebe, Betriebe der Inhaber von Konzessionen des Maurergewerbes nach § 6 des Baugewerbegesetzes, RGBl. Nr. 193/1893, Erdbewegungsbetriebe (Deichgräberbetriebe), Erdbaubetriebe, Betonbohr- und -schneidebetriebe, Gewässerregulierungsbetriebe, Wildbach- und Lawinenverbauungsbetriebe, Betriebe für Meliorationsarbeiten, Straßenbaubetriebe, Güterwegebaubetriebe, Kaminausschleiferbetriebe, Betriebe für die Beschichtung von Fassaden zum Zwecke der Wärmeisolierung (ausgenommen Betriebe der Maler und Anstreicher);

b) Spezialbetriebe, die Tätigkeiten verrichten, die ihrer Art nach in den Tätigkeitsbereich der Betriebe nach lit. a fallen; dabei schadet es nicht, wenn die Tätigkeit auch von Betrieben ausgeübt wird, die nicht in den Geltungsbereich nach lit. a fallen;

(BGBl I 2011/51)

c) Arbeitskräfteüberlassungsbetriebe bezüglich jener Arbeitnehmer, die zur Überlassung für Tätigkeiten, die ihrer Art nach in den Tätigkeitsbereich der Betriebe nach lit. a oder b fallen, aufgenommen werden oder tatsächlich überwiegend zu solchen Tätigkeiten überlassen werden.

(BGBl 1996/417, BGBl I 1998/113, BGBl I 2000/44)

(3) Betriebe (Unternehmungen) nach Abs. 1, 1a, 2 und 2a sind auch solche, die in Form eines Industriebetriebes betrieben werden.

(BGBl 1987/618, BGBl 1996/417, BGBl I 2014/68)

(4) In den Geltungsbereich dieses Bundesgesetzes sind auf gemeinsamen Antrag der gesetzlichen Interessenvertretung der Arbeitgeber und des Österreichischen Gewerkschaftsbundes, Gewerkschaft Bau-Holz, durch Verordnung des Bundesministers für Arbeit und Soziales andere Betriebsarten einzubeziehen, wenn in diesen die für die Urlaubshaltung, die Entstehung des Abfertigungsanspruchs und die Beschäftigung an Winterfeiertagen maß-

gebenden Beschäftigungsbedingungen in ähnlicher Weise gestaltet sind wie in den in Abs. 1, 2 und 2a aufgezählten Betriebsarten.

(BGBl 1987/618, BGBl 1993/256, BGBl 1996/417)

§ 3. (1) Betriebe, in denen sowohl Tätigkeiten, die ihrer Art nach in den Tätigkeitsbereich der Betriebe nach § 2 fallen, als auch Tätigkeiten verrichtet werden, die ihrer Art nach nicht in diese Tätigkeitsbereiche fallen, unterliegen als Mischbetriebe nach Maßgabe der Abs. 2 bis 5 den Bestimmungen dieses Bundesgesetzes. Ausgenommen sind Betriebe, in denen die Tätigkeiten im Sinne des § 2 ausschließlich für den eigenen Betrieb vorgenommen werden.

(BGBl 1976/393)

(2) In Mischbetrieben, in denen entsprechend den unterschiedlichen Tätigkeiten nach Abs. 1 eine organisatorische Trennung in Betriebsabteilungen besteht, unterliegen diejenigen Arbeitnehmer den Bestimmungen dieses Bundesgesetzes, die in Betriebsabteilungen beschäftigt werden, in denen Tätigkeiten verrichtet werden, die ihrer Art nach in die Tätigkeitsbereiche der Betriebe nach § 2 fallen.

(3) In Mischbetrieben, in denen keine organisatorische Trennung in Betriebsabteilungen besteht, unterliegen nur jene Arbeitnehmer den Bestimmungen dieses Bundesgesetzes, die überwiegend Tätigkeiten verrichten, die ihrer Art nach in den Tätigkeitsbereich der Betriebe nach § 2 fallen.

(BGBl 1976/393)

(3a) Lehrlinge, die gleichzeitig in den Lehrberufen Dachdecker/in und Spengler/in ausgebildet werden, unterliegen nicht den Bestimmungen dieses Bundesgesetzes.

(BGBl I 2010/59)

(4) Auf Arbeitnehmer eines Mischbetriebes, die für eine Beschäftigung in einer diesem Bundesgesetz unterliegenden Betriebsabteilung aufgenommen wurden, finden für die Dauer des Arbeitsverhältnisses die Bestimmungen dieses Bundesgesetzes auch dann Anwendung, wenn sie in einer diesem Bundesgesetz nicht unterliegenden Betriebsabteilung beschäftigt werden. Dies gilt sinngemäß auch für Arbeitnehmer in Mischbetrieben, in denen keine organisatorische Trennung in Betriebsabteilungen besteht.

(5) Ist eine Einheitlichkeit der Urlaubs- und Abfertigungsregelungen aus Gründen der betrieblichen Verwaltungsarbeit erforderlich und führt sie zur Beseitigung von sich sonst ergebenden Härten für die Arbeitnehmer, können auf gemeinsamen Antrag der zuständigen gesetzlichen Interessenvertretung der Arbeitgeber und des Österreichischen Gewerkschaftsbundes, Gewerkschaft der Bau- und Holzarbeiter, sämtliche Arbeitnehmer im Sinne des § 1 Abs. 1, die in einem Mischbetrieb beschäftigt werden, durch Verordnung des Bundesministers für Arbeit und Soziales in den Geltungsbereich dieses Bundesgesetzes einbezogen werden. Die Einbeziehung ist auf gemeinsamen Antrag der genannten Interessenvertretungen oder von Amts wegen durch Verordnung aufzuheben, wenn die Voraussetzungen für die Einbeziehung weggefallen sind.

(BGBl 1987/618, BGBl 1993/256)

(6) Unterliegt in einem Unternehmen die überwiegende Zahl der Arbeitnehmer dem Geltungsbereich für den Sachbereich der Abfertigungsregelung, so kann der Arbeitgeber an die Urlaubs- und Abfertigungskasse den Antrag auf Einbeziehung aller dem Geltungsbereich für den Sachbereich der Urlaubsregelung unterliegenden Arbeitnehmer des Unternehmens in den Sachbereich für die Abfertigungsregelung stellen. Die Urlaubs- und Abfertigungskasse hat bei Zutreffen der Voraussetzung die Einbeziehung mit dem Zeitpunkt der Antragstellung vorzunehmen. Lehnt die Urlaubs- und Abfertigungskasse den Antrag ab oder erledigt sie den Antrag nicht binnen sechs Wochen, so kann der Arbeitgeber binnen zwei Wochen bei der zuständigen Bezirksverwaltungsbehörde die bescheidmäßige Erledigung seines Antrages begehren. Auf dieses Verfahren finden die Bestimmungen des § 25 Abs. 3 und 5 sinngemäß Anwendung.

(BGBl 1987/618)

Abtretungsverbot

§ 3a. Die dem Arbeitnehmer nach diesem Bundesgesetz zustehenden Ansprüche können dem Arbeitgeber nicht wirksam abgetreten werden. Handelt es sich beim Arbeitgeber um eine juristische Person oder eingetragene Personengesellschaft, so gilt das Abtretungsverbot auch gegenüber den zu deren Vertretung berufenen Personen.

(BGBl I 2011/51)

Unabdingbarkeit

§ 3b. Die dem Arbeitnehmer nach diesem Bundesgesetz zustehenden Ansprüche können durch Arbeitsvertrag, Arbeits(Dienst)ordnung, Betriebsvereinbarung und – soweit dieses Bundesgesetz nichts anderes bestimmt – durch Kollektivvertrag weder aufgehoben noch beschränkt werden.

(BGBl I 2011/51)

Todesfall

§ 3c. Im Todesfall des Arbeitnehmers gebühren

1. die Abfindung im Ausmaß der Anwartschaften, wobei die Voraussetzungen des § 10 Abs. 1 lit a) bis c) nicht erfüllt sein müssen,
2. die Abfertigung bei Erfüllung der Voraussetzungen der §§ 13b und 13c,
3. der ersatzweise Anspruch auf Abgeltung der Winterfeiertage bei Erfüllung der Voraussetzungen des § 13j Abs. 1 und Abs. 2 zweiter Satz, sofern der Todesfall nach Erwerb des Anspruchs und vor der Auszahlung eingetreten ist,

   (BGBl I 2021/71)
4. die Überbrückungsabgeltung im Ausmaß des § 13m Abs. 1 erster Satz und Abs. 3, wobei § 13n Abs. 4 und 5 sinngemäß gilt, sowie

   (BGBl I 2021/71)

5. das Überbrückungsgeld im Ausmaß des § 131 Abs. 1 bis 4,

(BGBl I 2021/71)

dem Ehegatten oder dem eingetragenen Partner sowie den Kindern (Wahl-, Pflege- und Stiefkinder) des Arbeitnehmers zu gleichen Teilen. Die anspruchsberechtigten Personen haben den Auszahlungsanspruch innerhalb von drei Monaten ab dem Zeitpunkt des Todes des Arbeitnehmers gegenüber der Urlaubs- und Abfertigungskasse schriftlich geltend zu machen. Wird innerhalb dieser Frist kein entsprechender Antrag gestellt, fallen die Ansprüche in die Verlassenschaft im Sinne des § 531 des Allgemeinen Bürgerlichen Gesetzbuches, JGS Nr. 946/1811. § 29a gilt sinngemäß.

(BGBl I 2017/114)

ABSCHNITT II
Urlaubsbestimmungen

Urlaubsanspruch und Anwartschaft

§ 4. (1) Dem Arbeitnehmer gebührt für jedes Kalenderjahr (Urlaubsjahr) ein Urlaubsanspruch. Für Beschäftigungszeiten von 52 Anwartschaftswochen (Anwartschaftsperiode) in einem Kalenderjahr gebührt dem Arbeitnehmer ein Urlaub von 30 Werktagen. Der Urlaubsanspruch erhöht sich auf 36 Werktage, wenn Beschäftigungszeiten von mindestens 1 040 Anwartschaftswochen erreicht wurden.

(BGBl I 2000/44, BGBl I 2010/59, BGBl I 2020/74)

(1a) Der Anspruch auf Urlaub entsteht im Verhältnis zu den im Urlaubsjahr zurückgelegten Beschäftigungswochen bzw. Teilen von Beschäftigungswochen. Das am Ende des Urlaubsjahres bestehende Urlaubsausmaß ist auf ganze Tage kaufmännisch zu runden.

(BGBl I 2000/44, BGBl I 2010/59)

(2) Der Arbeitnehmer erwirbt für jeden vom Arbeitgeber für den Sachbereich der Urlaubsregelung zu leistenden Zuschlag zum Lohn (§ 21) eine Anwartschaft auf den Zuschlagswert.[a] Die Anwartschaften für den Urlaub (§ 4) und den Zusatzurlaub (§ 4b) sind entsprechend dem Urlaubsausmaß jeweils auf gemeinsamen Antrag der zuständigen kollektivvertragsfähigen Körperschaften der Arbeitnehmer und der Arbeitgeber durch Verordnung des Bundesministers für Arbeit, Soziales und Konsumentenschutz festzusetzen. Hiebei hat die sich aus den in der Anwartschaftsperiode erworbenen Anwartschaften ergebende Leistung (Urlaubsentgelt) einer der Urlaubsdauer entsprechenden Lohnfortzahlung in der Höhe des Lohnes gemäß § 21 Abs. 3 zuzüglich eines Urlaubszuschusses im gleichen Ausmaß zu entsprechen. Erfordert es die Gebarung der Urlaubs- und Abfertigungskasse (§ 14) für den Sachbereich der Urlaubsregelung, so hat der Bundesminister für soziale Verwaltung in Verbindung mit einer Regelung gemäß § 21 Abs. 1 letzter Satz durch Verordnung die entsprechende Änderung der Anwartschaften vorzunehmen.

(BGBl 1987/618, BGBl I 2012/117)

[a] Siehe den Text der VO im Anhang.

(3) Für die Bemessung der Urlaubsdauer sind außer den Beschäftigungszeiten gemäß Abs. 1 anzurechnen:

a) Zeiten, für welche eine Haftentschädigung gemäß § 13a Abs. 1 oder § 13c Abs. 1 des Opferfürsorgegesetzes 1947, BGBl. Nr. 183, gebührt;

b) Zeiten des Grundwehr- oder Ausbildungs- oder ordentlichen Zivildienstes, sofern entweder bereits vor der Einberufung zum Grundwehr- oder Ausbildungsdienst oder der Zuweisung zum ordentlichen Zivildienst Beschäftigungszeiten im Sinne des § 5 zurückgelegt wurden oder ein Arbeitsverhältnis im Sinne dieses Bundesgesetzes binnen sechs Werktagen nach Leistung des Grundwehr- oder Ausbildungs- oder ordentlichen Zivildienstes aufgenommen wird;

(BGBl I 1998/30)

c) Zeiten eines Beschäftigungsverbotes nach dem Mutterschutzgesetz, BGBl. Nr. 76/1957, sofern kein Entgeltanspruch gegen den Arbeitgeber bestand;

d) Zeiten einer vom Arbeitgeber oder von dessen Bevollmächtigten ausdrücklich genehmigten Betriebsabwesenheit zur Teilnahme an Ausbildungs-, Fortbildungs- und Schulungskursen;

e) Zeiten einer erweiterten Bildungsfreistellung gemäß § 119 des Arbeitsverfassungsgesetzes, BGBl. Nr. 22/1974;

f) Zeiten der Tätigkeit als Entwicklungshelfer für eine Entwicklungshilfeorganisation im Sinne des § 1 Abs. 2 des Bundesgesetzes vom 10. Juli 1974, BGBl. Nr. 474;

g) Zeiten einer Ausbildung in einer Bauhandwerkerschule gemäß § 59 Schulorganisationsgesetz, BGBl. Nr. 435/1995, in der jeweils geltenden Fassung.

(BGBl 1995/832)

(4) Zeiten nach Abs. 3 sind für die Bemessung der Urlaubsdauer nur insoweit anzurechnen, als sie nicht bereits als Beschäftigungszeiten gemäß Abs. 1 berücksichtigt wurden.

(BGBl 1976/393)

§ 4a. (1) Abweichend von § 4 Abs. 1 entsteht der Anspruch auf Urlaub des Arbeitnehmers für Beschäftigungszeiten, die im Zeitpunkt ihrer Geltendmachung gegenüber der Urlaubs- und Abfertigungskasse oder sonstigen Feststellung durch die Urlaubs- und Abfertigungskasse länger als acht volle Zuschlagszeiträume zurückliegen, nur insoweit, als der Arbeitgeber die dafür gebührenden Zuschläge zum Lohn entrichtet. Der Ablauf der Anwartschaftsperiode wird durch Anwartschaftswochen, für die keine Zuschläge entrichtet werden, nicht gehemmt.

(BGBl I 2014/68)

(2) Abweichend von § 4 Abs. 2 entsteht der Anspruch auf Anwartschaften des Arbeitnehmers für Beschäftigungszeiten, die im Zeitpunkt ihrer

Geltendmachung gegenüber der Urlaubs- und Abfertigungskasse oder sonstigen Feststellung durch die Urlaubs- und Abfertigungskasse länger als acht volle Zuschlagszeiträume zurückliegen, nur insoweit, als der Arbeitgeber die dafür gebührenden Zuschläge zum Lohn entrichtet.

(BGBl I 2014/68)

(3) Der Anspruchsverlust nach Abs. 1 und 2 tritt nicht ein, wenn der Arbeitnehmer nachweist, dass er aus von ihm nicht zu vertretenden berücksichtigungswürdigen Gründen an der rechtzeitigen Geltendmachung von Beschäftigungszeiten gegenüber der Urlaubs- und Abfertigungskasse gehindert war. Ein berücksichtigungswürdiger Grund liegt dann nicht vor, wenn der Anspruchsverlust nach Abs. 1 und 2 dadurch verursacht wird, dass es der Arbeitnehmer unterlässt, sich über bestehende Ansprüche und deren Geltendmachung zu informieren.

(BGBl I 2009/70)

Zusatzurlaub für Schichtarbeit

§ 4b. Arbeitnehmer, die

1. in Dreischichtarbeit oder
2. in Zweischichtformen oder -einteilungen, die im Schichtturnus eine tägliche Arbeitszeit von mehr als neun Stunden vorsehen,

tätig sind, gebührt für je acht Wochen Schichtarbeit innerhalb der Anwartschaftsperiode (§ 4 Abs. 1) ein zusätzlicher Urlaub von einem Arbeitstag. § 4a gilt sinngemäß.

(BGBl I 2012/117)

Beschäftigungszeiten

§ 5. Als Beschäftigungszeiten gemäß § 4 Abs. 1 und § 4b gelten:

a) Zeiten einer Beschäftigung in Arbeitsverhältnissen, die den Bestimmungen dieses Bundesgesetzes unterliegen;

b) Zeiten eines Urlaubes (Zusatzurlaubes) nach den Bestimmungen dieses Bundesgesetzes sowie Zeiten, für die eine Urlaubsersatzleistung gewährt wird;

   (BGBl I 2012/117, BGBl I 2013/137)

c) Zeiten einer durch Krankheit (Unglücksfall), Arbeitsunfall oder Berufskrankheit verursachten Arbeitsverhinderung für die Dauer des Arbeitsverhältnisses oder, wenn das Arbeitsverhältnis während der Arbeitsverhinderung endet, für die Dauer des gesetzlichen oder kollektivvertraglichen Entgeltanspruches bei diesen Arbeitsverhinderungen;

   (BGBl 1976/393)

d) Zeiten einer durch sonstige Gründe verursachten Arbeitsverhinderung, für die Anspruch auf Fortzahlung des Entgelts besteht;

   (BGBl 1976/393)

e) Zeiten eines Arbeitsausfalles wegen Schlechtwetters, für die Schlechtwetterentschädigung gebührt, sowie Zeiten eines Arbeitsausfalles wegen Schlechtwetters, für die ein Anspruch auf Schlechtwetterentschädigung wegen Überschreitung der Höchstzahl entschädigungsfähiger Schlechtwetterstunden nicht besteht;

f) Zeiten einer vom Arbeitgeber bzw. von dessen Bevollmächtigten ausdrücklich genehmigten Betriebsabwesenheit bis zum Höchstausmaß eines Arbeitstages;

g) Zeiten einer Bildungsfreistellung gemäß §§ 118 und 130 Abs. 3 des Arbeitsverfassungsgesetzes.

   (BGBl 1976/393, BGBl I 2009/70)

(BGBl 1976/393, BGBl I 2012/117)

Anwartschaftswoche

§ 6. (1) Als Anwartschaftswoche gilt eine Kalenderwoche, in die an fünf Arbeitstagen Beschäftigungszeiten nach § 5 fallen.

(BGBl 1976/393, BGBl 1995/832, BGBl I 2005/104)

(2) Die Voraussetzung des Abs. 1 gilt auch in jenen Fällen als erfüllt, in denen auf Grund einer anderen Verteilung der Normalarbeitszeit an weniger oder an mehr als fünf Arbeitstagen gearbeitet wird.

(BGBl 1976/393, BGBl 1995/832, BGBl I 2005/104)

(3) Beschäftigungszeiten, die wegen des Beginnes oder Endes des Arbeitsverhältnisses bzw. des Zeitraumes nach § 5 lit. c während der Kalenderwoche oder wegen des Entfalls von einzelnen Arbeitstagen, an denen keine Entgeltpflicht des Arbeitgebers besteht, keine volle Kalenderwoche umfassen, werden mit solchen anderen Beschäftigungszeiten innerhalb desselben Kalenderjahres zusammengerechnet und daraus entstehende volle Anwartschaftswochen berücksichtigt.

(BGBl 1976/393, BGBl 1995/832, BGBl 1996/417, BGBl I 2005/104, BGBl I 2010/59)

(4) und (5) (aufgehoben)

(BGBl I 2010/59)

Urlaubsverbrauch

§ 7. (1) Der Urlaub kann nur während des Bestandes eines Arbeitsverhältnisses verbraucht werden. Er kann in Teilen verbraucht werden, wobei ein Teil mindestens sechs Werktage oder ein Vielfaches davon betragen muss. Der Urlaub kann nur in ganzen Tagen verbraucht werden.

(BGBl I 2000/44, BGBl I 2010/59)

(2) Der Zeitpunkt des Urlaubsantrittes ist im Einvernehmen zwischen Arbeitgeber und Arbeitnehmer unter Rücksichtnahme auf die Erfordernisse des Betriebes sowie die Erholungsmöglichkeit des Arbeitnehmers so zu bestimmen, dass der Urlaub innerhalb des Kalenderjahres, in dem er entstanden ist, jedenfalls aber bis zum 31. März des drittfolgenden Jahres, verbraucht werden kann.

(BGBl I 2000/44, BGBl I 2010/59, BGBl I 2013/137)

(2a) Die Urlaubsvereinbarung kann sich nur auf einen Urlaubsanspruch beziehen, der sich auf Anwartschaftswochen bereits nach § 25 verrechneter Zuschlagszeiträume gründet.

(BGBl I 2010/59)

(3) Für Zeiträume, während deren ein Arbeitnehmer aus einem der im § 2 Entgeltfortzahlungsgesetz 1974, BGBl. Nr. 399, genannten Gründen an der Arbeitsleistung verhindert ist, während deren er Anspruch auf Pflegefreistellung oder während deren er sonst Anspruch auf Entgeltfortzahlung bei Entfall der Arbeitsleistung hat, darf der Urlaubsantritt nicht vereinbart werden, wenn diese Umstände bereits bei Abschluß der Vereinbarung bekannt waren. Geschieht dies dennoch, gilt der Zeitraum der Arbeitsverhinderung nicht als Urlaub.

(BGBl 1976/393)

(4) Wird über den Urlaubsantritt innerhalb einer Woche keine Einigung erzielt, kann der Urlaub nach Ablauf von weiteren sechs Wochen angetreten werden. Der Tag des Urlaubsbeginns ist in diesem Falle dem Arbeitgeber spätestens zwei Wochen vor Urlaubsantritt bekanntzugeben.

(BGBl 1976/393)

(5) (aufgehoben)

(BGBl 1976/393, BGBl I 2013/137)

(5a) (aufgehoben)

(BGBl 1996/417, BGBl I 2013/137)

(6) Der Urlaubsanspruch verfällt, wenn der Arbeitnehmer den Urlaub nicht bis zum 31. März des drittfolgenden Jahres nach dem Kalenderjahr, in dem der Urlaubsanspruch entstanden ist, verbraucht hat. Diese Frist verlängert sich bei Inanspruchnahme einer Karenz gemäß dem Väter-Karenzgesetz (VKG), BGBl. Nr. 651/1989 oder gemäß dem Mutterschutzgesetz 1979, BGBl. Nr. 22/1979.

(BGBl 1976/393, BGBl I 2010/59, BGBl I 2013/137)

(7) Der Arbeitgeber hat Aufzeichnungen zu führen, aus denen für jeden Arbeitnehmer hervorgeht

a) der Beginn des Arbeitsverhältnisses;

b) die Zeit, in der der Arbeitnehmer seinen bezahlten Urlaub genommen hat;

c) das Entgelt, das der Arbeitnehmer für die Dauer des verbrauchten Urlaubs erhalten hat.

(BGBl 1976/393)

Erkrankung während des Urlaubes

§ 7a. (1) Erkrankt (verunglückt) ein Arbeitnehmer während des Urlaubes, ohne dies vorsätzlich oder grob fahrlässig herbeigeführt zu haben, so werden auf Werktage fallende Tage der Erkrankung, an denen der Arbeitnehmer durch die Erkrankung arbeitsunfähig war, auf das Urlaubsausmaß nicht angerechnet, wenn die Erkrankung länger als drei Kalendertage gedauert hat.

(2) Übt ein Arbeitnehmer während seines Urlaubes eine dem Erholungszweck widersprechende Erwerbstätigkeit aus, so findet Abs. 1 keine Anwendung, wenn die Erkrankung (der Unglücksfall) mit dieser Erwerbstätigkeit in ursächlichem Zusammenhang steht.

(3) Der Arbeitnehmer hat dem Arbeitgeber nach dreitägiger Krankheitsdauer die Erkrankung unverzüglich mitzuteilen. Ist dies aus Gründen, die nicht vom Arbeitnehmer zu vertreten sind, nicht möglich, so gilt die Mitteilung als rechtzeitig erfolgt, wenn sie unmittelbar nach Wegfall des Hinderungsgrundes nachgeholt wird. Bei Wiederantritt des Dienstes hat der Arbeitnehmer ohne schuldhafte Verzögerung ein ärztliches Zeugnis oder eine Bestätigung des zuständigen Krankenversicherungsträgers über Beginn, Dauer und Ursache der Arbeitsunfähigkeit vorzulegen. Erkrankt der Arbeitnehmer während eines Urlaubes im Ausland, so muß dem ärztlichen Zeugnis eine behördliche Bestätigung darüber beigefügt sein, daß es von einem zur Ausübung des Arztberufes zugelassenen Arzt ausgestellt wurde. Eine solche behördliche Bestätigung ist nicht erforderlich, wenn die ärztliche Behandlung stationär oder ambulant in einer Krankenanstalt erfolgte und hierüber eine Bestätigung dieser Anstalt vorgelegt wird. Kommt der Arbeitnehmer diesen Verpflichtungen nicht nach, so ist Abs. 1 nicht anzuwenden.

(BGBl 1976/393)

Urlaubsentgelt

§ 8. (1) Dem Arbeitnehmer gebührt bei Antritt des Urlaubs ein Urlaubsentgelt (Urlaubsgeld zuzüglich Urlaubszuschuss), das den in der Anwartschaftsperiode erworbenen Anwartschaften (§§ 4 Abs. 2 in Verbindung mit 4a Abs. 2) und der Dauer des Urlaubs (§§ 4 Abs. 1 in Verbindung mit 4a Abs. 1 sowie § 4b) entspricht. Dies gilt sinngemäß bei Antritt eines Urlaubs nach § 4 Abs. 1a. Fällt in die Anwartschaftsperiode eine kollektivvertragliche Lohnerhöhung, so sind für die Berechnung aller Anwartschaften dieser Anwartschaftsperiode jene Zuschlagswerte heranzuziehen, die sich auf Grund der Lohnerhöhung ergeben. Der Anspruch auf das Urlaubsentgelt richtet sich gegen die Urlaubs- und Abfertigungskasse.

(BGBl I 2000/44, BGBl I 2009/70, BGBl I 2012/117)

(2) Der Arbeitgeber hat bei der Urlaubs- und Abfertigungskasse zu einem für die Auszahlung an den Arbeitnehmer zeitgerechten Termin, frühestens jedoch einen Monat vor dem vereinbarten Urlaubsantritt um Überweisung des entsprechenden Urlaubsentgeltes einzureichen. Bei der Einreichung hat der Arbeitgeber den vereinbarten Urlaubszeitraum bekanntzugeben. Er hat sich hiebei vorerst auf Grund der vorhandenen Unterlagen zu überzeugen, daß der Arbeitnehmer im Zeitpunkt des Urlaubsantrittes bereits den Urlaubsanspruch erworben hat. Für einen Urlaubsanspruch, der sich auf Anwartschaftswochen aus noch nicht nach § 25 verrechneten Zuschlagszeiträumen gründet, kann kein Urlaubsentgelt angefordert werden.

(BGBl I 2007/35, BGBl I 2010/59, BGBl I 2013/137)

(3) Die Urlaubs- und Abfertigungskasse hat das auf Grund der Einreichung des Arbeitgebers diesem zu überweisende Urlaubsentgelt nach den erworbenen Anwartschaften zu berechnen und auf das vom Arbeitgeber für die überwiesenen Urlaubsentgelte einzurichtende besondere Konto zu überweisen.

(4) Der Arbeitgeber kann nach Aufnahme einer Tätigkeit nach den §§ 1 bis 3 ein besonderes Konto für Urlaubsentgelte frühestens nach Ablauf von

sechs Zuschlagszeiträumen und der Entrichtung der dafür vorgeschriebenen Zuschläge einrichten.

(BGBl I 2000/44, BGBl I 2010/59)

(5) Die Auszahlung des jeweils gebührenden Urlaubsentgeltes hat der Arbeitgeber am letzten Arbeitstag vor dem Urlaubsantritt unter Berücksichtigung gesetzlicher oder kollektivvertraglicher Bestimmungen über die Lohnzahlung vorzunehmen. Hiebei ist dem Arbeitnehmer auch der von der Urlaubs- und Abfertigungskasse vorgesehene Abrechnungsnachweis auszufolgen. Der Arbeitnehmer hat den Erhalt des Urlaubsentgeltes dem Arbeitgeber zu bestätigen.

(6) Wird das Urlaubsentgelt dem Arbeitnehmer während des Arbeitsverhältnisses nicht oder bei Urlaubshaltung nicht zur Gänze innerhalb von drei Monaten nach Überweisung durch die Urlaubs- und Abfertigungskasse (Abs. 3) ausbezahlt und der Urlaubs- und Abfertigungskasse nicht rücküberwiesen, so hat der Arbeitgeber ab diesem Zeitpunkt für das nicht verbrauchte Urlaubsentgelt der Urlaubs- und Abfertigungskasse Zinsen in der Höhe von 4 % p.a. zuzüglich des nach Art. I § 1 Abs. 1 des Bundesgesetzes, mit dem im Zivilrecht begleitende Maßnahmen für die Einführung des Euro getroffen werden, BGBl. I Nr. 125/1998 am 31. Oktober des vorangegangenen Kalenderjahres geltenden Basiszinssatzes zu entrichten. Die Urlaubs- und Abfertigungskasse kann aus rücksichtswürdigen Gründen die Zinsen herabsetzen oder erlassen.

(BGBl I 2017/114)

(7) Hat der Arbeitnehmer vor Beendigung des Arbeitsverhältnisses Urlaub gehalten und wurde dafür noch nicht um Überweisung des entsprechenden Urlaubsentgelts eingereicht, so hat der Arbeitgeber unverzüglich bei Beendigung des Arbeitsverhältnisses die Einreichung vorzunehmen. Der Arbeitgeber hat bereits überwiesenes Urlaubsentgelt im Ausmaß des vom Arbeitnehmer nicht verbrauchten Urlaubs der Urlaubs- und Abfertigungskasse unverzüglich bei Beendigung des Arbeitsverhältnisses zurückzuzahlen, sofern der Arbeitnehmer während des Arbeitsverhältnisses den Urlaub nicht oder nur zu einem Teil verbraucht hat.

(BGBl I 2014/68)

(8) Die Urlaubs- und Abfertigungskasse kann das Urlaubsentgelt dem Arbeitnehmer direkt auszahlen, wenn der Arbeitgeber die in Abs. 5 und 7 vorgesehenen Bestimmungen nicht erfüllt hat, mit der Entrichtung fälliger Zuschläge für mehr als zwei Zuschlagszeiträume im Rückstand ist oder kein besonderes Konto für Urlaubsentgelte (Abs. 3 und 4) eingerichtet hat. Dabei hat die Urlaubs- und Abfertigungskasse dem Arbeitnehmer das Netto-Urlaubsentgelt auszuzahlen und die auf das Urlaubsentgelt entfallende Lohnsteuer an das Finanzamt Österreich sowie die Dienstnehmerbeiträge und die Dienstgeberbeiträge zur gesetzlichen Sozialversicherung und sonstige für andere Rechtsträger vom Krankenversicherungsträger einzuhebende Beiträge an den für das Beschäftigungsverhältnis zuständigen Krankenversicherungsträger und sonstige lohnabhängige gesetzliche Abgaben abzuführen. Soweit es sich um Dienstgeberbeiträge zur gesetzlichen Sozialversicherung und vom Arbeitgeber zu leistende sonstige lohnabhängige gesetzliche Abgaben und Beiträge handelt, erfolgt die Abfuhr in dem Ausmaß, als damit der durch Verordnung nach § 26 festgesetzte Gesamtbetrag an Nebenleistungen nicht überschritten wird.

(BGBl 1989/363, BGBl I 2009/70, BGBl I 2010/59, BGBl I 2011/51, BGBl I 2018/100, BGBl I 2019/104)

Urlaubsersatzleistung

§ 9. (1) Hat der Arbeitnehmer am Ende des Arbeitsverhältnisses noch einen offenen Urlaubsanspruch, so gebührt dem Arbeitnehmer auf Antrag eine Urlaubsersatzleistung als Abgeltung für die nicht verbrauchten Urlaubstage. Die Urlaubsersatzleistung gebührt in Höhe des Urlaubsentgeltes (§ 8), das der Dauer des abgegoltenen Urlaubs entspricht.

(BGBl I 2014/68)

(2) Der Antrag auf Urlaubsersatzleistung ist vom Arbeitnehmer unverzüglich nach Beendigung des Arbeitsverhältnisses bei der Urlaubs- und Abfertigungskasse einzubringen; im Antrag hat der Arbeitnehmer anzugeben, wie viele der nicht verbrauchten Urlaubstage abgegolten werden sollen.

(BGBl I 2014/68)

(3) Urlaubsansprüche, die binnen sechs Monaten nach Beendigung des Arbeitsverhältnisses verfallen würden, sind bei Beendigung unabhängig von einer Antragstellung durch Urlaubsersatzleistung abzugelten.

(BGBl I 2017/114)

(4) Der Anspruch auf Urlaubsersatzleistung gebührt nur insoweit, als der Arbeitnehmer in dem Zeitraum, für den die Urlaubsersatzleistung gebührt, kein Arbeitsverhältnis eingeht, das diesem Bundesgesetz unterliegt.

(5) Die Urlaubs- und Abfertigungskasse hat dem Arbeitnehmer den Nettobetrag der Urlaubsersatzleistung für die jeweils in einem Kalendermonat abgegoltenen Urlaubstage am 10. des Folgemonats auszuzahlen.

(BGBl I 2014/68)

(6) Die Urlaubs- und Abfertigungskasse hat die auf die Urlaubsersatzleistung entfallenden lohnabhängigen gesetzlichen Abgaben zu entrichten, wobei die Lohnsteuer an das Finanzamt Österreich abzuführen ist.

(BGBl I 2014/68, BGBl I 2019/104)

(BGBl 1987/618, BGBl I 2010/59, BGBl I 2013/137)

Ablöseverbot

§ 9a. Vereinbarungen zwischen Arbeitgeber und Arbeitnehmer, die für den Nichtverbrauch des Urlaubes Geld oder sonstige vermögenswerte Leistungen des Arbeitgebers vorsehen, sind rechtsunwirksam.

Abfindung

§ 10. (1) Der Arbeitnehmer hat Anspruch auf Abfindung im Ausmaß der Anwartschaften, wenn

a) er seit mindestens sechs Monaten in keinem Arbeitsverhältnis mehr steht, auf das dieses Bundesgesetz Anwendung findet;

b) er eine Pension nach den Bestimmungen des Allgemeinen Sozialversicherungsgesetzes, BGBl. Nr. 189/1955, in der jeweils geltenden Fassung in Anspruch nimmt;
(BGBl I 2021/71)

c) er Überbrückungsgeld nach § 13l zuerkannt erhalten hat.
(BGBl I 2017/114)

(BGBl I 2013/137)

(1a) Die Abfindung gemäß Abs. 1 lit. a kann auch für Teile der Anwartschaften geltend gemacht werden.

(BGBl I 2013/137)

(2) Der Anspruch auf Abfindung richtet sich gegen die Urlaubs- und Abfertigungskasse.

(BGBl 1987/618, BGBl I 2017/114)

Verfall von Urlaubsentgelt, Urlaubsersatzleistung und Abfindung

§ 11. (1) Der Anspruch auf Urlaubsentgelt oder Abfindung verfällt mit dem zu Grunde liegenden Urlaubsanspruch gemäß § 7 Abs. 6.

(2) Der Anspruch auf Auszahlung der Urlaubsersatzleistung gemäß § 9 Abs. 3 verfällt binnen einem Jahr nach Fälligkeit.

(BGBl 1995/832, BGBl 1987/618, BGBl I 2013/137)

Pfändungsschutz

§ 12. (1) Das von der Urlaubs- und Abfertigungskasse dem Arbeitgeber gemäß § 8 Abs. 3 überwiesene Urlaubsentgelt ist der Exekution entzogen, soweit sie nicht den Rückzahlungsanspruch der Urlaubs- und Abfertigungskasse auf dieses Urlaubsentgelt (§ 8 Abs. 6 und 7) betrifft. Eine ungeachtet dieser Bestimmung vorgenommene Pfändung ist vom Arbeitgeber unverzüglich, spätestens aber innerhalb von drei Tagen der Urlaubs- und Abfertigungskasse mitzuteilen.

(BGBl 1987/618, BGBl 1991/628)

(2) Die in Abs. 1 genannten Urlaubsentgelte bilden im Insolvenzverfahren eine Sondermasse. Aus dieser Sondermasse ist der Rückzahlungsanspruch der Urlaubs- und Abfertigungskasse auf diese Urlaubsentgelte zu berichtigen.

(BGBl 1987/618, BGBl 1991/628, BGBl I 2010/58)

§ 13. (aufgehoben)

(BGBl I 2011/51)

Abschnitt III
Abfertigungsbestimmungen

(BGBl 1987/618)

§ 13a. (1) Arbeitnehmer haben bei Auflösung des Arbeitsverhältnisses und Erfüllung der Voraussetzungen gemäß §§ 13b und 13c Anspruch auf Abfertigung:

1. Männer nach Vollendung des 65. Lebensjahres, Frauen nach Vollendung des 60. Lebensjahres;
2. bei Inanspruchnahme der vorzeitigen Alterspension bei langer Versicherungsdauer aus einer gesetzlichen Pensionsversicherung;
3. bei Inanspruchnahme des Sonderruhegeldes gemäß Art. X des Nachtschicht-Schwerarbeitsgesetzes, BGBl. Nr. 354/1981, in der jeweils geltenden Fassung;
4. bei Inanspruchnahme der Sonderunterstützung nach dem Sonderunterstützungsgesetz, BGBl. Nr. 642/1973, in der jeweils geltenden Fassung;
5. bei Inanspruchnahme einer Invaliditätspension (§ 254 ASVG);
6. wenn der Arbeitnehmer nach Beendigung des letzten Arbeitsverhältnisses mindestens zwölf Monate in keinem Arbeitsverhältnis mehr steht, auf das die Abfertigungsbestimmungen dieses Bundesgesetzes anzuwenden sind und er in diesem Zeitraum kein Überbrückungsgeld gemäß § 13l bezieht;
(BGBl I 2014/68)
7. bei Inanspruchnahme einer Alterspension aus der gesetzlichen Pensionsversicherung nach § 4 Abs. 2 des Allgemeinen Pensionsgesetzes (APG), BGBl. I Nr. 142/2004;
(BGBl I 2016/72)
8. bei Inanspruchnahme einer Alterspension nach § 4 Abs. 3 APG;
(BGBl I 2016/72)
9. bei Feststellung einer voraussichtlich mindestens sechs Monate andauernden Invalidität durch den Versicherungsträger gemäß § 367 Abs. 4 ASVG;
(BGBl I 2016/72)
10. im Fall der Arbeitsverhinderung gemäß § 2 EFZG nach Ende des Anspruchs auf Entgeltfortzahlung und nach Beendigung des Krankengeldanspruches gemäß § 138 ASVG während eines anhängigen Leistungsstreitverfahrens gemäß § 354 ASVG über Invalidität (§ 255 ASVG).
(BGBl I 2015/152, BGBl I 2016/72)

11.–12. (entfallen)
(BGBl I 2015/152, BGBl I 2016/72)

(BGBl 1992/835, BGBl 1993/335, BGBl I 2000/44, BGBl I 2004/143)

(1a) Dem Arbeitnehmer gebührt die Abfertigung bei Erfüllung der Voraussetzungen gemäß §§ 13b und 13c auch bei Inanspruchnahme einer Alterspension im Anschluss an den Bezug von Überbrückungsgeld.

(BGBl 1993/335, BGBl I 2014/68)

(2) Arbeitnehmerinnen haben bei Erfüllung der Voraussetzungen gemäß § 13b und Vorliegen von mindestens 260 Beschäftigungswochen Anspruch

auf die Hälfte der zustehenden Abfertigung (§§ 13b Abs. 7, 13d), höchstens jedoch auf drei Monatsentgelte, wenn sie

1. nach der Geburt eines lebenden Kindes innerhalb der Schutzfrist (§ 5 Abs. 1 des Mutterschutzgesetzes 1979 – MSchG, BGBl. Nr. 221, in der jeweils geltenden Fassung) oder
2. nach der Annahme eines Kindes, welches das zweite Lebensjahr noch nicht vollendet hat, an Kindes Statt (§ 15c Abs. 1 Z 1 MSchG) oder nach Übernahme eines solchen Kindes in unentgeltliche Pflege (§ 15c Abs. 1 Z 2 MSchG) innerhalb von acht Wochen

ihren vorzeitigen Austritt aus dem Arbeitsverhältnis erklären. Bei Inanspruchnahme einer Karenz nach dem MSchG ist der Austritt spätestens drei Monate vor Ende der Karenz zu erklären.

(BGBl 1990/299, BGBl 1990/408, BGBl 1991/157, BGBl I 2004/64)

(3) Abs. 2 gilt auch für männliche Arbeitnehmer, sofern sie eine Karenz nach dem Väter-Karenzgesetz (VKG), BGBl. Nr. 651/1989, in der jeweils geltenden Fassung oder gleichartigen österreichischen Rechtsvorschriften in Anspruch nehmen und ihren vorzeitigen Austritt aus dem Arbeitsverhältnis spätestens drei Monate vor Ende der Karenz erklären.

(BGBl 1990/408, BGBl I 2004/64)

(4) Ein Abfertigungsanspruch gebührt nicht, wenn der männliche Arbeitnehmer seinen Austritt im Sinne des Abs. 3 erklärt, nachdem der gemeinsame Haushalt mit dem Kind aufgehoben oder die überwiegende Betreuung des Kindes beendet wurde.

(BGBl 1990/299)

(5) Ein Abfertigungsanspruch gemäß Abs. 2 oder 3 gebührt auch, wenn das Arbeitsverhältnis während einer Teilzeitbeschäftigung gemäß MSchG oder VKG durch Kündigung seitens des Arbeitnehmers beendet wird.

(BGBl 1990/408, BGBl I 2004/64, BGBl I 2017/114)

§ 13b. (1) Voraussetzung für den Erwerb eines Anspruches auf Abfertigung ist

1. das Vorliegen eines ununterbrochenen Arbeitsverhältnisses im Ausmaß von drei Jahren (156 Beschäftigungswochen; §§ 5 und 6) bei einem Arbeitgeber oder
2. das Vorliegen von mindestens 92 Beschäftigungswochen innerhalb eines Zeitraumes von 156 Wochen im Verlauf eines oder mehrerer Arbeitsverhältnisse zum selben Arbeitgeber oder zu einem Arbeitgeber aus einem Beschäftigungsverhältnis, das vom Arbeitsamt vermittelt wurde, sofern zwischen den Beschäftigungswochen jeweils keine Unterbrechungen von mehr als 22 Wochen liegen und am Ende des Zeitraumes von 156 Wochen ein Arbeitsverhältnis zu diesem Arbeitgeber besteht.

(BGBl 1991/682)

(2) Die Voraussetzung des Abs. 1 Z 2 ist auch dann erfüllt, wenn der Arbeitnehmer nach Vorliegen von zumindest 92 Beschäftigungswochen während der letzten 22 Wochen des Zeitraumes von 156 Wochen gekündigt wird und der Arbeitgeber

1. dem Arbeitnehmer anläßlich der Kündigung eine schriftliche Zusage auf Wiedereinstellung vor Ablauf des Zeitraumes von 156 Wochen gibt und der Arbeitnehmer der Aufforderung zur Wiederaufnahme zeitgerecht nachkommt oder nur deshalb nicht nachkommt, weil er vom Arbeitsamt in ein anderes Arbeitsverhältnis vermittelt wurde;
2. entgegen der gegebenen Zusage (Z. 1) den Arbeitnehmer ohne dessen Verschulden nicht mehr einstellt;
3. dem Arbeitnehmer keine Zusage gemäß Z 1 gibt.

(BGBl 1991/682)

(3) Die Wiederaufnahme der Arbeit durch den Arbeitnehmer (Abs. 2 Z 1) ist zeitgerecht, wenn sie ohne schuldhafte Säumnis unmittelbar nach Wegfall eines nicht vom Arbeitnehmer zu vertretenden Hinderungsgrundes erfolgt.

(4) Beschäftigungszeiten während der Unterbrechungen (Abs. 1 Z 2) bei anderen Arbeitgebern bleiben unberücksichtigt.

(5) Der Arbeitgeber hat der Urlaubs- und Abfertigungskasse im Rahmen der Meldung gemäß § 22 die zur Beurteilung der Erfüllung der Voraussetzung nach Abs. 1 erforderlichen Angaben mitzuteilen und eine Kopie der schriftlichen Zusage (Abs. 2 Z 1) zu übermitteln.

(6) Gehört das Unternehmen (der Betrieb) des Arbeitgebers einem Konzern (§ 15 Aktiengesetz 1965 bzw. § 115 Gesetz über Gesellschaften mit beschränkter Haftung) an, so ist die Voraussetzung der Beschäftigung beim selben Arbeitgeber (Abs. 1) auch bei Beschäftigungen in anderen den Abfertigungsbestimmungen dieses Bundesgesetzes unterliegenden Unternehmungen (Betrieben) des Konzerns erfüllt. Diese Voraussetzung ist gleichfalls erfüllt bei Beschäftigungen in Arbeitsgemeinschaften, denen der Arbeitgeber angehört.

(7) Arbeitnehmer in Personalbereitstellungsbetrieben (§ 2 Abs. 2 lit. a und c) oder in Mischbetrieben (§ 3 Abs. 1 bis 6), die während der Dauer des Arbeitsverhältnisses zu Beschäftigungen herangezogen werden, die abwechselnd dem Geltungsbereich dieses Bundesgesetzes für den Sachbereich der Abfertigungsregelung und dem des Arbeiter-Abfertigungsgesetzes, BGBl. Nr. 107/1979, in der jeweils geltenden Fassung unterliegen, erfüllen unbeschadet der Häufigkeit des Wechsels und der Dauer der Beschäftigungen die Anspruchsvoraussetzung des Abs. 1 Z 1, wenn das Arbeitsverhältnis ununterbrochen drei Jahre gedauert hat. Der Arbeitnehmer hat bei Auflösung eines solchen Arbeitsverhältnisses Anspruch auf eine Abfertigung nach Maßgabe der Bestimmungen dieses Bundesgesetzes. Bei Geltendmachung des Anspruches auf Abfertigung nach Auflösung dieses Arbeitsverhältnisses gebührt dem Arbeitnehmer von der unter Berücksichtigung der Gesamtdauer des Arbeitsverhältnisses zustehenden

Abfertigung der Anteil, der dem Verhältnis der im Geltungsbereich dieses Bundesgesetzes zurückgelegten Beschäftigungszeiten zur Gesamtdauer des Arbeitsverhältnisses entspricht.

(8) Beschäftigungszeiten nach diesem Bundesgesetz, die gemäß § 23 Abs. 1 Angestelltengesetz, BGBl. Nr. 292/1921, in der jeweils geltenden Fassung für eine Abfertigung nach dem Angestelltengesetz berücksichtigt werden, sind für die Erfüllung der Anspruchsvoraussetzungen gemäß Abs. 1 sowie für die Anrechnung gemäß § 13c nicht heranzuziehen. Werden diese Beschäftigungszeiten für eine Abfertigung gemäß §§ 23 und 23a Angestelltengesetz berücksichtigt, so hat der Arbeitgeber Anspruch auf anteilsmäßige Refundierung dieser Abfertigung. Die Refundierung hat entsprechend dem Verhältnis der im Geltungsbereich dieses Bundesgesetzes zurückgelegten Beschäftigungszeiten zur Gesamtdauer des Arbeitsverhältnisses zu erfolgen. Die Bemessung erfolgt nach den in diesem Bundesgesetz festgelegten Grundsätzen; als kollektivvertraglicher Stundenlohn im Sinne des § 13d Abs. 2 ist der im Zeitpunkt der Auflösung des Arbeitsverhältnisses entsprechend der letzten Einstufung des Arbeitnehmers vor Übernahme in ein dem Angestelltengesetz unterliegendes Beschäftigungsverhältnis festzustellende kollektivvertragliche Stundenlohn heranzuziehen. Der Anspruch auf Refundierung ist bei der Urlaubs- und Abfertigungskasse mit Antrag und unter Nachweis der Leistung der Abfertigung sowie Bekanntgabe der Gesamtdauer des Arbeitsverhältnisses geltend zu machen.

(9) Beschäftigungszeiten nach diesem Bundesgesetz, die nicht gemäß § 23 Abs. 1 Angestelltengesetz für eine Abfertigung berücksichtigt werden, sind einem Anspruch auf Abfertigung nach diesem Bundesgesetz zugrunde zu legen. Die Übernahme in ein dem Angestelltengesetz unterliegendes Beschäftigungsverhältnis gilt als Beendigung im Sinne des § 13a Abs. 1 Z 6.

§ 13c. (1) Erfüllt ein Arbeitnehmer die Voraussetzungen des § 13b, so sind für den Erwerb eines Abfertigungsanspruches anzurechnen

1. die Beschäftigungszeiten nach § 13b,
2. alle diesen nachfolgenden Beschäftigungszeiten gemäß § 5 sowie
3. die gemäß § 4 Abs. 3 anzurechnenden Zeiten.

Beschäftigungszeiten, die im Zeitpunkt ihrer Geltendmachung gegenüber der Urlaubs- und Abfertigungskasse oder sonstigen Feststellung durch die Urlaubs- und Abfertigungskasse länger als acht volle Zuschlagszeiträume zurückliegen, sind nur dann anzurechnen, wenn der Arbeitgeber die dafür gebührenden Zuschläge zum Lohn entrichtet. § 4a Abs. 3 gilt sinngemäß.

(BGBl I 2009/70)

(2) Zeiten des Grundwehr- oder Ausbildungs- oder ordentlichen Zivildienstes sind jedoch sowohl für die Erfüllung der Voraussetzung des § 13b als auch für die Anrechnung gemäß Abs. 1 nur heranzuziehen, wenn der Grundwehr- oder Ausbildungs- oder ordentliche Zivildienst während eines aufrechten Arbeitsverhältnisses geleistet wurde und die Art der Auflösung dieses Arbeitsverhältnisses nicht gemäß Abs. 4 Z 1 bis 4 erfolgte.

(BGBl I 1998/30)

(3) Eine Kalenderwoche ist, ausgenommen in den Fällen der Anrechnung gemäß § 4 Abs. 3, als Beschäftigungswoche zu berücksichtigen, wenn sie die Voraussetzungen des § 6 erfüllt.

(4) Beschäftigungszeiten aus einem Arbeitsverhältnis bleiben sowohl für die Erfüllung der Voraussetzungen des § 13b als auch bei der Anrechnung gemäß Abs. 1 unberücksichtigt, wenn dieses Arbeitsverhältnis durch

1. Einvernehmen zwischen Arbeitgeber und Arbeitnehmer,
2. Kündigung seitens des Arbeitnehmers,
3. vorzeitigen Austritt des Arbeitnehmers ohne wichtigen Grund oder
4. Entlassung aus Verschulden des Arbeitnehmers

aufgelöst wird, soweit im folgenden nicht anderes bestimmt ist.

(5) Endet ein Arbeitsverhältnis in den Fällen des § 13a Abs. 1 Z 1 bis 5 sowie 7 bis 12 durch Kündigung seitens des Arbeitnehmers, so sind die Beschäftigungszeiten aus diesem Arbeitsverhältnis sowohl für die Erfüllung der Voraussetzung des § 13b als auch bei der Anrechnung gemäß Abs. 1 zu berücksichtigen. Dasselbe gilt, wenn das Arbeitsverhältnis wegen Inanspruchnahme des Überbrückungsgeldes durch Kündigung seitens des Arbeitnehmers oder durch Einvernehmen zwischen Arbeitgeber und Arbeitnehmer endet.

(BGBl 1993/335, BGBl I 2004/143, BGBl I 2014/68, BGBl I 2015/152)

(6) Zeiten eines Lehrverhältnisses sind dann zu berücksichtigen, wenn die Zahl der Beschäftigungswochen einschließlich der Lehrzeit 364 Beschäftigungswochen beträgt. Überdies muß der Arbeitnehmer nach Vollendung der Lehrzeit die Voraussetzung des § 13b erfüllen, es sei denn, diese wurde bereits in einem dem Lehrverhältnis vorangegangenen Arbeitsverhältnis erbracht. Zur Erfüllung der Voraussetzung des § 13b in einem Arbeitsverhältnis nach Vollendung der Lehrzeit sind Beschäftigungszeiten aus einem unmittelbar vor dem Lehrverhältnis liegenden Arbeitsverhältnis zum selben Arbeitgeber heranzuziehen. Sofern die Lehrzeit bei Berechnung eines Abfertigungsanspruches gemäß § 13d unberücksichtigt geblieben ist, gilt § 13e Abs. 2 sinngemäß.

(7) Der Arbeitgeber hat der Urlaubs- und Abfertigungskasse im Rahmen der Meldung gemäß § 22 die zur Beurteilung der Anrechnung nach Abs. 1 erforderlichen Angaben mitzuteilen.

(8) Bestreitet der Arbeitnehmer die vom Arbeitgeber der Urlaubs- und Abfertigungskasse bekannt gegebene Beendigungsart, so hat er dies binnen drei Jahren ab Beendigung des Arbeitsverhältnisses gegenüber der Urlaubs- und Abfertigungskasse geltend zu machen. Dasselbe gilt für einen Arbeitgeber, der die von ihm bekannt gegebene Beendi-

gungsart bei der Urlaubs- und Abfertigungskasse bestreitet. Die gerichtliche Geltendmachung der unrichtigen Beendigungsart ist binnen vier Jahren ab Beendigung des Arbeitsverhältnisses zulässig.

(BGBl I 2021/71)

§ 13d. (1) Der Abfertigungsanspruch beträgt

nach 156 Beschäftigungswochen	2 Monatsentgelte,
nach 260 Beschäftigungswochen	3 Monatsentgelte,
nach 520 Beschäftigungswochen	4 Monatsentgelte,
nach 780 Beschäftigungswochen	6 Monatsentgelte,
nach 1040 Beschäftigungswochen	9 Monatsentgelte,
nach 1300 Beschäftigungswochen	12 Monatsentgelte.

Die Summe der Zahl der Monatsentgelte aus zwei- oder mehrmaliger Geltendmachung von Abfertigungsansprüchen darf die Zahl der Monatsentgelte, die sich jeweils bei der letzten Geltendmachung auf Grund einer Zusammenrechnung aller bisher anrechenbaren Beschäftigungszeiten ergeben würde, nicht übersteigen. Insgesamt darf bei mehrmaliger Geltendmachung von Ansprüchen der Höchstanspruch von zwölf Monatsentgelten nicht überschritten werden.

(2) Die Grundlage für die Berechnung der Monatsentgelte ist unabhängig vom Zeitpunkt der Geltendmachung der im Zeitpunkt der Entstehung des Anspruches (§ 13a) für den Arbeitnehmer in den letzten 52 Wochen vor Beendigung des letzten Arbeitsverhältnisses geltende kollektivvertragliche Stundenlohn zuzüglich eines Zuschlages von 20 vH. Der Stundenlohn ergibt sich aus der überwiegenden Einstufung des Arbeitnehmers unter Berücksichtigung der letzten in diesen Zeitraum fallenden kollektivvertraglichen Lohnerhöhung. Mangels einer kollektivvertraglichen Regelung des Stundenlohnes gilt der im letzten Arbeitsverhältnis vereinbarte und der Urlaubs- und Abfertigungskasse gemeldete Stundenlohn (§ 21a Abs. 3 letzter Satz) als Berechnungsgrundlage.

(3) Die Stundenzahl für die Berechnung des Monatsentgelts ergibt sich aus der kollektivvertraglichen oder mangels einer solchen aus der gesetzlichen Normalarbeitszeit. Bei einer vertraglich vereinbarten kürzeren Arbeitszeit ist diese oder die tatsächlich längere Arbeitszeit bis zum Höchstausmaß der Normalarbeitszeit für die Berechnung heranzuziehen, wenn diese Arbeitszeit für den gesamten Zeitraum, der der Berechnung des Abfertigungsanspruches zugrunde liegt, maßgebend war. Fallen in diesen Zeitraum sowohl Beschäftigungszeiten mit kollektivvertraglicher oder gesetzlicher Normalarbeitszeit als auch Beschäftigungszeiten mit vertraglich vereinbarter kürzerer Arbeitszeit oder tatsächlich längerer Arbeitszeit, so ist als Stundenzahl für die Berechnung des Monatsentgelts die durchschnittliche sich aus dem Verhältnis der jeweiligen Beschäftigungszeiten zur Summe der Beschäftigungszeiten ergebende Stundenzahl heranzuziehen.

(3a) Wird das Arbeitsverhältnis während einer Teilzeitbeschäftigung nach § 15c MSchG oder § 8 EKUG durch Kündigung durch den Arbeitgeber, unverschuldete Entlassung oder begründeten Austritt beendet, so ist diese Teilzeitbeschäftigung bei der Berechnung des Monatsentgelts mit jener Stundenanzahl zu berücksichtigen, wie sie dem Arbeitsverhältnis vor der Teilzeitbeschäftigung zugrunde lag.

(BGBl 1990/408)

(4) Für die Berechnung des Monatsentgelts sind ferner die anteiligen gesetzlichen oder kollektivvertraglichen Sonderzahlungen heranzuziehen. Die kollektivvertragsfähigen Körperschaften der Arbeitgeber und der Arbeitnehmer können Art und Ausmaß der Berücksichtigung von Sonderzahlungen bei der Berechnung des Entgelts regeln.

§ 13e. (1) Wird ein Anspruch auf Abfertigung durch Auszahlung abgegolten, so sind für den Erwerb eines neuen Anspruches die Anspruchsvoraussetzungen des § 13b neuerlich zu erfüllen. Beschäftigungszeiten, die einem abgegoltenen Abfertigungsanspruch zugrunde liegen, dürfen einem neuen Anspruch nicht mehr zugerechnet werden.

(BGBl 1992/835, BGBl I 2000/44)

(2) Übersteigen bei Abgeltung eines Abfertigungsanspruches die erworbenen anrechenbaren Beschäftigungszeiten die Zahl der für diesen Abfertigungsanspruch erforderlichen Beschäftigungswochen (§ 13d Abs. 1), so sind diese Beschäftigungszeiten bei der Bemessung eines neuen Anspruchs zu berücksichtigen, sofern sich dieser auf Grund von mindestens 260 neuerlichen Beschäftigungswochen ergibt.

(3) Hat der Arbeitnehmer bei Auflösung des Arbeitsverhältnisses bei Insolvenz des Arbeitgebers noch keinen Abfertigungsanspruch erworben, so sind die in diesem Arbeitsverhältnis verbrachten Beschäftigungszeiten sowohl für die Bemessung eines neuen Abfertigungsanspruches als auch für die Erfüllung der Voraussetzungen des § 13b zu berücksichtigen.

(BGBl 1992/835, BGBl I 2000/44)

§ 13f. Der Anspruch auf Abfertigung richtet sich gegen die Urlaubs- und Abfertigungskasse. Der Antrag auf Auszahlung der Abfertigung ist an diese zu richten. Eine über drei Monatsentgelte hinausgehende Abfertigungsleistung kann in monatlich im voraus zahlbaren Teilbeträgen in der Höhe von mindestens einem Monatsentgelt abgestattet werden.

(BGBl 1992/835, BGBl I 2000/44, BGBl I 2007/35, BGBl I 2017/114)

§ 13g. Der Abfertigungsanspruch verfällt innerhalb von drei Jahren nach Fälligkeit, es sei denn, der Arbeitnehmer nimmt innerhalb dieser Frist neuerlich eine Beschäftigung in einem diesem Bundesgesetz unterliegenden Arbeitsverhältnis auf. Mit dem Verfall des Abfertigungsanspruches können Beschäftigungszeiten, die für die Entstehung des verfallenen Anspruches erforderlich waren, für einen neuerlichen Anspruch nicht mehr herangezogen werden. § 13e Abs. 2 gilt sinngemäß.

(BGBl 1996/754, BGBl I 2000/44)

§ 13h. (aufgehoben)

(BGBl I 2011/51)

Abschnitt IIIa
Winterfeiertagsvergütung

(BGBl 1996/417)

Refundierung

§ 13i. (1) Arbeitgeber haben Anspruch auf pauschalierte Refundierung (Winterfeiertagsvergütung) der von ihnen an Arbeitnehmer für die gesetzlichen Feiertage am 25. und 26. Dezember sowie am 1. und 6. Jänner geleisteten Entgelte (§ 9 Abs. 1 bis 4 Arbeitsruhegesetz, BGBl. Nr. 144/1983) sowie der für die kollektivvertraglich geregelten arbeitsfreien Tage im Dezember geleisteten Entgelte durch die Urlaubs- und Abfertigungskasse unter den nachstehenden Voraussetzungen.

(2) Die Höhe der Vergütung ist auf Grundlage des für den Arbeitnehmer im laufenden Kalenderjahr geltenden kollektivvertraglichen Stundenlohnes zuzüglich eines Zuschlags von 20% zu berechnen. Dabei ist die überwiegende Einstufung des Arbeitnehmers unter Berücksichtigung der letzten in diesen Zeitraum fallenden kollektivvertraglichen Lohnerhöhung heranzuziehen. Mangels einer kollektivvertraglichen Regelung des Stundenlohnes gilt der vereinbarte und der Urlaubs- und Abfertigungskasse gemeldete Stundenlohn als Berechnungsgrundlage. Jeder Winterfeiertag ist mit einem Fünftel der kollektivvertraglichen wöchentlichen Normalarbeitszeit zu bemessen. Als Winterfeiertage gelten nur jene Feiertage und arbeitsfreien Tage im Sinne des Abs. 1, die auf einen Tag von Montag bis Freitag fallen.

(BGBl 1996/754)

(3) Dem Arbeitgeber gebührt die Winterfeiertagsvergütung für jene Arbeitnehmer, die während der Kalenderwochen, in die die Winterfeiertage fallen, bei der Urlaubs- und Abfertigungskasse gemeldet sind. Für Arbeitnehmer, deren Arbeitsverhältnis während dieses Zeitraumes beendet wird, hat der Arbeitgeber Anspruch auf Winterfeiertagsvergütung für jene Winterfeiertage, an denen diese Arbeitnehmer auf Grund eines aufrechten Arbeitsverhältnisses bei der Urlaubs- und Abfertigungskasse gemeldet sind.

(4) Die Urlaubs- und Abfertigungskasse hat auf Grund der Meldungen nach § 22 die Winterfeiertagsvergütung nach Maßgabe des Abs. 3 für alle von einem Arbeitgeber beschäftigten Arbeitnehmer zu errechnen. Als Vergütung für die vom Arbeitgeber für die Feiertagsentgelte zu leistenden Sozialversicherungsbeiträge und gesetzlichen Abgaben (Nebenleistungen) steht diesem ein Pauschbetrag von 30,1% der überwiesenen Winterfeiertagsvergütung zu. Der errechnete Refundierungsbetrag samt Pauschbetrag ist mit Forderungen der Urlaubs- und Abfertigungskasse zu verrechnen; bestehen keine Forderungen, so ist der Refundierungsbetrag an den Arbeitgeber auszuzahlen. Der Gesamtbetrag der zu vergütenden Nebenleistungen kann auf gemeinsamen Antrag der zuständigen kollektivvertragsfähigen Körperschaften der Arbeitnehmer und Arbeitgeber durch Verordnung der Bundesministerin für Arbeit, Familie und Jugend abgeändert werden.

(BGBl I 2020/74)

(BGBl 1996/417)

Ersatzweiser Anspruch des Arbeitnehmers

§ 13j. (1) Arbeitnehmer, deren Arbeitsverhältnis, das dem Geltungsbereich der Winterfeiertagsregelung unterliegt, vor oder während der Winterfeiertage beendet wird und die keinen Anspruch auf Feiertagsentgelt aus einem anderen, nicht dem Geltungsbereich der Winterfeiertagsregelung unterliegenden Arbeitsverhältnis haben, haben Anspruch auf Abgeltung der Winterfeiertage gegenüber der Urlaubs- und Abfertigungskasse unter folgenden Voraussetzungen:

1. Der Anspruch besteht nur für jene Winterfeiertage, für die kein Refundierungsanspruch des Arbeitgebers nach § 13i besteht; § 13i Abs. 2 letzter Satz ist anzuwenden.
2. Für die Berechnung der Winterfeiertagsvergütung gilt § 13i Abs. 2 mit der Maßgabe, daß von der Vergütung ein Pauschalsatz von 30% pro Tag abzuziehen ist.
3. Der Arbeitnehmer muß in dem den Winterfeiertagen vorangehenden Kalenderjahr – das ist das Kalenderjahr, in das die Winterfeiertage des Monats Dezember fallen – mindestens 26 Anwartschaftswochen (§ 6) erworben haben.
4. Hat der Arbeitnehmer in dem den Winterfeiertagen vorangehenden Kalenderjahr weniger als 26 Anwartschaftswochen, mindestens aber 14 Anwartschaftswochen erworben, so hat er Anspruch auf aliquote Abgeltung der Winterfeiertage. Der aliquote Anspruch beträgt bei 14 bis 19 Anwartschaftswochen 50% und bei 20 bis 25 Anwartschaftswochen 75% der Vergütung gemäß Z 1 und 2. Der Anspruch auf Winterfeiertagsvergütung in einem Kalenderjahr ist jedenfalls mit dem Anspruch nach Z 1 begrenzt;

   (BGBl 1996/754, BGBl I 2009/70)
5. Anwartschaftswochen (Z 3 oder 4), die im Zeitpunkt ihrer Geltendmachung gegenüber der Urlaubs- und Abfertigungskasse oder sonstigen Feststellung durch die Urlaubs- und Abfertigungskasse länger als acht volle Zuschlagszeiträume zurückliegen, sind nur insoweit zu berücksichtigen, als der Arbeitgeber die dafür gebührenden Zuschläge zum Lohn entrichtet. § 4a Abs. 3 gilt sinngemäß.

   (BGBl I 2009/70)

(2) Der ersatzweise Anspruch auf Winterfeiertagsvergütung ist von der Urlaubs- und Abfertigungskasse auf Grund der Meldungen nach § 22

festzustellen und bis 15. März an den Arbeitnehmer auszuzahlen. Der ersatzweise Anspruch auf Winterfeiertagsvergütung verfällt binnen drei Jahren nach dem Auszahlungstermin.

(BGBl I 2007/35, BGBl I 2010/59, BGBl I 2013/137)

(3) Die Urlaubs- und Abfertigungskasse, Sachbereich Winterfeiertagsvergütung, hat einen Beitrag an die Gebarung Arbeitsmarktpolitik zu zahlen, der der Summe der Abschläge gemäß Abs. 1 Z 2 in einem Geschäftsjahr entspricht. Der Beitrag ist mit Abschluß des Geschäftsjahres (1. April) zu entrichten.

(BGBl 1996/417)

Zuschlag für Winterfeiertage

§ 13k. (1) Der Arbeitgeber hat für jeden Arbeitnehmer in den Zuschlagszeiträumen von April bis November (§ 22 Abs. 4) einen Zuschlag zum Lohn für den Sachbereich der Winterfeiertagsregelung zu entrichten. Der Zuschlag ist bargeldlos zu entrichten.

(BGBl I 2015/113)

(2) Die Zuschläge sind für jede in diesen Zeitraum fallende Anwartschaftswoche zu entrichten. Die vom Arbeitgeber nicht zu leistenden Zuschläge sind von der Urlaubs- und Abfertigungskasse selbst zu entrichten.

(BGBl I 2009/70)

(3) Für die Berechnung, Vorschreibung und Einhebung des Zuschlages für den Sachbereich der Winterfeiertagsregelung gelten im übrigen die Bestimmungen für den Zuschlag für den Sachbereich der Urlaubsregelung (§§ 21a Abs. 2 letzter Satz und Abs. 3 bis 7, 22, 23, 25, 25a, 27, 28, 29) sinngemäß.

(BGBl I 2005/104)

(4) Der Zuschlag, der gemäß Abs. 1 einschließlich der anteiligen Verwaltungskosten zu entrichten ist, beträgt für eine Anwartschaftswoche das 1,3-fache des um 20% erhöhten kollektivvertraglichen Stundenlohns gemäß § 21a Abs. 3 und 4. Wenn es die Gebarung erfordert, kann der Zuschlag auf gemeinsamen Antrag der zuständigen kollektivvertragsfähigen Körperschaften der Arbeitnehmer und Arbeitgeber durch Verordnung der Bundesministerin für Arbeit, Familie und Jugend so abgeändert werden, dass aus der Summe der Eingänge an Zuschlägen der Aufwand der Urlaubs- und Abfertigungskasse für den Sachbereich der Winterfeiertagsregelung einschließlich des Verwaltungsaufwands gedeckt werden kann. Hinsichtlich der zeitlichen Lage der Winterfeiertage und des daraus resultierenden Aufwands kann eine mehrjährige Durchschnittsbetrachtung angestellt werden.

(BGBl I 2010/59, BGBl I 2013/137, BGBl I 2020/74)

(5) Zur Durchführung der Winterfeiertagsregelung hat die Urlaubs- und Abfertigungskasse einen eigenen Sachbereich einzurichten. Als Geschäftsjahr gilt in diesem Sachbereich jeweils der Zeitraum von 1. April bis 31. März.

(BGBl I 2007/35)

(BGBl 1996/417)

Abschnitt IIIb
Überbrückungsgeld

Anspruch auf Überbrückungsgeld

§ 13l. (1) Arbeitnehmer haben nach Vollendung des 58. Lebensjahres, sofern sie in keinem Arbeitsverhältnis mehr stehen und im Anschluss an den Bezug von Überbrückungsgeld Anspruch auf eine Alterspension (Alters-, Korridor- oder Schwerarbeitspension) oder auf Sonderruhegeld nach Art. X des Nachtschwerarbeitsgesetzes – NSchG, BGBl. Nr. 354/1981 haben, einen einmaligen Anspruch auf Überbrückungsgeld bei Vorliegen von:

1. mindestens 520 Beschäftigungswochen nach Vollendung des 40. Lebensjahres in einem Arbeitsverhältnis, das diesem Bundesgesetz sowie der Versicherungspflicht nach dem Allgemeinen Sozialversicherungsgesetz, BGBl. Nr. 189/1955 – ASVG unterliegt, und
2. mindestens 30 Beschäftigungswochen in einem solchen Arbeitsverhältnis nach Vollendung des 56. Lebensjahres.

(BGBl I 2015/113)

Kein Anspruch auf Überbrückungsgeld besteht, wenn der Arbeitnehmer bis zur Erreichung des Anfallsalters für eine Alterspension eine Invaliditätspension nach § 254 ASVG oder nach § 254 ASVG in der am 31. Dezember 2013 geltenden Fassung bezieht.

(BGBl I 2014/68, BGBl I 2021/71)

(2) Die monatliche Höhe des Überbrückungsgeldes beträgt das 169,5-fache des kollektivvertraglichen Stundenlohns, der sich aus der überwiegenden Einstufung des Arbeitnehmers in den letzten 260 Wochen vor Beendigung des Arbeitsverhältnisses ergibt. Kollektivvertragliche Lohnerhöhungen sind zu berücksichtigen. Dies gilt auch für den Zeitraum des Bezugs von Überbrückungsgeld. Mangels einer kollektivvertraglichen Regelung des Stundenlohns gilt der im letzten Arbeitsverhältnis vereinbarte und der Urlaubs- und Abfertigungskasse gemeldete Stundenlohn (§ 21a Abs. 3 letzter Satz) als Berechnungsgrundlage.

(BGBl I 2014/68, BGBl I 2021/71)

(2a) Bei Arbeitnehmern, deren vereinbarte Wochenarbeitszeit ab der Vollendung des 40. Lebensjahres die gesetzliche Normalarbeitszeit oder eine durch Normen der kollektiven Rechtsgestaltung festgelegte kürzere Normalarbeitszeit unterschritten hat (Teilzeitarbeit), ist das 169,5-fache des kollektivvertraglichen Stundenlohns, der sich aus der überwiegenden Einstufung des Arbeitnehmers in den letzten 260 Wochen vor Beendigung des Arbeitsverhältnisses ergibt, mit der Anzahl der für den Arbeitnehmer auf Grund der Vereinbarung geltenden wöchentlichen Arbeitsstunden zu multiplizieren und das Produkt durch die Anzahl der für die übrigen Arbeitnehmer des Betriebes geltenden regelmäßigen wöchentlichen Arbeitsstunden zu dividieren. Fallen ab dem 40. Lebensjahr sowohl Beschäftigungszeiten mit kollektivvertraglicher oder gesetzlicher Normalarbeitszeit als auch Beschäftigungszeiten mit vertraglich vereinbarter kürzerer Arbeitszeit oder tatsächlich längerer Arbeitszeit an, so ist als Stundenzahl für die Berechnung des Überbrückungsgeldes die durchschnittliche sich aus dem Verhältnis der jeweiligen Beschäftigungszeiten zur Summe der Beschäftigungszeiten ergebende Stundenzahl heranzuziehen. Liegen mehr als 520 Beschäftigungswochen ab dem 40. Lebensjahr vor, so sind für die Berechnung jene Beschäftigungswochen mit der höchsten wöchentlichen Arbeitszeit heranzuziehen.

(BGBl I 2014/68, BGBl I 2021/71)

(3) Das Überbrückungsgeld gebührt für einen Zeitraum von höchstens zwölf Monaten. Mit dem Tod des Arbeitnehmers endet der Anspruch auf Überbrückungsgeld.

(BGBl I 2014/68)

(4) Das Überbrückungsgeld gebührt zwölfmal jährlich und ist dem Arbeitnehmer monatlich im nachhinein am Ersten des Folgemonats durch die Urlaubs- und Abfertigungskasse auszuzahlen; fällt der Auszahlungstermin auf einen Samstag, Sonntag oder gesetzlichen Feiertag, so ist das Überbrückungsgeld so zeitgerecht durch die Urlaubs- und Abfertigungskasse anzuweisen, dass es an dem diesen Tagen vorhergehenden Werktag dem Arbeitnehmer zur Verfügung steht.

(BGBl I 2014/68)

(5) Abweichend von den Abs. 2 bis 4 können auf gemeinsamen Antrag der zuständigen kollektivvertragsfähigen Körperschaften durch Verordnung des Bundesministers für Arbeit, Soziales und Konsumentenschutz die Höhe des Überbrückungsgeldes, der Zeitraum des Bezuges mit höchstens 24 Monaten, sowie die Anzahl der gebührenden Monatsentgelte mit höchstens 14 pro Jahr festgesetzt werden, sofern die finanzielle Deckung gewährleistet ist. Änderungen der Ansprüche gemäß Abs. 2 bis 4 durch Verordnung haben keine Auswirkungen auf Arbeitnehmer, die zum Zeitpunkt des Inkrafttretens der Verordnung Überbrückungsgeld beziehen.

(BGBl I 2021/71)

(6) Der Bezug des zuerkannten Überbrückungsgeldes kann einmal für die Dauer eines Kalendermonates oder eines Vielfachen unterbrochen werden, wenn der Arbeitnehmer das Arbeitsverhältnis zu seinem letzten Arbeitgeber im Ausmaß seiner vertraglich vereinbarten Arbeitszeit vor Beginn des Überbrückungsgeldbezugs wieder aufnimmt.

(BGBl I 2021/71)

(7) Der Bezug von Überbrückungsgeld ruht

1. in Kalendermonaten, in denen der Arbeitnehmer in einem Arbeitsverhältnis zu einem diesem Bundesgesetz unterliegenden Betrieb steht, außer im Falle des Abs. 6,
(BGBl I 2021/71)
2. in Kalendermonaten, in denen ein Einkommen aus einer anderen Erwerbstätigkeit erzielt wird, das die jeweils geltende Geringfügigkeitsgrenze gemäß § 5 Abs. 2 ASVG, in der jeweils geltenden Fassung, übersteigt,
3. während des Zeitraumes, für den eine Urlaubsersatzleistung gemäß § 9 oder eine Urlaubsabfindung gemäß § 10 bezogen wird,
(BGBl I 2021/71)
4. während des Zeitraumes, für den eine befristet zuerkannte Invaliditätspension nach § 254 ASVG in der am 31. Dezember 2013 geltenden Fassung, Rehabilitationsgeld nach § 143a ASVG, Umschulungsgeld nach § 39b Arbeitslosenversicherungsgesetz 1977 – AlVG, BGBl. Nr. 609/1977, oder Übergangsgeld nach dem ASVG bezogen wird.
(BGBl I 2021/71)

(BGBl I 2014/68)

(8) Das Überbrückungsgeld ist einem Entgelt aus einem Arbeitsverhältnis gleichzuhalten. Für Arbeitnehmer, auf die die Bestimmungen des Abschnittes III vor Bezug des Überbrückungsgeldes anzuwenden waren, sind diese Bestimmungen auch für die Dauer des Bezugs von Überbrückungsgeld mit der Maßgabe anzuwenden, dass Zeiten des Überbrückungsgeldbezugs als Beschäftigungszeiten im Sinne des § 13b gelten und dass für die Berechnung der Monatsentgelte im Sinne des § 13d Abs. 2 kollektivvertragliche Lohnerhöhungen während des Bezugs von Überbrückungsgeld zu berücksichtigen sind. Für Arbeitnehmer, auf die die Bestimmungen des Abschnittes VIa vor Bezug des Überbrückungsgeldes anzuwenden waren, sind diese Bestimmungen für die Dauer des Bezugs von Überbrückungsgeld weiterhin anzuwenden. Während des Bezugs des Überbrückungsgeldes sind die Zuschläge oder Beiträge für die Abfertigung von der Urlaubs- und Abfertigungskasse zu entrichten. In Hinblick auf die Regelungen des Steuerrechts und des Betrieblichen Mitarbeiter- und Selbständigenvorsorgegesetzes – BMSVG, BGBl. I Nr. 100/2002 ist das Überbrückungsgeld Entgelt, sofern dort für das Überbrückungsgeld nichts anderes geregelt ist. Die Urlaubs- und Abfertigungskasse hat die auf das Überbrückungsgeld entfallenden lohnabhängigen gesetzlichen Abgaben zu entrichten, wobei die Lohnsteuer an das Finanzamt Österreich abzuführen ist.

(BGBl I 2014/68, BGBl I 2019/104)

(9) Bezieher von Überbrückungsgeld, die Einkommen aus einer Erwerbstätigkeit beziehen und wissen oder wissen mussten, dass keine Anmeldung zur Sozialversicherung erfolgt ist, verlieren ihren Anspruch auf Überbrückungsgeld. Bereits geleistetes Überbrückungsgeld kann von der Urlaubs- und Abfertigungskasse zurückgefordert werden.

(BGBl I 2013/137)

Überbrückungsabgeltung

(BGBl I 2021/71)

§ 13m. (1) Einem Arbeitnehmer, der in einem Arbeitsverhältnis steht, das diesem Bundesgesetz unterliegt und trotz Erfüllung der sonstigen Voraussetzungen des § 13l Abs. 1 Überbrückungsgeld nicht in Anspruch nimmt, gebührt für Zeiten, in denen er das Überbrückungsgeld nicht beansprucht oder er den Bezug des Überbrückungsgeldes unterbrochen hat (§ 13l Abs. 6), eine einmalige Überbrückungsabgeltung in der Höhe von 50 % des sonst zustehenden Überbrückungsgeldes. Die Überbrückungsabgeltung gebührt dem Arbeitnehmer bei Antritt der Alterspension, im Fall des Sonderruhegeldes mit Beginn des Sonderruhegeldbezugs.

(BGBl I 2014/68, BGBl I 2016/72, BGBl I 2017/114, BGBl I 2021/71)

(2) Einem Arbeitgeber, der einen Arbeitnehmer gemäß Abs. 1 beschäftigt, gebührt hinsichtlich dieses Arbeitsverhältnisses eine einmalige Überbrückungsabgeltung in der Höhe von 30 % des sonst dem Arbeitnehmer zustehenden Überbrückungsgeldes. Die Überbrückungsabgeltung kann mit offenen Zuschlagsforderungen verrechnet werden. Die Überbrückungsabgeltung steht nicht zu, wenn der Arbeitgeber innerhalb der letzten fünf Jahre vor Antragstellung wiederholt wegen Verstoßes gegen sozialversicherungsrechtliche Meldepflichten gemäß § 33 Allgemeines Sozialversicherungsgesetz bestraft wurde. Die Bezirksverwaltungsbehörde hat der Urlaubs- und Abfertigungskasse auf Anfrage mitzuteilen, ob gegen den Arbeitgeber eine solche Verwaltungsstrafe verhängt worden ist.

(BGBl I 2014/68, BGBl I 2021/71)

(3) Einem Arbeitnehmer, der die Voraussetzungen des § 13l Abs. 1 Z 1 erfüllt, vor Vollendung des 58. Lebensjahres berufsunfähig wird und dauerhaft Invaliditätspension bezieht, gebührt eine Abgeltung in der Höhe von 50 % des fiktiv zustehenden Überbrückungsgeldes für den Zeitraum des § 13l Abs. 3, wobei für die Berechnung des Stundenlohns § 13l Abs. 2 sinngemäß heranzuziehen ist.

(BGBl I 2021/71)

(4) Abweichend von Abs. 1 bis 3 kann auf gemeinsamen Antrag der zuständigen kollektivvertragsfähigen Körperschaften durch Verordnung des Bundesministers für Arbeit die Höhe der Überbrückungsabgeltung festgesetzt werden, sofern die finanzielle Deckung gewährleistet ist.

(BGBl I 2021/71)

(BGBl I 2013/137)

Anträge auf Gewährung von Leistungen gemäß §§ 13l und 13m

§ 13n. (1) Der Antrag auf Gewährung von Überbrückungsgeld gemäß § 13l ist unter Angabe des Beginns und der Dauer des Bezuges mindestens zwei Monate vor Beginn des Bezuges bei der Urlaubs- und Abfertigungskasse zu stellen.

(2) Die Urlaubs- und Abfertigungskasse hat den Arbeitgeber, der diesem Bundesgesetz unterliegt, über die Zuerkennung der Gewährung von Überbrückungsgeld und den Beginn des Bezuges schriftlich zu informieren.

(BGBl I 2016/72)

(3) Vereinbaren der Arbeitgeber und der Arbeitnehmer, den im Antrag des Arbeitnehmers gemäß § 13n Abs. 1 bekannt gegebenen Beginn des Überbrückungsgeldbezugs auf einen späteren Zeitpunkt zu verschieben, hat der Arbeitgeber die Urlaubs- und Abfertigungskasse darüber schriftlich zu informieren. Diese Information hat bei der Urlaubs- und Abfertigungskasse spätestens drei Arbeitstage vor dem vom Arbeitnehmer ursprünglich bekannt gegebenen Beginn des Überbrückungsgeldbezugs einzulangen. Erfolgt die Information nicht fristgerecht, besteht der Anspruch des Arbeitnehmers auf Überbrückungsabgeltung gemäß § 13m Abs. 1 in der Höhe von 30 % des sonst zustehenden Überbrückungsgeldes, der des Arbeitgebers gemäß § 13m Abs. 2 in der Höhe von 15 % des sonst dem Arbeitnehmer zustehenden Überbrückungsgeldes.

(BGBl I 2016/72)

(3a) Eine Unterbrechung des Überbrückungsgeldbezugs gemäß § 13l Abs. 6 ist der Urlaubs- und Abfertigungskasse mindestens drei Arbeitstage vor Wiederaufnahme des Arbeitsverhältnisses durch den Arbeitnehmer oder den Arbeitgeber schriftlich bekannt zu geben; den neuerlichen Bezug von Überbrückungsgeld hat der Arbeitnehmer der Urlaubs- und Abfertigungskasse zwei Wochen vor dem Ende der Unterbrechung schriftlich bekannt zu geben. Abs. 3 dritter Satz gilt sinngemäß.

(BGBl I 2021/71)

(4) Der Antrag auf Gewährung einer Überbrückungsabgeltung bei Nichtinanspruchnahme von Überbrückungsgeld gemäß § 13m Abs. 1 kann vom Arbeitnehmer oder vom Arbeitgeber nur binnen zwölf Monaten nach Antritt der Alterspension (Alters-, Korridor- oder Schwerarbeitspension) des Arbeitnehmers oder binnen zwölf Monaten nach Bezugsbeginn von Sonderruhegeld gestellt werden. Der Arbeitnehmer hat die Erfüllung der Voraussetzungen für dessen Bezug, der Arbeitgeber die Beschäftigung eines solchen Arbeitnehmers nachzuweisen. Stellt nur einer der beiden einen Antrag, so hat die Urlaubs- und Abfertigungskasse dem jeweils anderen, den ihm gebührenden Anspruch auf Überbrückungsabgeltung unabhängig von einer Antragstellung zu gewähren.

(BGBl I 2021/71)

(5) Der Antrag auf Gewährung einer Abgeltung nach § 13m Abs. 3 kann vom Arbeitnehmer innerhalb von 12 Monaten nach Zuerkennung der Invaliditätspension gestellt werden, wobei der Arbeitnehmer die Voraussetzungen nachzuweisen hat.

(BGBl I 2014/68, BGBl I 2016/72, BGBl I 2021/71)

(BGBl I 2013/137)

Zuschlag

§ 13o. (1) Der Arbeitgeber hat für jeden Arbeitnehmer für alle Beschäftigungswochen ausgenommen Zeiten des Urlaubs einen Zuschlag zum Lohn zur Bestreitung des Aufwandes für das Überbrückungsgeld einschließlich der anteiligen Verwaltungskosten zu entrichten. Dieser beträgt in den Zuschlagszeiträumen von April bis November für eine Kalenderwoche (Beschäftigungswoche) das 1,5-fache des kollektivvertraglichen Stundenlohns, in den Zuschlagszeiträumen von Dezember bis

März für eine Kalenderwoche (Beschäftigungswoche) das 0,4-fache des kollektivvertraglichen Stundenlohns. Unterschreitet die vereinbarte Wochenarbeitszeit im Durchschnitt die gesetzliche Normalarbeitszeit oder eine durch Normen der kollektiven Rechtsgestaltung festgelegte kürzere Normalarbeitszeit (Teilzeitarbeit), so ist das 1,5-fache beziehungsweise das 0,4-fache des kollektivvertraglichen Stundenlohns mit der Anzahl der für den Arbeitnehmer auf Grund der Vereinbarung geltenden wöchentlichen Arbeitsstunden zu multiplizieren und das Produkt durch die Anzahl der für die übrigen Arbeitnehmer des Betriebes geltenden regelmäßigen wöchentlichen Arbeitsstunden zu dividieren. Sofern im Zuschlagszeitraum die Anzahl der tatsächlich geleisteten Stunden das vereinbarte Stundenausmaß übersteigt, sind diese der Zuschlagsberechnung zu Grunde zu legen. Der Zuschlag ist bargeldlos zu entrichten.

(BGBl I 2015/113, BGBl I 2017/114, BGBl I 2020/74)

(1a) Für Zeiten des Urlaubs (§ 4) und Zeiten, für die eine Urlaubsersatzleistung gebührt (§ 9), sind die Zuschläge von der Urlaubs- und Abfertigungskasse zu Lasten des Sachbereiches Urlaub zu leisten.

(BGBl I 2020/74)

(2) Der Zuschlag kann auf gemeinsamen Antrag der zuständigen kollektivvertragsfähigen Körperschaften durch Verordnung des Bundesministers für Arbeit, Soziales und Konsumentenschutz in einer geänderten Höhe so festgesetzt werden, dass aus der Summe der Eingänge an Zuschlägen der Aufwand der Urlaubs- und Abfertigungskasse für den Sachbereich Überbrückungsgeld einschließlich des Verwaltungsaufwandes gedeckt werden kann und darüber hinaus finanzielle Reserven in Höhe der Hälfte der jährlichen Auszahlungen für den Sachbereich aufgebaut werden können.

(BGBl I 2021/71)

(BGBl I 2013/137, BGBl I 2014/68)

Sachbereich

§ 13p. Zur Abwicklung der Ansprüche gemäß diesem Abschnitt hat die Urlaubs- und Abfertigungskasse einen eigenen Sachbereich einzurichten.

(BGBl I 2013/137)

Kündigung

§ 13q. (1) Mit der Antragstellung gemäß § 13n Abs. 1 gilt das Arbeitsverhältnis, das diesem Bundesgesetz unterliegt, mit dem dem tatsächlichen Beginn des Überbrückungsgeldbezugs vorangehenden Tag als durch Kündigung des Arbeitnehmers beendet, sofern das Arbeitsverhältnis nicht zu einem früheren Zeitpunkt gelöst wird.

(2) Eine Kündigung, die der Arbeitgeber wegen der Inanspruchnahme von Überbrückungsgeld vor dem in Abs. 1 genannten Zeitpunkt ausspricht, kann bei Gericht angefochten werden. § 105 Abs. 5 ArbVG gilt sinngemäß.

(BGBl I 2016/72)

Abschnitt IV
Organisation der Bauarbeiter-Urlaubs- und Abfertigungskasse

(BGBl 1987/618)

Zweck und Wirkungsbereich; Mitglieder der Verwaltungsorgane

§ 14. (1) Die Einhebung der Mittel für die Befriedigung der Ansprüche nach diesem Bundesgesetz und die Durchführung der damit zusammenhängenden Aufgaben obliegt der Bauarbeiter-Urlaubs- und Abfertigungskasse. Sie kann diese Aufgaben mittels einer elektronischen Datenverarbeitungsanlage erfüllen.

(BGBl 1987/618)

(2) Die Urlaubs- und Abfertigungskasse ist eine Körperschaft öffentlichen Rechts mit dem Sitz in Wien. Ihr Wirkungsbereich erstreckt sich auf das gesamte Bundesgebiet.

(3) Der Ausschuss hat über die Einrichtung von Organisationseinheiten auf regionaler Ebene zu entscheiden.

(BGBl 1976/393, BGBl I 2007/35)

(4) Die Urlaubs- und Abfertigungskasse wird gemeinsam von Vertretern der Arbeitgeber und Arbeitnehmer verwaltet, die von den zuständigen gesetzlichen Interessenvertretungen in die Verwaltungsorgane (§ 15) entsendet und, soweit es erforderlich ist, abberufen werden. Entsendet werden können nur österreichische Staatsangehörige oder Angehörige von Staaten, die Vertragsparteien des EWR-Abkommens sind, oder Staatsangehörige der Schweizerischen Eidgenossenschaft, die das 24. Lebensjahr vollendet haben, die in allen Belangen geschäftsfähig sind und keinen gesetzlichen Vertreter (§ 1034 ABGB) haben und nicht nach dem Geschworenen- und Schöffengesetz 1990 – GSchG, BGBl. Nr. 256/1990, in der jeweils geltenden Fassung, wegen einer strafgerichtlichen Verurteilung vom Amt eines Geschworenen oder Schöffen ausgeschlossen sind. Treten Hinderungsgründe erst nach der Entsendung ein, so hat die entsprechende Körperschaft diesen Vertreter abzuberufen.

(BGBl I 2007/35, BGBl I 2009/70, BGBl I 2018/59)

(5) Die Mitglieder der Verwaltungsorgane üben ihre Tätigkeit ehrenamtlich aus. Sie haben jedoch Anspruch auf Ersatz der ihnen bei der Ausübung ihrer Tätigkeit erwachsenen Barauslagen. Den Obmännern und den Mitgliedern des Vorstandes, den Vorsitzenden und den Mitgliedern des Kontrollausschusses, sowie den Obmännern (Stellvertretern) der Beiräte kann eine ihrer Funktion und dem Umfang ihrer Aufgaben angemessene Funktionsgebühr zuerkannt werden, deren Höhe vom Ausschuss festgesetzt wird. Mitglieder dieser Verwaltungsorgane, die mehrere Funktionen ausüben, haben nur Anspruch auf eine Funktionsgebühr.

(BGBl 1976/393, BGBl 1987/618, BGBl I 2007/35)

Zusammensetzung der Verwaltungsorgane

§ 15. (1) Die Verwaltungsorgane der Urlaubs- und Abfertigungskasse sind der Ausschuss, der Vorstand und der Kontrollausschuss. Für den Bereich jedes Bundeslandes besteht jeweils ein Beirat.

(2) Der Ausschuss besteht aus 20 Vertretern der Arbeitgeber (Gruppe der Arbeitgeber), die von der Wirtschaftskammer Österreich, und aus 20 Vertretern der Arbeitnehmer (Gruppe der Arbeitnehmer), die von der Bundeskammer für Arbeiter und Angestellte entsendet werden. Der Ausschuss wählt aus seiner Mitte mit einfacher Mehrheit der abgegebenen Stimmen zwei Vorsitzende, die gleichzeitig Obmänner des Vorstandes sind, wobei ein Vorsitzender der Gruppe der Arbeitgeber und ein Vorsitzender der Gruppe der Arbeitnehmer angehört. Für jeden Vorsitzenden (Obmann) ist ein Stellvertreter zu wählen, der derselben Gruppe wie der Vorsitzende (Obmann) anzugehören hat.

(BGBl I 2011/51)

(3) Der Vorstand besteht außer den Obmännern und deren Stellvertretern aus je drei weiteren Vertretern der Arbeitgeber und der Arbeitnehmer, die jeweils von der Gruppe der Arbeitgeber bzw. von der Gruppe der Arbeitnehmer des Ausschusses aus ihrer Mitte entsendet werden.

(BGBl I 2011/51)

(4) Der Kontrollausschuss besteht aus drei Vertretern der Arbeitgeber, die von der Wirtschaftskammer Österreich, und aus drei Vertretern der Arbeitnehmer, die von der Bundeskammer für Arbeiter und Angestellte entsendet werden. Der Kontrollausschuss wählt aus seiner Mitte mit einfacher Mehrheit der abgegebenen Stimmen zwei Vorsitzende, wobei ein Vorsitzender der Gruppe der Arbeitgeber und ein Vorsitzender der Gruppe der Arbeitnehmer angehört. Die Mitglieder des Kontrollausschusses dürfen keinem anderen Verwaltungsorgan der Urlaubs- und Abfertigungskasse angehören.

(5) Der Beirat eines Bundeslandes besteht aus zwei Vertretern der Arbeitgeber, die von der örtlich zuständigen Wirtschaftskammer, und aus zwei Vertretern der Arbeitnehmer, die von der örtlich zuständigen Kammer für Arbeiter und Angestellte entsendet werden. Der Beirat wählt aus seiner Mitte mit einfacher Mehrheit der abgegebenen Stimmen einen Obmann und aus der Gruppe, der der Obmann nicht angehört, dessen Stellvertreter. Die Mitglieder des Beirates dürfen nicht dem Vorstand angehören.

(6) Die Amtsdauer der Mitglieder der Verwaltungsorgane endet mit der Beschlussfassung über die Rechnungsabschlüsse für das fünfte Geschäftsjahr nach der Konstituierung der Verwaltungsorgane. Dies gilt auch für die Amtsdauer von Mitgliedern, die innerhalb der fünfjährigen Amtsdauer entsendet werden. Unmittelbar nach der Beschlussfassung im Sinne des ersten Satzes ist die Neukonstituierung der Verwaltungsorgane durchzuführen. Die Mitglieder des Vorstandes haben über die allgemeine Amtsdauer hinaus ihre Aufgaben bis zur Konstituierung des neuen Vorstandes durchzuführen.

(BGBl I 2016/72)

(7) Die Verwaltungsorgane fassen ihre Beschlüsse mit einfacher Mehrheit der abgegebenen Stimmen. Der Vorsitzende gibt seine Stimme zuletzt ab. Bei Stimmengleichheit ist jene Meinung angenommen, für die der Vorsitzende gestimmt hat. Die Geschäftsordnung (§ 18) hat festzulegen, in welchen Angelegenheiten des Ausschusses bei der Beschlussfassung eine Mehrheit von zwei Dritteln der abgegebenen Stimmen erforderlich ist.

(BGBl 1987/618, BGBl 1995/832, BGBl I 2007/35)

Aufgaben der Verwaltungsorgane

§ 16. (1) Dem Ausschuss vorbehalten sind die Beschlussfassung der Jahresvoranschläge und der Rechnungsabschlüsse für die einzelnen Sachbereiche sowie die Beschlussfassung der Geschäftsordnung. Die Beschlussfassung über die Rechnungsabschlüsse und der Jahresvoranschläge hat bis zum 30. Juni des auf das jeweilige Geschäftsjahr folgenden Kalenderjahres zu erfolgen. Dem Ausschuss ist überdies die Aufteilung und die Verwendung des Gebarungsüberschusses (§ 20) vorbehalten, ferner die Beschlussfassung der Dienst- und Besoldungsordnung der Bediensteten der Urlaubs- und Abfertigungskasse sowie die Bestellung der Direktoren. Er hat über die Einrichtung von Organisationseinheiten auf regionaler Ebene zu entscheiden. Von grundsätzlichen Angelegenheiten der Geschäftsführung ist der Ausschuss vom Vorstand in Kenntnis zu setzen.

(BGBl I 2016/72)

(2) Dem Vorstand obliegt die Geschäftsführung. Die Jahresvoranschläge und die Rechnungsabschlüsse sowie die Dienst- und Besoldungsordnung der Bediensteten der Urlaubs- und Abfertigungskasse hat der Vorstand im Einvernehmen mit dem Kontrollausschuss dem Ausschuss zur Beschlussfassung vorzulegen. Kommt dieses Einvernehmen nicht zustande, so ist in einer gemeinsamen Sitzung des Vorstandes mit dem Kontrollausschuss über die Vorlage zu beschließen. Für die Gültigkeit dieses Beschlusses ist die Mehrheit von zwei Dritteln der abgegebenen Stimmen erforderlich.

(3) Zur gesetzlichen Vertretung der Urlaubs- und Abfertigungskasse sind die beiden Obmänner gemeinsam berufen. Bei Verhinderung eines Obmannes wird er von seinem Stellvertreter vertreten. Die Geschäftsordnung hat festzulegen, in welchen Angelegenheiten welchem Obmann die Leitung einschließlich Vorsitzführung des Ausschusses und des Vorstandes obliegt.

(BGBl I 2011/51)

(4) Der Kontrollausschuss überwacht die Gebarung der Sachbereiche. Dem Kontrollausschuss sind auf Verlangen alle zur Ausübung seines Aufsichtsrechtes erforderlichen Geschäfts- und Rechnungsunterlagen vorzulegen und die notwendigen Mitteilungen zu machen. Er kann beim Bundesministerium für Wirtschaft und Arbeit die Durchführung einer amtlichen Überprüfung der jeweiligen

Gebarung beantragen. Die Geschäftsordnung hat festzulegen, in welchen Angelegenheiten welchem Vorsitzenden die Leitung einschließlich Vorsitzführung des Kontrollausschusses obliegt, wobei jeweils jener Vorsitzende des Kontrollausschusses, der der anderen Gruppe als der für eine Angelegenheit zuständige Obmann angehört, mit der Leitung zu betrauen ist. Bei Verhinderung eines Vorsitzenden wird dieser vom jeweils anderen Vorsitzenden vertreten.

(5) Den Beiräten obliegt die Mitwirkung bei der Geschäftsführung im Bereich der Organisationseinheiten auf regionaler Ebene. Wenn sich der Wirkungsbereich einer Organisationseinheit auf mehr als ein Bundesland erstreckt, ist der Beirat zu befassen, in dessen Bundesland der Betrieb seinen Sitz hat. Weiters sind die Beiräte über grundsätzliche Angelegenheiten der Geschäftsführung zu informieren. In einer Organisationseinheit mit einem Wirkungsbereich, der sich auf mehr als ein Bundesland erstreckt, können die Sitzungen der Beiräte mehrerer Bundesländer gemeinsam abgehalten werden.

(BGBl I 2007/35)

Bedienstete

§ 17. (1) Die Geschäfte der Urlaubs- und Abfertigungskasse werden unbeschadet der einzelnen Sachbereiche unter der Leitung der Direktion von Bediensteten besorgt, die dem Vorstand in dienstrechtlicher Hinsicht unterstehen. Die Direktoren werden auf Vorschlag des Vorstandes nach Anhörung des Kontrollausschusses durch den Ausschuss bestellt.

(2) Die Rechte und Pflichten der Bediensteten und ihre Ansprüche auf Besoldung werden in einer Dienst- und Besoldungsordnung bestimmt, die vom Ausschuss zu beschließen ist. Sie bedarf zu ihrer Gültigkeit der Genehmigung durch den Bundesminister für Wirtschaft und Arbeit.

(3) Bedienstete, denen vertraglich eine direkte Leistungszusage (§ 2 Z 2 Betriebspensionsgesetz, BGBl. Nr. 282/1990) zugesichert ist, haben von ihren monatlichen Bezügen einen Pensionsbeitrag an die Urlaubs- und Abfertigungskasse zu leisten. Dieser beträgt

1. von den Bezügen bis zur jeweils geltenden Höchstbeitragsgrundlage (§ 45 ASVG): 2,3%,
2. von den die monatliche Höchstbeitragsgrundlage bis zum 2fachen der monatlichen Höchstbeitragsgrundlage übersteigenden Bezügen: 11,55%,
3. von den den Betrag nach Z 2 übersteigenden Bezügen: 13%.

Dies gilt auch für die Sonderzahlungen.

(BGBl I 2014/46)

(4) Von Zusatzpensionen (Hinterbliebenenpensionen) aus direkten Leistungszusagen ist ein Pensionssicherungsbeitrag an die Urlaubs- und Abfertigungskasse zu leisten. Der Pensionssicherungsbeitrag beträgt für Pensionsleistungen oder Teile davon

1. bis zur Höhe von 50% der monatlichen Höchstbeitragsgrundlage: 3,3%,
2. über 50% der monatlichen Höchstbeitragsgrundlage bis zur Höhe von 80% der monatlichen Höchstbeitragsgrundlage: 4,5 %,
3. über 80% der monatlichen Höchstbeitragsgrundlage: 9%.

Dies gilt auch für die Sonderzahlungen.

(BGBl I 2014/46)

(BGBl I 2007/35)

§ 17a. (aufgehoben)

(BGBl I 2017/32, BGBl I 2020/98, BGBl I 2020/135, BGBl I 2021/71)

Geschäftsordnung

§ 18. Die näheren Bestimmungen über die Einrichtung und Geschäftsführung der Urlaubs- und Abfertigungskasse und der Verwaltungsorgane werden durch eine Geschäftsordnung geregelt, die vom Ausschuss mit Zwei-Drittel-Mehrheit der abgegebenen Stimmen zu beschließen und vom Bundesminister für Wirtschaft und Arbeit zu genehmigen ist.

(BGBl I 2007/35)

Ermächtigung

§ 18a. Die Urlaubs- und Abfertigungskasse ist ermächtigt, Gesellschaften mit beschränkter Haftung für die Erbringung von Dienstleistungen, die in Zusammenhang mit der Erfüllung ihrer gesetzlichen Aufgaben stehen und diese im Interesse der in den Geltungsbereich dieses Bundesgesetzes fallenden Arbeitnehmer und Arbeitgeber bzw. der jeweiligen Interessenvertretungen verbessern, unterstützen oder ergänzen, zu errichten.

(BGBl I 2005/104, BGBl I 2012/98, BGBl I 2021/71)

Gebarung

§ 19. (1) Der Ausschuss hat auf Grund eines Entwurfes des Vorstandes jährlich für das kommende Jahr jeweils einen Voranschlag für die Sachbereiche über die finanziellen Erfordernisse und deren Bedeckung zu beschließen.

(BGBl I 2007/35)

(2) Die Rechnungsabschlüsse über die Gebarung des abgelaufenen Geschäftsjahres sind vom Ausschuss jährlich zu beschließen. Das Geschäftsjahr ist das Kalenderjahr, soweit § 13k Abs. 5 nichts anderes bestimmt.

(BGBl I 2007/35)

(2a) Der Voranschlag sowie der Rechnungsabschluss haben den Grundsätzen der Einheit, Vollständigkeit und Klarheit zu entsprechen. Sie haben ein möglichst vollständiges Bild der Ertragslage zu vermitteln. Die Rechnungsabschlüsse in den Sachbereichen Urlaub und Abfertigung haben darüber hinaus auch ein möglichst vollständiges Bild der Vermögenslage darzustellen.

(BGBl I 2014/68)

(3) Die Jahresvoranschläge und die Rechnungsabschlüsse sind dem Bundesminister für Wirtschaft und Arbeit vorzulegen.

(BGBl I 2007/35)

(4) Die zur Veranlagung verfügbaren Vermögensbestände der Urlaubs- und Abfertigungskasse sind möglichst zinsenbringend sowie in einer den Vorschriften über die Veranlagung von Mündelgeld entsprechenden Art und Weise anzulegen, soweit Abs. 5 nicht anderes bestimmt. Liquiditätsaushilfen zwischen den Sachbereichen sind zulässig.

(BGBl I 2011/51, BGBl I 2021/71)

(5) Abweichend von Abs. 4 darf eine Veranlagung in folgenden Vermögensgegenständen erfolgen:

1. in verzinslichen Wertpapieren, die in Euro von Mitgliedstaaten des EWR begeben wurden, oder
2. in auf Euro lautenden Einlagen bei inländischen Kreditinstituten,

deren Bonität als zweifelsfrei vorhanden erachtet wird. Für die Beurteilung der Bonität können Mindest-Ratings der vom Markt anerkannten Rating-Agenturen herangezogen werden. Veranlagungen in Aktien und Aktienfonds sind nicht zulässig.

(BGBl I 2011/51)

(6) Aus außerordentlichen Erträgen, die sich aus dem Verfall von Urlaubsentgelten, Urlaubsabfindungen und Urlaubsersatzleistungen (§ 11) ergeben, kann eine Rücklage für sich aus der Anwendung dieses Bundesgesetzes ergebende Härtefälle gebildet werden.

(BGBl I 2014/68)

(7) Die Urlaubs- und Abfertigungskasse kann aus dem Unterstützungsfonds Förderungen an Arbeitgeber vergeben, die mit Arbeitnehmern eine Leistung nach den Bestimmungen des Abs. 8 vereinbaren. Die Förderung dient der Abgeltung des dem Arbeitgeber aus der Baualtersteilzeitvereinbarung resultierenden zusätzlichen Aufwands, höchstens aber 90 vH dieses Aufwandes. Der Ausschuss hat Richtlinien für die Vergabe dieser Förderungen mit qualifizierter Mehrheit zu beschließen; über die Förderungsvergabe im Einzelfall entscheidet der Vorstand.

(BGBl I 2017/114)

(8) Förderungen sind nur für Vereinbarungen mit Arbeitnehmern möglich, die Beschäftigungszeiten im Geltungsbereich dieses Bundesgesetzes in einem in den Richtlinien festzulegenden Ausmaß aufweisen, wobei die Vereinbarungen beinhalten müssen

1. die Herabsetzung der Normalarbeitszeit auf 50 bis 80 vH in einem Durchrechungszeitraum von einem Jahr, wobei die Richtlinien die Verteilung der Arbeitszeit zwischen Freizeit- und Arbeitsphase sowie den Urlaubsverbauch näher zu regeln haben, und
2. einen Lohnausgleich in der Höhe von mindestens 50 vH des für das Ausmaß der Herabsetzung der Normalarbeitszeit fiktiv gebührenden Entgelts und
3. die Verpflichtung des Arbeitgebers, die Sozialversicherungsbeiträge (Dienstgeber- und Dienstnehmerbeiträge) entsprechend der Beitragsgrundlage vor der Herabsetzung der Normalarbeitszeit zu leisten, und
4. die Verpflichtung des Arbeitgebers, den Zuschlag zum Lohn für den Sachbereich der Urlaubsregelung nach § 21a Abs. 4 zuzüglich 50 vH des für das Ausmaß der Herabsetzung der Normalarbeitszeit fiktiv gebührenden Zuschlags zu entrichten.

(BGBl I 2017/114)

(9) Bei Vorliegen einer Vereinbarung nach Abs. 8 ist für die Berechnung der Abfertigung nach § 13d die Normalarbeitszeit vor der Herabsetzung heranzuziehen. Die Überbrückungsabgeltung nach § 13m Abs. 1 und 2 ist um jenes Ausmaß zu reduzieren, das dem Ausmaß der Herabsetzung der Normalarbeitszeit entspricht.

(BGBl I 2017/114)

Gebarungsüberschuß

§ 20. (1) Ergibt sich in einem Geschäftsjahr für den Sachbereich der Urlaubsregelung ein Gebarungsüberschuss, so kann der Ausschuss beschließen, aus diesem Überschuss

1. Maßnahmen zur Verbesserung der Arbeitssicherheit und des Gesundheitsschutzes für diesem Bundesgesetz unterliegende Personen oder
2. soziale Einrichtungen für diesem Bundesgesetz unterliegende Personen oder
3. Einrichtungen, die der Aus- und Weiterbildung für diesem Bundesgesetz unterliegende Personen dienen,
4. die Kosten der Ausstellung der Bau-ID Karte für Arbeitnehmer, die diesem Bundesgesetz unterliegen,

   (BGBl I 2021/157)

zu fördern.

(BGBl 1987/618, BGBl 1995/832, BGBl I 2011/51)

(2) Der Beschluß nach Abs. 1 hat auf Grund von Vorschlägen der Gruppen der Arbeitnehmer und Arbeitgeber im Ausschuß zu erfolgen, wobei das Vorschlagsrecht jeder Gruppe für die Hälfte des Gebarungsüberschusses zusteht. Die Gruppen können die Verwendungsmöglichkeiten des Abs. 1 im Rahmen des ihnen zustehenden Anteiles am Gebarungsüberschuß auch wahlweise oder gemeinsam in Anspruch nehmen. Über die Vorschläge der Gruppen ist ein gemeinsamer Beschluß zu fassen.

(BGBl 1976/393)

Deckung des Aufwandes; Zuschläge zum Lohn

§ 21. (1) Der Aufwand der Urlaubs- und Abfertigungskasse an Urlaubsentgelten einschließlich der Leistungen gemäß § 21a Abs. 7, an Abfindungen gemäß § 10, an Nebenleistungen gemäß § 26, ferner der Aufwand der Urlaubs- und Abfertigungskasse an Abfertigungsbeiträgen an die Betriebliche Vorsorgekasse gemäß § 33b und an Abfertigungen gemäß Abschnitt III sowie der Aufwand an Verwaltungskosten wird durch die Entrichtung von Zuschlägen zum Lohn bestritten. Die Höhe dieser Zuschläge ist auf Antrag der zuständigen kollektivvertragsfähigen Körperschaften der Arbeitnehmer und Arbeitgeber durch Verordnung des Bundesministers für Arbeit und Soziales festzusetzen.

(BGBl I 2002/100, BGBl I 2009/70, BGBl I 2010/59)

(2) Die Höhe der Zuschläge zur Deckung des Aufwandes für die Regelung des Urlaubes (§ 4) und des Zusatzurlaubes (§ 4b) ist so festzusetzen, dass aus der Summe der Eingänge an Zuschlägen der Aufwand jeweils für den Urlaub und den Zusatzurlaub einschließlich der anteiligen Verwaltungskosten für den Sachbereich der Urlaubsregelung gedeckt werden kann. Erfordert es die Gebarung, so ist durch Verordnung des Bundesministers für Arbeit, Soziales und Konsumentenschutz die entsprechende Änderung der Höhe der Zuschläge für den Sachbereich der Urlaubsregelung vorzunehmen.

(BGBl I 2012/117)

(3) Die Höhe des Zuschlages zur Deckung des Aufwandes für die Abfertigungsregelung einschließlich der anteiligen Verwaltungskosten ist einheitlich für Arbeitsverhältnisse, für die gemäß § 33a das Betriebliche Mitarbeiter- und Selbständigenvorsorgegesetz – BMSVG, BGBl. I Nr. 100/2002, gilt, und für Arbeitsverhältnisse, die dem Abschnitt III unterliegen, festzusetzen, wobei zu berücksichtigen sind:

1. für Abfertigungen, für die gemäß § 33a das BMSVG gilt:
   a) ein Abfertigungsbeitrag in Höhe des nach § 6 Abs. 1 BMSVG festgelegten Prozentsatzes des für die Beschäftigungswoche gebührenden Lohnes, bezogen auf die Berechnungsgrundlage für den Sachbereich der Abfertigungsregelung nach § 21a Abs. 3, unter anteilsmäßiger Berücksichtigung von Sonderzahlungen, sowie
   b) für Zeiten nach § 7 BMSVG, soweit eine Beitragspflicht des Arbeitgebers besteht, ein Abfertigungsbeitrag in Höhe desselben Prozentsatzes, bezogen auf die jeweilige Berechnungsgrundlage nach § 7 BMSVG,
2. für Abfertigungen nach Abschnitt III:
   a) die Betriebsergebnisse des vorjährigen Rechnungsabschlusses für den Sachbereich der Abfertigungsregelung sowie
   b) der voraussichtliche Leistungsaufwand des laufenden Jahres und des Folgejahres.

(BGBl I 2002/100, BGBl I 2009/70)

Erfordert es die Gebarung, so ist durch Verordnung des Bundesministers für Arbeit die entsprechende Änderung der Höhe der Zuschläge für den Sachbereich der Abfertigungsregelung vorzunehmen.

(BGBl I 2021/71)

(4) Die Urlaubs- und Abfertigungskasse hat der Betrieblichen Vorsorgekasse nach § 33b von den eingehobenen Zuschlägen nach Abs. 3 binnen zwei Wochen nach deren Fälligkeit die Abfertigungsbeiträge zu überweisen.

(BGBl I 2002/100, BGBl I 2009/70)

(BGBl 1987/618)

Zuschlagsentrichtung

§ 21a. (1) Der Arbeitgeber hat für jeden Arbeitnehmer die gemäß § 21 festgesetzten Zuschläge nach Maßgabe der Abs. 2 bis 8 bargeldlos zu entrichten.

(BGBl I 2015/113)

(2) Für den Sachbereich der Urlaubsregelung sind die Zuschläge für jede Anwartschaftswoche, ausgenommen für Zeiten des Urlaubes (§ 4) und Zeiten, für die eine Urlaubsersatzleistung (§ 9) gewährt wird, für den Sachbereich der Abfertigungsregelung die Zuschläge für jede Kalenderwoche (Beschäftigungswoche), ausgenommen für Zeiten des Grundwehr- oder Ausbildungs- oder ordentlichen Zivildienstes (§ 4 Abs. 3 lit. b) und Zeiten, für die eine Urlaubsersatzleistung (§ 9) gewährt wird, zu entrichten. Die vom Arbeitgeber nicht zu leistenden Zuschläge sind von der Urlaubs- und Abfertigungskasse selbst zu leisten. Für Teile von Anwartschaftswochen (Beschäftigungswochen) nach § 6 Abs. 3 sowie Teile von Anwartschaftswochen, die aus dem Ende oder Beginn des Kalendermonats in dieser Woche entstehen, sind tageweise Zuschläge zu leisten, wobei für jeden Arbeitstag ein Fünftel des Wochenzuschlags zu leisten ist.

(BGBl I 1998/30, BGBl I 2005/104, BGBl I 2009/70, BGBl I 2012/117, BGBl I 2013/137)

(3) Der Berechnung der für den einzelnen Arbeitnehmer zu leistenden Zuschläge ist, soweit es den Zuschlag

1. für den Sachbereich der Urlaubsregelung betrifft,
   a) ab 1. Jänner 2014 der um 22%,
   b) ab 1. Jänner 2015 der um 20%,
2. für den Sachbereich der Abfertigungsregelung betrifft, der um 20%

erhöhte kollektivvertragliche Stundenlohn zu Grunde zu legen, der sich für den einzelnen Arbeitnehmer auf Grund der gesetzlichen oder vertraglich vereinbarten wöchentlichen Arbeitszeit für die Arbeitsstunde ergibt. Für die Berechnung des für Lehrlinge für den Sachbereich der Urlaubsregelung zu leistenden Zuschlags ist der kollektivvertragliche Stundenlohn zu Grunde zu legen, der sich für den einzelnen Lehrling auf Grund der gesetzlichen oder vertraglich vereinbarten wöchentlichen Arbeitszeit für die Arbeitsstunde ergibt. Besteht keine kollektivvertragliche Regelung des Stundenlohnes, gilt der vereinbarte Stundenlohn als Berechnungsbasis.

(BGBl I 2013/137, BGBl I 2016/72)

(4) Unterschreitet die vereinbarte Wochenarbeitszeit im Durchschnitt die gesetzliche Normalarbeitszeit oder eine durch Normen der kollektiven Rechtsgestaltung festgelegte kürzere Normalarbeitszeit (Teilzeitvereinbarung), so ist der gemäß Abs. 3 erhöhte kollektivvertragliche Stundenlohn mit der Anzahl der für den Arbeitnehmer auf Grund der Vereinbarung geltenden wöchentlichen Arbeitsstunden zu multiplizieren und das Produkt durch die Anzahl der für die übrigen Arbeitnehmer des Betriebes geltenden regelmäßigen wöchentlichen Arbeitsstunden zu dividieren. Sofern im Zuschlagszeitraum die Anzahl der tatsächlich geleisteten Stunden das vereinbarte Stundenausmaß übersteigt, sind diese der Zuschlagsberechnung zu Grunde zu legen.

(BGBl 1995/832, BGBl I 2005/104, BGBl I 2017/114)

(4a) Bei Personen, die in unregelmäßiger Folge tageweise beim selben Arbeitgeber beschäftigt werden, wobei die Beschäftigung für eine kürzere Zeit als eine Woche vereinbart ist (fallweise Beschäftigte), ist für jeden Beschäftigungstag ein Fünftel des Wochenzuschlags zu leisten.

(BGBl I 2017/114)

(5) War der Arbeitnehmer in einer Anwartschaftswoche im Akkord oder Leistungslohn (§ 96 Abs. 1 Z 4 des Arbeitsverfassungsgesetzes) beschäftigt, so ist der Berechnung des Zuschlages für den Sachbereich der Urlaubsregelung, sofern durch Kollektivvertrag nicht anderes bestimmt wird, die Bestimmung des Abs. 3 zugrunde zu legen. Abs. 2 letzter Satz ist anzuwenden.

(BGBl I 2009/70)

(6) Der Zuschlag nach Abs. 5 ist auch für die Dauer des Krankenstandes eines Arbeitnehmers zu entrichten (§ 5 lit. c), sofern der Arbeitnehmer in der dem Krankenstand vorausgehenden Anwartschaftswoche mehr als die Hälfte der gesetzlichen oder vertraglich vereinbarten Arbeitszeit im Akkord beschäftigt war.

(7) Die Berechnung der Zuschläge für Zeiten, die die Urlaubs- und Abfertigungskasse gemäß Abs. 2 selbst zu leisten hat, richtet sich nach den Zuschlägen, die zuletzt vom Arbeitgeber zu entrichten waren.

(8) Die für den einzelnen Arbeitnehmer zu berechnenden Zuschlagsleistungen sind in Euro, gerundet auf zwei Dezimalstellen, zu berechnen.

(BGBl 1987/618, BGBl I 2001/98, BGBl I 2005/104)

(9) Für überlassene Arbeitnehmer kann der Beschäftiger die Zuschläge entrichten, mit der Wirkung, dass insoweit die Zuschlagspflicht des Überlassers entfällt. Der Beschäftiger hat dabei den Überlasser, die Arbeitnehmer und die Zeiträume, für die die Zuschläge entrichtet werden, eindeutig zu bezeichnen und den der Berechnung der Lohnzuschläge der jeweiligen Arbeitnehmer zugrundeliegenden kollektivvertraglichen Stundenlohn bekannt zu geben. Die entrichteten Zuschläge wirken für den Beschäftiger gegenüber dem Überlasser schuldbefreiend. Soweit der Beschäftiger für überlassene Arbeitnehmer die Zuschläge entrichtet, entfällt seine Haftung gemäß § 14 des Arbeitskräfteüberlassungsgesetzes (AÜG), BGBl. Nr. 196/1988. Der Beschäftiger hat den Überlasser zu informieren, wenn er beabsichtigt, die Lohnzuschläge für überlassene Arbeitnehmer zu entrichten.

(BGBl I 2011/51)

Aufteilung des Verwaltungsaufwands auf die einzelnen Sachbereiche

§ 21b. Der gesamte Verwaltungsaufwand der Urlaubs- und Abfertigungskasse mit Ausnahme des Sachbereichs Schlechtwetter, ist, soweit er nicht auf Grund von vertraglichen Verpflichtungen von dritter Seite erstattet wird, im Verhältnis des jeweiligen Leistungsvolumens auf die Sachbereiche gemäß den §§ 13k, 13p und 21 aufzuteilen.

(BGBl I 2013/137)

Abschnitt V
Verfahrensvorschriften

(BGBl 1987/618)

Meldepflicht; Vorschreibung der Zuschlagsleistungen

§ 22. (1) Ein Arbeitgeber, der Arbeitnehmer im Sinne des § 1 Abs. 1 beschäftigt, hat diese bei Aufnahme einer Tätigkeit nach den §§ 1 bis 3 unter Bekanntgabe aller für die Berechnung der Zuschläge (§ 21a) maßgebenden Lohnangaben der Urlaubs- und Abfertigungskasse binnen zwei Wochen zu melden.

(BGBl 1987/618)

(1a) (aufgehoben)

(BGBl I 2013/137, BGBl I 2017/114)

(2) In der Folge hat der Arbeitgeber für jeden Zuschlagszeitraum von jedem beschäftigten Arbeitnehmer alle für die Berechnung der Zuschläge maßgebenden Lohnangaben und deren Veränderungen einschließlich des allfälligen Beginns und Endes des Arbeitsverhältnisses der Urlaubs- und Abfertigungskasse zwischen dem 1. und 15. des dem Zuschlagszeitraum folgenden Monats zu melden.

(BGBl 1987/618, BGBl I 2013/137)

(2a) Beschäftigt der Arbeitgeber Arbeitnehmer in Teilzeit oder in fallweiser Beschäftigung, hat er diese abweichend von Abs. 1 spätestens bei Aufnahme der Tätigkeit der Urlaubs- und Abfertigungskasse zu melden. Die Meldung hat das Ausmaß und die Lage der Arbeitszeit sowie den Einsatzort des Arbeitnehmers zu enthalten. Abweichend von Abs. 2 ist der Urlaubs- und Abfertigungskasse jede Änderung vom gemeldeten Ausmaß und der gemeldeten Lage der Arbeitszeit sowie des Einsatzortes des Arbeitnehmers vor der jeweiligen Änderung zu melden.

(BGBl I 2017/114)

(2b) Der Arbeitgeber hat der Urlaubs- und Abfertigungskasse jede Beendigung des Arbeitsverhältnisses unverzüglich zu melden.

(BGBl I 2013/137, BGBl I 2017/114)

(3) Beschäftigt der Arbeitgeber keine Arbeitnehmer im Sinne des § 1 Abs. 1 mehr, so hat er diesen Umstand der Urlaubs- und Abfertigungskasse bekanntzugeben. Werden nur saisonbedingt vorübergehend keine Arbeitnehmer mehr beschäftigt, so besteht die Verpflichtung zur Meldung gemäß Abs. 2 in Form einer Leermeldung bis zur Dauer von vier Zuschlagszeiträumen weiter.

(4) Der Zuschlagszeitraum umfasst jeweils einen Kalendermonat.

(BGBl I 2005/104)

(5) Die Urlaubs- und Abfertigungskasse hat für den Zuschlagszeitraum Zuschlagsleistungen auf Grund der Meldung des Arbeitgebers oder, wenn sich auf Grund eigener Erhebungen (§ 23d) anderes ergibt, auf Grund dieser Erhebungen zu errechnen. Bei Nichteinhaltung der Meldepflicht kann die Urlaubs- und Abfertigungskasse die Zuschlagsleistung des Arbeitgebers unter Zugrundelegung der letzten erstatteten Meldung oder auf Grund eigener Ermittlungen errechnen.

(BGBl 1987/618, BGBl I 2015/113, BGBl I 2016/72)

(5a) Verletzt der Arbeitgeber die Meldeverpflichtung nach Abs. 2a, so sind die zu entrichtenden Zuschläge auf Basis einer Vollzeitbeschäftigung für den Zuschlagszeitraum, in dem die Urlaubs- und Abfertigungskasse durch eigene Erhebungen vom Meldeverstoß Kenntnis erlangt, und für die zwei vorangegangenen Zuschlagszeiträume zu berechnen und nachzufordern. Weist der Arbeitgeber der Urlaubs- und Abfertigungskasse binnen vier Wochen ab Zustellung der Zuschlagsvorschreibung durch Vorlage entsprechender Unterlagen das Ausmaß der tatsächlich geleisteten Arbeitszeit des Arbeitnehmers nach, so ist die Nachforderung zu stornieren. Die Zustellung der Zuschlagsvorschreibung gilt als am dritten Tag nach der Übergabe an das Zustellorgan bewirkt.

(BGBl I 2017/114)

(6) Der Arbeitgeber hat sich der automationsunterstützten Webanwendungen der Urlaubs- und Abfertigungskasse zu bedienen.

(BGBl I 2005/104, BGBl I 2011/51)

(BGBl 1987/618)

Lohnaufzeichnungen

§ 23. (1) Dem Arbeitnehmer, dem Betriebsrat, der Urlaubs- und Abfertigungskasse und der Aufsichtsbehörde sind auf Verlangen Einsicht in die für die Berechnung der Zuschlagsleistung maßgebenden Lohnaufzeichnungen (Lohnkontoblätter, Lohnlisten, Lohnsteuerkarten, An- und Abmeldungen zur Krankenversicherung, Urlaubs- und Abfertigungskarten, Melde- und Zuschlagsverrechnungslisten und dergleichen zu gewähren). Der Urlaubs- und Abfertigungskasse ist vom Arbeitgeber überdies die Einsicht in sämtliche Unterlagen betreffend das besondere Konto für Urlaubsentgelte gemäß § 8 Abs. 3 zu gewähren.

(2) Das Einsichtsrecht der Urlaubs- und Abfertigungskasse nach Abs. 1 umfasst auch die Einsicht in Geschäftsunterlagen, um festzustellen, ob es sich bei den ausgeübten Tätigkeiten um Tätigkeiten gemäß § 2 oder um Tätigkeiten von Mischbetrieben gemäß § 3 handelt. Darüber hinaus erstreckt sich das Einsichtsrecht der Urlaubs- und Abfertigungskasse nach Abs. 1 auch auf jene Aufzeichnungen, die Zahlungen aus dem Arbeitsverhältnis an den Arbeitnehmer nachverfolgen lassen, soweit diese Unterlagen und Aufzeichnungen für die Feststellung der Zuschlagspflicht und die Berechnung der Zuschlagsleistung relevant sind. Zu diesen Aufzeichnungen zählen auch die Lohnunterlagen nach § 22 LSD-BG.

(BGBl I 2011/51, BGBl I 2021/71)

(BGBl 1987/618, BGBl 1989/363, BGBl I 2009/70)

Baustellenkontrolle

§ 23a. (1) Die Bediensteten der Urlaubs- und Abfertigungskasse sind zur Durchführung ihrer Aufgaben berechtigt, die Baustellen sowie die Aufenthaltsräume der Arbeitnehmer zu betreten und die Kontrollmaßnahmen zu Beweiszwecken zu dokumentieren.

(BGBl I 2021/71)

(2) Die Bediensteten der Urlaubs- und Abfertigungskasse haben bei Betreten der Baustelle den Arbeitgeber, in jenen Fällen, in denen der Arbeitgeber Arbeitsleistungen bei einem Auftraggeber erbringen lässt, auch diesen, oder deren Bevollmächtigte von ihrer Anwesenheit zu verständigen; dadurch darf der Beginn der Baustellenkontrolle nicht unnötig verzögert werden. Auf Verlangen haben sich die Bediensteten der Urlaubs- und Abfertigungskasse durch einen Dienstausweis auszuweisen. Dem Arbeitgeber, dessen Auftraggeber oder deren Bevollmächtigten steht es frei, die Bediensteten der Urlaubs- und Abfertigungskasse während der Kontrolle der Baustelle zu begleiten; auf Verlangen der Bediensteten der Urlaubs- und Abfertigungskasse sind der Arbeitgeber, dessen Auftraggeber oder deren Bevollmächtigte hiezu verpflichtet. Die Kontrolle der Baustelle hat tunlichst ohne Störung des Betriebsablaufes zu erfolgen.

(3) Die Bediensteten der Urlaubs- und Abfertigungskasse sind berechtigt, von allen auf der Baustelle anwesenden Personen, die mit Arbeiten an der Baustellen beschäftigt sind, die zur Durchführung ihrer Aufgaben erforderlichen Auskünfte einzuholen. Die Arbeitnehmer sind verpflichtet, auf Verlangen der Bediensten der Urlaubs- und Abfertigungskasse ihre Ausweise oder sonstige Unterlagen zur Feststellung ihrer Identität vorzuzeigen. Der Arbeitgeber oder sein Bevollmächtigter ist verpflichtet, den Bediensteten der Urlaubs- und Abfertigungskasse die zur Durchführung ihrer Aufgaben erforderlichen Auskünfte zu erteilen, Einsicht in die erforderlichen Unterlagen zu gewähren und die Anfertigung von Ablichtungen

dieser Unterlagen zu gestatten. Erforderliche Auskünfte und Unterlagen sind Informationen über die dem BUAG unterliegenden Arbeitnehmer, deren Arbeitsverhältnisse, die Art der Beschäftigung und alle sonstigen Angaben, die die Anwendung des BUAG auf das Arbeitsverhältnis feststellen lassen. Zu diesen Unterlagen zählen auch die Lohnunterlagen nach § 22 LSD-BG. Der Arbeitgeber hat dafür zu sorgen, dass bei seiner Abwesenheit von der Baustelle eine dort anwesende Person den Bediensteten der Urlaubs- und Abfertigungskasse die erforderlichen Auskünfte erteilt und Einsicht in die dafür erforderlichen Unterlagen gewährt.

(BGBl I 2011/51, BGBl I 2021/71)

(BGBl I 2009/70)

Auskunftspflicht

§ 23b. (1) Arbeitgeber im Sinne § 8 Abs. 8 erster Satz haben der Urlaubs- und Abfertigungskasse auf deren Verlangen bekannt zu geben, auf welchen Baustellen welche Arbeitnehmer für welche Dauer beschäftigt sind.

(BGBl I 2011/51)

(2) Bei gänzlicher oder teilweiser Weitergabe von Bauleistungen im Sinne des § 19 des Umsatzsteuergesetzes 1994 (UStG 1994), BGBl. Nr. 663/1994, durch ein Unternehmen an ein anderes Unternehmen hat der Auftraggeber der Urlaubs- und Abfertigungskasse auf Verlangen Auskünfte darüber zu erteilen, an welches Unternehmen welche Bauleistungen weitergegeben wurden. Die erteilten Auskünfte haben jedenfalls die vollständige Angabe zumindest der Unternehmensbezeichnung (Firma) und der Geschäftsanschrift des Auftragnehmers, gegebenenfalls auch die Angabe seiner Firmenbuchnummer und seines Sitzes sowie eine genaue Beschreibung der Art der weitergegebenen Arbeiten zu umfassen. Auf Verlangen der Urlaubs- und Abfertigungskasse sind die erteilten Auskünfte durch Unterlagen, wie beispielsweise Auftragsschreiben und (Teil)Rechnungen zu belegen sowie die Anfertigung von Ablichtungen dieser Unterlagen zu gestatten.

(BGBl I 2011/51, BGBl I 2021/71)

(3) Bei der Überlassung von Arbeitskräften im Sinne des § 3 AÜG zur Verrichtung von Bauleistungen im Sinne des § 19 UStG 1994 hat der Beschäftiger der Urlaubs- und Abfertigungskasse auf Verlangen Auskünfte über die Identität der überlassenen Arbeitnehmer, der von diesen im Rahmen der Überlassung ausgeübten Tätigkeit und über den Überlasserbetrieb zu erteilen. Die erteilten Auskünfte haben jedenfalls die vollständige Angabe von Vor- und Zunamen, der Sozialversicherungsnummer und des Sozialversicherungsträgers des überlassenen Arbeitnehmers zu umfassen und die im Beschäftigerbetrieb ausgeübte Tätigkeit zu beschreiben. Auf Verlangen der Urlaubs- und Abfertigungskasse sind die erteilten Auskünfte durch Unterlagen, wie beispielsweise Überlassungsverträge und (Teil)Rechnungen zu belegen sowie die Anfertigung von Ablichtungen dieser Unterlagen zu gestatten.

(BGBl I 2011/51, BGBl I 2021/71)

(4) Arbeitgeber, gegen die ein rechtskräftiger Bescheid über das Vorliegen eines Scheinunternehmens nach § 8 Sozialbetrugsbekämpfungsgesetz – SBBG, BGBl. 113/2015, erlassen wurde, haben der Urlaubs- und Abfertigungskasse auf deren Verlangen Auskünfte über Name und Anschrift ihres Auftraggebers zu erteilen und die im Rahmen des Auftrags beschäftigten Arbeitnehmer durch Angabe des Namens, der Sozialversicherungsnummer und des Beschäftigungsausmaßes bekanntzugeben. Diese Angaben sind auf Verlangen durch Unterlagen, wie die schriftliche Auftragserteilung, zu belegen sowie die Anfertigung von Ablichtungen dieser Unterlagen zu gestatten.

(BGBl I 2015/113, BGBl I 2021/71)

(BGBl I 2010/59)

§ 23c. Arbeitnehmer haben auf Verlangen der Urlaubs- und Abfertigungskasse Auskünfte über das Vorliegen eines Arbeitsverhältnisses und über die für die Berechnung der Zuschläge maßgebenden Angaben zu erteilen sowie diese durch Unterlagen zu belegen.

(BGBl I 2015/113)

§ 23d. Zur Erfüllung ihrer Aufgaben ist die Urlaubs- und Abfertigungskasse ermächtigt, die Angaben nach den §§ 22 Abs. 1 bis 3, 23b, 23c sowie Angaben über zu korrigierende Beschäftigungszeiten zu überprüfen und durch eigene Erhebungen abzuändern oder zu ergänzen.

(BGBl I 2015/113)

Arbeitnehmerinformation

§ 24. Die Urlaubs- und Abfertigungskasse hat jeden Arbeitnehmer insbesondere über folgende Punkte vierteljährlich zu informieren:

1. Beschäftigungszeiten, die im abgelaufenen Quartal anspruchsbegründend bei der Bauarbeiter-Urlaubs- und Abfertigungskasse erfasst wurden,
2. Ansprüche und Anwartschaften, die aus den erfassten Beschäftigungszeiten zum Quartalsende resultieren,

   (BGBl I 2012/117)
3. sein Arbeitsverhältnis betreffende Anzeigen im abgeschlossenen Quartal betreffend Unterschreitung des Entgelts gemäß § 15 LSD-BG,

   (BGBl I 2012/117, BGBl I 2013/137, BGBl I 2014/94, BGBl I 2021/71)
4. Ansprüche und Anwartschaften, die innerhalb der nächsten 12 Monate verfallen würden;

   (BGBl I 2013/137)
5. Beschäftigungswochen gemäß § 131 Abs. 1 Z 1, die für den Bezug von Überbrückungsgeld anspruchsbegründend wirken können.

   (BGBl I 2013/137)

Stimmt der Arbeitnehmer zu, hat die Arbeitnehmerinformation auf elektronischem Weg zu erfolgen.

(BGBl 1987/618, BGBl I 2005/104, BGBl I 2016/72)

Entrichtung der Zuschlagsleistung

§ 25. (1) Die Urlaubs- und Abfertigungskasse schreibt dem Arbeitgeber auf Grund seiner Meldung oder auf Grund der Errechnung nach § 22 Abs. 5 den Betrag vor, der als Summe der Zuschläge für die in einem Zuschlagszeitraum beschäftigten Arbeitnehmer zu leisten ist. Dieser Betrag ist am 15. des auf den Zuschlagszeitraum zweitfolgenden Monats fällig. Erfolgt die Vorschreibung aus Gründen, die nicht beim Arbeitgeber liegen, später als einen Monat nach Ende des Zuschlagszeitraumes, so wird der auf diesen Zeitraum entfallende Betrag der Zuschläge erst zwei Wochen nach dieser Vorschreibung fällig. Erfolgt die Vorschreibung auf Grund einer Verletzung der Meldepflicht des Arbeitgebers später als einen Monat nach Ende des Zuschlagszeitraumes, so wird der auf diesen Zeitraum entfallende Betrag der Zuschläge sofort fällig.

(1a) Verletzt der Arbeitgeber seine Meldepflicht, so ist zur Abgeltung des aus der Verletzung der Meldepflicht durch den Arbeitgeber resultierenden Verwaltungsaufwandes ein Pauschalersatz vorzuschreiben. Der Pauschalersatz beträgt 800 Euro für jeden Prüfeinsatz sowie 500 Euro für jeden von der Verletzung der Meldepflicht betroffenen Arbeitnehmer. Die Urlaubs- und Abfertigungskasse kann aus rücksichtswürdigen Gründen den Pauschalersatz herabsetzen oder erlassen.

(1b) Wendet der Arbeitgeber binnen 14 Tagen nach Vorschreibung deren Unrichtigkeit ein, so hat die Urlaubs- und Abfertigungskasse diese Einwendungen zu prüfen und die Vorschreibung zu berichtigen, wenn sie die Richtigkeit der Einwendungen festgestellt hat und die zu berichtigende Zuschlagsleistung noch keiner Berechnung des Urlaubsentgeltes, der Abfindung, der Urlaubsersatzleistung, des Überbrückungsgeldes bzw. der Überbrückungsabgeltung oder der Abfertigung zugrunde gelegt wurde.

(BGBl I 2014/68)

(2) Kommt der Arbeitgeber der Verpflichtung zur Zahlung des Betrages gemäß Abs. 1, Abs. 1a oder Abs. 1b nicht fristgerecht oder nicht in der vorgeschriebenen Höhe nach, so hat die Urlaubs- und Abfertigungskasse den Arbeitgeber aufzufordern, den Rückstand binnen zwei Wochen zu bezahlen. Ab dem Zeitpunkt der Fälligkeit sind Verzugszinsen vorzuschreiben. Die Verzugszinsen berechnen sich jeweils für ein Kalenderjahr aus dem zum 31. Oktober des Vorjahres geltenden Basiszinssatz gemäß Art. I § 1 Abs. 1 des Bundesgesetzes, mit dem im Zivilrecht begleitende Maßnahmen für die Einführung des Euro getroffen werden, BGBl. I Nr. 125/1998, zuzüglich 4 %. Die Urlaubs- und Abfertigungskasse kann aus rücksichtswürdigen Gründen die Verzugszinsen herabsetzen oder erlassen.

(BGBl I 2017/114)

(3) Leistet der Arbeitgeber dieser Aufforderung nicht oder nur teilweise Folge, so hat die Urlaubs- und Abfertigungskasse zur Eintreibung nicht rechtzeitig entrichteter Beträge einen Rückstandsausweis auszufertigen. Dieser Ausweis hat den Namen und die Anschrift des Schuldners, den rückständigen Betrag, die Art des Rückstandes samt Nebengebühren und Pauschalersatz, den Zuschlagszeitraum, auf den die rückständigen Zuschläge entfallen, und allenfalls vorgeschriebene Verzugszinsen zu enthalten. Ist der Arbeitgeber zum Zeitpunkt der Ausfertigung des Rückstandsausweises seiner Verpflichtung zur Entrichtung von Zinsen gemäß § 8 Abs. 6 nicht nachgekommen, so können auch diese in den Rückstandsausweis aufgenommen werden. Die Urlaubs- und Abfertigungskasse hat auf dem Ausweis zu vermerken, dass der Rückstandsausweis einem die Vollstreckbarkeit hemmenden Rechtszug nicht unterliegt. Der Rückstandsausweis ist Exekutionstitel im Sinne des § 1 der Exekutionsordnung.

(4) Als Nebengebühr kann die Urlaubs- und Abfertigungskasse in den Rückstandsausweis einen pauschalierten Kostenersatz für die durch die Einleitung und Durchführung der zwangsweisen Eintreibung bedingten Verwaltungsauslagen mit Ausnahme der im Verwaltungsweg oder im gerichtlichen Weg zuzusprechenden Kosten aufnehmen. Der Anspruch auf die im Verwaltungsweg oder im gerichtlichen Weg zuzusprechenden Kosten wird hierdurch nicht berührt. Der pauschalierte Kostenersatz beträgt 0,5 vH des einzutreibenden Betrages, mindestens jedoch 1,50 Euro. Der Ersatz kann für dieselbe Schuldigkeit nur einmal vorgeschrieben werden. Allfällige Anwaltskosten des Verfahrens zur Eintreibung der Zuschläge dürfen nur insoweit beansprucht werden, als sie im Verfahren über Rechtsmittel auflaufen.

(5) Ein Einspruch gegen den Rückstandsausweis gemäß Abs. 3 ist vom Arbeitgeber bei der Bezirksverwaltungsbehörde einzubringen. Diese hat mit Bescheid über die Richtigkeit der Vorschreibung zu entscheiden.

(6) Bestreitet der Arbeitgeber die Vorschreibung gemäß Abs. 1 mit der Begründung, nicht in den Geltungsbereich dieses Bundesgesetzes zu fallen, oder, dass für das in Betracht kommende Arbeitsverhältnis dieses Bundesgesetz Anwendung findet, so hat die Bezirksverwaltungsbehörde auf Antrag der Urlaubs- und Abfertigungskasse ehestens, spätestens aber einen Monat nach Einlangen des Antrages mit Bescheid festzustellen, ob der Arbeitgeber den Vorschriften dieses Bundesgesetzes unterliegt, oder ob für das in Betracht kommende Arbeitsverhältnis dieses Bundesgesetz Anwendung findet.

(7) Entscheidet das Landesverwaltungsgericht über eine Beschwerde gegen einen Bescheid nach Abs. 6, hat es dem Bundesminister für Arbeit, Soziales und Konsumentenschutz eine schriftliche Ausfertigung des Erkenntnisses oder Beschlusses zuzustellen. Der Bundesminister für Arbeit, Soziales und Konsumentenschutz ist berechtigt, gegen Erkenntnisse und Beschlüsse der Verwaltungs-

gerichte Revision beim Verwaltungsgerichtshof zu erheben.

(BGBl I 2012/117, BGBl I 2013/71)

(8) Der Urlaubs- und Abfertigungskasse ist zur Eintreibung nicht rechtzeitig entrichteter Zuschläge die Einbringung im Verwaltungswege gewährt (§ 3 Abs. 3 des Verwaltungsvollstreckungsgesetzes 1991, BGBl. Nr. 53).

(BGBl 1987/618, BGBl 1989/363, BGBl I 2001/98, BGBl I 2009/70, BGBl I 2011/51)

§ 25a. (1) Wird ein Betrieb übereignet, so haftet der Erwerber für Zuschläge, die sein Vorgänger zu zahlen gehabt hätte, unbeschadet der fortdauernden Haftung des Vorgängers sowie der Haftung des Betriebsnachfolgers nach § 1409 ABGB unter Bedachtnahme auf § 1409a ABGB für die Zeit von höchstens zwölf Monaten vom Tag des Erwerbes zurückgerechnet. Im Fall einer Anfrage bei der Urlaubs- und Abfertigungskasse haftet er jedoch nur mit dem Betrag, der ihm als Rückstand ausgewiesen worden ist. Leistet der Betriebsnachfolger der Aufforderung der Urlaubs- und Abfertigungskasse, den Rückstand seines Vorgängers binnen 14 Tagen zu bezahlen, nicht Folge, so hat die Urlaubs- und Abfertigungskasse einen Rückstandsausweis auszufertigen. § 25 Abs. 3 bis 8 gilt sinngemäß.

(BGBl I 2016/72)

(2) Abs. 1 gilt nicht bei einem Erwerb im Zuge eines Vollstreckungsverfahrens, bei einem Erwerb aus einer Insolvenzmasse oder im Wege der Überwachung der Schuldner durch Treuhänder der Gläubiger.

(BGBl I 2010/58)

(3) Geht der Betrieb auf

1. einen Angehörigen des Betriebsvorgängers gemäß Abs. 4,
2. eine am Betrieb des Vorgängers wesentlich beteiligte Person gemäß Abs. 5 oder
3. eine Person mit wesentlichem Einfluß auf die Geschäftsführung des Betriebsvorgängers (z.B. Geschäftsführer, leitender Angestellter, Prokurist) über, so haftet dieser Betriebsnachfolger ohne Rücksicht auf das dem Betriebsübergang zugrunde liegende Rechtsgeschäft wie ein Erwerber gemäß Abs. 1, solange er nicht nachweist, daß er die Zuschlagsschulden nicht kannte bzw. trotz seiner Stellung im Betrieb des Vorgängers nicht kennen konnte.

(4) Angehörige gemäß Abs. 3 Z 1 sind:

1. der Ehegatte oder der eingetragene Partner; *(BGBl I 2009/135)*
2. die Verwandten in gerader Linie und die Verwandten zweiten und dritten Grades in der Seitenlinie, und zwar auch dann, wenn die Verwandtschaft auf einer unehelichen Geburt beruht;
3. die Verschwägerten in gerader Linie und die Verschwägerten zweiten Grades in der Seitenlinie, und zwar auch dann, wenn die Schwägerschaft auf einer unehelichen Geburt beruht;
4. die Wahl(Pflege)eltern und die Wahl(Pflege) kinder;
5. der Lebensgefährte;
6. unbeschadet der Z 2 die in § 32 Abs. 2 der Insolvenzordnung (IO), RGBl. Nr. 337/1914, genannten Personen.

(BGBl I 2010/58)

(5) Eine Person ist an einem Betrieb wesentlich beteiligt, wenn sie zu mehr als einem Viertel Anteil am Betriebskapital hat. Bei der Beurteilung des Anteiles am Betriebskapital ist der wahre wirtschaftliche Gehalt und nicht die äußere Erscheinungsform des Sachverhaltes maßgebend. Die §§ 22 bis 24 der Bundesabgabenordnung sind sinngemäß anzuwenden.

(6) Stehen Wirtschaftsgüter, die einem Betrieb dienen, nicht im Eigentum des Betriebsinhabers, sondern im Eigentum einer der im Abs. 4 genannten Personen, so haftet der Eigentümer der Wirtschaftsgüter mit diesen Gütern für die Zuschläge, solange er nicht nachweist, daß er die Zuschlagsschulden nicht kannte bzw. trotz seiner Stellung im Betrieb nicht kennen konnte.

(7) Die zur Vertretung juristischer Personen oder Personenhandelsgesellschaften berufenen Personen und die gesetzlichen Vertreter natürlicher Personen haften im Rahmen ihrer Vertretungsmacht neben den durch sie vertretenen Zuschlagsschuldnern für die von diesen zu entrichtenden Zuschläge insoweit, als die Zuschläge infolge schuldhafter Verletzung der den Vertretern auferlegten Pflichten nicht eingebracht werden können. Vermögensverwalter haften, soweit ihre Verwaltung reicht, entsprechend. § 25 Abs. 2 bis 8 gilt sinngemäß.

(BGBl 1989/363, BGBl 1992/835, BGBl 1996/754, BGBl I 2014/68)

Nebenleistungen

§ 26. (1) Dem Arbeitgeber sind von der Urlaubs- und Abfertigungskasse die im Zusammenhang mit der Urlaubsgewährung auf das Urlaubsentgelt entfallenden Sozialversicherungsbeiträge und lohnabhängigen gesetzlichen Abgaben und Beiträge (Nebenleistungen) zu vergüten. Die Auszahlung dieser Nebenleistungen, die bei gleichzeitiger Überweisung mit dem Urlaubsentgelt getrennt auszuweisen sind, hat zur Voraussetzung, dass der Arbeitgeber alle fälligen Zuschläge entrichtet hat. Der Gesamtbetrag der zu vergütenden Nebenleistungen ist auf Antrag der zuständigen kollektivvertragsfähigen Körperschaften der Arbeitnehmer und Arbeitgeber durch Verordnung des Bundesministers für Arbeit, Soziales und Konsumentenschutz festzusetzen.

(BGBl 1987/618, BGBl I 2010/59)

(2) Im Falle der Rückzahlung eines Urlaubsentgeltes gemäß § 8 Abs. 6 und 7 hat der Arbeitgeber gleichzeitig auch die darauf entfallenden und von der Urlaubs- und Abfertigungskasse erhaltenen Nebenleistungen rückzuerstatten.

(BGBl 1989/363)

Einbeziehung ins System der Urlaubs- und Abfertigungskasse bei Nichteinhaltung der Meldepflicht

§ 27. (1) Verletzt der Arbeitgeber die Meldepflicht nach § 22 mindestens drei Zuschlagszeiträume hindurch, erfolgt die Einbeziehung in das System der Urlaubs- und Abfertigungskasse nach Maßgabe der Abs. 2 bis 6. Der Arbeitgeber ist zur Entrichtung der Zuschlagsleistungen gemäß §§ 13k, 13o und 21a ab dem Zeitpunkt der Einbeziehung verpflichtet. Im Übrigen gelten § 25 Abs. 2 bis 8, § 25a und § 28. Die Urlaubs- und Abfertigungskasse hat den Arbeitgeber schriftlich über die einzubeziehenden Arbeitnehmer, deren Beschäftigungszeiten sowie den Zeitpunkt der Einbeziehung zu informieren (Einbeziehungsinformation). Ab dem Zeitpunkt der Zustellung der Einbeziehungsinformation an den Arbeitgeber (Erfassungszeitpunkt) richtet sich die Verpflichtung zur Zuschlagsleistung nach § 25. Die Zustellung gilt als am dritten Werktag nach der Übergabe an das Zustellorgan bewirkt. Im Zweifel hat die Urlaubs- und Abfertigungskasse die Tatsache und den Zeitpunkt der Zustellung festzustellen.

(2) Für den Sachbereich der Urlaubsregelung erfolgt die Einbeziehung der Arbeitnehmer in das System der Urlaubs- und Abfertigungskasse mit dem dem Erfassungszeitpunkt zweitvorangegangenen Kalenderjahr (Einbeziehungszeitpunkt), sofern das Arbeitsverhältnis bereits begründet war, sonst mit Beginn des Arbeitsverhältnisses. Binnen vier Wochen ab Zustellung der Einbeziehungsinformation kann der Arbeitgeber an den Arbeitnehmer tatsächlich geleistetes Urlaubsentgelt sowie Urlaubszuschuss für den im Zeitraum ab dem Einbeziehungszeitpunkt bis zum Erfassungszeitpunkt gebührenden Urlaub durch Vorlage entsprechender Unterlagen der Urlaubs- und Abfertigungskasse nachweisen. Die Urlaubs- und Abfertigungskasse kann bereits in der Einbeziehungsinformation die Vorlage entsprechender Unterlagen verlangen. Die Urlaubs- und Abfertigungskasse hat die nachgewiesenen Leistungen auf die offenen Zuschläge anzurechnen, sofern der Nachweis in der im zweiten Satz genannten Frist erfolgt. Bei der Berechnung der anzurechnenden Leistungen und der zu leistenden Zuschläge sind die Zuschläge gemäß § 21a Abs. 2 zweiter Satz und die Nebenleistungen zu berücksichtigen. Die durch die Urlaubs- und Abfertigungskasse errechneten Zuschläge sind dem Arbeitgeber vorzuschreiben und sofort fällig. Das tatsächlich geleistete Urlaubsentgelt und der Urlaubszuschuss sind auf den Urlaubsanspruch des Arbeitnehmers und dessen Urlaubsanwartschaften anzurechnen. Die Urlaubs- und Abfertigungskasse hat den Arbeitnehmer schriftlich über den gegenüber der Urlaubs- und Abfertigungskasse bestehenden Urlaubsanspruch und die Urlaubsanwartschaften zu informieren.

(3) Für den Sachbereich der Abfertigungsregelung erfolgt die Einbeziehung gemäß Abs. 2 erster Satz. Für Arbeitnehmer, die Abschnitt III unterliegen, gilt § 13b Abs. 7. Beiträge, die der Arbeitgeber von Arbeitnehmern, die § 33a unterliegen, gemäß § 6 BMSVG in die Betriebliche Vorsorgekasse ab dem Einbeziehungszeitpunkt bis zum Erfassungszeitpunkt tatsächlich geleistet hat, sind auf die ausstehenden Zuschläge anzurechnen. Abs. 2 zweiter bis siebenter Satz ist sinngemäß anzuwenden.

(4) Für den Sachbereich der Winterfeiertagsregelung erfolgt die Einbeziehung mit Beginn des Kalenderjahres, in dem die Einbeziehungsinformation zugestellt wird, sofern das Arbeitsverhältnis bereits begründet war, sonst mit Beginn des Arbeitsverhältnisses.

(5) Für den Sachbereich des Überbrückungsgeldes erfolgt die Einbeziehung mit 1. Jänner 2014, sofern das Arbeitsverhältnis bereits begründet war, sonst mit Beginn des Arbeitsverhältnisses. Die Einbeziehung darf nicht länger als sieben Jahre vor dem Zeitpunkt der Zustellung der Einbeziehungsinformation erfolgen.

(6) Im selben Arbeitsverhältnis zurückgelegte (Vor)dienstzeiten sind für die Ermittlung der Höhe des Urlaubsanspruchs gemäß § 4 Abs. 1 anzurechnen. Der vom Arbeitgeber für vor dem Einbeziehungszeitpunkt zurückgelegte (Vor)dienstzeiten zu entrichtende Zuschlag ist durch Vorstandsbeschluss festzusetzen. § 4a ist nicht anzuwenden.

(BGBl I 2011/51, BGBl I 2016/72)

Bevorrechtung

§ 28. (1) Die Zuschläge gemäß § 21 gelten als andere öffentliche Abgaben.

(BGBl 1987/618)

(2) Im Verkehr der Urlaubs- und Abfertigungskasse mit Geldinstituten unterliegen Urlaubsentgelte keinen die Auszahlung an den Arbeitgeber des anspruchsberechtigten Arbeitnehmers oder die Rückzahlung an die Urlaubs- und Abfertigungskasse einschränkenden Bestimmungen.

(BGBl 1987/618)

Verjährung

§ 29. (1) Das Recht der Urlaubs- und Abfertigungskasse

a) auf Feststellung der Verpflichtung zur Entrichtung der Zuschläge verjährt bei Zuschlagsschuldnern (Arbeitgeber) und Zuschlagsmithaftenden binnen drei Jahren, gerechnet vom Ende des Zuschlagszeitraumes; innerhalb dieser Frist kann mit Forderungen, die dem Haftenden gegenüber der Urlaubs- und Abfertigungskasse zustehen, unabhängig davon aufgerechnet werden, wann diese entstanden sind;

   (BGBl 1987/618, BGBl 1992/835, BGBl I 2021/71)

b) auf Einforderung festgestellter und vom Arbeitgeber nicht entrichteter Zuschläge verjährt binnen drei Jahren, gerechnet vom Zeitpunkt der Vorschreibung;

   (BGBl I 2016/72, BGBl I 2021/71)

c) auf Einforderung festgestellter Haftungsbeträge nach § 25a BUAG verjährt binnen zwei Jahren, gerechnet vom Zeitpunkt der Feststellung der Haftung durch die Urlaubs- und Abfertigungskasse. Innerhalb dieser Frist kann mit Forderungen, die dem Haftenden gegenüber der Urlaubs- und Abfertigungskasse zustehen, unabhängig davon aufgerechnet werden, wann diese entstanden sind; § 12a Abs. 2 und § 19 Abs. 1 IO finden keine Anwendung.

(BGBl I 2016/72)

(BGBl 1987/618)

(2) Die Verjährung wird durch jede zum Zwecke der Feststellung oder Hereinbringung der Zuschläge getroffene Maßnahme in dem Zeitpunkt unterbrochen, in dem der Arbeitgeber hievon in Kenntnis gesetzt wird.

(BGBl I 2016/72)

Bankkonten

§ 29a. Der Arbeitnehmer hat der Urlaubs- und Abfertigungskasse ein Girokonto bekannt zu geben, über das er verfügungsberechtigt ist und auf das Auszahlungen der Urlaubs- und Abfertigungskasse zur Befriedigung der Ansprüche des Arbeitnehmers gegenüber der Urlaubs- und Abfertigungskasse zu tätigen sind. Diese Bekanntgabe hat unter Nachweis seiner Identität und unter Beifügung einer entsprechenden Bestätigung des kontoführenden Bankinstitutes zu erfolgen.

(BGBl I 2009/70, BGBl I 2016/72)

Abschnitt VI
Allgemeine Bestimmungen

(BGBl 1987/618)

Rechts- und Verwaltungshilfe

§ 30. (1) Alle Behörden und Ämter, die Träger der Sozialversicherung und die Interessenvertretungen der Arbeitgeber und Arbeitnehmer sind verpflichtet, den im Vollzug dieses Bundesgesetzes an sie ergehenden Ersuchen der Urlaubs- und Abfertigungskasse im Rahmen ihrer sachlichen und örtlichen Zuständigkeit zu entsprechen. Zu dem gleichen Verhalten gegenüber den vorgenannten Behörden und Körperschaften ist die Urlaubs- und Abfertigungskasse verpflichtet.

(BGBl 1987/618)

(2) Barauslagen, die der ersuchten Stelle aus der Hilfeleistung erwachsen, mit Ausnahme von Portokosten, sind von der ersuchenden Stelle zu erstatten.

Zusammenarbeit

§ 31. (1) Die zuständigen Krankenversicherungsträger sind verpflichtet, der Urlaubs- und Abfertigungskasse zum Zweck der Erbringung von Leistungen, der Feststellung der Zuschlagspflicht, der Einbringung von Zuschlägen und der Bekämpfung von Lohn- und Sozialdumping folgende Daten im Wege des Dachverbandes der Sozialversicherungsträger (§ 30c Abs. 1 Z 2 lit. b) zu übermitteln: Namen des Beschäftigten, Geburtsdatum, Sozialversicherungsnummer, Art der Beschäftigung (Beschäftigung als Arbeiter oder Angestellter bzw. Lehrling oder geringfügig beschäftigt als Arbeiter oder Angestellter oder Beschäftigung als freier Dienstnehmer), bei den Krankenversicherungsträgern gemeldete Versicherungszeiten, Bezeichnung des Dienstgebers und dessen Wirtschaftsklassenzuordnung sowie Zeitpunkt der Anmeldung und der Abmeldung des Beschäftigten. Die Urlaubs- und Abfertigungskasse ist in diesem Zusammenhang berechtigt, die Übermittlung dieser Daten nicht nur bezogen auf einen oder mehrere bestimmte Arbeitnehmer zu verlangen, sondern auch bezogen auf einen Dienstgeber dahingehend, dass sämtliche von diesem Dienstgeber gemeldeten Beschäftigten und deren Daten im Sinne des ersten Satzes abgefragt werden können.

(BGBl I 2007/35, BGBl I 2011/51, BGBl I 2018/100, BGBl I 2021/71)

(1a) Die zuständigen Träger der Pensionsversicherung sind verpflichtet, der Urlaubs- und Abfertigungskasse zum Zweck der Prüfung der Voraussetzungen für die Gewährung von Überbrückungsgeld gemäß § 13l oder Überbrückungsabgeltung gemäß § 13m sowie der Sicherstellung der finanziellen Deckung für eine Ausdehnung der Ansprüche gemäß § 13l Abs. 2 bis 4 durch Verordnung gemäß § 13l Abs. 6 hinsichtlich Arbeitnehmern, die in den Geltungsbereich dieses Gesetzes fallen und die das 50. Lebensjahr erreicht haben, im Wege des Dachverbandes der Sozialversicherungsträger (§ 30c Abs. 1 Z 2 lit. b ASVG) alle Versicherungszeiten, die für die Prüfung des Vorliegens der Anspruchsvoraussetzungen für eine Alterspension heranzuziehen sind, mitzuteilen.

(BGBl I 2013/137, BGBl I 2021/71)

(2)[a] Die Bauarbeiter-Urlaubs- und Abfertigungskasse ist berechtigt, auf automationsunterstütztem Weg Einsicht in das automationsunterstützt geführte Firmenbuch, in das automationsunterstützt geführte Grundbuch und in das Gewerbeinformationssystem Austria – GISA zu nehmen, soweit dies zur Erfüllung der ihr übertragenen Aufgaben, insbesondere zur Erbringung von Leistungen, der Feststellung der Zuschlagspflicht und zur Einbringung von Zuschlägen, erforderlich ist. Die Berechtigung zur Einsichtnahme in das Grundbuch umfasst auch die Einsichtnahme in das Personenverzeichnis. Die Berechtigung zur Einsichtnahme in das Firmenbuch umfasst auch die bundesweite Suche nach in Zusammenhang mit den Rechtsträgern gespeicherten Personen.

(BGBl I 2016/72, BGBl I 2018/100)

[a] Redaktionsfehler im BGBl I 2018/100.

(3) Die Bauarbeiter-Urlaubs- und Abfertigungskasse ist im Rahmen der Erfüllung der ihr übertragenen Aufgaben zum Zweck der Erbringung von Leistungen, der Feststellung der Zuschlagspflicht und zur Einbringung von Zuschlägen berechtigt, auf automationsunterstütztem Weg Einsicht zu nehmen in das von der IEF-Service GmbH geführte IESG-Abfrage-Programm, wobei die Befugnis zur Einsichtnahme folgende Daten umfasst: Firmenname, Firmenbuchnummer, Geschäftszahl,

gerichtliches Beschlussdatum und Insolvenzart des insolventen Betriebs, Name und Sozialversicherungsnummer von Antrag stellenden Personen, Beschäftigungszeitraum, Austrittsgrund, Datum des Zuerkennungsbescheids, Forderungsart, Zeitraum, Gesamtforderungsbetrag sowie betragsmäßige Aufschlüsselung auf Forderungsteile, Qualifikation der Forderung und bewilligter Forderungsbetrag.

(BGBl I 2009/70, BGBl I 2014/94)

(4) Das Amt für Betrugsbekämpfung ist für Zwecke der Erhebungen nach § 6 SBBG sowie nach § 12 LSD-BG berechtigt, in die Arbeitnehmer- und Betriebsauskunft der Urlaubs- und Abfertigungskasse Einsicht zu nehmen und dabei folgende Daten abzufragen: Betriebsdaten (Firmenname und -adresse, Firmenbuchnummer, Teilzeitmeldungen sowie Name des bei der Urlaubs- und Abfertigungskasse vorgeladenen bzw. vorsprechenden Arbeitnehmers, der aber noch keinem Betrieb zugeordnet ist) sowie die Daten der bei einem Betrieb beschäftigten Arbeitnehmer über Beschäftigungsverhältnisse (Name, Geburtsdatum, Sozialversicherungsnummer, ausgeübte Tätigkeit, Entgelthöhe, Beschäftigungsdauer, Beschäftigungsort, Urlaubsansprüche und geleistetes Urlaubsentgelt, Status der Prüfung des Beschäftigungsverhältnisses, Zeitpunkt der Auskunftserteilung, die im Rahmen der Auskunftserteilung erteilten Angaben und vorgelegten Unterlagen, der von der Urlaubs- und Abfertigungskasse im Rahmen der Vorsprache erstellte Fragenkatalog, das Erhebungsprotokoll im Falle einer Baustellenkontrolle sowie die Information, ob ein vorgeladener Arbeitnehmer zur Auskunftserteilung bereit war) und die Entrichtung der Zuschläge nach dem Bauarbeiter-Urlaubs- und Abfertigungsgesetz. Diese Einsichts- und Abfrageberechtigung kommt auch der IEF-Service GmbH zum Zwecke der Beurteilung des Vorliegens eines gesicherten Anspruchs im Sinne des Insolvenz-Entgeltsicherungsgesetzes (IESG), BGBl. Nr. 324/1977 zu. Diese Einsichts- und Abfrageberechtigung kommt auch den zuständigen Krankenversicherungsträgern zum Zweck der Beitragsprüfung sowie dem Arbeitsmarktservice zum Zweck der Beurteilung des Vorliegens von Ansprüchen nach dem Arbeitslosenversicherungsgesetz 1977 – AlVG, BGBl Nr. 609/1977, zu.

(BGBl I 2009/70, BGBl I 2012/117, BGBl I 2013/137, BGBl I 2014/68, BGBl I 2016/72, BGBl I 2017/114, BGBl I 2018/100, BGBl I 2019/27, BGBl I 2019/104, BGBl I 2020/54, BGBl I 2020/99, BGBl I 2021/71)

(BGBl 1985/104, BGBl I 2000/44)

Baustellendatenbank

§ 31a. (1) Die Urlaubs- und Abfertigungskasse hat zum Zweck des Erfassens und der erleichterten Kontrolle von Baustellen eine Baustellendatenbank zu errichten. In dieser Datenbank werden verarbeitet:

1. Daten, die in den Meldungen nach § 6 des Bauarbeitenkoordinationsgesetzes (BauKG), BGBl. I Nr. 37/1999, und des § 97 Abs. 1, 6 und 7 ArbeitnehmerInnenschutzgesetzes (ASchG), BGBl. Nr. 450/1994 in Verbindung mit § 3 Abs. 1 bis 4 und 6 der Bauarbeiterschutzverordnung (BauV), BGBl. Nr. 340/1995, in der Fassung der Verordnung BGBl. II Nr. 33/2012, enthalten sind;
2. die von Auftraggebern nach § 367 des Bundesvergabegesetzes 2018 – BVergG 2018, BGBl. I Nr. 65/2018, oder nach § 110 Bundesvergabegesetz Konzessionen 2018 (BVergGKonz 2018), BGBl. I Nr. 65/2018, zu Baustellen zu meldenden Daten;
   (BGBl I 2021/71)
3. die bei Baustellenkontrollen durch die Urlaubs- und Abfertigungskasse erhobenen Daten;
   (BGBl I 2021/71)
4. folgende freiwillig von Auftraggebern gemeldete Daten
   a) Name, Anschrift, Befugnis(se) oder Unternehmensgegenstand des Auftragnehmers;
   b) Auftragssumme, Kurzbeschreibung des Auftragsgegenstandes, Ausführungsort und voraussichtlichen Ausführungsbeginn sowie voraussichtliche Ausführungsdauer des Bauauftrages;
   c) Name, Anschrift, Befugnis(se) oder Unternehmensgegenstand der bei der Ausführung des Auftrages (tatsächlich) eingesetzten Subunternehmer, Auftragssumme, Kurzbeschreibung des Auftragsgegenstandes, Ausführungsort, voraussichtlichen Ausführungsbeginn sowie voraussichtliche Ausführungsdauer des jeweiligen Auftragsteiles;
   d) Kennzahl des Auftrages.

(BGBl I 2021/71)

(2) Die Urlaubs- und Abfertigungskasse hat Auftraggeber, sofern sie die in Abs. 1 Z 2 und 4 genannten Daten gemeldet haben, über folgende Ergebnisse der Kontrolle der Urlaubs- und Abfertigungskasse auf diesen Baustellen auf elektronischem Weg zu informieren:

1. Zeitpunkt und Ort der Baustellenkontrolle sowie Name des Erhebers der Urlaubs- und Abfertigungskasse;
2. Name und Anschrift des kontrollierten Unternehmens, festgestellte Werkleistung, festgestellter Zeitraum der Werkerbringung, festgestellter Auftraggeber der Werkleistung, festgestellte Auftragssumme und festgestellte Subvergabe;
3. Name, Geburtsdatum und Tätigkeit der angetroffenen Arbeitnehmer, Zeitraum der Tätigkeitsverrichtung auf der Baustelle und konkrete Arbeitszeit auf der Baustelle;
4. festgestellter Verdacht auf Unterentlohnung.

(BGBl I 2018/32, BGBl I 2021/71)

(3) Die Abgabenbehörden des Bundes und die Krankenversicherungsträger sind berechtigt, zum

Zweck der Kontrolle von Baustellen, insbesondere zur Erfüllung ihrer Aufgaben nach dem Lohn- und Sozialdumping-Bekämpfungsgesetz (LSD-BG), BGBl. I Nr. 44/2016 in die Baustellendatenbank auf automationsunterstütztem Weg Einsicht zu nehmen. Dieses Einsichtsrecht kommt auch der Allgemeinen Unfallversicherungsanstalt für die Daten nach Abs. 1 Z 1 zum Zwecke der Prävention von Arbeitsunfällen zu.

(BGBl I 2018/100, BGBl I 2020/54)

(4) Verantwortlicher im Sinne des Art. 4 Z 7 der Verordnung (EU) 2016/679 zum Schutz natürlicher Personen bei der Verarbeitung personenbezogener Daten, zum freien Datenverkehr und zur Aufhebung der Richtlinie 95/46/EG (Datenschutz-Grundverordnung), ABl. Nr. L 119 vom 4.5.2016 S. 1, ist die Urlaubs- und Abfertigungskasse. Daten, die gemäß Abs. 1 Z 1 bis 4 zu einer Baustelle erfasst wurden, sind mit Ablauf des siebenten Kalenderjahres nach der letzten Meldung oder der letzten Änderung der Meldung zu löschen.

(BGBl I 2018/32, BGBl I 2021/71)

(5) Die Urlaubs- und Abfertigungskasse hat zur Erstattung der Meldungen gemäß Abs. 1 Z 1, 2 und 4 eine Webanwendung zur Verfügung zu stellen.

(BGBl I 2018/32, BGBl I 2021/71)

(BGBl I 2011/51, BGBl I 2012/35, BGBl I 2012/117, BGBl I 2015/113, BGBl I 2016/72)

Strafbestimmungen

§ 32. (1) Wer

1. als Arbeitgeber den ihm gemäß § 22 obliegenden Meldeverpflichtungen gegenüber der Urlaubs- und Abfertigungskasse nicht oder nicht rechtzeitig nachkommt oder vorsätzlich unrichtige Angaben macht,
2. als Arbeitgeber oder Auftraggeber oder Beschäftiger den ihm gemäß § 23b obliegenden Auskunftspflichten gegenüber der Urlaubs- und Abfertigungskasse nicht nachkommt oder vorsätzlich unrichtige Angaben macht,
3. als Arbeitgeber oder als in § 33g Abs. 1 Z 3 bezeichneter Beauftragter oder als Beschäftiger gemäß § 33d Abs. 1 den ihm gemäß § 33g obliegenden Meldeverpflichtungen nicht oder nicht rechtzeitig nachkommt oder vorsätzlich unrichtige Angaben macht,
4. als Arbeitgeber oder als Vertreter im Sinne des § 25a Abs. 7 der ihm zukommenden Verpflichtung zur Abfuhr der Zuschläge nach § 21a nicht nachkommt,

begeht, sofern die Tat nicht den Tatbestand einer in die Zuständigkeit der Gerichte fallenden strafbaren Handlung bildet, eine Verwaltungsübertretung, und ist von der Bezirksverwaltungsbehörde mit einer Geldstrafe von 1 000 Euro bis 10 000 Euro, im Wiederholungsfall von 2 000 Euro bis 20 000 Euro zu bestrafen. Zuwiderhandlungen gegen die durch Z 1 und 3 erfassten Verpflichtungen sind hinsichtlich jedes davon betroffenen Arbeitnehmers gesondert als Verwaltungsübertretung zu bestrafen.

(BGBl I 2016/72)

(2) Wer

1. als Arbeitgeber oder als Beschäftiger gemäß § 33d Abs. 1 den ihm gemäß § 23 obliegenden Verpflichtungen zur Gewährung der Einsicht in die Lohnaufzeichnungen und sonstigen Unterlagen gemäß § 23 gegenüber der Urlaubs- und Abfertigungskasse nicht nachkommt,
2. als Arbeitgeber oder als in § 23a Abs. 3 bezeichneter Bevollmächtigter oder als Beschäftiger gemäß § 33d Abs. 1 den ihm gemäß § 23a obliegenden Auskunftspflichten oder Verpflichtungen zur Gewährung der Einsicht in die erforderlichen Unterlagen gegenüber der Urlaubs- und Abfertigungskasse nicht nachkommt oder vorsätzlich unrichtige Angaben macht,

   (BGBl I 2016/72)
3. entgegen § 23a das Betreten der Baustelle oder der Aufenthaltsräume der Arbeitnehmer verweigert oder die Kontrolle sonst erschwert oder behindert,

begeht, sofern die Tat nicht den Tatbestand einer in die Zuständigkeit der Gerichte fallenden strafbaren Handlung bildet, eine Verwaltungsübertretung, und ist von der Bezirksverwaltungsbehörde mit einer Geldstrafe von 1 000 Euro bis 10 000 Euro, im Wiederholungsfall von 2 000 Euro bis 20 000 Euro zu bestrafen. Zuwiderhandlungen gegen die durch Z 1 erfassten Verpflichtungen sind hinsichtlich jedes davon betroffenen Arbeitnehmers gesondert als Verwaltungsübertretung zu bestrafen.

(3) Verwaltungsübertretungen nach Abs. 1 und 2 sind auch dann strafbar, wenn sie nicht im Inland begangen wurden. In diesem Fall gelten sie als an jenem Ort begangen, an dem sie festgestellt werden.

(4) Verwaltungsübertretungen nach Abs. 1 und 2 sind nur dann strafbar, sofern die jeweilige Tat nicht den Tatbestand einer Verwaltungsübertretung nach den §§ 26 bis 29 LSD-BG bildet.

(BGBl I 2021/71)

(5) Der Urlaubs- und Abfertigungskasse kommt im Verwaltungsstrafverfahren nach Abs. 1 und 2 Parteistellung sowie die Berechtigung zu, gegen den Bescheid einer Verwaltungsbehörde Beschwerde beim Verwaltungsgericht und gegen das Erkenntnis oder den Beschluss eines Verwaltungsgerichts Revision beim Verwaltungsgerichtshof erheben.

(BGBl I 2014/94)

Aufsicht

§ 33. (1) Die Urlaubs- und Abfertigungskasse unterliegt der Aufsicht des Bundesministers für soziale Verwaltung. Mit der Ausübung dieser Aufsicht können bestimmte Bedienstete des Bundesministeriums betraut werden. Diesen können Aufwandentschädigungen gewährt werden, deren angemessene Höhe das Bundesministerium für soziale Verwaltung im Einvernehmen mit dem Bundesministerium für Finanzen festzusetzen hat.

(BGBl 1987/618)

(2) Die Aufsicht erstreckt sich auf die Einhaltung der gesetzlichen Bestimmungen und der Geschäftsordnung, ferner auf die Gebarung und wichtige Fragen der Geschäftsführung. Die mit der Aufsicht betrauten Bediensteten sind berechtigt, an den Sitzungen der Verwaltungsorgane mit beratender Stimme teilzunehmen. Sie können in alle für die Gebarung maßgebenden Unterlagen Einsicht nehmen.

(3) Zur Deckung der durch die Aufsicht nach Abs. 1 erwachsenden Kosten hat die Urlaubs- und Abfertigungskasse durch Entrichtung einer Aufsichtsgebühr beizutragen. Deren Höhe hat der Bundesminister für soziale Verwaltung nach Anhörung der Urlaubs- und Abfertigungskasse zu bestimmen.

(BGBl 1987/618)

Abschnitt VIa
Betriebliche Vorsorgekasse

(BGBl I 2009/70)

Geltungsbereichsabgrenzung

§ 33a. (1) Für Arbeitnehmer gemäß § 1 in Betrieben (Unternehmungen) gemäß § 2 Abs. 2, die am 1. Jänner 2003 diesem Bundesgesetz unterliegen, gelten hinsichtlich des Abfertigungsanspruchs die Bestimmungen des Betrieblichen Mitarbeiter- und Selbständigenvorsorgegesetzes – BMSVG, BGBl. I Nr. 100/2002, soweit im Folgenden nichts anderes bestimmt ist.

(BGBl I 2009/70)

(2) Die Bestimmungen des Abschnittes III gelten weiterhin für Arbeitnehmer, die am 31. Dezember 2002 die Voraussetzungen des § 13b erfüllen oder diese am 31. Dezember 2002 nicht erfüllen, aber bereits Beschäftigungswochen nach den §§ 5 und 6 erworben haben und die Voraussetzungen des § 13b bis zum 31. Dezember 2005 erfüllen. Arbeitnehmer, die die Voraussetzungen des § 13b innerhalb des Drei-Jahres-Zeitraumes wegen einer länger als 22 Wochen dauernden Unterbrechung der Beschäftigung beim selben Arbeitgeber oder wegen der Aufnahme eines Arbeitsverhältnisses zu einem anderen Arbeitgeber nicht mehr erfüllen können, unterliegen mit Beginn jenes Arbeitsverhältnisses, das auf die länger als 22 Wochen dauernde Unterbrechung folgt, oder mit Beginn eines Arbeitsverhältnisses zu einem anderen Arbeitgeber den Bestimmungen des BMSVG.

(BGBl I 2009/70)

(3) Lehrlinge, die am 1. Jänner 2003 in einem Lehrverhältnis stehen, unterliegen mit diesem Tag den Bestimmungen des BMSVG. Die im Lehrverhältnis erworbenen Beschäftigungszeiten sind anzurechnen.

(BGBl I 2009/70)

(4) Arbeitnehmer, die vor dem 1. Jänner 2003 ihr Lehrverhältnis beendet haben und die Voraussetzungen des § 13c Abs. 6 erfüllen, unterliegen den Bestimmungen des Abschnittes III. Arbeitnehmer, die vor dem 1. Jänner 2003 ihr Lehrverhältnis beendet haben, aber die Voraussetzungen des § 13c Abs. 6 nicht erfüllen, unterliegen mit diesem Tag den Bestimmungen des Abschnittes III, wobei die Voraussetzungen des § 13b als erfüllt gelten. Mit 1. Jänner 2003 sind die Zeiten des Lehrverhältnisses sowie die Beschäftigungszeiten bei jenem Arbeitgeber, zu dem am 1. Jänner 2003 ein Arbeitsverhältnis besteht, für den Abfertigungsanspruch anrechenbare Beschäftigungswochen. Diese Anrechnung von Lehrzeiten findet nicht statt, wenn der Arbeitnehmer im Zeitraum vom 1. Jänner 2000 bis 31. Dezember 2002 keine Beschäftigungswochen nach den §§ 5 und 6 erworben hat.

(5) Mit der Geltendmachung einer Abfertigung nach dem Abschnitt III scheidet der Arbeitnehmer aus dem Geltungsbereich der Bestimmungen des Abschnittes III aus und unterliegt im Hinblick auf zukünftige Abfertigungsansprüche den Bestimmungen des BMSVG.

(BGBl I 2009/70)

(BGBl I 2002/100)

Errichtung einer Betrieblichen Vorsorgekasse

§ 33b. (1) Die Urlaubs- und Abfertigungskasse ist berechtigt und verpflichtet, eine Betriebliche Vorsorgekasse nach den Bestimmungen des BMSVG zu errichten und zu betreiben, die im Alleineigentum der Urlaubs- und Abfertigungskasse steht.

(2) Das Anfangskapital gemäß § 3 Abs. 7 Bankwesengesetz, BGBl. Nr. 532/1993, ist aus dem Sachbereich der Abfertigungsregelung zu finanzieren. Dies gilt auch für die gemäß § 20 Abs. 1 BMSVG jederzeit notwendigen Eigenmittel. Aus dem Sachbereich der Abfertigungsregelung können darüber hinaus Zuführungen zum Eigenkapital bis zum Ausmaß von drei Millionen Euro finanziert werden.

(3) § 5 Abs. 1 Z 13 Bankwesengesetz, BGBl. Nr. 532/1993, ist mit der Maßgabe anzuwenden, dass Geschäftsleiter auch sein kann, wer einen Hauptberuf in der Urlaubs- und Abfertigungskasse ausübt oder – unbeschadet eines anderen Hauptberufes – eine Funktion in einem Verwaltungsorgan der Urlaubs- und Abfertigungskasse innehat.

(BGBl I 2002/100, BGBl I 2007/35, BGBl I 2009/70)

Wirkungsbereich

§ 33c. (1) Arbeitgeber, die Betriebe (Unternehmungen) gemäß § 2 Abs. 2 betreiben und Arbeitnehmer gemäß § 1 beschäftigen, für die hinsichtlich des Abfertigungsanspruchs gemäß § 33a das BMSVG anzuwenden ist, sind verpflichtet, für diese Arbeitnehmer jedenfalls der Betrieblichen Vorsorgekasse nach § 33b beizutreten; §§ 9, 10 und 12 BMSVG kommen nicht zur Anwendung; § 11 BMSVG ist mit der Maßgabe anzuwenden, dass an die Stelle des Beitrittsvertrages eine Information der Betrieblichen Vorsorgekasse für diese Arbeitgeber tritt, die die in § 11 Abs. 2 Z 2 sowie 4 bis 6 festgelegten Punkte beinhaltet.

(BGBl I 2009/70)

(2) Der Betrieblichen Vorsorgekasse nach § 33b können auch andere Arbeitgeber bzw. die in Abs. 1 genannten Arbeitgeber bezüglich anderer Arbeitnehmergruppen beitreten, wobei die entsprechenden Bestimmungen des BMSVG anzuwenden sind.

(BGBl I 2009/70)

(BGBl I 2002/100)

Abschnitt VIb
Sonderbestimmungen für Entsendungen und für die Beschäftigung zu einem Arbeitgeber ohne Sitz in Österreich

(BGBl I 2021/71)

Geltungsbereich

§ 33d. (1) Die Bestimmungen dieses Abschnittes gelten für die Beschäftigung von Arbeitnehmern im Sinne des Abschnittes I ohne gewöhnlichen Arbeitsort in Österreich, die von einem Arbeitgeber

1. zur Arbeitsleistung oder

(BGBl I 2014/94)

2. im Rahmen einer Arbeitskräfteüberlassung

nach Österreich entsandt werden. Ein Beschäftiger mit Sitz außerhalb Österreichs gilt hinsichtlich der an ihn überlassenen Arbeitskräfte, die zu einer Arbeitsleistung nach Österreich entsandt werden, als Arbeitgeber in Bezug auf die §§ 23, 23a und 33g.

(BGBl I 2014/94)

(2) Die Bestimmungen dieses Abschnittes gelten auch für die Beschäftigung von Arbeitnehmern im Sinne des Abschnittes I mit gewöhnlichem Arbeitsort in Österreich, wenn die Beschäftigung im Rahmen eines Arbeitsverhältnisses zu einem Arbeitgeber mit Sitz außerhalb Österreichs erfolgt.

(BGBl I 2021/71)

(BGBl I 2005/104, BGBl I 2009/70)

Urlaubsanspruch

§ 33e. Ein Arbeitnehmer gemäß § 33d hat unbeschadet des auf das Arbeitsverhältnis anzuwendenden Rechts für die Dauer der Entsendung nach Österreich zwingend Anspruch auf bezahlten Urlaub nach Abschnitt II.

(BGBl I 2005/104)

Urlaubsentgelt

§ 33f. (1) Der Arbeitnehmer hat während des Urlaubs Anspruch auf das Urlaubsentgelt (Urlaubsgeld zuzüglich Urlaubszuschuss). Die Bestimmungen des Abschnittes II sind anzuwenden, soweit im Folgenden nichts anderes bestimmt ist.

(2) Der Anspruch entsteht im Ausmaß jener Anwartschaften, für die der Arbeitgeber die gemäß § 21 festgesetzten Zuschläge entrichtet. Dieser Anspruch richtet sich gegen die Urlaubs- und Abfertigungskasse. Der Anspruch verfällt, wenn der Arbeitnehmer den Urlaub nicht bis zum 31. März des drittfolgenden Jahres nach dem Kalenderjahr, in dem der Urlaubsanspruch entstanden ist, verbraucht hat.

(BGBl I 2013/137)

(3) Im Falle des Urlaubsverbrauchs während der Entsendung hat der Arbeitnehmer unter Nachweis der Urlaubsvereinbarung den Anspruch nach Abs. 2 bei der Urlaubs- und Abfertigungskasse geltend zu machen. Der Arbeitgeber kann unter Nachweis der Urlaubsvereinbarung den Anspruch nach Abs. 2 für den Arbeitnehmer bei der Urlaubs- und Abfertigungskasse geltend machen. Dabei ist der Arbeitgeber verpflichtet, der Urlaubs- und Abfertigungskasse die für die korrekte Abrechnung des Urlaubsentgeltes notwendigen Informationen zu übermitteln. Das Urlaubsentgelt ist dem Arbeitnehmer direkt auszuzahlen. Dies gilt auch für den Fall des Urlaubsverbrauches durch den Arbeitnehmer innerhalb von sechs Monaten nach Beendigung der Entsendung, sofern das Arbeitsverhältnis mit dem entsendenden Arbeitgeber noch aufrecht ist.

(BGBl I 2009/70)

(4) Wird kein Urlaub nach Abs. 3 in Anspruch genommen, so hat der Arbeitnehmer Anspruch auf Abfindung im Ausmaß der bereits erworbenen Anwartschaften, wenn er seit mindestens sechs Monaten in keinem Arbeitsverhältnis mehr steht, auf das dieses Bundesgesetz Anwendung findet. Der Anspruch richtet sich gegen die Urlaubs- und Abfertigungskasse und ist vom Arbeitnehmer geltend zu machen. Wird der Arbeitnehmer vor Fälligkeit des Anspruchs auf Abfindung neuerlich nach Österreich entsendet oder geht er sonst ein Arbeitsverhältnis nach diesem Bundesgesetz ein, so werden die Ansprüche auf Urlaubsentgelt gegenüber der Urlaubs- und Abfertigungskasse zusammengerechnet.

(5) Für die Geltendmachung eines Anspruchs auf Urlaubsentgelt sind die Ansprüche begründenden Umstände (Vorliegen eines diesem Bundesgesetz unterliegenden Arbeitsverhältnisses, Dauer der Beschäftigung in Österreich) nachzuweisen. Wird das Urlaubsentgelt für einen sechswöchigen Urlaub geltend gemacht, so sind auch die diesen Höheranspruch begründenden Beschäftigungszeiten, auch wenn sie im Ausland erbracht worden sind, nachzuweisen.

(6) Die Urlaubs- und Abfertigungskasse hat bei Geltendmachung eines Anspruchs auf Urlaubsentgelt sowohl den Arbeitnehmer als auch dessen Arbeitgeber zu informieren über:

1. Höhe des Urlaubsentgelts,
2. Auszahlung des Urlaubsentgelts,
3. Anzahl der damit finanzierten Urlaubstage.

(BGBl I 2005/104)

Meldepflicht

§ 33g. (1) Ein Arbeitgeber, der Arbeitnehmer im Sinne des § 33d beschäftigt, unterliegt der Meldepflicht gegenüber der Urlaubs- und Abfertigungskasse nach § 22. Die Erstmeldung gemäß § 22 Abs. 1 und 2a hat zu umfassen:

1. Name, Anschrift und Gewerbebefugnis oder Unternehmensgegenstand des Arbeitgebers, Umsatzsteueridentifikationsnummer,

2. bei einer Entsendung im Rahmen einer Arbeitskräfteüberlassung Name und Anschrift des Beschäftigers,
3. Name und Anschrift des mit der Ausübung des Weisungsrechts des Arbeitgebers gegenüber den entsandten Arbeitnehmern Beauftragten,
4. Name und Anschrift des Auftraggebers (Generalunternehmers),
(BGBl I 2021/157)
5. Namen, Anschriften, Geburtsdaten, Sozialversicherungsnummern und zuständige Sozialversicherungsträger sowie Staatsangehörigkeit der nach Österreich entsandten Arbeitnehmer,
6. Zeitraum der Entsendung insgesamt, Beginn und voraussichtliche Dauer der Beschäftigung der einzelnen Arbeitnehmer in Österreich sowie Dauer und Lage der vereinbarten Normalarbeitszeit der einzelnen Arbeitnehmer,
7. tatsächliche Beendigung der Beschäftigung in Österreich,
8. die Höhe des dem einzelnen Arbeitnehmer gebührenden Entgelts und Beginn des Arbeitsverhältnisses beim Arbeitgeber,
9. Ort (genaue Anschrift) der Beschäftigung in Österreich (auch andere Einsatzorte in Österreich),
10. die Art der Tätigkeit und Verwendung des Arbeitnehmers unter Berücksichtigung des maßgeblichen österreichischen Kollektivvertrages.

(BGBl I 2007/35, BGBl I 2014/94, BGBl I 2018/32)

(2) Für die Pflicht zur Erstmeldung gemäß § 22 Abs. 1 eines Arbeitgebers mit Sitz in einem anderen Mitgliedstaat des Europäischen Wirtschaftsraumes oder der Schweizerischen Eidgenossenschaft gilt bei einer Entsendung zur Erbringung einer Arbeitsleistung sowie im Rahmen einer Arbeitskräfteüberlassung § 19 LSD-BG. Die Erstattung der Meldung gemäß § 19 LSD-BG gilt als Erstmeldung gemäß § 22 Abs. 1. In der Folge hat der Arbeitgeber Meldungen gemäß § 22 Abs. 2 bis 3 zu erstatten.

(BGBl I 2014/94, BGBl I 2018/32, BGBl I 2021/71)

(3) Erstattet ein Arbeitgeber ohne Sitz in einem anderen Mitgliedstaat des Europäischen Wirtschaftsraumes eine Erstmeldung gemäß Abs. 1, so hat die Urlaubs- und Abfertigungskasse eine Abschrift dieser Meldung

1. an die Zentrale Koordinationsstelle für die Kontrolle der illegalen Beschäftigung nach dem Ausländerbeschäftigungsgesetz und dem Lohn- und Sozialdumping-Bekämpfungsgesetz des Amtes für Betrugsbekämpfung,
(BGBl I 2021/71)
2. an die regionale Geschäftsstelle des Arbeitsmarktservice, in dessen Sprengel der Beschäftigungsort liegt,
3. bei einer Entsendung im Rahmen einer Arbeitskräfteüberlassung an die zuständige Gewerbebehörde

zu übermitteln.

(4) Der Beauftragte nach Abs. 1 Z 3 gilt als Zustellungsbevollmächtigter im Sinne des § 9 des Zustellgesetzes, BGBl. Nr. 200/1982, in der jeweils geltenden Fassung, unabhängig davon, ob dieser einen Hauptwohnsitz im Inland hat, soweit eine Zustellung von Dokumenten im Sinne des § 2 Z 2 ZustG an den Arbeitgeber im Inland oder mangels entsprechender Übereinkommen im Ausland nicht vorgenommen werden kann.

(BGBl I 2014/94)

(5) Der Arbeitgeber hat sich der automationsunterstützten Webanwendungen der Urlaubs- und Abfertigungskasse zu bedienen.

(BGBl I 2011/51)

(BGBl I 2005/104)

Entrichtung der Urlaubszuschläge

(BGBl I 2021/71)

§ 33h. (1) Für die Entrichtung der Zuschläge gelten die §§ 21a, 22 Abs. 2a, 4 bis 6, 23, 23a, 23b Abs. 2 bis 4, 25 Abs. 1 und 2 mit der Maßgabe, dass als gesetzliche Normalarbeitszeit oder durch Normen der kollektiven Rechtsgestaltung festgelegte kürzere Normalarbeitszeit im Sinne des § 21a Abs. 4 die nach dem Arbeitsvertragsstatut auf das jeweilige Arbeitsverhältnis anzuwendende Normalarbeitszeit gilt. Des Weiteren gelten die §§ 23c und 23d.

(BGBl I 2009/70, BGBl I 2011/51, BGBl I 2015/113, BGBl I 2021/71)

(1a) Hat der Arbeitgeber dem Arbeitnehmer nachweislich bereits vor dem Beginn der Beschäftigung in Österreich für das laufende Kalenderjahr Urlaub gewährt und wurden damit auch Urlaubstage, die während der Zeit der Beschäftigung in Österreich entstanden wären, abgegolten, so ist das dem Arbeitnehmer für diese Urlaubstage nachweislich tatsächlich geleistete Urlaubsentgelt auf die während der Beschäftigung in Österreich bis zum jeweiligen Zeitpunkt der Anrechnung zu entrichtenden Zuschläge anzurechnen. Auf den Anspruch des Arbeitnehmers auf bezahlten Urlaub, der gemäß § 33e und § 33f während der Zeit der Beschäftigung in Österreich entsteht, sind die nach dem ersten Satz abgegoltenen Urlaubstage anzurechnen.

(BGBl I 2012/117)

(2) Kommt der Arbeitgeber der Verpflichtung zur Zuschlagsentrichtung nicht nach, so hat die Urlaubs- und Abfertigungskasse die offenen Zuschläge im Gerichtsweg einzuklagen. Die Urlaubs- und Abfertigungskasse ist berufen, alle zur Einbringung der Zuschlagsleistungen erforderlichen und zweckmäßigen Maßnahmen zu treffen.

(2a) Behauptet der Arbeitgeber im Gerichtsverfahren, dass seine Meldung nach § 33g inhaltlich unrichtig ist, so obliegt ihm der Beweis dafür. In diesem Fall gilt für den Ersatz der Prozesskosten unabhängig von der Entscheidung in der Hauptsache die Urlaubs- und Abfertigungskasse als vollständig obsiegende Partei.

(BGBl I 2016/72)

(2b) Hat die Urlaubs- und Abfertigungskasse die Zuschlagsleistung wegen der Nichteinhaltung der Meldepflicht auf Grund eigener Ermittlungen nach § 22 Abs. 5 zweiter Satz errechnet, so schuldet der Arbeitgeber die so errechneten Zuschläge. Behauptet der Arbeitgeber, dass diese Erhebungsergebnisse unrichtig sind, so obliegt ihm der Beweis dafür.

(BGBl I 2012/117, BGBl I 2016/72, BGBl I 2021/71)

(3) Zuständiges Gericht ist das Arbeits- und Sozialgericht Wien.

(BGBl I 2005/104)

Andere Sozial- oder Urlaubskassen

§ 33i. (1) Die Urlaubs- und Abfertigungskasse ist ermächtigt, mit vergleichbaren, auf Gesetz oder Kollektivvertrag beruhenden Einrichtungen in einem anderen Land, die den Urlaubsanspruch bzw. dessen Abwicklung betreffen (Urlaubs- oder Sozialkassen), eine Vereinbarung abzuschließen, die folgende Grundsätze zu berücksichtigen hat:

1. das Ausmaß des bezahlten Jahresurlaubs in diesem Land muss im Wesentlichen dem Jahresurlaubsausmaß nach § 4 Abs. 1 entsprechen;
2. die Einbeziehung des Arbeitgebers und des nach Österreich entsandten Arbeitnehmers in das jeweilige Sozial- oder Urlaubskassensystem muss auch während der Beschäftigung in Österreich in vollem Umfang aufrecht bleiben; es darf insbesonders wegen der Beschäftigung in Österreich nicht zu einer Kürzung des Urlaubsanspruchs des Arbeitnehmers, des Anspruchs auf Entgelt während des Urlaubs oder der Zuschlagsverpflichtung des Arbeitgebers kommen;
3. die Einbeziehung des Arbeitgebers und des nach Österreich entsandten Arbeitnehmers in das jeweilige Sozial- oder Urlaubskassensystem befreit den Arbeitgeber von der Verpflichtung zur Leistung von Zuschlägen an die Urlaubs- und Abfertigungskasse;
4. der entsandte Arbeitnehmer erwirbt keine Ansprüche gegen die Urlaubs- und Abfertigungskasse;
5. Arbeitgeber und Arbeitnehmer, die in den Geltungsbereich der Urlaubsregelungen dieses Bundesgesetzes fallen und gemäß § 1 Abs. 4 auch bei Entsendung in das Ausland im System der Urlaubs- und Abfertigungskasse verbleiben, dürfen hinsichtlich des Urlaubsanspruches nicht in das Sozial- oder Urlaubskassensystem einbezogen werden (Gegenseitigkeit).

(2) Für den Geltungsbereich und die Geltungsdauer einer Vereinbarung nach Abs. 1 unterliegen die davon betroffenen Arbeitgeber und deren nach Österreich entsandten Arbeitnehmern nicht den Bestimmungen der §§ 33f Abs. 2 bis 6 und 33h.

(3) Die Urlaubs- und Abfertigungskasse ist ermächtigt, zum Zwecke der Vollziehung und der Überprüfung der Einhaltung einer Vereinbarung mit einer ausländischen Sozial- oder Urlaubskasse die dafür notwendigen Daten auszutauschen. Das sind Daten

1. zur Identität des Arbeitgebers einschließlich der Betriebsart,
2. zur Identität des Arbeitnehmers einschließlich dessen Tätigkeit,
3. über die Einbeziehung in das Urlaubskassenverfahren einschließlich An- und Abmeldung.

(4) Liegt keine Vereinbarung gemäß Abs. 1 vor, so unterliegen ein Arbeitgeber und dessen nach Österreich entsandter Arbeitnehmer nicht den Bestimmungen der §§ 33f Abs. 2 bis 6 und 33h, wenn der Arbeitgeber und dessen nach Österreich entsandter Arbeitnehmer im Staat des Sitzes des Arbeitgebers einem vergleichbaren Sozial- oder Urlaubskassensystem unterliegen, das einen im Wesentlichen gleichwertigen Jahresurlaubsanspruch gewährleistet. Abs. 1 Z 1 bis 4 gelten sinngemäß.

(BGBl I 2005/104)

Langfristige Entsendungen

§ 33j. Überschreitet die tatsächliche Entsendung oder Überlassung eines Arbeitnehmers die Dauer von zwölf Monaten, finden auf solche Arbeitsverhältnisse ab diesem Zeitpunkt die durch Kollektivvertrag festgelegten Arbeitsrechtsnormen zur Gänze Anwendung, soweit diese Normen günstiger sind, als die entsprechenden Normen des Entsendestaates. Dabei ist jener Kollektivvertrag heranzuziehen, der am Arbeitsort für vergleichbare Arbeitnehmer von vergleichbaren Arbeitgebern gilt. Ausgenommen davon sind die Verfahren, Formalitäten und Bedingungen für den Abschluss und die Beendigung des Arbeitsvertrages einschließlich von Wettbewerbsverboten. Legt der Arbeitgeber eine mit einer Begründung versehene Mitteilung in deutscher oder englischer Sprache vor, verlängert sich der Zeitraum nach dem ersten Satz dieser Bestimmung auf 18 Monate. Bei der Berechnung der Entsendungsdauer ist die Dauer einer Entsendung eines ersetzten Arbeitnehmers zu berücksichtigen. Die Mitteilung ist gegebenenfalls mit einer Meldung gemäß § 22 Abs. 2 bis 3 oder einer Änderungsmeldung im Sinne des § 19 LSD-BG zu übermitteln.

(BGBl I 2021/71, BGBl I 2021/157)

Weitere Ansprüche bei gewöhnlichem Arbeitsort in Österreich

§ 33k. (1) Für Arbeitsverhältnisse im Sinne des § 33d Abs. 2, sind die Abschnitte III, IIIa, IIIb und VIa anzuwenden.

(2) Arbeitgeber mit Sitz außerhalb Österreichs, die Arbeitnehmer im Sinne des § 33d Abs. 2 beschäftigten, haben Zuschläge für Winterfeiertage nach § 13k, für das Überbrückungsgeld nach § 13o sowie für die Abfertigung nach § 21 iVm § 21a zu entrichten. Für die Entrichtung der Zuschläge gilt jeweils § 33h Abs. 1 und 2 bis 3.

(3) Erweckt ein Arbeitgeber fälschlicherweise oder in betrügerischer Absicht den Eindruck, dass er einen Arbeitnehmer nach Österreich entsendet, so darf dieser Arbeitnehmer nicht schlechter gestellt werden als in einem Entsendungsfall. Die sich aus der Rechtsordnung des Herkunftsstaates ergebenden Ansprüche stehen dem Arbeitnehmer gegenüber seinem Arbeitgeber zu.

(BGBl I 2021/71)

Abschnitt VIc
Bau-ID System

(BGBl I 2021/157)

Einrichtung und Betrieb eines Informationssystems

§ 34. (1) Die Urlaubs- und Abfertigungskasse ist zur Einrichtung und zum Betrieb eines Informationssystems (IT-Systems)

1. zur Unterstützung der auf einer Baustelle tätigen Arbeitgeber bei ihren Prüf- und Dokumentationspflichten, wobei dieses IT-System auch Arbeitgebern angeboten werden darf, die nicht § 2 Abs. 1 unterliegen,
2. zur Unterstützung der Einsichtsmöglichkeit von Arbeitnehmern in die für sie insbesondere bei der Urlaubs- und Abfertigungskasse gespeicherten Daten und
3. zur Unterstützung der Urlaubs- und Abfertigungskasse bei der Vollziehung der ihr zur Bekämpfung des Lohn- und Sozialdumpings und des Sozialbetrugs übertragenen gesetzlichen Aufgaben, insbesondere durch Verbesserung der Kontrollabläufe

berechtigt. Die Urlaubs- und Abfertigungskasse hat sich einer GmbH im Sinne des § 18a (Bau-ID GmbH) zu bedienen.

(2) Die Teilnahme am IT-System zu den in Abs. 1 genannten Zwecken beruht für Arbeitnehmer und Arbeitgeber jeweils auf einer vertraglichen Vereinbarung mit der Bau-ID GmbH.

(BGBl I 2021/157)

Bau-ID Karte

§ 34a. (1) Der Arbeitnehmer kann die Ausstellung einer Bau-ID Karte zur Teilnahme am IT-System zu den in § 34 Abs. 1 genannten Zwecken mit der Bau-ID GmbH vereinbaren, sofern der Arbeitnehmer gegenüber der Bau-ID GmbH seine Identität hinreichend nachweist. Dies gilt auch für Arbeitnehmer, die nicht diesem Bundesgesetz unterliegen, sofern sie Tätigkeiten auf Baustellen verrichten.

(2) Im IT-System werden zu den in § 34 Abs. 1 genannten Zwecken folgende Daten verarbeitet: Name, Geschlecht, Lichtbild, Wohnadresse oder Zustelladresse, Kontaktdaten, Sozialversicherungsnummer, Arbeitnehmerkennzeichen, Beginn und das Ende des Beschäftigungsverhältnisses, den Ort bzw. die Orte der Beschäftigung, die Art der Tätigkeit und die Verwendung, die kollektivvertragliche Einstufung, Ausbildungs- und Qualifizierungsnachweise, die vereinbarte wöchentliche Normalarbeitszeit, bei Teilzeit das Ausmaß und die Lage der Arbeitszeit, die Baustellenbezeichnung und –adresse sowie bei entsandten und überlassenen Arbeitnehmern zusätzlich die Baustellenidentifikationsnummer, den zuständigen Sozialversicherungsträger und die Staatsangehörigkeit.

(3) Auf Ersuchen eines diesem Bundesgesetz unterliegenden Arbeitnehmers ist die Urlaubs- und Abfertigungskasse ermächtigt, zum Zweck der Kartenausstellung der Bau-ID GmbH die in Abs. 1 genannten Daten, soweit sie in der Arbeitnehmer- und Betriebsauskunft der Urlaubs- und Abfertigungskasse vorhanden sind, automationsunterstützt über eine Schnittstelle zu übermitteln.

(4) Die Bau-ID Karte ist mit einer technisch geeigneten Funktion zum Datenaustausch auszustatten und hat den Namen und ein Lichtbild des Arbeitnehmers sowie eine Kartennummer zu enthalten.

(5) Der Arbeitnehmer kann mittels der Bau-ID Karte seine bei der Urlaubs- und Abfertigungskasse im Zeitpunkt der Abfrage erfassten Ansprüche gemäß den Abschnitten II, III, VIb sowie die Daten nach § 34c Abs. 1 Z 4 einsehen und im IT-System der Bau-ID GmbH das Abfrageprotokoll seiner Bau-ID Karte abrufen.

(BGBl I 2021/157)

Verarbeitung von Betriebsdaten

§ 34b. Soll auf Grund eines Dienstleistungsvertrages zwischen Arbeitgeber und Bau-ID GmbH eine Registrierung des Arbeitgebers im IT-System der Bau-ID GmbH erfolgen, sind folgende Betriebsdaten zu verarbeiten: Firmenname und -adresse, Firmenbuchnummer, Dienstgeberkontonummer, Umsatzsteueridentifikationsnummer, Kennziffer Unternehmensregister (KUR), Betriebssitz, Gewerbeberechtigung oder Unternehmensgegenstand sowie das Betriebskennzeichen. Auf Ersuchen eines diesem Bundesgesetz unterliegenden Arbeitgebers ist die Urlaubs- und Abfertigungskasse ermächtigt, der Bau-ID GmbH diese Daten, soweit sie in der Arbeitnehmer- und Betriebsauskunft der Urlaubs- und Abfertigungskasse vorhanden sind, automationsunterstützt über eine Schnittstelle zu übermitteln.

(BGBl I 2021/157)

Datenverarbeitung bei Verwendung der Bau-ID Karte auf der Baustelle

§ 34c. (1) Im Zuge der Datenabfrage mittels Bau-ID Karte auf der Baustelle, ist die Urlaubs- und Abfertigungskasse ermächtigt, der Bau-ID GmbH zu den in § 34 Z 1 und 3 genannten Zwecken folgende zum Zeitpunkt der Datenabfrage vorhandene Daten automationsunterstützt unter Nutzung einer technisch geeigneten Schnittstelle zur Verarbeitung zu übermitteln:

1. die durch die Urlaubs- und Abfertigungskasse beim Träger der Krankenversicherung nach § 31 Abs. 1 zu erhebenden Daten hinsichtlich des Zeitpunktes der Anmeldung und gegebenenfalls der Abmeldung des Beschäftigten,

der Bezeichnung des Dienstgebers und der Dienstgeberkontonummer;

2. bei entsandten und überlassenen Arbeitnehmern die Angabe, ob eine Meldung nach § 19 LSD-BG vorliegt, sowie die Transaktionsnummer ZKO, den Ort bzw. die Orte der Beschäftigung, die Art der Tätigkeit und Verwendung des Arbeitnehmers;
3. bei ausländischen Arbeitnehmern die im Arbeitsmarktservice für die konkrete Beschäftigung auf der Baustelle dokumentierte Genehmigung, Bestätigung oder Aufenthaltsberechtigung gemäß § 3 Abs. 1 des Ausländerbeschäftigungsgesetzes – AuslBG, BGBl. Nr. 218/1975;
4. die in der Arbeitnehmer- und Betriebsauskunft der Urlaubs- und Abfertigungskasse enthaltenen Daten zum Status des Beschäftigungsverhältnisses, den Namen des Arbeitgebers, das Betriebskennzeichen, den Beginn und das Ende des Beschäftigungsverhältnisses, die kollektivvertragliche Einstufung, die vereinbarte wöchentliche Normalarbeitszeit, bei Teilzeit das Ausmaß und die Lage der Arbeitszeit, die Baustellenbezeichnung und –adresse sowie bei entsandten und überlassenen Arbeitnehmern zusätzlich die Baustellenidentifikationsnummer, den zuständigen Sozialversicherungsträger und die Staatsangehörigkeit.

Um die Datenabfrage vornehmen zu können, hat die Bau-ID GmbH der Urlaubs- und Abfertigungskasse das Arbeitnehmerkennzeichen, den Namen oder die Sozialversicherungsnummer des betreffenden Arbeitnehmers zu übermitteln.

(2) Die Ermächtigung der Urlaubs- und Abfertigungskasse gemäß Abs. 1 gilt auch für die Datenabfrage von Arbeitnehmern, die nicht in einem Betrieb (Unternehmen) gemäß § 2 Abs. 1 beschäftigt sind. Die zuständigen Krankenversicherungsträger sind verpflichtet, der Urlaubs- und Abfertigungskasse die in Abs. 1 Z 1, die Zentrale Koordinationsstelle für die Kontrolle der illegalen Beschäftigung nach dem Ausländerbeschäftigungsgesetz und dem Lohn- und Sozialdumping-Bekämpfungsgesetz des Amtes für Betrugsbekämpfung die in Abs. 1 Z 2 genannten Daten von Arbeitnehmern, die nicht in einem Betrieb (Unternehmen) gemäß § 2 Abs. 1 beschäftigt sind, automationsunterstützt in einer für die Urlaubs- und Abfertigungskasse technisch geeigneten Form unter Nutzung bereits eingerichteter Schnittstellen zu übermitteln. Das Arbeitmarktservice hat der Urlaubs- und Abfertigungskasse die in Abs. 1 Z 3 genannten Daten, soweit vorhanden, automationsunterstützt in einer für die Urlaubs- und Abfertigungskasse technisch geeigneten Form unter Nutzung bereits eingerichteter Schnittstellen (§ 27a AuslBG) zur Verfügung zu stellen.

(3) Die Bau-ID GmbH hat bei der Datenabfrage nach Abs. 1 dafür zu sorgen, dass

1. der Baustellenverantwortliche zum Zweck der leichteren Überprüfung der erforderlichen Meldungen für den Arbeitnehmer auf die Daten hinsichtlich des Vorliegens einer Anmeldung zur Sozialversicherung und des Vorliegens einer Meldung nach § 22, den Namen des Arbeitgebers, die vereinbarte wöchentliche Normalarbeitszeit, bei Teilzeit das Ausmaß und die Lage der Arbeitszeit sowie zusätzlich bei entsandten und überlassenen Arbeitnehmern auf die Angabe, ob eine Meldung nach § 19 LSD-BG vorliegt und bei ausländischen Arbeitnehmern auf die in Abs. 1 Z 3 genannten Daten zugreifen kann;
2. die für Baustellenkontrollen zuständigen Bediensteten der Urlaubs- und Abfertigungskasse sowie des Amtes für Betrugsbekämpfung zum Zweck der Bekämpfung von Lohn- und Sozialdumping und Sozialbetrug zwecks Baustellenkontrolle auf die in Abs. 1 Z 1 bis 4 genannten Daten und auf das Abfrageprotokoll der Bau-ID Karte des Arbeitnehmers sowie auf die GPS-Koordinaten des Abfrageortes zugreifen können.

(4) Die Urlaubs- und Abfertigungskasse ist ihrerseits berechtigt, folgende im Zuge der Datenabfrage auf der Baustelle von der Bau-ID GmbH an die Urlaubs- und Abfertigungskasse zu übermittelnden Daten zu Kontrollzwecken zu verarbeiten: Datum und Uhrzeit der Abfrage, Name des Arbeitgebers, Baustellenbezeichnung bzw. Baustellen-ID, Sozialversicherungsnummer der Arbeitnehmer und gegebenenfalls die Arbeitnehmerkennzahl. Diese Daten sind nach Ablauf des fünften Kalenderjahres zu löschen.

(BGBl I 2021/157)

BauArb

Verantwortlichkeiten und Datensicherheitsmaßnahmen

§ 34d. (1) Die Urlaubs- und Abfertigungskasse ist Verantwortliche im Sinne des Art. 4 Z 7 DSGVO für die von ihr nach den §§ 34 bis 34c übermittelten und von ihr verarbeiteten Daten, die Bau-ID GmbH für die Datenverarbeitung im IT-System.

(2) Die Bau-ID GmbH hat ein sicheres Verfahren zur Datenabfrage mittels der Bau-ID Karte sicherzustellen und den Zugriff auf die von ihr verarbeiteten Daten mittels der Bau-ID Karte zu dokumentieren. Die Protokolldaten sind zu löschen, sobald sie nicht mehr benötigt werden, jedenfalls nach Ablauf von drei Jahren nach Ende des mit einem Arbeitgeber abgeschlossenen Dienstleistungsvertrages. Innerhalb der Organisation der Bau-ID GmbH sind die Zugangsberechtigungen und Zugriffsrechte auf die in den §§ 34a bis 34c genannten personenbezogenen Daten zu regeln. Von der Bau-ID GmbH erfasste und verarbeitete personenbezogenen Daten sind zu löschen, sobald sie nicht mehr benötigt werden, jedenfalls nach Ablauf von fünf Jahren nach ihrer letzten Verwendung. Die Bau-ID GmbH hat auf Basis eines IT-Sicherheitskonzeptes alle getroffenen Datensicherheitsmaßnahmen zu dokumentieren. Aus dieser Dokumentation muss hervorgehen, ob sowohl der Zugriff als auch die Weitergabe der

Daten ordnungsgemäß erfolgt und die Daten Unbefugten nicht zugänglich sind.

(BGBl I 2021/157)

Abschnitt VII
Übergangs- und Schlußbestimmungen

(BGBl 1987/618)

Anrechnung von Beschäftigungszeiten

§ 35. (1) Bei Ermittlung der für die Urlaubsdauer gemäß § 4 maßgebenden Beschäftigungszeiten sind alle Beschäftigungszeiten nach dem Bauarbeiter-Urlaubsgesetz 1957, BGBl. Nr. 128, einschließlich solcher Zeiten, die gemäß § 4 Abs. 3 des Bauarbeiter-Urlaubsgesetzes 1957 bereits angerechnet wurden, zu berücksichtigen.

(2) Für Arbeitnehmer in Betrieben (Unternehmungen), auf die vor dem Inkrafttreten dieses Bundesgesetzes das Bauarbeiter-Urlaubsgesetz 1957 keine Anwendung fand, zählen als Beschäftigungszeiten im Sinne des § 4 alle Beschäftigungszeiten, die sie in gleichartigen Betrieben (Unternehmungen) seit dem 26. Mai 1946 verbracht hatten. Die gleiche Regelung gilt auch für Arbeitnehmer in Betrieben (Unternehmungen), die auf Grund einer Verordnung gemäß § 2 Abs. 3 erstmalig in den Geltungsbereich dieses Bundesgesetzes einbezogen werden.

(3) Für Arbeitnehmer, auf die dieses Bundesgesetz nur infolge ihrer Tätigkeit in Mischbetrieben gemäß § 3 Anwendung findet, zählen als Beschäftigungszeiten im Sinne des § 4 jene Zeiten, die sie ununterbrochen in diesem Betrieb verbracht hatten. Unterbrechungen des Arbeitsverhältnisses, die kürzer als 60 Tage sind, bleiben hiebei außer Betracht. Die gleiche Regelung findet auch Anwendung auf Arbeitnehmer, die auf Grund einer Verordnung gemäß § 3 Abs. 5 erstmalig in den Geltungsbereich dieses Bundesgesetzes einbezogen werden.

(BGBl 1995/832)

(BGBl I 2021/157)

Weitergeltung von Vereinbarungen

§ 36. Den Bestimmungen dieses Bundesgesetzes unterliegen auch Arbeitnehmer in Betrieben (Unternehmungen), auf die vor dem Inkrafttreten dieses Bundesgesetzes das Bauarbeiter-Urlaubsgesetz 1957 auf Grund von Vereinbarungen angewendet wurde, obwohl der Betrieb (Unternehmung) der Art nach nicht unter den Geltungsbereich dieses Bundesgesetzes fällt.

§ 37. (aufgehoben)

(BGBl I 2005/104)

Verweisungen

§ 38. Soweit in diesem Bundesgesetz auf andere Bundesgesetze verwiesen wird, sind diese in ihrer jeweils geltenden Fassung anzuwenden.

(BGBl I 2002/100)

Aufhebung der Vorschriften

§ 39. (1) Alle mit den Bestimmungen dieses Bundesgesetzes in Widerspruch stehenden Vorschriften werden außer Kraft gesetzt.

(2) Gemäß Abs. 1 treten insbesondere außer Kraft:

1. Das Bauarbeiter-Urlaubsgesetz 1957, BGBl. Nr. 128, in der Fassung der Bundesgesetze BGBl. Nr. 108/1958, 270/1961, 311/1964, 68/1966, 408/1968 und 317/1971.
2. Die Durchführungsverordnung zum Bauarbeiter-Urlaubsgesetz vom 26. Mai 1946, BGBl. Nr. 114, in der Fassung der Verordnungen BGBl. Nr. 192/1946, 260/1956 und 445/1971.

Bestimmungen in Zusammenhang mit COVID-19

§ 39a. (1) Abweichend von § 21a Abs. 2 sind für Zeiträume mit einer Wochenarbeitszeit von null Stunden im Rahmen einer COVID-19-Kurzarbeit von 1. April 2020 bis 30. Juni 2020 keine Zuschläge für den Sachbereich der Urlaubsregelung zu entrichten.

(2) Abweichend von den §§ 13k Abs. 1, 13o und 21 Abs. 2 sind im Zeitraum von 16. März 2020 bis 15. Mai 2020 keine Zuschläge zu entrichten.

(3) Abweichend von § 7 Abs. 6 verfallen Urlaubsansprüche, die in den Jahren 2017 und 2018 erworben wurden, wenn der Arbeitnehmer den Urlaub nicht bis zum 31. Mai des drittfolgenden Jahres nach dem Kalenderjahr, in dem der Urlaubsanspruch entstanden ist, verbraucht hat. Urlaubsansprüche, die in den Jahren 2019 und 2020 erworben werden, verfallen bis zum 30. April des drittfolgenden Jahres nach dem Kalenderjahr, in dem der Urlaubsanspruch entstanden ist.

(BGBl I 2021/71)

(BGBl I 2020/16)

Vorzeitige Auszahlung der Abfertigung gemäß Abschnitt III

§ 39b. (1) Arbeitnehmer haben bei Erfüllung der Voraussetzungen gemäß §§ 13b und 13c Anspruch auf vorzeitige Auszahlung der Abfertigung, wenn sie unmittelbar vor Antragstellung mindestens zwei Monate in keinem Arbeitsverhältnis mehr stehen, auf das die Abfertigungsbestimmungen dieses Bundesgesetzes anzuwenden sind, in diesem Zeitraum kein Überbrückungsgeld gemäß § 13l beziehen und zum Zeitpunkt der Antragstellung arbeitslos sind.

(2) Der Antrag auf Auszahlung der Abfertigung ist bis spätestens 30. September 2020 vom Arbeitnehmer an die Urlaubs- und Abfertigungskasse zu richten. Im Antrag hat der Arbeitnehmer zu erklären, dass er unmittelbar vor Antragstellung mindestens zwei Monate in keinem Arbeitsverhältnis mehr steht, auf das die Abfertigungsbestimmungen dieses Bundesgesetzes anzuwenden sind, und dass er zum Zeitpunkt der Antragstellung arbeitslos ist.

(3) Übersteigen im Zeitpunkt der Antragstellung die für die Abgeltung des Abfertigungsanspruchs erworbenen anrechenbaren Beschäftigungszeiten

die Zahl der für diesen Abfertigungsanspruch erforderlichen Beschäftigungswochen nach § 13d Abs. 1, sind diese übersteigenden Beschäftigungszeiten von der Urlaubs- und Abfertigungskasse als restlicher Abfertigungsbetrag bis spätestens 15. Februar 2021 entweder Betrieblichne Vorsorgekasse nach § 33b zu überweisen oder an den Arbeitnehmer auszuzahlen. Der Arbeitnehmer hat im Antrag nach Abs. 2 bekanntzugeben, ob der restliche Abfertigungsbetrag der Betrieblichen Vorsorgekasse nach § 33b zu überweisen oder ihm auszuzahlen ist. Der restliche Abfertigungsbetrag berechnet sich unter sinngemäßer Anwendung des § 21 Abs. 3 Z 1 lit. a, wobei die Grundlage für die Berechnung des Abfertigungsanspruchs der kollektivvertragliche Stundenlohn nach § 13d Abs. 2 ist. Der restliche Abfertigungsbetrag gebührt nicht, sofern der Arbeitnehmer bereits zwölf Monatsentgelte an Abfertigung erhalten hat.

(4) Der Anspruch auf Abfertigung nach Abs. 1 ist für die Berechnung der Verfallsfrist nach § 13g nicht zu berücksichtigen.

(BGBl I 2020/74)

Wirksamkeitsbeginn

§ 40. (1) Dieses Bundesgesetz tritt am 1. Jänner 1973 in Kraft. §§ 13a Abs. 1 Z 5 und 5a, 13e Abs. 1 erster Satz und Abs. 3, 13f Abs. 2, 25a Abs. 7 und 29 Abs. 1 lit. a in der Fassung des Bundesgesetzes BGBl. Nr. 835/1992 treten mit 1. Jänner 1993 in Kraft.

(BGBl 1992/835)

(1a) §§ 13a Abs. 1 Z 7 und 8, Abs. 1a und 13c Abs. 5 in der Fassung des Bundesgesetzes BGBl. Nr. 335/1993 treten mit 1. Juli 1993 in Kraft.

(BGBl 1993/335)

(1b) § 4 Abs. 3 lit. g in der Fassung des Bundesgesetzes BGBl. Nr. 832/1995 tritt mit 1. November 1995 in Kraft. § 6, § 11 Abs. 1, § 15 Abs. 5 erster Satz, § 20 Abs. 1, § 21a Abs. 4 und § 34 Abs. 2 letzter Satz in der Fassung des Bundesgesetzes BGBl. Nr. 832/1995 treten mit 1. Jänner 1996 in Kraft.

(BGBl 1995/832)

(1c) § 2 Abs. 2a, 3 und 4, § 6 Abs. 3 und 4, § 7 Abs. 5a, §§ 13i, 13j, 13k und 39a in der Fassung des Bundesgesetzes BGBl. Nr. 417/1996 treten mit 1. Juli 1996 in Kraft.

(BGBl 1996/417)

(1d) § 13g zweiter Satz, § 13i Abs. 2 letzter Satz, § 13j Abs. 1 Z 4 erster Satz und § 25a Abs. 7 letzter Satz in der Fassung des Bundesgesetzes BGBl. Nr. 754/1996 treten mit 1. Jänner 1997 in Kraft.

(BGBl 1996/754)

(1e) § 4 Abs. 3 lit. b, § 5 lit. h, § 13c Abs. 2 und § 21a Abs. 2 in der Fassung des Bundesgesetzes BGBl. I Nr. 30/1998 treten mit 1. Jänner 1998 in Kraft.

(BGBl I 1998/30)

(1f) § 2 Abs. 2a lit. a sowie § 39a Abs. 5 in der Fassung des Bundesgesetzes BGBl. I Nr. 113/1998 treten mit 1. Juli 1998 in Kraft. § 2 Abs. 1 lit. h, Abs. 2 lit. h und Abs. 2a lit. c in der Fassung des Bundesgesetzes BGBl. I Nr. 113/1998 treten mit 1. August 1998 in Kraft.

(BGBl I 1998/113)

(1g) §§ 2 Abs. 1 bis 2a, 4 Abs. 1, 6 Abs. 4 erster Satz, 6 Abs. 5 erster Satz, 7 Abs. 2, 8 Abs. 1, 8 Abs. 4, 13e Abs. 3 und 31 in der Fassung des Bundesgesetzes BGBl. I Nr. 44/2000, weiters der Entfall der §§ 13a Abs. 1 Z 5a, 13e Abs. 1 erster Satz zweiter Satzteil, 13f Abs. 2, 13g zweiter Satz sowie der Absatzbezeichnung in § 13f Abs. 1 in der Fassung des Bundesgesetzes BGBl. I Nr. 44/2000 treten mit 1. Jänner 2001 in Kraft. § 4 Abs. 1a erster Satz in der Fassung des Bundesgesetzes BGBl. I Nr. 44/2000 tritt mit 1. Jänner 2001 in Kraft; §§ 4 Abs. 1a zweiter Satz und 7 Abs. 1 in der Fassung des Bundesgesetzes BGBl. I Nr. 44/2000 treten mit 2. Juli 2001 in Kraft.

(BGBl I 2000/44)

(1h) Für die Verlängerung der Anwartschaftsperiode durch das Bundesgesetz BGBl. I Nr. 44/2000 gelten folgende Maßgaben:

1. Für Anwartschaftsperioden, die vor dem 1. Jänner 2001 enden, gelten hinsichtlich des Urlaubs und der Ansprüche auf Urlaubsentgelt und Abfindung die Bestimmungen dieses Bundesgesetzes in der Fassung des Bundesgesetzes BGBl. I Nr. 113/1998.
2. Für Anwartschaftsperioden, deren Anwartschaftswochen teils vor, teils nach dem 1. Jänner 2001 liegen, sind für die Berechnung des Urlaubsentgelts und Abfindung für jene Anwartschaftswochen, die vor dem 1. Jänner 2001 liegen, die Bestimmungen dieses Bundesgesetzes in der Fassung des Bundesgesetzes BGBl. I Nr. 113/1998 heranzuziehen, für Anwartschaftswochen, die nach dem 31. Dezember 2000 liegen, die Bestimmungen dieses Bundesgesetzes in der Fassung des Bundesgesetzes BGBl. I Nr. 44/2000 heranzuziehen.

(BGBl I 2000/44)

(1i) §§ 13a Abs. 1 Z 5a, 13e Abs. 1 erster Satz zweiter Satzteil, 13f Abs. 2 und 13g zweiter Satz in der Fassung des Bundesgesetzes BGBl. I Nr. 113/1998 sind auf die Auflösung von Arbeitsverhältnissen bei Insolvenz des Arbeitgebers weiterhin anzuwenden, wenn der Beschluss über die Eröffnung eines Insolvenzverfahrens nach § 1 Abs. 1 Insolvenz-Entgeltsicherungsgesetz (IESG) bzw. über einen anderen Insolvenztatbestand nach § 1 Abs. 1 Z 3 bis 6 IESG vor dem 1. Jänner 2001 gefasst worden ist.

(BGBl I 2000/44)

(1j) § 21a Abs. 8, § 25 Abs. 4 und § 32 Abs. 1 in der Fassung des Bundesgesetzes BGBl. I Nr. 98/2001 treten mit 1. Jänner 2002 in Kraft.

(BGBl I 2001/98)

(1k) § 13a Abs. 1 und § 13c Abs. 5 in der Fassung des Bundesgesetzes BGBl. I Nr. 143/2004 treten mit 1. Jänner 2005 in Kraft.

(BGBl I 2004/143)

(2) Verordnungen zu diesem Bundesgesetz können vor dem im Abs. 1 bezeichneten Zeitpunkt erlassen werden; sie treten frühestens gleichzeitig mit diesem Bundesgesetz in Kraft.

(3) Abschnitt VIa und § 38 in der Fassung des Bundesgesetzes BGBl. I Nr. 100/2002 treten mit 1. Juli 2002 in Kraft. § 21 Abs. 1 erster Satz, Abs. 3 und 4 in der Fassung des Bundesgesetzes BGBl. I Nr. 100/2002 treten mit 1. Jänner 2003 in Kraft, soweit nicht durch Verordnung gemäß § 46 Abs. 1 letzter Satz BMSVG etwas anderes angeordnet wird.

(BGBl I 2002/100, BGBl I 2009/70)

(4) Die Urlaubs- und Abfertigungskasse hat nach dem 31. Dezember 2005 jedem Arbeitnehmer mitzuteilen, ob er den Bestimmungen des Abschnittes III unterliegt. Arbeitnehmer, die bis 31. Dezember 2006 keine solche Mitteilung erhalten oder ihre Zuordnung zum Abschnitt III nicht bis 31. Dezember 2006 geltend machen, unterliegen den Bestimmungen des BMSVG.

(BGBl I 2002/100, BGBl I 2009/70)

(5) Die Anrechnung der Beschäftigungszeiten nach § 33a Abs. 3 hat unter sinngemäßer Anwendung der Bestimmung des § 21 Abs. 3 Z 1 lit. a zu erfolgen, wobei kollektivvertragliche Lohnerhöhungen zu berücksichtigen sind. Die Beiträge für diese Beschäftigungszeiten sind vom Sachbereich der Abfertigungsregelung spätestens bis 31. März 2003 zu leisten.

(BGBl I 2002/100)

(6) § 13a Abs. 2 Z 2, Abs. 3 und 4a in der Fassung des Bundesgesetzes BGBl. I Nr. 64/2004 tritt mit 1. Juli 2004 in Kraft.

(BGBl I 2004/64)

(7) §§ 18a sowie 33c bis 33i in der Fassung des Bundesgesetzes BGBl. I Nr. 104/2005 treten mit 1. September 2005 in Kraft. Mit Ablauf des 31. August 2005 treten die §§ 37 und 39a außer Kraft. §§ 6 Abs. 1 bis 3, 13k Abs. 3, 21a Abs. 2, 4 und 7, 22 Abs. 4 und 24 in der Fassung des Bundesgesetzes BGBl. I Nr. 104/2005 treten mit 1. Mai 2006 in Kraft. § 22 Abs. 6 tritt mit 30. April 2006 außer Kraft.

(BGBl I 2005/104)

(8) §§ 14 Abs. 4, 31 Abs. 1 und 33g Abs. 1 in der Fassung des Bundesgesetzes BGBl. I Nr. 35/2007, treten mit 1. Juli 2007 in Kraft. §§ 8 Abs. 2, 13f, 13j Abs. 2, 13k Abs. 5 erster Satz, 14 Abs. 3 und 5, 15 bis 18 sowie § 19 Abs. 1 bis 3, in der Fassung des Bundesgesetzes BGBl. I Nr. 35/2007, treten mit 1. Oktober 2007 in Kraft. Mit Ablauf des 30. September 2007 tritt § 33b Abs. 2 außer Kraft. Die am 30. September 2007 bestehenden Landesstellen mit den ihnen zu diesem Zeitpunkt zugeordneten Aufgaben bleiben bis zum In-Kraft-Treten des Beschlusses des Ausschusses gemäß § 14 Abs. 3 bestehen. Mit 30. September 2007 endet die Amtsdauer folgender zu diesem Zeitpunkt bestehender Verwaltungsorgane: des Ausschusses für den Sachbereich der Urlaubsregelung, des Ausschusses für den Sachbereich der Abfertigungsregelung, des Vorstandes für den Sachbereich der Urlaubsregelung, des Vorstandes für den Sachbereich der Abfertigungsregelung, des Kontrollausschusses für den Sachbereich der Urlaubsregelung und des Kontrollausschusses für den Sachbereich der Abfertigungsregelung. Die Amtsdauer der Verwaltungsorgane gemäß § 15 Abs. 1 erster Satz, in der Fassung des Bundesgesetzes BGBl. I Nr. 35/2007, beginnt mit 1. Oktober 2007. Die Entsendung und Konstituierung nach § 15 Abs. 2, in der Fassung des Bundesgesetzes BGBl. I Nr. 35/2007, hat so rechtzeitig zu erfolgen, dass die Verwaltungsorgane gemäß § 15 Abs. 1 erster Satz, in der Fassung des Bundesgesetzes BGBl. I Nr. 35/2007, ihre Tätigkeit mit 1. Oktober 2007 aufnehmen können.

(BGBl I 2007/35)

(9) §§ 5, 13k Abs. 2, 14 Abs. 4, 21, 21a Abs. 2 und 5, 23, 23a, 25 Abs. 1a, 2 und 3, 31 Abs. 3 und 32, die Änderung der Überschrift des Abschnittes VIa sowie §§ 33a, 33b, 33c, 33d, 33f Abs. 3, 33g Abs. 1 Z 5, 33h Abs. 1 und 40 Abs. 3 und 4 in der Fassung des Bundesgesetzes BGBl. I Nr. 70/2009 treten mit 1. August 2009 in Kraft. §§ 29a und 31 Abs. 4 in der Fassung des Bundesgesetzes BGBl. I Nr. 70/2009 treten mit 1. Jänner 2010 in Kraft. § 8 Abs. 8 in der Fassung des Bundesgesetzes BGBl. I Nr. 70/2009 tritt mit 1. April 2010 in Kraft. §§ 4a, 8 Abs. 1, 13c Abs. 1 und § 13j Abs. 1 Z 4 und Z 5 in der Fassung des Bundesgesetzes BGBl. I Nr. 70/2009 treten mit 1. Oktober 2010 in Kraft. § 25 Abs. 1 in der Fassung des Bundesgesetzes BGBl. I Nr. 70/2009 tritt mit 1. Jänner 2011 in Kraft.

(BGBl I 2009/70)

(10) § 25a Abs. 4 Z 1 in der Fassung des Bundesgesetzes BGBl. I Nr. 135/2009 tritt mit 1. Jänner 2010 in Kraft.

(BGBl I 2009/135)

(11) Die §§ 12 Abs. 2 sowie 25a Abs. 2 und Abs. 4 Z 6 in der Fassung des Bundesgesetzes BGBl. I Nr. 58/2010 treten mit 1. August 2010 in Kraft.

(BGBl I 2010/58)

(12) § 3 Abs. 3a in der Fassung des Bundesgesetzes BGBl. I Nr. 59/2010 tritt mit 1. August 2010 in Kraft. § 4 Abs. 1 und 1a, § 6 Abs. 3, § 7 Abs. 1, 2, 2a und 6 erster Satz, § 8 Abs. 2, 4 und 8, § 13j Abs. 2, § 13k Abs. 4, § 21 Abs. 1, § 23b, § 26 Abs. 1 und § 32 Abs. 1 Z 3a in der Fassung des Bundesgesetzes BGBl. I Nr. 59/2010 treten mit 1. Jänner 2011 in Kraft. § 6 Abs. 4 und 5 und § 9 treten mit Ablauf des 31. Dezember 2010 außer Kraft.

(BGBl I 2010/59)

(13) Soweit Doppellehrverhältnisse nach § 3 Abs. 3a in der Fassung des Bundesgesetzes BGBl. I Nr. 59/2010 von den Bestimmungen dieses Bundesgesetzes ausgenommen sind, gilt diese Ausnahme für zum 1. August 2010 aufrecht bestehende Lehrverhältnisse auf Antrag des Arbeitgebers auch hinsichtlich der vor dem 1. August 2010 liegenden Zeiten des Lehrverhältnisses. Die Urlaubs- und Abfertigungskasse hat Lehrlinge in einem zum 1. August 2010 aufrecht bestehenden Lehrverhältnis

über die Ausnahme von den Bestimmungen dieses Bundesgesetzes zu informieren.

(BGBl I 2010/59)

(14) Die Verordnung auf Grund von § 21 Abs. 1 und § 26 Abs. 1 in der Fassung des Bundesgesetzes BGBl. I Nr. 59/2010 darf mit Ablauf des Tages seiner Kundmachung erlassen werden; sie darf jedoch frühestens mit dem 1. Jänner 2011 in Kraft treten.

(BGBl I 2010/59)

(15) § 8 Abs. 8 und § 26 Abs. 1 in der Fassung des Bundesgesetzes BGBl. I Nr. 59/2010 gelten für Urlaubsentgelte, die sich auf Urlaube beziehen, soweit diese nach dem 31. Dezember 2010 liegen. Urlaubsansprüche und Anwartschaften, die sich aus den bis 31. Dezember 2010 geltenden Bestimmungen ergeben, sind zum 31. Dezember 2010 festzustellen und können ab 1. Jänner 2011 in Anspruch genommen werden, wobei eine Rundung auf volle Tage zu erfolgen hat.

(BGBl I 2010/59)

(16) Die Überschriften zu Abschnitt I und zu §§ 1 bis 3, § 2 Abs. 1 lit g, Abs. 2 lit g und Abs. 2a lit. b, § 3a, § 3b, § 8 Abs. 8, § 15 Abs. 2 und 3, § 16 Abs. 3, § 19 Abs. 4 und 5, § 20 Abs. 1, § 23 Abs. 2, § 23a Abs. 3, § 23b, § 25, § 31 Abs. 1, § 32 Abs. 1 Z 3a und § 33h Abs. 1 in der Fassung des Bundesgesetzes BGBl. I Nr. 51/2011 treten mit 1. August 2011 in Kraft. § 21a Abs. 9 in der Fassung des Bundesgesetzes BGBl. I Nr. 51/2011 tritt mit 1. Jänner 2012 in Kraft. § 22 Abs. 6 und § 33g Abs. 5 in der Fassung des Bundesgesetzes BGBl. I Nr. 51/2011 treten mit 1. Jänner 2014 in Kraft. § 13 samt Überschrift, § 13h und § 27 samt Überschrift in der Fassung des Bundesgesetzes BGBl. I Nr. 51/2011 treten mit 31. Juli 2011 außer Kraft. § 25 in der Fassung des Bundesgesetzes BGBl. I Nr. 51/2011 gilt für Berichtigungsverfahren der Zuschlagsvorschreibung, wenn der Arbeitgeber den Antrag auf Berichtigung der Vorschreibung der Zuschlagsleistung zu seinen Gunsten nach dem 31. Juli 2011 bei der Urlaubs- und Abfertigungskasse stellt. Für am 31. Juli 2011 anhängige Berichtigungsverfahren nach § 27 in Verbindung mit § 25 Abs. 7 sind die §§ 27 und 25 Abs. 7 in der zum 31. Juli 2011 geltenden Fassung weiterhin anzuwenden.

(BGBl I 2011/51)

(17) § 31a samt Überschrift in der Fassung des Bundesgesetzes BGBl. I Nr. 51/2011 tritt mit dem Zeitpunkt in Kraft, den der Bundesminister für Arbeit, Soziales und Konsumentenschutz durch Verordnung als jenen feststellt, ab dem die zur Verfügung stehenden technischen Mittel (Baustellendatenbank) zur Erfassung der in § 31a vorgesehenen Meldungen geeignet sind. Er darf diesen Zeitpunkt frühestens mit 1. Jänner 2012 festsetzen.

(BGBl I 2011/51)

(18) Für die bis September 2012 laufende Funktionsperiode hat der Ausschuss die stellvertretenden Vorsitzenden (Obmänner) aus dem Kreis der Vorstandmitglieder zu wählen.

(BGBl I 2011/51)

(19) § 31a Abs. 1 letzter Satz in der Fassung des 2. Stabilitätsgesetzes 2012, BGBl. I Nr. 35/2012, tritt mit dem Zeitpunkt in Kraft, den der Bundesminister für Arbeit, Soziales und Konsumentenschutz durch Verordnung als jenen feststellt, ab dem die zur Verfügung stehenden technischen Mittel (Baustellendatenbank) zur Erfassung der in § 31a vorgesehenen Meldungen geeignet sind. Er darf diesen Zeitpunkt frühestens mit 1. Jänner 2012 festsetzen. Liegt dieser Zeitpunkt vor dem 1. Juli 2012, tritt § 31a Abs. 1 letzter Satz in der Fassung des 2. Stabilitätsgesetzes 2012, BGBl. I Nr. 35/2012, mit 1. Juli 2012 in Kraft. Liegt dieser Zeitpunkt nach dem 1. Juli 2012, tritt § 31a Abs. 1 letzter Satz in der Fassung des 2. Stabilitätsgesetzes 2012, BGBl. I Nr. 35/2012, mit dem vom Bundesminister für Arbeit, Soziales und Konsumentenschutz durch Verordnung festgestellten Zeitpunkt in Kraft.

(BGBl I 2012/35)

(20) § 18a in der Fassung des Bundesgesetzes BGBl. I Nr. 98/2012 tritt mit 1. Jänner 2013 in Kraft.

(BGBl I 2012/98)

(21) § 2 Abs. 1a, § 4 Abs. 2 zweiter Satz, § 4b, § 5, § 8 Abs. 1, § 21 Abs. 2, § 21a Abs. 2, § 24 Z 3, § 31 Abs. 4, § 31a Abs. 1 und 2, § 32 Abs. 1 sowie § 33h Abs. 1a und 2a in der Fassung des Bundesgesetzes BGBl. I Nr. 117/2012 treten mit 1. Jänner 2013 in Kraft. § 25 Abs. 7 in der Fassung des Bundesgesetzes BGBl. I Nr. 117/2012 tritt mit Ablauf des 31. Dezember 2013 außer Kraft.

(BGBl I 2012/117)

(22) Die Verordnung auf Grund von § 4 Abs. 2 und § 21 in der Fassung des Bundesgesetzes BGBl. I Nr. 117/2012 darf mit Ablauf des Tages seiner Kundmachung erlassen werden; sie darf jedoch frühestens mit dem 1. Jänner 2013 in Kraft treten.

(BGBl I 2012/117)

(24) § 25 Abs. 7 in der Fassung des Bundesgesetzes BGBl. I Nr. 71/2013 tritt mit 1. Jänner 2014 in Kraft.

(BGBl I 2013/71)

(25) § 13a Abs. 5, § 13k Abs. 4, § 13l Abs. 1 bis 4 und 6 bis 9, § 13m bis § 13p, § 21a Abs. 3, § 21b, § 22 Abs. 1a und 2a sowie § 31 Abs. 1a und 4 in der Fassung des Bundesgesetzes BGBl. I Nr. 137/2013 treten mit 1. Jänner 2014 in Kraft. § 13l Abs. 5 tritt mit 1. Jänner 2017 in Kraft. Leistungen gemäß den §§ 13l und 13m gebühren ab 1. Jänner 2015. Die Überbrückungsabgeltung gemäß § 13m gebührt Arbeitnehmern bzw. für Arbeitnehmer ab dem Geburtsjahrgang 1957. Der Zuschlag gemäß § 13o beträgt im Jahr 2014 für eine Kalenderwoche (Beschäftigungswoche) das 0,8fache des kollektivvertraglichen Stundenlohns.

(BGBl I 2013/137)

(26) Die Anordnungen des Bundesgesetzes BGBl. I Nr. 68/2014 sind so zu verstehen, dass sie sich auf jene Fassung dieses Bundesgesetzes beziehen, die es durch das Bundesgesetz BGBl. I Nr. 137/2013 erhalten würde. In der Fassung des Bundesgesetzes, BGBl. I Nr. 137/2013, treten in Kraft:

1. § 9 Abs. 4 und § 24 Z 4 mit 1. Juli 2014;

2. § 5 lit. b, § 21a Abs. 2 und § 9 Abs. 3 mit 1. November 2014;
3. § 7 Abs. 2 und 6, § 8 Abs. 2, § 10 Abs. 1 und 1a, § 11, § 13j Abs. 2, § 24 Z 5 sowie § 33f Abs. 2 mit 1. Jänner 2015; gleichzeitig treten § 7 Abs. 5 und 5a außer Kraft.

(BGBl I 2013/137, BGBl I 2014/68)

(27) § 17 Abs. 3 und 4 in der Fassung des Bundesgesetzes BGBl. I Nr. 46/2014 tritt mit 1. Jänner 2015 in Kraft.

(BGBl I 2014/46)

(28) § 2 Abs. 1 und 3, § 4a Abs. 1 und 2, § 8 Abs. 7, § 9 Abs. 1, 2, 5 und 6, § 13a Abs. 1 und 1a, § 13c Abs. 5, § 13l Abs. 1 bis 4, 7 und 8, § 13m Abs. 1 und 2, 13n Abs. 2, § 13o, die Überschrift des § 19, § 19 Abs. 2a und 6, § 25 Abs. 1b, § 25a Abs. 7, § 31 Abs. 4 und § 40 Abs. 26 in der Fassung des Bundesgesetzes BGBl. I Nr. 68/2014 treten mit 1. Juli 2014 in Kraft. Endet das Arbeitsverhältnis im Zeitraum vom 1. Juli 2014 und 31. Oktober 2014 kann der Antrag auf Urlaubsersatzleistung jedenfalls bis 5. November 2014 bei der Urlaubs- und Abfertigungskasse eingebracht werden. Die Verrechnung der Urlaubsersatzleistung hat durch die Urlaubs- und Abfertigungskasse mit 10. November 2014 zu erfolgen; die Sozialversicherung beginnt abweichend von § 11 Abs. 2 ASVG mit 1. November 2014. Der Zuschlag gemäß § 13o beträgt im Jahr 2014 für eine Kalenderwoche (Beschäftigungswoche) das 0,8fache des kollektivvertraglichen Stundenlohns.

(BGBl I 2014/68)

(29) § 24 Z 3, § 31 Abs. 3, § 32, § 33d Abs. 1, § 33g Abs. 1, 2 und 4 in der Fassung des Bundesgesetzes BGBl. I Nr. 94/2014 treten mit 1. Jänner. 2015 in Kraft. § 32 in der Fassung des Bundesgesetzes BGBl. I Nr. 94/2014 ist auf Sachverhalte anzuwenden, die sich nach dem 31. Dezember 2014 ereignen.

(BGBl I 2014/94)

(30) § 13k Abs. 1, § 13l Abs. 1 Z 2, § 13o Abs. 1 und § 21a Abs. 1 in der Fassung des Bundesgesetzes BGBl. I Nr. 113/2015 treten mit dem der Kundmachung folgenden Tag in Kraft. § 22 Abs. 5, § 23b Abs. 4, § 23c, 23d, § 31a Abs. 1a und § 33h Abs. 1 in der Fassung des Bundesgesetzes BGBl. I Nr. 113/2015 treten mit 1. Jänner 2016 in Kraft. § 13l Abs. 1 Z 2 in der Fassung des Bundesgesetzes BGBl. I Nr. 113/2015 gilt für Antragstellungen, die sich auf einen Bezugsbeginn nach dem 31. Dezember 2015 beziehen; für Antragstellungen, die sich auf einen Bezugsbeginn vor dem 1. Jänner 2016 beziehen, gilt § 13l Abs. 2 Z 2 in der Fassung des Bundesgesetzes BGBl. I Nr. 94/2014.

(BGBl I 2015/113)

(31) §§ 13a Abs. 1 Z 10 bis 12 und 13c Abs. 5 in der Fassung des Bundesgsetzes BGBl. I Nr. 152/2015 treten mit mit 1. Jänner 2016 in Kraft.

(BGBl I 2015/152)

(32) § 1 Abs. 1, § 2 Abs. 1a lit. a, § 13a Abs. 1, § 13m Abs. 1, § 13n Abs. 2 bis 4, § 13q, § 15 Abs. 6, § 16 Abs. 1, § 22 Abs. 5, § 25a Abs. 1, § 29, § 29a, § 31 Abs. 2 und 4 sowie § 33h Abs. 2a und 2b in der Fassung des Bundesgesetzes BGBl. I Nr. 72/2016 treten mit dem der Kundmachung folgenden Tag in Kraft. § 13n Abs. 2 und 3 sowie § 13q in der Fassung des Bundesgesetzes BGBl. I Nr. 72/2016 sind auf Antragstellungen nach dem Ablauf des 31. Dezember 2016 anzuwenden. Die zum Zeitpunkt des Inkrafttretens dieses Bundesgesetzes laufende Amtsdauer der Verwaltungsorgane endet mit der Beschlussfassung über die Rechnungsabschlüsse für das Geschäftsjahr 2016. § 24 letzter Satz in der Fassung des Bundesgesetzes BGBl. I Nr. 72/2016 tritt mit 1. Jänner 2018 in Kraft. § 21a Abs. 3, § 27 und § 32 Abs. 1 und 2 in der Fassung des Bundesgesetzes BGBl. I Nr. 72/2016 treten mit 1. Jänner 2017 in Kraft. § 31a tritt mit 1. April 2017 in Kraft. § 33h Abs. 2a in der Fassung des Bundesgesetzes BGBl. I Nr. 72/2016 ist auf Gerichtsverfahren anzuwenden, die nach dem Inkrafttreten dieses Bundesgesetzes eingeleitet werden.

(BGBl I 2016/72)

(33) § 17a in der Fassung des Bundesgesetzes BGBl. I Nr. 32/2017 tritt mit 1. Jänner 2017 in Kraft.

(BGBl I 2017/32)

(34) § 3c, § 9 Abs. 3, § 10, § 13a, § 13f, § 13m Abs. 1 und § 31 Abs. 4 in der Fassung des Bundesgesetzes BGBl. I Nr. 114/2017 treten mit 1. August 2017 in Kraft. § 8 Abs. 6, § 13o Abs. 1, § 19 Abs. 7 bis 9, § 21a Abs. 4 und 4a, § 22 Abs. 2a, 2b und 5a und § 25 Abs. 2 treten mit 1. Jänner 2018 in Kraft. § 22 Abs. 1a tritt mit 31. Dezember 2017 außer Kraft. § 3c ist auf Todesfälle anzuwenden, die nach dem 31. Juli 2017 eintreten. § 22 Abs. 5a gilt für Meldeverstöße, die sich auf Zuschlagszeiträume nach dem 31. Dezember 2017 beziehen.

(BGBl I 2017/114)

(35) § 31a Abs. 2, 4 und 5 in der Fassung des Materien-Datenschutz-Anpassungsgesetzes 2018, BGBl. I Nr. 32/2018, tritt mit 25. Mai 2018 in Kraft. § 33g Abs. 1 und 2 letzter Satz in der Fassung des genannten Bundesgesetzes tritt mit dem auf die Kundmachung folgenden Tag in Kraft.

(BGBl I 2018/32)

(36) § 14 in der Fassung des Bundesgesetzes BGBl. I Nr. 59/2018 tritt mit 1. Juli 2018 in Kraft.

(BGBl I 2018/59)

(37) Die §§ 8 Abs. 8, 31 Abs. 1, 2 und 4 sowie § 31a Abs. 3 in der Fassung des Bundesgesetzes BGBl. I Nr. 100/2018 treten mit 1. Jänner 2020 in Kraft.

(BGBl I 2018/100)

(38) § 8 Abs. 8, § 9 Abs. 6, § 13l Abs. 8, § 31 Abs. 4 sowie § 31a Abs. 3, jeweils in der Fassung des Bundesgesetzes BGBl. I Nr. 104/2019, treten mit 1. Jänner 2021 in Kraft.

(BGBl I 2019/104, BGBl I 2020/99)

(39) § 39a samt Überschrift in der Fassung des Bundesgesetzes BGBl. I Nr. 16/2020 tritt mit dem der Kundmachung folgenden Tag in Kraft.

(BGBl I 2020/16)

(40) § 31 Abs. 4 sowie § 31a Abs. 3, jeweils in der Fassung des Bundesgesetzes BGBl. I Nr. 54/2020 treten mit 1. Juli 2020 in Kraft.

(BGBl I 2020/54)

(41) Die §§ 4 Abs. 1 sowie 13o Abs. 1 und Abs. 1a in der Fassung des Bundesgesetzes BGBl. I Nr. 74/2020 treten mit 1. Jänner 2021 in Kraft. Die §§ 13i Abs. 4 und 13k Abs. 4 in der Fassung des Bundesgesetzes BGBl. I Nr. 74/2020 treten mit 1. Dezember 2020 in Kraft.

(BGBl I 2020/74, BGBl I 2020/135)

(42) § 17a in der Fassung des Bundesgesetzes BGBl. I Nr. 98/2020 tritt rückwirkend mit 1. April 2020 in Kraft.

(BGBl I 2020/98, BGBl I 2020/135)

(43) § 31 Abs. 4 in der Fassung des Bundesgesetzes BGBl. I Nr. 104/2019 tritt nicht in Kraft.

(BGBl I 2020/99, BGBl I 2020/135)

(44) § 31 Abs. 4 in der Fassung des Bundesgesetzes BGBl. I Nr. 99/2020 tritt mit 1. Jänner 2021 in Kraft.

(BGBl I 2020/99, BGBl I 2020/135)

(45) § 17a Abs. 2 in der Fassung des Bundesgesetzes BGBl. I Nr. 135/2020 tritt mit 1. Jänner 2021 in Kraft.

(BGBl I 2020/135)

(46) § 39a Abs. 3 in der Fassung des Bundesgesetzes BGBl. I Nr. 71/2021 tritt rückwirkend mit 22. März 2020 in Kraft. Die §§ 3c, 10 Abs. 1 lit. b, 13c Abs. 8, 13l Abs. 1, 2, 2a, 5, 6 und 7, 13m samt Überschrift, 13n Abs. 3a, 4 und 5, 13o Abs. 2, 18a, 19 Abs. 4, 21 Abs. 3, 23 Abs. 2, 23a Abs. 1 und 3, 23b Abs. 2, 3, und 4, 24 Z 3, 29 Abs. 1 lit. a und b, 31 Abs. 1, 1a und 4, 31a Abs. 1, 2, 4 und 5, 32 Abs. 4, die Überschrift zu Abschnitt VIb, §§ 33d Abs. 2, 33g Abs. 2 und 3, die Überschrift zu § 33h, §§ 33h Abs. 1 und 2b, 33j samt Überschrift und 33k samt Überschrift in der Fassung des Bundesgesetzes BGBl. I Nr. 71/2021 treten mit 1. April 2021 in Kraft. § 13o Abs. 2 in der Fassung vor dem Bundesgesetz BGBl. I Nr. 71/2021 tritt mit Ablauf des 31. März 2021 außer Kraft. § 17a samt Überschrift tritt mit 31. Dezember 2021 außer Kraft. § 13l Abs. 1, 2, 2a und 7 in der Fassung des Bundesgesetzes BGBl. I Nr. 71/2021 ist auf Antragstellungen nach dem Ablauf des 31. März 2021 anzuwenden. § 33j in der Fassung des Bundesgesetzes BGBl. I Nr. 71/2021 ist auf Entsendungen und Überlassungen anzuwenden, die nach dem 31. März 2021 begonnen haben. § 33k in der Fassung des Bundesgesetzes BGBl. I Nr. 71/2021 ist hinsichtlich der Sachbereiche Winterfeiertagsvergütung und Abfertigung für Arbeitsverhältnisse, die bereits zum Zeitpunkt des Inkrafttretens dieses Bundesgesetzes bestehen, mit der Maßgabe anzuwenden, dass die Verpflichtung zur Zuschlagsentrichtung mit 1. April 2021 beginnt. Die Verordnung der Bundesministerin für Arbeit, Soziales, Gesundheit und Konsumentenschutz betreffend die Überbrückungsabgeltung nach dem Bauarbeiter-Urlaubs- und Abfertigungsgesetz (BUAG-Überbrückungsabgeltungsverordnung), BGBl. II Nr. 289/2019, tritt mit Ablauf des 31. März 2021 außer Kraft.

(BGBl I 2021/71)

(47) Die §§ 20, 33g Abs. 1 und 33j, die Abschnittsbezeichnung vor § 34 sowie die §§ 34 bis 34d und 35 in der Fassung des Bundesgesetzes BGBl. I Nr. 157/2021 treten mit 1. August 2021 in Kraft.

(BGBl I 2021/157)

Vollziehung

§ 41. Mit der Vollziehung dieses Bundesgesetzes sind betraut:

1. hinsichtlich der Bestimmungen der §§ 12 und 28 Abs. 1 der Bundesminister für Justiz;
2. im übrigen der Bundesminister für Arbeit und Soziales.

(BGBl 1993/256)

§ 42. § 2 Abs. 4, § 3 Abs. 5 und § 41 in der Fassung des Bundesgesetzes BGBl. Nr. 256/1993 treten mit 1. Juli 1993 in Kraft. Die sich daraus ergebende Änderung der Zuständigkeit zur Erlassung der Verordnungen gilt für die Erlassung von Verordnungen nach dem 30. Juli 1993 und die Aufhebung von vor dem 1. Juli 1993 erlassenen Verordnungen.

(BGBl 1993/256)

22/2. BUAG-Novelle 1983

BUAG-Novelle 1983, BGBl 1983/83

Bundesgesetz vom 3. Feber 1983, mit dem das Bauarbeiter-Urlaubsgesetz 1972 geändert wird

Der Nationalrat hat beschlossen:

Artikel I

Das Bauarbeiter-Urlaubsgesetz 1972, BGBl. Nr. 414, zuletzt geändert durch das Bundesgesetz BGBl. Nr. 393/1976, wird geändert wie folgt:

§ 4 Abs. 1 hat zu lauten:

„(1) Nach Beschäftigungszeiten von jeweils 46 Anwartschaftswochen (Anwartschaftsperiode) gebührt dem Arbeitnehmer ein Urlaub von 30 Werktagen; er erhöht sich auf 36 Werktage, wenn Beschäftigungszeiten von mindestens 1150 Anwartschaftswochen erreicht wurden.“

Artikel II
Übergangsbestimmungen

(1) Der Urlaubsanspruch gemäß Artikel I gebührt erstmals für jene Anwartschaftsperiode, deren Anwartschaftswochen überwiegend nach dem 29. Dezember 1985 liegen.

(2) Für die Anwartschaftsperiode, deren Anwartschaftswochen überwiegend nach dem 1. Jänner 1984 liegen, beträgt das Urlaubsausmaß:

1. nach Beschäftigungszeiten von jeweils 46 Anwartschaftswochen (Anwartschaftsperiode) 26 Werktage;
2. nach Beschäftigungszeiten von mindestens 920 Anwartschaftswochen, aber noch nicht 1150 Anwartschaftswochen 30 Werktage;
3. nach Beschäftigungszeiten von mindestens 1150 Anwartschaftswochen 32 Werktage.

(3) Für die Anwartschaftsperiode, deren Anwartschaftswochen überwiegend nach dem 30. Dezember 1984 liegen, beträgt das Urlaubsausmaß:

1. nach Beschäftigungszeiten von jeweils 46 Anwartschaftswochen (Anwartschaftsperiode) 28 Werktage;
2. nach Beschäftigungszeiten von mindestens 920 Anwartschaftswochen, aber noch nicht 1150 Anwartschaftswochen 30 Werktage;
3. nach Beschäftigungszeiten von mindestens 1150 Anwartschaftswochen 34 Werktage.

(4) Zwei Werktage des Urlaubsausmaßes nach Abs. 2 Z 1 und 3 sind ungeteilt unmittelbar an einen gemäß § 7 Abs. 1 zu verbrauchenden Urlaub anzuschließen; gleiches gilt für vier Werktage des Urlaubsausmaßes nach Abs. 3 Z 1 und 3.

Artikel III
Anrechnung von höheren Urlaubsansprüchen

Ein das bisherige gesetzliche Urlaubsausmaß übersteigender Anspruch, der in Normen der kollektiven Rechtsgestaltung oder Einzelvereinbarungen vorgesehen ist, ist auf die durch dieses Bundesgesetz vorgesehene Erhöhung des Urlaubsanspruches anrechenbar, sofern der Anspruch nicht als Abgeltung für erschwerende Arbeitsbedingungen, besondere Gefährlichkeit der Arbeit oder wegen Behinderung gewährt wurde. Durch die Anrechnung darf jedoch der dem Arbeitnehmer bisher gebührende Urlaubsanspruch nicht verkürzt werden.

Artikel IV
Wirksamkeitsbeginn und Vollziehung

(1) Die Bestimmungen dieses Bundesgesetzes treten mit 1. Jänner 1984 in Kraft.

(2) Verordnungen auf Grund der Bestimmungen dieses Bundesgesetzes können bereits von dem seiner Kundmachung folgenden Tag an erlassen werden. Diese Verordnungen können frühestens mit 1. Jänner 1984 in Kraft gesetzt werden.

(3) Mit der Vollziehung dieses Bundesgesetzes ist der Bundesminister für soziale Verwaltung betraut.

22/3. BUAG-Zuschlagsverordnung

BUAG-Zuschlagsverordnung, BGBl II 2010/419 idF

1 BGBl II 2011/430	**2** BGBl II 2012/368	**3** BGBl II 2013/17
4 BGBl II 2013/414	**5** BGBl II 2014/357	**6** BGBl II 2015/400
7 BGBl II 2016/344	**8** BGBl II 2017/351	**9** BGBl II 2018/362
10 BGBl II 2019/383	**11** BGBl II 2020/564	**12** BGBl II 2021/436

GLIEDERUNG

Verordnung des Bundesministers für Arbeit, Soziales und Konsumentenschutz betreffend die Lohnzuschläge für die Urlaubsregelung, Abfertigungsregelung und Winterfeiertagsregelung sowie die Nebenleistungen nach dem Bauarbeiter-Urlaubs- und Abfertigungsgesetz (BUAG-Zuschlagsverordnung)

Auf Grund der §§ 13k Abs. 4 und 21 Abs. 1 und 3 des Bauarbeiter-Urlaubs- und Abfertigungsgesetzes, BGBl. Nr. 414/1972, zuletzt geändert durch das Bundesgesetz BGBl. I Nr. 157/2021, wird verordnet:

Zuschlag – Urlaub

§ 1. (1) Der Zuschlag zum Lohn, der gemäß § 21a in Verbindung mit § 21 Abs. 1 und 2 des Bauarbeiter-Urlaubs- und Abfertigungsgesetzes (BUAG) zur Bestreitung des Aufwandes für den Sachbereich der Urlaubsregelung einschließlich der anteiligen Verwaltungskosten zu entrichten ist, beträgt für eine Anwartschaftswoche das 11,85fache des um 20% erhöhten kollektivvertraglichen Stundenlohnes gemäß § 21a Abs. 3 und 4 BUAG, soweit Abs. 2 nicht anderes bestimmt.

(BGBl II 2014/357)

(2) Der Zuschlag gemäß Abs. 1 beträgt

1. für Arbeitnehmer, für die eine kollektivvertraglich geregelte wöchentliche Normalarbeitszeit von 39 Stunden gilt, das 11,55fache
2. für Arbeitnehmer, für die eine kollektivvertraglich geregelte wöchentliche Normalarbeitszeit von weniger als 39 Stunden gilt, das 11,4fache

des um 20% erhöhten kollektivvertraglichen Stundenlohnes gemäß § 21a Abs. 3 und 4 BUAG.

(BGBl II 2014/357)

(3) Für die Berechnung des für Lehrlinge zu leistenden Zuschlags ist der kollektivvertragliche Stundenlohn zu Grunde zu legen, der sich für den einzelnen Lehrling auf Grund der gesetzlichen oder kollektivvertraglich festgelegten wöchentlichen Arbeitszeit für die Arbeitsstunde ergibt.

(BGBl II 2017/351)

Anwartschaften

§ 2. Der Arbeitnehmer erwirbt als Anwartschaft

1. bei einem Urlaubsausmaß von 30 Werktagen 649,35/1000,
2. bei einem Urlaubsausmaß von 36 Werktagen 779,22/1000

der in der Anwartschaftsperiode geleisteten Zuschläge (§ 1).

Nebenleistungen

§ 3. Der Gesamtbetrag der zu vergütenden Nebenleistungen gemäß § 26 Abs. 1 BUAG beträgt für Urlaubstage, die nach dem 31. Dezember 2010 liegen, 30,1% des Urlaubsentgelts.

BauArb

Zuschlag Schichturlaub und Anwartschaft

§ 3a. (1) Der Zuschlag zum Lohn, der gemäß § 21a in Verbindung mit § 21 Abs. 1 und 2 BUAG zur Bestreitung des Aufwandes für die Zusatzurlaubsregelung für Schichtarbeit gemäß § 4b BUAG einschließlich der anteiligen Verwaltungskosten zu entrichten ist, beträgt für eine Anwartschaftswoche das 2,80fache des um 20% erhöhten kollektivvertraglichen Stundenlohnes gemäß § 21a Abs. 3 und 4 BUAG.

(BGBl II 2014/357)

(2) Der Arbeitnehmer erwirbt als Anwartschaft 693,43/1000 der in der Anwartschaftsperiode geleisteten Zuschläge (§ 3a Abs. 1).

(BGBl II 2013/17)

„Zuschlag – Winterfeiertage

§ 4. Der Zuschlag zum Lohn, der gemäß § 13k zur Bestreitung des Aufwands für den Sachbereich der Winterfeiertagsregelung einschließlich der anteiligen Verwaltungskosten zu entrichten ist, beträgt für eine Anwartschaftswoche das 1,3fache des um 20% erhöhten kollektivvertraglichen Stundenlohns gemäß § 21a Abs. 3 und 4 BUAG.“

(BGBl II 2021/436)

Zuschlag – Abfertigung

„**§ 5.** Der Zuschlag zum Lohn, der gemäß § 21a in Verbindung mit § 21 Abs. 1 und 3 BUAG zur Bestreitung des Aufwandes für die Abfertigungsregelung (Abfertigungsbeiträge an die Betriebliche Vorsorgekasse gemäß § 33b BUAG und Abfertigungen nach Abschnitt III BUAG) einschließlich der anteiligen Verwaltungskosten zu entrichten ist, beträgt für eine Kalenderwoche (Beschäftigungswoche) das 1,5fache des um 20% erhöhten kollektivvertraglichen Stundenlohnes gemäß § 21a Abs. 3 und 4 BUAG.“

(BGBl II 2011/430, BGBl II 2012/368, BGBl II 2013/414, BGBl II 2014/357, BGBl II 2015/400, BGBl II 2016/344, BGBl II 2017/351, BGBl II 2018/362, BGBl II 2019/383, BGBl II 2020/564, BGBl II 2021/436)

Inkrafttreten

§ 6. (1) Diese Verordnung tritt mit 1. Jänner 2011 in Kraft.

(2) Mit Ablauf des 31. Dezember 2010 treten die Verordnung des Bundesministers für Wirtschaft und Arbeit betreffend die Lohnzuschläge für die Urlaubs- und die Abfertigungsregelung nach dem Bauarbeiter-Urlaubs- und Abfertigungsgesetz, BGBl. II Nr. 20/2001, zuletzt geändert durch die Verordnung BGBl. II Nr. 366/2009, sowie die Verordnung des Bundesministers für Arbeit, Soziales und Konsumentenschutz betreffend die Festsetzung des Zuschlags zum Lohn für den Sachbereich der Winterfeiertagsregelung außer Kraft. Sie sind jedoch für die Berechnung, Vorschreibung und Eintreibung von Zuschlägen für Anwartschaftswochen bzw. Kalenderwochen (Beschäftigungswochen), die vor dem 1. Jänner 2011 liegen, in der bis dahin geltenden Fassung weiterhin anzuwenden.

(3) § 5 in der Fassung der Verordnung BGBl. II Nr. 368/2012 tritt mit 1. Jänner 2013 in Kraft. Für die Berechnung, Vorschreibung und Eintreibung von Zuschlägen für Kalenderwochen (Beschäftigungswochen) oder Teile davon, die vor dem 1. Jänner 2013 liegen, ist § 5 in der bis dahin geltenden Fassung weiterhin anzuwenden.

(BGBl II 2011/430, BGBl II 2012/368)

(4) § 3a in der Fassung der Verordnung BGBl. II Nr. 17/2013 tritt mit 1. Jänner 2013 in Kraft.

(BGBl II 2013/17)

(5) § 5 in der Fassung der Verordnung BGBl. II Nr. 414/2013 tritt mit 1. Jänner 2014 in Kraft. Für die Berechnung, Vorschreibung und Eintreibung von Zuschlägen für Kalenderwochen (Beschäftigungswochen) oder Teile davon, die vor dem 1. Jänner 2014 liegen, ist § 5 in der bis dahin geltenden Fassung weiterhin anzuwenden.

(BGBl II 2013/414)

(6) § 1, § 3a und § 5 in der Fassung der Verordnung BGBl. II Nr. 357/2014 treten mit 1. Jänner 2015 in Kraft. Für die Berechnung, Vorschreibung und Eintreibung von Zuschlägen für Kalenderwochen (Beschäftigungswochen) oder Teile davon, die vor dem 1. Jänner 2015 liegen, ist § 5 in der bis dahin geltenden Fassung weiterhin anzuwenden.

(BGBl II 2014/357)

(7) § 5 in der Fassung der Verordnung BGBl. II Nr. 400/2015 tritt mit 1. Jänner 2016 in Kraft. Für die Berechnung, Vorschreibung und Eintreibung von Zuschlägen für Kalenderwochen (Beschäftigungswochen) oder Teile davon, die vor dem 1. Jänner 2016 liegen, ist § 5 in der bis dahin geltenden Fassung weiterhin anzuwenden.

(BGBl II 2015/400)

(8) § 5 in der Fassung der Verordnung BGBl. II Nr. 344/2016 tritt mit 1. Jänner 2017 in Kraft. Für die Berechnung, Vorschreibung und Eintreibung von Zuschlägen für Kalenderwochen (Beschäftigungswochen) oder Teile davon, die vor dem 1. Jänner 2017 liegen, ist § 5 in der bis dahin geltenden Fassung weiterhin anzuwenden.

(BGBl II 2016/344)

(9) § 5 in der Fassung der Verordnung BGBl. II Nr. 351/2017 tritt mit 1. Jänner 2018 in Kraft. Für die Berechnung, Vorschreibung und Eintreibung von Zuschlägen für Kalenderwochen (Beschäftigungswochen) oder Teile davon, die vor dem 1. Jänner 2018 liegen, ist § 5 in der bis dahin geltenden Fassung weiterhin anzuwenden.

(BGBl II 2017/351)

(10) § 5 in der Fassung der Verordnung BGBl. II Nr. 362/2018 tritt mit 1. Jänner 2019 in Kraft. Für die Berechnung, Vorschreibung und Eintreibung von Zuschlägen für Kalenderwochen (Beschäftigungswochen) oder Teile davon, die vor dem 1. Jänner 2019 liegen, ist § 5 in der bis dahin geltenden Fassung weiterhin anzuwenden.

(BGBl II 2018/362)

(11) § 5 in der Fassung der Verordnung BGBl. II Nr. 383/2019 tritt mit 1. Jänner 2020 in Kraft. Für die Berechnung, Vorschreibung und Eintreibung von Zuschlägen für Kalenderwochen (Beschäftigungswochen) oder Teile davon, die vor dem 1. Jänner 2020 liegen, ist § 5 in der bis dahin geltenden Fassung weiterhin anzuwenden.

(BGBl II 2019/383)

(12) § 5 in der Fassung der Verordnung BGBl. II Nr. 564/2020 tritt mit 1. Jänner 2021 in Kraft. Für die Berechnung, Vorschreibung und Eintreibung von Zuschlägen für Kalenderwochen (Beschäftigungswochen) oder Teile davon, die vor dem 1. Jänner 2021 liegen, ist § 5 in der bis dahin geltenden Fassung weiterhin anzuwenden.

(BGBl II 2020/564)

„(13) § 4 samt Überschrift in der Fassung der Verordnung BGBl. II Nr. 564/2020 tritt rückwirkend mit 1. Dezember 2020 außer Kraft. § 4 samt Überschrift und § 5 in der Fassung der Verordnung BGBl. II Nr. 436/2021 treten mit 1. Jänner 2022 in Kraft.“

(BGBl II 2021/436)

22/4. BUAG-Überbrückungsgeldverordnung

BUAG-Überbrückungsgeldverordnung, BGBl II 2015/250

Verordnung des Bundesministers für Arbeit, Soziales und Konsumentenschutz betreffend das Überbrückungsgeld nach dem Bauarbeiter-Urlaubs- und Abfertigungsgesetz (BUAG-Überbrückungsgeldverordnung)

Auf Grund der §§ 13l Abs. 1, 3 und 6 des Bauarbeiter-Urlaubs- und Abfertigungsgesetzes, BGBl. Nr. 414/1972, zuletzt geändert durch das Bundesgesetz BGBl. I Nr. 113/2015, wird verordnet:

§ 1. Abweichend von § 13l Abs. 3 BUAG gebührt das Überbrückungsgeld für einen Zeitraum von höchstens 18 Monaten.

§ 2. § 1 in der Fassung der Verordnung BGBl. II Nr. 250/2015 tritt mit 1. Jänner 2016 in Kraft und gilt für Arbeitnehmer, denen mit 1. Jänner 2016 oder einem späteren Zeitpunkt das Überbrückungsgeld zuerkannt wird.

22/5. Bauarbeiter-Schlechtwetterentschädigungsgesetz (BSchEG)

Bauarbeiter-Schlechtwetterentschädigungsgesetz 1957, BGBl 1957/129 idF

1 BGBl 1963/284 **2** BGBl 1964/314 **3** BGBl 1971/4 **4** BGBl 1975/219 **5** BGBl 1982/639 **6** BGBl 1994/314 **7** BGBl 1996/201 **8** BGBl I 1998/113 **9** BGBl I 2004/77 **10** BGBl I 2005/104 **11** BGBl I 2007/35 **12** BGBl I 2009/90 **13** BGBl I 2009/147 **14** BGBl I 2011/122 **15** BGBl I 2012/98 **16** BGBl I 2012/117 **17** BGBl I 2014/68 **18** BGBl I 2014/68 **19** BGBl I 2016/72 **20** BGBl I 2017/32 **21** BGBl I 2017/114 **22** BGBl I 2018/100 **23** BGBl I 2020/98 **24** BGBl I 2020/135 **25** BGBl I 2021/71

GLIEDERUNG

STICHWORTVERZEICHNIS

Bauarbeiter-Schlechtwetterentschädigungsgesetz 1957 (BSchEG)

Der Nationalrat hat beschlossen:

1. Abschnitt
Allgemeine Bestimmungen zur Schlechtwetterentschädigung

(BGBl I 2021/71)

Geltungsbereich

§ 1. (1) Unter den Geltungsbereich dieses Bundesgesetzes fallen Betriebe folgender Art:

Hoch- und Tiefbaubetriebe einschließlich der Schachtbaubetriebe sowie Eisenbiegerbetriebe,

Straßenbaubetriebe einschließlich des Güterwegebaues,

Brückenbaubetriebe mit Ausnahme der Stahlbrückenbaubetriebe,

Bahnoberbaubetriebe,

Erdbaubetriebe,

Gewässerbau-, Wildbachverbauungs- und Lawinenschutzbaubetriebe,

Feuerungstechnische Baubetriebe,

Demolierungsbetriebe,

Zimmereibetriebe,

Gipserbetriebe,

Dachdeckerbetriebe,

Pflastererbetriebe,

Gerüstaufbau- und Gerüstverleihbetriebe,

Brunnenmeisterbetriebe.

(BGBl 1971/4, BGBl I 2005/104, BGBl I 2016/72)

(2) Unter den Geltungsbereich dieses Bundesgesetzes fallen auch Betriebe der im Abs. 1 genannten Art, die von öffentlich-rechtlichen Körperschaften geführt werden.

(3) Der Geltungsbereich dieses Bundesgesetzes erstreckt sich auch auf Arbeiten, die von öffentlich-rechtlichen Körperschaften sowie den von diesen verwalteten Anstalten, Stiftungen und Fonds in Eigenregie durchgeführt werden, soweit diese Arbeiten ihrer Art nach in die Gewerbeberechtigung eines der im Abs. 1 angeführten Betriebe fallen würden. Güterwegebauten, die von öffentlich-rechtlichen Körperschaften mit eigenen land- und forstwirtschaftlichen Arbeitskräften in Eigenregie durchgeführt werden, fallen jedoch nicht unter den Geltungsbereich dieses Bundesgesetzes.

(4) Wenn Arbeitnehmer in anderen als den im Abs. 1 angeführten Betrieben in ähnlicher Weise arbeitsbehindernden Einwirkungen durch Schlechtwetter ausgesetzt sind, die die Gewährung einer Schlechtwetterentschädigung notwendig machen, sind diese Betriebe durch Verordnung des Bundesministers für Wirtschaft und Arbeit in den Geltungsbereich dieses Bundesgesetzes einzubeziehen.[a)]

(BGBl 1971/4, BGBl 1994/314, BGBl I 2004/77)

[a)] Vgl. die VO BGBl 1972/391 im Anhang.

(5) Arbeitskräfteüberlassungsbetriebe fallen bezüglich jener Arbeitnehmer, die gemäß § 2 Abs. 1 lit. h des Bauarbeiter-Urlaubs- und Abfertigungsgesetzes (BUAG) in den Sachbereich der Urlaubsregelung einbezogen sind, in den Geltungsbereich dieses Bundesgesetzes.

(BGBl I 1998/113)

§ 2. Die Bestimmungen dieses Bundesgesetzes finden keine Anwendung auf Personen,

a) die vorwiegend Angestelltentätigkeit im Sinne des Angestelltengesetzes, BGBl. Nr. 292/1921, verrichten;

b) deren Arbeitsverhältnis durch das Vertragsbedienstetengesetz 1948, BGBl. Nr. 86, geregelt ist;

c) deren Arbeitsverhältnis durch das Landarbeitsgesetz, BGBl. Nr. 140/1948, geregelt ist;

d) die bis zur Höchstdauer von drei Monaten zu Ausbildungszwecken beschäftigt werden;

e) die in einem öffentlich-rechtlichen Dienstverhältnis stehen;

f) die Arbeitnehmer öffentlicher Eisenbahnen einschließlich der Straßenbahnen sind;

g) die bei Eigenregiearbeiten öffentlich-rechtlicher Körperschaften (§ 1 Abs. 3) beschäftigt werden, wenn für sie auf Grund einer anderen gesetzlichen Vorschrift, einer dienstrechtlichen Regelung (Dienstordnung und dergleichen) oder eines Kollektivvertrages eine Schlechtwetterregelung besteht, die nicht ungünstiger ist als die in diesem Bundesgesetz vorgesehene Regelung;

h) die gleichzeitig in zwei Lehrberufen ausgebildet und nicht nur in einem Betrieb nach § 1 beschäftigt werden.

(BGBl I 2016/72, BGBl I 2017/114)

(BGBl 1975/219, BGBl 1994/314)

Schlechtwetter

§ 3. (1) Schlechtwetter im Sinne dieses Bundesgesetzes liegt vor, wenn:

a) arbeitsbehindernde atmosphärische Einwirkungen (Regen, Schnee, Frost, Hitze und dergleichen) so stark oder so nachhaltig sind, daß die Arbeit nicht aufgenommen oder fortgesetzt oder die Aufnahme oder Fortsetzung der Arbeit den Arbeitnehmern nicht zugemutet werden kann oder

(BGBl I 2012/117)

b) die Folgewirkungen dieser arbeitsbehindernden atmosphärischen Einwirkungen die Arbeit so erschweren, daß die Aufnahme und Fortsetzung der Arbeit technisch unmöglich ist oder den Arbeitnehmern nicht zugemutet werden kann. Dies gilt nicht in Bezug auf Hitze.

(BGBl I 2016/72)

(2) Die Bauarbeiter-Urlaubs- und Abfertigungskasse hat Kriterien festzulegen, die das Vorliegen von Schlechtwetter im Sinne des Abs. 1 lit. a näher bestimmen (Schlechtwetterkriterien), und dies in geeigneter Weise kundzumachen.

(BGBl I 2012/117)

(BGBl 1994/314)

Schlechtwetterentschädigung

§ 4. (1) Die Arbeitgeber haben den Arbeitnehmern, die wegen Schlechtwetters einen Arbeitsausfall erleiden, der mit einem Lohnausfall verbunden ist, eine Schlechtwetterentschädigung nach den folgenden Bestimmungen zu gewähren.

(BGBl 1994/314)

(2) Die Schlechtwetterentschädigung ist, soweit Abs. 3 nicht anderes bestimmt, für ausgefallene Arbeitsstunden zu leisten, in denen ohne Störung durch Schlechtwetter nach der für die Arbeitsstelle geltenden betrieblichen Arbeitszeit gearbeitet worden wäre. Teile angefangener Stunden sind jeweils in vollen halben Stunden anzugeben und zu vergüten. Betriebliche Arbeitszeit im Sinne dieser Bestimmung ist die für die gesamte Arbeitsstelle oder für eine bestimmte Arbeitnehmergruppe für einen längeren Zeitraum befristet oder unbefristet vereinbarte und bekanntgemachte regelmäßige Arbeitszeit.

(BGBl 1975/219, BGBl 1994/314)

(3) Ein Anspruch auf Schlechtwetterentschädigung besteht in der Zeit vom 1. November bis 30. April (Winterperiode) für höchstens 200 und in der Zeit vom 1. Mai bis 31. Oktober (Sommerperiode) für höchstens 120 ausfallende Arbeitsstunden. Die von einem Arbeitnehmer in der Sommerperiode für eine Entschädigung gemäß Abs. 1 von dem Höchstausmaß von 120 ausfallenden Arbeitsstunden nicht in Anspruch genommenen Stunden können in der nachfolgenden Winterperiode für die Gewährung einer Schlechtwetterentschädigung herangezogen werden.

(BGBl 1971/4, BGBl 1994/314, BGBl I 2014/68)

(4) Für Arbeiten auf Baustellen im Ausland sind die Abs. 3, § 6 Abs. 3, § 8 sowie § 10 Abs. 1 und 2 nicht anzuwenden.

(BGBl 1982/639, BGBl I 2014/68)

§ 5. (1) Über die Frage, ob die Arbeit mit Rücksicht auf die Witterung an einzelnen Tagen einzustellen, fortzuführen oder wiederaufzunehmen ist, entscheidet der Arbeitgeber nach Anhörung des Betriebsrates.

(BGBl 1975/219, BGBl 1994/314)

(2) Der Arbeitnehmer ist verpflichtet, in der Zeit, in der Schlechtwetter vorliegt, ohne Schmälerung des bisherigen Lohnes eine andere zumutbare Arbeit im Betrieb zu verrichten, widrigenfalls er den Anspruch auf Schlechtwetterentschädigung verliert. Zumutbar ist eine Arbeit, die den körperlichen Fähigkeiten des Arbeitnehmers angemessen ist. Bei Vorliegen von Schlechtwetter ist auf Anordnung des Arbeitgebers der Arbeitnehmer verhalten, auf der Arbeitsstelle zum Zwecke der Wiederaufnahme der Arbeit bei Ende des Schlechtwetters zu verbleiben, widrigenfalls er den Anspruch auf Schlechtwetterentschädigung verliert; die Anwesenheit darf jedoch für nicht länger als drei Stunden im Tag und nur dann angeordnet werden, wenn entsprechende Unterkünfte zur Verfügung stehen.

(BGBl 1971/4, BGBl 1994/314)

(3) Ansprüche auf Schlechtwetterentschädigung, die auf Grund von Kollektivverträgen oder dienstrechtlichen Regelungen zustehen, sind auf die Schlechtwetterentschädigung nach diesem Bundesgesetz anzurechnen. Für über das Höchstausmaß gemäß § 4 Abs. 3 hinaus gewährte Schlechtwetterentschädigungen besteht kein Anspruch auf Rückerstattung gemäß § 8.

(BGBl I 2014/68)

(4) Die Bestimmungen über die Schlechtwetterentschädigung gelten nicht für gesetzliche Feiertage.

§ 6. (1) Die Schlechtwetterentschädigung beträgt für Baustellen im Inland und im Ausland (§ 4 Abs. 4) 60 vH des Lohnes, der unter Zugrundelegung der für die Arbeitsstelle geltenden betrieblichen Arbeitszeit ohne Arbeitsausfall gebührt hätte. Unter Lohn ist der vereinbarte (mindestens kollektivvertraglich festgesetzte) Stundenlohn (Bruttolohn) einschließlich Leistungszulagen, Prämien, allfälliger Werkzeugzulagen und Höhenzulagen zu verstehen. Alle übrigen Lohnbestandteile, wie Mehrarbeits-, Sonn- und Feiertagszuschläge sowie Schmutz-, Erschwernis- und Gefahrenzulagen, bleiben bei der Berechnung der Schlechtwetterentschädigung außer Betracht. Bei Arbeiten im Akkord ist der tatsächliche Akkordverdienst auf Stundenlöhne umzurechnen. In den Lohnunterlagen ist die Schlechtwetterentschädigung getrennt von den übrigen Bezügen auszuweisen.

(BGBl 1975/219, BGBl 1982/639, BGBl I 2014/68)

(2) Die Schlechtwetterentschädigung ist für einen Lohnabrechnungszeitraum zu errechnen und am Lohnzahlungstag gleichzeitig mit dem Lohn auszuzahlen. Sie gilt als Entgelt. Eine Lohnsummensteuer ist vom Arbeitgeber für die von ihm ausbezahlte Schlechtwetterentschädigung nicht zu entrichten.

(BGBl 1994/314)

(3) Die Bauarbeiter-Urlaubs- und Abfertigungskasse (Urlaubs- und Abfertigungskasse) ist verpflichtet, dem Arbeitgeber auf Anfrage den Stand an Schlechtwetterstunden der einzelnen Arbeitnehmer, für die Rückerstattung gewährt oder beantragt wurde, mitzuteilen. Die gleiche Auskunftspflicht trifft den bisherigen Arbeitgeber gegenüber dem neuen Arbeitgeber sowie jeden Arbeitgeber gegenüber seinen Arbeitnehmern.

(BGBl 1994/314)

§ 7. (1) In der durch Schlechtwetter ausfallenden Arbeitszeit sind die Arbeitnehmer in der gesetzlichen Krankenversicherung mit dem Entgelt, das ihnen bei Vollarbeit (§ 6 Abs. 1) gebührt hätte, in den übrigen Zweigen der Sozialversicherung mit dem tatsächlich erzielten Entgelt versichert zu halten. Auch für die Ermittlung des Beitrages nach § 3 des Bundesgesetzes über die Einhebung eines Wohnbauförderungsbeitrages, BGBl. Nr. 13/1952, und der Umlage nach § 61 Abs. 1 des Arbeiterkammergesetzes 1992, BGBl. Nr. 626/1991, bildet das tatsächlich erzielte Entgelt die Grundlage.

(BGBl 1971/4, BGBl 1994/314)

(2) Den Krankenversicherungsbeitrag für den Differenzbetrag zwischen dem bei Vollarbeit gebührenden Arbeitsentgelt und dem tatsächlich erzielten Entgelt trägt der Arbeitgeber allein.

(BGBl 1994/314)

Rückerstattung

§ 8. Dem Arbeitgeber sind auf Antrag nach den folgenden Bestimmungen die als Schlechtwetterentschädigung ausbezahlten Beträge rückzuerstatten zuzüglich eines Pauschbetrages im Ausmaß von 30 vH der ausbezahlten Schlechtwetterentschädigung als Abgeltung für die in der Zeit des Arbeitsausfalles geleisteten Sozialabgaben. Die Auf- und Abrundung der zur Rückerstattung beantragten Beträge ist nach gleichen Grundsätzen wie bei der Lohnverrechnung im Betrieb zulässig. Als Abrechnungszeitraum für die Erstellung eines Rückerstattungsantrages ist jeweils ein Kalendermonat oder die Kalenderwoche, in die der Monatserste fällt, und die folgenden vollen Kalenderwochen dieses Kalendermonates heranzuziehen.

(BGBl 1971/4, BGBl 1975/219, BGBl 1994/314, BGBl I 2004/77)

Durchführung der Rückerstattung

§ 9. (1) Die Durchführung der Rückerstattung hat durch die Urlaubs- und Abfertigungskasse im Rahmen eines eigenen Sachbereiches zu erfolgen.

(2) Die Urlaubs- und Abfertigungskasse hat die Aufgaben nach diesem Bundesgesetz im übertragenen Wirkungsbereich nach den Weisungen des Bundesministers für Arbeit, Soziales und Konsumentenschutz zu vollziehen.

(3) Die administrativen Kosten (Sach- und Personalkosten) der Durchführung sind dem Sachbereich gemäß Abs. 1 anteilig im Verhältnis des Aufwandes für die Rückerstattung zum Aufwand – ohne Verwaltungskosten – der Sachbereiche für die Urlaubsregelung und für die Abfertigungsregelung (§ 21 Abs. 1 BUAG) anzulasten.

(BGBl 1994/314, BGBl I 2007/35, BGBl I 2009/147)

§ 10. (1) Der Antrag auf Rückerstattung der in einem Anrechnungszeitraum ausbezahlten Beträge gemäß § 8 Abs. 1 (Erstattungsantrag) ist vom Arbeitgeber bei der Urlaubs- und Abfertigungskasse innerhalb von drei Monaten nach Ablauf des Abrechnungszeitraumes einzubringen. Der Arbeitgeber hat sich bei der Antragstellung der automationsunterstützten Webanwendungen der Urlaubs- und Abfertigungskasse zu bedienen.

(BGBl 1994/314, BGBl I 2012/117, BGBl I 2014/68)

(2) Der Antrag muß neben Hinweisen auf das Vorliegen des Schlechtwetters alle Angaben enthalten, die für die Überprüfung der Richtigkeit der ausbezahlten Beträge erforderlich sind. Bezweifelt die Urlaubs- und Abfertigungskasse die Richtigkeit von Angaben im Antrag, so hat sie die Gründe hiefür dem Arbeitgeber mitzuteilen und von ihm eine Klarstellung einzuholen. Gibt der Arbeitgeber keine oder keine ausreichende Klarstellung, so hat die Urlaubs- und Abfertigungskasse die Rückerstattung zu verweigern.

(BGBl 1994/314)

(3) Der Arbeitgeber hat der Urlaubs- und Abfertigungskasse auf Verlangen in die zur Überprüfung der Richtigkeit der Erstattungsanträge maßgebenden Unterlagen (Lohnaufzeichnungen, Schichtbücher und dgl.) Einsicht zu gewähren und alle hiefür erforderlichen Auskünfte zu erteilen, insbesondere jene, die zur Überprüfung des Vorliegens der Voraussetzungen für die Inanspruchnahme der Schlechtwetterentschädigung notwendig sind. Kommt der Arbeitgeber dieser Verpflichtung nicht nach, so verliert er den Anspruch auf Rückerstattung.

(BGBl 1994/314)

(4) Ansprüche auf Rückerstattung sind beim Arbeits- und Sozialgericht geltend zu machen.

(BGBl 1994/314)

§ 11. (1) Stellt die Urlaubs- und Abfertigungskasse auf Grund einer nachträglichen Prüfung der Unterlagen fest, daß die Angaben im Antrag bzw. in der Klarstellung gemäß § 10 Abs. 2 den Tatsachen nicht entsprechen, oder verweigert der Arbeitgeber entgegen § 10 Abs. 3 die Prüfung, so hat die Urlaubs- und Abfertigungskasse Anspruch auf Rückforderung der bereits erstatteten Beträge. Die Aufrechnung solcher Beträge mit noch offenen Rückerstattungsansprüchen des Arbeitgebers ist zulässig.

(BGBl 1994/314)

(2) Ansprüche auf Rückforderung erstatteter Beträge sind beim Arbeits- und Sozialgericht geltend zu machen.

(BGBl 1994/314)

Deckung des Aufwandes

§ 12. (1) Der gesamte Aufwand, einschließlich des Verwaltungsaufwandes, für die Durchführung dieses Bundesgesetzes wird durch einen Beitrag der Arbeitgeber und der Arbeitnehmer (Schlechtwetterentschädigungsbeitrag) gedeckt. Grundlage für die Berechnung des Verwaltungsaufwandes ist die nach den Grundsätzen der Kostenrechnung für 1996 erstellte jährliche Budgetierung der Bauarbeiter-Urlaubs- und Abfertigungskasse (BUAK).

(2) Der Schlechtwetterentschädigungsbeitrag beträgt 1,4% des Arbeitsverdienstes (§ 44 Abs. 1 des Allgemeinen Sozialversicherungsgesetzes, BGBl. Nr. 189/1955), wobei dieser jedoch für den Kalendertag nur bis zu der im Allgemeinen Sozialversicherungsgesetz festgelegten Höchstbeitragsgrundlage (§ 45 Abs. 1 des Allgemeinen Sozialversicherungsgesetzes) zu berücksichtigen ist; bei Berechnung des Schlechtwetterentschädigungsbeitrages nach Kalendermonaten ist der Berechnung das 30fache des zu berücksichtigenden täglichen Arbeitsverdienstes zugrunde zu legen. Der Schlechtwetterentschädigungsbeitrag ist auch von Sonderzahlungen (§ 49 Abs. 2 des Allgemeinen Sozialversicherungsgesetzes) zu leisten; hiebei sind die in einem Kalenderjahr fällig werdenden Sonderzahlungen bis zu dem im Allgemeinen Sozialversicherungsgesetz für die Entrichtung der Sonderbeiträge festgesetzten Vielfachen der Höchstbeitragsgrundlage (§ 54 Abs. 1 des Allgemeinen Sozialversicherungsgesetzes) zu berücksichtigen. Der Schlechtwetterentschädigungsbeitrag ist vom Arbeitgeber und vom Arbeitnehmer zu gleichen Teilen zu tragen. Die Eingänge gemäß Abs. 1 sind zweckgebunden.

(3) Zur Deckung des Aufwandes ist zusätzlich ein Beitrag aus der Gebarung Arbeitsmarktpolitik (§ 1 des Arbeitsmarktpolitik-Finanzierungsgesetzes, BGBl. Nr. 315/1994) zu leisten. Dieser beträgt jährlich 13 Mio. €; ab dem Jahr 2023 werden 2 Mio. € dieses Beitrages jährlich nach der Beschäftigungsgruppe A 3 nach dem 10. Jahr des Kollektivvertrages für Angestellte der Baugewerbe und der Bauindustrie valorisiert.

(BGBl I 2021/71)

(4) Der Schlechtwetterentschädigungsbeitrag ist für alle Arbeitnehmer zu leisten, die in den unter den Geltungsbereich dieses Bundesgesetzes fallenden Betrieben (§ 1 Abs. 1 und 2) beschäftigt sind und weder unter die Ausnahmebestimmung des § 2 noch unter die Sonderregelung des § 4 Abs. 4 (Auslandsbaustellen) fallen. Öffentlich-rechtliche Körperschaften, die Eigenregiearbeiten durchführen (§ 1 Abs. 3), haben den Schlechtwetterentschädigungsbeitrag für die bei diesen Arbeiten verwendeten Arbeiter zu leisten, soweit diese nicht gemäß § 2 vom Geltungsbereich dieses Bundesgesetzes ausgenommen sind. Arbeitskräfteüberlassungsbetriebe haben den Schlechtwetterentschädigungsbeitrag für die gemäß § 2 Abs. 1 lit. h BUAG in den Sachbereich der Urlaubsregelung einbezogenen Arbeitnehmer zu leisten.

(BGBl I 1998/113, BGBl I 2014/68)

(5) Der Schlechtwetterentschädigungsbeitrag ist durch die Träger der gesetzlichen Krankenversicherung einzuheben. Die Träger der gesetzlichen Krankenversicherung haben die Aufgaben nach diesem Bundesgesetz im übertragenen Wirkungsbereich nach den Weisungen des Bundesministers für Arbeit zu vollziehen. Streitigkeiten über die Verpflichtung zur Leistung des Schlechtwetterentschädigungsbeitrages sind nach dem für die Sozialversicherungsbeiträge geltenden Verfahren zu entscheiden. In diesem Verfahren kommt der Urlaubs- und Abfertigungskasse Parteistellung zu. Für die Berechnung, Fälligkeit, Einzahlung, Eintreibung, Beitragszuschläge, Sicherung, Verjährung und Rückforderung des Schlechtwetterentschädigungsbeitrages gelten die entsprechenden Bestimmungen des Allgemeinen Sozialversicherungsgesetzes über die Beiträge zur Pflichtversicherung auf Grund des Arbeitsverdienstes. Den Trägern der gesetzlichen Krankenversicherung gebührt für die Einhebung des Schlechtwetterentschädigungsbeitrages eine Vergütung. Der Bundesminister für Arbeit hat die näheren Bestimmungen über das Verfahren bei der Abrechnung und Abfuhr der Beiträge sowie die Höhe der Vergütung und die Zahlungsweise nach Anhörung der BUAK und des Dachverbandes der Sozialversicherungsträger auf der Grundlage der bisher geleisteten Einhebungsvergütung, der Entwicklung der Zahl der Arbeitnehmer, für die der Schlechtwetterentschädigungsbeitrag zu leisten ist, und der zu erwartenden Kostenentwicklung nach den Grundsätzen der Einfachheit, Zweckmäßigkeit und Sparsamkeit festzusetzen.

(BGBl I 1998/113, BGBl I 2004/77, BGBl I 2009/147, BGBl I 2018/100, BGBl I 2021/71)

(6) Ergibt sich aus der Gebarung des jeweils vorangegangenen Kalenderjahres und dem voraussichtlichen Aufwand für die folgenden zwei Jahre, daß die Eingänge an Beiträgen (Abs. 1) und allfällige Überschüsse aus vorangegangenen Jahren zur Deckung des Aufwandes an Rückerstattungen gemäß § 8 nicht ausreichen oder daß die Eingänge an Schlechtwetterentschädigungsbeiträgen (Abs. 1) und allfällige Überschüsse aus vorangegangenen Jahren den voraussichtlichen Aufwand für Rückerstattungen gemäß § 8 übersteigen werden, so erhöht oder vermindert sich der Schlechtwetterentschädigungsbeitrag im notwendigen Ausmaß. Das Ausmaß des Schlechtwetterentschädigungsbeitrages, das sich auf Grund der vorstehenden Bestimmungen ergibt, und der Zeitpunkt, von dem an der geänderte Beitrag zu leisten ist, sind durch Verordnung des Bundesministers ~~für~~[a)] Arbeit festzulegen. Vor Erlassung der Verordnung sind die in

Betracht kommenden gesetzlichen Interessenvertretungen der Arbeitgeber und der Arbeitnehmer anzuhören.

(BGBl I 2004/77, BGBl I 2021/71)

[a] Das Wort „für" wurde fälschlicherweise durch BGBl I 2021/71 mit gestrichen.

(7) Die BUAK ist verpflichtet, nicht benötigte Beitragseinnahmen bestmöglich zu veranlagen. Zur Festlegung der bestmöglichen Anlageform ist ein von der Bundesfinanzierungsagentur erstelltes Anlagekonzept heranzuziehen.

(BGBl I 2021/71)

(8) (aufgehoben)

(BGBl I 2004/77, BGBl I 2021/71)

(BGBl 1963/284, BGBl 1971/4, BGBl 1982/639, BGBl 1994/314, BGBl 1996/201)

2. Abschnitt
Sonderbestimmungen bei langfristigen Entsendungen

(BGBl I 2021/71)

Geltungsbereich

§ 12a. (1) Dieser Abschnitt gilt für die Beschäftigung von Arbeitnehmern ohne gewöhnlichen Arbeitsort in Österreich, die von einem Arbeitgeber im Sinne des § 1 zur Arbeitsleistung oder im Rahmen einer Arbeitskräfteüberlassung nach Österreich entsandt werden, sofern die tatsächliche Entsendung oder Überlassung die Dauer von zwölf Monaten überschreitet. Legt der Arbeitgeber der Bauarbeiter-Urlaubs- und Abfertigungskasse eine mit einer Begründung versehene Mitteilung in deutscher oder englischer Sprache vor, so verlängert sich der Zeitraum nach dem ersten Satz dieser Bestimmung auf 18 Monate. Bei der Berechnung der Entsendungsdauer ist die Dauer einer Entsendung eines ersetzten Arbeitnehmers zu berücksichtigen. Die Mitteilung ist gegebenenfalls mit einer Meldung gemäß § 22 Abs. 2 bis 3 BUAG zu übermitteln.

(2) Dieser Abschnitt gilt auch für die Beschäftigung von Arbeitnehmern in Betrieben im Sinne des § 1 mit gewöhnlichem Arbeitsort in Österreich, wenn die Beschäftigung im Rahmen eines Arbeitsverhältnisses zu einem Arbeitgeber mit Sitz außerhalb Österreichs erfolgt.

(BGBl I 2021/71)

Schlechtwetterentschädigung

§ 12b. Der Arbeitgeber hat dem Arbeitnehmer, der wegen Schlechtwetters im Sinne des § 3 einen Arbeitsausfall erleidet, der mit einem Lohnausfall verbunden ist, eine Schlechtwetterentschädigung in Höhe von mindestens 60 vH des Lohnes, der unter Zugrundelegung der auf das jeweilige Arbeitsverhältnis anzuwendenden Normalarbeitszeit ohne Arbeitsausfall gebührt hätte, zu gewähren. Unter Lohn ist das gemäß § 3 Lohn- und Sozialdumping-Bekämpfungsgesetz – LSD-BG, BGBl. I Nr. 44/2016, zustehende Entgelt zu verstehen.

(BGBl I 2021/71)

3. Abschnitt
Schlussbestimmungen

(BGBl I 2021/71)

Unterstützung der Urlaubs- und Abfertigungskasse

§ 13. (1) Alle Behörden und Ämter, das Arbeitsmarktservice und die Träger der Sozialversicherung sowie die Interessenvertretungen der Arbeitgeber und der Arbeitnehmer sind verpflichtet, den im Vollzug dieses Bundesgesetzes an sie ergehenden Ersuchen der Urlaubs- und Abfertigungskasse im Rahmen ihrer sachlichen und örtlichen Zuständigkeit zu entsprechen. Zu dem gleichen Verhalten gegenüber den vorgenannten Behörden und Rechtsträgern ist die Urlaubs- und Abfertigungskasse verpflichtet.

(BGBl 1971/4, BGBl 1994/314)

(2) Barauslagen, die der ersuchten Stelle aus der Hilfeleistung erwachsen, mit Ausnahme von Portokosten, sind von der ersuchenden Stelle zu erstatten.

(BGBl 1994/314)

Verweisung

§ 14. Soweit in diesem Bundesgesetz auf Bestimmungen anderer Bundesgesetze verwiesen wird, sind diese in ihrer jeweils geltenden Fassung anzuwenden.

(BGBl 1975/219, BGBl 1994/314)

§ 15. Die im Verfahren nach diesem Bundesgesetz erforderlichen Anträge und deren Beilagen sowie Vollmachten, amtlichen Ausfertigungen und Bescheide sind von den Stempel- und Rechtsgebühren des Bundes sowie von den Bundesverwaltungsabgaben befreit.

(BGBl 1971/4)

§ 16. Mit dem Inkrafttreten dieses Bundesgesetzes verliert die Tarifordnung für Betriebe des Bau- und Baunebengewerbes zwecks Regelung der Arbeitsverhältnisse bei ungünstiger Witterung während der Winterzeit vom 2. Oktober 1943, Reichsarbeitsblatt Nr. 30, IV. Teil, ihre Wirksamkeit.

§ 17. Mit der Vollziehung dieses Bundesgesetzes ist der Bundesminister für Wirtschaft und Arbeit betraut.

(BGBl 1971/4, BGBl I 2004/77)

§ 18. (1) Es treten in Kraft:

1. § 12 Abs. 1 in der Fassung des Bundesgesetzes BGBl. Nr. 201/1996 mit 1. Jänner 1996;
2. die §§ 1 Abs. 4, 2 lit. f, 3, 4 Abs. 1 bis 4 und 7, 5 Abs. 1 und 2, 6, 7 bis 11, 13 und 14 in der Fassung des Bundesgesetzes BGBl. Nr. 314/1994 und § 12 Abs. 2 bis 9 in der Fassung des Bundesgesetzes BGBl. Nr. 201/1996 mit 1. Mai 1996.

(2) Vom 1. Juli 1994 bis zum Inkrafttretenszeitpunkt gemäß Abs. 1 sind die §§ 1 Abs. 4, 2 lit. f, 4 Abs. 1 bis 4 und 7, 5 Abs. 1 und 2, 6 und 7

bis 14 in der Fassung des Bundesgesetzes BGBl. Nr. 639/1982 mit der Maßgabe anzuwenden, daß

1. die Aufgaben und Befugnisse des Arbeitsamtes der jeweiligen regionalen Geschäftsstelle des Arbeitsmarktservice und die Aufgaben und Befugnisse des Landesarbeitsamtes der jeweiligen Landesgeschäftsstelle des Arbeitsmarktservice obliegen und
2. im § 12 der Beitrag aus Mitteln der Arbeitslosenversicherung bis 31. Dezember 1994 durch einen Beitrag aus Mitteln des Arbeitsmarktservice und für das Jahr 1995 durch einen Beitrag des Bundes ersetzt wird.

(3) Die im Inkrafttretenszeitpunkt gemäß Abs. 1 bei den regionalen Geschäftsstellen und Landesgeschäftsstellen anhängigen Verfahren sowie Verfahren, die sich auf Ausfallszeiten vor dem Inkrafttretenszeitpunkt beziehen und erst nach dem Inkrafttretenszeitpunkt anhängig gemacht werden, sind von den regionalen Geschäftsstellen und Landesgeschäftsstellen nach den bis dahin geltenden Vorschriften zu erledigen.

(4) Die mit der Einhebung des Schlechtwetterentschädigungsbeitrages gemäß § 12 Abs. 1 betrauten Träger der gesetzlichen Krankenversicherung haben die für Zeiträume nach dem Inkrafttretenszeitpunkt gemäß Abs. 1 eingehobenen Beiträge an die Urlaubs- und Abfertigungskasse abzuführen.

(5) Auf Grund des Überganges der Vollziehung dieses Bundesgesetzes auf die Bauarbeiter-Urlaubs- und Abfertigungskasse ist im Jahre 1996 aus der Gebarung Arbeitsmarktpolitik der Urlaubs- und Abfertigungskasse folgender Aufwand zu ersetzen:

1. ein Betrag von 13 361 000 Schilling für Investitionskosten, der am 25. April 1996 fällig ist,
2. ein Verwaltungskostenbeitrag von 9,6 Millionen Schilling, fällig in acht monatlichen Teilbeträgen beginnend am 25. April 1996.

(6) Abweichend von § 12 Abs. 3 und 7 gilt für das Jahr 1996, daß das Arbeitsmarktservice aus den Beiträgen der Monate Jänner bis April 1996 eine Rücklage zu bilden hat. Die Rücklage dient der Bedeckung von Rückerstattungen für den Zeitraum bis 1. Mai 1996. Nach dem endgültigen Abschluß dieser Verfahren ist die Rücklage aufzulösen und eine allenfalls verbleibende Summe an die Bauarbeiter-Urlaubs- und Abfertigungskasse zu überweisen.

(7) Insoweit im Jahre 1996 die Schlechtwetterentschädigungsbeiträge (§ 12 Abs. 1) zur Deckung des Aufwandes nicht ausreichen, ist abweichend von § 12 Abs. 3 und 7 ein Beitrag aus der Gebarung Arbeitsmarktpolitik (§ 1 des Arbeitsmarktpolitik-Finanzierungsgesetzes, BGBl. Nr. 315/1994) zu leisten.

(8) Die §§ 1 Abs. 4, 4 Abs. 5 und 7, 8 Abs. 2, 12 Abs. 5, 6 und 8 sowie 17 in der Fassung des Bundesgesetzes BGBl. I Nr. 77/2004 treten mit 1. August 2004 in Kraft.

(BGBl I 2004/77)

(BGBl 1994/314, BGBl 1996/201)

§ 19. (1) § 12 Abs. 5 in der Fassung des Bundesgesetzes BGBl. I Nr. 113/1998 tritt mit 1. Juli 1998 in Kraft. Für das Kalenderjahr 1998 ist der Pauschalbetrag gemäß § 12 Abs. 5 letzter Satz gesondert unter Berücksichtigung bereits einbehaltener Einhebungsvergütungen festzusetzen.

(2) § 1 Abs. 5 und § 12 Abs. 4 in der Fassung des Bundesgesetzes BGBl. I Nr. 113/1998 treten mit 1. August 1998 in Kraft.

(3) § 1 Abs. 1 in der Fassung des Bundesgesetzes BGBl. I Nr. 104/2005 tritt mit 1. September 2005 in Kraft.

(BGBl I 2005/104)

(4) § 9 in der Fassung des Bundesgesetzes BGBl. I Nr. 35/2007 tritt mit 1. Juni 2007, § 20 in der Fassung des Bundesgesetzes BGBl. I Nr. 35/2007 tritt mit 1. Jänner 2007 in Kraft.

(BGBl I 2007/35)

(5) § 20 in der Fassung des Bundesgesetzes BGBl. I Nr. 90/2009 tritt mit 1. August 2009 in Kraft.

(BGBl I 2009/90)

(6) Die §§ 9 und 12 Abs. 5 in der Fassung des Bundesgesetzes BGBl. I Nr. 147/2009 treten mit 1. Jänner 2010 in Kraft.

(BGBl I 2009/147)

(7) § 20 in der Fassung des Bundesgesetzes BGBl. I Nr. 122/2011 tritt mit 1. Jänner 2012 in Kraft.

(BGBl I 2011/122)

(8) § 20 in der Fassung des Bundesgesetzes BGBl. I Nr. 98/2012 tritt mit 1. Jänner 2013 in Kraft.

(BGBl I 2012/98)

(9) § 3 in der Fassung des Bundesgesetzes BGBl. I Nr. 117/2012 tritt mit 1. Jänner 2013 in Kraft. § 10 Abs. 1 in der Fassung des Bundesgesetzes BGBl. I Nr. 117/2012 tritt mit 1. Jänner 2014 in Kraft.

(BGBl I 2012/117)

(10) § 4, § 5 Abs. 3, § 6 Abs. 1, § 10 Abs. 1 und § 12 Abs. 4 in der Fassung des Bundesgesetzes BGBl. I Nr. 68/2014 treten mit 1. November 2014 in Kraft.

(BGBl I 2014/68)

(11) §§ 1 bis 3 in der Fassung des Bundesgesetzes BGBl. I Nr. 72/2016 treten mit 1. Jänner 2017 in Kraft.

(BGBl I 2016/72)

(12) § 20 in der Fassung des Bundesgesetzes BGBl. I Nr. 32/2017 tritt mit 1. Jänner 2017 in Kraft.

(BGBl I 2017/32)

(13) § 2 lit. h in der Fassung des Bundesgesetzes BGBl. I Nr. 114/2017 tritt mit 1. August 2017 in Kraft.

(BGBl I 2017/114)

(14) § 12 Abs. 5 in der Fassung des Bundesgesetzes BGBl. I Nr. 100/2018 tritt mit 1. Jänner 2020 in Kraft.

(BGBl I 2018/100)

(15) § 20 in der Fassung des Bundesgesetzes BGBl. I Nr. 98/2020 tritt mit 1. April 2020 in Kraft.

(BGBl I 2020/98)

(16) § 20 in der Fassung des Bundesgesetzes BGBl. I Nr. 135/2020 tritt mit 1. Jänner 2021 in Kraft.

(BGBl I 2020/135)

(17) § 12 in der Fassung des Bundesgesetzes BGBl. I Nr. 71/2021 tritt mit 1. Jänner 2022 in Kraft. § 20 in der Fassung des Bundesgesetzes BGBl. I Nr. 71/2021 tritt rückwirkend mit 1. Jänner 2021 in Kraft. § 20 samt Überschrift tritt mit 1. Jänner 2022 außer Kraft. Die Abschnittsbezeichnungen vor § 1, nach § 12 und vor § 13, § 12a sowie § 12b in der Fassung des Bundesgesetzes BGBl. I Nr. 71/2021 treten mit 1. April 2021 in Kraft. § 12b in der Fassung des Bundesgesetzes BGBl. I Nr. 71/2021 ist auf Entsendungen und Überlassungen anzuwenden, die nach dem 31. März 2021 begonnen haben.

(BGBl I 2021/71)

(BGBl I 1998/113, BGBl I 2009/147)

§ 20. (aufgehoben)

(BGBl I 2007/35, BGBl I 2009/90, BGBl I 2011/122, BGBl I 2012/98, BGBl I 2017/32, BGBl I 2020/98, BGBl I 2020/135, BGBl I 2021/71)

22/6. Verordnung–Steinhauer

Einbeziehung der Betriebe des Steinhauergewerbes in den Geltungsbereich des Bauarbeiter-Schlechtwetterentschädigungsgesetzes 1957, BGBl 1972/391

Verordnung des Bundesministers für soziale Verwaltung vom 18. Oktober 1972 betreffend die Einbeziehung der Betriebe des Steinhauergewerbes in den Geltungsbereich des Bauarbeiter-Schlechtwetterentschädigungsgesetzes 1957

Auf Grund des § 1 Abs. 4 des Bauarbeiter-Schlechtwetterentschädigungsgesetzes 1957, BGBl. Nr. 129, in der Fassung des Bundesgesetzes BGBl. Nr. 4/1971 wird im Einvernehmen mit dem Bundesminister für Handel, Gewerbe und Industrie verordnet:

§ 1. Die Betriebe des Steinhauergewerbes werden in den Geltungsbereich des Bauarbeiter-Schlechtwetterentschädigungsgesetzes 1957 einbezogen.

§ 2. Diese Verordnung tritt mit 1. November 1972 in Kraft.

23. Gutsangestelltengesetz

Gutsangestelltengesetz, BGBl 1923/538 idF

1 BGBl 1937/229	**2** dRGBl I 1938/1999	**3** BGBl 1946/174
4 BGBl 1947/159	**5** BGBl 1947/183	**6** BGBl 1958/108
7 BGBl 1959/253	**8** BGBl 1960/117	**9** BGBl 1971/293
10 BGBl 1971/317	**11** BGBl 1975/418	**12** BGBl 1976/390
13 BGBl 1979/107	**14** BGBl 1983/544	**15** BGBl 1989/651
16 BGBl 1990/299	**17** BGBl 1990/408	**18** BGBl 1991/157
19 BGBl 1992/833	**20** BGBl 1993/335	**21** BGBl 1993/459
22 BGBl 1993/502	**23** BGBl 1993/917	**24** BGBl I 2000/44
25 BGBl I 2002/100	**26** BGBl I 2004/64	**27** BGBl I 2004/143
28 BGBl I 2009/116	**29** BGBl I 2010/58	**30** BGBl I 2015/152
31 BGBl I 2017/153	**32** BGBl I 2018/100	**33** BGBl I 2019/74

GLIEDERUNG

STICHWORTVERZEICHNIS

Bundesgesetz vom 26. September 1923 über den Dienstvertrag der Angestellten in land- und forstwirtschaftlichen Betrieben (Gutsangestelltengesetz)

Anwendungsgebiet des Gesetzes

§ 1. (1) Dieses Bundesgesetz gilt für das Dienstverhältnis von Personen, die in land- und forstwirtschaftlichen Betrieben oder deren Nebengewerben vorwiegend zur Leistung höherer oder kaufmännischer Dienste oder zu Kanzleiarbeiten angestellt sind. Den land- und forstwirtschaftlichen Betrieben im Sinne dieses Gesetzes sind Jagd und Fischerei sowie der nicht gewerbliche Gartenbau gleichzustellen.

(BGBl 1975/418, BGBl 1992/833)

(2) Das Gesetz findet keine Anwendung auf die durch das Angestelltengesetz geregelten Dienstverhältnisse.

(3) Dienstnehmer im Sinne des Absatzes 1, die in einem kaufmännischen Betriebe zu kaufmännischen Diensten verwendet werden, sind als Handlungsgehilfen nur dann anzusehen, wenn ihre Verwendung in dieser Eigenschaft eine ständige ist.

(4) Für das Dienstverhältnis in Nebengewerben der Land- und Forstwirtschaft gelten die Vor-

schriften dieses Gesetzes auch dann, wenn das Nebengewerbe nach § 3 des Handelsgesetzbuches eingetragen ist.

§ 2. (1) Für die in einem land- oder forstwirtschaftlichen Betriebe (§ 1) eines öffentlichen Fonds, eines Landes, Bezirkes oder einer Gemeinde verwendeten Personen gelten die Bestimmungen dieses Gesetzes, wenn ihr Dienstverhältnis auf einem privatrechtlichen Vertrage beruht.

(2) Das Dienstverhältnis der in einem land- oder forstwirtschaftlichen Betriebe des Bundes, einer Bundesanstalt oder eines vom Bunde verwalteten Fonds angestellten Personen wird durch die Bestimmungen dieses Gesetzes nicht berührt.

(3) Im Regelungsbereich des Kollektivvertrages gemäß § 13 Abs. 6 des Bundesforstegesetzes, BGBl. Nr. 793/1996, sind die Bestimmungen dieses Bundesgesetzes nicht anzuwenden.

(BGBl I 2002/100)

Abschluß und Inhalt des Dienstvertrages

§ 3. Im Dienstvertrage muß der Tag des Dienstantrittes nach dem Kalender bestimmt sein; der Vertrag ist aber auch ohne diese Bestimmung wirksam, wenn die Tätigkeit des Dienstnehmers im beiderseitigen Einvernehmen begonnen hat.

§ 4. Die Rechte des Dienstnehmers, die sich aus den Bestimmungen dieses Gesetzes ergeben, können, soweit das Gesetz keinen Vorbehalt macht, durch den Dienstvertrag weder aufgehoben noch beschränkt werden.

§ 5. (1) Art und Umfang der Dienstleistungen sowie das dafür gebührende Entgelt werden durch Vereinbarung bestimmt. In Ermanglung einer solchen sind die nach dem Ortsgebrauch und den Umständen angemessenen Dienste und ein ebensolches Entgelt zu leisten.

(2) Unter Entgelt sind sowohl die Geldbezüge als die Naturalbezüge einschließlich der Naturalwohnung und der Landnutzung zu verstehen.

§ 6. (1) (gegenstandslos)[a]

[a] § 3 ArbVG.

(2) (gegenstandslos)

Schriftliche Aufzeichnung des Dienstvertrages

§ 7. Dem Dienstnehmer ist bei Abschluß des Dienstvertrages vom Dienstgeber eine schriftliche Aufzeichnung über die wesentlichen Rechte und Pflichten aus dem Dienstvertrag auszuhändigen, auf die die Vorschriften des § 2 des Arbeitsvertragsrechts-Anpassungsgesetzes (AVRAG), BGBl. Nr. 459/1993, in der jeweils geltenden Fassung anzuwenden sind.

(BGBl 1993/459)

Anspruch bei Dienstverhinderung

§ 8. (1)[a] Ist ein Dienstnehmer nach Antritt des Dienstverhältnisses durch Krankheit oder Unglücksfall an der Leistung seiner Dienste verhindert, ohne dass er die Verhinderung vorsätzlich oder durch grobe Fahrlässigkeit herbeigeführt hat, so behält er seinen Anspruch auf das Entgelt bis zur Dauer von sechs Wochen. Der Anspruch auf das Entgelt beträgt, wenn das Dienstverhältnis ein Jahr gedauert hat, jedenfalls acht Wochen; es erhöht sich auf die Dauer von zehn Wochen, wenn es fünfzehn Jahre, und auf zwölf Wochen, wenn es fünfundzwanzig Jahre ununterbrochen gedauert hat. Durch je weitere vier Wochen behält der Angestellte den Anspruch auf das halbe Entgelt.

(BGBl 1975/418, BGBl I 2017/153)

[a] Tritt mit 1. Juli 2018 in Kraft; siehe § 42 Abs. 13.

(2)[a] Bei wiederholter Dienstverhinderung durch Krankheit (Unglücksfall) innerhalb eines Arbeitsjahres besteht ein Anspruch auf Fortzahlung des Entgelts nur insoweit, als die Dauer des Anspruches gemäß Abs. 1 noch nicht erschöpft ist.

(BGBl I 2017/153)

[a] Tritt mit 1. Juli 2018 in Kraft; siehe § 42 Abs. 13.

(2a)[a] Wird ein Dienstnehmer durch Arbeitsunfall oder Berufskrankheit im Sinne der Vorschriften über die gesetzliche Unfallversicherung an der Leistung seiner Arbeit verhindert, ohne dass er die Verhinderung vorsätzlich oder durch grobe Fahrlässigkeit herbeigeführt hat, so behält er seinen Anspruch auf das Entgelt ohne Rücksicht auf andere Zeiten einer Dienstverhinderung bis zur Dauer von acht Wochen. Der Anspruch auf das Entgelt erhöht sich auf die Dauer von zehn Wochen, wenn das Dienstverhältnis 15 Jahre ununterbrochen gedauert hat. Bei wiederholten Dienstverhinderungen, die im unmittelbaren ursächlichen Zusammenhang mit einem Arbeitsunfall oder einer Berufskrankheit stehen, besteht ein Anspruch auf Fortzahlung des Entgelts innerhalb eines Arbeitsjahres nur insoweit, als die Dauer des Anspruches nach dem ersten oder zweiten Satz noch nicht erschöpft ist. Ist ein Dienstnehmer gleichzeitig bei mehreren Dienstgebern beschäftigt, so entsteht ein Anspruch nach diesem Absatz nur gegenüber jenem Dienstgeber, bei dem die Dienstverhinderung im Sinne dieses Absatzes eingetreten ist; gegenüber den anderen Dienstgebern entstehen Ansprüche nach Abs. 1.

(BGBl I 2017/153)

[a] Tritt mit 1. Juli 2018 in Kraft; siehe § 42 Abs. 13.

(3) Soweit das Entgelt in der Beistellung der Naturalwohnung, Verköstigung, Beleuchtung oder Beheizung oder in der Gewährung von Landnutzung besteht, ist es auch für die Zeiträume, während welcher der Dienstnehmer nur Anspruch auf Fortbezug eines Teiles des Entgeltes hat, ungeschmälert zu leisten. Der Dienstnehmer ist jedoch auf Verlangen des Dienstgebers verpflichtet, einen Teil der Wohnung zur Unterbringung des Stellvertreters zu räumen, falls ihm dies unter Bedachtnahme auf die Wohnungsverhältnisse billigerweise zugemutet werden kann.

(4) Der Dienstnehmer behält ferner den Anspruch auf das Entgelt, wenn er durch andere wichtige seine Person betreffende Gründe ohne sein Verschulden während einer verhältnismäßig

kurzen Zeit an der Leistung seiner Dienste verhindert wird.

(4a) Ist der Dienstnehmer nach Antritt des Dienstverhältnisses wegen eines Einsatzes als freiwilliges Mitglied einer Katastrophenhilfsorganisation, eines Rettungsdienstes oder einer freiwilligen Feuerwehr bei einem Großschadensereignis nach § 3 Z 2 lit. b des Katastrophenfondsgesetzes, BGBl. Nr. 201/1996 oder als Mitglied eines Bergrettungsdienstes an der Dienstleistung verhindert, so hat er unbeschadet seiner Ansprüche nach Abs. 4 einen Anspruch auf Fortzahlung des Entgelts, wenn das Ausmaß und die Lage der Dienstfreistellung mit dem Dienstgeber vereinbart wird.

(BGBl I 2019/74)

(5) Beträge, die der Dienstnehmer für die Zeit der Verhinderung auf Grund einer öffentlich-rechtlichen Versicherung bezieht, dürfen auf die Geldbezüge nicht angerechnet werden.

(6) Der Dienstnehmer ist verpflichtet, ohne Verzug die Dienstverhinderung dem Dienstgeber anzuzeigen und auf Verlangen des Dienstgebers, das nach angemessener Zeit wiederholt werden kann, eine Bestätigung der zuständigen Krankenkasse oder eines Amts- oder Gemeindearztes über Ursache und Dauer der Arbeitsunfähigkeit vorzulegen. Kommt der Dienstnehmer diesen Verpflichtungen nicht nach, so verliert er für die Dauer der Säumnis den Anspruch auf das Entgelt.

(7)[a] Durch Kollektivvertrag oder durch Betriebsvereinbarung im Sinne des § 97 Abs. 1 Z 21 Arbeitsverfassungsgesetz (ArbVG) kann vereinbart werden, dass sich der Anspruch auf Entgeltfortzahlung nicht nach dem Arbeitsjahr, sondern nach dem Kalenderjahr richtet. Solche Vereinbarungen können vorsehen, dass

[a] Tritt mit 1. Juli 2018 in Kraft; siehe § 42 Abs. 13.

a) Dienstnehmer, die während des Kalenderjahres eintreten, Anspruch auf Entgeltfortzahlung nur bis zur Hälfte der in Abs. 1 und 2a genannten Dauer haben, sofern die Dauer des Arbeitsverhältnisses im Kalenderjahr des Eintritts weniger als sechs Monate beträgt;
b) der jeweils höhere Anspruch nach Abs. 1 zweiter Satz und Abs. 2a zweiter Satz erstmals in jenem Kalenderjahr gebührt, in das der überwiegende Teil des Arbeitsjahres fällt;
c) die Ansprüche der im Zeitpunkt der Umstellung im Betrieb beschäftigten Dienstnehmer für den Umstellungszeitraum (Beginn des Arbeitsjahres bis Ende des folgenden Kalenderjahres) gesondert berechnet werden. Jedenfalls muss für den Umstellungszeitraum dem Dienstnehmer ein voller Anspruch und ein zusätzlicher aliquoter Anspruch entsprechend der Dauer des Arbeitsjahres im Kalenderjahr vor der Umstellung abzüglich jener Zeiten, für die bereits Entgeltfortzahlung wegen Arbeitsverhinderung wegen Krankheit (Unglücksfall) gewährt wurde, zustehen.

(BGBl I 2017/153)

§ 9. (1) Wird der Dienstnehmer während einer Dienstverhinderung gemäß § 8 Abs. 1 bis 2a gekündigt, ohne wichtigen Grund vorzeitig entlassen oder trifft den Dienstgeber ein Verschulden an dem vorzeitigen Austritt des Angestellten, so bleibt der Anspruch auf Fortzahlung des Entgelts für die nach diesem Bundesgesetz vorgesehene Dauer bestehen, wenngleich das Dienstverhältnis früher endet. Der Anspruch auf Entgeltfortzahlung bleibt auch bestehen, wenn das Dienstverhältnis während einer Dienstverhinderung gemäß § 8 Abs. 1 bis 2a oder im Hinblick auf eine Dienstverhinderung gemäß § 8 Abs. 1 bis 2a einvernehmlich beendet wird.

(BGBl 1975/418, BGBl I 2017/153)

(2) Die Ansprüche des Dienstnehmers auf Fortbezug des Entgeltes (§ 8) erlöschen mit der Beendigung des Dienstverhältnisses, wenn dieses infolge Ablaufes der Zeit, für die es eingegangen wurde, oder infolge einer früheren Kündigung aufgelöst wird. Das gleiche gilt, wenn der Dienstnehmer aus einem anderen Grunde als wegen der durch Erkrankung oder Unglücksfall verursachten Dienstverhinderung entlassen wird.

Verpflichtungen des Dienstnehmers

§ 10. Der Dienstnehmer ist verpflichtet, die übernommenen Dienste nach bestem Wissen und Können persönlich zu leisten und die den Dienst betreffenden Anordnungen des Dienstgebers, dessen Bevollmächtigten oder der berufenen Vorgesetzten zu befolgen.

Fürsorgepflicht des Dienstgebers

§ 11. (1) Der Dienstgeber ist verpflichtet, auf seine Kosten alle Einrichtungen bezüglich der Arbeitsräume und Gerätschaften herzustellen und zu erhalten, die mit Rücksicht auf die Beschaffenheit der Dienstleistung zum Schutze des Lebens und der Gesundheit des Dienstnehmers erforderlich sind.

(2) Der Dienstgeber hat dafür zu sorgen, daß, soweit es die Art der Beschäftigung zuläßt, die Arbeitsräume während der Arbeitszeit licht, rein, staubfrei und im Winter geheizt sind.

(3) Werden dem Dienstnehmer als Teil des Entgeltes Wohnräume überlassen, so dürfen sie nicht gesundheitsschädlich und müssen für Dienstnehmer mit eigenem Haushalt unter Berücksichtigung der Kinderzahl ausreichend, für Dienstnehmer ohne eigenem Haushalt auch mit der üblichen notwendigen Wohnungseinrichtung versehen sein.

Leistung des Entgelts

§ 12. (1) Insoweit nichts anderes vereinbart oder ortsüblich ist, hat die Zahlung der dem Dienstnehmer gebührenden fortlaufenden Geldbezüge, wenn das Entgelt nach Monaten oder kürzeren Zeitabschnitten bemessen ist, spätestens am Schlusse des einzelnen Zeitabschnittes, wenn es nach längeren Zeitabschnitten bemessen ist, spätestens am Schlusse jedes Kalendermonats zu erfolgen. Naturalbezüge sind mangels anderweitiger Vereinbarung in den ortsüblichen und der Sachlage entsprechenden Zeiträumen in der Regel im vorhinein zu entrichten.

(2) Die als Teil des Entgeltes zu leistenden Naturalien (Deputate) sind in Waren guter Beschaffenheit zu liefern und nach metrischem Maß oder Gewicht zu bemessen. Werden sie im Einverständnisse mit dem Dienstnehmer in Geld abgelöst, so hat, sofern nicht etwas anderes vereinbart ist, der für Waren solcher Art an der nächstgelegenen Fruchtbörse amtlich festgestellte Preis als Unterlage für die Abrechnung zu gelten.

(3) Die vereinbarte Kost muß gesund und hinreichend sein.

Remuneration

§ 13. Falls der Dienstnehmer Anspruch auf eine regelmäßig wiederkehrende Remuneration oder auf eine andere besondere Entlohnung hat, gebührt sie ihm, wenngleich das Dienstverhältnis vor Fälligkeit des Anspruches gelöst wird, in dem Betrage, der dem Verhältnisse zwischen der Dienstperiode, für die die Entlohnung gewährt wird, und der zurückgelegten Dienstzeit entspricht.

(BGBl 1993/335, BGBl I 2018/100)

Landnutzung

§ 14. (1) Waren dem Dienstnehmer Deputatgrundstücke zugewiesen und endet das Dienstverhältnis vor der Ernte, so gebührt ihm der Teil des Ernteertrages, der dem Verhältnisse der Dienstperiode, für welche die Landnutzung gewährt wird, und der zurückgelegten Dienstzeit, entspricht. Die zur Erzielung der Ernte aufgewendeten Kosten für die Aussaat und Bearbeitung, ferner die Kosten für die etwaige Versicherung sind vom Dienstgeber und vom Dienstnehmer nach dem Verhältnisse ihrer Anteile an dem gesamten Ernteertrag zu tragen; der dieses Verhältnis etwa überschreitende Aufwand ist dem andern Teil zu ersetzen.

(2) Der Anspruch des Dienstnehmers auf den verhältnismäßigen Anteil des Ernteertrages wird binnen vierzehn Tagen nach Einbringung der Ernte fällig.

(3) Es kann vereinbart werden, daß dem Dienstnehmer an Stelle des ihm gebührenden Ernteanteiles eine entsprechende Vergütung in Geld zu leisten ist.

Urlaub

§ 15. Dem Dienstnehmer gebührt in jedem Dienstjahr ein ununterbrochener Urlaub, auf den die Vorschriften des Art. I Abschnitt 1 des Bundesgesetzes vom 7. Juli 1976 betreffend die Vereinheitlichung des Urlaubsrechtes und die Einführung einer Pflegefreistellung, BGBl. Nr. 390, anzuwenden sind.

(BGBl 1976/390)

Endigung des Dienstverhältnisses durch Ablauf der Zeit

§ 16. (1) Das Dienstverhältnis endet mit dem Ablaufe der Zeit, für die es eingegangen wurde.

(2) Ein Dienstverhältnis auf Probe kann nur für die Höchstdauer eines Monats vereinbart und während dieser Zeit von jedem Vertragsteil jederzeit gelöst werden.

(BGBl I 2002/100)

Kündigung

§ 17. (1) Ist das Dienstverhältnis ohne Zeitbestimmung eingegangen oder fortgesetzt worden, so kann es durch Kündigung nach folgenden Bestimmungen gelöst werden.

(BGBl 1992/833, BGBl I 2017/153)

(2) Mangels einer für den Dienstnehmer günstigeren Vereinbarung kann der Dienstgeber das Dienstverhältnis mit Ablauf eines jeden Kalendervierteljahres durch vorgängige Kündigung lösen. Die Kündigungsfrist beträgt sechs Wochen und erhöht sich nach dem vollendeten zweiten Dienstjahr auf zwei Monate, nach dem vollendeten fünften Dienstjahr auf drei, nach dem vollendeten fünfzehnten Dienstjahr auf vier, nach dem vollendeten fünfundzwanzigsten Dienstjahr auf fünf Monate.

(3) Die Kündigungsfrist kann durch Vereinbarung nicht unter die in Abs. 2 bestimmte Dauer herabgesetzt werden; jedoch kann vereinbart werden, daß die Kündigungsfrist am Fünfzehnten oder am Letzten eines Kalendermonats endigt.

(4) Mangels einer für ihn günstigeren Vereinbarung kann der Dienstnehmer das Dienstverhältnis mit dem letzten Tage eines Kalendermonats unter Einhaltung einer einmonatigen Kündigungsfrist lösen. Diese Kündigungsfrist kann durch Vereinbarung bis zu einem halben Jahr ausgedehnt werden; doch darf die vom Dienstgeber einzuhaltende Frist nicht kürzer sein als die mit dem Dienstnehmer vereinbarte Kündigungsfrist.

(5) Ist das Dienstverhältnis nur für die Zeit eines vorübergehenden Bedarfes vereinbart, so kann es während des ersten Monats von beiden Teilen jederzeit unter Einhaltung einer einwöchigen Kündigungsfrist gelöst werden.

(BGBl 1960/117)

§ 18. Ein für die Lebenszeit einer Person oder für länger als fünf Jahre vereinbartes Dienstverhältnis kann von dem Dienstnehmer nach Ablauf von fünf Jahren unter Einhaltung einer Kündigungsfrist von sechs Monaten gekündigt werden.

§ 19. Kündigungen müssen bei sonstiger Unwirksamkeit schriftlich erklärt werden.

Freizeit während der Kündigungsfrist

§ 20. (1) Bei Kündigung durch den Dienstgeber ist dem Dienstnehmer während der Kündigungsfrist auf sein Verlangen wöchentlich mindestens ein Fünftel der regelmäßigen wöchentlichen Arbeitszeit ohne Schmälerung des Entgelts freizugeben.

(2) Ansprüche nach Abs. 1 bestehen nicht, wenn der Dienstnehmer einen Anspruch auf eine Pension aus der gesetzlichen Pensionsversicherung hat, sofern eine Bescheinigung über die vorläufige Krankenversicherung vom Pensionsversicherungsträger ausgestellt wurde.

(3) Durch Kollektivvertrag können abweichende Regelungen getroffen werden.

(BGBl I 2018/100)

(BGBl 1993/502, BGBl I 2000/44)

§ 21. (1) Im Falle der Kündigung muß dem Dienstnehmer bis zum Ablauf der Kündigungsfrist ein genügender Teil der Dienstwohnung belassen, auf Verlangen des Dienstgebers jedoch schon angemessene Zeit vorher ein Teil zur Unterbringung des Nachfolgers geräumt werden, soweit dies dem Dienstnehmer unter Berücksichtigung der Wohnungsverhältnisse billigerweise zugemutet werden kann.

(2) Kranke und Wöchnerinnen dürfen zur gänzlichen Räumung der Wohnung nicht verhalten werden, solange sie die Wohnung ohne Gefährdung ihrer Gesundheit nicht verlassen können.

Abfertigung[a)]

[a)] Siehe auch die Übergangsbestimmungen des ArbAbfG Art. VII.

§ 22. (1) Hat das Dienstverhältnis ununterbrochen drei Jahre gedauert, so gebührt dem Dienstnehmer bei Auflösung des Dienstverhältnisses eine Abfertigung. Diese beträgt das Zweifache des dem Dienstnehmer für den letzten Monat des Dienstverhältnisses gebührenden Entgeltes und erhöht sich nach fünf Dienstjahren auf das Dreifache, nach zehn Dienstjahren auf das Vierfache, nach fünfzehn Dienstjahren auf das Sechsfache, nach zwanzig Dienstjahren auf das Neunfache und nach fünfundzwanzig Dienstjahren auf das Zwölffache des monatlichen Entgeltes. Alle Zeiten, die der Dienstnehmer in unmittelbar vorausgegangenen Dienstverhältnissen als Arbeiter oder Lehrling zum selben Dienstgeber zurückgelegt hat, sind für die Abfertigung zu berücksichtigen; Zeiten eines Lehrverhältnisses jedoch nur dann, wenn das Dienstverhältnis einschließlich der Lehrzeit mindestens sieben Jahre ununterbrochen gedauert hat. Zeiten eines Lehrverhältnisses allein begründen keinen Abfertigungsanspruch.

(BGBl 1960/117, BGBl 1979/107)

(1a) Bei der Berechnung der Abfertigung ist eine geringfügige Beschäftigung nach § 7b Abs. 1 Väter-Karenzgesetz (VKG), BGBl. Nr. 651/1989, § 105e iVm § 26h Abs. 1 des Landarbeitsgesetzes 1984, BGBl. Nr. 287 (LAG), oder gleichartigen österreichischen Rechtsvorschriften nicht zu berücksichtigen.

(BGBl 1990/408, BGBl I 2004/64)

(2) Im Falle der Auflösung eines land- oder forstwirtschaftlichen Betriebes entfällt die Verpflichtung zur Gewährung einer Abfertigung ganz oder teilweise dann, wenn sich die persönliche Wirtschaftslage des Dienstgebers derart verschlechtert hat, daß ihm die Erfüllung dieser Verpflichtung zum Teil oder zur Gänze billigerweise nicht zugemutet werden kann.

(3) Wird ein land- oder forstwirtschaftlicher Betrieb an einen anderen übertragen, so besteht ein Anspruch auf Abfertigung nicht, wenn der Dienstnehmer die Fortsetzung des Dienstverhältnisses ablehnt, obwohl ihm der Erwerber die Fortsetzung des Dienstverhältnisses unter den bisherigen Bedingungen angeboten und sich verpflichtet hat, die bei seinem Vorgänger geleistete Dienstzeit als bei ihm selbst verbracht zu betrachten.

(4) Die Abfertigung wird, soweit sie den Betrag des Zweifachen des Monatsentgeltes nicht übersteigt, mit der Auflösung des Dienstverhältnisses fällig; der Rest kann vom dritten Monat an in monatlichen im voraus zahlbaren Teilbeträgen abgestattet werden.

(5) Beträge, die der Dienstnehmer auf Grund einer öffentlich-rechtlichen Versicherung bezieht, dürfen in die Abfertigung nur insoweit eingerechnet werden, als sie die gesetzlichen Mindestleistungen übersteigen.

(6) Wird das Dienstverhältnis durch den Tod des Dienstnehmers aufgelöst, so beträgt die Abfertigung nur die Hälfte des im Absatz 1 bezeichneten Betrages und gebührt nur den gesetzlichen Erben, zu deren Erhaltung der Erblasser gesetzlich verpflichtet war.

(7) Der Anspruch auf Abfertigung besteht, vorbehaltlich des § 22a, nicht, wenn der Dienstnehmer kündigt, wenn er ohne wichtigen Grund vorzeitig austritt oder wenn ihn ein Verschulden an der vorzeitigen Entlassung trifft.

(BGBl 1971/293)

(8) Wird das Dienstverhältnis während einer Teilzeitbeschäftigung wegen der Geburt eines Kindes nach VKG oder LAG infolge Kündigung durch den Arbeitgeber, unverschuldeter Entlassung, begründetem vorzeitigen Austritt oder einvernehmlich beendet, so ist bei Ermittlung des Entgelts (Abs. 1) die frühere Normalarbeitszeit des Dienstnehmers zugrunde zu legen.

(BGBl I 2004/64)

§ 22a. (1) Der Anspruch auf Abfertigung besteht auch dann, wenn das Dienstverhältnis

1. mindestens zehn Jahre ununterbrochen gedauert hat und
   a) bei Männern nach Vollendung des 65. Lebensjahres, bei Frauen nach Vollendung des 60. Lebensjahres oder
   b) wegen Inanspruchnahme der vorzeitigen Alterspension bei langer Versicherungsdauer aus einer gesetzlichen Pensionsversicherung oder
   c) wegen Inanspruchnahme einer Alterspension aus der gesetzlichen Pensionsversicherung nach § 4 Abs. 2 Allgemeines Pensionsgesetz (APG), BGBl. I Nr. 143/2004, oder
   d) wegen Inanspruchnahme einer Alterspension nach § 4 Abs. 3 APG oder
2. wegen Inanspruchnahme einer Pension aus einem Versicherungsfall der geminderten Arbeitsfähigkeit aus einer gesetzlichen Pensionsversicherung oder

3. wegen Feststellung einer voraussichtlich mindestens sechs Monate andauernden Berufsunfähigkeit oder Invalidität durch den Versicherungsträger gemäß § 367 Abs. 4 ASVG
4. im Fall der Arbeitsverhinderung gemäß § 8 Abs. 1, 2 und 2a oder § 2 EFZG nach Ende des Anspruchs auf Entgeltfortzahlung und nach Beendigung des Krankengeldanspruches gemäß § 138 ASVG während eines anhängigen Leistungsstreitverfahrens gemäß § 354 ASVG über Berufsunfähigkeit (§ 273 ASVG) oder Invalidität (§ 255 ASVG)

durch Kündigung seitens des Dienstnehmers endet.

(BGBl 1979/107, BGBl 1991/157, BGBl 1993/335, BGBl I 2004/143, BGBl I 2018/100)

(1a) (aufgehoben)

(BGBl 1993/335, BGBl I 2018/100)

(2) Eine nach Abs. 1 gebührende Abfertigung kann in gleichen monatlichen Teilbeträgen gezahlt werden. Die Zahlung beginnt mit dem auf das Ende des Dienstverhältnisses folgenden Monatsersten. Eine Rate darf die Hälfte des der Bemessung der Abfertigung zugrundeliegenden Monatsentgeltes nicht unterschreiten.

(BGBl 1971/293, BGBl 1993/335, BGBl I 2018/100)

(3) Dienstnehmerinnen gebührt – sofern das Dienstverhältnis ununterbrochen fünf Jahre gedauert hat – die Hälfte der nach § 22 Abs. 1 zustehenden Abfertigung, höchstens jedoch das Dreifache des monatlichen Entgelts, wenn sie

1. nach der Geburt eines lebenden Kindes innerhalb der Schutzfrist (§ 99 Abs. 1 des Landarbeitsgesetzes 1984, BGBl. Nr. 287),
2. nach der Annahme eines Kindes, welches das zweite Lebensjahr noch nicht vollendet hat, an Kindes Statt (§ 105c Abs. 1 Z 1 LAG) oder nach Übernahme eines solchen Kindes in unentgeltliche Pflege (§ 105c Abs. 1 Z 2 LAG) innerhalb von acht Wochen

ihren vorzeitigen Austritt aus dem Arbeitsverhältnis erklären. Bei Inanspruchnahme einer Karenz wegen der Geburt eines Kindes nach LAG ist der Austritt spätestens drei Monate vor Ende der Karenz zu erklären; bei Inanspruchnahme einer Karenz von weniger als drei Monaten ist der Austritt spätestens zwei Monate vor Ende der Karenz zu erklären. Zeiten geringfügiger Beschäftigungen nach § 7b Abs. 1 VKG oder § 105e iVm § 26h Abs. 1 LAG bleiben für den Abfertigungsanspruch außer Betracht.

(BGBl 1989/651, BGBl 1990/299, BGBl 1990/408, BGBl 1991/157, BGBl I 2004/64, BGBl I 2009/116)

(4) Abs. 3 gilt auch für männliche Dienstnehmer, sofern sie eine Karenz im Sinne des VKG oder gleichartiger österreichischer Rechtsvorschriften in Anspruch nehmen und ihren vorzeitigen Austritt aus dem Dienstverhältnis spätestens drei Monate vor Ende der Karenz erklären. Wird jedoch eine Karenz von weniger als drei Monaten in Anspruch genommen, ist der Austritt spätestens zwei Monate vor Ende der Karenz zu erklären.

(BGBl 1990/408, BGBl I 2004/64, BGBl I 2009/116)

(4a) Eine Abfertigung nach Abs. 3 und 4 gebührt auch dann, wenn das Dienstverhältnis während einer Teilzeitbeschäftigung wegen der Geburt eines Kindes gemäß LAG oder VKG durch Kündigung seitens des Dienstnehmers endet. Bei Berechnung des für die Höhe der Abfertigung maßgeblichen Entgelts ist vom Durchschnitt der in den letzten fünf Jahren geleisteten Arbeitszeit unter Außerachtlassung der Zeiten einer Karenz wegen der Geburt eines Kindes gemäß LAG oder VKG auszugehen.

(BGBl 1990/408, BGBl I 2004/64)

(5) Ein Abfertigungsanspruch gebührt nicht, wenn der männliche Dienstnehmer seinen Austritt im Sinne des Abs. 4 erklärt, nachdem der gemeinsame Haushalt mit dem Kind aufgehoben oder die überwiegende Betreuung des Kindes beendet wurde.

(BGBl 1989/651)

(6) Im Sinne des § 22 zulässige Vereinbarungen, die eine Anrechnung der Versorgungsleistungen auf Abfertigungsansprüche oder bei Zahlung einer Versorgungsleistung den gänzlichen oder teilweisen Wegfall der Abfertigung vorsehen, gelten auch für Abfertigungsansprüche nach den Abs. 1, 3 und 4. Bei Anwendung des Abs. 2 ruhen jedoch solche Versorgungsleistungen nur für die Monate, für die die Abfertigung gebührt.

(7) Im übrigen gilt der § 22 sinngemäß.

(BGBl 1983/544, BGBl 1989/651)

Tod des Dienstnehmers

§ 23. (1) Stirbt ein Dienstnehmer, dem vom Dienstgeber auf Grund des Dienstvertrages Wohnräume überlassen werden, so ist die Wohnung, wenn der Dienstnehmer einen eigenen Haushalt führte, binnen einem Monat, sonst binnen vierzehn Tagen nach dessen Tode zu räumen.

(2) Sind die Angehörigen des verstorbenen Dienstnehmers, die mit ihm im gemeinsamen Haushalte gelebt haben, durch die Räumung binnen der Frist des Absatzes 1 der Gefahr der Obdachlosigkeit ausgesetzt, so kann das Bezirksgericht, in dessen Sprengel die Wohnung liegt, auf Antrag eine Verlängerung der Räumungsfrist um höchstens zwei Monate bewilligen. Nur unter besonders berücksichtigungswerten Umständen darf eine weitere Verlängerung um höchstens einen Monat bewilligt werden.

(3) Der Dienstgeber kann jedoch die sofortige Räumung eines zur Unterbringung des Nachfolgers und seiner Einrichtung erforderlichen Teiles der Wohnung verlangen, soweit dies dem Dienstnehmer unter Berücksichtigung der Wohnungsverhältnisse billigerweise zugemutet werden kann.

(4) Die Bestimmung des § 21, Absatz 2, findet Anwendung.

(5) Den gesetzlichen Erben, zu deren Erhaltung der verstorbene Dienstnehmer gesetzlich verpflichtet war, gebührt, unbeschadet des Anspruches gemäß § 22, Absatz 6, das Entgelt des Dienstnehmers noch durch einen Monat vom Todestage des Dienstnehmers.

Vorzeitige Auflösung

§ 24. Das Dienstverhältnis kann, wenn es für bestimmte Zeit eingegangen wurde, vor Ablauf dieser Zeit, sonst aber ohne Einhaltung einer Kündigungsfrist von jedem Teil aus wichtigen Gründen gelöst werden.

§ 25. Als ein wichtiger Grund, der den Dienstnehmer zum vorzeitigen Austritte berechtigt, ist insbesondere anzusehen:

1. Wenn der Dienstnehmer zur Fortsetzung seiner Dienstleistung unfähig wird oder diese ohne Schaden für seine Gesundheit oder Sittlichkeit nicht fortsetzen kann;
2. wenn der Dienstgeber das dem Dienstnehmer zukommende Entgelt ungebührlich schmälert oder vorenthält, ihn bei Naturalbezügen durch Gewährung ungesunder oderunzureichender Kost oder ungesunder Wohnung benachteiligt oder andere wesentliche Vertragsbestimmungen verletzt;
3. wenn der Dienstgeber den ihm zum Schutze des Lebens, der Gesundheit oder der Sittlichkeit des Dienstnehmers gesetzlich obliegenden Verpflichtungen nachzukommen verweigert;
4. wenn der Dienstgeber sich Tätlichkeiten, Verletzungen der Sittlichkeit oder erhebliche Ehrverletzungen gegen den Dienstnehmer oder dessen Angehörige zuschulden kommen läßt oder es verweigert, den Dienstnehmer gegen solche Handlungen eines Mitbediensteten oder eines Angehörigen des Dienstgebers zu schützen.

§ 26. Als ein wichtiger Grund, der den Dienstgeber zur vorzeitigen Entlassung berechtigt, ist insbesondere anzusehen:

1. Wenn der Dienstnehmer im Dienst untreu ist, sich in seiner Tätigkeit ohne Wissen oder Willen des Dienstgebers von dritten Personen unberechtigte Vorteile zuwenden läßt oder wenn er sich einer Handlung schuldig macht, die ihn des Vertrauens des Dienstgebers unwürdig erscheinen läßt;
2. wenn der Dienstnehmer unfähig ist, die versprochenen oder die den Umständen nach angemessenen Dienste (§ 5, Absatz 1) zu leisten;
3. wenn der Dienstnehmer ohne einen rechtmäßigen Hinderungsgrund während einer den Umständen nach erheblichen Zeit die Dienstleistung unterläßt oder sich beharrlich weigert, seine Dienste zu leisten oder sich den durch den Gegenstand der Dienstleistung gerechtfertigten Anordnungen des Dienstgebers zu fügen oder wenn er andere Bedienstete zum Ungehorsam gegen den Dienstgeber zu verleiten sucht;
4. wenn der Dienstnehmer durch eine längere Freiheitsstrafe oder durch Abwesenheit während einer den Umständen nach erheblichen Zeit, ausgenommen wegen Krankheit oder Unglücksfalls, an der Verrichtung seiner Dienste gehindert ist.

   (BGBl 1975/418)
5. wenn der Dienstnehmer sich Kontrollmaßregeln nicht unterwirft oder sich weigert, Rechnung zu legen, oder ihm anvertraute Vermögensbestandteile, Belege, Schriftstücke u.s.w. auszufolgen;
6. wenn der Dienstnehmer sich Tätlichkeiten, Verletzungen der Sittlichkeit oder erhebliche Ehrverletzungen gegen den Dienstgeber, dessen Stellvertreter, deren Angehörige oder gegen Mitbedienstete zuschulden kommen läßt;
7. wenn der Dienstnehmer oder seine im gleichen Hause lebenden Angehörigen einen unsittlichen Lebenswandel führen.

§ 27. Bei vorzeitiger Auflösung des Dienstverhältnisses hat der Dienstnehmer die Dienstwohnung, wenn er keinen eigenen Haushalt führt, binnen drei Tagen, sonst binnen vierzehn Tagen zu räumen. Die Bestimmungen des § 21, Absatz 2, und des § 23, Absatz 3, finden Anwendung.

§ 28. (1) Wenn der Dienstnehmer ohne wichtigen Grund vorzeitig austritt oder wenn ihn ein Verschulden an der vorzeitigen Entlassung trifft, steht dem Dienstgeber der Anspruch auf Ersatz des ihm verursachten Schadens zu.

(2) Für die schon bewirkten Leistungen, deren Entgelt noch nicht fällig ist, steht dem Dienstnehmer ein Anspruch auf den entsprechenden Teil des Entgeltes nur insoweit zu, als sie nicht durch die vorzeitige Auflösung des Dienstverhältnisses für den Dienstgeber ihren Wert ganz oder zum größten Teil eingebüßt haben.

§ 29. (1) Wenn der Dienstgeber den Dienstnehmer ohne wichtigen Grund vorzeitig entläßt oder wenn ihn ein Verschulden an dem vorzeitigen Austritte des Dienstnehmers trifft, behält dieser, unbeschadet weitergehenden Schadenersatzes, seine vertragsmäßigen Ansprüche auf das Entgelt für den Zeitraum, der bis zur Beendigung des Dienstverhältnisses durch Ablauf der bestimmten Vertragszeit oder durch ordnungsmäßige Kündigung durch den Dienstgeber hätte verstreichen müssen. Soweit das Entgelt Naturalbezüge umfaßt, ist deren Wert in Geld zu vergüten. Der Dienstnehmer muß sich auf das Entgelt einrechnen lassen, was er infolge des Unterbleibens der Dienstleistung erspart oder durch anderweitige Verwendung erworben oder zu erwerben absichtlich versäumt hat.

(2) Soweit der im Absatz 1 genannte Zeitraum drei Monate nicht übersteigt, kann der Dienstnehmer das ganze für diese Zeit gebührende Entgelt ohne Abzug sofort, den Rest zur vereinbarten oder gesetzlichen Zeit fordern. Der Anspruch auf die

dem Dienstnehmer gebührende Abfertigung (§ 22) bleibt unberührt.

§ 30. (1) Ist der Dienstnehmer unter der ausdrücklichen Bedingung des Dienstantrittes an einem bestimmten Tag oder nur für die Zeit eines vorübergehenden Bedarfes aufgenommen worden, so kann der Dienstgeber vom Vertrage zurücktreten, wenn der Dienstnehmer aus welchem Grunde immer den Dienst an dem bestimmten Tage nicht antritt.

(2) Außer diesem Falle kann der Dienstgeber vor Antritt des Dienstes vom Vertrage zurücktreten, wenn der Dienstnehmer, ohne durch ein unabwendbares Hindernis gehindert zu sein, den Dienst zur vereinbarten Zeit nicht antritt oder wenn sich infolge eines unabwendbaren Hindernisses der Dienstantritt um mehr als vierzehn Tage verzögert. Das gleiche gilt, wenn ein Grund vorliegt, der den Dienstgeber zur vorzeitigen Entlassung des Dienstnehmers berechtigt.

(3) Der Dienstnehmer kann vor Antritt des Dienstes vom Vertrag zurücktreten, wenn ein Grund vorliegt, der ihn zum vorzeitigen Austritt aus dem Dienstverhältnisse berechtigt. Das gleiche gilt, wenn sich der Dienstantritt infolge Verschuldens des Dienstgebers oder infolge eines diesen treffenden Zufalles um mehr als vierzehn Tage verzögert. Tritt der Dienstnehmer im letzten Falle ungeachtet der Verzögerung den Dienst an, so gebührt ihm das Entgelt von dem Tage, an dem der Dienst hätte angetreten werden sollen.

(4) Wird vor Antritt des Dienstes über das Vermögen des Dienstgebers das Insolvenzverfahren eröffnet, so kann sowohl der Masseverwalter, im Sanierungsverfahren mit Eigenverwaltung der Dienstgeber mit Zustimmung des Sanierungsverwalters, als auch der Dienstnehmer vom Vertrag zurücktreten.

(BGBl I 2010/58)

§ 31. (1) Ist der Dienstgeber ohne wichtigen Grund vom Vertrage zurückgetreten oder hat er durch sein schuldbares Verhalten dem Dienstnehmer zum Rücktritte begründeten Anlaß gegeben, so hat er dem Dienstnehmer das Entgelt zu ersetzen, das diesem für den Zeitraum gebührt, der bei ordnungsmäßiger Kündigung durch den Dienstgeber vom Tage des Dienstantrittes bis zur Beendigung des Dienstverhältnisses hätte verstreichen müssen. Wenn das Dienstverhältnis auf bestimmte Zeit eingegangen wurde, hat der Dienstgeber dem Dienstnehmer, falls die vereinbarte Dienstdauer drei Monate nicht übersteigt, das für die ganze Dauer entfallende Entgelt, falls die vereinbarte Dienstdauer dagegen drei Monate übersteigt, den für drei Monate entfallenden Teilbetrag des Entgeltes zu ersetzen. Soweit das Entgelt Naturalbezüge umfaßt, ist deren Wert in Geld zu vergüten. Allfällige, weitere Schadenersatzansprüche werden durch die vorstehenden Bestimmungen nicht berührt.

(2) Die gleichen Ansprüche stehen dem Dienstnehmer zu, wenn der Masseverwalter oder der Dienstgeber mit Zustimmung des Sanierungsverwalters vom Vertrag zurückgetreten ist.

(BGBl I 2010/58)

(3) Ist der Dienstnehmer ohne wichtigen Grund vom Vertrage zurückgetreten oder hat er durch sein schuldbares Verhalten dem Dienstgeber zum Rücktritte begründeten Anlaß gegeben, so kann der Dienstgeber Schadenersatz verlangen.

§ 32. Trifft beide Teile ein Verschulden an dem Rücktritt oder der vorzeitigen Lösung des Dienstverhältnisses, so hat der Richter nach freiem Ermessen zu entscheiden, ob und in welcher Höhe ein Ersatz gebührt.

Rangordnung der Ansprüche im Konkurs- und Ausgleichsverfahren

§ 33. (aufgehoben)

Frist zur Geltendmachung der Ansprüche

§ 34. Ersatzansprüche wegen vorzeitigen Austrittes oder vorzeitiger Entlassung im Sinne der §§ 28 und 29, ferner Ersatzansprüche wegen Rücktrittes vom Vertrag im Sinne des § 31 müssen bei sonstigem Ausschlusse binnen sechs Monaten nach Ablauf des Tages, an dem sie erhoben werden konnten, gerichtlich geltend gemacht werden.

Rechnungslegung

§ 35. (1) Der austretende Dienstnehmer hat ohne unnötigen Aufschub die ihm obliegende Rechnungslegung zu erstatten sowie die ihm anvertrauten Vermögensbestandteile und in seinen Händen befindliche Belege, Schriftstücke u.s.w. zu übergeben.

(2) Der Dienstgeber kann auch während der Dauer des Dienstverhältnisses jederzeit Rechnungslegung verlangen oder die dem Dienstnehmer anvertrauten Sachen prüfen oder prüfen lassen.

(3) Zum Zwecke der Rechnungslegung ist dem Dienstnehmer, soweit erforderlich, die Einsicht in die seinen Wirkungskreis betreffenden Bücher und Belege zu gestatten.

Kaution

§ 36. (aufgehoben)

§ 37. (1) (aufgehoben)

(2) Eine Kaution, die für die sachgemäße Ausführung einer bestimmten Arbeit bestellt wurde, kann mangels anderer Vereinbarung erst nach Vollendung und Genehmigung der Arbeit zurückgefordert werden; die Genehmigung oder Bemängelung hat ohne unnötigen Aufschub zu erfolgen.

Konventionalstrafen

§ 38. Konventionalstrafen unterliegen dem richterlichen Mäßigungsrechte.

Zeugnis

§ 39. (1) Der Dienstgeber ist verpflichtet, bei Beendigung des Dienstverhältnisses dem Dienstnehmer auf Verlangen ein schriftliches Zeugnis über die Dauer und die Art der Dienstleistung auszustellen. Eintragungen und Anmerkungen im Zeugnisse, durch die dem Dienstnehmer die Erlangung einer neuen Stelle erschwert wird, sind unzulässig.

(2) Verlangt der Dienstnehmer während der Dauer des Dienstverhältnisses ein Zeugnis, so ist ihm ein solches auf seine Kosten auszustellen.

(3) Zeugnisse des Dienstnehmers, die sich in der Verwahrung des Dienstgebers befinden, sind ihm auf Verlangen jederzeit auszufolgen.

Streitigkeiten

§ 40. (1) Für Streitigkeiten aus den in diesem Gesetze geregelten Dienstverhältnissen sind die ordentlichen Gerichte zuständig.

(2) Zur Ermöglichung der Schlichtung von Streitigkeiten aus den in diesem Gesetze geregelten Dienstverhältnissen durch außergerichtlichen Vergleich können nach Anhörung der beteiligten Berufsvereinigungen durch Verordnung Schlichtungsstellen errichtet und Vorschriften über deren Zusammensetzung sowie das von ihnen einzuhaltende Verfahren und die gerichtliche Vollstreckbarkeit der vor den Schlichtungsstellen abgeschlossenen Vergleiche erlassen werden.

Verhältnis zu anderen Gesetzen

§ 41. (1) Insoweit dieses Gesetz nichts anderes bestimmt, finden die Vorschriften des allgemeinen bürgerlichen Rechtes über den Dienstvertrag auf die in diesem Gesetze geregelten Dienstverhältnisse Anwendung.

(BGBl I 2002/100)

(2) Die §§ 22 und 22a sind auf Dienstverhältnisse, deren vertraglich vereinbarter Beginn nach dem 31. Dezember 2002 liegt, nicht mehr anzuwenden, soweit nicht durch Verordnung gemäß § 46 Abs. 1 letzter Satz des Betrieblichen Mitarbeitervorsorgegesetzes (BMVG), BGBl. I Nr. 100/2002, etwas anderes angeordnet wird. Sie sind jedoch weiterhin auf Dienstverhältnisse anzuwenden, deren vertraglich vereinbarter Beginn vor dem 1. Jänner 2003 oder dem durch Verordnung festgelegten Zeitpunkt liegt. Soweit eine Vereinbarung gemäß § 47 Abs. 1 und 3 BMVG erfolgt, sind diese Bestimmungen bis zum In-Kraft-Treten dieser Vereinbarung anzuwenden. § 16 Abs. 2 in der Fassung dieses Bundesgesetzes ist auf Dienstverhältnisse anzuwenden, die nach dem 30. Juni 2002 abgeschlossen werden.

(BGBl I 2002/100)

Wirksamkeit des Gesetzes

§ 42. (1) Dieses Gesetz tritt am 1. November 1923 in Kraft. An diesem Tag erlischt die Wirksamkeit des Gesetzes vom 13. Jänner 1914, R.G.Bl. Nr. 9, über den Dienstvertrag der in land- und forstwirtschaftlichen Betrieben zu Diensten höherer Art angestellten Personen (Güterbeamtengesetz).

(2) Die Bestimmungen dieses Gesetzes finden auf die am Tage seines Wirksamkeitsbeginnes bestehenden Dienstverhältnisse auch dann Anwendung, wenn die Kündigung nach dem 31. Dezember 1922 erklärt wurde. Dienstnehmer, deren Dienstverhältnisse am Tage des Wirksamkeitsbeginnes dieses Gesetzes bereits bestanden, können innerhalb zweier Monate nach dem genannten Tage die Ausfolgung der im § 7 vorgesehenen schriftlichen Aufzeichnung verlangen.

(3) § 1 Abs. 1 und § 17 Abs. 1 dieses Bundesgesetzes in der Fassung des Bundesgesetzes BGBl. Nr. 833/1992 treten mit 1. Jänner 1993 in Kraft.

(BGBl 1992/833)

(4) § 13 und § 22a Abs. 1, 1a und 2 in der Fassung des Bundesgesetzes BGBl. Nr. 335/1993 treten mit 1. Juli 1993 in Kraft.

(BGBl 1993/335)

(5) § 7 dieses Bundesgesetzes in der Fassung des Bundesgesetzes BGBl. Nr. 459/1993 tritt gleichzeitig mit dem Abkommen über den Europäischen Wirtschaftsraum in Kraft.

(BGBl 1993/459)

(6) § 20 dieses Bundesgesetzes in der Fassung des Bundesgesetzes BGBl. Nr. 502/1993 tritt mit 1. August 1993 in Kraft.

(BGBl 1993/502)

(7) § 20 in der Fassung des Bundesgesetzes BGBl. I Nr. 44/2000 tritt mit 1. Jänner 2001 in Kraft.

(BGBl I 2000/44)

(8) § 2 Abs. 3, § 16 Abs. 2 und § 41 in der Fassung des Bundesgesetzes BGBl. I Nr. 100/2002 treten mit 1. Juli 2002 in Kraft.

(BGBl I 2002/100)

(9) § 22 Abs. 1a und 8 und § 22a Abs. 3, 4 und 4a in der Fassung des Bundesgesetzes BGBl. I Nr. 64/2004 treten mit 1. Juli 2004 in Kraft.

(BGBl I 2004/64)

(10) § 22a Abs. 1 in der Fassung des Bundesgesetzes BGBl. I Nr. 143/2004 tritt mit 1. Jänner 2005 in Kraft.

(BGBl I 2004/143)

(11) Die §§ 30 Abs. 4 und 31 Abs. 2 in der Fassung des Bundesgesetzes BGBl. I Nr. 58/2010 treten mit 1. August 2010 in Kraft.

(BGBl I 2010/58)

(12) § 22a Abs. 1 Z 3 und 4 in der Fassung des Bundesgesetzes BGBl. I Nr. 152/2015 tritt mit 1. Jänner 2016 in Kraft.

(BGBl I 2015/152)

(13) § 8 Abs. 1 bis 2a und 7 in der Fassung des Bundesgesetzes BGBl. I Nr. 153/2017, treten mit 1. Juli 2018 in Kraft und sind auf Dienstverhinderungen anzuwenden, die in nach dem 30. Juni 2018 begonnenen Arbeitsjahren eingetreten sind. Für zu diesem Zeitpunkt laufende Dienstverhinderungen gilt § 8 Abs. 1 bis 2a in der Fassung des Bundesgesetzes BGBl. I Nr. 153/2017 ab Beginn dieses Arbeitsjahres.

(BGBl I 2017/153)

(14) § 9 Abs. 1 in der Fassung des Bundesgesetzes, BGBl. I Nr. 153/2017, tritt mit 1. Juli 2018 in

Kraft und ist auf einvernehmliche Beendigungen von Dienstverhältnissen während einer Dienstverhinderung gemäß § 8 Abs. 1 bis 2a oder im Hinblick auf eine Dienstverhinderung gemäß § 8 Abs. 1 bis 2a anzuwenden, die eine Auflösung des Dienstverhältnisses nach dem 30. Juni 2018 bewirken.

(BGBl I 2017/153)

(15) § 17 Abs. 1 in der Fassung des Bundesgesetzes, BGBl. I Nr. 153/2017, tritt mit 1. Jänner 2018 in Kraft und ist auf Beendigungen anzuwenden, die nach dem 31. Dezember 2017 ausgesprochen werden.

(BGBl I 2017/153)

(16) § 8 Abs. 4a in der Fassung des Bundesgesetzes BGBl. I Nr. 74/2019 tritt mit 1. September 2019 in Kraft.

(BGBl I 2019/74)

Vollziehung

§ 43. Mit der Vollziehung dieses Bundesgesetzes ist der Bundesminister für Wirtschaft und Arbeit betraut.

(BGBl I 2000/44)

24. Hausbesorgergesetz

Hausbesorgergesetz, BGBl 1970/16 idF

1 BGBl 1971/314 **2** BGBl 1971/317 **3** BGBl 1974/399
4 BGBl 1974/422 **5** BGBl 1976/390 **6** BGBl 1983/81
7 BGBl 1985/55 **8** BGBl 1992/833 **9** BGBl I 2000/36
10 BGBl I 2000/44 **11** BGBl I 2010/111 **12** BGBl I 2013/138
13 BGBl II 2014/59

GLIEDERUNG

STICHWORTVERZEICHNIS

Bundesgesetz vom 11. Dezember 1969 über den Dienstvertrag der Hausbesorger (Hausbesorgergesetz)

Der Nationalrat hat beschlossen:

Geltungsbereich

§ 1. (1) Die Vorschriften dieses Bundesgesetzes gelten für das privatrechtliche Dienstverhältnis von Hausbesorgern, soweit Abs. 2 nichts anderes bestimmt.

(2) Die Vorschriften dieses Bundesgesetzes finden keine Anwendung auf das Dienstverhältnis von Personen, die Dienste eines Hausbesorgers

a) in Vertretung eines Hausbesorgers zu verrichten haben (§ 17),
(BGBl 1985/55)
b) in einem Hause verrichten, das den Zwecken einer der Gewerbeordnung unterliegenden Tätigkeit dient,
c) neben Diensten für den land- oder forstwirtschaftlichen Betrieb des Hauseigentümers gegen Entgelt verrichten,
d) in einem Gebäude verrichten, das ausschließlich oder überwiegend unmittelbar Amtszwecken einer Gebietskörperschaft dient, sofern diese Personen in einem Dienstverhältnis zu dieser Gebietskörperschaft stehen,
e) in einem Gebäude verrichten, das ausschließlich oder überwiegend Schulzwecken einer Gebietskörperschaft dient, sofern diese Personen in einem Dienstverhältnis zu dieser Gebietskörperschaft stehen.

Begriffsbestimmungen

§ 2. Im Sinne dieses Bundesgesetzes sind:

1. Hausbesorger Personen, die sowohl die Reinhaltung als auch die Wartung und Beaufsichtigung eines Hauses im Auftrag des Hauseigentümers gegen Entgelt zu verrichten haben.
2. Hausbewohner Personen, die im Hause wohnen oder zu wohnen berechtigt sind; als Hausbewohner gelten auch Personen, die eine Wohnung oder andere Räumlichkeiten des Hauses, wie Geschäftslokale, Büroräume, Werkstätten, Magazine und Garagen, zur Ausübung ihres Berufes oder zu sonstigen Zwecken ständig benützen oder ständig zu benützen berechtigt sind.

Allgemeine Pflichten des Hausbesorgers (Beaufsichtigung)

§ 3. Der Hausbesorger hat die Pflicht, das Interesse des Hauseigentümers bezüglich der ihm obliegenden Arbeiten mit Umsicht, Sorgfalt und Redlichkeit wahrzunehmen, alle wahrgenommenen oder ihm sonst zur Kenntnis gebrachten Gebrechen an dem Hause oder Beschädigungen der Haus- und Wohnungsbestandteile, aus denen dem Hauseigentümer oder dritten Personen Schaden an Gesundheit oder Vermögen entstehen könnte, dem Hauseigentümer ehestens zur Anzeige zu bringen und auf die Einhaltung der Hausordnung durch die Hausbewohner zu achten.

Reinhaltung und Wartung des Hauses

§ 4. (1) Dem Hausbesorger obliegt:

1. die Sorge für die regelmäßige Reinigung der im folgenden angeführten, zum Haus gehörigen, der Benutzung durch alle oder wenigstens durch mehrere Hausbewohner zugänglichen Räume, soweit sich deren Verschmutzung aus der regelmäßigen und üblichen Benützung ergibt. Die Reinigung umfaßt:
   a) das Reinigen der Stiegen, Gänge und Wasserleitungsmuscheln und der auf Stiegen, Gängen und Wasserleitungsmuscheln befindlichen, aus Metall und aus sonstigem Material gefertigten Bestandteile sowie das Kehren der Höfe, soweit Stiegen, Gänge, Wasserleitungsmuscheln und Höfe allen Hausbewohnern zugänglich sind, wobei Stiegen und Gänge einmal wöchentlich zu kehren und einmal wöchentlich nach vorherigem Kehren zu waschen, Höfe einmal wöchentlich zu kehren und Wasserleitungsmuscheln einmal wöchentlich zu reinigen sind,
   b) das Reinigen der Waschküche und des zum Wäschetrocknen bestimmten Raumes einmal monatlich,
   c) das Kehren des Kellers, ausgenommen der zu den einzelnen Wohnungen oder anderen Räumlichkeiten gehörigen Kellerabteile, einmal monatlich,
   d) das Putzen der Stiegenhaus- und Gangfenster, ausgenommen Gangfenster, die zu Wohnungen oder anderen Räumlichkeiten gehören, dreimal jährlich in angemessenen Zeitabständen, wenn die Stöcke und Rahmen der Stiegenhaus- und Gangfenster und deren Verankerung in gutem Zustand, die Glasscheiben gut verkittet, Sicherheitshaken angebracht sind, Sicherheitsgürtel zur Verfügung gestellt werden und außerdem solche Reinigungsarbeiten ohne besondere Gefahr von jedermann verrichtet werden können,
   e) das Reinigen der Gehsteige und deren Bestreuung bei Glatteis, soweit dies in Erfüllung der dem Hauseigentümer nach den bestehenden Vorschriften obliegenden Verpflichtungen erforderlich ist;
2. die Sorge für die Beleuchtung des Hauses, soweit dies ohne besondere fachliche Kenntnisse und ohne besondere Gefahr möglich ist, die Wartung der Wasserleitung, das Zusperren und Öffnen des Haustores bei Eintritt und Ablauf der vorgeschriebenen Sperrzeit, sowie auf Verlangen das Öffnen des Haustores während dieser Zeit und die Verrichtung der für das Haus notwendigen Dienstgänge.

(2) Die Pflicht zum Öffnen des Haustores während der vorgeschriebenen Sperrzeit entfällt, wenn durch entsprechende technische Vorkehrungen am Haus (Rufanlage und Toröffnungsanlage) oder durch andere geeignete Maßnahmen dafür Sorge getragen ist, daß das Haustor auf Verlangen der Hausbewohner oder solcher Personen, die am Eintritt ein berechtigtes Interesse haben, wie insbesondere auf Verlangen von behördlichen Organen in Ausübung ihres Dienstes, geöffnet wird.

(3) Andere Dienstleistungen, die mit dem Hausbetrieb im Zusammenhang stehen, müssen ausdrücklich vereinbart werden und sind besonders zu entlohnen.

(4) Der Hausbesorger ist zur Anwesenheit im Hause nur insoweit verpflichtet, als dies die ordentliche Besorgung der ihm nach Abs. 1 und 3 obliegenden Verpflichtungen erfordert.

(5) Zur Hintanhaltung einer übermäßigen Beanspruchung des Hausbesorgers darf das Arbeitsausmaß aus den sich nach Abs. 1 und 3 ergebenden Verpflichtungen nur so groß sein, daß dieses durch eine vollwertige Arbeitskraft unter Einhaltung jener wöchentlichen Normalarbeitszeit regelmäßig bewältigt werden kann, die für die überwiegende Zahl der Dienstnehmer auf Grund kollektivvertraglicher Regelungen, in Ermangelung solcher kraft gesetzlicher Vorschriften gilt.

Haustor- und andere Schlüssel

§ 5. (1) Für die Zeit, in der der Hausbesorger zur Anwesenheit im Hause nicht verpflichtet ist (§ 4 Abs. 4) hat er, soweit ihm die Verwahrung der Schlüssel für den Hof, Keller oder andere Hausteile obliegt, Vorsorge zu treffen, daß den zur Benützung des Kellers, des Hofes oder der anderen Hausteile berechtigten Hausbewohnern diese Schlüssel zugänglich sind.

(2) Kommt darüber, in welcher Weise Vorsorge zu treffen ist, zwischen Hausbesorger und Hauseigentümer keine Einigung zustande, so ist vom Hauseigentümer je Wohnung oder andere Räumlichkeit auf Verlangen des Berechtigten für die Dauer der Berechtigung der betreffende Schlüssel gegen eine Sicherstellung in der Höhe der Anschaffungskosten zur Verfügung zu stellen.

(3) Der Hauseigentümer ist verpflichtet, je Wohnung oder andere Räumlichkeit auf Verlangen des Berechtigten für ihn und die mit ihm im gemeinsamen Haushalt wohnenden Personen für die Dauer der Berechtigung Haustorschlüssel in der erforderlichen Zahl gegen eine Sicherstellung in der Höhe der Anschaffungskosten zur Verfügung zu stellen.

(4) Nach Erlöschen der Berechtigung sind die Schlüssel, die gemäß Abs. 2 oder 3 zur Verfügung gestellt worden sind, gegen Rückstellung der Sicherstellung dem Hauseigentümer zu übergeben.

Verschwiegenheitspflicht

§ 6. Der Hausbesorger ist zur Verschwiegenheit über die Privat- und Familienverhältnisse der Hausbewohner verpflichtet und darf hierüber nur behördlichen Organen, die sich als solche ausweisen, und in den Fällen des § 3 auch dem Hauseigentümer Auskunft geben.

Entgelt

§ 7. (1) Der Hauseigentümer hat an den Hausbesorger für die nach den §§ 3 und 4 Abs. 1 zu erbringenden Dienstleistungen ein angemessenes Entgelt monatlich im nachhinein zu leisten.

(2) Ferner gebührt dem Hausbesorger ein Urlaubszuschuß in der Höhe des für den Monat Mai gebührenden Entgelts und eine Weihnachtsremuneration in der Höhe des für den Monat November gebührenden Entgelts. Der Urlaubszuschuß ist bei Antritt des Urlaubes, spätestens jedoch bis zum 30. Juni, die Weihnachtsremuneration spätestens bis zum 30. November eines jeden Jahres auszuzahlen. Beginnt oder endet das Dienstverhältnis während des Kalenderjahres, so gebühren dem Hausbesorger Urlaubszuschuß und Weihnachtsremuneration, entsprechend der in diesem Kalenderjahr zurückgelegten Dienstzeit, anteilsmäßig.

(3) Dem Hausbesorger ist eine Abrechnung, aus der die Berechnung und Höhe des monatlichen Bruttoentgeltes sowie die Abzüge zu ersehen sind, insbesondere dann auszuhändigen, wenn sich die Höhe des Brutto- oder Nettoentgelts ändert.

(4) Das Bundeseinigungsamt hat auf Antrag einer kollektivvertragsfähigen Körperschaft der Arbeitnehmer durch Mindestlohntarif die Höhe des Entgeltes gemäß Abs. 1 für die Dienstleistungen gemäß den §§ 3 und 4 Abs. 1 unter vergleichsweiser Heranziehung kollektivvertraglicher Lohnbestimmungen für im wesentlichen gleichartige Arbeitsverrichtungen zu regeln.

(BGBl I 2010/111)

(5) In diesem Mindestlohntarif ist festzusetzen, welche Beträge (Entgeltanteile) zu bezahlen sind:

a) für Wohnungen und
b) für andere Räumlichkeiten,
c) für das Reinigen der Gehsteige und deren Bestreuung bei Glatteis nach § 4 Abs. 1 Z 1 lit. e.

(BGBl 1971/314, BGBl I 2010/111)

(6) Die Entgeltanteile für Wohnungen und für andere Räumlichkeiten sind nach deren Nutzflächenausmaß, der Entgeltanteil für das Reinigen der Gehsteige und deren Bestreuung bei Glatteis pro m2 der zu reinigenden Flächen, in monatlich gleicher Höhe festzusetzen.

Materialkostenersatz

§ 8. Als Ersatz für die Kosten der Beschaffung der zu den Reinigungsarbeiten gemäß § 4 Abs. 1 Z 1 lit. a bis d erforderlichen Materialien hat das Bundeseinigungsamt auf Antrag einer kollektivvertragsfähigen Körperschaft der Arbeitnehmer durch Mindestlohntarif eine angemessene Vergütung (Materialkostenersatz) in Form eines monatlichen Zuschlages zu dem Entgelt gemäß § 7 Abs. 5 lit. a und b festzusetzen, den der Hauseigentümer an den Hausbesorger monatlich im nachhinein zu leisten hat. Dieser Zuschlag ist kein Bestandteil des Entgeltes.

(BGBl I 2010/111)

Betriebskosten

§ 9. (aufgehoben)

(BGBl 1985/55)

Sperrgeld

§ 10. (1) Wer in der vorgeschriebenen Sperrzeit die Dienste des Hausbesorgers oder des bestellten Vertreters zum Öffnen des Tores in Anspruch nimmt, hat hierfür an den Hausbesorger bzw. dessen Vertreter ein Sperrgeld zu entrichten.

(2) Das Ausmaß des Sperrgeldes ist in angemessener Höhe durch Mindestlohntarif des Bundeseinigungsamtes auf Antrag einer kollektivvertragsfähigen Körperschaft der Arbeitnehmer unter Bedachtnahme darauf festzusetzen, ob die Inanspruchnahme der Dienste des Hausbesorgers vor oder nach Mitternacht erfolgt.

(BGBl I 2010/111)

Mitwirkung der Interessenvertretungen

§ 11. Vor Erlassung von Mindestlohntarifen gemäß den §§ 7 Abs. 4, 8 und 10 sind die Interessenvertretungen der Hausbesorger, die Organisationen der Hauseigentümer und der auf Grund eines Vertrages mit diesen zur ständigen Nutzung von Teilen des Hauses berechtigten Personen (Mieter u. dgl.), sofern diesen Organisationen vermöge der Zahl ihrer Mitglieder und des Umfanges ihrer Tätigkeit eine maßgebende Bedeutung zukommt, zu hören.

(BGBl I 2010/111)

Anderweitiges Entgelt

§ 12. (1) Das Ausmaß der Entlohnung für andere Dienstleistungen (§ 4 Abs. 3) bleibt einer besonderen Vereinbarung überlassen. Die Bestimmungen des Arbeitsverfassungsgesetzes betreffend die Erlassung von Mindestlohntarifen bleiben unberührt.

(2) In Ermangelung einer Vereinbarung oder Festsetzung durch Mindestlohntarif ist für das Ausmaß der Entlohnung der Ortsgebrauch maßgebend. Dies gilt auch für das Entgelt nach § 7, den Materialkostenersatz nach § 8 sowie das Sperrgeld nach § 10.

(BGBl I 2010/111)

Dienstwohnung

§ 13. (1) Dem Hausbesorger ist eine den gesundheits-, bau- und feuerpolizeilichen Vorschriften entsprechende, für die dauernde Bewohnung bestimmte, baulich in sich abgeschlossene, normal ausgestattete Wohnung, die mindestens aus Zimmer, Küche, Vorraum, Klosett und Badegelegenheit (Baderaum oder Badenische) zu bestehen hat, als Dienstwohnung unentgeltlich einzuräumen.

(2) Die durch die normale Abnützung notwendige Instandhaltung der Dienstwohnung obliegt dem Hauseigentümer.

(3) Für die Kosten des Stromverbrauches hat der Hauseigentümer an den Hausbesorger einen monatlichen Pauschalbetrag zu leisten, der den Kosten eines Stromverbrauches von 16 kWh entspricht.

(4) Die Vornahme von Änderungen an der Dienstwohnung, die einer baubehördlichen Bewilligung nicht bedürfen und einem wichtigen Interesse des Hausbesorgers dienen, kann der Hauseigentümer nicht untersagen, falls durch die Änderung keine Schädigung für das Haus, für den Hauseigentümer oder die Hausbewohner herbeigeführt wird. Die Kosten hat der Hausbesorger zu tragen. Nach Beendigung des Dienstverhältnisses hat der Hausbesorger den früheren Zustand wieder herzustellen, wenn nicht ein Einverständnis über die Belassung erzielt wird.

(5) Steht dem Hausbesorger im Zeitpunkt der Begründung des Dienstverhältnisses eine der ihm sonst zustehenden Dienstwohnung (Abs. 1 und § 30) entsprechende Wohnung zur Verfügung, so kann er auf den Anspruch auf Dienstwohnung schriftlich verzichten.

(BGBl 1971/314)

(6) Hat der Hausbesorger auf den Anspruch auf Dienstwohnung gemäß Abs. 5 verzichtet, so gebührt ihm an Stelle dieses Sachbezuges ein monatliches Entgelt in der Höhe der für die Zwecke der Sozialversicherung festgesetzten Bewertungssätze.

Dienstverhinderung

§ 14. (1) Ist der Hausbesorger nach Antritt des Dienstes durch Krankheit (Unglücksfall) an der Leistung seiner Dienste verhindert, ohne dass er die Verhinderung vorsätzlich oder durch grobe Fahrlässigkeit herbeigeführt hat, so behält er seinen Anspruch auf das gesamte Entgelt (§§ 7, 12 und 13) bis zur Dauer von sechs Wochen. Der Anspruch auf Entgelt erhöht sich auf die Dauer von acht Wochen, wenn das Arbeitsverhältnis fünf Jahre, von zehn Wochen, wenn es fünfzehn Jahre und von zwölf Wochen, wenn es fünfundzwanzig Jahre ununterbrochen gedauert hat. Durch jeweils vier weitere Wochen behält der Hausbesorger den Anspruch auf das halbe Entgelt.

(BGBl I 2000/44)

(2) Kur- und Erholungsaufenthalte, Aufenthalte in Heil- und Pflegeanstalten, Rehabilitationszentren und Rekonvaleszentenheimen, die aus Gründen der Erhaltung, Besserung oder Wiederherstellung der Arbeitsfähigkeit von einem Träger der Sozialversicherung, einem Sozialministeriumservice oder einer Landesregierung aufgrund eines Behindertengesetzes auf deren Rechnung bewilligt oder angeordnet wurden, sind unbeschadet allfälliger Zuzahlungen durch den Versicherten (Beschädigten) der Arbeitsverhinderung gemäß Abs. 1 gleichzuhalten.

(BGBl I 2010/111, BGBl I 2013/138)

(3) Ist der Entgeltanspruch nach Abs. 1 und 2 innerhalb eines Dienstjahres ausgeschöpft, so gebührt bei einer weiteren Dienstverhinderung infolge Krankheit (Unglücksfall) innerhalb desselben Dienstjahres das gesamte Entgelt (§§ 7, 12 und 13) in der Höhe von 49 vH jeweils bis zur Dauer von 14 Tagen. Die Dauer dieses Entgeltanspruches erhöht sich auf 21 Tage, wenn das Dienstverhältnis zwei Jahre und auf 28 Tage, wenn das Dienstverhältnis fünf Jahre gedauert hat.

(4) Im Falle der Arbeitsverhinderung durch einen Arbeitsunfall oder eine Berufskrankheit im Sinne der Vorschriften über die gesetzliche Unfallversicherung gebührt das gesamte Entgelt (§§ 7, 12 und 13) ohne Rücksicht auf andere Zeiten einer Arbeitsverhinderung bis zur Dauer von acht Wochen. Der Anspruch auf das Entgelt erhöht sich auf die Dauer von zehn Wochen, wenn das Arbeitsverhältnis 15 Jahre ununterbrochen gedauert hat.

(5) Wird ein in Abs. 2 genannter Aufenthalt nach einem Arbeitsunfall oder einer Berufskrankheit bewilligt oder angeordnet, so richtet sich der Anspruch nach Abs. 4.

(BGBl 1974/399)

§ 14a. Die Bestimmungen des § 2 Abs. 3, 5 zweiter Satz und 7, der §§ 3, 4, 5, 6 und 7 sowie des Abschnittes 2 des Entgeltfortzahlungsgesetzes (EFZG), BGBl. Nr. 399/1974, sind anzuwenden.

(BGBl 1974/399, BGBl I 2000/44, BGBl I 2010/111)

§ 14b. (1) Für die Dauer der Beschäftigungsverbote gemäß § 3 Abs. 1 und 3 und des § 5 Abs. 1 des Mutterschutzgesetzes, BGBl. Nr. 221/1979, und einer Karenz nach dem MSchG oder Väter-Karenzgesetz (VKG), BGBl. Nr. 651/1989, entfällt der Entgeltanspruch nach §§ 7 und 12 und der Anspruch auf Materialkostenersatz gemäß § 8.

(BGBl 1992/833, BGBl I 2010/111)

(2) Für die Dauer einer Freistellung nach § 117 ArbVG und der erweiterten Bildungsfreistellung nach § 119 ArbVG entfällt der Anspruch auf Materialkostenersatz gemäß § 8. Der Anspruch auf Entgelt richtet sich nach den Bestimmungen der §§ 117 bis 119 ArbVG.

(BGBl 1985/55)

Urlaub

§ 15. (1) Dem Hausbesorger gebührt in jedem Dienstjahr ein ununterbrochener Urlaub, auf den die Vorschriften des Artikels I Abschnitt 1 des Bundesgesetzes vom 7. Juli 1976 betreffend die Vereinheitlichung des Urlaubsrechtes und die Einführung einer Pflegefreistellung, BGBl. Nr. 390, mit der Maßgabe anzuwenden sind, daß an Stelle des Urlaubsausmaßes von 30 Werktagen ein Urlaubsausmaß von 35 Kalendertagen und an Stelle des Urlaubsausmaßes von 36 Werktagen ein Urlaubsausmaß von 42 Kalendertagen tritt.[a)]

(BGBl 1976/390, BGBl 1983/81)

[a)] Tritt ab 1.4.1984 etappenweise in Kraft. Vgl. den Etappenplan in Art. VI BGBl 1983/81 im Anhang zum UrlG.

(2) Während des Urlaubes behält der Hausbesorger den Anspruch auf das gesamte Entgelt (§§ 7, 12 und 13).

Anderweitige Beschäftigung

§ 16. Dem Hausbesorger ist es gestattet, wenn nichts anderes schriftlich vereinbart worden ist, einen anderen Beruf auszuüben.

Vertretung

§ 17. (1) Ist der Hausbesorger verhindert, seinen Obliegenheiten nachzukommen, so hat er auf seine Kosten für eine Vertretung durch eine andere geeignete Person zu sorgen. Dies gilt solange nicht, als der Hausbesorger infolge einer plötzlich auftretenden Dienstverhinderung durch Krankheit oder Unfall dieser Pflicht nicht nachzukommen vermag; hierdurch wird jedoch eine besondere Pflicht des Hauseigentümers, für einen solchen Fall im voraus vorzusorgen, nicht begründet.

(2) In den Fällen der Dienstverhinderung wegen Krankheit oder Unfall (§ 14), des Urlaubes (§ 15) und der Bildungsfreistellung gemäß § 118 ArbVG hat der Hauseigentümer dem Hausbesorger die Kosten für die Vertretung bis zum Höchstausmaß des dem Hausbesorger sonst für diesen Zeitraum gebührenden durchschnittlichen Monatsbruttoentgelts zu ersetzen.

(BGBl 1985/55)

(3) Für die Dauer der Beschäftigungsverbote gemäß §§ 3 bis 5 Abs. 1 MSchG und der Karenz nach dem MSchG oder VKG, der Freistellung nach § 117 ArbVG und der erweiterten Bildungsfreistellung nach § 119 ArbVG hat der Hauseigentümer auf seine Kosten für eine Vertretung zu sorgen. Der Anspruch des Hausbesorgers auf Beibehaltung der Dienstwohnung bleibt unberührt. Vereinbarungen mit dem Hausbesorger über Tätigkeiten, die mit der Dienstwohnung in unmittelbarem Zusammenhang stehen, sind für die Zeiten des Karenzurlaubes, der Freistellung nach § 117 ArbVG und der erweiterten Bildungsfreistellung nach § 119 ArbVG zulässig.

(BGBl 1985/55, BGBl 1992/833, BGBl I 2010/111)

Endigung des Dienstverhältnisses durch Ablauf der Zeit und Kündigung

§ 18. (1) Die Befristung eines Dienstverhältnisses kann rechtswirksam nur schriftlich vereinbart werden. Ein befristetes Dienstverhältnis endet mit dem Ablauf der Zeit, für die es eingegangen worden ist.

(2) Ein Dienstverhältnis auf Probe kann rechtswirksam nur schriftlich und für die Höchstdauer von zwei Monaten vereinbart werden, in dieser Zeit kann es von beiden Teilen jederzeit ohne Angabe von Gründen gelöst werden. Soweit die Vereinbarung die Höchstdauer von zwei Monaten überschreitet, gilt sie hinsichtlich dieses Teiles als nicht gesetzt.

(3) Ist das Dienstverhältnis ohne Zeitbestimmung eingegangen oder fortgesetzt worden, so kann es von jedem Teil zum Ende eines Kalendermonats durch Kündigung gelöst werden.

(4) Die Kündigungsfrist beträgt

a) für den Hauseigentümer sechs Wochen und erhöht sich nach zehnjähriger Dauer des Dienstverhältnisses auf drei Monate,
b) für den Hausbesorger einen Monat.

(5) Die Kündigungsfristen nach Abs. 4 können durch Vereinbarung bis zu einem halben Jahr ausgedehnt werden, doch darf die vom Hauseigentümer einzuhaltende Frist nicht kürzer sein als die mit dem Hausbesorger vereinbarte Kündigungsfrist.

(6) Steht dem Hausbesorger eine Dienstwohnung (§ 13) zu, so kann der Hauseigentümer nur aus erheblichen Gründen kündigen. Solche liegen insbesondere vor,

a) wenn durch ein grobes Verschulden des Hausbesorgers ein Schaden für das Haus, für den Hauseigentümer oder die Hausbewohner herbeigeführt wird,
b) wenn sich der Hausbesorger dem Hauseigentümer, dessen Stellvertreter oder den Hausbewohnern gegenüber trotz vorheriger schriftlicher Verwarnung durch den Hauseigentümer fortgesetzt ungebührlich benimmt,
c) wenn der Hausbesorger im Dienste untreu ist, sich in seiner Tätigkeit ohne Wissen oder Willen des Hauseigentümers von dritten Personen unberechtigte Vorteile zuwenden läßt, oder wenn er sich einer Handlung schuldig macht, die ihn des Vertrauens des Hauseigentümers unwürdig erscheinen läßt,
d) wenn der Hausbesorgerposten überhaupt aufgelassen wird.

(7) Die Kündigung ist auch dann zulässig, wenn dem Hausbesorger gleichzeitig vom Hauseigentümer eine andere entsprechende Wohnung zur Verfügung gestellt wird, die den gesundheits-, bau- und feuerpolizeilichen Vorschriften entspricht und zur Befriedigung des Wohnbedürfnisses des Hausbesorgers und der mit ihm im gemeinsamen Haushalt wohnenden Personen ausreicht. Das Anbieten einer mit einem anderen Hausbesorgerposten verbundenen Dienstwohnung ist nicht als geeigneter Ersatz anzusehen.

Vorzeitige Auflösung des Dienstverhältnisses

§ 19. (1) Das Dienstverhältnis kann, wenn es für bestimmte Zeit eingegangen wurde, vor Ablauf dieser Zeit, sonst aber ohne Einhaltung einer Kündigungsfrist von jedem Teile aus wichtigen Gründen gelöst werden.

(2) In einem solchen Fall hat der Hausbesorger die Dienstwohnung binnen 14 Tagen zu räumen.

Entlassungsgründe

§ 20. Als ein wichtiger Grund (§ 19), der den Hauseigentümer zur Entlassung berechtigt, ist es insbesondere anzusehen:

1. wenn der Hausbesorger ein Verbrechen oder sonst eine von Amts wegen zu verfolgende strafbare Handlung aus Gewinnsucht oder gegen die öffentliche Sittlichkeit begeht;
2. wenn der Hausbesorger sich einer strafbaren Handlung gegen das Eigentum, die Sittlich-

keit oder die körperliche Sicherheit gegen den Hauseigentümer, dessen Stellvertreter oder einen Hausbewohner schuldig macht, sofern es sich nicht um Fälle handelt, die nach den Umständen als geringfügig zu bezeichnen sind; dem Verhalten des Hausbesorgers steht, insoweit er es unterließ, nach Aufforderung durch den Hauseigentümer die ihm mögliche Abhilfe zu schaffen, das Verhalten der in der Wohnung des Hausbesorgers wohnenden Personen gleich;
3. wenn der Hausbesorger sich einer strafbaren Handlung gegen die Sicherheit der Ehre des Hauseigentümers, dessen Stellvertreters oder deren Angehöriger schuldig macht, sofern es sich nicht um Fälle handelt, die nach den Umständen als geringfügig zu bezeichnen sind;
4. wenn der Hausbesorger wesentliche Vertragspflichten gröblich und trotz vorheriger schriftlicher Verwarnung durch den Hauseigentümer beharrlich vernachlässigt;
5. wenn der Hausbesorger seine Stellung zur Vereitlung der im öffentlichen Interesse getroffenen Wohnungsfürsorgemaßnahmen aus Gewinnsucht mißbraucht.

Austrittsgründe

§ 21. Als ein wichtiger Grund (§ 19), der den Hausbesorger zum Austritt berechtigt, ist es insbesondere anzusehen:
1. wenn sich der Hauseigentümer strafbarer Handlungen gegen die Sicherheit der Ehre, die körperliche Sicherheit oder Verletzungen der Sittlichkeit gegen den Hausbesorger oder dessen Angehörige zuschulden kommen läßt oder es verweigert, den Hausbesorger gegen solche Handlungen des Stellvertreters oder eines Angehörigen des Hauseigentümers oder eines Hausbewohners zu schützen, sofern es sich nicht um Fälle handelt, die nach den Umständen als geringfügig anzusehen sind;
2. wenn der Hauseigentümer das dem Hausbesorger zukommende Entgelt ungebührlich verkürzt oder vorenthält, insbesondere wenn er fällige Forderungen trotz Aufforderung nicht spätestens acht Tage nach der Aufforderung bezahlt, dem Hausbesorger die eingeräumte Wohnung schmälert oder andere wesentliche Vertragsbestimmungen verletzt.

Verfahren bei Auflösung des Dienstverhältnisses

§ 22. (1) Ist dem Hausbesorger eine Dienstwohnung gemäß § 13 Abs. 1 eingeräumt, so hat die Kündigung (§ 18) des Dienstverhältnisses durch den Hauseigentümer gerichtlich zu erfolgen. Hiebei sind die Bestimmungen der §§ 562 bis 564 und 567 bis 575 ZPO. über das Verfahren bei Streitigkeiten aus Bestandverträgen sinngemäß anzuwenden. Der die Kündigung erklärende Hauseigentümer hat in dieser Erklärung die Gründe hiefür kurz anzuführen; andere Gründe kann er später nicht geltend machen.

(2) Die Frist zur Erhebung von Einwendungen beträgt 14 Tage von der Zustellung an gerechnet.

(3) Die gemäß Abs. 1 ergehenden gerichtlichen Aufträge bilden unter den Voraussetzungen des § 1 Z 4 EO. einen Exekutionstitel.

Verlängerung der Räumungsfrist

§ 23. (1) Kann ein Hausbesorger in den Fällen der §§ 18 bis 21 für die von ihm zu räumende Dienstwohnung keinen oder nur einen offenbar unzulänglichen Ersatz finden, so hat ihm das Bezirksgericht, in dessen Sprengel das Haus liegt, auf Antrag eine Verlängerung der Räumungsfrist zu bewilligen, wenn die besonderen Umstände des Falles eine solche Verzögerung der Räumung ohne unverhältnismäßige Nachteile für das Haus, den Hauseigentümer oder die Hausbewohner zulassen.

(2) Der Antrag ist in den Fällen des § 18 spätestens 14 Tage, in den Fällen der §§ 20 und 21 spätestens vier Tage vor Ablauf der Räumungsfrist zu stellen. Das Gericht hat darüber den Hauseigentümer einzuvernehmen und nach den Bestimmungen der Exekutionsordnung zu entscheiden. Das Verfahren ist tunlichst zu beschleunigen.

(3) Die Verlängerung der Räumungsfrist ist bis zu einem kalendermäßig bestimmten Termin, und zwar in den Fällen der §§ 18 und 21 um höchstens fünf Monate, in den Fällen des § 20 um höchstens vier Wochen zu bewilligen.

(4) Die Verlängerung ist auf Antrag des Hauseigentümers auf einen Teil der Wohnung zu beschränken, wenn es zur Unterbringung des nachfolgenden Hausbesorgers und seiner Einrichtung notwendig ist.

(5) Während der Dauer der Verlängerung der Räumungsfrist steht es dem Hauseigentümer frei, die Weiterleistung der Hausbesorgerdienste gegen Fortleistung des Entgeltes vom Hausbesorger zu verlangen. In diesem Falle ist Abs. 4 nicht anzuwenden. Verweigert der Hausbesorger während der Dauer der Verlängerung die Dienste oder tritt ein Grund ein, der den Hauseigentümer gemäß § 20 zur Entlassung berechtigt, so ist auf dessen Antrag nach Einvernehmung des Hausbesorgers (§ 56 EO.) die Verlängerung zu widerrufen und, wenn die ursprüngliche Räumungsfrist bereits abgelaufen ist, eine neue Räumungsfrist zu bestimmen, die auf das zur freiwilligen Räumung unbedingt erforderliche Ausmaß zu beschränken ist.

(6) Die Rechtsmittelfrist gegen Beschlüsse nach Abs. 1 bis 5 beträgt 14 Tage.

(7) Gegen die Entscheidung des Gerichtes zweiter Instanz über einen Antrag auf Verlängerung der Räumungsfrist oder auf Widerruf der Verlängerung findet kein Rechtsmittel statt.

(8) In diesem Verfahren findet kein Kostenersatz zwischen den Parteien statt.

(9) Die Frist, mit deren Ablauf gemäß § 575 letzter Absatz ZPO. Exekutionstitel auf Räumung außer Kraft treten, beträgt für die Dienstwohnung des Hausbesorgers sechs Monate.

Räumungsfrist nach dem Tod des Hausbesorgers

§ 24. (1) Stirbt der Hausbesorger, so ist die Dienstwohnung von den Hinterbliebenen zu räumen.

(2) Die Räumungsfrist beträgt einen Monat, wenn das Dienstverhältnis des verstorbenen Hausbesorgers ohne Unterbrechung weniger als fünf Jahre gedauert hat. Sie erhöht sich auf zwei Monate, wenn das Dienstverhältnis ohne Unterbrechung fünf Jahre, auf drei Monate, wenn es zehn Jahre gedauert hat.

(3) Die Räumungsfrist beträgt unter der Voraussetzung, daß die Hinterbliebenen die Hausbesorgerdienste weiter verrichten, drei Monate. Sie erhöht sich auf fünf Monate, wenn das Dienstverhältnis des verstorbenen Hausbesorgers zwei Jahre gedauert hat.

(4) Der Lauf der Räumungsfrist gemäß Abs. 2 und 3 beginnt mit dem Tag des Todes des Hausbesorgers. Die Räumungsfrist kann gerichtlich verlängert werden. Hiebei finden die Bestimmungen, die im § 23 für die Verlängerung der Räumungsfrist im Falle der Kündigung (§ 18) vorgesehen sind, sinngemäß Anwendung.

(5) Der Hauseigentümer kann die sofortige Räumung eines Teiles der Wohnung verlangen, soweit es zur Unterbringung des nachfolgenden Hausbesorgers und seiner Einrichtung erforderlich ist. Dieses Recht steht jedoch dem Hauseigentümer so lange nicht zu, als die Hinterbliebenen die Hausbesorgerdienste gegen Fortleistung des Entgeltes verrichten.

Zeugnis

§ 25. Der Hauseigentümer ist verpflichtet, dem Hausbesorger bei Beendigung des Dienstverhältnisses ein schriftliches Zeugnis über die Dauer und Art der Dienstleistung auszustellen. Andere Angaben darf das Zeugnis nicht enthalten.

Sicherstellung

§ 26. (1) Dem Hauseigentümer ist es verboten, Sicherstellungen vom Hausbesorger zu verlangen oder entgegenzunehmen, es sei denn, daß der Hausbesorger vom Hauseigentümer auf Grund einer Vereinbarung mit der Einhebung des Mietzinses betraut ist. In diesem Falle kann der Hauseigentümer zur Sicherstellung des Mietzinses eine dem anvertrauten Betrage entsprechende Sicherstellung in Form vinkulierter Wertpapiere oder solcher Einlagebücher verlangen.

(2) Sicherstellungen, die entgegen den Vorschriften dieses Bundesgesetzes geleistet wurden, können vom Hausbesorger jederzeit zurückgefordert werden.

Rechtsunwirksame Vereinbarungen

§ 27. Vereinbarungen, wonach jemand für die Überlassung eines Hausbesorgerpostens dem Hauseigentümer, dem allfälligen früheren Hausbesorger oder sonst jemandem etwas zu leisten hat, sind rechtsunwirksam.

Zwingende Vorschriften

§ 28. Die Rechte, die dem Hausbesorger auf Grund der Bestimmungen des § 4 Abs. 3, der §§ 7, 8 und 10, des § 13 – sofern nicht gemäß dessen Absatz 5 auf den Anspruch auf Dienstwohnung schriftlich verzichtet wurde –, der §§ 14, 15, 17 Abs. 2, 18, 19, 21 und 23 bis 26 zustehen, können durch Vereinbarung weder aufgehoben noch beschränkt werden.

Bestehende Entgeltansprüche

§ 29. Durch das Inkrafttreten dieses Bundesgesetzes werden bestehende, für den Hausbesorger günstigere Entgeltansprüche nicht berührt.

(BGBl 1971/314)

Übergangsbestimmungen

§ 30. (1) Dieses Bundesgesetz ist, mit Ausnahme der Bestimmung über die Mindestzahl der Räume (§ 13 Abs. 1), aus denen die Dienstwohnung des Hausbesorgers zu bestehen hat, auch auf Dienstverträge anzuwenden, die am Tage seines Inkrafttretens schon bestehen.

(2) Die Bestimmung über die Mindestgröße und Mindestausstattung der Dienstwohnung (§ 13 Abs. 1) findet Anwendung auf Gebäude, für die die Baubewilligung nach Inkrafttreten dieses Bundesgesetzes erteilt wird.

(3) Dienstwohnungen in Gebäuden, für die die Baubewilligungen nach dem Inkrafttreten des Bundesgesetzes vom 23. Jänner 1957, BGBl. Nr. 27, das ist der 1. April 1957, erteilt wurden, oder Dienstwohnungen in Gebäuden, in denen nach diesem Zeitpunkt ein Hausbesorgerposten neu geschaffen wurde, haben aus mindestens einem Wohn- und einem Kochraum zu bestehen.

Verweisungen

§ 30a. Soweit in diesem Bundesgesetz auf andere Bundesgesetze verwiesen wird, sind diese in der jeweils geltenden Fassung anzuwenden.

(BGBl I 2010/111)

Schlußbestimmungen

§ 31. (1) Dieses Bundesgesetz tritt am 1. Juli 1970 in Kraft.

(1a) Die §§ 14b Abs. 1 und 17 Abs. 3, in der Fassung des BGBl. Nr. 833/1992, treten mit 1. Jänner 1993 in Kraft.

(BGBl 1992/833)

(1b) § 14a in der Fassung des Bundesgesetzes BGBl. I Nr. 44/2000 tritt mit 1. Juli 2000 in Kraft.

(1c) § 14 Abs. 1 in der Fassung des Bundesgesetzes BGBl. I Nr. 44/2000 tritt mit 1. Jänner 2001 in Kraft und ist auf Arbeitsverhinderungen anzuwenden, die in nach dem 31. Dezember 2000 begonnenen Arbeitsjahren eingetreten sind.

(BGBl I 2000/44)

(2) Verordnungen zu diesem Bundesgesetz können vor dem im Abs. 1 bezeichneten Zeitpunkt

erlassen werden; sie treten frühestens gleichzeitig mit diesem Bundesgesetz in Kraft.

(3) Mit Inkrafttreten dieses Bundesgesetzes verlieren insbesondere ihre Wirksamkeit:

a) die Hausbesorgerordnung 1957, BGBl. Nr. 154,

b) das Bundesgesetz vom 16. Dezember 1964, BGBl. Nr. 308, mit dem die Hausbesorgerordnung 1957 neuerlich abgeändert wird, und

c) die auf Grund des § 7 Abs. 2 bis 5 und des § 24 Abs. 2 der Hausbesorgerordnung 1957 erlassenen Verordnungen der Landeshauptleute.

(4) Mit der Vollziehung dieses Bundesgesetzes ist hinsichtlich der §§ 22 und 23 mit Ausnahme des Abs. 5 erster Satz und § 24 Abs. 4 der Bundesminister für Justiz, im übrigen der Bundesminister für Arbeit, Soziales und Konsumentenschutz betraut.

(BGBl 1985/55, BGBl I 2010/111)

(5) Dieses Bundesgesetz ist auf Dienstverhältnisse, die nach dem 30. Juni 2000 abgeschlossen werden, nicht mehr anzuwenden. Es ist jedoch einschließlich künftiger Änderungen weiterhin auf Dienstverhältnisse anzuwenden, die vor dem 1. Juli 2000 abgeschlossen wurden.

(BGBl I 2000/36)

(6) § 7 Abs. 4 und 5, § 8, § 10 Abs. 2, § 11 und § 12 Abs. 2, in der Fassung des Budgetbegleitgesetzes 2011, BGBl. I Nr. 111/2010, treten mit 1. Juli 2011 in Kraft. Gleichzeitig tritt § 7 Abs. 7 außer Kraft.

(7) Mindestlohntarife nach § 7 Abs. 4, § 8, § 10 Abs. 2 und § 12 Abs. 1, in der Fassung des Budgetbegleitgesetzes 2011, BGBl. I Nr. 111/2010, können bereits ab dem 1. Juli 2011 erlassen werden. Sie dürfen jedoch frühestens mit dem 1. Jänner 2012 in Kraft treten.

(8) Die bestehenden aufgrund des § 7 Abs. 4 bis 7 sowie der §§ 8 und 10 Abs. 2 erlassenen Verordnungen der Landeshauptleute treten mit Inkrafttreten jener Änderungen der bestehenden Mindestlohntarife des Bundeseinigungsamtes außer Kraft, mit denen die Regelung des Entgelts nach § 7, des Materialkostenersatzes nach § 8 sowie des Sperrgelds nach § 10 erfolgen.

(BGBl I 2010/111)

25. HAUSGEHILFEN- UND HAUSANGESTELLTENGESETZ

Inhaltsverzeichnis

25/1. Hausgehilfen- und Hausangestelltengesetz

Hausgehilfen- und Hausangestelltengesetz, BGBl 1962/235 idF

1 BGBl 1965/104	**2** BGBl 1969/94	**3** BGBl 1969/462
4 BGBl 1971/317	**5** BGBl 1971/471	**6** BGBl 1974/399
7 BGBl 1976/390	**8** BGBl 1978/342	**9** BGBl 1983/81
10 BGBl 1986/563	**11** BGBl 1992/833	**12** BGBl 1993/335
13 BGBl 1993/459	**14** BGBl 1993/502	**15** BGBl 1993/917
16 BGBl I 2000/44	**17** BGBl I 2001/98	**18** BGBl I 2002/100
19 BGBl I 2017/153	**20** BGBl I 2018/100	

GLIEDERUNG

HausgG

STICHWORTVERZEICHNIS

Hausgehilfen- und Hausangestelltengesetz

Der Nationalrat hat beschlossen:

Abschnitt I
Geltungsbereich

§ 1. (1) Die Bestimmungen dieses Bundesgesetzes gelten für das Dienstverhältnis von Dienstnehmern, die Dienste für die Hauswirtschaft des Dienstgebers oder für Mitglieder seines Hausstandes zu leisten haben, gleichgültig, ob sie in die Hausgemeinschaft aufgenommen sind oder nicht.

(2) Dienstnehmer im Sinne des Abs. 1 sind auch solche Personen, die Dienste höherer Art zu leisten haben (Hausangestellte).

(3) Bei Anwendung des Gesetzes macht es keinen Unterschied, ob die Hauswirtschaft von einer physischen Person oder von einer juristischen Person für deren Mitglieder oder dritte Personen geführt wird. Das Gesetz findet jedoch keine Anwendung auf das Dienstverhältnis von Dienstnehmern juristischer Personen, wenn dieses durch Kollektivvertrag geregelt ist.

(BGBl 1978/342, BGBl 1992/833)

(4) Die Bestimmungen dieses Bundesgesetzes gelten nicht für

a) Dienstverhältnisse von Dienstnehmern, die neben den im Abs. 1 angeführten Dienstleistungen regelmäßig, wenn auch geringfügig, Dienstleistungen für eine gewerblichen, land- und forstwirtschaftlichen oder sonstigen Erwerbszwecken dienende Tätigkeit des Dienstgebers leisten und ihr Dienstverhältnis auf Grund dieser Dienstleistung bereits durch ein arbeitsrechtliches Sondergesetz geregelt ist;
b) Dienstverhältnisse der in Abs. 1 bis 3 geregelten Art, wenn der Dienstnehmer in einem Dienstverhältnis steht
   1. zum Bund, zu einem Land, zu einem Gemeindeverband, zu einer Gemeinde

oder zu einem Betrieb, zu einer Stiftung, zu einem Fonds oder zu einer Anstalt, sofern diese Einrichtungen von Organen einer der genannten Gebietskörperschaften oder von Personen verwaltet werden, die hierzu von solchen Gebietskörperschaften bestellt sind,

2. zu einer sonstigen öffentlich-rechtlichen Körperschaft oder zu einem Betrieb, zu einer Stiftung, zu einem Fonds oder zu einer Anstalt, sofern diese Einrichtungen von Organen einer dieser Körperschaften oder von Personen verwaltet werden, die hiezu von solchen Körperschaften bestellt sind;

c) Dienstverhältnisse der in den Abs. 1 und 2 geregelten Art, wenn der Dienstnehmer in einer Heil- oder Pflegeanstalt beschäftigt ist, auch wenn sie nicht von einer Gebietskörperschaft oder einer sonstigen öffentlich-rechtlichen Körperschaft geführt werden.

(BGBl 1992/833)

Abschnitt II
Allgemeine Bestimmungen

Abschluß und Inhalt des Dienstvertrages

§ 2. (1) Bei Begründung des Dienstverhältnisses sind die wesentlichen Rechte und Pflichten aus dem Dienstverhältnis in einem Dienstschein laut Muster (Anlage zu diesem Bundesgesetz) aufzuzeichnen. Der Dienstschein ist vom Dienstgeber und vom Dienstnehmer, bei Jugendlichen von dessen gesetzlichem Vertreter, zu unterschreiben; eine Gleichschrift desselben ist dem Dienstnehmer auszuhändigen. Diese Vorschriften gelten auch für Abänderungen und Ergänzungen der im Dienstschein aufgezeichneten Rechte und Pflichten. Dienstscheine sind von Stempeln und Rechtsgebühren befreit.

(2) Bei Begründung des Dienstverhältnisses hat der Dienstgeber dem Dienstnehmer eine Ausfertigung dieses Bundesgesetzes in jeweils geltender Fassung sowie allfällige anzuwendende Kollektivverträge oder Mindestlohntarife oder ein von der gesetzlichen Interessenvertretung der Dienstnehmer aufgelegtes Merkblatt über den Dienstvertrag der Hausgehilfen auszuhändigen.

(3) Der Dienstnehmer hat die Dienste in eigener Person zu leisten und den durch den Gegenstand der Dienstleistung gerechtfertigten Anordnungen des Dienstgebers zu entsprechen. Er hat die seiner Obsorge anvertrauten Personen und Sachen pflichtgemäß zu behandeln, im Rahmen des Dienstverhältnisses die Interessen des Dienstgebers wahrzunehmen und die Gebote der Sittlichkeit zu beachten. Er ist ferner zur Verschwiegenheit über alle Wahrnehmungen verpflichtet, die das Familienleben des Dienstgebers und der übrigen Angehörigen seines Hausstandes betreffen.

Entgelt

§ 3. (1) Die Geldbezüge sind im nachhinein, spätestens am Letzten des Kalendermonates, zu bezahlen. Ein vereinbartes Kostgeld ist halbmonatlich im voraus zu bezahlen. In jedem Fall wird das bereits verdiente Entgelt aber mit der Beendigung des Dienstverhältnisses fällig.

(2) Sind Sachleistungen nach den Vorschriften dieses Bundesgesetzes in Geld abzugelten, so sind der Berechnung dieser Sachleistungen, sofern keine günstigere Regelung besteht, die für Zwecke der Sozialversicherung festgelegten Bewertungssätze zugrunde zu legen.

§ 4. (1) Wird dem in die Hausgemeinschaft aufgenommenen Dienstnehmer ein eigener Wohnraum zur Verfügung gestellt, muß er den gesundheits-, bau- und feuerpolizeilichen Vorschriften entsprechen und so beschaffen sein, daß die Sittlichkeit des Dienstnehmers nicht gefährdet ist; er muß in der Zeit, während der es die Außentemperatur erfordert, heizbar, von innen und außen abschließbar sein und die erforderliche Einrichtung, insbesondere auch einen versperrbaren Kasten, enthalten.

(2) Kann dem Dienstnehmer kein eigener Wohnraum, sondern nur eine Schlafstelle zur Verfügung gestellt werden, so gilt hinsichtlich des Raumes, in dem sich die Schlafstelle befindet, die Vorschrift des Abs. 1; er muß jedoch nur von innen abschließbar sein.

(3) Dienstnehmer, deren Entgelt auch aus Verpflegung besteht, müssen eine gesunde und hinreichende Kost erhalten, die in der Regel der der erwachsenen gesunden Familienmitglieder entspricht.

Arbeitszeit und Entlohnung von Mehrarbeit

§ 5. (1) Die Arbeitszeit einschließlich der Zeit, während der sich der Dienstnehmer zur Erbringung seiner Dienstleistung bereithalten muß, darf in zwei Kalenderwochen folgendes Ausmaß nicht überschreiten:

1. Für die in die Hausgemeinschaft des Dienstgebers aufgenommenen Dienstnehmer
   a) die das 18. Lebensjahr noch nicht vollendet haben
      ab 5.1.1970 106 Stunden,
      ab 3.1.1972 104 Stunden,
      ab 6.1.1975 100 Stunden;
   b) die das 18. Lebensjahr vollendet haben
      ab 5.1.1970 116 Stunden,
      ab 3.1.1972 114 Stunden,
      ab 6.1.1975 110 Stunden;
2. Für die nicht in die Hausgemeinschaft des Dienstgebers aufgenommenen Dienstnehmer
   c) die das 18. Lebensjahr noch nicht vollendet haben
      ab 5.1.1970 84 Stunden,
      ab 3.1.1972 82 Stunden,
      ab 6.1.1975 80 Stunden;

HausgG

d) die das 18. Lebensjahr vollendet haben

ab 5.1.1970	92 Stunden,
ab 3.1.1972	90 Stunden,
ab 6.1.1975	86 Stunden;

Das Entgelt der Dienstnehmer darf aus Anlaß der gemäß den vorstehenden Z 1 oder 2 eintretenden Arbeitszeitverkürzung nicht verkürzt werden (Lohnausgleich).

(BGBl 1969/462)

(2) Die tägliche Arbeitszeit ist einvernehmlich zwischen dem Dienstgeber und dem Dienstnehmer unter Berücksichtigung der im § 6 getroffenen Regelungen so einzuteilen, daß dem Dienstnehmer die in den Abs. 3 und 4 vorgesehenen Ruhezeiten und Ruhepausen gewährleistet sind.

(3) Dienstnehmern, die in die Hausgemeinschaft des Dienstgebers aufgenommen sind und das 18. Lebensjahr vollendet haben, ist eine Ruhezeit von mindestens 10 Stunden, die die Zeit von 21 Uhr bis 6 Uhr einschließt, und denjenigen, die das 18. Lebensjahr noch nicht vollendet haben, e-ine Ruhezeit von mindestens 12 Stunden, die die Zeit von 20 Uhr bis 7 Uhr einschließt, zu gewähren. Die tägliche Arbeitszeit ist außerdem durch Ruhepausen von insgesamt mindestens 3 Stunden zu unterbrechen, wovon jedoch mindestens zweimal 30 Minuten ohne Unterbrechung zur Einnahme der Hauptmahlzeiten zu gewähren sind.

(4) Dienstnehmern, die in die Hausgemeinschaft des Dienstgebers nicht aufgenommen sind und das 18. Lebensjahr vollendet haben, ist eine Ruhezeit von mindestens 13 Stunden, die die Zeit von 21 Uhr bis 6 Uhr einschließt, und denjenigen, die das 18. Lebensjahr noch nicht vollendet haben, eine Ruhezeit von mindestens 15 Stunden, die die Zeit von 20 Uhr bis 7 Uhr einschließt, zu gewähren. Die tägliche Arbeitszeit ist außerdem, insofern sie mehr als 4 1/2 Stunden beträgt, durch eine oder mehrere im voraus festgelegte Ruhepausen im nachstehend angeführten Mindestausmaß zu unterbrechen. Diese Ruhepausen müssen mindestens betragen

bei einer Arbeitszeit von

mehr als 4 1/2 Stunden
bis zu 6 Stunden — 20 Minuten,

bei einer Arbeitszeit von

mehr als 6 Stunden
bis zu 8 Stunden — 30 Minuten,

bei einer Arbeitszeit von

8 bis 9 Stunden — 45 Minuten,

bei einer Arbeitszeit von

mehr als 9 Stunden — 60 Minuten.

(5) Eine Überschreitung der sich aus Abs. 1 ergebenden Arbeitszeit ist nur in Ausnahmefällen zulässig. Wird für diese Mehrarbeitsleistung ein Ausgleich an Ruhezeit innerhalb der nächsten 2 Kalenderwochen nicht gewährt, dann ist diese Mehrarbeitsleistung besonders zu entlohnen. Als Entlohnung ist das auf diese Arbeitszeit entfallende Entgelt zuzüglich eines Zuschlages zu leisten, dessen Höhe in den jeweils geltenden Mindestlohntarifen festzusetzen ist. Das gleiche gilt für die Mehrarbeit an einem Sonntag oder einem gesetzlichen Feiertag, wenn für diese Mehrarbeit kein Ausgleich durch Freizeit gewährt wird.

(6) Eine Beeinträchtigung der Ruhepausen oder der Nachtruhe gemäß Abs. 3 und 4 ist nur gestattet, wenn die Arbeitsleistung des Dienstnehmers während dieser Zeiten aus dringenden, unaufschiebbaren oder unabwendbaren Gründen benötigt wird. Für diese geleistete Arbeit gebührt ein Zuschlag, gleichgültig, ob für die Verkürzung der Ruhepausen oder der Nachtruhe ein Zeitausgleich gewährt wird oder nicht. Die Höhe dieser Zuschläge wird in den jeweils geltenden Mindestlohntarifen festgesetzt.

(7) Wenn dem Hausstand des Dienstgebers Kleinkinder, das sind Kinder bis zum vollendeten dritten Lebensjahr, angehören oder wenn der Dienstgeber selbst oder andere Mitglieder seines Hausstandes derart körperbehindert sind, daß sie einer ständigen Betreuung bedürfen, die auf andere Weise nicht sichergestellt ist, dann können von den Bestimmungen der Abs. 1 und 2 abweichende Arbeitszeiten, von den Bestimmungen des § 6 Abs. 1 abweichende Freizeiten und von den Bestimmungen der Abs. 3 und 4 abweichende Ruhepausen und Ruhezeiten vereinbart werden. Durch eine solche Vereinbarung darf jedoch die Arbeitszeit das in den Abs. 1 und 2 festgelegte Ausmaß innerhalb zweier aufeinanderfolgender Wochen um nicht mehr als 18 Stunden überschreiten. Das für Ruhepausen, Ruhezeiten und Freizeiten jeweils vorgesehene Gesamtausmaß darf hiebei nicht unterschritten werden. Für die Entlohnung der hiebei geleisteten Mehrarbeit gelten die Bestimmungen der Abs. 5 und 6. Solche Vereinbarungen gelten jedoch nur dann, wenn sie in schriftlicher Form im Dienstschein (§ 2 Abs. 1) getroffen wurden.

(8) Dienstnehmer, die von mehreren Dienstgebern beschäftigt werden, haben diese Tatsache jedem ihrer Dienstgeber mitzuteilen.

Freizeit und Entgelt für Feiertagsarbeit

§ 6. (1) Den Dienstnehmern gebührt in jeder Woche an einem zu vereinbarenden Werktag eine spätestens um 14 Uhr beginnende Freizeit, die bis zum Beginn der Arbeitszeit am nächstfolgenden Tag zu dauern hat. An diesem Tag entfallen die Ruhepausen nach § 5 Abs. 3 und 4. Weiters gebührt einmal in 2 Wochen ein arbeitsfreier Sonntag. Diese Freizeit beginnt mit der Beendigung der Arbeitszeit am Samstag und hat bis zum Beginn der Arbeitszeit am Montag zu dauern.

(2) An Sonntagen, die nicht arbeitsfrei sind, sowie an gesetzlichen Feiertagen darf die Arbeitszeit 6 Stunden nicht übersteigen. An diesen Tagen entfallen die Ruhepausen nach § 5 Abs. 3 und 4. Wird der Dienstnehmer an einem Sonntag, der für ihn an sich arbeitsfrei wäre, zu Dienstleistungen herangezogen, so hat der folgende Sonntag für ihn zur

Gänze arbeitsfrei zu bleiben, ungeachtet der Dauer der Arbeitsleistung am vorausgehenden Sonntag.

(3) Nimmt ein Dienstnehmer während einer Freizeit nach Abs. 1 und 2 Sachleistungen nicht in Anspruch, so sind ihm diese nach den Bestimmungen des § 3 Abs. 2 in Geld abzugelten, vorausgesetzt, daß er die Nichtinanspruchnahme dieser Sachleistungen dem Dienstgeber rechtzeitig mitgeteilt hat.

(4) Dem Dienstnehmer ist die zur Erfüllung seiner religiösen Pflichten erforderliche Zeit einzuräumen. Diese Zeit ist im Einvernehmen zwischen Dienstgeber und Dienstnehmer festzulegen und darf weder in die in den Abs. 1 und 2 vorgesehenen Freizeiten, noch in die nach § 5 Abs. 3 und 4 gebührenden Ruhepausen und Ruhezeiten eingerechnet werden.

(5) Für an gesetzlichen Feiertagen geleistete Arbeit ist ein Entgelt zu leisten, das nach den Bestimmungen der Verordnung über die Lohnzahlung an Feiertagen, StGBl. Nr. 212/1945, zu berechnen ist.

Schutz jugendlicher und minderjähriger Dienstnehmer

§ 7. (1) Bei Verwendung Jugendlicher ist auf ihre Körperkräfte besondere Rücksicht zu nehmen. Der Dienstgeber ist verpflichtet, jene Maßnahmen zur Wahrung der Sittlichkeit zu treffen, die durch Alter und Geschlecht des Jugendlichen geboten sind. Bei Dienstantritt ist der Jugendliche auf die mit der Dienstleistung allenfalls verbundenen Gefahren aufmerksam zu machen und über die zur Abwendung dieser Gefahren getroffenen Einrichtungen und deren Benützung zu unterweisen.

(2) Zur Überwachung des Gesundheitszustandes ist der Jugendliche halbjährlich mindestens einmal einer ärztlichen Untersuchung zu unterziehen.

(3) Die Erziehungsberechtigten können ihre Erziehungsgewalt über den Dienstnehmer, mit Ausnahme des Züchtigungsrechtes, an volljährige Dienstgeber übertragen.

Fürsorgepflicht

§ 8. Der Dienstgeber hat bei der Regelung der einzelnen Dienstleistungen dafür zu sorgen, daß weder die verlangten Verrichtungen noch die Arbeitsgeräte und Arbeitsräume das Leben, die Gesundheit, die Sittlichkeit und das Eigentum des Dienstnehmers gefährden. Bei Erfüllung dieser Pflicht hat der Dienstgeber auf das Lebensalter, das Geschlecht und den allgemeinen Zustand des Dienstnehmers entsprechend Rücksicht zu nehmen.

Urlaub

§ 9. (1) Dem Dienstnehmer gebührt in jedem Dienstjahr ein ununterbrochener Urlaub, auf den, soweit im folgenden nicht anderes bestimmt ist, die Vorschriften des Art. I Abschnitt 1 des Bundesgesetzes vom 7. Juli 1976 betreffend die Vereinheitlichung des Urlaubsrechtes und die Einführung einer Pflegefreistellung, BGBl. Nr. 390, anzuwenden sind.

(2) Während des Urlaubes gebührt dem Dienstnehmer neben den auf die Urlaubszeit entfallenden, nach § 3 Abs. 2 abzugeltenden Sachleistungen und auf den gleichen Zeitraum entfallenden Geldbezügen ein Urlaubszuschuß. Dieser Zuschuß beträgt bei einer für den Urlaubsanspruch anrechenbaren Dienstzeit von weniger als 20 Jahren das Zweifache und nach Vollendung des 20. Jahres das Zweieinhalbfache der monatlichen Geldbezüge.

(BGBl 1983/81)

(2a) (aufgehoben)

(BGBl 1993/335, BGBl I 2018/100)

(3) Wird der Urlaub an einem Montag angetreten oder endet er an einem Samstag, so hat dem Urlaubsbeginn oder dem Urlaubsende der arbeitsfreie Sonntag (§ 6 Abs. 1) voranzugehen oder nachzufolgen. An Sonntagen oder gesetzlichen Feiertagen, die in den Urlaub fallen, ist der Dienstnehmer von der Dienstleistung befreit.

(BGBl 1976/390)

Dienstverhinderung

§ 10. (1)[a] Ist der Dienstnehmer nach Antritt des Dienstes durch Krankheit (Unglücksfall) an der Dienstleistung gehindert, ohne dass er die Verhinderung vorsätzlich oder durch grobe Fahrlässigkeit herbeigeführt hat, so behält er seinen Anspruch auf das Entgelt bis zur Dauer von sechs Wochen. Der Anspruch auf das Entgelt erhöht sich auf die Dauer von acht Wochen, wenn das Arbeitsverhältnis ein Jahr, von zehn Wochen, wenn es 15 Jahre und von zwölf Wochen, wenn es 25 Jahre ununterbrochen gedauert hat. Durch jeweils weitere vier Wochen behält der Arbeitnehmer den Anspruch auf das halbe Entgelt.

(BGBl I 2000/44, BGBl I 2017/153)

[a] Siehe § 27 Abs. 12.

(1) Ist der Dienstnehmer nach Antritt des Dienstes durch Krankheit (Unglücksfall) an der Dienstleistung gehindert, ohne dass er die Verhinderung vorsätzlich oder durch grobe Fahrlässigkeit herbeigeführt hat, so behält er seinen Anspruch auf das Entgelt bis zur Dauer von sechs Wochen. Der Anspruch auf Entgelt erhöht sich auf die Dauer von acht Wochen, wenn das Arbeitsverhältnis fünf Jahre, von zehn Wochen, wenn es 15 Jahre und von zwölf Wochen, wenn es 25 Jahre ununterbrochen gedauert hat. Durch jeweils weitere vier Wochen behält der Arbeitnehmer den Anspruch auf das halbe Entgelt.

(BGBl I 2000/44)

(2) Kur- und Erholungsaufenthalte, Aufenthalte in Heil- und Pflegeanstalten, Rehabilitationszentren und Rekonvaleszentenheimen, die aus Gründen der Erhaltung, Besserung oder Wiederherstellung der Arbeitsfähigkeit von einem Träger der Sozialversicherung, dem Bundesministerium für soziale Verwaltung gemäß § 12 Abs. 4 Opferfürsorgegesetz, einem Landesinvalidenamt oder einer Landesregierung aufgrund eines Behindertengesetzes auf deren Rechnung bewilligt oder angeordnet wurden, sind unbeschadet allfälliger

Zuzahlungen durch den Versicherten (Beschädigten) der Arbeitsverhinderung gemäß Abs. 1 gleichzuhalten.

(3) Ist der Entgeltanspruch nach Abs. 1 und 2 innerhalb eines Dienstjahres ausgeschöpft, so gebührt das Entgelt bei einer weiteren Dienstverhinderung infolge Krankheit (Unglücksfall) innerhalb desselben Dienstjahres jeweils bis zur Dauer von zwei Wochen oder, wenn das Dienstverhältnis schon länger als sechs Monate gedauert hat, jeweils bis zur Dauer von vier Wochen.

(4) Ist die Dienstverhinderung durch einen Arbeitsunfall oder eine Berufskrankheit im Sinne der Vorschriften über die gesetzliche Unfallversicherung verursacht worden, so besteht der Anspruch auf Fortzahlung des Entgelts bereits ab dem Beginn des Dienstverhältnisses bis zur Dauer von acht Wochen. Der Anspruch auf das Entgelt erhöht sich auf die Dauer von zehn Wochen, wenn das Arbeitsverhältnis 15 Jahre ununterbrochen gedauert hat.

(5) Wird ein in Abs. 2 genannter Aufenthalt nach einem Arbeitsunfall oder einer Berufskrankheit bewilligt oder angeordnet, so richtet sich der Anspruch nach Abs. 4.

(BGBl 1974/399)

(6) Der Dienstnehmer behält ferner den Anspruch auf das Entgelt, wenn er durch andere wichtige, seine Person betreffende Gründe ohne sein Verschulden während einer verhältnismäßig kurzen Zeit an der Dienstleistung verhindert wird.

(BGBl I 2000/44)

§ 11. (1) Wegen einer Dienstverhinderung aus einem der im § 10 Abs. 1 bis 5 angeführten Gründe kann der Dienstnehmer rechtswirksam nicht entlassen werden.

(2) Wegen einer Dienstverhinderung aus einem der im § 10 Abs. 6 angeführten Gründe kann der Dienstnehmer rechtswirksam nicht entlassen werden, es sei denn, daß die Dienstverhinderung den Zeitraum von vier Wochen übersteigt.

(3) Wird der Dienstnehmer während einer Dienstverhinderung gekündigt, ohne wichtigen Grund vorzeitig entlassen oder trifft den Dienstgeber ein Verschulden an dem vorzeitigen Austritt des Dienstnehmers, so bleibt der Anspruch auf Fortzahlung des Entgelts während der im § 10 angeführten Zeiträume bestehen, wenngleich das Dienstverhältnis früher endet. Der Anspruch auf Entgeltfortzahlung bleibt auch bestehen, wenn das Dienstverhältnis während einer Dienstverhinderung oder im Hinblick auf eine Dienstverhinderung einvernehmlich beendet wird.

(BGBl 1974/399, BGBl I 2017/153)

(4) Die im § 10 angeführten Ansprüche erlöschen mit der Beendigung des Dienstverhältnisses, wenn es infolge Ablaufens der Zeit, für die es eingegangen wurde, oder infolge einer vor Eintritt der Dienstverhinderung ausgesprochenen Kündigung aufgelöst wird. Das gleiche gilt, wenn das Dienstverhältnis mit dem Dienstnehmer aus dessen Verschulden vorzeitig aufgelöst wird.

§ 11a. Die Bestimmungen des § 2 Abs. 3, 5 zweiter Satz und 7, der §§ 4, 6 und 7 sowie des Abschnittes 2 des Entgeltfortzahlungsgesetzes (EFZG), BGBl. Nr. 399/1974, in der Fassung des Bundesgesetzes BGBl. I Nr. 44/2000 sind anzuwenden.

(BGBl 1974/399, BGBl I 2000/44)

§ 12. (1) Verlegt der Dienstgeber seinen Haushalt zeitweilig oder dauernd an einen anderen Ort oder gibt er ihn zeitweilig auf oder wird die Führung des Haushaltes zeitweise eingestellt, so gebührt dem in die Hausgemeinschaft aufgenommenen Dienstnehmer, der den geänderten Aufenthalt nicht teilt, solange das Dienstverhältnis nicht gelöst ist, außer seinen fortlaufenden Geldbezügen eine Abgeltung für etwa entgehende Sachleistungen, deren Höhe sich nach § 3 Abs. 2 bestimmt.

(2) Die im Abs. 1 festgelegte Abgeltung gebührt auch den nicht in die Hausgemeinschaft aufgenommenen Dienstnehmern.

Auflösung des Dienstverhältnisses

§ 13. (1) Das Dienstverhältnis endet mit dem Ablauf der Zeit, für die es eingegangen wurde.

(2) Ist das Dienstverhältnis ohne Zeitbestimmung eingegangen oder fortgesetzt worden, so kann es jederzeit durch Kündigung gelöst werden. Die Kündigungsfrist beträgt 14 Tage; sie kann durch Vereinbarung nicht unter eine Woche herabgesetzt werden. Für Dienstverhältnisse, die Dienstleistungen höherer Art zum Gegenstande haben, beträgt die Kündigungsfrist 6 Wochen; sie kann durch Vereinbarung nicht unter einen Monat herabgesetzt werden und muß jedenfalls am 15. oder Letzten eines Monats enden.

(3) Die Kündigungsfrist muß für beide Teile gleich sein. Wurden ungleiche Fristen vereinbart, so gilt für beide Teile die längere Frist.

(4) Während einer vereinbarten Probezeit kann das Dienstverhältnis von beiden Teilen jederzeit und ohne Einhaltung einer Kündigungsfrist aufgelöst werden. Eine Probezeit darf nur bis zur Höchstdauer einer Woche vereinbart werden.

§ 14. Das Dienstverhältnis kann, wenn es für bestimmte Zeit eingegangen wurde, vor Ablauf dieser Zeit, sonst aber ohne Einhaltung eines Kündigungstermines oder einer Kündigungsfrist von jedem Teil aus wichtigen Gründen gelöst werden.

§ 15. (1) Tritt ein Dienstgeber vor Beginn der Vertragszeit ohne wichtigen Grund vom Dienstvertrag zurück, so behält der Dienstnehmer den Anspruch auf das Entgelt für den Zeitraum, der bis zur Beendigung des Dienstverhältnisses durch Ablauf der vereinbarten Vertragszeit oder bis zur Beendigung des Dienstverhältnisses durch ordnungsgemäße Kündigung verstrichen wäre, unter Anrechnung dessen, was er infolge Unterbleibens der Dienstleistung erspart oder durch andere Verwendung erworben oder zu erwerben absichtlich versäumt hat. Weitergehende Ersatzansprüche werden hiedurch nicht berührt. Wenn der genannte Zeitraum 3 Monate nicht übersteigt, ist das gebührende Entgelt ohne Abzug zu leisten.

(2) Tritt ein Dienstnehmer vor Beginn der Vertragszeit ohne wichtigen Grund vom Dienstvertrag zurück, so kann der Dienstgeber den Ersatz des Schadens verlangen, den er durch die Nichterfüllung des Vertrages erlitten hat.

Freizeit während der Kündigungsfrist

§ 16. (1) Bei Kündigung durch den Dienstgeber sind die in die Hausgemeinschaft des Dienstgebers aufgenommenen Dienstnehmer während der Kündigungsfrist auf Verlangen eine angemessene Zeit, mindestens jedoch wöchentlich ein Fünftel der regelmäßigen wöchentlichen Arbeitszeit, ohne Schmälerung des Entgelts von ihrer Arbeitsleistung freizustellen.

(BGBl 1993/502, BGBl I 2000/44)

(2) Die Vorschrift des Abs. 1 gilt für nicht in die Hausgemeinschaft des Dienstgebers aufgenommene Dienstnehmer mit der Maßgabe, daß sie wöchentlich in einem Ausmaß von ihrer Arbeitsleistung freizustellen sind, das einem Sechstel ihrer Wochenarbeitszeit entspricht, mindestens jedoch vier Stunden beträgt.

(BGBl 1993/502)

(3) Ansprüche nach Abs. 1 und 2 bestehen nicht, wenn der Dienstnehmer einen Anspruch auf eine Pension aus der gesetzlichen Pensionsversicherung hat, sofern eine Bescheinigung über die vorläufige Krankenversicherung vom Pensionsversicherungsträger ausgestellt wurde (§ 10 Abs. 7 ASVG).

(BGBl I 2000/44)

(4) (aufgehoben)

(BGBl I 2000/44, BGBl I 2018/100)

(5) Durch Kollektivvertrag können abweichende Regelungen getroffen werden.

(BGBl 1993/502, BGBl I 2000/44)

Außerordentliches Entgelt

§ 17. (1) Wird das Dienstverhältnis nach einer ununterbrochenen mindestens zehnjährigen Dauer gelöst, gebührt dem Dienstnehmer ein außerordentliches Entgelt, das nach den für den letzten Monat des Dienstverhältnisses (für den letzten Monat vor Änderung des Arbeitszeitausmaßes) gebührenden Geldbezügen, einschließlich der darauf entfallenden Anteile von Sonderzahlungen (Weihnachtsremuneration usw.), zu bemessen ist (Bemessungsgrundlage). Das außerordentliche Entgelt beträgt nach einer ununterbrochenen mindestens zehnjährigen Dienstdauer das Dreifache der Bemessungsgrundlage; es erhöht sich für jedes weitere vollendete Dienstjahr um drei Fünftel der Bemessungsgrundlage, jedoch höchstens bis zum Zwölffachen derselben.

(BGBl 1993/335, BGBl I 2018/100)

(1a) (aufgehoben)

(BGBl 1993/335, BGBl I 2018/100)

(2) Ein Anspruch auf das außerordentliche Entgelt gemäß Abs. 1 besteht nicht, wenn das Dienstverhältnis infolge Verschuldens des Dienstnehmers vorzeitig aufgelöst wird.

(3) Ein Dienstverhältnis gilt auch dann als ununterbrochen, wenn eine Unterbrechung als Folge einer Dienstverhinderung (§ 10) erfolgte und das Dienstverhältnis nach Wegfall des zur Dienstverhinderung führenden Umstandes, spätestens aber nach Ablauf eines halben Jahres, fortgesetzt wurde, wobei die Zeit der Unterbrechung nicht für die Berechnung der für das außerordentliche Entgelt maßgeblichen Dauer des Dienstverhältnisses zählt.

(4) Wird das Dienstverhältnis durch den Tod des Dienstnehmers beendet, so gebührt das halbe außerordentliche Entgelt den gesetzlichen Erben des Dienstnehmers, zu deren Erhaltung er gesetzlich verpflichtet war.

Dienstzeugnis

§ 18. (1) Der Dienstgeber ist verpflichtet, bei Beendigung des Dienstverhältnisses auf seine Kosten dem Dienstnehmer ein schriftliches Zeugnis über Dauer und Art der Dienstleistung auszustellen. Andere Angaben darf das Zeugnis nicht enthalten.

(2) Verlangt der Dienstnehmer während der Dauer des Dienstverhältnisses ein Zeugnis, so ist ihm ein solches auf seine Kosten vom Dienstgeber auszustellen. Für den Inhalt eines solchen Zeugnisses gilt Abs. 1.

Anwendung des Allgemeinen bürgerlichen Gesetzbuches

§ 19. Soweit dieses Bundesgesetz nichts anderes bestimmt, finden die Vorschriften des Allgemeinen bürgerlichen Gesetzbuches auf die Dienstverhältnisse, die diesem Bundesgesetz unterliegen, Anwendung.

Zwingende Vorschriften

§ 20. Die dem Dienstnehmer auf Grund dieses Bundesgesetzes zustehenden Rechte können, soweit es nicht selbst etwas anderes bestimmt, durch Kollektivvertrag, Mindestlohntarif oder Einzeldienstvertrag weder aufgehoben noch beschränkt werden. Eine während des Dienstverhältnisses oder innerhalb einer Woche nach Auflösung des Dienstverhältnisses vom Dienstnehmer abgegebene Erklärung über Entgeltansprüche ist rechtsunwirksam.

Abschnitt III

§ 21. (aufgehoben)

(BGBl 1992/833)

Abschnitt IV
Gemeinsame Vorschriften und Schlußbestimmungen

Verbot der Beschäftigung minderjähriger Dienstnehmer

§ 22. (1) Ist jemand von einem Gericht wegen einer gegen das Leben, die Gesundheit oder die körperliche Sicherheit von Menschen gerichteten oder gegen die Sittlichkeit verstoßenden strafbaren Handlung rechtskräftig verurteilt worden, so kann die Bezirksverwaltungsbehörde dem Verurteilten und den mit ihm im gemeinsamen Haushalt lebenden Personen für bestimmte Zeit oder für immer die Beschäftigung von minderjährigen Dienstnehmern untersagen, wenn nach den Umständen des Falles eine Gefährdung derselben zu besorgen ist.

(2) Ein Dienstgeber, gegen den ein Verbot im Sinne des Abs. 1 erlassen wird, ist verpflichtet, ein bestehendes Dienstverhältnis mit einem minderjährigen Dienstnehmer sofort zu lösen.

Strafbestimmungen

§ 23. Dienstgeber, die den Vorschriften des § 2 Abs. 1, des § 4, des § 5 Abs. 1, 3 und 4, des § 6 Abs. 1 und 2, des § 7 Abs. 1 sowie der §§ 8 und 22 zuwiderhandeln, werden, sofern die Tat nach anderen Vorschriften nicht einer strengeren Strafe unterliegt, von der Bezirksverwaltungsbehörde im Falle einer Zuwiderhandlung gegen die Vorschrift des § 22 mit einer Geldstrafe bis zu 290 Euro, wobei auch der Versuch strafbar ist, in allen übrigen Fällen mit einer Geldstrafe bis zu 218 Euro bestraft.

(BGBl I 2001/98)

Aufsicht über die Einhaltung der Dienstnehmerschutzvorschriften des Gesetzes

§ 24. (gestrichen)

(BGBl 1986/563)

Übergangsbestimmungen

§ 25. (1) Die Bestimmungen dieses Bundesgesetzes sind, soweit die Abs. 2 und 3 nichts anderes bestimmen, auch auf Dienstverhältnisse anzuwenden, die bereits im Zeitpunkt seines Inkrafttretens bestehen.

(2) Die Dauer einer vor Inkrafttreten dieses Bundesgesetzes vereinbarten Probezeit wird durch die Vorschriften dieses Bundesgesetzes nicht berührt.

(3) Auf die im Zeitpunkt des Inkrafttretens dieses Bundesgesetzes bereits bestehenden Dienstverhältnisse finden die Vorschriften über die Ausstellung des Dienstscheines mit der Maßgabe Anwendung, daß der Dienstschein innerhalb eines Monats nach Inkrafttreten dieses Bundesgesetzes auszustellen und auszuhändigen ist.

(4) § 17 ist auf Dienstverhältnisse, deren vertraglich vereinbarter Beginn nach dem 31. Dezem-ber 2002 liegt, nicht mehr anzuwenden, soweit nicht durch Verordnung gemäß § 46 Abs. 1 letzter Satz des Betrieblichen Mitarbeitervorsorgegesetzes (BMVG), BGBl. I Nr. 100/2002, etwas anderes angeordnet wird. Er ist jedoch weiterhin auf Dienstverhältnisse anzuwenden, deren vertraglich vereinbarter Beginn vor dem 1. Jänner 2003 oder dem durch Verordnung festgelegten Zeitpunkt liegt. Soweit eine Vereinbarung gemäß § 47 Abs. 1 und 3 BMVG erfolgt, sind diese Bestimmungen bis zum In-Kraft-Treten dieser Vereinbarung anzuwenden.

(BGBl I 2002/100)

Abänderung und Außerkraftsetzung von Vorschriften

§ 26. (1) In gesetzlichen Vorschriften, in denen auf Bestimmungen des Hausgehilfengesetzes, StGBl. Nr. 101/1920, Bezug genommen ist, treten an Stelle dieser Bestimmungen die entsprechenden Bestimmungen des vorliegenden Bundesgesetzes.

(2) Das Bundesgesetz vom 26. Februar 1920, StGBl. Nr. 101, über den Dienstvertrag der Hausgehilfen (Hausgehilfengesetz) in der geltenden Fassung wird außer Kraft gesetzt.

Inkraftsetzung und Vollziehung

§ 27. (1) Dieses Bundesgesetz tritt am 1. September 1962 in Kraft.

(2) Mit der Vollziehung dieses Bundesgesetzes ist der Bundesminister für Wirtschaft und Arbeit betraut.

(BGBl I 2000/44)

(3) § 1 dieses Bundesgesetzes in der Fassung des Bundesgesetzes BGBl. Nr. 833/1992 tritt mit 1. Jänner 1993 in Kraft. Zugleich tritt Abschnitt III außer Kraft.

(BGBl 1992/833)

(4) Die §§ 9 Abs. 2a und § 17 Abs. 1 erster Satz und Abs. 1a in der Fassung des Bundesgesetzes BGBl. Nr. 335/1993 treten mit 1. Juli 1993 in Kraft.

(BGBl 1993/335)

(5) Die Anlage zu § 2 Abs. 1, in der Fassung des Bundesgesetzes BGBl. Nr. 459/1993, tritt gleichzeitig mit dem Abkommen über den Europäischen Wirtschaftsraum in Kraft.*) Bei Dienstverhältnissen, die vor diesem Zeitpunkt abgeschlossen wurden, ist dem Arbeitnehmer auf sein Verlangen binnen zwei Monaten ein Dienstschein im Sinne dieses Gesetzes auszustellen. Eine solche Verpflichtung des Arbeitgebers besteht nicht, wenn ein früher ausgestellter Dienstzettel alle nach diesem Bundesgesetz erforderlichen Angaben enthält.

(BGBl 1993/459)

---

*) Die Kundmachung des Abkommens und seines Inkrafttretens wird zu einem späteren Zeitpunkt erfolgen.

[Das Abkommen über den Europäischen Wirtschaftsraum ist seit 1.1.1994 in Kraft, vgl. BGBl 1993/917]

(6) § 16 in der Fassung des Bundesgesetzes BGBl. Nr. 502/1993 tritt mit 1. August 1993 in Kraft.

(BGBl 1993/502)

(7) § 11a in der Fassung des Bundesgesetzes BGBl. I Nr. 44/2000 tritt mit 1. Juli 2000 in Kraft.

(BGBl I 2000/44)

(8) § 10 Abs. 1 und 6 in der Fassung des Bundesgesetzes BGBl. I Nr. 44/2000 tritt mit 1. Jänner 2001 in Kraft und ist auf Dienstverhinderungen anzuwenden, die in nach dem 31. Dezember 2000 begonnenen Arbeitsjahren eingetreten sind.

(BGBl I 2000/44)

(9) § 16 Abs. 1 und Abs. 3 bis 5 in der Fassung des Bundesgesetzes BGBl. I Nr. 44/2000 tritt mit 1. Jänner 2001 in Kraft.

(BGBl I 2000/44)

(10) § 23 in der Fassung des Bundesgesetzes BGBl. I Nr. 98/2001 tritt mit 1. Jänner 2002 in Kraft.

(BGBl I 2001/98)

(11) § 25 Abs. 4 in der Fassung des Bundesgesetzes BGBl. I Nr. 100/2002 tritt mit 1. Juli 2002 in Kraft.

(BGBl I 2002/100)

(12) § 10 Abs. 1 in der Fassung des Bundesgesetzes BGBl. I Nr. 153/2017 tritt mit 1. Juli 2018 in Kraft und ist auf Dienstverhinderungen anzuwenden, die in nach dem 30. Juni 2018 begonnenen Dienstjahren eingetreten sind. Für zu diesem Zeitpunkt laufende Dienstverhinderungen gilt § 10 Abs. 1 in der Fassung des Bundesgesetzes BGBl. I Nr. 153/2017 ab Beginn dieses Arbeitsjahres.

(BGBl I 2017/153)

(13) § 11 Abs. 3 in der Fassung des Bundesgesetzes BGBl. I Nr. 153/2017, tritt mit 1. Juli 2018 in Kraft und ist auf einvernehmliche Beendigungen von Dienstverhältnissen während einer Dienstverhinderung oder im Hinblick auf eine Dienstverhinderung anzuwenden, die eine Auflösung des Dienstverhältnisses nach dem 30. Juni 2018 bewirken.

(BGBl I 2017/153)

Dienstschein

1. Name und Anschrift des Dienstgebers: ....
2. Name und Anschrift des Dienstnehmers: ....
3. Geburtsdatum des Dienstnehmers: ....
4. Beginn, bei Dienstverhältnissen auf bestimmte Zeit auch Ende des Dienstverhältnisses: ....
5. Dauer der vereinbarten Kündigungsfrist: ....
6. Welche Probezeit wurde vereinbart:
   (höchstens 1 Woche)..........
7. Arbeitsort ....
8. Verwendung im Haushalt:
   Hausgehilf/e/in ohne (mit) Kochen ....
   Köchin/Koch ....
   Wirtschafter/in, Haushälter/in ....
   Kinderbetreuungsperson ....
   Säuglingspfleger/in ....
   Krankenpfleger/in ....
   Diplom-Säuglingspfleger/in ....
   Diplom-Krankenpfleger/in ....
   Kindergärtner/in mit Befähigungsnachweis ....
   Erzieher/in mit Befähigungsnachweis ....
   Hausprofessionisten ....
9. Art der Sonderleistungen: zum Beispiel Krankenbetreuung, Kinderbetreuung, Pflege eines Fahrzeuges, Gartenarbeiten, Wartung von Haustieren usw. ....
10. Vereinbarter monatlicher (wöchentlicher) Geldbezug: ....
11. Vergütung für Sonderleistungen: ....
12. Arbeitnehmeranteil der Sozialversicherung wird vom Arbeitgeber getragen: Ja – Nein[1)]
13. Vereinbarte Sachleistungen:
    Frühstück, Gabelfrühstück, Mittagessen, Jause, Nachtmahl
14. Wenn Sachleistungen nicht gewährt werden, Höhe der Abgeltung: Frühstück ...., Gabelfrühstück ...., Mittagessen ...., Jause ...., Nachtmahl ....

15\.a) Wird ein Wohnraum zur Verfügung gestellt: .... Ja – Nein[1)]
  b) Wird eine Schlafstelle zur Verfügung gestellt: .... Ja – Nein[1)]

16. Ausmaß des jährlichen Erholungsurlaubes: ....
17. Arbeitszeit: an Wochentagen von .... bis ....
    an Sonntagen oder Feiertagen von .... bis ....
18. Möglichkeit zum Besuch des Gottesdienstes an Sonn- und kirchlichen Feiertagen von .... bis ....
19. Ein freier Wochennachmittag ab 14 Uhr wird vereinbart für Montag – Dienstag – Mittwoch – Donnerstag – Freitag – Samstag
20. Abweichende Vereinbarung der Arbeitszeit, der Freizeit, der Ruhezeit und der Ruhepausen in den Fällen des § 5 Abs. 7 ....
21. Geltender Mindestlohntarif: ....

.... am ....

.... (Unterschrift des Dienstgebers)

.... (Unterschrift des Dienstnehmers)

1) Nichtzutreffendes streichen.

25/2. Hausbetreuungsgesetz

Hausbetreuungsgesetz, BGBl I 2007/33 idF

1 BGBl I 2008/57

GLIEDERUNG

Bundesgesetz, mit dem Bestimmungen über die Betreuung von Personen in privaten Haushalten erlassen werden (Hausbetreuungsgesetz – HBeG) und mit dem die Gewerbeordnung 1994 geändert wird

Der Nationalrat hat beschlossen:

1. Abschnitt
Allgemeine Bestimmungen

Geltungsbereich

§ 1. (1) Dieses Bundesgesetz gilt für die Betreuung von Personen in deren Privathaushalten, wobei die Betreuung im Rahmen einer selbständigen oder unselbständigen Erwerbstätigkeit erfolgen kann.

(2) Die Bestimmungen des zweiten Abschnittes dieses Bundesgesetzes gelten nur für Arbeitsverhältnisse

1. zwischen einer Betreuungskraft, die das 18. Lebensjahr vollendet hat, und
   a) der zu betreuenden Person oder einem/einer ihrer Angehörigen, oder
   b) einem/einer gemeinnützigen Anbieter/in sozialers und gesundheitlicher Dienste präventiver, betreuender oder rehabilitativer Art und
2. wenn die zu betreuende Person
   a) Anspruch auf Pflegegeld ab der Pflegestufe 3 gemäß dem Bundespflegegeldgesetz (BPGG), BGBl. Nr. 110/1993, oder gemäß den Pflegegeldgesetzen der Bundesländer oder eine gleichartige Leistung im selben Ausmaß hat oder
   b) die zu betreuende Person Anspruch auf Pflegegeld der Pflegestufen 1 oder 2 gemäß dem BPGG oder gemäß den Pflegegeldgesetzen der Bundesländer oder eine gleichartige Leistung im selben Ausmaß hat und für diese Person wegen einer nachweislichen Demenzerkrankung dennoch ein ständiger Betreuungsbedarf besteht, und
3. wenn nach einer Arbeitsperiode von höchstens 14 Tagen eine ununterbrochene Freizeit von mindestens der gleichen Dauer gewährt wird, und
4. wenn die vereinbarte Arbeitszeit mindestens 48 Stunden pro Woche beträgt, und
5. wenn die Betreuungskraft für die Dauer der Arbeitsperiode in die Hausgemeinschaft der zu betreuenden Person aufgenommen wird.

(3) Betreuung im Sinne dieses Bundesgesetzes umfasst

1. Tätigkeiten für die zu betreuende Person, die in der Hilfestellung insbesondere bei der Haushaltsführung und der Lebensführung bestehen, sowie
2. sonstige auf Grund der Betreuungsbedürftigkeit notwendige Anwesenheiten.

   (BGBl I 2008/57)

(BGBl I 2008/57)

(4) Zu den Tätigkeiten nach Abs. 3 Z 1 zählen auch die in § 3b Abs. 2 Z 1 bis 5 des Gesundheits- und Krankenpflegegesetzes (GuKG), BGBl. I Nr. 108/1997, genannten Tätigkeiten, solange keine Umstände vorliegen, die aus medizinischer Sicht für die Durchführung dieser Tätigkeiten durch Laien eine Anordnung durch einen Angehörigen des gehobenen Dienstes für Gesundheits- und Krankenpflege erforderlich machen.

(BGBl I 2008/57)

(5) Weiters gelten Tätigkeiten nach §§ 14 Abs. 2 Z 4 und 15 Abs. 7 Z 1 bis 5 GuKG und Tätigkeiten, die der Betreuungskraft nach § 50b Ärztegesetz 1998, BGBl. I Nr. 169, übertragen wurden, dann als Betreuung im Sinne dieses Bundesgesetzes, wenn

sie von der Betreuungskraft an der betreuten Person nicht überwiegend erbracht werden.

(BGBl I 2008/57)

Verweisungen

§ 2. Soweit in diesem Bundesgesetz auf andere Bundesgesetze verwiesen wird, sind diese in der jeweils geltenden Fassung anzuwenden.

2. Abschnitt
Arbeitsrechtliche Sonderbestimmungen

Arbeitsverhältnisse zu Privathaushalten

§ 3. (1) Für Betreuungskräfte nach § 1 Abs. 2, die in einem Arbeitsverhältnis zu der zu betreuenden Person oder einem/einer ihrer Angehörigen stehen, ist das Hausgehilfen- und Hausangestelltengesetz (HGHAG), BGBl. Nr. 235/1962, mit Ausnahme der §§ 5 und 6 Abs. 1 bis 3 anzuwenden.

(2) In zwei aufeinander folgenden Wochen darf die Arbeitszeit einschließlich der Zeiten von Arbeitsbereitschaft 128 Stunden nicht überschreiten. Allfällige über diese Höchstgrenze hinausgehende Zeiten der Arbeitsbereitschaft, die die Betreuungskraft vereinbarungsgemäß in ihrem Wohnraum oder in näherer häuslicher Umgebung verbringt und während der sie im Übrigen frei über ihre Zeit verfügen kann, gelten nicht als Arbeitszeit im Sinne dieses Bundesgesetzes.

(3) Die tägliche Arbeitszeit ist durch Ruhepausen von insgesamt mindestens drei Stunden zu unterbrechen, die auch frei von Arbeitsbereitschaft nach Abs. 2 bleiben müssen. Davon sind mindestens zwei Ruhepausen von 30 Minuten ununterbrochen zu gewähren.

(4) Darüber hinaus dürfen Arbeitnehmer/innen während jedes Zeitraumes von 24 Stunden insgesamt weitere zehn Stunden nicht in Anspruch genommen werden.

(5) Übertretungen der Abs. 2 bis 4 sind nach § 23 HGHAG zu bestrafen.

(6) Das Arbeitsverhältnis endet mit dem Tod der zu betreuenden Person auch dann, wenn ein/e Angehörige/r der zu betreuenden Person Arbeitgeber/in ist.

Arbeitsverhältnisse zu Trägerorganisationen

§ 4. (1) Für Betreuungskräfte nach § 1 Abs. 2, die in einem Arbeitsverhältnis zu einem/r gemeinnützigen Anbieter/in sozialer und gesundheitlicher Dienste präventiver, betreuender oder rehabilitativer Art stehen, gilt an Stelle des Arbeitszeitgesetzes (AZG), BGBl. Nr. 461/1969, und des Arbeitsruhegesetzes, BGBl. Nr. 144/1983, § 3 Abs. 2 bis 4 dieses Bundesgesetzes.

(2) Abweichend von Abs. 1
1. sind § 19c, § 19d und § 26 AZG anzuwenden,
2. sind Übertretungen des § 3 Abs. 2 bis 4 nach § 28 Abs. 2 AZG zu bestrafen.

(BGBl I 2008/57)

3. Abschnitt
Qualitätssicherung in der Betreuung

Handlungsleitlinien

§ 5. (1) Die selbständig tätige Betreuungskraft ist verpflichtet, entsprechend der getroffenen Vereinbarung über Handlungsleitlinien für den Alltag und Notfall (§ 160 Abs. 2 Z 1 der Gewerbeordnung 1994, BGBl. Nr. 194) vorzugehen.

(2) Die in einem Arbeitsverhältnis tätige Betreuungskraft ist gegenüber dem/der Arbeitgeber/in verpflichtet, die ihr vorgegebenen Handlungsleitlinien für den Alltag und den Notfall, insbesondere über die Verständigung bzw. Beiziehung von Angehörigen, Ärzten oder Einrichtungen, die mobile Dienste anbieten, bei erkennbarer Verschlechterung des Zustandsbildes, einzuhalten.

Zusammenarbeit

§ 6. Die Betreuungskraft ist verpflichtet, mit anderen in die Pflege und Betreuung involvierten Personen und Einrichtungen zum Wohle der zu betreuenden Person zusammenzuarbeiten. Für eine in einem Arbeitsverhältnis tätige Betreuungskraft ist diese Verpflichtung eine aus dem Arbeitsverhältnis.

Verschwiegenheit

§ 7. Die Betreuungskraft ist zur Verschwiegenheit über alle ihr in Ausübung ihrer Tätigkeit bekannt gewordenen oder anvertrauten Angelegenheiten verpflichtet, soweit sie nicht davon befreit wurde oder sich nicht eine Auskunftsverpflichtung aus gesetzlichen Bestimmungen ergibt. Für eine in einem Arbeitsverhältnis tätige Betreuungskraft ist diese Verschwiegenheitsverpflichtung eine aus dem Arbeitsverhältnis.

4. Abschnitt
In-Kraft-Treten und Vollziehung

§ 8. (1) Dieses Bundesgesetz tritt mit 1. Juli 2007 in Kraft. Auf Arbeitsverhältnisse, deren vertraglich vereinbarter Beginn vor dem 1. Juli 2007 liegt, ist dieses Bundesgesetz nur dann anzuwenden, wenn dies schriftlich vereinbart wird.

(2) Mit der Vollziehung dieses Bundesgesetzes ist der/die Bundesminister/in für Wirtschaft und Arbeit betraut.

26. Heimarbeitsgesetz 1960

Heimarbeitsgesetz 1960, BGBl 1961/105 idF

1 BGBl 1971/317	**2** BGBl 1975/303	**3** BGBl 1976/391
4 BGBl 1983/84	**5** BGBl 1986/563	**6** BGBl 1991/628
7 BGBl 1992/836	**8** BGBl I 2000/44	**9** BGBl I 2001/94
10 BGBl I 2001/98	**11** BGBl I 2009/74	**12** BGBl I 2016/44
13 BGBl I 2017/40		

GLIEDERUNG

STICHWORTVERZEICHNIS

Kundmachung der Bundesregierung vom 21. Juni 1960 über die Wiederverlautbarung des Heimarbeitsgesetzes

I. HAUPTSTÜCK
Anwendungsgebiet

Geltungsbereich

§ 1. Dieses Bundesgesetz gilt für Heimarbeit jeder Art, ausgenommen die Heimarbeit im Rahmen der land- und forstwirtschaftlichen Produktion.

Begriffsbestimmungen

§ 2. Im Sinne dieses Bundesgesetzes ist
1. Heimarbeiter, wer, ohne Gewerbetreibender nach den Bestimmungen der Gewerbeordnung zu sein, in eigener Wohnung oder selbst gewählter Arbeitsstätte im Auftrag und für Rechnung von Personen, die Heimarbeit vergeben, mit der Herstellung, Bearbeitung, Verarbeitung oder Verpackung von Waren beschäftigt ist,
2. Auftraggeber, wer Waren durch Heimarbeiter herstellen, bearbeiten, verarbeiten oder verpacken lässt, und zwar auch dann, wenn keine Gewinnerzielung beabsichtigt ist oder die Waren für den Verbrauch bzw. Gebrauch durch die eigenen Dienstnehmer bestimmt sind.

(BGBl 1975/303, BGBl I 2009/74)

§ 3. (aufgehoben)

(BGBl 1975/303, BGBl I 2009/74)

§ 4. (aufgehoben)

(BGBl I 2009/74)

II. HAUPTSTÜCK
Allgemeine Schutzbestimmungen

Meldung bei Vergabe von Heimarbeit

§ 5. (1) Auftraggeber haben anlässlich der erstmaligen Vergabe von Heimarbeit hierüber dem nach dem Standort des Auftraggebers zuständigen Träger der Krankenversicherung Meldung zu erstatten.

(BGBl I 2016/44)

(2) Die Meldung hat folgende Angaben über den Auftraggeber zu enthalten:
1. Name,
2. Art des Betriebes,
3. Anschrift und Telefonnummer,
4. Fachorganisation, der der Auftraggeber angehört.

(3) Die Meldung hat folgende Angaben über den oder die Heimarbeiter zu enthalten:
1. Vor- und Familienname,
2. Anschrift,
3. Art der Beschäftigung: Art des Arbeitsstückes und Art der Bearbeitung, Verarbeitung, Herstellung oder Verpackung und
4. Datum des Beginns des Beschäftigungsverhältnisses.

(4) Die Meldung ist innerhalb einer Woche nach der erstmaligen Vergabe von Heimarbeit zu erstatten.

(5) Bis zum 15. Jänner eines jeden Jahres ist dem zuständigen Träger der Krankenversicherung eine Liste der beschäftigten Heimarbeiter vorzulegen. Außerhalb dieses Termins ist die Liste der beschäftigten Heimarbeiter dem Träger der Krankenversicherung auf Verlangen vorzulegen.

(BGBl I 2016/44)

(6) Meldungen nach Abs. 1 und 5 sind von Stempelgebühren des Bundes befreit.

(BGBl I 2009/74)

§§ 6 und 7. (aufgehoben)

(BGBl 1975/303, BGBl I 2009/74)

Bekanntgabe der Arbeits- und Lieferungsbedingungen

§ 8. (1) Der Auftraggeber hat dem Heimarbeiter unverzüglich nach Abschluss des Vertrags eine schriftliche Aufzeichnung über die jeweils geltenden Arbeits- und Lieferungsbedingungen, insbesondere über die Berechnung des Entgelts, zu übergeben.

(2) Ein allenfalls anzuwendender Heimarbeitsgesamtvertrag oder Heimarbeitstarif sowie das

Entgeltverzeichnis sind an sichtbarer Stelle im Betrieb zur Einsichtnahme durch den Heimarbeiter aufzulegen. Wenn Heimarbeit regelmäßig in die Wohnung oder selbst gewählte Arbeitsstätte des Heimarbeiters gebracht wird, ist diesem anlässlich der ersten Vergabe von Heimarbeit sowie auf dessen Verlangen jederzeit ein Abdruck eines allenfalls anzuwendenden Heimarbeitsgesamtvertrages oder Heimarbeitstarifes sowie des Entgeltverzeichnisses zu übergeben.

(BGBl I 2017/40)

(3) Das Entgeltverzeichnis hat die Artikelnummer oder die Bezeichnung des Arbeitsstückes sowie das Entgelt für jedes einzelne Arbeitsstück und die hierfür vorgesehene Arbeitszeit zu enthalten. Ist dies nicht möglich, so ist eine übersichtliche Berechnungsgrundlage des Entgeltes einzutragen. Bestehende Musterbücher sind beizuschließen. Dies gilt nicht bei der Herstellung neuer Muster, die als Einzelstücke erst auszuarbeiten sind.

(BGBl 1975/303, BGBl 1992/836, BGBl I 2009/74)

Entgeltzahlung und Mitteilung der Abmeldung von der Pflichtversicherung

§ 9. (1) Das Entgelt ist einmal im Kalendermonat abzurechnen und auszuzahlen. Auf das zur Abrechnung gelangende Entgelt sind der geleisteten Arbeit entsprechende Vorschüsse zu leisten. In jedem Fall wird das Entgelt mit der Beendigung des Heimarbeitsverhältnisses fällig.

(BGBl 1992/836, BGBl I 2009/74)

(2) Meldet der Auftraggeber den Heimarbeiter von der Krankenversicherung ab, so hat er diesem unverzüglich eine Durchschrift der Abmeldung zu übermitteln.

(BGBl 1975/303)

Ausgabe- und Abrechnungsnachweise

§ 10. (1) Der Auftraggeber hat über jede unmittelbare Ausgabe (Zustellung) von Heimarbeit an Heimarbeiter, über jede Übernahme (Abholung) der durchgeführten Heimarbeit und über die Entgeltzahlung (§ 9) Nachweise in zweifacher Ausfertigung zu führen. Für Ausgabe (Zustellung), Übernahme (Abholung) und Entgeltzahlung kann ein gemeinsamer Nachweis geführt werden. Werden gesonderte Nachweise für die Ausgabe und Übernahme geführt, sind diese Nachweise dem Abrechnungsnachweis anzuschließen.

(2) Die Nachweise über die Ausgabe (Zustellung) von Heimarbeit haben zu enthalten:

1. Datum der Ausgabe (Zustellung),
2. Artikelnummer oder Bezeichnung des Arbeitsstückes laut Entgeltverzeichnis und Menge der vergebenen Arbeiten,
3. das für die vergebene Arbeit je Einheit gebührende Entgelt unter Angabe der hiefür vorgesehenen Arbeitszeit oder Berechnungsgrundlage und
4. einen allfällig vereinbarten Liefertermin.

(3) Die Nachweise über die Übernahme (Abholung) von Heimarbeit haben zu enthalten:

1. Datum der Übernahme (Abholung) und
2. Artikelnummer oder Bezeichnung des Arbeitsstückes laut Entgeltverzeichnis und Menge der gelieferten Arbeiten.

(4) Die Nachweise über die Entgeltzahlung (Abrechnungsnachweise) haben zu enthalten:

1. Bezeichnung des Abrechnungszeitraumes (§ 9),
2. Bezeichnung der in den Abrechnungszeitraum fallenden Übernahme (Abholungsnachweise) (Abs. 3),
3. Höhe des erzielten Arbeitsentgelts,
4. Höhe des Entgelts gemäß § 25 unter Angabe des Beginns und Endes der Krankheit und der Berechnungsgrundlage je Werktag,
5. Höhe des Feiertagsentgelts unter Angabe der Berechnungsgrundlage, des Berechnungszeitraumes, des Prozentsatzes und des Auszahlungstermines (§ 18 Abs. 4),
6. Höhe des Urlaubsentgelts und der Urlaubsabfindung bzw. Urlaubsentschädigung unter Angabe der Berechnungsgrundlage, des Urlaubszeitraumes und des Prozentsatzes,
7. Höhe des Urlaubszuschusses und der Weihnachtsremuneration unter Angabe der Berechnungsgrundlage, des Berechnungszeitraumes, des Prozentsatzes und des Auszahlungstermines (§ 27 Abs. 2),
8. Höhe allfälliger Materialvergütungen und Unkostenzuschläge,
9. Höhe der Familienbeihilfe,
10. Höhe eines allfällig geleisteten Vorschusses,
11. Höhe des jeweiligen Bruttobetrages,
12. Höhe der Abzüge vom Bruttoentgelt und deren Aufschlüsselung,
13. Höhe des jeweiligen Nettobetrages,
14. Höhe des auszuzahlenden Betrages,
15. Datum der Auszahlung (Überweisung).

(5) Der mit Heimarbeit Beschäftigte hat den Erhalt des auszuzahlenden Betrages auf dem Abrechnungsnachweis zu bestätigen. Erfolgt die Entgeltauszahlung mittels Überweisung, so ist die Unterschrift des mit Heimarbeit Beschäftigten durch den vom Auftraggeber einzutragenden Hinweis auf die Überweisung zu ersetzen.

(6) Die gemäß Abs. 1 bis 4 zu führenden Nachweise sind jeweils mit fortlaufenden Nummern zu versehen. Für jeden Heimarbeiter ist ein eigener namentlich zuordenbarer Nachweis zu verwenden. Die Erstausfertigung ist drei Jahre im Betrieb des Auftraggebers nach Heimarbeitern und Namen geordnet aufzubewahren und auf Verlangen dem zuständigen Krankenversicherungsträger und den zuständigen gesetzlichen und freiwilligen Interessenvertretungen vorzulegen. Die Zweitausfertigung ist dem mit Heimarbeit Beschäftigten zu übergeben und von diesem aufzubewahren. Der Auftraggeber hat dem mit Heimarbeit Beschäftigten eine ent-

sprechende Vorrichtung zur Abheftung der Zweitausfertigung zur Verfügung zu stellen.

(BGBl I 2009/74, BGBl I 2016/44)

(7) Auftraggeber, die die Lohnverrechnung mittels automationsunterstützter Datenverarbeitung durchführen, können die Nachweise gemäß Abs. 1 bis 4 im gleichen Verfahren erstellen. Die Nachvollziehbarkeit und Überprüfbarkeit der Berechnung der Entgelte muß durch einen schriftlichen Ausdruck gewährleistet sein.

(8) Abs. 2 Z 3 findet bei der Herstellung neuer Muster, die als Einzelstücke erst auszuarbeiten sind, keine Anwendung.

(BGBl 1992/836)

(BGBl 1975/303)

§ 11. (aufgehoben)

(BGBl 1975/303, BGBl I 2009/74)

Ausgabe und Ablieferung der Heimarbeit

§ 12. An Sonntagen und an den im Arbeitsruhegesetz, BGBl. Nr. 144/1983, in seiner jeweils geltenden Fassung, angeführten Feiertagen darf weder Heimarbeit ausgegeben (zugestellt) noch durchgeführte Heimarbeit übernommen (abgeholt) werden.

(BGBl 1975/303)

§ 13. (1) Wer Heimarbeit vergibt, hat dafür zu sorgen, daß die Ausgabe (Zustellung) der Heimarbeit und die Übernahme (Abholung) der durchgeführten Heimarbeit zu dem vereinbarten Zeitpunkt ohne ungebührliche Wartezeit vorgenommen wird.

(BGBl 1975/303)

(2) Eine sich dennoch ergebende, 30 Minuten übersteigende Wartezeit des mit Heimarbeit Beschäftigten hat derjenige, der Heimarbeit vergibt, zur Gänze zu vergüten. Die Vergütung ist nach dem der Entgeltberechnung zugrunde liegenden Stundenlohn zu bemessen.

(3) Ein Anspruch auf Vergütung der Wartezeit besteht nur, wenn sich der mit der Heimarbeit Beschäftigte zu dem für die Ausgabe und Ablieferung der Heimarbeit vorgesehenen Zeitpunkt bei der Person, die die Ausgabe (Übernahme) vornimmt, gemeldet bzw. sich zu der für die Zustellung (Abholung) vorgesehenen Zeit am vereinbarten Ort aufgehalten hat.

§ 14. (1) Vereinbarungen über Vorleistungen des Heimarbeiters für die Vergabe oder die Zusicherung der Vergabe von Heimarbeit sind rechtsunwirksam.

(BGBl 1975/303)

(2) Der Auftraggeber darf für einen bestimmten, einen Monat keinesfalls überschreitenden Zeitraum keine größere Arbeitsmenge an einen Heimarbeiter ausgeben, als im Betrieb von einer vollwertigen vergleichbaren Arbeitskraft ohne Hilfskräfte bei gleicher maschineller Ausstattung des Arbeitsplatzes oder, wenn keine vergleichbare Betriebsarbeit besteht, von einem vollbeschäftigten durchschnittlichen Heimarbeiter bei Einhaltung der jeweils geltenden gesetzlichen Normalarbeitszeit bewältigt werden kann. Bei Lösung des Heimarbeitsverhältnisses durch den Heimarbeiter ist unabhängig vom Ausmaß der ausgegebenen Arbeitsmenge lediglich das in Arbeit befindliche Stück fertigzustellen.

(BGBl I 2009/74)

(3) Die Lieferfristen sind so zu bemessen, daß die Aufträge bei Einhaltung der jeweils geltenden gesetzlichen Normalarbeitszeit und ohne Sonn- und Feiertagsarbeit ausgeführt werden können. Für Frauen und Jugendliche sind die Lieferfristen überdies so zu bemessen, daß die Aufträge ohne Nachtarbeit und unter Beobachtung der für diese Personen geltenden besonderen Arbeitnehmerschutzvorschriften ausgeführt werden können. Welche Zeit als Nachtzeit gilt, bestimmt sich nach den für den betreffenden Erzeugungszweig geltenden arbeitsrechtlichen Vorschriften.

(BGBl 1975/303, BGBl I 2009/74)

Beschränkung der Vergabe von Heimarbeit an im Betrieb Beschäftigte

§ 15. Der Auftraggeber darf an die in seinem Betrieb beschäftigten Dienstnehmer (Lehrlinge) Heimarbeit nur insoweit ausgeben, als durch die dafür aufzuwendende Zeit zuzüglich der Arbeitszeit im Betrieb die gesetzliche Normalarbeitszeit nicht überschritten wird.

(BGBl 1975/303, BGBl I 2009/74)

Gefahrenschutz

§ 16. Arbeitsstätten, in denen Heimarbeit verrichtet wird, müssen, soweit es die Natur der Beschäftigung gestattet, derart beschaffen und eingerichtet sein, daß Gefahren für Leben, Gesundheit und Sittlichkeit der Beschäftigten vermieden werden.

§ 17. (1) Die Herstellung, Bearbeitung, Verarbeitung oder Verpackung von Lebens- und Genußmitteln, von Heilmitteln sowie von kosmetischen Mitteln in Heimarbeit ist verboten, wobei unter Verpackung das Anbringen der mit diesen Waren unmittelbar in Berührung stehenden Hülle zu verstehen ist. Darüber hinaus kann der Bundesminister für Arbeit, Soziales und Konsumentenschutz nach Anhören der gesetzlichen Interessenvertretungen der Arbeitnehmer und der Arbeitgeber im Einvernehmen mit dem Bundesminister für Wirtschaft, Familie und Jugend für Erzeugungszweige, in denen sich aus der Art der Herstellung, Bearbeitung, Verarbeitung oder Verpackung von Waren eine Gefährdung des Lebens oder der Gesundheit der mit Heimarbeit Beschäftigten ergibt, durch Verordnung Heimarbeit verbieten oder besondere Vorschriften für die Vergabe von Heimarbeit erlassen.

(BGBl 1975/303, BGBl I 2009/74)

(2) Wird Heimarbeit, für die nach Abs. 1 besondere Vorschriften erlassen worden sind, erstmalig vergeben, so ist in der nach § 5 zu erstattenden Anzeige ausdrücklich darauf hinzuweisen. Wurde Heimarbeit bereits vor der Erlassung solcher Vorschriften vergeben, so ist binnen einer Woche nach Inkrafttreten dieser Vorschriften eine neue Anzeige nach § 5 zu erstatten.

(3) Wird Heimarbeit, bei der infolge ihrer besonderen Art erfahrungsgemäß das Leben oder die Gesundheit der damit Beschäftigten gefährdet erscheint, erstmalig vergeben und sind für diese Heimarbeit besondere Schutzvorschriften nach Abs. 1 nicht erlassen worden, so haben die Auftraggeber hierüber dem nach ihrem Standort zuständigen Arbeitsinspektorat Anzeige zu erstatten.

(BGBl I 2009/74)

(4) In Erzeugungszweigen, für die Vorschriften gemäß Abs. 1 nicht erlassen sind, kann das Arbeitsinspektorat im Einzelfalle die Vergebung bestimmter Heimarbeiten untersagen oder für die Durchführung von Heimarbeit Bedingungen vorschreiben, wenn infolge der besonderen Art der Heimarbeit das Leben, die Gesundheit oder die Sittlichkeit der mit Heimarbeit Beschäftigten gefährdet erscheint.

III. HAUPTSTÜCK
Feiertags- und Urlaubsregelung, Leistung im Pflegefall, Krankenentgelt, Beendigung des Heimarbeitsverhältnisses und Abfertigung

(BGBl 1992/836)

Abschnitt 1
Entgeltzahlung für Feiertage

Regelung für Heimarbeiter

§ 18. (1) Heimarbeiter haben für die im Arbeitsruhegesetz, BGBl. Nr. 144/1983, in seiner jeweils geltenden Fassung angeführten Feiertage Anspruch auf Feiertagsentgelt.

(2) Das Feiertagsentgelt ist in Form eines Zuschlages zu leisten. Als Berechnungsgrundlage ist die Summe aus den im Berechnungszeitraum erzielten Arbeitsentgelten, allfälligen Urlaubsentgelten und allfälligen Entgelten gemäß § 25, ausschließlich allfälliger Unkostenzuschläge, heranzuziehen.

(3) Der Zuschlag beträgt 4 vH. Für die Angehörigen der evangelischen Kirche AB und HB, der Altkatholischen Kirche und der Evangelisch-methodistischen Kirche in Österreich beträgt der Zuschlag 4 1/3 vH. Er darf in das Arbeitsentgelt nicht einbezogen werden.

(BGBl I 2009/74)

(4) Das Feiertagsentgelt ist jeweils bei der ersten Entgeltzahlung nach dem 15. Juni und nach dem 15. Dezember abzurechnen und auszuzahlen. Hat der Heimarbeiter einen Anspruch auf Urlaubszuschuß und Weihnachtsremuneration, so kann das Feiertagsentgelt gemeinsam mit dem Urlaubszuschuß und der Weihnachtsremuneration abgerechnet und ausgezahlt werden. Endet das Heimarbeitsverhältnis früher, so ist das Feiertagsentgelt bei der letzten Entgeltabrechnung abzurechnen und auszuzahlen.

(BGBl 1975/303, BGBl 1992/836)

§ 19. (aufgehoben)

(BGBl I 2009/74)

Abschnitt 2
Urlaub

Urlaubsanspruch und Urlaubsausmaß

§ 20. (1) Der Heimarbeiter erwirbt auf Grund eines ununterbrochenen Beschäftigungsverhältnisses in der Dauer von jeweils mindestens sechs Monaten einen Anspruch auf Urlaub. Bei Ermittlung des Urlaubsanspruches verbleibende Teile von Beschäftigungsmonaten zählen auf den nächsten Urlaubsanspruch.

(2) Der Zeitraum, der das den Urlaubsanspruch begründende Beschäftigungsverhältnis (Abs. 1) unter Berücksichtigung allfälliger Unterbrechungen im Sinne des § 20a Abs. 1 umfaßt, wird als Urlaubszeitraum bezeichnet. Der Urlaubszeitraum umfaßt nur volle Beschäftigungsmonate. Er beginnt für den ersten Urlaubsanspruch mit der Aufnahme des Beschäftigungsverhältnisses, für jeden folgenden Urlaubsanspruch mit dem Ende des Tages, mit dem der vorhergehende Urlaubszeitraum schließt.

(BGBl 1976/391)

(3) Das Ausmaß des Urlaubes beträgt für jeden Monat des Beschäftigungsverhältnisses, für den ein Urlaubsanspruch nicht verbraucht wurde, zweieinhalb Werktage; hat das Beschäftigungsverhältnis ununterbrochen mehr als 25 Jahre (300 Monate) gedauert, so erhöht sich das Urlaubsausmaß auf drei Werktage.[a)]

(BGBl 1983/84)

[a)] Ab 1984 wurde das Urlaubsausmaß etappenweise erhöht. Siehe dazu das BG BGBl 1983/84.

(4) Steht der Heimarbeiter zu mehreren Auftraggebern in einem Beschäftigungsverhältnis, so ist der Urlaubsanspruch gegenüber jeder einzelnen dieser Personen gesondert zu beurteilen.

(BGBl 1976/391, BGBl I 2009/74)

Anrechnungsbestimmungen

§ 20a. (1) Für die Bemessung des Urlaubsausmaßes sind Beschäftigungsverhältnisse und Zeiten eines Arbeitsverhältnisses bei demselben Auftraggeber (Arbeitgeber), die keine längeren Unterbrechungen als jeweils drei Monate aufweisen, zusammenzurechnen. Diese Zusammenrechnung unterbleibt jedoch, wenn die Unterbrechung des Beschäftigungsverhältnisses dadurch eingetreten ist, daß es der Heimarbeiter ohne wichtigen Grund vorzeitig aufgelöst hat oder die Unterbrechung des Arbeitsverhältnisses durch eine Kündigung des Arbeitsverhältnisses seitens des Arbeitnehmers, durch einen vorzeitigen Austritt ohne wichtigen Grund oder eine vom Arbeitnehmer verschuldete Entlassung eingetreten ist.

(2) Für die Bemessung des Urlaubsausmaßes sind anzurechnen:

1. die in einem anderen Beschäftigungsverhältnis (Arbeitsverhältnis) im Inland zugebrachte Beschäftigungszeit (Dienstzeit), sofern sie mindestens je sechs Monate gedauert hat;
2. die über die Erfüllung der allgemeinen Schulpflicht hinausgehende Zeit eines Studiums

an einer inländischen allgemeinbildenden höheren oder einer berufsbildenden mittleren oder höheren Schule oder einer Akademie im Sinne des Schulorganisationsgesetzes 1962, BGBl. Nr. 242, oder an einer diesen gesetzlich geregelten Schularten vergleichbaren Schule, in dem für dieses Studium nach den schulrechtlichen Vorschriften geltenden Mindestausmaß, höchstens jedoch im Ausmaß von vier Jahren. Als Zeitpunkt des möglichen Studienabschlusses ist bei Studien, die mit dem Schuljahr enden, der 30. Juni und bei Studien, die mit dem Kalenderjahr enden, der 31. Dezember anzusehen. Zeiten des Studiums an einer vergleichbaren ausländischen Schule sind wie inländische Schulzeiten anzurechnen, wenn das Zeugnis einer solchen ausländischen Schule im Sinne der Europäischen Konvention über die Gleichwertigkeit von Reifezeugnissen (BGBl. Nr. 44/1957) oder eines entsprechenden internationalen Abkommens für die Zulassung zu den Universitäten als einem inländischen Reifezeugnis gleichwertig anzusehen ist oder wenn es nach den Bestimmungen des Schulunterrichtsgesetzes (Bundesgesetz vom 6. Feber 1974, BGBl. Nr. 139) über die Nostrifikation ausländischer Zeugnisse nostrifiziert werden kann;

3. die gewöhnliche Dauer eines mit Erfolg abgeschlossenen Hochschulstudiums bis zum Höchstausmaß von fünf Jahren;
4. Zeiten, für welche eine Haftentschädigung gemäß § 13a Abs. 1 oder § 13c Abs. 1 des Opferfürsorgegesetzes 1947, BGBl. Nr. 183, gebührt. Diese Anrechnung findet nicht statt, soweit ein Arbeitsverhältnis während der Haft aufrechtgeblieben und aus diesem Grund für die Urlaubsdauer zu berücksichtigen ist;
5. Zeiten der Tätigkeit als Entwicklungshelfer für eine Entwicklungshilfeorganisation im Sinne des § 1 Abs. 2 des Bundesgesetzes vom 10. Juli 1974, BGBl. Nr. 474;
6. Zeiten einer im Inland zugebrachten selbständigen Erwerbstätigkeit, sofern sie mindestens je sechs Monate gedauert hat.

(3) Zeiten nach Abs. 2 Z 1, 5 und 6 sind insgesamt nur bis zum Höchstausmaß von fünf Jahren anzurechnen. Zeiten nach Z 2 sind darüber hinaus bis zu einem Höchstausmaß von weiteren zwei Jahren anzurechnen.

(4) Fallen anrechenbare Zeiten zusammen, so sind sie für die Bemessung der Urlaubsdauer nur einmal zu berücksichtigen.

(BGBl 1976/391)

Verbrauch des Urlaubes, Verbot der Ausgabe von Heimarbeit

§ 21. (1) Der Zeitpunkt des Urlaubsantrittes ist zwischen dem Auftraggeber und dem Heimarbeiter unter Rücksichtnahme auf die Erfordernisse des Betriebes und die Erholungsmöglichkeiten des Heimarbeiters zu vereinbaren. Diese Vereinbarung hat so zu erfolgen, daß in jedem Beschäftigungsjahr der gebührende Urlaub verbraucht werden kann.

(2) Für Zeiträume einer Arbeitsverhinderung gemäß § 25 darf der Urlaubsantritt nicht vereinbart werden, wenn diese Arbeitsverhinderung bereits bei Abschluß der Vereinbarung bekannt war. Geschieht dies dennoch, so gilt der Zeitraum der Arbeitsverhinderung nicht als Urlaub.

(BGBl 1992/836)

(3) Der Urlaub kann in Teilen gewährt werden, doch darf kein Teil weniger als sechs Werktage betragen.

(4) Hat der Heimarbeiter in Betrieben, in denen ein für ihn zuständiger Betriebsrat errichtet ist, den von ihm gewünschten Zeitpunkt für den Antritt seines Urlaubes oder eines Urlaubsteiles in der Dauer von mindestens zwölf Werktagen dem Auftraggeber mindestens drei Monate vorher bekanntgegeben und kommt eine Einigung zwischen dem Auftraggeber und dem Heimarbeiter nicht zustande, so sind die Verhandlungen unter Beiziehung des Betriebsrates fortzusetzen. Kommt auch dann keine Einigung zustande, so kann der Heimarbeiter den Urlaub zu dem von ihm vorgeschlagenen Zeitpunkt antreten, es sei denn, der Auftraggeber hat während eines Zeitraumes, der nicht mehr als acht und nicht weniger als sechs Wochen vor dem vom Heimarbeiter vorgeschlagenen Zeitpunkt des Urlaubsantrittes liegen darf, wegen des Zeitpunktes des Urlaubsantrittes die Klage beim zuständigen Arbeitsgericht eingebracht.

(5) Der Urlaubsanspruch verjährt nach Ablauf von zwei Jahren ab Ende des Beschäftigungsjahres, in dem er entstanden ist.

(6) Für die Dauer des Urlaubes und während dessen Ablaufes darf Heimarbeit an den Heimarbeiter nicht ausgegeben werden.

(BGBl 1976/391)

Erkrankung während des Urlaubes

§ 21a. (1) Erkrankt (verunglückt) ein Heimarbeiter während des Urlaubes, ohne dies vorsätzlich oder grob fahrlässig herbeigeführt zu haben, so werden auf Werktage fallende Tage der Erkrankung, an denen der Heimarbeiter durch die Erkrankung arbeitsunfähig war, auf das Urlaubsausmaß nicht angerechnet, wenn die Erkrankung länger als drei Kalendertage gedauert hat.

(2) Übt ein Heimarbeiter während seines Urlaubes eine dem Erholungszweck widersprechende Erwerbstätigkeit aus, so findet Abs. 1 keine Anwendung, wenn die Erkrankung (der Unglücksfall) mit dieser Erwerbstätigkeit in ursächlichem Zusammenhang steht.

(3) Der Heimarbeiter hat dem Auftraggeber nach dreitägiger Krankheitsdauer die Erkrankung unverzüglich mitzuteilen. Ist dies aus Gründen, die nicht vom Heimarbeiter zu vertreten sind, nicht möglich, so gilt die Mitteilung als rechtzeitig erfolgt, wenn sie unmittelbar nach Wegfall des Hinderungsgrundes nachgeholt wird. Bei Wiederaufnahme der Beschäftigung hat der Heimarbei-

ter ohne schuldhafte Verzögerung ein ärztliches Zeugnis oder eine Bestätigung des zuständigen Krankenversicherungsträgers über Beginn, Dauer und Ursache der Arbeitsunfähigkeit vorzulegen. Erkrankt der Heimarbeiter während eines Urlaubes im Ausland, so muß dem ärztlichen Zeugnis eine behördliche Bestätigung darüber beigefügt sein, daß es von einem zur Ausübung des Arztberufes zugelassenen Arzt ausgestellt wurde. Eine solche behördliche Bestätigung ist nicht erforderlich, wenn die ärztliche Behandlung stationär oder ambulant in einer Krankenanstalt erfolgte und hierüber eine Bestätigung dieser Anstalt vorgelegt wird. Kommt der Heimarbeiter diesen Verpflichtungen nicht nach, so ist Abs. 1 nicht anzuwenden.

(BGBl 1976/391)

Urlaubsentgelt

§ 22. (1) Während des Urlaubes gebührt dem Heimarbeiter ein Urlaubsentgelt nach Maßgabe der folgenden Bestimmungen.

(2) Das Urlaubsentgelt beträgt bei einem Urlaubsausmaß (§ 20 Abs. 3) von zweieinhalb Werktagen für jeden Monat des Beschäftigungsverhältnisses 10 vH und bei einem Urlaubsausmaß von drei Werktagen 12 vH des Arbeitsentgeltes, das für den Urlaubszeitraum (§ 20 Abs. 2) gebührt hat.[a)]

(BGBl 1976/391, BGBl 1983/84)

[a)] Ab 1984 wurde das Urlaubsausmaß etappenweise erhöht. Siehe dazu das BG BGBl 1983/84.

(3) Unter dem gemäß Abs. 2 gebührenden Arbeitsentgelt ist die Summe der Arbeitsentgelte zu verstehen, die innerhalb des Urlaubszeitraumes abzurechnen und auszuzahlen waren (§ 9).

(4) Durch Heimarbeitsgesamtvertrag kann die Berechnung des Urlaubsentgeltes abweichend von der Bestimmung des Abs. 2 geregelt werden.

(5) Zum Zwecke der Berechnung des Urlaubsentgeltes umfaßt das Arbeitsentgelt auch die in dem Urlaubszeitraum gebührenden Feiertagsentgelte, ein in diesem Zeitraum allfällig gezahltes Urlaubsentgelt und Entgelte gemäß § 25, es umfaßt jedoch nicht die Unkostenzuschläge.

(BGBl 1975/303, BGBl 1992/836)

(6) Das Urlaubsentgelt ist bei Antritt des Urlaubes zu zahlen. Wird der Urlaub in Teilen gewährt, so ist bei Antritt jedes Teilurlaubes der entsprechende Teil des Urlaubsentgeltes zu zahlen.

Ablöseverbot

§ 22a. Vereinbarungen zwischen Auftraggeber und Heimarbeiter, die für den Nichtverbrauch des Urlaubes Geld oder sonstige vermögenswerte Leistungen des Auftraggebers vorsehen, sind rechtsunwirksam.

(BGBl 1976/391)

Abfindung und Urlaubsentschädigung

§ 23. (1) Wird das Beschäftigungsverhältnis des Heimarbeiters vor Erwerb eines Urlaubsanspruches (§ 20 Abs. 1) gelöst, so gebührt dem Heimarbeiter eine Abfindung der Anwartschaft auf Urlaub. Diese Abfindung ist je nach der Gesamtdauer des Beschäftigungsverhältnisses mit dem gemäß § 22 in Betracht kommenden Hundertsatz des Arbeitsentgeltes zu bemessen, das für den durch einen Urlaubsanspruch nicht erfaßten Zeitraum gebührt.

(2) Wird das Beschäftigungsverhältnis vor Verbrauch des erworbenen Urlaubsanspruches gelöst, so gebührt dem Heimarbeiter eine Urlaubsentschädigung in der Höhe des Urlaubsentgeltes, das gebührt hätte, wenn der Urlaub tatsächlich verbraucht worden wäre. Die Urlaubsentschädigung umfaßt auch den aliquoten Urlaubszuschuß und die aliquote Weihnachtsremuneration für die Zeit des nicht verbrauchten Urlaubes.

(BGBl 1992/836)

(3) Der Heimarbeiter verliert den Anspruch auf Urlaubsentschädigung und Abfindung, wenn er das Beschäftigungsverhältnis ohne wichtigen Grund vorzeitig auflöst.

(4) Endet das Beschäftigungsverhältnis durch den Tod des Heimarbeiters, so gebührt die Urlaubsentschädigung beziehungsweise die Abfindung den Erben.

(BGBl 1976/391)

§ 24. (aufgehoben)

(BGBl 1971/317, BGBl 1975/303, BGBl 1976/391, BGBl 1983/84, BGBl 1991/628, BGBl 1992/836, BGBl I 2009/74)

Abschnitt 3
Entgeltfortzahlung bei Arbeitsverhinderung

§ 25. (1) Ist ein Heimarbeiter nach Aufnahme seiner Tätigkeit durch Krankheit (Unglücksfall) an der Leistung seiner Arbeit verhindert, ohne dass er die Verhinderung vorsätzlich oder durch grobe Fahrlässigkeit herbeigeführt hat, so behält er nach Maßgabe der folgenden Bestimmungen seinen Anspruch auf das Entgelt unter den Voraussetzungen und in dem Ausmaß, als eine solche Leistung für die Betriebsarbeiter des betreffenden Erzeugungszweigs durch Gesetz oder Kollektivvertrag vorgesehen ist.

(BGBl I 2000/44)

(2) Kur- und Erholungsaufenthalte, Aufenthalte in Heil- und Pflegeanstalten, Rehabilitationszentren und Rekonvaleszentenheimen, die aus Gründen der Erhaltung, Besserung oder Wiederherstellung der Arbeitsfähigkeit von einem Träger der Sozialversicherung, dem Bundesministerium für soziale Verwaltung gemäß § 12 Abs. 4 des Opferfürsorgegesetzes, BGBl. Nr. 183/1947, einem Landesinvalidenamt oder einer Landesregierung auf Grund eines Behindertengesetzes auf deren Rechnung bewilligt oder angeordnet wurden, sind unbeschadet allfälliger Zuzahlungen durch den Versicherten (Beschädigten) der Arbeitsverhinderung gemäß Abs. 1 gleichzuhalten.

(3) Bei wiederholter Arbeitsverhinderung durch Krankheit (Unglücksfall) innerhalb eines Arbeitsjahres besteht ein Anspruch auf Fortzahlung des Entgeltes nur insoweit, als die Dauer des Anspruches gemäß Abs. 1 noch nicht erschöpft ist.

Durch Arbeitsunterbrechungen, die nicht länger als jeweils 60 Tage dauern, wird das Arbeitsjahr nicht unterbrochen.

(4) Wird ein Heimarbeiter durch Arbeitsunfall oder Berufskrankheit im Sinne der Vorschriften über die gesetzliche Unfallversicherung an der Leistung seiner Arbeit verhindert, ohne daß er die Verhinderung vorsätzlich oder durch grobe Fahrlässigkeit herbeigeführt hat, so behält er seinen Anspruch auf das Entgelt ohne Rücksicht auf andere Zeiten einer Arbeitsverhinderung unter den Voraussetzungen und in dem Ausmaß, als eine solche Leistung für die Betriebsarbeiter des betreffenden Erzeugungszweiges durch Gesetz oder Kollektivvertrag vorgesehen ist. Bei wiederholten Arbeitsverhinderungen, die im unmittelbaren ursächlichen Zusammenhang mit einem Arbeitsunfall oder einer Berufskrankheit stehen, besteht ein Anspruch auf Fortzahlung des Entgelts innerhalb eines Arbeitsjahres nur insoweit, als die Dauer des Anspruches noch nicht erschöpft ist; Abs. 3 letzter Satz gilt sinngemäß. Ist ein Heimarbeiter gleichzeitig bei mehreren Auftraggebern beschäftigt, so entsteht ein Anspruch nach diesem Absatz nur gegenüber jenem Auftraggeber, bei dem die Arbeitsverhinderung im Sinne dieses Absatzes eingetreten ist; gegenüber den anderen Auftraggebern entstehen Ansprüche nach Abs. 1.

(5) In Abs. 2 genannte Aufenthalte, die wegen eines Arbeitsunfalles oder einer Berufskrankheit bewilligt oder angeordnet werden, sind einer Arbeitsverhinderung gemäß Abs. 4 gleichzuhalten.

(6) Die Leistungen für die in Abs. 2 genannten Aufenthalte gelten auch dann als auf Rechnung einer in Abs. 2 genannten Stelle erbracht, wenn hiezu ein Kostenzuschuß mindestens in der halben Höhe der gemäß § 45 Abs. 1 lit. a ASVG geltenden Höchstbeitragsgrundlage für jeden Tag des Aufenthaltes gewährt wird.

(7) Für die Bemessung der Dauer der Ansprüche gemäß Abs. 1, 2, 4 und 5 sind Beschäftigungszeiten bei demselben Auftraggeber, die keine längere Unterbrechung als jeweils 60 Tage aufweisen, zusammenzurechnen. Diese Zusammenrechnung unterbleibt jedoch, wenn der Heimarbeiter das Beschäftigungsverhältnis ohne wichtigen Grund vorzeitig auflöst.

(8) Das fortzuzahlende Entgelt beträgt für jeden Werktag ein Sechstel des durchschnittlichen Wochenverdienstes der letzten 13 Wochen, in denen der Heimarbeiter Arbeitsaufträge vom Auftraggeber erhalten hat. Bei der Berechnung des Wochenverdienstes sind die Unkostenzuschläge nicht zu berücksichtigen. Durch Heimarbeitsgesamtvertrag oder Heimarbeitstarif kann eine andere Berechnungsart vorgesehen werden.

(9) Der Heimarbeiter ist verpflichtet, ohne Verzug die Arbeitsverhinderung dem Auftraggeber bekanntzugeben und auf Verlangen des Auftraggebers, das nach angemessener Zeit wiederholt werden kann, eine Bestätigung des zuständigen Krankenversicherungsträgers oder eines Gemeindearztes über Beginn, voraussichtliche Dauer und Ursache der Arbeitsunfähigkeit vorzulegen. Diese Bestätigung hat einen Vermerk darüber zu enthalten, daß dem zuständigen Krankenversicherungsträger eine Arbeitsunfähigkeitsanzeige mit Angabe über Beginn, voraussichtliche Dauer und Ursache der Arbeitsunfähigkeit übermittelt wurde.

(10) Wird der Heimarbeiter durch den Kontrollarzt des zuständigen Krankenversicherungsträgers für arbeitsfähig erklärt, so ist der Auftraggeber von diesem Krankenversicherungsträger über die Gesundschreibung sofort zu verständigen. Diese Pflicht zur Verständigung besteht auch, wenn sich der Heimarbeiter ohne Vorliegen eines wichtigen Grundes der für ihn vorgesehenen ärztlichen Untersuchung beim zuständigen Krankenversicherungsträger nicht unterzieht.

(11) In den Fällen des Abs. 2 und 5 hat der Heimarbeiter eine Bescheinigung über die Bewilligung oder Anordnung sowie über den Zeitpunkt des in Aussicht genommenen Antrittes und die Dauer des die Arbeitsverhinderung begründenden Aufenthaltes vor dessen Antritt vorzule-gen.

(12) Kommt der Heimarbeiter einer seiner Verpflichtungen nach Abs. 9 oder Abs. 11 nicht nach, so verliert er für die Dauer der Säumnis den Anspruch auf Entgelt. Das gleiche gilt, wenn sich der Heimarbeiter ohne Vorliegen eines wichtigen Grundes der für ihn vorgesehenen ärztlichen Untersuchung beim zuständigen Krankenversicherungsträger nicht unterzieht.

(13) Wird das Heimarbeitsverhältnis während einer Arbeitsverhinderung vom Auftraggeber ohne Vorliegen eines wichtigen Grundes vorzeitig gelöst oder trifft den Auftraggeber ein Verschulden an der vorzeitigen Auflösung des Heimarbeitsverhältnisses durch den Heimarbeiter, so bleibt der Anspruch auf Fortzahlung des Entgelts für die in Abs. 1 und 4 vorgesehene Dauer bestehen, wenngleich das Heimarbeitsverhältnis früher endet.

(14) Wurde für die Betriebsarbeiter des betreffenden Erzeugungszweiges bzw. Betriebes durch Kollektivvertrag oder Betriebsvereinbarung (§ 2 Abs. 8 des Entgeltfortzahlungsgesetzes, BGBl. Nr. 399/1974) vereinbart, daß sich der Anspruch auf Entgeltfortzahlung nicht nach dem Arbeitsjahr, sondern nach dem Kalenderjahr richtet, so richtet sich auch der Anspruch der Heimarbeiter nach dem Kalenderjahr.

(15) Der Abschnitt 2 des Art. I des Entgeltfortzahlungsgesetzes gilt sinngemäß, sofern der Heimarbeiter während der letzten 14 Tage vor Eintritt der Arbeitsverhinderung beim zuständigen Krankenversicherungsträger gemäß § 33 ASVG angemeldet war. Nimmt ein Heimarbeiter nach einer kürzer als 61 Tage dauernden Arbeitsunterbrechung seine Tätigkeit bei demselben Auftraggeber wieder auf, so besteht ab diesem Zeitpunkt der Erstattungsanspruch des Auftraggebers, sofern der Heimarbeiter während der letzten 14 Tage vor der Arbeitsunterbrechung beim zuständigen Krankenversicherungsträger angemeldet war.

(BGBl 1975/303, BGBl 1992/836)

Leistung im Pflegefall

§ 26. (1) Ist ein Zeitpunkt des Eintritts des Verhinderungsfalles dem Versicherungsschutz gemäß § 122 ASVG unterliegender Heimarbeiter an der Leistung seiner Arbeit wegen der notwendigen Pflege seines im gemeinsamen Haushalt lebenden erkrankten Kindes (Wahl- oder Pflegekindes) oder im gemeinsamen Haushalt lebenden leiblichen Kindes des anderen Ehegatten oder eingetragenen Partners oder Lebensgefährten, welches das zwölfte Lebensjahr noch nicht überschritten hat, nachweislich verhindert, so hat er gegenüber dem zuständigen Krankenversicherungsträger Anspruch auf Entgeltersatz aus den Mitteln der Krankenversicherung bis zum Höchstausmaß von sechs Tagen. Dieser Anspruch besteht nur einmal innerhalb eines Kalenderjahres.

(BGBl I 2016/44)

(2) Das Ausmaß des Entgeltersatzes richtet sich nach dem täglichen Wochengeld gemäß § 102a Abs. 5 GSVG, BGBl. Nr. 560/1978, in der jeweils geltenden Fassung.

(BGBl I 2009/74)

(3) Der Heimarbeiter ist verpflichtet, ohne Verzug die Arbeitsverhinderung dem zuständigen Krankenversicherungsträger unter Vorlage einer ärztlichen Bestätigung über die Notwendigkeit der Pflege (Abs. 1) und deren Dauer bekanntzugeben. Er ist weiters verpflichtet, ohne Verzug die Arbeitsverhinderung dem Auftraggeber bekanntzugeben und auf dessen Verlangen eine Ablichtung der ärztlichen Bestätigung vorzulegen.

(4) Durch Arbeitsverhinderungen gemäß Abs. 1 wird das Heimarbeitsverhältnis nicht unterbrochen. Ein allfällig vereinbarter Liefertermin verschiebt sich entsprechend der Dauer der Arbeitsverhinderung.

(BGBl 1992/836)

Abschnitt 4

Urlaubszuschuß und Weihnachtsremuneration

§ 27. (1) Heimarbeiter haben Anspruch auf Urlaubszuschuß und Weihnachtsremuneration unter den Voraussetzungen und in dem Ausmaß, als solche Leistungen in dem für Betriebsarbeiter des betreffenden Erzeugungszweiges geltenden Kollektivvertrag vorgesehen sind. Werden diese Leistungen im Kollektivvertrag in Wochenlöhnen berechnet, so gebührt dem Heimarbeiter für jeden dem Betriebsarbeiter zustehenden Wochenlohn ein Zuschlag von 2 vH der im Abrechnungszeitraum erzielten Arbeitsentgelte einschließlich allfällig gezahlter Urlaubsentgelte, Feiertagsentgelte und Entgelte gemäß § 25, jedoch ausschließlich der Unkostenzuschläge. Ist in dem betreffenden Erzeugungszweig kein Kollektivvertrag wirksam, so können Regelungen über die Gewährung eines Urlaubszuschusses oder einer Weihnachtsremuneration durch Heimarbeitsgesamtvertrag oder Heimarbeitstarif getroffen werden.

(2) Der Urlaubszuschuß ist jeweils bei Urlaubsantritt für den Urlaubszeitraum (§ 20 Abs. 2) abzurechnen und auszuzahlen. Der Auftraggeber kann auch einen anderen ein Jahr umfassenden Abrechnungszeitraum wählen. Wählt der Auftraggeber einen anderen Abrechnungszeitraum, so hat er dem Heimarbeiter nachweislich mitzuteilen, wann die Abrechnung und Auszahlung des Urlaubszuschusses erfolgt. Die Weihnachtsremuneration ist jeweils bei der Entgeltzahlung für den Monat November für die Zeit von Anfang Dezember des vergangenen Jahres bis Ende November des laufenden Jahres abzurechnen und auszuzahlen. Endet das Heimarbeitsverhältnis früher, so sind die aliquoten Teile des Urlaubszuschusses und der Weihnachtsremuneration bei der letzten Entgeltzahlung abzurechnen und auszuzahlen.

(BGBl 1992/836)

(3) (aufgehoben)

(BGBl 1975/303, BGBl I 2009/74)

Abschnitt 5

Beendigung des Heimarbeitsverhältnisses

§ 27a. (1) Das Heimarbeitsverhältnis endet

1. zu dem vom Auftraggeber oder Heimarbeiter ausdrücklich erklärten Zeitpunkt oder
2. 30 Tage nach der Ablieferung des letzten Auftrages, wenn der Auftraggeber dem Heimarbeiter innerhalb dieser Frist keinen weiteren Auftrag vergibt oder
3. 30 Tage nach der Ablieferung des letzten Auftrages, wenn sich der Heimarbeiter grundlos weigert, innerhalb dieser Frist einen weiteren Auftrag anzunehmen.

(2) Wird das Heimarbeitsverhältnis durch ausdrückliche Erklärung aufgelöst (Abs. 1 Z 1), so ist zwischen dem Zugang der Auflösungserklärung und dem erklärten Ende des Heimarbeitsverhältnisses eine Frist von mindestens einer Woche einzuhalten.

(3) Der Heimarbeiter hat für die Woche nach dem Zugang der Auflösungserklärung Anspruch auf Vergabe von Heimarbeit im Ausmaß des Durchschnittsverdienstes der letzten 13 Wochen, in denen der Heimarbeiter Arbeitsaufträge erhalten hat (Abs. 4 letzter Satz).

(4) Wird dem Heimarbeiter nach dem Zugang der Auflösungserklärung durch den Auftraggeber (Abs. 1 Z 1) keine Arbeit ausgegeben, so hat er Anspruch auf eine Entschädigung in Höhe eines Wochenentgeltes nach dem Durchschnitt der letzten 13 Wochen, in denen er Arbeitsaufträge erhalten hat. Für die Berechnung des Durchschnittsverdienstes sind die in den 13 Wochen erzielten Arbeitsentgelte einschließlich allfälliger Urlaubsentgelte, Feiertagsentgelte und Entgelte gemäß § 25, jedoch ausschließlich der Unkostenzuschläge, zu berücksichtigen; für Urlaubszuschuß und Weihnachtsremuneration ist ein Zuschlag von 14 % hinzuzurechnen.

(5) Wird dem Heimarbeiter nach dem Zugang der Auflösungserklärung eine geringere Arbeitsmenge

ausgegeben, als dem Durchschnitt der letzten 13 Wochen entspricht, in denen er Arbeitsaufträge erhalten hat, so ist ihm die Differenz auf den Entgeltanspruch für eine Woche, berechnet nach dem Durchschnittsverdienst dieser 13 Wochen (Abs. 4 letzter Satz), zu bezahlen.

(6) Hat das Heimarbeitsverhältnis weniger als 13 Wochen gedauert, so ist für die Berechnung der Ansprüche gemäß Abs. 3, 4 und 5 der Durchschnitt der Wochen, in denen der Heimarbeiter Arbeitsaufträge erhalten hat, heranzuziehen.

(7) Der Anspruch gemäß Abs. 4 gebührt dem Heimarbeiter auch bei Beendigung des Heimarbeitsverhältnisses gemäß Abs. 1 Z 2.

(8) Hält der Heimarbeiter die in Abs. 2 festgelegte Frist für die Auflösungserklärung grundlos nicht ein oder wird das Heimarbeitsverhältnis gemäß Abs. 1 Z 3 beendet, so verliert er seinen Anspruch auf die aliquoten Teile des Urlaubszuschusses und der Weihnachtsremuneration (§ 27 Abs. 2 letzter Satz).

Abfertigung

§ 27b. (1) Dem Heimarbeiter gebührt bei Beendigung des Heimarbeitsverhältnisses eine Abfertigung. Auf diese sind die §§ 23 und 23a des Angestelltengesetzes, BGBl. Nr. 292/1921, in der jeweils geltenden Fassung nach Maßgabe der folgenden Bestimmungen anzuwenden.

(2) Für die Bemessung der Anwartschaftszeiten sind die Zeiten zwischen erster Auftragsvergabe und Beendigung des Heimarbeitsverhältnisses heranzuziehen.

(3) Für die Berechnung der Höhe des Abfertigungsanspruches ist der monatliche Durchschnittsverdienst des vor der Beendigung des Heimarbeitsverhältnisses liegenden Arbeitsjahres, einschließlich Urlaubsentgelt, Feiertagsentgelt und Entgelt gemäß § 25, jedoch ausschließlich der Unkostenzuschläge, heranzuziehen. Zu dem monatlichen Durchschnittsverdienst ist ein Zuschlag von 14 % für Urlaubszuschuß und Weihnachtsremuneration hinzuzurechnen.

(4) Wird das Heimarbeitsverhältnis durch den Auftraggeber gemäß § 27a Abs. 1 Z 1 aufgelöst und erhält der Heimarbeiter innerhalb von 30 Tagen einen weiteren Arbeitsauftrag, so sind die Anwartschaftszeiten aus den Heimarbeitsverhältnissen zusammenzurechnen.

(5) Zeiten eines Arbeitsverhältnisses des Heimarbeiters zum selben Auftraggeber sind für die Abfertigung nur zu berücksichtigen, wenn das Arbeitsverhältnis dem Heimarbeitsverhältnis unmittelbar vorangegangen ist. Nicht zu berücksichtigen sind Zeiten, für die der Heimarbeiter als Arbeitnehmer im Betrieb desselben Auftraggebers bereits eine Abfertigung erhalten hat.

(BGBl 1992/836)

IV. HAUPTSTÜCK
Behörden und Verfahren

(BGBl I 2009/74)

Abschnitt 1
Aufgaben des Bundeseinigungsamtes und des Bundesministers für Arbeit, Soziales und Konsumentenschutz

(BGBl I 2009/74)

§ 28. Die Aufgaben auf dem Gebiet der Heimarbeit (§ 29) sind vom Bundeseinigungsamt beim Bundesministerium für Arbeit, Soziales und Konsumentenschutz (§ 141 Arbeitsverfassungsgesetz – ArbVG, BGBl. Nr. 22/1974, in der jeweils geltenden Fassung) und vom Bundesminister für Arbeit, Soziales und Konsumentenschutz wahrzunehmen.

(BGBl 1975/303, BGBl 1986/563, BGBl I 2009/74)

§ 29. (1) Das Bundeseinigungsamt hat die Aufgabe, die Arbeits- und Lieferungsbedingungen für Heimarbeit zu regeln. In Durchführung dieser Aufgabe hat es insbesondere

1. Heimarbeitstarife zu erlassen,
2. auf Ersuchen eines Gerichtes oder einer Verwaltungsbehörde Gutachten über die Auslegung eines Heimarbeitsgesamtvertrages abzugeben,
3. einen Kataster der von ihm erlassenen Heimarbeitstarife zu führen.

(2) Der Bundesminister für Arbeit, Soziales und Konsumentenschutz hat die Hinterlegung und Kundmachung der Heimarbeitsgesamtverträge durchzuführen und einen Kataster der hinterlegten Heimarbeitsgesamtverträge zu führen.

(3) Für die Durchführung der dem Bundeseinigungsamt zugeordneten Aufgaben sind anzuwenden:

1. § 141 ArbVG mit der Maßgabe, dass als der Gruppe der Arbeitgeber zugehörig auch Auftraggeber und als der Gruppe der Arbeitnehmer zugehörig auch Heimarbeiter gelten;
2. §§ 142, 147, 148, 150 und 151 ArbVG;
3. § 149 ArbVG mit der Maßgabe, dass auch ein Recht zur Einsichtnahme in die vom Bundeseinigungsamt beschlossenen Heimarbeitstarife und die beim Bundesminister für Arbeit, Soziales und Konsumentenschutz hinterlegten Heimarbeitsgesamtverträge besteht.

(BGBl 1975/303, BGBl I 2009/74)

§ 30. (aufgehoben)

(BGBl 1975/303, BGBl 1992/836, BGBl I 2009/74)

§ 31. (aufgehoben)

(BGBl 1975/303, BGBl I 2009/74)

§ 32. (aufgehoben)

(BGBl 1975/303, BGBl 1992/836, BGBl I 2009/74)

§ 33. (aufgehoben)

(BGBl 1975/303, BGBl I 2009/74)

Abschnitt 2
Heimarbeitstarife

§ 34. (1) Das Bundeseinigungsamt hat auf Antrag einer kollektivvertragsfähigen Körperschaft der Arbeitnehmer Heimarbeitstarife zu erlassen, durch die Arbeits- und Lieferungsbedingungen für

Heimarbeiter geregelt werden. Ein Heimarbeitstarif kann nur erlassen werden, wenn für die von dem Heimarbeitstarif zu erfassenden Personen die im Heimarbeitstarif festzulegenden Arbeits- und Lieferungsbedingungen nicht bereits in einem Heimarbeitsgesamtvertrag geregelt sind.

(BGBl 1975/303, BGBl I 2009/74)

(2) Im Beschluß sind der Inhalt, der Geltungsumfang, der Beginn der Wirksamkeit und die Geltungsdauer des Heimarbeitstarifes festzusetzen. Enthält ein Heimarbeitstarif Bestimmungen, wonach die Höhe des Entgelts bzw. die Höhe allfälliger Sonderzahlungen den für Betriebsarbeiter des betreffenden Erzeugungszweiges vorgenommenen kollektivvertraglichen Abänderungen anzugleichen sind, so kann als Beginn der Wirksamkeit des Heimarbeitstarifes, in dem die Angleichung beschlossen wird, der Zeitpunkt des Inkrafttretens des die Abänderung für Betriebsarbeiter enthaltenden Kollektivvertrages festgesetzt werden.

(3) Der Heimarbeitstarif ist im Bundesgesetzblatt II kundzumachen.

(BGBl I 2009/74)

(4) Je eine Abschrift des Heimarbeitstarifes ist vom Bundeseinigungsamt dem Bundesminister für Arbeit, Soziales und Konsumentenschutz, den nach dem örtlichen Wirkungsbereich des Heimarbeitstarifes zuständigen Trägern der Krankenversicherung und den in Betracht kommenden Interessenvertretungen der Arbeitnehmer und der Arbeitgeber zu übermitteln. Eine Ausfertigung ist vom Bundeseinigungsamt dem Kataster der Heimarbeitstarife einzuverleiben.

(BGBl I 2009/74, BGBl I 2016/44)

§ 35. (1) Der Heimarbeitstarif tritt an dem der Kundmachung im Bundesgesetzblatt II folgenden Tag in Kraft, sofern im Heimarbeitstarif der Wirksamkeitsbeginn nicht anders bestimmt ist.

(BGBl I 2009/74)

(2) Der Heimarbeitstarif ist innerhalb seines sachlichen und örtlichen Wirkungsbereiches als Mindestbedingung rechtsverbindlich. Er kann durch Einzelvereinbarung weder aufgehoben noch beschränkt werden. Sondervereinbarungen sind nur gültig, soweit sie für den, der Heimarbeit übernimmt, günstiger sind oder Ansprüche betreffen, die im Heimarbeitstarif nicht geregelt sind.

§ 36. Die Bestimmungen der §§ 34 und 35 gelten auch für die Abänderung oder Aufhebung eines Heimarbeitstarifes.

(BGBl 1975/303, BGBl I 2009/74)

§ 37. (aufgehoben)

(BGBl 1975/303, BGBl I 2009/74)

§ 38. (aufgehoben)

(BGBl I 2009/74)

§ 39. (aufgehoben)

(BGBl 1975/303, BGBl 1992/836, BGBl I 2009/74)

§ 40. (aufgehoben)

(BGBl I 2009/74)

§ 41. (aufgehoben)

(BGBl 1975/303, BGBl I 2009/74)

§ 42. (aufgehoben)

(BGBl I 2009/74)

V. HAUPTSTÜCK
Heimarbeitsgesamtverträge

Abschluß von Heimarbeitsgesamtverträgen

§ 43. (1) Durch Heimarbeitsgesamtverträge können die Heimarbeit betreffende Arbeits- und Lieferungsbedingungen der Heimarbeiter sowie die Rechtsbeziehungen zwischen den Vertragsparteien des Heimarbeitsgesamtvertrages geregelt werden. Die Heimarbeitsgesamtverträge bedürfen der Schriftform.

(BGBl I 2009/74)

(2) Zum Abschluss von Heimarbeitsgesamtverträgen sind kollektivvertragsfähige Körperschaften der Arbeitgeber einerseits und der Arbeitnehmer andererseits befugt.

(BGBl 1975/303, BGBl I 2009/74)

(3) Wird einer auf freiwilliger Mitgliedschaft beruhenden Berufsvereinigung die Kollektivvertragsfähigkeit zuerkannt und schließt diese einen Heimarbeitsgesamtvertrag ab, so verliert die in Betracht kommende gesetzliche Interessenvertretung hinsichtlich der Mitglieder der Berufsvereinigung die Fähigkeit zum Abschluß von Heimarbeitsgesamtverträgen für die Dauer der Geltung des von der Berufsvereinigung abgeschlossenen Heimarbeitsgesamtvertrages.

(4) Die Bestimmungen in Heimarbeitsgesamtverträgen können durch Einzelvertrag weder aufgehoben noch beschränkt werden. Sondervereinbarungen sind, sofern sie der Heimarbeitsgesamtvertrag nicht ausschließt, nur gültig, soweit sie für den Heimarbeiter günstiger sind oder Angelegenheiten betreffen, die im Heimarbeitsgesamtvertrag nicht geregelt sind.

(BGBl I 2009/74)

§ 44. (1) Der Heimarbeitsgesamtvertrag erstreckt sich, sofern dieser nicht anderes bestimmt, innerhalb des räumlichen, fachlichen und persönlichen Geltungsbereiches auf die Auftraggeber und Heimarbeiter, die zur Zeit des Abschlusses des Heimarbeitsgesamtvertrages Mitglieder einer am Heimarbeitsgesamtvertrag beteiligten Körperschaft waren oder später werden (Vertragsangehörige).

(BGBl I 2009/74)

(2) Geht der Betrieb eines Auftraggebers, der einem Heimarbeitsgesamtvertrag unterworfen ist, auf einen Dritten über, so erstreckt sich der Heimarbeitsgesamtvertrag auch auf diesen.

(BGBl I 2009/74)

Rechtswirkungen des Heimarbeitsgesamtvertrages

§ 45. (1) Die Bestimmungen des Heimarbeitsgesamtvertrages gelten, soweit sie nicht die Rechtsbeziehungen zwischen den Vertragsparteien des Heimarbeitsgesamtvertrages regeln, innerhalb seines räumlichen, fachlichen und persönlichen Geltungsbereiches als Bestandteil der Heimarbeitsverträge, die zwischen Vertragsangehörigen (§ 44 Abs. 1) abgeschlossen werden.

(2) Enthält der Heimarbeitsgesamtvertrag keine Vorschriften über seinen Wirksamkeitsbeginn, so beginnen seine Rechtswirkungen mit dem auf die Kundmachung im „Amtsblatt zur Wiener Zeitung" folgenden Tage.

(3) Die Rechtswirkungen des Heimarbeitsgesamtvertrages treten auch für nicht vertragsangehörige Heimarbeiter ein, die von einem vertragsangehörigen Auftraggeber beschäftigt werden. Dies gilt jedoch nur so lange, als für diese Heimarbeiter nicht ein anderer Heimarbeitsgesamtvertrag abgeschlossen wird.

(BGBl I 2009/74)

(4) Jeder Heimarbeitsgesamtvertrag setzt für seinen Geltungsbereich von einem bestehenden Heimarbeitstarif außer Kraft:

a) die Bestimmungen, die Gegenstand der Regelung des Heimarbeitsgesamtvertrages sind,
b) die Bestimmungen, die, ohne Gegenstand der Regelung des Heimarbeitsgesamtvertrages zu sein, ausdrücklich außer Kraft gesetzt werden.

(BGBl I 2009/74)

Hinterlegung und Kundmachung der Heimarbeitsgesamtverträge

§ 46. (1) Jeder Heimarbeitsgesamtvertrag ist innerhalb von 14 Tagen nach seinem Abschluss von der daran beteiligten Interessenvertretung der Heimarbeiter in zwei gleichlautenden Ausfertigungen, die von den vertragschließenden Parteien ordnungsgemäß gezeichnet sein müssen, beim Bundesminister für Arbeit, Soziales und Konsumentenschutz zu hinterlegen. Auch die an einem Heimarbeitsgesamtvertrag beteiligte Interessenvertretung der Auftraggeber ist berechtigt, die von ihr abgeschlossenen Heimarbeitsgesamtverträge beim Bundesminister für Arbeit, Soziales und Konsumentenschutz zu hinterlegen.

(2) Der Bundesminister für Arbeit, Soziales und Konsumentenschutz hat eine Ausfertigung des bei ihm hinterlegten Heimarbeitsgesamtvertrages dem Hinterleger mit der Bestätigung der durchgeführten Hinterlegung zurückzustellen; eine Ausfertigung ist vom Bundesminister für Arbeit, Soziales und Konsumentenschutz einem Kataster der Heimarbeitsgesamtverträge einzuverleiben.

(3) Der Bundesminister für Arbeit, Soziales und Konsumentenschutz hat den Abschluss eines jeden bei ihm hinterlegten Heimarbeitsgesamtvertrages durch Einschaltung im „Amtsblatt zur Wiener Zeitung" kundzumachen. Die Kundmachung ist binnen einer Woche nach Vorlage des Heimarbeitsgesamtvertrages zu veranlassen. Die Kosten der Kundmachung sind von den vertragschließenden Parteien zu gleichen Teilen zu tragen.

(BGBl 1975/303, BGBl I 2009/74)

§ 47. Der Hinterleger eines Heimarbeitsgesamtvertrages hat je eine Ausfertigung des Heimarbeitsgesamtvertrages zu übermitteln:

1. der Bundesanstalt Statistik Österreich,
2. den nach dem örtlichen Wirkungsbereich des Heimarbeitsgesamtvertrages zuständigen Trägern der Krankenversicherung,
   (BGBl I 2016/44)
3. den nach dem Geltungsbereich des Heimarbeitsgesamtvertrages in Betracht kommenden gesetzlichen Interessenvertretungen der Auftraggeber und der Heimarbeiter, sofern diese nicht selbst vertragschließende Parteien sind.

(BGBl I 2009/74)

§ 48. Die Bestimmungen der §§ 45 bis 47 gelten sinngemäß auch für Abänderungen und Verlängerungen von Heimarbeitsgesamtverträgen.

Geltungsdauer des Heimarbeitsgesamtvertrages

§ 49. (1) Enthält der Heimarbeitsgesamtvertrag keine Vorschriften über seine Geltungsdauer, so kann er nach Ablauf eines Jahres jederzeit mit einer Frist von drei Monaten zum Letzten eines Kalendermonates gekündigt werden; die Kündigung muß zu ihrer Rechtswirksamkeit gegenüber der anderen vertragschließenden Partei mittels eingeschriebenen Briefes ausgesprochen werden.

(2) Die Partei, die die Kündigung ausgesprochen hat, hat dem Bundesminister für Arbeit, Soziales und Konsumentenschutz binnen drei Tagen nach Ablauf der Kündigungsfrist das Erlöschen des Heimarbeitsgesamtvertrages anzuzeigen. Auch die andere Vertragspartei ist berechtigt, diese Anzeige zu erstatten.

(BGBl I 2009/74)

(3) Verliert eine Berufsvereinigung die Kollektivvertragsfähigkeit, so erlöschen die von dieser Berufsvereinigung abgeschlossenen Heimarbeitsgesamtverträge mit dem Tag, an dem die Entscheidung über das Erlöschen der Kollektivvertragsfähigkeit im „Amtsblatt zur Wiener Zeitung" kundgemacht wird.

(4) Ein von einer gesetzlichen Interessenvertretung abgeschlossener Heimarbeitsgesamtvertrag erlischt für die Mitglieder einer zum Abschluß eines Heimarbeitsgesamtvertrages fähigen Berufsvereinigung mit dem Tag, an dem ein von der Berufsvereinigung abgeschlossener Heimarbeitsgesamtvertrag in Wirksamkeit tritt.

(5) Der Bundesminister für Arbeit, Soziales und Konsumentenschutz hat das Erlöschen des Heimarbeitsgesamtvertrages jeweils binnen einer Woche nach Einlangen der Anzeige gemäß Abs. 2 sowie nach dem in Abs. 3 und 4 bezeichneten Tag im „Amtsblatt zur Wiener Zeitung" kundzumachen. Die Bestimmungen des § 46 Abs. 3 gelten sinngemäß.

(BGBl I 2009/74)

(6) Das Erlöschen eines Heimarbeitsgesamtvertrages hat der Bundesminister für Arbeit, Soziales

und Konsumentenschutz im Kataster der Heimarbeitsgesamtverträge vorzumerken. Gleichzeitig sind hievon die zuständigen Träger der Krankenversicherung zu verständigen.

(BGBl I 2009/74, BGBl I 2016/44)

§ 50. Die Rechtswirkungen des Heimarbeitsgesamtvertrages bleiben nach seinem Erlöschen für Vertragsverhältnisse, die unmittelbar vor seinem Erlöschen durch ihn erfaßt waren, so lange aufrecht, als für diese Vertragsverhältnisse nicht ein neuer Heimarbeitsgesamtvertrag oder ein Heimarbeitstarif wirksam oder nicht ein neuer Einzelvertrag abgeschlossen wird.

VI. HAUPTSTÜCK
Entgeltschutz

(aufgehoben)

(BGBl I 2016/44)

§ 51. (aufgehoben)

(BGBl 1975/303, BGBl I 2009/74, BGBl I 2016/44)

§ 52. (aufgehoben)

(BGBl 1975/303, BGBl 1992/836, BGBl I 2001/94, BGBl I 2009/74, BGBl I 2016/44)

§ 53. (aufgehoben)

(BGBl I 2009/74)

§ 54. (aufgehoben)

(BGBl 1975/303, BGBl I 2009/74, BGBl I 2016/44)

§§ 55 und 56. (aufgehoben)

(BGBl 1975/303, BGBl I 2009/74)

VII. HAUPTSTÜCK
Allgemeine Bestimmungen

Arbeitnehmerschutzbestimmungen in anderen Vorschriften

§ 57. In anderen gesetzlichen Vorschriften enthaltene Arbeitnehmerschutzbestimmungen, die über die in diesem Bundesgesetze getroffenen Regelungen hinausgehen, werden nicht berührt.

(BGBl 1975/303)

Unabdingbarkeit

§ 58. Ansprüche, die den in Heimarbeit Beschäftigten nach diesem Bundesgesetz zustehen, können durch Einzelvertrag und – soweit dieses Bundesgesetz nicht anderes bestimmt – durch Heimarbeitsgesamtvertrag oder Heimarbeitstarif weder aufgehoben noch beschränkt werden.

§ 58a. (aufgehoben)

(BGBl 1975/303, BGBl I 2009/74)

§§ 59 und 60. (aufgehoben)

(BGBl I 2009/74)

§ 61. (aufgehoben)

(BGBl 1975/303, BGBl I 2009/74)

§ 62. (aufgehoben)

(BGBl 1975/303)

§ 63. (aufgehoben)

(BGBl I 2009/74)

Strafbestimmungen

§ 64. Personen, die den Vorschriften dieses Bundesgesetzes, mit Ausnahme der §§ 26, 27a und 27b, oder einer aufgrund dieses Bundesgesetzes erlassenen Vorschrift (Verordnungen oder Bescheide) zuwiderhandeln, sind, soferne die Tat nicht nach anderen Vorschriften strenger zu bestrafen ist, von der Bezirksverwaltungsbehörde mit Geldstrafe bis zu 2 180 Euro, im Wiederholungsfalle von 145 Euro bis 4 360 Euro zu bestrafen. Verstöße gegen § 14 Abs. 1 sind, sofern die Tat nicht nach anderen Vorschriften strenger zu bestrafen ist, von der Bezirksverwaltungsbehörde mit Geldstrafe bis zu 7 260 Euro zu bestrafen.

(BGBl 1975/303, BGBl 1992/836, BGBl I 2001/98, BGBl I 2016/44)

Verbot der Ausgabe von Heimarbeit

§ 65. Auf Antrag des Trägers der Krankenversicherung kann die zuständige Verwaltungsbehörde Personen, die mehr als einmal wegen Zuwiderhandlungen nach § 64 bestraft oder nur deshalb nicht nach dieser Bestimmung bestraft wurden, weil die Tat nach einer anderen Bestimmung mit strengerer Strafe bedroht ist, die Ausgabe oder Weitergabe von Heimarbeit dauernd oder für bestimmte Zeit verbieten.

(BGBl I 2016/44)

VIII. HAUPTSTÜCK
Übergangsbestimmungen

§§ 66. bis 71. (überholt)

IX. HAUPTSTÜCK
Schlußbestimmungen

Aufhebung von Vorschriften

§ 72. (1) Alle mit den Bestimmungen dieses Bundesgesetzes im Widerspruch stehenden Vorschriften werden außer Kraft gesetzt.

(2) Gemäß Abs. 1 treten insbesondere außer Kraft:

1. Das Gesetz über die Heimarbeit in der Fassung der Bekanntmachung vom 30. Oktober 1939, Deutsches RGBl. I S. 2145,
2. die Verordnung zur Durchführung des Gesetzes über die Heimarbeit vom 30. Oktober 1939, Deutsches RGBl. I S. 2152,
3. Art. III der Zweiten Verordnung über die Einführung sozialrechtlicher Vorschriften im Lande Österreich vom 9. Juli 1938, Deutsches RGBl. I S. 851; Z 4 bis 9 der Verordnung des Reichsstatthalters (österreichische Landesregierung) zur Durchführung der Zweiten Verordnung über die Einführung sozialrechtlicher Vorschriften im Lande Österreich vom 9. Juli 1938, GBl. f. d. L. Ö. Nr. 366/1938,
4. die Verordnung vom 2. Juli 1942 über das Kleben von Gummi, Leder und ähnlichen Werkstoffen in der Heimarbeit, Deutsches RGBl. I S. 441,

5. die Anordnung zur Sicherung kriegswichtiger Heimarbeit vom 1. Oktober 1942, Reichsanzeiger Nr. 235/1942,
6. Art. III der Verordnung des Staatsamtes für soziale Verwaltung vom 29. Oktober 1945 über die Lohnzahlung an Feiertagen, StGBl. Nr. 212.

Vollziehung

§ 73. Mit der Vollziehung dieses Bundesgesetzes ist hinsichtlich des § 5 Abs. 6 der Bundesminister für Finanzen, hinsichtlich der übrigen Bestimmungen der Bundesminister für Arbeit, Soziales und Konsumentenschutz betraut.

(BGBl 1975/303, BGBl I 2009/74)

Inkrafttreten

§ 74. (1) § 8 Abs. 2 lit. c, Abs. 3 erster Satz, Abs. 5 letzter Satz, Abs. 6 und 7, § 9 Abs. 1, § 10, § 12, § 18, § 23 Abs. 2, § 24, § 25, § 26, § 27 Abs. 1 und 2, § 27a, § 27b, § 39 Abs. 2, 4 und 5, § 32 Abs. 2 letzter Satz, § 39 Abs. 4, 5 und 7 und § 64 in der Fassung des Bundesgesetzes BGBl. Nr. 836/1992 treten mit 1. Jänner 1993 in Kraft.

(BGBl I 2000/44)

(2) § 25 Abs. 1 in der Fassung des Bundesgesetzes BGBl. I Nr. 44/2000 tritt mit 1. Jänner 2001 in Kraft und gilt für Heimarbeitsverhältnisse, die nach dem 31. Dezember 2000 (Tag vor dem Inkrafttreten) begründet werden, sowie für vorher begründete Heimarbeitsverhältnisse mit dem Arbeitsjahr, das nach dem 31. Dezember 2000 (Tag vor dem Inkrafttreten) beginnt.

(BGBl I 2000/44)

(3) § 52 in der Fassung des Bundesgesetzes BGBl. I Nr. 94/2001 tritt mit 1. August 2001 in Kraft.

(BGBl I 2001/94)

(4) § 64 in der Fassung des Bundesgesetzes BGBl. I Nr. 98/2001 tritt mit 1. Jänner 2002 in Kraft.

(BGBl I 2001/98, BGBl I 2009/74)

(5) §§ 2, 5, 8, 9 Abs. 1, 10 Abs. 1 und 6, 14, 15, 17 Abs. 1 und 3, 18 Abs. 3, 20 Abs. 4, 20 Abs. 4, 26 Abs. 2, die Überschriften zum IV. Hauptstück und zu Abschnitt 1 des IV. Hauptstückes, §§ 28, 29, 34 Abs. 1, 3 und 4, 35 Abs. 1, 36, 43 Abs. 1, 2 und 4, 44 Abs. 1 und 2, 45, 46, 47, 49 Abs. 2, 5 und 6, 51, 52 Abs. 3, 54 Abs. 3 und 4 sowie 73 in der Fassung des Bundesgesetzes BGBl. I Nr. 74/2009 treten mit 1. August 2009 in Kraft. §§ 3, 4, 6, 7, 11, 19, 24, 27 Abs. 3, 30, 31, 32, 33, 37, 38, 39, 40, 41, 42, 53, 55, 56, 58a, 59, 60, 61, 63 und 73 in der Fassung des Bundesgesetzes BGBl. I Nr. 74/2009 treten mit Ablauf des 31. Juli 2009 außer Kraft.

(BGBl I 2009/74)

(6) Am 31. Juli 2009 anhängige Verfahren zur Erlassung eines Heimarbeitstarifs sind vom Bundeseinigungsamt fortzuführen, am 31. Juli 2009 anhängige Verfahren zur Hinterlegung eines Heimarbeitsgesamtvertrags sind vom Bundesminister für Arbeit, Soziales und Konsumentenschutz fortzuführen. Die Kataster der Heimarbeitstarife und der Heimarbeitsgesamtverträge sind mit Ablauf des 31. Juli 2009 dem Bundeseinigungsamt bzw. dem Bundesminister für Arbeit, Soziales und Konsumentenschutz zu übermitteln.

(BGBl I 2009/74)

(7) § 5 Abs. 1 und 5, § 10 Abs. 6, § 26 Abs. 1, § 34 Abs. 4, § 47 Z 2, § 49 Abs. 6, § 64 und § 65 in der Fassung des Bundesgesetzes BGBl. I Nr. 44/2016 treten mit 1. Jänner 2017 in Kraft. Das VI. Hauptstück tritt mit Ablauf des 31. Dezembers 2016 außer Kraft. In Verwaltungsstrafverfahren nach § 54 sind auf Sachverhalte, die sich vor dem 1. Jänner 2017 ereignet haben, die vor dem Inkrafttreten des Bundesgesetzes BGBl I Nr. 44/2016 geltenden Bestimmungen weiterhin anzuwenden.

(BGBl I 2016/44)

(8) § 8 Abs. 2 in der Fassung des Deregulierungsgesetzes 2017, BGBl. I Nr. 40/2017, tritt mit 1. Juli 2017 in Kraft.

(BGBl I 2017/40)

Übergangsbestimmungen

§ 75. (1) Die nach § 27b gebührenden Abfertigungsansprüche treten in Etappen in Kraft und betragen

1. 10 %, wenn das Heimarbeitsverhältnis spätestens mit 30. Juni 1993,
2. 20 %, wenn das Heimarbeitsverhältnis innerhalb des Zeitraumes vom 1. Juli 1993 bis 30. Juni 1994,
3. 40 %, wenn das Heimarbeitsverhältnis innerhalb des Zeitraumes vom 1. Juli 1994 bis 30. Juni 1995,
4. 60 %, wenn das Heimarbeitsverhältnis innerhalb des Zeitraumes vom 1. Juli 1995 bis 30. Juni 1996,
5. 80 %, wenn das Heimarbeitsverhältnis innerhalb des Zeitraumes vom 1. Juli 1996 bis 30. Juni 1997,
6. 100 %, wenn das Heimarbeitsverhältnis ab dem 1. Juli 1997 endet.

(2) Für die Entstehung des Anspruches auf Abfertigung sind Zeiten vor dem 1. Jänner 1993 nur zu berücksichtigen, wenn sie ununterbrochen sind.

(BGBl 1992/836)

27. JOURNALISTEN

Inhaltsverzeichnis

27/1. Journalistengesetz

Journalistengesetz, StGBl 1920/88 idF

1 BGBl 1921/295	**2** BGBl 1925/183	**3** BGBl 1926/388
4 BGBl 1938/253	**5** BGBl 1945/213	**6** BGBl 1955/158
7 BGBl 1958/108	**8** BGBl 1976/390	**9** BGBl 1983/81
10 BGBl I 1999/178	**11** BGBl I 2001/98	**12** BGBl I 2002/100
13 BGBl I 2007/102		

GLIEDERUNG

STICHWORTVERZEICHNIS

Gesetz vom 11. Februar 1920 über die Rechtsverhältnisse der Journalisten (Journalistengesetz)

Der Nationalrat hat beschlossen:

Abschnitt 1
Angestellte Journalisten

(BGBl I 1999/178)

§ 1. (1) Die Vorschriften dieses Gesetzes gelten für alle mit der Verfassung des Textes oder mit der Zeichnung von Bildern betrauten Mitarbeiter einer Zeitungsunternehmung, die mit festen Bezügen angestellt sind und diese Tätigkeit nicht bloß als Nebenbeschäftigung ausüben (Redakteure, Schriftleiter).

(2) Die Vorschriften dieses Gesetzes gelten sinngemäß für die Mitarbeiter einer Nachrichtenagentur, einer Rundfunkunternehmung (Ton- oder Bildfunk) oder einer Filmunternehmung, die mit der Gestaltung des Textes oder mit der Herstellung von Bildern (Laufbildern) über aktuelles Tagesgeschehen betraut und mit festen Bezügen angestellt sind und diese Tätigkeit nicht bloß als Nebenbeschäftigung ausüben.

(BGBl 1955/158)

Arbeitsvertrag

§ 2. (1) Jedem Redakteur ist am Tage seines Dienstantrittes eine schriftliche Bescheinigung des zwischen ihm und der Zeitungsunternehmung abgeschlossenen Arbeitsvertrages einzuhändigen.

(2) Diese Bescheinigung hat insbesondere zu enthalten:

1. die möglichst genaue Bezeichnung des Arbeitsgebietes (Ressort), in dem sich der Redakteur zu betätigen hat;
2. die Höhe der festen Bezüge sowie des Honorars für besondere Leistungen und die Vereinbarungen über die Vergütung für Dienstauslagen;
3. den Verhältnissatz, in dem sich die festen Bezüge bei längerer Dauer des Arbeitsverhältnisses von mindestens fünf zu fünf Jahren bis zum sechzigsten Lebensjahre erhöhen;
4. die Dauer des jährlichen Urlaubes;
5. die Dauer der Kündigungsfrist.

§ 3. Die Dauer des dem Redakteur zu gewährenden jährlichen Urlaubes muß mindestens 30 Werktage, nach mehr als zehnjähriger Dauer des Arbeitsverhältnisses 39 Werktage betragen, innerhalb welcher Zeit die festen Bezüge fortlaufen. Im übrigen gilt Artikel I Abschnitt 1 des Bundesgesetzes vom 7. Juli 1976 betreffend die Vereinheitlichung des Urlaubsrechtes und die Einführung einer Pflegefreistellung, BGBl. Nr. 390.[a)]

[a)] Trat am 1.1.1987 und etappenweise in Kraft. Siehe dazu den Etappenplan in Art. IV des BG BGBl 1983/18 im Anhang des UrlG.

(BGBl 1955/158, BGBl 1983/81)

§ 4. Die Kündigungsfrist muß mindestens drei Monate betragen und erhöht sich nach fünfjähriger ununterbrochener Dauer des Arbeitsverhältnisses mit jedem Jahre um einen Monat bis zum Höchstausmaß von einem Jahr.

Altersversorgung

§§ 5 bis 7. (überholt)

Veräußerung der Zeitungsunternehmung

§ 8. (1) Wird eine Zeitungsunternehmung veräußert, so kann der Erwerber innerhalb eines Monates nach der Veräußerung dem Redakteur gegenüber erklären, daß er in dessen Vertrag mit dem Veräußerer nicht eintritt.

(2) Wird eine solche Erkärung innerhalb der Frist abgegeben, so kann der Redakteur außer dem für die Kündigungsfrist entfallenden Entgelt eine Entschädigung verlangen, die bei weniger als fünfjähriger Dauer des Vertragsverhältnisses ein volles Jahresentgelt, bei fünf- bis zehnjähriger Dauer das Einundeinhalbfache des Jahresentgeltes beträgt und sich mit je fünf weiteren Jahren der Vertragsdauer um ein halbes Jahresentgelt erhöht, wobei ein angefangenes Jahrfünft als voll gerechnet wird.

(3) Tritt der Erwerber in den Vertrag ein und hat er innerhalb der Frist den Eintritt nicht ausdrücklich abgelehnt, so kann er den Vertrag innerhalb eines Jahres nach der Veräußerung nicht kündigen.

(4) Das Recht des Redakteurs, den Vertrag unter Einhaltung der gesetzlichen oder vereinbarten Kündigungsfrist zu kündigen, ferner das Recht beider Teile, die vorzeitige Auflösung des Vertrages aus wichtigen Gründen zu verlangen, sowie die in den §§ 5 bis 7 festgesetzten Rechte und Pflichten bleiben unberührt.

(5) Besteht nach § 14 des Betrieblichen Mitarbeiter- und Selbständigenvorsorgegesetzes – BMSVG, BGBl. I Nr. 100/2002, Anspruch auf Verfügung über eine Abfertigung aus dem nach Abs. 1 beendeten Vertrag, ist diese auf die nach Abs. 2 gebührende Entschädigung anzurechnen.

(BGBl I 2002/100, BGBl I 2007/102)

§ 9. Für die Zahlung der aus § 8, Absatz 2, sich ergebenden Ansprüche des Redakteurs haften der Erwerber und der Veräußerer zur ungeteilten Hand.

Auflassung der Zeitungsunternehmung

§ 10. Wird die Zeitungsunternehmung aufgelassen, so kann dem Redakteur nur unter Einhaltung einer Kündigungsfrist von mindestens sechs Monaten gekündigt werden, wenn nicht gemäß § 4 oder zufolge Vertrages eine längere Kündigungsfrist einzuhalten ist.

Wechsel der politischen Richtung

§ 11. (1) Wechselt eine Zeitungsunternehmung die von ihr bisher eingehaltene politische Richtung, so kann der Redakteur, dem die Fortsetzung seiner Tätigkeit ohne Änderung seiner Gesinnung nicht zugemutet werden kann, innerhalb eines Monates, nachdem er von dem Wechsel der politischen Richtung Kenntnis erlangt haben mußte, den Vertrag ohne Einhaltung einer Kündigungsfrist lösen.

(2) Dem Redakteur stehen in diesem Falle gegen die Zeitungsunternehmung die im § 8, Absatz 2, bezeichneten Ansprüche zu.

Wechsel der politischen Richtung

§ 12. (1) Über die Frage, ob die Voraussetzungen für eine Auflösung im Sinne des § 11, Absatz 1, vorliegen, entscheidet ein fünfgliedriges Schiedsgericht, das aus je zwei von den beiden Streitteilen zu bestellenden Schiedsrichtern und einem von diesen vier Schiedsrichtern mit Stimmenmehrheit zu wählenden Obmann zusammengesetzt ist.

(2) Der Obmann muß Mitglied der Nationalversammlung sein. Kommt die Obmannwahl nicht zustande, so wird aus den Mitgliedern der Nationalversammlung durch den Präsidenten ein Obmann bestellt.

(3) Im übrigen finden die Vorschriften des vierten Abschnittes des sechsten Teiles der Zivilprozeßordnung über das schiedsrichterliche Verfahren Anwendung. Findet das Schiedsgericht, daß die Behauptung des Redakteurs über den Wechsel der politischen Richtung wider besseres Wissen erhoben wurde, so kann es eine Mutwillensstrafe bis zum Betrage von 485 Euro über ihn verhängen (§ 220 ZP.O.).

(BGBl 1925/183, BGBl I 2001/98)

(4) Das Gericht ist an die Entscheidung des Schiedsgerichtes gebunden.

§ 13. Insoweit in diesem Gesetze nichts anderes bestimmt ist, bleiben die bestehenden Vorschriften über das Dienstverhältnis der Redakteure unberührt.

§ 14. Die Rechte, die den Redakteuren auf Grund dieses Gesetzes zustehen, können durch den Arbeitsvertrag weder aufgehoben noch beschränkt werden.

§ 15. Die Vorschriften dieses Gesetzes finden auch auf die am Tage des Wirksamkeitsbeginnes dieses Gesetzes bestehenden Arbeitsverhältnisse der Redakteure Anwendung.

Abschnitt 2
Ständige freie Mitarbeiter

(BGBl I 1999/178)

§ 16. (1) Ständiger freier Mitarbeiter im Sinne dieses Bundesgesetzes ist: wer – ohne in einem Arbeitsverhältnis zu stehen – in einem Medienunternehmen oder Mediendienst (ausgenommen im Österreichischen Rundfunk im Sinne des Bundesgesetzes BGBl. Nr. 379/1984) an der inhaltlichen Gestaltung eines Mediums oder der Mitteilungen eines Mediendienstes journalistisch mitwirkt, sofern er diese journalistische Tätigkeit ständig und nicht bloß als Nebenbeschäftigung ausübt, im wesentlichen persönlich erbringt und über keine unternehmerische Struktur verfügt.

(2) Die in diesem Bundesgesetz verwendeten Begriffe „Medium", „Medienunternehmen" und „Mediendienst" sind im Sinne des § 1 Z 1, 6 und 7 des Mediengesetzes, BGBl. Nr. 314/1981, zu verstehen.

(BGBl I 1999/178)

Abschluß von Gesamtverträgen für ständige freie Mitarbeiter

§ 17. (1) Durch Gesamtverträge können die Honorarbedingungen und Aufwandsersätze der ständigen freien Mitarbeiter im Sinne des § 16 sowie die Rechtsbezeichnungen der Gesamtvertragsparteien geregelt werden. Die Gesamtverträge bedürfen der Schriftform.

(2) Zum Abschluß von Gesamtverträgen sind kollektivvertragsfähige juristische Personen befugt. Wird einer auf freiwilliger Mitgliedschaft beruhenden Berufsvereinigung die Kollektivvertragsfähigkeit zuerkannt und schließt diese einen Gesamtvertrag ab, so verliert die in Betracht kommende gesetzliche Interessenvertretung hinsichtlich der Mitglieder der Berufsvereinigung die Fähigkeit zum Abschluß von Gesamtverträgen für die Dauer der Geltung und für den Geltungsbereich des von der Berufsvereinigung abgeschlossenen Gesamtvertrages.

(3) Die Bestimmungen in Gesamtverträgen können durch Einzelvertrag weder aufgehoben noch beschränkt werden. Sondervereinbarungen sind, sofern sie der Gesamtvertrag nicht ausschließt, nur gültig, soweit sie für die ständigen freien Mitarbeiter im Sinne des § 16 günstiger sind oder Angelegenheiten betreffen, die im Gesamtvertrag nicht geregelt sind.

(BGBl I 1999/178)

Geltungsbereich und Gesamtverträge

§ 18. (1) Der Gesamtvertrag erstreckt sich, sofern er nicht anderes bestimmt, innerhalb seines räumlichen, fachlichen und persönlichen Geltungsbereiches auf ständige freie Mitarbeiter im Sinne des § 16 und auf Medienunternehmen (Mediendienste), die zur Zeit des Abschlusses des Gesamtvertrages Mitglieder einer am Gesamtvertrag beteiligten Körperschaft waren oder später werden (Vertragsparteien).

(2) Geht der Betrieb oder ein Teil des Betriebes eines Medienunternehmens (Mediendienstes), das (der) einem Gesamtvertrag unterliegt, auf einen Dritten über, so erstreckt sich der Gesamtvertrag auch auf diesen.

(BGBl I 1999/178)

Rechtswirkungen der Gesamtverträge

§ 19. (1) Der Gesamtvertrag gilt, soweit er nicht die Rechtsbeziehungen zwischen den Vertragsparteien regelt, innerhalb seines räumlichen, fachlichen und persönlichen Geltungsbereiches als Bestandteil der Verträge, die zwischen den ständigen freien Mitarbeitern im Sinne des § 16 und dem Medienunternehmen (Mediendienst) abgeschlossen werden.

(2) Enthält der Gesamtvertrag keine Vorschriften über seinen Wirksamkeitsbeginn, so beginnen seine

Rechtswirkungen mit dem auf die Kundmachung im „Amtsblatt zur Wiener Zeitung" folgenden Tag.

(3) Die Rechtswirkungen des Gesamtvertrages treten auch für nichtvertragsangehörige ständige freie Mitarbeiter im Sinne des § 16 ein, die von einem vertragsangehörigen Medienunternehmen (Mediendienst) beschäftigt werden. Dies gilt jedoch nur solange, als für diese ständigen freien Mitarbeiter im Sinne des § 16 nicht ein anderer Gesamtvertrag abgeschlossen wird.

(BGBl I 1999/178)

Hinterlegung und Kundmachung von Gesamtverträgen

§ 20. (1) Jeder Gesamtvertrag ist innerhalb von vierzehn Tagen nach seinem Abschluß von der daran beteiligten Interessenvertretung der ständigen freien Mitarbeiter im Sinne des § 16 in zwei gleichlautenden Ausfertigungen, die von den vertragsschließenden Parteien ordungsgemäß gezeichnet sein müssen, beim Bundesministerium für Arbeit, Gesundheit und Soziales unter Angabe der Anschriften der vertragsschließenden Parteien zu hinterlegen. Auch die an dem Gesamtvertrag beteiligte Interessenvertretung der Medienunternehmen (Mediendienste) ist berechtigt, die von ihr abgeschlossenen Gesamtverträge beim Bundesministerium für Arbeit, Gesundheit und Soziales zu hinterlegen.

(2) Das Bundesministerium für Arbeit, Gesundheit und Soziales hat eine Ausfertigung des bei ihr hinterlegten Gesamtvertrages dem Hinterleger mit der Bestätigung der durchgeführten Hinterlegung zurückzustellen; eine Ausfertigung ist einem Register der Gesamtverträge einzuverleiben.

(3) Das Bundesministerium für Arbeit, Gesundheit und Soziales hat den Abschluß eines jeden bei ihm hinterlegten Gesamtvertrages durch Einschaltung im „Amtsblatt zur Wiener Zeitung" binnen einer Woche nach Vorlage des Gesamtvertrages kundzumachen. Die Kosten der Kundmachung sind von den vertragschließenden Parteien zu gleichen Teilen zu tragen. Weiters hat das Bundesministerium für Arbeit, Gesundheit und Soziales jedem für Arbeits- und Sozialrechtssachen zuständigen Gerichtshof eine Ausfertigung des Gesamtvertrages mit Angabe des Datums seiner Kundmachung im „Amtsblatt zur Wiener Zeitung" und der Zahl der Registereintragung unverzüglich zu übermitteln.

(4) Der Hinterleger eines Gesamtvertrages hat je eine Ausfertigung des Gesamtvertrages dem Österreichischen Statistischen Zentralamt in Wien und den nach dem Geltungsbereich des Gesamtvertrages in Betracht kommenden Interessenvertretungen im Medienbereich, sofern diese nicht selbst Vertragsparteien sind, zu übermitteln.

(BGBl I 1999/178)

Abänderung und Verlängerung von Gesamtverträgen

§ 21. § 20 gilt sinngemäß auch für Abänderungen und Verlängerungen von Gesamtverträgen.

(BGBl I 1999/178)

Geltungsdauer und Verlängerung von Gesamtverträgen

§ 22. (1) Enthält der Gesamtvertrag keine Vorschriften über seine Geltungsdauer, so kann er nach Ablauf eines Jahres jederzeit mit einer Frist von drei Monaten zum Letzten eines Kalendermonates gekündigt werden. Die Kündigung bedarf zu ihrer Rechtswirksamkeit der Schriftform und hat gegenüber der anderen Vertragspartei durch eingeschriebenen Brief zu erfolgen.

(2) Die kündigende Partei hat dem Bundesministerium für Arbeit, Gesundheit und Soziales binnen drei Tagen nach Ablauf der Kündigungsfrist das Erlöschen des Gesamtvertrages anzuzeigen. Zu dieser Anzeige ist auch die andere Vertragspartei berechtigt.

(3) Verliert eine Berufsvereinigung die Kollektivvertragsfähigkeit, so erlöschen die von ihr abgeschlossenen Gesamtverträge mit dem Tag, an dem die Entscheidung über das Erlöschen der Kollektivvertragsfähigkeit im „Amtsblatt zur Wiener Zeitung" kundgemacht wird.

(4) Ein von einer gesetzlichen Interessenvertretung abgeschlossener Gesamtvertrag erlischt für die Mitglieder einer zum Abschluß eines Gesamtvertrages fähigen Berufsvereinigung mit dem Tag, an dem ein von der Berufsvereinigung abgeschlossener Gesamtvertrag wirksam wird.

(5) Das Bundesministerium für Arbeit, Gesundheit und Soziales hat das Erlöschen des Gesamtvertrages jeweils binnen einer Woche nach dem Einlangen der Anzeige gemäß Abs. 2 sowie nach dem in Abs. 3 und 4 bezeichneten Tag im „Amtsblatt zur Wiener Zeitung" kundzumachen. Die Kosten der Kundmachung sind von den Vertragsparteien des erloschenen Gesamtvertrages zu gleichen Teilen zu tragen.

(6) Das Erlöschen des Gesamtvertrages ist vom Bundesministerium für Arbeit, Gesundheit und Soziales im Kataster der Gesamtverträge vorzumerken.

(BGBl I 1999/178)

Nachwirkung

§ 23. Die Rechtswirkungen des Gesamtvertrages bleiben nach seinem Erlöschen für Vertragsverhältnisse, die unmittelbar vor seinem Erlöschen durch ihn erfaßt waren, so lange aufrecht, als für diese Vertragsverhältnisse nicht ein neuer Gesamtvertrag wirksam oder nicht ein neuer Einzelvertrag abgeschlossen wird.

(BGBl I 1999/178)

Abschnitt 3
Inkrafttreten und Vollziehung

(BGBl I 1999/178)

§ 24. (1) Dieses Gesetz tritt mit dem Tage seiner Kundmachung in Wirksamkeit.

(BGBl I 1999/178)

(2) Mit der Vollziehung dieses Bundesgesetzes ist der Bundesminister für Arbeit, Gesundheit und Soziales betraut.

(BGBl I 1999/178)

(3) Die Bezeichnung Abschnitt 1, die Überschrift zu § 1, die Bezeichnung Abschnitt 2 samt den §§ 16 bis 23 sowie die Bezeichnung Ab-schnitt 3, die Überschrift zu § 24 und § 24 Abs. 2 und 3 in der Fassung des Bundesgesetzes BGBl. I Nr. 178/1999, treten mit 1. September 1999 in Kraft.

(BGBl I 1999/178)

(4) § 12 Abs. 3 in der Fassung des Bundesgesetzes BGBl. I Nr. 98/2001 tritt mit 1. Jänner 2002 in Kraft.

(BGBl I 2001/98)

(5) § 8 Abs. 5 in der Fassung des Bundesgesetzes BGBl. I Nr. 100/2002 tritt mit 1. Jänner 2003 in Kraft, soweit nicht durch Verordnung gemäß § 46 Abs. 1 letzter Satz BMVG etwas anderes angeordnet wird.

(BGBl I 2002/100)

(6) § 8 Abs. 5 in der Fassung des Bundesgesetzes BGBl. I Nr. 102/2007 tritt mit 1. Jänner 2008 in Kraft.

(BGBl I 2007/102)

(BGBl I 1999/178)

27/2. Mediengesetz (Auszug)

Mediengesetz, BGBl 1981/314 idF

1 BGBl I 2005/49 **2** BGBl I 2009/8

GLIEDERUNG

STICHWORTVERZEICHNIS

Bundesgesetz vom 12. Juni 1981 über die Presse und andere publizistische Medien (Mediengesetz)

(Auszug)

Der Nationalrat hat beschlossen:

Dieses Bundesgesetz soll zur Sicherung des Rechtes auf freie Meinungsäußerung und Information die volle Freiheit der Medien gewährleisten. Beschränkungen der Medienfreiheit, deren Ausübung Pflichten und Verantwortung mit sich bringt, sind nur unter den im Art. 10 Abs. 2 der Konvention zum Schutze der Menschenrechte und Grundfreiheiten, BGBl. Nr. 210/1958, bezeichneten Bedingungen zulässig.

Artikel I

Begriffsbestimmungen

§ 1. (1) Im Sinne der Bestimmungen dieses Bundesgesetzes ist

1. **„Medium“**: jedes Mittel zur Verbreitung von Mitteilungen oder Darbietungen mit gedanklichem Inhalt in Wort, Schrift, Ton oder Bild an einen größeren Personenkreis im Wege der Massenherstellung oder der Massenverbreitung;

1a. **„Medieninhalte“**: Mitteilungen oder Darbietungen mit gedanklichem Inhalt in Wort, Schrift, Ton oder Bild, die in einem Medium enthalten sind;

(BGBl I 2009/8)

2. **„periodisches Medium“**: ein periodisches Medienwerk oder ein periodisches elektronisches Medium;

(BGBl I 2005/49)

3. **„Medienwerk“**: ein zur Verbreitung an einen größeren Personenkreis bestimmter, in einem Massenherstellungsverfahren in Medienstücken vervielfältigter Träger von Mitteilungen oder Darbietungen mit gedanklichem Inhalt;

4. **„Druckwerk“**: ein Medienwerk, durch das Mitteilungen oder Darbietungen ausschließlich in Schrift oder in Standbildern verbreitet werden;
5. **„periodisches Medienwerk oder Druckwerk“**: ein Medienwerk oder Druckwerk, das unter demselben Namen in fortlaufenden Nummern wenigstens viermal im Kalenderjahr in gleichen oder ungleichen Abständen erscheint und dessen einzelne Nummern, mag auch jede ein in sich abgeschlossenes Ganzes bilden, durch ihren Inhalt im Zusammenhang stehen;

5a. **„periodisches elektronisches Medium“**: ein Medium, das auf elektronischem Wege
   a) ausgestrahlt wird (Rundfunkprogramm) oder
   b) abrufbar ist (Website) oder
   c) wenigstens vier Mal im Kalenderjahr in vergleichbarer Gestaltung verbreitet wird (wiederkehrendes elektronisches Medium);

   (BGBl I 2005/49)

6. **„Medienunternehmen“**: ein Unternehmen, in dem die inhaltliche Gestaltung des Mediums besorgt wird sowie
   a) seine Herstellung und Verbreitung oder
   b) seine Ausstrahlung oder Abrufbarkeit

   entweder besorgt oder veranlasst werden;

   (BGBl I 2005/49)

7. **„Mediendienst“**: ein Unternehmen, das Medienunternehmen wiederkehrend mit Beiträgen in Wort, Schrift, Ton oder Bild versorgt;
8. **„Medieninhaber“**: wer
   a) ein Medienunternehmen oder einen Mediendienst betreibt oder
   b) sonst die inhaltliche Gestaltung eines Medienwerks besorgt und dessen Herstellung und Verbreitung entweder besorgt oder veranlasst oder
   c) sonst im Fall eines elektronischen Mediums dessen inhaltliche Gestaltung besorgt und dessen Ausstrahlung, Abrufbarkeit oder Verbreitung entweder besorgt oder veranlasst oder
   d) sonst die inhaltliche Gestaltung eines Mediums zum Zweck der nachfolgenden Ausstrahlung, Abrufbarkeit oder Verbreitung besorgt;

   (BGBl I 2005/49)

9. **„Herausgeber“**: wer die grundlegende Richtung des periodischen Mediums bestimmt;
10. **„Hersteller“**: wer die Massenherstellung von Medienwerken besorgt;
11. **„Medienmitarbeiter“**: wer in einem Medienunternehmen oder Mediendienst an der inhaltlichen Gestaltung eines Mediums oder der Mitteilungen des Mediendienstes journalistisch mitwirkt, sofern er als Angestellter des Medienunternehmens oder Mediendienstes oder als freier Mitarbeiter diese journalistische Tätigkeit ständig und nicht bloß als wirtschaftlich unbedeutende Nebenbeschäftigung ausübt;
12. **„Medieninhaltsdelikt“**: eine durch den Inhalt eines Mediums begangene, mit gerichtlicher Strafe bedrohte Handlung, die in einer an einen größeren Personenkreis gerichteten Mitteilung oder Darbietung besteht.

(2) Zu den Medienwerken gehören auch die in Medienstücken vervielfältigten Mitteilungen der Mediendienste. Im übrigen gelten die Mitteilungen der Mediendienste ohne Rücksicht auf die technische Form, in der sie geliefert werden, als Medien.

Zweiter Abschnitt
Schutz der journalistischen Berufsausübung; Redaktionsstatuten

Überzeugungsschutz

§ 2. (1) Jeder Medienmitarbeiter hat das Recht, seine Mitarbeit an der inhaltlichen Gestaltung von Beiträgen oder Darbietungen, die seiner Überzeugung in grundsätzlichen Fragen oder den Grundsätzen des journalistischen Berufes widersprechen, zu verweigern, es sei denn, daß seine Überzeugung der im Sinne des § 25 veröffentlichten grundlegenden Richtung des Mediums widerspricht. Die technisch-redaktionelle Bearbeitung von Beiträgen oder Darbietungen anderer und die Bearbeitung von Nachrichten dürfen nicht verweigert werden.

(2) Aus einer gerechtfertigten Weigerung darf dem Medienmitarbeiter kein Nachteil erwachsen.

Schutz namentlich gekennzeichneter Beiträge

§ 3. Wird ein Beitrag oder eine Darbietung in einer den Sinngehalt betreffenden Weise geändert, so darf die Veröffentlichung unter dem Namen des Medienmitarbeiters nur mit seiner Zustimmung geschehen. Der Angabe des Namens des Verfassers ist die Bezeichnung mit einem von ihm bekanntermaßen gebrauchten Decknamen oder Zeichen gleichzuhalten.

Kein Veröffentlichungszwang

§ 4. Die vorstehenden Bestimmungen räumen dem Medienmitarbeiter nicht das Recht ein, die Veröffentlichung eines von ihm verfaßten Beitrages oder einer Darbietung, an deren inhaltlichen Gestaltung er mitgewirkt hat, zu erzwingen.

Redaktionsstatuten

§ 5. (1) Für die Medienunternehmen und Mediendienste können Redaktionsstatuten abgeschlossen werden, die die Zusammenarbeit in publizistischen Angelegenheiten regeln.

(2) Ein Redaktionsstatut wird zwischen dem Medieninhaber und einer Redaktionsvertretung vereinbart, die von der Redaktionsversammlung nach dem Grundsatz der Verhältniswahl zu wählen ist. Die Vereinbarung bedarf zu ihrer Wirksamkeit der Genehmigung der Redaktionsversammlung, die diese mit der Mehrheit von zwei Dritteln ihrer

Angehörigen erteilt. Der Redaktionsversammlung gehören alle fest angestellten Medienmitarbeiter an.

(BGBl I 2005/49)

(3) Durch die Bestimmungen eines Redaktionsstatutes dürfen die Rechte der Betriebsräte nicht berührt werden.

(4) Allgemeine Grundsätze von Redaktionsstatuten können von den kollektivvertragsfähigen Körperschaften der im Medienwesen tätigen Arbeitnehmer und Arbeitgeber vereinbart werden.

27/3. ORF-Gesetz (Auszug)

ORF-Gesetz, BGBl 1984/379 idF

1 BGBl I 2001/83 **2** BGBl I 2002/100 **3** BGBl I 2007/102
4 BGBl I 2010/50 **5** BGBl I 2012/15

GLIEDERUNG

STICHWORTVERZEICHNIS

Bundesgesetz über den Österreichischen Rundfunk (ORF-Gesetz, ORF-G)

5a. Abschnitt
Gleichstellung von Frauen und Männern
(BGBl I 2010/50)

Gleichstellungsgebot

§ 30a. (1) Die Vertreterinnen oder Vertreter der Stiftung „Österreichischer Rundfunk" (Stiftung) sind verpflichtet, nach Maßgabe der Vorgaben des Gleichstellungsplanes (§ 30b) auf eine Beseitigung einer bestehenden Unterrepräsentation von Frauen an der Gesamtzahl der dauernd Beschäftigten und der Funktionen sowie von bestehenden Benachteiligungen von Frauen im Zusammenhang mit dem Arbeitsverhältnis hinzuwirken.

(2) Frauen sind unterrepräsentiert, wenn der Anteil der Frauen an der Gesamtzahl der dauernd Beschäftigten, einschließlich überlassener Arbeitskräfte,

1. in der betreffenden Verwendungs-, Entlohnungs- oder Funktionsgruppe oder
2. in sonstigen hervorgehobenen Verwendungen oder Funktionen, welche keine Unterteilung in Gruppen aufweisen,

der Stiftung weniger als 45vH beträgt.
(BGBl I 2010/50)

Gleichstellungsplan

§ 30b. (1) Auf Vorschlag der Arbeitsgruppe für Gleichstellungsfragen (§ 30m) hat die Generaldirektorin oder der Generaldirektor einen Gleichstellungsplan zu erlassen. Der Gleichstellungsplan ist auf der Grundlage des zum 1. Juli jedes zweiten Jahres zu ermittelnden Anteiles der Frauen an der Gesamtzahl der dauernd Beschäftigten, einschließlich überlassener Arbeitskräfte, sowie der zu erwartenden Fluktuation für einen Zeitraum von sechs Jahren zu erstellen und fortzuschreiben. Nach jeweils zwei Jahren ist er an die aktuelle Entwicklung anzupassen.

(2) Im Gleichstellungsplan ist jedenfalls festzulegen, in welcher Zeit und mit welchen personellen, organisatorischen sowie aus- und weiterbildenden Maßnahmen in welchen Verwendungen eine bestehende Unterrepräsentation sowie bestehende Benachteiligungen von Frauen beseitigt werden können. Dabei sind jeweils für zwei Jahre verbindliche Vorgaben zur Erhöhung des Frauenanteils in

1. in der betreffenden Verwendungs-, Entlohnungs- oder Funktionsgruppe oder
2. in sonstigen hervorgehobenen Verwendungen oder Funktionen, welche keine Unterteilung in Gruppen aufweisen,

der Stiftung festzulegen.
(BGBl I 2010/50)

Vorrangige Aufnahme

§ 30c. (1) Bewerberinnen, die für die angestrebte Stelle gleich oder gleichwertig geeignet sind wie der bestgeeignete Mitbewerber, sind, sofern nicht in der Person eines Mitbewerbers liegende Gründe überwiegen, entsprechend den Vorgaben des Gleichstellungsplanes solange vorrangig aufzunehmen, bis der Anteil der Frauen an der Gesamtzahl der dauernd Beschäftigten, einschließlich überlassener Arbeitskräfte,

1. in der betreffenden Verwendungs-, Entlohnungs- oder Funktionsgruppe oder
2. in sonstigen hervorgehobenen Verwendungen oder Funktionen, welche keine Unterteilung in Gruppen aufweisen,

der Stiftung 45 vH beträgt.

(2) Die in der Person eines Mitbewerbers liegenden Gründe gemäß Abs. 1 dürfen gegenüber Bewerberinnen keine unmittelbar oder mittelbar diskriminierende Wirkung haben.
(BGBl I 2010/50)

Vorrang beim beruflichen Aufstieg

§ 30d. (1) Bewerberinnen, die für die angestrebte hervorgehobene Verwendung (Funktion) gleich oder gleichwertig geeignet sind wie der bestgeeignete Mitbewerber, sind, sofern nicht in der Person eines Mitbewerbers liegende Gründe überwiegen, entsprechend den Vorgaben des Gleichstellungsplanes solange vorrangig zu bestellen, bis der Anteil der Frauen an der Gesamtzahl der dauernd Beschäftigten, einschließlich überlassener Arbeitskräfte,

1. in der betreffenden Verwendungs-, Entlohnungs- oder Funktionsgruppe oder
2. in sonstigen hervorgehobenen Verwendungen oder Funktionen, welche keine Unterteilung in Gruppen aufweisen

der Stiftung 45 vH beträgt.

(2) Die in der Person eines Mitbewerbers liegenden Gründe gemäß Abs. 1 dürfen gegenüber Bewerberinnen keine unmittelbar oder mittelbar diskriminierende Wirkung haben.
(BGBl I 2010/50)

Vorrang bei der Aus- und Weiterbildung

§ 30e. Frauen sind zur Teilnahme an Aus- und Weiterbildungsmaßnahmen, die zur Übernahme höherwertiger Verwendungen (Funktionen) qualifizieren, entsprechend den Vorgaben des Gleichstellungsplanes vorrangig zuzulassen.
(BGBl I 2010/50)

Vertretung von Frauen in Organen und Gremien

§ 30f. Bei der Zusammensetzung von in diesem Bundesgesetz vorgesehenen Kollegialorganen sowie bei Bestellungen des Generaldirektors, der Direktoren und Landesdirektoren und bei Bestellungen und Wahlen von Mitgliedern von Gremien ist auf eine ausgewogene Vertretung beider Geschlechter Bedacht zu nehmen. Die nach diesem Bundesgesetz für diese Kollegialorgane vorschlags- und bestellungsbefugten Organe, Gebietskörperschaften, Interessensvertretungen und sonstigen Organisationen und Einrichtungen sollen diesen

Grundsatz bei Erstattung ihrer Vorschläge und Vornahme ihrer Bestellungsakte berücksichtigen.
(BGBl I 2010/50)

Ausschreibung von Arbeitsplätzen und Funktionen

§ 30g. In Ausschreibungen von Stellen in der Stiftung gemäß § 27 sind die mit dem Arbeitsplatz oder der Funktion verbundenen Erfordernisse und Aufgaben so zu formulieren, dass sie Frauen und Männer gleichermaßen betreffen. Die Ausschreibung darf keine Kriterien enthalten, die nicht in den Anforderungen der Stelle sachlich gründen und keine zusätzlichen Anmerkungen aufweisen, die auf ein bestimmtes Geschlecht schließen lassen. Eine Ausschreibung hat jedenfalls den Hinweis zu enthalten, dass Bewerbungen von Frauen für Arbeitsplätze einer bestimmten Verwendung oder für eine bestimmte Funktion besonders erwünscht sind, wenn der Anteil der Frauen in einer solchen Verwendung oder Funktion unter 45vH liegt. Das Personalauswahlverfahren ist transparent und nachvollziehbar zu gestalten. Der Gleichstellungsplan gemäß § 30b kann weitere Maßnahmen zur Beseitigung einer bestehenden Unterrepräsentation sowie von bestehenden Benachteiligungen von Frauen bei der Personalauswahl für die Besetzung von Arbeitsplätzen und Funktionen vorsehen.
(BGBl I 2010/50)

Weitergeltung von Rechtsnormen

§ 30h. Das Bundesgesetz über die Gleichbehandlung, BGBl. I Nr. 66/2004, sowie das Bundesgesetz über die Gleichbehandlungskommission und die Gleichbehandlungsanwaltschaft, BGBl. Nr. 108/1979, jeweils in der geltenden Fassung, bleiben von den in diesem Abschnitt geregelten Bestimmungen unberührt.
(BGBl I 2010/50)

Institutionen

§ 30i. Personen und Institutionen, die sich mit der Gleichbehandlung gemäß dem I. Teil des Bundesgesetzes über die Gleichbehandlung, BGBl. I 66/2004, in der geltenden Fassung, und der Gleichstellung gemäß dieses Bundesgesetzes besonders zu befassen haben, sind:

1. die Gleichstellungskommission,
2. die Gleichstellungsbeauftragten und
3. die Arbeitsgruppe für Gleichstellungsfragen.

(BGBl I 2010/50)

Gleichstellungskommission

§ 30j. (1) Bei der Stiftung ist eine Gleichstellungskommission einzurichten, der als Mitglieder angehören:

1. fünf Vertreterinnen oder Vertreter, die von der Generaldirektorin oder dem Generaldirektor zu bestellen sind,
2. fünf Vertreterinnen oder Vertreter, die vom Zentralbetriebsrat zu bestellen sind und
3. eine Vertreterin oder ein Vertreter der Arbeitsgruppe für Gleichstellungsfragen.

(2) Bei der Bestellung der Mitglieder haben die Generaldirektorin oder der Generaldirektor einerseits sowie der Zentralbetriebsrat andererseits pro Funktionsperiode alterierend jeweils drei Frauen und zwei Männer und zwei Frauen und drei Männer zu bestellen. Für die erste Funktionsperiode nach Inkrafttreten des Bundesgesetzes BGBl. I Nr. 50/2010 bestellt der Zentralbetriebsrat drei Frauen und zwei Männer.

(3) Die Vertreterin oder der Vertreter der Arbeitsgruppe für Gleichstellungsfragen nehmen an den Sitzungen der Gleichstellungskommission mit beratender Stimme teil, mit Ausnahme der Wahl der oder des Vorsitzenden der Gleichstellungskommission, bei welcher sie oder er stimmberechtigt ist (Abs. 4). Darüber hinaus haben die Vertreterin oder der Vertreter der Arbeitsgruppe für Gleichstellungsfragen die gleichen Informations- und Äußerungs- und Fragerechte wie die übrigen Mitglieder.

(4) Die Mitglieder der Gleichstellungskommission wählen aus dem Kreis der vom Zentralbetriebsrat bestellten Mitglieder eine Vorsitzende oder einen Vorsitzenden sowie aus dem Kreis der von der Generaldirektorin oder dem Generaldirektor bestellten Mitglieder eine stellvertretende Vorsitzende oder einen stellvertretenden Vorsitzenden.

(5) Für jedes Mitglied ist ein Ersatzmitglied des Geschlechts des zu vertretenden Mitglieds zu bestellen. Die Mitglieder (Ersatzmitglieder) werden für eine Funktionsdauer von fünf Jahren bestellt; Wiederbestellungen sind zulässig.

(6) Die Mitglieder (Ersatzmitglieder) der Gleichstellungskommission haben Kenntnisse oder Erfahrungen im Bereich der Gleichbehandlung und Frauenförderung, der Antidiskriminierung, der Menschenrechte oder der Vertretung von Arbeitnehmerinnen und Arbeitnehmern aufzuweisen.

(7) Die Gleichstellungskommission hat sich mit allen gemäß dem I. Teil des Bundesgesetzes über die Gleichbehandlung, BGBl. I Nr. 66/2004, in der geltenden Fassung, und der Gleichstellung gemäß dieses Bundesgesetzes betreffenden Fragen zu befassen und insbesondere Feststellungen zu treffen sowie Vorschläge zu erstatten (§ 30k). Die Gleichstellungskommission ist berechtigt, die jährliche Personalstatistik (§ 30p) entgegenzunehmen und auszuwerten. Die Gleichstellungskommission wählt die Gleichstellungsbeauftragten und ihre Stellvertreterinnen oder Stellvertreter (§ 30l). Die Gleichstellungskommission hat dem Stiftungsrat einen jährlichen Tätigkeitsbericht zu übermitteln.

(8) Die Stiftung stellt die erforderlichen personellen und materiellen Ressourcen für die Ausübung der Tätigkeit der Gleichstellungskommission zur Verfügung.
(BGBl I 2010/50)

Verfahren vor der Gleichstellungskommission

§ 30k. (1) Auf Antrag einer der in Abs. 2 genannten Personen oder Institutionen oder von Amts wegen hat die Gleichstellungskommission festzustellen, ob eine Verletzung des Gleichbehandlungsgebotes gemäß dem I. Teil des Bundesgesetzes über die Gleichbehandlung, BGBl. I 66/2004, in der geltenden Fassung, oder eine Verletzung des Gleichstellungsgebotes nach den §§ 30a bis 30g vorliegt.

(2) Zur Antragstellung an die Kommission sind berechtigt:

1. jede Bewerberin und jeder Bewerber um Aufnahme in ein Arbeits- oder Ausbildungsverhältnis zur Stiftung,
2. jede Arbeitnehmerin und jeder Arbeitnehmer, die oder der eine ihr oder ihm zugefügte Diskriminierung nach dem I. Teil des Bundesgesetzes über die Gleichbehandlung, BGBl. I 66/2004, in der geltenden Fassung, oder eine Verletzung des Gleichstellungsgebotes nach den §§30c bis 30e behauptet, und
3. die Arbeitsgruppe für Gleichstellungsfragen und
4. jede und jeder Gleichstellungsbeauftragte für ihren oder seinen Vertretungsbereich.

(3) Betrifft ein Antrag eine Einzelperson, bedarf dieser der nachweislichen Zustimmung der betroffenen Bewerberin oder Arbeitnehmerin oder des betroffenen Bewerbers oder Arbeitnehmers. Die Antragstellerin oder der Antragsteller hat das Recht, sich durch eine Person ihres oder seines Vertrauens im Verfahren vor der Gleichstellungskommission vertreten zu lassen, insbesondere durch die Gleichstellungsbeauftragte oder den Gleichstellungsbeauftragten oder eine Vertreterin oder einen Vertreter einer Interessenvertretung.

(4) Ist die Gleichstellungskommission der Auffassung, dass eine Verletzung des Gleichbehandlungsgebotes oder des Frauenförderungsgebotes vorliegt, so hat sie dies festzustellen und der Generaldirektorin oder dem Generaldirektor schriftlich einen Vorschlag zur Verwirklichung der Gleichbehandlung oder Gleichstellung zu übermitteln und sie oder ihn aufzufordern, die Diskriminierung zu beenden oder die Gleichstellung sicherzustellen und gegebenenfalls die oder den für die Verletzung des Gebotes verantwortliche Vertreterin oder Arbeitnehmerin oder den verantwortlichen Vertreter oder Arbeitnehmer der Stiftung nach den arbeitsrechtlichen Vorschriften zu belangen. Die Generaldirektorin oder der Generaldirektor hat dazu innerhalb von zwei Monaten schriftlich und begründet Stellung zu nehmen. Kommt die Generaldirektorin oder der Generaldirektor diesen Vorschlägen nicht nach, ist dieser Umstand in den dem Stiftungsrat vorzulegenden Bericht über die Tätigkeit der Gleichbehandlungskommission (§ 30j Abs. 7) aufzunehmen.

(5) Die Sitzungen der Gleichstellungskommission sind nicht-öffentlich und vertraulich. Die Gleichstellungskommission kann Auskunftspersonen, insbesondere informierte Vertreterinnen oder Vertreter der Stiftung, sowie Sachverständige ihren Sitzungen beiziehen. Die Gleichstellungskommission ist berechtigt, Auskünfte oder Stellungnahmen der Vertreterinnen oder Vertreter der Stiftung einzuholen; diese sind verpflichtet, die erbetenen Auskünfte oder Stellungnahmen zu erteilen. Die Gleichstellungskommission gibt sich eine Geschäfts- und Verfahrensordnung, in welcher insbesondere die Präsenz- und Konsensquoren, die Sitzungsperioden, die Formen der Einberufung der Sitzungen sowie die näheren Vorschriften über das Verfahren geregelt werden.

(BGBl I 2012/15)

(BGBl I 2010/50)

Gleichstellungsbeauftragte

§ 30l. (1) Die Generaldirektorin oder der Generaldirektor hat unter Bedachtnahme auf die Personalstruktur und die regionale Verteilung der Dienststellen im Bundesgebiet mindestens drei Vertretungsbereiche für Gleichstellungsbeauftragte festzulegen. Für jeden Vertretungsbereich hat die Gleichstellungskommission nach Anhörung der Arbeitsgruppe für Gleichstellungsfragen eine Gleichstellungsbeauftragte oder einen Gleichstellungsbeauftragten und deren oder dessen Stellvertreterin oder Stellvertreter aus dem Personalstand der Stiftung für eine Funktionsdauer von fünf Jahren zu bestellen; Wiederbestellungen sind zulässig. Bei der erstmaligen Bestellung nach Inkrafttreten des Bundesgesetzes BGBl. I Nr. 50/2010 ist anstatt der Arbeitsgruppe für Gleichstellungsfragen die amtierende Gleichstellungsbeauftragte anzuhören. Als Gleichstellungsbeauftragte und deren Stellvertretungen sind zumindest je zur Hälfte Frauen bestellen. Dabei ist besonders auf Kenntnisse und Erfahrungen auf dem Gebiet der Gleichstellung und der Frauenförderung, der Antidiskriminierung, der Menschenrechte oder der Vertretung von Arbeitnehmerinnen und Arbeitnehmern unter gleichstellungs- und frauenfördernden Gesichtspunkten Bedacht zu nehmen.

(2) Die Gleichstellungsbeauftragten haben sich mit allen die Gleichbehandlung von Frauen und Männern nach dem I. Teil des Bundesgesetzes über die Gleichbehandlung, BGBl. I Nr. 66/2004, in der geltenden Fassung, und die Gleichstellung im Sinne dieses Bundesgesetzes betreffenden Fragen zu befassen. Die Gleichstellungsbeauftragten haben insbesondere Anfragen, Wünsche, Beschwerden oder Anregungen einzelner Arbeitnehmerinnen und Arbeitnehmer ihres Vertretungsbereiches zu Fragen der Gleichbehandlung und Frauenförderung entgegenzunehmen, zu beantworten oder der Arbeitsgruppe für Gleichstellungsfragen vorzulegen. Den Gleichstellungsbeauftragten sind die in ihrem Vertretungsbereich erfolgten Ausschreibungen zur Kenntnis zu bringen und über die eingelangten Bewerbungen zu informieren. Die Gleichstellungsbeauftragten sind berechtigt, im Bewerbungsverfahren mündlich oder schriftlich Auskünfte zu verlangen oder Stellungnahmen oder Vorschläge zu erstatten. Die Gleichstellungsbeauftragten sind berechtigt, in Angelegenheiten, die ihren Vertretungsbereich betreffen, Anträge an die Gleichstellungskommission auf Feststellung der Verletzung des Gleichbehandlungs- oder Gleichstellungsgebotes zu richten und an den diese An-

träge betreffenden Sitzungen der Gleichstellungskommission mit beratender Stimme teilzunehmen.
(BGBl I 2010/50)

Arbeitsgruppe für Gleichstellungsfragen

§ 30m. (1) Bei der Stiftung ist eine Arbeitsgruppe für Gleichstellungsfragen (Arbeitsgruppe) einzurichten. Der Arbeitsgruppe gehören als Mitglieder die Gleichstellungsbeauftragten und ihre Stellvertreterinnen oder Stellvertreter an. Die Arbeitgruppe wählt aus dem Kreis ihrer Mitglieder eine Vorsitzende oder einen Vorsitzenden und deren oder dessen Stellvertreterin oder Stellvertreter und bestellt das Mitglied und Ersatzmitglied der Gleichbehandlungskommission. Für die erste Funktionsperiode nach Inkrafttreten des Bundesgesetzes BGBl. I Nr. 50/2010 ist die amtierende Gleichstellungsbeauftragte Mitglied in der Gleichstellungskommission.

(2) Die Arbeitsgruppe hat sich mit allen die Gleichbehandlung von Frauen und Männern nach dem I. Teil des Bundesgesetzes über die Gleichbehandlung, BGBl. I Nr. 66/2004, in der geltenden Fassung, und die Gleichstellung im Sinne dieses Bundesgesetzes betreffenden Fragen zu befassen. Der Arbeitsgruppe obliegt es insbesondere, mit Einverständnis der betroffenen Person die Generaldirektorin oder den Generaldirektor von einem ihnen zur Kenntnis gelangten begründeten Verdacht einer Diskriminierung oder einer Verletzung Gleichstellungsgebotes zu unterrichten und einen Vorschlag zur Verwirklichung der Gleichbehandlung oder der Gleichstellung nach den §§ 30a bis 30g zu übermitteln. Die Arbeitsgruppe ist berechtigt, Anträge an die Gleichbehandlungskommission zu stellen (§ 30k Abs. 2) und die jährliche Personalstatistik (§ 30p) entgegenzunehmen und auszuwerten.

(3) Die Arbeitsgruppe ist berechtigt, der Generaldirektorin oder dem Generaldirektor einen Vorschlag für die Erstellung des Gleichstellungsplanes (§ 30b) zu erstatten. Die Arbeitsgruppe ist berechtigt, der Generaldirektorin oder dem Generaldirektor einen schriftlichen Bericht über ihre Tätigkeit und die Verwirklichung der Gleichbehandlung und Gleichstellung in der Stiftung im vorangegangenen Kalenderjahr vorzulegen.
(BGBl I 2010/50)

Rechtsstellung und Verschwiegenheitspflicht

§ 30n. (1) Die Mitglieder der Gleichstellungskommission und die Gleichstellungsbeauftragten sind in Ausübung ihrer Tätigkeit selbständig und unabhängig und an keine Weisungen gebunden.

(2) Die Vorsitzende der Arbeitsgruppe für Gleichstellungsfragen ist unter Fortzahlung ihres Entgelts vom Dienst freizustellen. Die übrigen Gleichstellungsbeauftragten sowie die Mitgliedern der Gleichstellungskommission sind unter Fortzahlung ihres Entgelts in dem zur Erfüllung ihrer Aufgaben erforderlichen Ausmaß von der Dienstleistung freigestellt, sofern wichtige dienstliche Interessen dem nicht entgegenstehen; die Inanspruchnahme dieser dienstfreien Zeit ist der oder dem Vorgesetzten mitzuteilen.

(3) Die Vertreterinnen und Vertreter der Stiftung haben die Mitglieder der Gleichstellungskommission und der Arbeitsgruppe sowie die Gleichstellungsbeauftragten bei der Wahrnehmung ihrer Aufgaben zu unterstützen und sind verpflichtet, ihnen die für die Durchführung ihrer Aufgaben erforderlichen Auskünfte zu erteilen.

(4) Die Mitglieder der Gleichstellungskommission und die Gleichstellungsbeauftragten haben über alle ihnen ausschließlich in Ausübung ihrer Funktion bekannt gewordenen personenbezogenen Daten und Umstände, Dienst- und Betriebsgeheimnisse, insbesondere über die ihnen als geheim bezeichneten Angelegenheiten, technischen Einrichtungen, Verfahren und Eigentümlichkeiten des Betriebes, strengste Verschwiegenheit zu bewahren. Die Mitglieder der Gleichstellungskommission und die Gleichbehandlungsbeauftragten sind außerdem zur Verschwiegenheit über alle ihnen von einzelnen Arbeitnehmerinnen oder Arbeitnehmern anvertrauten Mitteilungen verpflichtet, die der Sache nach oder auf Wunsch Arbeitnehmerinnen oder Arbeitnehmern vertraulich zu behandeln sind. Diese Verpflichtung zur Verschwiegenheit besteht auch nach der Beendigung der Tätigkeit als Mitglieder der Gleichstellungskommission, als Gleichstellungsbeauftragte oder als Gleichstellungsbeauftragter fort.

(5) Die Vertreterinnen und Vertreter der Stiftung sowie die Vorgesetzten dürfen die Mitglieder der Gleichstellungskommission oder die Gleichstellungsbeauftragten in der Ausübung ihrer Tätigkeit nicht behindern und sie aus diesem Grunde auch nicht benachteiligen. Aus dieser Tätigkeit darf den Mitgliedern der Gleichstellungskommission und den Gleichstellungsbeauftragten bei ihrem beruflichen Fortkommen kein Nachteil erwachsen.
(BGBl I 2010/50)

Ruhen und Enden der Mitgliedschaft und von Funktionen

§ 30o. (1) Die Mitgliedschaft zur Gleichstellungskommission, zur Arbeitsgruppe für Gleichstellungsfragen sowie die Funktion als Gleichstellungsbeauftragte und Gleichstellungsbeauftragter ruhen während der Zeit einer Außerdienststellung oder eines Urlaubes von mehr als drei Monaten. Diese Mitgliedschaften und Funktionen enden mit dem Ablauf der Funktionsdauer, mit der Versetzung ins Ausland, mit dem Ausscheiden aus dem Personalstand der Stiftung, durch Verzicht und bei Gleichstellungsbeauftragten durch Ausscheiden aus dem betreffenden Vertretungsbereich.

(2) Die zur Bestellung oder Wahl befugten Organe haben Mitglieder der Gleichstellungskommission oder Gleichstellungsbeauftragte von ihrer Funktion zu entheben, wenn diese aus gesundheitlichen Gründen ihre Funktion nicht mehr ausüben können oder die ihnen obliegenden Funktionspflichten grob verletzen oder dauernd vernachlässigen.
(BGBl I 2010/50)

Personalstatistik

§ 30p. Die Stiftung hat jährlich jeweils zum Stichtag 31. Oktober eine statistische Auswertung ihrer Personalstruktur zu erstellen und der Gleichstellungskommission sowie der Arbeitsgruppe für Gleichstellungsfragen zu übermitteln. Dabei sind insbesondere die Anteile der Geschlechter in Bezug auf Funktionen, Verwendungen, Entlohnung, Teilzeit, Verwendungsdauer und Bewerbungen darzustellen.

(BGBl I 2010/50)

7. Abschnitt
Stellung der programmgestaltenden Mitarbeiter

Unabhängigkeit

§ 32. (1) Der Österreichische Rundfunk und seine Tochtergesellschaften haben die Unabhängigkeit und Eigenverantwortlichkeit aller programmgestaltenden Mitarbeiter sowie die Freiheit der journalistischen Berufsausübung aller journalistischen Mitarbeiter bei Besorgung aller ihnen übertragenen Aufgaben im Rahmen dieses Bundesgesetzes zu beachten. Die journalistischen Mitarbeiter dürfen in Ausübung ihrer Tätigkeit insbesondere nicht verhalten werden, etwas abzufassen oder zu verantworten, was der Freiheit der journalistischen Berufsausübung widerspricht. Aus einer gerechtfertigten Weigerung darf ihnen kein Nachteil erwachsen.

(2) Programmgestaltende Mitarbeiter im Sinne dieses Bundesgesetzes sind alle Personen, die an der inhaltlichen Gestaltung von Online-Angeboten und Hörfunk- und Fernsehsendungen mitwirken.

(BGBl I 2010/50)

(3) Journalistische Mitarbeiter im Sinne dieses Bundesgesetzes sind alle Personen, die an der journalistischen Gestaltung von Online-Angeboten und Programmen im Hörfunk und Fernsehen mitwirken, insbesondere Redakteure, Reporter, Korrespondenten und Gestalter.

(BGBl I 2010/50)

(4) Programmgestaltende und journalistische Mitarbeiter im Sinne dieses Bundesgesetzes sind entweder Arbeitnehmer oder freie Mitarbeiter des Österreichischen Rundfunks oder seiner Tochtergesellschaften.

(5) Für journalistische und programmgestaltende Mitarbeiter des Österreichischen Rundfunks gelten auch dann, wenn sie in einem Arbeitsverhältnis zum Österreichischen Rundfunk stehen, sofern die vereinbarte oder tatsächlich geleistete Arbeitszeit während eines Zeitraumes von sechs Monaten im Monatsdurchschnitt nicht mehr als vier Fünftel des 4,3fachen der durch Gesetz oder Kollektivvertrag vorgesehenen wöchentlichen Normalarbeitszeit beträgt, folgende Bestimmungen:

1. Befristete Arbeitsverhältnisse können ohne zahlenmäßige Begrenzung und auch unmittelbar hintereinander abgeschlossen werden, ohne dass hier durch ein Arbeitsverhältnis auf unbestimmte Zeit entsteht.
2. Beabsichtigt das Unternehmen, ein weiteres befristetes Arbeitsverhältnis nicht mehr abzuschließen, so ist der Arbeitnehmer von dieser Absicht schriftlich zu verständigen. Die Verständigung hat, wenn ab Beginn des ersten Arbeitsverhältnisses mit oder ohne Unterbrechungen ein Zeitraum von nicht mehr als drei Jahren verstrichen ist, vier Wochen vor Ende des laufenden Arbeitsverhältnisses zu erfolgen. Beträgt dieser Zeitraum ab Beginn des ersten Arbeitsverhältnisses mehr als drei Jahre, so hat die Verständigung acht Wochen, und wenn der Zeitraum mehr als fünf Jahre beträgt, hat die Verständigung zwölf Wochen vor Ablauf des bestehenden Arbeitsverhältnisses zu erfolgen. Erfolgt die Verständigung nicht oder nicht rechtzeitig, so gebührt ein Entschädigungsanspruch. Dieser beträgt bei einer Verständigungsfrist von vier Wochen 8,33 vH, bei einer Verständigungsfrist von acht Wochen 16,66 vH und bei einer Verständigungsfrist von zwölf Wochen 24,99 vH des vom Österreichischen Rundfunk im letzten Jahr bezogenen Entgelts.

(6) Erstrecken sich befristete Arbeitsverhältnisse im Sinne des Abs. 5 ab Beginn des ersten Arbeitsverhältnisses mit oder ohne Unterbrechungen über einen Zeitraum von fünf Jahren, so gebührt bei einer gemäß Abs. 5 Z 2 vorgenommenen Beendigung des Arbeitsverhältnisses eine Abfertigung. Diese gebührt auch dann, wenn das Unternehmen die Verständigung unterlässt, jedoch kein weiteres befristetes Arbeitsverhältnis abschließt, oder das Arbeitsverhältnis durch berechtigten vorzeitigen Austritt oder unverschuldete Entlassung des Arbeitnehmers endet. Die Abfertigung beträgt bei einer Dauer von mehr als fünf Jahren ab Beginn des ersten Arbeitsverhältnisses ein Zwölftel, bei einer Dauer von mehr als zehn Jahren ein Neuntel, bei mehr als fünfzehn Jahren ein Sechstel, bei mehr als zwanzig Jahren zwei Neuntel und bei mehr als fünfundzwanzig Jahren ein Drittel jenes Entgelts, das der Arbeitnehmer in den letzten drei Jahren vor Beendigung des Arbeitsverhältnisses erhalten hat. Auf diese Abfertigung ist eine nach anderen Bestimmungen allenfalls gebührende Abfertigung anzurechnen.

(BGBl I 2002/100)

(7) Die Bestimmungen des Abs. 6 sind auf befristete Arbeitsverhältnisse gemäß Abs. 5 nicht anzuwenden, wenn zwischen dem journalistischen oder programmgestaltenden Arbeitnehmer im Sinne des Abs. 4 und dem Österreichischen Rundfunk erstmals ein befristetes Arbeitsverhältnis nach dem 31. Dezember 2002 begonnen hat, soweit nicht durch Verordnung gemäß § 46 Abs. 1 letzter Satz des Betrieblichen Mitarbeiter- und Selbständigenvorsorgegesetzes – BMSVG, BGBl. I Nr. 100/2002, etwas anderes angeordnet wird.

(BGBl I 2002/100, BGBl I 2010/50)

(8) Für freie Mitarbeiter des Österreichischen Rundfunks gemäß Abs. 4 und für Arbeitnehmer gemäß Abs. 5 ist der Beitrag gemäß § 6 (BMSVG)

unabhängig von der Dauer und zeitlichen Lagerung des Arbeitsverhältnisses zu leisten.

(BGBl I 2002/100, BGBl I 2007/102, BGBl I 2010/50, BGBl I 2012/15)

(BGBl I 2001/83)

Redakteurstatut

§ 33. (1) Zur Sicherstellung der im § 32 Abs. 1 für die journalistischen Mitarbeiter niedergelegten Grundsätze ist zwischen dem Österreichischen Rundfunk (einer Tochtergesellschaft) einerseits und einer nach den Grundsätzen des gleichen, unmittelbaren und geheimen Verhältniswahlrechtes gewählten Vertretung der journalistischen Mitarbeiter andererseits ein Redakteurstatut abzuschließen. An den Verhandlungen über den Abschluss eines Redakteurstatuts sind auch zwei Vertreter der für die journalistischen Mitarbeiter zuständigen Gewerkschaft sowie zwei Vertreter des Zentralbetriebsrates, im Falle einer Tochtergesellschaft zwei Vertreter des Betriebsrates dieser Gesellschaft zu beteiligen.

(2) Ein Redakteurstatut kommt nicht zu Stande, wenn die journalistischen Mitarbeiter in einer, innerhalb von drei Wochen nach Abschluss der Verhandlungen durchzuführenden Abstimmung dem Verhandlungsergebnis, das unmittelbar nach Abschluss der Verhandlungen zu veröffentlichen ist, mehrheitlich die Zustimmung verweigern. Zwischen dem Abschluss der Verhandlungen und dem Wirksamwerden des Redakteurstatuts muss ein Zeitraum von mindestens drei Wochen liegen. Hinsichtlich des Stimmrechtes bei einer Abstimmung über das Verhandlungsergebnis gilt Abs. 6.

(3) Das Redakteurstatut hat insbesondere nähere Bestimmungen zu enthalten über

1. die Sicherstellung der Eigenverantwortlichkeit und der Freiheit der journalistischen Berufsausübung aller journalistischen Mitarbeiter bei der Besorgung der ihnen übertragenen Aufgaben;
2. den Schutz der journalistischen Mitarbeiter gegen jede Verletzung ihrer Rechte;
3. die Mitwirkung an personellen und sachlichen Entscheidungen, welche die journalistischen Mitarbeiter betreffen;
4. die Schaffung einer Schiedsinstanz zur Entscheidung von Streitigkeiten aus dem Redakteurstatut.

(4) Durch das Redakteurstatut dürfen die Rechte der Betriebsräte, überdies durch die Schaffung der vorstehend erwähnten Schiedsinstanz eine gesetzlich vorgesehene Anrufung von Gerichten oder Verwaltungsbehörden nicht berührt werden.

(5) Die Wahrnehmung der sich aus dem Redakteurstatut ergebenden Rechte der journalistischen Mitarbeiter obliegt den Redakteurssprechern, dem Redakteursausschuss bzw. dem Redakteursrat, die nach Maßgabe der nachfolgenden Bestimmungen für eine Funktionsperiode von zwei Jahren gewählt werden. In jedem Betriebsbereich des Österreichischen Rundfunks (Landesstudios, Hauptabteilungen) und einer Tochtergesellschaft wählt eine Versammlung aller journalistischen Mitarbeiter aus ihrer Mitte nach den Grundsätzen des Verhältniswahlrechtes in geheimer Wahl einen Redakteurssprecher. Umfasst der betreffende Betriebsbereich mehr als zehn journalistische Mitarbeiter, so ist für je angefangene weitere zehn journalistische Mitarbeiter ein weiterer Redakteurssprecher zu wählen.

(6) Spätestens acht Wochen vor der Wahl ist vom Generaldirektor, im Falle von Tochtergesellschaften vom Vorstand oder der Geschäftsführung eine Liste der wahlberechtigten journalistischen Mitarbeiter jedes Betriebsbereiches zu erstellen und zu veröffentlichen. Gegen diese Liste kann binnen zwei Wochen Einspruch erhoben werden von Personen, die behaupten, zu Unrecht in die Liste nicht aufgenommen worden zu sein, sowie von Wahlberechtigten, die behaupten, andere Personen wurden zu Unrecht in die Liste aufgenommen. Über Einsprüche entscheidet binnen weiterer vier Wochen die Regulierungsbehörde.

(BGBl I 2010/50)

(7) Die gewählten Redakteurssprecher bilden gemeinsam den Redakteursausschuss, der die im Redakteurstatut vorgesehenen Aufgaben zu erfüllen hat. Der Redakteursausschuss gibt sich seine Geschäftsordnung selbst.

(8) Der Redakteursausschuss kann aus seiner Mitte nach den Grundsätzen der Verhältniswahl einen Redakteursrat wählen und diesem bestimmte einmalige oder wiederkehrende Aufgaben übertragen; der Redakteursrat ist dem Redakteursausschuss verantwortlich.

(9) An den Sitzungen des Redakteursausschusses bzw. des Redakteursrates können Sachverständige und Auskunftspersonen bzw. Vertreter der zuständigen Gewerkschaft und des Zentralbetriebsrates, im Falle von Tochtergesellschaften Vertreter ihres Betriebsrates mit beratender Stimme teilnehmen, wenn dies der Redakteursausschuss bzw. der Redakteursrat für einzelne Sitzungen oder bis auf Widerruf mit Mehrheit beschließt.

(10) Die Wahl der Redakteurssprecher ist erstmals von der gewählten Vertretung der journalistischen Mitarbeiter (Abs. 1), in weiterer Folge vom jeweils zuletzt gewählten Redakteursausschuss auszuschreiben. Zwischen der Wahlausschreibung und dem Wahltag müssen mindestens zehn Wochen liegen. Der Tag der Wahlausschreibung ist zugleich der Stichtag für die Wahlberechtigung.

(11) Die Kündigung eines journalistischen Mitarbeiters kann vom Betriebsrat beim zur Entscheidung in Arbeits- und Sozialrechtssachen zuständigen Gericht angefochten werden, wenn sie wegen seiner Tätigkeit als Mitglied des Redakteursausschusses bzw. des Redakteursrates oder wegen seiner Bewerbung um eine solche Funktion bzw. seiner früheren Tätigkeit in einer solchen Funktion erfolgte. Im Übrigen gilt § 105 des Arbeitsverfassungsgesetzes sinngemäß.

(12) Beschlüsse des Redakteursausschusses bzw. des Redakteursrates sind dem Generaldirektor und dem Zentralbetriebsrat, im Falle von Tochtergesell-

schaften dem Vorstand oder der Geschäftsführung sowie dem Betriebsrat bekannt zu geben.

(13) Den erforderlichen Sachaufwand, der dem Redakteursausschuss bzw. dem Redakteursrat zur Erfüllung seiner durch Gesetz bzw. durch das Redakteurstatut übertragenen Aufgaben entsteht, trägt der Österreichische Rundfunk bzw. die Tochtergesellschaft.

(14) Bei allen Wahlen und Abstimmungen, an denen sämtliche journalistische Mitarbeiter teilnehmen, ist die Briefwahl zulässig.

(BGBl I 2001/83)

Schiedsgericht

§ 34. (1) Der Österreichische Rundfunk und die Tochtergesellschaften sowie der jeweilige Redakteursausschuss können ein Redakteurstatut gegenseitig jeweils schriftlich mit einer Kündigungsfrist von sechs Monaten aufkündigen. Im Falle der Kündigung sind unverzüglich Verhandlungen über den Abschluss eines neuen Redakteurstatuts aufzunehmen. Zum Abschluss auf Seiten der Dienstnehmer ist der zuletzt gewählte Redakteursausschuss berechtigt.

(2) Wenn bis zum Ende des vierten Monates nach Aufkündigung des Redakteurstatuts kein neues vereinbart und wirksam wird, so hat ein Schiedsgericht (Abs. 3) binnen sechs Wochen ein Redakteurstatut zu erlassen.

(3) Dieses Schiedsgericht besteht aus je einem vom Redakteursausschuss und dem Österreichischen Rundfunk oder einer Tochtergesellschaft bestellten Mitglied sowie einem von diesen beiden Mitgliedern des Schiedsgerichtes innerhalb von einer Woche zu bestellenden außerhalb des Unternehmens stehenden rechtskundigen Vorsitzenden. Können sich die beiden bestellten Mitglieder nicht innerhalb einer Woche auf die Person des Vorsitzenden einigen, so hat die Regulierungsbehörde den Vorsitzenden im Schiedsgericht zu bestellen.

(BGBl I 2010/50)

(4) Ein nach Abs. 2 zu Stande gekommenes Redakteurstatut tritt außer Kraft, sobald ein neues Redakteurstatut vereinbart und wirksam geworden ist.

(BGBl I 2001/83)

In-Kraft-Treten

§ 49. (1)–(7) (nicht abgedruckt)

(8) § 32 Abs. 8 in der Fassung des Bundesgesetzes BGBl. I Nr. 102/2007 tritt mit 1. Jänner 2008 in Kraft.

(9) §§ 1 bis 21, 23, 26, 28, 30 bis 31, 31b bis 40 und 47 bis 50 samt Abschnittsbezeichnungen, Abschnittsüberschriften, Paragraphenbezeichnungen und Paragraphenüberschriften in der Fassung des Bundesgesetzes BGBl. I Nr. 50/2010 treten mit 1. Oktober 2010 in Kraft. § 16 in der Fassung des Bundesgesetzes BGBl. I Nr. 50/2010 findet nur auf Sendungen Anwendung, die nach dem 19. Dezember 2009 produziert wurden. Die Bestimmung des § 24 Abs. 2 in der Fassung des Bundesgesetzes BGBl. I Nr. 50/2010 tritt mit 1. Jänner 2012 in Kraft.

(BGBl I 2010/50)

27/4. Audiovisuelle Mediendienste-Gesetz (Auszug)

Audiovisuelle Mediendienste-Gesetz, BGBl I 2001/84 idF

1 BGBl I 2004/97 **2** BGBl I 2007/52 **3** BGBl I 2010/50
4 BGBl I 2012/16 **5** BGBl I 2013/84 **6** BGBl I 2015/86
7 BGBl I 2020/150 **8** BGBl I 2021/190

GLIEDERUNG

Bundesgesetz über audiovisuelle Mediendienste (Audiovisuelle Mediendienste-Gesetz – AMD-G)

Der Nationalrat hat beschlossen:

1. Abschnitt
Allgemeines

Anwendungsbereich

§ 1. (1) Dieses Bundesgesetz regelt

1. die Veranstaltung von Fernsehen auf drahtlosem terrestrischem Weg (terrestrisches und mobiles terrestrisches Fernsehen), über Satellit (Satellitenfernsehen) sowie in elektronischen Kommunikationsnetzen;
2. das Anbieten anderer audiovisueller Mediendienste;
3. den Betrieb von Multiplex-Plattformen.

(BGBl I 2007/52, BGBl I 2010/50)

(2) Zweck dieses Bundesgesetzes ist die Weiterentwicklung des dualen Rundfunksystems durch Förderung des privaten Rundfunks sowie die Weiterentwicklung des digitalen Rundfunks.

(BGBl I 2004/97)

(3) Auf die Tätigkeit des Österreichischen Rundfunks und seiner Tochtergesellschaften als Fernsehveranstalter (Abs. 1 Z 1) oder Mediendiensteanbieter (Abs. 1 Z 2) findet ausschließlich das ORF-Gesetz, BGBl. Nr. 379/1984, Anwendung.

(BGBl I 2004/97, BGBl I 2010/50, BGBl I 2013/84)

Begriffsbestimmungen

§ 2. Im Sinne dieses Gesetzes ist:

1. API (Application Programme Interface – Schnittstelle für Anwendungsprogramme): die Software-Schnittstelle zwischen Anwendungen, die von Sendeanstalten oder Diensteanbietern zur Verfügung gestellt wird und den Anschlüssen in den erweiterten digitalen Fernsehgeräten für digitale Rundfunkdienste;
2. audiovisuelle kommerzielle Kommunikation: Bilder mit oder ohne Ton, die
   a) der unmittelbaren oder mittelbaren Förderung des Absatzes von Waren und Dienstleistungen oder des Erscheinungsbilds natürlicher oder juristischer Personen, die einer wirtschaftlichen Tätigkeit nachgehen, oder
   b) der Unterstützung einer Sache oder einer Idee

   dienen. Diese Bilder sind einer Sendung oder im Fall der lit. a auch einem nutzergenerierten Video gegen Entgelt oder eine ähnliche Gegenleistung oder im Fall der lit. a als Eigenwerbung beigefügt oder darin enthalten. Zur audiovisuellen kommerziellen Kommunikation zählen jedenfalls Produktplatzierung, die Darstellung von Produktionshilfen von unbedeutendem Wert, Sponsorhinweise und auch Werbung gemäß Z 40;

   (BGBl I 2020/150)
3. audiovisueller Mediendienst: eine Dienstleistung im Sinne der Art. 56 und 57 des Vertrags über die Arbeitsweise der Europäischen Union, bei der der Hauptzweck oder ein trennbarer Teil der Dienstleistung darin besteht, unter der redaktionellen Verantwortung eines Mediendiensteanbieters der Allgemeinheit Sendungen zur Information, Unterhaltung oder Bildung über elektronische Kommunikationsnetze (Art. 2 Z 1 der Richtlinie (EU) 2018/1972 über den europäischen Kodex für die elektronische Kommunikation, ABl. Nr. L 321 vom 17.12.2018, S. 36) bereitzustellen; darunter fallen Fernsehprogramme und audiovisuelle Mediendienste auf Abruf;

   (BGBl I 2020/150)
4. audiovisueller Mediendienst auf Abruf: ein audiovisueller Mediendienst, der von einem Mediendiensteanbieter für den Empfang zu dem vom Nutzer gewählten Zeitpunkt und

auf dessen individuellen Abruf hin aus einem vom Mediendiensteanbieter festgelegten Programmkatalog bereitgestellt wird (Abrufdienst);

4a. barrierefreie Information: eine Information, die Menschen mit Seh- und/oder Hör-Beeinträchtigungen einfach zugänglich ist sowie relevante Inhalte verständlich und leicht zugänglich vermittelt;
(BGBl I 2020/150)

5. Basispaket: jene Rundfunkprogramme, die über eine Multiplex-Plattform für mobilen terrestrischen Rundfunk verbreitet werden und unter Aufwendungen für ein Zugangsberechtigungssystem, jedoch unabhängig davon, mit welchem Programmaggregator eine diesbezügliche Vereinbarung besteht, empfangen werden können;

6. Betreiber: ein Unternehmen, das ein öffentliches Kommunikationsnetz oder eine zugehörige Einrichtung zur Übertragung von Rundfunk oder Zusatzdiensten bereitstellt oder zur Bereitstellung hievon befugt ist;

7. bundesweite Zulassung (bundesweites Versorgungsgebiet): die Zulassung zur Ausstrahlung von analogem terrestrischem Fernsehen für ein Versorgungsgebiet, das unter Nutzung von analogen Übertragungskapazitäten und unter Einrechnung der Verbreitung über Kabelnetze mindestens 70 vH der österreichischen Bevölkerung umfasst;

7a. Dauerwerbesendung: Werbung im Sinne von § 2 Z 40 erster Satz in Form redaktionell gestalteter Beiträge mit einer ununterbrochenen Dauer von mehr als zwölf Minuten;
(BGBl I 2015/86)

8. digitales Programm: ein über eine Multiplex-Plattform verbreitetes Rundfunkprogramm;

9. Doppel- und Mehrfachversorgung: die Nutzung einer terrestrischen Übertragungskapazität, die technisch nicht zwingend zur Versorgung eines Versorgungsgebietes oder für eine Versorgung im Sinne des § 3 ORF-G notwendig ist;

10. Eigenwerbeprogramm: Rundfunkprogramm, das dem Vertrieb eigener Produkte, Dienstleistungen, Sendungen oder Programme des Rundfunkveranstalters dient;

11. Erweiterte digitale Fernsehgeräte: Set-Top-Boxen zur Verbindung mit Fernsehgeräten und integrierte digitale Fernsehgeräte zum Empfang digitaler interaktiver Fernsehdienste;

12. europäische Werke:
    a) Werke aus den Mitgliedstaaten;
    b) Werke aus europäischen Drittländern, die Vertragsparteien des Europäischen Übereinkommens über grenzüberschreitendes Fernsehen des Europarates sind, sofern diese Werke die Voraussetzungen nach Z 1m erfüllen;
    c) Werke, die im Rahmen der zwischen der Europäischen Union und Drittländern im audiovisuellen Bereich geschlossenen Abkommen in Koproduktion hergestellt werden und die den in den einzelnen Abkommen jeweils festgelegten Voraussetzungen entsprechen.
    (BGBl I 2013/84)

    Die Anwendung von lit. b und c setzt voraus, dass in dem betreffenden Drittstaat keine diskriminierenden Maßnahmen gegen Werke aus den Mitgliedstaaten bestehen.

13. Werke im Sinne von Z 12 lit. a und b sind Werke, die im Wesentlichen in Zusammenarbeit mit in einem oder mehreren der in Z 11 lit. a und b genannten Staaten ansässigen Autoren und Arbeitnehmern geschaffen wurden und eine der drei folgenden Voraussetzungen erfüllen:
    a) Sie sind von einem oder mehreren in einem bzw. mehreren dieser Staaten ansässigen Hersteller(n) geschaffen worden oder
    b) ihre Herstellung wird von einem oder mehreren in einem bzw. mehreren dieser Staaten ansässigen Hersteller(n) überwacht und tatsächlich kontrolliert oder
    c) der Beitrag von Koproduzenten aus diesen Staaten zu den Gesamtproduktionskosten beträgt mehr als die Hälfte, und die Koproduktion wird nicht von einem bzw. mehreren außerhalb dieser Staaten niedergelassenen Hersteller(n) kontrolliert.

14. Werke, die keine europäischen Werke im Sinne der Z 12 sind, jedoch im Rahmen von bilateralen Koproduktionsverträgen zwischen Mitgliedstaaten und Drittländern hergestellt werden, werden als europäische Werke betrachtet, sofern die Koproduzenten aus der Europäischen Gemeinschaft einen mehrheitlichen Anteil der Gesamtproduktionskosten tragen und die Herstellung nicht von einem oder mehreren außerhalb des Hoheitsgebiets der Mitgliedstaaten niedergelassenen Hersteller(n) kontrolliert wird.

15. Fensterprogramm: ein zeitlich begrenztes Rundfunkprogramm, das im Rahmen eines von einem anderen Rundfunkveranstalter veranstalteten Programms (Rahmenprogramm), welches den überwiegenden Teil der Sendezeit in Anspruch nimmt, ausgestrahlt wird;

16. Fernsehprogramm: ein audiovisuelles Rundfunkprogramm im Sinne des Artikels I Abs. 1 des Bundesverfassungsgesetzes über die Sicherung der Unabhängigkeit des Rundfunks, BGBl. Nr. 396/1974, oder ein anderer über elektronische Kommunikationsnetze verbreiteter audiovisueller Mediendienst, der von einem Mediendiensteanbieter für den zeitgleichen Empfang von Sendungen auf der Grundlage eines Sendeplans bereitgestellt wird;

17. Fernsehveranstalter: wer Fernsehprogramme (analog oder digital) für die Verbreitung in Kabel- und anderen elektronischen Kommunikationsnetzen, über Satellit oder auf drahtlosem terrestrischem Wege schafft, zusammenstellt und verbreitet oder durch Dritte vollständig und unverändert verbreiten lässt. Fernsehveranstalter ist nicht, wer Fernsehprogramme ausschließlich weiter verbreitet;
18. Kabelinformationsprogramm: ein Kabelrundfunkprogramm, das ausschließlich aus eigengestalteten Beiträgen eines Kabelnetzbetreibers besteht und seinem Inhalt nach überwiegend auf Sachinformationen (wie örtliche Veranstaltungshinweise, Wettervorhersagen, Straßenverkehrsberichte usw.) beschränkt ist;
19. Kabelnetz: eine für die Verbreitung und Weiterverbreitung genutzte Kabelinfrastruktur;
20. Mediendiensteanbieter: die natürliche oder juristische Person, die die redaktionelle Verantwortung für die Auswahl der audiovisuellen Inhalte des audiovisuellen Mediendienstes trägt und bestimmt, wie diese gestaltet werden;
21. Medieninhaber: ein in- oder ausländischer Inhaber einer Tages- oder Wochenzeitung oder ein in- oder ausländischer Fernseh- oder Hörfunkveranstalter;
22. Medienverbund: zumindest zwei Personen oder Personengesellschaften, darunter jedenfalls ein Medieninhaber, die auf Grund der in § 11 Abs. 5 angeführten Beteiligungs- oder Einflussverhältnisse als miteinander verbunden anzusehen sind;

    (BGBl I 2012/16)
23. mobiler terrestrischer Rundfunk: die Verbreitung oder Weiterverbreitung von Rundfunkprogrammen auf drahtlosem terrestrischem Weg über eine Multiplex-Plattform unter Nutzung von Standards, die speziell für den Fernsehempfang auf mobilen kleinformatigen Endgeräten optimiert sind;
24. Multiplex: eine technische Einrichtung zur Umwandlung von analogen in digitale Signale und/oder zur Bündelung derselben in einen digitalen Datenstrom;
25. Multiplex-Betreiber: wer die technische Infrastruktur zur Verbreitung und Bündelung der in einem digitalen Datenstrom zusammengefassten digitalen Programme und Zusatzdienste zur Verfügung stellt;
26. Multiplex-Plattform: die technische Infrastruktur zur Bündelung und Verbreitung der in einen digitalen Datenstrom zusammengefassten digitalen Programme und Zusatzdienste;

26a. Mutterunternehmen: ein Unternehmen, das ein oder mehrere Tochterunternehmen im Sinne von § 244 UGB, dRGBl. S 219/1897, kontrolliert;

(BGBl I 2020/150)

26b. nutzergeneriertes Video: eine Abfolge von Bewegtbildern mit oder ohne Ton, die unabhängig von ihrer Länge einen Einzelbestandteil darstellt und von einem Nutzer erstellt und von diesem oder einem anderen Nutzer auf eine Video-Sharing-Plattform hochgeladen wird;

(BGBl I 2020/150)

27. Produktplatzierung: jede Form audiovisueller kommerzieller Kommunikation, die darin besteht, gegen Entgelt oder eine ähnliche Gegenleistung ein Produkt, eine Dienstleistung oder eine entsprechende Marke einzubeziehen bzw. darauf Bezug zu nehmen, so dass diese innerhalb einer Sendung oder eines nutzergenerierten Videos erscheinen. Nicht als Produktplatzierung gilt die kostenlose Bereitstellung von Waren oder Dienstleistungen wie Produktionshilfen oder Preise im Hinblick auf ihre Einbeziehung, sofern diese von unbedeutendem Wert sind;

    (BGBl I 2020/150)
28. Programmaggregator: wer Rundfunkprogramme und Zusatzdienste zur Verbreitung oder Weiterverbreitung über Satellit oder auf drahtlosem terrestrischem Wege zu einem Programmpaket zusammenfasst und dieses an Endkunden vertreibt;

28a. redaktionelle Entscheidung: eine Entscheidung, die regelmäßig im Zuge der Ausübung redaktioneller Verantwortung getroffen wird und in Zusammenhang mit dem Tagesgeschäft eines audiovisuellen Mediendienstes steht;

(BGBl I 2020/150)

28b. redaktionelle Verantwortung: die Ausübung einer wirksamen Kontrolle sowohl hinsichtlich der Zusammenstellung der Sendungen als auch hinsichtlich ihrer Bereitstellung entweder anhand eines chronologischen Sendeplans eines Fernsehprogrammes oder mittels eines Katalogs eines audiovisuellen Mediendienstes auf Abruf;

(BGBl I 2020/150)

29. Schleichwerbung: die Erwähnung oder Darstellung von Waren, Dienstleistungen, Namen, Marke oder Tätigkeiten eines Herstellers von Waren oder eines Erbringers von Dienstleistungen in Sendungen, wenn sie vom Mediendiensteanbieter absichtlich zu Werbezwecken vorgesehen ist und die Allgemeinheit über ihren eigentlichen Zweck irreführen kann. Eine Erwähnung oder Darstellung gilt insbesondere dann als beabsichtigt, wenn sie gegen Entgelt oder eine ähnliche Gegenleistung erfolgt;
30. Sendung: ein einzelner, in sich geschlossener Teil eines audiovisuellen Mediendienstes, der unabhängig von seiner Länge aus einer Abfolge von Bewegtbildern mit oder ohne Ton besteht und Bestandteil eines von einem Mediendiensteanbieter erstellten Sendeplans oder Katalogs ist; der Begriff schließt insbe-

sondere Spielfilme, Videoclips, Sportberichte, Sitcoms, Dokumentationen, Nachrichten-, Kunst- und Kultursendungen, Kindersendungen und Originalproduktionen ein;
(BGBl I 2020/150)

30a. Sendergruppe: eine Gruppe von zwei oder mehr miteinander im Sinne des § 11 Abs. 5 verbundenen Fernsehveranstaltern;
(BGBl I 2020/150)

31. Spartenprogramm: ein Rundfunkprogramm mit im Wesentlichen gleichartigen Inhalten;

32. Sponsoring: jeder Beitrag von nicht im Bereich des Anbietens von audiovisuellen Mediendiensten oder von Video-Sharing-Plattformen oder in der Produktion von audiovisuellen Werken tätigen öffentlichen oder privaten Unternehmen oder natürlichen Personen zur Finanzierung von audiovisuellen Mediendiensten, Video-Sharing-Plattformen, nutzergenerierten Videos oder Sendungen mit dem Ziel, ihren Namen, ihre Marke, ihr Erscheinungsbild, ihre Tätigkeiten oder ihre Leistungen zu fördern;
(BGBl I 2020/150)

33. Teleshopping: Sendungen direkter Angebote an die Öffentlichkeit für den Absatz von Waren oder die Erbringung von Dienstleistungen, einschließlich unbeweglicher Sachen, Rechte und Verpflichtungen, gegen Entgelt;

34. Teletext: Darbietungen zur Information mittels schriftlicher und grafischer Zeichen und Symbole sowie mittels Standbildern, die als Service für die Empfänger auf einem eigenen Kanal oder in der Austastlücke eines Fernsehsignals angeboten werden;

34a. Tochterunternehmen: ein von einem Mutterunternehmen im Sinne von § 244 UGB kontrolliertes Unternehmen, einschließlich jedes mittelbar kontrollierten Tochterunternehmens eines Mutterunternehmens;
(BGBl I 2020/150)

35. Übertragungskapazität: die technischen Parameter, wie Sendestandort, Frequenz, Sendestärke und Antennencharakteristik für die analoge terrestrische Ausstrahlung von Fernsehprogrammen oder im Falle der Satellitenübertragung, die technischen Parameter des Satelliten und der Erd-Satelliten-Sendestationen oder im Falle der digitalen terrestrischen Ausstrahlung von Fernsehprogrammen und Zusatzdiensten, die technischen Parameter der digitalen Verbreitung durch den Multiplex-Betreiber, wie Sendestandorte, Frequenzen, Sendestärke, Datenraten und Datenvolumen;

35a. Unternehmensgruppe: ein Mutterunternehmen eines Video-Sharing-Plattform-Anbieters mit allen seinen Tochterunternehmen und allen anderen mit ihnen wirtschaftlich und rechtlich verbundenen Unternehmen;
(BGBl I 2020/150)

35b. Verbrauchersendung: eine Sendung, in der Zuschauern Ratschläge im Zusammenhang mit dem Kauf oder der Verwendung von Produkten oder der Inanspruchnahme von Dienstleistungen gegeben werden oder die Bewertungen für den Kauf von Produkten oder die Inanspruchnahme von Dienstleistungen beinhalten;
(BGBl I 2020/150)

36. Verbreitung: die auf drahtlosem terrestrischem Weg oder über Satellit oder in Kabel- und sonstigen elektronischen Kommunikationsnetzen übertragene Darbietung von Programmen oder Zusatzdiensten, die an die Allgemeinheit gerichtet sind;

37. Versorgungsgebiet: der in der Zulassung durch Angabe der Übertragungskapazität sowie der zu versorgenden Gebiete umschriebene geografische Raum;

37a. Video-Sharing-Plattform-Anbieter (Plattform-Anbieter): die natürliche oder juristische Person, die einen Video-Sharing-Plattform-Dienst betreibt;
(BGBl I 2020/150)

37b. Video-Sharing-Plattform-Dienst (Video-Sharing-Plattform): eine Dienstleistung im Sinne der Artikel 56 und 57 des Vertrags über die Arbeitsweise der Europäischen Union, bei der der Hauptzweck oder ein trennbarer Teil der Dienstleistung oder eine wesentliche Funktion der Dienstleistung darin besteht, Sendungen (Z 30) oder nutzergenerierte Videos (Z 26b), für die der Plattform-Anbieter keine redaktionelle Verantwortung trägt, der Allgemeinheit über elektronische Kommunikationsnetze im Sinne von Art. 2 Z 1 der Richtlinie (EU) 2018/1972 über den europäischen Kodex für die elektronische Kommunikation, ABl. Nr. L 321 vom 17.12.2018, S. 36, zur Information, Unterhaltung oder Bildung bereitzustellen, und deren Organisation – einschließlich automatischer Mittel oder Algorithmen, insbesondere durch Anzeigen, Markieren und Anordnen – vom Plattform-Anbieter bestimmt wird;
(BGBl I 2020/150)

38. Vollprogramm: ein Rundfunkprogramm mit vielfältigen Inhalten, in welchem insbesondere Information, Bildung und Unterhaltung einen wesentlichen Teil des Gesamtprogramms bilden;

39. Weiterverbreitung: der Empfang und die gleichzeitige, vollständige und unveränderte Übertragung von für die Allgemeinheit empfangbaren Fernsehprogrammen auf drahtlosem terrestrischem Weg oder in Kabel- und sonstigen elektronischen Kommunikationsnetzen oder über Satellit. Als Weiterverbreitung gilt auch die Übertragung eines Rahmenprogramms, sofern die Dauer der darin eingefügten Fensterprogramme den Zeitraum von insgesamt 120 Minuten täglich nicht überschreitet oder die Einfügung regionaler Sen-

dungen des Österreichischen Rundfunks (§ 3 Abs. 2 ORF-G) in bundesweit ausgestrahlte Programme des Österreichischen Rundfunks durch einen Kabelnetzbetreiber;

40. Werbung: jede Äußerung bei der Ausübung eines Handels, Gewerbes, Handwerks oder freien Berufs, die in Fernsehprogrammen vom Anbieter (Fernsehwerbung) oder als Bestandteil eines audiovisuellen Mediendienstes auf Abruf vom Anbieter entweder gegen Entgelt oder eine ähnliche Gegenleistung oder als Eigenwerbung gesendet oder bereitgestellt wird, mit dem Ziel, den Absatz von Waren oder die Erbringung von Dienstleistungen, einschließlich unbeweglicher Sachen, Rechte und Verpflichtungen, gegen Entgelt zu fördern. Werbung umfasst weiters jede Äußerung zur Unterstützung einer Sache oder Idee, die gegen Entgelt oder eine ähnliche Gegenleistung verbreitet wird (ideelle Werbung);

41. Zugangsberechtigungssystem: jede technische Maßnahme und/oder Vorrichtung, die den Zugang zu einem geschützten Hörfunk- oder Fernsehdienst in unverschlüsselter Form von einem Abonnement oder einer vorherigen individuellen Erlaubnis abhängig macht;

42. Zugehörige Einrichtungen: diejenigen mit einem Kommunikationsnetz „(§ 4 Z 1 TKG 2021)“ und/oder einem Kommunikationsdienst „(§ 4 Z 4 TKG 2021)“ verbundenen Einrichtungen, welche die Bereitstellung von Diensten über dieses Netz und/oder diesen Dienst ermöglichen und/oder unterstützen. Dieser Begriff schließt auch Zugangsberechtigungssysteme und elektronische Programmführer ein;

(BGBl I 2021/190)

43. Zulassung: die rundfunk- und fernmelderechtliche Bewilligung zur Ausstrahlung eines Rundfunkprogramms in einem Versorgungsgebiet mit Hilfe der zugeordneten Übertragungskapazitäten;

„44. Zusatzdienst: ein über eine Multiplex-Plattform zusätzlich zum digitalen Programm verbreiteter Dienst oder ein mit dem digitalen Programm verbundener ergänzender Dienst.“

(BGBl I 2021/190)

(BGBl I 2004/97, BGBl I 2007/52, BGBl I 2010/50)

Begriffseingrenzung

§ 2a. (1) Nicht als Abrufdienst im Sinne von § 2 Z 4 zu qualifizieren ist insbesondere die Bereitstellung audiovisueller Inhalte, auch wenn diese in einem trennbaren Teil des vom Bereitsteller inhaltlich gestalteten Angebots ausgewiesen sind, durch

1. Schulen, Universitäten und andere Forschungs- und Bildungseinrichtungen zum Zweck des Unterrichts, der Lehre, der Aufbereitung wissenschaftlicher Arbeiten oder der Fort- und Weiterbildung einschließlich der Bereitstellung aus einem Archiv;
2. Museen, Theater und andere Kunst- oder Kultureinrichtungen zum Zweck der Darstellung ihres kulturellen Angebots einschließlich der Bereitstellung aus einem Archiv; gleiches gilt für die ausschnitthafte Darstellung des kreativen Schaffens von im Bereich der Kunst und Kultur tätigen juristischen und natürlichen Personen;
3. Körperschaften öffentlichen Rechts zu Informationszwecken und zur Darstellung ihres Aufgabengebiet im Rahmen der Hoheits- und Privatwirtschaftsverwaltung sowie politische Parteien zur Beschreibung ihres Tätigkeitsfelds;
4. Unternehmen zur Präsentation der von ihnen hergestellten oder vertriebenen Waren oder der von ihnen angebotenen Dienstleistungen;
5. Vereine zur Eigenwerbung und zur ergänzenden Veranschaulichung der Tätigkeiten und Aktivitäten im Rahmen ihres Vereinszwecks oder
6. natürliche Personen zur Darstellung des persönlichen Lebensbereichs, wie insbesondere im Zusammenhang mit ihrer Freizeitgestaltung oder ihren Hobbies, ohne einen darüber hinausgehenden Informationsgehalt, der geeignet ist, die öffentliche Meinungsbildung zu beeinflussen.

(2) Die in Abs. 1 genannten Angebote stellen nur dann keinen Abrufdienst im Sinne dieses Bundesgesetzes dar, wenn die Bereitstellung der audiovisuellen Inhalte weder eigenständig noch durch Beifügung oder Einblendung audiovisueller kommerzieller Kommunikation vermarktet oder verwertet wird und auch nicht durch regelmäßige sonstige Zuwendungen finanziell unterstützt wird.

(BGBl I 2020/150)

Programmgestaltende Mitarbeiter, Redaktionsstatut

JournG

§ 49. (1) Fernsehveranstalter haben die Unabhängigkeit und Eigenverantwortlichkeit aller programmgestaltenden Mitarbeiter sowie die Freiheit der journalistischen Berufsausübung aller journalistischen Mitarbeiter bei Besorgung aller ihnen übertragenen Aufgaben im Rahmen dieses Bundesgesetzes zu beachten. Die journalistischen Mitarbeiter dürfen in Ausübung ihrer Tätigkeit insbesondere nicht verhalten werden, etwas abzufassen oder zu verantworten, was der Freiheit der journalistischen Berufsausübung widerspricht. Aus einer gerechtfertigten Weigerung darf ihnen kein Nachteil erwachsen.

(BGBl I 2010/50)

(2) Programmgestaltende Mitarbeiter im Sinne dieses Bundesgesetzes sind alle Personen, die an der inhaltlichen Gestaltung von Hörfunk- und Fernsehsendungen mitwirken.

(3) Journalistische Mitarbeiter im Sinne dieses Bundesgesetzes sind alle Personen, die an der journalistischen Gestaltung von Programmen im Hörfunk und Fernsehen mitwirken, insbesonde-

re Redakteure, Reporter, Korrespondenten und Gestalter.

(4) Journalistische und programmgestaltende Mitarbeiter im Sinne dieses Bundesgesetzes sind entweder Arbeitnehmer oder freie Mitarbeiter eines Fernsehveranstalters.

(BGBl I 2010/50)

(5) Sofern im Betrieb eines Fernsehveranstalters dauernd mindestens fünf journalistische Mitarbeiter beschäftigt werden, ist zur Sicherstellung der in Abs. 1 für die journalistischen Mitarbeiter niedergelegten Grundsätze zwischen dem Fernsehveranstalter einerseits und einer nach den Grundsätzen des gleichen, unmittelbaren und geheimen Verhältniswahlrechtes gewählten Vertretung der journalistischen Mitarbeiter andererseits ein Redaktionsstatut abzuschließen.

(BGBl I 2010/50)

(6) Ein Redaktionsstatut kommt nicht zu Stande, wenn die journalistischen Mitarbeiter in einer, innerhalb von drei Wochen nach Abschluss der Verhandlungen durchzuführenden Abstimmung dem Verhandlungsergebnis, das unmittelbar nach Abschluss der Verhandlungen zu veröffentlichen ist, mehrheitlich die Zustimmung verweigern. Zwischen dem Abschluss der Verhandlungen und dem Wirksamwerden des Redaktionsstatuts muss ein Zeitraum von mindestens drei Wochen liegen.

(7) Das Redaktionsstatut hat insbesondere nähere Bestimmungen zu enthalten über

1. die Sicherstellung der Eigenverantwortlichkeit und der Freiheit der journalistischen Berufsausübung aller journalistischen Mitarbeiter bei der Besorgung der ihnen übertragenen Aufgaben;
2. den Schutz der journalistischen Mitarbeiter gegen jede Verletzung ihrer Rechte;
3. die Mitwirkung an personellen und sachlichen Entscheidungen, welche die journalistischen Mitarbeiter betreffen;
4. die Schaffung einer Schiedsinstanz zur Entscheidung von Streitigkeiten aus dem Redaktionsstatut.

(8) Durch das Redaktionsstatut dürfen die Rechte der Betriebsräte, überdies durch die Schaffung der vorstehend erwähnten Schiedsinstanz eine gesetzlich vorgesehene Anrufung von Gerichten oder Verwaltungsbehörden nicht berührt werden.

(9) Die Wahrnehmung der sich aus dem Redaktionsstatut ergebenden Rechte der journalistischen Mitarbeiter obliegt der Redaktionsvertretung, die von den journalistischen Mitarbeitern nach den Grundsätzen des Verhältniswahlrechtes in geheimer Wahl für eine Funktionsperiode von zwei Jahren gewählt wird.

(10) Der Fernsehveranstalter und die Redaktionsvertretung können ein Redaktionsstatut gegenseitig jeweils schriftlich mit einer Kündigungsfrist von sechs Monaten aufkündigen. Im Falle der Kündigung sind unverzüglich Verhandlungen über den Abschluss eines neuen Redaktionsstatuts aufzunehmen. Zum Abschluss auf Seiten der Dienstnehmer ist die zuletzt gewählte Redaktionsvertretung berechtigt.

(BGBl I 2010/50)

(11) Wenn bis zum Ende des vierten Monats nach Aufkündigung des Redaktionsstatuts kein neues vereinbart und wirksam wird, so hat ein Schiedsgericht binnen sechs Wochen ein Redaktionsstatut zu erlassen.

(12) Dieses Schiedsgericht besteht aus je einem von der Redaktionsvertretung und dem Fernsehveranstalter bestellten Mitglied sowie aus einem von diesen beiden Mitgliedern des Schiedsgerichtes innerhalb von einer Woche zu bestellenden, außerhalb des Unternehmens stehenden rechtskundigen Vorsitzenden. Können sich die von der Redaktionsvertretung und dem Fernsehveranstalter bestellten Mitglieder nicht innerhalb einer Woche einigen, so hat der Leiter der Regulierungsbehörde den Vorsitzenden im Schiedsgericht zu bestellen.

(BGBl I 2010/50)

(13) Ein nach Abs. 11 zu Stande gekommenes Redaktionsstatut tritt außer Kraft, sobald ein neues Redaktionsstatut vereinbart und wirksam geworden ist.

(BGBl I 2004/97)

28. Theaterarbeitsgesetz

Theaterarbeitsgesetz, BGBl I 2010/100 idF

1 BGBl II 2014/59

GLIEDERUNG

STICHWORTVERZEICHNIS

Bundesgesetz über Arbeitsverhältnisse zu Theaterunternehmen (Theaterarbeitsgesetz – TAG)

Der Nationalrat hat beschlossen:

Abschnitt 1
Allgemeine Bestimmungen

Geltungsbereich

§ 1. (1) Dieses Bundesgesetz gilt für das Arbeitsverhältnis von Personen (Mitglieder), die sich einem/einer Theaterunternehmer/in zur Leistung künstlerischer Arbeiten in einem oder mehreren Kunstfächern zur Aufführung von Bühnenwerken verpflichten (Bühnenarbeitsvertrag).

(2) Theaterunternehmer/in im Sinne dieses Bundesgesetzes ist, wer ein Unternehmen im Sinne des § 1 Abs. 2 des Unternehmensgesetzbuches (UGB), dRGBl. S 219/1897, zur Aufführung von Bühnenwerken betreibt.

(3) Abschnitt 3 gilt für das Arbeitsverhältnis von Personen, die nicht Mitglieder im Sinne des Abs. 1 sind und sich einem/einer Theaterunternehmer/in zur Leistung nichtkünstlerischer Arbeiten verpflichten (andere Theaterarbeitnehmer/innen).

Verweisungen

§ 2. Soweit dieses Bundesgesetz auf andere Bundesgesetze verweist, sind diese in der jeweils geltenden Fassung anzuwenden.

Abschnitt 2
Rechte und Pflichten des Mitgliedes

Inhalt und Aufzeichnung des Bühnenarbeitsvertrages

§ 3. (1) Soweit nichts anderes vereinbart ist, hat das Mitglied die seinem Kunstfach entsprechenden Leistungen zu erbringen.

(2) Ist ein bestimmtes Entgelt nicht vereinbart, so ist ein angemessenes Entgelt zu entrichten. Das gleiche gilt, wenn Unentgeltlichkeit vereinbart ist, es sei denn, dass die nach dem Arbeitsverfassungsgesetz (ArbVG), BGBl. Nr. 22/1974, zur Vertretung der Interessen des Mitgliedes befugte kollektivvertragsfähige Körperschaft im Vorhinein zugestimmt hat.

(3) Der/Die Theaterunternehmer/in hat dem Mitglied auf dessen Verlangen eine schriftliche Aufzeichnung über die getroffenen Vereinbarungen (Bühnenarbeitsvertrag), soweit diese über die in § 2 Abs. 2 des Arbeitsvertragsrechts-Anpassungsgesetzes (AVRAG), BGBl. Nr. 459/1993, genannten Angaben hinausgehen, auszuhändigen.

(4) Ist bei Vertragsabschluss auf Schriftstücke Bezug genommen worden, so sind dem Mitglied auch Abschriften dieser Schriftstücke auszuhändigen.

Beginn der Vertragszeit

§ 4. Im Bühnenarbeitsvertrag muss der Tag, mit dem die Tätigkeit des Mitgliedes beginnen soll, nach dem Kalender bestimmt sein; der Vertrag ist aber auch ohne diese Bestimmung wirksam, wenn die Tätigkeit des Mitgliedes im beiderseitigen Einverständnis begonnen hat.

Bühnenarbeitsvertrag auf Probe

§ 5. Die Vereinbarung einer Probezeit, während der ein Teil oder beide Teile vom Vertrag zurücktreten können, ist unwirksam.

Feste Bezüge

§ 6. Unter festen Bezügen eines Mitgliedes werden das Gehalt (Gage) und das vereinbarte Spielgeld (§ 8) verstanden.

Entlohnung von Vorproben

§ 7. Ist ein Mitglied verpflichtet, sich dem/der Theaterunternehmer/in zur Teilnahme an Vorproben am Vertragsort zur Verfügung zu stellen, beginnt der Bühnenarbeitsvertrag entgegen anderslautender Vereinbarungen mit dem Tag des Arbeitsantrittes, sofern nicht für die Dauer der Vorprobe ein gesonderter Bühnenarbeitsvertrag vereinbart wird.

Spielgeld

§ 8. (1) Das vereinbarte Spielgeld gebührt dem Mitglied für jede Vorstellung, an der es mitwirkt.

(2) Ist Spielgeld ohne Gewährleistung eines Mindestmaßes vereinbart, so gelten fünfzehn Spielgelder im Monat als gewährleistet.

(3) Wird das Spielgeld für einen längeren Zeitraum als einen Monat gewährleistet, so gelten so viele Spielgelder monatlich als gewährleistet, als nach dem Verhältnis dieses Zeitraumes zur Dauer eines Monats auf einen Monat entfallen.

Anspruch bei Arbeitsverhinderung

§ 9. (1) Ist ein Mitglied nach Antritt des Arbeitsverhältnisses durch Krankheit oder Unglücksfall an der Arbeitsleistung verhindert, ohne dass es die Verhinderung vorsätzlich oder durch grobe Fahrlässigkeit herbeigeführt hat, so behält es seinen Anspruch auf die festen Bezüge bis zur Dauer von sechs Wochen. Beruht die Arbeitsverhinderung jedoch auf einem Arbeitsunfall oder einer Berufskrankheit im Sinne der Vorschriften über die gesetzliche Unfallversicherung, so verlängert sich die Frist von sechs Wochen um die Dauer dieser Arbeitsverhinderung, höchstens jedoch um zwei Wochen. Durch weitere sechs Wochen behält das Mitglied den Anspruch auf die Hälfte der nach Satz 1 entfallenden Bezüge. Der Anspruch auf Spielgeld entfällt jedoch, soweit die Zahl der für den Monat gewährleisteten Spielgelder oder soweit im Fall des § 8 Abs. 3 der sich für den Monat ergebende Wert der gewährleisteten Spielgelder trotz der Arbeitsverhinderung erreicht worden ist.

(2) Das Gleiche gilt, wenn ein weibliches Mitglied durch Schwangerschaft oder menstruationsbedingt an der Arbeitsleistung verhindert ist.

(3) Tritt innerhalb eines halben Jahres nach Wiederantritt der Arbeit abermals eine Arbeitsverhinderung ein, so hat das Mitglied für die Zeit der Arbeitsverhinderung, soweit die Gesamtdauer der Verhinderungen die in Abs. 1 bezeichneten Zeiträume übersteigt, Anspruch nur auf die Hälfte der ihm nach Abs. 1 gebührenden Bezüge.

(4) Weibliche Mitglieder behalten darüber hinaus den Anspruch auf die festen Bezüge während acht Wochen nach der Entbindung, sofern kein Anspruch auf Wochengeld nach dem Allgemeinen Sozialversicherungsgesetz (ASVG), BGBl. Nr. 189/1955, besteht.

(5) Kur- und Erholungsaufenthalte, Aufenthalte in Heil- und Pflegeanstalten, Rehabilitationszentren und Rekonvaleszentenheimen, die aus Gründen der Erhaltung, Besserung oder Wiederherstellung der Arbeitsfähigkeit von einem Träger der Sozialversicherung, dem Bundessozialamt oder einer Landesregierung auf Grund eines Behindertengesetzes auf deren Rechnung bewilligt oder angeordnet wurden, sind unbeschadet allfälliger Zuzahlungen durch das Mitglied der Arbeitsverhinderung gemäß Abs. 1 gleichzuhalten.

(6) Das Mitglied ist verpflichtet, ohne Verzug die Arbeitsverhinderung dem/der Theaterunternehmer/in anzuzeigen und im Falle der Erkran-

kung auf Verlangen des/der Theaterunternehmers/ Theaterunternehmerin, das nach angemessener Zeit wiederholt werden kann, eine ärztliche Bestätigung über Ursache und Dauer der Arbeitsunfähigkeit vorzulegen. Die Bestätigung muss von einem/ einer Arzt/Ärztin mit einem Krankenkassenvertrag, einem Theaterarzt oder Theaterärztin oder der zuständigen Krankenkasse ausgestellt sein. Kommt das Mitglied dieser Verpflichtung nicht nach, so verliert es für die Dauer der Säumnis den Anspruch auf die Bezüge.

(7) Wird das Mitglied während der Verhinderung nach den Abs. 1 bis 5 gekündigt, ohne wichtigen Grund vorzeitig entlassen oder trifft den/die Theaterunternehmer/in ein Verschulden an dem vorzeitigen Austritt des Mitgliedes, so bleiben die Ansprüche während der in Abs. 1 bis 5 bezeichneten Zeiträume bestehen, wenngleich das Arbeitsverhältnis früher endet.

(8) Die Ansprüche des Mitgliedes auf die fortbezahlten festen Bezüge nach den Abs. 1 bis 5 erlöschen mit der Beendigung des Arbeitsverhältnisses, wenn dieses infolge Ablaufs der Zeit, für das es eingegangen wurde, oder infolge einer früheren Kündigung aufgelöst wird. Das gleiche gilt, wenn das Mitglied aus einem anderen Grund als wegen der durch die in Abs. 1 bis 5 genannten Umstände verursachten Arbeitsverhinderung entlassen wird.

Reisekosten

§ 10. Die Kosten einer Reise, die das Mitglied während der Vertragszeit in Ausübung seiner Arbeitspflicht unternimmt, hat einschließlich der angemessenen Verpflegungskosten der/die Theaterunternehmer/in zu bestreiten.

Bereitstellung von Bekleidung, Ausrüstung und Schmuck

§ 11. (1) Der/Die Theaterunternehmer/in hat dem Mitglied die zur Aufführung eines Bühnenwerkes erforderlichen historischen, mythologischen und Phantasiekleider, Volks- und Nationaltrachten, Sport-, Turn-, Strand-, Spiel-, Jagdkleider und Uniformen einschließlich der dazugehörigen Fuß-, Hand- und Kopfbekleidungen sowie die Tracht des anderen Geschlechts, ferner die zur Aufführung eines Bühnenwerkes erforderlichen Ausrüstungs- und Schmuckstücke sowie Trikots, Perücken und Frisuren sowie, soweit dies notwendig oder üblich ist, insbesondere die erforderlichen Ankleider/ innen, Friseure und Friseurinnen oder Maskenbildner/innen kostenlos bereit zu stellen.

(2) Die Wiederinstandsetzung aller auf der Bühne gebrauchten Kleidungsstücke für Zwecke des Bühnengebrauches (kleinere Ausbesserungen, Reinigen und Aufbügeln) hat der/die Theaterunternehmer/in auf seine/ihre Kosten zu besorgen.

Fälligkeit der Bezüge

§ 12. (1) Soweit nichts anderes vereinbart oder üblich ist, sind die Bezüge nach der Erbringung der Leistung zu entrichten.

(2) Sind die Bezüge nach Zeitabschnitten bemessen, so sind sie nach Ablauf der einzelnen Zeitabschnitte, spätestens aber am zehnten, zwanzigsten und letzten Tag eines jeden Kalendermonats zu entrichten.

(3) Hat das Mitglied während der Vertragszeit in Ausübung seiner Arbeitspflicht eine Reise anzutreten, so sind die angemessenen Verpflegungs- und Reisekosten am Tag vor Antritt der Reise zu entrichten oder sicherzustellen.

(4) Spielgelder sind spätestens am letzten Tag jedes Kalendermonats für den abgelaufenen Monat abzurechnen und zu entrichten.

(5) Die Entrichtung unbestrittener Bezüge oder des unbestrittenen Teils von Bezügen darf nicht von dem Verzicht auf streitige Bezüge oder auf den streitigen Teil abhängig gemacht werden.

Öffentliche Bekanntmachungen

§ 13. (1) Wird eine Vorstellung mit Angabe des Personenverzeichnisses (Theaterzettel) öffentlich bekanntgemacht, so sind die Darsteller/innen der im Personenverzeichnis einzeln angeführten Rollen namentlich anzuführen.

(2) Diese Verpflichtung besteht nicht, wenn die Anführung infolge besonderer Umstände unmöglich oder mit unverhältnismäßigen Kosten verbunden ist oder wenn der/die Darsteller/in als Chormitglied, Komparse oder Komparsin oder als Statist/in auftritt.

Interessenwahrungspflicht

§ 14. (1) Die Vertragsparteien sind verpflichtet, die gegenseitigen Interessen zu wahren.

(2) Der/Die Theaterunternehmer/in ist, unbeschadet der Geltung des ArbeitnehmerInnenschutzgesetzes, BGBl. Nr. 450/1994, insbesondere verpflichtet, auf seine/ihre Kosten alle Einrichtungen bezüglich der Bühnen- und Ankleideräume und der Arbeitsmittel herzustellen und zu erhalten, die mit Rücksicht auf die Beschaffenheit der Arbeitsleistung zur Gewährleistung der Sicherheit und des Gesundheitsschutzes der Mitglieder sowie zur Aufrechterhaltung der Sittlichkeit erforderlich sind.

Urlaub

§ 15. (1) Dem Mitglied gebührt für jedes Arbeitsjahr ein ununterbrochener bezahlter Urlaub im Ausmaß von mindestens vier Wochen (24 Werktage). Der Urlaubsanspruch erhöht sich für jedes weitere begonnene Arbeitsjahr um zwei Werktage bis zum Höchstausmaß von sechs Wochen (36 Werktage).

(2) Der Anspruch auf Urlaub entsteht in den ersten sechs Monaten des ersten Arbeitsjahres im Verhältnis zu der im Arbeitsjahr zurückgelegten Arbeitszeit, nach sechs Monaten in voller Höhe. Ab dem zweiten Arbeitsjahr entsteht der gesamte Urlaubsanspruch mit Beginn des Arbeitsjahres. Der Urlaubsanspruch wird durch Zeiten, in denen kein Anspruch auf die festen Bezüge besteht, nicht verkürzt, sofern gesetzlich nichts anderes bestimmt wird.

(3) Der Zeitpunkt des Urlaubsantrittes ist mit Rücksicht auf die den Betriebsverhältnissen entsprechende Zeit, bei ganzjährigen Arbeitsverhältnissen tunlichst für die Zeit zwischen dem 1. Mai und 30. September zu bestimmen und dem Mitglied rechtzeitig vorher bekannt zu geben. Der Urlaubsantritt hat jedenfalls so zu erfolgen, dass der Urlaub möglichst bis zum Ende des Urlaubsjahres, in dem der Anspruch entstanden ist, verbraucht wird. Während des Urlaubs behält das Mitglied den Anspruch auf seine festen Bezüge.

(4) Für Zeiträume, während deren ein Mitglied aus einem der im § 9 Abs. 1 bis 5 genannten Gründe an der Arbeitsleistung verhindert ist, während deren es Anspruch auf Pflegefreistellung nach § 16 des Urlaubsgesetzes (UrlG), BGBl. Nr. 390/1976, oder während deren es sonst Anspruch auf Entgeltfortzahlung bei Entfall der Arbeitsleistung hat, darf der Urlaubsantritt nicht bestimmt werden, wenn diese Umstände bereits bei Abschluss der Vereinbarung bekannt waren. Geschieht dies dennoch, gilt der Zeitraum der Arbeitsverhinderung nicht als Urlaub.

(5) Im Fall der Erkrankung des Mitgliedes während des Urlaubs gilt § 5 UrlG.

(6) Der/Die Theaterunternehmer/in hat Aufzeichnungen zu führen, aus denen

1. der Zeitpunkt des Arbeitsantrittes des Mitgliedes und die Dauer des dem Mitglied zustehenden bezahlten Urlaubs,
2. die Zeit, in der das Mitglied seinen bezahlten Urlaub genommen hat, und
3. das Entgelt, das das Mitglied für die Dauer des bezahlten Urlaubs erhalten hat, und der Zeitpunkt der Auszahlung

hervorgehen.

(7) Die Verpflichtung nach Abs. 6 ist auch dann erfüllt, wenn die dort verlangten Angaben aus Aufzeichnungen hervorgehen, die der/die Theaterunternehmer/in zum Nachweis der Erfüllung anderer Verpflichtungen führt.

(8) Theaterunternehmer/innen, die den Bestimmungen der Abs. 6 und 7 zuwiderhandeln, sind, sofern die Tat nicht nach anderen Vorschriften einer strengeren Strafe unterliegt, von der Bezirksverwaltungsbehörde mit einer Geldstrafe bis 218 Euro zu bestrafen.

(9) Im Übrigen gelten die §§ 4 Abs. 3 und 5, 7 sowie 10 Abs. 1 bis 5 UrlG.

Leistungsort

§ 16. (1) Das Mitglied ist dem/der Theaterunternehmer/in nur an den Bühnen verpflichtet, Leistungen zu erbringen, die der/die Theaterunternehmer/in beim Vertragsabschluss geleitet hat. Es kann jedoch vereinbart werden, dass das Mitglied auch an einer anderen gleichwertigen Bühne, deren Leitung der/die Theaterunternehmer/in erst später übernehmen wird, Leistungen zu erbringen hat, wenn diese Bühne sich mit einer der Vertragsbühnen am selben Ort befindet oder wenn es sich um ein Gastspiel handelt.

(2) Ist das Mitglied verpflichtet, an mehreren Bühnen aufzutreten, so hat der/die Theaterunternehmer/in für die Überführung der Bühnenkleidung und Schminkgeräte auf seine/ihre Kosten und unter seiner/ihrer Haftung (§ 21 Abs. 4) Sorge zu tragen.

Pflicht zur Teilnahme an Proben – Arbeitszeit

§ 17. (1) Das Mitglied ist nicht verpflichtet, zur Nachtzeit oder an einem Sonntag oder gesetzlichen Feiertag an einer Probe teilzunehmen, wenn nicht besondere, unabwendbare Umstände es notwendig machen, die Probe zu dieser Zeit abzuhalten.

(2) Das Arbeitszeitgesetz (AZG), BGBl. Nr. 461/1969, ist mit der Maßgabe anzuwenden, dass

1. das Mitglied in der Zeit vom Beginn der Abendvorstellung bis zum Beginn der Abendvorstellung am nächsten Tag (Arbeitstag) nicht länger als acht Stunden beschäftigt werden darf;
2. abweichend von § 19c Abs. 2 AZG der/die Theaterunternehmer/in die Lage der Arbeitszeit ändern kann, wenn eine Programmänderung unbedingt erforderlich ist und berücksichtigungswürdige Interessen des Mitgliedes nicht entgegenstehen.

(3) Dem Mitglied ist in jeder Kalenderwoche eine ununterbrochene Ruhezeit von 36 Stunden zu gewähren, die einen ganzen Wochentag einzuschließen hat. Die wöchentliche Ruhezeit kann in einzelnen Wochen gekürzt werden oder entfallen, wenn innerhalb von 14 Tagen eine durchschnittliche wöchentliche Ruhezeit von 36 Stunden sichergestellt ist. Zur Berechnung dürfen nur mindestens 24stündige Ruhezeiten herangezogen werden.

(4) Durch Kollektivvertrag kann ein Durchrechnungszeitraum bis zu einem Jahr zugelassen werden. Der Kollektivvertrag kann die Betriebsvereinbarung zu einer solchen Regelung ermächtigen.

(5) Kann für die betroffenen Mitglieder mangels Bestehen einer kollektivvertragsfähigen Körperschaft auf Arbeitgeber/innenseite kein Kollektivvertrag abgeschlossen werden, kann die Betriebsvereinbarung den Durchrechnungszeitraum auf bis zu 13 Wochen verlängern.

(6) Bei befristeten Arbeitsverhältnissen in der Dauer von nicht mehr als sechs Wochen kann vereinbart werden, dass die Ruhezeiten dieser Wochen zusammen vor Ende der Vertragsdauer gewährt werden. Eine Auflösung des Arbeitsverhältnisses vor Ablauf der zusammengefassten Ruhezeit ist unzulässig.

(7) Während der in der Arbeitszeiteinteilung vorgesehenen wöchentlichen Ruhezeit darf das Mitglied nur beschäftigt werden, wenn

1. vereinbart wird, dass das Mitglied für ein anderes, verhindertes Mitglied einspringt, oder
2. eine Programmänderung unbedingt erforderlich ist.

Während einer zusammengefassten Ruhezeit nach Abs. 6 ist eine Beschäftigung unzulässig.

(8) Wird das Mitglied während der in der Arbeitszeiteinteilung vorgesehenen wöchentlichen Ruhezeit beschäftigt, hat es in der folgenden Arbeitswoche Anspruch auf Ersatzruhe, die auf seine Wochenarbeitszeit anzurechnen ist. Die Ersatzruhe ist im Ausmaß der während der wöchentlichen Ruhezeit geleisteten Arbeit zu gewähren, die innerhalb von 36 Stunden vor dem Arbeitsbeginn in der nächsten Arbeitswoche erbracht wurde. Die Ersatzruhe hat unmittelbar vor dem Beginn der folgenden wöchentlichen Ruhezeit zu liegen, soweit vor Antritt der Arbeit, für die Ersatzruhe gebührt, nicht anderes vereinbart wurde.

(9) Theaterunternehmer/innen, die den Bestimmungen der Abs. 3 bis 8 zuwiderhandeln, sind, sofern die Tat nicht nach anderen Vorschriften einer strengeren Strafe unterliegt, von der Bezirksverwaltungsbehörde mit einer Geldstrafe von 72 Euro bis 2 180 Euro, im Wiederholungsfall von 145 Euro bis 2 180 Euro zu bestrafen.

Recht auf Beschäftigung

§ 18. (1) Der/Die Theaterunternehmer/in ist verpflichtet, das Mitglied angemessen zu beschäftigen. Bei Beurteilung der Angemessenheit der Beschäftigung ist auf den Inhalt des Vertrages, die Eigenschaften und Fähigkeiten des Mitgliedes und die Art der Führung des Betriebes Bedacht zu nehmen.

(2) Wenn es der/die Theaterunternehmer/in trotz wiederholter Aufforderung ohne wichtigen Grund unterlässt, das Mitglied angemessen zu beschäftigen, kann das Mitglied den Vertrag vorzeitig auflösen und eine angemessene Vergütung begehren, die der/die Richter/in nach billigem Ermessen feststellt, die aber den Betrag der festen Bezüge eines Jahres nicht übersteigen darf. Ein Mitglied, dessen Arbeitsverhältnis noch mindestens fünf Jahre gedauert hätte, kann überdies eine Entschädigung in dem gleichen Betrag verlangen, jedoch nur unter Anrechnung dessen, was es im zweiten Jahr nach der Vertragsauflösung infolge Unterbleibens der Arbeitsleistung erspart oder durch anderweitige Verwendung erworben oder absichtlich zu erwerben versäumt hat.

(3) Die Auflösung ist jedoch nur dann zulässig, wenn das Mitglied dem/der Theaterunternehmer/in schriftlich eine entsprechende Frist zur Nachholung der angemessenen Beschäftigung erteilt hat und diese Frist fruchtlos abgelaufen ist.

Rollenverweigerung

§ 19. Die Verweigerung der Übernahme einer Rolle durch den/die Darsteller/in ist nur dann gerechtfertigt, wenn

1. die Darstellung der Rolle geeignet ist, die Gesundheit oder die körperliche Sicherheit zu gefährden oder wenn sie dem/der Darsteller/in aus Gründen der Sittlichkeit nicht zugemutet werden kann;
2. wenn die Rolle außerhalb der künstlerischen Mittel des Darstellers oder der Darstellerin oder außerhalb des Kunstfaches gelegen ist, für das er/sie vertraglich verpflichtet worden ist;
3. wenn dem/der Darsteller/in die Darstellung einer Rolle zugemutet wird, die seine/ihre wirtschaftliche oder künstlerische Stellung erheblich zu schädigen geeignet ist.

Konkurrenzverbot

§ 20. (1) Das Mitglied darf sich außerhalb der Urlaubszeit ohne Genehmigung des Theaterunternehmers oder der Theaterunternehmerin an keiner öffentlich angekündigten Vorstellung auf einer gleichartigen Bühne beteiligen.

(2) Ein für ein ganzes Jahr verpflichtetes Mitglied bedarf zur Ausübung seiner Tätigkeit an einer gleichartigen Bühne des Vertragsorts auch während des Urlaubs der Genehmigung des Theaterunternehmers oder der Theaterunternehmerin.

(3) Eine Vereinbarung, durch die ein Mitglied in seiner Erwerbstätigkeit darüber hinaus beschränkt wird, ist nur wirksam, wenn sie in einem Kollektivvertrag getroffen ist oder einer in einem Kollektivvertrag vereinbarten Beschränkung entspricht. Diese Vorschrift gilt nicht für Bühnenarbeitsverhältnisse gemäß § 34 Abs. 2, für Bühnenarbeitsverhältnisse von mindestens zweijähriger Dauer, wenn die festen Bezüge für ein Spieljahr das 24fache der monatlichen Höchstbeitragsgrundlage gemäß § 45 ASVG übersteigen, für Balletteleven oder Ballettelevinnen, die das 18. Lebensjahr noch nicht vollendet haben, sowie für Einzeldarsteller/innen (Solotänzer/innen) des Balletts.

(4) Abs. 1 und 2 finden keine Anwendung auf die übrigen Mitglieder des Balletts, auf Chor- und Orchestermitglieder, sowie auf Komparsen und Komparsinnen und Statisten und Statistinnen.

Haftung für abgelegte Gegenstände

§ 21. (1) Der/die Theaterunternehmer/in haftet als Verwahrer/in für Kleidungsstücke oder Gegenstände des Mitgliedes, deren Wert den Wert gewöhnlicher Gebrauchsgegenstände nicht übersteigt, wenn sie im Ankleideraum oder während der Probe oder der Aufführung auf der Bühne oder an dem vom/von der Theaterunternehmer/in dazu bestimmten Ort abgelegt werden, sofern er/sie nicht beweist, dass der Schaden weder durch ihn/sie noch durch seine/ihre Leute, noch durch fremde im Theater aus- und eingehende Personen verursacht ist. Besteht kein absperrbarer Ankleideraum und hat der/die Theaterunternehmer/in den Ort, wo die Gegenstände oder Kleidungsstücke zu hinterlegen sind, nicht bestimmt, so haftet der/die Theaterunternehmer/in, wenn sie an einem von den Mitgliedern dazu regelmäßig benützten Ort hinterlegt wurden.

(2) Für Gegenstände von besonderem Wert haftet der/die Theaterunternehmer/in nur, wenn diese auf Anordnung des/der Theaterunternehmers/Theaterunternehmerin bei der Aufführung verwendet werden mussten oder wenn die von ihm/ihr zur Übernahme solcher Gegenstände bestimmte Person diese in Kenntnis des besonderen Werts übernom-

men hat. Bestimmt der/die Theaterunternehmer/in eine solche Person nicht, so gilt der/die Garderobier/e als zur Verwahrung solcher Gegenstände bestimmt, wenn er/sie vom besonderen Wert durch das Mitglied in Kenntnis gesetzt wurde.

(3) Die Haftung für Gegenstände, die bei der Aufführung gebraucht werden, erlischt, wenn sie nicht binnen sieben Tagen nach der letzten Aufführung, in der sie gebraucht worden sind, abgeholt wurden.

(4) Der/die Theaterunternehmer/in haftet nach den Abs. 1 und 2 auch für Kleidungsstücke und sonstige vom Mitglied einem/einer Beauftragten des/der Theaterunternehmers/Theaterunternehmerin zur Beförderung übergebenen Gegenstände während einer Beförderung aus Anlass der Übersiedlung des Unternehmens an einen anderen Ort oder aus Anlass einer Reise an den Ort eines vom/von der Theaterunternehmer/in veranstalteten Gastspieles.

Konventionalstrafe

§ 22. (1) Eine Konventionalstrafe kann nur für den Fall vereinbart werden, dass einem Vertragsteil ein schuldhaftes Verhalten zur Last fällt, das für den anderen Teil einen wichtigen Grund zur vorzeitigen Auflösung des Vertrags (§ 30) bildet.

(2) Die Vereinbarung ist unwirksam, wenn sie bloß zugunsten eines Vertragsteils getroffen wurde.

(3) Die Höhe der Konventionalstrafe ist durch die Höhe der einjährigen festen Bezüge begrenzt und muss für beide Vertragsteile gleich sein.

(4) Konventionalstrafen unterliegen der richterlichen Mäßigung.

Ordnungsstrafen

§ 23. (1) Für die Übertretung einer allgemeinen Ordnungsvorschrift (Theaterbetriebsordnung) können nach Maßgabe der §§ 96 Abs. 1 Z 1 und 102 ArbVG in Geld bestehende Ordnungsstrafen festgesetzt werden.

(2) Die Fälle, in denen die Ordnungsstrafe zu leisten ist, und die Höhe der Ordnungsstrafe müssen in der Theaterbetriebsordnung bestimmt sein.

(3) Die für den einzelnen Fall verhängte Ordnungsstrafe darf den Betrag der halbmonatlichen festen Bezüge nicht übersteigen.

(4) Alle Ordnungsstrafen müssen in einer in der Theaterbetriebsordnung näher zu bezeichnenden Art zum Besten der Mitglieder des Theaterunternehmens verwendet werden.

Ende des Vertragsverhältnisses

§ 24. (1) Das Arbeitsverhältnis endet mit dem Ablauf der Zeit, für die es eingegangen worden ist.

(2) Ist es für eine oder mehrere Spielzeiten (Spieljahr, Bühnenjahr) eingegangen worden, so ist die Dauer einer Spielzeit im Zweifel mit zwölf Monaten anzunehmen.

(3) Ist das Arbeitsverhältnis ohne Zeitbestimmung eingegangen worden, so endet es mit dem Ablauf der an der Vertragsbühne üblichen Spielzeit.

(4) Der/Die Theaterunternehmer/in kann sich auf eine Vereinbarung nicht berufen, nach der nur er/sie den Vertrag durch einseitige Erklärung auflösen oder über die vereinbarte Zeit hinaus verlängern kann.

Kündigung

§ 25. (1) Eine Vereinbarung, wonach ein Vertrag durch Kündigung gelöst werden kann, ist nur dann wirksam, wenn der Vertrag für länger als ein Jahr geschlossen ist und beiden Teilen das gleiche Recht eingeräumt wird. Sind ungleiche Fristen vereinbart, so gilt für beide Teile die längere Frist. Die Kündigung kann nur für das Ende einer Spielzeit vereinbart werden und muss spätestens am 15. Februar des Jahres erklärt werden, in dem diese Spielzeit endet.

(2) Gesetzliche Kündigungsfristen (§ 28) können nicht durch Vereinbarung herabgesetzt werden.

(3) Kündigungen müssen bei sonstiger Unwirksamkeit schriftlich erklärt werden.

Freizeit während der Beendigungsfrist

§ 26. (1) Ist der Vertrag für wenigstens fünf Monate geschlossen worden oder hat das Arbeitsverhältnis wenigstens fünf Monate gedauert, so hat der/die Theaterunternehmer/in nach der Kündigung oder in der letzten Spielzeit vor Ablauf der Vertragsdauer dem Mitglied auf Verlangen eine angemessene freie Zeit in der Gesamtdauer von mindestens acht Tagen auf einmal oder geteilt zu gewähren. Für diese Zeit sind die festen Bezüge zu entrichten.

(2) Ansprüche nach Abs. 1 bestehen nicht, wenn das Mitglied einen Anspruch auf eine Pension aus der gesetzlichen Pensionsversicherung hat, sofern eine Bescheinigung über die vorläufige Krankenversicherung vom Pensionsversicherungsträger ausgestellt wurde.

(3) Durch Kollektivvertrag können abweichende Regelungen getroffen werden.

Nichtverlängerungserklärung

§ 27. (1) Ist das Bühnenarbeitsverhältnis für bestimmte Zeit und mindestens für ein Jahr eingegangen worden, hat der/die Theaterunternehmer/in dem Mitglied bis zum 31. Jänner des Jahres, in dem das Arbeitsverhältnis endet, schriftlich mitzuteilen, dass das Arbeitsverhältnis nicht verlängert wird. Unterbleibt die Mitteilung oder erfolgt sie verspätet, gilt das Arbeitsverhältnis für ein weiteres Jahr verlängert, sofern das Mitglied dem/der Theaterunternehmer/in nicht bis spätestens zum 15. Februar des Jahres, in dem das Arbeitsverhältnis endet, schriftlich mitteilt, dass es mit einer Verlängerung des Arbeitsverhältnisses nicht einverstanden ist.

(2) Mitteilungen nach Abs. 1 sind nur dann wirksam, wenn sie dem/der Vertragspartner/in spätestens zu den in Abs. 1 genannten Zeitpunkten zugegangen sind.

(3) Durch Kollektivvertrag kann festgesetzt werden, dass die in Abs. 1 genannten Zeitpunkte

vorverlegt werden können. Zum Zeitpunkt des Inkrafttretens dieses Bundesgesetzes bestehende kollektivvertragliche Bestimmungen, die derartige Regelungen bereits vorsehen, werden nicht berührt.

Insolvenzverfahren

§ 28. Wird nach Arbeitsantritt über das Vermögen des Theaterunternehmers oder der Theaterunternehmerin ein Insolvenzverfahren eröffnet, so gelten die Vorschriften der Insolvenzordnung, RGBl. Nr. 337/1914, mit der Maßgabe, dass der/die Masseverwalter/in, im Sanierungsverfahren mit Eigenverwaltung der/die Theaterunternehmer/in mit Zustimmung des Sanierungsverwalters oder der Sanierungsverwalterin, Bühnenarbeitsverträge, die für nicht länger als ein Jahr geschlossen sind, unter Einhaltung einer vierwöchigen Frist, andere Bühnenarbeitsverträge unter Einhaltung einer achtwöchigen Frist kündigen kann.

Dauernde Schließung der Bühne

§ 29. Wird das Theater durch Brand oder andere Elementarereignisse zerstört oder wird es von der Behörde ohne Verschulden des Theaterunternehmers oder der Theaterunternehmerin auf unbestimmte Zeit geschlossen, so sind sämtliche Bühnenarbeitsverträge mit Ablauf eines Monats nach der Betriebseinstellung gelöst.

Vorzeitige Auflösung

§ 30. Das Bühnenarbeitsverhältnis kann vor Ablauf der Zeit, für die es eingegangen wurde, ohne Einhaltung einer Kündigungsfrist von jedem Teil aus wichtigen Gründen gelöst werden.

Entlassung

§ 31. Als ein wichtiger Grund, der den/die Theaterunternehmer/in zur vorzeitigen Entlassung berechtigt, ist insbesondere anzusehen:

1. wenn das Mitglied bei Abschluss des Vertrages den/die Theaterunternehmer/in über das Bestehen eines anderen Bühnenarbeitsvertrages, der mit dem abgeschlossenen Vertrag unvereinbar und nicht schon gelöst ist, in Irrtum geführt hat;
2. wenn das Mitglied unfähig ist, die versprochenen oder den vereinbarten Kunstfächern entsprechenden Arbeitsleistungen zu erbringen;
3. wenn das Mitglied durch einen in seiner/ihrer Person liegenden Grund dauernd oder doch längere Zeit an seiner Arbeitsleistung verhindert ist;
4. wenn das Mitglied die Mitwirkung bei einer ihm/ihr rechtzeitig mitgeteilten Aufführung böswillig oder wiederholt fahrlässig versäumt. Es genügt eine einmalige fahrlässige Versäumnis, wenn das Mitglied wusste oder wissen musste, dass die Versäumnis für den/die Theaterunternehmer/in mit einem erheblichen Schaden verbunden ist;
5. wenn das Mitglied ohne rechtmäßigen Grund andere wichtige Vertragspflichten trotz wiederholter schriftlicher Aufforderung oder Ermahnung nicht erfüllt;
6. wenn das Mitglied durch Verletzung der Gesetze oder der Sittlichkeit offenkundig derart Anstoß erregt, dass seine weitere Verwendung entweder nicht oder nur mit erheblicher Schädigung des Theaterunternehmers oder der Theaterunternehmerin möglich ist;
7. wenn das Mitglied ein erhebliches vermögensrechtliches oder künstlerisches Interesse des Theaterunternehmers oder der Theaterunternehmerin durch groben Vertrauensmissbrauch ernstlich gefährdet;
8. wenn das Mitglied sich Tätlichkeiten, Verletzungen der Sittlichkeit oder erhebliche Ehrverletzungen gegen den/die Theaterunternehmer/in, dessen/deren Stellvertreter/in oder gegen ein anderes Mitglied zuschulden kommen lässt.

Austritt

§ 32. Als ein wichtiger Grund, der das Mitglied zum vorzeitigen Austritt berechtigt, ist insbesondere anzusehen:

1. wenn der/die Theaterunternehmer/in das Mitglied über die behördliche Erlaubnis zum Betrieb des Unternehmens irregeführt hat oder wenn die behördliche Erlaubnis beim Arbeitsantritt noch nicht erteilt ist;
2. wenn das Mitglied zur Fortsetzung seiner Arbeitsleistung unfähig wird oder diese ohne Schaden für seine Gesundheit oder Sittlichkeit nicht fortsetzen kann;
3. wenn der/die Theaterunternehmer/in den ihm/ihr zum Schutz des Lebens, der Gesundheit oder der Sittlichkeit der Mitglieder gesetzlich obliegenden Verpflichtungen nachzukommen verweigert;
4. wenn der/die Theaterunternehmer/in das dem Mitglied zukommende Entgelt ungebührlich schmälert oder vorenthält, insbesondere, wenn er/sie fällige Forderungen trotz Aufforderung nicht spätestens am dritten Tag nach der Fälligkeit bezahlt oder bei Streit über die Höhe der Forderung oder die Zulässigkeit von Abzügen den bestrittenen Betrag nicht auf Verlangen ungesäumt hinterlegt oder andere wesentliche Vertragsverpflichtungen trotz wiederholter Aufforderung nicht erfüllt;
5. wenn der/die Theaterunternehmer/in oder sein/e Stellvertreter/in sich Tätlichkeiten, Verletzungen der Sittlichkeit oder erhebliche Ehrverletzungen gegen das Mitglied zuschulden kommen lässt oder es verweigert, das Mitglied gegen solche Handlungen anderer Mitglieder oder eines Angehörigen des Theaterunternehmers oder der Theaterunternehmerin zu schützen;
6. wenn das Theaterunternehmen an einen anderen Ort verlegt wird und das Mitglied nicht im Vertrag verpflichtet ist, seine/ihre

Arbeitsleistungen auch an dem anderen Ort zu erbringen.

Rechtsfolgen der vorzeitigen Auflösung

§ 33. (1) Wenn das Mitglied ohne wichtigen Grund vorzeitig austritt oder wenn es ein Verschulden an der vorzeitigen Entlassung trifft, steht dem/der Theaterunternehmer/in der Anspruch auf Ersatz des ihm/ihr verursachten Schadens zu.

(2) Wenn der/die Theaterunternehmer/in das Mitglied ohne wichtigen Grund vorzeitig entlässt, oder wenn ihn/ihr ein Verschulden an dem vorzeitigen Austritt des Mitgliedes trifft, behält das Mitglied, soweit im Gesetz nichts anderes bestimmt ist, unbeschadet weitergehenden Schadenersatzes seine vertragsmäßigen Ansprüche auf das Entgelt für den Zeitraum der bis zur Beendigung des Arbeitsverhältnisses durch Ablauf der bestimmten Vertragszeit oder durch ordnungsmäßige Kündigung hätte verstreichen müssen, unter Einrechnung dessen, was es infolge Unterbleibens der Arbeitsleistung erspart oder durch anderweitige Verwendung erworben oder zu erwerben absichtlich versäumt hat. Soweit jedoch dieser Zeitraum drei Monate nicht übersteigt, kann das Mitglied das Ganze für diese Zeit gebührende Entgelt ohne Abzug sofort, den Rest zur vereinbarten oder gesetzlichen Zeit fordern.

Vereinbarung des Rücktrittsrechts

§ 34. (1) Eine Vereinbarung, nach der einem Teil das Recht eingeräumt ist, vor Arbeitsantritt zu erklären, dass der Vertrag in Kraft treten oder unwirksam sein soll, ist nur dann wirksam, wenn auch dem anderen Teil das gleiche Recht eingeräumt ist.

(2) Abs. 1 gilt nicht für Vereinbarungen mit Mitgliedern, die für nicht mehr als 60 Aufführungen im Spieljahr gegen eine Gage, die für jeden Auftritt das 17fache der täglichen Höchstbeitragsgrundlage nach § 45 ASVG übersteigt, verpflichtet werden.

Rücktritt vom Vertrag

§ 35. (1) Der/die Theaterunternehmer/in kann vor Arbeitsantritt vom Vertrag zurücktreten, wenn das Mitglied, ohne durch ein unabwendbares Hindernis gehindert zu sein, die Arbeit an dem vereinbarten Tag nicht antritt, oder wenn sich infolge eines unabwendbaren Hindernisses der Arbeitsantritt um mehr als 14 Tage verzögert. Das Gleiche gilt, wenn ein Grund vorliegt, der den/die Theaterunternehmer/in zur vorzeitigen Entlassung des Mitgliedes berechtigt.

(2) Das Mitglied kann vor Arbeitsantritt vom Vertrag zurücktreten, wenn ein Grund vorliegt, der es zum vorzeitigen Austritt aus dem Arbeitsverhältnis berechtigt. Das gleiche gilt, wenn sich der Arbeitsantritt infolge Verschuldens des Theaterunternehmers/der Theaterunternehmerin oder infolge eines diesen/diese treffenden Zufalles um mehr als 14 Tage verzögert. Tritt das Mitglied in letzterem Fall ungeachtet der Verzögerung die Arbeit an, so gebührt ihm das Entgelt von dem Tag, an dem die Arbeit hätte angetreten werden sollen.

(3) Ist das Mitglied durch Krankheit oder Unglücksfall an dem rechtzeitigen Arbeitsantritt verhindert, ohne dass es die Verhinderung vorsätzlich oder durch grobe Fahrlässigkeit herbeigeführt hat, so ist der/die Theaterunternehmer/in unbeschadet des ihm/ihr nach Abs. 1 zustehenden Rücktrittsrechtes verpflichtet, dem Mitglied für die im § 9 Abs. 1 und 3 festgesetzte Zeit die dort bezeichneten Bezüge zu bezahlen. Die Vorschrift des § 9 Abs. 6 findet Anwendung. Ist diese Zeit abgelaufen, so kann der/die Theaterunternehmer/in vom Vertrag zurücktreten, das Mitglied aber kann den Vertrag vorzeitig lösen, es sei denn, dass der/die Theaterunternehmer/in die vollen festen Bezüge weiter entrichtet.

Rechtsfolgen des Rücktritts

§ 36. (1) Ist der/die Theaterunternehmer/in ohne wichtigen Grund vom Vertrag zurückgetreten oder hat er/sie durch sein/ihr schuldhaftes Verhalten dem Mitglied zum Rücktritt begründeten Anlass gegeben, so behält das Mitglied unbeschadet weiteren Schadenersatzes seine vertragsmäßigen Ansprüche auf das Entgelt für den Zeitraum, der bis zur Beendigung des Arbeitsverhältnisses durch Ablauf der Zeit oder durch ordnungsmäßige Kündigung hätte verstreichen müssen, unter Einrechnung dessen, was es infolge Unterbleibens der Arbeitsleistung erspart oder durch anderweitige Verwendung erworben oder zu erwerben absichtlich versäumt hat. Soweit dieser Zeitraum drei Monate nicht übersteigt, kann das Mitglied das Ganze für die Zeit gebührende Entgelt ohne Abzug sofort, den Rest zur vereinbarten oder gesetzlichen Zeit fordern.

(2) Die gleichen Ansprüche stehen dem Mitglied zu, wenn der/die Masseverwalter/in vom Vertrag zurückgetreten ist.

(3) Ist das Mitglied ohne wichtigen Grund vom Vertrag zurückgetreten oder hat es durch sein schuldhaftes Verhalten dem/der Theaterunternehmer/in zum Rücktritt begründeten Anlass gegeben, so kann der/die Theaterunternehmer/in Schadenersatz verlangen.

Verschuldensausgleich

§ 37. Trifft beide Teile ein Verschulden an dem Rücktritt oder an der vorzeitigen Lösung des Arbeitsverhältnisses, so hat der/die Richter/in nach freiem Ermessen zu entscheiden, ob und in welcher Höhe ein Ersatz gebührt.

Frist zur Geltendmachung der Ansprüche

§ 38. Ersatzansprüche wegen vorzeitiger Entlassung oder vorzeitigem Austritt im Sinne der §§ 18 und 33, ferner Ersatzansprüche wegen Rücktritts vom Vertrag im Sinne des § 36 müssen bei sonstigem Ausschluss binnen sechs Monaten nach dem Tag, an dem der Anspruch erhoben werden konnte, gerichtlich geltend gemacht werden.

Zwingende Vorschriften

§ 39. (1) Ein Bühnenarbeitsvertrag wird dadurch

nicht ungültig, dass einzelne seiner Bestimmungen nach dem Gesetz unwirksam sind.

(2) Die dem Mitglied auf Grund dieses Gesetzes zustehenden Rechte können durch den Bühnenarbeitsvertrag oder, soweit in diesem Bundesgesetz nicht anderes bestimmt ist, durch Normen der kollektiven Rechtsgestaltung weder aufgehoben noch beschränkt werden.

Verhältnis zu anderen Gesetzen

§ 40. Soweit dieses Bundesgesetz nichts anderes bestimmt, ist der Bühnenarbeitsvertrag nach billiger Bühnengewohnheit und in deren Ermangelung nach dem allgemeinen bürgerlichen Recht zu beurteilen. Das Angestelltengesetz (AngG), BGBl. Nr. 292/1921, sowie die Einschränkung der Wirksamkeit einer Schiedsgerichtsvereinbarung nach § 9 Abs. 2 zweiter Halbsatz des Arbeits- und Sozialgerichtsgesetzes, BGBl. Nr. 104/1985, finden auf Bühnenarbeitsverträge keine Anwendung.

Gastverträge

§ 41. (1) Ist ein Mitglied (Gast)

1. nur zur Mitwirkung bei nicht mehr als fünf Aufführungen in einem Spieljahr oder
2. für nicht mehr als 60 Aufführungen im Spieljahr gegen ein Entgelt verpflichtet, das die festen Bezüge, die den am jeweiligen Theaterunternehmen im selben Kunstfach tätigen übrigen Mitglieder im Durchschnitt gebühren (Durchschnittsbezug), übersteigt,

so entsteht ein Gastvertrag. Spätestens in einem Rechtsstreit hat der/die Theaterunternehmer/in dem Gast den Durchschnittsbezug gemäß Z 2 auf Verlangen bekannt zu geben.

(2) Auf Gastverträge finden die Bestimmungen der §§ 5, 8 Abs. 2 und 3, 9, 11, 18, 20, 24 Abs. 4, 25 bis 27, 29, 34 Abs. 1 und 35 Abs. 3 keine Anwendung.

Vermittlung von Bühnenarbeitsverträgen

§ 42. (1) Eine Vereinbarung, durch die sich ein Mitglied verpflichtet, Bühnenarbeitsverträge nur unter Vermittlung bestimmter Personen zu schließen, ist ungültig.

(2) Soweit nichts anderes vereinbart ist, haben der/die Theaterunternehmer/in und das Mitglied die Vergütung für die Vermittlung eines Bühnenarbeitsvertrages je zur Hälfte zu bezahlen.

(3) Die Vereinbarung, dass das Mitglied mehr als die Hälfte der Vergütung zu bezahlen habe, ist unwirksam, sofern der/die Theaterunternehmer/in von der Mitwirkung des/der Vermittlers/Vermittlerin beim Vertragsabschluss Kenntnis hatte und Kenntnis haben musste.

(4) Die Vereinbarung einer Vergütung für die Vermittlung eines Bühnenarbeitsvertrages ist unwirksam:

1. soweit ein Vermittlungsentgelt entgegen § 5 Abs. 3 des Arbeitsmarktförderungsgesetz (AMFG), BGBl. Nr. 31/1969, verlangt oder entgegengenommen wird;
2. wenn der Vertrag ohne Mitwirkung des/der Vermittlers/Vermittlerin geschlossen worden ist;
3. soweit das Mitglied Zahlungen für eine nach Vertragsabschluss erlangte Erhöhung der Bezüge oder für eine Zeit leisten soll, während der es kein Entgelt erhält;
4. wenn der Vertrag ohne Verschulden des Mitgliedes nicht wirksam wird;
5. soweit das Mitglied Zahlungen für die Zeit nach einer ohne sein/ihr Verschulden herbeigeführten Auflösung des Vertrages leisten soll;
6. wenn der/die Vermittler/in zur Vermittlung von Bühnenarbeitsverträgen nach dem AMFG nicht berechtigt ist.

(5) Es kann jedoch eine solche Vereinbarung wirksam werden, wenn in den in Abs. 4 Z 4 und 5 bezeichneten Fällen zwischen denselben Parteien ein neuer Bühnenarbeitsvertrag geschlossen wird. Die Vergütung ist jedoch nur bis zum Ende der Dauer des ursprünglich vermittelten Arbeitsverhältnisses zu entrichten.

(6) Eine Vereinbarung, nach der die Verpflichtung zur Zahlung der Vergütung für die Vermittlung eines bedingten Vertrages vor Eintritt der Bedingung entstehen soll, ist unwirksam.

(7) Die Rückforderung einer Zahlung, die nach Abs. 2 bis 6 nicht wirksam vereinbart werden kann, ist auch dann zulässig, wenn der/die Zahlende wusste, dass er/sie die Zahlung nicht schuldig ist.

Abschnitt 3
Regelungen betreffend andere Theaterarbeitnehmer/innen

Andere Theaterarbeitnehmer/innen

§ 43. (1) Für Arbeitsverhältnisse von Personen im Sinne des § 1 Abs. 3 (andere Theaterarbeitnehmer/innen), die vorwiegend zur Leistung kaufmännischer oder höherer, nicht kaufmännischer Dienste oder von Kanzleiarbeiten verpflichtet sind, gelten die Bestimmungen des AngG, soweit nicht durch die §§ 3 und 4 AngG eine Ausnahme angeordnet ist.

(2) Für Arbeitsverhältnisse anderer Theaterarbeitnehmer/innen, die zu anderen als in Abs. 1 genannten Leistungen verpflichtet sind, gelten die Bestimmungen des Allgemeinen Bürgerlichen Gesetzbuches, JGS. Nr. 946/1811.

Ruhezeit

§ 44. (1) Theaterarbeitnehmer/innen nach § 43 ist in jeder Kalenderwoche eine ununterbrochene Ruhezeit von 36 Stunden zu gewähren, die einen ganzen Wochentag einzuschließen hat. Die wöchentliche Ruhezeit kann in einzelnen Wochen gekürzt werden oder entfallen, wenn innerhalb von 14 Tagen eine durchschnittliche wöchentliche Ruhezeit von 36 Stunden sichergestellt ist. Zur Berechnung dürfen nur mindestens 24stündige Ruhezeiten herangezogen werden.

(2) Durch Kollektivvertrag kann ein Durchrechnungszeitraum bis zu einem Jahr zugelassen

werden. Der Kollektivvertrag kann die Betriebsvereinbarung zu einer solchen Regelung ermächtigen.

(3) Kann für die betroffenen Mitglieder mangels Bestehen einer kollektivvertragsfähigen Körperschaft auf Arbeitgeberseite kein Kollektivvertrag abgeschlossen werden, kann die Betriebsvereinbarung den Durchrechnungszeitraum auf bis zu 13 Wochen verlängern.

(4) Während der in der Arbeitszeiteinteilung vorgesehenen wöchentlichen Ruhezeit dürfen Theaterarbeitnehmer/innen nach § 43 nur beschäftigt werden, wenn die Arbeiten

1. zur Abwendung einer unmittelbaren Gefahr für die Sicherheit des Lebens oder die Gesundheit von Menschen oder bei Notstand sofort vorzunehmen sind oder
2. zur Behebung einer Betriebsstörung oder eines unverhältnismäßigen wirtschaftlichen Schadens erforderlich sind, wenn unvorhergesehene und nicht zu verhindernde Gründe vorliegen und andere zumutbare Maßnahmen zu diesem Zweck nicht möglich sind.

(5) Wird ein/e Theaterarbeitnehmer/in nach § 43 während der in der Arbeitszeiteinteilung vorgesehenen wöchentlichen Ruhezeit beschäftigt, hat er/sie in der folgenden Arbeitswoche Anspruch auf Ersatzruhe, die auf die Wochenarbeitszeit anzurechnen ist. Die Ersatzruhe ist im Ausmaß der während der wöchentlichen Ruhezeit geleisteten Arbeit zu gewähren, die innerhalb von 36 Stunden vor dem Arbeitsbeginn in der nächsten Arbeitswoche erbracht wurde. Die Ersatzruhe hat unmittelbar vor dem Beginn der folgenden wöchentlichen Ruhezeit zu liegen, soweit vor Antritt der Arbeit, für die Ersatzruhe gebührt, nicht anderes vereinbart wurde.

(6) Theaterunternehmer/innen, die den Bestimmungen der Abs. 1 bis 5 zuwiderhandeln, sind, sofern die Tat nicht nach anderen Vorschriften einer strengeren Strafe unterliegt, von der Bezirksverwaltungsbehörde mit einer Geldstrafe von 72 Euro bis 2 180 Euro, im Wiederholungsfall von 145 Euro bis 2 180 Euro zu bestrafen.

Abschnitt 4
Schlussbestimmungen

Vollziehung

§ 45. Mit der Vollziehung dieses Bundesgesetzes ist der Bundesminister für Arbeit, Soziales und Konsumentenschutz betraut.

Inkrafttreten und Übergangsbestimmungen

§ 46. (1) Dieses Bundesgesetz tritt mit Ausnahme des § 27 mit 1. Jänner 2011 in Kraft und gilt für Arbeitsverhältnisse im Sinne des § 1 Abs. 1 und 3 und § 43, deren vertraglich vereinbarter Beginn nach dem 31. Dezember 2010 liegt. § 9 gilt nur für Arbeitsverhinderungen, die erstmals nach dem 31. Dezember 2010 eintreten. § 15 Abs. 1, 2 und 9 gilt ab dem Urlaubsjahr, das nach dem 31. Dezember 2010 beginnt.

(2) § 27 tritt mit 1. März 2011 in Kraft.

(3) Dieses Bundesgesetz gilt auch für zum Arbeitsverhältnisse im Sinne des § 1 Abs. 1 Schauspielergesetzes (SchauspG), BGBl. Nr. 441/1922, deren vertraglich vereinbarter Beginn vor dem 1. Jänner 2011 liegt. Für Gast(spiel)verträge, deren vertraglich vereinbarter Beginn vor dem 1. Jänner 2011 liegt, gilt § 52 SchauspG.

(4) Das SchauspG tritt mit Ausnahme des § 32 mit Ablauf des 31. Dezembers 2010 mit der Maßgabe außer Kraft, dass die §§ 11 und 12 SchauspG weiterhin auf Arbeitsverhinderungen Anwendung finden, die erstmals vor dem 1. Jänner 2011 eingetreten sind, und § 18 Abs. 1 und 2 SchauspG auf jenes Urlaubsjahr anzuwenden ist, das vor dem 1. Jänner 2011 begonnen hat.

(5) § 32 SchauspG tritt mit Ablauf des 28. Februars 2011 außer Kraft.

(6) Soweit in anderen Bundesgesetzen auf das SchauspG oder auf Bestimmungen des SchauspG verwiesen wird, gilt dieser Verweis als Verweis auf das TAG oder die entsprechenden Bestimmungen des TAG.

(7) Am 1. Jänner 2011 bestehende Regelungen über die wöchentliche Ruhezeit in Kollektivverträgen oder Betriebsvereinbarungen, die den Bestimmungen der §§ 17 oder 44 entsprechen, bleiben wirksam.

29. ARBEITNEHMERSCHUTZ

Inhaltsverzeichnis

29/1. ArbeitnehmerInnenschutzgesetz

ArbeitnehmerInnenschutzgesetz, BGBl 1994/450 idF

1 BGBl 1995/457 **2** BGBl I 1997/9 **3** BGBl I 1997/47
4 BGBl I 1999/12 **5** BGBl I 1999/38 **6** BGBl I 1999/70
7 BGBl I 2001/136 **8** BGBl I 2001/159 **9** BGBl I 2006/113
10 BGBl I 2006/147 **11** BGBl II 2010/221 **12** BGBl I 2011/51
13 BGBl I 2012/35 **14** BGBl I 2012/50 **15** BGBl I 2012/98
16 BGBl I 2012/118 **17** BGBl I 2013/71 **18** BGBl I 2014/94
19 BGBl I 2015/60 **20** BGBl I 2016/72 **21** BGBl I 2017/40
22 BGBl I 2017/126 **23** BGBl I 2018/100

GLIEDERUNG

STICHWORTVERZEICHNIS

Bundesgesetz über Sicherheit und Gesundheitsschutz bei der Arbeit (ArbeitnehmerInnenschutzgesetz – ASchG) und mit dem das Allgemeine Sozialversicherungsgesetz, das Arbeitsvertragsrechts-Anpassungsgesetz, das Arbeitsverfassungsgesetz, das Berggesetz 1975, das Bauern-Sozialversicherungsgesetz, das Arbeitsmarktförderungsgesetz, das Arbeitslosenversicherungsgesetz 1977 und das Ausländerbeschäftigungsgesetz geändert werden

Der Nationalrat hat beschlossen:

Artikel I
ArbeitnehmerInnenschutzgesetz – ASchG

1. Abschnitt
Allgemeine Bestimmungen

Geltungsbereich

§ 1. (1) Dieses Bundesgesetz gilt für die Beschäftigung von Arbeitnehmern.

(2) Dieses Bundesgesetz gilt nicht für die Beschäftigung von

1. Arbeitnehmern der Länder, Gemeinden und Gemeindeverbände, die nicht in Betrieben beschäftigt sind;
2. Arbeitnehmern des Bundes in Dienststellen, auf die das Bundes-Bedienstetenschutzgesetz, BGBl. I Nr. 70/1999, anzuwenden ist;
   (BGBl I 1999/70)
3. Arbeitnehmern in land- und forstwirtschaftlichen Betrieben im Sinne des Landarbeitsgesetzes 1984, BGBl. Nr. 287;
4. Hausgehilfen und Hausangestellten in privaten Haushalten;
5. Heimarbeitern im Sinne des Heimarbeitsgesetzes 1960, BGBl. Nr. 105/1961.

(3) (aufgehoben)

(BGBl I 1999/38)

Begriffsbestimmungen

§ 2. (1) Arbeitnehmer im Sinne dieses Bundesgesetzes sind alle Personen, die im Rahmen eines Beschäftigungs- oder Ausbildungsverhältnisses tätig sind. Geistliche Amtsträger gesetzlich anerkannter Kirchen und Religionsgesellschaften sind keine Arbeitnehmer im Sinne dieses Bundesgesetzes. Arbeitgeber im Sinne dieses Bundesgesetzes ist jede natürliche oder juristische Person oder eingetragene Personengesellschaft, die als Vertragspartei des Beschäftigungs- oder Ausbildungsverhältnisses mit dem Arbeitnehmer die Verantwortung für das Unternehmen oder den Betrieb trägt.

(BGBl I 1999/12, BGBl I 2012/118)

(2) Belegschaftsorgane im Sinne dieses Bundesgesetzes sind die nach dem Arbeitsverfassungsgesetz, BGBl. Nr. 22/1974, errichteten Organe der Arbeitnehmerschaft sowie die nach bundes- oder landesgesetzlichen Vorschriften oder nach sonstigen Vorschriften errichteten Organe der Personalvertretung.

(3) Arbeitsstätten im Sinne dieses Bundesgesetzes sind Arbeitsstätten in Gebäuden und Arbeitsstätten im Freien. Mehrere auf einem Betriebsgelände gelegene oder sonst im räumlichen Zusammenhang stehende Gebäude eines Arbeitgebers zählen zusammen als eine Arbeitsstätte. Baustellen im Sinne dieses Bundesgesetzes sind zeitlich begrenzte oder ortsveränderliche Baustellen, an denen Hoch- und Tiefbauarbeiten durchgeführt werden. Dazu zählen insbesondere folgende Arbeiten: Aushub, Erdarbeiten, Bauarbeiten im engeren Sinne, Errichtung und Abbau von Fertigbauelementen, Einrichtung oder Ausstattung, Umbau, Renovierung, Reparatur, Abbauarbeiten, Abbrucharbeiten, Wartung, Instandhaltungs-, Maler- und Reinigungsarbeiten, Sanierung. Auswärtige Arbeitsstellen im Sinne dieses Bundesgesetzes sind alle Orte außerhalb von Arbeitsstätten, an denen andere Arbeiten als Bauarbeiten durchgeführt werden insbesondere auch die Stellen in Verkehrsmitteln, auf denen Arbeiten ausgeführt werden.

(BGBl I 1999/12, BGBl I 2012/35)

(4) Arbeitsplatz im Sinne dieses Bundesgesetzes ist der räumliche Bereich, in dem sich Arbeitnehmer bei der von ihnen auszuübenden Tätigkeit aufhalten.

(5) Arbeitsmittel im Sinne dieses Bundesgesetzes sind alle Maschinen, Apparate, Werkzeuge, Geräte und Anlagen, die zur Benutzung durch Arbeitnehmer vorgesehen sind. Zu den Arbeitsmitteln gehören insbesondere auch Beförderungsmittel zur Beförderung von Personen oder Gütern, Aufzüge, Leitern, Gerüste, Dampfkessel, Druckbehälter, Feuerungsanlagen, Behälter, Silos, Förderleitungen, kraftbetriebene Türen und Tore sowie Hub-, Kipp- und Rolltore.

(6) Arbeitsstoffe im Sinne dieses Bundesgesetzes sind alle Stoffe, Gemische (Zubereitungen) und biologischen Agenzien, die bei der Arbeit verwendet werden. Als „Verwenden" gilt auch das Gewinnen, Erzeugen, Anfallen, Entstehen, Gebrauchen, Verbrauchen, Bearbeiten, Verarbeiten, Abfüllen, Umfüllen, Mischen, Beseitigen, Lagern,

Aufbewahren, Bereithalten zur Verwendung und das innerbetriebliche Befördern.

(BGBl I 2012/118)

(7) Unter Gefahrenverhütung im Sinne dieses Bundesgesetzes sind sämtliche Regelungen und Maßnahmen zu verstehen, die zur Vermeidung oder Verringerung arbeitsbedingter Gefahren vorgesehen sind. Unter Gefahren im Sinne dieses Bundesgesetzes sind arbeitsbedingte physische und psychische Belastungen zu verstehen, die zu Fehlbeanspruchungen führen.

(BGBl I 2012/118)

(7a) Unter Gesundheit im Sinne dieses Bundesgesetzes ist physische und psychische Gesundheit zu verstehen.

(BGBl I 2012/118)

(8) Stand der Technik im Sinne dieses Bundesgesetzes ist der auf einschlägigen wissenschaftlichen Erkenntnissen beruhende Entwicklungsstand fortschrittlicher technologischer Verfahren, Einrichtungen und Betriebsweisen, deren Funktionstüchtigkeit erprobt und erwiesen ist. Bei der Bestimmung des Standes der Technik sind insbesondere vergleichbare Verfahren, Einrichtungen und Betriebsweisen heranzuziehen.

(BGBl I 2001/159)

(9) Soweit in diesem Bundesgesetz personenbezogene Bezeichnungen noch nicht geschlechtsneutral formuliert sind, gilt die gewählte Form für beide Geschlechter.

(BGBl I 2012/118)

Allgemeine Pflichten der Arbeitgeber

§ 3. (1) Arbeitgeber sind verpflichtet, für Sicherheit und Gesundheitsschutz der Arbeitnehmer in Bezug auf alle Aspekte, die die Arbeit betreffen, zu sorgen. Die Kosten dafür dürfen auf keinen Fall zu Lasten der Arbeitnehmer gehen. Arbeitgeber haben die zum Schutz des Lebens, der Gesundheit sowie der Integrität und Würde erforderlichen Maßnahmen zu treffen, einschließlich der Maßnahmen zur Verhütung arbeitsbedingter Gefahren, zur Information und zur Unterweisung sowie der Bereitstellung einer geeigneten Organisation und der erforderlichen Mittel.

(BGBl I 2012/118)

(2) Arbeitgeber haben sich unter Berücksichtigung der bestehenden Gefahren über den neuesten Stand der Technik und der Erkenntnisse auf dem Gebiet der Arbeitsgestaltung entsprechend zu informieren.

(3) Arbeitgeber sind verpflichtet, durch geeignete Maßnahmen und Anweisungen zu ermöglichen, daß die Arbeitnehmer bei ernster, unmittelbarer und nicht vermeidbarer Gefahr

1. ihre Tätigkeit einstellen,
2. sich durch sofortiges Verlassen des Arbeitsplatzes in Sicherheit bringen und
3. außer in begründeten Ausnahmefällen ihre Arbeit nicht wieder aufnehmen, solange eine ernste und unmittelbare Gefahr besteht.

(4) Arbeitgeber haben durch Anweisungen und sonstige geeignete Maßnahmen dafür zu sorgen, daß Arbeitnehmer bei ernster und unmittelbarer Gefahr für die eigene Sicherheit oder für die Sicherheit anderer Personen in der Lage sind, selbst die erforderlichen Maßnahmen zur Verringerung oder Beseitigung der Gefahr zu treffen, wenn sie die zuständigen Vorgesetzten oder die sonst zuständigen Personen nicht erreichen. Bei diesen Vorkehrungen sind die Kenntnisse der Arbeitnehmer und die ihnen zur Verfügung stehenden technischen Mittel zu berücksichtigen.

(5) Arbeitgeber, die selbst eine Tätigkeit in Arbeitsstätten oder auf Baustellen oder auf auswärtigen Arbeitsstellen ausüben, haben sich so zu verhalten, daß sie die dort beschäftigten Arbeitnehmer nicht gefährden.

(6) Für eine Arbeitsstätte, Baustelle oder auswärtige Arbeitsstelle, in/auf der der Arbeitgeber nicht im notwendigen Umfang selbst anwesend ist, ist eine geeignete Person zu beauftragen, die auf die Durchführung und Einhaltung der notwendigen Schutzmaßnahmen zu achten hat.

(7) Arbeitgeber haben für eine geeignete Sicherheits- und Gesundheitsschutzkennzeichnung zu sorgen, wenn Gefahren für Sicherheit oder Gesundheit der Arbeitnehmer nicht durch sonstige technische und organisatorische Maßnahmen vermieden oder ausreichend begrenzt werden können.

Ermittlung und Beurteilung der Gefahren Festlegung von Maßnahmen (Arbeitsplatzevaluierung)

§ 4. (1) Arbeitgeber sind verpflichtet, die für die Sicherheit und Gesundheit der Arbeitnehmer bestehenden Gefahren zu ermitteln und zu beurteilen. Dabei sind die Grundsätze der Gefahrenverhütung gemäß § 7 anzuwenden. Insbesondere sind dabei zu berücksichtigen:

1. die Gestaltung und die Einrichtung der Arbeitsstätte,
2. die Gestaltung und der Einsatz von Arbeitsmitteln,
3. die Verwendung von Arbeitsstoffen,
4. die Gestaltung der Arbeitsplätze,
5. die Gestaltung der Arbeitsverfahren und Arbeitsvorgänge und deren Zusammenwirken,

   (BGBl I 2012/118)
6. die Gestaltung der Arbeitsaufgaben und die Art der Tätigkeiten, der Arbeitsumgebung, der Arbeitsabläufe sowie der Arbeitsorganisation und
7. der Stand der Ausbildung und Unterweisung der Arbeitnehmer.

   (BGBl I 2012/118)

(BGBl I 2012/118)

(2) Bei der Ermittlung und Beurteilung der Gefahren sind auch besonders gefährdete oder schutzbedürftige Arbeitnehmer sowie die Eignung der Arbeitnehmer im Hinblick auf Konstitution,

Körperkräfte, Alter und Qualifikation (§ 6 Abs. 1) zu berücksichtigen. Insbesondere ist zu ermitteln und zu beurteilen, inwieweit sich an bestimmten Arbeitsplätzen oder bei bestimmten Arbeitsvorgängen spezifische Gefahren für Arbeitnehmer ergeben können, für die ein besonderer Personenschutz besteht.

(BGBl I 2001/159)

(3) Auf Grundlage der Ermittlung und Beurteilung der Gefahren gemäß Abs. 1 und 2 sind die durchzuführenden Maßnahmen zur Gefahrenverhütung festzulegen. Dabei sind auch Vorkehrungen für absehbare Betriebsstörungen und für Not und Rettungsmaßnahmen zu treffen. Diese Maßnahmen müssen in alle Tätigkeiten und auf allen Führungsebenen einbezogen werden. Schutzmaßnahmen müssen soweit wie möglich auch bei menschlichem Fehlverhalten wirksam sein.

(4) Die Ermittlung und Beurteilung der Gefahren ist erforderlichenfalls zu überprüfen und sich ändernden Gegebenheiten anzupassen. Die festgelegten Maßnahmen sind auf ihre Wirksamkeit zu überprüfen und erforderlichenfalls anzupassen, dabei ist eine Verbesserung der Arbeitsbedingungen anzustreben.

(5) Eine Überprüfung und erforderlichenfalls eine Anpassung im Sinne des Abs. 4 hat insbesondere zu erfolgen:

1. nach Unfällen,
2. bei Auftreten von Erkrankungen, wenn der begründete Verdacht besteht, daß sie arbeitsbedingt sind,

2a. nach Zwischenfällen mit erhöhter arbeitsbedingter psychischer Fehlbeanspruchung,
(BGBl I 2012/118)

3. bei sonstigen Umständen oder Ereignissen, die auf eine Gefahr für Sicherheit oder Gesundheit der Arbeitnehmer schließen lassen,
4. bei Einführung neuer Arbeitsmittel, Arbeitsstoffe oder Arbeitsverfahren,
5. bei neuen Erkenntnissen im Sinne des § 3 Abs. 2 und
6. auf begründetes Verlangen des Arbeitsinspektorates.

(6) Bei der Ermittlung und Beurteilung der Gefahren und der Festlegung der Maßnahmen sind erforderlichenfalls geeignete Fachleute heranzuziehen. Mit der Ermittlung und Beurteilung der Gefahren können auch die Sicherheitsfachkräfte und Arbeitsmediziner sowie sonstige geeignete Fachleute, wie Chemiker, Toxikologen, Ergonomen, insbesondere jedoch Arbeitspsychologen, beauftragt werden.

(BGBl I 2012/118)

Sicherheits- und Gesundheitsschutzdokumente

§ 5. Arbeitgeber sind verpflichtet, in einer der Anzahl der Beschäftigten und den Gefahren entsprechenden Weise die Ergebnisse der Ermittlung und Beurteilung der Gefahren sowie die durchzuführenden Maßnahmen zur Gefahrenverhütung schriftlich festzuhalten (Sicherheits- und Gesundheitsschutzdokumente). Soweit dies aus Gründen der Gefahrenverhütung erforderlich ist, ist diese Dokumentation arbeitsplatzbezogen vorzunehmen.

Einsatz der Arbeitnehmer

§ 6. (1) Arbeitgeber haben bei der Übertragung von Aufgaben an Arbeitnehmer deren Eignung in Bezug auf Sicherheit und Gesundheit zu berücksichtigen. Dabei ist insbesondere auf Konstitution und Körperkräfte, Alter und Qualifikation Rücksicht zu nehmen.

(2) Arbeitgeber haben durch geeignete Maßnahmen dafür zu sorgen, daß nur jene Arbeitnehmer Zugang zu Bereichen mit erheblichen oder spezifischen Gefahren haben, die zuvor ausreichende Anweisungen erhalten haben.

(3) Arbeitnehmer, von denen dem Arbeitgeber bekannt ist, dass sie auf Grund ihrer gesundheitlichen Verfassung bei bestimmten Arbeiten einer besonderen Gefahr ausgesetzt wären oder andere Arbeitnehmer gefährden könnten, dürfen mit Arbeiten dieser Art nicht beschäftigt werden. Dies gilt insbesondere für Anfallsleiden, Krämpfe, zeitweilige Bewußtseinstrübungen, Beeinträchtigungen des Seh- oder Hörvermögens und schwere Depressionszustände.

(BGBl I 2012/118)

(4) Arbeitnehmerinnen dürfen mit Arbeiten, die infolge ihrer Art für Frauen eine spezifische Gefahr bewirken können, nicht oder nur unter Bedingungen oder Einschränkungen beschäftigt werden, die geeignet sind, diese besondere Gefahr zu vermeiden.

(5) Bei Beschäftigung von behinderten Arbeitnehmern ist auf deren körperlichen und geistigen Zustand jede mögliche Rücksicht zu nehmen. Das Arbeitsinspektorat hat ihre Beschäftigung mit Arbeiten, die für sie auf Grund ihres körperlichen oder geistigen Zustandes eine Gefahr bewirken können, durch Bescheid zu untersagen oder von bestimmten Bedingungen abhängig zu machen.

Grundsätze der Gefahrenverhütung

§ 7. Arbeitgeber haben bei der Gestaltung der Arbeitsstätten, Arbeitsplätze und Arbeitsvorgänge, bei der Auswahl und Verwendung von Arbeitsmitteln und Arbeitsstoffen, beim Einsatz der Arbeitnehmer sowie bei allen Maßnahmen zum Schutz der Arbeitnehmer folgende allgemeine Grundsätze der Gefahrenverhütung umzusetzen:

1. Vermeidung von Risiken;
2. Abschätzung nicht vermeidbarer Risiken;
3. Gefahrenbekämpfung an der Quelle;
4. Berücksichtigung des Faktors „Mensch“ bei der Arbeit, insbesondere bei der Gestaltung von Arbeitsplätzen sowie bei der Auswahl von Arbeitsmitteln und Arbeits und Fertigungsverfahren, vor allem im Hinblick auf eine Erleichterung bei eintöniger Arbeit und bei maschinenbestimmtem Arbeitsrhythmus

sowie auf eine Abschwächung ihrer gesundheitsschädigenden Auswirkungen;

4a. Berücksichtigung der Gestaltung der Arbeitsaufgaben und Art der Tätigkeiten, der Arbeitsumgebung, der Arbeitsabläufe und Arbeitsorganisation;

(BGBl I 2012/118)

5. Berücksichtigung des Standes der Technik;
6. Ausschaltung oder Verringerung von Gefahrenmomenten;
7. Planung der Gefahrenverhütung mit dem Ziel einer kohärenten Verknüpfung von Technik, Tätigkeiten und Aufgaben, Arbeitsorganisation, Arbeitsabläufen, Arbeitsbedingungen, Arbeitsumgebung, sozialen Beziehungen und Einfluß der Umwelt auf den Arbeitsplatz;

   (BGBl I 2012/118)
8. Vorrang des kollektiven Gefahrenschutzes vor individuellem Gefahrenschutz;
9. Erteilung geeigneter Anweisungen an die Arbeitnehmer.

Koordination

§ 8. (1) Werden in einer Arbeitsstätte, auf einer Baustelle oder einer auswärtigen Arbeitsstelle Arbeitnehmer mehrerer Arbeitgeber beschäftigt, so haben die betroffenen Arbeitgeber bei der Durchführung der Sicherheits und Gesundheitsschutzbestimmungen zusammenzuarbeiten. Sie haben insbesondere

1. ihre Tätigkeiten auf dem Gebiet der Gefahrenverhütung zu koordinieren und
2. einander sowie ihre Arbeitnehmer und die zuständigen Belegschaftsorgane über die Gefahren zu informieren.

(2) Werden in einer Arbeitsstätte Arbeitnehmer beschäftigt, die nicht in einem Arbeitsverhältnis zu den für diese Arbeitsstätte verantwortlichen Arbeitgebern stehen (betriebsfremde Arbeitnehmer), so sind die für diese Arbeitsstätte verantwortlichen Arbeitgeber verpflichtet,

1. erforderlichenfalls für die Information der betriebsfremden Arbeitnehmer über die in der Arbeitsstätte bestehenden Gefahren und für eine entsprechende Unterweisung zu sorgen,

   (BGBl I 1997/9)
2. deren Arbeitgebern im erforderlichen Ausmaß Zugang zu den Sicherheits und Gesundheitsschutzdokumenten zu gewähren,
3. die für die betriebsfremden Arbeitnehmer wegen Gefahren in der Arbeitsstätte erforderlichen Schutzmaßnahmen im Einvernehmen mit deren Arbeitgebern festzulegen und
4. für deren Durchführung zu sorgen, ausgenommen die Beaufsichtigung der betriebsfremden Personen.

   (BGBl I 2001/159)

(3) Werden auf einer Baustelle gleichzeitig oder aufeinanderfolgend Arbeitnehmer mehrerer Arbeitgeber beschäftigt, so haben diese durch eine entsprechende Koordination der Arbeiten dafür zu sorgen, daß Gefahren für Sicherheit oder Gesundheit der auf der Baustelle beschäftigten Arbeitnehmer vermieden werden.

(4) Sind für eine solche Baustelle Personen mit Koordinationsaufgaben auf dem Gebiet des Arbeitnehmerschutzes beauftragt, so haben die Arbeitgeber bei der Umsetzung der Grundsätze der Gefahrenverhütung die Anordnungen und Hinweise dieser Personen zu berücksichtigen. Soweit dies zur Vermeidung von Gefahren für Sicherheit oder Gesundheit der Arbeitnehmer erforderlich ist, ist bei der Koordination, der Information und der Durchführung der Sicherheits und Gesundheitsschutzbestimmungen auch auf jene auf einer Baustelle tätigen Personen Bedacht zu nehmen, die keine Arbeitnehmer sind.

(5) Durch Abs. 2 bis 4 wird die Verantwortlichkeit der einzelnen Arbeitgeber für die Einhaltung der Arbeitnehmerschutzvorschriften für ihre Arbeitnehmer nicht eingeschränkt und deren Verantwortung für betriebsfremde Arbeitnehmer nur insoweit ausgeweitet, als sich dies ausdrücklich aus Abs. 2 bis 4 ergibt.

(BGBl I 2001/159)

(6) Abs. 1 bis 5 gelten nicht bei einer Überlassung im Sinne des § 9.

Überlassung

§ 9. (1) Eine Überlassung im Sinne dieses Bundesgesetzes liegt vor, wenn Arbeitnehmer Dritten zur Verfügung gestellt werden, um für sie und unter deren Kontrolle zu arbeiten. Überlasser ist, wer als Arbeitgeber Arbeitnehmer zur Arbeitsleistung an Dritte verpflichtet. Beschäftiger ist, wer diese Arbeitnehmer zur Arbeitsleistung einsetzt.

(2) Für die Dauer der Überlassung gelten die Beschäftiger als Arbeitgeber im Sinne dieses Bundesgesetzes.

(3) Beschäftiger sind verpflichtet, vor der Überlassung sowie vor jeder Änderung der Verwendung von überlassenen Arbeitnehmer/innen

1. die Überlasser über die für die Tätigkeit erforderliche Eignung und die erforderlichen Fachkenntnisse sowie über die besonderen Merkmale des zu besetzenden Arbeitsplatzes nachweislich schriftlich zu informieren,
2. sie über die für den zu besetzenden Arbeitsplatz oder die vorgesehene Tätigkeit erforderliche gesundheitliche Eignung nachweislich schriftlich zu informieren,
3. den Überlassern die für den zu besetzenden Arbeitsplatz oder die vorgesehene Tätigkeit relevanten Sicherheits- und Gesundheitsschutzdokumente nachweislich zu übermitteln und sie von jeder Änderung in Kenntnis zu setzen.

(BGBl I 2012/98)

(4) Überlasser sind verpflichtet, die Arbeitnehmer vor einer Überlassung sowie vor jeder Änderung ihrer Verwendung über die Gefahren, denen sie auf dem zu besetzenden Arbeitsplatz

ausgesetzt sein können, über die für den Arbeitsplatz oder die Tätigkeit erforderliche Eignung oder die erforderlichen Fachkenntnisse sowie über die Notwendigkeit von Eignungs- und Folgeuntersuchungen nachweislich schriftlich zu informieren.

(BGBl I 2012/98)

(5) Eine Überlassung zu Tätigkeiten, für die Eignungs- und Folgeuntersuchungen vorgeschrieben sind, darf nur erfolgen, wenn diese Untersuchungen durchgeführt wurden und keine Feststellung der gesundheitlichen Nichteignung gemäß § 54 erfolgt ist. Die Beschäftiger sind verpflichtet, sich nachweislich davon zu überzeugen, daß die Untersuchungen durchgeführt wurden und keine Feststellung der gesundheitlichen Nichteignung gemäß § 54 erfolgt ist. Die Pflichten nach § 57 Abs. 1 sowie § 58 Abs. 4 bis 7 sind von den Überlassern zu erfüllen, die Beschäftiger haben ihnen die erforderlichen Informationen und Unterlagen zur Verfügung zu stellen.

(BGBl I 2012/98, BGBl I 2013/71)

Bestellung von Sicherheitsvertrauenspersonen

§ 10. (1) Arbeitgeber haben nach Maßgabe der Abs. 2 bis 6 Sicherheitsvertrauenspersonen in ausreichender Anzahl zu bestellen. Die Mindestanzahl der Sicherheitsvertrauenspersonen ist unter Berücksichtigung der Anzahl der Arbeitnehmer festzulegen. Sicherheitsvertrauenspersonen sind Arbeitnehmervertreter/innen mit einer besonderen Funktion bei der Sicherheit und beim Gesundheitsschutz der Arbeitnehmer/innen.

(BGBl I 1997/9, BGBl I 2012/118)

(2) Für Betriebe im Sinne des § 34 des Arbeitsverfassungsgesetzes sowie gleichgestellte Arbeitsstätten im Sinne des § 35 des Arbeitsverfassungsgesetzes, für die Belegschaftsorgane bestehen, gilt folgendes:

1. Sicherheitsvertrauenspersonen sind zu bestellen, wenn in einem Betrieb regelmäßig mehr als 10 Arbeitnehmer beschäftigt werden.
2. (aufgehoben)

   (BGBl I 2001/159)
3. Die Bestellung bedarf der Zustimmung der zuständigen Belegschaftsorgane. Dies gilt auch dann, wenn ein Betriebsratsmitglied die Aufgaben einer Sicherheitsvertrauensperson übernimmt.

   (BGBl I 2001/159)
4. Für einzelne zum Betrieb gehörende Arbeitsstätten, Baustellen und auswärtige Arbeitsstellen ist eine gesonderte Bestellung von Sicherheitsvertrauenspersonen zulässig, wenn dies auf Grund der betrieblichen Verhältnisse zweckmäßig ist. Für jene Arbeitsstätten des Betriebes, in denen regelmäßig mehr als 50 Arbeitnehmer beschäftigt werden, muß eine gesonderte Bestellung von Sicherheitsvertrauenspersonen erfolgen.

(3) Abs. 2 gilt sinngemäß für jene nicht unter den II. Teil des Arbeitsverfassungsgesetzes fallenden Betriebe, in denen Organe der Personalvertretung nach bundes- oder landesgesetzlichen Vorschriften bestehen.

(4) Für Arbeitsstätten, Baustellen und auswärtige Arbeitsstellen, für die keine Belegschaftsorgane im Sinne des Abs. 2 und 3 bestehen, gilt folgendes:

1. Für Arbeitsstätten, in denen regelmäßig mehr als 10 Arbeitnehmer beschäftigt werden, sind Sicherheitsvertrauenspersonen zu bestellen. Die auf Baustellen und auswärtigen Arbeitsstellen beschäftigten Arbeitnehmer sind einzurechnen.
2. Über die beabsichtigte Bestellung sind alle Arbeitnehmer schriftlich zu informieren. Wenn mindestens ein Drittel der Arbeitnehmer binnen vier Wochen gegen die beabsichtigte Bestellung schriftlich Einwände erhebt, muß eine andere Person bestellt werden.
3. Die gesonderte Bestellung von Sicherheitsvertrauenspersonen für einzelne Baustellen und auswärtige Arbeitsstellen ist zulässig.

(5) Die Bestellung von Sicherheitsvertrauenspersonen hat auf die Dauer von vier Jahren zu erfolgen. Eine vorzeitige Abberufung von Sicherheitsvertrauenspersonen hat bei Betrieben im Sinne der Abs. 2 und 3 auf Verlangen der zuständigen Belegschaftsorgane, im Fall des Abs. 4 auf Verlangen von mindestens einem Drittel der Arbeitnehmer zu erfolgen.

(6) Als Sicherheitsvertrauenspersonen dürfen nur Arbeitnehmer/innen bestellt werden. Sie müssen die für ihre Aufgaben notwendigen persönlichen und fachlichen Voraussetzungen erfüllen. Arbeitgeber haben den Sicherheitsvertrauenspersonen unter Bedachtnahme auf die betrieblichen Belange Gelegenheit zu geben, die für ihre Tätigkeit erforderlichen näheren Fachkenntnisse zu erwerben und zu erweitern.

(BGBl I 2012/118)

(7) Arbeitgeber haben sicherzustellen, daß den Sicherheitsvertrauenspersonen die zur Erfüllung ihrer Aufgaben erforderliche Zeit unter Anrechnung auf ihre Arbeitszeit zur Verfügung steht. Den Sicherheitsvertrauenspersonen sind die für die Erfüllung ihrer Aufgaben erforderlichen Behelfe und Mittel zur Verfügung zu stellen. Die Sicherheitsvertrauenspersonen sind angemessen zu unterweisen.

(8) Arbeitgeber sind verpflichtet, die Namen der Sicherheitsvertrauenspersonen dem Arbeitsinspektorat schriftlich mitzuteilen. Das Arbeitsinspektorat hat diese Mitteilungen den zuständigen gesetzlichen Interessenvertretungen der Arbeitnehmer zur Kenntnis zu bringen.

(9) Die Bestellung von Sicherheitsvertrauenspersonen berührt nicht die Verantwortlichkeit des Arbeitgebers für die Einhaltung der Arbeitnehmerschutzvorschriften. Den Sicherheitsvertrauenspersonen kann die Verantwortlichkeit für die Einhaltung von Arbeitnehmerschutzvorschriften nicht rechtswirksam übertragen werden. §§ 15 und 130 Abs. 4 gelten auch für Sicherheitsvertrauenspersonen.

(10) Sicherheitsfachkräfte oder Arbeitsmediziner/innen dürfen, sofern sie Arbeitnehmer/innen sind, gleichzeitig auch als Sicherheitsvertrauenspersonen bestellt sein.

(BGBl I 2014/94)

Aufgaben und Beteiligung der Sicherheitsvertrauenspersonen

§ 11. (1) Die Sicherheitsvertrauenspersonen haben in allen Fragen der Sicherheit und des Gesundheitsschutzes

1. die Arbeitnehmer zu informieren, zu beraten und zu unterstützen,
2. die Belegschaftsorgane zu informieren, zu beraten und zu unterstützen und mit ihnen zusammenzuarbeiten,
3. in Abstimmung mit den Belegschaftsorganen die Interessen der Arbeitnehmer gegenüber den Arbeitgebern, den zuständigen Behörden und sonstigen Stellen zu vertreten,
4. die Arbeitgeber bei der Durchführung des Arbeitnehmerschutzes zu beraten,
5. auf das Vorhandensein der entsprechenden Einrichtungen und Vorkehrungen zu achten und die Arbeitgeber über bestehende Mängel zu informieren,
6. auf die Anwendung der gebotenen Schutzmaßnahmen zu achten,
7. mit den Sicherheitsfachkräften und den Arbeitsmedizinern zusammenzuarbeiten.

(2) Die Sicherheitsvertrauenspersonen sind bei Ausübung ihrer in diesem Bundesgesetz geregelten Aufgaben an keinerlei Weisungen gebunden.

(3) Die Sicherheitsvertrauenspersonen sind berechtigt, in allen Fragen der Sicherheit und des Gesundheitsschutzes bei den Arbeitgebern sowie bei den dafür zuständigen Stellen die notwendigen Maßnahmen zu verlangen, Vorschläge für die Verbesserung der Arbeitsbedingungen zu erstatten und die Beseitigung von Mängeln zu verlangen.

(4) Arbeitgeber sind verpflichtet, die Sicherheitsvertrauenspersonen in allen Angelegenheiten der Sicherheit und des Gesundheitsschutzes anzuhören.

(5) Die Sicherheitsvertrauenspersonen sind zur etwaigen Hinzuziehung externer Präventivdienste im Voraus zu hören und vor der Bestellung und Abberufung von Sicherheitsfachkräften, von Arbeitsmedizinern sowie von für die Erste Hilfe, die Brandbekämpfung und Evakuierung zuständigen Personen zu informieren. Die beabsichtigte Bestellung oder Abberufung ist mit den Sicherheitsvertrauenspersonen zu beraten, außer wenn Belegschaftsorgane errichtet sind oder wenn die Bestellung oder Abberufung im Arbeitsschutzausschuß behandelt wird.

(BGBl I 2006/147)

(6) Wenn keine Belegschaftsorgane errichtet sind, sind die Arbeitgeber verpflichtet,

1. die Sicherheitsvertrauenspersonen bei der Planung und Einführung neuer Technologien zu den Auswirkungen zu hören, die die Auswahl der Arbeitsmittel oder Arbeitsstoffe, die Gestaltung der Arbeitsbedingungen und die Einwirkung der Umwelt auf den Arbeitsplatz für die Sicherheit und Gesundheit der Arbeitnehmer haben,
2. die Sicherheitsvertrauenspersonen bei der Auswahl der persönlichen Schutzausrüstung zu beteiligen und
3. die Sicherheitsvertrauenspersonen bei der Ermittlung und Beurteilung der Gefahren und der Festlegung der Maßnahmen sowie bei der Planung und Organisation der Unterweisung zu beteiligen.

(7) Arbeitgeber sind verpflichtet,

1. den Sicherheitsvertrauenspersonen Zugang zu den Sicherheits und Gesundheitsschutzdokumenten sowie zu den Aufzeichnungen und Berichten über Arbeitsunfälle zu gewähren;
2. den Sicherheitsvertrauenspersonen folgende Unterlagen zur Verfügung zu stellen:
   a) die Unterlagen betreffend die Erkenntnisse gemäß § 3 Abs. 2,
   b) die Ergebnisse von Messungen betreffend gefährliche Arbeitsstoffe und Lärm sowie sonstiger Messungen und Untersuchungen, die mit dem Arbeitnehmerschutz im Zusammenhang stehen, und
   c) die Aufzeichnungen betreffend Arbeitsstoffe und Lärm;
3. die Sicherheitsvertrauenspersonen über Grenzwertüberschreitungen sowie deren Ursachen und über die getroffenen Maßnahmen unverzüglich zu informieren,

   (BGBl I 2006/147)
4. die Sicherheitsvertrauenspersonen über Auflagen, Vorschreibungen, Bewilligungen und behördliche Informationen auf dem Gebiet des Arbeitnehmerschutzes zu informieren und zu den Informationen, die sich aus den Schutzmaßnahmen und Maßnahmen zur Gefahrenverhütung ergeben, im Voraus anzuhören,

   (BGBl I 2006/147)
5. die Sicherheitsvertrauenspersonen zu den Informationen über die Gefahren für Sicherheit und Gesundheit sowie über Schutzmaßnahmen und Maßnahmen zur Gefahrenverhütung im Allgemeinen und für die einzelnen Arten von Arbeitsplätzen bzw. Aufgabenbereichen im Voraus anzuhören,

   (BGBl I 2006/147)
6. die Sicherheitsvertrauenspersonen zur Information der Arbeitgeber von betriebsfremden Arbeitnehmern über die in Z 5 genannten Punkte sowie über die für Erste Hilfe, Brandbekämpfung und Evakuierung gesetzten Maßnahmen, im Voraus anzuhören.

   (BGBl I 2006/147)

(8) Werden auf Baustellen Arbeitnehmer mehrerer Arbeitgeber beschäftigt, hat bei der Anhörung und Beteiligung der Sicherheitsvertrauenspersonen

eine angemessene Abstimmung zwischen diesen Arbeitgebern zu erfolgen, wenn dies angesichts des Ausmaßes des Risikos und des Umfanges der Baustelle erforderlich erscheint.

Information

§ 12. (1) Arbeitgeber sind verpflichtet, für eine ausreichende Information der Arbeitnehmer über die Gefahren für Sicherheit und Gesundheit sowie über die Maßnahmen zur Gefahrenverhütung zu sorgen. Diese Information muß die Arbeitnehmer in die Lage versetzen, durch eine angemessene Mitwirkung zu überprüfen, ob die erforderlichen Schutzmaßnahmen getroffen wurden. Diese Information muß während der Arbeitszeit erfolgen.

(2) Die Information muß vor Aufnahme der Tätigkeit erfolgen. Sie muß regelmäßig wiederholt werden, insbesondere wenn dies auf Grund sich ändernder betrieblicher Gegebenheiten erforderlich ist, weiters bei Änderung der maßgeblichen Arbeitnehmerschutzvorschriften und bei neuen Erkenntnissen auf dem Gebiet der Sicherheit und des Gesundheitsschutzes.

(3) Arbeitgeber sind verpflichtet, alle Arbeitnehmer, die einer unmittelbaren erheblichen Gefahr ausgesetzt sein können, unverzüglich über diese Gefahr und die getroffenen oder zu treffenden Schutzmaßnahmen zu informieren.

(4) Die Information muß in verständlicher Form erfolgen. Bei Arbeitnehmern, die der deutschen Sprache nicht ausreichend mächtig sind, hat die Information in ihrer Muttersprache oder in einer sonstigen für sie verständlichen Sprache zu erfolgen. Arbeitgeber haben sich zu vergewissern, daß die Arbeitnehmer die Informationen verstanden haben.

(5) Den Arbeitnehmern sind erforderlichenfalls zur Information geeignete Unterlagen zur Verfügung zu stellen. Abs. 4 zweiter und dritter Satz gilt auch für diese Unterlagen. Bedienungsanleitungen betreffend Arbeitsmittel sowie Beipacktexte, Gebrauchsanweisungen und Sicherheitsdatenblätter betreffend Arbeitsstoffe sind den betroffenen Arbeitnehmern jedenfalls zur Verfügung zu stellen. Diese Unterlagen sind erforderlichenfalls am Arbeitsplatz auszuhängen.

(6) Die Information der einzelnen Arbeitnehmer gemäß Abs. 1, 2, 4 und 5 kann entfallen, wenn Sicherheitsvertrauenspersonen bestellt oder Belegschaftsorgane errichtet sind, diese entsprechend informiert wurden und eine Information dieser Personen zur wirksamen Gefahrenverhütung ausreicht. Dabei sind Inhalt und Zweck der Information sowie die bestehenden Gefahren und betrieblichen Gegebenheiten zu berücksichtigen.

(7) Wenn weder Sicherheitsvertrauenspersonen bestellt noch Belegschaftsorgane errichtet sind, sind alle Arbeitnehmer in allen in § 11 Abs. 7 angeführten Angelegenheiten zu informieren und sind ihnen die angeführten Unterlagen zur Verfügung zu stellen.

Anhörung und Beteiligung

§ 13. (1) Arbeitgeber sind verpflichtet, die Arbeitnehmer in allen Fragen betreffend die Sicherheit und die Gesundheit am Arbeitsplatz anzuhören.

(2) Wenn weder Sicherheitsvertrauenspersonen bestellt noch Belegschaftsorgane errichtet sind, sind alle Arbeitnehmer in allen in § 11 Abs. 5 und 6 angeführten Angelegenheiten anzuhören und zu beteiligen.

(3) Werden auf einer Baustelle gleichzeitig oder aufeinanderfolgend Arbeitnehmer mehrerer Arbeitgeber beschäftigt, so hat bei der Anhörung und Beteiligung eine angemessene Abstimmung zwischen diesen Arbeitgebern zu erfolgen, wenn dies angesichts des Ausmaßes des Risikos und des Umfanges der Baustelle erforderlich erscheint.

Unterweisung

§ 14. (1) Arbeitgeber sind verpflichtet, für eine ausreichende Unterweisung der Arbeitnehmer über Sicherheit und Gesundheitsschutz zu sorgen. Die Unterweisung muß während der Arbeitszeit erfolgen. Die Unterweisung muß nachweislich erfolgen. Für die Unterweisung sind erforderlichenfalls geeignete Fachleute heranzuziehen.

(2) Eine Unterweisung muß jedenfalls erfolgen

1. vor Aufnahme der Tätigkeit,
2. bei einer Versetzung oder Veränderung des Aufgabenbereiches,
3. bei Einführung oder Änderung von Arbeitsmitteln,
4. bei Einführung neuer Arbeitsstoffe,
5. bei Einführung oder Änderung von Arbeitsverfahren und
6. nach Unfällen oder Ereignissen, die beinahe zu einem Unfall geführt hätten, sofern dies zur Verhütung weiterer Unfälle nützlich erscheint.

(BGBl I 2001/159)

(3) Die Unterweisung muß auf den Arbeitsplatz und den Aufgabenbereich des Arbeitnehmers ausgerichtet sein. Sie muß an die Entwicklung der Gefahrenmomente und an die Entstehung neuer Gefahren angepaßt sein. Die Unterweisung muß auch die bei absehbaren Betriebsstörungen zu treffenden Maßnahmen umfassen. Die Unterweisung ist erforderlichenfalls in regelmäßigen Abständen zu wiederholen, jedenfalls dann, wenn dies gemäß § 4 Abs. 3 als Maßnahme zur Gefahrenverhütung oder in einer Verordnung zu diesem Bundesgesetz festgelegt ist.

(BGBl I 2001/159)

(4) Die Unterweisung muß dem Erfahrungsstand der Arbeitnehmer angepaßt sein und in verständlicher Form erfolgen. Bei Arbeitnehmern, die der deutschen Sprache nicht ausreichend mächtig sind, hat die Unterweisung in ihrer Muttersprache oder in einer sonstigen für sie verständlichen Sprache zu erfolgen. Arbeitgeber haben sich zu vergewissern, daß die Arbeitnehmer die Unterweisung verstanden haben.

(5) Die Unterweisung kann auch schriftlich erfolgen. Erforderlichenfalls sind den Arbeitnehmern schriftliche Betriebsanweisungen und sonstige Anweisungen zur Verfügung zu stellen. Diese Anweisungen sind erforderlichenfalls am Arbeitsplatz auszuhängen. Abs. 4 zweiter und dritter Satz gilt auch für schriftliche Anweisungen.

Pflichten der Arbeitnehmer

§ 15. (1) Arbeitnehmer haben die zum Schutz des Lebens, der Gesundheit und der Integrität und Würde nach diesem Bundesgesetz, den dazu erlassenen Verordnungen sowie behördlichen Vorschreibungen gebotenen Schutzmaßnahmen anzuwenden, und zwar gemäß ihrer Unterweisung und den Anweisungen des Arbeitgebers. Sie haben sich so zu verhalten, daß eine Gefährdung soweit als möglich vermieden wird.

(BGBl I 2012/118)

(2) Arbeitnehmer sind verpflichtet, gemäß ihrer Unterweisung und den Anweisungen des Arbeitgebers die Arbeitsmittel ordnungsgemäß zu benutzen und die ihnen zur Verfügung gestellte, diesem Bundesgesetz entsprechende persönliche Schutzausrüstung zweckentsprechend zu benutzen und sie nach Benutzung an dem dafür vorgesehenen Platz zu lagern.

(BGBl I 2006/147)

(3) Arbeitnehmer dürfen Schutzeinrichtungen nicht entfernen, außer Betrieb setzen, willkürlich verändern oder umstellen, soweit dies nicht aus arbeitstechnischen Gründen, insbesondere zur Durchführung von Einstellungs-, Reparatur- oder Wartungsarbeiten, unbedingt notwendig ist. Sie sind verpflichtet, gemäß ihrer Unterweisung und den Anweisungen des Arbeitgebers die Schutzeinrichtungen ordnungsgemäß zu benutzen.

(BGBl I 2001/159)

(4) Arbeitnehmer dürfen sich nicht durch Alkohol, Arzneimittel oder Suchtgift in einen Zustand versetzen, in dem sie sich oder andere Personen gefährden können.

(5) Arbeitnehmer haben jeden Arbeitsunfall, jedes Ereignis, das beinahe zu einem Unfall geführt hätte, und jede von ihnen festgestellte ernste und unmittelbare Gefahr für Sicherheit oder Gesundheit sowie jeden an den Schutzsystemen festgestellten Defekt unverzüglich den zuständigen Vorgesetzten oder den sonst dafür zuständigen Personen zu melden.

(6) Wenn sie bei unmittelbarer erheblicher Gefahr die zuständigen Vorgesetzten oder die sonst zuständigen Personen nicht erreichen können, sind Arbeitnehmer verpflichtet, nach Maßgabe der Festlegungen in den Sicherheits- und Gesundheitsschutzdokumenten, ihrer Information und Unterweisung sowie der zur Verfügung stehenden technischen Mittel selbst die ihnen zumutbaren unbedingt notwendigen Maßnahmen zu treffen, um die anderen Arbeitnehmer zu warnen und Nachteile für Leben oder Gesundheit abzuwenden.

(7) Arbeitnehmer haben gemeinsam mit dem Arbeitgeber, den Sicherheitsvertrauenspersonen und den Präventivdiensten darauf hinzuwirken, daß die zum Schutz der Arbeitnehmer vorgesehenen Maßnahmen eingehalten werden und daß die Arbeitgeber gewährleisten, daß das Arbeitsumfeld und die Arbeitsbedingungen sicher sind und keine Gefahren für Sicherheit oder Gesundheit aufweisen.

(8) Die Pflichten der Arbeitnehmer in Fragen der Sicherheit und des Gesundheitsschutzes berühren nicht die Verantwortlichkeit des Arbeitgebers für die Einhaltung der Arbeitnehmerschutzvorschriften.

Aufzeichnungen und Berichte über Arbeitsunfälle

§ 16. (1) Arbeitgeber haben Aufzeichnungen zu führen

1. über alle tödlichen Arbeitsunfälle,
2. über alle Arbeitsunfälle, die eine Verletzung eines Arbeitnehmers mit einem Arbeitsausfall von mehr als drei Kalendertagen zur Folge haben.
3. (aufgehoben)

   (BGBl I 2017/126)

(2) Die Aufzeichnungen gemäß Abs. 1 sind mindestens fünf Jahre aufzubewahren.

(3) Arbeitgeber sind verpflichtet, auf Verlangen des Arbeitsinspektorates Berichte über bestimmte Arbeitsunfälle zu erstellen und dem Arbeitsinspektorat zu übermitteln.

Instandhaltung, Reinigung, Prüfung

§ 17. (1) Arbeitgeber haben dafür zu sorgen, daß die Arbeitsstätten einschließlich der Sanitär und Sozialeinrichtungen, die elektrischen Anlagen, Arbeitsmittel und Gegenstände der persönlichen Schutzausrüstung sowie die Einrichtungen zur Brandmeldung oder bekämpfung, zur ErsteHilfe-Leistung und zur Rettung aus Gefahr ordnungsgemäß instand gehalten und gereinigt werden.

(2) Arbeitgeber haben unbeschadet der in den folgenden Abschnitten dieses Bundesgesetzes vorgesehenen besonderen Prüfpflichten dafür zu sorgen, daß elektrische Anlagen, Arbeitsmittel, Gegenstände der persönlichen Schutzausrüstung sowie Einrichtungen zur Brandmeldung oder bekämpfung und zur Rettung aus Gefahr in regelmäßigen Abständen auf ihren ordnungsgemäßen Zustand überprüft werden und festgestellte Mängel unverzüglich beseitigt werden.

Verordnungen

§ 18. Der Bundesminister für Arbeit, Soziales und Konsumentenschutz hat in Durchführung des 1. Abschnittes durch Verordnung näher zu regeln:

1. die Sicherheits- und Gesundheitsschutzdokumente, wobei die Art der Tätigkeiten und die Größe des Unternehmens bzw. der Arbeitsstätte, Baustelle oder auswärtigen Arbeitsstelle zu berücksichtigen sind,

2. Arbeiten, mit denen Arbeitnehmerinnen nicht oder nur unter Bedingungen oder Einschränkungen beschäftigt werden dürfen,
3. die Mindestanzahl der Sicherheitsvertrauenspersonen.

(BGBl I 2012/118)

2. Abschnitt
Arbeitsstätten und Baustellen

Anwendungsbereich

§ 19. (1) Arbeitsstätten sind

1. alle Gebäude und sonstigen baulichen Anlagen sowie Teile von Gebäuden oder sonstigen baulichen Anlagen, in denen Arbeitsplätze eingerichtet sind oder eingerichtet werden sollen oder zu denen Arbeitnehmer im Rahmen ihrer Arbeit Zugang haben (Arbeitsstätten in Gebäuden), sowie
2. alle Orte auf einem Betriebsgelände, zu denen Arbeitnehmer im Rahmen ihrer Arbeit Zugang haben (Arbeitsstätten im Freien).

(2) Als Arbeitsstätten im Sinne des Abs. 1 Z 1 gelten auch Wohnwagen, Container und sonstige ähnliche Einrichtungen, sowie Tragluftbauten, die zur Nutzung für Arbeitsplätze vorgesehen sind.

(3) Die §§ 20 bis 28 gelten nicht für

1. Gebäude und sonstige bauliche Anlagen, die dem Gottesdienst gesetzlich anerkannter Kirchen und Religionsgesellschaften gewidmet sind,
2. Felder, Wälder und sonstige Flächen, die zu einem land und forstwirtschaftlichen Betrieb gehören und außerhalb seiner verbauten Fläche liegen.

Allgemeine Bestimmungen über Arbeitsstätten und Baustellen

§ 20. (1) Arbeitgeber sind verpflichtet, Arbeitsstätten und Baustellen entsprechend den Vorschriften dieses Bundesgesetzes sowie den dazu erlassenen Verordnungen und entsprechend den für sie geltenden behördlichen Vorschreibungen einzurichten und zu betreiben.

(2) Befinden sich in einer Arbeitsstätte oder auf einer Baustelle Gefahrenbereiche, in denen Absturzgefahr für die Arbeitnehmer oder die Gefahr des Herabfallens von Gegenständen besteht, so müssen diese Bereiche nach Möglichkeit mit Vorrichtungen ausgestattet sein, die unbefugte Arbeitnehmer am Betreten dieser Bereiche hindern. Dies gilt auch für sonstige Bereiche, in denen besondere Gefahren bestehen, insbesondere durch elektrische Spannung, radioaktive Stoffe, ionisierende oder nichtionisierende Strahlung oder durch Lärm oder sonstige physikalische Einwirkungen. Gefahrenbereiche müssen gut sichtbar und dauerhaft gekennzeichnet sein.

(3) Elektrische Anlagen müssen so geplant und installiert sein, daß von ihnen keine Brand- oder Explosionsgefahr ausgeht und daß Arbeitnehmer bei direktem oder indirektem Kontakt angemessen vor Unfallgefahren geschützt sind.

(4) Der Verkehr innerhalb der Arbeitsstätten und auf den Baustellen ist so abzuwickeln, daß Sicherheit und Gesundheit der Arbeitnehmer nicht gefährdet werden. Die der Verkehrssicherheit dienenden Vorschriften der Straßenverkehrsordnung 1960, BGBl. Nr. 159, sind sinngemäß anzuwenden, soweit nicht betriebliche Notwendigkeiten eine Abweichung erfordern. Solche Abweichungen sind in der Arbeitsstätte oder auf der Baustelle entsprechend bekanntzumachen.

(5) Lagerungen sind in einer Weise vorzunehmen, daß Gefahren für Sicherheit oder Gesundheit der Arbeitnehmer nach Möglichkeit vermieden werden, wobei insbesondere die Beschaffenheit und die allfällige besondere Gefährlichkeit der gelagerten Gegenstände zu berücksichtigen sind.

(6) Arbeitsstätten und Baustellen, in/auf denen Arbeitnehmer bei Ausfall der künstlichen Beleuchtung in besonderem Maß Gefahren ausgesetzt sind, müssen mit einer ausreichenden Sicherheitsbeleuchtung ausgestattet sein.

(7) Arbeitgeber/innen haben dafür zu sorgen, dass auf Arbeitsstätten im Bergbau die erforderlichen Kommunikations-, Warn- und Alarmsysteme vorhanden sind, damit im Bedarfsfall unverzüglich Hilfs-, Evakuierungs- und Rettungsmaßnahmen eingeleitet werden können.

(BGBl I 2012/118)

Arbeitsstätten in Gebäuden

§ 21. (1) Arbeitsstätten in Gebäuden müssen eine der Nutzungsart entsprechende Konstruktion und Festigkeit aufweisen.

(2) Arbeitsstätten in Gebäuden müssen möglichst ausreichend Tageslicht erhalten und mit Einrichtungen für eine der Sicherheit und dem Gesundheitsschutz der Arbeitnehmer angemessene künstliche Beleuchtung ausgestattet sein.

(3) Ausgänge und Verkehrswege müssen so angelegt und beschaffen sein, daß sie je nach ihrem Bestimmungszweck leicht und sicher begangen oder befahren werden können. Anzahl, Anordnung, Abmessungen und Beschaffenheit der Ausgänge, der Verkehrswege, der Türen und der Tore müssen der Art, der Nutzung und der Lage der Räume entsprechen. Ausgänge, Verkehrswege, Türen und Tore müssen so angelegt sein, daß in der Nähe beschäftigte Arbeitnehmer nicht gefährdet werden können.

(4) Es muß dafür vorgesorgt werden, daß alle Arbeitsplätze bei Gefahr von den Arbeitnehmern schnell und sicher verlassen werden können. Anzahl, Anordnung, Abmessungen und Beschaffenheit der Fluchtwege und der Notausgänge müssen der höchstmöglichen Anzahl der darauf angewiesenen Personen sowie der Nutzung, der Einrichtung und den Abmessungen der Arbeitsstätte angemessen sein. Die Verkehrswege zu Fluchtwegen und Notausgängen sowie die Fluchtwege und Notausgänge selbst müssen freigehalten werden, damit sie jederzeit benutzt werden können. Fluchtwege und

Notausgänge müssen gut sichtbar und dauerhaft gekennzeichnet sein.

(5) Arbeitsstätten in Gebäuden sind gegebenenfalls behindertengerecht zu gestalten. Dies gilt insbesondere für Ausgänge, Verkehrswege, Türen und Tore und sanitäre Vorkehrungen, die von behinderten Arbeitnehmern benutzt werden.

(6) Wird ein Gebäude nur zum Teil für Arbeitsstätten genutzt, gilt Abs. 3 nur für jene Ausgänge, Verkehrswege, Türen und Tore, die von den Arbeitnehmern benützt werden.

Arbeitsräume

§ 22. (1) Arbeitsräume sind jene Räume, in denen mindestens ein ständiger Arbeitsplatz eingerichtet ist.

(2) Arbeitsräume müssen für den Aufenthalt von Menschen geeignet sein und unter Berücksichtigung der Arbeitsvorgänge und Arbeitsbedingungen den Erfordernissen des Schutzes des Lebens und der Gesundheit der Arbeitnehmer entsprechen.

(3) In Arbeitsräumen muß unter Berücksichtigung der Arbeitsvorgänge und der körperlichen Belastung der Arbeitnehmer ausreichend gesundheitlich zuträgliche Atemluft vorhanden sein und müssen raumklimatische Verhältnisse herrschen, die dem menschlichen Organismus angemessen sind.

(4) Bei der Konstruktion und Einrichtung der Arbeitsräume ist dafür zu sorgen, daß Lärm, elektrostatische Aufladung, üble Gerüche, Erschütterungen, schädliche Strahlungen, Nässe und Feuchtigkeit nach Möglichkeit vermieden werden.

(5) Arbeitsräume müssen eine ausreichende Grundfläche und Höhe sowie einen ausreichenden Luftraum aufweisen, sodaß die Arbeitnehmer ohne Beeinträchtigung ihrer Sicherheit, ihrer Gesundheit und ihres Wohlbefindens ihre Arbeit verrichten können.

(6) Soweit die Zweckbestimmung der Räume und die Art der Arbeitsvorgänge dies zulassen, müssen Arbeitsräume ausreichend natürlich belichtet sein und eine Sichtverbindung mit dem Freien aufweisen. Bei der Anordnung der Arbeitsplätze ist auf die Lage der Belichtungsflächen und der Sichtverbindung Bedacht zu nehmen.

(7) Arbeitsräume müssen erforderlichenfalls während der Arbeitszeit unter Berücksichtigung der Arbeitsvorgänge entsprechend künstlich beleuchtet sein.

(8) Die Fußböden der Arbeitsräume dürfen keine Unebenheiten, Löcher oder gefährlichen Neigungen aufweisen. Sie müssen befestigt, trittsicher und rutschfest sein. Sie müssen im Bereich der ortsgebundenen Arbeitsplätze eine ausreichende Wärmeisolierung aufweisen, sofern dies nicht aus arbeitstechnischen Gründen ausgeschlossen ist.

Sonstige Betriebsräume

§ 23. (1) Sonstige Betriebsräume sind jene Räume, in denen zwar kein ständiger Arbeitsplatz eingerichtet ist, aber vorübergehend Arbeiten verrichtet werden.

(2) Sonstige Betriebsräume müssen für den Aufenthalt von Menschen geeignet sein und unter Berücksichtigung der Arbeitsvorgänge und Arbeitsbedingungen den Erfordernissen des Schutzes des Lebens und der Gesundheit der Arbeitnehmer entsprechen.

(3) Soweit dies die Nutzung und die Zweckbestimmung der Räume zulassen, muß in sonstigen Betriebsräumen unter Berücksichtigung der Arbeitsvorgänge und der körperlichen Belastung der Arbeitnehmer ausreichend gesundheitlich zuträgliche Atemluft vorhanden sein und müssen raumklimatische Verhältnisse herrschen, die dem menschlichen Organismus angemessen sind.

(4) Sonstige Betriebsräume müssen erforderlichenfalls während der Zeit, in der Arbeiten durchgeführt werden, unter Berücksichtigung der Arbeitsvorgänge entsprechend künstlich beleuchtet sein.

(5) Die Fußböden der sonstigen Betriebsräume dürfen keine Unebenheiten, Löcher oder gefährlichen Neigungen aufweisen. Sie müssen fest, trittsicher und rutschfest sein.

(BGBl I 2012/118)

Arbeitsstätten im Freien und Baustellen

§ 24. (1) Arbeitsstätten im Freien und Baustellen müssen während der Arbeitszeit ausreichend künstlich beleuchtet werden, wenn das Tageslicht nicht ausreicht.

(2) Auf Arbeitsstätten im Freien und auf Baustellen sind geeignete Maßnahmen zu treffen, damit die Arbeitnehmer bei Gefahr rasch ihren Arbeitsplatz verlassen können und ihnen rasch Hilfe geleistet werden kann.

(3) Verkehrswege und sonstige Stellen oder Einrichtungen im Freien, die von den Arbeitnehmern im Rahmen ihrer Tätigkeit benutzt oder betreten werden müssen, sind so zu gestalten und zu erhalten, daß sie je nach ihrem Bestimmungszweck sicher begangen oder befahren werden können und daß in der Nähe beschäftigte Arbeitnehmer nicht gefährdet werden.

(4) Für Gebäude auf Baustellen, in denen Arbeitsplätze eingerichtet sind, gilt § 21 Abs. 1 bis 5. Für Räume auf Baustellen, in denen ständige Arbeitsplätze eingerichtet sind, wie Büros und Werkstätten, gilt § 22 Abs. 2 bis 7 und Abs. 8 erster und zweiter Satz. Für Räume auf Baustellen, in denen zwar keine ständigen Arbeitsplätze eingerichtet sind, in denen aber vorübergehend Arbeiten verrichtet werden, gilt § 23 Abs. 1 bis 5.

Brandschutz und Explosionsschutz

§ 25. (1) Arbeitgeber müssen geeignete Vorkehrungen treffen, um das Entstehen eines Brandes und im Falle eines Brandes eine Gefährdung des Lebens und der Gesundheit der Arbeitnehmer zu vermeiden.

(2) Arbeitgeber müssen geeignete Maßnahmen treffen, die zur Brandbekämpfung und Evakuierung der Arbeitnehmer erforderlich sind.

(3) Es müssen ausreichende und geeignete Feuerlöscheinrichtungen und erforderlichenfalls Brandmelder und Alarmanlagen vorhanden sein. Die Feuerlöscheinrichtungen müssen gut sichtbar und dauerhaft gekennzeichnet sein.

(4) Arbeitgeber haben Personen zu bestellen, die für die Brandbekämpfung und Evakuierung der Arbeitnehmer zuständig sind. Eine ausreichende Anzahl von Arbeitnehmern muß mit der Handhabung der Feuerlöscheinrichtungen vertraut sein.

(BGBl I 1997/9, BGBl I 2006/147)

(5) (aufgehoben)

(BGBl I 2014/94)

(6) Arbeitgeber müssen geeignete Vorkehrungen treffen, um Explosionen zu verhindern und die Folgen einer Explosion zu begrenzen.

(7) Arbeitsstätten müssen erforderlichenfalls mit Blitzschutzanlagen versehen sein.

(8) Bei Vorkehrungen und Maßnahmen gemäß Abs. 1 bis 7 sind die Art der Arbeitsvorgänge und Arbeitsverfahren, die Art und Menge der vorhandenen Arbeitsstoffe, die vorhandenen Einrichtungen und Arbeitsmittel, die Lage, Abmessungen und Nutzung der Arbeitsstätte sowie die höchstmögliche Anzahl der anwesenden Personen zu berücksichtigen.

(9) Für Baustellen gelten Abs. 1 bis 4, 6 und 8 mit der Maßgabe, daß auch die Lage und die räumliche Ausdehnung der Baustelle sowie allfällige Unterkünfte und Behelfsbauten besonders zu berücksichtigen sind.

Erste Hilfe

§ 26. (1) Arbeitgeber müssen geeignete Vorkehrungen treffen, damit Arbeitnehmern bei Verletzungen oder plötzlichen Erkrankungen Erste Hilfe geleistet werden kann.

(2) Es müssen ausreichende und geeignete Mittel und Einrichtungen für die Erste Hilfe samt Anleitungen vorhanden sein. Die Aufbewahrungsstellen der für die Erste Hilfe notwendigen Mittel und Einrichtungen müssen gut erreichbar sein sowie gut sichtbar und dauerhaft gekennzeichnet sein.

(3) Es sind in ausreichender Anzahl Personen zu bestellen, die für die Erste Hilfe zuständig sind. Diese Personen müssen über eine ausreichende Ausbildung für die Erste Hilfe verfügen. Es ist dafür zu sorgen, daß während der Betriebszeit entsprechend der Anzahl der in der Arbeitsstätte anwesenden Arbeitnehmer für die Erste Hilfe zuständige Personen in ausreichender Anzahl anwesend sind.

(BGBl I 2006/147)

(4) Für die Erste Hilfe müssen Sanitätsräume vorgesehen sein, wenn in einer Arbeitsstätte regelmäßig mehr als 250 Arbeitnehmer beschäftigt werden oder wenn es wegen der besonderen Verhältnisse für eine rasche und wirksame Erste Hilfe erforderlich ist. Sanitätsräume müssen mit den erforderlichen Einrichtungen und Mitteln ausgestattet und leicht zugänglich sein. Sie müssen gut sichtbar und dauerhaft gekennzeichnet sein.

(5) Bei Vorkehrungen und Maßnahmen gemäß Abs. 1 bis 4 sind die Art der Arbeitsvorgänge und Arbeitsverfahren, die Art und Menge der vorhandenen Arbeitsstoffe, die vorhandenen Einrichtungen und Arbeitsmittel, das Unfallrisiko, die Lage, Abmessungen und Nutzung der Arbeitsstätte sowie die Anzahl der in der Arbeitsstätte beschäftigten Arbeitnehmer zu berücksichtigen.

(6) Für Baustellen gelten Abs. 1, 2 und 5 mit der Maßgabe, daß auch die Lage und die räumliche Ausdehnung der Baustelle besonders zu berücksichtigen sind, sowie Abs. 3. Sanitätsräume oder vergleichbare Einrichtungen sind vorzusehen, wenn dies auf Grund der Lage der Baustelle und der Anzahl der auf der Baustelle beschäftigten Arbeitnehmer notwendig ist. Für diese Sanitätseinrichtungen gilt Abs. 4 zweiter und dritter Satz.

Sanitäre Vorkehrungen in Arbeitsstätten

§ 27. (1) Den Arbeitnehmern sind in ausreichender Anzahl geeignete Waschgelegenheiten mit hygienisch einwandfreiem, fließendem und nach Möglichkeit warmem Wasser, Reinigungsmittel sowie geeignete Mittel zum Abtrocknen zur Verfügung zu stellen. Waschräume sind zur Verfügung zu stellen, wenn

1. von einem Arbeitgeber in einer Arbeitsstätte regelmäßig mehr als zwölf Arbeitnehmer beschäftigt werden, oder
2. die Art der Arbeitsvorgänge, hygienische oder gesundheitliche Gründe dies erfordern.

(2) Sind nach Abs. 1 Waschräume einzurichten, so hat eine Trennung nach Geschlecht zu erfolgen, wenn jedem Geschlecht mindestens fünf Arbeitnehmer angehören. Sind gemeinsame Waschgelegenheiten und Waschräume für Arbeitnehmer und Arbeitnehmerinnen eingerichtet, ist eine nach Geschlecht getrennte Benutzung sicherzustellen.

(3) Den Arbeitnehmern sind in der Nähe der Arbeitsplätze, der Aufenthaltsräume, der Umkleideräume und der Waschgelegenheiten oder Waschräume in ausreichender Anzahl geeignete Toiletten zur Verfügung zu stellen. In Vorräumen von Toiletten muß eine Waschgelegenheit vorhanden sein, sofern sich nicht in unmittelbarer Nähe der Toiletten eine Waschgelegenheit befindet. Werden in einer Arbeitsstätte regelmäßig mindestens fünf Arbeitnehmer und mindestens fünf Arbeitnehmerinnen beschäftigt, so hat bei den Toiletten eine Trennung nach Geschlecht zu erfolgen.

(4) Jedem Arbeitnehmer ist ein versperrbarer Kleiderkasten oder eine sonstige geeignete versperrbare Einrichtung zur Aufbewahrung der Privatkleidung und Arbeitskleidung sowie sonstiger Gegenstände, die üblicherweise zur Arbeitsstätte mitgenommen werden, zur Verfügung zu stellen. Erforderlichenfalls ist dafür vorzusorgen, daß die Straßenkleidung von der Arbeits und Schutzkleidung getrennt verwahrt werden kann. Den

Arbeitnehmern sind geeignete Umkleideräume zur Verfügung zu stellen, wenn

1. in einer Arbeitsstätte regelmäßig mehr als zwölf Arbeitnehmer beschäftigt werden, die bei ihrer Tätigkeit besondere Arbeitskleidung oder Schutzkleidung tragen, oder
2. aus hygienischen, gesundheitlichen oder sittlichen Gründen gesonderte Umkleideräume erforderlich sind.

(5) Sind nach Abs. 4 Umkleideräume einzurichten, so hat eine Trennung nach Geschlecht zu erfolgen, wenn jedem Geschlecht mindestens fünf Arbeitnehmer angehören. Sind gemeinsame Umkleideräume für Arbeitnehmer und Arbeitnehmerinnen eingerichtet, ist eine nach Geschlecht getrennte Benutzung sicherzustellen.

(6) Waschräume müssen in der Nähe der Arbeitsplätze gelegen sein, soweit nicht gesonderte Waschgelegenheiten in der Nähe der Arbeitsplätze zur Verfügung stehen. Waschräume und Umkleideräume müssen untereinander leicht erreichbar sein.

(7) Waschräume, Toiletten und Umkleideräume müssen entsprechend ihrer Zweckbestimmung und der Anzahl der Arbeitnehmer bemessen und ausgestattet sein, den hygienischen Anforderungen entsprechen, eine angemessene Raumtemperatur aufweisen sowie ausreichend be und entlüftet, belichtet oder beleuchtet sein.

(8) Der Verpflichtung zur Einrichtung von Waschräumen, Toiletten und Umkleideräumen kann auch in der Weise entsprochen werden, daß mehrere Arbeitgeber gemeinsam für ihre Arbeitnehmer Waschräume, Toiletten und Umkleideräume zur Verfügung stellen. In diesem Fall müssen die Waschräume, Toiletten und Umkleideräume hinsichtlich ihrer Lage, ihrer Anzahl, ihrer Bemessung und ihrer Ausstattung den Anforderungen nach Abs. 1 bis 7 unter Zugrundelegung der Gesamtzahl aller Arbeitnehmer entsprechen.

(9) Den Arbeitnehmern ist Trinkwasser oder ein anderes gesundheitlich einwandfreies, alkoholfreies Getränk zur Verfügung zu stellen.

Sozialeinrichtungen in Arbeitsstätten

§ 28. (1) Den Arbeitnehmern sind für den Aufenthalt während der Arbeitspausen geeignete Aufenthaltsräume zur Verfügung zu stellen, wenn

1. Sicherheits oder Gesundheitsgründe dies erfordern, insbesondere wegen der Art der ausgeübten Tätigkeit, der Verwendung gefährlicher Arbeitsstoffe, der Lärmeinwirkung, Erschütterungen oder sonstigen gesundheitsgefährdenden Einwirkungen sowie bei längerdauernden Arbeiten im Freien, oder
2. ein Arbeitgeber in einer Arbeitsstätte regelmäßig mehr als zwölf Arbeitnehmer beschäftigt.

(2) Den Arbeitnehmern sind in den Aufenthaltsräumen, wenn solche nicht bestehen, an sonstigen geeigneten Plätzen, Sitzgelegenheiten mit Rückenlehne und Tische in ausreichender Anzahl zur Einnahme der Mahlzeiten sowie Einrichtungen zum Wärmen und zum Kühlen von mitgebrachten Speisen und Getränken zur Verfügung zu stellen.

(BGBl I 1997/9)

(3) Für jene Arbeitnehmer, in deren Arbeitszeit regelmäßig und in erheblichem Umfang Zeiten der Arbeitsbereitschaft fallen, sind geeignete Bereitschaftsräume zur Verfügung zu stellen, wenn

1. sie sich während der Zeiten der Arbeitsbereitschaft nicht in Aufenthaltsräumen oder anderen geeigneten Räumen aufhalten dürfen und
2. Gesundheits oder Sicherheitsgründe die Einrichtung von Bereitschaftsräumen erfordern.

(4) Aufenthaltsräume und Bereitschaftsräume müssen leicht erreichbar sein.

(5) Aufenthaltsräume und Bereitschaftsräume müssen entsprechend ihrer Zweckbestimmung und der Anzahl der Arbeitnehmer bemessen und ausgestattet sein, den hygienischen Anforderungen entsprechen, angemessene raumklimatische Verhältnisse aufweisen, ausreichend be und entlüftet, belichtet oder beleuchtet und gegen Lärm, Erschütterungen und sonstige gesundheitsgefährdende Einwirkungen geschützt sein.

(6) Der Verpflichtung, Aufenthaltsräume zur Verfügung zu stellen, kann auch in der Weise entsprochen werden, daß mehrere Arbeitgeber gemeinsam für ihre Arbeitnehmer Aufenthaltsräume zur Verfügung stellen. In diesem Fall müssen die Aufenthaltsräume hinsichtlich ihrer Lage, ihrer Anzahl, ihrer Bemessung und ihrer Ausstattung den Anforderungen nach Abs. 1, 2, 4 und 5 unter Zugrundelegung der Gesamtzahl aller Arbeitnehmer entsprechen.

(7) Räume, die den Arbeitnehmern vom Arbeitgeber zu Wohnzwecken oder zur Nächtigung zur Verfügung gestellt werden, müssen entsprechend ihrer Zweckbestimmung bemessen und ausgestattet sein, den hygienischen Anforderungen entsprechen, angemessene raumklimatische Verhältnisse aufweisen, ausreichend be und entlüftet, belichtet und beleuchtbar sein. Den Arbeitnehmern müssen geeignete Duschen, Waschgelegenheiten und Toiletten zur Verfügung stehen.

(8) Abs. 7 gilt nicht für Werks und Dienstwohnungen.

Sanitäre Vorkehrungen und Sozialeinrichtungen auf Baustellen

§ 29. (1) Den Arbeitnehmern ist Trinkwasser oder ein anderes gesundheitlich einwandfreies, alkoholfreies Getränk zur Verfügung zu stellen.

(2) Den Arbeitnehmern müssen im gebotenen Umfang entsprechende Waschgelegenheiten oder Waschräume, Toiletten, Aufenthaltsräume, Kleiderkästen oder sonstige geeignete Einrichtungen, Umkleidemöglichkeiten und Unterkünfte zur Verfügung stehen, soweit dies unter Berücksichtigung der Lage der Baustelle, der örtlichen Gegebenheiten, der Art und Dauer der Tätigkeiten und der Anzahl der Arbeitnehmer erforderlich ist.

(3) Der Verpflichtung zur Einrichtung von Waschräumen, Toiletten, Aufenthaltsräumen und Unterkünften kann auch in der Weise entsprochen werden, daß mehrere Arbeitgeber gemeinsam für ihre Arbeitnehmer solche Einrichtungen zur Verfügung stellen. In diesem Fall müssen diese Einrichtungen hinsichtlich ihrer Lage, ihrer Anzahl, ihrer Bemessung und ihrer Ausstattung der Gesamtzahl aller Arbeitnehmer entsprechen.

Nichtraucherschutz

§ 30. (1) Arbeitgeber haben dafür zu sorgen, daß Nichtraucher vor den Einwirkungen von Tabakrauch am Arbeitsplatz geschützt sind, soweit dies nach der Art des Betriebes möglich ist.

(2) Wenn aus betrieblichen Gründen Raucher und Nichtraucher gemeinsam in einem Büroraum oder einem vergleichbaren Raum arbeiten müssen, der nur durch Betriebsangehörige genutzt wird, ist das Rauchen am Arbeitsplatz verboten.

(BGBl I 2001/159)

(3) Durch geeignete technische oder organisatorische Maßnahmen ist dafür zu sorgen, daß in den Aufenthaltsräumen und Bereitschaftsräumen Nichtraucher vor den Einwirkungen von Tabakrauch geschützt sind.

(4) In Sanitätsräumen und Umkleideräumen ist das Rauchen verboten.

Nichtraucher/innenschutz

§ 30. (1) Arbeitgeber/innen haben dafür zu sorgen, dass nicht rauchende Arbeitnehmer/innen vor den Einwirkungen von Tabakrauch am Arbeitsplatz geschützt sind, soweit dies nach der Art des Betriebes möglich ist.

(2) In Arbeitsstätten in Gebäuden ist das Rauchen für Arbeitgeber/innen und Arbeitnehmer/innen verboten, sofern Nichtraucher/innen in der Arbeitsstätte beschäftigt werden.

(3) Ist eine ausreichende Zahl von Räumlichkeiten in der Arbeitsstätte vorhanden, kann der/die Arbeitgeber/in abweichend von Abs. 2 einzelne Räume einrichten, in denen das Rauchen gestattet ist, sofern es sich nicht um Arbeitsräume handelt und gewährleistet ist, dass der Tabakrauch nicht in die mit Rauchverbot belegten Bereiche der Arbeitsstätte dringt und das Rauchverbot dadurch nicht umgangen wird. Aufenthalts-, Bereitschafts-, Sanitäts- und Umkleideräume dürfen nicht als Raucher/innenräume eingerichtet werden.

(4) Abs. 1 bis 3 gelten auch für die Verwendung von verwandten Erzeugnissen und Wasserpfeifen im Sinn des Tabak- und Nichtraucherinnen- bzw. Nichtraucherschutzgesetzes – TNRSG, BGBl. Nr. 431/1995.

(BGBl I 2017/126)

Schwimmkörper, schwimmende Anlagen und Geräte, Verkehrsmittel

§ 31. (1) Einrichtungen auf Schwimmkörpern, schwimmenden Anlagen und Geräten im Sinne des § 2 Schiffahrtsgesetzes, BGBl. I Nr. 62/1997 die zur Nutzung für Arbeitsplätze vorgesehen sind, und den Arbeitsstätten im Sinne des § 19 Abs. 1 vergleichbar sind, sind den §§ 20 bis 24 entsprechend einzurichten und zu betreiben, soweit dies nach der Art und Zweckbestimmung dieser Einrichtungen möglich und zum Schutz der Arbeitnehmer erforderlich ist. In diesen Einrichtungen sind die erforderlichen Vorkehrungen zum Brandschutz und Explosionsschutz, für die Erste Hilfe sowie für das rasche und sichere Verlassen dieser Einrichtungen im Notfall zu treffen und die erforderlichen Mittel bereitzustellen. Dabei sind die Art, Größe und Zweckbestimmung der Einrichtung, die Ausstattung, die Art und Menge der vorhandenen Arbeitsstoffe oder der transportierten Güter und Stoffe, die Arbeitsmittel sowie die größtmögliche Anzahl der anwesenden Personen zu berücksichtigen.

(BGBl I 2001/159)

(2) Abs. 1 gilt auch für Einrichtungen in Verkehrsmitteln zum Transport auf dem Luftweg, dem Wasserweg, im Straßenbahn oder Eisenbahnverkehr.

(3) In Einrichtungen gemäß Abs. 1 und 2, falls dies nicht möglich ist, in deren Nähe oder an sonstigen geeigneten Plätzen, sind den Arbeitnehmern geeignete Waschgelegenheiten oder Waschräume, Toiletten, Kleiderkästen und Umkleideräume sowie für den Aufenthalt während der Arbeitspausen, der Bereitschaftszeiten und gegebenenfalls auch der Ruhezeiten Sozialeinrichtungen zur Verfügung zu stellen. Auf diese Einrichtungen sind §§ 27 und 28 sinngemäß mit der Maßgabe anzuwenden, daß die Anzahl der Arbeitnehmer die Art und Dauer der Arbeitsvorgänge, die Arbeitsbedingungen sowie Art und Zweckbestimmung der Einrichtung zu berücksichtigen sind. Den Arbeitnehmern ist Trinkwasser oder ein anderes gesundheitlich einwandfreies, alkoholfreies Getränk zur Verfügung zu stellen.

(4) In Einrichtungen gemäß Abs. 1 und 2 ist für den Schutz der Nichtraucher vor den Einwirkungen von Tabakrauch zu sorgen.

(5) Einrichtungen nach Abs. 1 und 2 sind gegebenenfalls behindertengerecht zu gestalten, soweit die Art und Zweckbestimmung der Einrichtung dem nicht entgegenstehen.

Verordnungen über Arbeitsstätten und Baustellen

§ 32. (1) Der Bundesminister für Arbeit, Soziales und Konsumentenschutz hat in Durchführung des 2. Abschnittes durch Verordnung näher zu regeln:

1. die behindertengerechte Gestaltung von Arbeitsstätten in Gebäuden,
2. die Bestellung von für Brandbekämpfung und Evakuierung zuständigen Personen und

   (BGBl I 2014/94)
3. die Bereitschaftsräume.

(BGBl I 2012/118)

(2) Der Bundesminister für Arbeit, Soziales und Konsumentenschutz kann durch Verordnung nähere Durchführungsbestimmungen zu § 31 erlassen.

(BGBl I 1997/9, BGBl I 2012/35)

3. Abschnitt
Arbeitsmittel

Allgemeine Bestimmungen über Arbeitsmittel

§ 33. (1) Die Benutzung von Arbeitsmitteln sind alle ein Arbeitsmittel betreffenden Tätigkeiten wie In- und Außerbetriebnahme, Gebrauch, Transport, Instandsetzung, Umbau, Instandhaltung, Wartung und Reinigung.

(2) Arbeitgeber haben dafür zu sorgen, daß Arbeitsmittel entsprechend den Bestimmungen dieses Abschnittes und den gemäß § 39 erlassenen Verordnungen beschaffen sind, aufgestellt, erhalten und benutzt werden.

(3) Arbeitgeber dürfen nur solche Arbeitsmittel zur Verfügung stellen, die

1. für die jeweilige Arbeit in Bezug auf Sicherheit und Gesundheitsschutz geeignet sind oder zweckentsprechend angepaßt werden und
2. hinsichtlich Konstruktion, Bau und weiterer Schutzmaßnahmen den für sie geltenden Rechtsvorschriften über Sicherheits oder Gesundheitsanforderungen entsprechen.

(4) Werden von Arbeitgebern Arbeitsmittel erworben, die nach den für sie geltenden Rechtsvorschriften gekennzeichnet sind, können Arbeitgeber, die über keine anderen Erkenntnisse verfügen, davon ausgehen, daß diese Arbeitsmittel hinsichtlich Konstruktion, Bau und weiterer Schutzmaßnahmen den für sie im Zeitpunkt des Inverkehrbringens geltenden Rechtsvorschriften über Sicherheits- und Gesundheitsanforderungen entsprechen.

(5) Arbeitgeber haben bei der Auswahl der einzusetzenden Arbeitsmittel die besonderen Bedingungen und Eigenschaften der Arbeit sowie die am Arbeitsplatz bestehenden Gefahren für die Sicherheit und Gesundheit der Arbeitnehmer und die Gefahren, die aus der Benutzung erwachsen können, zu berücksichtigen. Es dürfen nur Arbeitsmittel eingesetzt werden, die nach dem Stand der Technik die Sicherheit und Gesundheit der Arbeitnehmer so gering als möglich gefährden.

(6) Sofern es nicht möglich ist, die Sicherheit und den Gesundheitsschutz der Arbeitnehmer bei der Benutzung eines Arbeitsmittels in vollem Umfang zu gewährleisten, haben Arbeitgeber geeignete Maßnahmen zu treffen, um die Gefahren weitestgehend zu verringern sowie erforderlichenfalls Not- und Rettungsmaßnahmen festzulegen. Insbesondere haben Arbeitgeber auch dafür Sorge zu tragen, daß Arbeitnehmer die Zeit und Möglichkeit haben, sich den mit der In- und Außerbetriebnahme des Arbeitsmittels verbundenen Gefahren rasch zu entziehen.

Aufstellung von Arbeitsmitteln

§ 34. (1) Als „Aufstellung" im Sinne dieser Bestimmung gilt das Montieren, Installieren, Aufbauen und Anordnen von Arbeitsmitteln.

(2) Arbeitgeber haben bei der Aufstellung von Arbeitsmitteln die besonderen Bedingungen und Eigenschaften der Arbeitsmittel und der Arbeit sowie die am Arbeitsplatz bestehenden Gefahren für Sicherheit und Gesundheit der Arbeitnehmer und die Gefahren, die aus der Benutzung der Arbeitsmittel erwachsen können, zu berücksichtigen. Bei der Aufstellung von Arbeitsmitteln ist insbesondere darauf zu achten, daß

1. ausreichend Raum zwischen ihren mobilen Bauteilen und festen oder mobilen Bauteilen in ihrer Umgebung vorhanden ist,
2. alle verwendeten oder erzeugten Energien und Stoffe sicher zugeführt und entfernt werden können,
3. Arbeitnehmern ausreichend Platz für die sichere Benutzung der Arbeitsmittel zur Verfügung steht und
4. Arbeitsmittel nur dann aufgestellt werden, wenn die zulässige Beanspruchung tragender Bauteile nicht überschritten ist.

(3) Im Freien aufgestellte Arbeitsmittel sind erforderlichenfalls durch Vorrichtungen oder andere entsprechende Maßnahmen gegen Blitzschlag und Witterungseinflüsse zu schützen.

(4) Werden Arbeitsmittel unter oder in der Nähe von elektrischen Freileitungen aufgestellt oder benutzt, sind geeignete Maßnahmen zu treffen, um jegliches gefahrbringendes Annähern der Arbeitnehmer und der Arbeitsmittel an diese Leitungen sowie Stromschlag durch diese Leitungen zu verhindern.

(5) Arbeitsmittel und ihre Teile müssen durch Befestigung oder durch andere Maßnahmen stabilisiert werden, sofern dies für die Sicherheit und den Gesundheitsschutz der Arbeitnehmer erforderlich ist.

(6) Arbeitgeber haben geeignete Maßnahmen zu treffen, damit Kleidung oder Körperteile der die Arbeitsmittel benutzenden Arbeitnehmer nicht erfaßt werden.

(7) Die Arbeits- und Wartungsbereiche der Arbeitsmittel müssen entsprechend der Benutzung ausreichend belichtet oder beleuchtet sein.

Benutzung von Arbeitsmitteln

§ 35. (1) Arbeitgeber haben dafür zu sorgen, daß bei der Benutzung von Arbeitsmitteln folgende Grundsätze eingehalten werden:

1. Arbeitsmittel dürfen nur für Arbeitsvorgänge und unter Bedingungen benutzt werden, für die sie geeignet sind und für die sie nach den Angaben der Hersteller oder Inverkehrbringer vorgesehen sind.
2. Bei der Benutzung von Arbeitsmitteln sind die für sie geltenden Bedienungsanleitungen der Hersteller oder Inverkehrbringer sowie die für sie geltenden elektrotechnischen Vorschriften einzuhalten.

3. Arbeitsmittel dürfen nur mit den für die verschiedenen Verwendungszwecke vorgesehenen Schutz und Sicherheitseinrichtungen benutzt werden.
   (BGBl I 2001/159)
4. Die Schutz- und Sicherheitseinrichtungen sind bestimmungsgemäß zu verwenden.
   (BGBl I 2001/159)
5. Arbeitsmittel dürfen nicht benutzt werden, wenn Beschädigungen festzustellen sind, die die Sicherheit beeinträchtigen können, oder die Schutz- und Sicherheitseinrichtungen nicht funktionsfähig sind.
   (BGBl I 2001/159)

(2) Die Benutzung von Arbeitsmitteln, die oder deren Einsatzbedingungen in einem größeren Umfang verändert wurden, als dies von den Herstellern oder Inverkehrbringern vorgesehen ist, ist nur zulässig, wenn eine Gefahrenanalyse durchgeführt wurde und die erforderlichen Maßnahmen getroffen sind.

(BGBl I 2001/159)

(3) Arbeitgeber haben durch entsprechende Informationen, Anweisungen und sonstige geeignete Maßnahmen dafür zu sorgen, daß

1. Arbeitnehmer vor Benutzung der Arbeitsmittel prüfen, ob diese offenkundige Mängel aufweisen,
2. Arbeitnehmer sich bei Inbetriebnahme der Arbeitsmittel vergewissern, daß sie sich selbst und andere Arbeitnehmer nicht in Gefahr bringen und
3. Arbeitnehmer, die sich bei der Benutzung eines Arbeitsmittels ablösen, festgestellte Unregelmäßigkeiten bei der Ablösung verständlich bekanntgeben.

(4) Eine kombinierte Benutzung von Arbeitsmitteln, die nicht von den Herstellern oder Inverkehrbringern vorgesehen ist, ist nur zulässig, wenn

1. die Verträglichkeit der Arbeitsmittel gewährleistet ist,
2. eine Gefahrenanalyse durchgeführt wurde und
   (BGBl I 2001/159)
3. sie auf den in der Gefahrenanalyse festgelegten Bereich beschränkt wird und erforderlichenfalls zusätzliche Einschränkungen und Maßnahmen auf Grund der Risikoanalyse getroffen sind.
   (BGBl I 2001/159)

(5) Außer Betrieb genommene Arbeitsmittel müssen mit den für sie vorgesehenen Schutz- und Sicherheitseinrichtungen versehen sein. Andernfalls sind diese Arbeitsmittel zu demontieren, unzugänglich oder durch Abnahme und Entfernung wesentlicher Bauelemente oder durch sonstige geeignete Maßnahmen funktionsunfähig zu machen. Erforderlichenfalls sind zusätzliche Schutzmaßnahmen zu treffen.

(BGBl I 2001/159)

Gefährliche Arbeitsmittel

§ 36. (1) Gefährliche Arbeitsmittel sind Arbeitsmittel, deren Benutzung mit einer möglichen spezifischen Gefährdung der Arbeitnehmer verbunden ist oder deren Benutzung auf Grund ihres Konzeptes besondere Gefahren mit sich bringt.

(2) Arbeitgeber haben geeignete Maßnahmen zu treffen, damit

1. die Benutzung gefährlicher Arbeitsmittel nur durch eigens hiezu beauftragte Arbeitnehmer erfolgt und
2. Instandsetzungs-, Umbau-, Instandhaltungs-, Reinigungs- und Wartungsarbeiten nur von eigens hiezu befugten, speziell unterwiesenen Personen durchgeführt werden.

Prüfung von Arbeitsmitteln

§ 37. (1) Wenn es auf Grund der Art oder der Einsatzbedingungen für die Gewährleistung der Sicherheit und Gesundheit der Arbeitnehmer erforderlich ist, müssen Arbeitsmittel vor der erstmaligen Inbetriebnahme, nach dem Aufbau an jedem neuen Einsatzort sowie nach größeren Instandsetzungen und wesentlichen Änderungen auf ihren ordnungsgemäßen Zustand, ihre korrekte Montage und ihre Stabilität überprüft werden (Abnahmeprüfungen). Dies gilt insbesondere für Krane, Aufzüge, Hebebühnen sowie bestimmte Zentrifugen und Hub- und Kipptore.

(2) Arbeitsmittel, bei denen Abnahmeprüfungen durchzuführen sind, sind darüber hinaus in regelmäßigen Abständen auf ihren ordnungsgemäßen Zustand besonders zu überprüfen (wiederkehrende Prüfungen). Wiederkehrende Prüfungen sind weiters durchzuführen bei Arbeitsmitteln, die Belastungen und Einwirkungen ausgesetzt sind, durch die sie derart geschädigt werden können, daß dadurch entstehende Mängel des Arbeitsmittels zu gefährlichen Situationen für die Arbeitnehmer führen können.

(3) Arbeitsmittel, bei denen wiederkehrende Prüfungen durchzuführen sind, sind außerdem nach außergewöhnlichen Ereignissen, die schädigende Auswirkungen auf die Sicherheit des Arbeitsmittels haben können, auf ihren ordnungsgemäßen Zustand zu prüfen.

(4) Abnahmeprüfungen, wiederkehrende Prüfungen und Prüfungen nach außergewöhnlichen Ereignissen dürfen nur durch geeignete fachkundige Personen durchgeführt werden.

(5) Für Arbeitsmittel, bei denen Abnahmeprüfungen oder wiederkehrende Prüfungen durchzuführen sind, ist durch eine geeignete fachkundige Person auf der Grundlage einer Gefahrenanalyse und nach Maßgabe der vorgesehenen Einsatzbedingungen ein Plan für die Prüfung des Arbeitsmittels zu erstellen. Der Prüfplan hat zu enthalten:

1. die Art, die Methode und die Häufigkeit der Prüfung,
2. Kriterien zur Bewertung der Prüfung und die daraus zu ziehenden Schlußfolgerungen,

3. Ereignisse, die eine außerordentliche Prüfung erforderlich machen und
4. die Geltungsdauer des Prüfplans im Zusammenhang mit den Einsatzbedingungen des Arbeitsmittels.

(BGBl I 2001/159)

(6) Die Ergebnisse der Prüfung sind von der Person, die die Prüfung durchgeführt hat, schriftlich festzuhalten. Diese Aufzeichnungen sind von den Arbeitgebern bis zum Ausscheiden des Arbeitsmittels aufzubewahren. Am Einsatzort des Arbeitsmittels müssen Aufzeichnungen oder Kopien über die letzte Abnahmeprüfung und über die wiederkehrenden Prüfungen vorhanden sein.

(7) Arbeitsmittel dürfen nur benutzt werden, wenn die für sie erforderlichen Abnahmeprüfungen, wiederkehrenden Prüfungen und Prüfungen nach außergewöhnlichen Ereignissen durchgeführt wurden. Werden bei der Prüfung Mängel des Arbeitsmittels festgestellt, darf das Arbeitsmittel erst nach der Mängelbehebung benutzt werden.

(8) Werden bei einer wiederkehrenden Prüfung Mängel des Arbeitsmittels festgestellt, darf das Arbeitsmittel abweichend von Abs. 7 auch vor Mängelbehebung wieder benutzt werden, wenn

1. die Person, die die Prüfung durchgeführt hat, im Prüfbefund schriftlich festhält, daß das Arbeitsmittel bereits vor Mängelbehebung wieder benutzt werden darf und
2. die betroffenen Arbeitnehmer über die Mängel des Arbeitsmittels informiert wurden.

Wartung von Arbeitsmitteln

§ 38. (1) Arbeitgeber haben dafür zu sorgen, daß Arbeitsmittel während der gesamten Dauer der Benutzung durch entsprechende Wartung in einem Zustand gehalten werden, der den für sie geltenden Rechtsvorschriften entspricht. Bei der Wartung sind die Anleitungen der Hersteller oder Inverkehrbringer zu berücksichtigen.

(2) Bei Arbeitsmitteln mit Wartungsbuch sind die Eintragungen stets auf dem neuesten Stand zu halten.

Verordnungen über Arbeitsmittel

§ 39. (1) Der Bundesminister für Arbeit, Soziales und Konsumentenschutz hat in Durchführung des 3. Abschnittes durch Verordnung näher zu regeln:

1. Sicherheits- und Gesundheitsanforderungen für Arbeitsmittel sowie die erforderlichen Übergangsregelungen für bereits in Verwendung stehende Arbeitsmittel,
2. eine Liste der gefährlichen Arbeitsmittel,
3. die Prüfung von Arbeitsmitteln.

(BGBl I 2012/118)

(2) Der Bundesminister für Arbeit, Soziales und Konsumentenschutz kann unter Berücksichtigung der Gefahren für die Sicherheit und Gesundheit der Arbeitnehmer und unter Bedachtnahme auf Rechtsvorschriften über das Inverkehrbringen sowie auf internationale Übereinkommen durch Verordnung Arbeitsmittel bezeichnen, für die ein Wartungsbuch zu führen ist.

(BGBl I 2012/118)

(3) Für Arbeitsmittel, auf die die Gewerbeordnung 1994, BGBl. Nr. 194/1994, nicht anzuwenden ist, kann der Bundesminister für Arbeit, Soziales und Konsumentenschutz durch Verordnung die grundlegenden Sicherheitsanforderungen hinsichtlich Konstruktion, Bau und weiterer Schutzmaßnahmen einschließlich der Erstellung von Beschreibungen und Bedienungsanleitungen festlegen. In diesen Verordnungen können auch besondere Regelungen über die Prüfung, Übereinstimmungserklärung und über eine Zulassung durch Bescheid des Bundesministers für Arbeit, Soziales und Konsumentenschutz getroffen werden.

(BGBl I 2012/35)

4. Abschnitt
Arbeitsstoffe

Gefährliche Arbeitsstoffe

§ 40. (1) Gefährliche Arbeitsstoffe sind explosionsgefährliche, brandgefährliche und gesundheitsgefährdende Arbeitsstoffe sowie biologische Arbeitsstoffe, sofern nicht die Ermittlung und Beurteilung gemäß § 41 ergeben hat, daß es sich um einen biologischen Arbeitsstoff der Gruppe 1 ohne erkennbares Gesundheitsrisiko für die Arbeitnehmer handelt. Soweit im Folgenden Gefahrenklassen oder -kategorien genannt sind, sind diese im Sinne der Kriterien nach Anhang I Teil 2 und 3 der Verordnung (EG) Nr. 1272/2008 (CLP-Verordnung) zu verstehen, auch wenn der Arbeitsstoff nicht aufgrund dieser Verordnung eingestuft ist.

(BGBl I 2015/60)

(2) Explosionsgefährliche Arbeitsstoffe sind Arbeitsstoffe, die zugeordnet werden können:

1. explosiven Stoffen/Gemischen und Erzeugnissen mit Explosivstoff (Gefahrenklasse 2.1),
2. selbstzersetzlichen Stoffen oder Gemischen (Gefahrenklasse 2.8), Typ A und B,
3. organischen Peroxiden (Gefahrenklasse 2.15), Typ A und B.

(BGBl I 2015/60)

(2a)[a)] Explosionsgefährliche Arbeitsstoffe sind weiters Arbeitsstoffe, die explosionsgefährliche Eigenschaften im Sinne des § 3 des Chemikaliengesetzes 1996, BGBl. I Nr. 53/1997 in der Fassung BGBl. I Nr. 14/2015, aufweisen.

(BGBl I 2015/60)

[a)] Tritt mit Ablauf des 31. Mai 2027 außer Kraft.

(3) Brandgefährliche Arbeitsstoffe sind

1. oxidierende (entzündende) Arbeitsstoffe, die zugeordnet werden können:
   a. oxidierenden Gasen (Gefahrenklasse 2.4),
   b. oxidierenden Flüssigkeiten (Gefahrenklasse 2.13),
   c. oxidierenden Feststoffen (Gefahrenklasse 2.14);

2. extrem entzündbare, leicht entzündbare und entzündbare Arbeitsstoffe, die zugeordnet werden können:
   a. entzündbaren Gasen (Gefahrenklasse 2.2),
   b. entzündbaren Aerosolen (Gefahrenklasse 2.3),
   c. entzündbaren Flüssigkeiten (Gefahrenklasse 2.6),
   d. entzündbaren Feststoffen (Gefahrenklasse 2.7),
   e. selbstzersetzlichen Stoffen oder Gemischen (Gefahrenklasse 2.8) außer Typ A und B,
   f. pyrophoren Flüssigkeiten (Gefahrenklasse 2.9),
   g. pyrophoren Feststoffen (Gefahrenklasse 2.10),
   h. selbsterhitzungsfähigen Stoffen oder Gemischen (Gefahrenklasse 2.11),
   i. Stoffen oder Gemischen, die in Berührung mit Wasser entzündbare Gase entwickeln (Gefahrenklasse 2.12),
   j. organischen Peroxiden (Gefahrenklasse 2.15) außer Typ A und B.

(BGBl I 2015/60)

(3a)[a)] Brandgefährliche Arbeitsstoffe sind weiters Arbeitsstoffe, die brandfördernde, hochentzündliche, leicht entzündliche oder entzündliche Eigenschaften im Sinne des § 3 des Chemikaliengesetzes 1996, BGBl. I Nr. 53/1997 in der Fassung BGBl. I Nr. 14/2015, aufweisen.

(BGBl I 2015/60)

a) Tritt mit Ablauf des 31. Mai 2027 außer Kraft.

(4) Gesundheitsgefährdende Arbeitsstoffe sind Arbeitsstoffe, die einer der folgenden Gefahrenklassen zugeordnet werden können:

1. Akute Toxizität (Gefahrenklasse 3.1),
2. Ätz-/Reizwirkung auf die Haut (Gefahrenklasse 3.2),
3. Schwere Augenschädigung/Augenreizung (Gefahrenklasse 3.3),
4. Sensibilisierung der Atemwege oder der Haut (Gefahrenklasse 3.4),
5. Keimzellmutagenität (Gefahrenklasse 3.5),
6. Karzinogenität (Gefahrenklasse 3.6),
7. Reproduktionstoxizität (Gefahrenklasse 3.7),
8. Spezifische Zielorgan-Toxizität, einmalige Exposition (Gefahrenklasse 3.8),
9. Spezifische Zielorgan-Toxizität, wiederholte Exposition (Gefahrenklasse 3.9),
10. Aspirationsgefahr (Gefahrenklasse 3.10).

(BGBl I 2015/60)

(4a)[a)] Gesundheitsgefährdende Arbeitsstoffe sind weiters Arbeitsstoffe, die sehr giftige, giftige, gesundheitsschädliche (mindergiftige), ätzende, reizende, krebserzeugende, erbgutverändernde, fortpflanzungsgefährdende oder sensibilisierende Eigenschaften im Sinne des § 3 des Chemikaliengesetzes 1996, BGBl. I Nr. 53/1997 in der Fassung BGBl. I Nr. 14/2015, aufweisen.

(BGBl I 2015/60)

a) Tritt mit Ablauf des 31. Mai 2027 außer Kraft.

(4b) Gesundheitsgefährdende Arbeitsstoffe sind weiters Arbeitsstoffe, die eine der folgenden Eigenschaften aufweisen:

1. „fibrogen“, wenn sie als Schwebstoffe durch Einatmen mit Bindegewebsbildung einhergehende Erkrankungen der Lunge verursachen können;
2. „radioaktiv“, wenn sie zufolge spontaner Kernprozesse ionisierende Strahlen aussenden;
3. „biologisch inert“, wenn sie als Stäube weder giftig noch fibrogen wirken und keine spezifischen Krankheitserscheinungen hervorrufen, jedoch eine Beeinträchtigung von Funktionen der Atmungsorgane verursachen können.

(BGBl I 2015/60)

(5) Biologische Arbeitsstoffe sind Mikroorganismen, einschließlich genetisch veränderter Mikroorganismen, Zellkulturen und Humanendoparasiten, die Infektionen, Allergien oder toxische Wirkungen hervorrufen könnten. Entsprechend dem von ihnen ausgehenden Infektionsrisiko gilt folgende Unterteilung in vier Risikogruppen:

1. Biologische Arbeitsstoffe der Gruppe 1 sind Stoffe, bei denen es unwahrscheinlich ist, daß sie beim Menschen eine Krankheit verursachen.
2. Biologische Arbeitsstoffe der Gruppe 2 sind Stoffe, die eine Krankheit beim Menschen hervorrufen können und eine Gefahr für Arbeitnehmer darstellen könnten. Eine Verbreitung des Stoffes in der Bevölkerung ist unwahrscheinlich, eine wirksame Vorbeugung oder Behandlung ist normalerweise möglich.
3. Biologische Arbeitsstoffe der Gruppe 3 sind Stoffe, die eine schwere Krankheit beim Menschen hervorrufen und eine ernste Gefahr für die Arbeitnehmer darstellen können. Die Gefahr einer Verbreitung in der Bevölkerung kann bestehen, doch ist normalerweise eine wirksame Vorbeugung oder Behandlung möglich.
4. Biologische Arbeitsstoffe der Gruppe 4 sind Stoffe, die eine schwere Krankheit beim Menschen hervorrufen und eine ernste Gefahr für Arbeitnehmer darstellen. Die Gefahr einer Verbreitung in der Bevölkerung ist unter Umständen groß, normalerweise ist eine wirksame Vorbeugung oder Behandlung nicht möglich.

(BGBl I 2015/60)

(6) (aufgehoben)

(BGBl I 2001/159, BGBl I 2015/60)

(7) Als gefährliche Arbeitsstoffe gelten weiters Arbeitsstoffe, die einer der folgenden Gefahrenklassen zugeordnet werden können:

1. Gase unter Druck (Gefahrenklasse 2.5) oder
2. auf Metalle korrosiv wirkende Stoffe oder Gemische (Gefahrenklasse 2.16).

(BGBl I 2012/118, BGBl I 2015/60)

(8) Bestimmungen über gefährliche Arbeitsstoffe in Verordnungen zu diesem Bundesgesetz oder in Rechtsvorschriften, die nach dem 9. Abschnitt dieses Bundesgesetzes weitergelten, gelten mit folgenden Maßgaben:

1. Bestimmungen für Arbeitsstoffe mit brandfördernden Eigenschaften gelten auch für oxidierende Arbeitsstoffe im Sinne des Abs. 3 Z 1;
2. Bestimmungen für Arbeitsstoffe mit entzündlichen Eigenschaften gelten auch für Arbeitsstoffe, die zugeordnet werden können
   a. entzündbaren Flüssigkeiten (Gefahrenklasse 2.6) Kategorie 3,
   b. entzündbaren Aerosolen (Gefahrenklasse 2.3) Kategorie 1, sowie – wenn sich dies auf Grund anerkannter physikalischer Stoffdaten (z. B. Gefahrstoffdatenbanken oder -literatur) stoffspezifisch ergibt – Kategorie 2,
   c. organischen Peroxiden (Gefahrenklasse 2.15), Typ E und F;
3. Bestimmungen für Arbeitsstoffe mit leicht entzündlichen Eigenschaften gelten auch für Arbeitsstoffe, die zugeordnet werden können
   a. entzündbaren Flüssigkeiten (Gefahrenklasse 2.6) Kategorie 2,
   b. entzündbaren Aerosolen (Gefahrenklasse 2.3) Kategorie 1, sowie – wenn sich dies auf Grund anerkannter physikalischer Stoffdaten (z. B. Gefahrstoffdatenbanken oder -literatur) stoffspezifisch ergibt – Kategorie 2,
   c. entzündbaren Feststoffen (Gefahrenklasse 2.7),
   d. selbstzersetzlichen Stoffen oder Gemischen (Gefahrenklasse 2.8) Typ C, D, E und F,
   e. pyrophoren Flüssigkeiten und pyrophoren Feststoffen (Gefahrenklasse 2.9 und 2.10),
   f. selbsterhitzungsfähigen Stoffen oder Gemischen (Gefahrenklasse 2.11),
   g. Stoffen oder Gemischen, die in Berührung mit Wasser entzündbare Gase entwickeln (Gefahrenklasse 2.12) Kategorie 2 und 3,
   h. organischen Peroxiden (Gefahrenklasse 2.15) Typ C und D;
4. Bestimmungen für Arbeitsstoffe mit hochentzündlichen Eigenschaften gelten auch für Arbeitsstoffe, die zugeordnet werden können
   a. entzündbaren Gasen (Gefahrenklasse 2.2),
   b. entzündbaren Aerosolen (Gefahrenklasse 2.3), Kategorie 1, sowie – wenn sich dies auf Grund anerkannter physikalischer Stoffdaten (z. B. Gefahrstoffdatenbanken oder -literatur) stoffspezifisch ergibt – Kategorie 2,
   c. entzündbaren Flüssigkeiten (Gefahrenklasse 2.6) Kategorie 1,
   d. Stoffen oder Gemischen, die in Berührung mit Wasser entzündbare Gase entwickeln (Gefahrenklasse 2.12) Kategorie 1;
5. Bestimmungen für Arbeitsstoffe mit giftigen Eigenschaften gelten auch für Arbeitsstoffe, die einer der folgenden Gefahrenklassen zugeordnet werden können
   a. akute Toxizität (Gefahrenklasse 3.1) Kategorie 1 bis 3,
   b. spezifische Zielorgan-Toxizität bei einmaliger oder wiederholter Exposition (Gefahrenklasse 3.8 oder 3.9) jeweils Kategorie 1,
   c. Aspirationsgefahr (Gefahrenklasse 3.10);
6. Bestimmungen für Arbeitsstoffe mit gesundheitsschädlichen Eigenschaften gelten auch für Arbeitsstoffe, die einer der folgenden Gefahrenklassen zugeordnet werden können
   a. akute Toxizität (Gefahrenklasse 3.1) Kategorie 4,
   b. spezifische Zielorgan-Toxizität, einmalige Exposition (Gefahrenklasse 3.8) Kategorien 2 und 3,
   c. spezifische Zielorgan-Toxizität, wiederholte Exposition (Gefahrenklasse 3.9) Kategorie 2;
7. Bestimmungen für Arbeitsstoffe mit ätzenden Eigenschaften gelten auch für Arbeitsstoffe, die einer der folgenden Gefahrenklassen zugeordnet werden können
   a. Ätz-/Reizwirkung auf die Haut (Gefahrenklasse 3.2) Kategorien 1A, 1B und 1C,
   b. schwere Augenschädigung/Augenreizung (Gefahrenklasse 3.3) Kategorie 1;
8. Bestimmungen für Arbeitsstoffe mit reizenden Eigenschaften gelten auch für Arbeitsstoffe, die einer der folgenden Gefahrenklassen zugeordnet werden können
   a. Ätz-/Reizwirkung auf die Haut (Gefahrenklasse 3.2) Kategorie 2,
   b. schwere Augenschädigung/Augenreizung (Gefahrenklasse 3.3) Kategorie 2,
   c. spezifische Zielorgan-Toxizität bei einmaliger Exposition (Gefahrenklasse 3.8) Kategorie 3;
9. Bestimmungen für Arbeitsstoffe mit sensibilisierenden Eigenschaften gelten auch für Arbeitsstoffe, die der Gefahrenklasse 3.4 (Sensibilisierung der Atemwege oder der Haut) zugeordnet werden können;
10. Bestimmungen für Arbeitsstoffe mit erbgutverändernden Eigenschaften gelten auch

für Arbeitsstoffe, die der Gefahrenklasse 3.5 (Keimzellmutagenität) zugeordnet werden können;

11. Bestimmungen für Arbeitsstoffe mit krebserzeugenden Eigenschaften gelten auch für Arbeitsstoffe, die der Gefahrenklasse 3.6 (Karzinogenität) zugeordnet werden können;
12. Bestimmungen für Arbeitsstoffe mit fortpflanzungsgefährdenden Eigenschaften gelten auch für Arbeitsstoffe, die der Gefahrenklasse 3.7 (Reproduktionstoxizität) zugeordnet werden können.

(BGBl I 2015/60)

Ermittlung und Beurteilung von Arbeitsstoffen

§ 41. (1) Arbeitgeber müssen sich im Rahmen der Ermittlung und Beurteilung der Gefahren hinsichtlich aller Arbeitsstoffe vergewissern, ob es sich um gefährliche Arbeitsstoffe handelt.

(2) Arbeitgeber/innen müssen die Eigenschaften der Arbeitsstoffe ermitteln und die Gefahren beurteilen, die von den Arbeitsstoffen aufgrund ihrer Eigenschaften oder aufgrund der Art ihrer Verwendung ausgehen könnten. Sie müssen dazu insbesondere die Angaben der Hersteller/innen oder Importeure/Importeurinnen, praktische Erfahrungen, Prüfergebnisse und wissenschaftliche Erkenntnisse heranziehen. Im Zweifel müssen sie Auskünfte der Hersteller/innen oder Importeure/Importeurinnen einholen.

(BGBl I 2015/60)

(3) (aufgehoben)

(BGBl I 2015/60)

(4) Werden Arbeitsstoffe von Arbeitgeber/innen erworben, gilt für die Ermittlung gemäß Abs. 2 Folgendes:

1. Sofern ein erworbener Arbeitsstoff nach
   a. der Verordnung (EG) Nr. 1272/2008 (CLP-Verordnung),
   b. dem Chemikaliengesetz 1996, BGBl. I Nr. 53/1997,
   c. dem Pflanzenschutzmittelgesetz 2011, BGBl. I Nr. 10/2011,
   d. dem Abfallwirtschaftsgesetz 2002 (AWG 2002), BGBl. I Nr. 102/2002, oder
   e. dem Biozidproduktegesetz (BiozidprodukteG), BGBl. I Nr. 105/2013,

   gekennzeichnet oder deklariert ist, können Arbeitgeber/innen, die über keine anderen Erkenntnisse verfügen, davon ausgehen, dass die Angaben dieser Kennzeichnung zutreffend und vollständig sind.

   (BGBl I 2001/159, BGBl I 2012/118, BGBl I 2015/60)
2. Ist ein erworbener Arbeitsstoff nicht nach Z 1 gekennzeichnet oder deklariert, können Arbeitgeber, die über keine anderen Erkenntnisse verfügen, davon ausgehen, dass der Arbeitsstoff keiner Kennzeichnungspflicht nach den in Z 1 genannten Bundesgesetzen unterliegt.

   (BGBl I 2001/159)

(BGBl I 2015/60)

(5) Arbeitgeber müssen in regelmäßigen Zeitabständen Art, Ausmaß und Dauer der Einwirkung von gesundheitsgefährdenden Arbeitsstoffen und von biologischen Arbeitsstoffen im Sinne des § 40 Abs. 1 auf die Arbeitnehmer ermitteln, wobei gegebenenfalls die Gesamtwirkung von mehreren gefährlichen Arbeitsstoffen sowie sonstige risikoerhöhende Bedingungen am Arbeitsplatz zu berücksichtigen sind. Diese Ermittlung ist zusätzlich auch bei Änderung der Bedingungen und bei Auftreten von Gesundheitsbeschwerden, die arbeitsbedingt sein können, vorzunehmen.

(6) Arbeitgeber müssen in regelmäßigen Zeitabständen ermitteln, ob explosionsgefährliche oder brandgefährliche Arbeitsstoffe in einer für die Sicherheit der Arbeitnehmer gefährlichen Konzentration vorliegen, wobei gegebenenfalls die Gesamtwirkung von mehreren gefährlichen Arbeitsstoffen sowie sonstige risikoerhöhende Bedingungen am Arbeitsplatz zu berücksichtigen sind. Diese Ermittlung ist zusätzlich auch bei Änderung der Bedingungen vorzunehmen.

Ersatz und Verbot von gefährlichen Arbeitsstoffen

§ 42. (1) Krebserzeugende (Gefahrenklasse 3.6 – Karzinogenität), erbgutverändernde (Gefahrenklasse 3.5 – Keimzellmutagenität), fortpflanzungsgefährdende (Gefahrenklasse 3.7 – Reproduktionstoxizität) und biologische Arbeitsstoffe der Gruppe 2, 3 oder 4 dürfen nicht verwendet werden, wenn ein gleichwertiges Arbeitsergebnis erreicht werden kann

1. mit nicht gefährlichen Arbeitsstoffen oder, sofern dies nicht möglich ist,
2. mit Arbeitsstoffen, die weniger gefährliche Eigenschaften aufweisen.

(BGBl I 2015/60)

(2) Mit besonderen Gefahren verbundene Verfahren bei der Verwendung von in Abs. 1 genannten Arbeitsstoffen dürfen nicht angewendet werden, wenn durch Anwendung eines anderen Verfahrens, bei dem die von der Verwendung des Arbeitsstoffes ausgehenden Gefahren verringert werden können, ein gleichwertiges Arbeitsergebnis erzielt werden kann.

(3) Abs. 1 und 2 gelten auch für die in Abs. 1 und 2 nicht genannten gefährlichen Arbeitsstoffe, sofern der damit verbundene Aufwand vertretbar ist.

(4) Im Zweifelsfall entscheidet die zuständige Behörde auf Antrag des Arbeitsinspektorates oder des Arbeitgebers, ob die Verwendung eines bestimmten Arbeitsstoffes oder die Anwendung eines bestimmten Arbeitsverfahrens nach Abs. 1 oder 2 zulässig ist, wobei der jeweilige Stand der Technik und die jeweils aktuellen wissenschaftlichen Erkenntnisse zu berücksichtigen sind.

(5) Die Absicht, krebserzeugende (Gefahrenklasse 3.6 – Karzinogenität), erbgutverändernde (Gefahrenklasse 3.5 – Keimzellmutagenität) oder fortpflanzungsgefährdende (Gefahrenklasse 3.7 – Reproduktionstoxizität) Arbeitsstoffe zu verwenden, ist dem Arbeitsinspektorat vor dem Beginn der Verwendung schriftlich zu melden.

(BGBl I 2015/60)

(6) Die erstmalige Verwendung biologischer Arbeitsstoffe der Gruppe 2, 3 oder 4 ist dem Arbeitsinspektorat mindestens 30 Tage vor dem Beginn der Arbeiten schriftlich zu melden. Nach Ablauf dieser Frist können Arbeitgeber davon ausgehen, daß die Verwendung zulässig ist, solange sie über keine anderen Erkenntnisse verfügen. Wenn an den Arbeitsprozessen oder Arbeitsverfahren wesentliche Änderungen vorgenommen werden, die für die Sicherheit oder Gesundheit am Arbeitsplatz von Bedeutung sind und auf Grund deren die Meldung überholt ist, hat eine neue Meldung zu erfolgen.

(7) Auf Verlangen des Arbeitsinspektorates haben Arbeitgeber schriftlich darzulegen, aus welchen Gründen ein in Abs. 1 angeführter Arbeitsstoff verwendet wird und unter Vorlage von Unterlagen über die Ergebnisse ihrer Untersuchungen zu begründen, warum ein Ersatz im Sinne der Abs. 1 oder 2 nicht möglich ist. Wird diese Begründung nicht erbracht, hat die Behörde auf Antrag des Arbeitsinspektorates die Beschäftigung von Arbeitnehmern an Arbeitsplätzen, an denen der gefährliche Arbeitsstoff verwendet wird, zu untersagen.

Maßnahmen zur Gefahrenverhütung

§ 43. (1) Krebserzeugende (Gefahrenklasse 3.6 – Karzinogenität), erbgutverändernde (Gefahrenklasse 3.5 – Keimzellmutagenität), fortpflanzungsgefährdende (Gefahrenklasse 3.7 – Reproduktionstoxizität) und biologische Arbeitsstoffe der Gruppe 2, 3 oder 4 dürfen, wenn es nach der Art der Arbeit und dem Stand der Technik möglich ist, nur in geschlossenen Systemen verwendet werden.

(BGBl I 2015/60)

(2) Stehen gefährliche Arbeitsstoffe in Verwendung, haben Arbeitgeber Maßnahmen zur Gefahrenverhütung in folgender Rangordnung zu treffen:

1. Die Menge der vorhandenen gefährlichen Arbeitsstoffe ist auf das nach der Art der Arbeit unbedingt erforderliche Ausmaß zu beschränken.
2. Die Anzahl der Arbeitnehmer, die der Einwirkung von gefährlichen Arbeitsstoffen ausgesetzt sind oder ausgesetzt sein könnten, ist auf das unbedingt erforderliche Ausmaß zu beschränken.
3. Die Dauer und die Intensität der möglichen Einwirkung von gefährlichen Arbeitsstoffen auf Arbeitnehmer sind auf das unbedingt erforderliche Ausmaß zu beschränken.
4. Die Arbeitsverfahren und Arbeitsvorgänge sind, soweit dies technisch möglich ist, so zu gestalten, daß die Arbeitnehmer nicht mit den gefährlichen Arbeitsstoffen in Kontakt kommen können und gefährliche Gase, Dämpfe oder Schwebstoffe nicht frei werden können.
5. Kann durch diese Maßnahmen nicht verhindert werden, daß gefährliche Gase, Dämpfe oder Schwebstoffe frei werden, so sind diese an ihrer Austritts- oder Entstehungsstelle vollständig zu erfassen und anschließend ohne Gefahr für die Arbeitnehmer zu beseitigen, soweit dies nach dem Stand der Technik möglich ist.
6. Ist eine solche vollständige Erfassung nicht möglich, sind zusätzlich zu den Maßnahmen gemäß Z 5 die dem Stand der Technik entsprechenden Lüftungsmaßnahmen zu treffen.
7. Kann trotz Vornahme der Maßnahmen gemäß Z 1 bis 6 kein ausreichender Schutz der Arbeitnehmer erreicht werden, haben Arbeitgeber dafür zu sorgen, daß erforderlichenfalls entsprechende persönliche Schutzausrüstungen verwendet werden.

(3) Bei bestimmten Tätigkeiten wie z. B. Wartungs- oder Reinigungsarbeiten, bei denen die Möglichkeit einer beträchtlichen Erhöhung der Exposition der Arbeitnehmer oder eine Überschreitung eines Grenzwertes im Sinne des § 45 Abs. 1 oder 2 vorherzusehen ist, müssen Arbeitgeber

1. jede Möglichkeit weiterer technischer Vorbeugungsmaßnahmen zur Begrenzung der Exposition ausschöpfen,
2. Maßnahmen festlegen, die erforderlich sind, um die Dauer der Exposition der Arbeitnehmer auf das unbedingt notwendige Mindestmaß zu verkürzen,
3. dafür sorgen, daß die Arbeitnehmer während dieser Tätigkeiten die entsprechenden persönlichen Schutzausrüstungen verwenden, und
4. dafür sorgen, daß mit diesen Arbeiten nur die dafür unbedingt notwendige Anzahl von Arbeitnehmern beschäftigt wird.

(4) Bei der Verwendung biologischer Arbeitsstoffe müssen Arbeitgeber die dem jeweiligen Gesundheitsrisiko entsprechenden Sicherheitsvorkehrungen treffen. Erforderlichenfalls sind den Arbeitnehmern wirksame Impfstoffe zur Verfügung zu stellen.

Kennzeichnung, Verpackung und Lagerung

§ 44. (1) Soweit die Art des Arbeitsstoffes oder die Art des Arbeitsvorganges dem nicht entgegenstehen, müssen Arbeitgeber dafür sorgen, daß gefährliche Arbeitsstoffe so verpackt sind, daß bei bestimmungsgemäßer oder vorhersehbarer Verwendung keine Gefahr für Leben oder Gesundheit der Arbeitnehmer herbeigeführt werden kann.

(2) Arbeitgeber/innen müssen dafür sorgen, dass Behälter (einschließlich sichtbar verlegter Rohrleitungen), die gefährliche Arbeitsstoffe enthalten, entsprechend den Eigenschaften dieser Arbeitsstoffe mit Angaben über die möglichen Gefahren, die mit ihrer Einwirkung verbunden sind, sowie über notwendige Sicherheitsmaßnahmen gut sichtbar und dauerhaft gekennzeichnet sind,

soweit die Art des Arbeitsstoffes oder die Art des Arbeitsvorganges dem nicht entgegenstehen. In diesem Fall muss durch andere Maßnahmen für eine ausreichende Information und Unterweisung der Arbeitnehmer/innen über die Gefahren, die mit der Einwirkung verbunden sind, und über die notwendigen Sicherheitsmaßnahmen gesorgt werden.

(BGBl I 2015/60)

(3) Bei der Lagerung von gefährlichen Arbeitsstoffen müssen Arbeitgeber dafür sorgen, daß alle auf Grund der jeweiligen gefährlichen Eigenschaften dieser Stoffe gebotenen Schutzmaßnahmen getroffen werden und vorhersehbare Gefahren für die Arbeitnehmer vermieden werden. Räume oder Bereiche (einschließlich Schränke), die für die Lagerung erheblicher Mengen gefährlicher Arbeitsstoffe verwendet werden, müssen bei den Zugängen gut sichtbar gekennzeichnet sein, sofern die einzelnen Verpackungen oder Behälter nicht bereits mit einer ausreichenden Kennzeichnung versehen sind.

(BGBl I 2015/60)

(4) Arbeitgeber müssen dafür sorgen, daß unbefugte Arbeitnehmer zu Bereichen, in denen krebserzeugende (Gefahrenklasse 3.6 – Karzinogenität), erbgutverändernde (Gefahrenklasse 3.5 – Keimzellmutagenität), fortpflanzungsgefährdende (Gefahrenklasse 3.7 – Reproduktionstoxizität oder biologische Arbeitsstoffe der Gruppe 2, 3 oder 4 in Verwendung stehen, keinen Zugang haben. Diese Bereiche sind nach Möglichkeit mit Vorrichtungen auszustatten, die unbefugte Arbeitnehmer am Betreten dieser Bereiche hindern und müssen gut sichtbar gekennzeichnet sein.

(BGBl I 2015/60)

(5) Gefährliche Arbeitsstoffe, die nicht gemäß Abs. 2 gekennzeichnet sind, dürfen nicht verwendet werden.

Grenzwerte

§ 45. (1) Der MAK-Wert (Maximale Arbeitsplatz-Konzentration) ist der Mittelwert in einem bestimmten Beurteilungszeitraum, der die höchstzulässige Konzentration eines Arbeitsstoffes als Gas, Dampf oder Schwebstoff in der Luft am Arbeitsplatz angibt, die nach dem jeweiligen Stand der wissenschaftlichen Erkenntnisse auch bei wiederholter und langfristiger Exposition im allgemeinen die Gesundheit von Arbeitnehmern nicht beeinträchtigt und diese nicht unangemessen belästigt.

(2) Der TRK-Wert (Technische Richtkonzentration) ist der Mittelwert in einem bestimmten Beurteilungszeitraum, der jene Konzentration eines gefährlichen Arbeitsstoffes als Gas, Dampf oder Schwebstoff in der Luft am Arbeitsplatz angibt, die nach dem Stand der Technik erreicht werden kann und die als Anhalt für die zu treffenden Schutzmaßnahmen und die meßtechnische Überwachung am Arbeitsplatz heranzuziehen ist. TRK-Werte sind nur für solche gefährlichen Arbeitsstoffe festzusetzen, für die nach dem jeweiligen Stand der Wissenschaft keine toxikologischarbeitsmedizinisch begründeten MAK-Werte aufgestellt werden können.

(3) Steht ein Arbeitsstoff, für den ein MAK-Wert festgelegt ist, in Verwendung, müssen Arbeitgeber dafür sorgen, daß dieser Wert nicht überschritten wird. Arbeitgeber haben anzustreben, daß dieser Wert stets möglichst weit unterschritten wird.

(4) Steht ein Arbeitsstoff, für den ein TRK-Wert festgelegt ist, in Verwendung, müssen Arbeitgeber dafür sorgen, daß dieser Wert stets möglichst weit unterschritten wird.

(5) Stehen gesundheitsgefährdende Arbeitsstoffe, für die ein MAK-Wert oder TRK-Wert festgelegt ist, in Verwendung, müssen die Arbeitgeber Maßnahmen festlegen, die im Falle von Grenzwertüberschreitungen infolge von Zwischenfällen zu treffen sind.

(6) Bei Grenzwertüberschreitungen auf Grund von Zwischenfällen müssen die Arbeitgeber weiters dafür sorgen, daß, solange die Grenzwertüberschreitung nicht beseitigt ist,

1. nur die für Reparaturen und sonstige notwendige Arbeiten benötigten Arbeitnehmer beschäftigt werden,
2. die Dauer der Exposition für diese Arbeitnehmer auf das unbedingt notwendige Ausmaß beschränkt ist und
3. diese Arbeitnehmer während ihrer Tätigkeit die entsprechenden persönlichen Schutzausrüstungen verwenden.

(7) Steht ein gesundheitsgefährdender Arbeitsstoff in Verwendung, für den kein MAK-Wert oder TRK-Wert festgelegt ist, müssen Arbeitgeber dafür sorgen, daß die Konzentration dieses Arbeitsstoffes als Gas, Dampf oder Schwebstoff in der Luft am Arbeitsplatz stets so gering wie möglich ist.

Messungen

§ 46. (1) Steht ein Arbeitsstoff, für den ein MAK-Wert oder ein TRK-Wert festgelegt ist, in Verwendung oder ist das Auftreten eines solchen Arbeitsstoffes nicht sicher auszuschließen, müssen Arbeitgeber in regelmäßigen Zeitabständen Messungen durchführen oder durchführen lassen.

(2) Steht ein explosionsgefährlicher oder brandgefährlicher Arbeitsstoff in Verwendung und kann auf Grund der Ermittlung und Beurteilung der Gefahren nicht ausgeschlossen werden, daß eine für die Sicherheit der Arbeitnehmer gefährliche Konzentration solcher Arbeitsstoffe vorliegt, sind Messungen durchzuführen oder durchführen zu lassen.

(3) Messungen dürfen nur von Personen durchgeführt werden, die über die notwendige Fachkunde und die notwendigen Einrichtungen verfügen.

(4) Bei Messungen gemäß Abs. 1 muß das Meßverfahren dem zu messenden Arbeitsstoff, dessen Grenzwert und der Atmosphäre am Arbeitsplatz angepaßt sein. Das Meßverfahren muß zu einem für die Exposition der Arbeitnehmer repräsentativen Meßergebnis führen, das die Konzentration des zu messenden Arbeitsstoffes eindeutig in der

Einheit und der Größenordnung des Grenzwertes wiedergibt.

(5) Bei Messungen gemäß Abs. 2 muß das Meßverfahren dem zu messenden Arbeitsstoff, der zu erwartenden für die Sicherheit der Arbeitnehmer gefährlichen Konzentration und der Atmosphäre im Gefahrenbereich angepaßt sein und zu einem für die Konzentration repräsentativen Meßergebnis führen.

(6) Ergibt eine Messung gemäß Abs. 1, daß der Grenzwert eines Arbeitsstoffes nicht überschritten wird, so ist die Messung in angemessenen Zeitabständen zu wiederholen. Je näher die gemessene Konzentration am Grenzwert liegt, umso kürzer haben diese Zeitabstände zu sein. Ergeben wiederholte Messungen die langfristige Einhaltung des Grenzwertes, können die Messungen in längeren Zeitabständen vorgenommen werden, sofern keine Änderung der Arbeitsbedingungen eingetreten ist, die zu einer höheren Exposition der Arbeitnehmer führen könnte.

(7) Ergibt eine Messung gemäß Abs. 1 die Überschreitung eines Grenzwertes, hat der Arbeitgeber unverzüglich die Ursachen festzustellen und Abhilfemaßnahmen zu treffen. Sodann ist eine neuerliche Messung vorzunehmen.

(8) Ergibt eine Messung gemäß Abs. 2, daß eine für die Sicherheit der Arbeitnehmer gefährliche Konzentration eines explosionsgefährlichen oder brandgefährlichen Arbeitsstoffes vorliegt, hat der Arbeitgeber unverzüglich die Ursachen festzustellen und Abhilfemaßnahmen zu treffen.

Verzeichnis der Arbeitnehmer

§ 47. (1) Stehen krebserzeugende (Gefahrenklasse 3.6 – Karzinogenität), erbgutverändernde (Gefahrenklasse 3.5 – Keimzellmutagenität), fortpflanzungsgefährdende (Gefahrenklasse 3.7 – Reproduktionstoxizität) oder biologische Arbeitsstoffe der Gruppe 3 oder 4 in Verwendung, müssen die Arbeitgeber ein Verzeichnis jener Arbeitnehmer führen, die der Einwirkung dieser Arbeitsstoffe ausgesetzt sind.

(BGBl I 2015/60)

(2) Dieses Verzeichnis muß für jeden betroffenen Arbeitnehmer insbesondere folgende Angaben enthalten:

1. Name, Geburtsdatum, Geschlecht,
2. Bezeichnung der Arbeitsstoffe,
3. Art der Gefährdung,
4. Art und Dauer der Tätigkeit,
5. Datum und Ergebnis von Messungen im Arbeitsbereich, soweit vorhanden,
6. Angaben zur Exposition, und
7. Unfälle und Zwischenfälle im Zusammenhang mit diesen Arbeitsstoffen.

(3) Die Verzeichnisse sind stets auf dem aktuellen Stand zu halten und jedenfalls bis zum Ende der Exposition aufzubewahren. Nach Ende der Exposition sind sie dem zuständigen Träger der Unfallversicherung zu übermitteln. Dieser hat diese Verzeichnisse mindestens 40 Jahre aufzubewahren.

(4) Arbeitgeber müssen unbeschadet der §§ 12 und 13 jedem Arbeitnehmer zu den ihn persönlich betreffenden Angaben des Verzeichnisses Zugang gewähren und auf Verlangen Kopien davon aushändigen.

(BGBl I 1997/9)

Verordnungen über Arbeitsstoffe

§ 48. (1) Der Bundesminister für Arbeit, Soziales und Konsumentenschutz hat in Durchführung des 4. Abschnittes durch Verordnung näher zu regeln:

1. die Meldung biologischer Arbeitsstoffe,
2. die Kennzeichnung von gefährlichen Arbeitsstoffen,
3. die Grenzwerte,
4. nähere Bestimmungen über
   a) Anforderungen an Fachkunde und Einrichtungen jener Personen, die Messungen durchführen dürfen,
   b) Meßverfahren, Verfahren der Probenahme, Auswahl der Meßorte, Auswertung der Messungen und Bewertung der Meßergebnisse,
   c) Zeitabstände der Messungen.

(BGBl I 2012/118)

(2) Der Bundesminister für Arbeit, Soziales und Konsumentenschutz kann mit Verordnung anordnen, daß die Bestimmungen des § 42 Abs. 1 und 2 (Verbot von Stoffen oder Verfahren), Abs. 5 (Meldung der Verwendung an das Arbeitsinspektorat), Abs. 7 (Begründung für die Verwendung), § 43 Abs. 1 (Verwendung im geschlossenen System), § 44 Abs. 4 (Zugang zu Gefahrenbereichen) und § 47 (Verzeichnis der Arbeitnehmer) auch für gesundheitsgefährdende Arbeitsstoffe anzuwenden sind, die andere gefährliche Eigenschaften als die in der jeweiligen Bestimmung genannten aufweisen, wenn dies unter Bedachtnahme auf arbeitsmedizinische Erkenntnisse, auf den jeweiligen Stand der Technik oder auf internationale Abkommen erforderlich ist.

(BGBl I 2012/118)

5. Abschnitt
Gesundheitsüberwachung

Eignungs- und Folgeuntersuchungen

§ 49. (1) Mit Tätigkeiten, bei denen die Gefahr einer Berufskrankheit besteht, und bei denen einer arbeitsmedizinischen Untersuchung im Hinblick auf die spezifische mit dieser Tätigkeit verbundene Gesundheitsgefährdung prophylaktische Bedeutung zukommt, dürfen Arbeitnehmer nur beschäftigt werden, wenn

1. vor Aufnahme der Tätigkeit eine solche Untersuchung durchgeführt wurde (Eignungsuntersuchung) und

2. bei Fortdauer der Tätigkeit solche Untersuchungen in regelmäßigen Zeitabständen durchgeführt werden (Folgeuntersuchungen).

(2) Abs. 1 gilt weiters für Tätigkeiten, bei denen häufiger und länger andauernd Atemschutzgeräte (Filter oder Behältergeräte) getragen werden müssen, für Tätigkeiten im Rahmen von Gasrettungsdiensten und für Tätigkeiten unter Einwirkung von den Organismus besonders belastender Hitze.

(3) Das Arbeitsinspektorat hat im Einzelfall mit Bescheid für eine Tätigkeit, die nicht in einer Durchführungsverordnung zu Abs. 1 angeführt ist, Eignungs und Folgeuntersuchungen vorzuschreiben, sofern

1. es sich um eine Tätigkeit handelt, die nach arbeitsmedizinischen Erfahrungen die Gesundheit zu schädigen vermag, und
2. im Hinblick auf die spezifische mit dieser Tätigkeit verbundene Gesundheitsgefährdung einer arbeitsmedizinischen Untersuchung prophylaktische Bedeutung zukommt.

(4) Für Untersuchungen gemäß Abs. 3 gelten die Bestimmungen über Eignungs und Folgeuntersuchungen mit Ausnahme der Bestimmung, daß die Untersuchungen nach einheitlichen Richtlinien durchzuführen und zu beurteilen sind.

(5) In Bescheiden gemäß Abs. 3 sind Art, Umfang und Zeitabstände der Untersuchungen festzulegen. Weiters ist festzulegen, welche Voraussetzungen die Ärzte für die Untersuchungen erfüllen müssen.

(6) Bescheide gemäß Abs. 3 sind auf Antrag des Arbeitgebers oder von Amts wegen aufzuheben, wenn die Voraussetzungen für die Vorschreibung nicht mehr vorliegen.

Untersuchungen bei Lärmeinwirkung

§ 50. (1) Mit Tätigkeiten, die mit gesundheitsgefährdender Lärmeinwirkung verbunden sind, dürfen Arbeitnehmer nur beschäftigt werden, wenn vor Aufnahme der Tätigkeit eine arbeitsmedizinische Untersuchung der Hörfähigkeit durchgeführt wurde. Für diese Untersuchung gelten die Bestimmungen über Eignungsuntersuchungen.

(2) Arbeitgeber haben dafür zu sorgen, daß Arbeitnehmer, die einer gesundheitsgefährdenden Lärmeinwirkung ausgesetzt sind, sich in regelmäßigen Abständen einer arbeitsmedizinischen Untersuchung der Hörfähigkeit unterziehen.

Sonstige besondere Untersuchungen

§ 51. (1) Wenn im Hinblick auf die spezifische mit einer Tätigkeit verbundene Gesundheitsgefährdung nach arbeitsmedizinischen Erkenntnissen oder nach dem jeweiligen Stand der Technik besondere ärztliche Untersuchungen geboten erscheinen, müssen Arbeitgeber dafür sorgen, daß Arbeitnehmer, die eine solche Tätigkeit ausüben oder ausüben sollen, sich auf eigenen Wunsch vor Aufnahme dieser Tätigkeit sowie bei Fortdauer der Tätigkeit in regelmäßigen Zeitabständen einer solchen besonderen Untersuchung unterziehen können.

(2) Tätigkeiten im Sinne des Abs. 1 sind solche, bei denen Arbeitnehmer

1. besonderen physikalischen Einwirkungen ausgesetzt sind oder
2. den Einwirkungen gefährlicher Arbeitsstoffe ausgesetzt sind oder
3. besonders belastenden Arbeitsbedingungen ausgesetzt sind oder
4. bei deren Ausübung durch gesundheitlich nicht geeignete Arbeitnehmer eine besondere Gefahr für diese selbst oder für andere Personen entstehen kann.

(3) Gelangt dem Arbeitsinspektorat zur Kenntnis, daß bei einem Arbeitnehmer eine Erkrankung aufgetreten ist, die auf eine Tätigkeit im Sinne des Abs. 2 zurückzuführen sein könnte, so kann es die Vornahme von besonderen Untersuchungen auch hinsichtlich anderer Arbeitnehmer empfehlen, die mit derartigen Tätigkeiten beschäftigt werden.

Durchführung von Eignungs- und Folgeuntersuchungen

§ 52. Die untersuchenden Ärzte haben bei Durchführung von Eignungs- und Folgeuntersuchungen nach folgenden Grundsätzen vorzugehen:

1. Die Untersuchungen sind nach einheitlichen Richtlinien durchzuführen und zu beurteilen.
2. Die Ergebnisse der Untersuchungen sind in einem Befund festzuhalten.
3. Es hat eine Beurteilung zu erfolgen („geeignet", „nicht geeignet").
4. Wenn die Beurteilung auf „geeignet" lautet, aber eine Verkürzung des Zeitabstandes bis zur Folgeuntersuchung geboten erscheint, ist in die Beurteilung der Zeitabstand bis zur vorzeitigen Folgeuntersuchung aufzunehmen.
5. Der Befund samt Beurteilung ist unverzüglich dem ärztlichen Dienst des zuständigen Arbeitsinspektorates zu übermitteln.
   (BGBl I 2012/118)
6. Der Befund ist dem Arbeitnehmer auf Verlangen zu übermitteln und zu erläutern.
7. Wenn die Beurteilung auf „geeignet" lautet, ist diese Beurteilung dem Arbeitgeber sowie dem Arbeitnehmer schriftlich mitzuteilen.

Elektronische Übermittlung von Befund samt Beurteilung

§ 52a. Die Übermittlung nach § 52 Z 5 ASchG kann auch elektronisch erfolgen. Dies dient dem Zweck der Erfassung und der erleichterten Prüfung von Befund und Beurteilung im Sinn des § 53. Die Vertraulichkeit der Übermittlung von Befund und Beurteilung ist durch dem Stand der Technik entsprechende verschlüsselte Übermittlungsverfahren zu gewährleisten. Die Arbeitsinspektion hat den elektronischen Befund samt Beurteilung 10 Jahre lang ab dem Zeitpunkt der Übermittlung aufzubewahren und mit Ablauf des jeweiligen

Kalenderjahres zu löschen. In Einzelfällen kann die Aufbewahrungsfrist auf Grund einer arbeitsmedizinischen Begründung verlängert werden. Der Bundesminister für Arbeit, Soziales und Konsumentenschutz ist ermächtigt, durch Verordnung die näheren Bestimmungen betreffend die Verfahren zur Einbringung der Daten sowie Datensicherheitsmaßnahmen festzulegen.

(BGBl I 2017/126)

Überprüfung der Beurteilung

§ 53. (1) Die Ärzte der Arbeitsinspektion haben bei Eignungs- und Folgeuntersuchungen von Amts wegen die übermittelten Befunde und Beurteilungen unter Berücksichtigung der Arbeitsbedingungen zu überprüfen.

(2) Die Ärzte der Arbeitsinspektion sind verpflichtet, dem Arbeitnehmer auf Verlangen den Befund zu erläutern.

(3) Über die gesundheitliche Eignung entscheidet das Arbeitsinspektorat mit Bescheid. Im Verfahren haben der Arbeitnehmer und der Arbeitgeber Parteistellung. Tatsachen, die der ärztlichen Verschwiegenheitspflicht unterliegen, sind vom Arbeitsinspektorat dem Arbeitgeber jedoch nur mit Zustimmung des Arbeitnehmers zur Kenntnis zu bringen.

(4) Führt die Überprüfung durch das Arbeitsinspektorat zu einem von der Beurteilung des untersuchenden Arztes abweichenden Ergebnis, so ist diesem Arzt eine Abschrift des Bescheides zu übermitteln. Führt die Überprüfung einer auf „nicht geeignet“ lautenden ärztlichen Beurteilung durch das Arbeitsinspektorat zu einem abweichenden Ergebnis, ist dieser Arzt außerdem vor Bescheiderlassung anzuhören.

(5) Ein Bescheid über die gesundheitliche Eignung kann entfallen, wenn

1. die Beurteilung auf „geeignet“ lautet,
2. die Überprüfung ergibt, daß der Arbeitnehmer für die betreffende Tätigkeit geeignet ist und keine zusätzlichen Maßnahmen zur Verminderung der Gesundheitsgefährdung notwendig sind, und
3. weder der Arbeitgeber noch der Arbeitnehmer einen Antrag auf Erlassung eines Bescheides stellen.

(6) Wenn in der Beurteilung keine Verkürzung des Zeitabstandes bis zur Folgeuntersuchung vorgesehen ist, eine Verkürzung aber auf Grund der Überprüfung geboten erscheint, ist von Amts wegen oder auf Antrag mit Bescheid der Zeitabstand zu verkürzen.

(7) Ist in der Beurteilung eine Verkürzung des Zeitabstandes bis zur Folgeuntersuchung vorgesehen und ergibt die Überprüfung, daß eine solche Verkürzung nicht erforderlich ist, so hat das Arbeitsinspektorat dies dem Arbeitgeber, dem Arbeitnehmer sowie dem Arzt, der die Untersuchung durchgeführt hat, mitzuteilen.

(8) Einer Beschwerde beim Verwaltungsgericht gegen Bescheide über die gesundheitliche Eignung und über die Verkürzung des Zeitabstandes bis zur Folgeuntersuchung kommt keine aufschiebende Wirkung zu.

(BGBl I 2013/71)

(9) Das Arbeitsinspektorat hat dem zuständigen Träger der Unfallversicherung auf Anfrage eine Ausfertigung des Befundes samt Beurteilung zu übermitteln, sofern die Übermittlung dieser personenbezogenen Daten wesentliche Voraussetzung für Zwecke der Forschung nach § 186 Abs. 1 Z 4 ASVG darstellt.

(BGBl I 2001/159)

Bescheide über die gesundheitliche Eignung

§ 54. (1) Die bescheidmäßige Feststellung der gesundheitlichen Eignung auf Grund einer Eignungsuntersuchung oder Folgeuntersuchung kann erfolgen

1. unter Verkürzung des Zeitabstandes bis zur Folgeuntersuchung,
2. unter der Bedingung, daß der Arbeitgeber bestimmte im Bescheid festzulegende geeignete Maßnahmen trifft, die die Gesundheitsgefährdung vermindern.

(2) Bei bescheidmäßiger Feststellung der gesundheitlichen Nichteignung darf der Arbeitnehmer mit den im Bescheid angeführten Tätigkeiten nicht mehr beschäftigt werden. Dies gilt im Fall des Abs. 4 bis zu einer Folgeuntersuchung, sonst bis zur Aufhebung durch Bescheid des Arbeitsinspektorates gemäß Abs. 5.

(3) Das Arbeitsinspektorat kann im Bescheid aussprechen, daß das Beschäftigungsverbot erst nach Ablauf einer bestimmten Frist wirksam wird, wenn dies aus arbeitsmedizinischen Gründen unter Berücksichtigung der Arbeitsbedingungen vertretbar ist.

(4) Ist anzunehmen, daß die gesundheitliche Eignung in absehbarer Zeit wieder gegeben ist, so ist im Bescheid festzulegen, zu welchem Zeitpunkt eine neuerliche Untersuchung frühestens erfolgen soll. In diesem Fall darf der Arbeitnehmer mit den im Bescheid angeführten Tätigkeiten wieder beschäftigt werden, wenn eine Folgeuntersuchung die Beurteilung „geeignet“ ergeben hat.

(5) Die Aufhebung des Beschäftigungsverbotes hat auf Antrag des Arbeitgebers oder des Arbeitnehmers oder von Amts wegen zu erfolgen, wenn auf Grund einer Folgeuntersuchung festgestellt wird, daß die gesundheitliche Eignung für die betreffende Tätigkeit wieder gegeben ist.

Durchführung von sonstigen besonderen Untersuchungen

§ 55. (1) Die untersuchenden Ärzte haben bei der Durchführung von wiederkehrenden Untersuchungen der Hörfähigkeit und bei sonstigen besonderen Untersuchungen wie folgt vorzugehen:

1. Sofern für die Durchführung von solchen Untersuchungen einheitliche Richtlinien erlassen wurden, sind die Untersuchungen nach diesen Richtlinien durchzuführen.

2. Die Ergebnisse der Untersuchungen sind in einem Befund festzuhalten.
3. Der Befund ist dem Arbeitnehmer auf Verlangen zu übermitteln und zu erläutern.

(2) Die Ärzte der Arbeitsinspektion sind verpflichtet, dem Arbeitnehmer auf Verlangen den Befund zu erläutern.

Ermächtigte Ärzte und Ärztinnen

§ 56. (1) Eignungs- und Folgeuntersuchungen sind von ermächtigten Ärzten und Ärztinnen durchzuführen und zu beurteilen. Ein Arzt/Eine Ärztin gilt als ermächtigt, wenn folgende Voraussetzungen vorliegen und eine Eintragung in die Liste nach Abs. 6 erfolgt ist:

1. Berechtigung zur selbständigen Ausübung des ärztlichen Berufes im Sinne des Ärztegesetzes 1998 – ÄrzteG 1998, BGBl. I Nr. 169/1998,
2. Abschluss einer von dem/der Bundesminister/in für Gesundheit und Frauen anerkannten arbeitsmedizinischen Ausbildung gemäß § 38 ÄrzteG 1998,
3. apparative Ausstattung um die Untersuchungen durchführen zu können, wobei zu Teilbereichen der jeweiligen Untersuchung auch andere Ärzte/Ärztinnen oder geeignete Labors mit apparativer Ausstattung für die Durchführung der Untersuchungen herangezogen werden können.

(2) Der Arzt/Die Ärztin hat dem Bundesminister für Arbeit, Soziales und Konsumentenschutz zu melden:

1. vor der erstmaligen Durchführung der jeweiligen Untersuchung: Genaue Angabe der Arbeitsstoffe oder Einwirkungen, für die die Untersuchung durchgeführt werden soll, Name, Anschrift, Telefonnummer, E-Mail-Adresse samt schriftlicher Nachweise über das Vorliegen der Voraussetzungen nach Abs. 1,
2. allfällige Änderungen der Angaben nach Z 1 sowie Voraussetzungen nach Abs. 1,
3. die Einstellung der jeweiligen Untersuchung oder der Tätigkeit.

(3) Der Bundesminister für Arbeit, Soziales und Konsumentenschutz hat auf Grund der Meldung nach Abs. 2 Z 1 zu überprüfen, ob die Voraussetzungen nach Abs. 1 vorliegen. Der Allgemeinen Unfallversicherungsanstalt ist Gelegenheit zu geben, im Rahmen der Überprüfung Stellung zu nehmen, wenn es sich um Untersuchungen handelt, die zur Feststellung der gesundheitlichen Eignung für die Ausübung von Tätigkeiten dienen, die eine Berufskrankheit verursachen können.

(4) Ermächtigte Ärzte/Ärztinnen müssen die Untersuchungen einer regelmäßigen Qualitätssicherung, die den neuesten Erkenntnissen auf dem Gebiet der Arbeitsmedizin entspricht, unterziehen. Sie müssen den Ärzten und Ärztinnen der Arbeitsinspektion auf Verlangen Einsicht in die Unterlagen zur Qualitätssicherung und zur für die Untersuchungen einschlägigen Fortbildung nach § 49 ÄrzteG 1998 gewähren oder Kopien dieser Unterlagen übermitteln sowie Auskünfte dazu erteilen.

(5) Abs. 4 gilt auch für andere Ärzte/Ärztinnen und Labors nach Abs. 1 Z 3.

(6) Der Bundesminister für Arbeit, Soziales und Konsumentenschutz hat eine Liste der ermächtigten Ärzte und Ärztinnen zu erstellen und regelmäßig zu aktualisieren sowie im Internet zu veröffentlichen. Diese Liste hat zu enthalten: Namen, Anschrift, Telefonnummer, E-Mail-Adresse der Ärzte/Ärztinnen sowie die Art der Untersuchung, auf die sich die Eintragung in die Liste bezieht. In diese Liste sind alle Ärzte und Ärztinnen aufzunehmen, bei denen die Überprüfung gemäß Abs. 3 ergeben hat, dass sie die Voraussetzungen nach Abs. 1 erfüllen. Ergibt die Überprüfung, dass die Voraussetzungen nach Abs. 1 nicht erfüllt sind, ist der Arzt/die Ärztin zur Behebung der Mängel schriftlich aufzufordern. Werden die Voraussetzungen nach Abs. 1 weiterhin nicht erfüllt, hat keine Aufnahme in die Liste zu erfolgen. Auf Antrag des Arztes/der Ärztin ist dies mit Bescheid festzustellen.

(7) Ein Arzt/Eine Ärztin ist von der Liste nach Abs. 6 zu streichen, wenn

1. die Voraussetzungen nach Abs. 1 nicht mehr vorliegen oder
2. gegen die für ermächtigte Ärzte/Ärztinnen geltenden Bestimmungen dieses Bundesgesetzes oder der Verordnung über die Gesundheitsüberwachung verstoßen wurde oder
3. innerhalb der letzten fünf Jahre keine entsprechende Untersuchung vorgenommen wurde.

Vor der Streichung ist dem Arzt/der Ärztin Gelegenheit zu geben, Stellung zu nehmen. Auf Antrag des Arztes/der Ärztin ist mit Bescheid festzustellen, dass die Voraussetzungen für eine Streichung vorliegen.

(BGBl I 2017/126)

Kosten der Untersuchungen

§ 57. (1) Die Kosten von Eignungs- und Folgeuntersuchungen sind vom Arbeitgeber zu tragen.

(2) Die Kosten von sonstigen besonderen Untersuchungen hat der Arbeitgeber zu tragen, soweit sie nicht auf Kosten eines Versicherungsträgers erfolgen.

(3) Wenn Eignungs- und Folgeuntersuchungen oder sonstige besondere Untersuchungen im Zusammenhang mit Tätigkeiten, die eine Berufskrankheit verursachen können, durchgeführt werden, hat der Arbeitgeber gegenüber dem zuständigen Träger der Unfallversicherung Anspruch auf Ersatz der Kosten. Dies gilt auch für Eignungsuntersuchungen, die unmittelbar vor Aufnahme einer Tätigkeit durchgeführt werden, die die Unfallversicherungspflicht auslöst.

(BGBl I 1997/9)

(4) Die Höhe des Kostenersatzes wird durch einen privatrechtlichen Vertrag geregelt, welcher für die Träger der Unfallversicherung mit deren

Zustimmung durch den Dachverband der Sozialversicherungsträger mit der Österreichischen Ärztekammer abzuschließen ist. Der Vertrag bedarf zu seiner Rechtsgültigkeit der schriftlichen Form. Im übrigen gelten die Bestimmungen des Sechsten Teils des Allgemeinen Sozialversicherungsgesetzes, BGBl. Nr. 189/1955, sinngemäß.

(BGBl I 1997/9, BGBl I 2018/100)

(5) Der zuständige Träger der Unfallversicherung ist berechtigt, mit ermächtigten Ärzten die direkte Verrechnung der Kosten von Untersuchungen nach Abs. 3 zu vereinbaren.

(BGBl I 1997/9)

(6) Die zuständigen Träger der Unfallversicherung sind berechtigt, die sachliche und rechnerische Richtigkeit der Kosten von Untersuchungen nach Abs. 3 stichprobenartig bei den Ärzten zu überprüfen. Die Ärzte haben in diesem Zusammenhang Auskünfte im erforderlichen Umfang nach Maßgabe des Abs. 7 zu erteilen. Das Vorliegen der Voraussetzungen für eine Auskunftserteilung ist dem betreffenden Arzt gegenüber glaubhaft zu machen.

(BGBl I 1997/9, BGBl I 2012/118)

(7) Auskünfte im Sinne des Abs. 6 dürfen nur insoweit in personenbezogener Form erteilt werden, als dies der Zweck der im Einzelfall vorgenommenen Überprüfung unbedingt erfordert. Medizinische Daten, insbesondere die Diagnose, dürfen nur einem ordnungsgemäß ausgewiesenen bevollmächtigten Arzt des zuständigen Trägers der Unfallversicherung bekanntgegeben werden. Der erste Satz ist auch anzuwenden auf jede weitere Übermittlung innerhalb der Organisation des zuständigen Trägers der Unfallversicherung hinsichtlich der Daten, die in einer Auskunft im Sinne des Abs. 6 enthalten sind.

(BGBl I 1997/9)

(8) Abs. 1 und Abs. 3 bis 7 gelten auch für wiederkehrende Untersuchungen der Hörfähigkeit.

(BGBl I 1997/9)

Pflichten der Arbeitgeber

§ 58. (1) Arbeitgeber müssen den untersuchenden Ärzten Zugang zu den Arbeitsplätzen der zu untersuchenden Arbeitnehmer sowie zu allen für die Durchführung oder Beurteilung notwendigen Informationen, wie zum Beispiel zu Meßergebnissen, gewähren.

(2) Werden Eignungs- und Folgeuntersuchungen, wiederkehrende Untersuchungen der Hörfähigkeit sowie sonstige besondere Untersuchungen während der betrieblichen Arbeitszeit durchgeführt, müssen Arbeitgeber den Arbeitnehmern die erforderliche Freizeit unter Fortzahlung des Entgelts gewähren.

(3) (aufgehoben)

(BGBl I 2001/159)

(4) Arbeitgeber müssen über jeden Arbeitnehmer, für den Eignungs- oder Folgeuntersuchungen erforderlich sind, Aufzeichnungen führen, die folgendes zu enthalten haben:

1. Vor und Zuname, Geburtsdatum und Anschrift,
2. Art der Tätigkeit, die die Untersuchungspflicht begründet,
3. Datum der Aufnahme dieser Tätigkeit,
4. Datum der Beendigung dieser Tätigkeit,
5. Name und Anschrift des untersuchenden Arztes,
6. Datum jeder Untersuchung.

(5) Den Aufzeichnungen sind alle Beurteilungen der untersuchenden Ärzte über die gesundheitliche Eignung sowie allfällige Bescheide des Arbeitsinspektorates und allfällige Erkenntnisse des Verwaltungsgerichts anzuschließen.

(BGBl I 2013/71)

(6) Die Unterlagen gemäß Abs. 4 und 5 sind aufzubewahren, bis der Arbeitnehmer aus dem Betrieb ausscheidet. Sodann sind sie dem zuständigen Träger der Unfallversicherung zu übermitteln. Dieser hat die Unterlagen mindestens 40 Jahre aufzubewahren.

(7) Arbeitgeber müssen unbeschadet der §§ 12 und 13 jedem Arbeitnehmer zu den ihn persönlich betreffenden Aufzeichnungen und Unterlagen Zugang gewähren und auf Verlangen Kopien davon aushändigen.

(BGBl I 1997/9)

Verordnungen über die Gesundheitsüberwachung

§ 59. Der Bundesminister für Arbeit, Soziales und Konsumentenschutz hat in Durchführung des 5. Abschnittes durch Verordnung näher zu regeln:

1. die Tätigkeiten, die Eignungs- und Folgeuntersuchungen erforderlich machen, sowie die Tätigkeiten, bei denen sonstige besondere Untersuchungen geboten sind,
2. die Zeitabstände, in denen Folgeuntersuchungen, wiederkehrende Untersuchungen der Hörfähigkeit sowie sonstige besondere Untersuchungen durchzuführen sind,
3. Richtlinien über die Durchführung von Untersuchungen, wobei insbesondere festzulegen ist, welche speziellen Untersuchungen und Untersuchungsverfahren nach dem jeweiligen Stand der Arbeitsmedizin zur Feststellung der gesundheitlichen Eignung von Arbeitnehmern für bestimmte Tätigkeiten in Betracht kommen, nach welchen arbeitsmedizinischen Kriterien die Untersuchungsergebnisse zu beurteilen sowie welche biologischen Grenzwerte gegebenenfalls zu beachten sind.

(BGBl I 2012/118)

6. Abschnitt
Arbeitsvorgänge und Arbeitsplätze

Allgemeine Bestimmungen über Arbeitsvorgänge

§ 60. (1) Arbeitgeber haben dafür zu sorgen, daß Arbeitsvorgänge so vorbereitet, gestaltet und durchgeführt werden, daß ein wirksamer Schutz des Lebens und der Gesundheit der Arbeitnehmer erreicht wird.

(2) Arbeitsvorgänge sind so zu gestalten, dass Zwangshaltung möglichst vermieden wird und Belastungen durch monotone Arbeitsabläufe, einseitige Belastung, Belastungen durch taktgebundene Arbeiten und Zeitdruck sowie sonstige psychische Belastungen möglichst gering gehalten und ihre gesundheitsschädigenden Auswirkungen abgeschwächt werden.

(BGBl I 2012/118)

(3) Arbeitsvorgänge sind so zu gestalten, daß die Arbeit nach Möglichkeit ganz oder teilweise im Sitzen verrichtet werden kann.

(4) Arbeitgeber/innen haben im Rahmen der Ermittlung und Beurteilung der Gefahren im Bergbau für gefährliche Arbeiten oder normalerweise gefahrlose Arbeiten, die sich mit anderen Arbeitsvorgängen überschneiden und daher eine ernste Gefährdung bewirken können, ein Arbeitsfreigabesystem samt den notwendigen Schutz- und Rettungsmaßnahmen festzulegen und eine geeignete fachkundige Person zu benennen, die die erforderlichen fachlichen Kenntnisse und Berufserfahrungen besitzt und mit den möglichen Gefahren und den erforderlichen Schutz- und Rettungsmaßnahmen vertraut ist. Es ist dafür zu sorgen, dass die festgelegten Arbeiten erst durchgeführt werden, nachdem die benannte Person sich davon überzeugt hat, dass die laut Arbeitsfreigabesystem festgelegten Schutz- und Rettungsmaßnahmen durchgeführt sind, und die Arbeitsfreigabe erteilt hat.

(BGBl I 2012/118)

(5) Arbeitgeber/innen haben im Bergbau jedem/jeder untertägig beschäftigten Arbeitnehmer/in jeweils einen umgebungsluftunabhängigen Selbstretter (Sauerstoffselbstretter) zur Verfügung zu stellen.

(BGBl I 2015/60)

Arbeitsplätze

§ 61. (1) Arbeitsplätze müssen so eingerichtet und beschaffen sein und so erhalten werden, daß die Arbeitnehmer möglichst ohne Gefahr für ihre Sicherheit und Gesundheit ihre Arbeit verrichten können.

(2) Arbeitsplätze müssen so beschaffen sein, daß sie nicht einstürzen, umkippen, einsinken, abrutschen oder ihre Lage auf andere Weise ungewollt verändern.

(3) Arbeitsplätze und Zugänge zu den Arbeitsplätzen müssen erforderlichenfalls mit Einrichtungen zum Schutz gegen Absturz oder herabfallende Gegenstände versehen sein.

(4) Die freie unverstellte Fläche am Arbeitsplatz muß so bemessen sein, daß sich die Arbeitnehmer bei ihrer Tätigkeit ungehindert bewegen können. Ist dies aus arbeitsplatztechnischen Gründen nicht möglich, so muß den Arbeitnehmern erforderlichenfalls in der Nähe des Arbeitsplatzes eine andere ausreichend große Bewegungsfläche zur Verfügung stehen.

(5) Kann die Arbeit ganz oder teilweise im Sitzen verrichtet werden, sind den Arbeitnehmern geeignete Sitzgelegenheiten zur Verfügung zu stellen. Den Arbeitnehmern sind geeignete Arbeitstische, Werkbänke oder sonstige Einrichtungen zur Verfügung zu stellen, soweit deren Verwendung nach der Art der Tätigkeit möglich ist.

(6) An Arbeitsplätzen mit erhöhter Unfallgefahr sowie an abgelegenen Arbeitsplätzen darf ein Arbeitnehmer nur allein beschäftigt werden, wenn eine wirksame Überwachung sichergestellt ist.

(BGBl I 1997/9)

(7) Im Freien und in nicht allseits umschlossenen Räumen dürfen ständige Arbeitsplätze nur eingerichtet werden, wenn dies wegen der Art der Tätigkeiten oder aus sonstigen wichtigen betrieblichen Gründen erforderlich ist. Bei Arbeitsplätzen in nicht allseits umschlossenen Räumen sowie bei ortsgebundenen Arbeitsplätzen im Freien ist dafür zu sorgen, daß die Arbeitnehmer durch geeignete Einrichtungen gegen Witterungseinflüsse soweit als möglich geschützt sind. Bei Arbeitsplätzen im Freien ist dafür zu sorgen, daß die Arbeitnehmer nicht ausgleiten oder abstürzen können.

(8) Für Verkaufsstände im Freien gilt abweichend von Abs. 7 folgendes:

1. An Verkaufsständen im Freien dürfen Arbeitnehmer nur beschäftigt werden, wenn sie gegen Witterungseinflüsse, schädliche Zugluft, Einwirkungen durch Lärm, Erschütterungen und Abgase von Kraftfahrzeugen ausreichend geschützt sind.
2. An Verkaufsständen im Freien, die organisatorisch und räumlich im Zusammenhang mit Verkaufsläden oder sonstigen Betriebsgebäuden stehen, dürfen Arbeitnehmer außerdem nur beschäftigt werden, wenn die Außentemperatur am Verkaufsstand mehr als +16 °C beträgt.

Fachkenntnisse und besondere Aufsicht

§ 62. (1) Zu Arbeiten, die mit einer besonderen Gefahr für die damit beschäftigten oder für andere Arbeitnehmer verbunden sind, dürfen nur Arbeitnehmer herangezogen werden, die

1. hiefür geistig und körperlich geeignet sind,
2. über einen Nachweis der erforderlichen Fachkenntnisse verfügen und
3. über die erforderliche Berufserfahrung verfügen.

(2) Abs. 1 gilt für die Durchführung von Taucherarbeiten, das Führen von bestimmten Kranen und Staplern, die Beschäftigung im Rahmen eines Gasrettungsdienstes, die Durchführung von Sprengarbeiten sowie sonstige Arbeiten mit vergleichbarem Risiko.

(3) Mit der Durchführung von Sprengarbeiten dürfen darüber hinaus nur Arbeitnehmer beschäftigt werden, die verläßlich sind.

(4) Wenn es für eine sichere Durchführung der Arbeiten erforderlich ist, hat die Organisation und Vorbereitung durch Personen zu erfolgen, die hiefür geeignet sind und die erforderlichen Fachkenntnisse nachweisen. Dies gilt für Vorbereitungs und Organisationsarbeiten betreffend besonders gefährliche Arbeiten unter Spannung, bühnentechnische und beleuchtungstechnische Arbeiten sowie sonstige Arbeiten, für die hinsichtlich der Vorbereitung und Organisation vergleichbare Anforderungen bestehen.

(5) Wenn es mit Rücksicht auf die mit der Arbeit verbundenen Gefahren oder die spezifischen Arbeitsbedingungen erforderlich ist, dürfen Arbeiten nur unter Aufsicht einer geeigneten Person durchgeführt werden. Taucherarbeiten, bestimmte Bauarbeiten sowie sonstige Arbeiten, die hinsichtlich der Gefahren oder der Arbeitsbedingungen vergleichbar sind, dürfen nur unter Aufsicht von Personen durchgeführt werden, die hiefür geeignet sind und über fachliche Kenntnisse verfügen.

(BGBl I 2001/159, BGBl I 2012/118)

(6) Abs. 2 bis 5 gelten auch für den Arbeitgeber, soweit dies zur Vermeidung einer Gefahr für die Sicherheit oder die Gesundheit der Arbeitnehmer erforderlich ist.

(BGBl I 2012/118)

(7) (aufgehoben)

(BGBl I 2012/118, BGBl I 2017/126)

Nachweis der Fachkenntnisse

§ 63. (1) Der Nachweis der Fachkenntnisse gemäß § 62 ist durch ein Zeugnis einer hiefür in Betracht kommenden Unterrichtsanstalt oder durch ein Zeugnis einer anderen Einrichtung zu erbringen, die hiezu vom Bundesminister für Arbeit, Soziales und Konsumentenschutz ermächtigt wurde.

(BGBl I 1999/12, BGBl I 2012/35)

(2) Die Ermächtigung ist zu erteilen, wenn die Gewähr dafür gegeben ist, daß die notwendigen Fachkenntnisse in entsprechender Weise vermittelt werden. Die Ermächtigung ist unter Auflagen zu erteilen, wenn dies zur Gewährleistung einer ordnungsgemäßen Vermittlung der Fachkenntnisse erforderlich ist. Die Ermächtigung ist zu widerrufen, wenn gegen die Bestimmungen dieses Bundesgesetzes oder der dazu erlassenen Verordnungen über die Vermittlung der Fachkenntnisse verstoßen wurde, die Auflagen nicht eingehalten werden, oder wenn die Voraussetzungen für die Ermächtigung nicht mehr vorliegen.

(3) Zur Vermittlung der Fachkenntnisse zur Durchführung von Sprengarbeiten sind von der Unterrichtsanstalt oder ermächtigten Einrichtung nur Auszubildende zuzulassen, die eine Bescheinigung der Landespolizeidirektion, insoweit diese für das Gebiet einer Gemeinde zugleich Sicherheitsbehörde erster Instanz ist, oder, außerhalb dieses örtlichen Wirkungsbereiches, der Bezirksverwaltungsbehörde über ihre Verläßlichkeit beibringen. Zur Beurteilung der Verläßlichkeit nach diesem Bundesgesetz ist sinngemäß § 8 des Waffengesetzes 1996, BGBl. I Nr. 12/1997, heranzuziehen, wobei auch entsprechend schwerwiegende Verwaltungsübertretungen zu berücksichtigen sind.

(BGBl I 1997/9, BGBl I 2001/159, BGBl I 2012/50)

(4) Der Nachweis der Fachkenntnisse ist von der zuständigen Behörde zu entziehen, wenn die betreffende Person zur Durchführung der betreffenden Arbeiten geistig oder körperlich nicht mehr geeignet ist. Gleiches gilt, wenn auf Grund besonderer Vorkommnisse, z.B. eines Fehlverhaltens, das zu einem Unfall geführt hat, eine sichere Durchführung der Arbeiten durch die betreffende Person nicht mehr gewährleistet ist. Der Entzug des Nachweises ist dem Arbeitgeber, dem zuständigen Arbeitsinspektorat sowie jener Unterrichtsanstalt oder Einrichtung, die den Nachweis ausgestellt hat, bekanntzugeben.

(5) Die Arbeitsinspektorate haben Umstände, die zur Entziehung des Nachweises der Fachkenntnisse führen könnten, der zuständigen Behörde zur Kenntnis zu bringen. Werden dem Arbeitgeber Umstände bekannt, die zum Entzug des Nachweises der Fachkenntnisse führen könnten, hat er dies dem zuständigen Arbeitsinspektorat zu melden.

(6) Die Sicherheitsbehörden haben Umstände, die zur Entziehung des Nachweises der Fachkenntnisse betreffend die Durchführung von Sprengarbeiten führen könnten, der zuständigen Behörde zur Kenntnis zu bringen.

Handhabung von Lasten

§ 64. (1) Als manuelle Handhabung im Sinne dieser Bestimmung gilt jede Beförderung oder das Abstützen einer Last durch Arbeitnehmer, insbesondere das Heben, Absetzen, Schieben, Ziehen, Tragen und Bewegen einer Last, wenn dies auf Grund der Merkmale der Last oder ungünstiger ergonomischer Bedingungen für die Arbeitnehmer eine Gefährdung, insbesondere des Bewegungs- und Stützapparates, mit sich bringt.

(2) Arbeitgeber haben geeignete organisatorische Maßnahmen zu treffen oder geeignete Mittel einzusetzen, um zu vermeiden, daß Arbeitnehmer Lasten manuell handhaben müssen.

(3) Läßt es sich nicht vermeiden, daß Arbeitnehmer Lasten manuell handhaben müssen, so haben die Arbeitgeber im Rahmen der Ermittlung und Beurteilung der Gefahren insbesondere die Merkmale der Last, den erforderlichen körperlichen Kraftaufwand, die Merkmale der Arbeitsumgebung und die Erfordernisse der Aufgabe zu berücksichtigen. Die Arbeitgeber haben dafür zu sorgen, daß es bei den Arbeitnehmern nicht zu einer Gefährdung des Bewegungs- und Stützapparates kommt oder daß solche Gefährdungen gering gehalten werden, indem sie unter Berücksichtigung der Merkmale der Arbeitsumgebung und der Erfordernisse der Aufgabe geeignete Maßnahmen treffen.

(4) Arbeitnehmer dürfen mit der manuellen Handhabung von Lasten nur beschäftigt werden, wenn sie dafür körperlich geeignet sind und über ausreichende Kenntnisse und eine ausreichende Unterweisung verfügen.

(5) Arbeitnehmer, die mit der manuellen Handhabung von Lasten beschäftigt werden, müssen Angaben über die damit verbundene Gefährdung des Bewegungs- und Stützapparates sowie nach Möglichkeit auch genaue Angaben über das Gewicht und die sonstigen Merkmale der Lasten erhalten. Die Arbeitnehmer müssen genaue Anweisungen über die sachgemäße Handhabung von Lasten und Angaben über die bestehenden Gefahren bei unsachgemäßer Handhabung erhalten.

Lärm

§ 65. (1) Arbeitgeber haben unter Berücksichtigung des Standes der Technik die Arbeitsvorgänge und die Arbeitsplätze entsprechend zu gestalten und alle geeigneten Maßnahmen zu treffen, damit die Lärmeinwirkung auf das niedrigste in der Praxis vertretbare Niveau gesenkt wird. Unter Berücksichtigung des technischen Fortschrittes und der verfügbaren Maßnahmen ist auf eine Verringerung des Lärms, möglichst direkt an der Entstehungsquelle, hinzuwirken.

(2) Im Rahmen der Ermittlung und Beurteilung der Gefahren ist auch zu ermitteln, ob die Arbeitnehmer einer Lärmgefährdung ausgesetzt sein könnten. Wenn eine solche Gefährdung nicht ausgeschlossen werden kann, ist der Lärm zu messen. Bei der Messung ist gegebenenfalls auch Impulslärm zu berücksichtigen. Diese Ermittlung und Messung ist in regelmäßigen Zeitabständen sowie bei Änderung der Arbeitsbedingungen zu wiederholen.

(3) Die Ermittlung und Messung ist unter der Verantwortung der Arbeitgeber fachkundig zu planen und durchzuführen. Das Meßverfahren muß zu einem für die Exposition der Arbeitnehmer repräsentativen Ergebnis führen.

(4) Je nach Ausmaß der Lärmeinwirkung sind die erforderlichen Maßnahmen zur Verringerung und Beseitigung der Gefahren zu treffen. Zu diesen Maßnahmen zählen insbesondere:

1. Die Arbeitnehmer sind über die möglichen Gefahren der Lärmeinwirkung und die zur Verringerung dieser Gefahren getroffenen Maßnahmen zu informieren und zu unterweisen.
2. Den Arbeitnehmern sind geeignete Gehörschutzmittel zur Verfügung zu stellen.
3. Die Arbeitnehmer haben die Gehörschutzmittel zu benutzen.
4. Die Lärmbereiche sind zu kennzeichnen und abzugrenzen. Der Zugang zu diesen Bereichen ist zu beschränken.
5. Die Gründe für die Lärmeinwirkung sind zu ermitteln. Es ist ein Programm technischer Maßnahmen und Maßnahmen der Arbeitsgestaltung zur Herabsetzung der Lärmeinwirkung festzulegen und durchzuführen.
6. Es ist ein Verzeichnis jener Arbeitnehmer zu führen, die der Lärmeinwirkung ausgesetzt sind. Dieses Verzeichnis ist stets auf dem aktuellen Stand zu halten und jedenfalls bis zum Ende der Exposition aufzubewahren. Nach Ende der Exposition ist es dem zuständigen Träger der Unfallversicherung zu übermitteln. Arbeitgeber müssen jedem Arbeitnehmer zu den ihn persönlich betreffenden Angaben des Verzeichnisses Zugang gewähren.

Sonstige Einwirkungen und Belastungen

§ 66. (1) Arbeitgeber haben unter Berücksichtigung des Standes der Technik die Arbeitsvorgänge und Arbeitsplätze so zu gestalten und alle geeigneten Maßnahmen zu treffen, daß das Ausmaß von Erschütterungen, die auf den menschlichen Körper übertragen werden, möglichst gering gehalten wird. Gleiches gilt auch für andere physikalische Einwirkungen.

(2) Arbeitgeber haben die Arbeitsvorgänge und Arbeitsplätze entsprechend zu gestalten und alle geeigneten Maßnahmen zu treffen, damit die Arbeitnehmer keinen erheblichen Beeinträchtigungen durch blendendes Licht, Wärmestrahlung, Zugluft, üblen Geruch, Hitze, Kälte, Nässe, Feuchtigkeit oder vergleichbare Einwirkungen ausgesetzt sind oder diese Einwirkungen möglichst gering gehalten werden.

(3) Lassen sich gesundheitsgefährdende Erschütterungen oder sonstige besondere Belastungen nicht durch andere Maßnahmen vermeiden oder auf ein vertretbares Ausmaß verringern, so sind zur Verringerung der Belastungen oder zum Ausgleich geeignete organisatorische Maßnahmen zu treffen, wie eine Beschränkung der Beschäftigungsdauer, Arbeitsunterbrechungen oder die Einhaltung von Erholzeiten. Dies gilt für Druckluft und Taucherarbeiten, für Arbeiten, die mit besonderen physischen Belastungen verbunden sind sowie für Arbeiten unter vergleichbaren Belastungen, wie besonders belastenden klimatischen Bedingungen, z.B. Arbeiten in Kühlräumen.

Bildschirmarbeitsplätze

§ 67. (1) Bildschirmgerät im Sinne dieser Bestimmung ist eine Baueinheit mit einem Bildschirm zur Darstellung alphanumerischer Zeichen oder zur Grafikdarstellung, ungeachtet des Darstellungsverfahrens. Bildschirmarbeitsplätze im Sinne dieser Bestimmung sind Arbeitsplätze, bei denen das Bildschirmgerät und die Dateneingabetastatur oder sonstige Steuerungseinheit sowie gegebenenfalls ein Informationsträger eine funktionale Einheit bilden.

(2) Arbeitgeber sind verpflichtet, Bildschirmarbeitsplätze ergonomisch zu gestalten. Es dürfen nur Bildschirmgeräte, Eingabe oder Datenerfassungsvorrichtungen sowie Zusatzgeräte verwendet werden, die dem Stand der Technik und den ergonomischen Anforderungen entsprechen. Es sind geeignete Arbeitstische bzw. Arbeitsflächen und Sitzgelegenheiten zur Verfügung zu stellen.

(3) Bildschirmarbeitsplätze sind so zu bemessen und einzurichten, daß ausreichend Platz vorhanden ist, um wechselnde Arbeitshaltungen und -bewegungen zu ermöglichen. Es ist für eine ge-

eignete Beleuchtung und dafür zu sorgen, daß eine Reflexion und eine Blendung vermieden werden.

(4) Auf tragbare Datenverarbeitungsgeräte ist Abs. 2 und 3 anzuwenden, wenn sie regelmäßig am Arbeitsplatz eingesetzt werden.

(5) Bei den nachstehend angeführten Einrichtungen bzw. Geräten sind die nach der Art oder Zweckbestimmung der Einrichtung oder der Art der Arbeitsvorgänge erforderlichen Abweichungen von Abs. 2 und 3 zulässig:

1. Fahrer- und Bedienungsstände von Fahrzeugen und Maschinen,
2. Datenverarbeitungsanlagen an Bord eines Verkehrsmittels,
3. Datenverarbeitungsanlagen, die hauptsächlich zur Benutzung durch die Öffentlichkeit bestimmt sind,
4. Rechenmaschinen, Registrierkassen und Geräte mit einer kleinen Daten- oder Meßwertanzeigevorrichtung, die zur direkten Benutzung des Gerätes erforderlich ist, und *(BGBl I 2012/118)*
5. Display-Schreibmaschinen.

(6) Abs. 1, 2 mit Ausnahme des letzten Satzes und 4 gelten auch für die vom Arbeitgeber den Arbeitnehmern zur Erbringung von Arbeitsleistungen außerhalb der Arbeitsstätte zur Verfügung gestellten Bildschirmgeräte, Eingabe- oder Datenerfassungsvorrichtungen sowie Zusatzgeräte, Arbeitstische bzw. Arbeitsflächen und Sitzgelegenheiten.

(BGBl I 1997/9)

Besondere Maßnahmen bei Bildschirmarbeit

§ 68. (1) Im Rahmen der Ermittlung und Beurteilung der Gefahren ist auch auf die mögliche Beeinträchtigung des Sehvermögens sowie auf physische und psychische Belastungen besonders Bedacht zu nehmen. Auf Grundlage dieser Ermittlung und Beurteilung sind zweckdienliche Maßnahmen zur Ausschaltung der festgestellten Gefahren zu treffen, wobei das allfällige Zusammenwirken der festgestellten Gefahren zu berücksichtigen ist.

(2) Bei der Konzipierung, Auswahl, Einführung und Änderung der Software sowie bei der Gestaltung von Tätigkeiten, bei denen Bildschirmgeräte zum Einsatz kommen, haben die Arbeitgeber folgende Faktoren zu berücksichtigen:

1. Die Software muß der auszuführenden Tätigkeit angepaßt sein.
2. Die Software muß benutzerfreundlich sein und gegebenenfalls dem Kenntnis- und Erfahrungsstand der Benutzer angepaßt werden können.
3. Die Systeme müssen den Arbeitnehmern Angaben über die jeweiligen Abläufe bieten.
4. Die Systeme müssen die Information in einem Format und in einem Tempo anzeigen, das den Benutzern angepaßt ist.
5. Die Grundsätze der Ergonomie sind insbesondere auf die Verarbeitung von Informationen durch den Menschen anzuwenden.

(3) Bei Beschäftigung von Arbeitnehmern, die bei einem nicht unwesentlichen Teil ihrer normalen Arbeit ein Bildschirmgerät benutzen, gilt folgendes:

1. Die Arbeitgeber haben die Tätigkeit so zu organisieren, daß die tägliche Arbeit an Bildschirmgeräten regelmäßig durch Pausen oder durch andere Tätigkeiten unterbrochen wird, die die Belastung durch Bildschirmarbeit verringern.
2. Die Arbeitnehmer haben das Recht auf eine Untersuchung der Augen und des Sehvermögens, und zwar vor Aufnahme der Tätigkeit, sowie anschließend in regelmäßigen Abständen und weiters bei Auftreten von Sehbeschwerden, die auf die Bildschirmarbeit zurückgeführt werden können.
3. Die Arbeitnehmer haben das Recht auf eine augenärztliche Untersuchung, wenn sich dies auf Grund der Ergebnisse der Untersuchung nach Z 2 als erforderlich erweist.
4. Den Arbeitnehmern sind spezielle Sehhilfen zur Verfügung zu stellen, wenn die Ergebnisse der Untersuchungen nach Z 2 und 3 ergeben, daß diese notwendig sind.

(4) Maßnahmen nach Abs. 3 Z 2 bis 4 dürfen in keinem Fall zu einer finanziellen Mehrbelastung der Arbeitnehmer führen.

(5) Auf tragbare Datenverarbeitungsgeräte, die nicht regelmäßig am Arbeitsplatz eingesetzt werden, ist Abs. 2 nicht anzuwenden.

(6) Auf die in § 67 Abs. 5 angeführten Einrichtungen bzw. Geräte ist Abs. 2 nur anzuwenden, soweit die Art oder Zweckbestimmung der Einrichtung oder die Art der Arbeitsvorgänge dem nicht entgegenstehen. Auf die in § 67 Abs. 5 Z 1 und 2 angeführten Fahrer- und Bedienungsstände von Fahrzeugen und Datenverarbeitungsanlagen an Bord eines Verkehrsmittels ist Abs. 3 Z 1 nur anzuwenden, soweit die Art oder Zweckbestimmung der Einrichtung oder die Art der Arbeitsvorgänge dem nicht entgegenstehen.

(BGBl I 2001/159)

(7) Abs. 2 gilt auch für Bildschirmarbeit außerhalb der Arbeitsstätte.

(BGBl I 1997/9)

Persönliche Schutzausrüstung

§ 69. (1) Als persönliche Schutzausrüstung gilt jede Ausrüstung, die dazu bestimmt ist, von den Arbeitnehmern benutzt oder getragen zu werden, um sich gegen eine Gefahr für ihre Sicherheit oder Gesundheit bei der Arbeit zu schützen, sowie jede mit demselben Ziel verwendete Zusatzausrüstung.

(2) Persönliche Schutzausrüstungen sind von den Arbeitgebern auf ihre Kosten zur Verfügung zu stellen, wenn Gefahren nicht durch kollektive technische Schutzmaßnahmen oder durch arbeitsorganisatorische Maßnahmen vermieden oder ausreichend begrenzt werden können.

(3) Arbeitnehmer sind verpflichtet, die persönlichen Schutzausrüstungen zu benutzen. Arbeitgeber

dürfen ein dem widersprechendes Verhalten der Arbeitnehmer nicht dulden.

(4) Persönliche Schutzausrüstungen dürfen, außer in besonderen Ausnahmefällen, nur für jene Zwecke und unter jenen Bedingungen eingesetzt werden, für die sie nach den Angaben des Herstellers oder des Inverkehrbringers bestimmt sind.

(5) Persönliche Schutzausrüstungen müssen für den persönlichen Gebrauch durch einen Arbeitnehmer bestimmt sein. Erfordern die Umstände eine Benutzung durch verschiedene Personen, so sind entsprechende Maßnahmen zu treffen, damit sich dadurch für die verschiedenen Benutzer keine Gesundheits- und Hygieneprobleme ergeben.

(6) Arbeitgeber haben durch geeignete Lagerung und ausreichende Reinigungs-, Wartungs-, Reparatur- und Ersatzmaßnahmen ein gutes Funktionieren der persönlichen Schutzausrüstung und einwandfreie hygienische Bedingungen zu gewährleisten. Dabei sind insbesondere die Verwenderinformationen der Hersteller und Inverkehrbringer zu berücksichtigen.

(7) (aufgehoben)

(BGBl I 2012/118, BGBl I 2015/60)

Auswahl der persönlichen Schutzausrüstung

§ 70. (1) Arbeitgeber dürfen nur solche persönliche Schutzausrüstungen zur Verfügung stellen, die

1. hinsichtlich ihrer Konzeption und Konstruktion den für das Inverkehrbringen geltenden Sicherheits- und Gesundheitsanforderungen entsprechen,
2. Schutz gegenüber den zu verhütenden Gefahren bieten, ohne selbst eine größere Gefahr mit sich zu bringen,
3. für die am Arbeitsplatz gegebenen Bedingungen geeignet sind,
4. den ergonomischen Anforderungen und den gesundheitlichen Erfordernissen des Arbeitnehmers Rechnung tragen sowie
5. dem Träger, allenfalls nach erforderlicher Anpassung, passen.

(2) Zu den Bedingungen im Sinne des Abs. 1 Z 3 zählen die Dauer ihres Einsatzes, das Risiko, die Häufigkeit der Exposition gegenüber diesem Risiko, die spezifischen Merkmale des Arbeitsplatzes der einzelnen Arbeitnehmer und die Leistungswerte der persönlichen Schutzausrüstung.

(3) Werden von Arbeitgebern persönliche Schutzausrüstungen erworben, die nach den für sie geltenden Rechtsvorschriften gekennzeichnet sind, können Arbeitgeber, die über keine anderen Erkenntnisse verfügen, davon ausgehen, daß diese persönlichen Schutzausrüstungen hinsichtlich Konstruktion, Bau und weiterer Schutzmaßnahmen den für sie im Zeitpunkt des Inverkehrbringens geltenden Rechtsvorschriften über Sicherheits und Gesundheitsanforderungen entsprechen.

(4) Machen verschiedene Gefahren den gleichzeitigen Einsatz mehrerer persönlicher Schutzausrüstungen notwendig, so müssen diese Ausrüstungen aufeinander abgestimmt und muß ihre Schutzwirkung gegenüber den betreffenden Gefahren gewährleistet sein.

(5) Vor der Auswahl der persönlichen Schutzausrüstung müssen die Arbeitgeber eine Bewertung der von ihnen vorgesehenen persönlichen Schutzausrüstung vornehmen, um festzustellen, ob sie den in Abs. 1, 2 und 4 genannten Anforderungen entspricht. Die Bewertung hat zu umfassen:

1. die Untersuchung und Abwägung derjenigen Gefahren, die anderweitig nicht vermieden oder ausreichend begrenzt werden können,
2. die Definition der Eigenschaften, die persönliche Schutzausrüstungen aufweisen müssen, damit sie einen Schutz gegenüber diesen Gefahren bieten, wobei eventuelle Gefahrenquellen, die die persönliche Schutzausrüstung selbst darstellen oder bewirken kann, zu berücksichtigen sind, und
3. die Bewertung der Eigenschaften der entsprechenden verfügbaren persönlichen Schutzausrüstungen im Vergleich mit den unter Z 2 genannten Eigenschaften.

(6) Die Bewertung ist bei Änderung der für die Bewertung maßgeblichen Kriterien zu wiederholen. Arbeitgeber sind verpflichtet, diese Bewertung sowie die Grundlagen für die Bewertung dem Arbeitsinspektorat auf Verlangen zur Verfügung zu stellen.

Arbeitskleidung

§ 71. (1) Die Arbeitskleidung muß den Erfordernissen der Tätigkeit entsprechen und so beschaffen sein, daß durch die Kleidung keine Gefährdung der Sicherheit und Gesundheit bewirkt wird.

(2) Wenn die Art der Tätigkeit zum Schutz der Arbeitnehmer eine bestimmte Arbeitskleidung erfordert oder wenn die Arbeitskleidung durch gesundheitsgefährdende oder ekelerregende Arbeitsstoffe verunreinigt wird, sind die Arbeitgeber verpflichtet, auf ihre Kosten den Arbeitnehmern geeignete Arbeitskleidung zur Verfügung zu stellen und für eine ausreichende Reinigung dieser Arbeitskleidung zu sorgen.

Verordnungen über Arbeitsvorgänge und Arbeitsplätze

§ 72. (1) Der Bundesminister für Arbeit, Soziales und Konsumentenschutz hat in Durchführung des 6. Abschnittes durch Verordnung näher zu regeln:

1. jene Tätigkeiten, für die ein Nachweis der Fachkenntnisse erforderlich ist, die Ermächtigung nach § 63 einschließlich der Grundzüge der Ausbildung zur Vermittlung der notwendigen Fachkenntnisse sowie die Anerkennung ausländischer Zeugnisse über den Nachweis der Fachkenntnisse,

   (BGBl I 2012/118)
2. Grenzwerte für die Handhabung von Lasten, sobald gesicherte wissenschaftliche Erkenntnisse oder Normen für die Festlegung solcher Grenzwerte vorliegen,

3. die Ermittlungen und Messungen betreffend Lärm sowie die Grenzwerte (Auslöseschwellen) für die Schutzmaßnahmen nach § 65 Abs. 4,
4. für sonstige physikalische Einwirkungen Grenzwerte (Auslöseschwellen), sobald gesicherte wissenschaftliche Erkenntnisse oder Normen für die Festlegung solcher Werte vorliegen, auf das Ausmaß dieser Einwirkungen abgestimmte geeignete Maßnahmen zur Verringerung oder Beseitigung der Gefahren sowie die Ermittlungen und Messungen betreffend diese physikalischen Einwirkungen,
5. die Tätigkeiten und Bedingungen, bei denen bestimmte persönliche Schutzausrüstungen zur Verfügung zu stellen sind, sowie die Benutzung von persönlichen Schutzausrüstungen,
6. die Tätigkeiten und Bedingungen, bei denen Arbeitskleidung zur Verfügung gestellt werden muß.

(BGBl I 2012/118)

(2) Für persönliche Schutzausrüstungen, auf die die Gewerbeordnung 1994, BGBl. Nr. 194/1994, nicht anzuwenden ist, kann der Bundesminister für Arbeit, Soziales und Konsumentenschutz durch Verordnung die grundlegenden Sicherheitsanforderungen hinsichtlich Konstruktion, Bau und weiterer Schutzmaßnahmen einschließlich der Erstellung von Beschreibungen und Bedienungsanleitungen festlegen. In diesen Verordnungen können auch besondere Regelungen über die Prüfung, Übereinstimmungserklärung und über eine Zulassung durch Bescheid des Bundesministers für Arbeit, Soziales und Konsumentenschutz getroffen werden.

(BGBl I 2012/35)

7. Abschnitt
Präventivdienste

Bestellung von Sicherheitsfachkräften

§ 73. (1) Arbeitgeber haben Sicherheitsfachkräfte (Fachkräfte für Arbeitssicherheit) zu bestellen. Diese Verpflichtung ist gemäß folgender Z 1 oder, wenn ein Arbeitgeber nicht über entsprechend fachkundiges Personal verfügt, gemäß folgender Z 2 oder 3 zu erfüllen:

1. durch Beschäftigung von Sicherheitsfachkräften im Rahmen eines Arbeitsverhältnisses (betriebseigene Sicherheitsfachkräfte),

   (BGBl I 2006/147)
2. durch Inanspruchnahme externer Sicherheitsfachkräfte oder
3. durch Inanspruchnahme eines sicherheitstechnischen Zentrums.

(BGBl I 2001/159, BGBl I 2006/147)

(2) Als Sicherheitsfachkräfte dürfen nur Personen bestellt werden, die die erforderlichen Fachkenntnisse gemäß § 74 nachweisen.

(3) Sicherheitsfachkräfte sind bei Anwendung ihrer Fachkunde weisungsfrei.

(4) Arbeitgeber sind verpflichtet, den Sicherheitsfachkräften das für die Durchführung ihrer Aufgaben notwendige Hilfspersonal sowie die erforderlichen Räume, Ausstattung und Mittel zur Verfügung zu stellen.

(5) Bei Inanspruchnahme eines sicherheitstechnischen Zentrums entfällt die Verpflichtung der Arbeitgeber zur Beistellung des Hilfspersonals, der Ausstattung und der Mittel. Bei Inanspruchnahme externer Sicherheitsfachkräfte entfällt diese Verpflichtung der Arbeitgeber insoweit, als die externen Sicherheitsfachkräfte nachweislich das erforderliche Hilfspersonal, die erforderliche Ausstattung und die erforderlichen Mittel beistellen.

(BGBl I 1999/12)

Fachkenntnisse der Sicherheitsfachkräfte

§ 74. (1) Die erforderlichen Fachkenntnisse sind durch ein Zeugnis über den erfolgreichen Abschluß einer vom Bundesminister für Arbeit, Soziales und Konsumentenschutz anerkannten Fachausbildung nachzuweisen.

(BGBl I 2012/118)

(2) Eine Fachausbildung ist auf Antrag anzuerkennen, wenn

1. nach dem vorgelegten Ausbildungsplan davon auszugehen ist, daß sie die Auszubildenden in die Lage versetzt, die Aufgaben einer Sicherheitsfachkraft zu erfüllen und das dafür notwendige Wissen auf dem Gebiet der Arbeitssicherheit und Kenntnisse über die maßgeblichen Arbeitnehmerschutzvorschriften vermittelt und
2. die Ausbildungseinrichtung über die zur Erreichung des Ausbildungszieles erforderliche Ausstattung, Lehrmittel und Lehrkräfte verfügt.

(3) Die Anerkennung ist unter Vorschreibung von Auflagen zu erteilen, wenn dies zur Gewährleistung einer ordnungsgemäßen Ausbildung im Hinblick auf Abs. 2 Z 2 und Abs. 4 erforderlich ist. Die Anerkennung ist zu widerrufen, wenn die ordnungsgemäße Ausbildung nicht mehr gewährleistet ist.

(4) Zur Fachausbildung sind nur Personen zuzulassen, die über ausreichende Grundkenntnisse auf technischem Gebiet und ausreichende betriebliche Erfahrungen verfügen. Personen, die diese Grundkenntnisse nicht durch den erfolgreichen Abschluß einer geeigneten Ausbildung nachweisen, dürfen erst nach erfolgreicher Ablegung einer Aufnahmeprüfung zur Fachausbildung zugelassen werden.

Sicherheitstechnische Zentren

§ 75. (1) Für den Betrieb eines sicherheitstechnischen Zentrums im Sinne dieses Bundesgesetzes müssen folgende Voraussetzungen erfüllt sein:

1. Die sicherheitstechnische Leitung des Zentrums muß einer Sicherheitsfachkraft übertragen sein, die die erforderlichen Fachkennt-

nisse nachweist und die sicherheitstechnische Betreuung hauptberuflich ausübt.

(BGBl I 2012/118)

2. Im Zentrum müssen weitere Sicherheitsfachkräfte beschäftigt werden, die die erforderlichen Fachkenntnisse nachweisen, sodaß gewährleistet ist, daß das Zentrum regelmäßig eine sicherheitstechnische Betreuung im Ausmaß von mindestens 70 Stunden wöchentlich ausüben kann, wobei auf dieses Ausmaß nur die Einsatzzeit von Sicherheitsfachkräften anzurechnen ist, die regelmäßig mindestens acht Stunden wöchentlich beschäftigt werden.
3. Im Zentrum muß das erforderliche Fach und Hilfspersonal beschäftigt werden.
4. Im Zentrum müssen die für eine ordnungsgemäße sicherheitstechnische Betreuung erforderlichen Einrichtungen, Geräte und Mittel vorhanden sein.

(2) Der Betreiber eines sicherheitstechnischen Zentrums hat dem Bundesminister für Arbeit, Soziales und Konsumentenschutz zu melden:

1. spätestens vier Wochen vor Aufnahme des Betriebes eines Zentrums: Zeitpunkt der beabsichtigten Inbetriebnahme, Bezeichnung des Zentrums, Name des Leiters, Anschrift und Telefonnummer des Zentrums,
2. nach Aufnahme des Betriebes: allfällige Änderungen der Angaben nach Z 1,
3. die allfällige Beendigung der Tätigkeit des Zentrums.

(BGBl I 2012/118)

(3) Das zuständige Arbeitsinspektorat hat auf Grund der Meldung nach Abs. 2 Z 1 unverzüglich zu überprüfen, ob die Voraussetzungen nach Abs. 1 vorliegen. Ergibt die Überprüfung, daß die Voraussetzungen nach Abs. 1 nicht erfüllt sind, hat das Arbeitsinspektorat den Betreiber schriftlich zur Behebung der Mängel vor Aufnahme des Betriebes des Zentrums aufzufordern. Wird ein sicherheitstechnisches Zentrum betrieben, ohne die Voraussetzungen nach Abs. 1 zu erfüllen, hat das Arbeitsinspektorat Strafanzeige an die zuständige Verwaltungsstrafbehörde zu erstatten. § 9 Abs. 4 und 5 sowie §§ 11 und 13 des Arbeitsinspektionsgesetzes 1993, BGBl. Nr. 27, gelten sinngemäß. Das Arbeitsinspektorat hat den zuständigen gesetzlichen Interessenvertretungen der Arbeitgeber und der Arbeitnehmer

1. Gelegenheit zu geben, an der Überprüfung teilzunehmen,
2. gegebenenfalls eine Kopie der Aufforderung zur Behebung der Mängel zu übermitteln und
3. mitzuteilen, ob die Voraussetzungen nach Abs. 1 vorliegen oder ob Strafanzeige erstattet wurde.

(4) Der Bundesminister für Arbeit, Soziales und Konsumentenschutz hat jährlich eine Liste der sicherheitstechnischen Zentren zu erstellen und sie im Internet zu veröffentlichen. Diese Liste hat zu enthalten: Namen der Betreiber, Namen der Leiter, Anschriften, Telefonnummern und Bezeichnung der Zentren. In diese Liste sind alle sicherheitstechnischen Zentren aufzunehmen, bei denen die Prüfung gemäß Abs. 3 ergeben hat, daß sie die Voraussetzungen nach Abs. 1 erfüllen. Erfolgt eine rechtskräftige Bestrafung im Sinne des § 130 Abs. 6 Z 1, so ist das betreffende Zentrum aus der Liste zu streichen.

(BGBl I 2012/118)

(BGBl I 1999/12)

Aufgaben, Information und Beiziehung der Sicherheitsfachkräfte

§ 76. (1) Sicherheitsfachkräfte haben die Aufgabe, die Arbeitgeber, die Arbeitnehmer, die Sicherheitsvertrauenspersonen und die Belegschaftsorgane auf dem Gebiet der Arbeitssicherheit und der menschengerechten Arbeitsgestaltung zu beraten und die Arbeitgeber bei der Erfüllung ihrer Pflichten auf diesen Gebieten zu unterstützen.

(2) Arbeitgeber haben den Sicherheitsfachkräften alle zur Erfüllung ihrer Aufgaben erforderlichen Informationen und Unterlagen zur Verfügung zu stellen, insbesondere betreffend die Sicherheits und Gesundheitsschutzdokumente, Aufzeichnungen und Berichte über Arbeitsunfälle, die Ergebnisse von Messungen betreffend gefährliche Arbeitsstoffe und Lärm sowie von sonstigen für die Sicherheit und den Gesundheitsschutz maßgeblichen Messungen und Untersuchungen. Die Sicherheitsfachkräfte sind gesondert zu informieren, wenn Arbeitnehmer aufgenommen werden oder wenn Arbeitnehmer auf Grund einer Überlassung gemäß § 9 beschäftigt werden, soweit dies zur Erfüllung ihrer Aufgaben erforderlich ist.

(3) Arbeitgeber haben die Sicherheitsfachkräfte und erforderlichenfalls weitere geeignete Fachleute hinzuzuziehen:

1. in allen Fragen der Arbeitssicherheit einschließlich der Unfallverhütung,
2. bei der Planung von Arbeitsstätten,
3. bei der Beschaffung oder Änderung von Arbeitsmitteln,
4. bei der Einführung oder Änderung von Arbeitsverfahren und bei der Einführung von Arbeitsstoffen,
5. bei der Erprobung und Auswahl von persönlichen Schutzausrüstungen,
6. in arbeitsphysiologischen, arbeitspsychologischen und sonstigen ergonomischen sowie arbeitshygienischen Fragen, insbesondere der Gestaltung der Arbeitsplätze und des Arbeitsablaufes,
7. bei der Organisation des Brandschutzes und von Maßnahmen zur Evakuierung,
8. bei der Ermittlung und Beurteilung der Gefahren,
9. bei der Festlegung von Maßnahmen zur Gefahrenverhütung,

10. bei der Organisation der Unterweisung und bei der Erstellung von Betriebsanweisungen und
11. bei Verwaltungsverfahren im Sinne des 8. Abschnittes.

(4) Arbeitgeber haben dafür zu sorgen, daß die Sicherheitsfachkräfte

1. den Arbeitnehmern, den Sicherheitsvertrauenspersonen und den Belegschaftsorganen auf Verlangen die erforderlichen Auskünfte erteilen,
2. die Arbeitnehmer und die Sicherheitsvertrauenspersonen beraten, und
3. die Belegschaftsorgane auf Verlangen beraten.

Tätigkeiten der Sicherheitsfachkräfte

§ 77. In die Präventionszeit der Sicherheitsfachkräfte darf nur die für folgende Tätigkeiten aufgewendete Zeit eingerechnet werden:

1. die Beratung und Unterstützung des Arbeitgebers in Angelegenheiten gemäß § 76 Abs. 3,
2. die Beratung der Arbeitnehmer, der Sicherheitsvertrauenspersonen und der Belegschaftsorgane in Angelegenheiten der Arbeitssicherheit und der menschengerechten Arbeitsgestaltung,
3. die Besichtigung der Arbeitsstätten, Baustellen und auswärtigen Arbeitsstellen sowie die Teilnahme an Besichtigungen durch das Arbeitsinspektorat,
4. die Ermittlung und Untersuchung der Ursachen von Arbeitsunfällen und arbeitsbedingten Erkrankungen sowie die Auswertung dieser Ermittlungen und Untersuchungen,

4a. die nach den Arbeitnehmerschutzvorschriften erforderliche Ermittlung und Beurteilung der Gefahren und Festlegung von Maßnahmen samt Dokumentation im Sicherheits- und Gesundheitsschutzdokument sowie deren Überprüfung und Anpassung,

(BGBl I 2017/126)

5. die Weiterbildung bis zum Höchstausmaß von 15 % der für sie festgelegten jährlichen Präventionszeit,
6. die Tätigkeit im Rahmen des Arbeitsschutzausschusses und des zentralen Arbeitsschutzausschusses,
7. die Dokumentation der Tätigkeit und der Ergebnisse von Untersuchungen sowie die Erstellung von Berichten und Programmen auf dem Gebiet der Arbeitssicherheit und der Arbeitsgestaltung und
8. die Koordination der Tätigkeit mehrerer Sicherheitsfachkräfte.

(BGBl I 1997/9, BGBl I 1999/12, BGBl I 2001/159)

Begehungen in Arbeitsstätten mit bis zu 50 Arbeitnehmern

§ 77a. (1) In Arbeitsstätten mit bis zu 50 Arbeitnehmern hat die sicherheitstechnische und arbeitsmedizinische Betreuung in Form von Begehungen durch eine Sicherheitsfachkraft und durch einen Arbeitsmediziner zu erfolgen.

(2) Regelmäßige Begehungen haben mindestens in den in Z 1, 1a und 2 genannten Zeitabständen sowohl durch eine Sicherheitsfachkraft als auch durch einen Arbeitsmediziner, nach Möglichkeit gemeinsam, zu erfolgen. Diese Begehungen haben sich auf die Aufgaben der Präventivfachkräfte gemäß § 76 Abs. 1 und 3 und § 81 Abs. 1 und 3 in der Arbeitsstätte, einschließlich aller dazugehörigen Baustellen und auswärtigen Arbeitsstellen, zu beziehen:

(BGBl I 2017/126)

1. in Arbeitsstätten mit 1 bis 10 Arbeitnehmern: mindestens einmal in zwei Kalenderjahren,

1a. in Arbeitsstätten mit 1 bis 10 Arbeitnehmern, in denen nur Büroarbeitsplätze sowie Arbeitsplätze mit Büroarbeitsplätzen vergleichbaren Gefährdungen und Belastungen eingerichtet sind: mindestens einmal in drei Kalenderjahren,

(BGBl I 2017/126)

2. in Arbeitsstätten mit 11 bis 50 Arbeitnehmern: mindestens einmal im Kalenderjahr.

(BGBl I 2001/159)

(3) Darüber hinaus sind weitere Begehungen je nach Erfordernis zu veranlassen. Bezieht sich eine aus Anlaß der in §§ 76 Abs. 3 und 81 Abs. 3 genannten Fälle veranlaßte Begehung auf alle Aspekte von Sicherheit und Gesundheitsschutz, gilt diese als Begehung nach Abs. 2.

(4) Arbeitgeber haben bei Begehungen nach Abs. 2 und 3 dafür zu sorgen, daß nach Möglichkeit alle Arbeitnehmer anwesend sind, soweit sie nicht durch Urlaub, Krankenstand oder sonstige wichtige persönliche Gründe oder zwingende betriebliche Gründe verhindert sind.

(5) Für die Ermittlung der Arbeitnehmerzahl ist maßgeblich, wie viele Arbeitnehmer regelmäßig in der Arbeitsstätte beschäftigt werden. Für Arbeitsstätten mit wechselnder Arbeitnehmerzahl gelten die Bestimmungen für Arbeitsstätten mit bis zu 50 Arbeitnehmern auch dann, wenn die vorhersehbare durchschnittliche Arbeitnehmerzahl pro Jahr nicht mehr als 50 Arbeitnehmer beträgt und an nicht mehr als 30 Tagen im Jahr mehr als 75 Arbeitnehmer in der Arbeitsstätte beschäftigt werden. Die Bestimmungen für Arbeitsstätten mit bis zu 50 Arbeitnehmern gelten auch dann, wenn in einer Arbeitsstätte bis zu 53 Arbeitnehmer beschäftigt werden, sofern die Zahlengrenze von 50 Arbeitnehmern nur deshalb überschritten wird, weil in dieser Arbeitsstätte Lehrlinge oder begünstigte Behinderte im Sinne des Behinderteneinstellungsgesetzes, BGBl. Nr. 22/1970, beschäftigt werden.

(6) Arbeitnehmer, die auf Baustellen oder auswärtigen Arbeitsstellen beschäftigt werden, sind bei der Ermittlung der Arbeitnehmerzahl jener Arbeitsstätte zuzurechnen, der sie organisatorisch zugehören, im Zweifel dem Unternehmenssitz. Dies gilt nicht für Arbeitnehmer auf Baustellen,

für die eine gesonderte sicherheitstechnische und arbeitsmedizinische Betreuung nach den §§ 77 und 82 eingerichtet ist.

(7) Abs. 5 letzter Satz gilt nicht für Arbeitsstätten, die vorwiegend der Ausbildung Jugendlicher oder der Beschäftigung Behinderter dienen, wie Lehrwerkstätten oder geschützte Werkstätten.

(8) Im Fall des Abs. 5 letzter Satz sind Begehungen im Sinne des Abs. 3 zusätzlich aus dem Erfordernis der spezifischen Aspekte von Sicherheit und Gesundheitsschutz der Lehrlinge oder der begünstigten Behinderten zu veranlassen.

(BGBl I 1999/12)

Sicherheitstechnische und arbeitsmedizinische Betreuung in Arbeitsstätten mit bis zu 50 Arbeitnehmern

§ 78. (1) Die sicherheitstechnische Betreuung in Arbeitsstätten mit bis zu 50 Arbeitnehmern kann erfolgen:

1. durch Bestellung von Sicherheitsfachkräften gemäß § 73,
2. durch Inanspruchnahme eines Präventionszentrums des zuständigen Trägers der Unfallversicherung gemäß § 78a, sofern der Arbeitgeber insgesamt nicht mehr als 250 Arbeitnehmer beschäftigt und nicht über entsprechend fachkundiges Personal zur Beschäftigung betriebseigener Sicherheitsfachkräfte (§ 73 Abs. 1 Z 1) verfügt, oder

   (BGBl I 2006/147)
3. durch den Arbeitgeber selbst nach Maßgabe des § 78b (Unternehmermodell).

(2) Die arbeitsmedizinische Betreuung in Arbeitsstätten mit bis zu 50 Arbeitnehmern kann erfolgen:

1. durch Bestellung von Arbeitsmedizinern gemäß § 79 oder
2. durch Inanspruchnahme eines Präventionszentrums des zuständigen Trägers der Unfallversicherung gemäß § 78a, sofern der Arbeitgeber insgesamt nicht mehr als 250 Arbeitnehmer beschäftigt und nicht über entsprechend fachkundiges Personal zur Beschäftigung betriebseigener Arbeitsmediziner (§ 79 Abs. 1 Z 1) verfügt.

   (BGBl I 2006/147)

(3) Abs. 1 Z 2 und Abs. 2 Z 2 gelten nicht, wenn ein Präventionszentrum die Betreuung gemäß § 78a Abs. 2 letzter Satz ablehnt. Abs. 1 Z 3 gilt nicht, wenn der Arbeitgeber zweimal rechtskräftig gemäß § 130 Abs. 1 Z 27b bestraft wurde.

(BGBl I 2001/159)

(4) Die Arbeitgeber haben die Sicherheitsvertrauenspersonen und die Belegschaftsorgane, sind weder Sicherheitsvertrauenspersonen bestellt noch Belegschaftsorgane errichtet, alle Arbeitnehmer, von ihrer Absicht, für eine Arbeitsstätte ein Präventionszentrum in Anspruch zu nehmen oder die sicherheitstechnische Betreuung selbst durchzuführen, zu informieren und mit ihnen darüber zu beraten.

(BGBl I 1999/12)

Präventionszentren der Unfallversicherungsträger

§ 78a. (1) Für die sicherheitstechnische und arbeitsmedizinische Betreuung der Arbeitnehmer in Arbeitsstätten mit bis zu 50 Arbeitnehmern haben die Allgemeine Unfallversicherungsanstalt und die Versicherungsanstalt öffentlich Bediensteter, Eisenbahnen und Bergbau Präventionszentren einzurichten. Diesen Präventionszentren müssen Sicherheitsfachkräfte mit den Fachkenntnissen nach § 74 und Arbeitsmediziner mit der Ausbildung nach § 79 Abs. 2, das erforderliche Fach- und Hilfspersonal und die zur arbeitsmedizinischen und sicherheitstechnischen Betreuung erforderlichen Einrichtungen, Geräte und Mittel zur Verfügung stehen. Der zuständige Träger der Unfallversicherung kann sich dabei externer Präventivfachkräfte und sicherheitstechnischer und arbeitsmedizinischer Zentren bedienen, die die Betreuungsleistungen in seinem Auftrag zu erbringen haben.

(BGBl I 2017/126, BGBl I 2018/100)

(2) Die Präventionszentren haben Verlangen der Arbeitgeber auf Begehung und Betreuung unter Berücksichtigung der Dringlichkeit so bald als möglich, bei Gefahr im Verzug unverzüglich, nachzukommen und darüber hinaus nach pflichtgemäßem Ermessen den Arbeitgebern von sich aus die sicherheitstechnische und arbeitsmedizinische Betreuung für Arbeitsstätten mit bis zu 50 Arbeitnehmern anzubieten. Die Präventionszentren können die Betreuung ablehnen, wenn ihnen der Arbeitgeber die erforderlichen Informationen und Unterlagen gemäß § 76 Abs. 2 oder § 81 Abs. 2 nicht zur Verfügung stellt. Das Präventionszentrum hat das zuständige Arbeitsinspektorat spätestens binnen zwei Wochen von jeder erfolgten Ablehnung der Betreuung einer Arbeitsstätte unter Bekanntgabe von Namen oder sonstiger Bezeichnung des Arbeitgebers sowie Anschrift der Arbeitsstätte zu verständigen.

(BGBl I 2001/159)

(3) Nimmt der Arbeitgeber ein Präventionszentrum in Anspruch, sind die Sicherheitsvertrauenspersonen und die Belegschaftsorgane, sind weder Sicherheitsvertrauenspersonen bestellt noch Belegschaftsorgane errichtet, alle Arbeitnehmer, berechtigt, direkt beim zuständigen Unfallversicherungsträger Auskunftserteilung, Beratung und Zusammenarbeit und erforderlichenfalls Begehungen durch ein Präventionszentrum zu verlangen. Die Präventionszentren haben die Quelle solcher Verlangen als vertraulich zu behandeln. Abs. 2 erster Halbsatz gilt sinngemäß.

(4) Die §§ 76 Abs. 1 bis 3, 81 Abs. 1 bis 3, 84 Abs. 1 und 4, 85 Abs. 1 und § 86 gelten sinngemäß. Weiters gilt § 85 Abs. 3 sinngemäß mit der Maßgabe, daß die Sicherheitsvertrauenspersonen und Belegschaftsorgane auch beizuziehen sind, wenn die Begehungen nicht gemeinsam erfolgen.

(5) Das Präventionszentrum hat nach jeder Begehung dem Arbeitgeber die Begehungsergebnisse und allfällige Vorschläge zur Verbesserung der Arbeitsbedingungen in bezug auf Sicherheit und Gesundheitsschutz, allenfalls unter Bekanntgabe einer Dringlichkeitsreihung, schriftlich bekanntzugeben. Der Arbeitgeber hat diese Verbesserungsvorschläge sowie sonstige vom Präventionszentrum übermittelte Informationen und Unterlagen den Belegschaftsorganen und den Sicherheitsvertrauenspersonen zu übermitteln. Wenn keine Sicherheitsvertrauenspersonen bestellt sind, sind die Verbesserungsvorschläge des Präventionszentrums sowie allfällige sonstige Informationen und Unterlagen an geeigneter Stelle zur Einsichtnahme durch die Arbeitnehmer aufzulegen. Der Arbeitgeber hat die Verbesserungsvorschläge bei der Festlegung von Maßnahmen nach § 4 Abs. 3 und Abs. 4 zu berücksichtigen.

(6) Die zuständigen Arbeitsinspektorate sind verpflichtet, dem zuständigen Träger der Unfallversicherung für die Erfüllung der durch dieses Bundesgesetz übertragenen Aufgaben mindestens einmal pro Kalenderjahr folgende Daten der von ihnen im jeweiligen Zuständigkeitsbereich erfaßten Arbeitsstätten mit bis zu 50 Arbeitnehmern zu übermitteln:

1. Namen oder sonstige Bezeichnung der Arbeitgeber,
2. Wirtschaftszweigklassifikationen gemäß ÖNACE,
   (BGBl I 2012/118)
3. Anschriften der Arbeitsstätten.

(BGBl I 2012/35)

(7) Der zuständige Träger der Unfallversicherung ist verpflichtet, dem Bundesministerium für Arbeit, Soziales und Konsumentenschutz mindestens einmal jährlich oder auf Verlangen folgende Daten der von ihm erfassten Arbeitsstätten mit bis zu 50 Arbeitnehmern, für die ein Präventionszentrum in Anspruch genommen wird, zu übermitteln, soweit diese Arbeitsstätten in deren jeweiligen Zuständigkeitsbereich fallen:

1. Namen oder sonstige Bezeichnung der Arbeitgeber,
2. Wirtschaftszweigklassifikationen gemäß ÖNACE,
   (BGBl I 2012/118)
3. Anschriften der Arbeitsstätten und
4. Angabe des Datums von Besichtigungen der Arbeitsstätten.

(BGBl I 2001/159, BGBl I 2012/35)

(8) Des weiteren hat der zuständige Träger der Unfallversicherung dem Bundesministerium für Arbeit, Soziales und Konsumentenschutz einmal jährlich oder auf Verlangen Namen und Anschriften jener externen Präventivfachkräfte und sicherheitstechnischen und arbeitsmedizinischen Zentren, die mit der Durchführung von Betreuungsleistungen gemäß Abs. 1 beauftragt wurden, zu übermitteln.

(BGBl I 2001/159, BGBl I 2012/35)

(BGBl I 1999/12)

Unternehmermodell

§ 78b. (1) Arbeitgeber können selbst die Aufgaben der Sicherheitsfachkräfte gemäß § 76 Abs. 1, § 84 Abs. 1 und 3, § 85 Abs. 1 und 2 und § 86 Abs. 1 und 2 wahrnehmen, wenn sie

1. insgesamt nicht mehr als 50 Arbeitnehmer beschäftigen und die erforderlichen Fachkenntnisse gemäß § 74 nachweisen oder
2. insgesamt nicht mehr als 25 Arbeitnehmer beschäftigen und ausreichende Kenntnisse auf dem Gebiet der Sicherheit und des Gesundheitsschutzes für die jeweilige Arbeitsstätte nachweisen.

(2) Die Kenntnisse im Sinne des Abs. 1 Z 2 müssen

1. insbesondere die Grundsätze auf den Gebieten der Organisation und Methoden des betrieblichen Arbeitnehmerschutzes, der Ergonomie, der Sicherheit von Arbeitssystemen, der gefährlichen Arbeitsstoffe sowie der Ermittlung und Beurteilung von Gefahren umfassen und
2. durch eine Ausbildungseinrichtung, die eine gemäß § 74 Abs. 2 anerkannte Fachausbildung durchführt, bescheinigt sein.

(3) Voraussetzung für die Bescheinigung nach Abs. 2 Z 2 ist der erfolgreiche Abschluß

1. einer mindestens 72 Unterrichtseinheiten zu je 50 Minuten umfassenden Ausbildung auf den in Abs. 2 genannten Gebieten und
2. von jeweils mindestens 14 Unterrichtseinheiten zu je 50 Minuten umfassenden Weiterbildungen in Abständen von längstens drei Jahren.

(4) Soweit ein Arbeitgeber über sonstige Ausbildungsnachweise auf den in Abs. 2 Z 1 angeführten Gebieten verfügt, kann der zuständige Träger der Unfallversicherung diese Ausbildungsnachweise als gänzlichen oder teilweisen Ersatz für die Ausbildung nach Abs. 3 anerkennen. In diesem Fall sind die Kenntnisse nach Abs. 2 Z 1 durch eine den Richtlinien des zuständigen Trägers der Unfallversicherung entsprechende Prüfung durch eine Ausbildungseinrichtung nach Abs. 2 Z 2 zu bescheinigen.

(BGBl I 1999/12)

Bestellung von Arbeitsmedizinern

§ 79. (1) Arbeitgeber haben Arbeitsmediziner zu bestellen. Diese Verpflichtung ist gemäß folgender Z 1 oder, wenn ein Arbeitgeber nicht über entsprechend fachkundiges Personal verfügt, gemäß folgender Z 2 oder 3 zu erfüllen:

1. durch Beschäftigung von geeigneten Ärzten im Rahmen eines Arbeitsverhältnisses (betriebseigene Arbeitsmediziner),
   (BGBl I 2006/147)

2. durch Inanspruchnahme externer Arbeitsmediziner oder
3. durch Inanspruchnahme eines arbeitsmedizinischen Zentrums.

(BGBl I 1999/12)

(BGBl I 2006/147)

(2) Als Arbeitsmediziner dürfen nur Personen bestellt werden, die zur selbständigen Ausübung des ärztlichen Berufes im Sinne des Ärztegesetzes 1998, BGBl. I Nr. 169/1998, berechtigt sind und eine vom Bundesminister für Gesundheit anerkannte arbeitsmedizinische Ausbildung gemäß § 38 des Ärztegesetzes 1998 absolviert haben.

(BGBl I 1997/9, BGBl I 2001/159, BGBl I 2012/118)

(3) Die Bestimmungen des Ärztegesetzes 1998 bleiben unberührt.

(BGBl I 2001/159)

(4) Arbeitgeber sind verpflichtet, das für die arbeitsmedizinische Betreuung notwendige Fach und Hilfspersonal zu beschäftigen.

(5) Arbeitgeber sind verpflichtet, für die notwendige Fortbildung des von ihnen beschäftigten Fachpersonals während der Arbeitszeit zu sorgen.

(6) Arbeitgeber sind verpflichtet, die für die arbeitsmedizinische Betreuung notwendigen Räume, Ausstattung und Mittel zur Verfügung zu stellen.

(7) Bei Inanspruchnahme eines arbeitsmedizinischen Zentrums entfällt die Verpflichtung der Arbeitgeber zur Beschäftigung von Fach und Hilfspersonal und zur Bereitstellung der notwendigen Ausstattung und Mittel. Bei Inanspruchnahme externer Arbeitsmediziner entfällt diese Verpflichtung der Arbeitgeber insoweit, als diese Arbeitsmediziner nachweislich das notwendige Fach- und Hilfspersonal und die notwendige Ausstattung und die notwendigen Mittel beistellen.

Arbeitsmedizinische Zentren

§ 80. (1) Für den Betrieb eines arbeitsmedizinischen Zentrums im Sinne dieses Bundesgesetzes müssen folgende Voraussetzungen erfüllt sein:

1. Die ärztliche Leitung des Zentrums muß einem Arzt übertragen sein, der über die erforderliche Ausbildung verfügt und die arbeitsmedizinische Betreuung hauptberuflich ausübt.

   (BGBl I 2012/118)
2. Im Zentrum müssen weitere Ärzte beschäftigt werden, die über die erforderliche Ausbildung verfügen, sodaß gewährleistet ist, daß das Zentrum regelmäßig eine arbeitsmedizinische Betreuung im Ausmaß von mindestens 70 Stunden wöchentlich ausüben kann, wobei auf dieses Ausmaß nur die Einsatzzeit von Ärzten anzurechnen ist, die regelmäßig mindestens acht Stunden wöchentlich beschäftigt werden.
3. Im Zentrum muß das erforderliche Fach und Hilfspersonal beschäftigt werden.
4. Im Zentrum müssen die für eine ordnungsgemäße arbeitsmedizinische Betreuung erforderlichen Einrichtungen, Geräte und Mittel vorhanden sein.

(2) Der Betreiber eines arbeitsmedizinischen Zentrums hat dem Bundesminister für Arbeit, Soziales und Konsumentenschutz zu melden:

1. spätestens vier Wochen vor Aufnahme des Betriebes eines Zentrums: Zeitpunkt der beabsichtigten Inbetriebnahme, Bezeichnung des Zentrums, Name des Leiters, Anschrift und Telefonnummer des Zentrums,
2. nach Aufnahme des Betriebes: allfällige Änderungen der Angaben nach Z 1,
3. die allfällige Beendigung der Tätigkeit des Zentrums.

(BGBl I 2012/118)

(3) Das zuständige Arbeitsinspektorat hat auf Grund der Meldung nach Abs. 2 Z 1 unverzüglich zu überprüfen, ob die Voraussetzungen nach Abs. 1 vorliegen. Ergibt die Überprüfung, daß die Voraussetzungen nach Abs. 1 nicht erfüllt sind, hat das Arbeitsinspektorat den Betreiber schriftlich zur Behebung der Mängel vor Aufnahme des Betriebes des Zentrums aufzufordern. Wird ein arbeitsmedizinisches Zentrum betrieben, ohne die Voraussetzungen nach Abs. 1 zu erfüllen, hat das Arbeitsinspektorat Strafanzeige wegen Übertretung im Sinne des § 130 Abs. 6 Z 2 an die zuständige Verwaltungsstrafbehörde zu erstatten. § 9 Abs. 4 und 5 sowie §§ 11 und 13 des Arbeitsinspektionsgesetzes 1993, BGBl. Nr. 27/1993, gelten sinngemäß. Das Arbeitsinspektorat hat den zuständigen gesetzlichen Interessenvertretungen der Arbeitgeber und der Arbeitnehmer sowie der Österreichischen Ärztekammer

1. Gelegenheit zu geben, an der Überprüfung teilzunehmen,
2. gegebenenfalls eine Kopie der Aufforderung zur Behebung der Mängel zu übermitteln und
3. mitzuteilen, ob die Voraussetzungen vorliegen oder ob Strafanzeige erstattet wurde.

(4) Der Bundesminister für Arbeit, Soziales und Konsumentenschutz hat jährlich eine Liste der arbeitsmedizinischen Zentren zu erstellen und sie im Internet zu veröffentlichen. Diese Liste hat zu enthalten: Namen der Betreiber, Namen der Leiter, Anschriften, Telefonnummern und Bezeichnung der Zentren. In diese Liste sind alle arbeitsmedizinischen Zentren aufzunehmen, die eine Meldung nach Abs. 2 Z 1 erstattet haben und bei denen die Prüfung gemäß Abs. 3 ergeben hat, daß sie die Voraussetzungen nach Abs. 1 erfüllen. Erfolgt eine rechtskräftige Bestrafung im Sinne des § 130 Abs. 6 Z 2, so ist das betreffende Zentrum aus der Liste zu streichen.

(BGBl I 2012/118)

(BGBl I 1999/12)

Aufgaben, Information und Beiziehung der Arbeitsmediziner

§ 81. (1) Arbeitsmediziner haben die Aufgabe, die Arbeitgeber, die Arbeitnehmer, die Sicherheitsvertrauenspersonen und die Belegschaftsorgane auf dem Gebiet des Gesundheitsschutzes, der auf die Arbeitsbedingungen bezogenen Gesundheitsförderung und der menschengerechten Arbeitsgestaltung zu beraten und die Arbeitgeber bei der Erfüllung ihrer Pflichten auf diesen Gebieten zu unterstützen.

(2) Arbeitgeber haben den Arbeitsmedizinern alle zur Erfüllung ihrer Aufgaben erforderlichen Informationen und Unterlagen zur Verfügung zu stellen, insbesondere betreffend die Sicherheits und Gesundheitsschutzdokumente, Aufzeichnungen und Berichte über Arbeitsunfälle, die Ergebnisse von Messungen betreffend gefährliche Arbeitsstoffe und Lärm sowie von sonstigen für die Sicherheit und den Gesundheitsschutz maßgeblichen Messungen und Untersuchungen. Arbeitsmediziner sind gesondert zu informieren, wenn Arbeitnehmer aufgenommen werden, oder wenn Arbeitnehmer auf Grund einer Überlassung gemäß § 9 beschäftigt werden, soweit dies zur Erfüllung ihrer Aufgaben erforderlich ist.

(3) Arbeitgeber haben die Arbeitsmediziner und erforderlichenfalls weitere geeignete Fachleute hinzuzuziehen:

1. in allen Fragen der Erhaltung und Förderung der Gesundheit am Arbeitsplatz und der Verhinderung arbeitsbedingter Erkrankungen,
(BGBl I 2001/159)
2. bei der Planung von Arbeitsstätten,
3. bei der Beschaffung oder Änderung von Arbeitsmitteln,
4. bei der Einführung oder Änderung von Arbeitsverfahren und der Einführung von Arbeitsstoffen,
5. bei der Erprobung und Auswahl von persönlichen Schutzausrüstungen,
6. in arbeitsphysiologischen, arbeitspsychologischen und sonstigen ergonomischen sowie arbeitshygienischen Fragen, insbesondere des Arbeitsrhythmus, der Arbeitszeit- und Pausenregelung, der Gestaltung der Arbeitsplätze und des Arbeitsablaufes,
7. bei der Organisation der Ersten Hilfe,
8. in Fragen des Arbeitsplatzwechsels sowie der Eingliederung und Wiedereingliederung Behinderter in den Arbeitsprozeß,
9. bei der Ermittlung und Beurteilung der Gefahren,
10. bei der Festlegung von Maßnahmen zur Gefahrenverhütung,
11. bei der Organisation der Unterweisung und bei der Erstellung von Betriebsanweisungen und
12. bei Verwaltungsverfahren im Sinne des 8. Abschnittes.

(4) Arbeitgeber haben dafür zu sorgen, daß die Arbeitsmediziner

1. den Arbeitnehmern, den Sicherheitsvertrauenspersonen und den Belegschaftsorganen auf Verlangen die erforderlichen Auskünfte erteilen, soweit dem nicht die ärztliche Verschwiegenheitspflicht entgegensteht,
2. die Arbeitnehmer und die Sicherheitsvertrauenspersonen beraten, und
3. die Belegschaftsorgane auf Verlangen beraten.

(5) Arbeitgeber haben dafür zu sorgen, daß alle Arbeitnehmer sich auf Wunsch einer regelmäßigen geeigneten Überwachung der Gesundheit je nach den Gefahren für ihre Sicherheit und Gesundheit am Arbeitsplatz durch die Arbeitsmediziner unterziehen können. Die Regelungen über besondere Eignungs und Folgeuntersuchungen bleiben unberührt.

Tätigkeiten der Arbeitsmediziner

§ 82. In die Präventionszeit der Arbeitsmediziner darf nur die für folgende Tätigkeiten aufgewendete Zeit eingerechnet werden:

1. die Beratung und Unterstützung des Arbeitgebers in den Angelegenheiten gemäß § 81 Abs. 3,
2. die Beratung der Arbeitnehmer, der Sicherheitsvertrauenspersonen und der Belegschaftsorgane in Angelegenheiten des Gesundheitsschutzes, der auf die Arbeitsbedingungen bezogenen Gesundheitsförderung und der menschengerechten Arbeitsgestaltung,
3. die Besichtigung der Arbeitsstätten, Baustellen und auswärtigen Arbeitsstellen sowie die Teilnahme an Besichtigungen durch das Arbeitsinspektorat,
4. die Ermittlung und Untersuchung der Ursachen von arbeitsbedingten Erkrankungen und Gesundheitsgefahren sowie die Auswertung dieser Ermittlungen und Untersuchungen,

4a. die nach den Arbeitnehmerschutzvorschriften erforderliche Ermittlung und Beurteilung der Gefahren und Festlegung von Maßnahmen samt Dokumentation im Sicherheits- und Gesundheitsschutzdokument sowie deren Überprüfung und Anpassung,
(BGBl I 2017/126)

5. die arbeitsmedizinische Untersuchung von Arbeitnehmern bis zum Höchstausmaß von 20 % der für sie festgelegten jährlichen Präventionszeit,
6. die Durchführung von Schutzimpfungen, die mit der Tätigkeit der Arbeitnehmer im Zusammenhang stehen,
7. die Weiterbildung bis zum Höchstausmaß von 15 % der für sie festgelegten jährlichen Präventionszeit,
8. die Tätigkeit im Rahmen des Arbeitsschutzausschusses und des zentralen Arbeitsschutzausschusses,
9. die Dokumentation der Tätigkeit und der Ergebnisse von Untersuchungen sowie die Erstellung von Berichten und Programmen auf dem Gebiet des Gesundheitsschutzes und der Gesundheitsförderung und
10. die Koordination der Tätigkeit mehrerer Arbeitsmediziner.

(BGBl I 1997/9, BGBl I 1999/12, BGBl I 2001/159)

Präventionszeit

§ 82a. (1) Sofern § 77a nicht anderes bestimmt, sind Sicherheitsfachkräfte und Arbeitsmediziner mindestens im Ausmaß der im Folgenden für sie festgelegten Präventionszeit zu beschäftigen.

(2) Die Präventionszeit pro Kalenderjahr beträgt

1. für Arbeitnehmer an Büroarbeitsplätzen sowie an Arbeitsplätzen mit Büroarbeitsplätzen vergleichbaren Gefährdungen und Belastungen (geringe körperliche Belastung): 1,2 Stunden pro Arbeitnehmer,
2. für Arbeitnehmer an sonstigen Arbeitsplätzen: 1,5 Stunden pro Arbeitnehmer.

Bei der Berechnung der jährlichen Präventionszeit für die jeweilige Arbeitsstätte sind Teile von Stunden unterhalb von 0,5 auf ganze Stunden abzurunden und ab 0,5 auf ganze Stunden aufzurunden. Eine Neuberechnung der jährlichen Präventionszeit im laufenden Kalenderjahr hat erst bei Änderungen der der Berechnung zugrundegelegten Arbeitnehmerzahl um mehr als 5 v. H. zu erfolgen.

(3) Für jeden Arbeitnehmer, der mindestens 50-mal im Kalenderjahr Nachtarbeit im Sinne des Art. VII Abs. 1 des Nachtschwerarbeitsgesetzes, BGBl. Nr. 354/1981leistet, erhöht sich die jährliche Präventionszeit um je 0,5 Stunden pro Kalenderjahr.

(BGBl I 2012/118)

(4) Das Ausmaß der Präventionszeit pro Kalenderjahr richtet sich nach der Anzahl der Arbeitnehmer, die in einer Arbeitsstätte von einem Arbeitgeber beschäftigt werden. Die auf Baustellen und auswärtigen Arbeitsstellen beschäftigten Arbeitnehmer sind einzurechnen. Dies gilt nicht für Arbeitnehmer auf Baustellen, für die eine gesonderte, diesem Bundesgesetz entsprechende Präventivdienstbetreuung eingerichtet ist. Teilzeitbeschäftigte Arbeitnehmer sind entsprechend dem Umfang ihrer Beschäftigung anteilsmäßig einzurechnen. In Arbeitsstätten mit saisonal bedingt wechselnder Arbeitnehmerzahl richtet sich die jährliche Präventionszeit nach der vorhersehbaren durchschnittlichen Arbeitnehmerzahl.

(5) Der Arbeitgeber hat pro Kalenderjahr die Sicherheitsfachkräfte im Ausmaß von mindestens 40 v. H. und die Arbeitsmediziner im Ausmaß von mindestens 35 v. H. der gemäß Abs. 2 und 3 ermittelten Präventionszeit zu beschäftigen. Zumindest im Ausmaß der restlichen 25 v. H. der jährlichen Präventionszeit hat der Arbeitgeber je nach der in der Arbeitsstätte gegebenen Gefährdungs- und Belastungssituation gemäß § 76 Abs. 3 bzw. § 81 Abs. 3 beizuziehende sonstige geeignete Fachleute, wie Chemiker, Toxikologen, Ergonomen, insbesondere jedoch Arbeitspsychologen, oder die Sicherheitsfachkräfte und/oder die Arbeitsmediziner zu beschäftigen.

(6) Die Präventionszeit der Sicherheitsfachkräfte sowie die Präventionszeit der Arbeitsmediziner ist unter Berücksichtigung der betrieblichen Verhältnisse auf das Kalenderjahr aufzuteilen. Jeder Teil muss jeweils mindestens zwei Stunden betragen.

(7) Die Präventionszeit der Sicherheitsfachkräfte kann auf mehrere Sicherheitsfachkräfte, die Präventionszeit der Arbeitsmediziner kann auf mehrere Arbeitsmediziner aufgeteilt werden, wenn dies aus organisatorischen oder fachlichen Gründen zweckmäßig ist.

(BGBl I 2001/159)

Sonstige Fachleute

§ 82b. (1) Der Arbeitgeber hat den in der Präventionszeit beschäftigten sonstigen Fachleuten alle zur Erfüllung ihrer Aufgaben erforderlichen Informationen und Unterlagen zur Verfügung zu stellen. Die sonstigen Fachleute sind bei Anwendung ihrer Fachkunde weisungsfrei.

(2) Die Präventivfachkräfte, Belegschaftsorgane und sonstige Fachleute haben zusammenzuarbeiten.

(3) § 84 Abs. 1 gilt. Die sonstigen Fachleute haben, sofern ihre Beschäftigung innerhalb der Präventionszeit ein Kalenderjahr nicht überschreitet, nach Beendigung ihrer Tätigkeit, ansonsten jährlich, dem Arbeitgeber einen zusammenfassenden Bericht über ihre Tätigkeit samt Vorschlägen zur Verbesserung der Arbeitsbedingungen vorzulegen, der auch eine systematische Darstellung der Auswirkungen ihrer Tätigkeit zu enthalten hat. § 84 Abs. 3 zweiter bis vierter Satz gilt.

(4) Besteht in der Arbeitsstätte ein Arbeitsschutzausschuss (§ 88) und findet eine Sitzung des Ausschusses während der Beschäftigung sonstiger Fachleute innerhalb der Präventionszeit statt, sind sie der Sitzung beizuziehen und hat die Tagesordnung dieser Sitzung die Behandlung ihrer Berichte vorzusehen. § 84 Abs. 2 zweiter Satz gilt.

(BGBl I 2001/159)

Gemeinsame Bestimmungen

§ 83. (1) Die nachstehenden Bestimmungen gelten für Sicherheitsfachkräfte und Arbeitsmediziner gleichermaßen. Sicherheitsfachkräfte und Arbeitsmediziner werden im folgenden als Präventivfachkräfte bezeichnet.

(2) Wenn ein Arbeitsschutzausschuß besteht, ist er vor der Bestellung von Präventivfachkräften anzuhören.

(3) (aufgehoben)

(BGBl I 1999/12, BGBl I 2001/159)

(4) Die Bestellung von Präventivfachkräften hat jeweils für eine Arbeitsstätte samt allen dazugehörigen Baustellen und auswärtigen Arbeitsstellen zu erfolgen.

(BGBl I 2001/159)

(5) Abweichend von Abs. 4 darf eine gesonderte Bestellung von Präventivfachkräften für Baustellen erfolgen, wenn dies aus organisatorischen oder fachlichen Gründen zweckmäßig ist.

(6) Abs. 4 und 5 gilt auch bei Inanspruchnahme eines Zentrums. Werden mehrere betriebseigene Sicherheitsfachkräfte bestellt, ist einer von ihnen die Leitung zu übertragen. Gleiches gilt bei Bestel-

lung mehrerer betriebseigener Arbeitsmediziner. Bei Bestellung mehrerer Präventivfachkräfte und bei Inanspruchnahme eines Zentrums neben betriebseigenen oder externen Präventivfachkräften ist für deren Zusammenarbeit und Koordination zu sorgen.

(7) Betriebseigene Präventivfachkräfte bzw. deren Leitung sind unmittelbar dem Arbeitgeber oder der für die Einhaltung der Arbeitnehmerschutzvorschriften sonst verwaltungsstrafrechtlich verantwortlichen Person zu unterstellen.

(8) Arbeitgeber haben den betriebseigenen Präventivfachkräften Gelegenheit zu geben, die für ihre Tätigkeit erforderlichen Fachkenntnisse zu erweitern.

(9) Weder die Bestellung von Präventivfachkräften noch die Inanspruchnahme eines Präventionszentrums noch die Anwendung des Unternehmermodells gemäß § 78b enthebt die Arbeitgeber von ihrer Verantwortlichkeit für die Einhaltung der Arbeitnehmerschutzvorschriften. Den Präventivfachkräften kann die Verantwortlichkeit für die Einhaltung von Arbeitnehmerschutzvorschriften nicht rechtswirksam übertragen werden. §§ 15 und 130 Abs. 4 gelten auch für betriebseigene Präventivfachkräfte.

(BGBl I 1999/12)

Aufzeichnungen und Berichte

§ 84. (1) Präventivfachkräfte haben Aufzeichnungen über die geleistete Einsatzzeit und die nach diesem Bundesgesetz durchgeführten Tätigkeiten zu führen, insbesondere auch über die von ihnen durchgeführten Besichtigungen und Untersuchungen sowie deren Ergebnisse. Die Präventivfachkräfte haben den Organen der Arbeitsinspektion auf deren Verlangen Einsicht in diese Unterlagen zu gewähren oder Kopien dieser Unterlagen zu übermitteln. Nach Beendigung ihrer Tätigkeit haben Präventivfachkräfte diese Unterlagen sowie Berichte gemäß Abs. 2 und 3 an ihre Nachfolger im Betrieb zu übergeben.

(BGBl I 2001/159, BGBl I 2012/118)

(2) Besteht ein Arbeitsschutzausschuß, so haben die Präventivfachkräfte an den Sitzungen des Arbeitsschutzausschusses teilzunehmen, sofern der Teilnahme nicht wichtige Hinderungsgründe entgegenstehen. Sind sie an der Teilnahme verhindert, so haben sie dem Arbeitsschutzausschuss einen schriftlichen Bericht über ihre Tätigkeit samt Vorschlägen zur Verbesserung der Arbeitsbedingungen zu übermitteln, der auch eine systematische Darstellung der Auswirkungen ihrer Tätigkeit zu enthalten hat.

(BGBl I 2001/159)

(3) Präventivfachkräfte haben dem Arbeitgeber jährlich einen zusammenfassenden Bericht über ihre Tätigkeit samt Vorschlägen zur Verbesserung der Arbeitsbedingungen vorzulegen, der auch eine systematische Darstellung der Auswirkungen ihrer Tätigkeit zu enthalten hat. Der Arbeitgeber hat diesen Bericht den Sicherheitsvertrauenspersonen zu übermitteln. Wenn keine Sicherheitsvertrauenspersonen bestellt sind, ist dieser Bericht an geeigneter Stelle zur Einsichtnahme durch die Arbeitnehmer aufzulegen. Dem zuständigen Arbeitsinspektorat hat der Arbeitgeber auf Verlangen eine Ausfertigung dieses Berichtes zu übermitteln.

(BGBl I 2001/159, BGBl I 2012/118)

(4) Sicherheitstechnische Zentren und arbeitsmedizinische Zentren sind verpflichtet, dem Arbeitsinspektorat auf Verlangen Auskunft darüber zu erteilen

1. wer als Sicherheitsfachkraft bzw. als Arbeitsmediziner vom Zentrum beschäftigt wird,
2. welche Arbeitsstätten, Baustellen und auswärtige Arbeitsstellen vom Zentrum betreut werden, und

   (BGBl I 1997/9)
3. welche Präventionszeit in diesen Arbeitsstätten, Baustellen und auswärtigen Arbeitsstellen geleistet wird.

   (BGBl I 1997/9, BGBl I 2001/159)

Zusammenarbeit

§ 85. (1) Sicherheitsfachkräfte, Arbeitsmediziner und Belegschaftsorgane haben zusammenzuarbeiten.

(2) Die Präventivfachkräfte haben gemeinsame Besichtigungen der Arbeitsstätten, der Baustellen und der auswärtigen Arbeitsstellen durchzuführen.

(3) Die Präventivfachkräfte haben gemeinsamen Besichtigungen gemäß Abs. 2 die zuständigen Sicherheitsvertrauenspersonen und die Belegschaftsorgane beizuziehen.

Meldung von Mängeln

§ 86. (1) Präventivfachkräfte haben die bei Erfüllung ihrer Aufgaben festgestellten Mängel auf dem Gebiet der Sicherheit und des Gesundheitsschutzes dem Arbeitgeber oder der sonst für die Einhaltung der Arbeitnehmerschutzvorschriften verantwortlichen Person sowie den Belegschaftsorganen mitzuteilen.

(BGBl I 2012/118)

(2) Stellen Präventivfachkräfte bei Erfüllung ihrer Aufgaben eine ernste und unmittelbare Gefahr für Sicherheit oder Gesundheit der Arbeitnehmer fest, so haben sie unverzüglich die betroffenen Arbeitnehmer und den Arbeitgeber oder die für die Einhaltung der Arbeitnehmerschutzvorschriften sonst verantwortlichen Personen sowie die Belegschaftsorgane zu informieren und Maßnahmen zur Beseitigung der Gefahr vorzuschlagen.

(3) Wenn kein Arbeitsschutzausschuß besteht, haben Präventivfachkräfte das Recht, sich an das Arbeitsinspektorat zu wenden, wenn sie der Auffassung sind, daß die vom Arbeitgeber getroffenen Maßnahmen und bereitgestellten Mittel nicht ausreichen, um die Sicherheit und den Gesundheitsschutz am Arbeitsplatz sicherzustellen, nachdem sie erfolglos vom Arbeitgeber eine Beseitigung dieser Mängel verlangt haben.

(BGBl I 2012/118)

Abberufung

§ 87. (1) Wenn ein Arbeitsschutzausschuß besteht, darf der Arbeitgeber eine Präventivfachkraft nur nach vorheriger Befassung des Arbeitsschutzausschusses abberufen.

(2) Wenn nach Auffassung des Arbeitsinspektorates eine Präventivfachkraft die ihr nach diesem Bundesgesetz übertragenen Aufgaben nicht ordnungsgemäß erfüllt, hat das Arbeitsinspektorat vor Erstattung einer Strafanzeige wegen Übertretungen gemäß § 130 diese Beanstandungen dem Arbeitgeber schriftlich mitzuteilen.

(3) Wenn ein Arbeitsschutzausschuß besteht, ist der Arbeitgeber im Falle einer Mitteilung gemäß Abs. 2 verpflichtet, unverzüglich den Arbeitsschutzausschuß einzuberufen. Im Arbeitsschutzausschuß sind unter Beteiligung des Arbeitsinspektorates die geltend gemachten Mängel bei der Aufgabenerfüllung zu behandeln.

(4) Wenn kein Arbeitsschutzausschuß besteht, hat der Arbeitgeber im Falle einer Mitteilung nach Abs. 2 gegenüber dem Arbeitsinspektorat binnen vier Wochen zu den Beanstandungen schriftlich Stellung zu nehmen.

Arbeitsschutzausschuss

§ 88. (1) Arbeitgeber sind verpflichtet, für Arbeitsstätten, in denen sie regelmäßig mindestens 100 Arbeitnehmer beschäftigen, einen Arbeitsschutzausschuss einzurichten. Diese Verpflichtung gilt für Arbeitsstätten, in denen mindestens drei Viertel der Arbeitsplätze Büroarbeitsplätze oder Arbeitsplätze mit Büroarbeitsplätzen vergleichbaren Gefährdungen und Belastungen sind, erst ab der regelmäßigen Beschäftigung von mindestens 250 Arbeitnehmern. Die auf Baustellen oder auswärtigen Arbeitsstellen beschäftigten Arbeitnehmer sind einzurechnen.

(2) Der Arbeitsschutzausschuss hat die Aufgabe, die gegenseitige Information, den Erfahrungsaustausch und die Koordination der betrieblichen Arbeitsschutzeinrichtungen zu gewährleisten und auf eine Verbesserung der Sicherheit, des Gesundheitsschutzes und der Arbeitsbedingungen hinzuwirken. Der Arbeitsschutzausschuss hat sämtliche Anliegen der Sicherheit, des Gesundheitsschutzes, der auf die Arbeitsbedingungen bezogenen Gesundheitsförderung und der menschengerechten Arbeitsgestaltung zu beraten. Im Arbeitsschutzausschuss sind insbesondere die Berichte und Vorschläge der Sicherheitsvertrauenspersonen, der Sicherheitsfachkräfte und der Arbeitsmediziner zu erörtern. Der Arbeitsschutzausschuss hat die innerbetriebliche Zusammenarbeit in allen Fragen von Sicherheit und Gesundheitsschutz zu fördern und Grundsätze für die innerbetriebliche Weiterentwicklung des ArbeitnehmerInnenschutzes zu erarbeiten.

(3) Dem Ausschuss gehören als Mitglieder an:

1. Der Arbeitgeber oder die von ihm mit seiner Vertretung beauftragte Person;
2. die für die Einhaltung der Arbeitnehmerschutzvorschriften in der Arbeitsstätte bestellten verantwortlichen Beauftragten;
3. die Sicherheitsfachkraft oder, wenn mehrere Sicherheitsfachkräfte für die Arbeitsstätte bestellt sind, deren Leiter oder sein Vertreter; *(BGBl I 2012/118)*
4. der Arbeitsmediziner oder, wenn mehrere Arbeitsmediziner für die Arbeitsstätte bestellt sind, deren Leiter oder sein Vertreter;
5. die Sicherheitsvertrauenspersonen;
6. je ein Vertreter der zuständigen Belegschaftsorgane.

(4) Den Vorsitz im Arbeitsschutzausschuss führt der Arbeitgeber oder eine von ihm beauftragte Person.

(5) Der Arbeitgeber oder die von ihm beauftragte Person hat den Arbeitsschutzausschuss nach Erfordernis, mindestens aber einmal pro Kalenderjahr, einzuberufen. Eine Einberufung hat jedenfalls zu erfolgen, wenn es die besonderen Verhältnisse auf dem Gebiet des Arbeitnehmerschutzes im Betrieb erfordern oder wenn ein Drittel der Mitglieder des Arbeitsschutzausschusses eine Einberufung verlangt. Die Einladung zu den Sitzungen des Arbeitsschutzausschusses ist mindestens drei Wochen vor dem Sitzungstermin abzusenden und hat zu enthalten:

1. Ort und Zeit der Sitzung;
2. die Tagesordnung, die jedenfalls Berichte der Sicherheitsvertrauenspersonen und der Präventivfachkräfte vorzusehen hat;
3. die Unterlagen zu den Beratungsgegenständen.

(BGBl I 2014/94)

(6) Der Vorsitzende kann den Sitzungen des Arbeitsschutzausschusses von sich aus oder auf Empfehlung von Mitgliedern des Ausschusses Sachverständige, sonstige Personen mit Aufgaben auf dem Gebiet des Arbeitnehmer- oder Umweltschutzes sowie das zuständige Arbeitsinspektorat beiziehen.

(7) Über jede Sitzung des Arbeitsschutzausschusses ist ein Ergebnisprotokoll anzufertigen. Das Ergebnisprotokoll hat zu enthalten:

1. Ort, Datum und Dauer der Sitzung;
2. die Beratungsgegenstände;
3. die Namen der Anwesenden;
4. eine Zusammenfassung der von einzelnen Teilnehmern zu den Beratungsgegenständen vertretenen Standpunkte und Vorschläge, die auch allenfalls abweichende Standpunkte und Vorschläge zu enthalten hat.

(8) Das Ergebnisprotokoll ist vom Vorsitzenden zu unterschreiben. Waren die Präventivfachkräfte oder die vom Arbeitgeber gemäß § 82b Abs. 4 der Sitzung beizuziehenden sonstigen Fachleute verhindert, an der Sitzung des Ausschusses teilzunehmen, sind dem Protokoll deren schriftliche Berichte anzuschließen. Eine Ausfertigung des Er-

gebnisprotokolls ist an alle Mitglieder des Arbeitsschutzausschusses zu versenden. Das Ergebnisprotokoll ist dem zuständigen Arbeitsinspektorat auf Verlangen vorzulegen.

(BGBl I 2001/159)

Zentraler Arbeitsschutzausschuss

§ 88a. (1) Betreibt ein Arbeitgeber mehrere Arbeitsstätten, in denen ein Arbeitsschutzausschuss einzurichten ist, ist er verpflichtet, am Unternehmenssitz einen zentralen Arbeitsschutzausschuss einzurichten. § 88 Abs. 2 gilt. Darüber hinaus hat der zentrale Arbeitsschutzausschuss auch Fragen der Sicherheit und des Gesundheitsschutzes in Bezug auf jene Arbeitsstätten des Arbeitgebers zu beraten, für die kein eigener Arbeitsschutzausschuss einzurichten ist.

(2) Dem zentralen Arbeitsschutzausschuss gehören als Mitglieder an:

1. Der Arbeitgeber oder die von ihm beauftragte Person sowie höchstens zwei weitere Vertreter des Arbeitgebers;
2. drei Vertreter der auf der Ebene des zentralen Arbeitschutzausschusses zuständigen Belegschaftsorgane;
3. je drei von jedem lokalen Arbeitsschutzausschuss entsandte Mitglieder, und zwar je eine Sicherheitsvertrauensperson, eine Sicherheitsfachkraft und ein Arbeitsmediziner.

(3) Ergibt die nach Abs. 2 ermittelte Zahl der Mitglieder des zentralen Arbeitsschutzausschusses eine höhere Zahl als zwanzig, so gehören dem zentralen Arbeitsschutzausschuss als Mitglieder an:

1. Der Arbeitgeber oder die von ihm beauftragte Person sowie ein weiterer Vertreter des Arbeitgebers;
2. drei Vertreter der auf der Ebene des zentralen Arbeitschutzausschusses zuständigen Belegschaftsorgane;
3. insgesamt 15 von den lokalen Arbeitsschutzausschüssen entsandte Mitglieder, und zwar je fünf Mitglieder aus dem Kreis der Sicherheitsvertrauenspersonen, der Sicherheitsfachkräfte und der Arbeitsmediziner.

(4) Wenn es der Beratungsgegenstand erfordert, können den Sitzungen vom Vorsitzenden auch Personen aus jenen Arbeitsstätten, für die kein eigener Arbeitsschutzausschuss einzurichten ist, beigezogen werden.

(5) Die Sitzungen des zentralen Arbeitsschutzausschusses sind vom Arbeitgeber oder einer von ihm beauftragten Person nach Erfordernis, mindestens jedoch einmal jährlich einzuberufen. § 88 Abs. 5 zweiter Satz ist anzuwenden.

(6) Die Einladung zu den Sitzungen ist mindestens vier Wochen vor dem Sitzungstermin abzusenden und hat zu enthalten:

1. Ort und Zeit der Sitzung;
2. die Tagesordnung, die jedenfalls Berichte der Vertreter der lokalen Arbeitsschutzausschüsse vorzusehen hat;
3. die Unterlagen zu den Beratungsgegenständen.

(7) § 88 Abs. 6 und Abs. 7 sowie Abs. 8 erster, dritter und vierter Satz sind anzuwenden.

(BGBl I 2001/159)

Zentren der Unfallversicherungsträger

§ 89. (1) Der Bundesminister für Arbeit, Soziales und Konsumentenschutz kann durch Verordnung die Allgemeine Unfallversicherungsanstalt oder die Versicherungsanstalt öffentlich Bediensteter, Eisenbahnen und Bergbau für deren Zuständigkeitsbereich beauftragen, sicherheitstechnische Zentren und arbeitsmedizinische Zentren einzurichten und zu betreiben, wenn dies für eine ausreichende sicherheitstechnische und arbeitsmedizinische Betreuung geboten ist.

(BGBl I 2012/35, BGBl I 2012/118, BGBl I 2018/100)

(2) Für sicherheitstechnische Zentren gemäß Abs. 1 gilt § 75 Abs. 1. Arbeitsmedizinische Zentren gemäß Abs. 1 müssen die Anforderungen des § 80 Abs. 1 erfüllen.

(BGBl I 1999/12)

(3) (aufgehoben)

(BGBl I 2012/35)

Verordnungen über Präventivdienste

§ 90. Der Bundesminister für Arbeit, Soziales und Konsumentenschutz hat in Durchführung des 7. Abschnittes durch Verordnung näher zu regeln:

1. die Voraussetzungen für die Anerkennung einer Fachausbildung für Sicherheitsfachkräfte, die Durchführung der Fachausbildung und die Voraussetzungen für die Zulassung zur Fachausbildung, wobei in der Verordnung Übergangsregelungen für die bei Inkrafttreten der Verordnung bereits tätigen Sicherheitsfachkräfte vorzusehen sind;
2. die Voraussetzungen für sicherheitstechnische und arbeitsmedizinische Zentren.

(BGBl I 1999/12, BGBl I 2006/113, BGBl I 2012/118)

8. Abschnitt
Behörden und Verfahren

Arbeitnehmerschutzbeirat

§ 91. (1) Zur Beratung des Bundesministers für Arbeit, Soziales und Konsumentenschutz in grundsätzlichen Fragen der Sicherheit und des Gesundheitsschutzes bei der Arbeit und zu seiner Information über Organisation und Tätigkeit der Präventionszentren der Träger der Unfallversicherung ist ein Arbeitnehmerschutzbeirat einzurichten.

(BGBl I 1999/12, BGBl I 2012/118)

(2) Dem Arbeitnehmerschutzbeirat gehören neben dem Zentral-Arbeitsinspektor bzw. bei Verhinderung dessen Vertretung an:

1. (aufgehoben)
   (BGBl I 2012/35)
2. zwei Vertreter der Bundesarbeitskammer,

3. zwei Vertreter der Bundeswirtschaftskammer,
4. zwei Vertreter des Österreichischen Gewerkschaftsbundes,
5. zwei Vertreter der Vereinigung Österreichischer Industrieller,
6. zwei Vertreter der Bundesingenieurkammer,
7. zwei Vertreter der Österreichischen Ärztekammer und
8. zwei Vertreter der Allgemeinen Unfallversicherungsanstalt.

(3) Dem Arbeitnehmerschutzbeirat gehören weiters ein Vertreter der Versicherungsanstalt öffentlich Bediensteter, Eisenbahnen und Bergbau an, wenn der gesetzliche Aufgabenbereich dieser Institution durch den Beratungsgegenstand berührt wird. Dem Arbeitnehmerschutzbeirat gehört weiters ein Vertreter von Österreichs Energie an, wenn nach dem Beratungsgegenstand die Interessen der Elektrizitätswirtschaft berührt werden.

(BGBl I 2012/118, BGBl I 2018/100)

(4) Zu den Sitzungen des Arbeitnehmerschutzbeirates sind weiters die Verbindungsstelle der Bundesländer beim Amt der Niederösterreichischen Landesregierung sowie gegebenenfalls die nach dem Beratungsgegenstand in Betracht kommenden Bundesministerien einzuladen.

(5) Die Tätigkeit im Arbeitnehmerschutzbeirat ist ehrenamtlich.

(6) Zur Vorberatung können Fachausschüsse eingesetzt werden.

(7) Die Sitzungen des Arbeitnehmerschutzbeirates und der Fachausschüsse sind nicht öffentlich. Die in Abs. 2 und 3 genannten Personen und Institutionen sind berechtigt, Sachverständige beizuziehen.

(8) Die Einberufung und die Geschäftsführung obliegen dem Zentral-Arbeitsinspektorat.

Arbeitsstättenbewilligung

§ 92. (1) Arbeitsstätten, die infolge der Art der Betriebseinrichtungen, der Arbeitsmittel, der verwendeten Arbeitsstoffe oder Arbeitsverfahren in besonderem Maße eine Gefährdung der Sicherheit und Gesundheit der Arbeitnehmer bewirken können, dürfen nur auf Grund einer Bewilligung der zuständigen Behörde errichtet und betrieben werden (Arbeitsstättenbewilligung).

(2) Die Arbeitsstättenbewilligung ist auf Antrag des Arbeitgebers zu erteilen, wenn die Arbeitsstätte den Arbeitnehmerschutzvorschriften entspricht und zu erwarten ist, daß überhaupt oder bei Einhaltung der erforderlichenfalls vorzuschreibenden Bedingungen und Auflagen die nach den Umständen des Einzelfalles voraussehbaren Gefahren für die Sicherheit und Gesundheit der Arbeitnehmer vermieden werden. Solche Auflagen sind vorzuschreiben, wenn

1. nach den konkreten Verhältnissen des Einzelfalls zur Gewährleistung der Sicherheit und Gesundheit der Arbeitnehmer Maßnahmen erforderlich sind, die über die in diesem Bundesgesetz oder den dazu erlassenen Verordnungen enthaltenen Anforderungen hinausgehen, oder
2. die Vorschreibung von Auflagen zur Konkretisierung oder Anpassung der in diesem Bundesgesetz oder den dazu erlassenen Verordnungen vorgesehenen Anforderungen an die konkreten Verhältnisse des Einzelfalls erforderlich ist.

(3) Dem Antrag auf Arbeitsstättenbewilligung sind eine Beschreibung der Arbeitsstätte einschließlich eines Verzeichnisses der Arbeitsmittel und die erforderlichen Pläne und Skizzen sowie die sonst für die Beurteilung des Projektes erforderlichen Unterlagen in dreifacher Ausfertigung anzuschließen. Weiters sind Sicherheits- und Gesundheitsschutzdokumente in dreifacher Ausfertigung vorzulegen, soweit die Erstellung dieser Dokumente im Zeitpunkt der Antragstellung bereits möglich ist.

(4) Eine Arbeitsstättenbewilligung erlischt, wenn der Betrieb der Arbeitsstätte nicht binnen fünf Jahren nach erteilter Bewilligung aufgenommen wird oder wenn der Betrieb durch mehr als fünf Jahre unterbrochen wird. Die Behörde kann diese Frist auf Antrag des Arbeitgebers auf sieben Jahre verlängern, wenn es Art und Umfang des Vorhabens erfordern oder die Fertigstellung des Vorhabens unvorhergesehenen Schwierigkeiten begegnet.

(5) Die Änderung einer bewilligten Arbeitsstätte bedarf einer Bewilligung, wenn dies zur Gewährleistung des Schutzes der Sicherheit und Gesundheit der Arbeitnehmer erforderlich ist, insbesondere wenn durch die Änderung das Ausmaß der Gefährdung vergrößert wird oder die Änderung mit einer Gefährdung anderer Art verbunden ist. Diese Bewilligung hat auch die bereits bewilligte Arbeitsstätte so weit zu umfassen, als es wegen der Änderung zur Gewährleistung des Schutzes der Sicherheit und Gesundheit der Arbeitnehmer erforderlich ist.

(6) Bestehen Zweifel, ob die Errichtung oder die Änderung einer Arbeitsstätte einer Bewilligung bedarf, so hat die zuständige Behörde auf Antrag des Arbeitgebers oder des Arbeitsinspektorates zu prüfen und festzustellen, ob die Voraussetzungen nach Abs. 1 oder 5 vorliegen.

(7) Die Wirksamkeit einer Bewilligung nach Abs. 1 und 5 wird durch einen Wechsel in der Person des Arbeitgebers nicht berührt. Auflagen gemäß Abs. 2 sind von der zuständigen Behörde auf Antrag des Arbeitgebers aufzuheben oder abzuändern, wenn die Voraussetzungen für die Vorschreibung nicht mehr vorliegen.

(BGBl I 1997/9)

Berücksichtigung des Arbeitnehmer/innenschutzes in Genehmigungsverfahren

§ 93. (1) In folgenden Genehmigungsverfahren sind die Belange des Arbeitnehmer/innenschutzes zu berücksichtigen:

1. Genehmigung von Betriebsanlagen nach der Gewerbeordnung 1994, BGBl. Nr. 194/1994,
2. Genehmigung von Gewinnungsbetriebsplänen und von Bergbauanlagen, soweit es sich um Arbeitsstätten handelt, nach dem Mineralrohstoffgesetz, BGBl. I Nr. 38/1999,
3. Genehmigung von Apotheken nach dem Apothekengesetz, RGBl. Nr. 5/1907,
4. Genehmigung von Eisenbahnanlagen nach dem Eisenbahngesetz 1957, BGBl. Nr. 60/1957,
5. Bewilligung von Schifffahrtsanlagen im Sinne des § 47 und von sonstigen Anlagen im Sinne des § 66 des Schifffahrtsgesetzes, BGBl. I Nr. 62/1997,
6. Bewilligung von Bädern nach dem Bäderhygienegesetz, BGBl. Nr. 254/1976,
7. Genehmigung von Abfall- und Altölbehandlungsanlagen nach §§ 37 bis 65 des Abfallwirtschaftsgesetzes 2002 (AWG 2002), BGBl. I Nr. 102/2002,
8. Bewilligung von Anlagen und Zivilflugplätzen im Sinne des Luftfahrtgesetzes 1957, BGBl. Nr. 253/1957,
9. Bewilligung von Lagern nach § 35 des Sprengmittelgesetzes 2010 – SprG, BGBl. I Nr. 121/2009,
10. Genehmigung von Seilbahnanlagen nach dem Seilbahngesetz 2003 – SeilbG 2003, BGBl. I Nr. 103/2003.

(BGBl I 2012/118)

(2) In diesen Verfahren sind dem jeweiligen Genehmigungsantrag die in § 92 Abs. 3 genannten Unterlagen anzuschließen. Die genannten Anlagen dürfen nur genehmigt werden, wenn sie den Arbeitnehmerschutzvorschriften entsprechen und zu erwarten ist, daß überhaupt oder bei Einhaltung der erforderlichenfalls vorzuschreibenden geeigneten Bedingungen und Auflagen die nach den Umständen des Einzelfalles voraussehbaren Gefährdungen für die Sicherheit und Gesundheit der Arbeitnehmer vermieden werden. Für die Vorschreibung von Auflagen ist § 92 Abs. 2 letzter Satz anzuwenden.

(BGBl I 1997/9, BGBl I 2012/118)

(3) Abs. 2 gilt auch für die Genehmigung einer Änderung oder einer Sanierung von in Abs. 1 angeführten Anlagen. Änderungen, die nach den in Abs. 1 angeführten Rechtsvorschriften keiner Genehmigung bedürfen, der Behörde nach diesen Vorschriften jedoch anzuzeigen sind, dürfen von der Behörde nur dann mit Bescheid zur Kenntnis genommen werden, wenn zu erwarten ist, dass sich die Änderung auch nicht nachteilig auf Sicherheit und Gesundheit der Arbeitnehmer auswirkt.

(BGBl I 2001/159)

(4) Die gemäß Abs. 2 und 3 vorgeschriebenen Bedingungen und Auflagen sind von der zuständigen Behörde auf Antrag des Arbeitgebers abzuändern oder aufzuheben, wenn die Voraussetzungen für die Vorschreibung nicht mehr vorliegen.

(5) Abs. 2 bis 4 gilt auch für Verfahren, in denen nach den in Abs. 1 genannten Bundesgesetzen ein Feststellungsbescheid als Genehmigungsbescheid für die Anlage gilt.

(BGBl I 1997/9)

(6) Die in Abs. 1 genannten Arbeitsstätten bedürfen keiner Arbeitsstättenbewilligung nach § 92.

(BGBl I 2012/118)

(BGBl I 2012/118)

Sonstige Genehmigungen und Vorschreibungen

§ 94. (1) In folgenden Verfahren sind die mit dem Genehmigungsgegenstand zusammenhängenden Belange des Arbeitnehmerschutzes zu berücksichtigen:

1. Genehmigung einer Rohrleitungsanlage gemäß § 17 des Rohrleitungsgesetzes, BGBl. Nr. 411/1975,
2. Genehmigung von Anlagen nach dem Starkstromwegegesetz, BGBl. Nr. 70/1968,
3. Genehmigung von Dampfkesselanlagen gemäß § 4 des Luftreinhaltegesetzes für Kesselanlagen, BGBl. Nr. 380/1988,
4. Bewilligung von Einrichtungen, Arbeitsmitteln usw. nach dem Eisenbahngesetz 1957, BGBl. Nr. 60, dem Luftfahrtgesetz 1957, BGBl. Nr. 253, dem Schiffahrtsgesetz, und dem Seeschiffahrtsgesetz, BGBl. Nr. 174/1981, soweit nicht § 93 anzuwenden ist,
   (BGBl 1995/457, BGBl I 2001/159)
5. Genehmigung von Anlagen und Einrichtungen nach dem Strahlenschutzgesetz, BGBl. Nr. 227/1969,
   (BGBl I 1999/38)
6. Genehmigung von Anlagen nach §§ 31a, 31c, 32, 40 und 41 des Wasserrechtsgesetzes 1959, BGBl. Nr. 215,
7. Genehmigungen und Bewilligungen nach dem Mineralrohstoffgesetz,
   (BGBl I 1999/38, BGBl I 2001/159)
8. Genehmigung von Räumen von Fahrschulen nach dem Kraftfahrgesetz 1967, BGBl. Nr. 267/1967,
   (BGBl I 2001/159)
9. Genehmigung von Gasleitungsanlagen nach dem Gaswirtschaftsgesetz 2011 – GWG 2011, BGBl. I Nr. 107/2011,
   (BGBl I 2001/159, BGBl I 2012/118)
10. Verfahren zur Bewilligung von Einrichtungen und Arbeitsmitteln nach dem Seilbahngesetz 2003 – SeilbG 2003, BGBl. I Nr. 103/2003,
    (BGBl I 2012/118)
11. Verfahren zur Genehmigung von mobilen Behandlungsanlagen gemäß § 52 des Abfallwirtschaftsgesetzes 2002 – AWG 2002, BGBl. I Nr. 102/2002.
    (BGBl I 2012/118)

(2) Die genannten Anlagen dürfen nur genehmigt werden, wenn Arbeitnehmerschutzvorschriften der Genehmigung nicht entgegenstehen und zu erwarten ist, daß überhaupt oder bei Einhaltung der erforderlichenfalls vorzuschreibenden geeigneten Bedingungen und Auflagen die nach den Umständen des Einzelfalles voraussehbaren Gefährdungen für die Sicherheit und Gesundheit der Arbeitnehmer vermieden werden. Dies gilt auch für die Genehmigung einer Änderung derartiger Anlagen.

(3) Zeigt sich in einer Arbeitsstätte nach rechtskräftig erteilter Arbeitsstättenbewilligung oder nach einer rechtskräftigen Genehmigung nach § 93 Abs. 1, daß der Schutz der Sicherheit und Gesundheit der Arbeitnehmer unter den vorgeschriebenen Bedingungen und Auflagen nicht ausreichend gewährleistet wird, so hat die zuständige Behörde zum Schutz der Arbeitnehmer andere oder zusätzliche Bedingungen und Auflagen vorzuschreiben.

(4) Für Arbeitsstätten, die keiner Arbeitsstättenbewilligung bedürfen und für die auch keine Genehmigung nach § 93 Abs. 1 vorliegt, hat die zuständige Behörde die zum Schutz der Sicherheit und Gesundheit der Arbeitnehmer erforderlichen Maßnahmen vorzuschreiben. Dies gilt auch für Arbeitsstätten, für die eine Genehmigung im Sinne des § 93 Abs. 1 vorliegt, wenn bei der Genehmigung das Arbeitnehmerschutzgesetz und dieses Bundesgesetz keine Anwendung gefunden haben.

(5) Für Baustellen und auswärtige Arbeitsstellen gilt Abs. 4 mit folgender Maßgabe: Für eine bestimmte Baustelle oder auswärtige Arbeitsstelle hat die für diese Baustelle/Arbeitsstelle zuständige Behörde die zum Schutz der Sicherheit und Gesundheit der Arbeitnehmer erforderlichen Maßnahmen vorzuschreiben. Sind für mehrere künftige Baustellen oder auswärtige Arbeitsstellen eines Arbeitgebers solche Vorschreibungen erforderlich, so hat die Vorschreibung durch jene Behörde zu erfolgen, die für die Arbeitsstätte zuständig ist, der diese Baustellen oder Arbeitsstellen organisatorisch zuzurechnen sind, im Zweifel durch die für den Unternehmenssitz zuständige Behörde.

(5a) Sind für mehrere identische Arbeitsstätten eines Arbeitgebers/einer Arbeitgeberin oder für mehrere identische Arbeitsmittel, die in verschiedenen Arbeitsstätten eines Arbeitgebers/einer Arbeitgeberin verwendet werden sollen, und für die vollkommen identische Voraussetzungen vorliegen, solche Vorschreibungen erforderlich, so ist für das Verfahren die für den Unternehmenssitz zuständige Behörde zuständig.

(BGBl I 2012/118)

(5b) Sofern dies im Sinne der Raschheit, Einfachheit und Kostenersparnis zweckmäßig ist, können die zum Schutz der Sicherheit und Gesundheit der Arbeitnehmer/innen erforderlichen Maßnahmen auch einer von dem/der Arbeitgeber/in verschiedenen Person vorgeschrieben werden, wie insbesondere dem/der Genehmigungswerber/in in Verfahren nach § 93 Abs. 1 und 3 und § 94 Abs. 1 oder dem/der Inhaber/in oder dem/der Betreiber/in einer mehrere Arbeitsstätten umfassenden Gesamtanlage.

(BGBl I 2012/118)

(6) Für Auflagen und Maßnahmen nach Abs. 1 bis 5b ist § 92 Abs. 2 letzter Satz anzuwenden.

(BGBl I 2012/118)

(7) Die Wirksamkeit von Vorschreibungen gemäß Abs. 1 bis 5 wird durch einen Wechsel in der Person des Arbeitgebers nicht berührt. Solche Vorschreibungen sind von der zuständigen Behörde auf Antrag des Arbeitgebers aufzuheben oder abzuändern, wenn die Voraussetzungen für die Vorschreibung nicht mehr vorliegen.

(BGBl I 1997/9)

Ausnahmen

§ 95. (1) Soweit die Anwendung einzelner Bestimmungen der in Durchführung dieses Bundesgesetzes erlassenen Verordnungen unabhängig von den Umständen des Einzelfalls zur Gewährleistung der Sicherheit und Gesundheit der Arbeitnehmer erforderlich ist, ist in den Verordnungen festzulegen, daß die zuständige Behörde von diesen Bestimmungen der Verordnung keine Ausnahme zulassen darf.

(2) In den in Durchführung dieses Bundesgesetzes erlassenen Verordnungen können Abweichungen von den im 1. bis 6. Abschnitt sowie in §§ 97 und 98 festgelegten Anforderungen geregelt werden, wenn diese Abweichungen aus wichtigen Gründen erforderlich sind und Sicherheit und Gesundheit der Arbeitnehmer gewährleistet sind.

(3) Darüber hinaus kann die zuständige Behörde im Einzelfall auf begründeten Antrag des Arbeitgebers Ausnahmen von den Bestimmungen der in Durchführung des § 6 Abs. 4 sowie des 2. bis 4. und 6. Abschnittes erlassenen Verordnungen zulassen, wenn

1. (aufgehoben)
2. nach den Umständen des Einzelfalls zu erwarten ist, daß Sicherheit und Gesundheit der Arbeitnehmer auch bei Genehmigung der Ausnahme gewährleistet sind oder daß durch eine andere vom Arbeitgeber vorgesehene Maßnahme zumindest der gleiche Schutz erreicht wird wie bei Einhaltung der betreffenden Bestimmungen der Verordnung, und
3. die Genehmigung dieser Ausnahme nicht gemäß Abs. 1 ausgeschlossen ist.

(BGBl I 2001/159)

(4) Ausnahmen nach Abs. 3 können befristet oder unter Vorschreibung bestimmter geeigneter Auflagen erteilt werden, wenn dies zur Erreichung der in Abs. 3 Z 2 genannten Zielsetzungen erforderlich ist. Ausnahmen nach Abs. 3 sind von der zuständigen Behörde aufzuheben, wenn solche Auflagen nicht eingehalten werden oder wenn die Voraussetzungen für die Erteilung der Ausnahme nicht mehr vorliegen.

(5) Die Wirksamkeit von Ausnahmen nach Abs. 3 wird durch einen Wechsel in der Person des Arbeitgebers nicht berührt, wenn sich der für die Ausnahme maßgebliche Sachverhalt nicht geändert hat.

(6) Sofern dies im Sinne der Raschheit, Einfachheit und Kostenersparnis zweckmäßig ist, können Ausnahmen nach Abs. 3 auch auf Antrag einer vom Arbeitgeber verschiedenen Person zugelassen werden, wie insbesondere des Genehmigungswerbers in Verfahren nach § 93 Abs. 1 und 3 und § 94 Abs. 1 oder des Inhabers oder Betreibers einer mehrere Arbeitsstätten umfassenden Gesamtanlage.

(BGBl I 2001/159)

(7) Wird eine Ausnahmegenehmigung für mehrere künftige Baustellen oder auswärtige Arbeitsstellen eines Arbeitgebers beantragt, so ist für das Verfahren jene Behörde zuständig, die für die Arbeitsstätte zuständig ist, der diese Baustellen oder auswärtigen Arbeitsstellen organisatorisch zuzurechnen sind, im Zweifel die für den Unternehmenssitz zuständige Behörde. Wird eine Ausnahmegenehmigung in Bezug auf mehrere identische Arbeitsstätten eines Arbeitgebers oder für mehrere identische Arbeitsmittel, die in verschiedenen Arbeitsstätten eines Arbeitgebers verwendet werden sollen, beantragt, für deren Erteilung vollkommen identische Voraussetzungen vorliegen, so ist für das Verfahren die für den Unternehmenssitz des Arbeitgebers zuständige Behörde zuständig.

(BGBl I 2001/159)

Zwangs und Sicherungsmaßnahmen

§ 96. (1) Die zuständige Behörde hat durch Bescheid die Beschäftigung von Arbeitnehmern zu untersagen oder sonstige geeignete Sicherungsmaßnahmen anzuordnen, wie die gänzliche oder teilweise Schließung einer Arbeitsstätte oder die Stillegung von Arbeitsmitteln, wenn dies zur Abwehr einer Gefahr für Leben oder Gesundheit von Arbeitnehmern erforderlich ist.

(2) Liegen die Voraussetzungen für die Erlassung eines Bescheides gemäß Abs. 1 nicht mehr vor, so hat die zuständige Behörde auf Antrag des Arbeitgebers die nach Abs. 1 getroffenen Maßnahmen aufzuheben.

(3) Beschwerden beim Verwaltungsgericht gegen Bescheide nach Abs. 1 kommt keine aufschiebende Wirkung zu.

(BGBl I 2013/71)

(4) Bescheide nach Abs. 1 treten mit Ablauf eines Jahres, vom Tag ihrer Erlassung an gerechnet, außer Wirksamkeit, wenn sie nicht kürzer befristet sind. Dies gilt auch für Erkenntnisse des Verwaltungsgerichts, die aufgrund von Beschwerden gegen Bescheide nach Abs. 1 ergangen sind.

(BGBl I 2013/71)

(5) Den gesetzlichen Interessenvertretungen der Arbeitgeber und Arbeitnehmer ist eine Ablichtung von Bescheiden gemäß Abs. 1 und 2 zu übermitteln.

(6) Abs. 1 und 2 ist auf Arbeitsstätten, für die auf Grund gesetzlicher Vorschriften eine Betriebspflicht besteht, nicht anzuwenden.

(7) (aufgehoben)

(BGBl I 1999/38)

Sonderbestimmungen für die Zustellung

§ 96a. (1) Schifffahrtsunternehmen mit Sitz im Ausland, deren Fahrzeuge auf österreichischen Wasserstraßen verkehren, kann im Wege des Schiffführers eines Fahrzeuges des Unternehmens wirksam zugestellt werden.

(2) Eisenbahnunternehmen mit Sitz im Ausland, deren Fahrzeuge auf dem österreichischen Schienennetz verkehren, kann im Wege des Triebfahrzeugführers oder des Personals eines Fahrzeuges des Unternehmens wirksam zugestellt werden.

(BGBl I 2012/35)

Meldung von Bauarbeiten

§ 97. (1) Arbeitgeber sind verpflichtet, dem zuständigen Arbeitsinspektorat Bauarbeiten, die voraussichtlich länger als fünf Arbeitstage dauern, nachweislich zu melden. Zum Zweck der Kontrolle von Baustellen ist die Meldung auch an die Bauarbeiter-Urlaubs- und Abfertigungskasse (§ 14 des Bauarbeiter-Urlaubs- und Abfertigungsgesetzes – BUAG, BGBl. Nr. 414/1972) zu übermitteln.[a)]

(BGBl I 2011/51)

[a)] Der zweite Satz tritt frühestens mit 1. Jänner 2012 in Kraft (siehe § 131 Abs. 8).

(2) Die Meldung muß spätestens eine Woche vor Arbeitsbeginn erfolgen. Die Arbeiten dürfen erst nach erfolgter Meldung begonnen werden. In Katastrophenfällen, bei unaufschiebbaren Arbeiten und bei kurzfristig zu erledigenden Aufträgen ist die Meldung spätestens am Tag des Arbeitsbeginns zu erstatten.

(3) Die Meldung muß alle zur Wahrnehmung des Arbeitnehmerschutzes erforderlichen Angaben enthalten.

(4) Erfolgt vor Beginn der Bauarbeiten eine Meldung an das Arbeitsinspektorat durch den Auftraggeber oder eine von ihm beauftragte Person, und enthält diese Meldung alle für die Wahrnehmung des Arbeitnehmerschutzes erforderlichen Angaben, so entfällt die Meldepflicht der Arbeitgeber.

(5) Werden auf einer Baustelle Bauarbeiten von mehreren Arbeitgebern unmittelbar aufeinanderfolgend ausgeführt, obliegt die Meldepflicht jenem Arbeitgeber, der zuerst mit den Arbeiten auf der Baustelle beginnt.

(6) Mit besonderen Gefahren verbundene Bauarbeiten sind abweichend von Abs. 4 und 5 jedenfalls gesondert durch die betreffenden Arbeitgeber zu melden.

(7) Bauarbeiten, bei denen die Arbeitnehmer Einwirkungen von schwachgebundenen Asbestprodukten ausgesetzt sein können, sind abweichend von Abs. 1 und 4 bis 6 unabhängig von ihrer Dauer zu melden. Die Meldung hat auch Angaben über

die Arbeitsweise und die zum Schutz der Arbeitnehmer vorgesehenen Maßnahmen zu enthalten. Die Meldung muß abweichend von Abs. 2 jedenfalls vor Beginn der Arbeiten erfolgen.

(8) Erfolgt die Meldung nach Abs. 1, 6 oder 7 elektronisch mittels Webanwendung an die Baustellendatenbank (§ 31a des Bauarbeiter-Urlaubs- und Abfertigungsgesetzes – BUAG, BGBl. Nr. 414/1972, in der geltenden Fassung), gilt sie als Meldung an das zuständige Arbeitsinspektorat. Ab 1. Jänner 2019 müssen Meldungen nach Abs. 1, 6 und 7 elektronisch mittels Webanwendung an die Baustellendatenbank erfolgen.

(BGBl I 2011/51, BGBl I 2016/72)

Sonstige Meldepflichten

§ 98. (1) Arbeitgeber sind verpflichtet, dem Arbeitsinspektorat tödliche und schwere Arbeitsunfälle unverzüglich zu melden, sofern nicht eine Meldung an die Sicherheitsbehörden erfolgt.

(2) Arbeitgeber sind verpflichtet, gefährliche Ereignisse gemäß § 97 des Mineralrohstoffgesetzes, die sich in Bergbaubetrieben (§ 108 MinroG) ereignen, unverzüglich dem Arbeitsinspektorat zu melden.

(3) Arbeitgeber sind verpflichtet, dem zuständigen Arbeitsinspektorat Arbeiten, die mit einer besonderen Gefahr für die damit beschäftigten Arbeitnehmer verbunden sind, zu melden, sofern dies in einer Verordnung nach diesem Bundesgesetz festgelegt ist.

(BGBl I 1999/38, BGBl I 2001/159)

Behördenzuständigkeit

§ 99. Soweit in diesem Bundesgesetz auf die zuständige Behörde verwiesen wird, ist darunter zu verstehen:

1. bei nach der Gewerbeordnung 1994 genehmigungspflichtigen Betriebsanlagen die nach der Gewerbeordnung 1994 in erster Instanz zuständige Genehmigungsbehörde, bei sonstigen der Gewerbeordnung 1994 unterliegenden Tätigkeiten die Bezirksverwaltungsbehörde,
2. bei den in § 93 Abs. 1 Z 2 bis 10 angeführten Arbeitsstätten die nach den angeführten Bestimmungen in erster Instanz zuständige Genehmigungsbehörde,

   (BGBl I 2001/159, BGBl I 2017/126)
3. bei Krankenanstalten, deren Errichtung und Betrieb nach den in Ausführung des Bundesgesetzes über Krankenanstalten und Kuranstalten (KAKuG), BGBl. Nr. 1/1957, ergangenen landesgesetzlichen Bestimmungen einer Genehmigung durch die Landesregierung bedarf, der Landeshauptmann,

   (BGBl I 2012/118)

3a. (aufgehoben)

   (BGBl I 1997/9, BGBl I 2012/118)

4. bei Theater oder Kinobetrieben sowie sonstigen Veranstaltungsstätten, deren Errichtung und Betrieb nach landesgesetzlichen Bestimmungen einer Genehmigung durch die Landesregierung bedarf, der Landeshauptmann,
5. bei Anlagen zur Erzeugung elektrischer Energie, deren Errichtung nach den in Ausführung des Elektrizitätswirtschafts- und -organisationsgesetzes 2010 – ElWOG 2010, BGBl. I Nr. 110/2010, ergangenen landesgesetzlichen Bestimmungen einer Genehmigung durch die Landesregierung bedarf, der Landeshauptmann,

   (BGBl I 2012/118)
6. für die unter das Mineralrohstoffgesetz fallenden Tätigkeiten die nach dem Mineralrohstoffgesetz dafür zuständige Behörde,

   (BGBl I 1999/38, BGBl I 2013/71)
7. in allen übrigen Fällen die Bezirksverwaltungsbehörde.

   (BGBl I 2013/71)

Außergewöhnliche Fälle

§ 100. (1) Der 1. bis 6. Abschnitt dieses Bundesgesetzes sowie die in Durchführung dieser Bestimmungen erlassenen Verordnungen finden auf die Beschäftigung von Arbeitnehmern mit spezifischen Tätigkeiten im Rahmen von Katastrophenhilfsdiensten insoweit keine Anwendung, als die Besonderheiten dieser Tätigkeiten einer Anwendung zwingend entgegenstehen. In diesen Fällen ist aber dafür Sorge zu tragen, daß unter Berücksichtigung der Zielsetzungen dieses Bundesgesetzes eine größtmögliche Sicherheit und ein größtmöglicher Gesundheitsschutz der Arbeitnehmer gewährleistet ist.

(2) In Fällen unmittelbar drohender oder eingetretener Gefährdung des Lebens und der Gesundheit der Arbeitnehmer sind von diesem Bundesgesetz und den dazu erlassenen Verordnungen abweichende Anordnungen soweit zulässig, als dies im Interesse des Schutzes des Lebens und der Gesundheit der Arbeitnehmer geboten erscheint, um die Gefährdung abzuwenden oder zu beseitigen.

Verordnungen über Behörden und Verfahren

§ 101. (1) Der Bundesminister für Arbeit, Soziales und Konsumentenschutz hat in Durchführung des 8. Abschnittes durch Verordnung näher zu regeln:

1. die Geschäftsordnung des Arbeitnehmerschutzbeirates,
2. die Arbeitsstättenbewilligungspflicht,
3. die Meldepflichten gemäß § 97 Abs. 1, wobei Ausnahmen für Arbeiten, die mit keinen besonderen Gefahren verbunden sind, vorzusehen sind, den Inhalt der Meldung nach § 97 Abs. 3,

   (BGBl I 2001/159)
4. Arbeiten im Sinne des § 98 Abs. 3 sowie den Inhalt der Meldung.

   (BGBl I 2001/159)

(BGBl I 1997/9, BGBl I 2012/118)

(2) Der Bundesminister für Arbeit, Soziales und Konsumentenschutz kann durch Verordnung weitere bundesgesetzliche Bewilligungsverfahren den in § 93 Abs. 1 angeführten Verfahren gleichstellen, wenn gewährleistet ist, daß in diesen Verfahren die Arbeitnehmerschutzbelange in gleicher Weise berücksichtigt werden wie in einem Arbeitsstättenbewilligungsverfahren. Eine solche Verordnung darf nur im Einvernehmen mit dem für dieses bundesgesetzliche Bewilligungsverfahren zuständigen Bundesminister erlassen werden.

(BGBl I 2012/118)

(3) Abs. 2 gilt für die Gleichstellung weiterer bundesgesetzlicher Bewilligungsverfahren mit den in § 94 Abs. 1 angeführten Verfahren sinngemäß mit der Maßgabe, daß eine Gleichstellung zu erfolgen hat, wenn im Hinblick auf den Verfahrensgegenstand Auswirkungen auf den Arbeitnehmerschutz zu erwarten sind und das Verfahren zur Berücksichtigung des Arbeitnehmerschutzes geeignet ist.

(4) Sehen gesetzliche Bestimmungen vor, dass im Genehmigungsverfahren Gutachten oder öffentliche Urkunden beizugeben sind, kann der Bundesminister für Arbeit, Soziales und Konsumentenschutz durch Verordnung festlegen, in welcher Weise die Erfordernisse des Arbeitnehmerschutzes in den Gutachten oder öffentlichen Urkunden zu berücksichtigen sind und deren Einhaltung nachzuweisen ist. Darüber hinaus kann der Bundesminister für Arbeit, Soziales und Konsumentenschutz durch Verordnung auch festlegen, in welcher Weise die Erfordernisse des Arbeitnehmerschutzes in Verwaltungsverfahren zu berücksichtigen sind und deren Einhaltung nachzuweisen ist. § 12 des Arbeitsinspektionsgesetzes 1993 (ArbIG), BGBl. Nr. 27/1993, bleibt unberührt.

(BGBl I 2012/35)

9. Abschnitt
Übergangsrecht und Aufhebung von Rechtsvorschriften

Übergangsbestimmungen zu §§ 4 und 5

§ 102. (1) §§ 4 und 5 treten für Arbeitsstätten, in denen regelmäßig mehr als 250 Arbeitnehmer beschäftigt werden, mit 1. Juli 1995, im übrigen mit 1. Jänner 1997 in Kraft.

(2) Die Durchführung der Ermittlung und Beurteilung der Gefahren, die Festlegung von Maßnahmen zur Gefahrenverhütung und die Erstellung der Sicherheits und Gesundheitsschutzdokumente muß spätestens fertiggestellt sein:

1. für Arbeitsstätten, in denen regelmäßig mehr als 100 Arbeitnehmer beschäftigt werden, mit 1. Juli 1997,
2. für Arbeitsstätten, in denen regelmäßig 51 bis 100 Arbeitnehmer beschäftigt werden, mit 1. Juli 1998,
3. für Arbeitsstätten, in denen regelmäßig 11 bis 50 Arbeitnehmer beschäftigt werden, mit 1. Juli 1999,
4. für Arbeitsstätten, in denen regelmäßig bis zu zehn Arbeitnehmer beschäftigt werden, mit 1. Juli 2000.

(BGBl I 1997/9)

(3) Arbeitnehmer, die auf Baustellen oder auswärtigen Arbeitsstellen beschäftigt werden, sind bei der Ermittlung der Beschäftigtenzahl nach Abs. 1 und 2 jener Arbeitsstätte zuzurechnen, der sie organisatorisch zugehören, im Zweifel dem Unternehmenssitz.

(BGBl I 1997/9)

§§ 103. und 104. (aufgehoben)

(BGBl I 2001/159)

§ 105. (aufgehoben)

(BGBl I 2001/159, BGBl I 2012/118, BGBl I 2015/60)

Allgemeine Übergangsbestimmungen für Arbeitsstätten

§ 106. (1) Für Arbeitsstätten, die am 1. Jänner 1993 bereits genutzt wurden, sind in den Verordnungen zur Durchführung des 2. Abschnittes dieses Bundesgesetzes die erforderlichen Abweichungen und Anpassungsfristen festzulegen. In den Verordnungen ist insbesondere auch zu regeln, unter welchen Voraussetzungen für solche Arbeitsstätten die Bestimmungen der Verordnungen bei Änderungen oder Erweiterungen der Arbeitsstätte wirksam werden.

(2) (aufgehoben)

(BGBl I 2015/60)

(3) Die nachstehend angeführten Bestimmungen der Allgemeinen Arbeitnehmerschutzverordnung (AAV) gelten bis zum In-Kraft-Treten einer Verordnung nach diesem Bundesgesetz, die den entsprechenden Gegenstand regelt, als Bundesgesetz:

1. Für Fußböden in Betriebsräumen gilt § 6 Abs. 4 erster und zweiter Satz, für Wände und Decken in Betriebsräumen § 7 Abs. 4 zweiter Satz, für die Beheizung von Arbeitsräumen und von brandgefährdeten Räumen § 14 Abs. 2 mit der Maßgabe, dass die Wortfolge „und explosionsgefährdete Räume" entfällt.

   (BGBl I 2012/118)
2. Für Ausgänge und Verkehrswege in Arbeitsstätten gelten § 22 Abs. 5 mit der Maßgabe, dass die Wortfolge „und von explosionsgefährdeten Räumen" entfällt, und § 26 Abs. 10 mit der Maßgabe, dass im ersten Satz die Wortfolge „Explosionsgefährdete Räume und" entfällt.

   (BGBl I 2012/118)
3. Für Schutzmaßnahmen gegen Absturz in Betriebsräumen gilt § 18 Abs. 6 erster Satz.
4. Für Lagerungen in Arbeitsstätten gilt § 64 Abs. 1 dritter Satz, Abs. 4 zweiter Satz, Abs. 5 zweiter und dritter Satz, Abs. 6 sowie Abs. 8 zweiter und dritter Satz.

(BGBl I 1997/9, BGBl I 2001/159)

Brandschutz und Erste Hilfe

§ 107. (1) Bis zum Inkrafttreten einer Verordnung nach diesem Bundesgesetz, die den entsprechenden Gegenstand regelt, gelten die §§ 74 mit der Maßgabe, dass in Abs. 1 die Wortfolge „und in explosionsgefährdeten Räumen" und in Abs. 2 der erste Satz entfällt, 75, 76 Abs. 6 und 8 sowie § 81 Abs. 2 letzter Satz und Abs. 8 AAV als Bundesgesetz. § 81 Abs. 8 AAV gilt mit der Maßgabe, dass der erste Halbsatz lautet: In Räumen, in denen giftige oder ätzende Arbeitsstoffe verwendet werden.

(BGBl I 2001/159, BGBl I 2012/118)

(2) (aufgehoben)

(BGBl I 2015/60)

(3) (aufgehoben)

(BGBl I 2014/94)

Sanitäre Vorkehrungen und Sozialeinrichtungen

§ 108. (1) (aufgehoben)

(BGBl I 2015/60)

(2) Bis zum Inkrafttreten einer Verordnung nach diesem Bundesgesetz, die den entsprechenden Gegenstand regelt, gelten für das Trinkwasser § 83 Abs. 2 AAV, für Kleiderkästen und Umkleideräume § 86 Abs. 6 AAV, als Bundesgesetz. § 86 Abs. 6 gilt mit der Maßgabe, dass der erste Halbsatz lautet: Sofern die Arbeitskleidung bei Arbeiten stark verschmutzt wird oder die Schutzkleidung mit giftigen, ätzenden, leicht zersetzlichen oder ekelerregenden Arbeitsstoffen in Berührung kommt.

(BGBl I 2001/159, BGBl I 2012/118, BGBl I 2015/60)

Arbeitsmittel

§ 109. (1) (aufgehoben)

(BGBl I 2015/60)

(2) Bis zum Inkrafttreten einer Verordnung nach diesem Bundesgesetz, die den entsprechenden Gegenstand regelt, gelten § 41 Abs. 8, § 59 Abs. 1 bis 7, Abs. 8 mit Ausnahme des letzten Satzes, Abs. 9 bis 12, 14 und 15, weiters § 60 Abs. 1 bis 3 und Abs. 10 bis 12 AAV als Bundesgesetz.

(BGBl I 2001/159, BGBl I 2012/118)

(3)–(5) (aufgehoben)

(BGBl I 2001/159)

(6) (aufgehoben)

(BGBl I 2015/60)

Allgemeine Übergangsbestimmungen betreffend Arbeitsstoffe

§ 110. (1) § 41 Abs. 2 bis 6 tritt für Arbeitgeber, die regelmäßig mehr als 250 Arbeitnehmer beschäftigen, mit 1. Juli 1995, im übrigen mit 1. Jänner 1996 in Kraft.

(1a) Die Umsetzung der in § 41 Abs. 2 bis 6 festgelegten Verpflichtungen muß spätestens fertiggestellt sein:

1. für Arbeitsstätten, in denen regelmäßig mehr als 100 Arbeitnehmer beschäftigt werden, mit 1. Juli 1997,
2. für Arbeitsstätten, in denen regelmäßig 51 bis 100 Arbeitnehmer beschäftigt werden, mit 1. Juli 1998,
3. für Arbeitsstätten, in denen regelmäßig elf bis 50 Arbeitnehmer beschäftigt werden, mit 1. Juli 1999,
4. für Arbeitsstätten, in denen regelmäßig bis zu zehn Arbeitnehmer beschäftigt werden, mit 1. Juli 2000.

(BGBl I 1997/9)

(1b) Arbeitnehmer, die auf Baustellen oder auswärtigen Arbeitsstellen beschäftigt werden, sind bei der Ermittlung der Beschäftigtenzahl nach Abs. 1 und 1a jener Arbeitsstätte zuzurechnen, der sie organisatorisch zugehören, im Zweifel dem Unternehmenssitz.

(BGBl I 1997/9, BGBl I 1997/47)

(2) (aufgehoben)

(BGBl I 2015/60)

(3) § 42 Abs. 7 tritt hinsichtlich jener Arbeitsstoffe, die bei Inkrafttreten dieses Gesetzes bereits in Verwendung stehen, mit 1. Juli 1995 in Kraft.

(4) (aufgehoben)

(BGBl I 2015/60)

(5) (aufgehoben)

(BGBl I 1997/9, BGBl I 2001/159)

(6) § 46 Abs. 2, 5 und 8 tritt erst mit Inkrafttreten einer Verordnung nach diesem Bundesgesetz, die Messungen gemäß § 48 Abs. 1 Z 4 regelt, in Kraft.

(BGBl I 2015/60)

(7) § 47 tritt für Arbeitgeber, die regelmäßig mehr als 250 Arbeitnehmer beschäftigen, mit 1. Juli 1995, im übrigen mit 1. Jänner 1996 in Kraft.

(8) Bis zum Inkrafttreten einer Verordnung nach diesem Bundesgesetz zur Durchführung des 4. Abschnittes gelten die nachstehend angeführten Bestimmungen der Allgemeinen Arbeitnehmerschutzverordnung (AAV) als Bundesgesetz:

1. Für Schutzmaßnahmen gegen Gase, Dämpfe, Schwebstoffe und sonstige Beeinträchtigungen gilt § 16 Abs. 4, Abs. 5 erster Satz, Abs. 6 und 7 sowie 9 bis 11,
2. für Arbeiten mit gesundheitsgefährdenden Arbeitsstoffen gilt § 52 Abs. 4 bis Abs. 6,
3. für Arbeiten mit explosionsgefährlichen Arbeitsstoffen gilt § 54 Abs. 6 mit der Maßgabe, dass die Wortfolge „brandgefährlichen Arbeitsstoffen und" entfällt,
4. für den Ersatz und das Verbot von Arbeitsstoffen und Arbeitsverfahren und die Verwendungsbeschränkungen gilt § 55 Abs. 2 bis 5 und Abs. 7 bis 10, mit der Maßgabe, dass in Abs. 2 im letzten Satz nach dem Wort „Laboratorien" ein Punkt gesetzt und der letzte Halbsatz durch folgenden Satz ersetzt wird: „Dies gilt weiters nicht für die Verwendung von Benzol in Motortreibstoffen, außer zum

Antrieb von zweitaktmotorbetriebenen handgeführten Arbeitsmitteln.“,

5. für die Lagerung von besonderen Arbeitsstoffen gilt § 65 AAV mit der Maßgabe, dass in Abs. 4 die Wortfolge „bei den Zugängen deutlich und dauerhaft gekennzeichnet und“ und in Abs. 9 die Wortfolge „bei den Zugängen als solche deutlich und dauerhaft gekennzeichnet und“ entfällt und in Abs. 9 erster Satz die Wortfolge „oder infektiösen“ entfällt.

(BGBl I 2001/159, BGBl I 2012/118, BGBl I 2015/60)

(9) Soweit Arbeitsstoffe noch entsprechend ihren Eigenschaften im Sinne des § 3 des Chemikaliengesetzes 1996, BGBl. I Nr. 53/1997 in der Fassung BGBl. I Nr. 14/2015, eingestuft oder gekennzeichnet sind, gelten für sie auch jene Arbeitnehmerschutzvorschriften, die bereits auf die entsprechende Gefahrenkategorie nach der CLP-Verordnung abstellen, wobei § 40 Abs. 8 sinngemäß anzuwenden ist.

(BGBl I 2015/60)

Übergangsbestimmungen betreffend bestimmte Arbeitsstoffe

§ 111. Bescheidmäßige Vorschreibungen und Ausnahmegenehmigungen gemäß § 1 Abs. 2 und 3 der Verordnung BGBl. Nr. 183/1923, gemäß § 2 der Verordnung BGBl. Nr. 184/1923, gemäß § 1 Abs. 2 der Verordnung BGBl. Nr. 185/1923 und gemäß § 1 Abs. 2 der Verordnung BGBl. Nr. 186/1923 bleiben unberührt.

(BGBl I 2006/113)

Gesundheitsüberwachung

§ 112. (1) §§ 49, 50, 52 bis 54, 57 und 58 treten mit 1. Juli 1995 in Kraft.

(BGBl I 2015/60)

(1a) (aufgehoben)

(BGBl I 1997/9, BGBl I 2001/159)

(2) (aufgehoben)

(BGBl I 2001/159)

(3) Für ermächtigte Ärztinnen und Ärzte gilt Folgendes:

1. Ärztinnen und Ärzte, die am 1. August 2017 über eine aufrechte Ermächtigung gemäß § 56 in der Fassung vor der Novelle BGBl. I Nr. 126/2017 oder gemäß § 8 Abs. 4 des Arbeitnehmerschutzgesetzes verfügen, sind in die Liste nach § 56 aufzunehmen, sofern nicht Z 2 anzuwenden ist.
2. Beim Bundesminister für Arbeit, Soziales und Konsumentenschutz am 1. August 2017 anhängige Verwaltungsverfahren nach § 56 in der Fassung vor der Novelle BGBl. I Nr. 126/2017 sind einzustellen. Die vorgelegten Nachweise sind nach § 56 zu behandeln.

(BGBl I 2017/126)

(4) Bescheide, die gemäß § 8 des Arbeitnehmerschutzgesetzes in Verbindung mit § 2 Abs. 4, § 3 Abs. 7 und § 4 Abs. 4 letzter Satz der Verordnung BGBl. Nr. 39/1974 erlassen wurden, bleiben unberührt. Diese Bescheide sind auf Antrag des Arbeitgebers oder von Amts wegen aufzuheben, wenn die Voraussetzungen nicht mehr vorliegen. Bescheide gemäß § 3 Abs. 6 letzter Halbsatz, § 3 Abs. 8, § 4 Abs. 2 letzter Satz und § 4 Abs. 3 der Verordnung BGBl. Nr. 39/1974 werden mit Inkrafttreten einer Verordnung gemäß § 59 dieses Bundesgesetzes gegenstandslos.

(5) Für die Gesundheitsüberwachung bei Druckluft- und Taucherarbeiten gilt § 119.

Fachkenntnisse

§ 113. (1) §§ 62 und 63 Abs. 1 und 2 treten erst mit Inkrafttreten einer Verordnung nach diesem Bundesgesetz über den Nachweis der Fachkenntnisse in Kraft, soweit im folgenden nicht anderes bestimmt wird.

(2) (aufgehoben)

(BGBl I 2001/159, BGBl I 2012/118)

(3) (aufgehoben)

(BGBl I 1997/9, BGBl I 2012/118)

(4) Als Nachweis der Fachkenntnisse gemäß § 62 dieses Bundesgesetzes gelten auch Zeugnisse über den Nachweis der Fachkenntnisse nach der Verordnung über den Nachweis der Fachkenntnisse für bestimmte Arbeiten, BGBl. Nr. 441/1975, oder nach der Verordnung über den Nachweis der Fachkenntnisse für die Vorbereitung und Organisation von bestimmten Arbeiten unter elektrischer Spannung über 1 kV, BGBl. Nr. 10/1982, weiters Bescheide über die Anerkennung von Zeugnissen von Einrichtungen, die nicht zur Ausstellung von Zeugnissen über den Nachweis der Fachkenntnisse nach den angeführten Verordnungen berechtigt waren, sowie Bescheide gemäß § 10 Abs. 2 der Verordnung BGBl. Nr. 441/1975 und § 8 Abs. 2 der Verordnung BGBl. Nr. 10/1982. Für den Entzug dieser Nachweise gilt § 63 Abs. 4 bis 6.

(BGBl I 2012/118)

(4a) Arbeitnehmer, die bereits vor dem 15. Februar 1976 gemäß § 15 Abs. 1 der Verordnung über den Nachweis der Fachkenntnisse für bestimmte Arbeiten, BGBl. Nr. 441/1975, beschäftigt wurden, dürfen ohne Nachweis der Fachkenntnisse weiter beschäftigt werden. Zeugnisse oder sonstige Bescheinigungen gemäß § 15 Abs. 3 der Verordnung BGBl. Nr. 441/1975 gelten als Nachweis der Fachkenntnisse im Sinne dieses Bundesgesetzes.

(BGBl I 1997/9)

(5) (aufgehoben)

(BGBl I 2001/159, BGBl I 2012/118)

(6) Die vom Bundesminister für Verkehr, Innovation und Technologie gemäß § 63 Abs. 1 dieses Bundesgesetzes vor dem 1. Juli 2012 erteilten Ermächtigungen zur Ausstellung von Zeugnissen zum Nachweis der Fachkenntnisse bleiben bis zu einem allfälligen Widerruf gemäß § 14 Abs. 4 der Fachkenntnisnachweis-Verordnung – FK-V, BGBl.

II Nr. 13/2007, durch den Bundesminister für Arbeit, Soziales und Konsumentenschutz unberührt.

(BGBl I 2012/35)

Arbeitsvorgänge und Arbeitsplätze

§ 114. (1) (aufgehoben)

(BGBl I 2015/60)

(2) (aufgehoben)

(BGBl I 2012/118)

(3) § 71 Abs. 2 tritt erst mit Inkrafttreten einer Verordnung betreffend die Arbeitskleidung gemäß § 72 Abs. 1 Z 6 in Kraft.

(4) Darüber hinaus gelten die nachstehenden Bestimmungen der Allgemeinen Arbeitnehmerschutzverordnung (AAV) als Bundesgesetz:

1. § 48 Abs. 5 AAV bis zum Inkrafttreten einer Verordnung nach diesem Bundesgesetz, die in Durchführung des § 60 Arbeitsvorgänge regelt,

   (BGBl I 2012/118)
2. § 49 AAV mit der Maßgabe, dass in Abs. 7 zweiter Halbsatz die Wortfolge „infektiösen" entfällt, bis zum Inkrafttreten einer Verordnung nach diesem Bundesgesetz, die in Durchführung des § 61 Abs. 5 Regelungen über Sitze, Tische und Werkbänke trifft,

   (BGBl I 2001/159)
3. § 20 Abs. 5 vierter Satz AAV bis zum Inkrafttreten einer Verordnung nach diesem Bundesgesetz, die in Durchführung des § 61 Verkaufsstände regelt,
4. § 62 Abs. 2 zweiter Satz und Abs. 3 AAV bis zum Inkrafttreten einer Verordnung nach diesem Bundesgesetz, die in Durchführung des § 64 die Handhabung von Lasten regelt,

   (BGBl I 2012/118)
5. (aufgehoben)

   (BGBl I 2012/118)
6. § 16 Abs. 1 AAV mit der Maßgabe, dass die Worte „blendendes Licht, schädliche Strahlen" entfallen bis zum Inkrafttreten einer Verordnung nach diesem Bundesgesetz, die § 66 Abs. 2 näher durchführt,

   (BGBl I 2012/118)
7. (aufgehoben)

   (BGBl I 2001/159, BGBl I 2012/118, BGBl I 2015/60)
8. § 73 AAV mit der Maßgabe, dass in Abs. 2 der zweite Satz entfällt, bis zum Inkrafttreten einer Verordnung nach diesem Bundesgesetz, die in Durchführung des § 71 Abs. 1 die Arbeitskleidung regelt.

   (BGBl I 2012/118)

Bestellung von Sicherheitsfachkräften und Arbeitsmedizinern

§ 115. (1) Für Arbeitsstätten, in denen ein Arbeitgeber regelmäßig bis zu 250 Arbeitnehmer beschäftigt, tritt die Verpflichtung zur Bestellung von Sicherheitsfachkräften und Arbeitsmedizinern nach Maßgabe der folgenden Bestimmungen in Kraft:

1. für Arbeitsstätten, in denen regelmäßig 151 bis 250 Arbeitnehmer beschäftigt werden, mit 1. Jänner 1996,
2. für Arbeitsstätten, in denen regelmäßig 101 bis 150 Arbeitnehmer beschäftigt werden, mit 1. Jänner 1997,
3. für Arbeitsstätten, in denen regelmäßig 51 bis 100 Arbeitnehmer beschäftigt werden, mit 1. Jänner 1998,
4. für Arbeitsstätten, in denen regelmäßig elf bis 50 Arbeitnehmer beschäftigt werden, mit 1. Jänner 1999,
5. für Arbeitsstätten, in denen regelmäßig bis zu zehn Arbeitnehmer beschäftigt werden, mit 1. Jänner 2000.

(2) (aufgehoben)

(BGBl I 2001/159)

(3) Arbeitnehmer, die auf Baustellen oder auswärtigen Arbeitsstellen beschäftigt werden, sind bei der Ermittlung der Beschäftigtenzahl nach Abs. 1 jener Arbeitsstätte zuzurechnen, der sie organisatorisch zugehören, im Zweifel dem Unternehmenssitz. Dies gilt nicht für Arbeitnehmer auf Baustellen, für die eine gesonderte diesem Bundesgesetz entsprechende sicherheitstechnische und arbeitsmedizinische Betreuung eingerichtet ist.

(BGBl I 2001/159)

(4) (aufgehoben)

(BGBl I 1997/9, BGBl I 2001/159)

(5) Bis zwei Jahre nach Inkrafttreten einer Verordnung über die Fachausbildung der Sicherheitsfachkräfte gemäß § 90 Abs. 1 Z 1 dürfen als Sicherheitsfachkräfte Personen bestellt werden, deren Kenntnisse zumindest jenen entsprechen, die nach den hiefür geltenden Rechtsvorschriften für die Verleihung der Standesbezeichnung „Ingenieur" Voraussetzung sind, und die das für ihre Tätigkeit notwendige Wissen auf dem Gebiet der Sicherheitstechnik sowie entsprechende Betriebserfahrungen und Kenntnisse über die für den Betrieb maßgeblichen Arbeitnehmerschutzvorschriften besitzen.

(6) Die bei Inkrafttreten dieses Bundesgesetzes als Sicherheitstechniker im Sinne des § 21 des Arbeitnehmerschutzgesetzes tätigen Personen gelten als Sicherheitsfachkräfte im Sinne dieses Bundesgesetzes, die in der betriebsärztlichen Betreuung im Sinne des § 22 des Arbeitnehmerschutzgesetzes tätigen Ärzte gelten als Arbeitsmediziner im Sinne dieses Bundesgesetzes, ohne daß eine neuerliche Bestellung und Meldung zu erfolgen hat.

Sonstige Übergangsbestimmungen für Präventivdienste

§ 116. (1)–(2) (aufgehoben)

(BGBl I 2015/60)

(3) (aufgehoben)

(BGBl I 1999/12, BGBl I 2001/159)

(4) (aufgehoben)

(BGBl I 2001/159)

(5) Bescheide gemäß § 21 Abs. 2 und § 22 Abs. 2 des Arbeitnehmerschutzgesetzes werden mit 1. Jänner 1995 gegenstandslos. Bescheide gemäß § 21 Abs. 6 sowie gemäß § 22c Abs. 4 zweiter Satz, Abs. 5 und Abs. 6 des Arbeitnehmerschutzgesetzes werden mit Inkrafttreten des § 82a dieses Bundesgesetzes gegenstandslos.

(BGBl I 1997/9, BGBl I 2001/159)

(6) Arbeitgeber, die über Kenntnisse auf dem Gebiet der Sicherheit und des Gesundheitsschutzes für die jeweilige Arbeitsstätte gemäß § 78b Abs. 2 Z 1 verfügen, dürfen das Unternehmermodell gemäß § 78b Abs. 1 Z 2 ohne Nachweis ausreichender Kenntnisse durch eine Bescheinigung gemäß § 78b Abs. 2 Z 2 oder § 78b Abs. 4 bis längstens 31. Dezember 1999 anwenden.

(BGBl I 1997/9)

Betriebsbewilligung und Arbeitsstättenbewilligung

§ 117. (1) Bis zum Inkrafttreten einer Verordnung nach diesem Bundesgesetz über die Arbeitsstättenbewilligung gilt für die diesem Bundesgesetz unterliegenden Arbeitsstätten § 2 Abs. 3 und § 3 Abs. 2 der Verordnung über die Betriebsbewilligung nach dem Arbeitnehmerschutzgesetz, BGBl. Nr. 116/1976, nach Maßgabe der folgenden Bestimmungen als Bundesgesetz.

(2) Die in § 2 Abs. 3 der Verordnung BGBl. Nr. 116/1976 angeführten Arbeitsstätten dürfen nur auf Grund einer Bewilligung gemäß § 92 Abs. 1 bis 3 errichtet und betrieben werden; dies gilt nicht

1. sofern § 93 Abs. 1 dieses Bundesgesetzes zur Anwendung kommt,
2. für Arbeitsstätten, die bereits am 1. Jänner 1973 betrieben wurden.

Für die Änderung dieser Arbeitsstätten ist eine Bewilligung gemäß § 92 Abs. 5 dieses Bundesgesetzes erforderlich.

(BGBl I 1997/9)

(3) Die gemäß § 27 Abs. 1 des Arbeitnehmerschutzgesetzes (ANSchG) erteilten Bewilligungen gelten als Arbeitsstättenbewilligung im Sinne des § 92 Abs. 1 dieses Bundesgesetzes. Für die Änderung von Arbeitsstätten, die gemäß § 27 Abs. 1 ANSchG bewilligt wurden, gilt § 92 Abs. 5 dieses Bundesgesetzes.

(4) Wird in einer Verordnung nach diesem Bundesgesetz eine Arbeitsstättenbewilligung für Arbeitsstätten vorgesehen, die nach § 2 Abs. 3 der Verordnung BGBl. Nr. 116/1976 keiner Betriebsbewilligung bedürfen, so ist in dieser Verordnung festzulegen, ob oder wie lange die bei Inkrafttreten einer solchen Verordnung bereits bestehenden Arbeitsstätten ohne Arbeitsstättenbewilligung weitergeführt werden dürfen und innerhalb welcher Frist ab Inkrafttreten der Verordnung ein allenfalls erforderlicher Bewilligungsantrag eingebracht werden muss.

(BGBl I 2012/118)

Bauarbeiten

§ 118. (1) (aufgehoben)

(BGBl I 1997/9, BGBl I 2001/159)

(2) (aufgehoben)

(BGBl I 2015/60)

(3) Die Bauarbeiterschutzverordnung, BGBl. Nr. 340/1994, (BauV), gilt nach Maßgabe der folgenden Bestimmungen als Verordnung nach diesem Bundesgesetz. Für die Änderung der Bauarbeiterschutzverordnung ist dieses Bundesgesetz maßgeblich:

1. (aufgehoben)

   (BGBl I 2012/118)
2. (aufgehoben)

   (BGBl I 2001/159)
3. (aufgehoben)

   (BGBl I 2012/118)
4. Die §§ 158 Abs. 1 und 2 sowie 160 BauV entfallen.

   (BGBl I 2012/118)

(4) Die nachstehend angeführten Übergangsbestimmungen dieses Bundesgesetzes gelten nicht für Baustellen:

1. § 107 betreffend den Brandschutz und die Erste Hilfe,
2. § 109 Abs. 2 betreffend Arbeitsmittel,

   (BGBl I 2012/118)
3. § 114 Abs. 4 betreffend Arbeitsvorgänge und Arbeitsplätze.

Druckluft und Taucherarbeiten

§ 119. (1) Die §§ 3 und 4, § 5 erster Satz sowie §§ 6 bis 15, §§ 17 bis 20, § 21 Abs. 1 bis 3, § 21 Abs. 5 und 6 jeweils mit Ausnahme des Verweises auf Abs. 4, § 22, § 23 Abs. 1 bis 5 und Abs. 7 bis 10, §§ 24 bis 30, § 31 Abs. 1 bis 5 und Abs. 9, § 32 Abs. 1, 3, 4 und 5, §§ 33 bis 44 sowie §§ 46 bis 50a der Druckluft- und Taucherarbeitenverordnung, BGBl. Nr. 501/1973, gelten bis zum Inkrafttreten einer Verordnung nach diesem Bundesgesetz, die solche Arbeiten regelt, nach Maßgabe der folgenden Bestimmungen als Bundesgesetz.

(BGBl I 2001/159, BGBl I 2012/118, BGBl I 2013/71)

(2) Die in Abs. 1 angeführten Bestimmungen der Verordnung gelten für die diesem Bundesgesetz unterliegende Beschäftigung von Arbeitnehmern mit Arbeiten in Druckluft im Zuge von Bauarbeiten aller Art sowie mit Taucherarbeiten.

(3) Anhang 5 der Verordnung gilt nicht hinsichtlich des Nachweises über Taucherarbeiten (Ausbildung für Taucherarbeiten) sowie hinsichtlich der Ausbildung als Taucher/in und als Signalperson.

(BGBl I 2012/118)

(4) (aufgehoben)

(BGBl I 2012/118)

§ 120. (aufgehoben)

(BGBl I 2012/118)

Eisen- und Stahlhüttenbetriebe

§ 121. (aufgehoben)

(BGBl I 2001/159)

Besondere Vorschriften für gewerbliche Betriebsanlagen

§ 122. (1) Die nachstehenden Bestimmungen, die sowohl den Schutz der Arbeitnehmer/innen als auch gewerberechtliche Belange regeln, bleiben jeweils als bundesgesetzliche Bestimmungen in Geltung, und zwar als Arbeitnehmer/innenschutzvorschrift solange, bis durch eine Verordnung, die sich auf dieses Bundesgesetz stützt, eine Änderung oder Neuregelung desselben Gegenstandes erfolgt, und als gewerberechtliche Vorschrift solange, bis durch eine Verordnung, die sich auf die Gewerbeordnung 1994 stützt, eine Änderung oder Neuregelung desselben Gegenstandes erfolgt.

(BGBl I 2012/118)

(2) (aufgehoben)

(BGBl I 2012/118)

(3) Kälteanlagen:

1. §§ 1, 3 und 4, § 5 Abs. 1, §§ 6 bis 24, § 26 Abs. 3 und 4, § 28 und § 29 Abs. 2 der als Bundesgesetz in Geltung stehenden Kälteanlagenverordnung, BGBl. Nr. 305/1969, zuletzt geändert durch das Bundesgesetz BGBl. Nr. 234/1972, bleiben bis zum Inkrafttreten einer Verordnung, die den Betrieb von Kälteanlagen regelt, nach Maßgabe der Z 2 und 3 in Geltung.

   (BGBl I 1997/9)
2. § 1 Abs. 1 der Kälteanlagenverordnung lautet: Die Bestimmungen dieser Verordnung gelten, soweit sie den Schutz der Arbeitnehmer regeln, für Betriebsstätten im Sinne des § 2 Abs. 3 des Arbeitsinspektionsgesetzes 1993, BGBl. Nr. 27, sowie für Betriebe, auf die das Bundesgesetz über die Verkehrs-Arbeitsinspektion, BGBl. Nr. 650/1994, anzuwenden ist, in denen Kälteanlagen mit einem Füllgewicht des Kältemittels von mehr als 1,5 kg verwendet werden, sofern andere Kältemittel als Luft oder Wasser verwendet werden.

   (BGBl I 1997/9)
3. § 21 der Kälteanlagenverordnung gilt mit der Maßgabe, daß die Bedienungsanweisung als Betriebsanweisung gemäß § 14 dieses Bundesgesetzes gilt.

(4) (aufgehoben)

(BGBl I 2001/159)

(5) Brennbare Flüssigkeiten:

1. Die Verordnung über brennbare Flüssigkeiten – VbF, BGBl. Nr. 240/1991, in der Fassung BGBl. Nr. 354/1993, ausgenommen § 129 Abs. 1 und 2, bleibt bis zum Inkrafttreten einer Verordnung, die die Lagerung und Abfüllung brennbarer Flüssigkeiten regelt, nach Maßgabe der Z 2 als Bundesgesetz in Geltung.
2. § 1 Abs. 1 Z 6 VbF lautet: „in nach § 27 Abs. 1 des Arbeitnehmerschutzgesetzes bewilligungspflichtigen Betrieben und nach § 92 des Bundesgesetzes über Sicherheit und Gesundheitsschutz bei der Arbeit – ASchG, BGBl. Nr. 450/1994, bewilligungspflichtigen Arbeitsstätten; in nach § 27 Abs. 1 des Arbeitnehmerschutzgesetzes vor dem 1. Juni 1993 bewilligten Betrieben nach Maßgabe des § 127."

§ 123. (aufgehoben)

(BGBl I 2001/159, BGBl I 2012/118)

Aufhebung von Vorschriften

§ 124. (1) Mit Inkrafttreten dieses Bundesgesetzes treten die nachstehenden Arbeitnehmerschutzvorschriften außer Kraft:

1. die als Bundesgesetz in Geltung stehende Verordnung über die Herstellung, Verpackung, Lagerung und Einfuhr von Thomasmehl, dRGBl. I S. 17/1931, zuletzt geändert durch die Verordnung BGBl. Nr. 696/1976;
2. die als Bundesgesetz in Geltung stehende Glashüttenverordnung vom 23. Dezember 1938, dRGBl. I S. 1961/1938, zuletzt geändert durch die Verordnung BGBl. Nr. 696/1976;
3. die als Bundesgesetz in Geltung stehende Verordnung über den Schutz des Lebens und der Gesundheit von Dienstnehmern in Textilbetrieben, BGBl. Nr. 194/1956, zuletzt geändert durch das Bundesgesetz BGBl. Nr. 234/1972;
4. die als Bundesgesetz in Geltung stehende Verordnung über die Verbindlicherklärung von ÖNORMEN für Schleifkörper, BGBl. Nr. 81/1969, zuletzt geändert durch die Verordnung BGBl. Nr. 506/1981.

(2) Bescheidmäßige Vorschreibungen gemäß § 45 Abs. 1 der Verordnung BGBl. Nr. 194/1956 bleiben unberührt. Diese Vorschreibungen sind von der zuständigen Behörde auf Antrag des Arbeitgebers aufzuheben, wenn die Voraussetzungen für die Vorschreibung nicht mehr vorliegen.

(3) Mit Inkrafttreten dieses Bundesgesetzes treten die nachstehenden Arbeitnehmerschutzbestimmungen außer Kraft:

1. die Verordnung BGBl. Nr. 183/1923, mit Ausnahme der §§ 14 Abs. 1, 15 Abs. 1, 16 Abs. 3 sowie 23 Abs. 2,

   (BGBl I 1997/9)
2. die Verordnung BGBl. Nr. 184/1923, mit Ausnahme der §§ 9 Abs. 3, 11 Abs. 1 und 2 sowie 23 Abs. 2,
3. die Verordnung BGBl. Nr. 185/1923, mit Ausnahme der §§ 13 Abs. 1 und 2, 14 Abs. 1 sowie 16 Abs. 2,
4. die Verordnung BGBl. Nr. 186/1923, mit Ausnahme des § 11 Abs. 2,

5. § 1, § 62, § 83, § 92, § 93 Abs. 1 und 2, § 104 Abs. 1 und 2, § 105 Abs. 1 sowie §§ 107 bis 115 der Allgemeinen Dienstnehmerschutzverordnung, BGBl. Nr. 265/1951,

(BGBl I 1997/9)

6. § 1 Abs. 1, § 2 Abs. 2 sowie §§ 30 bis 35 der Verordnung über den Schutz des Lebens und der Gesundheit von Dienstnehmern bei der Ausführung von Sprengarbeiten, BGBl. Nr. 77/1954,
7. §§ 1 bis 3, § 4 Abs. 1 und 3, § 5 Abs. 2, §§ 6 bis 8, § 9 Abs. 1 fünfter und sechster Satz sowie Abs. 2 bis 4, §§ 10 bis 12, § 13 Abs. 4, §§ 14 und 15, 16 Abs. 1 bis 4 und 6, § 17, §§ 19 bis 25, §§ 27 bis 29, § 32 Abs. 3, § 33 Abs. 2 bis 7, §§ 35 und 36, § 40 Abs. 5, §§ 47 bis 51 sowie §§ 60 bis 64 der Verordnung über den Schutz des Lebens und der Gesundheit von Dienstnehmern in Eisen und Stahlhüttenbetrieben, BGBl. Nr. 122/1955,
8. § 1 Abs. 1, § 2, § 6 Abs. 6, § 63, § 64, weiters § 66, soweit er auf das Arbeitsinspektionsgesetz verweist, § 67 Abs. 1 und § 68 der Verordnung über den Schutz der Dienstnehmer und der Nachbarschaft beim Betrieb von Steinbrüchen, Lehm-, Ton-, Sand- und Kiesgruben sowie bei Haldenabtragungen, BGBl. Nr. 253/1955,
9. § 2, § 5 Abs. 2, § 25, § 26 Abs. 1 und 2, § 27 sowie § 29 Abs. 1 der Kälteanlagenverordnung, BGBl. Nr. 305/1969,
10. § 2, § 65 Abs. 3 und 4 sowie § 66 der Flüssiggas-Verordnung, BGBl. Nr. 139/1971,
11. §§ 8 bis 12 der Verordnung über Beschäftigungsverbote und beschränkungen für weibliche Arbeitnehmer, BGBl. Nr. 696/ 1976,
12. § 32 der Verordnung über Ausstattung und Betriebsweise gewerblicher Betriebsanlagen zum Betrieb von Flüssiggas-Tankstellen, BGBl. Nr. 558/1978,
13. § 1, § 2, § 4, §§ 6 bis 11 sowie §§ 15 bis 21 der Verordnung über Einrichtungen in den Betrieben für die Durchführung des Arbeitnehmerschutzes, BGBl. Nr. 2/1984,
14. § 1 Z 7 bis 16, § 2, § 4 Abs. 3, § 16 Abs. 2, § 20 Abs. 1 bis 4 und Abs. 5 mit Ausnahme des vierten Satzes, § 29 Abs. 1, § 33 Abs. 9, § 37, § 38, § 48 Abs. 1 bis 3 und Abs. 6 bis 8, § 50, § 52 Abs. 1 und 2, § 53 Abs. 9, § 54 Abs. 1, § 55 Abs. 1 und 11, §§ 56 und 57, § 84 Abs. 2, § 85 Abs. 1, § 86 Abs. 4, § 87 Abs. 1 erster und zweiter Satz, § 89, § 90 Abs. 1 sowie §§ 91 bis 103 der Allgemeinen Arbeitnehmerschutzverordnung, BGBl. Nr. 218/1983,

(BGBl I 1997/9, BGBl I 2012/118)

15. §§ 4 bis 6 der Verordnung BGBl. Nr. 290/1989 betreffend Bolzensetzgeräte,
16. § 129 Abs. 1 und 2 der Verordnung über brennbare Flüssigkeiten, BGBl. Nr. 240/1991,
17. § 38 der Verordnung über die Lagerung von Druckgaspackungen in gewerblichen Betriebsanlagen, BGBl. Nr. 629/1992.

(4) Mit Inkrafttreten dieses Bundesgesetzes treten die nachstehenden Vorschriften als Arbeitnehmerschutzvorschrift außer Kraft:

1. die als Bundesgesetz in Geltung stehende Verordnung betreffend den Verkehr mit Zelluloid, Zelluloidwaren und Zelluloidabfällen, RGBl. Nr. 163/1908, zuletzt geändert durch das Bundesgesetz BGBl. Nr. 234/1972, soweit sie den Arbeitnehmerschutz regelt;
2. die als Bundesgesetz in Geltung stehende Verordnung, mit welcher Vorschriften für die Herstellung, Benützung und Instandhaltung von Anlagen zur Verteilung und Verwendung brennbarer Gase erlassen werden (Gasregulativ), RGBl. Nr. 176/1909, zuletzt geändert durch das Bundesgesetz BGBl. Nr. 234/1972, soweit sie den Arbeitnehmerschutz regelt;
3. die als Bundesgesetz in Geltung stehende Verordnung, mit der das Gewerbe der Sodawassererzeugung an eine Konzession gebunden wird, RGBl. Nr. 212/1910, zuletzt geändert durch das Bundesgesetz BGBl. Nr. 234/1972, soweit sie den Arbeitnehmerschutz regelt;
4. die Reichsgaragenordnung, GBlÖ Nr. 1447/1939, soweit sie gemäß § 33 Abs. 2 Z 7 des Arbeitnehmerschutzgesetzes, BGBl. Nr. 234/1972, als Bundesgesetz in Geltung steht und den Arbeitnehmerschutz regelt;
5. § 5, §§ 9 bis 13, §§ 15 bis 38, §§ 57 bis 61 sowie §§ 67 bis 70 der Azetylenverordnung, BGBl. Nr. 75/1951, außerdem die Regelungen über Asbesthandschuhe.

(BGBl I 2012/118)

(5) Mit Inkrafttreten dieses Bundesgesetzes treten die nachstehend angeführten Vorschriften betreffend die Schädlingsbekämpfung als Arbeitnehmerschutzvorschrift außer Kraft:

1. die als Bundesgesetz in Geltung stehende Verordnung zur Ausführung der Verordnung über die Schädlingsbekämpfung mit hochgiftigen Stoffen vom 25. März 1931, deutsches RGBl. I S. 83, in der Fassung der Verordnungen vom 29. November 1932, deutsches RGBl. I S. 539, vom 6. Mai 1936, deutsches RGBl. I S. 44, und vom 6. April 1943, deutsches RGBl. I S. 179, zuletzt geändert durch das Bundesgesetz BGBl. Nr. 50/1974,
2. die als Bundesgesetz in Geltung stehende Verordnung über die Verwendung von Phosphorwasserstoff zur Schädlingsbekämpfung vom 6. April 1936, deutsches RGBl. I S. 360, in der Fassung der Verordnung vom 15. August 1936, deutsches RGBl. I S. 633, zuletzt geändert durch das Bundesgesetz BGBl. Nr. 234/1972,
3. die als Bundesgesetz in Geltung stehende Verordnung über den Gebrauch von Äthylenoxyd zur Schädlingsbekämpfung vom 25. August 1938, deutsches RGBl. I S. 1058, in

der Fassung der Verordnung vom 2. Februar 1941, deutsches RGBl. I S. 69, zuletzt geändert durch das Bundesgesetz BGBl. Nr. 234/1972,

4. die als Bundesgesetz in Geltung stehende Verordnung über den Gebrauch von Tritox (Trichloracetonitril) zur Schädlingsbekämpfung vom 2. Februar 1941, RGBl. I S. 72, zuletzt geändert durch das Bundesgesetz BGBl. Nr. 234/1972.

(6) (aufgehoben)

(BGBl I 2012/118)

(7) Das Arbeitnehmerschutzgesetz, BGBl. Nr. 234/1972, zuletzt geändert durch das Bundesgesetz BGBl. Nr. 650/1989, tritt außer Kraft, soweit sich aus den §§ 112 und 115 bis 117 nicht anderes ergibt.

Gemeinsame Bestimmungen zu §§ 106 bis 124

§ 125. (1) Bei Anwendung der Allgemeinen Arbeitnehmerschutzverordnung gelten die Begriffsbestimmungen des § 1 Z 1 bis 6 AAV.

(2) Soweit in den gemäß §§ 106 bis 122 weitergeltenden Bestimmungen auf die zuständige Behörde verwiesen wird, sind darunter die in § 99 dieses Bundesgesetzes angeführten Behörden zu verstehen.

(BGBl I 2013/71, BGBl I 2015/60)

(3) Bescheide, durch die weitergehende Maßnahmen zum Schutz der Arbeitnehmer auf Grund des § 27 des Arbeitnehmerschutzgesetzes, auf Grund der gemäß § 24 des Arbeitnehmerschutzgesetzes erlassenen Verordnungen oder auf Grund der gemäß § 33 des Arbeitnehmerschutzgesetzes als Bundesgesetz weitergeltenden Verordnungen vorgeschrieben wurden, bleiben unberührt, soweit in § 112 Abs. 4 und § 124 Abs. 2 nicht anderes bestimmt wird. Für die Abänderung oder Aufhebung solcher Bescheide gilt § 94 Abs. 7 dieses Bundesgesetzes.

(BGBl I 2015/60)

(4) Soweit Bescheide im Sinne des Abs. 3 Maßnahmen zum Schutz der Arbeitnehmer beinhalten, die mit den in diesem Bundesgesetz oder in Verordnungen nach diesem Bundesgesetz vorgeschriebenen Maßnahmen vollinhaltlich übereinstimmen, werden sie gegenstandslos.

(5) Abs. 3 und 4 gelten sinngemäß für Bescheide, durch die vor Inkrafttreten des Arbeitnehmerschutzgesetzes Maßnahmen zum Schutz der Arbeitnehmer vorgeschrieben wurden.

(6) Für die Vorschreibung von Maßnahmen zum Schutz der Arbeitnehmer, die über die gemäß §§ 106 bis 114 sowie §§ 119 bis 122 weitergeltenden Bestimmungen hinausgehen, gilt § 94 Abs. 3 bis 7.

(BGBl I 2015/60)

(7) Tritt eine gemäß §§ 106 bis 122 weitergeltende Bestimmung durch Inkrafttreten einer Verordnung nach diesem Bundesgesetz außer Kraft, so ist dies in der betreffenden Verordnung festzustellen.

(BGBl I 2015/60, BGBl I 2017/40)

Ausnahmegenehmigungen

§ 126. (1) Bescheide, mit denen Ausnahmen von den gemäß §§ 106 bis 122 weitergeltenden Bestimmungen genehmigt wurden, bleiben unberührt, soweit in § 116 sowie in Abs. 4 nicht anderes bestimmt wird.

(BGBl I 2015/60)

(2) Die zuständige Behörde kann auf begründeten Antrag Ausnahmen von den gemäß §§ 106 bis 111, 114 sowie 119 bis 122 weitergeltenden Bestimmungen zulassen, wenn

1. (aufgehoben)

   (BGBl I 2001/159)

2. nach den Umständen des Einzelfalls zu erwarten ist, daß die Sicherheit und Gesundheit der Arbeitnehmer durch die Ausnahme nicht beeinträchtigt werden, oder daß durch eine andere vom Arbeitgeber/von der Arbeitgeberin vorgesehene Maßnahme zumindest der gleiche Schutz erreicht wird wie bei Einhaltung der betreffenden Bestimmung.

(BGBl I 2001/159, BGBl I 2015/60)

(3) Die Wirksamkeit von Ausnahmen nach Abs. 1 und 2 wird durch einen Wechsel in der Person des Arbeitgebers nicht berührt, wenn sich der für die Ausnahme maßgebliche Sachverhalt nicht geändert hat. Ausnahmen sind von der zuständigen Behörde aufzuheben, wenn die Voraussetzungen für die Erteilung der Ausnahme nicht mehr vorliegen.

(4) In den in Durchführung dieses Bundesgesetzes erlassenen Verordnungen ist gegebenenfalls festzulegen, daß vor Inkrafttreten der Verordnung erlassene Bescheide, allenfalls nach einer festzulegenden Übergangsfrist, gegenstandslos werden, soweit durch sie Ausnahmen von Anforderungen genehmigt wurden, deren Anwendung unabhängig von den Umständen des Einzelfalls zur Gewährleistung der Sicherheit und Gesundheit der Arbeitnehmer erforderlich ist.

Anhängige Verwaltungsverfahren

§ 127. (1) Zum Zeitpunkt des Inkrafttretens dieses Bundesgesetzes anhängige Verwaltungsverfahren sind nach der bisherigen Rechtslage weiterzuführen. Dies gilt nicht für Verwaltungsverfahren, die

1. die Genehmigung von Ausnahmen von Bestimmungen zum Gegenstand haben, die mit Inkrafttreten dieses Bundesgesetzes außer Kraft treten,
2. die Ermächtigung eines arbeitsmedizinischen Zentrums gemäß § 22c des Arbeitnehmerschutzgesetzes zum Gegenstand haben.

(2) Abs. 1 gilt sinngemäß für die zum Zeitpunkt des Inkrafttretens einer Verordnung nach diesem Bundesgesetz anhängigen Verfahren.

(3) Zu dem in § 131 Abs. 12 genannten Zeitpunkt anhängige Ermächtigungsverfahren nach § 56

Abs. 2 sind nach der bis dahin geltenden Rechtslage weiterzuführen.

(BGBl I 2012/118)

Verkehrswesen

§ 127a. Die Verordnung über die Berücksichtigung der Erfordernisse des Arbeitnehmerschutzes und über den Nachweis der Einhaltung in Genehmigungsverfahren des Verkehrswesens (Arbeitnehmerschutzverordnung Verkehr 2011 – AVO Verkehr 2011), BGBl. II Nr. 17/2012, gilt als Verordnung gemäß § 101 Abs. 4 dieses Bundesgesetzes.

(BGBl I 2012/35)

10. Abschnitt
Schlußbestimmungen

Verweisungen

§ 128. Die in diesem Bundesgesetz enthaltenen Verweise auf andere Bundesgesetze gelten als Verweis auf die jeweils geltende Fassung, soweit in den einzelnen Verweisen nicht auf eine bestimmte Fassung verwiesen wird.

§ 129. (aufgehoben)

(BGBl I 2001/159, BGBl I 2017/40)

Strafbestimmungen

§ 130. (1) Eine Verwaltungsübertretung, die mit Geldstrafe von 166 bis 8 324 €, im Wiederholungsfall mit Geldstrafe von 333 bis 16 659 € zu bestrafen ist, begeht, wer als Arbeitgeber entgegen diesem Bundesgesetz oder den dazu erlassenen Verordnungen

1. nicht dafür sorgt, daß die Arbeitnehmer bei ernster und unmittelbarer Gefahr gemäß § 3 Abs. 3 und 4 vorgehen können,
2. die Verpflichtungen nach § 3 Abs. 5 verletzt,
3. die Verpflichtung zur Bestellung einer geeigneten Person gemäß § 3 Abs. 6 verletzt,
4. die Verpflichtungen betreffend Sicherheits- und Gesundheitsschutzkennzeichnung verletzt,
5. die Verpflichtung zur Ermittlung und Beurteilung der Gefahren verletzt,
6. die durchzuführenden Schutzmaßnahmen nicht festlegt oder nicht für deren Einhaltung sorgt,
7. die Verpflichtungen betreffend die Sicherheits- und Gesundheitsschutzdokumente verletzt,
8. Arbeitnehmer entgegen § 6 Abs. 1 bis 3 zu Tätigkeiten heranzieht, zu deren Durchführung sie nicht geeignet sind,
9. die Beschäftigungsverbote und beschränkungen für Arbeitnehmerinnen oder für behinderte Arbeitnehmer verletzt,
10. die Koordinationspflichten verletzt,
11. die Informations, Beteiligungs oder Anhörungspflichten gegenüber den Arbeitnehmern oder die Unterweisungspflicht verletzt,
12. die Verpflichtung zur Bestellung von Sicherheitsvertrauenspersonen in Betrieben gemäß § 10 Abs. 2 und 3, in denen regelmäßig mehr als 50 Arbeitnehmer beschäftigt werden, oder in Arbeitsstätten gemäß § 10 Abs. 4, in denen regelmäßig mehr als 50 Arbeitnehmer beschäftigt werden, oder die Pflichten gegenüber den Sicherheitsvertrauenspersonen verletzt,
13. die Verpflichtung zur Erstellung, Aufbewahrung und Übermittlung von Aufzeichnungen und Berichten über Arbeitsunfälle verletzt,
    (BGBl I 2017/126)
14. die Instandhaltungs-, Reinigungs- oder Prüfpflichten verletzt,
15. die Verpflichtungen betreffend die Einrichtung und den Betrieb von Arbeitsstätten oder Baustellen einschließlich der Sozial- und Sanitäreinrichtungen verletzt,
16. die Verpflichtungen betreffend die Beschaffenheit, die Aufstellung, die Benutzung, die Prüfung oder die Wartung von Arbeitsmitteln verletzt,
17. die Verpflichtungen betreffend Arbeitsstoffe verletzt,
18. die Verpflichtungen betreffend Eignungs und Folgeuntersuchungen, wiederkehrende Untersuchungen der Hörfähigkeit sowie sonstige besondere Untersuchungen verletzt,
19. die Verpflichtungen betreffend die Vorbereitung, Gestaltung und Durchführung von Arbeitsvorgängen oder die Einrichtung, Beschaffenheit und Erhaltung von Arbeitsplätzen verletzt,
    (BGBl I 2012/118)
20. Arbeitnehmer mit Arbeiten gemäß § 62 Abs. 1 bis 3 beschäftigt, obwohl sie die zu deren Durchführung erforderlichen Voraussetzungen nicht erfüllen, oder selbst entgegen § 62 Abs. 6 solche Arbeiten durchführt,
    (BGBl I 2017/126)
21. nicht dafür sorgt, daß die Organisation und Vorbereitung von Arbeiten gemäß § 62 Abs. 4 durch Personen erfolgt, die hiefür geeignet sind und die erforderlichen Fachkenntnisse nachweisen, oder selbst die Organisation und Vorbereitung entgegen § 62 Abs. 6 durchführt,
    (BGBl I 2017/126)
22. Arbeitnehmer beschäftigt, ohne daß die gemäß § 62 Abs. 5 erforderliche Aufsicht gewährleistet ist,
23. die Verpflichtungen im Zusammenhang mit der Handhabung von Lasten verletzt,
24. die Verpflichtungen betreffend Lärm oder sonstigen Einwirkungen und Belastungen verletzt,
25. die Verpflichtungen betreffend Bildschirmarbeit verletzt,

26. die Verpflichtungen betreffend persönliche Schutzausrüstungen oder Arbeitskleidung verletzt,
27. die Verpflichtung zur Bestellung oder zur Beiziehung von Sicherheitsfachkräften oder von Arbeitsmedizinern verletzt, ihnen die erforderlichen Informationen und Unterlagen nicht zur Verfügung stellt, oder nicht dafür sorgt, daß sie ihre gesetzlichen Aufgaben erfüllen, sofern kein Präventionszentrum gemäß § 78 Abs. 1 Z 2 in Anspruch genommen wurde,

(BGBl I 1999/12, BGBl I 2001/159, BGBl I 2012/118)

27a. die Verpflichtung zur Anforderung oder zur Beiziehung des von ihm in Anspruch genommenen Präventionszentrums des zuständigen Unfallversicherungsträgers verletzt,

(BGBl I 1999/12)

27b. die Aufgaben nach § 84 Abs. 1 und 3 sowie § 85 Abs. 2 nicht ordnungsgemäß wahrnimmt, sofern er als Form der sicherheitstechnischen Betreuung das Unternehmermodell gewählt hat,

(BGBl I 1999/12)

27c. die Verpflichtungen betreffend Präventionszeit gemäß § 82a verletzt,

(BGBl I 2001/159)

27d. die Verpflichtungen betreffend die sonstigen Fachleute gemäß § 82b verletzt oder nicht dafür sorgt, dass sie in der Präventionszeit ihre gesetzlichen Aufgaben erfüllen,

(BGBl I 2001/159)

28. die Verpflichtung zur Beschäftigung von Fach- und Hilfspersonal für die sicherheitstechnische oder arbeitsmedizinische Betreuung oder die Verpflichtung zur Beistellung der notwendigen Räume, Ausstattung oder Mittel verletzt,
29. die Verpflichtungen betreffend den Arbeitsschutzausschuß oder den zentralen Arbeitsschutzausschuß verletzt,
30. eine Arbeitsstätte errichtet, betreibt oder ändert, ohne daß die erforderliche Arbeitsstättenbewilligung vorliegt,

(BGBl I 2001/159)

31. Meldepflichten verletzt.

(BGBl I 2001/136, BGBl I 2012/118)

(2) Eine Verwaltungsübertretung, die mit Geldstrafe von 166 bis 8 324 €, im Wiederholungsfall mit Geldstrafe von 333 bis 16 659 € zu bestrafen ist, begeht, wer als Arbeitgeber Verpflichtungen, die ihm nach einem aufgrund dieses Bundesgesetzes erlassenen Bescheid oder verwaltungsgerichtlichen Erkenntnis obliegen, nicht einhält.

(BGBl I 2001/136, BGBl I 2012/118, BGBl I 2013/71)

(3) Eine Verwaltungsübertretung, die mit Geldstrafe von 166 bis 8 324 €, im Wiederholungsfall mit Geldstrafe von 333 bis 16 659 € zu bestrafen ist, begeht, wer als Überlasser oder Beschäftiger die in diesem Bundesgesetz oder den dazu erlassenen Verordnungen vorgesehenen Verpflichtungen im Zusammenhang mit der Überlassung verletzt.

(BGBl I 2001/136, BGBl I 2012/118)

(4) Eine Verwaltungsübertretung, die mit Geldstrafe bis 250 €, im Wiederholungsfall mit Geldstrafe bis 413 € zu bestrafen ist, begeht, wer als Arbeitnehmer trotz Aufklärung und nachweislich schriftlicher Aufforderung durch den Arbeitgeber oder das Arbeitsinspektorat entgegen diesem Bundesgesetz oder den dazu erlassenen Verordnungen

1. entgegen der Unterweisung und den Anweisungen des Arbeitgebers Arbeitsmittel nicht ordnungsgemäß benutzt und dadurch eine Gefahr für andere Arbeitnehmer herbeiführt,
2. vor Inbetriebnahme eines Arbeitsmittels nicht prüft, ob dieses offenkundige Mängel aufweist, oder sich bei Inbetriebnahme eines Arbeitsmittels nicht vergewissert, daß er sich selbst oder andere Arbeitnehmer nicht in Gefahr bringt,
3. entgegen der Unterweisung und den Anweisungen des Arbeitgebers die zur Verfügung gestellte, diesem Bundesgesetz entsprechende, persönliche Schutzausrüstung nicht oder nicht zweckentsprechend verwendet, oder sie nach Benutzung nicht an dem dafür vorgesehenen Platz lagert

(BGBl I 2006/147)

4. eine Schutzeinrichtung entfernt, außer Betrieb setzt, willkürlich verändert oder umstellt oder entgegen der Unterweisung und den Anweisungen des Arbeitgebers eine Schutzeinrichtung nicht ordnungsgemäß benutzt,

(BGBl I 2001/159)

5. sich durch Alkohol, Arzneimittel oder Suchtgift in einen Zustand versetzt, indem er sich oder andere Personen in Gefahr bringt,
6. die Meldepflicht betreffend Arbeitsunfälle, ernste und unmittelbare Gefahren oder Defekte verletzt.

(BGBl I 2001/136, BGBl I 2001/159, BGBl I 2012/118)

(5) Eine Verwaltungsübertretung, die mit Geldstrafe von 166 bis 8 324 €, im Wiederholungsfall mit Geldstrafe von 333 bis 16 659 € zu bestrafen ist, begeht, wer als Arbeitgeber/in

1. den nach dem 9. Abschnitt weitergeltenden Bestimmungen zuwiderhandelt, oder
2. die nach dem 9. Abschnitt weitergeltenden bescheidmäßigen Vorschreibungen nicht einhält.

(BGBl I 2001/136, BGBl I 2012/118)

(6) Eine Verwaltungsübertretung, die mit Geldstrafe von 166 bis 8 324 €, im Wiederholungsfall mit Geldstrafe von 333 bis 16 659 € zu bestrafen ist, begeht, wer

1. ein sicherheitstechnisches Zentrum betreibt, ohne die Voraussetzungen nach § 75 Abs. 1 zu erfüllen,
   (BGBl I 1999/12)
2. ein arbeitsmedizinisches Zentrum betreibt, ohne die Voraussetzungen nach § 80 Abs. 1 zu erfüllen,
   (BGBl I 1999/12)
3. die Meldepflichten nach § 75 Abs. 2 oder § 80 Abs. 2 oder die Auskunftspflicht nach § 84 Abs. 4 verletzt.
   (BGBl I 1999/12)

(BGBl I 1997/9, BGBl I 2001/136, BGBl I 2012/118)

(7) Wurden Verwaltungsübertretungen nach Abs. 1, 2, 3, 5 und 6 nicht im Inland begangen, gelten sie als an jenem Ort begangen, an dem sie festgestellt wurden.

(BGBl I 2001/159)

Inkrafttreten

§ 131. (1) Dieses Bundesgesetz tritt mit 1. Jänner 1995 in Kraft, soweit im 9. Abschnitt nicht anderes bestimmt ist.

(2) Verordnungen auf Grund dieses Bundesgesetzes können bereits vor dem in Abs. 1 genannten Zeitpunkt erlassen werden, sie treten aber frühestens mit diesem Zeitpunkt in Kraft.

(3) § 8 Abs. 2 Z 1, § 10 Abs. 1, § 25 Abs. 4, § 28 Abs. 2, § 32 Abs. 2, § 47 Abs. 4, § 57 Abs. 3 bis 8, § 58 Abs. 7, § 61 Abs. 6, § 63 Abs. 3, § 67 Abs. 6, § 68 Abs. 7, § 77 Abs. 2 und Abs. 6 Z 4a, § 79 Abs. 2, § 82 Abs. 2 und Abs. 6 Z 4a, § 84 Abs. 4 Z 2 und 3, § 92 Abs. 7, § 93 Abs. 2 und 5, § 94 Abs. 7, § 99 Abs. 3 Z 3a und Abs. 4, § 101 Abs. 1, § 102 Abs. 2 und 3, § 103 Abs. 3, § 106 Abs. 3 Z 1, Abs. 4 Z 2 und Abs. 6, § 109 Abs. 7, § 110 Abs. 1a, 1b und 5, § 112 Abs. 1a, § 113 Abs. 3 und 4a, § 115 Abs. 2 Z 1 und Abs. 4, § 116 Abs. 5, § 117 Abs. 2 erster Satz, § 118 Abs. 1, § 122 Abs. 3 Z 1 und 2, § 124 Abs. 3 Z 1, 5 und 14, § 130 Abs. 6, sowie § 132 Abs. 3 Z 3 und 6, jeweils in der Fassung BGBl. I Nr. 9/1997, treten mit 1. Jänner 1997 in Kraft.

(BGBl I 1997/9)

(4) § 2 Abs. 1 und 3, § 63 Abs. 1, § 73 Abs. 5, § 75, § 77 Abs. 1, 2 und 5, § 77a, § 78, § 78a, § 78b, § 79 Abs. 1 Z 3, § 80, § 82 Abs. 1, 2 und 5, § 83 Abs. 3 und 9, § 89 Abs. 2, § 90, § 91 Abs. 1, § 116 Abs. 3 und 6, § 130 Abs. 1 Z 27, 27a und 27b, § 130 Abs. 6 Z 1, 2 und 3, jeweils in der Fassung BGBl. I Nr. 12/1999, treten mit 1. Jänner 1999 in Kraft.

(BGBl I 1999/12)

(5) § 1 Abs. 2 Z 2 in der Fassung des Bundesgesetzes BGBl. I Nr. 70/1999 tritt mit 1. Juni 1999 in Kraft.

(BGBl I 1999/70)

(6) § 130 in der Fassung des Bundesgesetzes BGBl. I Nr. 136/2001 tritt mit 1. Jänner 2002 in Kraft.

(BGBl I 2001/136)

(7) Es treten

1. mit Ablauf des 31. Dezember 2001 außer Kraft: §§ 10 Abs. 2 Z 2, § 40 Abs. 6 Z 1, 2 und 5, 58 Abs. 3, 83 Abs. 3, 90 Abs. 1 Z 4 und 5 sowie Abs. 2, 3 und 4, 95 Abs. 3 Z 1, 115 Abs. 2 und 4, 116 Abs. 3 und 4, 126 Abs. 2 Z 1, 130 Abs. 1 Z 32 in der Fassung BGBl I Nr. 70/1999;
2. mit 1. Jänner 2002 in Kraft: das Inhaltsverzeichnis zum 7. Abschnitt, §§ 2 Abs. 8, 4 Abs. 2, 8 Abs. 2 Z3 und 4 und Abs. 5, 10 Abs. 2 Z 3, 14 Abs. 2 und 3, 15 Abs. 3, 31 Abs. 1, 35 Abs. 1 Z 3, 4 und 5, Abs. 2, Abs. 4 Z 2 und 3 und Abs. 5, 37 Abs. 5, 40 Abs. 3 Z 1 und 2, Abs. 4 und 5, 41 Abs. 4 Z 1 und 2, 53 Abs. 9, 62 Abs. 5 und 6, 68 Abs. 6, 73 Abs. 1, 77, 77a Abs. 2, 78 Abs. 3, 78a Abs. 2, 7 und 8, 79 Abs. 2 und 3, 81 Abs. 3 Z 1, 82, 82a, 82b, 83 Abs. 4, 84 Abs. 1 bis 3 und Abs. 4 Z 3, 88, 88a, 93 Abs. 1 Z 5 und 9 und Abs. 3, 94 Abs. 1 Z 4, 8 und 9, 95 Abs. 3, 6 und 7, 98, 99 Abs. 3 Z 2 und 6, 101 Abs. 1 Z 3 und 4, 113 Abs. 2 Z 1 und 2 und Abs. 5, 115 Abs. 3, 116 Abs. 5, 119 Abs. 1, 125 Abs. 7, 126 Abs. 2, 129 sowie 130 Abs. 1 Z 27, 27c, 27d und 31, Abs. 4 erster Satz und Abs. 4 Z 4 und Abs. 7 in der Fassung BGBl. I Nr. 159/2001.

(BGBl I 2001/159)

(8) § 97 Abs. 1 letzter Satz und Abs. 8 in der Fassung des Bundesgesetzes BGBl. I Nr. 51/2011 tritt mit dem Zeitpunkt in Kraft, den der Bundesminister für Arbeit, Soziales und Konsumentenschutz durch Verordnung als jenen feststellt, ab dem die zur Verfügung stehenden technischen Mittel zur Erfassung der in § 97 Abs. 1, 6 und 7 vorgesehenen Meldungen geeignet sind. Er darf diesen Zeitpunkt frühestens mit 1. Jänner 2012 festsetzen.

(BGBl I 2011/51)

(9) § 2 Abs. 3, § 32 Abs. 2, § 39 Abs. 3, § 63 Abs. 1, § 72 Abs. 2, § 78a Abs. 6, 7 und 8, § 89 Abs. 1, § 96a samt Überschrift, § 99 Abs. 2, § 101 Abs. 4, § 113 Abs. 6, § 127a samt Überschrift und § 132 in der Fassung des 2. Stabilitätsgesetzes 2012, BGBl. I Nr. 35/2012, treten mit 1. Juli 2012 in Kraft. Gleichzeitig treten § 89 Abs. 3, § 91 Abs. 2 Z 1 sowie § 99 Abs. 1 und Abs. 3 Z 6 außer Kraft. Verordnungen auf Grund dieses Bundesgesetzes in der Fassung des 2. Stabilitätsgesetzes 2012, BGBl. I Nr. 35/2012, können bereits vor diesem Zeitpunkt erlassen werden, treten jedoch frühestens mit diesem Zeitpunkt in Kraft.

(BGBl I 2012/35)

(10) § 63 Abs. 3 erster Satz in der Fassung des Bundesgesetzes BGBl. I Nr. 50/2012 tritt mit 1. September 2012 in Kraft.

(BGBl I 2012/50)

(11) § 9 Abs. 3, 4 und 5 in der Fassung des BGBl. I Nr. 98/2012 tritt mit 1. Jänner 2013 in Kraft.

(BGBl I 2012/98)

(12) Es treten

1. mit Ablauf des 31. Dezember 2012 außer Kraft: § 56 Abs. 5 Z 2, § 62 Abs. 6, § 99 Abs. 3 Z 3a, § 113 Abs. 2, 3 und 5, § 114

Abs. 2 und Abs. 4 Z 5, § 118 Abs. 3 Z 1 und 3, § 119 Abs. 4, § 120, § 122 Abs. 2, § 123, § 124 Abs. 6;

2. mit 1. Jänner 2013 in Kraft: das Inhaltsverzeichnis, § 2 Abs. 1, 6, 7, 7a und 9, § 3 Abs. 1, die Überschrift zu § 4, § 4 Abs. 1, 5 und 6, § 6 Abs. 3, § 7 Z 4a und Z 7, § 10 Abs. 1 und 6, § 15 Abs. 1, § 20 Abs. 7, § 23 Abs. 5, § 40 Abs. 7, § 41 Abs. 4 Z 1, § 52 Z 5, § 56 Abs. 2, Abs. 5 Z 2 und Abs. 5a, § 56 Abs. 7, § 57 Abs. 6, § 60 Abs. 2 und 4, § 62 Abs. 6 und 7, § 67 Abs. 5 Z 4, § 69 Abs. 7, § 72 Abs. 1 Z 1, § 75 Abs. 1 Z 1 und Abs. 4, § 78a Abs. 6 Z 2 und Abs. 7 Z 2, § 79 Abs. 2, § 80 Abs. 1 Z 1 und Abs. 4, § 82a Abs. 3, § 84 Abs. 1 und 3, die Überschrift zu § 86, § 86 Abs. 1 und 3, § 88 Abs. 3 Z 3, § 91 Abs. 3, die Überschrift zu § 93, § 93 Abs. 1, 2 und 6, § 94 Abs. 1 Z 9, 10 und 11, Abs. 5a, 5b und 6, § 99 Abs. 3 Z 3, § 99 Abs. 3 Z 5, § 105, § 106 Abs. 3, § 107 Abs. 1, § 108 Abs. 2, § 109 Abs. 2, § 110 Abs. 8, § 112 Abs. 3, § 113 Abs. 4, § 114 Abs. 4 Z 1, 4, 6, 7 und 8, § 117 Abs. 4, § 118 Abs. 3 Z 4 und Abs. 4 Z 2, § 119 Abs. 1 und 3, § 122 Abs. 1, § 124 Abs. 3 Z 14 und Abs. 4, § 127 Abs. 3, § 130 Abs. 1 bis 6 und § 132, jeweils in der Fassung des Bundesgesetzes BGBl. I Nr. 118/2012.

(BGBl I 2012/118)

(13) § 9 Abs. 5, § 53 Abs. 8, § 58 Abs. 5, § 96 Abs. 3 und 4, § 99, § 119 Abs. 1, § 125 Abs. 2 und § 130 Abs. 2 in der Fassung des BGBl. I Nr. 71/2013 treten mit 1. Jänner 2014 in Kraft. § 99 Abs. 2 und 4 treten mit Ablauf des 31. Dezember 2013 außer Kraft.

(BGBl I 2013/71)

(14) § 10 Abs. 10, § 32 Abs. 1 Z 2 und § 88 Abs. 5 in der Fassung BGBl. I Nr. 94/2014 treten mit 1. Jänner 2015 in Kraft. § 25 Abs. 5 und § 107 Abs. 3 treten mit Ablauf des 31. Dezember 2014 außer Kraft.

(BGBl I 2014/94)

(15) Das Inhaltsverzeichnis, § 40 Abs. 1 bis 5 und Abs. 7 und 8, § 41 Abs. 2, in § 41 Abs. 4 der Einleitungssatz und die Z 1, § 42 Abs. 1 und 5, § 43 Abs. 1, § 44 Abs. 2, 3 und 4, § 47 Abs. 1, § 60 Abs. 5, § 108 Abs. 2, § 110 Abs. 6, 8 und 9, § 125 samt Überschrift und § 126 Abs. 1 und 2, jeweils in der Fassung des BGBl. I Nr. 60/2015 treten am 1. Juni 2015 in Kraft. § 40 Abs. 6, § 41 Abs. 3, § 69 Abs. 7, § 105 samt Überschrift, § 106 Abs. 2, § 107 Abs. 2, § 108 Abs. 1, § 109 Abs. 1 und 6, § 110 Abs. 2 und 4, § 112 Abs. 1 zweiter Satz, § 114 Abs. 1 und Abs. 4 Z 7, § 116 Abs. 1 und 2, § 118 Abs. 2 treten mit Ablauf des 31. Mai 2015 außer Kraft. § 40 Abs. 2a, 3a und 4a treten mit Ablauf des 31. Mai 2027 außer Kraft.

(BGBl I 2015/60)

(16) § 97 Abs. 8 in der Fassung BGBl. I Nr. 72/2016 tritt mit 1. April 2017 in Kraft.

(BGBl I 2016/72)

(17) Das Inhaltsverzeichnis und § 125 in der Fassung des Deregulierungsgesetzes 2017, BGBl. I Nr. 40/2017, treten mit 1. Juli 2017 in Kraft. § 129 samt Überschrift tritt mit Ablauf des 30. Juni 2017 außer Kraft.

(BGBl I 2017/40)

(18) Das Inhaltsverzeichnis zu § 52a und § 56 sowie § 16 Abs. 1, § 52a samt Überschrift, § 56 samt Überschrift, § 77 Z 4a, § 77a Abs. 2, § 78a Abs. 1, § 82 Z 4a, § 99 Z 2, § 112 Abs. 3 und § 130 Abs. 1 Z 13, 20 und 21 in der Fassung BGBl. I Nr. 126/2017 treten am 1. August 2017 in Kraft. Zum gleichen Zeitpunkt tritt § 62 Abs. 7 außer Kraft. Das Inhaltsverzeichnis zu § 30 und § 30 samt Überschrift in der Fassung BGBl. I Nr. 126/2017 treten am 1. Mai 2018 in Kraft.

(BGBl I 2017/126)

(19) Die § 57 Abs. 4, 78a Abs. 1, 89 Abs. 1 und 91 Abs. 3 in der Fassung des Bundesgesetzes BGBl. I Nr. 100/2018 treten mit 1. Jänner 2020 in Kraft.

(BGBl I 2018/100)

Vollziehung

§ 132. Mit der Vollziehung dieses Bundesgesetzes ist betraut:

1. hinsichtlich des § 63 Abs. 3, soweit er sich auf die Bescheinigung über die Verlässlichkeit bezieht, und des § 63 Abs. 5 der Bundesminister für Inneres,
2. im Übrigen der Bundesminister für Arbeit, Soziales und Konsumentenschutz.

(BGBl I 1997/9, BGBl I 1997/47, BGBl I 1999/38, BGBl I 2001/159, BGBl I 2012/35, BGBl I 2012/118)

Artikel II–V

(in dieser Ausgabe nicht aufgenommen)

Artikel VI

(gem. Art. II BGBl I 1999/12 mit Ablauf des 31.12.1998 außer Kraft getreten)

Artikel VII
Änderung des Bauern-Sozialversicherungsgesetzes

(in dieser Ausgabe nicht aufgenommen)

Artikel VIII
Änderung des Arbeitsmarktförderungsgesetzes

(beim AMFG eingearbeitet)

Artikel IX
Änderung des Arbeitslosenversicherungsgesetzes

(in dieser Ausgabe nicht aufgenommen)

Artikel X
Änderung des Ausländerbeschäftigungsgesetzes

(beim AuslBG eingearbeitet)

29/2. Bauarbeitenkoordinationsgesetz

Bauarbeitenkoordinationsgesetz, BGBl I 1999/37 idF

1 BGBl I 1999/85 **2** BGBl I 2001/136 **3** BGBl I 2001/159
4 BGBl I 2006/154 (VfGH) **5** BGBl I 2007/42 **6** BGBl I 2011/51
7 BGBl I 2012/35 **8** BGBl I 2016/72

GLIEDERUNG

STICHWORTVERZEICHNIS

Bundesgesetz über die Koordination bei Bauarbeiten (Bauarbeitenkoordinationsgesetz – BauKG)

Der Nationalrat hat beschlossen:

Artikel I
(Verfassungsbestimmung)

Die Erlassung, Änderung und Aufhebung von Vorschriften, wie sie in Art. II des Bauarbeitenkoordinationsgesetzes enthalten sind, sowie die Vollziehung dieser Vorschriften sind auch in jenen Belangen Bundessache, hinsichtlich deren das B-VG etwas anderes vorsieht. Die in diesen Vorschriften geregelten Angelegenheiten können unmittelbar von Bundesbehörden versehen werden.

(BGBl I 2007/42)

Artikel II

(BGBl I 2007/42)

Geltungsbereich

§ 1. (1) Dieses Bundesgesetz soll Sicherheit und Gesundheitsschutz der Arbeitnehmer auf Baustellen durch die Koordinierung bei der Vorbereitung und Durchführung von Bauarbeiten gewährleisten.

(2) Dieses Bundesgesetz gilt für alle Baustellen, auf denen Arbeitnehmer beschäftigt werden.

(3) Dieses Bundesgesetz gilt nicht für die Beschäftigung von

1. Arbeitnehmern der Länder, Gemeinden und Gemeindeverbände, die nicht in Betrieben beschäftigt sind;
2. Arbeitnehmern des Bundes in Dienststellen, auf die das Bundes-Bedienstetenschutzgesetz (B-BSG), BGBl. I Nr. 70/1999, anzuwenden ist;
   (BGBl I 2001/159)
3. Arbeitnehmern in land- und forstwirtschaftlichen Betrieben im Sinne des Landarbeitsgesetzes 1984, BGBl. Nr. 287.

(4) Dieses Bundesgesetz gilt nicht für Bohr- und Förderarbeiten in mineralgewinnenden Betrieben, die dem Mineralrohstoffgesetz, BGBl. I Nr. 38/1999, unterliegen.

(BGBl I 1999/85)

(5) Dieses Bundesgesetz gilt unbeschadet der im Bundesgesetz über Sicherheit und Gesundheitsschutz bei der Arbeit (ArbeitnehmerInnenschutzgesetz – ASchG), BGBl. Nr. 450/1994, geregelten Verpflichtungen der Arbeitgeber, für Sicherheit und Gesundheitsschutz der Arbeitnehmer bei der Arbeit zu sorgen.

Begriffsbestimmungen

§ 2. (1) Bauherr im Sinne dieses Bundesgesetzes ist eine natürliche oder juristische Person oder sonstige Gesellschaft mit Rechtspersönlichkeit, in deren Auftrag ein Bauwerk ausgeführt wird.

(BGBl I 2001/159)

(2) Projektleiter im Sinne dieses Bundesgesetzes ist eine natürliche oder juristische Person oder sonstige Gesellschaft mit Rechtspersönlichkeit, die vom Bauherrn mit der Planung, der Ausführung oder der Überwachung der Ausführung des Bauwerks beauftragt ist. Als Projektleiter kann auch ein fachkundiger Dritter bestellt werden, der Arbeiten im Zusammenhang mit dem Bauvorhaben im Auftrag des Bauherrn durchführt.

(BGBl I 2001/159)

(3) Baustellen im Sinne dieses Bundesgesetzes sind zeitlich begrenzte oder ortsveränderliche Baustellen, an denen Hoch- und Tiefbauarbeiten durchgeführt werden. Dazu zählen insbesondere folgende Arbeiten: Aushub, Erdarbeiten, Bauarbeiten im engeren Sinn, Errichtung und Abbau von Fertigbauelementen, Einrichtung oder Ausstattung, Umbau, Renovierung, Reparatur, Abbauarbeiten, Abbrucharbeiten, Wartung, Instandhaltungs-, Maler- und Reinigungsarbeiten, Sanierung.

(4) Vorbereitungsphase ist der Zeitraum vom Beginn der Planungsarbeiten bis zur Auftragsvergabe.

(5) Ausführungsphase ist der Zeitraum von der Auftragsvergabe bis zum Abschluß der Bauarbeiten.

(6) Koordinator für Sicherheit und Gesundheitsschutz für die Vorbereitungsphase im Sinne dieses Bundesgesetzes (Planungskoordinator) ist eine natürliche oder juristische Person oder sonstige Gesellschaft mit Rechtspersönlichkeit, die vom Bauherrn oder Projektleiter mit der Durchführung der in § 4 genannten Aufgaben für die Vorbereitungsphase des Bauwerks betraut wird.

(BGBl I 2001/159)

(7) Koordinator für Sicherheit und Gesundheitsschutz für die Ausführungsphase im Sinne dieses Bundesgesetzes (Baustellenkoordinator) ist eine natürliche oder juristische Person oder sonstige Gesellschaft mit Rechtspersönlichkeit, die vom Bauherrn oder Projektleiter mit der Durchführung der in § 5 genannten Aufgaben für die Ausführungsphase des Bauwerks betraut wird.

(BGBl I 2001/159)

(8) Selbständiger ist eine Person, die nicht Arbeitgeber oder Arbeitnehmer ist und die ihre berufliche Tätigkeit zur Ausführung des Bauwerks ausübt.

(9) Bei den in diesem Bundesgesetz verwendeten personenbezogenen Bezeichnungen (zB Arbeitnehmer, Arbeitgeber, Bauherr, Projektleiter, Koordinator) gilt die gewählte Form für beide Geschlechter.

(10) Die in diesem Bundesgesetz enthaltenen Verweise auf andere Bundesgesetze gelten als Verweise auf die jeweils geltende Fassung.

Bestellung von Koordinatoren für Sicherheit und Gesundheitsschutz

§ 3. (1) Werden auf einer Baustelle gleichzeitig oder aufeinanderfolgend Arbeitnehmer mehrerer Arbeitgeber tätig, so hat der Bauherr einen Planungskoordinator für die Vorbereitungsphase und einen Baustellenkoordinator für die Ausführungsphase zu bestellen. Dieselbe Person kann Planungs- und Baustellenkoordinator sein. Der

Bauherr kann die Aufgaben des Planungs- und Baustellenkoordinators selbst wahrnehmen, wenn er die Voraussetzungen nach Abs. 3 erfüllt.

(BGBl I 2001/159)

(2) Als Koordinator kann eine natürliche oder juristische Person oder sonstige Gesellschaft mit Rechtspersönlichkeit bestellt werden. Bei Bestellung einer juristischen Person oder sonstigen Gesellschaft mit Rechtspersönlichkeit hat diese eine oder mehrere natürliche Personen zur Wahrnehmung der Koordinationsaufgaben für sie zu benennen. § 3 Abs. 4 dritter und vierter Satz gilt.

(BGBl I 2001/159)

(3) Als Koordinator darf nur eine Person bestellt werden, die über eine für die jeweilige Bauwerksplanung oder Bauwerksausführung einschlägige Ausbildung und eine mindestens dreijährige einschlägige Berufserfahrung verfügt. Dazu zählen insbesondere Baumeister und Personen, die eine sonstige baugewerbliche Ausbildung erfolgreich abgeschlossen haben, sowie Personen, die ein Universitätsstudium, ein Fachhochschulstudium, eine höhere technische Lehranstalt oder eine vergleichbare Ausbildung jeweils auf dem Gebiet des Hoch- oder Tiefbaus erfolgreich abgeschlossen haben. Wird eine juristische Person oder sonstige Gesellschaft mit Rechtspersönlichkeit zum Koordinator bestellt, müssen diese Voraussetzungen von jeder gemäß Abs. 2 benannten natürlichen Person erbracht werden.

(BGBl I 2001/159)

(4) Die Bestellung des Planungskoordinators hat zu Beginn der Planungsarbeiten zu erfolgen. Die Bestellung des Baustellenkoordinators hat spätestens bei Auftragsvergabe zu erfolgen. Die Bestellung mehrerer Personen zu nacheinander tätigen Planungs- oder Baustellenkoordinatoren ist zulässig. Die Bestellung mehrerer Personen zu nebeneinander tätigen Planungs- oder Baustellenkoordinatoren ist nur zulässig, wenn deren Verantwortungsbereiche räumlich klar voneinander abgegrenzt sind.

(BGBl I 2001/159)

(5) Ist in Katastrophenfällen, bei unaufschiebbaren oder bei kurzfristig zu erledigenden Arbeiten eine rechtzeitige Bestellung gemäß Abs. 4 nicht möglich und müssen die Arbeiten aber fortgesetzt werden, so ist die Bestellung so rasch wie möglich, spätestens jedoch am Tag des Beginns der fortgesetzten Arbeiten, nachzuholen.

(BGBl I 2001/159)

(6) Die Bestellung hat schriftlich zu erfolgen. Sie ist nur wirksam, wenn ihr der Bestellte nachweislich zugestimmt hat.

Vorbereitung des Bauprojekts

§ 4. (1) Der Bauherr hat dafür zu sorgen, dass die allgemeinen Grundsätze der Gefahrenverhütung gemäß § 7 ASchG bei Entwurf, Ausführungsplanung und Vorbereitung des Bauprojekts berücksichtigt werden, insbesondere bei der architektonischen, technischen und organisatorischen Planung, bei der Einteilung der Arbeiten, die gleichzeitig oder nacheinander durchgeführt werden, und bei der Abschätzung der voraussichtlichen Dauer für die Durchführung dieser Arbeiten.

(BGBl I 2006/154, BGBl I 2007/42)

(2) Der Planungskoordinator hat

1. die Umsetzung der allgemeinen Grundsätze der Gefahrenverhütung gemäß § 7 ASchG bei Entwurf, Ausführungsplanung und Vorbereitung des Bauprojekts zu koordinieren,
2. einen Sicherheits- und Gesundheitsschutzplan gemäß § 7 auszuarbeiten oder ausarbeiten zu lassen,
3. darauf zu achten, daß der Bauherr oder der Projektleiter, wenn ein solcher eingesetzt ist, den Sicherheits- und Gesundheitsschutzplan berücksichtigt,
4. eine Unterlage für spätere Arbeiten gemäß § 8 zusammenzustellen,
5. darauf zu achten, daß der Bauherr oder der Projektleiter, wenn ein solcher eingesetzt ist, die Unterlage gemäß § 8 berücksichtigt.

Ausführung des Bauwerks

§ 5. (1) Der Baustellenkoordinator hat zu koordinieren:

1. die Umsetzung der allgemeinen Grundsätze der Gefahrenverhütung gemäß § 7 ASchG bei der technischen und organisatorischen Planung, bei der Einteilung der Arbeiten, die gleichzeitig oder nacheinander durchgeführt werden, bei der Abschätzung der voraussichtlichen Dauer für die Durchführung dieser Arbeiten sowie bei der Durchführung der Arbeiten,
2. die Umsetzung der für die betreffende Baustelle geltenden Bestimmungen über Sicherheit und Gesundheitsschutz bei der Arbeit,
3. die Überwachung der ordnungsgemäßen Anwendung der Arbeitsverfahren.

(2) Der Baustellenkoordinator hat darauf zu achten, daß

1. die Arbeitgeber den Sicherheits- und Gesundheitsschutzplan anwenden,
2. die Arbeitgeber die allgemeinen Grundsätze der Gefahrenverhütung gemäß § 7 ASchG anwenden,
3. die auf der Baustelle tätigen Selbständigen den Sicherheits- und Gesundheitsschutzplan und die allgemeinen Grundsätze der Gefahrenverhütung gemäß § 7 ASchG anwenden, wenn dies zum Schutz der Arbeitnehmer erforderlich ist.

(3) Der Baustellenkoordinator hat

1. die Zusammenarbeit und die Koordination der Tätigkeiten zum Schutz der Arbeitnehmer und zur Verhütung von Unfällen und berufsbedingten Gesundheitsgefährdungen zwischen den Arbeitgebern zu organisieren und dabei auch auf der Baustelle tätige Selbständige einzubeziehen,

2. für die gegenseitige Information der Arbeitgeber und der auf der Baustelle tätigen Selbständigen zu sorgen,
3. den Sicherheits- und Gesundheitsschutzplan und die Unterlage unter Berücksichtigung des Fortschritts der Arbeiten und eingetretener Änderungen anzupassen oder anpassen zu lassen,
4. die erforderlichen Maßnahmen zu veranlassen, damit nur befugte Personen die Baustelle betreten.

(BGBl I 2001/159)

(4) Stellt der Baustellenkoordinator bei Besichtigungen der Baustelle Gefahren für Sicherheit und Gesundheit der Arbeitnehmer fest, hat er unverzüglich den Bauherrn oder den Projektleiter sowie die Arbeitgeber und die allenfalls auf der Baustelle tätigen Selbständigen zu informieren. Der Baustellenkoordinator hat das Recht, sich an das Arbeitsinspektorat zu wenden, wenn er der Auffassung ist, daß die getroffenen Maßnahmen und bereitgestellten Mittel nicht ausreichen, um die Sicherheit und den Gesundheitsschutz am Arbeitsplatz sicherzustellen, nachdem er erfolglos eine Beseitigung dieser Mißstände verlangt hat.

(BGBl I 2001/159)

Vorankündigung

§ 6. (1) Der Bauherr hat eine Vorankündigung zu erstellen für Baustellen, bei denen voraussichtlich

1. die Dauer der Arbeiten mehr als 30 Arbeitstage beträgt und auf denen mehr als 20 Arbeitnehmer gleichzeitig beschäftigt werden, oder
2. deren Umfang 500 Personentage übersteigt.

(2) Die Vorankündigung ist spätestens zwei Wochen vor Beginn der Arbeiten an das zuständige Arbeitsinspektorat zu übermitteln. In Katastrophenfällen, bei unaufschiebbaren oder bei kurzfristig zu erledigenden Arbeiten, ist die Vorankündigung spätestens am Tag des Arbeitsbeginnes zu übermitteln. Zum Zweck der Kontrolle von Baustellen ist die Vorankündigung auch an die Bauarbeiter-Urlaubs- und Abfertigungskasse (§ 14 des Bauarbeiter-Urlaubs- und Abfertigungsgesetzes – BUAG, BGBl. Nr. 414/1972) zu übermitteln.

(BGBl I 2011/51, BGBl I 2016/72)

(2a) Erfolgt die Vorankündigung elektronisch mittels Webanwendung an die Baustellendatenbank (§ 31a BUAG), gilt dies als Übermittlung an das zuständige Arbeitsinspektorat. Ab 1. Jänner 2019 müssen Vorankündigungen elektronisch mittels Webanwendung an die Baustellendatenbank vorgenommen werden.

(BGBl I 2016/72)

(3) Die Vorankündigung ist sichtbar auf der Baustelle auszuhängen.

(4) Die Vorankündigung muß beinhalten:

1. das Datum der Erstellung,
2. den genauen Standort der Baustelle,
3. Name und Anschrift des Bauherrn, des Projektleiters und der Planungs- und Baustellenkoordinatoren,
4. Angaben über die Art des Bauwerks,
5. Angaben über den voraussichtlichen Beginn der Arbeiten und über deren voraussichtliche Dauer,
6. Angaben über die voraussichtliche Höchstzahl der Beschäftigten auf der Baustelle,
7. Angaben über die Zahl der dort tätigen Unternehmen und Selbständigen,
8. die Angabe der bereits beauftragten Unternehmen.

(5) Die Vorankündigung ist bei Änderungen anzupassen.

Sicherheits- und Gesundheitsschutzplan

§ 7. (1) Der Bauherr hat dafür zu sorgen, daß vor Eröffnung der Baustelle ein Sicherheits- und Gesundheitsschutzplan erstellt wird für Baustellen, für die eine Vorankündigung gemäß § 6 erforderlich ist und für Baustellen, auf denen Arbeiten zu verrichten sind, die mit besonderen Gefahren für Sicherheit und Gesundheit der Arbeitnehmer verbunden sind.

(2) Arbeiten, die mit besonderen Gefahren für Sicherheit und Gesundheit der Arbeitnehmer verbunden sind, sind insbesondere:

1. Arbeiten, bei denen die Gefahr des Absturzes, des Verschüttetwerdens oder des Versinkens besteht, wenn diese Gefahr durch die Art der Tätigkeit, die angewandten Arbeitsverfahren oder die Umgebungsbedingungen auf der Baustelle erhöht wird, wie Arbeiten im Verkehrsbereich oder in der Nähe von Gasleitungen,
2. Arbeiten, bei denen die Arbeitnehmer gefährlichen Arbeitsstoffen ausgesetzt sind, die entweder eine besondere Gefahr für die Sicherheit und die Gesundheit der Arbeitnehmer darstellen oder für die Eignungs- und Folgeuntersuchungen gemäß der Verordnung über die Gesundheitsüberwachung am Arbeitsplatz (VGÜ), BGBl. II Nr. 27/1997, vorgeschrieben sind,
3. Arbeiten mit ionisierenden Strahlen, die die Festlegung von Kontroll- oder Überwachungsbereichen gemäß dem Strahlenschutzgesetz, BGBl. Nr. 227/1969, erfordern,
4. Arbeiten in der Nähe von Hochspannungsleitungen,
5. Arbeiten, bei denen die Gefahr des Ertrinkens besteht,
6. Brunnenbau, unterirdische Erdarbeiten und Tunnelbau,
7. Arbeiten mit Tauchgeräten,
8. Arbeiten in Druckkammern,
9. Arbeiten, bei denen Sprengstoff eingesetzt wird,

10. die Errichtung oder der Abbau von schweren Fertigbauelementen.

(3) Der Sicherheits- und Gesundheitsschutzplan muss beinhalten:

1. die zur Festsetzung von Schutzmaßnahmen für die jeweilige Baustelle erforderlichen Angaben über das Baugelände und das Umfeld der Bauarbeiten, insbesondere auch über mögliche Gefahren im Bereich des Baugrundes;
2. eine Auflistung aller für die Baustelle in Aussicht genommenen Arbeiten gemäß § 2 Abs. 3 zweiter Satz (wie zB Erdarbeiten, Abbrucharbeiten, Bauarbeiten im engeren Sinn, Malerarbeiten) unter Berücksichtigung ihres zeitlichen Ablaufs;
3. die entsprechend dem zeitlichen Ablauf dieser Arbeiten und dem Baufortschritt jeweils festgelegten Schutzmaßnahmen sowie baustellenspezifische Regelungen unter Hinweis auf die jeweils anzuwendenden Arbeitnehmerschutzbestimmungen;
4. die erforderlichen Koordinierungsmaßnahmen, Schutzmaßnahmen und Einrichtungen zur Beseitigung bzw. Minimierung der gegenseitigen Gefährdungen, die durch das Miteinander- oder Nacheinanderarbeiten entstehen oder entstehen können;
5. die Schutzeinrichtungen und sonstigen Einrichtungen, die für gemeinsame Nutzung auf der Baustelle geplant sind bzw. zur Verfügung gestellt werden;
6. Maßnahmen bezüglich der Arbeiten, die mit besonderen Gefahren für Sicherheit und Gesundheit der Arbeitnehmer verbunden sind;
7. die Festlegung, wer für die Durchführung der in Z 3 bis 6 genannten Maßnahmen auf der Baustelle jeweils zuständig ist.

(BGBl I 2001/159)

(4) Der Sicherheits- und Gesundheitsschutzplan ist in der Vorbereitungsphase zu erstellen.

(5) Der Sicherheits- und Gesundheitsschutzplan ist bei Fortschritt der Arbeiten oder bei eingetretenen Änderungen unverzüglich anzupassen, falls dies zum Schutz der Sicherheit und Gesundheit der Arbeitnehmer erforderlich ist. Vor der Anpassung des Sicherheits- und Gesundheitsschutzplanes sind nach Möglichkeit die Sicherheitsvertrauenspersonen der betroffenen Arbeitgeber anzuhören. Wenn Änderungen des Sicherheits- und Gesundheitsschutzplanes auf Grund von Entscheidungen oder Anordnungen des Bauherrn oder Projektleiters erfolgen, so ist dies im Plan festzuhalten.

(6) Der Sicherheits- und Gesundheitsschutzplan ist in der Vorbereitungs- und in der Ausführungsphase zu berücksichtigen.

(6a) Werden auf einer Baustelle, für die eine Vorankündigung gemäß § 6 nicht erforderlich ist, nur Arbeitnehmer eines Arbeitgebers beschäftigt, so gelten die in den für diese Baustelle gemäß §§ 4 und 5 ASchG festgelegten und schriftlich festgehaltenen Maßnahmen zur Gefahrenverhütung als Sicherheits- und Gesundheitsschutzplan im Sinne dieses Bundesgesetzes, wenn darin die gemäß Abs. 3 erforderlichen Maßnahmen zum Schutz der Arbeitnehmer gegen die besonderen Gefahren, mit denen die Arbeiten auf dieser Baustelle verbunden sind, enthalten sind und der Mindestinhalt des Abs. 3 ausreichend berücksichtigt wird. Der Bauherr hat den Arbeitgeber über das Vorliegen von besonderen Gefahren, insbesondere im Sinne von § 7 Abs. 3 Z 1, umfassend zu informieren.

(BGBl I 2001/159)

(7) Der Bauherr hat dafür zu sorgen, daß die betroffenen Arbeitgeber, deren Präventivfachkräfte und Arbeitnehmer sowie die auf der Baustelle tätigen Selbständigen Zugang zum Sicherheits- und Gesundheitsschutzplan haben.

Unterlage für spätere Arbeiten

§ 8. (1) Der Bauherr hat dafür zu sorgen, daß eine Unterlage für spätere Arbeiten am Bauwerk erstellt wird.

(2) Die Unterlage muss die zum Schutz von Sicherheit und Gesundheit der Arbeitnehmer bei späteren Arbeiten wie Nutzung, Wartung, Instandhaltung, Umbauarbeiten oder Abbruch erforderlichen Angaben über die Merkmale des Bauwerks (wie Zugänge, Anschlagpunkte, Gerüstverankerungspunkte, Gas-, Wasser- und Stromleitungen) enthalten, die bei späteren Arbeiten zu berücksichtigen sind.

(BGBl I 2001/159)

(3) Die Unterlage ist in der Vorbereitungsphase zu erstellen.

(4) Die Unterlage ist bei Fortschritt der Arbeiten oder bei eingetretenen Änderungen anzupassen.

(5) Die Unterlage ist in der Vorbereitungs- und in der Ausführungsphase zu berücksichtigen.

(6) Der Bauherr hat dafür zu sorgen, daß die Unterlage für die Dauer des Bestandes des Bauwerks in geeigneter Weise aufbewahrt wird. Wird das Bauwerk während der Ausführung oder nach Fertigstellung vom Bauherrn an eine andere natürliche oder juristische Person oder sonstige Gesellschaft mit Rechtspersönlichkeit übergeben, hat diese für die Aufbewahrung der Unterlage zu sorgen.

(BGBl I 2001/159)

Übertragung von Pflichten des Bauherrn

§ 9. (1) Wenn ein Projektleiter eingesetzt ist, kann der Bauherr seine Pflichten nach § 3, § 4 Abs. 1, § 6, § 7 und § 8 dieses Bundesgesetzes dem Projektleiter mit dessen Zustimmung übertragen.

(2) Abs. 1 gilt nicht, wenn ein Betriebsangehöriger des Bauherrn als Projektleiter eingesetzt ist.

(3) Wenn ein Betriebsangehöriger des Bauherrn als Planungs- oder Baustellenkoordinator eingesetzt ist, ist anstelle des Koordinators der Bauherr für die Einhaltung der Pflichten nach § 4 Abs. 2 und § 5 dieses Bundesgesetzes verantwortlich.

(BGBl I 1999/85)

(4) Wenn ein Betriebsangehöriger des Projektleiters als Planungs- oder Baustellenkoordinator

eingesetzt ist, ist anstelle des Koordinators der Projektleiter für die Einhaltung der Pflichten nach § 4 Abs. 2 und § 5 dieses Bundesgesetzes verantwortlich.

(BGBl I 1999/85)

Strafbestimmungen

§ 10. (1) Eine Verwaltungsübertretung, die mit Geldstrafe von 145 € bis 7 260 €, im Wiederholungsfall mit Geldstrafe von 290 € bis 14 530 € zu bestrafen ist, begeht, wer

1. als Bauherr die Verpflichtungen nach § 3, § 4 Abs. 1, § 6, § 7 oder § 8 dieses Bundesgesetzes verletzt,
2. als Projektleiter im Fall einer Übertragung nach § 9 Abs. 1 die Verpflichtungen gemäß § 3, § 4 Abs. 1, § 6, § 7 oder § 8 dieses Bundesgesetzes verletzt,
3. als Planungskoordinator seine Verpflichtungen nach § 4 Abs. 2 verletzt,
4. als Baustellenkoordinator die Verpflichtungen nach § 5 verletzt,
5. als Bauherr im Fall des § 9 Abs. 3 nicht dafür sorgt, daß der Koordinator die Verpflichtungen nach § 4 Abs. 2 und § 5 erfüllt,
6. als Projektleiter im Fall des § 9 Abs. 4 nicht dafür sorgt, daß der Koordinator die Verpflichtungen nach § 4 Abs. 2 und § 5 erfüllt.

(BGBl I 2001/159)

(2) Wurden Verwaltungsübertretungen nach Abs. 1 nicht im Inland begangen, gelten sie als an jenem Ort begangen, an dem sie festgestellt wurden.

(BGBl I 2001/159)

(BGBl I 2001/136, BGBl I 2001/159)

Inkrafttreten

§ 11. (1) Dieses Bundesgesetz tritt mit 1. Juli 1999 in Kraft.

(2) Dieses Bundesgesetz ist auf Bauvorhaben im Sinne des § 6, die am 1. Juli 1999 bereits in der Ausführungsphase sind, ab 1. Juli 2000 anzuwenden. Auf sonstige Bauvorhaben, die am 1. Juli 1999 bereits in der Ausführungsphase sind, ist dieses Bundesgesetz nicht anzuwenden.

(3) § 10 Abs. 1 in der Fassung des Bundesgesetzes BGBl. I Nr. 136/2001 tritt mit 1. Jänner 2002 in Kraft.

(BGBl I 2001/136)

(4) §§ 1 Abs. 3 Z 2, 2 Abs. 1, 2, 6 und 7, 3 Abs. 1 bis 5, 5 Abs. 3 Z 4 und Abs. 4, 7 Abs. 3 und 6a, 8 Abs. 2 und 6 sowie 10 Abs. 1 und 2 in der Fassung BGBl. I Nr. 159/2001 treten mit 1. Jänner 2002 in Kraft.

(BGBl I 2001/159)

(5) § 6 Abs. 2 vorletzter und letzter Satz in der Fassung des Bundesgesetzes BGBl. I Nr. 51/2011 tritt mit dem Zeitpunkt in Kraft, den der Bundesminister für Arbeit, Soziales und Konsumentenschutz durch Verordnung als jenen feststellt, ab dem die zur Verfügung stehenden technischen Mittel zur Erfassung der Vorankündigung gemäß § 6 geeignet sind. Er darf diesen Zeitpunkt frühestens mit 1. Jänner 2012 festsetzen.

(BGBl I 2011/51)

(6) § 12 in der Fassung des 2. Stabilitätsgesetzes 2012, BGBl. I Nr. 35/2012, tritt mit 1. Juli 2012 in Kraft.

(BGBl I 2012/35)

(7) § 6 Abs. 2 und 2a in der Fassung BGBl. I Nr. 72/2016 tritt mit 1. April 2017 in Kraft.

(BGBl I 2016/72)

Vollziehung

§ 12. (1) Für die Überwachung der Einhaltung dieses Bundesgesetzes ist die Arbeitsinspektion zuständig.

(2) Das Bundesgesetz über die Arbeitsinspektion (Arbeitsinspektionsgesetz 1993 – ArbIG) ist anzuwenden. Dies gilt mit der Maßgabe, dass die Aufgaben und Befugnisse, die der Arbeitsinspektion nach dem ArbIG gegenüber Arbeitgebern obliegen, auch gegenüber Bauherren, Projektleitern und Koordinatoren für Sicherheit und Gesundheitsschutz und die im ArbIG vorgesehenen Arbeitgeberpflichten auch für Bauherren, Projektleiter und Koordinatoren für Sicherheit und Gesundheitsschutz gelten.

(3) Mit der Vollziehung dieses Bundesgesetzes ist der Bundesminister für Arbeit, Soziales und Konsumentenschutz betraut.

(BGBl I 1999/85, BGBl I 2001/159, BGBl I 2012/35)

30. ARBEITSZEITGESETZ

Inhaltsverzeichnis

30/1. Arbeitszeitgesetz

Arbeitszeitgesetz, BGBl 1969/461 idF

1 BGBl 1971/238	**2** BGBl 1975/2	**3** BGBl 1981/354
4 BGBl 1987/647	**5** BGBl 1992/473	**6** BGBl 1992/833
7 BGBl 1993/335	**8** BGBl 1994/446	**9** BGBl 1996/417
10 BGBl I 1997/8	**11** BGBl I 1997/46	**12** BGBl I 1999/88
13 BGBl I 2000/37	**14** BGBl I 2001/98	**15** BGBl I 2001/162
16 BGBl I 2002/122	**17** BGBl I 2004/30	**18** BGBl I 2004/64
19 BGBl I 2004/159	**20** BGBl I 2004/175	**21** BGBl I 2006/138
22 BGBl I 2007/61	**23** BGBl I 2008/124	**24** BGBl I 2009/149
25 BGBl I 2010/93	**26** BGBl I 2012/35	**27** BGBl I 2013/3
28 BGBl I 2013/71	**29** BGBl I 2014/94	**30** BGBl I 2015/152
31 BGBl I 2016/42	**32** BGBl I 2016/114	**33** BGBl I 2017/30
34 BGBl I 2017/40	**35** BGBl I 2017/126	**36** BGBl I 2017/127
37 BGBl I 2018/53	**38** BGBl I 2018/100	

GLIEDERUNG

STICHWORTVERZEICHNIS

Bundesgesetz vom 11. Dezember 1969 über die Regelung der Arbeitszeit (Arbeitszeitgesetz) (AZG)

Der Nationalrat hat beschlossen:

ABSCHNITT 1

Geltungsbereich

§ 1. (1) Die Bestimmungen dieses Bundesgesetzes gelten für die Beschäftigung von Arbeitnehmern (Lehrlingen), die das 18. Lebensjahr vollendet haben.

(2) Ausgenommen vom Geltungsbereich dieses Bundesgesetzes sind:

1. Arbeitnehmer, die in einem Arbeitsverhältnis zu einer Gebietskörperschaft, zu einer Stiftung, zu einem Fonds oder zu einer Anstalt stehen, sofern diese Einrichtungen von Organen einer Gebietskörperschaft oder von Personen verwaltet werden, die hiezu von Organen einer Gebietskörperschaft bestellt sind; die Bestimmungen dieses Bundesgesetzes gelten jedoch für Arbeitnehmer, die nicht im Bereich der Hoheitsverwaltung tätig sind, sofern für ihr Arbeitsverhältnis ein Kollektivvertrag wirksam ist;
2. Arbeitnehmer im Sinne des Landarbeitsgesetzes 1984, BGBl. Nr. 287, gelten;
   (BGBl I 1997/46)
3. Arbeitnehmer, für die die Vorschriften des Bäckereiarbeiter/innengesetzes 1996, BGBl. Nr. 410, gelten;
   (BGBl I 1997/46)
4. Arbeitnehmer, für die die Vorschriften des Hausgehilfen- und Hausangestelltengesetzes, BGBl. Nr. 235/1962, gelten;
5. Arbeitnehmer,
   a) für die die Vorschriften des Hausbesorgergesetzes, BGBl. Nr. 16/1970, gelten;
   b) denen die Hausbetreuung im Sinne des § 23 Abs. 1 Mietrechtsgesetz, BGBl. Nr. 520/1981, obliegt und die in einem Arbeitsverhältnis stehen
      aa) zum Hauseigentümer oder zu einer im mehrheitlichen Eigentum des Hauseigentümers stehenden juristischen Person, soweit sich die zu betreuenden Häuser im Eigentum des Hauseigentümers befinden;
      bb) zu einer im Sinne des § 7 Abs. 4b Wohnungsgemeinnützigkeitsgesetz, BGBl. Nr. 139/1979, gegründeten Gesellschaft.

   Für diese Arbeitnehmer ist jedoch § 19 anzuwenden.
   (BGBl I 2001/162)

   (BGBl I 1997/46, BGBl I 2000/37)
6. Lehr- und Erziehungskräfte an Unterrichts- und Erziehungsanstalten, soweit sie nicht unter Z 1 fallen;
7. nahe Angehörige der Arbeitgeberin bzw. des Arbeitgebers (Eltern, volljährige Kinder, im gemeinsamen Haushalt lebende Ehegattin oder Ehegatte, eingetragene Partnerin oder Partner, sowie Lebensgefährtin oder Lebensgefährte, wenn seit mindestens drei Jahren ein gemeinsamer Haushalt besteht), deren gesamte Arbeitszeit auf Grund der besonderen Merkmale der Tätigkeit
   a) nicht gemessen oder im Voraus festgelegt wird, oder
   b) von diesen Arbeitnehmerinnen bzw. Arbeitnehmern hinsichtlich Lage und Dauer selbst festgelegt werden kann;

   (BGBl I 2004/159, BGBl I 2018/53)
8. leitende Angestellte oder sonstige Arbeitnehmerinnen und Arbeitnehmer, denen maßgebliche selbständige Entscheidungsbefugnis übertragen ist und deren gesamte Arbeitszeit auf Grund der besonderen Merkmale der Tätigkeit
   a) nicht gemessen oder im Voraus festgelegt wird, oder
   b) von diesen Arbeitnehmerinnen bzw. Arbeitnehmern hinsichtlich Lage und Dauer selbst festgelegt werden kann;

   (BGBl I 2018/53)
9. Heimarbeiter im Sinne des Heimarbeitsgesetzes 1960, BGBl. Nr. 105/1961;
10. Dienstnehmer, die unter das Krankenanstalten-Arbeitszeitgesetz, BGBl. I Nr. 8/1997, fallen.
    (BGBl I 1997/8)

Regelungen durch Betriebsvereinbarung

§ 1a. Soweit im Folgenden nicht Anderes bestimmt wird, können Regelungen, zu denen der Kollektivvertrag nach diesem Bundesgesetz ermächtigt ist, durch Betriebsvereinbarung zugelassen werden, wenn

1. der Kollektivvertrag die Betriebsvereinbarung dazu ermächtigt, oder
2. für die betroffenen Arbeitnehmer mangels Bestehen einer kollektivvertragsfähigen Körperschaft auf Arbeitgeberseite kein Kollektivvertrag abgeschlossen werden kann.

(BGBl I 2007/61)

ABSCHNITT 2
Arbeitszeit

Begriff der Arbeitszeit

§ 2. (1) Im Sinne dieses Bundesgesetzes ist:
1. Arbeitszeit die Zeit vom Beginn bis zum Ende der Arbeit ohne die Ruhepausen;
2. Tagesarbeitszeit die Arbeitszeit innerhalb eines ununterbrochenen Zeitraumes von vierundzwanzig Stunden;
3. Wochenarbeitszeit die Arbeitszeit innerhalb des Zeitraumes von Montag bis einschließlich Sonntag.

(2) Arbeitszeit im Sinne des Abs. 1 Z 1 ist auch die Zeit, während der ein im übrigen im Betrieb Beschäftigter in seiner eigenen Wohnung oder Werkstätte oder sonst außerhalb des Betriebes beschäftigt wird. Werden Arbeitnehmer von mehreren Arbeitgebern beschäftigt, so dürfen die einzelnen Beschäftigungen zusammen die gesetzliche Höchstgrenze der Arbeitszeit nicht überschreiten.

(3) Soweit in diesem Bundesgesetz personenbezogene Bezeichnungen noch nicht geschlechtsneutral formuliert sind, gilt die gewählte Form für beide Geschlechter.

(BGBl I 2009/149)

Normalarbeitszeit

§ 3. (1) Die tägliche Normalarbeitszeit darf acht Stunden, die wöchentliche Normalarbeitszeit vierzig Stunden nicht überschreiten, soweit im folgenden nicht anderes bestimmt wird.

(BGBl 1975/2, BGBl 1994/446)

(2) Aus Anlaß der mit dem Inkrafttreten dieses Bundesgesetzes eintretenden Arbeitszeitverkürzung darf das Entgelt der betroffenen Arbeitnehmer nicht gekürzt werden (Lohnausgleich). Ein nach Stunden bemessenes Entgelt ist dabei in dem gleichen Verhältnis zu erhöhen, in dem die Arbeitszeit verkürzt wird. Akkord-, Stück- und Gedinglöhne sowie auf Grund anderer Leistungslohnarten festgelegte Löhne sind entsprechend zu berichtigen. Durch Kollektivvertrag kann eine andere Regelung des Lohnausgleiches vereinbart werden.

(BGBl 1975/2)

Andere Verteilung der Normalarbeitszeit

§ 4. (1) Der Kollektivvertrag kann eine tägliche Normalarbeitszeit von bis zu zehn Stunden zulassen, soweit nach diesem Bundesgesetz eine kürzere Normalarbeitszeit vorgesehen ist. Darüber hinaus gehende Verlängerungsmöglichkeiten bleiben unberührt.

(2) Zur Erreichung einer längeren Freizeit, die mit der wöchentlichen Ruhezeit oder einer Ruhezeit gemäß § 12 zusammenhängen muss, kann die Normalarbeitszeit an einzelnen Tagen regelmäßig gekürzt und die ausfallende Normalarbeitszeit auf die übrigen Tage der Woche verteilt werden. Die Betriebsvereinbarung, für Arbeitnehmer in Betrieben, in denen kein Betriebsrat errichtet ist, das Arbeitsinspektorat, kann eine andere ungleichmäßige Verteilung der Normalarbeitszeit innerhalb der Woche zulassen, soweit dies die Art des Betriebes erfordert. Die tägliche Normalarbeitszeit darf neun Stunden nicht überschreiten.

(3) Fällt in Verbindung mit Feiertagen die Arbeitszeit an Werktagen aus, um den Arbeitnehmern eine längere zusammenhängende Freizeit zu ermöglichen, so kann die ausfallende Normalarbeitszeit auf die Werktage von höchstens 13 zusammenhängenden, die Ausfallstage einschließenden Wochen verteilt werden. Der Kollektivvertrag kann den Einarbeitungszeitraum verlängern. Die tägliche Normalarbeitszeit darf
1. bei einem Einarbeitungszeitraum von bis zu 13 Wochen zehn Stunden
2. bei einem längeren Einarbeitungszeitraum neun Stunden

nicht überschreiten.

(4) Die wöchentliche Normalarbeitszeit des Personals von Verkaufsstellen im Sinne des Öffnungszeitengesetzes 2003, BGBl. I Nr. 48/2003, und sonstiger Arbeitnehmer des Handels kann in den einzelnen Wochen eines Durchrechnungszeitraumes von vier Wochen bis auf 44 Stunden ausgedehnt werden, wenn innerhalb dieses Zeitraumes die durchschnittliche wöchentliche Normalarbeitszeit 40 Stunden bzw. die durch Kollektivvertrag festgelegte Normalarbeitszeit nicht überschreitet. Der Kollektivvertrag kann eine Verlängerung des Durchrechnungszeitraumes zulassen. Die tägliche Normalarbeitszeit darf neun Stunden nicht überschreiten.

(5) Der zur Erreichung der durchschnittlichen Normalarbeitszeit nach Abs. 4 im Durchrechnungszeitraum erforderliche Zeitausgleich ist unter Berücksichtigung der jeweiligen Betriebserfordernisse zusammenhängend zu gewähren. Ein Zeitausgleich von mehr als vier Stunden kann in zwei Teilen gewährt werden, wobei ein Teil mindestens vier Stunden zu betragen hat.

(6) Für Arbeitnehmer, die nicht unter Abs. 4 fallen, kann der Kollektivvertrag zulassen, dass in einzelnen Wochen eines Durchrechnungszeitraumes von bis zu einem Jahr die Normalarbeitszeit
1. bei einem Durchrechnungszeitraum von bis zu acht Wochen auf höchstens 50 Stunden,
2. bei einem längeren Durchrechnungszeitraum auf höchstens 48 Stunden,

ausgedehnt wird, wenn sie innerhalb dieses Zeitraumes im Durchschnitt 40 Stunden bzw. die durch Kollektivvertrag festgelegte Normalarbeitszeit nicht überschreitet. Der Kollektivvertrag kann einen längeren Durchrechnungszeitraum unter der Bedingung zulassen, dass der zur Erreichung der durchschnittlichen Normalarbeitszeit erforderliche Zeitausgleich jedenfalls in mehrwöchigen zusammenhängenden Zeiträumen verbraucht wird. Die tägliche Normalarbeitszeit darf neun Stunden nicht überschreiten.

(7) Der Kollektivvertrag kann bei einer Arbeitszeitverteilung gemäß Abs. 4 und 6 eine mehrmalige Übertragung von Zeitguthaben und Zeitschulden in die nächsten Durchrechnungszeiträume zulassen.

(BGBl I 2018/53)

(8) Die Betriebsvereinbarung kann eine tägliche Normalarbeitszeit von bis zu zehn Stunden zulassen, wenn die gesamte Wochenarbeitszeit regelmäßig auf vier Tage verteilt wird. In Betrieben, in denen kein Betriebsrat errichtet ist, kann eine solche Arbeitszeitverteilung schriftlich vereinbart werden.

(9) Für Arbeitnehmer in Betrieben gemäß § 2 Abs. 2a des Bauarbeiter-Urlaubs- und Abfertigungsgesetzes, BGBl. Nr. 414/1972, gilt Abs. 3 mit der Maßgabe, dass die tägliche Normalarbeitszeit bei Verlängerung des Einarbeitungszeitraumes durch Kollektivvertrag zehn Stunden nicht überschreiten darf. Abs. 8 ist nicht anzuwenden.

(BGBl 1975/2, BGBl 1987/647, BGBl 1994/446, BGBl 1996/417, BGBl I 1997/46, BGBl I 2004/159, BGBl I 2007/61)

Normalarbeitszeit bei Schichtarbeit

§ 4a. (1) Bei mehrschichtiger Arbeitsweise ist ein Schichtplan zu erstellen. Die wöchentliche Normalarbeitszeit darf

1. innerhalb des Schichtturnusses oder
2. bei Durchrechnung der Normalarbeitszeit gemäß § 4 Abs. 6 innerhalb des Durchrechnungszeitraumes

im Durchschnitt 40 Stunden bzw. die durch Kollektivvertrag festgelegte Normalarbeitszeit nicht überschreiten.

(2) Die tägliche Normalarbeitszeit darf neun Stunden nicht überschreiten, soweit nicht nach § 4 eine längere Normalarbeitszeit zulässig ist.

(BGBl I 2007/61)

(3) Bei durchlaufender mehrschichtiger Arbeitsweise mit Schichtwechsel kann die tägliche Normalarbeitszeit bis auf zwölf Stunden ausgedehnt werden,

1. am Wochenende (Beginn der Nachtschicht zum Samstag bis zum Ende der Nachtschicht zum Montag), wenn dies durch Betriebsvereinbarung geregelt ist, oder
2. wenn dies mit einem Schichtwechsel in Verbindung steht.

(4) Der Kollektivvertrag kann zulassen, dass

1. die Normalarbeitszeit in einzelnen Wochen bis auf 56 Stunden ausgedehnt wird;
2. die tägliche Normalarbeitszeit bis auf zwölf Stunden unter der Bedingung ausgedehnt wird, dass die arbeitsmedizinische Unbedenklichkeit dieser Arbeitszeitverlängerung für die betreffenden Tätigkeiten durch einen Arbeitsmediziner festgestellt wird. Auf Verlangen des Betriebsrates, in Betrieben ohne Betriebsrat auf Verlangen der Mehrheit der betroffenen Arbeitnehmer, ist ein weiterer, einvernehmlich bestellter Arbeitsmediziner zu befassen.

(BGBl I 2007/61)

(BGBl 1994/446, BGBl I 1997/46)

Gleitende Arbeitszeit

§ 4b. (1) Gleitende Arbeitszeit liegt vor, wenn der Arbeitnehmer innerhalb eines vereinbarten zeitlichen Rahmens Beginn und Ende seiner täglichen Normalarbeitszeit selbst bestimmen kann.

(2) Die gleitende Arbeitszeit muß durch Betriebsvereinbarung, in Betrieben, in denen kein Betriebsrat errichtet ist, durch schriftliche Vereinbarung geregelt werden (Gleitzeitvereinbarung).

(3) Die Gleitzeitvereinbarung hat zu enthalten:

1. die Dauer der Gleitzeitperiode,
2. den Gleitzeitrahmen,
3. das Höchstausmaß allfälliger Übertragungsmöglichkeiten von Zeitguthaben und Zeitschulden in die nächste Gleitzeitperiode und
4. Dauer und Lage der fiktiven Normalarbeitszeit.

(4) Die tägliche Normalarbeitszeit darf zehn Stunden nicht überschreiten. Eine Verlängerung der täglichen Normalarbeitszeit auf bis zu zwölf Stunden ist zulässig, wenn die Gleitzeitvereinbarung vorsieht, dass ein Zeitguthaben ganztägig verbraucht werden kann und ein Verbrauch in Zusammenhang mit einer wöchentlichen Ruhezeit nicht ausgeschlossen ist. Die wöchentliche Normalarbeitszeit darf innerhalb der Gleitzeitperiode die wöchentliche Normalarbeitszeit gemäß § 3 im Durchschnitt nur insoweit überschreiten, als Übertragungsmöglichkeiten von Zeitguthaben vorgesehen sind.

(BGBl I 2007/61, BGBl I 2018/53)

(5) Ordnet die Arbeitgeberin bzw. der Arbeitgeber Arbeitsstunden an, die über die Normalarbeitszeit gemäß § 3 Abs. 1 hinausgehen, gelten diese als Überstunden.

(BGBl I 2018/53)

(BGBl 1994/446)

Dekadenarbeit

§ 4c. (1) Für Arbeitnehmer, die auf im öffentlichen Interesse betriebenen Großbaustellen oder auf Baustellen der Wildbach- und Lawinenverbauung in Gebirgsregionen beschäftigt sind, kann der Kollektivvertrag zulassen, daß die wöchentliche Normalarbeitszeit mehr als 40 Stunden beträgt, wenn innerhalb eines Durchrechnungszeitraumes von zwei Wochen die wöchentliche Normalarbeitszeit im Durchschnitt die Normalarbeitszeit gemäß § 3 nicht überschreitet.

(2) Die tägliche Normalarbeitszeit darf neun Stunden nicht überschreiten.

(BGBl 1994/446)

Verlängerung der Normalarbeitszeit bei Arbeitsbereitschaft

§ 5. (1) Die wöchentliche Normalarbeitszeit kann bis auf 60 Stunden, die tägliche Normalarbeitszeit bis auf zwölf Stunden ausgedehnt werden, wenn

1. der Kollektivvertrag oder die Betriebsvereinbarung dies zuläßt und
2. darüber hinaus in die Arbeitszeit des Arbeitnehmers regelmäßig und in erheblichem Umfang Arbeitsbereitschaft fällt.

(2) Eine Betriebsvereinbarung gemäß Abs. 1 ist nur zulässig, wenn

1. der Kollektivvertrag die Betriebsvereinbarung dazu ermächtigt, oder
2. für die betroffenen Arbeitnehmer kein Kollektivvertrag wirksam ist.

(3) Das Arbeitsinspektorat kann für Betriebe, in denen kein Betriebsrat errichtet ist, eine Verlängerung der wöchentlichen Normalarbeitszeit bis auf 60 Stunden, der täglichen Normalarbeitszeit bis auf zwölf Stunden für Arbeitnehmer zulassen, wenn

1. für die betroffenen Arbeitnehmer kein Kollektivvertrag wirksam ist und
2. darüber hinaus in die Arbeitszeit des Arbeitnehmers regelmäßig und in erheblichem Umfang Arbeitsbereitschaft fällt.

(BGBl 1994/446, BGBl I 1997/46)

Normalarbeitszeit bei besonderen Erholungsmöglichkeiten

§ 5a. (1) Besteht die Arbeitszeit überwiegend aus Arbeitsbereitschaft (§ 5) und bestehen für den Arbeitnehmer während der Arbeitszeit besondere Erholungsmöglichkeiten, kann der Kollektivvertrag für solche Arbeiten die Betriebsvereinbarung ermächtigen, dreimal pro Woche eine Ausdehnung der täglichen Normalarbeitszeit bis auf 24 Stunden zuzulassen, wenn durch ein arbeitsmedizinisches Gutachten festgestellt wurde, daß wegen der besonderen Arbeitsbedingungen der Arbeitnehmer im Durchschnitt nicht stärker gesundheitlich belastet wird als bei Ausübung der selben Tätigkeit im Rahmen einer Verlängerung der Normalarbeitszeit gemäß § 5.

(2) Der Kollektivvertrag und die Betriebsvereinbarung haben alle Bedingungen festzulegen, unter denen die Verlängerung der täglichen Normalarbeitszeit im Einzelfall zulässig ist.

(3) Innerhalb eines durch Kollektivvertrag festzusetzenden Durchrechnungszeitraumes darf die wöchentliche Normalarbeitszeit im Durchschnitt 60 Stunden, in einzelnen Wochen des Durchrechnungszeitraumes 72 Stunden nicht überschreiten.

(4) § 1a Z 2 ist anzuwenden.

(BGBl I 1997/46, BGBl I 2007/61)

(BGBl 1994/446)

Überstundenarbeit

§ 6. (1) Überstundenarbeit liegt vor, wenn entweder

1. die Grenzen der nach den §§ 3 bis 5a zulässigen wöchentlichen Normalarbeitszeit überschritten werden oder

   (BGBl I 2006/138)
2. die tägliche Normalarbeitszeit überschritten wird, die sich auf Grund der Verteilung dieser wöchentlichen Normalarbeitszeit gemäß den §§ 3 bis 5a und 18 Abs. 2 ergibt.

(BGBl 1994/446, BGBl I 1997/46)

(1a) Am Ende einer Gleitzeitperiode bestehende Zeitguthaben, die nach der Gleitzeitvereinbarung in die nächste Gleitzeitperiode übertragen werden können, sowie am Ende eines Durchrechnungszeitraumes bestehende Zeitguthaben, die gemäß § 4 Abs. 7 in den nächsten Durchrechnungszeitraum übertragen werden können, gelten nicht als Überstunden.

(BGBl 1994/446, BGBl I 1997/46, BGBl I 2007/61)

(2) Arbeitnehmer dürfen zur Überstundenarbeit nur dann herangezogen werden, wenn diese nach den Bestimmungen dieses Bundesgesetzes zugelassen ist und berücksichtigungswürdige Interessen des Arbeitnehmers der Überstundenarbeit nicht entgegenstehen.

Verlängerung der Arbeitszeit bei Vorliegen eines erhöhten Arbeitsbedarfes

§ 7. (1) Bei Vorliegen eines erhöhten Arbeitsbedarfes darf die durchschnittliche Wochenarbeitszeit unbeschadet der Bestimmungen des § 8 über die nach den §§ 3 bis 5 zulässige Dauer innerhalb eines Durchrechnungszeitraumes von 17 Wochen 48 Stunden nicht überschreiten. Wöchentlich sind jedoch nicht mehr als zwanzig Überstunden zulässig. Die Tagesarbeitszeit darf zwölf Stunden nicht überschreiten. Die Regelungen des § 9 Abs. 4 bleiben unberührt.

(BGBl I 2018/53)

(2) (aufgehoben)

(BGBl I 1997/46, BGBl I 2018/53)

(3) Unter den Voraussetzungen des § 5 Abs. 1 und 2 kann die Wochenarbeitszeit durch Überstunden bis auf 60 Stunden, die Tagesarbeitszeit bis auf 13 Stunden ausgedehnt werden. Bei Zulassung einer Verlängerung der Arbeitszeit durch das Arbeitsinspektorat gemäß § 5 Abs. 3 sind Überstunden nach Abs. 1 nur bis zu einer Tagesarbeitszeit von 13 Stunden und einer Wochenarbeitszeit von 60 Stunden zulässig.

(BGBl I 1997/46)

(4) (aufgehoben)

(BGBl I 1997/46, BGBl I 2007/61, BGBl I 2018/53)

(4a) (aufgehoben)

(BGBl I 2007/61, BGBl I 2018/53)

(5) Darüber hinaus kann das Arbeitsinspektorat bei Nachweis eines dringenden Bedürfnisses auf Antrag des Arbeitgebers nach Anhörung der

gesetzlichen Interessenvertretungen der Arbeitgeber und der Arbeitnehmer eine Arbeitszeitverlängerung bewilligen, soweit die Verlängerungsmöglichkeiten gemäß Abs. 1 und 3 ausgeschöpft sind. Eine Tagesarbeitszeit über zwölf Stunden und eine Wochenarbeitszeit über 60 Stunden kann das Arbeitsinspektorat jedoch nur zulassen, wenn dies im öffentlichen Interesse erforderlich ist.

(BGBl I 1997/46, BGBl I 2018/53)

(6) Es steht den Arbeitnehmerinnen und Arbeitnehmern frei, Überstunden nach § 7 und § 8 Abs. 1 und 2 ohne Angabe von Gründen abzulehnen, wenn durch diese Überstunden die Tagesarbeitszeit von zehn Stunden oder die Wochenarbeitszeit von 50 Stunden überschritten wird. Sie dürfen deswegen nicht benachteiligt werden, insbesondere hinsichtlich des Entgelts, der Aufstiegsmöglichkeiten und der Versetzung. Werden Arbeitnehmerinnen und Arbeitnehmer deswegen gekündigt, können sie die Kündigung innerhalb einer Frist von zwei Wochen bei Gericht anfechten. § 105 Abs. 5 des Arbeitsverfassungsgesetzes (ArbVG), BGBl. Nr. 22/1974 gilt sinngemäß.

(BGBl I 1997/46, BGBl I 2007/61, BGBl I 2018/53)

Verlängerung der Arbeitszeit zur Vornahme von Vor- und Abschlußarbeiten

§ 8. (1) Die für den Betrieb oder eine Betriebsabteilung zulässige Dauer der Arbeitszeit darf um eine halbe Stunde täglich, jedoch höchstens bis zu zwölf Stunden täglich in folgenden Fällen ausgedehnt werden:

a) bei Arbeiten zur Reinigung und Instandhaltung, soweit sich diese Arbeiten während des regelmäßigen Betriebes nicht ohne Unterbrechung oder erhebliche Störung ausführen lassen,
b) bei Arbeiten, von denen die Wiederaufnahme oder Aufrechterhaltung des vollen Betriebes arbeitstechnisch abhängt,
c) bei Arbeiten zur abschließenden Kundenbedienung einschließlich der damit zusammenhängenden notwendigen Aufräumungsarbeiten.

(BGBl I 2018/53)

(2) Die Arbeitszeit darf in den Fällen des Abs. 1 über zwölf Stunden täglich verlängert werden, wenn eine Vertretung des Arbeitnehmers durch andere Arbeitnehmer nicht möglich ist und dem Arbeitgeber die Heranziehung betriebsfremder Personen nicht zugemutet werden kann.

(BGBl I 1997/46, BGBl I 2018/53)

(3) Durch Kollektivvertrag kann näher bestimmt werden, welche Arbeiten als Vor- und Abschlußarbeiten gelten.

(4) Die Arbeitszeit gemäß § 5a Abs. 1 kann um eine halbe Stunde ausgedehnt werden, wenn dies zur Arbeitsübergabe unbedingt erforderlich ist.

(BGBl 1994/446, BGBl I 1997/46)

Höchstgrenzen der Arbeitszeit

§ 9. (1) Die Tagesarbeitszeit darf zwölf Stunden und die Wochenarbeitszeit 60 Stunden nicht überschreiten, sofern die Abs. 2 bis 4 nicht anderes bestimmen. Diese Höchstgrenzen der Arbeitszeit dürfen auch beim Zusammentreffen einer anderen Verteilung der wöchentlichen Normalarbeitszeit mit Arbeitszeitverlängerungen nicht überschritten werden.

(BGBl I 2018/53)

(2) Die Tagesarbeitszeit darf im Falle des § 13b Abs. 2 und 3 (Verlängerung der Arbeitszeit für Lenker) und § 18 Abs. 2 (Betriebe des öffentlichen Verkehrs) zwölf Stunden überschreiten und in den Fällen des § 5a (besondere Erholungsmöglichkeiten), § 7 Abs. 3 und 5 (erhöhter Arbeitsbedarf), § 8 Abs. 2 und 4 (Vor- und Abschlussarbeiten), § 18b Abs. 6 (Schiffsdienst von Schifffahrtsunternehmen) und § 19a Abs. 2 (Apotheken) zwölf Stunden insoweit überschreiten, als dies nach diesen Bestimmungen zulässig ist.

(BGBl I 1999/88, BGBl I 2006/138, BGBl I 2007/61, BGBl I 2016/114, BGBl I 2018/53)

(3) Die Wochenarbeitszeit darf im Fall des § 4c (Dekadenarbeit) 60 Stunden überschreiten und in den Fällen der §§ 5a (besondere Erholungsmöglichkeiten), 7 Abs. 5 (erhöhter Arbeitsbedarf), 18 Abs. 3 (Betriebe des öffentlichen Verkehrs) und 19a Abs. 2 und 6 (Apotheken) 60 Stunden insoweit überschreiten, als dies nach diesen Bestimmungen zulässig ist.

(BGBl I 1999/88, BGBl I 2006/138, BGBl I 2018/53)

(4) Ist nach den Bestimmungen dieses Bundesgesetzes eine Wochenarbeitszeit von mehr als 48 Stunden zulässig, darf die durchschnittliche Wochenarbeitszeit innerhalb eines Durchrechnungszeitraumes von 17 Wochen 48 Stunden nicht überschreiten. Der Kollektivvertrag kann eine Verlängerung des Durchrechnungszeitraumes bis auf 26 Wochen zulassen. Der Kollektivvertrag kann eine Verlängerung des Durchrechnungszeitraumes bis auf 52 Wochen bei Vorliegen von technischen oder arbeitsorganisatorischen Gründen zulassen.

(5) Abs. 4 ist nicht anzuwenden bei

1. Verlängerung der Arbeitszeit bei Arbeitsbereitschaft (§§ 5 und 7 Abs. 3),
2. Verlängerung der Arbeitszeit bei besonderen Erholungsmöglichkeiten (§§ 5a und 8 Abs. 4),
3. Verlängerung der Arbeitszeit gemäß § 13b Abs. 3 und

   (BGBl I 2006/138)
4. Verlängerung der Arbeitszeit gemäß § 19a Abs. 2 Z 4.

   (BGBl I 2017/127)

(BGBl I 1999/88)

(BGBl 1975/2, BGBl 1994/446, BGBl I 1997/8, BGBl I 1997/46)

Überstundenvergütung

§ 10. (1) Für Überstunden gebührt

1. ein Zuschlag von 50% oder
2. eine Abgeltung durch Zeitausgleich. Der Überstundenzuschlag ist bei der Bemessung des Zeitausgleiches zu berücksichtigen oder gesondert auszuzahlen.

(2) Der Kollektivvertrag kann festlegen, ob mangels einer abweichenden Vereinbarung eine Abgeltung in Geld oder durch Zeitausgleich zu erfolgen hat. Trifft der Kollektivvertrag keine Regelung oder kommt kein Kollektivvertrag zur Anwendung, kann die Betriebsvereinbarung diese Regelung treffen. Besteht keine Regelung, gebührt mangels einer abweichenden Vereinbarung eine Abgeltung in Geld.

(3) Der Berechnung des Zuschlages ist der auf die einzelne Arbeitsstunde entfallende Normallohn zugrunde zu legen. Bei Akkord-, Stück- und Gedinglöhnen ist dieser nach dem Durchschnitt der letzten dreizehn Wochen zu bemessen. Durch Kollektivvertrag kann auch eine andere Berechnungsart vereinbart werden.

(4) Abweichend von Abs. 1 und 2 können Arbeitnehmerinnen und Arbeitnehmer für Überstunden, durch die die Tagesarbeitszeit von zehn Stunden oder die Wochenarbeitszeit von 50 Stunden überschritten wird, bestimmen, ob die Abgeltung in Geld nach Abs. 1 Z 1 oder durch Zeitausgleich nach Abs. 1 Z 2 erfolgt. Dieses Wahlrecht ist möglichst frühzeitig, spätestens jedoch am Ende des jeweiligen Abrechnungszeitraumes auszuüben.

(BGBl I 2018/53)

(BGBl 1971/238, BGBl I 1997/46)

ABSCHNITT 3
Ruhepausen und Ruhezeiten

Ruhepausen

§ 11. (1) Beträgt die Gesamtdauer der Tagesarbeitszeit mehr als sechs Stunden, so ist die Arbeitszeit durch eine Ruhepause von mindestens einer halben Stunde zu unterbrechen. Wenn es im Interesse der Arbeitnehmer des Betriebes gelegen oder aus betrieblichen Gründen notwendig ist, können anstelle einer halbstündigen Ruhepause zwei Ruhepausen von je einer Viertelstunde oder drei Ruhepausen von je zehn Minuten gewährt werden. Eine andere Teilung der Ruhepause kann aus diesen Gründen durch Betriebsvereinbarung, in Betrieben, in denen kein Betriebsrat errichtet ist, durch das Arbeitsinspektorat, zugelassen werden. Ein Teil der Ruhepause muß mindestens zehn Minuten betragen.

(BGBl I 1997/46)

(2) Eine Pausenregelung gemäß Abs. 1 zweiter Satz kann, sofern eine gesetzliche Betriebsvertretung besteht, nur mit deren Zustimmung getroffen werden.

(3) Bei Arbeiten, die werktags und sonntags einen ununterbrochenen Fortgang erfordern, sind den in Wechselschichten beschäftigten Arbeitnehmern anstelle der Pausen im Sinne des Abs. 1 Kurzpausen von angemessener Dauer zu gewähren. Eine derartige Pausenregelung kann auch bei sonstiger durchlaufender mehrschichtiger Arbeitsweise getroffen werden.

(4) Arbeitnehmern, die Nachtschwerarbeit im Sinne des Art. VII Abs. 2 oder 4, einer Verordnung nach Art. VII Abs. 3 oder eines Kollektivvertrages gemäß Art. VII Abs. 6 des Nachtschwerarbeitsgesetzes (NSchG), BGBl. Nr. 354/1981, leisten, ist während jeder Nacht, in der diese Arbeit geleistet wird, jedenfalls eine Kurzpause von mindestens zehn Minuten zu gewähren. Mit dem Arbeitsablauf üblicherweise verbundene Unterbrechungen in der Mindestdauer von zehn Minuten, die zur Erholung verwendet werden können, können auf die Kurzpausen angerechnet werden.

(BGBl 1992/473, BGBl I 2013/3)

(5) Die Betriebsvereinbarung, in Betrieben, in denen kein Betriebsrat errichtet ist, das Arbeitsinspektorat, kann eine Verkürzung der Ruhepause auf mindestens 15 Minuten zulassen, wenn es im Interesse der Arbeitnehmer gelegen oder aus betrieblichen Gründen notwendig ist. Wird die Ruhepause gemäß Abs. 1 geteilt, muß ein Teil mindestens 15 Minuten betragen.

(BGBl 1992/473, BGBl I 1997/46)

(6) Kurzpausen im Sinne der Abs. 3 und 4 gelten als Arbeitszeit.

(BGBl 1992/473, BGBl I 2017/126)

(7)–(10) (aufgehoben)

(BGBl 1992/473, BGBl I 2014/94, BGBl I 2017/126)

(BGBl 1981/354)

Ruhezeiten

§ 12. (1) Nach Beendigung der Tagesarbeitszeit ist den Arbeitnehmern eine ununterbrochene Ruhezeit von mindestens elf Stunden zu gewähren.

(BGBl I 1997/46)

(2) Der Kollektivvertrag kann die ununterbrochene Ruhezeit auf mindestens acht Stunden verkürzen. Solche Verkürzungen der Ruhezeit sind innerhalb der nächsten zehn Kalendertage durch entsprechende Verlängerung einer anderen täglichen oder wöchentlichen Ruhezeit auszugleichen. Eine Verkürzung auf weniger als zehn Stunden ist nur zulässig, wenn der Kollektivvertrag weitere Maßnahmen zur Sicherstellung der Erholung der Arbeitnehmer vorsieht.

(BGBl I 1997/46)

(2a) Im Gast-, Schank- und Beherbergungsgewerbe kann für Arbeitnehmerinnen und Arbeitnehmer in Küche und Service bei geteilten Diensten die tägliche Ruhezeit auf mindestens acht Stunden verkürzt werden. Ein geteilter Dienst liegt vor, wenn die Tagesarbeitszeit durch eine Ruhepause von mindestens drei Stunden unterbrochen wird. Solche Verkürzungen sind innerhalb von vier Wochen, in Saisonbetrieben nach Möglichkeit während der Saison, spätestens jedoch im Anschluss an die Saison, durch Verlängerung einer anderen täglichen Ruhezeit auszugleichen. Ist dieser Ausgleich bis zum Ende des Arbeitsverhältnisses nicht erfolgt, so gebührt den Arbeitnehmerinnen und

Arbeitnehmern eine geldwerte Zahlung in Höhe des Normallohns und der Zuschläge, auf welche die Arbeitnehmerinnen und Arbeitnehmer für die während der Ruhezeit geleistete Tätigkeit Anspruch hatten.

(BGBl I 2015/152, BGBl I 2018/53)

(2b) Saisonbetriebe im Sinne des Abs. 2a sind Betriebe, die aufgrund des Jahreszeitenwechsels

1. nur zu bestimmten Zeiten im Jahr offen haben und die übrigen Zeiten geschlossen halten, oder
2. höchstens ein- oder zweimal im Jahr eine gegenüber den übrigen Zeiten deutlich verstärkte Geschäftstätigkeit entfalten, wodurch eine zusätzliche Personalaufnahme notwendig ist.

(BGBl I 2015/152)

(2c) Bei Arbeiten, die werktags und sonntags einen ununterbrochenen Fortgang mit Schichtwechsel erfordern, kann die tägliche Ruhezeit einmal im Schichtturnus bei Schichtwechsel auf eine Schichtlänge, jedoch auf nicht weniger als acht Stunden verkürzt werden. Innerhalb des Schichtturnusses ist eine andere tägliche Ruhezeit entsprechend zu verlängern.

(BGBl 1994/446, BGBl I 2015/152)

(2d) Beträgt die tägliche Normalarbeitszeit gemäß § 5a mehr als zwölf Stunden, ist abweichend von Abs. 1 eine ununterbrochene Ruhezeit von mindestens 23 Stunden zu gewähren.

(BGBl 1994/446, BGBl I 1997/46, BGBl I 2015/152)

(3) Den Arbeitnehmern gebührt wöchentlich eine ununterbrochene Wochenruhe von mindestens sechsunddreißig Stunden. Hievon kann in den Fällen der Schichtarbeit gemäß § 11 Abs. 3 nur insoweit abgewichen werden, als dies zur Ermöglichung des Schichtwechsels erforderlich ist.[a)]

[a)] Auf Arbeitnehmer, die dem Geltungsbereich des ARG unterliegen, ab 1.7.1984 unanwendbar (§ 31 Abs. 2 Z. 3 ARG).

(4) Wenn es aus betrieblichen Gründen notwendig ist, können durch Verordnung für bestimmte Arten oder Gruppen von Betrieben oder im Einzelfall durch Bewilligung des Arbeitsinspektorates Ausnahmen von der Bestimmung des Abs. 3 zugelassen werden.[a)]

[a)] Auf Arbeitnehmer, die dem Geltungsbereich des ARG unterliegen, ab 1.7.1984 unanwendbar (§ 31 Abs. 2 Z. 3 ARG).

ABSCHNITT 3a
Nachtarbeit

Definitionen und Arbeitszeit

§ 12a. (1) Als Nacht im Sinne dieses Bundesgesetzes gilt die Zeit zwischen 22.00 Uhr und 05.00 Uhr.

(2) Nachtarbeitnehmer im Sinne dieses Bundesgesetzes sind Arbeitnehmer, die

1. regelmäßig oder
2. sofern der Kollektivvertrag nicht anderes vorsieht, in mindestens 48 Nächten im Kalenderjahr

während der Nacht mindestens drei Stunden arbeiten.

(3) Nachtschwerarbeiter im Sinne dieses Abschnittes sind Nachtarbeitnehmer, die Nachtarbeit im Sinne des Abs. 1 unter den in Art. VII Abs. 2 oder 4, einer Verordnung nach Art. VII Abs. 3 oder eines Kollektivvertrages gemäß Art. VII Abs. 6 NSchG genannten Bedingungen leisten.

(BGBl I 2004/159, BGBl I 2013/3)

(4) Beträgt in den Fällen der Arbeitsbereitschaft gemäß § 5 die durchschnittliche tägliche Normalarbeitszeit der Nachtarbeitnehmer innerhalb eines Durchrechnungszeitraumes von 26 Wochen mehr als acht Stunden, so gebühren zusätzliche Ruhezeiten. Von der Summe aller Überschreitungen abzüglich der Summe aller Unterschreitungen der täglichen Normalarbeitszeit von acht Stunden im Durchrechnungszeitraum sind insgesamt zwei Drittel als zusätzliche Ruhezeiten zu gewähren.

(5) Soweit nach diesem Bundesgesetz eine Tagesarbeitszeit von mehr als acht Stunden zulässig ist, darf für Nachtschwerarbeiter die durchschnittliche Arbeitszeit an Nachtarbeitstagen innerhalb eines Durchrechnungszeitraumes von 26 Wochen einschließlich der Überstunden acht Stunden nur dann überschreiten, wenn dies durch Normen der kollektiven Rechtsgestaltung zugelassen wird. In diesen Fällen gebühren zusätzliche Ruhezeiten im Gesamtausmaß der Summe aller Überschreitungen abzüglich der Summe aller Unterschreitungen der Tagesarbeitszeit von acht Stunden an Nachtarbeitstagen im Durchrechnungszeitraum.

(6) Soweit die zusätzlichen Ruhezeiten nach Abs. 4 und 5 nicht bereits während des Durchrechnungszeitraumes gewährt werden, sind die zusätzlichen Ruhezeiten bis zum Ablauf von vier Kalenderwochen nach Ende des Durchrechnungszeitraumes, bei Schichtarbeit bis zum Ende des nächstfolgenden Schichtturnusses, zu gewähren. Jede zusätzliche Ruhezeit hat mindestens zwölf Stunden zu betragen und kann in Zusammenhang mit einer täglichen Ruhezeit nach § 12 oder einer wöchentlichen Ruhezeit nach dem Arbeitsruhegesetz, BGBl. Nr. 144/1983, gewährt werden.

(7) § 5 Abs. 3 ist auf Nachtarbeitnehmer nicht anzuwenden.

(BGBl I 2002/122)

Untersuchungen

§ 12b. (1) Der Nachtarbeitnehmer hat Anspruch auf unentgeltliche Untersuchungen des Gesundheitszustandes gemäß § 51 ArbeitnehmerInnenschutzgesetz (ASchG), BGBl. Nr. 450/1994, und zwar vor Aufnahme der Tätigkeit und danach in Abständen von zwei Jahren, nach Vollendung des 50. Lebensjahres oder nach zehn Jahren als Nachtarbeitnehmer in jährlichen Abständen.

(2) Abweichend von § 12a Abs. 1 und 2 gelten für den Anspruch auf Untersuchungen die folgenden Definitionen:

1. als Nacht gilt die Zeit zwischen 22.00 Uhr und 06.00 Uhr;
2. Nachtarbeitnehmer sind Arbeitnehmer, die regelmäßig oder in mindestens 30 Nächten im Kalenderjahr

während der Nacht mindestens drei Stunden arbeiten.

(BGBl I 2002/122)

Versetzung

§ 12c. Der Nachtarbeitnehmer hat auf Verlangen Anspruch gegenüber dem Arbeitgeber auf Versetzung auf einen geeigneten Tagesarbeitsplatz entsprechend den betrieblichen Möglichkeiten, wenn

1. die weitere Verrichtung von Nachtarbeit die Gesundheit nachweislich gefährdet, oder
2. die Bedachtnahme auf unbedingt notwendige Betreuungspflichten gegenüber Kindern bis zu zwölf Jahren dies erfordert, für die Dauer dieser Betreuungspflichten.

(BGBl I 2002/122)

Recht auf Information

§ 12d. Der Arbeitgeber hat sicherzustellen, dass Nachtarbeitnehmer über wichtige Betriebsgeschehnisse, die die Interessen der Nachtarbeitnehmer berühren, informiert werden.

(BGBl I 2002/122)

ABSCHNITT 4
Sonderbestimmungen für Lenker von Kraftfahrzeugen

(BGBl I 2004/175)

Unterabschnitt 4a
Allgemeines

Definitionen

§ 13. (1) Im Sinne dieses Bundesgesetzes ist

1. eine öffentliche Straße eine Straße mit öffentlichem Verkehr im Sinne des § 1 Abs. 1 der Straßenverkehrsordnung 1960, BGBl. Nr. 159;
2. ein VO-Fahrzeug ein Kraftfahrzeug, das entweder
   a) zur Güterbeförderung dient und dessen zulässiges Gesamtgewicht, einschließlich Anhänger oder Sattelanhänger, 3,5 Tonnen übersteigt, oder
   b) zur Personenbeförderung dient und nach seiner Bauart und Ausstattung geeignet und dazu bestimmt ist, mehr als neun Personen einschließlich des Fahrers zu befördern,

   und das weder unter eine Ausnahme des Artikels 3 der Verordnung (EG) Nr. 561/2006 fällt noch aufgrund einer Verordnung gemäß § 15e Abs. 1 zur Gänze von der Anwendung der Verordnungen (EU) Nr. 165/2014 und (EG) Nr. 561/2006 freigestellt ist;

   (BGBl I 2009/149, BGBl I 2014/94, BGBl I 2016/42)
3. ein sonstiges Fahrzeug jedes Kraftfahrzeug, das nicht unter die Z 2 fällt;
4. ein analoges Kontrollgerät ein analoger Fahrtenschreiber im Sinne von Art. 2 Abs. 2 lit. g der Verordnung (EU) Nr. 165/2014;

   (BGBl I 2014/94)
5. ein digitales Kontrollgerät ein digitaler Fahrtenschreiber im Sinne von Art. 2 Abs. 2 lit. h der Verordnung (EU) Nr. 165/2014;

   (BGBl I 2009/149, BGBl I 2014/94)
6. ein regionaler Kraftfahrlinienverkehr ein Kraftfahrlinienverkehr mit einer Linienstrecke von nicht mehr als 50 km.

   (BGBl I 2009/149)

(2) Soweit in diesem Bundesgesetz auf die Verordnung (EG) Nr. 561/2006 verwiesen wird, ist dies ein Verweis auf die Verordnung (EG) Nr. 561/2006 über die Harmonisierung bestimmter Sozialvorschriften im Straßenverkehr, ABl. Nr. L 102 vom 11.04.2006 S. 1, in der jeweils geltenden Fassung.

(BGBl I 2006/138, BGBl I 2009/149)

(3) Soweit in diesem Bundesgesetz auf die Verordnung (EU) Nr. 165/2014 verwiesen wird, ist dies ein Verweis auf die Verordnung (EU) Nr. 165/2014 über den Fahrtenschreiber im Straßenverkehr, ABl. Nr. L 60 vom 28.2.2014 S. 1, in der jeweils geltenden Fassung.

(BGBl I 2006/138, BGBl I 2009/149, BGBl I 2014/94, BGBl I 2016/42)

(4) Soweit in diesem Bundesgesetz auf den Anhang III der Richtlinie 2006/22/EG verwiesen wird, ist dies ein Verweis auf die Richtlinie 2006/22/EG des Europäischen Parlaments und des Rates vom 15. März 2006 über die Mindestbedingungen für die Durchführung der Verordnungen (EWG) Nr. 3820/85 und (EWG) Nr. 3821/85 des Rates über Sozialvorschriften für Tätigkeiten im Kraftverkehr (ABl. Nr. L 102 vom 11.4.2006, S. 35), zuletzt geändert durch die Richtlinie 2009/5/EG der Kommission vom 30. Jänner 2009 (ABl. Nr. L 29 vom 31.1.2009, S. 45).

(BGBl I 2009/149)

(BGBl 1994/446, BGBl I 2004/175, BGBl I 2006/138)

Geltungsbereich

§ 13a. (1) Für die Beschäftigung von Lenkern von Kraftfahrzeugen auf öffentlichen Straßen gelten die Bestimmungen der Abschnitte 2 bis 3a mit den in den §§ 13b bis 17c genannten Abweichungen.

(2) Für das Lenken von VO-Fahrzeugen gelten Vorschriften nach Maßgabe der Verordnung (EG) Nr. 561/2006 auch auf solchen Fahrtstrecken auf öffentlichen Straßen, die nicht unter Art. 2 Abs. 2 dieser Verordnung fallen.

(3) Die §§ 14a bis 15d sind nur auf das Lenken sonstiger Fahrzeuge anzuwenden.

(4) Für Lenkerinnen und Lenker von Oberleitungsomnibussen gemäß § 5 Eisenbahngesetz ist der Abschnitt 4 nicht anzuwenden, soweit § 18a nichts anderes bestimmt.

(BGBl I 2014/94)

(BGBl I 2006/138)

Unterabschnitt 4b
Bestimmungen zur Lenker-Richtlinie

Arbeitszeit

§ 13b. (1) Die Arbeitszeit für Lenker umfasst die Lenkzeiten, die Zeiten für sonstige Arbeitsleistungen und die Zeiten der Arbeitsbereitschaft ohne die Ruhepausen. Bei Teilung der täglichen Ruhezeit oder bei Unterbrechung der täglichen Ruhezeit bei kombinierter Beförderung beginnt eine neue Tagesarbeitszeit nach Ablauf der gesamten Ruhezeit.

(2) Der Kollektivvertrag, für Betriebe, für die kein Kollektivvertrag wirksam ist, die Betriebsvereinbarung, kann zusätzlich zu den nach § 7 Abs. 1 zulässigen Überstunden weitere Überstunden zulassen. Die wöchentliche Höchstarbeitszeit darf in einzelnen Wochen 60 Stunden und innerhalb eines Durchrechnungszeitraumes von bis zu 17 Wochen im Durchschnitt 48 Stunden nicht überschreiten. Der Kollektivvertrag, für Betriebe, für die kein Kollektivvertrag wirksam ist, die Betriebsvereinbarung, kann den Durchrechnungszeitraum aus objektiven, technischen oder arbeitsorganisatorischen Gründen auf bis zu 26 Wochen verlängern.

(3) Der Kollektivvertrag, für Betriebe, für die kein Kollektivvertrag wirksam ist, die Betriebsvereinbarung, kann abweichend von Abs. 2 eine durchschnittliche wöchentliche Höchstarbeitszeit von bis zu 55 Stunden zulassen, wenn zumindest die über 48 Stunden hinausgehende Arbeitszeit in Form von Arbeitsbereitschaft geleistet wird.

(4) Der Arbeitgeber hat den Lenker bei Begründung des Arbeitsverhältnisses bzw. vor dem erstmaligen Einsatz als Lenker schriftlich aufzufordern, ihm schriftliche Aufzeichnungen über all jene bei einem anderen Arbeitgeber geleisteten Arbeitszeiten vorzulegen, die ihm nicht ohnehin aufgrund des Herunterladens von der Fahrerkarte gemäß § 17a Abs. 2 bekannt sind.

(BGBl I 2006/138)

Ruhepausen

§ 13c. (1) Abweichend von § 11 Abs. 1 ist die Tagesarbeitszeit

1. bei einer Gesamtdauer zwischen sechs und neun Stunden durch eine Ruhepause von mindestens 30 Minuten,
2. bei einer Gesamtdauer von mehr als neun Stunden durch eine Ruhepause von mindestens 45 Minuten,

zu unterbrechen. Die Ruhepause ist spätestens nach sechs Stunden einzuhalten.

(2) Die Ruhepause kann in mehrere Teile von mindestens 15 Minuten aufgeteilt werden.

(3) Für den regionalen Kraftfahrlinienverkehr kann durch Kollektivvertrag, für Betriebe, für die kein Kollektivvertrag wirksam ist, durch Betriebsvereinbarung, auch zugelassen werden, dass die Ruhepause in einen Teil von mindestens 20 Minuten und einen bzw. mehrere Teile von mindestens zehn Minuten geteilt wird.

(BGBl I 2009/149)

(4) Bei Teilung der Ruhepause nach Abs. 2 oder 3 ist der erste Teil nach spätestens sechs Stunden einzuhalten.

(5) Bei Mehrfahrerbetrieb gemäß Art. 4 lit. o der Verordnung (EG) Nr. 561/2006 kann die Ruhepause bei Tourneetransporten mit Spezialkraftwagen zur Personenbeförderung im fahrenden Fahrzeug verbracht werden. Die Ruhepause gilt in diesen Fällen als Arbeitszeit. Beginn und Ende der Ruhepause sind spätestens am Ende der Einsatzzeit handschriftlich auf einem Ausdruck aus dem Kontrollgerät zu vermerken.

(6) Spezialkraftwagen zur Personenbeförderung bei Tourneetransporten im Sinne des Abs. 5 sind Fahrzeuge, die

1. im Rahmen der nichtlinienmäßigen Personenbeförderung verwendet werden, jedoch nicht als Fahrzeuge der Klassen M1, M2 oder M3 gemäß § 3 Abs. 1 des Kraftfahrgesetzes 1967 (KFG), BGBl. Nr. 267, zugelassen sowie mit einem digitalen Kontrollgerät ausgestattet sind und
2. aufgrund besonderer konstruktiver Merkmale über eine Ausrüstung verfügen, die den Lenkerinnen und Lenkern eine erholungswirksame Ruhepause auch während der Fahrt ermöglichen. Während der Ruhepause muss eine Sitzgelegenheit sowie eine Schlafgelegenheit zur Verfügung stehen, die nach den kraftfahrrechtlichen Vorschriften für die Beförderung von Personen im Liegen zugelassen ist. Die Schlafgelegenheit muss unfallsicher konstruiert und entsprechend geprüft sein.

Abs. 5 gilt nicht für Leer- oder Überstellungsfahrten.

(BGBl I 2016/114)

(BGBl I 2006/138)

Nachtarbeit

§ 14. (1) Im Sinne dieser Bestimmung gilt

1. als Nacht die Zeit zwischen 0.00 Uhr und 04.00 Uhr,
2. als Nachtarbeit jede Tätigkeit, die in diesem Zeitraum ausgeübt wird.

(2) Die Tagesarbeitszeit eines Lenkers darf an Tagen, an denen er Nachtarbeit leistet, zehn Stunden nicht überschreiten.

(3) Dem Lenker gebührt für Nachtarbeit binnen 14 Tagen ein Ausgleich durch eine Verlängerung einer täglichen oder wöchentlichen Ruhezeit im Ausmaß der geleisteten Nachtarbeit.

(4) Der Kollektivvertrag, für Betriebe, für die kein Kollektivvertrag wirksam ist, die Betriebsver-

einbarung, kann aus objektiven, technischen oder arbeitsorganisatorischen Gründen Abweichungen von Abs. 1 bis 3 zulassen.

(5) § 12a Abs. 4 bis 6 ist nicht anzuwenden.

(6) Die Definition der Nacht gemäß § 12a Abs. 1 bleibt hinsichtlich des Versetzungsanspruches (§ 12c) und des Rechts auf Information (§ 12d), die Definition der Nacht gemäß § 12b Abs. 2 Z 1 hinsichtlich der Untersuchungen (§ 12b) unberührt.

(BGBl 1994/446, BGBl I 1997/46, BGBl I 2002/122, BGBl I 2006/138)

Unterabschnitt 4c
Sonderbestimmungen für das Lenken sonstiger Fahrzeuge

Lenkzeit

§ 14a. (1) Innerhalb der zulässigen Arbeitszeit darf die gesamte tägliche Lenkzeit zwischen zwei Ruhezeiten acht Stunden nicht überschreiten. Der Kollektivvertrag, für Betriebe, für die kein Kollektivvertrag wirksam ist, die Betriebsvereinbarung, kann zulassen, dass die Lenkzeit bis auf neun Stunden, zweimal wöchentlich jedoch bis auf zehn Stunden ausgedehnt wird.

(2) Innerhalb einer Woche darf die gesamte Lenkzeit 48 Stunden nicht überschreiten. Der Kollektivvertrag, für Betriebe, für die kein Kollektivvertrag wirksam ist, die Betriebsvereinbarung, kann eine Verlängerung der wöchentlichen Lenkzeit bis auf 56 Stunden zulassen. Innerhalb eines Zeitraumes von zwei aufeinander folgenden Wochen darf die Lenkzeit 90 Stunden nicht überschreiten.

(3) Bei Unterbrechung der täglichen Ruhezeit bei kombinierter Beförderung beginnt eine neue tägliche Lenkzeit nach Ablauf der gesamten Ruhezeit.

(BGBl I 1997/46, BGBl I 2006/138)

Lenkpausen

§ 15. (1) Nach einer Lenkzeit von höchstens vier Stunden ist eine Lenkpause von mindestens 30 Minuten einzulegen.

(1a) Der Kollektivvertrag kann zulassen, dass anstelle der Lenkpause nach Abs. 1 eine Lenkpause nach Art. 7 der Verordnung (EG) Nr. 561/2006 einzulegen ist.

(BGBl I 2015/152)

(2) Zeiten, die der Lenker im fahrenden Fahrzeug verbringt, ohne es zu lenken, können auf Lenkpausen angerechnet werden. Andere Arbeiten dürfen nicht ausgeübt werden.

(3) Lenkpausen dürfen nicht auf die tägliche Ruhezeit angerechnet werden.

(BGBl 1994/446, BGBl I 1997/46, BGBl I 2006/138)

Lenker im regionalen Kraftfahrlinienverkehr

§ 15a. (1) Für Lenker im regionalen Kraftfahrlinienverkehr gelten die Abweichungen gemäß Abs. 2 bis 5.

(BGBl I 2009/149)

(2) Abweichend von § 12 Abs. 1 kann durch Kollektivvertrag zugelassen werden, dass an Tagen, an denen eine tägliche Ruhezeit von mindestens zwölf Stunden eingehalten wird, diese Ruhezeit in zwei oder drei Abschnitten genommen werden kann, wobei ein Teil mindestens acht zusammenhängende Stunden, die übrigen Teile jeweils mindestens eine Stunde betragen müssen. In diesen Fällen beginnt abweichend von § 13b Abs. 1 zweiter Satz eine neue Tagesarbeitszeit nach Ablauf des mindestens achtstündigen Teiles der Ruhezeit.

(3) Durch Kollektivvertrag kann abweichend von § 12 Abs. 2 zugelassen werden, dass die tägliche Ruhezeit dreimal wöchentlich auf mindestens neun zusammenhängende Stunden verkürzt wird. Wird die tägliche Ruhezeit verkürzt, ist dem Lenker bis zum Ende der folgenden Woche eine zusätzliche Ruhezeit im Ausmaß der Verkürzung zu gewähren. Diese als Ausgleich zustehende Ruhezeit ist zusammen mit einer anderen mindestens achtstündigen Ruhezeit zu gewähren.

(4) Abweichend von § 15 Abs. 1 ist nach einer Lenkzeit von höchstens viereinhalb Stunden eine Lenkpause von mindestens 45 Minuten einzulegen. Durch Kollektivvertrag kann zugelassen werden, dass diese Lenkpause ersetzt wird durch

1. mehrere Lenkpausen von mindestens 15 Minuten, die in die Lenkzeit oder unmittelbar nach dieser so einzufügen sind, dass bei Beginn des letzten Teiles der Lenkpause die Lenkzeit von viereinhalb Stunden noch nicht überschritten sein darf, oder
2. eine Lenkpause von mindestens 15 Minuten und eine Lenkpause von mindestens 30 Minuten, wobei bei Beginn der zweiten Lenkpause die Lenkzeit von viereinhalb Stunden noch nicht überschritten sein darf, oder
3. mehrere Lenkpausen von mindestens je zehn Minuten, wenn die Gesamtdauer der Lenkpausen mindestens ein Sechstel der fahrplanmäßigen Lenkzeit beträgt, oder
4. eine Lenkpause von mindestens 30 Minuten nach einer ununterbrochenen Lenkzeit von höchstens viereinhalb Stunden.

(5) Für Betriebe, für die kein Kollektivvertrag wirksam ist, kann die Betriebsvereinbarung Abweichungen nach Abs. 2 bis 4 zulassen.

(BGBl 1994/446, BGBl I 2006/138)

Kombinierte Beförderung

§ 15b. (1) Durch Kollektivvertrag kann zugelassen werden, dass Zeiten, in denen ein Lenker ein Fahrzeug begleitet, das auf einem Fährschiff oder der Eisenbahn befördert wird, als Ruhepausen oder als Ruhezeiten gelten. Eine Ruhezeit ist dann gegeben, wenn

1. diese Zeit mindestens drei Stunden beträgt und
2. dem Lenker ein Bett oder eine Schlafkabine zur Verfügung steht.

(2) Durch Kollektivvertrag kann eine zweimalige Unterbrechung der täglichen Ruhezeit zugelassen werden, wenn
1. Zeiten unter den Bedingungen des Abs. 1 zum Teil an Land, zum Teil auf dem Fährschiff oder der Eisenbahn verbracht werden,
2. die Unterbrechung eine Stunde nicht übersteigt, und
3. dem Lenker während der gesamten täglichen Ruhezeit ein Bett oder eine Schlafkabine zur Verfügung steht.

(BGBl 1994/446, BGBl I 2006/138)

Verbot bestimmter Arten des Entgelts

§ 15c. Lenker dürfen nicht nach Maßgabe der zurückgelegten Strecke oder der Menge der beförderten Güter entlohnt werden, auch nicht in Form von Prämien oder Zuschlägen für diese Fahrtstrecken oder Gütermengen, es sei denn, dass diese Entgelte nicht geeignet sind, die Sicherheit im Straßenverkehr zu beeinträchtigen oder Verstöße gegen dieses Bundesgesetz zu begünstigen.

(BGBl 1994/446, BGBl I 2006/138)

Abweichungen

§ 15d. (1) Wenn es mit der Sicherheit im Straßenverkehr vereinbar ist, kann der Lenker, um einen geeigneten Halteplatz zu erreichen, von den §§ 14a, 15, 15a und 15b sowie einer Verordnung gemäß § 15e abweichen, soweit dies erforderlich ist, um die Sicherheit der Fahrgäste, des Fahrzeugs oder seiner Ladung zu gewährleisten. Art und Grund der Abweichung sind zu vermerken
1. auf dem Schaublatt, wenn das Fahrzeug mit einem analogen Kontrollgerät ausgerüstet ist,
2. auf dem Ausdruck des Kontrollgeräts, wenn das Fahrzeug mit einem digitalen Kontrollgerät ausgerüstet ist,
3. im Arbeitszeitplan in den Fällen des Art. 16 Abs. 1 der Verordnung (EG) Nr. 561/2006,
4. in den Arbeitszeitaufzeichnungen in den übrigen Fällen.

(BGBl I 2015/152)

(2) Für Lenkerinnen und Lenker, die als gemäß § 97 Abs. 2 der Straßenverkehrsordnung 1960, BGBl. Nr. 159/1960, beeidete Straßenaufsichtsorgane mit der Begleitung von Sondertransporten beauftragt werden, sind Abweichungen nach Abs. 1 auch zulässig, wenn dies für die Sicherheit der Ladung des Sondertransportes erforderlich ist.

(BGBl I 2015/152)

(BGBl 1994/446, BGBl I 2004/175, BGBl I 2006/138)

Unterabschnitt 4d
Gemeinsame Bestimmungen

Ausnahmen durch Verordnung

§ 15e. (1) Durch Verordnung können Abweichungen von den Bestimmungen der §§ 12, 13b bis 15b, 17 und 17a oder von den Verordnungen (EU) Nr. 165/2014 und (EG) Nr. 561/2006 für die jeweils erfassten Fahrzeuge zugelassen werden. Solche Verordnungen dürfen nur für den innerstaatlichen Straßenverkehr und nur für die in Art. 3 oder Art. 13 der Verordnung (EG) Nr. 561/2006 genannten Kraftfahrzeuge erlassen werden, wenn
1. diese Abweichungen wegen der Art der Beförderung notwendig sind, und
2. die Erholung der Lenker nicht beeinträchtigt wird.

(BGBl I 2009/149, BGBl I 2014/94, BGBl I 2016/42)

(2) Soweit die Bundesregierung zum Abschluss von Regierungsübereinkommen gemäß Art. 66 Abs. 2 B-VG, ermächtigt ist, können auch für den grenzüberschreitenden Straßenverkehr Abweichungen gemäß Abs. 1 zugelassen werden.

(BGBl 1994/446, BGBl I 2006/138)

Schadenersatz- und Regressansprüche

§ 15f. Bei Schadenersatz- und Regressansprüchen zwischen Arbeitgebern und Lenkern gelten als Grund für die Minderung oder den gänzlichen Ausschluss von Ersatz- oder Regressansprüchen im Sinne des § 2 Abs. 2 Z 4 und 5 des Dienstnehmerhaftpflichtgesetzes, BGBl. Nr. 80/1965,
1. das Vorliegen einer Entgeltvereinbarung im Sinne des § 15c,
2. ein Verstoß des Arbeitgebers gegen die Informationspflicht gemäß § 17c Abs. 1, oder
3. ein Verstoß gegen die in § 28 Abs. 3 Z 1 bis 5, 7 und 8, oder des Abs. 4 Z 1 bis 3 genannten Bestimmungen,

(BGBl I 2007/61)

es sei denn, dass diese Verstöße auf den Eintritt des Schadens oder die Schadenshöhe keinen Einfluss haben konnten.

(BGBl I 2006/138)

Einsatzzeit

§ 16. (1) Die Einsatzzeit von Lenkern umfasst die zwischen zwei Ruhezeiten anfallende Arbeitszeit und die Arbeitszeitunterbrechungen. Bei Teilung der täglichen Ruhezeit oder bei Unterbrechung der täglichen Ruhezeit bei kombinierter Beförderung beginnt eine neue Einsatzzeit nach Ablauf der gesamten Ruhezeit, bei Teilung der täglichen Ruhezeit im regionalen Kraftfahrlinienverkehr nach Ablauf des mindestens achtstündigen Teiles der Ruhezeit.

(BGBl I 2006/138, BGBl I 2009/149)

(2) Die Einsatzzeit darf zwölf Stunden nicht überschreiten, soweit im folgenden nicht anderes bestimmt wird.

(3) Für Lenker von Kraftfahrzeugen, die
1. zur Güterbeförderung dienen und deren zulässiges Gesamtgewicht, einschließlich Anhänger oder Sattelanhänger, 3,5 Tonnen übersteigt oder
2. zur Personenbeförderung dienen und die nach ihrer Bauart und Ausstattung geeignet und dazu bestimmt sind, mehr als neun Personen einschließlich des Fahrers zu befördern,

kann der Kollektivvertrag, für Betriebe, für die kein Kollektivvertrag wirksam ist, die Betriebsvereinbarung eine Verlängerung der Einsatzzeit soweit zulassen, daß die vorgeschriebene tägliche Ruhezeit eingehalten wird.

(4) Für Lenker der übrigen Kraftfahrzeuge kann der Kollektivvertrag, für Betriebe, für die kein Kollektivvertrag wirksam ist, die Betriebsvereinbarung, eine Verlängerung der Einsatzzeit bis auf 14 Stunden zulassen.

(5) Abs. 2 bis 4 gelten nicht für Lenker, für die aufgrund der arbeitsvertraglichen Pflichten nicht das Lenken eines Kraftfahrzeuges im Vordergrund steht.

(BGBl 1994/446, BGBl I 1997/46)

Kontrollgerät und Fahrtenbuch

§ 17. (1) Ist ein Fahrzeug, das im regionalen Kraftfahrlinienverkehr eingesetzt wird, mit einem analogen oder digitalen Kontrollgerät ausgestattet, kommen die für VO-Fahrzeuge geltenden Vorschriften für die Verwendung des Kontrollgerätes, der Schaublätter, der Ausdrucke oder der Fahrerkarte nach Maßgabe des Art. 6 Abs. 5 der Verordnung (EG) Nr. 561/2006, der Art. 26 bis 29 sowie 32 bis 37 der Verordnung (EU) Nr. 165/2014 sowie des § 17a zur Anwendung.

(BGBl I 2014/94, BGBl I 2016/42)

(2) Für alle übrigen sonstigen Kraftfahrzeuge im Sinne des § 13 Abs. 1 Z 3, die mit einem analogen oder digitalen Kontrollgerät ausgerüstet sind, gelten für die Verwendung des Kontrollgerätes, der Schaublätter, der Ausdrucke oder der Fahrerkarte die im Abs. 1 genannten Vorschriften nur, soweit nicht anstelle der Verwendung des Kontrollgerätes ein Fahrtenbuch geführt wird.

(3) Ist das Kraftfahrzeug

1. weder mit einem analogen noch einem digitalen Kontrollgerät ausgerüstet, oder
2. wird auf die Verwendung des Kontrollgerätes gemäß Abs. 2 verzichtet,

haben die Lenkerinnen und Lenker ein Fahrtenbuch nach den Vorschriften der Abs. 4 bis 6 zu führen.

(4) Lenkerinnen und Lenker gemäß Abs. 3 haben während des Dienstes ein persönliches Fahrtenbuch mit sich zu führen. Das Fahrtenbuch ist den Kontrollorganen über deren Verlangen vorzuweisen.

(5) Den Arbeitgeberinnen und Arbeitgebern obliegen die Ausgabe der persönlichen Fahrtenbücher sowie die Führung eines Verzeichnisses. Die persönlichen Fahrtenbücher sowie das Verzeichnis sind nach Abschluss der persönlichen Fahrtenbücher mindestens 24 Monate lang aufzubewahren und den Kontrollorganen auf Verlangen auszuhändigen.

(6) Nähere Bestimmungen über die Merkmale, die Form, den Inhalt und die Vorschriften über die Führung des persönlichen Fahrtenbuches und des Verzeichnisses sowie deren Überprüfung durch die Arbeitgeberinnen und Arbeitgeber sind durch Verordnung zu treffen. Ferner können durch Verordnung Ausnahmen und Erleichterungen in der Führung der Fahrtenbücher gestattet werden, wenn die Überwachung der Einhaltung der Arbeitszeitregelungen auf andere Weise hinlänglich sichergestellt ist.

(BGBl 1994/446, BGBl I 1997/46, BGBl I 2004/175, BGBl I 2006/138, BGBl I 2009/149)

Digitales Kontrollgerät

§ 17a. (1) Zur Gewährleistung der ordnungsgemäßen Verwendung des digitalen Kontrollgerätes und der Fahrerkarte hat der Arbeitgeber in der Arbeitszeit den Lenker ausreichend und nachweislich in der Handhabung zu unterweisen oder die ausreichende Unterweisung nachweislich sicher zu stellen sowie alle sonst dafür notwendigen Maßnahmen zu treffen, insbesondere eine Bedienungsanleitung sowie genügend geeignetes Papier für den Drucker zur Verfügung zu stellen. Der Arbeitgeber hat weiters dafür Sorge zu tragen, dass der Lenker all seinen Verpflichtungen bezüglich des digitalen Kontrollgerätes nach

1. dem Kraftfahrgesetz 1967 (KFG), BGBl. Nr. 267, insbesondere hinsichtlich der manuellen Eingabe gemäß § 102a KFG,

   (BGBl I 2006/138)

2. der Verordnung (EU) Nr. 165/2014, insbesondere hinsichtlich der Mitführverpflichtungen gemäß Art. 36,

   (BGBl I 2014/94, BGBl I 2016/42)

nachkommt.

(2) Ist ein Fahrzeug mit einem digitalen Kontrollgerät ausgerüstet, so hat der Arbeitgeber dafür Sorge zu tragen, dass alle relevanten Daten aus dem digitalen Kontrollgerät und von der Fahrerkarte eines Lenkers lückenlos elektronisch herunter geladen und auf einen externen Datenträger übertragen werden und von allen übertragenen Daten unverzüglich Sicherungskopien erstellt werden, die auf einem gesonderten Datenträger aufzubewahren sind. Die herunter geladenen Daten müssen gemäß Art. 2 Abs. 2 lit. n der Verordnung (EU) Nr. 165/2014 mit einer digitalen Signatur versehen sein. Sind die Fahrerkarte oder das digitale Kontrollgerät beschädigt oder weisen sie Fehlfunktionen auf, hat der Arbeitgeber alle zumutbaren Maßnahmen zu treffen, um die Daten in elektronischer Form zu erhalten. Ist dies nicht möglich, hat er zumindest einen Ausdruck vom Kontrollgerät vorzunehmen.

(BGBl I 2014/94, BGBl I 2016/42)

(3) Das Herunterladen, Übertragen und Sichern der Daten hat zu erfolgen:

1. bei den Daten aus dem digitalen Kontrollgerät:
   a) spätestens drei Monate nach dem letzten Herunterladen,
   b) im Falle eines Wechsels des Zulassungsbesitzers unmittelbar vor der Abmeldung des Fahrzeuges gemäß § 43 KFG,
   c) im Falle einer Aufhebung der Zulassung des Fahrzeugs gemäß § 44 KFG unmittelbar nachdem davon Kenntnis erlangt wird,

d) unmittelbar vor oder nach einer Überlassung des Fahrzeugs, wenn diese aufgrund der Vermietung des Fahrzeugs oder einem vergleichbaren Rechtsgeschäft erfolgt,

(BGBl I 2006/138)

e) unmittelbar vor einem Austausch des Kontrollgeräts,

f) im Falle eines Defekts einer Fahrerkarte, sobald davon Kenntnis erlangt wird;

2. bei den Daten von der Fahrerkarte eines Lenkers:

a) spätestens alle 28 Tage,

b) unmittelbar vor Beginn und Ende eines Beschäftigungsverhältnisses,

c) unmittelbar vor Ablauf der Gültigkeit der Fahrerkarte.

(4) Der Arbeitgeber hat dafür zu sorgen, dass die vollständige, geordnete, inhaltsgleiche und authentische Wiedergabe der Daten gemäß Abs. 2 jederzeit gewährleistet ist. Er hat dem Arbeitsinspektorat diese Daten auf seine Kosten in elektronischer Form und einschließlich jener Hilfsmittel zur Verfügung zu stellen, die notwendig sind, um die Daten lesbar zu machen. Auf Verlangen ist auch ein Ausdruck dieser Daten vorzunehmen.

(BGBl I 2004/175)

Aufzeichnungs- und Aufbewahrungspflicht

§ 17b. Der Arbeitgeber hat Aufzeichnungen über sämtliche geleisteten Arbeitsstunden von Lenkern zu führen und alle Lenkeraufzeichnungen mindestens 24 Monate lang aufzubewahren, wobei diese Frist bei einer Durchrechnung der Arbeitszeit mit dem Ende des Durchrechnungszeitraumes beginnt. Diese Aufzeichnungen sind dem Arbeitsinspektorat lückenlos und geordnet nach Lenker und Datum zur Verfügung zu stellen. Als Lenkeraufzeichnungen gelten neben sämtlichen herunter geladenen, übertragenen und gesicherten Daten im Sinne des § 17a Abs. 2 auch die Ausdrucke vom Kontrollgerät, Schaublätter, Arbeitszeitpläne, Fahrtenbücher sowie alle sonstigen Arbeitszeitaufzeichnungen.

(BGBl I 2004/175)

Informationspflichten

§ 17c. (1) Der Dienstzettel gemäß § 2 Abs. 2 Arbeitsvertragsrechts-Anpassungsgesetz (AVRAG), BGBl. Nr. 459/1993, hat neben allen dort genannten Angaben auch einen Hinweis auf die für die Lenkerin/den Lenker geltenden arbeitszeitrechtlichen Vorschriften sowie auf die Möglichkeiten zur Einsichtnahme zu enthalten.

(BGBl I 2017/40)

(2) Der Arbeitgeber hat dem Arbeitnehmer auf Verlangen eine Kopie der Arbeitszeitaufzeichnungen auszuhändigen.

(BGBl I 2006/138)

ABSCHNITT 5
Sonderbestimmungen für Arbeitnehmer in Betrieben des öffentlichen Verkehrs

Allgemeine Sonderbestimmungen

§ 18. (1) In dem öffentlichen Verkehr dienenden Unternehmen gelten, soweit sie nicht nach § 1 Abs. 2 von diesem Bundesgesetz ausgenommen sind, die Bestimmungen dieses Bundesgesetzes nach Maßgabe des Abschnittes 5 für

1. Arbeitnehmer, die

a) auf Haupt- oder Nebenbahnen gemäß § 4 des Eisenbahngesetzes 1957, BGBl. Nr. 60 als Zugpersonal (§ 18f Abs. 1 Z 1) eingesetzt sind, oder

b) in Haupt- oder Nebenbahnunternehmen sonstige fahrplangebundene Tätigkeiten ausüben;

(BGBl I 2008/124)

2. Arbeitnehmer in Straßenbahn- oder Oberleitungsomnibusunternehmen gemäß § 5 des Eisenbahngesetzes, die

a) als Fahrpersonal eingesetzt sind,

b) fahrplangebundene Tätigkeiten ausüben oder

c) sonstige Tätigkeiten ausüben, die die Kontinuität des Dienstes gewährleisten;

3. Arbeitnehmer in Seilbahnunternehmen gemäß § 2 des Seilbahngesetzes 2003, BGBl. I Nr. 103, die

a) als Fahrpersonal tätig sind,

b) zur Unterstützung oder Sicherung der Passagiere beim Ein- und Aussteigen eingesetzt oder

c) mit der Lawinensicherung, Beschneiung und Pistenpräparierung befasst sind, sofern ein vorhersehbarer übermäßiger Arbeitsanfall besteht;

4. Arbeitnehmerinnen und Arbeitnehmer im Schiffsdienst von

a) Hafenunternehmen im Sinne des Schifffahrtsgesetzes, BGBl. I Nr. 62/1997;

b) Schifffahrtsunternehmen im Sinne des Schifffahrtsgesetzes;

(BGBl I 2016/114)

5. Arbeitnehmer im Schiffsdienst von Schifffahrtsunternehmen im Sinne des Seeschifffahrtsgesetzes, BGBl. Nr. 174/1981;

6. Arbeitnehmer, die in Unternehmen nach dem

a) Luftfahrtgesetz 1957, BGBl. Nr. 253,

b) Flughafen-Bodenabfertigungsgesetz, BGBl. I Nr. 97/1998,

c) Luftfahrtsicherheitsgesetz – LSG, BGBl. Nr. 824/1992,

(BGBl I 2006/138)

als Flughafenpersonal oder als Flugsicherungspersonal Tätigkeiten ausüben, die zur Aufrechterhaltung des Luftverkehrs ständig erforderlich sind;

auch wenn sie kurzfristig andere Tätigkeiten ausüben.

(BGBl I 1997/46, BGBl I 2004/30)

(2) Durch Kollektivvertrag kann zugelassen werden, daß die nach den §§ 3 oder 5 zulässige wöchentliche Normalarbeitszeit abweichend von § 4 und abweichend von der nach § 3 Abs. 1 zulässigen täglichen Normalarbeitszeit innerhalb eines mehrwöchigen Durchrechnungszeitraumes so verteilt wird, daß im wöchentlichen Durchschnitt die nach den §§ 3 oder 5 zulässige wöchentliche Normalarbeitszeit nicht überschritten wird. Dabei darf die Tagesarbeitszeit zehn Stunden, in den Fällen des § 5 und des § 7 Abs. 1 jedoch zwölf Stunden insoweit überschreiten, als dies die Aufrechterhaltung des Verkehrs erfordert.

(BGBl 1994/446, BGBl I 2006/138, BGBl I 2018/53)

(3) Für Arbeitnehmer, deren Arbeitsleistung Warte- und Bereitschaftszeiten einschließt, können durch Kollektivvertrag abweichend von den §§ 2 und 3 besondere Regelungen über das Ausmaß der Wochenarbeitsleistung, über die Bewertung der Warte- und Bereitschaftszeiten als Arbeitszeit sowie über die Art und Höhe der Abgeltung dieser Zeiten getroffen werden.

(4) Durch Kollektivvertrag kann eine von § 11 abweichende Regelung zugelassen werden, wenn es im Interesse der Arbeitnehmer des Unternehmens gelegen oder aus betrieblichen Gründen notwendig ist.

(BGBl I 2004/30)

(5) Abweichungen nach Abs. 2 bis 4 oder §§ 18a bis 18d sind auch durch Betriebsvereinbarung zulässig, wenn für die betroffenen Arbeitnehmer kein Kollektivvertrag wirksam ist.

(BGBl I 2004/30, BGBl I 2007/61)

(BGBl I 2004/30)

Arbeitnehmerinnen und Arbeitnehmer in Straßenbahn-, Oberleitungsomnibus- und Seilbahnunternehmen

§ 18a. (1) Für Arbeitnehmer gemäß § 18 Abs. 1 Z 2 und 3 kann durch Kollektivvertrag zugelassen werden, dass die gemäß § 12 Abs. 1 zustehende tägliche Ruhezeit auf mindestens acht Stunden verkürzt wird. Diese Verkürzung ist innerhalb der nächsten 21 Tage durch entsprechende Verlängerung einer anderen täglichen oder wöchentlichen Ruhezeit auszugleichen. An höchstens zwei Tagen pro Woche kann durch Kollektivvertrag eine Verkürzung auf mindestens sechs Stunden zugelassen werden, wobei die erste Verkürzung innerhalb von sieben Tagen auszugleichen ist, die zweite Verkürzung innerhalb von 14 Tagen.

(BGBl I 2014/94)

(2) Für Lenkerinnen und Lenker in Oberleitungsomnibusunternehmen sind darüber hinaus auch § 13c Abs. 1 bis 4 und § 14 anzuwenden.

(BGBl I 2014/94, BGBl I 2016/114)

(BGBl I 2004/30, BGBl I 2008/124, BGBl I 2014/94)

Arbeitnehmer in Unternehmen der Binnenschifffahrt

§ 18b. (1) Für Arbeitnehmerinnen und Arbeitnehmer gemäß § 18 Abs. 1 Z 4 lit. a kann durch Kollektivvertrag zugelassen werden, dass die gemäß § 12 Abs. 1 zustehende tägliche Ruhezeit

1. auf mindestens acht Stunden verkürzt wird. Solche Verkürzungen der Ruhezeit sind innerhalb der nächsten zehn Kalendertage durch entsprechende Verlängerung einer anderen täglichen oder wöchentlichen Ruhezeit auszugleichen. Eine Verkürzung auf weniger als zehn Stunden ist nur zulässig, wenn der Kollektivvertrag weitere Maßnahmen zur Sicherstellung der Erholung der Arbeitnehmerinnen und Arbeitnehmer vorsieht;
2. in zwei Abschnitten gewährt wird, wobei ein Teil der Ruhezeit mindestens sechs Stunden betragen muss. Ruhezeiten, die gemäß Z 1 auf weniger als zehn Stunden verkürzt wurden, dürfen nicht geteilt werden.

(2) Die Abs. 3 bis 9 gelten nur für Arbeitnehmerinnen und Arbeitnehmer gemäß § 18 Abs. 1 Z 4 lit. b.

(3) Durch Kollektivvertrag kann zugelassen werden, dass die gemäß § 12 Abs. 1 zustehende tägliche Ruhezeit

1. auf mindestens zehn Stunden verkürzt wird. Solche Verkürzungen der Ruhezeit sind innerhalb der nächsten zehn Kalendertage durch entsprechende Verlängerung einer anderen täglichen oder wöchentlichen Ruhezeit auszugleichen;
2. in zwei Abschnitten gewährt wird, wobei ein Teil der Ruhezeit mindestens sechs Stunden betragen muss.

(4) Die Summe der täglichen Ruhezeiten und der wöchentliche Ruhezeit nach dem Arbeitsruhegesetz (Gesamtruhezeit) darf innerhalb einer Kalenderwoche 84 Stunden nicht unterschreiten.

(5) Arbeitnehmerinnen und Arbeitnehmer dürfen innerhalb einer Kalenderwoche höchstens 42 Stunden während des Zeitraums von 23.00 Uhr bis 06.00 Uhr beschäftigt werden.

(6) Abweichend von § 18 Abs. 2 letzter Satz darf die Tagesarbeitszeit zehn Stunden, in den Fällen des § 5 zwölf Stunden, überschreiten, wenn dies die Aufrechterhaltung des Verkehrs erfordert, sie darf jedoch keinesfalls mehr als 14 Stunden betragen.

(7) Abweichend von § 25 hat der Aushang der Arbeitszeiteinteilung an Bord des Schiffes zu erfolgen und sind die Arbeitszeitaufzeichnungen gemäß § 26 an Bord des Schiffes zu führen. Diese haben jedenfalls zu enthalten:

1. Schiffsname,
2. Name der Arbeitnehmerin/des Arbeitnehmers,
3. Name der verantwortlichen Schiffsführerin/des verantwortlichen Schiffsführers,
4. Datum,
5. Arbeits- oder Ruhetag,

6. Beginn und Ende der täglichen Arbeits- oder Ruhezeiten.

(8) Die Arbeitszeitaufzeichnungen müssen mindestens bis zum Ende des jeweils vereinbarten Durchrechnungszeitraums an Bord aufbewahrt werden. Sie sind in geeigneten Zeitabständen (spätestens bis zum nächsten Monatsende) gemeinsam von Arbeitgeberin/Arbeitgeber oder Vertreterin/Vertreter und Arbeitnehmerin/Arbeitnehmer zu prüfen und bestätigen.

(9) Den Arbeitnehmerinnen und Arbeitnehmern ist eine Kopie der sie betreffenden bestätigten Aufzeichnungen auszuhändigen. Diese Kopien sind ein Jahr mitzuführen.

(BGBl I 2004/30, BGBl I 2016/114)

Arbeitnehmer in Unternehmen der Seeschifffahrt

§ 18c. (1) Arbeitnehmern gemäß § 18 Abs. 1 Z 5 ist abweichend von § 12 nach Beendigung der Tagesarbeitszeit eine ununterbrochene Ruhezeit von mindestens zehn Stunden zu gewähren. Durch Kollektivvertrag kann zugelassen werden, dass diese Ruhezeit in zwei Abschnitten gewährt wird, wobei ein Teil mindestens sechs Stunden betragen muss und zwischen diesen Teilen höchstens 14 Stunden liegen dürfen. In jedem Zeitraum von sieben aufeinander folgenden Tagen hat die Summe dieser Ruhezeiten mindestens 77 Stunden zu betragen.

(2) Dienstpläne und Arbeitszeitaufzeichnungen im Sinne der §§ 25 und 26 sind in den Arbeitssprachen und in Englisch an Bord der Schiffe aufzulegen bzw. zu führen und haben den Standardmustern der Anhänge I und II der Richtlinie 1999/95/EG zu entsprechen. Eine schriftlich vom Arbeitgeber und vom Arbeitnehmer bestätigte Kopie der Arbeitszeitaufzeichnung ist dem Arbeitnehmer auszuhändigen.

(BGBl I 2004/30)

Arbeitnehmer in Luftfahrtunternehmen

§ 18d. Für Arbeitnehmer gemäß § 18 Abs. 1 Z 6 kann durch Kollektivvertrag zugelassen werden, dass die gemäß § 12 zustehende tägliche Ruhezeit auf mindestens zehn Stunden verkürzt wird, wenn in der unmittelbar auf diese verkürzte Ruhezeit folgenden Arbeitszeit spätestens nach sechs Stunden neben der Ruhepause gemäß § 11 zusätzlich eine Ruhepause von 30 Minuten gewährt wird. § 12 Abs. 2 bleibt unberührt.

(BGBl I 2004/30)

Fliegendes Personal

§ 18e. (1) Soweit in diesem Bundesgesetz

1. auf den EU-Teilabschnitt FTL verwiesen wird, ist dies ein Verweis auf den Teilabschnitt FTL im Anhang III der Verordnung (EU) Nr. 965/2012 zur Festlegung technischer Vorschriften und von Verwaltungsverfahren in Bezug auf den Flugbetrieb gemäß der Verordnung (EG) Nr. 216/2008 des Europäischen Parlaments und des Rates, ABl. Nr. L 296 vom 25.10.2012, S. 1, in der jeweils geltenden Fassung;

   (BGBl I 2015/152)

1a. auf den EU-Teilabschnitt Q verwiesen wird, ist dies ein Verweis auf den Teilabschnitt Q im Anhang III der Verordnung (EG) Nr. 3922/91 des Rates vom 16. Dezember 1991 zur Harmonisierung der technischen Vorschriften und der Verwaltungsverfahren in der Zivilluftfahrt, ABl. Nr. L 373 vom 31.12.1991, S. 4, in der jeweils geltenden Fassung;

   (BGBl I 2015/152)

2. auf die AOCV 2008 verwiesen wird, ist dies ein Verweis auf die Verordnung des Bundesministers für Verkehr, Innovation und Technologie betreffend die Voraussetzungen für die Erteilung des Luftverkehrsbetreiberzeugnisses (AOCV 2008), BGBl. II Nr. 254/2008, in der jeweils geltenden Fassung;
3. der Begriff „Blockzeit“ verwendet wird, bezeichnet dies die Zeit zwischen der ersten Bewegung eines Luftfahrzeugs aus seiner Parkposition zum Zweck des Startens bis zum Stillstand an der zugewiesenen Parkposition und bis alle Triebwerke abgestellt sind;
4. der Begriff „Blockzeit“ für Hubschrauber verwendet wird, bezeichnet dies die Zeit vom Beginn des Drehens der Rotoren zum Zweck des Startens bis zum Stillstand.

(2) Für das fliegende Personal von Luftfahrtunternehmen sind der Abschnitt 2, mit Ausnahme des § 2, und der Abschnitt 3 sowie die §§ 12a Abs. 4 bis 6, 20a und 20b nicht anzuwenden. Für diese Arbeitnehmer darf

1. die Blockzeit 900 Stunden pro Kalenderjahr und

   (BGBl I 2015/152)

2. die Arbeitszeit pro Kalenderjahr 2 000 Stunden

   (BGBl I 2015/152)

nicht überschreiten. Die Jahresarbeitszeit ist möglichst gleichmäßig zu verteilen. Die Organisation des Arbeitsrhythmus durch den Arbeitgeber hat den allgemeinen Grundsatz zu berücksichtigen, dass die Arbeit dem Arbeitnehmer angepasst sein muss.

(3) Für das fliegende Personal von Luftfahrtunternehmen sind überdies folgende Bestimmungen anzuwenden:

1. bei Flügen gemäß Art. 8 Z 1 der Verordnung (EU) Nr. 965/2012 der EU-Teilabschnitt FTL,
2. bei Flügen gemäß Art. 8 Z 2 der Verordnung (EU) Nr. 965/2012 der EU-Teilabschnitt Q,
3. bei allen anderen Flügen die Anhänge 1 und 2 der AOCV 2008

jeweils einschließlich österreichischer Durchführungsvorschriften.

(BGBl I 2015/152)

(4) § 26 gilt unbeschadet der in den EU-Teilabschnitten FTL oder Q oder in der AOCV 2008 vorgesehenen Aufzeichnungspflichten.

(BGBl I 2015/152)

(5) (aufgehoben)

(BGBl I 2015/152)

(BGBl I 2004/159, BGBl I 2006/138, BGBl I 2008/124)

Unterabschnitt 5a
Sonderbestimmungen für Arbeitnehmer auf Haupt- oder Nebenbahnen

Begriffsbestimmungen

§ 18f. (1) Im Sinne dieses Bundesgesetzes ist

1. Zugpersonal das Personal, das als Triebfahrzeugführer oder Zugbegleitpersonal an Bord eines Zuges beschäftigt wird;
2. Triebfahrzeugführer jeder Arbeitnehmer, der für das Fahren eines Triebfahrzeuges verantwortlich ist;
3. grenzüberschreitendes Zugpersonal jenes Zugpersonal, das mindestens eine Stunde seiner täglichen Arbeitszeit im interoperablen grenzüberschreitenden Verkehr gemäß Z 6 eingesetzt wird;
4. eine auswärtige Ruhezeit eine tägliche Ruhezeit, die nicht am üblichen Wohnort des als Zugpersonal eingesetzten Arbeitnehmers genommen werden kann;
5. Fahrzeit die Dauer der geplanten Tätigkeit, während der der Triebfahrzeugführer die Verantwortung für das Fahren des Triebfahrzeuges trägt, ausgenommen die Zeit, die für das Auf- und Abrüsten des Triebfahrzeuges eingeplant ist. Sie schließt jedoch geplante Unterbrechungen ein, in denen der Triebfahrzeugführer für das Fahren des Triebfahrzeuges verantwortlich bleibt;
6. interoperabler grenzüberschreitender Verkehr ein grenzüberschreitender Verkehr, für den gemäß der Richtlinie 2001/14/EG, ABl. Nr. L 75 vom 15.03.2001, S. 29, mindestens zwei Sicherheitsbescheinigungen für das Eisenbahnunternehmen erforderlich sind.

(2) Als interoperabler grenzüberschreitender Verkehr gemäß Abs. 1 Z 6 gilt jedoch nicht

1. der grenzüberschreitende Personennah- und -regionalverkehr,
2. der grenzüberschreitende Güterverkehr, welcher nicht mehr als 15 Kilometer über die Grenze hinausgeht,
3. Zugbewegungen auf grenzüberschreitenden Strecken, die ihre Fahrt auf der Infrastruktur desselben Mitgliedstaats beginnen und beenden und die Infrastruktur eines anderen Mitgliedstaats nutzen, ohne dort anzuhalten (Korridorverkehr),
4. der Verkehr zwischen den im Anhang der Richtlinie 2005/47/EG aufgeführten offiziellen Grenzbahnhöfen.

(BGBl I 2008/124)

Tägliche Ruhezeit

§ 18g. (1) Abweichend von § 12 Abs. 1 beträgt die tägliche Ruhezeit des grenzüberschreitenden Zugpersonals zwölf Stunden. Sie kann in folgenden Fällen verkürzt werden:

1. einmal pro Woche auf mindestens neun Stunden, wenn dafür eine entsprechende Verlängerung der nächsten täglichen Ruhezeit am Wohnort erfolgt;
2. auf mindestens acht Stunden ohne Ausgleich, wenn es sich um eine auswärtige tägliche Ruhezeit handelt.

Eine verkürzte Ruhezeit gemäß Z 1 darf nicht zwischen zwei auswärtigen Ruhezeiten gemäß Z 2 festgelegt werden. Auf eine auswärtige Ruhezeit hat jedenfalls eine tägliche Ruhezeit am Wohnort zu folgen.

(2) Für das sonstige Zugpersonal und Arbeitnehmer nach § 18 Abs. 1 Z 1 lit. b ist § 18a anzuwenden.

(BGBl I 2008/124)

Ruhepausen für das Zugpersonal

§ 18h. (1) Auf das Zugpersonal ist § 11 nicht anzuwenden.

(2) Die Arbeitszeit der Triebfahrzeugführer ist bei einer

1. Gesamtdauer der Arbeitszeit von mehr als sechs Stunden durch eine Ruhepause von mindestens 30 Minuten,
2. Gesamtdauer der Arbeitszeit von mehr als acht Stunden durch eine Ruhepause von mindestens 45 Minuten

zu unterbrechen.

(3) Beträgt die Gesamtdauer der Arbeitszeit des Zugbegleitpersonals mehr als sechs Stunden, ist sie durch eine Ruhepause von mindestens 30 Minuten zu unterbrechen.

(4) Die zeitliche Lage und die Länge der Ruhepause müssen ausreichend sein, um eine effektive Erholung des Zugpersonals zu sichern.

(BGBl I 2008/124)

Fahrzeit für Triebfahrzeugführer

§ 18i. (1) Die Fahrzeit eines Triebfahrzeugführers zwischen zwei Ruhezeiten darf neun Stunden nicht überschreiten. Werden mindestens drei Stunden im Nachtzeitraum gemäß § 12a Abs. 1 gefahren, darf die Fahrzeit acht Stunden nicht überschreiten.

(2) Innerhalb eines Zeitraumes von zwei aufeinander folgenden Wochen darf die Fahrzeit eines grenzüberschreitenden Triebfahrzeugführers 80 Stunden nicht überschreiten.

(BGBl I 2008/124)

Abweichungen für den nationalen Verkehr

§ 18j. Für Zugpersonal, das nicht grenzüberschreitend eingesetzt wird, kann der Kollektivvertrag Abweichungen von den §§ 18h und 18i Abs. 1 vorsehen.

(BGBl I 2008/124)

Arbeitszeitaufzeichnungen

§ 18k. Aufzeichnungen über die Arbeitszeit des Zugpersonals gemäß § 26 sind für mindestens ein Jahr aufzubewahren.

(BGBl I 2008/124)

ABSCHNITT 6

Arbeitszeit bei Arbeitsverhältnissen zur Reinhaltung, Wartung und Beaufsichtigung von Häusern

§ 19. Für Arbeitnehmer gemäß § 1 Abs. 2 Z 5 lit. b darf die Arbeitsverpflichtung jenes Ausmaß nicht übersteigen, das von einer vollwertigen Arbeitskraft unter Einhaltung der wöchentlichen Arbeitszeit gemäß § 9 Abs. 1 bewältigt werden kann.

(BGBl 1994/446, BGBl I 1997/8, BGBl I 2000/37)

Sonderbestimmungen für bestimmte Arbeitnehmerinnen und Arbeitnehmer in öffentlichen Apotheken

§ 19a. (1) Für Arbeitnehmerinnen und Arbeitnehmer, die als Apothekenleiterinnen bzw. Apothekenleiter oder als andere allgemein berufsberechtigte Apothekerinnen und Apotheker in öffentlichen Apotheken beschäftigt sind, gelten die Bestimmungen dieses Bundesgesetzes mit den folgenden Abweichungen.

(2) Für Arbeitnehmerinnen und Arbeitnehmer, in deren Arbeitszeit wegen des Bereitschaftsdienstes der Apotheken gemäß § 8 Apothekengesetz, RGBl. Nr. 5/1907, regelmäßig und in erheblichem Umfang Arbeitsbereitschaft fällt, kann der Kollektivvertrag zulassen:

1. verlängerte Dienste von bis zu 25 Stunden,
2. abweichend von Z 1 bis zum 31. Dezember 2019 verlängerte Dienste von bis zu 32 Stunden, wobei eine weitere Verlängerung der Dienste von bis zu zwei Stunden für Arbeitnehmer und Arbeitnehmerinnen zugelassen werden kann, die an beiden Tagen des verlängerten Dienstes einen Bereitschaftsdienst während der Mittagssperre leisten,
3. innerhalb eines Durchrechnungszeitraumes von 17 Wochen eine durchschnittliche Wochenarbeitszeit von bis zu 48 Stunden,
4. abweichend von Z 3 bis zum 31. Dezember 2019 innerhalb eines Durchrechnungszeitraumes von 17 Wochen eine durchschnittliche Wochenarbeitszeit von bis zu 60 Stunden in Apotheken, die nach den apothekenrechtlichen Vorschriften mindestens 60 Bereitschaftsdienste im Turnus pro Kalenderjahr leisten müssen,
5. in einzelnen Wochen des Durchrechnungszeitraumes eine Wochenarbeitszeit von bis zu 72 Stunden, wobei eine Wochenarbeitszeit von mehr als 60 Stunden höchstens in vier aufeinanderfolgenden Wochen zulässig ist und
6. eine Ausdehnung des Durchrechnungszeitraumes von 17 auf bis zu 26 Wochen.

(2a) Eine Verlängerung der durchschnittlichen Wochenarbeitszeit von 48 auf bis zu 60 Stunden im Rahmen des Abs. 2 Z 4 ist nur zulässig, wenn die Arbeitnehmerin bzw. der Arbeitnehmer einer solchen Verlängerungsmöglichkeit schriftlich zugestimmt hat. Diese Zustimmung darf außer bei betriebsfremden Vertreterinnen und Vertretern nach § 17b Abs. 1 erster Satz Apothekengesetz nicht im Zusammenhang mit der Begründung des Dienstverhältnisses stehen.

(2b) Diese Zustimmung kann mit einer Vorankündigungsfrist von acht Wochen

1. für den nächsten Durchrechnungszeitraum,
2. bei einem Durchrechnungszeitraum von mehr als 17 Wochen für den verbleibenden Zeitraum

schriftlich widerrufen werden.

(2c) Arbeitgeberinnen und Arbeitgeber dürfen Arbeitnehmerinnen und Arbeitnehmer, die einer Verlängerung im Rahmen des Abs. 2 Z 4 nicht zustimmen oder ihre Zustimmung widerrufen haben, gegenüber anderen Arbeitnehmerinnen und Arbeitnehmern nicht benachteiligen. Dieses Diskriminierungsverbot betrifft insbesondere sämtliche Arbeitsbedingungen, die Verlängerung und die Beendigung von Dienstverhältnissen, Entgeltbedingungen, Aus- und Weiterbildungsmaßnahmen und Aufstiegschancen.

(2d) Arbeitgeberinnen und Arbeitgeber haben ein aktuelles Verzeichnis der Arbeitnehmerinnen und Arbeitnehmer zu führen, die einer Verlängerung im Rahmen des Abs. 2 Z 4 schriftlich zugestimmt haben. Bei Widerruf ist die Arbeitnehmerin bzw. der Arbeitnehmer aus dem Verzeichnis zu streichen. Diesem Verzeichnis sind Ablichtungen der Zustimmungserklärungen beizulegen.

(BGBl I 2017/127)

(3) Bei Arbeitszeiten gemäß Abs. 2 kann der Kollektivvertrag Abweichungen von § 6 Abs. 1 zulassen.

(4) Verlängerte Dienste von bis zu 25 Stunden sind durch zwei, verlängerte Dienste von bis zu 32 Stunden durch drei Ruhepausen von jeweils mindestens 30 Minuten zu unterbrechen. Ist die Gewährung einer Ruhepause aus organisatorischen Gründen nicht möglich, ist innerhalb der nächsten zehn Kalendertage eine Ruhezeit entsprechend zu verlängern.

(BGBl I 2017/127)

(5)Nach verlängerten Diensten von mehr als 13 Stunden ist die folgende Ruhezeit um jenes Ausmaß zu verlängern, um das der verlängerte Dienst 13 Stunden überstiegen hat, mindestens jedoch um elf Stunden. § 12a Abs. 4 bis 6 ist nicht anzuwenden.

(BGBl I 2002/122, BGBl I 2017/127)

(6) Für Arbeitnehmerinnen und Arbeitnehmer, in deren Arbeitszeit nicht in erheblichem Umfang

Arbeitsbereitschaft fällt, kann der Kollektivvertrag unbeschadet der nach § 7 Abs. 1 zulässigen Überstunden bis zu zehn weitere Überstunden zulassen.

(BGBl I 2017/127)

(7) Soweit nach § 8 des Apothekengesetzes sowie nach den dazu ergangenen Ausführungsvorschriften eine Dienstleistung in Form der Ruferreichbarkeit zulässig ist, darf mit der einzelnen Arbeitnehmerin bzw. dem einzelnen Arbeitnehmer Ruferreichbarkeit nur an 15 Tagen pro Monat vereinbart werden. Der Kollektivvertrag kann zulassen, dass Ruferreichbarkeit innerhalb eines Zeitraumes von 13 Kalenderwochen an 45 Tagen, jedoch höchstens an 30 aufeinanderfolgenden Tagen vereinbart werden kann.

(BGBl I 2017/127)

(8) Leistet eine Arbeitnehmerin bzw. ein Arbeitnehmer während eines Bereitschaftsdienstes gemäß Abs. 7 Arbeiten, kann die tägliche Ruhezeit unterbrochen werden. Beträgt ein Ruhezeitteil mindestens acht Stunden, so ist innerhalb von zwei Wochen eine andere Ruhezeit um vier Stunden, in allen übrigen Fällen um sechs Stunden zu verlängern.

(BGBl I 2017/127, BGBl I 2018/53)

(9) Für Arbeitnehmerinnen und Arbeitnehmer, die als Vertreterinnen bzw. Vertreter für alleinarbeitende Apothekenleiterinnen bzw. Apothekenleiter beschäftigt werden, sind ununterbrochene Bereitschaftsdienste in Ruferreichbarkeit höchstens in vier aufeinanderfolgenden Wochen zulässig. Nach einer solchen Bereitschaftsperiode ist ein arbeitsfreier Ausgleichszeitraum von zwei Tagen pro Woche der Vertretung zu gewähren. Das Dienstverhältnis endet frühestens nach Ende des Ausgleichszeitraumes. Der Abs. 8 Z 1 zweiter Satz und Z 2 zweiter Satz sind nicht anzuwenden.

(BGBl I 2017/127)

(BGBl 1975/2, BGBl I 1999/88)

ABSCHNITT 6a
Vertragsrechtliche Bestimmungen

Geltungsbereich

§ 19b. (1) Dieser Abschnitt gilt für Arbeitsverhältnisse aller Art.

(2) Dieser Abschnitt ist jedoch nicht auf Arbeitnehmer anzuwenden, die in einem Arbeitsverhältnis zu einer Gebietskörperschaft oder einem Gemeindeverband stehen. Die Bestimmungen dieses Abschnittes gelten jedoch für Arbeitnehmer, die in einem Arbeitsverhältnis zum Bund stehen, sofern für ihr Arbeitsverhältnis ein Kollektivvertrag wirksam ist.

(3) Ausgenommen sind weiters

1. Arbeiter im Sinne des Landarbeitsgesetzes 1984, BGBl. Nr. 287;

   (BGBl I 1997/46)

2. Arbeitnehmer, für die das Hausbesorgergesetz, BGBl. Nr. 16/1970, gilt;
3. leitende Angestellte oder sonstige Arbeitnehmerinnen und Arbeitnehmer, denen maßgebliche selbständige Entscheidungsbefugnis übertragen ist und deren gesamte Arbeitszeit auf Grund der besonderen Merkmale der Tätigkeit
   a) nicht gemessen bzw. im Voraus festgelegt wird, oder
   b) von diesen Arbeitnehmerinnen bzw. Arbeitnehmern hinsichtlich Lage und Dauer selbst festgelegt werden kann;

   (BGBl I 2018/53)

4. Heimarbeiter, im Sinne des Heimarbeitsgesetzes 1960, BGBl. Nr. 105/1961.
5. nahe Angehörige der Arbeitgeberin bzw. des Arbeitgebers (Eltern, volljährige Kinder, im gemeinsamen Haushalt lebende Ehegattin oder Ehegatte, eingetragene Partnerin oder Partner, sowie Lebensgefährtin oder Lebensgefährte, wenn seit mindestens drei Jahren ein gemeinsamer Haushalt besteht), deren gesamte Arbeitszeit auf Grund der besonderen Merkmale der Tätigkeit
   a) nicht gemessen oder im Voraus festgelegt wird, oder
   b) von diesen Arbeitnehmerinnen bzw. Arbeitnehmern hinsichtlich Lage und Dauer selbst festgelegt werden kann;

   (BGBl I 2018/53)

(4) Von den §§ 19e und 19f sind weiters ausgenommen:

1. Arbeitnehmer, die in einem Arbeitsverhältnis zu einer Stiftung, zu einem Fonds oder zu einer Anstalt stehen, sofern diese Einrichtungen von Organen einer Gebietskörperschaft oder von Personen verwaltet werden, die hiezu von Organen einer Gebietskörperschaft bestellt sind;
2. Arbeitnehmer, für die die Vorschriften des Bäckereiarbeiter/innengesetzes 1996, BGBl. Nr. 410, gelten;
3. Arbeitnehmer, für die die Vorschriften des Hausgehilfen- und Hausangestelltengesetzes, BGBl. Nr. 235/1962, gelten;
4. Lehr- und Erziehungskräfte an Unterrichts- und Erziehungsanstalten, soweit sie nicht unter Abs. 2 fallen;
5. Arbeitnehmer, die im Rahmen des Bordpersonals von Luftverkehrsunternehmen tätig sind;
6. Arbeitnehmer, für die die Vorschriften des Krankenanstalten-Arbeitszeitgesetzes, BGBl. I Nr. 8/1997, gelten.

   (BGBl I 1997/46)

(BGBl 1992/833)

Lage der Normalarbeitszeit

§ 19c. (1) Die Lage der Normalarbeitszeit und ihre Änderung ist zu vereinbaren, soweit sie nicht durch Normen der kollektiven Rechtsgestaltung festgesetzt wird.

(2) Abweichend von Abs. 1 kann die Lage der Normalarbeitszeit vom Arbeitgeber geändert werden, wenn

1. dies aus objektiven, in der Art der Arbeitsleistung gelegenen Gründen sachlich gerechtfertigt ist,
2. dem Arbeitnehmer die Lage der Normalarbeitszeit für die jeweilige Woche mindestens zwei Wochen im vorhinein mitgeteilt wird,
3. berücksichtigungswürdige Interessen des Arbeitnehmers dieser Einteilung nicht entgegenstehen und
4. keine Vereinbarung entgegensteht.

(3) Von Abs. 2 Z 2 kann abgewichen werden, wenn dies in unvorhersehbaren Fällen zur Verhinderung eines unverhältnismäßigen wirtschaftlichen Nachteils erforderlich ist und andere Maßnahmen nicht zumutbar sind. Durch Normen der kollektiven Rechtsgestaltung können wegen tätigkeitsspezifischer Erfordernisse von Abs. 2 Z 2 abweichende Regelungen getroffen werden.

(BGBl 1992/833, BGBl 1993/335, BGBl I 1997/46)

Teilzeitarbeit

§ 19d. (1) Teilzeitarbeit liegt vor, wenn die vereinbarte Wochenarbeitszeit die gesetzliche Normalarbeitszeit oder eine durch Normen der kollektiven Rechtsgestaltung festgelegte kürzere Normalarbeitszeit im Durchschnitt unterschreitet. Einer Norm der kollektiven Rechtsgestaltung ist gleichzuhalten, wenn eine durch Betriebsvereinbarung festgesetzte kürzere Normalarbeitszeit mit anderen Arbeitnehmern, für die kein Betriebsrat errichtet ist, einzelvertraglich vereinbart wird.

(BGBl I 2007/61)

(2) Ausmaß und Lage der Arbeitszeit und ihre Änderung sind zu vereinbaren, sofern sie nicht durch Normen der kollektiven Rechtsgestaltung festgesetzt werden. Die Änderung des Ausmaßes der regelmäßigen Arbeitszeit bedarf der Schriftform. § 19c Abs. 2 und 3 sind anzuwenden. Eine ungleichmäßige Verteilung der Arbeitszeit auf einzelne Tage und Wochen kann im Vorhinein vereinbart werden.

(BGBl I 2007/61)

(2a) Die Arbeitgeberin/der Arbeitgeber hat teilzeitbeschäftigte Arbeitnehmerinnen/Arbeitnehmer bei Ausschreibung von im Betrieb frei werdenden Arbeitsplätzen, die zu einem höheren Arbeitszeitausmaß führen können, zu informieren. Die Information kann auch durch allgemeine Bekanntgabe an einer geeigneten, für die Teilzeitbeschäftigten leicht zugänglichen Stelle im Betrieb, durch geeignete elektronische Datenverarbeitung oder durch geeignete Telekommunikationsmittel erfolgen.

(BGBl I 2015/152)

(3) Teilzeitbeschäftigte Arbeitnehmer sind zur Arbeitsleistung über das vereinbarte Arbeitszeitausmaß (Mehrarbeit) nur insoweit verpflichtet, als

1. gesetzliche Bestimmungen, Normen der kollektiven Rechtsgestaltung oder der Arbeitsvertrag dies vorsehen,
2. ein erhöhter Arbeitsbedarf vorliegt oder die Mehrarbeit zur Vornahme von Vor- und Abschlußarbeiten (§ 8) erforderlich ist, und
3. berücksichtigungswürdige Interessen des Arbeitnehmers der Mehrarbeit nicht entgegenstehen.

(3a) Für Mehrarbeitsstunden gemäß Abs. 3 gebührt ein Zuschlag von 25%. § 10 Abs. 3 ist anzuwenden.

(BGBl I 2007/61)

(3b) Mehrarbeitsstunden sind nicht zuschlagspflichtig, wenn

1. sie innerhalb des Kalendervierteljahres oder eines anderen festgelegten Zeitraumes von drei Monaten, in dem sie angefallen sind, durch Zeitausgleich im Verhältnis 1:1 ausgeglichen werden;
2. bei gleitender Arbeitszeit die vereinbarte Arbeitszeit innerhalb der Gleitzeitperiode im Durchschnitt nicht überschritten wird. § 6 Abs. 1a ist sinngemäß anzuwenden.

(BGBl I 2007/61)

(3c) Sieht der Kollektivvertrag für Vollzeitbeschäftigte eine kürzere wöchentliche Normalarbeitszeit als 40 Stunden vor und wird für die Differenz zwischen kollektivvertraglicher und gesetzlicher Normalarbeitszeit kein Zuschlag oder ein geringerer Zuschlag als nach Abs. 3a festgesetzt, sind Mehrarbeitsstunden von Teilzeitbeschäftigten im selben Ausmaß zuschlagsfrei bzw. mit dem geringeren Zuschlag abzugelten.

(BGBl I 2007/61)

(3d) Sind neben dem Zuschlag nach Abs. 3a auch andere gesetzliche oder kollektivvertragliche Zuschläge für diese zeitliche Mehrleistung vorgesehen, gebührt nur der höchste Zuschlag.

(BGBl I 2007/61)

(3e) Abweichend von Abs. 3a kann eine Abgeltung von Mehrarbeitsstunden durch Zeitausgleich vereinbart werden. Der Mehrarbeitszuschlag ist bei der Bemessung des Zeitausgleiches zu berücksichtigen oder gesondert auszuzahlen. Die Abs. 3b bis 3d sind auch auf die Abgeltung durch Zeitausgleich anzuwenden. § 10 Abs. 2 ist anzuwenden.

(BGBl I 2007/61)

(3f) Der Kollektivvertrag kann Abweichungen von Abs. 3a bis 3e zulassen.

(BGBl I 2007/61)

(4) Sofern in Normen der kollektiven Rechtsgestaltung oder Arbeitsverträgen Ansprüche nach dem Ausmaß der Arbeitszeit bemessen werden, ist bei Teilzeitbeschäftigten die regelmäßig geleistete Mehrarbeit zu berücksichtigen, dies insbesondere bei der Bemessung der Sonderzahlungen.

(5) (aufgehoben)

(BGBl I 2018/100)

(6) Teilzeitbeschäftigte Arbeitnehmer dürfen wegen der Teilzeitarbeit gegenüber vollzeitbeschäftigten Arbeitnehmern nicht benachteiligt werden, es sei denn, sachliche Gründe rechtfertigen eine unterschiedliche Behandlung. Freiwillige Sozialleistungen sind zumindest in jenem Verhältnis zu gewähren, das dem Verhältnis der regelmäßig geleisteten Arbeitszeit zur gesetzlichen oder kollektivvertraglichen Normalarbeitszeit entspricht. Im Streitfall hat der Arbeitgeber zu beweisen, daß eine Benachteiligung nicht wegen der Teilzeitarbeit erfolgt.

(7) Durch Kollektivvertrag kann festgelegt werden, welcher Zeitraum für die Berechnung der regelmäßig geleisteten Mehrarbeit (Abs. 4) und für die Berechnung der Sozialleistungen (Abs. 6) heranzuziehen ist.

(8) Die Abs. 2 und 3 gelten nicht für Teilzeitbeschäftigungen gemäß Mutterschutzgesetz 1979, BGBl. Nr. 221, Väter-Karenzgesetz, BGBl. Nr. 651/1989, § 13a AVRAG oder vergleichbarer österreichischer Rechtsvorschriften.

(BGBl I 2002/122, BGBl I 2004/64, BGBl I 2007/61, BGBl I 2017/30)

(BGBl 1992/833, BGBl I 1997/46)

Abgeltung von Zeitguthaben

§ 19e. (1) Besteht im Zeitpunkt der Beendigung des Arbeitsverhältnisses ein Guthaben des Arbeitnehmers an Normalarbeitszeit oder Überstunden, für die Zeitausgleich gebührt, ist das Guthaben abzugelten, soweit der Kollektivvertrag nicht die Verlängerung der Kündigungsfrist im Ausmaß des zum Zeitpunkt der Beendigung des Arbeitsverhältnisses bestehenden Zeitguthabens vorsieht und der Zeitausgleich in diesem Zeitraum verbraucht wird. Der Beendigung eines Arbeitsverhältnisses ist die Beendigung einer Arbeitskräfteüberlassung gleichzuhalten.

(2) Für Guthaben an Normalarbeitszeit gebührt ein Zuschlag von 50%. Dies gilt nicht, wenn der Arbeitnehmer ohne wichtigen Grund vorzeitig austritt. Der Kollektivvertrag kann Abweichendes regeln.

(BGBl I 1997/46)

Abbau von Zeitguthaben

§ 19f. (1) Wird bei Durchrechnung der Normalarbeitszeit (§ 4 Abs. 4 und 6) mit einem Durchrechnungszeitraum von mehr als 26 Wochen der Zeitpunkt des Ausgleichs von Zeitguthaben nicht im Vorhinein festgelegt, und bestehen

1. bei einem Durchrechnungszeitraum von bis zu 52 Wochen nach Ablauf des halben Durchrechnungszeitraumes
2. bei einem längeren Durchrechnungszeitraum nach Ablauf von 26 Wochen

Zeitguthaben, ist der Ausgleichszeitpunkt binnen vier Wochen festzulegen oder der Ausgleich binnen 13 Wochen zu gewähren. Anderenfalls kann der Arbeitnehmer den Zeitpunkt des Ausgleichs mit einer Vorankündigungsfrist von vier Wochen selbst bestimmen, sofern nicht zwingende betriebliche Erfordernisse diesem Zeitpunkt entgegen stehen, oder eine Abgeltung in Geld verlangen. Durch Kollektivvertrag oder Betriebsvereinbarung können abweichende Regelungen getroffen werden.

(2) Wird bei Überstundenarbeit, für die Zeitausgleich gebührt, der Zeitpunkt des Ausgleichs nicht im Vorhinein vereinbart, ist

1. der Zeitausgleich für noch nicht ausgeglichene Überstunden, die bei Durchrechnung der Normalarbeitszeit (§ 4 Abs. 4 und 6) oder gleitender Arbeitszeit (§ 4b) durch Überschreitung der durchschnittlichen Normalarbeitszeit entstehen, binnen sechs Monaten nach Ende des Durchrechnungszeitraumes bzw. der Gleitzeitperiode zu gewähren;
2. in sonstigen Fällen der Zeitausgleich für sämtliche in einem Kalendermonat geleistete und noch nicht ausgeglichene Überstunden binnen sechs Monaten nach Ende des Kalendermonats zu gewähren.

Durch Kollektivvertrag können abweichende Regelungen getroffen werden.

(3) Wird der Zeitausgleich für Überstunden nicht innerhalb der Frist nach Abs. 2 gewährt, kann der Arbeitnehmer den Zeitpunkt des Zeitausgleichs mit einer Vorankündigungsfrist von vier Wochen einseitig bestimmen, sofern nicht zwingende betriebliche Erfordernisse diesem Zeitpunkt entgegen stehen, oder eine Abgeltung in Geld verlangen.

(BGBl I 1997/46, BGBl I 2007/61)

Unabdingbarkeit

§ 19g. Die dem Arbeitnehmer auf Grund dieses Abschnittes zustehenden Rechte können durch Arbeitsvertrag weder aufgehoben noch beschränkt werden.

(BGBl I 1997/46)

ABSCHNITT 7
Ausnahmen

Außergewöhnliche Fälle

§ 20. (1) In außergewöhnlichen Fällen finden die Bestimmungen der §§ 3 bis 5a, 7 bis 9, 11, 12, 12a Abs. 4 bis 6, 13b bis 15b, 15e, 16, 18, 18a, 18b Abs. 1 und 3 bis 6, 18c Abs. 1, 18d, 18e, 18g bis 18i, 19d Abs. 3 Z 1 und 2, 20a und 20b Abs. 3 bis 6 keine Anwendung auf vorübergehende und unaufschiebbare Arbeiten, die

a) zur Abwendung einer unmittelbaren Gefahr für die Sicherheit des Lebens oder für die Gesundheit von Menschen oder bei Notstand sofort vorgenommen werden müssen, oder
b) zur Behebung einer Betriebsstörung oder zur Verhütung des Verderbens von Gütern oder eines sonstigen unverhältnismäßigen wirtschaftlichen Sachschadens erforderlich sind, wenn unvorhergesehene und nicht zu verhindernde Gründe vorliegen und andere

zumutbare Maßnahmen zur Erreichung dieses Zweckes nicht getroffen werden können.

(BGBl 1992/833, BGBl 1994/446, BGBl I 1997/8, BGBl I 1997/46, BGBl I 1999/88, BGBl I 2002/122, BGBl I 2004/30, BGBl I 2006/138, BGBl I 2008/124, BGBl I 2015/152, BGBl I 2016/114)

(2) Der Arbeitgeber hat die Vornahme von Arbeiten auf Grund des Abs. 1 ehestens, längstens jedoch binnen zehn Tagen nach Beginn der Arbeiten dem Arbeitsinspektorat schriftlich anzuzeigen. Die Anzeige hat die Gründe der Arbeitszeitverlängerung sowie die Anzahl der zur Mehrarbeit herangezogenen Arbeitnehmer zu enthalten. Die Aufgabe der Mitteilung bei der Post gilt als Erstattung der Anzeige.

(BGBl I 2017/126)

Rufbereitschaft

§ 20a. (1) Rufbereitschaft außerhalb der Arbeitszeit darf nur an zehn Tagen pro Monat vereinbart werden. Der Kollektivvertrag kann zulassen, daß Rufbereitschaft innerhalb eines Zeitraumes von drei Monaten an 30 Tagen vereinbart werden kann.

(2) Leistet eine Arbeitnehmerin bzw. ein Arbeitnehmer während der Rufbereitschaft Arbeiten, kann die tägliche Ruhezeit unterbrochen werden, wenn innerhalb von zwei Wochen eine andere tägliche Ruhezeit um vier Stunden verlängert wird. Ein Teil der Ruhezeit muss mindestens acht Stunden betragen.

(BGBl I 2018/53)

(BGBl I 1997/46)

Reisezeit

§ 20b. (1) Reisezeit im Sinne der Abs. 2 bis 5 liegt vor, wenn der Arbeitnehmer über Auftrag des Arbeitgebers vorübergehend seinen Dienstort (Arbeitsstätte) verläßt, um an anderen Orten seine Arbeitsleistung zu erbringen, sofern der Arbeitnehmer während der Reisebewegung keine Arbeitsleistung zu erbringen hat.

(BGBl I 2015/152)

(2) Durch Reisezeiten können die Höchstgrenzen der Arbeitszeit überschritten werden.

(3) Bestehen während der Reisezeit ausreichende Erholungsmöglichkeiten, kann die tägliche Ruhezeit verkürzt werden. Durch Kollektivvertrag kann festgelegt werden, in welchen Fällen ausreichende Erholungsmöglichkeiten bestehen.

(4) Bestehen während der Reisezeit keine ausreichenden Erholungsmöglichkeiten, kann die tägliche Ruhezeit durch Kollektivvertrag höchstens auf acht Stunden verkürzt werden. Ergibt sich dabei am nächsten Arbeitstag ein späterer Arbeitsbeginn als in der Vereinbarung gemäß § 19c Abs. 1 vorgesehen, ist die Zeit zwischen dem vorgesehenen und dem tatsächlichen Beginn auf die Arbeitszeit anzurechnen.

(5) Verkürzungen der täglichen Ruhezeit nach Abs. 3 und 4 sind nur zweimal pro Kalenderwoche zulässig.

(6) (aufgehoben)

(BGBl I 2015/152, BGBl I 2018/53)

(BGBl I 1997/46)

Verkürzung der Arbeitszeit und Verlängerung der Ruhezeit bei gefährlichen Arbeiten

§ 21. Für Arbeitnehmer, die bei Arbeiten beschäftigt werden, die mit einer besonderen Gefährdung der Gesundheit verbunden sind, kann durch Verordnung eine kürzere als die nach § 3 zulässige Dauer der Arbeitszeit oder die Einhaltung längerer Ruhepausen oder Ruhezeiten als in den §§ 11 und 12 vorgesehen, angeordnet werden. Insoweit Ruhepausen über das im § 11 Abs. 1 vorgesehene Ausmaß hinausgehen, gelten sie als Arbeitszeit.

Arbeitszeit bei Reparaturarbeiten in heißen Öfen von Eisen- oder Stahlhüttenbetrieben oder Kokereien

§ 22. (1) Bei Reparaturarbeiten (Zustellungen), die in Eisen- oder Stahlhüttenbetrieben in heißen Siemens-Martin-Öfen, heißen Schmelz-, Glüh-, Aufheiz- oder Brennöfen sowie in heißen Konvertern oder in Kokereien in heißen Kokereiöfen vorgenommen werden, darf die Wochenarbeitszeit vierzig Stunden nicht überschreiten. Wird die Arbeitszeit an einzelnen Werktagen regelmäßig verkürzt, so darf sie an den übrigen Tagen der Woche acht Stunden nicht überschreiten.

(2) Nimmt die Beschäftigung mit den im Abs. 1 genannten Arbeiten nicht eine volle Woche in Anspruch, so sind Arbeitszeiten in den im Abs. 1 angeführten heißen Öfen oder heißen Konvertern mit einem Zuschlag von 7,5 vH zu bewerten. Eine Arbeitsstunde ist daher mit 64 1/2 Minuten in Anschlag zu bringen, jedoch darf die nach § 3 zulässige Dauer der Wochenarbeitszeit nicht überschritten werden.

(3) Als heiße Öfen oder heiße Konverter im Sinne der Abs. 1 und 2 gelten solche, bei denen die Innentemperatur mehr als 30 °C beträgt.

(4) Die Bestimmungen der Abs. 1 und 2 gelten auch für Reparaturarbeiten (Zustellungen) in Hochöfen, soweit mit Kohlenstoffsteinen gearbeitet wird.

(5) Bei Einführung einer Wochenarbeitszeit von zweiundvierzig Stunden tritt an Stelle des im Abs. 2 genannten Zuschlages von 7,5 vH ein solcher von 5 vH Eine Arbeitsstunde ist daher dann mit 63 Minuten in Anschlag zu bringen.

Ausnahmen im öffentlichen Interesse

§ 23. Wenn es das öffentliche Interesse infolge besonders schwerwiegender Umstände erfordert, können durch Verordnung für einzelne Arten oder Gruppen von Betrieben Ausnahmen von den Bestimmungen der §§ 3, 4, 9, 11, 12, 12a Abs. 4 bis 6, 13b bis 15e, 16, 18, 18a, 18b Abs. 1 und 3 bis 6, 18c Abs. 1, 18d, 18e sowie 18g bis 18i zugelassen oder abweichende Regelungen hinsichtlich der Dauer der Ruhepausen getroffen werden.

(BGBl I 1997/8, BGBl I 2002/122, BGBl I 2004/30, BGBl I 2006/138, BGBl I 2008/124, BGBl I 2016/114)

ABSCHNITT 8
Gemeinsame Vorschriften

Auflagepflicht

§ 24. (aufgehoben)

(BGBl I 2017/40)

Aushangpflicht

§ 25. (1) Der Arbeitgeber hat an geeigneter, für den Arbeitnehmer leicht zugänglicher Stelle in der Betriebsstätte einen Aushang über den Beginn und das Ende der Normalarbeitszeit sowie Zahl und Dauer der Ruhepausen sowie der wöchentlichen Ruhezeit gut sichtbar anzubringen oder den Arbeitnehmern mittels eines sonstigen Datenträgers samt Ablesevorrichtung, durch geeignete elektronische Datenverarbeitung oder durch geeignete Telekommunikationsmittel zugänglich zu machen.

(BGBl I 2002/122)

(2) Bei gleitender Arbeitszeit hat der Aushang abweichend von Abs. 1 den Gleitzeitrahmen, allfällige Übertragungsmöglichkeiten sowie Dauer und Lage der wöchentlichen Ruhezeit zu enthalten.

(3) Ist die Lage der Ruhepausen generell festgesetzt, ist diese in den Aushang aufzunehmen.

(BGBl 1994/446)

Aufzeichnungs- und Auskunftspflicht

§ 26. (1) Der Arbeitgeber hat zur Überwachung der Einhaltung der in diesem Bundesgesetz geregelten Angelegenheiten in der Betriebsstätte Aufzeichnungen über die geleisteten Arbeitsstunden zu führen. Der Beginn und die Dauer eines Durchrechnungszeitraumes sind festzuhalten.

(BGBl I 1997/46)

(2) Ist – insbesondere bei gleitender Arbeitszeit – vereinbart, daß die Arbeitszeitaufzeichnungen vom Arbeitnehmer zu führen sind, so hat der Arbeitgeber den Arbeitnehmer zur ordnungsgemäßen Führung dieser Aufzeichnungen anzuleiten. Nach Ende der Gleitzeitperiode hat der Arbeitgeber sich diese Aufzeichnungen aushändigen zu lassen und zu kontrollieren. Werden die Aufzeichnungen vom Arbeitgeber durch Zeiterfassungssystem geführt, so ist dem Arbeitnehmer nach Ende der Gleitzeitperiode auf Verlangen eine Abschrift der Arbeitszeitaufzeichnungen zu übermitteln, andernfalls ist ihm Einsicht zu gewähren.

(2a) Wird in Saisonbetrieben eine Verkürzung der Ruhezeit im Sinne des § 12 Abs. 2a in Anspruch genommen, ist die Führung der Arbeitszeitaufzeichnungen durch die Arbeitnehmerin bzw. den Arbeitnehmer nach Abs. 2 nicht zulässig. Die Arbeitgeberin bzw. der Arbeitgeber hat in den Arbeitszeitaufzeichnungen die Inanspruchnahme des § 12 Abs. 2a sowie den Beginn und das Ende der Saison zu vermerken.

(BGBl I 2015/152, BGBl I 2018/53)

(3) Für Arbeitnehmerinnen/Arbeitnehmer, die die Lage ihrer Arbeitszeit und ihren Arbeitsort weitgehend selbst bestimmen können oder ihre Tätigkeit überwiegend in ihrer Wohnung ausüben, sind ausschließlich Aufzeichnungen über die Dauer der Tagesarbeitszeit zu führen.

(BGBl I 2014/94)

(4) Durch Betriebsvereinbarungen kann festgesetzt werden, daß Arbeitnehmer gemäß Abs. 3 die Aufzeichnungen selbst zu führen haben. In diesem Fall hat der Arbeitgeber den Arbeitnehmer zur ordnungsgemäßen Führung der Aufzeichnungen anzuleiten, sich die Aufzeichnungen regelmäßig aushändigen zu lassen und zu kontrollieren.

(5) Die Verpflichtung zur Führung von Aufzeichnungen über die Ruhepausen gemäß § 11 entfällt, wenn

1. durch Betriebsvereinbarung, in Betrieben ohne Betriebsrat durch schriftliche Einzelvereinbarung
   a) Beginn und Ende der Ruhepausen festgelegt werden oder
   b) es den Arbeitnehmern/Arbeitnehmerinnen überlassen wird, innerhalb eines festgelegten Zeitraumes die Ruhepausen zu nehmen, und
2. von dieser Vereinbarung nicht abgewichen wird.

(BGBl I 2014/94)

(5a) Bei Arbeitnehmerinnen/Arbeitnehmern mit einer schriftlich festgehaltenen fixen Arbeitszeiteinteilung haben die Arbeitgeberinnen/Arbeitgeber lediglich deren Einhaltung zumindest am Ende jeder Entgeltzahlungsperiode sowie auf Verlangen des Arbeitsinspektorates zu bestätigen und sind nur Abweichungen von dieser Einteilung laufend aufzuzeichnen.

(BGBl I 2014/94)

(6) Die Arbeitgeber haben dem Arbeitsinspektorat die erforderlichen Auskünfte zu erteilen und auf Verlangen Einsicht in die Aufzeichnungen über die geleisteten Arbeitsstunden zu geben.

(7) In der Abrechnung gemäß § 78 Abs. 5 EStG 1988 sind die geleisteten Überstunden auszuweisen.

(BGBl I 1997/46)

(8) Arbeitnehmerinnen/Arbeitnehmer haben einmal monatlich Anspruch auf kostenfreie Übermittlung ihrer Arbeitszeitaufzeichnungen, wenn sie nachweislich verlangt werden.

(BGBl I 2007/61, BGBl I 2014/94)

(9) Verfallsfristen werden gehemmt,

1. solange den Arbeitnehmerinnen/Arbeitnehmern die Übermittlung gemäß Abs. 8 verwehrt wird, oder
2. wenn wegen des Fehlens von Aufzeichnungen über die geleisteten Arbeitsstunden die Feststellung der tatsächlich geleisteten Arbeitszeit unzumutbar ist.

(BGBl I 2014/94)

(BGBl 1994/446)

Behördenzuständigkeit und Verfahrensvorschriften

§ 27. (1) Die nach den Bestimmungen dieses

Bundesgesetzes den Arbeitsinspektoraten zustehenden Aufgaben und Befugnisse sind in den vom Wirkungsbereich der Arbeitsinspektion ausgenommenen Betrieben von den zur Wahrung des Arbeitnehmerschutzes sonst berufenen Behörden wahrzunehmen.

(2) Bescheide nach den Bestimmungen dieses Bundesgesetzes sind zu widerrufen, wenn die entsprechenden Voraussetzungen weggefallen sind.

(3) Meldungen nach § 7 Abs. 4 und § 20 Abs. 2 sind von Stempel- und Rechtsgebühren des Bundes befreit.

(BGBl I 1999/88, BGBl I 2013/71, BGBl I 2015/152)

(BGBl 1994/446, BGBl I 1997/8, BGBl I 1997/46)

Strafbestimmungen

§ 28. (1) Arbeitgeber, die

1. zusätzliche Ruhezeiten nach § 12a Abs. 4 bis 6 nicht gewähren;
2. Arbeitnehmer entgegen § 19a Abs. 7 zur Ruferreichbarkeit oder § 20a Abs. 1 zur Rufbereitschaft heranziehen oder entgegen § 19a Abs. 9 beschäftigen;
3. die Meldepflichten an das Arbeitsinspektorat gemäß § 20 Abs. 2, die Auskunfts- und Einsichtspflichten gemäß § 26 Abs. 6, die Aufbewahrungspflichten gemäß § 18k, Pflichten gemäß § 18b Abs. 8 oder 9 erster Satz verletzen, oder die Aufzeichnungen gemäß § 18b Abs. 7, § 18c Abs. 2 sowie § 26 Abs. 1 bis 5 mangelhaft führen;
   (BGBl I 2008/124, BGBl I 2015/152, BGBl I 2016/114, BGBl I 2018/53)
4. die Verpflichtungen betreffend besondere Untersuchungen gemäß § 12b Abs. 1 verletzen;
   (BGBl I 2015/152)
5. Bescheide gemäß § 4 Abs. 2, § 5 Abs. 3 oder § 12 Abs. 4 nicht einhalten;
   (BGBl I 2015/152)
6. die Informationspflicht gemäß § 19d Abs. 2a nicht einhalten,
   (BGBl I 2015/152)

sind, sofern die Tat nicht nach anderen Vorschriften einer strengeren Strafe unterliegt, von der Bezirksverwaltungsbehörde mit einer Geldstrafe von 20 Euro bis 436 Euro zu bestrafen.

(2) Arbeitgeber, die

1. Arbeitnehmerinnen oder Arbeitnehmer über die Höchstgrenzen der täglichen oder wöchentlichen Arbeitszeit gemäß § 2 Abs. 2, § 7, § 8 Abs. 1, 2 oder 4, § 9, § 12a Abs. 5, § 18 Abs. 2 oder 3, § 18b Abs. 5 oder 6, § 19a Abs. 2 oder 6 oder § 20a Abs. 2 Z 1 hinaus einsetzen;
   (BGBl I 2015/152, BGBl I 2016/114, BGBl I 2018/53)
2. Ruhepausen oder Kurzpausen gemäß § 11 Abs. 1, 3, 4 oder 5, § 18 Abs. 4, § 18d, § 18h oder § 19a Abs. 4 nicht gewähren;
3. Arbeitnehmerinnen und Arbeitnehmern
   a) die tägliche Ruhezeit, den Ausgleich für Ruhezeitverkürzungen sowie sonstige vorgeschriebene Ausgleichsmaßnahmen gemäß § 12 Abs. 1 bis 2d, § 18a, § 18b Abs. 1 und 3, § 18c Abs. 1, § 18d, § 18g, § 19a Abs. 8, § 20a Abs. 2 Z 2 oder § 20b Abs. 4,
   b) Ruhezeitverlängerungen gemäß § 19a Abs. 4, 5 oder 8 oder § 20a Abs. 2 Z 2, oder
   c) die Gesamtruhezeit gemäß § 18b Abs. 4,

   nicht gewähren;
   (BGBl I 2015/152, BGBl I 2016/114)
4. Arbeitnehmer über die Höchstgrenzen der Fahrzeit gemäß § 18i hinaus einsetzen;
5. Verordnungen gemäß § 12 Abs. 4, § 21 oder § 23 übertreten;
6. Bescheide gemäß § 11 Abs. 1 und 5 nicht einhalten, oder
   (BGBl I 2017/126)
7. keine Aufzeichnungen gemäß § 18b Abs. 7, § 18c Abs. 2 sowie § 26 Abs. 1 bis 5 führen,
   (BGBl I 2016/114)

sind, sofern die Tat nicht nach anderen Vorschriften einer strengeren Strafe unterliegt, von der Bezirksverwaltungsbehörde mit einer Geldstrafe von 72 Euro bis 1 815 Euro, im Wiederholungsfall von 145 Euro bis 1 815 Euro zu bestrafen.

(BGBl I 2008/124)

(3) Arbeitgeber, die

1. Lenker über die Höchstgrenzen der Arbeitszeit gemäß § 2 Abs. 2, § 13b Abs. 2 und 3 oder § 14 Abs. 2 hinaus einsetzen oder die Aufforderung nach § 13b Abs. 4 unterlassen;
2. Ruhepausen gemäß § 13c oder Ruhezeitverlängerungen gemäß § 14 Abs. 3 nicht gewähren;
3. Lenker über die gemäß § 14a Abs. 1 und 2 zulässige Lenkzeit hinaus einsetzen;
4. Lenkpausen gemäß § 15 oder § 15a Abs. 4 nicht gewähren;
5. die tägliche Ruhezeit gemäß § 15a Abs. 1 bis 3 oder § 15b Abs. 2 nicht gewähren;
6. die Aufzeichnungspflichten gemäß § 15d verletzen;
7. Verordnungen gemäß § 15e Abs. 1 oder § 17 Abs. 3 oder Regierungsübereinkommen gemäß § 15e Abs. 2 übertreten;
8. Lenker über die gemäß § 16 Abs. 2 bis 4 zulässige Einsatzzeit hinaus einsetzen;
9. nicht dafür sorgen, dass Lenkerinnen und Lenker das Fahrtenbuch gemäß § 17 Abs. 3 und 4 führen oder die ihre Pflichten gemäß § 17 Abs. 5 oder einer Verordnung nach § 17 Abs. 6 verletzen,
   (BGBl I 2010/93)

sind, sofern die Tat nicht nach anderen Vorschriften einer strengeren Strafe unterliegt, von der Bezirksverwaltungsbehörde mit einer Geldstrafe von 72 Euro bis 1 815 Euro, im Wiederholungsfall von 145 Euro bis 1 815 Euro zu bestrafen.

(3a) Arbeitgeberinnen und Arbeitgeber, die

1. die Pflichten betreffend das digitale Kontrollgerät gemäß § 17a verletzen;
2. die Aufzeichnungs- und Aufbewahrungspflichten gemäß § 17b verletzen,

sind, sofern die Tat nicht nach anderen Vorschriften einer strengeren Strafe unterliegt, von der Bezirksverwaltungsbehörde mit einer Geldstrafe von 145 Euro bis 2 180 Euro, im Wiederholungsfall von 200 Euro bis 3 600 Euro zu bestrafen.

(BGBl I 2009/149)

(4) Abweichend von Abs. 2 und 3 sind Arbeitgeberinnen und Arbeitgeber, sofern die Tat nicht nach anderen Vorschriften einer strengeren Strafe unterliegt, von der Bezirksverwaltungsbehörde im Wiederholungsfall mit einer Geldstrafe von 218 Euro bis 3 600 Euro zu bestrafen, wenn

1. die Höchstgrenze der täglichen oder wöchentlichen Arbeitszeit (Abs. 2 Z 1 oder Abs. 3 Z 1) um mehr als 20% überschritten wurde, oder
2. die tägliche Ruhezeit (Abs. 2 Z 3 oder Abs. 3 Z 5) weniger als acht Stunden betragen hat, soweit nicht eine kürzere Ruhezeit zulässig ist.

(BGBl I 2009/149)

(5) Arbeitgeberinnen und Arbeitgeber, die

1. Lenker über die gemäß Art. 6 Abs. 1 bis 3 der Verordnung (EG) Nr. 561/2006 zulässige Lenkzeit hinaus einsetzen;
2. Lenkpausen gemäß Art. 7 der Verordnung (EG) Nr. 561/2006 nicht gewähren;
3. die tägliche Ruhezeit gemäß Art. 8 Abs. 2, 4 oder 5 oder Art. 9 der Verordnung (EG) Nr. 561/2006 nicht gewähren;
4. die Pflichten gemäß Art. 6 Abs. 5 oder Art. 12 Satz 2 der Verordnung (EG) Nr. 561/2006 verletzen;
5. die Pflichten gemäß Art. 10 Abs. 1 der Verordnung (EG) Nr. 561/2006 verletzen;
6. nicht gemäß Art. 10 Abs. 2 der Verordnung (EG) Nr. 561/2006 dafür gesorgt haben, dass die Lenkerinnen und Lenker ihre Verpflichtungen gemäß der Verordnung (EU) Nr. 165/2014 sowie des Kapitels II der Verordnung (EG) Nr. 561/2006 einhalten;

   (BGBl I 2014/94, BGBl I 2016/42)
7. die Pflichten betreffend den Linienfahrplan und den Arbeitszeitplan gemäß Art. 16 Abs. 2 und 3 der Verordnung (EG) Nr. 561/2006 verletzen;
8. die Pflichten betreffend das Kontrollgerät, das Schaublatt, den Ausdruck oder die Fahrerkarte gemäß Art. 3 Abs. 1, Art. 26 ausgenommen Abs. 4 und 9, Art. 27, Art. 28, Art. 29 Abs. 2 bis 5, Art. 32 Abs. 1 bis 4 sowie Art. 33 bis 37 der Verordnung (EU) Nr. 165/2014 verletzen,

   (BGBl I 2014/94, BGBl I 2016/42)

sind, sofern die Tat nicht nach anderen Vorschriften einer strengeren Strafe unterliegt, von der Bezirksverwaltungsbehörde mit einer Geldstrafe gemäß Abs. 6 zu bestrafen.

(BGBl I 2008/124, BGBl I 2009/149)

(6) Sind Übertretungen gemäß Abs. 5 nach Anhang III der Richtlinie 2006/22/EG als

1. leichte Übertretungen eingestuft oder in diesem Anhang nicht erwähnt, sind die Arbeitgeberinnen und Arbeitgeber
   a) in den Fällen der Z 1 bis 7 mit einer Geldstrafe von 72 Euro bis 1 815 Euro, im Wiederholungsfall von 145 Euro bis 1 815 Euro,
   b) im Fall der Z 8 mit einer Geldstrafe von 145 Euro bis 2 180 Euro, im Wiederholungsfall von 200 Euro bis 3 600 Euro;
2. schwerwiegende Übertretungen eingestuft, sind die Arbeitgeberinnen und Arbeitgeber mit einer Geldstrafe von 200 Euro bis 2 180 Euro, im Wiederholungsfall von 250 Euro bis 3 600 Euro;
3. sehr schwerwiegende Übertretungen eingestuft, sind die Arbeitgeberinnen und Arbeitgeber mit einer Geldstrafe von 300 Euro bis 2 180 Euro, im Wiederholungsfall von 350 Euro bis 3 600 Euro,
4. schwerste Übertretungen eingestuft, sind die Arbeitgeberinnen und Arbeitgeber mit einer Geldstrafe von 400 Euro bis 2 180 Euro, im Wiederholungsfall von 450 Euro bis 3 600 Euro,

   (BGBl I 2016/114)

zu bestrafen.

(BGBl I 2008/124, BGBl I 2009/149)

(7) Arbeitgeber, die den Bestimmungen

1. des § 18e Abs. 2,
2. der EU-Teilabschnitte FTL oder Q einschließlich österreichischer Durchführungsvorschriften, oder

   (BGBl I 2015/152)
3. der Anhänge 1 und 2 der AOCV 2008 einschließlich österreichischer Durchführungsvorschriften

zuwiderhandeln, sind, sofern die Tat nicht nach anderen Vorschriften einer strengeren Strafe unterliegt, von der Bezirksverwaltungsbehörde mit einer Geldstrafe von 218 Euro bis 2 180 Euro, im Wiederholungsfall von 360 Euro bis 3 600 Euro, zu bestrafen.

(BGBl I 2008/124)

(8) Auch Verstöße gegen die Aufzeichnungspflichten gemäß § 18b Abs. 7, § 18c Abs. 2 sowie § 26 Abs. 1 bis 5 sind hinsichtlich jedes einzelnen Arbeitnehmers gesondert zu bestrafen, wenn durch das Fehlen der Aufzeichnungen die Feststellung der tatsächlich geleisteten Arbeitszeit unmöglich oder unzumutbar wird.

(BGBl I 2016/114)

(9) Im Falle des § 13a Abs. 2 genügt abweichend von § 44a Z 2 des Verwaltungsstrafgesetzes 1991 (VStG), BGBl. Nr. 52, als Angabe der verletzten Verwaltungsvorschrift die Angabe des entsprechenden Gebotes oder Verbotes der Verordnung (EG) Nr. 561/2006.

(10) (aufgehoben)

(BGBl I 2014/94)

(11) Wurden Verwaltungsübertretungen nach den Abs. 1 bis 7 nicht im Inland begangen, gelten sie als an jenem Ort begangen, an dem sie festgestellt wurden.

(12) Abs. 1 bis 7 sind nicht anzuwenden, wenn die Zuwiderhandlung von Organen einer Gebietskörperschaft begangen wurde. Besteht bei einer Bezirksverwaltungsbehörde der Verdacht einer Zuwiderhandlung durch ein solches Organ, so hat sie, wenn es sich um ein Organ des Bundes oder eines Landes handelt, eine Anzeige an das oberste Organ, dem das der Zuwiderhandlung verdächtigte Organ untersteht (Art. 20 Abs. 1 erster Satz B-VG), in allen anderen Fällen aber eine Anzeige an die Aufsichtsbehörde zu erstatten.

(BGBl 1994/446, BGBl I 1997/8, BGBl I 1997/46, BGBl I 1999/88, BGBl I 2001/98, BGBl I 2002/122, BGBl I 2004/30, BGBl I 2004/159, BGBl I 2004/175, BGBl I 2006/138, BGBl I 2007/61)

Weitergelten von Regelungen

§ 29. (1) Soweit Kollektivverträge, Arbeitsordnungen oder Betriebsvereinbarungen für die Arbeitnehmer günstigere Bestimmungen vorsehen oder in Betrieben günstigere Regelungen bestehen, als sich nach den Bestimmungen dieses Bundesgesetzes ergibt, werden diese durch die Bestimmungen dieses Bundesgesetzes nicht berührt.

(2) Im Zeitpunkt des Inkrafttretens dieses Bundesgesetzes bestehende kollektivvertragliche Vereinbarungen in Angelegenheiten, in denen nach den Bestimmungen der §§ 3 Abs. 3 und 4, § 4 Abs. 7 und 9, § 5 Abs. 1 und 3, § 7 Abs. 2 und 3, § 10 Abs. 2, § 12 Abs. 1, § 14 Abs. 2, § 15 Abs. 3, § 16 Abs. 3 und 4 und § 18 Abs. 2 bis 4 dieses Bundesgesetzes abweichende Regelungen durch Kollektivvertrag zugelassen sind, gelten als solche Regelungen, insoweit sie den vorgenannten Bestimmungen entsprechen.

(BGBl 1971/238, BGBl I 1997/8)

ABSCHNITT 9
Schluß- und Übergangsbestimmungen

Aufhebung von Rechtsvorschriften

§ 30. (1) Mit dem Inkrafttreten dieses Bundesgesetzes treten für dessen Geltungsbereich alle mit den Bestimmungen dieses Bundesgesetzes in Widerspruch stehenden Vorschriften, soweit sie noch in Geltung stehen und soweit § 32 nicht anderes bestimmt, außer Kraft. Insbesondere verlieren ihre Wirksamkeit:

1. Arbeitszeitordnung vom 30. April 1938, Deutsches RGBl. I S. 447 (GBl. f. d. L. Ö. Nr. 231/1939), mit Ausnahme des § 16,
2. Ausführungsverordnung zur Arbeitszeitordnung vom 12. Dezember 1938, Deutsches RGBl. I S. 1799 (GBl. f. d. L. Ö. Nr. 667/1939), mit Ausnahme der Nr. 20,
3. Verordnung über die Arbeitszeit in Kokereien und Hochofenwerken vom 20. Jänner 1925, Deutsches RGBl. I S. 5 (GBl. f. d. L. Ö. Nr. 231/1939),
4. Verordnung über die Arbeitszeit in Gaswerken vom 9. Februar 1927, Deutsches RGBl. I S. 59 (GBl. f. d. L. Ö. Nr. 231/1939),
5. Verordnung über die Arbeitszeit in Metallhütten vom 9. Februar 1927, Deutsches RGBl. I S. 59 (GBl. f. d. L. Ö. Nr. 231/1939),
6. Verordnung über die Arbeitszeit in Stahlwerken, Walzwerken und anderen Anlagen der Großeisenindustrie vom 16. Juli 1927, Deutsches RGBl. I S. 221 (GBl. f. d. L. Ö. Nr. 231/1939),
7. Verordnung über die Arbeitszeit in der Zementindustrie vom 26. März 1929, Deutsches RGBl. I S. 82 (GBl. f. d. L. Ö. Nr. 231/1939),
8. Zweite Anordnung vom 15. Februar 1939, welche die Arbeitszeit auf Baustellen betrifft, Deutscher Reichsanzeiger und Preußischer Staatsanzeiger Nr. 45 (GBl. f. d. L. Ö. Nr. 271/1939),
9. Verordnung über die Arbeitszeit in Krankenpflegeanstalten vom 13. Februar 1924, Deutsches RGBl. I S. 66, berichtigt im Deutschen RGBl. I S. 154/1924 (GBl. f. d. L. Ö. Nr. 25/1940),
10. Anordnung über Arbeitszeitverkürzung für Frauen, Schwerbeschädigte und minderleistungsfähige Personen (Freizeitanordnung) vom 22. Oktober 1943, RABl. I S. 508,
11. Abschnitt III, §§ 4 bis 7 der Verordnung zur Abänderung und Ergänzung von Vorschriften auf dem Gebiete des Arbeitsrechtes vom 1. September 1939, Deutsches RGBl. I S. 1683 (GBl. f. d. L. Ö. Nr. 1217/1939),
12. Verordnung über den Arbeitsschutz vom 12. Dezember 1939, Deutsches RGBl. I S. 2403,
13. Verordnung über die Sechzigstundenwoche vom 31. August 1944, Deutsches RGBl. I S. 191,
14. Verordnung des Bundesministeriums für soziale Verwaltung vom 22. Juni 1956, BGBl. Nr. 126, in der Fassung der Verordnung BGBl. Nr. 124/1959, über die Regelung der Arbeitszeit bei Reparaturarbeiten in heißen Öfen von Eisen- und Stahlhüttenbetrieben.
15. Verordnung des Bundesministeriums für soziale Verwaltung vom 25. September 1956, BGBl. Nr. 195, in der Fassung der Kundmachung vom 31. März 1966, BGBl. Nr. 49, betreffend die Zulassung von Arbeitszeitverlängerungen beim Nachweis eines dringenden Bedürfnisses.

(2) Weiters treten außer Kraft:

1. Erste Anordnung über die Vereinfachung der Lohn- und Gehaltsabrechnung vom 12. Juli 1944, Deutsches RGBl. I S. 166,
2. Zweite Anordnung über die Vereinfachung der Lohn- und Gehaltsabrechnung vom 2. September 1944, Deutsches RGBl. I S. 196,
3. Anordnung gegen Arbeitsvertragsbruch und Abwerbung sowie das Fordern unverhältnismäßig hoher Arbeitsentgelte in der privaten Wirtschaft vom 20. Juli 1942, RABl. I S. 341,
4. Anordnung über die Mehrarbeitsvergütung von Angestellten in der privaten Wirtschaft während der Kriegszeit vom 15. Oktober 1942, RABl. I S. 477,
5. Anordnung zur Regelung der Vergütung von zusätzlicher Sonn- und Feiertagsarbeit der kaufmännischen und technischen Angestellten der Industrie, des Handwerks und des Handels vom 14. März 1942, RABl. I S. 168,
6. Anordnung des Reichstreuhänders der Arbeit Wien vom 24. November 1944 über die Entlohnung der aus Anlaß einer Lastenminderung der Gas- und Elektrizitätswerke geleisteten Nachtarbeitsstunden sowie der Arbeitsleistungen an Samstagnachmittagen und Sonntagen, Amtliche Mitteilungen des Präsidenten der Gauarbeitsämter und der Reichstreuhänder der Arbeit in den Donau- und Alpengauen, S. 284/1944,
7. Anordnung über die Aufhebung arbeitsfreier Tage außerhalb der gesetzlichen Sonn- und Feiertage vom 3. Mai 1944, RABl. I S. 184,
8. Anordnung Nr. 13 zur Sicherung der Ordnung in den Betrieben vom 1. November 1943, RABl. I S. 543,
9. Zweite Anordnung zur Sicherung der Ordnung in den Betrieben vom 23. September 1944, RABl. I S. 359,
10. Anordnung zur Änderung der Anordnung Nr. 13 zur Sicherung der Ordnung in den Betrieben vom 1. November 1943, RABl. I S. 415/1944.

Außerkrafttreten von Ausnahmegehmigungen

§ 31. Bescheide, die auf Grund von durch dieses Bundesgesetz außer Kraft gesetzten Arbeitszeitvorschriften erlassen wurden, verlieren spätestens mit dem Ablauf von drei Monaten nach dem Inkrafttreten dieses Bundesgesetzes ihre Wirksamkeit.

Bezugnahme auf Richtlinien

§ 32. Durch dieses Bundesgesetz werden folgende Richtlinien der Europäischen Union umgesetzt:

1. Richtlinie 2003/88/EG des Rates vom 4. November 2003 über bestimmte Aspekte der Arbeitszeitgestaltung (ABl. Nr. L 299 vom 18.11.2003 S. 9);

   (BGBl I 2006/138)
2. Richtlinie 97/81/EG des Rates vom 15. Dezember 1997 zu der von UNICE, CEEP und EGB geschlossenen Rahmenvereinbarung über Teilzeitarbeit (ABl. Nr. L 14 vom 20.01.1998 S. 9);
3. Richtlinie 1999/63/EG des Rates vom 21. Juni 1999 zu der vom Verband der Reeder in der Europäischen Gemeinschaft (European Community Shipowners' Association ECSA) und dem Verband der Verkehrsgewerkschaften in der Europäischen Union (Federation of Transport Workers' Unions in the European Union FST) getroffenen Vereinbarung über die Regelung der Arbeitszeit von Seeleuten 2000 (ABl. Nr. L 167 vom 02.07.1999 S. 33);
4. Richtlinie 1999/95/EG des Europäischen Parlaments und des Rates zur Durchsetzung der Arbeitszeitregelung für Seeleute an Bord von Schiffen, die Gemeinschaftshäfen anlaufen, vom 13. Dezember 1999 (ABl. Nr. L 14 vom 20.01.2000 S. 29);

   (BGBl I 2004/159)
5. Richtlinie 2000/79/EG des Rates vom 27. November 2000 über die Durchführung der von der Vereinigung Europäischer Fluggesellschaften (AEA), der Europäischen Transportarbeiter-Föderation (ETF), der European Cockpit Association (ECA), der European Regions Airline Association (ERA) und der International Air Carrier Association (IACA) geschlossenen Europäischen Vereinbarung über die Arbeitszeitorganisation für das fliegende Personal der Zivilluftfahrt (ABl. Nr. L 302 vom 01.12.2000 S. 57);

   (BGBl I 2004/159, BGBl I 2006/138)
6. Richtlinie 2002/15/EG des Europäischen Parlaments und des Rates vom 11. März 2002 zur Regelung der Arbeitszeit von Personen, die Fahrtätigkeiten im Bereich des Straßentransportes ausüben (ABl. Nr. L 80 vom 23.03.2002 S. 35);

   (BGBl I 2006/138, BGBl I 2008/124)
7. Richtlinie 2005/47/EG des Europäischen Parlaments und des Rates vom 18. Juli 2005 betreffend die Vereinbarung zwischen der Gemeinschaft der Europäischen Bahnen (CER) und der Europäischen Transportarbeiter-Föderation (ETF) über bestimmte Aspekte der Einsatzbedingungen des fahrenden Personals im interoperablen grenzüberschreitenden Verkehr im Eisenbahnsektor (ABl. Nr. L 195 vom 27.07.2005, S. 15);

   (BGBl I 2008/124, BGBl I 2009/149)
8. Richtlinie 2006/22/EG des Europäischen Parlaments und des Rates vom 15. März 2006 über die Mindestbedingungen für die Durchführung der Verordnungen (EWG) Nr. 3820/85 und (EWG) Nr. 3821/85 des Rates über Sozialvorschriften für Tätigkeiten im Kraftverkehr sowie zur Aufhebung der Richtlinie 88/599/EWG des Rates, ABl. Nr. L 102 vom 11.4.2006 S. 35, zuletzt geändert

durch die Verordnung (EU) 2016/403, ABl. Nr. L 74 vom 19.03.2016 S. 8;

(BGBl I 2009/149, BGBl I 2016/114)

9. Richtlinie 2014/112/EU zur Durchführung der von der Europäischen Binnenschifffahrts Union (EBU), der Europäischen Schifferorganisation (ESO) und der Europäischen Transportarbeiter-Föderation (ETF) geschlossenen Europäischen Vereinbarung über die Regelung bestimmter Aspekte der Arbeitszeitgestaltung in der Binnenschifffahrt, ABl. Nr. L 367 vom 23.12.2014 S. 86.

(BGBl 1971/238, BGBl I 1997/46, BGBl I 2004/30)

Verweisungen

§ 32a. Soweit in diesem Bundesgesetz auf andere Bundesgesetze verwiesen wird, sind diese in der jeweils geltenden Fassung anzuwenden.

(BGBl 1992/833, BGBl 1994/446, BGBl I 1997/46)

§ 32b. Kollektivverträge, die sich auf die Regelungen einzelner Arbeitsbedingungen beschränken und deren Wirkungsbereich sich fachlich auf die überwiegende Anzahl der Wirtschaftszweige und räumlich auf das ganze Bundesgebiet erstreckt, gelten nicht als Kollektivverträge im Sinne des § 5 Abs. 2 und 3, § 13b Abs. 2 und 3, § 13c Abs. 3, § 14 Abs. 4, § 14a Abs. 1 und 2, § 15a Abs. 5, § 16 Abs. 3 und 4 sowie § 18 Abs. 5.

(BGBl 1994/446, BGBl I 1997/8, BGBl I 1997/46, BGBl I 2006/138)

Übergangsbestimmungen

§ 32c. (1) Auf Lenker von Kraftfahrzeugen, die auf Grund der Ausnahmebestimmung des Art. II Abs. 1 der 15. Kraftfahrgesetz-Novelle, BGBl. Nr. 456/1993, noch nicht mit einem Kontrollgerät im Sinne der Verordnung (EWG) Nr. 3821/85 ausgerüstet sind, ist § 28 Abs. 1b Z 2 bis zum 31. Dezember 1994 nicht anzuwenden.

(BGBl I 1997/46)

(2) Für die am 1. Mai 1997 anhängigen Verwaltungsverfahren der Arbeitsinspektorate und für rechtskräftige Bescheide in Angelegenheiten, die nach den Änderungen durch das Bundesgesetz, BGBl. I Nr. 46/1997, nicht mehr der Arbeitsinspektion zugewiesen sind, sowie Bescheide gemäß § 17 Abs. 4 gilt folgendes:

1. Rechtskräftige Bescheide gemäß §§ 5 Abs. 2, 7 Abs. 5, 11 Abs. 5, 12 Abs. 2, 14 Abs. 4 und 16 Abs. 5 in der Fassung vor den Änderungen durch das Bundesgesetz BGBl. I Nr. 46/1997 bleiben unberührt.
2. Anhängige Verwaltungsverfahren gemäß § 7 Abs. 5 sind nach der neuen Rechtslage weiterzuführen. Anhängige Verwaltungsverfahren gemäß §§ 5 Abs. 2, 8 Abs. 4, 11 Abs. 5, 12 Abs. 2, 14 Abs. 4 und 16 Abs. 5 sind einzustellen.
3. Die durch Bescheid des Bundesministers für Arbeit, Gesundheit und Soziales gemäß § 17 Abs. 4 in der Fassung vor den Änderungen durch das Bundesgesetz BGBl. I Nr. 46/1997 zugelassenen Nachweise gelten als geeigneter Nachweis im Sinne des § 17 Abs. 4. Eine Übermittlung an das Arbeitsinspektorat gemäß § 17 Abs. 4 vierter Satz kann entfallen.

(BGBl I 1997/46)

(3) Die Normen der kollektiven Rechtsgestaltung im Sinne des § 12a Abs. 5 sind längstens bis zum Ablauf des 31. Dezember 2002 zu erlassen oder anzupassen.

(BGBl I 2002/122)

(4) Sieht ein Kollektivvertrag oder eine Betriebsvereinbarung im Rahmen der Zulassung einer Arbeitszeitverlängerung nach § 14 in der Fassung vor In-Kraft-Treten der Änderungen durch das Bundesgesetz BGBl. I Nr. 138/2006 eine Regelung vor, die nach In-Kraft-Treten dieser Änderungen nicht mehr zulässig ist, gilt diese Regelung ab diesem Zeitpunkt auf das nach § 13b Abs. 2 und 3 in der Fassung des Bundesgesetzes BGBl. I Nr. 138/2006 höchstzulässige Ausmaß eingeschränkt.

(BGBl I 2006/138)

(5) Bis zum In-Kraft-Treten der Änderungen des § 28 Abs. 1a durch das Bundesgesetz BGBl. I Nr. 138/2006 sind Arbeitgeber und deren Bevollmächtigte nach § 28 Abs. 1a zu bestrafen, die

1. Lenker über die Höchstgrenzen der Arbeitszeit gemäß § 2 Abs. 2, § 13b Abs. 2 und 3 oder § 14 Abs. 2 hinaus einsetzen oder die Aufforderung nach § 13b Abs. 4 unterlassen;
2. Ruhepausen gemäß § 13c oder Ruhezeitverlängerungen gemäß § 14 Abs. 3 nicht gewähren.

(BGBl I 2006/138)

(6) Als kollektivvertragliche Regelungen im Sinne des § 18j gelten auch solche, die vor dem In-Kraft-Treten dieser Bestimmung abgeschlossen wurden, soweit sie den Vorgaben des § 18j entsprechen.

(BGBl I 2008/124)

(7) Verordnungen auf Grund dieses Bundesgesetzes können bereits von dem der Kundmachung der jeweiligen Verordnungsermächtigung folgenden Tag an erlassen werden. Sie dürfen jedoch frühestens mit dem Inkrafttreten der jeweiligen Verordnungsermächtigung in Kraft treten.

(BGBl I 2009/149)

(8)[a] (aufgehoben)

(BGBl 1994/446, BGBl I 2014/94, BGBl I 2017/126)

[a] § 32c Abs 9 (alt) mit BGBl I 42/2016 außer Kraft, trotz Anordnung von BGBl I 126/2017.

(9) Mit Inkrafttreten der Änderungen durch das Bundesgesetz BGBl. I Nr. 126/2017 treten Bescheide nach § 11 Abs. 6 außer Kraft. Anhängige Verwaltungsverfahren sind einzustellen.

(BGBl I 2017/126)

(10) Bestehende Gleitzeitvereinbarungen bleiben aufrecht. Regelungen in Kollektivverträgen und Betriebsvereinbarungen, die für die Arbeitnehmerinnen und Arbeitnehmer günstigere Bestimmun-

gen vorsehen, werden durch die Änderungen des Bundesgesetzes BGBl. I Nr. 53/2018 nicht berührt.

(BGBl I 2018/53)

(BGBl 1994/446)

Inkrafttreten und Vollziehung

§ 33. (1) Dieses Bundesgesetz tritt, soweit im folgenden nicht anderes bestimmt wird, am 5. Jänner 1970 in Kraft.

(BGBl 1992/473)

(2) Die Bestimmung des § 12 Abs. 3 betreffend die ununterbrochene Wochenruhe tritt mit der gemäß § 12 Abs. 4 zu erlassenden Verordnung in Kraft.

(BGBl 1994/446)

(3) Mit der Vollziehung dieses Bundesgesetzes sind betraut:

1. hinsichtlich § 26 Abs. 7 und § 27 Abs. 3 der Bundesminister für Finanzen;
2. hinsichtlich des § 15f der Bundesminister für Justiz;
3. hinsichtlich des § 15e Abs. 2 die Bundesregierung;
4. im Übrigen der Bundesminister für Arbeit, Soziales und Konsumentenschutz.

(BGBl 1992/833, BGBl 1994/446, BGBl I 1997/46, BGBl I 2001/98, BGBl I 2007/61, BGBl I 2009/149, BGBl I 2012/35, BGBl I 2013/71)

(4) Der Bundesminister für Arbeit, Soziales und Konsumentenschutz ist auch mit der Vollziehung der Verordnung (EG) Nr. 561/2006 und der (EU) Nr. 165/2014 betraut.

(BGBl 1994/446, BGBl I 2001/98, BGBl I 2006/138, BGBl I 2009/149, BGBl I 2012/35, BGBl I 2014/94, BGBl I 2016/42)

Inkrafttreten von Novellen

§ 34. (1) § 11 in der Fassung des Bundesgesetzes BGBl. Nr. 473/1992 tritt mit 1. Jänner 1993 in Kraft.

(BGBl 1992/473, BGBl I 2014/94)

(2) Die §§ 19b, 19c, 19d, 20 Abs. 1 und 32a in der Fassung des Bundesgesetzes BGBl. Nr. 833/1992 treten mit 1. Jänner 1993 in Kraft.

(BGBl 1992/833, BGBl I 2014/94)

(3) § 19c Abs. 5a in der Fassung des Bundesgesetzes BGBl. Nr. 335/1993 tritt mit 1. Juli 1993 in Kraft.

(BGBl 1993/335, BGBl I 2014/94)

(4) Die §§ 3 Abs. 1, 4 Abs. 1 bis 6, 8 und 9, 4a, 4b, 4c, 5, 5a, 6 Abs. 1 und 1a, 8 Abs. 5, 9, 12 Abs. 2a und 2b, 13, 14, 15, 15a bis 15e, 16, 17 Abs. 1, 2, 5, 6 und Überschrift, 18 Abs. 1 und 2, 19 Abs. 3, 20 Abs. 1 erster Halbsatz, 25, 26, 27 Abs. 2, 28, 32a, 32b, 32c und 33 Abs. 2, in der Fassung des Bundesgesetzes BGBl. Nr. 446/1994 treten mit 1. Juli 1994 in Kraft. Mit diesem Tag tritt auch § 19 Abs. 4 außer Kraft. Verordnungen gemäß § 15e können bereits vor diesem Zeitpunkt erlassen werden, sie treten jedoch frühestens gemeinsam mit § 15e in Kraft.

(BGBl 1994/446, BGBl I 2014/94)

(5) § 24 in der Fassung des Bundesgesetzes BGBl. Nr. 446/1994 tritt mit 1. Jänner 1995 in Kraft.

(BGBl 1994/446, BGBl I 2014/94)

(6) § 4 Abs. 8 und 9 in der Fassung des Bundesgesetzes BGBl. Nr. 417/1996 tritt mit 1. Juli 1996 in Kraft.

(BGBl 1996/417, BGBl I 2014/94)

(7) § 1 Abs. 2 Z 9 und 10, § 9 Abs. 2 und 3, § 20 Abs. 1, § 23, § 27 Abs. 2, § 28 Abs. 1 Z 1, 2 und 7, § 29 Abs. 2 und § 32b in der Fassung des Bundesgesetzes BGBl. I Nr. 8/1997 treten mit 1. Jänner 1997 in Kraft. § 19 tritt mit Ablauf des 31. Dezember 1996 außer Kraft.

(BGBl I 1997/8, BGBl I 1999/88, BGBl I 2014/94)

(8) § 1 Abs. 2 Z 2, 3 und 5, § 4, § 4a, § 5, § 5a Abs. 4, § 6 Abs. 1 und 1a, § 7 Abs. 2 bis 6, § 8 Abs. 2 und 4, § 9 Abs. 1 bis 3, § 10, § 11Abs. 1 und 5, § 12 Abs. 1, 2 und 2b, § 14, § 14a, § 15, § 16, § 17 Abs. 4, § 18 Abs. 1, § 19b Abs. 3 und 4, §§ 19c bis 19g, § 20 Abs. 1, § 20a, § 20b, § 26 Abs. 1 und 7, § 27, § 28 Abs. 1, Abs. 1a Z 3 und 10, Abs. 1b Z 1, § 32a, § 32b und § 32c, in der Fassung des Bundesgesetzes BGBl. I Nr. 46/1997, treten mit 1. Mai 1997 in Kraft. Mit diesem Zeitpunkt treten § 28 Abs. 1a Z 11 und § 32 außer Kraft.

(BGBl I 1997/46, BGBl I 2014/94)

(9) § 9 Abs. 4 und 5, in der Fassung des Bundesgesetzes BGBl. I Nr. 46/1997, treten mit 1. Jänner 1998 in Kraft.

(BGBl I 1997/46, BGBl I 2014/94)

(10) § 9 Abs. 2, 3 und 5, § 19a, § 20 Abs. 1, § 27 Abs. 4 und § 28 Abs. 1 Z 1 bis 8, in der Fassung des Bundesgesetzes BGBl. I Nr. 88/1999 treten mit 1. Jänner 2000 in Kraft.

(BGBl I 1999/88, BGBl I 2014/94)

(11) § 1 Abs. 2 Z 5 und § 19 in der Fassung des Bundesgesetzes BGBl. I Nr. 37/2000 treten mit 1. Juli 2000 in Kraft.

(BGBl I 2000/37, BGBl I 2014/94)

(12) § 28 Abs. 1 bis 1b in der Fassung des Bundesgesetzes BGBl. I Nr. 98/2001 tritt mit 1. Jänner 2002 in Kraft.

(BGBl I 2001/98, BGBl I 2014/94)

(13) § 1 Abs. 2 Z 5 lit. b in der Fassung des Bundesgesetzes BGBl. I Nr. 162/2001 tritt mit 1. Jänner 2002 in Kraft.

(BGBl I 2001/162, BGBl I 2014/94)

(14) § 12a, § 12b, § 12c, § 12d, § 14 Abs. 3, § 19a Abs. 5 und 8, § 20 Abs. 1, § 23, § 24, § 25 Abs. 1, § 28 Abs. 1 sowie § 32c Abs. 3 in der Fassung des Bundesgesetzes BGBl. I Nr. 122/2002 treten mit 1. August 2002 in Kraft.

(BGBl I 2002/122, BGBl I 2014/94)

(15) § 18 Abs. 1, 4 und 5, § 18a, § 18b, § 18c, § 18d, § 20 Abs. 1, § 23, § 28 Abs. 1 Z 2, 3 und

4, sowie § 32 in der Fassung des Bundesgesetzes BGBl. I Nr. 30/2004 treten mit 1. Mai 2004 in Kraft.

(BGBl I 2004/30, BGBl I 2014/94)

(16) § 19d Abs. 8 in der Fassung des Bundesgesetzes BGBl. I Nr. 64/2004 tritt mit 1. Juli 2004 in Kraft.

(BGBl I 2004/64, BGBl I 2014/94)

(17) § 18e, § 28 Abs. 1c und 2 sowie § 32 Z 5 in der Fassung des Bundesgesetzes BGBl. I Nr. 159/2004 treten mit 1. Jänner 2005 in Kraft. Gleichzeitig tritt § 1 Abs. 2 Z 7 außer Kraft.

(BGBl I 2004/159, BGBl I 2014/94)

(18) Die §§ 13, 15d, 17 Abs. 2, 5 und 6, 17a, 17b sowie 28 Abs. 1b und 3 in der Fassung des Bundesgesetzes BGBl. I Nr. 175/2004 treten mit 5. Mai 2005 in Kraft.

(BGBl I 2004/175, BGBl I 2014/94)

(19) Die §§ 6 Abs. 1, 9 Abs. 2, 3 und 5 Z 3, 13 Abs. 1, 13a Abs. 1, 13b, 13c, 14, 17a Abs. 1 und 3, 17c, 18 Abs. 1, 18e, 20, 23, 28 Abs. 5, 32 Z 1 und 6, 32b und 32c Abs. 4 und 5 in der Fassung des Bundesgesetzes BGBl. I Nr. 138/2006 treten mit 1. Juli 2006 in Kraft. Mit diesem Zeitpunkt tritt § 13 Abs. 4 außer Kraft.

(BGBl I 2006/138, BGBl I 2014/94)

(20) Die §§ 13 Abs. 2 und 3, 13a Abs. 2 und 3, 14a, 15 bis 15f, 16 Abs. 1, 17 Abs. 6, 24 Z 3, 28 Abs. 1a bis 4 sowie § 33 Abs. 5 in der Fassung des Bundesgesetzes BGBl. I Nr. 138/2006 treten mit 11. April 2007 in Kraft. Mit diesem Zeitpunkt tritt § 13 Abs. 5 außer Kraft.

(BGBl I 2006/138, BGBl I 2014/94)

(21) § 1a, § 4, § 4a Abs. 2 und 4, § 4b Abs. 4, § 5a Abs. 4, § 6 Abs. 1a, § 7 Abs. 4, 4a, 6 und 6a, § 9 Abs. 2, § 15f Z 3, § 18 Abs. 5, § 19d Abs. 1, 2, 3a bis 3f und 8, § 19f, § 26 Abs. 8 sowie § 28 in der Fassung des Bundesgesetzes BGBl. I Nr. 61/2007 treten mit 1. Jänner 2008 in Kraft. § 26 Abs. 8 ist nur auf Verfallsfristen anzuwenden, die ab diesem Zeitpunkt zu laufen beginnen würden.

(BGBl I 2007/61, BGBl I 2008/124, BGBl I 2014/94)

(22) § 18 Abs. 1 Z 1, § 18a samt Überschrift, § 18e, Unterabschnitt 5a, § 20, § 23, § 24, § 32 sowie § 32c Abs. 6 in der Fassung des Bundesgesetzes BGBl. I Nr. 124/2008 treten am 16. Juli 2008 in Kraft. § 28 Abs. 1 Z 3, Abs. 2 und Abs. 7 tritt mit dem der Kundmachung folgenden Tag in Kraft.

(BGBl I 2008/124, BGBl I 2014/94)

(23) § 2 Abs. 3, § 13 Abs. 1 Z 2 und 6 und Abs. 2 bis 4, § 15e Abs. 1, § 17, § 28 Abs. 3a und 4 bis 6, § 32 Z 7 und 8 sowie § 32c Abs. 7, in der Fassung des Bundesgesetzes BGBl. I Nr. 149/2009, treten mit 1. Jänner 2010 in Kraft.

(BGBl I 2009/149, BGBl I 2014/94)

(24) § 33 Abs. 3 lit. f und g sowie Abs. 4 in der Fassung des 2. Stabilitätsgesetzes 2012, BGBl. I Nr. 35/2012, tritt mit 1. Juli 2012 in Kraft; gleichzeitig tritt § 33 Abs. 3 lit. a und b außer Kraft.

(BGBl I 2012/35, BGBl I 2014/94)

(25) Die §§ 11 Abs. 4 und 12a Abs. 3 in der Fassung des Bundesgesetzes BGBl. I Nr. 3/2013 treten mit 1. Jänner 2013 in Kraft.

(BGBl I 2013/3, BGBl I 2014/94)

(26) § 27 und § 33 Abs. 3 in der Fassung des Bundesgesetzes BGBl. I Nr. 71/2013 treten mit 1. Jänner 2014 in Kraft.

(BGBl I 2013/71, BGBl I 2014/94)

(27) § 26 Abs. 3, 5, 5a, 8 und 9 in der Fassung des Bundesgesetzes BGBl. I Nr. 94/2014 tritt mit 1. Jänner 2015 in Kraft. Mit diesem Zeitpunkt entfällt § 11 Abs. 8 bis 10.

(BGBl I 2014/94)

(28) § 13 Abs. 1 Z 4 und 5 sowie § 32c Abs. 9 treten mit 2. März 2015 in Kraft.

(BGBl I 2014/94)

(29) § 13 Abs. 1 Z 2 sowie Abs. 3, § 15e Abs. 1, § 17 Abs. 1, § 17a Abs. 1 Z 2 und Abs. 2, § 24 Z 4, § 28 Abs. 5 Z 6 und 8 sowie § 33 Abs. 4 in der Fassung des Bundesgesetzes BGBl. I Nr. 94/2014 treten am Tag des Inkrafttretens der Durchführungsrechtsakte der Kommission der Europäischen Union gemäß Art. 4 Abs. 8, 6 Abs. 5, 11 Abs. 1, 12 Abs. 7, 14, 21 Abs. 3, 22 Abs. 5, 31 Abs. 5 sowie 39 Abs. 3 der Verordnung (EU) Nr. 165/2014 in Kraft, frühestens jedoch mit 2. März 2016. Gleiches gilt für das Außerkrafttreten von § 32c Abs. 9. Der Bundesminister für Arbeit, Soziales und Konsumentenschutz hat den Zeitpunkt des Inkrafttretens der genannten Durchführungsrechtsakte im Bundesgesetzblatt I kundzumachen.

(BGBl I 2014/94)

(30) § 12, § 15 Abs. 1a, § 15d, § 19d Abs. 2a, § 20 Abs. 1, § 20b Abs. 1 und 6, § 26 Abs. 2a, § 27 Abs. 3 sowie § 28 Abs. 1 und 2 in der Fassung des Bundesgesetzes BGBl. I Nr. 152/2015 treten mit 1. Jänner 2016 in Kraft.

(BGBl I 2015/152, BGBl I 2016/114)

(31) § 18e Abs. 1 Z 1 und 1a, Abs. 2 Z 1 und 2 sowie Abs. 3 und 4, § 24 Z 5 und § 28 Abs. 7 Z 2 in der Fassung BGBl. I Nr. 152/2015 treten mit 18. Februar 2016 in Kraft. Gleichzeitig tritt § 18e Abs. 5 außer Kraft.

(BGBl I 2015/152)

(32) § 9 Abs. 2, § 13c Abs. 5 und 6, § 18 Abs. 1 Z 4, § 18a Abs. 2, § 18b, § 20 Abs. 1, § 23, § 28 Abs. 1 Z 3, Abs. 2 Z 1, 3 und 7, Abs. 6 und Abs. 8 sowie § 32 Z 8 und 9 in der Fassung des Bundesgesetzes BGBl. I Nr. 114/2016 treten mit 1. Jänner 2017 in Kraft.

(BGBl I 2016/114)

(33) § 19d Abs. 8 in der Fassung des Bundesgesetzes BGBl. I Nr. 30/2017 tritt mit 1. Juli 2017 in Kraft.

(BGBl I 2017/30)

(34) § 17c Abs. 1 in der Fassung des Deregulierungsgesetzes 2017, BGBl. I Nr. 40/2017, tritt mit 1. Juli 2017 in Kraft. § 24 samt Überschrift tritt mit Ablauf des 30. Juni 2017 außer Kraft.

(BGBl I 2017/40)

(35) § 11 Abs. 6, § 20 Abs. 2, § 28 Abs. 2 Z 6 sowie § 32c Abs. 8 und 9 in der Fassung des Bundesgesetzes BGBl. I Nr. 126/2017 treten mit 1. August 2017 in Kraft. Mit diesem Zeitpunkt tritt § 11 Abs. 7 außer Kraft.

(BGBl I 2017/126)

(36) § 9 Abs. 5 Z 4, die Überschrift zu § 19a, § 19a Abs. 1 bis 2d, Abs. 4 erster Satz, Abs. 5 erster Satz sowie Abs. 6 bis 9 in der Fassung des Bundesgesetzes BGBl. I Nr. 127/2017 treten mit 1. Jänner 2018 in Kraft.

(BGBl I 2017/127)

(37) § 1 Abs. 2 Z 7 und 8, § 4 Abs. 7, § 4b Abs. 4 und 5, § 7 Abs. 1, 5 und 6, § 8 Abs. 1 und 2, § 9 Abs. 1 bis 3, § 10 Abs. 4, § 12 Abs. 2a, § 18 Abs. 2, § 19a Abs. 8, § 19b Abs. 3 Z 3 und 5, § 20a Abs. 2, § 26 Abs. 2a, § 28 Abs. 1 Z 3 und Abs. 2 Z 1 sowie § 32c Abs. 10, in der Fassung des Bundesgesetzes BGBl. I Nr. 53/2018, treten mit 1. September 2018 in Kraft. Mit diesem Zeitpunkt entfallen auch § 7 Abs. 2, 4 und 4a sowie § 20b Abs. 6.

(BGBl I 2018/53)

(BGBl I 2014/94)

30/2. Lenkprotokoll-Verordnung

Lenkprotokoll-Verordnung, BGBl II 2017/313

GLIEDERUNG

Verordnung des Bundesministers für Arbeit, Soziales und Konsumentenschutz über das Lenkprotokoll (Lenkprotokoll-Verordnung – LP-VO)

Auf Grund des § 17 Abs. 6 des Arbeitszeitgesetzes, BGBl. Nr. 461/1969, in der Fassung des Bundesgesetzes BGBl. I Nr. 127/2017, wird verordnet:

Geltungsbereich

§ 1. (1) Diese Verordnung gilt für Lenkerinnen/Lenker von Kraftfahrzeugen auf öffentlichen Straßen, auf die § 17 Abs. 3 des Arbeitszeitgesetzes (AZG) anzuwenden ist.

(2) Lenkerinnen/Lenker im Sinne dieser Verordnung sind Personen, die ein Kraftfahrzeug, sei es auch nur für kurze Zeit, selbst lenken oder sich im Kraftfahrzeug befinden, um es gegebenenfalls lenken zu können.

Lenkprotokolle

§ 2. (1) Das persönliche Fahrtenbuch gemäß § 17 Abs. 4 bis 6 AZG ist in Form eines Lenkprotokolls zu führen. Die Lenkprotokolle sind personen- und tagesbezogen und haben inhaltlich den Vorgaben von § 5 Abs. 1 zu entsprechen.

(2) Von der Verpflichtung zur Führung eines Lenkprotokolls sind die Lenkerinnen/Lenker folgender Fahrzeuge ausgenommen:

1. Selbstfahrende Arbeitsmaschinen,
2. Zugmaschinen, deren zulässige Höchstgeschwindigkeit 30 km in der Stunde nicht übersteigt,
3. Fahrzeuge der Kraftfahrzeugindustrie, des Fahrzeughandels und -handwerks bei Überstellungs- und Probefahrten,
4. Kraftwagen, die der gewerbsmäßigen Personenbeförderung dienen und mit einem Taxameter ausgerüstet sind,
5. sonstige Kraftwagen im Sinne des § 2 Abs. 1 Z 5 und 6 KFG 1967 (Personenkraftwagen, Kombinationskraftwagen), wenn diese nicht der gewerbsmäßigen Personenbeförderung dienen,
6. Spezialfahrzeuge zur Durchführung von Geld- oder Werttransporten gemäß § 5 Abs. 2 der Lenker/innen-Ausnahmeverordnung – L-AVO, BGBl. II Nr. 10/2010,
7. Kraftfahrzeuge zur Güterbeförderung mit nicht mehr als 3,5 t zulässigem Gesamtgewicht, wenn das Lenken eines Kraftfahrzeuges nicht die berufliche Haupttätigkeit der Lenkerin/des Lenkers ist und die Lenkzeit während einer Kalenderwoche
   a) täglich weniger als zwei Stunden beträgt, oder
   b) täglich weniger als vier Stunden, sofern die wöchentliche Lenkzeit weniger als ein Fünftel der Wochenarbeitszeit (§ 3 Abs. 1 AZG) beträgt.

(3) Das Zentral-Arbeitsinspektorat hat auf der Website der Arbeitsinspektion Muster für Lenkprotokolle zum Download zur Verfügung zu stellen.

Pflichten der Arbeitgeberin/des Arbeitgebers

§ 3. (1) Die Arbeitgeberin/der Arbeitgeber hat an die Lenkerinnen/Lenker kostenlos und in ausreichender Zahl Lenkprotokolle auszugeben, oder es zu ermöglichen, dass die Lenkprotokolle kostenlos heruntergeladen und ausgedruckt werden können. Werden gemäß § 5 Abs. 4 elektronische Geräte eingesetzt, sind zumindest Lenkprotokolle für eine ersatzweise händische Führung gemäß Abs. 5 letzter Satz zur Verfügung zu stellen.

(2) Die Arbeitgeberin/der Arbeitgeber hat

1. jeder Lenkerin/jedem Lenker die für eine ordnungsgemäße Verwendung der Lenkprotokolle erforderlichen Anleitungen zu geben,
2. dafür Sorge zu tragen, dass die Lenkerinnen/Lenker all ihren Verpflichtungen bezüglich der Lenkprotokolle nachkommen, sowie
3. ein Verzeichnis über die als Lenkerinnen/Lenker eingesetzten Arbeitnehmerinnen/Arbeitnehmer samt Geburtsdatum zu führen.

(3) Die Lenkprotokolle sind von der Arbeitgeberin/vom Arbeitgeber mindestens einmal monatlich daraufhin zu überprüfen, ob die vorgeschriebenen Angaben eingetragen wurden. Dies ist im Verzeichnis mit Datum und Unterschrift zu vermerken.

(4) Die Arbeitgeberin/der Arbeitgeber hat die Lenkprotokolle nach dem Ende der Mitführungspflicht gemäß § 4 Abs. 1 mindestens 24 Monate geordnet nach Lenkerinnen/Lenker und Datum aufzubewahren sowie den zuständigen Behörden und deren Organen die aufzubewahrenden Lenk-

protokolle sowie das Verzeichnis auf Verlangen zur Einsicht vorzulegen oder zu übermitteln. Die Arbeitgeberin/der Arbeitgeber hat der Lenkerin/dem Lenker auf Verlangen kostenlos Kopien der Lenkprotokolle auszuhändigen.

(5) Werden elektronische Geräte gemäß § 5 Abs. 4 eingesetzt, gelten folgende Abweichungen:

1. Anstelle der Kopien gemäß Abs. 4 letzter Satz sind kostenlose Ausdrucke auszuhändigen.
2. Die Arbeitgeberin/der Arbeitgeber hat sicherzustellen, dass alle einer Lenkerin/einem Lenker zugeordnete Daten bis zum Ablauf der Frist nach Abs. 4 im Betrieb lückenlos und lesbar eingesehen, ausgedruckt und den Organen der Arbeitsinspektion übermittelt werden können.
3. Abweichend von § 4 Abs. 3 letzter Satz sind fehlerhafte Aufzeichnungen durch Bedienungsfehler sowie Abweichungen nach § 15d AZG in ein Lenkprotokoll einzutragen. Abs. 4 ist anzuwenden.

Bei einem Defekt des Gerätes sind Lenkprotokolle ersatzweise händisch zu führen.

Pflichten der Lenkerin/des Lenkers

§ 4. (1) Die Lenkerinnen/Lenker haben an Tagen, an denen sie ein Kraftfahrzeug lenken, soweit im Folgenden nicht anderes bestimmt wird, laufend Eintragungen in das Lenkprotokoll vorzunehmen und die Lenkprotokolle der letzten 28 Kalendertage mit sich zu führen. Diese Protokolle sind den Kontrollorganen über deren Verlangen vorzuweisen. Eine Verwendung verschiedener Lenkprotokolle an einem Tag ist nicht zulässig.

(2) Die Lenkerin/der Lenker hat die Lenkprotokolle der Arbeitgeberin/dem Arbeitgeber mindestens einmal monatlich zur Überprüfung und Unterfertigung (§ 3 Abs. 3) vorzulegen. Nach dem Ende der Frist gemäß Abs. 1 sind die Protokolle der Arbeitgeberin/dem Arbeitgeber zur Aufbewahrung zu übergeben.

(3) Die Lenkerin/der Lenker hat das Lenkprotokoll selbst auszufüllen und zu unterschreiben. Eintragungen sind händisch vorzunehmen; sie dürfen nicht durch Radieren oder Überschreiben ausgebessert oder geändert werden. Fehler, selbst Schreibfehler, sind im Feld „Bemerkungen“ zu berichtigen. Streichungen fehlerhafter Eintragungen sind ohne Eintragung im Feld „Bemerkungen“ nur zulässig, wenn der Inhalt der ursprünglichen Eintragungen erkennbar bleibt.

Form und Gestaltung der Lenkprotokolle

§ 5. (1) Die Lenkprotokolle haben folgende Felder zur Eintragung zu enthalten:

1. Vor- und Zuname der Lenkerin/des Lenkers,
2. Datum,
3. behördliche Kennzeichen des oder der Kraftfahrzeuge,
4. Kilometerstand bei Beginn und bei Ende des Arbeitstages sowie bei Fahrzeugwechsel,
5. die folgenden Zeitangaben:
   a) Beginn und Ende der Einsatzzeit,
   b) Beginn und Ende der Ruhepausen,
   c) Beginn und Ende von Lenkpausen, soweit sie nicht mit Ruhepausen zusammenfallen,
   d) Beginn und Ende aller sonstigen Arbeitszeiten,
   e) Gesamtdauer der Lenkzeit,
6. Unterschrift der Lenkerin/des Lenkers,
7. Bemerkungen.

(2) Die Aufzeichnung der Gesamtdauer der Lenkzeit (Abs. 1 Z 5 lit. e) kann durch die Arbeitgeberin/den Arbeitgeber erfolgen, spätestens jedoch vor Beginn der Aufbewahrung gemäß § 3 Abs. 4.

(3) Die Aufzeichnung von Beginn und Ende aller sonstigen Arbeitszeiten (Abs. 1 Z 5 lit. d) und der Gesamtdauer der Lenkzeit (Abs. 1 Z 5 lit. e) kann entfallen, wenn entweder

1. keine Ausnahme nach § 9 Abs. 2 AZG wirksam ist, oder
2. der Kollektivvertrag bei Verlängerung der Arbeitszeit nach § 13b Abs. 2 und 3 AZG den Entfall zulässt.

(4) Der Einsatz elektronischer Geräte zur Aufzeichnung der in Abs. 1 Z 1 bis 5 genannten Daten anstelle des Lenkprotokolls ist zulässig, sofern:

1. die Daten nach Abs. 1 von den Lenkerinnen/Lenkern laufend selbst eingegeben werden können und jederzeit abrufbar sind,
2. alle Daten einer/einem bestimmten Lenkerin/Lenker zugeordnet werden können,
3. alle Daten vollständig, geordnet, inhaltsgleich, authentisch und in einem System zusammengefasst sind und wiedergegeben werden können und
4. die Einsichtnahme in die Daten, die Vorlage sowie auf Verlangen die Übermittlung der Daten, jeweils in lesbarer Form, an die zuständigen Behörden und ihre Organe jederzeit gewährleistet ist. Auf Verlangen ist auch ein Ausdruck dieser Daten vorzunehmen.

Übergangsbestimmung

§ 6. (1) Allgemeine persönliche Fahrtenbücher nach der Fahrtenbuchverordnung – FahrtbV, BGBl. Nr. 461/1975, können bis Ablauf des 31. Dezember 2018 an Stelle der nach § 2 dieser Verordnung vorgeschriebenen Lenkprotokolle weiter verwendet werden.

(2) Geeignete Nachweise, die durch Bescheid oder durch Kenntnisnahme auf Grund von § 8 Abs. 3 FahrtbV zugelassen wurden, treten mit Ablauf des 31. Dezember 2017 außer Kraft.

In- und Außerkrafttreten

§ 7. (1) Diese Verordnung tritt mit 1. Jänner 2018 in Kraft.

(2) Die Fahrtenbuchverordnung – FahrtbV, BGBl. Nr. 461/1975, tritt mit Ablauf des 31. De-

zember 2017 außer Kraft. Ihre Vorschriften gelten jedoch weiterhin, wenn Fahrtenbücher gemäß § 6 weiter verwendet werden.

30/3. Lenker/innen-Ausnahmeverordnung

Lenker/innen-Ausnahmeverordnung, BGBl II 2010/10 idF

1 BGBl II 2013/231 **2** BGBl II 2014/280 **3** BGBl II 2016/140
4 BGBl II 2020/575

GLIEDERUNG

Verordnung des Bundesministers für Arbeit, Soziales und Konsumentenschutz, mit der für Lenkerinnen und Lenker bestimmter Kraftfahrzeuge Abweichungen von den Verordnungen (EU) Nr. 165/2014 und (EG) Nr. 561/2006 sowie vom Arbeitszeitgesetz festgelegt werden (Lenker/innen-Ausnahmeverordnung – AVO)

(BGBl II 2016/140)

Auf Grund des § 15e Abs. 1 des Arbeitszeitgesetzes (AZG), BGBl. Nr. 461/1969, zuletzt geändert durch das Bundesgesetz BGBl I Nr. 100/2018, wird verordnet:

ABSCHNITT 1
Geltungsbereich

§ 1. (1) Ausnahmen nach dieser Verordnung gelten

1. nur für den innerstaatlichen Straßenverkehr;
2. nicht für Fahrten, bei denen die Fahrzeuge für andere als die in den folgenden Bestimmungen festgesetzten Zwecke verwendet werden.

(2) Für die in Abschnitt 2 dieser Verordnung genannten Lenkerinnen und Lenker kommen die Vorschriften für sonstige Fahrzeuge gemäß Abschnitt 4 des Arbeitszeitgesetzes zur Anwendung.

ABSCHNITT 2
Generelle Ausnahmen

Allgemeine Freistellung

§ 2. Die Lenkerinnen und Lenker folgender Fahrzeuge werden von der Anwendung der Verordnung (EU) Nr. 165/2014 gemäß Artikel 3 Abs. 2 sowie von der Anwendung der Verordnung (EG) Nr. 561/2006 gemäß Artikel 13 Abs. 1 zur Gänze freigestellt:

1. Fahrzeuge, die von Landwirtschafts-, Gartenbau-, Forstwirtschafts- oder Fischereiunternehmen zur Güterbeförderung im Rahmen ihrer eigenen unternehmerischen Tätigkeit in einem Umkreis von bis zu 100 km vom Standort des Unternehmens benutzt oder ohne Lenker bzw. Lenkerin angemietet werden, sofern auf das Arbeitsverhältnis das AZG anzuwenden ist;
2. land- und forstwirtschaftliche Zugmaschinen, die für land- oder forstwirtschaftliche Tätigkeiten eingesetzt werden, und zwar in einem Umkreis von bis zu 100 km vom Standort des Unternehmens, das das Fahrzeug besitzt, anmietet oder least, sofern auf das Arbeitsverhältnis das AZG anzuwenden ist;
3. Fahrzeuge, die zum Fahrschulunterricht und zur Fahrprüfung zwecks Erlangung des Führerscheins oder eines beruflichen Befähigungsnachweises dienen, sofern diese Fahrzeuge nicht für die gewerbliche Personen- oder Güterbeförderung benutzt werden. Die Pflicht zum Einbau eines Kontrollgerätes zu Schulungszwecken gemäß § 114 Abs. 4a Kraftfahrgesetz 1967 (KFG), BGBl. Nr. 267, in der jeweils geltenden Fassung, bleibt unberührt;
4. Spezialfahrzeuge, die Ausrüstungen des Zirkus- oder Schaustellergewerbes transportieren;
5. speziell ausgerüstete Projektfahrzeuge für mobile Projekte, die hauptsächlich im Stand zu Lehrzwecken dienen;
6. Fahrzeuge, die ausschließlich auf Straßen in Güterverteilzentren wie Häfen, Umschlagan-

lagen des Kombinierten Verkehrs und Eisenbahnterminals benutzt werden;

7. Fahrzeuge, die innerhalb eines Umkreises von bis zu 100 km für die Beförderung lebender Tiere von den landwirtschaftlichen Betrieben zu den lokalen Märkten und umgekehrt oder von den Märkten zu den lokalen Schlachthäusern verwendet werden;
   (BGBl II 2014/280, BGBl II 2020/575)
8. Fahrzeuge mit zehn bis 17 Sitzen, die ausschließlich zur nichtgewerblichen Personenbeförderung verwendet werden;
   (BGBl II 2020/575)
9. Fahrzeuge mit Elektroantrieb mit einem höchsten zulässigen Gesamtgewicht von nicht mehr als 4 250 kg, die im Umkreis von 50 km vom Standort des Unternehmens zur Güterbeförderung verwendet werden.
   (BGBl II 2020/575)

(BGBl II 2016/140)

Eingeschränkte Freistellung

§ 3. Von der Anwendung der Verordnung (EU) Nr. 165/2014 gemäß Artikel 3 Abs. 2 sowie von der Anwendung der Verordnung (EG) Nr. 561/2006 gemäß Artikel 13 Abs. 1 zur Gänze freigestellt werden die Lenkerinnen und Lenker von Fahrzeugen, die in Verbindung mit Kanalisation, Hochwasserschutz, Wasser-, Gas- und Elektrizitätsversorgung, den Telegramm- und Telefonanbietern, Radio- und Fernsehsendern sowie zur Erfassung von Radiobzw. Fernsehsendern oder -geräten eingesetzt werden, wenn das Lenken des Fahrzeuges für die Lenkerin oder den Lenker nicht die Haupttätigkeit darstellt.

(BGBl II 2014/280, BGBl II 2016/140)

ABSCHNITT 3
Ausnahmen von einzelnen Vorschriften

Milchsammelfahrzeuge

§ 4. (1) Abweichend von Art. 7 der Verordnung (EG) Nr. 561/2006 und § 15 AZG kann bei Lenkerinnen und Lenkern an Tagen, an denen sie ausschließlich auf Milchsammelfahrzeugen eingesetzt werden, die Lenkpause entfallen.

(2) Milchsammelfahrzeuge im Sinne des Abs. 1 sind Fahrzeuge, die zum Sammeln von Rohmilch bei landwirtschaftlichen Betrieben verwendet werden.

Spezialfahrzeuge für Geld- oder Werttransporte

§ 5. (1) Abweichend von Art. 7 der Verordnung (EG) Nr. 561/2006 und § 15 AZG kann für Lenkerinnen und Lenker von Spezialfahrzeugen zur Durchführung von Geld- oder Werttransporten die Lenkpause entfallen.

(2) Spezialfahrzeuge für Geld- oder Werttransporte sind Fahrzeuge, die im Rahmen des Güterbeförderungsgesetzes oder der Gewerbeordnung für Transporte von Bargeld oder sonstigen Valoren verwendet werden, die über besondere konstruktive Merkmale oder besondere sicherheitstechnische Ausrüstungen verfügen, die dem Schutz vor kriminellen Angriffen gegen das Transportgut dienen.

Hausmüllabfuhr

§ 6. Abweichend von Art. 7 der Verordnung (EG) Nr. 561/2006 und § 15 AZG kann bei Lenkerinnen und Lenkern an Tagen, an denen sie ausschließlich und nachweislich zur Hausmüllabfuhr eingesetzt werden, die Lenkpause entfallen.

(BGBl II 2016/140)

Schneeräumfahrzeuge

§ 7. Abweichend von Art. 7 der Verordnung (EG) Nr. 561/2006 und § 15 AZG kann bei Lenkerinnen und Lenkern an Tagen, an denen sie ausschließlich und nachweislich von Straßenerhaltern oder von Unternehmen, die von Straßenerhaltern beauftragt wurden, für den Winterdienst eingesetzt werden, die Lenkpause entfallen.

(BGBl II 2016/140)

Regionaler Kraftfahrlinienverkehr

§ 7a. Abweichend von § 17 Abs. 1 AZG kann bei der Verwendung des Kontrollgerätes im Ortslinienverkehr im Sinne des § 24 Abs. 2a KFG unter der Voraussetzung, dass die jeweiligen Aufzeichnungen in der Betriebsstätte aufliegen, von folgenden Bestimmungen des Arbeitszeitgesetzes und der Verordnung (EU) Nr. 165/2014 abgewichen werden:

1. von der Verpflichtung zur Mitführung eines Nachweises über Zeiten während des laufenden Tages und der vergangenen 56 Tage, bis zum Ablauf des 31. Dezember 2024 28 Tage, in denen sich die Lenkerin oder der Lenker in Krankenstand oder Urlaub befunden hat oder ein Fahrzeug gelenkt hat, für das keine Kontrollgerätepflicht besteht;
2. bis zum Ablauf des 31. Dezember 2024 von der Verpflichtung zur manuellen Eingabe gemäß § 17a Abs. 1 Z 1 AZG in Verbindung mit Art. 34 Abs. 3 der Verordnung (EU) Nr. 165/2014, wenn ein Lenkerwechsel erfolgt.

(BGBl II 2020/575)

Fahrzeuge für die Lieferung von Transportbeton

§ 7b. (1) Abweichend von Art. 7 der Verordnung (EG) Nr. 561/2006 und § 15 AZG kann bei Lenkerinnen und Lenkern an Tagen, an denen sie ausschließlich auf Fahrzeugen eingesetzt werden, die für die Lieferung von Transportbeton verwendet werden, die Lenkpause entfallen.

(2) Fahrzeuge im Sinne des Abs. 1 sind Fahrzeuge, die für die Lieferung von Beton in frischem Zustand (Frischbeton) verwendet werden.

(BGBl II 2020/575)

ABSCHNITT 4
Schlussbestimmungen

§ 8. (1) Diese Verordnung tritt mit 1. Jänner 2010 in Kraft.

(2) Die Lenker/innen-Ausnahmeverordnung (L-AVO), BGBl. II Nr. 23/2008, tritt mit Ablauf des 31. Dezember 2009 außer Kraft.

(3) § 7a in der Fassung der Verordnung BGBl. II Nr. 280/2014 tritt am 1. Jänner 2015 in Kraft.

(BGBl II 2013/231, BGBl II 2014/280)

(4) Die §§ 2 und 3 in der Fassung der Verordnung BGBl. II Nr. 280/2014 treten am 2. März 2015 in Kraft.

(BGBl II 2014/280)

(5) Der Titel der Verordnung sowie die §§ 2, 3, 6, 7 und 7a in der Fassung der Verordnung BGBl. II Nr. 140/2016 treten mit 15. Juni 2016 in Kraft.

(BGBl II 2016/140)

(6) § 2 Z 7 bis 9 sowie die §§ 7a und 7b in der Fassung der Verordnung BGBl. II Nr. 575/2020 treten mit dem der Kundmachung folgenden Tag in Kraft.

(BGBl II 2020/575)

30/4. Arbeitsruhegesetz

Arbeitsruhegesetz, BGBl 1983/144 idF

1 BGBl 1990/413	**2** BGBl 1990/730	**3** BGBl 1991/158
4 BGBl 1994/446	**5** BGBl 1995/804	**6** BGBl 1996/410
7 BGBl I 1997/5	**8** BGBl I 1997/46	**9** BGBl I 1999/88
10 BGBl I 1999/98	**11** BGBl I 2001/98	**12** BGBl I 2003/48
13 BGBl I 2004/30	**14** BGBl I 2004/159	**15** BGBl I 2004/175
16 BGBl I 2006/138	**17** BGBl I 2007/61	**18** BGBl I 2008/124
19 BGBl I 2009/149	**20** BGBl I 2010/93	**21** BGBl I 2010/100
22 BGBl I 2012/35	**23** BGBl I 2013/71	**24** BGBl I 2014/91
25 BGBl I 2015/152	**26** BGBl I 2016/114	**27** BGBl I 2017/40
28 BGBl I 2017/126	**29** BGBl I 2017/127	**30** BGBl I 2018/53
31 BGBl I 2019/22		

GLIEDERUNG

STICHWORTVERZEICHNIS

Bundesgesetz vom 3. Feber 1983 über die wöchentliche Ruhezeit und die Arbeitsruhe an Feiertagen (Arbeitsruhegesetz – ARG)

Der Nationalrat hat beschlossen:

1. ABSCHNITT
Geltungsbereich

§ 1. (1) Dieses Bundesgesetz gilt für Arbeitnehmer aller Art, soweit im folgenden nicht anderes bestimmt wird.

(2) Ausgenommen sind:

1. Arbeitnehmer, die in einem Arbeitsverhältnis zu einer Gebietskörperschaft oder zu einem Gemeindeverband stehen, soweit sie nicht
   a) in Betrieben eines Landes, einer Gemeinde oder eines Gemeindeverbandes beschäftigt sind,
   b) in Betrieben des Bundes beschäftigt sind;
2. Arbeitnehmer von Kraftfahrlinienunternehmungen im Sinne des Kraftfahrliniengesetzes (KfLG), BGBl. I Nr. 203/1999, soweit für diese Arbeitnehmer zwingende dienstrechtliche Vorschriften über die wöchentliche Ruhezeit gelten;
   (BGBl I 2001/98, BGBl I 2004/30)
3. nahe Angehörige der Arbeitgeberin bzw. des Arbeitgebers (Eltern, volljährige Kinder, im gemeinsamen Haushalt lebende Ehegattin oder Ehegatte, eingetragene Partnerin oder Partner, sowie Lebensgefährtin oder Lebensgefährte, wenn seit mindestens drei Jahren ein gemeinsamer Haushalt besteht), deren gesamte Arbeitszeit auf Grund der besonderen Merkmale der Tätigkeit
   a) nicht gemessen oder im Voraus festgelegt wird, oder
   b) von diesen Arbeitnehmerinnen bzw. Arbeitnehmern hinsichtlich Lage und Dauer selbst festgelegt werden kann;
   (BGBl I 2001/98, BGBl I 2004/30, BGBl I 2004/159, BGBl I 2018/53)
4. Lehr- und Erziehungskräfte an Unterrichts- und Erziehungsanstalten, soweit sie nicht bereits unter Z 1 fallen;
5. leitende Angestellte oder sonstige Arbeitnehmerinnen und Arbeitnehmer, denen maßgebliche selbständige Entscheidungsbefugnis übertragen ist und deren gesamte Arbeitszeit auf Grund der besonderen Merkmale der Tätigkeit
   a) nicht gemessen oder im Voraus festgelegt wird, oder
   b) von diesen Arbeitnehmerinnen bzw. Arbeitnehmern hinsichtlich Lage und Dauer selbst festgelegt werden kann;
   (BGBl I 2018/53)
6. Arbeitnehmer, für die folgende Vorschriften gelten:
   a) das Hausbesorgergesetz, BGBl. Nr. 16/1970;
   b) das Hausgehilfen- und Hausangestelltengesetz, BGBl. Nr. 235/1962;
   c) das Bundesgesetz über die Beschäftigung von Kindern und Jugendlichen 1987, BGBl. Nr. 599;
   (BGBl I 2001/98)
   d) das Landarbeitsgesetz 1984, BGBl. Nr. 287;
   (BGBl I 2001/98)
   e) das Seeschifffahrtsgesetz, BGBl. Nr. 174/1981, soweit für diese Arbeitnehmer kollektivvertragliche Regelungen entsprechend § 4 des Anhanges der Richtlinie 1999/63/EG gelten;
   (BGBl I 2004/30)
7. Arbeitnehmer, die dem Bäckereiarbeiter/innengesetz 1996, BGBl. Nr. 410/1996, unterliegen;
   (BGBl 1996/410)
8. Arbeitnehmer, die in Theaterunternehmen im Sinne des § 1 Abs. 2 des Theaterarbeitsgesetzes (TAG), BGBl. I Nr. 100/2010, beschäftigt sind;
   (BGBl I 2010/100)
9. Heimarbeiter, auf die das Heimarbeitsgesetz 1960, BGBl. Nr. 105/1961, anzuwenden ist.

(3) Auf Arbeitnehmer gesetzlich anerkannter Kirchen und Religionsgesellschaften, die nicht in Betrieben beschäftigt sind, findet dieses Gesetz Anwendung, wenn keine gleichwertige interne Regelung besteht.

2. ABSCHNITT
Wochenendruhe, Wochenruhe, Ersatzruhe und Feiertagsruhe

Begriff der Ruhezeit

§ 2. (1) Im Sinne dieses Bundesgesetzes ist

1. Wochenendruhe eine ununterbrochene Ruhezeit von 36 Stunden, in die der Sonntag fällt (§ 3);
2. Wochenruhe eine ununterbrochene Ruhezeit von 36 Stunden in der Kalenderwoche (§ 4);
3. wöchentliche Ruhezeit sowohl die Wochenendruhe als auch die Wochenruhe;
4. Ersatzruhe eine ununterbrochene Ruhezeit, die als Abgeltung für die während der wöchentlichen Ruhezeit geleistete Arbeit zusteht (§ 6);
5. Feiertagsruhe eine ununterbrochene Ruhezeit von 24 Stunden, die frühestens um 0 Uhr und spätestens um 6 Uhr des gesetzlichen Feiertages beginnt (§ 7).

(2) Während der Wochenend- und Feiertagsruhe darf im Rahmen der §§ 10 bis 18 nur die unumgänglich notwendige Anzahl von Arbeitnehmern beschäftigt werden.

(3) Soweit in diesem Bundesgesetz personenbezogene Bezeichnungen noch nicht geschlechtsneutral formuliert sind, gilt die gewählte Form für beide Geschlechter.

(BGBl I 2009/149)

Wochenendruhe

§ 3. (1) Der Arbeitnehmer hat in jeder Kalenderwoche Anspruch auf eine ununterbrochene Ruhezeit von 36 Stunden, in die der Sonntag zu fallen hat (Wochenendruhe). Während dieser Zeit darf der Arbeitnehmer nur beschäftigt werden, wenn dies auf Grund der §§ 2 Abs. 2, 10 bis 18 zulässig ist.

(2) Die Wochenendruhe hat für alle Arbeitnehmer spätestens Samstag um 13 Uhr, für Arbeitnehmer, die mit unbedingt notwendigen Abschluß-, Reinigungs-, Instandhaltungs- oder Instandsetzungsarbeiten beschäftigt sind, spätestens Samstag um 15 Uhr zu beginnen.

(2a) Bei nicht durchlaufender mehrschichtiger Arbeitsweise hat die Wochenendruhe spätestens Samstag um 24 Uhr zu beginnen.

(BGBl I 2007/61)

(3) In Betrieben mit einer werktags durchlaufenden mehrschichtigen Arbeitsweise hat die Wochenendruhe spätestens mit Ende der Nachtschicht zum Sonntag zu beginnen und darf frühestens mit Beginn der Nachtschicht zum Montag enden.

(4) Wird in Verbindung mit Feiertagen eingearbeitet und die ausfallende Arbeitszeit auf die Werktage der die Ausfallstage einschließenden Wochen verteilt (§ 4 Abs. 2 und 3 des Arbeitszeitgesetzes, BGBl. Nr. 461/1969), so kann der Beginn der Wochenendruhe im Einarbeitungszeitraum bis spätestens Samstag 18 Uhr aufgeschoben werden.

(BGBl I 1997/46)

Wochenruhe

§ 4. Der Arbeitnehmer, der nach der für ihn geltenden Arbeitszeiteinteilung während der Zeit der Wochenendruhe beschäftigt wird, hat in jeder Kalenderwoche an Stelle der Wochenendruhe Anspruch auf eine ununterbrochene Ruhezeit von 36 Stunden (Wochenruhe). Die Wochenruhe hat einen ganzen Wochentag einzuschließen.

Abweichende Regelung der wöchentlichen Ruhezeit

§ 5. (1) Zur Ermöglichung der Schichtarbeit kann im Schichtplan die wöchentliche Ruhezeit abweichend von den §§ 3 und 4 geregelt werden.

(2) Das Ausmaß der wöchentlichen Ruhezeit kann in den Fällen des Abs. 1 bis auf 24 Stunden gekürzt werden. In einem Durchrechnungszeitraum von vier Wochen muß dem Arbeitnehmer jedoch eine durchschnittliche wöchentliche Ruhezeit von 36 Stunden gesichert sein. Zur Berechnung dürfen nur mindestens 24stündige Ruhezeiten herangezogen werden.

(3) Der/die Bundesminister/in für Arbeit, Soziales, Gesundheit und Konsumentenschutz kann auf Antrag des Arbeitgebers nach Anhörung der gesetzlichen Interessenvertretungen der Arbeitgeber und Arbeitnehmer abweichend von Abs. 2 Schichtpläne zulassen. Sie können die wöchentliche Ruhezeit von mindestens 24 Stunden unterschreiten oder den vierwöchigen Durchrechnungszeitraum überschreiten, wenn dies aus wichtigen Gründen erforderlich und mit den Interessen der Arbeitnehmer vereinbar ist. Solche Schichtpläne können befristet werden.

(BGBl I 1997/46, BGBl I 2001/98, BGBl I 2009/149, BGBl I 2019/22)

(4) Der/die Bundesminister/in für Arbeit, Soziales, Gesundheit und Konsumentenschutz hat Ausnahmen gemäß Abs. 3 von Amts wegen oder auf Antrag einer der gesetzlichen Interessenvertretungen der Arbeitgeber oder Arbeitnehmer, des Arbeitgebers oder von Organen der Arbeitnehmerschaft des Betriebes abzuändern oder zu widerrufen, wenn die Voraussetzungen des Abs. 3 nicht mehr vorliegen.

(BGBl I 1997/46, BGBl I 2001/98, BGBl I 2009/149, BGBl I 2019/22)

(5) Für Arbeitnehmer, die auf im öffentlichen Interesse betriebenen Großbaustellen oder auf Baustellen der Wildbach- und Lawinenverbauung in Gebirgsregionen beschäftigt sind, kann durch Kollektivvertrag die wöchentliche Ruhezeit abweichend von den §§ 3 und 4 geregelt werden. Die wöchentliche Ruhezeit kann für einzelne Wochen gekürzt werden oder zur Gänze entfallen, wenn in einem vierwöchigen Durchrechnungszeitraum eine durchschnittliche wöchentliche Ruhezeit von 36 Stunden gesichert ist. Abs. 2 dritter Satz gilt sinngemäß.

(6) Für Arbeitnehmer, die bei der Herstellung oder beim Vertrieb von Tageszeitungen und Montagfrühblättern beschäftigt sind, kann durch Kollektivvertrag die wöchentliche Ruhezeit abwei-

chend von den §§ 3 und 4 geregelt werden. Die wöchentliche Ruhezeit kann bis auf 24 Stunden gekürzt werden, wenn in einem vierwöchigen Durchrechnungszeitraum eine durchschnittliche wöchentliche Ruhezeit von 36 Stunden gesichert ist. Abs. 2 dritter Satz gilt sinngemäß.

Ersatzruhe

§ 6. (1) Der Arbeitnehmer, der während seiner wöchentlichen Ruhezeit (§ 2 Abs. 1 Z 3) beschäftigt wird, hat in der folgenden Arbeitswoche Anspruch auf Ersatzruhe, die auf seine Wochenarbeitszeit anzurechnen ist. Die Ersatzruhe ist im Ausmaß der während der wöchentlichen Ruhezeit geleisteten Arbeit zu gewähren, die innerhalb von 36 Stunden vor dem Arbeitsbeginn in der nächsten Arbeitswoche erbracht wurde.

(2) Während der Ersatzruhe nach Abs. 1 dürfen Arbeitnehmer nur im Rahmen der §§ 11 oder 14 beschäftigt werden.

(3) Wird ein Arbeitnehmer während der Ersatzruhe gemäß Abs. 1 beschäftigt, so ist diese Ersatzruhe im entsprechenden Ausmaß zu einer anderen, einvernehmlich festgesetzten Zeit nachzuholen.

(4) Während der Ersatzruhe nach Abs. 3 dürfen Arbeitnehmer nur zur Abwendung einer unmittelbaren Gefahr für die Sicherheit des Lebens oder für die Gesundheit von Menschen oder bei Notstand beschäftigt werden. Hiefür gebührt keine weitere Ersatzruhe.

(5) Die Ersatzruhe hat unmittelbar vor dem Beginn der folgenden wöchentlichen Ruhezeit zu liegen, soweit vor Antritt der Arbeit, für die Ersatzruhe gebührt, nicht anderes vereinbart wurde.

Rufbereitschaft

§ 6a. Rufbereitschaft außerhalb der Arbeitszeit darf nur während zwei wöchentlichen Ruhezeiten pro Monat vereinbart werden.

(BGBl I 1997/46)

Feiertagsruhe

§ 7. (1) Der Arbeitnehmer hat an Feiertagen Anspruch auf eine ununterbrochene Ruhezeit von mindestens 24 Stunden, die frühestens um 0 Uhr und spätestens um 6 Uhr des Feiertages beginnen muß.

(2) Feiertage im Sinne dieses Bundesgesetzes sind: 1. Jänner (Neujahr), 6. Jänner (Heilige Drei Könige), Ostermontag, 1. Mai (Staatsfeiertag), Christi Himmelfahrt, Pfingstmontag, Fronleich nam, 15. August (Mariä Himmelfahrt), 26. Oktober (Nationalfeiertag), 1. November (Allerheiligen), 8. Dezember (Mariä Empfängnis), 25. Dezember (Weihnachten), 26. Dezember (Stephanstag).

(3) (aufgehoben)

(BGBl I 2004/159, BGBl I 2019/22)

(4) Feiertage dürfen auf die wöchentliche Ruhezeit nur angerechnet werden, soweit sie in die Zeit der wöchentlichen Ruhezeit fallen.

(5) In Betrieben mit einer werktags durchlaufenden mehrschichtigen Arbeitsweise hat die Feiertagsruhe spätestens mit Ende der Nachtschicht zum Feiertag zu beginnen und darf frühestens mit Beginn der Nachtschicht zum nächsten Werktag enden.

(BGBl 1990/413)

(6) Ist für die Normalarbeitszeit (§ 3 Arbeitszeitgesetz) an Feiertagen Zeitausgleich vereinbart, so muß dieser mindestens einen Kalendertag oder 36 Stunden umfassen.

(7) Fällt ein Feiertag auf einen Sonntag, so sind die §§ 3 bis 5 anzuwenden.

Einseitiger Urlaubsantritt („persönlicher Feiertag")

§ 7a. (1) Der Arbeitnehmer kann den Zeitpunkt des Antritts eines Tages des ihm zustehenden Urlaubs einmal pro Urlaubsjahr einseitig bestimmen. Der Arbeitnehmer hat den Zeitpunkt spätestens drei Monate im Vorhinein schriftlich bekannt zu geben.

(2) Es steht dem Arbeitnehmer frei, auf Ersuchen des Arbeitgebers den bekannt gegebenen Urlaubstag nicht anzutreten. In diesem Fall hat der Arbeitnehmer weiterhin Anspruch auf diesen Urlaubstag. Weiters hat er für den bekannt gegebenen Tag außer dem Urlaubsentgelt Anspruch auf das für die geleistete Arbeit gebührende Entgelt, insgesamt daher das doppelte Entgelt, womit das Recht gemäß Abs. 1 erster Satz konsumiert ist.

(3) Abweichend von § 1 Abs. 2 Z 2 bis 9 gilt diese Bestimmung auch für diese Personen.

(BGBl I 2019/22)

Freizeit zur Erfüllung der religiösen Pflichten

§ 8. (1) Der Arbeitnehmer, der während der Wochenend- oder Feiertagsruhe beschäftigt wird, hat auf Verlangen Anspruch auf die zur Erfüllung seiner religiösen Pflichten notwendige Freizeit, wenn diese Pflichten nicht außerhalb der Arbeitszeit erfüllt werden können und die Freistellung von der Arbeit mit den Erfordernissen des Betriebes vereinbar ist.

(2) Der Arbeitnehmer hat diesen Anspruch bei Vereinbarung der Wochenend- oder Feiertagsarbeit, spätestens jedoch zwei Tage vorher, bei späterer Vereinbarung sofort, dem Arbeitgeber gegenüber geltend zu machen.

Entgelt für Feiertage und Ersatzruhe

§ 9. (1) Der Arbeitnehmer behält für die infolge eines Feiertages oder der Ersatzruhe (§ 6) ausgefallene Arbeit seinen Anspruch auf Entgelt.

(2) Dem Arbeitnehmer gebührt jenes Entgelt, das er erhalten hätte, wenn die Arbeit nicht aus den im Abs. 1 genannten Gründen ausgefallen wäre.

(3) Bei Akkord-, Stück- oder Gedinglöhnen, akkordähnlichen oder sonstigen leistungsbezogenen Prämien oder Entgelten ist das fortzuzahlende Entgelt nach dem Durchschnitt der letzten 13 voll gearbeiteten Wochen unter Ausscheidung nur ausnahmsweise geleisteter Arbeiten zu berechnen. Hat der Arbeitnehmer nach Antritt des Arbeitsverhältnisses noch keine 13 Wochen voll gearbeitet, so ist das Entgelt nach dem Durchschnitt der seit Antritt

des Arbeitsverhältnisses voll gearbeiteten Zeiten zu berechnen.

(4) Durch Kollektivvertrag im Sinne des § 18 Abs. 4 Arbeitsverfassungsgesetz, BGBl. Nr. 22/1974, kann geregelt werden, welche Leistungen des Arbeitgebers als Entgelt anzusehen sind. Die Berechnungsart für die Ermittlung der Höhe des Entgelts kann durch Kollektivvertrag abweichend von Abs. 2 und 3 geregelt werden.

(5) Der Arbeitnehmer, der während der Feiertagsruhe beschäftigt wird, hat außer dem Entgelt nach Abs. 1 Anspruch auf das für die geleistete Arbeit gebührende Entgelt, es sei denn, es wird Zeitausgleich im Sinne des § 7 Abs. 6 vereinbart.

3. ABSCHNITT
Ausnahmen von der Wochenend- und Feiertagsruhe

Ausnahme für bestimmte Tätigkeiten

§ 10. Während der Wochenend- und Feiertagsruhe dürfen Arbeitnehmer nur beschäftigt werden mit:

(BGBl I 2017/126)

1. der Reinigung, Instandhaltung oder Instandsetzung, soweit sich solche Arbeiten während des regelmäßigen Arbeitsablaufes nicht ohne Unterbrechung oder erhebliche Störung ausführen lassen und infolge ihres Umfanges nicht bis spätestens Samstag 15 Uhr abgeschlossen werden können;
2. der Bewachung oder Wartung von Betriebsanlagen einschließlich Bergbauanlagen oder Wartung von Tieren;
3. Arbeiten, die dem Brandschutz dienen;
4. der gesundheitlichen Betreuung oder Versorgung mit Speisen und Getränken derjenigen Arbeitnehmer, die auf Grund der Ausnahmebestimmungen dieses Bundesgesetzes während der Wochenend- oder Feiertagsruhe beschäftigt werden dürfen;
5. der Beförderung der während der Wochenend- oder Feiertagsruhe beschäftigten Arbeitnehmer zu und von der Arbeitsstelle;
6. der Be- und Entlüftung, Beheizung oder Kühlung der Arbeitsräume;
7. Umbauarbeiten an Betriebsanlagen einschließlich Bergbauanlagen, wenn diese aus technischen Gründen nur während des Betriebsstillstandes durchgeführt werden können und ein Betriebsstillstand außerhalb der Ruhezeiten mit einem erheblichen Schaden verbunden wäre;
8. der Betreuung, Beaufsichtigung und Versorgung mit Speisen und Getränken in Internaten und Heimen, wenn diese Internate und Heime auch während der Wochenend- oder Feiertagsruhe betrieben werden.

(2) (aufgehoben)

(BGBl I 2017/126)

Reisezeit

§ 10a. Verläßt der Arbeitnehmer über Auftrag des Arbeitgebers vorübergehend seinen Dienstort (Arbeitsstätte), um an anderen Orten seine Arbeitsleistung zu erbringen, ist eine Reisebewegung während der Wochenend- und Feiertagsruhe zulässig, wenn dies zur Erreichung des Reiseziels notwendig oder im Interesse des Arbeitnehmers gelegen ist.

(BGBl I 1997/46)

Ausnahmen in außergewöhnlichen Fällen

§ 11. (1) Während der Wochenend- und Feiertagsruhe dürfen Arbeitnehmer in außergewöhnlichen Fällen mit vorübergehenden und unaufschiebbaren Arbeiten beschäftigt werden, soweit diese

1. zur Abwendung einer unmittelbaren Gefahr für die Sicherheit des Lebens oder die Gesundheit von Menschen oder bei Notstand sofort vorzunehmen sind oder
2. zur Behebung einer Betriebsstörung oder zur Verhütung des Verderbens von Gütern oder eines sonstigen unverhältnismäßigen wirtschaftlichen Schadens erforderlich sind, wenn unvorhergesehene und nicht zu verhindernde Gründe vorliegen und andere zumutbare Maßnahmen zu diesem Zweck nicht möglich sind.

(2) Der Arbeitgeber hat die in Abs. 1 angeführten Arbeiten dem Arbeitsinspektorat binnen zehn Tagen nach Beginn der Arbeiten schriftlich anzuzeigen. Die Anzeige hat die Gründe für die Arbeiten sowie die Anzahl der zur Arbeitsleistung benötigten Arbeitnehmer zu enthalten.

(BGBl I 2017/126)

(3) Zur Sicherstellung der nach Abs. 1 notwendigen Arbeiten können Bereitschaftsdienste oder Rufbereitschaften eingerichtet werden.

(4) Der Arbeitgeber hat die Einrichtung von Bereitschaftsdiensten im Sinne des Abs. 3 unter Angabe von Gründen und der erforderlichen Anzahl der Arbeitnehmer dem Arbeitsinspektorat vorher schriftlich anzuzeigen. Entfallen die Gründe, die für die Einrichtung maßgebend waren, so hat er dies binnen zehn Tagen dem Arbeitsinspektorat schriftlich anzuzeigen.

(BGBl I 2017/126)

Ausnahmen durch Verordnung für bestimmte Tätigkeiten

§ 12. (1) Durch Verordnung sind für Arbeitnehmer in bestimmten Betrieben Ausnahmen von der Wochenend- und Feiertagsruhe für Arbeiten zuzulassen, wenn diese

1. zur Befriedigung dringender Lebensbedürfnisse notwendig sind;
2. im Hinblick auf während der Wochenend- oder Feiertagsruhe hervortretende Freizeit- und Erholungsbedürfnisse und Erfordernisse des Fremdenverkehrs notwendig sind;
3. zur Bewältigung des Verkehrs notwendig sind;

4. aus technologischen Gründen einen ununterbrochenen Fortgang erfordern;
5. im Bergbau aus technologischen oder naturbedingten Gründen oder aus Gründen der Sicherheit einen ununterbrochenen Fortgang erfordern;
6. wegen der Gefahr des Mißlingens von Arbeitserzeugnissen nicht aufgeschoben werden können, soweit diese Gefahr nicht durch andere Maßnahmen abgewendet werden kann oder
7. wegen der Gefahr des raschen Verderbens von Rohstoffen nicht aufgeschoben werden können und nach der Art des Betriebes auf einen bestimmten Zeitraum beschränkt sind.

(2) Soweit dies nach der Art der Tätigkeit zweckmäßig ist, hat die Verordnung die nach Abs. 1 zulässigen Arbeiten einzeln anzuführen und das für die Durchführung notwendige Zeitausmaß festzulegen. Arbeiten, die im unmittelbaren Zusammenhang mit den nach Abs. 1 zulässigen Arbeiten stehen oder ohne die diese nicht durchführbar wären, sind zuzulassen, soweit sie nicht vor oder nach der Wochenend- oder Feiertagsruhe vorgenommen werden können.

(3) (aufgehoben)

(BGBl I 2017/126)

Ausnahmen durch Kollektivvertrag

§ 12a. (1) Der Kollektivvertrag kann weitere Ausnahmen von der Wochenend- und Feiertagsruhe zulassen, wenn dies zur Verhinderung eines wirtschaftlichen Nachteils sowie zur Sicherung der Beschäftigung erforderlich ist.

(2) Soweit dies nach der Art der Tätigkeit zweckmäßig ist, hat der Kollektivvertrag die nach Abs. 1 zulässigen Arbeiten einzeln anzuführen und das für die Durchführung notwendige Zeitausmaß festzulegen.

(BGBl I 1997/46)

Vorübergehend auftretender besonderer Arbeitsbedarf

§ 12b. (1) Bei vorübergehend auftretendem besonderem Arbeitsbedarf können durch Betriebsvereinbarung Ausnahmen von der Wochenend- und Feiertagsruhe an vier Wochenenden oder Feiertagen pro Arbeitnehmerin bzw. Arbeitnehmer und Jahr zugelassen werden. Eine Ausnahme von der Wochenendruhe kann nicht an vier auf einander folgenden Wochenenden erfolgen.

(2) Für Verkaufstätigkeiten nach dem Öffnungszeitengesetz gilt Abs. 1 nicht.

(3) In Betrieben ohne Betriebsrat kann Wochenend- und Feiertagsarbeit nach Abs. 1 und 2 schriftlich mit den einzelnen Arbeitnehmerinnen und Arbeitnehmern vereinbart werden. In diesem Fall steht es den Arbeitnehmerinnen und Arbeitnehmern frei, solche Wochenend- und Feiertagsarbeit ohne Angabe von Gründen abzulehnen. Sie dürfen deswegen nicht benachteiligt werden, insbesondere hinsichtlich des Entgelts, der Aufstiegsmöglichkeiten und der Versetzung. Werden Arbeitnehmerinnen und Arbeitnehmer deswegen gekündigt, können sie die Kündigung innerhalb einer Frist von zwei Wochen bei Gericht anfechten. § 105 Abs. 5 des Arbeitsverfassungsgesetzes (ArbVG), BGBl. Nr. 22/1974 gilt sinngemäß.

(4) Die Betriebsvereinbarung bzw. die schriftliche Einzelvereinbarung muss, sofern sie für wiederkehrende Ereignisse abgeschlossen wird, den Anlass umschreiben.

(BGBl I 2018/53)

Ausnahmen durch Verordnung des Landeshauptmannes

§ 13. (1) Der Landeshauptmann kann neben den gemäß § 12 Abs. 1 und 2 zulässigen Ausnahmen nach Anhörung der zuständigen gesetzlichen Interessenvertretungen der Arbeitgeber und Arbeitnehmer durch Verordnung weitere Ausnahmen zulassen, wenn
1. nicht bereits eine Ausnahme im Sinne dieses Bundesgesetzes, insbesondere durch den Ausnahmekatalog gemäß § 12 Abs. 1, für den zu regelnden Bereich besteht und
2. ein außergewöhnlicher regionaler Bedarf für Versorgungsleistungen gegeben ist.

(2) Verordnungen im Sinne des Abs. 1 haben den örtlichen Geltungsbereich, die Tätigkeiten, die Zeiträume und das maximale Zeitausmaß, während dem die Beschäftigung von Arbeitnehmern zulässig ist, genau zu bezeichnen. Arbeiten, die im unmittelbaren Zusammenhang mit den nach Abs. 1 zulässigen Arbeiten stehen oder ohne die diese nicht durchführbar wären, sind zuzulassen, soweit sie nicht vor oder nach der Wochenend- oder Feiertagsruhe vorgenommen werden können.

(3) Verordnungen gemäß Abs. 1 sind der/die Bundesminister/in für Arbeit, Soziales, Gesundheit und Konsumentenschutz[a)] jeweils zur Kenntnis zu bringen.

(BGBl I 1997/46, BGBl I 2009/149, BGBl I 2019/22)

[a)] Der grammatikalische Fehler ist ein Redaktionsversehen in BGBl I 2019/22.

(4) Abs. 1 bis 3 gelten nicht für Verkaufstätigkeiten nach dem Öffnungszeitengesetz 2003, BGBl. I Nr. 48/2003.

(BGBl I 2003/48)

Sonderregelung für den 8. Dezember

§ 13a. Die Beschäftigung von Arbeitnehmern am 8. Dezember in Verkaufsstellen gemäß § 1 Abs. 1 und 3 des Öffnungszeitengesetzes 2003, ist zulässig, wenn der 8. Dezember auf einen Werktag fällt. Der Arbeitnehmer hat das Recht, die Beschäftigung am 8. Dezember auch ohne Angabe von Gründen abzulehnen. Kein Arbeitnehmer darf wegen der Weigerung, am 8. Dezember der Beschäftigung nachzugehen, benachteiligt werden.

(BGBl 1995/804, BGBl I 2003/48)

Ausnahmen durch Verordnung im öffentlichen Interesse

§ 14. Durch Verordnung sind Ausnahmen von der Wochenend- oder Feiertagsruhe für die Arbeitnehmer bestimmter Betriebe zuzulassen, wenn es das öffentliche Interesse infolge besonders schwerwiegender Umstände erfordert.

Ausnahmen in Einzelfällen

§ 15. (1) Der/die Bundesminister/in für Arbeit, Soziales, Gesundheit und Konsumentenschutz hat auf Antrag des Arbeitgebers nach Anhörung der gesetzlichen Interessenvertretungen der Arbeitgeber und Arbeitnehmer für bestimmte Arbeitnehmer eines Betriebes eine Ausnahme von der Wochenend- und Feiertagsruhe zuzulassen, wenn dies im Einzelfall infolge der Neuerrichtung oder Änderung einer Betriebsanlage oder der Einführung eines neuen Verfahrens aus den im § 12 Abs. 1 Z 4, 6 und 7 genannten Gründen erforderlich ist.

(BGBl I 1997/46, BGBl I 2009/149, BGBl I 2019/22)

(2) Der/die Bundesminister/in für Arbeit, Soziales, Gesundheit und Konsumentenschutz hat auf Antrag des Arbeitgebers nach Anhörung der gesetzlichen Interessenvertretungen der Arbeitgeber und Arbeitnehmer für bestimmte Arbeitnehmer eines Bergbaubetriebes eine Ausnahme von den Bestimmungen der Wochenend- und Feiertagsruhe zuzulassen, wenn dies

(BGBl I 2019/22)

1. infolge der Neuerrichtung oder Änderung einer Bergbauanlage oder der Einführung eines neuen Verfahrens aus technologischen Gründen,
2. infolge von Betriebsunterbrechungen durch außergewöhnliche Ereignisse,
3. durch besondere Witterungseinflüsse bis zum Ausgleich entstandener Folgen,
4. zur Überbrückung von Versorgungsengpässen oder
5. unverzüglich zur Sicherstellung der Versorgung mit mineralischen Rohstoffen

erforderlich ist.

(BGBl I 1997/46, BGBl I 2009/149)

4. ABSCHNITT
Sonderbestimmungen für Märkte und Messen

Märkte und marktähnliche Veranstaltungen

§ 16. Finden Märkte oder marktähnliche Veranstaltungen [§§ 286 bis 294 der Gewerbeordnung 1994 (GewO 1994), BGBl. Nr. 194] auf Grund gewerberechtlicher Bewilligung während der Wochenend- oder Feiertagsruhe statt, so ist die Beschäftigung von Arbeitnehmern nur im örtlich und zeitlich bewilligten Rahmen dieser Veranstaltung und im unbedingt notwendigen Ausmaß zulässig.

(BGBl I 2001/98)

Messen und messeähnliche Veranstaltungen

§ 17. (1) Werden Messen oder messeähnliche Veranstaltungen durchgeführt, dürfen Arbeitnehmer auch während der Wochenend- und Feiertagsruhe mit Arbeiten beschäftigt werden, die

1. innerhalb der letzten zwei Wochen vor Beginn zur Vorbereitung der Veranstaltung, wie zum Aufbau der Ausstellungseinrichtung und zur Anlieferung des Messegutes,
2. zur Durchführung der Veranstaltung,
3. zur Betreuung und Beratung der Besucher,
4. zur Erfüllung der Aufgaben als Beauftragter der beruflich berührten Besucherkreise oder
5. für den Abbau und Abtransport des Messegutes, der Ausstellungseinrichtungen und sonstigen Abschlußarbeiten

notwendig sind. In den Fällen der Z 1, 4 und 5 ist die Beschäftigung von Arbeitnehmern während der Wochenend- und Feiertagsruhe jedoch nur dann zulässig, wenn diese Arbeiten nicht durch zumutbare organisatorische Maßnahmen außerhalb der Ruhezeiten möglich sind. In den Fällen der Z 2 und 3 ist die Beschäftigung von Arbeitnehmern während der Wochenend- und Feiertagsruhe – unbeschadet der notwendigen Vor- und Abschlußarbeiten – nur in der Zeit zwischen 9 Uhr und 18 Uhr, während der Sommerzeit gemäß dem Zeitzählungsgesetz, BGBl. Nr. 78/1976, wahlweise auch in der Zeit zwischen 10 Uhr und 19 Uhr zulässig.

(BGBl 1991/158)

(2) Werbe- und Verkaufsveranstaltungen gelten als Messen oder messeähnliche Veranstaltungen, wenn sie die Voraussetzungen der Abs. 3 bis 6 erfüllen.

(3) Als Messe im Sinne des Abs. 1 ist eine zeitlich begrenzte, im allgemeinen regelmäßig wiederkehrende Veranstaltung zu verstehen, in deren Rahmen eine Vielzahl von Ausstellern ein umfassendes Angebot eines oder mehrerer Wirtschaftszweige ausstellt und überwiegend nach Muster vor allem an gewerbliche Wiederverkäufer, gewerbliche Verbraucher oder Großabnehmer vertreibt (Fachmesse).

(4) Als Messe im Sinne des Abs. 1 ist auch eine im allgemeinen regelmäßig wiederkehrende, jedoch höchstens zweimal im Jahr stattfindende Veranstaltung in der Dauer von mindestens drei und höchstens zehn aufeinanderfolgenden Tagen anzusehen, in deren Rahmen eine Vielzahl von Ausstellern ein umfassendes Angebot eines oder mehrerer Wirtschaftszweige ausstellt und sowohl an gewerbliche Wiederverkäufer, gewerbliche Verbraucher oder Großabnehmer als auch an Letztverbraucher vertreibt (Publikumsmesse).

(5) Als messeähnliche Veranstaltungen im Sinne des Abs. 1 gelten auch Veranstaltungen, die nur einmal oder jedenfalls ohne Regelmäßigkeit durchgeführt werden oder die die wirtschaftliche Leistungsfähigkeit von bestimmten Gewerbezweigen oder Regionen darstellen sollen (Handwerksausstellungen, Leistungsschauen und dergleichen), bei welchen der Informationszweck gegenüber der Absicht des Warenvertriebes überwiegt.

(6) Als Messen oder messeähnliche Veranstaltungen gelten Veranstaltungen jedoch nur dann,

wenn infolge der großen Zahl der Aussteller und Besucher die Organisation der Durchführung von den Ausstellern nicht selbst bewältigt werden kann und die Veranstaltungen außerhalb jener Betriebsstätten durchgeführt werden, in denen der normale Geschäftsbetrieb der Aussteller stattfindet.

(7) (aufgehoben)

(BGBl 1990/413, BGBl I 2017/126)

Verkaufsstellen in Bahnhöfen und Autobusbahnhöfen, auf Flughäfen und Schiffslandeplätzen, Zollfreiläden

§ 18. (1) Für den Verkauf von Lebensmitteln, Reiseandenken und notwendigem Reisebedarf (Reiselektüre, Schreibmaterialien, Blumen, Reise-Toiletteartikel, Filme und dergleichen) und Artikeln des Trafiksortiments dürfen Arbeitnehmer auch während der Wochenend- und Feiertagsruhe in Verkaufsstellen in Bahnhöfen und Autobusbahnhöfen, auf Flughäfen und an Schiffslandeplätzen beschäftigt werden. Die dem Verkauf dieser Waren gewidmete Fläche darf pro Verkaufsstelle 80 Quadratmeter nicht übersteigen, soweit nicht auf Grund einer Verordnung gemäß § 7 Z 1 des Öffnungszeitengesetzes 2003 oder auf Grund des § 12 Abs. 3 letzter Satz des Öffnungszeitengesetzes 2003 ein größeres Ausmaß zulässig ist. Als Verkaufsstelle im Sinne dieser Bestimmung ist eine Verkaufsstelle nur dann anzusehen, wenn sie ausschließlich durch die betreffende Verkehrseinrichtung zugänglich ist.

(BGBl I 2003/48)

(2) Für den Verkauf des Sortiments von Zollfreiläden auf Flughäfen dürfen Arbeitnehmer auch während der Wochenend- und Feiertagsruhe beschäftigt werden.

(BGBl I 2006/138)

5. ABSCHNITT
Sonderbestimmungen

Sonderbestimmungen für Arbeitnehmer in Verkehrsbetrieben

§ 19. (1) Für Arbeitnehmer

1. in Verkehrsbetrieben im Sinne des
   a) Kraftfahrliniengesetzes (KflG),
   b) Gelegenheitsverkehrsgesetzes 1996, BGBl. Nr. 112,
   c) Eisenbahngesetzes 1957, BGBl. Nr. 60,
   d) Seilbahngesetzes 2003, BGBl. I Nr. 103,
   e) Schifffahrtsgesetzes, BGBl. I Nr. 62/1997,
   f) Seeschifffahrtsgesetzes,
2. in Schlaf-, Liege- und Speisewagenunternehmungen im Rahmen des fahrenden Betriebes der Eisenbahnen,
3. die in Unternehmen nach dem Luftfahrtgesetz, BGBl. Nr. 253/1957, oder dem Flughafen-Bodenabfertigungsgesetz, BGBl. I Nr. 97/1998, als Flughafenpersonal oder als Flugsicherungspersonal beschäftigt sind,

kann durch Kollektivvertrag die wöchentliche Ruhezeit und die Ruhezeit an Feiertagen abweichend von den §§ 3, 4 und 7 geregelt werden, soweit diese Arbeitnehmer nicht gemäß § 1 Abs. 2 Z 2 vom Geltungsbereich ausgenommen sind.

(BGBl I 2001/98, BGBl I 2003/48, BGBl I 2004/30)

(2) 1. Die wöchentliche Ruhezeit darf in einzelnen Wochen 36 Stunden unterschreiten oder ganz unterbleiben, wenn in einem kollektivvertraglich festgelegten Zeitraum eine durchschnittliche Ruhezeit von 36 Stunden erreicht wird. Zur Berechnung dürfen nur mindestens 24stündige Ruhezeiten herangezogen werden.
2. Die Lage der Ersatzruhe kann abweichend von § 6 festgelegt werden.
3. In Fällen des besonderen Bedarfes kann zur Aufrechterhaltung des Verkehrs durch Betriebe im Sinne des Abs. 1 eine finanzielle Abgeltung der Ersatzruhe vorgesehen werden.

(3) In Betrieben von Gebietskörperschaften können dienstrechtliche Vorschriften, die den wesentlichen Inhalt des Arbeitsverhältnisses zwingend festlegen, Regelungen im Sinne der Abs. 1 und 2 treffen.

(3a) Soweit in diesem Bundesgesetz

1. auf den EU-Teilabschnitt FTL verwiesen wird, ist dies ein Verweis auf den Teilabschnitt FTL im Anhang III der Verordnung (EU) Nr. 965/2012, zur Festlegung technischer Vorschriften und von Verwaltungsverfahren in Bezug auf den Flugbetrieb gemäß der Verordnung (EG) Nr. 216/2008 des Europäischen Parlaments und des Rates, ABl. Nr. L 296 vom 25.10.2012, S. 1, in der jeweils geltenden Fassung;
2. auf den EU-Teilabschnitt Q verwiesen wird, ist dies ein Verweis auf den Teilabschnitt Q im Anhang III der Verordnung (EG) Nr. 3922/91 des Rates vom 16. Dezember 1991 zur Harmonisierung der technischen Vorschriften und der Verwaltungsverfahren in der Zivilluftfahrt, ABl. Nr. L 373 vom 31.12.1991, S. 4, in der jeweils geltenden Fassung.

(BGBl I 2008/124, BGBl I 2015/152)

(4) Dem fliegenden Personal von Luftfahrtunternehmen sind zu gewähren:

1. bei Flügen gemäß Art. 8 Z 1 der Verordnung (EU) Nr. 965/2012 mindestens wöchentliche Ruhezeiten im Sinne der Bestimmungen des EU-Teilabschnittes FTL einschließlich österreichischer Durchführungsvorschriften,
2. bei Flügen gemäß Art. 8 Z 2 der Verordnung (EU) Nr. 965/2012 mindestens wöchentliche Ruhezeiten im Sinne der Bestimmungen des EU-Teilabschnittes Q einschließlich österreichischer Durchführungsvorschriften,
3. bei allen Flügen jedenfalls in einem Durchrechnungszeitraum von einem Kalenderjahr pro Kalendermonat durchschnittlich mindestens acht, in jedem Kalendermonat jedoch

mindestens sieben arbeitsfreie Kalendertage am Wohnsitzort. Arbeitsfreie Kalendertage sind den Arbeitnehmern und Arbeitnehmerinnen zehn Tage im Voraus bekannt zu geben. Fallen diese in eine wöchentliche Ruhezeit, sind sie anzurechnen.

(BGBl I 2004/159, BGBl I 2008/124, BGBl I 2015/152)

(5) Auf Arbeitnehmer gemäß Abs. 4, für die kollektivvertragliche Regelungen über die wöchentliche Ruhezeit gelten, sind die Abschnitte 2 bis 4 dieses Bundesgesetzes nicht anzuwenden.

(BGBl I 2004/159)

(6) Für Arbeitnehmerinnen und Arbeitnehmer im Schiffsdienst von Binnenschifffahrtsunternehmen darf der Kollektivvertrag bei einer Durchrechnung der wöchentlichen Ruhezeit gemäß Abs. 2 Z 1 einen Durchrechnungszeitraum von mehr als einem Monat nur zulassen, wenn er nicht mehr als 31 aufeinander folgende Arbeitstage zulässt und die Mindestanzahl von aufeinander folgenden Ruhetagen im unmittelbaren Anschluss an aufeinander folgende geleistete Arbeitstage wie folgt bestimmt:

1. vom 1. bis zum 10. aufeinander folgenden Arbeitstag: je 0,2 Ruhetage pro aufeinander folgendem Arbeitstag;
2. vom 11. bis zum 20. aufeinander folgenden Arbeitstag: je 0,3 Ruhetage pro aufeinander folgendem Arbeitstag;
3. vom 21. bis zum 31. aufeinander folgenden Arbeitstag: je 0,4 Ruhetage pro aufeinander folgendem Arbeitstag.

Anteilige Ruhetage werden in dieser Berechnung der Mindestanzahl von aufeinander folgenden Ruhetagen addiert und nur in ganzen Tagen abgegolten.

(BGBl I 2016/114)

Sonderbestimmungen für das grenzüberschreitend eingesetzte Zugpersonal

§ 19a. Für Arbeitnehmer gemäß § 18f Abs. 1 Z 3 AZG ist § 19 mit Ausnahme von Abs. 2 Z 2 und 3 nicht anzuwenden. Diese haben statt dessen Anspruch auf die Gewährung einer 36stündigen wöchentlichen Ruhezeit pro Kalenderwoche. Darüber hinaus haben sie Anspruch

1. auf die Verlängerung von zwölf wöchentlichen Ruhezeiten pro Jahr auf 60 Stunden, die den Samstag und den Sonntag umfassen müssen,
2. auf die Verlängerung von zwölf weiteren wöchentlichen Ruhezeiten pro Jahr auf 60 Stunden, die nicht den Samstag und den Sonntag umfassen müssen, sowie
3. auf 28 weitere 24stündige Ruhezeiten.

(BGBl I 2008/124)

Sonderbestimmungen für Arbeitnehmer in Heil- und Pflegeanstalten (Krankenanstalten) und Kuranstalten

§ 20. (aufgehoben)

(BGBl I 2010/93)

§ 21. (1) Für angestellte Apothekenleiterinnen bzw. Apothekenleiter und andere allgemein berufsberechtigte Apothekerinnen und Apotheker in öffentlichen Apotheken oder Anstaltsapotheken kann durch Kollektivvertrag die wöchentliche Ruhezeit und die Ruhezeit an Feiertagen abweichend von den §§ 3, 4 und 7 geregelt werden.

(BGBl I 1999/88, BGBl I 2017/127)

(2)

1. die wöchentliche Ruhezeit darf in einzelnen Wochen 36 Stunden unterschreiten oder ganz unterbleiben, wenn in einem kollektivvertraglich festgelegten Zeitraum eine durchschnittliche Ruhezeit von 36 Stunden erreicht wird. Zur Berechnung dürfen nur mindestens 24stündige Ruhezeiten herangezogen werden.
2. Die Lage der Ersatzruhe kann abweichend von § 6 festgelegt werden.
3. (aufgehoben)

(BGBl I 1999/88, BGBl I 2017/127)

(BGBl I 1999/88)

(3) Bei Arbeitsleistungen in Apotheken, die ununterbrochenen Bereitschaftsdienst in Ruferreichbarkeit gemäß § 8 Abs. 3 des Apothekengesetzes, RGBl. Nr. 5/1907 versehen, darf Ruferreichbakreit nur während zwei wöchentlichen Ruhezeiten pro Monat vereinbart werden. Der Kollektivvertrag kann zulassen, daß Ruferreichbarkeit innerhalb eines Zeitraumes von drei Monaten während sechs wöchentlichen Ruhezeiten vereinbart werden kann. Diese Bestimmung gilt nicht für Vertreter von alleinarbeitenden Apothekenleitern.

(BGBl I 1999/88)

(4) In Betrieben von Gebietskörperschaften können dienstrechtliche Vorschriften, die den wesentlichen Inhalt des Arbeitsverhältnisses zwingend regeln, Regelungen im Sinne der Abs. 1 bis 3 treffen.

(BGBl I 1999/88)

Sonderbestimmungen für Arbeitnehmer in Betrieben des Bewachungsgewerbes

§ 22. (1) Für Arbeitnehmer in Betrieben des Bewachungsgewerbes im Sinne des § 129 Abs. 4 GewO 1994 kann durch Kollektivvertrag die wöchentliche Ruhezeit und die Ruhezeit an Feiertagen abweichend von den §§ 3, 4 und 7 geregelt werden.

(BGBl I 2001/98, BGBl I 2003/48)

(2)

1. Die wöchentliche Ruhezeit darf in einzelnen Wochen 36 Stunden unterschreiten oder ganz unterbleiben, wenn in einem kollektivvertraglich festgelegten Zeitraum eine durchschnittliche Ruhezeit von 36 Stunden erreicht wird. Zur Berechnung dürfen nur mindestens 24stündige Ruhezeiten herangezogen werden.
2. Die Lage der Ersatzruhe kann abweichend von § 6 festgelegt werden.
3. Zur Aufrechterhaltung der ordnungsgemäßen Bewachung kann eine finanzielle Abgeltung der Ersatzruhe vorgesehen werden.

Abschnitt 5a

(BGBl 1994/446)

Lenker bestimmter Kraftfahrzeuge

§ 22a. (1) Auf die Beschäftigung von Lenkern von Kraftfahrzeugen, die unter die Verordnung (EG) Nr. 561/2006 über die Harmonisierung bestimmter Sozialvorschriften im Straßenverkehr, ABl. Nr. L 102 vom 11.04.2006 S. 1, fallen, sind die §§ 2 bis 5 und 19 nicht anzuwenden, soweit diese auf die Dauer der wöchentlichen Ruhezeit Bezug nehmen. Für diese Lenker gelten Vorschriften über die wöchentliche Ruhezeit nach Maßgabe dieser Verordnung auch auf Fahrtstrecken, die nicht unter Art. 2 Abs. 2 dieser Verordnung fallen.

(2) Für den Kraftfahrlinienverkehr mit einer Linienstrecke von nicht mehr als 50 km sind die §§ 2 bis 5 und 19, soweit sie auf die Dauer der wöchentlichen Ruhezeit Bezug nehmen, dann nicht anzuwenden, wenn durch Kollektivvertrag oder Betriebsvereinbarung

1. eine Verlängerung der täglichen Lenkzeit auf mehr als zweimal wöchentlich neun Stunden zugelassen wurde (§ 14a Abs. 1 AZG) oder
2. eine Verlängerung der wöchentlichen Lenkzeit zugelassen wurde (§ 14a Abs. 2 AZG).

In diesem Fall gelten stattdessen die §§ 22b und 22c.

(BGBl I 2006/138)

Wöchentliche Ruhezeit

§ 22b. (1) Der Lenker hat in jeder Woche Anspruch auf eine ununterbrochene wöchentliche Ruhezeit von mindestens 45 Stunden. Diese wöchentliche Ruhezeit kann auf 36 zusammenhängende Stunden verkürzt werden. Durch Kollektivvertrag kann zugelassen werden, daß die wöchentliche Ruhezeit außerhalb des Standortes des Fahrzeuges oder des Heimatortes des Lenkers auf 24 zusammenhängende Stunden verkürzt wird. Jede Verkürzung ist durch eine zusammenhängende Ruhezeit auszugleichen, die vor Ende der auf die betreffende Woche folgenden dritten Woche zu nehmen ist. Diese als Ausgleich zustehende Ruhezeit ist zusammen mit einer anderen mindestens achtstündigen Ruhezeit zu gewähren, und zwar über Verlangen des Lenkers am Aufenthaltsort des Fahrzeugs oder am Heimatort des Lenkers.

(2) Eine wöchentliche Ruhezeit, die in einer Woche beginnt und in die darauffolgende Woche reicht, kann auch der zweiten Woche zugerechnet werden.

(3) Zwischen zwei wöchentlichen Ruhezeiten dürfen höchstens sechs Tage liegen. Durch Kollektivvertrag kann zugelassen werden, daß im grenzüberschreitenden Personenverkehr mit Ausnahme des Linienverkehrs zwischen zwei wöchentlichen Ruhezeiten höchstens zwölf Tage liegen dürfen und die wöchentlichen Ruhezeiten in einem Durchrechnungszeitraum von zwei Wochen spätestens am Ende der zweiten Woche zusammen gewährt werden.

Abweichungen

§ 22c. Im Falle des § 22a Abs. 2 kann der Lenker, wenn es mit der Sicherheit im Straßenverkehr vereinbar ist, um einen geeigneten Halteplatz zu erreichen, von § 22b abweichen, soweit dies erforderlich ist, um die Sicherheit der Fahrgäste, des Fahrzeugs oder seiner Ladung zu gewährleisten. Art und Grund der Abweichung sind zu vermerken

1. auf dem Schaublatt, wenn das Fahrzeug mit einem analogen Fahrtenschreiber im Sinne von Art. 2 Abs. 2 lit. g der Verordnung (EU) Nr. 165/2014, über den Fahrtenschreiber im Straßenverkehr, ABl. Nr. L 60 vom 28.2.2014 S. 1, in der jeweils geltenden Fassung, ausgerüstet ist,
   (BGBl I 2014/91)
2. auf dem Ausdruck des Kontrollgeräts, wenn das Fahrzeug mit einem digitalen Fahrtenschreiber im Sinne von Art. 2 Abs. 2 lit. h der Verordnung (EU) Nr. 165/2014, ausgerüstet ist,
   (BGBl I 2014/91)
3. im Arbeitszeitplan in den Fällen des Art. 16 Abs. 1 der Verordnung (EG) Nr. 561/2006,
4. in den Arbeitszeitaufzeichnungen in den übrigen Fällen.

(BGBl I 2004/175, BGBl I 2006/138)

Informationspflichten

§ 22d. Der Dienstzettel gemäß § 2 Abs. 2 Arbeitsvertragsrechts-Anpassungsgesetz (AVRAG), BGBl. Nr. 459/1993, hat neben allen dort genannten Angaben auch einen Hinweis auf die für die Lenkerin/den Lenker geltenden Vorschriften zur wöchentlichen Ruhezeit und Feiertagsruhe sowie auf die Möglichkeiten zur Einsichtnahme zu enthalten.

(BGBl I 2006/138, BGBl I 2017/40)

Schadenersatz- und Regressansprüche

§ 22e. Bei Schadenersatz- und Regressansprüchen zwischen Arbeitgebern und Lenkern gelten als Grund für die Minderung oder den gänzlichen Ausschluss von Ersatz- oder Regressansprüchen im Sinne des § 2 Abs. 2 Z 4 und 5 des Dienstnehmerhaftpflichtgesetzes, BGBl. Nr. 80/1965,

1. ein Verstoß des Arbeitgebers gegen die Informationspflicht gemäß § 22d, oder
2. ein Verstoß gegen die Bestimmungen über die wöchentliche Ruhezeit,

es sei denn, dass diese Verstöße auf den Eintritt des Schadens oder die Schadenshöhe keinen Einfluss haben konnten.

(BGBl I 2006/138)

Abschnitt 5b

Sonderbestimmungen für Arbeitnehmer in Verkaufsstellen und bestimmten Dienstleistungsbetrieben

§ 22f. (1) Arbeitnehmer in Verkaufsstellen gemäß § 1 des Öffnungszeitengesetzes 2003 dürfen an Samstagen nach 13 Uhr beschäftigt werden, soweit die jeweils geltenden Öffnungszeitenvorschriften das Offenhalten dieser Verkaufsstellen zulassen. Mit Arbeiten gemäß § 3 Abs. 2 dürfen Arbeitnehmer höchstens eine weitere Stunde beschäftigt werden.

(2) Arbeitnehmer in Betriebseinrichtungen von Dienstleistungsbetrieben, die mit Betriebseinrichtungen gemäß § 1 Öffnungszeitengesetz 2003 vergleichbar sind, dürfen an Samstagen bis 18 Uhr, mit Arbeiten gemäß § 3 Abs. 2 bis 19 Uhr beschäftigt werden, soweit nicht durch Verordnung nach §§ 12 oder 13 oder Kollektivvertrag nach § 12a weiter gehende Ausnahmen zugelassen sind.

(3) Der Kollektivvertrag kann Sonderbestimmungen für die Beschäftigung von Arbeitnehmern nach Abs. 1 und 2 festsetzen.

(4) Abs. 1 und 3 gelten auch für Tätigkeiten gemäß § 9 des Öffnungszeitengesetzes 2003.

(BGBl I 2003/48, BGBl I 2006/138)

ABSCHNITT 6
Allgemeine Vorschriften

§ 23. (aufgehoben)

(BGBl I 2003/48, BGBl I 2017/40)

Aushang der Ruhezeitenregelung

§ 24. Der Arbeitgeber hat an einer für die Arbeitnehmer des Betriebes leicht zugänglichen Stelle einen Aushang über den Beginn und das Ende der wöchentlichen Ruhezeit gut sichtbar anzubringen oder den Arbeitnehmern mittels eines sonstigen Datenträgers samt Ablesevorrichtung, durch geeignete elektronische Datenverarbeitung oder durch geeignete Telekommunikationsmittel zugänglich zu machen.

(BGBl I 2003/48)

Aufzeichnungen und Auskunftspflicht

§ 25. (1) Der Arbeitgeber hat zur Überwachung der Einhaltung der Ruhezeiten Aufzeichnungen über Ort, Dauer und Art der Beschäftigung aller während der Wochenend-, Wochen-, Ersatz- oder Feiertagsruhe beschäftigten Arbeitnehmer sowie über die gemäß § 6 gewährte Ersatzruhe zu führen. Bei schriftlich festgehaltener fixer Arbeitszeiteinteilung ist § 26 Abs. 5a des Arbeitszeitgesetzes anzuwenden.

(BGBl I 2014/91, BGBl I 2017/126)

(2) Der Arbeitgeber hat der Arbeitsinspektion und ihren Organen die erforderlichen Auskünfte zu erteilen und auf Verlangen die gemäß Abs. 1 zu führenden Aufzeichnungen zur Einsicht vorzulegen.

Sonderbestimmungen für die Schifffahrt

§ 25a. (1) Dienstpläne und Arbeitszeitaufzeichnungen im Sinne der §§ 24 und 25 sind für die an Bord beschäftigten Arbeitnehmer an Bord der Schiffe im Sinne des Schifffahrtsgesetzes und des Seeschifffahrtsgesetzes anzubringen bzw. zu führen. Dies gilt jedoch nicht für Fahrzeuge, die nur dem Remork im Sinne des § 2 Z 30 Schifffahrtsgesetz in Häfen dienen.

(2) An Bord von Schiffen, die unter das Seeschifffahrtsgesetz fallen, sind die Unterlagen gemäß Abs. 1 überdies in den Arbeitssprachen und in Englisch anzubringen bzw. zu führen und haben den Standardmustern der Anhänge I und II der Richtlinie 1999/95/EG zu entsprechen. Eine schriftlich vom Arbeitgeber und vom Arbeitnehmer bestätigte Kopie der Arbeitszeitaufzeichnung ist dem Arbeitnehmer auszuhändigen.

(BGBl I 2004/30)

Behördenzuständigkeit und Verfahrensvorschriften

§ 26. (1) Die nach diesem Bundesgesetz den Arbeitsinspektoraten zustehenden Aufgaben und Befugnisse sind in den vom Wirkungsbereich der Arbeitsinspektion ausgenommenen Betrieben von den zur Wahrung des Arbeitnehmerschutzes sonst berufenen Behörden wahrzunehmen.

(2) Die den Arbeitsinspektoraten nach diesem Bundesgesetz zustehenden Aufgaben und Befugnisse, die sich über den Wirkungsbereich eines Arbeitsinspektorates hinaus erstrecken, sind vom/von der Bundesminister/in für Arbeit, Soziales, Gesundheit und Konsumentenschutz wahrzunehmen.

(BGBl I 1997/46, BGBl I 2001/98, BGBl I 2009/149, BGBl I 2013/71, BGBl I 2019/22)

(3) Anzeigen gemäß § 11 Abs. 2 und 4 sind von Stempel- und Rechtsgebühren des Bundes befreit.

(BGBl I 2013/71, BGBl I 2017/126)

Strafbestimmungen

§ 27. (1) Arbeitgeber, die den §§ 3, 4, 5 Abs. 1 und 2, §§ 6, 6a, 7, 8 und 9 Abs. 1 bis 3 und 5 oder den §§ 10 bis 22b, 22c zweiter Satz, 22f sowie 24 bis 25a zuwiderhandeln, sind, sofern die Tat nicht nach anderen Vorschriften einer strengeren Strafe unterliegt, von der Bezirksverwaltungsbehörde mit einer Geldstrafe von 72 Euro bis 2 180 Euro, im Wiederholungsfall von 145 Euro bis 2 180 Euro zu bestrafen.

(BGBl I 2007/61)

(2) Ebenso sind Arbeitgeber zu bestrafen, die die wöchentliche Ruhezeit gemäß Art. 8 Abs. 6 bis 7 oder Art. 12 Satz 2 der Verordnung (EG) Nr. 561/2006 nicht gewähren.

(BGBl I 2007/61, BGBl I 2009/149)

(2a) Ebenso sind Arbeitgeberinnen und Arbeitgeber zu bestrafen, die in Bezug auf wöchentliche Ruhezeiten den Bestimmungen der EU-Teilabschnitte FTL oder Q einschließlich österreichischer Durchführungsvorschriften zuwiderhandeln.

(BGBl I 2008/124, BGBl I 2015/152)

(2b) Abweichend von Abs. 1 sind Arbeitgeber, sofern die Tat nicht nach anderen Vorschriften einer strengeren Strafe unterliegt, von der Bezirksverwaltungsbehörde im Wiederholungsfall mit einer Geldstrafe von 218 Euro bis 3 600 Euro zu bestrafen, wenn die wöchentliche Ruhezeit weniger als

24 Stunden betragen hat, soweit nicht eine kürzere Ruhezeit zulässig ist.

(BGBl I 2007/61, BGBl I 2008/124, BGBl I 2009/149)

(2c) Sind Übertretungen gemäß Abs. 2 nach Anhang III der Richtlinie 2006/22/EG als

1. leichte Übertretungen eingestuft oder in diesem Anhang nicht erwähnt, sind die Arbeitgeberinnen und Arbeitgeber mit einer Geldstrafe von 72 Euro bis 1 815 Euro, im Wiederholungsfall von 145 Euro bis 1 815 Euro;
2. schwerwiegende Übertretungen eingestuft, sind die Arbeitgeberinnen und Arbeitgeber mit einer Geldstrafe von 200 Euro bis 2 180 Euro, im Wiederholungsfall von 250 Euro bis 3 600 Euro;
3. sehr schwerwiegende Übertretungen eingestuft, sind die Arbeitgeberinnen und Arbeitgeber mit einer Geldstrafe von 300 Euro bis 2 180 Euro, im Wiederholungsfall von 350 Euro bis 3 600 Euro,

zu bestrafen.

(BGBl I 2009/149)

(3) Besteht bei einer Bezirksverwaltungsbehörde der Verdacht einer Zuwiderhandlung durch ein Organ einer Gebietskörperschaft, so hat die Behörde, wenn es sich um ein Organ des Bundes oder eines Landes handelt, eine Anzeige an das oberste Organ, welchem das der Zuwiderhandlung verdächtigte Organ untersteht, in allen anderen Fällen aber eine Anzeige an die Aufsichtsbehörde zu erstatten.

(4) Im Falle des § 22a Abs. 1 zweiter Satz genügt abweichend von § 44a Z 2 des Verwaltungsstrafgesetzes 1991 (VStG), BGBl. Nr. 52, als Angabe der verletzten Verwaltungsvorschrift die Angabe des entsprechenden Gebotes oder Verbotes der Verordnung (EG) Nr. 561/2006.

(5) Für Verstöße gegen die in Abs. 2 genannten Rechtsvorschriften im internationalen Straßenverkehr beträgt die Verjährungsfrist abweichend von § 31 Abs. 2 VStG ein Jahr.

(6) Wurden Verwaltungsübertretungen nach den Abs. 1 und 2 nicht im Inland begangen, gelten sie an jenem Ort begangen, an dem sie festgestellt wurden.

(BGBl 1994/446, BGBl I 1997/5, BGBl I 1997/46, BGBl I 1999/88, BGBl I 2001/98, BGBl I 2003/48, BGBl I 2004/30, BGBl I 2006/138)

Weitergelten von Regelungen

§ 28. (1) Bei Inkrafttreten dieses Bundesgesetzes bestehende für die Arbeitnehmer günstigere Regelungen in Kollektivverträgen, Arbeits-(Dienst-) Ordnungen, Betriebsvereinbarungen oder Arbeitsverträgen werden durch dieses Bundesgesetz nicht berührt.

(2) Bei Inkrafttreten dieses Bundesgesetzes bestehende Bestimmungen in Kollektivverträgen in Angelegenheiten, die durch Kollektivvertrag abweichend geregelt werden können, gelten als solche abweichende Regelungen. Bestehende kollektivvertragliche Ansprüche können auf Ansprüche gemäß § 19 Abs. 2 Z 3, § 20 Abs. 2 Z 3, § 21 Abs. 2 Z 3 und § 22 Abs. 2 Z 3 nur insoweit angerechnet werden, als dadurch die Belastung der Arbeit während der wöchentlichen Ruhezeit, nicht aber Mehrarbeit oder andere Arbeitserschwernisse abgegolten werden.

(3) Bestehende kollektivvertragliche Ansprüche können auf Ansprüche gemäß § 9 Abs. 5 nur insoweit angerechnet werden, als dadurch die Belastung der Feiertagsarbeit nicht aber Mehrarbeit oder andere Arbeitserschwernisse abgegolten werden.

7. ABSCHNITT
Übergangs- und Schlußbestimmungen

Außerkrafttreten von Ausnahmegenehmigungen

§ 29. Bescheide, mit Ausnahme der Strafbescheide, die auf Grund von Vorschriften erlassen worden sind, die durch dieses Bundesgesetz außer Kraft gesetzt werden, verlieren spätestens mit Ablauf von sechs Monaten nach Inkrafttreten dieses Bundesgesetzes ihre Wirksamkeit, wenn nicht innerhalb dieser Frist um eine Ausnahmegenehmigung nach diesem Bundesgesetz angesucht wird.

Anhängige Verfahren

§ 30. (1) Auf die im Zeitpunkt des Inkrafttretens dieses Bundesgesetzes anhängigen Verwaltungsverfahren ist an Stelle der aufgehobenen Vorschriften dieses Bundesgesetz anzuwenden.

(2) Die Bestimmungen dieses Bundesgesetzes sind auch auf strafbare Handlungen oder Unterlassungen anzuwenden, die vor seinem Inkrafttreten begangen worden sind, sofern diese dadurch nicht einer strengeren Strafe unterliegen als nach den bisher geltenden Vorschriften.

Aufhebung von Rechtsvorschriften

§ 31. (1) Mit Inkrafttreten dieses Bundesgesetzes treten außer Kraft:

1. Das Gesetz vom 28. Juli 1902, RGBl. Nr. 156, betreffend die Regelung des Arbeitsverhältnisses der bei Regiebauten von Eisenbahnen und in den Hilfsanstalten derselben verwendeten Arbeiter, in der Fassung des Gesetzes StGBl. Nr. 42/1919 und der Bundesgesetze BGBl. Nr. 191/1928, 50/1948 und 234/1972;
2. § 3 des Privat-Kraftwagenführergesetzes, BGBl. Nr. 359/1928, in der Fassung der Bundesgesetze BGBl. Nr. 174/1946, 50/1948, 313/1964, 317/1971 und 390/1976;
3. Artikel VI des Angestelltengesetzes, BGBl. Nr. 292/1921, in der Fassung der Bundesgesetze BGBl. Nr. 229/1937, 174/1946, 159/1947, 108/1958, 253/1959, 292/1971, 317/1971, 418/1975, 390/1976 und 107/1979;
4. die Verordnung des Justizministers im Einvernehmen mit dem Minister des Inneren und dem Leiter des Handelsministeriums vom 30.

Juni 1911, RGBl. Nr. 129, über die Einhaltung der Sonn- und Feiertagsruhe in den Kanzleien der Rechtsanwälte und Notare, in der Fassung des Gesetzes StGBl. Nr. 95/1919 und der Vollzugsanweisung StGBl. Nr. 124/1920;

5. die Vollzugsanweisung des Staatsamtes für Handel und Gewerbe, Industrie und Bauten im Einvernehmen mit den beteiligten Staatsämtern vom 24. Juni 1919, StGBl. Nr. 326, über die Sonntagsruhe in den Kanzleien der Patentanwälte;
6. die Verordnung des Bundesministers für Handel und Verkehr vom 6. April 1933, BGBl. Nr. 166, betreffend die Bewilligung von Ausnahmen von der Feiertagsruhe für den Bergbau;
7. das Gesetz vom 16. Jänner 1895, RGBl. Nr. 21, betreffend die Regelung der Sonn- und Feiertagsruhe im Gewerbebetriebe, in der Fassung der Gesetze RGBl. Nr. 125/1905 und StGBl. Nr. 282/1919 sowie der Bundesgesetze BGBl. II Nr. 421/1934, BGBl. Nr. 548/1935, 194/1947 und 156/1958 hinsichtlich seiner arbeitsrechtlichen Bestimmungen;
8. das Gesetz vom 15. Mai 1919, StGBl. Nr. 282, über die Mindestruhezeit, den Ladenschluß und die Sonntagsruhe in Handelsgewerben und anderen Betrieben, in der Fassung des Bundesgesetzes BGBl. Nr. 50/1974;
9. § 2 Abs. 1 Z 2, 4, 6 und 7 und § 5 des Feiertagsruhegesetzes 1957, BGBl. Nr. 153, in der Fassung des Bundesgesetzes BGBl. Nr. 264/1967;
10. die §§ 9, 10 und 12 Abs. 1 des Bergarbeitergesetzes, StGBl. Nr. 406/1919, in der Fassung des Bundesgesetzes BGBl. Nr. 190/1928, der Verordnung BGBl. Nr. 209/1933 und des Bundesgesetzes BGBl. Nr. 50/1948;
11. die Verordnung des Bundesministers für soziale Verwaltung im Einvernehmen mit den Bundesministern für Handel und Verkehr und für Unterricht vom 26. Juni 1933, BGBl. Nr. 261, betreffend Ausnahmen von der Arbeitsruhe an Feiertagen (Ruhe- und Festtagen);
12. die Verordnung der Bundesregierung vom 28. Juni 1933, BGBl. Nr. 262, betreffend Ausnahmen von der Arbeitsruhe an Feiertagen (Ruhe- und Festtagen) in der Fassung des Bundesgesetzes BGBl. Nr. 455/1937;
13. die Verordnung des Handelsministers im Einvernehmen mit dem Minister des Inneren und dem Minister für Kultus und Unterricht vom 24. April 1895, RGBl. Nr. 58, womit in Durchführung des Gesetzes vom 16. Jänner 1895, RGBl. Nr. 21, betreffend die Regelung der Sonn- und Feiertagsruhe im Gewerbebetriebe, die gewerbliche Arbeit an Sonntagen bei einzelnen Kategorien von Gewerben gestattet wird, in der Fassung der Verordnungen RGBl. Nr. 125/1895, 97/1897, 76/1898, 35/1904, 99/1904, 97/1906, 186/1912, 208/1913, BGBl. Nr. 98/1924, 44/1926, 313/1927, 156/1929, 403/1935, 273/1959 und 369/1967;
14. die Verordnung des Handelsministeriums, des Ministeriums für Inneres, des Ministeriums für Kultus und Unterricht, des Finanzministeriums und des Ministeriums für Landesverteidigung im Einvernehmen mit den k. u. k. Reichskriegsministerium vom 18. Jänner 1897 betreffend die Einhaltung der Sonntagsruhe beim Pulververschleiße, RGBl. Nr. 26;
15. die Verordnungen der Landeshauptleute, die auf Grund des § 7 der Durchführungsverordnung zum Sonntagsruhegesetz, RGBl. Nr. 58/1895, erlassen wurden;
16. § 376 Z 47 Abs. 2 lit. b bis d der GewO 1973, BGBl. Nr. 50/1974;
17. Verordnung des Landeshauptmannes von Wien vom 18. Feber 1982, LGBl. Nr. 10, betreffend Ausnahmen von der Sonn- und Feiertagsruhe im Gewerbe der Blumenbinder in Verkaufsstellen auf Bahnhöfen.

(2) Mit Inkrafttreten dieses Bundesgesetzes treten für Arbeitnehmer, die unter den Geltungsbereich dieses Bundesgesetzes fallen, folgende Rechtsvorschriften außer Kraft:

1. das Feiertagsruhegesetz 1957, BGBl. Nr. 153, in der Fassung des Bundesgesetzes BGBl. Nr. 264/1967;
2. die Verordnung des Staatsamtes für soziale Verwaltung vom 29. Oktober 1945, StGBl. Nr. 212, über die Lohnzahlung an Feiertagen, in der Fassung des Bundesgesetzes BGBl. Nr. 105/1961;
3. § 12 Abs. 3 und 4 des Arbeitszeitgesetzes, BGBl. Nr. 461/1969, in der Fassung der Bundesgesetze BGBl. Nr. 238/1971, 2/1975 und 354/1981.

(3) Mit Inkrafttreten der Änderungen durch das Bundesgesetz BGBl I Nr. 5/1997 tritt Abschnitt XVII Z 1 der Arbeitsruhegesetz-Verordnung, BGBl. Nr. 149/1984, außer Kraft.

(BGBl I 1997/5)

Weitergelten von Rechtsvorschriften

§ 32. (1) Verordnungen, die der Landeshauptmann auf Grund des § 1 Artikel VII oder IX des Gesetzes vom 16. Jänner 1895, RGBl. Nr. 21, betreffend die Regelung der Sonn- und Feiertagsruhe im Gewerbebetriebe, in der Fassung der Gesetze RGBl. Nr. 125/1905, StGBl. Nr. 282/1919 und BGBl. II Nr. 421/1934, BGBl. Nr. 548/1935, 194/1947 und 156/1958 erlassen hat und welche die Beschäftigung von Arbeitnehmern während der Wochenend- und Feiertagsruhe zulassen, gelten nach Inkrafttreten dieses Bundesgesetzes als bundesgesetzliche Regelung. Sie treten mit Neuerlassung der Verordnung des Landeshauptmannes, spätestens jedoch 18 Monate nach Inkrafttreten dieses Bundesgesetzes außer Kraft.

(BGBl I 2003/48)

(2) Verordnungen, die der Landeshauptmann vor dem In-Kraft-Treten des Öffnungszeitengesetzes 2003 auf Grund des § 13 Abs. 1 erlassen hat und welche die Beschäftigung von Arbeitnehmern

an Samstagen nach 18 Uhr, an Sonntagen und an Feiertagen in Verkaufsstellen gemäß § 1 Abs. 1 bis 3 des Öffnungszeitengesetzes 1991, BGBl. Nr. 50/1992, regeln, gelten nach dem In-Kraft-Treten des Öffnungszeitengesetzes 2003 als Verordnungen gemäß § 5 Abs. 2 bis 4 des Öffnungszeitengesetzes 2003.

(BGBl I 2003/48)

Verweisungen

§ 32a. Soweit in diesem Bundesgesetz auf andere Bundesgesetze verwiesen wird, sind diese in ihrer jeweils geltenden Fassung anzuwenden.

(BGBl 1994/446, BGBl I 1997/46)

Bezugnahme auf Richtlinien

§ 32b. Durch dieses Bundesgesetz werden folgende Richtlinien der Europäischen Union umgesetzt:

1. Richtlinie 2003/88/EG des Rates vom 4. November 2003 über bestimmte Aspekte der Arbeitszeitgestaltung (ABl. Nr. L 299 vom 18.11.2003 S. 9);

   (BGBl I 2006/138, BGBl I 2009/149)
2. Richtlinie 97/81/EG des Rates vom 15. Dezember 1997 zu der von UNICE, CEEP und EGB geschlossenen Rahmenvereinbarung über Teilzeitarbeit (ABl. Nr. L 14 vom 20.01.1998 S. 9);
3. Richtlinie 1999/63/EG des Rates vom 21. Juni 1999 zu der vom Verband der Reeder in der Europäischen Gemeinschaft (European Community Shipowners' Association ECSA) und dem Verband der Verkehrsgewerkschaften in der Europäischen Union (Federation of Transport Workers' Unions in the European Union FST) getroffenen Vereinbarung über die Regelung der Arbeitszeit von Seeleuten 2000 (ABl. Nr. L 167 vom 02.07.1999 S. 33);
4. Richtlinie 1999/95/EG des Europäischen Parlaments und des Rates zur Durchsetzung der Arbeitszeitregelung für Seeleute an Bord von Schiffen, die Gemeinschaftshäfen anlaufen, vom 13. Dezember 1999 (ABl. Nr. L 14 vom 20.01.2000 S. 29);

   (BGBl I 2004/159)
5. Richtlinie 2000/79/EG des Rates vom 27. November 2000 über die Durchführung der von der Vereinigung Europäischer Fluggesellschaften (AEA), der Europäischen Transportarbeiter-Föderation (ETF), der European Cockpit Association (ECA), der European Regions Airline Association (ERA) und der International Air Carrier Association (IACA) geschlossenen Europäischen Vereinbarung über die Arbeitszeitorganisation für das fliegende Personal der Zivilluftfahrt (ABl. Nr. L 302 vom 01.12.2000 S. 57);

   (BGBl I 2004/159, BGBl I 2006/138)
6. Richtlinie 2002/15/EG des Europäischen Parlaments und des Rates vom 11. März 2002 zur Regelung der Arbeitszeit von Personen, die Fahrtätigkeiten im Bereich des Straßentransportes ausüben (ABl. Nr. L 80 vom 23.03.2002 S. 35);

   (BGBl I 2006/138, BGBl I 2008/124)
7. Richtlinie 2005/47/EG des Europäischen Parlaments und des Rates vom 18. Juli 2005 betreffend die Vereinbarung zwischen der Gemeinschaft der Europäischen Bahnen (CER) und der Europäischen Transportarbeiter-Föderation (ETF) über bestimmte Aspekte der Einsatzbedingungen des fahrenden Personals im interoperablen grenzüberschreitenden Verkehr im Eisenbahnsektor (ABl. Nr. L 195 vom 27.07.2005, S. 15);

   (BGBl I 2008/124, BGBl I 2009/149)
8. Richtlinie 2006/22/EG des Europäischen Parlaments und des Rates vom 15. März 2006 über die Mindestbedingungen für die Durchführung der Verordnungen (EWG) Nr. 3820/85 und (EWG) Nr. 3821/85 des Rates über Sozialvorschriften für Tätigkeiten im Kraftverkehr sowie zur Aufhebung der Richtlinie 88/599/EWG des Rates, ABl. Nr. L 102 vom 11.4.2006 S. 35, zuletzt geändert durch die Verordnung (EU) 2016/403, ABl. Nr. L 74 vom 19.03.2016 S. 8;

   (BGBl I 2009/149)
9. Richtlinie 2014/112/EU zur Durchführung der von der Europäischen Binnenschifffahrts Union (EBU), der Europäischen Schifferorganisation (ESO) und der Europäischen Transportarbeiter-Föderation (ETF) geschlossenen Europäischen Vereinbarung über die Regelung bestimmter Aspekte der Arbeitszeitgestaltung in der Binnenschifffahrt, ABl. Nr. L 367 vom 23.12.2014 S. 86.

(BGBl I 2004/30)

Inkrafttreten

§ 33. (1) Dieses Bundesgesetz tritt mit 1. Juli 1984 in Kraft.

(2) Verordnungen auf Grund dieses Bundesgesetzes können bereits von dem seiner Kundmachung folgenden Tag an erlassen werden. Diese Verordnungen dürfen frühestens mit dem im Abs. 1 bezeichneten Tag in Kraft gesetzt werden.

(BGBl I 2018/53)

Inkrafttreten von Novellen

§ 33a. (1) § 17 Abs. 1 letzter Satz in der Fassung des Bundesgesetzes BGBl. Nr. 158/1991 tritt mit 31. März 1991 in Kraft.

(BGBl 1991/158)

(2) Abschnitt 5a (§§ 22a bis 22c) sowie die §§ 27 Abs. 1, 1a, 3 und 4 und 32a, in der Fassung des Bundesgesetzes, BGBl. Nr. 446/1994, treten mit 1. Juli 1994 in Kraft.

(BGBl 1994/446)

(3) § 13a in der Fassung des Bundesgesetzes BGBl. Nr. 804/1995 tritt mit 1. Dezember 1995 in Kraft. Mit diesem Tag tritt auch § 7a außer Kraft.

(BGBl 1995/804, BGBl 1996/410, BGBl I 1997/46)

(4) § 1 Abs. 2 Z 7 in der Fassung des Bundesgesetzes BGBl. Nr. 410/1996 tritt mit 1. Juli 1996 in Kraft.

(BGBl I 1997/46)

(5) § 3 Abs. 4, § 6a, § 10a, § 12a, § 22a Abs. 1a, § 27 Abs. 1 und § 32a in der Fassung des Bundesgesetzes, BGBl. I Nr. 46/1997, treten mit 1. Mai 1997 in Kraft.

(BGBl I 1997/46)

(6) § 21 Abs. 1, 3 und 4 und § 27 Abs. 1 in der Fassung des Bundesgesetzes BGBl. I Nr. 88/1999 treten mit 1. Jänner 2000 in Kraft.

(BGBl I 1999/88)

(7) § 27 Abs. 1 in der Fassung des Bundesgesetzes BGBl. I Nr. 98/2001 tritt mit 1. Jänner 2002 in Kraft.

(BGBl I 2001/98)

(8) Die §§ 13, 13a, 18 Abs. 1, 19 Abs. 1 lit. f, 22 Abs. 1, 22d, 23, 24, 27 Abs. 1 und 32 in der Fassung des Bundesgesetzes BGBl. I Nr. 48/2003 treten gleichzeitig mit dem Öffnungszeitengesetz 2003 in Kraft.

(BGBl I 2003/48)

(9) § 1 Abs. 2 Z 2, 3 und 6 lit. e, § 19 Abs. 1, § 25a sowie § 32b in der Fassung des Bundesgesetzes BGBl. I Nr. 30/2004 treten mit 1. Mai 2004 in Kraft.

(BGBl I 2004/30)

(10) Die §§ 7 Abs. 3, 19 Abs. 4 und 5 sowie 32b Z 5 in der Fassung des Bundesgesetzes BGBl. I Nr. 159/2004 treten mit 1. Jänner 2005 in Kraft. Gleichzeitig tritt § 1 Abs. 2 Z 3 außer Kraft.

(BGBl I 2004/159)

(11) § 22c in der Fassung des Bundesgesetzes BGBl. I Nr. 175/2004 tritt mit 5. Mai 2005 in Kraft.

(BGBl I 2004/175)

(12) Die §§ 22a, 22c bis 22f, 27, 32b Z 1 und 6 sowie 34 Abs. 2 in der Fassung des Bundesgesetzes BGBl. I Nr. 138/2006 treten mit 11. April 2007 in Kraft.

(BGBl I 2006/138)

(13) § 3 Abs. 2a und § 27 Abs. 1, 2 und 2a in der Fassung des Bundesgesetzes BGBl. I Nr. 61/2007 treten mit 1. Jänner 2008 in Kraft.

(BGBl I 2007/61)

(14) § 19 Abs. 3a und 4, § 19a sowie § 32b in der Fassung des Bundesgesetzes BGBl. I Nr. 124/2008 treten am 16. Juli 2008 in Kraft. § 27 Abs. 2a und 2b tritt mit dem der Kundmachung folgenden Tag in Kraft.

(BGBl I 2008/124)

(15) § 2 Abs. 3, § 27 Abs. 2, 2b und 2c sowie § 32b Z 7 und 8, in der Fassung des Bundesgesetzes BGBl. I Nr. 149/2009, treten mit 1. Jänner 2010 in Kraft.

(BGBl I 2009/149)

(16) Der Entfall des § 20 samt Überschrift durch das Bundesgesetz BGBl. I Nr. 93/2010 tritt mit 1. November 2010 in Kraft.

(BGBl I 2010/93)

(17) § 1 Abs. 2 Z 8 in der Fassung des Bundesgesetzes BGBl. I Nr. 100/2010 tritt mit 1. Jänner 2011 in Kraft.

(BGBl I 2010/100)

(18) § 34 Abs. 1 Z 2 in der Fassung vor dem 2. Stabilitätsgesetz 2012, BGBl. I Nr. 35/2012, tritt mit Ablauf des 30. Juni 2012 außer Kraft.

(BGBl I 2012/35)

(19) § 26 und § 34 in der Fassung des Bundesgesetzes BGBl. I Nr. 71/2013 treten mit 1. Jänner 2014 in Kraft.

(BGBl I 2013/71)

(20) § 25 Abs. 1 in der Fassung des Bundesgesetzes BGBl. I Nr. 91/2014 tritt mit 1. Jänner 2015 in Kraft.

(BGBl I 2014/91)

(21) § 22c Z 1 und 2 und § 34 Abs. 2 in der Fassung des Bundesgesetzes BGBl. I Nr. 91/2014 treten am Tag des Inkrafttretens der Durchführungsrechtsakte der Kommission der Europäischen Union gemäß Art. 4 Abs. 8, 6 Abs. 5, 11 Abs. 1, 12 Abs. 7, 14, 21 Abs. 3, 22 Abs. 5, 31 Abs. 5 sowie 39 Abs. 3 der Verordnung (EU) Nr. 165/2014 in Kraft, frühestens jedoch mit 2. März 2016. Der/die Bundesminister/in für Arbeit, Soziales, Gesundheit und Konsumentenschutz hat den Zeitpunkt des Inkrafttretens der genannten Durchführungsrechtsakte im Bundesgesetzblatt I kundzumachen.

(BGBl I 2014/91, BGBl I 2019/22)

(22) § 19 Abs. 3a und 4 sowie § 27 Abs. 2a in der Fassung BGBl. I Nr. 152/2015 treten mit 18. Februar 2016 in Kraft.

(BGBl I 2015/152)

(23) § 19 Abs. 6 und § 32b Z 8 und 9 in der Fassung des Bundesgesetzes BGBl. I Nr. 114/2016 treten mit 1. Jänner 2017 in Kraft.

(BGBl I 2016/114)

(24) § 22d in der Fassung des Deregulierungsgesetzes 2017, BGBl. I Nr. 40/2017, tritt mit 1. Juli 2017 in Kraft. § 23 samt Überschrift tritt mit Ablauf des 30. Juni 2017 außer Kraft.

(BGBl I 2017/40)

(25) § 10, § 11 Abs. 2 und 4, § 25 Abs. 1 sowie § 26 Abs. 3 in der Fassung des Bundesgesetzes BGBl. I Nr. 126/2017 treten mit 1. August 2017 in Kraft. Mit diesem Zeitpunkt treten § 12 Abs. 3 und § 17 Abs. 7 außer Kraft.

(BGBl I 2017/126)

(26) § 21 Abs. 1 in der Fassung des Bundesgesetzes BGBl. I Nr. 127/2017 tritt mit 1. Jänner 2018 in Kraft; gleichzeitig tritt § 21 Abs. 2 Z 3 außer Kraft.

(BGBl I 2017/127)

(27) § 1 Abs. 2 Z 3 und 5 sowie § 12b in der Fassung des Bundesgesetzes BGBl. I Nr. 53/2018 treten mit 1. September 2018 in Kraft.

(BGBl I 2018/53)

(28) Bestimmungen in Normen der kollektiven Rechtsgestaltung, die nur für Arbeitnehmer, die den evangelischen Kirchen AB und HB, der Altkatholischen Kirche oder der Evangelisch-methodistischen Kirche angehören, Sonderregelungen für den Karfreitag vorsehen, sind unwirksam und künftig unzulässig. Dies gilt auch für Arbeitnehmer gemäß § 1 Abs. 2.

(BGBl I 2019/22)

(29) Binnen drei Monaten nach Inkrafttreten dieses Bundesgesetzes kann der Arbeitnehmer einen Zeitpunkt für den Urlaubsantritt wählen, ohne die Frist gemäß § 7a einzuhalten. In diesem Fall hat der Arbeitnehmer den Zeitpunkt des Urlaubsantrittes frühestmöglich, spätestens aber zwei Wochen vor diesem Zeitpunkt dem Arbeitgeber bekannt zu geben.

(BGBl I 2019/22)

(BGBl I 2018/53)

Vollziehung

§ 34. (1) Mit der Vollziehung dieses Bundesgesetzes sind betraut:

1. der Bundeskanzler im Einvernehmen mit dem/der Bundesminister/in für Arbeit, Soziales, Gesundheit und Konsumentenschutz hinsichtlich der Arbeitnehmer in Betrieben des Bundes; soweit finanzielle Angelegenheiten berührt sind, auch im Einvernehmen mit dem Bundesminister für Finanzen;

   (BGBl I 2019/22)

2. der Bundesminister für Finanzen hinsichtlich des § 26 Abs. 3;
3. im Übrigen der/die Bundesminister/in für Arbeit, Soziales, Gesundheit und Konsumentenschutz im Einvernehmen mit dem Bundeskanzler hinsichtlich der Arbeitnehmer in Betrieben der Länder, Gemeinden und Gemeindeverbände, soweit finanzielle Angelegenheiten berührt sind auch im Einvernehmen mit dem Bundesminister für Finanzen;

   (BGBl I 2019/22)

4. der/die Bundesminister/in für Arbeit, Soziales, Gesundheit und Konsumentenschutz hinsichtlich aller anderen Arbeitnehmer.

   (BGBl I 2019/22)

(2) Die in Abs. 1 Z 1 und 4 genannten Bundesminister sind auch mit der Vollziehung der Verordnung (EG) Nr. 561/2006 und der Verordnung (EWG) Nr. 165/2014 betraut.

(BGBl I 2014/91)

(BGBl 1994/446, BGBl I 1997/46, BGBl I 2001/98, BGBl I 2006/138, BGBl I 2009/149, BGBl I 2012/35, BGBl I 2013/71)

30/5. Feiertagsruhegesetz

Feiertagsruhegesetz 1957, BGBl 1957/153 idF

1 BGBl 1967/264 **2** BGBl 1983/144 **3** BGBl I 1999/191
4 BGBl I 2019/22

STICHWORTVERZEICHNIS

Feiertagsruhegesetz 1957

Der Nationalrat hat beschlossen:

Artikel I

§ 1. (1) Als Feiertage im Sinne dieses Bundesgesetzes gelten folgende Tage: 1. Jänner (Neujahr), 6. Jänner (Heilige Drei Könige), Ostermontag, 1. Mai (Staatsfeiertag), Christi Himmelfahrt, Pfingstmontag, Fronleichnam, 15. August (Mariä Himmelfahrt), 26. Oktober (Nationalfeiertag), 1. November (Allerheiligen), 8. Dezember (Mariä Empfängnis), 25. Dezember (Weihnachten) und 26. Dezember (Stephanstag).

(2) Für öffentlich Bedienstete, deren Dienstverhältnis bundesgesetzlich geregelt ist, sind § 7a und § 33a Abs. 29 Arbeitsruhegesetz – ARG, BGBl. Nr. 144/1983 idF BGBl. I Nr. 22/2019, sinngemäß anzuwenden.

(3) Auf Ausbildungsverhältnisse im Bundesdienst ist Abs. 2 sinngemäß anzuwenden.

(BGBl I 2019/22)

§ 2. (1) Die Vorschriften der nachstehend bezeichneten Gesetze und Verordnungen über die Sonntagsruhe und der auf Grund dieser Gesetze erlassenen Verordnungen gelten, soweit in diesem Bundesgesetz nichts anderes bestimmt wird, sinngemäß auch für die im § 1 bezeichneten Feiertage:

1. Gesetz vom 16. Jänner 1895, RGBl. Nr. 21, betreffend die Regelung der Sonn- und Feiertagsruhe im Gewerbebetriebe, in der Fassung der Gesetze vom 18. Juli 1905, RGBl. Nr. 125, vom 15. Mai 1919, StGBl. Nr. 282, vom 21. Dezember 1934, BGBl. II Nr. 421, und der Gewerbeordnungsnovelle 1935, BGBl. Nr. 548;
2. (Mit 1. Juli 1984 aufgehoben (§ 31 Abs. 1 Z 9 ARG).)
3. Bergarbeitergesetz vom 28. Juli 1919, StGBl. Nr. 406, in der Fassung des Gesetzes vom 10. Juli 1928, BGBl. Nr. 190, und der Verordnung der Bundesregierung vom 31. Mai 1933, BGBl. Nr. 209;
4. (Mit 1. Juli 1984 aufgehoben (§ 31 Abs. 1 Z 9 ARG).)
5. Gesetz vom 18. September 1906, RGBl. Nr. 5/1907, betreffend die Regelung des Apothekenwesens, in der Fassung des Verwaltungsentlastungsgesetzes, BGBl. Nr. 277/1925, und

der Apothekengesetznovelle 1955, BGBl. Nr. 2/1957;

6. (Mit 1. Juli 1984 aufgehoben (§ 31 Abs. 1 Z 9 ARG).)

7. (Mit 1. Juli 1984 aufgehoben (§ 31 Abs. 1 Z 9 ARG).)

(2) Die Feiertagsruhe hat frühestens um 0 Uhr und spätestens um 6 Uhr des betreffenden Feiertages, und zwar gleichzeitig für alle Arbeiter und Angestellten des Betriebes, zu beginnen und mindestens 24 Stunden zu dauern. Für die Unternehmungen täglich erscheinender Zeitungen sowie für die Druckereien, soweit sie täglich erscheinende Zeitungen herstellen, hat die Feiertagsruhe 18 Stunden zu dauern.

(3) Die gesetzlichen Vorschriften über die Gewährung einer Ersatzruhe für Sonntagsarbeit gelten nicht für die Feiertagsarbeit.

(4) Die Vorschriften der Abs. 2 und 3 gelten nicht, wenn ein Feiertag auf einen Sonntag fällt.

(5) (Aufgehoben durch das Bundesgesetz BGBl. Nr. 146/1948, § 33 Absatz 2 Ziffer 7)

§ 3. (1) Soweit in den im § 2 Abs. 1 bezeichneten Gesetzen und Verordnungen Vorschriften über die Entlohnung der Sonntagsarbeit enthalten sind, gelten sie nicht für die Feiertagsarbeit.

(2) Für Feiertage ist das regelmäßige Entgelt zu leisten; außerdem ist für Arbeiten, die auf Grund geltender Ausnahmebestimmungen an Feiertagen geleistet werden, das auf die geleistete Arbeit entfallende Entgelt zu zahlen. Diese Bestimmungen gelten nicht, wenn ein Feiertag auf einen Sonntag fällt.

(3) Soweit Tarif- oder Betriebsordnungen günstigere Bestimmungen über die Feiertage oder über die Entlohnung der Feiertagsarbeit enthalten, bleiben diese Bestimmungen unberührt.

(4) Die näheren Bestimmungen über die Lohnzahlung an Feiertagen erläßt das Bundesministerium für soziale Verwaltung durch Verordnung.

§ 4. Das Bundesministerium für Handel und Wiederaufbau kann für den Bergbau Ausnahmen von der Feiertagsruhe bewilligen.

Artikel II

§ 5. (aufgehoben)

Artikel III

§ 6. (1) Mit dem Wirksamkeitsbeginn dieses Gesetzes treten das Bundesgesetz vom 27. Jänner 1933, BGBl. Nr. 31, über die Regelung der Feiertagsruhe und das Gesetz über die Bewilligung von Ausnahmen von der Sonn- und Feiertagsruhe für regelmäßig erscheinende Druckschriften, GBl. f. d. L. Ö. Nr. 630/1938, außer Kraft.

(2) Im übrigen werden alle Gesetze, Verordnungen und sonstigen Vorschriften des Deutschen Reiches über die Feiertagsruhe und die Lohnzahlung an Feiertagen, soweit in diesem Gesetz nichts anderes bestimmt ist, für den Bereich der Republik mit Wirksamkeitsbeginn dieses Gesetzes außer Kraft gesetzt. Insbesondere sind daher aufgehoben:

der Artikel III (Lohnzahlung an Feiertagen) der Kundmachung des Reichsstatthalters in Österreich, GBl. f. d. L. Ö. Nr. 58/1938;

die Bestimmungen für die Heimarbeit über die Lohnzahlung an Feiertagen vom 15. Dezember 1937 (Deutscher Reichsanzeiger Nr. 291), in der Fassung der Bestimmungen vom 28. Oktober 1942 (Deutscher Reichsanzeiger Nr. 261), und die Anordnung des Reichsarbeitsministers vom 25. Mai 1939 (Deutscher Reichsanzeiger Nr. 118);

die Verordnung über die Regelung der Arbeitsruhe an Feiertagen in den Reichsgauen der Ostmark vom 16. Dezember 1941, Deutsches RGBl. I S. 790.

Artikel IV

§ 7. Mit der Vollziehung dieses Bundesgesetzes sind die Bundesministerien betraut, denen die Vollziehung der im § 2 Abs. 1 angeführten Vorschriften über die Sonntagsruhe obliegt.

Verliert mit dem Inkrafttreten des ARG (1. Juli 1984) für dessen Anwendungsbereich die Wirksamkeit (§ 31 Abs. 2 Z 1 ARG).

31. Krankenanstalten-Arbeitszeitgesetz

Krankenanstalten-Arbeitszeitgesetz, BGBl I 1997/8 idF

1 BGBl I 1998/96	**2** BGBl I 1999/88	**3** BGBl I 2001/98
4 BGBl I 2002/30	**5** BGBl I 2002/122	**6** BGBl I 2002/169
7 BGBl I 2003/146	**8** BGBl I 2005/155	**9** BGBl I 2008/125
10 BGBl I 2010/93	**11** BGBl I 2012/38	**12** BGBl I 2012/89
13 BGBl I 2014/76	**14** BGBl I 2017/40	**15** BGBl I 2018/100
16 BGBl I 2021/168	**17** BGBl I 2022/15	

GLIEDERUNG

STICHWORTVERZEICHNIS

KA-AZG

Bundesgesetz, mit dem ein Arbeitszeitgesetz für Angehörige von Gesundheitsberufen in Kranken-, Pflegeanstalten und ähnlichen Einrichtungen geschaffen (Krankenanstalten-Arbeitszeitgesetz – KA-AZG) und das Arbeitszeitgesetz geändert wird

Der Nationalrat hat beschlossen

Artikel I
Krankenanstalten-Arbeitszeitgesetz

ABSCHNITT 1
Geltungsbereich

§ 1. (1) Dieses Bundesgesetz gilt für die Beschäftigung von Dienstnehmer/innen, die in

1. Allgemeinen Krankenanstalten,
2. Sonderkrankenanstalten,
3. Heimen für Genesende, die ärztlicher Behandlung und besonderer Pflege bedürfen,
   (BGBl I 2002/122)
4. Pflegeanstalten für chronisch Kranke, die ärztlicher Betreuung und besonderer Pflege bedürfen,
5. Gebäranstalten und Entbindungsheimen,
6. Sanatorien,
7. selbständigen Ambulatorien insbesondere Röntgeninstituten und Zahnambulatorien,
8. Anstalten, die für die Unterbringung geistig abnormer oder entwöhnungsbedürftiger Rechtsbrecher/innen bestimmt sind,
9. Krankenabteilungen in Justizanstalten,
10. Kuranstalten,
11. Organisationseinheiten zur stationären Pflege in Pflegeheimen und ähnlichen Einrichtungen
    (BGBl I 2008/125)

als Angehörige von Gesundheitsberufen tätig sind oder deren Tätigkeit sonst zur Aufrechterhaltung des Betriebes ununterbrochen erforderlich ist.

(2) Als Angehörige von Gesundheitsberufen im Sinne dieses Bundesgesetzes gelten

1. Ärzte/Ärztinnen gemäß Ärztegesetz 1998, BGBl. I Nr. 169,
   (BGBl I 1999/88)

1a. Angehörige des zahnärztlichen Berufs und des Dentistenberufs gemäß Zahnärztegesetz, BGBl. I Nr. 126/2005,
   (BGBl I 2005/155)

2. Angehörige der Gesundheits- und Krankenpflegeberufe gemäß Gesundheits- und Krankenpflegegesetz, BGBl. I Nr. 108/1997,
3. Angehörige der gehobenen medizinisch-technischen Dienste gemäß MTD-Gesetz, BGBl. Nr. 460/1992,
4. Angehörige des medizinisch-technischen Fachdienstes gemäß dem Bundesgesetz über die Regelung des medizinisch-technischen Fachdienstes und der Sanitätshilfsdienste (MTF-SHD-G), BGBl. Nr. 102/1961,
5. Angehörige der Sanitätshilfsdienste gemäß MTF-SHD-G, BGBl. Nr. 102/1961,

5a. Angehörige der medizinischen Assistenzberufe gemäß Medizinische Assistenzberufe-Gesetz (MABG), BGBl. I Nr. 89/2012,

(BGBl I 2012/89)

5a.[a)] Angehörige der medizinischen Assistenzberufe „und der Operationstechnischen Assistenz sowie Trainingstherapeuten/Trainingstherapeutinnen" gemäß Medizinische Assistenzberufe-Gesetz (MABG), BGBl. I Nr. 89/2012,

(BGBl I 2012/89, BGBl I 2022/15)

[a)] Tritt mit 1. Juli 2022 in Kraft.

6. Hebammen gemäß Hebammengesetz, BGBl. Nr. 310/1994,
7. Angehörige des kardiotechnischen Dienstes sowie Kardiotechniker/innen in Ausbildung gemäß Kardiotechnikergesetz, BGBl. I Nr. 96/1998,
8. Gesundheitspsychologen/Gesundheitspsychologinnen und klinische Psychologen/Psychologinnen sowie Psychologen/Psychologinnen im Rahmen des Erwerbs praktischer fachlicher Kompetenz gemäß Psychologengesetz, BGBl. Nr. 360/1990,
9. Psychotherapeuten/Psychotherapeutinnen sowie Psychotherapeuten/Psychotherapeutinnen in Ausbildung gemäß Psychotherapiegesetz, BGBl. Nr. 361/1990,

   (BGBl I 2002/30)
10. Apothekenleiter/Apothekenleiterinnen gemäß § 37 des Apothekengesetzes, RGBl. Nr. 5/1907 sowie andere allgemein berufsberechtigte Apotheker/Apothekerinnen in Anstaltsapotheken im Sinn des § 3b Apothekengesetz,

    (BGBl I 2002/30, BGBl I 2014/76)
11. Sanitäter/Sanitäterinnen sowie Sanitäter/Sanitäterinnen in Ausbildung gemäß Sanitätergesetz, BGBl. I Nr. 30/2002,

    (BGBl I 2002/169)
12. medizinische Masseure/Masseurinnen sowie medizinische Masseure/Masseurinnen in Ausbildung und Heilmasseure/Heilmasseurinnen sowie Heilmasseure/Heilmasseurinnen in Ausbildung gemäß Medizinischer Masseur- und Heilmasseurgesetz, BGBl. I Nr. 169/2002,

    (BGBl I 2002/30, BGBl I 2002/169, BGBl I 2012/38)
13. Zahnärztliche Assistentinnen/Zahnärztliche Assistenten sowie Zahnärztliche Assistentinnen/Zahnärztliche Assistenten in Ausbildung gemäß Zahnärztegesetz,

    (BGBl I 1998/96, BGBl I 2012/38)

(BGBl I 1998/96)

(3) Dieses Bundesgesetz gilt nicht für leitende Dienstnehmer/innen, denen maßgebliche Führungsaufgaben selbstverantwortlich übertragen sind.

(4) Dieses Bundesgesetz gilt weiters nicht für die Beschäftigung von Dienstnehmer/innen, für die das Bundesgesetz über die Beschäftigung von Kindern und Jugendlichen 1987, BGBl. Nr. 599, gilt.

ABSCHNITT 2
Arbeitszeit

Begriffsbestimmungen

§ 2. Im Sinne dieses Bundesgesetzes ist:

1. Arbeitszeit die Zeit vom Dienstantritt bis zum Dienstende ohne die Ruhepausen;
2. Tagesarbeitszeit die Arbeitszeit innerhalb eines ununterbrochenen Zeitraumes von 24 Stunden;
3. Wochenarbeitszeit die Arbeitszeit innerhalb des Zeitraumes von Montag bis einschließlich Sonntag.

Arbeitszeit

§ 3. (1) Die Tagesarbeitszeit darf 13 Stunden nicht überschreiten, soweit im folgenden nicht anderes bestimmt wird.

(2) Die Wochenarbeitszeit darf

1. innerhalb eines Durchrechnungszeitraumes von bis zu 17 Wochen im Durchschnitt 48 Stunden und
2. in den einzelnen Wochen des Durchrechnungszeitraumes 60 Stunden

nicht überschreiten, soweit im folgenden nicht anderes bestimmt wird.

(3) Im Rahmen seiner Mitwirkungsbefugnis bei der Arbeitszeitgestaltung hat das jeweils zuständige betriebliche Vertretungsorgan das Einvernehmen mit Vertreter/innen der betroffenen Dienstnehmer/innen (§ 1 Abs. 2 Z 1 und 1a bzw. Z 2 bis 13), die den Verhandlungen beizuziehen sind, herzustellen.

(BGBl I 1998/96, BGBl I 1999/88, BGBl I 2002/30, BGBl I 2002/169, BGBl I 2005/155, BGBl I 2012/38)

(4) Durch Betriebsvereinbarung (Abs. 3) kann

1. der Durchrechnungszeitraum nach § 4 Abs. 1, 4 und 5 auf bis zu 26 Wochen;
2. für Dienstnehmer/Dienstnehmerinnen iSd § 4 Abs. 4a Z 1 und 2 bei Vorliegen von objektiven Gründen technischer oder arbeitsorganisatorischer Art der Durchrechnungszeitraum nach § 4 Abs. 4 Z 2 auf bis zu 52 Wochen,
   a) wenn die Betriebsvereinbarung keine Arbeitszeitverlängerung nach § 4 Abs. 4b zulässt, oder

b) im Falle des § 8 Abs. 3

ausgedehnt werden.

(4a) Fallen in einen Durchrechnungszeitraum nach § 3 Abs. 2 oder § 4 Abs. 1 und 4 gerechtfertigte Abwesenheitszeiten, sind für die Berechnung der durchschnittlichen Wochenarbeitszeit

1. wenn die Diensteinteilung zum Zeitpunkt der Kenntnisnahme durch den Dienstgeber/die Dienstgeberin bereits getroffen wurde, die in der Diensteinteilung vorgesehene Arbeitszeiten heranzuziehen;
2. wenn die Diensteinteilung zum Zeitpunkt der Kenntnisnahme durch den Dienstgeber/die Dienstgeberin noch nicht getroffen wurde, die tatsächlich geleisteten Arbeitszeiten zu addieren und durch die um die Ausfallstage reduzierte Wochenanzahl zu dividieren.

(BGBl I 2014/76)

(5) In Krankenanstalten, deren Rechtsträger eine Gebietskörperschaft ist und in denen eine Personalvertretung eingerichtet ist, können Regelungen gemäß Abs. 4 im Einvernehmen mit der Personalvertretung getroffen werden.

Verlängerter Dienst

§ 4. (1) Werden Dienstnehmer/innen während der Arbeitszeit nicht durchgehend in Anspruch genommen, können durch Betriebsvereinbarung längere Arbeitszeiten zugelassen werden, wenn dies aus wichtigen organisatorischen Gründen unbedingt notwendig ist (verlängerte Dienste). Eine Verlängerung ist nur insoweit zulässig, als die zu erwartende Inanspruchnahme innerhalb eines Durchrechnungszeitraumes von 17 Wochen im Durchschnitt 48 Stunden pro Woche nicht überschreitet.

(1a) Wird von einer Arbeitszeitverlängerung nach Abs. 4b nicht Gebrauch gemacht, ist Abs. 1 zweiter Satz nicht anzuwenden. In diesem Fall sind verlängerte Dienste nur zulässig, wenn durch entsprechende organisatorische Maßnahmen dafür gesorgt wird, dass den Dienstnehmern/Dienstnehmerinnen während der verlängerten Dienste ausreichende Erholungsmöglichkeiten zur Verfügung stehen.

(1b) Bis zum Ablauf von drei Monaten nach der erstmaligen Betriebsaufnahme einer neu errichteten Krankenanstalt nach § 1 Abs. 1 Z 2 oder 3, in der noch kein Betriebsrat errichtet ist, sind verlängerte Dienste nach Abs. 1 und 1a auch zulässig, wenn dies zunächst mit den Vertretern/Vertreterinnen nach § 3 Abs. 3 und danach zusätzlich mit den einzelnen Dienstnehmern/Dienstnehmerinnen schriftlich vereinbart wurde. Die Vereinbarung mit den Vertretern/Vertreterinnen nach § 3 Abs. 3 ist den in § 7 Abs. 4 des Arbeitszeitgesetzes, BGBl. Nr. 461/1969, genannten Einrichtungen zu übermitteln. Abs. 4a ist nicht anzuwenden. Diese Vereinbarungen werden mit Inkraftreten einer Betriebsvereinbarung nach Abs. 1 und 1a unwirksam, spätestens aber mit Auslaufen der Frist von drei Monaten ab erstmaliger Betriebsaufnahme.

(1c) Dienstgeber/Dienstgeberinnen dürfen Dienstnehmer/Dienstnehmerinnen, die verlängerten Diensten nach Abs. 1b nicht zustimmen, gegenüber anderen Dienstnehmern/Dienstnehmerinnen nicht benachteiligen. Dieses Diskriminierungsverbot betrifft insbesondere die Begründung des Dienstverhältnisses, sämtliche Arbeitsbedingungen, die Verlängerung von Dienstverhältnissen, Entgeltbedingungen, Aus- und Weiterbildungsmaßnahmen, Aufstiegschancen und Beendigung des Dienstverhältnisses.

(BGBl I 2014/76)

(2) In Krankenanstalten, deren Rechtsträger eine Gebietskörperschaft ist und in denen eine Personalvertretung eingerichtet ist, können verlängerte Dienste unter den Voraussetzungen des Abs. 1 im Einvernehmen mit der Personalvertretung zugelassen werden.

(3) Wurden in einer Krankenanstalt, deren Rechtsträger eine Gebietskörperschaft ist und in denen ein Betriebsrat eingerichtet ist, verlängerte Dienste gemäß Abs. 1 für Dienstnehmer/innen zugelassen, die in einem privatrechtlichen Dienstverhältnis stehen, sind verlängerte Dienste im selben Ausmaß auch für Dienstnehmer/innen zulässig, die in einem öffentlich-rechtlichen Dienstverhältnis stehen.

(4) Wurden verlängerte Dienste nach Abs. 1 bis 3 zugelassen, darf

1. die Dauer eines verlängerten Dienstes 25 Stunden,
2. die Wochenarbeitszeit innerhalb eines Durchrechnungszeitraumes von 17 Wochen im Durchschnitt 48 Stunden,
3. die Arbeitszeit in den einzelnen Wochen des Durchrechnungszeitraumes 72 Stunden

nicht überschreiten.

(4a) Abweichend von Abs. 4 Z 1 darf die Dauer eines verlängerten Dienstes von

1. Ärzten/Ärztinnen,
2. Apothekern/Apothekerinnen gemäß § 1 Abs. 2 Z 10

bis zum 31. Dezember 2017 32 Stunden, bei einem verlängerten Dienst, der am Vormittag eines Samstages oder eines Tages vor einem Feiertag beginnt, 49 Stunden, und bis zum 31. Dezember 2020 für alle verlängerten Dienste 29 Stunden nicht überschreiten.

(4b) Abweichend von Abs. 4 Z 2 kann durch Betriebsvereinbarung oder im Einvernehmen mit der Personalvertretung zugelassen werden, dass die durchschnittliche Wochenarbeitszeit bis zum 30. Juni 2025 55 Stunden und bis zum 30. Juni 2028 52 Stunden betragen kann. Abs. 1b ist nicht anzuwenden. Eine solche Arbeitszeitverlängerung ist darüber hinaus nur zulässig, wenn auch der einzelne Dienstnehmer/die einzelne Dienstnehmerin im Vorhinein schriftlich zugestimmt hat.

(BGBl I 2014/76, BGBl I 2021/168)

(5) Ab 1. Jänner 1998 dürfen innerhalb eines Durchrechnungszeitraumes von 17 Wochen im

Durchschnitt höchstens zehn verlängerte Dienste pro Monat gemäß Abs. 1 geleistet werden. Diese Höchstanzahl vermindert sich

1. ab dem 1. Jänner 2001 auf acht verlängerte Dienste und
2. ab dem 1. Jänner 2004 auf sechs verlängerte Dienste. Durch Betriebsvereinbarung oder im Einvernehmen mit der Personalvertretung kann festgelegt werden, dass bis zu acht verlängerte Dienste zulässig sind. Abs. 3 ist anzuwenden. Abs. 1b ist nicht anzuwenden.

   (BGBl I 2014/76)

Für die Berechnung zählt eine durchgehende Arbeitszeit von mehr als 32 Stunden als zwei verlängerte Dienste.

(BGBl I 1999/88, BGBl I 2003/146)

(6) Durch Betriebsvereinbarung oder im Einvernehmen mit der Personalvertretung kann festgelegt werden, dass abweichend von § 2 Z 3 als Wochenarbeitszeit die Arbeitszeit innerhalb eines anderen Zeitraumes von 168 aufeinander folgenden Stunden gilt. Eine solche Regelung muss einheitlich für sämtliche Dienstnehmer/innen einer Organisationseinheit, die verlängerte Dienste leisten, getroffen werden. Abs. 3 ist anzuwenden. Abs. 1b ist nicht anzuwenden.

(BGBl I 1999/88, BGBl I 2003/146, BGBl I 2014/76)

Überstundenarbeit und vertragsrechtliche Bestimmungen

§ 5. (1) Überstundenarbeit liegt vor, wenn die Tagesarbeitszeit acht Stunden bzw. bei einer anderen Verteilung der Arbeitszeit innerhalb der Woche neun Stunden oder die Wochenarbeitszeit 40 Stunden übersteigt, soweit nicht durch Kollektivvertrag abweichende Regelungen getroffen werden. Für Krankenanstalten, für die mangels Bestehen einer kollektivvertragsfähigen Körperschaft auf Arbeitgeberseite kein Kollektivvertrag abgeschlossen werden kann, können abweichende Regelungen durch Betriebsvereinbarung getroffen werden.

(2) Dienstnehmer/innen dürfen außerhalb der festgelegten Arbeitszeiteinteilung zu Überstundenarbeit nur herangezogen werden, wenn berücksichtigungswürdige Interessen der Dienstnehmer/-innen der Überstundenarbeit nicht entgegenstehen.

(3) Für Überstundenarbeit gebührt ein Zuschlag von 50 vH. Der Berechnung dieses Zuschlages ist der auf die einzelne Arbeitsstunde entfallende Normallohn zugrunde zu legen.

(4) Die Bestimmungen der §§ 19c, 19d und 19g des Arbeitszeitgesetzes, BGBl. Nr. 461/1969, sind anzuwenden.

(BGBl I 2008/125)

(5) Abs. 1 bis 4 gelten nicht für Dienstnehmer/innen, die in einem Dienstverhältnis zu einer Gebietskörperschaft stehen. Dienstrechtliche Regelungen in Bundesgesetzen oder Landesgesetzen bleiben unberührt.

(BGBl I 2008/125)

ABSCHNITT 2a
Nachtarbeit

Definitionen

§ 5a. (1) Als Nacht im Sinne dieses Bundesgesetzes gilt die Zeit zwischen 22.00 Uhr und 05.00 Uhr.

(2) Nachtdienstnehmer/innen im Sinne dieses Bundesgesetzes sind Dienstnehmer/innen, die

1. regelmäßig oder
2. sofern durch Betriebsvereinbarung oder im Einvernehmen mit der Personalvertretung nicht anderes vorgesehen wird, in mindestens 48 Nächten im Kalenderjahr

während der Nacht mindestens drei Stunden arbeiten.

(BGBl I 2002/122)

Untersuchungen

§ 5b. (1) Der/die Nachtdienstnehmer/in hat Anspruch auf unentgeltliche Untersuchungen des Gesundheitszustandes gemäß § 51 ArbeitnehmerInnenschutzgesetz (ASchG), BGBl. Nr. 450/1994, oder gleichartigen österreichischen Rechtsvorschriften, und zwar vor Aufnahme der Tätigkeit und danach in Abständen von zwei Jahren, nach Vollendung des 50. Lebensjahres oder nach zehn Jahren als Nachtdienstnehmer/in in jährlichen Abständen.

(2) Abweichend von § 5a Abs. 1 und 2 gelten für den Anspruch auf Untersuchungen die folgenden Definitionen:

1. als Nacht gilt die Zeit zwischen 22.00 Uhr und 06.00 Uhr;
2. Nachtdienstnehmer/innen sind Dienstnehmer/innen, die regelmäßig oder in mindestens 30 Nächten im Kalenderjahr während der Nacht mindestens drei Stunden arbeiten.

(BGBl I 2002/122)

Versetzung

§ 5c. Der/die Nachtdienstnehmer/in hat auf Verlangen Anspruch gegenüber dem/der Dienstgeber/in auf Versetzung auf einen geeigneten Tagesarbeitsplatz entsprechend den betrieblichen Möglichkeiten, wenn

1. die weitere Verrichtung von Nachtarbeit die Gesundheit nachweislich gefährdet, oder
2. die Bedachtnahme auf unbedingt notwendige Betreuungspflichten gegenüber Kindern bis zu zwölf Jahren dies erfordert, für die Dauer dieser Betreuungspflichten.

(BGBl I 2002/122)

Recht auf Information

§ 5d. Der/die Dienstgeber/in hat sicherzustellen, dass Nachtdienstnehmer/innen über wichtige Betriebsgeschehnisse, die die Interessen der Nachtdienstnehmer/innen berühren, informiert werden.

(BGBl I 2002/122)

ABSCHNITT 3
Ruhepausen und Ruhezeiten

Ruhepausen

§ 6. (1) Beträgt die Gesamtdauer der Arbeitszeit mehr als sechs Stunden, so ist die Arbeitszeit durch eine Ruhepause von mindestens 30 Minuten zu unterbrechen.

(2) Verlängerte Dienste von mehr als 25 Stunden sind durch zwei Ruhepausen von jeweils mindestens 30 Minuten zu unterbrechen.

(3) Ist die Gewährung von Ruhepausen aus organisatorischen Gründen nicht möglich, so ist innerhalb der nächsten zehn Kalendertage eine Ruhezeit entsprechend zu verlängern.

(BGBl I 2014/76)

Tägliche Ruhezeit

§ 7. (1) Nach Beendigung der Tagesarbeitszeit oder nach Beendigung eines verlängerten Dienstes gemäß § 4 ist den Dienstnehmer/innen eine ununterbrochene Ruhezeit von mindestens elf Stunden zu gewähren.

(2) Beträgt die Tagesarbeitszeit zwischen acht und 13 Stunden, ist jeweils innerhalb der nächsten zehn Kalendertage eine Ruhezeit um vier Stunden zu verlängern.

(3) Nach verlängerten Diensten gemäß § 4 ist die folgende Ruhezeit um jenes Ausmaß zu verlängern, um das der verlängerte Dienst 13 Stunden überstiegen hat, mindestens jedoch um elf Stunden.

(BGBl I 2014/76)

Wöchentliche Ruhezeit und Feiertagsruhe

§ 7a. (1) Für Dienstnehmer/innen, die unter das Arbeitsruhegesetz (ARG), BGBl. Nr. 144/1983 fallen, kann der Kollektivvertrag die wöchentliche Ruhezeit und die Ruhezeit an Feiertagen nach Maßgabe des Abs. 3 abweichend von den §§ 3, 4, 6 und 7 ARG regeln.

(2) Insoweit eine Regelung durch Kollektivvertrag nicht besteht, kann die wöchentliche Ruhezeit und die Ruhezeit an Feiertagen nach Maßgabe des Abs. 3 abweichend von den §§ 3, 4 und 7 ARG geregelt werden

1. durch Betriebsvereinbarung,
2. in Krankenanstalten, deren Rechtsträger eine Gebietskörperschaft ist und in denen eine Personalvertretung eingerichtet ist, im Einvernehmen mit der Personalvertretung,
3. in Betrieben von Gebietskörperschaften und sonstigen juristischen Personen des öffentlichen Rechts durch dienstrechtliche Vorschriften, die den wesentlichen Inhalt des Arbeitsverhältnisses zwingend festlegen.

(3) Im Rahmen der Abweichungsmöglichkeiten nach Abs. 1 und 2 kann

1. die wöchentliche Ruhezeit in einzelnen Wochen 36 Stunden unterschreiten oder ganz unterbleiben, wenn in einem kollektivvertraglich, durch Betriebsvereinbarung oder im Einvernehmen mit der Personalvertretung festgelegten Zeitraum eine durchschnittliche Ruhezeit von 36 Stunden erreicht wird, wobei zur Berechnung nur mindestens 24stündige Ruhezeiten herangezogen werden dürfen;
2. die Lage der Ersatzruhe abweichend von § 6 ARG festgelegt werden;
3. die Lage der Feiertagsruhe abweichend von § 7 ARG festgelegt werden.

(BGBl I 2014/76)

(4) Wurde nach § 4 Abs. 6 ein abweichender Wochenzeitraum festgelegt, kann durch Betriebsvereinbarung, in Krankenanstalten, deren Rechtsträger eine Gebietskörperschaft ist und in denen eine Personalvertretung eingerichtet ist, im Einvernehmen mit der Personalvertretung, festgesetzt werden, dass der selbe Wochenzeitraum abweichend von § 3 Abs. 1 ARG an die Stelle der Kalenderwoche tritt.

(BGBl I 2010/93)

Abschnitt 4
Ausnahmen

(BGBl I 2003/146)

Außergewöhnliche Fälle

§ 8. (1) In außergewöhnlichen und unvorhersehbaren Fällen finden die Bestimmungen der §§ 3, 4, 6 und 7 keine Anwendung, wenn

1. die Betreuung von Patienten/Patientinnen nicht unterbrochen werden kann oder
2. eine sofortige Betreuung von Patienten/Patientinnen unbedingt erforderlich wird

und durch andere organisatorische Maßnahmen nicht Abhilfe geschaffen werden kann. Eine Verlängerung der durchschnittlichen Wochenarbeitszeit ist nur zulässig, wenn der einzelne Dienstnehmer/die einzelne Dienstnehmerin schriftlich zugestimmt hat.

(BGBl I 2014/76)

(2) Weiters finden die §§ 3, 4, 6 und 7 keine Anwendung auf Dienstnehmer/innen im Bereich des Bundesministeriums für Landesverteidigung und Sport, die

1. Tätigkeiten in einem Einsatz gemäß § 2 Abs. 1 lit. a bis c des Wehrgesetzes 2001, BGBl. I Nr. 146/2001, der unmittelbaren Vorbereitung eines solchen Einsatzes oder im Rahmen einsatzähnlicher Übungen oder

   (BGBl I 2002/122)
2. Tätigkeiten, die im Hinblick auf die in Z 1 genannten Fälle zur Aufrechterhaltung des Dienstbetriebes unbedingt erforderlich sind,

verrichten.

(BGBl I 2010/93)

(3) Durch Betriebsvereinbarung oder im Einvernehmen mit der Personalvertretung können vorübergehende Ausnahmen von § 4 Abs. 4 Z 1 und 3 sowie Abs. 5 festgelegt werden, wenn

1. die Wahrung von Interessen der Patienten oder die Aufrechterhaltung des Krankenanstaltenbetriebes dies notwendig macht,

2. die allgemeinen Grundsätze der Sicherheit und des Gesundheitsschutzes der Dienstnehmer/innen eingehalten werden und
3. durch die erforderlichen Maßnahmen sichergestellt wird, daß keinem/r Dienstnehmer/in Nachteile daraus entstehen, daß er/sie generell oder im Einzelfall nicht bereit ist, solche zusätzliche Arbeitszeit zu leisten.

(BGBl I 2014/76)

(4) Der/die Dienstgeber/in hat eine Arbeitszeitverlängerung nach Abs. 1 und 3 ehestens, längstens aber binnen vier Tagen nach Beginn der Arbeiten dem zuständigen Arbeitsinspektorat schriftlich anzuzeigen. Diese Anzeige muß eine aktuelle Liste der von der Arbeitszeitverlängerung betroffenen Dienstnehmer/innen und das Ausmaß der vorgesehenen Arbeitszeit enthalten.

(BGBl I 2014/76)

(5) Das Arbeitsinspektorat hat auf Antrag eines/r Dienstnehmers/in, des/der Dienstgebers/in oder von Amts wegen durch Bescheid die nach Abs. 3 vorgesehene Arbeitszeitverlängerung gänzlich oder teilweise zu verbieten, wenn

1. die Voraussetzungen nach Abs. 3 Z 2 und 3 nicht vorliegen oder
2. dies zum Schutz der Sicherheit oder Gesundheit der Dienstnehmer/innen erforderlich ist.

ABSCHNITT 5
Sonstige Vorschriften

§ 9. (aufgehoben)

(BGBl I 2002/122, BGBl I 2017/40)

Aushangpflicht

§ 10. Der/die Dienstgeber/in hat in jeder Organisationseinheit an geeigneter, für die Dienstnehmer/innen leicht zugänglicher Stelle einen Aushang über die Diensteinteilung gut sichtbar anzubringen oder den Dienstnehmer/innen mittels eines sonstigen Datenträgers samt Ablesevorrichtung, durch geeignete elektronische Datenverarbeitung oder durch geeignete Telekommunikationsmittel zugänglich zu machen.

(BGBl I 2002/122)

Aufzeichnungspflicht

§ 11. (1) Der/die Dienstgeber/in hat zur Überwachung der in diesem Bundesgesetz geregelten Angelegenheiten im Betrieb bzw. in der Dienststelle Aufzeichnungen über die geleisteten Arbeitsstunden zu führen.

(2) Der/die Dienstgeber/in hat die Vornahme von Arbeiten gemäß § 8 Abs. 1 gesondert aufzuzeichnen.

(3) Die Verpflichtung zur Führung von Aufzeichnungen über die Ruhepausen gemäß § 6 Abs. 1 und 2 entfällt, wenn

1. durch Betriebsvereinbarung oder im Einvernehmen mit der Personalvertretung
   a) Beginn und Ende der Ruhepausen festgelegt werden oder
   b) es dem/der Dienstnehmer/in überlassen wird, innerhalb eines festgelegten Zeitraumes die Ruhepausen zu nehmen, und
2. durch Betriebsvereinbarung oder im Einvernehmen mit der Personalvertretung keine längeren Ruhepausen als das Mindestausmaß gemäß § 6 Abs. 1 und 2 vorgesehen sind und
3. von dieser Vereinbarung oder vom getroffenen Einvernehmen nicht abgewichen wird.

(BGBl I 2003/146)

(4) Ist wegen Fehlens von Aufzeichnungen über die geleisteten Dienststunden die Feststellung der tatsächlich geleisteten Arbeitszeit unzumutbar, werden Verfallsfristen gehemmt.

(BGBl I 2008/125)

Überlassung

§ 11a. (1) Eine Überlassung im Sinne dieses Bundesgesetzes liegt vor, wenn Dienstnehmer/innen Dritten zur Verfügung gestellt werden, um für sie unter deren Kontrolle zu arbeiten. Überlasser/in ist, wer als Dienstgeber/in Dienstnehmer/innen zur Arbeitsleistung an Dritte verpflichtet. Beschäftiger/in ist, wer diese Dienstnehmer/innen zur Arbeitsleistung einsetzt.

(2) Für die Dauer der Überlassung gelten die Beschäftiger/innen als Dienstgeber/innen im Sinne dieses Bundesgesetzes.

(BGBl I 2008/125)

Zustimmung

§ 11b. (1) Eine schriftliche Zustimmung des einzelnen Dienstnehmers/der einzelnen Dienstnehmerin im Rahmen des § 4 Abs. 4b oder § 8 Abs. 1 letzter Satz darf nicht im Zusammenhang mit der Begründung des Dienstverhältnisses stehen. Diese Zustimmung kann mit einer Vorankündigungsfrist von acht Wochen

1. für den nächsten Durchrechnungszeitraum,
2. bei einem Durchrechnungszeitraum von mehr als 17 Wochen auch für den nächsten 17-Wochen-Zeitraum oder verbleibenden kürzeren Zeitraum

schriftlich widerrufen werden.

(2) Dienstgeber/Dienstgeberinnen dürfen Dienstnehmer/Dienstnehmerinnen, die einer Verlängerung der durchschnittlichen Wochenarbeitszeit im Rahmen des § 4 Abs. 4b und § 8 Abs. 1 letzter Satz nicht zustimmen oder ihre Zustimmung widerrufen haben, gegenüber anderen Dienstnehmern/Dienstnehmerinnen nicht benachteiligen. Dieses Diskriminierungsverbot betrifft insbesondere sämtliche Arbeitsbedingungen, die Verlängerung von Dienstverhältnissen, Entgeltbedingungen, Aus- und Weiterbildungsmaßnahmen, Aufstiegschancen und Beendigung des Dienstverhältnisses.

(3) Dienstgeber/Dienstgeberinnen haben ein aktuelles Verzeichnis der Dienstnehmer/Dienstnehmerinnen zu führen, die einer Verlängerung der durchschnittlichen Wochenarbeitszeit im Rahmen des § 4 Abs. 4b oder § 8 Abs. 1 letzter Satz

schriftlich zugestimmt haben. Bei Widerruf ist der Dienstnehmer/die Dienstnehmerin aus dem Verzeichnis zu streichen. Diesem Verzeichnis sind Ablichtungen der Zustimmungserklärungen beizulegen.

(BGBl I 2014/76)

Strafbestimmungen

§ 12. (1) Dienstgeber/innen, die

1. Dienstnehmer/innen über die Grenzen gemäß §§ 3 oder 4 hinaus beschäftigen,
2. Ruhepausen gemäß § 6 nicht gewähren,
3. die Ruhezeit gemäß § 7 nicht gewähren,
4. die Aufzeichnungspflicht gemäß § 11 verletzen,
   (BGBl I 2002/122)
5. die Verpflichtungen betreffend besondere Untersuchungen gemäß § 5b Abs. 1 verletzt,
   (BGBl I 2002/122)
6. die Anzeigepflicht gemäß § 8 Abs. 4 verletzen,
   (BGBl I 2014/76)

sind, sofern die Tat nicht nach anderen Vorschriften einer strengeren Strafe unterliegt, von der Bezirksverwaltungsbehörde mit einer Geldstrafe von 218 Euro bis 2 180 Euro, im Wiederholungsfall von 360 Euro bis 3 600 Euro zu bestrafen.

(BGBl I 2001/98, BGBl I 2008/125)

(1a) Verstöße gegen die Aufzeichnungspflichten gemäß § 11 sind hinsichtlich jedes/jeder einzelnen Dienstnehmer/in gesondert zu bestrafen, wenn durch das Fehlen der Aufzeichnungen die Feststellung der tatsächlich geleisteten Arbeitszeit unmöglich oder unzumutbar wird.

(BGBl I 2008/125)

(1b) Übertretungen des § 7a sind nach § 27 Abs. 1, 2b, 3 und 6 ARG zu bestrafen.

(BGBl I 2010/93)

(2) Abs. 1 ist nicht anzuwenden, wenn die Zuwiderhandlung von Organen einer Gebietskörperschaft begangen wurde. Besteht bei einer Bezirksverwaltungsbehörde der Verdacht einer Zuwiderhandlung durch ein solches Organ, so hat sie, wenn es sich um ein Organ des Bundes oder eines Landes handelt, eine Anzeige an das oberste Organ, dem das der Zuwiderhandlung verdächtigte Organ untersteht (Art. 20 Abs. 1 erster Satz des B-VG), in allen anderen Fällen aber eine Anzeige an die Aufsichtsbehörde zu erstatten.

ABSCHNITT 6
Schlußbestimmungen

Weitergelten von Regelungen

§ 13. Für die Dienstnehmer/innen gegenüber den Bestimmungen dieses Bundesgesetzes günstigere Regelungen in Gesetzen, Kollektivverträgen, Dienstordnungen, Betriebsvereinbarungen oder in sonstigen Vereinbarungen werden durch dieses Bundesgesetz nicht berührt.

Verweisungen

§ 14. Soweit in diesem Bundesgesetz auf andere Bundesgesetze verwiesen wird, sind diese in ihrer jeweils geltenden Fassung anzuwenden.

Inkrafttreten und Vollziehung

§ 15. (1) Dieses Bundesgesetz tritt mit 1. Jänner 1997 in Kraft.

(2) (aufgehoben)

(BGBl I 2018/100)

(2a) §§ 1 Abs. 2 und 3 Abs. 3 in der Fassung des Bundesgesetzes BGBl. I Nr. 96/1998 treten mit 1. Jänner 1999 in Kraft.

(BGBl I 1998/96)

(2b) § 1 Abs. 2 Z 1 und 10, § 3 Abs. 3 und § 4 Abs. 4 Z 1 und Abs. 6 in der Fassung des Bundesgesetzes BGBl. I Nr. 88/1999 treten mit 1. Jänner 2000 in Kraft.

(BGBl I 1999/88)

(2c) § 12 Abs. 1 in der Fassung des Bundesgesetzes BGBl. I Nr. 98/2001 tritt mit 1. Jänner 2002 in Kraft.

(BGBl I 2001/98)

(2d) § 1 Abs. 2 Z 9 bis 11 und § 3 Abs. 3 in der Fassung des BGBl. I Nr. 30/2002 treten mit 1. Juli 2002 in Kraft.

(BGBl I 2002/30)

(2e) Die §§ 5a, 5b, 5c, 5d, 9, 10 und 12 Abs. 1 in der Fassung des Bundesgesetzes BGBl. I Nr. 122/2002 treten mit 1. August 2002 in Kraft.

(BGBl I 2002/122)

(2f) § 1 Abs. 2 Z 11 und 12 sowie § 3 Abs. 3 in der Fassung des BGBl. I Nr. 169/2002 treten mit 1. März 2003, jedoch nicht vor dem vierten der Kundmachung des Bundesgesetzes BGBl. I Nr. 169/2002 folgenden Monatsersten, in Kraft.

(BGBl I 2002/169)

(2g) Die §§ 4 Abs. 5 und 6 sowie 11 Abs. 3 in der Fassung des Bundesgesetzes BGBl. I Nr. 146/2003 treten mit 1. Jänner 2004 in Kraft.

(BGBl I 2003/146, BGBl I 2010/93)

(2h) § 1 Abs. 2 Z 1a und § 3 Abs. 3 in der Fassung des Bundesgesetzes BGBl. I Nr. 155/2005 treten mit 1. Jänner 2006 in Kraft.

(BGBl I 2005/155, BGBl I 2010/93)

(2i) § 1 Abs. 1 Z 9 bis Z 11, die Überschrift zu § 5, § 5 Abs. 4 und 5, § 11 Abs. 4, § 11a sowie § 12 Abs. 1 und 1a in der Fassung des BGBl. I Nr. 125/2008 treten mit 1. September 2008 in Kraft. § 11 Abs. 4 ist nur auf Verfallsfristen anzuwenden, die ab diesem Zeitpunkt zu laufen beginnen würden.

(BGBl I 2008/125, BGBl I 2010/93)

(2j) § 7a und § 12 Abs. 1b in der Fassung des Bundesgesetzes BGBl. I Nr. 93/2010 treten mit 1. November 2010 in Kraft.

(BGBl I 2010/93)

(2k) § 1 Abs. 2 und § 3 Abs. 3 in der Fassung des Bundesgesetzes BGBl. I Nr. 38/2012 treten mit 1. Jänner 2013 in Kraft.

(BGBl I 2012/38)

(2l) § 1 Abs. 2 Z 5a in der Fassung des Bundesgesetzes BGBl. I Nr. 89/2012 tritt mit 1. Jänner 2013 in Kraft.

(BGBl I 2012/89)

(2m) § 1 Abs. 2 Z 10, § 3 Abs. 4 und 4a, § 4 Abs. 1, 1a, 1b, 1c, 4, 4a, 4b, 5 und 6, § 7 Abs. 3, § 7a Abs. 3 Z 3, § 8 Abs. 1, § 8 Abs. 3, § 8 Abs. 4, § 11b sowie § 12 Abs. 1 Z 6 in der Fassung des Bundesgesetzes BGBl. I Nr. 76/2014 treten mit 1. Jänner 2015 in Kraft. Mit diesem Zeitpunkt entfällt § 7a Abs. 3 Z 4.

(BGBl I 2014/76)

(2n) § 9 samt Überschrift tritt mit Ablauf des 30. Juni 2017 außer Kraft.

(BGBl I 2017/40)

(2o) § 4 Abs. 4b in der Fassung des Bundesgesetzes BGBl. I Nr. 168/2021 tritt mit 1. Juli 2021 in Kraft.

(BGBl I 2021/168)

„(2p) § 1 Abs. 2 Z 5a in der Fassung des Bundesgesetzes BGBl. I Nr. 15/2022 tritt mit 1. Juli 2022 in Kraft.“

(BGBl I 2022/15)

(3) Mit der Vollziehung dieses Bundesgesetzes sind betraut:

1. für Dienstverhältnisse zum Bund der/die Bundeskanzler/in, in Angelegenheiten, die nur den Wirkungsbereich eines Bundesministers/einer Bundesministerin betreffen, diese/r Bundesminister/in; soweit der Wirkungsbereich der Arbeitsinspektion betroffen ist, jeweils im Einvernehmen mit dem/der Bundesminister/in für Arbeit,

   (BGBl I 2010/93, BGBl I 2021/168)

2. für andere Dienstverhältnisse der/die Bundesminister/in für Arbeit.

   (BGBl I 2010/93, BGBl I 2021/168)

Artikel II
Änderung des Arbeitszeitgesetzes

(eingearbeitet)

32. Bäckereiarbeiter/innengesetz 1996

Bäckereiarbeiter/innengesetz 1996, BGBl 1996/410 idF

1 BGBl I 2001/98 **2** BGBl I 2002/122 **3** BGBl I 2003/79
4 BGBl I 2017/40 **5** BGBl I 2019/22

GLIEDERUNG

STICHWORTVERZEICHNIS

Bundesgesetz über die Regelung der Arbeit in Backwaren-Erzeugungsbetrieben (Bäckereiarbeiter/innengesetz 1996 – BäckAG 1996)

Der Nationalrat hat beschlossen:

Artikel I
Bäckereiarbeiter/innengesetz 1996

ABSCHNITT 1
Geltungsbereich

§ 1. (1) Dieses Bundesgesetz gilt für Arbeitnehmer/innen, die in Backwaren-Erzeugungsbetrieben beschäftigt und überwiegend bei der Erzeugung von Backwaren verwendet werden. Als Backwaren-Erzeugungsbetriebe sind Betriebe anzusehen, in denen Brot oder sonstige für den menschlichen Genuß bestimmte Backwaren für den Verkauf oder den Verbrauch im Betrieb erzeugt werden.

(2) Dieses Bundesgesetz gilt nicht für die Erzeugung von Backwaren in Gastgewerbebetrieben im Sinne des § 111 der Gewerbeordnung 1994 (GewO 1994). Wird in einem Betrieb oder Betriebsteil ohne räumliche und organisatorische Trennung sowohl

1. das Gastgewerbe als auch
2. das Gewerbe der Bäcker im Sinne des § 94 Z 3 GewO 1994 oder das Gewerbe der Konditoren im Sinne des § 94 Z 40 GewO 1994

ausgeübt, ist der gesamte Betrieb oder Betriebsteil von diesem Bundesgesetz ausgenommen.

(BGBl I 2003/79)

(3) Dieses Bundesgesetz gilt weiters nicht für

1. die Erzeugung von Backwaren in Betrieben oder Betriebsteilen, in denen ohne räumliche und organisatorische Trennung Tätigkeiten der Konditoren im Sinne des § 150 Abs. 11 GewO 1994 ausgeübt werden;
2. die Erzeugung von Backwaren in privaten Haushalten, wenn die Backwaren ausschließlich für den Eigenverbrauch bestimmt sind.

(BGBl I 2003/79)

(4) Auf Jugendliche im Sinne des § 3 des Bundesgesetzes über die Beschäftigung von Kindern und Jugendlichen 1987, BGBl. Nr. 599, sind die §§ 2 Abs. 5, 3, 4, 7, 9, 10, 11, 12, 14, 16, 17 und 19 nicht anzuwenden.

ABSCHNITT 2
Arbeitszeit

Normalarbeitszeit

§ 2. (1) Die Tagesarbeitszeit darf acht Stunden, die Wochenarbeitszeit 40 Stunden nicht überschreiten, soweit im folgenden nicht anderes bestimmt wird.

(2) Durch Kollektivvertrag kann zugelassen werden, daß die Wochenarbeitszeit auf die einzelnen Tage der Woche abweichend von Abs. 1 verteilt wird. Dabei darf die Tagesarbeitszeit neun Stunden nicht überschreiten.

(3) Durch Kollektivvertrag kann zugelassen werden, daß die Wochenarbeitszeit bis zu 43 Stunden ausgedehnt wird, wenn innerhalb eines durch den Kollektivvertrag festzulegenden Durchrechnungszeitraumes die durchschnittliche Wochenarbeitszeit 40 Stunden nicht überschreitet. Die Tagesarbeitszeit darf dabei neun Stunden nicht überschreiten.

(4) Bei mehrschichtiger Arbeitsweise ist ein Schichtplan zu erstellen. Innerhalb des Schichtturnusses darf die Wochenarbeitszeit im wöchentlichen Durchschnitt die nach Abs. 1 zulässige Dauer nicht überschreiten. Bei Durchrechnung der Wochenarbeitszeit gemäß Abs. 3 darf die durchschnittliche Wochenarbeitszeit in einzelnen

Schichtturnussen bis zu 43 Stunden betragen, wenn die durchschnittliche Wochenarbeitszeit innerhalb des Durchrechnungszeitraumes die nach Abs. 1 zulässige Dauer nicht überschreitet.

(5) Bei mehrschichtiger Arbeitsweise darf die Tagesarbeitszeit neun Stunden nicht überschreiten. Soweit dies zur Ermöglichung des Schichtwechsels erforderlich ist, kann die Tagesarbeitszeit aus Anlaß des Schichtwechsels bis auf zwölf Stunden ausgedehnt werden.

Überstundenarbeit

§ 3. (1) Bei Vorliegen eines erhöhten Arbeitsbedarfes kann die Arbeitszeit über die nach § 2 zulässige Dauer um zwei Stunden pro Tag verlängert werden. Wöchentlich sind jedoch nicht mehr als zehn Überstunden zulässig. Die Tagesarbeitszeit darf zehn Stunden, die Wochenarbeitszeit

1. innerhalb eines Durchrechnungszeitraumes von vier Monaten im Durchschnitt 48 Stunden und
2. in den einzelnen Wochen des Durchrechnungszeitraumes 50 Stunden

nicht überschreiten.

(2) Eine Verlängerung der Arbeitszeit über das in Abs. 1 festgesetzte Ausmaß ist nur für vorübergehende und unaufschiebbare Arbeiten zulässig, die zur Behebung einer Betriebsstörung oder zur Verhütung des Verderbens von Gütern erforderlich sind, wenn

1. unvorhergesehene und nicht zu verhindernde Gründe vorliegen und
2. andere zumutbare Maßnahmen zur Erreichung dieses Zweckes nicht getroffen werden können.

(3) Der/die Arbeitgeber/in hat die Vornahme von Arbeiten im Sinne des Abs. 2 dem Arbeitsinspektorat unverzüglich schriftlich anzuzeigen. Die Anzeige hat die Gründe und das Ausmaß der Arbeitszeitverlängerung sowie die Anzahl der zur Überstundenleistung herangezogenen Arbeitnehmer/innen zu enthalten.

Überstundenzuschlag

§ 4. (1) Jede Überstundenleistung ist mit einem Überstundenzuschlag zu entlohnen.

(2) Der Überstundenzuschlag beträgt mindestens 50 vH des auf die Normalarbeitsstunde entfallenden Lohnes.

Nachtarbeitszuschlag

§ 5. Die Arbeit von 20 Uhr bis 6 Uhr ist mit einem Nachtarbeitszuschlag zu entlohnen. Dieser Zuschlag beträgt für die Zeit von 20 Uhr bis 4 Uhr 75 vH, für die Zeit von 4 Uhr bis 6 Uhr 50 vH des auf die Normalarbeitsstunde entfallenden Lohnes.

ABSCHNITT 3
Ruhepausen und tägliche Ruhezeit

Ruhepausen

§ 6. (1) Die Arbeitszeit ist durch eine Ruhepause von einer halben Stunde zu unterbrechen. Eine Viertelstunde dieser Ruhepause ist in die Arbeitszeit einzurechnen.

(2) Arbeitsbedingte Unterbrechungen und Arbeitsunterbrechungen, die kürzer als eine Viertelstunde dauern, gelten nicht als Ruhepausen.

Tägliche Ruhezeit

§ 7. Nach Beendigung der Tagesarbeitszeit ist den Arbeitnehmer/innen eine ununterbrochene Ruhezeit von mindestens elf aufeinanderfolgenden Stunden zu gewähren.

(BGBl I 2003/79)

Ruhezeiten für Lehrlinge

§ 8. Jugendliche Lehrlinge im Lehrberuf Bäcker, die das 15. Lebensjahr vollendet haben, dürfen ab 4 Uhr mit Arbeiten, die der Berufsausbildung dienen, beschäftigt werden. Die regelmäßige Beschäftigung vor 6 Uhr ist nur zulässig, wenn vor Aufnahme dieser Arbeiten und danach in jährlichen Abständen eine Jugendlichenuntersuchung gemäß § 132a ASVG oder eine dieser Untersuchung vergleichbare ärztliche Untersuchung, vorzugsweise durch Ärzte mit arbeitsmedizinischer Ausbildung, durchgeführt wurde.

(BGBl I 2003/79)

ABSCHNITT 3a
Nachtarbeit

Definitionen und Arbeitszeit

§ 8a. (1) Als Nacht im Sinne dieses Bundesgesetzes gilt die Zeit zwischen 22.00 Uhr und 05.00 Uhr.

(2) Nachtarbeitnehmer/innen im Sinne dieses Bundesgesetzes sind Arbeitnehmer/innen, die

1. regelmäßig oder
2. sofern der Kollektivvertrag nicht anderes vorsieht, in mindestens 48 Nächten im Kalenderjahr

während der Nacht mindestens drei Stunden arbeiten.

(3) Nachtschwerarbeiter/innen im Sinne dieses Bundesgesetzes sind Nachtarbeitnehmer/innen, die Nachtarbeit im Sinne des Abs. 1 unter den in Art. VII Abs. 2, einer Verordnung nach Art. VII Abs. 3 oder eines Kollektivvertrages gemäß Art. VII Abs. 6 des Nachtschwerarbeitsgesetzes, BGBl. Nr. 354/1981, genannten Bedingungen leisten.

(4) Soweit nach diesem Bundesgesetz eine Tagesarbeitszeit von mehr als acht Stunden zulässig ist, darf für Nachtschwerarbeiter/innen die durchschnittliche Arbeitszeit an Nachtarbeitstagen innerhalb eines Durchrechnungszeitraumes von 26 Wochen einschließlich der Überstunden acht Stunden nur dann überschreiten, wenn dies durch Normen der kollektiven Rechtsgestaltung zugelassen wird.

In diesen Fällen gebühren zusätzliche Ruhezeiten im Gesamtausmaß der Summe aller Überschreitungen abzüglich der Summe aller Unterschreitungen der Tagesarbeitszeit von acht Stunden an Nachtarbeitstagen im Durchrechnungszeitraum.

(5) Soweit die zusätzlichen Ruhezeiten nach Abs. 4 nicht bereits während des Durchrechnungszeitraumes gewährt werden, sind die zusätzlichen Ruhezeiten bis zum Ablauf von vier Kalenderwochen nach Ende des Durchrechnungszeitraumes, bei Schichtarbeit bis zum Ende des nächstfolgenden Schichtturnusses, zu gewähren. Jede zusätzliche Ruhezeit hat mindestens zwölf Stunden zu betragen und kann in Zusammenhang mit einer täglichen Ruhezeit nach § 7 oder einer wöchentlichen Ruhezeit nach §§ 9 bis 11 gewährt werden.

(BGBl I 2002/122)

Untersuchungen

§ 8b. (1) Der/die Nachtarbeitnehmer/in hat Anspruch auf unentgeltliche Untersuchungen des Gesundheitszustandes gemäß § 51 ArbeitnehmerInnenschutzgesetz (ASchG), BGBl. Nr. 450/1994, und zwar vor Aufnahme der Tätigkeit und danach in Abständen von zwei Jahren, nach Vollendung des 50. Lebensjahres oder nach zehn Jahren als Nachtarbeitnehmer/in in jährlichen Abständen.

(2) Abweichend von § 8a Abs. 1 und 2 gelten für den Anspruch auf Untersuchungen die folgenden Definitionen:

1. als Nacht gilt die Zeit zwischen 22.00 Uhr und 06.00 Uhr;
2. Nachtarbeitnehmer/innen sind Arbeitnehmer/innen, die regelmäßig oder in mindestens 30 Nächten im Kalenderjahr während der Nacht mindestens drei Stunden arbeiten.

(BGBl I 2002/122)

Versetzung

§ 8c. Der/die Nachtarbeitnehmer/in hat auf Verlangen Anspruch gegenüber dem/der Arbeitgeber/in auf Versetzung auf einen geeigneten Tagesarbeitsplatz entsprechend den betrieblichen Möglichkeiten, wenn

1. die weitere Verrichtung von Nachtarbeit die Gesundheit nachweislich gefährdet, oder
2. die Bedachtnahme auf unbedingt notwendige Betreuungspflichten gegenüber Kindern bis zu zwölf Jahren dies erfordert, für die Dauer dieser Betreuungspflichten.

(BGBl I 2002/122)

Recht auf Information

§ 8d. Der/die Arbeitgeber/in hat sicher zu stellen, dass Nachtarbeitnehmer/innen über wichtige Betriebsgeschehnisse, die die Interessen der Nachtarbeitnehmer/innen berühren, informiert werden.

(BGBl I 2002/122)

ABSCHNITT 4
Wöchentliche Ruhezeit und Feiertagsruhe

Wochenendruhe

§ 9. (1) Arbeitnehmer/innen haben in jeder Kalenderwoche Anspruch auf eine ununterbrochene Ruhezeit von 36 Stunden, in die der Sonntag zu fallen hat (Wochenendruhe). Während dieser Zeit dürfen Arbeitnehmer/innen nur beschäftigt werden, wenn dies auf Grund des § 17 zulässig ist.

(2) Die Wochenendruhe hat für alle Arbeitnehmer/innen spätestens Samstag um 13 Uhr, für Arbeitnehmer/innen, die mit unbedingt notwendigen Abschluß-, Reinigungs-, Instandhaltungs- oder Instandsetzungsarbeiten beschäftigt sind, spätestens Samstag um 15 Uhr zu beginnen und darf frühestens am Sonntag um 20 Uhr enden.

(3) Bei mehrschichtiger Arbeitsweise hat die Wochenendruhe spätestens am Samstag um 18 Uhr zu beginnen und darf frühestens am Sonntag um 18 Uhr enden. Die Wochenendruhe darf am Sonntag frühestens um 12 Uhr enden, wenn dies durch Betriebsvereinbarung, in Betrieben, in denen kein Betriebsrat errichtet ist, durch schriftliche Vereinbarung geregelt wurde.

Wochenruhe

§ 10. Arbeitnehmer/innen, die nach der für sie geltenden Arbeitszeiteinteilung während der Zeit der Wochenendruhe beschäftigt werden, haben in jeder Kalenderwoche an Stelle der Wochenendruhe Anspruch auf eine ununterbrochene Ruhezeit von 36 Stunden (Wochenruhe). Die Wochenruhe hat einen ganzen Wochentag einzuschließen.

Wöchentliche Ruhezeit bei Schichtarbeit

§ 11. (1) Zur Ermöglichung der Schichtarbeit kann durch Betriebsvereinbarung, in Betrieben, in denen kein Betriebsrat errichtet ist, durch schriftliche Vereinbarung, die wöchentliche Ruhezeit abweichend von den §§ 9 und 10 geregelt werden.

(2) Das Ausmaß der wöchentlichen Ruhezeit kann in den Fällen des Abs. 1 bis auf 24 Stunden gekürzt werden. In einem Durchrechnungszeitraum von vier Wochen muß den Arbeitnehmer/innen jedoch eine durchschnittliche wöchentliche Ruhezeit von 36 Stunden gesichert sein. Zur Berechnung dürfen nur mindestens 24stündige Ruhezeiten herangezogen werden.

Ersatzruhe

§ 12. (1) Arbeitnehmer/innen, die während ihrer wöchentlichen Ruhezeit beschäftigt werden, haben in der folgenden Arbeitswoche Anspruch auf Ersatzruhe, die auf ihre Wochenarbeitszeit anzurechnen ist. Die Ersatzruhe ist im Ausmaß der während der wöchentlichen Ruhezeit geleisteten Arbeit zu gewähren, die innerhalb von 36 Stunden vor dem Arbeitsbeginn in der nächsten Arbeitswoche erbracht wurde.

(2) Während der Ersatzruhe dürfen Arbeitnehmer/innen nicht beschäftigt werden.

(3) Die Ersatzruhe hat unmittelbar vor dem Beginn der folgenden wöchentlichen Ruhezeit zu liegen, soweit vor Antritt der Arbeit, für die Ersatzruhe gebührt, nicht anderes vereinbart wurde.

Sonntagszuschlag

§ 13. Die Arbeit an Sonntagen ist mit einem Sonntagszuschlag zu entlohnen. Dieser Zuschlag beträgt für jede geleistete Arbeitsstunde 100 vH des auf die Normalarbeitsstunde an Werktagen entfallenden Lohnes.

Feiertagsruhe

§ 14. (1) Arbeitnehmer/innen haben an Feiertagen Anspruch auf eine ununterbrochene Ruhezeit von mindestens 24 Stunden, die frühestens um 0 Uhr und spätestens um 6 Uhr des Feiertages beginnen muß. Während dieser Zeit dürfen Arbeitnehmer/innen nur beschäftigt werden, wenn dies auf Grund des § 17 zulässig ist.

(2) Feiertage im Sinne dieses Bundesgesetzes sind: 1. Jänner (Neujahr), 6. Jänner (Heilige Drei Könige), Ostermontag, 1. Mai (Staatsfeiertag), Christi Himmelfahrt, Pfingstmontag, Fronleichnam, 15. August (Mariä Himmelfahrt), 26. Oktober (Nationalfeiertag), 1. November (Allerheiligen), 8. Dezember (Mariä Empfängnis), 25. Dezember (Weihnachten), 26. Dezember (Stephanstag).

(3) (aufgehoben)

(BGBl I 2019/22)

(4) Feiertage dürfen auf die wöchentliche Ruhezeit nur angerechnet werden, soweit sie in die Zeit der wöchentlichen Ruhezeit fallen.

(5) Bei mehrschichtiger Arbeitsweise hat die Feiertagsruhe spätestens mit Ende der Nachtschicht zum Feiertag zu beginnen und darf frühestens mit Beginn der Nachtschicht zum nächsten Werktag enden. Die Feiertagsruhe darf am Feiertag frühestens um 12 Uhr enden, wenn dies durch Betriebsvereinbarung, in Betrieben, in denen kein Betriebsrat errichtet ist, durch schriftliche Vereinbarung geregelt wurde.

(6) Ist für die Normalarbeitszeit (§ 2) an Feiertagen Zeitausgleich vereinbart, so muß dieser mindestens einen Kalendertag oder 36 Stunden umfassen.

(7) Fällt ein Feiertag auf einen Sonntag, so sind die §§ 9 bis 13 anzuwenden.

Einseitiger Urlaubsantritt („persönlicher Feiertag“)

§ 14a. (1) Der Arbeitnehmer kann den Zeitpunkt des Antritts eines Tages des ihm zustehenden Urlaubs einmal pro Urlaubsjahr einseitig bestimmen. Der Arbeitnehmer hat den Zeitpunkt spätestens drei Monate im Vorhinein schriftlich bekannt zu geben.

(2) Es steht dem Arbeitnehmer frei, auf Ersuchen des Arbeitgebers den bekannt gegebenen Urlaubstag nicht anzutreten. In diesem Fall hat der Arbeitnehmer weiterhin Anspruch auf diesen Urlaubstag. Weiters hat er für den bekannt gegebenen Tag außer dem Urlaubsentgelt Anspruch auf das für die geleistete Arbeit gebührende Entgelt, insgesamt daher das doppelte Entgelt, womit das Recht gemäß Abs. 1 erster Satz konsumiert ist.

(BGBl I 2019/22)

Freizeit zur Erfüllung der religiösen Pflichten

§ 15. (1) Arbeitnehmer/innen, die während der Wochenend- oder Feiertagsruhe beschäftigt werden, haben auf Verlangen Anspruch auf die zur Erfüllung ihrer religiösen Pflichten notwendige Freizeit, wenn diese Pflichten nicht außerhalb der Arbeitszeit erfüllt werden können und die Freistellung von der Arbeit mit den Erfordernissen des Betriebes vereinbar ist.

(2) Arbeitnehmer/innen haben diesen Anspruch bei Vereinbarung der Wochenend- oder Feiertagsarbeit, spätestens jedoch zwei Tage vorher, bei späterer Vereinbarung sofort, dem/der Arbeitgeber/in gegenüber geltend zu machen.

Entgelt für Feiertage und Ersatzruhe

§ 16. (1) Arbeitnehmer/innen behalten für die infolge eines Feiertages oder der Ersatzruhe (§ 12) ausgefallene Arbeit ihren Anspruch auf Entgelt.

(2) Arbeitnehmer/innen gebührt jenes Entgelt, das sie erhalten hätten, wenn die Arbeit nicht aus den im Abs. 1 genannten Gründen ausgefallen wäre.

(3) Bei Akkord-, Stück- oder Gedinglöhnen, akkordähnlichen oder sonstigen leistungsbezogenen Prämien oder Entgelten ist das fortzuzahlende Entgelt nach dem Durchschnitt der letzten 13 voll gearbeiteten Wochen unter Ausscheidung nur ausnahmsweise geleisteter Arbeiten zu berechnen. Haben Arbeitnehmer/innen nach Antritt des Arbeitsverhältnisses noch keine 13 Wochen voll gearbeitet, so ist das Entgelt nach dem Durchschnitt der seit Antritt des Arbeitsverhältnisses voll gearbeiteten Zeiten zu berechnen.

(4) Arbeitnehmer/innen, die während der Feiertagsruhe beschäftigt werden, haben außer dem Entgelt nach Abs. 1 Anspruch auf das für die geleistete Arbeit gebührende Entgelt, es sei denn, es wird Zeitausgleich im Sinne des § 14 Abs. 6 vereinbart.

Ausnahmen von der Wochenend- und Feiertagsruhe

§ 17. (1) Während der Wochenend- und Feiertagsruhe dürfen Arbeitnehmer/innen mit folgenden Arbeiten beschäftigt werden:

1. der Herführung, dem Mischen und dem Auswiegen von Teigen,
2. dem Zusammendrehen und Wirken der Pressen sowie dem mechanischen Teilen und Wirken von ungeformten Teigen bei Weißgebäck und Sandwichwecken,
3. dem Anheizen von Backöfen,
4. dem Auftauen und Aufreschen der in Tiefkühl- und Gärunterbrechungsanlagen gelagerten Halb- und Fertigerzeugnisse,
5. der unaufschiebbaren Reinigung und Instandhaltung der Betriebsräume und -anlagen,

6. der Herstellung leicht verderblicher Zuckerbackwaren in Konditoreibetrieben während drei Stunden vor 12 Uhr.

(2) Weiters dürfen Arbeitnehmer/innen während der Wochenend- und Feiertagsruhe beschäftigt werden:

1. höchstens fünfmal innerhalb eines Kalenderjahres an Wochenenden und höchstens zweimal innerhalb eines Kalenderjahres an Feiertagen aus den im § 3 Abs. 2 angeführten Gründen, ferner aus Anlaß von baulichen Herstellungen oder von Arbeiten an Maschinen und Betriebseinrichtungen, durch welche die Arbeiten zur Erzeugung oder die Kühlung und Tiefkühlung von Backwaren behindert werden. Diese Ausnahme gilt auch für die Erzeugung von Backwaren in einem und für einen anderen Backwaren-Erzeugungsbetrieb, wenn die Vornahme dieser Arbeiten im eigenen Betrieb infolge der durchzuführenden Reparatur- und Herstellungsarbeiten nicht möglich ist;
2. höchstens zweimal innerhalb eines Kalenderjahres an Wochenenden aus Anlaß von Messen, jedoch nur für den örtlichen Bereich und die Dauer der Veranstaltung.

(3) Die Landeshauptleute können nach Anhörung der in Betracht kommenden gesetzlichen Interessenvertretungen der Arbeitnehmer/innen und der Arbeitgeber/innen Ausnahmen von der Wochenend- und Feiertagsruhe zulassen:

1. für das ganze Bundesland am Ostersonntag, Pfingstsonntag und am Festtag des Landespatrons, wenn dieser auf einen Sonntag fällt;
2. für einzelne Gemeinden, wenn wegen örtlicher Veranstaltungen ein außergewöhnlicher Bedarf an Backwaren zu erwarten ist; die Ausnahmen können für eine einzelne Gemeinde oder Teile einer Gemeinde an höchstens 15 Tagen im Kalenderjahr bewilligt werden.

(4) Zu Arbeiten gemäß Abs. 1 bis 3 darf nur die unbedingt erforderliche Anzahl an Arbeitnehmer/innen herangezogen werden.

ABSCHNITT 5
Allgemeine Vorschriften

Aushangpflicht

§ 18. (1) Jede/r Arbeitgeber/in hat an für die Arbeitnehmer/innen leicht zugänglicher und gut einsehbarer Stelle einen Aushang über den für den Betrieb geltenden Beginn und das Ende der Tages- und Wochenarbeitszeit, der Ruhepausen und der wöchentlichen Ruhezeit anzubringen.

(BGBl I 2002/122, BGBl I 2017/40)

(2) Die Aushangpflicht nach Abs. 1 wird auch dann erfüllt, wenn die Arbeitszeiteinteilung den Arbeitnehmer/innen mittels eines sonstigen Datenträgers samt Ablesevorrichtung, durch geeignete elektronische Datenverarbeitung oder durch geeignete Telekommunikationsmittel zugänglich gemacht wird.

(BGBl I 2002/122, BGBl I 2017/40)

Aufzeichnungspflicht

§ 19. (1) Arbeitgeber/innen haben zur Überwachung der Einhaltung der in diesem Bundesgesetz geregelten Angelegenheiten in der Betriebsstätte Aufzeichnungen über die geleisteten Arbeitsstunden zu führen.

(2) Die Verpflichtung zur Führung von Aufzeichnungen über die Ruhepausen gemäß § 6 entfällt, wenn

1. durch Betriebsvereinbarung
   a) Beginn und Ende der Ruhepausen festgelegt werden oder
   b) es den Arbeitnehmer/innen überlassen wird, innerhalb eines festgelegten Zeitraumes die Ruhepausen zu nehmen, und
2. die Betriebsvereinbarung keine längeren Ruhepausen als das Mindestausmaß gemäß § 6 vorsieht und
3. von dieser Vereinbarung nicht abgewichen wird.

Strafbestimmungen

§ 20. Arbeitgeber/innen und deren Bevollmächtigte, die den Vorschriften der §§ 2, 3, 6 bis 8, 8a Abs. 4 und 5, 8b Abs. 1, 9 bis 12, 14, 15 Abs. 1, 17 und 19 zuwiderhandeln, sind, sofern die Tat nicht nach anderen Vorschriften einer strengeren Strafe unterliegt, von der Bezirksverwaltungsbehörde mit Geldstrafen von 20 Euro bis 1 090 Euro, im Wiederholungsfalle von 145 Euro bis 2 180 Euro zu bestrafen.

(BGBl I 2001/98, BGBl I 2002/122)

ABSCHNITT 6
Schlußbestimmungen

Verweisungen

§ 21. Soweit in diesem Bundesgesetz auf andere Bundesgesetze verwiesen wird, sind diese in der jeweils geltenden Fassung anzuwenden.

Weitergelten von Regelungen

§ 22. Für die Arbeitnehmer/innen gegenüber den Bestimmungen dieses Bundesgesetzes günstigere Regelungen in Kollektivverträgen oder Betriebsvereinbarungen werden durch dieses Bundesgesetz nicht berührt.

Übergangsbestimmungen

§ 22a. Die Normen der kollektiven Rechtsgestaltung im Sinne des § 8a Abs. 4 sind längstens bis zum Ablauf des 31. Dezember 2002 zu erlassen oder anzupassen.

(BGBl I 2002/122)

Übergangsbestimmungen zum BGBl. I Nr. 22/2019

§ 22b. (1) Bestimmungen in Normen der kollektiven Rechtsgestaltung, die nur für Arbeitnehmer, die den evangelischen Kirchen AB und HB, der Altkatholischen Kirche oder der Evangelisch-methodistischen Kirche angehören, Sonderregelungen für den Karfreitag vorsehen, sind unwirksam und künftig unzulässig.

(2) Binnen drei Monaten nach Inkrafttreten dieses Bundesgesetzes können Arbeitnehmer/innen einen Zeitpunkt für den Urlaubsantritt wählen, ohne die Frist gemäß § 14a einzuhalten. In diesem Fall haben Arbeitnehmer/innen den Zeitpunkt des Urlaubsantrittes frühestmöglich, spätestens aber zwei Wochen vor diesem Zeitpunkt dem Arbeitgeber bekannt zu geben.

(BGBl I 2019/22)

Vollziehung und Inkrafttreten

§ 23. (1) Mit der Vollziehung dieses Bundesgesetzes ist der/die Bundesminister/in für Arbeit und Soziales betraut.

(2) Dieses Bundesgesetz tritt mit 1. Juli 1996 in Kraft. Mit diesem Zeitpunkt tritt das Bundesgesetz vom 31. März 1955, BGBl. Nr. 69/1955, in der Fassung der Bundesgesetze BGBl. Nr. 116/1960, 348/1975 und 232/1978, über die Regelung der Arbeit in Betrieben, in denen Backwaren erzeugt werden, außer Kraft.

(3) § 20 in der Fassung des Bundesgesetzes BGBl. I Nr. 98/2001 tritt mit 1. Jänner 2002 in Kraft.

(BGBl I 2001/98)

(4) Die §§ 8a, 8b, 8c, 8d, 18, 20 und 22a in der Fassung des Bundesgesetzes BGBl. I Nr. 122/2002 treten mit 1. August 2002 in Kraft.

(BGBl I 2002/122)

(5) § 1 Abs. 2 und 3 sowie die §§ 7 und 8 in der Fassung des Bundesgesetzes BGBl. I Nr. 79/2003 treten mit 1. Juli 2003 in Kraft.

(BGBl I 2003/79)

(6) § 18 in der Fassung des Deregulierungsgesetzes 2017, BGBl. I Nr. 40/2017, tritt mit 1. Juli 2017 in Kraft.

(BGBl I 2017/40)

Artikel II
Änderung des Bundesgesetzes über die Beschäftigung von Kindern und Jugendlichen 1987

(eingearbeitet)

Artikel III
Änderung des Arbeitsruhegesetzes

(eingearbeitet)

33. NACHTSCHWERARBEITSGESETZ

Inhaltsverzeichnis

33/1. Nachtschwerarbeitsgesetz

Nachtschwerarbeitsgesetz, BGBl 1981/354 idF

1 BGBl 1982/544	**2** BGBl 1983/666	**3** BGBl 1987/609
4 BGBl 1990/414	**5** BGBl 1992/473	**6** BGBl I 1998/7
7 BGBl I 1999/181	**8** BGBl I 2001/7	**9** BGBl I 2002/158
10 BGBl I 2005/114	**11** BGBl I 2009/90	**12** BGBl I 2012/35
13 BGBl I 2013/3	**14** BGBl I 2013/87	**15** BGBl I 2018/30
16 BGBl I 2020/135	**17** BGBl I 2021/249	

GLIEDERUNG

STICHWORTVERZEICHNIS

Bundesgesetz über Schutzmaßnahmen für Nachtschwerarbeiter durch Änderung des Urlaubsgesetzes, des Arbeitszeitgesetzes und des Arbeitsverfassungsgesetzes sowie durch Maßnahmen zur Sicherung der gesetzlichen Abfertigung, der Gesundheitsvorsorge und Einführung eines Sonderruhegeldes (Nachtschwerarbeitsgesetz – NSchG)

Der Nationalrat hat beschlossen:

Artikel I
Schutzmaßnahmen

Für Arbeitnehmer, die Nachtschwerarbeit leisten, sind nach Maßgabe der folgenden Artikel besondere Schutzmaßnahmen zur Verhinderung, Beseitigung oder Milderung der mit diesen Arbeiten verbundenen Erschwernisse oder zum Ausgleich von Belastungen vorgesehen:

Zusatzurlaub (Art. II, Art. XIIa),

Ruhepausen (Art. III),

Abfertigung (Art. IV),

Novellierung des Arbeitsverfassungsgesetzes (Art. VI),

Maßnahmen der Gesundheitsvorsorge und Sonderruhegeld (Art. VII bis XII).

(BGBl 1992/473)

Artikel II

(Berücksichtigt bei Urlaubsgesetz.)

Artikel III

(Berücksichtigt bei Arbeitszeitgesetz.)

Artikel IV
Anwendung der gesetzlichen Abfertigungsbestimmungen

Bei Anwendung der Abfertigungsbestimmungen des § 23a Abs. 1 Angestelltengesetz, BGBl. Nr. 292/1921, und des § 2 Abs. 1 Arbeiter-Abfertigungsgesetz, BGBl. Nr. 107/1979, ist die Inanspruchnahme des Sonderruhegeldes (Art. X) der Inanspruchnahme der vorzeitigen Alterspension bei langer Versicherungsdauer nach dem Allgemeinen Sozialversicherungsgesetz gleichzuhalten.

Artikel V

(aufgehoben – betraf das Arbeitnehmerschutzgesetz.)

(BGBl 1982/544)

Artikel VI

(Berücksichtigt bei Arbeitsverfassungsgesetz.)

Artikel VII
Nachtarbeit und Nachtschwerarbeit

(1) Nachtarbeit im Sinne dieses Bundesgesetzes leistet ein Arbeitnehmer, der in der Zeit zwischen 22 Uhr und 6 Uhr mindestens sechs Stunden arbeitet, sofern nicht in die Arbeitszeit regelmäßig und in erheblichem Ausmaß Arbeitsbereitschaft fällt.

(2) Nachtschwerarbeit leistet ein Arbeitnehmer im Sinne des Abs. 1, der unter einer der folgenden Bedingungen arbeitet:

1. a) in Bergbaubetrieben ausschließlich oder überwiegend unter Tage,
   b) in Bergbaubetrieben über Tage bei Mehrfachbelastung durch Erschütterung und Lärm, wobei der in der Verordnung gemäß Abs. 3 Z 2 festgelegte Grenzwert um 10 vH tiefer anzusetzen ist und der Schallpegelwert im Sinne der Z 4 mindestens 83 dB (A) erreichen muß,
   c) im Stollen- und Tunnelbau oder
   d) im Bohrlochbergbau im Freien ab einer Tiefe von mehr als 100 Metern bei Mehrfachbelastung durch Erschütterung und Lärm oder Hitze oder der Gefahr der Einwirkung gesundheitsschädlicher Stoffe, wobei der in Z 2 festgelegte belastungsadäquate Grenzwert sowie der in der Verordnung gemäß Abs. 3 Z 2 festgelegte Grenzwert um 10 vH tiefer anzusetzen sind und der Schallpegelwert im Sinne der Z 4 mindestens 83 dB (A) erreichen muß;
2. bei den Organismus besonders belastender Hitze. Eine solche liegt bei einem durch Arbeitsvorgänge bei durchschnittlicher Außentemperatur verursachten Klimazustand vor, der eine Belastung durch Arbeit während des überwiegenden Teils der Arbeitszeit bei 30 Grad Celsius und 50 % relativer Luftfeuchtigkeit bei einer Luftgeschwindigkeit von 0,1 m pro Sekunde wirkungsgleich oder ungünstiger ist;
3. bei überwiegendem Aufenthalt in begehbaren Kühlräumen, wenn die Raumtemperatur niedriger als –21 Grad Celsius ist, oder wenn der Arbeitsablauf einen ständigen Wechsel zwischen solchen Kühlräumen und sonstigen Arbeitsräumen erfordert;
4. bei andauernd starkem Lärm, sofern ein Schallpegelwert von 85 dB (A), oder bei nicht andauerndem Lärm, sofern ein äquivalenter Pegelwert überschritten wird;
5. bei Verwendung von Arbeitsgeräten, Maschinen und Fahrzeugen, die durch gesundheitsgefährdende Erschütterung auf den Körper einwirken;
6. wenn regelmäßig und mindestens während vier Stunden der Arbeitszeit Atemschutzgeräte (Atemschutz-, Filter- oder Behältergeräte) oder während zwei Stunden Tauchgeräte getragen werden müssen;
7. bei Arbeit an Bildschirmarbeitsplätzen (das sind Arbeitsplätze, bei denen das Bildschirmgerät und die Dateneingabetastatur sowie gegebenenfalls ein Informationsträger eine funktionale Einheit bilden), sofern die Arbeit mit dem Bildschirmgerät und die Arbeitszeit an diesem Gerät für die gesamte Tätigkeit bestimmend sind. Sonstige Steuerungseinheiten

sind Dateneingabetastaturen gleichgestellt, wenn die Voraussetzungen des ersten Satzes erfüllt sind und die Bedingung dieser Steuerungseinheiten durch die Vielfältigkeit und Menge der je Zeiteinheit zu verarbeitenden Informationen und die Häufigkeit und Dichte aufeinanderfolgender Teilaufgaben oder sonstige Arbeitsbedingungen (z.B. Störeinflüsse, Beleuchtung) für die dort beschäftigten Arbeitnehmer eine entsprechende Erschwernis darstellen;

8. bei ständigem gesundheitsschädlichen Einwirken von inhalativen Schadstoffen, die zu einer Berufskrankheit im Sinne der Anlage 1 zum Allgemeinen Sozialversicherungsgesetz führen können;
9. feuerungstechnische Spezial-Bauarbeiten in heißen Öfen;
10. wenn schwere körperliche Arbeit bei gleichzeitiger besonders belastender Hitzeexposition geleistet wird, wobei der in Z 2 festgelegte belastungsadäquate Grenzwert um 10 vH tiefer anzusetzen ist. Schwere körperliche Arbeit ist gegeben, wenn bei einer achtstündigen Arbeitszeit mindestens 2000 Arbeitskilokalorien verbraucht werden;

(3) Der/die Bundesminister/in für Arbeit, Soziales und Konsumentenschutz hat nach Anhörung der gesetzlichen Interessensvertretungen der Arbeitgeber und Arbeitnehmer durch Verordnung festzulegen:

1. Kriterien, bei deren Erfüllung eine Gesundheitsbelastung gemäß Abs. 2 Z 2 gegeben ist sowie Zeitpunkt, Art und Weise der Temperaturmessung;
2. Kriterien, bei deren Erfüllung eine Gesundheitsbelastung gemäß Abs. 2 Z 5 gegeben ist;
3. die Konzentrationswerte von Schadstoffen in der Luft am Arbeitsplatz, bei deren Erreichen ein gesundheitsschädliches Einwirken gemäß Abs. 2 Z 8 gegeben ist.

(BGBl I 2013/3)

(4) Nachtschwerarbeit leisten auch Arbeitnehmer/innen der Feuerwehr, die in der Zeit zwischen 22 Uhr und 6 Uhr mindestens sechs Stunden Einsätze oder Arbeitsbereitschaft für Einsätze im Schichtdienst leisten, wenn es sich dabei um die Haupttätigkeit der Arbeitnehmer/innen handelt. Dies gilt abweichend von Abs. 1 auch dann, wenn in die Arbeitszeit regelmäßig und in erheblichem Umfang Arbeitsbereitschaft fällt.

(BGBl I 2013/3)

(5) Die zuständigen Krankenversicherungsträger haben auf Antrag des Arbeitgebers, des Arbeitnehmers oder des zuständigen Organs der Arbeitnehmerschaft durch Bescheid im Einzelfall die erschwerenden Arbeitsbedingungen im Sinne des Abs. 2 oder 4, einer Verordnung nach Abs. 3 oder eines Kollektivvertrages gemäß Abs. 6 festzustellen. An einem solchen Verfahren hat der Krankenversicherungsträger das zuständige Arbeitsinspektorat zu beteiligen.

(BGBl I 2013/3)

(6) Durch Kollektivvertrag können sonstige Arbeiten im Sinne des Abs. 1 der Nachtschwerarbeit gleichgestellt werden, wenn sie eine außergewöhnliche Beanspruchung mit sich bringen oder wenn Arbeitnehmer der Einwirkung durch Schadstoffe oder Strahlen ausgesetzt sind.

(BGBl 1992/473)

Artikel VIII
Meldungen

(1) Die Dienstgeber haben jeden von ihnen beschäftigten Dienstnehmer, der Nachtschwerarbeit im Sinne des Art. VII Abs. 2 oder 4, einer Verordnung nach Art. VII Abs. 3 oder eines Kollektivvertrages gemäß Art. VII Abs. 6 sowie des Art. XI Abs. 6 leistet, gesondert zu melden.

(BGBl 1992/473, BGBl I 2013/3)

(2) Für die Meldepflicht gelten die Bestimmungen des Allgemeinen Sozialversicherungsgesetzes über die Meldungen und Auskunftspflicht mit der Maßgabe, daß

a) die Meldungen auf dem hiefür vorgesehenen Vordruck zu erstatten sind und
b) die im § 33 Abs. 1 des Allgemeinen Sozialversicherungsgesetzes festgesetzte Frist von drei Tagen erst nach dem Ende des Kalendermonates, in dem die Nachtschwerarbeit geleistet worden ist, zu laufen beginnt.

Der Dienstgeber hat je eine Kopie der Meldung dem Versicherten und dem nach dem Arbeitsverfassungsgesetz, BGBl. Nr. 22/1974, in Betracht kommenden Organ der Betriebsvertretung zu übermitteln. Die Meldungen haben alle für die Durchführung dieses Bundesgesetzes erforderlichen Angaben zu enthalten. Bei Verstößen gegen die Melde- und Auskunftspflicht gelten die Strafbestimmungen des Allgemeinen Sozialversicherungsgesetzes entsprechend.

(BGBl 1992/473)

Artikel IX
Maßnahmen der Gesundheitsvorsorge

Die Pensionsversicherungsträger gewähren den Versicherten, die Nachtschwerarbeit im Sinne des Art. VII Abs. 2 oder 4, einer Verordnung nach Art. VII Abs. 3 oder eines Kollektivvertrages gemäß Art. VII Abs. 6 sowie des Art. IX Abs. 6 leisten, nach pflichtgemäßem Ermessen Maßnahmen der Gesundheitsvorsorge gemäß § 307d des Allgemeinen Sozialversicherungsgesetzes mit dem Ziele, den Eintritt dauernder Schädigungen durch die Nachtschwerarbeit hintanzuhalten. Hiebei ist auf die Art und Dauer der Tätigkeit sowie den allgemeinen Gesundheitszustand des Betroffenen Bedacht zu nehmen.

(BGBl 1992/473, BGBl I 2013/3)

Artikel X
Sonderruhegeld

(1) Anspruch auf Sonderruhegeld hat der Versicherte nach Vollendung des 57. Lebensjahres, die Versicherte nach Vollendung des 52. Lebensjahres, wenn

1. der Zeitraum von 360 Kalendermonaten vor dem Stichtag mindestens zur Hälfte mit Beitragsmonaten im Sinne der §§ 225 und 226 des Allgemeinen Sozialversicherungsgesetzes gedeckt ist, für die Beiträge gemäß Art. XI Abs. 3 entrichtet worden sind oder vor dem Stichtag mindestens 240 Beitragsmonate im Sinne der §§ 225 und 226 des Allgemeinen Sozialversicherungsgesetzes vorliegen, für die Beiträge gemäß Art. XI Abs. 3 entrichtet worden sind, und
2. am Stichtag weder eine selbständige noch eine unselbständige Erwerbstätigkeit ausgeübt wird; eine Erwerbstätigkeit, auf Grund derer ein Erwerbseinkommen bezogen wird, das das nach § 5 Abs. 2 lit. c des Allgemeinen Sozialversicherungsgesetzes jeweils in Betracht kommende Monatseinkommen nicht übersteigt, bleibt hiebei unberücksichtigt; hinsichtlich der Ermittlung des Erwerbseinkommens aus einem land(forst)wirtschaftlichen Betrieb ist § 292 Abs. 5 und 7 des Allgemeinen Sozialversicherungsgesetzes entsprechend anzuwenden.

(BGBl 1983/666, BGBl 1992/473)

(2) (aufgehoben)

(BGBl 1987/609, BGBl 1990/414, BGBl 1992/473)

(3) Das Sonderruhegeld gebührt in der Höhe der Invaliditätspension (Berufsunfähigkeitspension, Knappschaftsvollpension) nach dem Allgemeinen Sozialversicherungsgesetz, auf die am Stichtag bei Erfüllung aller erforderlichen Voraussetzungen Anspruch bestanden hätte. Es ist von dem Pensionsversicherungsträger festzustellen und auszuzahlen, der gemäß § 246 des Allgemeinen Sozialversicherungsgesetzes für die Gewährung einer Invaliditätspension (Berufsunfähigkeitspension, Knappschaftsvollpension) leistungszuständig wäre.

(4) Für den Bereich der Sozialversicherung, des Arbeitslosenversicherungsgesetzes 1977, BGBl. Nr. 609, des Sonderunterstützungsgesetzes, BGBl. Nr. 642/1973, des Familienlastenausgleichsgesetzes 1967, BGBl. Nr. 376, und des Einkommensteuergesetzes 1972, BGBl. Nr. 440, ist das Sonderruhegeld einer vorzeitigen Alterspension (Knappschaftsalterspension) bei langer Versicherungsdauer nach dem Allgemeinen Sozialversicherungsgesetz gleichzuhalten. Hiebei sind die in Betracht kommenden Bestimmungen des Allgemeinen Sozialversicherungsgesetzes mit folgender Maßgabe anzuwenden:

1. An die Stelle des Eintrittes des Versicherungsfalles tritt die Vollendung des Anfallsalters.
2. Wenn
   a) der (die) Versicherte bereits am Stichtag gemäß Abs. 1 die Voraussetzungen gemäß § 253b Abs. 1 lit. a bis d bzw. § 276b Abs. 1 lit. a bis d des Allgemeinen Sozialversicherungsgesetzes erfüllt hat,
   b) in dem Kalendermonat, in dem der (die) Versicherte das 60. (55.) Lebensjahr vollendet hat, oder in einem späteren Kalendermonat das Sonderruhegeld nicht weggefallen ist und
   c) der (die) Versicherte am nächsten Monatsersten die Voraussetzungen des § 253b Abs. 1 lit. d bzw. § 276b Abs. 1 lit. d des Allgemeinen Sozialversicherungsgesetzes erfüllt,

   gebührt ab diesem Monatsersten anstelle des Sonderruhegeldes die vorzeitige Alterspension bzw. Knappschaftsalterspension bei langer Versicherungsdauer gemäß § 253b bzw. § 276b des Allgemeinen Sozialversicherungsgesetzes.

   (BGBl 1983/666)
3. Wenn
   a) der Versicherte bereits am Stichtag gemäß Abs. 1 die allgemeinen Voraussetzungen für den Knappschaftssold (§ 235 des Allgemeinen Sozialversicherungsgesetzes) erfüllt hat,
   b) in dem Kalendermonat, in dem der Versicherte das 60. Lebensjahr vollendet hat, oder in einem späteren Kalendermonat das Sonderruhegeld nicht weggefallen ist und
   c) der Versicherte am nächsten Monatsersten in der Pensionsversicherung nicht pflichtversichert ist, gebührt ab diesem Monatsersten anstelle des Sonderruhegeldes die Knappschaftsalterspension gemäß § 276 Abs. 3 des Allgemeinen Sozialversicherungsgesetzes.
4. Wenn
   a) in dem Kalendermonat, in dem der (die) Versicherte das 65. (60.) Lebensjahr vollendet hat, oder in einem späteren Kalendermonat das Sonderruhegeld nicht weggefallen ist und
   b) der (die) Versicherte am nächsten Monatsersten die Voraussetzungen des § 253 Abs. 1 bzw. § 276 Abs. 1 des Allgemeinen Sozialversicherungsgesetzes erfüllt,

   gebührt ab diesem Monatsersten anstelle des Sonderruhegeldes die Alterspension bzw. Knappschaftsalterspension gemäß § 253 bzw. 276 des Allgemeinen Sozialversicherungsgesetzes, wobei die allgemenen Voraussetzungen für den Anspruch (§ 253 des Allgemeinen Sozialversicherungsgesetzes) jedenfalls als erfüllt gelten.
5. Die vorzeitige Alterspension (Knappschaftsalterspension) bei langer Versicherungsdauer gemäß Z 2, die Knappschaftsalterspension gemäß Z 3 und die Alterspension (Knapp-

schaftsalterspension) gemäß Z 4 gebühren mindestens in der Höhe des Anspruches auf Sonderruhegeld.

6. Die allgemeinen Voraussetzungen für den Anspruch auf Hinterbliebenenpension gelten auch dann als erfüllt, wenn das Sonderruhegeld bei Eintritt des Versicherungsfalles des Todes weggefallen ist.

(BGBl 1990/414)

Artikel XI
Finanzielle Maßnahmen

(1) Die Pensionsversicherungsträger haben die Aufwendungen und Erträge nach diesem Bundesgesetz für jedes Geschäftsjahr in einer gesonderten Erfolgsrechnung nachzuweisen.

(2) Als Aufwendungen nach Abs. 1 sind hiebei der Aufwand für Sonderruhegeld, der Beitrag für die Krankenversicherung der Empfänger von Sonderruhegeld und die Leistungen der Gesundheitsvorsorge gemäß Art. IX zu erfassen. Der Bund ersetzt den Pensionsversicherungsträgern diese Aufwendungen, höchstens jedoch 110 vH des Aufwandes für Sonderruhegeld. Diese Ersatzleistung des Bundes gilt als Ertrag nach Abs. 1. Ein allfälliger nachgewiesener Fehlbetrag (Gebarungsabgang) ist aus der ordentlichen Gebarung der Pensionsversicherungsträger zu decken. Die gebührende Ersatzleistung des Bundes ist monatlich im erforderlichen Ausmaß nach Tunlichkeit unter Bedachtnahme auf den voraussichtlichen Aufwand zu bevorschussen.

(3) Zur Deckung des Aufwandes des Bundes nach Abs. 2 haben die Dienstgeber für jeden von ihnen im Sinne des Art. VII Abs. 2 oder 4, einer Verordnung nach Art. VII Abs. 3 oder eines Kollektivvertrages gemäß Art. VII Abs. 6 sowie des Art. XI Abs. 6 beschäftigten Dienstnehmer für jeden Nachtschwerarbeitsmonat (Abs. 6) einen gesonderten Beitrag (Nachtschwerarbeits-Beitrag) im Ausmaß von 2 vH der allgemeinen Beitragsgrundlage in der nach dem Allgemeinen Sozialversicherungsgesetz geregelten Pensionsversicherung zu leisten. Dieser Beitrag ist auch von den Sonderzahlungen im Sinne des § 54 des Allgemeinen Sozialversicherungsgesetzes zu entrichten.

(BGBl 1992/473, BGBl I 2013/3)

(4) Für den Nachtschwerarbeits-Beitrag gelten die Bestimmungen des Allgemeinen Sozialversicherungsgesetzes über Beiträge zur Pflichtversicherung auf Grund des Arbeitsverdienstes mit der Maßgabe, daß

1. die Beiträge an den Bund abzuführen sind und
2. die Krankenversicherungsträger eine Vergütung erhalten, deren Höhe in sinngemäßer Anwendung des § 82 des Allgemeinen Sozialversicherungsgesetzes festzusetzen ist.

(BGBl 1987/609, BGBl 1992/473)

(5) Der Bundesminister für soziale Verwaltung hat im Einvernehmen mit dem Bundesminister für Finanzen den im Abs. 3 genannten Hundertsatz unter Bedachtnahme auf die Ergebnisse der gesonderten Erfolgsrechnungen gemäß Abs. 1 – ausgenommen die für das Geschäftsjahr 1981 – durch Verordnung so zu ändern, daß der Nachtschwerarbeits-Beitrag 75 vH der Ersatzleistung des Bundes voraussichtlich deckt. Änderungen dieses Hundertsatzes um weniger als fünf Prozentpunkte bleiben hiebei außer Betracht. Eine Änderung des Beitragssatzes wird erst mit dem ersten Beitragszeitraum des folgenden Geschäftsjahres wirksam.[a)]

(BGBl 1992/473)

[a)] Art. XI Abs. 5 findet in den Kalenderjahren 1997 bis 2012 keine Anwendung (BGBl I 2009/90).

(6) Ein Nachtschwerarbeitsmonat liegt vor, wenn ein in der Pensionsversicherung nach dem Allgemeinen Sozialversicherungsgesetz pflichtversicherter Dienstnehmer innerhalb eines Kalendermonates an mindestens sechs Arbeitstagen Nachtschwerarbeit im Sinne des Art. VII Abs. 2 oder 4, einer Verordnung nach Abs. 3 oder eines Kollektivvertrages gemäß Art. VII Abs. 6 erbringt; erbringt der Dienstnehmer innerhalb eines Kalendermonates an weniger als sechs Arbeitstagen Nachtschwerarbeit, so gilt dieser Kalendermonat als Nachtschwerarbeitsmonat, wenn der Dienstnehmer in diesem Kalendermonat und in dem unmittelbar vorangegangenen Kalendermonat wenigstens an zwölf Arbeitstagen bzw. in diesem Kalendermonat und in den zwei unmittelbar vorangegangenen Kalendermonaten wenigstens an 18 Arbeitstagen bzw. bei Durchrechnung der Normalarbeitszeit im Rahmen eines Durchrechnungszeiteraumes von mehr als drei Monaten in diesem Kalendermonat und in den fünf unmittelbar vorangegangenen Kalendermonaten wenigstens an 36 Arbeitstagen Nachtschwerarbeit erbracht hat. Arbeitsunterbrechungen bleiben hiebei außer Betracht, solange die Pflichtversicherung in der Pensionsversicherung weiterbesteht. Ein Nachtschwerarbeitsmonat liegt auch dann vor, wenn die im Kalendermonat erforderlichen und sich aus der für den Dienstnehmer maßgeblichen Arbeitszeiteinteilung ergebenden sechs Nachtschwerarbeitstage nur deswegen nicht erreicht werden, weil diese Arbeit nicht am Ersten des Kalendermonates begonnen bzw. am Letzten des Kalendermonates geendet hat.

(BGBl 1992/473, BGBl I 1999/181, BGBl I 2013/3)

Artikel XII
Verfahren

(1) Feststellungsverfahren im Sinne des Art. VII Abs. 5 und Streitigkeiten über das Vorliegen der Voraussetzungen nach Art. VII Abs. 2 oder 4, einer Verordnung nach Art. VII Abs. 3 oder eines Kollektivvertrages gemäß Art. VII Abs. 6, über den Beginn und das Ende der Nachtschwerarbeit sowie über den Nachtschwerarbeits-Beitrag gelten als Verwaltungssachen im Sinne des § 409 des Allgemeinen Sozialversicherungsgesetzes.

(BGBl I 2013/3)

(2) Auf das Verfahren in Verwaltungssachen im Sinne des Abs. 1 sind die Bestimmungen des

Siebenten Teiles des Allgemeinen Sozialversicherungsgesetzes anzuwenden.

(BGBl I 2013/87)

(3) Im Verfahren über Leistungssachen darf über das Vorliegen der Voraussetzungen nach Art. VII Abs. 2 oder 4, einer Verordnung nach Art. VII Abs. 3 oder eines Kollektivvertrages gemäß Art. VII Abs. 6 als Vorfrage nicht entschieden werden. Der Versicherungsträger oder der nach dem Arbeits- und Sozialgerichtsgesetz zuständige Gerichtshof hat vielmehr die Einleitung des Verfahrens beim zuständigen Krankenversicherungsträger zu beantragen und das eigene Verfahren bis zur Rechtskraft der Entscheidung auszusetzen (zu unterbrechen).

(BGBl 1992/473, BGBl I 2013/3, BGBl I 2013/87)

Artikel XIIa
Zusatzurlaub für Arbeitnehmer, die dem Bauarbeiter-Urlaubs- und Abfertigungsgesetz unterliegen

Wird für Arbeitnehmer, die dem Bauarbeiter-Urlaubs- und Abfertigungsgesetz (BUAG), BGBl. Nr. 414/1972, in der jeweils geltenden Fassung unterliegen, ein Kollektivvertrag über einen Zusatzurlaub im Sinne des Art. I geschlossen und ist darin die Abwicklung dieses Anspruches über die Bauarbeiter-Urlaubs- und Abfertigungskasse vorgesehen, so kann im Kollektivvertrag der Arbeitgeber zur Leistung von Zuschlägen an die Bauarbeiter-Urlaubs- und Abfertigungskasse verpflichtet werden, die der Deckung dieses Aufwandes dienen. Für die Entrichtung solcher Zuschläge gelten die §§ 25 ff. BUAG.

(BGBl 1992/473)

Artikel XIII
Übergangsbestimmungen

(1) Ansprüche auf Zusatzurlaub in Kollektivverträgen, Arbeits(Dienst)ordnungen oder Betriebsvereinbarungen werden auf den nach diesem Bundesgesetz zustehenden Zusatzurlaub angerechnet, wenn sie als Abgeltung für Schichtarbeit, Schwerarbeit oder Nachtarbeit gewährt werden.

(2) Der Anspruch auf Zusatzurlaub gemäß Art. II besteht erstmals für jenes Arbeitsjahr, in das der 1. Jänner 1982 fällt.

(3) Bestehende Kurzpausen im Sinne des § 11 Abs. 3 des Arbeitszeitgesetzes sind auf die Kurzpausen im Sinne des § 11 Abs. 4 des Arbeitszeitgesetzes anzurechnen. Ansprüche auf Kurzpausen in Kollektivverträgen, Arbeits(Dienst)ordnungen oder Betriebsvereinbarungen werden auf die nach diesem Bundesgesetz zustehenden Kurzpausen angerechnet, wenn sie als Abgeltung für Nachtschwerarbeit im Sinne des Art. VII Abs. 2 oder 4, einer Verordnung nach Art. VII Abs. 3 oder eines Kollektivvertrages gemäß Art. VII Abs. 6 gewährt werden.

(BGBl 1992/473, BGBl I 2013/3)

(4) Der Arbeitgeber hat Meldungen gemäß § 11 Abs. 8 des Arbeitszeitgesetzes für Arbeitnehmer, die im Zeitpunkt des Inkrafttretens dieses Bundesgesetzes mit Arbeiten im Sinne des § 11 Abs. 4 beschäftigt sind, binnen zwei Monaten zu erstatten. Arbeitgeber und deren Bevollmächtigte, welche dieser Bestimmung zuwiderhandeln, sind nach § 28 des Arbeitszeitgesetzes zu bestrafen.

(BGBl 1992/473)

(5) Die erstmalige Meldung von Personen, die bereits am 1. Juli 1981 als Versicherte gemeldet sind und eine Tätigkeit im Sinne des Art. VII Abs. 2 ausüben, ist bis 31. Oktober 1981 zu erstatten.

(6) Sind zur Begründung des Anspruches auf Sonderruhegeld auch vor dem 1. Juli 1981 liegende Beitragsmonate im Sinne der §§ 225 und 226 des Allgemeinen Sozialversicherungsgesetzes heranzuziehen, so gelten nur jene Beitragsmonate als Beitragsmonate im Sinn des Art. XI Abs. 3, für die bei früherem Inkrafttreten dieses Bundesgesetzes der Nachtschwerarbeits-Beitrag zu entrichten gewesen wäre. Der Pensionsversicherungsträger hat bei Prüfung dieser Behauptung auf entsprechende Nachweise des Dienstgebers, des nach dem Arbeitsverfassungsgesetz in Betracht kommenden Organes der Betriebsvertretung, der gesetzlichen beruflichen Vertretung oder des zuständigen Arbeitsinspektorates (der Berghauptmannschaft) Bedacht zu nehmen.

(BGBl 1983/666, BGBl 1992/473)

(7) Im Bundesfinanzgesetz 1981 sind der Titel 1/165 „Bundesministerium; Leistungen nach dem Nachtschicht-Schwerarbeitsgesetz – NSchG“ mit den Ansätzen

1/16507 „Ersatz der Aufwendungen für das Sonderruhegeld“ und

1/16517 „Vergütung für die Einhebung des Nachtschicht-Schwerarbeiter-Beitrages“ sowie der Ansatz

2/16504 „Bundesministerium; Nachtschicht-Schwerarbeiter-Beitrag“

zu eröffnen. Der Bundesminister für Finanzen ist ermächtigt, die bei den Ansätzen 1/16507 und 1/16517 im Jahr 1981 anfallenden Mehrausgaben bis zu einem Betrag von 237 Mill. S zu überschreiten und in Mehreinnahmen beim Ansatz 2/16504 und in Mehreinnahmen bis zu einem Betrag von 97 Mill. S beim Ansatz 2/54074 zu bedecken.

(8) Sind zur Begründung des Anspruches auf Sonderruhegeld für Arbeitnehmer, die durch die Erweiterungen des Art. VII auf Grund des Bundesgesetzes BGBl. Nr. 473/1992 neu einbezogen werden, auch vor dem 1. Jänner 1993 liegende Beitragsmonate im Sinne der §§ 225 und 226 des Allgemeinen Sozialversicherungsgesetzes heranzuziehen, so gelten nur jene Beitragsmonate im Sinne des Art. XI Abs. 3, für die bei früherem Inkrafttreten des Bundesgesetzes BGBl. Nr. 473/1992 der Nachtschwerarbeiter-Beitrag zu entrichten gewesen wäre. Abs. 6 letzter Satz ist anzuwenden.

(BGBl 1992/473)

(9) Die erstmalige Meldung von Personen, die am 1. Jänner 1993 als Versicherte gemeldet sind und Tätigkeiten im Sinne des Art. VII Abs. 2, einer

Verordnung nach Art. VII Abs. 3 und 4 oder eines Kollektivvertrages gemäß Art. VII Abs. 6 sowie des Art. XI Abs. 6 auszuüben, die durch Art. I des Bundesgesetzes BGBl. Nr. 473/1992 neu einbezogen wurden, ist bis 30. April 1993 zu erstatten.

(BGBl 1992/473)

(10) Verordnungen auf Grund der Änderungen durch das Bundesgesetz BGBl. Nr. 473/1992 können vor Inkrafttreten dieses Bundesgesetzes erlassen werden. Sie treten jedoch erst mit Inkrafttreten dieses Bundesgesetzes in Kraft.

(BGBl 1992/473)

(11) Werden Arbeiten nach Art. VII Abs. 6 durch Kollektivvertrag der Nachtschwerarbeit gleichgestellt, so sind zur Begründung des Anspruches auf Sonderruhegeld und zur Bemessung dieser Leistung auch vor dem In-Kraft-Treten des Kollektivvertrages liegende Beitragsmonate im Sinne der §§ 225 und 226 des Allgemeinen Sozialversicherungsgesetzes heranzuziehen, in denen solche Arbeiten im Ausmaß nach Art. XI Abs. 6 geleistet wurden, soweit für diese Monate der Nachtschwerarbeits-Beitrag spätestens bis zum Zeitpunkt der Antragstellung auf Sonderruhegeld, längstens aber 10 Jahre nach Abschluss des Kollektivvertrages, freiwillig geleistet wurde.

(BGBl I 2005/114)

(12) Art. XI Abs. 5 ist in den Kalenderjahren 1997 bis 2011 „und in den Kalenderjahren 2017, 2020 und 2021" nicht anzuwenden.

(BGBl I 2005/114, BGBl I 2009/90, BGBl I 2012/35, BGBl I 2018/30, BGBl I 2020/135, BGBl I 2021/249)

(13) Sind für Arbeitnehmer/innen der Feuerwehr nach Art. VII Abs. 4 zur Begründung des Anspruches auf Sonderruhegeld auch vor dem 1. November 2012 liegende Beitragsmonate im Sinne der §§ 225 und 226 des Allgemeinen Sozialversicherungsgesetzes erforderlich, so gelten jene Beitragsmonate, für die bei früherem Inkrafttreten des Bundesgesetzes BGBl. I Nr. 3/2013 der Nachtschwerarbeits-Beitrag zu entrichten gewesen wäre, als Beitragsmonate im Sinne des Art. XI Abs. 3, soweit sie für die Begründung des Sonderruhegeldanspruches erforderlich sind. Abs. 6 zweiter Satz ist anzuwenden.

(BGBl I 2013/3)

Artikel XIV
Inkrafttreten

(1) Dieses Bundesgesetz tritt, soweit im folgenden nicht anderes bestimmt wird, am 1. Juli 1981 in Kraft.

(1a) Die Art. VII bis XIII in der Fassung des Bundesgesetzes BGBl. Nr. 473/1992 treten mit 1. Jänner 1993 in Kraft.

(BGBl 1992/473)

(2) Art. XI Abs. 3 und 4 treten mit Beginn des Beitragszeitraumes Juli 1981 in Kraft.

(3) Anträge auf Gewährung des Sonderruhegeldes gemäß Art. X, die vor dem 1. Juli 1981 oder nach dem 1. Juli 1981, aber vor dem 1. Oktober 1981 gestellt werden, gelten als am 1. Juli 1981 gestellt.

(4) Die Art. XI Abs. 6 und XIII Abs. 11 in der Fassung des Bundesgesetzes BGBl. I Nr. 181/1999 treten mit 1. Jänner 1999 in Kraft.

(BGBl I 1999/181)

(5) Art. XIII Abs. 11 in der Fassung des Bundesgesetzes BGBl. I Nr. 7/2001 tritt mit 1. Jänner 2000 in Kraft.

(BGBl I 2001/7)

(6) Art. XV in der Fassung des 2. Stabilitätsgesetzes 2012, BGBl. I Nr. 35, tritt mit 1. Juli 2012 in Kraft.

(BGBl I 2012/35)

(7) Die Art. VII Abs. 4 und 5, VIII Abs. 1, IX, XI Abs. 3 und 6, XII Abs. 1 und 3, XIII Abs. 3 und 13 sowie Art. XV Abs. 4 in der Fassung des Bundesgesetzes BGBl. I Nr. 3/2013 treten mit 1. Jänner 2013 in Kraft.

(BGBl I 2013/3)

(8) Die Verordnung des Bundesministers für wirtschaftliche Angelegenheiten betreffend Belastungen im Sinne des Art. VII Abs. 2 Z 2, 5 und 8 des Nachtschwerarbeitsgesetzes bei Arbeiten in Bergbaubetrieben, BGBl. Nr. 385/1993, wird aufgehoben. Für die betroffenen Arbeitnehmer/innen ist die Verordnung des Bundesministers für Arbeit und Soziales betreffend Belastungen im Sinne des Art. VII Abs. 2 Z 2, 5 und 8 des Nachtschwerarbeitsgesetzes, BGBl. Nr. 53/1993, anzuwenden.

(BGBl I 2013/3)

(9) Art. XII Abs. 2 und 3 in der Fassung des Bundesgesetzes BGBl. I Nr. 87/2013 tritt mit 1. Jänner 2014 in Kraft.

(BGBl I 2013/87)

Artikel XV
Vollziehung

(1) Mit der Vollziehung des Art. XI Abs. 5 ist der Bundesminister für Arbeit, Soziales und Konsumentenschutz im Einvernehmen mit der Bundesministerin für Finanzen betraut.

(2) Mit der Vollziehung des Art. XIII Abs. 7 ist die Bundesministerin für Finanzen betraut.

(3) Mit der Vollziehung aller übrigen Bestimmungen ist der Bundesminister für Arbeit, Soziales und Konsumentenschutz betraut.

(4) Soweit in diesem Bundesgesetz personenbezogene Bezeichnungen noch nicht geschlechtsneutral formuliert sind, gilt die gewählte Form für beide Geschlechter.

(BGBl I 2013/3)

(BGBl I 2012/35)

33/2. Nachtschwerarbeitsgesetz-Novelle 1992

NSchG-Novelle 1992, BGBl 1992/473 idF
1 BGBl 1992/662 (DFB) **2** BGBl I 2001/98

Bundesgesetz, mit dem das Nachtschicht-Schwerarbeitsgesetz, das Bundesgesetz betreffend die Vereinheitlichung des Urlaubsrechts und die Einführung einer Pflegefreistellung, das Arbeitszeitgesetz und das Arbeitsverfassungsgesetz geändert und Maßnahmen zum Ausgleich gesundheitlicher Belastungen für das Krankenpflegepersonal getroffen werden

Präambel

Der Nationalrat hat beschlossen:

Artikel I

(Im NachtschwerarbeitsG eingearbeitet)

Artikel II

(Im UrlaubsG eingearbeitet)

Artikel III

(Im ArbeitszeitG eingearbeitet)

Artikel IV

(Im ArbeitsverfassungsG eingearbeitet)

Artikel V
Schutzmaßnahmen für das Krankenpflegepersonal

§ 1. Art. V gilt für Arbeitnehmer, die

1. in Krankenanstalten (Heil- und Pflegeanstalten) im Sinne des § 2 Abs. 1 Z 1 bis 6 des Krankenanstaltengesetzes, BGBl. Nr. 1/1957 in der geltenden Fassung oder in Pflegestationen von Pflegeheimen beschäftigt sind,
2. Nachtschwerarbeit im Sinne des § 2 leisten.

§ 2. (1) Nachtschwerarbeit leistet ein Arbeitnehmer, der in der Zeit zwischen 22 und 6 Uhr mindestens 6 Stunden in nachstehenden Einrichtungen beschäftigt ist und während dieser Zeit unmittelbar Betreuungs- und Behandlungsarbeit für Patienten leistet, sofern nicht in diese Arbeitszeit regelmäßig und in erheblichem Ausmaß Arbeitsbereitschaft fällt:

1. Intensivstationen;
2. im OP-Bereich (OP-Saal, Aufwachstation und Kreißsaal);
3. Unfallambulanzen;
4. Psychiatrische Ambulanzen bzw. in für die Aufnahme von psychiatrischen Patien-ten während der Nacht vorgesehenen Primariaten;
5. Notfallambulanzen und chirurgische Ambulanzen;
6. Entgiftungsstationen;
7. Dialysestationen;
8. Akutdialysestationen;
9. Aufnahmestationen;
10. Aids-Stationen;
11. Pflegestationen in Pflegeheimen;
12. Pflegestationen in psychiatrischen Krankenanstalten und psychiatrischen Krankenabteilungen sowie in psychiatrischen Akutstationen;
13. Unfallstationen, orthopädische Stationen sowie Stationen in Rehabilitationszentren mit vergleichbarer Arbeitsbelastung;
14. onkologische und chemotherapeutische Stationen;
15. schwerpunktinterne Abteilungen;
16. Neurochirurgien und Neurologien (chirurgische und neurologische Abteilungen);
17. Transplantationschirurgien.

(2) Der Kollektivvertrag kann Arbeitnehmer in anderen Organisationseinheiten von Krankenanstalten, die Arbeiten verrichten, welche vergleichbare Erschwernisse wie die in Abs. 1 genannten aufweisen oder die der Einwirkung von Schadstoffen oder Strahlen ausgesetzt sind oder deren Tätigkeit sonst eine außergewöhnliche Beanspruchung mit sich bringt, in den Geltungsbereich dieses Gesetzes einbeziehen.

(3) Arbeitnehmer, für die infolge Fehlens einer kollektivvertragsfähigen Körperschaft auf Arbeitgeberseite kein Kollektivvertrag abgeschlossen werden kann, sind unter den in Abs. 2 genannten Voraussetzungen durch Verordnung des Bundesministers für Arbeit und Soziales im Einvernehmen mit dem Bundesminister für Gesundheit, Sport und Konsumentenschutz in den Geltungsbereich dieses Gesetzes einzubeziehen.

(4) Arbeitnehmer, für die kein Kollektivvertrag wirksam ist und die in einem Dienstverhältnis zum Bund stehen, sind unter den in Abs. 2 genannten Voraussetzungen durch Verordnung des Bundesministers für Arbeit und Soziales im Einvernehmen mit dem Bundeskanzler in den Geltungsbereich dieses Gesetzes einzubeziehen.

(5) Arbeitnehmer, für die kein Kollektivvertrag wirksam ist und die in einem Dienstverhältnis zu einem Land, einem Gemeindeverband oder einer Gemeinde stehen, sind unter den in Abs. 2 genannten Voraussetzungen durch Verordnung des Landeshauptmannes in den Geltungsbereich dieses Gesetzes einzubeziehen.

§ 3. (1) Für jeden Nachtdienst im Sinne des § 2 gebührt ein Zeitguthaben im Ausmaß von

1. einer Stunde für Nachtdienste, die nach dem 31. Dezember 1992 geleistet wurden;

2. zwei Stunden für Nachtdienste, die nach dem 31. Dezember 1994 geleistet werden.

Der Verbrauch dieses Zeitguthabens ist anläßlich der nächsten Dienstzeiteinteilung zu vereinbaren. Das Zeitguthaben ist jedoch spätestens sechs Monate nach seinem Entstehen zu verbrauchen und darf nicht in Geld abgelöst werden.

(2) Auf Arbeitnehmer im Sinne der §§ 1 und 2, die in der Pensionsversicherung nach dem ASVG versichert sind, ist Art. IX des Nachtschwerarbeitsgesetzes, BGBl. Nr. 354/1981 in der jeweils geltenden Fassung, anzuwenden.

§ 4. (1) Arbeitgeber, die den Ausgleich für das gemäß § 3 Abs. 1 gebührende Zeitguthaben nicht innerhalb von sechs Monaten gewähren oder das Zeitguthaben in Geld ablösen, sind, sofern die Tat nicht nach anderen Vorschriften einer strengeren Strafe unterliegt, von der Bezirksverwaltungsbehörde mit einer Geldstrafe von 36 Euro bis 2 180 Euro zu bestrafen.

(BGBl I 2001/98)

(2) Besteht bei einer Bezirksverwaltungsbehörde der Verdacht einer Zuwiderhandlung durch ein Organ einer Gebietskörperschaft, so hat sie, wenn es sich um ein Organ des Bundes oder eines Landes handelt, eine Anzeige an das oberste Organ, dem das der Zuwiderhandlung verdächtigte Organ untersteht, in allen anderen Fällen aber eine Anzeige an die Aufsichtsbehörde zu erstatten.

§ 5. (1) Art. V tritt mit 1. Jänner 1993 in Kraft.

(1a) § 4 Abs. 1 in der Fassung des Bundesgesetzes BGBl. I Nr. 98/2001 tritt mit 1. Jänner 2002 in Kraft.

(BGBl I 2001/98)

(2) Mit der Vollziehung dieses Artikels sind betraut:

1. hinsichtlich des § 2 Abs. 3 der Bundesminister für Arbeit und Soziales im Einvernehmen mit dem Bundesminister für Gesundheit, Sport und Konsumentenschutz,
2. hinsichtlich des § 2 Abs. 4 der Bundesminister für Arbeit und Soziales im Einvernehmen mit dem Bundeskanzler,
3. hinsichtlich der übrigen Bestimmungen der Bundesminister für Arbeit und Soziales.

34. Arbeitsinspektionsgesetz 1993

Arbeitsinspektionsgesetz 1993, BGBl 1993/27 idF

1 BGBl 1995/871	**2** BGBl I 1997/63	**3** BGBl I 1999/38
4 BGBl I 2001/136	**5** BGBl I 2001/159	**6** BGBl I 2009/150
7 BGBl I 2010/93	**8** BGBl I 2011/51	**9** BGBl I 2012/35
10 BGBl I 2012/118	**11** BGBl I 2013/71	**12** BGBl I 2015/101
13 BGBl I 2016/44	**14** BGBl I 2016/72	**15** BGBl I 2017/126
16 BGBl I 2018/100	**17** BGBl I 2021/61	

GLIEDERUNG

STICHWORTVERZEICHNIS

Bundesgesetz über die Arbeitsinspektion (Arbeitsinspektionsgesetz 1993 – ArbIG)

Der Nationalrat hat beschlossen:

Geltungsbereich

§ 1. (1) Der Wirkungsbereich der Arbeitsinspektion erstreckt sich auf Betriebsstätten und Arbeitsstellen aller Art.

(2) Vom Wirkungsbereich der Arbeitsinspektion sind ausgenommen:

1. die der Aufsicht der Land- und Forstwirtschaftsinspektionen unterstehenden Betriebsstätten und Arbeitsstellen,
2. (aufgehoben)
   (BGBl I 1999/38)
3. (aufgehoben)
   (BGBl I 2012/35)
4. die öffentlichen Unterrichts- und Erziehungsanstalten,
5. die Kultusanstalten der gesetzlich anerkannten Kirchen und Religionsgesellschaften und
6. die privaten Haushalte.

(3) Vom Wirkungsbereich der Arbeitsinspektion sind weiters jene Bediensteten des Bundes, der Länder, der Gemeindeverbände und Gemeinden ausgenommen, die nicht in Betrieben beschäftigt sind.

Begriffsbestimmungen

§ 2. (1) Arbeitnehmer/in im Sinne dieses Bundesgesetzes ist jede Person, die in Betriebsstätten oder auf Arbeitsstellen im Rahmen eines Beschäftigungs- oder Ausbildungsverhältnisses tätig ist. Keine Arbeitnehmer/innen im Sinne dieses Bundesgesetzes sind geistliche Amtsträger/innen der gesetzlich anerkannten Kirchen und Religionsgesellschaften.

(2) Heimarbeiter/innen nach dem Heimarbeitsgesetz 1960, BGBl. Nr. 105, in der jeweils geltenden Fassung gelten als Arbeitnehmer/innen, Auftraggeber/innen als Arbeitgeber/innen im Sinne dieses Bundesgesetzes.

(BGBl I 2009/150)

(3) Betriebsstätten im Sinne dieses Bundesgesetzes sind örtlich gebundene Einrichtungen, in denen regelmäßig Arbeiten ausgeführt werden. Arbeitsstellen im Sinne dieses Bundesgesetzes sind alle Stellen außerhalb von Betriebsstätten, auf denen Arbeiten ausgeführt werden.

Aufgaben der Arbeitsinspektion

§ 3. (1) Die Arbeitsinspektion ist die zur Wahrnehmung des gesetzlichen Schutzes der Arbeitnehmer/innen und zur Unterstützung und Beratung der Arbeitgeber/innen und Arbeitnehmer/innen bei der Durchführung des Arbeitnehmerschutzes berufene Behörde. Sie hat durch ihre Tätigkeit dazu beizutragen, daß Gesundheitsschutz und Sicherheit der Arbeitnehmer/innen sichergestellt und durch geeignete Maßnahmen ein wirksamer Arbeitnehmerschutz gewährleistet wird. Zu diesem Zweck hat die Arbeitsinspektion die Arbeitgeber/-innen und Arbeitnehmer/innen erforderlichenfalls zu unterstützen und zu beraten sowie die Einhaltung der dem Schutz der Arbeitnehmer/innen dienenden Rechtsvorschriften und behördlichen Verfügungen zu überwachen, insbesondere soweit diese betreffen

1. den Schutz des Lebens, der Gesundheit und der Sittlichkeit sowie der Integrität und Würde,
   (BGBl I 2012/118)
2. die Beschäftigung von Kindern und Jugendlichen,

3. die Beschäftigung von Arbeitnehmerinnen, vor allem auch während der Schwangerschaft und nach der Entbindung,
4. die Beschäftigung besonders schutzbedürftiger Arbeitnehmer/innen (Behinderter),
5. die Arbeitszeit, die Ruhepausen und die Ruhezeit, die Arbeitsruhe, die Urlaubsaufzeichnungen und
6. die Heimarbeit hinsichtlich §§ 16 und 17 des Heimarbeitsgesetzes 1960.

(BGBl I 2016/44)

(BGBl 1995/871)

(2) Die Organe der Arbeitsinspektion haben Arbeitgeber/innen und Arbeitnehmer/innen zur Erfüllung ihrer Pflichten im Bereich des Arbeitnehmerschutzes anzuhalten und sie hiebei nötigenfalls zu unterstützen und zu beraten. Die Arbeitsinspektion hat die Arbeitgeber/innen und Arbeitnehmer/innen auf Wunsch im Zusammenhang mit der Errichtung und Änderung von Betriebsstätten und Arbeitsstellen sowie sonstigen Maßnahmen, die den Arbeitnehmerschutz berühren, im vorhinein zu beraten. Die Arbeitsinspektionsorgane haben nach Möglichkeit im Rahmen ihres Wirkungsbereiches bei widerstreitenden Interessen zwischen Arbeitgebern/Arbeitgeberinnen und Arbeitnehmern/Arbeitnehmerinnen zu vermitteln sowie nötigenfalls zur Wiederherstellung des guten Einvernehmens beizutragen, um so das Vertrauen beider Teile zu gewinnen und zu erhalten. Sie haben bei dieser Tätigkeit auf eine Mitwirkung der Organe der Arbeitnehmerschaft hinzuwirken.

(BGBl 1995/871)

(3) Organe der Arbeitsinspektion sind berechtigt, über Einladung des Betriebsrates an Betriebsversammlungen teilzunehmen. Wenn es die Wahrnehmung der in Abs. 1 und 2 angeführten Aufgaben erfordern, haben die Arbeitgeber/innen den Arbeitsinspektionsorganen Gelegenheit zu einer Aussprache mit den Arbeitnehmer/innen einer Betriebsstätte oder einer Arbeitsstelle zu geben.

(4) Die Arbeitsinspektion hat auf die Weiterentwicklung des Arbeitnehmerschutzes besonders zu achten und nötigenfalls die hiefür notwendigen Veranlassungen zu treffen. Zu diesem Zweck hat sie auch die Durchführung einschlägiger Untersuchungen durch hiefür geeignete Personen oder Einrichtungen zu veranlassen oder zu fördern.

(5) Die Arbeitsinspektion hat bei Durchführung ihrer Aufgaben mit den gesetzlichen Interessenvertretungen der Arbeitgeber/innen und der Arbeitnehmer/innen zusammenzuarbeiten, soweit dies im Interesse des Arbeitnehmer/innenschutzes erforderlich ist. Zu diesem Zweck haben die Arbeitsinspektorate auch in jedem Land mindestens einmal jährlich in Angelegenheiten ihres Aufgabenbereiches Aussprachen mit den Interessenvertretungen der Arbeitgeber/innen und der Arbeitnehmer/innen abzuhalten. Alle zwei Jahre hat das Zentral-Arbeitsinspektorat eine Aussprache auf Bundesebene abzuhalten. Zu diesen Aussprachen können auch Vertreter/innen der Träger der Unfallversicherung sowie der mit Angelegenheiten des Arbeitnehmer/innenschutzes befassten Behörden oder Einrichtungen beigezogen werden.

(BGBl I 2017/126)

(6) Die Arbeitsinspektion darf für andere als die in diesem Bundesgesetz genannten Aufgaben nicht in Anspruch genommen werden, soweit nicht in anderen gesetzlichen Vorschriften für die Arbeitsinspektion ausdrücklich anderes angeordnet wird. Die Arbeitsinspektion darf insbesondere für Zwecke der Finanzverwaltung nicht in Anspruch genommen werden.

Betreten und Besichtigen von Betriebsstätten und Arbeitsstellen

§ 4. (1) Die Organe der Arbeitsinspektion sind zur Durchführung ihrer Aufgaben berechtigt, Betriebsstätten und Arbeitsstellen sowie die von Arbeitgebern/Arbeitgeberinnen den Arbeitnehmern/Arbeitnehmerinnen zur Verfügung gestellten Wohnräume und Unterkünfte sowie Wohlfahrtseinrichtungen jederzeit zu betreten und zu besichtigen. Dies gilt auch dann, wenn im Zeitpunkt der Besichtigung in der Betriebsstätte oder auf der Arbeitsstelle keine Arbeitnehmer/innen beschäftigt werden.

(2) Die Organe der Arbeitsinspektion sind berechtigt, zum Zweck des Erreichens der Betriebsstätten und Arbeitsstellen sowie sonstiger Einrichtungen nach Abs. 1 Privatstraßen und Treppelwege zu befahren. Sofern es zur Durchführung ihrer Aufgaben, insbesondere zur Durchführung von Messungen und Untersuchungen erforderlich ist, sind die Arbeitsinspektionsorgane auch zum Befahren des Betriebsgeländes, insbesondere auch von Flughäfen, berechtigt. Zum Zweck der Beweissicherung sind Arbeitsinspektionsorgane insbesondere auch berechtigt, in Betriebsstätten und auf Arbeitsstellen sowie auf dem Betriebsgelände Filmaufnahmen und Fotos anzufertigen.

(BGBl I 2012/35)

(3) Die Arbeitgeber/innen haben dafür zu sorgen, daß die in Abs. 1 angeführten Räumlichkeiten und Stellen sowie die Betriebseinrichtungen und Betriebsmittel den Arbeitsinspektionsorganen jederzeit zugänglich sind. Soweit dies für eine wirksame Überwachung erforderlich ist, sind auf Verlangen des Arbeitsinspektionsorgans Betriebseinrichtungen und Betriebsmittel in Betrieb zu setzen. Dies gilt nicht, wenn eine für die Inbetriebnahme erforderliche fachkundige Person nicht anwesend ist oder eine Inbetriebnahme aus betrieblichen oder wirtschaftlichen Gründen nicht zumutbar ist. In Ausübung des Aufsichtsrechts haben die Arbeitsinspektionsorgane Anspruch auf freie Fahrt auf Eisenbahn-, Straßenbahn-, Kraftfahr- und Schifffahrtslinien.

(BGBl I 2012/35)

(4) Die Organe der Arbeitsinspektion sind bei Verdacht auf Vorliegen einer unmittelbar drohenden Gefahr für Leben oder Gesundheit von Arbeitnehmern/Arbeitnehmerinnen zur Durchführung ihrer Aufgaben berechtigt, sich zu den in Abs. 1

angeführten Räumlichkeiten und Stellen unter Wahrung der Verhältnismäßigkeit der eingesetzten Mittel Zutritt zu verschaffen, wenn dieser nicht freiwillig gewährt wird. Zur Beseitigung eines ihnen entgegengestellten Widerstandes können die Arbeitsinspektionsorgane die Unterstützung der Organe des öffentlichen Sicherheitsdienstes unmittelbar in Anspruch nehmen.

(5) Die Arbeitgeber/innen haben dafür zu sorgen, daß bei ihrer Abwesenheit von der Betriebsstätte oder von der Arbeitsstelle eine dort anwesende Person den Arbeitsinspektionsorganen die Besichtigung ermöglicht, sie auf deren Verlangen begleitet, die erforderlichen Auskünfte (§ 7) erteilt sowie Einsicht in Unterlagen (§ 8) gewährt.

(6) Die Arbeitsinspektionsorgane haben nach ihrem Eintreffen in der Betriebsstätte oder auf der Arbeitsstelle zu verlangen, daß der Arbeitgeber/die Arbeitgeberin oder die nach Abs. 5 beauftragte Person von ihrer Anwesenheit verständigt wird. Dies hat jedoch zu unterbleiben, wenn dadurch nach Ansicht des Arbeitsinspektionsorgans die Wirksamkeit der Amtshandlung beeinträchtigt werden könnte. Auf Verlangen hat sich das Arbeitsinspektionsorgan mit Dienstausweis der Arbeitsinspektion auszuweisen, der vom zuständigen Bundesminister auszustellen ist.

(BGBl I 2001/159)

(7) Dem Arbeitgeber/der Arbeitgeberin und der nach Abs. 5 beauftragten Person steht es frei, das Arbeitsinspektionsorgan bei der Besichtigung zu begleiten. Auf Verlangen des Arbeitsinspektionsorgans sind sie verpflichtet, entweder selbst an der Besichtigung teilzunehmen oder eine ausreichend informierte Person zu beauftragen, ihn/sie bei der Besichtigung zu vertreten. Der Arbeitgeber/die Arbeitgeberin hat dafür zu sorgen, daß diese Person den Arbeitsinspektionsorganen die erforderlichen Auskünfte (§ 7) erteilt sowie Einsicht in die Unterlagen (§ 8) gewährt.

(BGBl I 2001/159)

(8) Den Besichtigungen durch Arbeitsinspektionsorgane sind die Organe der Arbeitnehmerschaft beizuziehen. Außerdem sind den Besichtigungen die Sicherheitsvertrauenspersonen sowie nach Möglichkeit die Sicherheitsfachkräfte und Arbeitsmediziner/innen in dem durch deren Tätigkeit gebotenen Umfang beizuziehen. Auf deren Verlangen sind sie den Besichtigungen jedenfalls beizuziehen. Diese Personen und Organe sind vom Arbeitgeber/von der Arbeitgeberin oder von der nach Abs. 5 beauftragten Person von der Anwesenheit des Arbeitsinspektionsorgans unverzüglich zu verständigen.

(BGBl 1995/871)

(9) Durch die Verständigung gemäß Abs. 6 und 8 sowie durch die Teilnahme der in Abs. 7 und 8 genannten Personen und Organe darf der Beginn der Besichtigung nicht unnötig verzögert werden. Die Arbeitsinspektionsorgane sind berechtigt, eine Besichtigung auch dann vorzunehmen, wenn diese Personen und Organe daran nicht teilnehmen.

(10) Die Organe der Arbeitsinspektion sind zur Durchführung ihrer Aufgaben nicht berechtigt, Wohnungen von Arbeitnehmerinnen und Arbeitnehmern im Homeoffice zu betreten.

(BGBl I 2021/61)

Durchführung von Untersuchungen

§ 5. (1) Die Arbeitsinspektionsorgane sind zur Beurteilung der Notwendigkeit und Wirksamkeit von Vorkehrungen zum Schutz des Lebens und der Gesundheit der Arbeitnehmer/innen berechtigt, die hiezu erforderlichen Maßnahmen selbst zu treffen. Es sind dies vor allem die Durchführung von Messungen und Untersuchungen in den Betriebsstätten und auf den Arbeitsstellen. Bei Verdacht auf eine Gefährdung der Gesundheit von Arbeitnehmern/Arbeitnehmerinnen können die Arbeitsinspektionsorgane zur Beseitigung eines ihnen entgegengesetzten Widerstandes die Unterstützung der Organe des öffentlichen Sicherheitsdienstes unmittelbar in Anspruch nehmen, um die Durchführung von Messungen und Untersuchungen zu erzwingen.

(2) Stehen dem Arbeitsinspektorat die für eine Maßnahme nach Abs. 1 notwendigen Geräte oder Einrichtungen nicht zur Verfügung, so ist das Arbeitsinspektorat berechtigt, die für die erforderlichen Messungen und Untersuchungen in Betracht kommenden Sachverständigen beizuziehen. Darüber ist der Arbeitgeber/die Arbeitgeberin zu informieren. Das Arbeitsinspektorat hat den beigezogenen Sachverständigen auf deren Ersuchen die für die Durchführung der Messungen und Untersuchungen erforderlichen Auskünfte zu erteilen. Die Sachverständigen haben über alle ihnen auf Grund ihrer Sachverständigentätigkeit bekanntgewordenen Geschäfts- und Betriebsgeheimnisse gegenüber Dritten Verschwiegenheit zu bewahren.

(3) Die Arbeitsinspektionsorgane sind berechtigt, Proben von Arbeitsstoffen im unbedingt erforderlichen Ausmaß zu entnehmen und deren Untersuchung durch eine hiezu befugte Person oder Anstalt zu veranlassen. Der Arbeitgeber/die Arbeitgeberin ist von der Entnahme der Probe zu verständigen. Auf Verlangen ist eine schriftliche Bestätigung über die Probenentnahme sowie eine Gegenprobe auszufolgen. Für die entnommene Probe gebührt keine Entschädigung.

(4) Das Arbeitsinspektorat hat die Ergebnisse der Messungen und Untersuchungen nach Abs. 2 und 3 dem Arbeitgeber/der Arbeitgeberin und den Organen der Arbeitnehmerschaft zur Kenntnis zu bringen.

(5) Soweit die Kosten nicht vom zuständigen Träger der Unfallversicherung getragen werden, haben die nach Abs. 2 beigezogenen Sachverständigen und nach Abs. 3 beauftragten Personen und Anstalten Anspruch auf Ersatz der Kosten. Dem Arbeitgeber/der Arbeitgeberin ist der Ersatz der Kosten vom Arbeitsinspektorat aufzuerlegen, wenn sich die Ansicht des Arbeitsinspektors als richtig erweist oder es sich um eine Messung oder Untersuchung handelte, zu deren Durchführung der Arbeitgeber/die Arbeitgeberin schon auf Grund

der Arbeitnehmerschutzvorschriften verpflichtet gewesen wäre. Sofern die Kosten nicht nach einem feststehenden Tarif berechnet werden, hat das Arbeitsinspektorat die Kosten entsprechend den Gebühren für Sachverständige nach dem Gebührenanspruchsgesetz 1975 in der jeweils geltenden Fassung festzusetzen.

Auskünfte

§ 6. (1) Wenn es zur Wahrnehmung des Arbeitnehmerschutzes erforderlich ist, sind die Arbeitsinspektorate berechtigt, von Erzeugern/Erzeugerinnen und Vertreibern/Vertreiberinnen von Arbeitsstoffen Auskunft über die Zusammensetzung dieser Stoffe zu verlangen. Erzeuger/innen und Vertreiber/innen von Arbeitsstoffen sind verpflichtet, diese Auskünfte den Arbeitsinspektoraten auf deren Verlangen zu erteilen. Handelt es sich um Stoffe, die die Gesundheit von Arbeitnehmern/Arbeitnehmerinnen gefährden, haben die Erzeuger/innen und Vertreiber/innen auf Verlangen des Arbeitsinspektorates ihre Abnehmer/innen von diesem Umstand in Kenntnis zu setzen.

(2) Wenn es zur Wahrnehmung des Arbeitnehmerschutzes erforderlich ist, sind die Arbeitsinspektorate berechtigt, von Erzeugern/Erzeugerinnen und Vertreibern/Vertreiberinnen von Maschinen, Geräten oder deren Teilen oder Zubehör, für die nach den Rechtsvorschriften Übereinstimmungserklärungen erforderlich sind, Ablichtungen von Prüfbescheinigungen und von den Übereinstimmungserklärungen zugrunde liegenden technischen Dokumentationen zu verlangen. Erzeuger/innen und Vertreiber/innen dieser Maschinen, Geräte oder deren Teile oder Zubehör haben den Arbeitsinspektoraten auf deren Verlangen diese Ablichtungen zu übermitteln sowie die erforderlichen Auskünfte zu erteilen.

(3) Wenn es zur Wahrnehmung des Arbeitnehmerschutzes erforderlich ist, sind die Arbeitsinspektorate berechtigt, von akkreditierten Stellen (Zertifizierungsstellen, Prüfstellen und Überwachungsstellen) Ablichtungen von Prüfberichten, Überwachungsberichten und Aufzeichnungen über Zertifizierungsverfahren zu verlangen. Akkreditierte Stellen sind verpflichtet, diese Ablichtungen den Arbeitsinspektoraten auf deren Verlangen zu übermitteln sowie die erforderlichen Auskünfte zu erteilen.

(4) Für die Ablichtung und Übermittlung der Unterlagen gemäß Abs. 2 und 3 gebührt kein Ersatz der Aufwendungen.

Vernehmung von Personen

§ 7. (1) Organe der Arbeitsinspektion sind befugt, bei Besichtigungen gemäß § 4 Arbeitgeber/-innen, Arbeitnehmer/innen und die gemäß § 4 Abs. 5 und 7 beauftragten Personen über alle Umstände zu vernehmen, die den Aufgabenbereich der Arbeitsinspektion berühren. Die Vernehmung hat tunlichst ohne Störung des Betriebes zu erfolgen. Die Vernehmung ist ohne Gegenwart dritter Personen durchzuführen, wenn dies nach Ansicht des Arbeitsinspektionsorgans erforderlich ist oder wenn die Person, die vernommen werden soll, es verlangt.

(2) Die Arbeitsinspektorate können von Arbeitgebern/Arbeitgeberinnen schriftliche Auskünfte verlangen.

(3) (aufgehoben)

(BGBl I 2001/159)

(4) Für die Vernehmung von Auskunftspersonen gemäß Abs. 1 gilt § 48 AVG. Jede Auskunftsperson ist zu Beginn ihrer Vernehmung über die für die Vernehmung maßgebenden persönlichen Verhältnisse zu befragen und zu ermahnen, die Wahrheit anzugeben und nichts zu verschweigen. Sie ist auf die gesetzlichen Gründe für die Verweigerung der Aussage (Abs. 5) und auf die Folgen einer ungerechtfertigten Verweigerung der Aussage aufmerksam zu machen. Die Aussagen sind erforderlichenfalls in einer Niederschrift gemäß § 14 AVG festzuhalten.

(BGBl I 2001/159)

(5) Arbeitgeber/innen, Arbeitnehmer/innen und die gemäß § 4 Abs. 5 und 7 beauftragten Personen sind verpflichtet, den Arbeitsinspektionsorganen die zur Erfüllung ihrer Aufgaben erforderlichen Auskünfte zu erteilen. Die Aussage darf aus den in § 49 Abs. 1 und 2 AVG genannten Gründen verweigert werden, wobei aber der Weigerungsgrund wegen Gefahr eines Vermögensnachteiles sowie eines Betriebs- oder Geschäftsgeheimnisses nicht gilt.

Unterlagen

§ 8. (1) Arbeitgeber/innen und die gemäß § 4 Abs. 5 und 7 beauftragten Personen sind verpflichtet, den Arbeitsinspektionsorganen auf Verlangen alle Unterlagen zur Einsicht vorzulegen, die mit dem Arbeitnehmerschutz im Zusammenhang sehen. Dies gilt insbesondere für Unterlagen über die Betriebsräumlichkeiten, Betriebseinrichtungen, sonstigen mechanischen Einrichtungen, Betriebsmittel, beigestellten Wohnräume oder Unterkünfte, Arbeitsvorgänge, Arbeitsverfahren und Arbeitsstoffe samt den dazugehörigen Plänen, Zeichnungen, Beschreibungen und Betriebsvorschriften. Dies gilt auch für Kollektivverträge, Betriebsvereinbarungen, Arbeitsverträge, Lehrverträge, Lohn-, Gehalts- und Urlaubslisten sowie insbesondere auch für alle Verzeichnisse, Vormerke oder Aufstellungen, die auf Grund von Arbeitnehmerschutzvorschriften oder von Regelungen für die Heimarbeit zu führen sind.

(BGBl I 2012/35)

(2) Die Arbeitsinspektionsorgane sind befugt, Ablichtungen, Abschriften oder Auszüge von Unterlagen gemäß Abs. 1 anzufertigen.

(3) Arbeitgeber/innen haben dem Arbeitsinspektorat auf Verlangen die in Abs. 1 genannten Unterlagen oder Ablichtungen, Abschriften sowie Auszüge dieser Unterlagen zu übermitteln. Für die Ablichtung und Übermittlung gebührt kein Ersatz der Aufwendungen.

(3a) Bei Entsendung von Arbeitnehmer/innen aus einem anderen Mitgliedstaat des Europäischen Wirtschaftsraumes oder der Schweizerischen Eidgenossenschaft hat die Ansprechperson nach § 23 des Lohn- und Sozialdumping-Bekämpfungsgesetzes – LSD-BG, BGBl. I Nr. 44/2016, auch die nach den Arbeitnehmerschutzvorschriften und nach diesem Bundesgesetzes erforderlichen Unterlagen bereitzuhalten und auf Verlangen zu übermitteln, Dokumente entgegenzunehmen und Auskünfte zu erteilen.

(BGBl I 2016/44)

(4) Die Reeder/innen von Seeschiffen, auf die dieses Bundesgesetz Anwendung findet, sind verpflichtet, alle Arbeitsunfälle auf diesen Schiffen unverzüglich dem Zentral-Arbeitsinspektorat zu melden.

(BGBl I 2012/35)

(5) Sofern keine Meldeverpflichtung von Arbeitsunfällen gemäß § 363 Abs. 1 des Allgemeinen Sozialversicherungsgesetzes (ASVG), BGBl. Nr. 189/1955, in der jeweils geltenden Fassung besteht, sind Arbeitgeber/innen verpflichtet, Arbeitsunfälle ihrer Arbeitnehmer/innen, durch die ein/e Arbeitnehmer/in mehr als drei Tage völlig oder teilweise arbeitsunfähig geworden ist, dem Arbeitsinspektorat mit einem von diesem aufzulegenden Vordruck zu melden.

(BGBl I 2012/35)

Feststellung und Anzeige von Übertretungen

§ 9. (1) Stellt die Arbeitsinspektion die Übertretung einer Arbeitnehmerschutzvorschrift fest, so ist der Arbeitgeber/die Arbeitgeberin oder die gemäß § 4 Abs. 7 beauftragte Person nach Möglichkeit im erforderlichen Umfang mit dem Ziel einer möglichst wirksamen Umsetzung der Arbeitnehmerschutzvorschriften zu beraten und hat das Arbeitsinspektorat den Arbeitgeber/die Arbeitgeberin formlos schriftlich aufzufordern, innerhalb einer angemessenen Frist den den Rechtsvorschriften und behördlichen Verfügungen entsprechenden Zustand herzustellen. Die Aufforderung ist den Organen der Arbeitnehmerschaft zur Kenntnis zu übermitteln. Bestehen solche Organe nicht, ist die Aufforderung den Sicherheitsvertrauenspersonen, soweit deren Aufgabenbereich berührt ist, zur Kenntnis zu übermitteln.

(BGBl 1995/871, BGBl I 2017/126)

(2) Wird der Aufforderung nach Abs. 1 innerhalb der vom Arbeitsinspektorat festgelegten oder erstreckten Frist nicht entsprochen, so hat das Arbeitsinspektorat Anzeige an die zuständige Verwaltungsstrafbehörde zu erstatten.

(BGBl 1995/871, BGBl I 2001/159)

(3) Das Arbeitsinspektorat hat auch ohne vorausgehende Aufforderung nach Abs. 1 Strafanzeige wegen Übertretung einer Arbeitnehmerschutzvorschrift zu erstatten, wenn es sich um eine schwerwiegende Übertretung handelt.

(BGBl 1995/871)

(3a) Werden Übertretungen von arbeitsstättenbezogenen Arbeitnehmerschutzvorschriften oder behördlichen Verfügungen festgestellt, die sich auf geringfügigste Abweichungen von technischen Maßen (wie Raumhöhe, lichte Höhe, Lichteintrittsflächen usw.) beziehen, hat das Arbeitsinspektorat gemäß § 50 Abs. 5a VStG von der Erstattung einer Anzeige abzusehen.

(BGBl I 2001/159, BGBl I 2016/44)

(4) Mit der Anzeige gemäß Abs. 2 und 3 ist ein bestimmtes Strafausmaß zu beantragen. Eine Ablichtung der Anzeige ist dem Arbeitgeber/der Arbeitgeberin und den Organen der Arbeitnehmerschaft, in jenen Fällen, in denen die Anzeige auf Grund einer gemäß § 5 Abs. 1 Z 1 des Arbeiterkammergesetzes 1992, BGBl. Nr. 626/1991, gemeinsam durchgeführten Besichtigung erfolgt, auch der zuständigen gesetzlichen Interessenvertretung der Arbeitnehmer, zur Kenntnis zu übersenden. Die Verwaltungsstrafbehörde hat über die Anzeige ohne Verzug, längstens jedoch binnen zwei Wochen, das Strafverfahren einzuleiten.

(BGBl I 2001/159)

(4a) Erfolgt eine Anzeige wegen Übertretung von Arbeitnehmerschutzvorschriften betreffend das ärztliche Personal einer Krankenanstalt im Sinne des § 2 des Krankenanstalten- und Kuranstaltengesetzes, BGBl. Nr. 1/1957, zuletzt geändert durch BGBl. I Nr. 65/2002, ist der Österreichischen Ärztekammer eine Ablichtung der Anzeige zu übersenden.

(BGBl I 2010/93)

(5) Wenn die Übertretung von einem Organ einer Gebietskörperschaft oder eines Gemeindeverbandes begangen wurde, hat das Arbeitsinspektorat anstelle einer Anzeige gemäß Abs. 2 und 3 bei Organen des Bundes oder eines Landes Anzeige an das oberste Organ, dem das der Übertretung verdächtige Organ untersteht (Artikel 20 Abs. 1 erster Satz B-VG), in allen anderen Fällen Aufsichtsbeschwerde an die Aufsichtsbehörde zu erstatten. Die obersten Organe und die Aufsichtsbehörden haben das Arbeitsinspektorat ohne Verzug über das Veranlaßte in Kenntnis zu setzen.

Anträge und Verfügungen

§ 10. (1) Ist das Arbeitsinspektorat der Ansicht, daß in einer Betriebsstätte oder auf einer Arbeitsstelle Vorkehrungen zum Schutz des Lebens, der Gesundheit und der Sittlichkeit sowie der Integrität und Würde der Arbeitnehmer/innen zu treffen sind, so hat es im Rahmen der Arbeitnehmerschutzvorschriften bei der zuständigen Behörde die Vorschreibung der erforderlichen Maßnahmen zu beantragen. Eine Ablichtung des Antrages ist dem Arbeitgeber/der Arbeitgeberin und den Organen der Arbeitnehmerschaft zur Kenntnis zu übersenden.

(BGBl I 2001/159, BGBl I 2012/118)

(2) Die zuständige Behörde hat über Anträge des Arbeitsinspektorates gemäß Abs. 1 ohne Verzug, längstens jedoch binnen zwei Wochen, das Ermittlungsverfahren einzuleiten und dieses beschleunigt abzuschließen.

(3) In Fällen unmittelbar drohender Gefahr für Leben oder Gesundheit von Arbeitnehmern/Arbeitnehmerinnen hat das Arbeitsinspektorat mit Bescheid die Beschäftigung von Arbeitnehmern/Arbeitnehmerinnen zu untersagen oder die gänzliche oder teilweise Schließung der Betriebsstätte oder der Arbeitsstelle, die Stillegung von Maschinen sowie Verkehrsmitteln oder sonstige die Betriebsstätte oder die Arbeitsstelle betreffende Sicherheitsmaßnahmen zu verfügen. Wird der Bescheid mündlich erlassen, so hat das Arbeitsinspektorat ohne Verzug eine schriftliche Ausfertigung dem Arbeitgeber/der Arbeitgeberin zuzustellen sowie den Organen der Arbeitnehmerschaft und der Bezirksverwaltungsbehörde zur Kenntnis zu übersenden.

(BGBl I 2012/35, BGBl I 2013/71)

(4) In Fällen unmittelbar drohender Gefahr für Leben oder Gesundheit von Arbeitnehmern/Arbeitnehmerinnen hat das Arbeitsinspektionsorgan erforderlichenfalls auch vor Erlassung eines Bescheides zur Gefahrenabwehr Sofortmaßnahmen an Ort und Stelle zu verfügen und deren Durchführung zu veranlassen. Zur Beseitigung eines ihm entgegengestellten Widerstandes kann das Arbeitsinspektionsorgan die Unterstützung der Organe des öffentlichen Sicherheitsdienstes unmittelbar in Anspruch nehmen. Der Arbeitgeber/die Arbeitgeberin ist vom Arbeitsinspektionsorgan nach Möglichkeit vor, jedenfalls aber unverzüglich nach Durchführung der verfügten Maßnahme zu verständigen.

(5) Über Maßnahmen nach Abs. 4 ist binnen zwei Wochen ein schriftlicher Bescheid zu erlassen, widrigenfalls die getroffene Maßnahme als aufgehoben gilt. Eine Ausfertigung des Bescheides ist dem Arbeitgeber/der Arbeitgeberin zuzustellen sowie den Organen der Arbeitnehmerschaft und der Bezirksverwaltungsbehörde zur Kenntnis zu übersenden.

(6) Liegen die Voraussetzungen für die gemäß Abs. 3 und 5 getroffenen Maßnahmen nicht mehr vor, so hat die Bezirksverwaltungsbehörde auf Antrag des Arbeitgebers/der Arbeitgeberin den Bescheid aufzuheben.

(7) Beschwerden gegen Bescheide der Arbeitsinspektorate gemäß Abs. 5 oder gegen Bescheide der Arbeitsinspektorate, durch die über eine Vorstellung gegen Bescheide gemäß Abs. 3 und 5 entschieden wird, haben keine aufschiebende Wirkung.

(BGBl I 2001/159, BGBl I 2013/71)

(8) Bescheide gemäß Abs. 3 und 5 treten mit Ablauf eines Jahres, vom Tag ihrer Erlassung an gerechnet, außer Wirksamkeit, wenn sie nicht kürzer befristet sind. Dies gilt auch für Erkenntnisse des Verwaltungsgerichts, die aufgrund von Beschwerden gegen Bescheide nach Abs. 3 oder Abs. 5 ergangen sind.

(BGBl I 2013/71)

Beteiligung der Arbeitsinspektion an Verfahren in Verwaltungsstrafsachen

§ 11. (1) In Verwaltungsstrafverfahren wegen der Übertretung von Arbeitnehmerschutzvorschriften ist das zuständige Arbeitsinspektorat (§ 15 Abs. 6) Partei. Dies gilt auch für das Verfahren der Verwaltungsgerichte.

(BGBl I 2013/71)

(2) Gelangt die Verwaltungsstrafbehörde im Verfahren zu der Ansicht, daß das Strafverfahren einzustellen oder eine niedrigere Strafe zu verhängen ist, als vom Arbeitsinspektorat beantragt wurde, so hat sie vor Erlassung des Bescheides oder einer Strafverfügung dem Arbeitsinspektorat Gelegenheit zur Stellungnahme zu geben.

(3) Dem Arbeitsinspektorat steht das Recht der Beschwerde gegen Bescheide sowie des Einspruches gegen Strafverfügungen zu.

(BGBl I 2013/71)

Beteiligung der Arbeitsinspektion an Verwaltungsverfahren und an Verfahren der Verwaltungsgerichte

§ 12. (1) In Verwaltungsverfahren in Angelegenheiten, die den Arbeitnehmerschutz berühren, ist das zuständige Arbeitsinspektorat (§ 15 Abs. 7) Partei. Dies gilt auch für das Verfahren der Verwaltungsgerichte.

(BGBl I 2013/71)

(2) Findet eine mündliche Verhandlung statt, so ist das Arbeitsinspektorat zu laden und sind ihm die zur Beurteilung der Sachlage notwendigen Unterlagen mindestens zwei Wochen vor dem Verhandlungstag zu übersenden. Hat das Arbeitsinspektorat an der Verhandlung nicht teilgenommen, so sind ihm auf Verlangen Kopien der Verhandlungsakten vor Erlassung des Bescheides zur Stellungnahme zu übersenden. Das Verlangen auf Übersendung ist binnen drei Tagen ab dem Verhandlungstag zu stellen. Das Arbeitsinspektorat hat seine Stellungnahme ohne Verzug, längstens jedoch binnen zwei Wochen, abzugeben.

(BGBl I 1997/63)

(3) Abs. 2 zweiter bis letzter Satz gilt nicht für das Verfahren der Verwaltungsgerichte.

(BGBl I 2013/71)

(4) Dem Arbeitsinspektorat steht das Recht der Beschwerde zu.

(BGBl I 2013/71)

(5) (aufgehoben)

(BGBl I 2009/150, BGBl I 2013/71)

(6) Für die Entsendung von Organen der Arbeitsinspektion zu mündlichen Verhandlungen in Verfahren gemäß Abs. 1 gebühren Kommissionsgebühren gemäß § 77 Abs. 5 AVG. Soweit für die die Amtshandlung führende Behörde Bauschbeträge gemäß § 77 Abs. 3 AVG gelten, sind die Kommissionsgebühren der Arbeitsinspektion gemäß § 77 Abs. 5 AVG nach diesen Bauschbeträgen zu berechnen.

Revision beim Verwaltungsgerichtshof

§ 13. Der Bundesminister für Arbeit, Soziales und Konsumentenschutz ist bei Verfahren gemäß §§ 11 und 12 berechtigt, gegen Erkenntnisse und Beschlüsse der Verwaltungsgerichte Revision beim Verwaltungsgerichtshof zu erheben.

(BGBl I 2009/150, BGBl I 2013/71)

Verfahrensrechtliche Sonderbestimmungen

§ 13a. (1) Bestehen aufgrund gesetzlicher Bestimmungen oder geltender Dienstvorschriften für die Untersuchung von Unfällen in bestimmten Bereichen, zB der Luftfahrt oder bei Eisenbahnen, besondere Einrichtungen oder Kommissionen, so ist, sofern von diesen Unfällen Arbeitnehmer/innen betroffen sind, dem zuständigen Arbeitsinspektorat Einsicht in alle diesbezüglichen Unterlagen zu gewähren, sofern es nicht unmittelbar an den Ermittlungen oder Untersuchungen teilnimmt.

(2) Schifffahrtsunternehmen mit Sitz im Ausland, deren Fahrzeuge auf österreichischen Wasserstraßen verkehren, kann im Wege des Schiffführers/der Schiffführerin eines Fahrzeuges des Unternehmens wirksam zugestellt werden.

(3) Eisenbahnunternehmen mit Sitz im Ausland, deren Fahrzeuge auf dem österreichischen Schienennetz verkehren, kann im Wege des Triebfahrzeugführers/der Triebfahrzeugführerin oder des Personals eines Fahrzeuges des Unternehmens wirksam zugestellt werden.

(BGBl I 2012/35)

Arbeitsinspektorate

§ 14. (1) Das Bundesgebiet wird, sofern nicht Zweckmäßigkeitsgründe entgegenstehen, unter Berücksichtigung der Grenzen der Länder (Stadt Wien) in Aufsichtsbezirke der Arbeitsinspektion eingeteilt. Für jeden Aufsichtsbezirk ist ein allgemeines Arbeitsinspektorat einzurichten. In jedem Land muß mindestens ein solches Arbeitsinspektorat bestehen.

(2) Wenn dies für die Wahrnehmung des Arbeitnehmerschutzes zweckmäßig ist, können einzelne Wirtschaftszweige oder Beschäftigtengruppen oder Teile von solchen unter die Aufsicht von besonderen Arbeitsinspektoraten gestellt werden. Der örtliche Wirkungsbereich solcher Arbeitsinspektorate kann sich über den Bereich mehrere Länder erstrecken.

(3) Für einzelne Wirtschaftszweige oder Beschäftigtengruppen oder Teile von solchen kann einem allgemeinen Arbeitsinspektorat nach Abs. 1 die Wahrnehmung des Arbeitnehmerschutzes auch hinsichtlich der zu anderen Aufsichtsbezirken gehörenden Betriebsstätten und Arbeitsstellen übertragen werden, wenn dies wegen der in diesen Wirtschaftszweigen oder Beschäftigtengruppen bestehenden besonderen Bedingungen für die Wahrnehmung des Arbeitnehmerschutzes zweckmäßig ist.

(4) Durch Verordnung sind nach Anhörung der gesetzlichen Interessenvertretungen der Arbeitgeber und der Arbeitnehmer nähere Vorschriften zu regeln über

1. die Aufsichtsbezirke der allgemeinen Arbeitsinspektorate,
2. die Errichtung von besonderen Arbeitsinspektoraten sowie ihren sachlichen und örtlichen Wirkungsbereich und
3. die Übertragung von Aufgaben gemäß Abs. 3 an allgemeine Arbeitsinspektorate.

Örtliche Zuständigkeit

§ 15. (1) Soweit im folgenden nicht anderes bestimmt ist, stehen die Befugnisse nach diesem Bundesgesetz jenem allgemeinen Arbeitsinspektorat (§ 14 Abs. 1) zu, in dessen Aufsichtsbezirk sich die Betriebsstätte oder Arbeitsstelle befindet.

(2) Erstreckt sich eine Betriebsstätte oder Arbeitsstelle über mehrere Aufsichtsbezirke der Arbeitsinspektion, so ist jenes Arbeitsinspektorat zuständig, in dessen Aufsichtsbezirk sich die Leitung dieser Betriebsstätte oder Arbeitsstelle befindet.

(3) (aufgehoben)

(BGBl I 2001/159)

(4) Die Befugnisse nach § 8 Abs. 1 und 2 stehen jenem Arbeitsinspektorat zu, in dessen Aufsichtsbezirk sich die Unterlagen befinden. Dies gilt auch dann, wenn diese Unterlagen Betriebsstätten oder Arbeitsstellen betreffen, für die gemäß Abs. 1 ein anderes Arbeitsinspektorat zuständig ist. Die Befugnisse nach § 8 Abs. 3 stehen sowohl jenem Arbeitsinspektorat zu, in dessen Aufsichtsbezirk sich die Unterlagen befinden, als auch jenem Arbeitsinspektorat, in dessen Aufsichtsbezirk die Betriebsstätte oder Arbeitsstelle liegt, auf die sich diese Unterlagen beziehen.

(5) Die Befugnisse nach § 9 stehen hinsichtlich auswärtiger Arbeitsstellen sowohl jenem Arbeitsinspektorat zu, in dessen Aufsichtsbezirk die Arbeitsstelle liegt, als auch jenem Arbeitsinspektorat, in dessen Aufsichtsbezirk die Betriebsstätte liegt, zu der diese Arbeitsstelle gehört.

(6) In Verfahren in Verwaltungsstrafsachen (§ 11) ist jenes Arbeitsinspektorat zu beteiligen, das die Strafanzeige (§ 9) erstattet hat. Wird ein Verwaltungsstrafverfahren ohne Anzeige des Arbeitsinspektorates eingeleitet, ist jenes Arbeitsinspektorat zu beteiligen, in dessen Aufsichtsbezirk sich die Betriebsstätte oder die Arbeitsstelle befindet, auf die sich das Verfahren bezieht.

(BGBl I 2013/71)

(7) In Verfahren gemäß § 12 ist jenes Arbeitsinspektorat zu beteiligen, über dessen Antrag das Verfahren eingeleitet wurde. Wird ein Verfahren ohne Antrag eines Arbeitsinspektorates eingeleitet, ist jenes Arbeitsinspektorat zu beteiligen, in dessen Aufsichtsbezirk sich die Betriebsstätte oder die Arbeitsstelle befindet, auf die sich das Verfahren bezieht. Bezieht sich ein Verfahren auf mehrere Betriebsstätten oder Arbeitsstellen mit gemeinsamer Leitung, so ist am Verfahren jenes

Arbeitsinspektorat zu beteiligen, in dessen Aufsichtsbezirk sich die gemeinsame Leitung befindet.

(BGBl I 2013/71)

(8) Findet im Verfahren des Verwaltungsgerichts eine mündliche Verhandlung außerhalb des Aufsichtsbezirkes des nach Abs. 6 oder 7 zu beteiligenden Arbeitsinspektorates statt, kann sich das Arbeitsinspektorat durch ein Organ jenes Arbeitsinspektorats, in dessen Aufsichtsbezirk die Verhandlung stattfindet, vertreten lassen.

(BGBl I 2013/71)

(9) Die örtliche Zuständigkeit zur Durchführung von Verwaltungsverfahren durch die Arbeitsinspektorate richtet sich nach dem Standort der Betriebsstätte, auf die sich das Verfahren bezieht oder, sofern sich die Betriebsstätte über mehrere Aufsichtsbezirke erstreckt, nach dem Standort der Leitung der Betriebsstätte. Für die Durchführung von Verwaltungsverfahren, die sich auf mehrere, in verschiedenen Aufsichtsbezirken gelegene Betriebsstätten mit gemeinsamer Leitung beziehen, ist jenes Arbeitsinspektorat zuständig, in dessen Aufsichtsbezirk sich die gemeinsame Leitung der Betriebsstätten befindet. Für die Durchführung von Verwaltungsverfahren, die sich auf Arbeitsstellen beziehen, ist jenes Arbeitsinspektorat zuständig, in dessen Aufsichtsbezirk sich die Betriebsstätte befindet, zu der diese Arbeitsstelle gehört. Besteht keine solche Betriebsstätte, richtet sich die örtliche Zuständigkeit nach der Lage der Arbeitsstelle.

(BGBl I 2013/71)

(10) In einer Verordnung gemäß § 14 Abs. 4, mit der besondere Arbeitsinspektorate errichtet oder Aufgaben an allgemeine Arbeitsinspektorate übertragen werden, sind auch die im Hinblick auf den sachlichen und örtlichen Wirkungsbereich notwendigen Abweichungen von Abs. 1 bis 8 zu regeln.

(BGBl I 2013/71)

Zentral-Arbeitsinspektorat

§ 16. (1) Die Arbeitsinspektorate unterstehen unmittelbar dem Zentral-Arbeitsinspektorat, der die oberste Leitung und zusammenfassende Behandlung der Angelegenheiten der Arbeitsinspektion sowie die Aufsicht über die Tätigkeit der Arbeitsinspektorate obliegt. Der Leiter/die Leiterin des Zentral-Arbeitsinspektorates (der Zentral-Arbeitsinspektor/die Zentral-Arbeitsinspektorin) untersteht direkt dem Bundesminister für Arbeit, Soziales und Konsumentenschutz.

(BGBl I 2009/150)

(2) Auf die Organe des Zentral-Arbeitsinspektorates sind die für Arbeitsinspektionsorgane gemäß §§ 3 Abs. 4 sowie 4 bis 8 gehenden Regelungen anzuwenden, soweit dies für die Wahrnehmung der Aufgaben nach Abs. 1 erforderlich ist. §§ 18 und 20 Abs. 4 und 5 gelten auch für Organe des Zentral-Arbeitsinspektorates.

Arbeitsinspektionsorgane für besondere Aufgaben

§ 17. (1) Zur besonderen Wahrnehmung der Aufgaben auf dem Gebiet der Arbeitshygiene und Arbeitsphysiologie sowie zur Verhütung von Berufskrankheiten sind für die Arbeitsinspektorate und das Zentral-Arbeitsinspektorat Arbeitsinspektionsärzte/Arbeitsinspektionsärztinnen zu bestellen.

(2) Zur besonderen Wahrnehmung der Aufgabe gemäß Abs. 1 ist weiters bei jedem Arbeitsinspektorat mindestens ein Hygienetechniker/eine Hygienetechnikerin zu bestellen.

(3) Zur besonderen Überwachung der Einhaltung der Schutzvorschriften für Kinder und Jugendliche ist bei jedem Arbeitsinspektorat mindestens ein Arbeitsinspektor/eine Arbeitsinspektorin für Kinderarbeit und Jugendlichenschutz zu bestellen.

(4) Zur besonderen Überwachung der Schutzvorschriften für Frauen ist bei jedem Arbeitsinspektorat, ausgenommen die Arbeitsinspektorate für besondere Aufgaben, mindestens eine Arbeitsinspektorin für Mutterschutz zu bestellen.

(BGBl I 2017/126)

(4) Zur besonderen Überwachung der Schutzvorschriften für Frauen ist bei jedem Arbeitsinspektorat, ausgenommen die Arbeitsinspektorate für besondere Aufgaben, mindestens eine Arbeitsinspektorin für Frauenarbeit und Mutterschutz zu bestellen.

Besondere Pflichten der Arbeitsinspektionsorgane und Ankündigung von Amtshandlungen

§ 18. (1) Die Arbeitsinspektionsorgane haben die Quelle jeder Beschwerde über bestehende Mängel oder die Verletzung von Arbeitnehmerschutzvorschriften als unbedingt vertraulich zu behandeln. Sie dürfen weder dem Arbeitgeber/der Arbeitgeberin noch sonstigen Personen gegenüber andeuten, daß eine Amtshandlung durch eine Beschwerde veranlaßt worden ist.

(2) Ob Amtshandlungen gemäß §§ 4 und 5 angekündigt werden, steht im Ermessen der Arbeitsinspektionsorgane. Dabei ist auf Erfolg und Zweck der Amtshandlung sowie nach Möglichkeit auch auf betriebliche Erfordernisse Bedacht zu nehmen. Unangemeldet müssen Kontrollen jedoch jedenfalls dann erfolgen, wenn Verdacht auf Gefahr für Leben oder Gesundheit der Arbeitnehmer/innen oder auf schwerwiegende Übertretungen vorliegt. § 4 Abs. 1 bleibt unberührt.

(BGBl I 2001/159)

(3) Arbeitsinspektionsorgane dürfen an der Leitung und Verwaltung von Unternehmen und Betrieben, die gemäß § 1 der Aufsicht der Arbeitsinspektion unterliegen, nicht beteiligt sein. Arbeitsinspektionsorgane dürfen nicht in einem Arbeitsverhältnis stehen, das gemäß § 1 in den Wirkungsbereich der Arbeitsinspektion fällt.

(4) Der Bundesminister für Arbeit, Soziales und Konsumentenschutz kann im Interesse der

Wahrnehmung des Arbeitnehmerschutzes unter Bedachtnahme auf dienstrechtliche Vorschriften im Einzelfall eine Ausnahme von den Vorschriften des Abs. 3 bewilligen.

(BGBl I 2009/150)

Gemeinsame Besichtigungen

§ 18a. Das Arbeitsinspektorat hat der zuständigen gesetzlichen Interessenvertretung der Arbeitgeber Gelegenheit zu geben, an Besichtigungen teilzunehmen, die gemäß § 5 Abs. 1 Z 1 des Arbeiterkammergesetzes 1992 – AKG, BGBl. Nr. 626/1991, mit der zuständigen Arbeiterkammer durchgeführt werden. Erfolgt auf Grund einer Besichtigung nach § 5 Abs. 1 Z 1 AKG, an der auch die zuständige gesetzliche Interessenvertretung der Arbeitgeber teilgenommen hat, eine Strafanzeige nach § 9 Abs. 2 oder 3, hat das Arbeitsinspektorat eine Ablichtung dieser Strafanzeige auch der zuständigen gesetzlichen Interessenvertretung der Arbeitgeber zu übermitteln.

(BGBl I 2001/159)

Berichte und Gutachten

§ 19. (1) Die Arbeitsinspektorate haben über jedes Kalenderjahr dem Bundesministerium für Arbeit, Soziales und Konsumentenschutz Bericht über ihre Tätigkeit und ihre Wahrnehmungen zu erstatten. Diese Berichte sind vom Bundesminister für Arbeit, Soziales und Konsumentenschutz in zusammenfassender Darstellung zu veröffentlichen und alle zwei Jahre dem Nationalrat vorzulegen.

(BGBl I 2009/150, BGBl I 2015/101)

(2) Die Arbeitsinspektorate können vom Bundesministerium für Arbeit, Soziales und Konsumentenschutz zur Erstattung von Gutachten und Vorschlägen in Angelegenheiten des Arbeitnehmerschutzes herangezogen werden. Solche Gutachten und Vorschläge können die Arbeitsinspektorate auch ohne besondere Aufforderung erstatten.

(BGBl I 2009/150)

Rechtshilfe

§ 20. (1) Alle Behörden und öffentlich-rechtlichen Körperschaften, insbesondere die gesetzlichen Interessenvertretungen der Arbeitgeber und Arbeitnehmer, haben im Rahmen ihres Wirkungsbereiches die Arbeitsinspektion bei der Erfüllung ihrer Aufgaben zu unterstützen.

(2) Die Gewerbebehörden und die sonst zuständigen Genehmigungsbehörden haben das zuständige Arbeitsinspektorat von der Neuerrichtung von Betriebsanlagen sowie von Änderungen in Betriebsanlagen zu verständigen. Alle Behörden haben dem zuständigen Arbeitsinspektorat die ihnen zur Kenntnis gelangte Errichtung von sonstigen Betriebsstätten und von Änderungen in solchen Betriebsstätten mitzuteilen.

(BGBl I 2012/35)

(3) Die Sicherheitsbehörden haben jeden ihnen zur Kenntnis gelangten Arbeitsunfall in Betriebsstätten oder auf Arbeitsstellen, bei dem ein Arbeitnehmer/eine Arbeitnehmerin getötet oder erheblich verletzt worden ist, dem zuständigen Arbeitsinspektorat ohne Verzug zu melden und diesem, allenfalls nach Rücksprache mit der zuständigen Staatsanwaltschaft, den maßgeblichen Sachverhalt, den/die Arbeitgeber/in sowie bei Arbeitsunfällen auf Baustellen auch den Bauherrn, weiters Namen und Geburtsdatum des Unfallopfers sowie zusätzliche Informationen bekannt zu geben, soweit diese für die Erfüllung der gesetzlich übertragenen Aufgaben des Arbeitsinspektorats erforderlich sind und der Zweck der Ermittlungen dadurch nicht gefährdet wird.

(BGBl I 2012/118)

(4) Die Arbeitsinspektorate sind berechtigt, die zuständigen Behörden zu verständigen, wenn sie im Rahmen ihrer Tätigkeit zu dem begründeten Verdacht gelangen, dass eine Übertretung von Vorschriften des Arbeits- oder Sozialversicherungsrechts, des Gewerbe-, Mineralrohstoff-, Elektrotechnik- oder Kesselrechts, des Gesundheits- oder Umweltschutzrechts, des Verkehrsrechts oder des Schieß- und Sprengmittelrechts vorliegt. Bei begründetem Verdacht, dass in der Betriebsstätte bereitgestelltes Trinkwasser oder an die Arbeitnehmer/innen verabreichte Lebensmittel die Gesundheit gefährden, hat das Arbeitsinspektorat Anzeige an die zuständige Behörde zu erstatten. Bei begründetem Verdacht, dass in der Betriebsstätte ein Verstoß gegen Rauchverbote nach dem Tabakgesetz, BGBl. Nr. 431/1995, in der jeweils geltenden Fassung vorliegt, hat das Arbeitsinspektorat dies der zuständigen Behörde zur Kenntnis zu bringen.

(BGBl I 2001/159, BGBl I 2012/35, BGBl I 2015/101)

(5) Die Arbeitsinspektorate sind berechtigt, ihnen bekanntgewordene Daten über gefährliche Arbeitsstoffe, die im Hinblick auf den Schutz des Lebens und der Gesundheit von Menschen von Bedeutung sind, dem für Angelegenheiten des Verkehrs mit den betreffenden gefährlichen Arbeitsstoffen zuständigen Bundesminister zur Kenntnis zu bringen.

(BGBl I 2001/159)

(6) Die Organe des öffentlichen Sicherheitsdienstes haben den Arbeitsinspektionsorganen über deren Ersuchen zur Sicherung der Ausübung ihrer Aufgaben und Befugnisse gemäß §§ 4 Abs. 4, 5 Abs. 1 und 10 Abs. 4 im Rahmen ihres gesetzmäßigen Wirkungsbereiches Hilfe zu leisten.

(7) Die Arbeitsinspektorate sind im Rahmen der Erfüllung der ihnen gesetzlich übertragenen Aufgaben berechtigt, auf automationsunterstütztem Weg Einsicht in die von der Zentralen Koordinationsstelle hinsichtlich der Meldungen von Entsendungen nach § 19 Abs. 3 LSD-BG geführte Datenbank zu nehmen, wobei die Befugnis zur Einsichtnahme folgende Daten über die Entsendung von Arbeitnehmer/innen umfasst:

a. Daten des Entsendebetriebes (Firmenname und -adresse, Art des Betriebes, Name, Geburtsdatum und Adresse vertretungsbefugter Personen),

b. Arbeitnehmer/innendaten (Name, Geburtsdatum, Sozialversicherungsnummer, Sozialversicherungsträger, Wohnsitz, Entgelthöhe, Beschäftigungsdauer, Beschäftigungsort, Dauer und Lage der vereinbarten Normalarbeitszeit der einzelnen Arbeitnehmer/innen sowie Art der Tätigkeit und Verwendung der Arbeitnehmer/innen unter Berücksichtigung des maßgeblichen österreichischen Kollektivvertrages,
(BGBl I 2016/44)
c. Daten inländischer Auftraggeber/innen (Firmenname und Adresse des Beschäftigerbetriebes oder Generalunternehmers in Österreich) sowie
d. Daten der Ansprechperson nach § 23 LSD-BG.
(BGBl I 2016/44)

(BGBl I 2009/150, BGBl I 2016/44)

(8) Die Arbeitsinspektion ist berechtigt, auf automationsunterstütztem Weg Einsicht in die Baustellendatenbank der Bauarbeiter-Urlaubs- und Abfertigungskasse (§ 31a des Bauarbeiter-Urlaubs und Abfertigungsgesetzes – BUAG, BGBl. Nr. 414/1972 in der geltenden Fassung) zu nehmen, um die Daten von Meldungen nach § 97 ASchG und von Vorankündigungen nach § 6 BauKG abzurufen. Die Bauarbeiter-Urlaubs- und Abfertigungskasse (§ 14 BUAG) ist verpflichtet, der Arbeitsinspektion Zugang zu diesen Daten einzuräumen.

(BGBl I 2011/51, BGBl I 2016/72)

(9) Die Arbeitsinspektorate haben nach Maßgabe der innerstaatlichen Vorschriften mit Behörden anderer Mitgliedstaaten des Europäischen Wirtschaftsraumes, die für die Kontrolle der Einhaltung arbeitnehmerschutzrechtlicher Vorschriften zuständig sind oder Auskünfte geben können, ob ein/e Arbeitgeber/in die Arbeitnehmerschutzvorschriften einhält, zusammenzuarbeiten und sind berechtigt, Auskünfte bei begründeten Anfragen von Behörden anderer Mitgliedstaaten zu geben. Die Gewährung von Amtshilfe an diese Behörden erfolgt unentgeltlich. Die Arbeitsinspektorate sind berechtigt und im Rahmen ihres gesetzmäßigen Wirkungsbereiches verpflichtet, die zuständigen Arbeitsaufsichtsbehörden anderer Mitgliedstaaten des Europäischen Wirtschaftsraumes zu verständigen, wenn Arbeitgeber/innen mit Sitz in diesen Mitgliedstaaten die Arbeitnehmerschutzvorschriften in Österreich nicht einhalten.

(BGBl I 2011/51, BGBl I 2016/44)

(9a) Für die gegenseitige Amtshilfe und Zusammenarbeit nach Abs. 9 ist das Binnenmarkt-Informationssystem (IMI) im Sinne der Verordnung (EU) Nr. 1024/2012 über die Verwaltungszusammenarbeit mit Hilfe des Binnenmarkt-Informationssystems und zur Aufhebung der Entscheidung 2008/49/EG der Kommission, ABl. Nr. L 316 vom 14.11.2012 S. 1, zuletzt geändert durch die Richtlinie 2014/67/EU, ABl. Nr. L 159 vom 28.05.2014 S. 11, zu verwenden, soweit nicht in Staatsverträgen anderes vorgesehen ist.

(BGBl I 2016/44)

(9b) Die Arbeitsinspektion ist verpflichtet, in ihrem Zuständigkeitsbereich Auskunftsersuchen der in Abs. 9 genannten Behörden anderer Mitgliedstaaten des EWR unverzüglich, in ausdrücklich als dringend bezeichneten Fällen innerhalb von zwei Arbeitstagen, in den übrigen Fällen innerhalb von längstens 25 Arbeitstagen zu entsprechen.

(BGBl I 2016/44)

(9c) Die Arbeitsinspektion darf Informationen, die ihr im Rahmen der gegenseitigen Amtshilfe und Zusammenarbeit bekannt werden, nur im Zusammenhang mit der Angelegenheit verwenden, für die die Informationen angefordert wurden.

(BGBl I 2016/44)

(9d) Ein Ersatz für den aus der gegenseitigen Amtshilfe und Zusammenarbeit entstehenden Aufwand darf von anderen Mitgliedstaaten der EU oder des EWR nicht gefordert werden.

(BGBl I 2016/44)

(10) Die Arbeitsinspektorate sind berechtigt, in Fällen, in denen Arbeitgeber/innen, die der Aufsicht der Arbeitsinspektion unterliegen, Förderungen aus Bundesmitteln gewährt werden sollen, den die Förderungsmittel vergebenden Stellen auf deren Verlangen Auskunft über festgestellte grobe Verstöße gegen Arbeitnehmerschutzvorschriften zu geben.

(BGBl I 2012/35)

Zusammenarbeit der Träger der Sozialversicherung mit der Arbeitsinspektion

§ 21. (1) Die Träger der Sozialversicherung haben die Arbeitsinspektion bei Erfüllung ihrer Aufgaben zu unterstützen.

(1a) Die Träger der Sozialversicherung und der Hauptverband der österreichischen Sozialversicherungsträger sind verpflichtet, den Arbeitsinspektoraten gespeicherte Daten über die Versicherungszeiten auf automationsunterstütztem Weg zu übermitteln, die für die Arbeitsinspektorate eine wesentliche Voraussetzung für die Durchführung ihrer gesetzlich übertragenen Aufgaben darstellen.

(BGBl I 2009/150)

(1a) Die Träger der Sozialversicherung und der Dachverband der Sozialversicherungsträger sind verpflichtet, den Arbeitsinspektoraten gespeicherte Daten über die Versicherungszeiten auf automationsunterstütztem Weg zu übermitteln, die für die Arbeitsinspektorate eine wesentliche Voraussetzung für die Durchführung ihrer gesetzlich übertragenen Aufgaben darstellen.

(BGBl I 2009/150, BGBl I 2018/100)

(2) Die Träger der Unfallversicherung haben, unbeschadet der in Betracht kommenden sozialversicherungsrechtlichen Regelungen über Anzeigen von Arbeitsunfällen und Berufskrankheiten, die Arbeitsinspektorate von Unfällen größeren Ausmaßes, die sich im Rahmen des Wirkungsbereiches der Arbeitsinspektion ereignen, ohne

Verzug zu benachrichtigen und ihnen Einsicht in die Anzeigen, Krankengeschichten und anderen Unterlagen hierüber zu gewähren. Die Träger der Sozialversicherung haben die Arbeitsinspektion von den Ergebnissen der Untersuchungen, die sie bei Arbeitnehmern über berufliche Erkrankungen durchführen, zu unterrichten.

(3) Die Arbeitsinspektion hat in Angelegenheiten, die den Schutz der Arbeitnehmer betreffen, auf ständige Zusammenarbeit mit den in Betracht kommenden Trägern der Sozialversicherung Bedacht zu nehmen.

(4) Die Träger der Sozialversicherung können bei den Arbeitsinspektoraten die Vornahme von Besichtigungen beantragen, wenn nach ihrer Ansicht in einer Betriebsstätte oder auf einer Arbeitsstelle Maßnahmen im Interesse eines wirksamen Schutzes von Leben und Gesundheit der Arbeitnehmer/innen erforderlich erscheinen. Solchen Besichtigungen haben die Arbeitsinspektorate fachliche Organe des antragstellenden Trägers der Sozialversicherung beizuziehen. Die Arbeitsinspektorate haben innerhalb von zwei Wochen nach Einlangen des Antrages des Sozialversicherungsträgers den Zeitpunkt der Besichtigung festzulegen.

Zustellung an Arbeitgeber/innen ohne Sitz in Österreich

§ 22. (1) Für die Zustellung von Schriftstücken der Arbeitsinspektion an Arbeitgeber/innen, die in Österreich keinen Unternehmenssitz haben, gilt als Abgabestelle im Sinne des § 2 Z 4 des Zustellgesetzes (ZustG), BGBl. Nr. 200/1982, auch eine im Inland gelegene Betriebsstätte oder Arbeitsstelle, an der Arbeitnehmer/innen dieses Arbeitgebers/dieser Arbeitgeberin tätig sind.

(2) Die Ansprechperson nach § 23 LSD-BG kann als Empfänger/in im Sinne des § 2 Z 1 ZustG bezeichnet werden. Die Zustellung gilt auch als bewirkt, wenn sie an die Ansprechperson nach § 23 LSD-BG erfolgt. Dies gilt für Zustellungen sowohl an der Abgabestelle nach Abs. 1 als auch an anderen Abgabestellen im Sinne des § 2 Z 4 ZustG.

(3) Soll ein Schriftstück der Arbeitsinspektion an einen Unternehmenssitz in einem Mitgliedstaat des Europäischen Wirtschaftsraumes zugestellt werden, ist einer Behörde, die in dem betreffenden Staat für Arbeitnehmerschutzangelegenheiten zuständig ist, ein Ersuchen um Veranlassung einer Zustellung zu übermitteln. Hiefür ist das Binnenmarkt-Informationssystem (IMI) zu verwenden, soweit nicht in Staatsverträgen anderes vorgesehen ist.

(BGBl I 2013/71, BGBl I 2016/44)

Bestellung von verantwortlichen Beauftragten

§ 23. (1) Die Bestellung von verantwortlichen Beauftragten gemäß § 9 Abs. 2 und 3 des Verwaltungsstrafgesetzes 1991 – VStG, BGBl. Nr. 52, in der jeweils geltenden Fassung für die Einhaltung von Arbeitnehmerschutzvorschriften und für die Einhaltung dieses Bundesgesetzes wird erst rechtswirksam, nachdem beim zuständigen Arbeitsinspektorat eine schriftliche Mitteilung über die Bestellung samt einem Nachweis der Zustimmung des/der Bestellten eingelangt ist. Dies gilt nicht für die Bestellung von verantwortlichen Beauftragten auf Verlangen der Behörde gemäß § 9 Abs. 2 VStG.

(2) Arbeitnehmer/innen können für die Einhaltung von Arbeitnehmerschutzvorschriften und für die Einhaltung dieses Bundesgesetzes einen verantwortlichen Beauftragten gemäß § 9 Abs. 2 und 3 VStG rechtswirksam nur bestellt werden, wenn sie leitende Angestellte sind, denen maßgebliche Führungsaufgaben selbstverantwortlich übertragen sind.

(3) Der Arbeitgeber/die Arbeitgeberin hat den Widerruf der Bestellung und das Ausscheiden von verantwortlichen Beauftragten nach Abs. 1 dem zuständigen Arbeitsinspektorat unverzüglich schriftlich mitzuteilen.

Strafbestimmungen

§ 24. (1) Sofern die Tat nicht den Tatbestand einer in die Zuständigkeit der Gerichte fallenden strafbaren Handlung bildet, begeht eine Verwaltungsübertretung und ist von der Bezirksverwaltungsbehörde mit Geldstrafe von 41 € bis 4 140 €, im Wiederholungsfall mit Geldstrafe von 83 € bis 4 140 € zu bestrafen,

1. wer als Arbeitgeber/in
   a) nicht dafür sorgt, daß den Arbeitsinspektionsorganen die in § 4 Abs. 1 angeführten Räumlichkeiten und Stellen in einer Weise zugänglich sind, durch die eine wirksame Überwachung möglich ist;
   b) entgegen § 4 Abs. 5 nicht dafür sorgt, daß bei seiner/ihrer Abwesenheit eine in der Betriebsstätte oder auf der Arbeitsstelle anwesende Person dem Arbeitsinspektionsorgan die Besichtigung ermöglicht, das Arbeitsinspektionsorgan auf dessen Verlangen begleitet, die erforderlichen Auskünfte erteilt sowie Einsicht in Unterlagen gewährt;
   c) entgegen § 4 Abs. 7 auf Verlangen des Arbeitsinspektionsorgans weder selbst an der Besichtigung teilnimmt noch eine ausreichend informierte Person damit beauftragt, ihn/sie bei der Besichtigung zu vertreten oder nicht dafür sorgt, dass die mit seiner/ihrer Vertretung beauftragte Person an der Besichtigung teilnimmt oder Arbeitsinspektionsorganen die erforderlichen Auskünfte erteilt sowie Einsicht in die Unterlagen gewährt;
   (BGBl I 2001/159)
   d) entgegen § 8 Abs. 3 Unterlagen, Ablichtungen, Abschriften oder Auszüge nicht übermittelt;
   e) entgegen § 23 Abs. 3 den Widerruf der Bestellung oder das Ausscheiden von verantwortlichen Beauftragten nicht meldet;

2. wer als Arbeitgeber/in oder als nach § 4 Abs. 5 oder 7 beauftragte Person
   a) entgegen § 4 Abs. 3 zweiter Satz Betriebseinrichtungen oder Betriebsmittel nicht in Betrieb setzt;
   b) (aufgehoben)
      (BGBl I 2001/159)
   c) entgegen § 8 Abs. 1 keine Einsicht in Unterlagen gewährt
3. als Arbeitgeber/in, als gemäß § 4 Abs. 5 oder 7 beauftragte Person oder als Arbeitnehmer/in entgegen § 7 die erforderlichen Auskünfte nicht erteilt;
4. als Erzeuger/in oder Vertreiber/in
   a) von Arbeitsstoffen entgegen § 6 Abs. 1 die erforderlichen Auskünfte nicht erteilt oder dem Verlangen des Arbeitsinspektorates auf Information der Abnehmer/innen nicht nachkommt;
   b) von Maschinen, Geräten oder deren Teilen oder Zubehör entgegen § 6 Abs. 2 Ablichtungen nicht übermittelt oder die erforderlichen Auskünfte nicht erteilt;
5. wer, soweit nicht Z 1 bis 4 zur Anwendung kommen,
   a) Arbeitsinspektionsorgane am Betreten von Betriebsstätten und Arbeitsstellen gemäß § 4 hindert;
   b) Arbeitsinspektionsorgane bei der Durchführung von Besichtigungen gemäß § 4 behindert;
   c) die Durchführung von Untersuchungen und Messungen gemäß § 5 Abs. 1 und 2 oder die Entnahme von Proben gemäß § 5 Abs. 3 behindert oder
   d) auf sonstige Weise die Organe der Arbeitsinspektion oder des Zentral-Arbeitsinspektorates bei der Ausübung der in diesem Bundesgesetz vorgesehenen Aufgaben behindert oder die Erfüllung der ihnen gesetzlich übertragenen Aufgaben vereitelt.

(BGBl I 2001/136, BGBl I 2012/118)

(2) Das Arbeitsinspektorat hat mit der Anzeige von Verwaltungsübertretungen nach Abs. 1 ein bestimmtes Strafausmaß zu beantragen. Für das Verwaltungsstrafverfahren gelten §§ 11 und 13.

(3) Abs. 1 ist nicht anzuwenden, wenn die Übertretung von einem Organ einer Gebietskörperschaft oder eines Gemeindeverbandes begangen wurde. In solchen Fällen ist gemäß § 9 Abs. 5 vorzugehen.

(4) Wurden Verwaltungsübertretungen nach Abs. 1, 2 und 3 nicht im Inland begangen, gelten sie als an jenem Ort begangen, an dem sie festgestellt wurden.

(BGBl I 2001/159)

Inkrafttreten

§ 25. (1) Dieses Bundesgesetz tritt mit 1. April 1993 in Kraft.

(2) Verordnungen gemäß § 14 Abs. 4 dürfen bereits vor dem 1. April 1993 erlassen werden, sie dürfen jedoch frühestens mit diesem Tag in Kraft gesetzt werden.

(3) § 24 Abs. 1 in der Fassung des Bundesgesetzes BGBl. I Nr. 136/2001 tritt mit 1. Jänner 2002 in Kraft.

(BGBl I 2001/136)

(4) Es treten
1. mit Ablauf des 31. Dezember 2001 außer Kraft: §§ 5 Abs. 6, 7 Abs. 3, 15 Abs. 3 und 24 Abs. 1 Z 2 lit. b in der Fassung BGBl. I Nr. 38/1999,
2. mit 1. Jänner 2002 in Kraft: §§ 4 Abs. 6 und 7, 7 Abs. 4, 9 Abs. 2, 3a und 4, 10 Abs. 1 und 7, die Überschrift von § 18 sowie §§ 18 Abs. 2, 18a, 20 Abs. 4 und 5 sowie 24 Abs. 1 Z 1 lit. c und Abs. 4 in der Fassung BGBl. I Nr. 159/2001.
3. mit 1. November 2010 in Kraft: § 9 Abs. 4a in der Fassung BGBl. I Nr. 93/2010.
   (BGBl I 2010/93)

(BGBl I 2001/159)

(5) Die §§ 2 Abs. 2, 20 Abs. 7 und 21 Abs. 1a in der Fassung des Bundesgesetzes BGBl. I Nr. 150/2009 treten mit 1. Jänner 2010 in Kraft.

(BGBl I 2009/150)

(6) § 20 Abs. 8 erster Satz und Abs. 9 in der Fassung des Bundesgesetzes BGBl. I Nr. 51/2011 tritt mit 1. August 2011 in Kraft. § 20 Abs. 8 zweiter Satz in der Fassung des Bundesgesetzes BGBl. I Nr. 51/2011 tritt mit dem Zeitpunkt in Kraft, den der Bundesminister für Arbeit, Soziales und Konsumentenschutz durch Verordnung als jenen feststellt, ab dem die zur Verfügung stehenden technischen Mittel zur Erfassung der Meldungen gemäß § 97 Abs. 1, 6 und 7 ASchG und der Vorankündigung gemäß § 6 BauKG geeignet sind. Er darf diesen Zeitpunkt frühestens mit 1. Jänner 2012 festsetzen.

(BGBl I 2011/51)

(7) § 1 Abs. 2, § 4 Abs. 2 und 3, § 8 Abs. 1, 4 und 5, § 10 Abs. 3, § 13a samt Überschrift, § 20 Abs. 2, 4 und 10 und § 26 Abs. 7 und 8 in der Fassung des 2. Stabilitätsgesetzes 2012, BGBl. I Nr. 35/2012, treten mit 1. Juli 2012 in Kraft. Verordnungen auf Grund dieses Bundesgesetzes in der Fassung des 2. Stabilitätsgesetzes 2012, BGBl. I Nr. 35/2012, können bereits vor diesem Zeitpunkt erlassen werden, treten jedoch frühestens mit diesem Zeitpunkt in Kraft.

(BGBl I 2012/35)

(8) § 3 Abs. 1 Z 1, § 10 Abs. 1, § 20 Abs. 3 und § 24 Abs. 1 in der Fassung des Bundesgesetzes BGBl. I Nr. 118/2012 treten mit 1. Jänner 2013 in Kraft.

(BGBl I 2012/118)

(9) § 10 Abs. 3, 7 und 8, die Überschrift zu § 11, § 11 Abs. 1 und 3, die Überschrift zu § 12, § 12 Abs. 1, 3 und 4, § 13 samt Überschrift, § 15 Abs. 6 bis 10 in der Fassung des BGBl. I Nr. 71/2013 treten mit 1. Jänner 2014 in Kraft. § 12 Abs. 5 und

§ 22 treten mit Ablauf des 31. Dezember 2013 außer Kraft.

(BGBl I 2013/71)

(10) § 19 Abs. 1 in der Fassung BGBl. I Nr. 101/2015 tritt mit 1. September 2015 in Kraft und ist bereits auf den Bericht für das Jahr 2015 anzuwenden. § 20 Abs. 4 in der Fassung BGBl. I Nr. 101/2015 tritt mit 1. Mai 2018 in Kraft.

(BGBl I 2015/101)

(11) § 3 Abs. 1 Z 6, § 8 Abs. 3a, § 9 Abs. 3a, § 20 Abs. 7 und Abs. 9 bis 9d sowie § 22 in der Fassung des Bundesgesetzes BGBl. I Nr. 44/2016 treten mit 1. Jänner 2017 in Kraft.

(BGBl I 2016/44)

(12) § 20 Abs. 8 in der Fassung des Bundesgesetzes BGBl. I Nr. 72/2016 tritt mit 1. April 2017 in Kraft.

(BGBl I 2016/72)

(13) § 3 Abs. 5, § 9 Abs. 1 und § 17 Abs. 4 in der Fassung BGBl. I Nr. 216/2016 treten am 1. August 2017 in Kraft.

(BGBl I 2017/126)

(14) § 21 Abs. 1a in der Fassung des Bundesgesetzes BGBl. I Nr. 100/2018 tritt mit 1. Jänner 2020 in Kraft.

(BGBl I 2018/100)

(15) § 4 Abs. 10 in der Fassung des Bundesgesetzes BGBl. I Nr. 61/2021 tritt mit dem 1. April 2021 in Kraft.

(BGBl I 2021/61)

Übergangsbestimmungen

§ 26. (1) Das Arbeitsinspektionsgesetz 1974, BGBl. Nr. 143, ist auf Sachverhalte, die sich nach Ablauf des 31. März 1993 ereignen, nicht mehr anzuwenden, soweit im folgenden nichts anderes bestimmt ist.

(2) Am 1. April 1993 anhängige Verfahren sind nach der bisherigen Rechtslage zu Ende zu führen. Bei Berufungen gegen Bescheide, die nach dem 31. März 1993 erlassen werden, gelten im Berufungsverfahren die §§ 11 und 12 dieses Bundesgesetzes anstelle der §§ 8 und 9 des Arbeitsinspektionsgesetzes 1974, BGBl. Nr. 143, (ArbIG 1974).

(3) Eine vor dem 1. April 1993 erfolgte Bestellung von verantwortlichen Beauftragten gemäß § 9 Abs. 2 bis 4 VStG für die Einhaltung von Arbeitnehmerschutzvorschriften gilt nicht für Übertretungen, die nach diesem Zeitpunkt begangen werden, sofern nicht bis zu diesem Zeitpunkt eine Mitteilung an das Arbeitsinspektorat gemäß § 23 Abs. 1 erfolgt.

(4) Eine vor dem 1. April 1993 erfolgte Bestellung von Arbeitnehmern/Arbeitnehmerinnen zu verantwortlichen Beauftragten gemäß § 9 Abs. 2 bis 4 VStG gilt unbeschadet der Mitteilung gemäß Abs. 3 nicht für Übertretungen, die nach diesem Zeitpunkt begangen werden, sofern es sich bei diesen Arbeitnehmern/Arbeitnehmerinnen nicht um leitende Angestellte gemäß § 23 Abs. 2 handelt.

(5) Bestellungen von Arbeitsinspektoren/Arbeitsinspektorinnen für besondere Aufgaben gemäß § 13 ArbIG 1974 gelten als Bestellung gemäß § 17 dieses Bundesgesetzes.

(6) Gemäß § 3 ArbIG 1974 ausgestellte Dienstausweise gelten als Dienstausweis gemäß § 4 dieses Bundesgesetzes.

(7) Die Parteistellung des Verkehrs-Arbeitsinspektorates in Verwaltungsstrafverfahren und Verwaltungsverfahren, die im Zeitpunkt des Inkrafttretens des 2. Stabilitätsgesetzes 2012, BGBl. I Nr. 35/2012, anhängig sind, ist ab 1. Juli 2012 von der Arbeitsinspektion wahrzunehmen. In den beim Verwaltungsgerichtshof mit Ablauf des 30. Juni 2012 gemäß § 16 VAIG 1994 anhängigen Verfahren tritt der Bundesminister für Arbeit, Soziales und Konsumentenschutz an die Stelle der Bundesministerin für Verkehr, Innovation und Technologie.

(BGBl I 2012/35)

(8) Hinsichtlich jener Betriebsstätten und Arbeitsstellen, die bis zum Ablauf des 30. Juni 2012 gemäß § 1 VAIG 1994 in den Wirkungsbereich des Verkehrs-Arbeitsinspektorates gefallen sind, obliegen abweichend von § 16 bis zur Neuregelung des Gegenstandes durch eine Verordnung nach § 14 Abs. 4 die nach diesem Bundesgesetz den Arbeitsinspektoraten zustehenden Aufgaben und Befugnisse dem Zentral-Arbeitsinspektorat.

(BGBl I 2012/35)

Vollziehung

§ 27. Mit der Vollziehung dieses Bundesgesetzes ist betraut:

1. (aufgehoben)
   (BGBl I 2001/159)
2. hinsichtlich des § 20 Abs. 3 und 6 der Bundesminister für Inneres im Einvernehmen mit dem Bundesminister für Arbeit, Soziales und Konsumentenschutz;
   (BGBl I 2001/159, BGBl I 2009/150)
3. im Übrigen der Bundesminister für Arbeit, Soziales und Konsumentenschutz.
   (BGBl I 2001/159, BGBl I 2009/150)

35. ARBEITSMARKTFÖRDERUNGSGESETZ

Inhaltsverzeichnis

35/1. Arbeitsmarktförderungsgesetz

Arbeitsmarktförderungsgesetz, BGBl 1969/31 idF

1 BGBl 1973/173	**2** BGBl 1973/642	**3** BGBl 1974/179
4 BGBl 1976/388	**5** BGBl 1978/546	**6** BGBl 1979/109
7 BGBl 1980/585	**8** BGBl 1982/638	**9** BGBl 1983/61
10 BGBl 1985/54	**11** BGBl 1985/185	**12** BGBl 1987/78
13 BGBl 1987/616	**14** BGBl 1988/125 (DFB)	**15** BGBl 1988/196
16 BGBl 1990/408	**17** BGBl 1990/572	**18** BGBl 1991/628
19 BGBl 1991/681	**20** BGBl 1991/685	**21** BGBl 1993/18
22 BGBl 1993/461	**23** BGBl 1993/502	**24** BGBl 1993/917
25 BGBl 1994/25	**26** BGBl 1994/314	**27** BGBl 1994/450
28 BGBl I 1999/13	**29** BGBl I 1999/179	**30** BGBl I 2000/101
31 BGBl I 2000/102 (DFB)	**32** BGBl I 2000/142	**33** BGBl I 2001/136
34 BGBl I 2002/68	**35** BGBl I 2002/130	**36** BGBl I 2004/64 (DFB)
37 BGBl I 2006/113	**38** BGBl I 2007/104	**39** BGBl I 2008/82
40 BGBl I 2009/12	**41** BGBl I 2013/71	**42** BGBl I 2020/71

GLIEDERUNG

STICHWORTVERZEICHNIS

Bundesgesetz vom 12. Dezember 1968 betreffend die Arbeitsmarktförderung (Arbeitsmarktförderungsgesetz – AMFG)

Der Nationalrat hat beschlossen:

Abschnitt 1
Ziele und Aufgaben

(BGBl 1994/314, BGBl I 2002/68)

Verantwortung für den Arbeitsmarkt

§ 1. (1) Der Bundesminister für Arbeit, Soziales und Konsumentenschutz hat mit allen zu Gebote stehenden Mitteln zur Erreichung und Aufrechterhaltung der Vollbeschäftigung und zur optimalen Funktionsfähigkeit des Arbeitsmarktes beizutragen.

(BGBl I 2009/12)

(2) Die Aufgaben des Bundesministers für Arbeit, Soziales und Konsumentenschutz gegenüber dem Arbeitsmarktservice richten sich nach dem Arbeitsmarktservicegesetz (AMSG), BGBl. Nr. 313/1994.

(BGBl I 2009/12)

(3) Der Bundesminister für Arbeit, Soziales und Konsumentenschutz kann geeignete Unternehmen oder Einrichtungen mit der Wahrnehmung bestimmter Aufgaben nach diesem Bundesgesetz oder nach dem Arbeitskräfteüberlassungsgesetz (AÜG), BGBl. Nr. 196/1988, beauftragen.

(BGBl I 2009/12)

(4) Die Beauftragung mit Aufgaben gemäß Abs. 3 hat nach den Grundsätzen der sparsamen, wirtschaftlichen und zweckmäßigen Erreichung der Ziele dieses Bundesgesetzes und des AÜG zu erfolgen. Die Leistungen sind in Form von Dienst- oder Werkleistungen zu erbringen.

(5) Bei der Erbringung der Leistungen ist auf einen angemessenen Ausgleich der Interessen der Arbeitgeber und der Arbeitnehmer zu achten.

(BGBl I 2002/68)

Abschnitt 2
Arbeitsvermittlung

(BGBl 1994/314, BGBl I 2002/68)

Begriff

§ 2. (1) Arbeitsvermittlung im Sinne dieses Bundesgesetzes ist jede Tätigkeit, die darauf gerichtet ist, Arbeitsuchende mit Arbeitgebern (Dienstgebern) zur Begründung von Arbeitsverhältnissen (Dienstverhältnissen) oder mit Auftraggebern (Zwischenmeistern, Mittelspersonen) zur Begründung von Heimarbeitsverhältnissen im Sinne des Heimarbeitsgesetzes 1960, BGBl. Nr. 105/1961, zusammenzuführen, es sei denn, dass diese Tätigkeit nur gelegentlich und unentgeltlich oder auf

Einzelfälle beschränkt ausgeübt wird. Unter den Begriff Arbeitsvermittlung fällt auch die Vermittlung von Arbeitsuchenden und von Au-pair-Kräften von Österreich in das Ausland und vom Ausland nach Österreich.

(2) Unentgeltlich im Sinne des Abs. 1 ist die Tätigkeit der Arbeitsvermittlung, wenn sie nicht auf Gewinn gerichtet ist und ohne sonstigen wirtschaftlichen Nutzen ausgeübt wird.

(3) Als Tätigkeit im Sinne des Abs. 1 gilt auch die Veröffentlichung und Verbreitung von Stellenangeboten und Stellengesuchen, es sei denn, dass diese nicht der Hauptzweck ist.

(4) Als Tätigkeit im Sinne des Abs. 1 gilt auch die Überlassung von Arbeitskräften zur Arbeitsleistung an Dritte, sofern der Überlasser nicht die Pflichten des Arbeitgebers trägt.

(5) Jede auf Arbeitsvermittlung gerichtete Tätigkeit, die den Vorschriften dieses Bundesgesetzes widerspricht, ist untersagt.

(BGBl I 2002/68)

Grundsätze

§ 3. Für die Arbeitsvermittlung gelten insbesondere nachstehende Grundsätze:

1. Die Inanspruchnahme der Arbeitsvermittlung ist freiwillig.
2. Niemand kann gezwungen werden, eine angebotene Arbeit anzunehmen – die Bestimmungen des Arbeitslosenversicherungsgesetzes 1977, BGBl. Nr. 609, werden dadurch nicht berührt.
3. Niemand kann gezwungen werden, eine angebotene Arbeitskraft einzustellen.
4. Die Arbeitsvermittlung hat dahin zu wirken, dass Arbeitsuchenden offene Stellen nachgewiesen werden und Arbeitgeber die angeforderten Arbeitskräfte erhalten können.
5. Die Arbeitsvermittlung ist unparteiisch durchzuführen.
6. Bei der Arbeitsvermittlung sind die Fähigkeiten, Wünsche, die psychische und physische Eignung und die sozialen Verhältnisse der Arbeitsuchenden einerseits sowie die Wünsche der Arbeitgeber und die Erfordernisse des Arbeitsplatzes andererseits zu berücksichtigen.
7. Arbeitsuchende dürfen nur zu Arbeiten vermittelt werden, die ihren körperlichen Fähigkeiten angemessen sind, ihre Gesundheit und Sittlichkeit nicht gefährden und angemessen entlohnt sind, wobei als angemessen eine Entlohnung dann gilt, wenn sie den jeweils anzuwendenden gesetzlichen und kollektivvertraglichen Bestimmungen entspricht.
8. Zu einer der Feststellung der Eignung des Arbeitsuchenden vorausgehenden psychologischen oder ärztlichen Untersuchung bedarf es der Zustimmung der Arbeitsuchenden, bei Minderjährigen auch der Erziehungsberechtigten.
9. Ein Rechtsanspruch auf Vermittlung eines bestimmten Arbeitsplatzes oder einer bestimmten Arbeitskraft besteht nicht.
10. Die Vermittlung in einen von Streik oder Aussperrung betroffenen Betrieb sowie die Vermittlung von streikenden oder ausgesperrten Dienstnehmern ist unzulässig.

(BGBl I 2002/68)

Berechtigung zur Arbeitsvermittlung

§ 4. (1) Arbeitsvermittlung darf unter Beachtung der Bestimmungen dieses Bundesgesetzes ausgeübt werden

1. vom Arbeitsmarktservice,
2. von gesetzlichen Interessenvertretungen und kollektivvertragsfähigen Berufsvereinigungen,
3. von gemeinnützigen Einrichtungen,
4. von Inhabern einer Gewerbeberechtigung für das Gewerbe der Arbeitsvermittler oder, soweit ausschließlich Führungskräfte vermittelt werden, der Unternehmensberater einschließlich der Unternehmensorganisatoren.

(2) Die Gewerbebehörden und der Bundesminister für Arbeit, Soziales und Konsumentenschutz sowie die vom Bundesminister für Arbeit, Soziales und Konsumentenschutz beauftragten Unternehmen und Einrichtungen sind berechtigt, Auskünfte über die Durchführung der Arbeitsvermittlung und Einsicht in die Unterlagen zu verlangen. Bei Bedarf nach regelmäßigen Informationen zum Zweck der Arbeitsmarktbeobachtung kann der Bundesminister für Arbeit, Soziales und Konsumentenschutz durch Verordnung festlegen, dass bis zu zweimal jährlich bestimmte Eckdaten der Vermittlungstätigkeit mitzuteilen sind. Diese Verpflichtung kann abhängig vom Umfang der Vermittlungstätigkeit unterschiedlich festgelegt werden.

(BGBl I 2009/12)

(3) Die beabsichtigte Aufnahme der Vermittlungstätigkeit durch gemeinnützige Einrichtungen ist dem Bundesminister für Arbeit, Soziales und Konsumentenschutz anzuzeigen. Die Anzeige hat die Statuten und Angaben zur beabsichtigten Vermittlungstätigkeit zu enthalten.

(BGBl I 2008/82, BGBl I 2009/12)

(4) Der Bundesminister für Arbeit, Soziales und Konsumentenschutz kann den gemeinnützigen Einrichtungen Auflagen zur Sicherstellung der Einhaltung der Bestimmungen dieses Bundesgesetzes erteilen.

(BGBl I 2009/12)

(5) Der Bundesminister für Arbeit, Soziales und Konsumentenschutz hat einer gemeinnützigen Einrichtung die Vermittlungstätigkeit zu untersagen, wenn sie diese nicht unentgeltlich im Sinne des § 2 Abs. 2 ausgeübt hat oder wiederholt oder in grober Weise gegen die Vorschriften dieses Bundesgesetzes verstoßen hat. Der Bundesminister für Arbeit, Soziales und Konsumentenschutz hat einer gemeinnützigen Einrichtung die Vermittlungstätigkeit

auch zu untersagen, wenn auf Grund bestimmter Tatsachen angenommen werden muss, dass die Vermittlungstätigkeit nicht unentgeltlich ausgeübt werden wird oder wiederholt oder in grober Weise gegen die Vorschriften dieses Bundesgesetzes verstoßen werden wird.

(BGBl I 2009/12)

(6) Der Arbeitsvermittler darf nur jene offenen Stellen anbieten, über deren Anforderungen er Auskunft geben kann. Hat der Arbeitsvermittler falsche oder fehlerhafte Angaben gemacht oder Daten über Arbeitsuchende weitergegeben, die er nicht weitergeben darf, hat er den Arbeitsuchenden für den dadurch entstandenen Schaden Ersatz zu leisten.

(7) Der Arbeitsvermittler muss über angemessene Geschäftsräume verfügen. Die Berechtigung zur Arbeitsvermittlung ist den Kunden in geeigneter Weise mitzuteilen.

(8) Arbeitsuchende, die nicht die Staatsbürgerschaft einer Vertragspartei des EWR-Abkommens besitzen, dürfen, soweit es sich nicht um Künstler handelt, von den Berechtigten gemäß Abs. 1 Z 3 und 4 nur vermittelt werden, wenn die Arbeitsuchenden zur Ausübung einer unselbständigen Beschäftigung in Österreich ohne Beschäftigungsbewilligung nach dem Ausländerbeschäftigungsgesetz, BGBl. Nr. 218/1975, nachweislich berechtigt sind oder die Vermittlung im Einvernehmen mit dem Arbeitsmarktservice erfolgt.

(BGBl I 2002/68)

Durchführung der Arbeitsvermittlung

§ 5. (1) Die Arbeitsvermittlung ist von den Berechtigten gemäß § 4 Abs. 1 Z 1 bis 3 unentgeltlich durchzuführen.

(2) Inhaber einer Gewerbeberechtigung für das Gewerbe der Arbeitsvermittler oder einer Gewerbeberechtigung für das Gewerbe der Unternehmensberater einschließlich der Unternehmensorganisatoren, die zur Ausübung der auf den Personenkreis der Führungskräfte eingeschränkten Arbeitsvermittlung berechtigt sind, haben die Arbeitsvermittlung für die Arbeitsuchenden, soweit es sich nicht um Künstler oder Sportler handelt, unentgeltlich durchzuführen.

(BGBl I 2007/104)

(3) Bei der Vermittlung von Künstlern und Sportlern darf ein Vermittlungsentgelt verlangt oder entgegengenommen werden, wenn der Arbeitsvertrag durch die Vermittlungstätigkeit zulässig zustande gekommen ist. Das bei der Vermittlung von Künstlern und Sportlern von den Arbeitnehmern (Arbeitnehmerinnen) zu leistende Vermittlungsentgelt muss in einem angemessenen Verhältnis zu den für diesen Arbeitnehmer (diese Arbeitnehmerin) getätigten Vermittlungsaufwendungen stehen und darf eine Obergrenze von 10 vH des gesamten Bruttoarbeitsentgelts nicht übersteigen.

(BGBl I 2007/104)

(4) Alleinvermittlungsaufträge sind nur zulässig, soweit eine sachliche Rechtfertigung hiefür besteht.

(5) Zur Durchführung der Arbeitsvermittlung sind in dem hiefür erforderlichen Ausmaß insbesondere zu erstellen und zu führen:

1. Vormerkungen über die Arbeitsuchenden, ihre berufliche Befähigung und Erfahrung sowie über die angestrebte Beschäftigung,
2. Vormerkungen über Aufträge zur Besetzung offener Stellen oder Ausbildungsstellen, über die Voraussetzungen, unter denen sie besetzt werden sollen, und über die Arbeitsbedingungen,
3. Unterlagen über Betriebe.

(BGBl I 2002/68)

Erhebung, Verarbeitung und Veröffentlichung von Daten

§ 6. (1) Bei der Arbeitsvermittlung dürfen nur solche Daten erhoben und verarbeitet werden, die in einem unmittelbaren sachlichen Zusammenhang mit der Besetzung der offenen Stelle oder mit der beabsichtigten beruflichen Verwendung der Arbeitsuchenden stehen. Insbesondere dürfen Daten, welche ausschließlich die persönliche oder religiöse Sphäre betreffen, und Daten über die Mitgliedschaft in Parteien oder Vereinen nicht erfasst werden. Die erhobenen und verarbeiteten Daten dürfen ausschließlich zum Zweck der Arbeitsvermittlung verwendet und nur jenen Personen zugänglich gemacht werden, die mit der Arbeitsvermittlung befasst sind.

(2) Die Aufnahme einer offenen Stelle gilt als Zustimmung zur Weitergabe der Daten an Arbeitsuchende; gerechtfertigte Einschränkungen, insbesondere sachlich gebotene Sperrvermerke, sind jedoch zu beachten. Auf Verlangen sind den Arbeitsuchenden schriftliche Unterlagen über die angebotene Stelle zur Verfügung zu stellen.

(3) Die Vormerkung einer arbeitsuchenden Person gilt als Zustimmung zur Weitergabe der Daten an Arbeitgeber; gerechtfertigte Einschränkungen, insbesondere sachlich gebotene Sperrvermerke, sind jedoch zu beachten.

(4) Das Arbeitsmarktservice hat für eine Veröffentlichung gemeldeter freier Arbeitsplätze und Ausbildungsstellen sowie der Arbeitsgesuche zu sorgen, soweit dies zur erfolgreichen Durchführung der Arbeitsvermittlung zweckmäßig und unter Berücksichtigung des damit verbundenen Aufwandes gerechtfertigt ist.

(5) Gesetzliche Interessenvertretungen, kollektivvertragsfähige Berufsvereinigungen, gemeinnützige Einrichtungen und gewerbliche Arbeitsvermittler sind zur Veröffentlichung gemeldeter freier Arbeitsplätze und Ausbildungsstellen sowie der Arbeitsgesuche berechtigt.

(BGBl I 2002/68)

Fachliche und persönliche Eignung zur Arbeitsvermittlung

§ 7. Die Arbeitsvermittlung darf nur von solchen Personen durchgeführt werden, die auf Grund ihrer beruflichen Tätigkeit oder Vorbildung fachlich und persönlich geeignet sind.

(BGBl I 2002/68)

Abschnitt 3
Sonstige Bestimmungen

(BGBl I 2002/68)

Sprachliche Gleichbehandlung

§ 8. Soweit in diesem Bundesgesetz personenbezogene Bezeichnungen nur in männlicher Form angeführt sind, beziehen sie sich auf Frauen und Männer in gleicher Weise, es sei denn, dass ausdrücklich anderes angeordnet ist.

(BGBl I 2002/68)

Verweisungen

§ 9. Soweit in diesem Bundesgesetz auf Bestimmungen anderer Bundesgesetze ohne Bezugnahme auf eine bestimmte Fassung verwiesen wird, sind diese in ihrer jeweils geltenden Fassung anzuwenden.

(BGBl I 2002/68)

ABSCHNITT 3a
Zulassung als EURES-Mitglied oder EURES-Partner

(BGBl I 2020/71)

Zuständigkeit

§ 10. (1) Bei der Wirtschaftskammer Österreich (WKÖ) ist im übertragenen Wirkungsbereich eine Zulassungsstelle für die Zulassung von EURES-Mitgliedern oder EURES-Partnern gemäß Art. 11 der Verordnung (EU) Nr. 2016/589 über ein Europäisches Netz der Arbeitsvermittlungen (EURES), den Zugang von Arbeitnehmern zu mobilitätsfördernden Diensten und die weitere Integration der Arbeitsmärkte und zur Änderung der Verordnungen (EU) Nr. 492/2011 und (EU) Nr. 1296/2013, ABl. Nr. L 107 vom 22.04.2016, S 1 eingerichtet. Die Zulassungsstelle ist bei der Besorgung ihrer Aufgaben an die Weisungen der Bundesministerin für Arbeit, Familie und Jugend gebunden. Weisungen ergehen an den Leiter der Zulassungsstelle.

(2) Die Wahrnehmung der Aufgaben der Zulassungsstelle erfolgt unentgeltlich. Ihr Leiter ist vom Präsidenten der WKÖ zu bestellen.

(3) Die Zulassungsstelle hat der Bundesministerin für Arbeit, Familie und Jugend einen Jahresbericht über die Erfüllung ihrer Aufgaben entsprechend den rechtlichen Vorgaben zu übermitteln. Sie hat sämtliche die Amtsführung betreffenden Auskünfte zu erteilen sowie Einsicht in die Geschäftsunterlagen zu gewähren.

(4) Die Zulassungsstelle hat dem Arbeitsmarktservice Österreich sämtliche Informationen und Daten über Zulassungen, deren Kriterien, Widerrufe oder Verweigerungen von Zulassungen zeitgerecht offen zu legen, die es für seine Tätigkeit als Nationales Koordinierungsbüro (Art. 9 der Verordnung (EU) Nr. 589/20216) benötigt.

(5) Die Bundesministerin für Arbeit, Familie und Jugend hat die Einrichtung der Zulassungsstelle bei der WKÖ mit Verordnung zu widerrufen, wenn die Präsidentin oder der Präsident der WKÖ dies schriftlich beantragt oder wenn die Zulassungsstelle trotz Mahnung wiederholt gegen gesetzliche Vorschriften verstößt. Im Fall der Entziehung ist die Aufgabe der Zulassungsstelle dem Arbeitsmarktservice Österreich unter Setzung einer angemessenen Frist zu übertragen.

(BGBl I 2020/71)

Zulassungsverfahren

§ 11. (1) Als EURES-Mitglied oder -Partner können Einrichtungen zugelassen werden, die gemäß § 4 Abs. 1 Z 2 bis 4 die Tätigkeit der Arbeitsvermittlung ausüben oder Unterstützungsleistungen für Arbeitnehmer oder Arbeitgeber gemäß Art. 12 Abs. 2 lit. c der Verordnung (EU) Nr. 589/2016 erbringen.

(2) Für die Zulassung als EURES-Mitglied oder EURES-Partner ist eine Anmeldung zur Zulassung unter Anschluss der erforderlichen Unterlagen (§ 12) bei der Zulassungsstelle einzubringen. Die Zulassung wird erteilt, wenn die Angaben der Anmeldung einschließlich der Unterlagen vollständig und richtig sind. Bei Erfüllung der Voraussetzungen ist von der Zulassungsstelle binnen einem Monat nach Eingang der Anmeldung eine Mitteilung über die Zulassung, andernfalls ein Verbesserungsauftrag oder ein Ablehnungsbescheid zu erlassen.

(3) Die zugelassenen EURES-Mitglieder oder -Partner haben der Zulassungsstelle unverzüglich jede Änderung zu melden, die zum Verlust der Zulassung führen kann. Die Zulassungsstelle hat bei Wegfall der Voraussetzungen die Zulassung als EURES-Mitglied oder –Partner zu widerrufen.

(4) Gegen eine ablehnende Entscheidung oder einen Widerruf der Zulassung kann binnen vier Wochen Beschwerde beim Bundesverwaltungsgericht erhoben werden.

(5) Die Zulassungsstelle hat Namen und Sitz der zugelassenen EURES-Mitglieder oder -Partner auf ihrer Internetseite zu veröffentlichen.

(BGBl I 2020/71)

Zulassungsvoraussetzungen

§ 12. (1) Zugelassene EURES-Mitglieder oder -Partner haben die in Artikel 12 der Verordnung (EU) Nr. 589/2016 genannten Anforderungen und die in Anhang 1 der VO (EU) Nr. 589/2016 angeführten Mindestkriterien zu erfüllen.

(2) Als Nachweis für die Erfüllung der Voraussetzungen dienen Urkunden über die rechtmäßige Ausübung der Tätigkeit, wie:

1. Auszug aus dem Firmenbuch bei juristischen Personen oder eingetragenen Personengesellschaften,
2. Auszug aus dem Vereinsregister und bei gewerbsmäßiger Ausübung aus dem Gewerbeinformationssystem Austria (GISA),

3. Nachweise über die Identität der natürlichen Person einschließlich deren Wohn- und Kontaktadressen,
4. Erklärungen über die Erfüllung der Mindestvoraussetzungen gemäß Abs. 1,
5. Bestätigungen über die Entrichtung von Sozialversicherungsbeiträgen, Steuern und Abgaben oder Erklärungen, dass keine schweren Verfehlungen gegen Bestimmungen des Arbeits- oder Sozialrechtes im Rahmen der beruflichen Tätigkeit vorliegen.

Die Zulassungsstelle hat die zu erbringenden Nachweise gemäß Z 4 und 5, insbesondere die erforderlichen technischen Voraussetzungen, genauer zu bezeichnen. Erfolgt eine solche Konkretisierung, ist diese auf der Internetseite der Zulassungsstelle allgemein kundzumachen.

(3) Die Anmeldung und die der Anmeldung anzuschließenden Belege können mit Papier, Telefax oder im Wege automationsunterstützter Datenübertragung bei der Zulassungsstelle eingebracht werden. Hat die Zulassungsstelle Zweifel an der Echtheit der angeschlossenen Belege, kann sie die anmeldende Partei auffordern, die Urkunden im Original vorzulegen. Eine solche Urkunde gilt erst als eingelangt, wenn sie im Original vorliegt.

(4) Der Zulassungsstelle obliegt die stichprobenmäßige Kontrolle der Einhaltung der Bestimmungen der Verordnung (EU) 2016/589 betreffend die Zulassung sowie deren Aufrechterhaltung. Die EURESMitglieder und -Partner sind verpflichtet, der Zulassungsstelle oder den von dieser beauftragten Personen alle für die Erfüllung ihrer Aufgaben erforderlichen Auskünfte zu erteilen sowie Einsicht in ihre Geschäftsunterlagen zu gewähren.

(5) Für die Stichprobenprüfung haben die Bezirksverwaltungsbehörden der Zulassungsstelle auf Ersuchen alle Bestrafungen mitzuteilen, die gegen die angefragten Unternehmen (juristischen Personen) wegen Verstößen gegen die Bestimmungen des Ausländerbeschäftigungsgesetzes, des Lohn- und Sozialdumping-Bekämpfungsgesetzes, BGBl. I Nr. 44/2016, des Arbeitskräfteüberlassungsgesetzes und dieses Bundesgesetzes innerhalb des letzten Jahres rechtskräftig verhängt wurden. Rechtskräftig verhängte Verwaltungsstrafen gegen ein verantwortliches Organ (§ 9 Abs. 1 VStG) oder einen verantwortlichen Beauftragten (§ 9 Abs. 2 oder 3 VStG) sind dabei dem Unternehmen zuzurechnen, für das diese Person tätig wurde. Die Zulassungsstelle hat diese Daten nach längstens drei Jahren zu löschen, sofern sie nicht in einem offenen Rechtsmittelverfahren benötigt werden.

(BGBl I 2020/71)

Datenverarbeitung

§ 13. (1) Die Zulassungsstelle ist ermächtigt, sämtliche Daten zu verarbeiten, die für Zwecke der Zulassung der EURES-Mitglieder und -Partner (§ 12) nach der Verordnung (EU) Nr. 589/2016 von diesen offengelegt werden.

(2) Das Arbeitsmarktservice ist im Rahmen seiner Tätigkeit als Nationales Koordinierungsbüro (Art. 9 der Verordnung (EU) Nr. 589/2016) berechtigt, die ihm von der Zulassungsstelle und den EURES-Mitgliedern oder -Partnern übermittelten Daten zu verarbeiten. Die EURES-Mitglieder und -Partner sind hinsichtlich der von ihnen verarbeiteten und dem Arbeitsmarktservice übermittelten Daten Verantwortliche im Sinne der DSGVO. Das Arbeitsmarktservice ist in der Erfüllung dieser Aufgabe Auftragsverarbeiter hinsichtlich der von den EURES-Mitgliedern und -Partnern übermittelten Daten.

(BGBl I 2020/71)

§§ 14 bis 18. (aufgehoben)

(BGBl I 2002/68)

ABSCHNITT IV
Arbeitsmarktpolitische Förderungsmaßnahmen

§§ 18a bis 25. (aufgehoben)

(BGBl 1994/314)

Beihilfen als Anreiz zur Vereinbarung von Teilzeitarbeit für Eltern von Kleinkindern und zur Schaffung zusätzlicher Arbeitsplätze

§ 26. (1) Zur finanziellen Abgeltung der erhöhten Aufwendungen bei Teilzeitarbeit, die durch die Verringerung der Arbeitszeit von Arbeitskräften mit Betreuungspflichten für Kleinkinder einschließlich der dadurch erforderlichen Einstellung von Ersatzarbeitskräften in Kleinunternehmen mit bis zu 20 Beschäftigten entstehen, können Beihilfen als Zuschuss gewährt werden. Derartige Aufwendungen können insbesondere durch die erforderliche Umstellung der Ablauforganisation und die Einrichtung zusätzlicher Arbeitsplätze entstehen.

(2) Auf Beihilfen gemäß Abs. 1 besteht kein Rechtsanspruch.

(3) Andere nach bundes- oder landesgesetzlichen Vorschriften gewährte Beihilfen und sonstige Zuwendungen sind bei der Gewährung von Beihilfen nach Abs. 1 zu berücksichtigen.

(4) Der Bundesminister für Wirtschaft, Familie und Jugend hat nach Anhörung der gesetzlichen Interessenvertretungen und der kollektivvertragsfähigen Berufsvereinigungen der Arbeitgeber und der Arbeitnehmer Richtlinien für die Vergabe von Beihilfen gemäß Abs. 1 zu erlassen.

(BGBl I 2009/12)

(5) Anträge auf Gewährung einer Beihilfe gemäß Abs. 1 sind bei der Austria Wirtschaftsservice Gesellschaft mit beschränkter Haftung einzubringen. Über diese Begehren entscheidet die Austria Wirtschaftsservice Gesellschaft mit beschränkter Haftung.

(6) Anlässlich der Gewährung einer Beihilfe ist zu vereinbaren, dass der Empfänger einer Beihilfe, der ihren Bezug vorsätzlich oder grob fahrlässig durch unwahre Angaben oder Verschweigung maßgeblicher Tatsachen herbeigeführt hat, zum Ersatz des unberechtigt Empfangenen verpflichtet ist.

(BGBl I 2004/64)

Beihilfen zum Ausgleich kurzfristiger Beschäftigungsschwankungen

§ 27. (1) Zum Ausgleich kurzfristiger Beschäftigungsschwankungen können zur Sicherung von Arbeitsplätzen oder zur Schaffung zusätzlicher Arbeitsgelegenheiten Beihilfen gewährt werden, um

a) Arbeiten oder Arten von Arbeiten zu fördern, die geeignet sind, Arbeitslosigkeit zu verhüten oder zu verringern, und zwar durch Beschaffung zusätzlicher Arbeitsgelegenheiten für Arbeitslose oder für Arbeitskräfte, die in nächster Zeit infolge einer Betriebseinstellung, -einschränkung oder -umstellung von Arbeitslosigkeit betroffen werden.

(BGBl I 2009/12)

b) (aufgehoben)

(BGBl 1994/314, BGBl I 2009/12)

(2) Auf Beihilfen gemäß Abs. 1 besteht kein Rechtsanspruch.

(3) Für den gleichen Zweck gewährte Beihilfen sind bei Gewährung von Beihilfen nach Abs. 1 zu berücksichtigen.

(4) (aufgehoben)

(BGBl 1976/388, BGBl 1994/314)

Arbeitsmarktpolitische Maßnahmen für Klein- und Mittelunternehmen

§ 27a. (1) Beihilfen gemäß § 27 Abs. 1 lit. a an Unternehmen können ausschließlich an Klein- und Mittelunternehmen gewährt werden, um zusätzliche Arbeitsplätze zu schaffen oder bestehende Arbeitsplätze zu erhalten.

(BGBl 1993/18, BGBl 1994/314)

(2) Voraussetzung für die Gewährung von Beihilfen gemäß Abs. 1 ist, daß positive Auswirkungen der beabsichtigten Investitionen oder sonstigen Maßnahmen in arbeitsmarktpolitischer, volkswirtschaftlicher und betriebswirtschaftlicher Hinsicht zu erwarten sind. Eine angemessene Beteiligung von Gebietskörperschaften oder Finanzierungs-, Kredit- oder Garantieeinrichtungen, die für Zwecke der Verbesserung der Regional- und Wirtschaftsstruktur öffentliche Mittel erhalten, an der Maßnahme ist anzustreben.

(3) Der Bundesminister für Wirtschaft, Familie und Jugend hat nach Anhörung der gesetzlichen Interessenvertretungen und der kollektivvertragsfähigen Berufsvereinigungen der Arbeitgeber und der Arbeitnehmer Richtlinien für die Vergabe von Beihilfen zur Schaffung oder Erhaltung von Arbeitsplätzen in Klein- und Mittelunternehmen zu erlassen.

(BGBl 1993/18, BGBl 1994/314, BGBl I 2009/12)

(4) Eine Beihilfe darf nur nach Abschluß eines schriftlichen Förderungsvertrages gewährt werden, der jene Bedingungen und Auflagen enthält, welche die Erreichung des Förderungszweckes gewährleisten sollen.

(BGBl 1993/18)

(5) Beihilfen können als

1. verzinsliches oder unverzinsliches Darlehen,
2. Zinsenzuschuß,
3. Zuschuß oder
4. Haftungsübernahme

gewährt werden.

(BGBl 1993/18)

(6) Die Laufzeit der Darlehen darf längstens 20 Jahre betragen. Ein tilgungsfreier Zeitraum bis zu fünf Jahren ist zulässig. Verzinsliche Darlehen sind mit dem für Kredite des ERP-Fonds ohne Bankspesen jeweils geltenden Satz zu verzinsen.

(BGBl 1993/18)

(7) Ein Zinsenzuschuß darf erst ab Anfall von Zinsen und nicht länger als fünf Jahre gewährt werden. Bei Vorliegen eines besonderen arbeitsmarktpolitischen Interesses kann dieser Zeitraum auf 20 Jahre verlängert werden.

(BGBl 1993/18)

(8) Als Haftungsübernahme kann die Beihilfe in Form der Ausfallsbürgschaft oder in Fällen eines außergewöhnlich dringenden arbeitsmarktpolitischen Erfordernisses in Form der Haftung als Bürge und Zahler für Kredite und Darlehen mit einer Laufzeit bis zu 20 Jahren zu Lasten des Bundes gewährt werden. Der Bundesminister für Finanzen ist ermächtigt, namens des Bundes gemäß § 66 BHG für Haftungsübernahmen die Ausfallsbürgschaft oder die Haftung als Bürge und Zahler (§ 1357 ABGB) in einem im Bundesfinanzgesetz festgelegten Ausmaß zu übernehmen. Zu Lasten der Haftungsrücklage gemäß § 50 Abs. 2 des Arbeitsmarktservicegesetzes (AMSG), BGBl. Nr. 313/1995, in der Fassung des Bundesgesetzes BGBl. I Nr. 15/2000 eingegangene Haftungsübernahmen gehen mit allen damit verbundenen Rechten und Pflichten mit Ablauf des 31. Dezember 2000 auf den Bund über.

(BGBl 1993/18, BGBl 1994/314, BGBl I 2000/142)

(BGBl 1993/18)

§§ 28 bis 28c. (aufgehoben)

(BGBl 1994/314)

Kurzarbeitsbeihilfen

§ 29. (aufgehoben)

(BGBl 1973/173, BGBl 1976/388, BGBl 1987/616, BGBl 1993/502, BGBl 1994/314, BGBl 1994/450, BGBl I 1999/179, BGBl I 2000/142, BGBl I 2009/12)

§§ 30 und 31. (aufgehoben)

(BGBl 1973/173, BGBl 1994/314, BGBl 1994/450, BGBl I 2009/12)

§ 32. (aufgehoben)

(BGBl 1973/173, BGBl 1976/388, BGBl 1994/314, BGBl 1994/450, BGBl I 2009/12)

§ 33. (aufgehoben)

(BGBl 1973/173, BGBl 1994/314, BGBl 1994/450, BGBl I 2009/12)

§ 34. (1) Anträge um Gewährung einer Beihilfe gemäß § 27 Abs. 1 lit. a sind bei der Austria Wirtschaftsservice Gesellschaft mit beschränkter

Haftung einzubringen. Über diese Begehren entscheidet der Bundesminister für Wirtschaft, Familie und Jugend nach Anhörung der gesetzlichen Interessenvertretungen und der kollektivvertragsfähigen Berufsvereinigungen der Arbeitgeber und der Arbeitnehmer, sofern die Gesamtsumme des Begehrens einen Betrag von 220 000 € übersteigt, im Einvernehmen mit dem Bundesminister für Finanzen, dessen Äußerung zur Herstellung des Einvernehmens innerhalb von vier Wochen zu erfolgen hat, andernfalls die Zustimmung als gegeben anzunehmen ist. Wenn es besondere öffentliche Interessen wegen Gefahr im Verzuge erfordern, daß über Begehren unverzüglich befunden wird, können die Anhörung der Interessenvertretungen und der Berufsvereinigungen und das Einvernehmen mit dem Bundesminister für Finanzen entfallen. In einem solchen Fall sind die Interessenvertretungen und Berufsvereinigungen sowie der Bundesminister für Finanzen ehestmöglich über die getroffenen Maßnahmen in Kenntnis zu setzen.

(BGBl 1994/314, BGBl I 2001/136, BGBl I 2002/130, BGBl I 2009/12)

(2) Anläßlich der Gewährung einer Beihilfe ist zu vereinbaren, daß der Empfänger einer Beihilfe, der ihren Bezug vorsätzlich oder grob fahrlässig durch unwahre Angaben oder Verschweigung maßgeblicher Tatsachen herbeigeführt hat, zum Ersatz des unberechtigt Empfangenen verpflichtet ist.

(BGBl 1973/173, BGBl 1994/314, BGBl I 2009/12)

Beihilfen zum Ausgleich längerfristiger Beschäftigungsschwierigkeiten

§ 35. (1) Zur Schaffung und Sicherung von Arbeitsplätzen in Gebieten, in denen nicht nur kurzfristige Unterbeschäftigung besteht oder die infolge einer Betriebseinschränkung oder -umstellung von Arbeitslosigkeit bedroht werden oder die von einer regionalpolitisch unerwünschten Abwanderung betroffen sind, können zum Zwecke der Verhütung oder Verringerung von Arbeitslosigkeit Beihilfen gewährt werden, um

a) Arbeitsplätze zu schaffen oder bestehende Arbeitsplätze zu erhalten,
b) gefährdete Arbeitsplätze durch die Ermöglichung betrieblicher Umstellungsmaßnahmen zu sichern,
c) die Übersiedlung und Niederlassung von Schlüsselkräften innerhalb eines Unternehmens sowie die nötige Führung eines getrennten Haushaltes solcher Arbeitskräfte zu erleichtern, falls diese Arbeitskräfte für die gemäß lit. a und b angestrebten Zwecke unbedingt erforderlich sind.

(BGBl 1973/173, BGBl 1994/314)

(2) Auf Beihilfen gemäß Abs. 1 besteht kein Rechtsanspruch.

(BGBl 1994/314)

(3) Für den gleichen Zweck gewährte Beihilfen sind bei Gewährung von Beihilfen gemäß Abs. 1 zu berücksichtigen.

(BGBl 1994/314)

(BGBl 1973/173)

Arbeitsmarktpolitische Maßnahmen für Unternehmen in Problemregionen

§ 35a. (1) Beihilfen gemäß § 35 Abs. 1 lit. a an Unternehmen können ausschließlich an Unternehmen in Problemregionen gewährt werden, um zusätzliche Arbeitsplätze zu schaffen oder bestehende Arbeitsplätze zu erhalten.

(BGBl 1993/18, BGBl 1994/314)

(2) Voraussetzung für die Gewährung von Beihilfen gemäß Abs. 1 ist, daß positive Auswirkungen der beabsichtigten Investitionen oder sonstigen Maßnahmen in arbeitsmarktpolitischer, volkswirtschaftlicher und betriebswirtschaftlicher Hinsicht mit besonderer Bedeutung für die jeweilige Region zu erwarten sind. Eine angemessene Beteiligung von Gebietskörperschaften oder Finanzierungs-, Kredit- oder Garantieeinrichtungen, die für Zwecke der Verbesserung der Regional- und Wirtschaftsstruktur öffentliche Mittel erhalten, an der Maßnahme ist anzustreben.

(BGBl 1993/18)

(3) Der Bundesminister für Wirtschaft, Familie und Jugend hat nach Anhörung der gesetzlichen Interessenvertretungen und der kollektivvertragsfähigen Berufsvereinigungen der Arbeitgeber und der Arbeitnehmer Richtlinien für die Vergabe von Beihilfen zur Schaffung oder Erhaltung von Arbeitsplätzen in Unternehmen in Problemregionen zu erlassen.

(BGBl 1993/18, BGBl 1994/314, BGBl I 2009/12)

(4) Die Beihilfe kann als Haftungsübernahme in Form der Ausfallsbürgschaft oder in Fällen eines außergewöhnlich dringenden arbeitsmarktpolitischen Erfordernisses in Form der Haftung als Bürge und Zahler für Kredite und Darlehen mit einer Laufzeit bis zu 20 Jahren zu Lasten des Bundes gewährt werden. Der Bundesminister für Finanzen ist ermächtigt, namens des Bundes gemäß § 66 BHG für Haftungsübernahmen die Ausfallsbürgschaft oder die Haftung als Bürge und Zahler (§ 1357 ABGB) in einem im Bundesfinanzgesetz festgelegten Ausmaß zu übernehmen. Zu Lasten der Haftungsrücklage gemäß § 50 Abs. 2 des Arbeitsmarktservicegesetzes (AMSG), BGBl. Nr. 313/1995, in der Fassung des Bundesgesetzes BGBl. I Nr. 15/2000 eingegangene Haftungsübernahmen gehen mit allen damit verbundenen Rechten und Pflichten mit Ablauf des 31. Dezember 2000 auf den Bund über.

(BGBl I 2000/142)

(BGBl 1993/18)

§§ 36 bis 38a. (aufgehoben)

(BGBl 1994/314)

§ 39. (1) Anträge um Gewährung einer Beihilfe gemäß § 35 Abs. 1 lit. a sind bei der Austria

Wirtschaftsservice Gesellschaft mit beschränkter Haftung einzubringen. Über diese Begehren entscheidet der Bundesminister für Wirtschaft, Familie und Jugend nach Anhörung der gesetzlichen Interessenvertretungen und der kollektivvertragsfähigen Berufsvereinigungen der Arbeitgeber und der Arbeitnehmer, sofern die Gesamtsumme des Begehrens einen Betrag von 220 000 € übersteigt, im Einvernehmen mit dem Bundesminister für Finanzen, dessen Äußerung zur Herstellung des Einvernehmens innerhalb von vier Wochen zu erfolgen hat, andernfalls die Zustimmung als gegeben anzunehmen ist. Wenn es besondere öffentliche Interessen wegen Gefahr im Verzuge erfordern, daß über Begehren unverzüglich befunden wird, können die Anhörung der Interessenvertretungen und der Berufsvereinigungen und das Einvernehmen mit dem Bundesminister für Finanzen entfallen. In einem solchen Fall sind die Interessenvertretungen und Berufsvereinigungen sowie der Bundesminister für Finanzen ehestmöglich über die getroffenen Maßnahmen in Kenntnis zu setzen.

(2) Anläßlich der Gewährung einer Beihilfe ist zu vereinbaren, daß der Empfänger einer Beihilfe, der ihren Bezug vorsätzlich oder grob fahrlässig durch unwahre Angaben oder Verschweigung maßgeblicher Tatsachen herbeigeführt hat, zum Ersatz des unberechtigt Empfangenen verpflichtet ist.

(BGBl 1976/388, BGBl 1987/616, BGBl 1994/314)

(BGBl 1973/173, BGBl 1983/61, BGBl 1994/314, BGBl I 2001/136, BGBl I 2002/130, BGBl I 2009/12)

§§ 39a und 39b. (aufgehoben)

(BGBl 1982/638, BGBl 1987/616)

ABSCHNITT V

§ 40. Beihilfen nach diesem Bundesgesetz sind aus Bundesmitteln zu bestreiten. Der Bund tritt unmittelbar in alle im Zusammenhang mit Beihilfen an Unternehmen nach diesem Bundesgesetz bestehenden Rechte und Pflichten ein.

(BGBl 1994/314, BGBl I 2000/142, BGBl I 2009/12)

§§ 41 bis 44. (aufgehoben)

(BGBl 1994/314)

§ 45. (aufgehoben)

(BGBl I 2000/101, BGBl I 2006/113)

Mitwirkung der Dienstgeber

§ 45a. (1) Die Arbeitgeber haben die nach dem Standort des Betriebes zuständige regionale Geschäftsstelle des Arbeitsmarktservice durch schriftliche Anzeige zu verständigen, wenn sie beabsichtigen, Arbeitsverhältnisse

1. von mindestens fünf Arbeitnehmern in Betrieben mit in der Regel mehr als 20 und weniger als 100 Beschäftigten oder

   (BGBl 1993/18)

2. von mindestens fünf vH der Arbeitnehmer in Betrieben mit 100 bis 600 Beschäftigten oder

   (BGBl 1993/18)

3. von mindestens 30 Arbeitnehmern in Betrieben mit in der Regel mehr als 600 Beschäftigten oder

   (BGBl 1993/18)

4. von mindestens fünf Arbeitnehmern, die das 50. Lebensjahr vollendet haben,

   (BGBl 1993/502)

innerhalb eines Zeitraumes von 30 Tagen aufzulösen.

(BGBl 1993/18, BGBl 1994/314)

(2) Die Anzeige gemäß Abs. 1 ist mindestens 30 Tage vor der ersten Erklärung der Auflösung eines Arbeitsverhältnisses zu erstatten. Diese Frist kann durch Kollektivvertrag verlängert werden. Die Verpflichtung zur Anzeige gemäß Abs. 1 besteht auch bei Insolvenz und ist im Falle des Konkurses vom Masseverwalter zu erfüllen, wenn die Anzeige nicht bereits vor Konkurseröffnung erstattet wurde. Abs. 1 Z 4 ist nicht anzuwenden, wenn die Auflösung der Arbeitsverhältnisse ausschließlich auf die Beendigung der Saison bei Saisonbetrieben zurückzuführen ist.

(BGBl 1993/18, BGBl I 1999/179)

(3) Die Anzeige nach Abs. 1 hat Angaben über die Gründe für die beabsichtigte Auflösung der Arbeitsverhältnisse und den Zeitraum, in dem diese vorgenommen werden soll, die Zahl und die Verwendung der regelmäßig beschäftigten Arbeitnehmer, die Zahl und die Verwendung der von der beabsichtigten Auflösung der Arbeitsverhältnisse voraussichtlich betroffenen Arbeitnehmer, das Alter, das Geschlecht, die Qualifikationen und die Beschäftigungsdauer der voraussichtlich betroffenen Arbeitnehmer, weitere für die Auswahl der betroffenen Arbeitnehmer maßgebliche Kriterien sowie die flankierenden sozialen Maßnahmen zu enthalten. Gleichzeitig ist die Konsultation des Betriebsrates gemäß § 109 Abs. 1 Z 1a und Abs. 1a des Arbeitsverfassungsgesetzes, BGBl. Nr. 22/1974, in der jeweils geltenden Fassung, nachzuweisen.

(BGBl 1993/18)

(4) Eine Durchschrift der Anzeige ist vom Arbeitgeber gleichzeitig dem Betriebsrat zu übermitteln. Die Verpflichtungen des Arbeitgebers gemäß § 105 des Arbeitsverfassungsgesetzes und vergleichbaren anderen österreichischen Rechtsvorschriften bleiben unberührt. Besteht kein Betriebsrat, ist die Durchschrift der Anzeige gleichzeitig den voraussichtlich betroffenen Arbeitnehmern zu übermitteln.

(BGBl 1993/18)

(5) Kündigungen, die eine Auflösung von Arbeitsverhältnissen im Sinne des Abs. 1 bezwecken, sind rechtsunwirksam, wenn sie

1. vor Einlangen der im Abs. 1 genannten Anzeige bei der regionalen Geschäftsstelle des Arbeitsmarktservice oder
2. nach Einlangen der Anzeige bei der regionalen Geschäftsstelle des Arbeitsmarktservice innerhalb der gemäß Abs. 2 festgesetzten Frist

ohne vorherige Zustimmung der Landesgeschäftsstelle gemäß Abs. 8

ausgesprochen werden.

(BGBl 1993/18, BGBl 1994/314, BGBl 1994/450)

(6) Das Arbeitsmarktservice hat innerhalb der Frist des Abs. 2 unverzüglich alle im Zusammenhang mit der beabsichtigten Auflösung von Arbeitsverhältnissen notwendigen Beratungen durchzuführen, denen insbesondere der Arbeitgeber, der Betriebsrat und die für den jeweiligen Wirtschaftszweig in Betracht kommenden gesetzlichen Interessenvertretungen und kollektivvertragsfähigen freiwilligen Berufsvereinigungen der Arbeitgeber und der Arbeitnehmer beizuziehen sind. Außerdem sind das Landesdirektorium und der Regionalbeirat von solchen Beratungen rechtzeitig zu verständigen. Das Arbeitsmarktservice hat überdies das zuständige Bundesamt für Soziales und Behindertenwesen von der Anzeige gemäß Abs. 1 in geeigneter Weise zu verständigen.

(BGBl 1993/18, BGBl 1994/314)

(7) Bei den Beratungen gemäß Abs. 6 ist vom Arbeitsmarktservice auf einen weitestmöglichen Einsatz aller in Betracht kommenden Förderungsmaßnahmen nach diesem Bundesgesetz und nach dem Arbeitslosenversicherungsgesetz 1977, BGBl. Nr. 609, in der jeweils geltenden Fassung, besonders Bedacht zu nehmen. Die zuständige regionale Geschäftsstelle des Arbeitsmarktservice hat vor allem auch darauf hinzuwirken, daß eine Beschäftigung der betroffenen älteren Arbeitnehmer (Abs. 1 Z 4) im bisherigen oder in einem anderen Betrieb ermöglicht wird.

(BGBl 1993/18, BGBl 1993/502, BGBl 1994/314, BGBl 1994/450)

(8) Die Landesgeschäftsstelle des Arbeitsmarktservice kann nach Anhörung des Landesdirektoriums die Zustimmung zum Ausspruch der Kündigung vor Ablauf der Frist des Abs. 2 erteilen, wenn hiefür vom Arbeitgeber wichtige wirtschaftliche Gründe, wie zum Beispiel der Abschluß einer Betriebsvereinbarung im Sinne des § 97 Abs. 1 Z 4 in Verbindung mit § 109 Abs. 1 Z 1 des Arbeitsverfassungsgesetzes (Sozialplan), nachgewiesen werden. Dabei ist auch zu berücksichtigen, ob dem Arbeitgeber die fristgerechte Anzeige der beabsichtigten Kündigungen möglich oder zumutbar war. Die Landesgeschäftsstelle des Arbeitsmarktservice hat das Landesdirektorium unverzüglich zum ehesten Zeitpunkt einzuberufen. Den Beratungen können erforderlichenfalls Experten beigezogen werden. Von der Zustimmung der Landesgeschäftsstelle des Arbeitsmarktservice ist der Arbeitgeber zu verständigen. Wird die Zustimmung nicht erteilt, so ist darüber ein Bescheid zu erlassen.

(BGBl 1993/18, BGBl 1994/314, BGBl I 2013/71)
(BGBl 1979/109)

§ 45b. (aufgehoben)

(BGBl 1994/314, BGBl 1994/450, BGBl I 2002/68)

Meldungen der Krankenversicherungsträger

§ 46. (1) Die Träger der Krankenversicherung haben die nach dem Standort des Betriebes zuständige regionale Geschäftsstelle des Arbeitsmarktservice von den An- und Abmeldungen in Kenntnis zu setzen.

(BGBl 1980/585, BGBl 1994/314)

(2) Die Richtlinien gemäß § 41 Abs. 3 des Allgemeinen Sozialversicherungsgesetzes über Form und Inhalt der An- und Abmeldungen von Dienstnehmern zur Sozialversicherung haben auf die dem Arbeitsmarktservice übertragenen Aufgaben Bedacht zu nehmen.

(BGBl 1973/173, BGBl 1994/450)

Abgabenrechtliche Vorschriften

§ 47. Die im Verfahren nach diesem Bundesgesetz erforderlichen Eingaben, Beilagen und Vollmachten sind von Stempel- und Rechtsgebühren des Bundes befreit.

(BGBl 1985/185, BGBl 1994/314, BGBl I 2002/68, BGBl I 2020/71)

§ 47a. Beihilfen, die auf Grund dieses Bundesgesetzes zum Zwecke der Arbeitsmarktförderung an Unternehmen gewährt werden, stellen kein Entgelt im Sinne des Umsatzsteuergesetzes 1972, BGBl. Nr. 223, dar.

(BGBl 1985/185, BGBl 1994/314)

Strafbestimmungen

§ 48. (1) Wer eine auf Arbeitsvermittlung gerichtete Tätigkeit ausübt, die gegen dieses Bundesgesetz oder andere gesetzliche Bestimmungen verstößt, begeht, sofern die Tat weder eine in die Zuständigkeit der Gerichte fallende noch eine nach dem Arbeitskräfteüberlassungsgesetz, BGBl. Nr. 196/1988, strafbare Handlung bildet, eine Verwaltungsübertretung und ist mit Geldstrafe von 726 € bis zu 3 600 €, im Wiederholungsfall von 1 450 € bis zu 7 260 € zu bestrafen.

(BGBl 1988/196, BGBl I 2001/136, BGBl I 2002/68)

(2) Wer eine Änderungsmeldung gemäß § 11 Abs. 3 unterlässt oder Auskünfte oder Einsicht in Geschäftsunterlagen gemäß § 12 Abs. 4 verweigert, begeht, sofern die Tat nicht eine in die Zuständigkeit der Gerichte fallende strafbare Handlung bildet, eine Verwaltungsübertretung und ist mit einer Geldstrafe bis zu 2 500 €, im Wiederholungsfall bis zu 5 000 €, zu bestrafen.

(BGBl I 2020/71)

(3) Die Eingänge aus den gemäß Abs. 1 und Abs. 2 verhängten Geldstrafen fließen dem Arbeitsmarktservice zu.

(BGBl I 2020/71)

ABSCHNITT VII
Übergangsbestimmungen

Weitergelten von Berechtigungen zur Arbeitsvermittlung

§ 49. Gemeinnützige Einrichtungen, die am 30. Juni 2002 zur Durchführung der unentgeltlichen Arbeitsvermittlung berechtigt waren, dürfen die Arbeitsvermittlung ohne Anzeige gemäß § 4 Abs. 3 weiter ausüben.

(BGBl I 2002/68)

§ 50. (aufgehoben)

(BGBl 1994/25)

ABSCHNITT VIII
Finanzielle Bestimmungen

§ 51. (aufgehoben)

(BGBl 1974/179, BGBl 1978/546, BGBl 1979/109, BGBl 1982/638, BGBl 1987/616, BGBl 1991/681, BGBl 1994/25, BGBl 1994/314, BGBl 1994/450)

Arbeitsmarktpolitische Maßnahmen aus Bundesmitteln

§ 51a. (1) Beihilfen nach diesem Bundesgesetz können für das Jahr 1993 und für das erste Halbjahr 1994 auch in Verfolgung übergeordneter beschäftigungspolitischer Ziele gewährt werden. Welche Förderungsinstrumente nach diesem Bundesgesetz diesfalls zum Einsatz kommen, ist in dem in der Anlage enthaltenen beschäftigungspolitischen Sonderprogramm festgelegt. Die einzelnen Beihilfen sind nach den Bestimmungen dieses Bundesgesetzes abzuwickeln. Beihilfen, die im Rahmen dieses Sonderprogramms für die zwischen 1. Jänner 1993 und 30. Juni 1994 begonnenen Maßnahmen gewährt werden, können noch im Jahre 1994 und im ersten Halbjahr 1995 zur Auszahlung gelangen.

(BGBl 1993/461, BGBl 1994/25, BGBl 1994/450)

(2) Das gemäß Abs. 1 festgelegte Sonderprogramm ist mit einem maximalen Ausgabenrahmen in Höhe von einer Milliarde Schilling, die Ausgaben in den Jahren 1993, 1994 und 1995 zusammengenommen, begrenzt. Davon ist ein Ausgabenrahmen in Höhe von zusammen hundert Millionen Schilling für gemäß § 27 Abs. 1 lit. a oder b in Verbindung mit § 28 und gemäß § 35 Abs. 1 lit. a oder b in Verbindung mit § 36 dieses Bundesgesetzes an kleinere und mittlere Unternehmen zu gewährende Beihilfen vorzusehen. Über die Gewährung solcher Beihilfen ist im Einvernehmen mit dem Bundesminister für wirtschaftliche Angelegenheiten zu entscheiden.

(BGBl 1993/461, BGBl 1994/25)

(3) In Verfolgung wichtiger wirtschafts- und beschäftigungspolitischer Ziele können Beihilfen gemäß § 27 Abs. 1 lit. a und gemäß § 35 Abs. 1 lit. a und b an arbeitsmarkt- und regionalpolitisch bedeutende Unternehmen einschließlich Leitunternehmen im gewerblichen Bereich gewährt werden. Im Falle von Rettungs- und Begleitbeihilfen zur Vermeidung der Schließung erhaltungswürdiger Betriebe sind die Bestimmungen des § 27a Abs. 1 und 3 sowie des § 35a Abs. 1 und 3 nicht anzuwenden. Nähere Richtlinien hat der Bundesminister für Wirtschaft, Familie und Jugend im Einvernehmen mit dem Bundesminister für Finanzen zu erlassen. Über die Gewährung einer Beihilfe entscheidet der Bundesminister für Wirtschaft, Familie und Jugend im Einvernehmen mit dem Bundesminister für Finanzen. Förderungen im Rahmen der Regionalen Innovationsprämie, die vor dem Ablauf des 31. Dezember 2000 nach anderen Richtlinien bewilligt wurden, gelten als Beihilfen im Sinne dieses Absatzes. In den vergangenen Jahren für arbeitsmarktpolitische Maßnahmen gemäß § 51a gebildete Rücklagen können auch für regional- und strukturpolitische Maßnahmen verwendet werden.

(BGBl 1993/461, BGBl 1994/450, BGBl I 2000/142, BGBl I 2009/12)

(4) Beihilfen gemäß Abs. 1 und 3 sind endgültig aus Bundesmitteln zu bestreiten.

(BGBl 1994/450)

(5) Der Bundesminister für Finanzen ist ermächtigt, namens des Bundes gemäß § 66 BHG für Beihilfen in Verfolgung wichtiger wirtschafts- und beschäftigungspolitischer Ziele sowie für Rettungs- und Begleitbeihilfen zur Vermeidung der Schließung erhaltungswürdiger Betriebe die Haftung als Bürge und Zahler (§ 1357 ABGB) in einem im Bundesfinanzgesetz festgelegten Ausmaß zu übernehmen.

(BGBl 1994/450)

ABSCHNITT IX
Schlußbestimmungen

Aufhebung von Rechtsvorschriften

§ 52. (1) Alle auf Grund des § 2 des Rechts-Überleitungsgesetzes, StGBl. Nr. 6/1945, in vorläufige Geltung gesetzten Vorschriften, die mit den Bestimmungen dieses Bundesgesetzes in Widerspruch stehen, treten, soweit sie noch wirksam sind, außer Kraft. Insbesondere verlieren ihre Wirksamkeit:

1. vom Gesetz über Arbeitsvermittlung und Arbeitslosenversicherung vom 16. Juli 1927, DRGBl. I S. 187, der 2. Abschnitt und der 4. Abschnitt zur Gänze sowie die übrigen Bestimmungen, insoweit sie sich auf die Arbeitsvermittlung und Berufsberatung beziehen, sowie alle auf Grund dieser Bestimmungen erlassenen Verordnungen und Anordnungen,
2. das Gesetz über Arbeitsvermittlung, Berufsberatung und Lehrstellenvermittlung vom 5. November 1935, DRGBl. I S. 1281, sowie alle auf Grund dieser Bestimmungen ergangenen Verordnungen und Anordnungen,
3. das Gesetz zur Regelung des Arbeitseinsatzes vom 15. Mai 1934, DRGBl. I S. 381, in der Fassung des Gesetzes zur Befriedigung des Bedarfes der Landwirtschaft an Arbeitskräften vom 26. Februar 1935, DRGBl. I S. 310, sowie alle auf Grund dieser Bestimmungen erlassenen Verordnungen und Anordnungen,
4. die Verordnung des Reichswirtschaftsministers über die Verteilung von Arbeitskräften vom 10. August 1934, DRGBl. I S. 786, sowie

alle auf Grund dieser Bestimmungen ergangenen Verordnungen und Anordnungen,

5. die Verordnung zur Änderung von Vorschriften über Arbeitseinsatz und Arbeitslosenhilfe vom 1. September 1939, DRGBl. I S. 1662, soweit sie sich auf den Arbeitseinsatz bezieht, und alle auf Grund dieser Bestimmungen ergangenen Verordnungen und Anordnungen,
6. Verordnung über die Vermittlung, Anwerbung und Verpflichtung von Arbeitnehmern nach dem Ausland vom 28. Juni 1935, DRGBl. I S. 903.

(2) Die Vorschriften der §§ 198 bis 201 und 300 a des Allgemeinen Sozialversicherungsgesetzes, BGBl. Nr. 189/1955, des § 98a des Gewerblichen Selbständigen-Pensionsversicherungsgesetzes, BGBl. Nr. 292/1957, und des § 96 des Bauern-Pensionsversicherungsgesetzes, BGBl. Nr. 28/1970, bleiben unberührt.

(3) § 50 tritt mit Ablauf des 31. Dezember 1993 außer Kraft.

(BGBl 1994/25)

(4) § 51 tritt mit Ablauf des 31. Dezember 1994 außer Kraft.

(BGBl 1994/25, BGBl 1994/450)

Inkrafttreten und Vollziehung

§ 53. (1) Dieses Bundesgesetz tritt am 1. Jänner 1969 in Kraft. Ausführungsbestimmungen können bereits vor diesem Zeitpunkt erlassen werden, sie treten jedoch nicht vor Wirksamkeitsbeginn dieses Bundesgesetzes in Kraft.

(2) Mit der Vollziehung dieses Bundesgesetzes ist, soweit in diesem Bundesgesetz nicht anderes bestimmt ist, hinsichtlich der Abschnitte IV und VIII der Bundesminister für Wirtschaft, Familie und Jugend und hinsichtlich der übrigen Abschnitte der Bundesminister für Arbeit, Soziales und Konsumentenschutz betraut.

(BGBl I 2002/68, BGBl I 2009/12)

(3) Die Vertretung des Bundes als Träger von Privatrechten nach diesem Bundesgesetz obliegt dem jeweils zuständigen Bundesminister.

(BGBl I 2002/68, BGBl I 2009/12)

(4) Die §§ 27a, 35a und 45a in der Fassung des Bundesgesetzes BGBl. Nr. 18/1993 treten gleichzeitig mit dem Abkommen über den Europäischen Wirtschaftsraum in Kraft.

(BGBl 1993/18, BGBl 1993/461)

(5) Die §§ 16 und 29 Abs. 2 lit. b in der Fassung des Bundesgesetzes BGBl. Nr. 502/1993 und § 45a in der Fassung der Bundesgesetze BGBl. Nr. 18/1993 und 502/1993 treten mit 1. August 1993 in Kraft.

(BGBl 1993/502)

(6) § 51 sowie § 51a und die Anlage zu § 51a in der Fassung des Bundesgesetzes BGBl. Nr. 25/1994 treten mit 1. Jänner 1994 in Kraft.

(BGBl 1994/25)

(7) Die §§ 11 Abs. 2, 13 Abs. 2, 17, 17a, 17b, 17c, 17d, 17e, 18, 27, 27a, 29 Abs. 1 und 2, 30, 31, 32, 33, 34, 35, 35a, 39, 45a Abs. 1, 5, 6, 7 und 8, 45b Abs. 1, 46 Abs. 1, 47, 47a und 48 Abs. 2 in der Fassung des Bundesgesetzes BGBl. Nr. 314/1994 treten mit 1. Juli 1994 in Kraft. Bis zum Inkrafttreten des § 5 Z 1 lit. a des Bundessozialämtergesetzes (Art. 33 des Arbeitsmarktservice-Begleitgesetzes, BGBl. Nr. 314/1994) obliegen die Aufgaben und Befugnisse der Bundesämter für Soziales und Behindertenwesen den jeweiligen Landesgeschäftsstellen und regionalen Geschäftsstellen des Arbeitsmarktservice.

(BGBl 1994/314)

(8) §§ 15, 17, 17c, 18, 29 bis 33, 45a, 45b, 46 und 51a in der Fassung des Bundesgesetzes BGBl. Nr. 450/1994 treten mit 1. Juli 1994 in Kraft.

(BGBl 1994/450)

(9) § 18 in der Fassung des Bundesgesetzes BGBl. I Nr. 13/1999 tritt mit 1. Jänner 1999 in Kraft.

(BGBl I 1999/13)

(10) Die §§ 29 Abs. 1 lit. b und Abs. 5 sowie 45a in der Fassung des Bundesgesetzes BGBl. I Nr. 179/1999 treten mit 1. Jänner 2000 in Kraft.

(BGBl I 1999/179)

(11) § 45 in der Fassung des Bundesgesetzes BGBl. I Nr. 101/2000 tritt mit 1. Oktober 2000 in Kraft und gilt für die Kündigung von Arbeitsverhältnissen durch den Arbeitgeber, die nach dem 30. September 2000, jedoch vor dem 1. Oktober 2002 ausgesprochen wird.

(BGBl I 2000/101, BGBl I 2000/102)

(12) Die §§ 27a Abs. 8, 35a Abs. 4 und 40 in der Fassung des Bundesgesetzes BGBl. I Nr. 142/2000 treten mit 1. Jänner 2001 in Kraft.

(BGBl I 2000/142)

(13) Die §§ 34 Abs. 1, 39 Abs. 1 und 48 Abs. 1 in der Fassung des Bundesgesetzes BGBl. I Nr. 136/2001 treten mit 1. Jänner 2002 in Kraft.

(BGBl I 2001/136)

(14) Die Abschnitte 1 bis 3 (§§ 1 bis 9) sowie die §§ 47, 48 und 49 in der Fassung des Konjunkturbelebungsgesetzes 2002, BGBl. I Nr. 68, treten mit 1. Juli 2002 in Kraft.

(BGBl I 2002/68)

(15) § 34 Abs. 1 und § 39 Abs. 1 in der Fassung des Bundesgesetzes BGBl. I Nr. 130/2002 treten mit 1. Oktober 2002 in Kraft.

(BGBl I 2002/130)

(16) § 26 samt Überschrift in der Fassung des Bundesgesetzes BGBl. I Nr. 64/2004 tritt mit 1. Juli 2004 in Kraft.

(BGBl I 2004/64)

(17) § 5 Abs. 2 und 3 in der Fassung des Bundesgesetzes BGBl. I Nr. 104/2007 treten mit 1. Jänner 2008 in Kraft.

(BGBl I 2007/104)

(18) § 4 Abs. 3 in der Fassung des Bundesgesetzes BGBl. I Nr. 82/2008 tritt mit 1. Juli 2008 in Kraft.

(BGBl I 2008/82)

(19) § 27 Abs. 1, § 34 und § 40 in der Fassung des Bundesgesetzes BGBl. I Nr. 12/2009 sowie der Entfall der §§ 29 bis 33 treten mit 1. Februar 2009 in Kraft. Diese Bestimmungen sind jedoch auf vor diesem Zeitpunkt vereinbarte Kurzarbeitsbeihilfen in der davor geltenden Fassung weiterhin anzuwenden.

(BGBl I 2009/12)

(20) § 1 Abs. 1 bis 3, § 4 Abs. 2 bis 5, § 26 Abs. 4, § 27a Abs. 3, § 34 Abs. 1, § 35a Abs. 3, § 39 Abs. 1, § 51a Abs. 3 und § 53 Abs. 2 und 3 in der Fassung des Bundesgesetzes BGBl. I Nr. 12/2009 treten mit 1. Februar 2009 in Kraft.

(BGBl I 2009/12)

(21) § 45a Abs. 8 in der Fassung des Bundesgesetzes BGBl. I Nr. 71/2013 tritt mit 1. Jänner 2014 in Kraft.

(BGBl I 2013/71)

(22) Abschnitt 3a samt Überschrift, § 47 und § 48 Abs. 2 und 3 in der Fassung des Bundesgesetzes BGBl. I Nr. 71/2020 treten mit 1. September 2020 in Kraft.

(BGBl I 2020/71)

Außerkrafttreten

§ 54. Die Abschnitte I, II und V sowie die §§ 12, 16, 18a bis 26b, 28 bis 28c, 36 bis 38a und 45 treten mit Ablauf des 30. Juni 1994 außer Kraft.

(BGBl 1994/314)

§ 55. Ansprüche auf gemäß § 19 gewährte Beihilfen über den 30. Juni 1994 hinaus werden vom Arbeitsmarktservice ab 1. Juli 1994 übernommen und als Beihilfen des Arbeitsmarktservice befriedigt. Pfändungen, Verpfändungen und Übertragungen sowie Aufrechnungen auf Grund von Ersatzforderungen bei den gemäß § 19 gewährten Beihilfen wirken auf die Beihilfen des Arbeitsmarktservice in gleicher Weise weiter.

(BGBl 1994/314)

§ 56. Die §§ 10 bis 18 und 45b in der beim Ablauf des 30. Juni 2002 geltenden Fassung treten mit Ablauf des 30. Juni 2002 außer Kraft.

(BGBl I 2002/68)

35/2. Arbeitsmarktförderungsgesetz-Novelle

AMFG-Novelle 1991, BGBl 1991/685

Bundesgesetz, mit dem das Arbeitsmarktförderungsgesetz geändert wird

Der Nationalrat hat beschlossen:

Das Arbeitsmarktförderungsgesetz, BGBl. Nr. 31/1969, zuletzt geändert durch BGBl Nr. 408/1990 und die Kundmachung BGBl. Nr. 572/1990, wird wie folgt geändert:

Artikel I

(im AMFG eingearbeitet)

Artikel II

(1) §§ 17a bis 17d treten für die Vermittlung von Führungskräften mit 1. Jänner 1992 in Kraft.

(2) Die Vermittlung von Führungskräften im Sinne des Abs. 1 ist die Vermittlungstätigkeit (§ 9 Abs. 1) in bezug auf offene Stellen, die nach dem Inhalt der Tätigkeit von leitenden Angestellten, denen maßgeblicher Einfluß auf die Führung des Betriebes zusteht, welche gemäß § 36 Abs. 2 Z 3 des Arbeitsverfassungsgesetzes, BGBl. Nr. 22/1974, nicht als Arbeitnehmer gelten, ausgeübt werden und hinsichtlich derer das angebotene Entgelt zumindest die Höhe der Höchstbeitragsgrundlage in der Pensionsversicherung nach § 45 des Allgemeinen Sozialversicherungsgesetzes erreicht.

(3) Auf Personen, welche § 376 Z 14a der Gewerbeordnung 1973, BGBl. Nr. 50/1974, in der Fassung BGBl. Nr. 686/1991, anzuwenden ist, ist § 17a Abs. 2 Z 4 nicht anzuwenden. Auf Personen, welche am 1. Jänner 1992 bei Inhabern einer solchen Berechtigung beschäftigt sind, ist § 17a Abs. 8 nicht anzuwenden.

(4) Hinsichtlich der Vermittlung auf andere als die in Abs. 1 bezeichneten offenen Stellen treten die §§ 17a bis 17d mit 1. Juli 1993 in Kraft, sofern spätestens zu diesem Zeitpunkt ein Bundesgesetz über die Ausgliederung der Arbeitsmarktverwaltung aus der Hoheitsverwaltung des Bundes in Kraft tritt.

35/3. Arbeitsmarktservicegesetz

Arbeitsmarktservicegesetz, BGBl 1994/313 idF

1	BGBl 1995/133	**2**	BGBl 1996/201	**3**	BGBl 1996/411
4	BGBl 1996/757	**5**	BGBl 1996/764	**6**	BGBl I 1997/139
7	BGBl I 1998/148	**8**	BGBl I 1999/179	**9**	BGBl I 2000/15
10	BGBl I 2000/141	**11**	BGBl I 2000/142	**12**	BGBl I 2003/71
13	BGBl I 2003/128	**14**	BGBl I 2004/77	**15**	BGBl I 2004/136
16	BGBl I 2005/71	**17**	BGBl I 2005/79	**18**	BGBl I 2005/114
19	BGBl I 2007/104	**20**	BGBl I 2008/82	**21**	BGBl I 2009/12
22	BGBl I 2009/90	**23**	BGBl I 2010/111	**24**	BGBl I 2011/122
25	BGBl I 2013/3	**26**	BGBl I 2013/67	**27**	BGBl I 2013/71
28	BGBl I 2013/138	**29**	BGBl I 2014/40	**30**	BGBl I 2016/62
31	BGBl I 2017/31	**32**	BGBl I 2018/32	**33**	BGBl I 2018/100
34	BGBl I 2020/12	**35**	BGBl I 2020/16	**36**	BGBl I 2020/51
37	BGBl I 2020/71	**38**	BGBl I 2020/135	**39**	BGBl I 2021/42
40	BGBl I 2021/117	**41**	BGBl I 2021/214		

GLIEDERUNG

STICHWORTVERZEICHNIS

Bundesgesetz über das Arbeitsmarktservice (Arbeitsmarktservicegesetz – AMSG)

Der Nationalrat hat beschlossen:

1. TEIL
Organisation

1. HAUPTSTÜCK
Allgemeines

Arbeitsmarktservice

§ 1. (1) Die Durchführung der Arbeitsmarktpolitik des Bundes obliegt dem „Arbeitsmarktservice“. Das Arbeitsmarktservice ist ein Dienstleistungsunternehmen des öffentlichen Rechts mit eigener Rechtspersönlichkeit.

(2) Das Arbeitsmarktservice ist in eine Bundesorganisation, in Landesorganisationen für jedes Bundesland und innerhalb der Bundesländer in regionale Organisationen gegliedert.

(3) Die Bundesorganisation führt die Bezeichnung „Arbeitsmarktservice Österreich“.

(4) Die Landesorganisationen führen die Bezeichnung „Arbeitsmarktservice“ unter Hinzufügung des Namens des jeweiligen Bundeslandes.

(5) Die regionalen Organisationen führen die Bezeichnung „Arbeitsmarktservice“ unter Hinzufügung des Namens der Gemeinde (erforderlichenfalls mit einem der Unterscheidbarkeit dienendem Zusatz), in der sie eingerichtet sind.

Sprachliche Gleichbehandlung

§ 2. Soweit im folgenden personenbezogene Bezeichnungen nur in männlicher Form angeführt sind, beziehen sie sich auf Frauen und Männer in gleicher Weise. Bei der Anwendung auf bestimmte Personen ist die jeweils geschlechtsspezifische Form zu verwenden.

Organe

§ 3. (1) Die Organe des Arbeitsmarktservice im Bereich der Bundesorganisation des Arbeitsmarktservice sind

1. der Verwaltungsrat,
2. der Vorstand.

(2) Die Organe des Arbeitsmarktservice im Bereich der Landesorganisationen des Arbeitsmarktservice sind

1. das Landesdirektorium,
2. der Landesgeschäftsführer.

(3) Die Organe des Arbeitsmarktservice im Bereich der regionalen Organisationen sind

1. der Regionalbeirat,
2. der Leiter der regionalen Geschäftsstelle.

2. HAUPTSTÜCK
Bundesorganisation

1. ABSCHNITT
Aufgabenbereich

§ 4. (1) Von der Bundesorganisation sind, soweit nicht ausdrücklich anderes bestimmt ist, alle Angelegenheiten des Arbeitsmarktservice zu besorgen, die über den Bereich eines Bundeslandes hinausgehen oder hinsichtlich derer eine einheitliche gesamtösterreichische Vorgangsweise erforderlich ist.

(2) Die Bundesorganisation hat insbesondere zu sorgen für

1. die Umsetzung der arbeitsmarktpolitischen Zielvorgaben des Bundesministers für Arbeit und Soziales,
2. die Erarbeitung und Festlegung der arbeitsmarktpolitischen Vorgaben und Schwerpunktsetzungen für die Tätigkeit des Arbeitsmarktservice durch allgemein verbindliche Regelungen,
3. die Erarbeitung von Vorschlägen für die Gestaltung der Arbeitsmarktpolitik,
4. die Entwicklung und Einhaltung von Qualitätsstandards bei der Leistungserbringung, die die bestmögliche Erfüllung der Leistungen sicherstellen,
5. die Voraussetzungen für die Aufgabenerfüllung des Arbeitsmarktservice durch

a) allgemein verbindliche Regelungen hinsichtlich Organisation und Personal,
b) eine einheitliche technische Ausstattung,
c) Vorsorge für eine entsprechende Personalausbildung,
d) Vorsorge für Arbeitsmarktbeobachtung und -statistik sowie für Grundlagen- und Entwicklungsarbeit und für die Forschung in den Bereichen Arbeitsmarkt, Beschäftigung und Berufswelt,

6. die Koordination und Sicherung eines bundesweit abgestimmten Vorgehens der verschiedenen Organe und Einrichtungen des Arbeitsmarktservice und
7. die Kontrolle der Geschäftsführung auf allen Ebenen hinsichtlich einer ordnungsgemäßen und den arbeitsmarktpolitischen und sonstigen Vorgaben entsprechenden Durchführung der übertragenen Aufgaben.

(3) Die von der Bundesorganisation nach Anhörung der Landesorganisationen erlassenen Richtlinien für die Erfüllung der Aufgaben des Arbeitsmarktservice sind für alle Organe und Einrichtungen des Arbeitsmarktservice verbindlich.

(4) Richtlinien, deren Erlassung nach dem Arbeitslosenversicherungsgesetz 1977, BGBl. Nr. 609, vorgesehen ist, sind im Internet kundzumachen.

(BGBl I 2009/90)

2. ABSCHNITT
Verwaltungsrat

Zusammensetzung und Mitgliedschaft

§ 5. (1) Der Verwaltungsrat besteht aus neun Mitgliedern. Drei Mitglieder werden vom Bundesminister für Arbeit und Soziales bestellt, davon ein Mitglied auf Vorschlag des Bundesministers für Finanzen; zwei weitere Mitglieder werden vom Bundesminister für Arbeit und Soziales auf Vorschlag der Bundeskammer der gewerblichen Wirtschaft, ein Mitglied auf Vorschlag der Vereinigung Österreichischer Industrieller und drei Mitglieder auf gemeinsamen Vorschlag der Bundeskammer für Arbeiter und Angestellte und des Österreichischen Gewerkschaftsbundes bestellt. Dazu kommt ein vom zuständigen Organ der Arbeitnehmervertretung des Arbeitsmarktservice entsandter Vertreter. Für jedes Mitglied und für den Vertreter der Arbeitnehmer des Arbeitsmarktservice ist für den Fall seiner zeitweiligen Verhinderung ein Stellvertreter zu bestellen (zu entsenden), der das Mitglied (den Vertreter der Arbeitnehmer) zu vertreten hat, wenn es (er) an der Ausübung seiner Funktion verhindert ist.

(2) Der Verwaltungsrat kann zwei weitere vom zuständigen Organ der Arbeitnehmervertretung des Arbeitsmarktservice vorgeschlagene Vertreter mit beratender Stimme beiziehen.

(3) Die vom Bundesminister für Arbeit und Soziales bestellten Mitglieder sind in allen Angelegenheiten stimmberechtigt. Dem von der Arbeitnehmervertretung entsandten Vertreter kommt ein Stimmrecht nur in den Angelegenheiten des § 54 Abs. 3 zu.

(4) Der Verwaltungsrat wählt auf Vorschlag des Bundesministers für Arbeit und Soziales den Vorsitzenden des Verwaltungsrates sowie zwei Stellvertreter, die den Vorsitzenden bei dessen Verhinderung vertreten, für zwei Jahre. Dabei sind die Funktionen des Vorsitzenden und der beiden Stellvertreter auf die auf Vorschlag der Arbeitgeberseite bestellten Mitglieder, auf die auf Vorschlag der Arbeitnehmerseite bestellten Mitglieder und auf die sonstigen Mitglieder des Verwaltungsrates mit Ausnahme des vom zuständigen Organ der Arbeitnehmervertretung des Arbeitsmarktservice entsandten Vertreters so aufzuteilen, daß je eine Funktion auf eine der drei genannten Gruppen von Mitgliedern entfällt.

(5) Die Funktionsperiode der Mitglieder (stellvertretenden Mitglieder) des Verwaltungsrates beträgt sechs Jahre; die Wiederbestellung ist zulässig.

(6) Die Mitglieder (stellvertretenden Mitglieder) können jederzeit gegenüber dem Bundesminister für Arbeit und Soziales ihren Rücktritt erklären. Der Rücktritt wird mit der schriftlichen Erklärung gegenüber dem Bundesminister für Arbeit und Soziales wirksam. Die Mitgliedschaft (stellvertretende Mitgliedschaft) erlischt, wenn das Verwaltungsratsmitglied Mitglied des Vorstandes, Landesgeschäftsführer (Stellvertreter des Landesgeschäftsführers), Leiter einer Geschäftsstelle, Mitglied eines Landesdirektoriums oder Regionalbeirates oder Bediensteter des Arbeitsmarktservice wird.

(7) Der Bundesminister für Arbeit und Soziales hat die Bestellung eines Mitgliedes (stellvertretenden Mitgliedes) des Verwaltungsrates zu widerrufen, wenn ein wichtiger Grund vorliegt. Ein wichtiger Grund liegt insbesondere bei grober Pflichtverletzung oder dauernder Unfähigkeit zur Ausübung der Funktion vor.

(8) Scheidet ein Mitglied (stellvertretendes Mitglied) vor Ablauf der Zeit, für die es bestellt ist, aus, so ist für den Rest der Funktionsperiode ein neues Mitglied (stellvertretendes Mitglied) zu bestellen.

Aufgaben

§ 6. Der Verwaltungsrat hat die Geschäftsführung des Vorstandes und der Landesgeschäftsführer zu überwachen. In seinen Aufgabenbereich fallen folgende Angelegenheiten:

1. Vorschläge an den Bundesminister für Arbeit und Soziales zur Gestaltung der Arbeitsmarktpolitik und der rechtlichen Grundlagen der Arbeitsmarktpolitik,
2. Vorschläge für die Gestaltung der Gebarung Arbeitsmarktpolitik einschließlich eines Vorschlages zur Festsetzung der Beiträge zur Arbeitslosenversicherung,
3. Beschlußfassung über arbeitsmarktpolitische Festlegungen auf Basis der allgemeinen Vorgaben des Bundesministers für Arbeit und Soziales einschließlich der Vorgabe arbeitsmarktpolitischer Aufgaben und arbeits-

marktpolitischer Schwerpunktprogramme und Konzepte gemäß § 9 Abs. 2 Z 10 und der Aufteilung der vom Bund für Leistungen gemäß dem 2. Teil, 3. Hauptstück eingeräumten Verfügungsermächtigungen,

4. Genehmigung des längerfristigen Planes gemäß § 40,
5. Genehmigung der Schaffung besonderer Einrichtungen auf Bundesebene gemäß § 11,
6. Genehmigung der Präliminarien,
7. Aufteilung der finanziellen Mittel für den im § 41 umschriebenen eigenen Wirkungsbereich (inklusive Personalaufwand) auf die Bundesorganisation und die Landesorganisationen im Zusammenhang mit der Beschlußfassung über die Präliminarien,
8. Entscheidung in jenen Angelegenheiten, die dem Bundesminister für Arbeit und Soziales zur Zustimmung, gegebenenfalls im Einvernehmen mit dem Bundesminister für Finanzen, vorzulegen sind,
9. Erlassung von Richtlinien für die Gestaltung der Arbeitsverhältnisse gemäß § 54 Abs. 3,
10. Bestellung und Widerruf der Bestellung der Vorstandsmitglieder,
11. Bestellung der Landesgeschäftsführer und ihrer Stellvertreter,
12. Vertretung des Arbeitsmarktservice hinsichtlich der Rechtsgeschäfte mit den Vorstandsmitgliedern, Landesgeschäftsführern und deren Stellvertretern,
13. Erlassung und Abänderung der Geschäftsordnung und
14. Behandlung von Geschäftsfällen, die ihm auf Grund gesetzlicher Bestimmungen oder der Geschäftsordnung vorbehalten sind.

Verfahren

§ 7. (1) Der Verwaltungsrat hat mindestens dreimal im Jahr zu tagen. Der Verwaltungsrat wird vom Vorsitzenden (Stellvertreter) einberufen. Er ist jedenfalls unverzüglich einzuberufen, wenn dies der Bundesminister für Arbeit und Soziales, der Bundesminister für Finanzen, mindestens zwei Mitglieder des Verwaltungsrates oder der Vorstand unter Angabe von Gründen verlangen.

(2) Der Verwaltungsrat ist bei Anwesenheit von zwei Dritteln seiner stimmberechtigten Mitglieder beschlußfähig. Die Geschäftsordnung kann für die Beschlußfassung in wichtigen Angelegenheiten ein höheres Anwesenheitsquorum vorsehen.

(3) Der Verwaltungsrat faßt, sofern in diesem Bundesgesetz oder in der Geschäftsordnung nicht anderes bestimmt ist, seine Beschlüsse mit einfacher Stimmenmehrheit. Bei Stimmengleichheit gibt die Stimme des Vorsitzenden den Ausschlag. Die Beschlüsse des Verwaltungsrates sind unverzüglich dem Bundesminister für Arbeit und Soziales zu übermitteln.

(4) Einer Mehrheit von zwei Dritteln und einer Stimme des Verwaltungsrates bedarf zu ihrer Wirksamkeit die Beschlußfassung in folgenden Angelegenheiten:

1. Erlassung und Abänderung der Geschäftsordnung,
2. Finanzordnung,
3. Kollektivvertrag und Richtlinien,
4. Präliminarien,
5. Wahl des Verwaltungsratsvorsitzenden,
6. Bestellung von Landesgeschäftsführern und deren Stellvertretern und
7. vorzeitige Beendigung des Vertragsverhältnisses von Vorstandsmitgliedern und von Landesgeschäftsführern.

Die Wiederwahl (Z 5) und die Wiederbestellung (Z 6) erfolgt mit einfacher Stimmenmehrheit.

(5) In der Geschäftsordnung kann für die Beschlußfassung in weiteren wichtigen Angelegenheiten das Erfordernis einer Mehrheit von zwei Dritteln und einer Stimme festgelegt werden. Die Geschäftsordnung hat für derartige Angelegenheiten für den Fall, daß die erforderliche Mehrheit nicht erreicht wird, ein Schlichtungsverfahren vorzusehen.

(6) Der Verwaltungsrat kann insbesondere zur Vorbereitung seiner Verhandlungen und Beschlüsse Ausschüsse einsetzen. Einem Ausschuß können auch Personen angehören, die nicht Mitglieder (stellvertretende Mitglieder) des Verwaltungsrates sind.

(7) Zur Überwachung der ordnungsgemäßen Erfüllung der dem Arbeitsmarktservice obliegenden Aufgaben hat der Verwaltungsrat einen Kontrollausschuß einzurichten. Der Verwaltungsrat kann sich zur Unterstützung bei diesen Aufgaben ferner geeigneter externer Einrichtungen bedienen sowie eine Organisationseinheit der Bundesgeschäftsstelle (§ 10) funktional unterstellen.

(8) Jedes Mitglied des Verwaltungsrates kann vom Vorstand Auskünfte und Berichte zu allen Fragen der Tätigkeit des Arbeitsmarktservice verlangen.

(9) Die Mitglieder (stellvertretenden Mitglieder) des Verwaltungsrates und seiner Ausschüsse haben, sofern auf Grund sonstiger gesetzlicher oder vertraglicher Regelungen nicht anderes bestimmt ist, für die Teilnahme an den Sitzungen des Verwaltungsrates und seiner Ausschüsse Anspruch auf Ersatz der Reise- und Aufenthaltskosten sowie auf Entschädigung für Zeitversäumnis entsprechend den für Schöffen geltenden Bestimmungen des Gebührenanspruchsgesetzes 1975, BGBl. Nr. 136, und auf ein ihren Aufgaben angemessenes Sitzungsgeld, das vom Bundesminister für Arbeit und Soziales im Einvernehmen mit dem Bundesminister für Finanzen festgesetzt wird.

(10) Die Mitglieder (stellvertretenden Mitglieder) des Verwaltungsrates und seiner Ausschüsse sind zur gewissenhaften und unparteiischen Ausübung ihres Amtes verpflichtet. Sie haften, unbeschadet der Bestimmungen des Amtshaftungsgesetzes, für jeden Schaden, der dem Arbeitsmarktservice

oder dem Bund aus der Vernachlässigung ihrer Pflichten erwächst.

3. ABSCHNITT
Vorstand

Zusammensetzung und Mitgliedschaft

§ 8. (1) Der Vorstand besteht aus zwei Mitgliedern.

(2) Die Funktionen der Vorstandsmitglieder sind öffentlich auszuschreiben. Für die Ausschreibung findet das Bundesgesetz über die öffentliche Ausschreibung von Funktionen in Kapitalgesellschaften, an denen Bund, Länder oder Gemeinden beteiligt sind, BGBl. Nr. 521/1982, mit der Maßgabe Anwendung, daß an die Stelle der im § 1 genannten Funktionen die Vorstandsmitglieder des Arbeitsmarktservice treten.

(3) Die Vorstandsmitglieder werden vom Verwaltungsrat bestellt, wobei ein Mitglied zum Vorsitzenden zu bestellen ist.

(4) Die Bestellung der Vorstandsmitglieder bedarf der Genehmigung durch den Bundesminister für Arbeit und Soziales.

(5) Die Funktionsperiode der Vorstandsmitglieder beträgt sechs Jahre; in begründeten Fällen kann eine kürzere Dauer vereinbart werden. Die Wiederbestellung ist zulässig. Scheidet ein Mitglied vor Ablauf der Funktionsperiode aus, so hat der Verwaltungsrat für den Rest der Funktionsperiode unter Beachtung der Abs. 2 bis 4 ein neues Mitglied zu bestellen.

(6) Der Verwaltungsrat hat die Bestellung zum Vorstandsmitglied zu widerrufen, wenn ein wichtiger Grund vorliegt. Ein wichtiger Grund liegt insbesondere bei grober Pflichtverletzung oder dauernder Unfähigkeit zur Ausübung der Funktion vor.

(7) Der Vorstand beschließt seine Geschäftseinteilung.

(8) Die Mitglieder des Vorstandes müssen ihre Funktion als Beruf ausüben.

Aufgaben

§ 9. (1) Der Vorstand hat die Geschäfte des Arbeitsmarktservice unter eigener Verantwortung unter Berücksichtigung der Bestimmungen des § 31 Abs. 5 erster Satz so zu leiten und nach außen zu vertreten, wie das Wohl des Arbeitsmarktservice unter Berücksichtigung des öffentlichen Interesses es erfordert.

(2) Der Aufgabenbereich des Vorstandes umfaßt insbesondere folgende Angelegenheiten:

1. Führung der laufenden Geschäfte des Arbeitsmarktservice,
2. Organisation der Arbeitsmarktbeobachtung und Arbeitsmarktstatistik,
3. Organisation des Rechnungswesens des Arbeitsmarktservice,
4. Organisation der Arbeitsmarktforschung,
5. Organisation der Aus- und Weiterbildung des Personals des Arbeitsmarktservice,
6. Organisation des Berichtswesens und von Tagungen zum Austausch von Erfahrungen bei der Durchführung der Arbeitsmarktpolitik sowie zur Erarbeitung von Richtlinien für die Durchführung der Arbeitsmarktpolitik,
7. jährliche Erstellung der Präliminarien und des Rechnungsabschlusses,
8. jährliche Erstellung eines arbeitsmarktpolitischen Tätigkeitsberichtes,
9. Konzeption eines längerfristigen Planes gemäß § 40,
10. Konzeption von Richtlinien und Instrumenten zur Operationalisierung der arbeitsmarktpolitischen Zielvorgaben, insbesondere zur Koordinierung und Sicherung der grundsätzlichen Einheitlichkeit der Durchführung der Arbeitsmarktpolitik,
11. laufende und periodisch institutionalisierte Kontrolle der Tätigkeit und der Gebarung der Landesorganisationen,
12. Controlling,
13. Vorsorge für die personellen, organisatorischen und finanziellen (inklusive Kreditaufnahme) Voraussetzungen der Politikumsetzung,
14. Beschluß über die Geschäftseinteilung,
15. regelmäßiger Bericht über das Arbeitsmarktservice an den Verwaltungsrat und
16. Teilnahme an den Sitzungen des Verwaltungsrates über Aufforderung des Verwaltungsratsvorsitzenden.

(3) Der Vorstand ist bei der Ausübung seiner Tätigkeit an die vom Verwaltungsrat festgelegten Schwerpunkte gebunden.

(4) Der Vorsitzende des Vorstandes vertritt die Bundesorganisation des Arbeitsmarktservice nach außen und ist Leiter der Bundesgeschäftsstelle. Bei Verhinderung des Vorsitzenden wird die Bundesorganisation durch das zweite Mitglied vertreten. Ist eine empfangsbedürftige Willenserklärung gegenüber dem Arbeitsmarktservice abzugeben, so genügt die Abgabe gegenüber einem Mitglied des Vorstandes.

(5) Der Vorstand faßt seine Beschlüsse einstimmig; kommt keine Einstimmigkeit zustande, gibt die Stimme des Vorsitzenden den Ausschlag.

(6) Die Vorstandsmitglieder sind zur gewissenhaften und unparteiischen Ausübung ihres Amtes verpflichtet. Sie haften, unbeschadet der Bestimmungen des Amtshaftungsgesetzes, für jeden Schaden, der dem Arbeitsmarktservice oder dem Bund aus der Vernachlässigung ihrer Pflichten erwächst.

4. ABSCHNITT
Einrichtungen zur Unterstützung in der Aufgabenerfüllung

Bundesgeschäftsstelle

§ 10. (1) Als Hilfsapparat der Organe der Bundesorganisation bei der Erfüllung ihrer Aufgaben wird eine Bundesgeschäftsstelle eingerichtet.

(2) Die Bundesgeschäftsstelle hat ihren Sitz in Wien.

(3) Der Vorstand kann im Interesse einer raschen und zweckmäßigen Geschäftsbehandlung die ihm nach Maßgabe der gesetzlichen Vorschriften zustehenden Befugnisse hinsichtlich bestimmter Angelegenheiten auf Träger von bestimmten Funktionen oder namentlich bezeichnete Mitarbeiter der Bundesgeschäftsstelle zur selbständigen Erledigung übertragen. Der Vorstand behält jedoch auch bei einer Übertragung die Verantwortung für die ordnungsgemäße Erledigung der Angelegenheiten. Das Weisungsrecht der vorgesetzten Organe wird durch die Übertragung zur selbständigen Erledigung bestimmter Angelegenheiten nicht berührt.

Einrichtungen der Bundesorganisation

§ 11. Zur Erfüllung besonderer Aufgaben des Arbeitsmarktservice, die über den Bereich eines Bundeslandes hinausgehen, kann der Verwaltungsrat über Vorschlag des Vorstandes beschließen, eigene Einrichtungen zu schaffen, wenn dies wegen der Besonderheit der zu erfüllenden Aufgaben zweckmäßig ist. Behördliche Aufgaben können solchen Einrichtungen nicht übertragen werden.

3. HAUPTSTÜCK
Landesorganisationen

1. ABSCHNITT
Aufgabenbereich

§ 12. (1) Von der Landesorganisation sind, soweit nicht ausdrücklich anderes bestimmt ist, im Rahmen der von der Bundesorganisation gemäß § 4 Abs. 3 gegebenen Richtlinien alle Angelegenheiten des Arbeitsmarktservice zu besorgen, die der Sicherstellung der Erfüllung der dem Arbeitsmarktservice übertragenen Aufgaben auf dem Gebiet des betreffenden Bundeslandes dienen oder hinsichtlich derer eine einheitliche Vorgangsweise innerhalb des Bundeslandes erforderlich ist.

(2) Die Landesorganisation hat insbesondere zu sorgen für

1. die Entwicklung arbeitsmarktpolitischer Zielsetzungen und Vorgaben für den Bereich des Bundeslandes durch
   a) Koordinierung und Formulierung der arbeitsmarktpolitischen Landesbedürfnisse bei der Vorbereitung bundesweiter Entscheidungen des Arbeitsmarktservice,
   b) Umlegung und Koordinierung der generellen arbeitsmarktpolitischen Zielsetzungen auf Landesebene,
2. Koordinierung der Tätigkeiten des Arbeitsmarktservice im Bereich des Bundeslandes mit Tätigkeiten der Gebietskörperschaften, Interessenvertretungen und sonstiger Einrichtungen, soweit diese für die Erfüllung der Aufgaben des Arbeitsmarktservice von Bedeutung sind,
3. die konkreten Rahmenbedingungen für die Tätigkeiten der regionalen Geschäftsstellen durch
   a) Entscheidung über deren Zahl, Standorte und Leistungsangebot,
   b) Vorsorge für deren Personal, Unterbringung sowie Infrastruktur und
   c) Anleitung, Unterstützung und Überwachung bei der Erbringung der Leistungen.

(3) Die Richtlinien der Landesorganisation sind für alle Organe und Einrichtungen des Arbeitsmarktservice im Bereich des Bundeslandes verbindlich.

2. ABSCHNITT
Landesdirektorium

Zusammensetzung und Mitgliedschaft

§ 13. (1) Das Landesdirektorium besteht aus dem Landesgeschäftsführer als Vorsitzendem, seinem Stellvertreter und vier weiteren Mitgliedern. Je eines dieser weiteren Mitglieder wird vom Bundesminister für Arbeit und Soziales auf Vorschlag der Kammer der gewerblichen Wirtschaft des jeweiligen Bundeslandes, der Vereinigung Österreichischer Industrieller, der Kammer für Arbeiter und Angestellte des jeweiligen Bundeslandes und des Österreichischen Gewerkschaftsbundes bestellt. Für jedes weitere Mitglied ist ein Stellvertreter zu bestellen, der das Mitglied zu vertreten hat, wenn es an der Ausübung seiner Funktion verhindert ist.

(2) Das Landesdirektorium kann einen Vertreter der Landesregierung mit beratender Stimme beiziehen, wenn sich das Land an vom Arbeitsmarktservice geförderten arbeitsmarktpolitischen Vorhaben im Ausmaß von mindestens 10 vH der Ausgaben und an Betriebsförderungen gemäß den §§ 27 ff. und 35 ff. des Arbeitsmarktförderungsgesetzes, BGBl. Nr. 31/1969, im Ausmaß von mindestens einem Drittel der Ausgaben, bezogen auf die entsprechenden Aufwendungen im Bundesland, beteiligt.

(3) Die Funktionsperiode der weiteren Mitglieder (stellvertretenden Mitglieder) des Landesdirektoriums beträgt sechs Jahre; die Wiederbestellung ist zulässig.

(4) Die weiteren Mitglieder (stellvertretenden Mitglieder) können jederzeit gegenüber dem Bundesminister für Arbeit und Soziales ihren Rücktritt erklären. Der Rücktritt wird mit der schriftlichen Erklärung gegenüber dem Bundesminister für Arbeit und Soziales wirksam. Die Mitgliedschaft (stellvertretende Mitgliedschaft) erlischt, wenn das Mitglied (stellvertretende Mitglied) Mitglied des Vorstandes, Landesgeschäftsführer (Stellvertreter des Landesgeschäftsführers), Mitglied des Verwaltungsrates oder eines Regionalbeirates oder ein bestelltes Mitglied (stellvertretendes Mitglied) Bediensteter des Arbeitsmarktservice wird.

(5) Der Bundesminister für Arbeit und Soziales hat die Bestellung eines von ihm bestellten Mitgliedes (stellvertretenden Mitgliedes) zu widerrufen,

wenn ein wichtiger Grund vorliegt. Ein wichtiger Grund liegt insbesondere bei grober Pflichtverletzung oder dauernder Unfähigkeit zur Ausübung der Funktion vor.

(6) Scheidet ein Mitglied (stellvertretendes Mitglied) vor Ablauf der Zeit, für die es bestellt ist, aus, so ist für den Rest der Funktionsperiode ein neues Mitglied (stellvertretendes Mitglied) zu bestellen.

Aufgaben und Verfahren

§ 14. (1) Das Landesdirektorium hat die Grundsätze der Umsetzung der Arbeitsmarktpolitik im jeweiligen Bundesland festzulegen. Es hat im Rahmen der Beschlüsse des Verwaltungsrates (§ 6 Z 3 bis 9) die Präliminarien festzulegen und die Geschäftsführung des Landesgeschäftsführers und der Leiter der Geschäftsstellen zu überwachen.

(2) In den Aufgabenbereich des Landesdirektoriums fallen folgende Angelegenheiten:

1. Bewilligung des Arbeitsprogrammes auf Landesebene,
2. Präliminarien des Landes-Arbeitsmarktservice,
3. Entscheidung über die Verwendung der für den im § 41 umschriebenen eigenen Wirkungsbereich zur Verfügung stehenden finanziellen Mittel,
4. Vorschläge für die Besetzung der Funktion des Landesgeschäftsführers und dessen Stellvertreters,
5. Antrag auf vorzeitige Beendigung des Vertragsverhältnisses des Landesgeschäftsführers und dessen Stellvertreters,
6. Festlegung und Umsetzung der Arbeitsmarktpolitik im jeweiligen Bundesland einschließlich der Aufteilung der von der Bundesorganisation für Leistungen gemäß dem 2. Teil, 3. Hauptstück eingeräumten Verfügungsermächtigungen,
7. Beschlußfassung über Konzepte gemäß § 16 Abs. 2 Z 6,
8. Beschlußfassung über die Einrichtung der regionalen Geschäftsstellen und
9. Beschlußfassung über die Schaffung besonderer Einrichtungen der Landesorganisationen (§ 18) und der regionalen Organisationen (§ 23 Abs. 2).

(3) Das Landesdirektorium wird vom Vorsitzenden (Stellvertreter) einberufen. Es ist jedenfalls unverzüglich einzuberu-fen, wenn dies der Bundesminister für Arbeit und Soziales, der Bundesminister für Finanzen, mindestens zwei Mitglieder des Verwaltungsrates, der Vorstand oder mindestens zwei Mitglieder des Landesdirektoriums unter Angabe von Gründen verlangen.

(4) Das Landesdirektorium ist bei Anwesenheit von zwei Dritteln seiner Mitglieder beschlußfähig. Die Geschäftsordnung kann für die Beschlußfassung in wichtigen Angelegenheiten ein höheres Anwesenheitsquorum vorsehen.

(5) Das Landesdirektorium faßt, sofern in diesem Bundesgesetz oder in der Geschäftsordnung nicht anderes bestimmt ist, seine Beschlüsse mit einfacher Stimmenmehrheit. Bei Stimmengleichheit gibt die Stimme des Vorsitzenden den Ausschlag.

(6) Das Landesdirektorium kann insbesondere zur Vorbereitung seiner Verhandlungen und Beschlüsse sowie zur Überwachung der ordnungsgemäßen Erfüllung der dem Arbeitsmarktservice des Bundeslandes obliegenden Aufgaben Ausschüsse einsetzen. Die weiteren Mitglieder des Landesdi rektoriums (§ 13 Abs. 1) können zur Überwachung der ordnungsgemäßen Erfüllung der dem Arbeitsmarktservice übertragenen Aufgaben einen Kontrollausschuß einsetzen. Einem Ausschuß können auch Personen angehören, die nicht Mitglieder (stellvertretende Mitglieder) des Landesdirektoriums sind.

(7) Jedes weitere Mitglied des Landesdirektoriums (§ 13 Abs. 1) kann vom Landesgeschäftsführer Auskünfte und Berichte zu allen Fragen der Tätigkeit des Arbeitsmarktservice des Bundeslandes verlangen.

(8) Die weiteren Mitglieder (stellvertretenden Mitglieder) des Landesdirektoriums und seiner Ausschüsse haben, sofern auf Grund sonstiger gesetzlicher oder vertraglicher Regelungen nicht anderes bestimmt ist, für die Teilnahme an den Sitzungen des Landesdirektoriums und seiner Ausschüsse Anspruch auf Ersatz der Reise- und Aufenthaltskosten sowie auf Entschädigung für Zeitversäumnis entsprechend den für Schöffen geltenden Bestimmungen des Gebührenanspruchsgesetzes 1975 und auf ein ihren Aufgaben angemessenes Sitzungsgeld, das vom Bundesminister für Arbeit und Soziales im Einvernehmen mit dem Bundesminister für Finanzen festgesetzt wird.

(9) Die weiteren Mitglieder (stellvertretenden Mitglieder) des Landesdirektoriums und die Ausschußmitglieder sind zur gewissenhaften und unparteiischen Ausübung ihres Amtes verpflichtet. Sie haften, unbeschadet der Bestimmungen des Amtshaftungsgesetzes, für jeden Schaden, der dem Arbeitsmarktservice oder dem Bund aus der Vernachlässigung ihrer Pflichten erwächst.

3. ABSCHNITT
Landesgeschäftsführer

Bestellung

§ 15. (1) Die Funktionen des Landesgeschäftsführers und seines Stellvertreters sind öffentlich auszuschreiben. Für die Ausschreibung findet das Bundesgesetz vom 8. Oktober 1982 über die öffentliche Ausschreibung von Funktionen in Kapitalgesellschaften, an denen Bund, Länder oder Gemeinden beteiligt sind, BGBl. Nr. 521, mit der Maßgabe Anwendung, daß an die Stelle der im § 1 genannten Funktionen der Landesgeschäftsführer und sein Stellvertreter treten.

(2) Der Landesgeschäftsführer und sein Stellvertreter werden vom Verwaltungsrat bestellt. Vor der Bestellung ist ein Ausschuß des Landesdirektoriums, dem die vom Bundesminister für Arbeit

und Soziales bestellten Mitglieder angehören, und der Vorsitzende des Vorstandes anzuhören.

(3) Die Funktionsperiode des Landesgeschäftsführers und seines Stellvertreters beträgt sechs Jahre; in begründeten Fällen kann eine kürzere Dauer vereinbart werden. Die Wiederbestellung ist zulässig. Scheidet der Landesgeschäftsführer (Stellvertreter) vor Ablauf der Funktionsperiode aus, so hat der Verwaltungsrat für den Rest der Funktionsperiode unter Beachtung der Abs. 1 und 2 einen neuen Landesgeschäftsführer (Stellvertreter) zu bestellen.

(4) Der Verwaltungsrat hat die Bestellung des Landesgeschäftsführers und seines Stellvertreters zu widerrufen, wenn ein wichtiger Grund vorliegt. Ein wichtiger Grund liegt insbesondere bei grober Pflichtverletzung oder dauernder Unfähigkeit zur Ausübung der Funktion vor.

(5) Der Landesgeschäftsführer und sein Stellvertreter müssen ihre Funktion als Beruf ausüben.

Aufgaben

§ 16. (1) Der Landesgeschäftsführer hat die Geschäfte der Landesorganisation des Arbeitsmarktservice im jeweiligen Bundesland unter eigener Verantwortung so zu leiten und nach außen zu vertreten, wie das Wohl des Arbeitsmarktservice unter Berücksichtigung der Bestimmungen des § 31 Abs. 5 erster Satz es erfordert.

(2) Der Aufgabenbereich des Landesgeschäftsführers umfaßt insbesondere folgende Angelegenheiten:

1. Führung der laufenden Geschäfte der Landesorganisation,
2. Leitung der Landesgeschäftsstelle,
3. Kontrolle und Anleitung der Tätigkeit der regionalen Geschäftsstellen,
4. jährliche Erstellung der Präliminarien und des Rechnungsabschlusses für die Investitions-, Sach- und Förderungsaufwendungen im Bundesland,
5. Erstellung des jährlichen arbeitsmarktpolitischen Tätigkeitsberichtes an den Verwaltungsrat,
6. Konzipierung von regionalen Programmen und Schwerpunktaktivitäten für die Konkretisierung und Umsetzung arbeitsmarktpolitischer Zielvorgaben,
7. Planung und Umsetzung der regionalen Arbeitsmarktpolitik im Rahmen des generellen Arbeitsprogrammes und Budgetrahmens (einschließlich mittelfristiger Planung),
8. regelmäßige Berichterstattung über das Arbeitsmarktservice im Bundesland an das Landesdirektorium,
9. Koordinierung und Betreuung der regionalen Geschäftsstellen bei der Umsetzung der festgelegten Arbeitsmarktpolitik durch Bereitstellung von Hilfsmitteln, Beratung und laufende Kontrolle,
10. Vorsorge für eine koordinierte Vorgangsweise mit Gebietskörperschaften in arbeitsmarktpolitisch relevanten Fragen,
11. Heranziehung von externen Einrichtungen (Schulungsträger, Sozialinitiativen, Betreuungseinrichtungen) zur Unterstützung arbeitsmarktpolitischer Aktivitäten und
12. Erstellung von regional angepaßten Schulungsplänen.

(3) Der Landesgeschäftsführer ist bei der Ausübung seiner Tätigkeit an die vom Landesdirektorium festgelegten Schwerpunkte gebunden. Der Stellvertreter vertritt den Landesgeschäftsführer bei dessen Verhinderung.

(4) Die Landesgeschäftsführer und deren Stellvertreter sind zur gewissenhaften und unparteiischen Ausübung ihres Amtes verpflichtet. Sie haften, unbeschadet der Bestimmungen des Amtshaftungsgesetzes, für jeden Schaden, der dem Arbeitsmarktservice oder dem Bund aus der Vernachlässigung ihrer Pflichten erwächst.

4. ABSCHNITT
Einrichtungen zur Unterstützung in der Aufgabenerfüllung

Landesgeschäftsstelle

§ 17. (1) Als Hilfsapparat der Organe der Landesorganisation des Arbeitsmarktservice bei der Erfüllung ihrer Aufgaben wird eine Landesgeschäftsstelle eingerichtet.

(2) Die Landesgeschäftsstellen haben mit Ausnahme der Landesgeschäftsstelle der niederösterreichischen Landesorganisation ihren Sitz in der Landeshauptstadt; der Sitz der Landesgeschäftsstelle für Niederösterreich ist Wien. Das Landesdirektorium kann davon abweichend einen anderen Ort als Sitz der Landesgeschäftsstelle festlegen.

(3) Der Landesgeschäftsführer kann im Interesse einer raschen und zweckmäßigen Geschäftsbehandlung die ihm nach Maßgabe der gesetzlichen Vorschriften zustehenden Befugnisse hinsichtlich bestimmter Angelegenheiten auf seinen Stellvertreter oder Träger von bestimmten Funktionen oder namentlich bezeichnete Mitarbeiter des Arbeitsmarktservice zur selbständigen Erledigung übertragen. Der Landesgeschäftsführer behält jedoch auch bei einer Übertragung die Verantwortung für die ordnungsgemäße Erledigung der Angelegenheiten. Das Weisungsrecht der vorgesetzten Organe wird durch die Übertragung zur selbständigen Erledigung bestimmter Angelegenheiten nicht berührt.

(BGBl I 2013/71)

Einrichtungen der Landesorganisation

§ 18. Zur Erfüllung besonderer Aufgaben des Arbeitsmarktservice des Bundeslandes, die über den Bereich einer regionalen Organisation hinausgehen, kann das Landesdirektorium eigene Einrichtungen schaffen, wenn dies wegen der Besonderheit der zu erfüllenden Aufgaben zweckmäßig ist. Behördliche Aufgaben können solchen Einrichtungen nicht übertragen werden.

4. HAUPTSTÜCK
Regionale Organisationen

1. ABSCHNITT
Einrichtung und Aufgabenbereich

§ 19. (1) Zur Erbringung der Leistungen des Arbeitsmarktservice sind regionale Organisationen einzurichten. Die Einrichtung der regionalen Organisationen des Arbeitsmarktservice obliegt dem Landesdirektorium des jeweiligen Bundeslandes. Sie hat unter dem Gesichtspunkt der größtmöglichen Bürgernähe, der regionalen Erreichbarkeit und der bestmöglichen Verwirklichung des im § 29 genannten Zieles des Arbeitsmarktservice zu erfolgen. In Wien können regionale Organisationen auch nach fachlichen Gesichtspunkten eingerichtet werden.

(2) Der Sitz der regionalen Organisationen ist anläßlich ihrer Einrichtung zu bestimmen.

(3) Von den regionalen Organisationen des Arbeitsmarktservice sind, soweit nicht ausdrücklich anderes bestimmt ist, im Rahmen der Richtlinien der Bundes- und der Landesorganisation zu besorgen

1. die Konkretisierung und Umsetzung der vorgegebenen arbeitsmarktpolitischen Zielsetzungen auf regionaler Ebene und
2. die Umsetzung und praktische Durchführung der Arbeitsmarktpolitik in der Region durch die Erbringung der Leistungen gemäß §§ 32 und 33.

2. ABSCHNITT
Regionalbeirat

Zusammensetzung und Mitgliedschaft

§ 20. (1) Bei jeder regionalen Organisation ist ein Beirat einzurichten (Regionalbeirat).

(2) Der Beirat besteht aus dem Leiter der regionalen Geschäftsstelle als Vorsitzendem und vier weiteren Mitgliedern. Diese weiteren Mitglieder bestellt das Landesdirektorium auf Vorschlag der Kammer der gewerblichen Wirtschaft des jeweiligen Bundeslandes, der Vereinigung österreichischer Industrieller, der Kammer für Arbeiter und Angestellte des jeweiligen Bundeslandes und des österreichischen Gewerkschaftsbundes. Für jedes Mitglied ist ein Stellvertreter zu bestellen, der das Mitglied zu vertreten hat, wenn es an der Ausübung seiner Funktion verhindert ist.

(3) Die Funktionsperiode der vier weiteren Mitglieder (stellvertretenden Mitglieder) des Beirates beträgt sechs Jahre; die Wiederbestellung ist zulässig.

(4) Die weiteren Mitglieder (stellvertretenden Mitglieder) können jederzeit gegenüber dem Landesdirektorium den Rücktritt erklären. Der Rücktritt wird mit der schriftlichen Erklärung gegenüber dem Landesdirektorium wirksam. Die Mitgliedschaft (stellvertretende Mitgliedschaft) erlischt, wenn das Mitglied (stellvertretende Mitglied) Mitglied des Vorstandes, Landesgeschäftsführer (Stellvertreter des Landesgeschäftsführers), Mitglied des Verwaltungsrates oder eines Landesdirektoriums oder das weitere Mitglied (stellvertretende Mitglied) Bediensteter des Arbeitsmarktservice wird.

(5) Das Landesdirektorium hat die Bestellung eines von ihm bestellten Mitgliedes (stellvertretenden Mitgliedes) des Beirates zu widerrufen, wenn ein wichtiger Grund vorliegt. Ein wichtiger Grund liegt insbesondere bei grober Pflichtverletzung oder dauernder Unfähigkeit zur Ausübung der Funktion vor.

(6) Scheidet ein Mitglied (stellvertretendes Mitglied) vor Ablauf der Zeit, für die es bestellt ist, aus, so ist für den Rest der Funktionsperiode ein neues Mitglied (stellvertretendes Mitglied) zu bestellen.

Aufgaben und Verfahren

§ 21. (1) Der Beirat hat in Umsetzung der Richtlinien der Bundes- und der Landesorganisation die Grundsätze der Arbeitsmarktpolitik für den Bereich der regionalen Geschäftsstelle festzulegen. In seinen Aufgabenbereich fallen folgende Angelegenheiten:

1. Vorschlag zur Gestaltung der Arbeitsmarktpolitik auf regionaler Ebene gegenüber der Landesorganisation,
2. Anhörung vor der Bestellung des Leiters der regionalen Geschäftsstelle,
3. Beschluß über Berichte zur Arbeitsmarktpolitik der regionalen Organisation,
4. Genehmigung der regionalen Präliminarien,
5. Genehmigung kurz- und mittelfristiger Arbeitsprogramme und
6. Mitwirkung in sonstigen Angelegenheiten, in denen dies gesetzlich vorgesehen ist.

(2) Der Beirat wird von seinem Vorsitzenden (Stellvertreter) einberufen. Er ist jedenfalls unverzüglich einzuberufen, wenn dies der Landesgeschäftsführer, das Landesdirektorium oder mindestens zwei Mitglieder des Beirates unter Angabe von Gründen verlangen.

(3) Der Beirat ist bei Anwesenheit von zwei Dritteln seiner Mitglieder beschlußfähig. Die Geschäftsordnung kann für die Beschlußfassung in wichtigen Angelegenheiten ein höheres Anwesenheitsquorum vorsehen.

(4) Der Beirat faßt, sofern in diesem Bundesgesetz oder in der Geschäftsordnung nicht anderes bestimmt ist, seine Beschlüsse mit einfacher Stimmenmehrheit. Bei Stimmengleichheit gibt die Stimme des Vorsitzenden den Ausschlag.

(5) Der Beirat kann insbesondere zur Vorbereitung seiner Verhandlungen und Beschlüsse sowie zur Überwachung der ordnungsgemäßen Erfüllung der dem Arbeitsmarktservice im Bereich der regionalen Organisation obliegenden Aufgaben Ausschüsse einsetzen. Einem Ausschuß können auch Personen angehören, die nicht Mitglieder (stellvertretende Mitglieder) des Beirates sind.

(6) Der Beirat oder ein Mitglied des Beirates kann vom Leiter der regionalen Geschäftsstelle Auskünfte und Berichte zu allen Fragen der Tätig-

keit des Arbeitsmarktservice der Regionalorganisation verlangen.

(7) Die weiteren Mitglieder (stellvertretenden Mitglieder) des Beirates (§ 20 Abs. 2) und seiner Ausschüsse haben, sofern auf Grund sonstiger gesetzlicher oder vertraglicher Regelungen nicht anderes bestimmt ist, für die Teilnahme an den Sitzungen des Beirates und seiner Ausschüsse Anspruch auf Ersatz der Reise- und Aufenthaltskosten sowie auf Entschädigung für Zeitversäumnis entsprechend den für Schöffen geltenden Bestimmungen des Gebührenanspruchsgesetzes 1975 und auf ein angemessenes Sitzungsgeld, das vom Bundesminister für Arbeit und Soziales im Einvernehmen mit dem Bundesminister für Finanzen festgesetzt wird.

(8) Die weiteren Mitglieder (stellvertretenden Mitglieder) des Beirates und die Ausschußmitglieder sind zur gewissenhaften und unparteiischen Ausübung ihres Amtes verpflichtet. Sie haften, unbeschadet der Bestimmungen des Amtshaftungsgesetzes, für jeden Schaden, der dem Arbeitsmarktservice oder dem Bund aus der Vernachlässigung ihrer Pflichten erwächst.

3. ABSCHNITT
Leiter der regionalen Geschäftsstelle

§ 22. (1) Der Leiter der regionalen Geschäftsstelle wird vom Landesdirektorium bestellt. Er ist Bediensteter des Arbeitsmarktservice gemäß den Bestimmungen des 5. Teiles oder Bediensteter eines Amtes des Arbeitsmarktservice.

(2) Der Leiter der regionalen Geschäftsstelle hat die Geschäfte des Arbeitsmarktservice auf regionaler Ebene unter Beachtung der Richtlinien der Bundes- und der Landesorganisation sowie der vom Regionalbeirat beschlossenen Grundsätze unter eigener Verantwortung so zu leiten und nach außen zu vertreten, wie das Wohl des Arbeitsmarktservice unter Berücksichtigung der Bestimmungen des § 31 Abs. 5 erster Satz es erfordert. Er hat über alle Leistungen des Arbeitsmarktservice seines Zuständigkeitsbereiches, soweit im Gesetz nicht anderes bestimmt ist, zu entscheiden.

4. ABSCHNITT
Regionale Geschäftsstelle

§ 23. (1) Als Hilfsapparat der Organe der regionalen Organisationen des Arbeitsmarktservice bei der Erfüllung ihrer Aufgaben werden am Sitz der regionalen Organisationen regionale Geschäftsstellen eingerichtet.

(2) Das Landesdirektorium kann bestimmen, daß Teile einer regionalen Geschäftsstelle sachlich, örtlich oder organisatorisch getrennt vom Sitz der regionalen Organisation eingerichtet werden, wenn dies zur besseren Erbringung der Leistungen des Arbeitsmarktservice unter den im § 19 Abs. 1 genannten Gesichtspunkten zweckmäßig ist. Ausgegliederte Teile einer regionalen Geschäftsstelle oder besondere Geschäftsstellen erhalten eine ihre jeweilige Aufgabenstellung ausdrückende Bezeichnung.

(3) Der Leiter der regionalen Geschäftsstelle kann im Interesse einer raschen und zweckmäßigen Geschäftsbehandlung die ihm nach Maßgabe der gesetzlichen Vorschriften zustehenden Befugnisse hinsichtlich bestimmter Angelegenheiten auf Träger von bestimmten Funktionen oder namentlich bezeichnete Mitarbeiter des Arbeitsmarktservice zur selbständigen Erledigung übertragen. Der Leiter der Geschäftsstelle behält jedoch auch bei einer Übertragung die Verantwortung für die ordnungsgemäße Erledigung der Angelegenheiten. Das Weisungsrecht der vorgesetzten Organe wird durch die Übertragung zur selbständigen Erledigung bestimmter Angelegenheiten nicht berührt.

(BGBl I 2013/71)

5. HAUPTSTÜCK
Gemeinsame Vorschriften

Behördliche Aufgaben

§ 24. (1) Für die Besorgung behördlicher Aufgaben des Arbeitsmarktservice hat der Bundesminister für Arbeit und Soziales durch Verordnung Zuständigkeitssprengel festzulegen.

(2) Soweit der regionalen Geschäftsstelle behördliche Funktion zukommt, obliegt diese dem Leiter der regionalen Geschäftsstelle.

(3) Soweit der Landesgeschäftsstelle behördliche Funktion zukommt, obliegt diese dem Landesgeschäftsführer.

(BGBl I 2013/71)

(4) (aufgehoben)

(BGBl I 2013/71)

Datenverarbeitung

§ 25. (1) Das Arbeitsmarktservice, das Bundesverwaltungsgericht und das Bundesministerium für Arbeit, Soziales, Gesundheit und Konsumentenschutz sind zur Verarbeitung von personenbezogenen Daten im Sinne des Datenschutzgesetzes, BGBl. I Nr. 165/1999, insoweit ermächtigt, als diese zur Erfüllung der gesetzlichen Aufgaben eine wesentliche Voraussetzung sind. Die in Frage kommenden Datenarten sind:

(BGBl I 2018/32)

1. Stammdaten der Arbeitsuchenden:
   a) Namen (Vornamen, Familiennamen),
   b) Sozialversicherungsnummer und Geburtsdatum,
   c) Geschlecht,
   d) Staatsangehörigkeit, Aufenthalts- und Arbeitsberechtigungen,
   e) Adresse des Wohnsitzes oder Aufenthaltsortes,
   f) Telefonnummer,
   g) E-Mail-Adresse,
   h) Bankverbindung und Kontonummer.
2. Daten über Beruf und Ausbildung:
   a) Berufs- und Beschäftigungswünsche,
   b) Ausbildungen und Ausbildungswünsche,

c) bisherige berufliche Tätigkeiten,
d) beruflich verwertbare Fähigkeiten und Fertigkeiten,
e) sonstige persönliche Umstände, die die berufliche Verwendung berühren.

3. Daten über wirtschaftliche und soziale Rahmenbedingungen:
a) Familienstand (einschließlich Lebensgemeinschaft),
b) unterhaltsberechtigte Kinder,
c) Art und Umfang von Sorgepflichten, die die Verfügbarkeit am Arbeitsmarkt berühren,
d) sonstige Umstände, die die Verfügbarkeit am Arbeitsmarkt berühren,
e) ausgeübte (geringfügige) Erwerbstätigkeiten,
f) Einkommen (eigenes Einkommen, Partnereinkommen),
g) außerordentliche Aufwendungen,
h) Versicherungszeiten,
i) Bemessungsgrundlagen,
j) Höhe von Leistungen und Beihilfen,
k) Bezugszeiten von Leistungen und Beihilfen,
l) Zeiten der Arbeitsuche.

4. Gesundheitsdaten:
a) gesundheitliche Einschränkungen, die die Arbeitsfähigkeit oder die Verfügbarkeit in Frage stellen oder die berufliche Verwendung berühren,
b) gesundheitliche Einschränkungen der Arbeitsuchenden und ihrer Angehörigen (einschließlich Lebensgefährten), die einen finanziellen Mehraufwand erfordern.

5. Daten über Beschäftigungsverläufe, Arbeitsuche und Betreuungsverläufe:
a) bisherige Beschäftigungen,
b) Umstände der Auflösung von Arbeitsverhältnissen,
c) Pläne und Ergebnisse der Arbeitsuche und Betreuung,
d) Umstände des Nichtzustandekommens von Arbeitsverhältnissen,
e) Dauer und Höhe gewährter Beihilfen,
f) Sanktionen wegen Fehlverhaltens,
g) Betroffenheit von Streik oder Aussperrung.

6. Stammdaten der Arbeitgeber:
a) Firmennamen und Betriebsnamen,
b) Firmensitz und Betriebssitz,
c) Struktur des Betriebes (zB Konzern-, Stamm-, Filialbetrieb),
d) Betriebsgröße,
e) Betriebsgegenstand,
f) Branchenzugehörigkeit,
g) Zahl und Struktur der Beschäftigten,
h) Betriebsinhaber und verantwortliche Mitglieder der Geschäftsführung,
i) Ansprechpartner,
j) Dienstgeberkontonummer und Unternehmenskennzahl,
k) Telefonnummer,
l) E-Mail-Adresse,
m) sonstige Kontaktmöglichkeiten,
n) Bankverbindung und Kontonummer.

7. Daten über offene Stellen:
a) Beruf und Tätigkeiten,
b) erforderliche und erwünschte Ausbildungen,
c) erforderliche und erwünschte Praxis,
d) erforderliche und erwünschte Kenntnisse, Fähigkeiten und Voraussetzungen,
e) besondere gesundheitliche Anforderungen der Arbeitsplätze,
f) Arbeitsorte,
g) Arbeitszeit (Lage und Ausmaß),
h) Entlohnung,
i) besondere Arbeitsbedingungen.

8. Daten über das Beschäftigungs- und Personalsuchverhalten der Arbeitgeber:
a) Umstände der (geplanten oder erfolgten) Auflösung von Arbeitsverhältnissen,
b) Umstände des Zustandekommens und des Nichtzustandekommens von Arbeitsverhältnissen,
c) Sanktionen wegen Fehlverhaltens,
d) Betroffenheit von Streik oder Aussperrung.

9. Daten über den Migrationshintergrund:
a) ehemalige ausländische Staatsangehörigkeit(en),
b) (ehemalige) Anspruchsberechtigung(en) in der Krankenversicherung von Minderjährigen als Angehörige von (ehemaligen) ausländischen Staatsangehörigen.

(BGBl I 2011/122)

(BGBl I 2011/122, BGBl I 2013/3, BGBl I 2013/71)

(2) Die vom Arbeitsmarktservice oder vom Bundesministerium für Arbeit, Soziales, Gesundheit und Konsumentenschutz verarbeiteten Daten gemäß Abs. 1, mit Ausnahme von Gesundheitsdaten gemäß Abs. 1 Z 4, dürfen anderen Behörden, Gerichten, Trägern der Sozialversicherung und der Bundesanstalt Statistik Österreich im Wege der automationsunterstützten Datenverarbeitung offen gelegt werden, soweit die entsprechenden Daten für die Vollziehung der jeweiligen gesetzlich übertragenen Aufgaben eine wesentliche Voraussetzung bilden. Andere Behörden, Gerichte und die Träger der Sozialversicherung dürfen von ihnen verarbeitete Daten gemäß Abs. 1, mit Ausnahme von Gesundheitsdaten gemäß Abs. 1 Z 4, dem Arbeitsmarktservice und dem Bundesministerium

für Arbeit, Soziales, Gesundheit und Konsumentenschutz im Wege der automationsunterstützten Datenverarbeitung offen legen, soweit diese Daten für die Vollziehung der dem Arbeitsmarktservice und dem Bundesministerium für Arbeit, Soziales, Gesundheit und Konsumentenschutz gesetzlich übertragenen Aufgaben eine wesentliche Voraussetzung bilden. Von den Trägern der Sozialversicherung übermittelte Daten gemäß Abs. 1 Z 9 dürfen vom Arbeitsmarktservice und vom Bundesministerium für Arbeit, Soziales, Gesundheit und Konsumentenschutz personenbezogen für Zwecke der nachhaltigen Arbeitsmarktintegration dieser Personengruppe verarbeitet werden.

(BGBl I 2018/32)

(3) Die vom Arbeitsmarktservice verarbeiteten Daten gemäß Abs. 1 Z 1 dürfen den Kammern für Arbeiter und Angestellte und den Landarbeiterkammern im Wege der automationsunterstützten Datenverarbeitung offen gelegt werden, soweit die entsprechenden Daten zum Zweck der Erfassung der wahlberechtigten Arbeitslosen benötigt werden (§ 34 Abs. 2 des Arbeiterkammergesetzes 1992, BGBl. Nr. 626/1991, und entsprechende landesgesetzliche Regelungen).

(BGBl I 2018/32)

(4) Die vom Arbeitsmarktservice verarbeiteten Daten gemäß Abs. 1 dürfen an die Bundesrechenzentrum GmbH und an Einrichtungen, denen Aufgaben des Arbeitsmarktservice übertragen sind (§ 30 Abs. 3 und § 32 Abs. 3), im Rahmen der von diesen zu erbringenden Dienstleistungen im Wege der automationsunterstützten Datenverarbeitung übermittelt werden.

(BGBl I 2018/32)

(5) Das Arbeitsmarktservice und das Bundesministerium für Arbeit, Soziales, Gesundheit und Konsumentenschutz dürfen die von ihnen verarbeiteten Daten gemäß Abs. 1, mit Ausnahme von Gesundheitsdaten gemäß Abs. 1 Z 4, an beauftragte Rechtsträger im Wege der automationsunterstützten Datenverarbeitung übermitteln, soweit die entsprechenden Daten eine unabdingbare Voraussetzung für die Erfüllung eines zur Beurteilung der Dienstleistungen, Beihilfen und sonstigen finanziellen Leistungen des Arbeitsmarktservice vergebenen Forschungsauftrages sind. Für im öffentlichen Interesse liegende wissenschaftliche und statistische Untersuchungen dürfen das Bundesministerium für Arbeit, Soziales, Gesundheit und Konsumentenschutz und das Arbeitsmarktservice die dafür erforderlichen Daten gemäß Abs. 1 (ausgenommen Z 1 lit. a und e bis h), verknüpft mit dem verschlüsselten bPK AS, der Bundesanstalt Statistik Österreich zum Zweck der Zusammenführung mit indirekt personenbezogenen Daten von anderen Behörden oder Sozialversicherungsträgern oder bei der Bundesanstalt vorhandenen Daten der Erwerbsbevölkerung übermitteln. Ebenso dürfen diese anderen Behörden oder Sozialversicherungsträger nach gesetzlichen Vorschriften verarbeitete Daten des eigenen staatlichen Tätigkeitsbereichs, verknüpft mit dem verschlüsselten bPK AS, der Bundesanstalt übermitteln. Eine Rückübermittlung zusammengeführter Daten oder die Ermöglichung der Wiederherstellung eines direkten Personenbezuges ist unzulässig. Die Bundesanstalt erstellt die wissenschaftlichen oder statistischen Auswertungen nach Beauftragung durch den Bundesminister für Arbeit, Soziales, Gesundheit und Konsumentenschutz. Die Bundesanstalt erbringt ihre Leistungen nach diesem Bundesgesetz gegen Kostenersatz gemäß § 32 Abs. 4 Z 2 des Bundesstatistikgesetzes 2000. Die zusammengeführten Daten sind, sobald sie für den Zweck der Untersuchung nicht mehr benötigt werden, spätestens nach drei Jahren, zu löschen.

(BGBl I 2018/32)

(6) Die Bundesanstalt Statistik Österreich darf von ihr verarbeitete Stammdaten der Arbeitgeber gemäß Abs. 1 Z 6 und Daten über Ausbildungen gemäß Abs. 1 Z 2 lit. b und Z 7 lit. b dem Arbeitsmarktservice und dem Bundesministerium für Arbeit, Soziales, Gesundheit und Konsumentenschutz im Wege der automationsunterstützten Datenverarbeitung offenlegen, soweit diese Daten für Zwecke in ihren gesetzlichen Aufgabenbereich fallender wissenschaftlicher oder arbeitsmarktstatistischer Untersuchungen, die keine personenbezogenen Ergebnisse zum Ziel haben (§ 7 DSG), eine wesentliche Voraussetzung bilden.

(BGBl I 2018/32)

(7) Sofern dies für die Erfüllung der gesetzlichen Aufgaben erforderlich ist, dürfen Gesundheitsdaten (Abs. 1 Z 4) vom Arbeitsmarktservice gegenüber den zuständigen Trägern der Sozialversicherung, dem Sozialministeriumservice, den zuständigen Trägern der Sozialhilfe und Einrichtungen, denen Aufgaben des Arbeitsmarktservice übertragen sind (§ 30 Abs. 3 und § 32 Abs. 3) sowie von diesen gegenüber dem Arbeitsmarktservice offen gelegt werden.

(BGBl I 2018/32)

(8) Arbeitgebern dürfen ausschließlich solche Daten gemäß Abs. 1 offen gelegt werden, die für die Begründung eines Arbeitsverhältnisses und die Beurteilung der beruflichen Eignung der Arbeitsuchenden benötigt werden. Gesundheitsdaten dürfen Arbeitgebern nicht offen gelegt werden.

(BGBl I 2018/32)

(9) Die Daten gemäß Abs. 1 sind sieben Jahre nach Beendigung des jeweiligen Geschäftsfalles aufzubewahren. Die Aufbewahrungsfrist verlängert sich um Zeiträume, in denen die Daten zur Geltendmachung, Ausübung oder Verteidigung von Rechtsansprüchen weiterhin benötigt werden oder andere rechtliche Vorschriften längere Fristen vorsehen. Die Löschung von Daten ist aus wirtschaftlichen und technischen Gründen auf ein oder zwei Termine im Jahr zu konzentrieren. Bis dahin besteht kein Anspruch auf vorzeitige Löschung.

(BGBl I 2018/32)

(10) Das Arbeitsmarktservice hat unter Beachtung der wirtschaftlichen Vertretbarkeit und des Standes der Technik ausreichende Vorkehrungen

für die Gewährleistung der Datensicherheit im Sinne der Art. 24, 25 und 32 der Verordnung (EU) Nr. 2016/679 zum Schutz natürlicher Personen bei der Verarbeitung personenbezogener Daten, zum freien Datenverkehr und zur Aufhebung der Richtlinie 95/46/EG (Datenschutz-Grundverordnung), ABl. Nr. L 119 vom 4.5.2016 S. 1, (im Folgenden: DSGVO) und des § 6 DSG zu treffen. Insbesondere sind Erfassungen oder Änderungen personenbezogener Daten nur durch die jeweils zuständigen Organisationseinheiten (Mitarbeiterinnen, Mitarbeiter) zulässig. Bei der Übermittlung personenbezogener Daten an Dritte ist durch technische oder organisatorische Maßnahmen sicherzustellen, dass nur die vorgesehenen Empfängerinnen und Empfänger Zugriff auf die Daten erlangen. Zugriffs- wie auch Leserechte sind nach den Aufgaben (Rollen) der jeweiligen Organisationseinheiten und Bediensteten zu gestalten. Der Zugriff auf personenbezogene Daten sowie jede Übermittlung von Gesundheitsdaten ist zu protokollieren. Protokolldaten dürfen nicht personenbezogen verwendet werden, außer dies ist zur Durchsetzung oder Abwehr rechtlich geltend gemachter Ansprüche, zur Sicherstellung der rechtmäßigen Verwendung der Datenverarbeitung oder aus technischen Gründen notwendig.

(BGBl I 2018/32)

(11) Die auf Grundlage der Abs. 1 bis 10, des § 69 AlVG sowie der §§ 27 und 27a AuslBG vorzunehmenden Datenverarbeitungen erfüllen die Voraussetzungen des Art. 35 Abs. 10 DSGVO für den Entfall der Datenschutz-Folgenabschätzung.

(BGBl I 2018/32)

(BGBl I 2007/104)

Rechtshilfe

§ 26. (1) Alle Behörden und Ämter des Bundes, die Träger der Sozialversicherung, die Bauarbeiter-Urlaubs- und Abfertigungskasse und die auf Grund bundesgesetzlicher Bestimmungen eingerichteten gesetzlichen Interessenvertretungen sind verpflichtet, das Arbeitsmarktservice in der Erfüllung seiner Aufgaben zu unterstützen.

(2) Die Träger der Sozialversicherung und der Dachverband der Sozialversicherungsträger sind verpflichtet, auf automationsunterstütztem Weg gespeicherte Daten (§ 31 Abs. 4 Z 3 und Abs. 5 Z 7 ASVG) über die Versicherungszeiten der Arbeitnehmer und die Beiträge, mit denen sie versichert sind oder waren, an das Arbeitsmarktservice und an das Bundesministerium für Arbeit, Gesundheit und Soziales zu übermitteln, die für diese eine wesentliche Voraussetzung zur Durchführung seiner Aufgaben bilden.

(BGBl I 1997/139, BGBl I 2018/100)

(3) Die Organe und Mitarbeiter des Arbeitsmarktservice sind berechtigt, die zuständigen Behörden zu verständigen, wenn sie im Rahmen ihrer Tätigkeit zu dem begründeten Verdacht gelangen, daß eine Übertretung arbeitsrechtlicher, sozialversicherungsrechtlicher, gewerberechtlicher oder steuerrechtlicher Vorschriften vorliegt.

(BGBl 1996/201)

Verschwiegenheitspflicht

§ 27. (1) Die Organe des Arbeitsmarktservice sind, soweit gesetzlich nicht anderes bestimmt ist, zur Verschwiegenheit über alle ihnen aus ihrer amtlichen Tätigkeit bekanntgewordenen Tatsachen verpflichtet, deren Geheimhaltung im Interesse der Aufrechterhaltung der öffentlichen Ruhe, Ordnung und Sicherheit, der umfassenden Landesverteidigung, der auswärtigen Beziehungen, im wirtschaftlichen Interesse des Arbeitsmarktservice, zur Vorbereitung einer Entscheidung oder im überwiegenden Interesse der Parteien geboten ist. Von dieser Verpflichtung hat der zuständige Vorgesetzte auf Verlangen eines Gerichtes oder einer Verwaltungsbehörde zu entbinden, wenn dies im Interesse der Rechtspflege oder im sonstigen öffentlichen Interesse liegt.

(2) Die Verpflichtung zur Verschwiegenheit gemäß Abs. 1 gilt auch nach dem Ausscheiden aus der Funktion und nach Beendigung des Dienstverhältnisses. Die Verpflichtung zur Verschwiegenheit gemäß Abs. 1 gilt auch für Personen, die einem Ausschuß des Verwaltungsrates, des Landesdirektoriums oder des Regionalbeirates angehören.

Geschäftsordnung

§ 28. (1) Zur näheren Regelung von Organisation, Zuständigkeiten und Tätigkeiten des Arbeitsmarktservice auf Bundes-, Landes- und regionaler Ebene hat der Verwaltungsrat über Vorschlag des Vorstandes eine Geschäftsordnung zu erlassen. Vor der Beschlußfassung (Änderung) der Geschäftsordnung sind die Landesdirektorien anzuhören.

(2) Die Geschäftsordnung hat insbesondere eine weitestmögliche Delegierung der Entscheidungsbefugnisse auf die regionale Ebene vorzusehen. Weiters sind in die Geschäftsordnung Bestimmungen über Einberufung, Anwesenheits- und Abstimmungsquoren der Organe nach diesem Bundesgesetz, soweit dies nicht bereits im Gesetz geregelt ist, vorzusehen. In der Geschäftsordnung können bestimmte Geschäftsfälle, deren Erledigung sich der Verwaltungsrat vorbehalten will, genannt werden.

2. TEIL
Aufgaben

1. HAUPTSTÜCK
Allgemeines

Ziel und Aufgabenerfüllung

§ 29. (1) Ziel des Arbeitsmarktservice ist, im Rahmen der Vollbeschäftigungspolitik der Bundesregierung zur Verhütung und Beseitigung von Arbeitslosigkeit unter Wahrung sozialer und ökonomischer Grundsätze im Sinne einer aktiven Arbeitsmarktpolitik auf ein möglichst vollständiges, wirtschaftlich sinnvolles und nachhaltiges Zusammenführen von Arbeitskräfteangebot und -nachfrage hinzuwirken, und dadurch die Versorgung der Wirtschaft mit Arbeitskräften und die Beschäftigung aller Personen, die dem österreichischen Arbeitsmarkt zur Verfügung stehen, bestmöglich zu sichern. Dies schließt die Sicherung der wirtschaftlichen Existenz während der Arbeitslosigkeit im Rahmen der gesetzlichen Bestimmungen ein.

(2) Das Arbeitsmarktservice hat zur Erreichung dieses Zieles im Rahmen der gesetzlichen Bestimmungen Leistungen zu erbringen, die darauf gerichtet sind,

1. auf effiziente Weise die Vermittlung von geeigneten Arbeitskräften auf Arbeitsplätze herbeizuführen, die möglichst eine den Vermittlungswünschen des Arbeitsuchenden entsprechende Beschäftigung bieten,
2. die Auswirkungen von Umständen, die eine unmittelbare Vermittlung im Sinne der Z 1 behindern, überwinden zu helfen,
3. der Unübersichtlichkeit des Arbeitsmarktes entgegenzuwirken,
4. quantitative oder qualitative Ungleichgewichte zwischen Arbeitskräfteangebot und Arbeitskräftenachfrage zu verringern,
5. die Erhaltung von Arbeitsplätzen, wenn sie im Sinne des Abs. 1 sinnvoll ist, zu ermöglichen und
6. die wirtschaftliche Existenz der Arbeitslosen zu sichern.

(3) Zu den Aufgaben des Arbeitsmarktservice gehört insbesondere auch die Sicherstellung von beruflichen Ausbildungsmöglichkeiten für Jugendliche durch Vermittlung auf geeignete Lehrstellen und ergänzende Maßnahmen wie die Beauftragung von Ausbildungseinrichtungen zur überbetrieblichen Lehrausbildung gemäß § 30b des Berufsausbildungsgesetzes (BAG), BGBl. Nr. 142/1969, oder von Ausbildungseinrichtungen gemäß § 2 Abs. 4 des Land- und forstwirtschaftlichen Berufsausbildungsgesetzes, BGBl. I Nr. 298/1990.

(BGBl I 2008/82)

(4) Zu den Aufgaben des Arbeitsmarktservice gehört weiters auch die Förderung der Wiederbeschäftigung von gesundheitlich beeinträchtigten Personen durch Vermittlung auf geeignete Arbeitsplätze und ergänzende bzw. vorbereitende Maßnahmen. Dabei ist besonders auf die individuelle Leistungsfähigkeit, den Auf- und Ausbau von auf dem Arbeitsmarkt verwertbaren Qualifikationen und die Sicherung der wirtschaftlichen Existenz zu achten.

(BGBl I 2013/3)

Voraussetzungen für die Aufgabenerfüllung

§ 30. (1) Das Arbeitsmarktservice hat die erforderlichen Voraussetzungen zu schaffen und die erforderlichen Vorkehrungen zu treffen, um die im 2. und 3. Hauptstück genannten Leistungen so gestalten zu können, daß sie der Erreichung des in § 29 genannten Zieles bestmöglich dienen.

(2) Das Arbeitsmarktservice hat für die Arbeitsmarktbeobachtung und -statistik sowie für Grundlagen- und Entwicklungsarbeit und die Forschung in den Bereichen Arbeitsmarkt, Beschäftigung und Berufswelt zu sorgen.

(3) Soweit das Arbeitsmarktservice Aufgaben gemäß Abs. 2 nicht selbst besorgen kann oder deren Besorgung unzweckmäßig oder unwirtschaftlich wäre, hat es dafür Vorsorge zu treffen, daß diese Aufgaben auf Grund vertraglicher Vereinbarungen, z.B. durch Übertragung an geeignete Einrichtungen oder Beteiligung an solchen, besorgt werden. Durch eine solche vertragliche Vereinbarung dürfen schutzwürdige Interessen Dritter im Sinne des § 1 Abs. 1 des Datenschutzgesetzes nicht verletzt werden.

Grundsätze bei der Aufgabenerfüllung

§ 31. (1) Die Leistungen des Arbeitsmarktservice, die nicht im behördlichen Verfahren erbracht werden, kann jedermann bei allen Geschäftsstellen und Einrichtungen des Arbeitsmarktservice in Anspruch nehmen, die diese Leistungen anbieten, sofern dem die in Abs. 5 genannten Grundsätze nicht entgegenstehen.

(2) Sofern auf Leistungen des Arbeitsmarktservice kein Rechtsanspruch besteht, haben sich Wahl, Art und erforderlichenfalls Kombination der eingesetzten Leistungen nach den Erfordernissen des Einzelfalles unter dem Gesichtspunkt zu richten, daß sie dem in § 29 genannten Ziel bestmöglich entsprechen. Bei Erfüllung seiner Aufgaben hat das Arbeitsmarktservice auf einen angemessenen Ausgleich der Interessen der Arbeitgeber und der Arbeitnehmer zu achten.

(3) Für Personen, die entweder wegen ihrer persönlichen Verhältnisse oder ihrer Zugehörigkeit zu einer auf dem Arbeitsmarkt benachteiligten Gruppe bei der Erlangung oder Erhaltung eines Arbeitsplatzes besondere Schwierigkeiten haben, sind die Leistungen des Arbeitsmarktservice im Sinn des Abs. 2 so zu gestalten und erforderlichenfalls so verstärkt einzusetzen, daß eine weitestmögliche Chancengleichheit mit anderen Arbeitskräften hergestellt wird. Insbesondere ist durch einen entsprechenden Einsatz der Leistungen der geschlechtsspezifischen Teilung des Arbeitsmarktes sowie der Diskriminierung der Frauen auf dem Arbeitsmarkt entgegenzuwirken.

(4) Die Tätigkeit des Arbeitsmarktservice ist, soweit es

– die Sicherstellung der Beachtung und Umsetzung der Arbeitsmarktpolitik der Bundesregierung,
– die Gleichbehandlung gleichartiger Angelegenheiten,
– die notwendige Einheitlichkeit des Vorgehens und
– die Erreichung höchstmöglicher Effizienz und Zweckmäßigkeit der Leistungserbringung

erlauben, dezentral durchzuführen. Die Leistungen des Arbeitsmarktservice sind, soweit nicht ausdrücklich etwas anderes bestimmt ist, durch die regionalen Organisationen zu erbringen.

(5) Bei allen Tätigkeiten hat das Arbeitsmarktservice auf die Grundsätze der Sparsamkeit, Wirtschaftlichkeit und Zweckmäßigkeit unter dem Gesichtspunkt der bestmöglichen Erreichung des in § 29 genannten Zieles Bedacht zu nehmen. Zur Bewertung der Effizienz der Tätigkeit des Arbeitsmarktservice ist ein internes Controlling einzurichten.

(6) Das Arbeitsmarktservice hat insbesondere bei Vorhaben betreffend die Sicherstellung von beruflichen Ausbildungsmöglichkeiten für Jugendliche gemäß § 29 Abs. 3 auf unterschiedliche Bedürfnisse in den einzelnen Bundesländern Bedacht zu nehmen und zur bestmöglichen Erfüllung der Aufgaben die Mitwirkung und angemessene finanzielle Beteiligung des jeweiligen Bundeslandes anzustreben.

(BGBl I 2008/82)

(7) Bei der Maßnahmenplanung hat das Arbeitsmarktservice darauf zu achten, dass für Personengruppen, die besonders von Arbeitslosigkeit bedroht sind, geeignete Unterstützungsleistungen angeboten werden.

(BGBl I 2009/90)

(8) Die Maßnahmen sollen insbesondere die Erhaltung und den Ausbau marktfähiger Qualifikationen der Arbeitnehmer fördern. Das Arbeitsmarktservice kann sich an Maßnahmen anderer Rechtsträger zur Verbesserung der Rahmenbedingungen zur langfristigen Aufrechterhaltung der Gesundheit beteiligen.

(BGBl I 2009/90)

2. HAUPTSTÜCK
Dienstleistungen

§ 32. (1) Das Arbeitsmarktservice hat seine Leistungen in Form von Dienstleistungen zu erbringen, deren Zweck die Vermittlung von Arbeitsuchenden auf offene Stellen, die Beschäftigungssicherung und die Existenzsicherung im Sinne des § 29 ist.

(2) Dienstleistungen zur Vorbereitung, Ermöglichung oder Erleichterung einer solchen Vermittlung oder Beschäftigungssicherung sind im besonderen

1. Information über den Arbeitsmarkt und die Berufswelt,
2. Beratung bei der Wahl des Berufes,
3. Unterstützung bei der Herstellung oder Erhaltung der Vermittlungsfähigkeit von Arbeitskräften,
4. Unterstützung der Qualifizierung von Arbeitskräften und
5. Unterstützung von Unternehmen bei der Suche und Auswahl geeigneter Arbeitskräfte sowie der Gestaltung der innerbetrieblichen Arbeitskräfteplanung,
6. Unterstützung von Arbeitsuchenden bei der Suche und Auswahl eines Arbeitsplatzes und
7. Unterstützung von Unternehmen und Arbeitskräften bei der Schaffung und Erhaltung von Arbeitsplätzen.

(3) Soweit das Arbeitsmarktservice Dienstleistungen im Sinne des Abs. 2 nicht selbst bereitstellen kann oder deren Bereitstellung unzweckmäßig oder unwirtschaftlich wäre, hat es dafür Vorsorge zu treffen, daß solche Leistungen auf Grund vertraglicher Vereinbarungen, z.B. durch Übertragung an geeignete Einrichtungen, auf andere Weise zur Verfügung gestellt werden. Dabei dürfen schutzwürdige Interessen Dritter im Sinne des § 1 Abs. 1 des Datenschutzgesetzes nicht verletzt werden.

(4) Dienstleistungen sind grundsätzlich kostenlos. Für besondere Dienstleistungen, wie Testung und Vorauswahl von Bewerbern oder spezielle Werbemaßnahmen und Maßnahmen der Personalberatung für Betriebe, kann der Verwaltungsrat ein angemessenes Entgelt festsetzen, das dem Arbeitsmarktservice zufließt. Dienstleistungen für Arbeitnehmer, Arbeitslose und Arbeitsuchende sind jedenfalls kostenlos zu erbringen.

(5) Sofern Dienstleistungen des Arbeitsmarktservice unter die Bestimmungen des § 2 des Arbeitsmarktförderungsgesetzes (AMFG), BGBl. Nr. 31/1969, fallen, gelten für sie die Bestimmungen der §§ 3 bis 7 AMFG.

(BGBl I 2005/71)

3. HAUPTSTÜCK
Finanzielle Leistungen

1. ABSCHNITT
Allgemeines

Arten der finanziellen Leistungen

§ 33. Finanzielle Leistungen des Arbeitsmarktservice sind:

1. Ausgaben im Rahmen von Verpflichtungen gemäß § 32 Abs. 3,
2. Beihilfen nach Maßgabe der Bestimmungen der §§ 34 bis 38.

Beihilfen

§ 34. (1) Sofern Dienstleistungen im Sinne des § 32 zur Erfüllung der sich aus § 29 ergebenden Aufgaben nicht ausreichen, sind unter Beachtung der im § 31 Abs. 5 erster Satz genannten Grundsätze einmalige oder wiederkehrende finanzielle Leistungen an und für Personen (Beihilfen) nach Maßgabe der folgenden Bestimmungen zu erbringen.

(2) Solche Beihilfen dienen im besonderen dem Zweck

1. die Überwindung von kostenbedingten Hindernissen der Arbeitsaufnahme,
2. eine berufliche Aus- oder Weiterbildung oder die Vorbereitung auf eine Arbeitsaufnahme,
3. die (Wieder)eingliederung in den Arbeitsmarkt und
4. die Aufrechterhaltung einer Beschäftigung

zu fördern.

(3) Auf Beihilfen besteht kein Rechtsanspruch.

(4) Für Beihilfen, deren Zweck die Abgeltung des Lohnausfalles bei Kurzarbeit ist, gelten die Bestimmungen des Arbeitsmarktförderungsgesetzes.

(5) Sofern für Dienstleistungen gemäß § 32 Abs. 3 die entsprechenden Einrichtungen nicht oder nicht im erforderlichen Ausmaß vorhanden sind, können Beihilfen für entsprechende Errichtungs-, Erweiterungs- oder Ausstattungsinvestitionen gewährt werden.

(6) Für Hochschulausbildungen oder Ausbildungen an einer Lehranstalt, deren Lehrprogramme zu staatlich anerkannten Lehrzielen führen, dürfen keine Beihilfen des Arbeitsmarktservice zuerkannt werden. Diese Bestimmung gilt nicht, soweit der Verwaltungsrat im Hinblick auf die besonders schwierige Lage auf dem Arbeitsmarkt in Ermangelung eines anderen geeigneten Beitrages zur dauerhaften Lösung des Arbeitsplatzproblems solche finanziellen Leistungen für bestimmte Personengruppen im Sinne des § 31 Abs. 3 für zulässig erklärt hat. Allfällige Schülerbeihilfen, Studienbeihilfen und andere für den gleichen Zweck gewährte Zuwendungen sind bei der Zuerkennung derartiger finanzieller Leistungen zu berücksichtigen.

(7) Der Verwaltungsrat hat über Vorschlag des Vorstandes Grundsätze hinsichtlich der näheren Voraussetzungen sowie der Art, Höhe und Dauer der Beihilfen festzulegen. Dabei ist auf die arbeitsmarktpolitischen Zielvorgaben des Bundesministers für Arbeit und Soziales (§ 59 Abs. 2) Bedacht zu nehmen.

(8) Beihilfen gelten nicht als Entgelt im Sinne des Umsatzsteuergesetz 1994, BGBl. I Nr. 663.

(BGBl I 2008/82)

Kombilohn

§ 34a. (1) Zur Förderung der Beschäftigungsaufnahme von Personen mit verminderten Eingliederungschancen in den Arbeitsmarkt können Beihilfen im Sinne des § 34 an und für arbeitslose Personen als Kombilohn gewährt werden.

(2) Die Beihilfe hat für den Arbeitnehmer einen ausreichenden Anreiz für die Annahme einer Beschäftigung zu bieten. Die Beihilfe an den Arbeitnehmer gilt für die Sozialversicherung als Beihilfe zur Deckung des Lebensunterhaltes.

(3) An den Arbeitgeber kann eine Beihilfe in Form eines Zuschusses in der Höhe eines Teiles des Bruttoentgeltes gewährt werden.

(4) Der Verwaltungsrat hat auf Vorschlag des Vorstandes Grundsätze hinsichtlich der näheren Voraussetzungen des Kombilohnes festzulegen. Die Richtlinie hat insbesondere die Höchstdauer der Beihilfengewährung und eine Entgeltobergrenze festzulegen und die Berücksichtigung von Sonderzahlungen bei der Gewährung der Beihilfe vorzusehen. Die Richtlinie bedarf der Bestätigung des Bundesministers für Wirtschaft und Arbeit.

(5) Das Arbeitsmarktservice hat für eine Evaluierung des Kombilohnes zu sorgen.

(BGBl 1996/764, BGBl I 1997/139, BGBl I 2005/114, BGBl I 2008/82)

Fachkräftestipendium

§ 34b. (1) Arbeitskräfte oder arbeitslose Personen, können für die Dauer einer Fachkräfteausbildung ein Stipendium erhalten, wenn sie folgende Voraussetzungen erfüllen:

1. Mindestens vier Jahre arbeitslosenversicherungspflichtige unselbständige oder pensionsversicherungspflichtige selbständige Erwerbstätigkeit innerhalb der letzten 15 Jahre;
2. Arbeitslosigkeit oder Karenzierung des bestehenden Dienstverhältnisses (oder Ruhen der selbständigen Erwerbstätigkeit) für die Dauer der Ausbildung;
3. Qualifikation unter dem Fachhochschulniveau;
4. Nachweis der bestandenen Aufnahmeprüfung oder der Erfüllung der sonstigen Aufnahmevoraussetzungen, oder wenn keine solchen Aufnahmebedingungen bestehen, die Absolvierung einer Bildungs- und Karriereberatung sowie die Glaubhaftmachung der Eignung für eine der Richtlinie gemäß Abs. 3 entsprechende Vollzeitausbildung mit einem formalen Bildungsabschluss;
5. Nachweis der Ausbildungsfortschritte.

(2) Bestehen vor Antritt der Ausbildung Zweifel, ob eine Person die Ausbildung erfolgreich beenden kann, so sind diese auf geeignete Weise, etwa im Wege einer vorgelagerten Berufsorientierungsphase, zu klären.

(3) Der Verwaltungsrat hat auf Vorschlag des Vorstandes in einer Richtlinie jene Ausbildungen festzulegen, die mit hoher Wahrscheinlichkeit arbeitsmarktpolitisch verwertbar sind. Dabei sind insbesondere jene Ausbildungen (Berufe) zu berücksichtigen, an denen auf dem Arbeitsmarkt ein Mangel herrscht. Die Auswahl hat unter Berücksichtigung von Arbeitsmarkt- und Berufsprognosen zu erfolgen. Werden derartige Ausbildungen an einer Lehranstalt, deren Lehrprogramme zu staatlich anerkannten Lehrzielen führen, angeboten, so dürfen diese durch ein Fachkräftestipendium gefördert werden. Tertiäre Ausbildungen (Studien an Universitäten oder Fachhochschulen) können mit dem Fachkräftestipendium nicht gefördert werden. Der Verwaltungsrat hat weiters auf Vorschlag des Vorstandes Richtlinien hinsichtlich der näheren Voraussetzungen des Fachkräftestipendiums festzulegen. Die Richtlinien bedürfen der Zustimmung des Bundesministers für Arbeit, Soziales und Konsumentenschutz. Die Richtlinien sind im Internet auf der Homepage des Arbeitsmarktservice kundzumachen.

(4) Das Stipendium gebührt für die Dauer der Teilnahme an der Ausbildung, jeweils längstens für sechs Monate und insgesamt für längstens drei Jahre. Es beträgt täglich ein Dreißigstel des

Ausgleichszulagenrichtsatzes für Alleinstehende gemäß § 293 Abs. 1 lit. a sublit. bb ASVG, abzüglich des Krankenversicherungsbeitrages, ohne Erhöhungsbetrag. Ausbildungsfreie Zeiten (Ferien, Prüfungsvorbereitung ohne Unterricht) unterbrechen den Bezug nur, wenn deren Ausmaß mehr als drei Monate pro Jahr beträgt. Eine geringfügig versicherte Beschäftigung neben dem Stipendium ist möglich.

(5) Für die Kranken-, Unfall- und Pensionsversicherung gilt das Stipendium als Beihilfe zur Deckung des Lebensunterhaltes. Im Krankheitsfall wird das Stipendium für die ersten 21 Tage der Erkrankung weiter gewährt und gebührt für diese Zeit kein Krankengeld. Im Übrigen gelten, soweit keine besonderen Regelungen getroffen wurden, die für Beihilfen zur Deckung des Lebensunterhaltes geltenden Bestimmungen auch für Fachkräftestipendien.

(6) Die Bezieher eines Stipendiums sind verpflichtet dem Arbeitsmarktservice sämtliche Umstände und Ereignisse, die der Teilnahme an der Ausbildung entgegen stehen oder einen erfolgreichen Abschluss verhindern können, unverzüglich mitzuteilen. Liegen die Voraussetzungen für einen erfolgreichen Abschluss der Ausbildung nicht mehr vor, so ist das Stipendium einzustellen. Für die Rückforderung des Stipendiums gilt § 38 AMSG.

(7)[a] Abweichend von Abs. 4 verlängert sich die höchstmögliche Dauer des Stipendiums um jene Zeiträume, um die sich die Dauer der Ausbildung auf Grund der durch die COVID-19-Krise bedingten Einschränkungen verlängert.

(BGBl I 2020/71)

[a] Tritt mit 31. Dezember 2021 außer Kraft.

(BGBl I 2013/67)

2. ABSCHNITT
Besondere Vorschriften für Beihilfen zur Deckung des Lebensunterhaltes

Zweck und Leistungsumfang

§ 35. (1) Ist Zweck der Beihilfe die Sicherung des Lebensunterhaltes während einer beruflichen Aus- oder Weiterbildung oder der Vorbereitung auf eine Arbeitsaufnahme (§ 34 Abs. 2 Z 2), kann eine Beihilfe in Form wiederkehrender Zahlungen zuerkannt werden (Beihilfe zur Deckung des Lebensunterhaltes).

(2) Die Höhe der Beihilfe zur Deckung des Lebensunterhaltes vermindert sich um Leistungen aus der Arbeitslosenversicherung, die für den gleichen Zeitraum zustehen.

(3) Für die Kranken- und Unfallversicherung der Bezieher einer Beihilfe zur Deckung des Lebensunterhaltes gelten die §§ 40 bis 43 und 51 Abs. 4 AlVG mit der Maßgabe, dass an die Stelle der Bezieher von Leistungen nach dem AlVG die Bezieher von Beihilfen zur Deckung des Lebensunterhaltes und an die Stelle der bezogenen Leistungen die bezogenen Beihilfen treten.

(BGBl I 2004/136, BGBl I 2005/71)

(4) (aufgehoben)

(BGBl I 2004/136)

(BGBl I 2003/71, BGBl I 2003/128)

Krankenversicherung

§ 36. (1) Das Krankengeld für Bezieher einer Beihilfe zur Deckung des Lebensunterhaltes gebührt in der Höhe der letzten Beihilfe zur Deckung des Lebensunterhaltes. Als Wochengeld gebührt ein Betrag in der Höhe der um 80 vH erhöhten Beihilfe.

(2) Aus Mitteln des Ausgleichsfonds für Familienbeihilfen wird den Trägern der gesetzlichen Krankenversicherung 50 vH der Aufwendungen für das Wochengeld ersetzt (§ 39a des Familienlastenausgleichsgesetzes 1967, BGBl. Nr. 376).

(3) Beziehern einer Beihilfe zur Deckung des Lebensunterhaltes, die während des Bezuges dieser Leistung erkranken oder sich in Anstaltspflege befinden, gebührt, wenn sie in den ersten drei Tagen auf Grund der für die Krankenversicherung maßgebenden Bestimmungen kein Krankengeld erhalten, die bisher bezogene Leistung für diese Zeit.

(4) Wenn Ansprüche auf Leistungen der Krankenversicherung davon abhängen, ob der Leistungsbezieher seinen Angehörigen aus seinem Entgelt Unterhalt geleistet hat, gilt die Beihilfe zur Deckung des Lebensunterhaltes als Entgelt.

(5) Die Bestimmungen des Allgemeinen Sozialversicherungsgesetzes über die Krankenversicherung beim Ausscheiden aus einer durch eine Beschäftigung begründeten Pflichtversicherung und anschließender Erwerbslosigkeit sind auf Personen, deren Beihilfenbezug endet, anzuwenden; der Anspruch der aus dem Beihilfenbezug ausgeschiedenen Personen auf die Pflichtleistungen der Krankenversicherungen durch eine Selbstversicherung (Abs. 6) bleibt unberührt.

(6) Personen, die vor dem Beihilfenbezug krankenversichert waren, können nach dessen Ende die frühere Krankenversicherung freiwillig fortsetzen. Hiefür gelten die Bestimmungen des Allgemeinen Sozialversicherungsgesetzes über die Selbstversicherung in der Krankenversicherung.

Pfändbarkeit

§ 37. Die pfändbaren Ansprüche auf Beihilfen zur Deckung des Lebensunterhaltes können nur zur Deckung gesetzlicher Unterhaltsansprüche gegen den Anspruchsberechtigten rechtswirksam übertragen und verpfändet werden; § 291b der Exekutionsordnung, RGBl. Nr. 79/1896, ist anzuwenden. Die Exekutionsordnung regelt, inwieweit Ansprüche auf Beihilfen zur Deckung des Lebensunterhaltes pfändbar sind.

3. Abschnitt
Besondere Vorschriften für Beihilfen zur Beschäftigungssicherung

(BGBl I 2009/12)

Beihilfen zum Solidaritätsprämienmodell

§ 37a. (1) Ist Zweck der Beihilfe an den Arbeitgeber, die (Wieder)eingliederung in den Arbeitsmarkt (§ 34 Abs. 2 Z 3) oder die Aufrechterhaltung einer Beschäftigung (§ 34 Abs. 2 Z 4) durch eine Vereinbarung im Sinne des § 13 des Arbeitsvertragsrechts-Anpassungsgesetzes (AVRAG), BGBl. Nr. 459/1993, oder gleichartiger bundes- oder landesgesetzlicher Regelungen zu ermöglichen, ist sicherzustellen, daß

1. der Arbeitgeber einen Lohnausgleich im Ausmaß der Hälfte des entfallenden Entgelts gewährt und die Sozialversicherungsbeiträge entsprechend der Beitragsgrundlage vor der Herabsetzung der Normalarbeitszeit entrichtet,

   (BGBl I 2000/15)
2. als Ersatzarbeitskräfte Personen eingestellt werden, die
   a) vor der Einstellung Arbeitslosengeld oder Notstandshilfe bezogen haben oder
   b) aus einer überbetrieblichen Lehrausbildung in ein betriebliches Lehrverhältnis übernommen werden und

   (BGBl I 2009/90)
3. auch bei einer Herabsetzung der Normalarbeitszeit für zwei Jahre oder länger der Berechnung einer zustehenden Abfertigung die frühere Arbeitszeit vor der Herabsetzung der Normalarbeitszeit zugrunde gelegt wird.

(2) In den Richtlinien gemäß § 34 Abs. 7 ist insbesondere auch festzulegen

1. in welchem Durchrechnungszeitraum und in welchem Ausmaß das Gesamtarbeitszeitvolumen der vom Solidaritätsprämienmodell erfaßten Arbeitnehmer einschließlich der eingestellten Ersatzarbeitskräfte mit dem Gesamtarbeitszeitvolumen der bereits bisher beschäftigten Arbeitnehmer vor Herabsetzung der Normalarbeitszeit übereinstimmen muß,
2. unter welchen besonderen arbeitsmarktpolitischen Voraussetzungen der längstens zweijährige Beihilfenzeitraum bis zu einer Gesamtdauer von längstens drei Jahren verlängert werden kann,
3. in welcher Höhe die Beihilfe gewährt werden kann, wobei auch der zusätzliche Aufwand für Dienstnehmer- und Dienstgeberbeiträge zur Arbeitslosen-, Kranken-, Unfall- und Pensionsversicherung zu berücksichtigen ist, sowie
4. in welcher Form und in welchen Zeiträumen die Erreichung des Beihilfenzwecks überprüft wird.

(3) Die Richtlinien bedürfen der Zustimmung des Bundesministers für Arbeit, Gesundheit und Soziales im Einvernehmen mit dem Bundesminister für Finanzen.

(BGBl I 1999/179, BGBl I 2009/12)

Beihilfen bei Kurzarbeit

§ 37b. (1) Kurzarbeitsbeihilfen können Arbeitgebern gewährt werden, die zur Vermeidung von Arbeitslosigkeit Kurzarbeit für Arbeitnehmer durchführen, wenn

1. der Betrieb durch vorüber gehende nicht saisonbedingte wirtschaftliche Schwierigkeiten betroffen ist,
2. die regionale Geschäftsstelle des Arbeitsmarktservice rechtzeitig verständigt wurde und in einer zwischen dem Arbeitsmarktservice und dem Arbeitgeber erfolgenden Beratung, der vom Arbeitsmarktservice der Betriebsrat und die gemäß Z 3 in Betracht kommenden kollektivvertragsfähigen Körperschaften der Arbeitgeber und der Arbeitnehmer beizuziehen sind, keine andere Lösungsmöglichkeit für die bestehenden Beschäftigungsschwierigkeiten gefunden wurde und
3. zwischen den für den Wirtschaftszweig in Betracht kommenden kollektivvertragsfähigen Körperschaften der Arbeitgeber und der Arbeitnehmer unabhängig vom Bestehen eines Betriebsrates Vereinbarungen über die Leistung einer Entschädigung während der Kurzarbeit (Kurzarbeitsunterstützung) und die näheren Bedingungen der Kurzarbeit sowie die Aufrechterhaltung des Beschäftigtenstandes getroffen werden.

(2)[a] Die Vereinbarung gemäß Abs. 1 Z 3 muss auf bestimmte Zeit abgeschlossen werden. Durch die Vereinbarung muss zumindest hinsichtlich des von der Kurzarbeit erfassten Beschäftigtenstandes sichergestellt sein, dass während der Kurzarbeit und in einem allenfalls darüber hinaus zusätzlich vereinbarten Zeitraum nach deren Beendigung der Beschäftigtenstand aufrechterhalten wird, es sei denn, dass die regionale Organisation des Arbeitsmarktservice in besonderen Fällen eine Ausnahme bewilligt. Von der Kurzarbeit betroffenen Arbeitnehmern muss für die entfallenden Arbeitsstunden wegen der vorgesehenen Kurzarbeitsbeihilfe eine Kurzarbeitsunterstützung zumindest in der Höhe jenes Anteiles des Arbeitslosengeldes, der der Verringerung der Normalarbeitszeit entspricht, gewährt werden. Bei Naturkatastrophen oder vergleichbaren Schadensereignissen, von denen nur einzelne Unternehmen betroffen sind, kann der Abschluss einer Vereinbarung entfallen. Die Vereinbarung hat Bestimmungen über den Abbau von Urlaubs- und Zeitguthaben vorzusehen, die von § 4 Abs. 1, 3, 4 und 5 Urlaubsgesetz, BGBl. Nr. 390/1976, abweichende Regelungen beinhalten können.

(BGBl I 2020/51, BGBl I 2021/117)

[a] Tritt mit Ende Juni 2022 außer Kraft.

(2)[a] Die Vereinbarung gemäß Abs. 1 Z 3 muss auf bestimmte Zeit abgeschlossen werden. Durch die Vereinbarung muss zumindest hinsichtlich des von der Kurzarbeit erfassten Beschäftigtenstandes sichergestellt sein, dass während der Kurzarbeit und in einem allenfalls darüber hinaus zusätzlich vereinbarten Zeitraum nach deren Beendigung der Beschäftigtenstand aufrechterhalten wird, es sei denn, dass die regionale Organisation des Arbeitsmarktservice in besonderen Fällen eine Ausnahme bewilligt. Von der Kurzarbeit betroffenen Arbeitnehmern muss für die entfallenden Arbeitsstunden wegen der vorgesehenen Kurzarbeitsbeihilfe eine Kurzarbeitsunterstützung zumindest in der Höhe jenes Anteiles des Arbeitslosengeldes, der der Verringerung der Normalarbeitszeit entspricht, gewährt werden. Bei Naturkatastrophen oder vergleichbaren Schadensereignissen, von denen nur einzelne Unternehmen betroffen sind, kann der Abschluss einer Vereinbarung entfallen.

(BGBl I 2020/51)

[a] Tritt mit 1. Juli 2022 wieder in Kraft.

(3) Die Kurzarbeitsbeihilfe dient dem teilweisen Ersatz der zusätzlichen Aufwendungen für die Kurzarbeitsunterstützung sowie für die Beiträge zur Sozialversicherung und zur betrieblichen Mitarbeitervorsorge. Die Beihilfe gebührt in der Höhe der anteiligen Aufwendungen, die der Arbeitslosenversicherung im Falle der Arbeitslosigkeit für Arbeitslosengeld zuzüglich der Beiträge zur Krankenversicherung und zur Pensionsversicherung entstünden. Ab dem fünften Monat erhöht sich die Beihilfe um die auf Grund der besonderen Beitragsgrundlage erhöhten Aufwendungen des Dienstgebers für die Beiträge zur Sozialversicherung. Für die Abgeltung der anteiligen Aufwendungen können Pauschalsätze festgelegt werden. Ein Wechsel von der Kurzarbeitsbeihilfe zur Qualifizierungsbeihilfe ist nach Maßgabe der Richtlinien gemäß Abs. 4 möglich.

(BGBl I 2017/31)

(4) Der Verwaltungsrat hat auf Vorschlag des Vorstandes eine Richtlinie über die näheren Voraussetzungen für die Gewährung von Kurzarbeitsbeihilfen unter Beachtung der maßgeblichen rechtlichen Vorschriften festzulegen. In der Richtlinie sind insbesondere Mindest- und Höchstdauer sowie Voraussetzungen für die Verlängerung der Beihilfengewährung, Mindest- und Höchstanteil des Arbeitszeitausfalles, Personenkreis, Höhe der Beihilfe, Beschäftigungsverpflichtung gemäß Abs. 2, Bedingungen für ein Absehen von einer Vereinbarung der Kollektivvertragspartner bei Katastrophen gemäß Abs. 2 sowie das Verhältnis zu anderen Beihilfen und Unterstützungsleistungen zu regeln. Die Dauer der Beihilfengewährung darf zunächst sechs Monate nicht übersteigen. Verlängerungen bis zu einer Gesamtdauer des Beihilfenbezuges von 24 Monaten, bei Vorliegen besonderer Umstände auch darüber hinaus, sind zulässig. Der Arbeitszeitausfall darf im Durchschnitt des Zeitraums, für den die Beihilfe oder deren Verlängerung bewilligt wurde, nicht unter zehn Prozent und nicht über 90 Prozent der gesetzlich oder kollektivvertraglich festgelegten oder, bei Teilzeitbeschäftigten, der vereinbarten Normalarbeitszeit betragen. Die Richtlinie bedarf der Bestätigung des Bundesministers für Arbeit im Einvernehmen mit der Bundesministerin für Digitalisierung und Wirtschaftsstandort sowie dem Bundesminister für Finanzen.

(BGBl I 2009/90, BGBl I 2013/3, BGBl I 2017/31, BGBl I 2021/42)

(5) Die Kurzarbeitsunterstützung gilt für die Lohnsteuer als steuerpflichtiger Lohn und für sonstige Abgaben und Beihilfen auf Grund bundesgesetzlicher Vorschriften als Entgelt. Während der Dauer der Kurzarbeit richten sich die Beiträge und die Leistungen der Sozialversicherung nach der letzten Beitragsgrundlage vor Eintritt der Kurzarbeit, wenn diese höher ist als die aktuelle Beitragsgrundlage. Die auf den Arbeitnehmer entfallenden Sozialversicherungsbeiträge sowie sonstige auf den Arbeitnehmer entfallende Beiträge auf Grund bundes- oder landesgesetzlicher Vorschriften zwischen dieser erhöhten Beitragsgrundlage und der aktuellen Beitragsgrundlage trägt der Arbeitgeber allein. Der Arbeitnehmerbeitragsanteil zur Arbeitslosenversicherung richtet sich nach § 2a Abs. 7 des Arbeitsmarktpolitik-Finanzierungsgesetzes (AMPFG), BGBl. Nr. 315/1994. § 12 Abs. 2 des Bauarbeiter-Schlechtwetterentschädigungsgesetzes (BSchEG), BGBl. Nr. 129/1957, bleibt davon unberührt. Eine Kommunalsteuer hat der Arbeitgeber für die Kurzarbeitsunterstützung nicht zu entrichten.

(BGBl I 2009/90, BGBl I 2020/51, BGBl I 2020/135)

(6) Soweit in der Vereinbarung gemäß Abs. 1 Z 3 ein Mindestnettoentgelt entsprechend einer in der Richtlinie gemäß Abs. 4 gewährleisteten Nettoersatzrate zugesagt wird, erfüllt der Arbeitgeber Vereinbarung und Richtlinie jedenfalls dann, wenn den betroffenen Arbeitnehmern während der Kurzarbeit das verminderte Bruttoentgelt geleistet wird, das für das jeweils vor Kurzarbeit gebührende Bruttoentgelt analog zu den Pauschalsätzen des AMS – auch oberhalb der Höchstbeitragsgrundlage – zu ermitteln ist. Die zu gewährleistende Mindestentgeltgarantie kann sich entweder auf das Gesamtentgelt oder auf die durch die Kurzarbeitsbeihilfe unterstützten Ausfallsstunden beziehen. Sie kann sich auf einzelne Monate oder eine Durchschnittsbetrachtung während des Kurzarbeitszeitraums beziehen. Monatlich ist jedenfalls jenes Mindestbruttoentgelt zu leisten, das sich aus der Kurzarbeits-Mindestbruttoentgelt-Tabelle ergibt. Die Kurzarbeits-Mindestbruttoentgelt-Tabelle hat eine Abstufung der Beträge in Schritten von jeweils fünf Euro zu enthalten. Die Kurzarbeits-Mindestbruttoentgelt-Tabelle ist vom Bundesminister für Arbeit auf der Homepage des Bundesministeriums für Arbeit kundzumachen.

(BGBl I 2020/51, BGBl I 2021/42)

AMFG

(7)[a] Wirtschaftliche Schwierigkeiten im Zusammenhang mit der Bekämpfung von Epidemien (COVID-19) sind Schwierigkeiten im Sinne des Abs. 1 Z 1. Die Richtlinie gemäß Abs. 4 kann für betroffene Betriebe eine von Abs. 3 abweichende Beihilfenhöhe vorsehen, wobei die Beihilfensumme ab 1. Juli 2021 gegenüber der bis 30. Juni 2021 geltenden Beihilfenhöhe pauschal um 15 Prozent zu vermindern ist.

(BGBl I 2020/12, BGBl I 2020/16, BGBl I 2021/117)

[a] Tritt mit Ende Juni 2022 außer Kraft.

(8)[a] Die Nichterfüllung der Voraussetzung eines vollentlohnten Kalendermonats vor Beginn der Kurzarbeit ist kein Rückforderungstatbestand, soweit die Kurzarbeit im Zeitraum vom 1. März bis 31. Mai 2020 begonnen hat.

(BGBl I 2020/135)

[a] Tritt mit Ablauf des 31. Mai 2023 außer Kraft.

(9)[a] Die Richtlinie gemäß Abs. 4 kann für von einer Epidemie besonders betroffene Betriebe bei andauernden wirtschaftlichen Schwierigkeiten weitere Abweichungen hinsichtlich Beihilfenhöhe und maximalem Arbeitszeitausfall treffen. Die Konkretisierung besonders betroffener Betriebe hat in der Richtlinie zu erfolgen. Zur Identifizierung der besonders betroffenen Betriebe hat der Bundesminister für Finanzen dem AMS die Daten betreffend die Umsätze eines Beihilfenwerbers elektronisch zur Verfügung zu stellen.

(BGBl I 2020/135, BGBl I 2021/117)

[a] Tritt mit Ablauf des 31. März 2022 außer Kraft.

(BGBl I 2009/12)

Beihilfen bei Kurzarbeit mit Qualifizierung

§ 37c. (1) Qualifizierungsbeihilfen können Arbeitgebern gewährt werden, die zur Vermeidung von Arbeitslosigkeit im Rahmen von Kurzarbeit Qualifizierungsmaßnahmen für Arbeitnehmer durchführen, wenn

1. der Betrieb durch vorüber gehende nicht saisonbedingte wirtschaftliche Schwierigkeiten betroffen ist,
2. die regionale Geschäftsstelle des Arbeitsmarktservice rechtzeitig verständigt wurde und in einer zwischen dem Arbeitsmarktservice und dem Arbeitgeber erfolgenden Beratung, der vom Arbeitsmarktservice der Betriebsrat und die gemäß Z 3 in Betracht kommenden kollektivvertragsfähigen Körperschaften der Arbeitgeber und der Arbeitnehmer beizuziehen sind, Einvernehmen über das Ausbildungskonzept erzielt wurde und
3. zwischen den für den Wirtschaftszweig in Betracht kommenden kollektivvertragsfähigen Körperschaften der Arbeitgeber und der Arbeitnehmer unabhängig vom Bestehen eines Betriebsrates Vereinbarungen über die Leistung einer Entschädigung während der Qualifizierungsmaßnahmen unter Berücksichtigung der Inanspruchnahme durch die Qualifizierung (Qualifizierungsunterstützung) und die nähere Ausgestaltung der Qualifizierungsmaßnahmen sowie die Aufrechterhaltung des Beschäftigtenstandes getroffen werden.

(2) Die Vereinbarung gemäß Abs. 1 Z 3 muss auf bestimmte Zeit abgeschlossen werden. Durch die Vereinbarung muss hinsichtlich des Beschäftigtenstandes sichergestellt sein, dass während der Qualifizierungsmaßnahmen und in einem allenfalls darüber hinaus zusätzlich vereinbarten Zeitraum nach deren Beendigung der Beschäftigtenstand aufrechterhalten wird, es sei denn, dass die regionale Organisation des Arbeitsmarktservice in besonderen Fällen eine Ausnahme bewilligt. Von Qualifizierungsmaßnahmen betroffenen Arbeitnehmern muss für die entfallenden Arbeitsstunden wegen der vorgesehenen Qualifizierungsbeihilfe eine Qualifizierungsunterstützung zumindest in der Höhe jenes Anteiles des Arbeitslosengeldes, der der Verringerung der Normalarbeitszeit entspricht, zuzüglich einer Abgeltung der Inanspruchnahme durch die Qualifizierung gewährt werden. Bei Naturkatastrophen oder vergleichbaren Schadensereignissen, von denen nur einzelne Unternehmen betroffen sind, kann der Abschluss einer Vereinbarung entfallen.

(3) Die Qualifizierungsmaßnahmen müssen arbeitsmarktpolitisch sinnvoll sein und allgemein anerkannten Qualitätsstandards entsprechen. Die Qualifizierungsmaßnahmen müssen daher Qualifikationen vermitteln, die die Chancen der betroffenen Personen auf eine nachhaltige Beschäftigung erhöhen und von geeigneten Ausbildnern oder Maßnahmenträgern durchgeführt werden.

(4) Die Qualifizierungsbeihilfe dient dem teilweisen Ersatz der zusätzlichen Aufwendungen für die Qualifizierungsunterstützung sowie für die Beiträge zur Sozialversicherung und zur betrieblichen Mitarbeitervorsorge. Die Beihilfe gebührt in der Höhe der anteiligen Aufwendungen, die der Arbeitslosenversicherung im Falle der Arbeitslosigkeit für Arbeitslosengeld und Schulungsmaßnahmen zuzüglich der Beiträge zur Krankenversicherung, zur Pensionsversicherung und zur Unfallversicherung entstünden. Die Beihilfe erhöht sich um die auf Grund der besonderen Beitragsgrundlage erhöhten Aufwendungen des Dienstgebers für die Beiträge zur Sozialversicherung. Für die Abgeltung der anteiligen Aufwendungen können Pauschalsätze festgelegt werden. Ein Wechsel von der Qualifizierungsbeihilfe zur Kurzarbeitsbeihilfe ist nach Maßgabe der Richtlinien gemäß Abs. 6 möglich.

(BGBl I 2009/90, BGBl I 2013/3, BGBl I 2017/31)

(5) Die gleichzeitige Gewährung anderer Beihilfen, insbesondere auch zur Förderung von sonstigen Qualifizierungsmaßnahmen für Beschäftigte, ist zulässig, soweit die Richtlinie gemäß Abs. 6 dies vorsieht und die dafür erforderlichen Voraussetzungen erfüllt sind.

(6) Der Verwaltungsrat hat auf Vorschlag des Vorstandes eine Richtlinie über die näheren Voraussetzungen für die Gewährung von Qualifizierungsbeihilfen unter Beachtung der maßgeblichen rechtlichen Vorschriften festzulegen. In der Richtlinie sind insbesondere Mindest- und Höchstdauer sowie Voraussetzungen für die Verlängerung der Beihilfengewährung, Mindest- und Höchstanteil des Arbeitszeitausfalles, Personenkreis, Höhe der Beihilfe, Beschäftigungsverpflichtung gemäß Abs. 2, Mindeststandards für Schulungsmaßnahmen, Bedingungen für ein Absehen von einer

Vereinbarung der Kollektivvertragspartner bei Katastrophen gemäß Abs. 2 sowie das Verhältnis zu anderen Beihilfen und Unterstützungsleistungen zu regeln. Die Dauer der Beihilfengewährung darf zunächst sechs Monate nicht übersteigen. Verlängerungen bis zu einer Gesamtdauer des Beihilfenbezuges von 24 Monaten, bei Vorliegen besonderer Umstände auch darüber hinaus, sind zulässig. Der Arbeitszeitausfall darf im Durchschnitt des Zeitraums, für den die Beihilfe oder deren Verlängerung bewilligt wurde, nicht unter zehn Prozent und nicht über 90 Prozent der gesetzlich oder kollektivvertraglich festgelegten oder, bei Teilzeitbeschäftigten, der vereinbarten Normalarbeitszeit betragen. Die Richtlinie bedarf der Bestätigung des Bundesministers für Arbeit im Einvernehmen mit der Bundesministerin für Digitalisierung und Wirtschaftsstandort sowie dem Bundesminister für Finanzen.

(BGBl I 2009/90, BGBl I 2013/3, BGBl I 2017/31, BGBl I 2021/117)

(7) Die Qualifizierungsunterstützung gilt für die Lohnsteuer als steuerpflichtiger Lohn und für sonstige Abgaben und Beihilfen auf Grund bundesgesetzlicher Vorschriften als Entgelt. Während des Bezuges der Qualifizierungsunterstützung richten sich die Beiträge und die Leistungen der Sozialversicherung nach der letzten Beitragsgrundlage vor Beginn der Qualifizierungsmaßnahme, wenn diese höher ist als die aktuelle Beitragsgrundlage.

(BGBl I 2009/90)

(8) Eine Kommunalsteuer hat der Arbeitgeber für die Qualifizierungsunterstützung nicht zu entrichten.

(BGBl I 2009/12)

Aktivierungsbeihilfe

§ 37d. (1) Aktivierungsbeihilfe kann Arbeitgebern gewährt werden, die im Auftrag des AMS ArbeitnehmerInnen mit dem Zweck der Wiedereingliederung in den Arbeitsmarkt im Rahmen eines Sozialökonomischen Betriebes oder eines Gemeinnützigen Beschäftigungsprojektes gemäß § 9 Abs. 7 AlVG beschäftigen.

(2) Aktivierungsbeihilfe kann für jede gemäß Abs. 1 beschäftigte Person in der Höhe des durchschnittlichen Arbeitslosengeldes des letzten Kalenderjahres zuzüglich der bei Bezug eines derartigen Arbeitslosengeldes anfallenden Aufwendungen für Kranken-, Pensions- und Unfallversicherung jeweils für längstens ein Jahr gewährt werden.

(BGBl I 2010/111)

„Langzeit-KUA-Bonus

§ 37e. (1) Arbeitnehmer, die

– vom 1. März 2020 bis 30. November 2021 für mindestens zehn Monate und im Dezember 2021 in Kurzarbeit gemäß § 37b beschäftigt waren und
– deren sozialversicherungsrechtliche Beitragsgrundlage im Dezember 2021 die Hälfte der Höchstbeitragsgrundlage gemäß § 45 ASVG nicht übersteigt,

können im Jahr 2022 zur Abdeckung des Sonderbedarfs aufgrund der COVID-19-Pandemie einen einmaligen Langzeit-KUA-Bonus von 500 Euro erhalten.

(2) Die Einmalzahlung gemäß Abs. 1 gilt als nicht anrechenbare Leistung gemäß § 7 Abs. 5 des Sozialhilfe-Grundsatzgesetzes und führt nicht zu einer Teilversicherung in der Pensionsversicherung gemäß § 8 Abs. 1 Z 2 lit. b ASVG. Sie gilt auch nicht als steuerbares Einkommen und ist bei der Prüfung von Ansprüchen, Beiträgen oder Befreiungen auf Grund anderer Regelungen nicht zu berücksichtigen.

(3) Die Beantragung, Bewilligung und Auszahlung des Langzeit-KUA-Bonus ist von der Buchhaltungsagentur des Bundes abzuwickeln. Das Arbeitsmarktservice hat dieser die Namen (Vor- und Familienname) und Sozialversicherungsnummern der nach Abs. 1 in Betracht kommenden Personen zu übermitteln und deren Aufwand finanziell abzudecken. Der Bundesminister für Inneres hat der Buchhaltungsagentur ergänzend zu den nach Namen, Geburtsdatum und allenfalls einem weiteren Meldedatum eindeutig bestimmten Antragsberechtigten gemäß Abs. 1 die dazugehörigen Wohnsitzadressen aus dem zentralen Melderegister unentgeltlich zu übermitteln. Die Beantragung des Langzeit-KUA-Bonus ist bis längstens 31. Dezember 2022 zulässig.

(4) Das Arbeitsmarktservice hat den gesetzlichen Interessenvertretungen der Arbeitnehmer die Namen (Vor- und Familienname) und Sozialversicherungsnummern der nach Abs. 1 in Betracht kommenden Personen zu übermitteln.“

(BGBl I 2021/214)

4. Abschnitt
Besondere Vorschriften für Altersteilzeitbeihilfen

Rückforderung

§ 38. (1) Anläßlich der Gewährung einer Beihilfe ist zu vereinbaren, daß der Empfänger einer Beihilfe, der ihren Bezug vorsätzlich oder grob fahrlässig durch unwahre Angaben oder Verschweigung maßgeblicher Tatsachen herbeigeführt hat, zum Ersatz des unberechtigt Empfangenen verpflichtet ist.

(2) Forderungen auf Ersatz unberechtigt bezogener Beihilfen oder unberechtigt bezogener Leistungen nach dem Arbeitslosenversicherungsgesetz 1977 können auf Beihilfen mit der Maßgabe aufgerechnet werden, daß dem Empfänger die Hälfte der Leistung frei bleiben muß.

(BGBl I 1999/179, BGBl I 2004/77)

4. HAUPTSTÜCK
Besondere arbeitsmarktpolitische Maßnahmen

Bereitstellung von Schulungs- und Wiedereingliederungsmaßnahmen

§ 38a. Die regionale Geschäftsstelle hat darauf zu achten, dass zu einer nachhaltigen und dauerhaften Beschäftigung erforderliche Qualifizierungs- oder sonstige beschäftigungsfördernde Maßnahmen angeboten werden. Die regionale Geschäftsstelle hat insbesondere dafür zu sorgen, dass Personen, deren Eingliederung in den Arbeitsmarkt erschwert ist, binnen vier Wochen eine zumutbare Beschäftigung angeboten oder, falls dies nicht möglich ist, die Teilnahme an einer Ausbildungs- oder Wiedereingliederungsmaßnahme ermöglicht wird. Dies gilt insbesondere für Personen, die während des Bezuges von Kinderbetreuungsgeld oder nach einer Zeit der Kinderbetreuung eine Beschäftigung anstreben. Die regionale Geschäftsstelle hat weiters dafür zu sorgen, dass arbeitslosen Personen, die das 25. Lebensjahr noch nicht oder das 50. Lebensjahr bereits vollendet haben, wenn ihnen nicht binnen drei Monaten eine zumutbare Beschäftigung angeboten werden kann, die Teilnahme an einer Ausbildungs- oder Wiedereingliederungsmaßnahme ermöglicht wird. Die regionale Geschäftsstelle hat gesundheitlich beeinträchtigten Personen, die nicht auf einen geeigneten Arbeitsplatz vermittelt werden können, tunlichst binnen acht Wochen geeignete Schulungs- oder Wiedereingliederungsmaßnahmen anzubieten.

(BGBl I 1997/139, BGBl I 2013/3)

Beurteilung der Arbeitsmarktchancen älterer Personen

§ 38b. Der Vorstand hat eine Richtlinie zur Beurteilung der Arbeitsmarktchancen älterer Personen zu erlassen. In dieser Richtlinie ist insbesondere auch zu regeln, unter welchen Umständen einzelne oder bestimmte Gruppen von Personen, die Übergangsgeld nach Altersteilzeit oder Übergangsgeld oder Sonderunterstützung beziehen, mangels Aussicht auf eine Wiedereingliederung in den Arbeitsmarkt in absehbarer Zeit von der Verpflichtung, sich ständig zur Aufnahme und Ausübung einer Beschäftigung bereit zu halten, befreit werden können.

(BGBl I 2003/71, BGBl I 2009/90)

Betreuungsplan

§ 38c. Die regionale Geschäftsstelle hat für jede arbeitslose Person einen Betreuungsplan zu erstellen, der ausgehend vom zu erwartenden Betreuungsbedarf insbesondere die Art und Weise der Betreuung und die in Aussicht genommenen Maßnahmen sowie eine Begründung für die beabsichtigte Vorgangsweise enthält. Im Betreuungsplan ist insbesondere auf die gemäß § 9 Abs. 1 bis 3 AlVG maßgeblichen Gesichtspunkte Bedacht zu nehmen. Bei der Vermittlung und bei Maßnahmen zur Verbesserung der Vermittlungschancen ist von den auf dem Arbeitsmarkt verwertbaren Qualifikationen (Kenntnissen und Fertigkeiten beruflicher und fachlicher Natur) der arbeitslosen Person auszugehen und sind diese nach Möglichkeit zu erhalten oder bei Bedarf zu erweitern. Bei Änderung der für die Eingliederung in den Arbeitsmarkt bedeutsamen Umstände ist der Betreuungsplan entsprechend anzupassen. Die regionale Geschäftsstelle hat ein Einvernehmen mit der arbeitslosen Person über den Betreuungsplan anzustreben. Kann ein Einvernehmen nicht erzielt werden, ist der Betreuungsplan von der regionalen Geschäftsstelle unter weitestmöglicher Berücksichtigung der Interessen der arbeitslosen Person einseitig festzulegen. Der Betreuungsplan ist der arbeitslosen Person zur Kenntnis zu bringen. Auf einen bestimmten Betreuungsplan oder auf Maßnahmen, die im Betreuungsplan in Aussicht genommen sind, besteht kein Rechtsanspruch. Der Verwaltungsrat hat eine Richtlinie zur Gewährleistung einer einheitlichen Vorgangsweise bei der Erstellung und Anpassung von Betreuungsplänen zu erlassen.

(BGBl I 2004/77)

Überbetriebliche Lehrausbildung

§ 38d. (1) Soweit berufliche Ausbildungsmöglichkeiten für Jugendliche nicht durch Vermittlung auf Lehrstellen oder andere Maßnahmen sichergestellt werden können, hat das Arbeitsmarktservice geeignete Ausbildungseinrichtungen mit der überbetrieblichen Lehrausbildung zu beauftragen.

(2) Der Verwaltungsrat hat Richtlinien für die überbetriebliche Ausbildung, die den berufsausbildungsrechtlichen Vorschriften für Ausbildungseinrichtungen vergleichbare Qualitätsstandards enthalten, zu erlassen. Die Richtlinien haben auf die Verpflichtung zur Setzung gezielter Bemühungen zur Übernahme der auszubildenden Personen in ein betriebliches Lehrverhältnis Bedacht zu nehmen und können daher auch Ausbildungsverträge, die sich nicht über die gesamte Lehrzeit erstrecken, zulassen, soweit dadurch eine umfassende Ausbildung im jeweiligen Lehrberuf mit dem Ziel des Lehrabschlusses nicht gefährdet wird. Die Richtlinien haben Bestimmungen über die während der Ausbildung in überbetrieblichen Ausbildungseinrichtungen zu gewährenden Ausbildungsbeihilfen zu enthalten.

(3) Die Einhaltung der Qualitätsstandards ist vertraglich zu vereinbaren. Falls erforderlich, hat das Arbeitsmarktservice die Erfüllung von Auflagen im Sinne des § 30 Abs. 3 BAG auszubedingen.

(4) Personen, die eine überbetriebliche Lehrausbildung in einer Ausbildungseinrichtung erhalten, gelten nicht als Dienstnehmer im Sinne des Einkommensteuergesetzes 1988, BGBl. Nr. 400/1988. Ausbildungsbeihilfen gelten für die Lohnsteuer nicht als steuerpflichtiger Lohn und für sonstige Abgaben nicht als Entgelt. Für Ausbildungsbeihilfen ist insbesondere auch keine Kommunalsteuer zu entrichten.

(BGBl I 2014/40)

(BGBl I 2008/82)

Vermittlung eines Ausbildungsplatzes

§ 38e. Das Arbeitsmarktservice hat einem Lehrling, der die Fortsetzung seiner Ausbildung anstrebt, innerhalb von drei Monaten nach Erhalt der Information über die Beendigung des Lehrverhältnisses einen Ausbildungsplatz zu vermitteln. Der Ausbildungsplatz soll nach Maßgabe der Möglichkeiten eine Fortsetzung der Ausbildung im bisher erlernten Lehrberuf, in einem demselben Berufsbereich angehörenden Lehrberuf oder in einem anderen vom Jugendlichen gewünschten Lehrberuf ermöglichen. Für die Fortführung der Ausbildung kommen folgende vom Arbeitsmarktservice zu vermittelnde Ausbildungsplätze in Betracht:

1. eine Lehrstelle bei einem Lehrberechtigten gemäß § 2 BAG oder gemäß § 2 Abs. 1 des land- und forstwirtschaftlichen Berufsausbildungsgesetzes,
2. ein Ausbildungsplatz im Rahmen einer überbetrieblichen Lehrausbildung,
3. eine Ausbildung durch eine sonstige Maßnahme, sofern die Vermittlung der wesentlichen Inhalte des Berufsbildes des betreffenden Lehrberufs gewährleistet ist und das Ausbildungsziel im Wesentlichen den in der Prüfungsordnung dieses Lehrberufes gestellten Anforderungen entspricht.

(BGBl I 2008/82)

Beitrag zur Erfüllung der Ausbildungspflicht

§ 38f. Das Arbeitsmarktservice hat Jugendliche bei der Erfüllung der Ausbildungspflicht bestmöglich zu unterstützen. Soweit sich dafür Maßnahmen gemäß § 38a, § 38d und § 38e als nicht ausreichend erweisen, sind zusätzliche arbeitsmarktpolitische Maßnahmen im erforderlichen Ausmaß bereitzustellen.

(BGBl I 2016/62)

5. HAUPTSTÜCK
Verhältnis zu anderen Gesetzen

(BGBl I 1997/139)

§ 39. Die Bestimmungen des Arbeitslosenversicherungsgesetzes 1977 und des Ausländerbeschäftigungsgesetzes, BGBl. Nr. 218/1975, werden durch die Vorschriften dieses Teiles nicht berührt.

3. TEIL
Längerfristiger Plan

§ 40. (1) Der Tätigkeit des Arbeitsmarktservice ist ein jeweils für einen Zeitraum von mindestens drei Jahren erstellter längerfristiger Plan über die arbeitsmarktpolitische Schwerpunktsetzung und die Entwicklung der Leistungen des Arbeitsmarktservice zugrunde zu legen. Dabei ist der notwendige Investitions-, Personal- und Sachaufwand der Einnahmenentwicklung gegenüberzustellen.

(2) Der längerfristige Plan ist vom Vorstand zu erstellen, dem Verwaltungsrat zur Genehmigung vorzulegen und bedarf der Zustimmung des Bundesministers für Arbeit und Soziales im Einvernehmen mit dem Bundesminister für Finanzen. Die Zustimmung ist zu verweigern, wenn der längerfristige Plan nicht den Vorgaben gemäß § 59 Abs. 2 entspricht.

(3) Der längerfristige Plan ist zu ändern, wenn dies geänderte Gegebenheiten der wirtschaftlichen oder der Arbeitsmarktlage oder wesentliche Änderungen der Arbeitsmarktpolitik der Bundesregierung erforderlich machen. Diese Änderungen unterliegen dem im Abs. 2 festgelegten Verfahren.

4. TEIL
Finanzwesen und Gebarung des Arbeitsmarktservice

Eigener Wirkungsbereich

§ 41. (1) Das Arbeitsmarktservice bestreitet die Personal- und Sachausgaben für die Vollziehung dieses Bundesgesetzes, des Arbeitslosenversicherungsgesetzes 1977, des Sonderunterstützungsgesetzes, BGBl. Nr. 642/1973, des Ausländerbeschäftigungsgesetzes sowie sonstiger dem Arbeitsmarktservice zur Vollziehung übertragener Bundesgesetze in eigenem Namen und auf eigene Rechnung.

(2) Der Bund hat dem Arbeitsmarktservice die Ausgaben gemäß Abs. 1 mit Ausnahme der Ausgaben gemäß § 51 zu Lasten der Gebarung Arbeitsmarktpolitik (§ 1 Abs. 2 Z 1 des Arbeitsmarktpolitikfinanzierungsgesetzes, BGBl. Nr. 315/1994) zu ersetzen.

(3) Die Ausgaben gemäß § 51 sind vom Arbeitsmarktservice zu tragen.

(4) Ausgenommen von den Regelungen des Abs. 1 sind jedoch Ausgaben für Ruhegenüsse der ehemals im Arbeitsmarktservice tätigen Beamten; diese sind vom Bund zu bestreiten.

Übertragener Wirkungsbereich

§ 42. (1) Die Ausgaben für finanzielle Leistungen nach diesem Bundesgesetz, nach dem Arbeitslosenversicherungsgesetz 1977 und nach sonstigen dem Arbeitsmarktservice zur Vollziehung übertragenen Bundesgesetzen bestreitet das Arbeitsmarktservice im Namen und auf Rechnung des Bundes. Dazu zählen auch sämtliche Ausgaben im Zusammenhang mit Verfahren vor dem Bundesverwaltungsgericht und sonstigen Verwaltungsgerichten, dem Verfassungsgerichtshof, dem Verwaltungsgerichtshof und den ordentlichen Gerichten, insbesondere auch betreffend Kostenersatz und Schadenersatz, auch im Rahmen von Amtshaftungsverfahren. Einnahmen im Zusammenhang mit diesen Verfahren fließen der Arbeitsmarktrücklage (§ 50) zu.

(BGBl I 2013/71)

(2) Für den im Abs. 1 umschriebenen Wirkungsbereich gelten die Haushaltsvorschriften des Bundes.

Präliminarien

§ 43. (1) Die finanzielle Abwicklung des Arbeitsmarktservice im gemäß § 41 umschriebenen Wirkungsbereich hat auf Grund der für das jeweilige Kalenderjahr geltenden Präliminarien zu erfolgen.

(2) Die Präliminarien haben unter Berücksichtigung der für das betreffende Jahr maßgebenden Vorgaben des längerfristigen Planes gemäß § 40

1. alle voraussichtlichen Erträge und Aufwendungen des betreffenden Geschäftsjahres und
2. einen Personalplan, in dem die Zahl der Arbeitnehmer des Arbeitsmarktservice, gegliedert nach Entlohnungsgruppen, für das betreffende Geschäftsjahr festgelegt ist,

zu enthalten.

(3) Die Präliminarien haben festzulegen, inwieweit die einzelnen Ausgabenpositionen der Präliminarien innerhalb der Bestimmungen der Finanzordnung (§ 47 Abs. 2) überschritten werden können. Ebenso haben die Präliminarien festzulegen, inwieweit der Personalplan überschritten werden kann. Eine Überschreitung in einem 25 vH übersteigenden Ausmaß ist jedenfalls unzulässig. Durch Überschreitung einzelner Ausgabenpositionen der Präliminarien darf die Gesamtausgabensumme nicht überschritten werden.

(4) Die Präliminarien beschließt der Verwaltungsrat über Vorschlag des Vorstandes. Sie bedürfen der Genehmigung des Bundesministers für Arbeit und Soziales im Einvernehmen mit dem Bundesminister für Finanzen. Der Vorstand hat bei der Erstellung des Präliminarienentwurfes auf den Bundesvoranschlagsentwurf Bedacht zu nehmen.

(5) Die Nichtgenehmigung der Präliminarien kann mit der Auflage erfolgen, daß die Präliminarien auf der Grundlage des Bundesvoranschlages zu erstellen sind, soweit dadurch nicht die Erfüllung bestehender Verpflichtungen gefährdet ist.

(6) Eine Überschreitung der Gesamtausgabensumme ist nur durch eine Änderung der Präliminarien möglich, die den Bestimmungen über die Erstellung der Präliminarien unterliegt.

Provisorium

§ 44. (1) Wenn zu Beginn des Geschäftsjahres keine Präliminarien zustande gekommen sind, tritt ein Provisorium in Kraft. Das Arbeitsmarktservice ist berechtigt, Leistungen auf Grund bestehender Verpflichtungen nach Maßgabe der Fälligkeit der Ansprüche zahlbar zu stellen. Darüber hinaus kann es während der Dauer des Provisoriums monatlich Verpflichtungen für das laufende Jahr eingehen, soweit sich aus diesen Verpflichtungen keine fälligen Ansprüche ergeben, die monatlich mehr als ein Zwölftel der Präliminarien des Vorjahres ergeben.

(2) Wenn bis Ende des ersten Quartales des Geschäftsjahres keine Präliminarien zustande gekommen sind, hat der Bundesminister für Arbeit und Soziales im Einvernehmen mit dem Bundesminister für Finanzen durch Verordnung die Präliminarien festzulegen.

Jahresabschluß und Geschäftsbericht

§ 45. (1) Der Vorstand hat für den in § 41 umschriebenen Wirkungsbereich für jedes Geschäftsjahr einen Jahresabschluß (Vermögensbilanz, Gewinn- und Verlustrechnung) zu erstellen und diesen zusammen mit einem Geschäftsbericht bis spätestens 30. April des Folgejahres dem Verwaltungsrat zur Genehmigung vorzulegen.

(2) Der Jahresabschluß und der Geschäftsbericht bedarf der Genehmigung durch den Bundesminister für Arbeit und Soziales. Der Bundesminister für Arbeit und Soziales kann die Genehmigung verweigern, wenn der Jahresabschluß oder der Geschäftsbericht nicht den gesetzlichen Vorschriften entspricht, insbesondere wenn die arbeitsmarktpolitischen Vorgaben nicht eingehalten wurden. Bei der Genehmigung bzw. Verweigerung der Genehmigung hat der Bundesminister für Arbeit und Soziales das Einvernehmen mit dem Bundesminister für Finanzen herzustellen.

Rechnungsabschluß

§ 46. Für die Gebarung des in § 42 umschriebenen Tätigkeitsbereiches hat das Arbeitsmarktservice dem Bundesminister für Arbeit und Soziales und dem Rechnungshof alle für die Erstellung des Rechnungsabschlusses des Bundes erforderlichen Unterlagen zur Verfügung zu stellen.

Besondere Finanzvorschriften

§ 47. (1) Das Arbeitsmarktservice hat das Finanzwesen für den im § 41 umschriebenen Tätigkeitsbereich unter sinngemäßer Anwendung des Dritten Buches, Erster und Zweiter Abschnitt des Handelsgesetzbuches, DRGBl. S. 219/1897, nach Grundsätzen ordnungsgemäßer Buchführung durchzuführen. Allfällige Gewinne auf Grund des Jahresabschlusses sind einer Rücklage zuzuführen.

(2) Der Verwaltungsrat hat über Vorschlag des Vorstandes eine Finanzordnung nach den Grundsätzen des VIII. Abschnittes der Bundeshaushaltsverordnung 1989, BGBl. Nr. 570, zu erlassen. In der Finanzordnung ist festzulegen, unter welchen Voraussetzungen Überschreitungen der einzelnen Ausgabepositionen der Präliminarien zulässig sind. Die Finanzordnung bedarf der Zustimmung des Bundesministers für Arbeit und Soziales im Einvernehmen mit dem Bundesminister für Finanzen.

(3) Folgende Maßnahmen bedürfen der Zustimmung des Bundesministers für Arbeit und Soziales im Einvernehmen mit dem Bundesminister für Finanzen:

1. Vorhaben im Sinne des § 41, die im Einzelfall 50 Millionen Schilling übersteigen; dies gilt für Dauerschuldverhältnisse mit der Maßgabe, daß bei befristeten Dauerschuldverhältnissen der Gesamtaufwand, bei unbefristeten das 10fache des Jahresaufwandes 50 Millionen Schilling übersteigt;
2. das Eingehen von Beteiligungen an fremden Einrichtungen;
3. Veränderungen im Bestand von Liegenschaften;
4. Vorhaben, die darauf gerichtet sind, Neu-, Um- und Zubauten an und von Gebäuden durchzuführen, die im Einzelfall 5 Millionen Schilling übersteigen und
5. die Mitgliedschaft in einer Personenvereinigung, wenn der Mitgliedsbeitrag in einem Jahr 5 Millionen Schilling übersteigt.

Kreditaufnahmen

§ 48. (1) Das Arbeitsmarktservice darf über Beschluss des Verwaltungsrates mit Zustimmung des Bundesministers für Wirtschaft und Arbeit im Einvernehmen mit dem Bundesminister für Finanzen Kredite aufnehmen, wenn die Sicherung der Aufwendungen gemäß § 41 Abs. 1 kurzfristig und vorübergehend die Zuführung zusätzlicher Mittel erfordert.

(2) Kredite gemäß Abs. 1 sind jährlich spätestens anlässlich der vorläufigen Abrechnung gemäß § 7 Abs. 2 des Arbeitsmarktpolitikfinanzierungsgesetzes zu tilgen.

(3) Das Arbeitsmarktservice hat sich bei Kreditaufnahmen gemäß Abs. 1 der Bundesfinanzierungsagentur zu bedienen.

(4) Der Bundesminister für Finanzen ist ermächtigt, Haftungen des Bundes für gemäß Abs. 1 aufgenommene Kredite nach Maßgabe des jeweils geltenden Bundesfinanzgesetzes zu übernehmen.

(5) Die durch Kreditaufnahme entstehenden Kosten, wie Zinsen, Kreditvertrags- und Kontoführungsgebühren und sonstige Spesen sowie die Tilgung sind dem Arbeitsmarktservice vom Bund zu Lasten der Gebarung Arbeitsmarktpolitik (§ 1 Abs. 2 Z 8 des Arbeitsmarktpolitikfinanzierungsgesetzes) zu ersetzen.

(BGBl I 2000/142, BGBl I 2004/136)

Sonderbewertungsrechte

§ 49. (1) Soweit nach den Bestimmungen des § 47 Abs. 1 für künftige Verpflichtungen Rücklagen und Rückstellungen zu bilden sind, erhält das Arbeitsmarktservice die unbaren Aufwendungen für die Dotierung der Rücklagen und Rückstellungen vom Bund nicht in bar ersetzt. Der Bund ist jedoch verpflichtet, dem Arbeitsmarktservice die entsprechenden Ausgaben in jenem Finanzjahr zu ersetzen, in dem und soweit jene Verpflichtung fällig wird, für die die Rücklage bzw. Rückstellung gebildet wurde. Das Arbeitsmarktservice kann mit der Bildung der Rücklage bzw. Rückstellung eine entsprechende Forderung an den Bund aktivieren.

(2) Ebenso ist das Arbeitsmarktservice berechtigt, im Falle von Kreditaufnahmen gemäß § 48 Abs. 1 den Ersatzanspruch gegen den Bund gemäß § 48 Abs. 5 in voller Höhe der aushaftenden Kreditschuld zu aktivieren.

(BGBl I 2004/136)

Arbeitsmarktrücklage

§ 50. (1) Das durch Überweisungen des Bundes gemäß § 1 Abs. 2 Z 11 des Arbeitsmarktpolitik-Finanzierungsgesetzes (AMPFG), BGBl. Nr. 315/1994, entstehende Vermögen ist durch Bildung einer besonderen Rücklage (Arbeitsmarktrücklage) zu binden.

(BGBl I 2003/128)

(2) Die Arbeitsmarktrücklage ist gewinnbringend so anzulegen, dass sie umgehend für Zwecke des § 51 herangezogen werden kann.

(BGBl I 2000/142)

Auflösung der Rücklage

§ 51. Das Arbeitsmarktservice hat die Arbeitsmarktrücklage im Auftrag des Bundesministers für Wirtschaft und Arbeit ganz oder teilweise aufzulösen und die dadurch freiwerdenden Mittel zur Finanzierung von Leistungen zur Erfüllung der Aufgaben gemäß § 29 zu verwenden.

(BGBl I 2000/142)

Strafeinnahmen

§ 52. Die Einnahmen, die dem Arbeitsmarktservice aus Strafen nach dem Arbeitskräfteüberlassungsgesetz, BGBl. Nr. 196/1988, dem Arbeitslosenversicherungsgesetz 1977, dem Arbeitsmarktförderungsgesetz und dem Ausländerbeschäftigungsgesetz zufließen, sind ebenfalls der Arbeitsmarktrücklage gemäß § 50 zuzuführen.

5. TEIL
Personal

Personalaufnahme

§ 53. Die Aufnahme der Bediensteten der Bundesgeschäftsstelle erfolgt auf der Grundlage des Personalplanes durch den Vorsitzenden des Vorstandes, die der Bediensteten der Landesgeschäftsstellen und der zugehörigen regionalen Geschäftsstellen durch den jeweils zuständigen Landesgeschäftsführer.

Vorschriften für die Regelung der Arbeitsverhältnisse

§ 54. (1) Die Bundesorganisation des Arbeitsmarktservice ist als Arbeitgeber hinsichtlich aller Arbeitnehmer des Arbeitsmarktservice kollektivvertragsfähig im Sinne des § 7 des Arbeitsverfassungsgesetzes, BGBl. Nr. 22/1974.

(2) Die Arbeitsverhältnisse der Arbeitnehmer des Arbeitsmarktservice können in einem Kollektivvertrag im Sinne des Arbeitsverfassungsgesetzes geregelt werden. Der Kollektivvertrag hat die wesentlichen Rechte und Pflichten der Arbeitnehmer wie Entlohnung, Arbeitszeit, Regelung bei Dienstverhinderung und Beendigungsbestimmungen zu enthalten.

(3) Wenn kein Kollektivvertrag gilt, hat der Verwaltungsrat über Vorschlag des Vorstandes Richtlinien für die Gestaltung der Arbeitsverhältnisse zu erlassen. Die Richtlinien haben sich am Grundsatz zu orientieren, daß bei gleichartiger Tätigkeit die Lebensverdienstsumme eines Arbeitnehmers des Arbeitsmarktservice jener eines Beamten, der dem jeweiligen Amt des Arbeitsmarktservice angehört, entspricht.

(4) Die Erlassung und die Abänderung von Richtlinien gemäß Abs. 3 bedürfen der Genehmigung durch den Bundesminister für Arbeit und Soziales.

(5) Die Richtlinien dürfen für die Arbeitnehmer des Arbeitsmarktservice nicht ungünstigere Vorschriften enthalten als das Vertragsbedienstetengesetz 1948, BGBl. Nr. 86. Bei der Prüfung, ob das Vertragsbedienstetengesetz günstiger ist als die Richtlinien, sind jene Bestimmungen zusammenzufassen und gegenüberzustellen, die in einem rechtlichen und sachlichen Zusammenhang stehen.

(6) Für die Arbeitnehmer des Arbeitsmarktservice und die den Ämtern des Arbeitsmarktservice

angehörenden Beamten sowie die Bewerber um Aufnahme in ein Arbeitsverhältnis zum Arbeitsmarktservice gilt das Bundes-Gleichbehandlungsgesetz, BGBl. Nr. 100/1993, mit folgender Maßgabe:

1. die Geschäftsstellen des Arbeitsmarktservice gelten als Dienststellen,
2. die Bundesgeschäftsstelle gilt als Zentralstelle und diese mit allen übrigen Geschäftsstellen als Ressort,
3. die Leiter der regionalen Geschäftsstellen, die Landesgeschäftsführer und der Vorsitzende des Vorstandes gelten als Leiter und
4. der Wirkungsbereich der jeweiligen Landes- und der Bundesgeschäftsstelle des Arbeitsmarktservice gilt als Wirkungsbereich der jeweiligen Dienstbehörde.

Anwendbarkeit arbeitsverfassungsrechtlicher Bestimmungen

§ 55. Hinsichtlich des Kollektivvertrages (§ 54 Abs. 2) gilt der I. Teil, 1. Hauptstück des Arbeitsverfassungsgesetzes.

Für die Arbeitnehmervertretung maßgebliche Vorschriften

§ 56. (1) Für die Arbeitnehmer des Arbeitsmarktservice und die den Ämtern des Arbeitsmarktservice angehörenden Beamten gelten die Vorschriften des Bundes-Personalvertretungsgesetzes, BGBl. Nr. 133/1967, mit folgender Maßgabe:

1. die Geschäftsstellen des Arbeitsmarktservice gelten als Dienststellen,
2. die Bundesgeschäftsstelle gilt als Zentralstelle,
3. die Bediensteten, die bei einer Geschäftsstelle des Arbeitsmarktservice Dienst verrichten und unter Berücksichtigung der Bestimmungen des Bundes-Personalvertretungsgesetzes als bei einer Dienststelle Dienst verrichtend anzusehen sind, gelten als dem Dienststand der jeweiligen Dienststelle angehörende Bedienstete,
4. für alle Geschäftsstellen eines Bundeslandes wird bei der Landesgeschäftsstelle ein Fachausschuß eingerichtet,
5. für alle Geschäftsstellen des Arbeitsmarktservice wird bei der Bundesgeschäftsstelle ein Zentralausschuß eingerichtet,
6. die Leiter der Geschäftsstellen, die Landesgeschäftsführer und der Vorsitzende des Vorstandes gelten als Leiter,
7. der Bundesminister für Arbeit und Soziales hat vor der Erteilung von Weisungen in allgemeinen Personalangelegenheiten an die Ämter des Arbeitsmarktservice dem Zentralausschuß über dessen Verlangen Gelegenheit zur Stellungnahme zu geben und
8. wenn sich die Personalvertretungs-Aufsichtskommission in einem Gutachten gemäß § 10 Abs. 7 des Bundes-Personalvertretungsgesetzes der Auffassung des Zentralausschusses anschließt, kann der Zentralausschuß vom Bundesminister für Arbeit und Soziales eine Beratung der Angelegenheit unter Bedachtnahme auf das Gutachten der Personalvertretungs-Aufsichtskommission verlangen.

(2) Wenn der Anteil der in einem öffentlichrechtlichen Dienstverhältnis stehenden Bediensteten im Arbeitsmarktservice unter 40 vH sinkt, gelten für die Arbeitnehmervertretung nach Ablauf der Funktionsperiode des Zentralausschusses der I. Teil, 5. Hauptstück, und der II. Teil des Arbeitsverfassungsgesetzes.

Personalausbildung

§ 57. (1) Der Vorstand hat dafür zu sorgen, daß Personen, die zur Erfüllung der Aufgaben des Arbeitsmarktservice herangezogen werden, die erforderliche fachliche und persönliche Eignung haben, um die Erfüllung der Aufgaben des Arbeitsmarktservice im Sinne des § 29 bestmöglich sicherzustellen.

(2) Der Vorstand hat für die Aus- und Weiterbildung der Bediensteten des Arbeitsmarktservice zu sorgen.

6. TEIL
Aufsicht

1. HAUPTSTÜCK
Aufgaben des Bundesministers für Arbeit und Soziales

Aufgaben im behördlichen Verfahren

§ 58. (1) Soweit das Arbeitsmarktservice behördliche Aufgaben zu erfüllen hat, unterliegt es dem Weisungsrecht des Bundesministers für Arbeit und Soziales.

(2) Weisungen des Bundesministers für Arbeit und Soziales im behördlichen Verfahren ergehen an den Vorstand, von diesem an den Landesgeschäftsführer und von diesem an den Leiter der regionalen Geschäftsstelle.

Aufgaben im nichtbehördlichen Bereich

§ 59. (1) Soweit das Arbeitsmarktservice nichthoheitliche Aufgaben erfüllt, untersteht es der Aufsicht des Bundesministers für Arbeit und Soziales.

(2) Der Bundesminister für Arbeit und Soziales hat dem Arbeitsmarktservice für die Durchführung der Arbeitsmarktpolitik allgemeine Zielvorgaben zu geben. Soweit darin Grundsätze über den Einsatz finanzieller Leistungen gemäß dem 2. Teil, 3. Hauptstück enthalten sind, bedürfen diese des Einvernehmens mit dem Bundesminister für Finanzen. Der Bundesminister für Arbeit, Gesundheit und Soziales hat für die erforderlichen Grundlagen und Voraussetzungen für die Festlegung allgemeiner Zielvorgaben der Arbeitsmarktpolitik sowie für die Bekanntmachung der Schwerpunkte der allgemeinen Zielvorgaben in der Öffentlichkeit zu sorgen.

(BGBl I 1997/139)

(3) Bei Ausübung der Aufsicht ist die Gesetzmäßigkeit und die Einhaltung der nach diesem Gesetz ergangenen Vorschriften (Zielvorgaben, Verordnungen, Richtlinien) einschließlich der Ausrichtung der Tätigkeiten und Leistungen des Arbeitsmarktservice auf die im Rahmen der Vollbeschäftigungspolitik der Bundesregierung zu verfolgende aktive Arbeitsmarktpolitik (§ 29) zu prüfen.

(4) Zur Prüfung gemäß Abs. 3 gehört auch die Beobachtung und Bewertung der Tätigkeiten und Leistungen des Arbeitsmarktservice hinsichtlich ihrer arbeitsmarktpolitischen Effizienz.

(5) In Ausübung der Aufsicht hat der Bundesminister für Arbeit und Soziales bei Beschlüssen der Organe des Arbeitsmarktservice (§ 3), die im Widerspruch zur gesetzmäßigen Führung der Geschäfte stehen, den Verwaltungsrat unter Setzung einer angemessenen Frist aufzufordern, unverzüglich auf eine gesetzeskonforme Vorgangsweise hinzuwirken. Nach Ablauf dieser Frist geht die Kompetenz zur Vollziehung der entsprechenden Angelegenheit, ungeachtet der sich sonst aus dem Gesetz ergebenden Zuständigkeiten, auf den Verwaltungsrat über. Der Vollzug der Beschlüsse ist während dieser Frist ausgesetzt. Wenn während dieser Frist keine gesetzeskonforme Maßnahme durch das Arbeitsmarktservice gesetzt wird, hat der Bundesminister für Arbeit und Soziales die gesetzwidrigen Beschlüsse aufzuheben.

(6) Nehmen Organe des Arbeitsmarktservice oder Mitglieder dieser Organe ihre in diesem Bundesgesetz festgelegten Pflichten nicht wahr, hat der Bundesminister für Arbeit und Soziales den Verwaltungsrat aufzufordern, innerhalb einer kurzen, angemessenen Frist für die Setzung der unterlassenen Handlungen zu sorgen. Kommt der Verwaltungsrat diesem Verlangen innerhalb dieser Frist nicht nach, so hat der Bundesminister für Arbeit und Soziales die unterlassenen Handlungen durchzuführen. Die Setzung der Nachfrist kann bei Gefahr im Verzug entfallen.

(7) Das Arbeitsmarktservice ist verpflichtet, dem Bundesminister für Arbeit und Soziales auf Verlangen alle für die Wahrnehmung der Aufsicht erforderlichen Auskünfte zu geben und die erforderlichen Unterlagen zur Verfügung zu stellen.

(8) Der Bundesminister für Arbeit und Soziales kann sich bei Ausübung der Aufsicht erforderlichenfalls geeigneter externer Einrichtungen bedienen. Er hat auf Anregungen des Bundesministers für Finanzen betreffend die Aufsichtsführung Bedacht zu nehmen. Dadurch dürfen schutzwürdige Interessen Dritter im Sinne des § 1 Abs. 1 des Datenschutzgesetzes nicht verletzt werden.

2. HAUPTSTÜCK
Prüfung durch den Rechnungshof und die Volksanwaltschaft

§ 60. (1) Die Gebarung des Arbeitsmarktservice unterliegt der Prüfung durch den Rechnungshof.

(2) Die Tätigkeit des Arbeitsmarktservice unterliegt der Prüfung durch die Volksanwaltschaft.

7. TEIL
Sonderbestimmungen

Befreiung von Gebühren und Abgaben

§ 61. (1) Das Arbeitsmarktservice gilt als Hoheitsbetrieb im Sinne des § 2 Abs. 5 des Körperschaftsteuergesetzes 1988, BGBl. Nr. 401. Alle dem Bund auf Grund bundesgesetzlicher Bestimmungen eingeräumten abgaben- und gebührenrechtlichen Begünstigungen finden auch auf das Arbeitsmarktservice Anwendung, soweit es in Erfüllung seiner gesetzlichen Aufgaben tätig wird. Das Arbeitsmarktservice ist von den Verwaltungsabgaben sowie den Gerichts- und Justizverwaltungsabgaben befreit.

(2) Tätigkeiten des Arbeitsmarktservice auf Grund dieses Bundesgesetzes unterliegen nicht den Bestimmungen der Gewerbeordnung 1994, BGBl. Nr. 194.

(3) Die im Verfahren nach diesem Bundesgesetz erforderlichen Eingaben und Vollmachten sind von den Stempelgebühren des Bundes befreit.

8. TEIL
Übergangsbestimmungen

1. HAUPTSTÜCK
Übergang bestehender Rechte und Pflichten auf das Arbeitsmarktservice

§ 62. (1) Das Arbeitsmarktservice ist der Rechtsnachfolger des Fonds der Arbeitsmarktverwaltung (§ 64 des Arbeitslosenversicherungsgesetzes 1977) und des Bundes, soweit dieser für Zwecke der Arbeitsmarktverwaltung Rechte erworben hat bzw. Pflichten eingegangen ist. Die wechselseitigen Verpflichtungen des Fonds und des Bundes, die mit Ablauf des 31. Dezember 1993 unter Berücksichtigung des Bundesrechnungsabschlusses 1993 bestanden, erlöschen.

(2) Das in der Anlage[a)] angeführte, im Eigentum des Bundes stehende und ausschließlich dem Aufgabenbereich der Arbeitsmarktverwaltung gewidmete Vermögen geht mit 1. Jänner 1995 unentgeltlich in das Eigentum des Arbeitsmarktservice über.

[a)] Vom Abdruck der Anlage wurde abgesehen.

(3) Der Bundesminister für Finanzen hat auf Verlangen des Arbeitsmarktservice eine Bescheinigung über das Eigentumsrecht an den in der Anlage angeführten Vermögensbestandteilen auszustellen. Eine solche Bescheinigung gilt als öffentliche Urkunde im Sinne des § 33 des Allgemeinen Grundbuchsgesetzes 1955, BGBl. Nr. 39.

(4) Für die Nutzung von Räumlichkeiten in Gebäuden, die im Eigentum des Bundes stehen und nicht ausschließlich dem Aufgabenbereich der Arbeitsmarktverwaltung gewidmet sind, ist kein Nutzungsentgelt zu entrichten, sofern sie nicht im Nutzungsrecht der Bundesimmobiliengesellschaft stehen.

(5) Der Übergang der Bestandsverhältnisse im Wege der Gesamtrechtsnachfolge stellt keine Veräußerung im Sinne des § 12a Abs. 1 des Miet-

rechtsgesetzes, BGBl. Nr. 520/1981, und keine Änderung der rechtlichen und wirtschaftlichen Einflußmöglichkeiten im Sinne des § 12a Abs. 3 leg. cit. dar.

2. HAUPTSTÜCK
Arbeitnehmer-Übergangsregelungen

Geltung des Vertragsbedienstetengesetzes

§ 63. Bis zum Abschluß eines Kollektivvertrages (§ 54 Abs. 2) oder bis zur Erlassung von Richtlinien (§ 54 Abs. 3) gelten für die Arbeitnehmer des Arbeitsmarktservice die Bestimmungen des Dienst- und Besoldungsrechtes, insbesondere des Vertragsbedienstetengesetzes 1948 weiter. Vorschriften, die sich auf Bedienstete des Bundes beziehen, sind auf die Arbeitnehmer des Arbeitsmarktservice so anzuwenden, als ob diese Vertragsbedienstete des Bundes wären. Für neueintretende Arbeitnehmer des Arbeitsmarktservice gelten bis zum Abschluß eines Kollektivvertrages oder Inkrafttreten von Richtlinien die Bestimmungen des Dienst- und Besoldungsrechtes, insbesondere des Vertragsbedienstetengesetzes 1948.

Übergang der Bediensteten

§ 64. (1) Für die Bediensteten, die am 31. Dezember 1994 im Bereich der Landesarbeitsämter und Arbeitsämter beschäftigt sind, gilt mit Ausnahme der in Abs. 3 genannten Bediensteten mit Wirkung vom 1. Jänner 1995 folgende Regelung:

1. Beamte gehören dem jeweiligen Amt des Arbeitsmarktservice an;
2. den Arbeitnehmern des Arbeitsmarktservice bleiben die am Tag vor dem Inkrafttreten dieses Bundesgesetzes bestehenden Rechte mit der Maßgabe, daß auch ab 1. Jänner 1995 für Vertragsbedienstete des Bundes geltende Bezugserhöhungen gebühren, gewahrt.

(2) Für die Bediensteten, die am 31. Dezember 1994 bei den Landesarbeitsämtern im Bereich der Personal- oder Sachverwaltung oder der Schulung beschäftigt sind, gilt mit Wirkung vom 1. Jänner 1995 vorläufig folgende Regelung:

1. Beamte gehören dem jeweiligen Amt des Arbeitsmarktservice an,
2. den Arbeitnehmern des Arbeitsmarktservice bleiben die am Tag vor dem Inkrafttreten dieses Bundesgesetzes bestehenden Rechte mit der Maßgabe, daß auch ab 1. Jänner 1995 für Vertragsbedienstete des Bundes geltende Bezugserhöhungen gebühren, gewahrt.

Diese Bediensteten sind ab 1. Jänner 1995 durch Bescheid oder Dienstgebererklärung des Bundesministers für Arbeit und Soziales auch dem in Betracht kommenden Bundesamt für Soziales und Behindertenwesen zur Dienstleistung zuzuteilen, wenn auf Grund der zu diesem Zeitpunkt geltenden Geschäftseinteilung der Bundesämter für Soziales und Behindertenwesen ihr Arbeitsplatz ab diesem Zeitpunkt zum überwiegenden Teil einem dieser Ämter zugehört und ihre Dienstleistung für das Bundesamt für Soziales und Behindertenwesen von größerer Bedeutung ist als für ihre bisherige Dienststelle. § 39 Abs. 2 2. Satz des Beamten-Dienstrechtsgesetzes 1979, BGBl. Nr. 333, findet keine Anwendung. Nach Inkrafttreten des Kollektivvertrages (§ 54 Abs. 2) bzw. der Richtlinien (§ 54 Abs. 3) ist binnen einem Jahr der Dienstgeber bzw. Arbeitsplatz endgültig mit Bescheid oder Dienstgebererklärung des Bundesministers für Arbeit und Soziales festzulegen. Mit diesem Bescheid bzw. dieser Dienstgebererklärung tritt die Dienstzuteilung außer Kraft.

(3) Beamte und Vertragsbedienstete, die am 31. Dezember 1994

1. bei den Bundesämtern für Soziales und Behindertenwesen im Bereich der Personal- und Sachverwaltung, der Schulung oder der Buchhaltung beschäftigt sind oder
2. im Bundesministerium für Arbeit und Soziales mit Tätigkeiten, die die Arbeitsmarktverwaltung betreffen, befaßt sind,

sind ab 1. Jänner 1995, bei Fortdauer ihrer Zugehörigkeit zum Dienststand ihrer bisherigen Dienstbehörde, auch der in Betracht kommenden Geschäftsstelle des Arbeitsmarktservice durch Bescheid oder Dienstgebererklärung des Bundesministers für Arbeit und Soziales zur Dienstleistung zuzuteilen, wenn auf Grund der zu diesem Zeitpunkt geltenden Geschäftseinteilung der Bundesgeschäftsstelle und der Landesgeschäftsstellen ihr Arbeitsplatz ab diesem Zeitpunkt zum überwiegenden Teil einer dieser Geschäftsstellen zugehört und ihre Dienstleistung für das Arbeitsmarktservice von größerer Bedeutung ist als für ihre bisherige Dienststelle. § 39 Abs. 2 2. Satz des Beamten-Dienstrechtsgesetzes 1979 findet keine Anwendung. Nach Inkrafttreten des Kollektivvertrages (§ 54 Abs. 2) bzw. der Richtlinien (§ 54 Abs. 3) ist binnen einem Jahr der Dienstgeber bzw. Arbeitsplatz endgültig mit Bescheid oder Dienstgebererklärung des Bundesministers für Arbeit und Soziales festzulegen. Mit diesem Bescheid bzw. dieser Dienstgebererklärung tritt die Dienstzuteilung außer Kraft.

(4) Werden Aufgaben des Arbeitsmarktservice auf andere Bundesdienststellen übertragen (§ 74), so gilt folgendes:

Hinsichtlich der Beamten und Bediensteten des Arbeitsmarktservice, die mit Aufgaben befaßt sind, die auf andere Bundesdienststellen übertragen werden, ist mit Bescheid oder Dienstgebererklärung des Bundesministers für Arbeit und Soziales der zukünftige Arbeitsplatz bzw. der zukünftige Dienstgeber vorläufig festzulegen. Nach Inkrafttreten des Kollektivvertrages bzw. der Richtlinien oder dem späteren Inkrafttreten der Verordnung gemäß § 74 Abs. 1 ist binnen einem Jahr der Arbeitsplatz bzw. Dienstgeber endgültig mit Bescheid oder Dienstgebererklärung festzulegen.

(5) Bei Erlassung von Bescheiden oder Dienstgebererklärungen gemäß Abs. 2, 3 und 4 ist auf die Erfordernisse zur Erfüllung der Aufgaben, insbesondere im Hinblick auf die persönlichen Kenntnisse und Fähigkeiten, sowie den bisherigen Arbeitsplatz, die persönlichen Interessen und

soziale Erwägungen Bedacht zu nehmen. Vor der Erlassung von Bescheiden oder Dienstgebererklärungen ist das Einvernehmen mit dem unmittelbar zuständigen Personalvertretungsorgan gemäß dem Bundes-Personalvertretungsgesetz herzustellen.

(6) Beamte, die den Ämtern des Arbeitsmarktservice angehören, haben, wenn sie bis einschließlich 31. Dezember 1999 ihren Austritt aus dem Bundesdienst erklären, Anspruch auf die Aufnahme in ein Dienstverhältnis zum Arbeitsmarktservice mit Wirksamkeit des dem Austritt folgenden Monatsersten.

(7) Ein Beamter, der gemäß Abs. 6 in ein Dienstverhältnis zum Arbeitsmarktservice übertritt, hat keinen Anspruch auf Abfertigung gemäß § 26 des Gehaltsgesetzes 1956, BGBl. Nr. 54. Wird ein Beamter, der gemäß § 26 Abs. 3 leg. cit. aus dem Dienstverhältnis ausgetreten ist, innerhalb von sechs Monaten nach Beendigung dieses Dienstverhältnisses in ein Dienstverhältnis zum Arbeitsmarktservice aufgenommen, so hat er dem Arbeitsmarktservice die anläßlich der Beendigung des bisherigen Dienstverhältnisses gemäß § 26 Abs. 3 leg. cit. erhaltene Abfertigung zu erstatten.

Besondere Gleichstellungsregelungen mit Bundesbediensteten

§ 65. Das Ernennungserfordernis gemäß der Anlage 1 Punkt 2.3. lit. a zum Beamten-Dienstrechtsgesetz 1979 gilt hinsichtlich von Bediensteten, bei denen eine höherwertige Verwendung beabsichtigt ist, auch dann als erfüllt, wenn die dort genannte sechsjährige Tätigkeit bei den Arbeitsämtern zumindest im Fachdienst, davon drei Jahr probeweise im gehobenen Dienst, ganz oder teilweise in regionalen Geschäftsstellen oder in Bundesämtern für Soziales und Behindertenwesen erfolgt ist.

Übergang der Dienst- und Naturalwohnungen

§ 66. Beamte, Vertragsbedienstete und Bedienstete des Fonds der Arbeitsmarktverwaltung, die eine Dienst- oder Naturalwohnung bewohnen, sind hinsichtlich dieser Wohnungen so zu behandeln, als ob sie Bundesbedienstete wären, und behalten diese Wohnung auch für den Fall, daß sie Arbeitnehmer des Arbeitsmarktservice werden. Dadurch wird kein Bestandsverhältnis an der Wohnung begründet, und die Bestimmungen des § 80 des Beamten-Dienstrechtsgesetzes 1979 und der §§ 24a bis 24c des Gehaltsgesetzes 1956 finden weiterhin sinngemäß Anwendung.

Forderungsübergang

§ 67. Forderungen des Bundes gegenüber Vertragsbediensteten und Beamten, die in ein Dienstverhältnis zum Arbeitsmarktservice aufgenommen werden bzw. übertreten, sind dem Bund vom Arbeitsmarktservice zu refundieren.

Personalvertretung

§ 68. Bis zur Wahl der Personalvertretung für die Arbeitnehmer des Arbeitsmarktservice und die den Ämtern des Arbeitsmarktservice angehörenden Beamten werden deren Aufgaben, unter Bedachtnahme auf die Bestimmungen des § 56, von den Organen der Personalvertretung für die Bediensteten der Arbeitsämter wahrgenommen.

Ämter des Arbeitsmarktservice

§ 69. (1) Für den Bereich jedes Bundeslandes und für die Bundesorganisation wird je ein Amt des Arbeitsmarktservice eingerichtet. Für jene Beamten, die bei der jeweiligen Landesgeschäftsstelle oder den dazugehörigen regionalen Geschäftsstellen Dienst verrichten, ist das jeweilige Amt bei der Landesgeschäftsstelle und für jene Beamten, die bei der Bundesgeschäftsstelle Dienst verrichten, das Amt bei der Bundesgeschäftsstelle zuständig.

(BGBl I 2005/79, BGBl I 2007/104, BGBl I 2013/71)

(2) Das Bundesministerium für Arbeit, Soziales und Konsumentenschutz ist oberste Dienstbehörde für jene Beamten, die in den Geschäftsstellen des Arbeitsmarktservice Dienst verrichten. Die Ämter sind dem Bundesministerium für Arbeit, Soziales und Konsumentenschutz nachgeordnet. Das Amt bei der Landesgeschäftsstelle wird vom jeweiligen Landesgeschäftsführer geleitet. Das Amt bei der Bundesgeschäftsstelle wird vom Vorsitzenden des Vorstandes geleitet. Die Leiter der Ämter sind in dieser Funktion an die Weisungen des Bundesministers für Arbeit, Soziales und Konsumentenschutz gebunden.

(BGBl I 2007/104, BGBl I 2013/71)

(3) Als Dienststelle im Sinne des Beamten-Dienstrechtsgesetzes 1979 für die den Ämtern des Arbeitsmarktservice angehörenden Beamten gilt jene Landesgeschäftsstelle oder regionale Geschäftsstelle oder Bundesgeschäftsstelle des Arbeitsmarktservice, bei der der Beamte regelmäßig Dienst verrichtet.

Mitwirkung der Bundesrechenzentrum GmbH

§ 70. (1) Die Bundesrechenzentrum GmbH hat die ihm obliegenden Aufgaben für die den Ämtern des Arbeitsmarktservice angehörenden Beamten und auf Verlangen für die Arbeitnehmer des Arbeitsmarktservice, soweit auf diese dieselben Bestimmungen wie für Vertragsbedienstete des Bundes anzuwenden sind, weiterhin zu übernehmen. Die Haushaltsverrechnung der Ämter des Arbeitsmarktservice hinsichtlich der Besoldung der Beamten und der sonstigen Arbeitnehmer des Arbeitsmarktservice ist von der Bundesrechenzentrum GmbH mitzubesorgen.

(BGBl 1996/757)

(2) Dem Bundesrechenamt obliegt die Mitwirkung bei der Berechnung und Zahlbarstellung von finanziellen Leistungen nach diesem Bundesgesetz. Generelle Änderungen in der Höhe der finanziellen Leistungen sind auf Mitteilung des Arbeitsmarktservice von der Bundesrechenzentrum GmbH vorzunehmen, sofern sie automationsunterstützt durchführbar sind. Der Bundesminister für Arbeit und Soziales kann im Einvernehmen mit dem Bundesminister für Finanzen durch Verordnung

festlegen, daß die Berechnung und Zahlbarstellung von finanziellen Leistungen nach diesem Bundesgesetz, nach dem Arbeitslosenversicherungsgesetz 1977 und von Kurzarbeitsbeihilfen gemäß dem Arbeitsmarktförderungsgesetz vom Arbeitsmarktservice vorzunehmen ist.

(BGBl 1996/757)

(3) Die Bundesrechenzentrum GmbH hat die Organisation der Abrechnung der Gebarung im Sinne des § 42 gemäß den Erfordernissen des Arbeitsmarktservice nach Maßgabe der technischen und personellen Möglichkeiten durchzuführen.

(BGBl 1996/757)

(4) Hinsichtlich des Entgeltes an das Bundesrechenamt für die in den Abs. 1 bis 3 genannten Dienstleistungen der Bundesrechenzentrum GmbH gilt das Arbeitsmarktservice als Bundesdienststelle.

(BGBl 1996/757)

3. HAUPTSTÜCK
Sonstige Übergangsbestimmungen

Übergang betreffend Arbeits- und Landesarbeitsämter

§ 71. (1) Bis zum Ablauf des 31. Dezember 1994 obliegen die Aufgaben der regionalen Geschäftsstellen (§ 23) als Hilfsapparat der regionalen Organisationen den Arbeitsämtern, die Aufgaben der Landesgeschäftsstellen (§ 17) als Hilfsapparat der Organe der Landesorganisationen den Landesarbeitsämtern und die Aufgaben der Bundesgeschäftsstelle (§ 10) als Hilfsapparat der Organe der Bundesorganisation dem Bundesministerium für Arbeit und Soziales. Bis zu diesem Zeitpunkt dürfen die regionalen Geschäftsstellen weiter die Bezeichnung „Arbeitsamt“ und die Landesgeschäftsstellen weiter die Bezeichnung „Landesarbeitsamt“ führen und diese Bezeichnungen auch auf amtlichen Schriftstücken verwenden.

(2) Bis zum Ablauf des 31. Dezember 1994 gilt die Verordnung des Bundesministers für soziale Verwaltung vom 27. August 1976 über die Errichtung von Landesarbeitsämtern und Arbeitsämtern und die Festsetzung ihrer Sprengel, BGBl. Nr. 508, in der Fassung der Verordnung BGBl. Nr. 474/1991, als Verordnung auf Grund des § 24 Abs. 1 weiter.

(3) Bis zur Bestellung der Organe nach diesem Bundesgesetz obliegen die Aufgaben des Vorstandes dem Bundesminister für Arbeit und Soziales, die Aufgaben der Landesgeschäftsführer den bisherigen Leitern der Landesarbeitsämter und die Aufgaben der Leiter der regionalen Geschäftsstellen den bisherigen Leitern der Arbeitsämter.

Verwaltungsverfahren

§ 72. Soweit gesetzlich nicht anderes bestimmt ist, sind Verwaltungsverfahren und Geschäftsfälle, die zum 31. Dezember 1994 beim Arbeitsamt anhängig sind, von der jeweiligen regionalen Geschäftsstelle, sowie Verwaltungsverfahren und Geschäftsfälle, die beim Landesarbeitsamt anhängig sind, von der jeweiligen Landesgeschäftsstelle weiterzuführen.

Haushaltsrechtliche Übergangsbestimmungen

§ 73. Bis zum Inkrafttreten einer Finanzordnung, mindestens jedoch bis zum 31. Dezember 1994 sind für die Gebarung des Arbeitsmarktservice die Haushaltsvorschriften des Bundes sinngemäß anzuwenden.

Aufgabenübergang

§ 74. (1) Der Bundesminister für Arbeit und Soziales hat durch Verordnung festzulegen, zu welchem Zeitpunkt die im Arbeitsmarktservice-Begleitgesetz, BGBl. Nr. 314/1994, jeweils genannten Aufgaben auf die dort jeweils genannten Rechtsträger übergehen. Voraussetzung für die Erlassung einer solchen Verordnung ist, daß die rechtlichen, technischen und personellen Voraussetzungen für die Übertragung der einzelnen Aufgaben gegeben sind. In dieser Verordnung sind auch ein unter Zugrundelegung der Ergebnisse der Kostenrechnung festzulegender Aufwandersatz und Bestimmungen über die Art und Weise der konkreten Abwicklung der Aufgabenübertragung vorzusehen.

(2) Der Aufgabenübergang hat längstens bis 1. Juli 1997 zu erfolgen.

4. HAUPTSTÜCK
Erstmalige Maßnahmen

§ 75. (1) Der Bundesminister für Arbeit und Soziales hat eine erste Geschäftsordnung (§ 28) und eine erste Finanzordnung (§ 47 Abs. 2) zu erlassen. Vor der Erlassung der Geschäftsordnung und der Finanzordnung sind die vorschlagsberechtigten Interessenvertretungen (§ 5 Abs. 1) der Arbeitgeber und der Arbeitnehmer anzuhören.

(2) Der Bundesminister für Arbeit und Soziales erläßt die erste Geschäftseinteilung zur Aufteilung der Geschäftsbereiche auf die beiden Vorstandsmitglieder und die Geschäftseinteilung der Bundesgeschäftsstelle. Vor der Erlassung sind die vorschlagsberechtigten Interessenvertretungen (§ 5 Abs. 1) der Arbeitgeber und der Arbeitnehmer anzuhören und ist das Einvernehmen mit den zuständigen Organen der Personalvertretung gemäß dem Bundes-Personalvertretungsgesetz herzustellen. Für die Landesgeschäftsstellen und die regionalen Geschäftsstellen gelten die Geschäftseinteilungen der Landesarbeitsämter und Arbeitsämter sinngemäß weiter.

(3) Dem Bundesminister für Arbeit und Soziales obliegt die Bestellung des ersten Vorstandes auf der Grundlage einer Ausschreibung.

(4) Der Bundesminister für Arbeit und Soziales bestellt den Vorsitzenden des Verwaltungsrates sowie dessen ersten und zweiten Stellvertreter für zwei Jahre. Der Vorsitzende des Verwaltungsrates ist aus dem Kreis der nicht auf Vorschlag bestellten Mitglieder und je ein Stellvertreter aus dem Kreis der auf Vorschlag der Arbeitgeber- bzw. Arbeitnehmerseite bestellten Mitglieder zu bestellen. Die Stellvertreter haben den Vorsitzenden bei dessen Verhinderung zu vertreten. Die Reihenfolge der Vertretung hat der Bundesminister für Arbeit und Soziales bei der Bestellung festzulegen.

(5) Der Bundesminister für Arbeit und Soziales bestellt die Landesgeschäftsführer und ihre Stellvertreter auf der Grundlage einer Ausschreibung.

9. TEIL
Verweisungen, Vollziehung und Inkrafttreten

Verweisungen

§ 76. Soweit in diesem Bundesgesetz auf andere Bundesgesetze verwiesen wird, sind diese in ihrer jeweils geltenden Fassung anzuwenden.

Vollziehung

§ 77. Mit der Vollziehung dieses Bundesgesetzes ist hinsichtlich § 41 Abs. 1 und 4, § 42, § 48 Abs. 5 und 6, § 49 Abs. 1, § 61 Abs. 1 1. Satz, § 62 Abs. 1, 2 und 3 und § 70 der Bundesminister für Finanzen, hinsichtlich § 61 Abs. 2, § 62 Abs. 4 und § 66 Abs. 2 der Bundesminister für wirtschaftliche Angelegenheiten, hinsichtlich § 61 Abs. 1, soweit es Gerichts- und Justizverwaltungsabgaben betrifft, und § 62 Abs. 5 der Bundesminister für Justiz, hinsichtlich § 61 Abs. 1, soweit es Bundesverwaltungsabgaben betrifft, und § 65 der Bundeskanzler, hinsichtlich „§ 37e Abs. 3," § 40 Abs. 2, § 43 Abs. 4, 5 und 6, § 44 Abs. 2, § 45 Abs. 2, § 47 Abs. 2 und 3 und § 48 Abs. 2 der Bundesminister für Arbeit und Soziales im Einvernehmen mit dem Bundesminister für Finanzen und hinsichtlich der übrigen Bestimmungen der Bundesminister für Arbeit und Soziales betraut.

(BGBl I 2021/214)

Inkrafttreten

§ 78. (1) Dieses Bundesgesetz tritt mit Ausnahme der §§ 5 Abs. 4, 7 Abs. 4 Z 5 und 6, 13 Abs. 1, 15 Abs. 2, 20 Abs. 2, 54 Abs. 3 und 4, 62 Abs. 2 bis 4, 69 und 75 am 1. Juli 1994 in Kraft.

(2) § 62 Abs. 2 bis 4 und § 69 treten mit 1. Jänner 1995 in Kraft.

(3) §§ 5 Abs. 4, 7 Abs. 4 Z 5 und 6, 15 Abs. 2 und 54 Abs. 3 und 4 treten mit 1. Juli 1995 in Kraft.

(4) § 75 Abs. 4 und 5 tritt mit Ablauf des 30. Juni 1995 außer Kraft.

(5) Verordnungen auf Grund dieses Bundesgesetzes können bereits von dem seiner Kundmachung folgenden Tag an erlassen werden; sie dürfen jedoch erst mit 1. Juli 1994 in Kraft treten.

(6) § 26 Abs. 3 tritt mit 1. Mai 1996 in Kraft.

(BGBl 1996/201)

(7) § 34a tritt mit 1. Jänner 1997 in Kraft.

(BGBl 1996/764)

(8) § 26 Abs. 2, § 34a, § 38a und § 59 Abs. 2 in der Fassung des Bundesgesetzes BGBl. I Nr. 139/1997 treten mit 1. Jänner 1998 in Kraft.

(BGBl I 1997/139)

(9) § 25 in der Fassung des Bundesgesetzes BGBl. I Nr. 148/1998 tritt mit 1. Jänner 1998 in Kraft.

(BGBl I 1998/148)

(10) Die §§ 37a und 37b in der Fassung des Bundesgesetzes BGBl. I Nr. 179/1999 treten mit 1. Jänner 2000 in Kraft.

(BGBl I 1999/179)

(11) § 37a Abs. 1 Z 1 und § 37b Abs. 2 Z 3 lit. b in der Fassung des Bundesgesetzes BGBl. I Nr. 15/2000 treten mit 1. Jänner 2000 in Kraft.

(BGBl I 2000/15)

(12) Die §§ 48 Abs. 1 Z 1, 50 und 51 in der Fassung des Bundesgesetzes BGBl. I Nr. 142/2000 treten mit 1. Jänner 2001 in Kraft.

(BGBl I 2000/142)

(13) § 38a und § 38b samt Überschriften sowie das Inhaltsverzeichnis in der Fassung des Bundesgesetzes BGBl. I Nr. 71/2003 treten mit 1. Jänner 2004 in Kraft.

(BGBl I 2003/71, BGBl I 2003/128)

(14) § 50 Abs. 1 in der Fassung des Bundesgesetzes BGBl. I Nr. 128/2003 tritt rückwirkend mit 1. Jänner 2003 in Kraft.

(BGBl I 2003/128)

(15) § 35 in der Fassung des Bundesgesetzes BGBl. I Nr. 128/2003 tritt mit 1. Jänner 2004 in Kraft.

(BGBl I 2003/128)

(16) § 38c samt Überschrift sowie das Inhaltsverzeichnis in der Fassung des Bundesgesetzes BGBl. I Nr. 77/2004 treten mit 1. Jänner 2005 in Kraft.

(BGBl I 2004/77)

(17) § 35, § 48 und § 49 Abs. 2 in der Fassung des Bundesgesetzes BGBl. I Nr. 136/2004 treten mit 1. Jänner 2005 in Kraft.

(BGBl I 2004/136)

(18) Die §§ 32 Abs. 5 und 35 Abs. 3 in der Fassung des Bundesgesetzes BGBl. I Nr. 71/2005 treten mit 1. Juli 2005 in Kraft.

(BGBl I 2005/71)

(19) § 34a in der Fassung des Bundesgesetzes BGBl. I Nr. 114/2005 tritt mit 1. Jänner 2006 in Kraft und mit 31. Dezember 2006 außer Kraft. Beihilfen können jedoch noch im Jahr 2007 für laufende Fördervereinbarungen ausbezahlt werden.

(BGBl I 2005/114)

(20) § 25 und § 69 Abs. 1 und 2 in der Fassung des Bundesgesetzes BGBl. I Nr. 104/2007 treten mit 1. Jänner 2008 in Kraft.

(BGBl I 2007/104)

(21) § 29 Abs. 3, § 31 Abs. 6, § 34 Abs. 8, § 34a, § 38d und § 38e in der Fassung des Bundesgesetzes BGBl. I Nr. 82/2008 treten mit 28. Juni 2008 in Kraft.

(BGBl I 2008/82)

(22) Das Inhaltsverzeichnis, die Überschriften und die §§ 37b und 37c in der Fassung des Bundesgesetzes BGBl. I Nr. 12/2009 treten mit 1. Februar 2009 in Kraft. Bis zum Inkrafttreten der Richtlinie gemäß § 37b gilt die auf Grundlage der §§ 29 bis 33 des Arbeitsmarktförderungsgesetzes, BGBl.

Nr. 31/1969, in der Fassung des Bundesgesetzes BGBl. I Nr. 82/2008, erlassene Richtlinie weiter.

(BGBl I 2009/12)

(23) Die §§ 37b Abs. 3, 4 und 5 sowie 37c Abs. 4, 6 und 7 in der Fassung des Bundesgesetzes BGBl. I Nr. 90/2009 treten mit 1. Juli 2009 in Kraft.

(BGBl I 2009/90)

(24) Die §§ 4 Abs. 4, 31 Abs. 7 und 8, 37a Abs. 1 Z 2 sowie 38b in der Fassung des Bundesgesetzes BGBl. I Nr. 90/2009 treten mit 1. August 2009 in Kraft.

(BGBl I 2009/90)

(25) Das Inhaltsverzeichnis und § 37d samt Überschrift in der Fassung des Budgetbegleitgesetzes 2011, BGBl. I Nr. 111/2010, treten mit 1. Jänner 2011 in Kraft.

(BGBl I 2010/111)

(26) § 25 Abs. 1, 2, 5 und 6 in der Fassung des Bundesgesetzes BGBl. I Nr. 122/2011 tritt mit 1. Jänner 2012 in Kraft.

(BGBl I 2011/122)

(27) § 37b Abs. 3 und Abs. 4 sowie § 37c Abs. 4 und Abs. 6 in der Fassung des Bundesgesetzes BGBl. I Nr. 3/2013 treten mit 1. Jänner 2013 in Kraft.

(BGBl I 2013/3)

(28) § 25 Abs. 1, § 29 Abs. 4, § 32 Abs. 6 und § 38a in der Fassung des Bundesgesetzes BGBl. I Nr. 3/2013 treten mit 1. Jänner 2014 in Kraft.

(BGBl I 2013/3)

(29) Das Inhaltsverzeichnis sowie § 34b und § 80 samt Überschriften in der Fassung des Bundesgesetzes BGBl. I Nr. 67/2013 treten mit 1. Juli 2013 in Kraft. Richtlinien gemäß § 34b Abs. 4 können bereits ab dem Tag nach der Kundmachung dieses Bundesgesetzes erlassen werden, jedoch frühestens mit 1. Juli 2013 in Kraft treten.

(BGBl I 2013/67)

(30) Die §§ 17 Abs. 3, 23 Abs. 3, 24, 25 Abs. 1, 42 Abs. 1 und 69 Abs. 1 und 2 in der Fassung des Bundesgesetzes BGBl. I Nr. 71/2013 treten mit 1. Jänner 2014 in Kraft.

(BGBl I 2013/71)

(31) § 25 Abs. 5 in der Fassung des Bundesgesetzes BGBl. I Nr. 138/2013 tritt mit 1. September 2013 in Kraft.

(BGBl I 2013/138, BGBl I 2014/40)

(32) § 38d Abs. 4 in der Fassung des Budgetbegleitgesetzes 2014, BGBl. I Nr. 40/2014, tritt rückwirkend mit 28. Juni 2008 in Kraft.

(BGBl I 2014/40)

(33) § 38f samt Überschrift und die Ergänzung des Inhaltsverzeichnisses in der Fassung des Bundesgesetzes BGBl. I Nr. 62/2016, treten mit 1. August 2016 in Kraft.

(BGBl I 2016/62)

(34) § 37b Abs. 3 und Abs. 4 sowie § 37c Abs. 4 und Abs. 6 in der Fassung des Bundesgesetzes BGBl. I Nr. 31/2017 treten mit 1. Jänner 2017 in Kraft und gelten für Begehren auf Beihilfen, die nach Ablauf des 31. Dezember 2016 gestellt werden.

(BGBl I 2017/31)

(35) § 25 in der Fassung des Materien-Datenschutz-Anpassungsgesetzes 2018, BGBl. I Nr. 32/2018, tritt mit 25. Mai 2018 in Kraft.

(BGBl I 2018/32)

(36) § 26 Abs. 2 in der Fassung des Bundesgesetzes BGBl. I Nr. 100/2018 tritt mit 1. Jänner 2020 in Kraft.

(BGBl I 2018/100)

(37) § 37b Abs. 7 in der Fassung des Bundesgesetzes BGBl. I Nr. 12/2020 tritt rückwirkend mit 1. März 2020 in Kraft.

(BGBl I 2020/12)

(38) § 37b Abs. 7 in der Fassung des Bundesgesetzes BGBl. I Nr. 16/2020 tritt rückwirkend mit 1. März 2020 in Kraft und mit Ablauf des 30. Juni 2021 außer Kraft.

(BGBl I 2020/16, BGBl I 2020/135, BGBl I 2021/42)

(39) § 37b Abs. 2, 5 und 6 in der Fassung des Bundesgesetzes BGBl. I Nr. 51/2020 tritt rückwirkend mit 1. März 2020 in Kraft und ist auch auf bestehende Kurzarbeitsanträge anzuwenden.

(BGBl I 2020/51)

(40) § 34b Abs. 7 in der Fassung des Bundesgesetzes BGBl. I Nr. 71/2020 tritt rückwirkend mit 16. März 2020 in Kraft und mit 31. Dezember 2024 außer Kraft.

(BGBl I 2020/71)

(41) In der Fassung des Bundesgesetzes BGBl. I Nr. 135/2020 tritt

1. § 37b Abs. 8 rückwirkend mit 1. März 2020 in Kraft und mit Ablauf des 31. Mai 2023 außer Kraft sowie
2. § 37b Abs. 5 mit 1. Jänner 2021 in Kraft.

(BGBl I 2020/135)

(42) § 37b Abs. 9 in der Fassung des Bundesgesetzes BGBl. I Nr. 135/2020 tritt mit 1. November 2020 in Kraft und mit Ablauf des 30. Juni 2021 außer Kraft.

(BGBl I 2020/135, BGBl I 2021/42)

(43) § 37b Abs. 4 und Abs. 6 sowie § 78 Abs. 38 und Abs. 42 in der Fassung des Bundesgesetzes BGBl. I Nr. 42/2021 treten mit 1. Februar 2021 in Kraft.

(BGBl I 2021/42)

(44) § 37b Abs. 2, 7 und 9, § 37c Abs. 6 und § 79 Abs. 4 und 5 in der Fassung des Bundesgesetzes BGBl. I Nr. 117/2021 treten mit 1. Juli 2021 in Kraft.

(BGBl I 2021/117)

(45) § 37b Abs. 2 in der Fassung des Bundesgesetzes BGBl. I Nr. 117/2021 tritt mit Ende Juni 2022 außer Kraft. § 37b Abs. 2 in der Fassung des Bundesgesetzes BGBl. I Nr. 51/2020 tritt mit 1. Juli 2022 wieder in Kraft.

(BGBl I 2021/117)

„(46) § 37e samt Überschrift, § 77 und § 79 Abs. 5 in der Fassung des Bundesgesetzes BGBl. I Nr. 214/2021 treten mit 1. Jänner 2022 in Kraft.“

(BGBl I 2021/214)

Außerkrafttreten

§ 79. (1) § 37b in der Fassung des Bundesgesetzes BGBl. I Nr. 179/1999 tritt mit Ablauf des 31. Dezember 2001 außer Kraft; er ist jedoch auf vor diesem Zeitpunkt erworbene Berechtigungen und Verpflichtungen weiter anzuwenden.

(BGBl I 1999/179, BGBl I 2003/128)

(2) Die Verordnung des Bundesministers für Arbeit und Soziales über die Vereinfachung des Meldewesens und über die Art der Entrichtung der Beiträge zur Arbeitslosen-, Kranken-, Unfall- und Pensionsversicherung für Bezieher einer Beihilfe zur Deckung des Lebensunterhaltes, BGBl. Nr. 432/1994, tritt mit Ablauf des 31. Dezember 2003 außer Kraft.

(BGBl I 2003/128)

(3) § 37b Abs. 7 in der Fassung des Bundesgesetzes BGBl. I Nr. 12/2020 tritt rückwirkend mit 1. März 2020 außer Kraft.

(BGBl I 2020/16)

(4) § 37b Abs. 7 in der Fassung des Bundesgesetzes BGBl. I Nr. 117/2021 tritt mit Ende Juni 2022 außer Kraft.

(BGBl I 2021/117)

(5) § 37b Abs. 9 in der Fassung des Bundesgesetzes BGBl. I Nr. 117/2021 tritt „mit Ablauf des 31. März 2022“ außer Kraft.

(BGBl I 2021/117, BGBl I 2021/214)

„(6) § 80 samt Überschrift tritt mit Ende Dezember 2021 außer Kraft.“

(BGBl I 2021/214)

§ 80. (aufgehoben)

(BGBl I 2013/67, BGBl I 2021/214)

(Vom Abdruck der Anlage zum AMSG wurde abgesehen.)

35/4. Arbeitsmarktpolitik-Finanzierungsgesetz

Arbeitsmarktpolitik-Finanzierungsgesetz, BGBl 1994/315 idF

1 BGBl 1995/297 **2** BGBl 1996/153 **3** BGBl 1996/201
4 BGBl 1996/411 **5** BGBl 1996/417 **6** BGBl I 1997/47
7 BGBl I 1997/93 **8** BGBl I 1997/107 **9** BGBl I 1997/139
10 BGBl I 1998/16 **11** BGBl I 1998/30 **12** BGBl I 1998/148
13 BGBl I 1999/179 **14** BGBl I 2000/26 **15** BGBl I 2000/92
16 BGBl I 2000/101 **17** BGBl I 2000/102 (DFB) **18** BGBl I 2000/142
19 BGBl I 2001/33 **20** BGBl I 2001/47 **21** BGBl I 2001/103
22 BGBl I 2002/158 **23** BGBl I 2003/71 **24** BGBl I 2004/77
25 BGBl I 2004/136 **26** BGBl I 2004/158 **27** BGBl I 2005/45
28 BGBl I 2005/114 **29** BGBl I 2007/24 **30** BGBl I 2007/104
31 BGBl I 2008/82 **32** BGBl I 2008/84 **33** BGBl I 2009/12
34 BGBl I 2009/90 **35** BGBl I 2009/147 **36** BGBl I 2010/111
37 BGBl I 2011/39 **38** BGBl I 2012/35 **39** BGBl I 2012/75
40 BGBl I 2012/98 **41** BGBl I 2013/3 **42** BGBl I 2013/67
43 BGBl I 2013/137 **44** BGBl I 2013/163 **45** BGBl I 2014/30
46 BGBl I 2014/40 **47** BGBl I 2014/90 **48** BGBl I 2015/75
49 BGBl I 2015/118 **50** BGBl I 2015/144 **51** BGBl I 2016/62
52 BGBl I 2017/31 **53** BGBl I 2017/32 **54** BGBl I 2017/75
55 BGBl I 2017/128 **56** BGBl I 2017/154 **57** BGBl I 2018/14
58 BGBl I 2018/30 **59** BGBl I 2018/87 **60** BGBl I 2018/100
61 BGBl I 2019/94 **62** BGBl I 2020/12 **63** BGBl I 2020/16
64 BGBl I 2020/23 **65** BGBl I 2020/98 **66** BGBl I 2020/135
67 BGBl I 2021/4 **68** BGBl I 2021/202 **69** BGBl I 2021/215

GLIEDERUNG

[a)] Tritt mit 1. Jänner 2023 in Kraft.

STICHWORTVERZEICHNIS

Bundesgesetz über die Finanzierung der Arbeitsmarktpolitik (Arbeitsmarktpolitik-Finanzierungsgesetz – AMPFG)

Der Nationalrat hat beschlossen:

Gebarung Arbeitsmarktpolitik

§ 1. (1) Durch die Einnahmen aus

1. den Beiträgen der Dienstgeber und Versicherten gemäß § 2 in Verbindung mit § 3,
2. vom Bundesminister für Arbeit, Soziales und Konsumentenschutz bereitgestellten Mitteln des Europäischen Sozialfonds für Gemeinschaftsinitiativen,
   (BGBl I 2011/39)
3. Abgaben der Dienstgeber gemäß § 2b,
   (BGBl I 2012/35)
4. einem Beitrag der Bauarbeiter-Urlaubs- und Abfertigungskasse gemäß § 13j Abs. 3 des Bauarbeiter-Urlaubs- und Abfertigungsgesetzes (BUAG), BGBl. Nr. 414/1972,
5. Beiträgen der Pensionsversicherung gemäß § 307a Abs. 4 ASVG zur Finanzierung von beruflichen Maßnahmen der Rehabilitation und sonstigen der Arbeitsmarktintegration dienenden arbeitsmarktpolitischen Maßnahmen des Arbeitsmarktservice für Personen, die Umschulungsgeld oder Rehabilitationsgeld beziehen oder bezogen haben,
   (BGBl I 2013/3)
6. sonstigen bundesgesetzlich vorgesehenen Beiträgen und
   (BGBl I 2002/158, BGBl I 2013/3)
7. sonstigen zur Verfügung gestellten Mitteln
   (BGBl I 2002/158, BGBl I 2004/136, BGBl I 2013/3)

sind die Ausgaben gemäß Abs. 2 zu bestreiten.
(BGBl I 2001/103)

(2) Die Einnahmen gemäß Abs. 1 sind für folgende Ausgaben zu verwenden:

1. für die Abgeltung der Personal- und Sachausgaben des Arbeitsmarktservice [§ 41 Abs. 1 des Arbeitsmarktservicegesetzes (AMSG)], BGBl. Nr. 313/1994,
2. für finanzielle Leistungen gemäß dem 2. Teil AMSG,
   (BGBl I 2005/114, BGBl I 2008/82, BGBl I 2009/12, BGBl I 2011/39, BGBl I 2016/62)
3. für Leistungen nach dem AlVG,
4. für Leistungen nach dem Sonderunterstützungsgesetz (SUG), BGBl. Nr. 642/1973,
5. für Aufwendungen zur Erfüllung der Ausbildungspflicht Jugendlicher nach dem Ausbildungspflichtgesetz (APflG), BGBl. I Nr. 62/2016, sowie gemäß § 10a Abs. 3 des Behinderteneinstellungsgesetzes (BEinstG), BGBl. Nr. 22/1970,
   (BGBl I 2016/62)
6. für Kostenersätze für die Durchführung und Auswertung statistischer Erhebungen über Arbeitskräfte,
7. für Leistungen gemäß § 447g Abs. 3 des Allgemeinen Sozialversicherungsgesetzes (ASVG), BGBl. Nr. 189/1955,
8. für Ersatzleistungen an das Arbeitsmarktservice gemäß § 48 Abs. 5 AMSG,
   (BGBl I 2004/136)
9. für Aufwendungen des Bundesministers für Arbeit, Soziales und Konsumentenschutz gemäß § 59 AMSG bis zum Höchstausmaß von 0,25 vH der Einnahmen gemäß Abs. 1 Z 1,
   (BGBl I 2011/39)
10. für einen Beitrag zu den Aufwendungen nach dem Bauarbeiter-Schlechtwetterentschädigungsgesetz (BSchEG), BGBl. Nr. 129/1957,

11. für Überweisungen des Bundes an das Arbeitsmarktservice gemäß § 6 Abs. 1,
(BGBl I 2004/136)
12. für die Abgeltung der Personal- und Sachaufwendungen der Versicherungsträger und des Dachverbandes der Sozialversicherungsträger (Dachverbandes) nach dem Dienstleistungsscheckgesetz (DLSG), BGBl. I Nr. 45/2005,
(BGBl I 2004/136, BGBl I 2005/45, BGBl I 2005/114, BGBl I 2007/104, BGBl I 2018/100)
13. für Beiträge nach § 7 Abs. 6a des Betrieblichen Mitarbeiter- und Selbständigen-Vorsorgegesetzes (BMSVG), BGBl. I Nr. 100/2002, und nach § 39k des Landarbeitsgesetzes 1984, BGBl. Nr. 287, für Bezieher von Weiterbildungsgeld,
(BGBl I 2007/104, BGBl I 2013/3)
14. für Aufwendungen nach dem Arbeit-und-Gesundheit-Gesetz (AGG), BGBl. I Nr. 111/2010,
(BGBl I 2013/3, BGBl I 2013/163)
15. für Beiträge zur Ausbildung von Zivildienstleistenden gemäß § 38a des Zivildienstgesetzes 1986 (ZDG), BGBl. Nr. 679/1986,
(BGBl I 2013/163, BGBl I 2015/144)
16. für Aufwendungen des Bundesministers für Arbeit, Soziales und Konsumentenschutz zur Förderung der Freiwilligendienste nach den Abschnitten 2 und 4 des Freiwilligengesetzes, BGBl. I Nr. 17/2012,
(BGBl I 2015/144, BGBl I 2017/75)
17. für Ausgaben nach dem Integrationsjahrgesetz (IJG), BGBl. I Nr. 75/2017, und
(BGBl I 2017/75)
18. für sonstige in diesem Bundesgesetz vorgesehene Überweisungen.
(BGBl I 2007/104, BGBl I 2013/3, BGBl I 2013/163, BGBl I 2015/144, BGBl I 2017/75)

(BGBl I 2001/47, BGBl I 2002/158, BGBl I 2003/71)

(3) Beihilfen bei Kurzarbeit gemäß § 37b AMSG und Beihilfen bei Kurzarbeit mit Qualifizierung gemäß § 37c AMSG sowie sonstige Beihilfen nach dem AMSG wie insbesondere Aktivierungsbeihilfen und Fachkräftestipendien gemäß § 34b AMSG können aus dem für Leistungen nach dem AlVG vorgesehenen Aufwand bedeckt werden. Insbesondere sind Beihilfen und Maßnahmen für Personen, die das 50. Lebensjahr vollendet haben und länger als 180 Tage beim Arbeitsmarktservice vorgemerkt sind, aus dem für Leistungen nach dem AlVG vorgesehenen Aufwand zu bedecken.

(BGBl I 2010/111, BGBl I 2013/67, BGBl I 2014/30)

(4) Abgänge in der Gebarung Arbeitsmarktpolitik sind vom Bund zu tragen.

(BGBl I 2004/136)

(5) Die Mittel der Gebarung Arbeitsmarktpolitik sind insbesondere auch zur Förderung der Beschäftigung älterer Personen mit dem Ziel, eine dem Anteil älterer Personen an der Bevölkerung im erwerbsfähigen Alter entsprechende Beschäftigungsquote älterer Personen zu erreichen, einzusetzen.

(BGBl I 2015/144)

(BGBl 1995/297, BGBl 1996/153, BGBl 1996/201, BGBl 1996/417, BGBl I 1997/47, BGBl I 1998/30, BGBl I 1998/148, BGBl I 1999/179, BGBl I 2000/26, BGBl I 2000/101, BGBl I 2000/142)

§ 1a. (aufgehoben)

(BGBl I 2015/144, BGBl I 2018/30)

Arbeitslosenversicherungsbeitrag

§ 2. (1) Zur Finanzierung der Arbeitsmarktpolitik des Bundes wird ein Arbeitslosenversicherungsbeitrag von allen Personen, die der Arbeitslosenversicherungspflicht gemäß § 1 des Arbeitslosenversicherungsgesetzes 1977 (AlVG) oder der Arbeitslosenversicherung gemäß § 3 AlVG unterliegen, und den Dienstgebern pflichtversicherter Personen eingehoben. Der Arbeitslosenversicherungsbeitrag beträgt für Lehrlinge 2,4 vH und für die übrigen Versicherten 6 vH der Beitragsgrundlage. Die Beitragsgrundlage für Pflichtversicherte entspricht der nach dem Allgemeinen Sozialversicherungsgesetz (ASVG), BGBl. Nr. 189/1955, geltenden allgemeinen Beitragsgrundlage bis zur Höhe der gemäß § 45 ASVG festgelegten Höchstbeitragsgrundlage. Beitragsgrundlage für gemäß § 3 Abs. 1 AlVG versicherte Personen ist nach Wahl der versicherten Person ein Viertel, die Hälfte oder drei Viertel der Höchstbeitragsgrundlage gemäß § 48 des Gewerblichen Sozialversicherungsgesetzes (GSVG), BGBl. Nr. 560/1978. Liegt für gemäß § 3 Abs. 8 AlVG versicherte Personen kein Entgelt im Sinne des § 49 ASVG vor, so ist der dreifache Betrag des jeweils gemäß § 44 Abs. 6 lit. c ASVG geltenden Betrages als täglicher Arbeitsverdienst anzunehmen.

(BGBl I 2007/104, BGBl I 2015/118)

(2) Von Sonderzahlungen (§ 49 Abs. 2 ASVG) sind Sonderbeiträge in dem nach Abs. 1 zweiter Satz geltenden Ausmaß der Sonderzahlungen zu entrichten. Hiebei sind die in einem Kalenderjahr fällig werdenden Sonderzahlungen bis zu dem in § 54 Abs. 1 des Allgemeinen Sozialversicherungsgesetzes angeführten Betrag der Höchstbeitragsgrundlage in der Pensionsversicherung zu berücksichtigen.

(BGBl I 2015/118)

(3) Der Arbeitslosenversicherungsbeitrag (Sonderbeitrag) ist vom Versicherten und vom Dienstgeber, soweit in den Abs. 4 bis 6 nichts anderes bestimmt ist, zu gleichen Teilen zu tragen. § 53 Abs. 1 ASVG bleibt hiedurch unberührt; § 53 Abs. 4 ASVG gilt sinngemäß.

(4) Für Versicherte, die nur Anspruch auf Sachbezüge haben oder kein Entgelt erhalten, hat der Dienstgeber auch den auf den Versicherten entfallenden Beitragsteil zu tragen.

(5) Der Arbeitslosenversicherungsbeitrag ist vom selbständig Erwerbstätigen und von sonstigen gemäß § 3 AlVG Versicherten zur Gänze zu tragen. Dem selbständigen Pecher ist die Hälfte des Bei-

trages von den Besitzern der Wälder zu erstatten, in denen die Harzprodukte gewonnen werden.

(BGBl I 2007/104)

(6) Der Versicherte hat den Arbeitslosenversicherungsbeitrag (Sonderbeitrag) zur Gänze zu entrichten,

a) wenn der Beitrag vom Dienstgeber, der die Vorrechte der Exterritorialität genießt, oder dem im Zusammenhang mit einem zwischenstaatlichen Vertrag oder der Mitgliedschaft Österreichs bei internationalen Organisationen besondere Privilegien oder Immunitäten eingeräumt sind, nicht entrichtet wird,
b) wenn der Dienstgeber im Inland keine Betriebsstätte (Niederlassung, Geschäftsstelle, Niederlage) hat,
c) für die Zeit einer Arbeitsunterbrechung infolge Urlaubs ohne Entgeltzahlung, solange die Arbeitslosenversicherungspflicht weiter besteht.

(7) Für Lehrlinge, die in einer Ausbildungseinrichtung gemäß § 8b Abs. 13, § 30 oder § 30b BAG oder § 2 Abs. 4 des Land- und forstwirtschaftlichen Berufsausbildungsgesetzes, BGBl. Nr. 198/1990, ausgebildet werden, ist der Arbeitslosenversicherungsbeitrag aus Mitteln der Gebarung Arbeitsmarktpolitik zu tragen.

(BGBl I 1998/16, BGBl I 2008/82, BGBl I 2018/100)

(8) (aufgehoben)

(BGBl I 2003/71, BGBl I 2008/82, BGBl I 2009/12, BGBl I 2009/90, BGBl I 2011/39, BGBl I 2012/35)

Arbeitslosenversicherungsbeitrag bei geringem Einkommen

§ 2a. (1)[a)] Abweichend von § 2 beträgt der vom Arbeitnehmer zu tragende Anteil des Arbeitslosenversicherungsbeitrages bei einer monatlichen Beitragsgrundlage

1. bis 1 648 € .... 0 vH,
2. über 1 648 bis 1 798 € .... 1 vH,
3. über 1 798 bis 1 948 € .... 2 vH.

[a)] Die nachfolgenden Wertgrenzen gelten ab der Beitragsperiode Juli 2018.

(BGBl I 2018/14, BGBl I 2018/87)

(2) Die Beträge gemäß Abs. 1 Z 1 bis 3 sind jährlich mit der Aufwertungszahl gemäß § 108a ASVG zu vervielfachen und kaufmännisch auf volle Eurobeträge zu runden.

(3) Der vom Dienstgeber zu tragende Anteil beträgt abweichend von § 2 Abs. 3 die Hälfte des gemäß § 2 Abs. 1 und 2 geltenden Arbeitslosenversicherungsbeitrages (Sonderbeitrages).

(4) Ergibt sich auf Grund von Nachverrechnungen ein höherer Beitragssatz, ist der Differenzbetrag bei der nächsten Beitragsüberweisung abzuführen.

(5) Abs. 1 und 2 gelten für selbständig Erwerbstätige und sonstige gemäß § 3 AlVG Versicherte mit der Maßgabe, dass bei einer innerhalb der jeweiligen Betragsgrenzen liegenden Beitragsgrundlage an Stelle des vom Arbeitnehmer zu tragenden Anteils die Hälfte des Arbeitslosenversicherungsbeitrages entsprechend vermindert wird.

(BGBl I 2018/87)

(6) Abs. 1 Z 3 ist auf Lehrverhältnisse (Lehrlinge) auf Grund von Lehrverträgen, deren Laufzeit nach Ablauf des 31. Dezember 2015 begonnen hat, nicht anzuwenden.

(BGBl I 2018/87)

(7) Während der Dauer der Kurzarbeit ist der vom Arbeitnehmer zu tragende Anteil auf Grund des der verkürzten Arbeitszeit entsprechenden Entgeltes – einschließlich Kurzarbeitsunterstützung – zu entrichten. Der Anteil richtet sich bei entsprechend geringem Einkommen nach Abs. 1 Z 1 bis 3; bei darüber liegendem Einkommen beträgt er die Hälfte des Arbeitslosenversicherungsbeitrages (Sonderbeitrages).

(BGBl I 2020/135)

(BGBl I 2008/84)

§ 2b. (aufgehoben)

(BGBl I 2012/35, BGBl I 2018/30)

Veränderung des Arbeitslosenversicherungsbeitrages

§ 3. (1) Der Arbeitslosenversicherungsbeitrag gemäß § 2 Abs. 1 ist durch Verordnung des Bundesministers für Arbeit, Soziales und Konsumentenschutz im Einvernehmen mit dem Bundesminister für Finanzen

1. zu erhöhen, wenn die voraussichtlichen Beitragseinnahmen den voraussichtlichen Ausgaben, die aus der gebundenen Gebarung gemäß § 1 zu tragen sind, unter Berücksichtigung anderer Einnahmen und der Kreditmöglichkeiten des Arbeitsmarktservice, nicht entsprechen, wobei bei der Festsetzung des Beitrags von der voraussichtlichen Entwicklung des Arbeitsmarktes auszugehen und der Durchschnitt der Ausgaben der vorvergangenen zwei Jahre zu berücksichtigen ist, oder
2. zu senken, wenn die Arbeitsmarktrücklage des Arbeitsmarktservice (§ 50 des Arbeitsmarktservicegesetzes) die Höhe der durchschnittlichen jährlichen Einnahmen aus den Arbeitslosenversicherungsbeiträgen (Sonderbeiträgen) in den letzten fünf Jahren übersteigt.

(BGBl I 2011/39)

(2) Eine Verordnung gemäß Abs. 1 bedarf der Zustimmung des Hauptausschusses des Nationalrates.

Einhebung des Arbeitslosenversicherungsbeitrages

§ 4. (1) Für den Arbeitslosenversicherungsbeitrag (§ 2 Abs. 1) und für den Sonderbeitrag (§ 2 Abs. 2) der pflichtversicherten Personen gelten die Vorschriften der gesetzlichen Krankenversicherung über den Abzug des Versicherungsbeitrages vom Entgelt.

(2) Soweit die Beitragsabfuhr nicht durch den Dienstgeber zu erfolgen hat, haben die Versicherten den Arbeitslosenversicherungsbeitrag (Sonderbeitrag) dem zuständigen Versicherungsträger einzuzahlen. Dem gemäß § 2 Abs. 6 Versicherten hat der Dienstgeber die Hälfte des Arbeitslosenversicherungsbeitrages (Sonderbeitrages) zu ersetzen, wenn der Ersatzanspruch vom Versicherten innerhalb von zwei Monaten nach nachweislicher Zahlung des jeweiligen Entgeltes geltend gemacht wird.

(3) Für die Zeit des Präsenz- oder Ausbildungs- oder Zivildienstes ist kein Beitrag zur Arbeitslosenversicherung zu leisten.

(BGBl I 2007/104)

Durchführung der Einhebung

§ 5. (1) Die Beiträge gemäß § 2 sind durch die zuständigen Sozialversicherungsträger einzuheben, soweit es sich um Beiträge pflichtversicherter Personen handelt, gemeinsam mit dem Beitrag zur Krankenversicherung. Für die Beiträge pflichtversicherter Personen und gemäß § 3 Abs. 8 AlVG versicherter Personen gelten die vom jeweils zuständigen Sozialversicherungsträger anzuwendenden krankenversicherungsrechtlichen Vorschriften über die Berechnung, Fälligkeit, Einzahlung, Eintreibung, Beitragszuschläge, Sicherung, Verjährung und Rückforderung der Pflichtbeiträge mit der Maßgabe, dass an die Stelle der Beiträge zur Krankenversicherung die Beiträge zur Arbeitslosenversicherung treten, soweit sich aus bundesgesetzlichen Vorschriften nicht Abweichendes ergibt.

(2) Für die Beiträge gemäß § 3 AlVG versicherter selbständig erwerbstätiger Personen gelten die von der Sozialversicherungsanstalt der Selbständigen anzuwendenden pensionsversicherungsrechtlichen Vorschriften über die Berechnung, Fälligkeit, Einzahlung, Eintreibung, Beitragszuschläge, Sicherung, Verjährung und Rückforderung der Pflichtbeiträge mit der Maßgabe, dass an die Stelle der Beiträge zur Pensionsversicherung die Beiträge zur Arbeitslosenversicherung treten, soweit sich aus bundesgesetzlichen Vorschriften nicht Abweichendes ergibt.

(BGBl I 2018/100)

(3) Die zuständigen Träger der Sozialversicherung haben die Aufgaben nach diesem Bundesgesetz im übertragenen Wirkungsbereich nach den Weisungen des Bundesministers für Arbeit, Soziales und Konsumentenschutz zu vollziehen.

(4) Die Sozialversicherungsträger haben die Beiträge an die vom Bundesminister für Arbeit, Soziales und Konsumentenschutz bestimmte Stelle abzuführen. Die näheren Bestimmungen über das Verfahren bei Verrechnung, Abfuhr und Aufrechnung der Beiträge werden durch Verordnung des Bundesministers für Arbeit, Soziales und Konsumentenschutz getroffen.

(5) Soweit die Sozialversicherungsträger, ausgenommen die Betriebskrankenkassen, an der Einhebung des Arbeitslosenversicherungsbeitrages und des Zuschlages gemäß § 12 Abs. 1 Z 4 des Insolvenz-Entgeltsicherungsgesetzes (IESG), BGBl. Nr. 324/1977, mitwirken, erhalten sie zur Abgeltung der ihnen daraus erwachsenden Kosten eine Vergütung. Der Bundesminister für Arbeit, Soziales und Konsumentenschutz hat die Höhe der Vergütung und die Zahlungsweise nach Anhörung des Dachverbandes unter Berücksichtigung der bisher geleisteten Einhebungsvergütung und der zu erwartenden Kostenentwicklung nach den Grundsätzen der Einfachheit, Zweckmäßigkeit und Sparsamkeit durch Verordnung festzusetzen.

(BGBl I 2018/100)

(6) Der Bundesminister für Arbeit, Soziales und Konsumentenschutz kann durch Beauftragte bei den Sozialversicherungsträgern in alle Aufzeichnungen Einsicht nehmen, die sich auf die Standesführung der Arbeitslosenversicherten und die Gebarung mit den Arbeitslosenversicherungsbeiträgen beziehen.

(BGBl I 2007/104, BGBl I 2009/147)

Sonstige Beiträge und Überweisungen

§ 6. Die Überweisungen an das Arbeitsmarktservice gemäß § 1 Abs. 2 Z 11 sind zum Ausgleich der Gebarung Arbeitsmarktpolitik in der Höhe zu leisten, in der in einem Kalenderjahr die Einnahmen gemäß § 1 Abs. 1 die Ausgaben gemäß § 1 Abs. 2, ausgenommen Z 11, übersteigen.

(BGBl I 2012/35)

(2) (aufgehoben)

(BGBl I 2007/24, BGBl I 2009/12, BGBl I 2012/35)

§ 6a. (1) Der Bund hat dem Sozial- und Weiterbildungsfonds gemäß § 22a des Arbeitskräfteüberlassungsgesetzes (AÜG) im Jahr 2013 drei Mio. €, in den Jahren 2014 und 2015 jeweils vier Mio. €, in den Jahren 2016 und 2017 jeweils 2 Mio. € und ab dem Jahr 2018 jährlich eineinhalb Mio. € für Zwecke der Weiterbildung der (ehemaligen) überlassenen Arbeitnehmer/innen zu überweisen.

(2) Der Bundesminister für Arbeit, Soziales und Konsumentenschutz hat dafür Sorge zu tragen, dass die Auswirkungen der Weiterbildungsmaßnahmen auf die Lage der (ehemaligen) überlassenen Arbeitnehmer/innen am Arbeitsmarkt im Jahr 2018 evaluiert werden.

(BGBl I 2012/98)

Vorschußpflichten und Abrechnung

§ 7. (1) Der Bund bestreitet die Ausgaben gemäß § 1 Abs. 2, ausgenommen Z 11, vorschussweise. Dem Bund fließen die Einnahmen gemäß § 1 Abs. 1 zu.

(2) Die Abgeltung der Personal- und Sachausgaben (§ 1 Abs. 2 Z 1) ist dem Arbeitsmarktservice vorschussweise in monatlichen Teilbeträgen jeweils in Höhe eines Zwölftels des entsprechenden bundesfinanzgesetzlichen Ansatzes jeweils bis zum Fünften des Monats zu überweisen. Am Ende eines Kalenderjahres hat das Arbeitsmarktservice dem Bund unverzüglich eine vorläufige Abrechnung der Personal- und Sachausgaben zu übermitteln,

auf deren Grundlage der vorläufige Ausgleich der Verpflichtungen zwischen Bund und Arbeitsmarktservice zu erfolgen hat.

(3) Die Ersatzleistungen des Bundes an das Arbeitsmarktservice gemäß § 1 Abs. 2 Z 8 sind so rechtzeitig anzuweisen, dass der zwischen dem Arbeitsmarktservice und dem jeweiligen Kreditgeber vereinbarte Tilgungsplan erfüllt werden kann.

(4) Der Überweisungsbetrag gemäß § 1 Abs. 2 Z 11 ist am Ende eines Finanzjahres im Zuge der Erstellung des vorläufigen Bundesrechnungsabschlusses der Gebarung Arbeitsmarktpolitik zu bemessen und sodann ist unverzüglich der Gebarungsausgleich durch Tätigung der Überweisungen durchzuführen. Die endgültige Abrechnung der Gebarung Arbeitsmarktpolitik hat auf Grund des Bundesrechnungsabschlusses zu erfolgen. Die Überweisungen sind so rechtzeitig zu leisten, dass sie nach dem Bundeshaushaltsgesetz, BGBl. Nr. 213/1986, noch jenem Finanzjahr zugerechnet werden können, für die sie zu leisten sind.

(BGBl 1995/297, BGBl 1996/153, BGBl I 1997/107, BGBl I 1997/139, BGBl I 2000/142, BGBl I 2001/103, BGBl I 2003/71, BGBl I 2004/77, BGBl I 2004/136)

Verweisungen

§ 8. Soweit in diesem Gesetz auf andere Bundesgesetze verwiesen wird, sind diese in ihrer jeweils geltenden Fassung anzuwenden.

Vollziehung

§ 9. Mit der Vollziehung dieses Bundesgesetzes ist hinsichtlich § 3 Abs. 1 der Bundesminister für Arbeit, Soziales und Konsumentenschutz im Einvernehmen mit dem Bundesminister für Finanzen und hinsichtlich der übrigen Bestimmungen der Bundesminister für Arbeit, Soziales und Konsumentenschutz betraut.

(BGBl I 2011/39)

Inkrafttreten

§ 10. (1) Dieses Bundesgesetz tritt am 1. Jänner 1995 in Kraft.

(BGBl 1995/297)

(2) § 1, § 6 und § 7 Abs. 1 in der Fassung des Bundesgesetzes BGBl. Nr. 297/1995 treten mit 1. Mai 1995 in Kraft.

(BGBl 1995/297)

(3) § 1 Abs. 1, §§ 5a bis 5c und § 7 Abs. 1 in der Fassung des Bundesgesetzes BGBl. Nr. 153/1996 treten mit 1. April 1996 in Kraft. § 5b ist nicht anzuwenden, wenn das Dienstverhältnis vor dem 1. April 1996 gekündigt worden ist und auf Grund von Kündigungsfristen oder auch Kündigungsterminen nach dem 31. März 1996 beendet wird.

(BGBl 1996/153)

(4) § 1 Abs. 2 und § 6 in der Fassung des Bundesgesetzes BGBl. Nr. 201/1996 treten mit 1. Jänner 1996 in Kraft.

(BGBl 1996/201)

(5) § 5a, § 5b Abs. 2 und 3 und § 5c Abs. 1 in der Fassung des Bundesgesetzes BGBl. Nr. 411/1996 treten mit 1. Juli 1996 in Kraft.

(BGBl 1996/411)

(6) § 1 Abs. 1 in der Fassung des Bundesgesetzes BGBl. Nr. 417/1996 tritt mit 1. Juli 1996 in Kraft.

(BGBl 1996/417)

(7) § 1 Abs. 1 Z 5 und Abs. 2 Z 10 sowie § 6 Abs. 5 in der Fassung des Bundesgesetzes BGBl. I Nr. 47/1997 treten mit 1. Juli 1997 in Kraft. Für Ausgaben und Rückflüsse für Ansprüche nach dem Karenzurlaubszuschußgesetz, BGBl. Nr. 297/1995, auf Grund von Geburten vor dem 1. Juli 1997 gilt dieses Bundesgesetz weiterhin in der Fassung des Bundesgesetzes BGBl. Nr. 417/1996.

(BGBl I 1997/47)

(8) § 6 Abs. 6 in der Fassung des Bundesgesetzes BGBl. I Nr. 93/1997 tritt mit 1. Mai 1996 in Kraft und gilt für Berufungen betreffend Abrechnungen nach dem 31. März 1996.

(BGBl I 1997/93, BGBl I 1997/139)

(9) § 6 Abs. 3 und 4 und § 7 Abs. 1 in der Fassung des Bundesgesetzes BGBl. I Nr. 107/1997 treten mit 1. Jänner 1997 in Kraft.

(BGBl I 1997/107)

(10) § 5 Abs. 3, § 6 Abs. 1 und 8 sowie § 7 Abs. 5 in der Fassung des Bundesgesetzes BGBl. I Nr. 139/1997 treten mit 1. Jänner 1998 in Kraft.

(BGBl I 1997/139)

(11) § 1 Abs. 1 und § 4 Abs. 3 in der Fassung des Bundesgesetzes BGBl. I Nr. 30/1998 treten mit 1. Jänner 1998 in Kraft.

(BGBl I 1998/30)

(12) § 1 Abs. 1, § 5b Abs. 4 und § 5d in der Fassung des Bundesgesetzes BGBl. I Nr. 148/1998 treten mit 1. Oktober 1998 in Kraft.

(BGBl I 1998/148)

(13) § 1 Abs. 3 und § 5b Abs. 3 in der Fassung des Bundesgesetzes BGBl. I Nr. 179/1999 treten mit 1. Jänner 2000 in Kraft.

(BGBl I 1999/179)

(14) § 1 Abs. 2 Z 12 bis 14 sowie § 6 Abs. 1, 7 letzter Satz und 8 letzter Satz in der Fassung des Bundesgesetzes BGBl. I Nr. 26/2000 treten mit 1. Juni 2000 in Kraft.

(BGBl I 2000/26)

(15) Die §§ 5a und 5b in der Fassung des Bundesgesetzes BGBl. I Nr. 92/2000 treten mit 1. Oktober 2000 in Kraft und gelten für die Begründung und für die Auflösung von Dienstverhältnissen nach dem 30. September 2000.

(BGBl I 2000/92, BGBl I 2001/33)

(16) § 1 Abs. 1 in der Fassung des Bundesgesetzes BGBl. I Nr. 92/2000 tritt mit 1. Oktober 2000 in Kraft.

(BGBl I 2000/101, BGBl I 2001/33)

(17) Die §§ 1, 6 und 7 in der Fassung des Bundesgesetzes BGBl. I Nr. 142/2000 treten mit 1. Jänner 2001 in Kraft.

(BGBl I 2000/142)

(18) Die §§ 1 und 6 in der Fassung des Bundesgesetzes BGBl. I Nr. 47/2001 treten mit 1. Jänner 2002 in Kraft.

(BGBl I 2001/47)

(19) Die §§ 1, 6 und 7 in der Fassung des Bundesgesetzes BGBl. I Nr. 103/2001 treten mit 1. Jänner 2002 in Kraft.

(BGBl I 2001/103)

(20) § 1 Abs. 1 und 2 sowie § 6 Abs. 4 in der Fassung des Bundesgesetzes BGBl. I Nr. 158/2002 treten rückwirkend mit 1. Jänner 2002 in Kraft.

(BGBl I 2002/158)

(21) § 1 Abs. 2, § 6 und § 7 in der Fassung des Bundesgesetzes BGBl. I Nr. 71/2003 treten mit 1. Jänner 2003 in Kraft.

(BGBl I 2003/71)

(22) § 2 Abs. 8 in der Fassung des Bundesgesetzes BGBl. I Nr. 71/2003 tritt mit 1. Jänner 2004 in Kraft.

(BGBl I 2003/71)

(23) § 5b Abs. 2 und 3 in der Fassung des Bundesgesetzes BGBl. I Nr. 71/2003 tritt mit 1. Jänner 2004 in Kraft und gilt bei Auflösung von Dienstverhältnissen nach dem 31. Dezember 2003.

(BGBl I 2003/71)

(24) § 7 Abs. 1 in der Fassung des Bundesgesetzes BGBl. I Nr. 77/2004 tritt mit 1. Jänner 2004 in Kraft.

(BGBl I 2004/77)

(25) § 5a Abs. 2 Z 1 in der Fassung des Bundesgesetzes BGBl. I Nr. 77/2004 tritt mit 1. August 2004 in Kraft.

(BGBl I 2004/77)

(26) § 1 Abs. 1 Z 6, Abs. 2 Z 8, 11 und 12 und Abs. 4, § 6 und § 7 in der Fassung des Bundesgesetzes BGBl. I Nr. 136/2004 treten mit 1. Jänner 2005 in Kraft.

(BGBl I 2004/136)

(27) § 5b Abs. 2 Z 1 lit. e in der Fassung des Bundesgesetzes BGBl. I Nr. 158/2004 tritt mit 1. Jänner 2005 in Kraft und gilt für die Auflösung von Dienstverhältnissen nach dem Ablauf des 31. Dezember 2004.

(BGBl I 2004/158)

(28) § 1 Abs. 2 Z 12 und § 6 in der Fassung des Bundesgesetzes BGBl. I Nr. 45/2005 treten mit 1. Jänner 2006 in Kraft.

(BGBl I 2005/45)

(29) § 1 Abs. 2 Z 2 und 12 sowie § 6 Abs. 4 in der Fassung des Bundesgesetzes BGBl. I Nr. 114/2005 treten mit 1. Jänner 2006 in Kraft.

(BGBl I 2005/114)

(30) § 6 Abs. 3 in der Fassung des Budgetbegleitgesetzes 2007, BGBl. I Nr. 24, tritt mit 1. Jänner 2007 in Kraft.

(BGBl I 2007/24)

(31) § 1 Abs. 2 Z 12 bis 14 in der Fassung des Bundesgesetzes BGBl. I Nr. 104/2007 treten mit 1. Jänner 2008 in Kraft.

(BGBl I 2007/104)

(32) § 2 Abs. 1, 5 und 7, § 4 und § 5 in der Fassung des Bundesgesetzes BGBl. I Nr. 104/2007 treten mit 1. Jänner 2009 in Kraft.

(BGBl I 2007/104)

(33) § 1 Abs. 2 Z 2 in der Fassung des Bundesgesetzes BGBl. I Nr. 82/2008 tritt mit 28. Juni 2008 in Kraft.

(BGBl I 2008/82)

(34) § 2 Abs. 7 in der Fassung des Bundesgesetzes BGBl. I Nr. 82/2008 tritt mit 1. Juli 2008 in Kraft und gilt ab der Beitragsperiode Juli 2008.

(BGBl I 2008/82)

(35) § 2 Abs. 8 in der Fassung des Bundesgesetzes BGBl. I Nr. 82/2008 tritt mit 1. Juli 2008 in Kraft.

(BGBl I 2008/82)

(36) § 2a in der Fassung des Bundesgesetzes BGBl. I Nr. 84/2008 tritt mit 1. Juli 2008 in Kraft und gilt ab der Beitragsperiode Juli 2008.

(BGBl I 2008/84)

(37) § 2 Abs. 8 und § 6 in der Fassung des Bundesgesetzes BGBl. I Nr. 12/2009 treten rückwirkend mit 1. Jänner 2009 in Kraft.

(BGBl I 2009/12)

(38) §1 Abs. 2 Z 2 in der Fassung des Bundesgesetzes BGBl. I Nr. 12/2009 tritt mit 1. Februar 2009 in Kraft.

(BGBl I 2009/12)

(39) § 2 Abs. 8 in der Fassung des Bundesgesetzes BGBl. I Nr. 90/2009 tritt mit 1. September 2009 in Kraft und mit Ablauf des 30. Juni 2011 außer Kraft.

(BGBl I 2009/90, BGBl I 2011/39)

(40) § 5 in der Fassung des Bundesgesetzes BGBl. I Nr. 147/2009 tritt mit 1. Jänner 2010 in Kraft.

(BGBl I 2009/147)

(41) § 1 Abs. 3 und § 13 samt Überschrift in der Fassung des Budgetbegleitgesetzes 2011, BGBl. I Nr. 111/2010, treten mit 1. Jänner 2011 in Kraft.

(BGBl I 2010/111)

(42) § 1 Abs. 1 Z 2 und Abs. 2 Z 2 und 9, § 2 Abs. 8, § 3 Abs. 1, § 9, § 14 samt Überschrift und § 15 samt Überschrift sowie Abs. 39 in der Fassung des Bundesgesetzes BGBl. I Nr. 39/2011 treten mit 1. Juli 2011 in Kraft.

(BGBl I 2011/39)

(43) § 14 und § 15 in der Fassung des 2. Stabilitätsgesetzes 2012, BGBl. I Nr. 35/2012, treten mit 1. Juli 2012 in Kraft.

(BGBl I 2012/35)

(44) § 1 Abs. 1 Z 3, § 6 und § 13 in der Fassung des 2. Stabilitätsgesetzes 2012, BGBl. I Nr. 35/2012, treten mit 1. Jänner 2013 in Kraft.

(BGBl I 2012/35)

(45) § 2b in der Fassung des 2. Stabilitätsgesetzes 2012, BGBl. I Nr. 35/2012, tritt mit 1. Jänner 2013 in Kraft und gilt, wenn ein arbeitslosenversicherungspflichtiges Dienstverhältnis oder freies Dienstverhältnis nach dem 31. Dezember 2012 endet.

(BGBl I 2012/35)

(46) § 2 in der Fassung des 2. Stabilitätsgesetzes 2012, BGBl. I Nr. 35/2012, tritt mit 1. Jänner 2013 in Kraft und gilt für Personen, die nach dem 1. Juni 1953 geboren wurden. Für Personen, die vor dem 2. Juni 1953 geboren wurden, gilt § 2 weiterhin in der Fassung des Bundesgesetzes BGBl. I Nr. 39/2011.

(BGBl I 2012/35)

(47) § 13 in der Fassung des Bundesgesetzes BGBl. I Nr. 75/2012 tritt mit 1. Juli 2012 in Kraft.

(BGBl I 2012/75)

(48) § 6a in der Fassung des Bundesgesetzes BGBl. I Nr. 98/2012 tritt mit 1. Jänner 2013 in Kraft.

(BGBl I 2012/98)

(49) § 1 Abs. 2 Z 13 bis 15 in der Fassung des Bundesgesetzes BGBl. I Nr. 3/2013 treten mit 1. Jänner 2013 in Kraft.

(BGBl I 2013/3)

(50) § 1 Abs. 1 Z 5 bis 7 und § 16 in der Fassung des Bundesgesetzes BGBl. I Nr. 3/2013 treten mit 1. Jänner 2014 in Kraft.

(BGBl I 2013/3)

(51) § 1 Abs. 3 und § 13 samt Überschrift in der Fassung des Bundesgesetzes BGBl. I Nr. 67/2013 treten mit 1. Juli 2013 in Kraft.

(BGBl I 2013/67)

(52) § 17 samt Überschrift in der Fassung des Bundesgesetzes BGBl. I Nr. 137/2013 tritt mit 1. Juli 2013 in Kraft.

(BGBl I 2013/137)

(53) § 1 Abs. 2 in der Fassung des Bundesgesetzes BGBl. I Nr. 163/2013 tritt mit 1. Oktober 2013 in Kraft.

(BGBl I 2013/163)

(54) § 1 Abs. 3, § 13, § 14 und § 18 in der Fassung des Bundesgesetzes BGBl. I Nr. 30/2014 treten mit 1. Mai 2014 in Kraft.

(BGBl I 2014/30)

(55) § 13 Abs. 1 in der Fassung des Budgetbegleitgesetzes 2014, BGBl. I Nr. 40/2014, tritt mit 1. Jänner 2014 in Kraft. § 13 Abs. 2 und § 19 samt Überschrift in der Fassung des genannten Bundesgesetzes treten mit 1. Juli 2014 in Kraft.

(BGBl I 2014/40)

(56) § 13 Abs. 1 in der Fassung des Bundesgesetzes, BGBl. I Nr. 90/2014, tritt mit 1. Jänner 2015 in Kraft.

(BGBl I 2014/90)

(57) § 2 Abs. 1 und 2 sowie § 2a Abs. 1 in der Fassung des Steuerreformgesetzes 2015/2016, BGBl. I Nr. 118/2015, treten mit 1. Jänner 2016 in Kraft und gelten für Lehrlinge auf Grund von Lehrverträgen, deren Laufzeit nach Ablauf des 31. Dezember 2015 begonnen hat.

(BGBl I 2015/118)

(58) § 13 Abs. 1 erster Satz in der Fassung des Bundesgesetzes BGBl. I Nr. 75/2015 und § 13 Abs. 2 in der Fassung des Budgetbegleitgesetzes 2016, BGBl. I Nr. 144/2015, treten mit 1. Jänner 2016 in Kraft.

(BGBl I 2015/144)

(59) § 1 Abs. 2 Z 15 bis 17 in der Fassung des Budgetbegleitgesetzes 2016, BGBl. I Nr. 144/2015, tritt mit 1. Jänner 2016 in Kraft.

(BGBl I 2015/144)

(60) § 1a in der Fassung des Budgetbegleitgesetzes 2016, BGBl. I Nr. 144/2015, tritt mit 1. Jänner 2017 in Kraft.

(BGBl I 2015/75, BGBl I 2015/144)

(61) § 1 Abs. 2 Z 2 und 5 in der Fassung des Bundesgesetzes BGBl. I Nr. 62/2016 treten mit 1. August 2016 in Kraft.

(BGBl I 2016/62)

(62) § 13 Abs. 1 in der Fassung des Bundesgesetzes BGBl. I Nr. 31/2017 tritt mit 1. Jänner 2017 in Kraft.

(BGBl I 2017/31)

(63) § 17 in der Fassung des Bundesgesetzes BGBl. I Nr. 32/2017 tritt mit 1. Jänner 2017 in Kraft.

(BGBl I 2017/32)

(64) § 1 Abs. 2 und § 13 Abs. 3 in der Fassung des Bundesgesetzes BGBl. I Nr. 75/2017 treten mit 1. September 2017 in Kraft.

(BGBl I 2017/75)

(65) 13 Abs. 4 in der Fassung des Bundesgesetzes BGBl. I Nr. 128/2017 tritt mit 1. Juli 2017 in Kraft.

(BGBl I 2017/128)

(66) § 2a in der Fassung des Bundesgesetzes BGBl. I Nr. 14/2018 tritt mit 1. Juli 2018 in Kraft und gilt ab der Beitragsperiode Juli 2018.

(BGBl I 2018/14)

(67) § 13, § 14 Abs. 1 und § 15 Abs. 1, 3 und 4 in der Fassung des Bundesgesetzes BGBl. I Nr. 30/2018 treten mit 8. Jänner 2018 in Kraft.

(BGBl I 2018/30)

(68) § 2a in der Fassung des Bundesgesetzes BGBl. I Nr. 87/2018 tritt mit 1. Juli 2018 in Kraft und gilt ab der Beitragsperiode Juli 2018.

(BGBl I 2018/87)

(69) § 1 Abs. 2 Z 12, § 2 Abs. 7, § 5 Abs. 2 und 5, § 14 Abs. 2 und § 15 Abs. 2 in der Fassung des

Bundesgesetzes BGBl. I Nr. 100/2018 treten mit 1. Jänner 2020 in Kraft.

(BGBl I 2018/100)

(70) § 13 Abs. 5 in der Fassung des Bundesgesetzes BGBl. I Nr. 94/2019 tritt rückwirkend mit 1. Juli 2019 in Kraft.

(BGBl I 2019/94)

(71) § 13 Abs. 1 in der Fassung des Bundesgesetzes BGBl. I Nr. 12/2020 tritt mit 15. März 2020 in Kraft.

(BGBl I 2020/12)

(72) § 13 Abs. 1 in der Fassung des Bundesgesetzes BGBl. I Nr. 16/2020 tritt mit 20. März 2020 in Kraft.

(BGBl I 2020/16)

(73) § 13 Abs. 1 in der Fassung des Bundesgesetzes BGBl. I Nr. 23/2020 tritt mit 21. März 2020 in Kraft.

(BGBl I 2020/23)

(74) § 14 Abs. 4 in der Fassung der Bundesgesetze BGBl. I Nr. 98/2020 und BGBl. I Nr. 135/2020 tritt mit 1. Oktober 2020 in Kraft und mit Ablauf des 31. Dezember 2022 außer Kraft.

(BGBl I 2020/98, BGBl I 2020/135)

(75) § 14 Abs. 1 bis 3 samt Überschrift in der Fassung des Bundesgesetzes BGBl. I Nr. 98/2020 tritt mit 1. Jänner 2023 in Kraft.

(BGBl I 2020/98)

(76) § 2a Abs. 7 und § 13 Abs. 1 in der Fassung des Bundesgesetzes BGBl. I Nr. 135/2020 treten mit 1. Jänner 2021 in Kraft.

(BGBl I 2020/135)

(76) § 13 Abs. 1a in der Fassung des Bundesgesetzes BGBl. I Nr. 4/2021 tritt mit 1. Jänner 2021 in Kraft und mit Ablauf des 31. Dezember 2022 außer Kraft.

(BGBl I 2021/4)

„(77) § 13 Abs. 1 und § 15 Abs. 3 in der Fassung des Bundesgesetzes BGBl. I Nr. 202/2021 treten mit 1. Jänner 2022 in Kraft. § 14 Abs. 4 in der Fassung des Bundesgesetzes BGBl. I Nr. 202/2021 tritt mit 1. Jänner 2022 in Kraft und mit Ablauf des 31. Dezember 2022 außer Kraft.“

(BGBl I 2021/202)

„(78) § 13 Abs. 1b und 1c treten rückwirkend mit 1. Dezember 2021 in Kraft und mit Ablauf des 31. Dezember 2022 außer Kraft.“

(BGBl I 2021/215)

Außerkrafttreten

§ 11. (1) § 5d in der Fassung des Bundesgesetzes BGBl. I Nr. 148/1998 tritt mit Ablauf des 30. September 2000 außer Kraft.

(BGBl I 2009/90)

(2) Der durch das Bundesgesetz BGBl. I Nr. 90/2009 bestimmte Entfall der §§ 5a bis 5c in der Fassung des Bundesgesetzes BGBl. I Nr. 158/2004 tritt mit 1. September 2009 in Kraft und gilt für Einstellungen und Freisetzungen Älterer nach dem Ablauf des 31. August 2009.

(BGBl I 2009/90)

(3) § 1a samt Überschrift und § 17 Abs. 4 bis 8 treten mit Ablauf des 30. Juni 2018 außer Kraft.

(BGBl I 2018/30)

(4) § 2b samt Überschrift tritt mit Ablauf des 31. Dezember 2019 außer Kraft. § 17 Abs. 1 bis 3 samt Überschrift tritt hinsichtlich der zu leistenden Vorauszahlungen mit Ablauf des 31. Dezember 2019 und hinsichtlich der Abrechnung mit Ablauf des 30. Juni 2020 außer Kraft.

(BGBl I 2018/30)

(5) § 18 und § 19 treten mit Ablauf des 31. Dezember 2018 außer Kraft.

(BGBl I 2018/100)

(BGBl I 1999/179, BGBl I 2000/92, BGBl I 2001/33)

Übergangsbestimmungen

§ 12. (1) § 1 Abs. 1 Z 3 und § 6 Abs. 2 in der Fassung des Bundesgesetzes BGBl. I Nr. 142/2000 gelten weiterhin für Rückflüsse gemäß § 52 KGG.

(2) § 1 Abs. 1 Z 4 und § 6 Abs. 3 in der Fassung des Bundesgesetzes BGBl. I Nr. 142/2000 gelten weiterhin für die Kostenbeteiligung der Gemeinden zur Sondernotstandshilfe auf Grund von Leistungen an Elternteile, die vor dem 1. Jänner 2002 gemäß § 39 AlVG in der Fassung des Bundesgesetzes BGBl. I Nr. 142/2000 oder ab dem 1. Jänner 2002 gemäß § 80 Abs. 11 AlVG in der Fassung des Bundesgesetzes BGBl. I Nr. 103/2001 in Verbindung mit § 39 AlVG in der Fassung des Bundesgesetzes BGBl. I Nr. 142/2000 erbracht wurden.

(3) § 1 Abs. 2 Z 2 in der Fassung des Bundesgesetzes BGBl. I Nr. 104/2007 gilt hinsichtlich der nach dem Inkrafttreten des Bundesgesetzes BGBl. I Nr. 82/2008 anfallenden Verpflichtungen auf Grund von Vereinbarungen nach dem Jugendausbildungs-Sicherungsgesetz (JASG), BGBl. I Nr. 91/1998, weiter.

(BGBl I 2008/82)

(BGBl I 2001/103)

Finanzielle Bedeckung bestimmter Beihilfen nach dem AMSG

§ 13. (1) Beihilfen bei Kurzarbeit gemäß § 37b AMSG und Beihilfen bei Kurzarbeit mit Qualifizierung gemäß § 37c AMSG sind bis zu einer Obergrenze von 20 Mio. € jährlich wie Ausgaben nach dem AlVG zu behandeln. Die Bundesministerin für Arbeit, Familie und Jugend wird ermächtigt, im Einvernehmen mit dem Bundesminister für Finanzen die Obergrenze von 1 000 Millionen Euro „in den Jahren 2020 bis 2022“ mit Verordnung an die Erfordernisse zur Bewältigung der Folgen der COVID-19-Krise entsprechend anzupassen.

(BGBl I 2020/12, BGBl I 2020/16, BGBl I 2020/23, BGBl I 2020/135, BGBl I 2021/202)

(1a)[a)] Die Bundesministerin für Arbeit, Familie und Jugend hat dem Ausschuss für Arbeit und Soziales des Nationalrats monatlich einen Bericht vorzulegen, in dem sämtliche nach Abs. 1 ergriffenen Maßnahmen detailliert dargestellt sind. Der Bericht hat dabei insbesondere die materiellen und finanziellen Auswirkungen der gesetzten Maßnahmen auszuweisen.

(BGBl I 2021/4)

[a] Tritt mit 31. Dezember 2022 außer Kraft.

„(1b)[a] Beschäftigungsbeihilfen des Arbeitsmarktservice zur Sicherung der Saisonbeschäftigung (Saison-Start-Hilfe) während der COVID-19-Pandemie sind im Jahr 2022 bis zu einer Obergrenze von 60 Mio. € wie Ausgaben nach dem AlVG zu behandeln, sofern folgende Beihilfenkriterien erfüllt sind:

1. Die Beihilfe richtet sich an Saisonbetriebe (§ 53 Abs. 6 ArbVG), die von einem behördlichen Betretungsverbot betroffen waren, und kann für Personen mit einem Beschäftigungseintritt zwischen dem 3. November 2021 und dem Ende des Betretungsverbots gewährt werden.
2. Die Beihilfe ersetzt höchstens 65 vH der entstandenen Lohnkosten im Zeitraum, der zwischen dem Betretungsverbot und dem frühestmöglichen Eintritt in die Kurzarbeit liegt.

Der Verwaltungsrat hat auf Vorschlag des Vorstandes eine Richtlinie über die weiteren Voraussetzungen für die Beihilfe zur Sicherung der Saisonbeschäftigung festzulegen.

(BGBl I 2021/215)

[a] Tritt mit Ablauf des 31. Dezember 2022 außer Kraft.

(1c) Die Ausgaben für den Langzeit-KUA-Bonus gemäß § 37e AMSG im Jahr 2022 sind wie Ausgaben nach dem AlVG zu behandeln."

(BGBl I 2021/215)

[a] Tritt mit Ablauf des 31. Dezember 2022 außer Kraft.

(2) Die Obergrenze für die Bedeckung von Beihilfen und Maßnahmen aus dem für Leistungen nach dem AlVG vorgesehenen Aufwand beträgt für Personen, die das 50. Lebensjahr vollendet haben und länger als 90 Tage beim Arbeitsmarktservice vorgemerkt sind oder zwar kürzer als 90 Tage vorgemerkt sind, aber deren Beschäftigungschancen wegen gesundheitlicher Einschränkungen oder langer Abwesenheit vom Arbeitsmarkt (WiedereinsteigerInnen, arbeitsmarktferne Personen) erschwert sind, jährlich bis zu 165 Mio. € und für Personen, die beim Arbeitsmarktservice vorgemerkt sind und deren Arbeitslosigkeit im Geschäftsfall 365 Tage überschreitet, jährlich bis zu 105 Mio. €. Von den Mitteln für diese Personengruppen sind im Bundesdurchschnitt 60 vH für arbeitsplatznahe Qualifizierungen (Programm AQUA, Implacementstiftungen), Eingliederungsbeihilfen und Kombilohn zu verwenden.

(3) Ausgaben zur Eingliederung von arbeitsfähigen Asylberechtigten und subsidiär Schutzberechtigten sowie von Personen, die mit hoher Wahrscheinlichkeit den Status des/der Asylberechtigten oder subsidiär Schutzberechtigten erhalten werden, in den Arbeitsmarkt im Rahmen eines Integrationsjahres nach dem IJG (§ 1 Abs. 2 Z 17) sind im Jahr 2018 bis zu einer Obergrenze von 50 Mio. € wie Ausgaben nach dem AlVG zu behandeln.

(4) Ausgaben für Beihilfen und Maßnahmen im Rahmen der Beschäftigungsaktion 20.000 zur Schaffung und Förderung von Arbeitsplätzen in Gemeinden, über gemeinnützige Trägervereine und Unternehmen für über 50-jährige Langzeitbeschäftigungslose sind ab Juli 2017 bis 30. Juni 2019 bis zu einer Obergrenze von 185 Mio. € wie Ausgaben nach dem AlVG zu behandeln.

(5) Über die Bestimmungen der Abs. (1) bis (4) hinaus, sind zusätzliche Ausgaben für Beihilfen, Maßnahmen und Beschäftigungsprojekte zur Schaffung und Förderung von Arbeitsplätzen für über 50-jährige Arbeitslose insbesondere Langzeitbeschäftigungslose (Zielgruppe der Aktion 20.000) in den Jahren 2019 und 2020 zusammen bis zu einer Obergrenze von 50 Mio. € wie Ausgaben nach dem ALVG zu behandeln.

(BGBl I 2019/94)

(BGBl I 2018/30)

Überweisung an den Insolvenz-Entgelt-Fonds

§ 14. (1) Die Bundesministerin für Arbeit, Soziales, Gesundheit und Konsumentenschutz hat dem Insolvenz-Entgelt-Fonds als Beitrag zur Erfüllung seiner Verpflichtungen ab dem Jahr 2011 Mittel aus der Gebarung Arbeitsmarktpolitik im Ausmaß von jeweils 41 vH der auf Grund der Neuregelung des § 2 Abs. 8 durch das Bundesgesetz BGBl. I Nr. 39/2011 sowie des Entfalls des § 2 Abs. 8 durch das 2. Stabilitätsgesetz 2012, BGBl. I Nr. 35/2012, durch Beitragsleistungen für Personen, die das 60. Lebensjahr noch nicht vollendet haben, erzielten zusätzlichen Mehreinnahmen zur Verfügung zu stellen.

(BGBl I 2018/30)

(2) Die betreffenden Mittel sind jeweils zu akontieren und auf der Grundlage einer gesonderten Berechnung des Dachverbandes abzurechnen. Die Abrechnung hat jeweils im September des Folgejahres zu erfolgen. Die Differenz zwischen der Akontierung und den tatsächlichen bei der Abrechnung festgestellten Einnahmen ist mit der jeweils nächstfolgenden Akontierung gegen zu rechnen. Die Akontierung hat auf der Grundlage einer Prognose ausgehend von den bis dahin vorliegenden Daten betreffend die Entwicklung der Beschäftigung und der Einkommen der arbeitslosenversicherungs(beitrags)pflichtigen unselbständig Beschäftigten, die das 58. Lebensjahr vollendet haben, zu erfolgen.

(BGBl I 2018/100)

(3) Die Akontierung der Mittel hat für das Jahr 2011 im Dezember 2011 und ab 2012 jeweils im Oktober des betreffenden Jahres zu erfolgen. Im Jahr 2014 hat im Juni eine Anzahlung auf die in Abs. 2 genannte Akontierung iHv 70 %, ab dem Jahr 2015 im Februar iHv jeweils 40 %, und im Juni iHv 30 % zu erfolgen.

„(4)[a] Im Jahr 2022 entfällt die Überweisung der Mittel nach Abs. 1, 2 und 3.“

(BGBl I 2020/98, BGBl I 2020/135, BGBl I 2021/202)

[a] Tritt mit Ablauf des 31. Dezember 2022 außer Kraft.

(BGBl I 2011/39, BGBl I 2012/35, BGBl I 2014/30)

Überweisung zum Zweck der Lehrlingsförderung

§ 14.[a] (1) Die Bundesministerin für Arbeit, Familie und Jugend hat den Lehrlingsstellen der Landeskammern der gewerblichen Wirtschaft als Beitrag zur Erfüllung ihrer Aufgaben gemäß § 19c des Berufsausbildungsgesetzes (BAG), BGBl. Nr. 142/1969, Mittel aus der Gebarung Arbeitsmarktpolitik im Ausmaß von jeweils 41 vH der auf Grund der Neuregelung des § 2 Abs. 8 durch das Bundesgesetz BGBl. I Nr. 39/2011 sowie des Entfalls des § 2 Abs. 8 durch das 2. Stabilitätsgesetz 2012, BGBl. I Nr. 35/2012, durch Beitragsleistungen für Personen, die das 60. Lebensjahr noch nicht vollendet haben, erzielten zusätzlichen Mehreinnahmen, jedoch maximal 250 Mio. € jährlich zur Verfügung zu stellen. Diese Mittel dienen auch als Beitrag zur Bedeckung der Aufwendungen der Lehrberechtigten für die Tragung von Internatskosten für Lehrlinge während des Besuches der Berufsschule gemäß § 9 Abs. 5 BAG und § 130 Abs. 4a des Landarbeitsgesetzes 1984 (LAG), BGBl. Nr. 287/1984.

(2) Die betreffenden Mittel sind jeweils zu akontieren und auf der Grundlage einer gesonderten Berechnung des Dachverbandes abzurechnen. Die Abrechnung hat jeweils im September des Folgejahres zu erfolgen. Die Differenz zwischen der Akontierung und den tatsächlichen bei der Abrechnung festgestellten Einnahmen ist mit der jeweils nächstfolgenden Akontierung gegen zu rechnen. Die Akontierung hat auf der Grundlage einer Prognose ausgehend von den bis dahin vorliegenden Daten betreffend die Entwicklung der Beschäftigung und der Einkommen der arbeitslosenversicherungs(beitrags)pflichtigen unselbständig Beschäftigten der betroffenen Alterskohorten zu erfolgen.

(3) Die Akontierung der Mittel hat jeweils im Oktober des betreffenden Jahres zu erfolgen. Im Februar hat jeweils eine Anzahlung iHv 40 % und im Juni jeweils iHv 30 % der entsprechenden Bundesvoranschlagsposition zu erfolgen.

(BGBl I 2020/98)

[a] Tritt mit 1. Jänner 2023 in Kraft.

Zuführung an die Arbeitsmarktrücklage

§ 15. (1) Die Bundesministerin für Arbeit, Soziales, Gesundheit und Konsumentenschutz hat zur Sicherstellung der Finanzierung besonderer arbeitsmarktpolitischer Projekte insbesondere für Jugendliche, Frauen und Ältere Mittel im Ausmaß von jeweils 41 vH der auf Grund der Änderung des § 2 Abs. 8 durch das Bundesgesetz BGBl. I Nr. 39/2011 sowie des Entfalls des § 2 Abs. 8 durch das 2. Stabilitätsgesetz 2012, BGBl. I Nr. 35/2012, durch Beitragsleistungen für Personen, die das 60. Lebensjahr noch nicht vollendet haben, erzielten zusätzlichen Mehreinnahmen der Arbeitsmarktrücklage gemäß § 50 AMSG zur Verfügung zu stellen.

(BGBl I 2018/30)

(2) Die betreffenden Mittel sind jeweils zu akontieren und auf der Grundlage einer gesonderten Berechnung des Dachverbandes abzurechnen. Die Abrechnung hat jeweils im September des Folgejahres zu erfolgen. Die Differenz zwischen der Akontierung und den tatsächlichen bei der Abrechnung festgestellten Einnahmen ist mit der jeweils nächstfolgenden Akontierung gegen zu rechnen.

(BGBl I 2018/100)

(3) Die Akontierung der Mittel hat jeweils im Oktober des laufenden Jahres auf der Grundlage einer Prognose, die von den bis dahin vorliegenden Daten betreffend die Entwicklung der Beschäftigung und der Einkommen der arbeitslosenversicherungs(beitrags)pflichtigen unselbständig Beschäftigten, die das 58. Lebensjahr vollendet haben, ausgeht zu erfolgen. „Auf die Akontierung können Anzahlungen bis höchstens 80 vH des dafür im Bundesfinanzgesetz vorgesehenen Voranschlagswertes erfolgen.“

(BGBl I 2018/30, BGBl I 2021/202)

(4) Die gemäß Abs. 2 und 3 für die Jahre 2018 und 2019 ermittelten Beträge sind jeweils um 50 Mio. € zu vermindern.

(BGBl I 2018/30)

(BGBl I 2011/39, BGBl I 2012/35)

Finanzielle Bedeckung von beruflichen Maßnahmen der Rehabilitation

§ 16. Die Beiträge der Pensionsversicherung zur Finanzierung von beruflichen Maßnahmen der Rehabilitation und sonstigen der Arbeitsmarktintegration dienenden arbeitsmarktpolitischen Maßnahmen des Arbeitsmarktservice für Personen, die Umschulungsgeld oder Rehabilitationsgeld beziehen oder bezogen haben, gemäß § 1 Abs. 1 Z 5 sind der Arbeitsmarktrücklage zuzuführen. Die Aufwendungen für berufliche Maßnahmen der Rehabilitation sind jeweils zur Gänze und die Aufwendungen für die sonstigen der Arbeitsmarktintegration dienenden Maßnahmen während des Bezuges von Umschulungsgeld oder Rehabilitationsgeld zur Gänze und in den ersten drei Jahren danach zur Hälfte zu ersetzen. Im Jahr 2014 hat die Pensionsversicherungsanstalt im März eine Akontierung in Höhe von 20 Millionen Euro zu leisten. In den Folgejahren hat die Akontierung durch die betroffenen Pensionsversicherungsträger jeweils im März auf der Grundlage einer Bestandsprognose für das laufende Jahr unter Gegenrechnung der Differenz aus Akontierung und Abrechnung (nachgewiesenem Aufwand) des Vorjahres zu erfolgen. Die Modalitäten der Akontierung und der Abrechnung von beruflichen Maßnahmen der Rehabilitation und sonstigen der Arbeitsmarktintegration dienenden Maßnahmen sind zwischen den Pensionsversicherungsträgern und dem Arbeitsmarktservice mit Zustimmung des Bundesministeriums für Arbeit, Soziales und Konsumentenschutz im Einvernehmen mit dem Bundesministerium für Finanzen zu vereinbaren.

(BGBl I 2013/3)

§ 17. (aufgehoben)

(BGBl I 2013/3, BGBl I 2013/137, BGBl I 2017/32, BGBl I 2018/30)

§ 18. (aufgehoben)

(BGBl I 2014/30, BGBl I 2018/100)

§ 19. (aufgehoben)

(BGBl I 2014/30, BGBl I 2014/40, BGBl I 2018/100)

35/5. Ausbildungspflichtgesetz

Ausbildungspflichtgesetz, BGBl I 2016/62 idF

1 BGBl I 2016/120 **2** BGBl I 2018/32 **3** BGBl I 2018/100
4 BGBl I 2020/164

GLIEDERUNG

STICHWORTVERZEICHNIS

Bundesgesetz, mit dem die Verpflichtung zu Bildung oder Ausbildung für Jugendliche geregelt wird (Ausbildungspflichtgesetz – APflG)

Der Nationalrat hat beschlossen:

Inhalt

§ 1. (1) Dieses Bundesgesetz regelt die Verpflichtung zu einer Bildung oder Ausbildung für Jugendliche, welche die allgemeine Schulpflicht erfüllt haben (Ausbildungspflicht).

(2) Schulen im Sinne dieses Bundesgesetzes sind Schulen im Sinne der Artikel 14 und 14a B-VG. Berufliche Ausbildungen im Sinne dieses Bundesgesetzes sind betriebliche und überbetriebliche Ausbildungen nach dem Berufsausbildungsgesetz (BAG), BGBl. Nr. 142/1969, nach dem Land- und forstwirtschaftlichen Berufsausbildungsgesetz (LFBAG), BGBl. Nr. 298/1990, oder Ausbildungen nach gesundheitsrechtlichen Vorschriften.

Zweck

§ 2. (1) Zweck dieses Bundesgesetzes ist, den Jugendlichen durch eine Bildung oder Ausbildung eine Qualifikation zu ermöglichen, welche die Chancen auf eine nachhaltige und umfassende Teilhabe am wirtschaftlichen und gesellschaftlichen Leben erhöht und den zunehmenden Qualifizierungsanforderungen der Wirtschaft entspricht. Dies soll durch verstärkte Präventionsmaßnahmen zur Verhinderung von Schul- und Ausbildungsabbruch in den Bereichen der Bildungspolitik, Wirtschaftspolitik, Arbeitsmarktpolitik, Jugendpolitik und durch den sukzessiven Aufbau eines lückenlosen Ausbildungsangebotes erreicht werden.

(2) Durch abgestimmte Maßnahmen in den in Abs. 1 angeführten Politikbereichen sind die Jugendlichen bestmöglich zu unterstützen.

Geltungsbereich

§ 3. Die Ausbildungspflicht betrifft Jugendliche bis zur Vollendung des 18. Lebensjahres, die die allgemeine Schulpflicht erfüllt haben und sich nicht nur vorübergehend in Österreich aufhalten.

Ausbildungspflicht

§ 4. (1) Die Erziehungsberechtigten sind verpflichtet, dafür zu sorgen, dass Jugendliche, die die allgemeine Schulpflicht erfüllt haben, bis zur Vollendung des 18. Lebensjahres einer Bildungs- oder Ausbildungsmaßnahme oder einer auf diese vorbereitenden Maßnahme nachgehen. Die Ausbildungspflicht endet vor Vollendung des 18. Lebensjahres, wenn nach Erfüllung der allgemeinen Schulpflicht eine mindestens zweijährige (berufsbildende) mittlere Schule, eine Lehrausbildung nach dem BAG oder nach dem LFBAG, eine gesundheitsberufliche Ausbildung von mindestens 2500 Stunden nach gesundheitsrechtlichen Vorschriften oder eine Teilqualifizierung gemäß § 8b Abs. 2 (auch in Verbindung mit § 8c) BAG oder gemäß § 11b LFBAG erfolgreich abgeschlossen wurde.

(2) Die Ausbildungspflicht kann insbesondere erfüllt werden durch

1. einen gültigen Lehr- oder Ausbildungsvertrag nach dem BAG oder nach dem LFBAG,
2. eine Ausbildung nach gesundheitsrechtlichen Vorschriften,
3. den Besuch weiterführender Schulen wie den Besuch einer allgemein bildenden höheren oder berufsbildenden mittleren oder höheren Schule,
4. den Besuch von auf schulische Externistenprüfungen oder auf einzelne Ausbildungen vorbereitenden Kursen, zB Lehrgänge zur Vorbereitung auf die Pflichtschulabschlussprüfung, oder Berufsausbildungsmaßnahmen,
5. die Teilnahme an arbeitsmarktpolitischen Maßnahmen,
6. die Teilnahme an einer Maßnahme für Jugendliche mit Assistenzbedarf (§ 10a Abs. 3 des Behinderteneinstellungsgesetzes – BEinstG, BGBl. Nr. 22/1970), die deren persönliche Leistungsfähigkeit erhöht und deren Integration in den Arbeitsmarkt erleichtert,
7. eine nach Abs. 3 zulässige Beschäftigung.

(3) Die Erfüllung der Ausbildungspflicht gemäß Abs. 2 Z 5 bis 7 setzt voraus, dass eine derartige Maßnahme oder Beschäftigung mit einem Perspektiven- oder Betreuungsplan, der gemäß § 14 Abs. 2 vom Arbeitsmarktservice (AMS) oder vom Sozialministeriumservice (SMS) oder in deren Auftrag erstellt wurde, vereinbar ist. Für die Erstellung von Perspektiven- und Betreuungsplänen sind Grundsätze festzulegen; vor deren Erlassung oder Änderung ist der Beirat (§ 10 Abs. 3) anzuhören.

(4) Ausbildungsfreie Zeiträume von bis zu vier Monaten innerhalb von zwölf Kalendermonaten stellen keine Verletzung der Ausbildungspflicht dar. Dasselbe gilt für Zeiträume (Wartezeiten), in denen trotz Bereitschaft der Jugendlichen oder Teilnahme am Verfahren gemäß § 14 keine Ausbildungsmaßnahmen bereitgestellt werden können.

Arbeitsverhältnisse

§ 5. (1) Außerhalb ausbildungsfreier Zeiträume nach § 4 Abs. 4 erfüllen Jugendliche, die keine Schule besuchen, die Ausbildungspflicht mit einem Arbeitsverhältnis nur dann, wenn die im Rahmen dieses Arbeitsverhältnisses ausgeübte Beschäftigung von einem aktuellen Perspektiven- oder Betreuungsplan umfasst ist.

(2) Für Jugendliche, die sich in einer Beschäftigung befinden, ist vom SMS zu prüfen, ob die Beschäftigung die Ausbildungspflicht verletzt. Diese Prüfung hat ausgehend von den Anmeldungen nach § 33 des Allgemeinen Sozialversicherungsgesetzes (ASVG), BGBl. Nr. 189/1955, anhand der vom Dachverband der Sozialversicherungsträger (Dachverband) elektronisch bereitgestellten Daten zu erfolgen. Jugendliche, deren Beschäftigung dieser Prüfung zufolge nicht von einem aktuellen Perspektiven- oder Betreuungsplan umfasst ist, sowie deren Eltern oder sonstige Erziehungsberechtigte sind zu einem Beratungsgespräch einzuladen, um einen aktuellen Perspektiven- oder Betreuungsplan zu erstellen. Leistet der oder die Jugendliche der Einladung keine Folge, hat die Einladung schriftlich mit dem Hinweis zu erfolgen, dass die Teilnahme am Beratungsgespräch verpflichtend ist und bei Unvereinbarkeit der Beschäftigung mit einem bestehenden Perspektiven- oder Betreuungsplan sowie bei Fehlen eines derartigen Betreuungsplans die Ausbildungspflicht verletzt wird. Die Einladung samt Hinweis ist auch dem Arbeitgeber oder der Arbeitgeberin des oder der Jugendlichen zur Information zu übermitteln.

(BGBl I 2018/100)

(3) Eine Verletzung der Ausbildungspflicht liegt vor, wenn

1. der oder die Jugendliche trotz wiederholter Einladung zu einem Beratungsgespräch zur Erstellung eines aktuellen Perspektiven- oder Betreuungsplans nicht erschienen ist oder
2. die Beschäftigung des oder der Jugendlichen im Rahmen des Arbeitsverhältnisses keine Beschäftigung darstellt, die mit dem für den Jugendlichen oder die Jugendliche erstellten aktuellen Perspektiven- oder Betreuungsplan vereinbar ist.

(4) Das SMS hat das Vorliegen der Voraussetzungen nach Abs. 3 Z 1 oder Z 2 dem oder der Jugendlichen, dessen oder deren Eltern oder sonstigen Erziehungsberechtigten sowie dessen oder deren Arbeitgeber oder Arbeitgeberin schriftlich mitzuteilen.

Auswirkungen der Verletzung der Ausbildungspflicht auf den Arbeitsvertrag

§ 6. Jugendliche, deren Beschäftigung gemäß § 5 Abs. 3 Z 2 die Ausbildungspflicht verletzt, haben das Recht, das Arbeitsverhältnis vorzeitig ohne Einhaltung gesetzlicher oder kollektivvertraglicher Kündigungsfristen und –termine zu beenden. Die übrigen Ansprüche aus dem Arbeitsvertrag bleiben unberührt.

Ruhen der Ausbildungspflicht

§ 7. Die Ausbildungspflicht ruht insbesondere für Zeiträume, in denen Jugendliche

1. Kinderbetreuungsgeld beziehen;
2. an einem Freiwilligen Sozialjahr, einem Freiwilligen Umweltjahr, einem Gedenk-, Friedens- und Sozialdienst im Ausland oder einem Freiwilligen Integrationsjahr nach den Abschnitten 2, 3, 4 und 4a des Freiwilligengesetzes, BGBl. I Nr. 17/2012, teilnehmen;
3. an einem Europäischen Freiwilligendienst nach der Verordnung (EU) Nr. 1288/2013 zur Einrichtung von „Erasmus+“, ABl. Nr. L 347 vom 20.12.2013 S. 50, teilnehmen;
4. einen Präsenz-, Ausbildungs- oder Zivildienst leisten oder
5. aus berücksichtigungswürdigen Gründen keine dem § 4 entsprechende Ausbildung absolvieren können.

Zuständigkeit

§ 8. (1) Das SMS hat die erforderlichen institutionellen Maßnahmen zur Umsetzung der Ausbildungspflicht zu setzen sowie die Bürogeschäfte für die Steuerungsgruppe und den Beirat zu führen.

(2) Das SMS kann sich bei der (nicht hoheitlichen) Aufgabenerfüllung Dritter (Dienstleister) bedienen.

(3) Das SMS hat auf seiner Homepage im Internet die gemäß § 11 Abs. 6 Z 2 kundgemachte Liste jener Berufs- und Ausbildungsmaßnahmen zur Verfügung zu stellen, deren Absolvierung oder erfolgreicher Abschluss die bestehende Ausbildungspflicht erfüllt.

(BGBl I 2020/164)

(4) Auf Antrag der Erziehungsberechtigten hat das SMS mit Bescheid festzustellen, ob eine Maßnahme oder eine Beschäftigung im Einzelfall die Ausbildungspflicht gemäß § 4 Abs. 2 erfüllt. Dabei ist insbesondere darauf Bedacht zu nehmen, ob die Maßnahme oder Beschäftigung die arbeitsmarktbezogenen Chancen der Jugendlichen verbessern kann.

(5) Das SMS hat Hinweisen auf Verletzungen der Ausbildungspflicht nachzugehen, eine eingehende Überprüfung zu veranlassen und wenn diese ergibt, dass eine den Erziehungsberechtigten vorwerfbare Verletzung der Ausbildungspflicht vorliegt, eine Anzeige an die zuständige Bezirksverwaltungsbehörde zu erstatten.

Koordinierungsstellen

§ 9. Das SMS kann für das Bundesgebiet und für jedes Bundesland jeweils eine Koordinierungsstelle einrichten und hat deren Bestehen, Aufgaben und Kontaktdaten den betroffenen Jugendlichen, Erziehungsberechtigten, Schulen, Erwachsenenbildungseinrichtungen, Lehrlingsstellen, Lehr- und Ausbildungsbetrieben und anderen relevanten Institutionen in geeigneter Weise zur Kenntnis zu bringen.

Steuerungsgruppe und Beirat

§ 10. (1) Zur Weiterentwicklung und Qualitätssicherung der Ausbildungspflicht werden eine Steuerungsgruppe und ein Beirat eingerichtet.

(2) Die Steuerungsgruppe beim Bundesministerium für Arbeit, Soziales und Konsumentenschutz besteht aus je einem Mitglied der folgenden Bundesministerien:

1. Bundesministerium für Arbeit, Soziales und Konsumentenschutz,
2. Bundesministerium für Wissenschaft, Forschung und Wirtschaft,
3. Bundesministerium für Bildung und Frauen,
4. Bundesministerium für Familien und Jugend,
5. Bundesministerium für Gesundheit,
6. Bundesministerium für Land- und Forstwirtschaft, Umwelt und Wasserwirtschaft.

(3) Der Beirat beim SMS besteht aus je einem Mitglied der folgenden Institutionen:

1. Sozialministeriumservice,
2. Bundesarbeitskammer,
3. Wirtschaftskammer Österreich,
4. Österreichischer Gewerkschaftsbund,
5. Landwirtschaftskammer Österreich,
6. Österreichischer Landarbeiterkammertag,
7. Vereinigung der österreichischen Industrie,
8. Verbindungsstelle der Bundesländer,
9. Städte- und Gemeindebund,
10. Arbeitsmarktservice,
11. Bundesjugendvertretung,
12. Österreichische Arbeitsgemeinschaft für Rehabilitation.

(4) Die in den Abs. 2 und 3 genannten Institutionen sind berechtigt, je ein Mitglied und für jedes Mitglied ein stellvertretendes Mitglied zu entsenden.

(5) Die Mitglieder und stellvertretenden Mitglieder der Steuerungsgruppe sowie des Beirates haben ihr Amt gewissenhaft und unparteiisch auszuüben. Die (stellvertretende) Mitgliedschaft begründet keine gesonderten Entgeltansprüche.

Organisation und Aufgaben von Steuerungsgruppe und Beirat

§ 11. (1) Den Vorsitz in der Steuerungsgruppe führt der Vertreter (die Vertreterin) des Bundesministeriums für Arbeit, Soziales und Konsumentenschutz.

(2) Die Funktionsdauer der Steuerungsgruppe beträgt jeweils vier Jahre. Nach Ablauf der Funktionsdauer hat die alte Steuerungsgruppe die Geschäfte so lange weiterzuführen, bis die neue Steuerungsgruppe zusammentritt. Die Zeit der Weiterführung der Geschäfte durch die alte Steuerungsgruppe wird auf die vierjährige Funktionsdauer der neuen Steuerungsgruppe angerechnet.

(3) Die Mitglieder und stellvertretenden Mitglieder der Steuerungsgruppe können ihren Verzicht auf die Mitgliedschaft in der Steuerungsgruppe erklären. Weiters kann der Bundesminister für Arbeit, Soziales und Konsumentenschutz auf Antrag der entsendenden Institution oder bei grober Pflichtverletzung ein Mitglied (stellvertretendes Mitglied) der Steuerungsgruppe vor Ablauf der Funktionsdauer abberufen. Bei Ausscheiden eines Mitglieds (stellvertretenden Mitglieds) haben die entsendenden Institutionen das Recht, für die verbleibende Zeit der vierjährigen Funktionsdauer ein anderes Mitglied (Ersatzmitglied) zu entsenden.

(4) Die Steuerungsgruppe ist bei Anwesenheit von mehr als der Hälfte der stimmberechtigten Mitglieder beschlussfähig. Beschlüsse der Steuerungsgruppe bedürfen der Einstimmigkeit. Die Geschäftsordnung wird von der Steuerungsgruppe beschlossen und bedarf der Genehmigung des Bundesministers für Arbeit, Soziales und Konsumentenschutz.

(5) Die Steuerungsgruppe kann zur Erfüllung ihrer Aufgaben fachlich geeignete Personen anhören oder beiziehen.

(6) Die Steuerungsgruppe hat folgende Aufgaben:

1. Erstellung und Beschluss einer Geschäftsordnung.
2. Vorschlag einer Liste von Bildungs- und Ausbildungsmaßnahmen (Arten von Ausbildungen), deren Absolvierung die Ausbildungspflicht erfüllt. Die Liste ist zumindest halbjährlich auf erforderliche Änderungen zu überprüfen und bei Bedarf zu ändern. Die Liste ist von der Bundesministerin für Arbeit, Familie und Jugend zu genehmigen und kundzumachen.
   (BGBl I 2020/164)
3. Berichterstattung an den Bundesminister für Arbeit, Soziales und Konsumentenschutz über die Umsetzung der Ausbildungspflicht, die Tätigkeit der Koordinierungsstellen, vorhandene Problemlagen und Folgewirkungen der Ausbildungspflicht. Der Bericht ist zumindest einmal jährlich vorzulegen.
4. Laufende Beobachtung der Umsetzung und Wirkung sowie darauf basierend Abstimmung und gegebenenfalls Entwicklung von Programmen, Projekten und Maßnahmen innerhalb der einzelnen Ressorts sowie ressortübergreifend im Sinne akkordierten Vorgehens zur Verfolgung der Zielsetzungen gemäß § 2.

(7) Das SMS hat der Steuerungsgruppe auf deren Verlangen vorhandene Informationen und Unterlagen, die zur Erfüllung ihrer Aufgaben erforderlich sind, zur Verfügung zu stellen.

(8) Der Beirat hat beratende Funktion. Er ist vor wesentlichen Entscheidungen (insbesondere gemäß Abs. 6 Z 2 und 3 sowie § 4 Abs. 3) anzuhören. Berichte (Evaluierungen, Controlling) über die Tätigkeit der Koordinierungsstellen sind dem Beirat zur Kenntnis zu bringen. Der Beirat kann auf Vorschlag des SMS eine Geschäftsordnung beschließen.

Aufgaben der Koordinierungsstellen

§ 12. (1) Aufgabe jeder Koordinierungsstelle ist insbesondere die Koordinierung der Unterstützung von Jugendlichen bei der Berufsfindung und bei der Aufnahme in Ausbildungsmaßnahmen, um längere ausbildungsfreie Zeiträume, insbesondere nach Ausbildungsabbrüchen, zu vermeiden.

(2) Die Koordinierungsstellen haben dafür zu sorgen, dass Jugendliche, die ihre Schulpflicht erfüllt haben und keine Schule oder berufliche Ausbildung besuchen, sowie deren Eltern oder sonstige Erziehungsberechtigte zielgerichtet beraten und betreut werden. Sie haben sich dabei vorhandener fachlich geeigneter Unterstützungsstrukturen von bestehenden Beratungs- und Betreuungseinrichtungen zu bedienen.

(3) Die Koordinierungsstellen haben insbesondere mit den Erziehungsberechtigten, Trägern der Kinder- und Jugendhilfe, Jugendeinrichtungen, Schulen, Erwachsenenbildungseinrichtungen, Lehrlingsstellen, Lehr- und Ausbildungsbetrieben und sonstigen Trägern von Ausbildungsmaßnahmen sowie dem AMS und dem SMS zusammenzuarbeiten.

Meldeverpflichtungen

§ 13. (1) Die Erziehungsberechtigten haben die Koordinierungsstelle zu verständigen, wenn Jugendliche (§ 3) nicht innerhalb von vier Monaten nach Beendigung oder vorzeitiger Beendigung eines Schulbesuches oder einer beruflichen Ausbildung eine Bildungs- oder Ausbildungsmaßnahme begonnen haben. Die Verständigung hat umgehend, spätestens binnen zwei Wochen nach Ablauf des Viermonatszeitraums, zu erfolgen.

(2) Um zu gewährleisten, dass Jugendliche, die eine schulische oder berufliche Ausbildung (vorzeitig) beendet haben oder aus der Betreuung des AMS oder des SMS ausgeschieden sind, erfasst werden können, haben Schulen, Lehrlingsstellen, AMS, Dachverband, SMS und die nicht vom AMS oder SMS beauftragten Träger von Ausbildungsmaßnahmen folgende Daten aller Zu- und Abgänge in und aus der Ausbildung oder Betreuung von nicht mehr schulpflichtigen Jugendlichen (ab oder nach Beendigung der Schulpflicht) an die Bundesanstalt Statistik Österreich zu übermitteln:

1. das Geburtsdatum,
2. das Geschlecht,
3. die Staatsangehörigkeit,
4. die Anschrift am Heimatort und, sofern zusätzlich vorhanden, des der Bildungseinrichtung nächst gelegenen Wohnsitzes sofern dieser in Österreich liegt (Zustelladresse) entsprechend den Angaben der Erziehungsberechtigten oder der Jugendlichen,
5. das Beginndatum der jeweiligen Ausbildung unter Angabe deren Bezeichnung sowie der Schulformenkennzahl und
6. das Beendigungsdatum und die Beendigungsform der jeweiligen Ausbildung unter Angabe der Bezeichnung der beendeten Ausbildung sowie der Schulformenkennzahl.

Die Schulen, die Lehrlingsstellen und die nicht vom AMS oder SMS beauftragten Träger von Ausbildungsmaßnahmen haben die Daten unter Verwendung des verschlüsselten bereichsspezifischen Personenkennzeichens „Amtliche Statistik“ (vbPK-AS) und des verschlüsselten bereichsspezifischen Personenkennzeichens „Zur Person“ (vbPK-ZP) oder der Sozialversicherungsnummer, wenn die bereichsspezifischen Personenkennzeichen nicht vorliegen, zu übermitteln. Die Bundesanstalt Statistik Österreich hat nach Eingang der Daten die Sozialversicherungsnummer durch das bereichspezifische Personenkennzeichen „Amtliche Statistik“ (bPK-AS) und das verschlüsselte bereichspezifische Personenkennzeichen „Zur Person“ (vbPK-ZP) zu ersetzen. Die Bundesanstalt Statistik Österreich hat zu diesem Zweck die Sozialversicherungsnummer an den Dachverband zu übermitteln. Dieser hat zu den betreffenden Sozialversicherungsnummern die verschlüsselten bPK-AS (vbPK-AS) und vbPK-ZP innerhalb von zwei Wochen rückzuübermitteln. Die Bundesanstalt Statistik Österreich hat in der Folge die erhaltenen bPK mit den Daten der entsprechenden Personen zu verknüpfen und die Sozialversicherungsnummern unverzüglich zu löschen. Das AMS, der Dachverband sowie das SMS übermitteln die Daten mit dem vbPK-AS sowie dem vbPK-ZP.

(BGBl I 2018/100, BGBl I 2020/164)

(3) Die gemäß Abs. 2 verpflichteten Institutionen sind zur Verarbeitung der im Abs. 2 genannten personenbezogenen Daten sowie im Fall der zur Übermittlung verpflichteten Institutionen zur Verarbeitung des Namens der Jugendlichen und deren Erziehungsberechtigten im Sinne des Datenschutzgesetzes 2000, BGBl. I Nr. 165/1999, ermächtigt.

(4) Die Übermittlung der Daten gemäß Abs. 2 hat jeweils zu den Stichtagen 1. März, 10. Juni und 10. November jedes Kalenderjahres (längstens binnen sieben Werktagen) zu erfolgen. Liegen zwischen den Stichtagen keine Zu- oder Abgänge vor, so hat eine Leermeldung zu erfolgen. Die Übermittlung der Daten der Schulen gemäß Abs. 2 hat ausschließlich in einem von der Bundesanstalt Statistik Österreich vorgegebenen Datenformat mittels dem von der Bundesanstalt Statistik Österreich bereitgestellten Webservice oder der bereitgestellten Portalapplikation zu erfolgen. Jede Datenlieferung der Schulen hat unter Verwendung der Schulkennzahl alle für den jeweiligen Stichtag relevanten Zu- und Abgänge zu enthalten. Die zur Einhaltung der Meldepflicht durch die Schulen erforderlichen Vorkehrungen hat der jeweilige Schulerhalter zu treffen.

(BGBl I 2020/164)

(5) Für jene indirekt personenbezogenen Daten, für die binnen vier Monaten nach einem Abgang weder ein Zugang in einer Schule, einer Lehrstelle oder einer Ausbildungsmaßnahme eines nicht vom AMS oder SMS beauftragten Trägers noch eine Betreuung des AMS oder des SMS gemeldet wurde, hat die Bundesanstalt Statistik Österreich das vbPK-ZP verknüpft mit den Daten gemäß Abs. 2 dem SMS zu übermitteln. Das SMS erhält über das vbPK-ZP aus dem Zentralen Melderegister innerhalb von zwei Wochen den Personenbezug und informiert die nach dem Wohnsitz zuständige Koordinierungsstelle zur weiteren Kontaktaufnahme.

(6) Das AMS und das SMS dürfen die gemäß Abs. 2 erfassten Daten unter Verwendung des Na-

mens von Jugendlichen, die aus deren Betreuung ausscheiden, und deren Erziehungsberechtigten zusätzlich auch direkt einer Koordinierungsstelle übermitteln, damit rascher ein Verfahren nach § 14 eingeleitet werden kann.

(7) Die Bundesanstalt Statistik Österreich handelt in der Durchführung des § 13 als gesetzlicher Auftragsverarbeiter für das SMS. Sie darf dem SMS jedoch Daten ausschließlich unter den Voraussetzungen des Abs. 5 übermitteln. Die Bundesanstalt Statistik Österreich erbringt ihre Leistungen nach dieser Bestimmung gegen Kostenersatz gemäß § 32 Abs. 4 Z 2 des Bundesstatistikgesetzes 2000, BGBl I Nr. 163/1999.

(BGBl I 2018/32)

Verfahren bei Nichterfüllung der Ausbildungspflicht

§ 14. (1) Die Jugendlichen und die Erziehungsberechtigten sind über ihre Verantwortung zur Erfüllung der Ausbildungspflicht aufzuklären. Wird die Ausbildungspflicht ohne Vorliegen eines zulässigen Ausnahmegrundes nicht erfüllt, hat eine Koordinierungsstelle dafür zu sorgen, dass eine geeignete Einrichtung mit den Jugendlichen und deren Eltern oder sonstigen Erziehungsberechtigten Kontakt aufnimmt und die weitere Vorgangsweise abklärt.

(2) In den Fällen des § 4 Abs. 2 Z 5 bis 7 und ansonsten bei Bedarf ist zur Gewährleistung der bestmöglichen Ausbildung ein auf die Bedürfnisse der jeweiligen Jugendlichen abgestimmter Perspektiven- und Betreuungsplan zu erstellen. Diese Aufgabe obliegt abhängig von der Zielgruppe dem AMS oder dem SMS und kann von diesen an Beratungs- oder Betreuungseinrichtungen übertragen werden. Bei der Erstellung des Perspektiven- und Betreuungsplans ist zu erörtern, ob die Möglichkeit besteht, dass der Schulbesuch oder eine Lehre fortgesetzt oder neu aufgenommen werden kann, oder, wenn dies nicht möglich ist, in welcher Weise die Ausbildungspflicht erfüllt werden kann. Dies hat – soweit erforderlich oder zweckmäßig – in Zusammenarbeit mit in Betracht kommenden Schulen, Erwachsenenbildungseinrichtungen, Lehr- und Ausbildungsbetrieben, Lehrlingsstellen, Trägern der Kinder- und Jugendhilfe, Jugendeinrichtungen und sonstigen Beratungs- und Betreuungseinrichtungen zu erfolgen. Die Schulen haben im Rahmen der Erstellung des Perspektiven- und Betreuungsplanes ihre Unterstützung zu leisten und soweit dies zweckmäßig ist, die Wiederaufnahme oder Fortsetzung eines Schulbesuches zu ermöglichen. Die Lehrlingsstellen haben bei der Umsetzung des Perspektiven- und Betreuungsplanes ihre Unterstützung zu leisten und, soweit dies zweckmäßig ist, die Wiederaufnahme oder Fortsetzung einer Lehrausbildung zu ermöglichen.

Datenverarbeitungen

§ 15. (1) Das SMS und die Koordinierungsstellen sind zur Verarbeitung von personenbezogenen Daten im Sinne des Datenschutzgesetzes, BGBl. I Nr. 165/1999, insoweit ermächtigt, als diese zur Erfüllung der gesetzlichen Aufgaben eine wesentliche Voraussetzung sind. Eine gegenseitige Offenlegung der Daten ist zulässig. Die in Frage kommenden Datenarten sind:

(BGBl I 2018/32)

1. Stammdaten der Jugendlichen:
   a) Namen (Vornamen, Familiennamen), *(BGBl I 2016/120)*
   b) Sozialversicherungsnummer und Geburtsdatum,
   c) Geschlecht,
   d) Staatsangehörigkeit und Aufenthaltsberechtigungen,
   e) Adresse des Wohnsitzes oder Aufenthaltsortes,
   f) Telefonnummer,
   g) E-Mail-Adresse,
   h) sonstige Kontaktmöglichkeiten,
2. Daten über Bildung, Ausbildung und Beruf der Jugendlichen:
   a) Schulbildung,
   b) außerschulische Bildung,
   c) berufliche Ausbildung,
   d) Ausbildungswünsche,
   e) Berufswünsche,
   f) berufliche Tätigkeiten,
   g) beruflich verwertbare Fähigkeiten und Fertigkeiten,
   h) sonstige persönliche Umstände, die die berufliche Verwendung berühren,
   i) Umstände des Nichtzustandekommens oder der vorzeitigen Beendigung von Ausbildungen oder des Ruhens der Ausbildungspflicht,
3. Daten über Betreuungsverläufe der Jugendlichen:
   a) Pläne und Ergebnisse der Betreuung,
   b) Hindernisse, welche die Betreuung erschweren oder verhindern,
4. Stammdaten der Eltern oder sonstigen Erziehungsberechtigten:
   a) Namen (Vornamen, Familiennamen), *(BGBl I 2016/120)*
   b) Sozialversicherungsnummer und Geburtsdatum,
   c) Geschlecht,
   d) Staatsangehörigkeit und Aufenthaltsberechtigungen,
   e) Adresse des Wohnsitzes oder Aufenthaltsortes,
   f) Telefonnummer,
   g) E-Mail-Adresse,
   h) sonstige Kontaktmöglichkeiten,
5. Daten betreffend die Wahrnehmung der Ausbildungspflicht durch die Eltern oder sonstigen Erziehungsberechtigten:

AMFG

a) Ergebnisse der Kontaktaufnahmen und Beratungen,
b) Verfahren wegen Nichterfüllung der Ausbildungspflicht.

(2) Die vom SMS oder von einer Koordinierungsstelle verarbeiteten Daten gemäß Abs. 1 dürfen Behörden, Gerichten, Trägern der Sozialversicherung, Trägern der Kinder- und Jugendhilfe, Jugendhilfeeinrichtungen, Schulen, Lehrlingsstellen, dem AMS und der Bundesanstalt Statistik Österreich im Wege der automationsunterstützten Datenverarbeitung offengelegt werden, soweit diese Daten im konkreten Einzelfall für die Vollziehung der jeweiligen Aufgaben eine wesentliche Voraussetzung bilden. Die Behörden, Gerichte, Träger der Sozialversicherung, Träger der Kinder- und Jugendhilfe, Jugendhilfeeinrichtungen, Schulen, Lehrlingsstellen und das AMS dürfen von ihnen verarbeitete Daten gemäß Abs. 1 dem SMS oder einer Koordinierungsstelle im Wege der automationsunterstützten Datenverarbeitung offenlegen, soweit diese Daten im konkreten Einzelfall für die Vollziehung der diesen übertragenen Aufgaben eine wesentliche Voraussetzung bilden.

(BGBl I 2018/32)

(3) Die vom SMS oder von einer Koordinierungsstelle verarbeiteten Daten gemäß Abs. 1 dürfen Erwachsenenbildungseinrichtungen, Betrieben und Trägern von Ausbildungsmaßnahmen offengelegt werden, soweit die entsprechenden Daten im konkreten Einzelfall für die Erfüllung der jeweiligen Aufgaben erforderlich sind. Einem Betrieb dürfen nur Daten gemäß Abs. 1 Z 1 lit. a bis h, Z 2 lit. a bis h sowie Z 4 lit. a und lit. e bis h, jeweils ausschließlich im Zusammenhang mit Ausbildungen oder Beschäftigungen im betreffenden Betrieb, offengelegt werden.

(BGBl I 2018/32)

(4) Die Mitarbeiterinnen und Mitarbeiter des SMS und der Koordinierungsstellen sind unbeschadet anderer gesetzlicher Bestimmungen zur Verschwiegenheit über alle ihnen aus ihrer dienstlichen Tätigkeit bekannt gewordenen Tatsachen verpflichtet. Die Verpflichtung zur Verschwiegenheit bleibt auch nach Beendigung des Dienstverhältnisses aufrecht. Dies gilt gleichermaßen für Mitarbeiterinnen und Mitarbeiter jener Institutionen und Einrichtungen, denen im Rahmen der Beratung oder des Case Managements personenbezogene Daten bekannt werden.

(5) Das SMS und die Koordinierungsstellen dürfen die von ihnen verarbeiteten Daten gemäß Abs. 1 an einen beauftragten Rechtsträger im Wege der automationsunterstützten Datenverarbeitung überlassen, soweit die entsprechenden Daten eine unabdingbare Voraussetzung für die Erfüllung eines zur Beurteilung der Erfüllung der Aufgaben und der Wirksamkeit der Regelungen und Maßnahmen nach diesem Bundesgesetz erteilten Auftrages bilden.

(6) Sämtliche vom SMS und von den Koordinierungsstellen verarbeiteten personenbezogenen Daten sind, sobald sie nicht mehr benötigt werden, spätestens aber drei Jahre nach Beendigung der Beratungsleistung oder des Case Managements, zu löschen.

Statistische und wissenschaftliche Untersuchungen

§ 16. (1) Die Bundesanstalt Statistik Österreich erstellt die Statistiken nach den Bestimmungen des Bundesstatistikgesetzes 2000 und kann dafür – soweit erforderlich – die Daten gemäß § 13 Abs. 2 und § 15 Abs. 1 Z 2, 3 und 5 mit den statistischen Daten ihres Verfügungsbereichs unter Verwendung des bPK-AS anreichern und für die Erstellung weiterführender Statistiken verwenden.

(2) Andere Behörden dürfen die nach ihren gesetzlichen Vorschriften verarbeiteten Daten des eigenen staatlichen Tätigkeitsbereichs, verknüpft mit dem verschlüsselten bPK-AS, an die Bundesanstalt Statistik Österreich zum Zweck der Zusammenführung mit den Daten gemäß Abs. 1 und der nachfolgenden wissenschaftlichen oder statistischen Auswertung übermitteln. Eine Rückübermittlung zusammengeführter indirekt personenbezogener Daten oder die Rückführung auf einen direkten Personenbezug darf nicht erfolgen. Die Bundesanstalt Statistik Österreich erstellt die wissenschaftlichen oder statistischen Auswertungen nach Beauftragung durch den Bundesminister für Arbeit, Soziales und Konsumentenschutz.

(3) Die Bundesanstalt Statistik Österreich erbringt aufgrund einer vertraglichen Beauftragung ihre Leistungen nach Abs. 1 und 2 gegen Kostenersatz gemäß § 32 Abs. 4 Z 2 des Bundesstatistikgesetzes 2000.

Verwaltungsstrafen bei Nichterfüllung der Ausbildungspflicht

§ 17. Wer als Erziehungsberechtigte oder als Erziehungsberechtigter die Ausbildungspflicht gemäß § 4 schuldhaft verletzt, ist von der Bezirksverwaltungsbehörde mit einer Geldstrafe von € 100 bis € 500, im Wiederholungsfall von € 200 bis € 1 000 zu bestrafen. Leichte Fahrlässigkeit ist nicht strafbar.

Sprachliche Gleichbehandlung

§ 18. Soweit in diesem Bundesgesetz personenbezogene Bezeichnungen angeführt sind, beziehen sie sich auf Frauen und Männer in gleicher Weise.

Verweisungen

§ 19. Soweit in diesem Gesetz auf andere Bundesgesetze verwiesen wird, sind diese in ihrer jeweils geltenden Fassung anzuwenden.

Vollziehung

§ 20. (1) Mit der Vollziehung dieses Bundesgesetzes ist, soweit die Abs. 2 bis 4 nicht anderes bestimmen, der Bundesminister für Arbeit, Soziales und Konsumentenschutz betraut.

(2) Betreffend die Meldeverpflichtungen von Lehrlingsstellen und Trägern überbetrieblicher Berufsausbildung gemäß § 13 Abs. 2 ist der Bun-

desminister für Wissenschaft, Forschung und Wirtschaft mit der Vollziehung betraut.

(3) Betreffend die Meldeverpflichtungen von Schulen gemäß § 13 Abs. 2 ist, soweit es sich um Bundesschulen, ausgenommen land- und forstwirtschaftliche Bundesschulen, handelt, die Bundesministerin für Bildung und Frauen mit der Vollziehung betraut.

(4) Betreffend die Meldeverpflichtungen von Schulen gemäß § 13 Abs. 2 ist, soweit es sich um land- und forstwirtschaftliche Bundesschulen handelt, der Bundesminister für Land- und Forstwirtschaft, Umwelt und Wasserwirtschaft mit der Vollziehung betraut.

Inkrafttreten

§ 21. (1) Dieses Bundesgesetz tritt, mit Ausnahme der §§ 4, 13 und 17, mit 1. August 2016 in Kraft und gilt in Bezug auf Jugendliche, die frühestens mit Ende des Schuljahres 2016/2017 ihre allgemeine Schulpflicht erfüllt haben. Vorbereitungshandlungen zur Durchführung dieses Bundesgesetzes, einschließlich des Abschlusses entsprechender Vereinbarungen und Verträge, können bereits ab dem Tag nach der Kundmachung dieses Bundesgesetzes begonnen werden.

(2) § 4 tritt mit 1. Juli 2017 in Kraft.

(3) § 13 tritt mit 1. Juli 2017, hinsichtlich der Pflichtschulen mit 1. Juli 2018, in Kraft.

(4) § 17 tritt auf Grund der Tatsache, dass erst ab diesem Zeitpunkt ein ausreichendes Unterstützungsangebot für das Verfahren bei Nichterfüllung der Ausbildungspflicht (§ 14) bereit gestellt werden kann, mit 1. Juli 2018 in Kraft und gilt für Sachverhalte, die sich nach dem 30. Juni 2018 ereignet haben.

(5) § 13 Abs. 7 und § 15 Abs. 1 bis 3 in der Fassung des Materien-Datenschutz-Anpassungsgesetzes 2018, BGBl. I Nr. 32/2018, treten mit 25. Mai 2018 in Kraft.

(BGBl I 2018/32)

(6) § 5 Abs. 2 und § 13 Abs. 2 in der Fassung des Bundesgesetzes BGBl. I Nr. 100/2018 treten mit 1. Jänner 2020 in Kraft.

(BGBl I 2018/100)

(7) § 8 Abs. 3, § 11 Abs. 6 Z 2 sowie § 13 Abs. 2 und Abs. 4 in der Fassung des Bundesgesetzes BGBl. I Nr. 164/2020 treten mit 1. Jänner 2021 in Kraft.

(BGBl I 2020/164)

35/6. Ausbildungspflicht-Verordnung

Verordnung betreffend die Liste von Bildungs- und Ausbildungsmaßnahmen, deren Absolvierung die Ausbildungspflicht erfüllt (Ausbildungspflicht-Verordnung – APfl-VO), BGBl II 2021/50

Verordnung des Bundesministers für Arbeit betreffend die Liste von Bildungs- und Ausbildungsmaßnahmen, deren Absolvierung die Ausbildungspflicht erfüllt (Ausbildungspflicht-Verordnung – APfl-VO)

Auf Grund des § 11 Abs. 6 Z 2 des Ausbildungspflichtgesetzes (APflG), BGBl. I Nr. 62/2016, zuletzt geändert durch das Bundesgesetz BGBl. I Nr. 164/2020, wird verordnet:

§ 1. (1) Die Ausbildungspflicht wird durch die Teilnahme an folgenden Bildungs- und Ausbildungsmaßnahmen erfüllt:

1. Besuch weiterführender Schulen allgemeinbildender höherer oder berufsbildender Art:
   a) Oberstufenformen (ab Sekundarstufe II) der Allgemeinbildenden höheren Schulen (AHS);
   b) Berufsbildende mittlere (BMS) oder höhere Schulen (BHS);
   c) Sonderformen nach dem Schulorganisationsgesetz (SchOG), BGBl. Nr. 242/1962;
   d) Privatschulen nach dem Privatschulgesetz, BGBl. Nr. 244/1964;
   e) Schulen für Land- und Forstwirtschaft;
2. Lehrausbildung nach dem Berufsausbildungsgesetz (BAG), BGBl. Nr. 142/1969, und dem Land- und forstwirtschaftlichen Berufsausbildungsgesetz (LFBAG), BGBl. Nr. 298/1990, einschließlich
   a) überbetriebliche Lehrausbildung (ÜBA);
   b) verlängerte Lehre (§ 8b Abs. 1 BAG oder § 11a LFBAG), betrieblich oder überbetrieblich;
   c) Teilqualifizierung (§ 8b Abs. 2 BAG oder § 11b LFBAG), betrieblich oder überbetrieblich.
3. Ausbildung zu Gesundheits- und Sozialberufen:
   a) Schulen für Gesundheits- und Krankenpflege (Ausbildung zum gehobenen Dienst für Gesundheits- und Krankenpflege, Pflegeassistenz- und Pflegefachassistenz-Ausbildung);
   b) Lehrgänge oder Schulen für medizinische Assistenzberufe (Medizinische Fachassistenz, Desinfektionsassistenz, Gipsassistenz, Laborassistenz, Obduktionsassistenz, Operationsassistenz, Ordinationsassistenz, Röntgenassistenz);
   c) Lehrgänge für Ausbildungen in der Pflegeassistenz;
   d) Lehrgänge zur Zahnärztlichen Assistenz;
   e) Lehrgänge zum Medizinischen Masseur oder zur Medizinischen Masseurin;
   f) Lehrgänge zum Heilmasseur oder zur Heilmasseurin;
   g) Lehrgänge zum Rettungssanitäter oder zur Rettungssanitäterin;
   h) Lehrgänge zum Notfallsanitäter oder zur Notfallsanitäterin;
   i) Lehrgänge oder Schulen für Sozialbetreuungsberufe (Diplom-Sozialbetreuer oder Diplom-Sozialbetreuerin, Fach-Sozialbetreuer oder Fach-Sozialbetreuerin, Heimhelfer oder Heimhelferin).
4. Weitere Bildungs- oder Ausbildungsmaßnahmen:
   a) Teilnahme an einem für eine weiterführende (Aus-)Bildung erforderlichen Deutsch-Sprachkurs bis zur Erlangung der notwendigen Sprachkenntnisse;
   b) Besuch von Schulen oder Ausbildungen im Ausland, wenn diese vergleichbaren österreichischen Schulen oder Ausbildungen gleichwertig sind oder in Österreich nicht angeboten werden;
   c) Teilnahme an einer Offiziers- oder Unteroffiziersausbildung im Rahmen eines Ausbildungsdienstes oder eines Dienstverhältnisses beim Bundesheer;
   d) Besuch von auf schulische Externistenprüfungen oder auf spezifische Ausbildungen vorbereitenden Kursen, z.B. Lehrgänge zur Vorbereitung auf die Pflichtschulabschlussprüfung oder Berufsausbildungsmaßnahmen mit Anwesenheitspflicht der Teilnehmerinnen und Teilnehmer und Unterrichtsplänen für alle bzw. individuell abgestimmten Plänen und Anwesenheiten.
5. Vorbereitende Maßnahmen, sofern diese mit einem Perspektiven- oder Betreuungsplan vom Arbeitsmarktservice (AMS) oder Sozialministeriumservice (SMS) – oder in deren Auftrag erstellt – vereinbar sind:
   a) Teilnahme an Angeboten bzw. Beratungsleistungen des Sozialministeriumservice (SMS);

b) Teilnahme an Angeboten bzw. Beratungsleistungen des Arbeitsmarktservice (AMS);
c) Teilnahme an Angeboten der Länder nach landesspezifischen Behindertengesetzen für Jugendliche mit hohem Unterstützungsbedarf, die deren Integration in ein Ausbildungs- und Bildungsangebot oder in den Arbeitsmarkt zum Ziel haben;
d) Teilnahme an arbeitsmarkt- oder bildungspolitischen Angeboten der Länder, der außerschulischen Jugendarbeit oder an weiteren Projekten, die eine Integration oder Reintegration in weiterführende Ausbildungs- und Bildungsangebote zum Ziel haben, mit zumindest 16 Wochenstunden Anwesenheitspflicht für die Teilnehmerinnen und Teilnehmer.

6. Vorbereitende Maßnahmen bei gleichzeitiger Teilnahme an einer Perspektivenplanung des Sozialministeriumservice (SMS) oder in deren Auftrag:

   Teilnahme an arbeitsmarkt- oder bildungspolitischen Angeboten der Länder, der außerschulischen Jugendarbeit oder an weiteren Projekten, die eine Integration oder Reintegration in weiterführende Ausbildungs- und Bildungsangebote zum Ziel haben, mit einer Anwesenheitspflicht von bis zu 16 Wochenstunden für die Teilnehmerinnen und Teilnehmer.

§ 2. Soweit in dieser Verordnung auf Bundesgesetze verwiesen wird, sind diese in ihrer jeweils geltenden Fassung anzuwenden.

35/7. Bundesrichtlinie Kurzarbeitsbeihilfe (KUA-Covid-19)

Bundesrichtlinie Kurzarbeitsbeihilfe (KUA-Covid-19), BGS/AMF/0722/9934/2021, AMF/31-2021

1. EINLEITUNG

Die Einführung und Förderung von Kurzarbeit ist ein geeignetes Instrument zur Unterstützung von Unternehmen, die sich aufgrund von externen Umständen in unvorhersehbaren und vorübergehenden wirtschaftlichen Schwierigkeiten befinden.

Zur Bewältigung der wirtschaftlichen Schwierigkeiten im Zusammenhang mit COVID-19 wurden im § 37b AMSG Anpassungen vorgenommen.

Die Sozialpartner haben sich mit der Bundesregierung über eine Verlängerung über den 30.06.2021 hinaus geeinigt. Ab 01.07.2021 gilt das neue, angepasste Kurzarbeitsmodell.

Die neuerliche Lockdownverordnung, 5. Covid-19-Notmaßnahmenverordnung, BGBl. II Nr. 475/2021 macht eine Anpassung der Richtlinie notwendig.

2. REGELUNGSGEGENSTAND

Die Bundesrichtlinie Kurzarbeitsbeihilfe mit der Kurzbezeichnung „KUA-Richtlinie" regelt die Kurzarbeit (befristete Herabsetzung der Normalarbeitszeit) im Zusammenhang mit der Inanspruchnahme und Gewährung der Kurzarbeitsbeihilfe an Unternehmen für die Leistung von Kurzarbeitsunterstützung an Arbeitnehmerinnen/Arbeitnehmer/Lehrlinge wegen Arbeitszeitausfalles in Form von Ausfallstunden.

3. REGELUNGSZIEL

Ziel ist die Festlegung einer einheitlichen und verbindlichen Vorgangsweise für die Gewährung von Beihilfen bei Kurzarbeit sowie die Festlegung der beihilfenrechtlichen Mindestanforderungen an die zugrunde liegenden arbeits- und lohnrechtlichen Vereinbarungen der kollektivvertragsfähigen Körperschaften der Arbeitgeberinnen/Arbeitgeber und der Arbeitnehmerinnen/Arbeitnehmer bzw. der betrieblichen Sozialpartner.[1]

[1] Siehe dazu Erläuterung Punkt 9.1.

Die Förderung der Kurzarbeit ist eine Dienstleistung des Arbeitsmarktservice im Rahmen des Kernprozesses 2: „Unternehmen bei der Suche nach geeigneten Arbeitskräften und bei der Anpassung von Arbeitskräften unterstützen". Die Anpassung erfolgt in Form der Verringerung des Arbeitszeitvolumens.

4. GESETZLICHE GRUNDLAGE

§ 37b Arbeitsmarktservicegesetz (AMSG)

5. ADRESSATEN

Diese Bundesrichtlinie richtet sich an alle Mitarbeiterinnen/Mitarbeiter des Arbeitsmarktservice, die

- in den Landesgeschäftsstellen mit der Information und Beratung über die Einführung von Kurzarbeit und mit der Beihilfenabwicklung sowie
- in den Regionalen Geschäftsstellen im Service für Unternehmen mit der Information und Beratung über die Einführung von Kurzarbeit, mit Anträgen auf Bewilligung einer Ausnahme von der Verpflichtung zur Aufrechterhaltung des Beschäftigtenstandes und mit delegierten Aufgaben der Beihilfenabwicklung betraut sind.

6. NORMEN – INHALTLICHE REGELUNGEN

6.1. Arbeitsmarktpolitische Zielsetzung

Arbeitsmarktpolitisches Ziel des Einsatzes von **Kurzarbeitsbeihilfen** ist die Vermeidung von Arbeitslosigkeit infolge vorübergehender wirtschaftlicher Schwierigkeiten und damit die weitestgehende Aufrechterhaltung des Beschäftigtenstandes.

6.2. Förderbare Arbeitgeberinnen/Arbeitgeber

Förderbar sind Arbeitgeberinnen/Arbeitgeber, die im/in Betrieb(en) im Sinne des Arbeitsverfassungsgesetzes mit einem Betriebsstandort in Österreich Kurzarbeit durchführen.

Nicht förderbar sind

a) politische Parteien
b) Bund, Bundesländer, Gemeinden und Gemeindeverbände
c) sonstige juristische Personen öffentlichen Rechts, ausgenommen jene, die wesentliche Teile ihrer Kosten über Leistungsentgelte finanzieren und am Wirtschaftsleben teilnehmen.

Arbeitgeberinnen/Arbeitgeber, die das Gewerbe der Überlassung von Arbeitskräften (§ 94 Ziffer 72 Gewerbeordnung) ausüben, sind im Rahmen der COVID-19-KUA förderbar.

6.3. Förderbarer Personenkreis

Förderbar sind arbeitslosenversicherungspflichtige[2] Arbeitnehmerinnen/Arbeitnehmer/Lehrlinge

[2] Somit sind geringfügig Beschäftigte sowie Beamtinnen und Beamte nicht förderbar. Beschäftigte, die aufgrund des Alters (63+) der Arbeitslosenversicherungspflicht nicht unterliegen, sind jedoch förderbar, wenn sie das Regelpensionsalter (Frauen 60, Männer 65) noch nicht erreicht haben oder aber trotz Erreichen des Regelpensionsalters die Voraussetzungen für eine Alterspension nicht erfüllen.

a) die ein aufrechtes Dienstverhältnis und einen voll entlohnten Kalendermonat vor Beginn der Kurzarbeit[3] (Bemessungsmonat) bei der Arbeitgeberin/beim Arbeitgeber vorweisen können und

[3] Das Bruttoentgelt im Bemessungsmonat dient als Bemessungsgrundlage für die Berechnung der Kurzarbeitsbeihilfe. Um eine ordnungsgemäße Ermittlung der Beihilfe zu gewährleisten, bedarf es eines vollen Monatsbezugs im Bemessungsmonat.

b) wenn sie von der Sozialpartnervereinbarung umschlossen sind.

c) Mitglieder des geschäftsführenden Organs sind förderbar, wenn sie ASVG-pflichtversichert sind.

6.4. Voraussetzungen für die Beihilfengewährung

6.4.1. Vorübergehende wirtschaftliche Schwierigkeiten

Das die Beihilfe begehrende Unternehmen muss sich in vorübergehenden, nicht saisonbedingten, wirtschaftlichen Schwierigkeiten befinden, welche ihre Ursache in einem Ausfall von Aufträgen, von betriebsnotwendigen Zulieferungen und Betriebsmitteln oder Ähnlichem haben. Diese Auftragsausfälle oder Ähnliches müssen auf unternehmensexterne Umstände zurückzuführen sein, die das Unternehmen nur schwer oder überhaupt nicht beeinflussen kann.

Das Unternehmen hat die unternehmensexternen Umstände, welche zu den wirtschaftlichen Schwierigkeiten geführt haben, plausibel darzulegen. Gemäß § 37b Abs. 7 AMSG gelten Auswirkungen im Zusammenhang mit dem Coronavirus (COVID-19) als vorübergehende, nicht saisonbedingte, wirtschaftliche Schwierigkeiten.

Die Prüfung der Begründung erfolgt grundsätzlich durch die kollektivvertragsfähigen Körperschaften im Rahmen der Sozialpartnervereinbarung.

Umfasst das Kurzarbeitsvorhaben mehr als 5 Arbeitnehmerinnen/Arbeitnehmer/Lehrlinge, hat eine Steuerberaterin/ein Steuerberater oder eine Wirtschaftsprüferin/ein Wirtschaftsprüfer oder eine Bilanzbuchhalterin/ein Bilanzbuchhalter die Darlegungen zu den wirtschaftlichen Schwierigkeiten zu bestätigen. Eine Haftung gegenüber der Republik Österreich begründet eine falsche Beurkundung jedoch allenfalls bei grobem Verschulden und ist der Höhe nach mit € 726.730,- und mit der ausbezahlten Beihilfenhöhe begrenzt.

Für Unternehmen, die von einem verordneten Betretungsverbot direkt betroffen sind, oder die nur für die Zeit eines verordneten Betretungsverbots Kurzarbeitsbeihilfe beantragen, entfällt die Bestätigung durch Steuerberater/innen (etc.). Derzeit sind Unternehmen, die einer der in der Beilage enthaltenen ÖNACE 2008 Klassifikationen zugeordnet sind, von einem Betretungsverbot betroffen. Die Betretungsverbote sind bis 01.12.2021, in Oberösterreich bis 05.12.2021, befristet, werden aber voraussichtlich verlängert. Der Vorstand wird ermächtigt, den sachlichen und zeitlichen Umfang dieser Ausnahmebestimmung anzupassen bzw. festzulegen, wenn die Lockdown-Verordnung geändert oder eine neue Verordnung in Kraft gesetzt wird.

6.4.2. Verständigung und Beratung

Gemäß § 37b Abs. 1 Z 2 AMSG haben Unternehmen, die die Einführung von Kurzarbeit beabsichtigen, diese Absicht der zuständigen regionalen Geschäftsstelle des AMS anzuzeigen. In der Folge hat das AMS mit dem Unternehmen, dem Betriebsrat und den in Betracht kommenden kollektivvertragsfähigen Körperschaften der Arbeitgeber und Arbeitnehmer zu beraten, ob nicht die Kurzarbeit durch andere Maßnahmen abgewendet oder zumindest eingeschränkt werden kann. Erst wenn diese Beratungen binnen drei Wochen - oder einer anderen mit dem AMS vereinbarten Frist - nach erfolgter Anzeige zu keinem anderen Ergebnis führen, darf die Kurzarbeit begonnen und bewilligt werden. Für Unternehmen, die bereits im Zeitraum zwischen 01.04.2021 und 30.06.2021 kurzgearbeitet haben oder die Kurzarbeit vor Ablauf des 31.01.2022 einführen wollen, gelten die Anforderungen des § 37b Abs. 1 Z 2 AMSG mit der Vorlage einer „Corona"-Sozialpartnervereinbarung (SPV) unter Verwendung des von WKO und ÖGB aufgelegten Musterformulars (Version 10 oder höher) als erfüllt. Gleiches gilt, wenn eine Verlängerung oder Änderung eines nach dem 01.07.2021 begonnenen Kurzarbeitsvorhabens begehrt wird, oder wenn Kurzarbeit wegen einer Naturkatastrophe begehrt wird.

6.4.3. Sozialpartnervereinbarung

Voraussetzung für die Beihilfengewährung ist, dass die für den Wirtschaftszweig in Betracht kommenden kollektivvertragsfähigen Körperschaften der Arbeitgeberinnen/Arbeitgeber und der Arbeitnehmerinnen/Arbeitnehmer unabhängig vom Bestehen eines Betriebsrates eine „Corona"-Sozialpartnervereinbarung über die näheren Bedingungen der Kurzarbeit im betroffenen Unternehmen abschließen (im Folgenden kurz: Sozialpartnervereinbarung).

Ist auf einer Seite der Arbeitsmarktparteien keine zuständige kollektivvertragsfähige Körperschaft vorhanden, dann genügt die Zustimmung der verbleibenden kollektivvertragsfähigen Körperschaft.[4]

[4] Auf Seiten der Arbeitnehmerinnen/Arbeitnehmer ist in aller Regel eine Fachgewerkschaft des ÖGB zuständig, subsidiär der ÖGB selbst. Ein Fehlen auf Seiten der Arbeitgeberinnen/Arbeitgeber kann vorkommen.

Die Zustimmung der kollektivvertragsfähigen Körperschaften der Arbeitgeber- und Arbeitnehmer_innen zu einer durch die innerbetrieblichen Partner geschlossenen Kurzarbeitsvereinbarung kann auch in genereller Form etwa durch Nichtäußerung über einen vorher vereinbarten Zeitraum erfolgen. Eine explizite Zustimmung ist hingegen erforderlich, wenn das Kurzarbeitsvorhaben über den 31.03.2022 hinaus reicht und der begehrte

Arbeitszeitausfall über 50% beträgt, oder wenn eine Einschränkung bei Behaltepflicht oder Behaltefrist hinsichtlich einer gemäß § 45a AMFG bereits angezeigten Personalstandsreduktion vorgenommen wird (SPV Punkt I. 2. i.V.m. SPV IV. 2. c).

Bei Naturkatastrophen (wie Hochwasser, Lawine, Schneedruck, Erdrutsch, Bergsturz, Orkan oder Erdbeben) oder vergleichbaren Schadensereignissen (wie Feuerschäden), von denen nur einzelne Unternehmen betroffen sind, kann im Hinblick auf die Kurzfristigkeit und Unvorhersehbarkeit die überbetriebliche Sozialpartnervereinbarung entfallen.

Die Abwicklung der Kurzarbeit erfolgt in diesen Fällen auf Grundlage einer Vereinbarung auf betrieblicher Ebene (Betriebsvereinbarung oder Vereinbarung mit den betroffenen Arbeitnehmerinnen/Arbeitnehmern/Lehrlingen).

6.4.3.1. Anforderungen an die Sozialpartnervereinbarung

Die Sozialpartnervereinbarung hat folgende Mindestanforderungen zu erfüllen:

1) Festlegung des räumlichen[5] und persönlichen Geltungsbereiches der Vereinbarung.

[5] Es ist festzulegen, ob das gesamte Unternehmen, einzelne Betriebe oder nur fachlich und organisatorisch abgrenzbare Betriebsteile (z.B. einzelne Betriebsstandorte oder einzelne Kollektivvertragsbereiche) davon erfasst sein sollen, was für die Festlegung und Überprüfung des Beschäftigtenstandes von Bedeutung ist.

2) Befristung des Kurzarbeitszeitraumes, wobei dessen Dauer sechs Monate nicht übersteigen darf und jedenfalls spätestens am 30.6.2022 enden muss.

3) Aufrechterhaltung des Beschäftigtenstandes[6] während des Kurzarbeitszeitraumes und allenfalls eines darüber hinaus gehenden zusätzlich vereinbarten Zeitraumes (Behaltefrist) im unter 1) festgelegten Geltungsbereich. Von der Erfüllung der Voraussetzung der Aufrechterhaltung des Beschäftigtenstandes bzw. von der teilweisen oder vollständigen Einhaltung der Behaltefrist kann das Arbeitsmarktservice ausnahmsweise absehen, wenn wichtige Gründe vorliegen, die die Aufrechterhaltung des Beschäftigtenstandes unmöglich erscheinen lassen.

[6] Siehe dazu Erläuterung Punkt 9.2.

4) Festlegung des Entgeltanspruchs während Kurzarbeit.

5) Festlegung des maximalen Ausmaßes des Arbeitszeitausfalles

6.4.3.2. Rahmenvereinbarung

Bezieht sich eine Sozialpartnervereinbarung nicht auf ein bestimmtes Unternehmen, sondern auf mehrere Unternehmen oder Wirtschaftsgruppen (**Branchen- oder Rahmenvereinbarungen**), sind die Mindestanforderungen durch diese Branchen- oder Rahmenvereinbarung sowie durch deren jeweilige Konkretisierung durch Vereinbarung auf betrieblicher Ebene (Betriebsvereinbarung oder Einzelvereinbarung mit den betroffenen Arbeitnehmerinnen/Arbeitnehmern/Lehrlingen) des kurzarbeitenden Unternehmens in der Zusammenschau zu erfüllen.

6.4.4. Arbeitszeitausfall

Der Arbeitszeitausfall darf im Kurzarbeitszeitraum durchschnittlich und für jede/n einzelnen Arbeitnehmer/in nicht unter zwanzig Prozent und nicht über fünfzig Prozent der gesetzlich oder kollektivvertraglich festgelegten oder, bei Teilzeitbeschäftigten, der vertraglich vereinbarten Normalarbeitszeit betragen. In besonderen Fällen – insbesondere für besonders von der Coronakrise betroffene Unternehmen im Sinne des Punktes 6.6.1. - kann der Arbeitszeitausfall auch bis zu 70% betragen, in Sonderfällen (z.B. Betretungsverbot) bis zu 90%.

Die Genehmigung eines Kurzarbeitsfalles mit einem geplanten Arbeitszeitausfall von durchschnittlich weniger als 20% ist nicht zulässig. Eine Unterschreitung im Zuge der Umsetzung (z.B. aufgrund verbesserter Auftragslage, von Krankenständen, von Urlaub) ist jedoch möglich.

Die Genehmigung eines Kurzarbeitsfalles mit einem geplanten Arbeitszeitausfall von durchschnittlich mehr als 90% ist nur im Nachhinein im Zuge der Endabrechnung möglich, und nur für Unternehmen, die direkt von einem verordneten Betretungsverbot betroffen sind (Punkt 6.4.1., letzter Absatz), wenn und soweit sie in Monaten des aufrechten Betretungsverbots weniger als 10% arbeiten.

Bei einem Arbeitszeitausfall über 50% bedarf es jedenfalls der expliziten Zustimmung der kollektivvertragsfähigen Körperschaften, wenn das Kurzarbeitsvorhaben über den 31.03.2022 hinausgeht.[7]

[7] Siehe Erläuterungen Punkt 9.3. und 9.7.

Innerhalb des Kurzarbeitszeitraums sind Zeiträume mit einer Ausfallzeit bis zu 100 Prozent zulässig.

Die Anzahl der betroffenen Arbeitnehmerinnen/Arbeitnehmer/Lehrlinge und die Summe ihrer Normalarbeitszeit- und Ausfallstunden sind im Kurzarbeitsbegehren für den jeweiligen Kurzarbeitszeitraum darzustellen.

Der Durchrechnungszeitraum, der zur Beurteilung der Zulässigkeit der im Kurzarbeitsbegehren angegebenen Anzahl an Gesamtausfallstunden maßgeblich ist, erstreckt sich auf den jeweils beantragten Kurzarbeitszeitraum.

Die im Kurzarbeitsbegehren angegebene Anzahl von Arbeitsausfallstunden kann im Zug der Durchführung der Kurzarbeit unterschritten werden. Im Falle der Überschreitung gebührt keine höhere Beihilfe, sofern nicht ein Kurzarbeitsbegehren um Änderung einer laufenden Kurzarbeitsbeihilfe eingebracht und genehmigt wird.

Zeiten der Aus- und Weiterbildung im Rahmen der Normalarbeitszeit gelten als Ausfallzeit und sind, soweit bekannt, bei der Begehrensstellung zu berücksichtigen.

Im Falle der Einbeziehung von Lehrlingen in die Kurzarbeit besteht zudem bis zum Monat vor der positiven Ablegung der Lehrabschlussprüfung die Verpflichtung, mindestens 50 Prozent ihrer Ausfallzeit für Aus- und Weiterbildung zu nutzen, davon ausgenommen sind Monate eines verordneten Betretungsverbots (Punkt 6.4.1., letzter Absatz).

Das Unternehmen muss sich ernstlich um den Abbau von Alturlaubsansprüchen bemühen. Darüber hinaus haben Arbeitnehmerinnen/Arbeitnehmer/Lehrlinge innerhalb des Kurzarbeitszeitraumes für jeweils 2 angefangene Monate Kurzarbeit mindestens 1 Woche Urlaub zu konsumieren; jedenfalls darf das Unternehmen in diesem Ausmaß keine Ausfallstunden verrechnen, sofern ein Urlaubsanspruch besteht.[8]

[8] Siehe Erläuterungen Punkt 9.4.

6.4.5. Lohnausgleich für Kurzarbeit – Nettoersatzrate

Die Arbeitnehmerin/der Arbeitnehmer erhält während der Dauer der Kurzarbeit entsprechend der von den Sozialpartnern aufgelegten Mustervereinbarung zumindest 90% vom vor der Kurzarbeit bezogenen Nettoentgelt, wenn das davor bezogene Bruttoentgelt bis zur € 1.700,- beträgt, 85% bei einem Bruttoentgelt zwischen € 1.700,- und € 2.685,- und 80% bei höheren Bruttoentgelten.

Bei Lehrlingen beträgt das zu zahlende Entgelt 100% vom vor der Kurzarbeit bezogenen Bruttoentgelt.

Sobald das arbeitsvertraglich vereinbarte Bruttoentgelt für die tatsächlich geleistete Arbeitszeit (einschließlich angeordneter Aus- und Weiterbildungszeit) höher ist als das Bruttoentgelt, welches sich aus der Nettoersatzrate ergibt, gebührt in diesem Monat das Bruttoentgelt für die geleistete Arbeitszeit.

6.5. Dauer der Kurzarbeitsbeihilfe

Die Dauer der Beihilfengewährung ist mit höchstens sechs Monaten zu beschränken und muss spätestens am 30.06.2022 enden. Für besonders stark von der Coronakrise betroffene Unternehmen im Sinne des Punktes 6.6.1. endet die Beihilfengewährung spätestens mit 31.03.2022. Für Kurzarbeitszeiträume danach kann ein neues KUA-Vorhaben begehrt werden, das spätestens am 30.06.2022 endet.

Gemäß § 37b Abs. 4 AMSG ist die Kurzarbeit auf maximal 24 Monate begrenzt, wenn nicht besondere Umstände vorliegen. Im Hinblick auf die Besonderheit der Coronakrise sind Zeiten einer Kurzarbeit vor dem 31.03.2020 nicht auf die maximale Dauer der Kurzarbeit gemäß § 37b Abs. 4 AMSG (24 Monate) anzurechnen.[9]

[9] Für Zeiten der Coronakrise liegen eben besondere Umstände im Sinne der genannten Gesetzesbestimmung vor.

Coronabedingte wirtschaftliche Schwierigkeiten wie Angebotseinschränkungen, Nachfrageausfälle und Unterbrechungen von Lieferketten rechtfertigen für sich in manchen Fällen eine 24 Monate lang dauernde Kurzarbeit ab 01.04.2020 und eine entsprechend lange Beihilfengewährung. Darüber hinaus bedarf es aber weiterer außerhalb des Begründungszusammenhangs mit der Covid-19-Pandemie liegender Umstände, um eine noch längere Dauer der Beihilfengewährung rechtfertigen zu können. Dafür kommen insbesondere Elementarereignisse, (Arbeits-)Unfälle und dergleichen in Frage.

6.6. Höhe der Kurzarbeitsbeihilfe

Die Arbeitgeberin/der Arbeitgeber hat die Kosten der Arbeitsleistung der kurzarbeitenden Personen selbst zu tragen. Darüber hinaus gehende Entgeltanteile für die kurzarbeitenden Arbeitnehmerinnen/Arbeitnehmer werden annähernd durch die Kurzarbeitsbeihilfe gefördert.

Die Kurzarbeitsbeihilfe beinhaltet eine Kostenerstattung für

– die Kurzarbeitsunterstützung samt Lohnnebenkosten, die der Arbeitnehmerin/dem Arbeitnehmer/Lehrling von der Arbeitgeberin/dem Arbeitgeber als Entschädigung für den Verdienstausfall für entfallene Arbeitsstunden gebührt;
– die anteiligen Sonderzahlungen samt Lohnnebenkosten;
– die höheren Beiträge zur Sozialversicherung.

Maßgeblich für die Berechnung der Kurzarbeitsbeihilfe ist das Bruttoentgelt (§ 49 ASVG) des letzten vollentlohnten Kalendermonats vor Beginn der Kurzarbeit inkl. Zulagen und Zuschläge, aber ohne Überstundenentgelte (Bemessungsgrundlage). Davon abweichend sind folgende Entgeltbestandteile in die Berechnungsgrundlage einzubeziehen:

- bei Beginn der Kurzarbeit nicht widerrufene Überstundenpauschalen,
- unwiderrufliche Überstundenpauschalen und
- Anteile von All inclusive-Entgelten, die der Abgeltung allfälliger Überstundenleistungen gewidmet sind.

Liegen monatsweise schwankende Entgeltbestandteile vor (z.B. bei Zulagen, Provisionen oder Leistungslohn in unterschiedlicher Höhe), ist bei diesen der Durchschnitt der letzten drei vollentlohnten Kalendermonate vor Kurzarbeit heranzuziehen.

Für Einkommensanteile über der ASVG-Höchstbeitragsgrundlage gebührt keine Kurzarbeitsbeihilfe. Die Höchstbeitragsgrundlage beträgt 5.550 EUR monatlich.

Eine Erhöhung des Einkommens während Kurzarbeit aufgrund von kollektivvertraglichen Anpassungen, Vorrückungen, Abgeltung des Trinkgeldentfalls und dergleichen wird im maximalen Ausmaß von 5% des Entgelts vor Kurzarbeit anerkannt.

Die Kurzarbeitsbeihilfe wird anhand der Differenzmethode berechnet:

Zunächst wird die Höhe der Kurzarbeitsunterstützung ermittelt. Sie ergibt sich aus der Differenz zwischen dem ‚Mindestbruttoentgelt'[10] und dem anteiligen Entgelt für geleistete Arbeitsstunden und für Stunden mit Entgeltfortzahlungs- und Ersatzleistungsansprüchen.

[10] Das Mindestbruttoentgelt wird gemäß § 37 Abs. 6 AMSG der Kurzarbeits-Mindestbruttoentgelt-Tabelle des Bundesministeriums für Arbeit, Familie und Jugend (BMAFJ) entnommen.

Dieses kalkulatorische „Arbeitsentgelt" wird durch Division des Entgelts vor Kurzarbeit durch die Normalarbeitszeitstunden im Abrechnungsmonat (unter der Annahme einer 5-Tage-Woche) und Multiplikation mit der Summe der Abzugsstunden (Pkt. 5.7: geleistete Arbeitszeit, Urlaubskonsum, Zeitausgleich, Krankenstand udgl.) errechnet.

Der so ermittelten Kurzarbeitsunterstützung werden die DG-Beiträge zur Sozialversicherung und sonstige DG-Abgaben pauschal im Ausmaß von 27% zugeschlagen.

Ist das anteilige „Arbeitsentgelt" größer oder gleich dem ‚Mindestbruttoentgelt', ist die Mindestentgeltgarantie erfüllt und es bedarf keiner zu erstattenden Kurzarbeitsunterstützung.

Die Höhe der anteiligen Sonderzahlungen errechnet sich aus der Differenz zwischen dem ‚Bruttoentgelt vor Kurzarbeit' und dem „Arbeitsentgelt" und wird pauschal im Ausmaß von einem Sechstel zuzüglich 30% für DG-Beiträge zur Sozialversicherung und sonstige DG-Abgaben berücksichtigt.

Die Höhe der besonderen Beitragsgrundlage für die Sozialversicherung errechnet sich aus der Differenz zwischen dem ‚Bruttoentgelt vor Kurzarbeit' und dem errechneten Bruttoeinkommen während Kurzarbeit („Arbeitsentgelt" und Kurzarbeitsunterstützung) und wird pauschal im Ausmaß von 39% (für DG- und DN-Beiträge) berücksichtigt.

Auch wenn sich keine zu erstattende Kurzarbeitsunterstützung ergibt, wird bis zu einem ‚Bruttoentgelt vor Kurzarbeit' von € 5.550,- ein Kostenersatz für anteilige Sonderzahlungen und für die besondere SV-Beitragsgrundlage gewährt, sofern das „Arbeitsentgelt" niedriger als € 5.550,- ist.

Das im Einzelfall arbeits- und sozialversicherungsrechtlich gebührende Arbeitsentgelt, die Kurzarbeitsunterstützung, das Bruttoeinkommen, die Sonderzahlungen und die besondere SV-Beitragsgrundlage ist im Rahmen der Lohnverrechnung zu ermitteln.

6.6.1. Einkürzung der Beihilfe:

Von der nach den obigen Regeln errechneten Kurzarbeitsbeihilfe gelangen jedoch nur 85% zur Auszahlung, es sei denn es handelt sich um ein von der Coronakrise besonders betroffenes Unternehmen. Als besonders von der Coronakrise betroffen, gelten Unternehmen,

– die von einem nach dem 01.07.2021 verordneten Betretungsverbot betroffen sind (Punkt 6.4.1., letzter Absatz);
– oder die 2020 und 2019 zur Umsatzsteuer veranlagt waren, und die zusätzlich nachweisen, dass der Umsatzrückgang im 3. Quartal 2020 gegenüber dem 3. Quartal 2019 50% oder mehr beträgt.

Diese Sonderregelung hinsichtlich der Beihilfenhöhe für besonders von der Coronakrise betroffene Unternehmen endet mit Ablauf des 31.03.2022. Daher ist bei beabsichtigter Fortsetzung der Kurzarbeit ein neues Begehren zu stellen.

Für Tochterunternehmen, eines in den Jahren 2019 und 2020 konsolidiert bilanzierenden Konzerns kann auch der entsprechende Umsatzrückgang der Muttergesellschaft eine ungekürzte Förderung (100%) begründen.

Unternehmen, die während des Kurzarbeitsvorhabens von einem Betretungsverbot direkt betroffen werden, bisher aber nur eine eingekürzte Beihilfe zugesprochen erhalten haben; Unternehmen, die Kurzarbeitsbeihilfe vor der Implementierung einer Funktionalität im Antragstool im eAMS Konto zur Identifizierung des maßgeblichen Umsatzrückgangs beantragt haben; und Tochterunternehmen von konsolidiert bilanzierenden Konzernen, die mit dem Umsatzrückgang der Muttergesellschaft die besonders starke Betroffenheit nachweisen, haben den Differenzbetrag zur 85%igen Förderung bis spätestens 31.03.2022 gesondert mit Änderungsbegehren zu beantragen.[11]

[11] Siehe Erläuterungen Punkt. 9.5.

6.7. Verrechenbare Ausfallstunden

Die Kurzarbeitsbeihilfe für die Kurzarbeitsunterstützung kann nur für Arbeitnehmerinnen/Arbeitnehmer/Lehrlinge, die wegen Kurzarbeit einen Arbeitsausfall erleiden, der mit einem Verdienstausfall verbunden ist, gewährt werden.

Maßgeblich für die Berechnung des Arbeitszeitausfalls ist die wöchentliche Normalarbeitszeit gemäß der gesetzlich oder kollektivvertraglich festgelegten bzw., bei Teilzeitbeschäftigten, ist die vertraglich vereinbarte Normalarbeitszeit im Bemessungsmonat (vollentlohntes Kalendermonat vor Kurzarbeit) heranzuziehen.

Sofern im Bemessungsmonat ein Wechsel der wöchentlichen Normalarbeitszeit stattfindet, ist die am Ende des Bemessungsmonats gültige wöchentliche Normalarbeitszeit heranzuziehen.

Eine arbeitsvertragliche Änderung der Arbeitszeit gegenüber dem Bemessungsmonat ist beihilfenmindernd in der Abrechnung zu berücksichtigen (weniger Normalarbeitszeitstunden), unter keinen Umständen aber beihilfenerhöhend (mehr Normalarbeitszeitstunden).

Bei Wiedereingliederungsteilzeit ist die Arbeitszeit vor dem die Wiedereingliederungsteilzeit begründenden Krankenstand heranzuziehen.

Alturlaube und Zeitguthaben können auch während des Kurzarbeitszeitraumes abgebaut werden, diese Zeiten stellen aber keine verrechenbaren Ausfallstunden dar.

Als Nachweis für die Anzahl der verrechenbaren Ausfallstunden besteht die Verpflichtung des Betriebes, Arbeitszeitaufzeichnungen (Arbeitsbeginn, -ende, -unterbrechungen) für alle von Kurzarbeit betroffenen Mitarbeiterinnen/Mitarbeiter zu führen und auf Verlangen dem AMS vorzulegen.

Die im Abrechnungszeitraum maximal verrechenbaren Ausfallstunden ergeben sich aus der wöchentlichen Normalarbeitszeit im Bemessungsmonat vor Kurzarbeit mal 4,33 dividiert durch 30 mal Anzahl der Kalendertage im Abrechnungszeitraum, maximal 30 Tage (ein Kalendermonat) vermindert um folgende Zeiten:

- im Abrechnungszeitraum geleistete Arbeitsstunden (inkl. der im Abrechnungszeitraum angefallenen Überstunden oder Mehrleistungsstunden),
- konsumierte Urlaubsansprüche (gerechnet in Normalarbeitszeitstunden vor Kurzarbeit)
- konsumierte Zeitguthaben aus Vorperioden und sonstige Dienstverhinderungen (jeweils gerechnet in Normalarbeitsstunden vor Kurzarbeit), nicht jedoch arbeitgeberseitig angeordnete Zeiten für Aus- und Weiterbildung;
- Normalarbeitszeitstunden (vor Kurzarbeit) für Arbeitsruhetage (Feiertage), die auf ansonsten betriebsübliche Arbeitstage fallen (nicht jedoch, wenn an solchen Feiertagen tatsächlich gearbeitet wurde – solche Zeiten sind als Arbeitsstunden anzugeben);
- Zeiten eines Krankenstandes (nur die für diesen Zeitraum trotz Kurzarbeit tatsächlich vorgesehenen Arbeitsstunden)[12] sowie

[12] Siehe dazu Erläuterungen unter Punkt 9.6.

- während Entgeltfortzahlungen gemäß § 1155 Abs. 3 ABGB (nur die für diesen Zeitraum trotz Kurzarbeit tatsächlich vorgesehenen Arbeitsstunden)[13] [14].

[13] Verbote und Einschränkungen zum Betreten von Betrieben gemäß COVID-19 MaßnahmenG.
[14] Siehe dazu Erläuterungen unter Punkt 9.7.

Ausfallstunden mit einem Anteil von mehr als 50% sind nur im Rahmen von Kurzarbeitsprojekten verrechenbar, die mit expliziter Zustimmung der kollektivvertragsfähigen Körperschaften genehmigt wurden.

Für Zeiten, in denen die Arbeitnehmerin/der Arbeitnehmer trotz Unterbleibens der Arbeitsleistung darüberhinausgehende Ansprüche auf Entgeltfortzahlung (z.B. Arbeitsunfall) oder Anspruch auf eine Ersatzleistung (z.B. Krankengeld, Bauarbeiter-Schlechtwetterentschädigung) hat, kann mangels kurzarbeitsbedingten Arbeits- und Verdienstausfalls keine Beihilfe gewährt werden. Unterstützungsleistungen nach § 32 Epidemiegesetz (Verdienstentgang) schließen die Kurzarbeitsunterstützung ebenfalls aus.

An Sonn- und Feiertagen, an denen normalerweise nicht gearbeitet wird, kann auch kein Ausfall wegen Kurzarbeit eintreten. Ist es üblich, dass auch an Sonn- und Feiertagen gearbeitet wird und tritt durch Kurzarbeit ein Arbeitszeitausfall ein, kann die Kurzarbeitsbeihilfe gewährt werden.

Zeiten der Aus- und Weiterbildung sind nur maximal im Ausmaß der im Begehren angegebenen Ausfallzeiten (einschließlich Qualifizierungszeit) verrechenbar. Innerhalb dieses Rahmens gelten Zeiten, die für Qualifizierung[15] verwendet werden, als Ausfallstunden.

[15] Eine Qualifizierungsstunde besteht aus einer Lehreinheit zu 60 Minuten inkl. Pause. Lernzeiten gelten soweit als Aus- und Weiterbildung als diese ausdrücklich im Kursplan, Lehrplan, etc. ausgewiesen sind.

6.8. Verhältnis zu anderen Beihilfen und Unterstützungsleistungen

Arbeitnehmerinnen und Arbeitnehmer, deren Dienstverhältnis mit einer Eingliederungsbeihilfe (EB) bzw. Beihilfe für Ein-Personen-Unternehmen (EPU) gefördert wird, können in die Sozialpartnervereinbarung einbezogen und für diese eine Kurzarbeitsbeihilfe gewährt werden.

Eine Unterbrechung des Förderungszeitraumes der EB bzw. der EPU-Beihilfe und eine anschließende Verlängerung des Förderungszeitraumes nach der Kurzarbeit ist nicht möglich.

Die Bemessungsgrundlage für die EB bzw. EPU in den Kurzarbeitsmonaten ist das tatsächliche Bruttoarbeitsentgelt („Grundlohn/Grundgehalt"; zugleich: Bruttoeinkommen abzüglich Kurzarbeitsunterstützung). Je höher die Arbeitszeitstunden (bzw. je niedriger die Ausfallstunden) während Kurzarbeit sind, umso höher die verbleibende EB bzw. EPU (und umgekehrt).

Bei der **Lehrstellenförderung** werden Pauschalen gewährt, daher bedarf es keines Abgleichs mit der Kurzarbeitsbeihilfe.

Ein Bezug der **Kombilohnbeihilfe** ist auch in Kurzarbeit möglich. Das Mindestausmaß von 20 Wochenstunden muss bei der Gewährung gegeben sein.

Werden in die Kurzarbeit Arbeitnehmerinnen/Arbeitnehmer einbezogen, für die eine laufende **Beihilfe zum Solidaritätsprämienmodell** gewährt wird, beziehen sich die kurzarbeitsbedingten Ausfallstunden auf die im Rahmen des Solidaritätsprämienmodells bereits reduzierte Arbeitszeit. Die Solidaritätsprämie bleibt davon unberührt. Das tatsächliche Entgelt für die geleistete Arbeitszeit reduziert sich entsprechend den kurzarbeitsbedingten Ausfallstunden. Kurzarbeitsbedingte Ausfallstunden von Ersatzarbeitskräften haben keine Auswirkung auf die Solidaritätsprämienmodelle.

Werden in die Kurzarbeit Arbeitnehmerinnen/Arbeitnehmer einbezogen, für die ein laufendes **Altersteilzeitgeld** gewährt wird, beziehen sich die kurzarbeitsbedingten Ausfallstunden auf die im Rahmen des Altersteilzeitmodells bereits reduzierte Arbeitszeit. Der Lohnausgleich bleibt davon unberührt. Das tatsächliche Entgelt für die geleistete Arbeitszeit reduziert sich entsprechend den kurzarbeitsbedingten Ausfallstunden. Kurzarbeitsbedingte Ausfallstunden von Ersatzarbeitskräften haben keine Auswirkung auf die Altersteilzeitmodelle.

Bei geblockter Arbeitszeit (ATZ-Blockzeitmodell) gilt, dass für die Freizeitphase keine Ausfallstunden gebühren, da keine Ausfallstunden mehr anfallen. Die zu erbringende Arbeitszeit wurde bereits zur Gänze während der Vollarbeitsphase geleistet.

6.9. Weitere Rahmenbedingungen

Die Kurzarbeitsunterstützung gilt für die Lohnsteuer als steuerpflichtiger Lohn und für sonstige Abgaben und Beihilfen auf Grund bundesgesetzlicher Vorschriften als Entgelt.

Für die Kurzarbeitsunterstützung hat die Arbeitgeberin/Arbeitgeber keine Kommunalsteuer zu entrichten.

Während des Bezuges der Kurzarbeitsunterstützung richten sich die Beiträge und die Leistungen der Sozialversicherung nach der letzten Beitragsgrundlage vor Eintritt der Kurzarbeit, wenn diese höher ist als die aktuelle Beitragsgrundlage.[16] Im Falle von Verlängerungen richten sich die Beiträge und Leistungen der Sozialversicherung nach der aktuellen Beitragsgrundlage (erster Monat der Verlängerung), sofern diese höher ist als die Beitragsgrundlage vor Beginn der Kurzarbeit (Erstgewährung).

[16] Mit der Günstigkeitsregelung sollen Nachteile für Lehrlinge vermieden werden, wenn diese nach Abschluss ihrer Lehre in die Kurzarbeit einbezogen werden.

Wird ein Unternehmen mit einer laufenden Kurzarbeit insolvent (Eröffnung des Konkurs- oder Sanierungsverfahrens), ist die Kurzarbeitsbeihilfe vorzeitig zu beenden, da das arbeitsmarktpolitische Ziel der Sicherung des Beschäftigtenstandes – auch im Falle der Unternehmensfortführung – nicht im vollen Umfang realisierbar sein wird.

Die durch Kurzarbeit entstehende Ausfallzeit gilt, ausgenommen Zeiten angeordneter Aus- und Weiterbildung, als Freizeit. Es steht der Arbeitnehmerin/dem Arbeitnehmer daher frei zu entscheiden, wie (z.B. Aufnahme einer Zusatzbeschäftigung) und wo (z.B. im Ausland) sie/er über diese Freizeit verfügt, es sei denn, es wurde zwischen Arbeitgeberin/Arbeitgeber und Arbeitnehmerin/Arbeitnehmer bzw. Betriebsrat anders Lautendes vereinbart (z.B. die Teilnahme an einer betrieblichen Aus- und Weiterbildung oder dass die Arbeitnehmerin/der Arbeitnehmer in der Lage sein muss, innerhalb einer bestimmten Zeit an den Arbeitsplatz zurückzukehren).

6.10. Rückforderung von Beihilfen

Bei Nichteinhaltung der in der Verpflichtungserklärung und Förderungsmitteilung festgelegten Bestimmungen, insbesondere bezüglich

– Aufrechterhaltung des Beschäftigtenstandes während der Kurzarbeit
– Aufrechterhaltung des Beschäftigtenstandes während der allenfalls zusätzlich vereinbarten Behaltefrist
– des zulässigen Höchstarbeitszeitausfalles
– entgegen der Regel nach Punkt 6.4.4., letzter Absatz, nicht konsumierter Urlaubsansprüche; sowie
– der Verpflichtung für Lehrlinge mindestens 50% der Ausfallzeit für Aus- und Weiterbildung zu verwenden, ausgenommen Zeiten der Gültigkeit einer Lockdown-Verordnung (Punkt 6.4.1., vorletzter und letzter Satz)

gebührt – je nach Schwere der Abweichung – keine oder nur Teile der Beihilfe und bereits ausbezahlte Beihilfenteilbeträge sind teilweise oder gänzlich zurückzufordern.

Bei falschen Angaben hinsichtlich der besonders starken Betroffenheit von der Coronakrise (Punkt 6.6.1.) ist jedenfalls die gesamte KUA-Beihilfe zu widerrufen und zurückzufordern, nicht bloß der über 85% der nach der Differenzmethode berechneten Beihilfe hinaus gehende Beihilfenanteil. Gegebenenfalls ist – wie generell bei Verdacht auf eine gerichtlich strafbare Handlung - Strafanzeige zu erstatten. Bis zur Klärung der strafrechtlichen Relevanz darf auch ein allenfalls neu eingebrachtes Begehren nicht bewilligt werden.[17]

[17] Siehe Erläuterungen Punkt 9.8.

Es liegt kein Rückforderungstatbestand vor, wenn im Zuge der Umsetzung im Durchschnitt des Durchrechnungszeitraumes der Arbeitszeitausfall von 20% (z.B. aufgrund verbesserter Auftragslage, von Krankenständen, von Urlaub) unterschritten wird.

Eine Überschreitung des 50%igen (gegebenenfalls 70%igen) Arbeitszeitausfalls einer/eines von Kurzarbeit betroffenen Arbeitnehmerin/Arbeitsnehmers/Lehrlings im Durchschnitt des Durchrechnungszeitraumes (Erstgewährung plus Verlängerungen) ist nicht zulässig. In den Sonderfällen, in denen im Durchschnitt aller von Kurzarbeit Betroffenen ein Arbeitszeitausfall von mehr als 70% bis inkl. 90% genehmigt wurde, ist eine Überschreitung des 90%igen Arbeitszeitausfalls nicht zulässig. Ein Verstoß gegen diese Bestimmungen stellt einen Rückforderungstatbestand dar. Ausgenommen von dieser Rückforderungsregel sind Unternehmen, die von einem verordneten Betretungsverbot direkt betroffen sind, soweit die Überschreitung nur auf den Entfall der Arbeitsleistung während eines verordneten Betretungsverbots (Punkt 6.4.1., letzter Absatz) zurückzuführen ist, in den übrigen Abrechnungsmonaten aber jeweils nicht mehr als 90% Ausfallstunden verrechnet wurden.

Im Fall von Verlängerungen ist auf individueller Ebene die gesamte Zeitspanne der jeweils zusammenhängenden Kurzarbeitszeiträume als Durchrechnungszeitraum heranzuziehen.

In jenen Fällen, in denen der Betrieb das Mindestbruttoentgelt geleistet hat, sind allfällige Überzahlungen, die sich aus der Berechnungsmethode mit Pauschalsätzen lt. Pauschalsatztabelle ergeben haben, nicht zurückzufordern, unabhängig davon, ob die Nettoersatzrate auf das Gesamtentgelt oder nur auf die Ausfallstunden bezogen wurde.

7. VERFAHRENSNORMEN

7.1. Landesgeschäftsstelle

Aufgabe der Landesgeschäftsstelle ist die Koordination und die Unterstützung der betroffenen Regionalen Geschäftsstellen (bezüglich Information und Beratung gemäß § 37b Abs. 1 Z 2 AMSG und bezüglich Herabsetzung des Beschäftigtenstandes gemäß § 37b Abs. 2 AMSG) und umfasst alle Belange der Beihilfenabwicklung, wobei Aufgaben der Prüfung der widmungsgemäßen Verwendung an die betroffenen Regionalen Geschäftsstellen delegiert werden können. Die Landesorganisationen sind ermächtigt, bei hohem Andrang externe Unterstützung zuzukaufen (eigener Wirkungsbereich).

7.1.1. Begehrenseinbringung

Das Begehren ist ausschließlich über das eAMS-Konto für Unternehmen einzubringen. Die Sozialpartnervereinbarung ist anzuschließen.

Begehren sind vor Beginn der Kurzarbeit einzubringen. Für Projekte mit einem Beginn während der Zeit eines verordneten Betretungsverbots (Punkt 6.4.1., letzter Absatz) können Begehren (Erst- und Verlängerungsbegehren) bis zu vier Wochen nach Beginn der Kurzarbeit (der Verlängerung), spätestens jedoch am 30.06.2022, eingebracht werden. Änderungsbegehren auf Erhöhung des maximalen Arbeitszeitausfalles auf über 50% können bis zum Ende der Kurzarbeitsperiode jederzeit nachträglich eingereicht werden.

Wird ein rechtzeitig eingebrachtes Begehren wegen Nichtzustimmung einer zuständigen kollektivvertragsfähigen Körperschaft abgelehnt, so kann das Unternehmen binnen zwei Wochen ab Zustellung der Ablehnung ein neues, gemäß den Einwänden der Körperschaft nachgebessertes Begehren unter Wahrung des ursprünglichen Beginndatums des Kurzarbeitsprojektes einreichen.

Sofern für Personen, mangels Vorliegens eines vollentlohnten Kalendermonats vor Beginn der Kurzarbeit im Betrieb keine Beihilfe gewährt werden kann, kann die Arbeitgeberin/der Arbeitgeber für diese Arbeitnehmerinnen/ Arbeitnehmer/ Lehrlinge ein gesondertes Begehren mit einem entsprechenden Kurzarbeitbeginndatum einreichen. Für diese Personen muss – wie bei jedem anderen Kurzarbeitsbegehren auch – ein vollständig und ungekürzt entlohnter Monat vor dem individuellen Kurzarbeitsbeginn nachgewiesen sowie eine entsprechende Sozialpartnervereinbarung abgeschlossen werden.

Im Falle von Naturkatastrophen und vergleichbaren Schadensereignissen, wo dies seitens der Betriebe bei der Begehrensstellung in den Feldern „Begründung zur Einführung der Kurzarbeit“ entsprechend dokumentiert ist, kann das Begehren drei Wochen rückwirkend zum Beginn der Kurzarbeit, spätestens jedoch am 30.06.2022, gestellt werden.

Bezieht sich die Kurzarbeit bzw. die Sozialpartnervereinbarung auf Betriebsstandorte mehrerer Landesorganisationen, kann im Falle der Zweckmäßigkeit die Zuständigkeit für die Begehrenseinbringung und Begehrensentscheidung vom Landesdirektorium an die federführende Landesorganisation bzw. dessen Landesdirektorium abgetreten werden. Bezieht sich die Kurzarbeit auf mehrere Standorte einer AMS-Landesorganisation mit unterschiedlichen Kurzarbeitszeiträumen, ist für den jeweiligen Kurzarbeitszeitraum eine gesonderte Begehrensstellung erforderlich.

7.1.2. Begehrensentscheidung

Die nachfolgenden Angaben im Kurzarbeitsbegehren sind auf ihren Einklang mit der Sozialpartnervereinbarung bzw. der betrieblichen Vereinbarung zu prüfen:

- Kurzarbeitszeitraum,
- Anzahl der betroffenen Arbeitnehmerinnen/ Arbeitnehmer/Lehrlinge,
- Beschäftigungsverpflichtung während der Kurzarbeit und in einem allenfalls darüber hinaus zusätzlich vereinbarten Zeitraum (Behaltefrist),
- Angaben zur wirtschaftlichen Begründung, insbesondere die Angaben zur besonderen Betroffenheit von der Coronakrise
- Bestätigung der wirtschaftlichen Begründung, wenn mehr als fünf Arbeitnehmerinnen/Arbeitnehmer/Lehrlinge von Kurzarbeit betroffen sind und nicht die Ausnahmebestimmung bezüglich eines verordneten Betretungsverbots zum Tragen kommt (Punkt 6.4.1., letzter Absatz).

Die Summe der Anzahl an Normalarbeitszeitstunden und Summe der Anzahl der Arbeitszeitausfallstunden sind aufgrund der Angaben in der Sozialpartnervereinbarung auf Plausibilität zu prüfen.

Die positive Genehmigung des Beihilfenbegehrens ist ohne Vorlage der notwendigen Sozialpartnervereinbarung unzulässig.[18]

[18] Siehe dazu Erläuterungen Punkt 9.7.

Eine positive Genehmigung nur zulässig, wenn – abgesehen von den Fällen einer Naturkatastrophe – das Einvernehmen mit den Sozialpartnern entweder durch Unterschrift der SPV oder im vereinfachten Verfahren hergestellt wurde.

7.1.3. Förderungsmitteilung

Der Förderungsvertrag wird in Form einer Förderungsmitteilung unter Bezugnahme auf das Kurzarbeitsbegehren und die zugrundeliegende Sozialpartnervereinbarung bzw. betriebliche Vereinbarung geschlossen.

In der Förderungsmitteilung sind zusammenfassend alle für die Gewährung wesentlichen Punkte bezüglich der Beihilfenhöhe, der Nachweise der widmungsgemäßen Verwendung (bezüglich Beschäftigtenstand, Behaltefrist, Höchstausmaß der Ausfallstunden im Kurzarbeitszeitraum), der Rückforderungstatbestände, der Informationsverpflichtungen, sowie alle nach der Begehrenseinbringung vorgenommenen Änderungen anzuführen.

7.1.4. Vor-Ort-Prüfungen

Für die Durchführung der Vor-Ort-Prüfungen wird auf die Bundesrichtlinie „Allgemeine Grundsätze zur Abwicklung von Förderungs- und Werkverträgen" (ALL) verwiesen.

7.1.5. Prüfung der widmungsgemäßen Verwendung

7.1.5.1. Durchführungsbericht

Der Durchführungsbericht ist unter Anwendung des vom AMS zur Verfügung gestellten Webtools zu erstellen und dem AMS von der Arbeitgeberin/vom Arbeitgeber via eAMS-Konto für Unternehmen zu übermitteln. Er hat jedenfalls Angaben über die Aufrechterhaltung des Beschäftigtenstandes während des Kurzarbeitszeitraumes und der Behaltefrist sowie über die Einhaltung des Höchstarbeitszeitausfalles zu enthalten. Der Durchführungsbericht ist nach Ablauf der Behaltefrist vorzulegen. Ist keine Behaltefrist vereinbart, ist der Durchführungsbericht nach Ende des Kurzarbeitszeitraums vorzulegen.

Für die Lehrlinge ist im Durchführungsbericht darzulegen, welche konkreten Maßnahmen in welchem Ausmaß pro Lehrling stattgefunden haben.

Auf Verlangen des Arbeitsmarktservice sind diesbezügliche Nachweise vorzulegen.

Der Durchführungsbericht muss vom Betriebsrat mitunterfertigt werden. Ist kein Betriebsrat eingerichtet und wurde der Beschäftigtenstand vermindert, ist der Durchführungsbericht von der zuständigen Fachgewerkschaft zu unterfertigen. Eine allfällige Verkürzung oder ein Entfall der Behaltefrist ist jedenfalls von der zuständigen Fachgewerkschaft zu unterfertigen.

Für die eAkte ist das Dokument Durchführungsbericht wie folgt zu klassifizieren:

Hauptkategorie: TF-Abrechnung

Unterkategorie: Unterlagen Förder-/Werkvertragsnehmer

7.1.5.2. Abrechnung

Für die in die Kurzarbeit einbezogenen Arbeitnehmerinnen/Arbeitnehmer ist für jeden Kalendermonat bis zum 28. des Folgemonats eine Abrechnungsliste via eAMS-Konto für Unternehmen an das AMS zu übermitteln. Zur Erstellung der Abrechnungsliste sind die vom AMS zur Verfügung gestellten Abrechnungstools[19] zu verwenden. In der Folge ist die Datei ausschließlich über das eAMS-Konto für Unternehmen zu übermitteln. Dazu ist die Funktion „Nachricht an das AMS" beim entsprechenden Geschäftsfall des Kurzarbeitsprojektes zu verwenden.

[19] Webanwendung oder Excel-Projektdatei

Die oben angegebene Frist zur Übermittlung der Abrechnung gilt nicht für Abrechnungen, die zu Sanierung des fehlenden voll entlohnten Monats eingebracht werden.

Die Überprüfung der Richtigkeit der Angaben in der Abrechnungsliste erfolgt mittels DWH-Prüfbericht. Sind unrichtige Angaben erkennbar und liegen diese außerhalb der im DWH definierten Toleranzgrenze, ist kein KUA-Import durchzuführen, sondern eine neue, korrigierte Abrechnungsliste vom Betrieb zu erstellen.

Die stichprobenartige Überprüfung der Lohnkonten und/oder der Arbeitszeitaufzeichnungen hat im Nachhinein in Form einer neuerlichen PWV zu erfolgen.

Die geprüften Angaben und das Prüfergebnis sind in einem Prüfvermerk (inkl. DWH Projekt Prüfbericht) festzuhalten und in das Projektunterlagecenter (PUC) zu importieren. Es ist das vom Vorstand erlassene Prüfkonzept anzuwenden.

Wird die monatliche Abrechnungsfrist um mehr als drei Monate überschritten, ist eine Mahnung unter Setzung einer Nachfrist und unter Hinweis auf die Rechtsfolge vorzunehmen. Wird die Nachfrist neuerlich nicht eingehalten, gebührt für den abzurechnenden Zeitraum keine Beihilfe.

Ergibt sich im Zuge der Abrechnung eine Überschreitung des Bewilligungsbetrages, ist zuvor ein Kurzarbeitsbegehren um Änderung einer laufenden Kurzarbeitsbeihilfe einzubringen und – bei Vorliegen der Voraussetzungen – der Beihilfenbetrag zu erhöhen und eine neue Förderungsmitteilung zuzustellen.

Der für die PWV erstellte DWH-Bericht ist zwingend beim KUA-Projekt in das Projektunterlagecenter (PUC) zu importieren. Für die eAkte ist das Dokument wie folgt zu klassifizieren:

Hauptkategorie: TF-Abrechnung

Unterkategorie: Protokoll/Prüfbericht

7.1.6. Auszahlung

Die Auszahlung der Kurzarbeitsbeihilfe erfolgt im Nachhinein pro Kalendermonat nach Vorlage und Prüfung der Teilabrechnung bzw. der Endabrechnung.

7.1.7. Budgetäre Verbuchung

Gemäß § 13 Abs. 1 AMPFG sind die Beihilfen bei Kurzarbeit wie Ausgaben nach dem AlVG zu behandeln.

7.1.8. EDV-Abwicklung im Beihilfenadministrationssystem Trägerförderung

Für die Projektabwicklungen ist die Applikation BAS TF zu verwenden.

Die Förderungsmitteilungen (Mitteilung positiv, Mitteilung negativ, Mitteilung Endabrechnung positiv, Mitteilung Endabrechnung negativ und Mitteilung Endabrechnung mit Rückforderung) sind in der Applikation BAS TF zu generieren und an das jeweilige Projekt anzupassen.

Im Falle eines Begehrens um Änderung einer laufenden Kurzarbeitsbeihilfe ist eine Änderung nach Genehmigung durchzuführen und eine neue Förderungsmitteilung zuzustellen. Eine Änderung nach Genehmigung ist nach Import der letzten Teilabrechnung sowie nach der Durchführung der Prüfung der widmungsgemäßen Verwendung nicht mehr möglich, da sich das Projekt dann bereits in dem Status ‚abgeschlossen' befindet.

Im Falle einer Änderung des Projektzeitraums ist das Fristdatum für den Durchführungsbericht im Berichtsplan entsprechend anzupassen. Spätestens nach Ablauf der Frist für das Verlängerungs-Projekt ist der Durchführungsbericht schriftlich (Geschäftsfunktion in BAS TF) zu urgieren.

7.1.9. Monitoring

Die Auswertung der im BAS TF erfassten Projektdaten erfolgt im Rahmen des DWH und in Form von KUA-Reports.

7.2. Regionale Geschäftsstelle

Aufgabe der Regionalen Geschäftsstelle (Service für Unternehmen) ist die Information über die Einführung von Kurzarbeit, die Mitwirkung an der Prüfung der Voraussetzungen, die Behandlung von Anträgen auf Herabsetzung des Beschäftigtenstandes und – falls von der Landesgeschäftsführung delegiert – die Durchführung von Aufgaben im Rahmen der Prüfung der widmungsgemäßen Verwendung.

7.2.1. Information

Allgemeine Informationen über Bedingungen und Ablaufschritte der Einführung von Kurzarbeit werden in Abstimmung und erforderlichenfalls mit Unterstützung der Landesgeschäftsstelle kommuniziert.

7.2.2. Herabsetzung des Beschäftigtenstandes

Der vereinbarte Beschäftigtenstand ist grundsätzlich während der Kurzarbeit und in einem darüber hinaus zusätzlich vereinbarten Zeitraum nach deren Beendigung (Behaltefrist) aufrecht zu erhalten.

Abweichungen von diesem Grundsatz sind im in der Sozialpartnervereinbarung vereinbarten Rahmen (SPV Punkt IV.2.) zulässig, hinsichtlich bereits gemäß § 45a AMFG dem AMS angezeigter Personalstandsreduktionen jedoch nur, wenn die Sozialpartner dem explizit zugestimmt haben.[20]

[20] So ist in Punkt IV.2.b) der SPV die Behaltepflicht während der Behaltefrist generell auf das von Kurzarbeit betroffene Personal eingeschränkt. Die Ausnahme von nach § 45a AMFG angezeigten Personalstandsreduktionen ist hingegen nur eine Option, deren Inanspruchnahme zudem die explizite Zustimmungsnotwendigkeit der Sozialpartner auslöst.

Im Falle der Nichterfüllbarkeit und keiner Zustimmung durch den Betriebsrat bzw. der Gewerkschaft kann das Unternehmen bei der für den jeweiligen Betriebsstandort zuständigen Regionalen Geschäftsstelle einen Antrag auf Ausnahmebewilligung einbringen. Das Unternehmen hat zu begründen, warum durch die Aufrechterhaltung des Beschäftigtenstandes der Fortbestand des Unternehmens bzw. des Betriebsstandortes in hohem Maß gefährdet ist.

Über Anträge auf Herabsetzung des Beschäftigtenstandes sowie Verkürzung oder Entfall der Behaltefrist (Ausnahmebewilligung) entscheidet die Geschäftsstelle nach Anhörung des Regionalbeirates (§ 23 Abs. 2 GO des AMS).

8. IN-KRAFT-TRETEN/AUSSER-KRAFT-TRETEN

Die vorliegende Bundesrichtlinie ersetzt die Bundesrichtlinie „Kurzarbeitsbeihilfe (KUA-COVID-19), AMF/24-2021, BGS/AMF/0722/9952/2021. Sie tritt mit 22.11.2021 in Kraft und ist bis 30.06.2022 befristet.

9. ERLÄUTERUNGEN

9.1. zu Punkt 3. Regelungsziel

Die Abwicklung der Kurzarbeit ist mit arbeitsrechtlichen Fragestellungen verbunden, deren Beantwortung im gegebenen Zusammenhang grundsätzlich nicht in die Zuständigkeit des Arbeitsmarktservice fällt; wie es auch gesetzlich nicht ermächtigt ist, in das arbeitsrechtliche Verhältnis zwischen Arbeitgeberin/Arbeitgeber und Arbeitnehmerin/Arbeitnehmer/Lehrling einzugreifen. Anfragende Unternehmen etc. sollten daher an andere Stellen, z.B. ihre gesetzliche Interessenvertretung, verwiesen werden.

9.2. zu Punkt 6.4.3.1.3) Beschäftigtenstand

Als Beschäftigtenstand wird der Gesamtbeschäftigtenstand (Arbeiterinnen/Arbeiter, Angestellte, Lehrlinge) – je nach Festlegung in der Sozialpartnervereinbarung – des Unternehmens, des Betriebes oder des Betriebsteiles verstanden.

Die Höhe des Beschäftigtenstandes richtet sich nach dem Zeitpunkt unmittelbar vor Beginn des jeweiligen Kurzarbeitszeitraumes, sofern nicht Änderungen gemäß Sozialpartnervereinbarung Punkt IV. Z 2. lit. c zu berücksichtigen sind.

Eine zufällige Unterschreitung des Beschäftigtenstands aufgrund der üblichen betrieblichen Fluktuation ist unerheblich.

9.3. Zu Punkt 6.4.4. Arbeitszeitausfall

Gemäß Sozialpartnervereinbarung kann die Herabsetzung der Arbeitszeit für einzelne Arbeitnehmerinnen/Arbeitnehmer/Lehrlinge unterschiedlich festgelegt oder vereinbart werden.

Liegen in der Folge nur einzelne Gruppen von Arbeitnehmerinnen/Arbeitnehmern/Lehrlingen über einer Ausfallzeit von 50% und wird dadurch die durchschnittliche Ausfallzeit von 50% über alle von Kurzarbeit Betroffenen nicht überschritten, kann der Betrieb für diese Gruppen ein gesondertes Begehren einbringen.

Falls eine Überschreitung der 50 Prozent für einzelne Gruppen von Arbeitnehmerinnen/ Arbeitnehmern/Lehrlingen während eines laufenden Kurzarbeitszeitraumes notwendig ist, kann für diese Personengruppe ein gesondertes Begehren gestellt werden. Vor Genehmigung des Begehrens bedarf es ebenfalls der expliziten Zustimmung der kollektivvertragsfähigen Körperschaften, wenn das Vorhaben über den 31.03.2022 hinaus geht.

Eine Zustimmung durch konkludentes Verhalten (z.B. Nichtäußerung binnen einer bestimmten Frist) genügt nicht

Für eine Überschreitung der 90% Marke beim Arbeitszeitausfall ist IT-technisch keine Begehrensstellung möglich. Unternehmen, die von einem verordneten Betretungsverbot direkt betroffen sind, müssen daher die Umgehungslösung wählen, zunächst einmal mit 90% zu beantragen und später mehr abzurechnen.

9.4. Urlaubsverbrauch:

Abgesehen vom Verbrauch von Alturlauben haben sich die Sozialpartner mit der Regierung auf einen obligatorischen Verbrauch von Urlaubsansprüchen während der Kurzarbeit nach folgender Regel geeinigt: Bis zu einem Monat Kurzarbeit muss kein Urlaub verbraucht werden. Geht die Kurzarbeit über einen Monat hinaus, ist je kurzarbeitender Arbeitskraft eine Woche zu verbrauchen; geht die Kurzarbeit über drei Monate hinaus, sind 2 Wochen Urlaub zu verbrauchen, über 5 Monate hinaus 3 Wochen. Somit ist pro angefangenen 2 Monaten Kurzarbeit jeweils 1 Woche Urlaub zu verbrauchen. Im Zuge der Prüfung der widmungsgemäßen Verwendung prüft das DWH-Prüftool den in den Monatsabrechnungen ausgewiesenen Urlaubsverbrauch je Mitarbeiter/in. Liegt der Verbrauch unter der obligatorischen Marke, werden die verrechneten Ausfallstunden entsprechend gekürzt und ein entsprechender Rückforderungsbetrag wird ausgewiesen. Falls von einzelnen Arbeitnehmer/innen bereits alle Urlaubsansprüche (Altansprüche und Ansprüche aus dem laufenden Urlaubsjahr) konsumiert wurden und eine ausreichende Urlaubskonsumtion während der Kurzarbeit daher nicht möglich war, kann das betreffende Unternehmen im Rückforderungsverfahren noch entsprechende Einwendungen erheben.

9.5. Einkürzung der Beihilfe und Ausnahmen davon

Eine wesentliche Änderung in der Phase 5 gegenüber der Phase 4 der Kurzarbeit besteht in der Einführung eines generellen Abschlags von der nach den bisherigen Grundsätzen (Differenzmethode) errechneten Beihilfe. Der Abschlag beträgt 15%, so dass nur 85% der errechneten Beihilfe zuerkannt und ausbezahlt werden. Der Abschlag gilt jedoch nicht für besonders von der Coronakrise betroffene Unternehmen. Die besondere Betroffenheit wird festgemacht an 2 Kriterien:

– von einem Betretungsverbot aufgrund einer Lockdownverordnung direkt betroffen
– oder von einem Umsatzrückgang im 3. Quartal 2020 gegenüber dem Vergleichsquartal 2019 von 50% oder mehr betroffen. Es gilt nur der Rückgang an versteuertem Umsatz.

Das Finanzministerium wird dem AMS für Kontrollzwecke die Umsatzdaten zur Verfügung stellen. Die Prüfung ist in das Bewilligungsverfahren eingebaut. Da wir aber auch die betreffenden Angaben erst zu einem späteren Zeitpunkt (08.08.2021) in das Antragstool einbauen konnten, wurden Begehren mit Abschlag bewilligt. Die betroffenen Unternehmen müssen in der Folge ein Änderungsbegehren mit den Angaben zum Umsatzrückgang stellen. Das Änderungsbegehren muss bis spätestens 31.03.2022 eingebracht werden, weil danach die entsprechende Funktionalität aus dem Antragstool wieder ausgebaut wird (es wird der einschlägige Umsatzrückgang nicht mehr abgefragt).

Da die zeitliche und sachliche Geltung der Verordnung von Betretungsverboten nicht vorhersehbar ist, sind auch Unternehmen, die während der Kurzarbeit mit einem Betretungsverbot belegt werden, auf das Stellen eines Änderungsbegehrens angewiesen. Gleiches gilt für Tochterunternehmen konsolidiert bilanzierender Konzerne, wenn sie den Umsatzrückgang mit den Umsatzrückgängen der Muttergesellschaft belegen wollen. In diesem Fall brauchen wir die Umsatzsteueridentifikationsnummer der Mutter, um mit den Finanzbehörden abgleichen zu können.

9.6. Zu Punkt 6.7. Verrechenbare Ausfallstunden

Beispiel: Krankenstand

Mit einem IT-Techniker sind im Durchschnitt über den Kurzarbeitszeitraum hinweg 30 % der bisherigen Vollarbeitszeit von 40 Wochenstunden vereinbart worden, also im Schnitt 12 Wochenstunden. In der ersten Woche soll er, um Homeoffice-Arbeitsplätze auszustatten, noch 24 Stunden tätig sein. Genau in dieser Woche befindet er sich aber wegen eines grippalen Infekts im Krankenstand. Die Zahl der Ausfallstunden beträgt in dieser Woche daher 16 Stunden (40 errechnete Wochenstunden minus 24 Stunden geplante Arbeitszeit).

Beispiel: Entgeltfortzahlung gemäß § 1155

Gemäß einer Verordnung des Gesundheitsministers nach dem Covid-19-Maßnahmengesetz ist ein Friseursalon für den Kundenverkehr geschlossen. Mit einer Friseurin sind im Kurzarbeitszeitraum durchschnittlich 20% ihrer bisher 30stündigen Wochenarbeitszeit vereinbart, im Schnitt also 6 Wochenstunden. Für die Zeit bis Ostern sind jedenfalls in Umsetzung dieser Vereinbarung Null Wochenstunden vereinbart worden. Der Arbeitgeber ist gemäß § 1155 Abs. 3 i.V.m. Abs. 4 ABGB trotz der Betretungsbeschränkung zur Entgeltfortzahlung verpflichtet. Für die ihm dafürzustehende Kurzarbeitsbeihilfe gelten als Ausfallstunden in einer der Schließwochen vor Ostern: 30 Stunden – 0 Stunden = 30 Stunden Ausfallzeit (Normalarbeitszeit minus geplante Arbeitszeit).

9.7. zu Punkt 7.1.2. Begehrensentscheidung

Die Zustimmung des Betriebsrates und gegebenenfalls der einzelnen Arbeitnehmerinnen/Arbeitnehmer/Lehrlinge zur Kurzarbeitsvereinbarung (vulgo „Sozialpartnervereinbarung“) erfolgt durch Unterschriftenleistung zumindest der innerbetrieblichen Partner und die Übermittlung in Form eines PDF-Dokuments via eAMS.

Die Verantwortung für die Einholung der Zustimmung der überbetrieblichen Sozialpartner liegt beim Begehrenssteller. Im Interesse eines raschen Bewilligungsverfahrens ist das AMS bei der Einholung der Zustimmung der kollektivvertragsfähigen Körperschaften behilflich für alle Unternehmen, die bereits in der Phase 4 kurzgearbeitet haben sowie bis zum Ablauf des 31.01.2022 (Beginn der Kurzarbeit) für alle Unternehmen (vereinfachtes Verfahren). Die Fragestellung nach einem Kurzarbeitsprojekt in der Phase 4 wird daher zeitnahe (bis 06.12.2021) aus dem Antragstool entfernt und zu einem späteren Zeitpunkt wieder eingefügt.

Über eine Webportallösung werden den Sozialpartnern im vereinfachten Verfahren das Begehren, die Sozialpartnervereinbarung und die dazugehörigen Anhänge zur Verfügung gestellt.

Eine Zustimmung von Seiten der Gewerkschaften und der Wirtschaftskammer liegt im vereinfachten Verfahren grundsätzlich vor, wenn binnen 72 Stunden nach Kenntnisbringung keine Rückmeldung von diesen kollektivvertragsfähigen Körperschaften erfolgt. Davon ausgenommen sind Begehren für Projekte, die über den 31.03.2022 hinausreichen und bei denen die Ausfallszeit von durchschnittlich 50% überschritten wird, oder bei denen die Behaltepflicht von vorn herein um bereits nach § 45a AMFG angezeigte Personalstandsreduktionen vermindert sein soll. In diesen Fällen ist eine Genehmigung erst zulässig, wenn von Gewerkschaft und Arbeitgeberverband eine explizite positive Rückmeldung vorliegt.

Im Beratungsverfahren (für alle Unternehmen, die in der Phase 4 nicht kurzgearbeitet haben und nach dem 31.01.2022 mit der Kurzarbeit beginnen, erfolgt die Zustimmung der kollektivvertragsfähigen Körperschaften ohnedies durch Unterschrift auf dem SPV-Formular.

Das AMS wurde im Falle von Kurzarbeit vom Verwaltungsrat als auch von den Aufsichtsministerien ermächtigt, auch Begehren über 7,5 Mio. ohne Einvernehmensherstellung im Einzelfall zu bewilligen.[21]

[21] Einstimmiger Verwaltungsrat-Rundlaufbeschluss vom 30.3.2020

9.8. Bewilligungsverbot bei falschen Angaben über die besondere Betroffenheit

Mit den Angaben über die besondere Betroffenheit im Begehrensformular (Antragstool im eAMS Konto) ist die Erklärung verbunden, dass das Unternehmen die ungekürzte Kurzarbeitsbehilfe begehrt. Wurden diese Angaben falsch gemacht und auf Basis dieser falschen Angaben auch bereits Abrechnungen gelegt, drängt sich der Verdacht auf eine gerichtliche strafbare Handlung auf (zumindest versuchter Betrug – Vorsatzdelikt). In diesem Fall ist nicht nur die gesamte Beihilfe zurückzufordern und Strafanzeige zu erstatten, es darf auch ein neues Begehren ohne Angaben über die besondere Betroffenheit nicht bewilligt werden, solange der Verdacht nicht durch die Strafverfolgungsbehörden ausgeräumt ist. Das Begehren kann gestellt werden, um allfällige Fristen zu wahren, wird dann aber erst nach Einstellung des Strafverfahrens bewilligt, oder bei Bestätigung des Verdachts mangels Zuverlässigkeit des Unternehmens abgewiesen (negativ entschieden). Solange noch keine Abrechnung aus der Basis falscher Angaben über die besondere Betroffenheit gelegt wurde, liegt keine gerichtlich strafbare Handlung vor, und das Begehren kann noch ohne Weiteres richtiggestellt (verbessert) werden.

Beilage:
direkt vom Lockdown betroffene ÖNACE 2008 Klassifikationen

45.11-2 Einzelhandel mit Kraftwagen mit einem Gesamtgewicht von 3,5t oder weniger

49.19 Handel mit Kraftwagen mit einem Gesamtgewicht von mehr als 3,5t

45.32 Einzelhandel mit Kraftwagenteilen und –zubehör

45.40 Handel mit Krafträdern, Kraftradteilen und –zubehör, Instandhaltung und Reparatur von Krafträdern

47.19 sonstiger Einzelhandel mit Waren verschiedener Art

47.4 Einzelhandel mit Geräten der Informations- und Kommunikationstechnik (in Verkaufsräumen)

47.5 Einzelhandel mit sonstigen Haushaltsgeräten, Textilien, Heimwerker- und Einrichtungsbedarf (in Verkaufsräumen)

47.6 Einzelhandel mit Verlagsprodukten, Sportausrüstungen und Spielwaren (in Verkaufsräumen)

47.71 Einzelhandel mit Bekleidung

47.72 Einzelhandel mit Schuhen und Lederwaren

47.75 Einzelhandel mit kosmetischen Erzeugnissen und Körperpflegemittel

47.76 Einzelhandel mit Blumen, Pflanzen, Sämereien, Düngemittel, zoologischer Bedarf und lebenden Tieren

47.77 Einzelhandel mit Uhren und Schmuck

47.78 sonstiger Einzelhandel in Verkaufsräumen (ohne Antiquitäten und Gebrauchtwaren)

47.79 Einzelhandel mit Antiquitäten und Gebrauchtwaren

47.8 Einzelhandel an Verkaufsständen und auf Märkten

47.99 sonstiger Einzelhandel, nicht in Verkaufsräumen, an Verkaufsständen oder Märkten

49.31-2 Autobusliniennahverkehr

49.39-1 Seilbahnen und Lifte

49.39-9 sonstige Personenbeförderung im Landverkehr a.n.g. (ohne Seilbahnwirtschaft)

50.3 Personenbeförderung in der Binnenschifffahrt

52.23 Erbringung von sonstigen Leistungen für die Luftfahrt

55 Beherbergung

56 Gaststätten

59.14 Kinos

77.21 Vermietung von Sport- und Freizeitgeräten

79.11 Reisebüros

79.12 Reiseveranstalter

79.90-1 Reise- und Fremdenführer

82.30 Messe-, Ausstellungs- und Kongressveranstalter

85.5 sonstiger Unterricht

86.90-9 sonstiges Gesundheitswesen

90 kreative, künstlerische und unterhaltende Tätigkeiten

91 Bibliotheken, Archive, Museen, botanische und zoologische Gärten

92 Spiel-, Wett- und Lotteriewesen

93 Erbringung von Dienstleistungen des Sports, der Unterhaltung und der Erholung

96.02 Friseur- und Kosmetiksalons

96.04-1 Schlankheits- und Massagezentren

96.04-9 Saunas, Solarien, Dampfbäder etc.

96.09 Erbringung von sonstigen Dienstleistungen a.n.g.

35/8. Bundesrichtlinie zur Anerkennung, Förderung und Durchführung von Maßnahmen der Arbeitsstiftung (ASt)

Bundesrichtlinie zur Anerkennung, Förderung und Durchführung von Maßnahmen der Arbeitsstiftung (AST), BGS/AMF/0722/9959/2018, AMF/22-2018

1. EINLEITUNG

Die vorliegende Bundesrichtlinie wurde entsprechend den Vorgaben der „Bundesrichtlinie über die Erstellung von Bundesrichtlinien im AMS" verfasst.

Sie wurde durch den Verwaltungsrat am 09.10.2018 beschlossen.

Die in der Richtlinie „Allgemeine Grundsätze zur Abwicklung von Förderungs- und Werkverträgen" festgelegten Regelungen sind immer anzuwenden, wenn die vorliegende Richtlinie keine explizite Abweichung vorsieht.

2. Regelungsgegenstand

Arbeitsstiftungen

Kurzbezeichnung: AST

Regelungsgegenstand ist die Anerkennung und Durchführung sowie die Förderung von Maßnahmen der Arbeitsstiftung.

3. Regelungsziel

3.1. Regelungsziel

Ziel ist die Festlegung einer einheitlichen und verbindlichen Vorgangsweise für die bescheidmäßige Anerkennung und Durchführung sowie für die Förderung von Dienstleistungen im Rahmen von Arbeitsstiftungen.

3.2. Gleichstellungsziel

Frauen und Männer sollen die gleichen Chancen auf Teilnahme an Maßnahmen einer Arbeitsstiftung eröffnet werden. Um die Verbesserung von Beschäftigungschancen für Frauen sicherzustellen, wird auch Personen ohne Bezug einer Leistung aus der Arbeitslosenversicherung der Zugang zu Implacementstiftungen ermöglicht. Bei der Planung und Gestaltung von Maßnahmen ist die Situation von Personen mit Betreuungspflichten durch entsprechende Rahmenbedingungen zu berücksichtigen (z.B. Kinderbetreuungsplätze).

3.3. EFQM

Mit dieser Bundesrichtlinie wird den EFQM-Kriterien 4a „Externe Partnerschaften werden gemanagt" und 5a und 5b „Prozesse" Rechnung getragen.[1]

[1] siehe dazu Erläuterungen Punkt 10.1.

4. Gesetzliche Grundlagen[2]

Die Anerkennung von Maßnahmen der Arbeitsstiftung erfolgt im hoheitlichen Verfahren mit Bescheid gemäß § 18 Abs. 6 bis 9 AlVG und ist mit der Rechtsfolge einer verlängerten Bezugsdauer des Arbeitslosengeldes gemäß § 18 Abs. 5 AlVG verbunden. Der Fortbezug der Notstandshilfe erfolgt gemäß § 12 Abs. 5 AlVG. Die DLU-Beihilfe bzw. die DLU-Mindestsicherung des Leistungsbezuges erfolgt gemäß § 35 AMSG.

Die Förderung von Maßnahmen der Arbeitsstiftung erfolgt gemäß§ 34 AMSG. Bezüglich der Förderung ist die Verordnung des Bundesministers für Finanzen über Allgemeine Rahmenrichtlinien für die Gewährung von Förderungen aus Bundesmitteln (ARR 2014) zu beachten. In jenen Fällen, in denen dies die Eigenart der Förderung von Maßnahmen der Arbeitsstiftung erfordert, werden Konkretisierungen der ARR vorgenommen.

[2] siehe dazu Erläuterungen Punkt 10.2.

5. Adressatinnen

Diese Bundesrichtlinie richtet sich an alle MitarbeiterInnen des Arbeitsmarktservice, die

- in den Landesgeschäftsstellen mit der Anerkennung (Bescheidverfahren) und mit der Förderung (Förderverfahren) sowie mit der Koordination der Durchführung von Maßnahmen der Arbeitsstiftung betraut sind bzw.
- in den Regionalen Geschäftsstellen im Rahmen der Beratung und Betreuung die Inanspruchnahme von Maßnahmen der Arbeitsstiftung mit vorgemerkten Personen vereinbaren und Leistungen der Existenzsicherung während der Teilnahme gewähren.

6. NORMEN – INHALTLICHE REGELUNGEN

6.1. Merkmale und Formen von Arbeitsstiftungen

Die Maßnahmen der Arbeitsstiftung sind ein sozialpartnerschaftliches Instrument, die infolge des Strukturwandels notwendige Anpassungsprozesse arbeitsmarktpolitisch unterstützen.

Im Falle eines bedeutsamen Personalabbaus (wenn Maßnahmen der Sicherung der Beschäftigung nicht mehr möglich sind) sind diese Maßnahmen für die „Wiedererlangung eines Arbeitsplatzes" (§ 18 Abs. 6 AlVG) im Regelfall Teil eines aktiven betrieblichen Sozialplanes (Betriebsvereinbarung). Die Arbeitskräfte werden bei der Anpassung an die Arbeitskräftenachfrage im Sinne einer frühzeitigen Arbeitsmarktpolitik unterstützt.

Im Falle eines für das Unternehmen bedeutsamen Arbeitskräftemangels werden unter aktiver

Einbindung des personalaufnehmenden Unternehmens vorgemerkte Arbeitslose für schwer zu besetzende offene Stellen vorqualifiziert. Die Unternehmen werden bei der Anpassung ihrer künftigen Arbeitskräfte unterstützt.

Die Anpassung erfolgt primär in Form einer sehr individualisierten und unternehmensnahen Qualifizierung. Die Qualifizierungen werden auf konkrete Bedarfe der Unternehmen ausgerichtet und theoretische Ausbildungen werden mit praktischen Ausbildungen verbunden. Die notwendigen Abstimmungsprozesse werden unterstützt und die TeilnehmerInnen durchgängig begleitet (Case Management).

Die Maßnahmen der Arbeitsstiftung sind im Regelfall Teil der betrieblichen Arbeitsmarktpolitik und werden von den betroffenen Unternehmen im Rahmen einer Stiftungseinrichtung zur Verfügung gestellt. Die Finanzierung erfolgt daher grundsätzlich sowohl bei Personalabbau als auch bei Personalaufbau durch die beteiligten Unternehmen. Das Arbeitsmarktservice sichert die Existenz während der Teilnahme. Da die notwendigen Anpassungsprozesse auch für die Regional- und Strukturpolitik bedeutsam sind, beteiligen sich häufig auch Gebietskörperschaften an der Finanzierung.

Das Arbeitsmarktservice kann über die Option einer Arbeitsstiftung als Instrument für einen sozialverträglichen Personalabbau bzw. als Instrument zur Behebung des Fachkräftemangels informieren (und allenfalls unter bestimmten Bedingungen beschränkt fördern). Ob Maßnahmen der Arbeitsstiftung bereitgestellt werden oder nicht, hängt von der Initiative und Finanzierung der betroffenen Unternehmen und von der Mitwirkung der überbetrieblichen bzw. betrieblichen Sozialpartner ab.

Die nach dem AlVG bescheidmäßig anerkannten Maßnahmen der Arbeitsstiftung sind mit der Rechtsfolge des verlängerten AlG-Bezuges verbunden. Maßnahmen der Arbeitsstiftung können nicht vom Arbeitsmarktservice beauftragt und bereitgestellt werden. Es handelt sich um keine Übertragung der Erbringung von Dienstleistungen gem. § 32 Abs. 3 AMSG. Einrichtungen der Arbeitsstiftungen sind daher Auftraggeber gem. § 4 Z. 4 DSG und nicht Dienstleister gem. § 4 Z. 5 DSG des AMS.

6.1.1. Outplacementstiftungen

Auf Initiative eines oder mehrerer Unternehmen, die von einem größeren bzw. für das Unternehmen bedeutsamen Personalabbau betroffen sind, werden – im Regelfall auf Grund von Vereinbarungen im Sozialplan – Maßnahmen des Outplacements bereitgestellt.

Unternehmensstiftung

Maßnahmenkonzept einer Stiftungseinrichtung, die von einem oder mehreren verbundenen[3] Unternehmen, die von einem Personalabbau in einem größeren Umfang betroffen sind, bereitgestellt wird.

[3] siehe dazu Erläuterungen Punkt 10.3.

Insolvenzstiftung

Maßnahmenkonzept einer Stiftungseinrichtung, die durch eine Gebietskörperschaft oder durch eine andere geeignete juristische Person für ein oder mehrere Unternehmen, die infolge von Insolvenztatbeständen oder aus anderen schwerwiegenden Gründen dazu nicht in der Lage sind, bereitgestellt wird.

Regionalstiftung

Maßnahmenkonzept einer Stiftungseinrichtung, die von mehreren Unternehmen einer Region, die zusammen von einem größeren Personalabbau betroffen sind, bereitgestellt wird.

Branchenstiftung

Maßnahmenkonzept einer Stiftungseinrichtung, die von der gesetzlichen Interessensvertretung der Arbeitgeber im Zusammenhang mit wirtschaftlichen Schwierigkeiten in einem bestimmten Wirtschaftszweig, der von einem größeren Personalabbau betroffen ist, bereitgestellt wird.[4]

[4] siehe dazu Erläuterungen Punkt 10.4.

6.1.2. Implacementstiftungen

Der aktuelle Personalbedarf personalsuchender Unternehmen kann nicht mit vorgemerkten arbeitslosen Personen abgedeckt werden und die sich daraus ergebenden offenen Stellen können in absehbarer Zeit nicht adäquat besetzt werden. Eine zielgerichtete Qualifizierung beseitigt die Divergenz zwischen den Anforderungsprofilen schwer zu besetzender offener Stellen und vorgemerkten Personen.

Implacementstiftung

Maßnahmenkonzept einer Stiftungseinrichtung, die von einem Unternehmen oder von mehreren Unternehmen einer Region oder eines Wirtschaftszweiges, die einen größeren Personalbedarf aufweisen, bereitgestellt wird.[5]

[5] siehe dazu Erläuterungen Punkt 10.5.

6.1.3. Zielgruppenstiftungen[6]

Maßnahmenkonzept einer Stiftungseinrichtung, die von den kollektivvertragsfähigen Körperschaften der Arbeitgeber oder der Arbeitnehmer im Zusammenhang mit außergewöhnlichen wirtschaftlichen Schwierigkeiten für arbeitsmarktpolitische Zielgruppen (insbesondere zur Ausbildung junger Arbeitsloser), bereitgestellt wird. Grundsätzlich kommen sowohl Implacement als auch Outplacement für Zielgruppenstiftungen in Frage.

[6] siehe dazu Erläuterungen Punkt 10.4.

6.2. Arbeitsmarktpolitische Ziele

Das Ziel von Arbeitsstiftungen ist,

- einen Beitrag zur beruflichen Neuorientierung und Höherqualifizierung von arbeitslosen Personen mit dem Ziel der Reintegration in den Arbeitsmarkt zu leisten
- den Strukturwandel in einer Region oder zwischen personalaufnehmenden und per-

sonalabbauenden Unternehmen durch zielgerichtete Qualifikation zu unterstützen

- die Einbindung eines oder mehrerer von einem größeren Personalabbau bzw. Personalaufbau betroffenen Unternehmen bzw. von regionalen arbeitsmarktpolitischen Akteuren und Gebietskörperschaften in arbeitsmarktpolitische Maßnahmen.

6.3. Anerkennung von Maßnahmen der Arbeitsstiftung

6.3.1. Rechtliche Bestimmungen

Die gesetzlichen Voraussetzungen sind im § 18 Abs. 6 bis 9 AlVG normiert. Die Anerkennung erfolgt nach Antragstellung in Form eines hoheitlichen Bescheidverfahrens. Anerkannt wird nicht ein Stiftungsträger oder eine Stiftungseinrichtung, sondern das von der Stiftungseinrichtung für das Unternehmen bzw. für mehrere gleichartige Unternehmen geplante Maßnahmenkonzept zur Wiedererlangung eines Arbeitsplatzes, insbesondere durch eine Ausbildung oder Weiterbildung.

Mit der Teilnahme ist die Rechtsfolge des verlängerten Bezuges von Arbeitslosengeld gemäß § 18 Abs. 5 AlVG verbunden[7]. Der Fortbezug der Notstandshilfe erfolgt gemäß § 12 Abs. 5 AlVG. Die DLU-Beihilfe bzw. die DLU-Mindestsicherung des Leistungsbezuges wird gemäß § 35 AMSG gewährt.

Mit Erlass des BMASK-435.005/0017-VI/AMR/1/2011 vom 17.06.2011 wurde als Maximalhöhe für künftige und laufende Zuschussleistungen die ASVG-Geringfügigkeitsgrenze festgelegt.[8]

Ergänzend zum/zur LeistungsbezieherIn ist auch die Stiftungseinrichtung verpflichtet, alle ihr zur Kenntnis gelangenden Umstände, welche von der Anzeigepflicht des § 50 AlVG umfasst sind, insbesondere Unterbrechungen und Beendigungen der TeilnehmerInnen an anerkannten Maßnahmen, der zuständigen Regionalen Geschäftsstelle zu melden.

Beinhaltet das Stiftungskonzept die Rückkehr zum personalabbauenden Unternehmen, dann ist vertieft zu überprüfen, ob Arbeitslosigkeit vorliegt.[9] Die Rückkehrmöglichkeit zum personalabbauenden Unternehmen ist anzuerkennen, sofern die kollektivvertragsfähigen Körperschaften der Arbeitgeber und Arbeitnehmer dem Stiftungskonzept zugestimmt haben, keine Aussetzungsverträge bzw. Karenzierungen zugrunde liegen und alle sonstigen Voraussetzungen gegeben sind.

[7] siehe dazu Erläuterungen Punkt 10.6.
[8] siehe dazu Erläuterungen Punkt 10.6.
[9] siehe dazu Erläuterungen Punkt 10.6.

6.3.2. Projektgrundlagen

Die Antragstellung und bescheidmäßige Anerkennung von Maßnahmen der Arbeitsstiftung erfolgt in Projekt bezogener Form und setzt gemäß § 18 Abs. 6 AlVG ein Mindestmaß an Unternehmensbezug mit folgenden Konkretisierungen voraus:[10]

- Beschreibung der arbeitsmarktpolitischen Problemstellung des Unternehmens, das die Einrichtung zur Verfügung stellt, oder der Unternehmen, die die Einrichtung zur Verfügung stellen, oder für die die Einrichtung zur Verfügung gestellt wird
- Gegebenenfalls Spezifikation von Betrieben, die noch beitreten können, und Festlegung des Verfahrens für den Beitritt
- Größenordnung und ungefähre Struktur der jeweiligen Zielgruppen
- Zielsetzung und Beschreibung des inhaltlichen Rahmens für die individuellen Maßnahmen- bzw. Bildungspläne der Zielgruppenpersonen und Darstellung der arbeitsmarktpolitischen Sinnhaftigkeit.
- Beschreibung der Intensivbetreuung (additive Dienstleistungen)
- Voraussichtlicher Beginn und voraussichtliches Ende der Projektlaufzeit, wobei der Zeitraum für mögliche Teilnahme-Eintritte sowie der zeitliche Rahmen für die mögliche individuelle Teilnahmedauer gesondert anzuführen sind. Bei Unternehmen mit längerfristigem Strukturanpassungsbedarf (z.B. industrielle Großbetriebe) kann die Angabe des voraussichtlichen Projektendes entfallen.
- Rahmenbedingungen der Teilnahme
- Standort der Stiftungseinrichtung (Ort der Leistungserbringung)
- Darstellung der organisatorischen, fachlichen und personellen Voraussetzungen
- Darstellung der Kosten und der Finanzierung

Im Falle von Maßnahmen der Arbeitsstiftung gemäß § 18 Abs. 7 AlVG ist der entsprechende Unternehmensbezug (§ 18 Abs. 7 Z 1 AlVG) oder der Branchenbezug (§ 18 Abs. 7. Z 2 AlVG) oder der arbeitsmarktpolitische Zielgruppenbezug (§ 18 Abs. 7 Z 3 AlVG) mit den oben angeführten Konkretisierungen darzustellen.

Grundlage für die Anerkennung und Umsetzung ist das jeweilige Stiftungskonzept bestehend aus folgenden Teilen:

- Stiftungsordnung
  - Teilnahmebedingungen
  - Rechte und Pflichten des Unternehmens/der Unternehmen, der Stiftungseinrichtung und der TeilnehmerInnen
- Maßnahmenkonzept der Stiftungseinrichtung
  - organisatorische, fachliche und personelle Voraussetzungen
  - inhaltlicher Rahmen für individuelle Maßnahmenpläne bzw. Bildungspläne
- Kostenplan und Finanzierungskonzept der Stiftungseinrichtung
- Zustimmungserklärung der kollektivvertraglichen Körperschaften der Dienstgeber und Dienstnehmer zum Stiftungskonzept gemäß § 18 Abs. 6 lit. a AlVG (bzw. Stellungnahme der kollektivvertraglichen Körperschaften

der Dienstgeber und Dienstnehmer zur Festlegung der Zuschussleistung gemäß § 18 Abs. 8 lit. c AlVG, wenn dieser nicht bereits im Rahmen des Konzeptes gemäß § 18 Abs. 6 lit. a ALVG zugestimmt worden ist

- Regelungen der Zusammenarbeit zwischen Stiftungseinrichtung und AMS (siehe Punkt 6.3.7.).

Die Ausfinanzierung ist durch eine entsprechende Bestätigung des Unternehmens/der Unternehmen und allenfalls anderer Förderstellen nachzuweisen. Im Falle einer Förderung durch das AMS bedarf es einer diesbezüglich vorangehenden gesonderten Entscheidung.

In Umsetzung der Stiftungsordnung bedarf es einer entsprechenden Regelung der Rechtsbeziehungen zwischen Unternehmen, Stiftungseinrichtung und TeilnehmerInnen. Die diesbezüglichen Vereinbarungen sind vorzulegen (z.B. Betriebsvereinbarung, Kooperationsvereinbarung Unternehmen-Stiftungseinrichtung; Ausbildungsvereinbarung Stiftungseinrichtung-TeilnehmerIn; ….).

Die bescheidmäßige Anerkennung und die Projektgrundlagen sind für die AMS-interne Umsetzung im BAS TF und TAS aufzubereiten und zur Verfügung zu stellen. Unterschiedliche Inhalte sind auf Maßnahmenebene auszudifferenzieren.

[10] siehe dazu Erläuterungen Punkt 10.7.

6.3.3. Antragstellung und Zuständigkeit

Eine Stiftungseinrichtung ist eine Personen- und Sachgesamtheit, die der Planung und Durchführung von Maßnahmen gemäß § 18 Abs. 6 lit. b AlVG – nach einem einheitlichen Konzept – gewidmet ist und die keine betrieblichen Produktionsprozesse durchführt.

Wird die Stiftungseinrichtung ohne Erwerbszweck vom Unternehmen bzw. von mehreren Unternehmen selbst bereitgestellt, so erfolgt die Antragstellung durch das betreffende Unternehmen bzw. die betreffenden Unternehmen.

Wird die Stiftungseinrichtung vom Unternehmen bzw. von mehreren Unternehmen im Rahmen eines Dienstleistungsauftrages durch einen Stiftungsträger (Einrichtung mit eigener Rechtspersönlichkeit) bereitgestellt, so kann die Antragstellung entweder durch das Unternehmen bzw. durch die Unternehmen oder durch den beauftragten Stiftungsträger erfolgen.

Der Antragsteller ist zugleich der verantwortliche Projektträger.

Die Zuständigkeit für die bescheidmäßige Anerkennung richtet sich nach dem Standort des Betriebes[11]. Die Zuständigkeit für die bescheidmäßige Anerkennung für Branchen- und Zielgruppenstiftungen richtet sich nach dem Standort der Stiftungseinrichtung. Der Antrag ist für einen oder mehrere in einem Bundesland befindliche Standorte bei der zuständigen AMS Landesgeschäftsstelle einzubringen. Bezieht sich das Vorhaben auf mehrere AMS Landesgeschäftsstellen, kann bei Bedarf und Zweckmäßigkeit die Zuständigkeit für die bescheidmäßige Anerkennung und Förderung einvernehmlich an eine federführende Landesorganisation abgetreten werden.[12] Änderungen sind mit der abtretenden Landesgeschäftsstelle abzustimmen.

Im Falle von Änderungen sind eine neuerliche Antragstellung samt Vorlage des neuen Stiftungskonzeptes und eine bescheidmäßige Genehmigung erforderlich.

Ein Stiftungskonzept, welches die Möglichkeit der Erweiterung der beteiligten Unternehmen im Rahmen einer Regionalstiftung oder einer Insolvenzstiftung oder einer Implacementstiftung vorsieht, kann anerkannt werden, wenn die Erweiterungsmöglichkeit bezüglich der Art der Unternehmen und der Anzahl der TeilnehmerInnen, der zeitliche, örtliche und personelle Geltungsbereich sowie der inhaltliche, zeitliche und finanzielle Rahmen ausreichend spezifiziert sind. Die AMS Landesgeschäftsstelle ist vom Unternehmen oder der Stiftungseinrichtung über die Beteiligung unter Vorlage der unternehmensbezogenen Projektgrundlagen (siehe Punkt 6.3.2.) schriftlich zu informieren. Das Arbeitsmarktservice überprüft die Übereinstimmung mit dem Anerkennungsbescheid und teilt das Ergebnis schriftlich mit.

Wurde die Erweiterungsmöglichkeit im Rahmen der Antragstellung nicht ausreichend spezifiziert, so sind für die zusätzlichen Unternehmen eine Antragstellung durch den Stiftungsträger samt einer neuerlichen Vorlage der Zustimmungserklärung der kollektivvertragsfähigen Körperschaften und eine bescheidmäßige Anerkennung erforderlich.

[11] siehe dazu Erläuterungen Punkt 10.8.
[12] siehe dazu Erläuterungen Punkt 10.8.

6.3.4. Maßnahmenmodule

Die Maßnahmenmodule sind durchgehend und aufeinander aufbauend in Form eines Maßnahmenbündels zu organisieren. Eine durchgängige Betreuung der TeilnehmerInnen (vom Stiftungseintritt bis zum Stiftungsaustritt) muss gewährleistet sein.

Der zeitliche Rahmen für die individuelle Teilnahmedauer richtet sich nach den im genehmigten Stiftungskonzept festgelegten Maßnahmen. Die maximale Teilnahmedauer ist gemäß § 18 Abs. 5 AlVG mit 156 bzw. 209[13] Wochen begrenzt. Können die Maßnahmen nicht innerhalb dieses Zeitraumes absolviert werden, ist eine Fortführung und Beendigung gemäß § 12 Abs. 5 AlVG, maximal für die Dauer des individuellen offenen Leistungsanspruchs, möglich. Die Beauftragung gemäß § 12 Abs. 5 AlVG ist mit der Dauer des bestehenden offenen Leistungsanspruches zu begrenzen. Die maximale individuelle Teilnahmedauer (Normalanwartschaft z.B. 30 Wochen zuzüglich der maximalen Verlängerung um 156 bzw. 209 Wochen) darf nicht überschritten werden (Stiftungsaustritt).[14] Dies gilt auch für die Wiederholung von Lern- bzw. Ausbildungsschritten.

Gemäß § 18 Abs. 6 AlVG müssen die Maßnahmen der Arbeitsstiftung eine Vollauslastung[15] der arbeitslosen Person „gleich einem Arbeitnehmer unter Berücksichtigung von Freizeiten, üblichen Urlaubsansprüchen u. dgl." bewirken. Das wöchentliche Stundenausmaß hat daher dem vorangegangenen Beschäftigungsausmaß (Outplacement) bzw. dem künftig angestrebten Beschäftigungsausmaß (Implacement) zu entsprechen und muss jeweils mindestens 50% der kollektivvertraglich festgelegten Normalarbeitszeit betragen. Vom vorangehenden Beschäftigungsausmaß kann abgesehen werden, wenn bei aufrechtem Dienstverhältnis ein gesetzlich geregelter Anspruch auf Herabsetzung der bisherigen Arbeitszeit bestanden hätte (Mutterschutzgesetz, Väterkarenzgesetz). Ebenso kann für Personen mit einer Erwerbsminderung von mindestens 50% vom vorangehenden Beschäftigungsausmaß abgesehen werden.

Die gesetzliche Vorgabe der Vollauslastung gilt für alle Maßnahmenmodule einer Arbeitsstiftung. Die Vollauslastung ist personenbezogen zu dokumentieren.

- In Bezug auf das Modul Aus- und Weiterbildung muss die Vollauslastung zumindest 25 Wochenstunden (Vollzeit) bzw. 16 Wochenstunden bei Teilzeitmaßnahmen an Präsenzzeit umfassen. Zur Erreichung der Vollauslastung können darüber hinaus Selbstlernzeiten ohne fachliche Aufsicht, Telelearningeinheiten oder ähnliche Lernformen in einem angemessenen Verhältnis ergänzend berücksichtigt werden. Bei Ausbildungen mit einem Bewertungssystem nach ECTS-Maßeinheiten kann die Überprüfung der Vollauslastung semesterweise im Nachhinein anhand von ECTS[16] erfolgen, sofern das Stiftungskonzept dies vorsieht und die Stiftungseinrichtung entsprechende fortlaufende Kontrollen des Lernfortschritts durchführt und diesen bestätigt.
- In Bezug auf die Module Berufsorientierung und Aktive Arbeitssuche muss die Vollauslastung zumindest 20 Wochenstunden (Vollzeit) bzw. 16 Wochenstunden bei Teilzeitmaßnahmen an betreuter Präsenzzeit umfassen. Zur Erreichung der Vollauslastung können darüber hinaus Eigenaktivitäten in einem angemessenen Verhältnis ergänzend berücksichtigt werden. Bei Nichterreichung der Vollauslastung beginnen bzw. enden die Stiftungsmaßnahmen erst bzw. bereits mit der fachlichen Qualifizierung, außer die Teilnahme an diesen beiden Maßnahmenmodulen erfolgt – bei Vorliegen arbeitsmarktpolitischer Sinnhaftigkeit – im Auftrag des AMS gemäß § 12 Abs. 5 AlVG.[17]

Bei Personen, die das 50. Lebensjahr vollendet haben, kann das Stiftungskonzept vorsehen, dass an die Stelle der Vollauslastung eine intensive Betreuung durch die Einrichtung tritt. Das Ziel der intensiven Betreuung muss die Beendigung der Arbeitslosigkeit sein. Die intensive Betreuung erfordert zusätzliche individuell abgestimmte Dienstleistungen wie z.B. Einzelcoachings und ermöglicht

- das für die Vollauslastung notwendige Wochenstundenausmaß zu reduzieren
- eine längere Dauer für die Module Aus- und Weiterbildung und Aktive Arbeitssuche
- eine Verlängerung der Bezugsdauer gemäß § 18 Abs. 5 AlVG Zi. 2
- rein praktische Ausbildungen

[13] siehe dazu Erläuterungen Punkt 10.9.
[14] siehe dazu EDV-Abwicklung Punkt 7.3.3.
[15] siehe dazu Erläuterungen Punkt 10.10.
[16] Pro Studiensemester werden im Regelfall 30 ECTS-Credits als Vollzeitstudium angesehen. 1 ECTS-Punkt entspricht einem Arbeitsaufwand (Präsenzzeit, Selbststudium und Prüfungen) von 25-30 Stunden.
[17] siehe dazu EDV-Abwicklung Punkt 7.3.3.

6.3.4.1. Berufsorientierung (Outplacement)

Das Modul Berufsorientierung dient der Klärung und Entwicklung neuer beruflicher Perspektiven des/der einzelnen Stiftungsteilnehmers/In. Die Durchführung des Moduls Berufsorientierung hat durch qualifizierte TrainerInnen, deren Eignung durch die Stiftungseinrichtung nachzuweisen ist, zu erfolgen. Gemeinsam mit dem/der StiftungsteilnehmerIn wird die individuelle Dauer der Berufsorientierung festgelegt und ein individueller Maßnahmenplan (siehe Anhang) entwickelt. Im Rahmen der Berufsorientierung ist eine Arbeitserprobung im Ausmaß von maximal 1 Woche möglich.

Die Dauer der Berufsorientierung ist mit maximal 6 Wochen begrenzt und kann in besonders begründeten Fällen (z.B. aufgrund individueller Problemlagen) mit Zustimmung des Arbeitsmarktservices, im Einzelfall auf maximal 12 Wochen verlängert werden.

Der individuelle Maßnahmenplan hat die weiteren Module bzw. nachvollziehbar die Aus- und Weiterbildungsmaßnahmen mit der arbeitsmarktpolitischen Perspektive zur Wiedererlangung eines Arbeitsplatzes zu enthalten. Er dient der Regionalen Geschäftsstelle als Entscheidungsgrundlage für die weitere Vorgangsweise.

6.3.4.2. Personalauswahlverfahren (Implacement)

Voraussetzung für die Aufnahme in eine Implacementstiftung ist das Personalauswahlverfahren, das in Kooperation zwischen dem Arbeitsmarktservice, der Stiftungseinrichtung und dem personalaufnehmenden Unternehmen im Stiftungskonzept geregelt ist. Der Auswahlprozess erfolgt anhand der Stellenbeschreibungen und der Anforderungsprofile der offenen Stellen. Die Meldung der offenen Stellen erfolgt durch das Unternehmen selbst oder durch die Stiftungseinrichtung sofern sie die erforderliche Befugnis zur Arbeitsvermittlung entsprechend den Bestimmungen der §§ 2 bis 7 AMFG hat. Die Regionale Geschäftsstelle lädt – entsprechend der vereinbarten Arbeitsteilung zwischen Service für Arbeitskräfte und Service für Unternehmen – geeignete vorgemerkte Personen zum Personalauswahlverfahren ein. Die konkrete Form der Durchführung des Personalauswahlverfahrens und die Mitwirkung des Arbeitsmarktservices sind im Stiftungskonzept darzustellen. Um die Beschäftigungschancen für Frauen zu erhöhen, ist das Gleichstellungsziel zu beachten. Im Rahmen des anerkannten Maßnahmenkonzeptes erfolgt die Spezifizierung des individuellen Bildungsplanes durch die Stiftungseinrichtung in Zusammenarbeit mit dem personalaufnehmenden Unternehmen. Bestandteil des Bildungsplans ist, dass nach Absolvierung der Aus- und Weiterbildung die Aufnahme eines konkreten Dienstverhältnisses beim personalaufnehmenden Unternehmen erfolgt. Der individuelle Bildungsplan ist von der Regionalen Geschäftsstelle auf die Übereinstimmung (keine weitere arbeitsmarktpolitische Beurteilung im Einzelfall) mit dem anerkannten Stiftungskonzept zu prüfen. Mit der Genehmigung erfolgt der Stiftungseintritt.

Im Rahmen des Auswahlverfahrens kann die Überprüfung der Schulungsfähigkeit nicht in Form einer Arbeitserprobung erfolgen. Falls fachlich notwendig (z.B. Pflegeausbildung) kann ein Auswahlseminar als eigenständiges Projekt vorgeschaltet werden (gemäß der Richtlinien BM1und BM2 sowie BEMO).

Die Dauer des Moduls Personalauswahlverfahren ist so kurz wie möglich zu gestalten und ist mit maximal 4 Wochen beschränkt.

6.3.4.3. Aus- und Weiterbildung[18]

Das Stiftungskonzept hat vorzusehen, dass nach Absolvierung der Berufsorientierung (Outplacement) mindestens 2/3 der TeilnehmerInnen in das Modul Aus- und Weiterbildung übertreten. Ergibt sich im Zuge der Umsetzung eine wesentliche Unterschreitung wird auf die in den Punkten 6.4.7. und 6.6.1. beschriebenen Vorgangsweise verwiesen. Nach positiver Absolvierung des Personalauswahlverfahrens (Implacement) nehmen alle ausgewählten Personen am Modul Aus- und Weiterbildung teil.

Grundlage für die von der Stiftungseinrichtung organisierten bzw. zugekauften Qualifizierungsmaßnahmen ist der genehmigte individuelle Maßnahmenplan bzw. Bildungsplan. Bei der Planung und Genehmigung ist darauf zu achten, dass die geplanten Qualifizierungsmaßnahmen zu einer tatsächlichen Weiterqualifizierung beitragen und innerhalb des im anerkannten Maßnahmenkonzept festgelegten Rahmens absolviert werden können. Der zeitliche Rahmen für die Teilnahme an den Stiftungsmaßnahmen ist jedenfalls mit der maximalen individuellen Teilnahmedauer (Normalanwartschaft z.B. 30 Wochen zuzüglich der maximalen Verlängerung um 156 bzw. 209 Wochen) begrenzt[19].

Standardausbildungsprogramme im Sinne einer für die ArbeitnehmerInnen des personalaufbauenden Unternehmens verbindlichen Grundausbildung sind nicht anerkennbar.

Der Anteil der Aus- und Weiterbildung muss mindestens 1/3 an der Gesamtdauer der Aus- und Weiterbildung und der praktischen Ausbildung betragen.

Die theoretische Aus- und Weiterbildung soll grundsätzlich in professionellen externen Einrichtungen stattfinden.

Die Aus- und Weiterbildung kann auch in einer betrieblichen Ausbildungseinrichtung (Personen- und Sachgesamtheit ohne Erwerbscharakter, die der Aus- und Weiterbildung gewidmet und vom betrieblichen Produktionsprozess getrennt ist) erfolgen.

Bei Implacementstiftungen kann in Ausnahmefällen die Theorieausbildung direkt beim personalaufnehmenden Unternehmen erfolgen, wenn

- die Schulungsinhalte am freien Markt nicht (in vertretbarer Zeit) angeboten (belegt durch Recherche der Stiftungseinrichtung) werden und;
- der Schulungsinhalt wie in einem Konzept externer Schulungsträger mit folgenden Elementen beschrieben ist: Ausbildungsziel, Dauer (Zeitraum der Theorieausbildung), Gesamtanzahl der Lehreinheiten, Inhalt im Detail mit Angabe der konkret dafür erforderlichen Lehreinheiten, Schulungsort, Name des verantwortlichen Trainers/der verantwortlichen Trainerin (mit Hinweis auf die fachliche Qualifikation) und;
- die Kostentransparenz durch Offenlegung der Kalkulation der Kosten für diesen Ausbildungsteil gegeben ist und;
- der Betrieb bereit ist, nach Ausbildungsende die erfolgreiche Teilnahme an der Ausbildung mit einer vom Betrieb und dem Trainer/der Trainerin unterfertigten Ausbildungsbestätigung (Zertifikat), unter stichwortartiger Anführung der geschulten Ausbildungsinhalte, zu bestätigen und ;
- die Unternehmen über eine geeignete räumliche Schulungsumgebung verfügen.

Die Stiftungseinrichtung hat das Vorliegen dieser Voraussetzungen zu überprüfen und zu bestätigen.

[18] siehe dazu Erläuterungen Punkt 10.11.
[19] siehe dazu Erläuterungen Punkt 10.11.

6.3.4.4. Praktische Ausbildung (Praktikum)[20]

Im Rahmen des individuellen Maßnahmen- bzw. Bildungsplans können theoretische Ausbildung und praktische Ausbildung verbunden werden. Die praktische Ausbildung unterstützt die theoretische/schulische Ausbildung und darf nicht ausschließlich zur Überbrückung von zeitlichen Lücken zwischen theoretischen/schulischen Ausbildungselementen herangezogen werden. Jeder praktischen Ausbildung ist ein theoretisches Einstiegsmodul voranzustellen. Die Mindestanforderung an das theoretische Einstiegsmodul umfasst die Einführung in die Ausbildungsinhalte, sowie eine Darstellung und Begründung der vorgesehenen Abfolge von theoretischen und praktischen Ausbildungsteilen. Werden nach dem theoretischen Einstiegsmodul praktische Ausbildungsteile der theoretischen Ausbildung vorangestellt, ist die Begründung in den Maßnahmen- bzw. Bildungsplan aufzunehmen.[21] Der Anteil der praktischen Ausbildung an der Gesamtdauer der Aus- und Weiterbildung darf höchstens 2/3 betragen, wobei die Dauer in Bezug auf die Komplexität der Tätigkeit verhältnismäßig sein muss und bei einfacheren Qualifikationen 4 Wochen nicht überschreiten darf.[22] Die genaue Dauer der praktischen Ausbildung ist im individuellen Maßnahmen- bzw. Bildungsplan festzuhalten. Bei Personen, die das 50. Lebensjahr vollendet haben, kann für den Fall, dass eine rein praktische Ausbildung geeigneter ist, von dem 1/3 Anteil an theoretischer Ausbildung abgesehen werden.

Bei praktischen Ausbildungen zur Vorbereitung auf eine außerordentliche Lehrabschlussprüfung sind die im betreffenden Beruf erforderlichen Fertigkeiten und Kenntnisse gemäß Berufsbild zu vermitteln[23].

Sowohl das wöchentliche als auch das tägliche Ausmaß der praktischen Ausbildung darf die maximale gesetzliche oder kollektivvertragliche Normalarbeitszeit nicht überschreiten. Die Zulässigkeit der zeitlichen Lage praktischer Ausbildungen (insbesondere während Tagesrand- und Nachtzeiten, an Wochenenden, an Sonn- und Feiertagen) ist anhand des für den Praktikumsbetrieb geltenden Kollektivvertrages zu prüfen, sofern die praktischen Ausbildungszeiten nicht durch gesetzliche Regelungen oder Ausbildungsverordnungen vorgegeben sind. Zulässig sind praktische Ausbildungen nur in jenen Zeiten, für die kollektivvertraglich keine besonderen Entgeltansprüche und Arbeitszeitregelung (arbeitszeitabhängige Zulagen oder Zuschläge, Zeitausgleich) normiert sind. Davon abweichende praktische Ausbildungszeiten sind mit einem Ausbildungsverhältnis nicht vereinbar und daher auch nach dem AlVG nicht zumutbar.

Die Begründung von Beschäftigungsverhältnissen jeglicher Art ist untersagt, ebenso ist eine geringfügige Beschäftigung beim Praktikumsbetrieb während der gesamten Stiftungsteilnahme nicht möglich.

Die im Anhang zur Verfügung gestellte Vereinbarung zwischen dem Teilnehmer/der Teilnehmerin, dem Praktikumsbetrieb und der Stiftungseinrichtung ist zu verwenden und im Einzelfall um spezifisch erforderliche Konkretisierungen zu ergänzen. Ist der Umfang der praktischen Ausbildung in überbetrieblichen Ausbildungsvorschriften festgelegt und in Schulordnungen näher beschrieben, dann ist keine Ausbildungsvereinbarung mit dem Ausbildungsbetrieb notwendig.

Die praktischen Ausbildungszeiten müssen grundsätzlich in einem angemessenen Zeitraum im Vorhinein festgelegt werden und vorhersehbar sein.

Während des Praktikums hat die Ausbildung der TeilnehmerInnen zu überwiegen. Maßgebend für die Beurteilung ist das Gesamtbild der Beschäftigung. Ist im Einzelfall die Zuordnung auch anhand der in Punkt 10.10. angeführten Kriterien zweifelhaft, so ist ein Dienstverhältnis nach § 1151 ABGB bzw. ein Beschäftigungsverhältnis nach § 4 Abs. 2 ASVG anzunehmen. Liegt kein Ausbildungsverhältnis vor, ist die Stiftungsteilnahme zu beenden.

[20] siehe dazu Erläuterungen Punkt 10.12.
[21] siehe dazu Erläuterungen Punkt 10.13.
[22] Ausgenommen davon sind jene Ausbildungen, die gesetzlich eine längere Dauer der Ausbildungspraktika vorschreiben.
[23] Der Nachweis kann z.B. durch einen Bescheid des Ausbildungsbetriebes nach § 3a BAG erfolgen.

6.3.4.5. Aktive Arbeitssuche

Um die TeilnehmerInnen im Modul „Aktive Arbeitssuche“ bestmöglich mit Vermittlungsvorschlägen unterstützen zu können, hat die Stiftungseinrichtung der Regionalen Geschäftsstelle den Eintritt in das Modul „Aktive Arbeitssuche“ unverzüglich zu melden und den individuellen Teilnahmebericht (über absolvierte Aus- und Weiterbildung und Praktikum) zu übermitteln.

6.3.4.5.1. Outplacement

Im abschließenden Modul von Outplacementstiftungen wird die Arbeitsplatzsuche der TeilnehmerInnen durch Bewerbungstrainings und entsprechende Beratung und Betreuung unterstützt. Die Angebote des Arbeitsmarktservice können ebenfalls in Anspruch genommen werden.

Hat sich im Rahmen der Berufsorientierung kein zusätzlicher Aus- und Weiterbildungsbedarf ergeben, treten die TeilnehmerInnen (höchstens 1/3) unmittelbar nach Abschluss der Berufsorientierung in das Modul Aktive Arbeitssuche ein. TeilnehmerInnen, die ihre Aus- und Weiterbildung beendet oder abgebrochen haben und noch keine Arbeitstelle haben, beginnen die aktive Arbeitssuche unmittelbar im Anschluss daran. Im Rahmen der aktiven Arbeitssuche sind vom Arbeitsmarktservice angebotene zumutbare Beschäftigungen anzunehmen, bei Nichtannahme einer zumutbaren Beschäftigung ist § 10 AlVG anzuwenden.

Im Rahmen der Aktiven Arbeitssuche ist eine Arbeitserprobung jeweils im Ausmaß von maximal 1 Woche pro Betrieb möglich. Sollten jedoch mehr als 3 Arbeitserprobungen im Rahmen der Aktiven Arbeitssuche stattfinden, ist die Notwendigkeit einer weiteren Arbeitserprobung im Einzelfall zu begründen. Die Arbeitserprobung steht immer im Zusammenhang mit dem beabsichtigten Abschluss eines konkreten Arbeitsverhältnisses bei einem Arbeitgeber und dient – im Hinblick auf begründete Zweifel – der Überprüfung der fachlichen oder persönlichen Eignung für die beabsichtigte Beschäftigung.

Die maximale Dauer der aktiven Arbeitssuche beträgt 14 Wochen. Für Personen ab 50 Jahre und Personen mit einer Erwerbsminderung von mindestens 50% beträgt die maximale Dauer 28 Wochen, im Rahmen der Intensivbetreuung kann diese Dauer individuell verlängert werden.

6.3.4.5.2. Implacement

Die aktive Arbeitssuche von TeilnehmerInnen an Implacementstiftungen beschränkt sich auf jene Personen, die aufgrund unvorhersehbarer

Umstände das Dienstverhältnis auf dem ursprünglich vorgesehenen Arbeitsplatz nicht beginnen können. Die Dauer ist im Einzelfall festzulegen. Vom Arbeitsmarktservice angebotene zumutbare Beschäftigungen sind anzunehmen.

6.3.5. Finanzierung

Es ist eine Übersicht (Kalkulation) aller mit dem Vorhaben in direktem Zusammenhang stehenden Ausgaben und Einnahmen vorzulegen. Der Finanzplan hat die Kosten für die Errichtung, den laufenden Betrieb der Stiftungseinrichtung (Kosten für Stiftungsmanagement und Case Management), die Maßnahmenkosten, die Mobilitätskosten der TeilnehmerInnen, sofern diese von der Stiftungseinrichtung getragen werden und die Kosten für die Zuwendung zur Abdeckung schulungsbedingter Mehraufwendungen sowie die Beteiligung anderer Stellen zu enthalten. Die Ausfinanzierung muss ohne finanzielle Beteiligung der TeilnehmerInnen gegeben sein. Im Rahmen der Prüfung des von der Stiftungseinrichtung vorgelegten Finanzplanes ist von der Stiftungseinrichtung die Ausfinanzierung gemäß § 18 Abs. 6 AlVG und die finanzielle Leistungsfähigkeit nachzuweisen.

6.3.5.1. Zuwendung zur Abdeckung schulungsbedingter Mehraufwendungen[24]

Es ist eine Zuwendung zur Abdeckung schulungsbedingter Mehraufwendungen ab dem ersten Monat in der Höhe von mindestens EUR 60,-- monatlich zu gewähren. Vom Unternehmen freiwillig eingeräumte und über das gesetzliche Mindestmaß hinausgehende Abfindungsansprüche anlässlich der Beendigung des Dienstverhältnisses können bis hinab zu einer Mindestgrenze auf die monatlichen Zuschussleistungen angerechnet werden.

Für die Dauer der praktischen Ausbildung darf keine höhere monatliche Zuschussleistung als während der theoretischen Ausbildung gewährt werden. Die monatliche Zuschussleistung darf die Geringfügigkeitsgrenze gemäß § 5 Abs. 2 ASVG nicht überschreiten.

Die Informationspflicht der Stiftungseinrichtung gegenüber den TeilnehmerInnen über die Lohnsteuerpflicht von Zuschussleistungen, ist in die Stiftungsordnung aufzunehmen.

Im Falle der Überschreitung der ASVG-Geringfügigkeitsgrenze ist der zuständige Sozialversicherungsträger zwecks Prüfung der Sozialversicherungspflicht zu kontaktieren. Wird durch den Sozialversicherungsträger eine Pflichtversicherung festgestellt, besteht für diesen Zeitraum (ab 01.01.2012) - mangels Vorliegen von Arbeitslosigkeit - kein Anspruch auf Arbeitslosengeld/ Notstandshilfe/DLU. In der Folge ist der Stiftungsfall zu beenden.

[24] siehe dazu Erläuterungen Punkt 10.14.

6.3.6. Qualitätsmanagementsystem

Die Stiftungseinrichtung hat den Nachweis eines Qualitätsmanagementsystems, jedenfalls bezüglich der Zufriedenheit der TeilnehmerInnen, der durchgehenden Betreuung der TeilnehmerInnen (Case Management) und der Umsetzung des Maßnahmenkonzeptes einschließlich der individuellen Maßnahmenpläne bzw. Bildungspläne zu erbringen. Das Qualitätsmanagementsystem hat zudem auch die Einhaltung der Ausbildungsvereinbarung in Form einer stichprobenmäßigen vor-Ort-Kontrolle zu umfassen.

6.3.7. Bescheidmäßige Anerkennung[25]

Die Antragsprüfung durch die zuständige Landesgeschäftsstelle erfolgt anhand der vorgelegten Projektgrundlagen (Stiftungskonzept mit unternehmensbezogener Konkretisierung). Eine Anerkennung gemäß § 18 Abs. 6 bzw. 7 AlVG ohne Bezug auf ein oder mehrere Unternehmen, Unternehmenscluster, Branchen oder Zielgruppen ist nicht möglich.

In Konkretisierung der gesetzlichen Voraussetzungen müssen insbesondere folgende Punkte erfüllt werden:

- Vollständigkeit und ausreichende Spezifikation des Stiftungskonzeptes
- Eignung der Stiftungseinrichtung in finanzieller, organisatorischer, fachlicher und personeller Hinsicht
- Positive arbeitsmarktpolitische Beurteilung der Ziele und Inhalte des Maßnahmenkonzeptes
- Qualitätsstandards für die Umsetzung der Maßnahmenmodule
- Ausfinanzierung des Stiftungskonzeptes
- Gewährung einer Zuschussleistung
- Nachweis eines Qualitätsmanagementsystems
- Regelung der Zusammenarbeit und Abstimmung der Stiftungseinrichtung mit den AMS-Geschäftsstellen (Vorlage von individuellen Maßnahmenplänen bzw. Bildungsplänen; Vorlage von Projektdurchführungsberichten; Vorlage von individuellen Teilnahme-Berichten; Durchführung von individuellen Abschlussgesprächen; diverse Dokumentations- und Meldeverpflichtungen; Erwartungshaltungen z.B. bezüglich Implacement-Übernahmequoten)

Bei Vorliegen der Voraussetzungen ist die Anerkennung des Stiftungskonzeptes mit Bescheid vorzunehmen. Auf die Projektlaufzeit sowie auf den Zeitraum für mögliche Teilnahme-Eintritte ist gesondert Bezug zu nehmen. Die Gültigkeit des Anerkennungsbescheides ist grundsätzlich mit der Dauer zu befristen, die sich aus dem Antrag bzw. den Projektgrundlagen ergeben (Punkt 6.3.2.). Aus der arbeitsmarktpolitischen Beurteilung des Vorhabens bzw. aus dem Finanzierungskonzept können sich allenfalls kürzere Dauern als beantragt ergeben. Unbefristet anerkannt werden können Maßnahmenkonzepte von Outplacementstiftungen, die von Unternehmen oder Interessensvertretungen für Unternehmen bereitgestellt werden, die unter längerfristigen Strukturanpassungproblemen leiden (in der Regel industrielle Großbetriebe). Wird ein

Stiftungskonzept unbefristet anerkannt, so ist die Anerkennung mit der Auflage zu versehen, dass Planzahlen hinsichtlich TeilnehmerInnen und Finanzierung alle zwei Jahre der genehmigenden Landesgeschäfsstelle übermittelt werden. Grobe Veränderungen in den Planzahlen sind dann zum Anlass zu nehmen, um Konzeptanpassungsnotwendigkeiten zu klären. Bei Verstoß gegen die erteilte Auflage geht die Rechtswirkung des Bescheides (verlängerter AlG-Bezug) für alle künftigen StiftungsteilnehmerInnen verloren.

Eine negative bescheidmäßige Erledigung ist ausreichend zu begründen.

Sind wesentliche, aber behebbare Punkte im Stiftungskonzept nicht enthalten, so sind diese – zur Sicherstellung des § 18 Abs. 6 lit. b AlVG – als Bescheidauflagen gemäß § 18 Abs. 9 AlVG vorzugeben.

Die notwendigen Regelungen der Zusammenarbeit zwischen Stiftungseinrichtung und Arbeitsmarktservice bilden einen integrierten Bestandteil der bescheidmäßigen Anerkennung. Diese sind daher entweder in das Stiftungskonzept aufzunehmen oder – zur Sicherstellung des § 18 Abs. 6 lit. b AlVG – als Bescheidauflagen vorzugeben. Darüberhinausgehende Kooperationsvereinbarungen sind nicht zulässig.

Die Stiftungseinrichtung hat das eAMS-Konto für die relevanten und taxativ benannten eServices für Partnerinstitutionen und bei Zweckmäßigkeit für die darüber hinausgehende Kommunikation mit dem Arbeitsmarkservice zu nutzen (Verfahrensanordnung gem. § 13 Abs. 2 AVG, bekanntgemacht auf der AMS-Homepage).

Auflagen müssen nachvollziehbar und ausreichend – auf der Grundlage eines in einem ordnungsgemäßen Verfahren festgestellten Sachverhalts, einer Beweiswürdigung und einer auf die konkreten gesetzlichen Voraussetzungen abstellenden rechtlichen Beurteilung – begründet sein.[26] In den Bescheid ist zwecks Klarstellung der Hinweis aufzunehmen, dass der Träger der Stiftungseinrichtung Auftraggeber[27] gem. § 4 Z. 4 DSG ist und somit die Bestimmung des DSG 2000 einzuhalten hat, insbesondere die Meldepflicht der Datenanwendung (§ 17) sowie die Wahrung der Rechte der Betroffenen in Bezug auf Auskunft (§ 26), Richtigstellung und Löschung (§ 27) und Widerspruch (§ 28).

[25] siehe dazu Erläuterungen Punkt 10.15.
[26] siehe Erkenntnis des Verwaltungsgerichtshofes vom 10. April 2013, Zl 2011/08/0195
[27] siehe dazu Erläuterungen Punkt 10.15.

6.4. Durchführung von Maßnahmen der Arbeitsstiftung

6.4.1. Teilnahmevoraussetzungen

Für die Teilnahme an Outplacementstiftungen und Zielgruppenstiftungen (Outplacement) ist eine grundsätzliche Voraussetzung, dass die vom Unternehmen nominierten TeilnehmerInnen – entsprechend den geltenden Zumutbarkeitsbestimmungen – nicht vermittelbar sind oder vermutlich ohne vorangehende Qualifizierung nicht vermittelbar sind und die ALG-Anwartschaft erfüllen. Das Fehlen eines ALG-Anspruches verhindert zwar eine Stiftungsteilnahme nach §18 Abs. 5 ff. AlVG, die Teilnahme an den einzelnen Maßnahmen kann jedoch im Einzelfall nach individueller arbeitsmarktpolitischer Beurteilung (z.B. gemäß § 12 Abs. 5 AlVG) genehmigt werden. Das Stiftungskonzept kann aber – im Einvernehmen mit den Sozialpartnern – auch andere arbeitsmarktpolitische Erfordernisse[28] verfolgen, als die Herstellung der Vermittelbarkeit. Solche weitergehenden Erfordernisse sind im Stiftungskonzept explizit anzuführen. Die Regionale Geschäftsstelle des AMS hat jedenfalls davon auszugehen, dass im Zuge der bescheidmäßigen Anerkennung eine generelle Überprüfung der Vermittelbarkeit der im Konzept angeführten Zielgruppenpersonen bzw. der Sinnhaftigkeit der darüber hinaus verfolgten arbeitsmarktpolitischen Ziele bereits erfolgt ist.[29]

Im Falle von Implacement ist das Kriterium der Vermittelbarkeit – in Hinblick auf die Vorqualifizierung für schwer zu besetzende offene Stellen – nicht relevant.[30]

Über die Aufnahme in die Stiftung und über die Teilnahme an einzelnen Modulen entscheiden die laut Stiftungskonzept zuständigen Organe. Voraussetzung für die Zuerkennung des (verlängerten) AlG-Bezugs ist hingegen eine positive Überprüfung der Übereinstimmung des individuellen Maßnahmen- bzw. Bildungsplans mit dem anerkannten Stiftungskonzept durch die Regionale Geschäftsstelle (Wohnsitz-RGS). Im Einzelfall können nach individueller arbeitsmarktpolitischer Prüfung auch Maßnahmen- bzw. Bildungspläne anerkannt werden, die durch das Maßnahmenkonzept nicht oder nicht vollständig gedeckt sind.[31]

Die Dauer des individuellen Maßnahmenplanes bzw. Bildungsplanes richtet sich nach dem im anerkannten Maßnahmenkonzept festgelegten Rahmen. Dieser Rahmen ist jedenfalls mit der maximalen individuellen Teilnahmedauer begrenzt.

Die Teilnahme an der Berufsorientierung (Outplacement) bzw. die Teilnahme am Auswahlverfahren (Implacement) ist in der Betreuungsvereinbarung oder unter dem Dokumenten Typ „SONSTIGE" mit dem Betreff „Begründung für die Maßnahmenteilnahme AST" festzuhalten. Der individuelle Maßnahme- bzw. Bildungsplan ist auf die Übereinstimmung mit dem anerkannten Maßnahmenkonzept zu überprüfen.

Das personalaufnehmende Unternehmen (Implacement) ist sowohl im individuellen Bildungsplan als auch im PST anzuführen.

Im Falle der Arbeitskräfteüberlassung ist sowohl der Beschäftiger als auch der Arbeitskräfteüberlasser zu benennen.

Der genehmigte individuelle Maßnahmenplan bzw. Bildungsplan ist mit dem Kunden/der Kundin zu kommunizieren und im PST inklusive der dazu getroffenen Entscheidung unter dem Dokumenten-Typ „MVBER" zu speichern. Seitens der Stiftungseinrichtung ist mit dem Teilnehmer/der

Teilnehmerin eine entsprechende Vereinbarung (z.B. „Ausbildungsvereinbarung“) abzuschließen.

[28] siehe dazu Erläuterungen Punkt 10.16.
[29] Die positive arbeitsmarktpolitische Beurteilung des Konzepts für die Outplacementmaßnahmen hat die fehlenden bzw. eingeschränkten Vermittlungsmöglichkeiten bereits entsprechend festgestellt. Damit ist die Vermittelbarkeit von Personen mit AlG-Anspruch von der RGS nicht mehr im Einzelfall zu prüfen.
[30] siehe dazu Erläuterungen Punkt 10.16.
[31] siehe dazu Erläuterungen Punkt 10.16.

6.4.2. Stiftungseintritt

Die potenziellen TeilnehmerInnen (PST-Status „AF“ oder „AL“) werden im TAS zunächst als „interessiert“ zugebucht. Bei Implacementstiftungen kann die Auswahl potenzieller TeilnehmerInnen zuvor auch mittels *ADG erfolgen.* Die Eintrittsbuchung und die automatische Änderung des PST-Status auf „SC“ erfolgt mit Beginn der Berufsorientierung (Outplacement) bzw. mit Beginn der Aus- und Weiterbildung (Implacement).

Für alle eingetretenen TeilnehmerInnen sind von der Stiftungseinrichtung in Form des beiliegenden Teilnahme-Formulars (siehe Anhang) die Mindestinhalte des individuellen Maßnahmenplanes bzw. Bildungsplanes und die relevanten Teilnahme-Daten zu erfassen und der LGS-Stiftungskoordination und/oder der RGS-Maßnahmenbetreuung zur Verfügung zu stellen.

Bei individuellen Maßnahmenplänen bzw. Bildungsplänen, die länger als 6 Monate dauern, ist von der Stiftungseinrichtung nach der Hälfte der geplanten Teilnahmedauer ein individueller Zwischen-Teilnahmebericht (u.a. mit einer Aufstellung der bislang absolvierten Schulungen und praktischen Ausbildung) vorzulegen.

6.4.3. Stiftungsaustritt, Unterbrechung, Ausschluss und Wiedereintritt

In angemessener Zeit vor regulärer Beendigung der Stiftungsmaßnahme ist auf Initiative der Maßnahmenbetreuung und/oder der Stiftungseinrichtung die berufliche Perspektive und der weitere AMS-Betreuungsbedarf zu klären (z.B. Abschlussgespräch mit allen Beteiligten).

Bei Stiftungsaustritt bzw. bei Übertritt in das Modul Aktive Arbeitssuche ist von der Stiftungseinrichtung ein abschließender individueller Teilnahmebericht (u.a. mit einer Aufstellung der tatsächlich absolvierten Schulungen und praktischen Ausbildung) zu übermitteln. In diesem ist auch zu begründen, warum die geplante Übernahme in ein Dienstverhältnis durch das personalaufnehmende Unternehmen (Implacement) nicht erfolgt ist. Die individuellen Teilnahmeberichte sind im PST unter dem Dokumenten-Typ „MVBER“ zu speichern.

Eine vorzeitige Beendigung in Form einer Austrittserklärung durch den/die StiftungsteilnehmerIn ist möglich (z.B. Arbeitsaufnahme, Pensionsantritt, selbständige Erwerbstätigkeit,…). Liegen dafür keine triftigen Gründe vor, ist ein Verfahren gemäß § 10 AlVG zu prüfen. Gleichfalls, wenn eine vorzeitige Beendigung in Form eines Ausschlusses durch die Stiftungseinrichtung bei verschuldeter Vereitelung des Maßnahmenerfolges erfolgt.

Personen mit einer Unterbrechung infolge Mutterschutz oder Bezug von Kinderbetreuungsgeld oder Präsenz- bzw. Zivildienst können die Teilnahme fortsetzen, sofern dies die Projektlaufzeit zulässt.

Ist im Falle von Outplacementstiftungen zwischen dem Stiftungseintritt (Berufsorientierung) und dem Beginn der theoretischen Ausbildung ein längerer Zeitraum zu „überbrücken“, so kann die Stiftungsteilnahme durch die Aufnahme eines zeitlich begrenzten Dienstverhältnisses unterbrochen werden.

Für Personen, die wegen Aufnahme eines Dienstverhältnisses die Stiftungsteilnahme beendet haben, ist ein Wiedereintritt nach Aufnahme eines oder mehrerer Dienstverhältnisse bis zu einer Gesamtdauer von maximal 28 Wochen möglich, sofern kein neuer AlG-Anspruch erworben wurde. Das von den kollektivvertraglichen Körperschaften anerkannte Stiftungskonzept kann eine restriktivere Regelung vorsehen.

In der Stiftungsordnung sind die berechtigten Austrittsgründe, die Ausschlussgründe samt Ausschlussverfahren und die möglichen Wiedereintrittsgründe im Einzelnen zu regeln.

6.4.4. ALG-/NH-Fortbezug und/oder DLU-Beihilfe

Die Teilnahme am Auswahlverfahren (Implacement) erfolgt im Rahmen des ALG-/NH-Bezuges. Für Personen ohne Leistungsanspruch erfolgt eine Unfallversicherung gemäß § 176 ASVG.

Während der Teilnahme an Maßnahmen der Arbeitsstiftung erfolgt die Existenzsicherung entsprechend den Regelungen der jeweils gültigen Bundesrichtlinie „Aus- und Weiterbildungsbeihilfen“ (DLU-Beihilfe bzw. ALG-/NH-Fortbezug mit DLU-Mindestsicherung). Auf die Anzeigepflicht gemäß § 50 AlVG von für das Fortbestehen und das Ausmaß des Anspruches maßgebende Änderungen wird verwiesen.

Für StiftungsteilnehmerInnen (mit Bezug von Stiftungsarbeitslosengeld) gelten gesetzlich vorgesehene ausbildungsfreie Zeiten (z.B. Ferien) nicht als Maßnahmenunterbrechung. In diesem Fall erfolgt die Gewährung von Stiftungsarbeitslosengeld gemäß § 18 Abs. 5 ohne Unterbrechung weiter. Der ALG-Fortbezug gemäß § 18 Abs. 5 AlVG wird an StiftungsteilnehmerInnen für nicht gesetzlich vorgesehene ausbildungsfreie Zeiten und für unvorhersehbare Ausbildungslücken bis 28 Tage gewährt. Darüber hinaus wird ab dem ersten Tag der Unterbrechung das ALG gemäß § 18 Abs. 1 oder 2 AlVG gewährt.

In Zeiträumen, in denen das Arbeitslosengeld gemäß § 16 AlVG ruht (Kündigungsentschädigung, Urlaubsersatzleistung, BUAK), ist eine Stiftungsteilnahme möglich (z.B. Berufsorientierung). Für die Unfallversicherung ist ein BEMO-Förderungsfall anzulegen.[32]

Das Ruhen des Arbeitslosengeldes wegen Ausbildung im Ausland (§ 16 Abs. 3 AlVG) kann in besonders gelagerten Fällen über drei Monate hinaus nachgesehen werden (§ 18 Abs. 5 letzter Satz).[33]

Das Arbeitslosengeld verlängert sich gemäß § 18 Abs. 5 AlVG um die Dauer einer Maßnahme gemäß § 18 Abs. 6 AlVG. Eine über das Höchstausmaß des Stiftungsarbeitslosengeldes hinausgehende Stiftungsteilnahme kann nach den Vorgaben von § 12 Abs. 5 AlVG fortgeführt und beendet werden, maximal jedoch für die Dauer des bestehenden offenen Leistungsanspruchs. Ein vor dem Stiftungseintritt noch nicht verbrauchter ALG-Anspruch bleibt aufrecht.

[32] In diesen Fällen beginnt die individuelle Teilnahmedauer mit dem Bezug des Stiftungsarbeitslosengeldes.
[33] siehe dazu Erläuterungen Punkt 10.17.

6.4.5. Beihilfe für Kursnebenkosten und für Kinderbetreuung[34]

Das Stiftungskonzept hat zu regeln, von wem die Kursnebenkosten getragen werden. Wenn das anerkannte Stiftungskonzept keine Kostenabdeckung durch die Stiftungseinrichtung vorsieht, kann den TeilnehmerInnen entsprechend der Bundesrichtlinie „Aus- und Weiterbildungsbeihilfen (BEMO)" eine Beihilfe zu den Kursnebenkosten (Fahrtkosten, Unterkunfts- und/oder Verpflegungskosten) sowie entsprechend der Bundesrichtlinie „Beihilfe zur Förderung der regionalen Mobilität (REMO)" eine Kinderbetreuungsbeihilfe gewährt werden. Werden die Kursnebenkosten weder von der Stiftung noch vom AMS gezahlt, dürfen sie von den TeilnehmerInnen selbst gezahlt werden.

[34] siehe dazu Erläuterungen Punkt 10.18.

6.4.6. Prüfung der EDV-Eintragungen

Die Landesgeschäftsstellen sind verpflichtet, eine stichprobenmäßige Prüfung der EDV-Dokumentationen (Betreuungsvereinbarung bzw. Dokumenten Typ „SONSTIGE" mit entsprechendem Betreff-Textindividueller Maßnahmenplan bzw. Bildungsplan, Bearbeitung der individuellen Teilnahme-Berichte,…) im Wege der Fachkontrolle oder durch die LGS-Stiftungskoordination (unter arbeitsteiliger Einbindung der RGS-Maßnahmenbetreuung) durchzuführen.

6.4.7. Prüfung der Durchführungsqualität

Es ist zweckmäßig, während der Projektlaufzeit die konzeptkonforme Durchführung des mit Bescheid anerkannten Stiftungskonzeptes – insbesondere durch vor-Ort-Kontrollen – zu überprüfen. Die Landesgeschäftsstellen sind verpflichtet, ein diesbezügliches Konzept für Anlassfall-bezogene Prüfungen (infolge von Beschwerden, Auffälligkeiten,…) und für Stichprobenprüfungen (Stichprobenauswahl – Stichprobengröße – Prüfinhalte/Checkliste – Prüfmethoden (TeilnehmerInnenbefragung) – Dokumentation der Feststellungen und Veranlassungen – Kommunikation) festzulegen und umzusetzen.

Als Prüfinhalte sind jedenfalls Soll-Ist-Vergleiche bezüglich der individuellen Maßnahmenpläne bzw. Bildungspläne, der Theorie- und Praktikumszeiten, der Drop-out-Quoten und der Übernahmequoten (Implacement) vorzusehen. Im Falle eines Fördervertrages ist auch eine Prüfung der Angemessenheit der Höhe der Qualifizierungskosten, insbesondere bei einem Nahverhältnis von Stiftungsträger und Schulungsträger, vorzunehmen.

Die Organisation obliegt der LGS-Stiftungskoordination (unter arbeitsteiliger Einbindung der RGS-Maßnahmenbetreuung).

Werden die im mit Bescheid samt Auflagen anerkannten Stiftungskonzepte für die jeweiligen personalaufnehmenden Unternehmen (Implacement) als Richtgröße angegebenen Plan-Übernahmequoten im Ausmaß von mehr als 25% unterschritten, so ist von der Landesgeschäftsstelle mit der Stiftungseinrichtung und den betroffenen Unternehmen eine Abweichungsanalyse vorzunehmen.

Erfolgt die Umsetzung des Stiftungskonzeptes mit Abweichungen (z.B. Anzahl der StiftungsteilnehmerInnen, Höhe der Kosten/TN) oder bei Verstoß gegen erteilte Auflagen ist dem Adressaten des Anerkennungsbescheides schriftlich mitzuteilen, dass die Grundlage für die weitere Umsetzung nicht mehr gegeben ist.

In weiterer Folge gebührt kein verlängerter ALG-Bezug gemäß § 18 Abs. 5 AlVG (vorzeitige Teilnahme-Beendigung mit Einstellung des Schulungsarbeitslosengeldes). Für laufende Teilnahmen ist eine Beendigungsregelung festzulegen. Dabei ist auf die Interessen der TeilnehmerInnen gebührend Rücksicht zu nehmen (ALG-Fortbezug gemäß § 12 Abs. 5 AlVG bzw. DLU/NH-Fortbezug und bei Bedarf Gewährung einer Beihilfe zu den Kurskosten).

Das Stiftungsverbot ist in der Applikation BTR bzgl. der Stiftungseinrichtung (Outplacement, Implacement) bzw. bzgl. des personalaufnehmenden Unternehmens (Implacement) zu vermerken.

Im Falle der nicht konzeptkonformen Umsetzung sind die beschriebenen notwendigen Veranlassungen unbeschadet der Rechtsfolgen aus § 25 Abs. 3 i.V.m. § 50 Abs. 1 AlVG vorzunehmen (Prüfung allfälliger Rückforderungsansprüche gegenüber der Stiftungseinrichtung falls diese unberechtigte Leistungsbezüge verursacht hat).

6.4.8. Prüfung der Projekt-Durchführungsberichte

Bei einer mehrjährigen Laufzeit des Projektes ist von der Stiftungseinrichtung ein jährlicher Zwischenbericht vorzulegen (innerhalb einer 3-monatigen Frist). Zweck der Vorlage und Prüfung des Zwischenberichtes über die bisherige Durchführung des mit Bescheid samt Auflagen genehmigten Stiftungskonzeptes ist es, die bisherigen Erfahrungen auszuwerten und bei Bedarf – noch während der Laufzeit – Verbesserungen und Konzeptanpassungen vorzunehmen. Insbesondere ist über das Ergebnis der Überprüfung der Einhaltung der Ausbildungsvereinbarung zu berichten.

Auf die Rechtsfolge bei nicht konzeptkonformer Durchführung ist hinzuweisen (schriftliche Mitteilung, dass die Grundlagen nicht mehr gegeben sind; vorzeitige Teilnahme-Beendigung; Stiftungsverbot).

Nach Abschluss des Projektes ist von der Stiftungseinrichtung ein Endbericht vorzulegen (innerhalb einer 3-monatigen Frist). Der vorzulegende Endbericht dient als Nachweis der Durchführung des mit Bescheid samt Auflagen genehmigten Stiftungskonzeptes sowie der dadurch erzielten Erfolge. Der Bericht hat Plan-Ist-Vergleiche zu enthalten, insbesondere bezüglich

- TeilnehmerInnen
- Kosten und Finanzierung
- Drop-out-Quote
- Auswertung der individuellen Teilnahme-Berichte bzgl. des Maßnahmenerfolges
- Übernahmequote der personalaufnehmenden Unternehmen (Implacement)

Die Prüfung dient der Feststellung, ob bzw. inwieweit eine ordnungsgemäße, d.h. konzeptkonforme Durchführung gegeben ist.

Im Falle der Förderung des Stiftungsprojektes haben die Projekt-Durchführungsberichte eine spezifische Ergänzung bezüglich der Durchführung der geförderten Leistung zum Zwecke des Nachweises der widmungsgemäßen Verwendung zu enthalten.

6.5. Förderung von Maßnahmen der Arbeitsstiftung[35]

Die Mitfinanzierung des Arbeitsmarktservice ist grundsätzlich auf die Gewährung von finanziellen Leistungen an die TeilnehmerInnen beschränkt (Leistungsfortbezug mit DLU-Mindestsicherung oder DLU-Beihilfe; allenfalls Beihilfe für Kursnebenkosten und für Kinderbetreuung).

Die Kosten für die Errichtung und für den laufenden Betrieb der Stiftungseinrichtung (Stiftungsmanagement) sowie die Maßnahmenkosten für die TeilnehmerInnen (einschließlich der notwendigen Zuwendung zur Abdeckung schulungsbedingter Mehraufwendungen) sind grundsätzlich von den Unternehmen, durch Beteiligungen anderer Stellen oder aus sonstigen Beiträgen zu finanzieren.

Ist der Stiftungseinrichtung – trotz ernstlicher Bemühungen – die Ausfinanzierung des Stiftungsprojektes nicht möglich, kann das Arbeitsmarktservice in beschränktem Ausmaß eine Projektförderung gewähren.

[35] siehe dazu Erläuterungen Punkt 10.19.

6.5.1. Arbeitsmarktpolitische Zielsetzung

- Anreiz für Unternehmen, sich an der Finanzierung von arbeitsmarktpolitischen Maßnahmen im Zusammenhang mit einem bedeutsamen Personalabbau (Outplacement) bzw. im Zusammenhang mit einem bedeutsamen Fachkräftemangel (Implacement) zu beteiligen
- Übernahme eines Finanzierungsanteiles anstelle des insolventen Unternehmens

6.5.2. Förderbare Kosten

Im Falle von Insolvenzstiftungen, Branchenstiftungen und Zielgruppenstiftungen (Outplacement) sind die Kosten

- für Berufsorientierungsmaßnahmen
- für Aus- und Weiterbildungsmaßnahmen, die von beauftragten externen Qualifizierungseinrichtungen oder TrainerInnen in Rechnung gestellt werden
- für die Aktive Arbeitssuche, sowie
- für Zuwendungen zur Abdeckung schulungsbedingter Mehraufwendungen

förderbar.

Im Falle von Zielgruppenstiftungen (Implacement) und Implacementstiftungen, sofern diese durch eine überbetriebliche Konzeption Klein- und Mittelbetrieben[36] den Zugang zu Maßnahmen der Arbeitsstiftung ermöglichen, sind ausschließlich die Kosten

- für Aus- und Weiterbildungsmaßnahmen, die von beauftragten externen Qualifizierungseinrichtungen oder TrainerInnen in Rechnung gestellt werden,

förderbar.

Im Falle von Regionalstiftungen, die Klein- und Mittelbetrieben[37] den Zugang zu Maßnahmen der Arbeitsstiftung ermöglichen, sind ausschließlich die Kosten

- für Aus- und Weiterbildungsmaßnahmen, die von beauftragten externen Qualifizierungseinrichtungen oder TrainerInnen in Rechnung gestellt werden,

förderbar.

Werden im Projektzeitraum mehr als 250 arbeitslos gewordene ArbeitnehmerInnen eines oder mehrerer verbundener Unternehmen einbezogen, wird das Vorhaben als Unternehmensstiftung gewertet, sodass die Förderung im Rahmen einer Regionalstiftung nicht möglich ist. Werden im Projektzeitraum für ein oder mehrere verbundene Unternehmen mehr als 250 arbeitslose Personen einbezogen, ist die Förderung im Rahmen einer Implacementstiftung gleichfalls nicht möglich.

Die Förderung von Zuwendungen zur Abdeckung schulungsbedingter Mehraufwendungen ist nicht möglich, wenn diese an die StiftungsteilnehmerInnen nicht durch den Antragsteller auf bescheidmäßige Anerkennung (Projektträger) ausbezahlt werden (z.B. Auszahlung durch das bzw. die Unternehmen und nicht durch den beauftragten Stiftungsträger).

Die Landesdirektorien werden ermächtigt,

- Obergrenzen für anerkennbare Kosten pro TeilnehmerIn und/oder
- Obergrenzen für TrainerInnentagsätze im Falle der stiftungsinternen oder firmeninternen Durchführung mit externen TrainerInnen

festzulegen. Diese Obergrenzen stellen keine Kostenpauschalierung dar.

Die Kosten für die Errichtung und den laufenden Betrieb der Stiftungseinrichtung (Stiftungsmanagement) sowie die Kosten der durchgehenden Betreuung (Case Management) sind nicht förderbar.

[36] KMU: Unternehmen mit bis zu 250 MitarbeiterInnen zum Zeitpunkt der Antragstellung/Förderentscheidung.
[37] siehe Fußnote 36

6.5.3. Förderbare Stiftungseinrichtungen und Höhe der Förderung

Die Höhe der Beihilfe beträgt im Falle von

- Insolvenzstiftungen bis 60%
- Regionalstiftungen bis 35%
- Branchenstiftungen bis 35%
- Zielgruppenstiftungen bis 35%
- Implacementstiftungen bis 35%

der förderbaren Kosten.

Im Falle von Regional-, Branchen- und Zielgruppenstiftungen mit einer Rückkehrmöglichkeit in das personalabbauende Unternehmen ist bei der Festlegung der Beihilfenhöhe für Implacementmodule eine höhere Unternehmensbeteiligung bzw. eine niedrigere AMS-Förderung zu berücksichtigen.

6.5.4. Fördervoraussetzungen

6.5.4.1. Förderung im Zusammenhang mit der bescheidmäßigen Anerkennung

Die Förderung hat in einem unmittelbaren Zusammenhang mit einem erstmaligen Antrag auf bescheidmäßige Anerkennung zu stehen und ermöglicht als Teil des Finanzierungskonzeptes die Realisierung des Stiftungsprojektes.

6.5.4.2. Arbeitsmarktpolitische Beurteilung

Im Falle von Outplacementstiftungen erfolgt die arbeitsmarktpolitische Beurteilung anhand des Kriteriums, ob bzw. inwieweit es sich aus Sicht des Arbeitsmarktservices um einen bedeutsamen Personalabbau handelt und welche alternativen Handlungsmöglichkeiten bestehen.

Im Falle von Implacementstiftungen erfolgt die arbeitsmarktpolitische Beurteilung anhand des Kriteriums, ob bzw. inwieweit in einem bedeutsamen Ausmaß schwer zu besetzende offene Stellen durch die Vorqualifizierung von vorgemerkten Arbeitslosen besetzt werden können.

Es ist zu berücksichtigen, inwieweit die Aus- und Weiterbildungen allgemein bzw. überbetrieblich verwertbar sind.[38]

Weiters ist zu berücksichtigen, inwieweit das Stiftungsprojekt den Grundsätzen des Gender Mainstreaming und des Diversity Management entspricht.

[38] siehe dazu Erläuterung Punkt 10.20.

6.5.4.3. Angemessenheit der Kosten

Die Stiftungseinrichtung hat darzustellen, nach welchen Kriterien und nach welchem Verfahren die Angemessenheit der förderbaren Kosten (für Berufsorientierung, Aus- und Weiterbildung, Aktive Arbeitssuche) sichergestellt und die nachvollziehbare Überprüfung gewährleistet wird.

6.5.5. Förderdauer

Die Beihilfe wird entsprechend der Zweckbindung für die Dauer der Laufzeit der geförderten Qualifizierungsmaßnahmen gewährt (und ist jedenfalls mit der Laufzeit des mit Bescheid anerkannten Stiftungsprojektes begrenzt).

6.5.6. Abrechnungsform

Die Abrechnung erfolgt durch eine zahlenmäßige Aufstellung aller mit den geförderten Maßnahmen (Berufsorientierung, Aus- und Weiterbildung und der Aktiven Arbeitssuche) und den geförderten Zuwendungen zur Abdeckung schulungsbedingter Mehraufwendungen zusammenhängenden Ausgaben und Einnahmen, wobei die Gliederung der Plankalkulation entspricht und einen Plan-Ist-Vergleich ermöglicht.

Der Abrechnung sind entweder entsprechende Auszüge aus der Buchhaltung (Saldenlisten, Kontoblätter …) oder ein Belegsverzeichnis mit folgenden Inhalten anzuschließen:

- Gegenstand der Rechnung
- Rechnungsaussteller/Zahlungsempfänger
- Rechnungs- und Zahlungsbetrag (brutto/netto)
- Rechnungs- und Zahlungsdatum
- förderungsrelevanter Betrag/Kosten (abzüglich Skonti und Rabatte)
- Zuordnung zur Kostenposition laut Kalkulation/Förderungsvertrag

Die Auszahlung der Zuwendungen zur Abdeckung schulungsbedingter Mehraufwendungen ist durch eine Bestätigung der TeilnehmerInnen nachzuweisen.

Projektträger, die gleichzeitig mehrere Projekte durchführen, haben als Grundlage für die Abrechnung des geförderten Projektes im Rahmen ihres Buchführungssystems einen eigenen Verrechnungskreis oder im Rahmen des Kostenrechnungssystems eine eigene Kostenstelle einzurichten.

Der zahlenmäßige Nachweis basiert auf Originalrechnungen oder gleichwertigen Buchungsbelegen und auf Belegen für den Nachweis der Zahlung (Zahlungsunterlagen, Bankkontoauszügen, etc.), welche auf Verlangen im Original oder in Kopie vorzulegen sind.

Eine generelle Überprüfung von Drittbelegen erfolgt nicht.

Die Überprüfung von Drittbelegen erfolgt in Form von Stichproben oder bei Verdacht auf Malversationen. Die Stichprobenziehung hat nach objektiven Kriterien zu erfolgen und zumindest 5% des Beihilfenbetrages zu beinhalten.

6.6. Übergangsregelungen

6.6.1. Anerkennung von Maßnahmen der Arbeitsstiftung

Laufende unbefristete Bescheide sind von der Landesgeschäftsstelle bei entsprechenden Hinweisen zu überprüfen, ob die Voraussetzungen und Projektgrundlagen zum Zeitpunkt der Antragstellung noch mit der aktuellen Durchführung anhand konkreter Teilnahmen übereinstimmen. Bei wesentlicher Abweichung ist dem Adressaten des Anerkennungsbescheides schriftlich mitzuteilen, dass die Grundlage für die weitere Umsetzung nicht mehr gegeben ist. Auf die im Punkt 6.4.7. beschriebenen Rechtsfolgen wird verwiesen. Für eine in Aussicht genommene Neuausrichtung braucht es eine neue Antragstellung und einen neuen Bescheid.

6.6.2. Zuschussleistungen über der ASVG-Geringfügigkeitsgrenze

Entsprechend dem Erlass des BMASK-435.005/0017-VI/AMR/1/2011 vom 17.06.2011 haben die Landesgeschäftsstellen alle Stiftungseinrichtungen über die steuer- und sozialversicherungsrechtliche (und in der Folge arbeitslosenversicherungsrechtliche) Problematik von Zuwendungen zur Abdeckung für schulungsbedingte Mehraufwendungen, die über der ASVG-Geringfügigkeitsgrenze gewährt werden, zu informieren. Zur Vermeidung möglicher schwerwiegender Nachteile für die betroffenen StiftungsteilnehmerInnen können entsprechend dem Erlass des BMASK-435.005/0024-VI/AMR/1/2011 vom 18.08.2011 ab 01.01.2012 seitens des Arbeitsmarktservice keine die ASVG-Geringfügigkeitsgrenze (gemäß § 5 Abs. 2 Ziffer 2) übersteigenden Zuschussleistungen mehr akzeptiert werden. Die betroffenen Stiftungseinrichtungen sind aufzufordern, für künftige ebenso wie für laufende Teilnahmen für eine entsprechende betragsmäßige Anpassung Sorge zu tragen.

a) Erfolgt seitens der Stiftungseinrichtung eine entsprechende Konzeptanpassung und neuerliche Antragstellung, so sind mit der bescheidmäßigen Anerkennung keine weiteren Veranlassungen zu treffen.

b) Erfolgt keine bescheidmäßige Anpassung, so ist durch die Regionale Geschäftsstelle ein Nachweis über die Höhe der gewährten Zuschussleistung anzufordern.

7. Verfahren

7.1. Landesgeschäftsstelle bezüglich Anerkennung und Durchführung

Die Aufgaben der Landesgeschäftsstelle umfassen alle Belange der Träger-bezogenen Abwicklung, das Monitoring/Controlling sowie die Koordination/Information.

7.1.1. Bescheidmäßige Anerkennung

Gemäß § 18 Abs. 6 AlVG wird von der Landesgeschäftstelle das von der Stiftungseinrichtung vorgelegte Stiftungskonzept inklusive Maßnahmenkonzept, anerkannt. Nehmen mehrere Unternehmen an einer Arbeitsstiftung teil, ist für jedes Unternehmen bzw. mehrere gleichartige Unternehmen ein geeignetes Maßnahmenkonzept vorzulegen, das von der örtlich zuständigen Landesgeschäftsstelle anerkannt wird. Bei Antragstellung sind folgende Unterlagen vorzulegen:

- Stiftungskonzept mit Finanzplan, Maßnahmenkonzept und Stiftungsordnung
- Zustimmungserklärung der für den Wirtschaftszweig in Betracht kommenden kollektivvertragsfähigen Körperschaften der ArbeitgeberInnen und ArbeitnehmerInnen

Die Zuständigkeit richtet sich nach dem Standort des Betriebes bzw. der Stiftungseinrichtung (siehe Punkt 6.3.3.). Bei überregionalen Stiftungskonzepten mit mehreren Standorten der Stiftungseinrichtung ist eine Antragstellung und bescheidmäßige Anerkennung durch die jeweils betroffene AMS-Landesorganisation erforderlich.

7.1.2. Stiftungskoordination

Im Sinne einer einheitlichen Stiftungsbetreuung ist in jeder Landesgeschäftsstelle ein/eine StiftungskoordinatorIn zu bestimmen.

Aufgabe der Stiftungskoordination ist unter anderem die Veranlassung bzw. Durchführung von Kontrolltätigkeiten bezüglich der Einhaltung der Bescheidauflagen bzw. des Förderungsvertrages, der Durchführungsqualität sowie die stichprobenmäßige Kontrolle der EDV-Eintragungen.

7.1.3. Prüfung der EDV-Dokumentation

Im Wege der Fachkontrolle bzw. durch den/die StiftungskoordinatorIn sind jedenfalls folgende EDV-Dokumentationen stichprobenmäßig zu überprüfen:

- Betreuungsvereinbarung bzw. Dokumenten Typ „SONSTIGE“ mit entsprechendem Betreff-Text
- individueller Maßnahmen- bzw. Bildungsplan (in Übereinstimmung mit dem anerkannten Stiftungskonzept)
- Bearbeitung der individuellen Teilnahmeberichte

7.1.4. Prüfung der Durchführungsqualität

Entsprechend dem Konzept für Anlassfall-bezogene Prüfungen und Stichprobenprüfungen sind jedenfalls folgende Prüfinhalte maßgeblich:

- Soll-Ist-Vergleich der individuellen Maßnahmen- bzw. Bildungsplänen
- Theorie- und Trainingszeiten
- Drop-out-Quoten
- Übernahmequoten der personalaufnehmenden Unternehmen (Implacement)
- Angemessenheit der Qualifizierungskosten (bei Förderung)

7.1.5. Prüfung der Projekt-Durchführungsberichte

7.1.5.1. Zwischenbericht

Bei einer mehrjährigen Projektlaufzeit ist jeweils 3 Monate nach Ablauf eines Jahres ein Zwischenbericht vorzulegen. Die Stiftungseinrichtung hat über die bisherige Durchführung und die Einhaltung der im Bescheid bzw. im Förderungsvertrag vereinbarten Auflagen zu berichten.

Zweck der Vorlage und Prüfung des Zwischenberichtes über die bisherige Durchführung ist es, die bisherigen Erfahrungen auszuwerten und bei Bedarf – noch während der Vertragslaufzeit – Verbesserungsmaßnahmen oder Konzeptanpassungen vorzunehmen. Auf die Rechtsfolge bei nicht konzeptkonformer Durchführung ist hinzuweisen.

7.1.5.2. Endbericht

3 Monate nach Projektabschluss ist von der Stiftungseinrichtung ein Endbericht mit folgenden Soll-Ist-Vergleichen bezüglich

- TeilnehmerInnen
- Kosten und Finanzierung
- Drop-out-Quote
- Auswertung der individuellen Teilnahme-Berichte bzgl. des Maßnahmenerfolges
- Übernahmequote der personalaufnehmenden Unternehmen (Implacement)
- Durchführung der geförderten Leistung

vorzulegen.

Die Prüfung dient der Feststellung, ob bzw. inwieweit eine ordnungsgemäße, d.h. konzeptkonforme Durchführung gegeben ist.

7.1.6. Monitoring und Controlling

Die Auswertung der im ‚BAS TF' und ‚TAS' erfassten Projektdaten erfolgt im Rahmen des DWH.

Für Zwecke des Benchmarking werden als Kennzahlen unter anderem die „Kosten pro TeilnehmerIn" und die „Kosten pro TeilnehmerIn und Tag" herangezogen. Grundlage hierfür sind die Plan- und Istwerte der im ‚BAS TF' erfassten Finanzierung und die im ‚TAS' auf Veranstaltungsebene erfassten „Teilnahmen".

7.1.7. Maßnahmenerfolg

Das Ziel und die Inhalte der Arbeitsstiftung sind im Stiftungskonzept beschrieben und integrierter Bestandteil des Anerkennungsbescheides.

In den individuellen Teilnahmeberichten ist durch die Stiftungseinrichtung rückzumelden, ob im Einzelfall das inhaltliche Maßnahmenziel erreicht wurde oder nicht. Die statistische Auswertung erfolgt durch die Stiftungseinrichtung im Rahmen des Endberichtes über die Projektdurchführung.

In den Bescheidauflagen *kann* der angestrebte Planwert für den Maßnahmenerfolg sowie der Planwert für die Übernahmequote (Implacement) festgelegt werden. Die Festlegung des angestrebten Maßnahmenerfolges (Kennzahl: Anteil der TeilnehmerInnen mit Erreichung des inhaltlichen Maßnahmenzieles an allen TeilnehmerInnen) und der Übernahmequote (Kennzahl: Anteil der übernommenen TeilnehmerInnen an allen TeilnehmerInnen) dienen dem Zweck, im Falle des Nichterreichens eine Abweichungsanalyse vorzunehmen und Verbesserungen (auch für ein allfälliges Folgeprojekt) abzuleiten. Bei signifikanten Abweichungen ist eine neuerliche positive bescheidmäßige Anerkennung ohne Ableitung und Festlegung von Änderungserfordernissen nicht möglich. Die Stiftungseinrichtung ist verpflichtet, an diesem laufenden Verbesserungsprozess mitzuwirken. In die Abweichungsanalyse sind die Anregungen der Stiftungseinrichtung einzubeziehen.

Wird ein Planwert für den Maßnahmenerfolg vereinbart (optional), ist ein diesbezüglicher Textbaustein in die Bescheidauflagen aufzunehmen.

7.1.8. EDV-Abwicklung im Beihilfenadministrationssystem Trägerförderung

- Das BAS TF ist einzusetzen, pro Bescheid ist ein eigenes Projekt anzulegen. Für Änderungs-, Ergänzungs- und Verlängerungsbescheide ist das BAS TF-Projekt entsprechend anzupassen.
- Beteiligungen anderer Kostenträger sind zu erfassen, im Zuge der Genehmigung des Projektes die Planbeträge und im Zuge der Prüfung der widmungsgemäßen Verwendung die Istbeträge.
- Bei fremdfinanzierten Projekten, deren TeilnehmerInnen durch das AMS administriert werden, sind die Planwerte der anderen Kostenträger zu erfassen.
- Der (teilweise) Eingang einer Rückforderung bzw. die Abschreibung einer Rückforderung ist zu dokumentieren.
- Sofern Auszahlungen an Berichte gebunden sind, sind die Berichte mit der entsprechenden Zeile im Auszahlungsplan zu verknüpfen. Eine Freigabe dieser und aller weiteren Zahlungen kann nur nach positiver Prüfung des Berichtes erfolgen.
- Projektverlängerungen können mit der Geschäftsfunktion „Projekt verlängern" durchgeführt werden, ohne dass die TeilnehmerInnen auf Veranstaltungen neu gebucht werden müssen.
- Der Planwert des Arbeitsmarkterfolges (Förderung) ist auf der Maßnahmenbasis einzutragen.
- Wird ein Planwert für den Maßnahmenerfolg vereinbart (optional), ist dieser auf der Maßnahmenbasis einzutragen.
- Der abgeschlossene Förderungsvertrag, der Bescheid, sowie das Stiftungskonzept inkl. Finanzplan, Maßnahmenkonzept und Stiftungsordnung sind in das Projektunterlagencenter (PUC) zu importieren oder im Druckprotokoll (DPR) abzulegen.

Die budgetäre Verbuchung in der Applikation ‚AMF-SAP' erfolgt elektronisch aufgrund der Entscheidung/Genehmigung im ‚BAS TF' und entspricht der jeweils gültigen Bundesrichtlinie „Budgetierung und Verbuchung von Beihilfen (AMF-SAP)".

7.1.9. Externe Partnerschaften

Im Sinne des EFQM-Kriteriums 4a „Externe Partnerschaften werden gemanagt" ist die Landesgeschäftsstelle verpflichtet, in systematischer und regelmäßiger Form eine Abstimmung mit den Stiftungseinrichtungen und/oder deren Vernetzungs- und Koordinationsstrukturen (in Form von Trägermeetings, Workshops,…) durchzuführen. Durch Informations- und Erfahrungsaustausch (jeweilige Bedürfnisse und Erwartungen – strategische Ausrichtung – Veränderungen – Gestaltung der Zusammenarbeit …) und gemeinsame Entwicklungen sollen die Prozesse der Dienstleistungserbringung zugunsten der Organisation und der KundInnen verbessert werden.

7.2. Landesgeschäftsstelle bezüglich Förderung

7.2.1. Begehrenseinbringung

Beihilfenbegehren sind bei der für die bescheidmäßige Anerkennung zuständigen Landesgeschäftsstelle einzubringen.

7.2.2. Begehrensentscheidung/Genehmigung

Die Prüfung des Beihilfenbegehrens samt allen integrierten Bestandteilen erfolgt entsprechend den Bestimmungen des Punktes 6.5.. Das Ergebnis ist aktenmäßig festzuhalten.

Die Bewilligung erfolgt in Form eines Förderungsvertrages (Punkt 7.2.3.).

Eine negative Entscheidung ist dem Förderwerber unter Angabe der wesentlichen Entscheidungsgründe bekannt zu geben.

7.2.3. Förderungsvertrag

Die Gewährung der Beihilfe erfolgt in Form eines ausführlichen schriftlichen Förderungsvertrages. Auf den beiliegenden Musterförderungsvertrag (Anhang) wird verwiesen.

Der Förderungsvertrag ist so zu gestalten, dass sie keine Verpflichtung der Stiftungseinrichtung zur Leistungserbringung beinhaltet. Es ist ausdrücklich festzuhalten, dass die Beihilfe in Höhe der anerkennbaren Kosten unter der Bedingung gewährt wird, dass die geförderten Qualifizierungsmaßnahmen erbracht wurden. Es ist auf die Rechtsfolge einer Nichtdurchführung bzw. einer teilweisen Durchführung hinzuweisen, wonach in diesem Fall vom Arbeitsmarktservice eine anteilige Kürzung des Beihilfenrahmenbetrages vorgenommen wird.

Der Förderungsvertrag ist vor Projektbeginn abzuschließen und hat für den Förderzeitraum alle wesentlichen Punkte der Rechtsbeziehung zu beinhalten.

Das Stiftungskonzept inkl. Finanzplan, Maßnahmenkonzept, Stiftungsordnung und des Qualitätsmanagementsystems bilden einen integrierten Bestandteil des Förderungsvertrags.

Wesentliche Punkte die im Förderungsvertrag festzuhalten sind:

- der vom AMS gewährte Beihilfengesamtbetrag
- das Zusammenwirken zwischen Landesgeschäftsstelle/Regionaler Geschäftsstelle und Stiftungseinrichtung bezüglich Reintegration und Auswahl (Implacement) der TeilnehmerInnen
- die Betreuung der TeilnehmerInnen
- Erfolgskriterien, Messmethoden und Messgrößen
- die Zweckbindung der Beihilfenteilbeträge
- zwecks Klarstellung ist der Hinweis aufzunehmen, dass der Träger der Stiftungseinrichtung Auftraggeber gem. § 4 Z. 4 DSG ist und somit die Bestimmung des DSG 2000 einzuhalten hat, insbesondere die Meldepflicht der Datenanwendung (§ 17) sowie die Wahrung der Rechte der Betroffenen in Bezug auf Auskunft (§ 26), Richtigstellung und Löschung (§ 27) und Widerspruch (§ 28)
- Regelungen betreffend Öffentlichkeitsarbeit - auf die Bestimmungen der Bundesrichtlinie über das Corporate Design des AMS wird verwiesen

Veränderungen sind in einer ergänzenden schriftlichen Vereinbarung festzuhalten.

Einzelne Vertragspunkte können seitens der Landesgeschäftsstelle – je nach der im Einzelfall gegebenen Zweckmäßigkeit – abweichend oder ergänzend zur Mustervereinbarung geregelt werden.

7.2.4. Beihilfenauszahlung

Der Auszahlungsmodus der gewährten Beihilfe ist – unter Berücksichtigung des jeweiligen Liquiditätsbedarfs der Stiftungseinrichtung – vertraglich zu regeln.

Im Auszahlungsplan ist vorzusehen, dass die Auszahlung von mindestens 10% des Beihilfen-betrages erst nach Vorlage und Prüfung des abschließenden Verwendungsnachweises (Endbericht über die konzeptkonforme Projektdurchführung und Vorlage und Prüfung der Endabrechnung) erfolgt.

7.2.5. Prüfung der widmungsgemäßen Verwendung

7.2.5.1. Zwischenverwendungsnachweis

Erstreckt sich die Laufzeit des Projektes über einen längeren Zeitraum ist ein Zwischenverwendungsnachweis in Form eines Zwischenberichtes vorzulegen. Hierfür gelten die Regelungen bezüglich Endbericht sinngemäß.

Bei der Festlegung von Teilzahlungen ist der Projektfortschritt zu berücksichtigen, in dem einzelne Teilzahlungen an die Vorlage und Prüfung des Zwischenberichtes gebunden werden.

Vorlage und Prüfung der Teilabrechnung

Bei mehrjährigen Förderungsverträgen kann es zweckmäßig sein, Teilabrechnungen vorzusehen. Hierfür gelten die Regelungen bezüglich Endabrechnung sinngemäß.

7.2.5.2. Abschließender Verwendungsnachweis

Zum Zwecke der abschließenden Prüfung der widmungsgemäßen Verwendung ist vom Maßnahmenträger – unter Setzung einer angemessenen Frist von maximal 3 Monaten – ein abschließender Verwendungsnachweis in Form eines Endberichtes sowie eine Endabrechnung vorzulegen.

Vorlage und Prüfung der Endabrechnung

Auf die Bestimmungen in 6.5.3. (Förderbare Stiftungseinrichtungen und Höhe der Förderung) und Punkt 6.5.6. (Abrechnungsform) wird verwiesen.

Das Ergebnis der Prüfung der widmungsgemäßen Verwendung des Endberichtes und der Endabrechnung ist aktenmäßig zu dokumentieren (Prüfbericht) und der Stiftungseinrichtung sind die wesentlichen Prüfungsfeststellungen in Form eines Endabrechnungsschreibens mitzuteilen.

Im Falle einer teilweisen Durchführung ist bei maßgeblichen Abweichungen eine Begründung des Projektträgers einzuholen.

Bei triftigen Gründen und ohne Verschulden des Projektträges erfolgt keine Reduzierung des Beihilfenrahmenbetrages.

Liegen keine triftigen Gründe für die Abweichungen vor und gehen diese auf ein Verschulden (eingeschränkt auf Vorsatz und grobe Fahrlässigkeit) des Projektträgers zurück, so ist grundsätzlich eine anteilige Reduzierung des Beihilfenrahmenbetrages vorzunehmen.

Der Stiftungseinrichtung kann die Auflage erteilt werden, die der Abrechnung zugrunde liegenden Originalbelege zu entwerten.

7.2.6. Befassung der Bundesorganisation

Bei Verdacht auf Vorliegen gerichtlich strafbarer Handlungen[39] und bei Fragen der Förderbarkeit von Schadensfällen ist der Vorstand über den Sachverhalt zu informieren.

Bei der Bereinigung von im Bereich der Stiftungseinrichtung aufgetretenen Schadensfällen ist wie folgt vorzugehen:

1. Prüfung, ob ein Ersatzanspruch der Stiftungseinrichtung gegenüber Dritten besteht.
2. Im Fall der Uneinbringlichkeit der Schadensforderung kann die Landesorganisation bis zum Betrag von EUR 75.000,-- die Abschreibung des Schadens als Betriebsaufwand bei der Abrechnung anerkennen.

Bei Überschreitung dieses Betrages kann die Landesorganisation ohne Zustimmung des Vorstandes keine Entscheidung über die Förderung der betroffenen Kostenpositionen treffen.

Der Kontrollausschuss ist vom Vorstand in jedem Fall unverzüglich zu informieren.

[39] Unabhängig von der Verpflichtung zur Information der zuständigen Staatsanwaltschaft

7.2.7. Arbeitsmarkterfolg

Das Ziel der Wiedererlangung eines Arbeitsplatzes (§ 18 Abs. 6 AlVG) wird anhand von Kennzahlen des Arbeitsmarkterfolges bewertet.

Kurzfristiger Arbeitsmarkterfolg:

Für die Beurteilung des Arbeitsmarkterfolges wird die Kennzahl „Bestand Personen in Beschäftigung 3 Monate nach Austritt aus der Maßnahme" (Anteil in Prozent) herangezogen. Im Förderungsvertrag ist der diesbezüglich angestrebte Planwert festzulegen.

Die Vereinbarung des angestrebten Arbeitsmarkterfolges dient dem Zweck, im Falle des Nichterreichens eine Abweichungsanalyse vorzunehmen und Verbesserungen für eine allfällige Fortführung abzuleiten. Bei signifikanten Abweichungen ist eine neuerliche Förderung ohne Ableitung und Festlegung von Änderungserfordernissen nicht möglich. Die Stiftungseinrichtung ist verpflichtet an diesem laufenden Verbesserungsprozess mitzuwirken. In die Abweichungsanalyse sind die Anregungen der Stiftungseinrichtung einzubeziehen.

Langfristiger Arbeitsmarkterfolg:

Zur arbeitsmarktpolitischen Beurteilung des Förderinstrumentes AST wird der Anteil der Tage in Beschäftigung innerhalb von 12 Monaten nach dem Maßnahmenaustritt herangezogen.

BAS TF:

Für die Kennzahl „Bestand Personen in Beschäftigung" ist der angestrebte Planwert zu erfassen und in den Förderungsvertrag aufzunehmen.

Vorlagen an die Bundesorganisation:

Bei Vorlage von Projekten an die Bundesorganisation (Förderausschuss) ist der Arbeitsmarkterfolg in relativen und absoluten Zahlen darzustellen. Dieser Indikator wird gleichfalls für Zwecke des Benchmarkings verwendet.

7.3. Regionale Geschäftsstelle

Die Aufgabe der Regionalen Geschäftsstelle umfasst alle Belange der TeilnehmerInnen-bezogenen Abwicklung und der Maßnahmenbetreuung. Die Genehmigung und die Abwicklung der BEMO-Beihilfe finden im Service für Arbeitskräfte statt. Die Information der Unternehmen, die Anbahnung der Durchführung und das Personalauswahlverfahren (Implacement) erfolgen gemäß der vereinbarten Arbeitsteilung zwischen Service für Arbeitskräfte und Service für Unternehmen.

7.3.1. Maßnahmenbetreuung

Die Regionale Geschäftsstelle ist verpflichtet eine/n MaßnahmenbetreuerIn für Arbeitsstiftungen zu bestimmen. Zu den Aufgaben des Maßnahmenbetreuers/der Maßnahmenbetreuerin zählen:

- Maßnahmenbetreuung

- Regelung entsprechender Betreuungsschritte vor Ablauf der Maßnahme
- Mitwirkung an der Maßnahmenkontrolle (optional)

Die Maßnahmenbetreuung der TeilnehmerInnen erfolgt während der Teilnahme an der Maßnahme durch die für die Arbeitsstiftung zuständigen MitarbeiterInnen der Regionalen Geschäftsstelle.

Stellt sich vor Ende der Maßnahme heraus, dass kein Übertritt in ein Dienstverhältnis erfolgt, ist der Kunde/die Kundin durch die Maßnahmenbetreuung über die Notwendigkeit der unverzüglichen persönlichen Vorsprache nach Maßnahmenende bei der zuständigen Regionalen Geschäftsstelle zu informieren. Ein Termin innerhalb einer Woche nach Maßnahmenende ist zu vereinbaren.

7.3.2. Eintragungen im PST

- Bei Implacementstiftungen ist das personalaufnehmende Unternehmen zu vermerken.
- Der Maßnahmen- bzw. Bildungsplan, die Ausbildungsvereinbarung und der abschließende individuelle Teilnahmebericht sind im Textdokument „MVBER" zu dokumentieren und abzuspeichern. Anschließend ist entsprechend den Bestimmungen der Bundesrichtlinie „Betreuungsvereinbarung" vorzugehen.
- Das Feld „Verm.Post" ist ab Beginn der Stiftungsteilnahme (bei MN > 4 Monate) auf „N" zu setzen, mit dem Eintritt in das Modul Aktive Arbeitssuche und dem Erhalt des individuellen Teilnahmeberichts hat eine Umstellung auf „J" zu erfolgen.

Ab Beginn der Stiftungsteilnahme ist aufgrund der aktuell gültigen Bundesrichtlinie „Verpflichtende Eintragungen in der AMS-EDV (Status Richtlinie)" der PST-Status „SC" (im Regelfall erfolgen die Statusänderungen automatisch im Zuge der TAS Zu- und Abbuchung).

7.3.2.1. Betreuungsvereinbarung

In die Betreuungsvereinbarung bzw. unter dem Dokumenten Typ „SONSTIGE" mit dem Betreff „Begründung für die Maßnahmenteilnahme AST" ist bei Implacement das personalaufnehmende Unternehmen aufzunehmen.

7.3.2.2. Individuelle Teilnahme-Berichte

Die Rückmeldungen in Form der individuellen Teilnahmezwischenbereichte und der abschließenden individuellen Teilnahmeberichte sind im Hinblick auf die maßnahmen- bzw. bildungsplankonforme Umsetzung zu überprüfen bzw. die weitere Betreuung durch das Arbeitsmarktservice zu bearbeiten.

7.3.3. EDV-Abwicklung im Beihilfenadministrationssystem Individualförderungen

- Das BAS IF ist einzusetzen.
- Die in der BEMO angeführten EDV-Anweisungen sind zu berücksichtigen.
- Für alle TeilnehmerInnen an einer Arbeitsstiftung ist ein AST-BEMO-Förderungsfall anzulegen und ein BEMO-Begehren auszugeben. Das gilt auch für Personen, denen Stiftungsarbeitslosengeld zuerkannt wird, da für alle TeilnehmerInnen an Arbeitsstiftungen gemäß der aktuell gültigen Bundesrichtlinie „Aus- und Weiterbildungsbeihilfen (BEMO)" die angeführten Tagsätze als Mindestsicherung gelten.
- Der Förderungsfall ist vom TAS zu eröffnen. Im Fenster „Förderungsfall anlegen" ist der Maßnahmentyp entsprechend vorbelegt.
- Im Fenster „Begehrensfall-Basis" in der Group-box „Maßnahmenbegründung" generiert sich als Standardtext „Existenzsicherung während Arbeitsstiftung" (wird automatisch in die PST-DOKU generiert).
- Das Feld „Standardtext" Text an SVL im Fenster „Entscheidung/Genehmigung BEMO" wird auf den Wert „AST" gesetzt.
- Bei einer Maßnahmendauer unter einer Woche bzw. einem wöchentlichen Ausmaß unter 16 Maßnahmenstunden erfolgt keine EDV-unterstützte negative Entscheidung des BEMO-Förderungsfalles.
- Die Beihilfe KNK wird wie bei einem normalen BEMO-Förderungsfall administriert.
- Die Beihilfe KK ist bei einem AST-BEMO-Förderungsfall nicht administrierbar.

Abwicklung von BEMO-Förderungsfällen gemäß Punkt 6.3.4.

- Für Stiftungsfälle bei denen die Stiftungsmaßnahmen nicht innerhalb des Zeitraumes von 156 bzw. 209 Wochen absolviert werden können, ist für Teilnahmezeiten im Auftrag des AMS gemäß § 12 Abs. 5 AlVG ein eigener BEMO-Förderungsfall mit dem Maßnahmentyp „Aus- und Weiterbildung" (d.h. dieser darf nicht vom TAS aus eröffnet werden) anzulegen. Ebenso ist für Teilnahmezeiten im Auftrag des AMS gemäß § 12 Abs. 5 AlVG für die Maßnahmenmodule Berufsorientierung oder Aktive Arbeitssuche bei denen keine Vollauslastung erreicht wird, ein eigner BEMO-Förderungsfall mit dem Maßnahmentyp „Aus- und Weiterbildung" anzulegen.

7.3.4. EDV-Abwicklung im Teilnahmeadministrationssystem (TAS)

- Die TeilnehmerInnen sind mittels TAS zu administrieren.
- Sämtliche TeilnehmerInnen an AST sind auf die entsprechende Veranstaltung zuzubuchen. Die Eintrittsbuchung bewirkt einen Statuswechsel auf SC. Bei Implacementstiftungen kann die Auswahl potenzieller TeilnehmerInnen zuvor auch mittels *ADG erfolgen.* Bei positiver Absolvierung des Personalauswahlverfahrens und bei Teilnahme an der Implacementstiftung erfolgt eine TAS Eintrittsbuchung.

- Mit Beendigung der Maßnahme ist eine Austrittsbuchung mit der Aktion ‚Maßnahmenende' mit dem jeweiligen Datum und Beendigungsgrund vorzunehmen (TN-Status „absolviert"; PST-Statuswechsel wird vollzogen).
- Liegt nach Rückmeldung der Stiftungseinrichtung ein Maßnahmenabbruch bzw. ein Maßnahmenausschluss vor, ist eine Austrittsbuchung mit der Aktion ‚Abbruch' bzw. ‚Ausschluss' mit dem jeweiligen Datum und Abbruch- bzw. Ausschlussgrund vorzunehmen (TN-Status „abgebrochen").
- Maßnahmen/Veranstaltungen, die einer bestimmten Maßnahme/Veranstaltung vor- oder nachgelagert sind, sind als solche zu erfassen, da dies einerseits die Umbuchung erleichtert und andererseits die Voraussetzung dafür bildet, dass zusammengehörige Veranstaltungen als solche erkannt und als verkettete Förderepisode im DWH ausgewertet werden können.

8. IN-KRAFT-TRETEN/AUSSER-KRAFT-TRETEN

Diese Bundesrichtlinie tritt mit 1. November 2018 in Kraft und ersetzt die Bundesrichtlinie AMF 3-2017 (GZ: BGS/AMF/0722/9917/2016.

9. EINFÜHRUNGSBERICHT UND LAUFENDE QUALITÄTSSICHERUNG

Um die laufende Qualitätssicherung zu gewährleisten, sind die Landesgeschäftsstellen verpflichtet, bei Anwendungsproblemen und/oder Nichtanwendbarkeit der Bundesrichtlinie den Erfahrungsbericht an die Bundesgeschäftsstelle/Abteilung Förderungen bis spätestens 30. April 2020 per E-Mail zu übermitteln. Kommt es auf Grund von nicht vorhandenem Änderungsbedarf zu keiner Neuverlautbarung der Richtlinie, sind die Erfahrungsberichte im zwei Jahres Rhythmus an die Bundesgeschäftsstelle/Abteilung Förderungen zu übermitteln. Für die Rückmeldungen ist die in der „Bundesrichtlinie über die Erstellung von Bundesrichtlinien im AMS" vorgesehene Vorlage „Erfahrungsbericht zur laufenden Qualitätssicherung" zu verwenden. Sind keine Anwendungsprobleme aufgetreten ist diesbezüglich eine Leermeldung zu erstatten. Die Fachabteilung verpflichtet sich, diese Rückmeldungen auszuwerten und dem Vorstand des AMS Österreich zur Festlegung des weiteren Procederes (Rückmeldung an Landesorganisationen) vorzulegen.

10. ERLÄUTERUNGEN

10.1. Zu Punkt 3.3. EFQM

4a) Partnerschaften zur Erzielung von Wertschöpfung gestalten, Kernkompetenzen von Partnern erkennen, wirksam einsetzen und gemeinsame Weiterentwicklung unterstützen.

5a) Prozesse systematisch gestalten, managen und im Hinblick auf die Erfüllung der Anforderungen aller InteressenspartnerInnen laufend verbessern.

5b) Produkte und Dienstleistungen anhand der Bedürfnisse und Erwartungen der KundInnen entwerfen, entwickeln, herstellen, liefern und warten.

10.2. Zu Punkt 4. Gesetzliche Grundlagen

Die nach dem AlVG zur Verfügung gestellten und bescheidmäßig anerkannten Maßnahmen der Arbeitsstiftung sind mit der Rechtsfolge des verlängerten AlG-Bezuges verbunden und richten sich daher an Personen mit AlG-Anspruch. Die ergänzende Teilnahme von Personen ohne AlG-Anspruch kann – entsprechend den Grundsätzen nach dem AMSG – im Einzelfall nach individueller arbeitsmarktpolitischer Beurteilung durch die Regionale Geschäftsstelle genehmigt werden.

10.3. Zu Punkt 6.1.1. Unternehmensstiftung

Verbundene Unternehmen sind in Anlehnung an § 228 Unternehmensgesetzbuch (UGB) solche Unternehmen, die nach den Vorschriften über die vollständige Zusammenfassung der Jahresabschlüsse verbundener Unternehmen (Vollkonsolidierung) verpflichtend in den Konzernabschluss eines Mutterunternehmens gemäß § 244 UGB einzubeziehen sind. Dies ist etwa dann der Fall, wenn ein (Tochter) Unternehmen unter der einheitlichen Leitung einer Kapitalgesellschaft (Muttergesellschaft) steht und das Mutterunternehmen an der Tochter zumindest 20% der Anteile hält.

10.4. Zu Punkt 6.1.1. Branchenstiftung und zu Punkt 6.1.3. Zielgruppenstiftung

Eine Bereitstellung durch die gesetzliche Interessensvertretung der Arbeitgeber bzw. die kollektivvertragsfähigen Körperschaften der Arbeitgeber oder auch der Arbeitnehmer ist nur dann erfüllt, wenn die bereitstellende gesetzliche Interessensvertretung der Arbeitgeber bzw. die bereitstellenden kollektivvertragsfähigen Körperschaften die Einrichtung entweder (mit)finanzieren oder sie diese Einrichtung aufgrund ihrer Eigentümerrechte (an der Einrichtung) zur Verfügung stellen können. Ein unentgeltlicher Auftrag ist nicht möglich. Eine gegebene Verwendungszusage ist nicht ausreichend. Eine Verwendungszusage verpflichtet (nur) zu sorgsamem Bemühen innerhalb der rechtlichen Möglichkeiten. Die Interessensvertretung der Arbeitgeber muss bzw. die Sozialpartner müssen eine Trägerstruktur (Personal- und Sachausstattung) bereitstellen, die ein Mindestmaß an Dienstleistungen erbringen kann oder sie muss/müssen eine substantielle Beteiligung leisten. Die Ausfinanzierung kann durch Ausschöpfung anderer Kostenträger (Land, Unternehmen) erfolgen.

10.5. Zu Punkt 6.1.2. Implacementstiftungen

Handelt es sich um eine beschränkte Anzahl von schwer zu besetzenden offenen Stellen oder um Einzelfälle, die vom anerkannten Stiftungskonzept nicht umfasst sind, besteht die alternative Möglichkeit die Vorqualifizierung im Rahmen der

Bundesrichtlinie Aus- und Weiterbildungsbeihilfen durchzuführen (DLU-Beihilfe bzw. Fortbezug gemäß § 12 Abs. 5 AlVG). Auf die BEMO-Regelung Arbeitsplatznahe Qualifizierung (AQUA) wird verwiesen.

Handelt es sich um einzelne schwer zu besetzende offene Stellen von Kleinunternehmen, die vom anerkannten Stiftungskonzept umfasst sind, ist auch die Teilnahme einer einzelnen Person möglich.

10.6. Zu Punkt 6.3.1. Rechtliche Bestimmungen

Die Geltung bzw. Wirkung des AlVG-Bescheides erstrecken sich ausschließlich auf Personen mit AlG-Anspruch. Die ergänzende Teilnahme von Personen ohne AlG-Anspruch kann im Einzelfall im Auftrag des Arbeitsmarktservice (z.B. gemäß § 12 Abs. 5 AlVG) erfolgen. Grundvoraussetzung für die Teilnahme ist, dass Arbeitslosigkeit vorliegt.

In Hinblick auf das notwendige Vorliegen von Arbeitslosigkeit ist darauf zu achten, dass die Zuschussleistung gemeinsam mit einem allfälligen geringfügigen unselbstständigen Einkommen die ASVG-Geringfügigkeitsgrenze nicht überschreiten. Sollte der Sozialversicherungsträger die lohnsteuerpflichtigen Leistungen kumulieren und zusammen eine Sozialversicherungspflicht über der ASVG-Geringfügigkeitsgrenze feststellen, liegt Arbeitslosigkeit nicht vor (für diesen Zeitraum gebührt kein Stiftungsarbeitslosengeld, gegebenenfalls ist dieses rückzufordern).

Es erfolgt für die Beurteilung der Arbeitslosigkeit keine Zusammenrechnung der Zuschussleistung mit Einkommen, die nicht aus unselbständiger Tätigkeit resultieren (z.B. selbstständiges Einkommen, Einkommen aus Land- und Forstwirtschaft).

Die Teilnahme mit einer Rückkehrmöglichkeit zum personalabbauenden Unternehmen erfordert daher die Beendigung des Arbeitsverhältnisses mit der Abrechnung der individuellen Beendigungsansprüche. Die Stundung der Auszahlung der individuellen Beendigungsansprüche stellt kein Hindernis für Arbeitslosigkeit dar. Weitere Kriterien für eine „echte" Unterbrechung (vgl. BGS/SfA/05522/9599-2009) sind

- Beginn des Arbeitsjahres mit Datum der „Wiedereinstellung"
- die Zeit der Unterbrechung wird nicht auf Ansprüche angerechnet, die von der Dauer des Dienstverhältnisses abhängen (Ausnahme: witterungsbedingte Unterbrechungen)
- Vorliegen einer Arbeitsbescheinigung mit Lösungsgrund
- die Ausstellung einer Arbeitsbescheinigung mit der Bestätigung einer Arbeitgeberkündigung
- eine Vereinbarung darüber, dass der/die DienstnehmerIn gemäß § 9 Abs. 6 AlVG zum Ersatz eines allfälligen Schadens, der aus der Nichterfüllung dieser Wiedereinstellungsvereinbarung wegen Antritt einer anderen Beschäftigung nicht verpflichtet ist
- die Ausfolgung von Arbeitspapieren, Dienstzeugnis

Im Falle eines Aussetzungsvertrages (Karenzierung mit einem Ruhen der gegenseitigen Verpflichtungen) besteht ein aufrechtes Dienstverhältnis, sodass Arbeitslosigkeit nicht vorliegt. Aussetzvereinbarungen liegen beispielsweise vor, wenn

- nicht alle Rechte und Pflichten während des vereinbarten (Aussetzungs-)Zeitraumes ruhen (z.B. Benützung einer Dienstwohnung)
- bei Wiedereinstellung eine Nachzahlung der durch die „Unterbrechung" entstandenen finanziellen Verluste vereinbart wurde

Erfolgt die Karenzierungsvereinbarung zum Zwecke der Aus- und Weiterbildung besteht die alternative Möglichkeit des Bezugs von Weiterbildungsgeld.

10.7. Zu Punkt 6.3.2. Projektgrundlagen

Das Konzept ist so ausreichend zu konkretisieren, dass die arbeitsmarktpolitische Prüfung anhand des Konzeptes vernünftig erfolgen kann. Die arbeitsmarktpolitische Beurteilung (Prüfung der Vermittelbarkeit bzw. anderer verfolgter arbeitsmarktpolitischer Ziele, der arbeitsmarktpolitischen Sinnhaftigkeit der vorgesehenen Maßnahmenmodule, insbesondere der Module Aus- und Weiterbildung) erfolgt für Personen mit AlG-Anspruch generell anhand des Konzeptes und nicht anhand der konkreten Einzelfälle. Die individuellen Maßnahmen- bzw. Bildungspläne werden in der Folge ausschließlich auf ihre Übereinstimmung mit dem anerkannten Stiftungskonzept geprüft und im Falle der Übereinstimmung im Hinblick auf den (verlängerten) Arbeitslosengeldbezug während der Maßnahmenteilnahme genehmigt.

Im Einzelfall ist auch die Teilnahme von Personen ohne AlG-Anspruch möglich, wobei deren Teilnahme im Auftrag des Arbeitsmarktservice erfolgt und auf die individuelle arbeitsmarktpolitische Beurteilung durch die RGS abstellt (DLU-Beihilfe bzw. NH-Fortbezug gemäß § 12 Abs. 5 AlVG).

Das Stiftungskonzept hat tunlichst die verfolgten arbeitsmarktpolitischen Ziele anzugeben, sofern diese über die unmittelbare Herstellung der Vermittelbarkeit hinausgehen.

Das Erfordernis eines ausreichend spezifizierten Maßnahmenkonzepts und der notwendige Unternehmensbezug bedeuten nicht von vornherein, dass sogenannte offene Arbeitsstiftungen nicht mehr möglich sind. Weiterhin kann eine bestehende Stiftung durch Beitritt neuer Unternehmen erweitert werden. Voraussetzung dafür ist jedoch, dass die Art der Unternehmen, die beitreten können, im Konzept näher spezifiziert ist im Hinblick auf ihre arbeitsmarktpolitischen Probleme und ihre regionale Lage. Beispielsweise: KMU in … mit Fachkräftemangel im Bereich bestimmter Berufe (Implacementstiftung); oder: Zulieferbetriebe bestimmter Leitbetriebe mit Umstrukturierungsnotwendigkeiten und daraus folgenden Personalabbaunotwendigkeiten in …. (Outplacementstiftung); oder: Betriebe eines/einer bestimmten Clusters/ Branche in … mit Fachkräftemangel (Implacementstiftung) oder Personalüberhang (Outplacementstiftung). Ebenso muss die Form in der der Beitritt erfolgt (einfache Auftragserteilung oder Beteiligung am Stiftungsträger) bereits im Konzept spezifiziert sein. Treten Unternehmen der Stiftung bei, die nicht den ursprünglichen Spezifikationen entsprechen, muss das Stiftungskonzept geändert und der Anerkennungsbescheid erneuert werden.

Auch dürfen die Ansprüche an die inhaltlichen Spezifikationen des Maßnahmenkonzepts nicht übertrieben werden. Es muss noch ausreichend Spielraum geben, Ausbildungswege an die individuellen Ergebnisse der Berufsorientierung anzupassen. Nichtsdestoweniger aber muss das Maßnahmenkonzept einen Rahmen geben innerhalb dessen sich die individuellen Bildungspläne zu bewegen haben. Beispielsweise ist abzugrenzen gegen Ausbildungswünsche, die nur in privaten Interessen liegen und kaum am Arbeitsmarkt verwertbare Kenntnisse vermitteln. Insbesondere ist daher im Konzept zu klären, in welchen Fällen höhere schulische Ausbildungen bis hin zu tertiären Ausbildungen (allenfalls auch die Erlangung der dafür notwendigen Zulassungsprüfung) über die Stiftung finanziert werden oder Ausbildungen im Ausland oder Ausbildungen, bei denen der Zusammenhang mit einer angestrebten Existenz sichernden Berufsausübung nicht unmittelbar gegeben erscheint. Die inhaltlichen Festlegungen sind zumindest schwerpunktmäßig aus der Struktur der Zielgruppen (Vorkenntnisse) und aus der Lage und Entwicklung des Arbeitsmarktes – insbesondere der Arbeitskräftenachfrage – abzuleiten.

Beispiel (Outplacement): Un- und Angelernten Arbeitskräften (Anteil x) wird aufgrund der abnehmenden Vermittlungschancen gering Qualifizierter eine Höherqualifizierung bis zu einem Berufsabschluss geboten - aufgrund der Vorkenntnisse schwerpunktmäßig im Bereich xy. Auch Fachkräfte aus dem Bereich yz (Anteil y) sind derzeit am regionalen Arbeitsmarkt nur erschwert vermittelbar, ihnen wird Höherqualifizierung im Beruf oder Umschulung auf einen anderen Beruf oder Erwerb der Hochschulreife (Matura) – insbesondere durch HTL- oder HAK-Abschlüsse angeboten. Im Bürobereich (Anteil z) herrscht am regionalen Arbeitsmarkt ebenfalls ein Überangebot an Arbeitskräften, Arbeitskräften mit Büroverwendung werden schulische Höherqualifizierung bis zum Studienabschluss angeboten (jeweils eine Bildungsstufe höher). Ausbildungen in Gesundheits- und Pflegeberufen so wie in „green jobs“ sind aufgrund der aktuellen und künftigen Nachfragsituation am Arbeitsmarkt für alle Arbeitnehmergruppen ohneweiters möglich. Ausbildungen, die die musischen Interessen fördern, sind dann möglich, wenn ein klares Kalkül über die berufliche Verwertung der erworbenen Fähigkeiten vorliegt.

Bezüglich der zeitlichen Begrenzung des Konzepts (einer Stiftung) ist zu betonen, dass die Festlegung des zeitlichen Rahmens für die Maßnahmeneintritte zunächst beim Antragsteller (in der Folge bei den Sozialpartnern) liegt. Das AMS kann allenfalls die Anerkennung verweigern, wenn die Lage und Entwicklung des Arbeitsmarktes die Fortführung des Maßnahmenkonzeptes ab einem bestimmten Zeitpunkt, der innerhalb des Projektzeitraumes liegt, in Widerspruch zu den arbeitsmarktpolitischen Erfordernissen geraten lässt, oder wenn die Ausfinanzierung von vornherein nur für einen kürzeren Zeitraum gesichert erscheint, als das Konzept als Projektlaufzeit vorsieht. Bei Förderung des Projekts durch das AMS bestimmt das AMS auch im Wege der Förderung über die Projektlaufzeit mit. Bei Stiftungen, die im Wesentlichen Outplacement für ein oder mehrere Unternehmen betreiben, die längerfristig ihren Personalstand an geänderte Strukturen anpassen müssen, ist auch eine unbefristete Bewilligung möglich. Die längerfristigen Strukturanpassungsbedarfe finden beispielsweise in einer entsprechenden Betriebsvereinbarung über die Stiftungseinrichtung ihren Niederschlag. Um aber sicher zu stellen, dass die Geschäftsstellen des AMS immer die aktuellen Maßnahmenkonzepte zur Verfügung haben, ist durch eine entsprechende Auflage im Bescheid sicher zu stellen, dass alle 2 Jahre Planzahlen, was Teilnahmen und Finanzierung betrifft, an die genehmigende LGS übermittelt werden.

10.8. Zu Punkt 6.3.3. Antragstellung und Zuständigkeit

Den Betrieb kennzeichnet die tatsächliche Personen- und Sachgesamtheit, die dem unternehmerischen Zweck gewidmet ist, also die tatsächliche Produktions- bzw. Dienstleistungseinrichtung des Unternehmens. Praktikabler Weise orientieren sich die Bestimmungen des Arbeitsverfassungsgesetzes an der Funktion der Personalverwaltung (Kompetenz zur Begründung und Lösung von Dienstverhältnissen). Ein Indikator ist, ob auf Ebene des Betriebes ein Betriebsrat eingerichtet ist. Davon zu unterscheiden sind einzelne dislozierte Betriebseinrichtungen (Filialen), die nicht eigenständig wirtschaften können, weil ihnen wesentliche Unternehmensfunktionen fehlen. Der Sitz des Unternehmens (die juristische Person als Träger von Rechten und Pflichten) bzw. der Sitz des Stiftungsträgers sind für die Zuständigkeit unerheblich.

Besteht eine örtliche Zuständigkeit mehrerer Behörden (AMS LGS), so haben diese gemäß § 4 AVG einvernehmlich vorzugehen. Gemäß Hengstschläger/Leeb, AVG § 2 (Stand 1.1.2014, rdb.at) bedarf es nicht zwingend, dass von jeder Behörde ein eigener gleich lautender Bescheid erlassen wird.

Vielmehr sprechen die besseren Gründe dafür, dass jene Behörde (AMS LGS) federführend ist, bei der der größere Teil der Stiftung in Bezug auf die Anzahl der TeilnehmerInnen abgewickelt wird und einen Bescheid erlässt, wobei mit den anderen Behörden im Vorfeld eine Willensübereinstimmung erlangt werden muss. So kann durch die federführende Behörde der Antrag den beteiligten Behörden zur Stellungnahme übermittelt und nach Einlangen der entsprechenden Äußerungen einen Bescheid unter Hinweis auf das hergestellte Einvernehmen erlassen werden.

10.9. Zu Punkt 6.3.4 Maßnahmenmodule

Gemäß § 18 Abs. 5 Zi. 2 AlVG kann für arbeitslose Personen, die das 50. Lebensjahr vollendet haben, eine Verlängerung der Bezugsdauer, sofern dies für die Umsetzung des Bildungsplanes notwendig ist, um höchstens 209 Wochen erfolgen. Auch bei Vollendung des 50. Lebensjahrs innerhalb von 156 Wochen kann der Bildungsplan eine maximale Dauer von 209 Wochen vorsehen.

10.10. Zu Punkt 6.3.4. Maßnahmenmodule

Nebenberuflich organisierte Ausbildungen, die ausschließlich am Abend (ab 16:00 Uhr) oder am Wochenende (ab Freitag, 12:00 Uhr) besucht werden, sind mangels Vollauslastung für sich alleine keine anerkennbaren Stiftungsmaßnahmen. Eine Vollauslastung durch Ausbildungen, die extra für Berufstätige organisiert sind und daher die Verfügbarkeit der TeilnehmerInnen zu den üblichen Arbeitszeiten nicht wesentlich einschränken, kann sich bei Beurteilung nach ECTS-Credits ergeben, nicht aber bei Beurteilung nach den Anwesenheitszeiten im Lehrgang. Eine Vollauslastung kann sich gleichfalls bei Kombination mit anderweitigen theoretischen Aus- und Weiterbildungszeiten (einschließlich Präsenzzeiten ergänzende Zeiten gemäß Punkt 6.3.4.) und/oder mit praktischen Ausbildungszeiten ergeben.

Das Stiftungskonzept kann die Verpflichtung der Stiftungseinrichtung zur laufenden Kontrolle des Lernfortschritts anhand der zu erreichenden ECTS-Credits sowie zur Prüfung, ob bei Bildungsplanänderung das Maßnahmenziel noch erreicht werden kann, enthalten. Werden die für ein Vollzeitstudium nötigen ECTS nicht erreicht, ist aber gemäß Bestätigung der Stiftungseinrichtung ein Nachholen bzw. der Abschluss der Ausbildung innerhalb der individuellen Teilnahmedauer möglich, kann die Teilnahme an der Stiftung fortgesetzt werden. Ist ein Nachholen bzw. ein Abschluss der Ausbildung innerhalb der individuellen Teilnahmedauer nicht mehr möglich, ist die Ausbildung abzubrechen.

Sieht das Stiftungskonzept die Maßnahmen Unternehmensgründung vor, ist als Maßstab für die Anerkennbarkeit entscheidend, ob diese Maßnahmenmodule die Voraussetzungen des § 18 Abs. 6 AlVG, insbesondere der Vollauslastung erfüllen.

Maßnahmenmodule, die diese Voraussetzungen nicht erfüllen, können im Rahmen des Unternehmensgründungsprogramms weiterverfolgt werden.

10.11. Zu Punkt 6.3.4.3. Aus- und Weiterbildung

Ziel der Teilnahme an Arbeitsstiftungen ist die Wiedererlangung eines Arbeitsplatzes. Die Absolvierung innerhalb des Zeitraumes des individuellen Leistungsanspruches ist notwendig, da zu prüfen ist, ob die Maßnahmen nach dem Inhalt und den angestrebten Zielen den arbeitsmarktpolitischen Erfordernissen dienen (§ 18 AlVG Abs. 6 lit. b). Die möglichen Ausbildungen bestimmen sich nach dem Ziel und dem Zweck. Demnach können bereits vor Stiftungsteilnahme begonnene Ausbildungen fortgesetzt werden. Diese sind jedoch innerhalb der maximalen individuellen Teilnahmedauer zu absolvieren.

Eine Wiederholung von Lern- bzw. Ausbildungsschritten ist möglich, wenn die maximale individuelle Teilnahmedauer dadurch nicht überschritten wird und das Konzept diesbezüglich keine abweichenden Regelungen beinhaltet. Bei Personen, bei denen eine Fortführung und Beendigung der Ausbildung im Rahmen der Stiftung dadurch nicht mehr möglich ist, kann bei Vorliegen arbeitsmarkpolitischer Sinnhaftigkeit ein Auftrag gemäß § 12 Abs. 5 AlVG erteilt werden.

Personen mit einer Unterbrechung infolge eines längeren Krankenstandes können die Teilnahme gleichfalls fortsetzen, sofern dies die Projektlaufzeit zulässt und bei Bedarf eine (zeitliche) Anpassung des individuellen Maßnahmenplanes bzw. Bildungsplanes vorgenommen wird.

Grundsätzlich hat die Qualifizierung im Modul Aus- und Weiterbildung zu erfolgen. Sollte sich jedoch in Einzelfällen im Rahmen der Aktiven Arbeitssuche ein definierter zusätzlicher Bildungsbedarf für eine konkrete offene Stelle ergeben, kann diesem zugestimmt werden, sofern er sich mit dem Konzept deckt. Eine Anpassung des Bildungsplanes ist vorzunehmen, die 1/3-Regelung ist einzuhalten.

Eine zeitliche Begrenzung der maximalen Ausbildungsdauer mit der angestrebten anschließenden Dauer der Erwerbstätigkeit ist möglich, sofern damit keine unmittelbare Diskriminierung verbunden ist.

10.12. Zu Punkt 6.3.4.4. Praktische Ausbildung (Praktikum)

Im Vordergrund steht der Ausbildungszweck. Ausschlaggebend ist, dass die konkrete Beschäftigung nach der vorzunehmenden Gesamtbeurteilung auch objektiv (der inhaltlichen Gestaltung nach) in erster Linie – im Interesse des Auszubildenden (sich entsprechend dem individuellen Maßnahmen- bzw. Bildungsplan praktische Kenntnisse und Fähigkeiten anzueignen) – von diesem Ausbildungszweck bestimmt (geprägt) und nicht – im Interesse des Betriebsinhabers an Arbeitsleistungen für seinen Betrieb – primär an betrieblichen Zwecken und Erfordernissen orientiert ist. Aus Gründen der Betriebssicherheit, der notwendigen Anpassung an das Betriebsgeschehen oder aus ähnlichen Sachgründen wird sich der/die PraktikantIn in der Regel auch an Arbeitsabläufe sowie an die Arbeitszeiten und die Arbeitsorte der Belegschaft zu halten haben. Er/Sie wird auch, schon um sein/ihr Ausbildungsziel zu erreichen, unter Umständen während der gesamten betrieblichen Arbeitszeit tätig sein und sich aus diesen Gründen auch allfälligen Anordnungen betreffend das Arbeitsverfahren und das arbeitsbezogene Verhalten fügen müssen.

Es wird daher aufgrund und nach Maßgabe dieser Umstände auch eine gewisse Bindungswirkung an Ordnungsvorschriften hinsichtlich Arbeitsort, Arbeitszeit, Arbeitsverfahren und arbeitsbezogenes Verhalten bestehen. Gegen die Annahme eines vorrangig vom Ausbildungszweck geprägten Praktikums wird es hingegen sprechen, wenn der/die Praktikantin auf Anordnung des Betriebsinhabers zu Überstundenleistungen herangezogen wird.

Während des Praktikums überwiegt die Ausbildung der TeilnehmerInnen. Kriterien für das Überwiegen des Ausbildungszweckes:

- Beschäftigung wird objektiv in erster Linie vom Ausbildungszweck bestimmt
- Absichten der Vertragsparteien sind auf den Ausbildungszweck gerichtet und nicht vom Interesse des Praktikumsbetriebes geprägt
- ausbildungsfremde Arbeiten oder reine Hilfsarbeiten werden in einem zeitlich vernachlässigbarem Ausmaß verrichtet
- Wechsel der Tätigkeiten nach Wahl des Auszubildenden (jedoch unter Bedacht auf die betrieblichen Sacherfordernisse) und nicht nach Maßgabe der am jeweiligen Arbeitsanfall orientierten Betriebserfordernisse. Die zu verrichtende Tätigkeit kann auch ohne Hilfe des Auszubildenden verrichtet werden.
- Mitbestimmung der Arbeitsabläufe (unter Beachtung der genannten sachlichen Grenzen) sodass sich der/die Auszubildende nach seinen/ihren Interessen an den Ausbildungserfordernissen bei einzelnen Tätigkeiten unabhängig von den Betriebserfordernissen länger aufhalten kann
- der/die Auszubildende hat größere Freiheit bei der zeitlichen Gestaltung seiner/ihrer Anwesenheit im Betrieb und muss nicht im selben Maß zeitlich flexibel sein wie sonstige Beschäftigte

10.13. Zu Punkt 6.3.4.4. Praktische Ausbildung (Praktikum)

Ist im Falle von Outplacementstiftungen zwischen dem Stiftungseintritt (Berufsorientierung) und dem Beginn der theoretischen Ausbildung ein längerer Zeitraum zu „überbrücken“, so kann die Stiftungsteilnahme durch die Aufnahme zeitlich begrenzter Dienstverhältnisse unterbrochen oder nach dem theoretischen Einstiegsmodul für fachspezifische ausbildungsvorbereitende Praktika genutzt werden. Ausbildungsvorbereitende Praktika weisen einen funktionalen Zusammenhang mit der angestrebten Aus- und Weitbildung auf. Sie dienen dem Erwerb von praktischen Erfahrungen im angestrebten künftigen Berufsfeld, erleichtern den Einstieg in die Theorieausbildung, ermöglichen das Kennenlernen eines oder mehrerer Beschäftigungsbereiche und potenzieller späterer Arbeitgeber. So können z.B. bei Ausbildungen in Gesundheitsberufen die bestehenden Ausbildungs- und Beschäftigungsmöglichkeiten abgeklärt werden. Ausbildungsvorbereitende Praktika sind Teil der Praktischen Ausbildung und der 2/3 Regelung zuzurechnen.

10.14. Zu Punkt 6.3.5.1. Zuwendung zur Abdeckung schulungsbedingter Mehraufwendungen

Für Teilnahmezeiten gemäß § 12 Abs. 5 AlVG besteht keine Verpflichtung zur Leistung der Zuwendung zur Abdeckung schulungsbedingter Mehraufwendungen.

10.15. Zu Punkt 6.3.7. Rechtscharakter des Bescheides

Bescheide, mit denen Maßnahmen im Sinne des § 18 Abs. 5 AIVG anerkannt werden, sind Rechtsgestaltungsbescheide; an die Erlassung geknüpft ist die Rechtsfolge der verlängerten Bezugsdauer bei Teilnahme von Personen mit AlG-Anspruch. Die ergänzende Teilnahme von Personen ohne AlG-Anspruch erfolgt hingegen im Auftrag des Arbeitsmarktservice nach den Grundsätzen des AMSG.

Gegen Bescheide der Landesgeschäftsstelle kann binnen vier Wochen nach Zustellung (=Beschwerdefrist) schriftlich bei der AMS-Landesgeschäftsstelle Beschwerde an das Bundesverwaltungsgericht eingebracht werden. Auf die einschlägigen Bestimmungen des Allgemeinen Verwaltungsverfahrensgesetz (AVG) und des Verwaltungsgerichtsverfahrensgesetz (VwGVG) §§ 9 und 12 wird verwiesen.

Im Falle von Änderungen bedarf es keiner „Entziehung“ durch Bescheid. Der Anerkennungsbescheid, der auf Basis eines Stiftungskonzeptes erlassen wurde, geht von den örtlichen, zeitlichen, persönlichen sowie inhaltlichen und finanziellen Grundlagen dieses Konzeptes aus. Ändern sich diese Grundlagen, so sind diese nicht vom Anerkennungsbescheid erfasst. Es genügt daher die schriftliche Mitteilung an den Adressaten des Anerkennungsbescheides, dass die Grundlagen für die weitere Umsetzung nicht mehr gegeben sind.

Für eine in Aussicht genommene Neuausrichtung braucht es daher eine neue Antragstellung inklusive Sozialpartnerzustimmung und einen neuen Bescheid auf Basis der geltenden Richtlinienbestimmungen. Änderungen, die vom genehmigten Konzept abweichen, bedürfen einer neuerlichen Genehmigung durch Bescheid. Legt das Konzept z.B. eine normative (fixe) Verteilung der TeilnehmerInnen fest: 30 TN verteilen sich auf Wien: 10, Niederösterreich: 10 und Burgenland: 10 und wird von dieser Verteilung in der Praxis abgewichen, dann ist eine neue Antragstellung erforderlich. Sieht das Konzept jedoch nur eine indikative Regelung vor, z.B. 30 TN werden auf die Bundesländer Wien, Niederösterreich und Burgenland aufgeteilt, kann es bezüglich der Verteilung zu keinen Abweichungen kommen. Enthält das genehmigte Stiftungskonzept z.B. die Option einer Laufzeitverlängerung und sind die diesbezüglichen Voraussetzungen erfüllt, bedarf es keiner neuen Antragstellung.

Datenschutzrechtlich handelt es sich um eine Übermittlung von Daten. Diese Datenübermittlung ist gemäß § 7 Abs 2 iVm § 8 bzw. 9 DSG 2000 *rechtlich auch ohne Zustimmungserklärung der Betroffenen zulässig.*

10.16. Zu Punkt 6.4.1. Teilnahmevoraussetzungen

Beispiel für andere arbeitsmarktpolitische Erfordernisse: Das Stiftungskonzept sieht im Zuge des Personalabbaus die Teilnahme von vermittelbaren Personen vor, damit das Beschäftigungsverhältnis anderer Beschäftigter, deren Vermittlung schwieriger wäre, aufrecht bleiben kann.

Im Falle von Implacementstiftungen wird das Interesse an der adäquaten Besetzung der offenen Stelle (im Sinne des Kernprozesses 2: Unternehmen bei der Suche nach geeigneten Arbeitskräften und bei der Anpassung von Arbeitskräften zu unterstützen) zudem um das Interesse an der Laufbahnverbesserung (im Sinne des Kernprozesses 1: Arbeitskräfte bei der Suche nach Beschäftigungsmöglichkeit und bei der Anpassung bei der Arbeitskräftenachfrage unterstützen) ergänzt.

Bei Übereinstimmung des individuellen Maßnahmen- bzw. Bildungsplanes mit dem von der LGS anerkannten Stiftungskonzept ist die Teilnahme von Personen mit AlG-Anspruch ohne weitere Prüfung durch die RGS möglich. Es bleibt der RGS aber unbenommen, vor Stiftungseintritt Vermittlungsbemühungen zu setzen.

In Abstimmung mit der Stiftungseinrichtung kann die RGS im Einzelfall auch die Teilnahme von Personen ohne AlG-Anspruch – nach individueller Prüfung der Vermittelbarkeit und der arbeitsmarktpolitischen Sinnhaftigkeit des Maßnahmen- bzw. Bildungsplanes – als Teilnahme im Auftrag des Arbeitsmarktservice (z.B. gemäß § 12 Abs. 5 AlVG) genehmigen.

Dies gilt im Einzelfall auch für Maßnahmenbzw. Bildungspläne, die durch das anerkannte Maßnahmenkonzept nicht oder nicht vollständig gedeckt sind.

10.17. Zu Punkt 6.4.4. ALG-/NH-Fortbezug und/oder DLU-Beihilfe

Auslandsaufenthalt und Maßnahmen nach § 18 Abs. 6 AlVG

Gemäß § 18 Abs. 6 AlVG sind Maßnahmen im Rahmen der Arbeitsstiftungen von der Landesgeschäftsstelle anzuerkennen, wenn sie dem Arbeitslosen die Wiedererlangung eines Arbeitsplatzes durch Aus- oder Weiterbildung erleichtern und den arbeitsmarktpolitischen Erfordernissen dienen. Finden solche Aus- oder Weiterbildungsmaßnahmen im Ausland statt, so kann in diesen besonderen Fällen das Schulungsarbeitslosengeld entsprechend dem Sinn und Zweck der Arbeitsstiftungen auch über den im § 16 Abs. 3 AlVG angeführten Zeitraum hinaus zu gewähren.

Nach § 18 Abs. 6 lit c AlVG sind bei der Vollauslastung der Stiftungsteilnehmer die üblichen Urlaubsansprüche zu berücksichtigen. Da Arbeitnehmer üblicherweise auch Urlaub im Ausland machen, kann in solchen Fällen eine Nachsicht gemäß § 16 Abs. 3 AlVG erteilt werden.

10.18. Zu Punkt 6.4.5. Beihilfe für Kursnebenkosten und für Kinderbetreuung

Die individuelle Gewährung ist abhängig von der im bescheidmäßig anerkannten Stiftungskonzept festgelegten Regelung.

10.19. Zu Punkt 6.5. Rechtscharakter der Förderung

Ein einseitig verbindlicher Fördervertrag beinhaltet keine Leistungsverpflichtung des Fördernehmers. Wird die geförderte Leistung erbracht, wird die Beihilfe in Höhe der anerkennbaren Kosten gewährt. Wird die geförderte Leistung nicht bzw. nur teilweise erbracht, erfolgt eine anteilige Kürzung des Beihilfenbetrages. Die Erfüllung der Gegenleistung kann vom AMS nicht eingeklagt werden.

Vergaberechtlich unterliegen einseitig verbindliche Förderverträge *nicht* dem BVergG.

EU-wettbewerbsrechtlich erfolgt die Anerkennung und Durchführung von Maßnahmen der Arbeitsstiftung als allgemeine Maßnahme mit hoheitlichem Rechtsanspruch (Antrag und bescheidmäßige Anerkennung gemäß § 18 AlVG).

Im Falle der Förderung von Insolvenzstiftungen, Branchenstiftungen und Zielgruppenstiftungen handelt es sich um keine staatliche Beihilfe im Sinne des Artikels 107 AEUV (Endbegünstigte sind arbeitslose Personen und zusätzlich erfolgt die Bereitstellung durch Gebietskörperschaften bzw. die gesetzliche Interessensvertretung der Arbeitgeber bzw. kollektivvertragsfähige Körperschaften der Arbeitgeber oder Arbeitnehmer).

Im Falle der Förderung von Regionalstiftungen und Implacementstiftungen, die von einem oder mehreren Unternehmen bereitgestellt werden, kann es sich um eine staatliche Beihilfe im Sinne des Artikels 107 AEUV handeln (selektive Begünstigung von Unternehmen), wobei diese aufgrund der Prüfung der Angemessenheit der Kosten und aufgrund der belegsmäßigen Abrechnung als Ausgleichszahlung[40] für die Erbringung von Dienstleistungen von allgemeinem wirtschaftlichen Interesses im Sinne des Artikel 106 AEUV mit dem gemeinsamen Markt vereinbar und nicht notifizierungspflichtig ist (DAWI zugunsten der endbegünstigten arbeitslosen StiftungsteilnehmerInnen).

[40] siehe Beschluss der Kommission vom 20.12.2011 über die Anwendung von Artikel 106 Absatz 2 VAEU auf staatliche Beihilfen in Form von Ausgleichszahlungen zugunsten bestimmter Unternehmen, die mit der Erbringung von Dienstleistungen von allgemeinem wirtschaftlichen Interesse betraut sind

10.20. Zu Punkt 6.5.4.2. Überbetrieblich verwertbare Aus- und Weiterbildungen

Aus- und Weiterbildungen sind allgemein bzw. überbetrieblich verwertbar, wenn sie nicht ausschließlich oder in erster Linie den gegenwärtigen oder zukünftigen Arbeitsplatz der TeilnehmerInnen im begünstigten Unternehmen betreffen, sondern die Qualifikationen vermitteln, die in hohem Maß auf andere Unternehmen und Arbeitsfelder übertragbar sind.

11. ANHANG

Formular Bildungsplan bzw. Maßnahmenplan
Formular relevante Teilnahmedaten (optional)
Formular Ausbildungsvereinbarung
Formular Förderungsansuchen
Muster-Förderungsvertrag

(Anhänge nicht abgedruckt)

35/9. Bundesrichtlinie Beihilfe für Ein-Personen-Unternehmen (EPU)

Bundesrichtlinie Beihilfe für Ein-Personen-Unternehmen (EPU), BGS/AMF/0702/9929/2020, AMF/29-2020

1. EINLEITUNG

Im Arbeitsmarktpaket II vom 17.6.2009 wurde festgelegt, dass Ein-Personen-Unternehmen gefördert werden sollen.

2. REGELUNGSGEGENSTAND

Beihilfe für Ein-Personen-Unternehmen

Kurzbezeichnung: EPU

3. REGELUNGSZIELE

3.1. REGELUNGSZIEL

Festlegung einer einheitlichen und verbindlichen Vorgangsweise für die Gewährung der Beihilfe für Ein-Personen-Unternehmen.

3.2. EFQM

Mit dieser Bundesrichtlinie wird dem EFQM-Kriterium 4 „Nachhaltigen Nutzen schaffen" Rechnung getragen.[1]

[1] siehe Erläuterungen 11.1.

4. GESETZLICHE GRUNDLAGEN

§ 34 Arbeitsmarktservicegesetz (AMSG)

5. ADRESSATEN/ADRESSATINNEN

Diese Bundesrichtlinie richtet sich an alle Landesgeschäftsführer/Landesgeschäftsführerinnen und an alle Mitarbeiter/Mitarbeiterinnen des Arbeitsmarktservice, die mit Aufgaben der Arbeitsmarktförderung auf der Ebene der Landesgeschäftsstelle und der regionalen Geschäftsstelle des Service für Unternehmen (inkl. Budgetierung, Budgetverbuchung) betraut sind.

6. NORMEN – INHALTLICHE REGELUNGEN

6.1. ARBEITSMARKTPOLITISCHE ZIELE

6.1.1. Arbeitsbeschaffung

Verringerung des Arbeitsplatzdefizits durch die Schaffung zusätzlicher Arbeitsplätze.

6.2. FÖRDERUNGSGEGENSTAND UND ART DER FÖRDERUNG

Pauschalierter Ersatz des Dienstgeberanteils[2] zur Sozialversicherung

[2] siehe Erläuterungen 11.2.

6.3. FÖRDERBARER PERSONENKREIS

Arbeitsuchend Vorgemerkte unmittelbar nach abgeschlossener Ausbildung oder mindestens seit 2 Wochen vorgemerkte Arbeitslose (AL oder SC vorgemerkt).[3]

[3] siehe Erläuterungen 11.3.

6.3.1. Nicht förderbar sind:

6.3.1.1. Personen, die dem geschäftsführenden Organ des Förderungswerbers/der Förderungswerberin angehören[4]

[4] siehe Erläuterungen 11.4.

6.3.1.2. Lehrlinge[5]

[5] siehe Erläuterungen 11.5.

6.3.1.3. Werkvertragsnehmer/Werkvertragsnehmerinnen mit Gewerbeschein

6.3.1.4. Neue Selbstständige (Werkvertragsnehmer/Werkvertragsnehmerinnen ohne Gewerbeschein)

6.3.1.5. Freie Dienstnehmer/Dienstnehmerinnen

6.3.1.6. Ehepartner/Ehepartnerinnen, Lebensgefährten/Lebensgefährtinnen, eingetragene Partner/eingetragene Partnerinnen, Kinder, Eltern, Geschwister, Enkelkinder, Großeltern, Schwager/Schwägerinnen, Stiefkinder, Stiefeltern, Adoptivkinder und Adoptiveltern des Förderungswerbers/der Förderungswerberin bzw. der zur Geschäftsführung berufenen natürlichen Personen

6.4. FÖRDERBARE BESCHÄFTIGUNGSTRÄGER[6]

[6] siehe Erläuterungen 11.6.

Förderbar sind alle Arbeitgeber, sofern die zur Geschäftsführung berufenen natürlichen Personen nach dem Gewerblichen Sozialversicherungsgesetz (GSVG) kranken- und pensionsversichert sind und die GSVG-Versicherung seit mehr als 3 Monaten (gerechnet vom Datum des Förderbeginnes) besteht.[7]

[7] siehe Erläuterungen 11.7.

6.4.1. Nicht förderbar sind:

6.4.1.1. Gesellschaften nach bürgerlichem Recht (Ges.b.R.)

6.5. SONSTIGE FÖRDERUNGSVORAUSSETZUNGEN[8]

[8] siehe Erläuterungen 11.8.

6.5.1. Ausmaß des geförderten Arbeitsverhältnisses

Für die Gewährung einer Beihilfe für Ein-Personen-Unternehmen muss ein Arbeitsverhältnis begründet werden, das mindestens 50% der gesetzlichen oder kollektivvertraglichen Wochenstunden umfasst. Das Arbeitsverhältnis muss auch länger als zwei Monate dauern bzw. gedauert haben.[9]

[9] siehe Punkt 7.9.1.7.

6.5.2. Erste/r Arbeitnehmer/in

Die Förderung wird nur für den ersten vollversicherungspflichtigen Arbeitnehmer/die erste vollversicherungspflichtige Arbeitnehmerin des Förderungswerbers/der Förderungswerberin gewährt. Für diese Beurteilung sind die letzten fünf Jahre vom Beginn des Förderungszeitraumes in die Vergangenheit heranzuziehen.[10]

[10] siehe Erläuterungen 11.9.

Bei der Beurteilung, ob ein Arbeitnehmer/eine Arbeitnehmerin der/die erste ist, bleiben folgende Personengruppen außer Betracht:

6.5.2.1. die in den Punkten 6.3.1.2. bis 6.3.1.4. genannten Personengruppen

6.5.2.2. geringfügig Beschäftigte

6.5.2.3. Arbeitnehmer/Arbeitnehmerinnen, deren Arbeitsverhältnis jeweils nicht länger als zwei Monate gedauert hat

6.5.2.4. Arbeitnehmer/Arbeitnehmerinnen während der Behaltefrist im Anschluss an ein Lehrverhältnis

6.5.3. Einhaltung der lohn- und arbeitsrechtlichen Vorschriften

6.5.3.1. Es ist ein vollversicherungspflichtiges[11] Arbeitsverhältnis zu begründen.

[11] siehe Erläuterungen 11.10.

6.5.3.2. Angemessene – wenn kein Kollektivvertrag anzuwenden ist – sonst mindestens kollektivvertragliche Entlohnung.

Die Angemessenheit der Entlohnung ist im Zweifelsfall anhand vergleichbarer Kollektivverträge oder Entlohnungsschemata zu bestimmen.

6.5.3.3. Die arbeits- und sozialrechtlichen Vorschriften sind einzuhalten.

6.6. HÖHE UND DAUER DER FÖRDERUNG

6.6.1. Höhe der Förderung

Die Höhe der Förderung beträgt 25%[12] des Bruttoentgelts (ohne Sonderzahlungen, Mehrarbeits- und Überstundenentgelt, Aufwandsersätze, erfolgsabhängige Entgeltbestandteile)[13] maximal bis zur jeweils gültigen ASVG-Höchstbeitragsgrundlage auf Basis einer Vollzeitbeschäftigung.

[12] siehe Erläuterungen 11.11.
[13] siehe Erläuterungen 11.12.

6.6.2. Dauer der Förderung[14]

[14] siehe Erläuterungen 11.13.

Die Beihilfe ist für die Dauer des Arbeitsverhältnisses maximal für ein Jahr zu gewähren.[15]

[15] siehe Erläuterungen 11.14.

7. VERFAHREN

Die Abwicklung der Beihilfe für Ein-Personen-Unternehmen ist an die regionalen Geschäftsstellen zu delegieren.

Die Beihilfengewährung erfolgt auf der Grundlage von Einzelbegehren.

7.1. BEGEHRENSEINBRINGUNG

Die Begehrenseinbringung hat bis zu 6 Wochen nach Beginn des Arbeitsverhältnisses zu erfolgen.

Bei Nicht-Einlangen des Begehrens innerhalb dieser Frist ist keine Beihilfe zu gewähren.

7.2. BEIHILFENBERECHNUNG

25% des monatlichen Bruttoentgelts

multipliziert mit der Anzahl der Monate im Förderungszeitraum

Berechnung bei Rumpfmonaten:

Monatliche Beihilfe dividiert durch 30 mal Anzahl der betroffenen Kalendertage.

7.3. BEGEHRENSENTSCHEIDUNG

Die Entscheidung über eingebrachte Beihilfenbegehren ist dem Förderungswerber/der Förderungswerberin ehestmöglich in Form einer schriftlichen Mitteilung zur Kenntnis zu bringen. Gleichzeitig ist die geförderte Person schriftlich zu informieren, dass das Arbeitsmarktservice für dieses Arbeitsverhältnis beim Unternehmen XY für den Zeitraum von – bis eine Beihilfe für Ein-Personen-Unternehmen gewährt.[16]

[16] Wird in BAS IF mit der Mitteilung generiert.

Ablehnungen bedürfen einer inhaltlichen Begründung.

Ob ein Arbeitsverhältnis begründet wurde, ist vor der Genehmigung mittels Abfrage beim Dachverband der Sozialversicherungsträger zu verifizieren.

Ob eine entsprechende GSVG-Versicherung des Förderungswerbers/der Förderungswerberin bzw. einer zur Geschäftsführung berufenen natürlichen Person vorliegt, ist vor Genehmigung mittels Abfrage beim Dachverband der Sozialversicherungsträger zu verifizieren.

Die Beihilfenbegehren sind durch das Arbeitsmarktservice der für das Ein-Personen-Unternehmen zuständigen Geschäftsstelle (BTR-RGS) zu bearbeiten und im Wirkungsbereich der regionalen Geschäftsstelle zu entscheiden/zu genehmigen.

Die Genehmigung der Entscheidung hat bis zu 4 Wochen nach Einbringung des Begehrens zu erfolgen. Sollte diese Frist nicht eingehalten werden können, ist der Grund für die Nicht-Einhaltung am Förderungsfall zu dokumentieren.

Wurde das Begehren über das eAMS-Konto für Unternehmen eingebracht, ist das Serviceversprechen gemäß der Bundesrichtlinie zur „Vergabe und Verwendung des eAMSKontos für Unternehmen“ einzuhalten.

7.4. BEIHILFENAUSZAHLUNG

Die Auszahlungen können monatlich, vierteljährlich, halbjährlich oder einmalig (Auszahlungszeitraum) auf ein Konto bei einem Geldinstitut im Nachhinein erfolgen.

Die Auszahlung des letzten Teilbetrages ist erst nach Prüfung der widmungsgemäßen Verwendung möglich.

Im Falle einer Insolvenz (ggf. unter zu Hilfenahme von www.edikte.justiz.gv.at) ist der Förderungsfall mit „BE" (Tagesdatum) vorsorglich einzustellen, da in diesem Fall üblicher Weise auch keine Gehälter vom Arbeitgeber/von der Arbeitgeberin mehr ausgezahlt werden.

Die Entscheidung der Gläubigerverwaltung oder des Masseverwalters ist abzuwarten, eine „BA" ist gegebenenfalls durchzuführen.

Solange für die geförderte Person die gesetzlichen Vorschriften eingehalten wurden, ist keine Prüfung der widmungsgemäßen Verwendung (zu diesem Zeitpunkt) durchzuführen und nach Förderende im Zuge der Prüfung der widmungsgemäßen Verwendung auch nicht rückzufordern.

Wenn die arbeits- und sozialrechtlichen Bestimmungen für die geförderte Person nicht eingehalten wurden, ist sofort eine Prüfung der widmungsgemäßen Verwendung durchzuführen und rückzufordern.

7.5. ERINNERUNGSSCHREIBEN

Durch die EDV (zentral durch den EDV-Dienstleister) wird im Laufe des letzten Monats des Förderungszeitraumes automatisch ein Erinnerungsschreiben an den Arbeitgeber/die Arbeitgeberin übermittelt. In diesem wird der Arbeitgeber/die Arbeitgeberin noch einmal (zusätzlich zur Mitteilung) auf die Frist zur Vorlage der Abrechnungsunterlagen binnen 6 Wochen nach Ende des Förderungszeitraumes aufmerksam gemacht.

7.6. PRÜFUNG DER WIDMUNGSGEMÄßEN VERWENDUNG

Die Prüfung der widmungsgemäßen Verwendung erfolgt nach Ende des Förderungszeitraumes oder nach Ende des Arbeitsverhältnisses durch Vorlage des Lohnkontos (Kopie oder EDV-Ausdruck).

Das Bruttoentgelt des Lohnkontos ist mit jenem am Begehren zu vergleichen, und der niedrigere Betrag ist für die Abrechnung heranzuziehen.

Der Beihilfenbetrag darf 25% des Bruttoentgelts nicht überschreiten.

Die Abrechnungsunterlagen sind spätestens 6 Wochen nach Ende des Förderungszeitraumes oder nach Ende des Arbeitsverhältnisses beizubringen. Werden binnen dieser Frist keine Unterlagen vorgelegt, ist ein Urgenzschreiben mit einer weiteren Frist von 6 Wochen an den Förderungswerber/die Förderungswerberin zu übermitteln. Werden auch innerhalb dieser Nachfrist keine Abrechnungsunterlagen vorgelegt, gilt der Anspruch auf den zuerkannten Beihilfenrahmenbetrag als verwirkt. Bereits ausbezahlte Beihilfenbeträge sind rückzufordern.

Die Prüfung der widmungsgemäßen Verwendung hat bis zu 16 Wochen nach Ende des Förderungszeitraumes/vorzeitiger Beendigung des Arbeitsverhältnisses zu erfolgen. Sollte diese Frist nicht eingehalten werden können, ist der Grund für die Nicht-Einhaltung am Förderungsfall zu dokumentieren.

7.7. BEIHILFENREGELUNG BEI VORZEITIGER BEENDIGUNG DES ARBEITSVERHÄLTNISSES

Die Beihilfe ist einzustellen und aliquot abzurechnen.

7.8. BUDGETÄRE VERBUCHUNG UND STATISTISCHE ERFASSUNG

7.8.1. Budgetäre Verbuchung

Die budgetäre Verbuchung der Beihilfe für Ein-Personen-Unternehmen erfolgt auf Grundlage der jeweils gültigen Bundesrichtlinie „Budgetierung und Verbuchung von Beihilfen (AMFSAP)".

7.8.2. Statistische Erfassung

Die statistischen Auswertungen zur Beihilfe für Ein-Personen-Unternehmen generieren sich aus dem Beihilfenadministrationssystem Individualförderungen und sind im Data Warehouse abrufbar.

7.9. EDV-EINTRAGUNGEN

7.9.1. Beihilfenadministrationssystem Individualförderungen (BAS IF)

7.9.1.1. Das BAS IF ist einzusetzen, d.h. alle Beihilfen für Ein-Personen-Unternehmen sind mittels dieser Applikation abzuwickeln.

7.9.1.2. Für die arbeitsmarktpolitische Beurteilung wird im Fenster „Begehrensfall Basis" in der Group-box „Maßnahmenbegründung" die Standard-Begründung „Arbeitsverhältnis mit Ein-Personen-Unternehmen" generiert (wird auch automatisch in den PST- und BTR-Text generiert).

7.9.1.3. Im Fenster „Geförderte Person" im Feld „Berufsart" ist der Berufs-Sechssteller der aktuell geförderten Beschäftigung einzutragen.

7.9.1.4. Die Bundesgeschäftsstelle kann für das gesamte Bundesgebiet bzw. jede Landesgeschäftsstelle kann für ihr Bundesland Sonderprogramme für die Beihilfe für Ein-Personen-Unternehmen festlegen. Diese Sonderprogramme sind:

- zur Aufnahme in die EDV an die Bundesgeschäftsstelle Abteilung Förderungen und
- zur entsprechenden Codierung zum jeweiligen Förderungsfall an die RGSen

zu kommunizieren.

Wenn BGS oder LGS Sonderprogramme festlegen, sind passenden Förderungsfällen auf „Ansicht Sonderprogramm" oder auf der Schaltfläche „SP" die entsprechenden Codes zuzuordnen. Einem Förderungsfall können bis zu 3 BGS-Codes und 2 LGS-Codes zugeordnet werden. Mittels DWH und der „Förderungsfall Feldersuche" können diese Daten abgefragt werden.

7.9.1.5. Unter bestimmten Umständen wird bei Reaktivierung oder Änderung des PST während des Förderungszeitraumes eine Kommbox-Meldung generiert. In diesen Fällen ist eine Abfrage beim Dachverband der Sozialversicherungsträger durchzuführen und zu prüfen, ob eine vorsorgliche BE (Bezugseinstellung) zu veranlassen ist, und der Förderungsfall ist auf Wiedervorlage (Tagesdatum plus 6 Wochen) zu nehmen.

Ist die geförderte Person laut Dachverband der Sozialversicherungsträger nicht mehr bei diesem Unternehmen gemeldet, ist ein angepasstes Erinnerungsschreiben an das Unternehmen zu schicken (Daten/Drucken – Freies Schreiben).

Wenn diese vorzeitige Beendigung ca. 1 Monat vor dem geplanten Förderungsende stattfindet, kann das automatische Erinnerungsschreiben abgewartet werden.

Textbeispiel für das freie Schreiben:

Bitte beachten Sie, dass Sie sich mit Ihrem Begehren verpflichtet haben, bis spätestens 6 Wochen nach vorzeitigem Ende des Arbeitsverhältnisses beim Arbeitsmarktservice folgende Unterlage vorzulegen:

-) Lohnkonto für den gesamten Förderungszeitraum (in Kopie)

Bitte übermitteln Sie diese bis spätestens **TT.MM.JJJJ** (Tagesdatum plus 6 Wochen) an das Arbeitsmarktservice XXX (Bezeichnung der RGS). Falls bis zu diesem Zeitpunkt die fehlende Unterlage nicht vorliegt, erlischt der Anspruch auf die Beihilfe und bereits ausbezahlte Beihilfenteilbeträge werden rückgefordert.

Sollten Sie die angeführte Unterlage in der Zwischenzeit übermittelt haben, betrachten Sie bitte dieses Schreiben als gegenstandslos.

7.9.1.6. Der (teilweise) Eingang einer Rückforderung bzw. die Abschreibung einer Rückforderung ist im BAS IF zu dokumentieren.

7.9.1.7. Das Ergebnis der Prüfung der widmungsgemäßen Verwendung ist im BAS IF beim entsprechenden Förderungsfall zu dokumentieren, um den Förderungsfall EDV-mäßig korrekt abzuschließen.

7.9.1.8. Wird das Arbeitsverhältnis in den ersten zwei Monaten aufgelöst, ist eine negative Prüfung der widmungsgemäßen Verwendung durchzuführen.

7.9.1.9. Für negative Entscheidungen reicht das 2-Augen-Prinzip. Mittels Zufallsgenerator sind jedoch Förderungsfälle für ein 4-Augen-Prinzip vorgesehen.

7.9.2. PST

Die Group-box „STATUS" im Fenster „Personenstamm" ist entsprechend der Bundesrichtlinie „Verpflichtende Eintragungen in der AMS-EDV" zu codieren.

7.9.3. eAMS-Konto für Unternehmen

Die Geschäftsfunktion „Begehren zurückweisen" ist nur dann zu verwenden, wenn es bereits ein gleiches Begehren auf Papier gibt (Förderungswerberin/Förderungswerber schickt auf beiden Kanälen dasselbe Begehren) oder es sich um einen offensichtlichen Testfall handelt oder das Unternehmen für eine Person ansucht, die nicht beim Arbeitsmarktservice vorgemerkt ist. In allen anderen Fällen ist ein Förderungsfall anzulegen und mittels BAS IF zu administrieren.

7.9.4. eAkte

Alle förderungsfallrelevanten Dokumente sind unter der Förderungsfallnummer in der eAkte abzulegen.

8. NACHWEISE

8.1. ZUM ZEITPUNKT DER BEGEHRENS ENTSCHEIDUNG

Wurde ein Begehren unvollständig eingebracht, ist bei Setzung einer „Nachfrist für Unterlage" ein Mahnschreiben zu veranlassen.

8.2. ZUM ZEITPUNKT DER PRÜFUNG DER WIDMUNGSGEMÄßEN VERWENDUNG

- Lohnkonto

8.3. FORMULARE UND SCHREIBEN AUS DER EDV

- Begehren
- negative Mitteilung
- positive Mitteilung

In eine frei textierte positive Mitteilung ist jedenfalls aufzunehmen:

  * Höhe der Gesamtbeihilfe
  * Förderungszeitraum
  * Auszahlungsmodalitäten (wann, nach Vorlage welcher Unterlagen)
  * Name und SV-Nummer der geförderten Person
  * im Namen und auf Rechnung des Bundes

- Verpflichtungserklärung
- Informationsschreiben an die geförderte Person
- Mahnschreiben
- Erinnerungsschreiben
- Urgenzschreiben
- Abrechnungsmitteilung
- Einstellungsmitteilung
- Auszahlungsinformationsänderung

9. IN-KRAFT-TRETEN/AUSSER-KRAFT-TRETEN

Diese Bundesrichtlinie tritt mit 1. Februar 2021 in Kraft und ersetzt AMF/13/2019 (GZ BGS/AMF/0722/9959/2019).

10. BESTIMMUNGEN BETREFFEND LAUFENDE QUALITÄTSSICHERUNG

Um die laufende Qualitätssicherung zu gewährleisten, sind die Landesgeschäftsstellen verpflichtet, einen Erfahrungsbericht an die Bundesgeschäftsstelle/Abteilung Förderungen bis spätestens 30. September 2023 per E-Mail zu übermitteln. Die BGS-Abteilung Förderungen verpflichtet sich, diese Rückmeldungen binnen 3 Monaten auszuwerten und dem Vorstand des Arbeitsmarktservice Österreich zur Festlegung des weiteren Prozederes (Rückmeldung an Landesorganisation) vorzulegen.

Bei Änderungswünschen seitens der Landesorganisationen ist folgendes zu beachten:

1. Jeder Wunsch ist mit einer Priorität zu versehen

   1 = unerlässlich

   2 = wichtig

   3 = wünschenswert
2. Bei jedem Wunsch ist anzuführen, wie viele Förderungsfälle von einer derartigen Änderung betroffen wären.
3. Falls die Änderungswünsche budgetwirksam sind, ist anzuführen, um welchen Betrag sich das Gesamtvolumen der Beihilfe für Ein-Personen-Unternehmen erhöhen bzw. verringern wird.
4. Bei jedem Wunsch ist ein Vorschlag in welche Richtung die Änderung gewünscht ist, anzuführen.
5. Bei aus Sicht der Berater/Beraterinnen „unklaren“ Formulierungen ist ein Formulierungsvorschlag mitzuschicken.

Bei Einhaltung dieser Punkte ist es leichter, Wünsche seitens der Landesorganisationen in Richtlinienänderungen einfließen zu lassen bzw. treffsicherer auf Unklarheiten zu reagieren.

Bei Anwendungsproblemen und/oder Nichtanwendbarkeit der Bundesrichtlinie ist die Bundesgeschäftsstelle/Abteilung Förderungen umgehend zu informieren (per E-Mail).

11. ERLÄUTERUNGEN

11.1. ZU PUNKT 3.2. EFQM

4.1. Nachhaltigen Nutzen planen und entwickeln

4.3. Nachhaltigen Nutzen liefern

11.2. ZU PUNKT 6.2. DIENSTGEBERANTEIL

Die Sozialversicherungsbeiträge des Dienstgebers umfassen gemäß der vorliegenden Bundesrichtlinie den Anteil für die Pensions-, Kranken-, Unfall- und Arbeitslosenversicherung plus Zuschlag gemäß dem Insolvenz-Entgeltsicherungsgesetz (IESG) zum AlV-Beitrag (ohne Wohnbauförderungsbeitrag).

11.3. ZU PUNKT 6.3. FÖRDERBARER PERSONENKREIS – VORMERKUNG

Bei der angesprochenen zweiwöchigen Frist ist das am PST erfasste „Status seit Datum“ für die Beurteilung heranzuziehen und Unterbrechungen bis zu 28 Tagen bleiben, nach der PST-Logik, unberücksichtigt.

D.h. das am PST eingetragene Datum im Feld „Status seit“ muss mindestens 2 Wochen vor Beginn der Arbeitsaufnahme liegen.

War die Person davor in Schulung (Status „SC“), zählen diese Zeiten dazu.

11.4. ZU PUNKT 6.3.1.1. GESCHÄFTSFÜHRENDES ORGAN

Personen, die dem geschäftsführenden Organ des Förderungswerbers/der Förderungswerberin (Arbeitgeber/Arbeitgeberin) angehören, sind beispielsweise:

11.4.1. Vorstand bei Vereinen

11.4.2. Vorstand bei Aktiengesellschaften

11.4.3. handelsrechtlicher Geschäftsführer/handelsrechtliche Geschäftsführerin

11.4.4. Komplementäre bei Kommanditgesellschaften

11.5. ZU PUNKT 6.3.1.2. LEHRLINGE

Die Lehrlinge wurden deshalb aus dem förderbaren Personenkreis ausgeschlossen, weil für Lehrlinge teilweise ohnedies keine Lohnnebenkosten zu entrichten sind und es eine eigene Förderung für zusätzliche Lehrlinge gibt. Die Gefahr der Doppelförderung sollte jedenfalls verhindert werden.

11.6. ZU PUNKT 6.4. FÖRDERBARE BESCHÄFTIGUNGSTRÄGER

Die politische Vereinbarung lautete, die Förderung für Ein-Personen-Unternehmen einzuführen. Die weitere Diskussion hat aber gezeigt, dass dieser Begriff nur schwer abgrenzbar ist. Somit begnügt sich die Bundesrichtlinie, bei der Definition der förderbaren Beschäftigungsträger damit, dass natürliche Personen als Unternehmer bestimmenden Einfluss auf das Unternehmen haben müssen. Damit kann aber die EPU-Eigenschaft am besten mit der GSVG-Versicherung des Geschäftsführers (der Geschäftsführer) festgemacht werden. Die Sozialversicherungsanstalt der gewerblichen Wirtschaft versichert eben nur selbständig Erwerbstätige. Das sind Einzelunternehmer oder die zur Geschäftsführung berufenen Gesellschafter einer Personengesellschaft oder die Geschäftsführer einer Kapitalgesellschaft, sofern sie bestimmenden Einfluss auf die Gesellschaft haben (in der Regel ab 25% Beteiligung). Die Bundesrichtlinie geht also vom weitest möglichen Begriff des EPU aus.

11.7. ZU PUNKT 6.4. FÖRDERBARE BESCHÄFTIGUNGSTRÄGER

Beispiel: Beginn Dienstverhältnis = Beginn der EPU-Förderung = 20.06.2017

Die GSVG-Versicherung muss mindestens seit 19.3.2017 (oder früher) bestehen.

11.8. ZU PUNKT 6.5. ABGRENZUNG ZU ANDEREN BEIHILFEN

Die gleichzeitige Gewährung einer Eingliederungsbeihilfe (EB) ist ausgeschlossen.

Ein vorgeschaltetes Training (Bundesrichtlinie Aus- und Weiterbildungsbeihilfen (BEMO)) beim selben Arbeitgeber/bei der selben Arbeitgeberin ist möglich.

Beihilfen für einen anderen Förderungsgegenstand (z.B. Kinderbetreuungsbeihilfe, Entfernungsbeihilfe) können im Bedarfsfall gleichzeitig gewährt werden.

11.9. ZU PUNKT 6.5.2. ERSTE/R ARBEITNEHMER/IN

Waren in der Vergangenheit bereits

11.9.1. Lehrlinge

11.9.2. geringfügig beschäftigte Arbeitnehmer/ Arbeitnehmerinnen

11.9.3. Werkvertragsnehmer/Werkvertragsnehmerinnen mit Gewerbeschein

11.9.4. Neue Selbständige (Werkvertragsnehmer/Werkvertragsnehmerinnen ohne Gewerbeschein)

11.9.5. vollversicherungspflichtige Arbeitnehmer/Arbeitnehmerinnen, deren Arbeitsverhältnis bereits in den ersten zwei Monaten geendet hat

11.9.6. Arbeitnehmer/Arbeitnehmerinnen während der Behaltefrist im Anschluss an ein Lehrverhältnis

bei diesem Ein-Personen-Unternehmen beschäftigt, stellen diese kein Förderungshindernis dar.

> **Beispiel für den Beurteilungszeitraum von 5 Jahren:**
>
> Das zu fördernde Arbeitsverhältnis beginnt am 1. Juli 2017
>
> ein allfälliges anderes vollversicherungspflichtiges Arbeitsverhältnis muss spätestens am 30. Juni 2012 geendet haben,
>
> ODER
>
> es muss spätestens am 30. August 2012 geendet haben und muss in diesem Fall kürzer als zwei Monate gedauert haben, damit das neue Arbeitsverhältnis förderbar ist.

11.10. ZU PUNKT 6.5.3.1. VOLLVERSICHERUNGSPFLICHTIGES ARBEITSVERHÄLTNIS

Ein Arbeitsverhältnis ist dann als vollversichert anzusehen, wenn es kranken-, unfall-, pensions- und arbeitslosenversichert ist und eine Anmeldung über der ASVG-Geringfügigkeitsgrenze beim zuständigen Sozialversicherungsträger (dies ist üblicherweise die Österreichische Gesundheitskasse) erfolgt.

11.11. ZU PUNKT 6.6.1. HÖHE DER FÖRDERUNG

Die 25% ergeben sich durch Hinzufügen des Anteils für das 13. und 14. Monatsgehalt und anschließende Rundung.

Beispiel:

Annahme: Bruttoentgelt EUR 2.000,-;

Monatliche Beihilfe bei 21,33% (Wert 2016) 12 mal im Jahr = EUR 426,6

EUR 426,6 x 14 = 5.972,4 : 12 = 497,7 : 20 (= 1% von 2.000) = 24,885%)

11.12. ZU PUNKT 6.6.1. VERMINDERUNG DES BRUTTOENTGELTS

Das Bruttoentgelt ist um folgende Entgeltbestandteile (sofern vorhanden) zu vermindern:

11.12.1. Sonderzahlungen

Entgeltbestandteile, die unter § 67 EStG fallen („Sonderzahlungen", z.B. Urlaubszuschuss, Weihnachtsremuneration), unabhängig davon, ob der besondere Steuersatz des § 67 Abs 1 EStG zu Anwendung zu bringen ist oder nicht.

11.12.2. Mehrarbeits- und Überstundenentgelt

Entgeltbestandteile, die für Arbeitsleistungen über die gesetzliche oder durch Kollektivvertrag festgelegte Normalarbeitszeit bzw. – im Falle von Teilzeitarbeit – über das vereinbarte Arbeitszeitausmaß iSv § 19b AZG hinaus bezahlt werden („Mehrarbeits- und Überstundenentgelt"), wobei diese Regelung sowohl das Grundentgelt für die Mehrarbeits- und Überstundenleistung als auch den diesbezüglich gewährten Zuschlag betrifft. Im Falle einer All-In-Vereinbarung ist derjenige Entgeltbestandteil, der auf die dadurch abgedeckten Überstunden (einschließlich der für diese Überstunden gewährten Zuschläge) entfällt, rechnerisch zu ermitteln und das Bruttoentgelt um den so ermittelten Betrag zu kürzen. Ist dies nicht möglich, ist die Förderintensität entsprechend zu reduzieren.

11.12.3. Aufwandsersätze

Entgeltbestandteile, die dem Ersatz von im Interesse des Arbeitgebers getätigten Aufwendungen dienen („Aufwandsersätze"). Dabei ist es unerheblich, ob diese Aufwandsersätze nach § 26 EStG lohnsteuerfrei zu belassen sind (z.B. Diäten, Kilometergelder), vom Arbeitnehmer/von der Arbeitnehmerin als Werbungskosten im Rahmen der Arbeitnehmerveranlagung geltend gemacht werden können (z.B. Telefonpauschale) oder aufgrund besonderer gesetzlicher Anordnung der Lohnsteuer unterliegen (z.B. Fahrtkostenersätze für Fahrten des Arbeitnehmers/der Arbeitnehmerin zwischen Wohnung und Arbeitsstätte, die durch den Verkehrsabsetzbetrag gemäß § 33 Abs 5 Z 1 EStG abgegolten werden).

11.12.4. erfolgsabhängige Entgeltbestandteile

Entgeltbestandteile, die dafür gewährt werden, dass der Arbeitnehmer/die Arbeitnehmerin einen bestimmten Arbeitserfolg, der der wirtschaftlichen

Sphäre des Arbeitgebers zufließt, erzielt („Erfolgsabhängige Entgeltbestandteile"). Dabei ist es unerheblich, ob es sich beim für den Arbeitgeber bewirkten Erfolg um einen bestimmten Umsatz handelt, für dessen Erzielung ein besonderes Entgelt (z.B. Provision) gewährt wird, oder ob der Erfolg als Gewinngröße definiert ist, bei deren Erreichen ein besonderes Entgelt (z.B. Tantieme) gebührt.

Entgeltbestandteile, die nach dem „Ausfallsprinzip" für Nichtleistungszeiten zu bezahlen sind, teilen das Schicksal der entsprechenden Entgeltbestandteile im Falle ihrer Zahlung für Leistungszeiten: Wird also z.B. das durchschnittliche Überstundenentgelt während der Urlaubszeit weiterbezahlt, so ist auch dieser Entgeltbestandteil als Überstundenentgelt zu behandeln; wird das Bruttogehalt während einer Erkrankung (ganz oder teilweise) weiterbezahlt, so ist das Krankenentgelt wie das Bruttoentgelt zu behandeln.

Nicht zu kürzen ist das Bruttoentgelt um solche Entgeltbestandteile, die als Abgeltung für Arbeiten, die unter besonderen Bedingungen geleistet werden, bezahlt werden (z.B. Akkordlohn, Bildschirmzulage, Höhenzulage, Schichtzulage). Ebenso zu keiner Kürzung führen Sozialzulagen (z.B. Kinderzulage, Familienzulage).

11.13. ZU PUNKT 6.6.2. KEINE BEHALTEFRIST

Es ist keine Behaltefrist (Beschäftigungsverpflichtung) zu vereinbaren.

11.14. ZU PUNKT 6.6.2. BEFRISTETES ARBEITSVERHÄLTNIS

Wenn bereits in einem befristeten Dienstvertrag eine Option auf ein unbefristetes Dienstverhältnis angeführt ist, kann die Beihilfe auf ein Jahr gewährt werden. Es ist gleich nach der Genehmigung des Förderungsfalles mit dem Ende der Befristung eine vorsorgliche BE zu veranlassen, der Förderungsfall auf Wiedervorlage zu nehmen und mittels Abfrage beim Dachverband der Sozialversicherungsträger zu prüfen, ob das Arbeitsverhältnis über die Befristung hinaus besteht. Wenn ja, ist die BE aufzuheben. Wenn nein, sind die Abrechnungsunterlagen einzufordern und die Prüfung der widmungsgemäßen Verwendung durchzuführen.

Verlängerungen von Förderungsfällen sind nicht zulässig.

12. ABKÜRZUNGSVERZEICHNIS

AMF	Arbeitsmarktförderungen
AMSG	Arbeitsmarktservicegesetz
ASVG	Allgemeines Sozialversicherungsgesetz
BAS IF	Beihilfenadministrationssystem Individualförderungen
BGS	Bundesgeschäftsstelle
BTR	Betriebsdatensatz
DWH	AMS Data Warehouse
EB	Eingliederungsbeihilfe
EDV	Elektronische Datenverarbeitung
EFQM	European Foundation of Quality Management
EPU	Ein-Personen-Unternehmen
GSVG	Gewerbliches Sozialversicherungsgesetz
IESG	Insolvenz-Entgeltsicherungsgesetz
LGS	Landesgeschäftsstelle
PST	Personenstammdaten
RGS	Regionale Geschäftsstelle
SAP	Buchhaltungsprogramm
SP	Sonderprogramm
SV	Sozialversicherung

36. ARBEITSKRÄFTEÜBERLASSUNGSGESETZ

Inhaltsverzeichnis

36/1. Arbeitskräfteüberlassungsgesetz

Arbeitskräfteüberlassungsgesetz, BGBl 1988/196 idF

1 BGBl 1993/460	**2** BGBl 1994/314	**3** BGBl I 1999/120
4 BGBl I 2000/44	**5** BGBl I 2001/136	**6** BGBl I 2002/68
7 BGBl I 2002/111	**8** BGBl I 2005/104	**9** BGBl I 2008/82
10 BGBl I 2009/70	**11** BGBl I 2011/24	**12** BGBl I 2012/35
13 BGBl I 2012/98	**14** BGBl I 2014/94	**15** BGBl I 2016/44
16 BGBl I 2016/120	**17** BGBl I 2017/38	**18** BGBl I 2018/100
19 BGBl I 2019/21	**20** BGBl I 2019/104	**21** BGBl I 2021/132
22 BGBl I 2021/174		

GLIEDERUNG

STICHWORTVERZEICHNIS

Bundesgesetz vom 23. März 1988, mit dem die Überlassung von Arbeitskräften geregelt wird (Arbeitskräfteüberlassungsgesetz – AÜG)

Der Nationalrat hat beschlossen:

Abschnitt I
Allgemeine Bestimmungen

Geltungsbereich

§ 1. (1) Dieses Bundesgesetz gilt für die Beschäftigung von Arbeitskräften, die zur Arbeitsleistung an Dritte überlassen werden.

(2) Ausgenommen vom Geltungsbereich der Abschnitte II bis V dieses Bundesgesetzes ist

1. die Überlassung von Arbeitskräften durch den Bund, ein Land, eine Gemeinde oder einen Gemeindeverband und
2. die Überlassung von Arbeitern, die dem „Landarbeitsgesetz 2021 (LAG 2021), BGBl. I Nr. 78/2021", unterliegen.

(BGBl I 2021/174)

(BGBl I 2012/98)

(2a) Auf die Überlassung von Angestellten, die dem Landarbeitsgesetz „2021" unterliegen, sind nicht anzuwenden:

1. § 6,
2. § 10 Abs. 3 hinsichtlich der Arbeitszeit.

(BGBl I 2012/98, BGBl I 2021/174)

(3) Ausgenommen vom Geltungsbereich der §§ 10 bis 16a dieses Bundesgesetzes ist die Überlassung von Arbeitskräften zwischen inländischen Unternehmen, wenn eine der folgenden Voraussetzungen vorliegt:

1. die vorübergehende Überlassung von Arbeitskräften an Beschäftiger, welche die gleiche Erwerbstätigkeit wie der Überlasser ausüben, unter der Voraussetzung, dass der Charakter des Betriebes des Überlassers gewahrt bleibt, bis zur Höchstdauer von sechs Monaten im Kalenderjahr, wobei auch die Zeiten nacheinander folgender Überlassungen verschiedener Arbeitskräfte zusammenzuzählen sind (§ 135 Abs. 2 Z 1 der Gewerbeordnung 1994, BGBl. Nr. 194);
2. die Überlassung von Arbeitskräften durch Erzeuger, Verkäufer oder Vermieter von technischen Anlagen oder Maschinen, wenn
   a) zur Inbetriebnahme, Wartung oder Reparatur von technischen Anlagen oder Maschinen oder
   b) zur Einschulung von Arbeitnehmern des Beschäftigers

   die überlassenen Arbeitskräfte als Fachkräfte erforderlich sind und der Wert der Sachleistung überwiegt (§ 135 Abs. 2 Z 2 der Gewerbeordnung 1994);
3. die Überlassung von Arbeitskräften innerhalb einer Arbeitsgemeinschaft oder bei der betrieblichen Zusammenarbeit
   a) zur Erfüllung gemeinsam übernommener Aufträge oder
   b) zum Zwecke des Erfahrungsaustausches, der Forschung und Entwicklung, der Ausbildung, der Betriebsberatung oder der Überwachung oder
   c) in Form einer Kanzlei- oder Praxisgemeinschaft (§ 135 Abs. 2 Z 3 der Gewerbeordnung 1994);
4. die vorübergehende Überlassung von Arbeitskräften zwischen Konzernunternehmen innerhalb eines Konzerns im Sinne des § 15 des Aktiengesetzes 1965, BGBl. Nr. 98, und des § 115 des Gesetzes über Gesellschaften mit beschränkter Haftung, RGBl. Nr. 58/1906, sofern der Sitz und der Betriebsstandort beider Konzernunternehmen innerhalb des Bundesgebietes liegt und die Überlassung nicht zum Betriebszweck des überlassenden Unternehmens gehört.

(4) Ausgenommen vom Geltungsbereich der §§ 10 bis 16a dieses Bundesgesetzes ist weiters

1. die Überlassung von Arbeitskräften im Rahmen eines öffentlichen oder von öffentlichen Stellen geförderten spezifischen beruflichen Ausbildungs-, Eingliederungs- und Umschulungsprogramms und
2. die Überlassung von Arbeitskräften im Rahmen der Entwicklungshilfe nach dem Entwicklungshelfergesetz, BGBl. Nr. 574/1983.

(4a) Abschnitt V dieses Bundesgesetzes gilt nur für die Überlassung von Arbeitskräften im Sinne des § 94 Z 72 der Gewerbeordnung 1994 sowie entsprechende Überlassungen aus dem Ausland.

(BGBl I 2012/98)

(5) Dieses Bundesgesetz gilt unbeschadet des auf das Arbeitsverhältnis sonst anzuwendenden Rechts auch für aus der Europäischen Union (EU), dem Europäischen Wirtschaftsraum (EWR) oder aus Drittstaaten überlassene Arbeitskräfte. Die Überlassung von Arbeitskräften aus der Schweiz ist wie die Überlassung aus dem EWR zu behandeln.

(BGBl I 2012/98)

(BGBl 1993/460, BGBl 1994/314, BGBl I 1999/120, BGBl I 2002/111, BGBl I 2005/104, BGBl I 2011/24)

Zweck

§ 2. (1) Das Arbeitskräfteüberlassungsgesetz bezweckt

1. den Schutz der überlassenen Arbeitskräfte, insbesondere in arbeitsvertraglichen, arbeitnehmerschutz- und sozialversicherungsrechtlichen Angelegenheiten, und
2. die Regelung der Arbeitskräfteüberlassung zur Vermeidung arbeitsmarktpolitisch nachteiliger Entwicklungen.

(2) Für jede Überlassung von Arbeitskräften gilt, daß keine Arbeitskraft ohne ihre ausdrückliche Zustimmung überlassen werden darf.

(3) Durch den Einsatz überlassener Arbeitskräfte darf für die Arbeitnehmer im Beschäftigerbetrieb keine Beeinträchtigung der Lohn- und Arbeitsbe-

dingungen und keine Gefährdung der Arbeitsplätze bewirkt werden.

Begriffsbestimmungen

§ 3. (1) Überlassung von Arbeitskräften ist die Zurverfügungstellung von Arbeitskräften zur Arbeitsleistung an Dritte.

(2) Überlasser ist, wer Arbeitskräfte zur Arbeitsleistung an Dritte vertraglich verpflichtet.

(3) Beschäftiger ist, wer Arbeitskräfte eines Überlassers zur Arbeitsleistung für betriebseigene Aufgaben einsetzt.

(4) Arbeitskräfte sind Arbeitnehmer und arbeitnehmerähnliche Personen. Arbeitnehmerähnlich sind Personen, die, ohne in einem Arbeitsverhältnis zu stehen, im Auftrag und für Rechnung bestimmter Personen Arbeit leisten und wirtschaftlich unselbständig sind.

Beurteilungsmaßstab

§ 4. (1) Für die Beurteilung, ob eine Überlassung von Arbeitskräften vorliegt, ist der wahre wirtschaftliche Gehalt und nicht die äußere Erscheinungsform des Sachverhaltes maßgebend.

(2) Arbeitskräfteüberlassung liegt insbesondere auch vor, wenn die Arbeitskräfte ihre Arbeitsleistung im Betrieb des Werkbestellers in Erfüllung von Werkverträgen erbringen, aber

1. kein von den Produkten, Dienstleistungen und Zwischenergebnissen des Werkbestellers abweichendes, unterscheidbares und dem Werkunternehmer zurechenbares Werk herstellen oder an dessen Herstellung mitwirken oder
2. die Arbeit nicht vorwiegend mit Material und Werkzeug des Werkunternehmers leisten oder
3. organisatorisch in den Betrieb des Werkbestellers eingegliedert sind und dessen Dienst- und Fachaufsicht unterstehen oder
4. der Werkunternehmer nicht für den Erfolg der Werkleistung haftet.

Abschnitt II
Allgemeine Grundsätze

Arbeitgeberpflichten

§ 5. (1) Die Pflichten des Arbeitgebers, insbesondere im Sinne der sozialversicherungsrechtlichen Vorschriften, werden durch die Überlassung nicht berührt. Der Beschäftiger hat den Überlasser über die Leistung von Nachtschwerarbeit im Sinne des Art. VII des Nachtschwerarbeitsgesetzes (NSchG), BGBl. Nr. 354/1981 und von Schwerarbeit im Sinne der §§ 1 bis 3 der Schwerarbeitsverordnung, BGBl. II Nr. 104/2006, zu informieren, damit dieser die Meldeverpflichtungen betreffend Nachtschwerarbeit gemäß Artikel VIII NSchG sowie von Schwerarbeitszeiten gemäß § 5 der Schwerarbeitsverordnung erfüllen kann. Der Überlasser hat die überlassene Arbeitskraft von erstatteten Meldungen schriftlich in Kenntnis zu setzen.

(BGBl I 2012/98)

(2) Als Beschäftigungsort (§ 30 des Allgemeinen Sozialversicherungsgesetzes, BGBl. Nr. 189/1955) gilt

1. bei einem inländischen Überlasser der Standort des Betriebes des Überlassers und
2. bei einem ausländischen Überlasser der Standort des Betriebes des Beschäftigers.

Arbeitnehmerschutz

§ 6. (1) Für die Dauer der Beschäftigung im Betrieb des Beschäftigers gilt der Beschäftiger als Arbeitgeber im Sinne der Arbeitnehmerschutzvorschriften.

(2) Der Überlasser hat den Beschäftiger auf alle für die Einhaltung des persönlichen Arbeitsschutzes, insbesondere des Arbeitszeitschutzes und des besonderen Personenschutzes maßgeblichen Umstände hinzuweisen.

(BGBl I 2002/68)

(3) Für die Dauer der Beschäftigung im Betrieb des Beschäftigers obliegen die Fürsorgepflichten des Arbeitgebers auch dem Beschäftiger.

(4) Der Überlasser ist verpflichtet, die Überlassung unverzüglich zu beenden, sobald er weiß oder wissen muß, daß der Beschäftiger trotz Aufforderung die Arbeitnehmerschutz- oder die Fürsorgepflichten nicht einhält.

Gleichbehandlung und Diskriminierungsverbote

§ 6a. (1) Hinsichtlich der Beschäftigung im Betrieb des Beschäftigers gilt auch der Beschäftiger als Arbeitgeber der überlassenen Arbeitskräfte im Sinne der Gleichbehandlungsvorschriften und Diskriminierungsverbote, die für vergleichbare Arbeitnehmer des Beschäftigers gelten.

(2) Abs. 1 gilt insbesondere für die Auswahl der überlassenen Arbeitskräfte und die sonstigen Arbeitsbedingungen, zu denen auch die Beendigung einer Überlassung zählt.

(3) Der Überlasser ist verpflichtet, für angemessene Abhilfe zu sorgen, sobald er weiß oder wissen muss, dass der Beschäftiger während der Dauer der Beschäftigung die Gleichbehandlungsvorschriften oder Diskriminierungsverbote nicht einhält.

(4) Führt eine Diskriminierung zu einer Beendigung der Überlassung, so kann eine in diesem Zusammenhang erfolgte Beendigung oder Nichtverlängerung des Arbeitsverhältnisses im Sinne der §§ 12 Abs. 7 und 26 Abs. 7 des Gleichbehandlungsgesetzes (GlBG), BGBl. I Nr. 66/2004, und gleichartiger gesetzlicher Bestimmungen angefochten und Schadenersatz gefordert werden, als wäre die Beendigung oder Nichtverlängerung des Arbeitsverhältnisses auf Grund der Diskriminierung erfolgt.

(5) Der Überlasser hat gegen den Beschäftiger Anspruch auf Ersatz aller aus den Abs. 3 und 4 resultierenden Aufwendungen.

(BGBl I 2002/68)

Haftungsbeschränkung

§ 7. (1) Das Dienstnehmerhaftpflichtgesetz, BGBl. Nr. 80/1965, und das Organhaftpflichtgesetz, BGBl. Nr. 181/1967, gelten sowohl zwischen dem Überlasser und der überlassenen Arbeitskraft als auch zwischen dem Beschäftiger und der überlassenen Arbeitskraft.

(2) § 332 Abs. 5 und § 333 des Allgemeinen Sozialversicherungsgesetzes (ASVG) gelten auch für die überlassenen Arbeitskräfte.

(BGBl I 2012/98)

Vereinbarungen zum Nachteil der Arbeitskraft

§ 8. (1) Ansprüche, die der überlassenen Arbeitskraft nach dem Arbeitskräfteüberlassungsgesetz oder nach anderen zwingenden Rechtsvorschriften zustehen, können vertraglich nicht ausgeschlossen werden.

(2) Vereinbarungen zwischen dem Überlasser und dem Beschäftiger, die der Umgehung gesetzlicher Bestimmungen zum Schutz der Arbeitskraft dienen, sind verboten.

Streik und Aussperrung

§ 9. Die Überlassung von Arbeitskräften in Betriebe, die von Streik oder Aussperrung betroffen sind, ist verboten.

Abschnitt III
Besondere Bestimmungen

Ansprüche der Arbeitskraft

§ 10. (1) Die Arbeitskraft hat Anspruch auf ein angemessenes, ortsübliches Entgelt, das mindestens einmal monatlich auszuzahlen und schriftlich abzurechnen ist. Normen der kollektiven Rechtsgestaltung, denen der Überlasser unterworfen ist, bleiben unberührt. Bei der Beurteilung der Angemessenheit ist für die Dauer der Überlassung auf das im Beschäftigerbetrieb vergleichbaren Arbeitnehmern für vergleichbare Tätigkeiten zu zahlende kollektivvertragliche oder gesetzlich festgelegte Entgelt Bedacht zu nehmen. Darüber hinaus ist auf die im Beschäftigerbetrieb für vergleichbare Arbeitnehmer mit vergleichbaren Tätigkeiten geltenden sonstigen verbindlichen Bestimmungen allgemeiner Art Bedacht zu nehmen, es sei denn, es gelten ein Kollektivvertrag, dem der Überlasser unterworfen ist, sowie eine kollektivvertragliche, durch Verordnung festgelegte oder gesetzliche Regelung des Entgelts im Beschäftigerbetrieb.

(BGBl I 2005/104, BGBl I 2012/98)

(1a) Werden Arbeitnehmer für mehr als vier Jahre an einen Beschäftiger, der seinen Arbeitnehmern eine Leistungszusage im Sinne des § 2 Z 1 des Betriebspensionsgesetzes (BPG), BGBl. Nr. 282/1990, erteilt hat, überlassen, so gilt der Beschäftiger nach Ablauf des vierten Jahres ab diesem Zeitpunkt für die weitere Dauer der Überlassung als Arbeitgeber der überlassenen Arbeitnehmer im Sinne des BPG, sofern nicht eine gleichwertige Vereinbarung des Überlassers für die überlassenen Arbeitnehmer besteht. Der Beschäftiger hat jedenfalls nach Ablauf des vierten Jahres für die überlassenen Arbeitnehmer nach Maßgabe der für seine Arbeitnehmer geltenden Leistungszusage – ungeachtet einer allfällig vereinbarten Wartezeit – für die weitere Dauer der Überlassung Beiträge in eine Pensionskasse oder Prämien in eine betriebliche Kollektivversicherung zu leisten. Bei Beendigung der Überlassung kann der überlassene Arbeitnehmer über den zu diesem Zeitpunkt gebührenden fiktiven Unverfallbarkeitsbeitrag nach Maßgabe der §§ 5 oder 6c BPG verfügen, sofern ein hinsichtlich der Dauer der Beschäftigung vergleichbarer Arbeitnehmer des Beschäftigers nach Maßgabe der für ihn geltenden Leistungszusage zu diesem Zeitpunkt über einen Unverfallbarkeitsbetrag verfügen könnte. Der fiktive Unverfallbarkeitsbetrag berechnet sich nach denselben Rechenregeln, die der Berechnung des Unverfallbarkeitsbetrages nach den Vorschriften des BPG bei Beendigung des Arbeitsverhältnisses zu Grunde zu legen sind.

(BGBl I 2012/98)

(2) Ist die Arbeitskraft nachweislich zur Leistung bereit und kann sie nicht oder nur unter dem vereinbarten Ausmaß beschäftigt werden, gebührt das Entgelt auf Basis der vereinbarten Arbeitszeit. War das tatsächliche Beschäftigungsausmaß der Arbeitskraft während der letzten 13 Wochen überwiegend höher als die vereinbarte Arbeitszeit, so gebührt durch 14 Tage Entgelt nach dem Durchschnitt der letzten 13 Wochen. Dies gilt nicht, wenn für die Dauer eines von vornherein mit einem bestimmten Kalendertag befristeten Beschäftigungsverhältnisses mit dem Arbeitnehmer eine längere als die ursprünglich vorgesehene Arbeitszeit vereinbart wird.

(3) Während der Überlassung gelten für die überlassene Arbeitskraft die im Beschäftigerbetrieb für vergleichbare Arbeitnehmer gültigen gesetzlichen, kollektivvertraglichen sowie sonstigen im Beschäftigerbetrieb geltenden verbindlichen Bestimmungen allgemeiner Art, die sich auf Aspekte der Arbeitszeit und des Urlaubs beziehen.

(BGBl I 2005/104, BGBl I 2012/98)

(4) Die Vergleichbarkeit ist nach der Art der Tätigkeit und der Dauer der Beschäftigung im Betrieb des Beschäftigers sowie der Qualifikation der Arbeitskraft für diese Tätigkeit zu beurteilen.

„(5) Bei Kündigung des Vertrages zwischen Arbeitskraft und Überlasser ist eine Kündigungsfrist von 14 Tagen einzuhalten, sofern nicht durch Gesetz, Normen der kollektiven Rechtsgestaltung oder Arbeitsvertrag eine längere Frist festgesetzt ist. Durch Kollektivvertrag können von § 1159 des Allgemeinen bürgerlichen Gesetzbuches (ABGB), JGS Nr. 946/1811, abweichende Regelungen festgelegt werden."

(BGBl I 2021/132)

(6) Der Beschäftiger hat der überlassenen Arbeitskraft Zugang zu den Wohlfahrtseinrichtungen und -maßnahmen in seinem Betrieb unter den gleichen Bedingungen wie seinen eigenen Arbeitskräften zu gewähren, es sei denn, eine

unterschiedliche Behandlung ist aus sachlichen Gründen gerechtfertigt. Zu den Wohlfahrtseinrichtungen und -maßnahmen zählen insbesondere Kinderbetreuungseinrichtungen, Gemeinschaftsverpflegung und Beförderungsmittel.

(BGBl I 2012/98)

§ 10a. (aufgehoben)

(BGBl I 2012/98, BGBl I 2016/44)

Vertragliche Vereinbarungen

§ 11. (1) Der Überlasser darf eine Arbeitskraft an einen Dritten nur nach Abschluss einer ausdrücklichen Vereinbarung überlassen, die unabhängig von der einzelnen Überlassung insbesondere folgende Bedingungen zwingend festzulegen hat:

1. Namen und Anschrift des Überlassers;
2. Namen und Anschrift der Arbeitskraft;
3. Beginn des Vertragsverhältnisses;
4. bei Vertragsverhältnissen auf bestimmte Zeit das Ende des Vertragsverhältnisses und die Gründe für die Befristung;
5. Dauer der Kündigungsfrist, Kündigungstermin;
6. Bundesländer oder Staaten, in denen die überlassene Arbeitskraft beschäftigt werden soll;
7. allfällige Einstufung in ein generelles Schema;
8. vorgesehene Verwendung, voraussichtliche Art der Arbeitsleistung;
9. Anfangsbezug (Grundgehalt oder -lohn, weitere Entgeltbestandteile wie zB Sonderzahlungen), Fälligkeit des Entgelts;
10. Ausmaß des jährlichen Erholungsurlaubes;
11. vereinbarte tägliche oder wöchentliche Normalarbeitszeit;
12. Bezeichnung der auf das Vertragsverhältnis allenfalls anzuwendenden Normen der kollektiven Rechtsgestaltung (Kollektivvertrag, Betriebsvereinbarung) und Hinweis auf den Raum im Betrieb, in dem diese zur Einsichtnahme aufliegen;
13. Namen und Anschrift der Betrieblichen Vorsorgekasse (BV-Kasse) des Arbeitnehmers oder für Arbeitnehmer, die dem BUAG unterliegen, Anschrift der Bauarbeiter-Urlaubs- und Abfertigungskasse.

(2) Verboten sind insbesondere Vereinbarungen und Bedingungen, welche

1. den Anspruch auf Entgelt auf die Dauer der Beschäftigung im Betrieb des Beschäftigers einschränken;
2. die Arbeitszeit wesentlich unter dem Durchschnitt des zu erwartenden Beschäftigungsausmaßes festsetzen oder ein geringeres Ausmaß der Arbeitszeit für überlassungsfreie Zeiten festlegen;
3. bei vereinbarter Teilzeitbeschäftigung dem Arbeitgeber das Recht zur Anordnung von regelmäßiger Mehrarbeit einräumen;
4. das Vertragsverhältnis ohne sachliche Rechtfertigung befristen;
5. die Verfalls- oder Verjährungsvorschriften verkürzen;
6. die überlassene Arbeitskraft für die Zeit nach dem Ende des Vertragsverhältnisses zum Überlasser, insbesondere durch Konventionalstrafen, Reugelder oder Einstellungsverbote, in ihrer Erwerbstätigkeit beschränken;
7. die überlassene Arbeitskraft zur Zahlung eines Entgelts im Gegenzug zur Überlassung oder in dem Fall, dass eine überlassene Arbeitskraft nach Beendigung der Überlassung mit dem ehemaligen Beschäftiger ein Arbeitsverhältnis eingeht, verpflichten;
8. entgegen § 10 Abs. 6 den Zugang der überlassenen Arbeitskraft zu den Wohlfahrtseinrichtungen oder -maßnahmen des Beschäftigerbetriebes beschränken.

(3) Vereinbarungen, die sonstige Konventionalstrafen oder Reugelder vorsehen, sind nur insoweit zulässig, als sie nicht nach Gegenstand, Zeit oder Ort und im Verhältnis zu dem geschäftlichen Interesse, das der Überlasser an der Einhaltung der jeweiligen vertraglichen Verpflichtungen hat, eine unbillige finanzielle Belastung der überlassenen Arbeitskraft bewirken.

(4) Über die Vereinbarung ist der Arbeitskraft unverzüglich nach Beginn des Vertragsverhältnisses ein Dienstzettel auszustellen, der die in Abs. 1 genannten Angaben enthalten muss.

(5) Verweigert der Überlasser die Ausstellung des Dienstzettels, ist die Arbeitskraft nicht verpflichtet, der Überlassung Folge zu leisten. Ein Dienstzettel ist dann nicht auszustellen, wenn eine schriftliche Vereinbarung ausgehändigt wurde, die alle genannten Angaben enthält. Jede Änderung der Angaben ist der Arbeitskraft unverzüglich, spätestens jedoch einen Monat nach ihrem Wirksamkeitsbeginn, schriftlich mitzuteilen, soweit nicht § 12 anzuwenden ist. Der Dienstzettel ist von Stempel- und Rechtsgebühren des Bundes befreit.

(6) Hat die Arbeitskraft die Tätigkeit im Ausland zu verrichten, so hat der vor der Aufnahme der Auslandstätigkeit auszuhändigende Dienstzettel oder die schriftliche Vereinbarung zusätzlich folgende Angaben zu enthalten:

1. den Ort und die voraussichtliche Dauer der Auslandstätigkeit,
2. die Währung, in der das Entgelt auszuzahlen ist, sofern es nicht in Euro auszuzahlen ist,
3. eine allfällige zusätzliche Vergütung für die Auslandstätigkeit,
4. allfällige Bedingungen für die Rückführung nach Österreich.

(BGBl I 2012/98)

Mitteilungspflichten

§ 12. (1) Der Überlasser ist verpflichtet, der Arbeitskraft vor jeder Beschäftigung in einem anderen Betrieb die für die Überlassung wesentlichen Umstände mitzuteilen und ehestmöglich schriftlich zu bestätigen, insbesondere

1. den Beschäftiger,
2. den für vergleichbare Arbeitnehmer für vergleichbare Tätigkeiten im Beschäftigerbetrieb anzuwendenden Kollektivvertrag und die Einstufung in denselben,
3. die Normalarbeitszeit und deren voraussichtliche Lage im Betrieb des Beschäftigers,
4. das für die Dauer der Überlassung gebührende Entgelt und Aufwandsentschädigungen, wobei Grundgehalt oder -lohn, Zulagen, Zuschläge und Sonderzahlungen jeweils getrennt auszuweisen sind,
5. die Art der zu verrichtenden Arbeit,
6. die voraussichtliche Dauer der Überlassung,
7. den genauen Zeitpunkt des Arbeitsantritts,
8. den genauen Ort der Arbeitsaufnahme,
9. gegebenenfalls die Tatsache, dass auch Arbeiten außerhalb der Betriebsstätte zu verrichten sind.

Für die Informationspflichten im Zusammenhang mit Sicherheit und Gesundheitsschutz bei der Arbeit gilt § 9 Abs. 4 des ArbeitnehmerInnenschutzgesetzes (ASchG), BGBl. Nr. 450/1994.

(2) Bei Endigung der Gewerbeberechtigung hat der Überlasser unverzüglich jede überlassene Arbeitskraft und jeden Beschäftiger nachweislich schriftlich zu informieren.

(3) Der Beschäftiger von grenzüberschreitend überlassenen Arbeitskräften ist verpflichtet, in Wahrnehmung der ihm obliegenden Fürsorgepflichten die überlassenen Arbeitskräfte jeweils über die maßgeblichen, insbesondere die im Abs. 1 Z 1 bis 9 angeführten, Umstände der Beschäftigung nachweislich zu informieren.

(4) Der Beschäftiger hat die überlassene Arbeitskraft über offene Stellen in seinem Betrieb, die besetzt werden sollen, zu informieren. Die Information hat durch allgemeine Bekanntgabe an geeigneter, der überlassenen Arbeitskraft zugänglicher, Stelle im Beschäftigerbetrieb zu erfolgen.

(5) Der Überlasser und der Beschäftiger sind verpflichtet, in geeigneter Weise den Zugang von überlassenen Arbeitskräften zu Aus- und Weiterbildungsmaßnahmen in ihren Betrieben zu fördern, um deren berufliche Entwicklung und Chancen auf dem Arbeitsmarkt zu unterstützen.

(6) Der Überlasser ist verpflichtet, der überlassenen Arbeitskraft das Ende der Überlassung an den Beschäftiger mindestens vierzehn Tage vor deren Ende mitzuteilen, wenn die Überlassung an den Beschäftiger zumindest drei Monate dauert und das Ende der Überlassung nicht auf objektiv unvorhersehbare Ereignisse zurückzuführen ist.

(BGBl I 2012/98)

Informationspflichten des Beschäftigers

§ 12a. „(1)“ Der Beschäftiger ist verpflichtet, den Überlasser über die für die Überlassung wesentlichen Umstände vor deren Beginn in Kenntnis zu setzen, insbesondere über die benötigte Qualifikation der überlassenen Arbeitskraft und die damit verbundene kollektivvertragliche Einstufung in den im Beschäftigerbetrieb für vergleichbare Arbeitnehmer für vergleichbare Tätigkeiten anzuwendenden Kollektivvertrag sowie über die im Beschäftigerbetrieb geltenden wesentlichen Arbeits- und Beschäftigungsbedingungen, welche in verbindlichen Bestimmungen allgemeiner Art festgelegt sind und sich auf Aspekte der Arbeitszeit und des Urlaubs beziehen. Gleiches gilt im Fall des § 10 Abs. 1 letzter Satz auch für verbindliche Bestimmungen allgemeiner Art das Entgelt betreffend.

(BGBl I 2021/174)

„(2) Der Beschäftiger von grenzüberschreitend nach Österreich überlassenen Arbeitskräften hat deren Arbeitgeber über die für diese geltenden gesetzlichen arbeitsrechtlichen Regelungen und die für deren Entlohnung geltenden kollektivvertraglichen Bestimmungen zu informieren.

(BGBl I 2021/174)

(3) Der Beschäftiger hat die Entsendung oder Überlassung einer überlassenen Arbeitskraft in einen anderen Mitgliedstaat der Europäischen Union, einen anderen Vertragsstaat des Abkommens über den Europäischen Wirtschaftsraum oder die Schweiz davor dem Überlasser mitzuteilen.“

(BGBl I 2021/174)

(BGBl I 2012/98)

Aufzeichnungen

§ 13. (1) Der Überlasser hat ab Aufnahme der Überlassungstätigkeit laufend Aufzeichnungen über die Überlassung von Arbeitskräften zu führen.

(2) Die Aufzeichnungen haben zu enthalten:

1. Vor- und Familiennamen, Sozialversicherungsnummer, Geburtsdatum, Geschlecht und Staatsangehörigkeit sowie Art der Verwendung (Arbeiter oder Angestellte) der überlassenen Arbeitskräfte,

   (BGBl I 2016/120)
2. Namen und Anschrift der Beschäftiger sowie deren Umsatzsteueridentifikationsnummer und deren gesetzliche Interessenvertretung, bei Zugehörigkeit zu einer Wirtschaftskammer auch den zuständigen Fachverband der Wirtschaftskammer Österreich, mangels einer gesetzlichen Interessenvertretung jene freiwillige Berufsvereinigung, die den Kollektivvertrag abgeschlossen hat, der oder dessen Satzung für vergleichbare Arbeitnehmer des Beschäftigers wirksam ist (Berufsvereinigung),

   (BGBl I 2014/94)
3. Beginn und Ende der Überlassungen für jede überlassene Arbeitskraft.

(3) Der Überlasser hat die Aufzeichnungen gemäß Abs. 2 sowie die Ausfertigungen der Dienstzettel gemäß § 11 Abs. 4 und der Mitteilungen

gemäß § 12 bis zum Ablauf von fünf Jahren nach der letzten Eintragung aufzubewahren.

(4) Der Überlasser hat dem vom Bundesminister für Arbeit, Soziales und Konsumentenschutz beauftragten Dienstleister auf elektronischem Weg in einem leicht verarbeitbaren Format jährlich mit Ende Juli für das jeweils vorangegangene Jahr folgende Daten zu übermitteln:

1. Vor- und Familiennamen, Geburtsdatum, Geschlecht, Staatsangehörigkeit und Arbeiter- oder Angestelltenverhältnis der von ihm beschäftigten überlassenen Arbeitskräfte und

   (BGBl I 2016/120)

2. je beschäftigter Arbeitskraft jeweils Beginn und Ende der einzelnen Überlassungen sowie
   a) Namen und Anschrift des Beschäftigers sowie dessen Umsatzsteueridentifikationsnummer und

      (BGBl I 2014/94)

   b) bei Zugehörigkeit des Beschäftigers zu einer Wirtschaftskammer den jeweiligen Fachverband oder

      (BGBl I 2014/94)

   c) bei Nichtzugehörigkeit des Beschäftigers zu einer Wirtschaftskammer die sonstige gesetzliche Interessenvertretung oder die Berufsvereinigung und deren allfällige fachliche Untergliederung, der der Beschäftiger angehört, und

      (BGBl I 2014/94)

3. das Bundesland (bei Überlassungen außerhalb Österreichs den Staat), in dem der Betrieb des Beschäftigers liegt.

(5) Werden die Daten gemäß Abs. 4 nicht innerhalb von zwei Monaten ab Fälligkeit vollständig übermittelt, gilt dies als Nichtmeldung im Sinne des § 22 Abs. 1 Z 3 lit. c.

(6) Der Bundesminister für Arbeit, Soziales und Konsumentenschutz kann geeignete Unternehmen und Einrichtungen mit der Durchführung, Überprüfung und Auswertung der Erhebung gemäß Abs. 4 beauftragen. Datenschutzrechtlicher Auftraggeber bei derartigen Aufträgen ist der Bundesminister für Arbeit, Soziales und Konsumentenschutz. Der direkte Personenbezug (Vor- und Familiennamen, Geburtsmonat und -tag) ist vom Bundesminister für Arbeit, Soziales und Konsumentenschutz oder vom beauftragten Dienstleister unmittelbar nach Erzeugung und Zuordnung des bereichsspezifischen Personenkennzeichens zu löschen.

(BGBl I 2016/120)

(7) Der Bundesminister für Arbeit, Soziales und Konsumentenschutz hat jährlich eine Statistik zur Arbeitskräfteüberlassung zu erstellen. Darüber hinaus dürfen Verlaufsstatistiken erstellt werden.

1. In der jährlichen Statistik zur Arbeitskräfteüberlassung sind folgende Daten zu veröffentlichen:
   a) Gesamtzahl der unselbständig Beschäftigten;
   b) Anzahl der Überlasser, geordnet nach Bundesländern (bei ausländischen Überlassern nach Staaten);
   c) Anzahl der Beschäftiger, geordnet nach Bundesländern (Staaten) und nach deren fachlicher Zugehörigkeit,
   d) Anzahl der im Inland und der aus dem Ausland überlassenen Arbeitskräfte, gegliedert nach Arbeitern, Angestellten, Geschlecht, Staatsangehörigkeit, dem Bundesland (Staat), in dem die überlassene Arbeitskraft beschäftigt wird, und der jeweiligen fachlichen Zugehörigkeit des Beschäftigers;
   e) Dauer der jeweiligen Überlassungen (bis zu einem Monat, ein bis drei Monate, drei bis sechs Monate, sechs bis zwölf Monate, zwölf bis 36 Monate und über 36 Monate) sowie
   f) Durchschnittliche Anzahl und Dauer der Dienstverhältnisse.
2. Für den Zweck der Erstellung von Verlaufsstatistiken überlassener Arbeitskräfte darf der Bundesminister für Arbeit, Soziales und Konsumentenschutz zusätzlich die selbst ermittelten Daten gemäß § 25 Abs. 1 des Arbeitsmarktservicegesetzes (AMSG), BGBl. Nr. 313/1994, ausgenommen Gesundheitsdaten gemäß § 25 Abs. 1 Z 4 AMSG, und die vom Dachverband der Sozialversicherungsträger (Dachverband) gemäß § 25 Abs. 2 AMSG übermittelten Daten indirekt personenbezogen (bPK) verwenden. Der indirekte Personenbezug ist zu beseitigen, sobald er für die statistische oder wissenschaftliche Arbeit nicht mehr benötigt wird. Soweit dies für mehrjährige Verlaufsstatistiken und -analysen erforderlich ist, darf der indirekte Personenbezug (bPK) verschlüsselt bis zu 30 Jahre aufbewahrt werden. Die Wiederherstellung eines direkten Personenbezuges ist in jedem Fall unzulässig.

   (BGBl I 2018/100)

(8) Der Beschäftiger von aus dem EWR überlassenen Arbeitskräften hat Aufzeichnungen gemäß Abs. 2 Z 1 und 3 sowie über die jeweiligen Überlasser (insbesondere Namen und Sitz) zu führen, diese Aufzeichnungen sowie Ausfertigungen der Mitteilungen gemäß § 12 Abs. 3 bis zum Ablauf von fünf Jahren nach der letzten Eintragung aufzubewahren und die Verpflichtungen gemäß Abs. 4 zu erfüllen, wobei an Stelle der fachlichen Zugehörigkeit des Beschäftigers und des Bundeslandes, in dem der Beschäftigerbetrieb liegt, der Staat, in dem der Überlasser seinen Sitz hat, anzugeben ist.

(9) Der Bundesminister für Arbeit, Soziales und Konsumentenschutz kann, wenn ein Bedarf nach zeitnäherer Ermittlung der Daten besteht, nach Anhörung der gesetzlichen Interessenvertretungen durch Verordnung eine häufigere Übermittlung der Daten gemäß Abs. 4 anordnen.

(BGBl I 2012/98)

Bürgschaft

§ 14. (1) Der Beschäftiger haftet für die gesamten der überlassenen Arbeitskraft für die Beschäftigung in seinem Betrieb zustehenden Entgeltansprüche und die entsprechenden Dienstgeber- und Dienstnehmerbeiträge zur Sozialversicherung sowie für die Lohnzuschläge nach dem BUAG als Bürge (§ 1355 des ABGB). Die Haftung reduziert sich anteilig um Dienstgeber- und Dienstnehmerbeiträge zur Sozialversicherung, die der Beschäftiger bereits gemäß § 67a Abs. 3 Z 2 ASVG an das Dienstleistungszentrum überwiesen hat, insoweit der Beschäftiger die Tätigkeit der überlassenen Arbeitskraft im Rahmen des jeweiligen Auftrages sowie die Höhe der auf die überlassene Arbeitskraft während dieser Tätigkeit entfallenden Beitragsleistung nachweist.

(BGBl I 2009/70, BGBl I 2012/98)

(2) Hat der Beschäftiger seine Verpflichtungen aus der Überlassung bereits dem Überlasser nachweislich erfüllt, haftet er nur als Ausfallsbürge (§ 1356 des ABGB).

(3) Bei Insolvenz des Überlassers entfällt die Haftung des Beschäftigers als Bürge, wenn die überlassene Arbeitskraft Anspruch auf Insolvenz-Entgelt nach dem Insolvenz-Entgeltsicherungsgesetz, BGBl. Nr. 324/1977, hat, soweit dadurch die Befriedigung der in Abs. 1 erwähnten Ansprüche tatsächlich gewährleistet ist.

(BGBl I 2008/82)

Abschnitt IV
Gemeinsame Bestimmungen

Verordnungsermächtigung

§ 15. (1) Der Bundesminister für Arbeit, Soziales und Konsumentenschutz kann nach Anhörung der gesetzlichen Interessenvertretungen und der kollektivvertragsfähigen Berufsvereinigungen der Arbeitgeber und der Arbeitnehmer durch Verordnung festlegen, dass für den Bereich bestimmter gesetzlicher Interessenvertretungen oder Berufsvereinigungen oder deren Untergliederungen

1. die Beschäftigung von überlassenen Arbeitskräften im Betrieb eines Beschäftigers nur bis zu einem bestimmten Anteil
   a) der unselbständig Beschäftigten,
   b) der Arbeiter oder
   c) der Angestellten

   des Betriebes zulässig ist;
2. die zulässige Dauer der Beschäftigung von überlassenen Arbeitskräften im Betrieb eines Beschäftigers beschränkt wird;
3. die Überlassung von Arbeitskräften von Österreich in bestimmte Staaten zulässig ist.

(BGBl 1994/314, BGBl I 2002/68, BGBl I 2012/98)

(2) Voraussetzung für die Erlassung einer Verordnung gemäß Abs. 1 Z 1 und 2 ist, daß in dem von der Verordnung erfaßten Bereich der Anteil der überlassenen Arbeitskräfte mehr als ein Zehntel der Gesamtzahl der unselbständig Beschäftigten, der Arbeiter oder der Angestellten beträgt.

(3) Voraussetzung für die Erlassung einer Verordnung gemäß Abs. 1 Z 3 ist, daß der Schutz der Arbeitskräfte gewährleistet ist und arbeitsmarktliche, volkswirtschaftliche oder andere wichtige öffentliche Interessen dafür sprechen.

(4) Die gesetzlichen Interessenvertretungen und die kollektivvertragsfähigen Berufsvereinigungen der Arbeitgeber und der Arbeitnehmer sind berechtigt, die Erlassung einer Verordnung gemäß Abs. 1 anzuregen.

Grenzüberschreitende Überlassung

§ 16. (1) Die Überlassung von Arbeitskräften von Österreich in das Ausland ist nur zulässig, wenn eine Verordnung gemäß § 15 Abs. 1 Z 3 besteht oder ausnahmsweise eine Bewilligung gemäß Abs. 2 erteilt wurde.

(2) Die Bewilligung der Überlassung von Arbeitskräften von Österreich in das Ausland kann auf Antrag des Überlassers erteilt werden, wenn keine arbeitsmarktlichen oder volkswirtschaftlichen Gründe dagegen sprechen und der Schutz der Arbeitskräfte nicht gefährdet ist.

(3) Die Überlassung von Arbeitskräften vom Ausland nach Österreich ist nur zulässig, wenn ausnahmsweise eine Bewilligung gemäß Abs. 4 erteilt wurde.

(4) Die Bewilligung der Überlassung von Arbeitskräften vom Ausland nach Österreich kann auf Antrag des Beschäftigers erteilt werden, wenn

1. die Beschäftigung besonders qualifizierter Fachkräfte aus arbeitsmarktlichen und volkswirtschaftlichen Gründen unumgänglich notwendig ist,
2. diese Arbeitskräfte ausschließlich im Wege der Überlassung aus dem Ausland verfügbar sind und
3. deren Beschäftigung keine Gefährdung der Lohn- und Arbeitsbedingungen inländischer Arbeitnehmer bewirkt.

(5) Die Bewilligung nach Abs. 4 darf nicht erteilt werden, wenn der Beschäftiger

1. gegen die Vorschriften des Arbeitskräfteüberlassungsgesetzes verstoßen hat oder
2. unzulässige Arbeitsvermittlung betrieben hat oder
3. Verpflichtungen eines Arbeitgebers, die sich aus dem Arbeitsrecht einschließlich des Arbeitnehmerschutzes oder dem Sozialversicherungsrecht ergeben, erheblich verletzt hat.

(6) Die Bewilligung nach Abs. 4 ist jeweils nur für eine bestimmte Anzahl von Arbeitskräften und nur für einen bestimmten Zeitraum zu erteilen.

(7) Die Bewilligung nach Abs. 4 ist zu widerrufen, wenn die für die Erteilung wesentlichen Voraussetzungen nicht mehr vorliegen.

Grenzüberschreitende Überlassung im Europäischen Wirtschaftsraum

§ 16a. Auf Überlassungen innerhalb des Europäischen Wirtschaftsraumes (EWR) ist § 16 nicht anzuwenden.

(BGBl I 1999/120)

Anzeigepflicht

§ 17. (1) Der Überlasser, der gemäß § 135 Abs. 2 Z 1 der Gewerbeordnung 1994 (GewO) kein reglementiertes Gewerbe gemäß § 94 Z 72 GewO ausübt, hat die Überlassung von Arbeitskräften spätestens bis zum Ablauf des auf die erstmalige Überlassung folgenden Monates der zuständigen Gewerbebehörde zu melden.

(2)[a] Der Überlasser hat bei bewilligungsfreier Überlassung von Arbeitskräften vom Ausland nach Österreich die grenzüberschreitende Überlassung der Zentralen Koordinationsstelle für die Kontrolle der illegalen Beschäftigung (nach dem AuslBG und dem AVRAG) des Bundesministeriums für Finanzen zu melden. Die Meldung ist jeweils spätestens eine Woche vor der Arbeitsaufnahme in Österreich zu erstatten; in Katastrophenfällen, bei unaufschiebbaren Arbeiten und bei kurzfristig zu erledigenden Aufträgen genügt die Meldung unverzüglich vor Arbeitsaufnahme. Änderungen der gemeldeten Daten sind unverzüglich zu erstatten. Die Übermittlung der Meldungen hat ausschließlich automationsunterstützt über die elektronischen Formulare des Bundesministeriums für Finanzen zu erfolgen.

(BGBl I 2014/94, BGBl I 2016/44)

[a] Siehe § 23a Abs. 2.

(3)[a] Die Meldung gemäß Abs. 2 hat folgende Daten zu enthalten:

1. Namen und Anschrift des Überlassers,
2. Namen und Anschrift der zur Vertretung nach außen Berufenen des Überlassers,
3. Namen und Anschrift des Beschäftigers sowie dessen Umsatzsteueridentifikationsnummer und dessen Gewerbebefugnis oder Unternehmensgegenstand,
4. Namen, Anschriften, Geburtsdaten, Sozialversicherungsnummern und Sozialversicherungsträger sowie Staatsangehörigkeit der überlassenen Arbeitskräfte,
5. Beginn und voraussichtliche Dauer der Beschäftigung der einzelnen überlassenen Arbeitskräfte beim Beschäftiger,
6. Orte der Beschäftigung, jeweils unter genauer Angabe der Anschrift, in Österreich,
7. Höhe des jeder einzelnen Arbeitskraft nach den österreichischen Rechtsvorschriften gebührenden Entgelts,
8. Art der Tätigkeit und Verwendung der einzelnen Arbeitskräfte unter Berücksichtigung des maßgeblichen österreichischen Kollektivvertrages,
9. sofern für die Beschäftigung der überlassenen Arbeitskräfte im Sitzstaat des Überlassers eine behördliche Genehmigung erforderlich ist, jeweils die ausstellende Behörde sowie die Geschäftszahl, das Ausstellungsdatum und die Geltungsdauer oder eine Abschrift der Genehmigung,
10. sofern die überlassenen Arbeitskräfte im Sitzstaat des Überlassers eine Aufenthaltsgenehmigung benötigen, jeweils die ausstellende Behörde sowie die Geschäftszahl, das Ausstellungsdatum und die Geltungsdauer oder eine Abschrift der Genehmigung.[a]

[a] Siehe § 23a Abs. 2.

(BGBl I 2012/98, BGBl I 2014/94, BGBl I 2016/44)

(4)[a] Die Zentrale Koordinationsstelle für die Kontrolle der illegalen Beschäftigung hat die Meldungen gemäß Abs. 2 der zuständigen Gewerbebehörde zu übermitteln. Die Zentrale Koordinationsstelle hat die Meldungen an den zuständigen Krankenversicherungsträger (§§ 26 und 30 ASVG), an die Bauarbeiter-Urlaubs- und Abfertigungskasse (BUAK) und an den Bundesminister für Arbeit, Soziales und Konsumentenschutz zu übermitteln.

(BGBl I 2012/98, BGBl I 2014/94, BGBl I 2016/44)

[a] Siehe § 23a Abs. 2.

(5)[a] Die gemäß Abs. 1 zuständige Behörde hat, sofern es sich um Bautätigkeiten handelt, die Meldungen der Bauarbeiter- Urlaubs- und Abfertigungskasse zu übermitteln.

(BGBl I 2012/98, BGBl I 2016/44)

[a] Siehe § 23a Abs. 2.

(6)[a] Die zu übermittelnden Meldungen sind elektronisch zur Verfügung zu stellen.

(BGBl I 2014/94, BGBl I 2016/44)

[a] Siehe § 23a Abs. 2.

(7)[a] Der Beschäftiger hat für jede nicht in Österreich sozialversicherungspflichtige überlassene Arbeitskraft Unterlagen über die Anmeldung der Arbeitskraft zur Sozialversicherung (Sozialversicherungsdokument A 1 nach der Verordnung (EG) Nr. 883/04 zur Koordinierung der Systeme der sozialen Sicherheit, ABl. Nr. L 166 vom 30.04.2004 S. 1, zuletzt geändert durch die Verordnung (EU) Nr. 465/2012, ABl. Nr. L 149 vom 8.6.2012 S. 4) sowie die Meldung gemäß den Abs. 2 und 3 am Arbeits(Einsatz)Ort in geeigneter Form zur Überprüfung bereitzuhalten oder zugänglich zu machen.

(BGBl I 2012/98, BGBl I 2014/94, BGBl I 2016/44)

[a] Siehe § 23a Abs. 2.

(BGBl 1994/314, BGBl I 1999/120, BGBl I 2002/68, BGBl I 2002/111, BGBl I 2005/104, BGBl I 2011/24, BGBl I 2012/98)

Untersagung

§ 18. (1) Die Überlassung von Arbeitskräften durch Überlasser, die gemäß § 135 Abs. 2 GewO kein reglementiertes Gewerbe gemäß § 94 Z 72 GewO ausüben, ist zu untersagen, wenn der Überlasser die ihm auf Grund des Arbeitskräfteüberlassungsgesetzes obliegenden Verpflichtungen, insbesondere gegenüber einer Arbeitskraft, erheblich oder wiederholt verletzt hat und trotz schriftlicher Androhung der Untersagung neuerlich verletzt.

(BGBl 1994/314, BGBl I 2002/111)

(2) Die Verträge zwischen dem Überlasser und den überlassenen Arbeitskräften werden durch die Untersagung der Überlassung von Arbeitskräften nicht berührt. Die Untersagung bildet jedoch für die überlassenen Arbeitskräfte binnen drei Monaten ab Kenntnis einen wichtigen, vom Überlasser verschuldeten Grund zur vorzeitigen Vertragsauflösung.

(BGBl I 2012/98)

Zuständigkeit und Verfahren

§ 19. (1) Der Antrag auf Erteilung der Bewilligung der grenzüberschreitenden Überlassung von Arbeitskräften von Österreich in das Ausland gemäß § 16 Abs. 2 oder vom Ausland nach Österreich gemäß § 16 Abs. 4 ist bei der zuständigen Gewerbebehörde einzubringen.

(2) Über diese Anträge sowie über den Widerruf der Bewilligung und über die Untersagung der Überlassung von Arbeitskräften entscheidet die zuständige Gewerbebehörde nach Anhörung der gesetzlichen Interessenvertretungen und der kollektivvertragsfähigen Berufsvereinigungen der Arbeitgeber und der Arbeitnehmer sowie im Falle der Untersagung der Überlassung von Arbeitskräften überdies des zuständigen Arbeitsinspektorates oder der sonst zur Wahrnehmung des Arbeitnehmerschutzes zuständigen Behörde.

(BGBl 1994/314, BGBl I 2002/68)

Überwachung und Auskunftspflicht

§ 20. (1) Der Bundesminister für Arbeit, Soziales und Konsumentenschutz, die Zentrale Koordinationsstelle für die Kontrolle der illegalen Beschäftigung, das Amt für Betrugsbekämpfung und die Gewerbebehörden sowie hinsichtlich der dem Arbeitnehmerschutz dienenden Bestimmungen die Arbeitsinspektorate und die sonst zur Wahrnehmung des Arbeitnehmerschutzes berufenen Behörden und hinsichtlich der sozialversicherungsrechtlichen Bestimmungen die Träger der Sozialversicherung sind zuständig, die Einhaltung der Vorschriften dieses Bundesgesetzes zu überwachen.

(BGBl 1994/314, BGBl I 2002/68, BGBl I 2011/24, BGBl I 2012/98, BGBl I 2019/104)

(2) Die Überlasser und die Beschäftiger von Arbeitskräften haben den im Abs. 1 genannten zuständigen Behörden und Sozialversicherungsträgern auf deren Verlangen

1. alle für eine Überprüfung erforderlichen Auskünfte zu erteilen,
2. die hiefür benötigten Unterlagen zur Einsicht vorzulegen und
3. die Anfertigung vollständiger oder auszugsweiser Abschriften oder Ablichtungen der Unterlagen zu gestatten.

(3) Die Überlasser und die Beschäftiger haben den Organen der im Abs. 1 genannten zuständigen Behörden und Sozialversicherungsträgern Zutritt zum Betrieb und Einsicht in alle die Arbeitskräfteüberlassung betreffenden Unterlagen zu gewähren.

(BGBl I 2019/104)

(4) Die Verpflichtungen gemäß Abs. 2 und 3 bestehen auch gegenüber vom Bundesminister für Arbeit, Soziales und Konsumentenschutz gemäß § 13 Abs. 6 beauftragten Unternehmen und Einrichtungen.

(BGBl I 2002/68, BGBl I 2012/98)

Amtshilfe

§ 21. (1) Alle Behörden und alle öffentlich-rechtlichen Körperschaften, insbesondere die gesetzlichen Interessenvertretungen der Arbeitgeber und der Arbeitnehmer und die Träger der Sozialversicherung, haben im Rahmen ihres Wirkungsbereiches den Bundesminister für Arbeit, Soziales und Konsumentenschutz, die Gewerbebehörden, die Arbeitsinspektorate und die sonst zur Wahrnehmung des Arbeitnehmerschutzes berufenen Behörden bei der Erfüllung ihrer Aufgaben nach dem Arbeitskräfteüberlassungsgesetz zu unterstützen.

(BGBl 1994/314, BGBl I 2002/68, BGBl I 2012/98)

(2) Diese Unterstützung besteht insbesondere auch darin, daß sie den in Abs. 1 genannten zuständigen Behörden

1. den Namen, die Geburtsdaten, die Anschrift, das Geschlecht, die Staatsbürgerschaft, den Beschäftigungsort, die Arbeits- und Vertragsbedingungen sowie die Pensions-, Unfall- und Krankenversicherungsdaten der überlassenen Arbeitskraft,
2. den Namen, die Geburtsdaten, die Anschrift, den Betriebsgegenstand und den Sitz des Betriebes des Überlassers und
3. den Namen, die Geburtsdaten, die Anschrift, die gesetzliche Interessenvertretung, den Fachverband oder die Berufsvereinigung sowie deren allfällige fachliche Untergliederungen und den Sitz des Betriebes des Beschäftigers

   (BGBl I 2012/98)

übermitteln.

Strafbestimmungen

§ 22. (1) Sofern die Tat nicht den Tatbestand einer in die Zuständigkeit der Gerichte fallenden strafbaren Handlung bildet, begeht eine Verwaltungsübertretung und ist von der Bezirksverwaltungsbehörde zu bestrafen

1. mit Geldstrafe von 1 000 € bis zu 5 000 €, im Wiederholungsfall von 2 000 € bis zu 10 000 €, wer
   a) als Überlasser oder Beschäftiger gesetzwidrige Vereinbarungen trifft (§§ 8 und 11 Abs. 2) und deren Einhaltung verlangt,
   b) Arbeitskräfte in von Streik oder Aussperrung betroffene Betriebe überlässt (§ 9),

c) als Überlasser oder Beschäftiger an einer unzulässigen grenzüberschreitenden Überlassung (§ 16) beteiligt ist,

d) trotz Untersagung der Überlassungstätigkeit (§ 18) Arbeitskräfte überlässt;

2.[a] mit Geldstrafe von 500 € bis zu 5 000 €, im Wiederholungsfall von 1 000 € bis zu 10 000 €, wer die Meldungen gemäß § 17 Abs. 2 nicht oder nicht rechtzeitig oder nicht vollständig oder wissentlich unrichtig erstattet oder die erforderlichen Unterlagen entgegen § 17 Abs. 7 nicht zur Überprüfung bereithält oder nicht zugänglich macht;

(BGBl I 2014/94, BGBl I 2016/44)

[a] Siehe § 23a Abs. 2.

3. mit Geldstrafe bis zu 1 000 €, im Wiederholungsfall von 500 € bis zu 2 000 €, wer

a) eine Arbeitskraft ohne Ausstellung eines Dienstzettels, der den Vorschriften des § 11 entspricht, überlässt,

b) die Mitteilungspflichten (§ 12 Abs. 1 bis 5 und § 12a) nicht einhält, wenn dadurch die Gefahr eines Schadens für die Arbeitskraft besteht,

c) die gemäß § 13 zu führenden Aufzeichnungen oder die zu übermittelnden statistischen Daten nicht oder mangelhaft vorlegt,

d) die Erstattung der Meldung gemäß § 17 Abs. 1 unterlässt;

4. mit Geldstrafe bis zu 1 000 €, im Wiederholungsfall von 500 € bis zu 2 000 €, wer als Überlasser oder Beschäftiger den zur Überwachung berufenen Behörden und Trägern der Sozialversicherung auf deren Aufforderung

a) die für die Überprüfung der Einhaltung der Bestimmungen des Arbeitskräfteüberlassungsgesetzes erforderlichen Auskünfte nicht erteilt (§ 20 Abs. 2 Z 1),

b) die für diese Überprüfung benötigten Unterlagen nicht zur Einsicht vorlegt (§ 20 Abs. 2 Z 2),

c) die Anfertigung von Abschriften, Auszügen oder Ablichtungen dieser Unterlagen verwehrt (§ 20 Abs. 2 Z 3),

d) den Zutritt zum Betrieb oder die Einsicht in die die Arbeitskräfteüberlassung betreffenden Unterlagen verwehrt (§ 20 Abs. 3).

(BGBl I 2012/98)

(2) Bei der Bemessung der Höhe der Geldstrafe nach Abs. 1 ist insbesondere auf den durch die Überlassung erzielten Ertrag oder sonstigen wirtschaftlichen Vorteil Bedacht zu nehmen.

(3) Die Eingänge aus den gemäß Abs. 1 verhängten Geldstrafen fließen dem Arbeitsmarktservice zu.

(BGBl 1994/314)

(4) Bei grenzüberschreitender Arbeitskräfteüberlassung gilt die Verwaltungsübertretung als in jenem Sprengel der Bezirksverwaltungsbehörde begangen, in dem der Arbeits(Einsatz)ort der nach Österreich überlassenen Arbeitnehmer/innen liegt, bei wechselnden Arbeits(Einsatz)orten am Ort der Kontrolle.

(BGBl I 2012/98)

(5) Das Amt für Betrugsbekämpfung und dessen Organe haben Parteistellung in Verwaltungsstrafverfahren nach Abs. 1 und können gegen den Bescheid einer Verwaltungsbehörde Beschwerde beim Verwaltungsgericht und gegen das Erkenntnis oder den Beschluss eines Verwaltungsgerichts Revision beim Verwaltungsgerichtshof erheben.

(BGBl I 2014/94, BGBl I 2016/44, BGBl I 2019/104)

Abschnitt V
Sozial- und Weiterbildungsfonds

§ 22a. (1) Zum Zweck der Unterstützung überlassener Arbeitnehmer wird ein Sozial- und Weiterbildungsfonds (Fonds) mit Rechtspersönlichkeit in Wien eingerichtet. Der Wirkungsbereich des Fonds erstreckt sich auf das gesamte Bundesgebiet. Dem Fonds fließen Beiträge gemäß § 22d zu.

(BGBl I 2014/94)

(2) Die Verwaltung des Fonds obliegt dessen Organen. Die Entsendung von fachlich geeigneten Mitgliedern in die Organe obliegt auf Seiten der Arbeitgeber dem Fachverband der gewerblichen Dienstleister und auf Seiten der Arbeitnehmer den Vertretern der die jeweiligen Kollektivverträge für die überlassenen Arbeiter und für die überlassenen Angestellten abschließenden Gewerkschaften.

(3) Die Aufsicht über den Fonds obliegt dem Bundesminister für Arbeit, Soziales und Konsumentenschutz.

(BGBl I 2012/98)

Organe

§ 22b. (1) Die Organe des Fonds sind der Vorstand und der Kontrollausschuss.

(2) Der Vorstand besteht aus sechs Mitgliedern, davon drei Vertreter der Arbeitgeber und drei Vertreter der Arbeitnehmer, von denen zwei von der den Kollektivvertrag für die überlassenen Arbeiter und einer von der den Kollektivvertrag für die überlassenen Angestellten abschließenden Gewerkschaft zu entsenden sind. Für jedes Mitglied ist ein Ersatzmitglied zu entsenden.

(3) Der Kontrollausschuss besteht aus vier Mitgliedern, davon je zwei Vertreter der Arbeitgeber und der Arbeitnehmer. Für jedes Mitglied ist ein Ersatzmitglied zu entsenden.

(4) Die nach Abs. 2 iVm § 22a Abs. 2 entsandten Mitglieder (Ersatzmitglieder) des Vorstandes und des Kontrollausschusses werden vom Bundesminister für Arbeit, Soziales und Konsumentenschutz für eine Funktionsperiode von jeweils vier Jahren bestellt. Scheidet ein Mitglied (Ersatzmitglied) vorzeitig aus, so ist für die restliche Funktionsperiode ein Mitglied (Ersatzmitglied) zu bestellen.

(5) Die Mitglieder des Vorstandes und des Kontrollausschusses wählen jeweils aus ihrer Mitte

einen Vorsitzenden, einen Stellvertreter und einen Schriftführer. In der konstituierenden Sitzung führt das an Lebensjahren älteste Mitglied der Arbeitnehmerseite den Vorsitz. Die Mitgliedschaft im Vorstand ist unvereinbar mit einer Mitgliedschaft im Kontrollausschuss. Der Vorsitzende des Vorstandes ist der gesetzliche Vertreter des Fonds unter Beachtung der Beschlüsse des Vorstandes.

(6) Die Mitglieder des Vorstandes und die Mitglieder des Kontrollausschusses haben ihr Amt gewissenhaft und ehrenamtlich auszuüben. Sie unterliegen dabei der Amtsverschwiegenheit.

(7) Der Vorstand führt die Geschäfte. Er hat für jedes Kalenderjahr einen Jahresvoranschlag und den Rechnungsabschluss zu erstellen. Er hat die Leistungen des Fonds unter Bedachtnahme auf die zu erwartenden Einnahmen und Ausgaben festzulegen. Er hat mit Zustimmung des Kontrollausschusses eine Geschäftsordnung zu erlassen.

(8) Der Kontrollausschuss hat die Tätigkeit des Vorstandes laufend zu überwachen, insbesondere die Einhaltung der gesetzlichen und kollektivvertraglichen Regelungen und die zweckgemäße sparsame Verwendung der Mittel zu überprüfen. Wahrnehmungen und Missstände sind umgehend dem Vorstand zu berichten. Einmal jährlich ist ein Prüfbericht zu erstellen.

(9) Vorstand und Kontrollausschuss fassen ihre Beschlüsse mit einfacher Mehrheit der Stimmen. Bei Stimmengleichheit entscheidet der Vorsitzende. Für die Beschlussfassung der Geschäftsordnung ist eine Zweidrittel-Mehrheit erforderlich. In der Geschäftsordnung können weitere Angelegenheiten festgelegt werden, in denen eine Zweidrittel-Mehrheit erforderlich ist.

(BGBl I 2012/98)

Aufgaben

§ 22c. (1) Aufgabe des Fonds ist es, (ehemalige) Arbeitnehmer von Überlassungsbetrieben bei der Verstetigung ihrer Arbeitsverhältnisse, (Zusatz-)Qualifizierung und Verbesserung ihrer Chancen am Arbeitsmarkt sowie auch während Zeiten der Arbeitslosigkeit im Sinne des § 12 des Arbeitslosenversicherungsgesetzes 1977 (AlVG) zu unterstützen.

(BGBl I 2014/94)

(2) Zur Erfüllung dieser Aufgabe kann der Fonds folgende Leistungen erbringen:

1. Zuschüsse an (ehemalige) Arbeitnehmer,
2. Leistungen zur Finanzierung von Weiterbildungsmaßnahmen,
3. Leistungen an Überlasser zur Verlängerung der Beschäftigungsdauer beim Überlasser.

(3) Auf Leistungen des Fonds besteht kein Rechtsanspruch. Die Zuschüsse und sonstigen Leistungen sind kein Entgelt im Sinne des § 49 ASVG; für sie gilt weiters § 3 Abs. 1 Z 3 lit. a EStG 1988.

(4) Die näheren Bestimmungen über Art, Höhe, Dauer, Gewährung und Rückforderbarkeit der Leistungen hat der Vorstand mit Zustimmung des Kontrollausschusses schriftlich festzulegen. Die Leistungen des Fonds haben anhand von standardisierten und leicht administrierbaren Kriterien zu erfolgen.

(5) Der Fonds kann mit Beschluss des Vorstandes auch einen Dienstleister mit der Abwicklung seiner Leistungen betrauen. Soweit ein Dienstleister betraut wird, vertritt dieser den Fonds im Rahmen des übertragenen Tätigkeitsbereiches nach außen und ist dieser vor dem Beschluss über die Leistungen iSd Abs. 4 anzuhören. Wesentliche Änderungen hinsichtlich des Aufwandes der Abwicklung berechtigen den Dienstleister, den geschlossenen Vertrag vorzeitig zu beenden, sofern dieser nicht angepasst wird.

(6) Der Dachverband hat dem Fonds und einem von diesem beauftragten Dienstleister für die Abwicklung der Leistungen folgende Daten auf elektronischem Weg zur Verfügung zu stellen:

1. Namen und Geburtsdatum jener arbeitslos vorgemerkten Personen, die vor ihrer Vormerkung bei einem Arbeitskräfteüberlasser im Sinne des § 94 Z 72 GewO beschäftigt waren;
2. Namen des Arbeitskräfteüberlassers, zu dem das Arbeitsverhältnis bestand;
3. Beendigungsdatum und Dauer dieses Arbeitsverhältnisses und in den letzten zwölf Monaten vorangegangener Arbeitsverhältnisse zu Arbeitskräfteüberlassern;
4. Dauer der Vormerkung als arbeitslos;
5. Höhe der von den jeweiligen Überlassern gemäß § 22d geleisteten Beiträge zum Fonds und allenfalls bestehende Beitragsrückstände.

(BGBl I 2014/94)

(BGBl I 2014/94, BGBl I 2018/100)

(7) Dem Dachverband sind die aus der Datenbereitstellung entstehenden Aufwendungen aus Mitteln des Fonds zu erstatten. Der Fonds oder ein von diesem beauftragter Dienstleister darf die vom Dachverband bereitgestellten Daten nur insoweit verwenden, als diese für die Prüfung, ob die Voraussetzungen für die Gewährung eines Zuschusses vorliegen, erforderlich sind.

(BGBl I 2018/100)

(8) Die Zentrale Koordinationsstelle für die Kontrolle der illegalen Beschäftigung nach dem Ausländerbeschäftigungsgesetz und dem Lohn- und Sozialdumping-Bekämpfungsgesetz des Amtes für Betrugsbekämpfung (Zentrale Koordinationsstelle) hat dem Fonds oder einem von diesem beauftragten Dienstleister für die Einhebung von Beiträgen nach § 22d Abs. 2 und 4 und für die Erbringung von Leistungen für vom Ausland überlassene Arbeitnehmer die Daten gemäß § 17 Abs. 3 zur Verfügung zu stellen.

(BGBl I 2019/104)

(BGBl I 2012/98)

Aufbringung der Mittel

§ 22d. (1) Die Überlasser haben für die von ihnen zum Zweck der Überlassung an Dritte beschäftigten Arbeitnehmer einen Beitrag an den Fonds zu entrichten. Der Beitragssatz beträgt im Jahr 2013 0,25 vH, im Jahr 2014 0,35 vH, im Jahr 2015 0,6 vH, im Jahr 2016 und im ersten Quartal 2017 0,8 vH, und ab dem zweiten Quartal 2017 0,35 vH der Beitragsgrundlage. Die Beitragsgrundlage ist die nach dem Allgemeinen Sozialversicherungsgesetz (ASVG), BGBl. Nr. 189/1955, geltende allgemeine Beitragsgrundlage bis zur Höhe der gemäß § 45 ASVG festgelegten Höchstbeitragsgrundlage. Von Sonderzahlungen (§ 49 Abs. 2 ASVG) sind Sonderbeiträge an den Fonds mit dem jeweils gleichen Hundertsatz zu entrichten.

(BGBl I 2017/38, BGBl I 2019/21)

(2) Die Beiträge gemäß Abs. 1 sind auch von Überlassern ohne Sitz in Österreich für nach Österreich überlassene Arbeitnehmer an den Fonds zu entrichten. Beitragsgrundlage ist das Entgelt des Arbeitnehmers (§ 17 Abs. 3 Z 5), jedoch höchstens bis zu einem Betrag, der der gemäß § 45 ASVG festgelegten Höchstbeitragsgrundlage entspricht.

(3) Für die Einhebung der Beiträge und Sonderbeiträge gemäß Abs. 1 gelten die Vorschriften der gesetzlichen Krankenversicherung über den Abzug des Versicherungsbeitrages vom Entgelt. Die Beiträge sind zusammen mit den Beiträgen zur Sozialversicherung vom zuständigen Sozialversicherungsträger einzuheben und an den Fonds weiterzuleiten.

(4) Die Beiträge für vom Ausland überlassene Arbeitnehmer, die nicht der Sozialversicherungspflicht in Österreich unterliegen, sind vom Überlasser an den Fonds zu entrichten. Der Fonds kann mit der Beitragseinhebung einen Dienstleister beauftragen. Kommt der Überlasser der Verpflichtung zur Beitragsentrichtung nicht nach, hat der Fonds bzw. der Dienstleister die offenen Beiträge im Gerichtsweg einzuklagen. Zuständiges Gericht ist das Arbeits- und Sozialgericht Wien.

(BGBl I 2014/94)

(5) Die zuständigen Sozialversicherungsträger sind berechtigt, als Abgeltung für deren Aufwendungen eine Vergütung von den eingehobenen (überwiesenen) Beiträgen (Sonderbeiträgen) in Höhe von 0,5 vH einzubehalten.

(6) Die einem Dienstleister (§ 22c Abs. 5) aus der Einhebung der Beiträge nach Abs. 4 und aus der Abwicklung der übertragenen Tätigkeiten entstehenden Aufwendungen sind aus Mitteln des Fonds nach folgenden Grundsätzen zu erstatten: Aufwendungen für vom Dienstleister beauftragte Leistungen sind nach Anfall zu ersetzen. Für die Erbringung von Leistungen durch den Dienstleister gebührt diesem eine einmalige Vergütung für die Ersteinrichtung sowie eine jährliche Vergütung, die durch Verordnung des Bundesministers für Arbeit, Soziales und Konsumentenschutz nach Anhörung des Fonds und des Dienstleisters festzulegen sind. Diese Vergütungen unterliegen nicht der Umsatzsteuer.

(7) Vom Bund nach Maßgabe des § 6a des Arbeitsmarktpolitik-Finanzierungsgesetzes (AMPFG), BGBl. Nr. 315/1994, an den Fonds überwiesene Mittel sind für Zwecke der Weiterbildung zu verwenden und können bis Ende 2016 auch für andere Aufgaben des Fonds verwendet werden.

(8) Der Fonds kann auch von Dritten Beiträge zur Erfüllung seiner Aufgaben einnehmen.

(9) Die Pflicht zur Entrichtung von Beiträgen nach Abs. 1 und 2 ruht, wenn und soweit gemäß § 10 Abs. 1 letzter Satz die im Beschäftigerbetrieb geltenden sonstigen verbindlichen Bestimmungen allgemeiner Art anzuwenden sind.

(BGBl I 2012/98)

Aufsicht

§ 22e. (1) Die Aufsicht des Bundesministers für Arbeit, Soziales und Konsumentenschutz erstreckt sich auf die Einhaltung der Gesetze und Verordnungen sowie die Gebarung des Fonds unter Beachtung der Grundsätze der Sparsamkeit, Wirtschaftlichkeit und Zweckmäßigkeit.

(2) Der Vorstand ist verpflichtet dem Bundesminister für Arbeit, Soziales und Konsumentenschutz auf Verlangen alle für die Wahrnehmung der Aufsicht erforderlichen Auskünfte zu geben und die erforderlichen Unterlagen zur Verfügung zu stellen.

(3) Der Bundesminister für Arbeit, Soziales und Konsumentenschutz oder ein von ihm damit betrauter Vertreter ist berechtigt, an den Sitzungen der Organe des Fonds teilzunehmen.

(BGBl I 2012/98)

Auflösung des Fonds

§ 22f. (1) Der Bundesminister für Arbeit, Soziales und Konsumentenschutz hat den Fonds nach Anhörung der gesetzlichen Interessenvertretungen aufzulösen, wenn

1. kein Fondsvermögen mehr vorhanden ist,
2. das Fondsvermögen zur Erfüllung des Fondszweckes nicht hinreichend ist und eine Zuführung zusätzlicher Mittel nicht in Betracht kommt, oder
3. der Zweck des Fonds nicht erreicht wird.

(2) Das bei Auflösung noch vorhandene Fondsvermögen ist auf die den Beitrag gemäß § 22d zahlenden Überlasser anteilsmäßig aufzuteilen oder – sofern eine Aufteilung unwirtschaftlich wäre – der entsprechenden kollektivvertragsfähigen Körperschaft der Arbeitgeber zu übertragen.

(BGBl I 2012/98)

Strafbestimmung

§ 22g. (1) Sofern die Tat nicht den Tatbestand einer in die Zuständigkeit der Gerichte fallenden strafbaren Handlung bildet, begeht eine Verwaltungsübertretung und ist von der Bezirksverwaltungsbehörde mit Geldstrafe von 1 000 € bis zu 5 000 €, im Wiederholungsfall von 2 000 € bis zu 10 000 € zu bestrafen, wer als Überlasser die Beiträge an den Fonds nach § 22d Abs. 1 und Abs. 2 nicht entrichtet, es sei denn dass diese Verpflichtung gemäß § 22d Abs. 9 ruht.

(2) Bei grenzüberschreitender Überlassung gilt die Verwaltungsübertretung als in dem Sprengel der Bezirksverwaltungsbehörde begangen, in dem der Arbeits(Einsatz)ort der nach Österreich entsandten Arbeitnehmer liegt, bei wechselnden Arbeits(Einsatz)orten am Ort der Kontrolle.

(BGBl I 2012/98)

Abschnitt VI
Schlussbestimmungen

(BGBl I 2012/98)

In-Kraft-Treten

§ 23. (1) Dieses Bundesgesetz tritt mit 1. Juli 1988 in Kraft.

(2) § 1 Abs. 4 in der Fassung des Bundesgesetzes BGBl. Nr. 460/1993 tritt mit 1. Juli 1993 in Kraft.

(3) Die §§ 1 Abs. 3, 13 Abs. 4 und 5, 15, 17, 18 Abs. 1, 19 Abs. 1 bis 3, 20 Abs. 1, 21 Abs. 1 und 22 Abs. 3 in der Fassung des Bundesgesetzes BGBl. Nr. 314/1994 treten mit 1. Juli 1994 in Kraft. Bis zum In-Kraft-Treten des § 5 Z 1 lit. b des Bundessozialämtergesetzes (Art. 33 des Arbeitsmarktservice-Begleitgesetzes, BGBl. Nr. 314/1994) obliegen die Aufgaben und Befugnisse der Bundesämter für Soziales und Behindertenwesen den jeweiligen Landesgeschäftsstellen des Arbeitsmarktservice.

(4) Die §§ 1, 10a, 12a, 13, 16a und 17 in der Fassung des Bundesgesetzes BGBl. I Nr. 120/1999 treten mit 1. Oktober 1999 in Kraft und sind auf Sachverhalte anzuwenden, die sich nach dem 30. September 1999 ereignen.

(5) § 11 Abs. 4 in der Fassung des Bundesgesetzes BGBl. I Nr. 44/2000 tritt mit 1. Juli 2000 in Kraft.

(6) § 22 Abs. 1 in der Fassung des Bundesgesetzes BGBl. I Nr. 136/2001 tritt mit 1. Jänner 2002 in Kraft.

(7) Die §§ 6, 13, 15, 17, 19, 20 und 21 in der Fassung des Konjunkturbelebungsgesetzes 2002, BGBl. I Nr. 68, treten mit 1. Juli 2002 in Kraft.

(BGBl I 2002/68)

(8) Die §§ 1 Abs. 3, 13 Abs. 2 Z 2, 17 Abs. 1, 18 Abs. 1 sowie die §§ 24 bis 26 in der Fassung des Bundesgesetzes BGBl. I Nr. 111/2002, treten mit dem auf die Kundmachung dieses Bundesgesetzes folgenden Monatsersten in Kraft.

(BGBl I 2002/111)

(9) § 10 Abs. 1 und 3 in der Fassung des Bundesgesetzes BGBl. I Nr. 104/2005 treten mit 1. August 2005 in Kraft.

(BGBl I 2005/104)

(10) § 17 Abs. 3 in der Fassung des Bundesgesetzes BGBl. I Nr. 104/2005 tritt mit 1. September 2005 in Kraft.

(BGBl I 2005/104)

(11) § 14 Abs. 3 in der Fassung des Bundesgesetzes BGBl. I Nr. 82/2008 tritt mit 1. Juli 2008 in Kraft.

(BGBl I 2008/82)

(12) § 14 Abs. 1 in der Fassung des Bundesgesetzes BGBl. I Nr. 70/2009 tritt mit 1. August 2009 in Kraft.

(BGBl I 2009/70)

(13) § 1, § 17 und § 20 Abs. 1 in der Fassung des Bundesgesetzes BGBl. I Nr. 24/2011 treten mit 1. Mai 2011 in Kraft.

(BGBl I 2011/24)

(14) § 26 Z 3 in der Fassung des 2. Stabilitätsgesetzes 2012, BGBl. I Nr. 35/2012, tritt mit 1. Juli 2012 in Kraft; gleichzeitig tritt § 26 Z 2 außer Kraft.

(BGBl I 2012/35)

(15) § 1 Abs. 2, Abs. 2a, Abs. 4a und Abs. 5, § 5 Abs. 1, § 6a samt Überschrift, § 7 Abs. 2, § 10 Abs. 1, Abs. 3 und Abs. 6, § 10a samt Überschrift, § 11, § 12, § 12a, § 14 Abs. 1, § 15 Abs. 1, die Überschrift vor § 17, § 17 Abs. 3 bis Abs. 5 und Abs. 7, § 18, § 20 Abs. 1 und Abs. 4, § 21 Abs. 1 und Abs. 2 Z 3, § 26 sowie Abschnitt V und VI in der Fassung des Bundesgesetzes BGBl. I Nr. 98/2012 treten mit 1. Jänner 2013 in Kraft. Die Entsendung und Bestellung der Organmitglieder sowie die Konstituierung der Organe des Sozial- und Weiterbildungsfonds mit Wirkung zum 1. Jänner 2013 kann bereits ab dem auf die Kundmachung des Bundesgesetzes BGBl. I Nr. 98/2012 folgenden Tag erfolgen. Die Verpflichtung zur Beitragsleistung gemäß § 22d Abs. 1 und 2 tritt hinsichtlich überlassener Arbeiter mit 1. Jänner 2013 und hinsichtlich überlassener Angestellter mit 1. Jänner 2017 in Kraft.

(BGBl I 2012/98)

(16) § 22 in der Fassung des Bundesgesetzes BGBl. I Nr. 98/2012 tritt mit 1. Jänner 2013 in Kraft und ist auf Sachverhalte, die sich nach Ablauf des 31. Dezember 2012 ereignen, anzuwenden. Auf Sachverhalte, die sich vor Ablauf des 31. Dezember 2012 ereignet haben, ist § 22 weiterhin in der Fassung vor dem Inkrafttreten dieses Bundesgesetzes anzuwenden.

(BGBl I 2012/98)

(17) § 10 Abs. 1a und § 13 in der Fassung des Bundesgesetzes BGBl. I Nr. 98/2012 treten mit 1. Jänner 2014 in Kraft.

(BGBl I 2012/98)

(18) § 22a Abs. 1 und § 22c Abs. 1 in der Fassung des Bundesgesetzes BGBl. I Nr. 94/2014 treten rückwirkend mit 1. Jänner 2014 in Kraft.

(BGBl I 2014/94)

(19) § 13 Abs. 2 Z 2 und Abs. 4 Z 2, § 17 Abs. 2 bis 4, 6 und 7, § 22c Abs. 6 und § 22d Abs. 4 in der Fassung des Bundesgesetzes BGBl. I Nr. 94/2014 treten mit 1. Jänner 2015 in Kraft.

(BGBl I 2014/94)

(20) § 22 Abs. 1 Z 2 und Abs. 5 in der Fassung des Bundesgesetzes BGBl. I Nr. 94/2014 tritt mit 1. Jänner 2015 in Kraft und ist auf Sachverhalte, die sich nach Ablauf des 31. Dezember 2014 ereignen, anzuwenden.

(BGBl I 2014/94)

(21) § 22 Abs. 5 in der Fassung des Bundesgesetzes BGBl. I Nr. 44/2016 tritt mit 1. Jänner 2017 in Kraft.

(BGBl I 2016/44)

(22) § 22d Abs. 1 in der Fassung des Bundesgesetzes BGBl. I Nr. 38/2017 tritt mit 1. April 2017 in Kraft.

(BGBl I 2017/38)

(23) § 13 Abs. 7 Z 2 und § 22c Abs. 6 und Abs. 7 in der Fassung des Bundesgesetzes BGBl. I Nr. 100/2018 treten mit 1. Jänner 2020 in Kraft.

(BGBl I 2018/100)

(24) § 22d Abs. 1 in der Fassung des Bundesgesetzblattes BGBl. I Nr. 21/2019 tritt mit 1. April 2019 in Kraft.

(BGBl I 2019/21)

(25) § 20 Abs. 1 und 3, § 22 Abs. 5 und § 22c Abs. 8, jeweils in der Fassung des Bundesgesetzes BGBl. I Nr. 104/2019, treten mit 1. Juli 2020 in Kraft.

(BGBl I 2019/104)

(26) § 10 Abs. 5 in der Fassung des Bundesgesetzes BGBl. I Nr. 132/2021 tritt mit dem Tag in Kraft, mit dem die Änderung des § 1159 ABGB, JGS Nr. 946/1811 in der Fassung des Bundesgesetzes BGBl. I Nr. 153/2017 in Kraft tritt.

(BGBl I 2021/132)

„(27) Die §§ 1 Abs. 2 Z 2, 1 Abs. 2a, 12a in der Fassung des Bundesgesetzes BGBl. I Nr. 174/2021 treten mit 1. September 2021 in Kraft und sind auf Sachverhalte anzuwenden, die sich nach dem 31. August 2021 ereignen. § 12a in der Fassung des Bundesgesetzes BGBl. I Nr. 174/2021 gilt nicht für Arbeitnehmer im Sinne des § 1 Abs. 9 LSD-BG."

(BGBl I 2021/174)

(BGBl 1993/460, BGBl 1994/314, BGBl I 1999/120, BGBl I 2000/44, BGBl I 2001/136, BGBl I 2002/111)

Außerkrafttreten

§ 23a. (1) § 10a samt Überschrift in der in der Fassung vor dem Bundesgesetz BGBl. I Nr. 44/2016 tritt mit Ablauf des 31. Dezember 2016 außer Kraft.

(2) § 17 Abs. 2 bis 7 und § 22 Abs. 1 Z 2 in der Fassung vor dem Bundesgesetz BGBl. I Nr. 44/2016 treten mit Ablauf des 31. Dezember 2016 mit der Maßgabe außer Kraft, dass diese Bestimmungen auf Sachverhalte weiter Anwendung finden, die sich vor dem 1. Jänner 2017 ereignet haben.

(BGBl I 2016/44)

Sprachliche Gleichbehandlung

§ 24. Soweit in diesem Bundesgesetz personenbezogene Bezeichnungen nur in männlicher Form angeführt sind, beziehen sie sich auf Frauen und Männer in gleicher Weise.

(BGBl I 2002/111)

Verweisungen

§ 25. Soweit in diesem Bundesgesetz auf Bestimmungen anderer Bundesgesetze ohne Bezugnahme auf eine bestimmte Fassung verwiesen wird, sind diese in ihrer jeweils geltenden Fassung anzuwenden.

(BGBl I 2002/111)

Vollziehung

§ 26. Mit der Vollziehung dieses Bundesgesetzes sind betraut:

1. hinsichtlich des § 7 Abs. 1 in Bezug auf das Dienstnehmerhaftpflichtgesetz der Bundesminister für Justiz;
2. hinsichtlich der übrigen Bestimmungen der Bundesminister für Arbeit, Soziales und Konsumentenschutz.

(BGBl I 2012/35, BGBl I 2012/98)

(BGBl I 2002/111)

36/2. Gewerbeordnung 1994 (Auszug)

Gewerbeordnung 1994, BGBl 1994/194 (WV) idF BGBl I 2013/85

Gewerbeordnung 1994 – GewO 1994

Überlassung von Arbeitskräften

§ 135. (1) Einer Gewerbeberechtigung bedarf die Zurverfügungstellung von Arbeitskräften zur Arbeitsleistung an Dritte (Überlassung von Arbeitskräften; § 94 Z 72).

(2) Kein reglementiertes Gewerbe gemäß § 94 Z 72 ist

1. die vorübergehende Überlassung von Arbeitskräften an Beschäftiger, welche die gleiche Erwerbstätigkeit wie der Überlasser ausüben, unter der Voraussetzung, dass der Charakter des Betriebes des Überlassers gewahrt bleibt, bis zur Höchstdauer von sechs Monaten im Kalenderjahr, wobei auch die Zeiten nacheinander folgender Überlassungen verschiedener Arbeitskräfte zusammenzuzählen sind;
2. die Überlassung von Arbeitskräften durch Erzeuger, Verkäufer oder Vermieter von technischen Anlagen oder Maschinen, wenn
   a) zur Inbetriebnahme, Wartung oder Reparatur von technischen Anlagen oder Maschinen oder
   b) zur Einschulung von Arbeitnehmern des Beschäftigers die überlassenen Arbeitskräfte als Fachkräfte erforderlich sind und der Wert der Sachleistung überwiegt;
3. die Überlassung von Arbeitskräften innerhalb einer Arbeitsgemeinschaft oder bei der betrieblichen Zusammenarbeit
   a) zur Erfüllung gemeinsam übernommener Aufträge oder
   b) zum Zwecke des Erfahrungsaustausches, der Forschung und Entwicklung, der Ausbildung, der Betriebsberatung oder der Überwachung oder
   c) in Form einer Kanzlei- oder Praxisgemeinschaft;
4. die Überlassung von Arbeitskräften zwischen Konzernunternehmen innerhalb eines Konzerns im Sinne des § 15 des Aktiengesetzes 1965, BGBl. Nr. 98 und des § 115 des Gesetzes über Gesellschaften mit beschränkter Haftung, RGBl. Nr. 58/1906, sofern die Überlassung nicht zum Betriebszweck des überlassenden Unternehmens gehört;
5. die Überlassung von Arbeitskräften bei der Entwicklungshilfe nach dem Entwicklungshilfegesetz, BGBl. Nr. 474/1974.

(3) Für die Erteilung der Gewerbeberechtigung ist erforderlich

1. bei natürlichen Personen die Staatsangehörigkeit einer EWR-Vertragspartei und ihr Wohnsitz in einem EWR-Vertragsstaat,
2. bei juristischen Personen und eingetragenen Personengesellschaften
   a) ihr Sitz oder ihre Hauptniederlassung in einem EWR-Vertragsstaat und
   b) wenn die Überlassung von Arbeitskräften im Verhältnis zu den anderen wirtschaftlichen Betätigungen des betreffenden Rechtsträgers keine nur untergeordnete Bedeutung hat, die Staatsangehörigkeit einer EWR-Vertragspartei der Mitglieder der zur gesetzlichen Vertretung berufenen Organe oder der geschäftsführungs- und vertretungsbefugten Gesellschafter und deren Wohnsitz in einem EWR-Vertragsstaat.

(BGBl I 2006/161)

(4) Die für die Gewerbeausübung erforderliche Zuverlässigkeit ist insbesondere dann nicht gegeben, wenn das Verhalten des Gewerbeinhabers die Annahme rechtfertigt, dass das Gewerbe in einer den Schutz und die Rechte der Arbeitskräfte nicht gewährleistenden Art ausgeübt wird; dies ist insbesondere dann der Fall, wenn der Gewerbeinhaber

1. gegen die Vorschriften des Arbeitskräfteüberlassungsgesetzes verstoßen hat oder
2. Verpflichtungen eines Arbeitgebers, die sich aus dem Arbeitsrecht einschließlich des Arbeitnehmerschutzes oder des Sozialversicherungsrechtes ergeben, erheblich verletzt hat.

(5) Die Gewerbeberechtigung für das Gewerbe der Überlassung von Arbeitskräften ist von der Behörde (§ 361 Abs. 1) zu entziehen, wenn die im Abs. 3 bezeichneten Voraussetzungen nicht mehr zur Gänze erfüllt werden oder die für die Gewerbeausübung erforderliche Zuverlässigkeit (Abs. 4) nicht mehr gegeben ist.

(6) Die zuständige Landeskammer der gewerblichen Wirtschaft und die zuständige Kammer für Arbeiter und Angestellte sind berechtigt, die Entziehung der Gewerbeberechtigung für das Gewerbe der Überlassung von Arbeitskräften zu beantragen. Vor der Erlassung eines Bescheides über einen solchen Antrag hat die Behörde die im ersten Satz genannten Stellen aufzufordern, innerhalb einer Frist von sechs Wochen Gutachten über das Vorliegen der Voraussetzungen für die Entziehung der Gewerbeberechtigung abzugeben; dies gilt nicht für jene Stelle, die den Antrag auf Entziehung der Gewerbeberechtigung gestellt hat. Gegen einen Bescheid auf Grund eines solchen Antrages steht jeder der im ersten Satz genannten Stellen jeweils dann das Recht der Beschwerde zu, wenn die Ent-

scheidung ihrem Antrag oder ihrem fristgerecht abgegebenen Gutachten widerspricht oder wenn sie nicht gehört worden ist.

(BGBl I 2013/85)

(7) Die Abs. 5 und 6 gelten sinngemäß für Verfahren betreffend den Widerruf nach § 91 Abs. 1.

(BGBl I 2002/111)

37. ARBEITS- UND SOZIALGERICHTSGESETZ

Inhaltsverzeichnis

37/1. Arbeits- und Sozialgerichtsgesetz

Arbeits- und Sozialgerichtsgesetz, BGBl 1985/104 idF

1 BGBl 1986/612	**2** BGBl 1987/617	**3** BGBl 1989/343
4 BGBl 1990/408	**5** BGBl 1991/210	**6** BGBl 1993/28
7 BGBl 1993/91	**8** BGBl 1993/110	**9** BGBl 1994/314
10 BGBl 1994/624	**11** BGBl 1995/133	**12** BGBl 1996/201
13 BGBl 1996/411	**14** BGBl 1996/601	**15** BGBl I 1997/47
16 BGBl I 1997/70	**17** BGBl I 1997/140	**18** BGBl I 1998/79
19 BGBl I 1999/120	**20** BGBl I 2001/88	**21** BGBl I 2001/98
22 BGBl I 2001/103	**23** BGBl I 2002/76	**24** BGBl I 2002/100
25 BGBl I 2002/118	**26** BGBl I 2004/82	**27** BGBl I 2005/45
28 BGBl I 2006/7	**29** BGBl I 2006/104	**30** BGBl I 2007/77
31 BGBl I 2007/102	**32** BGBl I 2008/82	**33** BGBl I 2009/30
34 BGBl I 2009/97	**35** BGBl I 2009/116	**36** BGBl I 2010/58
37 BGBl I 2010/111	**38** BGBl I 2011/135	**39** BGBl I 2012/35
40 BGBl I 2013/50	**41** BGBl I 2013/86	**42** BGBl I 2016/44
43 BGBl I 2018/100	**44** BGBl I 2021/21	

GLIEDERUNG

STICHWORTVERZEICHNIS

Bundesgesetz vom 7. März 1985 über die Arbeits- und Sozialgerichtsbarkeit (Arbeits- und Sozialgerichtsgesetz – ASGG)

Der Nationalrat hat beschlossen:

ERSTES HAUPTSTÜCK
Einrichtung der Arbeits- und Sozialgerichtsbarkeit

§ 1. Dieses Bundesgesetz ist auf Arbeitsrechtssachen nach § 50 und Sozialrechtssachen nach § 65 anzuwenden, soweit nichts anderes angeordnet ist.

§ 2. (1) Zur Entscheidung über Arbeits- und Sozialrechtssachen sind die ordentlichen Gerichte berufen; soweit nichts anderes angeordnet ist, sind die für die Gerichtsbarkeit in bürgerlichen Rechtssachen geltenden Vorschriften anzuwenden.

(2) In Wien wird ein Gerichtshof erster Instanz errichtet, der die Bezeichnung „Arbeits- und Sozialgericht Wien" führt.

(3) Der Sprengel des Arbeits- und Sozialgerichts Wien umfaßt das Gebiet des Sprengels des Landesgerichts für Zivilrechtssachen Wien.

(4) Soweit nichts anderes angeordnet ist, sind die Vorschriften für die Landesgerichte auch auf das Arbeits- und Sozialgericht Wien anzuwenden.

ZWEITES HAUPTSTÜCK

I. Abschnitt – Zuständigkeit

1. Sachliche Zuständigkeit

§ 3. In erster Instanz sind die Landesgerichte, für den Sprengel des Landesgerichts für Zivilrechtssachen Wien das Arbeits- und Sozialgericht Wien zur Entscheidung in Arbeits- und Sozialrechtssachen zuständig.

2. Örtliche Zuständigkeiten

1. Unterabschnitt – Arbeitsrechtssachen

§ 4. (1) Für die im § 50 Abs. 1 genannten Rechtsstreitigkeiten ist nach Wahl des Klägers örtlich zuständig

1. in den Fällen der Z 1 bis 3 auch das Gericht, in dessen Sprengel
   a) der Arbeitnehmer seinen Wohnsitz oder gewöhnlichen Aufenthalt während des

Arbeitsverhältnisses hat oder wo er ihn im Zeitpunkt der Beendigung des Arbeitsverhältnisses hatte,

b) das Unternehmen seinen Sitz hat,

c) regelmäßig wenigstens ein Teil der Arbeit zu leisten ist oder, sofern das Arbeitsverhältnis beendet ist, zuletzt zu leisten war,

d) das Entgelt zu zahlen ist oder, sofern das Arbeitsverhältnis beendet ist, zuletzt zu zahlen war oder

(BGBl I 1999/120)

e) bei grenzüberschreitender Entsendung oder Arbeitskräfteüberlassung aus EWR-Mitgliedstaaten die Arbeit zu leisten ist oder war hinsichtlich der sich aus dem Arbeitsverhältnis während der Dauer der Arbeitsleistung in Österreich ergebenden Ansprüche;

(BGBl I 1999/120)

2. in den Fällen der Z 4 nur das Gericht, in dessen Sprengel
   a) die juristische Person ihren Sitz hat,
   b) die Ruhegenüsse oder sonstigen Leistungen auszuzahlen sind oder
   c) der Kläger seinen Wohnsitz oder gewöhnlichen Aufenthalt hat;
3. in den Fällen der Z 5 bis 7 nur das Gericht, in dessen Sprengel
   a) die Bauarbeiter-Urlaubs- und Abfertigungskasse, die Gehaltskasse, die Betriebliche Vorsorgekasse (BV-Kasse) oder der gleichartige Leistungsträger ihren Sitz oder
   b) Kläger seinen Wohnsitz oder gewöhnlichen Aufenthalt hat;

   (BGBl 1994/314, BGBl I 2005/45, BGBl I 2007/102)
4. in den Fällen der Z 8 nur das Gericht, in dessen Sprengel
   a) die Österreichische Gesundheitskasse ihren Sitz oder

      (BGBl I 2018/100)
   b) der Arbeitnehmer seinen Wohnsitz oder gewöhnlichen Aufenthalt hat.

   (BGBl I 2005/45)

(2) Das Wahlrecht des Klägers nach Abs. 1 besteht auch in den Fällen, in denen die Rechtsstreitigkeit von einer im § 52 genannten Person geführt wird.

§ 5. (1) Für die im § 50 Abs. 2 genannten Rechtsstreitigkeiten, die sich auf den Zentralbetriebsrat oder den Zentralbetriebsratsfonds beziehen, ist nur das Gericht örtlich zuständig, in dessen Sprengel das Unternehmen seinen Sitz hat.

(2) Sonst ist für die im § 50 Abs. 2 genannten Rechtsstreitigkeiten nur das Gericht örtlich zuständig, in dessen Sprengel sich der Betrieb befindet, auf den sich die Rechtsstreitigkeit bezieht.

§ 5a. Für Rechtsstreitigkeiten, die sich auf die Konzernvertretung (§§ 88a, 88b ArbVG) beziehen, sind nur die Gerichte örtlich zuständig, in deren Sprengel ein Unternehmen des Konzerns seinen Sitz hat.

(BGBl 1994/624)

§ 5b. (1) Für Rechtsstreitigkeiten, die sich auf das besondere Verhandlungsgremium (§§ 177 bis 188 ArbVG), auf den Europäischen Betriebsrat (§§ 189 und 191 bis 203 ArbVG), auf das Verfahren zur Unterrichtung und Anhörung der Arbeitnehmer (§ 190 ArbVG) oder auf Vereinbarungen gemäß § 206 ArbVG beziehen, sind nur die Gerichte örtlich zuständig, in deren Sprengel ein Unternehmen seinen Sitz hat. Hat kein Unternehmen seinen Sitz in Österreich, so sind nur die Gerichte örtlich zuständig, in deren Sprengel sich ein Betrieb befindet.

(2) Die inländische Gerichtsbarkeit für die im Abs. 1 genannten Rechtsstreitigkeiten ist nur dann gegeben, wenn

1. die zentrale Leitung (§ 171 Abs. 3 oder 4 ArbVG) im Inland liegt oder
2. es sich um Angelegenheiten nach § 172 ArbVG handelt.

(BGBl 1996/601)

§ 5c. (1) Für Rechtsstreitigkeiten, die sich auf das besondere Verhandlungsgremium (§§ 215 bis 229 ArbVG), auf den SE-Betriebsrat (§§ 230, 232 bis 243 und 249 ArbVG), auf das Verfahren zur Unterrichtung und Anhörung der Arbeitnehmer (§ 231 ArbVG) oder auf die Mitbestimmung gemäß den §§ 244 bis 248 ArbVG beziehen, ist nur das Gericht örtlich zuständig, in dessen Sprengel die Europäische Gesellschaft ihren Sitz hat oder haben soll. Für Rechtsstreitigkeiten, die sich auf § 209 ArbVG beziehen, ist nur das Gericht örtlich zuständig, in dessen Sprengel die beteiligte Gesellschaft ihren Sitz hat oder hatte.

(2) Die inländische Gerichtsbarkeit für die im Abs. 1 genannten Rechtsstreitigkeiten ist nur dann gegeben, wenn

1. die Europäische Gesellschaft ihren Sitz im Inland hat oder haben soll oder
2. es sich um Angelegenheiten nach § 209 ArbVG handelt.

(BGBl I 2004/82)

§ 5d. (1) Für Rechtsstreitigkeiten, die sich auf das besondere Verhandlungsgremium, auf den SCE-Betriebsrat, auf das Verfahren zur Unterrichtung und Anhörung der Arbeitnehmer sowie auf die Mitbestimmung gemäß den Bestimmungen des VII. Teiles des Arbeitsverfassungsgesetzes, BGBl. Nr. 22/1974, oder auf gleichartige österreichische Rechtsvorschriften beziehen, ist nur das Gericht örtlich zuständig, in dessen Sprengel die Europäische Genossenschaft ihren Sitz hat oder haben soll.

(2) Die inländische Gerichtsbarkeit für die im Abs. 1 genannten Rechtsstreitigkeiten ist nur dann gegeben, wenn

1. die Europäische Genossenschaft ihren Sitz im Inland hat oder haben soll oder

2. es sich um Angelegenheiten handelt, für die die Bestimmungen des VII. Teiles des ArbVG gemäß § 257 Abs. 1 in Verbindung mit § 209 ArbVG auch dann gelten, wenn der Sitz der Europäischen Gesellschaft nicht im Inland liegt oder liegen wird.

(BGBl I 2007/77)

(BGBl I 2006/104)

§ 5e. (1) Für Rechtsstreitigkeiten, die sich auf das besondere Verhandlungsgremium oder das besondere Entsendungsgremium sowie auf die Mitbestimmung gemäß den Bestimmungen des VIII. Teiles des ArbVG oder auf gleichartige österreichische Rechtsvorschriften beziehen, ist nur das Gericht örtlich zuständig, in dessen Sprengel die aus der grenzüberschreitenden Verschmelzung hervorgehende Gesellschaft ihren Sitz hat oder haben soll. Für Rechtsstreitigkeiten, die sich auf § 260 Abs. 1 in Verbindung mit § 209 ArbVG beziehen, ist nur das Gericht örtlich zuständig, in dessen Sprengel die beteiligte Gesellschaft ihren Sitz hat oder hatte.

(2) Die inländische Gerichtsbarkeit für die im Abs. 1 genannten Rechtsstreitigkeiten ist nur dann gegeben, wenn

1. die aus der grenzüberschreitenden Verschmelzung hervorgehende Gesellschaft ihren Sitz im Inland hat oder haben soll oder
2. es sich um Angelegenheiten handelt, für die die Bestimmungen des VIII. Teiles des ArbVG gemäß § 260 Abs. 1 in Verbindung mit § 209 ArbVG auch dann gelten, wenn der Sitz der aus der grenzüberschreitenden Verschmelzung hervorgehenden Gesellschaft nicht im Inland liegt oder liegen wird.

(BGBl I 2007/77)

§ 6. Ist im Inland keiner der in den §§ 4 und 5 genannten Gerichtsstände gegeben, so ist auch das Gericht örtlich zuständig, in dessen Sprengel sich eine Zweigniederlassung des Unternehmens befindet.

2. Unterabschnitt – Sozialrechtssachen

§ 7. (1) Für die im § 65 Abs. 1 Z 1, 2, 4 bis 6 und 8 genannten Rechtsstreitigkeiten ist nur das Gericht örtlich zuständig, in dessen Sprengel der Wohnsitz oder gewöhnliche Aufenthalt des Versicherten liegt.

(2) Hat der Versicherte keinen Wohnsitz oder gewöhnlichen Aufenthalt im Inland, so sind in nachstehender Reihenfolge nur folgende Gerichte örtlich zuständig:

Bei einem Wohnsitz oder gewöhnlichen Aufenthalt des Versicherten

1. in der Bundesrepublik Deutschland das Landesgericht Innsbruck sowie nach der Wahl des Versicherten auch die Landesgerichte Feldkirch, Linz und Salzburg,
2. in Liechtenstein oder der Schweiz das Landesgericht Feldkirch,
3. in Italien das Landesgericht Innsbruck sowie nach der Wahl des Versicherten auch das Landesgericht Klagenfurt,
4. in Bosnien-Herzegowina, der Ehemaligen jugoslawischen Republik Mazedonien, Kroatien oder Slowenien das Landesgericht für Zivilrechtssachen Graz oder
5. in einem anderen Land oder bei Fehlen eines Wohnsitzes oder gewöhnlichen Aufenthalts das Gericht, in dessen Sprengel der Sitz des Beklagten liegt.

(BGBl 1994/624)

(BGBl 1994/624)

(3) Verlegt der Versicherte während des Verfahrens, jedoch vor Schluß der mündlichen Streitverhandlung erster Instanz seinen Wohnsitz (gewöhnlichen Aufenthalt), so daß nach den Abs. 1 oder 2 ein anderes als das angerufene Gericht zuständig wäre, so geht, wenn der Versicherte dies geltend macht (§ 38 Abs. 3), die Zuständigkeit auf das Gericht des neuen Wohnsitzes (gewöhnlichen Aufenthalts) über.

(BGBl 1994/624)

(4) Für die im § 65 Abs. 1 Z 3 genannten Rechtsstreitigkeiten ist nur das Gericht örtlich zuständig, in dessen Sprengel der Sitz des Klägers liegt. Für die im § 65 Abs. 1 Z 7 genannten Rechtsstreitigkeiten ist nur das Gericht zuständig, in dessen Sprengel sich der Sitz des Gerichtes erster Instanz befindet, das über die Eröffnung des Insolvenzverfahrens oder in einer Angelegenheit nach dem § 1 Abs. 1 Z 1 bis 6 des Insolvenz-Entgeltsicherungsgesetzes (IESG), einen Beschluß gefaßt oder ein Urteil nach dem § 1a Abs. 1 IESG erlassen hat; hat ein ausländisches Gericht eine dieser Entscheidungen getroffen, die auf Grund von völkerrechtlichen Verträgen im Inland anerkannt wird, ist nur das Arbeits- und Sozialgericht Wien zuständig.

(BGBl 1995/133, BGBl I 2010/58)

3. Gerichtsstand des Zusammenhanges

§ 8. (1) Wenn bei einem nach den §§ 4 bis 6 zuständigen Gericht eine Arbeitsrechtssache anhängig ist oder gleichzeitig anhängig gemacht wird, so kann, wenn mindestens eine Person in beiden Rechtsstreitigkeiten Partei ist, bei demselben Gericht – ohne Rücksicht auf die §§ 4 bis 6 – ein damit im tatsächlichen oder rechtlichen Zusammenhang stehender Anspruch nach § 50 eingeklagt werden.

(2) Unter diesen Voraussetzungen kann bei dem im Abs. 1 bezeichneten Gericht auch ein anderer zivilrechtlicher Anspruch zwischen einem Arbeitgeber und einem Arbeitnehmer, zwischen einem Arbeitgeber und einem Dritten oder einem Arbeitnehmer und einem Dritten eingeklagt werden, sofern für die Geltendmachung dieses Anspruchs nicht eine ausschließliche Zuständigkeit eines anderen Gerichts gegeben ist, die auch durch eine Parteienvereinbarung nicht geändert werden könnte.

4. Zuständigkeits- und Schiedsgerichtsvereinbarungen

§ 9. (1) In Arbeits- und Sozialrechtssachen kann durch Parteienvereinbarung die sachliche Zuständigkeit nicht, die örtliche Zuständigkeit nur für einen bestimmten einzelnen Rechtsstreit der im § 50 Abs. 1 Z 1 bis 3 genannten Art sowie für besondere Feststellungsverfahren nach § 54 Abs. 1 geändert werden.

(1a) Eine Parteienvereinbarung der inländischen Gerichtsbarkeit in Sozialrechtssachen ist unwirksam, in Arbeitsrechtssachen ist sie nur für bereits entstandene Streitigkeiten wirksam.

(BGBl I 1997/140)

(2) Eine Vereinbarung der Parteien, wonach ein Rechtsstreit durch einen oder mehrere Schiedsrichter entschieden werden soll, ist in Arbeitsrechtssachen nach § 50 Abs. 2 und in Sozialrechtssachen unwirksam; in Arbeitsrechtssachen nach § 50 Abs. 1 ist eine solche Vereinbarung außer für Geschäftsführer und Vorstandsmitglieder einer Kapitalgesellschaft nur für bereits entstandene Streitigkeiten wirksam.

(BGBl I 2002/76, BGBl I 2006/7)

(3) Die Abs. 1, 1a und 2 sind insoweit zur Gänze oder zum Teil nicht anzuwenden, als nach Völkerrecht oder besonderen gesetzlichen Anordnungen ausdrücklich anderes bestimmt ist.

(BGBl I 1997/140)

II. Abschnitt – Besondere Organisationsbestimmungen

Ausübung der Arbeits- und Sozialgerichtsbarkeit

§ 10. (1) Soweit nichts anderes angeordnet ist, wird die Arbeits- und Sozialgerichtsbarkeit in Senaten ausgeübt.

(2) Die Senate sind aus Richtern und fachkundigen Laienrichtern zusammenzusetzen; ein Richter hat den Vorsitz zu führen.

Zusammensetzung der Senate und die allgemeinen Aufgaben des Vorsitzenden

§ 11. (1) Die Senate der Landesgerichte haben sich aus einem Richter und zwei fachkundigen Laienrichtern, die Senate der Oberlandesgerichte und die einfachen Senate des Obersten Gerichtshofs (§ 6 des Bundesgesetzes über den Obersten Gerichtshof, BGBl. Nr. 328/1968) aus drei Richtern und zwei fachkundigen Laienrichtern zusammenzusetzen.

(2) Der Dreiersenat des Obersten Gerichtshofs hat sich ausschließlich aus drei Richtern, der verstärkte Senat aus sieben Richtern und vier fachkundigen Laienrichtern (§§ 7 und 8 des Bundesgesetzes über den Obersten Gerichtshof) zusammenzusetzen.

(3) Der § 7a Abs. 1 und 2 JN, RGBl. Nr. 111/1895, ist nicht anzuwenden; die sonstigen Bestimmungen über die Aufgaben des Vorsitzenden bleiben unberührt.

(4) Über die Ablehnung eines Richters oder fachkundigen Laienrichters haben die Landesgerichte, die Oberlandesgerichte und der Oberste Gerichtshof durch Senate zu entscheiden, die sich aus drei Richtern zusammensetzen.

(BGBl 1990/408)

Weitere Befugnisse des Vorsitzenden des Gerichts erster Instanz; Aufgaben der Dreiersenate der Oberlandesgerichte und des Obersten Gerichtshofs

§ 11a. (1) In Verfahren erster Instanz ist der Vorsitzende auch befugt,

1. über die Bewilligung gerichtlicher Aufkündigungen sowie über Anträge auf Erlassung von Übergabs- und Übernahmsaufträgen (§§ 560 bis 570 ZPO) zu entscheiden;
2. eine gütliche Beilegung eines Rechtsstreits oder die Herbeiführung eines gerichtlichen Vergleichs über einzelne Streitpunkte zu versuchen; kommt ein Vergleich zustande, so kann er dessen Inhalt auf Antrag in ein gerichtliches Protokoll aufnehmen; dies auch wenn es an der nach § 11b erforderlichen qualifizierten Vertretung mangelt;
3. in und außerhalb der mündlichen Verhandlung Beschlüsse, ausgenommen Endbeschlüsse, zu fassen und einstweilige Verfügungen zu erlassen.

   (BGBl I 2002/76)
4. (aufgehoben)

   (BGBl I 2002/76)

(2) Die Oberlandesgerichte haben durch Senate, die sich nur aus drei Richtern zusammensetzen (Dreiersenate der Oberlandesgerichte), zu entscheiden über

1. Angelegenheiten nach dem Abs. 1 Z 2 und 3,

   (BGBl I 2002/76)
2. Rekurse, die gegen Beschlüsse, ausgenommen Endbeschlüsse, erhoben werden, sowie

   (BGBl I 2002/76)
3. eine Mitteilung an den Berufungsgegner nach § 473a ZPO, wenn darüber in nicht öffentlicher Sitzung befunden wird.

(BGBl I 1997/140)

(3) Der Oberste Gerichtshof hat durch einen Dreiersenat (§ 7 des Bundesgesetzes über den Obersten Gerichtshof) zu entscheiden über

1. Angelegenheiten nach dem Abs. 1 Z 3 sowie

   (BGBl I 2002/76)
2. Rechtsmittel gegen die nach Abs. 2 Z 1 und 2 gefaßten Beschlüsse.

   (BGBl I 1997/140)

(4) Eine Nichtigkeit (§ 477 Abs. 1 Z 2 ZPO) liegt auch dann nicht vor, wenn an Stelle des Vorsitzenden im Verfahren erster Instanz oder der

Dreiersenate im Rechtsmittelverfahren (Abs. 2 und 3) Senate nach § 11 Abs. 1 entschieden haben.

(BGBl I 2002/76)

(BGBl 1994/624)

Durchführung einzelner Tagsatzungen ohne fachkundige Laienrichter

§ 11b. (1) Ist auch nur einer der geladenen fachkundigen Laienrichter zu einer Tagsatzung zur mündlichen Streitverhandlung nicht erschienen und ist innerhalb kurzer Zeit auch kein anderer zur Stelle, so kann der Vorsitzende diese Tagsatzung zur mündlichen Streitverhandlung allein durchführen, wenn beide Parteien dem ausdrücklich zustimmen. Die Zustimmung der nicht qualifiziert vertretenen Partei (§ 40 Abs. 1) ist nur dann wirksam, wenn sie vorher durch den Vorsitzenden über die Möglichkeit, ihre Zustimmung zu verweigern, und die Rechtsfolgen ihrer Erklärung belehrt und diese Belehrung im Verhandlungsprotokoll beurkundet worden ist. Vorbehaltlich des Abs. 2 hat der Vorsitzende in diesem Fall alle Befugnisse des Senats.

(BGBl I 2002/76)

(2) Der Vorsitzende kann auch die Verhandlung für geschlossen erklären; er darf jedoch kein Urteil und keinen Endbeschluß fällen; seine Beweisaufnahmen sind solchen eines beauftragten Richters gleichzuhalten.

(3) Die Abs. 1 und 2 sind im Verfahren vor dem Berufungsgericht mit der Maßgabe sinngemäß anzuwenden, daß die drei Richter die Tagsatzung durchführen können.

(BGBl 1994/624)

Grundsätze der Senatsbildung

§ 12. (1) Die für die jeweilige Rechtsstreitigkeit zuzuziehenden fachkundigen Laienrichter werden durch ihre Ladung vom Vorsitzenden bestimmt; vorbehaltlich des Abs. 3 zweiter Halbsatz haben sie je zur Hälfte dem Kreis der Arbeitgeber und dem der Arbeitnehmer anzugehören.

(2) In Arbeitsrechtssachen sollen die fachkundigen Laienrichter den Berufsgruppen der an der Rechtsstreitigkeit beteiligten Parteien angehören.

(3) In Sozialrechtssachen sollen die fachkundigen Laienrichter den Berufsgruppen der Versicherten und ihrer Arbeitgeber angehören, wenn im Einzelfall besondere Kenntnisse bezüglich der Berufsausübung der Versicherten von Bedeutung sein können; in Streitsachen nach dem Gewerblichen Sozialversicherungsgesetz, BGBl. Nr. 560/1978, dem Bauern-Sozialversicherungsgesetz, BGBl. Nr. 559/1978, dem Bundesgesetz über die Sozialversicherung freiberuflich selbständig Erwerbstätiger, BGBl. Nr. 624/1978, dem Bundesgesetz über die Gewährung der Leistung der Betriebshilfe (des Wochengeldes) an Mütter, die in der gewerblichen Wirtschaft oder in der Land- und Forstwirtschaft selbständig erwerbstätig sind, BGBl. Nr. 359/1982, und – wenn der Kläger ein Notar ist – nach dem Notarversicherungsgesetz 1972, BGBl. Nr. 66, haben alle fachkundigen Laienrichter dem Kreis der Arbeitgeber anzugehören.

(4) Aus den für den Kreis der Arbeitgeber oder Arbeitnehmer beziehungsweise für eine Berufsgruppe gewählten (entsandten) fachkundigen Laienrichtern sollen diese vom Vorsitzenden für die verschiedenen Rechtsstreitigkeiten in abwechselnder Folge bestimmt werden, wobei auf die Einfachheit, Raschheit und Zweckmäßigkeit des einzelnen Verfahrens sowie – besonders in den Fällen des § 35 Abs. 7 und 9 – auf den Wohnsitz, gewöhnlichen Aufenthalt oder Beschäftigungsort der fachkundigen Laienrichter und auf ihre Heranziehung in möglichst gleichem Ausmaß Bedacht zu nehmen ist.

(5) Sind für eine Berufsgruppe keine fachkundigen Laienrichter gewählt (entsandt) oder stehen sie nicht ohne Schwierigkeiten zur Verfügung, so sollen die fachkundigen Laienrichter artverwandten Berufsgruppen angehören.

(6) Bei der Bestimmung der fachkundigen Laienrichter sollen Änderungen der Senatszusammensetzung (§ 412 ZPO) tunlichst vermieden werden.

(BGBl I 2010/111)

Abstimmung

§ 13. (1) Im Verfahren erster Instanz haben zuerst die fachkundigen Laienrichter ihre Stimme abzugeben, und zwar der an Lebensjahren ältere vor dem an Lebensjahren jüngeren.

(2) Im Rechtsmittelverfahren gilt der Abs. 1 mit der Maßgabe, daß vor den fachkundigen Laienrichtern der Berichterstatter seine Stimme abzugeben hat.

(3) Die fachkundigen Laienrichter haben jedenfalls jenen Teil des Protokolls über die Beratung und Abstimmung zu unterfertigen, der die Grundzüge der Entscheidung enthält.

(BGBl 1994/624)

Geschäftsverteilung

§ 14. Arbeits- und Sozialrechtssachen sind bei den Gerichtshöfen erster und zweiter Instanz jeweils zwei Vorsitzenden (Senaten) zuzuweisen, einer größeren Anzahl von Vorsitzenden (Senaten) nur dann, wenn zwei Vorsitzende (Senate) bereits ausgelastet sind; die zusätzliche Anzahl an Vorsitzenden (Senaten) soll so gering wie möglich sein. Den einzelnen Vorsitzenden (Senaten) sind Arbeits- und Sozialrechtssachen in gleichem Verhältnis zueinander zuzuweisen.

III. Abschnitt – Stellung, Wahl (Entsendung) und Pflichten der fachkundigen Laienrichter

Ehrenamt

§ 15. Das Amt des fachkundigen Laienrichters ist ein Ehrenamt; gerichtlichen Ladungen hat er nachzukommen.

Stellung des fachkundigen Laienrichters

§ 16. (1) Die fachkundigen Laienrichter sind in Ausübung ihres Amtes unabhängig; sie haben hiebei die mit dem Richteramt verbundenen Befugnisse in vollem Umfang.

(BGBl 1994/624)

(2) Einem fachkundigen Laienrichter ist auf sein Verlangen eine Ausfertigung der Entscheidung zuzustellen, an deren Fällung er beteiligt war.

(BGBl 1994/624)

Amtsdauer der fachkundigen Laienrichter

§ 17. (1) Die fachkundigen Laienrichter werden für eine einheitliche Amtsdauer von fünf Jahren gewählt (entsandt); ihre Wiederwahl (Wiederentsendung) ist zulässig.

(2) Die erste einheitliche Amtszeit beginnt mit dem 1. Jänner 1987.

(3) Das Amt von fachkundigen Laienrichtern, die innerhalb der einheitlichen fünfjährigen Amtszeit gewählt (entsandt) worden sind, endet mit deren Ablauf.

(4) Nach Ablauf ihrer Amtszeit haben die fachkundigen Laienrichter ihr Amt jedoch so lange weiter auszuüben, bis die für die nächste Amtszeit Gewählten (Entsandten) ihr Gelöbnis geleistet haben.

(5) Hat ein fachkundiger Laienrichter an einer Tagsatzung zur mündlichen Streitverhandlung teilgenommen, in der auch Beweise aufgenommen worden sind, so verlängert sich seine Amtszeit für dieses Verfahren bis zu dessen Erledigung in dieser Instanz.

(BGBl 1994/624)

Aufforderung zur Durchführung der Wahlen und zur Vorbereitung der Entsendungen

§ 18. (1) Ein Jahr vor Ablauf der Amtszeit der fachkundigen Laienrichter haben die Präsidenten der Gerichtshöfe die gesetzlichen beruflichen Vertretungen und die Personalvertretungen sowie die zuständigen Organe der Gebietskörperschaften unter gleichzeitiger Mitteilung der voraussichtlichen Anzahl der mit Arbeits- und Sozialrechtssachen zu betrauenden Vorsitzenden (Senate) schriftlich aufzufordern, die Wahlen (die Entsendungen) so rechtzeitig vorzunehmen, daß die neu zu wählenden (zu entsendenden) fachkundigen Laienrichter ihr Amt ab dem Beginn der neuen einheitlichen Amtszeit ausüben können.

(2) Diese Mitteilung hat von dem während der folgenden Amtsdauer zu erwartenden Anfall und der Geschäftsverteilung auszugehen.

Aktives Wahlrecht

§ 19. (1) Die gesetzlichen beruflichen Vertretungen (§§ 20 und 21 Abs. 1 bis 3) sowie die Zentralausschüsse nach dem Bundes-Personalvertretungsgesetz, BGBl. Nr. 133/1967, und die landesgesetzlich eingerichteten Personalvertretungen der Landesbediensteten in den Ländern und der Gemeinde (Magistrats)bediensteten in denjenigen Gemeinden, in denen ein Landes- oder Kreisgericht seinen Sitz hat, haben die fachkundigen Laienrichter durch die vorgesehenen Wahlkörper zu wählen.

(BGBl I 2012/35)

(2) Die Wahlkörper der gesetzlichen beruflichen Vertretungen auf Bundesebene sind zur Wahl der fachkundigen Laienrichter für die Oberlandesgerichte und den Obersten Gerichtshof, diejenigen auf Landesebene zur Wahl der fachkundigen Laienrichter für die jeweiligen Landesgerichte berufen.

(3) Soweit Wahlkörper von gesetzlichen beruflichen Vertretungen auf Landesebene nicht vorgesehen sind, sind die Wahlkörper auf Bundesebene auch zur Wahl der fachkundigen Laienrichter für die Landes- und Kreisgerichte berufen.

(4) Es sind zur Wahl der fachkundigen Laienrichter für den Obersten Gerichtshof sowie für diejenigen Gerichtshöfe erster und zweiter Instanz, die für das betreffende Land zuständig sind, berufen:

1. in Tirol die Sektionsversammlungen der Sektion Dienstgeber und der Sektion Dienstnehmer in der Landwirtschaftskammer;
2. in Vorarlberg die Sektionsversammlungen der Landwirte und der land- und forstwirtschaftlichen Dienstnehmer in der Landwirtschaftskammer;
3. in den übrigen Ländern die Vollversammlung der jeweiligen Landwirtschaftskammer;
4. in Niederösterreich, Oberösterreich, Salzburg, Kärnten und Steiermark die Vollversammlung der jeweiligen Landarbeiterkammer;
5. im Burgenland und in Wien die Vollversammlung der jeweiligen Kammer für Arbeiter und Angestellte.

(5) Die Zentralausschüsse nach dem Bundes-Personalvertretungsgesetz sind – mit Ausnahme der Zentralausschüsse der Landeslehrer – zur Wahl der fachkundigen Laienrichter für sämtliche Gerichtshöfe berufen, die Zentralausschüsse der Landeslehrer nach dem Bundes-Personalvertretungsgesetz sowie die landesgesetzlich eingerichteten Personalvertretungen der Landesbediensteten in den Ländern und der Gemeinde(Magistrats)-bediensteten in denjenigen Gemeinden, in denen ein Landes- oder Kreisgericht seinen Sitz hat, für den Obersten Gerichtshof und diejenigen Gerichtshöfe erster und zweiter Instanz, die für das betreffende Land zuständig sind.

(BGBl I 2012/35)

Wahlkörper der Arbeitgeber

§ 20. (1) Wahlkörper der Arbeitgeber auf Bundesebene für die in der Anlage ./1[a)] genannten Berufsgruppen sind:

[a)] Siehe Anlage 1.

1. für die Berufsgruppe 1 der Kammertag der Bundeskammer der gewerblichen Wirtschaft,
2. für die Berufsgruppe 2
   a) die Vollversammlung der Österreichischen Ärztekammer,
   b) die Delegierten der Abteilungsversammlung der selbständigen Apotheker der Österreichischen Apothekerkammer,

c) der Bundesausschuss der Österreichischen Zahnärztekammer,

(BGBl I 2009/30)

d) die Vertreterversammlung des Österreichischen Rechtsanwaltskammertags,

e) der Delegiertentag der Österreichischen Notariatskammer,

f) die Hauptversammlung der Patentanwaltskammer,

g) der Kammertag der Kammer der Wirtschaftstreuhänder,

h) der Kammertag der Bundes-, Architekten- und Ingenieurkonsulentenkammer,

(BGBl 1994/624)

i) die Hauptversammlung der Österreichischen Tierärztekammer.

(BGBl I 2009/30)

(2) Wahlkörper der Arbeitgeber auf Landesebene sind:

1. für die Berufsgruppe 1 die Vollversammlung der jeweiligen Wirtschaftskammer,

(BGBl 1994/624)

2. für die Berufsgruppe 2

a) die Vollversammlung der jeweiligen Ärztekammer,

b) die Plenarversammlung der jeweiligen Rechtsanwaltskammer,

c) die jeweilige Versammlung der Gruppe der Notare des Notariatskollegiums,

d) die Kammervollversammlung der jeweiligen Architekten- und Ingenieurkonsulentenkammer.

(BGBl 1994/624, BGBl I 2009/30)

(3) Wahlkörper der Arbeitgeber für die Berufsgruppe 3 sind für die im § 19 Abs. 4 genannten Bereiche:

1. in Tirol die Kammerversammlung der Bauernkammer,

(BGBl 1994/624)

2. in Vorarlberg die Sektionsversammlung der Landwirte in der Landwirtschaftskammer,

3. in den übrigen Ländern die Vollversammlung der jeweiligen Landwirtschaftskammer.

Wahlkörper der Arbeitnehmer

§ 21. (1) Wahlkörper der Arbeitnehmer auf Bundesebene für die in der Anlage ./1 genannten Berufsgruppen 5 bis 7 ist die Hauptversammlung der Bundeskammer für Arbeiter und Angestellte.

(BGBl 1994/624)

(2) Wahlkörper der Arbeitnehmer auf Landesebene für die Berufsgruppen 5 bis 7 sind die Vollversammlungen der jeweiligen Kammer für Arbeiter und Angestellte.

(3) Wahlkörper für die Arbeitnehmer der Berufsgruppe 8 sind für die im § 19 Abs. 4 genannten Bereiche:

1. im Burgenland und in Wien die Vollversammlung der jeweiligen Kammer für Arbeiter und Angestellte,

2. in Tirol die Kammerversammlung der Landarbeiterkammer,

(BGBl 1994/624)

3. in Vorarlberg die Sektionsversammlung der land- und forstwirtschaftlichen Dienstnehmer in der Landwirtschaftskammer,

4. in den übrigen Ländern die Vollversammlung der jeweiligen Landarbeiterkammer.

(4) Wahlkörper für die Arbeitnehmer der Berufsgruppe 9 sind für die im § 19 Abs. 5 genannten Bereiche die Zentralausschüsse nach dem Bundes-Personalvertretungsgesetz sowie die landesgesetzlich eingerichteten Personalvertretungen der Landesbediensteten in den Ländern und der Gemeinde(Magistrats)bediensteten in denjenigen Gemeinden, in denen ein Landes- oder Kreisgericht seinen Sitz hat.

(BGBl I 2012/35)

Wahlvorschläge

§ 22. (1) Die zuständigen Organe der gesetzlichen beruflichen Vertretungen haben den Wahlkörpern Wahlvorschläge vorzulegen; diese haben je Gerichtshof zumindest so viele Bewerber zu enthalten, wie dies der jeweils zu wählenden Anzahl an fachkundigen Laienrichtern entspricht.

(2) Jedes Mitglied eines Wahlkörpers kann einen weiteren Wahlvorschlag vorlegen.

(3) Die in die Wahlvorschläge aufgenommenen Personen müssen das passive Wahlrecht nach § 24 besitzen.

Wahl der fachkundigen Laienrichter

§ 23. Die Wahl der fachkundigen Laienrichter ist von den Wahlkörpern durchzuführen, und zwar nach den Grundsätzen des Verhältniswahlrechts. Wird nur ein Wahlvorschlag vorgelegt, so sind die fachkundigen Laienrichter mit einfacher Mehrheit der abgegebenen Stimmen gewählt.

Passives Wahlrecht

§ 24. Zu fachkundigen Laienrichtern dürfen nur Personen gewählt werden, die

1. das 24. Lebensjahr vollendet und das 65. Lebensjahr noch nicht oder während der zuletzt abgelaufenen einheitlichen Amtszeit vollendet haben;.

(BGBl 1994/624, BGBl I 2006/104)

2. zur Übernahme des Amtes bereit sind;

3. der Berufsgruppe, für die die fachkundigen Laienrichter zu wählen sind, angehören oder während der zuletzt abgelaufenen einheitlichen Amtszeit angehört haben und durch Eintritt in den Ruhestand aus dieser ausgeschieden sind; Funktionäre und Arbeitnehmer gesetzlicher Interessenvertretungen und kollektivvertragsfähiger freiwilliger Berufsvereinigungen gelten hiebei als Angehörige der

von ihnen vertretenen Berufsgruppe (Berufsgruppen); und im übrigen

(BGBl 1994/624)

4. die Voraussetzungen für das Wahlrecht zum Nationalrat erfüllen.

Entsendung von fachkundigen Laienrichtern durch Gebietskörperschaften als Arbeitgeber

§ 25. (1) Der Bund, die Länder und diejenigen Gemeinden, in denen ein Landesgericht seinen Sitz hat, haben die fachkundigen Laienrichter für die Berufsgruppe 4 zu entsenden; für den Bund obliegt diese Entsendung dem Bundeskanzler.

(2) Der § 24 Z 1, 2 und 4 gilt sinngemäß; außerdem darf nur eine solche Person als fachkundiger Laienrichter entsandt werden, die in einem aufrechten Dienstverhältnis zur entsendenden Gebietskörperschaft steht.

Anzahl und Zuordnung der fachkundigen Laienrichter

§ 26. (1) Je Vorsitzenden eines mit Arbeits- und Sozialrechtssachen betrauten Senates des jeweiligen Gerichtshofs ist mindestens die folgende Anzahl von fachkundigen Laienrichtern zu wählen (zu entsenden):

(BGBl 1994/624)

1. für die Berufsgruppe 1: 35 fachkundige Laienrichter;
2. für die Berufsgruppe 2: insgesamt 10 fachkundige Laienrichter;
3. für die Berufsgruppen 3 und 8: je insgesamt 10 fachkundige Laienrichter;
4. für die Berufsgruppen 4 und 9: je insgesamt 10 fachkundige Laienrichter;
5. für die Berufsgruppen 5 bis 7: je 15 fachkundige Laienrichter.

(2) Für die in der Berufsgruppe 8 genannten Untergruppen A und B können gesondert fachkundige Laienrichter gewählt werden.

(3) Sind für eine Berufsgruppe mehrere Wahlkörper (Entsendungsberechtigte) zur Wahl (Entsendung) von fachkundigen Laienrichtern berufen, so sollen sie sich über die Anzahl der von ihnen jeweils zu wählenden (zu entsendenden) fachkundigen Laienrichten verständigen, um die Erreichung der vorgesehenen Gesamtzahl sicherzustellen. Hiebei sollen sie auf den auf ihre Mitglieder (ihren wahrzunehmenden Interessenbereichen) voraussichtlich entfallenden Jahresanfall an Arbeits- und Sozialrechtssachen Bedacht nehmen.

(4) Jedem Vorsitzenden eines mit Arbeits- und Sozialrechtssachen betrauten Senates ist durch Beschluß des Personalsenats eine entsprechende Anzahl bestimmter, je Berufsgruppe gewählter (entsandter) fachkundiger Laienrichter zuzuordnen; wenn ihm dies tunlich erscheint, so kann der Vorsitzende auch einen fachkundigen Laienrichter laden (§ 12 Abs. 1), der einem anderen Vorsitzenden zugeordnet ist.

(BGBl 1994/624)

Bekanntgabe des Wahlergebnisses (der Entsendung)

§ 27. Das Wahlergebnis (die verfügte Entsendung) ist dem Präsidenten des Gerichtshofs unter Angabe des Zeitpunktes der Wahl (Entsendung) sowie des Vor- und Familiennamens, des Geburtsdatums, des Berufs, der Anschrift und der Berufsgruppe (Untergruppe) jeder einzelnen zum fachkundigen Laienrichter gewählten (als fachkundiger Laienrichter entsandten) Person mitzuteilen.

Unvereinbarkeit

§ 28. Ein fachkundiger Laienrichter darf nicht gleichzeitig

1. fachkundiger Laienrichter aus dem Kreis der Arbeitgeber und aus dem Kreis der Arbeitnehmer sein oder
2. für einen im Instanzenzug übergeordneten Gerichtshof gewählt (entsandt) werden.

Gelöbnis

§ 29. (1) Die zu fachkundigen Laienrichtern gewählten (entsandten) Personen haben vor ihrer ersten Verwendung als Beisitzer dem Präsidenten des Gerichtshofs, für den sie gewählt (zu dem sie entsandt) worden sind, folgendes Gelöbnis zu leisten:

„Ich gelobe, die Verfassung und die anderen Gesetze der Republik Österreich unverbrüchlich zu beachten, die Pflichten meines Amtes gewissenhaft, uneigennützig, unparteiisch und ohne Unterschied der Person – besonders ohne Rücksicht auf deren Angehörigkeit zum Kreis der Arbeitgeber oder der Arbeitnehmer – zu erfüllen und das Amtsgeheimnis zu wahren.“

(2) Der Präsident des Gerichtshofs kann die Abnahme des Gelöbnisses den Vorsitzenden der Senate überlassen.

(3) Die Leistung des Gelöbnisses ist in das Beeidigungsbuch einzutragen.

(4) Nach Leistung des Gelöbnisses ist dem fachkundigen Laienrichter gebührenfrei eine Urkunde auszustellen. Sie hat zu enthalten:

1. den Vor- und Familiennamen, das Geburtsdatum und den Beruf des fachkundigen Laienrichters,
2. das Gericht, die Berufsgruppe (Untergruppe), für die der fachkundige Laienrichter gewählt (entsandt) worden ist, und die Zugehörigkeit zum Kreis der Arbeitgeber oder zu dem der Arbeitnehmer,
3. die Amtsdauer und
4. einen Hinweis auf das Gelöbnis und dessen Wortlaut.

(5) Die fachkundigen Laienrichter dürfen ihr Amt erst nach Leistung des Gelöbnisses ausüben.

Amtsenthebung

§ 30. (1) Ein fachkundiger Laienrichter ist seines Amtes zu entheben, wenn

1. er nicht nach § 23 gewählt (nach § 25 Abs. 1 entsandt) worden ist,

2. im Zeitpunkt seiner Wahl (Entsendung)
   a) sein passives Wahlrecht (die Entsendungsvoraussetzungen) nach § 24 (§ 25 Abs. 2) nicht gegeben war (waren) oder
   b) Umstände vorlagen, mit denen das Amt eines fachkundigen Laienrichters unvereinbar ist;
3. nach seiner Wahl (Entsendung)
   a) sein passives Wahlrecht (die Entsendungsvoraussetzungen) nach § 24 Z 2 und 4 (§ 25 Abs. 2) weggefallen ist (sind) oder
   b) Umstände eingetreten sind, mit denen das Amt eines fachkundigen Laienrichters unvereinbar ist;
4. er ohne genügende Entschuldigung die Pflichten seines Amtes wiederholt vernachlässigt,
5. er ein Verhalten setzt, das dem Ansehen des Amtes eines fachkundigen Laienrichters zuwiderläuft,
6. er die Leistung des Gelöbnisses verweigert,
7. er selbst um seine Amtsenthebung ersucht.

(2) Ferner sind ihres Amtes zu entheben:

1. ein gewählter fachkundiger Laienrichter, der die Voraussetzung nach § 24 Z 3 verliert, wenn er zum fachkundigen Laienrichter des anderen Kreises wählbar wird, oder
2. ein entsandter fachkundiger Laienrichter, dessen Dienstverhältnis zur entsendenden Gebietskörperschaft nicht mehr aufrecht ist.

(3) Über die Enthebung nach Abs. 1 Z 1 bis 4 und 6 sowie Abs. 2 hat das Gericht, das im Sinne des § 90 RDG, BGBl. Nr. 305/1961, Dienstgericht wäre, in dem nach § 93 Abs. 1 RDG vorgesehenen Verfahren, über die Enthebung nach Abs. 1 Z 5 das Gericht, das im Sinne des § 111 RDG Disziplinargericht wäre, in dem nach §§ 112 bis 120, 122 bis 149, 151, 152 lit. a, 153, 154, 155 Abs. 1, 157, 161 bis 165 vorgesehenen Verfahren mit der Maßgabe zu entscheiden, daß außer der Enthebung keine Strafe verhängt werden darf.

(4) Über die Enthebung nach Abs.1 Z 7 hat der Präsident desjenigen Gerichtshofs zu entscheiden, für den der fachkundige Laienrichter gewählt (zu dem er entsandt) worden ist.

Meldepflicht

§ 31. Die fachkundigen Laienrichter haben dem Präsidenten des Gerichtshofs (dem Vorsitzenden des Senats) umgehend bekanntzugeben:

1. jeden Umstand, der sie daran hindert, einer Ladung als fachkundiger Laienrichter nachzukommen,
2. jeden Wohnungswechsel,
3. das Eintreten einer länger dauernden Verhinderung an ihrer Amtsausübung,
4. den Eintritt einer Unvereinbarkeit und
5. den Verlust ihres passiven Wahlrechts nach § 24 Z 2 bis 4 beziehungsweise der diesbezüglichen Entsendungsvoraussetzungen (§ 25 Abs. 2).

Entschädigung

§ 32. Fachkundige Laienrichter haben Anspruch auf

(BGBl 1989/343, BGBl 1994/624)

1. Ersatz der Reise- und Aufenthaltskosten sowie auf Entschädigung für Zeitversäumnis entsprechend den für Zeugen geltenden Bestimmungen des GebAG 1975, BGBl. Nr. 136;
2. die Hälfte des im § 18 Abs. 1 Z 1 GebAG 1975 jeweils genannten Betrags als Entschädigung für Zeitversäumnis unabhängig vom Vorliegen eines Vermögensnachteils.

Listen der fachkundigen Laienrichter – Einsichtsrecht

§ 33. (1) Die fachkundigen Laienrichter sind mit ihren Vor- und Familiennamen, ihren Geburtsdaten, den Zeitpunkten ihrer Wahl (Entsendung), ihren Berufen, Anschriften und nach Möglichkeit ihren Fernsprechnummern sowie den Vorsitzenden, denen sie zugeordnet sind, in Listen getrennt nach ihrer Zugehörigkeit zum Kreis der Arbeitgeber und zu dem der Arbeitnehmer zu erfassen, und zwar innerhalb der jeweiligen Liste getrennt nach den sich aus der Anlage ./1 ergebenden Berufsgruppen.

(BGBl 1994/624)

(2) Jedem, der ein rechtliches Interesse an der Kenntnis der gewählten (entsandten) fachkundigen Laienrichter glaubhaft macht, ist Einsicht in Listen zu gewähren, die die Angaben nach Abs. 1, jedoch nicht die Anschriften und Fernsprechnummern der fachkundigen Laienrichter enthalten.

(BGBl 1994/624)

(3) Die Listen sind vom Präsidenten des jeweiligen Gerichtshofs zu führen; er hat, sofern ein rechtliches Interesse nicht ausreichend glaubhaft gemacht wird, durch unanfechtbaren Beschluß die Einsichtnahme abzulehnen.

Ablehnung von fachkundigen Laienrichtern

§ 34. Fachkundige Laienrichter können auch deshalb abgelehnt werden, weil sie im Zeitpunkt ihrer Wahl (Entsendung) oder danach vom passiven Wahlrecht nach § 24 Abs. 1 Z 2 bis 4 ausgeschlossen waren (die diesbezüglichen Entsendungsvoraussetzungen nach § 25 Abs. 2 nicht erfüllt haben) oder weil Umstände vorliegen, mit denen das Amt eines fachkundigen Laienrichters unvereinbar ist.

§ 35. (aufgehoben)

(BGBl I 2012/35)

DRITTES HAUPTSTÜCK
Besondere Verfahrensbestimmungen

I. Abschnitt – Allgemeines

Bezeichnung

§ 36. In Ausübung der Gerichtsbarkeit in Arbeits- und Sozialrechtssachen haben die Landesgerichte ihrer Bezeichnung den Zusatz „als Arbeits- und Sozialgericht", die Oberlandesgerichte und der Oberste Gerichtshof den Zusatz „in Arbeits- und Sozialrechtssachen" beizufügen. Das gilt nicht für das Arbeits- und Sozialgericht Wien.

Unrichtige Gerichtsbesetzung

§ 37. (1) Auch wenn in einer Arbeits- und Sozialrechtssache gegen die §§ 11, 11b oder 12 Abs. 1 oder 3 zweiter Halbsatz verstoßen worden ist oder über eine Rechtssache, die keine Arbeits- und Sozialrechtssache ist, ein Senat entschieden hat, der nach den §§ 11 und 12 zusammengesetzt war, ist der § 260 Abs. 4 ZPO sinngemäß anzuwenden, sofern die Parteien zur Zeit des Verstoßes durch qualifizierte Personen (§ 40 Abs. 1) vertreten waren.

(BGBl 1994/624)

(2) Ein Verstoß gegen den § 12 Abs. 2, Abs. 3 erster Halbsatz oder Abs. 4 bis 6 oder gegen den § 26 Abs. 1 kann nicht geltend gemacht werden.

(BGBl 1994/624)

(3) Wird die Richtigkeit der Gerichtsbesetzung bezweifelt, so hat das Gericht, sofern nicht nach Abs. 1 eine Heilung eingetreten ist, mit Beschluß auszusprechen, in welcher Gerichtsbesetzung das Verfahren fortzuführen ist. Gleichzeitig mit der Verkündung dieses Beschlusses kann der Senat anordnen, daß sogleich in der Hauptsache verhandelt wird; der § 261 Abs. 2 zweiter und dritter Satz sowie Abs. 3 ZPO ist sinngemäß anzuwenden. Ändert sich nach dem Beschluß die Gerichtsbesetzung, so ist § 412 Abs. 2 ZPO anzuwenden.

Wahrnehmung von Unzuständigkeiten

§ 38. (1) Soweit im folgenden nichts anderes bestimmt ist, haben die Gerichte das Fehlen der inländischen Gerichtsbarkeit sowie der sachlichen und örtlichen Zuständigkeit in jeder Lage des Verfahrens von Amts wegen wahrzunehmen. Das Fehlen der inländischen Gerichtsbarkeit oder der sachlichen oder örtlichen Zuständigkeit wird jedoch nach § 104 Abs. 3 JN – gegebenenfalls im Zusammenhang mit § 40 Abs. 3 – geheilt; dies; soweit nach Völkerrecht oder besonderen gesetzlichen Anordnungen nicht ausdrücklich anderes bestimmt ist.

(BGBl I 1997/140)

(2) Ist für eine Rechtsstreitigkeit anstelle des angerufenen Gerichts ein anderes Gericht als Arbeits- und Sozialgericht zuständig, so hat sie das angerufene Gericht, sofern seine Unzuständigkeit nicht geheilt ist, an das nicht offenbar unzuständige Gericht von Amts wegen zu überweisen.

(BGBl I 2010/111)

(3) Eine Änderung der Zuständigkeit nach § 7 Abs. 3 ist nur zu beachten, wenn der Versicherte sie unverzüglich, spätestens jedoch am Beginn der nächsten Tagsatzung zur mündlichen Streitverhandlung, geltend macht. In diesem Fall ist die Rechtsstreitigkeit an das nunmehr zuständige Gericht zu überweisen.

(4) Das Gericht, an das die Rechtsstreitigkeit überwiesen worden ist, ist an den rechtskräftigen Ausspruch über die sachliche Zuständigkeit gebunden; seine örtliche Unzuständigkeit darf es nicht mit der Begründung aussprechen, daß doch das überweisende Gericht zuständig ist.

(5) Erklären sich in einer Sozialrechtssache (§ 65) mehrere Landes(Kreis)- gerichte als Arbeits- und Sozialgerichte für zuständig, so hat dasjenige den Vorrang, bei dem die Rechtssache als erstem anhängig gemacht worden ist.

Verfahrensbesonderheiten

§ 39. (1) Das Verfahren ist besonders rasch durchzuführen; Ladungen und Entscheidungen sind unverzüglich auszufertigen. Der § 439 ZPO ist anzuwenden.

(2) Ist eine Partei nicht Versicherungsträger und wird sie auch nicht durch eine qualifizierte Person (§ 40 Abs. 1) vertreten, so sind darüber hinaus anzuwenden:

1. die Bestimmungen über die richterliche Anleitungs- und Belehrungspflicht (§§ 432, 435 ZPO); hiebei hat der Vorsitzende die Parteien über die bei derartigen Arbeits- und Sozialrechtssachen in Betracht kommenden besonderen Vorbringen und Beweisanbietungen zu belehren, die zur zweckentsprechenden Rechtsverfolgung (Rechtsverteidigung) dienen können, und sie zur Vornahme der sich anbietenden derartigen Prozeßhandlungen anzuleiten;
2. die Bestimmungen über die Möglichkeit des Anbringens zu Protokoll (§ 434 ZPO); liegt der Wohnsitz, der Aufenthalts- oder der Beschäftigungsort der Partei außerhalb des Bezirksgerichtssprengels (des Ortes), in dem das für das Verfahren zuständige Landesgericht seinen Sitz hat, so können die Anbringen auch beim Bezirksgericht des Wohnsitzes, des Aufenthalts- oder des Beschäftigungsorts der Partei zu Protokoll gegeben werden; das Bezirksgericht hat das Protokoll unverzüglich an das zuständige Landesgericht als Arbeits- und Sozialgericht weiterzuleiten;

   (BGBl I 2010/111)
3. die Bestimmungen über die Ladung des Klägers beziehungsweise des Beklagten (§§ 437, 438 ZPO).

(3) Vor den Gerichten erster Instanz müssen sich die Parteien nicht vertreten lassen.

(4) § 222 ZPO ist nicht anzuwenden.

(BGBl I 2002/76, BGBl I 2010/111)

(5) Über einen Antrag auf Bewilligung einer Verfahrenshilfe ist ohne Rücksicht darauf zu entscheiden, ob der Antragsteller eine nach dem § 40 Abs. 1 Z 2 qualifizierte Person bevollmächtigen könnte oder bevollmächtigt hat.

(BGBl 1994/624)

(6) Von einem schriftlichen Befund oder Gutachten ist den Parteien ehestens je eine Ausfertigung zuzustellen.

(7) Jeder Entscheidung eines Gerichts erster oder zweiter Instanz, die einer Partei zugestellt wird, ist eine Rechtsmittelbelehrung anzuschließen.

Vertretung

§ 40. (1) Zur Vertretung vor den Gerichten erster und zweiter Instanz qualifizierte Personen sind:

1. Rechtsanwälte;
2. Funktionäre und Arbeitnehmer einer gesetzlichen Interessenvertretung oder freiwilligen kollektivvertragsfähigen Berufsvereinigung, die nach ihrem Wirkungsbereich für die Partei in Betracht kommt oder in Betracht käme, wenn diese noch berufstätig wäre oder ihren Aufenthalt im Inland hätte; die Funktionäre oder Arbeitnehmer bedürfen einer Befugnis der Interessenvertretung oder Berufsvereinigung;
3. wenn die Partei Versicherungsträger ist, ihre Arbeitnehmer sowie ihre Prokuristen, auch wenn diese keine Arbeitnehmer sind, die Mitglieder ihrer jeweils geschäftsführenden Organe, die Arbeitnehmer oder ein Mitglied eines geschäftsführenden Organs eines anderen Versicherungsträgers oder des Dachverbandes der Sozialversicherungsträger;

   (BGBl I 2018/100)
4. wenn es sich um eine Rechtsstreitigkeit nach § 65 Abs. 1 Z 7 handelt, die Dienstnehmer, Prokuristen oder Geschäftsführer der Insolvenz-Entgelt-Fonds-Service GmbH hinsichtlich der beklagten Parteien;

   (BGBl 1994/314, BGBl I 2001/88, BGBl I 2008/82)
5. wenn es sich um Rechtsstreitigkeiten handelt, die Ansprüche nach dem BPGG zum Inhalt haben, die Bediensteten der sonstigen Entscheidungsträger nach § 22 Abs. 1 Z 3 bis 8 BPGG hinsichtlich der beklagten Parteien.

   (BGBl 1993/110)

(2) Vor den Gerichten erster Instanz dürfen sich die Parteien außer durch qualifizierte Personen noch vertreten lassen:

1. Arbeitgeber durch einen ihrer Arbeitnehmer oder einen ihrer Prokuristen, auch wenn dieser kein Arbeitnehmer ist, oder durch ein Mitglied ihrer geschäftsführenden Organe;
2. Arbeitnehmer durch ein Mitglied des zuständigen Betriebsrats;
3. parteifähige Organe der Arbeitnehmerschaft (§ 53 Abs. 1) durch eines ihrer Mitglieder;

3a. Mitglieder der im Bundesbehindertenbeirat gemäß § 9 Abs. 1 Z 7 des Bundesbehindertengesetzes, BGBl. Nr. 283/1990, unmittelbar oder mittelbar vertretenen Verbände durch die jeweiligen Funktionäre oder Arbeitnehmer der Verbände, denen die Mitglieder angehören; die Funktionäre und Arbeitnehmer bedürfen hiefür einer Befugnis des jeweiligen Verbandes;

   (BGBl 1994/624)

4. durch jede andere geeignete Person; über die Eignung hat der Vorsitzende durch unanfechtbaren Beschluß zu entscheiden.

(3) Die mit der Vertretung durch einen Rechtsanwalt verbundenen Rechtsfolgen treten auch ein, wenn eine Partei durch eine andere qualifizierte Person vertreten wird. Dies gilt nicht

1. für den Kostenersatzanspruch;
2. soweit sonst anderes bestimmt ist.

(4) Sind beide Parteien durch die im Abs. 1 genannten qualifizierten Personen vertreten, so sind die Bestimmungen über die direkte Zustellung (§ 112 ZPO) sinngemäß anzuwenden.

(BGBl 1994/624)

(5) Schreitet eine im Abs. 1 Z 2 bis 4 genannte qualifizierte Person als Bevollmächtigter ein, so ersetzt ihre Berufung auf die ihr schriftlich erteilte Bevollmächtigung deren urkundlichen Nachweis. Hegt jedoch der Vorsitzende auf Grund besonderer Umstände Zweifel an der Erteilung der Bevollmächtigung, so kann er mit unanfechtbarem Beschluß deren urkundlichen Nachweis anordnen; in diesem Fall ist im übrigen der § 38 Abs. 2 und 3 ZPO sinngemäß anzuwenden.

(BGBl 1994/624)

(6) Hat sich die Person ohne berechtigten Anlaß auf ihre Bevollmächtigung berufen (Abs. 5), so hat das Gericht, vor dem die Bevollmächtigung behauptet worden ist,

1. über diese Person eine Mutwillensstrafe (Ersatzfreiheitsstrafe) bis zum Zweifachen des im § 220 Abs. 1 ZPO genannten Ausmaßes zu verhängen,
2. auszusprechen, daß diese Person in dem anhängigen Verfahren von der Vertretung ausgeschlossen ist, und
3. darüber zu befinden, ob die Person mit Rücksicht auf ihr Verhalten weiters von der Vertretung in anderen, auch noch nicht anhängigen arbeits- und sozialgerichtlichen Verfahren als qualifizierte Person ausgeschlossen ist, bejahendenfalls für welche Zeit; diese darf zwei Jahre nicht übersteigen (allgemeines Vertretungsverbot).

(BGBl 1994/624)

(7) Wird ein allgemeines Vertretungsverbot (Abs. 6 Z 3) verfügt, so ist dieser Beschluß nach dem Eintritt seiner Rechtskraft im Amtsblatt der österreichischen Justizverwaltung kundzumachen; mit dem Zeitpunkt seiner Kundmachung hat er bindende Wirkung für alle Gerichte; die von der Person bis dahin als Bevollmächtigter vorgenommenen Vertretungshandlungen (Abs. 6 Z 3) bleiben hievon jedoch unberührt.

§ 41. Läßt sich eine Partei durch eine ausgeschlossene (nicht zugelassene) Person vertreten, ohne selbst zur Verhandlung zu kommen, so hat der Vorsitzende die Verhandlung auf tunlichst kurze Zeit zu erstrecken und die Partei anzuweisen, zu der neuen Tagsatzung entweder persönlich zu kommen oder für sie einen geeigneten Vertreter zu bestellen. Eine wiederholte Erstreckung der Tagsatzung kann aus diesem Grunde nicht stattfinden.

Sachverständigengebühren

§ 42. (1) Einem Sachverständigen steht auch dann eine höhere als die im GebAG 1975 vorgesehene Gebühr zu, wenn der Bestimmung in dieser Höhe zugestimmt haben

1. in Arbeitsrechtssachen die Parteien, sofern keine Partei Verfahrenshilfe genießt und die Gebühr den Betrag von 2 500 Euro nicht übersteigt;

   (BGBl 1989/343, BGBl I 2001/98)

2. in Sozialrechtssachen nach § 65 Abs. 1 Z 3 die Parteien, in sonstigen Sozialrechtssachen der Versicherungsträger.

(2) Der Beschluß, mit dem die Sachverständigengebühr bestimmt worden ist, ist dem Revisor

1. in Arbeitsrechtssachen auch dann nicht zuzustellen, wenn die Gebühr nach Abs. 1 Z 1 bestimmt worden ist;
2. in Sozialrechtssachen in keinem Fall zuzustellen.

Kollektivrechtliche Normen

§ 43. (1) Die Behörde, bei der Kollektivverträge, Mindestlohntarife, zur Satzung erklärte Kollektivverträge und Festsetzungen von Lehrlingsentschädigungen zu hinterlegen sind, hat von diesen, soweit sie nach Inkrafttreten dieses Bundesgesetzes hinterlegt worden sind, nach der Kundmachung allen für Arbeits- und Sozialrechtssachen zuständigen Gerichtshöfen Ausfertigungen zu übermitteln.

(2) Die Landesgerichte haben als Arbeits- und Sozialgerichte jedermann in die ihnen übermittelten kollektivrechtlichen Normen Einsicht zu gewähren.

(3) Der Inhalt kollektivrechtlicher Normen ist von Amts wegen zu ermitteln, wenn sich eine Partei auf sie beruft; dies gilt auch für das Rechtsmittelverfahren.

Berufung und Rekurs

§ 44. (1) Die §§ 501 und 517 ZPO sind nicht anzuwenden.

(BGBl 1994/624, BGBl I 1997/140, BGBl I 2002/76)

(2) Hat das Erstgericht über einen Streitgegenstand entschieden, der an Geld oder Geldeswert 2 000 Euro nicht übersteigt, so ist eine mündliche Verhandlung über die Berufung nur anzuberaumen, wenn das Gericht dies im einzelnen Fall für erforderlich hält.

(BGBl 1994/624, BGBl I 1997/140, BGBl I 2001/98)

§§ 45–48. (aufgehoben)
(BGBl I 1997/140, BGBl I 2002/76)

II. Abschnitt – Arbeitsrechtssachen

1. Unterabschnitt – Allgemeines

Grundsatz

§ 49. Für Arbeitsrechtssachen gelten neben dem I. Abschnitt die Besonderheiten dieses Abschnitts.

Zinsen

§ 49a. Die gesetzlichen Zinsen für Forderungen im Zusammenhang mit einem Arbeitsverhältnis (§ 50 Abs. 1) betragen 9,2 vom Hundert pro Jahr über dem am Tag nach dem Eintritt der Fälligkeit geltenden Basiszinssatz. Beruht aber die Verzögerung der Zahlung auf einer vertretbaren Rechtsansicht des Schuldners, so sind nur die sonstigen Bestimmungen über die gesetzlichen Zinsen anzuwenden.

(BGBl 1994/624, BGBl I 1997/140, BGBl I 2001/98, BGBl I 2002/118, BGBl I 2013/50)

Gegenstand der Arbeitsrechtssachen

§ 50. (1) Arbeitsrechtssachen sind bürgerliche Rechtsstreitigkeiten

1. zwischen Arbeitgebern und Arbeitnehmern im Zusammenhang mit dem Arbeitsverhältnis oder mit dessen Anbahnung;
2. zwischen Arbeitgebern oder Arbeitnehmern und Mitgliedern der Organe der Arbeitnehmerschaft im Zusammenhang mit deren Organtätigkeit sowie zwischen Arbeitgebern oder Arbeitnehmern und dem Betriebsratsfonds, soweit es sich nicht um Rechtsstreitigkeiten nach Abs. 2 handelt;
3. zwischen Arbeitnehmern im Zusammenhang mit der gemeinsamen Arbeit;
4. zwischen juristischen Personen, die zur Gewährung von Ruhegenüssen, Versorgungsgenüssen oder ähnlichen einem früheren Arbeitsverhältnis entspringenden Leistungen errichtet und keine Sozialversicherungsträger sind, und Personen, die solche Leistungen beanspruchen;
5. über Ansprüche nach dem Bauarbeiter-Urlaubsgesetz 1972, BGBl. Nr. 414, zwischen der Urlaubskasse und Arbeitgebern oder Arbeitnehmern mit Ausnahme des im § 25 des Bauarbeiter-Urlaubsgesetzes 1972 geregelten Verfahrens;

5a. über Ansprüche nach dem Bauarbeiter-Schlechtwetterentschädigungsgesetz, BGBl. Nr. 129/1957, in der jeweils geltenden Fassung, zwischen der Urlaubs- und Abfertigungskasse und Arbeitgebern;

   (BGBl 1994/314)

6. über Ansprüche gegen die Gehaltskasse auf Zahlung der nach dem Gehaltskassengesetz 1959, BGBl. Nr. 254, gebührenden Bezüge;

   (BGBl I 2002/100)

7. zwischen Arbeitnehmern und der Mitarbeitervorsorgekasse (MV-Kasse) oder gleichartigen

Leistungsträgern im Zusammenhang mit gesetzlichen Abfertigungsansprüchen;
(BGBl I 2002/100, BGBl I 2005/45)

8. zwischen Arbeitnehmern und einer Österreichische Gesundheitskasse über Entgeltansprüche aus der Einlösung von Dienstleistungsschecks nach dem Dienstleistungsscheckgesetz, BGBl. I Nr. 45/2005;
(BGBl I 2005/45, BGBl I 2018/100)
9. zwischen Arbeitnehmern und Personen, die aufgrund der §§ 8 bis 10 des Lohn- und Sozialdumping-Bekämpfungsgesetzes, BGBl. I Nr. 44/2016, für Entgeltansprüche haften.
(BGBl I 2016/44)

(2) Ferner sind Arbeitsrechtssachen Streitigkeiten über Rechte oder Rechtsverhältnisse, die sich aus dem II., V., VI., VII. oder VIII. Teil des ArbVG (betriebsverfassungsrechtliche Streitigkeiten), oder aus gleichartigen österreichischen Rechtsvorschriften ergeben.
(BGBl 1994/624, BGBl 1996/601, BGBl I 2004/82, BGBl I 2006/104, BGBl I 2007/77)

Arbeitgeber- und Arbeitnehmerbegriff

§ 51. (1) Arbeitgeber und Arbeitnehmer im Sinn dieses Bundesgesetzes sind alle Personen, die zueinander in einem privat- oder öffentlich-rechtlichen Arbeitsverhältnis, in einem Lehr- oder sonstigen Ausbildungsverhältnis stehen oder gestanden sind.

(2) Den Arbeitgebern stehen Personen gleich, für die von einem Arbeitnehmer auf Grund eines Arbeitsverhältnisses mit einem anderen wie von einem eigenen Arbeitnehmer Arbeit geleistet wird.

(3) Den Arbeitnehmern stehen gleich
1. Personen, die den Entgeltschutz für Heimarbeit genießen, sowie
2. sonstige nicht mit gewerblicher Heimarbeit beschäftigte Personen, die, ohne in einem Arbeitsverhältnis zu stehen, im Auftrag und für Rechnung bestimmter Personen Arbeit leisten und wegen wirtschaftlicher Unselbständigkeit als arbeitnehmerähnlich anzusehen sind.

Rechtsnachfolge

§ 52. Der § 50 gilt auch für Fälle, in denen die Rechtsstreitigkeiten geführt werden
1. durch einen Rechtsnachfolger,
2. durch eine Person, die kraft Gesetzes an Stelle der ursprünglichen Partei hiezu befugt ist,
3. durch Hinterbliebene des Arbeitnehmers, die für sich
   a) aus dessen Arbeitsverhältnis Ansprüche auf Ruhegenuß, Abfertigung oder sonstige Versorgungsansprüche oder
   b) aus unerlaubten Handlungen, soweit sie mit dessen Arbeitsverhältnis in Zusammenhang stehen, Ersatzansprüche ableiten oder
4. durch einen Versicherungsträger, der aus einer mit dem Arbeitsverhältnis zusammenhängenden unerlaubten Handlung eines Arbeitgebers oder eines diesem Gleichgestellten Ersatzansprüche nach dem § 334 ASVG, BGBl. Nr. 189/1955, ableitet.

Parteifähigkeit und Klagslegitimation

§ 53. (1) Organe der Arbeitnehmerschaft sind, mit Ausnahme der Betriebs-, Betriebshaupt-, Betriebsräte-, Betriebsgruppen- und der Jugendversammlung, parteifähig.

(2) Wenn nach dem streitigen Recht oder Rechtsverhältnis keine Person (kein parteifähiges Gebilde) in Betracht kommt, gegen die (das) eine Klage auf Feststellung oder Rechtsgestaltung nach § 50 Abs. 2 gerichtet werden könnte, kann sie – je nachdem, ob der Kläger Arbeitnehmer oder Arbeitgeber ist – gegen die zuständige kollektivvertragsfähige Körperschaft (§§ 4 bis 7 ArbVG) der Arbeitgeber beziehungsweise der Arbeitnehmer gerichtet werden.

Besondere Feststellungsverfahren

§ 54. (1) In Arbeitsrechtssachen nach § 50 Abs. 1 können die parteifähigen Organe der Arbeitnehmerschaft im Rahmen ihres Wirkungsbereiches sowie der jeweilige Arbeitgeber auf Feststellung des Bestehens oder Nichtbestehens von Rechten oder Rechtsverhältnissen, die mindestens drei Arbeitnehmer ihres Betriebes oder Unternehmens betreffen, klagen oder geklagt werden. Es ist jedoch ohne Belang, wenn sich nach der Streitanhängigkeit die Zahl der betroffenen Arbeitnehmer des Betriebs oder Unternehmens auf einen Arbeitnehmer verringert oder die Strittigkeit des Rechts oder Rechtsverhältnisses zwar nicht mehr einen Arbeitnehmer des Betriebs oder Unternehmens, wohl aber zumindest noch einen zwischenweilig aus dem Betrieb oder Unternehmen ausgeschiedenen Arbeitnehmer betrifft.
(BGBl 1994/624)

(2) Kollektivvertragsfähige Körperschaften der Arbeitgeber und der Arbeitnehmer (§§ 4 bis 7 ArbVG) können im Rahmen ihres Wirkungsbereichs gegen eine kollektivvertragsfähige Körperschaft der Arbeitnehmer beziehungsweise der Arbeitgeber beim Obersten Gerichtshof einen Antrag auf Feststellung des Bestehens oder Nichtbestehens von Rechten oder Rechtsverhältnissen anbringen, die einen von namentlich bestimmten Personen unabhängigen Sachverhalt betreffen. Der Antrag muß eine Rechtsfrage des materiellen Rechts auf dem Gebiet der Arbeitsrechtssachen nach § 50 zum Gegenstand haben, die für mindestens drei Arbeitgeber oder Arbeitnehmer von Bedeutung ist.

(3) Der Antrag ist dem vom Antragsteller zu bezeichnenden Antragsgegner mit dem Auftrag zuzustellen, hiezu binnen vier Wochen Stellung zu nehmen. Innerhalb dieser Frist können auch andere kollektivvertragsfähige Körperschaften der Arbeitgeber oder der Arbeitnehmer im Rahmen ihres Wirkungsbereichs zu dem Antrag Stellung nehmen.

(4) Der Oberste Gerichtshof hat über den Feststellungsantrag auf der Grundlage des darin angegebenen Sachverhalts durch den einfachen Senat (§ 11 Abs. 1) zu entscheiden. Die Entscheidung ist allen kollektivvertragsfähigen Körperschaften zuzustellen, die sich am Verfahren beteiligt haben.

(5) Feststellungsklagen nach Abs. 1 und Anträge nach Abs. 2 können auch dann erhoben werden, wenn der Berechtigte eine Leistungsklage erheben könnte. Für die Dauer des Verfahrens über eine solche Feststellungsklage oder einen solchen Antrag sind alle Fristen zur Geltendmachung des Anspruchs des Berechtigten gehemmt. Nach Beendigung des Verfahrens steht dem Berechtigten zur Erhebung der Leistungsklage zumindest noch eine Frist von drei Monaten offen; war die ursprüngliche Frist kürzer, so steht dem Berechtigten nur diese offen. Der Beendigung steht das Ruhen des Verfahrens gleich.

Verfahren für zusammenhängende Streitigkeiten

§ 55. Nimmt der Kläger die Zuständigkeit nach § 8 Abs. 2 zu Recht in Anspruch, so sind die für die Rechtsstreitigkeiten nach § 50 Abs. 1 geltenden Vorschriften anzuwenden.

Mahnverfahren

§ 56. Die Bestimmungen über das bezirksgerichtliche Mahnverfahren sind anzuwenden. Der bedingte Zahlungsbefehl ist – vorbehaltlich der Befugnisse eines Rechtspflegers – vom Vorsitzenden zu erlassen.

(BGBl I 2002/76)

Wert des Streitgegenstandes

§ 57. Das Gericht ist nicht an die Geldsumme gebunden, zu deren Annahme an Stelle der angesprochenen Sache sich der Kläger erboten oder die er als Wert des Streitgegenstandes angegeben hat.

Kostenersatz und Gebühren

§ 58. (1) In Rechtsstreitigkeiten nach § 50 Abs. 2 steht einer Partei ein Kostenersatzanspruch an die andere nur im Verfahren vor dem Obersten Gerichtshof zu. In besonderen Feststellungsverfahren nach § 54 Abs. 2 steht keiner Partei ein Kostenersatzanspruch an die andere zu.

(2) Die Parteien haben die den fachkundigen Laienrichtern nach § 32 ausgezahlten Beträge nicht zu ersetzen.

Pauschalierter Aufwandersatz

§ 58a. (1) Der Anspruch auf pauschalierten Aufwandersatz nach dem Aufwandersatzgesetz, BGBl. Nr. 28/1993, kann nur in dem jeweiligen Verfahren über die Hauptsache geltend gemacht werden. Die gesetzliche Interessensvertretung oder freiwillige kollektivvertragsfähige Berufsvereinigung hat in dem Verfahren über ihren Anspruch auf Aufwandersatz die Stellung einer Partei; für die Entscheidung über ihren Anspruch ist aber die Entscheidung sowie jeder sonstige Verfahrensstand in der Hauptsache bindend; ist die ihr erteilte Bevollmächtigung aufgehoben worden, so ist ihr dennoch jede Entscheidung zuzustellen, die für ihren Anspruch maßgebend ist. Die dem Gegner zustehenden Kosten, die aus Streitigkeiten über den Anspruch der gesetzlichen Interessenvertretungen oder freiwilligen kollektivvertragsfähigen Berufsvereinigungen entstehen, sind von dieser zu tragen.

(2) In ein von der Partei übergebenes Kostenverzeichnis sowie von ihr erhobenes Rechtsmittel können auch das Verzeichnis des Aufwandes beziehungsweise das Rechtsmittel der gesetzlichen Interessenvertretung oder freiwilligen kollektivvertragsfähigen Berufsvereinigung betreffend deren Anspruch auf Aufwandersatz aufgenommen werden.

(3) Wenn sich der Streitwert während des Verfahrens geändert hat, kann das Gericht für die Feststellung des Aufwandersatzanspruchs den Teil des Obsiegens der vertretenen Partei nach freier Überzeugung (§ 273 ZPO) festsetzen.

(4) Im übrigen sind die Bestimmungen über den Kostenersatz (§§ 40 bis 55 und 528 Abs. 2 Z 3 ZPO) sinngemäß anzuwenden.

(BGBl 1993/28)

2. Unterabschnitt – Verfahren erster Instanz

Verfahrensvereinfachungen

§ 59. (1) Anzuwenden sind die Bestimmungen über

1. den Vergleichsversuch (§ 433 ZPO); ihn hat der Vorsitzende durchzuführen;
2. den Entfall einer Klagebeantwortung (§ 440 Abs. 2 ZPO) und die Beschränkung der vorbereitenden Tagsatzung nach § 440 Abs. 1 ZPO;
   (BGBl I 2002/76)
3. die Unzuständigkeitseinrede (§ 441 ZPO);
4. die Versäumungsurteile und die Widersprüche gegen diese (§§ 442, 442a ZPO);
5. die Belehrung über den Vertretungszwang in Rechtsmittelverfahren (§ 447 ZPO) mit der Maßgabe, daß sich die Parteien im Verfahren vor der zweiten Instanz außer eines Rechtsanwaltes auch einer anderen qualifizierten Person bedienen können und
6. die Besitzstörungsklagen (§§ 454 bis 459 ZPO).

(2) Bezirksgerichte, in deren Sprengel ein Landes- oder Kreisgericht seinen Sitz hat, haben nur nach Belehrung der Partei über diesen Umstand und auf Grund eines dennoch von ihr gestellten Antrags Ladungen zum Vergleichsversuch vorzunehmen.

(BGBl I 2012/35)

Teilurteil

§ 60. In Rechtsstreitigkeiten über den Fortbestand des Arbeitsverhältnisses, in denen auch andere Ansprüche Streitgegenstand sind, kann ein

Teilurteil (§ 391 ZPO) über den Fortbestand des Arbeitsverhältnisses nur auf Antrag gefällt werden.

Wirkungen von Entscheidungen

§ 61. (1) Die rechtzeitige Erhebung der Berufung gegen das erste Urteil des Gerichts erster Instanz hemmt nur den Eintritt der Rechtskraft, nicht jedoch den Eintritt der Verbindlichkeit der Feststellung, den der Rechtsgestaltungswirkung oder den der Vollstreckbarkeit in Rechtsstreitigkeiten

1. über den Fortbestand des Arbeitsverhältnisses und daraus abgeleitete Ansprüche auf das rückständige laufende Arbeitsentgelt;
2. über Ansprüche auf das bei Beendigung des Arbeitsverhältnisses rückständige laufende Arbeitsentgelt, soweit nicht nach Abs. 4 anderes angeordnet ist;
   (BGBl 1991/210, BGBl 1994/624)
3. über die Herausgabe der dem Arbeitnehmer bei Auflösung des Arbeitsverhältnisses auszufolgenden Arbeitspapiere und herauszugebenden Gegenstände;
4. über die Zurückstellung der dem Arbeitnehmer vom Arbeitgeber zur Ausübung der Arbeit zur Verfügung gestellten Gegenstände;
5. nach § 50 Abs. 2.
   (BGBl 1990/408)

(2) Das im Abs. 1 genannte Urteil wirkt, auch wenn es inzwischen aufgehoben oder durch ein anderes Urteil ersetzt worden ist, bis zur Beendigung des Verfahrens weiter, soweit die Parteien nichts anderes vereinbaren oder nicht nach Abs. 4 anderes angeordnet ist. Urteile nach Abs. 1 Z 1 oder 2 wirken unbeschadet eines allfälligen Rückzahlungsanspruchs.

(3) Die Abs. 1 und 2 gelten nicht in besonderen Feststellungsverfahren nach § 54 Abs. 1.

(4) In Rechtsstreitigkeiten nach Abs. 1 Z 2 ist die Hemmung der Vollstreckbarkeit zur Gänze oder teilweise zu verfügen, wenn

1. dies beantragt wird und es die soziale Lage des Arbeitnehmers zuläßt; hiebei ist insbesondere zu berücksichtigen, inwieweit sein laufendes Einkommen dem bisherigen laufenden Arbeitsentgelt im wesentlichen gleich ist und er zum Ausgleich für das fehlende rückständige Arbeitsentgelt Verpflichtungen eingehen mußte, die seine Lebensführung erheblich beeinträchtigen, oder
2. der Arbeitnehmer schriftlich oder zu Protokoll erklärt hat, auf diese Vollstreckbarkeit zu verzichten.

(BGBl 1994/624)

(5) Für die Entscheidung über einen Antrag nach Abs. 4 Z 1 genügt es, daß das Bestehen oder Nichtbestehen der erforderlichen Voraussetzungen glaubhaft gemacht wird; notwendig erscheinende ergänzende Bescheinigungsmittel hat das Gericht von Amts wegen aufzunehmen; dies erforderlichenfalls auch nach Schluß der Verhandlung, wobei sie in diesem Fall vom Vorsitzenden aufzunehmen sind; der § 183 Abs. 1 und 3 ZPO ist sinngemäß anzuwenden; die §§ 134 Z 3 und 183 Abs. 2 ZPO gelten nicht.

(BGBl 1994/624)

(6) Der Antrag nach Abs. 4 Z 1 ist vor Schluß der Verhandlung zu stellen; die Entscheidung über die Hemmung der Vollstreckbarkeit auf Grund eines solchen Antrags oder eines Verzichts des Arbeitnehmers nach Abs. 4 Z 2 ist in das Urteil aufzunehmen; wird es mündlich verkündet, so kann sie der Ausfertigung des Urteils vorbehalten werden; gegen die Entscheidung über die Hemmung der Vollstreckbarkeit ist kein Rechtsmittel zulässig.

(BGBl 1994/624)

(7) Die Abs. 1 bis 6 gelten auch für Rechtsverhältnisse, in denen auch nur eine Partei eine den Arbeitgebern oder Arbeitnehmern gleichgestellte Person (§ 51 Abs. 2 und 3) ist.

(BGBl 1994/624)

§ 62. (1) Betreffen Rechtsstreitigkeiten nach § 50 Abs. 2 namentlich bestimmte Arbeitnehmer, die nicht Partei sind, so ist auch diesen die Klage und die Ladung zur ersten Tagsatzung zur mündlichen Streitverhandlung zuzustellen; die Rechtskraft der in diesen Rechtsstreitigkeiten ergehenden Urteile sowie die Wirkungen nach § 61 erstrecken sich auch auf diese namentlich bestimmten Arbeitnehmer.

(BGBl 1990/408, BGBl I 2002/76)

(1a) Im Verfahren vor dem Prozeßgericht erster Instanz kann ein namentlich bestimmter Arbeitnehmer (Abs. 1) dem Rechtsstreit als Nebenintervenient auch durch Erklärung in der Tagsatzung zur mündlichen Streitverhandlung beitreten.

(BGBl 1994/624)

(2) In anderen Rechtsstreitigkeiten nach § 50 Abs. 2 ist – außer den Zustellungen an die Parteien – auch die Bekanntmachung des Gegenstandes der Rechtsstreitigkeit sowie des Termins der ersten Tagsatzung zur mündlichen Streitverhandlung vorzunehmen; die Bekanntmachung ist durch einen Gerichtsbediensteten in dem Betrieb anzuschlagen, auf den sich die Rechtsstreitigkeit bezieht. Der Anschlag ist an einer für Betriebskundmachungen dienenden Stelle oder an einem sonst für alle Betriebsangehörigen zugänglichen Ort anzubringen; der § 26 Abs. 1 und 2 EO ist sinngemäß anzuwenden. Wenn vom Gericht keine längere Frist festgesetzt worden ist, darf die Bekanntmachung frühestens am dreißigsten Tag abgenommen werden; das Beschädigen oder Entfernen der Bekanntmachung läßt die Gültigkeit der Zustellung unberührt.

(BGBl I 2002/76)

(3) Urteile in Rechtsstreitigkeiten nach § 50 Abs. 2 – ausgenommen solche über den Fortbestand des Arbeitsverhältnisses – wirken nicht zurück.

3. Unterabschnitt – Rechtsmittelverfahren

Neuerungszulässigkeit im Berufungsverfahren

§ 63. (1) Nicht anzuwenden sind die Bestimmungen über das Neuerungsverbot nach § 482 ZPO in Rechtsstreitigkeiten nach § 50 Abs. 1 und über den Fortbestand des Arbeitsverhältnisses, sofern es sich um ein Vorbringen einer Partei handelt, die bisher in keiner Lage des Verfahrens durch eine qualifizierte Person vertreten war.

(2) Das nach Abs. 1 zu beachtende neue Vorbringen ist bis zum Schluß der mündlichen Berufungsverhandlung und auch für den Prozeßgegner zulässig, der durch eine qualifizierte Person vertreten war, dies jedoch nur in Ansehung des von der vorgebrachten Neuerung betroffenen Anspruchs. Über die Neuerungen hat das Berufungsgericht selbst zu verhandeln und zu entscheiden, falls es nicht aus anderen Gründen nach § 496 ZPO das angefochtene Urteil aufhebt und die Rechtssache an das Prozeßgericht erster Instanz zurückweist.

(3) Der Abs. 1 gilt nicht, wenn sich die Berufung gegen ein Versäumungsurteil nach § 396 ZPO richtet.

III. Abschnitt – Sozialrechtssachen

1. Unterabschnitt – Allgemeines

Grundsatz

§ 64. Für Sozialrechtssachen gelten neben dem I. Abschnitt die Besonderheiten dieses Abschnitts.

Gegenstand der Sozialrechtssachen

§ 65. (1) Sozialrechtssachen sind Rechtsstreitigkeiten über

1. den Bestand, den Umfang oder das Ruhen eines Anspruchs auf Versicherungs- oder Pflegegeldleistungen, soweit hiebei nicht die Versicherungszugehörigkeit, die Versicherungszuständigkeit, die Leistungszugehörigkeit oder die Leistungszuständigkeit in Frage stehen (§ 354 Z 1 ASVG, § 194 GSVG, § 182 BSVG, § 65 NVG 1972, § 129 B-KUVG, § 84 StVG beziehungsweise §§ 4 Abs. 2, 43 und 44 BPGG);

   (BGBl 1993/110, BGBl 1994/624)
2. die Pflicht zum Rückersatz einer zu Unrecht empfangenen Versicherungsleistung oder eines zu Unrecht empfangenen Pflegegeldes (§ 354 Z 2 ASVG, § 194 GSVG, § 182 BSVG, § 65 NVG 1972, § 129 B-KUVG, § 84 StVG beziehungsweise § 11 Abs. 3 zweiter Halbsatz und Abs. 4 BPGG sowie Z 6 bis 8 und §§ 89 und 91);

   (BGBl 1993/110, BGBl 1994/624)
3. Ersatzansprüche der Träger der Sozialhilfe (§ 354 Z 3 ASVG, § 194 GSVG, § 182 BSVG, § 65 NVG 1972, § 129 B-KUVG, §§ 13 und 14 BPGG);

   (BGBl 1993/110)
4. den Bestand von Versicherungszeiten der Pensionsversicherung (§§ 247, 247a ASVG, §§ 117a, 117b GSVG, §§ 108a, 108b BSVG, §§ 46a, 46b NVG 1972), soweit diese Rechtsstreitigkeiten nicht Teil einer Rechtsstreitigkeit nach Z 1 sind (§ 354 Z 4 ASVG, § 194 GSVG, § 182 BSVG, § 65 NVG 1972, § 129 B-KUVG), sowie über Bestand und Umfang einer Kontoerstgutschrift sowie einer Ergänzungsgutschrift (§ 15 APG);

   (BGBl I 2012/35)
5. die Kostenersatzpflicht eines Versicherungsträgers beziehungsweise eines Versicherten in einem Verfahren in Leistungssachen (§ 359 Abs. 2, 4 und 5 ASVG, § 194 GSVG, § 182 BSVG, § 65 NVG 1972, § 129 B-KUVG, § 84 StVG, § 30 BPGG, Z 6 bis 8);

   (BGBl 1993/110, BGBl 1994/624)
6. Ansprüche auf Sonderunterstützung nach dem Sonderunterstützungsgesetz, BGBl. Nr. 642/1973;
7. Ansprüche auf Insolvenz-Entgelt oder einen Vorschuß auf dieses nach dem Insolvenz-Entgeltsicherungsgesetz, BGBl. Nr. 324/1977;

   (BGBl I 2008/82)
8. Ansprüche auf Sonderruhegeld nach dem Nachtschwerarbeitsgesetz (NSchG), BGBl. Nr. 473/ 1992, auf Kinderbetreuungsgeld und auf Zuschuss zum Kinderbetreuungsgeld nach dem Kinderbetreuungsgeldgesetz, BGBl. I Nr. 103/2001.

   (BGBl 1994/314, BGBl I 1997/47, BGBl I 1999/120, BGBl I 2001/103)

(2) Unter den Abs. 1 fallen auch Klagen auf Feststellung. Als Feststellung eines Rechtsverhältnisses oder Rechts gilt auch diejenige, daß eine Gesundheitsstörung Folge eines Arbeits(Dienst)unfalls oder einer Berufskrankheit ist (§ 367 Abs. 1 ASVG).

Einteilung der Parteien

§ 66. (1) Diejenigen Bestimmungen dieses Bundesgesetzes, die sich auf Versicherungsträger beziehen, sind auch auf Träger der Sozialhilfe, Geschäftsstellen der Insolvenz-Entgelt-Fonds-Service GmbH (§ 10 IESG) und sonstige Entscheidungsträger (§ 22 Abs. 1 Z 3 bis 8 BPGG) anzuwenden, diejenigen Bestimmungen, die sich auf Versicherte beziehen, auf alle anderen Parteien.

(BGBl 1993/110, BGBl 1994/314, BGBl I 2001/88, BGBl I 2008/82)

(2) Diejenigen Bestimmungen dieses Bundesgesetzes, die sich auf Versicherungsleistungen beziehen, sind auch auf Leistungen nach dem BPGG anzuwenden.

(BGBl 1993/110)

Verfahrensvoraussetzungen

§ 67. (1) In einer Leistungssache nach § 65 Abs. 1 Z 1, 4 und 6 bis 8 sowie über die Kostenersatzpflicht eines Versicherungsträgers nach § 65 Abs. 1 Z 5 darf – vorbehaltlich des § 68 – vom Versicherten eine Klage nur erhoben werden, wenn der Versicherungsträger

1. darüber bereits mit Bescheid entschieden hat oder

2. den Bescheid nicht innerhalb von sechs Monaten – handelt es sich um Leistungen aus der Krankenversicherung nicht innerhalb von drei Monaten – erlassen hat
   a) nach dem Eingang des Antrags auf Erlassung eines Bescheides, wenn ein solcher nur auf ausdrückliches Verlangen zu erlassen ist (§ 367 Abs. 1 Z 2 ASVG);
   b) sonst nach dem Eingang des Antrags auf Zuerkennung der Leistung beziehungsweise auf Feststellung von Versicherungszeiten der Pensionsversicherung oder

   (BGBl I 2013/86)
3. über den Widerspruch gegen einen Bescheid über Bestand und Umfang einer Kontoerstgutschrift sowie einer Ergänzungsgutschrift (§ 15 APG) nicht innerhalb eines Jahres mit Widerspruchsbescheid (§ 367a ASVG) entschieden hat, wobei die Frist durch eine Aussetzung des Widerspruchsverfahrens nach § 367a Abs. 4 ASVG gehemmt wird.

   (BGBl I 2013/86)

(2) Die Klage muß in den Fällen des Abs. 1 Z 1 bei sonstigem Verlust der Möglichkeit der gerichtlichen Geltendmachung des Anspruchs innerhalb der unerstreckbaren Frist von vier Wochen – handelt es sich um Leistungen der Pensionsversicherung oder nach dem Bundespflegegeldgesetz von drei Monaten – ab Zustellung des Bescheides erhoben werden. Die Tage des Postenlaufs werden in die Frist nicht eingerechnet.

(BGBl 1993/110)

§ 68. (1) Hat der Versicherungsträger in den Fällen des § 362 ASVG den Antrag zurückgewiesen und vermag der Versicherte dem Gericht eine wesentliche Änderung des zuletzt festgestellten Gesundheitszustandes glaubhaft zu machen, so hat es das gerichtliche Verfahren ohne Rücksicht auf den § 67 Abs. 1 Z 1 durchzuführen und in der Sache selbst zu entscheiden. Der § 67 Abs. 2 ist sinngemäß anzuwenden.

(BGBl 1993/110)

(2) Hat ein Versicherungsträger in den Fällen des § 25 Abs. 2 BPGG den Antrag zurückgewiesen und vermag der Versicherte dem Gericht eine wesentliche Änderung der Anspruchsvoraussetzungen glaubhaft zu machen, so ist der Abs. 1 sinngemäß anzuwenden.

(BGBl 1993/110)

§ 69. In einer Leistungssache nach § 65 Abs. 1 Z 2 und über die Kostenersatzpflicht des Versicherten nach § 65 Abs. 1 Z 5 darf vom Versicherten eine Klage nur erhoben werden, wenn der Versicherungsträger hierüber bereits mit Bescheid entschieden hat. Der § 67 Abs. 2 ist sinngemäß anzuwenden.

§ 70. (1) In einer Leistungssache nach § 65 Abs. 1 Z 3 darf eine Klage nur erhoben werden, wenn der Versicherungsträger

1. einen vom Träger der Sozialhilfe geltend gemachten Ersatzanspruch bereits ganz oder teilweise schriftlich abgelehnt oder
2. dem Träger der Sozialhilfe innerhalb von sechs Monaten nach Anmeldung des Anspruchs seine Stellungnahme hiezu nicht schriftlich mitgeteilt hat.

(2) Die Klage muß in den Fällen des Abs. 1 Z 1 bei sonstigem Verlust der Möglichkeit der gerichtlichen Geltendmachung des Anspruchs innerhalb der unerstreckbaren Frist von vier Wochen nach Zustellung der Ablehnung erhoben werden. Die Tage des Postenlaufs werden in die Frist nicht eingerechnet.

Wirkungen der Klage

§ 71. (1) Wird in einer Leistungssache nach § 65 Abs. 1 Z 1, 2 oder 4 bis 8 die Klage rechtzeitig erhoben, so tritt der Bescheid des Versicherungsträgers im Umfang des Klagebegehrens außer Kraft; Bescheide, die durch den außer Kraft getretenen Bescheid abgeändert worden sind, werden insoweit aber nicht wieder wirksam.

(2) Nach der Einbringung der Klage in einer Sozialrechtssache nach § 65 Abs. 1 Z 1, 6 oder 8 ist die Leistungsverpflichtung, die dem außer Kraft getretenen Bescheid entspricht, als vom Versicherungsträger unwiderruflich anerkannt anzusehen; der Versicherungsträger hat gegenüber dem Kläger – trotz des Außerkrafttretens des Bescheides – seine als unwiderruflich anerkannt anzusehende Leistungsverpflichtung bis zur rechtskräftigen Beendigung des Verfahrens vorläufig weiter zu erfüllen. Als unwiderruflich anerkannt sind auch das Vorliegen eines Arbeits(Dienst)unfalls oder einer Berufskrankheit anzusehen, soweit dies dem durch die Klage außer Kraft getretenen Bescheid entspricht.

(BGBl 1994/624)

(3) Erläßt der Versicherungsträger wegen einer Änderung der Verhältnisse während des Verfahrens einen neuen Bescheid, so gilt insoweit der Abs. 2 erster Satz nicht.

(BGBl 1994/624)

(4) In Rechtsstreitigkeiten über die Wiederaufnahme der Heilbehandlung Unfallverletzter hat der Versicherungsträger die dem außer Kraft getretenen Bescheid entsprechende Heilbehandlung vorläufig nicht zu erbringen.

(BGBl 1994/624)

(5) Tritt durch die Klage ein Bescheid, mit dem der Versicherungsträger wegen einer wesentlichen Änderung der Verhältnisse die Leistung neu festgestellt hat, außer Kraft, so ist in dem über die Klage eingeleiteten Verfahren die Rechtskraft einer den selben Anspruch betreffenden früher gefällten gerichtlichen Entscheidung nicht zu berücksichtigen.

Zurücknahme der Klage

§ 72. Für die Zurücknahme der Klage gelten folgende Besonderheiten:

1. Der durch die Klage außer Kraft getretene Bescheid tritt durch die Zurücknahme der Klage nicht wieder in Kraft;
2. nimmt ein Versicherter seine Klage zurück, so
   a) bedarf er hiezu in keinem Fall der Zustimmung des Versicherungsträgers;
   b) gilt sein Antrag soweit als zurückgezogen, als der darüber ergangene Bescheid durch die Klage außer Kraft getreten ist;
   c) hat der Versicherungsträger binnen vier Wochen ab Kenntnis von der Klagsrücknahme mit Bescheid jene Leistung festzustellen, die er dem Versicherten auch nach dem Zeitpunkt der Zurücknahme der Klage nach dem § 71 Abs. 2 zu gewähren hätte, wenn die Klage nicht zurückgenommen worden wäre; auch sonst hat der Versicherungsträger in Rechtsstreitigkeiten, in denen das Vorliegen eines Arbeits(Dienst)unfalls strittig ist, einen Bescheid zu erlassen, der dem durch die Klage außer Kraft getretenen Bescheid entspricht;

      (BGBl 1994/624)
   d) darf er in einer Leistungssache nach § 65 Abs. 1 Z 1, 6 oder 8 eine Klage auf Leistung beziehungsweise Feststellung erheben, wenn der Versicherungsträger seiner Verpflichtung nach lit. c nicht nachkommt;

      (BGBl 1994/624)
3. in einer Rechtsstreitigkeit nach § 65 Abs. 1 Z 2 oder über die Kostenersatzpflicht des Versicherten nach § 65 Abs. 1 Z 5 oder über die Pflicht zum Rückersatz einer zu Unrecht empfangenen Leistung nach § 65 Abs. 1 Z 8 2. und 3. Fall kann die Klage nicht zurückgenommen werden.

   (BGBl I 2009/116)

Zurückweisung der Klage

§ 73. Wird eine Klage erhoben, obwohl die in den §§ 67 bis 70 und § 72 Z 2 lit. d genannten Voraussetzungen nicht vorliegen, so ist die Klage in jeder Lage des Verfahrens zurückzuweisen.

Vorfrage

§ 74. (1) Ist in einer Rechtsstreitigkeit nach § 65 Abs. 1 Z 1, 4 oder 6 bis 8 die Versicherungspflicht, die Versicherungsberechtigung, der Beginn oder das Ende der Versicherung (§ 355 Z 1 ASVG), die maßgebende Beitragsgrundlage oder die Angehörigeneigenschaft (§ 410 Abs. 1 Z 7 ASVG) als Vorfrage strittig, so ist das Verfahren zu unterbrechen, bis über diese Vorfrage als Hauptfrage im Verfahren in Verwaltungssachen rechtskräftig entschieden worden ist, dies einschließlich eines allenfalls anhängig gewordenen Verwaltungsgerichtshofsverfahrens. Ist im Zeitpunkt der Unterbrechung des Verfahrens noch kein Verfahren in Verwaltungssachen anhängig, so hat das Gericht die Einleitung des Verfahrens beim Versicherungsträger anzuregen. Einem Rekurs gegen den Unterbrechungsbeschluß kann aufschiebende Wirkung nicht zuerkannt werden. Der Versicherungsträger hat dem Gericht die über die Vorfrage in der Verwaltungssache als Hauptfrage ergangene, in Rechtskraft erwachsene Entscheidung unverzüglich zu übermitteln.

(BGBl 1994/624)

(2) Im Fall einer Unterbrechung nach Abs. 1 hat das Gericht auf Antrag des Klägers dem Beklagten eine vorläufige Leistung bis zur rechtskräftigen Beendigung des gerichtlichen Verfahrens durch Beschluß aufzuerlegen, soweit der Kläger seinen Anspruch dem Grunde und der Höhe nach glaubhaft macht. Dem Rekurs gegen den dem Antrag des Klägers zur Gänze oder teilweise stattgebenden Beschluß kann aufschiebende Wirkung nicht zuerkannt werden. Im übrigen sind die für einstweilige Verfügungen geltenden Bestimmungen sinngemäß anzuwenden, ausgenommen jene über die Gefährdungsbescheinigung und die Sicherheitsleistung. Wird in der Folge die Klage rechtskräftig abgewiesen oder die dem Kläger zustehende Leistung rechtskräftig in einer geringeren Höhe festgesetzt, so gilt für seine Rückzahlungspflicht der § 91 Abs. 2 bis 5 sinngemäß.

Weitere Verfahrensbesonderheiten

§ 75. (1) Die Bestimmungen über das Ruhen des Verfahrens infolge Nichterscheinens der Parteien (§ 170 ZPO) sowie über Versäumungsurteile sind, ausgenommen in Rechtsstreitigkeiten nach § 65 Abs. 1 Z 3 und 7, nicht anzuwenden.

(BGBl 1989/343, BGBl 1994/624, BGBl I 1997/140, BGBl I 2002/76)

(1a) Der Erlag eines Kostenvorschusses zur Deckung der mit der Aufnahme eines Beweises verbundenen Kosten ist nicht anzuordnen.

(BGBl 1994/624)

(2) Auch im Falle einer schriftlichen Begutachtung ist der Sachverständige von Amts wegen zur Erörterung des Gutachtens (§ 357 ZPO) zur mündlichen Streitverhandlung zu laden, es sei denn, daß es offenkundig der Erörterung nicht bedarf.

(3) Rechtsstreitigkeiten können durch gerichtlichen Vergleich ganz oder teilweise beigelegt werden.

(BGBl I 2002/76)

(4) Als Dolmetscher ist eine vom Bundesministerium für Justiz oder in dessen Auftrag von der Justizbetreuungsagentur zur Verfügung gestellte geeignete Person zu bestellen. Steht eine geeignete Person nicht oder nicht für die angefragte Zeit zur Verfügung, so kann das Gericht auch eine andere geeignete Person als Dolmetscher bestellen. Dabei ist vorrangig eine in die Gerichtssachverständigen- und Gerichtsdolmetscherliste (§ 2 Abs. 1 SDG) eingetragene Person zu bestellen.

(BGBl I 2010/111)

Prozeßnachfolge

§ 76. (1) In einer Rechtsstreitigkeit nach § 65

Abs. 1 Z 1, 4, 6 oder 8 oder über die Kostenersatzpflicht des Versicherungsträgers nach § 65 Abs. 1 Z 5 wird das Verfahren durch den Tod des Klägers in jeder Lage unterbrochen.

(2) Zur Aufnahme eines nach Abs. 1 unterbrochenen Verfahrens sind nacheinander der Ehegatte, die leiblichen Kinder, die Wahlkinder, die Stiefkinder, die Eltern und die Geschwister berechtigt, alle diese Personen jedoch nur, wenn sie mit dem Kläger zur Zeit seines Todes in häuslicher Gemeinschaft gelebt haben; steht der Anspruch mehreren Kindern oder Geschwistern des Klägers zu, so sind sie nur bezüglich ihres Teiles zur Aufnahme des unterbrochenen Verfahrens berechtigt. Letztlich sind hiezu die Verlassenschaft nach dem Versicherten beziehungsweise dessen Erben berechtigt.

(3) Handelt es sich um Ansprüche nach dem BSVG, so gelten die Abs. 1 und 2 mit der Maßgabe, daß nach den Stiefkindern und vor den Eltern des verstorbenen Klägers dessen Schwiegerkinder zur Aufnahme des unterbrochenen Verfahrens berechtigt sind, wenn sie mit ihm zur Zeit seines Todes in häuslicher Gemeinschaft gelebt haben.

(4) Handelt es sich um Ansprüche nach dem BPGG, so sind die Abs. 1 und 2 mit der Maßgabe des § 19 Abs. 3 BPGG sinngemäß anzuwenden.

(BGBl 1993/110)

Kostenersatzansprüche

§ 77. (1) Vorbehaltlich des Abs. 3 und des § 79 hat in einer Rechtsstreitigkeit zwischen einem Versicherungsträger und einem Versicherten

1. der Versicherungsträger die Kosten, die ihm durch das Verfahren erwachsen sind, ohne Rücksicht auf dessen Ausgang selbst zu tragen; das gilt auch für den Ersatz der Gebühren der Zeugen und Sachverständigen sowie den mit Augenscheinen verbundenen Aufwand;
2. der Versicherte gegenüber dem Versicherungsträger Anspruch auf Ersatz aller seiner sonstigen durch die Prozeßführung verursachten, zur zweckentsprechenden Rechtsverfolgung oder Rechtsverteidigung notwendigen Verfahrenskosten
   a) – vorbehaltlich des Abs. 2 – nach dem Wert des Ersiegten;
   b) dem Grunde und der Höhe nach nur nach Billigkeit, wenn er zur Gänze unterliegt; dabei ist besonders auf die tatsächlichen oder rechtlichen Schwierigkeiten des Verfahrens sowie auf die Einkommens- und Vermögensverhältnisse des Versicherten Bedacht zu nehmen.

(2) Hat die Rechtsstreitigkeit eine Feststellung oder einen Anspruch des Versicherten auf eine wiederkehrende Leistung zum Gegenstand, so ist – auch wenn er nur teilweise obsiegt – bei der Festsetzung seines Kostenersatzanspruchs von einem Betrag von 3 600 Euro auszugehen.

(BGBl 1989/343, BGBl I 2001/98)

(3) Hat der Versicherte dem Versicherungsträger durch Mutwillen, Verschleppung oder Irreführung Verfahrenskosten verursacht, so hat er diese Kosten dem Versicherungsträger nach Billigkeit zu ersetzen.

Anrechnung

§ 78. Zahlungen, die der Versicherungsträger nach § 71 Abs. 2 oder 3, § 74 Abs. 2, § 89 Abs. 2 oder § 91 Abs. 1 erbracht hat, werden auf die von ihm in diesem Zusammenhang zu erbringenden Versicherungsleistungen angerechnet, sobald diese der Höhe nach endgültig festgesetzt sind; dies gilt vorbehaltlich des § 89 Abs. 2 letzter Satz und des § 91 Abs. 2 bis 5.

(BGBl 1994/624)

Gebührenansprüche von Versicherten

§ 79. (1) Ein Versicherter hat in sinngemäßer Anwendung der für Zeugen geltenden Bestimmungen des GebAG 1975 Anspruch auf Ersatz seiner notwendigen Kosten und Entschädigung für Zeitversäumnis sowie auf den Entgang an Krankengeld und an Leistungen nach dem Arbeitslosenversicherungsgesetz 1977, wenn er

1. zur mündlichen Verhandlung erschienen ist, ohne vorher vom Gericht ausdrücklich die Mitteilung erhalten zu haben, daß sein Erscheinen nach dem Verfahrensstand nicht erforderlich ist,
2. trotz der Mitteilung nach der Z 1 zur mündlichen Verhandlung erschienen ist, aber sein Erscheinen doch erforderlich war oder
3. auf Anordnung des Gerichts anderenorts erschienen ist.

(BGBl 1994/624)

(2) Über das Vorliegen der Anspruchsvoraussetzung nach Abs. 1 Z 2 hat der Vorsitzende zu entscheiden.

Gebührenfreiheit

§ 80. Schriften, Amtshandlungen und Vollmachten sind von den Gerichts-, Justizverwaltungs- und Stempelgebühren befreit. Wird außerhalb des Verfahrens über Sozialrechtssachen von den Schriften oder Vollmachten Gebrauch gemacht, so sind die Stempelgebühren zu entrichten.

Verständigung vom Verfahrensausgang

§ 81. Eine Ausfertigung der Entscheidung, mit der die Sozialrechtssache für die Instanz vollständig erledigt wird, ist auch dem Bundesministerium für Arbeit, Soziales und Konsumentenschutz im Wege des elektronischen Rechtsverkehrs zu übermitteln.

(BGBl I 2009/30, BGBl I 2009/97)

2. Unterabschnitt – Verfahren erster Instanz

Klage

§ 82. (1) Die Klage hat ein unter Bedachtnahme auf die Art des erhobenen Anspruchs hinreichend bestimmtes Begehren zu enthalten.

(2) Das von einem Versicherten erhobene Klagebegehren ist auch dann hinreichend bestimmt (Abs. 1), wenn es

1. auf Leistungen beziehungsweise die Feststellung von Versicherungszeiten der Pensionsversicherung (§§ 247, 247a ASVG, §§ 117a, 117b GSVG, §§ 108a, 108b BSVG, §§ 46a, 46b NVG 1972) „im gesetzlichen Ausmaß“ gerichtet ist und
2. in den angegebenen Tatsachen, auf die es sich stützt, die für die Bestimmung der Leistung dem Grunde und der Höhe nach beziehungsweise die für die Feststellung von Versicherungszeiten der Pensionsversicherung dem Grunde nach erforderlichen Angaben enthält.

(3) Es ist insbesondere nicht erforderlich, daß das von einem Versicherten erhobene Klagebegehren anführt:

1. einen bestimmten Geldbetrag, wenn es auf eine Leistung gerichtet ist;
2. einen bestimmten Grad der Gesundheitsstörung, wenn es sich darauf stützt, daß sie Folge eines Arbeits(Dienst)unfalls oder einer Berufskrankheit (§ 367 Abs. 1 ASVG) ist (§ 65 Abs. 2);
3. eine bestimmte Anzahl von Versicherungsmonaten, wenn es auf die Feststellung von Versicherungszeiten der Pensionsversicherung gerichtet ist.

(4) Ein Begehren „im gesetzlichen Ausmaß“ ist so zu verstehen, daß es auf das für den Versicherten Günstigste gerichtet ist.

(5) Ein auf einen Arbeits(Dienst)unfall oder eine Berufskrankheit gestütztes Leistungsbegehren schließt das Eventualbegehren auf Feststellung ein, daß die geltend gemachte Gesundheitsstörung Folge eines Arbeits(Dienst)unfalls oder einer Berufskrankheit ist, sofern darüber nicht schon abgesprochen worden ist.

Klagseinbringung

§ 83. Jeder Klage ist eine Ausfertigung des Bescheides des Versicherungsträgers in Ur- oder Abschrift anzuschließen; dies gilt nicht für Sozialrechtssachen nach § 65 Abs. 1 Z 3.

§ 84. In einer Sozialrechtssache nach § 65 Abs. 1 Z 1, 2 und 4 bis 8 kann der Versicherte die Klage bei demjenigen Versicherungsträger einbringen, der den Bescheid erlassen hat. Die Klage gilt als beim zuständigen Gericht eingebracht.

Klagebeantwortung

§ 85. (1) In Rechtsstreitigkeiten nach § 65 Abs. 1 Z 1, 2 und 4 bis 8 hat der Vorsitzende dem geklagten Versicherungsträger die Klagebeantwortung mit schriftlichem Beschluß unter Setzung einer Frist von zwei Wochen aufzutragen.

(BGBl I 2002/76)

(2) Wird die Klage beim Versicherungsträger eingebracht, so hat dieser binnen zwei Wochen nach deren Erhalt

1. die Klage an das zuständige Gericht weiterzuleiten und
2. die Klagebeantwortung ohne gerichtlichen Auftrag zu überreichen.

Änderung der Klage

§ 86. In Rechtsstreitigkeiten nach § 65 Abs. 1 Z 1, 2, 4 und 6 bis 8 sowie über die Kostenersatzpflicht des Versicherungsträgers nach § 65 Abs. 1 Z 5 ist eine Änderung der Klage hinsichtlich des Gesundheitszustandes, des Ausmaßes der vom Versicherten eingeklagten Versicherungsleistung (des Teils der Versicherungsleistung) sowie der Anzahl der festzustellenden Versicherungszeiten der Pensionsversicherung ohne Zustimmung des Beklagten bis zum Schluß der mündlichen Verhandlung zulässig. Die §§ 67 und 69 sind insoweit nicht anzuwenden.

Beweisverfahren

§ 87. (1) Vorbehaltlich der Abs. 2 bis 4 hat das Gericht sämtliche notwendig erscheinenden Beweise von Amts wegen aufzunehmen; der § 183 Abs. 2 ZPO gilt nicht.

(2) Der Abs. 1 gilt nicht für Rechtsstreitigkeiten nach § 65 Abs. 1 Z 3.

(3) Nur gegenüber einer Partei, die Versicherungsträger ist oder als Versicherter von einer qualifizierten Person vertreten wird, sind die Vorschriften über zugestandene Tatsachen (§§ 266, 267 ZPO) anzuwenden.

(4) In Rechtsstreitigkeiten nach § 65 Abs. 1 Z 2 und über die Kostenersatzpflicht des Versicherten nach § 65 Abs. 1 Z 5 darf eine Klage wegen des Bestehens einer Rück- oder Kostenersatzpflicht des Klägers nur abgewiesen werden, wenn der Beklagte das Vorliegen der Voraussetzungen dieser Pflicht beweist. Eine Klage auf Gewährung einer Geldleistung anstelle einer Sachleistung nach dem § 20 BPGG darf nur abgewiesen werden, wenn der Beklagte das Vorliegen der Voraussetzungen für den Ersatz der Geldleistung durch die Sachleistung beweist.

(BGBl 1993/110)

(5) Zum Sachverständigen darf nicht bestellt werden, wer zum Beklagten in einem Arbeitsverhältnis steht oder von ihm in Leistungssachen häufig als Sachverständiger beschäftigt wird.

Vorbereitende Beweisaufnahmen

§ 88. Beweisaufnahmen, die während der mündlichen Streitverhandlung nicht durchgeführt werden könnten, diese erheblich erschweren oder unverhältnismäßig verzögern würden, sind möglichst schon vorher vom Vorsitzenden anzuordnen.

Urteile

§ 89. (1) Urteile in Rechtsstreitigkeiten nach § 65 Abs. 1 Z 1 und 6 bis Leistungen auferlegen, die erst nach Erlassung des Urteils fällig werden.

(2) Ergibt sich in einer Rechtsstreitigkeit nach § 65 Abs. 1 Z 1, 6 oder 8, in der das Klagebegehren

auf eine Geldleistung gerichtet und dem Grunde und der Höhe nach bestritten ist, daß das Klagebegehren in einer zahlenmäßig noch nicht bestimmten Höhe gerechtfertigt ist, so kann das Gericht die Rechtsstreitigkeit dadurch erledigen, daß es das Klagebegehren als dem Grunde nach zu Recht bestehend erkennt und dem Versicherungsträger aufträgt, dem Kläger bis zur Erlassung des die Höhe der Leistung festsetzenden Bescheides eine vorläufige Zahlung zu erbringen; deren Ausmaß hat das Gericht unter sinngemäßer Anwendung des § 273 Abs. 1 ZPO festzusetzen; bei Fehlen eines solchen Auftrags ist insoweit das Urteil jederzeit auf Antrag oder von Amts wegen zu ergänzen. Wird danach die dem Kläger zustehende Leistung rechtskräftig in einer geringeren Höhe festgesetzt, als die vorläufig festgesetzte, so gilt für seine Pflicht zur Rückzahlung des Mehrbetrages der § 91 Abs. 2 bis 5 sinngemäß.

(BGBl 1994/624)

(3) Wird in einer Rechtsstreitigkeit nach § 65 Abs. 1 Z 1 der Klage stattgegeben, so hat das Gericht für die vom Beklagten zu erbringenden Leistungen aus der Krankenversicherung eine kürzere als die im § 409 ZPO angeordnete Leistungsfrist nach Billigkeit zu bestimmen.

(4) Wird in einer Rechtsstreitigkeit ~~nach § 65 Abs. 1 Z 2 oder~~[a] über die Kostenersatzpflicht des Versicherten nach § 65 Abs. 1 Z 5 die Klage abgewiesen, weil eine ~~Rückersatz- oder~~[a] Kostenersatzpflicht des Klägers besteht, so ist ihm unter einem der ~~Rück(~~Kosten~~)~~ersatz[a] an den Beklagten aufzuerlegen. Hiebei ist die Leistungsfrist unter Berücksichtigung der Familien-, Einkommens- und Vermögensverhältnisse des Klägers nach Billigkeit zu bestimmen; insoweit kann das Gericht die Zahlung auch in Raten anordnen.

(BGBl I 2021/21)

[a] Die Streichungen treten mit Ablauf des 31. Dezember 2021 in Kraft.

3. Unterabschnitt – Rechtsmittelverfahren

§ 90. (1) Für das Rechtsmittelverfahren gelten folgende Besonderheiten:

1. die ausschließliche Anfechtung des Ausspruchs über die Leistungsfrist sowie die Ratenanordnung (§ 89 Abs. 3 und 4) ist nicht zulässig;
2. in Rechtsstreitigkeiten nach § 65 Abs. 1 Z 1, 4, 6 und 8 hemmt die Revision des Versicherungsträgers die Vollstreckbarkeit nicht;
3. in Rechtsstreitigkeiten nach § 65 Abs. 1 Z 1, 6 oder 8 ist der Auftrag nach § 89 Abs. 2 in das Urteil des Rechtsmittelgerichts von Amts wegen aufzunehmen, auch wenn dieser Auftrag im angefochtenen Urteil fehlt.

(2) Ein Fall des § 496 Abs. 3 ZPO liegt insbesondere vor, wenn die Ergänzung der Verhandlung nur in der Einholung eines Gutachtens besteht. Im Beweisergänzungsverfahren ist Vorbringen zur Änderung des Gesundheitszustandes unzulässig. Ergeben sich aufgrund des eingeholten Gutachtens Weiterungen des Verfahrens, so kann die Sache an die erste Instanz zurückverwiesen werden.

(BGBl 1994/624, BGBl I 2010/111)

Leistungsanspruch des Versicherten auf Grund eines Berufungsurteils

§ 91. (1) Soweit ein Urteil des Berufungsgerichts in einer Rechtsstreitigkeit nach § 65 Abs. 1 Z 1, 6 oder 8 dem Leistungsbegehren eines Versicherten stattgibt, hat ihm der Versicherungsträger diese Leistung bis zur rechtskräftigen Beendigung der Rechtsstreitigkeit zu gewähren; ergeht im Verfahren ein neuerliches Berufungsurteil, so richtet sich die vom Versicherungsträger an den Versicherten weiter zu gewährende Leistung nach diesem Berufungsurteil. Diese Leistungspflicht ist dem Versicherungsträger mit dem jeweiligen Berufungsurteil aufzuerlegen; der § 89 Abs. 2 ist hiebei anzuwenden.

(BGBl 1994/624)

(2) Hat der Versicherte die vom Berufungsgericht zugesprochene Leistung erschlichen, so hat er sie rückzuerstatten.

(3) Gesetzliche Bestimmungen über den Verzicht, die Stundung oder die Rückzahlung in Teilbeträgen von zu Unrecht empfangenen Leistungen bleiben unberührt.

(4) Das Recht auf Rückforderung nach Abs. 2 verjährt binnen drei Jahren ab dem Zeitpunkt, in dem die zugesprochene Leistung dem Versicherten rechtskräftig aberkannt worden ist.

(BGBl 1994/624)

(5) Über den Rückforderungsanspruch des Versicherungsträgers ist nach den für Leistungssachen nach § 354 Z 2 ASVG geltenden Verfahrensvorschriften zu entscheiden.

(6) Auf Zeiten des Bezuges einer vom Berufungsgericht zugesprochenen Leistung (Abs. 1 und 2) ist § 234 Abs. 1 Z 2 lit. a oder b oder Z 5 ASVG (§ 121 Z 6 lit. a oder b GSVG, § 112 Z 4 lit. a oder b BSVG) sinngemäß anzuwenden.

VIERTES HAUPTSTÜCK
Ergänzende Bestimmungen

Rechtsbelehrungen, Amtsbestätigungen, Vereinbarungen

§ 92. (1) In erster Instanz sind die Landesgerichte als Arbeits- und Sozialgerichte beziehungsweise das Arbeits- und Sozialgericht Wien (§§ 2 und 3) auch dazu berufen, außerhalb von Rechtsstreitigkeiten nach besonderen gesetzlichen Vorschriften vorgesehene Rechtsbelehrungen zu erteilen, Amtsbestätigungen auszustellen und Vereinbarungen zu protokollieren; jedes der genannten Gerichte ist hiefür örtlich zuständig.

(2) In Angelegenheiten nach Abs. 1 gelten die allgemeinen Bestimmungen über das Verfahren außer Streitsachen; deren Durchführung obliegt dem Vorsitzenden.

(3) In Angelegenheiten nach Abs. 1 sind die Schriften und Amtshandlungen von den Gerichts-, Justizverwaltungs- und Stempelgebühren befreit.

(BGBl 1994/624)

Ersatz des Aufwandes für Verfahren in Sozialrechtssachen

§ 93. (1) Die bei den ordentlichen Gerichten im Rahmen ihrer Tätigkeit in Verfahren in Sozialrechtssachen erwachsenden Kosten, in denen ein Träger der Sozialversicherung Partei ist, sind von den Trägern der Sozialversicherung zu tragen; diese Kosten umfassen die den Zeugen, Sachverständigen und Parteien sowie den fachkundigen Laienrichtern zu leistenden Gebühren beziehungsweise Entschädigungen (§ 32).

(BGBl 1989/343)

(2) Diese Kosten – ausgenommen der Aufwand für Personal und Infrastruktur – sind dem Bund vom Dachverband der Sozialversicherungsträger für das jeweilige laufende Jahr durch Zahlung an die Bundesministerin für Justiz wie folgt zu ersetzen: jährlich am 1. April die Hälfte der Vorjahreszahlung und am 1. Oktober die Hälfte der Vorjahreszahlung unter Berücksichtigung der Differenz zwischen der Vorjahreszahlung und den tatsächlichen gemäß Abs. 1 angefallenen Kosten des Vorjahres. Das Gerichtliche Einbringungsgesetz ist nicht anzuwenden.

(BGBl 1994/624, BGBl 1996/201, BGBl I 1997/70, BGBl I 1998/79, BGBl I 2001/98, BGBl I 2002/118, BGBl I 2006/104, BGBl I 2011/135, BGBl I 2018/100)

(3) Die oben genannten Beträge sind im Verhältnis der im jeweiligen Vorjahr insgesamt angefallenen Verfahren (§ 65 Abs. 1 Z 1 bis 5 ASGG) zur Zahl der hinsichtlich des jeweiligen einzelnen Versicherungsträgers angefallenen Verfahren vom Hauptverband[a)] auf die einzelnen Träger der Sozialversicherung aufzuteilen. Im Einvernehmen mit allen Trägern der Sozialversicherung kann vom Hauptverband[a)] auch ein anderer Aufteilungsschlüssel angewandt werden.

(BGBl 1987/617)

[a)] § 720 ASVG in BGBl I 2018/100 sieht das Ersetzen von „Hauptverband der Sozialversicherungsträger" durch „Dachverband der Sozialversicherungsträger" vor, nicht aber das Ersetzen von „Hauptverband".

Änderung des Amtshaftungsgesetzes

§ 94. (In diese Ausgabe nicht aufgenommen.)

Änderungen des Organhaftpflichtgesetzes

§ 95. (In diese Ausgabe nicht aufgenommen.)

Änderungen des ASVG

§ 96. (In diese Ausgabe nicht aufgenommen.)

Änderungen des IESG

§ 97. (Im IESG eingearbeitet.)

(BGBl 1986/612)

FÜNFTES HAUPTSTÜCK
Schluß- und Übergangsbestimmungen

Inkrafttreten

§ 98. (1) Dieses Bundesgesetz tritt mit dem 1. Jänner 1987 in Kraft.

(BGBl 1994/314)

(2) § 40 Abs. 1 Z 4 und § 66 in der Fassung des Bundesgesetzes BGBl. Nr. 314/1994 treten mit 1. Juli 1994 in Kraft. Bis zum Inkrafttreten des § 5 Z 2 lit. b des Bundessozialämtergesetzes (Art. 33 des Arbeitsmarktservice-Begleitgesetzes, BGBl. Nr. 314/1994) obliegen die Aufgaben und Befugnisse der Bundesämter für Soziales und Behindertenwesen sowie ihrer Bediensteten den regionalen Geschäftsstellen des Arbeitsmarktservice und deren Bediensteten.

(BGBl 1994/314)

(3) § 4 Abs. 1 Z 3 und § 50 Abs. 1 Z 5a in der Fassung des Bundesgesetzes BGBl. Nr. 314/1994 treten mit 1. Mai 1996 in Kraft.

(BGBl 1996/411, BGBl I 1997/47)

(4) § 7 Abs. 4 in der Fassung des Bundesgesetzes BGBl. Nr. 133/1995 tritt mit 1. Jänner 1995 in Kraft. Wird in einer Rechtsstreitigkeit nach § 65 Abs. 1 Z 7 das Arbeitsamt oder die regionale Geschäftsstelle des Arbeitsmarktservice als Beklagter genannt, so ist als solcher ab dem 1. Jänner 1995 das zuständige Bundesamt für Soziales und Behindertenwesen anzusehen.

(BGBl 1995/133)

(5) § 93 Abs. 2 in der Fassung des Bundesgesetzes BGBl. I Nr. 79/1998 tritt mit 1. Jänner 1999 in Kraft.

(BGBl 1996/201, BGBl I 1997/70, BGBl I 1998/79)

(6) § 5b und § 50 Abs. 2 in der Fassung des Bundesgesetzes BGBl. Nr. 601/1996 treten mit dem 22. September 1996 in Kraft.

(BGBl 1996/601, BGBl I 1997/140)

(7) § 65 Abs. 1 Z 8 in der Fassung des Bundesgesetzes BGBl. I Nr. 47/1997 tritt mit 1. Juli 1997 in Kraft.

(BGBl I 1997/47, BGBl I 1997/140)

(8) § 4 Abs. 1 Z 1 lit. e und § 65 Abs. 1 Z 8 in der Fassung des Bundesgesetzes BGBl. I Nr. 120/1999 treten mit 1. Jänner 2000 in Kraft und sind auf Sachverhalte anzuwenden, die sich nach dem 31. Dezember 1999 ereignen.

(BGBl I 1999/120)

(9) § 40 Abs. 1 Z 4 und § 66 Abs. 1 in der Fassung des Bundesgesetzes BGBl. I Nr. 88/2001 treten mit 1. August 2001 in Kraft.

(BGBl I 2001/88)

(10) § 65 Abs. 1 Z 8 in der Fassung des Bundesgesetzes BGBl. I Nr. 103/2001 tritt mit 1. Jänner 2002 in Kraft. Für Rechtsstreitigkeiten über Ansprüche auf Grund von Geburten vor dem 1. Jänner 2002 ist § 65 Abs. 1 Z 8 in der Fassung des Bundesgesetzes BGBl. I Nr. 120/1999 weiter anzuwenden.

(BGBl I 2001/103, BGBl I 2007/102)

(11) § 50 Abs. 1 Z 6 und 7 in der Fassung des Bundesgesetzes BGBl. I Nr. 100/2002 tritt mit 1. Jänner 2003 in Kraft, soweit nicht durch Verordnung gemäß § 46 Abs. 1 letzter Satz des Betrieblichen Mitarbeitervorsorgegesetzes (BMVG), BGBl. I Nr. 100/2002, etwas anderes angeordnet wird.

(BGBl I 2002/100, BGBl I 2007/102)

(12) § 49a in der Fassung des Bundesgesetzes BGBl. I Nr. 118/2002 tritt mit 1. August 2002 in Kraft.

(BGBl I 2002/118, BGBl I 2007/102)

(13) § 93 Abs. 2 in der Fassung des Bundesgesetzes BGBl. I Nr. 118/2002 tritt mit 1. Jänner 2003 in Kraft.

(BGBl I 2002/118, BGBl I 2007/102)

(14) § 5c und § 50 Abs. 2 in der Fassung des Bundesgesetzes BGBl. I Nr. 82/2004 treten mit dem 8. Oktober 2004 in Kraft.

(BGBl I 2004/82, BGBl I 2007/102)

(15) § 4 Abs. 1 und § 50 Abs. 1 in der Fassung des Bundesgesetzes BGBl. I Nr. 45/2005 treten mit 1. Jänner 2006 in Kraft.

(BGBl I 2005/45, BGBl I 2007/102)

(16) § 5d und § 50 Abs. 2 in der Fassung des Bundesgesetzes BGBl. I Nr. 104/2006 treten mit dem 18. August 2006 in Kraft.

(BGBl I 2006/104, BGBl I 2007/102)

(17) § 93 Abs. 2 in der Fassung des Bundesgesetzes BGBl. I Nr. 104/2006 tritt am 1. Juli 2006 in Kraft.

(BGBl I 2006/104, BGBl I 2007/102)

(18) § 5d Abs. 2 Z 2, § 5e und § 50 Abs. 2 in der Fassung des Bundesgesetzes BGBl. I Nr. 77/2007 treten mit dem 15. Dezember 2007 in Kraft.

(BGBl I 2007/77, BGBl I 2009/30)

(19) § 4 Abs. 1 Z 3 in der Fassung des Bundesgesetzes BGBl. I Nr. 102/2007 tritt mit 1. Jänner 2008 in Kraft.

(BGBl I 2007/102, BGBl I 2009/30)

(20) § 40 Abs. 1 Z 4, § 65 Abs. 1 Z 7 und § 66 Abs. 1 in der Fassung des Bundesgesetzes BGBl. I Nr. 82/2008 treten mit 1. Juli 2008 in Kraft.

(BGBl I 2008/82, BGBl I 2009/30)

(21) §§ 20 und 81 sowie die Änderungen in Anlage 1 in der Fassung des Bundesgesetzes BGBl. I Nr. 30/2009 treten mit 1. April 2009 in Kraft.

(BGBl I 2009/30)

(22) § 81 tritt mit 1. August 2009 in Kraft.

(BGBl I 2009/97)

(23) § 72 Z 3 in der Fassung des Bundesgesetzes BGBl. I Nr. 116/2009 tritt mit 1. Jänner 2010 in Kraft.

(BGBl I 2009/116, BGBl I 2010/111)

(24) § 7 Abs. 4 in der Fassung des Bundesgesetzes BGBl. I Nr. 58/2010 tritt mit 1. August 2010 in Kraft.

(BGBl I 2010/58, BGBl I 2010/111)

(25) Die §§ 12, 38, 75 und 90 in der Fassung des Budgetbegleitgesetzes 2011, BGBl. I Nr. 111/2010, treten mit 1. Juli 2011 in Kraft. § 39 in der Fassung des Budgetbegleitgesetzes 2011, BGBl. I Nr. 111/2010, tritt mit 1. Mai 2011 in Kraft. § 38 in der Fassung des Budgetbegleitgesetzes 2011, BGBl. I Nr. 111/2010, ist auf Verfahren anzuwenden, in denen die Klage nach dem 30. Juni 2011 angebracht wird. § 90 in der Fassung des genannten Bundesgesetzes ist anzuwenden, wenn das Datum der Entscheidung erster Instanz nach dem 30. Juni 2011 liegt.

(BGBl I 2010/111)

(26) § 93 Abs. 2 in der Fassung des Bundesgesetzes BGBl. I Nr. 135/2011 tritt mit 1. Jänner 2012 in Kraft. Die Bestimmung ist in dieser Fassung erstmals im Jahr 2013 auf den Abrechnungszeitraum des Jahres 2012 anzuwenden. Die auf Grund dieser Bestimmung am 1. April 2013 zu leistende Zahlung beträgt 26,5 Millionen Euro. Auf die im Jahr 2012 zu leistenden Zahlungen ist § 93 Abs. 2 in der bis 31. Dezember 2011 in Geltung gestandenen Fassung weiter anzuwenden.

(BGBl I 2011/135)

(27) In der Fassung des 2. Stabilitätsgesetzes 2012, BGBl. I Nr. 35/2012,

1. treten § 19 Abs. 1 und 5, § 21 Abs. 4 und § 59 Abs. 2 mit 1. Oktober 2012 und
2. tritt § 65 Abs. 1 Z 4 mit 1. Jänner 2014

in Kraft. Der IV. Abschnitt des Zweiten Hauptstücks tritt mit Ablauf des 30. September 2012 außer Kraft.

(BGBl I 2012/35)

(28) § 49a in der Fassung des Zahlungsverzugsgesetzes, BGBl. I Nr. 50/2013 tritt mit 16. März 2013 in Kraft. Die genannte Bestimmung ist in der Fassung des Zahlungsverzugsgesetzes auf Forderungen anzuwenden, die ab dem 16. März 2013 entstehen. Auf Forderungen, die vor dem 16. März 2013 entstanden sind, sind die bisherigen Bestimmungen weiter anzuwenden.

(BGBl I 2013/50)

(29) § 67 Abs. 1 in der Fassung des Bundesgesetzes BGBl. I Nr. 86/2013 tritt mit 1. Jänner 2014 in Kraft.

(BGBl I 2013/86)

(30) § 50 Abs. 1 Z 9 in der Fassung des Bundesgesetzes BGBl. I Nr. 44/2016 tritt mit 1. Jänner 2017 in Kraft.

(BGBl I 2016/44)

Aufhebung von Rechtsvorschriften

§ 99. Es verlieren mit dem im § 98 genannten Zeitpunkt alle den gleichen Gegenstand regelnden Bestimmungen ihre Wirksamkeit, insbesondere werden aufgehoben:

1. das Arbeitsgerichtsgesetz, BGBl. Nr. 170/1946,
2. die nachstehenden, das arbeitsgerichtliche Verfahren betreffenden Bestimmungen:

a) die Z 6 des Abs. 1 des § 49 JN,
b) die Wendung „das Verfahren vor den Arbeitsgerichten" und der davor stehende Beistrich im Abs. 2 des § 223 ZPO,
c) der § 6 Abs. 3 des Bundesgesetzes über den Obersten Gerichtshof,
d) der § 31 des Bauarbeiter-Urlaubsgesetzes 1972,
e) der § 34 Abs. 1 erster und zweiter Satz des Gehaltskassengesetzes 1959,
f) der § 18 des Patentgesetzes 1970, BGBl. Nr. 259,
g) die ArbGerG-DV, BGBl. Nr. 183/1950,

3. die Z 3 bis 6 des Abs. 1 des § 194 GSVG,
4. die Z 3 bis 7 des § 182 BSVG,
5. die Z 1 und die Bezeichnung des bisher zweiten Absatzes mit „2." im § 65 NVG 1972,
6. die Wendung „und ferner, daß bei den Schiedsgerichten eine gemeinsame Abteilung für die Angelegenheiten der Kranken- und Unfallversicherung öffentlich Bediensteter zu bilden ist" im § 129 B-KUVG.

Verweisungen

§ 100. Soweit in anderen Rechtsvorschriften auf die Arbeitsgerichte, die Schiedsgerichte der Sozialversicherung, auf Bestimmungen des Arbeitsgerichtsgesetzes oder auf die das Leistungsstreitverfahren erster und zweiter Instanz betreffenden Bestimmungen der Sozialversicherungsgesetze (besonders der §§ 96 Z 8, 99 Z 3 bis 6) verwiesen wird, erhalten die Verweisungen ihren Inhalt aus den entsprechenden Bestimmungen dieses Bundesgesetzes.

Übergang von Rechtssachen

§ 101. (1) Mit dem Inkrafttreten dieses Bundesgesetzes gelten als überwiesen

1. die bei den Arbeitsgerichten anhängigen Rechtssachen an diejenigen Landesgerichte, in deren Sprengel die betreffenden Arbeitsgerichte ihren jeweiligen Sitz gehabt haben;
2. die bei den Schiedsgerichten der Sozialversicherung anhängigen Rechtssachen an diejenigen Landesgerichte, in deren Sprengel der Versicherte seinen Wohnsitz (gewöhnlichen Aufenthalt), sonst der Beklagte seinen Sitz hat;
3. die bei den Landesgerichten anhängigen Rechtsmittel gegen Entscheidungen von Arbeitsgerichten an diejenigen Oberlandesgerichte, in deren Sprengel die betreffenden Landesgerichte ihren jeweiligen Sitz haben;
4. die beim Oberlandesgericht Wien anhängigen Rechtsmittel gegen Entscheidungen der Schiedsgerichte der Sozialversicherung für Oberösterreich, Salzburg, Steiermark, Kärnten, Tirol und Vorarlberg an diejenigen Oberlandesgerichte, in deren Sprengel die genannten Schiedsgerichte ihren jeweiligen Sitz gehabt haben.

(2) Für die Zulässigkeit von Rechtsmitteln und die Gründe, die mit ihnen geltend gemacht werden können, sind die bis 31. Dezember 1986 hiefür geltenden Vorschriften maßgebend, wenn das Datum der Entscheidung vor dem 1. Jänner 1987 liegt.

(3) Auf die vor dem Inkrafttreten dieses Bundesgesetzes bei den Landesgerichten nach dem Amtshaftungsgesetz gegen schuldtragende Organe auf Rückersatz oder nach dem Organhaftpflichtgesetz anhängig gewordenen Verfahren sind die bisherigen Verfahrensvorschriften anzuwenden.

(4) Die im Zeitpunkt des Inkrafttretens dieses Bundesgesetzes bei den Einigungsämtern, Arbeitsämtern oder beim Verwaltungsgerichtshof anhängigen Verfahren sind von diesen nach den bisherigen Vorschriften zu Ende zu führen.

Übergangsbestimmungen für die Beisitzer

§ 102. (1) Bis zur Leistung des Gelöbnisses der für die Landesgerichte jeweils zu wählenden (zu entsendenden) fachkundigen Laienrichter haben dieses Amt bei diesen Gerichten auszuüben:

1. in Arbeitsrechtssachen die auf Grund des Arbeitsgerichtsgesetzes bestellten Beisitzer bei denjenigen Landesgerichten, in deren Sprengel die Arbeitsgerichte ihren Sitz gehabt haben, für die die Beisitzer jeweils bestellt worden waren;
2. in Sozialrechtssachen die auf Grund der Bestimmungen der im § 100 genannten Gesetze bestellten Beisitzer bei sämtlichen Landesgerichten, die ihren Sitz im ehemaligen Sprengel des jeweiligen Schiedsgerichts der Sozialversicherung haben.

(2) Bis zur Leistung des Gelöbnisses der für die Oberlandesgerichte jeweils zu wählenden (zu entsendenden) fachkundigen Laienrichter haben dieses Amt die auf Grund des Arbeitsgerichtsgesetzes für die im jeweiligen Oberlandesgerichtssprengel gelegenen Landesgerichte bestellten Beisitzer auszuüben.

(3) Bis zur Leistung des Gelöbnisses der für den Obersten Gerichtshof zu wählenden (zu entsendenden) fachkundigen Laienrichter haben dieses Amt die für diesen Gerichtshof auf Grund des Arbeitsgerichtsgesetzes bestellten Beisitzer auszuüben.

(4) Beisitzer, die für andere als die in der Anlage 1 aufgezählten Berufsgruppen (Untergruppen) bestellt worden sind, sind von einer weiteren Amtsausübung (Abs. 1 bis 3) ausgeschlossen.

Wahl (Entsendung) der fachkundigen Laienrichter und Maßnahmen der Justizverwaltung

§ 103. Die Wahl (Entsendung) der fachkundigen Laienrichter sowie organisatorische und personelle Maßnahmen im Zusammenhang mit der Einrichtung der Arbeits- und Sozialgerichtsbarkeit können bereits von dem der Kundmachung dieses Bundesgesetzes folgenden Tag an getroffen werden. Sie dürfen frühestens mit dem im § 98 genannten Zeitpunkt in Wirksamkeit gesetzt werden.

Vollziehung

§ 104. Mit der Vollziehung dieses Bundesgesetzes sind betraut:

1. hinsichtlich der §§ 94 und 95 die Bundesregierung;
2. hinsichtlich des § 97 Z 2 und 4 der Bundesminister für soziale Verwaltung;
3. hinsichtlich des § 25 Abs. 1 letzter Halbsatz der Bundesminister für Justiz im Einvernehmen mit dem Bundeskanzler;
4. – soweit sie sich auf die Gerichts- und Justizverwaltungsgebühren beziehen – hinsichtlich der §§ 80 und 92 Abs. 3 der Bundesminister für Justiz im Einvernehmen mit dem Bundesminister für Finanzen, im übrigen hinsichtlich der §§ 80 und 92 Abs. 3 der Bundesminister für Finanzen;
5. hinsichtlich der §§ 96 Z 1 bis 7, 10, 11 lit. a und 12, 97 Z 1, 5 und 6 lit. a, 99 Z 2 lit. d, 5 und 6 sowie – soweit sie sich nicht nur auf das gerichtliche Verfahren bezieht – hinsichtlich der Z 11 lit. b des § 96 – der Bundesminister für soziale Verwaltung im Einvernehmen mit dem Bundesminister für Justiz;
6. hinsichtlich der §§ 96 Z 8 und 9 sowie 99 Z 4 und 5 der Bundesminister für Justiz im Einvernehmen mit dem Bundesminister für soziale Verwaltung;
7. hinsichtlich des § 99 Z 2 lit. e der Bundesminister für Gesundheit und Umweltschutz im Einvernehmen mit dem Bundesminister für Justiz;
8. hinsichtlich des § 99 Z 2 lit. f der Bundesminister für Handel, Gewerbe und Industrie im Einvernehmen mit dem Bundesminister für Justiz;
9. hinsichtlich aller übrigen Bestimmungen der Bundesminister für Justiz.

Anlage 1

Aufstellung der für die fachkundigen Laienrichter der Gerichte der Sozialgerichtsbarkeit maßgebenden Berufsgruppen

Kreis der	Hauptgruppe	Untergruppe	Bezeichnung
Arbeitgeber	1		Unternehmer, die Mitglieder einer Kammer der gewerblichen Wirtschaft sind.
	2		Freiberuflich Tätige, die Mitglieder einer (der) Ärztekammer, Apothekerkammer, Zahnärztekammer, Rechtsanwaltskammer, Notariatskammer, Patentanwaltskammer, Kammer der Wirtschaftstreuhänder, Ingenieurkammer oder der Tierärztekammer sind.
	3		Inhaber von Betrieben der Land- und Forstwirtschaft im Sinne des § 5 des Landarbeitsgesetzes vom 2. Juni 1948, BGBl. Nr. 140.
	4		Gebietskörperschaften
Arbeitnehmer	5		Arbeiter, die einer Kammer für Arbeiter und Angestellte zugehören, soweit sie nicht zur Berufsgruppe 7 zählen.
	6		Angestellte, die einer Kammer für Arbeiter und Angestellte zugehören, soweit sie nicht zur Berufsgruppe 7 zählen.
	7		Verkehrsbedienstete, die einer Kammer für Arbeiter und Angestellte zugehören.
	8	A	Gutsangestellte von Arbeitgebern, die zur Berufsgruppe 3 zählen.
		B	Arbeiter und sonstige Arbeitnehmer von Arbeitgebern, die zur Berufsgruppe 3 zählen.
	9		Bedienstete des Bundes, der Länder, der Gemeinden und der Gemeindeverbände, soweit sie nicht einer Kammer für Arbeiter und Angestellte zugehören.

(BGBl I 2009/30)

37/2. Arbeits- und Sozialgerichts-Anpassungsgesetz

Bundesgesetz: Arbeits- und Sozialgerichts-Anpassungsgesetz, BGBl 1986/563

Bundesgesetz vom 1. Oktober 1986, mit dem das Arbeitsverfassungsgesetz, das Mutterschutzgesetz 1979, das Arbeitsplatz-Sicherungsgesetz, das Heimarbeitsgesetz 1960, das Hausgehilfen- und Hausangestelltengesetz, das Einführungsgesetz zu den Verwaltungsverfahrensgesetzen und das Berufsausbildungsgesetz geändert werden (Arbeits- und Sozialgerichts-Anpassungsgesetz – ASGAnpG), BGBl 1986/563

Der Nationalrat hat beschlossen:

Artikel I

(im ArbeitsverfassungsG eingearbeitet)

Artikel II

(im MutterschutzG eingearbeitet)

Artikel III

(im ArbeitsplatzsicherungsG eingearbeitet)

Artikel IV

(im HeimarbeitsG eingearbeitet)

Artikel V

(im Hausgehilfen- und HausangestelltenG eingearbeitet)

Artikel VI

Das Einführungsgesetz zu den Verwaltungsverfahrensgesetzen, BGBl. Nr. 172/1950, zuletzt geändert durch das Bundesgesetz BGBl. Nr. 370/1986, wird wie folgt ge-ändert:

Art. II Abs. 2 lit. A Z 9 lautet:

„9. des Bundeseinigungsamtes und der Schlichtungsstellen (§ 141 ArbVG);“

Artikel VII

(im BerufsausbildungsG eingearbeitet)

Artikel VIII
Schluß- und Übergangsbestimmungen

(1) Die Artikel I bis VII treten mit 1. Jänner 1987 in Kraft.

(2) Verordnungen auf Grund der Artikel I bis VII können bereits von dem der Kundmachung dieses Bundesgesetzes folgenden Tag an erlassen werden. Diese Verordnungen dürfen frühestens mit 1. Jänner 1987 in Kraft gesetzt werden.

(3) Zur Erledigung der im Zeitpunkt des Inkrafttretens des ASGG (1. Jänner 1987) bei den Einigungsämtern noch anhängigen Verfahren nach den Bestimmungen des Arbeitsverfassungsgesetzes (§ 152), des Mutterschutzgesetzes 1979 und des Arbeitsplatz-Sicherungsgesetzes bleiben die mit solchen Verfahren befaßten Einigungsämter bis zur rechtskräftigen Erledigung dieser Verfahren, spätestens jedoch bis 31. Dezember 1987, aufrecht. Auf diese Verfahren sind die bis 31. Dezember 1986 geltenden Vorschriften anzuwenden. Verfahren, die bis 31. Dezember 1987 noch nicht abgeschlossen sind sowie Verfahren, die auf Grund von Entscheidungen des Verwaltungsgerichtshofes oder des Verfassungsgerichtshofes nach dem 31. Dezember 1987 neu durchzuführen sind, hat das Bundeseinigungsamt nach den bis 31. Dezember 1986 geltenden Vorschriften zu erledigen.

(4) Das Einigungsamt Wien hat bis 31. März 1987 die bis 31. Dezember 1986 zur Hinterlegung eingebrachten Kollektivverträge zu hinterlegen und kundzumachen. Sämtliche kundgemachten Kollektivverträge sind im Sinne des § 43 ASGG an die mit Arbeits- und Sozialrechtssachen befaßten Gerichtshöfe zu übermitteln.

(5) Sonstige Angelegenheiten der Einigungsämter, die am 31. Dezember 1986 anhängig sind, gehen, soweit in diesem Bundesgesetz und im ASGG nicht anderes bestimmt wird, auf das Bundeseinigungsamt über.

(6) Soweit in diesem Bundesgesetz und im ASGG keine abweichenden Regelungen getroffen wurden, bleiben das 1. und 4. Hauptstück der Einigungsamts-Geschäftsordnung 1974, BGBl. Nr. 354, im bisherigen Umfang als Bundesgesetz bis 31. Dezember 1987 in Geltung.

(7) Das auf Grund des Arbeitsverfassungsgesetzes in der bis 31. Dezember 1986 geltenden Fassung errichtete Obereinigungsamt erhält ab 1. Jänner 1987 die Bezeichnung Bundeseinigungsamt . Soweit in anderen Rechtsvorschriften auf das Obereinigungsamt verwiesen wird, tritt das Bundeseinigungsamt an diese Stelle. Dem Bundeseinigungsamt kommen gegenüber den gemäß Abs. 3 und 4 tätigen Einigungsämtern die dem Obereinigungsamt gegenüber den Einigungsämtern nach den bis 31. Dezember 1986 geltenden Bestimmungen des Arbeitsverfassungsgesetzes zustehenden Aufgaben und Befugnisse zu. Die zum Vorsitzenden, zum Stellvertreter des Vorsitzenden sowie zu Mitgliedern des Obereinigungsamtes bestellten Personen haben ihr Amt als Vorsitzender, Stellvertreter des Vorsitzenden und Mitglieder des Bundeseinigungsamtes auszuüben, die Amtsdauer der Mitglieder endet mit 30. Juni 1989. Die Betrauung von Bediensteten des Bundesministeriums für soziale Verwaltung mit der Geschäftsführung sowie der Kanzleigeschäfte des Obereinigungsamtes gilt als Betrauung für das Bundeseinigungsamt.

(8) Die Kollektivverträge, Mindestlohntarife, Satzungen und Festsetzungen von Lehrlingsentschädigungen, die nach den bis 31. Dezember

1986 geltenden Bestimmungen in den Katastern der Einigungsämter gesammelt wurden, hat der mit Arbeits- und Sozialrechtssachen befaßte Gerichtshof zu übernehmen (§ 43 ASGG), sofern sich am Sitz des Einigungsamtes ein solcher befindet. Das gleiche gilt für die bei diesen Einigungsämtern erliegenden Akten, Register und sonstigen die frühere Tätigkeit der Einigungsämter betreffenden Unterlagen, sofern sie nicht die in Abs. 3 letzter Satz und Abs. 5 angeführten Angelegenheiten betreffen.

(9) Mit der Vollziehung dieses Bundesgesetzes ist hinsichtlich des Artikels VII der Bundesminister für Handel, Gewerbe und Industrie, hinsichtlich des Artikels VIII Abs. 8 der Bundesminister für Justiz im Einvernehmen mit dem Bundesminister für soziale Verwaltung, im übrigen der Bundesminister für soziale Verwaltung betraut.

37/3. Arbeits- und Sozialgerichts-Novelle 1994

ASGG-Novelle 1994, BGBl 1994/624

Bundesgesetz, mit dem das Arbeits- und Sozialgerichtsgesetz, die Zivilprozeßordnung, die Exekutionsordnung, die Konkursordnung, das Schauspielergesetz, das Strafvollzugsgesetz, das Arbeitsverfassungsgesetz, das Rechtsanwaltstarifgesetz und das Gerichtsgebührengesetz geändert werden (Arbeits- und Sozialgerichtsgesetz-Novelle 1994 – ASGG-Nov. 1994)

Der Nationalrat hat beschlossen:

Artikel I
Änderungen des Arbeits- und Sozialgerichtsgesetzes

(im ASGG eingearbeitet)

Artikel II
Änderung der Zivilprozeßordnung

(in dieser Ausgabe nicht aufgenommen)

Artikel III
Änderung der Exekutionsordnung

(in der EO eingearbeitet)

Artikel IV
Änderungen der Konkursordnung

(in dieser Ausgabe nicht eingearbeitet)

Artikel V
Änderung des Schauspielergesetzes

(im SchSpG eingearbeitet)

Artikel VI
Änderung des Strafvollzugsgesetzes

(in dieser Ausgabe nicht aufgenommen)

Artikel VII
Änderungen des Arbeitsverfassungsgesetzes

(im ArbVG eingearbeitet)

Artikel VIII
Änderung des Rechtsanwaltstarifgesetzes

(in dieser Ausgabe nicht aufgenommen)

Artikel IX
Änderungen des Gerichtsgebührengesetzes

(in dieser Ausgabe nicht aufgenommen)

Artikel X
Schluß- und Übergangsbestimmungen

§ 1. (1) Dieses Bundesgesetz tritt hinsichtlich des Art. I Z 34 (§ 93 ASGG) mit dem 1. August 1994, des Art. III Z 7 (§ 299 EO) mit dem 1. Oktober 1994, des Art. I Z 13 (§ 33 ASGG) mit dem 1. Jänner 1997 und hinsichtlich aller übrigen Bestimmungen mit dem 1. Jänner 1995 in Kraft.

(2) Organisatorische und personelle Maßnahmen im Zusammenhang mit den Gesetzesbestimmungen dieses Bundesgesetzes können bereits von dem seiner Kundmachung folgenden Tag an getroffen werden; sie dürfen jedoch frühestens mit den im Abs. 1 genannten Zeitpunkten in Wirksamkeit gesetzt werden.

§ 2. Es sind anzuwenden

1. die Art. I Z 1 (§ 5a ASGG), 2 (§ 7 ASGG), 16 lit. a (§ 39 Abs. 5 ASGG), 17 lit. a (§ 40 Abs. 2 ASGG), 18 (hinsichtlich des § 44 Abs. 2 ASGG), 26 (§ 72 ASGG) und 28 lit. a (§ 75 Abs. 1 ASGG), III Z 3 (§ 35 EO) und 4 (§ 36 EO), IV Z 1 (§ 111 KO), 3 (§ 178 KO) und 4 (§ 179 KO) und IX (GGG) auf Verfahren, in denen die Klage nach dem 31. Dezember 1994 bei Gericht eingelangt ist;
2. der Art. I Z 3 (§ 11 Abs. 4 ASGG), wenn das Datum der Entscheidung nach dem 31. Dezember 1994 liegt;
3. der Art. I Z 4 hinsichtlich des § 11a ASGG und die Z 14 (§ 35 ASGG), wenn das Datum der Entscheidung erster Instanz nach dem 31. Dezember 1994 liegt;
4. der Art. I Z 4 (§ 11b ASGG) und 15 (§ 37 Abs. 1 ASGG), beide hinsichtlich der Anwendbarkeit des § 11b ASGG, wenn die Tagsatzung zur mündlichen Streitverhandlung nach dem 31. Dezember 1994 stattfindet;
5. der Art. I Z 5 (§ 13 ASGG), wenn die Beratung und Abstimmung nach dem 31. Dezember 1994 stattfindet;
6. der Art. I Z 12 (§ 32 ASGG), wenn die Tagsatzung zur mündlichen Streitverhandlung oder die nicht öffentliche Sitzung des Gerichts nach dem 31. Dezember 1994 stattfindet;
7. der Art. I Z 18 (hinsichtlich der §§ 44 Abs. 1 und 45 bis 47 ASGG), wenn das Datum der Entscheidung der zweiten Instanz nach dem 31. Dezember 1994 liegt;
8. die Art. I Z 19 (§ 49a ASGG), wenn die Forderung nach dem 31. Dezember 1994 entstanden ist;
9. die Art. I Z 21 (§ 54 ASGG) und 22 (§ 61 ASGG) sowie VII Z 2 (§ 61 ArbVG), wenn die vor dem ersten Urteil des Gerichts erster Instanz durchgeführte Verhandlung (§ 193 Abs. 2 ZPO) nach dem 31. Dezember 1994 geschlossen worden ist;
10. der Art. I Z 23 (§ 62 ASGG), wenn die Beitrittserklärung nach dem 31. Dezember 1994 abgegeben wird;

11. der Art. I Z 25 (§ 71 ASGG), wenn das Datum der Gerichtsentscheidung nach dem 31. Dezember 1994 liegt;
12. der Art. I Z 26 (§ 72 ASGG), wenn die Klage nach dem 31. Dezember 1994 zurückgenommen wird;
13. der Art. I Z 30 (§ 79 ASGG), wenn die Ladung nach dem 31. Dezember 1994 verfügt worden ist;
14. der Art. I Z 31 (§ 89 ASGG) auch wenn das Datum des Urteils vor dem 1. Jänner 1995 liegt;
15. der Art. I Z 32 (§ 90 ASGG), wenn das Datum des Urteils des Rechtsmittelgerichts nach dem 31. Dezember 1994 liegt;
16. der Art. I Z 33 lit. b (§ 91 Abs. 4 ASGG), wenn die Verjährungsfrist nach dem 31. Dezember 1994 zu laufen begonnen hat;
17. der Art. II (§ 321 ZPO), wenn die Vernehmung nach dem 31. Dezember 1994 stattfindet;
18. der Art. III Z 1 (§ 1 Z 11 EO) auch auf Bescheide der Versicherungsträger, die vor dem 1. Jänner 1995 erlassen worden sind;
19. der Art. III Z 7 (§ 299 EO), wenn der Unterbrechungsgrund nach dem 30. September 1994 eingetreten ist;
20. der Art. V (§ 50 SchauspielerG), wenn die Schiedsgerichtsvereinbarung nach dem 31. Dezember 1994 geschlossen worden ist;
21. der Art. VIII (§ 10 Z 6a RATG), wenn die Leistungen eines Rechtsanwalts nach dem 31. Dezember 1994 bewirkt worden sind; im Verhältnis zur Partei bleibt eine andere Vereinbarung über die Höhe der Entlohnung unberührt.

§ 3. Die im § 308a Abs. 1 EO (Art. III Z 8) festgelegte Frist von drei Monaten beginnt für Forderungen, die vor dem 1. Jänner 1995 gepfändet, überwiesen und fällig wurden, am 1. Jänner 1995 zu laufen.

§ 4. Auf Grund des bisherigen § 93 Abs. 2 ASGG hat der Hauptverband der österreichischen Sozialversicherungsträger am 1. April 1994 70 Millionen Schilling an den Bundesminister für Justiz überwiesen; am 1. Oktober 1994 hat der Hauptverband der österreichischen Sozialversicherungsträger an den Bundesminister für Justiz einen weiteren Betrag von 90 Millionen Schilling zu entrichten; ein darüber hinausgehender Betrag ist für das Jahr 1994 nicht zu leisten.

§ 5. Mit der Vollziehung dieses Bundesgesetzes sind betraut:

1. hinsichtlich des Art. VII der Bundesminister für Arbeit und Soziales;
2. hinsichtlich des Art. IX der Bundesminister für Justiz im Einvernehmen mit dem Bundesminister für Finanzen;
3. hinsichtlich aller übrigen Bestimmungen der Bundesminister für Justiz.

37/4. Arbeits- und Sozialgerichts-Novelle 2002

ASGG-Novelle 2002, BGBl I 2002/76

Bundesgesetz, mit dem das Einführungsgesetz zur Zivilprozessordnung, die Zivilprozessordnung, das Arbeits- und Sozialgerichtsgesetz, das Gerichtsorganisationsgesetz, die Rechtsanwaltsordnung, die Notariatsordnung, das Grundbuchsgesetz, das Grundbuchs-umstellungsgesetz und das Kraftfahrzeug-Haftpflichtversicherungsgesetz 1994 geändert werden (Zivilverfahrens-Novelle 2002)

Der Nationalrat hat beschlossen:

Artikel I
Änderung des Einführungsgesetzes zur Zivilprozessordnung

(in dieser Ausgabe nicht aufgenommen)

Artikel II
Änderungen der Zivilprozessordnung

(in dieser Ausgabe nicht aufgenommen)

Artikel III
Änderungen des Arbeits- und Sozialgerichtsgesetzes

(im ASGG eingearbeitet)

Artikel IV
Änderung des Gerichtsorganisationsgesetzes

(in dieser Ausgabe nicht aufgenommen)

Artikel V
Änderung der Rechtsanwaltsordnung

(in dieser Ausgabe nicht aufgenommen)

Artikel VI
Änderung der Notariatsordnung

(in dieser Ausgabe nicht aufgenommen)

Artikel VII
Änderung des Allgemeinen Grundbuchsgesetzes 1955

(in dieser Ausgabe nicht aufgenommen)

Artikel VIII
Änderungen des Grundbuchsumstellungsgesetzes

(in dieser Ausgabe nicht aufgenommen)

Artikel IX
Änderung des Kraftfahrzeug-Haftpflichtversicherungsgesetzes 1994

(in dieser Ausgabe nicht aufgenommen)

Artikel X
Justizverwaltungsmaßnahmen

Mit Rücksicht auf dieses Bundesgesetz dürfen bereits von dem seiner Kundmachung folgenden Tag an Verordnungen erlassen sowie sonstige organisatorische und personelle Maßnahmen getroffen werden. Die Verordnungen dürfen frühestens mit 1. Jänner 2003 in Wirksamkeit gesetzt werden.

Artikel XI
In-Kraft-Treten, Übergangsbestimmungen

(1) Dieses Bundesgesetz tritt, soweit nicht anderes bestimmt ist, mit 1. Jänner 2003 in Kraft.

(2) Art. I (JN), Art. II Z 1 bis 8 (§§ 22, 23, 24, 27, 31, 45, 59, 65 ZPO), Z 9 (§ 73 ZPO), Z 19 (§ 198 ZPO), Z 22 bis 24 (§§ 207, 208, 210 ZPO), Z 30 bis 46 lit. a (§§ 225 Abs. 2, 229, 230, 231, 237, 239 bis 251, 257 bis 261, 273, 277, 278 Abs. 1 ZPO), Z 47 bis 49 (§§ 279, 283, 291 ZPO), Z 54 bis 61 (§§ 394 bis 397a, 398, 399, 402 ZPO), Z 65 (§ 434 ZPO), Z 66 lit. a und c (§ 440 Abs. 1 und 4 ZPO), Z 67 bis 72 (§§ 441, 442, 442a, 444, 448, 448a bis 453a ZPO), Z 73 lit. a (§ 460 Z 2 ZPO), Z 74 (§ 498 ZPO), Z 76 bis 78 (§ 522, 552, 571 ZPO) und Art. III Z 2 (§ 11a ASGG), Z 8 und 9 (§§ 59, 62 ASGG), Z 11 (§ 85 ASGG) sind auf Verfahren anzuwenden, in denen die Klage oder der verfahrenseinleitende Antrag nach dem 31. Dezember 2002 bei Gericht eingelangt ist.

(3) Art. II Z 11 (§ 179 ZPO), Z 14 (§ 182a ZPO), Z 46 lit. b (§ 278 Abs. 2 ZPO) und Z 73 lit. b (§ 460 Z 4 ZPO) ist auf Verfahren, die zum Zeitpunkt des In-Kraft-Tretens dieses Bundesgesetzes bereits anhängig sind, nur anzuwenden, wenn die mündliche Streitverhandlung erster Instanz nach dem 31. Dezember 2002 geschlossen worden ist.

(4) Art. II Z 25 (§ 220 Abs. 2 ZPO) ist anzuwenden, wenn die Zahlung nach dem 31. Dezember 2002 eingelangt ist.

(5) Art. II Z 51 und 52 (§§ 357, 359 ZPO) ist anzuwenden, wenn der Auftrag zur Gutachtenserstattung nach dem 31. Dezember 2002 erteilt worden ist.

(6) Art. II Z 75 (§ 502 ZPO) und Art. III Z 5 und Z 6 (§§ 44 Abs. 1, 45 bis 47 ASGG) sind anzuwenden, wenn das Datum der Entscheidung zweiter Instanz nach dem 31. Dezember 2002 liegt.

(7) Art. III Z 1 (§ 9 Abs. 2 ASGG) ist auf Schiedsvereinbarungen anzuwenden, die nach dem 31. Dezember 2002 geschlossen worden sind.

(8) Art. III Z 10 lit. a (§ 75 Abs. 1 ASGG) ist anzuwenden, wenn das Datum der Entscheidung erster Instanz nach dem 31. Dezember 2002 liegt.

(9) Art. IV (§ 6 GOG) ist auf bereits vor dem 31. Dezember 2002 übernommene Waffen mit der

Maßgabe anzuwenden, dass die sechsmonatige Ausfolgefrist erst mit 1. Jänner 2003 beginnt.

(10) Art. V (RAO) und Art. VI (NO) treten nach Ablauf des Tages der Kundmachung dieses Bundesgesetzes in Kraft.

Artikel XII
Vollziehung

Mit der Vollziehung dieses Bundesgesetzes ist der Bundesminister für Justiz betraut.

37/5. Aufwandersatzgesetz

Aufwandersatzgesetz, BGBl 1993/28 idF

1 BGBl I 2001/98

Bundesgesetz über den Aufwandersatz von gesetzlichen Interessenvertretungen und freiwilligen kollektivvertragsfähigen Berufsvereinigungen in Arbeitsrechtssachen (Aufwandersatzgesetz)

Der Nationalrat hat beschlossen:

Artikel I
Bundesgesetz über den Aufwandersatz von gesetzlichen Interessenvertretungen und freiwilligen kollektivvertragsfähigen Berufsvereinigungen in Arbeitsrechtssachen (Aufwandersatzgesetz)

Pauschalierter Aufwandersatz

§ 1. (1) Einer gesetzlichen Interessenvertretung sowie einer freiwilligen kollektivvertragsfähigen Berufsvereinigung gebührt in Rechtsstreitigkeiten nach § 50 Abs. 1 Arbeits- und Sozialgerichtsgesetz (ASGG), BGBl. Nr. 104/1985, in der jeweils geltenden Fassung, gegenüber dem Gegner der von ihrem Funktionär oder Arbeitnehmer (§ 40 Abs. 1 Z 2 ASGG) vertretenen Partei der Zuspruch des pauschalierten Aufwandersatzes (Abs. 2 und 3) unter sinngemäßer Anwendung der §§ 41 Abs. 1 und 3, 43 Abs. 1 erster und zweiter Satz sowie Abs. 2, 44, 45 und 46 bis 51 Zivilprozeßordnung (ZPO), RGBl. Nr. 113/1895, in der jeweils geltenden Fassung, nach dem Obsiegen der vertretenen Partei. Der Zuspruch gebührt nur dieser gesetzlichen Interessensvertretung oder freiwilligen Berufsvereinigung auch dann, wenn ihr Funktionär oder Arbeitnehmer die ihm von der Partei erteilte Vollmacht für einzelne Akte oder Abschnitte des Verfahrens an einen Funktionär oder Arbeitnehmer einer anderen gesetzlichen Interessenvertretung oder freiwilligen kollektivvertragsfähigen Berufsvereinigung übertragen hat.

(2) Der zugrundeliegende Aufwand ist durch Verordnung mit Pauschalbeträgen festzusetzen. Dabei ist auf die durchschnittliche Dauer der Verfahren und den mit den Verfahren verbundenen durchschnittlichen Personalaufwand Bedacht zu nehmen. Jeder der Pauschalbeträge steht für die Vertretung in jeder Instanz nur einmal zu. Für das erstinstanzliche Verfahren und das Berufungsverfahren sowie das Rekursverfahren gegen Endbeschlüsse sind gesonderte Pauschalbeträge zu bestimmen.

(3) Der für das erstinstanzliche Verfahren gebührende Pauschalbetrag ist in zwei Teilbeträgen festzusetzen. Der erste Teilbetrag ist für den Vertretungsaufwand im Verfahren erster Instanz, der bis zur ersten Tagsatzung zur mündlichen Streitverhandlung oder bis zur abgesonderten Abhaltung einer ersten Tagsatzung bzw. bis zur Erlassung eines Zahlungsbefehls (§ 449 ZPO), Zahlungsauftrages (§ 550 ZPO) oder Versäumungsurteiles (§ 442 ZPO) entsteht, festzusetzen, der zweite Teilbetrag ist für den Vertretungsaufwand im weiteren Verfahren festzusetzen.

(4) Der Anspruch auf Aufwandersatz ist im Verfahren nach § 58a ASGG geltend zu machen.

Jährliche Anpassung

§ 2. Die Pauschalbeträge gemäß § 1 sind jährlich mit 1. Jänner unter Berücksichtigung der Entwicklung des vom Österreichischen Statistischen Zentralamt herausgegebenen Tariflohnindexes festzusetzen. Maßgebend ist dabei die Indexentwicklung im Zeitraum von einem Jahr bis zu dem 1. November, der dem 1. Jänner, an dem die Neufestsetzung wirksam werden soll, vorangeht. Dabei ist eine Aufrundung auf den nächsten vollen 5-Eurobetrag vorzunehmen.

(BGBl I 2001/98)

§ 3. § 2 letzter Satz in der Fassung des Bundesgesetzes BGBl. I Nr. 98/2001 tritt mit 1. Jänner 2002 in Kraft.

(BGBl I 2001/98)

Artikel II
Änderung des Arbeits- und Sozialgerichtsgesetzes

(im ASGG eingearbeitet)

Artikel III
Übergangs- und Schlußbestimmungen

§ 1. Dieses Bundesgesetz tritt mit 1. Jänner 1993 in Kraft.

§ 2. Dieses Bundesgesetz ist auf Streitsachen anzuwenden, in denen die zugrundeliegenden Klagen nach dem 31. Dezember 1992 bei Gericht eingelangt sind.

§ 3. Die Verordnung nach Art. I § 1 kann bereits ab dem der Kundmachung dieses Bundesgesetzes folgenden Tag an erlassen, aber frühestens mit dem 1. Jänner 1993 in Wirksamkeit gesetzt werden.

§ 4. Mit der Vollziehung dieses Bundesgesetzes sind betraut:

1. hinsichtlich des § 3 und des Art. I die Bundesregierung,
2. hinsichtlich des § 2 und des Art. II der Bundesminister für Justiz.

37/6. Aufwandersatzverordnung

Aufwandersatzverordnung, BGBl II 2021/552

Verordnung der Bundesregierung über den Aufwandersatz von gesetzlichen Interessenvertretungen und kollektivvertragsfähigen freiwilligen Berufsvereinigungen in Arbeitsrechtssachen (Aufwandersatzverordnung)

Auf Grund der §§ 1 und 2 des Bundesgesetzes über den Aufwandersatz von gesetzlichen Interessenvertretungen und freiwilligen kollektivvertragsfähigen Berufsvereinigungen in Arbeitsrechtssachen – Aufwandersatzgesetz, BGBl. Nr. 28/1993, in der Fassung des Bundesgesetzes BGBl. I Nr. 98/2001, wird verordnet:

§ 1. Die Höhe der als Aufwandersatz in Arbeitsrechtssachen zu leistenden Pauschalbeträge wird wie folgt festgesetzt:

1. für das Verfahren erster Instanz
   a) bis zur ersten Tagsatzung zur mündlichen Streitverhandlung oder bis zur abgesonderten Abhaltung einer ersten Tagsatzung bzw. bis zur Erlassung eines Zahlungsbefehls, Zahlungsauftrages oder Versäumungsurteils ...... 330 Euro
   b) für das weitere Verfahren .....555 Euro
2. für das Berufungsverfahren und das Verfahren über einen Rekurs gegen einen Endbeschluss ....555 Euro

§ 2. (1) Diese Verordnung tritt mit 1. Jänner 2022 in Kraft.

(2) Mit Ablauf des 31. Dezember 2021 tritt die Verordnung der Bundesregierung über den Aufwandersatz von gesetzlichen Interessenvertretungen und kollektivvertragsfähigen freiwilligen Berufsvereinigungen in Arbeitsrechtssachen – Aufwandersatzverordnung, BGBl. II Nr. 551/2020, außer Kraft. Sie ist jedoch auf Verfahrensabschnitte im Sinne des § 1, die vor dem 1. Jänner 2022 abgeschlossen wurden, weiterhin anzuwenden.

38. EXEKUTION UND INSOLVENZ

Inhaltsverzeichnis

38/1. Exekutions- und Sicherungsverfahren (Auszug)

Exekutionsordnung, RGBl 1896/79 idF

1 BGBl 1955/39	**2** BGBl 1991/628	**3** BGBl 1993/532
4 BGBl 1994/624	**5** BGBl 1995/519	**6** BGBl I 2000/59
7 BGBl I 2001/98	**8** BGBl I 2001/103	**9** BGBl I 2003/31
10 BGBl I 2005/68	**11** BGBl I 2008/82	**12** BGBl I 2011/139
13 BGBl I 2014/69	**14** BGBl I 2016/100	**15** BGBl I 2018/100
16 BGBl I 2021/86	**17** BGBl I 2021/147	

GLIEDERUNG

STICHWORTVERZEICHNIS

Gesetz vom 27. Mai 1896, über das Exekutions- und Sicherungsverfahren (Exekutionsordnung – EO)

Der Nationalrat hat beschlossen:

Zweite Abteilung
Exekution auf Geldforderungen

(BGBl I 2021/86)

Grundsatz

§ 289. (1) Die Exekution auf Geldforderungen des Verpflichteten erfolgt durch Pfändung und Überweisung an den betreibenden Gläubiger oder durch Pfändung und Einziehung durch den Verwalter. Wenn das Gericht auf Antrag des betreibenden Gläubigers nichts anderes bestimmt, erfasst die Exekution auf Geldforderungen alle Forderungen des Verpflichteten, außer die nach § 321.

(2) Es ist ein Verwalter zu bestellen, der – wenn es rechtzeitig möglich ist, unter Zuziehung des Verpflichteten – unverzüglich pfändbare Forderungen zu ermitteln hat. Von der Bestellung ist abzusehen, wenn der betreibende Gläubiger Exekution nur

1. auf einzelne im Antrag genannte Forderungen oder
2. auf Geldforderungen bei unbekanntem Drittschuldner nach § 295 oder
3. auf einzelne im Antrag genannte Forderungen und auf Geldforderungen bei unbekanntem Drittschuldner nach § 295

führt.

(3) Bezüge im Sinne dieser Abteilung sind regelmäßig wiederkehrende Geldleistungen, insbesondere Einkünfte aus einem Arbeitsverhältnis oder sonstige wiederkehrende Leistungen mit Einkommensersatzfunktion.

(BGBl I 2021/86)

Unpfändbare Forderungen

§ 290. (1) Unpfändbar sind Forderungen auf folgende Leistungen:

1. Aufwandsentschädigungen, soweit sie den in Ausübung der Berufstätigkeit tatsächlich erwachsenden Mehraufwand abgelten, insbesondere für auswärtige Arbeiten, für Arbeitsmaterial und Arbeitsgerät, das vom Arbeitnehmer selbst beigestellt wird, sowie für Kauf und Reinigen typischer Arbeitskleidung;
2. gesetzliche Beihilfen und Zulagen, die zur Abdeckung des Mehraufwands wegen körperlicher oder geistiger Behinderung, Hilflosigkeit oder Pflegebedürftigkeit zu gewähren sind, wie z.B. das Pflegegeld;
3. Beihilfen der Arbeitsmarktverwaltung, soweit sie nicht unter § 290a Abs. 1 Z 8 fallen, sowie einem Versehrten gewährte berufliche Maßnahmen der Rehabilitation, die die Fortsetzung der Erwerbstätigkeit ermöglichen;
4. Ersatz der Kosten, die der Arbeitnehmer für seine Vertretung aufwenden muss;
   (BGBl I 2021/86)
5. Beiträge für Bestattungskosten;
6. Rückersätze und Kostenvergütungen für Sachleistungsansprüche sowie Kostenersätze aus der gesetzlichen Sozialversicherung und Entschädigungen für aufgewendete Heilungskosten;
7. Leistungen aus dem Unterstützungsfonds und besondere Unterstützungen nach den Sozialversicherungsgesetzen;
8. gesetzliche Beihilfen zur Zahlung des Mietzinses oder zur Deckung des sonstigen Wohnungsaufwands;
9. gesetzliche Familienbeihilfe einschließlich Mehrkindzuschlag und Schulfahrtbeihilfe sowie die nach den jeweils geltenden einkommensteuerrechtlichen Bestimmungen zur Abgeltung gesetzlicher Unterhaltsverpflichtungen gegenüber Kindern auszuzahlenden Absetzbeträge;
   (BGBl I 2003/31)
10. gesetzliche Leistungen, die aus Anlass der Geburt eines Kindes zu gewähren sind, soweit sie nicht unter § 290a Abs. 1 Z 6 fallen, insbesondere das pauschale Kinderbetreuungsgeld und die Beihilfe zum pauschalen Kinderbetreuungsgeld;
    (BGBl I 2001/103, BGBl I 2011/139)
11. Beihilfen und Stipendien, die Schülern und Studenten gewährt werden;
12. (aufgehoben)
13. (aufgehoben)

14. Leistungen nach dem Kriegsopferversorgungsgesetz und dem Opferfürsorgegesetz;
15. Leistungen der Tuberkulosehilfe, soweit es sich nicht um regelmäßige Geldbeihilfen handelt;
16. Ansprüche auf die Arbeitsvergütung nach dem Strafvollzugsgesetz und daraus herrührende Beträge während der Haft, soweit sie nicht unter § 291d fallen.

(2) Die Unpfändbarkeit gilt nicht, wenn die Exekution wegen einer Forderung geführt wird, zu deren Begleichung die Leistung widmungsgemäß bestimmt ist.

(3) Die Unpfändbarkeit von Renten und Beihilfen nach Abs. 1 Z 14 gilt nicht bei einer Exekution wegen einer Forderung nach § 291b Abs. 1 Z 1.

Beschränkt pfändbare Forderungen

§ 290a. (1) Forderungen auf folgende Leistungen dürfen nur nach Maßgabe des § 291a oder des § 291b gepfändet werden:

1. Einkünfte aus einem privat- oder öffentlichrechtlichen Arbeitsverhältnis, einem Lehr- oder sonstigen Ausbildungsverhältnis und die gesetzlichen Leistungen an Präsenz- oder Ausbildungs- oder Zivildienstleistende;
2. sonstige wiederkehrende Vergütungen für Arbeitsleistungen aller Art, die die Erwerbstätigkeit des Verpflichteten vollständig oder zu einem wesentlichen Teil in Anspruch nehmen;
3. Bezüge, die ein Arbeitnehmer zum Ausgleich für Wettbewerbsbeschränkungen für die Zeit nach Beendigung seines Arbeitsverhältnisses beanspruchen kann;
4. Ruhe-, Versorgungs- und andere Bezüge für frühere Arbeitsleistungen, wie z. B. die Pensionen aus der gesetzlichen Sozialversicherung einschließlich der Ausgleichszulagen und die gesetzlichen Leistungen an Kleinrentner;
5. gesetzliche Leistungen und satzungsgemäße Mehrleistungen, die aus Anlass einer Beeinträchtigung der Arbeits- oder Erwerbsfähigkeit zu gewähren sind und Entgeltersatzfunktion haben, insbesondere solche der Sozialversicherung; das sind vor allem
   a) Versehrtenrente,
   b) Versehrtengeld,
   c) Übergangsrente,
   d) Übergangsgeld,
   e) Familien- und Taggeld,
   f) Krankengeld,
   g) Rehabilitationsgeld;
   (BGBl I 2016/100)

   (BGBl I 2021/86)
6. Leistungen der gesetzlichen Sozialversicherung aus dem Versicherungsfall der Mutterschaft, insbesondere das Wochengeld und die Betriebshilfe, sowie das Kinderbetreuungsgeld als Ersatz des Erwerbseinkommens nach dem Kinderbetreuungsgeldgesetz;
   (BGBl I 2011/139)
7. Leistungen, die für die Dauer der Arbeitslosigkeit zu gewähren sind, wie das Arbeitslosengeld, die Notstandshilfe, die Überbrückungshilfe und die erweiterte Überbrückungshilfe nach dem Überbrückungshilfegesetz, das Weiterbildungsgeld sowie die Sonderunterstützung nach dem Sonderunterstützungsgesetz;
   (BGBl I 2000/59)
8. Beihilfen der Arbeitsmarktverwaltung, die zur Deckung des Lebensunterhalts gewährt werden;
9. wiederkehrende Leistungen aus Versicherungsverträgen, wenn diese Verträge zur Versorgung des Versicherungsnehmers oder seiner unterhaltsberechtigten Angehörigen eingegangen sind;
10. gesetzliche Unterhaltsleistungen;
11. wiederkehrende Leistungen, die auf Grund eines Ausgedingsvertrags oder eines Unterhaltszwecken dienenden Leibrentenvertrags zu gewähren sind;
12. Leistungen wegen Minderung der Erwerbsfähigkeit, für Verdienstentgang, zur Sicherung des Lebensunterhalts und an die Hinterbliebenen für entgangenen Unterhalt, die wegen Tötung, Körperverletzung, Gesundheitsschädigung oder Krankheit zu gewähren sind, insbesondere Schadenersatzrenten.

(2) Die Pfändung der in Abs. 1 genannten Leistungen umfasst alle Beträge, die im Rahmen des der gepfändeten Forderung zugrunde liegenden Rechtsverhältnisses geleistet werden; insbesondere umfassen die in Abs. 1 Z 1 und 2 genannten Leistungen alle Vorteile aus diesen Tätigkeiten ohne Rücksicht auf ihre Benennung und Berechnungsart.

(BGBl I 2021/86)

(3) Gesetzliche Ansprüche auf Vorschüsse sowie der Anspruch auf Insolvenz-Entgelt sind wie die Leistungen, für die der Vorschuss gewährt wird, pfändbar.

(BGBl I 2008/82, BGBl I 2021/86)

Sonderzahlungen

§ 290b. Auch vom 14. Monatsbezug (Urlaubszuschuss, Urlaubsbeihilfe, Renten- oder Pensionssonderzahlung, die zu den im April oder Mai bezogenen Renten bzw. Pensionen gebührt, und dergleichen) und vom 13. Monatsbezug (Weihnachtszuwendung, Weihnachtsremuneration, Renten- oder Pensionssonderzahlung, die zu den im September oder Oktober bezogenen Renten bzw. Pensionen gebührt, und dergleichen) hat dem Verpflichteten ein unpfändbarer Freibetrag nach § 291a zu verbleiben. Wird die Sonderzahlung in Teilzahlungen geleistet, so ist der unpfändbare

Freibetrag auf die Teilzahlungen entsprechend deren Höhe aufzuteilen.

(BGBl I 2003/31)

Vorschüsse und Nachzahlungen

§ 290c. (1) Der Drittschuldner kann für die Einbringung eines dem Verpflichteten gewährten Vorschusses den Betrag, der sich aus dem Unterschied zwischen den in § 292 Abs. 4 genannten Beträgen und dem unpfändbaren Freibetrag ergibt, abziehen. Soweit der Vorschuss daraus nicht gedeckt wird, steht dem Drittschuldner auch ein Abzug vom pfändbaren Betrag zu. Der unpfändbare Freibetrag ist so zu berechnen, als ob kein Vorschuss geleistet worden wäre.

(BGBl I 2021/86)

(2) Beträge zur Rückzahlung eines vom Drittschuldner zugezählten Gelddarlehens sind den Beträgen zur Einbringung eines Vorschusses gleichzuhalten.

(3) Nachzahlungen sind für den Zeitraum zu berücksichtigen, auf den sie sich beziehen.

Ermittlung der Berechnungsgrundlage

§ 291. (1) Bei der Ermittlung der Berechnungsgrundlage für den unpfändbaren Freibetrag (§ 291a) sind vom Gesamtbezug abzuziehen:

1. Beträge, die unmittelbar auf Grund steuer- oder sozialrechtlicher Vorschriften zur Erfüllung gesetzlicher Verpflichtungen des Verpflichteten abzuführen sind;

1a. Beiträge nach dem Betrieblichen Mitarbeitervorsorgegesetz;

(BGBl I 2003/31)

2. die der Pfändung entzogenen Forderungen und Forderungsteile;

3. Beiträge, die der Verpflichtete an seine betrieblichen und überbetrieblichen Interessenvertretungen zu entrichten hat und auch entrichtet;

4. Beiträge, die der Verpflichtete zu einer Versicherung, deren Leistungen nach Art und Umfang jenen der gesetzlichen Sozialversicherung entsprechen, für sich oder seine unterhaltsberechtigten Angehörigen leistet, sofern kein Schutz aus der gesetzlichen Pflichtversicherung besteht.

(2) Der sich nach Abs. 1 ergebende Betrag ist abzurunden, und zwar bei Auszahlung für Monate auf einen durch 20, bei Auszahlung für Wochen auf einen durch fünf teilbaren Betrag und bei Auszahlung für Tage auf einen ganzen Betrag.

(BGBl I 2001/98)

Unpfändbarer Freibetrag („Existenzminimum“)

§ 291a. (1) Beschränkt pfändbare Forderungen, bei denen der sich nach § 291 ergebende Betrag (Berechnungsgrundlage) bei monatlicher Leistung den Ausgleichszulagenrichtsatz für alleinstehende Personen (§ 293 Abs. 1 lit. a sublit. bb ASVG) nicht übersteigt, haben dem Verpflichteten zur Gänze zu verbleiben (allgemeiner Grundbetrag).

(BGBl I 2021/86)

(2) Der Betrag nach Abs. 1 erhöht sich

1. um ein Sechstel, wenn der Verpflichtete keine Leistungen nach § 290b erhält (erhöhter allgemeiner Grundbetrag),

2. um 20% für jede Person, der der Verpflichtete gesetzlichen Unterhalt gewährt (Unterhaltsgrundbetrag); höchstens jedoch für fünf Personen.

(BGBl I 2003/31)

(3) Übersteigt die Berechnungsgrundlage den sich aus Abs. 1 und 2 ergebenden Betrag, so verbleiben dem Verpflichteten neben diesem Betrag

1. 30% des Mehrbetrags (allgemeiner Steigerungsbetrag) und

2. 10% des Mehrbetrags für jede Person, der der Verpflichtete gesetzlichen Unterhalt gewährt; höchstens jedoch für fünf Personen (Unterhaltssteigerungsbetrag).

(BGBl I 2003/31)

Der Teil der Berechnungsgrundlage, der das Vierfache des Ausgleichszulagenrichtsatzes (Höchstberechnungsgrundlage) übersteigt, ist jedenfalls zur Gänze pfändbar.

(BGBl I 2003/31)

(4) Bei täglicher Leistung ist für die Ermittlung des unpfändbaren Freibetrags nach den vorhergehenden Absätzen der 30. Teil des Ausgleichszulagenrichtsatzes, bei wöchentlicher Leistung das Siebenfache des täglichen Betrags heranzuziehen.

(5) Die Grundbeträge sind auf volle Euro abzurunden; der Betrag nach Abs. 3 letzter Satz ist nach § 291 Abs. 2 zu runden.

(BGBl I 2001/98)

Besonderheiten bei Exekutionen wegen Unterhaltsansprüchen

§ 291b. (1) Bei einer Exekution wegen

1. eines gesetzlichen Unterhaltsanspruchs,

2. eines gesetzlichen Unterhaltsanspruchs, der auf Dritte übergegangen ist,

3. eines Anspruchs auf Ersatz von Aufwendungen, die der Verpflichtete auf Grund einer gesetzlichen Unterhaltspflicht selbst hätte machen müssen (§ 1042 ABGB), sowie wegen

4. der Prozess- und Exekutionskosten samt allen Zinsen, die durch die Durchsetzung eines Anspruchs nach Z 1 bis 3 entstanden sind,

(BGBl I 2021/86)

gilt Abs. 2.

(2) Dem Verpflichteten haben 75% des unpfändbaren Freibetrags nach § 291a zu verbleiben, wobei dem Verpflichteten für jene Personen, die Exekution wegen einer Forderung nach Abs. 1 führen, ein Unterhaltsgrund- und ein Unterhaltssteigerungsbetrag nicht gebührt.

(BGBl I 2001/98, BGBl I 2003/31)

(3) Aus dem Betrag, der sich aus dem Unterschied zwischen den unpfändbaren Freibeträgen bei einer Exekution wegen einer Forderung nach Abs. 1 einerseits und wegen einer sonstigen Forderung andererseits ergibt, sind vorweg die laufenden gesetzlichen Unterhaltsansprüche unabhängig von dem für sie begründeten Pfandrang verhältnismäßig nach der Höhe der laufenden monatlichen Unterhaltsleistung zu befriedigen. Aus dem Rest des Unterschiedsbetrags sind die übrigen in Abs. 1 genannten Forderungen zu befriedigen.

(4) Gläubigern, die Exekution wegen einer Forderung nach Abs. 1 führen, stehen Zahlungen aus dem nach § 291a pfändbaren Betrag, aus dem Forderungen nach Abs. 1 und sonstige Forderungen rangmäßig zu befriedigen sind, nur zu, soweit ihre Forderungen aus dem in Abs. 3 genannten Unterschiedsbetrag nicht gedeckt werden.

Besonderheiten bei Exekutionen wegen wiederkehrender Leistungen

§ 291c. (1) Die Exekution wegen Forderungen auf wiederkehrende Leistungen, die künftig fällig werden, ist nur bei Forderungen

1. nach § 291b Abs. 1 oder
2. auf wiederkehrende Leistungen, die aus Anlass einer Verletzung am Körper oder an der Gesundheit dem Verletzten oder wegen Tötung seinen Hinterbliebenen zu entrichten sind,

(BGBl I 2021/86)

zulässig, wenn überdies die Exekution zugleich für bereits fällige Ansprüche dieser Art bewilligt wird.

(2) Die Exekution nach Abs. 1 ist auf Antrag des Verpflichteten einzustellen, wenn er

1. alle fälligen Forderungen gezahlt hat und
2. bescheinigt, dass er künftig seiner Zahlungspflicht nachkommen wird. Das ist insbesondere dann anzunehmen, wenn er die Forderungen für die kommenden zwei Monate
   a) entweder auch schon gezahlt oder
   b) zugunsten des Gläubigers gerichtlich erlegt

(BGBl I 2021/86)

hat, vor der Entscheidung ist der betreibende Gläubiger einzuvernehmen (§ 55 Abs. 1).

(3) Auf Antrag des betreibenden Gläubigers hat das Gericht bei einer neuerlichen Bewilligung der Exekution auszusprechen, dass das Pfandrecht den ursprünglich begründeten Pfandrang, dessen Datum das Gericht anzugeben hat, erhält.

(BGBl I 2021/86)

Beschränkt pfändbare einmalige Leistungen

§ 291d. (1) Von allen einmaligen Leistungen zusammen, die dem Verpflichteten bei Beendigung seines Arbeitsverhältnisses vom Arbeitgeber gebühren, insbesondere von der Abfertigung, aber mit Ausnahme der Kündigungsentschädigung, hat dem Verpflichteten ein unpfändbarer Freibetrag nach § 291a zu verbleiben, wobei der erhöhte allgemeine Grundbetrag nach § 291a Abs. 2 Z 1 maßgebend ist. Die Höchstberechnungsgrundlage nach § 291a Abs. 3 vervielfacht sich mit der Anzahl der Monate, für die die Leistung zusteht. Bei einer Abfertigung nach dem Betrieblichen Mitarbeitervorsorgegesetz erhöht sich die Höchstberechnungsgrundlage ab dem vierten Jahr pro Jahr um ein Drittel. Auf Antrag des Verpflichteten hat ihm jenes Vielfache des unpfändbaren Freibetrags zu verbleiben, das der Anzahl der Monate entspricht, für die diese Leistungen nach dem Gesetz zustehen, wenn die Voraussetzungen für eine Zusammenrechnung nicht vorliegen. Der pfändbare Betrag ist dem betreibenden Gläubiger erst nach vier Wochen auszuzahlen.

(BGBl I 2001/98, BGBl I 2003/31)

(2) Von einmaligen Leistungen, die gewährt werden, wenn kein Anspruch auf eine wiederkehrende Leistung besteht, oder die kraft Gesetzes an die Stelle von wiederkehrenden Leistungen treten, wie insbesondere von

1. der Abfindung für eine Hinterbliebenenpension,
2. der Abfertigung für eine Witwer- oder Witwenpension,
3. der Abfertigung für eine Witwer- oder Witwenrente,
4. der Gesamtvergütung für eine vorläufige Versehrtenrente,
5. dem Versehrtengeld aus der Unfallversicherung und
6. dem Übergangsbetrag,

hat dem Verpflichteten jenes Vielfache des unpfändbaren Freibetrags zu verbleiben, das der Anzahl der Monate, für die diese einmalige Leistung gewährt wird, entspricht, mindestens jedoch der unpfändbare Freibetrag für einen Monat.

(3) Abs. 1 Satz 1 ist auch auf sonstige einmalige Leistungen anzuwenden, wenn diese beschränkt pfändbare Forderungen im Sinn des § 290a sind, die nicht von § 290a Abs. 2 erfasst werden.

(BGBl I 2021/86)

(4) Vom Anspruch auf Auszahlung des Entlassungsgeldes (§ 54 Abs. 5, § 150 Abs. 3 und § 156 Abs. 3 StVG) hat dem Verpflichteten das Sechsfache des unpfändbaren Freibetrags nach § 291a Abs. 2 zu verbleiben.

(BGBl I 2005/68)

Einmalige Vergütung für persönlich geleistete Arbeiten

§ 291e. (1) Ist eine nicht wiederkehrende Vergütung für persönlich geleistete Arbeiten, die die Erwerbstätigkeit des Verpflichteten vollständig oder zu einem wesentlichen Teil in Anspruch nehmen, gepfändet, so hat das Exekutionsgericht dem Verpflichteten auf seinen Antrag so viel zu belassen, wie er während eines angemessenen Zeitraums für seinen notwendigen Unterhalt sowie den Unterhalt der Personen, denen er gesetzlichen Unterhalt gewährt, bedarf. Bei der Entscheidung sind die wirtschaftlichen Verhältnisse des Verpflichteten, insbesondere seine sonstigen Verdienstmöglichkeiten, frei zu würdigen. Dem Verpflichteten ist nicht mehr zu belassen, als ihm nach freier Überzeugung im Sinn des § 273 ZPO verbleiben würde, wenn er Einkünfte im Sinn des § 290a in der Höhe der Vergütung hätte. Der Antrag des Verpflichteten ist insoweit abzuweisen, als die Gefahr besteht, dass der betreibende Gläubiger dadurch schwer geschädigt werden könnte.

(BGBl I 2021/86)

(2) Abs. 1 gilt entsprechend für gepfändete Vergütungen, die dem Verpflichteten für die Gewährung einer Wohngelegenheit oder für die sonstige Benützung einer Sache geschuldet werden, aber zu einem nicht unwesentlichen Teil auch als Entgelt für Arbeitsleistungen, die vom Verpflichteten erbracht wurden, anzusehen sind.

Nebenleistungen und Abgabenguthaben

§ 291f. (1) Von sonstigen wiederkehrenden Vergütungen für Arbeitsleistungen aller Art, die die Erwerbstätigkeit des Verpflichteten weder vollständig noch zu einem wesentlichen Teil in Anspruch nehmen, sowie von dem Abgabenguthaben im Rahmen der Arbeitnehmerveranlagung haben dem Verpflichteten 30% und 10% für jede Person, der der Verpflichtete gesetzlichen Unterhalt gewährt, höchstens jedoch für fünf Personen, zu verbleiben. Der pfändbare Betrag ist dem betreibenden Gläubiger erst nach vier Wochen auszuzahlen.

(2) Auf Antrag des Verpflichteten ist der unpfändbare Betrag nach Abs. 1 zu erhöhen, soweit er die unpfändbaren Grundbeträge von einem anderen Bezug nicht erhalten hat.

(BGBl I 2021/86)

Zusammenrechnung – Sachleistungen

§ 292. (1) Hat der Verpflichtete gegen einen Drittschuldner mehrere beschränkt pfändbare Geldforderungen oder beschränkt pfändbare Geldforderungen und Ansprüche auf Sachleistungen, so hat sie der Drittschuldner zusammenzurechnen.

(2) Hat der Verpflichtete gegen verschiedene Drittschuldner beschränkt pfändbare Geldforderungen oder beschränkt pfändbare Geldforderungen und Ansprüche auf Sachleistungen, so hat das Gericht auf Antrag die Zusammenrechnung anzuordnen.

(3) Bei der Zusammenrechnung mehrerer beschränkt pfändbarer Geldforderungen gegen verschiedene Drittschuldner sind die unpfändbaren Grundbeträge in erster Linie für die Forderung zu gewähren, die die wesentliche Grundlage der Lebenshaltung des Verpflichteten bildet. Das Gericht hat den Drittschuldner zu bezeichnen, der die unpfändbaren Grundbeträge zu gewähren hat.

(3a) Übersteigt keine der beschränkt pfändbaren Geldforderungen die unpfändbaren Grundbeträge, so hat das Gericht die unpfändbaren Grundbeträge aufzuteilen und die Höhe des von den Drittschuldnern zu gewährenden Teils festzulegen. Ist ein Unterschreiten des zu gewährenden Teils der unpfändbaren Grundbeträge zu erwarten, so hat das Gericht dem Drittschuldner aufzutragen, ein solches Unterschreiten bekanntzugeben. Das Gericht hat sodann die unpfändbaren Grundbeträge von Amts wegen neu aufzuteilen. Beantragt der Verpflichtete bei seiner Einvernahme eine Erhöhung des unpfändbaren Betrages wegen zu erwartender Steuermehrbelastungen, so ist darüber zugleich mit dem Zusammenrechnungsbeschluss zu entscheiden.

(BGBl I 2016/100)

(4) Bei der Zusammenrechnung von beschränkt pfändbaren Geldforderungen mit Ansprüchen auf Sachleistungen vermindert sich der unpfändbare Freibetrag der Gesamtforderung um den Wert der dem Verpflichteten verbleibenden Sachleistungen. Dem Verpflichteten hat jedoch von den Geldforderungen mindestens der halbe allgemeine Grundbetrag nach § 291a Abs. 1 oder § 291b Abs. 2 in Verbindung mit § 291a Abs. 1 zu verbleiben.

(5) Das Exekutionsgericht hat den Wert der Sachleistungen bei einer Zusammenrechnung

1. nach Abs. 1 auf Antrag,
2. nach Abs. 2 von Amts wegen zugleich mit der Anordnung der Zusammenrechnung

nach freier Überzeugung im Sinn des § 273 ZPO festzulegen, wobei der gesetzliche Naturalunterhalt so zu bewerten ist, als ob der Unterhalt in Geld zu leisten wäre.

Erhöhung des unpfändbaren Betrags

§ 292a. Das Exekutionsgericht hat auf Antrag den unpfändbaren Freibetrag angemessen zu erhöhen, wenn dies mit Rücksicht auf

1. wesentliche Mehrauslagen des Verpflichteten, insbesondere wegen Hilflosigkeit, Gebrechlichkeit oder Krankheit des Verpflichteten oder seiner unterhaltsberechtigten Familienangehörigen, oder
2. unvermeidbare Wohnungskosten, die im Verhältnis zu dem Betrag, der dem Verpflichteten zur Lebensführung verbleibt, unangemessen hoch sind, oder
3. besondere Aufwendungen des Verpflichteten, die in sachlichem Zusammenhang mit seiner Berufsausübung stehen, oder
4. einen Notstand des Verpflichteten infolge eines Unglücks- oder eines Todesfalls oder
5. besonders umfangreiche gesetzliche Unterhaltspflichten des Verpflichteten

dringend geboten ist und nicht die Gefahr besteht, dass der betreibende Gläubiger dadurch schwer geschädigt werden könnte. Der Beschluss über die Erhöhung ist vor Ablauf der Rekursfrist in Vollzug zu setzen.

(BGBl I 2021/86)

Herabsetzung des unpfändbaren Betrags

§ 292b. Das Exekutionsgericht hat auf Antrag

1. den für Forderungen nach § 291b Abs. 1 geltenden unpfändbaren Freibetrag angemessen

herabzusetzen, wenn laufende gesetzliche Unterhaltsforderungen durch die Exekution nicht zur Gänze hereingebracht werden können;
2. auszusprechen, dass eine Unterhaltspflicht nicht zu berücksichtigen ist, soweit deren Höhe den hiefür gewährten unpfändbaren Grund- und Steigerungsbetrag nicht erreicht; *(BGBl I 2021/86)*
3. den unpfändbaren Freibetrag herabzusetzen wenn der Verpflichtete im Rahmen des Arbeitsverhältnisses Leistungen von Dritten erhält, die nicht von § 290a Abs. 2 erfasst werden.

Der Beschluss über die Herabsetzung ist vor Ablauf der Rekursfrist in Vollzug zu setzen.

(BGBl I 2021/86)

Änderung der Voraussetzungen der Unpfändbarkeit

§ 292c. Das Exekutionsgericht hat auf Antrag die Beschlüsse, die den unpfändbaren Freibetrag festlegen, entsprechend zu ändern, wenn
1. sich die für die Berechnung des unpfändbaren Freibetrags maßgebenden Verhältnisse geändert haben oder
2. diese Verhältnisse dem Gericht bei der Beschlussfassung nicht vollständig bekannt waren.

(BGBl I 2021/86)

Auszahlung des Entgelts an Dritte

§ 292d. Wenn
1. der Verpflichtete für den Drittschuldner Arbeitsleistungen erbringt,
2. sich der Drittschuldner dafür verpflichtet hat, als Entgelt an einen Dritten wiederkehrende Leistungen zu erbringen, und
3. auf Grund eines Exekutionstitels gegen den Verpflichteten die Pfändung des Entgeltsanspruchs des Verpflichteten bewilligt wurde,

erstrecken sich die Wirkungen des Pfandrechtes auch auf den Anspruch des Dritten, der ihm gegen den Drittschuldner zusteht. Der Anspruch des Dritten wird insoweit erfasst, als ob er dem Verpflichteten zustehen würde. Die Exekutionsbewilligung ist mit dem Verfügungsverbot dem Drittberechtigten ebenso wie dem Verpflichteten zuzustellen.

(BGBl I 2021/86)

Verschleiertes Entgelt

§ 292e. (1) Erbringt der Verpflichtete dem Drittschuldner in einem ständigen Verhältnis Arbeitsleistungen, die nach Art und Umfang üblicherweise vergütet werden, ohne oder gegen eine unverhältnismäßig geringe Gegenleistung, so gilt im Verhältnis des betreibenden Gläubigers zum Drittschuldner ein angemessenes Entgelt als geschuldet.

(2) Bei der Bemessung des Entgelts ist insbesondere auf
1. die Art der Arbeitsleistung,
2. die verwandtschaftlichen oder sonstigen Beziehungen zwischen dem Drittschuldner und dem Verpflichteten und
3. die wirtschaftliche Leistungsfähigkeit des Drittschuldners

Rücksicht zu nehmen. Die wirtschaftliche Existenz des Drittschuldners darf nicht beeinträchtigt werden. Bei einem Betriebsübergang gilt das Entgelt ab dem Zeitpunkt des Übergangs als vereinbart.

(BGBl I 2021/86)

Bestimmungen für die Berechnung durch den Drittschuldner

§ 292f. (1) Die Zahlung des Drittschuldners wirkt schuldbefreiend, wenn ihn weder Vorsatz noch grobe Fahrlässigkeit trifft. Dies ist jedenfalls gegeben, wenn der Drittschuldner nach dem Inhalt des Beschlusses, der den unpfändbaren Freibetrag festlegt, leistet.

(1a) Zahlt der Drittschuldner
1. in den ersten beiden Monaten des Kalenderjahres entsprechend den im Vorjahr gültigen Beträgen oder
2. während des ganzen Jahres entsprechend den im Jänner geltenden Beträgen,

so wirkt dies schuldbefreiend.

(BGBl I 2001/98)

(2) Der Drittschuldner hat bei der Berücksichtigung der Unterhaltspflichten von den Angaben des Verpflichteten auszugehen, solange ihm deren Unrichtigkeit nicht bekannt ist.

(3) Der Drittschuldner darf Entschädigungen nach § 290 Abs. 1 Z 1 höchstens mit einem der Werte berücksichtigen, die
1. im Steuerrecht oder
2. in Rechtsvorschriften und Kollektivverträgen, die für einen Personenkreis gelten, dem der Verpflichtete angehört,

vorgesehen sind.

(BGBl I 2021/86)

(4) Der Drittschuldner hat bei der Berücksichtigung von Sachleistungen den im Steuerrecht vorgesehenen Wert zugrunde zu legen.

(BGBl I 2021/86)

(5) Der Drittschuldner kann den Gesamtbetrag einer Forderung als pfändungsfrei behandeln, wenn die nicht gerundete Berechnungsgrundlage den unpfändbaren Betrag um nicht mehr als
1. 10 Euro monatlich,
2. 2,5 Euro wöchentlich,
3. 0,5 Euro täglich

übersteigt.

(BGBl I 2001/98)
(BGBl I 2021/86)

Entscheidung des Exekutionsgerichts – Antragsberechtigung

§ 292g. (1) Das Exekutionsgericht hat auf Antrag – in den Fällen der Z 1 und 2 nach freier Überzeugung im Sinn des § 273 ZPO – zu entscheiden,

1. ob bei der Berechnung des unpfändbaren Freibetrags Unterhaltspflichten zu berücksichtigen sind oder
2. ob und inwieweit ein Bezug oder Bezugsteil pfändbar ist, insbesondere auch, ob die Entschädigungen nach § 290 Abs. 1 Z 1 dem tatsächlich erwachsenden Mehraufwand entsprechen, oder
3. ob an der Forderung, deren Pfändung durch das Gericht bewilligt wurde, tatsächlich ein Pfandrecht begründet wurde.

(BGBl I 2021/86)

(2) Der Drittschuldner kann die von einem Antrag nach Abs. 1 erfassten Beträge bis zur rechtskräftigen Entscheidung des Gerichts zurückbehalten.

(BGBl I 2021/86)

(3) Antragsberechtigt sind neben den Parteien:

1. der Drittschuldner für einen Antrag nach Abs. 1 sowie auf Änderung der Beschlüsse, die den unpfändbaren Freibetrag festlegen, nach § 292c,
2. ein Dritter, dem der Verpflichtete gesetzlichen Unterhalt zu gewähren hat, für einen Antrag nach Abs. 1 Z 1, auf Erhöhung des unpfändbaren Betrags nach § 292a sowie auf Änderung der Beschlüsse, die den unpfändbaren Freibetrag festlegen, nach § 292c,
3. ein betreibender Gläubiger sonstiger Forderungen, der einem betreibenden Gläubiger, der wegen einer Forderung nach § 291b Abs. 1 Exekution führt, nachfolgt, für einen Antrag nach § 292c.

In diesen Fällen hat jede Partei ihre Kosten selbst zu tragen.

(4) Vor der Entscheidung über folgende Anträge sind die Parteien und alle betreibenden Gläubiger, die auf den gegenständlichen Bezug Exekution führen, einzuvernehmen:

1. nach Abs. 1,
2. auf Zusammenrechnung und Festlegung des Werts der Sachleistungen nach § 292,
3. auf Erhöhung des unpfändbaren Betrags nach § 292a,
4. auf Herabsetzung des unpfändbaren Betrags nach § 292b und
5. auf Änderung der Beschlüsse, die den unpfändbaren Freibetrag festlegen, nach § 292c.

Der Beschluss wirkt in allen diesen Verfahren für die künftig fällig werdenden Bezugsteile.

(BGBl I 2021/86)

(5) In den Verfahren nach Abs. 4 kann der betreibende Gläubiger vom Verpflichteten den Ersatz seiner Kosten nur nach den Bestimmungen der ZPO und nur insoweit beanspruchen, als der Verpflichtete dem Antrag nicht zustimmt. Dies gilt auch sinngemäß für einen Anspruch des Verpflichteten auf Kostenersatz. Der Drittschuldner hat keinen Anspruch auf Kostenersatz und ist nicht zum Kostenersatz verpflichtet.

(BGBl I 2021/86)

(6) Wird einem betreibenden Gläubiger nach Erlassen eines Beschlusses nach Abs. 4 die Exekution bewilligt, so gilt der Beschluss auch für ihn. Dem betreibenden Gläubiger ist der Beschluss zuzustellen; er kann auf dessen Antrag geändert werden.

(BGBl I 2021/86)

(BGBl I 2021/86)

Kosten des Drittschuldners für die Berechnung

§ 292h. (1) Dem Drittschuldner steht für die Berechnung des unpfändbaren Teils einer beschränkt pfändbaren Geldforderung

1. bei der ersten Zahlung an den betreibenden Gläubiger 2 % von dem dem betreibenden Gläubiger zu zahlenden Betrag, höchstens jedoch 8 Euro,

   (BGBl I 2001/98)
2. bei den weiteren Zahlungen 1 %, höchstens jedoch 4 Euro,

   (BGBl I 2001/98)

zu. Dieser Betrag ist von dem dem Verpflichteten zustehenden Betrag einzubehalten, sofern dadurch der unpfändbare Betrag nicht geschmälert wird; sonst von dem dem betreibenden Gläubiger zustehenden Betrag.

(2) Ist die Berechnung des dem Drittschuldner nach Abs. 1 zustehenden Betrags strittig, so hat hierüber das Exekutionsgericht auf Antrag eines Beteiligten zu entscheiden.

(3) In den Fällen des § 75 hat der betreibende Gläubiger dem Verpflichteten auf dessen Verlangen die Beträge zu ersetzen, die dem Drittschuldner nach Abs. 1 zugekommen sind.

Kontenschutz

§ 292i. (1) Werden beschränkt pfändbare Geldforderungen auf das Konto des Verpflichteten bei einer Bank überwiesen, so ist eine Pfändung des Guthabens auf Antrag des Verpflichteten vom Exekutionsgericht insoweit aufzuheben, als das Guthaben dem der Pfändung nicht unterworfenen Teil der Einkünfte für die Zeit von der Pfändung bis zum nächsten Zahlungstermin entspricht.

(BGBl I 2021/86)

(2) Wird ein bei einer Bank gepfändetes Guthaben eines Verpflichteten, der eine natürliche Person ist, dem betreibenden Gläubiger überwiesen, so darf erst 14 Tage nach der Zustellung des Überweisungsbeschlusses an den Drittschuldner aus dem Guthaben an den betreibenden Gläubiger geleistet oder der Betrag hinterlegt werden.

(BGBl I 2021/86)

(3) Das Exekutionsgericht hat die Pfändung des Guthabens für den Teil vorweg aufzuheben, dessen

der Verpflichtete bis zum nächsten Zahlungstermin dringend bedarf, um seinen notwendigen Unterhalt zu bestreiten und seine laufenden gesetzlichen Unterhaltspflichten zu erfüllen. Der vorweg freigegebene Teil des Guthabens darf den Betrag nicht übersteigen, der dem Verpflichteten voraussichtlich nach Abs. 1 zu belassen ist. Der Verpflichtete hat glaubhaft zu machen, dass beschränkt pfändbare Geldforderungen auf das Konto überwiesen worden sind und dass die Voraussetzungen des Satzes 1 vorliegen. Der betreibende Gläubiger ist nicht einzuvernehmen, wenn der damit verbundene Aufschub dem Verpflichteten nicht zuzumuten ist.

(BGBl I 2021/86)

Aufstellung über die offene Forderung

§ 292j. (1) Der Drittschuldner ist berechtigt, bei Gehaltsforderungen oder anderen in fortlaufenden Bezügen bestehenden Forderungen nach vollständiger Zahlung der in der Exekutionsbewilligung genannten festen Beträge das Zahlungsverbot nicht weiter zu berücksichtigen, bis er vom betreibenden Gläubiger oder vom Verwalter eine Aufstellung über die offene Forderung gegen den Verpflichteten erhält; diese Aufstellung ist auch dem Verpflichteten zu übersenden. Der Drittschuldner hat dem betreibenden Gläubiger oder dem Verwalter mindestens vier Wochen vorher schriftlich anzukündigen, dass er von diesem Recht Gebrauch machen wird. Kommt dem Drittschuldner eine Aufstellung des betreibenden Gläubigers über die offene Forderung nicht zu, so ist auf seinen Antrag die Exekution einzustellen. Vor der Entscheidung ist der betreibende Gläubiger einzuvernehmen (§ 55 Abs. 1).

(BGBl I 2014/69, BGBl I 2021/86)

(2) Der betreibende Gläubiger oder der Verwalter hat dem Verpflichteten binnen vier Wochen nach dessen schriftlicher Aufforderung eine Quittung über die erhaltenen Beträge zu übersenden und die Höhe der offenen Forderung bekanntzugeben. Die Aufstellung über die Höhe der offenen Forderung ist auch dem Drittschuldner zu übersenden. Eine neuerliche Abrechnung darf der Verpflichtete erst nach Ablauf eines Jahres oder nach Tilgung der festen Beträge verlangen. Kommt der betreibende Gläubiger der Aufforderung nicht nach, so hat das Exekutionsgericht auf Antrag des Verpflichteten die Exekution einzustellen. Vor der Entscheidung ist der betreibende Gläubiger einzuvernehmen (§ 55 Abs. 1).

(BGBl I 2021/86)

(3) Der Drittschuldner kann in den Fällen der Abs. 1 und 2 entsprechend der Aufstellung über die Höhe der offenen Forderung schuldbefreiend zahlen.

(4) Die Verpflichtung des betreibenden Gläubigers oder des Verwalters, eine Quittung und eine Aufstellung über die Höhe der offenen Forderung nach Abs. 1 und 2 zu übersenden, besteht nicht, wenn die Exekution nur zur Hereinbringung des laufenden gesetzlichen Unterhalts oder anderer wiederkehrender Leistungen geführt wird.

(BGBl I 2021/86)

(BGBl I 2021/86)

Zwingendes Recht

§ 293. (1) Die Anwendung der Pfändungsbeschränkungen kann durch ein zwischen dem Verpflichteten und dem Gläubiger getroffenes Übereinkommen weder ausgeschlossen noch beschränkt werden.

(2) Jede diesen Vorschriften widersprechende Verfügung durch Abtretung, Anweisung, Verpfändung oder durch ein anderes Rechtsgeschäft ist ohne rechtliche Wirkung.

(3) Die Aufrechnung gegen den der Exekution entzogenen Teil der Forderung ist, abgesehen von den Fällen, wo nach bereits bestehenden Vorschriften Abzüge ohne Beschränkung auf den der Exekution unterliegenden Teil gestattet sind, nur zulässig zur Einbringung eines Vorschusses, einer im rechtlichen Zusammenhange stehenden Gegenforderung oder einer Schadenersatzforderung, wenn der Schade vorsätzlich zugefügt wurde.

(4) Ein Übereinkommen, wodurch einer Forderung bei ihrer Begründung oder später die Eigenschaft einer Forderung anderer Art beigelegt wird, um sie ganz oder teilweise der Exekution oder der Veranschlagung bei Berechnung des der Exekution unterliegenden Teiles von Gesamtbezügen zu entziehen, ist ohne rechtliche Wirkung.

Pfändung

§ 294. (1) Das Gericht hat bei Bewilligung der Exekution dem Drittschuldner zu verbieten, an den Verpflichteten zu bezahlen. Zugleich hat das Gericht dem Verpflichteten selbst jede Verfügung über seine Forderung und über ein allfälliges für diese bestelltes Pfand sowie insbesondere die Einziehung der Forderung zu untersagen. Ihm ist aufzutragen, bei beschränkt pfändbaren Geldforderungen unverzüglich dem Drittschuldner allfällige Unterhaltspflichten und das Einkommen der Unterhaltsberechtigten bekanntzugeben. Sowohl dem Drittschuldner wie dem Verpflichteten ist hiebei mitzuteilen, dass der betreibende Gläubiger an der betreffenden Forderung ein Pfandrecht erworben hat. Die Zustellung des Zahlungsverbotes ist nach den Vorschriften über die Zustellung von Klagen vorzunehmen.

(BGBl I 2021/86)

(2) Ist ein Verwalter bestellt, so obliegt es ihm, dem Drittschuldner und dem Verpflichteten die vom Gericht ausgesprochenen Verbote sowie den Auftrag und die Mitteilungen nach Abs. 1 hinsichtlich der von ihm ermittelten und genau zu bezeichnenden Forderungen mitzuteilen. Er kann den Drittschuldner zur Abgabe einer Drittschuldnererklärung nach § 301 auffordern. Der Verwalter hat das Gericht und den betreibenden Gläubiger

von der von ihm vorgenommenen Pfändung der Forderungen zu verständigen.

(BGBl I 2021/86)

(3) Die Pfändung ist mit Zustellung des Zahlungsverbotes an den Drittschuldner als bewirkt anzusehen. Wird das Zahlungsverbot einem Konzernunternehmen zugestellt, das nicht Schuldner der im Exekutionsantrag genannten Forderung ist und ist Schuldner dieser Forderung ein anderes Unternehmen im selben Konzern, so ist der Empfänger des Zahlungsverbots berechtigt, dieses und den Auftrag zur Drittschuldnererklärung auf Gefahr des betreibenden Gläubigers an das andere Konzernunternehmen weiterzuleiten. Er hat den betreibenden Gläubiger von der Weiterleitung zu verständigen.

(BGBl I 2005/68)

(4) Der Drittschuldner kann das Zahlungsverbot mit Rekurs anfechten oder dem Exekutionsgericht anzeigen, dass die Exekutionsführung nach den darüber bestehenden Vorschriften unzulässig sei.

(BGBl I 2021/86)

Unbekannter Drittschuldner

§ 295. (1) Das Exekutionsgericht hat den Dachverband der Sozialversicherungsträger um die Bekanntgabe zu ersuchen, ob nach den bei ihm gespeicherten Daten (§ 30c Abs. 1 Z 2 ASVG) der Verpflichtete in einer Rechtsbeziehung steht, aus der ihm Forderungen im Sinn des § 290a zustehen können, und bejahendenfalls mit wem, wenn der betreibende Gläubiger

1. Forderungsexekution auf Arbeitseinkommen oder sonstige Bezüge, ohne einen Drittschuldner zu nennen, oder
2. Forderungsexekution, ohne die zu pfändenden Forderungen zu nennen,

beantragt hat, im Exekutionsantrag das Geburtsdatum des Verpflichteten angegeben hat und die verpflichtete Partei eine natürliche Person ist. Gibt der Dachverband der Sozialversicherungsträger einen oder mehrere mögliche Drittschuldner bekannt, so hat das Gericht mit den in § 294 vorgesehenen Zustellungen an den Verpflichteten und den Drittschuldner vorzugehen, wenn der Gläubiger nicht auf die Pfändung von Forderungen gegenüber einer von ihm genannten Person verzichtet hat.

(BGBl I 2021/86)

(2) Auf Antrag des betreibenden Gläubigers oder Ersuchen des Verwalters hat das Gericht, solange das Exekutionsverfahren weder eingestellt noch unter vollständiger Befriedigung des Gläubigers beendet wurde, eine neuerliche Auskunft vom Dachverband der Sozialversicherungsträger einzuholen, wenn seit der letzten Abfrage mehr als drei Monate vergangen sind oder glaubhaft gemacht wird, dass der Verpflichtete zwischenzeitig einen Bezug im Sinne des § 289 Abs. 3 erworben hat.

(BGBl I 2021/86)

(3) Die Meldebehörden haben Personen, die ihnen eine Ausfertigung eines Exekutionstitels oder eine Ablichtung hievon vorlegen, aus dem Melderegister Auskunft über das Geburtsdatum des im Exekutionstitel genannten Schuldners zu erteilen.

(4) Liegen die Voraussetzungen des § 47 Abs. 1 Z 2 vor und ist kein Vollzugsversuch bei der Exekution auf bewegliche Sachen durchzuführen, so hat das Gericht mit dem Verpflichteten nach dessen ordnungsgemäßer Ladung ein Vermögensverzeichnis aufzunehmen.

(BGBl I 2021/86)

(5) Die Anfrage an den Dachverband der Sozialversicherungsträger und dessen Antwort sind mit automationsunterstützer Datenverarbeitung durchzuführen. Die Sozialversicherungsträger und der Dachverband der Sozialversicherungsträger sind verpflichtet, die in Abs. 1 angeführten Informationen den Gerichten zu übermitteln.

(BGBl I 2021/86)

(BGBl I 2021/86)

Frühere Bewilligung einer Fahrnisexekution

§ 296. Eine Exekution nach § 295 ist nach Bewilligung einer Exekution auf bewegliche Sachen nur dann zu bewilligen, wenn seit Bewilligung ein Jahr vergangen ist oder der betreibende Gläubiger glaubhaft macht, dass er erst nach seinem Antrag auf Exekution auf bewegliche Sachen erfahren hat, dass dem Verpflichteten Forderungen im Sinn des § 290a zustehen.

(BGBl I 2021/86)

Pfändung von Forderungen gegen eine juristische Person des öffentlichen Rechts

§ 297. (1) Wird auf eine Geldforderung Exekution geführt, die dem Verpflichteten gegen eine juristische Person des öffentlichen Rechts gebührt, so ist das Zahlungsverbot der Stelle, die zur Anweisung der betreffenden Zahlung berufen ist, und auf Antrag des betreibenden Gläubigers auch dem Organe (Kasse oder Rechnungsdepartement, Rechnungsabteilung), das zur Liquidierung der dem Verpflichteten gebührenden Zahlung berufen ist, zuzustellen. Mit der Zustellung des Zahlungsverbotes an die anweisende Stelle ist die Pfändung als bewirkt anzusehen. Die Angabe des zur Liquidierung berufenen Organs obliegt dem betreibenden Gläubiger. Inwiefern dieses Organ infolge eines empfangenen Zahlungsverbotes die Auszahlung fälliger Beträge an den Verpflichteten vorläufig zurückzuhalten befugt ist, bestimmt sich nach den dafür bestehenden Vorschriften.

(2) Ergibt sich aus den sonstigen Angaben im Exekutionsantrag, insbesondere über die Art der zu pfändenden Forderung, dass der Empfänger des Zahlungsverbots für diese Forderung nicht anweisende Stelle im Sinn des Abs. 1 ist, so hat er das Zahlungsverbot und den Auftrag zur Drittschuldnererklärung der anweisenden Stelle auf Gefahr des betreibenden Gläubigers weiterzuleiten, wenn er die anweisende Stelle kennt und beide Stellen

zur selben juristischen Person des öffentlichen Rechts gehören.

(BGBl I 2021/86)

(BGBl I 2021/86)

Verwahrung eines Handpfands

§ 298. Ein für die gepfändete Forderung bestelltes Handpfand ist auf Antrag des betreibenden Gläubigers in Verwahrung zu nehmen (§ 259). Der Antrag auf Einleitung der Verwahrung kann mit dem Antrag auf Bewilligung der Forderungspfändung verbunden oder abgesondert nach Bewilligung der Pfändung beim Exekutionsgerichte gestellt werden.

(BGBl I 2021/86)

Umfang des Pfandrechts

§ 299. (1) Das Pfandrecht, welches durch die Pfändung einer Gehaltsforderung oder einer anderen in fortlaufenden Bezügen bestehenden Forderung erworben wird, erstreckt sich auch auf die nach der Pfändung fällig werdenden Bezüge, das an einer verzinslichen Forderung erwirkte Pfandrecht auf die nach der Pfändung fällig werdenden Zinsen. Wird ein Arbeitsverhältnis oder ein anderes Rechtsverhältnis, das einer in fortlaufenden Bezügen bestehenden Forderung zugrunde liegt, nicht mehr als ein Jahr unterbrochen, so erstreckt sich die Wirksamkeit des Pfandrechts auch auf die gegen denselben Drittschuldner nach der Unterbrechung entstehenden und fällig werdenden Forderungen. Es gilt auch als Unterbrechung, wenn der Anspruch neuerlich geltend zu machen ist. Eine Karenzierung ist jedoch keine Unterbrechung.

(BGBl I 2005/68)

(2) Durch Pfändung eines Diensteinkommens wird insbesondere auch dasjenige Einkommen getroffen, welches der Verpflichtete infolge einer Erhöhung seiner Bezüge, infolge Übertragung eines neuen Amtes, Versetzung in ein anderes Amt oder infolge Versetzung in den Ruhestand erhält. Sinkt das Arbeitseinkommen unter den unpfändbaren Betrag, übersteigt es aber wieder diesen Betrag, so erstreckt sich die Wirksamkeit des Pfandrechts auch auf die erhöhten Bezüge. Diese Bestimmungen gelten hinsichtlich der Erhöhung der Bezüge und des zweiten Satzes auch für andere Forderungen, die in fortlaufenden Bezügen bestehen.

(BGBl I 2005/68, BGBl I 2021/86)

(3) Ein Pfandrecht wird auch dann begründet, wenn eine Gehaltsforderung oder eine andere in fortlaufenden Bezügen bestehende Forderung zwar nicht im Zeitpunkt der Zustellung des Zahlungsverbots, aber später den unpfändbaren Betrag übersteigt.

(BGBl I 2005/68)

(4) Das Pfandrecht bleibt bei einem Betriebsübergang und einer Gesamtrechtsnachfolge bestehen. Bei einem Wechsel zu einem anderen Konzernunternehmen kann der bisherige Drittschuldner das Zahlungsverbot auf Gefahr des betreibenden Gläubigers an das andere Konzernunternehmen weiterleiten. Er hat den betreibenden Gläubiger von der Weiterleitung zu verständigen. Ab dem Zeitpunkt der Weiterleitung hat der neue Drittschuldner das Zahlungsverbot zu beachten.

(BGBl I 2021/86)

Anspruch auf einen Entgeltteil gegen einen Dritten

§ 299a. (1) Hat auf Grund gesetzlicher Bestimmungen oder vertraglicher Vereinbarung der Arbeitnehmer Anspruch auf einen Teil des Entgelts nicht gegen den Arbeitgeber, sondern gegen einen Dritten, dann erstrecken sich die Wirkungen des dem Arbeitgeber zugestellten Zahlungsverbots auch auf den Anspruch gegen den Dritten. Der Arbeitgeber hat den Dritten vom Zahlungsverbot zu verständigen. Ab diesem Zeitpunkt hat der Dritte das Zahlungsverbot zu beachten. Er hat den Teil des Entgelts, der dem Arbeitnehmer gegen ihn zusteht, dem Arbeitgeber zu zahlen. Diese Zahlung wirkt schuldbefreiend. Der Arbeitgeber hat beide Teile des Entgelts zusammenzurechnen und die Zahlungen vorzunehmen.

(2) Während der Dauer eines Arbeitsverhältnisses darf der dem Arbeitnehmer gegen den Dritten zustehende Anspruch auf einen Teil des Entgelts nur durch Abs. 1 Satz 1 in Exekution gezogen werden.

(3) Bei einer vertraglich vereinbarten oder im Gesetz vorgesehenen Direktzahlung des Dritten an den Arbeitnehmer kann der Dritte anstelle der Zahlung des Entgeltteils an den Arbeitgeber diesem lediglich dessen Höhe mitteilen und die Zahlungen nach den Angaben und Berechnungen des Arbeitgebers schuldbefreiend selbst vornehmen.

(4) Abs. 1 bis 3 gelten nicht für die Abfindung, die Abfertigung, die Urlaubsersatzleistung und das Überbrückungsgeld nach dem Bauarbeiter-Urlaubs- und Abfertigungsgesetz.

(BGBl I 2016/100)

Rang der Pfandrechte

§ 300. (1) Wird von mehreren Gläubigern zu verschiedenen Zeiten die Pfändung derselben Forderung erwirkt, so ist für die Beurteilung der Priorität der hiedurch erworbenen Rechte bei Forderungen aus den im § 321 bezeichneten Papieren der Zeitpunkt maßgebend, in dem das Papier vom Verwalter oder vom Vollstreckungsorgane in Verwahrung genommen oder die spätere Pfändung auf dem bereits vorhandenen Pfändungsprotokoll angemerkt wurde.

(BGBl I 2021/86)

(2) In allen übrigen Fällen richtet sich die Rangordnung der Pfandrechte nach dem Zeitpunkt, in welchem die zu Gunsten der einzelnen Gläubiger erlassenen Zahlungsverbote an den Drittschuldner oder bei Forderungen gegen eine juristische Person des öffentlichen Rechts an die Stelle gelangt sind, welche zur Anweisung der betreffenden Zahlung berufen ist.

(BGBl I 2021/86)

(3) Erfolgt die Besitznahme der im Abs. 1 bezeichneten Papiere gleichzeitig zu Gunsten mehrerer Gläubiger oder kommen mehrere Zahlungsverbote dem Drittschuldner oder bei Forderungen gegen eine juristische Person des öffentlichen Rechts der anweisenden Stelle am nämlichen Tage zu, so stehen die hiedurch begründeten Pfandrechte im Range einander gleich. Bei Unzulänglichkeit des gepfändeten Anspruches sind sodann die zu vollstreckenden Forderungen samt Nebengebühren nach Verhältnis ihrer Gesamtbeträge zu berichtigen.

(BGBl I 2021/86)

Pfändung einer übertragenen oder verpfändeten Forderung

§ 300a. (1) Das gerichtliche Pfandrecht erfasst eine Forderung soweit nicht, als diese vor seiner Begründung übertragen wurde.

(BGBl I 2021/86)

(2) Wurde die Forderung vor der Begründung eines gerichtlichen Pfandrechts verpfändet, so steht dies der Begründung eines gerichtlichen Pfandrechts nicht entgegen. § 300 Abs. 2 und 3 über die Rangordnung der Pfandrechte ist sinngemäß anzuwenden. Bei einer Gehaltsforderung oder einer anderen in fortlaufenden Bezügen bestehenden Forderung erfasst das vertragliche Pfandrecht nur die Bezüge, die fällig werden, sobald der Anspruch gerichtlich geltend gemacht wurde oder ein Anspruch auf Verwertung besteht und die gerichtliche Geltendmachung bzw. der Verwertungsanspruch dem Drittschuldner angezeigt wurde. Der Drittschuldner hat Zahlungen auf Grund des vertraglichen Pfandrechts erst vorzunehmen, sobald dessen Gläubiger einen Anspruch auf Verwertung hat und dies dem Drittschuldner angezeigt wurde. Davor ist der Drittschuldner auf Verlangen eines Gläubigers verpflichtet, die vom vertraglichen Pfandrecht erfassten Bezüge nach Maßgabe ihrer Fälligkeit beim Exekutionsgericht zu hinterlegen.

(BGBl I 2021/86)

(3) Dass ein gerichtliches Pfandrecht nach § 291c Abs. 2 erlischt, ist nach Abs. 1 bis 2 unbeachtlich, sobald es wieder auflebt.

(BGBl I 2021/86)

Drittschuldnererklärung

§ 301. (1) „Sofern der betreibende Gläubiger nichts anderes beantragt und die Zustellung des Zahlungsverbots nach § 294 Abs. 2 nicht dem Verwalter obliegt, hat das Gericht dem Drittschuldner gleichzeitig mit dem Zahlungsverbot aufzutragen, sich binnen vier Wochen darüber zu erklären:“

1. ob und inwieweit er die gepfändete Forderung als begründet anerkenne und Zahlungen zu leisten bereit sei;
2. ob und von welchen Gegenleistungen seine Zahlungspflicht abhängig sei;
3. ob und welche Ansprüche andere Personen auf die gepfändete Forderung erheben, insbesondere solche nach § 300a;
4. ob und wegen welcher Ansprüche zu Gunsten anderer Gläubiger an der Forderung ein Pfandrecht bestehe, auch wenn das Verfahren nach § 291c Abs. 2 eingestellt wurde;
5. die vom Verpflichteten bekannt gegebenen Unterhaltspflichten,

   (BGBl I 2000/59, BGBl I 2021/86)
6. ist ein Verwalter bestellt oder zu bestellen, ob die Berechnung des unpfändbaren Freibetrags durch diesen angeregt wird.

   (BGBl I 2021/86)

(BGBl I 2021/86)

(2) Der Drittschuldner hat seine Erklärung dem Exekutionsgericht sowie eine Abschrift davon dem Verwalter – ist keiner bestellt, dem betreibenden Gläubiger – zu übersenden.

(BGBl I 2021/86)

(3) Hat der Drittschuldner seine Pflichten nach Abs. 1 schuldhaft nicht, vorsätzlich oder grob fahrlässig unrichtig oder unvollständig erfüllt, so ist dem Drittschuldner trotz Obsiegens im Drittschuldnerprozess (§ 308) der Ersatz der Kosten des Verfahrens aufzuerlegen. § 43 Abs. 2 ZPO gilt sinngemäß. Überdies haftet der Drittschuldner dem betreibenden Gläubiger für den Schaden, der dadurch entsteht, dass er seine Pflichten schuldhaft überhaupt nicht, vorsätzlich oder grob fahrlässig unrichtig oder unvollständig erfüllt hat. Diese Folgen sind dem Drittschuldner bei Zustellung des Auftrags bekanntzugeben.

(BGBl I 2021/86)

(4) Wurde eine wiederkehrende Forderung gepfändet, so hat der Drittschuldner den betreibenden Gläubiger von der nach wie vor bestehenden Beendigung des der Forderung zugrunde liegenden Rechtsverhältnisses innerhalb einer Woche nach Ende des Monats, der dem Monat folgt, in dem das Rechtsverhältnis beendet wurde, zu verständigen. Abs. 3 ist anzuwenden, wobei die Haftung auf 1 000 Euro je Bezugsende beschränkt ist.

(BGBl I 2000/59)

(5) Ist ein Verwalter bestellt, so obliegt es ihm, dem Drittschuldner den Auftrag zur Abgabe der Drittschuldnererklärung zu erteilen; er kann aber davon absehen.

(BGBl I 2021/86)

Kosten des Drittschuldners für seine Erklärung

§ 302. (1) Für die mit der Abgabe der Erklärung verbundenen Kosten stehen dem Drittschuldner als Ersatz zu:

1. 35 Euro, wenn eine wiederkehrende Forderung gepfändet wurde und diese besteht;
2. 25 Euro in den sonstigen Fällen.

(BGBl I 2016/100)

In diesen Beträgen ist die Umsatzsteuer enthalten.

(2) Die Kosten sind vorläufig vom betreibenden Gläubiger zu tragen; ihm ist deren Ersatz an den Drittschuldner vom Gericht aufzuerlegen. Die

zuerkannten Beträge sind von Amts wegen als Kosten des Exekutionsverfahrens zu bestimmen. Mehrere betreibende Gläubiger haben die Kosten zu gleichen Teilen zu tragen.

(3) Der Drittschuldner ist im Fall des Abs. 1 berechtigt, den ihm als Kostenersatz zustehenden Betrag von dem dem Verpflichteten zustehenden Betrag der überwiesenen Forderung einzubehalten, sofern dadurch der unpfändbare Betrag nicht geschmälert wird; sonst von dem dem betreibenden Gläubiger zustehenden Betrag. § 292h Abs. 3 ist anzuwenden.

(BGBl I 2000/59)

Geltendmachung durch Verwalter und Überweisung

§ 303. (1) Der Verwalter ist berechtigt, die gepfändete Forderung bis zur Höhe der vollstreckbaren Forderung samt dem vom Gericht zur Deckung der Entlohnung des Verwalters bestimmten Betrag geltend zu machen; ist kein Verwalter bestellt, so ist die gepfändete Geldforderung dem betreibenden Gläubiger nach Maßgabe des für ihn begründeten Pfandrechts bis zur Höhe der vollstreckbaren Forderung zur Einziehung zu überweisen.

(2) Der Verwalter ist berechtigt, bei beschränkt pfändbaren Forderungen auch den unpfändbaren Teil des Bezugs geltend zu machen und Bezüge zusammenzurechnen, wenn dies im Interesse der Parteien ist. Der Verwalter hat die Parteien davon zu verständigen und den unpfändbaren Betrag jeweils unverzüglich, längstens innerhalb von drei Tagen ab Einlangen des Betrags, dem Verpflichteten zu zahlen. Der Drittschuldner hat dem Verwalter die zur Berechnung des unpfändbaren Freibetrags erforderlichen Auskünfte zu erteilen.

(3) Ein Interesse der Parteien im Sinn des Abs. 2 liegt insbesondere dann nicht vor, wenn der Drittschuldner häufig mit Exekutionen auf die Bezüge seiner Arbeitnehmer befasst ist und die Berechnung durch den Verwalter nicht angeregt hat (§ 301 Abs. 1 Z 6), außer es liegt ein Fall der Zusammenrechnung nach § 292 Abs. 2 vor.

(BGBl I 2021/86)

Besonderheiten im vereinfachten Bewilligungsverfahren

§ 304. Wurde die Forderungsexekution im vereinfachten Bewilligungsverfahren bewilligt, so darf an den betreibenden Gläubiger erst vier Wochen nach Zustellung des Zahlungsverbots an den Drittschuldner geleistet oder der Betrag hinterlegt werden. Dies ist dem Drittschuldner bekanntzugeben. Der Drittschuldner kann mit der Leistung oder Hinterlegung bis zum nächsten Auszahlungstermin zuwarten, nicht jedoch länger als 8 Wochen.

(BGBl I 2005/68, BGBl I 2021/86)

Durchführung der Überweisung

§ 305. (1) Die Überweisung geschieht durch Zustellung des die Überweisung aussprechenden Beschlusses an den Drittschuldner.

(BGBl I 2021/86)

(2) §§ 297 und 300 Abs. 2 und 3 gelten für die dort genannten Forderungen gegen eine juristische Person des öffentlichen Rechts auch für den Überweisungsbeschluss.

(BGBl I 2021/86)

Auskunftsrecht – Ausfolgung der Urkunden

§ 306. (1) Der Verpflichtete hat dem Verwalter oder dem betreibenden Gläubiger, dem die Forderung überwiesen wurde, die zur Geltendmachung der Forderung nötigen Auskünfte zu erteilen und ihm die über die Forderung vorhandenen Urkunden herauszugeben. Wenn sich die Überweisung auf einen Teil der gepfändeten Forderung beschränkt, hat der Gläubiger auf Antrag für die Rückstellung der die ganze Forderung betreffenden Urkunden Sicherheit zu leisten.

(2) Die erfolgte Überweisung ist vom Gericht auf den dem Gläubiger ausgefolgten Urkunden ersichtlich zu machen.

(BGBl I 2021/86)

Hinterlegung bei Gericht

§ 307. (1) Wird die Forderung, deren Pfändung und Überweisung, wenn auch vorbehaltlich früher erworbener Rechte Dritter, ausgesprochen wurde, nicht nur vom betreibenden Gläubiger, sondern auch von anderen Personen in Anspruch genommen, so ist bei Vorliegen einer unklaren Sach- oder Rechtslage der Drittschuldner befugt und auf Antrag eines Gläubigers verpflichtet, den Betrag der Forderung samt Nebengebühren nach Maßgabe ihrer Fälligkeit zugunsten aller dieser Personen beim Exekutionsgericht zu hinterlegen. Über einen solchen Antrag ist nach Einvernehmung des Drittschuldners (§ 55 Abs. 1) durch Beschluss zu entscheiden.

(BGBl I 2021/86)

(2) Die gerichtlich erlegten Beträge sind zu verteilen. Hiefür gelten §§ 285 bis 287 mit der Maßgabe, dass unter Gläubiger nicht nur betreibende Gläubiger, sondern auch solche zu verstehen sind, die in § 300a genannte Rechte an der Forderung haben.

(BGBl I 2021/86)

(3) Falls wegen Bezahlung der Forderung gegen den Drittschuldner Klagen anhängig gemacht wurden, kann dieser nach Bewirkung des Erlages beim Prozessgericht beantragen, aus dem Rechtsstreite entlassen zu werden.

(BGBl I 2021/86)

(4) Die Befugnis des Drittschuldners nach Abs. 1 besteht soweit nicht, als ihm ein Antragsrecht nach § 292g zusteht.

(BGBl I 2021/86)

Rechte des Verwalters und des betreibenden Gläubigers

(BGBl I 2021/86)

§ 308. (1) Der Verwalter oder der betreibende Gläubiger, dem die gepfändete Forderung überwiesen wurde, ist ermächtigt, namens des Verpflichteten vom Drittschuldner die Entrichtung der gepfändeten Forderung bis zur Höhe des hereinzubringenden Betrags – der Verwalter auch samt des vom Gericht zur Deckung seiner Entlohnung bestimmten Betrags – nach Maßgabe des Rechtsbestands der gepfändeten Forderung und des Eintritts ihrer Fälligkeit zu begehren, den Eintritt der Fälligkeit durch Einmahnung oder Kündigung herbeizuführen, alle zur Erhaltung und Ausübung des Forderungsrechts notwendigen Präsentationen, Protesterhebungen, Notifikationen und sonstigen Handlungen vorzunehmen, Zahlung zur Befriedigung seines Anspruchs und in Anrechnung auf denselben in Empfang zu nehmen, die nicht rechtzeitig und ordnungsmäßig bezahlte Forderung gegen den Drittschuldner in Vertretung des Verpflichteten einzuklagen und das für die gepfändete Forderung begründete Pfandrecht geltend zu machen. Weder der Verwalter noch der betreibende Gläubiger sind befugt, dem Drittschuldner seine Schuld zu erlassen oder die Entscheidung über den Rechtsbestand der Forderung Schiedsrichtern zu übertragen. Ein Vergleich des betreibenden Gläubigers über die zur Einziehung überwiesene Forderung und ein Vergleich des Verwalters bedürfen der Zustimmung des Exekutionsgerichts. Der Erteilung der Zustimmung hat die Einvernehmung des betreibenden Gläubigers und des Verpflichteten vorauszugehen.

(BGBl I 2021/86)

(2) Einwendungen, welche aus den zwischen dem betreibenden Gläubiger und dem Drittschuldner bestehenden rechtlichen Beziehungen entspringen, können der vom Gläubiger infolge der Überweisung angestrengten Klage nicht entgegengestellt werden.

(3) Eine vom Verpflichteten vorgenommene Abtretung der überwiesenen Forderung ist auf die durch die Überweisung begründeten Befugnisse des Gläubigers und insbesondere auf dessen Recht, die Leistung des Forderungsgegenstandes zu begehren, ohne Einfluß.

(4) Ist ein Verwalter bestellt, so kann das Gericht auf Antrag des betreibenden Gläubigers diesem die Forderung zur Einziehung überweisen.

(BGBl I 2021/86)

Klagerecht des Verpflichteten

§ 308a. (1) Wurde eine beschränkt pfändbare Forderung gepfändet und überwiesen und hat der betreibende Gläubiger diese nicht bereits gerichtlich geltend gemacht, so kann auch der Verpflichtete den pfändbaren Teil zugunsten des betreibenden Gläubigers gerichtlich geltend machen,

1. insoweit nicht der betreibende Gläubiger binnen 14 Tagen nach der Zustellung der Streitverkündung (Abs. 2) mit Schriftsatz oder durch Erklärung in der Tagsatzung zur mündlichen Streitverhandlung in den Rechtsstreit eintritt oder
2. wenn drei Monate seit der Überweisung und dem Eintritt der Fälligkeit der Forderung abgelaufen sind.

Ein Zahlungsbefehl darf bereits davor erlassen werden. Nach der Zustellung der Streitverkündung nach Z 1 oder dem Ablauf der Frist nach Z 2 erstreckt sich die Streitanhängigkeit auch auf den betreibenden Gläubiger.

(2) Die Streitverkündung (Abs. 1 Z 1) ist längstens binnen einer vom Gericht festzusetzenden, angemessenen, vier Wochen nicht überschreitenden Frist vorzunehmen und dem betreibenden Gläubiger nach den Vorschriften über die Zustellung von Klagen zuzustellen. Tritt der betreibende Gläubiger nach Abs. 1 Z 1 ein, so ist der Verpflichtete in diesem Umfang durch Beschluss des Prozeßgerichts vom Rechtsstreit zu entbinden. In das vom betreibenden Gläubiger vorgelegte Kostenverzeichnis können auch die dem Verpflichteten vor seiner Entbindung vom Rechtsstreit verursachten Kosten aufgenommen werden. Soweit Kosten des Verpflichteten vom Beklagten zu ersetzen sind, sind sie dem Verpflichteten zuzusprechen.

(BGBl I 2021/86)

(3) Eine Änderung des Klagebegehrens auf Leistung einer gepfändeten und überwiesenen beschränkt pfändbaren Forderung an den betreibenden Gläubiger ist ohne Zustimmung des Beklagten möglich.

(4) Ein Vergleich oder ein Verzicht über den vom Verpflichteten nach Abs. 1 geltend gemachten pfändbaren Teil der Forderung auf Rechnung des betreibenden Gläubigers bedarf dessen Zustimmung. Dies gilt nicht, wenn dem betreibenden Gläubiger die Klage oder die Streitverkündung zugestellt wurde, dieser nicht als Nebenintervenient beigetreten ist und er auf den Eintritt dieser Rechtsfolge hingewiesen wurde.

(5) Im Klagebegehren und in der Entscheidung über eine vom Verpflichteten geltend gemachte beschränkt pfändbare Forderung kann die Berechnung des unpfändbaren und pfändbaren Teils der Forderung dem Drittschuldner überlassen werden.

(6) Jede Entscheidung über die gepfändete und überwiesene Forderung ist auch dem betreibenden Gläubiger und im Fall des Eintritts des betreibenden Gläubigers (Abs. 1 Z 1) dem Verpflichteten zuzustellen. Bei Geltendmachung des pfändbaren Teils durch den Verpflichteten nach Abs. 1 Z 2 ist auch die Klage sowie eine allfällige Änderung des Klagebegehrens (Abs. 3) dem betreibenden Gläubiger zuzustellen.

Von Gegenleistung abhängige Forderung

§ 309. (1) Wenn die Verpflichtung des Drittschuldners zur Leistung von der als Gegenleistung zu bewirkenden Übergabe von Sachen abhängig ist und sich diese im Vermögen des Verpflichteten vorfinden, so hat sie letzterer dem Verwalter oder dem betreibenden Gläubiger, dem die Forderung zur Einziehung überwiesen wurde, zum Zwecke ihrer

Übergabe an den Drittschuldner herauszugeben. Dies hat das Gericht auf Antrag des Verwalters oder des betreibenden Gläubigers, dem die Forderung zur Einziehung überwiesen wurde, anzuordnen.

(2) Die Herausgabe ist nach den §§ 346 bis 348 zu bewirken, wenn die Verpflichtung zur Gegenleistung durch ein gegen den Drittschuldner erlangtes oder gegen den Verpflichteten ergangenes Urteil festgestellt ist oder durch beweiskräftige Urkunden dem Gericht dargetan werden kann.

(3) Vor Entscheidung über den Antrag ist der Verpflichtete einzuvernehmen.

(BGBl I 2021/86)

Streitverkündung

§ 310. (1) Der Verwalter oder der betreibende Gläubiger, der die überwiesene Forderung einklagt, hat dem Verpflichteten, wenn dessen Wohnort bekannt und im Inland liegt, gerichtlich den Streit zu verkünden.

(2) Der Verwalter und jeder Gläubiger, für welchen die eingeklagte Forderung gleichfalls gepfändet ist, kann dem Rechtsstreit auf seine Kosten als Nebenintervenient beitreten. Die Entscheidung, welche in diesem Rechtsstreit über die in der Klage geltend gemachte Forderung gefällt wird, ist für und gegen sämtliche Gläubiger wirksam, zu deren Gunsten die Pfändung der Forderung erfolgt.

(3) Die Verzögerung der Betreibung einer zur Einziehung überwiesenen Forderung sowie die Unterlassung der Streitverkündung machen den betreibenden Gläubiger, dem die Forderung überwiesen wurde, für allen dem Verpflichteten, sowie den übrigen auf dieselbe Forderung Exekution führenden Gläubigern dadurch verursachten Schaden haftbar.

(4) Im Fall der Verzögerung der Betreibung ist auf Antrag des Verwalters, jedes nachrangigen Gläubigers, der auf dieselbe Forderung Exekution führt, oder der verpflichteten Partei die Überweisung der Forderung an den säumigen Gläubiger aufzuheben und zur Einziehung der gepfändeten Forderung vom Exekutionsgericht ein Kurator zu bestellen; ist ein Verwalter bestellt, so ist er zum Kurator zu bestellen. Vor der Entscheidung über einen solchen Antrag ist der betreibende Gläubiger einzuvernehmen, dem die Forderung überwiesen wurde.

(BGBl I 2021/86)

Verzicht auf die Rechte aus der Überweisung

§ 311. (1) Der Gläubiger kann auf die durch Überweisung zur Einziehung erworbenen Rechte, unbeschadet seines vollstreckbaren Anspruches und des zu Gunsten desselben an der Forderung des Verpflichteten erworbenen Pfandrechtes, verzichten.

(2) Die Verzichtleistung erfolgt durch eine bezügliche Mitteilung an das Exekutionsgericht welches hievon den Verpflichteten den Drittschuldner und die übrigen Pfandgläubiger zu verständigen hat. Der Verzicht ist auf den vom Gläubiger zurückzustellenden Urkunden anzumerken.

(3) Die gesamten durch die Überweisung und insbesondere die durch die Einklagung der überwiesenen Forderung entstandenen Kosten sind vom verzichtleistenden Gläubiger zu tragen.

Zahlungsvereinbarung

§ 311a. Bei Aufschiebung einer Exekution zur Hereinbringung einer Forderung auf wiederkehrende Leistungen wegen einer Zahlungsvereinbarung nach § 45a werden bereits vollzogene Exekutionsakte aufgehoben; der Pfandrang bleibt erhalten.

(BGBl I 2003/31)

Zahlung des Drittschuldners

§ 312. (1) Durch die Zahlung des Drittschuldners wird die Forderung des betreibenden Gläubigers bis zur Höhe des ihm nach Maßgabe seines Pfandrechtes gebührenden Betrages getilgt.

(2) Hat der Drittschuldner sämtliche Forderungen samt Nebengebühren getilgt, so ist auf Antrag der verpflichteten Partei oder des Drittschuldners das Exekutionsverfahren einzustellen.

(BGBl I 2014/69, BGBl I 2021/86)

(3) (aufgehoben)

(BGBl I 2021/86)

Befreiung des Drittschuldners von der Verbindlichkeit

§ 313. (1) Der Drittschuldner wird nach Verhältnis der von ihm an den Verwalter oder betreibenden Gläubiger, welchem die Forderung zur Einziehung überwiesen wurde, geleisteten Zahlung von seiner Verbindlichkeit befreit.

(2) Die vom Verwalter oder betreibenden Gläubiger dem Drittschuldner erteilten Zahlungsbestätigungen haben dieselbe Wirkung wie eine vom Verpflichteten ausgestellte Bestätigung.

(BGBl I 2021/86)

Einziehung durch einen Kurator

§ 314. (1) Wenn die Überweisung zur Einziehung nicht stattfinden kann, weil keiner der betreibenden Gläubiger die nach § 323 Abs. 2 geforderte Sicherheit leistet, oder wenn die Überweisung wegen Verweigerung der im § 306 Abs. 1 bestimmten Sicherheit wieder aufgehoben werden muss, ist vom Exekutionsgerichte auf Antrag zur Einziehung der gepfändeten Forderung ein Kurator zu bestellen.

(BGBl I 2021/86)

(2) Von Amts wegen oder auf Antrag kann ferner zur Einziehung der Forderung ein Kurator bestellt werden, wenn dieselbe Forderung nach Teilbeträgen verschiedenen Gläubigern zur Einziehung überwiesen wird und sich diese über die Bestellung eines gemeinsamen Bevollmächtigten nicht einigen.

(3) Auf den Kurator sind die Bestimmungen über den Verwalter anzuwenden.

(BGBl I 2021/86)

Verteilung

§ 315. (1) Die vom Drittschuldner dem Verwalter oder Kurator gezahlten Beträge sind nach den §§ 285 bis 287 zu verteilen; die dem Verwalter oder Kurator im Prozess gegen den Drittschuldner zugesprochenen Kosten gehören zur Verteilungsmasse; die durch die Bestellung und Tätigkeit des Verwalters oder Kurators erwachsenden Kosten sind gleich den Kosten des Versteigerungsverfahrens vor allen anderen Forderungen zu berichtigen.

(2) Abs. 1 ist auf die Exekution zur Hereinbringung von Unterhalt nicht anzuwenden; der Verwalter hat den betreibenden Gläubigern, die Exekution wegen einer Forderung nach § 291b Abs. 1 führen, den pfändbaren Betrag jeweils unverzüglich, längstens innerhalb von drei Tagen ab Einlangen des Betrags, zu zahlen.

(BGBl I 2021/86)

§ 316. (aufgehoben)

(BGBl I 2021/86)

Anderweitige Verwertung

§ 317. (1) Der Verwalter kann die gepfändete Forderung auf eine andere Art verwerten:

1. wenn die Einziehung der gepfändeten Forderung wegen ihrer Abhängigkeit von einer, im Wege der Exekutionsführung nach § 309 Abs. 2 und 3 nicht zu beschaffenden Gegenleistung des Verpflichteten mit Schwierigkeiten verbunden ist;
2. wenn die Fälligkeit der gepfändeten Forderung durch eine dem Drittschuldner zustehende Kündigung bedingt oder für die dem Verpflichteten vorbehaltene Kündigung eine mehr als halbjährige Kündigungsfrist vereinbart ist oder überhaupt die Forderung erst nach Ablauf eines halben Jahres von der Pfändung an fällig wird;
3. wenn nach erfolgter Überweisung zur Einziehung der Versuch der Einziehung der Forderung aus andern Gründen als wegen Zahlungsunfähigkeit des Drittschuldners, wegen rechtskräftiger gerichtlicher Aberkennung der Forderung oder wegen Verzichtleistung des zur Einziehung ermächtigten Gläubigers (§ 311 Abs. 1 und 2) nicht zum Ziele geführt hat, oder wenn sich einer der in Z 1 und Z 2 angeführten Umstände erst nach erfolgter Überweisung ergibt.

(BGBl I 2021/86)

(2) Wurde die Forderung einem Gläubiger überwiesen, so kann das Exekutionsgericht auf Antrag eines Gläubigers, zu dessen Gunsten die Forderung gepfändet wurde, eine andere Art der Verwertung anordnen.

(BGBl I 2021/86)

(3) Vor Beschlussfassung über den Antrag sind die übrigen Gläubiger, welche an der Forderung ein Pfandrecht erworben haben, und, wenn es ohne erhebliche Verzögerung geschehen kann, der Verpflichtete einzuvernehmen. Wird dem Antrag Folge gegeben, so ist ein früher ergangener Überweisungsbeschluß unter Verständigung des Drittschuldners und sämtlicher übrigen Beteiligten aufzuheben.

(BGBl I 2021/86)

Verkauf einer Forderung

§ 318. Der Verkauf einer gepfändeten Forderung ist unter sinngemäßer Anwendung der Bestimmungen über den Verkauf gepfändeter beweglicher Sachen (§§ 264 bis 276, 278, 281 und 282) zu vollziehen. Dabei hat der Nennwert der Forderung den Ausrufspreis zu bilden. Die über die verkaufte Forderung vorhandenen Urkunden sind dem Käufer bei Erlag des Kaufpreises vom Verwalter oder von dem Vollstreckungsorgan zu übergeben. Betreffs der erforderlichen schriftlichen Übertragungserklärungen haben die Bestimmungen des § 323 Abs. 1 sinngemäße Anwendung zu finden.

(BGBl I 2000/59, BGBl I 2021/86)

Verkauf durch Versteigerung – Zwangsverwaltung

(BGBl I 2021/86)

§ 319. (1) Eine Forderung darf nicht öffentlich versteigert werden:

1. wenn für die Forderung eine genügende Deckung bietendes Handpfand bestellt ist;
2. wenn die Forderung dem Verpflichteten gegen den betreibenden Gläubiger selbst zusteht und mit dem zu vollstreckenden Anspruche kompensiert werden kann;
3. wenn die Forderung den Bezug jährlicher Renten, Unterhaltsgelder oder anderer wiederkehrender Zahlungen zum Gegenstande hat;
4. wenn sich die Forderung auf eine Sparurkunde gründet;
5. wenn die auf eines der im § 321 bezeichneten Papiere sich gründende Forderung einen Börsenpreis hat;
   (BGBl I 2021/86)
6. wenn der Betrag der Forderung nicht mit Bestimmtheit angegeben oder der Bestand der Forderung nicht glaubhaft gemacht werden kann;
   (BGBl I 2021/86)
7. wenn sie bücherlich sichergestellt ist.
   (BGBl I 2021/86)

(BGBl I 2021/86)

(2) Die Zwangsverwaltung von Forderungen ist nach § 332 durchzuführen.

(BGBl I 2021/86)

§ 319a. (aufgehoben)

(BGBl I 2021/86)

Besondere Bestimmungen über die Exekution auf bücherlich sichergestellte Forderungen

§ 320. (1) Wird auf Forderungen Exekution geführt, für die auf einer Liegenschaft oder einem Liegenschaftsanteile ein Pfandrecht bücherlich einverleibt ist, so ist zu deren Pfändung die Einverleibung des Pfandrechtes in dem öffentlichen Buche erforderlich. Wenn zu Gunsten der zu vollstreckenden Forderung auf Grund einer früheren Bestellung ein Pfandrecht an der bücherlich sichergestellten Forderung einverleibt ist, genügt zur Pfändung die bücherliche Anmerkung der Vollstreckbarkeit.

(2) Ist eine Forderung bücherlich sichergestellt, so hat das die Exekution bewilligende Gericht das zum Vollzug der Einverleibung des Pfandrechts Erforderliche gleichzeitig mit der Bewilligung der Exekution zu verfügen. Bei Einverleibung dieses Pfandrechts ist anzugeben, dass dieses zum Zweck der Exekution einer vollstreckbaren Geldforderung vom Gericht bewilligt wird. Ist ein Verwalter bestellt, so ist er zum Antrag auf Einverleibung des Pfandrechtes berechtigt. Dieser ist auch im öffentlichen Buch anzumerken. Ist kein Verwalter bestellt, so ist die Überweisung zur Einziehung an den betreibenden Gläubiger im öffentlichen Buch anzumerken.

(BGBl I 2021/86)

(3) Wenn von mehreren Gläubigern die Pfändung derselben bücherlich sichergestellten Forderung erwirkt wird, so kommen in Betreff der Rangordnung der Pfandrechte die Bestimmungen des Allgemeinen Grundbuchsgesetzes 1955 in Anwendung.

(4) Zugleich mit der Bewilligung der Einverleibung des Pfandrechtes oder der Anmerkung der Vollstreckbarkeit hat das Gericht an den Verpflichteten sowie an den Drittschuldner die im § 294 angeführten Verbote zu erlassen.

(5) Dem Verwalter oder dem betreibenden Gläubiger steht auch die Befugnis zu, die bücherliche Anmerkung der Aufkündigung und der Hypothekarklage zu erwirken und alle Erklärungen namens des Verpflichteten abzugeben, welche zur bücherlichen Löschung des einverleibten Pfandrechtes erforderlich sind. Diese Löschungserklärungen bedürfen zu ihrer Wirksamkeit der Genehmigung des Exekutionsgerichts.

(BGBl I 2021/86)

(6) Wenn der betreibende Gläubiger auf die durch die Überweisung zur Einziehung erworbenen Rechte oder der Verwalter auf die Einziehung verzichtet, so ist die Anmerkung von Amts wegen zu löschen.

(BGBl I 2021/86)

Pfändung von Forderungen aus Papieren

§ 321. (1) Die Pfändung von Forderungen aus indossablen Papieren sowie solchen, deren Geltendmachung sonst an den Besitz des über die Forderung errichteten Papiers gebunden ist, wird dadurch bewirkt, dass der Verwalter oder das Vollstreckungsorgan diese Papiere unter Aufnahme eines Pfändungsprotokolls (§§ 253, 254 Abs. 1) an sich nimmt. Das Vollstreckungsorgan hat weiters die Papiere bei Gericht zu hinterlegen.

(2) Für eine später zu Gunsten eines anderen Gläubigers bewilligte Pfändung derselben Forderung gilt § 257.

(BGBl I 2021/86)

Sonderbestimmungen für bei Gericht erliegende Papiere

§ 322. (1) Präsentationen, Protesterhebungen, Notifikationen und sonstige Handlungen zur Erhaltung oder Ausübung der Rechte aus den in § 321 Abs. 1 bezeichneten Papieren sind, solange das Papier bei Gericht erliegt, durch das Vollstreckungsorgan an Stelle des Verpflichteten vorzunehmen.

(2) Bei Gefahr im Verzug kann das Vollstreckungsorgan die fällige Forderung aus einem derartigen bei Gericht erliegenden Papier einziehen. Die eingehenden Beträge sind gerichtlich zu hinterlegen; das für den betreibenden Gläubiger an der Forderung begründete Pfandrecht erstreckt sich auf diese Forderungseingänge. Wenn die Einklagung der Forderung zur Unterbrechung der Verjährung oder zur Vermeidung sonstiger Nachteile nötig erscheint, hat das Exekutionsgericht von Amts wegen oder auf Antrag zu diesem Zweck einen Kurator zu bestellen.

(BGBl I 2021/86)

Überweisung von Forderungen aus Papieren

§ 323. (1) Bei Forderungen aus Papieren nach § 321 Abs. 1 geschieht die Überweisung durch Übergabe des mit der erforderlichen schriftlichen Übertragungserklärung versehenen Papieres an den betreibenden Gläubiger, dem die Forderung überwiesen wurde. Diese Übertragungserklärung ist vom Exekutionsgericht oder vom Vollstreckungsorgan abzugeben.

(2) Gründet sich die Forderung auf ein Papier nach § 321 Abs. 1, so ist die Überweisung nur im Gesamtbetrag der gepfändeten Forderung und, falls letzterer den Betrag der vollstreckbaren Forderung übersteigt, nur dann zulässig, wenn vom betreibenden Gläubiger für die Ausfolgung des Überschusses Sicherheit geleistet wird.

(BGBl I 2021/86)

Verwertung der Forderung aus einer Sparurkunde

§ 324. (1) Die Forderung aus einer Sparurkunde ist vom Vollstreckungsorgan einzuziehen oder vom Verwalter geltend zu machen. Das Vollstreckungsorgan ist nicht berechtigt, die Forderung aus einer Sparurkunde gerichtlich geltend zu machen. § 323 Abs. 2 ist nicht anzuwenden.

(2) § 323 ist anzuwenden, wenn kein Verwalter bestellt ist und die Einziehung scheitert.

(BGBl I 2021/86)

Zahlung des Drittschuldners – Mehrempfang

§ 325. (1) Das Mehrempfangene hat der Verwalter oder der betreibende Gläubiger gegen Rückstellung der von ihm geleisteten Sicherheit entweder unmittelbar den bezugsberechtigten Pfandgläubigern auszufolgen oder zu Gericht zu erlegen oder dem Verpflichteten zu übergeben, soweit diesem wegen teilweiser Befreiung der Forderung von der Exekution ein Teil der Zahlung gebührt oder der eingegangene Betrag von niemand anderem in Anspruch genommen wird.

(2) Die Verwendung des dem betreibenden Gläubiger nicht gebührenden Einganges ist auf Antrag vom Exekutionsgericht zu bestimmen. Vor der Entscheidung sind alle Beteiligten einzuvernehmen.

(BGBl I 2021/86)

Inkrafttreten und Übergangsbestimmungen zur EO-Novelle 2014

§ 497. (12) § 292l Abs. 1 und § 312 Abs. 4 in der Fassung der EO-Nov. 2014, BGBl. I Nr. 69/2014, sind anzuwenden, wenn der Antrag auf Einstellung nach dem 30. September 2014 bei Gericht einlangt.

(BGBl I 2021/86)

Inkrafttreten und Übergangsbestimmungen zur EO-Novelle 2016

§ 498. (1) (nicht abgedruckt)

(2) § 25 Abs. 2 und 3, § 42 Abs. 1 Z 10, § 259 Abs. 1a § 274 Abs. 2, § 277a Abs. 3 Z 8 und Abs. 5, §§ 277b, 277c, 281 Abs. 1, 281a Abs. 2, § 282 Abs. 1, § 290a Abs. 1 Z 5 lit. g, § 292 Abs. 3a, § 299a Abs. 4, § 302 Abs. 1, §§ 403 bis 421 in der Fassung der EO-Nov. 2016, BGBl. I Nr. 100/2016, treten mit 2. Jänner 2017 in Kraft.

(3) – (10) (nicht abgedruckt)

(BGBl I 2021/86)

Inkrafttreten und Übergangsbestimmungen zur GREx

§ 502. (1) Das Bundesgesetz Gesamtreform des Exekutionsrechts – GREx, BGBl. I Nr. 86/2021 tritt mit 1. Juli 2021 in Kraft. Es ist, soweit im Folgenden nicht anderes bestimmt ist, auf Exekutionsverfahren anzuwenden, in denen der Exekutionsantrag nach dem 30. Juni 2021 bei Gericht eingelangt ist.

(2) (nicht abgedruckt)

(3) §§ 292f und 292g in der Fassung der GREx sind auch auf Exekutionsverfahrens anzuwenden, die am 1. Juli 2021 bereits anhängig sind.

(4) – (9) (nicht abgedruckt)

(BGBl I 2021/86)

38/2. Insolvenzordnung (Auszug)

Insolvenzordnung, RGBl 1914/337 idF

1 BGBl 1982/370	**2** BGBl 1991/10	**3** BGBl 1993/656
4 BGBl 1994/153	**5** BGBl 1994/314	**6** BGBl I 1997/114
7 BGBl I 1999/73	**8** BGBl I 1999/123	**9** BGBl I 2002/75
10 BGBl I 2009/30	**11** BGBl I 2010/29	**12** BGBl I 2015/34
13 BGBl I 2017/122	**14** BGBl I 2021/147	

STICHWORTVERZEICHNIS

Bundesgesetz über das Insolvenzverfahren (Insolvenzordnung – IO)

Erster Abschnitt
Allgemeine Vorschriften

Rechtshandlungen des Schuldners.

§ 3. (1) Rechtshandlungen des Schuldners nach der Eröffnung des Insolvenzverfahrens, welche die Insolvenzmasse betreffen, sind den Insolvenzgläubigern gegenüber unwirksam. Dem anderen Teil ist die Gegenleistung zurückzustellen, soweit sich die Masse durch sie bereichern würde.

(2) Durch Zahlung einer Schuld an den Schuldner nach der Eröffnung des Insolvenzverfahrens wird der Verpflichtete nicht befreit, es sei denn, daß das Geleistete der Insolvenzmasse zugewendet worden ist oder daß dem Verpflichteten zur Zeit der Leistung die Eröffnung des Insolvenzverfahrens nicht bekannt war und daß die Unkenntnis nicht auf einer Außerachtlassung der gehörigen Sorgfalt beruht (bekannt sein mußte).

(BGBl I 2010/29)

Erfüllung von zweiseitigen Rechtsgeschäften.

a) im allgemeinen.

§ 21. (1) Ist ein zweiseitiger Vertrag von dem Schuldner und dem anderen Teil zur Zeit der Eröffnung des Insolvenzverfahrens noch nicht oder nicht vollständig erfüllt worden, so kann der Insolvenzverwalter entweder an Stelle des Schuldners den Vertrag erfüllen und vom anderen Teil Erfüllung verlangen oder vom Vertrag zurücktreten.

(2) Der Insolvenzverwalter muß sich darüber spätestens binnen einer vom Insolvenzgericht auf Antrag des anderen Teiles zu bestimmenden Frist erklären, widrigens angenommen wird, daß der Insolvenzverwalter vom Geschäfte zurücktritt. Die vom Insolvenzgericht zu bestimmende Frist darf frühestens drei Tage nach der Berichtstagsatzung enden. Im Falle des Rücktrittes kann der andere Teil den Ersatz des ihm verursachten Schadens als Insolvenzgläubiger verlangen. Ist der Schuldner zu einer nicht in Geld bestehenden Leistung verpflichtet, mit deren Erfüllung er in Verzug ist, so muss sich der Insolvenzverwalter unverzüglich nach Einlangen des Ersuchens des Vertragspartners, längstens aber innerhalb von fünf Arbeitstagen erklären. Erklärt er sich nicht binnen dieser Frist, so wird angenommen, dass er vom Geschäft zurücktritt.

(3) Ist der andere Teil zur Vorausleistung verpflichtet, so kann er seine Leistung bis zur Bewirkung oder Sicherstellung der Gegenleistung verweigern, wenn ihm zur Zeit des Vertragsabschlusses die schlechten Vermögensverhältnisse des Schuldners nicht bekannt sein mußten.

(4) Sind die geschuldeten Leistungen teilbar und hat der Gläubiger die ihm obliegende Leistung zur Zeit der Eröffnung des Insolvenzverfahrens bereits teilweise erbracht, so ist er mit dem der Teilleistung entsprechenden Betrag seiner Forderung auf die Gegenleistung Insolvenzgläubiger.

d) Arbeitsverträge

§ 25. (1) Ist der Schuldner Arbeitgeber, so übt der Insolvenzverwalter die Rechte und Pflichten des Arbeitgebers aus. Ist das Arbeitsverhältnis bereits angetreten worden, so kann es

1. im Schuldenregulierungsverfahren innerhalb eines Monats nach Eröffnung des Schuldenregulierungsverfahrens,

2. sonst innerhalb eines Monats nach
   a) öffentlicher Bekanntmachung des Beschlusses, mit dem die Schließung des Unternehmens oder eines Unternehmensbereichs angeordnet, bewilligt oder festgestellt wird, oder
   b) der Berichtstagsatzung, es sei denn, das Gericht hat dort die Fortführung des Unternehmens beschlossen, oder
3. im vierten Monat nach Eröffnung des Insolvenzverfahrens, wenn bis dahin keine Berichtstagsatzung stattgefunden hat und die Fortführung des Unternehmens nicht öffentlich bekannt gemacht wurde,

   (BGBl I 2021/147)

vom Arbeitnehmer durch vorzeitigen Austritt, wobei die Eröffnung des Insolvenzverfahrens als wichtiger Grund gilt, und vom Insolvenzverwalter unter Einhaltung der gesetzlichen, kollektivvertraglichen oder der zulässigerweise vereinbarten kürzeren Kündigungsfrist unter Bedachtnahme auf die gesetzlichen Kündigungsbeschränkungen gelöst werden.

(BGBl 1994/153, BGBl I 1997/114, BGBl I 2010/29)

(1a) Bei Arbeitnehmern mit besonderem gesetzlichem Kündigungsschutz ist die Frist des Abs. 1 gewahrt, wenn die Klage bzw. der Antrag auf Zustimmung zur Kündigung durch den Insolvenzverwalter fristgerecht eingebracht worden ist. Gleiches gilt auch für die Anzeigeverpflichtung nach § 45a AMFG.

(BGBl I 1997/114, BGBl I 2010/29)

(1b) Wurde nicht die Schließung des gesamten Unternehmens, sondern nur eines Unternehmensbereichs angeordnet, bewilligt oder festgestellt, so stehen das Austrittsrecht und das Kündigungsrecht nach Abs. 1 nur den Arbeitnehmern bzw. nur in Bezug auf die Arbeitnehmer zu, die in dem betroffenen Unternehmensbereich beschäftigt sind. Hat das Gericht in der Berichtstagsatzung die Fortführung des Unternehmens beschlossen, so kann der Insolvenzverwalter nur Arbeitnehmer, die in einzuschränkenden Bereichen beschäftigt sind, innerhalb eines Monats nach der Berichtstagsatzung nach Abs. 1 kündigen. Dem gekündigten Arbeitnehmer steht ein Austrittsrecht nach Abs. 1 zu.

(BGBl I 2010/29)

(1c) Im Sanierungsverfahren mit Eigenverwaltung kann der Schuldner Arbeitnehmer, die in einzuschränkenden Bereichen beschäftigt sind, überdies innerhalb eines Monats nach der öffentlichen Bekanntmachung des Eröffnungsbeschlusses mit Zustimmung des Sanierungsverwalters nach Abs. 1 kündigen, wenn die Aufrechterhaltung des Arbeitsverhältnisses das Zustandekommen oder die Erfüllbarkeit des Sanierungsplans oder die Fortführung des Unternehmens gefährden könnte. Dem gekündigten Arbeitnehmer steht ein Austrittsrecht nach Abs. 1 zu. Abs. 1a zweiter Satz ist nicht anzuwenden.

(BGBl I 2010/29)

(2) Wird das Arbeitsverhältnis nach Abs. 1 gelöst, so kann der Arbeitnehmer den Ersatz des verursachten Schadens als Insolvenzforderung verlangen.

(BGBl 1994/153, BGBl I 1997/114, BGBl I 2010/29)

(3) Nach Eröffnung des Insolvenzverfahrens ist ein Austritt unwirksam, wenn er nur darauf gestützt wird, dass dem Arbeitnehmer das vor Eröffnung des Insolvenzverfahrens zustehende Entgelt ungebührlich geschmälert oder vorenthalten wurde.

(BGBl I 2010/29)

(4) Bestimmungen besonderer Gesetze über den Einfluß der Eröffnung des Insolvenzverfahrens auf das Arbeitsverhältnis bleiben unberührt.

(BGBl 1994/153, BGBl I 2010/29)

Auflösung von Verträgen durch Vertragspartner des Schuldners

§ 25a. (1) Wenn die Vertragsauflösung die Fortführung des Unternehmens gefährden könnte, können Vertragspartner des Schuldners mit dem Schuldner geschlossene Verträge bis zum Ablauf von sechs Monaten nach Eröffnung des Insolvenzverfahrens nur aus wichtigem Grund auflösen. Nicht als wichtiger Grund gilt

1. eine Verschlechterung der wirtschaftlichen Situation des Schuldners und
2. Verzug des Schuldners mit der Erfüllung von vor Eröffnung des Insolvenzverfahrens fällig gewordenen Forderungen.

(2) Die Beschränkungen des Abs.1 gelten nicht,

1. wenn die Auflösung des Vertrags zur Abwendung schwerer persönlicher oder wirtschaftlicher Nachteile des Vertragspartners unerlässlich ist,
2. bei Ansprüchen auf Auszahlung von Krediten und
3. bei Arbeitsverträgen.

(BGBl I 2010/29)

Unwirksame Vereinbarungen

§ 25b. (1) Auf Vereinbarungen, wodurch die Anwendung der §§ 21 bis 25a im Verhältnis zwischen Gläubiger und Schuldner im voraus ausgeschlossen oder beschränkt wird, können sich die Vertragsteile nicht berufen.

(2) Die Vereinbarung eines Rücktrittsrechts oder der Vertragsauflösung für den Fall der Eröffnung eines Insolvenzverfahrens ist unzulässig, außer bei Verträgen nach § 20 Abs. 4.

(BGBl I 2010/29)

Masseforderungen

§ 46. Masseforderungen sind:

1. die Kosten des Insolvenzverfahrens;

   (BGBl I 2010/29)
2. alle Auslagen, die mit der Erhaltung, Verwaltung und Bewirtschaftung der Masse verbunden sind, einschließlich der Forderungen von Fonds und anderen gemeinsa-

men Einrichtungen der Arbeitnehmer und der Arbeitgeber, sofern deren Leistungen Arbeitnehmern als Entgelt oder gleich diesem zugute kommen, sowie der die Masse treffenden Steuern, Gebühren, Zölle, Beiträge zur Sozialversicherung und anderen öffentlichen Abgaben, wenn und soweit der die Abgabepflicht auslösende Sachverhalt während des Insolvenzverfahrens verwirklicht wird. Hiezu gehören auch die nach persönlichen Verhältnissen des Schuldners bemessenen öffentlichen Abgaben; soweit jedoch diese Abgaben nach den verwaltungsbehördlichen Feststellungen auf ein anderes als das für die Insolvenzmasse nach der Eröffnung des Insolvenzverfahrens erzielte Einkommen entfallen, ist dieser Teil auszuscheiden. Inwieweit im Insolvenzverfahren eines Unternehmers die im ersten Satz bezeichneten Forderungen von Fonds und von anderen gemeinsamen Einrichtungen sowie die auf Forderungen der Arbeitnehmer (arbeitnehmerähnlichen Personen) entfallenden öffentlichen Abgaben Masseforderungen sind, richtet sich nach der Einordnung der Arbeitnehmerforderung;

(BGBl I 2010/29)

3. Forderungen der Arbeitnehmer (arbeitnehmerähnlichen Personen) auf laufendes Entgelt (einschließlich Sonderzahlungen) für die Zeit nach der Eröffnung des Insolvenzverfahrens;

   (BGBl 1994/153, BGBl I 2010/29)

3a. Beendigungsansprüche, wenn

   a) das Beschäftigungsverhältnis vor Eröffnung des Insolvenzverfahrens eingegangen worden ist und danach, jedoch nicht nach § 25, durch den Insolvenzverwalter oder - wenn die Beendigung auf eine Rechtshandlung oder ein sonstiges Verhalten des Insolvenzverwalters, insbesondere die Nichtzahlung des Entgelts, zurückzuführen ist - durch den Arbeitnehmer (die arbeitnehmerähnliche Person) gelöst wird; das gilt auch, wenn nach Eintritt der Masseunzulänglichkeit Entgelt nicht bezahlt wird;

      (BGBl I 2010/29)

   b) das Beschäftigungsverhältnis während des Insolvenzverfahrens vom Insolvenzverwalter neu eingegangen wird;

      (BGBl I 2010/29)

   (BGBl I 1997/114)

4. unbeschadet der Z 3 und des § 21 Abs. 4 Ansprüche auf Erfüllung zweiseitiger Verträge, in die der Insolvenzverwalter eingetreten ist;

   (BGBl I 2010/29)

5. unbeschadet der Z 3 alle Ansprüche aus Rechtshandlungen des Insolvenzverwalters;

   (BGBl I 2010/29)

6. die Ansprüche aus einer grundlosen Bereicherung der Masse;

7. die Kosten einer einfachen Bestattung des Schuldners;

   (BGBl I 2010/29)

8. die Belohnung der bevorrechteten Gläubigerschutzverbände.

   (BGBl I 1997/114, BGBl I 1999/73)

(2) (aufgehoben)

(BGBl 1994/153, BGBl I 2010/29)

§ 47. (1) Aus der Insolvenzmasse sind vor allem die Masseforderungen, und zwar aus der Masse, auf die sie sich beziehen, zu berichtigen.

(BGBl I 2010/29)

(2) Können die Masseforderungen nicht vollständig befriedigt werden, so sind sie nacheinander wie folgt zu zahlen:

1. die unter § 46 Z 1 fallenden, vom Insolvenzverwalter vorschußweise bestrittenen Barauslagen,

   (BGBl I 2010/29, BGBl I 2017/122)

2. die übrigen Kosten des Verfahrens nach § 46 Z 1

   (BGBl I 2010/29, BGBl I 2017/122)

3. der von Dritten erlegte Kostenvorschuß, soweit er zur Deckung der Kosten des Insolvenzverfahrens benötigt wurde,

   (BGBl I 2010/29)

4. die Forderungen der Arbeitnehmer (arbeitnehmerähnlichen Personen) auf laufendes Entgelt, soweit sie nicht nach dem Insolvenz-Entgeltsicherungsgesetz gesichert sind,

5. Beendigungsansprüche der Arbeitnehmer (arbeitnehmerähnlichen Personen), soweit sie nicht nach dem Insolvenz-Entgeltsicherungsgesetz gesichert sind, und

6. die übrigen Masseforderungen.

Innerhalb gleicher Gruppen sind die Masseforderungen verhältnismäßig zu befriedigen. Geleistete Zahlungen können nicht zurückgefordert werden.

(BGBl I 1997/114)

(3) Im Zweifel, ob sich Masseforderungen auf die gemeinschaftliche oder auf eine besondere Masse beziehen, gilt das erste. Darüber entscheidet das Insolvenzgericht nach Vornahme der erforderlichen Erhebungen (§ 254 Abs. 5) unter Ausschluß des Rechtsweges.

(BGBl I 2010/29)

Insolvenzforderungen

§ 51. (1) Insolvenzforderungen sind Forderungen von Gläubigern, denen vermögensrechtliche Ansprüche an den Schuldner zur Zeit der Eröffnung des Insolvenzverfahrens zustehen (Insolvenzgläubiger).

(BGBl I 2010/29)

(2) Insolvenzforderungen sind auch

1. aus dem Gesetz gebührende Unterhaltsansprüche für die Zeit nach der Eröffnung des

Insolvenzverfahrens, soweit der Schuldner als Erbe des Unterhaltspflichtigen haftet;

(BGBl I 2010/29)

2. Ansprüche aus der Beendigung des Beschäftigungsverhältnisses
   a) nach § 25, auch wenn während der Kündigungsfrist das Arbeitsverhältnis wegen Nichtzahlung des Entgelts beendet wurde, oder

      (BGBl I 2010/29)
   b) wenn die Auflösungserklärung vor Eröffnung des Insolvenzverfahrens rechtswirksam abgegeben wurde oder

      (BGBl I 2010/29)
   c) wenn das Beschäftigungsverhältnis nach Eröffnung des Insolvenzverfahrens nicht nach § 25 vom Arbeitnehmer (arbeitnehmerähnliche Person) gelöst wird und dies nicht auf eine Rechtshandlung oder ein sonstiges Verhalten des Insolvenzverwalters zurückzuführen ist.

      (BGBl I 2010/29)

(BGBl I 1997/114, BGBl I 2010/29)

Bekanntmachung der Eröffnung des Insolvenzverfahrens.

§ 74. (1) Die Eröffnung des Insolvenzverfahrens ist durch ein Edikt öffentlich bekanntzumachen, wobei das Verfahren ausdrücklich entweder als Konkursverfahren oder als Sanierungsverfahren zu bezeichnen ist.

(BGBl I 2010/29)

(2) Das Edikt hat zu enthalten:

1. das Datum der Eröffnung des Insolvenzverfahrens,
2. das Gericht, das das Insolvenzverfahren eröffnet hat, und das Aktenzeichen des Verfahrens,
3. die Art des eröffneten Insolvenzverfahrens,
4. bei einer eingetragenen Personengesellschaft oder einer juristischen Person die Firma, gegebenenfalls frühere Firmen, die Firmenbuchnummer oder ZVR-Zahl, den Sitz und, sofern davon abweichend, die Geschäftsanschrift des Schuldners sowie die Anschriften der Niederlassungen,
5. bei einer natürlichen Person den Namen, die Wohn- und Geschäftsanschrift und das Geburtsdatum des Schuldners, gegebenenfalls die Firma und Firmenbuchnummer und frühere Namen sowie, falls die Anschrift geschützt ist, den Geburtsort des Schuldners,
6. den Namen, die Anschrift, die Telefonnummer und die E-Mail-Adresse des Insolvenzverwalters und, wenn eine juristische Person bestellt wurde, der Person, die sie bei Ausübung der Insolvenzverwaltung vertritt, und ob dem Schuldner die Eigenverwaltung zusteht,
7. den Ort, die Zeit und den Zweck der ersten Gläubigerversammlung mit der Aufforderung an die Gläubiger, die Belege für die Glaubhaftmachung ihrer Forderungen mitzubringen,
8. die Frist für die Anmeldung der Forderungen und die Aufforderung an die Insolvenzgläubiger, ihre Forderungen innerhalb dieser Frist anzumelden,
9. die Aufforderung an die Aussonderungsberechtigten und Absonderungsgläubiger an einer Forderung auf Einkünfte aus einem Arbeitsverhältnis oder auf sonstige wiederkehrende Leistungen mit Einkommensersatzfunktion, ihre Aussonderungs- oder Absonderungsrechte innerhalb der Anmeldungsfrist geltend zu machen,
10. eine kurze Belehrung über die Folgen einer Versäumung der Anmeldungsfrist und
11. den Ort und die Zeit der allgemeinen Prüfungstagsatzung.

(BGBl I 2017/122)

(3) Die erste Gläubigerversammlung ist in der Regel nicht über 14 Tage, die allgemeine Prüfungstagsatzung in der Regel auf 60 bis 90 Tage nach der Eröffnung des Insolvenzverfahrens und die Anmeldungsfrist in der Regel auf 14 Tage vor der allgemeinen Prüfungstagsatzung anzuordnen.

(BGBl I 2010/29)

§ 75. (1) Ausfertigungen des Ediktes sind zuzustellen:

1. jedem Insolvenzgläubiger, dessen Anschrift bekannt ist;

   (BGBl I 2010/29)
2. jedem im Unternehmen errichteten Organ der Belegschaft.
3. auf die nach den zur Verfügung stehenden technischen Mitteln schnellste Art der Oesterreichischen Nationalbank, wenn das Insolvenzverfahren vom Gerichtshof erster Instanz eröffnet wurde.

   (BGBl I 1999/123, BGBl I 2002/75, BGBl I 2010/29)

(BGBl I 1997/114, BGBl I 1999/73)

(2) Ausfertigungen des Ediktes sind, wenn der Schuldner Unternehmer ist, der für ihn und der für seine Arbeitnehmer zuständigen gesetzlichen Interessenvertretung zuzustellen. Hat der Schuldner das Vermögensverzeichnis und die Bilanz (§ 100) bereits vorgelegt, so sind sie anzuschließen.

(BGBl I 1997/114, BGBl I 2010/29)

Anhörung der gesetzlichen Interessenvertretungen und des Landesarbeitsamts

§ 76. Die gesetzlichen Interessenvertretungen (§ 75 Abs. 2) und das Bundesamt für Soziales und Behindertenwesen sowie die Landesgeschäftsstelle des Arbeitsmarktservice können sich innerhalb dreier Wochen über die im § 81a Abs. 1 bezeichneten Umstände äußern. Die Äußerungen sind dem Insolvenzverwalter und dem Gläubigerausschuß zur Kenntnis zu bringen. Wenn die hiefür notwendigen Abschriften beigebracht werden, sind

die Äußerungen auf Verlangen der Äußerungsberechtigten auch den Gläubigern zuzustellen.
(BGBl I 1997/114, BGBl I 1999/73, BGBl I 2010/29)

39. Sozialbetrugsbekämpfungsgesetz

Sozialbetrugsbekämpfungsgesetz, BGBl I 2015/113 idF

1 BGBl I 2016/44 **2** BGBl I 2016/120 **3** BGBl I 2017/64
4 BGBl I 2018/32 **5** BGBl I 2018/100 **6** BGBl I 2019/104

GLIEDERUNG

Bundesgesetz zur Verbesserung der Sozialbetrugsbekämpfung (Sozialbetrugsbekämpfungsgesetz – SBBG)

Der Nationalrat hat beschlossen:

1. Abschnitt
Allgemeine Bestimmungen

Zweck des Gesetzes

§ 1. Zweck des Gesetzes ist die Verstärkung der Abwehr, Verhinderung und Verfolgung von Sozialbetrug (Sozialbetrugsbekämpfung) und damit die Sicherstellung, dass selbständige und unselbständige Erwerbstätigkeiten zu vorschriftsgemäßen Bedingungen im Sinne des Schutzes der Arbeitnehmer/innen, des Sozialsystems und des fairen Wettbewerbs ausgeübt werden. Illegale Verhaltensweisen insbesondere in Verbindung mit Erwerbstätigkeiten – entsprechend ihren wirtschaftlichen und sozialen Folgen – sollen durch verbesserte Koordination und wirksame Kontrollen der zuständigen Behörden und Einrichtungen bekämpft werden.

Anwendungsbereich

§ 2. Sozialbetrug im Sinne dieses Bundesgesetzes bezeichnet alle Verhaltensweisen, die eine Verletzung von Pflichten zum Gegenstand haben, die Dienstnehmern/Dienstnehmerinnen, Dienstgebern/Dienstgeberinnen versicherungspflichtigen Selbständigen im Zusammenhang mit der Erbringung oder Ausführung von Dienst- oder Werkleistungen und Beziehern/Bezieherinnen von Versicherungs-, Sozial- oder sonstige Transferleistungen auferlegt sind und die der Sicherung des Sozialversicherungsbeitrags-, des Steuer- sowie des Zuschlagsaufkommens nach dem Bauarbeiter-Urlaubs- und Abfertigungsgesetzes (BUAG), BGBl. Nr. 414/1972, und dem Insolvenz-Entgeltsicherungsgesetz 1977 (IESG), BGBl. Nr. 324/1977, und dem Bezug von Versicherungs-, Sozial- oder sonstige Transferleistungen dienen, insbesondere, wenn

1. der/die Dienstgeber/in vorsätzlich Beiträge eines/einer Dienstnehmers/in zur Sozialversicherung dem berechtigten Versicherungsträger vorenthält, oder
2. jemand die Anmeldung einer Person zur Sozialversicherung in dem Wissen, dass die in Folge der Anmeldung auflaufenden Sozialversicherungsbeiträge nicht vollständig geleistet werden sollen, vornimmt, vermittelt oder in Auftrag gibt, oder
3. jemand die Meldung einer Person zur Bauarbeiter-Urlaubs- und Abfertigungskasse (BUAK) in dem Wissen, dass die in Folge der Meldung auflaufenden Zuschläge nicht vollständig geleistet werden sollen, vornimmt, vermittelt oder in Auftrag gibt, oder
4. Personen gewerbsmäßig zur selbstständigen oder unselbstständigen Erwerbstätigkeit ohne die erforderliche Anmeldung zur Sozialversicherung oder ohne die erforderliche Gewerbeberechtigung angeworben, vermittelt oder überlassen werden, oder
5. eine größere Zahl illegal erwerbstätiger Personen (Z 4) beschäftigt oder mit der selbstständigen Durchführung von Arbeiten beauftragt wird, oder
6. Personen zur Sozialversicherung mit dem Vorsatz angemeldet werden, Versicherungs-, Sozial- oder sonstige Transferleistungen zu

beziehen, obwohl diese keine unselbstständige Erwerbstätigkeit aufnehmen.

2. Abschnitt
Behördenkooperation

Kooperations- und Informationsstellen

§ 3. (1) Die Sozialbetrugsbekämpfung obliegt den in diesem Gesetz aufgezählten Behörden oder Einrichtungen (im Folgenden Kooperations- und Informationsstellen genannt) im Rahmen ihres gesetzmäßigen Wirkungsbereichs.

(2) Als Kooperationsstellen im Sinne dieses Bundesgesetzes gelten

1. das Amt für Betrugsbekämpfung und die Abgabenbehörden,

   (BGBl I 2019/104)

2. der Träger der Krankenversicherung im Sinne des § 23 Abs. 1 des Allgemeinen Sozialversicherungsgesetzes (ASVG), BGBl. Nr. 189/1955 (im Folgenden Träger der Krankenversicherung),

   (BGBl I 2018/100)

3. die Bauarbeiter-Urlaubs- und Abfertigungskasse,
4. die Insolvenz-Entgelt-Fonds-Service GmbH und
5. die Sicherheitsbehörden

(3) Als Informationsstellen im Sinne dieses Bundesgesetzes gelten

1. die Bezirksverwaltungsbehörden,
2. die Gewerbebehörden,
3. die Arbeitsinspektion und
4. das Arbeitsmarktservice.

Zusammenarbeit

§ 4. (1) Die Kooperations- und Informationsstellen haben im Rahmen ihres gesetzmäßigen Wirkungsbereichs zur Sozialbetrugsbekämpfung zusammenzuwirken und sich gegenseitig zu unterstützen.

(2) Die Kooperations- und Informationsstellen sind verpflichtet,

1. einen Verdacht auf Sozialbetrug den zuständigen Kooperationsstellen möglichst frühzeitig zu melden,
2. für den regelmäßigen Informations- und Erfahrungsaustausch mit anderen Kooperations- und Informationsstellen zu sorgen, und
3. ihre Ermittlungen und Amtshandlungen bei der Verfolgung von Verstößen nach Möglichkeit aufeinander abzustimmen sowie bei Sachverhaltsermittlungen und Kontrollen koordiniert vorzugehen.

(3) Zur Erleichterung der Kontaktaufnahme und der Umsetzung der in Abs. 2 genannten Verpflichtungen haben das Amt für Betrugsbekämpfung, die Träger der Krankenversicherung, die Bauarbeiter-Urlaubs- und Abfertigungskasse und die Sicherheitsbehörden jeweils einen/eine Sozialbetrugsbekämpfungsbeauftragte/n für jedes Bundesland zu bestellen.

(BGBl I 2019/104)

(4) Für Zwecke der Sozialbetrugsbekämpfung wird ein Beirat unter der Leitung des Bundesministeriums für Arbeit, Soziales und Konsumentenschutz eingerichtet, dem jeweils ein/e Vertreter/in des Bundesministeriums für Finanzen, des Bundesministeriums für Inneres, des Bundesministeriums für Justiz, des Bundesministeriums für Gesundheit, des Bundesministeriums für Wissenschaft, Forschung und Wirtschaft, des Dachverbandes der Sozialversicherungsträger, der Bauarbeiter-Urlaubs- und Abfertigungskasse und die Insolvenz-Entgelt-Fonds-Service GmbH angehören.

(BGBl I 2018/100)

(5) Aufgabe des Beirats ist die Verbesserung der Bekämpfung des Sozialbetrugs. Dazu zählen insbesondere:

1. Diskussion allgemeiner Probleme im Zusammenhang mit der Sozialbetrugsbekämpfung,
2. Erörterung von Trends und Entwicklungen sowie Erarbeitung und Bewertung möglicher Maßnahmen zur Verbesserung der Sozialbetrugsbekämpfung (wie etwa eine Weiterentwicklung von Ermittlungsmethoden)
3. Festlegung gemeinsamer Prioritäten in der Sozialbetrugsbekämpfung; Entwicklung eines gemeinsamen Aktionsplans zur verbesserten Bekämpfung von Sozialbetrug,
4. Festlegung von Empfehlungen für den Aufgabenbereich der Sozialbetrugsbekämpfungsbeauftragten gemäß Abs. 3,
5. Festlegung von Handlungsleitfäden sowie Ablaufbeschreibungen, um die Zusammenarbeitsverpflichtungen des Abs. 2 in spezifischen Konstellationen zu konkretisieren.

(6) Der Beirat hat jährlich mindestens zweimal zusammenzutreten. Er ist vom/von der Vorsitzenden des Beirates einzuberufen. Der Bundesminister für Arbeit, Soziales und Konsumentenschutz hat den Beirat innerhalb von sechs Monaten nach Inkrafttreten des Bundesgesetzes einzuberufen und den Vorsitz zu führen.

(7) Beschlüsse sind mit der absoluten Mehrheit der Stimmen aller Mitglieder des Beirates zu fassen. Bei Stimmengleichheit entscheidet die Stimme des/der Vorsitzenden. Das Nähere über die Sitzungen und die Beschlussfassung hat die vom Beirat zu beschließende Geschäftsordnung zu bestimmen. Für die Beschlussfassung der Geschäftsordnung und jede ihrer Änderungen ist eine Mehrheit von mindestens zwei Dritteln der Stimmen aller Mitglieder des Beirates erforderlich.

(8) Der Beirat kann Vertreter/innen der Bundesarbeitskammer, der Wirtschaftskammer Österreich und des Österreichischen Gewerkschaftsbundes und der Vereinigung der Österreichischen Industrie sowie andere Experten/Expertinnen anhören. Für die im Abs. 5 Z 3 genannten Aufgaben des Beirates haben die angeführten Interessenvertretungen ein Anhörungsrecht.

Sozialbetrugsdatenbank – Datenaustausch

§ 5. (1) Zur Bekämpfung von Sozialbetrug im Sinne der §§ 153c bis 153e des Strafgesetzbuches (StGB), BGBl. Nr. 60/1974, haben bei Vorliegen eines Sozialbetrugsverdachts nach diesen Bestimmungen die Kooperationsstellen und die Staatsanwaltschaften einander alle für dessen Prüfung erforderlichen Informationen und Daten zur Verfügung zu stellen, soweit deren Kenntnis für die Erfüllung der gesetzmäßigen Aufgaben der jeweiligen Kooperationsstelle oder Staatsanwaltschaft im Rahmen ihrer gesetzmäßigen Zuständigkeit erforderlich ist. Der Datenaustausch hat über die Datenbank gemäß Abs. 2 zu erfolgen und ist auf die im Abs. 2 genannten Datenarten beschränkt.

(2) Das Bundesministerium für Finanzen hat zum Zweck des Erfassens und der erleichterten Ermittlung von Sozialbetrugsfällen nach den §§ 153c bis 153e StGB eine Sozialbetrugsdatenbank zu führen. In dieser Datenbank werden die Daten über natürliche und juristische Personen verarbeitet, wenn sich Anhaltspunkte für das Vorliegen von Sozialbetrug im Sinne der §§ 153c bis 153e StGB ergeben. Die in Frage kommenden Datenarten sind:

1. (früherer) Familienname, Geburtsname, Aliasnamen, Vornamen, Sozialversicherungsnummer und Geburtsdatum, Steuernummer, Umsatzsteuer-Identifikationsnummer, sonstige Geschäftszahl, Geburtsort, Geschlecht, Staatsangehörigkeit, Aufenthalts- und Arbeitsberechtigungen, ausgeübte Tätigkeit sowie Entlohnung,

   (BGBl I 2016/44, BGBl I 2016/120)

2. bei Unternehmen: Firmennamen, Betriebsnamen, Firmensitz, Betriebssitz, Betriebsstätten, Firmenbuchnummer, Steuernummer, Umsatzsteuer-Identifikationsnummer, ZVR-Zahl, Gewerberegisternummer, DG-Nummer, Beitragskontonummer, sonstige Geschäftszahl, Struktur des Betriebes (zB Konzern-, Stamm-, Filialbetrieb), Betriebsgegenstand, Branchenzugehörigkeit, sowie Personaldaten gemäß Z 1 der das Unternehmen vertretenden Person, bei der Anhaltspunkte für das Vorliegen von Sozialbetrug bestehen,

   (BGBl I 2016/44)

3. (aufgehoben)

   (BGBl I 2019/104)

4. die Darlegung der Anhaltspunkte für das Vorliegen von Sozialbetrug,

5. Schriftverkehr mit den Kooperationsstellen sowie weiteren Personen, Unternehmen und Behörden in Zusammenhang mit Ermittlungen sowie Zeitpunkt der Einleitung und der Zeitpunkt der Erledigung des Verfahrens durch das Amt für Betrugsbekämpfung und Zeitpunkt und die Art der Erledigung durch das Gericht oder die Staatsanwaltschaft,

   (BGBl I 2019/104)

6. sonstige erfoderliche Beweismittel (Niederschriften mit Zeugen, Beschuldigten, Dokumente, Rechnungen)

7. Daten zu den einschlägigen Straftatbeständen sowie Höhe der nicht entrichteten Lohn- und Sozialabgaben, Zeitraum der Beschäftigung oder der sich aus der Sozialversicherungsanmeldung ergebende Beschäftigungszeitraum.

(3) Die Bundesrechenzentrum GmbH wird mit dem Betrieb der Datenbank gemäß Abs. 2 betraut. Diese gilt als Auftragsverarbeiter im Sinne von Art. 4 Z 8 der Verordnung (EU) 2016/679 zum Schutz natürlicher Personen bei der Verarbeitung personenbezogener Daten, zum freien Datenverkehr und zur Aufhebung der Richtlinie 95/46/EG (Datenschutz-Grundverordnung), ABl. Nr. L 119 vom 4.5.2016 S. 1, (im Folgenden: DSGVO) sowie im Sinne des § 36 Abs. 2 Z 9 des Datenschutzgesetzes (DSG), BGBl. I Nr. 165/1999. Die Datenbank ist derart auszugestalten, dass eine Weitergabe von Daten gemäß Abs. 2 auf konkrete Kooperationsstellen und Staatsanwaltschaften beschränkt werden kann und den Anforderungen der Art. 24, 25 und 32 DSGVO sowie den §§ 50 und 54 DSG entspricht.

(BGBl I 2018/32)

(4) Der Zeitpunkt der Aufnahme der Datenbank gemäß Abs. 2 sowie Näheres über die Vorgangsweise bei der in den Abs. 1, 2, 5 und 7 vorgesehenen Verarbeitung von Daten in Hinblick auf die für die jeweilige Verarbeitung notwendigen Protokollierungen und Datensicherheitsmaßnahmen sind vom Bundesminister für Finanzen durch Verordnung festzulegen. Für die Verarbeitung von Daten gemäß den Abs. 1, 2, 5 und 7 hat die Verordnung Regelungen im Sinne der Art. 24, 25 und 32 DSGVO und der §§ 50 und 54 DSG, insbesondere über Protokollierungen und Datensicherheitsmaßnahmen vorzusehen.

(BGBl I 2018/32)

(5) Der Informations- und Datenaustausch erfolgt zwischen den Kooperationsstellen und den Staatsanwaltschaften über die Datenbank gemäß Abs. 2. Dabei haben die einzelnen Kooperationsstellen und die einzelnen Staatsanwaltschaften im Zusammenhang mit dem Erfassen der Daten und der dem Erfassen gleich zu haltenden Verarbeitung unter Berücksichtigung der Erforderlichkeit nach Abs. 1 die Entscheidung zu treffen, welche Daten an welche andere Kooperationsstelle oder Staatsanwaltschaft weitergeben wird. Zum Zwecke der Durchführung von konkreten Ermittlungen, Amtshandlungen und Maßnahmen bei der Bekämpfung von Sozialbetrug im Sinne der §§ 153c bis 153e StGB sind die Kooperationsstellen und die Staatsanwaltschaften berechtigt, in die Sozialbetrugsdatenbank auf automationsunterstütztem Weg Einsicht zu nehmen.

(6) Die Kooperationsstellen und die Staatsanwaltschaften sind für die Datenbank gemeinsam Verantwortliche im Sinne des Art. 26 DSGVO und des § 47 DSG. Die Pflichten zur Wahrung der Betroffenenrechte treffen jene Einrichtung, die die Ermittlungen führt, werden solche nicht geführt diejenige, die den Fall in der Datenbank angelegt hat. Ab Anhängigkeit des Strafverfahrens (§ 1 Abs. 2 StPO) ist nach den Bestimmungen der

StPO vorzugehen. Für die Datenbank nimmt das Bundesministerium für Finanzen die sonstigen Pflichten des Verantwortlichen unbeschadet der Haftungsbestimmungen des Art. 82 DSGVO und des § 29 DSG wahr.

(BGBl I 2018/32)

(7) In der Datenbank gemäß Abs. 2 verarbeitete personenbezogene Daten eines konkreten Sozialbetrugsverdachts sind nach Ablauf von fünf Jahren nach der Verarbeitung des ersten Datums in der Sozialbetrugsdatenbank zu löschen. Personenbezogene Daten von nach den §§ 153c bis 153e StGB Verurteilten sind nach Ablauf von zehn Jahren ab der Verurteilung zu löschen. Sofern ersichtlich ist, dass sich der Sozialbetrugsverdacht nicht bestätigt, sind die Daten unverzüglich zu löschen. Diese Löschungsverpflichtungen gelten auch für die bei den Kooperationsstellen direkt verwendeten Daten. Die den Kooperationsstellen in anderen Rechtsvorschriften eingeräumten datenschutzrechtlichen Ermächtigungen und auferlegten datenschutzrechtlichen Pflichten werden jedoch nicht berührt.

(BGBl I 2018/32)

(BGBl I 2018/32)

Ermittlungsbefugnisse der Organe des Amtes für Betrugsbekämpfung

§ 6. (1) Die Staatsanwaltschaft kann bei der Verfolgung von Straftaten nach den §§ 153c bis 153e StGB die Hilfe des Amtes für Betrugsbekämpfung und seiner Organe in Anspruch nehmen.

(BGBl I 2019/104)

(2) Die im Abs. 1 genannten Behörden und Organe der Bundesfinanzverwaltung sind im Rahmen ihrer Aufgaben verpflichtet, Ermittlungen zu jedem ihnen zur Kenntnis gelangten Anfangsverdacht betreffend Straftaten nach den §§ 153c bis 153e StGB zu führen. In diesem Umfang werden sie im Dienste der Strafrechtspflege (Art. 10 Abs. 1 Z 6 B-VG) tätig und haben die in der Strafprozessordnung den Sicherheitsbehörden zukommenden Aufgaben und Befugnisse unter sinngemäßer Anwendung des § 196 Abs. 4 des Finanzstrafgesetzes, BGBl. Nr. 129/1958, wahrzunehmen.

(BGBl I 2019/104)

Privatbeteiligung

§ 7. Den Trägern der Krankenversicherung und dem Amt für Betrugsbekämpfung kommen im Ermittlungsverfahren sowie im Haupt- und Rechtsmittelverfahren nach den §§ 153c bis 153e StGB kraft Gesetzes im Rahmen ihres jeweiligen Zuständigkeitsbereichs die Stellung eines Privatbeteiligten zu.

(BGBl I 2019/104)

3. Abschnitt
Maßnahmen gegen Scheinunternehmen

Verfahren zur Feststellung des Scheinunternehmens

§ 8. (1) Scheinunternehmen ist ein Unternehmen, das vorrangig darauf ausgerichtet ist,

1. Lohnabgaben, Beiträge zur Sozialversicherung, Zuschläge nach dem BUAG oder Entgeltansprüche von Arbeitnehmer/inne/n zu verkürzen, oder
2. Personen zur Sozialversicherung anzumelden, um Versicherungs-, Sozial- oder sonstige Transferleistungen zu beziehen, obwohl diese keine unselbstständige Erwerbstätigkeit aufnehmen.

(2) Ein Verdacht auf Vorliegen eines Scheinunternehmens ist gegeben, wenn die Anhaltspunkte bei einer Gesamtbetrachtung ihrem Gewicht, ihrer Bedeutung und ihrem wahren wirtschaftlichen Gehalt nach berechtigte Zweifel begründen, ob

1. die Anmeldung zur Sozialversicherung oder die Meldung bei der Bauarbeiter-Urlaubs- und Abfertigungskasse vom Vorsatz getragen ist, die in Folge der Anmeldung oder Meldung auflaufenden Lohn- und Sozialabgaben oder Zuschläge nach dem BUAG zur Gänze zu entrichten, oder
2. die Anmeldung zur Sozialversicherung vom Vorsatz getragen ist, dass die angemeldeten Personen eine unselbstständige Erwerbstätigkeit aufnehmen.

Das Amt für Betrugsbekämpfung hat die Ermittlungen hinsichtlich des Verdachtes auf Vorliegen eines Scheinunternehmens im Sinne dieser Bestimmung durchzuführen.

(BGBl I 2019/104)

(3) Anhaltspunkte für einen Verdacht auf Vorliegen eines Scheinunternehmens sind insbesondere:

1. Auffälligkeiten im Rahmen einer Risiko- und Auffälligkeitsanalyse nach § 42b ASVG oder vergleichbaren Instrumenten,
2. Unauffindbarkeit von für das Unternehmen tätigen Personen, die dem angegebenen Geschäftszweig entsprechen, an der der Bundesfinanzverwaltung oder dem Träger der Krankenversicherung nach dem ASVG zuletzt bekannt gegebenen Adresse oder der im Firmenbuch eingetragenen Geschäftsanschrift,
   (BGBl I 2019/104)
3. Unmöglichkeit des Herstellens eines persönlichen Kontakts zu dem/der Rechtsträger/in oder dessen/deren organschaftlichen Vertreters/Vertreterin über die im Firmenbuch eingetragenen Geschäftsanschrift oder die der Bundesfinanzverwaltung oder dem Träger der Krankenversicherung nach dem ASVG zuletzt bekannt gegebene Adresse,
   (BGBl I 2019/104)
4. Verwendung falscher oder verfälschter Urkunden oder Beweismittel durch die dem Unternehmen zuzurechnenden Personen,
5. Nichtvorhandensein von dem angegebenen Geschäftszweig angemessenen Betriebsmitteln oder Betriebsvermögen,
6. Vorliegen nicht bloß geringer Rückstände an Sozialversicherungsbeiträgen im Zeitpunkt

einer Anmeldung des/der Dienstnehmers/ Dienstnehmerin zur Sozialversicherung.

(4) Für die Feststellung der Scheinunternehmerschaft ist das Amt für Betrugsbekämpfung zuständig, welches bei Verdacht auf Vorliegen eines Scheinunternehmens diesen dessen Rechtsträger/in schriftlich mitzuteilen hat. Zum Zwecke der Klärung des Sachverhalts nach § 7 Abs. 1a Insolvenz-Entgeltsicherungsgesetz (IESG), BGBl. Nr. 324/1977, hat das Amt für Betrugsbekämpfung die IEF-Service GmbH über das Bestehen eines Verdachts im Sinne des ersten Satzes schriftlich zu informieren.

(BGBl I 2019/104)

(5) Die Zustellung dieser Mitteilung hat nach dem 3. Abschnitt des Zustellgesetzes (ZustG), BGBl. Nr. 200/1982, elektronisch ohne Zustellnachweis zu erfolgen. Dabei gelten § 35 Abs. 6 zweiter Satz ZustG, § 35 Abs. 7 und, soweit er sich auf eine elektronische Zustelladresse bezieht, § 37 ZustG nicht.

(BGBl I 2017/64)

(6) Ist die elektronische Zustellung nicht möglich, hat die physische Zustellung an die der Abgabenbehörde zuletzt bekannt gegebene Adresse und an eine allfällig im Firmenbuch eingetragene Geschäftsanschrift, die als Abgabestellen im Sinne des § 2 Z 4 ZustG gelten, ohne Zustellnachweis zu erfolgen. Die physische Zustellung wird auch dann bewirkt, wenn die Voraussetzungen des ZustG in Bezug auf die Anwesenheit des/der Empfängers/ Empfängerin oder eines/einer Vertreters/Vertreterin nicht vorliegen oder das Dokument – insbesondere wegen Unauffindbarkeit des/der Empfängers/ Empfängerin – nicht in eine für die Abgabestelle bestimmte Abgabeeinrichtung eingelegt oder an der Abgabestelle zurückgelassen werden konnte. Bei Zustellung durch einen Zustelldienst oder ein Organ einer Gemeinde gilt die Zustellung am dritten Werktag nach Übergabe an den Zustelldienst oder die Gemeinde als bewirkt. § 26 Abs. 2 zweiter Satz ZustG ist nicht anzuwenden.

(7) Gegen den mitgeteilten Verdacht kann binnen einer Woche ab Zustellung Widerspruch beim Amt für Betrugsbekämpfung erhoben werden. Der Widerspruch kann nur durch persönliche Vorsprache des/der Rechtsträgers/Rechtsträgerin oder dessen/deren organschaftlichen Vertreters/ Vertreterin erfolgen.

(BGBl I 2019/104)

(8) Wird kein Widerspruch erhoben, hat das Amt für Betrugsbekämpfung mit Bescheid festzustellen, dass das Unternehmen, hinsichtlich dessen ein Verdacht nach Abs. 2 vorliegt, als Scheinunternehmen gilt. Für die Zustellung dieses Bescheids gelten die Abs. 5 und 6. Der rechtskräftige Bescheid ist allen Kooperationsstellen, der Gewerbebehörde und dem Auftragnehmerkataster Österreich zu übermitteln; dasselbe gilt für allfällige spätere Änderungen betreffend die Feststellung als Scheinunternehmen.

(BGBl I 2019/104)

(9) Wird Widerspruch erhoben, hat das Amt für Betrugsbekämpfung nach Durchführung eines Ermittlungsverfahrens mit Bescheid festzustellen, dass das Unternehmen, hinsichtlich dessen ein Verdacht nach Abs. 2 vorliegt, als Scheinunternehmen gilt, oder das Verfahren einzustellen. Die Feststellung als Scheinunternehmen gilt als wichtiger Grund im Sinne des § 102 der Bundesabgabenordnung (BAO), BGBl. Nr. 194/1961. Für die Zustellung dieses Bescheids gilt die der Bundesfinanzverwaltung zuletzt bekannt gegebene Adresse als Abgabestelle im Sinne des § 2 Z 4 ZustG. Die physische Zustellung wird auch dann bewirkt, wenn die Voraussetzungen des ZustG in Bezug auf die Anwesenheit des/der Empfängers/ Empfängerin oder eines/einer Vertreters/Vertreterin nicht vorliegen oder die schriftliche Verständigung von der Hinterlegung – insbesondere wegen Unauffindbarkeit des/der Empfängers/Empfängerin – nicht in eine für die Abgabestelle bestimmte Abgabeeinrichtung eingelegt, an der Abgabestelle zurückgelassen oder an der Eingangstüre angebracht werden konnte. Der rechtskräftige Bescheid oder das Erkenntnis des Verwaltungsgerichts ist allen Kooperationsstellen, der Gewerbebehörde und dem Auftragnehmerkataster Österreich zu übermitteln; dasselbe gilt für allfällige spätere Änderungen betreffend die Feststellung als Scheinunternehmen.

(BGBl I 2019/104)

(10) Das Bundesministerium für Finanzen hat eine Liste der rechtskräftig festgestellten Scheinunternehmen im Internet zu veröffentlichen (Identität, Firmenbuchnummer und Geschäftsanschrift des Scheinunternehmens). Veröffentlichungen, die sich auf natürliche Personen beziehen, sind nach Ablauf von fünf Jahren nach der Veröffentlichung zu löschen.

(BGBl I 2018/32)

(11) Handelt es sich beim Scheinunternehmen um einen im Firmenbuch eingetragene/n Rechtsträger/in, so ist der rechtskräftige Bescheid oder das Erkenntnis des Verwaltungsgerichts vom Amt für Betrugsbekämpfung auch dem zuständigen Firmenbuchgericht zu übermitteln; dasselbe gilt für allfällige spätere Änderungen betreffend die Feststellung als Scheinunternehmen. Das Gericht hat aufgrund einer solchen Mitteilung von Amts wegen die Eintragung gemäß § 3 Abs. 1 Z 15a des Firmenbuchgesetzes (FBG), BGBl. Nr. 10/1991, vorzunehmen oder zu löschen. Handelt es sich beim Scheinunternehmen um eine Kapitalgesellschaft, so hat das Amt für Betrugsbekämpfung beim zuständigen Firmenbuchgericht gegebenenfalls auch einen Antrag auf Löschung der Gesellschaft wegen Vermögenslosigkeit gemäß § 40 FBG zu stellen.

(BGBl I 2019/104)

(12) Auf das Verfahren sind die Vorschriften der BAO sinngemäß mit den vorgenannten und folgenden Besonderheiten anzuwenden:

1. Für die Mitteilung nach Abs. 4 gilt § 93 Abs. 3 bis 6 BAO sinngemäß. Weiters ist darauf hinzuweisen, dass im Falle der Erhebung

des Widerspruchs das ordentliche Verfahren eingeleitet wird.
2. Die Frist für die Einbringung einer Beschwerde nach § 243 BAO beträgt eine Woche. § 245 Abs. 3 BAO gilt nicht.
3. Die Frist für den Antrag auf Wiedereinsetzung nach § 308 Abs. 3 BAO beträgt zwei Wochen. Soweit die Frist zur Erhebung des Widerspruchs gegen den mitgeteilten Verdacht nach Abs. 7 versäumt wurde, hat die persönliche Vorsprache innerhalb der Frist für den Antrag auf Wiedereinsetzung zu erfolgen. Die Frist nach § 309 BAO beträgt sechs Wochen.
4. Gegen Bescheide nach den Abs. 8 und 9 sind Beschwerden an das Bundesfinanzgericht zulässig. Die Beschwerde ist beim Amt für Betrugsbekämpfung einzubringen.

(BGBl I 2016/44, BGBl I 2019/104)

Haftung für Entgelt

§ 9. Ab der rechtskräftigen Feststellung des Scheinunternehmens haftet der/die Auftrag gebende Unternehmer/in, wenn er/sie zum Zeitpunkt der Auftragserteilung wusste oder wissen musste, dass es sich beim Auftrag nehmenden Unternehmen um ein Scheinunternehmen nach § 8 handelt, zusätzlich zum Scheinunternehmen als Bürg/e/in und Zahler/in nach § 1357 des Allgemeinen Bürgerlichen Gesetzbuches (ABGB), JGS Nr. 946/1811, für Ansprüche auf das gesetzliche, durch Verordnung festgelegte oder kollektivvertragliche Entgelt für Arbeitsleistungen im Rahmen der Beauftragung der beim Scheinunternehmen beschäftigten Arbeitnehmer/innen.

4. Abschnitt
Schlussbestimmungen

Verweisungen

§ 10. Soweit in diesem Bundesgesetz auf Bestimmungen anderer Bundesgesetze verwiesen wird, sind diese in ihrer jeweils geltenden Fassung anzuwenden.

Vollziehung

§ 11. Mit der Vollziehung dieses Bundesgesetzes sind betraut, hinsichtlich
1. der §§ 1, 2, 3, 4, 5 Abs. 1 und 3 der Bundesminister für Arbeit, Soziales und Konsumentenschutz, der Bundesminister für Finanzen, die Bundesministerin für Inneres, der Bundesminister für Justiz, die Bundesministerin für Gesundheit und der Bundesminister für Wissenschaft, Forschung und Wirtschaft,
2. des § 5 Abs. 2 der Bundesminister für Finanzen,
3. des § 6 der Bundesminister für Finanzen und der Bundesminister für Justiz,
4. des § 7 der Bundesminister für Justiz,
5. des § 8 der Bundesminister für Finanzen und der Bundesminister für Arbeit, Soziales, und Konsumentenschutz und
6. des § 9 der Bundesminister für Arbeit, Soziales und Konsumentenschutz.

Inkrafttreten

§ 12. (1) Dieses Bundesgesetz tritt mit 1. Jänner 2016 in Kraft.

(2) Die Überschrift zu § 5, § 5 Abs. 3, 4, 6 und 7 sowie § 8 Abs. 10 in der Fassung des Materien-Datenschutz-Anpassungsgesetzes 2018, BGBl. I Nr. 32/2018, treten mit 25. Mai 2018 in Kraft. § 12 Abs. 1 in der Fassung des genannten Bundesgesetzes tritt mit dem auf die Kundmachung folgenden Tag in Kraft.

(BGBl I 2018/32)

(3) Die §§ 3 Abs. 2 und 4 Abs. 4 in der Fassung des Bundesgesetzes BGBl. I Nr. 100/2018 treten mit 1. Jänner 2020 in Kraft.

(BGBl I 2018/100)

(4) § 3 Abs. 2 Z 1, § 4 Abs. 3, § 5 Abs. 2 Z 5, § 6 Abs. 1 samt Überschrift, § 7, § 8 Abs. 2, Abs. 3 Z 2 und 3, Abs. 4, Abs. 7 bis 9, Abs. 11 und Abs. 12 Z 4, jeweils in der Fassung des Bundesgesetzes BGBl. I Nr. 104/2019, treten mit 1. Juli 2020 in Kraft. § 5 Abs. 2 Z 3 tritt mit Ablauf des 30. Juni 2020 außer Kraft.

(BGBl I 2019/104)

40. Lohn- und Sozialdumping-Bekämpfungsgesetz

Lohn- und Sozialdumping-Bekämpfungsgesetz, BGBl I 2016/44 idF

1 BGBl I 2017/30	**2** BGBl I 2017/64	**3** BGBl I 2018/32
4 BGBl I 2018/100	**5** BGBl I 2019/104	**6** BGBl I 2020/54
7 BGBl I 2020/99	**8** BGBl I 2021/174	

GLIEDERUNG

STICHWORTVERZEICHNIS

Lohn- und Sozialdumping-Bekämpfungsgesetz (LSD-BG)

Der Nationalrat hat beschlossen:

1. Hauptstück
Allgemeine Bestimmungen

Geltungsbereich

§ 1. (1) Dieses Bundesgesetz gilt für

1. Arbeitsverhältnisse, die auf einem privatrechtlichen Vertrag beruhen,
2. die Beschäftigung von Arbeitskräften im Sinne des § 3 Abs. 4 des Arbeitskräfteüberlassungsgesetzes (AÜG), BGBl. Nr. 196/1988,
3. Beschäftigungsverhältnisse, auf die das Heimarbeitsgesetz 1960, BGBl. Nr. 105/1961, anzuwenden ist.

„(2) Ausgenommen sind

1. Arbeitsverhältnisse zum Bund, auf die dienstrechtliche Vorschriften anzuwenden sind, welche den Inhalt der Arbeitsverhältnisse zwingend regeln,
2. Arbeitsverhältnisse zu Ländern, Gemeindeverbänden und Gemeinden,
3. die Überlassung von Arbeitskräften im Sinne des § 3 Abs. 4 AÜG durch den Bund, ein Land, eine Gemeinde oder einen Gemeindeverband,
4. Arbeitsverhältnisse zu Stiftungen, Anstalten oder Fonds, auf die gemäß § 1 Abs. 2 des Vertragsbedienstetengesetzes (VBG), BGBl. Nr. 86/1948, die Bestimmungen des VBG sinngemäß anzuwenden sind,
5. Arbeitsverhältnisse zu einer öffentlich-rechtlichen Körperschaft eines Mitgliedstaates des Europäischen Wirtschaftsraums (EWR), der schweizerischen Eidgenossenschaft oder eines sonstigen Drittstaats, auf die im Sinne der Z 1 und Z 2 gleichartige dienstrechtliche Vorschriften anzuwenden sind, welche den Inhalt der Arbeitsverhältnisse zwingend regeln."

(BGBl I 2021/174)

(3) **(Verfassungsbestimmung)** Dieses Bundesgesetz findet mit Ausnahme der §§ 3 bis 6, 8 Abs. 2 und 20 Abs. 3 auf Arbeitsverhältnisse der land- und forstwirtschaftlichen Arbeiter im Sinne des „Landarbeitsgesetzes 2021 (LAG 2021), BGBl. I Nr. 78/2021" Anwendung; die §§ 3 bis 6 finden nur Anwendung, soweit diese die Entsendung von land- und forstwirtschaftlichen Arbeitern betreffen. Die Zulässigkeit der Überlassung von land- und forstwirtschaftlichen Arbeitern im Sinne des LAG „2021" bestimmt sich nach Maßgabe des LAG „2021".

(BGBl I 2021/174)

(4) Soweit im Folgenden nichts anderes bestimmt ist, gilt dieses Bundesgesetz unbeschadet des auf das Arbeitsverhältnis sonst anzuwendenden Rechts auch für aus der Europäischen Union (EU), dem Europäischen Wirtschaftsraum (EWR), der schweizerischen Eidgenossenschaft oder aus einem sonstigen Drittstaat zur Erbringung einer Arbeitsleistung nach Österreich entsandte Arbeitnehmer oder grenzüberschreitend überlassene Arbeitskräfte im Sinne des § 3 Abs. 4 AÜG. Die Entsendung von Arbeitnehmern oder die grenzüberschreitende Überlassung von Arbeitskräften aus der Schweizerischen Eidgenossenschaft ist wie die Überlassung oder Entsendung aus dem EWR zu behandeln. Das dritte Hauptstück, ausgenommen § 41, findet auf aus der Schweizerischen Eidgenossenschaft entsandte Arbeitnehmer oder überlassene Arbeitskräfte keine Anwendung. Die §§ 17 bis 21, 23 und 26 und das dritte Hauptstück, ausgenommen § 41, finden auf die Entsendung von Arbeitnehmern oder die Überlassung von Arbeitskräften aus Drittstaaten keine Anwendung.

„(5) Dieses Bundesgesetz findet keine Anwendung, wenn der Arbeitnehmer ausschließlich zur Erbringung folgender Arbeiten von geringem Umfang und kurzer Dauer nach Österreich entsandt wird:

1. geschäftliche Besprechungen ohne Erbringung von weiteren Dienstleistungen oder
2. die Teilnahme an Seminaren und Vorträgen ohne Erbringung von weiteren Dienstleistungen oder
3. die Teilnahme an Messen und messeähnlichen Veranstaltungen im Sinne des § 17 Abs. 3 bis 6 des Arbeitsruhegesetzes (ARG), BGBl. Nr. 144/1983, mit der Maßgabe, dass die Untergrenze des § 17 Abs. 4 ARG nicht gilt, ausgenommen Vorbereitungs- und Abschlussarbeiten für die Veranstaltung (Auf- und Abbau der Ausstellungeinrichtungen und An- und Ablieferung des Messegutes), oder
4. der Besuch von und die Teilnahme an Kongressen und Tagungen oder
5. die Teilnahme an und die Abwicklung von kulturellen Veranstaltungen aus den Bereichen Musik, Tanz, Theater oder Kleinkunst und vergleichbaren Bereichen, die im Rahmen einer Tournee stattfinden, bei welcher der Veranstaltung (den Veranstaltungen) in Österreich lediglich eine untergeordnete Bedeutung zukommt, soweit der Arbeitnehmer seine Arbeitsleistung zumindest für einen Großteil der Tournee zu erbringen hat, oder
6. die Teilnahme an und die Abwicklung von internationalen Wettkampfveranstaltungen (Internationale Meisterschaften) im Sinne des § 3 Z 5 des Bundes-Sportförderungsgesetzes 2017 (BSFG 2017), BGBl. I Nr. 100/2017, ausgenommen Vorbereitungs- und Abschlussarbeiten für die Veranstaltung (Auf- und Abbau der im Zusammenhang mit der Veranstaltung stehenden Einrichtungen) sowie Verabreichung von Speisen und Ausschank von Getränken im Rahmen der Veranstaltung.

(BGBl I 2021/174)

(6) Dieses Bundesgesetz findet auf vorübergehende Konzernentsendungen im Sinne der Richtlinie 96/71/EG über die Entsendung von Arbeitnehmern im Rahmen der Erbringung von Dienst-

leistungen, ABl. Nr. L 18 vom 21.01.1997 S. 1, in der Fassung der Richtlinie (EU) 2018/957 zur Änderung der Richtlinie 96/71/EG über die Entsendung von Arbeitnehmern im Rahmen der Erbringung von Dienstleistungen, ABl. Nr. L 173 vom 09.07.2018 S. 16, einer besonderen Fachkraft nach Österreich innerhalb eines Konzerns im Sinne des § 15 des Aktiengesetzes (AktG), BGBl. Nr. 98/1955 und des § 115 des GmbH-Gesetzes (GmbHG), RGBl. Nr. 58/1906, die insgesamt zwei Monate je Kalenderjahr nicht übersteigen dürfen, keine Anwendung, wenn die Einsätze konzernintern

1. zum Zweck der Forschung und Entwicklung, der Abhaltung von Ausbildungen durch die Fachkraft, der Planung der Projektarbeit oder
2. zum Zweck des Erfahrungsaustausches, der Betriebsberatung, des Controlling oder der Mitarbeit im Bereich von für mehrere Länder zuständigen Konzernabteilungen mit zentraler Steuerungs- und Planungsfunktion oder
3. für Arbeiten bei Lieferung, Inbetriebnahme (und damit verbundenen Schulungen), Wartung, Servicearbeiten und Reparatur von Maschinen, Anlagen und EDV-Systemen

erfolgen."

(BGBl I 2021/174)

„(7) Dieses Bundesgesetz findet keine Anwendung auf nach Österreich für längere Dauer zu Schulungszwecken entsandte Arbeitnehmer oder überlassene Arbeitskräfte, wenn

1. der ausländische Arbeitgeber oder Vertragspartner dem inländischen Betrieb keine Arbeitsleistung schuldet und der Einsatz des Arbeitnehmers oder der Arbeitskraft dessen Einschulung oder Weiterbildung auf der Grundlage eines Schulungs- oder Weiterbildungsprogrammes des Arbeitgebers oder österreichischen Unternehmens dient, und
2. die allenfalls vom Arbeitnehmer oder der Arbeitskraft schulungsbedingt durchgeführten Tätigkeiten oder erstellten Produkte, Dienstleistungen und Zwischenergebnisse für den Produktionsprozess und das Betriebsergebnis in dem Betrieb, in dem die Schulung stattfindet, unwesentlich sind, und
3. soweit der zu schulende Arbeitnehmer oder die Arbeitskraft im Schulungsbetrieb nicht länger tätig ist, als dies für den Erwerb der geforderten Kenntnisse und Fähigkeiten erforderlich ist.

(BGBl I 2021/174)

(8) Dieses Bundesgesetz findet keine Anwendung auf

1. die Tätigkeit als mobiler Arbeitnehmer im Sinne des Abs. 9 in der grenzüberschreitenden Güterund Personenbeförderung (Transportbereich), sofern die Arbeitsleistung ausschließlich im Rahmen des Transitverkehrs erbracht wird und nicht der gewöhnliche Arbeitsort in Österreich liegt;
2. die Tätigkeit als Arbeitnehmer, der in den letzten zwei Entgeltperioden vor der Entsendung oder Überlassung und während der Entsendung oder Überlassung nachweislich eine monatliche Bruttoentlohnung von durchschnittlich mindestens 120 vH des Dreißigfachen der Höchstbeitragsgrundlage für den Kalendertag gemäß § 108 Abs. 3 des Allgemeinen Sozialversicherungsgesetzes (ASVG), BGBl. Nr. 189/1955, erhält;
3. die Tätigkeit als Arbeitnehmer im Sinne des § 14 Abs. 1 Z 1 und 2, der nachweislich eine monatliche Bruttoentlohnung von mindestens 120vH des Dreißigfachen der Höchstbeitragsgrundlage für den Kalendertag gemäß § 108 Abs. 3 ASVG erhält;
4. auf Entsendungen oder Überlassungen im Rahmen von Austausch-, Aus- und Weiterbildungs- oder Forschungsprogrammen oder als entsandter oder überlassener Vortragender an Universitäten im Sinne des Universitätsgesetzes 2002, BGBl. I Nr. 120/2002, an pädagogischen Hochschulen im Sinne des Hochschulgesetzes 2005, BGBl. I Nr. 30/2006, oder Fachhochschulen im Sinne des Fachhochschulgesetzes, BGBl. Nr. 340/1993;
5. Lieferung von Waren durch entsandte Arbeitnehmer des Verkäufers oder Vermieters sowie das Abholen von Waren durch entsandte Arbeitnehmer des Käufers oder Mieters;
6. Tätigkeiten, die für die Inbetriebnahme und Nutzung von gelieferten Gütern unerlässlich sind und von entsandten Arbeitnehmern des Verkäufers oder Vermieters mit geringem Zeitaufwand durchgeführt werden.

(BGBl I 2021/174)

(9) Im Sinne dieses Bundesgesetzes sind mobile Arbeitnehmer Personen, die als Fahrer oder als Begleitpersonal in der Personen- und Güterbeförderung tätig sind sowie Arbeitnehmer eines Arbeitgebers, der in einer anderen Branche als der Personen- und Güterbeförderung tätig ist, der aber die Arbeitnehmer in Österreich vorwiegend in der Personen- und Güterbeförderung einsetzt."

(BGBl I 2021/174)

Wahrer wirtschaftlicher Gehalt – Beurteilungsmaßstab

§ 2. (1) Für die Beurteilung, ob ein Arbeitsverhältnis, eine grenzüberschreitende Entsendung oder Überlassung im Sinne dieses Bundesgesetzes vorliegt, ist der wahre wirtschaftliche Gehalt und nicht die äußere Erscheinungsform des Sachverhalts maßgebend.

„(2) Für die Beurteilung, ob eine Überlassung von Arbeitskräften vorliegt, sind insbesondere die §§ 3 und 4 AÜG oder vergleichbare österreichische Rechtsvorschriften maßgebend."

(BGBl I 2021/174)

„(3) Überschreitet die tatsächliche Entsendung oder Überlassung eines Arbeitnehmers aus dem EWR oder der Schweiz die Dauer von zwölf Monaten, finden auf solche Arbeitsverhältnisse ab diesem Zeitpunkt die österreichischen gesetzlichen und durch Verordnung oder Kollektivvertrag festgelegten Arbeitsrechtsnormen zur Gänze Anwendung, soweit diese Normen günstiger sind, als die entsprechenden Normen des Entsendestaates. Dabei ist jener Kollektivvertrag heranzuziehen, der am Arbeitsort für vergleichbare Arbeitnehmer von vergleichbaren Arbeitgebern gilt. Ausgenommen davon sind die Regelungen des Betrieblichen Mitarbeiter- und Selbständigenvorsorgegesetzes (BMSVG), BGBl. I Nr. 100/2002 oder vergleichbaren österreichischen Rechtsvorschriften und des Betriebspensionsgesetzes (BPG), BGBl. Nr. 282/1990 sowie Verfahren, Formalitäten und Bedingungen für den Abschluss und die Beendigung des Arbeitsvertrages einschließlich von Wettbewerbsverboten. Legt der Arbeitgeber eine mit einer Begründung versehene Mitteilung in deutscher oder englischer Sprache vor, verlängert sich der Zeitraum nach dem ersten Satz auf 18 Monate. Bei der Berechnung der Entsendungsdauer ist die Dauer einer Entsendung eines ersetzten Arbeitnehmers zu berücksichtigen. Die Mitteilung ist gegebenenfalls mit einer Änderungsmeldung im Sinne des § 19 zu übermitteln.

(BGBl I 2021/174)

(4) Abs. 3 gilt nicht für Arbeitnehmer im Sinne von § 33d des Bauarbeiter-Urlaubs- und Abfertigungsgesetzes (BUAG), BGBl. Nr. 414/1972."

(BGBl I 2021/174)

2. Hauptstück
Arbeitsrechtliche Ansprüche und Maßnahmen zu ihrem Schutz

1. Abschnitt
Arbeitsrechtliche Ansprüche

„Anspruch auf Mindestentgelt, Aufwandersatz und Bedingungen für angemessene Unterkünfte"

(BGBl I 2021/174)

§ 3. (1) Ein Arbeitnehmer mit gewöhnlichem Arbeitsort in Österreich hat zwingend Anspruch auf das nach Gesetz, Verordnung oder Kollektivvertrag zustehende Entgelt.

(2) Ein Arbeitnehmer mit gewöhnlichem Arbeitsort in Österreich, dessen Arbeitgeber seinen Sitz nicht in Österreich hat und nicht Mitglied einer kollektivvertragsfähigen Körperschaft in Österreich ist, hat zwingend Anspruch auf jenes gesetzliche, durch Verordnung festgelegte oder kollektivvertragliche Entgelt, das am Arbeitsort vergleichbaren Arbeitnehmern von vergleichbaren Arbeitgebern gebührt.

(3) Ein durch einen Arbeitgeber mit Sitz in einem EU-Mitgliedstaat, EWR-Staat oder einem Drittstaat nach Österreich zur Arbeitsleistung entsandter Arbeitnehmer hat unbeschadet des auf das Arbeitsverhältnis anzuwendenden Rechts für die Dauer der Entsendung zwingend Anspruch auf zumindest jenes gesetzliche, durch Verordnung festgelegte oder kollektivvertragliche Entgelt (ausgenommen Beiträge nach § 6 des Betrieblichen Mitarbeiter- und Selbständigenvorsorgegesetzes – BMSVG, BGBl. I Nr. 100/2002 oder vergleichbaren österreichischen Rechtsvorschriften und Beiträge oder Prämien nach dem Betriebspensionsgesetz – BPG, BGBl. Nr. 282/1990), das am Arbeitsort vergleichbaren Arbeitnehmern von vergleichbaren Arbeitgebern gebührt.

(4) Sind nach Gesetz, Verordnung oder Kollektivvertrag Sonderzahlungen vorgesehen, hat der Arbeitgeber diese dem entsandten Arbeitnehmer oder der grenzüberschreitend überlassenen Arbeitskraft aliquot für die jeweilige Lohnzahlungsperiode zusätzlich zum laufenden Entgelt (Fälligkeit) zu leisten.

„(5) Für einen entsandten Arbeitnehmer, der in Österreich im Zusammenhang mit der Lieferung einer im Ausland durch den Arbeitgeber oder einen mit diesem in einem Konzern im Sinne des § 15 AktG und des § 115 GmbHG verbundenen Arbeitgeber gefertigten Anlage an einen inländischen Betrieb mit Montagearbeiten, der Inbetriebnahme und damit verbundenen Schulungen oder mit Reparatur- und Servicearbeiten dieser Anlagen, die von inländischen Arbeitnehmern nicht erbracht werden können, beschäftigt wird, gilt Abs. 3 nicht, wenn diese Arbeiten in Österreich insgesamt jeweils nicht länger als drei Monate dauern."

(BGBl I 2021/174)

(6) Für entsandte Arbeitnehmer, die mit Bauarbeiten, die der Errichtung, der Instandsetzung, der Instandhaltung, dem Umbau oder dem Abriss von Bauwerken dienen, insbesondere mit Aushub, Erdarbeiten, Bauarbeiten im engeren Sinne, Errichtung und Abbau von Fertigbauelementen, Einrichtung oder Ausstattung, Umbau, Renovierung, Reparatur, Abbauarbeiten, Abbrucharbeiten, Wartung, Instandhaltung (Maler- und Reinigungsarbeiten) oder Sanierung sowie mit Reparaturen und Installationen an Anlagen in Kraftwerken beschäftigt sind, gelten die Abs. 3 und 4 jedenfalls ab dem ersten Tag der Beschäftigung in Österreich.

„(7) Ein entsandter Arbeitnehmer hat unbeschadet des auf das Arbeitsverhältnis anzuwendenden Rechts für die Dauer der Entsendung zwingend Anspruch auf zumindest jenen gesetzlichen, durch Verordnung festgelegten oder kollektivvertraglichen Aufwandersatz für Reise-, Unterbringungs- oder Verpflegungskosten, die während der Entsendung in Österreich anfallen, der am Arbeitsort vergleichbaren Arbeitnehmern von vergleichbaren Arbeitgebern gebührt. Dieser Aufwandersatz umfasst Kosten anlässlich von Reisebewegungen, wenn der Arbeitnehmer von einem regelmäßigen Arbeitsplatz im Inland zu einem anderen Arbeitsplatz im Inland reist."

(BGBl I 2021/174)

Urlaubsanspruch

§ 4. (1) Arbeitnehmer mit gewöhnlichem Arbeitsort in Österreich haben unbeschadet des auf das Arbeitsverhältnis anzuwendenden Rechts zwingend Anspruch auf bezahlten Urlaub.

(2) Entsandte Arbeitnehmer und grenzüberschreitend überlassene Arbeitskräfte haben für

die Dauer der Entsendung oder Überlassung zwingend Anspruch auf bezahlten Urlaub nach § 2 des Urlaubsgesetzes (UrlG), BGBl. Nr. 390/1976, oder vergleichbaren österreichischen Vorschriften, sofern das Urlaubsausmaß nach den Rechtsvorschriften des auf das Arbeitsverhältnis anzuwendenden Rechts geringer ist. Nach Beendigung der Entsendung oder Überlassung behält der entsandte Arbeitnehmer oder die überlassene Arbeitskraft den der Dauer der Entsendung oder Überlassung entsprechenden aliquoten Teil der Differenz zwischen dem nach österreichischem Recht höheren Urlaubsanspruch und dem Urlaubsanspruch, der ihm nach den Rechtsvorschriften des auf das Arbeitsverhältnis anzuwendenden Rechts zusteht.

(3) Abs. 2 gilt nicht für einen entsandten Arbeitnehmer, der in Österreich mit insgesamt nicht länger als acht Kalendertage dauernden Montagearbeiten im Sinne des § 3 Abs. 5 beschäftigt wird.

(4) Abs. 2 gilt für entsandte Arbeitnehmer, die mit Bauarbeiten im Sinne des § 3 Abs. 6 in Österreich beschäftigt sind, jedenfalls ab dem ersten Tag der Beschäftigung in Österreich.

(5) Die Abs. 1 bis 4 gelten nicht für Arbeitnehmer, auf die die §§ 33d bis 33i des Bauarbeiter-Urlaubs und Abfertigungsgesetzes (BUAG), BGBl. Nr. 414/1972, anzuwenden sind.

Anspruch auf Einhaltung der Arbeitszeit und der Arbeitsruhe

§ 5. Für entsandte Arbeitnehmer gelten unbeschadet des anzuwendenden Rechts zwingend die Höchstarbeits- und die Mindestruhezeiten einschließlich der kollektivvertraglich festgelegten Arbeitszeit- und Arbeitsruheregelungen, die am Arbeitsort für vergleichbare Arbeitnehmer von vergleichbaren Arbeitgebern gelten.

Regelungen für die grenzüberschreitende Arbeitskräfteüberlassung

§ 6. (1) Eine Arbeitskraft, die aus dem Ausland nach Österreich überlassen wird, hat unbeschadet des auf das Arbeitsverhältnis anzuwendenden Rechts für die Dauer der Überlassung zwingend Anspruch auf

1. Entgeltfortzahlung bei Krankheit oder Unfall einschließlich der Ansprüche bei Beendigung des Arbeitsverhältnisses, bei Feiertagen und bei Dienstverhinderung aus sonstigen wichtigen persönlichen Gründen in der für vergleichbare Arbeitnehmer gültigen Dauer und Höhe,
2. Beachtung der für vergleichbare Arbeitnehmer gültigen Kündigungsfristen und Kündigungstermine sowie der Normen über den besonderen Kündigungs- und Entlassungsschutz und
3. Kündigungsentschädigung,

soweit dies günstiger ist als die Ansprüche nach den Rechtsvorschriften des auf das Vertragsverhältnis anzuwendenden Rechts.

(2) Die für gewerblich überlassene Arbeitskräfte in Österreich geltenden Kollektivverträge sind auch auf aus dem Ausland nach Österreich überlassene Arbeitskräfte anzuwenden.

(3) Das AÜG oder vergleichbare österreichische Rechtsvorschriften gelten auch für grenzüberschreitend überlassene Arbeitskräfte.

Kollektivverträge

§ 7. Die Kollektivvertragsparteien haben die von ihnen abgeschlossenen Kollektivverträge in elektronischer Form zugänglich zu machen. Sofern es sich um Bautätigkeiten handelt, wird die Informations- und Auskunftstätigkeit von der Bauarbeiter-Urlaubs- und Abfertigungskasse wahrgenommen.

2. Abschnitt
Haftungsbestimmungen

Haftung für Entgeltansprüche gegen Arbeitgeber mit Sitz in einem Drittstaat

§ 8. (1) Der Auftraggeber als Unternehmer haftet für die sich nach § 3 ergebenden Entgeltansprüche von entsandten Arbeitnehmern eines Arbeitgebers mit Sitz in einem Drittstaat im Rahmen des Auftrags als Bürge und Zahler nach § 1357 des Allgemeinen Bürgerlichen Gesetzbuches (ABGB), JGS Nr. 946/1811.

(2) Für den Bereich der Arbeitskräfteüberlassung sind § 14 AÜG oder vergleichbare österreichische Rechtsvorschriften anzuwenden, soweit dies in diesem Gesetz nicht ausdrücklich ausgeschlossen ist.

Haftungsbestimmungen für den Baubereich

§ 9. (1) Der Auftraggeber haftet als Bürge und Zahler nach § 1357 ABGB für Ansprüche auf das nach Gesetz, Verordnung oder Kollektivvertrag unter Beachtung der jeweiligen Einstufungskriterien gebührende Entgelt der entsandten oder grenzüberschreitend überlassenen Arbeitnehmer seines Auftragnehmers für Arbeitsleistungen im Rahmen der Beauftragung von Bauarbeiten im Sinne des § 3 Abs. 6 in Österreich. Der Auftraggeber, der selbst nicht Auftragnehmer der beauftragten Bauarbeiten ist, haftet nur dann, wenn er vor der Beauftragung von der Nichtzahlung des Entgelts wusste oder diese auf Grund offensichtlicher Hinweise ernsthaft für möglich halten musste und sich damit abfand.

(2) Voraussetzungen für die Begründung der Haftung des Auftraggebers nach Abs. 1 sind, dass

1. der Arbeitnehmer die Bauarbeiter-Urlaubs- und Abfertigungskasse spätestens acht Wochen nach Fälligkeit des Entgelts über seine Forderung nach ausstehendem Entgelt unter Angabe eines konkreten Betrages und Lohnzahlungszeitraumes informiert,
2. die Information des Arbeitnehmers Angaben über seinen Arbeitgeber, das Vorliegen eines Arbeitsverhältnisses, den Ort und die Zeit der Erbringung der Arbeitsleistungen aus der Beauftragung sowie die Art seiner Tätigkeit umfasst,

3. die Bauarbeiter-Urlaubs- und Abfertigungskasse den Auftraggeber nach Beendigung der Erhebungen nach Abs. 3 darüber unter Angabe eines konkreten Betrages schriftlich informiert und
4. das ausstehende Entgelt weder verfallen noch verjährt ist.

Die Haftung des Auftraggebers wird zum Zeitpunkt des Zugangs der schriftlichen Information nach der Z 3 bei ihm begründet. Die Haftung endet neun Monate nach der Fälligkeit des jeweiligen Entgelts, es sei denn, der Arbeitnehmer macht seine Forderung gegenüber dem Auftraggeber innerhalb dieses Zeitraums gerichtlich geltend. Die Haftung ist mit der Höhe des in der Information angeführten Betrages begrenzt.

(3) Die Bauarbeiter-Urlaubs- und Abfertigungskasse hat auf der Basis der Angaben im Sinne des Abs. 2 Z 1 und 2 eine Prüfung des Vorliegens eines Arbeitsverhältnisses sowie der vom Arbeitnehmer erhobenen Forderung vorzunehmen. Die §§ 23b und 23c BUAG sind anzuwenden. Die Bauarbeiter-Urlaubs- und Abfertigungskasse hat die Information nach Abs. 2 Z 3 dem Auftraggeber, dem Auftragnehmer und dem Arbeitnehmer zu übermitteln, wobei mit der Übermittlung an den Auftragnehmer eine außergerichtliche Geltendmachung zur Vermeidung des Verfalls oder der Verjährung des Anspruchs auf das ausstehende Entgelt erfolgt. Sie kann begründete Zweifel über das Bestehen des Arbeitsverhältnisses oder des Anspruches in die Information an den Auftraggeber aufnehmen.

(4) Ab der Begründung der Haftung des Auftraggebers nach Abs. 1 kann dieser für die Dauer der Haftung die Leistung des Werklohns verweigern, den er dem Auftragnehmer im Sinne des Abs. 1 aus dem gegenständlichen oder einem anderen Auftrag schuldet. Das Leistungsverweigerungsrecht ist mit der Höhe des in der Information nach Abs. 2 letzter Satz angeführten Betrages zuzüglich eines angemessenen Betrages für allfällige Kosten eines gerichtlichen Verfahrens begrenzt. Die Eröffnung des Insolvenzverfahrens über den Auftragnehmer beeinträchtigt nicht das Entstehen oder den Weiterbestand des Leistungsverweigerungsrechts des Auftraggebers. Soweit der Auftraggeber die Schuld des Auftragnehmers zahlt, wird der Auftraggeber von seiner Schuld gegenüber dem Auftragnehmer befreit. Zahlt der Auftraggeber auf Grund einer gegen ihn ergangenen vollstreckbaren gerichtlichen Entscheidung und hat er den Auftragnehmer von dem Rechtsstreit derart benachrichtigt (§ 21 der Zivilprozessordnung – ZPO, RGBl. Nr. 113/1895) oder die ihm zumutbaren Schritte für eine solche Benachrichtigung gesetzt, dass oder damit der Auftragnehmer Einwendungen gegen die erhobene Forderung in einer seine Interessen wahrenden Weise erheben konnte, wirkt die Zahlung einschließlich des Betrages für die Kosten des gerichtlichen Verfahrens gegenüber dem Auftragnehmer schuldbefreiend. Die Zahlung wirkt nicht schuldbefreiend, soweit der in der gerichtlichen Entscheidung angeführte Betrag auf einen Mutwillen des Auftraggebers zurückzuführen ist. Die Zahlung des Auftraggebers wirkt weiters insoweit schuldbefreiend, als sie in einer gegen den Auftragnehmer ergangenen vollstreckbaren gerichtlichen Entscheidung Deckung findet.

(5) Hat der Auftraggeber den Werklohn geleistet, kann er vom Auftragnehmer Ersatz für die anstelle des Auftragnehmers geleistete Schuld fordern (§ 1358 ABGB). Zahlt der Auftraggeber auf Grund einer gegen ihn ergangenen vollstreckbaren gerichtlichen Entscheidung und hat er den Auftragnehmer von dem Rechtsstreit derart benachrichtigt (§ 21 ZPO) oder die ihm zumutbaren Schritte für eine solche Benachrichtigung gesetzt, dass oder damit der Auftragnehmer Einwendungen gegen die erhobene Forderung in einer seine Interessen wahrenden Weise erheben konnte, kann er vom Auftragnehmer Ersatz für die von ihm geleistete Zahlung einschließlich des Betrages für die Kosten des gerichtlichen Verfahrens fordern. Ein Ersatz steht nicht zu, soweit der in der gerichtlichen Entscheidung angeführte Betrag auf einen Mutwillen des Auftraggebers zurückzuführen ist. Die Zahlung des Auftraggebers bewirkt weiters einen Ersatzanspruch, wenn sie in einer gegen den Auftragnehmer ergangenen vollstreckbaren gerichtlichen Entscheidung Deckung findet.

(6) Im Anwendungsbereich des Abs. 1 bis 5 haben sämtliche Auftraggeber der Bauarbeiter-Urlaubs- und Abfertigungskasse wahrheitsgemäß längstens binnen 14 Tagen ab Zugang des Auskunftsbegehrens Auskunft über die von ihnen beauftragten Unternehmen und über die Weitergabe der Bauleistungen zu erteilen. Zum Zweck der Geltendmachung der Ansprüche durch den Arbeitnehmer ist die Bauarbeiter-Urlaubs- und Abfertigungskasse berechtigt, die erteilten Auskünfte und die im Zusammenhang mit der unterbliebenen Auskunft stehenden Daten an den Arbeitnehmer zu übermitteln. Zu diesem Zweck hat die Bauarbeiter-Urlaubs- und Abfertigungskasse dem Arbeitnehmer sämtliche ihr bekannten Auftraggeber (Name und Anschrift) zu nennen.

(7) Erteilt eine auskunftspflichtige Person der Bauarbeiter-Urlaubs- und Abfertigungskasse keine Auskunft, so gilt sie, so lange die erforderliche Auskunft nicht erteilt wird, bezüglich der weitergegebenen Bauleistungen oder sonstigen Beauftragungen jedenfalls als Auftrag gebendes Unternehmen aller nachfolgend beauftragten Unternehmen.

(8) Die Haftung des Auftraggebers erstreckt sich auf den Arbeitnehmer jedes weiteren Auftragnehmers, wenn die Auftragserteilung als Rechtsgeschäft anzusehen ist, das darauf abzielt, die Haftung zu umgehen (Umgehungsgeschäft), und der Auftraggeber dies wusste oder auf Grund offensichtlicher Hinweise ernsthaft für möglich halten musste und sich damit abfand.

(9) Werden grenzüberschreitend überlassene Arbeitnehmer von einem Auftraggeber mit Bauarbeiten im Sinne des Abs. 1 beschäftigt, sind im Verhältnis zum Auftraggeber als Beschäftiger die Abs. 1 bis 8 anzuwenden. § 14 AÜG ist diesfalls nicht anzuwenden.

(10) Der Auftraggeber nach dem Abs. 1 haftet als Bürge und Zahler nach § 1357 ABGB auch für Zuschläge, die sein Auftragnehmer im Rahmen des Auftragsverhältnisses für dessen Arbeitnehmer gemäß § 33d BUAG an die Urlaubs- und Abfertigungskasse zu entrichten hat, soweit diese nicht verjährt sind. Die Bauarbeiter-Urlaubs- und Abfertigungskasse hat den Auftraggeber nach dem Abs. 1 über den Eintritt der Haftung und die Höhe der zu entrichtenden Zuschläge schriftlich zu informieren. Die Haftung des Auftraggebers nach dem Abs. 1 ist mit der Höhe des in der Information angeführten Betrages begrenzt. Sie wird zum Zeitpunkt des Zugangs der schriftlichen Information begründet und endet neun Monate nach der Fälligkeit der Zuschläge, es sei denn, die Bauarbeiter-Urlaubs- und Abfertigungskasse macht die Forderung gegenüber dem Auftraggeber innerhalb dieses Zeitraumes gerichtlich geltend. Im Übrigen sind die Abs. 4 bis 9 anzuwenden.

Haftung des Generalunternehmers für Entgeltansprüche gegen Auftragnehmer mit Sitz in einem EU-Mitgliedstaat oder EWR-Staat oder der Schweizerischen Eidgenossenschaft

§ 10. (1) Generalunternehmer ist, wer als Auftragnehmer eines öffentlichen Auftraggebers oder Sektorenauftraggebers im Rahmen seiner Unternehmertätigkeit die Erbringung zumindest eines Teiles einer auf Grund eines Auftrages geschuldeten Leistung an einen anderen Unternehmer (Subunternehmer), ausgenommen Arbeitgeber mit Sitz in einem Drittstaat, weitergibt. Hat der Generalunternehmer einen Auftrag oder einen Teil eines Auftrages in einer nach den Bestimmungen des Bundesvergabegesetzes 2006 (BVergG 2006), BGBl. I Nr. 17/2006, oder anderen gleichartigen Rechtsvorschriften unzulässigen Weise oder entgegen vertraglichen Vereinbarungen weitergegeben, so haftet er nach § 1357 ABGB als Bürge und Zahler für Ansprüche auf das gesetzliche, durch Verordnung festgelegte oder kollektivvertragliche Entgelt der vom Subunternehmer zur Leistungserbringung eingesetzten Arbeitnehmer, das diesen während ihrer Tätigkeit im Rahmen der vereinbarten Leistungserbringung gebührt. Gleiches gilt für einen Subunternehmer, wenn dieser einen Auftrag oder einen Teil eines Auftrages in unzulässiger Weise weitergibt.

(2) Im Anwendungsbereich des Abs. 1 haben sämtliche Auftraggeber dem Arbeitnehmer wahrheitsgemäß längstens binnen 14 Tagen ab Zugang des Auskunftsbegehrens Auskunft über die von ihnen beauftragten Unternehmen, über die Weitergaben der Beauftragungen und deren jeweiligen Vertragsgegenstand zu erteilen. Im Baubereich hat die Bauarbeiter-Urlaubs- und Abfertigungskasse dem Arbeitnehmer sämtliche ihr bekannten Auftraggeber (Name und Anschrift) zu nennen. Erteilt eine auskunftspflichtige Person keine Auskunft, so gilt sie, so lange die erforderliche Auskunft nicht erteilt wird, bezüglich der weitergegebenen Bauleistungen oder sonstigen Beauftragungen jedenfalls als Auftrag gebendes Unternehmen aller nachfolgend beauftragten Unternehmen. Der öffentliche Auftraggeber hat dem Arbeitnehmer über die Zulässigkeit der Weitergabe des Auftrages Auskunft zu geben.

(3) Die Haftung des Auftraggebers erstreckt sich auf den Arbeitnehmer jedes weiteren Auftragnehmers, wenn die Auftragserteilung als Rechtsgeschäft anzusehen ist, das darauf abzielt, die Haftung zu umgehen (Umgehungsgeschäft), und der Auftraggeber dies wusste oder auf Grund offensichtlicher Hinweise ernsthaft für möglich halten musste und sich damit abfand.

3. Abschnitt
Behörden

Behörden und Stellen

§ 11. (1) Folgende Behörden und Stellen sind im Rahmen der Vollziehung des LSD-BG tätig:

1. das Amt für Betrugsbekämpfung mit Sachverhaltsermittlungen in Bezug auf Arbeitnehmer mit gewöhnlichem Arbeitsort außerhalb Österreichs, die nicht dem ASVG unterliegen;

   (BGBl I 2019/104)
2. die Österreichische Gesundheitskasse als Kompetenzzentrum Lohn- und Sozialdumpingbekämpfung (Kompetenzzentrum LSDB) mit der Wahrnehmung der nach § 13 übertragenen Aufgaben, insbesondere der Lohnkontrolle in Bezug auf Arbeitnehmer, die nicht dem ASVG unterliegen;

   (BGBl I 2018/100)
3. „die Träger der Krankenversicherung“ mit der Wahrnehmung der nach § 14 übertragenen Aufgaben in Bezug:
   a) auf Arbeitnehmer, die dem ASVG unterliegen,
   b) auf Arbeitnehmer mit gewöhnlichem Arbeitsort in Österreich, die nicht dem ASVG unterliegen, sowie
   c) auf dem ASVG unterliegende Heimarbeiter im Sinne des Heimarbeitsgesetzes;

   (BGBl I 2018/100, BGBl I 2020/54, BGBl I 2021/174)
4. die Bauarbeiter-Urlaubs- und Abfertigungskasse mit der Wahrnehmung der nach § 15 übertragenen Aufgaben im Baubereich;
5. die Bezirksverwaltungsbehörden mit der Durchführung von Verwaltungsstrafverfahren nach diesem Bundesgesetz;
6. die Zentrale Koordinationsstelle für die Kontrolle der illegalen Beschäftigung nach dem Ausländerbeschäftigungsgesetz und dem Lohn- und Sozialdumping-Bekämpfungsgesetz des Amtes für Betrugsbekämpfung (Zentrale Koordinationsstelle) mit der Erfassung und Bearbeitung einer Entsendemeldung oder Meldung einer Arbeitskräfteüberlassung.

   (BGBl I 2019/104)

(2) Das Amt für Betrugsbekämpfung übt bei der Verwendung von Daten im Zusammenhang mit Erhebungen hinsichtlich der §§ 12 und 29 die Funktion eines Auftragsverarbeiters im Sinne von Art. 4 Z 8 der Verordnung (EU) 2016/679 zum Schutz natürlicher Personen bei der Verarbeitung personenbezogener Daten, zum freien Datenverkehr und zur Aufhebung der Richtlinie 95/46/EG (Datenschutz-Grundverordnung), ABl. Nr. L 119 vom 4.5.2016 S. 1, (im Folgenden: DSGVO) aus.

(BGBl I 2018/32, BGBl I 2019/104)

(3) Das Kompetenzzentrum LSDB übt im Zusammenhang mit seinen Tätigkeiten nach § 13 die Funktion eines Verantwortlichen im Sinne von Art. 4 Z 7 DSGVO aus.

(BGBl I 2018/32)

(4) Die vom Amt für Betrugsbekämpfung im Zuge von Erhebungen nach § 12 ermittelten personenbezogenen Daten sind nach Ablauf von fünf Jahren ab dem Beginn der Erhebungen zu einem bestimmten Sachverhalt zu löschen. Diese Frist verlängert sich um zehn Jahre, wenn in Bezug auf den Sachverhalt ein Strafbescheid erlassen wird. Ist ersichtlich, dass im Hinblick auf den Sachverhalt kein strafbares Verhalten vorliegt, sind die personenbezogenen Daten unverzüglich zu löschen.

(BGBl I 2018/32, BGBl I 2019/104)

(5) Das Verwenden von personenbezogenen Daten ist nur zulässig, soweit dies die Erfüllung der sich aus diesem Bundesgesetz ergebenden Aufgaben zwingend erfordert.

Erhebungen des Amtes für Betrugsbekämpfung

§ 12. (1) Das Amt für Betrugsbekämpfung ist berechtigt, das Bereithalten der Unterlagen nach den §§ 21 und 22 zu überwachen sowie in Bezug auf Arbeitnehmer mit gewöhnlichem Arbeitsort außerhalb Österreichs, die nicht dem ASVG unterliegen, die zur Kontrolle des unter Beachtung der jeweiligen Einstufungskriterien zustehenden Entgelts (Lohnkontrolle) im Sinne des § 29 erforderlichen Erhebungen durchzuführen. Die Organe des Amtes für Betrugsbekämpfung sind berechtigt,

1. die Betriebsstätten, Betriebsräume und auswärtigen Arbeitsstätten oder Arbeitsstellen sowie die Aufenthaltsräume der Arbeitnehmer ungehindert zu betreten und Wege zu befahren, auch wenn dies sonst der Allgemeinheit untersagt ist,
2. von den dort angetroffenen Personen Auskünfte über alle für die Erhebung nach Abs. 1 maßgebenden Tatsachen zu verlangen, wenn Grund zur Annahme besteht, dass es sich bei diesen Personen um Arbeitgeber oder um Arbeitnehmer handelt, sowie
3. in die zur Erhebung erforderlichen Unterlagen (§§ 21 und 22) Einsicht zu nehmen, Ablichtungen dieser Unterlagen anzufertigen und die Übermittlung dieser Unterlagen zu fordern, wobei die Unterlagen bis zum Ablauf des der Aufforderung zweitfolgenden Werktages abzusenden sind. Erfolgt bei innerhalb eines Arbeitstages wechselnden Arbeits(Einsatz)orten die Kontrolle nicht am ersten Arbeits(Einsatz)ort, sind die Unterlagen dem Amt für Betrugsbekämpfung nachweislich zu übermitteln, wobei die Unterlagen bis zum Ablauf des der Aufforderung zweitfolgenden Werktages abzusenden sind. Für die Übermittlung gebührt kein Ersatz der Aufwendungen „sowie“

   (BGBl I 2019/104, BGBl I 2020/99, BGBl I 2021/174)

„4. die Übermittlung von im § 22 aufgezählten Lohnunterlagen auch bis zu einem Monat nach der Beendigung der Entsendung oder Überlassung zu verlangen. Diese Unterlagen sind vom Arbeitgeber oder Überlasser binnen 14 Tagen ab dem Zugang des Verlangens beim Arbeitgeber zu übermitteln,
5. Einsicht in die Datenbank im Kompetenzzentrum LSDB zu nehmen;
6. Einsicht in die Datenbank des Dachverbandes der Sozialversicherungsträger zu den Sozialversicherungsdokumenten E 101 nach der Verordnung (EWG) Nr. 1408/71, oder Sozialversicherungsdokumenten A 1 nach der Verordnung (EG) Nr. 883/04 zur Koordinierung der Systeme der sozialen Sicherheit zu nehmen.“

   (BGBl I 2021/174)

(BGBl I 2019/104, BGBl I 2020/99)

(2) Das Amt für Betrugsbekämpfung hat die Ergebnisse der Erhebungen in Bezug auf die Lohnkontrolle dem Kompetenzzentrum LSDB zu übermitteln und auf Ersuchen des Kompetenzzentrums LSDB konkret zu bezeichnende weitere Erhebungen zu übermittelten Erhebungsergebnissen oder Erhebungen auf Grund von begründeten Mitteilungen durch Dritte durchzuführen.

(BGBl I 2019/104)

(BGBl I 2019/104)

Kompetenzzentrum LSDB

§ 13. (1) Für die Kontrolle des dem nicht dem ASVG unterliegenden Arbeitnehmer mit gewöhnlichem Arbeitsort außerhalb Österreichs nach Gesetz, Verordnung oder Kollektivvertrag in Österreich unter Beachtung der jeweiligen Einstufungskriterien zustehenden Entgelts im Sinne des § 29 Abs. 1 wird das Kompetenzzentrum LSDB eingerichtet.

(2) Das Kompetenzzentrum LSDB hat im übertragenen Wirkungsbereich nach den Weisungen des Bundesministers für Arbeit, Soziales und Konsumentenschutz die folgenden Aufgaben wahrzunehmen:

1. Entgegennahme der Erhebungsergebnisse des Amtes für Betrugsbekämpfung,

   (BGBl I 2019/104)
2. Ersuchen an das Amt für Betrugsbekämpfung, konkret zu bezeichnende weitere Erhebungen zu übermittelten Erhebungsergebnissen oder

Erhebungen auf Grund von begründeten Mitteilungen durch Dritte durchzuführen,

(BGBl I 2019/104)

3. Erstattung der Strafanzeige nach Abs. 4,
4. Führung der Verwaltungs(straf)evidenz und Auskunftserteilung nach § 35,
5. Wahrnehmung der Parteistellung und der damit verbundenen Berechtigungen nach § 32 Abs. 1,
6. Information des Arbeitnehmers über eine sein Arbeitsverhältnis betreffende Anzeige nach Abs. 4 in Verfahren nach § 29 Abs. 1, soweit die Anschrift in der Meldung gemäß § 19 angeführt ist.

(BGBl I 2017/64)

(3) Die Aufwendungen des Kompetenzzentrums LSDB trägt der Bund.

(4) Stellt das Kompetenzzentrum LSDB fest, dass der Arbeitgeber dem Arbeitnehmer im Sinne des Abs. 1 nicht zumindest das nach Abs. 1 zustehende maßgebliche Entgelt unter Beachtung der jeweiligen Einstufungskriterien leistet, hat es Anzeige an die zuständige Bezirksverwaltungsbehörde zu erstatten. Mit der Anzeige ist ein bestimmtes Strafausmaß zu beantragen. Die Anzeige ist dem Amt für Betrugsbekämpfung zum Zwecke der Nachverrechnung von Abgaben elektronisch zur Kenntnis zu übermitteln. Entgeltzahlungen, die das nach Gesetz, Verordnung oder Kollektivvertrag gebührende Entgelt übersteigen, sind auf allfällige Unterentlohnungen im jeweiligen Lohnzahlungszeitraum anzurechnen.

(BGBl I 2019/104)

(5) Das Kompetenzzentrum LSDB kann die Kollektivvertragspartner, die den für den Arbeitnehmer maßgeblichen Kollektivvertrag abgeschlossen haben, zu Entgeltfragen, insbesondere zur Ermittlung des dem Arbeitnehmer unter Beachtung der Einstufungskriterien nach Abs. 1 zustehenden Entgelts, anhören. Erhebt ein Arbeitgeber begründete Einwendungen gegen das vom Kompetenzzentrum LSDB angenommene Entgelt, insbesondere die angenommene Einstufung, hat das Kompetenzzentrum LSDB die Kollektivvertragspartner anzuhören. Eine Stellungnahme der Kollektivvertragspartner hat eine gemeinsame zu sein. Aufwandersätze und Sachbezüge dürfen, soweit der Kollektivvertrag nicht anderes bestimmt, für die Zwecke der Bestimmung des kollektivvertraglichen Entgelts nicht angerechnet werden.

(6) Stellt das Kompetenzzentrum LSDB fest, dass der Arbeitgeber dem Arbeitnehmer die Differenz zwischen dem tatsächlich geleisteten und dem dem Arbeitnehmer nach Abs. 1 gebührenden Entgelt nach Mitteilung des Kompetenzzentrums LSDB binnen einer vom Kompetenzzentrum LSDB festzusetzenden Frist nachweislich leistet, und

1. die Unterschreitung des nach Abs. 1 maßgeblichen Entgelts unter Beachtung der jeweiligen Einstufungskriterien gering ist, oder
2. das Verschulden des Arbeitgebers oder des zur Vertretung nach außen Berufenen (§ 9 Abs. 1 des Verwaltungsstrafgesetzes 1991 – VStG, BGBl. Nr. 52/1991) oder des verantwortlichen Beauftragten (§ 9 Abs. 2 oder 3 VStG) leichte Fahrlässigkeit nicht übersteigt,

hat es von einer Anzeige an die zuständige Bezirksverwaltungsbehörde abzusehen. Ebenso ist von einer Anzeige abzusehen, wenn der Arbeitgeber das dem Arbeitnehmer nach den österreichischen Rechtsvorschriften gebührende Entgelt vor der Mitteilung durch das Kompetenzzentrum LSDB nachweislich leistet und die übrigen Voraussetzungen nach dem ersten Satz vorliegen. § 25 Abs. 3 VStG, ist nicht anzuwenden. Von einer Anzeige ist auch abzusehen, wenn ein Strafaufhebungsgrund nach § 29 Abs. 2 vorliegt.

(7) Das Kompetenzzentrum LSDB ist berechtigt, gegen Kostenersatz die Landesstellen der Österreichischen Gesundheitskasse mit der Vertretung im Namen des Kompetenzzentrums LSDB vor der Bezirksverwaltungsbehörde und dem Verwaltungsgericht zu beauftragen.

(BGBl I 2018/100)

„Feststellungen von Übertretungen durch den Träger der Krankenversicherung

§ 14. (1) Stellt der zuständige Träger der Krankenversicherung im Rahmen seiner Tätigkeit fest, dass

1. der Arbeitgeber einem dem ASVG unterliegenden Arbeitnehmer oder
2. der Arbeitgeber dem Arbeitnehmer, der seinen gewöhnlichen Arbeitsort in Österreich hat, ohne dem ASVG zu unterliegen, oder
3. der Auftraggeber nach dem Heimarbeitsgesetz 1960 dem nach § 4 Abs. 1 Z 7 ASVG versicherten Heimarbeiter

nicht zumindest das ihm nach Gesetz, Verordnung oder Kollektivvertrag in Österreich unter Beachtung der jeweiligen Einstufungskriterien zustehende Entgelt im Sinne des § 29 Abs. 1 leistet, so gilt § 13 Abs. 4 bis 6 mit der Maßgabe, dass an die Stelle des Kompetenzzentrums LSDB die Träger der Krankenversicherung treten.

(2) Der zuständige Träger der Krankenversicherung ist berechtigt, in die für die Tätigkeit nach Abs. 1 erforderlichen Unterlagen Einsicht zu nehmen und Ablichtungen dieser Unterlagen anzufertigen. Auf Verlangen haben Arbeitgeber die erforderlichen Unterlagen oder Ablichtungen zu übermitteln, wobei die Unterlagen oder Ablichtungen bis zum Ablauf des der Aufforderung zweitfolgenden Werktages abzusenden sind. Für die Übermittlung gebührt kein Ersatz der Aufwendungen.

(3) Der zuständige Träger der Krankenversicherung hat den Arbeitnehmer über eine sein Arbeitsverhältnis betreffende Anzeige in Verfahren nach § 29 Abs. 1 zu informieren.“

(BGBl I 2018/100, BGBl I 2019/104, BGBl I 2020/54, BGBl I 2021/174)

Feststellung von Übertretungen durch die Bauarbeiter-Urlaubs- und Abfertigungskasse

§ 15. (1) Stellt die Bauarbeiter-Urlaubs- und Abfertigungskasse im Rahmen ihrer Tätigkeit fest, dass der Arbeitgeber dem Arbeitnehmer im Sinne des Abschnitts I BUAG oder im Sinne des § 33d BUAG nicht zumindest das ihm nach Gesetz, Verordnung oder Kollektivvertrag gebührende Entgelt im Sinne des § 29 Abs. 1 unter Beachtung der jeweiligen Einstufungskriterien leistet, gilt § 13 Abs. 4, Abs. 5 letzter Satz und Abs. 6 mit der Maßgabe, dass an die Stelle des Kompetenzzentrums LSDB die Bauarbeiter-Urlaubs- und Abfertigungskasse tritt.

(2) Die Bauarbeiter-Urlaubs- und Abfertigungskasse ist im Rahmen ihrer Tätigkeit berechtigt, die Bereithaltung der Unterlagen nach den §§ 21 und 22 zu überwachen, Einsicht zu nehmen und Ablichtungen dieser Unterlagen anzufertigen und deren Übermittlung zu fordern, wobei die Unterlagen bis zum Ablauf des der Aufforderung zweitfolgenden Werktages abzusenden sind. Erfolgt bei innerhalb eines Arbeitstages wechselnden Arbeits(Einsatz)orten die Kontrolle nicht am ersten Arbeits(Einsatz)ort, sind die Unterlagen der Bauarbeiter-Urlaubs- und Abfertigungskasse nachweislich zu übermitteln, wobei die Unterlagen bis zum Ablauf des der Aufforderung zweitfolgenden Werktages abzusenden sind. Für die Übermittlung gebührt kein Ersatz der Aufwendungen. „Die Bauarbeiter-Urlaubs- und Abfertigungskasse ist berechtigt, entsprechend § 12 Abs. 1 Z 4 und 5 die Vorlage von Unterlagen zu verlangen und Einsicht in die Datenbank im Kompetenzzentrum LSDB zu nehmen."

(BGBl I 2021/174)

Zusammenarbeit der Behörden im Inland im Bereich der Arbeitskräfteüberlassung

§ 16. (1) Alle Behörden und alle öffentlich-rechtlichen Körperschaften, insbesondere die gesetzlichen Interessenvertretungen der Arbeitgeber und der Arbeitnehmer und die Träger der Sozialversicherung, haben im Rahmen ihres Wirkungsbereiches den Bundesminister für Arbeit, Soziales und Konsumentenschutz, die Bundesfinanzverwaltung, die Gewerbebehörden, die Arbeitsinspektorate und die sonst zur Wahrnehmung des Arbeitnehmerschutzes berufenen Behörden bei der Erfüllung ihrer Aufgaben nach diesem Bundesgesetz, dem AÜG oder vergleichbaren österreichischen Rechtsvorschriften zu unterstützen.

(BGBl I 2019/104)

(2) Diese Unterstützung besteht insbesondere auch darin, dass sie den in Abs. 1 genannten zuständigen Behörden

1. den Namen, die Geburtsdaten, die Anschrift, das Geschlecht, die Staatsbürgerschaft, den Beschäftigungsort, die Arbeits- und Vertragsbedingungen sowie die Pensions-, Unfall- und Krankenversicherungsdaten des überlassenen Arbeitnehmers oder arbeitnehmerähnlichen Person,
2. den Namen, die Geburtsdaten, die Anschrift, den Betriebsgegenstand und den Sitz des Betriebes des Überlassers und
3. den Namen, die Geburtsdaten, die Anschrift, die gesetzliche Interessenvertretung, den Fachverband oder die Berufsvereinigung sowie deren allfällige fachliche Untergliederungen und den Sitz des Betriebes des Beschäftigers

übermitteln.

Zusammenarbeit mit Behörden anderer EU-Mitgliedstaaten und EWR-Staaten und gegenseitige Amtshilfe

§ 17. (1) Jeweils im Rahmen ihrer Zuständigkeit sind die nachfolgend angeführten Behörden und Stellen dazu berechtigt, Behörden oder Stellen anderer EU-Mitgliedstaaten und EWR-Staaten, die für die Kontrolle der Einhaltung arbeitsrechtlicher Vorschriften zuständig sind, Amtshilfe zu leisten und mit ihnen zusammenzuarbeiten:

1. die in § 42 Z 2 bis 4 genannten Gerichte,
2. die Bauarbeiter-Urlaubs- und Abfertigungskasse,
3. die Bezirksverwaltungsbehörden,
4. das Amt für Betrugsbekämpfung,
   (BGBl I 2019/104)
5. das Kompetenzzentrum LSDB,
6. die Zentrale Koordinationsstelle,
7. das Bundesministerium für Arbeit, Soziales und Konsumentenschutz und
8. das Bundesministerium für Finanzen.

Die in Z 1 bis 8 angeführten Behörden und Stellen sind im Rahmen ihrer Zuständigkeit zu derjenigen Amtshilfe und Zusammenarbeit mit Behörden oder Stellen anderer EU-Mitgliedstaaten oder EWR-Staaten verpflichtet, die entsprechend dem Ersuchen einer dieser Behörden oder Stellen notwendig ist, um die Einhaltung arbeitsrechtlicher Vorschriften zu unterstützen.

(2) Die gegenseitige Amtshilfe und Zusammenarbeit nach Abs. 1 umfasst die Einholung und Erteilung von Auskünften sowie das Ersuchen um behördliche Handlungen und deren Vornahme, die

1. zur Durchführung von Kontrollen der Einhaltung arbeitsrechtlicher Vorschriften oder
2. für weitere Ermittlungen bei Verdacht der Übertretung einer arbeitsrechtlichen Vorschrift oder
3. zur Vorbereitung der Zustellung oder Vollstreckung einer Entscheidung nach dem dritten Hauptstück dieses Bundesgesetzes

notwendig sind. Die gegenseitige Amtshilfe und Zusammenarbeit schließt die Zustellung behördlicher Schriftstücke ein, mit Ausnahme der Zustellung der Dokumente inländischer Verwaltungsbehörden (§ 41) und der Entscheidungen anderer EU- oder EWR-Vertragsstaaten, die jeweils im dritten Hauptstück geregelt sind.

(3) Für die gegenseitige Amtshilfe und Zusammenarbeit nach Abs. 1 und 2 ist das Binnenmarkt-Informationssystem (IMI) im Sinne der Verordnung (EU) Nr. 1024/2012 über die Verwaltungszusammenarbeit mit Hilfe des Binnenmarkt-Informationssystems und zur Aufhebung der Entscheidung 2008/49/EG der Kommission (im Folgenden: „IMI“) zu verwenden, soweit nicht in Staatsverträgen anderes vorgesehen ist.

(4) Die in Abs. 1 Z 1 bis 8 angeführten Behörden und Stellen sind verpflichtet, Auskunftsersuchen der Behörden anderer EWR-Staaten unverzüglich, in ausdrücklich als dringend bezeichneten Fällen innerhalb von zwei Arbeitstagen, in den übrigen Fällen innerhalb von längstens 25 Arbeitstagen zu entsprechen.

(5) Die in Abs. 1 Z 1 bis 8 angeführten Behörden und Stellen dürfen Informationen, die ihnen im Rahmen der gegenseitigen Amtshilfe und Zusammenarbeit bekannt werden, nur im Zusammenhang mit der Angelegenheit verwenden, für die die Informationen angefordert wurden.

(6) Ein Ersatz für den aus der gegenseitigen Amtshilfe und Zusammenarbeit entstehenden Aufwand darf von anderen EU-Mitgliedstaaten oder EWR-Staaten nicht gefordert werden.

Informationsverpflichtung von Arbeitgebern mit Sitz im Inland

§ 18. Arbeitgeber mit Sitz im Inland haben den in § 17 Abs. 1 genannten Behörden und Stellen auf schriftliches Verlangen nach Maßgabe der datenschutzrechtlichen Bestimmungen Informationen zur Verfügung zu stellen, die für Zwecke der gegenseitigen Amtshilfe oder Zusammenarbeit nach § 17 benötigt werden, soweit diese Behörden und Stellen die Auskünfte nicht aufgrund anderweitiger Vorschriften oder aus anderen gleichwertigen Informationsquellen erlangen können.

4. Abschnitt
Formale Verpflichtungen bei grenzüberschreitendem Arbeitseinsatz

„**§ 19.** (1) Arbeitgeber und Überlasser mit Sitz in einem EU-Mitgliedstaat oder EWR-Staat oder der Schweizerischen Eidgenossenschaft haben die Beschäftigung von nach Österreich entsandten Arbeitnehmern und nach Österreich überlassenen Arbeitskräften zu melden. Die Meldung hat für jede Entsendung oder Überlassung gesondert zu erfolgen. Nachträgliche Änderungen bei den Angaben gemäß Abs. 3 oder Abs. 4 sind unverzüglich zu melden (Änderungsmeldung). Ein Beschäftiger, der einen Arbeitnehmer zu einer Arbeitsleistung nach Österreich entsendet, gilt in Bezug auf die Meldepflichten nach diesem Absatz und den Abs. 2 und 3 als Arbeitgeber.

(2) Die Entsendung oder Überlassung im Sinne des Abs. 1 ist vor der jeweiligen Arbeitsaufnahme der Zentralen Koordinationsstelle zu melden. Im Fall von mobilen Arbeitnehmern im Transportbereich (§ 1 Abs. 9) ist die Meldung vor der Einreise in das Bundesgebiet zu erstatten. Die Meldung hat ausschließlich automationsunterstützt über die elektronischen Formulare des Bundesministeriums für Finanzen zu erfolgen. Arbeitgeber haben im Fall einer Entsendung der Ansprechperson nach § 23 oder, sofern nur ein Arbeitnehmer entsandt wird, diesem die Meldung in Abschrift auszuhändigen oder in elektronischer Form zur Verfügung zu stellen.

(3) Die Meldung nach Abs. 1 hat für jede Entsendung gesondert zu erfolgen und hat folgende Angaben zu enthalten; nachträgliche Änderungen bei den Angaben sind unverzüglich zu melden:

1. Name, Anschrift und Gewerbeberechtigung oder Unternehmensgegenstand des Arbeitgebers im Sinne des Abs. 1, Umsatzsteueridentifikationsnummer,
2. Name und Anschrift der zur Vertretung nach außen Berufenen des Arbeitgebers,
3. Name und Anschrift der Ansprechperson nach § 23 aus dem Kreis der nach Österreich entsandten Arbeitnehmer oder der in Österreich niedergelassenen zur berufsmäßigen Parteienvertretung befugten Personen (§ 21 Abs. 2 Z 4),
4. Name und Anschrift des Auftraggebers (Generalunternehmers),
5. die Namen, Anschriften, Geburtsdaten, Sozialversicherungsnummern und zuständigen Sozialversicherungsträger sowie die Staatsangehörigkeit der nach Österreich entsandten Arbeitnehmer,
6. Zeitraum der Entsendung insgesamt sowie Beginn und voraussichtliche Dauer der Beschäftigung der einzelnen Arbeitnehmer in Österreich, Dauer und Lage der vereinbarten Normalarbeitszeit der einzelnen Arbeitnehmer,
7. die Höhe des dem einzelnen Arbeitnehmer nach den österreichischen Rechtsvorschriften gebührenden Entgelts und Beginn des Arbeitsverhältnisses beim Arbeitgeber,
8. Ort (genaue Anschrift) der Beschäftigung in Österreich (auch andere Einsatzorte in Österreich),
9. in den Fällen des § 21 Abs. 2 Angabe der Person (genaue Anschrift) oder der Zweigniederlassung (genaue Anschrift), bei der die Melde-, Sozialversicherungs- und Lohnunterlagen bereitgehalten werden,
10. die Art der Tätigkeit und Verwendung des Arbeitnehmers unter Berücksichtigung des maßgeblichen österreichischen Kollektivvertrages,
11. sofern für die Beschäftigung der entsandten Arbeitnehmer im Sitzstaat des Arbeitgebers eine behördliche Genehmigung erforderlich ist, jeweils die ausstellende Behörde sowie die Geschäftszahl, das Ausstellungsdatum und die Geltungsdauer oder eine Abschrift der Genehmigung,
12. sofern die entsandten Arbeitnehmer im Sitzstaat des Arbeitgebers eine Aufenthaltsgeneh-

migung benötigen, jeweils die ausstellende Behörde sowie die Geschäftszahl, das Ausstellungsdatum und die Geltungsdauer oder eine Abschrift der Genehmigung.

(4) Die Meldung nach Abs. 1 hat für jede Überlassung gesondert zu erfolgen und hat folgende Angaben zu enthalten; nachträgliche Änderungen bei den Angaben sind unverzüglich zu melden:

1. Name und Anschrift des Überlassers,
2. Name und Anschrift des zur Vertretung nach außen Berufenen des Überlassers,
3. Name und Anschrift des Beschäftigers sowie dessen Umsatzsteueridentifikationsnummer und dessen Gewerbebefugnis oder Unternehmensgegenstand,
4. Name, Anschriften, Geburtsdaten, Sozialversicherungsnummern und Sozialversicherungsträger sowie Staatsangehörigkeit der überlassenen Arbeitnehmer oder arbeitnehmerähnlichen Personen,
5. Beginn und voraussichtliche Dauer der Beschäftigung der einzelnen überlassenen Arbeitnehmer oder arbeitnehmerähnliche Personen beim Beschäftiger,
6. Orte der Beschäftigung, jeweils unter genauer Angabe der Anschrift, in Österreich,
7. in den Fällen des § 21 Abs. 3 Angabe der Person (genaue Anschrift) oder der Zweigniederlassung (genaue Anschrift), bei der die Melde-, Sozialversicherungs- und Lohnunterlagen bereitgehalten werden,
8. Höhe des jedem einzelnen Arbeitnehmer oder arbeitnehmerähnlichen Person nach den österreichischen Rechtsvorschriften gebührenden Entgelts,
9. Art der Tätigkeit und Verwendung der einzelnen Arbeitnehmer oder arbeitnehmerähnlichen Personen unter Berücksichtigung des maßgeblichen österreichischen Kollektivvertrages,
10. sofern für die Beschäftigung der überlassenen Arbeitnehmer oder arbeitnehmerähnlichen Personen im Sitzstaat des Überlassers eine behördliche Genehmigung erforderlich ist, jeweils die ausstellende Behörde sowie die Geschäftszahl, das Ausstellungsdatum und die Geltungsdauer oder eine Abschrift der Genehmigung,
11. sofern die überlassenen Arbeitnehmer oder arbeitnehmerähnlichen Personen im Sitzstaat des Überlassers eine Aufenthaltsgenehmigung benötigen, jeweils die ausstellende Behörde sowie die Geschäftszahl, das Ausstellungsdatum und die Geltungsdauer oder eine Abschrift der Genehmigung.

(5) Ist in Erfüllung von Dienstleistungsverträgen, von Dienstverschaffungsverträgen oder innerhalb eines Konzerns im Sinne des § 15 AktG und des § 115 GmbHG der wiederholte grenzüberschreitende Einsatz von Arbeitnehmern vereinbart, kann abweichend von Abs. 1 und Abs. 2 vor der erstmaligen Arbeitsaufnahme eine Meldung der Entsendungen oder Überlassungen in Bezug auf einen inländischen Auftraggeber oder Beschäftiger jeweils für einen Zeitraum von bis zu sechs Monaten (Rahmenzeitraum) erstattet werden. Der Beschäftigungsort im Sinn des Abs. 3 Z 8 oder Abs. 4 Z 6 ist für jeden Auftraggeber oder Beschäftiger gesondert zu melden. Die Unterlagen nach den §§ 19, 21 und 22 sind für die Dauer des Rahmenzeitraums am Arbeits(Einsatz)ort bereitzuhalten oder unmittelbar an diesem Ort und im Zeitpunkt der Erhebung elektronisch zugänglich zu machen. § 21 Abs. 2 ist anzuwenden.

(5a) Abs. 5 gilt nicht für Arbeitnehmer im Sinne des § 33d BUAG.

(6) Erfasst der grenzüberschreitende Einsatz des Arbeitnehmers die Erfüllung von mit mehreren Auftraggebern geschlossenen gleichartigen Dienstleistungsverträgen, können in der Meldung nach Abs. 1 alle Auftraggeber angeführt werden, sofern die Erfüllung der Dienstleistungsverträge durchgehend im Bundesgebiet und innerhalb einer Woche erfolgt.

(7) Die Meldung der Entsendung nach Abs. 1 von mobilen Arbeitnehmern im Transportbereich (§ 1 Abs. 9) hat ausschließlich nach diesem Absatz für jeweils einen Zeitraum von sechs Monaten zu erfolgen und hat folgende Angaben zu enthalten; nachträgliche Änderungen bei den Angaben sind unverzüglich zu melden:

1. Name, Anschrift und Gewerbeberechtigung oder Unternehmensgegenstand des Arbeitgebers im Sinne des Abs. 1, Umsatzsteueridentifikationsnummer,
2. Name und Anschrift der zur Vertretung nach außen Berufenen des Arbeitgebers,
3. sofern nicht der jeweilige Lenker des Fahrzeuges Ansprechperson ist (§ 23 zweiter Satz), Name und Anschrift der Ansprechperson nach § 23 aus dem Kreis der in Österreich niedergelassenen zur berufsmäßigen Parteienvertretung befugten Personen (§ 21 Abs. 2 Z 4), hinsichtlich von Ansprechpersonen bei anderen Transportmitteln gilt Abs. 3 Z 3,
4. die Namen, Anschriften, Geburtsdaten, Sozialversicherungsnummern und zuständigen Sozialversicherungsträger sowie die Staatsangehörigkeit der nach Österreich innerhalb des Meldezeitraums voraussichtlich in Österreich tätigen Arbeitnehmer,
5. behördliche Kennzeichen der von den in der Z 4 genannten Arbeitnehmern verwendeten Fahrzeuge,
6. die Höhe des dem einzelnen Arbeitnehmer nach den österreichischen Rechtsvorschriften gebührenden Entgelts und Beginn des Arbeitsverhältnisses beim Arbeitgeber,
7. die Art der Tätigkeit und Verwendung des Arbeitnehmers unter Berücksichtigung des maßgeblichen österreichischen Kollektivvertrages,
8. sofern für die Beschäftigung der entsandten Arbeitnehmer im Sitzstaat des Arbeitgebers

eine behördliche Genehmigung erforderlich ist, jeweils die ausstellende Behörde sowie die Geschäftszahl, das Ausstellungsdatum und die Geltungsdauer oder eine Abschrift der Genehmigung,

9. sofern die entsandten Arbeitnehmer im Sitzstaat des Arbeitgebers eine Aufenthaltsgenehmigung benötigen, jeweils die ausstellende Behörde sowie die Geschäftszahl, das Ausstellungsdatum und die Geltungsdauer oder eine Abschrift der Genehmigung."

(BGBl I 2017/64, BGBl I 2021/174)

Information der Behörden

§ 20. (1) Die Zentrale Koordinationsstelle hat die Meldung einer Entsendung nach § 19 Abs. 3, 5 und 6 an „den zuständigen Träger der Krankenversicherung", und sofern es sich um Bautätigkeiten handelt, der Bauarbeiter-Urlaubs- und Abfertigungskasse elektronisch zu übermitteln.

(BGBl I 2017/64, BGBl I 2018/100, BGBl I 2020/54, BGBl I 2021/174)

(2) Die Zentrale Koordinationsstelle hat die Meldung einer Überlassung nach § 19 Abs. 4 an:

1. den zuständigen Krankenversicherungsträger ~~(§§ 26 und 30 ASVG)~~,
   (BGBl I 2021/174)
2. die Bauarbeiter-Urlaubs- und Abfertigungskasse, und
3. den Bundesminister für Arbeit, Soziales und Konsumentenschutz

elektronisch zu übermitteln.

(BGBl I 2017/64)

(3) Die Zentrale Koordinationsstelle hat dem Sozial- und Weiterbildungsfonds gemäß § 22a AÜG oder einem von diesem beauftragten Dienstleister für die Einhebung von Beiträgen nach Maßgabe des § 22d Abs. 2 und 4 AÜG und für die Erbringung von Leistungen für aus dem Ausland überlassene Arbeitnehmer die Daten gemäß § 19 Abs. 4 zur Verfügung zu stellen.

(4) Das Bundesministerium für Arbeit, Soziales und Konsumentenschutz ist im Rahmen der Erfüllung der ihm übertragenen Aufgaben für Zwecke der Arbeitsmarktpolitik berechtigt, auf automationsunterstütztem Weg Einsicht in die von der Zentralen Koordinationsstelle hinsichtlich der Meldungen einer Entsendung nach § 19 Abs. 3 geführte Datenbank zu nehmen, wobei die Befugnis zur Einsichtnahme folgende Daten umfasst: Betriebsdaten (Firmenname und -adresse), Arbeitnehmerdaten der entsandten Person (Name, Geburtsdatum, Sozialversicherungsnummer, Sozialversicherungsträger, Wohnsitz, ausgeübte Tätigkeit, Entgelthöhe, Beschäftigungsdauer, Beschäftigungsort), Daten inländischer Auftraggeber (Firmenname und Adresse des Beschäftigerbetriebs oder des Generalunternehmers in Österreich) sowie genehmigungspflichtige Beschäftigung.

Bereithaltung von Meldeunterlagen, Sozialversicherungsunterlagen und behördlicher Genehmigung

„**§ 21.** (1) Arbeitgeber mit Sitz in einem EU-Mitgliedstaat oder EWR-Staat oder der Schweizerischen Eidgenossenschaft haben folgende Unterlagen am Arbeits(Einsatz)ort im Inland während des Entsendezeitraums bereitzuhalten oder diese dem Amt für Betrugsbekämpfung oder der Bauarbeiter-Urlaubs- und Abfertigungskasse unmittelbar vor Ort und im Zeitpunkt der Erhebung in elektronischer Form zugänglich zu machen:

1. Unterlagen über die Anmeldung des Arbeitnehmers zur Sozialversicherung (Sozialversicherungsdokument E 101 nach der Verordnung (EWG) Nr. 1408/71, oder Sozialversicherungsdokument A 1 nach der Verordnung (EG) Nr. 883/04 zur Koordinierung der Systeme der sozialen Sicherheit), sofern für den entsandten Arbeitnehmer in Österreich keine Sozialversicherungspflicht besteht; kann der Arbeitgeber zum Zeitpunkt der Erhebung durch Nachweise in deutscher oder englischer Sprache belegen, dass ihm die Erwirkung der Ausstellung dieser Dokumente durch den zuständigen Sozialversicherungsträger vor der Entsendung nicht möglich war, sind gleichwertige Unterlagen in deutscher oder englischer Sprache (Antrag auf Ausstellung des Sozialversicherungsdokuments E 101 oder A 1 und Dokumente, aus denen sich ergibt, dass der Arbeitnehmer für die Dauer der Entsendung der ausländischen Sozialversicherung unterliegt) bereitzuhalten;
2. die Meldung gemäß § 19;
3. die behördliche Genehmigung der Beschäftigung der entsandten Arbeitnehmer im Sitzstaat des Arbeitgebers gemäß § 19 Abs. 3 Z 11 oder Abs. 7 Z 8, sofern eine solche erforderlich ist.

Bei innerhalb eines Arbeitstages wechselnden Arbeits(Einsatz)orten sind die erforderlichen Unterlagen am ersten Arbeits(Einsatz)ort bereitzuhalten oder in elektronischer Form zugänglich zu machen. Bei mobilen Arbeitnehmern im Transportbereich sind die vorgenannten Unterlagen bereits ab Einreise in das Bundesgebiet im Fahrzeug bereitzuhalten oder in elektronischer Form zugänglich zu machen. Ein Beschäftiger, der einen Arbeitnehmer zu einer Arbeitsleistung nach Österreich entsendet, gilt in Bezug auf die Verpflichtung nach dieser Bestimmung als Arbeitgeber.

(2) Abweichend von Abs. 1 sind, ausgenommen im Fall eines mobilen Arbeitnehmers im Transportbereich, die Unterlagen im Inland bei

1. der in der Meldung nach § 19 Abs. 3 Z 3 genannten Ansprechperson, oder
2. einer im Inland eingetragenen Zweigniederlassung, an der der ausländische Arbeitgeber seine Tätigkeit nicht nur gelegentlich ausübt, oder
3. einer inländischen selbständigen Tochtergesellschaft oder der inländischen Mutter-

gesellschaft eines Konzerns im Sinne des § 15 AktG oder § 115 GmbHG oder
4. einem im Inland niedergelassenen berufsmäßigen Parteienvertreter im Sinne des Wirtschaftstreuhandberufsgesetzes 2017 (WTBG), BGBl. I Nr. 137/2017, der Rechtsanwaltsordnung (RAO), RGBl. Nr. 96/1868 und der Notariatsordnung (NO), RGBl. Nr. 75/1871,

bereitzuhalten oder unmittelbar an den in den Z 1 bis 4 genannten Orten und im Zeitpunkt der Erhebung in elektronischer Form zugänglich zu machen, sofern dies in der Meldung nach § 19 Abs. 3 Z 9 angeführt ist. Erfolgt die Erhebung des Amtes für Betrugsbekämpfung oder der Bauarbeiter-Urlaubs- und Abfertigungskasse außerhalb der Geschäftszeiten des berufsmäßigen Parteienvertreters, hat dieser nach Aufforderung durch das Amt für Betrugsbekämpfung oder der Bauarbeiter-Urlaubs- und Abfertigungskasse die Unterlagen bis zum Ablauf des zweitfolgenden Werktages zu übermitteln. Für die Übermittlung gebührt kein Ersatz der Aufwendungen.

(3) Der Beschäftiger hat für jede überlassene Arbeitskraft für die Dauer der Überlassung folgende Unterlagen am Arbeits(Einsatz)ort im Inland bereitzuhalten oder diese dem Amt für Betrugsbekämpfung oder der Bauarbeiter-Urlaubs- und Abfertigungskasse unmittelbar vor Ort und im Zeitpunkt der Erhebung in elektronischer Form zugänglich zu machen:

1. Unterlagen über die Anmeldung der Arbeitskraft zur Sozialversicherung (Sozialversicherungsdokument E 101 oder A 1), sofern für die überlassene Arbeitskraft keine Sozialversicherungspflicht in Österreich besteht; kann der Überlasser zum Zeitpunkt der Erhebung durch Nachweise in deutscher oder englischer Sprache belegen, dass ihm die Erwirkung der Ausstellung dieser Dokumente durch den zuständigen Sozialversicherungsträger vor der Überlassung nicht möglich war, sind gleichwertige Unterlagen in deutscher oder englischer Sprache (Antrag auf Ausstellung des Sozialversicherungsdokuments E 101 oder A 1 und Dokumente, aus denen sich ergibt, dass der Arbeitnehmer für die Dauer der Entsendung der ausländischen Sozialversicherung unterliegt) bereitzuhalten;
2. die Meldung gemäß § 19 Abs. 1 und 4;
3. die behördliche Genehmigung der Beschäftigung der überlassenen Arbeitskräfte im Sitzstaat des Überlassers gemäß § 19 Abs. 4 Z 10, sofern eine solche erforderlich ist.

Abs. 2 findet sinngemäß Anwendung.“

(BGBl I 2017/64, BGBl I 2021/174)

Bereithaltung von Lohnunterlagen

„**§ 22.** (1) Arbeitgeber im Sinne der §§ 3 Abs. 2, 8 Abs. 1 oder 19 Abs. 1 haben während der Dauer der Beschäftigung (im Inland) oder des Zeitraums der Entsendung insgesamt oder des Rahmenzeitraums (§ 19) den

1. Arbeitsvertrag oder Dienstzettel im Sinne der Richtlinie 91/533 über die Pflicht des Arbeitgebers zur Unterrichtung des Arbeitnehmers über die für seinen Arbeitsvertrag oder sein Arbeitsverhältnis geltenden Bedingungen, ABl. Nr. L 288 vom 18.10.1991 S. 32,
2. Lohnzettel, Lohnzahlungsnachweise oder Banküberweisungsbelege, Lohnaufzeichnungen für die aufgrund konkreter Tätigkeiten oder des konkreten Einsatzes zustehenden Zulagen und Zuschläge,
3. Arbeitszeitaufzeichnungen und Unterlagen betreffend die Lohneinstufung, sofern sich die Einstufung nicht aus anderen Lohnunterlagen ergibt

zur Überprüfung des dem entsandten Arbeitnehmer für die Dauer der Beschäftigung nach den österreichischen Rechtsvorschriften gebührenden Entgelts in deutscher oder englischer Sprache am Arbeits(Einsatz)ort bereitzuhalten oder diese dem Amt für Betrugsbekämpfung oder der Bauarbeiter-Urlaubs- und Abfertigungskasse unmittelbar vor Ort und im Zeitpunkt der Erhebung in elektronischer Form zugänglich zu machen, auch wenn die Beschäftigung des einzelnen Arbeitnehmers in Österreich früher geendet hat. Bei innerhalb eines Arbeitstages wechselnden Arbeits(Einsatz)orten sind die Lohnunterlagen am ersten Arbeits(Einsatz)ort bereitzuhalten oder in elektronischer Form zugänglich zu machen. Ein Beschäftiger, der einen Arbeitnehmer zu einer Arbeitsleistung nach Österreich entsendet, gilt in Bezug auf die Verpflichtung nach dieser Bestimmung als Arbeitgeber. § 21 Abs. 2 findet sinngemäß Anwendung.

(1a) Bei der Entsendung von mobilen Arbeitnehmern im Transportbereich (§ 1 Abs. 9) sind abweichend von Abs. 1 der Arbeitsvertrag oder Dienstzettel und Arbeitszeitaufzeichnungen (Aufzeichnungen im Sinne von Art. 36 der Verordnung (EU) Nr. 165/2014 über den Fahrtenschreiber im Straßenverkehr, ABl. Nr. L 60 vom 28.2.2014 S. 1) bereits ab der Einreise in das Bundesgebiet im Fahrzeug bereitzuhalten oder diese dem Amt für Betrugsbekämpfung unmittelbar vor Ort und im Zeitpunkt der Erhebung in elektronischer Form zugänglich zu machen. Lohnzettel, Lohnzahlungsnachweise oder Banküberweisungsbelege und Unterlagen betreffend die Lohneinstufung sowie Arbeitszeitaufzeichnungen für den mobilen Arbeitnehmer im Transportbereich sind auf Verlangen des Amtes für Betrugsbekämpfung für das Kalendermonat, in dem die Kontrolle stattgefunden hat, und für das diesem Kalendermonat vorangehende Kalendermonat, wenn der Arbeitnehmer im vorangehenden Kalendermonat in Österreich tätig war, innerhalb einer Frist von 14 Kalendertagen nach dem Ende des Kalendermonats, in dem die Kontrolle erfolgt ist, zu übermitteln. Langen die Lohnunterlagen nach dem zweiten Satz innerhalb dieser Frist bei dem Amt für Betrugsbekämpfung nicht oder nicht vollständig ein, gilt dies als Nichtbereithalten der Lohnunterlagen.

(1b) Bei Entsendungen von Arbeitnehmern, die nicht länger als 48 Stunden dauern und nicht mobile Arbeitnehmer betreffen, sind abweichend von Abs. 1 während des Zeitraums der Entsendung der Arbeitsvertrag oder Dienstzettel und Arbeitszeitaufzeichnungen bereitzuhalten oder diese dem Amt für Betrugsbekämpfung unmittelbar vor Ort und im Zeitpunkt der Erhebung in elektronischer Form zugänglich zu machen. Bei der Berechnung der Entsendungsdauer ist die Dauer einer im Rahmen einer Entsendung von einem anderen Arbeitnehmer bereits zurückgelegten Entsendungsdauer zu berücksichtigen. Im Übrigen ist Abs. 1a zweiter und dritter Satz anzuwenden.

(2) Bei einer grenzüberschreitenden Arbeitskräfteüberlassung trifft die Verpflichtung zur Bereithaltung der Lohnunterlagen nach Abs. 1 den inländischen Beschäftiger. Der Überlasser hat dem Beschäftiger die Lohnunterlagen nach Abs. 1 nachweislich bereitzustellen. § 21 Abs. 2 findet sinngemäß Anwendung."

(BGBl I 2017/64, BGBl I 2019/104, BGBl I 2021/174)

Ansprechperson

§ 23. Die in der Meldung nach § 19 Abs. 3 Z 3 genannte Ansprechperson hat nach den Bestimmungen dieses Bundesgesetzes Unterlagen bereitzuhalten, Dokumente entgegenzunehmen und Auskünfte zu erteilen. Die Ansprechperson hat dem Kreis der nach Österreich entsandten Arbeitnehmer anzugehören oder eine in Österreich niedergelassene und zur berufsmäßigen Parteienvertretung befugte Person (§ 21 Abs. 2 Z 4) zu sein. Bei der Entsendung von mobilen Arbeitnehmern im Transportbereich ist der jeweilige Lenker des Kraftfahrzeuges Ansprechperson, es sei denn, der Arbeitgeber meldet eine zur berufsmäßigen Parteienvertretung befugte Person (§ 21 Abs. 2 Z 4) als Ansprechperson.

(BGBl I 2017/64)

Verantwortliche Beauftragte

§ 24. (1) Die Bestellung von verantwortlichen Beauftragten gemäß § 9 Abs. 2 „letzter Satz" und 3 VStG für die Einhaltung dieses Bundesgesetzes wird erst rechtswirksam, nachdem

1. bei der Zentralen Koordinationsstelle durch Arbeitgeber im Sinne §§ 3 Abs. 2, 8 Abs. 1 oder 19 Abs. 1, durch einen Beschäftiger im Sinne des § 19 Abs. 1 letzter Satz oder durch Überlasser mit Sitz im Ausland, oder
2. beim zuständigen Träger der Krankenversicherung durch Arbeitgeber oder Beschäftiger mit Sitz im Inland

eine schriftliche Mitteilung über die Bestellung samt einem Nachweis der Zustimmung des Bestellten eingelangt ist. Dies gilt nicht für die Bestellung von verantwortlichen Beauftragten auf Verlangen der Behörde gemäß § 9 Abs. 2 VStG. Eingegangene Mitteilungen nach Z 1 sind an das Kompetenzzentrum LSDB, eingegangene Mitteilungen nach den Z 1 und 2 für den Baubereich (Abschnitt I oder § 33d BUAG) sind auch an die Bauarbeiter-Urlaubs- und Abfertigungskasse weiterzuleiten.

(BGBl I 2021/174)

(2) Der Arbeitgeber, Beschäftiger im Sinne des § 19 Abs. 1 letzter Satz, der Überlasser oder der Beschäftiger hat den Widerruf der Bestellung oder das Ausscheiden von verantwortlichen Beauftragten nach Abs. 1 unverzüglich schriftlich der Einrichtung mitzuteilen, bei welcher die Mitteilung der Bestellung nach Abs. 1 einzubringen war.

5. Abschnitt
Strafbestimmungen, Untersagung der Dienstleistung und Evidenz über Verwaltungs(straf)verfahren

Ort der Verwaltungsübertretung

§ 25. Bei grenzüberschreitender Entsendung oder Arbeitskräfteüberlassung gilt die Verwaltungsübertretung als in dem Sprengel der Bezirksverwaltungsbehörde begangen, in dem der Arbeits(Einsatz)ort der nach Österreich entsandten oder überlassenen Arbeitnehmer liegt, bei wechselnden Arbeits(Einsatz)Orten als am Ort der Kontrolle begangen.

„**§ 25a.** Fehlen auf der nach Art. 5 der Richtlinie 2014/67/EU zur Durchsetzung der Richtlinie 96/71/EG über die Entsendung von Arbeitnehmern im Rahmen der Erbringung von Dienstleistungen und zur Änderung der Verordnung (EU) Nr. 1024/2012 über die Verwaltungszusammenarbeit mit Hilfe des Binnenmarkt-Informationssystems („IMI-Verordnung"), ABl. Nr. L 159 vom 28.05.2014 S. 11, einzurichtenden Website Informationen, welche innerstaatlichen gesetzlichen Normen auf Entsendungen oder Überlassungen anzuwenden sind, ist dies in Verwaltungsstrafverfahren nach diesem Bundesgesetz als Milderungsgrund im Sinne des § 19 VStG zu werten."

(BGBl I 2021/174)

„Verstöße im Zusammenhang mit den Melde- und Bereithaltungspflichten bei Entsendung oder Überlassung

§ 26. (1) Wer als Arbeitgeber oder Überlasser im Sinne des § 19 Abs. 1

1. die Meldung oder die Meldung über nachträgliche Änderungen bei den Angaben (Änderungsmeldung) entgegen § 19 nicht, nicht rechtzeitig oder nicht vollständig erstattet oder
2. in der Meldung oder Änderungsmeldung vorsätzlich unrichtige Angaben erstattet oder
3. die erforderlichen Unterlagen entgegen § 21 Abs. 1 oder Abs. 2 nicht bereithält oder dem Amt für Betrugsbekämpfung oder der Bauarbeiter-Urlaubs- und Abfertigungskasse vor Ort nicht unmittelbar in elektronischer Form zugänglich macht,

begeht unabhängig von der Anzahl der von der Verwaltungsübertretung betroffenen Arbeitnehmer eine einzige Verwaltungsübertretung und ist von der Bezirksverwaltungsbehörde mit Geldstrafe bis zu 20 000 Euro zu bestrafen.

(1a) Entgegen Abs. 1 Z 1 gilt die Meldung als vollständig erstattet, wenn bei einer Meldung nach

§ 19 Abs. 1 irrtümlich anstelle des Formulars mit den nach § 19 Abs. 3 vorgesehenen Angaben das Formular mit den nach § 19 Abs. 4 vorgesehenen Angaben oder umgekehrt verwendet wird.

(2) Wer als Beschäftiger im Falle einer grenzüberschreitenden Arbeitskräfteüberlassung die erforderlichen Unterlagen entgegen § 21 Abs. 3 nicht bereithält oder zugänglich macht, begeht unabhängig von der Anzahl der von der Verwaltungsübertretung betroffenen Arbeitnehmer eine einzige Verwaltungsübertretung und ist von der Bezirksverwaltungsbehörde mit Geldstrafe bis zu 20 000 Euro zu bestrafen.

(BGBl I 2021/174)

Vereitelungshandlungen im Zusammenhang mit der Lohnkontrolle

§ 27. (1) Wer als Arbeitgeber, Überlasser oder Beschäftiger die erforderlichen Unterlagen entgegen § 12 Abs. 1 Z 3 nicht übermittelt, begeht unabhängig von der Anzahl der von der Verwaltungsübertretung betroffenen Arbeitnehmer eine einzige Verwaltungsübertretung und ist von der Bezirksverwaltungsbehörde mit Geldstrafe bis zu 40 000 Euro zu bestrafen. Ebenso ist zu bestrafen, wer entgegen den §§ 14 Abs. 2 oder 15 Abs. 2 die Unterlagen nicht übermittelt.

(2) Wer entgegen § 12 Abs. 1 den Zutritt zu den Betriebsstätten, Betriebsräumen und auswärtigen Arbeitsstätten oder Arbeitsstellen sowie den Aufenthaltsräumen der Arbeitnehmer und das damit verbundene Befahren von Wegen oder die Erteilung von Auskünften verweigert oder die Kontrolle sonst erschwert oder behindert, begeht unabhängig von der Anzahl der von der Verwaltungsübertretung betroffenen Arbeitnehmer eine einzige Verwaltungsübertretung und ist von der Bezirksverwaltungsbehörde mit Geldstrafe bis zu 40 000 Euro zu bestrafen.

(3) Wer als Arbeitgeber, Überlasser oder Beschäftiger die Einsichtnahme in die Unterlagen nach den §§ 21 oder 22 verweigert, begeht unabhängig von der Anzahl der von der Verwaltungsübertretung betroffenen Arbeitnehmer eine einzige Verwaltungsübertretung und ist von der Bezirksverwaltungsbehörde mit Geldstrafe bis zu 40 000 Euro zu bestrafen.

(4) Ebenso ist nach Abs. 3 zu bestrafen, wer als Arbeitgeber entgegen § 14 Abs. 2 die Einsichtnahme in die Unterlagen verweigert.

(BGBl I 2021/174)

Nichtbereithalten und Nichtübermitteln der Lohnunterlagen

§ 28. Wer als

1. Arbeitgeber entgegen § 22 Abs. 1, Abs. 1a oder 1b die Lohnunterlagen nicht bereithält, oder
2. Überlasser im Falle einer grenzüberschreitenden Arbeitskräfteüberlassung nach Österreich entgegen § 22 Abs. 2 die Lohnunterlagen dem Beschäftiger nicht nachweislich bereitstellt, oder
3. Beschäftiger im Falle einer grenzüberschreitenden Arbeitskräfteüberlassung entgegen § 22 Abs. 2 die Lohnunterlagen nicht bereithält oder
4. Arbeitgeber oder Überlasser entgegen § 12 Abs. 1 Z 4 die Lohnunterlagen nicht übermittelt,

begeht unabhängig von der Anzahl der von der Verwaltungsübertretung betroffenen Arbeitnehmer eine einzige Verwaltungsübertretung und ist von der Bezirksverwaltungsbehörde mit Geldstrafe bis zu 20 000 Euro, im Wiederholungsfall bis zu 40 000 Euro, zu bestrafen."

(BGBl I 2017/64, BGBl I 2021/174)

Unterentlohnung

§ 29. „(1) Wer als Arbeitgeber einen oder mehrere Arbeitnehmer beschäftigt oder beschäftigt hat, ohne ihm oder ihnen zumindest das nach Gesetz, Verordnung oder Kollektivvertrag gebührende Entgelt unter Beachtung der jeweiligen Einstufungskriterien, ausgenommen die in § 49 Abs. 3 ASVG angeführten Entgeltbestandteile, zu leisten, begeht unabhängig von der Anzahl der von der Verwaltungsübertretung betroffenen Arbeitnehmer eine einzige Verwaltungsübertretung und ist von der Bezirksverwaltungsbehörde mit einer Geldstrafe bis zu 50 000 Euro zu bestrafen. Ist im Erstfall bei Arbeitgebern mit bis zu neun Arbeitnehmern die Summe des vorenthaltenen Entgelts geringer als 20 000 Euro beträgt die Geldstrafe bis zu 20 000 Euro. Ist die Summe des vorenthaltenen Entgelts höher als 50 000 Euro, beträgt die Geldstrafe bis zu 100 000 Euro. Ist die Summe des vorenthaltenen Entgelts höher als 100 000 Euro beträgt die Geldstrafe bis zu 250 000 Euro. Ist die Summe des vorenthaltenen Entgelts höher als 100 000 Euro und wurde das Entgelt in Lohnzahlungszeiträumen der Unterentlohnung vorsätzlich um durchschnittlich mehr als 40 vH des Entgelts vorenthalten, beträgt die Geldstrafe bis zu 400 000 Euro. Wirkt der Arbeitgeber bei der Aufklärung zur Wahrheitsfindung unverzüglich und vollständig mit, ist anstelle des Strafrahmens bis 100 000 Euro oder bis 250 000 Euro der jeweils niedrigere Strafrahmen anzuwenden. Bei Unterentlohnungen, die durchgehend mehrere Lohnzahlungszeiträume umfassen, liegt eine einzige Verwaltungsübertretung vor. Entgeltzahlungen, die das nach Gesetz, Verordnung oder Kollektivvertrag gebührende Entgelt übersteigen, sind auf allfällige Unterentlohnungen im jeweiligen Lohnzahlungszeitraum anzurechnen. Hinsichtlich von Sonderzahlungen für Arbeitnehmer im Sinne des § 14 Abs. 1 Z 1 und 2 liegt eine Verwaltungsübertretung nach dem ersten Satz nur dann vor, wenn der Arbeitgeber die Sonderzahlungen nicht oder nicht vollständig bis spätestens 31. Dezember des jeweiligen Kalenderjahres leistet. Ebenso ist zu bestrafen, wer als Auftraggeber im Sinne des § 14 Abs. 1 Z 3 einen Heimarbeiter beschäftigt oder beschäftigt hat, ohne ihm zumindest das nach Gesetz oder Verordnung gebührende Entgelt unter

Beachtung der jeweiligen Einstufungskriterien, ausgenommen die in § 49 Abs. 3 ASVG angeführten Entgeltbestandteile, zu leisten."

(BGBl I 2021/174)

(2) Die Strafbarkeit nach Abs. 1 ist nicht gegeben, wenn der Arbeitgeber vor einer Erhebung der zuständigen Einrichtung nach den §§ 12, 14 und 15 die Differenz zwischen dem tatsächlich geleisteten und dem dem Arbeitnehmer nach Gesetz, Verordnung oder Kollektivvertrag gebührenden Entgelt nachweislich leistet.

(3) Stellt die Bezirksverwaltungsbehörde fest, dass der Arbeitgeber dem Arbeitnehmer die Differenz zwischen dem tatsächlich geleisteten und dem dem Arbeitnehmer nach Gesetz, Verordnung oder Kollektivvertrag gebührenden Entgelt binnen einer von der Behörde festzusetzenden Frist nachweislich leistet, und

1. die Unterschreitung des nach Abs. 1 maßgeblichen Entgelts unter Beachtung der jeweiligen Einstufungskriterien gering ist oder
2. das Verschulden des Arbeitgebers oder des zur Vertretung nach außen Berufenen (§ 9 Abs. 1 VStG) oder des verantwortlichen Beauftragten (§ 9 Abs. 2 oder 3 VStG) leichte Fahrlässigkeit nicht übersteigt,

hat sie von der Verhängung einer Strafe abzusehen. Ebenso ist von der Verhängung einer Strafe abzusehen, wenn der Arbeitgeber dem Arbeitnehmer die Differenz zwischen dem tatsächlich geleisteten und dem dem Arbeitnehmer nach Gesetz, Verordnung oder Kollektivvertrag gebührenden Entgelt vor der Aufforderung durch die Bezirksverwaltungsbehörde nachweislich leistet und die übrigen Voraussetzungen nach dem ersten Satz vorliegen. Ist die Entscheidung der Bezirksverwaltungsbehörde von der Klärung einer Vorfrage im Sinne des § 38 des Allgemeinen Verwaltungsverfahrensgesetzes 1991 – AVG, BGBl. Nr. 51/1991, abhängig, die den Gegenstand eines beim zuständigen Gericht anhängigen oder gleichzeitig anhängig gemachten Verfahrens bildet, hat die Bezirksverwaltungsbehörde das Verwaltungsstrafverfahren bis zur rechtskräftigen Entscheidung der Vorfrage auszusetzen; das verwaltungsbehördliche Strafverfahren gilt als unterbrochen, die Parteien sind davon in Kenntnis zu setzen. In Verwaltungsstrafverfahren nach Abs. 1 ist § 45 Abs. 1 Z 4 und letzter Satz VStG nicht anzuwenden. Weist der Arbeitgeber der Bezirksverwaltungsbehörde nach, dass er die Differenz zwischen dem tatsächlich geleisteten und dem dem Arbeitnehmer nach Gesetz, Verordnung oder Kollektivvertrag gebührenden Entgelt geleistet hat, ist dies bei der Strafbemessung strafmildernd zu berücksichtigen.

(4) Die Frist für die Verfolgungsverjährung (§ 31 Abs. 1 VStG) beträgt drei Jahre ab der Fälligkeit des Entgelts. Bei Unterentlohnungen, die durchgehend mehrere Lohnzahlungszeiträume umfassen, beginnt die Frist für die Verfolgungsverjährung im Sinne des ersten Satzes ab der Fälligkeit des Entgelts für den letzten Lohnzahlungszeitraum der Unterentlohnung. Die Frist für die Strafbarkeitsverjährung (§ 31 Abs. 2 VStG) beträgt bei Unterentlohnungen fünf Jahre; für den Beginn des Laufs der Strafbarkeitsverjährung sind erster und zweiter Satz maßgeblich. Hinsichtlich von Sonderzahlungen beginnen die Verfolgungs- und Strafbarkeitsverjährungsfristen ab dem Ende des jeweiligen Kalenderjahres (Abs. 1 dritter Satz) zu laufen.

(5) Für den Fall, dass der Arbeitgeber das gebührende Mindestentgelt für den betroffenen Zeitraum der Unterentlohnung nach Abs. 1 nachträglich leistet, beträgt die Dauer der Fristen nach § 31 Abs. 1 und 2 VStG ein Jahr (Verfolgungsverjährung) oder drei Jahre (Strafbarkeitsverjährung), soweit nicht aufgrund des Abs. 4 die Verjährung zu einem früheren Zeitpunkt eintritt; der Fristenlauf beginnt mit der Nachzahlung.

Unterlassung einer Änderungsmeldung zur Person des verantwortlichen Beauftragten

§ 30. Wer als Arbeitgeber, Überlasser oder als Beschäftiger im Sinne des § 19 Abs. 1 den Widerruf der Bestellung oder das Ausscheiden von verantwortlichen Beauftragten entgegen § 24 Abs. 2 nicht meldet, begeht eine Verwaltungsübertretung und ist von der Bezirksverwaltungsbehörde mit Geldstrafe von 41 Euro bis 4.140 Euro, im Wiederholungsfall mit Geldstrafe von 83 Euro bis 4.140 Euro zu bestrafen.

Untersagung der Dienstleistung

§ 31. (1) Die zuständige Bezirksverwaltungsbehörde hat dem Arbeitgeber im Sinne der §§ 3 Abs. 2, 8 Abs. 1 oder 19 Abs. 1, bei einer grenzüberschreitenden Überlassung dem Überlasser, die Ausübung der den Gegenstand der Dienstleistung bildenden Tätigkeit für die Dauer von mindestens einem Jahr und höchstens fünf Jahren zu untersagen, wenn der Arbeitgeber gemäß

1. den §§ 26 Abs. 1 Z 1 oder Z 2 oder 27 Abs. 2 oder 3 wiederholt oder
2. den §§ 28 oder 29 Abs. 1 in Bezug auf mehr als drei Arbeitnehmer oder im Wiederholungsfall nach den §§ 28 oder 29 Abs. 1

rechtskräftig bestraft wurde oder ihm eine solche Bestrafung zuzurechnen ist. Eine Bestrafung ist dem Arbeitgeber dann zuzurechnen, wenn diese Bestrafung gegen den Arbeitgeber selbst oder gegen den zur Vertretung nach außen Berufenen (§ 9 Abs. 1 VStG) oder gegen den verantwortlich Beauftragten (§ 9 Abs. 2 oder 3 VStG) rechtskräftig verhängt wurde. § 19 VStG (ausgenommen § 19 Abs. 2 letzter Satz VStG) ist für die Bemessung des Zeitraums der Untersagung sinngemäß anzuwenden. Der Bescheid über die Untersagung der Dienstleistung ist dem Bundesminister für Wissenschaft, Forschung und Wirtschaft im Hinblick auf die §§ 373a bis 373e der Gewerbeordnung 1994, BGBl. Nr. 194/1994, sowie der Zentralen Koordinationsstelle elektronisch zu übermitteln.

(2) Von einer Untersagung nach Abs. 1 ist abzusehen, wenn der Arbeitgeber oder der Überlasser glaubhaft macht, dass er konkrete technische, orga-

nisatorische oder personelle Maßnahmen getroffen hat, die geeignet sind, die nochmalige Begehung der Verwaltungsübertretung zu verhindern und die Einbringung der verhängten Geldstrafe erfolgt ist. Als derartige Maßnahmen gelten etwa

1. die Einführung eines qualitativ hochwertigen Berichts- und Kontrollwesens,
2. die Einschaltung eines Organs der inneren Revision zur regelmäßigen Überprüfung der Einhaltung der maßgeblichen Vorschriften,
3. die Einführung von internen Haftungs- und Schadenersatzregelungen zur Einhaltung der maßgeblichen Vorschriften.

(3) Die Bezirksverwaltungsbehörde hat bei der Beurteilung nach Abs. 2 das Vorbringen des Arbeitgebers oder des Überlassers zu prüfen und die von diesem gesetzten Maßnahmen in ein Verhältnis zur Anzahl und zur Schwere der begangenen Verwaltungsübertretungen zu setzen. Bei der Beurteilung der Schwere der Verwaltungsübertretungen ist insbesondere die Zahl der betroffenen Arbeitnehmer und bei einer Verwaltungsübertretung nach § 29 Abs. 1 das Ausmaß der Unterentlohnung zu berücksichtigen.

(4) Wer trotz Untersagung nach Abs. 1 eine Tätigkeit erbringt, begeht eine Verwaltungsübertretung und ist von der Bezirksverwaltungsbehörde mit einer Geldstrafe von 2 000 Euro bis 20 000 Euro zu bestrafen.

(5) § 18 AÜG oder vergleichbare österreichische Rechtsvorschriften bleiben unberührt.

Parteistellung in Verwaltungs(straf)verfahren

§ 32. (1) Parteistellung in Verwaltungs(straf)verfahren hat:

1. nach den §§ 26, 27 Abs. 1, 2 oder 3, 28 das Amt für Betrugsbekämpfung, in den Fällen des § 29 Abs. 1 in Verbindung mit § 13 das Kompetenzzentrum LSDB,
   (BGBl I 2019/104)
2. nach den § 29 Abs. 1 in Verbindung mit § 14 und in den Fällen des § 27 Abs. 1 zweiter Satz und § 27 Abs. 4 „der zuständige Träger der Krankenversicherung“,
   (BGBl I 2018/100, BGBl I 2020/54, BGBl I 2021/174)
3. nach den §§ 26, 27 Abs. 1 zweiter Satz, § 27 Abs. 2 und 27 Abs. 3, 28 und 29 Abs. 1 in Verbindung mit § 15 die Bauarbeiter-Urlaubs- und Abfertigungskasse,

auch wenn die Anzeige nicht durch die in den Z 1 bis 3 genannten Einrichtungen erfolgt. Diese können gegen den Bescheid einer Verwaltungsbehörde Beschwerde beim Verwaltungsgericht und gegen das Erkenntnis oder den Beschluss eines Verwaltungsgerichts Revision beim Verwaltungsgerichtshof erheben.

(2) In Verwaltungs(straf)verfahren nach § 31 Abs. 1 und 4 haben das Kompetenzzentrum LSDB, das Amt für Betrugsbekämpfung und die Bauarbeiter-Urlaubs- und Abfertigungskasse im Baubereich (Abschnitt I oder § 33d des BUAG) Parteistellung; diese können gegen den Bescheid einer Verwaltungsbehörde Beschwerde beim Verwaltungsgericht und gegen das Erkenntnis oder den Beschluss eines Verwaltungsgerichts Revision beim Verwaltungsgerichtshof erheben.

(BGBl I 2019/104)

Vorläufige Sicherheit

„**§ 33.** (1) Liegt der begründete Verdacht einer Verwaltungsübertretung nach den §§ 26, 27, 28, 29 Abs. 1 oder 31 Abs. 4 vor und ist im Einzelfall auf Grund bestimmter Tatsachen anzunehmen, dass die Strafverfolgung oder der Strafvollzug aus Gründen, die in der Person des Arbeitgebers (Auftragnehmers) oder in der Person des Überlassers liegen, unmöglich oder wesentlich erschwert sein wird, ist das Amt für Betrugsbekämpfung ermächtigt, eine vorläufige Sicherheit bis zum Höchstmaß der angedrohten Geldstrafe festzusetzen und einzuheben. Soweit der Tätigkeitsbereich der Bauarbeiter-Urlaubs- und Abfertigungskasse betroffen ist, hat das Amt für Betrugsbekämpfung diese über die Einhebung einer vorläufigen Sicherheit zu verständigen. Die Ansprechperson im Sinne des § 19 Abs. 3 Z 3 gilt als Vertreter des Arbeitgebers, falls dieser oder ein von ihm bestellter Vertreter bei der Amtshandlung nicht anwesend ist. Auf nach dem ersten Satz eingehobene vorläufige Sicherheiten sind § 37 Abs. 4 letzter Satz, § 37a Abs. 3 und 4 und § 50 Abs. 6 erster Satz VStG sinngemäß anzuwenden. Das Amt für Betrugsbekämpfung ist ermächtigt, dem Arbeitgeber (Auftragnehmer) oder Überlasser zu gestatten, die vorläufige Sicherheit auch in bestimmten fremden Währungen oder mit Scheck oder Kreditkarte zu entrichten. Mit der Überweisung nach § 34 Abs. 4 oder der Erlegung einer Sicherheit nach § 34 Abs. 9 ist eine Beschlagnahme aufzuheben.

(2) § 34 Abs. 9 findet sinngemäß Anwendung. Die vorläufige Sicherheit in Form einer Beschlagnahme ist auch dann für frei zu erklären, wenn die gegen den Auftragnehmer oder den Überlasser verhängte Strafe vollzogen ist.

(3) Die Bezirksverwaltungsbehörde hat die vorläufige Sicherheit für verfallen zu erklären, sobald sich die Strafverfolgung des Auftragnehmers oder des Überlassers als unmöglich erweist. Die vorläufige Sicherheit in Form einer Beschlagnahme ist auch dann für verfallen zu erklären, sobald sich der Vollzug der Strafe als unmöglich erweist; § 37 Abs. 6 VStG findet Anwendung.“

(BGBl I 2019/104, BGBl I 2021/174)

„Zahlungsstopp – Zahlungsverbot – Sicherheitsleistung

§ 34. (1) Liegt der begründete Verdacht einer Verwaltungsübertretung nach den §§ 26, 27, 28, 29 Abs. 1 oder 31 Abs. 4 vor und ist im Einzelfall auf Grund bestimmter Tatsachen anzunehmen, dass die Strafverfolgung oder der Strafvollzug aus Gründen, die in der Person des Arbeitgebers (Auftragnehmers) oder in der Person des Überlassers liegen, unmöglich oder wesentlich erschwert sein wird, kann das Amt für Betrugsbekämpfung in Verbindung mit den Erhebungen nach § 12 sowie die Bauarbeiter-Urlaubs- und Abfertigungskasse dem inländischen oder ausländischen Auftraggeber, bei einer Überlassung dem Beschäftiger schriftlich auftragen, den noch zu leistenden Werklohn oder das noch zu leistende Überlassungsentgelt oder Teile davon nicht zu zahlen (Zahlungsstopp). Gegen die Verhängung eines Zahlungsstopps ist kein Rechtsmittel zulässig. Der Zahlungsstopp ist in jenem Ausmaß nicht wirksam, in dem der von ihm genannte Betrag höher ist als der noch zu leistende Werklohn oder das noch zu leistende Überlassungsentgelt. Der Zahlungsstopp darf nicht höher sein als das Höchstmaß der angedrohten Geldstrafe. Falls der im Zahlungsstopp genannte Betrag niedriger ist als der noch zu leistende Werklohn oder das noch zu leistende Überlassungsentgelt, umfasst der Zahlungsstopp – bis zu dem in ihm genannten Betrag – jenen Teil oder jene Teile des Werklohns oder des Überlassungsentgelts, der oder die zunächst fällig wird oder werden.

(2) Leistet der Auftraggeber oder der Beschäftiger entgegen dem Zahlungsstopp den Werklohn oder das Überlassungsentgelt, gilt in Verfahren nach Abs. 4 und 4a der Werklohn oder das Überlassungsentgelt als nicht geleistet. Das Amt für Betrugsbekämpfung darf einen Zahlungsstopp nur dann auftragen, soweit eine vorläufige Sicherheit nach § 33 nicht festgesetzt oder nicht eingehoben werden konnte. Die Bauarbeiter-Urlaubs- und Abfertigungskasse darf einen Zahlungsstopp nicht verhängen, wenn sie vom Amt für Betrugsbekämpfung über die Einhebung einer vorläufigen Sicherheit nach § 33 verständigt wurde. Leistet der Auftragnehmer oder der Überlasser die vorläufige Sicherheit nachträglich oder eine Sicherheit, ohne dass eine solche festgesetzt wurde, aus eigenem, ist der Zahlungsstopp von der Bezirksverwaltungsbehörde durch sofort wirksamen Bescheid aufzuheben, wobei auf diese Sicherheiten die Abs. 9 und 10 sinngemäß Anwendung finden; ein allfälliges Verfahren nach Abs. 4 ist einzustellen.

(3) Das Amt für Betrugsbekämpfung und die Bauarbeiter-Urlaubs- und Abfertigungskasse haben nach Verhängung eines Zahlungsstopps nach Abs. 1 binnen drei Arbeitstagen bei der Bezirksverwaltungsbehörde die Erlegung einer Sicherheit nach Abs. 4 zu beantragen, widrigenfalls der Zahlungsstopp außer Kraft tritt. Die Bezirksverwaltungsbehörde hat innerhalb von einer Woche nach Einlangen des Antrages die an den Auftragnehmer oder den Überlasser gerichtete und eine Frist beinhaltende Aufforderung zur Stellungnahme an den Zustelldienst zu übergeben oder zu versuchen, die Zustellung durch eigene Bedienstete – etwa an der Abgabestelle nach § 41 – vorzunehmen, widrigenfalls der Zahlungsstopp außer Kraft tritt. Nach Einlangen einer Stellungnahme durch den Auftragnehmer oder den Überlasser hat die Bezirksverwaltungsbehörde innerhalb von drei Wochen über den Antrag zu entscheiden, widrigenfalls der Zahlungsstopp außer Kraft tritt. In diesen Verfahren haben die im ersten Satz genannten Einrichtungen Parteistellung, soweit diese den Antrag auf Erlegung einer Sicherheit gestellt haben. Diese können gegen den Bescheid einer Verwaltungsbehörde Beschwerde beim Verwaltungsgericht und gegen das Erkenntnis oder den Beschluss eines Verwaltungsgerichts Revision beim Verwaltungsgerichtshof erheben.

(4) Stellt die für das Verwaltungsstrafverfahren zuständige Bezirksverwaltungsbehörde nach Durchführung eines Ermittlungsverfahrens fest, dass der begründete Verdacht einer Verwaltungsübertretung nach den §§ 26, 27, 28, 29 Abs. 1 oder 31 Abs. 4 vorliegt und ist auf Grund bestimmter Tatsachen anzunehmen, dass die Strafverfolgung oder der Strafvollzug aus Gründen, die in der Person des Arbeitgebers (Auftragnehmers) oder in der Person des Überlassers liegen, unmöglich oder wesentlich erschwert sein werde, kann die Bezirksverwaltungsbehörde dem inländischen oder ausländischen Auftraggeber, bei einer Überlassung dem Beschäftiger durch Bescheid auftragen, den noch zu leistenden Werklohn oder das noch zu leistende Überlassungsentgelt oder einen Teil davon als Sicherheit zu jenem Zeitpunkt oder jenen Zeitpunkten zu erlegen, zu dem oder zu denen der Werklohn oder das Überlassungsentgelt oder Teile davon zunächst zivilrechtlich fällig ist oder sind. Zivilrechtliche Zurückbehaltungsrechte, Einreden, Schadenersatzansprüche oder vergleichbare Rechte gegenüber dem Auftragnehmer oder Überlasser, die sich auf die zivilrechtliche Forderung (dem Grunde, der Höhe oder der Fälligkeit nach) auswirken, bleiben vom Bescheid unberührt. Dieser Bescheid beinhaltet keine Frist zur Ausführung der Leistung und ist nicht vollstreckbar. Der Bescheid hat zur Folge, dass der Auftraggeber oder der Beschäftiger bis zu dem darin genannten Betrag den Werklohn oder das Überlassungsentgelt nur an die Bezirksverwaltungsbehörde, nicht aber an den Auftragnehmer oder den Überlasser zahlen darf (Zahlungsverbot). Für Verfahren nach Abs. 4a gilt Abs. 2 erster Satz sinngemäß. Über Aufforderung der Bezirksverwaltungsbehörde hat der Auftraggeber den Werkvertrag oder der Beschäftiger die Überlassungsvereinbarung vorzulegen. Die §§ 37 und 37a VStG sind in diesen Fällen, sofern in dieser Bestimmung nichts anderes vorgesehen ist, nicht anzuwenden. Mit Erlassung des Bescheides gegenüber dem Auftraggeber oder dem Beschäftiger fällt der Zahlungsstopp (des Amtes für Betrugsbekämpfung oder der Bauarbeiter-Urlaubs- und Abfertigungskasse) nach Abs. 1 weg, wobei es auf die Rechtskraft dieses Bescheides nicht ankommt. Falls der Antrag nach Abs. 3 abgewiesen wird, hat die Behörde im Bescheid den Auftraggeber oder den Beschäftiger auf den Wegfall des Zahlungsstopps nach Abs. 1 hinzuweisen. Die Bezirksverwaltungsbehörde hat den Auftragnehmer oder den Überlasser über erlegte Beträge zu verständigen. Der Auftraggeber oder der Beschäftiger und der Auftragnehmer oder der Überlasser haben Parteistellung.

(4a) Erlegt der Auftraggeber oder der Beschäftiger entgegen einem rechtskräftigen Bescheid nach Abs. 4 die Sicherheit nicht, hat die Behörde nach Maßgabe der zivilrechtlichen Fälligkeit des Werklohns oder des Überlassungsentgelts dem Auftraggeber oder dem Beschäftiger durch Bescheid aufzutragen, einen konkreten Betrag als Sicherheit zu erlegen. Der Auftraggeber oder der Beschäftiger und der Auftragnehmer oder der Überlasser haben Parteistellung. Ist der Werklohn oder das Überlassungsentgelt dem Grunde, der Höhe oder seiner Fälligkeit nach strittig, kann die Bezirksverwaltungsbehörde im strittigen Ausmaß von der Erlassung des Bescheides absehen. Der Bescheid nach Abs. 4 wird durch dieses Absehen nicht berührt. Unabhängig von einem Bescheid nach diesem Absatz kann auch der Auftragnehmer oder der Überlasser den Werklohn oder das Überlassungsentgelt gerichtlich geltend machen, jedoch hat der Auftraggeber oder der Beschäftiger einen allfällig zugesprochenen Betrag an die Bezirksverwaltungsbehörde zu erlegen.

(5) Als Werklohn oder als Überlassungsentgelt gilt das gesamte für die Erfüllung des Auftrages oder der Überlassung zu leistende Entgelt.

(6) Die Überweisung nach Abs. 4 oder Abs. 4a wirkt für den Auftraggeber oder den Beschäftiger gegenüber dem Auftragnehmer oder dem Überlasser im Ausmaß der Überweisung schuldbefreiend.

(7) Die Sicherheitsleistung darf nicht höher sein als das Höchstmaß der angedrohten Geldstrafe. Der Auftraggeber oder der Beschäftiger ist verpflichtet, auf Anfrage der Bezirksverwaltungsbehörde die Höhe und Fälligkeit des Werklohnes oder des Überlassungsentgeltes bekannt zu geben. Können aus dem noch zu leistenden Werklohn oder Überlassungsentgelt die Sicherheitsleistung sowie der sich aus § 67a ASVG und § 82a Einkommensteuergesetz 1988 (EStG), BGBl. Nr. 400/1988, ergebende Haftungsbetrag nicht bedeckt werden, kann der Auftraggeber oder der Beschäftiger von seinem Recht zur Leistung des Werklohns an das Dienstleistungszentrum (§ 67c ASVG) jedenfalls Gebrauch machen.

(8) Beschwerden gegen Bescheide nach Abs. 4 haben keine aufschiebende Wirkung, auch nicht in Bezug auf das Zahlungsverbot; der Auftraggeber oder der Beschäftiger hat den Werklohn oder das Überlassungsentgelt oder Teile davon nach Eintritt der zivilrechtlichen Fälligkeit an die Bezirksverwaltungsbehörde zu erlegen. Davon abweichend hat das Landesverwaltungsgericht der Beschwerde auf Antrag aufschiebende Wirkung zuzuerkennen, wenn mit der Umsetzung des angefochtenen Bescheides für die beschwerdeführende Partei ein unverhältnismäßiger Nachteil verbunden wäre. Darauf ist in der Rechtsmittelbelehrung zum Bescheid nach Abs. 4 hinzuweisen. Im Falle eines Antrages auf Zuerkennung der aufschiebenden Wirkung hat die Behörde, sofern die Beschwerde nicht als verspätet oder unzulässig zurückzuweisen ist, dem Verwaltungsgericht die Beschwerde unter Anschluss der Akten des Verfahrens unverzüglich vorzulegen. Das Verwaltungsgericht hat über den Antrag auf Zuerkennung der aufschiebenden Wirkung unverzüglich mit Beschluss zu entscheiden und der Behörde, wenn diese nicht von der Erlassung einer Beschwerdevorentscheidung absieht, die Akten des Verfahrens zurückzustellen.

(9) Die Bezirksverwaltungsbehörde hat die Sicherheit ohne Erlassung eines Bescheides für frei zu erklären, wenn das Strafverfahren eingestellt wird, wobei es auf die Rechtskraft der Einstellung nicht ankommt, oder nicht binnen fünf Jahren ab Erlegung der Verfall ausgesprochen wurde. Frei gewordene Sicherheiten sind unverzüglich an den Auftragnehmer oder den Überlasser auszuzahlen. Im Falle einer rechtskräftigen Bestrafung ist die Sicherheit zur Abdeckung der Geldstrafe und der Kosten des Strafverfahrens zu verwenden, worüber der Auftragnehmer oder der Überlasser zu informieren ist; ein Restbetrag ist an den Auftragnehmer oder den Überlasser auszuzahlen.

(10) Die Bezirksverwaltungsbehörde hat die Sicherheit für verfallen zu erklären, sobald sich die Strafverfolgung des Auftragnehmers oder des Überlassers als unmöglich erweist. Für die Widmung der verfallenen Sicherheit gelten dieselben Vorschriften wie für Geldstrafen."

(BGBl I 2019/104, BGBl I 2021/174)

Evidenz über Verwaltungs(straf)verfahren nach den §§ 26, 27, 28, 29 Abs. 1, 31 und 34

§ 35. (1) Für Zwecke der Beantragung eines Strafausmaßes, der Strafbemessung, der Untersagung der Dienstleistung nach § 31 Abs. 1 und der Feststellung der Ausübung einer Dienstleistung trotz Untersagung sowie für die Zwecke der Evaluierung der Strafverfolgung oder des Strafvollzugs sowie für die Zwecke der Beauskunftung öffentlicher Auftraggeber und Sektorenauftraggeber hat das Kompetenzzentrum LSDB eine Evidenz über rechtskräftige Bescheide und Erkenntnisse in Verwaltungs(straf)verfahren nach den §§ 26, 27, 28, 29 Abs. 1, 31 und 34 zu führen. Diese kann automationsunterstützt geführt werden.

(2) Die Bezirksverwaltungsbehörden und die Verwaltungsgerichte der Länder haben Ausfertigungen rechtskräftiger Bescheide und Erkenntnisse, die sie oder der Verwaltungsgerichtshof in Strafverfahren oder Verfahren gemäß den §§ 26, 27, 28, 29 Abs. 1, 31 und 34 erlassen haben, in automationsunterstützter Form „samt Datum der Rechtskraft" unverzüglich dem Kompetenzzentrum LSDB zu übermitteln. Desgleichen haben sie Ausfertigungen rechtskräftiger Bescheide und Erkenntnisse, mit denen eine Strafe gemäß den §§ 26, 27, 28 oder 29 Abs. 1 gegen verantwortliche Beauftragte im Sinne von § 9 Abs. 2 letzter Satz und Abs. 3 VStG verhängt wurde, jenem Unternehmen zuzustellen, dem diese Bestrafung gemäß Abs. 4 zweiter Satz zuzurechnen ist. Im Bescheid oder im Erkenntnis ist ein Hinweis darauf aufzunehmen, dass mit der rechtskräftigen Bestrafung die Eintragung des/der Beschuldigten und jenes

Unternehmens, dem die Bestrafung zuzurechnen ist, in die Evidenz verbunden ist.

(BGBl I 2021/174)

(3) Das Kompetenzzentrum LSDB hat Daten eines Strafverfahrens fünf Jahre nach Eintritt der Rechtskraft des jeweiligen Bescheides oder Erkenntnisses zu löschen. Das Kompetenzzentrum LSDB hat Daten eines Verfahrens über die Untersagung einer Dienstleistung drei Jahre nach Ablauf des Zeitraums der Untersagung zu löschen.

„(4) Das Kompetenzzentrum LSDB hat der Bezirksverwaltungsbehörde, dem Verwaltungsgericht des Landes, dem Träger der Krankenversicherung, dem Amt für Betrugsbekämpfung oder der Bauarbeiter-Urlaubs- und Abfertigungskasse auf Verlangen binnen zwei Wochen zur Beantragung des Strafausmaßes, zur Strafbemessung, zur Untersagung der Dienstleistung oder zur Feststellung, dass trotz Untersagung eine Dienstleistung ausgeübt wird, Auskunft darüber zu geben, ob hinsichtlich des im Auskunftsersuchen genannten Arbeitgebers oder Beschäftigers eine rechtskräftige Bestrafung oder Entscheidung gemäß den §§ 26, 27, 28, 29 Abs. 1 oder 31 vorliegt oder ihm eine solche Bestrafung zuzurechnen ist. Zuzurechnen ist dem Arbeitgeber eine Bestrafung dann, wenn diese Bestrafung gegen den Arbeitgeber selbst oder gegen den zur Vertretung nach außen Berufenen (§ 9 Abs. 1 VStG) oder gegen den verantwortlichen Beauftragten (§ 9 Abs. 2 oder 3 VStG) rechtskräftig verhängt wurde. In der Auskunft sind die Anzahl der Bestrafungen und gegebenenfalls die maßgeblichen Daten der Strafbescheide und Straferkenntnisse, der Bescheide, mit denen eine Ermahnung erteilt wurde, sowie der Bescheide und Erkenntnisse in Verfahren nach § 31 anzugeben oder festzustellen, dass keine Bestrafung, keine Untersagung der Dienstleistung oder Daten für eine Auskunft vorliegen. Bei der Auskunftserteilung im Zusammenhang mit Verfahren nach § 31 sind zu nennen: Behörde, Aktenzahl, Bescheid-, Erkenntnis- und Rechtskraftdatum, Name und Geburtsdatum der Person, auf die sich der Bescheid oder das Erkenntnis bezieht und der es zuzurechnen ist, verhängte Geldstrafen, Dauer/Zeitraum der Untersagung der Dienstleistung. Fünf Jahre nach Eintritt der Rechtskraft des jeweiligen Strafbescheides oder Straferkenntnisses sowie drei Jahre nach Ablauf des Zeitraums der Untersagung der Dienstleistung darf in Bezug auf diesen Bescheid oder dieses Erkenntnis eine Auskunft nicht mehr erteilt werden.“

(BGBl I 2018/100, BGBl I 2019/104, BGBl I 2020/54, BGBl I 2021/174)

(5) Weiters hat das Kompetenzzentrum LSDB dem öffentlichen Auftraggeber oder Sektorenauftraggeber auf Verlangen binnen zwei Wochen Auskunft darüber zu geben, ob hinsichtlich des im Auskunftsersuchen genannten Arbeitgebers eine rechtskräftige Bestrafung oder Entscheidung gemäß den §§ 28, 29 Abs. 1 oder 31 Abs. 1 vorliegt oder ihm eine solche Bestrafung oder Entscheidung zuzurechnen ist. Abs. 4 vorletzter Satz ist sinngemäß anzuwenden. Für Auskünfte an öffentliche Auftraggeber und Sektorenauftraggeber gilt § 28b Abs. 2 zweiter und dritter Satz AuslBG mit der Maßgabe, dass an die Stelle des Begriffs „Bestrafung“ der Begriff „Bestrafung oder Entscheidung“ tritt. Für Auskünfte an öffentliche Auftraggeber und Sektorenauftraggeber zählen rechtskräftige Bestrafungen oder Entscheidungen gemäß den §§ 28, 29 Abs. 1 oder 31 Abs. 1, deren Spruch sich auf mehrere Arbeitnehmer bezieht oder verschiedene Verwaltungsübertretungen erfasst, als eine Bestrafung oder Entscheidung.

~~(6) Die Bezirksverwaltungsbehörden haben dem Kompetenzzentrum LSDB auf Jahresbasis über die Einbringung der in Verfahren nach § 34 erlegten Sicherheiten zu berichten.~~

(BGBl I 2021/174)

3. Hauptstück
Durchsetzung von Maßnahmen zum Schutz arbeitsrechtlicher Ansprüche bei grenzüberschreitendem Arbeitseinsatz

1. Abschnitt
Allgemeine Bestimmungen

Anwendungsbereich

§ 36. Das dritte Hauptstück regelt im Zusammenhang mit der Übertretung arbeitsrechtlicher Vorschriften oder einer Vorschrift nach diesem Bundesgesetz

1. in seinem zweiten Abschnitt die Zustellung inländischer behördlicher Dokumente an ausländische Arbeitgeber im Inland (§ 41);
2. in seinem dritten Abschnitt die Erwirkung
   a) der Zustellung (§§ 43 bis 46) und
   b) der Vollstreckung (§§ 43, 44 und 47 bis 50)

   von Straferkenntnissen und -verfügungen der in § 42 genannten Verwaltungsbehörden und Gerichte in einem anderen EU- oder EWR-Vertragsstaat;
3. in seinem vierten Abschnitt
   a) die Zustellung gerichtlicher und verwaltungsbehördlicher Entscheidungen (§§ 52, 53, 55 sowie 56 bis 58),
   b) die Vollstreckung verwaltungsbehördlicher Entscheidungen (§§ 52 bis 55 sowie 59 bis 64) und
   c) die Vollstreckung gerichtlicher Entscheidungen (§§ 52 bis 55 sowie §§ 65 bis 67)

   auf Ersuchen eines anderen EU- oder EWR-Vertragsstaats im Inland.

Bestimmung der Begriffe „inländische Behörde“ und „inländische Behörden“

§ 37. Soweit sich aus dem jeweiligen Zusammenhang nicht anderes ergibt, sind im Sinne des dritten Hauptstücks „inländische Behörden“ die in § 42 Z 1 bis 4 genannten Verwaltungsbehörden und Gerichte und ist „inländische Behörde“ eine der in § 42 Z 1 genannten Verwaltungsbehörden oder eines der in § 42 Z 2 bis 4 genannten Gerichte.

Aufwand der Strafverfolgung bei grenzüberschreitender Rechtsdurchsetzung

§ 38. Inländische Behörden haben bei der Entscheidung über die Einstellung eines nach diesem Hauptstück geführten Verwaltungsstrafverfahrens die Tatsache zu berücksichtigen, dass die Rechtsdurchsetzung und Strafverfolgung in Fällen des § 36 wegen ihrer Beziehung zu mehr als einem Staat einen vergleichsweise höheren Aufwand erfordern kann. Diese Tatsache allein rechtfertigt die Einstellung eines Verwaltungsstrafverfahrens nach § 45 Abs. 1 Z 6 VStG nicht.

Verwendung des Binnenmarkt-Informationssystems (IMI)

§ 39. Inländische Verwaltungsbehörden und Gerichte, die gemäß § 36 Z 2 oder 3 mit dem Ersuchen oder Entsprechen von Ersuchen um Zustellung und Vollstreckung von Entscheidungen befasst sind, haben zu diesem Zweck IMI zu verwenden.

Ämter der Landesregierung als zentrale Behörden

§ 40. (1) Ersuchen um Zustellung und Vollstreckung inländischer Straferkenntnisse oder -verfügungen in einem anderen EU-Mitgliedstaat oder EWR-Staat entsprechend § 36 Z 2 sind von den inländischen Behördenselbst zu stellen.

(2) Ersuchen um Zustellung und Vollstreckung von Entscheidungen anderer EU-Mitgliedstaaten oder EWR-Staaten entsprechend § 36 Z 3 sind von den Ämtern der Landesregierung entgegenzunehmen und weiterzuleiten. Für diesen Zweck werden die Ämter der Landesregierung der Kommission gegenüber entsprechend Artikel 14 der Richtlinie 2014/67/EU zur Durchsetzung der Richtlinie 96/71/EG über die Entsendung von Arbeitnehmern im Rahmen der Erbringung von Dienstleistungen und zur Änderung der Verordnung (EU) Nr. 1024/2012 über die Verwaltungszusammenarbeit mit Hilfe des Binnenmarkt-Informationssystems („IMI-Verordnung"), ABl. Nr. L 159 vom 28.05.2014 S. 11, als die zentralen Behörden benannt.

(3) Bei Schwierigkeiten bei einer Zustellung oder Vollstreckung nach Abs. 1 oder 2 kann eine inländische Verwaltungsbehörde oder ein inländisches Gericht nach Maßgabe dieses Hauptstücks das örtlich zuständige Amt der Landesregierung um Unterstützung ersuchen, insbesondere wenn die Behörde keinen Zugang zum IMI hat. In solchen Fällen ist das örtlich zuständige Amt der Landesregierung Verbindungsstelle im Sinne des § 15 Abs. 2, Abs. 3 Z 1 und 3, Abs. 5 und Abs. 6 DLG und zur Unterstützung verpflichtet.

(4) Örtlich zuständig für Vorkehrungen nach dem dritten Abschnitt (§§ 43, 44, 46, 48 und 49) ist dasjenige Amt der Landesregierung, in dessen Sprengel die um Zustellung oder Vollstreckung ersuchende Behörde ihren Sitz hat. Örtlich zuständig für Vorkehrungen nach dem vierten Abschnitt (§§ 53 bis 56, 58 Abs. 2, §§ 59 und 65) ist dasjenige Amt der Landesregierung, in dessen Sprengel die Person, gegen die sich die Entscheidung richtet, ihren Sitz oder Wohnsitz hat.

2. Abschnitt
Zustellung an ausländische Arbeitgeber im Inland

§ 41. (1) Für die Anwendung dieses Bundesgesetzes gilt als Abgabestelle im Sinne des § 2 Z 4 des Zustellgesetzes (ZustG), BGBl. Nr. 200/1982, auch die im Inland gelegene Betriebsstätte, Betriebsräumlichkeit, auswärtige Arbeitsstelle oder Arbeitsstätte, an der der Arbeitnehmer tätig ist. Für eine Zustellung an dieser Abgabestelle kann sowohl die Person, für die das Dokument inhaltlich bestimmt ist (Empfänger im materiellen Sinn) als auch die in § 19 Abs. 3 Z 3 bezeichnete Ansprechperson als Empfänger im Sinne des § 2 Z 1 ZustG bezeichnet werden. An dieser Abgabestelle darf der in § 19 Abs. 3 Z 3 bezeichneten Ansprechperson auch dann zugestellt werden, wenn der Empfänger im materiellen Sinn als Empfänger im Sinne des § 2 Z 1 ZustG bezeichnet wurde oder der Empfänger im materiellen Sinn sich nicht regelmäßig an der Abgabestelle aufhält. Wurde entgegen § 19 Abs. 3 Z 3 keine Ansprechperson bezeichnet oder kann der aus dem Kreis der nach Österreich entsandten Arbeitnehmer bezeichneten Ansprechperson nicht zugestellt werden, darf Arbeitnehmern des ausländischen Arbeitgebers zugestellt werden, wobei es auf den regelmäßigen Aufenthalt des Empfängers im materiellen Sinn oder des Empfängers im Sinne des § 2 Z 1 ZustG nicht ankommt. Die in § 19 Abs. 3 Z 3 bezeichnete Ansprechperson kann auch für Zustellungen außerhalb dieser Abgabestelle als Empfänger im Sinne des § 2 Z 1 ZustG bezeichnet werden.

(2) Liegt der begründete Verdacht einer Verwaltungsübertretung nach den §§ 26, 27, 28, 29 Abs. 1 oder 31 Abs. 4 vor und ist auf Grund bestimmter Tatsachen anzunehmen, dass die Zustellung von Dokumenten aus Gründen, die in dem Empfänger im materiellen Sinn oder in der in § 19 Abs. 3 Z 3 bezeichneten Ansprechperson liegen, unmöglich oder wesentlich erschwert sein wird, kann die Bezirksverwaltungsbehörde dem Empfänger im materiellen Sinn durch Bescheid auftragen, innerhalb einer Frist von mindestens zwei Wochen für das gegenständliche Verfahren einen Zustellungsbevollmächtigten namhaft zu machen. Unter den im ersten Satz genannten Voraussetzungen kann das Amt für Betrugsbekämpfung dem Empfänger im materiellen Sinn auftragen, innerhalb einer Frist von mindestens zwei Wochen für aus der Erhebung resultierende Verfahren einen Zustellungsbevollmächtigten namhaft zu machen. § 10 Abs. 1 zweiter bis vierter Satz und Abs. 2 ZustG ist sinngemäß anzuwenden; die Abgabestelle nach Abs. 1 gilt nicht als Abgabestelle nach § 10 Abs. 2 Z 2 ZustG.

(BGBl I 2019/104)

3. Abschnitt
Erwirkung der Zustellung und Vollstreckung der Entscheidungen inländischer Behörden in einem anderen EU-Mitgliedstaat oder EWR-Staat

1. Unterabschnitt
Allgemeine Bestimmungen

Anwendungsbereich

§ 42. Der dritte Abschnitt regelt die Erwirkung der Zustellung und Vollstreckung

1. von Strafbescheiden der Bezirksverwaltungsbehörden,
2. von Erkenntnissen der Verwaltungsgerichte der Länder,
3. von Erkenntnissen des Bundesverwaltungsgerichts und
4. von Erkenntnissen des Verwaltungsgerichtshofs

im EU-Mitgliedstaat oder EWR-Staat, in dem der Beschuldigte, gegen den eine Geldstrafe verhängt wurde, seinen Sitz oder Wohnsitz hat.

Übermittlung eines Ersuchens um Zustellung oder Vollstreckung

§ 43. (1) Ämter der Landesregierung und inländische Behörden, die um Zustellung oder Vollstreckung eines inländischen Straferkenntnisses oder einer inländischen Strafverfügung ersuchen, haben die § 46 Abs. 2 bzw. § 48 Abs. 2 entsprechenden Angaben in das einheitliche Formular einzutragen, das über IMI für solche Ersuchen zur Verfügung gestellt wird. Ist die um Zustellung oder Vollstreckung ersuchende inländische Behörde selbst nicht in IMI registriert, hat sie das gemäß § 40 Abs. 4 örtlich zuständige Amt der Landesregierung um Weiterleitung des Ersuchens um Zustellung oder Vollstreckung zu ersuchen und die entsprechend § 46 bzw. § 48 benötigten Angaben und Beilagen zur Verfügung zu stellen.

(2) Zusammen mit den in § 46 Abs. 3 bzw. § 48 Abs. 3 genannten Beilagen ist das Formular ausgefüllt oder, soweit ein Formular nicht zur Verfügung steht, das Ersuchen als solches an diejenige Behörde bzw. an eine der Behörden weiterzuleiten, die der andere Mitgliedstaat nach Artikel 14 der Richtlinie 2014/67/EU als zuständig benannt hat.

Mitteilung der weiteren Behandlung eines Ersuchens um Zustellung oder Vollstreckung

§ 44. (1) Ein Amt der Landesregierung oder eine inländische Behörde, das oder die Informationen über die weitere Behandlung eines Ersuchens gemäß § 46 bzw. § 48 erlangt hat, hat diese Information an das gemäß § 40 Abs. 4 örtlich zuständige Amt der Landesregierung weiterzuleiten. Das örtlich zuständige Amt der Landesregierung hat seinerseits die Informationen an die inländische Behörde, die das Ersuchen veranlasst hat, weiterzuleiten, soweit die inländische Behörde nicht über die Informationen verfügt.

(2) Teilt die gemäß § 43 um Zustellung oder Vollstreckung ersuchte ausländische Behörde nicht innerhalb eines Monats mit, welche weiteren Maßnahmen sie veranlasst, hat das gemäß § 40 Abs. 4 örtlich zuständige Amt der Landesregierung bzw. die inländische Behörde, das oder die gemäß § 43 um Zustellung oder Vollstreckung ersucht hat, die ausländische Behörde um entsprechende Auskunft zu ersuchen.

2. Unterabschnitt
Erwirkung der Zustellung der Entscheidungen inländischer Behörden in einem anderen EU-Mitgliedstaat oder EWR-Staat

Grundsätze

§ 45. Die inländische Behörde, die eine in § 42 genannte Entscheidung gefällt hat, hat zu veranlassen, dass diese Entscheidung einem Beschuldigten mit Sitz oder Wohnsitz in einem anderen EU-Mitgliedstaat oder EWR-Staat zugestellt wird. Erscheint die Zustellung im Inland nach § 41 und den Regelungen des Zustellgesetzes im Vorhinein aussichtslos oder erweist sie sich als unmöglich, ist eine Zustellung im Mitgliedstaat, in dem der Beschuldigte seinen Sitz oder Wohnsitz hat, entsprechend § 46 zu veranlassen.

Ersuchen um Zustellung in einem anderen EU-Mitgliedstaat oder EWR-Staat

§ 46. (1) Die Zustellung einer Entscheidung in einem anderen EU-Mitgliedstaat oder EWR-Staat ist durch die inländische Behörde, die die Entscheidung gefällt hat, entweder selbst oder im Weg eines Ersuchens an das gemäß § 40 Abs. 4 örtlich zuständige Amt der Landesregierung zu veranlassen.

(2) Das Ersuchen um Veranlassung einer Zustellung muss folgende Angaben enthalten:

1. den Namen und die Anschrift des Empfängers und alle weiteren bekannten Daten zur Identifizierung des Empfängers;
2. die Kontaktdaten der inländischen Behörde, die die zuzustellende Entscheidung gefällt hat;
3. die ausdrückliche Bezeichnung der inländischen Behörde, die die Entscheidung gefällt hat, als „Gericht“ oder als „Verwaltungsbehörde“;
4. eine Zusammenfassung des Sachverhalts;
5. Angaben, gegen welche arbeitsrechtliche Vorschrift verstoßen wurde;
6. die Angabe der Höhe der Geldstrafe;
7. das Datum, bis zu dem spätestens die Entscheidung zugestellt werden sollte.

(3) Dem Ersuchen sind beizufügen:

1. die zuzustellende Entscheidung;
2. eine Übersetzung der zuzustellenden Entscheidung in eine Amtssprache des EU-Mitgliedstaats oder EWR-Staats, in dem der Beschuldigte seinen Sitz oder Wohnsitz hat.

3. Unterabschnitt
Erwirkung der Vollstreckung der Entscheidungen inländischer Behörden in einem anderen EU-Mitgliedstaat oder EWR-Staat

Grundsätze

§ 47. Ist eine in § 42 genannte Entscheidung gegen einen Verpflichteten mit Sitz oder Wohnsitz in einem anderen EU-Mitgliedstaat oder EWR-Staat in Rechtskraft erwachsen, so ist zunächst ihre Vollstreckung im Inland zu versuchen. Bei der Bestimmung der für eine Vollstreckung im Inland örtlich zuständigen Bezirksverwaltungsbehörde oder des dafür örtlich zuständigen Gerichts ist der Ort maßgebend, an dem sich Vermögen des Verpflichteten befindet, in das die Entscheidung vollstreckt werden soll. Erscheint die Vollstreckung im Inland aussichtslos, ist sie nicht möglich oder wäre sie mit einem unverhältnismäßigen Aufwand verbunden, so ist der EU-Mitgliedstaat oder EWR-Staat, in dem der Beschuldigte seinen Sitz oder Wohnsitz hat, nach § 48 um Vollstreckung zu ersuchen.

Ersuchen um Vollstreckung in einem anderen EU-Mitgliedstaat oder EWR-Staat

§ 48. (1) Die Vollstreckung einer Entscheidung in einem anderen EU-Mitgliedstaat oder EWR-Staat ist durch die inländische Behörde, die die Entscheidung gefällt hat, entweder selbst oder im Weg eines Ersuchens an das gemäß § 40 Abs. 4 örtlich zuständige Amt der Landesregierung zu veranlassen.

(2) Das Ersuchen um Veranlassung einer Vollstreckung muss folgende Angaben enthalten:

1. den Namen und die Anschrift des Verpflichteten und alle weiteren bekannten Daten zur Identifizierung des Verpflichteten;
2. die Kontaktdaten der inländischen Behörde, die die zu vollstreckende Entscheidung gefällt hat;
3. die ausdrückliche Bezeichnung der inländischen Behörde, die die Entscheidung gefällt hat, als „Gericht“ oder als „Verwaltungsbehörde“;
4. eine Zusammenfassung des Sachverhalts;
5. Angaben, gegen welche arbeitsrechtliche Vorschrift verstoßen wurde;
6. die Angabe der Höhe der Geldstrafe;
7. Angaben über die allfällige vorherige Zustellung der Entscheidung;
8. das Datum, an dem die Entscheidung vollstreckbar oder rechtskräftig wurde;
9. die Vollstreckungsmittel;
10. die Vollstreckbarkeitsbestätigung.

(3) Dem Ersuchen sind beizufügen:

1. die zu vollstreckende Entscheidung;
2. eine Übersetzung der zu vollstreckenden Entscheidung in eine Amtssprache des EU-Mitgliedstaats oder EWR-Staats, in dem der Beschuldigte seinen Sitz oder Wohnsitz hat.

Benachrichtigung der um Vollstreckung ersuchten Behörde eines anderen EU-Mitgliedstaats oder EWR-Staats

§ 49. (1) Die gemäß § 48 um Vollstreckung ersuchende inländische Behörde hat die ersuchte Behörde des anderen EU-Mitgliedstaats oder EWR-Staats oder das gemäß § 40 Abs. 4 örtlich zuständige Amt der Landesregierung unverzüglich von Umständen zu verständigen, aufgrund deren die Vollstreckung des Straferkenntnisses oder der Strafverfügung einzuschränken oder aufzuschieben ist oder die Vollstreckbarkeit erlischt, insbesondere wenn

1. der Verpflichtete die Geldstrafe vollständig oder teilweise gezahlt hat,
2. gegen das Straferkenntnis oder die Strafverfügung ein außerordentliches Rechtsmittel (Antrag auf Wiederaufnahme des Verfahrens oder auf Wiedereinsetzung in den vorigen Stand) ergriffen wird,
3. das Straferkenntnis, die Strafverfügung oder dessen oder deren Vollstreckbarkeit nachträglich aufgehoben, abgeändert oder das Ausmaß der Geldstrafe herabgesetzt worden ist, oder
4. die Vollstreckung aus anderen Gründen nicht mehr begehrt wird.

(2) Ist das Ersuchen um Vollstreckung gemäß § 48 Abs. 1 im Weg des gemäß § 40 Abs. 4 örtlich zuständigen Amts der Landesregierung ergangen, so hat dieses Amt der Landesregierung die Behörde, die der andere EU-Mitgliedstaat oder EWR-Staat nach Artikel 14 der Richtlinie 2014/67/EU als zuständig benannt hat, von den in Abs. 1 genannten Umständen zu benachrichtigen.

Folgen des Ersuchens um Vollstreckung in einem anderen EU-Mitgliedstaat oder EWR-Staat für die Vollstreckung im Inland

§ 50. Eine gemäß § 48 mit dem Ersuchen um Vollstreckung übermittelte Entscheidung darf im Inland nicht vollstreckt werden. Die Vollstreckung im Inland ist wieder zulässig, wenn der um Vollstreckung ersuchte andere EU-Mitgliedstaat oder EWR-Staat dem Ersuchen nicht nachkommt.

4. Abschnitt
Zustellung und Vollstreckung der Entscheidung einer Behörde eines anderen EU-Mitgliedstaats oder EWR-Staats im Inland

1. Unterabschnitt
Allgemeine Bestimmungen

Anwendungsbereich

§ 51. Der vierte Abschnitt regelt, mit welchen Maßnahmen Ersuchen einer Behörde eines anderen EU-Mitgliedstaats oder EWR-Staats um

1. Zustellung und
2. Vollstreckung

der Entscheidung eines Gerichts oder einer Verwaltungsbehörde dieses EU-Mitgliedstaats oder EWR-Staats im Inland wegen Verletzung einer arbeitsrechtlichen Vorschrift zu entsprechen ist, wenn das Ersuchen an ein Amt der Landesregierung, an eine sonstige inländische Verwaltungsbehörde oder an ein inländisches Gericht ergangen ist.

Anerkennung und Gleichbehandlung der Entscheidung eines anderen EU-Mitgliedstaats oder EWR-Staats

§ 52. Liegt kein Grund für die Ablehnung der Zustellung (§ 58) oder der Vollstreckung (§ 54) einer Entscheidung vor, um die ein anderer EU-Mitgliedstaat oder EWR-Staat ersucht hat, ist die Entscheidung als solche anzuerkennen und wie eine inländische verwaltungsbehördliche oder gerichtliche Strafentscheidung zu behandeln.

Weiterleitung bei Unzuständigkeit

§ 53. (1) Eine zur Zustellung oder Vollstreckung übermittelte Entscheidung ist von Amts wegen von der Behörde, die sie erhalten hat, unverzüglich dem gemäß § 40 Abs. 4 örtlich zuständigen Amt der Landesregierung zu übermitteln, wenn die Entscheidung erging

1. an eine inländische Verwaltungsbehörde oder an ein inländisches Gericht, die oder das für die Zustellung oder Vollstreckung selbst nicht zuständig ist oder
2. an ein Amt der Landesregierung, das nach § 40 Abs. 4 örtlich nicht zuständig ist.

Das gemäß § 40 Abs. 4 örtlich zuständige Amt der Landesregierung hat nach § 56 bzw. nach § 59 oder § 65 vorzugehen.

(BGBl I 2017/30)

(2) Inländische Verwaltungsbehörden und Gerichte, die direkt um Zustellung bzw. Vollstreckung einer Entscheidung ersucht wurden und die dafür zuständig sind, haben nach § 55 und dem zweiten Unterabschnitt bzw. nach §§ 54, 55, dem dritten und vierten Unterabschnitt vorzugehen.

(BGBl I 2017/30)

Ablehnung der Vollstreckung

§ 54. (1) Die oder das gemäß § 53 Abs. 2, § 59 oder § 65 mit einem Vollstreckungsersuchen befasste inländische Verwaltungsbehörde oder Gericht hat das Vollstreckungsersuchen auf das Vorliegen eines der in Abs. 3 genannten Gründe für eine Ablehnung zu überprüfen. Ergibt die Überprüfung, dass einer der in Abs. 3 Z 4 bis 6 genannten Ablehnungsgründe vorliegt, hat die inländische Verwaltungsbehörde oder das Gericht der ersuchenden Behörde des anderen EU-Mitgliedstaats oder EWR-Staats die Ablehnung des Ersuchens und die Gründe dafür mitzuteilen. Bei Vorliegen eines der in Abs. 3 Z 1 bis 3 genannten Ablehnungsgründe ist der ersuchenden Behörde des anderen EU-Mitgliedstaats oder EWR-Staats mitzuteilen, dass die Vollstreckung abgelehnt werde, wenn nicht innerhalb einer bestimmten Frist Angaben oder Unterlagen nachgereicht oder vervollständigt werden, die zur Behebung der in Abs. 3 Z 1 bis 3 genannten Mängel benötigt werden.

(2) Die Mitteilung an die um Vollstreckung ersuchende Behörde des anderen EU-Mitgliedstaats oder EWR-Staats nach Abs. 1 hat entweder im Weg des gemäß § 40 Abs. 4 örtlich zuständigen Amts der Landesregierung oder durch die inländische Verwaltungsbehörde oder das Gericht zu erfolgen, die oder das über die Ablehnung entschieden hat.

(3) Die Vollstreckung ist abzulehnen, wenn das Ersuchen um Vollstreckung

1. nicht alle in § 48 Abs. 2 genannten Angaben enthält oder
2. ohne die zu vollstreckende Entscheidung übermittelt wird oder
3. offenkundig nicht mit der zugrunde liegenden Entscheidung übereinstimmt oder
4. die voraussichtlichen Kosten oder Mittel der Vollstreckung im Vergleich mit der Höhe der zu vollstreckenden Geldstrafe oder Geldbuße unverhältnismäßig wären oder
5. die zu vollstreckende Geldstrafe oder Geldbuße unter 350 Euro oder dem Gegenwert dieses Betrags liegt oder
6. die Vollstreckung mit verfassungsgesetzlich gewährleisteten Rechten oder sonstigen Grundwertungen der österreichischen Rechtsordnung nicht vereinbar wäre.

Benachrichtigung der ersuchenden Behörde eines anderen EU-Mitgliedstaats oder EWR-Staats

§ 55. (1) Abgesehen von der in § 58 bzw. § 54 geregelten Ablehnung einer Zustellung bzw. Vollstreckung ist der um Zustellung oder Vollstreckung ersuchenden Behörde eines anderen EU-Mitgliedstaats oder EWR-Staats mitzuteilen,

1. welche Maßnahmen in Durchführung des zweiten bis vierten Unterabschnitts getroffen wurden und
2. welche tatsächlichen oder rechtlichen Hindernisse diesen Maßnahmen entgegenstehen.

(2) Entsprechend Abs. 1 mitzuteilen sind jedenfalls

1. Datumsangaben zur Behandlung des Ersuchens wie das Datum der Zustellung, des Vollzugs oder der Einstellung der Vollstreckung,
2. die Verweigerung der Annahme einer zuzustellenden Entscheidung gemäß § 12 ZustG,
3. die Einbringung eines Rechtsmittels im Vollstreckungsverfahren,
4. die Uneinbringlichkeit der Geldstrafe.

(3) Die Mitteilung an die um Zustellung oder Vollstreckung ersuchende Behörde des anderen EU-Mitgliedstaats oder EWR-Staats nach Abs. 1 und 2 hat entweder im Weg des gemäß § 40 Abs. 4 örtlich zuständigen Amts der Landesregierung oder durch die inländische Verwaltungsbehörde oder das Gericht zu erfolgen, die oder das die Maßnahmen gesetzt hat, auf die sich die gemäß Abs. 1 und 2 mitzuteilenden Umstände beziehen.

2. Unterabschnitt
Zustellung gerichtlicher und verwaltungsbehördlicher Entscheidungen eines anderen EU-Mitgliedstaats oder EWR-Staats im Inland Veranlassung der Zustellung

§ 56. Ein Amt der Landesregierung, das um Zustellung einer Entscheidung ersucht wurde, hat bei örtlicher Zuständigkeit gemäß § 40 Abs. 4 die Zustellung der Entscheidung und, soweit sie angefertigt wurde, ihrer Übersetzung an die im Ersuchen angeführte Adresse des Beschuldigten über die zuständige inländische Verwaltungsbehörde oder über das zuständige inländische Gericht zu veranlassen.

Anzuwendendes Verfahrensrecht

§ 57. Auf die Zustellung von Entscheidungen der Behörden anderer EU-Mitgliedstaaten oder EWR-Staaten nach diesem Unterabschnitt ist das ZustG anzuwenden.

Ablehnung der Zustellung

§ 58. (1) Die oder das nach § 53 Abs. 2 oder § 56 mit einem Zustellersuchen befasste zuständige inländische Verwaltungsbehörde oder Gericht hat das Zustellersuchen auf das Vorliegen eines der in Abs. 3 genannten Gründe für eine Ablehnung zu überprüfen. Ergibt die Überprüfung, dass ein Ablehnungsgrund vorliegt, ist der ersuchenden Behörde des anderen EU-Mitgliedstaats oder EWR-Staats mitzuteilen, dass die Zustellung abgelehnt werde, wenn nicht innerhalb einer bestimmten Frist Angaben oder Unterlagen nachgereicht oder vervollständigt werden, die zur Behebung der in Abs. 3 genannten Mängel benötigt werden.

(2) Die Mitteilung an die um Zustellung ersuchende Behörde des anderen EU-Mitgliedstaats oder EWR-Staats nach Abs. 1 hat entweder im Weg des gemäß § 40 Abs. 4 örtlich zuständigen Amts der Landesregierung oder durch die inländische Verwaltungsbehörde oder das Gericht, die oder das mit dem Zustellersuchen befasst wurden, zu erfolgen.

(3) Die Zustellung ist abzulehnen, wenn das Ersuchen um Zustellung

1. nicht alle in § 46 Abs. 2 genannten Angaben enthält oder
2. ohne die zuzustellende Entscheidung übermittelt wird oder
3. offenkundig nicht mit der zugrunde liegenden Entscheidung übereinstimmt.

3. Unterabschnitt
Vollstreckung verwaltungsbehördlicher Entscheidungen eines anderen EU-Mitgliedstaats oder EWR-Staats im Inland

Veranlassung der Vollstreckung

§ 59. Ein Amt der Landesregierung, das entsprechend § 51 Z 2 um Vollstreckung der Entscheidung einer Verwaltungsbehörde ersucht wurde, hat bei örtlicher Zuständigkeit die Bezirksverwaltungsbehörde, die als Vollstreckungsbehörde für den im Ersuchen angeführten Wohnsitz oder Sitz des Verpflichteten örtlich zuständig ist, um Vollstreckung der Entscheidung zu ersuchen.

Anzuwendendes Verfahrensrecht

§ 60. Auf das Verfahren der Vollstreckung verwaltungsbehördlicher Entscheidungen anderer EU-Mitgliedstaaten oder EWR-Staaten sind das Verwaltungsvollstreckungsgesetz 1991 (VVG), BGBl Nr. 53/1991, und § 6 des EU-Verwaltungsstrafvollstreckungsgesetzes (EU-VStVG), BGBl. I Nr. 3/2008, anzuwenden.

Aufschub der Vollstreckung

§ 61. Die Vollstreckungsbehörde hat die Vollstreckung aufzuschieben, sobald ihr bekannt wird, dass die der Vollstreckung unterliegende Entscheidung der Behörde des anderen EU-Mitgliedstaats oder EWR-Staats in diesem angefochten wird.

Beendigung der Vollstreckung

§ 62. Die Vollstreckungsbehörde hat die Vollstreckung einzustellen, sobald ihr bekannt wird, dass aufgrund einer im ersuchenden EU-Mitgliedstaat oder EWR-Staat getroffenen Entscheidung oder Maßnahme das Vollstreckungsersuchen gegenstandslos geworden ist.

Erlös aus der Vollstreckung

§ 63. Der Erlös aus einer Vollstreckung fließt dem Rechtsträger zu, der den Aufwand der Vollstreckungsbehörde zu tragen hat.

Kosten

§ 64. Unbeschadet ihrer Einbringung beim Verpflichteten sind die Kosten von dem nach § 63 zuständigen Rechtsträger zu tragen.

4. Unterabschnitt
Vollstreckung gerichtlicher Entscheidungen eines anderen EU-Mitgliedstaats oder EWR-Staats im Inland

Veranlassung der Vollstreckung

§ 65. Ein Amt der Landesregierung das entsprechend § 51 Z 2 um Vollstreckung der Entscheidung eines Gerichts ersucht wurde, hat, wenn es nach § 40 Abs. 4 örtlich zuständig ist, das Landesgericht, das für den im Ersuchen angeführten Wohnsitz oder Sitz des Verpflichteten örtlich zuständig ist, um Veranlassung der Vollstreckung der Entscheidung zu ersuchen.

Anzuwendendes Verfahrensrecht

§ 66. Auf das Verfahren der Vollstreckung gerichtlicher Entscheidungen anderer EU-Mitgliedstaaten oder EWR-Staaten sind die §§ 53d, 53f, 53h und 53j des Bundesgesetzes über die justizielle Zusammenarbeit in Strafsachen mit den Mitgliedstaaten der Europäischen Union (EU-JZG), BGBl I Nr. 36/2004, sowie das Gerichtliche Einbringungsgesetz 1962 (GEG 1962), BGBl Nr. 288/1962, anzuwenden.

Aufschub der Vollstreckung

§ 67. Das gemäß § 53 Abs. 2 oder § 65 zuständige Landesgericht hat die Vollstreckung aufzuschieben,

1. sobald ihm bekannt wird, dass die der Vollstreckung unterliegende Entscheidung der Behörde des anderen EU-Mitgliedstaats oder EWR-Staats in diesem angefochten wird;
2. solange über eine gemäß § 53d Abs. 4 EU-JZG erhobene Beschwerde nicht rechtskräftig entschieden wurde;
3. für die Dauer der vom Gericht für erforderlich erachteten, auf seine Kosten anzufertigenden Übersetzung der Entscheidung;
4. bis zum Einlangen der von der Behörde des Entscheidungsstaates begehrten ergänzenden Informationen.

(BGBl I 2017/30)

4. Hauptstück
Schlussbestimmungen

Verweisungen

§ 68. (1) Soweit in diesem Bundesgesetz auf andere Bundesgesetze verwiesen wird, sind diese in der jeweils geltenden Fassung anzuwenden.

(2) Soweit in anderen Bundesgesetzen auf die §§ 7 bis 7o des Arbeitsvertragsrechts-Anpassungsgesetzes (AVRAG), BGBl. Nr. 459/1993 in der Fassung vor dem BGBl. I Nr. 44/2016 oder die §§ 10 und 10a AÜG in der Fassung vor BGBl. I Nr. 44/2016 verwiesen wird, gilt dieser Verweis als Verweis auf die entsprechenden Bestimmungen dieses Bundesgesetzes.

Kontrollplan – Tätigkeitsbericht

§ 69. Der Bundesminister für Arbeit, Soziales und Konsumentenschutz hat in Zusammenarbeit mit dem Bundesminister für Finanzen nach Maßgabe der jeweiligen Zuständigkeit unter dem Gesichtspunkt einer wirksamen Kontrolle und auf Basis von Risikobewertungen und statistischen Daten sowie unter Berücksichtigung der spezifischen Risiken besonderer Branchen jährlich einen Kontrollplan zu erstellen. Im Kontrollplan ist auch zu dokumentieren, inwieweit das für die Kontrolle nach § 12 zuständige Amt für Betrugsbekämpfung im Hinblick auf die Anzahl der nach Österreich entsandten Arbeitnehmer und effizienten Kontrollen ausreichend mit Personal ausgestattet ist. Der Bundesminister für Finanzen hat dementsprechend für eine ausreichende Personalausstattung zu sorgen. Der Kontrollplan ist erstmalig für das Jahr 2018 zu erstellen. Der Bundesminister für Finanzen hat jährlich bis zum 30. Juni des Folgejahres einen Bericht über die Durchführung des Kontrollplanes zu erstellen und gemeinsam mit dem Bundesminister für Arbeit, Soziales und Konsumentenschutz dem Nationalrat vorzulegen und der Öffentlichkeit zugänglich zu machen.

(BGBl I 2019/104)

Sprachliche Gleichbehandlung

§ 70. Bei allen personenbezogenen Bezeichnungen gilt die gewählte Form für beide Geschlechter.

Vollziehungsbestimmungen

§ 71. Mit der Vollziehung dieses Bundesgesetzes sind betraut:

1. hinsichtlich des § 12, § 19 Abs. 2, § 20 Abs. 3 der Bundesminister für Finanzen;
2. hinsichtlich des § 69 der Bundesminister für Arbeit, Soziales und Konsumentenschutz und der Bundesminister für Finanzen;
3. hinsichtlich der übrigen Bestimmungen der Bundesminister für Arbeit, Soziales und Konsumentenschutz.

Inkrafttreten

§ 72. (1) Dieses Bundesgesetzes tritt mit 1. Jänner 2017 in Kraft und ist auf Sachverhalte anzuwenden, die sich nach dem 31. Dezember 2016 ereignen.

(2) **(Verfassungsbestimmung)** § 1 Abs. 3 dieses Bundesgesetzes tritt mit 1. Jänner 2017 in Kraft und ist auf Sachverhalte anzuwenden, die sich nach dem 31. Dezember 2016 ereignen.

(3) Die §§ 53 Abs. 1, 53 Abs. 2 und 67 in der Fassung des Bundesgesetzes BGBl. I Nr. 30/2017 treten mit 1. Jänner 2017 in Kraft.

(BGBl I 2017/30)

(4) § 13 Abs. 2 Z 6, § 19 Abs. 7, § 20 Abs. 1 und 2, § 21 Abs. 1 Z 2 und 3, § 22 Abs. 1 und 1a, § 23 letzter Satz und § 28 Z 1 in der Fassung des Bundesgesetzes BGBl. I Nr. 64/2017 treten mit 1. Juni 2017 in Kraft und sind auf Sachverhalte anzuwenden, die sich nach dem 31. Mai 2017 ereignen. Meldungen gemäß § 19 für mobile Arbeitnehmer im Transportbereich in der Fassung vor dem Bundesgesetz BGBl. I Nr. 64/2017, die vor dem 1. Juni 2017 erstattet wurden, gelten weiter. § 22 Abs. 1 in der Fassung vor dem Bundesgesetz BGBl. I Nr. 64/2017 gilt für Entsendungen von mobilen Arbeitnehmern im Transportbereich, die vor dem 1. Juni 2017 gemeldet wurden.

(BGBl I 2017/64)

(5) § 11 Abs. 2 bis 4 in der Fassung des Materien-Datenschutz-Anpassungsgesetzes 2018, BGBl. I Nr. 32/2018, tritt mit 25. Mai 2018 in Kraft.

(BGBl I 2018/32)

(6) Die §§ 11 Abs. 1, 13 Abs. 7, 14 samt Überschrift, 20 Abs. 1, 32 Abs. 1 und 35 Abs. 4 in der Fassung des Bundesgesetzes BGBl. I Nr. 100/2018 treten mit 1. Jänner 2020 in Kraft. Zum Zeitpunkt des Inkrafttretens dieses Bundesgesetzes anhängige Prüfverfahren nach § 14 in der Fassung vor dem Bundesgesetz BGBl. I Nr. 100/2018 sind vom Prüfdienst für lohnabhängige Abgaben und Beiträge fortzuführen.

(BGBl I 2018/100)

(7) § 11 Abs. 1 Z 1 und 6, Abs. 2 und 4, § 12 Abs. 1 und 2 samt Überschrift, § 13 Abs. 2 Z 1 und 2, Abs. 4, § 16 Abs. 1, § 17 Abs. 1 Z 4, § 22 Abs. 1a, § 32 Abs. 1 Z 1 und Abs. 2, § 33, § 34 Abs. 1 bis

3, § 35 Abs. 4, § 41 Abs. 2 und § 69, jeweils in der Fassung des Bundesgesetzes BGBl. I Nr. 104/2019, treten mit 1. Jänner 2021 in Kraft.

(BGBl I 2019/104, BGBl I 2020/99)

(8) § 12 Abs. 1 in der Fassung des Bundesgesetzes BGBl. I Nr. 104/2019 tritt nicht in Kraft.

(BGBl I 2020/54, BGBl I 2020/99)

(9) § 12 Abs. 1 in der Fassung des Bundesgesetzes BGBl. I Nr. 99/2020 tritt mit 1. Jänner 2021 in Kraft.

(BGBl I 2020/54, BGBl I 2020/99)

„(10) Die §§ 1 Abs. 2, 3, 5 bis 9, 2 Abs. 2, 3 und 4, 3 Abs. 5 und 7, 12 Abs. 1 Z 3 bis 6, 14 samt Überschrift, 15 Abs. 2, 19, 21, 22, 24 Abs. 1 erster Satz, 25a, 26 bis 28 samt Überschriften, 29 Abs. 1, 33, 34 samt Überschrift, 35 Abs. 2 und 4 und die Überschrift zu § 3 in der Fassung des Bundesgesetzes BGBl. I Nr. 174/2021 treten mit 1. September 2021 in Kraft und sind auf Entsendungen und Überlassungen anzuwenden, die nach dem 31. August 2021 begonnen haben. Die §§ 2 Abs. 3 und 35 Abs. 6 in der Fassung vor dem Bundesgesetz BGBl. I Nr. 174/2021 treten mit Ablauf des 31. August 2021 außer Kraft und sind auf Sachverhalte anzuwenden, die sich vor dem 1. September 2021 ereignet haben. Die §§ 2 Abs. 3 und 3 Abs. 7 in der Fassung des Bundesgesetzes BGBl. I Nr. 174/2021 gelten nicht für Arbeitnehmer im Sinne des § 1 Abs. 9. Die §§ 11 Abs. 1 Z 3, 20 Abs. 1 und 2 Z 1, 32 Abs. 1 Z 2 in der Fassung des Bundesgesetzes BGBl. I Nr. 174/2021 treten mit Ablauf des Tages der Kundmachung dieses Bundesgesetzes in Kraft. Die §§ 26 bis 29 in der Fassung des Bundesgesetzes BGBl. I Nr. 174/2021 sind auf alle zum Zeitpunkt des Inkrafttretens dieser Bestimmungen anhängigen Verfahren einschließlich von Verfahren vor dem Verwaltungsgerichtshof und Verfassungsgerichtshof anzuwenden.“

(BGBl I 2021/174)